增值服务说明

1.增值服务：购买本书的读者可通过电脑或移动终端免费在线查询相关进出口商品信息。

2.内容更新：查询系统将根据海关相关监管规定的变更，实时更新，并发布更新目录，以便于读者及时掌握。

3.开通权限：读者登录我社网上书店（http://store.hgbookvip.com），注册会员，进入会员中心，并凭图书封面防伪标的密码激活查询权限，即可进行免费查询。详见网上书店相关说明。

4.查询期限：截止于2016年12月31日。

进出口税则对照使用手册

Operation Manual of Chinese National Import and Export Tariff

（2016年中英文对照版）

全国海关进出口商品归类中心广州分中心
广州市海通科技服务公司 编

中国海关出版社

China Customs Press

图书在版编目（CIP）数据

进出口税则对照使用手册：2016 年中英文对照版/全国海关进出口商品归类中心广州分中心，广州市海通科技服务公司编. —北京：中国海关出版社，2016. 1

ISBN 978-7-5175-0106-0

Ⅰ. ①进… Ⅱ. ①全… ②广… Ⅲ. ①进出口贸易—关税—税则—中国—2016—手册—汉、英 Ⅳ. ①D922. 221-62

中国版本图书馆 CIP 数据核字（2015）第 302950 号

进出口税则对照使用手册（2016 年中英文对照版）

JINCHUKOU SHUIZE DUIZHAO SHIYONG SHOUCE（2016 NIAN ZHONGYINGWEN DUIZHAO BAN）

作　　者：全国海关进出口商品归类中心广州分中心
　　　　　广州市海通科技服务公司
责任编辑：黄华莉　冯　伟
出版发行：中国海关出版社
社　　址：北京市朝阳区东四环南路甲 1 号　　邮政编码：100023
网　　址：www. hgcbs. com. cn；www. hgbookvip. com
编 辑 部：01065194242 - 7531（电话）　　01065194231（传真）
发 行 部：01065194221/4227/4238/4246（电话）　　01065194233（传真）
社办书店：01065195616（电话）　　01065195127（传真）
　　　　　http://store. hgbookvip. com（网址）
印　　刷：北京市梓耕印刷有限公司　　经　　销：新华书店
开　　本：889mm×1194mm　1/16
印　　张：76. 5　　字　　数：3510 千字
版　　次：2016 年 1 月第 1 版
印　　次：2016 年 1 月第 1 次印刷
书　　号：ISBN　978-7-5175-0106-0
定　　价：300. 00 元

使用说明

2016年版《中华人民共和国进出口税则》（简称《税则》）于2016年1月1日起正式实施，本书编写组以《税则》内容为基础，编写了2016年版《进出口税则对照使用手册》（简称《对照使用手册》）。《对照使用手册》收录了2016年进出口商品在进出口环节的关税及进口环节税税率、统计计量单位、监管证件、出口退税率、检验检疫类别等内容，是口岸管理部门工作人员、进出口企业报关人员必备的查询工具书。

为了便于读者查询，编者将进口关税与环节税、统计计量单位、监管证件、出口退税率、检验检疫类别等内容整合在“进口关税与环节税、监管证件及其他要素对照表”（简称“对照表”）中，并采用跨页编排的方式呈现，具体编排样式见“对照表编排图例及说明”。由于“对照表”版面有限，很多栏目标题均采用简称，以下是对各栏目标题及内容的使用说明。

一、“税号”、“货品名称”栏目

1. “对照表”中8位数的“税号”与《税则》中的“税则号列”相对应，所对应的“货品名称”与《税则》中的“商品名称”相同。

2. “对照表”中10位数的“税号”，实为商品编码，是为执行进口商品暂定税率、关税配额商品进口关税税率、出口关税税率、进口环节税税率、相关贸易管制措施，以及海关信息化管理等需要，在8位数税号的基础上拆分而成的；对于没有拆分的8位数税号，“对照表”中没有列出来其对应的10位数，填制报关单时须在8位数的基础上补2个“0”，补足10位即可。例如，税号“0305.1000”应填为“03051000.00”。

二、“进口关税税率”栏目

本栏目又分为下列3个子栏目，各子栏目税率适用范围如下：

1. “最惠国税率”。适用原产于共同适用最惠国待遇条款的世界贸易组织成员的进口货物，原产于与中国签订含有相互给予最惠国待遇条款的双边贸易协定的国家或者地区的进口货物，以及原产于中国境内的进口货物。

2. “普通税率”。适用原产于享受最惠国税率、协定税率及特惠税率以外的国家或地区的进口货物，以及原产地不明的进口货物。

3. “年内暂定税率”。2016年度内，适用最惠国税率的进口货物有暂定税率的，应当适用暂定税率；适用协定税率、特惠税率的进口货物有暂定税率的，应当从低适用税率；适用普通税率的进口货物，不适用暂定税率。应当注意的是，部分税号项下不是全部商品均适用进口暂定税率。

三、“增值/消费税税率”栏目

本栏目收录了进口环节海关代征的增值税、消费税税率。所有进口商品均须按从价计征的方式缴纳增值税，如税号“03052000.10”的“增值/消费税税率”栏目显示为“13”，说明进口该税号项下的商品应纳增值税税率为“13%”。另有部分进口商品在缴纳增值税的同时，还须缴纳消费税，消费税有从价和从量两种计征方式。例如，税号“2106.9020”的“增值/消费税税率”栏目显示为“17/5”，说明进口该税号项下的商品应按从价计征的方式分别缴纳增值税和消费税，税率分别为“17%”和“5%”。再如，税号“2710.1220”的“增值/消费税税率”栏目显示为“17/1.52元/升”，说明进口该税号项下的商品应按从价计征的方式缴纳增值税，税率为“17%”，并按从量计征的方式缴纳消费税，税率为“1.52元/升”。

四、“出口退税率”栏目

本栏目收录了截至2015年底国家税务总局实施的出口商品退税率。其中，部分税号项下存在不同商品退税率不一致的情况，如税号“0305.1000”的“出口退税率”栏目显示为“13/15”，表示该税号项下的商品分有“13%”和“15%”两档出口退税率，其对应的出口商品列表见附表3。

五、“统计计量单位”栏目

本栏目收录了2016年版《中华人民共和国海关统计商品目录》规定的法定计量单位。其中，部分税号具有2个法定计量单位，如税号“2710.1220”的“计量单位”栏目显示为“千克/升”，表示该税号的第一法定计量单位为“千克”，第二法定计量单位为“升”。计量单位名称所对应的计量单位代码见附表7。

六、“监管证件代码”栏目

本栏目收录了相应商品在进出口时所需申领的监管证件代码。监管证件代码所代表的监管证件名称见附表8。

七、“检验检疫类别”栏目

本栏目收录了相应商品在进出口时所需办理的检验或检疫类别，斜杠左边为进口检验检疫类别，斜杠右边为出口检验检疫类别，如税号“2106.9020”的“检验检疫类别”栏目显示为“R/S”，说明进口该税号项下的商品应办理“进口食品卫生监督检验”（R）手续，出口该税号项下的商品应办理“出口食品卫生监督检验”（S）手续。检验检疫代码所代表的类别名称见附表9。

八、“协定税率”栏目

本栏目又分为下列13个子栏目，各子栏目税率适用范围如下：

1. “东盟”。根据《中国—东盟自由贸易协定》，对原产于东盟10国的列入“中国—东盟自由贸易协定税目税率表”的进口商品实施协定税率。适用国家包括：越南、泰国、新加坡、马来西亚、印度尼西亚、文莱、缅甸、老挝、柬埔寨、菲律宾。

2. “亚太”。根据《亚太贸易协定》，对原产于亚太5国的列入“亚太贸易协定税目税率表”的进口商品实施协定税率。适用国家包括：韩国、印度、斯里兰卡、孟加拉和老挝。

3. “智利”。根据《中国—智利自由贸易协定》，对原产于智利的列入“中国—智利自由贸易协定税目税率表”的进口商品实施协定税率。

4. “巴基斯坦”。根据《中国—巴基斯坦自由贸易协定》，对原产于巴基斯坦的列入“中国—巴基斯坦自由贸易协定税目税率表”的进口商品实施协定税率。

5. “冰岛”。根据《中国—冰岛自由贸易协定》，对原产于冰岛的列入“中国—冰岛自由贸易协定税目税率表”的进口商品实施协定税率。

6. “哥斯达黎加”。根据《中国—哥斯达黎加自由贸易协定》，对原产于哥斯达黎加的列入“中国—哥斯达黎加自由贸易协定税目税率表”的进口商品实施协定税率。

7. “秘鲁”。根据《中国—秘鲁自由贸易协定》，对原产于秘鲁的列入“中国—秘鲁自由贸易协定税目税率表”的进口商品实施协定税率。

8. “新西兰”。根据《中国—新西兰自由贸易协定》，对原产于新西兰的列入“中国—新西兰自由贸易协定税目税率表”的进口商品实施协定税率。

9. “瑞士”。根据《中国—瑞士自由贸易协定》，对原产于瑞士的列入“中国—瑞士自由贸易协定税目税率表”的进口商品实施协定税率。

10. “新加坡”。根据《中国—新加坡自由贸易协定》，对原产于新加坡的列入“中国—新加坡自由贸易协定税目税率表”的进口商品实施协定税率。

11. “韩国”。根据《中国—韩国自由贸易协定》，对原产于韩国的列入“中国—韩国自由贸易协定税目税率表”的进口商品实施协定税率。

12. “澳大利亚”。根据《中国—澳大利亚自由贸易协定》，对原产于澳大利亚的列入“中国—澳大利亚自由贸易协定税目税率表”的进口商品实施协定税率。

13. “港澳台”。对原产于中国香港、中国澳门的已完成原产地标准核准的产品实施零关税；对原产于中国台湾的ECFA框架内产品实施协定税率。该栏目中3个地区所适用的税率分别用“/”隔开，如税号“0305.1000”的“港澳台”一栏显示为“/0/”，说明税号“0305.1000”没有与中国香港和中国台湾的协定税率，而与中国澳门的协定税率为“0”。

部分原产于中国台湾的进口农产品免征进口关税产品清单见附表2。

九、“特惠税率”栏目

本栏目又分为下列4个子栏目，各子栏目税率适用范围如下：

1. “老挝”。根据我国与有关国家或地区签署的贸易或关税优惠协定、双边换文情况及国务院有关决定，对原产于老挝，实施《中国—东盟自由贸易协定》、《亚太贸易协定》项下特惠税率的商品税率合并至本栏目中。

2. “孟加拉”。根据我国与有关国家或地区签署的贸易或关税优惠协定、双边换文情况及国务院有关决定，对原产于孟加拉国的部分商品实施《亚太贸易协定》项下特惠税率。

3. “33国”。根据我国与有关国家或地区签署的贸易或关税优惠协定、双边换文情况及国务院有关决定，对原产于下列33个国家的部分商品实施零关税特惠税率：埃塞俄比亚、布隆迪、赤道几内亚、刚果、吉布提、几内亚、几内亚比绍、莱索托、马达加斯加、马拉维、马里、莫桑比克、南苏丹、塞拉利昂、塞内加尔、苏丹、索马里、坦桑尼亚、乌干达、乍得、中非、阿富汗、也门、瓦努阿图、科摩罗、毛里塔尼亚、多哥、利比里亚、卢旺达、安哥拉、赞比亚、尼泊尔、尼日尔。

4. “7国”。根据我国与有关国家或地区签署的贸易或关税优惠协定、双边换文情况及国务院有关决定，对原产于下列7个国家的部分商品实施零关税特惠税率：贝宁、厄立特里亚、尼日尔、东帝汶、柬埔寨、缅甸、萨摩亚。

另外，原产于柬埔寨、缅甸，实施《中国—东盟自由贸易协定》项下特惠税率的商品税率也合并至本栏目中。

十、“Article Description”栏目

本栏目内容为“货品名称”栏目的英文翻译，仅供查阅参考，具体货品名称以中文为准。

本书所收录的内容截止到2015年12月。上述内容如有与国家相关政策法规不一致之处，请以政策法规条文为准。

编　者

2015年12月

对照表编排图例及说明

该税号项下没有10位数，说明其没有作拆分，填制报关单时须在后面补2个“0”，补足10位数，即“03051000.00”。

说明进口该税号项下的商品应按从价计征的方式缴纳增值税，税率为“13%”，无消费税。

说明该税号项下的商品有“13%”和“15%”两档出口退税率，其分别对应的具体出口商品列表见附表3。

适用国家包括：越南、泰国、新加坡、马来西亚、印度尼西亚、文莱、缅甸、老挝、柬埔寨、菲律宾。

适用国家包括：韩国、印度、斯里兰卡、孟加拉、老挝。

税号	货品名称	进口关税 %			增值/消费税%	出口退税%	统计计量单位	监管证件代码	检验检疫类别	协定税率 %		
		最惠国	普通	年内暂定						东盟	亚太	智利
03.05	干、盐腌或盐渍的鱼；熏鱼，不论在熏制前或熏制过程中是否烹煮；适合供人食用的鱼的细粉、粗粉及团粒：											
0305.1000	- 适合供人食用的鱼的细粉、粗粉及团粒	10	80		13	13/15	千克	AB	PR/QS	0		0
0305.2000	- 干、熏、盐腌或盐渍的鱼肝及鱼卵											
03052000.10	干、熏、盐制的濒危鱼种肝、卵	10	80		13	0	千克	ABEF	PR/QS	0		0
03052000.90	其他干、熏、盐制的鱼肝及鱼卵	10	80		13	13/15	千克	AB	PR/QS	0		0
……												
2106.9020	--- 制造饮料用的复合酒精制品	20	180		17/5	15	千克	AB	R/S	0		0
……												
2710.1220	--- 石脑油	6	20	0	17/1.52元/升	0	千克/升	47ABvy	M/N	0	5.4	0

说明该税号项下的商品2016年度设有进口“年内暂定税率”，其具体适用范围见前面“使用说明”中二、3点。

说明进口税号2106.9020、2710.1220项下的商品均应缴纳增值税和消费税。两税号的增值税税率均为“17%”。消费税税率各异，前者采用从价计征的方式，税率为“5%”；后者采用从量计征的方式，税率为“1.52元/升”。

说明该税号项下的商品有2个法定计量单位，第一法定计量单位为“千克”，第二为“升”。

说明进口该税号项下的商品应办理“进口商品检验”(M)手续，出口则应办理“出口商品检验”(N)手续。

适用地区包括：中国香港、中国澳门和中国台湾。

适用国家包括：贝宁、厄立特里亚、尼日尔、东帝汶、柬埔寨、缅甸、萨摩亚。

协定税率 %										特惠税率 %				Article Description
巴基斯坦	冰岛	哥斯达黎	秘鲁	新西兰	瑞士	新加坡	韩国	澳大利亚	港澳台	老挝	孟加拉	33 国	7 国	
														Fish dried, salted or in brine;smoked fish,whether or not cooked before or during the smo-king process;flours,meals and pellets of fish,fit for human consumption:
5	0	0	0	0	4		8	6	/0/			0	0	- Flours,meals and pellets of fish,fit for human consumption
														- Livers and roes,dried,smoked, salted or in brine
5	0	4		0			8	6				0	0	Livers and roes of endangered fish, dried, smoked, salted or in brine
5	0	4		0			8	6				0	0	Livers and roes of other fish, dried, smoked, salted or in brine
	0	0	6	0	14	0	17.3	12	0/0/			0	0	--- Compound alcoholic preparations of a kind used for the manufacture of beverages
0	0	0		0	2.4	0	5.2	3.6				0	0	--- Naphtha

说明该税号商品与中国香港和中国澳门的协定税率均为“0”，没有与中国台湾的协定税率。

适用国家包括：埃塞俄比亚、布隆迪、赤道几内亚、刚果、吉布提、几内亚、几内亚比绍、莱索托、马达加斯加、马拉维、马里、莫桑比克、南苏丹、塞拉利昂、塞内加尔、苏丹、索马里、坦桑尼亚、乌干达、乍得、中非、阿富汗、也门、瓦努阿图、科摩罗、毛里塔尼亚、多哥、利比里亚、卢旺达、安哥拉、赞比亚、尼泊尔、尼日尔。

目　录

进口关税与环节税、监管证件及其他要素对照表

出口税则

附 表

进口关税与环节税、监管证件及其他要素对照表

归类总规则

货品在协调制度中的归类，应遵循以下规则：

规则一　类、章及分章的标题，仅为查找方便而设；具有法律效力的归类，应按税目条文和有关类注或章注确定，如税目、类注或章注无其他规定，则按以下规则确定。

规则二

（一）税目所列货品，应视为包括该项货品的不完整品或未制成品，只要在报验时该项不完整品或未制成品具有完整品或制成品的基本特征；还应视为包括该项货品的完整品或制成品（或按本款规则可作为完整品或制成品归类的货品）在报验时的未组装件或拆散件。

（二）税目中所列材料或物质，应视为包括该种材料或物质与其他材料或物质混合或组合的物品。税目所列某种材料或物质构成的货品，应视为包括全部或部分由该种材料或物质构成的货品。由一种以上材料或物质构成的货品，应按规则三的原则归类。

规则三　当货品按规则二（二）或由于其他原因看起来可归入两个或两个以上税目时，应按下规则归类：

（一）列名比较具体的税目，优先于列名一般的税目。但是，如果两个或两个以上税目都仅述及混合或组合货品所含的某部分材料或物质，或零售的成套货品中的部分货品，即使其中某个税目对该货品描述得更为全面、详细，这些货品在有关税目的列名应视为同样具体。

（二）混合物、不同材料构成或不同部件组成的组合物以及零售的成套货品，如果不能按照规则三（一）归类时，在本款可适用的条件下，应按构成货品基本特征的材料或部件归类。

（三）货品不能按照规则三（一）或（二）归类时，应按号列顺序归入其可归入的最末一个税目。

规则四　根据上述规则无法归类的货品，应归入与其最相类似的货品的税目。

规则五　除上述规则外，本规则适用于下列货品的归类：

（一）制成特殊形状或适用于盛装某一或某套物品，适合长期使用的照相机套、乐器盒、枪套、绘图仪器盒、项链盒及类似容器，如果与所装物品同时报验，并通常与所装物品一同出售的，应与所装物品一并归类。但本款不适用于本身构成整个货品基本特征的容器。

（二）除规则五（一）规定的以外，与所装货品同时报验的包装材料或包装容器，如果通常是用来包装这类货品的，应与所装货品一并归类。但明显可重复使用的包装材料和包装容器不受本款限制。

规则六　货品在某一税目项下各子目的法定归类，应按子目条文或有关的子目注释以及以上各条规则（在必要的地方稍加修改后）来确定，但子目的比较只能在同一数级上进行。除条文另有规定的以外，有关的类注、章注也适用于本规则。

GENERAL RULES FOR THE INTERPRETATION OF THE HARMONIZED SYSTEM

Classification of goods in the nomenclature shall be governed by the following principles:

1. The titles of sections,Chapters and sub-Chapters are provided for ease of reference only;for legal purposes,classification shall be determined according to the terms of the headings and any relative Section or Chapter Notes and Provided such headings or Notes do not otherwise require,according to the following provisions.
2.
   (a) Any reference in a heading to an article shall be taken to include a reference to that article incomplete or unfinished,provided that,as presented,the incomplete or unfinished article has the essential character of the complete or finished article.It shall also be taken to include a reference to that article complete or finished (or falling to be classified as complete or finished by virtue of this Rule), presented unassembled or disassembled.

   (b) Any reference in a heading to a material or substance shall be taken to include a reference to mixtures or combinations of that material or substance with other materials or substances.Any reference to goods of a given material or substance shall be taken to include a reference to goods consisting wholly or partly of such material or substance. The classification of goods consisting of more than one material or substance shall be according to the principles of Rule 3.
3. When by application of Rule 2 (b) or for any other reason,goods are, *prima facie*, classifiable under two or more headings, classification shall be effected as follows:

   (a) The heading which provides the most specific description shall be preferred to headings providing a more general description. However, when two or more headings each refer to part only of the materials or substances contained in mixed or composite goods or to part only of the items in a set put up for retail sale, those headings are to be regarded as equally specific in relation to those goods, even if one of them gives a more complete or precise description of the goods.

   (b) Mixtures, composite goods consisting of different materials or made up of different components, and goods put up in sets for retail sale, which cannot be classified by reference to 3(a), shall be classified as if they consisted of the material or component which gives them their essential character, insofar as this criterion is applicable.

   (c) When goods cannot be classified by reference to 3(a) or 3(b),they shall be classified under the heading which occurs last in numerical order among those which equally merit consideration.
4. Goods which cannot be classified in accordance with the above rules shall be classified under the heading appropriate to the goods to which they are most akin.
5. In addition to the foregoing provisions, the following rules shall apply in respect of the goods referred to therein:

   (a) Camera cases, musical instrument cases, gun cases, drawing instrument cases, necklace cases and similar containers,specially shaped or fitted to contain a specific article or set of articles, suitable for long term use and presented with the articles for which they are intended, shall be classified with such articles when of a kind normally sold therewith. This rule does not, however, apply to containers which give the whole its essential character.

   (b) Subject to the provisions of rule 5 (a) above, packing materials and packing containers presented with the goods therein shall be classified with the goods if they are of a kind normally used for packing such goods. However, this provision is not binding when such packing materials or packing containers are clearly suitable for repetitive use.
6. For legal purposes, the classification of goods in the subheadings of a heading shall be determined according to the terms of those subheadings and any related Subheading Notes and, mutatis mutandis, to the above Rules, on the understanding that only subheadings at the same level are comparable. For the purposes of this rule the relative section and Chapter Notes also apply, unless the context otherwise requires.

第一类 活动物；动物产品

注释：

一、本类所称的各属种动物，除条文另有规定的以外，均包括其幼仔在内。

二、除条文另有规定的以外，本协调制度所称干的产品，均包括经脱水、蒸发或冷冻干燥的产品。

第一章 活动物

注释：

本章包括所有活动物，但下列各项除外：

一、税目 03.01、03.06、03.07 或 03.08 的鱼、甲壳动物、软体动物及其他水生无脊椎动物；

二、税目 30.02 的培养微生物及其他产品；以及

三、税目 95.08 的动物。

税号	货品名称	进口关税% 最惠国	进口关税% 普通	进口关税% 年内暂定	增值/消费税%	出口退税%	统计计量单位	监管证件代码	检验检疫类别	协定税率% 东盟	协定税率% 亚太	协定税率% 智利
01.01	马、驴、骡：											
	-马：											
0101.2100	--改良种用											
01012100.10	改良种用濒危野马	0	0		13	0	千克/头	ABEF	P/Q			
01012100.90	其他改良种用马	0	0		13	5	千克/头	AB	P/Q			
0101.2900	-- 其他											
01012900.10	非改良种用濒危野马	10	30		13	0	千克/头	ABEF	P/Q	0		0
01012900.90	非改良种用其他马	10	30		13	5	千克/头	AB	P/Q	0		0
	驴：											
0101.3010	--- 改良种用											
01013010.10	改良种用的濒危野驴	0	0		13	0	千克/头	ABEF	P/Q			
01013010.90	改良种用的其他驴	0	0		13	5	千克/头	AB	P/Q			
0101.3090	--- 其他											
01013090.10	非改良种用濒危野驴	10	30		13	0	千克/头	ABEF	P/Q	0		0
01013090.90	非改良种用其他驴	10	30		13	5	千克/头	AB	P/Q	0		0
0101.9000	- 其他	10	30		13	5	千克/头	AB	P/Q	0		0
01.02	牛：											
	- 家牛：											
0102.2100	-- 改良种用	0	0		13	5	千克/头	AB	P/Q			
0102.2900	-- 其他	10	30		13	5	千克/头	4ABx	P/Q	0		0
	- 水牛：											
0102.3100	-- 改良种用											
01023100.10	改良种用濒危水牛	0	0		13	0	千克/头	ABEF	P/Q			
01023100.90	改良种用其他水牛	0	0		13	5	千克/头	AB	P/Q			
0102.3900	-- 其他											
01023900.10	非改良种用濒危水牛	10	30		13	0	千克/头	4ABEFx	P/Q	0		0
01023900.90	非改良种用其他水牛	10	30		13	5	千克/头	4ABx	P/Q	0		0
	- 其他：											
0102.9010	-- 改良种用											
01029010.10	改良种用濒危野牛	0	0		13	0	千克/头	ABEF	P/Q			
01029010.90	其他改良种用牛	0	0		13	5	千克/头	AB	P/Q			
0102.9090	-- 其他											
01029090.10	非改良种用濒危野牛	10	30		13	0	千克/头	4ABEFx	P/Q	0		0
01029090.90	非改良种用其他牛	10	30		13	5	千克/头	4ABx	P/Q	0		0
01.03	猪：											
0103.1000	- 改良种用											
01031000.10	改良种用的鹿豚、姬猪	0	0		13	5	千克/头	ABEF	P/Q			
01031000.90	其他改良种用的猪	0	0		13	5	千克/头	AB	P/Q			
	- 其他：											

SECTION I　LIVE ANIMALS; ANIMAL PRODUCTS

Section Notes:

1. Any reference in this Section to a particular genus or species of an animal, except where the context otherwise requires, includes a reference to the young of that genus or species.
2. Except where the context otherwise requires, throughout the Nomenclature any reference to “dried” products also covers products which have been dehydrated, evaporated or freeze-dried.

Chapter 1　Live animals

Chapter Notes:

This Chapter covers all live animals except:

1. Fish and crustaceans, molluscs and other aquatic invertebrates, of heading 03.01,03.06, 03.07 or 03.08;

2. Cultures of micro-organisms and other products of heading 30.02;and
3. Animals of heading 95.08.

协定税率 %										特惠税率 %				
巴基斯坦	冰岛	哥斯达黎	秘鲁	新西兰	瑞士	新加坡	韩国	澳大利亚	港澳台	老挝	孟加拉	33 国	7 国	**Article Description**
														Live horses, asses,mules and hinnies:
														- Horses:
														-- Pure-bred breeding
							0	0			0	0	0	Endangered wild horses, pure-bred breeding
							0	0			0	0	0	Other horses, pure-bred breeding
														-- Other
5	0	0	3	0	4		8	6			0	0	0	Endangered wild horses, non pure-bred breeding
5	0	0	3	0	4		8	6			0	0	0	Other horses, non pure-bred breeding
														- Asses:
														--- Pure-bred breeding
							0	0			0	0	0	Endangered wild asses, pure-bred breeding
							0	0			0	0	0	Other asses, pure-bred breeding
														--- Pure-bred breeding
5	0	0	3	0	4		8	6			0	0	0	Endangered wild asses, non pure-bred breeding
5	0	0	3	0	4		8	6			0	0	0	Other asses, non pure-bred breeding
5	0	0	3	0	4		8	6			0	0	0	- Other
														Live bovine animals:
														- Cattle:
							0	0			0	0	0	-- Pure-bred breeding
5	0	0	3	0	4		8	6		0	0	0	0	-- Other
														- Buffalo:
														-- Pure-bred breeding
							0	0			0	0	0	Endangered buffalo, pure-bred breeding
							0	0			0	0	0	Other buffalo, pure-bred breeding
														-- Other
5	0	0	3	0	4		8	6		0	0	0	0	Endangered buffalo, non pure-bred breeding
5	0	0	3	0	4		8	6		0	0	0	0	Other buffalo, non pure-bred breeding
														- Other:
														--- Pure-bred breeding
							0	0			0	0	0	Endangered wild bovine, pure-bred breeding
							0	0			0	0	0	Other bovine, pure-bred breeding
														--- Other
5	0	0	3	0	4		8	6		0	0	0	0	Endangered wild bovine, non pure-bred breeding
5	0	0	3	0	4		8	6		0	0	0	0	Other bovine, non pure-bred breeding
														Live swine:
														- Pure-bred breeding
							0	0			0	0	0	Babyrousa, Porcula Salvania, pure-bred breeding
							0	0			0	0	0	Other swine, pure-bred breeding
														- Other:

税　号	货　品　名　称	进口关税 % 最惠国	普通	年内暂定	增值/消费税%	出口退税 %	统计计量单位	监管证件代码	检验检疫类别	协定税率 % 东盟	亚太	智利
	-- 重量在50千克以下:											
0103.9110	--- 重量在10千克以下											
01039110.10	重量在10千克以下的其他野猪(改良种用的除外)	10	50		13	5	千克/头	4ABEFx	PR/Q	0		0
01039110.90	重量在10千克以下的其他猪(改良种用的除外)	10	50		13	5	千克/头	4ABx	PR/Q	0		0
0103.9120	--- 重量在10千克及以上，但在50千克以下											
01039120.10	10千克≤重量<50千克的其他野猪(改良种用的除外)	10	50		13	5	千克/头	4ABEFx	PR/Q	0		0
01039120.90	10千克≤重量<50千克的其他猪(改良种用的除外)	10	50		13	5	千克/头	4ABx	PR/Q	0		0
0103.9200	-- 重量在50千克及以上											
01039200.10	重量在50千克及以上的其他野猪(改良种用的除外)	10	50		13	5	千克/头	4ABEFx	PR/Q	0		0
01039200.90	重量在50千克及以上的其他猪(改良种用的除外)	10	50		13	5	千克/头	4ABx	PR/Q	0		0
01.04	**绵羊、山羊:**											
	- 绵羊:											
0104.1010	--- 改良种用	0	0		13	5	千克/头	AB	P/Q			
0104.1090	--- 其他	10	50		13	5	千克/头	AB	PR/Q	0		0
	- 山羊:											
0104.2010	--- 改良种用	0	0		13	5	千克/头	AB	P/Q			
0104.2090	--- 其他	10	50		13	5	千克/头	AB	P/Q	0		0
01.05	**家禽，即鸡、鸭、鹅、火鸡及珍珠鸡:**											
	- 重量不超过185克:											
	-- 鸡:											
0105.1110	--- 改良种用	0	0		13	5	千克/只	AB	P/Q			
0105.1190	--- 其他	10	50		13	5	千克/只	AB	PR/Q	0		0
	-- 火鸡:											
0105.1210	--- 改良种用	0	0		13	5	千克/只	AB	P/Q			
0105.1290	--- 其他	10	50		13	5	千克/只	AB	PR/Q	0		0
	-- 鸭:											
0105.1310	--- 改良种用	0	0		13	5	千克/只	AB	P/Q			
0105.1390	--- 其他	10	50		13	5	千克/只	AB	PR/Q	0		0
	-- 鹅:											
0105.1410	--- 改良种用	0	0		13	5	千克/只	AB	P/Q			
0105.1490	--- 其他	10	50		13	5	千克/只	AB	PR/Q	0		0
	-- 珍珠鸡:											
0105.1510	--- 改良种用	0	0		13	5	千克/只	AB	P/Q			
0105.1590	--- 其他	10	50		13	5	千克/只	AB	PR/Q	0		0
	- 其他:											
	-- 鸡:											
0105.9410	--- 改良种用	0	0		13	5	千克/只	4ABx	P/Q			
0105.9490	--- 其他	10	50		13	5	千克/只	4ABx	PR/Q	0		0
	-- 其他:											
0105.9910	--- 改良种用	0	0		13	5	千克/只	AB	P/Q			
	--- 其他:											
0105.9991	----鸭	10	50		13	5	千克/只	AB	P/Q	0		0
0105.9992	----鹅	10	50		13	5	千克/只	AB	P/Q	0		0
0105.9993	----珍珠鸡	10	50		13	5	千克/只	4ABx	P/Q	0		0
0105.9994	----火鸡	10	50		13	5	千克/只	AB	P/Q	0		0
01.06	**其他活动物:**											
	- 哺乳动物:											
	-- 灵长目:											
0106.1110	--- 改良种用	0	0		13	5	千克/只	ABEF	P/Q			
0106.1190	--- 其他	10	50		13	5	千克/只	ABEF	P/Q	0		0
	-- 鲸、海豚及鼠海豚（鲸目哺乳动物）；海牛及儒艮（海牛目哺乳动物）；海豹、海狮及海象（鳍足亚目哺乳动物）:											

协定税率 %										特惠税率 %				Article Description
巴基斯坦	冰岛	哥斯达黎	秘鲁	新西兰	瑞士	新加坡	韩国	澳大利亚	港澳台	老挝	孟加拉	33 国	7 国	
														-- Weighing less than 50kg:
														--- Weighing less than 10kg
5	0	0	0	0	4		8	6			0	0	0	Other wild swine, weighing less than 10kg (other than pure-bred breeding)
5	0	0	0	0	4		8	6			0	0	0	Other swine, weighing less than 10kg (other than pure-bred breeding)
														--- Weighing 10kg or more,but less than 50kg
5	0	0	0	0	4		8	6			0	0	0	Other wild swine, weighing 10kg or more, but less than 50kg (other than pure-bred breeding)
5	0	0	0	0	4		8	6			0	0	0	Other swine, weighing 10kg or more, but less than 50kg (other than pure-bred breeding)
														-- Weighing 50kg or more
5	0	0	0	0	4		8	6		0	0	0	0	Other wild live swine, weighing 50kg or more (other than pure-bred breeding)
5	0	0	0	0	4		8	6		0	0	0	0	Other swine, weighing 50kg or more (other than pure-bred breeding)
														Live sheep and goats:
														- Sheep:
							0	0			0	0	0	--- Pure-bred breeding
5	0	0	0	0	4		8	6			0	0	0	--- Other
														- Goats:
							0	0			0	0	0	--- Pure-bred breeding
5	0	0	0	0	4		8	6			0	0	0	--- Other
														Live poultry,that is to say,fowls of the species Gallus domesticus,ducks,geese,turkeys and guinea fowls:
														- Weighing not more than 185g:
														-- Fowls of the species Gallus domesticus:
							0	0			0	0	0	--- Pure-bred breeding
5	0	0	3	0	4		8	6		0	0	0	0	--- Other
														-- Turkeys:
							0	0			0	0	0	--- Pure-bred breeding
5	0	0	3	0	4		8	6			0	0	0	--- Other
														-- Ducks:
							0	0			0	0	0	--- Pure-bred breeding
5	0	0	0	0	4		8	6		0	0	0	0	--- Other
														-- Geese:
							0	0			0	0	0	--- Pure-bred breeding
5	0	0	0	0	4		8	6		0	0	0	0	--- Other
														-- Guinea fowls:
							0	0			0	0	0	--- Pure-bred breeding
5	0	0	0	0	4		8	6		0	0	0	0	--- Other
														- Other:
														-- Fowls of the species Gallus domesticus:
							0	0			0	0	0	--- Pure-bred breeding
5	0	0	0	0	4		8	6			0	0	0	--- Other
														-- Other:
							0	0			0	0	0	--- Pure-bred breeding
														--- Other:
5	0	0	0	0	4		8	6			0	0	0	----Ducks
5	0	0	0	0	4		8	6			0	0	0	----Geese
5	0	0	0	0	4		8	6			0	0	0	----Guinea fowls
5	0	0	0	0	4		8	6			0	0	0	----Turkeys
														Other live animals:
														- Mammals:
														-- Primates:
							0	0			0	0	0	--- Pure-bred breeding
5	0	0	0	0	4		8	6			0	0	0	--- Other
														-- Whales, dolphins and porpoises (mammals of the order Cetacea);manatees and dugongs (mammals of the order Sirenia); seals, sea lions and walruses (mammals of the suborder Pinnipedia):

税号	货品名称	进口关税 % 最惠国	普通	年内暂定	增值/消费税%	出口退税%	统计计量单位	监管证件代码	检验检疫类别	协定税率 % 东盟	亚太	智利
	--- 鲸、海豚及鼠海豚（鲸目哺乳动物）；海牛及儒艮（海牛目哺乳动物）：											
0106.1211	----改良种用	10	50	0	13	5	千克/只	ABEF	P/Q	0		0
0106.1219	----其他	10	50		13	5	千克/只	ABEF	P/Q	0		0
	--- 海豹、海狮及海象（鳍足亚目哺乳动物）：											
0106.1221	----改良种用	0	0		13	5	千克/只	ABEF	P/Q			
0106.1229	----其他	10	50		13	5	千克/只	ABEF	P/Q	0		0
	-- 骆驼及其他骆驼科动物:											
0106.1310	--- 改良种用											
01061310.10	改良种用濒危骆驼及其他濒危骆驼科动物(包括人工驯养、繁殖的)	0	0		13	0	千克/只	ABEF	P/Q			
01061310.90	其他改良种用骆驼及其他骆驼科动物	0	0		13	5	千克/只	AB	P/Q			
0106.1390	--- 其他											
01061390.10	其他濒危骆驼及其他濒危骆驼科动物(包括人工驯养、繁殖的)	10	50		13	0	千克/只	ABEF	PR/Q	0		0
01061390.90	其他骆驼及其他骆驼科动物	10	50		13	5	千克/只	AB	PR/Q	0		0
	-- 家兔及野兔:											
0106.1410	--- 改良种用											
01061410.10	改良种用濒危野兔(包括人工驯养、繁殖的)	0	0		13	0	千克/只	ABEF	P/Q			
01061410.90	改良种用家兔及其他改良种用野兔	0	0		13	5	千克/只	AB	P/Q			
0106.1490	--- 其他											
01061490.10	其他濒危野兔(包括人工驯养、繁殖的)	10	50		13	0	千克/只	ABEF	PR/Q	0		0
01061490.90	其他家兔及野兔	10	50		13	5	千克/只	AB	PR/Q	0		0
	-- 其他:											
0106.1910	--- 改良种用											
01061910.10	其他改良种用濒危哺乳动物(包括人工驯养、繁殖的)	0	0		13	0	千克/只	ABEF	P/Q			
01061910.90	其他改良种用哺乳动物	0	0		13	5	千克/只	AB	P/Q			
0106.1990	--- 其他											
01061990.10	其他濒危哺乳动物(包括人工驯养、繁殖的)	10	50		13	0	千克/只	ABEF	PR/Q	0		0
01061990.90	其他哺乳动物	10	50		13	5	千克/只	AB	PR/Q	0		0
	- 爬行动物（包括蛇及龟鳖）：											
	--- 改良种用:											
0106.2011	----鳄鱼苗	0	0		13	5	千克/只	ABEF	P/Q			
0106.2019	----其他	0	0		13	5	千克/只	ABEF	P/Q			
0106.2020	--- 食用											
01062020.10	食用蛇(包括人工驯养、繁殖的)	10	50		13	5	千克/只	ABEF	PR/Q	0		0
01062020.21	食用濒危龟鳖(包括人工驯养、繁殖的)	10	50		13	5	千克/只	ABEF	PR/Q	0		0
01062020.29	其他食用龟鳖(包括人工驯养、繁殖的)	10	50		13	5	千克/只	AB	PR/Q	0		0
01062020.90	其他食用爬行动物(包括人工驯养、繁殖的)	10	50		13	5	千克/只	ABEF	PR/Q	0		0
0106.2090	--- 其他	10	50		13	5	千克/只	ABEF	P/Q	0		0
	- 鸟:											
	-- 猛禽:											
0106.3110	--- 改良种用	0	0		13	5	千克/只	ABEF	P/Q			
0106.3190	--- 其他	10	50		13	5	千克/只	ABEF	P/Q	0		0
	-- 鹦形目（包括普通鹦鹉、长尾鹦鹉、金刚鹦鹉及美冠鹦鹉）：											
0106.3210	--- 改良种用鹦形目的鸟											
01063210.10	改良种用虎皮鹦鹉	0	0		13	5	千克/只	AB	P/Q			
01063210.20	改良种用鸡尾鹦鹉	0	0		13	5	千克/只	AB	P/Q			
01063210.90	改良种用其他鹦形目的鸟(包括人工驯养、繁殖的)	0	0		13	5	千克/只	ABEF	P/Q			
0106.3290	--- 非改良种用鹦形目的鸟											
01063290.10	非改良种用虎皮鹦鹉	10	50		13	5	千克/只	AB	P/Q	0		0
01063290.20	非改良种用鸡尾鹦鹉	10	50		13	5	千克/只	AB	P/Q	0		0

协定税率 %										特惠税率 %				Article Description
巴基斯坦	冰岛	哥斯达黎	秘鲁	新西兰	瑞士	新加坡	韩国	澳大利亚	港澳台	老挝	孟加拉	33 国	7 国	
														--- Whales, dolphins and porpoises (mammals of the order Cetacea);manatees and dugongs (mammals of the order Sirenia):
5	0	0	0	0	4		6	6			0	0	0	----Pure-bred breeding
5	0	0	0	0	4		8	6			0	0	0	----Other
														--- Seals, sea lions and walruses (mammals of the suborder Pinnipedia):
							0	0			0	0	0	----Pure-bred breeding
5	0	0	3	0	4		8	6			0	0	0	----Other
														-- Camels and other camelids (Camelidae):
														--- Pure-bred breeding
							0	0			0	0	0	Endangered camels and other endangered camelids (Camelidae) (including domesticated and artificially propagated), pure-bred breeding
							0	0			0	0	0	Other camels and other camelids (Camelidae), pure-bred breeding
														--- Other
5	0	0	3	0	4		8	6			0	0	0	Other endangered camels and other endangered wild camelids (Camelidae) (including domesticated and artificially propagated)
5	0	0	3	0	4		8	6			0	0	0	Other camels and other camelids (Camelidae)
														-- Rabbits and hares:
														--- Pure-bred breeding
							0	0			0	0	0	Endangered hares (including domesticated and artificially propagated), pure-bred breeding
							0	0			0	0	0	Other rabbits and hares, pure-bred breeding
														--- Other
5	0	0	3	0	4		8	6			0	0	0	Other endangered hares (including domesticated and artificially propagated)
5	0	0	3	0	4		8	6			0	0	0	Other rabbits and hares
														-- Other:
														--- Pure-bred breeding
							0	0			0	0	0	Other endangered mammals (including domesticated and artificially propagated), pure-bred breeding
							0	0			0	0	0	Other mammals, pure-bred breeding
														--- Other
5	0	0	3	0	4		8	6			0	0	0	Other endangered mammals (including domesticated and artificially propagated)
5	0	0	3	0	4		8	6			0	0	0	Other mammals
														- Reptiles(including snakes and turtles):
														--- Pure-bred breeding:
							0	0			0	0	0	----Crocodiles for cultivation
							0	0			0	0	0	----Other
														--- For human consumption
5	0	0	0	0	4		8	6			0	0	0	Snakes (including domesticated and artificially propagated), for human consumption
5	0	0	0	0	4		8	6			0	0	0	Endangered turtles(including domesticated and artificially propagated), for human consumption.
5	0	0	0	0	4		8	6			0	0	0	Other turtles(including domesticated and artificially propagated), for human consumption.
5	0	0	0	0	4		8	6			0	0	0	Other reptiles (including domesticated and artificially propagated), for human consumption
5	0	0	0	0	4		8	6			0	0	0	--- Other
														- Birds:
														-- Birds of prey:
							0	0			0	0	0	--- Pure-bred breeding
5	0	0	0	0	4		8	6			0	0	0	--- Other
														-- Psittaciformes(including parrots,parakeets,macaws and cockatoos):
														--- Pure-bred breeding
							0	0			0	0	0	Budgerigar (Melopsittacus undulates), pure-bred breeding
							0	0			0	0	0	Cockatiel (Nymphicus hollandicus), pure-bred breeding
							0	0			0	0	0	Other psittaciformes (including domesticated and artificially propagated), pure-bred breeding
														--- Other
5	0	0	0	0	4		8	6			0	0	0	Budgerigar (Melopsittacus undulatus), non pure-bred breeding
5	0	0	0	0	4		8	6			0	0	0	Cockatiel (Nymphicus hollandicus) , non pure-bred breeding

税号	货品名称	进口关税 % 最惠国	普通	年内暂定	增值/消费税%	出口退税%	统计计量单位	监管证件代码	检验检疫类别	协定税率 % 东盟	亚太	智利
01063290.90	非改良种用其他鹦形目的鸟(包括人工驯养、繁殖的)	10	50		13	5	千克/只	ABEF	P/Q	0		0
	-- 鸵鸟；鸸鹋：											
0106.3310	--- 改良种用											
01063310.10	改良种用濒危鸵鸟(包括人工驯养、繁殖的)	0	0		13	0	千克/只	ABEF	P/Q			
01063310.90	其他改良种用鸵鸟和改良种用鸸鹋	0	0		13	5	千克/只	AB	P/Q			
0106.3390	--- 其他											
01063390.10	其他濒危鸵鸟(包括人工驯养、繁殖的)	10	50		13	0	千克/只	ABEF	PR/Q	0		0
01063390.90	其他鸵鸟、鸸鹋	10	50		13	5	千克/只	AB	PR/Q	0		0
	-- 其他：											
0106.3910	--- 改良种用											
01063910.10	其他改良种用濒危鸟(包括人工驯养、繁殖的)	0	0		13	0	千克/只	ABEF	P/Q			
01063910.90	其他改良种用的鸟	0	0		13	5	千克/只	AB	P/Q			
	--- 食用：											
0106.3921	----乳鸽	10	50		13	5	千克/只	AB	PR/Q	0		0
0106.3923	----野鸭	10	50		13	5	千克/只	ABEF	PR/Q	0		0
0106.3929	----其他											
01063929.10	其他食用濒危鸟(包括人工驯养、繁殖的)	10	50		13	0	千克/只	ABEF	PR/Q	0		0
01063929.90	其他食用鸟	10	50		13	5	千克/只	AB	PR/Q	0		0
0106.3990	--- 其他											
01063990.10	其他濒危鸟(包括人工驯养、繁殖的)	10	50		13	0	千克/只	ABEF	PR/Q	0		0
01063990.90	其他鸟	10	50		13	5	千克/只	AB	PR/Q	0		0
	- 昆虫：											
	-- 蜂：											
0106.4110	--- 改良种用	0	0		13	5	千克/只	AB	P/Q			
0106.4190	--- 其他											
01064190.10	赤眼蜂	10	50		13	5	千克/只	ABS	P/Q	0	9	0
01064190.90	其他蜂	10	50		13	5	千克/只	AB	P/Q	0	9	0
	-- 其他：											
0106.4910	--- 改良种用											
01064910.10	其他改良种用濒危昆虫(包括人工驯养、繁殖的)	0	0		13	0	千克/只	ABEF	P/Q			
01064910.90	其他改良种用非濒危昆虫	0	0		13	5	千克/只	AB	P/Q			
0106.4990	--- 其他											
01064990.01	捕食螨	10	50		13	5	千克/只	ABS	P/Q	0	9	0
01064990.10	其他濒危昆虫(包括人工驯养、繁殖的)	10	50		13	0	千克/只	ABEF	P/Q	0	9	0
01064990.90	其他非濒危昆虫	10	50		13	5	千克/只	AB	P/Q	0	9	0
	- 其他：											
	--- 改良种用：											
0106.9011	----蛙苗											
01069011.10	改良种用濒危蛙苗	0	0		13	0	千克/只	ABEF	P/Q			
01069011.90	其他改良种用蛙苗	0	0		13	5	千克/只	AB	P/Q			
0106.9019	----其他											
01069019.10	其他改良种用濒危动物(包括人工驯养、繁殖的)	0	0		13	0	千克/只	ABEF	P/Q			
01069019.90	其他改良种用动物	0	0		13	5	千克/只	AB	P/Q			
0106.9090	--- 其他											
01069090.10	其他濒危动物(包括人工驯养、繁殖的)	10	50		13	0	千克/只	ABEF	P/Q	0	9	0
01069090.90	其他动物	10	50		13	5	千克/只	AB	P/Q	0	9	0

协定税率 %										特惠税率 %				Article Description
巴基斯坦	冰岛	哥斯达黎	秘鲁	新西兰	瑞士	新加坡	韩国	澳大利亚	港澳台	老挝	孟加拉	33 国	7 国	
5	0	0	0	0	4		8	6			0	0	0	Other psittaciformes (including domesticated and artificially propagated), non pure-bred breeding
														-- Ostriches; emus (Dromaius novaehollandiae):
														--- Pure-bred breeding
							0	0			0	0	0	Endangered ostriches (including domesticated and artificially propagated), pure-bred breeding
							0	0			0	0	0	Other ostriches and emus (Dromaius novaehollandiae), pure-bred breeding
														--- Other
5	0	0	0	0	4		8	6			0	0	0	Other endangered ostriches (including domesticated and artificially propagated)
5	0	0	0	0	4		8	6			0	0	0	Other ostriches and other emus (Dromaius novaehollandiae)
														-- Other:
														--- Pure-bred breeding
							0	0			0	0	0	Other endangered birds (including domesticated and artificially propagated), pure-bred breeding
							0	0			0	0	0	Other birds, pure-bred breeding
														--- For human consumption:
5	0	0	0	0	4		8	6			0	0	0	----Squabs
5	0	0	0	0	4		8	6			0	0	0	----Teals
														----Other
5	0	0	0	0	4		8	6			0	0	0	Other endangered birds (including domesticated and artificially propagated), for human consumption
5	0	0	0	0	4		8	6			0	0	0	Other birds for human consumption
														--- Other
5	0	0	0	0	4		8	6			0	0	0	Other endangered birds (including domesticated and artificially propagated)
5	0	0	0	0	4		8	6			0	0	0	Other birds
														- Insects:
														-- Bees:
							0	0			0	0	0	--- Pure-bred breeding
														--- Other
5	0	0	3	0	4		6	6			0	0	0	Oophagous trichogrammae
5	0	0	3	0	4		6	6			0	0	0	Other bees
														-- Other:
														--- Pure-bred breeding
							0	0			0	0	0	Other endangered insects (including domesticated and artificially propagated), pure-bred breeding
							0	0			0	0	0	Other non-endangered insects, pure-bred breeding
														--- Other
5	0	0	3	0	4		6	6			0	0	0	Predacious mites
5	0	0	3	0	4		6	6			0	0	0	Other endangered insects (including domesticated and artificially propagated)
5	0	0	3	0	4		6	6			0	0	0	Other non-endangered insects
														- Other:
														--- Pure-bred breeding:
														----Tadpole and young frogs
							0	0			0	0	0	Endangered tadpole and young frogs, pure-bred breeding
							0	0			0	0	0	Other tadpole and young frogs, pure-bred breeding
														----Other
							0	0			0	0	0	Other endangered animals (including domesticated and artificially propagated), pure-bred breeding
							0	0			0	0	0	Other animals, pure-bred breeding
														--- Other
5	0	0	3	0	4		8	6			0	0	0	Other endangered animals (including domesticated and artificially propagated)
5	0	0	3	0	4		8	6			0	0	0	Other animals

第二章 肉及食用杂碎

注释：

本章不包括：

一、税目 02.01 至 02.08 或 02.10 的不适合供人食用的产品；

二、动物的肠、膀胱、胃（税目 05.04）或动物血（税目 05.11、30.02）；或

三、税目 02.09 所列产品以外的动物脂肪（第十五章）。

税号	货品名称	进口关税 % 最惠国	进口关税 % 普通	进口关税 % 年内暂定	增值/消费税%	出口退税%	统计计量单位	监管证件代码	检验检疫类别	协定税率 % 东盟	协定税率 % 亚太	协定税率 % 智利
02.01	鲜、冷牛肉：											
0201.1000	- 整头及半头											
02011000.10	整头及半头鲜或冷藏的野牛肉	20	70		13	5	千克	4ABEFx	PR/QS	0		0
02011000.90	其他整头及半头鲜或冷藏的牛肉	20	70		13	5	千克	4ABx	PR/QS	0		0
0201.2000	- 带骨肉											
02012000.10	鲜或冷藏的带骨野牛肉	12	70		13	5	千克	47ABEFx	PR/Q	0		0
02012000.90	其他鲜或冷藏的带骨牛肉	12	70		13	5	千克	47ABx	PR/Q	0		0
0201.3000	- 去骨肉											
02013000.10	鲜或冷藏的去骨野牛肉	12	70		13	5	千克	47ABEFx	PR/QS	0		0
02013000.90	其他鲜或冷藏的去骨牛肉	12	70		13	13	千克	47ABx	PR/QS	0		0
02.02	冻牛肉：											
0202.1000	- 整头及半头											
02021000.10	冻藏的整头及半头野牛肉	25	70		13	5	千克	4ABEFx	PR/QS	0		0
02021000.90	其他冻藏的整头及半头牛肉	25	70		13	5	千克	4ABx	PR/QS	0		0
0202.2000	- 带骨肉											
02022000.10	冻藏的带骨野牛肉	12	70		13	5	千克	47ABEFx	PR/QS	0		0
02022000.90	其他冻藏的带骨牛肉	12	70		13	5	千克	47ABx	PR/QS	0		0
0202.3000	- 去骨肉											
02023000.10	冻藏的去骨野牛肉	12	70		13	5	千克	47ABEFx	PR/QS	0		0
02023000.90	其他冻藏的去骨牛肉	12	70		13	13	千克	47ABx	PR/QS	0		0
02.03	鲜、冷、冻猪肉：											
	- 鲜或冷的：											
	-- 整头及半头：											
0203.1110	--- 乳猪											
02031110.10	鲜或冷藏整头及半头野乳猪肉	20	70		13	5	千克	4ABEFx	PR/QS	0		0
02031110.90	其他鲜或冷藏的整头及半头乳猪肉	20	70		13	5	千克	4ABx	PR/QS	0		0
0203.1190	--- 其他											
02031190.10	其他鲜或冷藏整头及半头野猪肉	20	70		13	5	千克	4ABEFx	PR/QS	0		0
02031190.90	其他鲜或冷藏的整头及半头猪肉	20	70		13	5	千克	4ABx	PR/QS	0		0
0203.1200	-- 带骨的前腿、后腿及其肉块											
02031200.10	鲜或冷的带骨野猪前腿、后腿及肉块	20	70		13	5	千克	47ABEFx	PR/QS	0		0
02031200.90	鲜或冷的带骨猪前腿、后腿及其肉块	20	70		13	5	千克	47ABx	PR/QS	0		0
0203.1900	-- 其他											
02031900.10	其他鲜或冷藏的野猪肉	20	70		13	5	千克	47ABEFx	PR/QS	0		0
02031900.90	其他鲜或冷藏的猪肉	20	70		13	5	千克	47ABx	PR/QS	0		0
	- 冻的：											
	-- 整头及半头：											
0203.2110	--- 乳猪											
02032110.10	冻整头及半头野乳猪肉	12	70		13	5	千克	4ABEFx	PR/QS	0		0
02032110.90	冻整头及半头乳猪肉	12	70		13	5	千克	4ABx	PR/QS	0		0

Chapter 2　Meat and edible meat offal

Chapter Notes:

This Chapter does not cover:

1. Products of the kinds described in headings 02.01 to 02.08 or 02.10, unfit or unsuitable for human consumption;
2. Guts, bladders or stomachs of animals (heading 05.04) or animal blood (heading 05.11 or 30.02); or
3. Animal fat, other than products of heading 02.09 (Chapter 15).

协定税率 %										特惠税率 %				Article Description
巴基斯坦	冰岛	哥斯达黎	秘鲁	新西兰	瑞士	新加坡	韩国	澳大利亚	港澳台	老挝	孟加拉	33 国	7 国	
														Meat of bovine animals,fresh or chilled:
														- Carcasses and half-carcasses
	0	12	10.7	0	14		17.3	16		0	0	0	0	Meat of wild bovine animals, carcasses and half-carcasses, fresh or chilled
	0	12	10.7	0	14		17.3	16		0	0	0	0	Other meat of bovine animals, carcasses and half-carcasses, fresh or chilled
														- Other cuts with bone in
6	0	7.2	7.1	0	8.4		10.4	9.6		0	0	0	0	Meat of wild bovine animals, with bone in, fresh or chilled
6	0	7.2	7.1	0	8.4		10.4	9.6		0	0	0	0	Other meat of bovine animals, with bone in, fresh or chilled
														- Boneless
6	0	7.2	7.1	0	8.4		10.4	9.6			0	0	0	Meat of wild bovine animals, boneless, fresh or chilled
6	0	7.2	7.1	0	8.4		10.4	9.6			0	0	0	Other meat of bovine animals, boneless, fresh or chilled
														Meat of bovine animals,frozen:
														- Carcasses and half-carcasses
	0	0	13.3	0	17.5		22.5	20		0	0	0	0	Meat of wild bovine animals, carcasses and half-carcasses, frozen
	0	0	13.3	0	17.5		22.5	20		0	0	0	0	Other meat of bovine animals, carcasses and half-carcasses, frozen
														- Other cuts with bone in
6	0	0	7.1	0	8.4		10.4	9.6		0	0	0	0	Meat of wild bovine animals, with bone in, frozen
6	0	0	7.1	0	8.4		10.4	9.6		0	0	0	0	Other meat of bovine animals, with bone in, frozen
														- Boneless
6	0	0	7.1	0	8.4		10.4	9.6			0	0	0	Meat of wild bovine animals, boneless, frozen
6	0	0	7.1	0	8.4		10.4	9.6			0	0	0	Other meat of bovine animals, boneless, frozen
														Meat of swine,fresh,chilled or frozen:
														- Fresh or chilled:
														-- Carcasses and half-carcasses:
														--- Sucking pig
	0	0	6	0	14		17.3	12		0	0	0	0	Meat of wild sucking pig, carcasses and half-carcasses, fresh or chilled
	0	0	6	0	14		17.3	12		0	0	0	0	Meat of other sucking pig, carcasses and half-carcasses, fresh or chilled
														--- Other
	0	0	0	0	14		17.3	12		0	0	0	0	Other meat of wild swine, carcasses and half-carcasses, fresh or chilled
	0	0	0	0	14		17.3	12		0	0	0	0	Other meat of swine, carcasses and half-carcasses, fresh or chilled
														-- Hams,shoulders and cuts thereof,with bone in
	0	0	6	0	14		17.3	12		0	0	0	0	Hams, shoulders and cuts of wild swine, with bone in, fresh or chilled
	0	0	6	0	14		17.3	12		0	0	0	0	Hams, shoulders and cuts of swine, with bone in, fresh or chilled
														-- Other
	0	0	0	0	14		17.3	12		0	0	0	0	Other meat of wild swine, fresh or chilled
	0	0	0	0	14		17.3	12		0	0	0	0	Other meat of swine, fresh or chilled
														- Frozen:
														-- Carcasses and half-carcasses:
														--- Sucking pig
6	0	0	3.6	0	8.4		9.6	7.2		0	0	0	0	Meat of wild sucking pig, carcasses and half-carcasses, frozen
6	0	0	3.6	0	8.4		9.6	7.2		0	0	0	0	Meat of sucking pig, carcasses and half-carcasses, frozen

税号	货品名称	进口关税 % 最惠国	进口关税 % 普通	进口关税 % 年内暂定	增值/消费税%	出口退税%	统计计量单位	监管证件代码	检验检疫类别	协定税率 % 东盟	协定税率 % 亚太	协定税率 % 智利
0203.2190	--- 其他											
02032190.10	其他冻整头及半头野猪肉	12	70		13	5	千克	47ABEFx	PR/QS	0		0
02032190.90	其他冻整头及半头猪肉	12	70		13	5	千克	47ABx	PR/QS	0		0
0203.2200	-- 带骨的前腿、后腿及其肉块											
02032200.10	冻带骨野猪前腿、后腿及肉	12	70		13	5	千克	47ABEFx	PR/QS	0		0
02032200.90	冻藏的带骨猪前腿、后腿及其肉块	12	70		13	5	千克	47ABx	PR/QS	0		0
0203.2900	-- 其他											
02032900.10	冻藏野猪其他肉	12	70		13	5/13	千克	47ABEFx	PR/QS	0		0
02032900.90	其他冻藏猪肉	12	70		13	5/13	千克	47ABx	PR/QS	0		0
02.04	**鲜、冷、冻绵羊肉或山羊肉：**											
0204.1000	- 鲜或冷的整头及半头羔羊	15	70		13	5	千克	7AB	PR/QS	0		0
	- 其他鲜或冷的绵羊肉：											
0204.2100	-- 整头及半头	23	70		13	5	千克	7AB	PR/Q	0		0
0204.2200	-- 带骨肉	15	70		13	5	千克	7AB	PR/QS	0		0
0204.2300	-- 去骨肉	15	70		13	5	千克	7AB	PR/QS	0		0
0204.3000	- 冻的整头及半头羔羊	15	70		13	5	千克	7AB	PR/QS	0		0
	- 其他冻的绵羊肉：											
0204.4100	-- 整头及半头	23	70		13	5	千克	7AB	PR/QS	0		0
0204.4200	-- 带骨肉	12	70		13	5	千克	7AB	PR/QS	0		0
0204.4300	-- 去骨肉	15	70		13	13	千克	7AB	PR/QS	0		0
0204.5000	- 山羊肉	20	70		13	13	千克	7AB	PR/QS	0		0
02.05	**鲜、冷、冻马、驴、骡肉：**											
0205.0000	鲜、冷、冻马、驴、骡肉											
02050000.10	鲜、冷或冻的濒危野马、野驴肉	20	70		13	0	千克	ABEF	PR/QS	0		0
02050000.90	鲜、冷或冻的马、驴、骡肉	20	70		13	5	千克	AB	PR/QS	0		0
02.06	**鲜、冷、冻牛、猪、绵羊、山羊、马、驴、骡的食用杂碎：**											
0206.1000	- 鲜、冷牛杂碎	12	70		13	5	千克	4ABx	PR/QS	0		0
	- 冻牛杂碎：											
0206.2100	-- 舌	12	70		13	5	千克	47ABx	PR/QS	0		0
0206.2200	-- 肝	12	70		13	5	千克	47ABx	PR/QS	0		0
0206.2900	-- 其他	12	70		13	5	千克	47ABx	PR/QS	0		0
0206.3000	- 鲜、冷猪杂碎	20	70		13	5	千克	4ABx	PR/QS	0		0
	- 冻猪杂碎：											
0206.4100	-- 肝	20	70		13	5	千克	47ABx	PR/QS	0		0
0206.4900	-- 其他	12	70		13	5	千克	47ABx	PR/QS	0		0
0206.8000	- 其他鲜或冷杂碎											
02068000.10	鲜或冷的羊杂碎	20	70		13	5	千克	AB	PR/QS	0		0
02068000.90	鲜或冷的马、驴、骡杂碎	20	70		13	5	千克	AB	PR/QS	0		0
0206.9000	- 其他冻杂碎											
02069000.10	冻藏的羊杂碎	18	70		13	5	千克	7AB	PR/QS	0		0
02069000.90	冻藏的马、驴、骡杂碎	18	70		13	5	千克	AB	PR/QS	0		0
02.07	**税目 01.05 所列家禽的鲜、冷、冻肉及食用杂碎：**											
	- 鸡：											
0207.1100	-- 整只，鲜或冷的	20	70		13	5	千克	4ABx	PR/QS	0		0
0207.1200	-- 整只，冻的	1.3元/千克	5.6元/千克		13	5	千克	47ABx	PR/QS	0		0
	-- 块及杂碎，鲜或冷的：											
	--- 块：											
0207.1311	----带骨的	20	70		13	13	千克	4ABx	PR/QS	0		0
0207.1319	----其他	20	70		13	13	千克	4ABx	PR/QS	0		0
	--- 杂碎：											
0207.1321	----翼（不包括翼尖）	20	70		13	13	千克	4ABx	PR/QS	0		0
0207.1329	----其他	20	70		13	5	千克	4ABx	PR/QS	0		0

协定税率 %										特惠税率 %				Article Description
巴基斯坦	冰岛	哥斯达黎	秘鲁	新西兰	瑞士	新加坡	韩国	澳大利亚	港澳台	老挝	孟加拉	33 国	7 国	
														--- Other
6	0	0	3.6	0	8.4		9.6	7.2		0	0	0	0	Other meat of wild swine, carcasses and half-carcasses, frozen
6	0	0	3.6	0	8.4		9.6	7.2		0	0	0	0	Other meat of swine, carcasses and half-carcasses, frozen
														-- Hams,shoulders and cuts thereof,with bone in
6	0	0	0	0	8.4		9.6	7.2		0	0	0	0	Hams, shoulders and cuts thereof of wild swine, with bone in, frozen
6	0	0	0	0	8.4		9.6	7.2		0	0	0	0	Hams, shoulders and cuts thereof of swine, with bone in, frozen
														-- Other
6	0	0	6.4	0	8.4		9.6	7.2			0	0	0	Other meat of wild swine, frozen
6	0	0	6.4	0	8.4		9.6	7.2			0	0	0	Other meat of swine, frozen
														Meat of sheep or goats,fresh,chilled or frozen:
12	0	9	8	0	10.5		12	11.7				0	0	- Carcasses and half-carcasses of lamb,fresh or chilled
														- Other meat of sheep,fresh or chilled:
	0	13.8	12.3	0	16.1		20.7	17.9				0	0	-- Carcasses and half-carcasses
12	0	9	8	0	10.5		12	11.7				0	0	-- Other cuts with bone in
12	0	9	6.2	0	10.5		12	11.7				0	0	-- Boneless
12	0	9	8.8	0	10.5		12	11.7				0	0	- Carcasses and half-carcasses of lamb,frozen
														- Other meat of sheep,frozen:
	0	13.8	13.5	0	16.1		20.7	17.9				0	0	-- Carcasses and half-carcasses
6	0	7.2	7.1	0	8.4		9.6	9.3				0	0	-- Other cuts with bone in
12	0	9	8.8	0	10.5		12	11.7				0	0	-- Boneless
	0	12	8.3	0	14		17.3	15.6				0	0	- Meat of goats
														Meat of horses,asses,mules or hinnies,fresh,chilled of frozen:
														Meat of horses,asses,mules or hinnies,fresh,chilled or frozen
	0	0	6	0	14		17.3	12				0	0	Meat of endangered wild horses, endangered wild asses, fresh, chilled or frozen
	0	0	6	0	14		17.3	12				0	0	Meat of other horses, asses, mules or hinnies, fresh, chilled or frozen
														Edible offal of bovine animals,swine,sheep,goats,horses, asses ,mules or hinnies,fresh,chilled or frozen:
6	0	0	5	0	8.4		9.6	7.2		0	0	0	0	- Of bovine animals,fresh or chilled
														- Of bovine animals,frozen:
6	0	0	3.6	0	8.4		9.6	7.2		0	0	0	0	-- Tongues
6	0	0	0	0	8.4		9.6	7.2		0	0	0	0	-- Livers
6	0	0	3.6	0	8.4		9.6	9		0	0	0	0	-- Other
	0	0	6	0	14		17.3	12		0	0	0	0	- Of swine,fresh of chilled
														- Of swine,frozen:
	0	0	6	0	14		17.3	12		0	0	0	0	-- Livers
6	0	0	3.6	0	8.4		9.6	7.2		0	0	0	0	-- Other
														- Other,fresh or chilled
	0	0	8.3	0	14		17.3	16			0	0	0	Edible offal of sheep or goats, fresh or chilled
	0	0	8.3	0	14		17.3	16			0	0	0	Edible offal of horses, asses, mules or hinnies, fresh or chilled
														- Other，frozen
14.4	0	0	10.6	0	12.6		15.6	13.5			0	0	0	Edible offal of sheep or goats, frozen
14.4	0	0	10.6	0	12.6		15.6	13.5			0	0	0	Edible offal of horses, asses, mules or hinnies, frozen
														Meat and edible offal,of the poultry of heading 01.05, fresh,chilled or frozen:
														- Of fowls of the species Gallus domesticus:
	0	0	0	0	14		17.3	12		0	0	0	0	-- Not cut in pieces,fresh or chilled
	0	0	6	0	14		1.1元/千克	12		0	0	0	0	-- Not cut in pieces,frozen
														-- Chicken cut and offal,frozen:
														--- Cut:
	0	0	0	0	14		17.3	12		0	0	0	0	----With bone
	0	0	0	0	14		17.3	12		0	0	0	0	----Other
														--- Offal:
	0	0	0	0	14		17.3	12		0	0	0	0	----Midjoint wing
	0	0	0	0	14		17.3	12		0	0	0	0	----Other

税号	货品名称	进口关税 %			增值/消费税%	出口退税%	统计计量单位	监管证件代码	检验检疫类别	协定税率 %		
		最惠国	普通	年内暂定						东盟	亚太	智利
	-- 块及杂碎，冻的：											
	--- 块：											
0207.1411	----带骨的	0.6元/千克	4.2元/千克		13	13	千克	47ABx	PR/QS	0		0
0207.1419	----其他	0.7元/千克	9.5元/千克		13	13	千克	47ABx	PR/QS	0		0
	--- 杂碎：											
0207.1421	----翼（不包括翼尖）	0.8元/千克	8.1元/千克		13	13	千克	47ABx	PR/QS	0		0
0207.1422	----鸡爪	1元/千克	3.2元/千克		13	5	千克	47ABx	PR/QS	0		0
0207.1429	----其他	0.5元/千克	3.2元/千克		13	5	千克	47ABx	PR/QS	0		0
	- 火鸡：											
0207.2400	-- 整只，鲜或冷的	20	70		13	5	千克	AB	PR/QS	0		0
0207.2500	-- 整只，冻的	20	70		13	5	千克	AB	PR/QS	0		0
0207.2600	-- 块及杂碎，鲜或冷的	20	70		13	5/13	千克	AB	PR/QS	0		0
0207.2700	-- 块及杂碎，冻的	10	70		13	5/13	千克	AB	PR/QS	0		0
	- 鸭：											
0207.4100	-- 整只，鲜或冷的	20	70		13	5	千克	AB	PR/QS	0		0
0207.4200	-- 整只，冻的	20	70		13	5	千克	AB	PR/QS	0		0
0207.4300	-- 肥肝，鲜或冷的	20	70		13	5	千克	AB	PR/QS	0		0
0207.4400	-- 其他，鲜或冷的	20	70		13	5/13	千克	AB	PR/QS	0		0
0207.4500	-- 其他，冻的	20	70		13	5/13	千克	AB	PR/QS	0		0
	- 鹅：											
0207.5100	-- 整只，鲜或冷的	20	70		13	5	千克	AB	PR/QS	0		0
0207.5200	-- 整只，冻的	20	70		13	5	千克	AB	PR/QS	0		0
0207.5300	-- 肥肝，鲜或冷的	20	70		13	5	千克	AB	PR/QS	0		0
0207.5400	-- 其他，鲜或冷的	20	70		13	5/13	千克	AB	PR/QS	0		0
0207.5500	-- 其他，冻的	20	70		13	5/13	千克	AB	PR/QS	0		0
0207.6000	- 珍珠鸡	20	70		13	5/13	千克	AB	PR/QS	0		0
02.08	**其他鲜、冷、冻肉及食用杂碎：**											
	- 家兔或野兔的：											
0208.1010	--- 鲜、冷兔肉，兔头除外	20	70		13	5/13	千克	AB	PR/QS	0		0
0208.1020	--- 冻兔肉，兔头除外	20	70		13	5/13	千克	AB	PR/QS	0		0
0208.1090	--- 其他											
02081090.10	鲜、冷或冻的濒危野兔肉及其食用杂碎(不包括兔头)	20	70		13	0	千克	ABEF	PR/QS	0		0
02081090.90	鲜、冷或冻家兔食用杂碎	20	70		13	5	千克	AB	PR/QS	0		0
0208.3000	- 灵长目的	23	70		13	5	千克	ABEF	PR/QS	0		0
0208.4000	- 鲸、海豚及鼠海豚（鲸目哺乳动物）的；海牛及儒艮（海牛目哺乳动物）的；海豹、海狮及海象（鳍足亚目哺乳动物）的	23	70		13	5	千克	ABEF	PR/QS	0		0
0208.5000	- 爬行动物（包括蛇及龟鳖）的	23	70		13	5	千克	ABEF	PR/QS	0		0
0208.6000	- 骆驼及其他骆驼科动物的											
02086000.10	鲜、冷或冻的濒危野生骆驼及其他濒危野生骆驼科动物的肉及食用杂碎	23	70		13	0	千克	ABEF	PR/QS	0		0
02086000.90	其他鲜、冷或冻骆驼及其他骆驼科动物的肉及食用杂碎	23	70		13	5	千克	AB	PR/QS	0		0
	- 其他：											
0208.9010	--- 乳鸽的	20	70		13	5	千克	AB	PR/QS	0		0
0208.9090	--- 其他											
02089090.10	其他鲜、冷或冻的濒危野生动物肉	23	70		13	0	千克	ABEF	PR/QS	0		0
02089090.90	其他鲜、冷或冻肉及食用杂碎	23	70		13	5	千克	AB	PR/QS	0		0

协定税率 %										特惠税率 %				
巴基斯坦	冰岛	哥斯达黎	秘鲁	新西兰	瑞士	新加坡	韩国	澳大利亚	港澳台	老挝	孟加拉	33 国	7 国	Article Description
														-- Cuts and offal,frozen:
														--- Cut:
0.3元/千克	0	0	0	0	4		0.4元/千克	6		0	0	0	0	----With bone
0.35元/千克	0	0	3	0	4		0.5元/千克	6		0	0	0	0	----Other
														--- Offal:
0.4元/千克	0	0	0	0	4		0.6元/千克	6		0	0	0	0	----Midjoint wing
0.25元/千克	0	0	3	0	4		0.4元/千克	6		0	0	0	0	----Chicken claw
0.25元/千克	0	0	3	0	4		0.4元/千克	6		0	0	0	0	----Other
														- Of turkeys:
	0	0	0	0	14		17.3	12		0	0	0	0	-- Not cut in pieces,fresh or chilled
	0	0	6	0	14		17.3	12		0	0	0	0	-- Not cut in pieces, frozen
	0	0	0	0	14		17.3	12		0	0	0	0	-- Cuts and offal,fresh or chilled
5	0	0	3	0	4		8	6		0	0	0	0	-- Cuts and offal,frozen
														- Of ducks:
	0	0	6	0	14		17.3	12		0	0	0	0	-- Not cut in pieces, fresh or chilled
	0	0	6	0	14		17.3	12		0	0	0	0	-- Not cut in pieces, frozen
	0	0	6	0	14		17.3	12		0	0	0	0	-- Fatty livers, fresh or chilled
	0	0	6	0	14		17.3	12		0	0	0	0	-- Other, fresh or chilled
	0	0	6	0	14		18	12		0	0	0	0	-- Other, frozen
														- Of geese:
	0	0	6	0	14		17.3	12		0	0	0	0	-- Not cut in pieces, fresh or chilled
	0	0	6	0	14		17.3	12		0	0	0	0	-- Not cut in pieces, frozen
	0	0	6	0	14		17.3	12		0	0	0	0	-- Fatty livers, fresh or chilled
	0	0	6	0	14		17.3	12		0	0	0	0	-- Other, fresh or chilled
	0	0	6	0	14		17.3	12		0	0	0	0	-- Other, frozen
	0	0	6	0	14		17.3	12		0	0	0	0	- Of guinea fowls
														Other meat and edible meat offal,fresh,chilled or frozen:
														- Of rabbits or hares:
	0	0	6	0	14		17.3	12				0	0	--- Meat of rabbits,fresh or chilled,excluding head
	0	0	6	0	14		17.3	12				0	0	--- Meat of rabbits,frozen,excluding head
														--- Other
	0	0	6	0	14		17.3	12				0	0	Meat and edible meat offal of endangered hares, other than heads, fresh, chilled or frozen
	0	0	6	0	14		17.3	12				0	0	Edible offal of rabbits, fresh, chilled or frozen
	0	0	6.9	0	16.1		18.4	13.8				0	0	- Of primates
	0	0	6.9	0	16.1		18.4	13.8				0	0	- Of whales, dolphins and porpoises (mammals of the order Cetacea); of manatees and dugongs (mammals of the order Sirenia); of seals, sea lions and walruses (mammals of the suborder Pinnipedia)
	0	0	6.9	0	16.1		18.4	13.8				0	0	- Of reptiles(including snakes and turtles)
														- Of camels and other camelids (Camelidae)
	0	0	6.9	0	16.1		18.4	13.8				0	0	Meat and edible meat offal of endangered camels and other endangered camelids (Camelidae), fresh, chilled or frozen
	0	0	6.9	0	16.1		18.4	13.8				0	0	Meat and edible meat offal of other camels and other camelids (Camelidae), fresh, chilled or frozen
														- Other:
	0	0	6	0	14		17.3	12				0	0	--- Of squabs
														--- Other
	0	0	6.9	0	16.1		20.7	13.8				0	0	Meat of other endangered wild animals, fresh, chilled or frozen
	0	0	6.9	0	16.1		20.7	13.8				0	0	Other meat and edible offal, fresh, chilled or frozen

税号	货品名称	进口关税 %			增值/消费税%	出口退税%	统计计量单位	监管证件代码	检验检疫类别	协定税率 %		
		最惠国	普通	年内暂定						东盟	亚太	智利
02.09	未炼制或用其他方法提取的不带瘦肉的肥猪肉、猪脂肪及家禽脂肪，鲜、冷、冻、干、熏、盐腌或盐渍的：											
0209.1000	- 猪的	20	70		13	5	千克	AB	PR/Q	0		0
0209.9000	- 其他	20	70		13	5	千克	AB	PR/Q	0		0
02.10	肉及食用杂碎，干、熏、盐腌或盐渍的；可供食用的肉或杂碎的细粉、粗粉：											
	- 猪肉：											
	-- 带骨的前腿、后腿及其肉块：											
0210.1110	--- 带骨的腿											
02101110.10	干、熏、盐制的带骨鹿豚、姬猪腿	25	80		13	5	千克	ABEF	PR/QS	0		0
02101110.90	其他干、熏、盐制的带骨猪腿	25	80		13	5	千克	AB	PR/QS	0		0
0210.1190	--- 其他											
02101190.10	干、熏、盐制的带骨鹿豚、姬猪腿肉块	25	80		13	5	千克	ABEF	PR/QS	0		0
02101190.90	其他干、熏、盐制的带骨猪腿肉	25	80		13	5	千克	AB	PR/QS	0		0
0210.1200	-- 腹肉（五花肉）											
02101200.10	干、熏、盐制的鹿豚、姬猪腹肉(指五花肉)	25	80		13	5	千克	ABEF	PR/QS	0		0
02101200.90	其他干、熏、盐制的猪腹肉(指五花肉)	25	80		13	5	千克	AB	PR/QS	0		0
0210.1900	-- 其他											
02101900.10	干、熏、盐制的鹿豚、姬猪其他肉	25	80		13	5	千克	ABEF	PR/QS	0		0
02101900.90	其他干、熏、盐制的其他猪肉	25	80		13	5	千克	AB	PR/QS	0		0
0210.2000	- 牛肉											
02102000.10	干、熏、盐制的濒危野牛肉	25	80		13	0	千克	ABEF	PR/QS	0		0
02102000.90	干、熏、盐制的其他牛肉	25	80		13	5	千克	AB	PR/QS	0		0
	- 其他，包括可供食用的肉或杂碎的细粉、粗粉：											
0210.9100	-- 灵长目的	25	80		13	5	千克	ABEF	PR/QS	0		0
0210.9200	-- 鲸、海豚及鼠海豚（鲸目哺乳动物）的；海牛及儒艮（海牛目哺乳动物）的；海豹、海狮及海象（鳍足亚目哺乳动物）的	25	80		13	5	千克	ABEF	PR/QS	0		0
0210.9300	-- 爬行动物（包括蛇及龟鳖）的	25	80		13	5	千克	ABEF	PR/QS	0		0
0210.9900	-- 其他											
02109900.10	干、熏、盐制的其他濒危动物肉及杂碎(包括可供食用的肉或杂碎的细粉、粗粉)	25	80		13	0	千克	ABEF	PR/QS	0		0
02109900.90	干、熏、盐制的其他肉及食用杂碎(包括可供食用的肉或杂碎的细粉、粗粉)	25	80		13	5	千克	AB	PR/QS	0		0

协定税率 %										特惠税率 %				Article Description
巴基斯坦	冰岛	哥斯达黎	秘鲁	新西兰	瑞士	新加坡	韩国	澳大利亚	港澳台	老挝	孟加拉	33 国	7 国	
														Pig fat free of lean meat and poultry fat not rendered or otherwise extracted,fresh,chilled,frozen,salted,in brine,dried or smoked:
	0	0	6	0	14		17.3	12				0	0	- Of pigs
	0	0	6	0	14		17.3	12				0	0	- Other
														Meat and edible meat offal,sal-ted,in brine,dried or smoked;edible flours and meals of meat or meat offal:
														- Meat of swine:
														-- Hams,shoulders and cuts thereof,with bone in:
														--- Hams and shoulders,with bone in
	0	0	0	0			22.5	15		0	0	0	0	Hams and shoulders of Babyrousa, Porcula Salvania, with bone in, salted, in brine, dried or smoked
	0	0	0	0			22.5	15		0	0	0	0	Hams and shoulders of other swine, with bone in, salted, in brine, dried or smoked
														--- Other
	0	0	0	0			22.5	15		0	0	0	0	Cuts of hams and shoulders of Babyrousa, Porcula Salvania, with bone in, salted, in brine, dried or smoked
	0	0	0	0			22.5	15		0	0	0	0	Cuts of hams and shoulders of other swine, with bone in, salted, in brine, dried or smoked
														-- Bellies (streaky)and cuts thereof
	0	0	0	0			22.5	15		0	0	0	0	Bellies (streaky) and cuts of Babyrousa, Porcula Salvania, salted, in brine, dried or smoked
	0	0	0	0			22.5	15		0	0	0	0	Bellies (streaky) and cuts of other swine, salted, in brine, dried or smoked
														-- Other
	0	0	7.5	0			22.5	15			0	0	0	Other meat of Babyrousa, Porcula Salvania, salted, in brine, dried or smoked
	0	0	7.5	0			22.5	15			0	0	0	Other meat of other swine, salted, in brine, dried or smoked
														- Meat of bovine animals
	0	0	7.5	0	10		22.5	20		0	0	0	0	Meat of endangered wild bovine animals, salted, in brine, dried or smoked
	0	0	7.5	0	10		22.5	20		0	0	0	0	Meat of other bovine animals, salted, in brine, dried or smoked
														- Other,including edible flours and meals of meat and meat offal:
	0	0	7.5	0	17.5		20	15		0	0	0	0	-- Of primates
	0	0	7.5	0	17.5		20	15		0	0	0	0	-- Of whales, dolphins and porpoises (mammals of the order Cetacea); of manatees and dugongs (mammals of the order Sirenia); of seals, sea lions and walruses (mammals of the suborder Pinnipedia)
	0	0	7.5	0	17.5		20	15		0	0	0	0	-- Of reptiles(including snakes and turtles)
														-- Other
	0	0	7.5	0	17.5		22.5	15		0	0	0	0	Meat and edible offal of other endangered animals (including edible flours and meals of meat and meat offal), salted, in brine, dried or smoked
	0	0	7.5	0	17.5		22.5	15		0	0	0	0	Meat and edible offal of other endangered animals (including edible flours and meals of meat and meat offal), salted, in brine, dried or smoked

第三章　鱼、甲壳动物、软体动物及其他水生无脊椎动物

注释：

一、本章不包括：

（一）税目 01.06 的哺乳动物；

（二）税目 01.06 的哺乳动物的肉（税目 02.08 或 02.10）；

（三）因品种或鲜度不适合供人食用的死鱼（包括鱼肝及鱼卵）、死甲壳动物、死软体动物及其他死水生无脊椎动物（第五章）；不适合供人食用的鱼、甲壳动物、软体动物、其他水生无脊椎动物的粉、粒（税目 23.01）；或

（四）鲟鱼子酱及用鱼卵制成的鲟鱼子酱代用品（税目 16.04）。

二、本章所称“团粒”，是指直接挤压或加入少量粘合剂制成的粒状产品。

税　号	货 品 名 称	进口关税 %			增值/消费税%	出口退税%	统计计量单位	监管证件代码	检验检疫类别	协定税率 %		
		最惠国	普通	年内暂定						东盟	亚太	智利
03.01	活鱼：											
	- 观赏鱼：											
0301.1100	-- 淡水鱼											
03011100.10	观赏用濒危淡水鱼	17.5	80		13	0	千克	ABEF	P/Q	0		0
03011100.90	观赏用其他淡水鱼	17.5	80		13	5	千克	AB	P/Q	0		0
0301.1900	-- 其他											
03011900.10	观赏用濒危非淡水鱼	17.5	80		13	0	千克	ABEF	P/Q	0		0
03011900.90	其他观赏用非淡水鱼	17.5	80		13	5	千克	AB	P/Q	0		0
	- 其他活鱼：											
	-- 鳟鱼(河鳟、虹鳟、克拉克大麻哈鱼、阿瓜大麻哈鱼、吉雨大麻哈鱼、亚利桑那大麻哈鱼、金腹大麻哈鱼)：											
0301.9110	--- 鱼苗	0	0		13	5	千克	AB	P/Q			
0301.9190	--- 其他	10.5	40		13	5	千克	AB	PR/Q	0	8	0
	-- 鳗鱼（鳗鲡属）：											
0301.9210	--- 鱼苗											
03019210.10	花鳗鲡鱼苗	0	0		13	0	千克	ABE	P/NQ			
03019210.20	欧洲鳗鲡鱼苗	0	0		13	0	千克	ABEF	P/NQ			
03019210.90	其他鳗鱼(鳗鲡属)苗	0	0		13	0	千克	AB	P/NQ			
0301.9290	--- 其他											
03019290.10	花鳗鲡	10	40		13	5	千克	ABE	PR/QS	0	6.7	0
03019290.20	欧洲鳗鲡	10	40		13	5	千克	ABEF	PR/QS	0	6.7	0
03019290.90	其他活鳗鱼(鳗鲡属)	10	40		13	5	千克	AB	PR/QS	0	6.7	0
	-- 鲤科鱼（西鲤、黑鲫、草鱼、鲢属、鲮属、青鱼）：											
0301.9310	--- 鱼苗	0	0		13	5	千克	AB	P/Q			
0301.9390	--- 其他	10.5	40		13	5	千克	AB	PR/QS	0	8	0
	-- 大西洋及太平洋蓝鳍金枪鱼：											
0301.9410	--- 鱼苗	0	0		13	5	千克	AB	P/Q			
	--- 其他：											
0301.9491	----大西洋蓝鳍金枪鱼	10.5	40		13	5	千克	AB	P/NQ	0	8	0
0301.9492	----太平洋蓝鳍金枪鱼	10.5	40		13	5	千克	AB	P/NQ	0	8	0
	-- 南方蓝鳍金枪鱼：											
0301.9510	--- 鱼苗	0	0		13	5	千克	AB	P/Q			
0301.9590	--- 其他	10.5	40		13	5	千克	AB	P/NQ	0	8	0
	-- 其他：											
	--- 鱼苗：											
0301.9911	----鲈鱼	0	0		13	5	千克	AB	P/Q			
0301.9912	----鲟鱼	0	0		13	5	千克	ABEF	P/Q			
0301.9919	----其他											
03019919.10	其他濒危鱼苗	0	0		13	0	千克	ABEF	P/Q			
03019919.90	其他鱼苗	0	0		13	5	千克	AB	P/Q			
	--- 其他：											

Chapter 3 Fish and crustaceans, mollusks and other aquatic invertebrates

Chapter Notes:

1. This Chapter does not cover:

   (a) Mammals of heading 01.06;

   (b) Meat of mammals of heading 01.06 (heading 02.08 or 02.10);

   (c) Fish (including livers and roes thereof) or crustaceans, molluscs or other aquatic invertebrates, dead and unfit or unsuitable for human consumption by reason of either their species or their condition (Chapter 5); flours, meals or pellets of fish or of crustaceans, molluscs or other aquatic invertebrates, unfit for human consumption (heading 23.01);or

   (d) Caviar or caviar substitutes prepared from fish eggs (heading 16.04).

2. In this Chapter the term “pellets” means products which have been agglomerated either directly by compression or by the addition of a small quantity of binder.

协定税率 %										特惠税率 %				Article Description
巴基斯坦	冰岛	哥斯达黎	秘鲁	新西兰	瑞士	新加坡	韩国	澳大利亚	港澳台	老挝	孟加拉	33 国	7 国	
														Live fish:
														- Ornamental fish:
														-- Freshwater
14	0	7	0	0	12.3		15.1	10.5	0//		0	0	0	Endangered ornamental freshwater fish
14	0	7	0	0	12.3		15.1	10.5	0//		0	0	0	Other ornamental freshwater fish
														-- Other
14	0	7	0	0	12.3		15.1	10.5	0//		0	0	0	Other endangered ornamental non-freshwater fish
14	0	7	0	0	12.3		15.1	10.5	0//		0	0	0	Other ornamental non-freshwater fish
														- Other live fish:
														-- Trout(Salmo trutta,Onco-rhynchus my kiss,Oncorhynchus clarki,Oncorhynchus aguabonita,Oncorhynchus gilae,Oncorhynchus apache and Oncorhynchus chrysogaster):
							0	0			0	0	0	--- Fry
5	0	4.2	0	0	7.4		8.4	6.3			0	0	0	--- Other
														-- Eels(Anguilla spp.):
														--- Fry
							0	0			0	0	0	Fry of marbled eel (Anguilla marmorata)
							0	0			0	0	0	Fry of European eel (Anguilla anguilla)
							0	0			0	0	0	Fry of other eel (Anguilla spp.)
														--- Other
5	0	4	0	0	4		8	6			0	0	0	Marbled eel (Anguilla marmorata)
5	0	4	0	0	4		8	6			0	0	0	European eel (Anguilla anguilla)
5	0	4	0	0	4		8	6			0	0	0	Other live eel (Anguilla spp.)
														-- Carp (Cyprinus carpio, Carassius Carassius, Ctenopharyngodon idellus, Hypophthalmichthys spp., Cirrhinus spp., Mylopharyngodon piceus):
							0	0			0	0	0	--- Fry
5	0	4.2	0	0	7.4		8.4	6.3			0	0	0	--- Other
														-- Atlantic and Pacific bluefin tunas (Thunnus thynnus, Thunnus orientalis):
							0	0			0	0	0	--- Fry
														--- Other:
5	0	4.2	0	0	7.4		8.4	6.3	0//		0	0	0	----Atlantic bluefin tunas (Thunnus thynnus)
5	0	4.2	3.2	0	7.4		8.4	6.3	0//0		0	0	0	----Pacific bluefin tunas (Thunnus orientalis)
														-- Southern bluefin tunas (Thunnus maccoyii):
							0	0			0	0	0	--- Fry
5	0	4.2	0	0	7.4		8.4	6.3	0//		0	0	0	--- Other
														-- Other:
														--- Fry:
							0	0			0	0	0	----Of perches
							0	0			0	0	0	----Of sturgeon
														----Other
							0	0			0	0	0	Fry of other endangered fish
							0	0			0	0	0	Fry of other fish
														--- Other:

税　号	货 品 名 称	进口关税 %			增值/消费税%	出口退税%	统计计量单位	监管证件代码	检验检疫类别	协定税率 %		
		最惠国	普通	年内暂定						东盟	亚太	智利
0301.9991	----罗非鱼	10.5	40		13	5	千克	AB	PR/QS	0		0
0301.9992	----鲀	10.5	40		13	5	千克	AB	P/NQ	0	8	0
0301.9993	----其他鲤科鱼											
03019993.10	活的濒危鲤科鱼	10.5	40		13	0	千克	ABEF	P/NQ	0	8	0
03019993.90	活的其他鲤科鱼[鲤科鱼(西鲤、黑鲫、草鱼、鲢属、鲮属、青鱼)除外]	10.5	40		13	5	千克	AB	PR/QS	0	8	0
0301.9999	----其他											
03019999.10	其他濒危活鱼	10.5	40		13	0	千克	ABEF	P/NQ	0	8	0
03019999.90	其他活鱼	10.5	40		13	5	千克	AB	PR/QS	0	8	0
03.02	**鲜、冷鱼，但税目03.04的鱼片及其他鱼肉除外：**											
	-　鲑科鱼，但鱼肝及鱼卵除外：											
0302.1100	--　鳟鱼(河鳟、虹鳟、克拉克大麻哈鱼、阿瓜大麻哈鱼、吉雨大麻哈鱼、亚利桑那大麻哈鱼、金腹大麻哈鱼)	12	40		13	5	千克	AB	PR/QS	0		0
0302.1300	--　大麻哈鱼[红大麻哈鱼、细磷大麻哈鱼、大麻哈鱼（种）、大鳞大麻哈鱼、银大麻哈鱼、马苏大麻哈鱼、玫瑰大麻哈鱼]	10	40		13	5	千克	ABU	PR/QS	0		0
	--　大西洋鲑鱼及多瑙哲罗鱼：											
0302.1410	---　大西洋鲑鱼	10	40		13	5	千克	AB	PR/QS	0		0
0302.1420	---　多瑙哲罗鱼	10	40		13	5	千克	AB	PR/QS	0		0
0302.1900	--　其他											
03021900.10	鲜或冷川陕哲罗鲑(鱼肝及鱼卵除外)	12	40		13	5	千克	ABE	PR/QS	0	8	0
03021900.20	鲜或冷秦岭细鳞鲑(鱼肝及鱼卵除外)	12	40		13	5	千克	ABE	PR/QS	0	8	0
03021900.90	其他鲜或冷鲑科鱼(鱼肝及鱼卵除外)	12	40		13	5	千克	AB	PR/QS	0	8	0
	-　比目鱼，但鱼肝及鱼卵除外：											
0302.2100	--　庸鲽鱼											
03022100.10	鲜或冷大西洋庸鲽(庸鲽)(鱼肝及鱼卵除外)	12	40		13	5	千克	ABU	PR/QS	0	9	0
03022100.20	鲜或冷马舌鲽(鱼肝及鱼卵除外)	12	40		13	5	千克	ABU	PR/QS	0	9	0
03022100.90	其他鲜或冷庸鲽鱼(鱼肝及鱼卵除外)	12	40		13	5	千克	AB	PR/QS	0	9	0
0302.2200	--　鲽鱼	12	40		13	5	千克	AB	PR/QS	0	9	0
0302.2300	--　鳎鱼	12	40		13	5	千克	AB	PR/QS	0	9	0
0302.2400	--　大菱鲆（瘤棘鲆）	12	40		13	5	千克	AB	PR/QS	0	6	0
0302.2900	--　其他											
03022900.10	鲜或冷的亚洲箭齿鲽(鱼肝及鱼卵除外)	12	40		13	5	千克	ABU	PR/QS	0	6	0
03022900.90	其他鲜或冷比目鱼(鱼肝及鱼卵除外)	12	40		13	5	千克	AB	PR/QS	0	6	0
	-　金枪鱼(金枪鱼属)、鲣鱼或狐鲣(鲣)，但鱼肝及鱼卵除外：											
0302.3100	--　长鳍金枪鱼	12	40		13	5	千克	AB	PR/QS	0	9	0
0302.3200	--　黄鳍金枪鱼	12	40		13	5	千克	AB	PR/QS	0	9	0
0302.3300	--　鲣鱼或狐鲣	12	40		13	5	千克	AB	PR/QS	0	8	0
0302.3400	--　大眼金枪鱼	12	40		13	5	千克	AB	PR/QS	0		0
	--　大西洋及太平洋蓝鳍金枪鱼：											
0302.3510	---　大西洋蓝鳍金枪鱼	12	40		13	5	千克	ABU	PR/QS	0		0
0302.3520	---　太平洋蓝鳍金枪鱼	12	40		13	5	千克	AB	PR/QS	0	8	0
0302.3600	--　南方蓝鳍金枪鱼	12	40		13	5	千克	AB	PR/QS	0		0
0302.3900	--　其他	12	40		13	5	千克	AB	PR/QS	0	8	0
	-　鲱鱼（大西洋鲱鱼、太平洋鲱鱼）、鳀鱼(鳀属)、沙丁鱼（沙丁鱼、沙瑙鱼属）、小沙丁鱼属、黍鲱或西鲱、鲭鱼[大西洋鲭、澳洲鲭（鲐）、日本鲭（鲐）]、对称竹荚鱼、新西兰竹荚鱼及竹荚鱼(竹荚鱼属)、军曹鱼及剑鱼，但鱼肝及鱼卵除外：											
0302.4100	--　鲱鱼（大西洋鲱鱼、太平洋鲱鱼）											
03024100.10	鲜或冷太平洋鲱鱼(鱼肝及鱼卵除外)	12	40		13	5	千克	ABU	PR/QS	0	8	0

协定税率 %										特惠税率 %				Article Description
巴基斯坦	冰岛	哥斯达黎	秘鲁	新西兰	瑞士	新加坡	韩国	澳大利亚	港澳台	老挝	孟加拉	33 国	7 国	
5	0	4.2	3.2	0	7.4		8.4	6.3	0//		0	0	0	----Tilapia
5	0	4.2	0	0	7.4		8.4	6.3	0//		0	0	0	----Puffer fish
														----Other carps
5	0	4.2	0	0	7.4		8.4	6.3			0	0	0	Live endangered Carp
5	0	4.2	0	0	7.4		8.4	6.3			0	0	0	Other live Carp, other than Carp (Cyprinus carpio, Carassius carassius, Ctenopharyngodon idellus, Cirrhinus spp. Mylopharyngodon piceus)
														----Other
5	0	4.2	3.2	0	7.4		8.4	6.3	0//0		0	0	0	Other live endangered fish
5	0	4.2	3.2	0	7.4		8.4	6.3	0//0		0	0	0	Other live fish
														Fish,fresh or chilled,excluding fish fillets and other fish meat of heading 03.04:
														- Salmonidae,excluding livers and roes:
6	0	4.8	3.6	0	8.4		9.6	7.2			0	0	0	-- Trout (Salmo trutta,Oncorhynchus my kiss,Oncorhynchus clarki,Oncorhynchus aguabonita, Oncorhynchus gilae,Oncorhynchus apache and Oncohynchus chrysogaster)
5	0	4	3	0	4		8	6			0	0	0	-- Pacific salmon (Oncorhynchus nerka, Oncorhynchus gorbuscha, Oncorhynchus keta, Oncorhynchus tschawytscha, Oncorhynchus kisutch, Oncorhynchus masou and Oncorhynchus rhodurus)
														-- Atlantic salmon (Salmo salar) and Danube salmon (Hucho hucho):
5	0	4	3	0	4		8	6			0	0	0	--- Atlantic salmon (Salmo salar)
5	0	4	3	0	4		8	6			0	0	0	--- Danube salmon (Hucho hucho)
														-- Other
5	0	4.8	0	0	8.4		9.6	7.2			0	0	0	Hucho bleekeri (other than livers and roes), fresh or chilled
5	0	4.8	0	0	8.4		9.6	7.2			0	0	0	Qinling lenok (Brachymystax lenck tsinlingensis) (other than livers and roes), fresh or chilled
5	0	4.8	0	0	8.4		9.6	7.2			0	0	0	Other salmonidae (other than livers and roes), fresh or chilled
														- Flat fish(Pleuronectidae, Bothidae, Cynoglossidae, soleidae,Scophthalmidae and Citharidae), excluding livers and roes:
														-- Halibut(Reinhardtius hippoglossoides, Hippoglossushippoglossus,Hippoglossus stenolepis)
5	0	4.8	0	0	8.4		9.6	7.2			0	0	0	Hippoglossus hippoglossus (other than livers and roes), fresh or chilled
5	0	4.8	0	0	8.4		9.6	7.2			0	0	0	Reinhardtius hippoglossoides (other than livers and roes), fresh or chilled
5	0	4.8	0	0	8.4		9.6	7.2			0	0	0	Other halibut (other than livers and roes), fresh or chilled
5	0	4.8	0	0	8.4		9.6	7.2			0	0	0	-- Plaice(Pleuronectes platessa)
5	0	4.8	0	0	8.4		9.6	7.2			0	0	0	-- Sole(Solea spp.)
5	0	4.8	3.6	0	8.4		9.6	7.2			0	0	0	-- Turbots (Psetta maxima)
														-- Other
5	0	4.8	3.6	0	8.4		9.6	7.2			0	0	0	Atherestes evermanni (other than livers and roes), fresh or chilled
5	0	4.8	3.6	0	8.4		9.6	7.2			0	0	0	Other flat fish (other than livers and roes), fresh or chilled
														- Tunas(of the genus Thunnus),skipjack or stripe-bellied bonito(Euthynnus(Katsuwonus)pelamis),excluding livers and roes:
5	0	4.8	3.6	0	8.4		9.6	7.2			0	0	0	-- Albacore or longfinned tunas(Thunnus alalunga)
5	0	4.8	0	0	8.4		9.6	7.2	0//		0	0	0	-- Yellowfin tunas(Thunnus albacares)
5	0	4.8	0	0	8.4		9.6	7.2			0	0	0	-- Skipjack or stripe-bellied bonito
6	0	4.8	0	0	8.4		9.6	7.2			0	0	0	-- Bigeye tunas(Thunnus obesus)
														-- Atlantic and Pacific bluefin tunas (Thunnus thynnus, Thunnus orientalis):
6	0	4.8	0	0	8.4		9.6	7.2			0	0	0	--- Atlantic bluefin tunas (Thunnus thynnus)
5	0	4.8	0	0	8.4		9.6	7.2			0	0	0	--- Pacific bluefin tunas (Thunnus orientalis)
6	0	4.8	0	0	8.4		9.6	7.2			0	0	0	-- Southern bluefin tunas(Thunnus maccoyii)
5	0	4.8	0	0	8.4		9.6	7.2			0	0	0	-- Other
														- Herrings (Clupea harengus, Clupea pallasii), anchovies (Engraulis spp.), sardines (Sardina pilchardus, Sardinops spp.),sardinella (Sardinella spp.), brisling or sprats (Sprattus sprattus),mackerel (Scomber scombrus, Scomber australasicus,Scomber japonicus), jack and horse mackerel (Trachurus spp.), cobia (Rachycentron canadum) and swordfish (Xiphias gladius), excluding livers and roes:
														-- Herrings (Clupea harengus, Clupea pallasii)
5	0	4.8	0	0	8.4		9.6	7.2			0	0	0	Clupea pallasii (other than livers and roes), fresh or chilled

税号	货品名称	进口关税 %			增值/消费税%	出口退税%	统计计量单位	监管证件代码	检验检疫类别	协定税率 %		
		最惠国	普通	年内暂定						东盟	亚太	智利
03024100.90	鲜或冷大西洋鲱鱼(鱼肝及鱼卵除外)	12	40		13	5	千克	AB	PR/QS	0	8	0
0302.4200	-- 鳀鱼(鳀属)	12	40		13	5	千克	AB	PR/QS	0	8	0
0302.4300	-- 沙丁鱼(沙丁鱼、沙瑙鱼属)、小沙丁鱼属、黍鲱或西鲱	12	40		13	5	千克	AB	PR/QS	0	8	0
0302.4400	-- 鲭鱼[大西洋鲭、澳洲鲭(鲐)、日本鲭(鲐)]	12	40		13	5	千克	AB	PR/QS	0	8	0
0302.4500	-- 对称竹荚鱼、新西兰竹荚鱼及竹荚鱼(竹荚鱼属)	12	40		13	5	千克	AB	PR/QS	0	8	0
0302.4600	-- 军曹鱼	12	40		13	5	千克	AB	PR/QS	0	8	0
0302.4700	-- 剑鱼	12	40		13	5	千克	ABU	PR/QS	0	8	0
	- 犀鳕科、多丝真鳕科、鳕科、长尾鳕科、黑鳕科、无须鳕科、深海鳕科及南极鳕科鱼，但鱼肝及鱼卵除外：											
0302.5100	-- 鳕鱼(大西洋鳕鱼、格陵兰鳕鱼、太平洋鳕鱼)	12	40		13	5	千克	AB	PR/QS	0	8	0
0302.5200	-- 黑线鳕鱼（黑线鳕）	12	40		13	5	千克	AB	PR/QS	0	8	0
0302.5300	-- 绿青鳕鱼	12	40		13	5	千克	AB	PR/QS	0	8	0
0302.5400	-- 狗鳕鱼(无须鳕属、长鳍鳕属)	12	40		13	5	千克	AB	PR/QS	0	8	0
0302.5500	-- 狭鳕鱼	12	40		13	5	千克	ABU	PR/QS	0	8	0
0302.5600	-- 蓝鳕鱼（小鳍鳕、南蓝鳕）	12	40		13	5	千克	AB	PR/QS	0	8	0
0302.5900	-- 其他	12	40		13	5	千克	AB	PR/QS	0	8	0
	- 罗非鱼（口孵非鲫属）、鲶鱼（鮰鲶属、鲶属、胡鲶属、真鮰属）、鲤科鱼（西鲤、黑鲫、草鱼、鲢属、鲮属、青鱼）、鳗鱼（鳗鲡属）、尼罗河鲈鱼（尼罗尖吻鲈）及黑鱼（鳢属），但鱼肝及鱼卵除外：											
0302.7100	-- 罗非鱼（口孵非鲫属）	12	40		13	5	千克	AB	PR/QS	0		0
0302.7200	-- 鲶鱼（鮰鲶属、鲶属、胡鲶属、真鮰属）	12	40		13	5	千克	AB	PR/QS	0	8	0
0302.7300	-- 鲤科鱼（西鲤、黑鲫、草鱼、鲢属、鲮属、青鱼）	12	40		13	5	千克	AB	PR/QS	0	8	0
0302.7400	-- 鳗鱼（鳗鲡属）											
03027400.10	鲜或冷花鳗鲡(鱼肝及鱼卵除外)	12	40		13	5	千克	ABE	PR/QS	0	8	0
03027400.20	鲜或冷欧洲鳗鲡(鱼肝及鱼卵除外)	12	40		13	5	千克	ABEF	PR/QS	0	8	0
03027400.90	其他鲜或冷鳗鱼(鳗鲡属)(鱼肝及鱼卵除外)	12	40		13	5	千克	AB	PR/QS	0	8	0
0302.7900	-- 其他											
03027900.01	鲜或冷尼罗河鲈鱼(尼罗尖吻鲈)(鱼肝及鱼卵除外)	12	40		13	5	千克	AB	PR/QS	0	8	0
03027900.90	鲜或冷的黑鱼(鳢属)(鱼肝及鱼卵除外)	12	40		13	5	千克	AB	PR/QS	0	8	0
	- 其他鱼，但鱼肝及鱼卵除外：											
0302.8100	-- 角鲨及其他鲨鱼											
03028100.10	鲜或冷濒危鲨鱼(鱼肝及鱼卵除外)	12	40		13	0	千克	ABEF	PR/QS	0	9	0
03028100.90	鲜或冷其他鲨鱼(鱼肝及鱼卵除外)	12	40		13	5	千克	AB	PR/QS	0	9	0
0302.8200	-- 魟鱼及鳐鱼（鳐科）	12	40		13	5	千克	AB	PR/QS	0	8	0
0302.8300	-- 南极犬牙鱼（南极犬牙鱼属）	12	40		13	5	千克	ABU	PR/QS	0	8	0
0302.8400	-- 尖吻鲈鱼(舌齿鲈属)	12	40		13	5	千克	AB	PR/QS	0	8	0
0302.8500	-- 菱羊鲷(鲷科)	12	40		13	5	千克	AB	PR/QS	0	8	0
	-- 其他：											
0302.8910	--- 带鱼	12	40		13	5	千克	AB	PR/QS	0	8	0
0302.8920	--- 黄鱼	12	40		13	5	千克	AB	PR/QS	0	8	0
0302.8930	--- 鲳鱼	12	40		13	5	千克	AB	PR/QS	0	8	0
0302.8940	--- 鲀	12	40		13	5	千克	AB	PR/QS	0	8	0
0302.8990	--- 其他											
03028990.01	鲜或冷的其他鲈鱼(鱼肝及鱼卵除外)	12	40		13	5	千克	AB	PR/QS	0	8	0
03028990.10	其他未列名濒危鲜或冷鱼(鱼肝及鱼卵除外)	12	40		13	0	千克	ABEF	PR/QS	0	8	0
03028990.20	鲜或冷的平鲉属(鱼肝及鱼卵除外)	12	40		13	5	千克	ABU	PR/QS	0	8	0
03028990.30	鲜或冷的鲪鲉属(叶鳍鲉属)(鱼肝及鱼卵除外)	12	40		13	5	千克	ABU	PR/QS	0	8	0

协定税率 %										特惠税率 %				Article Description
巴基斯坦	冰岛	哥斯达黎	秘鲁	新西兰	瑞士	新加坡	韩国	澳大利亚	港澳台	老挝	孟加拉	33 国	7 国	
5	0	4.8	0	0	8.4		9.6	7.2			0	0	0	Clupea harengus (other than livers and roes), fresh or chilled
5	0	4.8	0	0	8.4		9.6	7.2	0//0		0	0	0	-- Anchovies (Engraulis spp.)
5	0	4.8	0	0	8.4		9.6	7.2			0	0	0	-- Sardines (Sardina pilchardus, Sardinops spp.), sardinella (Sardinella spp.), brisling or sprats (Sprattus sprattus)
5	0	4.8	0	0	8.4		9.6	7.2			0	0	0	-- Mackerel (Scomber scombrus, Scomber australasicus, Scomber japonicus)
5	0	4.8	0	0	8.4		9.6	7.2	0//0		0	0	0	-- Jack and horse mackerel (Trachurus spp.)
5	0	4.8	0	0	8.4		9.6	7.2	0//0		0	0	0	-- Cobia (Rachycentron canad-um)
5	0	4.8	0	0	8.4		9.6	7.2	0//		0	0	0	-- Swordfish (Xiphias gladius)
														- Fish of the families Bregmac-erotidae, Euclichthyidae, Gadidae,Macrouridae, Melanonidae, Merlucciidae, Moridae and Muraenolepididae, excluding livers and roes:
5	0	4.8	0	0	8.4		9.6	7.2			0	0	0	-- Cod (Gadus morhua, Gadus ogac, Gadus macrocephalus)
5	0	4.8	0	0	8.4		9.6	7.2			0	0	0	-- Haddock (Melanogrammus aeglefinus)
5	0	4.8	0	0	8.4		9.6	7.2			0	0	0	-- Coalfish (Pollachius virens)
5	0	4.8	0	0	8.4		9.6	7.2	0//0		0	0	0	-- Hake (Merluccius spp., Urophycis spp.)
5	0	4.8	0	0	8.4		9.6	7.2	0//0		0	0	0	-- Alaska Pollack (Theragra chalcogramma)
5	0	4.8	0	0	8.4		9.6	7.2	0//0		0	0	0	-- Blue whitings (Micromesistius poutassou, Micromesistius australis)
5	0	4.8	0	0	8.4		9.6	7.2	0//0		0	0	0	-- Other
														- Tilapias (Oreochromis spp.), catfish (Pangasius spp., Silurus spp.,Clarias spp., Ictalurus spp.), carp (Cyprinus carpio, Carassius carassius, Ctenopharyngodon idellus, Hypophthalmichthys spp.,Cirrhinus spp., Mylopharyngodon piceus), eels (Anguilla spp.), Nile perch (Lates niloticus) and snakeheads (Channa spp.), excluding livers and roes:
6	0	4.8	3.6	0	8.4		9.6	7.2			0	0	0	-- Tilapias (Oreochromis spp.)
5	0	4.8	0	0	8.4		9.6	7.2	0//0		0	0	0	-- Catfish (Pangasius spp.,Silurus spp., Clarias spp., Ictalurus spp.)
5	0	4.8	0	0	8.4		9.6	7.2	0//0		0	0	0	-- Carp (Cyprinus carpio, Carassius carassius,Ctenopharyngodon idellus, Hypophthalmichthys spp., Cirrhinus spp., Mylopharyngodon piceus)
														-- Eels (Anguilla spp.)
5	0	4.8	0	0	8.4		9.6	7.2	0//		0	0	0	Marbled eel (Anguilla marmorata)(other than livers and rose), fresh or chilled
5	0	4.8	0	0	8.4		9.6	7.2	0//		0	0	0	European eel (Anguilla anguilla)(other than livers and rose), fresh or chilled
5	0	4.8	0	0	8.4		9.6	7.2	0//		0	0	0	Other eels (Anguilla spp.)(other than livers and rose), fresh or chilled
														-- Other
5	0	4.8	0	0	8.4		9.6	7.2	0//0		0	0	0	Nile perch (Lates niloticus)(other than livers and rose), fresh or chilled
5	0	4.8	0	0	8.4		9.6	7.2	0//0		0	0	0	Snakeheads (Channa spp.)(other than livers and rose), fresh or chilled
														- Other fish, excluding livers and roes:
														-- Dogfish and other sharks
5	0	4.8	3.6	0	8.4		9.6	7.2	0//		0	0	0	Endangered sharks (other than livers and rose), fresh or chilled
5	0	4.8	3.6	0	8.4		9.6	7.2	0//		0	0	0	Other sharks (other than livers and rose), fresh or chilled
5	0	4.8	0	0	8.4		9.6	7.2	0//0		0	0	0	-- Rays and skates (Rajidae)
5	0	4.8	0	0	8.4		9.6	7.2	0//		0	0	0	-- Toothfish (Dissostichus spp.)
5	0	4.8	0	0	8.4		9.6	7.2	0//0		0	0	0	-- Seabass (Dicentrarchus spp.)
5	0	4.8	0	0	8.4		9.6	7.2	0//0		0	0	0	-- Seabream (Sparidae)
														-- Other:
8	0	4.8	3.6	0	8.4		9.6	7.2	0//		0	0	0	--- Scabbard fish(Trichiurus)
5	0	4.8	3.6	0	8.4		9.6	7.2	0//		0	0	0	--- Yellow croaker(Pseudosica-ena)
5	0	4.8	3.6	0	8.4		9.6	7.2	0//		0	0	0	--- Butterfish (Pamus)
5	0	4.8	3.6	0	8.4		9.6	7.2	0//		0	0	0	--- Puffer fish
														--- Other
5	0	4.8	0	0	8.4		9.6	7.2	0//0		0	0	0	Other perch (other than livers and rose), fresh or chilled
5	0	4.8	0	0	8.4		9.6	7.2	0//0		0	0	0	Other endangered fish, not elsewhere specified or included (other than livers and rose), fresh or chilled
5	0	4.8	0	0	8.4		9.6	7.2	0//0		0	0	0	Genus Sebastes (other than livers and rose), fresh or chilled
5	0	4.8	0	0	8.4		9.6	7.2	0//0		0	0	0	Genus Sebastolobus (other than livers and rose), fresh or chilled

税号	货品名称	进口关税 % 最惠国	普通	年内暂定	增值/消费税%	出口退税%	统计计量单位	监管证件代码	检验检疫类别	协定税率 % 东盟	亚太	智利
03028990.90	其他鲜或冷鱼(鱼肝及鱼卵除外)	12	40		13	5	千克	AB	PR/QS	0	8	0
0302.9000	- 鱼肝及鱼卵											
03029000.10	鲜或冷濒危鱼种的肝及鱼卵	12	50		13	0	千克	ABEF	PR/QS	0		0
03029000.90	其他鲜或冷鱼肝及鱼卵	12	50		13	5	千克	AB	PR/QS	0		0
03.03	**冻鱼,但税目03.04的鱼片及其他鱼肉除外:**											
	- 鲑科鱼,但鱼肝及鱼卵除外:											
0303.1100	-- 红大麻哈鱼	10	40		13	13	千克	AB	PR/QS	0	6.7	0
0303.1200	-- 其他大麻哈鱼[细磷大麻哈鱼、大麻哈鱼(种)、大鳞大麻哈鱼、银大麻哈鱼、马苏大麻哈鱼、玫瑰大麻哈鱼]	10	40		13	13	千克	ABU	PR/QS	0	6.7	0
0303.1300	-- 大西洋鲑鱼及多瑙哲罗鱼	10	40		13	13	千克	AB	PR/QS	0		0
0303.1400	-- 鳟鱼(河鳟、虹鳟、克拉克大麻哈鱼、阿瓜大麻哈鱼、吉雨大麻哈鱼、亚利桑那大麻哈鱼、金腹大麻哈鱼)	12	40		13	13	千克	AB	PR/QS	0		0
0303.1900	-- 其他											
03031900.10	冻川陕哲罗鲑(鱼肝及鱼卵除外)	10	40		13	13	千克	ABE	PR/QS	0	6.7	0
03031900.20	冻秦岭细鳞鲑(鱼肝及鱼卵除外)	10	40		13	13	千克	ABE	PR/QS	0	6.7	0
03031900.90	其他冻鲑科鱼(鱼肝及鱼卵除外)	10	40		13	13	千克	AB	PR/QS	0	6.7	0
	- 罗非鱼(口孵非鲫属)、鲶鱼(鲑鲶属、鲶属、胡鲶属、真鮰属)、鲤科鱼(西鲤、黑鲫、草鱼、鲢属、鲮属、青鱼)、鳗鱼(鳗鲡属)、尼罗河鲈鱼(尼罗尖吻鲈)及黑鱼(鳢属),但鱼肝及鱼卵除外:											
0303.2300	-- 罗非鱼(口孵非鲫属)	10	40		13	13	千克	AB	PR/QS	0	5	0
0303.2400	-- 鲶鱼(鲑鲶属、鲶属、胡鲶属、真鮰属)	10	40		13	13	千克	AB	PR/QS	0	5	0
0303.2500	-- 鲤科鱼(西鲤、黑鲫、草鱼、鲢属、鲮属、青鱼)	10	40		13	13	千克	AB	PR/QS	0	5	0
0303.2600	-- 鳗鱼(鳗鲡属)											
03032600.10	冻花鳗鲡(鱼肝及鱼卵除外)	12	40		13	13	千克	ABE	PR/QS	0	8	0
03032600.20	冻欧洲鳗鲡(鱼肝及鱼卵除外)	12	40		13	13	千克	ABEF	PR/QS	0	8	0
03032600.90	其他冻鳗鱼(鳗鲡属)(鱼肝及鱼卵除外)	12	40		13	13	千克	AB	PR/QS	0	8	0
0303.2900	-- 其他											
03032900.01	冻尼罗河鲈鱼(尼罗尖吻鲈)(鱼肝及鱼卵除外)	10	40		13	13	千克	AB	PR/QS	0	5	0
03032900.90	冻黑鱼(鳢属)(鱼肝及鱼卵除外)	10	40		13	13	千克	AB	PR/QS	0	5	0
	- 比目鱼(鲽科、鲆科、舌鳎科、鳎科、菱鲆科、刺鲆科),但鱼肝及鱼卵除外:											
	-- 庸鲽鱼:											
0303.3110	--- 格陵兰庸鲽鱼	10	40	5	13	13	千克	AB	PR/QS	0	6.7	0
0303.3190	--- 其他											
03033190.10	冻大西洋庸鲽(庸鲽)(鱼肝及鱼卵除外,冻格陵兰庸鲽鱼除外)	10	40		13	13	千克	ABU	PR/QS	0	6.7	0
03033190.20	冻马舌鲽(鱼肝及鱼卵除外,冻格陵兰庸鲽鱼除外)	10	40		13	13	千克	ABU	PR/QS	0	6.7	0
03033190.90	其他冻庸鲽鱼(鱼肝及鱼卵除外,冻格陵兰庸鲽鱼除外)	10	40		13	13	千克	AB	PR/QS	0	6.7	0
0303.3200	-- 鲽鱼	12	40	2	13	13	千克	AB	PR/QS	0	8	0
0303.3300	-- 鳎鱼	12	40		13	13	千克	AB	PR/QS	0	8	0
0303.3400	-- 大菱鲆(瘤棘鲆)	10	40		13	13	千克	AB	PR/QS	0	8	0
0303.3900	-- 其他											
03033900.10	冻亚洲箭齿鲽(鱼肝及鱼卵除外)	10	40		13	13	千克	ABU	PR/QS	0	8	0
03033900.90	其他冻比目鱼(鲽科、鲆科、舌鳎科、鳎科、菱鲆科、刺鲆科)(鱼肝及鱼卵除外)	10	40		13	13	千克	AB	PR/QS	0	8	0
	- 金枪鱼(金枪鱼属)、鲣鱼或狐鲣(鲣),但鱼肝及鱼卵除外:											
0303.4100	-- 长鳍金枪鱼	12	40		13	13	千克	AB	PR/QS	0	9	0

协定税率 %										特惠税率 %				
巴基斯坦	冰岛	哥斯达黎加	秘鲁	新西兰	瑞士	新加坡	韩国	澳大利亚	港澳台	老挝	孟加拉	33 国	7 国	**Article Description**
5	0	4.8	0	0	8.4		9.6	7.2	0//0		0	0	0	Other fish (other than livers and rose), fresh or chilled
														- Livers and roes
6	0	4.8	0	0	8.4		9.6	7.2			0	0	0	Livers and roes of endangered fish, fresh or chilled
6	0	4.8	0	0	8.4		9.6	7.2			0	0	0	Livers and roes of other fish, fresh or chilled
														Fish,frozen,excluding fish fillets and other fish meat of heading 03.04:
														- Salmonidae, excluding livers and roes:
5	0	4	3	0	4		8	6			0	0	0	-- Sockeye salmon (red salmon) (Oncorhynchus nerka)
5	0	4	3	0	4		8	6			0	0	0	-- Other Pacific salmon (Oncorhynchus gorbuscha, Oncorhynchus keta, Oncorhynchus tschawytscha, Oncorhynchus kisutch, Oncorhynchus masou and Oncorhynchus rhodurus)
5	0	4	3	0	4		8	6			0	0	0	-- Atlantic salmon (Salmo salar) and Danube salmon (Hucho hucho)
6	0	4.8	3.6	0	8.4		9.6	7.2			0	0	0	-- Trout (Salmo trutta, Oncorhynchus mykiss, Oncorhynchus clarki, Oncorhynchus aguabonita, Oncorhynchus gilae, Oncorhynchus apache and Oncorhynchus chrysogaster)
														-- Other
5	0	4	0	0	4		8	6			0	0	0	Hucho bleekeri (other than livers and rose), frozen
5	0	4	0	0	4		8	6			0	0	0	Qinling lenok (Brachymystax lenck tsinlingensis)(other than livers and rose), frozen
5	0	4	0	0	4		8	6			0	0	0	Other Salmonidae (other than livers and rose), frozen
														- Tilapias (Oreochromis spp.), catfish (Pangasius spp., Silurus spp.,Clarias spp., Ictalurus spp.), carp (Cyprinus carpio,Carassius carassius, Ctenopharyngodon idellus, Hypophthalmichthys spp.,Cirrhinus spp., Mylopharyngodon piceus), eels (Anguilla spp.), Nile perch (Lates niloticus) and snakeheads (Channa spp.), excluding livers and roes:
5	0	4	3	0	4		8	6		0	0	0	0	-- Tilapias (Oreochromis spp.)
5	0	4	1.2	0	4		6	6	0//0	0	0	0	0	-- Catfish (Pangasius spp., Silurus spp., Clarias spp., Ictalurus spp.)
5	0	4	1.2	0	4		6	6	0//0	0	0	0	0	-- Carp(Cyprinus carpio, Carassius carassius, Ctenopharyngodon idellus, Hypophthalmichthys spp., Cirrhinus spp., Mylopharyngodon piceus)
														-- Eels (Anguilla spp.)
8	0	4.8	3.6	0	8.4		9.6	7.2	0//		0	0	0	Marbled eel (Anguilla marmorata)(other than livers and rose), frozen
8	0	4.8	3.6	0	8.4		9.6	7.2	0//		0	0	0	European eel (Anguilla anguilla)(other than livers and rose), frozen
8	0	4.8	3.6	0	8.4		9.6	7.2	0//		0	0	0	Other eels (Anguilla spp.)(other than livers and rose), frozen
														-- Other
5	0	4	1.2	0	4		6	6	0//0	0	0	0	0	Nile perch (Lates niloticus)(other than livers and rose), frozen
5	0	4	1.2	0	4		6	6	0//0	0	0	0	0	Snakeheads (Channa spp.)(other than livers and rose), frozen
														- Flatfish(Pleuronectidae,Bothidae,Cynoglossidae,soleidae, Scophthalmidae and Citharidae),excluding livers and roes:
														-- Halibut(Reinhardtius hippoglossoides,Hippoglossus hippoglossus,Hippoglossus stenolepis):
5	0	4	0	0	4		8	6	0//		0	0	0	--- Greenland halibut
														--- Other
5	5	4	0	0	4		8	6	0//		0	0	0	Hippoglossus hippoglossus (excluding Greenland halibut (other than livers and rose)), frozen
5	5	4	0	0	4		8	6	0//		0	0	0	Reinhardtius hippoglossoides (excluding Greenland halibut (other than livers and rose)), frozen
5	5	4	0	0	4		8	6	0//		0	0	0	Other halibut (excluding Greenland halibut (other than livers and rose)), frozen
8	6	4.8	0	0	8.4		9.6	7.2			0	0	0	-- Plaice(Pleuronectes platessa)
8	0	4.8	0	0	8.4		9.6	7.2			0	0	0	-- Sole(Solea spp.)
8	0	4	3	0	4		8	6			0	0	0	-- Turbots (Psetta maxima)
														-- Other
8	5	4	3	0	4		8	6			0	0	0	Atherestes evermanni (other than livers and rose), frozen
8	5	4	3	0	4		8	6			0	0	0	Other flat fish (Pleuronectidae, Bothidae, Cynoglossidae, Soleidae, Scophthalmidae and Citharidae (other than livers and rose)),frozen
														- Tunas(of the genus Thunnus),skipjack or stripe-bellied bonito(Euthynnus (Katsuwonus)pelamis),excluding livers and roes:
5	0	4.8	0	0	8.4		9.6	7.2			0	0	0	-- Albacore or longfinned tunas(Thunnus alalunga)

税　号	货　品　名　称	进口关税 % 最惠国	普通	年内暂定	增值/消费税%	出口退税%	统计计量单位	监管证件代码	检验检疫类别	协定税率 % 东盟	亚太	智利
0303.4200	-- 黄鳍金枪鱼	12	40		13	13	千克	AB	PR/QS	0	9	0
0303.4300	-- 鲣鱼或狐鲣	12	40		13	13	千克	AB	PR/QS	0	9	0
0303.4400	-- 大眼金枪鱼	12	40		13	13	千克	ABU	PR/QS	0		0
	-- 大西洋及太平洋蓝鳍金枪鱼:											
0303.4510	--- 大西洋蓝鳍金枪鱼	12	40		13	13	千克	ABU	PR/QS	0		0
0303.4520	--- 太平洋蓝鳍金枪鱼	12	40		13	13	千克	AB	PR/QS	0	9	0
0303.4600	-- 南方蓝鳍金枪鱼	12	40		13	13	千克	AB	PR/QS	0		0
0303.4900	-- 其他	12	40		13	13	千克	AB	PR/QS	0	9	0
	- 鲱鱼（大西洋鲱鱼、太平洋鲱鱼）、沙丁鱼（沙丁鱼、沙瑙鱼属）、小沙丁鱼属、黍鲱或西鲱、鲭鱼[大西洋鲭、澳洲鲭(鲐)、日本鲭(鲐)]、对称竹荚鱼、新西兰竹荚鱼及竹荚鱼(竹荚鱼属)、军曹鱼及剑鱼，但鱼肝及鱼卵除外:											
0303.5100	-- 鲱鱼（大西洋鲱鱼、太平洋鲱鱼）											
03035100.10	冻太平洋鲱鱼(鱼肝及鱼卵除外)	10	40	2	13	13	千克	ABU	PR/QS	0	6.7	0
03035100.90	冻大西洋鲱鱼(鱼肝及鱼卵除外)	10	40	2	13	13	千克	AB	PR/QS	0	6.7	0
0303.5300	-- 沙丁鱼(沙丁鱼、沙瑙鱼属)、小沙丁鱼属、黍鲱或西鲱	12	40		13	13	千克	AB	PR/QS	0	8	0
0303.5400	-- 鲭鱼[大西洋鲭、澳洲鲭(鲐)、日本鲭(鲐)]	10	40		13	13	千克	AB	PR/QS	0	6.7	0
0303.5500	-- 对称竹荚鱼、新西兰竹荚鱼及竹荚鱼(竹荚鱼属)	10	40		13	13	千克	AB	PR/QS	0	5	0
0303.5600	-- 军曹鱼	10	40		13	13	千克	AB	PR/QS	0	5	0
0303.5700	-- 剑鱼	10	40		13	13	千克	ABU	PR/QS	0	5	0
	- 犀鳕科、多丝真鳕科、鳕科、长尾鳕科、黑鳕科、无须鳕科、深海鳕科及南极鳕科鱼，但鱼肝及鱼卵除外:											
0303.6300	-- 鳕鱼(大西洋鳕鱼、格陵兰鳕鱼、太平洋鳕鱼)	10	40	2	13	13	千克	AB	PR/QS	0	6.7	0
0303.6400	-- 黑线鳕鱼（黑线鳕）	12	40		13	13	千克	AB	PR/QS	0	8	0
0303.6500	-- 绿青鳕鱼	12	40		13	13	千克	AB	PR/QS	0	8	0
0303.6600	-- 狗鳕鱼(无须鳕属、长鳍鳕属)	12	40		13	13	千克	AB	PR/QS	0		0
0303.6700	-- 狭鳕鱼	10	40		13	13	千克	ABU	PR/QS	0	5	0
0303.6800	-- 蓝鳕鱼（小鳍鳕、南蓝鳕）	10	40		13	13	千克	AB	PR/QS	0	5	0
0303.6900	-- 其他	10	40		13	13	千克	AB	PR/QS	0	5	0
	- 其他鱼，但鱼肝及鱼卵除外:											
0303.8100	-- 角鲨及其他鲨鱼											
03038100.10	冻濒危鲨鱼(鱼肝及鱼卵除外)	12	40		13	0	千克	ABEF	PR/QS	0	9	0
03038100.90	冻其他鲨鱼(鱼肝及鱼卵除外)	12	40		13	13	千克	AB	PR/QS	0	9	0
0303.8200	-- 魟鱼及鳐鱼（鳐科）	10	40		13	13	千克	AB	PR/QS	0	5	0
0303.8300	-- 南极犬牙鱼（南极犬牙鱼属）	10	40		13	13	千克	ABU	PR/QS	0	5	0
0303.8400	-- 尖吻鲈鱼(舌齿鲈属)	12	40		13	13	千克	AB	PR/QS	0	8	0
	-- 其他:											
0303.8910	--- 带鱼	10	40	5	13	13	千克	AB	PR/QS	0	5	0
0303.8920	--- 黄鱼	10	40		13	13	千克	AB	PR/QS	0	5	0
0303.8930	--- 鲳鱼	10	40		13	13	千克	AB	PR/QS	0	5	0
0303.8990	--- 其他											
03038990.01	其他冻鲈鱼(鱼肝及鱼卵除外)	10	40		13	13	千克	AB	PR/QS	0	5	0
03038990.10	其他未列名濒危冻鱼(鱼肝及鱼卵除外)	10	40		13	0	千克	ABEF	PR/QS	0	5	0
03038990.20	冻平鲉属(鱼肝及鱼卵除外)	10	40		13	13	千克	ABU	PR/QS	0	5	0
03038990.30	冻鲪鲉属(叶鳍鲉属)(鱼肝及鱼卵除外)	10	40		13	13	千克	ABU	PR/QS	0	5	0
03038990.90	其他未列名冻鱼(鱼肝及鱼卵除外)	10	40		13	13	千克	AB	PR/QS	0	5	0
0303.9000	- 鱼肝及鱼卵											
03039000.10	冻濒危鱼种的肝及鱼卵	10	50		13	0	千克	ABEF	PR/QS	0	9	0
03039000.90	其他冻鱼肝及鱼卵	10	50		13	13	千克	AB	PR/QS	0	9	0
03.04	**鲜、冷、冻鱼片及其他鱼肉（不论是否绞碎）:**											

协定税率 %										特惠税率 %				Article Description
巴基斯坦	冰岛	哥斯达黎加	秘鲁	新西兰	瑞士	新加坡	韩国	澳大利亚	港澳台	老挝	孟加拉	33 国	7 国	
5	0	4.8	0	0	8.4		9.6	7.2			0	0	0	-- Yellowfin tunas(Thunnus albacares)
5	0	4.8	0	0	8.4		10.8	7.2			0	0	0	-- Skipjack or stripe-bellied bonito
6	0	4.8	0	0	8.4		9.6	7.2	0//		0	0	0	-- Bigeye tunas(Thunnus obesus)
														-- Atlantic and Pacific bluefin tunas (Thunnus thynnus, Thunnus orientalis):
6	0	4.8	0	0	8.4		9.6	7.2			0	0	0	--- Atlantic bluefin tunas (Thunnus thynnus)
5	0	4.8	0	0	8.4		9.6	7.2			0	0	0	--- Pacific bluefin tunas (Thunnus orientalis)
6	0	4.8	0	0	8.4		9.6	7.2			0	0	0	-- Southern bluefin tunas(Thunnus maccoyii)
5	0	4.8	0	0	8.4		9.6	7.2			0	0	0	-- Other
														- Herrings (Clupea harengus, Clupea pallasii), sardines (Sardina pilchardus, Sardinops spp.), sardinella (Sardinella spp.), brisling or sprats (Sprattus sprattus), mackerel (Scomber scombrus, Scomber australasicus, Scomber japonicus), jack and horse mackerel (Trachurus spp.), cobia (Rachycentron canadum) and swordfish (Xiphias gladius), excluding livers and roes:
														-- Herrings (Clupea harengus, Clupea pallasii)
5	0	4	0	0	4		8	6			0	0	0	Clupea pallasii (other than livers and rose), frozen
5	0	4	0	0	4		8	6			0	0	0	Clupea harengus (other than livers and rose), frozen
5	0	4.8	3.6	0	8.4		9.6	7.2			0	0	0	-- Sardines (Sardina pilchardus, Sardinops spp.), sardinella (Sardinella spp.), brisling or sprats (Sprattus sprattus)
6.7	0	4	1.2	0	4		8	6			0	0	0	-- Mackerel (Scomber scombrus, Scomber australasicus, Scomber japonicus)
5	0	4	1.2	0	4		6	6	0//0	0	0	0	0	-- Jack and horse mackerel (Trachurus spp.)
5	0	4	1.2	0	4		6	6	0//0	0	0	0	0	-- Cobia (Rachycentron canadum)
5	0	4	0	0	4		8	6	0//	0	0	0	0	-- Swordfish (Xiphias gladius)
														- Fish of the families Bregmacerotidae, Euclichthyidae, Gadidae, Macrouridae, Melanonidae, Merlucciidae, Moridae and Muraenolepididae, excluding livers and roes:
5	5	4	0	0	4		8	6			0	0	0	-- Cod (Gadus morhua, Gadus ogac, Gadus macrocephalus)
5	6	4.8	0	0	8.4		9.6	7.2			0	0	0	-- Haddock (Melanogrammus aeglefinus)
5	0	4.8	0	0	8.4		9.6	7.2			0	0	0	-- Coalfish (Pollachius virens)
6	0	4.8	3.6	0	8.4		9.6	7.2			0	0	0	-- Hake (Merluccius spp., Urophycis spp.)
5	0	4	1.2	0	4		8	6	0//0	0	0	0	0	-- Alaska Pollack (Theragra chalcogramma)
5	0	4	1.2	0	4		6	6	0//0	0	0	0	0	-- Blue whitings (Micromesistius poutassou, Micromesistius australis)
5	0	4	1.2	0	4		6	6	0//0	0	0	0	0	-- Other
														- Other fish, excluding livers and roes:
														-- Dogfish and other sharks
9	0	4.8	3.6	0	8.4		9.6	7.2			0	0	0	Endangered shark (other than livers and roes), frozen
9	0	4.8	3.6	0	8.4		9.6	7.2			0	0	0	Other sharks (other than livers and roes), frozen
5	0	4	1.2	0	4		6	6	0//0	0	0	0	0	-- Rays and skates (Rajidae)
5	0	4	0	0	4		8	6	0//	0	0	0	0	-- Toothfish (Dissostichus spp.)
5	0	4.8	0	0	8.4		9.6	7.2	0//		0	0	0	-- Seabass (Dicentrarchus spp.)
														-- Other:
5	7.3	4	3	0	4		8	6	0//	0	0	0	0	--- Scabbard fish(Trichiurus)
5	0	4	3	0	4		8	6	0//	0	0	0	0	--- Yellow croaker(Pseudosicaena)
5	0	4	3	0	4		8	6	0//	0	0	0	0	--- Butterfish (Pamus)
														--- Other
5	0	4	1.2	0	4		8.6	6	0//0	0	0	0	0	Other perch (other than livers and roes), frozen
5	0	4	1.2	0	4		8.6	6	0//0	0	0	0	0	Other endangered fish, not elsewhere specified or included (other than livers and roes), frozen
5	0	4	1.2	0	4		8.6	6	0//0	0	0	0	0	Genus Sebastes (other than livers and roes), frozen
5	0	4	1.2	0	4		8.6	6	0//0	0	0	0	0	Genus Sebastolobus (other than livers and roes), frozen
5	0	4	1.2	0	4		8.6	6	0//0	0	0	0	0	Other fish , not elsewhere specified or included (other than livers and roes), frozen
														- Livers and roes
5	5	4		0	4		8	6			0	0	0	Livers and roes of endangered fish, frozen
5	5	4		0	4		8	6			0	0	0	Livers and roes of other fish, frozen
														Fish fillets and other fish meat(whether or not minced), fresh,chilled or frozen:

税 号	货 品 名 称	进口关税 %			增值/消费税%	出口退税%	统计计量单位	监管证件代码	检验检疫类别	协定税率 %		
		最惠国	普通	年内暂定						东盟	亚太	智利
	- 鲜或冷的罗非鱼（口孵非鲫属）、鲶鱼（𩷶鲶属、鲶属、胡鲶属、真鮰属）、鲤科鱼（西鲤、黑鲫、草鱼、鲢属、鲮属、青鱼）、鳗鱼（鳗鲡属）、尼罗河鲈鱼（尼罗尖吻鲈）及黑鱼（鳢属）的鱼片：											
0304.3100	-- 罗非鱼（口孵非鲫属）	12	70		13	5	千克	AB	PR/QS	0	9	0
0304.3200	-- 鲶鱼（𩷶鲶属、鲶属、胡鲶属、真鮰属）	12	70		13	5	千克	AB	PR/QS	0	9	0
0304.3300	-- 尼罗河鲈鱼（尼罗尖吻鲈）	12	70		13	5	千克	AB	PR/QS	0	9	0
0304.3900	-- 其他											
03043900.10	鲜或冷的花鳗鲡鱼片	12	70		13	5	千克	ABE	PR/QS	0	9	0
03043900.20	鲜或冷的欧洲鳗鲡鱼片	12	70		13	5	千克	ABEF	PR/QS	0	9	0
03043900.90	鲜或冷的鲤科鱼(西鲤、黑鲫、草鱼、鲢属、鲮属、青鱼)、其他鳗鱼(鳗鲡属)及黑鱼(鳢属)的鱼片	12	70		13	5	千克	AB	PR/QS	0	9	0
	- 鲜或冷的其他鱼片：											
0304.4100	-- 大麻哈鱼[红大麻哈鱼、细磷大麻哈鱼、大麻哈鱼（种）、大鳞大麻哈鱼、银大麻哈鱼、马苏大麻哈鱼、玫瑰大麻哈鱼]、大西洋鲑鱼及多瑙哲罗鱼	12	70		13	5	千克	AB	PR/QS	0	9	0
0304.4200	-- 鳟鱼(河鳟、虹鳟、克拉克大麻哈鱼、阿瓜大麻哈鱼、吉雨大麻哈鱼、亚利桑那大麻哈鱼、金腹大麻哈鱼)	12	70		13	5	千克	AB	PR/QS	0	9	0
0304.4300	-- 比目鱼（鲽科、鲆科、舌鳎科、鳎科、菱鲆科、刺鲆科）	12	70		13	5	千克	AB	PR/QS	0	9	0
0304.4400	-- 犀鳕科、多丝真鳕科、鳕科、长尾鳕科、黑鳕科、无须鳕科、深海鳕科及南极鳕科鱼	12	70		13	5	千克	AB	PR/QS	0	9	0
0304.4500	-- 剑鱼	12	70		13	5	千克	ABU	PR/QS	0	9	0
0304.4600	-- 南极犬牙鱼(南极犬牙鱼属)	12	70		13	5	千克	ABU	PR/QS	0	9	0
0304.4900	-- 其他											
03044900.10	鲜或冷的其他濒危鱼的鱼片	12	70		13	0	千克	ABEF	PR/QS	0	9	0
03044900.90	鲜或冷的其他鱼的鱼片	12	70		13	5	千克	AB	PR/QS	0	9	0
	- 其他，鲜或冷的：											
0304.5100	-- 罗非鱼（口孵非鲫属）、鲶鱼（𩷶鲶属、鲶属、胡鲶属、真鮰属）、鲤科鱼（西鲤、黑鲫、草鱼、鲢属、鲮属、青鱼）、鳗鱼（鳗鲡属）、尼罗河鲈鱼（尼罗尖吻鲈）及黑鱼（醴属）											
03045100.10	鲜或冷的花鳗鲡的鱼肉(不论是否绞碎)	12	70		13	5	千克	ABE	PR/QS	0	9	0
03045100.20	鲜或冷的欧洲鳗鲡的鱼肉(不论是否绞碎)	12	70		13	5	千克	ABEF	PR/QS	0	9	0
03045100.90	鲜或冷的罗非鱼(口孵非鲫属)、鲶鱼(𩷶鲶属、鲶属、胡鲶属、真鮰属)、鲤科鱼(西鲤、黑鲫、草鱼、鲢属、鲮属、青鱼)、其他鳗鱼(鳗鲡属)、尼罗河鲈鱼(尼罗尖吻鲈)及黑鱼(醴属)的鱼肉(不论是否绞碎)	12	70		13	5	千克	AB	PR/QS	0	9	0
0304.5200	-- 鲑科鱼	12	70		13	5	千克	AB	PR/QS	0	9	0
0304.5300	-- 犀鳕科、多丝真鳕科、鳕科、长尾鳕科、黑鳕科、无须鳕科、深海鳕科及南极鳕科鱼	12	70		13	5	千克	AB	PR/QS	0	9	0
0304.5400	-- 剑鱼	12	70		13	5	千克	ABU	PR/QS	0	9	0
0304.5500	-- 南极犬牙鱼（南极犬牙鱼属）	12	70		13	5	千克	ABU	PR/QS	0	9	0
0304.5900	-- 其他											
03045900.10	鲜或冷的其他濒危鱼的鱼肉(不论是否绞碎)	12	70		13	0	千克	ABEF	PR/QS	0	9	0
03045900.90	鲜或冷的其他鱼的鱼肉(不论是否绞碎)	12	70		13	5	千克	AB	PR/QS	0	9	0
	- 冻的罗非鱼（口孵非鲫属）、鲶鱼（𩷶鲶属、鲶属、胡鲶属、真鮰属）、鲤科鱼（西鲤、黑鲫、草鱼、鲢属、鲮属、青鱼）、鳗鱼（鳗鲡属）、尼罗河鲈鱼（尼罗尖吻鲈）及黑鱼（鳢属）的鱼片：											

协定税率 %										特惠税率 %				Article Description
巴基斯坦	冰岛	哥斯达黎	秘鲁	新西兰	瑞士	新加坡	韩国	澳大利亚	港澳台	老挝	孟加拉	33国	7国	
														- Fresh or chilled fillets of tilapias (Oreochromis spp.),catfish (Pangasius spp., Silurus spp., Clarias spp., Ictalurus spp.), carp (Cyprinus carpio, Carassius carassius, Ctenopharyngodon idellus,Hypophthalmichthys spp.,Cirrhinus spp., Mylopharyngodon piceus), eels (Anguilla spp.), Nile perch (Lates niloticus) and nakeheads (Channa spp.):
5	0	0	3.6	0	8.4		9.6	7.2	0//		0	0	0	-- Tilapias (Oreochromis spp.)
5	0	0	3.6	0	8.4		9.6	7.2	0//		0	0	0	-- Catfish (Pangasius spp., Silurus spp., Clarias spp., Ictalurus spp.)
5	0	0	3.6	0	8.4		9.6	7.2	0//		0	0	0	-- Nile Perch (Lates niloticus)
														-- Other
5	0	0	3.6	0	8.4		9.6	7.2	0//		0	0	0	Fillets of Marbled eel (Anguilla marmorata), fresh or chilled
5	0	0	3.6	0	8.4		9.6	7.2	0//		0	0	0	Fillets of European eel (Anguilla anguilla), fresh or chilled
5	0	0	3.6	0	8.4		9.6	7.2	0//		0	0	0	Fillets of Carp (Cyprinus carpio, Carassius carassius, Ctenopharynngodon idellus, Hypophthalmichthys spp., Cirrhinus spp., Mylopharyngodon piceus), other eels (Anguilla spp.) and snakeheads (Channa spp.), fresh or chilled
														- Fresh or chilled fillets of other fish:
5	0	0	3.6	0	8.4		9.6	7.2	0//		0	0	0	-- Pacific salmon (Oncorhynchus nerka, Oncorhynchus gorbuscha,Oncorhynchus keta, Oncorhynchus tschawytscha, Oncorhynchus kisutch, Oncorhynchus masou and Oncorhynchus rhodurus),Atlantic salmon (Salmo salar) and Danube salmon (Hucho hucho)
5	0	0	3.6	0	8.4		9.6	7.2	0//		0	0	0	-- Trout (Salmo trutta, Onco-rhynchus mykiss, Oncorhynchus clarki,Oncorhynchus aguabonita, Oncorhynchus gilae, Oncorhynchus apache and Oncorhynchus chrysogaster)
5	0	0	3.6	0	8.4		9.6	7.2	0//		0	0	0	-- Flat fish (Pleuronectidae, Bothidae, Cynoglossidae, Soleidae,Scophthalmidae and Citharidae)
5	0	0	3.6	0	8.4		9.6	7.2	0//		0	0	0	-- Fish of the families Bregmacerotidae, Euclichthyidae, Gadidae,Macrouridae, Melanonidae, Merlucciidae, Moridae and Muraenolepididae
5	0	0	0	0	8.4		9.6	7.2	0//		0	0	0	-- Swordfish (Xiphias gladius)
5	0	0	0	0	8.4		9.6	7.2	0//		0	0	0	-- Toothfish (Dissostichus spp.)
														-- Other
5	0	0	3.6	0	8.4		9.6	7.2	0//		0	0	0	Fillets of other endangered fish, fresh or chilled
5	0	0	3.6	0	8.4		9.6	7.2	0//		0	0	0	Fillets of other fish, fresh or chilled
														-- Other, fresh or chilled:
														-- Tilapias (Oreochromis spp.), catfish (Pangasius spp., Silurus spp.,Clarias spp., Ictalurus spp.), carp (Cyprinus carpio, Carassius carassius, Ctenopharyngodon idellus, Hypophthalmichthys spp.,Cirrhinus spp., Mylopharyngodon piceus), eels (Anguilla spp.),Nile perch (Lates niloticus) and snakeheads (Channa spp.)
5	0	0	3.6	0	8.4		9.6	7.2	0//		0	0	0	Meat of Marbled eel (Anguilla marmorata) (whether or not minced), fresh or chilled
5	0	0	3.6	0	8.4		9.6	7.2	0//		0	0	0	Meat of European eel (Anguilla anguilla) (whether or not minced), fresh or chilled
5	0	0	3.6	0	8.4		9.6	7.2	0//		0	0	0	Meat of Tilapias (Oreochromis spp.), catfish (Pangasius spp., Silurus spp., Clarias spp., Ictalurus spp.), carp (Cyprinus carpio, Carassius carassius, Ctenopharyngodon idellus, Hypophthalmichthys spp., Cirrhinus spp., Mylopharyngodon piceus), other eels (Anguilla spp.), Nile perch (Lates niloticus) and snakeheads (Channa spp.) (whether or not minced), fresh or chilled
5	0	0	3.6	0	8.4		9.6	7.2	0//		0	0	0	-- Salmonidae
5	0	0	3.6	0	8.4		9.6	7.2	0//		0	0	0	-- Fish of the families Bregmacerotidae, Euclichthyidae, Gadidae,Macrouridae, Melanonidae, Merlucciidae, Moridae and Muraenolepididae
5	0	0	0	0	8.4		9.6	7.2	0//		0	0	0	-- Swordfish (Xiphias gladius)
5	0	0	0	0	8.4		9.6	7.2	0//		0	0	0	-- Toothfish (Dissostichus spp.)
														-- Other
5	0	0	3.6	0	8.4		9.6	7.2	0//		0	0	0	Meat of other endangered fish (whether or not minced), fresh or chilled
5	0	0	3.6	0	8.4		9.6	7.2	0//		0	0	0	Meat of other fish (whether or not minced), fresh or chilled
														- Frozen fillets of tilapias (Oreochromis spp.), catfish (Pangasius spp.,Silurus spp., Clarias spp., Ictalurus spp.), carp (Cyprinus carpio,Carassius carassius, Ctenopharyngodon idellus, Hypophthalmichthys spp., Cirrhinus spp., Mylopharyngodon piceus),eels (Anguilla spp.), Nile perch (Lates niloticus) and snakeheads(Channa spp.):

税号	货品名称	进口关税 %			增值/消费税%	出口退税%	统计计量单位	监管证件代码	检验检疫类别	协定税率 %		
		最惠国	普通	年内暂定						东盟	亚太	智利
0304.6100	-- 罗非鱼（口孵非鲫属）	10	70		13	13	千克	AB	PR/QS	0		0
	-- 鲶鱼（鲑鲶属、鲶属、胡鲶属、真鮰属）：											
	--- 叉尾鮰鱼（真鮰属）：											
0304.6211	----斑点叉尾鮰鱼	10	70		13	13	千克	AB	PR/QS	0		0
0304.6219	----其他	10	70		13	13	千克	AB	PR/QS	0		0
0304.6290	--- 其他	10	70		13	13	千克	AB	PR/QS	0		0
0304.6300	-- 尼罗河鲈鱼（尼罗尖吻鲈）	10	70		13	13	千克	AB	PR/QS	0		0
0304.6900	-- 其他											
03046900.10	冻的花鳗鲡鱼片	10	70		13	13	千克	ABE	PR/QS	0		0
03046900.20	冻的欧洲鳗鲡鱼片	10	70		13	13	千克	ABEF	PR/QS	0		0
03046900.90	冻的鲤科鱼(西鲤、黑鲫、草鱼、鲢属、鲮属、青鱼)、其他鳗鱼(鳗鲡属)及黑鱼(鳢属)的鱼片	10	70		13	13	千克	AB	PR/QS	0		0
	- 冻的犀鳕科、多丝真鳕科、鳕科、长尾鳕科、黑鳕科、无须鳕科、深海鳕科及南极鳕科鱼的鱼片：											
0304.7100	-- 鳕鱼(大西洋鳕鱼、格陵兰鳕鱼、太平洋鳕鱼)	10	70		13	13	千克	AB	PR/QS	0		0
0304.7200	-- 黑线鳕鱼（黑线鳕）	10	70		13	13	千克	AB	PR/QS	0		0
0304.7300	-- 绿青鳕鱼	10	70		13	13	千克	AB	PR/QS	0		0
0304.7400	-- 狗鳕鱼(无须鳕属、长鳍鳕属)	10	70		13	13	千克	AB	PR/QS	0		0
0304.7500	-- 狭鳕鱼	10	70		13	13	千克	AB	PR/QS	0		0
0304.7900	-- 其他	10	70		13	13	千克	AB	PR/QS	0		0
	- 其他冻鱼片：											
0304.8100	-- 大麻哈鱼[红大麻哈鱼、细磷大麻哈鱼、大麻哈鱼（种）、大鳞大麻哈鱼、银大麻哈鱼、马苏大麻哈鱼、玫瑰大麻哈鱼]、大西洋鲑鱼及多瑙哲罗鱼	10	70		13	13	千克	AB	PR/QS	0		0
0304.8200	-- 鳟鱼(河鳟、虹鳟、克拉克大麻哈鱼、阿瓜大麻哈鱼、吉雨大麻哈鱼、亚利桑那大麻哈鱼、金腹大麻哈鱼)	10	70		13	13	千克	AB	PR/QS	0		0
0304.8300	-- 比目鱼（鲽科、鲆科、舌鳎科、鳎科、菱鲆科、刺鲆科）	10	70		13	13	千克	AB	PR/QS	0		0
0304.8400	-- 剑鱼	10	70		13	13	千克	ABU	PR/QS	0		0
0304.8500	-- 南极犬牙鱼(南极犬牙鱼属)	10	70		13	13	千克	ABU	PR/QS	0		0
0304.8600	-- 鲱鱼（大西洋鲱鱼、太平洋鲱鱼）	10	70		13	13	千克	AB	PR/QS	0		0
0304.8700	-- 金枪鱼(金枪鱼属)、鲣鱼或狐鲣(鲣)	10	70		13	13	千克	AB	PR/QS	0		0
0304.8900	-- 其他											
03048900.10	冻的其他濒危鱼片	10	70		13	0	千克	ABEF	PR/QS	0		0
03048900.90	冻的其他鱼片	10	70		13	13	千克	AB	PR/QS	0		0
	- 其他，冻的：											
0304.9100	-- 剑鱼	10	70		13	13	千克	ABU	PR/QS	0		0
0304.9200	-- 南极犬牙鱼(南极犬牙鱼属)	10	70		13	13	千克	ABU	PR/QS	0		0
0304.9300	-- 罗非鱼（口孵非鲫属）、鲶鱼（鲑鲶属、鲶属、胡鲶属、真鮰属）、鲤科鱼（西鲤、黑鲫、草鱼、鲢属、鲮属、青鱼）、鳗鱼（鳗鲡属）、尼罗河鲈鱼（尼罗尖吻鲈）及黑鱼（鳢属）											
03049300.10	冻的花鳗鲡鱼肉(不论是否绞碎)	10	70		13	13	千克	ABE	PR/QS	0		0
03049300.20	冻的欧洲鳗鲡鱼肉(不论是否绞碎)	10	70		13	13	千克	ABEF	PR/QS	0		0
03049300.90	冻的罗非鱼(口孵非鲫属)、鲶鱼(鲑鲶属、鲶属、胡鲶属、真鮰属)、鲤科鱼(西鲤、黑鲫、草鱼、鲢属、鲮属、青鱼)、其他鳗鱼(鳗鲡属)、尼罗河鲈鱼(尼罗尖吻鲈)及黑鱼(鳢属)鱼肉(不论是否绞碎)	10	70		13	13	千克	AB	PR/QS	0		0
0304.9400	-- 狭鳕鱼	10	70		13	13	千克	AB	PR/QS	0		0

协定税率 %										特惠税率 %				
巴基斯坦	冰岛	哥斯达黎	秘鲁	新西兰	瑞士	新加坡	韩国	澳大利亚	港澳台	老挝	孟加拉	33国	7国	**Article Description**
5	0	0	0	0	4		8	6	0//		0	0	0	-- Tilapias (Oreochromis spp.)
														-- Catfish (Pangasius spp., Silurus spp., Clarias spp., Ictalurus spp.):
														--- Ictalurus:
5	0	0	0	0	4		8	6	0//		0	0	0	----Channel catfish（Ictalurus Punctatus）
5	0	0	0	0	4		8	6	0//		0	0	0	----Other
5	0	0	1.2	0	4		8	6	0//0		0	0	0	--- Other
5	0	0	1.2	0	4		8	6	0//0		0	0	0	-- Nile Perch (Lates niloticus)
														-- Other
5	0	0	1.2	0	4		8	6	0//0		0	0	0	Fillets of Marbled eel (Anguilla marmorata), frozen
5	0	0	1.2	0	4		8	6	0//0		0	0	0	Fillets of European eel (Anguilla anguilla), frozen
5	0	0	1.2	0	4		8	6	0//0		0	0	0	Fillets of carp (Cyprinus carpio, Carassius carassius, Ctenopharyngodon idellus, Hypophthalmichthys spp., Cirrhinus spp., Mylopharyngodon piceus), other eels (Anguilla spp.) and snakeheads (Channa spp.), frozen
														- Frozen fillets of fish of the families Bregmacerotidae, Euclichthyidae,Gadidae, Macrouridae, Melanonidae, Merlucciidae, Moridae and Muraenolepididae:
5	0	0	1.2	0	4		8	6	0//0		0	0	0	-- Cod (Gadus morhua, Gadus ogac, Gadus macrocephalus)
5	0	0	1.2	0	4		8	6	0//0		0	0	0	-- Haddock (Melanogrammus aeglefinus)
5	0	0	1.2	0	4		8	6	0//0		0	0	0	-- Coalfish (Pollachius virens)
5	0	0	1.2	0	4		8	6	0//0		0	0	0	-- Hake (Merluccius spp., Urophycis spp.)
5	0	0	1.2	0	4		8	6	0//0		0	0	0	-- Alaska Pollack (Theragra chalcogramma)
5	0	0	1.2	0	4		8	6	0//0		0	0	0	-- Other
														- Frozen fillets of other fish:
5	0	0	1.2	0	4		8	6	0//0		0	0	0	-- Pacific salmon (Oncorhynchus nerka, Oncorhynchus gorbuscha,Oncorhynchus keta, Oncorhynchus tschawytscha, Oncorhynchus kisutch, Oncorhynchus masou and Oncorhynchus rhodurus),Atlantic salmon (Salmo salar) and Danube salmon (Hucho hucho)
5	0	0	1.2	0	4		8	6	0//0		0	0	0	-- Trout (Salmo trutta, Oncorhynchus mykiss, Oncorhynchus clarki,Oncorhynchus aguabonita, Oncorhynchus gilae, Oncorhynchus apache and Oncorhynchus chrysogaster)
5	0	0	1.2	0	4		8	6	0//0		0	0	0	-- Flat fish (Pleuronectidae, Bothidae, Cynoglossidae, Soleidae,Scophthalmidae and Citharidae)
5	0	0	0	0	4		8	6	0//		0	0	0	-- Swordfish (Xiphias gladius)
5	0	0	0	0	4		8	6	0//		0	0	0	-- Toothfish (Dissostichus spp.)
5	0	0	1.2	0	4		8	6	0//0		0	0	0	-- Herrings (Clupea harengus, Clupea pallasii)
5	0	0	1.2	0	4		8	6	0//0		0	0	0	-- Tunas (of the genus Thunnus), skipjack or stripe-bellied bonito (Euthynnus (Katsuwonus) pelamis)
														-- Other
5	0	0	1.2	0	4		8	6	0//0		0	0	0	Fillets of other endangered fish, frozen
5	0	0	1.2	0	4		8	6	0//0		0	0	0	Fillets of other fish, frozen
														- Other, frozen:
5	0	0	0	0	4		8	6		0	0	0	0	-- Swordfish (Xiphias gladius)
5	0	0	0	0	4		8	6		0	0	0	0	-- Toothfish (Dissostichus spp.)
														-- Tilapias (Oreochromis spp.), catfish (Pangasius spp., Silurus spp.,Clarias spp., Ictalurus spp.), carp (Cyprinus carpio,Carassius carassius, Ctenopharyngodon idellus, Hypophthalmichthys spp.,Cirrhinus spp., Mylopharyngodon piceus), eels (Anguilla spp.), Nile perch (Lates niloticus) and snakeheads(Channa spp.)
5	0	0	0	0	4		8	6		0	0	0	0	Meat of Marbled eel (Anguilla marmorata) (whether or not minced), frozen
5	0	0	0	0	4		8	6		0	0	0	0	Meat of European eel (Anguilla anguilla) (whether or not minced), frozen
5	0	0	0	0	4		8	6		0	0	0	0	Meat of Tilapias (Oreochromis spp.), catfish (Pangasius spp., Silurus spp., Clarias spp., Ictalurus spp.), carp (Cyprinus carpio, Carassius carassius, Ctenopharyngodon idellus, Hypophthalmichthys spp., Cirrhinus spp., Mylopharyngodon piceus), other eels (Anguilla spp.), Nile perch (Lates niloticus) and snakeheads (Channa spp.) (whether or not minced), frozen
5	0	0	0	0	4		8	6		0	0	0	0	-- Alaska Pollack (Theragra chalcogramma)

税号	货品名称	进口关税 %			增值/消费税%	出口退税%	统计计量单位	监管证件代码	检验检疫类别	协定税率 %		
		最惠国	普通	年内暂定						东盟	亚太	智利
0304.9500	-- 犀鳕科、多丝真鳕科、鳕科、长尾鳕科、黑鳕科、无须鳕科、深海鳕科及南极鳕科鱼，狭鳕鱼除外	10	70		13	13	千克	AB	PR/QS	0		0
0304.9900	-- 其他											
03049900.10	冻的其他濒危鱼的鱼肉(不论是否绞碎)	10	70		13	0	千克	ABEF	PR/QS	0		0
03049900.90	其他冻鱼肉(不论是否绞碎)	10	70		13	13	千克	AB	PR/QS	0		0
03.05	**干、盐腌或盐渍的鱼；熏鱼，不论在熏制前或熏制过程中是否烹煮；适合供人食用的鱼的细粉、粗粉及团粒：**											
0305.1000	- 适合供人食用的鱼的细粉、粗粉及团粒	10	80		13	13/15	千克	AB	PR/QS	0		0
0305.2000	- 干、熏、盐腌或盐渍的鱼肝及鱼卵											
03052000.10	干、熏、盐制的濒危鱼种肝、卵	10	80		13	0	千克	ABEF	PR/QS	0		0
03052000.90	其他干、熏、盐制的鱼肝及鱼卵	10	80		13	13/15	千克	AB	PR/QS	0		0
	- 干、盐腌或盐渍的鱼片，但熏制的除外：											
0305.3100	-- 罗非鱼（口孵非鲫属）、鲶鱼（鲶属、鲶属、胡鲶属、真鮰属）、鲤科鱼（西鲤、黑鲫、草鱼、鲢属、鲮属、青鱼）、鳗鱼（鳗鲡属）、尼罗河鲈鱼（尼罗尖吻鲈）及黑鱼（鳢属）											
03053100.10	干、盐腌或盐渍的花鳗鲡鱼片(熏制的除外)	10	80		13	13/15	千克	ABE	PR/QS	0	7.8	0
03053100.20	干、盐腌或盐渍的欧洲鳗鲡鱼片(熏制的除外)	10	80		13	13/15	千克	ABEF	PR/QS	0	7.8	0
03053100.90	干、盐腌或盐渍的罗非鱼(口孵非鲫属)、鲶鱼(鲶属、鲶属、胡鲶属、真鮰属)、鲤科鱼(西鲤、黑鲫、草鱼、鲢属、鲮属、青鱼)、其他鳗鱼(鳗鲡属)、尼罗河鲈鱼(尼罗尖吻鲈)及黑鱼(鳢属)的鱼片(熏制的除外)	10	80		13	13/15	千克	AB	PR/QS	0	7.8	0
0305.3200	-- 犀鳕科、多丝真鳕科、鳕科、长尾鳕科、黑鳕科、无须鳕科、深海鳕科及南极鳕科鱼	10	80		13	13/15	千克	AB	PR/QS	0	7.8	0
0305.3900	-- 其他											
03053900.10	干、盐腌或盐渍的濒危鱼类的鱼片(熏制的除外)	10	80		13	0	千克	ABEF	PR/QS	0	7.8	0
03053900.90	其他干、盐腌或盐渍的鱼片(熏制的除外)	10	80		13	13/15	千克	AB	PR/QS	0	7.8	0
	- 熏鱼，包括鱼片，但食用杂碎除外：											
	-- 大麻哈鱼［红大麻哈鱼、细磷大麻哈鱼、大麻哈鱼（种）、大鳞大麻哈鱼、银大麻哈鱼、马苏大麻哈鱼、玫瑰大麻哈鱼］、大西洋鲑鱼及多瑙哲罗鱼：											
0305.4110	--- 大西洋鲑鱼	14	80		13	13	千克	AB	PR/Q	0		0
0305.4120	--- 大马哈鱼及多瑙哲罗鱼	14	80		13	13	千克	AB	PR/Q	0		0
0305.4200	-- 鲱鱼（大西洋鲱鱼、太平洋鲱鱼）	16	80		13	13	千克	AB	PR/Q	0		0
0305.4300	-- 鳟鱼(河鳟、虹鳟、克拉克大麻哈鱼、阿瓜大麻哈鱼、吉雨大麻哈鱼、亚利桑那大麻哈鱼、金腹大麻哈鱼)	14	80		13	13	千克	AB	PR/QS	0		0
0305.4400	-- 罗非鱼（口孵非鲫属）、鲶鱼（鲶属、鲶属、胡鲶属、真鮰属）、鲤科鱼（西鲤、黑鲫、草鱼、鲢属、鲮属、青鱼）、鳗鱼（鳗鲡属）、尼罗河鲈鱼（尼罗尖吻鲈）及黑鱼（鳢属）											
03054400.10	熏制花鳗鲡及鱼片(食用杂碎除外)	14	80		13	13	千克	ABE	PR/QS	0		0
03054400.20	熏制欧洲鳗鲡及鱼片(食用杂碎除外)	14	80		13	13	千克	ABEF	PR/QS	0		0
03054400.90	熏制罗非鱼(口孵非鲫属)、鲶鱼(鲶属、鲶属、胡鲶属、真鮰属)、鲤科鱼(西鲤、黑鲫、草鱼、鲢属、鲮属、青鱼)、其他鳗鱼(鳗鲡属)、尼罗河鲈鱼(尼罗尖吻鲈)及黑鱼(鳢属)及鱼片(食用杂碎除外)	14	80		13	13	千克	AB	PR/QS	0		0
0305.4900	-- 其他											
03054900.20	熏制其他濒危鱼及鱼片(食用杂碎除外)	14	80		13	0	千克	ABEF	PR/QS	0		0
03054900.90	其他熏鱼及鱼片(食用杂碎除外)	14	80		13	13	千克	AB	PR/QS	0		0

协定税率 %										特惠税率 %				Article Description
巴基斯坦	冰岛	哥斯达黎	秘鲁	新西兰	瑞士	新加坡	韩国	澳大利亚	港澳台	老挝	孟加拉	33 国	7 国	
5	0	0	0	0	4		8	6		0	0	0	0	-- Fish of the families Bregmacerotidae, Euclichthyidae, Gadidae,Macrouridae, Melanonidae, Merlucciidae, Moridae and Muraenolepididae, other than Alaska Pollack (Theragra chalcogramma)
														-- Other
5	0	0	0	0	4		8	6		0	0	0	0	Meat of other endangered fish (whether or not minced), frozen
5	0	0	0	0	4		8	6		0	0	0	0	Meat of other fish (whether or not minced), frozen
														Fish dried, salted or in brine;smoked fish,whether or not cooked before or during the smo-king process;flours,meals and pellets of fish,fit for human consumption:
5	0	0	0	0	4		8	6	/0/		0	0	0	- Flours,meals and pellets of fish,fit for human consumption
														- Livers and roes,dried,smoked, salted or in brine
5	0	4		0			8	6			0	0	0	Livers and roes of endangered fish, dried, smoked, salted or in brine
5	0	4		0			8	6			0	0	0	Livers and roes of other fish, dried, smoked, salted or in brine
														- Fish fillets, dried, salted or in brine, but not smoked:
														-- Tilapias (Oreochromis spp.), catfish (Pangasius spp., Silurus spp.,Clarias spp., Ictalurus spp.), carp (Cyprinus carpio, Carassius carassius, Ctenopharyngodon idellus, Hypophthalmichthys spp., Cirrhinus spp., Mylopharyngodon piceus), eels (Anguilla spp.),Nile perch (Lates niloticus) and snakeheads (Channa spp.)
5	0	0	3	0			8	6	0/0/	0	0	0	0	Fillets of Marbled eel (Anguilla marmorata), dried, salted or in brine,but not smoked
5	0	0	3	0			8	6	0/0/	0	0	0	0	Fillets of European eel (Anguilla anguilla), dried, salted or in brine,but not smoked
5	0	0	3	0			8	6	0/0/	0	0	0	0	Fillets of Tilapias (Oreochromis spp.), catfish (Pangasius spp., Silurus spp., Clarias spp., Ictalurus spp.), carp (Cyprinus carpio, Carassius carassius, Ctenopharyngodon idellus, Hypophthalmichthys spp., Cirrhinus spp., Mylopharyngodon piceus), other eels (Anguilla spp.), Nile perch (Lates niloticus) and snakeheads (Channa spp.), dried, salted or in brine,but not smoked
5	0	0	3	0			8	6	0/0/	0	0	0	0	-- Fish of the families Bregmacerotidae, Euclichthyidae, Gadidae,Macrouridae, Melanonidae, Merlucciidae, Moridae and Muraenolepididae
														-- Other
5	0	0	3	0			8	6	0/0/	0	0	0	0	Fillets of endangered fish, dried, salted or in brine, but not smoked
5	0	0	3	0			8	6	0/0/	0	0	0	0	Fillets of other fish, dried, salted or in brine, but not smoked
														- Smoked fish, including fillets, other than edible fish offal:
														-- Pacific salmon(Oncorhynchus nerka,Oncorhynchus gorbuscha,Oncorhynchus keta,Oncorhynchus tschawytscha,Oncorhynchus kisutch,Oncorhynchus masou and oncorhynchus rhodurus),Atlantic salmon(Salmo salar)and Danube salmon(Hucho hucho):
7	0	0	0	0			11.2	8.4	0//			0	0	--- Atlantic salmon
11.2	0	0	0	0			11.2	8.4				0	0	--- Pacific salmon and Danube salmon
12.8	0	0	0	0			13.8	9.6				0	0	-- Herrings(Clupea harengus, Clupea pallasii)
11.2	0	0	4.2	0			11.2	8.4	/0/	0	0	0	0	-- Trout (Salmo trutta, Oncorhynchus mykiss, Oncorhynchus clarki,Oncorhynchus aguabonita, Oncorhynchus gilae, Oncorhynchus apache and Oncorhynchus chrysogaster)
														-- Tilapias (Oreochromis spp.), Catfish (Pangasius spp., Silurus spp.,Clarias spp., Ictalurus spp.), Carp (Cyprinus carpio, Carassius Carassius, Ctenopharyngodon idellus, Hypophthalmichthys spp.,Cirrhinus spp., Mylopharyngodon piceus), Eels (Anguilla spp.), Nile perch (Lates niloticus) and snakeheads (Channa spp.)
11.2	0	0	4.2	0			11.2	8.4	/0/	0	0	0	0	Smoked Marbled eel (Anguilla marmorata) and its fillets (other than edible fish offal)
11.2	0	0	4.2	0			11.2	8.4	/0/	0	0	0	0	Smoked European eel (Anguilla anguilla) and its fillets (other than edible fish offal)
11.2	0	0	4.2	0			11.2	8.4	/0/	0	0	0	0	Smoked Tilapias (Oreochromis spp.), catfish (Pangasius spp., Silurus spp., Clarias spp., Ictalurus spp.), carp (Cyprinus carpio, Carassius carassius, Ctenopharyngodon idellus, Hypophthalmichthys spp., Cirrhinus spp., Mylopharyngodon piceus), other eels (Anguilla spp.), Nile perch (Lates niloticus) and snakeheads (Channa spp.)(other than edible fish offal)
														-- Other
11.2	0	0	4.2	0			11.2	8.4	/0/	0	0	0	0	Smoked endangered fish and its fillets (other than edible fish offal)
11.2	0	0	4.2	0			11.2	8.4	/0/	0	0	0	0	Other smoked fish and its fillets (other than edible fish offal)

税号	货品名称	进口关税 %			增值/消费税%	出口退税%	统计计量单位	监管证件代码	检验检疫类别	协定税率 %		
		最惠国	普通	年内暂定						东盟	亚太	智利
	- 干鱼（不包括食用杂碎），不论是否盐腌，但熏制的除外:											
0305.5100	-- 鳕鱼(大西洋鳕鱼、格陵兰鳕鱼、太平洋鳕鱼)	16	80		13	13	千克	AB	PR/QS	0		0
	-- 其他:											
0305.5910	--- 海龙、海马	2	20		13	13	千克	ABEF	PR/Q	0		0
0305.5990	--- 其他											
03055990.10	其他濒危干鱼，食用杂碎除外(不论是否盐腌，但熏制的除外)	16	80		13	0	千克	ABEF	PR/QS	0		0
03055990.90	其他干鱼,食用杂碎除外(不论是否盐腌,但熏制的除外)	16	80		13	13	千克	AB	PR/QS	0		0
	- 盐腌及盐渍的鱼（不包括食用杂碎），但干或熏制的除外:											
0305.6100	-- 鲱鱼（大西洋鲱鱼、太平洋鲱鱼）	16	80		13	13	千克	AB	PR/Q	0	11.1	0
0305.6200	-- 鳕鱼(大西洋鳕鱼、格陵兰鳕鱼、太平洋鳕鱼)	16	80		13	13	千克	AB	PR/QS	0	12	0
0305.6300	-- 鳀鱼	16	80		13	13	千克	AB	PR/Q	0	12	0
0305.6400	-- 罗非鱼（口孵非鲫属）、鲶鱼（鲑鲶属、鲶属、胡鲶属、真鮰属）、鲤科鱼（西鲤、黑鲫、草鱼、鲢属、鲮属、青鱼）、鳗鱼（鳗鲡属）、尼罗河鲈鱼（尼罗尖吻鲈）及黑鱼（鳢属）											
03056400.10	盐腌及盐渍的花鳗鲡，食用杂碎除外(干或熏制的除外)	16	80		13	13	千克	ABE	PR/QS	0		0
03056400.20	盐腌及盐渍的欧洲鳗鲡，食用杂碎除外(干或熏制的除外)	16	80		13	13	千克	ABEF	PR/QS	0		0
03056400.90	盐腌及盐渍的罗非鱼(口孵非鲫属)、鲶鱼(鲑鲶属、鲶属、胡鲶属、真鮰属)、鲤科鱼(西鲤、黑鲫、草鱼、鲢属、鲮属、青鱼)、其他鳗鱼(鳗鲡属)、尼罗河鲈鱼(尼罗尖吻鲈)及黑鱼(鳢属)，食用杂碎除外(干或熏制的除外)	16	80		13	13	千克	AB	PR/QS	0		0
	-- 其他:											
0305.6910	--- 带鱼	16	80		13	13	千克	AB	PR/QS	0		0
0305.6920	--- 黄鱼	16	80		13	13	千克	AB	PR/QS	0		0
0305.6930	--- 鲳鱼	16	80		13	13	千克	AB	PR/QS	0		0
0305.6990	--- 其他											
03056990.10	盐腌及盐渍的其他濒危鱼，食用杂碎除外(干或熏制的除外)	16	80		13	0	千克	ABEF	PR/QS	0		0
03056990.90	盐腌及盐渍的其他鱼，食用杂碎除外(干或熏制的除外)	16	80		13	13	千克	AB	PR/QS	0		0
	- 鱼鳍、鱼头、鱼尾、鱼鳔及其他可食用杂碎:											
0305.7100	-- 鲨鱼翅											
03057100.10	濒危鲨鱼鱼翅(不论是否干制、盐腌、盐渍和熏制)	15	80		13	0	千克	ABEF	PR/QS	0		0
03057100.90	其他鲨鱼鱼翅(不论是否干制、盐腌、盐渍和熏制)	15	80		13	13	千克	AB	PR/QS	0		0
0305.7200	-- 鱼头、鱼尾、鱼鳔											
03057200.10	濒危鱼的鱼头、鱼尾、鱼鳔(不论是否干制、盐腌、盐渍和熏制)	16	80		13	0	千克	ABEF	PR/QS	0		0
03057200.90	其他鱼的鱼头、鱼尾、鱼鳔(不论是否干制、盐腌、盐渍和熏制)	16	80		13	13	千克	AB	PR/QS	0		0
0305.7900	-- 其他											
03057900.10	其他濒危可食用鱼杂碎(不论是否干制、盐腌、盐渍和熏制)	16	80		13	0	千克	ABEF	PR/QS	0		0
03057900.90	其他可食用鱼杂碎(不论是否干制、盐腌、盐渍和熏制)	16	80		13	13	千克	AB	PR/QS	0		0

协定税率 %										特惠税率 %				Article Description
巴基斯坦	冰岛	哥斯达黎	秘鲁	新西兰	瑞士	新加坡	韩国	澳大利亚	港澳台	老挝	孟加拉	33 国	7 国	
														- Dried fish, other than edible fish offal, whether or not salted but not smoked:
12.8	0	0	0	0	11.2		13.8	9.6	/0/			0	0	-- Cod(Gadus morhua,Gadus ogac,Gadus macrocephalus)
														--- Other:
0	0	0	0	0	0		0	0		0	0	0	0	--- Pipefish and hippocampi
														--- Other
	0	6.4	4.8	0	11.2		13.8	9.6	0/0/	0	0	0	0	Other dried endangered fish (other than edible fish offal), whether or not salted but not smoked
	0	6.4	4.8	0	11.2		13.8	9.6	0/0/	0	0	0	0	Other dried fish (other than edible fish offal), whether or not salted but not smoked
														- Fish, salted but not dried or smoked and fish in brine, other than edible fish offal:
8	0	0	0	0	11.2		13.8	9.6				0	0	-- Herrings(Clupea harengus,Clupea pallasii)
8	0	0	0	0	11.2		13.8	9.6	/0/		0	0	0	-- Cod(Gadus morhua,Gadus ogac,Gadus Macrocephalus)
8	0	0	4.8	0	11.2		13.8	9.6				0	0	-- Anchovies(Engraulis spp.)
														-- Tilapias (Oreochromis spp.), catfish (Pangasius spp., Silurus spp.,Clarias spp., Ictalurus spp.), carp (Cyprinus carpio, Carassiuscarassius, Ctenopharyngodon idellus,Hypophthalmichthys spp.,Cirrhinus spp., Mylopharyngodon piceus), eels (Anguilla spp.), Nilep erch (Lates niloticus) and snakeheads (Channa spp.)
12.8	0	0	4.8	0	11.2		13.8	9.6	0//	0	0	0	0	Marbled eel (Anguilla marmorata)(other than edible fish offal), salted but not dried or smoked and in brine
12.8	0	0	4.8	0	11.2		13.8	9.6	0//	0	0	0	0	European eel (Anguilla anguilla)(other than edible fish offal), salted but not dried or smoked and in brine
12.8	0	0	4.8	0	11.2		13.8	9.6	0//	0	0	0	0	Tilapias (Oreochromis spp.), catfish (Pangasius spp., Silurus spp., Clarias spp., Ictalurus spp.), carp (Cyprinus carpio, Carassiuscarassius, Ctenopharyngodon idellus, Hypophthalmichthys spp., Cirrhinus spp., Mylopharyngodon piceus) , other eels (Anguilla spp.), Nile perch (Lates niloticus) and snakeheads (Channa spp.), other than edible fish offal, salted but not dried or smoked and in brine
														-- Other:
12.8	0	0	4.8	0	11.2		13.8	9.6	0//	0	0	0	0	--- Scabber fish(Trichurius)
12.8	0	0	4.8	0	11.2		13.8	9.6	0//	0	0	0	0	--- Yellow croaker(Pseudosicaena)
12.8	0	0	4.8	0	11.2		13.8	9.6	0//	0	0	0	0	--- Butterfish(Pampus)
														--- Other
12.8	0	0	4.8	0	11.2		13.8	9.6	0//	0	0	0	0	Other endangered fish (other than edible fish offal), salted but not dried or smoked and in brine
12.8	0	0	4.8	0	11.2		13.8	9.6	0//	0	0	0	0	Other fish (other than edible fish offal), salted but not dried or smoked and in brine
														- Fish fins, heads, tails, maws and other edible fish offal:
														-- Shark fins
	0	6	4.5	0	10.5				/0/	0	0	0	0	Endangered sharks fins, whether or not dried, salted or in brine, smoked
	0	6	4.5	0	10.5				/0/	0	0	0	0	Other Shark fins, whether or not dried, salted or in brine, smoked
														-- Fish heads, tails and maws
12.8	0	0	0	0			13.8	9.6				0	0	Endangered fish heads, tails and maws, whether or not dried, salted or in brine, smoked
12.8	0	0	0	0			13.8	9.6				0	0	Other fish heads, tails and maws, whether or not dried, salted or in brine, smoked
														-- Other
12.8	0	0	0	0			13.8	9.6				0	0	Other edible endangered fish offal, whether or not dried, salted or in brine, smoked
12.8	0	0	0	0			13.8	9.6				0	0	Other edible fish offal, whether or not dried, salted or in brine, smoked

税号	货品名称	进口关税 %			增值/消费税%	出口退税%	统计计量单位	监管证件代码	检验检疫类别	协定税率 %		
		最惠国	普通	年内暂定						东盟	亚太	智利
03.06	带壳或去壳的甲壳动物，活、鲜、冷、冻、干、盐腌或盐渍的；熏制的带壳或去壳甲壳动物，不论在熏制前或熏制过程中是否烹煮；蒸过或用水煮过的带壳甲壳动物，不论是否冷、冻、干、盐腌或盐渍的；适合供人食用的甲壳动物的细粉、粗粉及团粒：											
	- 冻的：											
0306.1100	-- 岩礁虾和其他龙虾（真龙虾属、龙虾属、岩龙虾属）	10	70		13	13	千克	AB	PR/QS	0		0
0306.1200	-- 螯龙虾(螯龙虾属)	10	70		13	13	千克	AB	PR/QS	0	7.2	0
	-- 蟹：											
0306.1410	--- 梭子蟹	10	70		13	13	千克	AB	PR/QS	0		0
0306.1490	--- 其他											
03061490.10	冻的毛蟹、金霸王蟹(帝王蟹)、仿石蟹(仿岩蟹)、堪察加拟石蟹、短足拟石蟹、扁足拟石蟹、雪蟹、日本雪蟹	10	70		13	13	千克	ABU	PR/QS	0		0
03061490.90	其他冻蟹	10	70		13	13	千克	AB	PR/QS	0		0
0306.1500	-- 挪威海螯虾	16	70		13	13	千克	AB	PR/QS	0		0
	-- 冷水小虾及对虾(长额虾属、褐虾)：											
	--- 冷水小虾：											
0306.1611	----虾仁	8	70		13	13	千克	AB	PR/QS	0	4	0
0306.1612	----其他，北方长额虾	5	70		13	13	千克	AB	PR/QS	0	2.5	0
0306.1619	----其他	5	70		13	13	千克	AB	PR/QS	0	2.5	0
	--- 冷水对虾：											
0306.1621	----虾仁	8	70		13	13	千克	AB	PR/QS	0	4	0
0306.1629	---- 其他	5	70		13	13	千克	AB	PR/QS	0	2.5	0
	-- 其他小虾及对虾：											
	--- 小虾：											
0306.1711	----虾仁	8	70		13	13	千克	AB	PR/QS	0	4	0
0306.1719	----其他	5	70		13	13	千克	AB	PR/QS	0	2.5	0
	--- 对虾：											
0306.1721	----虾仁	8	70		13	13	千克	AB	PR/QS	0	4	0
0306.1729	----其他	5	70		13	13	千克	AB	PR/QS	0	2.5	0
	-- 其他，包括适合供人食用的甲壳动物的细粉、粗粉及团粒：											
	--- 淡水小龙虾：											
0306.1911	----虾仁	16	70		13	13	千克	AB	PR/QS	0		0
0306.1919	----其他	16	70		13	13	千克	AB	PR/QS	0		0
0306.1990	--- 其他	16	70		13	13	千克	AB	PR/QS	0		0
	- 未冻的：											
	-- 岩礁虾和其他龙虾（真龙虾属、龙虾属、岩龙虾属）：											
0306.2110	--- 种苗	0	0		13	13	千克	AB	P/Q			
0306.2190	--- 其他	15	70	10	13	13	千克	AB	PR/QS	0		0
	-- 螯龙虾（螯龙虾属）：											
0306.2210	--- 种苗	0	0		13	13	千克	AB	P/Q			
0306.2290	--- 其他	15	70	10	13	13	千克	AB	PR/QS	0		0
	-- 蟹：											
0306.2410	--- 种苗	0	0		13	13	千克	AB	P/Q			
	--- 其他：											
0306.2491	----中华绒螯蟹	14	70		13	13	千克	AB	PR/QS	0		0
0306.2492	----梭子蟹	14	70		13	13	千克	AB	PR/QS	0		0
0306.2499	----其他											
03062499.10	活、鲜、冷、干、盐腌或盐渍的毛蟹、金霸王蟹(帝王蟹)、仿石蟹(仿岩蟹)、堪察加拟石蟹、短足拟石蟹、扁足拟石蟹、雪蟹、日本雪蟹(包括熏制的带壳或去壳的，不论在熏制前或熏制过程中是否烹煮；蒸过或用水煮过的带壳的)	14	70		13	13	千克	ABU	PR/QS	0		0

协定税率 %										特惠税率 %				
巴基斯坦	冰岛	哥斯达黎	秘鲁	新西兰	瑞士	新加坡	韩国	澳大利亚	港澳台	老挝	孟加拉	33 国	7 国	**Article Description**
														Crustaceans, whether in shell or not, live, fresh, chilled, frozen,dried, salted or in brine; smoked crustaceans, whether in shell or not, whether or not cooked before or during the smoking process; crustaceans, in shell, cooked by steaming or by boiling in water, whether or not chilled, frozen, dried, salted or in brine; flours, meals and pellets of crustaceans, fit for human consumption:
														- Frozen:
5	0	0	0	0	4		8	6			0	0	0	-- Rock lobster and other sea crawfish(Palinurus spp.,Panulirus spp.，Jasus spp.)
5	0	0	0	0	4		8	6			0	0	0	-- Lobsters(Homarus spp.)
														-- Crabs:
5	0	0	3	0	4		8	6		0	0	0	0	--- Swimming crab
														--- Other
5	0	0	3	0	4		8.6	6		0	0	0	0	Erimacrus spp., Lithodes aequispinus, Paralomis verrilli, Paralithodes camtschaticus, Paralithodes brevipes, Parailithodes platypus, Chionoecetes spp., Chionoecetes japonicus, frozen
5	0	0	3	0	4		8.6	6		0	0	0	0	Other crabs, frozen
12.8	0	0	4.8	0	11.2		13.8	9.6			0	0	0	-- Norway lobsters (Nephrops norvegicus)
														-- Cold-water shrimps and prawns (Pandalus spp., Crangon crangon):
														--- Cold-water shrimps:
0	0	0	0	0	3.2		4.8	4.8	0//		0	0	0	----Shelled
0	0	0	0	0	0		0	0	0//		0	0	0	----Other，Northem pandalus(Pandalus)
0	2.5	0	0	0	0		0	0	0//		0	0	0	----Other
														--- Cold-water prawns (Crangon crangon):
0	0	0	0	0	3.2		4.8	4.8	0//		0	0	0	----Shelled
0	0	0	0	0	0		0	0	0//		0	0	0	----Other
														-- Other shrimps and prawns:
														--- shrimps:
0	0	0	0	0	3.2		4.8	4.8	0//		0	0	0	----Shelled
0	2.5	0	0	0	0		0	0	0//		0	0	0	----Other
														--- prawns:
0	0	0	0	0	3.2		4.8	4.8	0//		0	0	0	----Shelled
0	0	0	0	0	0		0	0	0//		0	0	0	----Other
														-- Other,including flours,meals and pellets of crustaceans,fit for human consumption:
														--- Freshwater crawfish:
12.8	0	0	0	0	11.2		13.8	9.6			0	0	0	----Shelled
12.8	0	0	0	0	11.2		13.8	9.6			0	0	0	----Other
12.8	0	0	4.8	0	11.2		13.8	9.6			0	0	0	--- Other
														- Not frozen:
														-- Rock lobster and other sea crawfish(Palinurus spp.,Panulirus spp.，Jasus spp.):
							0	0			0	0	0	--- For cultivation
	0	0	0	0	10.5		12	9	0//		0	0	0	--- Other
														-- Lobsters(Homarus spp.):
							0	0			0	0	0	--- For cultivation
12	0	0	0	0	10.5		12	9	0//		0	0	0	--- Other
														-- Crabs:
							0	0			0	0	0	--- For cultivation
														--- Other:
7	0	0	0	0	9.8		11.2	8.4			0	0	0	----Freshwater crabs, live
11.2	0	0	4.2	0	9.8		11.2	8.4	0//		0	0	0	----Swimming crab
														----Other
	0	0	4.2	0	9.8		11.2	8.4	0//		0	0	0	Erimacrus spp., Lithodes aequispinus, Paralomis verrilli, Paralithodes camtschaticus, Paralithodes brevipes, Parailithodes platypus, Chionoecetes spp., Chionoecetes japonicus, whether in shell or not, live, fresh, chilled, dried, salted or in brine (including smoked, whether in shell or not, whether or not cooked before or during the smoking process; in shell, cooked by steaming or by boiling in water)

税号	货品名称	进口关税 %			增值/消费税%	出口退税%	统计计量单位	监管证件代码	检验检疫类别	协定税率 %		
		最惠国	普通	年内暂定						东盟	亚太	智利
03062499.90	其他活、鲜、冷、干、盐腌或盐渍的带壳或去壳蟹(包括熏制的带壳或去壳的，不论在熏制前或熏制过程中是否烹煮；蒸过或用水煮过的带壳的)	14	70		13	13	千克	AB	PR/QS	0		0
	-- 挪威海螯虾:											
0306.2510	--- 种苗	0	0		13	13	千克	AB	P/Q			
0306.2590	--- 其他	14	70		13	13/15	千克	AB	PR/QS	0		0
	-- 冷水小虾及对虾(长额虾属、褐虾):											
0306.2610	--- 种苗	0	0		13	13	千克	AB	P/Q			
0306.2620	--- 鲜、冷对虾	15	70		13	13	千克	AB	PR/QS	0		0
0306.2690	--- 其他											
03062690.01	鲜、冷的冷水小虾	12	70		13	13	千克	AB	PR/QS	0		0
03062690.90	其他活、干、盐腌或盐渍的带壳或去壳冷水对虾、冷水小虾(包括熏制的带壳或去壳的，不论在熏制前或熏制过程中是否烹煮;蒸过或用水煮过的带壳的)	12	70		13	13	千克	AB	PR/QS	0		0
	-- 其他小虾及对虾:											
0306.2710	--- 种苗	0	0		13	13	千克	AB	P/Q			
0306.2720	--- 鲜、冷对虾	15	70		13	13	千克	AB	PR/QS	0		0
0306.2790	--- 其他											
03062790.01	其他鲜、冷小虾	12	70		13	13	千克	AB	PR/QS	0		0
03062790.90	其他活、干、盐腌或盐渍的带壳或去壳小虾及对虾(包括熏制的带壳或去壳的，不论在熏制前或熏制过程中是否烹煮；蒸过或用水煮过的带壳的)	12	70		13	13	千克	AB	PR/QS	0		0
	-- 其他，包括适合供人食用的甲壳动物的细粉、粗粉及团粒:											
0306.2910	--- 种苗	0	0		13	13	千克	AB	P/Q			
0306.2990	--- 其他	14	70		13	13/15	千克	AB	PR/QS	0		0
03.07	**带壳或去壳的软体动物，活、鲜、冷、冻、干、盐腌或盐渍的；熏制的带壳或去壳软体动物，不论在熏制前或熏制过程中是否烹煮；适合供人食用的软体动物的细粉、粗粉及团粒:**											
	- 牡蛎（蚝）:											
	-- 活、鲜或冷的:											
0307.1110	--- 种苗	0	0		13	5	千克	AB	P/Q			
0307.1190	--- 其他	14	70		13	5	千克	AB	PR/QS	0		0
0307.1900	-- 其他	14	70		13	5	千克	AB	PR/QS	0		0
	- 扇贝，包括海扇:											
	-- 活、鲜或冷的:											
0307.2110	--- 种苗											
03072110.10	大珠母贝种苗	0	0		13	5	千克	ABE	P/Q			
03072110.90	其他扇贝种苗(包括海扇种苗)	0	0		13	5	千克	AB	P/Q			
0307.2190	--- 其他											
03072190.10	其他活、鲜、冷大珠母贝	14	70		13	5	千克	ABE	PR/QS	0		0
03072190.90	其他活、鲜、冷扇贝(包括海扇,种苗除外)	14	70		13	5	千克	AB	PR/QS	0		0
0307.2900	-- 其他											
03072900.10	其他冻、干、盐腌或盐渍的大珠母贝(包括熏制的带壳或去壳的,不论在熏制前或熏制过程中是否烹煮)	14	80		13	13	千克	ABE	PR/QS	0		0
03072900.90	其他冻、干、盐腌或盐渍的扇贝(包括海扇；包括熏制的带壳或去壳的,不论在熏制前或熏制过程中是否烹煮)	14	80		13	13	千克	AB	PR/QS	0		0
	- 贻贝:											
	-- 活、鲜或冷的:											
0307.3110	--- 种苗	0	0		13	5	千克	AB	P/Q			
0307.3190	--- 其他											
03073190.01	鲜、冷贻贝	14	70		13	5	千克	AB	PR/QS	0		0

协定税率 %										特惠税率 %				Article Description
巴基斯坦	冰岛	哥斯达黎	秘鲁	新西兰	瑞士	新加坡	韩国	澳大利亚	港澳台	老挝	孟加拉	33 国	7 国	
	0	0	4.2	0	9.8		11.2	8.4	0//		0	0	0	Other crabs, whether in shell or not, live, fresh, chilled, dried, salted or in brine(including smoked, whether in shell or not, whether or not cooked before or during the smoking process; in shell, cooked by steaming or by boiling in water)
														-- Norway lobsters (Nephrops norvegicus):
							0	0			0	0	0	--- For cultivation
11.2	0	0	0	0	9.8		11.2	8.4	0//		0	0	0	--- Other
														-- Cold-water shrimps and prawns (Pandalus spp., Crangon crangon):
							0	0			0	0	0	--- For cultivation
12	0	0	0	0	10.5		12	9	0//		0	0	0	--- Cold-water prawns，fresh or chilled
														--- Other
6	0	0	0	0	8.4		9.6	7.2	0//		0	0	0	Cold-water shrimps, fresh or chilled
6	0	0	0	0	8.4		9.6	7.2	0//		0	0	0	Other cold-water shrimps and prawns, live, dried, salted or in brine, whether in shell or not (including smoked, whether in shell or not, whether or not cooked before or during the smoking process; in shell, cooked by steaming or by boiling in water)
														-- Other shrimps and prawns:
							0	0			0	0	0	--- For cultivation
12	0	0	0	0	10.5		12	9	0//		0	0	0	--- Prawns ，fresh or chilled
														--- Other
6	0	0	0	0	8.4		9.6	7.2	0//		0	0	0	Other shrimps, fresh or chilled
6	0	0	0	0	8.4		9.6	7.2	0//		0	0	0	Other shrimps and prawns, live, dried, salted or in brine, whether in shell or not (including smoked whether in shell or not, whether or not cooked before or during the smoking process; in shell, cooked by steaming or by boiling in water)
														-- Other,including flours,meals and pellets of crustaceans,fit for human consumption:
							0	0			0	0	0	--- For cultivation
11.2	0	0	0	0	9.8		11.2	8.4	0//		0	0	0	--- Other
														Molluscs, whether in shell or not, live, fresh, chilled,frozen,dried, salted or in brine; smoked molluscs, whether in shell or not, whether or not cooked before or during the smoking process; flours, meals and pellets of molluscs, fit for human consumption:
														- Oysters:
														-- Live, fresh or chilled:
							0	0			0	0	0	--- For cultivation
11.2	0	0	4.2	0	9.8		11.2	8.4	0//		0	0	0	--- Other
11.2	0	0	4.2	0	9.8		11.2	8.4	0//		0	0	0	-- Other
														- Scallops,including queen scallops,of the genera Pecten,Chlamys or Placopecten:
														-- Live,fresh or chilled:
														--- For cultivation
							0	0			0	0	0	Pearl oysters (Pinctada maxima) for cultivation
							0	0			0	0	0	Other scallops (including queen scallops) for cultivation
														--- Other
11.2	0	0	4.2	0	9.8		11.2	8.4	0//		0	0	0	Other pearl oysters (Pinctada maxima), live, fresh or chilled
11.2	0	0	4.2	0	9.8		11.2	8.4	0//		0	0	0	Other scallops (including queen scallops) ,live, fresh or chilled, not for cultivation
														-- Other
11.2	0	0	1.8	0	9.8		11.2	8.4			0	0	0	Other pearl oysters (Pinctada maxima), frozen, dried, salted or in brine (including smoked, whether in shell or not, whether or not cooked before or during the smoking process)
11.2	0	0	1.8	0	9.8		11.2	8.4			0	0	0	Other scallops (including queen scallops), frozen, dried, salted or in brine (including smoked whether in shell or not, whether or not cooked before or during the smoking process)
														- Mussels(Mytilus spp.,Perna spp.):
														-- Live,fresh or chilled:
							0	0			0	0	0	--- For cultivation
														--- Other
11.2	0	0	0	0	9.8		11.2	8.4	0//		0	0	0	Mussels, fresh or chilled

税号	货品名称	进口关税% 最惠国	进口关税% 普通	进口关税% 年内暂定	增值/消费税%	出口退税%	统计计量单位	监管证件代码	检验检疫类别	协定税率% 东盟	协定税率% 亚太	协定税率% 智利
03073190.90	其他活贻贝	14	70		13	5	千克	AB	PR/QS	0		0
0307.3900	-- 其他											
03073900.01	冻贻贝	14	70		13	13	千克	AB	PR/QS	0	9.8	0
03073900.90	其他干、盐腌或盐渍的贻贝(包括熏制的带壳或去壳的,不论在熏制前或熏制过程中是否烹煮)	14	70		13	13	千克	AB	PR/QS	0	9.8	0
	- 墨鱼及鱿鱼:											
	-- 活、鲜或冷的:											
0307.4110	--- 种苗	0	0		13	5	千克	AB	P/Q			
0307.4190	--- 其他	12	70		13	5	千克	AB	PR/QS	0		0
0307.4900	-- 其他	12	70		13	13	千克	AB	PR/QS	0	10	0
	- 章鱼:											
0307.5100	-- 活、鲜或冷的	17	70		13	5	千克	AB	PR/QS	0		0
0307.5900	-- 其他	17	70		13	13	千克	AB	PR/QS	0		0
	- 蜗牛及螺,海螺除外:											
0307.6010	--- 种苗											
03076010.10	濒危蜗牛及螺种苗,海螺除外	0	0		13	0	千克	ABEF	P/Q			
03076010.90	其他蜗牛及螺种苗,海螺除外	0	0		13	5	千克	AB	P/Q			
0307.6090	--- 其他											
03076090.10	其他濒危蜗牛及螺,海螺除外	14	70		13	0	千克	ABEF	PR/QS	0		0
03076090.90	其他活、鲜、冷、冻、干、盐腌或盐渍的蜗牛及螺,海螺除外(包括熏制的带壳或去壳的,不论在熏制前或熏制过程中是否烹煮)	14	70		13	5	千克	AB	PR/QS	0		0
	- 蛤、鸟蛤及舟贝(蚶科、北极蛤科、鸟蛤科、斧蛤科、缝栖蛤科、蛤蜊科、中带蛤科、海螂科、双带蛤科、截蛏科、竹蛏科、砗磲科、帘蛤科):											
	-- 活、鲜或冷的:											
0307.7110	--- 种苗											
03077110.10	活、鲜、冷砗磲的种苗	0	0		13	5	千克	ABEF	P/Q			
03077110.90	活、鲜、冷蛤、鸟蛤及舟贝(蚶科、北极蛤科、鸟蛤科、斧蛤科、缝栖蛤科、蛤蜊科中带蛤科、海螂科、双带蛤科、截蛏科、竹蛏科、帘蛤科)的种苗	0	0		13	5	千克	AB	P/Q			
	--- 其他:											
0307.7191	----蛤	14	70		13	5	千克	AB	PR/QS	0		0
0307.7199	----其他											
03077199.10	活、鲜、冷砗磲	14	70		13	5	千克	ABEF	PR/QS	0		0
03077199.20	活、鲜、冷的粗饰蚶	14	70		13	5	千克	ABU	PR/QS	0		0
03077199.90	活、鲜、冷鸟蛤及舟贝(蚶科、北极蛤科、鸟蛤科、斧蛤科、缝栖蛤科、蛤蜊科中带蛤科、海螂科、双带蛤科、截蛏科、竹蛏科、帘蛤科)	14	70		13	5	千克	AB	PR/QS	0		0
	-- 其他:											
0307.7910	--- 蛤	10	70		13	13	千克	AB	PR/QS	0		0
0307.7990	--- 其他											
03077990.10	冻、干、盐制砗磲(包括熏制的带壳或去壳的,不论在熏制前或熏制过程中是否烹煮)	10	70		13	13/15	千克	ABEF	PR/QS	0		0
03077990.20	冻、干、盐制的粗饰蚶(包括熏制的带壳或去壳的,不论在熏制前或熏制过程中是否烹煮)	10	70		13	13/15	千克	ABU	PR/QS	0		0
03077990.90	冻、干、盐制鸟蛤及舟贝(蚶科、北极蛤科、鸟蛤科、斧蛤科、缝栖蛤科、蛤蜊科中带蛤科、海螂科、双带蛤科、截蛏科、竹蛏科、帘蛤科)(包括熏制的带壳或去壳的,不论在熏制前或熏制过程中是否烹煮)	10	70		13	13/15	千克	AB	PR/QS	0		0
	- 鲍鱼(鲍属):											
	-- 活、鲜或冷的:											
0307.8110	--- 种苗	0	0		13	5	千克	AB	P/Q			
0307.8190	--- 其他	14	80		13	5	千克	AB	PR/QS	0		0
0307.8900	-- 其他	10	80		13	13	千克	AB	PR/QS	0		0

协定税率 %										特惠税率 %				Article Description
巴基斯坦	冰岛	哥斯达黎	秘鲁	新西兰	瑞士	新加坡	韩国	澳大利亚	港澳台	老挝	孟加拉	33 国	7 国	
11.2	0	0	0	0	9.8		11.2	8.4	0//		0	0	0	Other mussels, live
														-- Other
7	0	0	4.2	0	9.8		11.2	8.4			0	0	0	Mussels, frozen
7	0	0	4.2	0	9.8		11.2	8.4			0	0	0	Other mussels, dried, salted or in brine (including smoked mussels, whether in shell or not, whether or not cooked before or during the smoking process)
														- Cuttle fish(Sepia of ficinalis,Rossia macrosoma,Sepiola spp.)and squid(Ommastrephes spp.,Loligo spp., Nototodarus spp.,Sepioteuthis spp.):
														-- Live,fresh or chilled:
							0	0			0	0	0	--- For cultivation
6	0	0	3.6	0	8.4		9.6	7.2	0//		0	0	0	--- Other
10	0	0	3.6	0	8.4		10.8	7.2	0/0/		0	0	0	-- Other
														- Octopus(Octopus spp.):
13.6	0	0	5.1	0	11.9		14.7	10.2	0//			0	0	-- Live,fresh or chilled
13.6	0	0	5.1	0	11.9		14.7	10.2	0/0/		0	0	0	-- Other
														- Snails,other than sea snails:
														--- For cultivation
							0	0			0	0	0	Endangered snails (other than sea snails) for cultivation
							0	0			0	0	0	Other snails (other than sea snails) for cultivation
														--- Other
11.2	0	0	0	0	9.8		11.2	8.4			0	0	0	Other endangered snails (other than sea snails) for cultivation
11.2	0	0	0	0	9.8		11.2	8.4			0	0	0	Other snails (other than sea snails), live, fresh, chilled, frozen, dried, salted or in brine (including smoked, whether in shell or not, whether or not cooked before or during the smoking process)
														- Clams, cockles and arkshells(families Arcidae, Arcticidae, Cardiidae, Donacidae, Hiatellidae, Mactridae, Mesodesmatidae, Myidae, Semelidae, Solecurtidae, Solenidae, Tridacnidae and Veneridae):
														-- Live, fresh or chilled:
														--- For cultivation
							0	0			0	0	0	Tridacnidae for cultivation, live, fresh or chilled
							0	0			0	0	0	Clams, cockles and ark shells (families Arcidae, Arcticidae, Cardiidae, Donacidae, Hiatellidae, Mactridae, Mesodesmatidae, Myidae, Semelidae, Solecurtidae, Solenidae, Veneridae) for cultivation , live, fresh or chilled
														--- Other:
11.2	0	0	0	0	9.8		11.2	8.4	0//			0	0	----Clams
														----Other
11.2	0	0	4.2	0	9.8		11.2	8.4	0//		0	0	0	Tridacnidae, live, fresh or chilled
11.2	0	0	4.2	0	9.8		11.2	8.4	0//		0	0	0	Anadara broughtoni, live, fresh or chilled
11.2	0	0	4.2	0	9.8		11.2	8.4	0//		0	0	0	Clams, cockles and ark shells (families Arcidae, Arcticidae, Cardiidae, Donacidae, Hiatellidae, Mactridae, Mesodesmatidae, Myidae, Semelidae, Solecurtidae, Solenidae, Veneridae), live, fresh or chilled
														-- Other:
	0	0		0	4		8	6			0	0	0	--- Clams
														--- Other
	0	0	3	0	4		8.6	6	/0/		0	0	0	Tridacniae, frozen, dried, salted or in brine (including smoked, whether in shell or not, whether or not cooked before or during the smoking process)
	0	0	3	0	4		8.6	6	/0/		0	0	0	Anadara broughtoni, frozen, dried, salted or in brine (including smoked, whether in shell or not, whether or not cooked before or during the smoking process)
	0	0	3	0	4		8.6	6	/0/		0	0	0	Clams, cockles and ark shells (families Arcidae, Arcticidae, Cardiidae, Donacidae, Hiatellidae, Mactridae, Mesodesmatidae, Myidae, Semelidae, Solecurtidae, Solenidae, Veneridae), frozen, dried, salted or in brine (including smoked, whether in shell or not, whether or not cooked before or during the smoking process)
														- Abalone (Haliotis spp.):
														-- Live, fresh or chilled:
							0	0			0	0	0	--- For cultivation
11.2	0	0	4.2	0	9.8		11.2	8.4	0//		0	0	0	--- Other
5	0	0		0	4		8	6	0/0/		0	0	0	-- Other

税号	货品名称	进口关税 % 最惠国	普通	年内暂定	增值/消费税%	出口退税%	统计计量单位	监管证件代码	检验检疫类别	协定税率 % 东盟	亚太	智利
	- 其他,包括适合供人食用的细粉、粗粉及团粒:											
	-- 活、鲜或冷的:											
0307.9110	--- 种苗											
03079110.10	活、鲜、冷的濒危软体动物的种苗	0	0		13	0	千克	ABEF	P/Q			
03079110.90	其他活、鲜、冷的软体动物的种苗	0	0		13	5	千克	AB	P/Q			
0307.9190	--- 其他											
03079190.10	其他活、鲜、冷的濒危软体动物	14	70		13	0	千克	ABEF	PR/QS	0		0
03079190.20	活、鲜、冷蚬属	14	70		13	5	千克	ABU	PR/QS	0		0
03079190.30	活、鲜或冷的象拔蚌	14	70	10	13	5	千克	AB	PR/QS	0		0
03079190.90	其他活、鲜、冷的软体动物	14	70		13	5	千克	AB	PR/QS	0		0
0307.9900	-- 其他											
03079900.10	其他冻、干、盐腌或盐渍的濒危软体动物(包括供人食用的软体动物粉、团粒,甲壳动物除外;包括熏制的带壳或去壳的,不论在熏制前或熏制过程中是否烹煮)	10	70		13	0	千克	ABEF	PR/QS	0		0
03079900.20	冻、干、盐腌或盐渍蚬属(包括供人食用的软体动物粉、团粒,甲壳动物除外; 包括熏制的带壳或去壳的,不论在熏制前或熏制过程中是否烹煮)	10	70		13	13/15	千克	ABU	PR/QS	0		0
03079900.90	其他冻、干、盐腌或盐渍软体动物(包括供人食用的软体动物粉、团粒,甲壳动物除外; 包括熏制的带壳或去壳的,不论在熏制前或熏制过程中是否烹煮)	10	70		13	13/15	千克	AB	PR/QS	0		0
03.08	**不属于甲壳动物及软体动物的水生无脊椎动物,活、鲜、冷、冻、干、盐腌或盐渍的;熏制的不属于甲壳动物及软体动物的水生无脊椎动物,不论在熏制前或熏制过程中是否烹煮;适合供人食用的不属于甲壳动物及软体动物的水生无脊椎动物的细粉、粗粉及团粒:**											
	- 海参(仿刺参、海参纲):											
	-- 活、鲜或冷的:											
0308.1110	--- 种苗											
03081110.10	活、鲜或冷的暗色刺参的种苗	0	0		13	5	千克	ABEF	P/Q			
03081110.90	活、鲜或冷的其他海参(仿刺参、海参纲)的种苗	0	0		13	5	千克	AB	P/Q			
0308.1190	--- 其他											
03081190.10	活、鲜或冷的暗色刺参	14	70		13	5	千克	ABEF	PR/QS	0		0
03081190.20	活、鲜或冷的刺参(暗色刺参除外)	14	70		13	5	千克	ABU	PR/QS	0		0
03081190.90	活、鲜或冷的其他海参(仿刺参、海参纲)	14	70		13	5	千克	AB	PR/QS	0		0
0308.1900	-- 其他											
03081900.10	其他冻、干、盐腌或盐渍暗色刺参(包括熏制的,不论在熏制前或熏制过程中是否烹煮;适合供人食用的细粉、粗粉及团粒)	10	80		13	13	千克	ABEF	PR/QS	0		0
03081900.20	冻、干、盐腌或盐渍的刺参,暗色刺参除外(包括熏制的,不论在熏制前或熏制过程中是否烹煮; 适合供人食用的细粉、粗粉及团粒)	10	80		13	13	千克	ABU	PR/QS	0		0
03081900.90	其他冻、干、盐腌或盐渍的海参(仿刺参、海参纲)(包括熏制的,不论在熏制前或熏制过程中是否烹煮; 适合供人食用的细粉、粗粉及团粒)	10	80		13	13	千克	AB	PR/QS	0		0
	- 海胆(球海胆属、拟球海胆、智利海胆、食用正海胆):											
	-- 活、鲜或冷的:											
0308.2110	--- 种苗	0	0		13	5	千克	AB	P/Q			
0308.2190	--- 其他											
03082190.10	活、鲜或冷的食用海胆纲	14	70		13	5	千克	ABU	PR/QS	0		0
03082190.90	其他活、鲜或冷的海胆	14	70		13	5	千克	AB	PR/QS	0		0
0308.2900	-- 其他											

协定税率 %										特惠税率 %				Article Description
巴基斯坦	冰岛	哥斯达黎	秘鲁	新西兰	瑞士	新加坡	韩国	澳大利亚	港澳台	老挝	孟加拉	33 国	7 国	
														- Other,including flours,meals and pellets,fit for human consumption:
														-- Live,fresh or chilled:
														--- For cultivation
							0	0			0	0	0	Endangered molluscs for cultivation, live, fresh or chilled
							0	0			0	0	0	Other molluscs for cultivation, live, fresh or chilled
														--- Other
11.2	0	0	4.2	0	9.8		11.2	8.4	0//		0	0	0	Other endangered molluscs, live, fresh or chilled
11.2	0	0	4.2	0	9.8		11.2	8.4	0//		0	0	0	Genus Corbicula,live, fresh or chilled
11.2	0	0	4.2	0	9.8		11.2	8.4	0//		0	0	0	Panopea abrupta,live,fresh or chilled.
11.2	0	0	4.2	0	9.8		11.2	8.4	0//		0	0	0	Other molluscs, live, fresh or chilled
														-- Other
	0	0	3	0	4		9	6	/0/		0	0	0	Other endangered molluscs, frozen, dried, salted or in brine (including flours, meals and pellets of molluscs, fit for human consumption;smoked, whether in shell or not, whether or not cooked before or during the smoking process)
	0	0	3	0	4		9	6	/0/		0	0	0	Genus Corbicula, live, frozen, dried, salted or in brine (including flours, meals and pellets of molluscs, fit for human consumption;smoked, whether in shell or not, whether or not cooked before or during the smoking process)
	0	0	3	0	4		9	6	/0/		0	0	0	Other molluscs, frozen, dried, salted or in brine (including flours, meals and pellets of molluscs, fit for human consumption;smoked, whether in shell or not, whether or not cooked before or during the smoking process)
														Aquatic invertebrates other than crustaceans and molluscs, live, fresh, chilled, frozen, dried,salted or in brine;smoked aquatic invertebrates other than crustaceans and molluscs, whether or not cooked before or during the smoking process;flours, meals and pellets of aquatic invertebrates other than crustaceans and molluscs, fit for human consumption:
														- Sea cucumbers(Stichopus japonicus, Holothurioidea):
														-- Live, fresh or chilled:
														--- For cultivation
							0	0			0	0	0	Isostichopus fuscus for cultivation, live, fresh or chilled
							0	0			0	0	0	Other sea cucumbers (Stichopus japonicus, Holothurioidea) for cultivation, live, fresh or chilled
														--- Other
11.2	0	0	4.2	0	9.8		11.2	8.4	0//		0	0	0	Isostichopus fuscus, live, fresh or chilled
11.2	0	0	4.2	0	9.8		11.2	8.4	0//		0	0	0	Apostichopus japonicus, live, fresh or chilled
11.2	0	0	4.2	0	9.8		11.2	8.4	0//		0	0	0	Other sea cucumbers (Stichopus japonicus, Holothurioidea), live, fresh or chilled
														-- Other
	5	0	3	0	4		8	6			0	0	0	Other Isostichopus fuscus, frozen, dried, salted or in brine (including smoked, whether or not cooked smoked before or during the smoking process; flours, meals and pellets suitable for human consumption)
	5	0	3	0	4		8	6			0	0	0	Apostichopus japonicus,frozen, dried, salted or in brine (including smoked, whether or not cooked smoked before or during the smoking process; flours, meals and pellets suitable for human consumption)
	5	0	3	0	4		8	6			0	0	0	Other sea cucumbers (Stichopus japonicus, Holothurioidea), frozen, dried, salted or in brine (including smoked, whether or not cooked smoked before or during the smoking process; flours, meals and pellets suitable for human consumption)
														- Sea urchins (Strongylocentrotus spp., Paracentrotus lividus, Loxechinus albus, Echichinus esculentus) :
														-- Live, fresh or chilled:
							0	0			0	0	0	--- For cultivation
														--- Other
11.2	0	0	4.2	0	9.8		11.2	8.4	0//		0	0	0	Class Echinoidea for human consumption, live, fresh or chilled
11.2	0	0	4.2	0	9.8		11.2	8.4	0//		0	0	0	Other sea urchins ,live, fresh or chilled
														-- Other

税号	货品名称	进口关税 %			增值/消费税%	出口退税%	统计计量单位	监管证件代码	检验检疫类别	协定税率 %		
		最惠国	普通	年内暂定						东盟	亚太	智利
03082900.10	冻、干、盐制食用海胆纲(包括熏制的，不论在熏制前或熏制过程中是否烹煮;适合供人食用的细粉、粗粉及团粒)	10	70		13	13/15	千克	ABU	PR/QS	0		0
03082900.90	其他冻、干、盐制海胆(包括熏制的，不论在熏制前或熏制过程中是否烹煮;适合供人食用的细粉、粗粉及团粒)	10	70		13	13/15	千克	AB	PR/QS	0		0
	- 海蜇(海蜇属):											
	--- 活、鲜或冷的:											
0308.3011	----种苗	0	0		13	5	千克	AB	P/Q			
0308.3019	----其他	14	70		13	5	千克	AB	PR/QS	0		0
0308.3090	--- 其他	10	70		13	13/15	千克	AB	PR/QS	0		0
	- 其他:											
	--- 活、鲜或冷的:											
0308.9011	----种苗											
03089011.10	活、鲜或冷的其他濒危水生无脊椎动物的种苗(甲壳动物及软体动物除外)	0	0		13	0	千克	ABEF	P/Q			
03089011.90	活、鲜或冷的其他水生无脊椎动物的种苗(甲壳动物及软体动物除外)	0	0		13	5	千克	AB	P/Q			
0308.9012	----沙蚕，种苗除外	14	70		13	5	千克	AB	PR/QS	0		0
0308.9019	----其他											
03089019.10	活、鲜或冷的其他濒危水生无脊椎动物(甲壳动物及软体动物除外)	14	70		13	0	千克	ABEF	PR/QS	0		0
03089019.90	活、鲜或冷的其他水生无脊椎动物(甲壳动物及软体动物除外)	14	70		13	5	千克	AB	PR/QS	0		0
0308.9090	--- 其他											
03089090.10	其他冻、干、盐制濒危水生无脊椎动物，包括供人食用的水生无脊椎动物粉、团粒(甲壳动物及软体动物除外;包括熏制的，不论在熏制前或熏制过程中是否烹煮;适合供人食用的细粉、粗粉及团粒)	10	70		13	0	千克	ABEF	PR/QS	0		0
03089090.90	其他冻、干、盐制水生无脊椎动物，包括供人食用的水生无脊椎动物粉、团粒(甲壳动物及软体动物除外;包括熏制的，不论在熏制前或熏制过程中是否烹煮;适合供人食用的细粉、粗粉及团粒)	10	70		13	13/15	千克	AB	PR/QS	0		0

协定税率 %										特惠税率 %				Article Description
巴基斯坦	冰岛	哥斯达黎	秘鲁	新西兰	瑞士	新加坡	韩国	澳大利亚	港澳台	老挝	孟加拉	33 国	7 国	
	0	0	3	0	4		8.6	6	/0/		0	0	0	Class Echinoidea for human consumption,frozen, dried, salted or in brine (including smoked, whether or not cooked smoked before or during the smoking process; flours, meals and pellets suitable for human consumption)
	0	0	3	0	4		8.6	6	/0/		0	0	0	Other sea urchins, frozen, dried, salted or in brine (including smoked, whether or not cooked smoked before or during the smoking process; flours, meals and pellets suitable for human consumption)
														- Jellyfish (Rhopilema spp.):
														--- Live, fresh or chilled:
							0	0			0	0	0	----For cultivation
11.2	0	0	4.2	0	9.8		11.2	8.4	0//		0	0	0	----Other
	0	0	3	0	4		8.6	6	/0/		0	0	0	--- Other
														- Other:
														--- Live, fresh or chilled:
														----For cultivation
							0	0			0	0	0	Endangered Aquatic invertebrates for cultivation, live, fresh or chilled, other than crustaceans and molluscs
							0	0			0	0	0	Other Aquatic invertebrates for cultivation, live, fresh or chilled, other than crustaceans and molluscs
11.2	0	0	4.2	0	9.8		11.2	8.4	0//		0	0	0	----Clamworm,other than those for cultivation
														----Other
11.2	0	0	4.2	0	9.8		11.2	8.4	0//		0	0	0	Other endangered Aquatic invertebrates, live, fresh or chilled, other than crustaceans and molluscs
11.2	0	0	4.2	0	9.8		11.2	8.4	0//		0	0	0	Other Aquatic invertebrates, live, fresh or chilled, other than crustaceans and molluscs
														--- Other
	0	0	3	0	4		8.6	6	/0/		0	0	0	Other endangered Aquatic invertebrates (other than crustaceans and mollusks), frozen, dried, salted or in brine,including flours, meals and pellets of aquatic invertebrates for human consumption (including smoked, whether or not cooked smoked before or during the smoking process)
	0	0	3	0	4		8.6	6	/0/		0	0	0	Other Aquatic invertebrates (other than crustaceans and mollusks), frozen, dried, salted or in brine,including flours, meals and pellets of aquatic invertebrates for human consumption (including smoked, whether or not cooked smoked before or during the smoking process)

第四章 乳品；蛋品；天然蜂蜜；其他食用动物产品

注释：

一、所称“乳”，是指全脂乳及半脱脂或全脱脂的乳。

二、税目 04.05 所称：

（一）“黄油”，仅指从乳中提取的天然黄油、乳清黄油及调制黄油（新鲜、加盐或酸败的，包括罐装黄油），按重量计乳脂含量在 80%及以上，但不超过 95%，乳的无脂固形物最大含量不超过 2%，以及水的最大含量不超过 16%。黄油中不含添加的乳化剂，但可含有氯化钠、食用色素、中和盐及无害乳酸菌的培养物。

（二）“乳酱”是一种油包水型可涂抹的乳状物，乳脂是该制品所含的唯一脂肪，按重量计其含量在 39%及以上，但小于 80%。

三、乳清经浓缩并加入乳或乳脂制成的产品，若同时具有下列三种特性，则视为乳酪归入税目 04.06：

（一）按干重计乳脂含量在 5%及以上的；

（二）按重量计干质成分至少为 70%，但不超过 85%的；以及

（三）已成型或可以成型的。

四、本章不包括：

（一）按重量计乳糖含量（以干燥无水乳糖计）超过 95%的乳清制品（税目 17.02）；或

（二）白蛋白（包括按重量计干质成分的乳清蛋白含量超过 80%的两种或两种以上的乳清蛋白浓缩物）（税目 35.02）及球蛋白（税目 35.04）。

子目注释：

一、子目 0404.10 所称“改性乳清”，是指由乳清成分构成的制品，即全部或部分去除乳糖、蛋白或矿物质的乳清、加入天然乳清成分的乳清及由混入天然乳清成分制成的产品。

二、子目 0405.10 所称“黄油”，不包括脱水黄油及印度酥油（子目 0405.90）。

税号	货品名称	进口关税 %			增值/消费税%	出口退税%	统计计量单位	监管证件代码	检验检疫类别	协定税率 %		
		最惠国	普通	年内暂定						东盟	亚太	智利
04.01	**未浓缩及未加糖或其他甜物质的乳及奶油：**											
0401.1000	- 按重量计脂肪含量不超过 1%	15	40		17	5/15	千克	7AB	PR/QS	0		0
0401.2000	- 按重量计脂肪含量超过 1%，但不超过 6%	15	40		17	5/15	千克	7AB	PR/QS	0		0
0401.4000	- 按重量计脂肪含量超过 6%， 但不超过 10%	15	40		17	5/15	千克	7AB	PR/QS	0		0
0401.5000	- 按重量计脂肪含量超过 10%	15	40		17	5/15	千克	7AB	PR/QS	0		0
04.02	**浓缩、加糖或其他甜物质的乳及奶油：**											
0402.1000	- 粉状、粒状或其他固体形状，按重量计脂肪含量不超过 1.5%	10	40		17	15	千克	7AB	MPR/QS	0	7	0
	- 粉状、粒状或其他固体形状，按重量计脂肪含量超过 1.5%：											
0402.2100	-- 未加糖或其他甜物质	10	40		17	15	千克	7AB	MPR/QS	0	7	0
0402.2900	-- 其他	10	40		17	15	千克	7AB	PR/QS	0		0
	- 其他：											
0402.9100	-- 未加糖或其他甜物质	10	90		17	5/15	千克	AB	PR/QS	0		0
0402.9900	-- 其他	10	90		17	5/15	千克	AB	PR/QS	0		0
04.03	**酪乳、结块的乳及奶油、酸乳、酸乳酒及其他发酵或酸化的乳和奶油，不论是否浓缩、加糖、加其他甜物质、加香料、加水果、加坚果或加可可：**											
0403.1000	- 酸乳	10	90		17	15	千克	AB	PR/QS	0		0
0403.9000	- 其他	20	90		17	15	千克	AB	PR/Q	0		0
04.04	**乳清，不论是否浓缩、加糖或其他甜物质；其他税目未列名的含天然乳的产品，不论是否加糖或其他甜物质：**											

Chapter 4　Dairy produce; birds' eggs; natural honey; edible products of animal origin, not elsewhere specified or included

Chapter Notes:

1. The expression "milk" means full cream milk or partially or completely skimmed milk.
2. For the purposes of heading 04.05:
   (a) The term "butter" means natural butter, whey butter or recombined butter (fresh, salted or rancid, including canned butter) derived exclusively from milk, with a milkfat content of 80% or more but not more than 95% by weight, a maximum milk solids-not-fat content of 2% by weight and a maximum water content of 16% by weight. Butter does not contain added emulsifiers, but may contain sodium chloride, food colours, neutralising salts and cultures of harmless lactic-acid-producing bacteria.
   (b) The expression "dairy spreads" means a spreadable emulsion of the water-in-oil type, containing milkfat as the only fat in the product, with a milkfat content of 39% or more but less than 80% by weight.
3. Products obtained by the concentration of whey and with the addition of milk or milkfat are to be classified as cheese in heading 04.06 provided that they have the three following characteristics:
   (a) a milkfat content, by weight of the dry matter, of 5% or more;
   (b) a dry matter content, by weight, of at least 70% but not exceeding 85%; and
   (c) they are moulded or capable of being moulded.
4. This Chapter does not cover:
   (a) Products obtained from whey, containing by weight more than 95% lactose, expressed as anhydrous lactose, calculated on the dry matter (heading 17.02); or
   (b) Albumins (including concentrates of two or more whey proteins, containing by weight more than 80% whey proteins, calculated on the dry matter) (heading 35.02) or globulins (heading 35.04).

Subheading Notes:

1. For the purposes of subheading 0404.10, the expression "modified whey" means products consisting of whey constituents, that is, whey from which all or part of the lactose, proteins or minerals have been removed, whey to which natural whey constituents have been added, and products obtained by mixing natural whey constituents.
2. For the purposes of subheading 0405.10 the term "butter" does not include dehydrated butter or ghee (subheading 0405.90).

协定税率 %										特惠税率 %				Article Description
巴基斯坦	冰岛	哥斯达黎	秘鲁	新西兰	瑞士	新加坡	韩国	澳大利亚	港澳台	老挝	孟加拉	33 国	7 国	
														Milk and cream,not concentrated nor containing added sugar or other sweetening matter:
12	0	9	4.5	0	10.5			12	/0/		0	0	0	- Of a fat content,by weight,not exceeding 1%
12	0	9	4.5	1.5	10.5			12	0/0/		0	0	0	- Of a fat content,by weight,exceeding 1% but not exceeding 6%
12	0	9	4.5	1.5	10.5			12	/0/		0	0	0	- Of a fat content, by weight, exceeding 6% but not exceeding 10%
12	0	9	4.5	1.5	10.5			12	/0/		0	0	0	- Of a fat content, by weight, exceeding 10%
														Milk and cream,concentrated or containing added sugar or other sweetening matter:
5	0	6	5.9	2.5	4			8.3	0/0/		0	0	0	- In powder,granules or other solid forms,of a fat content,by weight,not exceeding 1.5%
														- In powder,granules or other solid forms,of a fat content,by weight,exceeding 1.5%:
7	0	6	5.9	2.5				8.3	0/0/		0	0	0	-- Not containing added sugar or other sweetening matter
5	0	6	5.9	2.5	4			8.3	0/0/		0	0	0	-- Other
														- Other:
5	0	6	3	2.5				8.3	0/0/		0	0	0	-- Not containing added sugar or other sweetening matter
5	0	6	5.9	0				8.3			0	0	0	-- Other
														Buttermilk,curdled milk and cream,yogurt,kephir and other fermented or acidified milk and cream,whether or not concentrated or containing added sugar or other sweetening matter or flavoured or containing added fruit,nuts or cocoa:
5	0	6	3	0	7.5			8	0/0/		0	0	0	- Yogurt
	0	12	6	0				16	0/0/			0	0	- Other
														Whey,whether or not concentrated or containing added sugar or other sweetening matter;products consisting of natural milk constituents,whether or not containing added sugar or other sweetening matter,not elsewhere specified or included:

税　号	货 品 名 称	进口关税 % 最惠国	普通	年内暂定	增值/消费税%	出口退税%	统计计量单位	监管证件代码	检验检疫类别	协定税率 % 东盟	亚太	智利
0404.1000	- 乳清及改性乳清	6	30	2	17	15	千克	AB	PR/Q	0		0
0404.9000	- 其他	20	90		17	15	千克	AB	PR/Q	0		0
04.05	**黄油及其他从乳中提取的脂和油；乳酱：**											
0405.1000	- 黄油	10	90		17	15	千克	AB	PR/QS	0		0
0405.2000	- 乳酱	10	90		17	15	千克	AB	PR/QS	0	8.1	0
0405.9000	- 其他	10	90		17	15	千克	AB	PR/QS	0		0
04.06	**乳酪及凝乳：**											
0406.1000	- 鲜乳酪（未熟化或未固化的），包括乳清乳酪；凝乳	12	90		17	15	千克	AB	PR/Q	0		0
0406.2000	- 各种磨碎或粉化的乳酪	12	90		17	15	千克	AB	PR/QS	0		0
0406.3000	- 经加工的乳酪，但磨碎或粉化的除外	12	90		17	15	千克	AB	PR/Q	0		0
0406.4000	- 蓝纹乳酪和娄地青霉生产的带有纹理的其他乳酪	15	90		17	15	千克	AB	PR/Q	0		0
0406.9000	- 其他乳酪	12	90		17	15	千克	AB	PR/Q	0		0
04.07	**带壳禽蛋，鲜、腌制或煮过的：**											
	- 孵化用受精禽蛋：											
0407.1100	-- 鸡的											
04071100.10	孵化用受精的濒危鸡的蛋	0	0		13	0	千克/个	ABEF	P/Q			
04071100.90	孵化用受精的其他鸡的蛋	0	0		13	5	千克/个	AB	P/Q			
0407.1900	-- 其他											
04071900.10	其他孵化用受精濒危禽蛋	0	0		13	0	千克/个	ABEF	P/Q			
04071900.90	其他孵化用受精禽蛋	0	0		13	5	千克/个	AB	P/Q			
	- 其他鲜蛋：											
0407.2100	-- 鸡的	20	80		13	5	千克/个	AB	PR/QS	0		0
0407.2900	-- 其他											
04072900.10	其他鲜的带壳濒危禽蛋	20	80		13	0	千克/个	ABEF	PR/QS	0		0
04072900.90	其他鲜的带壳禽蛋	20	80		13	5	千克/个	AB	PR/QS	0		0
	- 其他：											
0407.9010	--- 咸蛋	20	90		13	5	千克/个	AB	PR/QS	0		0
0407.9020	--- 皮蛋	20	90		13	5	千克/个	AB	PR/QS	0		0
0407.9090	--- 其他											
04079090.10	其他腌制或煮过的带壳濒危野鸟蛋	20	90		13	0	千克/个	ABEF	PR/QS	0		0
04079090.90	其他腌制或煮过的带壳禽蛋	20	90		13	5/15	千克/个	AB	PR/QS	0		0
04.08	**去壳禽蛋及蛋黄，鲜、干、冻、蒸过或水煮、制成型或用其他方法保藏的，不论是否加糖或其他甜物质：**											
	- 蛋黄：											
0408.1100	-- 干的	20	90		13	5/15	千克	AB	PR/QS	0		0
0408.1900	-- 其他	20	90		13	5	千克	AB	PR/QS	0		0
	- 其他：											
0408.9100	-- 干的	20	90		13	5/15	千克	AB	PR/QS	0		0
0408.9900	-- 其他	20	90		13	5/15	千克	AB	PR/QS	0		0
04.09	**天然蜂蜜：**											
0409.0000	天然蜂蜜	15	80		13	5	千克	AB	PR/QS	0		0
04.10	**其他税目未列名的食用动物产品：**											
0410.0010	--- 燕窝	25	80		17	5	千克	AB	PR/QS	0		0
	--- 蜂产品：											
0410.0041	----鲜蜂王浆	15	70		13	5	千克	AB	PR/QS	0		0
0410.0042	----鲜蜂王浆粉	15	70		17	5	千克	AB	PR/QS	0		0
0410.0043	----蜂花粉	20	70		17	5	千克	AB	PR/QS	0		0
0410.0049	----其他	20	70		17	5	千克	AB	PR/QS	0		0
0410.0090	--- 其他											
04100090.10	其他编号未列名濒危野生动物产品(食用)	20	70		17	0	千克	ABEF	PR/QS	0		0
04100090.90	其他编号未列名的食用动物产品	20	70		17	5	千克	AB	PR/QS	0		0

协定税率 %										特惠税率 %				Article Description
巴基斯坦	冰岛	哥斯达黎	秘鲁	新西兰	瑞士	新加坡	韩国	澳大利亚	港澳台	老挝	孟加拉	33 国	7 国	
5	0	3.6	0	0			5.2	3.6				0	0	- Whey and modified whey,whether or not concentrated or containing added sugar or other sweetening matter
	0	12	6	0			17.3	16				0	0	- Other
														Butter and other fats and oils derived from milk;dairy spreads:
5	0	6	3	1	4		8.6	8			0	0	0	- Butter
5	0	6	0	0	4		8.6	6	/0/		0	0	0	- Dairy spreads
5	0	6	3	1			8.6	8			0	0	0	- Other
														Cheese and curd:
6	0	7.2	3.6	1.2	8.6		10.4	9.6	0/0/		0	0	0	- Fresh(unripened or uncured)cheese,including whey cheese,and curd
6	0	7.2	6.4	0	8.6		10.4	9.6	0//			0		- Grated or powdered cheese,of all kinds
6	0	7.2	6.4	1.2	8.6		10.4	9.6				0	0	- Processed cheese,not grated or powdered
12	0	9	4.5	0			13	9				0	0	- Blue-veined cheese and other cheese containing veins produced by penicillium roqueforti
6	0	7.2	3.6	1.2	8.6		10.4	9.6			0	0	0	- Other cheese
														Birds eggs,in shell,fresh,preserved or cooked:
														- Fertilised eggs for incubation:
														-- Of fowls of the species Gallus domesticus
							0	0			0	0	0	Fertilized endangered eggs for incubation
							0	0			0	0	0	Fertilized other eggs for incubation
														-- Other
							0	0			0	0	0	Other fertilized endangered eggs for incubation
							0	0			0	0	0	Other fertilized eggs for incubation
														- Other fresh eggs:
	0	0	6	0	14		17.3	12			0	0	0	-- Of fowls of the species Gallus domesticus
														-- Other
	0	0	6	0	14		17.3	12			0	0	0	Other endangered fresh eggs, in shell
	0	0	6	0	14		17.3	12			0	0	0	Other fresh eggs, in shell
														- Other:
	0	0	0	0	14		17.3	12			0	0	0	--- Salted eggs
	0	0	0	0	14		17.3	12				0	0	--- Lime-preserved eggs
														--- Other
	0	0	0	0	14		17.3	12				0	0	Other endangered wild bird egg, in shell, preserved or cooked
	0	0	0	0	14		17.3	12				0	0	Other bird egg, in shell, preserved or cooked
														Birds eggs,not in shell,and egg yolks,fresh,dried,cooked by steaming or by boiling in water,moulded,frozen or otherwise preserved,whether or not containing added sugar or other sweetening matter:
														- Egg yolks:
	0	0	6	0	14		17.3	12				0	0	-- Dried
	0	0	6	0	14		17.3	12				0	0	-- Other
														- Other:
	0	0	6	0	14		17.3	12				0	0	-- Dried
	0	0	6	0	14		17.3	12	0//			0	0	-- Other
														Natural honey:
12	0	0	4.5	0	10.5		13	9		0	0	0	0	Natural honey
														Edible products of animal origin,not elsewhere specified or included:
	0	0	7.5	0	17.5		20	15	0/0/		0	0	0	--- Salanganes nests
														--- Bee products:
12	0	0	4.5	0	10.5		12	9				0	0	----Pure royal jelley
12	0	0	4.5	0	10.5		12	9				0	0	----Pure royal jelley,in powder
	0	0	6	0	14		17.3	12				0	0	----Bee pollen
	0	0	6	0	14		17.3	12				0	0	----Other
														--- Other
	0	0	6	0	14		17.3	12	//0		0	0	0	Other edible products of endangered wild animal origin, not elsewhere specified or included
	0	0	6	0	14		17.3	12	//0		0	0	0	Other edible products of animal origin, not elsewhere specified or included

第五章　其他动物产品

注释：

一、本章不包括：

（一）食用产品（整个或切块的动物肠、膀胱和胃以及液态或干制的动物血除外）；

（二）生皮或毛皮（第四十一章、第四十三章），但税目 05.05 的货品及税目 05.11 的生皮或毛皮的边角废料仍归入本章；

（三）马毛及废马毛以外的动物纺织原料（第十一类）；或

（四）供制帚、制刷用的成束、成簇的材料（税目 96.03）。

二、仅按长度而未按发根和发梢整理的人发，视为未加工品，归入税目 05.01。

三、本协调制度所称“兽牙”，是指象、河马、海象、一角鲸和野猪的长牙、犀角及其他动物的牙齿。

四、本协调制度所称“马毛”，是指马科、牛科动物的鬃毛和尾毛。

税号	货品名称	进口关税 %			增值/消费税%	出口退税%	统计计量单位	监管证件代码	检验检疫类别	协定税率 %		
		最惠国	普通	年内暂定						东盟	亚太	智利
05.01	未经加工的人发，不论是否洗涤；废人发：											
0501.0000	未经加工的人发，不论是否洗涤；废人发	15	90		17	15	千克	9B	V/W	0		0
05.02	猪鬃、猪毛；獾毛及其他制刷用兽毛；上述鬃毛的废料：											
	- 猪鬃、猪毛及其废料：											
0502.1010	--- 猪鬃	20	90		13	5/15	千克	AB	P/NQ	0		0
0502.1020	--- 猪毛	20	90		13	5/15	千克	AB	P/Q	0		0
0502.1030	--- 废料	20	90		13	5	千克	9B	P/Q	0		0
	- 其他：											
	--- 獾毛及其他制刷用兽毛：											
0502.9011	----山羊毛	20	90		13	5/15	千克	AB	P/NQ	0		0
0502.9012	----黄鼠狼尾毛	20	90		13	5/15	千克	ABEF	P/NQ	0		0
0502.9019	----其他											
05029019.10	濒危獾毛及其他制刷用濒危兽毛	20	90		13	0	千克	ABEF	P/NQ	0		0
05029019.90	其他獾毛及其他制刷用兽毛	20	90		13	5/15	千克	AB	P/NQ	0		0
0502.9020	--- 废料											
05029020.10	濒危獾毛及其他制刷濒危兽毛废料	20	90		13	0	千克	BEF	P/Q	0		0
05029020.90	其他獾毛及其他制刷用兽毛的废料	20	90		13	5	千克	9B	P/Q	0		0
05.04	整个或切块的动物（鱼除外）的肠、膀胱及胃，鲜、冷、冻、干、熏、盐腌或盐渍的：											
	--- 肠衣：											
0504.0011	----盐渍猪肠衣（猪大肠头除外）	20	90		13	13	千克	AB	PR/QS	0	10	0
0504.0012	----盐渍绵羊肠衣	18	90		13	13	千克	AB	PR/QS	0	9	0
0504.0013	----盐渍山羊肠衣	18	90		13	13	千克	AB	PR/QS	0	9	0
0504.0014	----盐渍猪大肠头	20	90		13	13	千克	AB	PR/QS	0	10	0
0504.0019	----其他	18	90		13	13	千克	AB	PR/QS	0	9	0
	--- 胃：											
0504.0021	----冷，冻的鸡肫	1.3元/千克	7.7元/千克		13	5	千克	7AB	PR/QS	0	0.65元/千克	0
0504.0029	----其他	20	90		13	5	千克	AB	PR/QS	0	10	0
0504.0090	--- 其他	20	80		13	5	千克	AB	PR/QS	0	10	0
05.05	带有羽毛或羽绒的鸟皮及鸟体其他部分；羽毛及不完整羽毛（不论是否修边）、羽绒，仅经洗涤、消毒或为了保藏而作过处理，但未经进一步加工；羽毛或不完整羽毛的粉末及废料：											
0505.1000	- 填充用羽毛；羽绒											

Chapter 5 Products of animal origin, not elsewhere specified or included

Chapter Notes:

1. This Chapter does not cover:

   (a) Edible products (other than guts, bladders and stomachs of animals, whole and pieces thereof, and animal blood, liquid or dried);

   (b) Hides or skins (including furskins) other than goods of heading 05.05 and parings and similar waste of raw hides or skins of heading 05.11 (Chapter 41 or 43);

   (c) Animal textile materials, other than horsehair and horsehair waste (Section XI); or

   (d) Prepared knots or tufts for broom or brush making (heading 96.03).

2. For the purposes of heading 05.01, the sorting of hair by length (provided the root ends and tip ends respectively are not arranged together) shall be deemed not to constitute working.
3. Throughout the Nomenclature, elephant, hippopotamus, walrus, narwhal and wild boar tusks, rhinoceros horns and the teeth of all animals are regarded as "ivory".
4. Throughout the Nomenclature, the expression "horsehair" means hair of the manes or tails of equine or bovine animals.

协定税率 %										特惠税率 %				Article Description
巴基斯坦	冰岛	哥斯达黎	秘鲁	新西兰	瑞士	新加坡	韩国	澳大利亚	港澳台	老挝	孟加拉	33国	7国	
														Human hair,unworked,whether or not washed or scoured;waste of human hair:
12	0	0	4.5	0	10.5		12	9				0	0	Human hair,unworked,whether or not washed or scoured;waste of human hair
														Pigs,hogs or boars bristles and hair;badger hair and other brush making hair;waste of such bristles or hair:
														- Pigs, hogs or boars bristles and hair and waste thereof:
	0	0	6	0	14		17.3	12				0	0	--- Bristles
	0	0	6	0	14		17.3	12				0	0	--- Hair
	0	0	6	0	14		17.3	12				0	0	--- Waste
														- Other:
														--- Badger hair and other brush making hair:
	0	0	6	0	14		17.3	12				0	0	----Goat hair
	0	0	6	0	14		17.3	12				0	0	----Weasel tail hair
														----Other
	0	0	6	0	14		17.3	12				0	0	Endangered badger hair and other brush making hair of endangered animal
	0	0	6	0	14		17.3	12				0	0	Other badger hair and other brush making hair
														--- Waste
	0	0	6	0	14		17.3	12				0	0	Waste of endangered badger hair and other brush making hair of endangered animal
	0	0	6	0	14		17.3	12				0	0	Waste of other badger hair and other brush making hair
														Guts,bladders and stomachs of animals(other than fish),whole and pieces thereof,fresh,chilled,frozen,salted,in brine,dried or smoked:
														--- Casings:
10	0	0	6	0	8		17.3	12				0	0	----Hog casings,salted (excluding hog fat-ends)
9	0	0	5.4	0	12.6		15.6	10.8				0	0	----Sheep casings,salted
9	0	0	5.4	0	12.6		15.6	10.8				0	0	----Goat casings,salted
10	0	0	6	0	14		17.3	12				0	0	----Hog fat-ends,salted
9	0	0	5.4	0	12.6		15.6	10.8				0	0	----Other
														--- Gizzard:
0.65元/千克	0	0	6	0	14		1.1元/千克	12				0	0	----Cold,frozen gizzard
10	0	0	6	0	14		17.3	12			0	0	0	----Other
10	0	0	6	0	8		17.3	12				0	0	--- Other
														Skins and other parts of birds,with their feathers or down;feathers and parts of feathers(Whether or not with trimmed edges)and down,not further worked than cleaned,disinfected or treated for preservation;powder and waste of feathers or parts of feathers:
														- Feathers of a kind used for stuffing;down

税号	货品名称	进口关税 %			增值/消费税%	出口退税%	统计计量单位	监管证件代码	检验检疫类别	协定税率 %		
		最惠国	普通	年内暂定						东盟	亚太	智利
05051000.10	填充用濒危野生禽类羽毛、羽绒(仅经洗涤、消毒等处理,未进一步加工)	10	100	2	13	0	千克	ABEF	P/NQ	0	7.5	0
05051000.90	其他填充用羽毛、羽绒(仅经洗涤、消毒等处理,未进一步加工)	10	100	2	13	5/15	千克	AB	P/NQ	0	7.5	0
	- 其他:											
0505.9010	--- 羽毛或不完整羽毛的粉末及废料	10	35		13	5	千克	9AB	P/Q	0		0
0505.9090	--- 其他											
05059090.10	其他濒危野生禽类羽毛、羽绒(包括带有羽毛或羽绒的鸟皮及鸟体的其他部分)	10	90		13	0	千克	ABEF	P/Q	0		0
05059090.90	其他羽毛,羽绒(包括带有羽毛或羽绒的鸟皮及鸟体的其他部分)	10	90		13	5/15	千克	AB	P/Q	0		0
05.06	**骨及角柱,未经加工或经脱脂、简单整理(但未切割成形)、酸处理或脱胶;上述产品的粉末及废料:**											
0506.1000	- 经酸处理的骨胶原及骨	12	50		17	0	千克	AB	P/Q	0		0
	- 其他:											
	--- 骨粉、骨废料:											
0506.9011	----含牛羊成分的											
05069011.10	含牛羊成分的骨废料(未经加工或仅经脱脂等加工的)	12	35		17	0	千克	9AB	MP/Q	0		0
05069011.90	含牛羊成分的骨粉(未经加工或仅经脱脂等加工的)	12	35		17	0	千克	AB	MP/Q	0		0
0506.9019	----其他											
05069019.10	其他骨废料(未经加工或仅经脱脂等加工的)	12	35		17	0	千克	9AB	MP/Q	0		0
05069019.90	其他骨粉(未经加工或仅经脱脂等加工的)	12	35		17	0	千克	AB	MP/Q	0		0
0506.9090	--- 其他											
05069090.11	已脱胶的虎骨(指未经加工或经脱脂等加工的)	12	50		13	0	千克	89		0		0
05069090.19	未脱胶的虎骨(指未经加工或经脱脂等加工的)	12	50		13	0	千克	89		0		0
05069090.21	已脱胶的豹骨(指未经加工或经脱脂等加工的)	12	50		13	0	千克	ABEF	P/Q	0		0
05069090.29	未脱胶的豹骨(指未经加工或经脱脂等加工的)	12	50		13	0	千克	ABEF	P/Q	0		0
05069090.31	已脱胶的濒危野生动物的骨及角柱(不包括虎骨、豹骨,指未经加工或经脱脂等加工的)	12	50		13	0	千克	ABEF	P/Q	0		0
05069090.39	未脱胶的濒危野生动物的骨及角柱(不包括虎骨、豹骨,指未经加工或经脱脂等加工的)	12	50		13	0	千克	ABEF	P/Q	0		0
05069090.91	已脱胶的其他骨及角柱(不包括虎骨、豹骨,指未经加工或经脱脂等加工的)	12	50		13	0	千克	AB	P/Q	0		0
05069090.99	未脱胶的其他骨及角柱(不包括虎骨、豹骨,指未经加工或经脱脂等加工的)	12	50		13	0	千克	AB	P/Q	0		0
05.07	**兽牙、龟壳、鲸须、鲸须毛、角、鹿角、蹄、甲、爪及喙,未经加工或仅简单整理但未切割成形;上述产品的粉末及废料:**											
0507.1000	- 兽牙;兽牙粉末及废料											
05071000.10	犀牛角	10	30		13	5	千克	89		0		0
05071000.20	其他濒危野生兽牙、兽牙粉末及废料	10	30		13	0	千克	ABEF	P/Q	0		0
05071000.30	其他兽牙	10	30		13	5	千克	AB	P/Q	0		0
05071000.90	其他兽牙粉末及废料	10	30		13	5	千克	9AB	P/Q	0		0
	- 其他:											
0507.9010	--- 羚羊角及其粉末和废料	3	14		13	5	千克	ABEF	P/Q	0		0
0507.9020	--- 鹿茸及其粉末	11	30		13	5	千克	ABEF	P/NQ	0		0
0507.9090	--- 其他	10	50		13	5	千克	ABEF	P/Q	0		0
05.08	**珊瑚及类似品,未经加工或仅简单整理但未经进一步加工;软体动物壳、甲壳动物壳、棘皮动物壳、墨鱼骨,未经加工或仅简单整理但未切割成形,上述壳、骨的粉末及废料:**											
0508.0010	--- 粉末及废料											

协定税率 %										特惠税率 %				Article Description
巴基斯坦	冰岛	哥斯达黎	秘鲁	新西兰	瑞士	新加坡	韩国	澳大利亚	港澳台	老挝	孟加拉	33 国	7 国	
5	0	0	0	0	4		8	6			0	0	0	Feathers of endangered wild birds and down of endangered wild birds, of a kind used for stuffing (not further worked than cleaned, disinfected or treated for preservation)
5	0	0	0	0	4		8	6			0	0	0	Feathers of a kind used for stuffing; down (not further worked than cleaned, disinfected or treated for preservation)
														- Other:
5	0	0	0	0	4		8	6			0	0	0	--- Powder and waste of feathers or parts of feathers
														--- Other
5	0	0	0	0	4		8	6			0	0	0	Feathers and down of other endangered wild birds, including skins and other parts of birds, with their feathers or down
5	0	0	0	0	4		8	6			0	0	0	Other feathers and down ,including skins and other parts of birds, with their feathers or down
														Bones and horn-cores,unworked,defatted,simply prepared(but not cut to shape),treated with acid or degelatinized;powder and waste of these products:
6	0	0	0	0	8.4		9.6	7.2		0	0	0	0	- Ossein and bones treated with acid
														- Other:
														--- Powder and waste of bones:
														----Of bovine and sheep
6	0	0	3.6	0	8.4		9.6	7.2		0	0	0	0	Waste of bones, of bovine or sheep (unworked, defatted, simply prepared)
6	0	0	3.6	0	8.4		9.6	7.2		0	0	0	0	Powder of bones, of bovine and sheep (unworked, defatted, simply prepared)
														----Other
6	0	0	3.6	0	8.4		9.6	7.2		0	0	0	0	Other waste of bones (unworked, defatted, simply prepared)
6	0	0	3.6	0	8.4		9.6	7.2		0	0	0	0	Other powder of bones (unworked, defatted, simply prepared)
														--- Other
6	0	4.8	3.6	0	8.4		9.6	7.2	/0/	0	0	0	0	Tiger-bone, degelatinized (unworked, defatted, simply prepared)
6	0	4.8	3.6	0	8.4		9.6	7.2	/0/	0	0	0	0	Tiger-bone, not degelatinized (unworked, defatted, simply prepared)
6	0	4.8	3.6	0	8.4		9.6	7.2	/0/	0	0	0	0	Leopard-bone, degelatinized (unworked, defatted, simply prepared)
6	0	4.8	3.6	0	8.4		9.6	7.2	/0/	0	0	0	0	Leopard-bone, not degelatinized (unworked, defatted, simply prepared)
6	0	4.8	3.6	0	8.4		9.6	7.2	/0/	0	0	0	0	Bones and horn-cores of endangered wild animals ,degelatinized (unworked, defatted, simply prepared), other than tiger-bone, leopard-bone
6	0	4.8	3.6	0	8.4		9.6	7.2	/0/	0	0	0	0	Bones and horn-cores of endangered wild animals, not degelatinized (unworked, defatted, simply prepared), other than tiger-bone, leopard-bone
6	0	4.8	3.6	0	8.4		9.6	7.2	/0/	0	0	0	0	Bones and horn-cores of other animals, degelatinized (unworked, defatted, simply prepared), other than tiger-bone, leopard-bone
6	0	4.8	3.6	0	8.4		9.6	7.2	/0/	0	0	0	0	Bones and horn-cores of other animals, not degelatinized (unworked, defatted, simply prepared), other than tiger-bone, leopard-bone
														Ivory,tortoise-shell,whalebone and whalebone hair,horns,antlers,hooves,nails,claws and beaks,unworked or simply prepared but not cut to shape;powder and waste of these products:
														- Ivory;ivory powder and waste
5	0	0	0	0	4		8	6			0	0	0	Rhinoceros horn
5	0	0	0	0	4		8	6			0	0	0	Ivory, ivory powder and waste of other endangered wild animals
5	0	0	0	0	4		8	6			0	0	0	Other Ivory
5	0	0	0	0	4		8	6			0	0	0	Ivory, ivory powder and waste of other animals
														- Other:
0	0	0	0	0	0		0	0			0	0	0	--- Antelope horns and powder or waste thereof
5	0	0	0	0	7.7		8.8	6.6			0	0	0	--- Pilose antlers and powder thereof
5	0	0	0	0	4		8	6			0	0	0	--- Other
														Coral and similar materials,unworked or simply prepared but not otherwise worked;shells of molluscs,crustaceans or echinoderms and cuttle-bone,unworked or simply prepared but not cut to shape,powder and waste thereof:
														--- Powder and waste

税号	货品名称	进口关税 %			增值/消费税%	出口退税%	统计计量单位	监管证件代码	检验检疫类别	协定税率 %		
		最惠国	普通	年内暂定						东盟	亚太	智利
05080010.10	濒危珊瑚及濒危水产品的粉末、废料(包括介、贝、棘皮动物壳,不包括墨鱼骨的粉末、废料)	12	35		13	0	千克	ABEF	P/Q	0		0
05080010.90	其他水产品壳、骨的粉末及废料(包括介、贝壳,棘皮动物壳,墨鱼骨的粉末及废料)	12	35		13	5	千克	AB	P/Q	0		0
0508.0090	--- 其他											
05080090.10	濒危珊瑚及濒危水产品的壳、骨(包括介、贝、棘皮动物的壳,不包括墨鱼骨)	12	50		13	0	千克	ABEF	P/Q	0		0
05080090.90	其他水产品的壳、骨(包括介、贝、棘皮动物的壳,墨鱼骨)	12	50		13	5	千克	AB	P/Q	0		0
05.10	**龙涎香、海狸香、灵猫香及麝香；斑蝥；胆汁，不论是否干制；供配制药用的腺体及其他动物产品，鲜、冷、冻或用其他方法暂时保藏的：**											
0510.0010	--- 黄药											
05100010.10	牛黄	3	14		13	5	千克	8A	P/Q	0		0
05100010.20	猴枣	3	14		13	5	千克	ABEFQ	P/Q	0		0
05100010.90	其他黄药(不包括牛黄)	3	14		13	5	千克	ABEF	P/Q	0		0
0510.0020	--- 龙涎香、海狸香、灵猫香											
05100020.10	海狸香、灵猫香	7	50		13	5	千克	ABEF	P/Q	0		0
05100020.20	龙涎香	7	50		13	5	千克	AB	P/Q	0		0
0510.0030	--- 麝香	7	20		13	0	千克	8AF	P/Q	0		0
0510.0040	--- 斑蝥	7	50		13	5	千克	ABQ	P/Q	0		0
0510.0090	--- 其他											
05100090.10	其他濒危野生动物胆汁及其他产品(不论是否干制；鲜、冷、冻或用其他方法暂时保藏的)	6	20		13	0	千克	ABEF	P/Q	0		0
05100090.90	胆汁,配药用腺体及其他动物产品(不论是否干制;鲜,冷,冻或用其他方法暂时保藏的)	6	20		13	5	千克	AB	P/Q	0		0
05.11	**其他税目未列名的动物产品;不适合供人食用的第一章或第三章的死动物:**											
0511.1000	- 牛的精液											
05111000.10	濒危野生牛的精液	0	0		13	0	千克	ABEF	P/Q			
05111000.90	其他牛的精液	0	0		13	5	千克	AB	P/Q			
	- 其他:											
	-- 鱼、甲壳动物、软体动物、其他水生无脊椎动物的产品；第三章的死动物:											
	--- 鱼的:											
0511.9111	----受精鱼卵											
05119111.10	濒危鱼的受精卵	12	35	0	13	0	千克	ABEF	P/Q	0		0
05119111.90	其他受精鱼卵	12	35	0	13	5	千克	AB	P/Q	0		0
0511.9119	----其他											
05119119.10	濒危鱼的非食用产品(包括鱼肚)	12	35		13	0	千克	ABEF	P/Q	0		0
05119119.90	其他鱼的非食用产品(包括鱼肚)	12	35		13	5	千克	AB	P/Q	0		0
0511.9190	--- 其他											
05119190.10	濒危水生无脊椎动物产品(包括甲壳动物、软体动物、第三章死动物)	12	35		13	0	千克	ABEF	P/Q	0		0
05119190.90	其他水生无脊椎动物产品(包括甲壳动物、软体动物、第三章死动物)	12	35		13	5	千克	AB	P/Q	0		0
	-- 其他:											
0511.9910	--- 动物精液（牛的精液除外）											
05119910.10	濒危野生动物精液(牛的精液除外)	0	0		13	0	千克	ABEF	P/Q			
05119910.90	其他动物精液(牛的精液除外)	0	0		13	5	千克	AB	P/Q			
0511.9920	--- 动物胚胎											
05119920.10	濒危野生动物胚胎	0	0		13	0	千克	ABEF	P/Q			
05119920.90	其他动物胚胎	0	0		13	5	千克	AB	P/Q			
0511.9930	--- 蚕种	0	0		13	5	千克	AB	P/Q			
0511.9940	--- 马毛及废马毛,不论是否制成有或无衬垫的毛片											

协定税率 %										特惠税率 %				Article Description
巴基斯坦	冰岛	哥斯达黎	秘鲁	新西兰	瑞士	新加坡	韩国	澳大利亚	港澳台	老挝	孟加拉	33国	7国	
	0	0	3.6	0	8.4		9.6	7.2	0//		0	0	0	Powder and waste of endangered coral and aquatic products (including shells of molluscs, crustaceans or echinoderms, excluding cuttle-bone)
	0	0	3.6	0	8.4		9.6	7.2	0//		0	0	0	Powder and waste of other aquatic products (including shells of molluscs, crustaceans or echinoderms and cuttlebone)
														--- Other
6	0	0	3.6	0	8.4		9.6	7.2	0//		0	0	0	Shells and bone of endangered coral and aquatic products (including shells of molluscs, crustaceans or echinoderms, other than cuttle-bone)
6	0	0	3.6	0	8.4		9.6	7.2	0//		0	0	0	Shells and bone of other aquatic product (including shells of molluscs, crustaceans or echinoderms and cuttle-bone)
														Ambergris,castoreum,civet and musk;cantharides;bile,whether of not dried;glands and other animal products used in the preparation of pharmaceutical products,fresh,chilled,frozen or otherwise provisionally preserved:
														--- Bezoar
0	0	0	0	0	0		0	0			0	0	0	Calculus bovis
0	0	0	0	0	0		0	0			0	0	0	Monkey bezoar (rhesus macaque bezoar)
0	0	0	0	0	0		0	0			0	0	0	Other bezoar (other than calculus bovis)
														--- Ambergris,castoreum and civet
5	0	0	0	0	2.8		0	4.2				0	0	Castoreum, civet
5	0	0	0	0	2.8		0	4.2				0	0	Ambergris
5	0	0	0	0	2.8		0	4.2				0	0	--- Musk
5	0	0	0	0	2.8		0	4.2			0	0	0	--- Cantharides
														--- Other
5	0	0	0	0	2.4		0	3.6			0	0	0	Bile and other products of endangered wild animals, whether or not dried, fresh, chilled, frozen or otherwise provisionally preserved
5	0	0	0	0	2.4		0	3.6			0	0	0	Bile, glands and other animal products used in the preparation of pharmaceutical products, whether or not dried, fresh, chilled, frozen or otherwise provisionally preserved
														Animal products not elsewhere specified or included;dead animals of Chapter 1 or 3,unfit for human consumption:
														- Bovine semen
							0	0			0	0	0	Endangered wild bovine semen
							0	0			0	0	0	Other bovine semen
														- Other:
														-- Products of fish or crustaceans,molluscs or other aquatic invertebrates;dead animals of Chapter 3:
														--- Fish:
														----Fertilized fish eggs
6	0	0	0	0	8.4		7.2	7.2			0	0	0	Fertilized eggs of endangered fish
6	0	0	0	0	8.4		7.2	7.2			0	0	0	Other fertilized fish eggs
														----Other
	8.7	0	3.6	0	8.4		9.6	7.2			0	0	0	Endangered fish products (including fish maw), not for human consumption
	8.7	0	3.6	0	8.4		9.6	7.2			0	0	0	Other fish products (including fish maw), not for human consumption
														--- Other
6	0	0	3.6	0	8.4		9.6	7.2			0	0	0	Products of endangered aquatic invertebrates (including crustaceans, molluscs, dead animals of Chapter 3)
6	0	0	3.6	0	8.4		9.6	7.2			0	0	0	Products of other aquatic invertebrates (including crustaceans, molluscs, dead animals of Chapter 3)
														-- Other:
														--- Animal semen,other than bovine semen
							0	0			0	0	0	Endangered wild animal semen (other than bovine semen)
							0	0			0	0	0	Other animal semen (other than bovine semen)
														--- Animal embryo
							0	0			0	0	0	Endangered wild animal embryo
							0	0			0	0	0	Other animal embryo
							0	0			0	0	0	--- Silkworm graine
														--- Horsehair and horsehair waste,whether or not put up as a layer with or without supporting material

税 号	货 品 名 称	进口关税 %			增值/消费税%	出口退税%	统计计量单位	监管证件代码	检验检疫类别	协定税率 %		
		最惠国	普通	年内暂定						东盟	亚太	智利
05119940.10	废马毛(不论是否制成有或无衬垫的毛片)	15	90		13	5/15	千克	9B	P/NQ	0		0
05119940.90	其他马毛(不论是否制成有或无衬垫的毛片)	15	90		13	5/15	千克	AB	P/NQ	0		0
0511.9990	--- 其他											
05119990.10	其他编号未列名濒危野生动物产品(包括不适合供人食用的第一章的死动物)	12	35		13	0	千克	ABEF	P/Q	0		0
05119990.90	其他编号未列名的动物产品(包括不适合供人食用的第一章的死动物)	12	35		13	5	千克	AB	P/Q	0		0

协定税率 %										特惠税率 %				Article Description
巴基斯坦	冰岛	哥斯达黎	秘鲁	新西兰	瑞士	新加坡	韩国	澳大利亚	港澳台	老挝	孟加拉	33 国	7 国	
12	0	0	4.5	0	10.5		12	9				0	0	Horsehair waste, whether or not put up as a layer with or without supporting material
12	0	0	4.5	0	10.5		12	9				0	0	Other horsehair, whether or not put up as a layer with or without supporting material --- Other
6	0	0	3.6	0	8.4		9.6	7.2			0	0	0	Endangered wild animal products not elsewhere specified or included (including dead animals of Chapter 1, unfit for human consumption)
6	0	0	3.6	0	8.4		9.6	7.2			0	0	0	Other animal products, not elsewhere specified or included (including dead animals of Chapter 1, unfit for human consumption)

第二类 植物产品

注释：

本类所称“团粒”，是指直接挤压或加入按重量计比例不超过3%的粘合剂制成的粒状产品。

第六章 活树及其他活植物；鳞茎、根及类似品；插花及装饰用簇叶

注释：

一、除税目06.01的菊苣植物及其根以外，本章只包括通常由苗圃或花店供应为种植或装饰用的活树及其他货品（包括植物秧苗）；但不包括马铃薯、洋葱、青葱、大蒜及其他第七章的产品。

二、税目06.03、06.04的各种货品，包括全部或部分用这些货品制成的花束、花篮、花圈及类似品，不论是否有其他材料制成的附件。但这些货品不包括税目97.01的拼贴画或类似的装饰板。

税号	货品名称	进口关税% 最惠国	进口关税% 普通	进口关税% 年内暂定	增值/消费税%	出口退税%	统计计量单位	监管证件代码	检验检疫类别	协定税率% 东盟	协定税率% 亚太	协定税率% 智利
06.01	**鳞茎、块茎、块根、球茎、根颈及根茎，休眠、生长或开花的；菊苣植物及其根，但税目12.12的根除外：**											
	- 休眠的鳞茎、块茎、块根、球茎、根颈及根茎：											
0601.1010	--- 番红花球茎	4	14		13	5	个/千克	AB	P/Q	0	2	0
	--- 百合球茎：											
0601.1021	----种用	0	0		13	0	个/千克	AB	P/Q			
0601.1029	----其他	5	40		13	0	个/千克	AB	P/Q	0	2.5	0
	--- 其他：											
0601.1091	----种用											
06011091.10	种用休眠的兰花块茎(包括球茎、根颈及根茎)	0	0		13	5	个/千克	ABEF	P/Q			
06011091.91	种用休眠其他濒危植物鳞茎等(包括球茎、根颈、根茎、鳞茎、块茎、块根)	0	0		13	0	个/千克	ABEF	P/Q			
06011091.99	种用休眠的其他鳞茎、块茎、块根(包括球茎、根颈及根茎)	0	0		13	5	个/千克	AB	P/Q			
0601.1099	----其他											
06011099.10	其他休眠的兰花块茎(包括球茎、根颈及根茎)	5	40		13	5	个/千克	ABEF	P/Q	0	2.5	0
06011099.91	其他休眠濒危植物鳞茎等(包括球茎、根颈、根茎、鳞茎、块茎、块根)	5	40		13	0	个/千克	ABEF	P/Q	0	2.5	0
06011099.99	其他休眠的其他鳞茎、块茎、块根(包括球茎、根颈及根茎)	5	40		13	5	个/千克	AB	P/Q	0	2.5	0
0601.2000	- 生长或开花的鳞茎、块茎、块根、球茎、根颈及根茎；菊苣植物及其根											
06012000.10	生长或开花的兰花块茎(包括球茎、根颈及根茎)	15	80		13	5	个/千克	ABEF	P/Q	0	7.5	0
06012000.20	生长或开花的仙客来鳞茎	15	80		13	5	个/千克	ABEF	P/Q	0	7.5	0
06012000.91	生长或开花的其他濒危植物鳞茎等(包括球茎、根颈、根茎、鳞茎、块茎、块根、菊苣植物)	15	80		13	0	个/千克	ABEF	P/Q	0	7.5	0
06012000.99	生长或开花的其他鳞茎及菊苣植物(包括块茎、块根、球茎、根颈及根茎,税目1212的根除外)	15	80		13	5	个/千克	AB	P/Q	0	7.5	0
06.02	**其他活植物（包括其根）、插枝及接穗；蘑菇菌丝：**											
0602.1000	- 无根插枝及接穗											
06021000.10	濒危植物的无根插枝及接穗	0	0		13	0	株/千克	ABEF	P/Q			
06021000.90	其他无根插枝及接穗	0	0		13	5	株/千克	AB	P/Q			
	- 食用水果或食用坚果的树、灌木，不论是否嫁接：											

SECTION II VEGETABLE PRODUCTS

Section Notes:

In this Section the term "pellets" means products which have been agglomerated either directly by compression or by the addition of a binder in a proportion not exceeding 3% by weight.

Chapter 6 Live trees and other plants; bulbs, roots and the like; cut flowers and ornamental foliage

Chapter Notes:

1. Subject to the second part of heading 06.01, this Chapter covers only live trees and goods (including seedling vegetables) of a kind commonly supplied by nursery gardeners or florists for planting or for ornamental use; nevertheless it does not include potatoes, onions, shallots, garlic or other products of Chapter 7.

2. Any reference in heading 06.03 or 06.04 to goods of any kind shall be construed as including a reference to bouquets, floral baskets, wreaths and similar articles made wholly or partly of goods of that kind, account not being taken of accessories of other materials. However, these headings do not include collages or similar decorative plaques of heading 97.01.

协定税率 %										特惠税率 %				Article Description
巴基斯坦	冰岛	哥斯达黎	秘鲁	新西兰	瑞士	新加坡	韩国	澳大利亚	港澳台	老挝	孟加拉	33国	7国	
														Bulbs,tubers,tuberous roots,corms,crowns and rhizomes,dormant,in growth or in flower;chicory plants and roots other than roots of heading 12.12:
														- Bulbs,tubers,tuberous roots,corms,crowns and rhizomes, Dormant:
0	0	0	0	0	0		0	0		0	0	0	0	--- Stigma croci corms
														--- Lily corms：
							0	0			0	0	0	----Seed
0	0	0	0	0	0		0	0		0	0	0	0	----Other
														--- Other：
														----Seed
							0	0			0	0	0	Seed of orchid tubers (including corms, crowns and rhizomes), dormant
							0	0			0	0	0	Seed of bulbs of other endangered plants (including corms, crowns, rhizomes, tubers, tuberous roots), dormant
							0	0			0	0	0	Seed of other bulbs, tubers, tuberous roots (including corms, crowns and rhizomes), dormant
														----Other
0	0	0	0	0	0		0	0		0	0	0	0	Other orchid tubers (including corms, crowns and rhizomes), dormant
0	0	0	0	0	0		0	0		0	0	0	0	Bulbs of other endangered plants (including corms, crowns, rhizomes, tubers, tuberous roots), dormant
0	0	0	0	0	0		0	0		0	0	0	0	Other bulbs, tubers, tuberous roots (including corms, crowns and rhizomes), dormant
														- Bulbs,tubers,tuberous roots,corms,crowns and rhizomes,in growth or in flower;chicory plants and roots
7.5	0	0	4.5	0	10.5		12	9				0	0	Orchid tubers (including corms, crowns and rhizomes), in growth or in flower
7.5	0	0	4.5	0	10.5		12	9				0	0	Cyclamen bulbs, in growth or in flower
7.5	0	0	4.5	0	10.5		12	9				0	0	Bulbs of other endangered plants (including corms, crowns, rhizomes, tubers, tuberous roots, chicory plants), in growth or in flower
7.5	0	0	4.5	0	10.5		12	9				0	0	Other bulbs and chicory plants (including tubers, tuberous roots, corms, crowns, rhizomes, other than roots of heading 12.12) , in growth or in flower
														Other live plants(including their roots)cuttings and ships;mushroom spawn:
														- Unrooted cuttings and slips
							0	0			0	0	0	Unrooted cuttings and slips of endangered plants
							0	0			0	0	0	Other unrooted cuttings and slips
														- Trees,shrubs and bushes,grafted or not,of kinds which bear edible fruit or nuts:

税号	货品名称	进口关税 % 最惠国	进口关税 % 普通	进口关税 % 年内暂定	增值/消费税%	出口退税%	统计计量单位	监管证件代码	检验检疫类别	协定税率 % 东盟	协定税率 % 亚太	协定税率 % 智利
0602.2010	--- 种用苗木	0	0		13	0	株/千克	AB	P/Q			
0602.2090	--- 其他	10	80		13	5	株/千克	AB	P/Q	0	5	0
	- 杜鹃，不论是否嫁接：											
0602.3010	--- 种用	0	0		13	5	株/千克	AB	P/Q			
0602.3090	--- 其他	15	80		13	5	株/千克	AB	P/Q	0		0
	- 玫瑰，不论是否嫁接：											
0602.4010	--- 种用	0	0		13	5	株/千克	AB	P/Q			
0602.4090	--- 其他	15	80		13	5	株/千克	AB	P/Q	0		0
	- 其他：											
0602.9010	--- 蘑菇菌丝	0	0		13	5	千克	AB	P/Q			
	--- 其他：											
0602.9091	----种用苗木											
06029091.10	种用兰花	0	0		13	0	株/千克	ABEF	P/Q			
06029091.20	种用红豆杉苗木	0	0		13	0	株/千克	ABEF	P/Q			
06029091.91	其他濒危植物种用苗木	0	0		13	0	株/千克	ABEF	P/Q			
06029091.99	其他种用苗木	0	0		13	0	株/千克	AB	P/Q			
0602.9092	----兰花	10	80		13	5	株/千克	ABEF	P/Q	0		0
0602.9093	----菊花	10	80		13	0/5	株/千克	AB	P/Q	0		0
0602.9094	----百合											
06029094.10	芦荟(种用除外)	10	80		13	5	株/千克	ABEFQ	P/Q	0		0
06029094.90	其他百合(种用除外)	10	80		13	0	株/千克	AB	P/Q	0		0
0602.9095	----康乃馨	10	80		13	5	株/千克	AB	P/Q	0		0
0602.9099	----其他											
06029099.10	苏铁(铁树)类	10	80		13	5	株/千克	ABEF	P/Q	0	5	0
06029099.20	仙人掌(包括仙人球、仙人柱、仙人指)	10	80		13	5	株/千克	ABEF	P/Q	0	5	0
06029099.30	红豆杉(种用除外)	10	80		13	0	株/千克	ABEF	P/Q	0	5	0
06029099.91	其他濒危活植物(种用除外)	10	80		13	0	株/千克	ABEF	P/Q	0	5	0
06029099.99	其他活植物(种用除外)	10	80		13	5	株/千克	AB	P/Q	0	5	0
06.03	**制花束或装饰用的插花及花蕾，鲜、干、染色、漂白、浸渍或用其他方法处理的：**											
	- 鲜的：											
0603.1100	-- 玫瑰	10	100		13	5	千克/枝	AB	P/Q	0	5	0
0603.1200	-- 康乃馨	10	100		13	5	千克/枝	AB	P/Q	0	5	0
0603.1300	-- 兰花	10	100		13	5	千克/枝	ABEF	P/Q	0	5	0
0603.1400	-- 菊花	10	100		13	5	千克/枝	AB	P/Q	0	5	0
0603.1500	-- 百合花（百合属）	10	100		13	5	千克/枝	AB	P/Q	0	5	0
0603.1900	-- 其他											
06031900.10	鲜的濒危植物插花及花蕾(制花束或装饰用的)	10	100		13	0	千克/枝	ABEF	P/Q	0	5	0
06031900.90	其他鲜的插花及花蕾(制花束或装饰用的)	10	100		13	5	千克/枝	AB	P/Q	0	5	0
0603.9000	- 其他											
06039000.10	干或染色等加工濒危植物插花及花蕾(制花束或装饰用的,鲜的除外)	23	100		17	0	千克/枝	ABEF	P/Q	0	11.5	0
06039000.90	其他干或染色等加工的插花及花蕾(制花束或装饰用的,鲜的除外)	23	100		17	5	千克/枝	AB	P/Q	0	11.5	0
06.04	**制花束或装饰用的不带花及花蕾的植物枝、叶或其他部分、草、苔藓及地衣，鲜、干、染色、漂白、浸渍或用其他方法处理的：**											
	- 鲜的：											
0604.2010	--- 苔藓及地衣	23	100		13	5	千克	AB	P/Q	0		0
0604.2090	--- 其他											
06042090.10	其他鲜濒危植物枝、叶或其他部分,草(枝、叶或其他部分是指制花束或装饰用并且不带花及花蕾)	10	100		13	0	千克	ABEF	P/Q	0		0
06042090.90	其他鲜植物枝、叶或其他部分,草(枝、叶或其他部分是指制花束或装饰用并且不带花及花蕾)	10	100		13	5	千克	AB	P/Q	0		0
	- 其他：											

协定税率 %										特惠税率 %				Article Description
巴基斯坦	冰岛	哥斯达黎	秘鲁	新西兰	瑞士	新加坡	韩国	澳大利亚	港澳台	老挝	孟加拉	33国	7国	
							0	0			0	0	0	--- Seedlings
5	0	0	3	0	4		8	6			0	0	0	--- Other
														- Rhododendrons and azaleas,grafted or not:
							0	0			0	0	0	--- Seedlings
12	0	0	4.5	0	10.5		12	9				0	0	--- Other
														- Roses,grafted or not:
							0	0			0	0	0	--- Seedlings
12	0	0	4.5	0	10.5		12	9				0	0	--- Other
														- Other:
							0	0			0	0	0	--- Mushroom spawn
														--- Other:
														----Seedlings
							0	0			0	0	0	Orchid, seedlings
							0	0			0	0	0	Taxaceae, seedlings
							0	0			0	0	0	Other endangered plants, seedlings
							0	0			0	0	0	Other seedlings
5	0	0	3	0	4		8	6			0	0	0	----Orchid
5	0	0	3	0	4		8	6			0	0	0	----Chrysanthemum
														----Lily
5	0	0	3	0	4		8	6			0	0	0	Aloes, other than seedlings
5	0	0	3	0	4		8	6			0	0	0	Other lily, other than seedlings
5	0	0	3	0	4		8	6			0	0	0	----Carnation
														----Other
5	0	0	3	0	4		8	6			0	0	0	Cycasrevoluta Thunb (Sago cycas)
5	0	0	3	0	4		8	6			0	0	0	Cactus (including ball cactus,columnar cactus, finger cactus)
5	0	0	3	0	4		8	6			0	0	0	Taxaceae (other than seedlings)
5	0	0	3	0	4		8	6			0	0	0	Other endangered live plants (other than seedlings)
5	0	0	3	0	4		8	6			0	0	0	Other live plants (other than seedlings)
														Cut flowers and flower buds of a kind suitable for bouquets or for ornamental purposes,fresh,dried,dyed,bleached, impregnated or otherwise prepared:
														- Fresh:
5	0	0	0	0	4		8	6		0	0	0	0	-- Roses
5	0	0	0	0	4		8	6		0	0	0	0	-- Carnations
5	0	0	0	0	4		8	6	//0	0	0	0	0	-- Orchids
5	0	0	0	0	4		8	6		0	0	0	0	-- Chrysanthemums
5	0	0	0	0	4		8	6		0	0	0	0	-- Lilies (Lilium spp.)
														-- Other
5	0	0	0	0	4		8	6		0	0	0	0	Cut flowers and flower buds of endangered plants, of a kind suitable for bouquets or for ornamental purposes, fresh
5	0	0	0	0	4		8	6		0	0	0	0	Other cut flowers and flower buds of a kind suitable for bouquets or for ornamental purposes, fresh
														- Other
11.5	0	0	6.9	0	16.1		20.7	13.8	0//	0	0	0	0	Cut flowers and flower buds of endangered plants, of a kind suitable for bouquets or for ornamental purposes, dried or dyed, other than fresh
11.5	0	0	6.9	0	16.1		20.7	13.8	0//	0	0	0	0	Other cut flowers and flower buds, of a kind suitable for bouquets or for ornamental purposes, dried or dyed, other than fresh
														Foliage,branches and other parts of plants,without flowers or flowerbuds,and grasses,mosses and lichens,being goods of a kind suitable for bouquets or for ornamental purposes,fresh,dried,dyed,bleached,impregnated or otherwise prepared:
														- Fresh:
	0	0	6.9	0	16.1		18.4	13.8				0	0	--- Mosses and lichens
														--- Other
5	0	0	3	0	4		8	6			0	0	0	Foliage, branches, and other parts of endangered plants (without flowers or flower buds, of a kind suitable for bouquets or for ornamental purposes), grasses, fresh
5	0	0	3	0	4		8	6			0	0	0	Foliage, branches and other parts of other plants (without flowers or flowerbuds, a kind suitable for bouquets or for ornamental purposes), grasses, fresh
														- Other:

税号	货品名称	进口关税 %			增值/消费税%	出口退税%	统计计量单位	监管证件代码	检验检疫类别	协定税率 %		
		最惠国	普通	年内暂定						东盟	亚太	智利
0604.9010	--- 苔藓及地衣	23	100		13	5	千克	AB	P/Q	0		0
0604.9090	--- 其他											
06049090.10	其他染色或经加工濒危植物枝、叶或其他部分,草等(枝、叶或其他部分是指制花束或装饰用并且不带花及花蕾)	10	100		17	0	千克	ABEF	P/Q	0		0
06049090.90	其他染色或加工的植物枝、叶或其他部分,草(枝、叶或其他部分是指制花束或装饰用并且不带花及花蕾)	10	100		17	5	千克	AB	P/Q	0		0

协定税率 %										特惠税率 %				Article Description
巴基斯坦	冰岛	哥斯达黎	秘鲁	新西兰	瑞士	新加坡	韩国	澳大利亚	港澳台	老挝	孟加拉	33 国	7 国	
	0	0	6.9	0	16.1		18.4	13.8				0	0	--- Mosses and lichens
														--- Other
5	0	0	0	0	4		8	6	0//		0	0	0	Foliage, branches and other parts of endangered plants (without flowers or flowerbuds, a kind suitable for bouquets or for ornamental purposes), grasses, dyed or otherwise prepared
5	0	0	0	0	4		8	6	0//		0	0	0	Foliage, branches and other parts of other plants (without flowers or flowerbuds, of a kind suitable for bouquets or for ornamental purposes), grasses, dyed or otherwise prepared

第七章 食用蔬菜、根及块茎

注释：

一、本章不包括税目 12.14 的草料。

二、税目 07.09、07.10、07.11 及 07.12 所称“蔬菜”，包括食用的蘑菇、块菌、油橄榄、刺山柑、菜葫芦、南瓜、茄子、甜玉米、辣椒、茴香菜、欧芹、细叶芹、龙蒿、水芹、甜茉乔栾那。

三、税目 07.12 包括干制的归入税目 07.01 至 07.11 的各种蔬菜，但下列各项除外：

（一）作蔬菜用的脱荚干豆（税目 07.13）；

（二）税目 11.02 至 11.04 所列形状的甜玉米；

（三）马铃薯细粉、粗粉、粉末、粉片、颗粒及团粒（税目 11.05）；

（四）用税目 07.13 的干豆制成的细粉、粗粉及粉末（税目 11.06）。

四、本章不包括辣椒干及辣椒粉（税目 09.04）。

税 号	货 品 名 称	进口关税 %			增值/消费税%	出口退税%	统计计量单位	监管证件代码	检验检疫类别	协定税率 %		
		最惠国	普通	年内暂定						东盟	亚太	智利
07.01	鲜或冷藏的马铃薯：											
0701.1000	- 种用	13	70		13	0	千克	AB	P/Q	0		0
0701.9000	- 其他	13	70		13	0	千克	AB	PR/QS	0	9	0
07.02	鲜或冷藏的番茄：											
0702.0000	鲜或冷藏的番茄	13	70		13	0	千克	AB	PR/QS	0		0
07.03	鲜或冷藏的洋葱、青葱、大蒜、韭葱及其他葱属蔬菜：											
	- 洋葱及青葱：											
0703.1010	--- 洋葱	13	70		13	0	千克	AB	PR/QS	0	6.5	0
0703.1020	--- 青葱	13	70		13	0	千克	AB	PR/QS	0	6.5	0
	- 大蒜：											
0703.2010	--- 蒜头	13	70		13	0	千克	AB	PR/QS	0	6.5	0
0703.2020	--- 蒜薹及蒜苗（青蒜）	13	70		13	0	千克	AB	PR/QS	0	6.5	0
0703.2090	--- 其他	13	70		13	0	千克	AB	PR/QS	0	6.5	0
	- 韭葱及其他葱属蔬菜：											
0703.9010	--- 韭葱	13	70		13	0	千克	AB	PR/QS	0		0
0703.9020	--- 大葱	13	70		13	0	千克	AB	PR/QS	0		0
0703.9090	--- 其他	13	70		13	0	千克	AB	PR/QS	0		0
07.04	鲜或冷藏的卷心菜、菜花、球茎甘蓝、羽衣甘蓝及类似的食用芥菜类蔬菜：											
0704.1000	- 菜花及硬花甘蓝											
07041000.01	鲜、冷硬花甘蓝	10	70		13	0	千克	AB	PR/QS	0		0
07041000.02	鲜、冷花椰菜(花椰菜也叫菜花)	10	70		13	0	千克	AB	PR/QS	0		0
0704.2000	- 抱子甘蓝	13	70		13	0	千克	AB	PR/QS	0		0
	- 其他：											
0704.9010	--- 卷心菜	13	70		13	0	千克	AB	PR/QS	0		0
0704.9020	--- 西兰花	13	70		13	0	千克	AB	PR/QS	0		0
0704.9090	--- 其他											
07049090.01	鲜、冷其他甘蓝	13	70		13	0	千克	AB	PR/QS	0		0
07049090.90	鲜或冷藏的其他食用芥菜类蔬菜	13	70		13	0	千克	AB	PR/QS	0		0
07.05	鲜或冷藏的莴苣及菊苣：											
	- 莴苣：											
0705.1100	-- 结球莴苣（包心生菜）	10	70		13	0	千克	AB	PR/QS	0		0
0705.1900	-- 其他	10	70		13	0	千克	AB	PR/QS	0		0
	- 菊苣：											
0705.2100	-- 维特罗夫菊苣	13	70		13	0	千克	AB	PR/Q	0		0
0705.2900	-- 其他	13	70		13	0	千克	AB	PR/Q	0		0
07.06	鲜或冷藏的胡萝卜、萝卜、色拉甜菜根、婆罗门参、块根芹、小萝卜及类似的食用根茎：											
0706.1000	- 胡萝卜及萝卜											

Chapter 7 Edible vegetables and certain roots and tubers

Chapter Notes:

1. This Chapter does not cover forage products of heading 12.14.
2. In headings 07.09, 07.10, 07.11 and 07.12 the word " vegetables " includes edible mushrooms, truffles, olives, capers, marrows, pumpkins, aubergines, sweet corn (Zea mays var. saccharata), fruits of the genus Capsicum or of the genus Pimenta, fennel, parsley, chervil, tarragon, cress and sweet marjoram (Majorana hortensis or Origanum majorana).
3. Heading 07.12 covers all dried vegetables of the kinds falling in headings 07.01 to 07.11, other than:

   (a) dried leguminous vegetables, shelled (heading 07.13);

   (b) sweet corn in the forms specified in headings 11.02 to 11.04;

   (c) flour, meal, powder, flakes, granules and pellets of potatoes (heading 11.05);

   (d) flour, meal and powder of the dried leguminous vegetables of heading 07.13 (heading 11.06).
4. However, dried or crushed or ground fruits of the genus Capsicum or of the genus Pimenta are excluded from this Chapter (heading 09.04).

协定税率 %										特惠税率 %				Article Description
巴基斯坦	冰岛	哥斯达黎	秘鲁	新西兰	瑞士	新加坡	韩国	澳大利亚	港澳台	老挝	孟加拉	33 国	7 国	
														Potatoes,fresh or chilled:
6.5		0	0	0	9.1		10.4	7.8			0	0	0	- Seeds
5	0	0	0	0	9.1		10.4	7.8			0	0	0	- Other
														Tomatoes,fresh or chilled:
6.5	0	0	0	0	9.1		10.4	7.8			0	0	0	Tomatoes,fresh or chilled
														Onions,shallots,garlic,leeks and other alliaceous vegetables,fresh or chilled:
														- Onions and shallots:
5	0	0	0	0	9.1		10.4	7.8			0	0	0	--- Onions
5	0	0	0	0	9.1		10.4	7.8			0	0	0	--- Shallots
														- Garlic:
0	0	0	0	0	9.1		10.4	7.8				0	0	--- Garlic bulbs
0	0	0	0	0	9.1		10.4	7.8				0	0	--- Garlic stems,garlic seedlings
0	0	0	0	0	9.1		10.4	7.8				0	0	--- Other
														- Leeks and other alliaceous vegetables:
6.5	0	0	0	0	9.1		10.4	7.8			0	0	0	--- Leeks
6.5	0	0	0	0	9.1		10.4	7.8			0	0	0	--- Scallion
6.5	0	0	0	0	9.1		10.4	7.8			0	0	0	--- Other
														Cabbages,cauliflowers,kohlrabi,kale and similar edible brassicas,fresh or chilled:
														- Cauliflowers and headed broccoli
5		0	0	0	4		8	6			0	0	0	Headed broccoli, fresh or chilled
5		0	0	0	4		8	6			0	0	0	Broccoli (cauliflowers), fresh or chilled
6.5	0	0	0	0	9.1		10.4	7.8				0	0	- Brussels sprouts
														- Other:
6.5	0	0	0	0	9.1		10.4	7.8		0	0	0	0	--- Cabbages(Brassica oleracea var. capitata)
6.5	0	0	0	0	9.1		10.4	7.8		0	0	0	0	--- Broccolis(Brassica oleracea var. italica)
														--- Other
6.5	0	0	0	0	9.1		10.4	7.8		0	0	0	0	Other Cabbage, fresh or chilled
6.5	0	0	0	0	9.1		10.4	7.8		0	0	0	0	Other edible brassicas, fresh or chilled
														Lettuce(lactuca sativa)and chicory(Cichorium spp.),fresh or chilled:
														- Lettuce:
0	0	0	0	0	4		8	6			0	0	0	-- Cabbage lettuce(head lettuce)
0	0	0	0	0	4		8	6			0	0	0	-- Other
														- Chicory:
0	0	0	0	0	9.1		10.4	7.8				0	0	-- Witloof chicory(Cichoriym intybus var.foliosum)
0	0	0	0	0	9.1		10.4	7.8				0	0	-- Other
														Carrots,turnips,salad beetroot,salsify,celeriac,radishes and similar edible roots,fresh or chilled:
														- Carrots and turnips

税号	货品名称	进口关税 % 最惠国	普通	年内暂定	增值/消费税%	出口退税%	统计计量单位	监管证件代码	检验检疫类别	协定税率 % 东盟	亚太	智利
07061000.01	鲜、冷胡萝卜	13	70		13	0	千克	AB	PR/QS	0		0
07061000.90	鲜或冷藏的萝卜	13	70		13	0	千克	AB	PR/QS	0		0
0706.9000	- 其他	13	70		13	0	千克	AB	PR/QS	0		0
07.07	**鲜或冷藏的黄瓜及小黄瓜：**											
0707.0000	鲜或冷藏的黄瓜及小黄瓜	13	70		13	0	千克	AB	PR/QS	0	6.5	0
07.08	**鲜或冷藏的豆类蔬菜，不论是否脱荚：**											
0708.1000	- 豌豆	13	70		13	0	千克	AB	PR/QS	0	6.5	0
0708.2000	- 豇豆属及菜豆属	13	70		13	0	千克	AB	PR/QS	0	6.5	0
0708.9000	- 其他豆类蔬菜	13	70		13	0	千克	AB	PR/QS	0	6.5	0
07.09	**鲜或冷藏的其他蔬菜：**											
0709.2000	- 芦笋	13	70		13	0	千克	AB	PR/QS	0	6.5	0
0709.3000	- 茄子	13	70		13	0	千克	AB	PR/QS	0	6.5	0
0709.4000	- 芹菜，但块根芹除外	10	70		13	0	千克	AB	PR/QS	0		0
	- 蘑菇及块菌：											
0709.5100	-- 伞菌属蘑菇	13	90		13	0	千克	AB	PR/QS	0		0
	-- 其他：											
0709.5910	--- 松茸	13	90		13	0	千克	ABE	PR/QS	0		0
0709.5920	--- 香菇	13	90		13	0	千克	AB	PR/QS	0		0
0709.5930	--- 金针菇	13	90		13	0	千克	AB	PR/QS	0		0
0709.5940	--- 草菇	13	90		13	0	千克	AB	PR/QS	0		0
0709.5950	--- 口蘑	13	90		13	0	千克	AB	PR/QS	0		0
0709.5960	--- 块菌	13	90		13	5	千克	AB	PR/QS	0		0
0709.5990	--- 其他	13	90		13	0	千克	AB	PR/QS	0		0
0709.6000	- 辣椒，包括甜椒	13	70		13	0	千克	AB	PR/QS	0	6.5	0
0709.7000	- 菠菜	13	70		13	0	千克	AB	PR/QS	0		0
	- 其他：											
0709.9100	-- 洋蓟	13	70		13	5	千克	AB	PR/QS	0		0
0709.9200	-- 油橄榄	13	70		13	5	千克	AB	PR/QS	0		0
0709.9300	-- 南瓜、笋瓜及瓠瓜（南瓜属）	13	70		13	0	千克	AB	PR/QS	0		0
	-- 其他：											
0709.9910	--- 竹笋											
07099910.10	鲜或冷藏的酸竹笋	13	70		13	0	千克	ABE	PR/QS	0		0
07099910.90	鲜或冷藏的其他竹笋	13	70		13	0	千克	AB	PR/QS	0		0
0709.9990	--- 其他											
07099990.01	鲜或冷藏的丝瓜	13	70		13	0	千克	AB	PR/QS	0		0
07099990.02	鲜或冷藏的青江菜	13	70		13	0	千克	AB	PR/QS	0		0
07099990.03	鲜或冷藏的小白菜	13	70		13	0	千克	AB	PR/QS	0		0
07099990.04	鲜或冷藏的苦瓜	13	70		13	0	千克	AB	PR/QS	0		0
07099990.05	鲜或冷藏的山葵	13	70		13	0	千克	AB	PR/QS	0		0
07099990.10	鲜或冷藏的蕨菜	13	70		13	0	千克	ABE	PR/QS	0		0
07099990.90	鲜或冷藏的其他蔬菜	13	70		13	0	千克	AB	PR/QS	0		0
07.10	**冷冻蔬菜（不论是否蒸煮）：**											
0710.1000	- 马铃薯	13	70		13	0/5	千克	AB	PR/QS	0		0
	- 豆类蔬菜，不论是否脱荚：											
0710.2100	-- 豌豆	13	70		13	0/5	千克	AB	PR/QS	0		0
	-- 豇豆属及菜豆属：											
0710.2210	--- 红小豆（赤豆）	13	70		13	0/5	千克	AB	PR/QS	0		0
0710.2290	--- 其他	13	70		13	0/5	千克	AB	PR/QS	0		0
0710.2900	-- 其他	13	70		13	0/5	千克	AB	PR/QS	0		0
0710.3000	- 菠菜	13	70		13	0/5	千克	AB	PR/QS	0		0
0710.4000	- 甜玉米	10	70		13	0/5	千克	AB	PR/QS	0		0
	- 其他蔬菜：											
0710.8010	--- 松茸	13	70		13	0/5	千克	ABE	PR/QS	0		0
0710.8020	--- 蒜薹及蒜苗（青蒜）	13	70		13	0/5	千克	AB	PR/QS	0		0
0710.8030	--- 蒜头	13	70		13	0/5	千克	AB	PR/QS	0		0
0710.8040	--- 牛肝菌	13	70		13	0/5	千克	AB	PR/QS	0		0
0710.8090	--- 其他											

协定税率 %										特惠税率 %				Article Description
巴基斯坦	冰岛	哥斯达黎	秘鲁	新西兰	瑞士	新加坡	韩国	澳大利亚	港澳台	老挝	孟加拉	33 国	7 国	
6.5		0	0	0	9.1		10.4	7.8				0	0	Carrots, fresh or chilled
6.5		0	0	0	9.1		10.4	7.8				0	0	Turnips, fresh or chilled
6.5	0	0	0	0	9.1		10.4	7.8				0	0	- Other
														Cucumbers and gherkins,fresh or chilled:
5	0	0	0	0	9.1		10.4	7.8			0	0	0	Cucumbers and gherkins,fresh or chilled
														Leguminous vegetables,shelled or unshelled,fresh or chilled:
0	0	0	0	0	9.1		10.4	7.8			0	0	0	- Peas(Pisum sativum)
0	0	0	0	0	9.1		10.4	7.8		0	0	0	0	- Beans(Vigna spp.,Phaseolus spp.)
0	0	0	0	0	9.1		10.4	7.8			0	0	0	- Other leguminous vegetables
														Other vegetables,fresh or chilled:
0	0	0	0	0	9.1		10.4	7.8			0	0	0	- Asparagus
0	0	0	0	0	9.1		10.4	7.8			0	0	0	- Aubergines(egg-plants)
0	0	0	0	0	4		8	6			0	0	0	- Celery other than celeriac
														- Mushrooms and truffles:
0	0	0	0	0	9.1		10.4	7.8	0//		0	0	0	-- Mushrooms of the genus Agaricus
														-- Other:
0	0	0	0	0	9.1		10.4	7.8			0	0	0	--- Sungmo
0	0	0	0	0	9.1		10.4	7.8			0	0	0	--- Shiitake
0	0	0	0	0	9.1		10.4	7.8	//0		0	0	0	--- Winter mushroom
0	0	0	0	0	9.1		10.4	7.8			0	0	0	--- Paddy Straw mushroom
0	0	0	0	0	9.1		10.4	7.8			0	0	0	--- Tricholoma mongolicum Imai
0	0	0	0	0	9.1		10.4	7.8				0	0	--- Truffle
0	0	0	0	0	9.1		10.4	7.8			0	0	0	--- Other
0	0	0	0	0	9.1		10.4	7.8			0	0	0	- Fruits of the genus Capsicum or of the genus Pimenta
0	0	0	0	0	9.1		10.4	7.8	0//		0	0	0	- Spinach, New Zealand spinach and orache spinach(garden spinach)
														- Other:
0	0	0	0	0	9.1		10.4	7.8	0//		0	0	0	-- Globe artichokes
0	0	0	0	0	9.1		10.4	7.8	0//		0	0	0	-- Olives
0	0	0	0	0	9.1		10.4	7.8	0//		0	0	0	-- Pumpkins, squash and gourds (Cucurbita spp.)
														-- Other:
														--- Bamboo shoots
0	0	0	0	0	9.1		10.4	7.8		0	0	0	0	Bamboo shoots of acidosasa chinensis, fresh or chilled
0	0	0	0	0	9.1		10.4	7.8		0	0	0	0	Other bamboo shoots, fresh or chilled
														--- Other
0	0	0	0	0	9.1		10.4	7.8	0//		0	0	0	Loofah (Luffa spp.), fresh or chilled
0	0	0	0	0	9.1		10.4	7.8	0//		0	0	0	Spoon cabbage, fresh or chilled
0	0	0	0	0	9.1		10.4	7.8	0//		0	0	0	Baby bok choy, fresh or chilled
0	0	0	0	0	9.1		10.4	7.8	0//		0	0	0	Balsam pear, fresh or chilled
0	0	0	0	0	9.1		10.4	7.8	0//		0	0	0	Wasabi Japanese Horseradish, fresh or chilled
0	0	0	0	0	9.1		10.4	7.8	0//		0	0	0	Water shield, fresh or chilled
0	0	0	0	0	9.1		10.4	7.8	0//		0	0	0	Other vegetables, fresh or chilled
														Vegetables (uncooked or cooked by steaming or boiling in water), frozen:
6.5		0	0	0	9.1		10.4	7.8				0	0	- Potatoes
														- Leguminous vegetables, shelled or unshelled:
6.5	0	0	0	0	9.1		10.4	7.8				0	0	-- Peas (Pisum sativum)
														-- Beans (Vigna spp., Phaseolusspp.):
6.5	0	0	0	0	9.1		10.4	7.8			0	0	0	--- Small red(Adzuki)beans (Phaseolus or Vigna angularis)
6.5	0	0	0	0	9.1		10.4	7.8			0	0	0	--- Other
6.5	0	0	0	0	9.1		10.4	7.8			0	0	0	-- Other
6.5	0	0	0	0	9.1		10.4	7.8				0	0	- Spinach, New Zealand spinach and orache spinach(garden spinach)
5	0	0	0	0	4		8	6			0	0	0	- Sweet corn
														- Other vegetables:
6.5	0	0	0	0	9.1		10.4	7.8			0	0	0	--- Sungmo
6.5	0	0	0	0	9.1		10.4	7.8			0	0	0	--- Garlic stems, garlic seedlings
6.5	0	0	0	0	9.1		10.4	7.8			0	0	0	--- Garlic bulbs
6.5	0	0	0	0	9.1		10.4	7.8			0	0	0	--- Boletus
														--- Other

税号	货品名称	进口关税 %			增值/消费税%	出口退税%	统计计量单位	监管证件代码	检验检疫类别	协定税率 %		
		最惠国	普通	年内暂定						东盟	亚太	智利
07108090.10	冷冻的大蒜瓣(不论是否蒸煮)	13	70		13	0/5	千克	AB	PR/QS	0		0
07108090.20	冷冻的香菇(不论是否蒸煮)	13	70		13	0/5	千克	AB	PR/QS	0		0
07108090.30	冷冻莼菜(不论是否蒸煮)	13	70		13	0/5	千克	ABE	PR/QS	0		0
07108090.90	冷冻的未列名蔬菜(不论是否蒸煮)	13	70		13	0/5	千克	AB	PR/QS	0		0
0710.9000	- 什锦蔬菜	10	70		13	0/5	千克	AB	PR/QS	0		0
07.11	**暂时保藏(例如,使用二氧化硫气体、盐水、亚硫酸水或其他防腐液)的蔬菜,但不适于直接食用的:**											
0711.2000	- 油橄榄	13	70		13	5	千克	AB	PR/QS	0		0
0711.4000	- 黄瓜及小黄瓜	13	70		13	5	千克	AB	PR/QS	0		0
	- 蘑菇及块菌:											
	-- 伞菌属蘑菇:											
	--- 盐水的:											
0711.5112	----白蘑菇	13	90		13	5	千克	AB	PR/QS	0		0
0711.5119	----其他	13	90		13	5	千克	AB	PR/QS	0		0
0711.5190	--- 其他	13	90		13	5	千克	AB	PR/QS	0		0
	-- 其他:											
	--- 盐水的:											
0711.5911	----松茸	13	90		13	5	千克	ABE	PR/QS	0		0
0711.5919	----其他											
07115919.10	盐水的香菇(不适于直接食用的)	13	90		13	5	千克	AB	PR/QS	0		0
07115919.90	盐水的其他非伞菌属蘑菇及块菌(不适于直接食用的)	13	90		13	5	千克	AB	PR/QS	0		0
0711.5990	--- 其他											
07115990.10	暂时保藏的香菇(用二氧化硫气体等物质处理,但不适于直接食用的)	13	90		13	5	千克	AB	PR/QS	0		0
07115990.90	暂时保藏的蘑菇及块菌(用二氧化硫气体等物质处理,但不适于直接食用的)	13	90		13	5	千克	AB	PR/QS	0		0
	- 其他蔬菜;什锦蔬菜:											
	--- 盐水的:											
0711.9031	----竹笋											
07119031.10	盐水酸竹笋(不适于直接食用的)	13	70		13	5	千克	ABE	PR/QS	0	6.5	0
07119031.90	其他盐水竹笋(不适于直接食用的)	13	70		13	5	千克	AB	PR/QS	0	6.5	0
0711.9034	----大蒜											
07119034.10	盐水简单腌制的大蒜头、大蒜瓣(无论是否去皮,但不适于直接食用)	13	70		13	5	千克	AB	PR/QS	0	6.5	0
07119034.90	盐水简单腌制的其他大蒜(不含蒜头、蒜瓣,无论是否去皮,但不适于直接食用)	13	70		13	5	千克	AB	PR/QS	0	6.5	0
0711.9039	----其他	13	70		13	5	千克	AB	PR/QS	0	6.5	0
0711.9090	--- 其他	13	90		13	5	千克	AB	PR/QS	0	6.5	0
07.12	**干蔬菜,整个、切块、切片、破碎或制成粉状,但未经进一步加工的:**											
0712.2000	- 洋葱	13	80		13	0/5	千克	AB	PR/QS	0		0
	- 蘑菇、木耳、银耳及块菌:											
0712.3100	-- 伞菌属蘑菇	13	80		13	0/5	千克	AB	PR/QS	0	9	0
0712.3200	-- 木耳	13	100		13	0/5/15	千克	AB	PR/QS	0		0
0712.3300	-- 银耳	13	90		13	0/5/15	千克	AB	PR/QS	0		0
	-- 其他:											
0712.3910	--- 香菇	13	100		13	0/5/15	千克	AB	PR/QS	0	9	0
0712.3920	--- 金针菇	13	100		13	0/5	千克	AB	PR/QS	0	9	0
0712.3930	--- 草菇	13	100		13	0/5	千克	AB	PR/QS	0	9	0
0712.3940	--- 口蘑	13	100		13	0/5	千克	AB	PR/QS	0	9	0
0712.3950	--- 牛肝菌	13	100		13	0/5	千克	AB	PR/QS	0	9	0

协定税率 %										特惠税率 %				Article Description
巴基斯坦	冰岛	哥斯达黎	秘鲁	新西兰	瑞士	新加坡	韩国	澳大利亚	港澳台	老挝	孟加拉	33 国	7 国	
6.5	0	0	0	0	9.1		10.4	7.8			0	0	0	Garlic bulblet (uncooked or cooked by steaming or boiling in water), frozen
6.5	0	0	0	0	9.1		10.4	7.8			0	0	0	Shiitake (uncooked or cooked by steaming or boiling in water), frozen
6.5	0	0	0	0	9.1		10.4	7.8			0	0	0	Water shield (uncooked or cooked by steaming or boiling in water), frozen
6.5	0	0	0	0	9.1		10.4	7.8			0	0	0	Other vegetables, not elsewhere specified or included (uncooked or cooked by steaming or boiling in water), frozen
5	0	0	0	0	4		8	6			0	0	0	- Mixtures of vegetables
														Vegetables provisionally preserved (for example, by sulphur dioxide gas,in brine, in suphur water or in other preservative solutions), but unsuitable in that state for immediate consumption:
0	0	0	0	0	9.1		10.4	7.8				0	0	- Olives
0	0	0	0	0	9.1		10.4	7.8				0	0	- Cucumbers and gherkins
														- Mushrooms and truffles:
														-- Mushrooms of the genus Agaricus:
														--- In brine:
0	0	0	0	0	9.1		10.4	7.8				0	0	----White mushroom
0	0	0	0	0	9.1		10.4	7.8				0	0	----Other
0	0	0	0	0	9.1		10.4	7.8				0	0	--- Other
														-- Other:
														--- In brine:
0	0	0	0	0	9.1		10.4	7.8				0	0	----Sungmo
														----Other
0	0	0	0	0	9.1		10.4	7.8				0	0	Shiitake in brine (unfit for immediate consumption)
0	0	0	0	0	9.1		10.4	7.8				0	0	Other mushroom and truffles in brine, other than the genus Agaricus (unfit for immediate consumption)
														--- Other
0	0	0	0	0	9.1		10.4	7.8				0	0	Shiitake provisionally preserved by sulphur dioxide gas or in other preservative solutions, unfit for immediate consumption
0	0	0	0	0	9.1		10.4	7.8				0	0	Mushrooms and truffles provisionally preserved by sulphur dioxide gas or in other preservative solutions, unfit for immediate consumption
														- Other vegetables;mixtures of vegetables:
														--- In brine:
														----Bamboo shoots
0	0	0	0	0	9.1		10.4	7.8				0	0	Bamboo shoots of acidosasa chinensis in brine (unfit for immediate consumption)
0	0	0	0	0	9.1		10.4	7.8				0	0	Other bamboo shoots in brine (unfit for immediate consumption)
														----Garlic
0	0	0	0	0	9.1		10.4	7.8				0	0	Garlic bulbs and garlic bulblet in brine, whether or not skinned, unfit for immediate consumption
0	0	0	0	0	9.1		10.4	7.8				0	0	Other garlic in brine, other than garlic bulbs and garlic bulblet, whether or not skinned, unfit for immediate consumption
0	0	0	0	0	9.1		10.4	7.8				0	0	----Other
0	0	0	0	0	9.1		10.4	7.8				0	0	--- Other
														Dried vegetables,whole,cut,sliced,broken or in powder,but not further prepared:
6.5	0	0	0	0	9.1		10.4	7.8			0	0	0	- Onions
														- Mushrooms, wood ears (Auri-culariaspp.), jelly fungi (Tremella spp.) and truffles:
5	0	0	0	0	9.1		10.4	7.8			0	0	0	-- Mushrooms of the genus Agaricus
6.5	0	0	0	0	9.1		10.4	7.8				0	0	-- Wood ears (Auricularia spp.)
6.5	0	0	0	0	9.1		10.4	7.8				0	0	-- Jelly fungi (Tremella spp.)
														-- Other:
5	0	0	0	0	9.1		10.4	7.8				0	0	--- Shiitake
5	0	0	0	0	9.1		10.4	7.8				0	0	--- Winter mushroom
5	0	0	0	0	9.1		10.4	7.8				0	0	--- Paddy straw mushroom
5	0	0	0	0	9.1		10.4	7.8				0	0	--- Tricholoma mongolicum Imai
5	0	0	0	0	9.1		10.4	7.8				0	0	--- Boletus

税号	货品名称	进口关税 %			增值/消费税%	出口退税%	统计计量单位	监管证件代码	检验检疫类别	协定税率 %		
		最惠国	普通	年内暂定						东盟	亚太	智利
0712.3990	--- 其他											
07123990.10	干制松茸(整个,切块,切片,破碎或制成粉状,但未经进一步加工的)	13	100		13	0/5	千克	ABE	PR/QS	0	9	0
07123990.90	其他干制蘑菇及块菌(整个,切块,切片,破碎或制成粉状,但未经进一步加工的)	13	100		13	0/5	千克	AB	PR/QS	0	9	0
	- 其他蔬菜;什锦蔬菜:											
0712.9010	--- 笋干丝											
07129010.10	酸竹笋干丝	13	80		13	0	千克	ABE	PR/QS	0		0
07129010.90	其他笋干丝	13	80		13	0	千克	AB	PR/QS	0		0
0712.9020	--- 紫萁(薇菜干)	13	80		13	0/5	千克	AB	PR/QS	0		0
0712.9030	--- 金针菜(黄花菜)	13	80		13	0/5	千克	AB	PR/QS	0		0
0712.9040	--- 蕨菜	13	80		13	0/5	千克	AB	PR/QS	0		0
0712.9050	--- 大蒜											
07129050.10	干燥或脱水的大蒜头、大蒜瓣(无论是否去皮)	13	80		17	0	千克	AB	PR/QS	0		0
07129050.90	干燥或脱水的其他大蒜(不含蒜头、蒜瓣,无论是否去皮)	13	80		17	0/5/15	千克	AB	PR/QS	0		0
	--- 其他:											
0712.9091	----辣根	13	80		13	0/5	千克	AB	PR/QS	0		0
0712.9099	----其他											
07129099.10	干莼菜(整个,切块,切片,破碎或制成粉状,但未经进一步加工的)	13	80		13	0/5	千克	ABE	PR/QS	0		0
07129099.90	干制的其他蔬菜及什锦蔬菜(整个,切块,切片,破碎或制成粉状,但未经进一步加工的)	13	80		13	0/5	千克	AB	PR/QS	0		0
07.13	**脱荚的干豆,不论是否去皮或分瓣:**											
	- 豌豆:											
0713.1010	--- 种用	0	0		13	0	千克	AB	P/NQ			
0713.1090	--- 其他	5	20		13	0	千克	AB	PR/QS	0		0
	- 鹰嘴豆:											
0713.2010	--- 种用	0	0		13	5	千克	AB	P/NQ			
0713.2090	--- 其他	7	20		13	5	千克	AB	PR/QS	0		0
	- 豇豆属及菜豆属:											
	-- 绿豆:											
0713.3110	--- 种用	0	0		13	5	千克	AB	P/NQ			
0713.3190	--- 其他	3	11		13	5	千克	AB	PR/QS	0	1.5	0
	-- 红小豆(赤豆):											
0713.3210	--- 种用	0	0		13	5	千克	AB	P/NQ			
0713.3290	--- 其他	3	14		13	5	千克	AB	PR/QS	0		0
	-- 芸豆:											
0713.3310	--- 种用	0	0		13	0	千克	AB	P/NQ			
0713.3390	--- 其他	7.5	20		13	0	千克	AB	PR/QS	0		0
0713.3400	-- 巴姆巴拉豆	7	20		13	5	千克	AB	PR/QS	0	3.5	0
0713.3500	-- 牛豆(豇豆)	7	20		13	5	千克	AB	PR/QS	0	3.5	0
0713.3900	-- 其他	7	20		13	0	千克	AB	PR/QS	0	3.5	0
	- 扁豆:											
0713.4010	--- 种用	0	0		13	0	千克	AB	P/NQ			
0713.4090	--- 其他	7	20		13	0	千克	AB	PR/QS	0		0
	- 蚕豆:											
0713.5010	--- 种用	0	0		13	5	千克	AB	P/NQ			
0713.5090	--- 其他	7	20		13	5	千克	AB	PR/QS	0		0
	- 木豆(木豆属):											
0713.6010	--- 种用	0	0		13	5	千克	AB	P/NQ			
0713.6090	--- 其他	7	20		13	5	千克	AB	PR/QS	0		0
	- 其他:											
0713.9010	--- 种用干豆	0	0		13	0	千克	AB	P/NQ			
0713.9090	--- 其他	7	20		13	0	千克	AB	PR/QS	0		0

协定税率 %										特惠税率 %				Article Description
巴基斯坦	冰岛	哥斯达黎	秘鲁	新西兰	瑞士	新加坡	韩国	澳大利亚	港澳台	老挝	孟加拉	33 国	7 国	
														--- Other
9	0	0	0	0	9.1		10.4	7.8				0	0	Dried tricholoma matsutake (whole, cut, sliced, broken or in powder, but not further prepared)
9	0	0	0	0	9.1		10.4	7.8				0	0	Other dried mushrooms and truffles (whole, cut, sliced, broken or in powder, but not further prepared)
														- Other vegetables;mixtures of vegetables:
														--- Bamboo shoots
6.5	0	0	0	0	9.1		10.4	7.8			0	0	0	Dried bamboo shoots of acidosasa chinensis, shred
6.5	0	0	0	0	9.1		10.4	7.8			0	0	0	Other bamboo shoots, shred
6.5	0	0	0	0	9.1		10.4	7.8				0	0	--- Osmund
6.5	0	0	0	0	9.1		10.4	7.8				0	0	--- Day lily flowers
6.5	0	0	0	0	9.1		10.4	7.8				0	0	--- Wild brake
														--- Garlic
6.5	0	0	0	0	9.1		10.4	7.8				0	0	Dried or dewatered garlic bulbs or garlic bulblet, whether or not skinned
6.5	0	0	0	0	9.1		10.4	7.8				0	0	Other dried or dewatered garlic (other than garlic bulbs and garlic bulblet), whether or not skinned
														--- Other:
6.5	0	0	0	0	9.1		10.4	7.8			0	0	0	----Horseradish
														----Other
6.5	0	0	0	0	9.1		10.4	7.8			0	0	0	Dried water shield (whole, cut, sliced, broken or in powder, but not further prepared)
6.5	0	0	0	0	9.1		10.4	7.8			0	0	0	Other dried vegetables and dried mixtures of vegetables (whole, cut, sliced, broken or in powder, but not further prepared)
														Dried leguminous vegetables, shelled,whether or not skinned or split:
														- Peas (Pisum sativum):
							0	0			0	0	0	--- Seed
0	0	0	0	0	0		0	0			0	0	0	--- Other
														- Chickpeas(garbanzos):
							0	0			0	0	0	--- Seed
5	0	0	0	0	2.8		0	4.2			0	0	0	--- Other
														- beans(Vigna spp.and Phaseolus spp.):
														-- Beans of the species Vigna mungo (L.)Hepper or Vigna radiata (L.) Wilczek:
							0	0			0	0	0	--- Seed
0	0	0	0	0	0		0	0			0	0	0	--- Other
														-- Small red(Adzuki)beans (Phaseolus or Vigna angularis):
							0	0			0	0	0	--- Seed
0	0	0	0	0	0		0	0			0	0	0	--- Other
														-- Kidney beans, including white pea beans (Phaseolus vulgaris):
							0	0			0	0	0	--- Seed
5	0	0	0	0	3		0	4.5			0	0	0	--- Other
0	0	0	0	0	2.8		0	4.2			0	0	0	-- Bambara beans (Vigna subterranea or Voandzeia subterranea)
0	0	0	0	0	2.8		0	4.2			0	0	0	-- Cow peas (Vigna unguiculata)
0	0	0	0	0	2.8		0	4.2			0	0	0	-- Other
														- Lentils:
							0	0			0	0	0	--- Seed
5	0	0	0	0	2.8		0	4.2			0	0	0	--- Other
														- Broad beans (Vicia fabavar Major) and horse beans (Viciafaba var. equina,Vicia fabavar.minor):
							0	0			0	0	0	--- Seed
5	0	0	0	0	2.8		0	4.2			0	0	0	--- Other
														- Pigeon peas (Cajanus cajan):
							0	0			0	0	0	--- Seed
5	0	0	0	0	2.8		0	4.2			0	0	0	--- Other
														- Other:
							0	0			0	0	0	--- Seed
5	0	0	0	0	2.8		0	4.2			0	0	0	--- Other

税号	货品名称	进口关税 %			增值/消费税%	出口退税 %	统计计量单位	监管证件代码	检验检疫类别	协定税率 %		
		最惠国	普通	年内暂定						东盟	亚太	智利
07.14	鲜、冷、冻或干的木薯、竹芋、兰科植物块茎、菊芋、甘薯及含有高淀粉或菊粉的类似根茎，不论是否切片或制成团粒；西谷茎髓：											
	- 木薯：											
0714.1010	--- 鲜的	10	30		13	5	千克	7AB	PR/QS	0		0
0714.1020	--- 干的	5	30		13	5	千克	7AB	PR/QS	0		0
0714.1030	--- 冷或冻的	10	80		13	5	千克	7AB	PR/Q	0		0
	- 甘薯：											
	--- 鲜的：											
0714.2011	----种用	0	50		13	0	千克	AB	P/Q			
0714.2019	----其他	13	50		13	0	千克	AB	PR/QS	0	6.5	0
0714.2020	--- 干的	13	50		13	0	千克	AB	PR/QS	0	6.5	0
0714.2030	--- 冷或冻的	13	80		13	0	千克	AB	PR/QS	0	6.5	0
0714.3000	- 山药	13	50		13	0	千克	AB	PR/Q	0	6.5	0
0714.4000	- 芋头(芋属)											
07144000.01	鲜、冷芋头(芋属)(不论是否切片或制成团粒；芋头又称芋艿，为天南星科芋属植物。分旱芋、水芋)	13	50		13	0	千克	AB	PR/Q	0	6.5	0
07144000.90	冻、干的芋头(芋属)(不论是否切片或制成团粒；芋头又称芋艿，为天南星科芋属植物。分旱芋、水芋)	13	50		13	0	千克	AB	PR/Q	0	6.5	0
0714.5000	- 箭叶黄体芋(黄肉芋属)	13	50		13	5	千克	AB	PR/Q	0	6.5	0
	- 其他：											
0714.9010	--- 荸荠	13	50		13	0	千克	AB	PR/QS	0	6.5	0
	--- 藕：											
0714.9021	----种用	0	0		13	0	千克	AB	P/NQ			
0714.9029	----其他	13	50		13	0	千克	AB	PR/QS	0	6.5	0
0714.9090	--- 其他											
07149090.10	鲜、冷、冻、干的兰科植物块茎	13	50		13	0	千克	ABEF	PR/Q	0	6.5	0
07149090.91	含高淀粉或菊粉其他濒危类似根茎(包括西谷茎髓，不论是否切片或制成团粒，鲜、冷、冻或干的)	13	50		13	0	千克	ABEF	PR/Q	0	6.5	0
07149090.99	含有高淀粉或菊粉的其他类似根茎(包括西谷茎髓，不论是否切片或制成团粒，鲜、冷、冻或干的)	13	50		13	0	千克	AB	PR/Q	0	6.5	0

协定税率 %										特惠税率 %				Article Description
巴基斯坦	冰岛	哥斯达黎	秘鲁	新西兰	瑞士	新加坡	韩国	澳大利亚	港澳台	老挝	孟加拉	33 国	7 国	
														Manioc, arrowroot, salep, Jerusalem artichokes, sweet potatoes and similar roots and tubers with high starch or inulin content, fresh, chilled, frozen or dried,whether or not sliced or in the form of pellets; sago pith:
														- Manioc(cassava):
5	0	0	0	0	4		6	6		0	0	0	0	--- Fresh
0	0	0	0	0	0		0	0		0	0	0	0	--- Dried
5	0	0	0	0	4		8	6		0	0	0	0	--- Chilled or frozen
														- Sweet potatoes:
														--- Fresh:
							0	0		0	0	0	0	----For cultivation
5	0	0	0	0	9.1		10.4	7.8		0	0	0	0	----Other
5	0	0	0	0	9.1		10.4	7.8		0	0	0	0	--- Dried
5	0	0	0	0	9.1		10.4	7.8		0	0	0	0	--- Chilled or frozen
5	0	0	0	0	9.1		10.4	7.8		0	0	0	0	- Yams (Dioscorea spp.)
														- Taro (Colocasia spp.)
5	0	0	0	0	9.1		10.4	7.8				0	0	Fresh, chilled taro (Dioscorea spp.), whether or not sliced or in the form of pellets (taros are also called Chinese eddo, belong to Colocasia Schott of the Araceae, classified into ground taros and river taros)
5	0	0	0	0	9.1		10.4	7.8				0	0	Frozen, dried taro (Dioscorea spp.), whether or not sliced or in the form of pellets (taros are also called Chinese eddo, belong to Colocasia Schott of the Araceae, classified into ground taros and river taros)
5	0	0	0	0	9.1		10.4	7.8		0	0	0	0	- Yautia (Xanthosoma spp.)
														- Other:
5	0	0	0	0	9.1		10.4	7.8		0	0	0	0	--- Water chestnut
														--- Lotus (Nelumbo nucifera) rootstock:
							0	0			0	0	0	----For cultivation
5	0	0	0	0	9.1		10.4	7.8		0	0	0	0	----Other
														--- Other
5	0	0	0	0	9.1		10.4	7.8		0	0	0	0	Similar roots and tubers of other endangered plants (including sago pith)
5	0	0	0	0	9.1		10.4	7.8		0	0	0	0	Similar roots and tubers of other endangered plants (including sago pith), with high starch or inulin content, fresh, chilled, frozen or dried, whether or not sliced or in pellets
5	0	0	0	0	9.1		10.4	7.8		0	0	0	0	Similar roots and tubers of other plants (including sago pith), with high starch or inulin content, fresh, chilled, frozen or dried, whether or not sliced or in pellets

第八章 食用水果及坚果；柑橘属水果或甜瓜的果皮

注释：

一、本章不包括非供食用的坚果或水果。

二、冷藏的水果和坚果应按相应的鲜果税目归类。

三、本章的干果可以部分复水或为下列目的进行其他处理，但必须保持干果的特征：

（一）为保藏或保持其稳定性（例如，经适度热处理或硫化处理、添加山梨酸或山梨酸钾）；

（二）为改进或保持其外观（例如，添加植物油或少量葡萄糖浆）。

税号	货品名称	进口关税 %			增值/消费税%	出口退税%	统计计量单位	监管证件代码	检验检疫类别	协定税率 %		
		最惠国	普通	年内暂定						东盟	亚太	智利
08.01	鲜或干的椰子、巴西果及腰果，不论是否去壳或去皮：											
	- 椰子：											
0801.1100	-- 干的	12	80		13	5	千克	AB	PR/QS	0	6	0
0801.1200	-- 未去内壳（内果皮）	12	80		13	5	千克	AB	PR/QS	0	6	0
	-- 其他：											
0801.1910	--- 种用	0	0		13	5	千克	AB	P/QN			
0801.1990	--- 其他	12	80		13	5	千克	AB	PR/QS	0	6	0
	- 巴西果：											
0801.2100	-- 未去壳	10	80		13	5	千克	AB	PR/Q	0		0
0801.2200	-- 去壳	10	80		13	5	千克	AB	PR/Q	0		0
	- 腰果：											
0801.3100	-- 未去壳	20	70	10	13	5	千克	AB	PR/QS	0		0
0801.3200	-- 去壳	10	70		13	5	千克	AB	PR/QS	0		0
08.02	鲜或干的其他坚果，不论是否去壳或去皮：											
	- 扁桃仁：											
0802.1100	-- 未去壳	24	70	10	13	5	千克	AB	PR/QS	0		0
0802.1200	-- 去壳	10	70		13	5	千克	AB	PR/QS	0		0
	- 榛子：											
0802.2100	-- 未去壳	25	70		13	5	千克	AB	PR/QS	0		0
0802.2200	-- 去壳	10	70		13	5	千克	AB	PR/QS	0		0
	- 核桃：											
0802.3100	-- 未去壳	25	70		13	5	千克	AB	PR/QS	0		0
0802.3200	-- 去壳	20	70		13	5	千克	AB	PR/QS	0		0
	- 栗子：											
	-- 未去壳：											
0802.4110	--- 板栗	25	70		13	5	千克	AB	PR/QS	0		0
0802.4190	--- 其他	25	70	20	13	5	千克	AB	PR/QS	0		0
	-- 去壳：											
0802.4210	--- 板栗	25	70		13	5	千克	AB	PR/QS	0		0
0802.4290	--- 其他	25	70	20	13	5	千克	AB	PR/QS	0		0
	- 阿月浑子果（开心果）：											
0802.5100	-- 未去壳	10	70	5	13	5	千克	AB	PR/QS	0		0
0802.5200	-- 去壳	10	70	5	13	5	千克	AB	PR/QS	0		0
	- 马卡达姆坚果（夏威夷果）：											
	-- 未去壳：											
0802.6110	--- 种用	0	70		13	5	千克	AB	P/QS			
0802.6190	--- 其他	24	70	19	13	5	千克	AB	PR/QS	0		0
0802.6200	-- 去壳	24	70	19	13	5	千克	AB	PR/QS	0		0
0802.7000	- 可乐果(可乐果属)	24	70		13	5	千克	AB	PR/QS	0		0
0802.8000	- 槟榔果											
08028000.01	鲜的槟榔果(不论是否去壳或去皮)	10	30		13	5	千克	AB	PR/QS	0	5	0
08028000.90	干的槟榔果(不论是否去壳或去皮)	10	30		13	5	千克	AB	PR/QS	0	5	0
	- 其他：											
0802.9020	--- 白果	25	70	20	13	5	千克	ABE	PR/Q	0		0

Chapter 8 Edible fruit and nuts; peel of citrus fruit or melons

Chapter Notes:

1. This Chapter does not cover inedible nuts or fruits.
2. Chilled fruits and nuts are to be classified in the same headings as the corresponding fresh fruits and nuts.
3. Dried fruit or dried nuts of this Chapter may be partially rehydrated, or treated for the following purposes:

(a) For additional preservation or stabilisation (for example., by moderate heat treatment, sulphuring, the addition of sorbic acid or potassium sorbate);

(b) To improve or maintain their appearance (for example, by the addition of vegetable oil or small quantities of glucose syrup),provided that they retain the character of dried fruit or dried nuts.

协定税率 %										特惠税率 %				Article Description
巴基斯坦	冰岛	哥斯达黎	秘鲁	新西兰	瑞士	新加坡	韩国	澳大利亚	港澳台	老挝	孟加拉	33 国	7 国	
														Coconuts, Brazil nuts and cashew nuts, fresh or dried, whether or not shelled or peeled:
														- Coconuts:
5	0	7.2	0	0	8.4		7.2	7.2	/0/		0	0	0	-- Desiccated
5	0	7.2	0	0	8.4		7.2	7.2			0	0	0	-- In the inner shell (endocarp)
														-- Other:
							0	0			0	0	0	--- Seedlings
5	0	7.2	0	0	8.4		7.2	7.2			0	0	0	--- Other
														- Brazil nuts:
5	0	6	0	0	4		6	6	/0/		0	0	0	-- In shell
5	0	6	0	0	4		6	6	/0/		0	0	0	-- Shelled
														- Cashew nuts:
	0	12	6	0	14		16	12	/0/		0	0	0	-- In shell
5	0	6	0	0	4		8	6	/0/		0	0	0	-- Shelled
														Other nuts, fresh or dried, whether or not shelled or peeled:
														- Almonds:
	0	14.4	7.2	0	16.8		19.2	14.4	/0/			0	0	-- In shell
5	0	6	3	0	4		8	6	/0/		0	0	0	-- Shelled
														- Hazelnuts or filberts(Corylus spp):
	0	15	7.5	0	17.5		22.5	15	/0/			0	0	-- In shell
5	0	6	0	0	4		8	6	/0/		0	0	0	-- Shelled
														- Walnuts:
	0	15	7.5	0	17.5		22.5	15	/0/			0	0	-- In shell
	0	12	6	0	14		17.3	12	/0/			0	0	-- Shelled
														- Chestnuts(Castanea spp.):
														-- In shell:
	0	15	7.5	0	17.5			15	/0/			0	0	--- Chestnuts
	0	15	7.5	0	17.5		22.5	15	/0/			0	0	--- Other
														-- Shelled:
	0	15	7.5	0	17.5		22.5	15	/0/			0	0	--- Chestnuts
	0	15	7.5	0	17.5		22.5	15	/0/			0	0	--- Other
														- Pistachios:
5	0	6	0	0	4		8	6	/0/			0	0	-- In shell
5	0	6	0	0	4		8	6	/0/			0	0	-- Shelled
														- Macadamia nuts:
														-- In shell:
							0	0			0	0	0	--- Seed
	0	14.4	7.2	0	16.8		19.2	14.4	/0/			0	0	--- Other
	0	14.4	7.2	0	16.8		19.2	14.4	/0/			0	0	-- Shelled
	0	14.4	7.2	0	16.8		21.6	14.4	/0/			0	0	- Kola nuts(Cola spp.)
														- Areca nuts
5	0	6	0	0	4		8	6	/0/		0	0	0	Fresh areca nut (whether or not shelled or peeled)
5	0	6	0	0	4		8	6	/0/		0	0	0	Dry areca nut (whether or not shelled or peeled)
														- Other:
	0	15	7.5	0	17.5		22.5	15	/0/			0	0	--- Gingko nuts

税 号	货 品 名 称	进口关税 % 最惠国	普通	年内暂定	增值/消费税%	出口退税%	统计计量单位	监管证件代码	检验检疫类别	协定税率 % 东盟	亚太	智利
0802.9030	--- 松子仁											
08029030.10	鲜或干的红松子仁	25	70		13	5	千克	ABE	PR/QS	0		0
08029030.20	鲜或干的其他濒危松子仁	25	70		13	0	千克	ABEF	PR/QS	0		0
08029030.90	鲜或干的其他松子仁	25	70		13	5	千克	AB	PR/QS	0		0
0802.9090	--- 其他											
08029090.10	鲜或干的榧子、红松子(不论是否去壳或去皮)	24	70		13	5	千克	ABE	PR/QS	0		0
08029090.20	鲜或干的其他濒危松子(不论是否去壳或去皮)	24	70		13	0	千克	ABEF	PR/QS	0		0
08029090.30	鲜或干的巨籽棕(海椰子)果仁	24	70		13	5	千克	ABEF	PR/QS	0		0
08029090.40	鲜或干的碧根果(不论是否去壳或去皮)	24	70	10	13	5	千克	AB	PR/QS	0		0
08029090.90	鲜或干的其他坚果(不论是否去壳或去皮)	24	70		13	5	千克	AB	PR/QS	0		0
08.03	**鲜或干的香蕉，包括芭蕉：**											
0803.1000	- 芭蕉	10	40		13	5	千克	AB	PR/QS	0	6.9	0
0803.9000	- 其他	10	40		13	5	千克	AB	PR/QS	0	6.9	0
08.04	**鲜或干的椰枣、无花果、菠萝、鳄梨、番石榴、芒果及山竹果：**											
0804.1000	- 椰枣	15	40		13	5	千克	AB	PR/Q	0		0
0804.2000	- 无花果	30	70		13	5	千克	AB	PR/Q	0		0
0804.3000	- 菠萝											
08043000.01	鲜菠萝	12	80		13	5	千克	AB	PR/QS	0	7.9	0
08043000.90	干菠萝	12	80		13	5	千克	AB	PR/QS	0	7.9	0
0804.4000	- 鳄梨	25	80	10	13	5	千克	AB	PR/Q	0	12.5	0
	- 番石榴、芒果及山竹果：											
0804.5010	--- 番石榴											
08045010.01	鲜番石榴	15	80		13	5	千克	AB	PR/Q	0	7.5	0
08045010.90	干番石榴	15	80		13	5	千克	AB	PR/Q	0	7.5	0
0804.5020	--- 芒果											
08045020.01	鲜芒果	15	80		13	5	千克	AB	PR/Q	0	10.6	0
08045020.90	干芒果	15	80		13	5	千克	AB	PR/Q	0	10.6	0
0804.5030	--- 山竹果	15	80		13	5	千克	AB	PR/Q	0	7.5	0
08.05	**鲜或干的柑橘属水果：**											
0805.1000	- 橙	11	100		13	5	千克	AB	PR/QS	0		0
	- 柑橘；杂交柑橘：											
0805.2010	--- 蕉柑	12	100		13	5	千克	AB	PR/QS	0		0
0805.2020	--- 阔叶柑橘	12	100		13	5	千克	AB	PR/QS	0		0
0805.2090	--- 其他	12	100		13	5	千克	AB	PR/QS	0		0
0805.4000	- 葡萄柚，包括柚											
08054000.01	鲜葡萄柚,包括鲜柚	12	100		13	5	千克	AB	PR/QS	0		0
08054000.90	干葡萄柚,包括干柚	12	100		13	5	千克	AB	PR/QS	0		0
0805.5000	- 柠檬及酸橙	11	100		13	5	千克	AB	PR/QS	0	5.5	0
0805.9000	- 其他	30	100		13	5	千克	AB	PR/QS	0	15	0
08.06	**鲜或干的葡萄：**											
0806.1000	- 鲜的	13	80		13	5	千克	AB	PR/QS	0		0
0806.2000	- 干的	10	80		13	5	千克	AB	PR/QS	0		0
08.07	**鲜的甜瓜（包括西瓜）及木瓜：**											
	- 甜瓜，包括西瓜：											
0807.1100	-- 西瓜	25	70		13	5	千克	AB	PR/QS	0	12.5	0
	-- 其他：											
0807.1910	--- 哈密瓜	12	70		13	5	千克	AB	PR/QS	0	6	0
0807.1920	--- 罗马甜瓜及加勒比甜瓜	12	70		13	5	千克	AB	PR/QS	0	6	0
0807.1990	--- 其他	12	70		13	5	千克	AB	PR/QS	0	6	0
0807.2000	- 木瓜	25	70		13	5	千克	AB	PR/QS	0		0
08.08	**鲜的苹果、梨及榅桲：**											
0808.1000	- 苹果	10	100		13	5	千克	AB	PR/QS	0		0
	- 梨：											
0808.3010	--- 鸭梨及雪梨	12	100		13	5	千克	AB	PR/QS	0	10	0
0808.3020	--- 香梨	12	100		13	5	千克	AB	PR/QS	0	10	0
0808.3090	--- 其他	10	100		13	5	千克	AB	PR/QS	0		0

协定税率 %										特惠税率 %				
巴基斯坦	冰岛	哥斯达黎	秘鲁	新西兰	瑞士	新加坡	韩国	澳大利亚	港澳台	老挝	孟加拉	33 国	7 国	Article Description
														--- Pine-nuts, shelled
	0	15	7.5	0	17.5		22.5	15	/0/			0	0	Korean pine-nuts, shelled, fresh or dried
	0	15	7.5	0	17.5		22.5	15	/0/			0	0	Other endangered pine-nuts, shelled, fresh or dried
	0	15	7.5	0	17.5		22.5	15	/0/			0	0	Other pine-nuts, shelled, fresh or dried
														--- Other
	0	14.4	7.2	0	16.8		21.6	14.4	/0/			0	0	Chinese torreya or Korean pine-nuts, fresh or dried, whether or not shelled or peeled
	0	14.4	7.2	0	16.8		21.6	14.4	/0/			0	0	Other endangered pine-nuts, fresh or dried, whether or not shelled or peeled
	0	14.4	7.2	0	16.8		21.6	14.4	/0/			0	0	Double coconut (lodoicea maldivica), fresh or dried
	0	14.4	7.2	0	16.8		21.6	14.4	/0/			0	0	Walunts, fresh or dried (whether or not shelled or peeled)
	0	14.4	7.2	0	16.8		21.6	14.4	/0/			0	0	Other nuts, fresh or dried (whether or not shelled or peeled)
														Bananas, including plantains, fresh or dried:
5	0	6	3	0	4		8	6	/0/0	0	0	0	0	- Plantains
5	0	6	3	0	4		8	6	/0/0	0	0	0	0	- Other
														Dates, figs, pineapples, avocados,guavas, mangoes and mangosteens,fresh or dried:
0	0	9	4.5	0	10.5		12	9	/0/			0	0	- Dates
0	0	18	9	0	21.6		27	18	/0/			0	0	- Figs
														- Pineapples
0	0	7.2	0	0	8.4		9.6	7.2	0/0/		0	0	0	Pineapples, fresh
0	0	7.2	0	0	8.4		9.6	7.2	0/0/		0	0	0	Pineapples, dried
0	0	15	0	0	17.5		22.5	15	/0/		0	0	0	- Avocados
														- Guavas, mangoes and mangosteens:
														--- Guavas
0	0	9	4.5	0	10.5		12	9	/0/			0	0	Guavas, fresh
0	0	9	4.5	0	10.5		12	9	/0/			0	0	Guavas, dried
														--- Mangoes
0	0	9	0	0	10.5		12	9	/0/		0	0	0	Mangoes, fresh
0	0	9	0	0	10.5		12	9	/0/		0	0	0	Mangoes, dried
0	0	9	0	0	10.5		12	9	/0/			0	0	--- Mangosteens
														Citrus fruit, fresh or dried:
0	0	6.6	1.4	0	7.7		8.8	8.6	/0/0		0	0	0	- Oranges
														- Mandarins (including tangerines and satsumas); clementines, wilkings and similar citrus hybrids:
0	0	7.2	3.6	0	8.4		9.6	9.3	/0/			0	0	--- Chiao-Kan
0	0	7.2	3.6	0	8.4		9.6	9.3	/0/			0	0	--- Latifolia Citrus
0	0	7.2	1.5	0	8.4		9.6	9.3	/0/			0	0	--- Other
														- Grapefruit, including pomelos
0	0	7.2	3.6	0	8.4		9.6	9.3	0/0/		0	0	0	Grapefruit (including pomelos), fresh
0	0	7.2	3.6	0	8.4		9.6	9.3	0/0/		0	0	0	Grapefruit (including pomelos), dried
0	0	6.6	1.4	0	7.7		8.8	8.6	/0/0		0	0	0	- Lemons (Citrus limon , Citrus limonum) and limes (Citrus aurantifolia)
0	0	18	0	0	21.6		27	23.3	/0/			0	0	- Other
														Grapes, fresh or dried:
6.5	0	0	0	0	9.1		10.4	7.8				0	0	- Fresh
5	0	0	3	0	4		8	6	/0/			0	0	- Dried
														Melons (including watermelons) and papaws (papayas), fresh:
														- Melons(including watermelons):
12.5	0	0	7.5	0	17.5		22.5	15				0		-- Watermelons
														-- Other:
5	0	0	0	0	8.4		9.6	7.2	//0		0	0	0	--- Hami melons
5	0	0	3.6	0	8.4		9.6	7.2			0	0	0	--- Cantaloupe and Calia melons
5	0	4.8	3.6	0	8.4		9.6	7.2			0	0	0	--- Other
	0	0	7.5	0	17.5		20	15			0	0	0	- Papaws(papayas)
														Apples, pears and quinces, fresh:
5	0	0	3	0	4		8	6			0	0	0	- Apples
														- Pears:
5	0	0	3.6	0	8.4		9.6	7.2				0	0	--- Ya pears, Hsueh pears
5	0	0	3.6	0	8.4		9.6	7.2				0	0	--- Xiang pears
5	0	0	3	0	4		8	6				0	0	--- Other

税号	货品名称	进口关税% 最惠国	进口关税% 普通	进口关税% 年内暂定	增值/消费税%	出口退税%	统计计量单位	监管证件代码	检验检疫类别	协定税率% 东盟	协定税率% 亚太	协定税率% 智利
0808.4000	- 榅桲	16	100		13	5	千克	AB	PR/Q	0		0
08.09	鲜的杏、樱桃、桃（包括油桃）、梅及李：											
0809.1000	- 杏	25	70		13	5	千克	AB	PR/Q	0		0
	- 樱桃：											
0809.2100	-- 欧洲酸樱桃	10	70		13	5	千克	AB	PR/Q	0		0
0809.2900	-- 其他	10	70		13	5	千克	AB	PR/Q	0		0
0809.3000	- 桃，包括油桃	10	70		13	5	千克	AB	PR/QS	0		0
0809.4000	- 梅及李											
08094000.01	鲜梅	10	70		13	5	千克	AB	PR/QS	0		0
08094000.90	鲜李子	10	70		13	5	千克	AB	PR/QS	0		0
08.10	其他鲜果：											
0810.1000	- 草莓	14	80		13	5	千克	AB	PR/Q	0		0
0810.2000	- 木莓、黑莓、桑葚及罗甘莓	25	80		13	5	千克	AB	PR/Q	0		0
0810.3000	- 黑、白或红的穗醋栗（加仑子）及醋栗	25	80		13	5	千克	AB	PR/Q	0		0
0810.4000	- 蔓越橘及越橘	30	80		13	5	千克	AB	PR/Q	0		0
0810.5000	- 猕猴桃	20	80		13	5	千克	AB	PR/QS	0	16.5	0
0810.6000	- 榴莲	20	80		13	5	千克	AB	PR/Q	0		0
0810.7000	- 柿子	20	80		13	5	千克	AB	PR/QS	0	16.4	0
	- 其他：											
0810.9010	--- 荔枝	30	80		13	5	千克	AB	PR/QS	0	20	0
0810.9030	--- 龙眼	12	80		13	5	千克	AB	PR/QS	0		0
0810.9040	--- 红毛丹	20	80		13	5	千克	AB	PR/QS	0		0
0810.9050	--- 番荔枝	20	80		13	5	千克	AB	PR/QS	0		0
0810.9060	--- 杨桃	20	80		13	5	千克	AB	PR/QS	0		0
0810.9070	--- 莲雾	20	80		13	5	千克	AB	PR/QS	0	16.4	0
0810.9080	--- 火龙果	20	80		13	5	千克	AB	PR/QS	0	16.4	0
0810.9090	--- 其他											
08109090.01	鲜枣	20	80		13	5	千克	AB	PR/QS	0	16.4	0
08109090.02	鲜枇杷	20	80		13	5	千克	AB	PR/QS	0	16.4	0
08109090.10	鲜的翅果油树果	20	80		13	5	千克	ABE	PR/QS	0	16.4	0
08109090.90	其他鲜果	20	80		13	5	千克	AB	PR/QS	0	16.4	0
08.11	冷冻水果及坚果，不论是否蒸煮、加糖或其他甜物质：											
0811.1000	- 草莓	30	80		13	5	千克	AB	PR/QS	0		0
0811.2000	- 木莓、黑莓、桑葚、罗甘莓、黑、白或红的穗醋栗（加仑子）及醋栗	30	80		13	5	千克	AB	PR/Q	0		0
	- 其他：											
0811.9010	--- 栗子，未去壳	30	80		13	5	千克	AB	PR/QS	0		0
0811.9090	--- 其他											
08119090.10	冷冻的白果	30	80		13	5	千克	ABE	PR/QS	0		0
08119090.21	冷冻的红松子(不论是否去壳或去皮)	30	80		13	5	千克	ABE	PR/QS	0		0
08119090.22	冷冻的其他濒危松子(不论是否去壳或去皮)	30	80		13	0	千克	ABEF	PR/QS	0		0
08119090.30	冷冻的榧子	30	80		13	5	千克	ABE	PR/QS	0		0
08119090.40	冷冻的翅果油树果	30	80		13	5	千克	ABE	PR/QS	0		0
08119090.50	冷冻的巨籽棕(海椰子)果仁	30	80		13	5	千克	ABEF	PR/QS	0		0
08119090.90	其他未列名冷冻水果及坚果	30	80		13	5	千克	AB	PR/QS	0		0
08.12	暂时保藏（例如，使用二氧化硫气体、盐水、亚硫酸水或其他防腐液）的水果及坚果，但不适于直接食用的：											
0812.1000	- 樱桃	30	80		13	5	千克	AB	PR/Q	0		0
0812.9000	- 其他											
08129000.10	暂时保存的白果(用二氧化硫气体，盐水等物质处理，但不适于直接食用的)	25	80		13	5	千克	ABE	PR/QS	0		0
08129000.21	暂时保存的红松子(用二氧化硫气体，盐水等物质处理，但不适于直接食用的)	25	80		13	5	千克	ABE	PR/QS	0		0
08129000.22	暂时保存的其他濒危松子(用二氧化硫气体，盐水等物质处理，但不适于直接食用的)	25	80		13	0	千克	ABEF	PR/QS	0		0

协定税率 %										特惠税率 %				Article Description
巴基斯坦	冰岛	哥斯达黎	秘鲁	新西兰	瑞士	新加坡	韩国	澳大利亚	港澳台	老挝	孟加拉	33 国	7 国	
12.8	0	0	4.8	0	11.2		13.8	9.6				0	0	- Quinces
														Apricots, cherries, peaches (including nectarines), plums and sloes, fresh:
	0	0	7.5	0	17.5		22.5	15				0	0	- Apricots
														- Cherries:
5	0	0	3	0	4		8	6			0	0	0	-- Sour cherries (Prunus cerasus)
5	0	0	3	0	4		8	6			0	0	0	-- Other
5	0	0	3	0	4		8	6			0	0	0	- Peaches, including nectarines
														- Plums and sloes
5	0	0	3	0	4		8	6				0	0	Plums, fresh
5	0	0	3	0	4		8	6				0	0	Sloes, fresh
														Other fruit, fresh:
	0	0	0	0	9.8		11.2	8.4			0	0	0	- Strawberries
	0	0	7.5	0	17.5		22.5	15				0	0	- Raspberries, blackberries, mulberries and loganberries
	0	0	7.5	0	17.5		22.5	15				0	0	- Black, white or red currants and gooseberries
	0	0	0	0	21.6		27	18				0		- Cranberries, bilberries and other fruits of the genus Vaccinium
16	0	0	6	0	14		17.3	12				0	0	- Kiwifruit
	0	0	6	0	14		16	12			0	0	0	- Durian
16	0	0	0	0	14		17.3	12	0//			0	0	- Persimmons
														- Other:
20	0	0	9	0	21.6		27	18				0	0	--- Lychee
6	0	0	0	0	8.4		9.6	7.2			0	0	0	--- Longan
	0	0	6	0	14		16	12				0	0	--- Rambutan
	0	0	0	0	14		16	12				0	0	--- Sugar apple
	0	0	0	0	14		17.3	12				0	0	--- Carambola
16	0	0	6	0	14		16	12				0	0	--- Wax apple
16	0	0	6	0	14		16	12	//0			0	0	--- Dragon fruit
														--- Other
16	0	0	0	0	14		17.3	12	0//			0	0	Jujube (Chinese Date), fresh
16	0	0	0	0	14		17.3	12	0//			0	0	Loquat, fresh
16	0	0	0	0	14		17.3	12	0//			0	0	Fruit of Elaeagnus mollis Diels, fresh
16	0	0	0	0	14		17.3	12	0//			0	0	Other fruit, fresh
														Fruit and nuts,uncooked or cooked by steaming or boiling in water, frozen,whether or not containing added sugar or other sweetening matter:
	0	0	9	0			27	18				0	0	- Strawberries
	0	0	9	0			27	18				0	0	- Raspberries, blackberries, mulberries,loganberries, black, white or red currants and gooseberries
														- Other:
	0	0	9	0			27	18				0	0	--- Chestnuts, in shell
														--- Other
	0	0	9	0			27	18				0		Ginkgo, frozen
	0	0	9	0			27	18				0		Korean pine-nuts (whether or not shelled or peeled), forzen
	0	0	9	0			27	18				0		Other endangered pine-nuts (whether or not shelled or peeled), frozen
	0	0	9	0			27	18				0		Chinese torreya-nuts, frozen
	0	0	9	0			27	18				0		Fruit of Elaeagus mollis Diels, frozen
	0	0	9	0			27	18				0		Seed of Double coconut (Lodoicea maldivica), frozen
	0	0	9	0			27	18				0		Other fruit and nuts, frozen, not elsewhere specified or included
														Fruit and nuts,provisionally preserved (for example, by sulphur dioxide gas, in brine,in sulphur water or in other preservative solutions), but unsuitable in that state for immediate consumption:
	0	0	9	0			27	18				0		- Cherries
														- Other
	0	0	8	0	17.5		22.5	15				0	0	Ginkgo, provisionally preserved by sulphur dioxide gas or in brine, or in other preservative solutions, unfit for immediate consumption
	0	0	8	0	17.5		22.5	15				0	0	Korean pine-nuts, provisionally preserved by sulphur dioxide gas or in brine, or in other preservative solutions, unfit for immediate consumption
	0	0	8	0	17.5		22.5	15				0	0	Other endangered pine-nuts, provisionally preserved by sulphur dioxide gas or in brine, or in other preservative solutions, unfit for immediate consumption

税号	货品名称	进口关税 % 最惠国	进口关税 % 普通	进口关税 % 年内暂定	增值/消费税%	出口退税%	统计计量单位	监管证件代码	检验检疫类别	协定税率 % 东盟	协定税率 % 亚太	协定税率 % 智利
08129000.30	暂时保存的榧子(用二氧化硫气体,盐水等物质处理,但不适于直接食用的)	25	80		13	5	千克	ABE	PR/QS	0		0
08129000.40	暂时保存的翅果油树果(用二氧化硫气体,盐水等物质处理,但不适于直接食用的)	25	80		13	5	千克	ABE	PR/QS	0		0
08129000.50	暂时保存的巨籽棕(海椰子)果仁(用二氧化硫气体,盐水等物质处理,但不适于直接食用的)	25	80		13	5	千克	ABEF	PR/QS	0		0
08129000.90	暂时保存的其他水果及坚果(用二氧化硫气体,盐水等物质处理,但不适于直接食用的)	25	80		13	5	千克	AB	PR/QS	0		0
08.13	**税目08.01至08.06以外的干果;本章的什锦坚果或干果:**											
0813.1000	- 杏	25	70		13	5	千克	AB	PR/QS	0		0
0813.2000	- 梅及李	25	70		13	5	千克	AB	PR/QS	0		0
0813.3000	- 苹果	25	70		13	5	千克	AB	PR/QS	0		0
	- 其他干果:											
0813.4010	--- 龙眼干、肉	20	70		13	5	千克	AB	PR/QS	0		0
0813.4020	--- 柿饼	25	70		13	5	千克	AB	PR/QS	0		0
0813.4030	--- 红枣	25	70		13	5	千克	AB	PR/QS	0		0
0813.4040	--- 荔枝干	25	70		13	5	千克	AB	PR/QS	0		0
0813.4090	--- 其他											
08134090.10	翅果油树干果	25	70		13	5	千克	ABE	PR/QS	0		0
08134090.90	其他干果(税目0801至0806的干果除外)	25	70		13	5	千克	AB	PR/QS	0		0
0813.5000	- 本章的什锦坚果或干果	18	70		13	5	千克	AB	PR/QS	0		0
08.14	**柑橘属水果或甜瓜(包括西瓜)的果皮,鲜、冻、干或用盐水、亚硫酸水或其他防腐液暂时保藏的:**											
0814.0000	柑橘属水果或甜瓜(包括西瓜)的果皮,鲜、冻、干或用盐水、亚硫酸水或其他防腐液暂时保藏的	25	70		13	5	千克	AB	PR/QS	0		0

协定税率 %										特惠税率 %				Article Description
巴基斯坦	冰岛	哥斯达黎	秘鲁	新西兰	瑞士	新加坡	韩国	澳大利亚	港澳台	老挝	孟加拉	33 国	7 国	
	0	0	8	0	17.5		22.5	15				0	0	Chinese torreya-nuts, provisionally preserved by sulphur dioxide gas or in brine, or in other preservative solutions, unfit for immediate consumption
	0	0	8	0	17.5		22.5	15				0	0	Fruit of Elaeagus mollis Diels, provisionally preserved by sulphur dioxide gas or in brine, or in other preservative solutions, unfit for immediate consumption
	0	0	8	0	17.5		22.5	15				0	0	Seed of Lodoicea maldivica (Double coconut), provisionally preserved by sulphur dioxide gas or in brine, or in other preservative solutions, unfit for immediate consumption
	0	0	8	0	17.5		22.5	15				0	0	Other fruit and nuts, provisionally preserved by sulphur dioxide gas or in brine, or in other preservative solutions, unfit for immediate consumption
														Fruit, dried, other than that of headings No. 08.01 to 08.06; mixtures of nuts or dried fruits of this Chapter:
	0	0	7.5	0	17.5		22.5	15	/0/			0	0	- Apricots
	0	0	7.5	0	17.5		22.5	15	/0/			0	0	- Prunes
	0	0	7.5	0	17.5		22.5	15	/0/			0	0	- Apples
														- Other fruit:
	0	0	6	0	14		16	12	/0/		0	0	0	--- Longans and longan pulps
	0	0	7.5	0	17.5		22.5	15	/0/		0	0	0	--- Persimmons
	0	0	7.5	0	17.5		22.5	15	/0/		0	0	0	--- Red jujubes
	0	0	7.5	0	17.5		20	15	/0/		0	0	0	--- Preserved litchi
														--- Other
	0	0	7.5	0	17.5		22.5	15	/0/		0	0	0	Fruit of Elaeagus mollis Diels, dried
	0	0	7.5	0	17.5		22.5	15	/0/		0	0	0	Other fruit, dried, other than that of headings 08.01 to 08.06
14.4	0	0	5.4	0	12.6		15.6	10.8	/0/			0	0	- Mixtures of nuts or dried fruits of this Chapter
														Peel of citrus fruit or melons(including watermelons), fresh, frozen, dried or provisionally preserved in brine, in sulphur water or in other preservative solutions:
	0	0	7.5	0	17.5		22.5	15	/0/			0	0	Peel of citrus fruit or melons(including watermelons), fresh, frozen, dried or provisionally preserved in brine, in sulphur water or in other preservative solutions

第九章 咖啡、茶、马黛茶及调味香料

注释：

一、税目 09.04 至 09.10 所列产品的混合物，应按下列规定归类：

（一）同一税目的两种或两种以上产品的混合物仍应归入该税目；

（二）不同税目的两种或两种以上产品的混合物应归入税目 09.10。

税目 09.04 至 09.10 的产品[或上述（一）或（二）项的混合物]如添加了其他物质，只要所得的混合物保持了原产品的基本特性，其归类应不受影响。基本特性已经改变的，则不应归入本章；构成混合调味品的，应归入税目 21.03。

二、本章不包括荜澄茄椒或税目 12.11 的其他产品。

税号	货品名称	进口关税 %			增值/消费税%	出口退税%	统计计量单位	监管证件代码	检验检疫类别	协定税率 %		
		最惠国	普通	年内暂定						东盟	亚太	智利
09.01	**咖啡，不论是否焙炒或浸除咖啡碱；咖啡豆荚及咖啡豆皮；含咖啡的咖啡代用品：**											
	- 未焙炒的咖啡：											
0901.1100	-- 未浸除咖啡碱	8	50		17	5	千克	AB	PR/QS			0
0901.1200	-- 已浸除咖啡碱	8	50		17	5	千克	AB	PR/QS			0
	- 已焙炒的咖啡：											
0901.2100	-- 未浸除咖啡碱	15	80		17	15	千克	AB	PR/QS			0
0901.2200	-- 已浸除咖啡碱	15	80		17	15	千克	AB	PR/QS	0		0
	- 其他：											
0901.9010	--- 咖啡豆荚及咖啡豆皮	10	30		17	5	千克	AB	PR/QS	0		0
0901.9020	--- 含咖啡的咖啡代用品	30	80		17	15	千克	AB	PR/Q	0		0
09.02	**茶，不论是否加香料：**											
	- 绿茶（未发酵），内包装每件净重不超过 3 千克：											
0902.1010	--- 花茶	15	100		13	5/15	千克	AB	PR/S	0	7.5	0
0902.1090	--- 其他	15	100		13	5/15	千克	AB	PR/S	0	7.5	0
	- 其他绿茶（未发酵）：											
0902.2010	--- 花茶	15	100		13	5/15	千克	AB	PR/S	0	7.5	0
0902.2090	--- 其他	15	100		13	5/15	千克	AB	PR/S	0	7.5	0
	- 红茶（已发酵）及半发酵茶，内包装每件净重不超过 3 千克：											
0902.3010	--- 乌龙茶	15	100		13	5/15	千克	AB	PR/S	0	7.5	0
0902.3020	--- 普洱茶	15	100		13	5/15	千克	AB	PR/S	0	7.5	0
0902.3090	--- 其他	15	100		13	5/15	千克	AB	PR/S	0	7.5	0
	- 其他红茶（已发酵）及半发酵茶：											
0902.4010	--- 乌龙茶	15	100		13	5/15	千克	AB	PR/S	0	7.5	0
0902.4020	--- 普洱茶	15	100		13	5/15	千克	AB	PR/S	0	7.5	0
0902.4090	--- 其他	15	100		13	5/15	千克	AB	PR/S	0	7.5	0
09.03	**马黛茶：**											
0903.0000	马黛茶	10	100		13	15	千克	AB	PR/Q	0		0
09.04	**胡椒；辣椒干及辣椒粉：**											
	- 胡椒：											
0904.1100	-- 未磨											
09041100.10	毕拔	20	70		13	5	千克	ABQ	PR/QS			0
09041100.90	未磨胡椒(毕拔除外)	20	70		13	5	千克	AB	PR/QS			0
0904.1200	-- 已磨	20	70		13	15	千克	AB	PR/QS		10	0
	- 辣椒：											
0904.2100	-- 干，未磨	20	70		13	0	千克	AB	PR/QS	0	10	0
0904.2200	-- 已磨	20	70		13	15	千克	AB	PR/QS	0	10	0
09.05	**香子兰豆：**											

Chapter 9　Coffee, tea, mate and spices

Chapter Notes:

1. Mixtures of the products of headings 09.04 to 09.10 are to be classified as follows:

   (a) Mixtures of two or more of the products of the same heading are to be classified in that heading;

   (b) Mixtures of two or more of the products of different headings are to be classified in heading 09.10.

   The addition of other substances to the products of headings 09.04 to 09.10 (or to the mixtures referred to in paragraph (a) or (b) above) shall not affect their classification provided the resulting mixtures retain the essential character of the goods of those headings. Otherwise such mixtures are not classified in this Chapter; those constituting mixed condiments or mixed seasonings are classified in heading 21.03.

2. This Chapter does not cover Cubeb pepper (Piper cubeba) or other products of heading 12.11.

协定税率 %										特惠税率 %				Article Description
巴基斯坦	冰岛	哥斯达黎	秘鲁	新西兰	瑞士	新加坡	韩国	澳大利亚	港澳台	老挝	孟加拉	33 国	7 国	
														Coffee,whether or not roasted or decaffeinated; coffee husks and skins;coffee substitutes containing coffee in any proportion:
														- Coffee, not roasted:
	0	3.2		0	3.2		4.8	4.8		0	0	0	0	-- Not decaffeinated
	0			0	3.2		4.8	4.8		0	0	0	0	-- Decaffeinated
														- Coffee, roasted:
	0	6		0	12.3		12	9	0/0/	0	0	0	0	-- Not decaffeinated
12	0			0	10.5		12	9	/0/	0	0	0	0	-- Decaffeinated
														- Other:
5	0	0	0	0	4	0	8	6		0	0	0	0	--- Coffee husks and skins
	0			0		0	27	18	/0/	0	0	0	0	--- Coffee substitutes containing coffee
														Tea, whether or not flavoured:
														- Green tea (not fermented)in immediate packings of a content not exceeding 3kg:
7.5	0	0	4.5	0	10.5	0	12	9	/0/			0	0	--- Flavoured
7.5	0	0	4.5	0	10.5	0	12	9	/0/0		0	0	0	--- Other
														- Other green tea(not fermented):
7.5	0	0	4.5	0	10.5	0	12	9	/0/			0	0	--- Flavoured
7.5	0	0	4.5	0	10.5	0	12	9	/0/0		0	0	0	--- Other
														- Black tea (fermented) and partly fermented tea, in immediate packings of a content not exceeding 3kg:
7.5	0	0	4.5	0	10.5	0	12	9	0/0/0			0	0	--- Oolong tea
7.5	0	0	4.5	0	10.5	0	12	9	0/0/			0	0	--- Pu-er tea
7.5	0	0	4.5	0	10.5	0	12	9	0/0/0		0	0	0	--- Other
														- Other black tea (fermented) and other partly fermented tea:
7.5	0	0	4.5	0	10.5	0	12	9	0/0/0	0	0	0	0	--- Oolong tea
7.5	0	0	4.5	0	10.5	0	12	9	0/0/	0	0	0	0	--- Pu-er tea
7.5	0	0	4.5	0	10.5	0	12	9	0/0/0	0	0	0	0	--- Other
														Mate:
5	0	0	0	0	4	0	8	6			0	0	0	Mate
														Pepper of the genus Piper;dried or crushed or ground fruits of the genus Capsicum or of the genus Pimenta:
														- Pepper:
														-- Neither crushed nor ground
	0	0	6	0	14		17.3	12				0	0	Piper longum L..
	0	0	6	0	14		17.3	12				0	0	Pepper of the genus piper, neither crushed nor ground (other than piper longum L.)
10	0	0	6	0	14		17.3	12	0//			0	0	-- Crushed or ground
														- Fruits of the genus Capsicum or of the genus Pimenta:
10	0	0	0	0	14	0	17.3	12	0//			0	0	- Dried,neither crushed nor ground
10	0	0	0	0	14	0	17.3	12	0//			0	0	-- Crushed or ground
														Vanilla:

税　号	货　品　名　称	进口关税 % 最惠国	普通	年内暂定	增值/消费税%	出口退税%	统计计量单位	监管证件代码	检验检疫类别	协定税率 % 东盟	亚太	智利
0905.1000	- 未磨	15	50		13	5	千克	AB	PR/Q	0		0
0905.2000	- 已磨	15	50		13	5	千克	AB	PR/Q	0		0
09.06	**肉桂及肉桂花：**											
	- 未磨：											
0906.1100	-- 锡兰肉桂	5	50		13	5	千克	AB	PR/QS	0		0
0906.1900	-- 其他	5	50		13	5	千克	AB	PR/QS	0		0
0906.2000	- 已磨	15	50		13	15	千克	ABQ	PR/QS	0		0
09.07	**丁香（母丁香、公丁香及丁香梗）：**											
0907.1000	- 未磨	3	14		13	5	千克	ABQ	PR/Q	0		0
0907.2000	- 已磨	3	14		13	5	千克	ABQ	PR/Q	0		0
09.08	**肉豆蔻、肉豆蔻衣及豆蔻：**											
	- 肉豆蔻：											
0908.1100	-- 未磨	8	30		13	5	千克	ABEQ	PR/Q	0		0
0908.1200	-- 已磨	8	30		13	5	千克	ABEQ	PR/Q	0		0
	- 肉豆蔻衣：											
0908.2100	-- 未磨	8	30		13	5	千克	ABE	PR/Q	0		0
0908.2200	-- 已磨	8	30		13	5	千克	ABE	PR/Q	0		0
	- 豆蔻：											
0908.3100	-- 未磨	3	14		13	5	千克	ABEQ	PR/Q	0		0
0908.3200	-- 已磨	3	14		13	15	千克	ABEQ	PR/Q	0		0
09.09	**茴芹子、八角茴香、小茴香子、芫荽子、枯茗子及贳蒿子；杜松果：**											
	- 芫荽子：											
0909.2100	-- 未磨	15	50		13	5	千克	AB	PR/Q	0		0
0909.2200	-- 已磨	15	50		13	15	千克	AB	PR/Q	0		0
	- 枯茗子：											
0909.3100	-- 未磨	15	50		13	5	千克	AB	PR/Q	0	7.5	0
0909.3200	-- 已磨	15	50		13	15	千克	AB	PR/Q	0	7.5	0
	- 茴芹子或八角茴香、贳蒿子或小茴香子；杜松果：											
	-- 未磨：											
0909.6110	--- 八角茴香	20	90		13	5	千克	ABQ	PR/QS	0		0
0909.6190	--- 其他											
09096190.10	未磨的小茴香子；未磨的杜松果	15	50		13	5	千克	ABQ	PR/QS	0		0
09096190.90	未磨的茴芹子；未磨的贳蒿子	15	50		13	5	千克	AB	PR/Q	0		0
	-- 已磨：											
0909.6210	--- 八角茴香	20	90		13	15	千克	ABQ	PR/QS	0		0
0909.6290	--- 其他											
09096290.10	已磨的小茴香子；已磨的杜松果	15	50		13	15	千克	ABQ	PR/QS	0		0
09096290.90	已磨的茴芹子；已磨的贳蒿子	15	50		13	15	千克	AB	PR/Q	0		0
09.10	**姜、番红花、姜黄、麝香草、月桂叶、咖喱及其他调味香料：**											
	- 姜：											
0910.1100	-- 未磨	15	50		13	0	千克	AB	PR/QS	0	7.5	0
0910.1200	-- 已磨	15	50		13	5	千克	AB	PR/QS	0	7.5	0
0910.2000	- 番红花	2	14		13	5/15	千克	ABQ	PR/QS	0		0
0910.3000	- 姜黄	15	50		13	5	千克	ABQ	PR/QS	0	7.5	0
	- 其他调味香料：											
0910.9100	-- 本章注释一（二）所述的混合物	15	50		17	15	千克	AB	PR/QS	0	7.5	0
0910.9900	-- 其他	15	50		17	5/15	千克	AB	PR/QS	0		0

协定税率 %										特惠税率 %				Article Description
巴基斯坦	冰岛	哥斯达黎	秘鲁	新西兰	瑞士	新加坡	韩国	澳大利亚	港澳台	老挝	孟加拉	33 国	7 国	
12	0	0	4.5	0	10.5	0	12	9			0	0	0	- Neither crushed nor ground
12	0	0	4.5	0	10.5	0	12	9			0	0	0	- Crushed or ground
														Cinnamon and cinnamon-tree flowers:
														- Neither crushed nor ground:
0	0	0	0	0	0		0	0			0	0	0	-- Cinnamon (Cinnamomum zeylanicum Blume)
0	0	0	0	0	0		0	0			0	0	0	-- Other
12	0	0	4.5	0	10.5	0	12	9	0//			0	0	- Crushed or ground
														Cloves (whole fruit, cloves and stems):
0	0	0	0	0	0		0	0			0	0	0	- Neither crushed nor ground
0	0	0	0	0	0		0	0			0	0	0	- Crushed or ground
														Nutmeg, mace and cardamoms:
														- Nutmeg:
5	0	0	0	0	3.2		4.8	4.8		0	0	0	0	-- Neither crushed nor ground
5	0	0	0	0	3.2		4.8	4.8		0	0	0	0	-- Crushed or ground
														- Mace:
5	0	0	0	0	3.2		4.8	4.8		0	0	0	0	-- Neither crushed nor ground
5	0	0	0	0	3.2		4.8	4.8		0	0	0	0	-- Crushed or ground
														- Cardamoms:
0	0	0	0	0	0		0	0		0	0	0	0	-- Neither crushed nor ground
0	0	0	0	0	0		0	0		0	0	0	0	-- Crushed or ground
														Seeds of anise, badian, fennel, coriander, cumin or caraway; juniper berries:
														- Seeds of coriander:
12	0	0	4.5	0	10.5	0	12	9				0	0	-- Neither crushed nor ground
12	0	0	4.5	0	10.5	0	12	9				0	0	-- Crushed or ground
														- Seeds of cumin:
7.5	0	0	4.5	0	10.5	0	12	9				0	0	-- Neither crushed nor ground
7.5	0	0	4.5	0	10.5	0	12	9				0	0	-- Crushed or ground
														- Seeds of anise, badian, caraway or fennel; juniper berries:
														-- Neither crushed nor ground:
	0	0	6	0	14	0	17.3	12				0	0	--- Badian
														--- Other
12	0	0	4.5	0	10.5	0	12	9				0	0	Fennel; juniper berries, neither crushed nor ground
12	0	0	4.5	0	10.5	0	12	9				0	0	Seeds of anise; caraway, neither crushed nor ground
														-- Crushed or ground:
	0	0	6	0	14	0	17.3	12				0	0	--- Badian
														--- Other
12	0	0	4.5	0	10.5	0	12	9				0	0	Fennel; juniper berries, crushed or ground
12	0	0	4.5	0	10.5	0	12	9				0	0	Seeds of anise; caraway, crushed or ground
														Ginger, saffron, turmeric (cnrcuma),thyme,bay leaves, curry and other spices:
														- Ginger:
7.5	0	0	4.5	0	10.5	0	12	9		0	0	0	0	-- Neither crushed nor ground
7.5	0	0	4.5	0	10.5	0	12	9		0	0	0	0	-- Crushed or ground
0	0	0	0	0	0		0	0			0	0	0	- Saffron
7.5	0	0	4.5	0	10.5	0	12	9	0//		0	0	0	- Turmric(curcuma)
														- Other spices:
7.5	0	0	4.5	0	10.5	0	12	9	0/0/		0	0	0	-- Mixtures referred to in Note 1(b) to this Chapter
12	0	0	4.5	0	10.5	0	12	9	0//		0	0	0	-- Other

第十章　谷物

注释:

一、

（一）本章各税目所列产品必须带有谷粒，不论是否成穗或带秆。

（二）本章不包括已去壳或经其他加工的谷物。但去壳、碾磨、磨光、上光、半熟或破碎的稻米仍应归入税目 10.06。

二、税目 10.05 不包括甜玉米（第七章）。

子目注释:

所称“硬粒小麦”，是指硬粒小麦属的小麦及以该属具有相同染色体数目（28）的小麦种间杂交所得的小麦。

税号	货品名称	进口关税 %			增值/消费税%	出口退税%	统计计量单位	监管证件代码	检验检疫类别	协定税率 %		
		最惠国	普通	年内暂定						东盟	亚太	智利
10.01	小麦及混合麦:											
	- 硬粒小麦:											
1001.1100	-- 种用											
10011100.01	种用硬粒小麦(配额内)	1	180		13	0	千克	4ABtxy	MP/NQ	20		
10011100.90	种用硬粒小麦(配额外)	65	180		13	0	千克	4ABxy	MP/NQ	20		
1001.1900	-- 其他											
10011900.01	其他硬粒小麦(配额内)	1	180		13	0	千克	4ABtxy	MPR/QS	20		
10011900.90	其他硬粒小麦(配额外)	65	180		13	0	千克	4ABxy	MPR/QS	20		
	- 其他:											
1001.9100	-- 种用											
10019100.01	其他种用小麦及混合麦(配额内)	1	180		13	0	千克	4ABtxy	MP/NQ	20		
10019100.90	其他种用小麦及混合麦(配额外)	65	180		13	0	千克	4ABxy	MP/NQ	20		
1001.9900	-- 其他											
10019900.01	其他小麦及混合麦(配额内)	1	180		13	0	千克	4ABtxy	MPR/QS	20		
10019900.90	其他小麦及混合麦(配额外)	65	180		13	0	千克	4ABxy	MPR/QS	20		
10.02	黑麦:											
1002.1000	- 种用	0	0		13	0	千克	AB	P/Q			
1002.9000	- 其他	3	8		13	0	千克	AB	PR/Q	0		0
10.03	大麦:											
1003.1000	- 种用	0	160		13	0	千克	7AB	MP/NQ			
1003.9000	- 其他	3	160		13	0	千克	7AB	MPR/QS	0	0	0
10.04	燕麦:											
1004.1000	- 种用	0	0		13	0	千克	AB	P/Q			
1004.9000	- 其他	2	8		13	0	千克	AB	PR/Q	0		0
10.05	玉米:											
1005.1000	- 种用											
10051000.01	种用玉米(配额内)	1	180		13	0	千克	4ABtxy	P/Q			
10051000.90	种用玉米(配额外)	20	180		13	0	千克	4ABxy	P/Q			
1005.9000	- 其他											
10059000.01	其他玉米(配额内)	1	180		13	0	千克	4ABtxy	PR/QS	50		
10059000.90	其他玉米(配额外)	65	180		13	0	千克	4ABxy	PR/QS	50		
10.06	稻谷、大米:											
	- 稻谷:											
	--- 种用:											
1006.1011	----籼米											
10061011.01	种用籼米稻谷(配额内)	1	180		13	0	千克	4ABtxy	P/NQ	50		
10061011.90	种用籼米稻谷(配额外)	65	180		13	0	千克	4ABxy	P/NQ	50		
1006.1019	----其他											
10061019.01	其他种用稻谷(配额内)	1	180		13	0	千克	4ABtxy	P/NQ	20		
10061019.90	其他种用稻谷(配额外)	65	180		13	0	千克	4ABxy	P/NQ	20		
	--- 其他:											
1006.1091	----籼米											
10061091.01	其他籼米稻谷(配额内)	1	180		13	0	千克	4ABtxy	PR/QS	50		
10061091.90	其他籼米稻谷(配额外)	65	180		13	0	千克	4ABxy	PR/QS	50		

Chapter 10 Cereals

Chapter Notes:

1.

(a) The products specified in the headings of this Chapter are to be classified in those headings only if grains are present, whether or not in the ear or on the stalk.

(b) The Chapter does not cover grains which have been hulled or otherwise worked. However, rice, husked, milled, polished, glazed, parboiled or broken remains classified in heading 10.06.

2. Heading 10.05 does not cover sweet corn (Chapter 7).

Subheading Note:

The term " durum wheat " means wheat of the Triticum durum species and the hybrids derived from the inter-specific crossing of Triticum durum which have the same number (28) of chromosomes as that species.

协定税率 %										特惠税率 %				Article Description
巴基斯坦	冰岛	哥斯达黎	秘鲁	新西兰	瑞士	新加坡	韩国	澳大利亚	港澳台	老挝	孟加拉	33 国	7 国	
														Wheat and maslin:
														- Durum wheat:
														-- Seed
														Seed of durum wheat (in-quota)
														Seed of durum wheat (out-of-quota)
														-- Other
														Other durum wheat (in-quota)
														Other durum wheat (out-of-quota)
														- Other:
														-- Seed
														Seed of other wheat and maslin (in-quota)
														Seed of other wheat and maslin (out-of-quota)
														-- Other
														Other wheat and maslin (in quota)
														Other wheat and maslin (out-of-quota)
														Rye:
							0	0			0	0	0	- Seed
0	0	0	0	0	0		0	0			0	0	0	- Other
														Barley:
							0	0			0	0	0	- Seed
0	0	0	0	0	0		0	0			0	0	0	- Other
														Oats:
							0	0			0	0	0	- Seed
0	0	0	0	0	0		0	0			0	0	0	- Other
														Maize(corn):
														- Seed
														Seed of maize (corn) (in-quota)
														Seed of maize (corn) (out-of-quota)
														- Other
														Other maize (corn) (in-quota)
														Other maize (corn) (out-of-quota)
														Rice:
														- Rice in husk (paddy or rough):
														--- Seed:
														----Long grain
														Seed of rice in husk, long grain (in-quota)
														Seed of rice in husk, long grain (out-of-quota)
														----Other
														Seed of other rice in husk (in-quota)
														Seed of other rice in husk (out-of-quota)
														--- Other:
														----Long grain
														Other rice in husk, long grain (in-quota)
														Other rice in husk, long grain (out-of-quota)

税 号	货 品 名 称	进口关税 % 最惠国	普通	年内暂定	增值/消费税%	出口退税%	统计计量单位	监管证件代码	检验检疫类别	协定税率 % 东盟	亚太	智利
1006.1099	----其他											
10061099.01	其他稻谷(配额内)	1	180		13	0	千克	4ABtxy	PR/QS	20		
10061099.90	其他稻谷(配额外)	65	180		13	0	千克	4ABxy	PR/QS	20		
	- 糙米:											
1006.2010	--- 籼米											
10062010.01	籼米糙米(配额内)	1	180		13	0	千克	4ABtxy	MPR/QS	50		
10062010.90	籼米糙米(配额外)	65	180		13	0	千克	4ABxy	MPR/QS	50		
1006.2090	--- 其他											
10062090.01	其他糙米(配额内)	1	180		13	0	千克	4ABtxy	MPR/QS	20		
10062090.90	其他糙米(配额外)	65	180		13	0	千克	4ABxy	MPR/QS	20		
	- 精米，不论是否磨光或上光:											
1006.3010	--- 籼米											
10063010.01	籼米精米[不论是否磨光或上光(配额内)]	1	180		13	0	千克	4ABtxy	MPR/QS	50		
10063010.90	籼米精米[不论是否磨光或上光(配额外)]	65	180		13	0	千克	4ABxy	MPR/QS	50		
1006.3090	--- 其他											
10063090.01	其他精米[不论是否磨光或上光(配额内)]	1	180		13	0	千克	4ABtxy	MPR/QS	20		
10063090.90	其他精米[不论是否磨光或上光(配额外)]	65	180		13	0	千克	4ABxy	MPR/QS	20		
	- 碎米:											
1006.4010	--- 籼米											
10064010.01	籼米碎米(配额内)	1	180		13	0	千克	4ABtxy	MPR/QS	20		
10064010.90	籼米碎米(配额外)	65	180		13	0	千克	4ABxy	MPR/QS	20		
1006.4090	--- 其他											
10064090.01	其他碎米(配额内)	1	180		13	0	千克	4ABtxy	MPR/QS	20		
10064090.90	其他碎米(配额外)	65	180		13	0	千克	4ABxy	MPR/QS	20		
10.07	食用高粱:											
1007.1000	- 种用	0	0		13	0	千克	7AB	P/NQ			
1007.9000	- 其他	2	8		13	0	千克	7AB	PR/QS	0		0
10.08	荞麦、谷子及加那利草子；其他谷物:											
1008.1000	- 荞麦	2	8		13	0	千克	AB	PR/QS	0		0
	- 谷子:											
1008.2100	-- 种用	2	8		13	0	千克	AB	PR/QS	0		0
1008.2900	-- 其他	2	8		13	0	千克	AB	PR/QS	0		0
1008.3000	- 加那利草子	2	8		13	5	千克	AB	PR/Q	0		0
	- 直长马唐（马唐属）:											
1008.4010	--- 种用	0	0		13	0	千克	AB	P/NQ			
1008.4090	--- 其他	3	8		13	0	千克	AB	PR/QS	0		0
	- 昆诺阿藜:											
1008.5010	--- 种用	0	0		13	0	千克	AB	P/NQ			
1008.5090	--- 其他	3	8		13	0	千克	AB	PR/QS	0		0
	- 黑小麦:											
1008.6010	--- 种用	0	0		13	0	千克	AB	P/NQ			
1008.6090	--- 其他	3	80		13	0	千克	AB	PR/QS	0		0
	- 其他谷物:											
1008.9010	--- 种用	0	0		13	0	千克	AB	P/NQ			
1008.9090	--- 其他	3	8		13	0	千克	AB	PR/QS	0		0

协定税率 %										特惠税率 %				Article Description
巴基斯坦	冰岛	哥斯达黎	秘鲁	新西兰	瑞士	新加坡	韩国	澳大利亚	港澳台	老挝	孟加拉	33 国	7 国	
														----Other
														Other rice in husk (in-quota)
														Other rice in husk (out-of-quota)
														- Husked (brown) rice:
														--- Long grain
														Husked (brown) rice, long grain (in-quota)
														Husked (brown) rice, long grain (out-of-quota)
														--- Other
														Other husked (brown) rice (in-quota)
														Other husked (brown) rice (out-of-quota)
														- Semi-missed or wholly missed rice, whether or not polished or glazed:
														--- Long grain
														Semi-milled or wholly milled rice, long grain, whether or not polished or glazed (in-quota)
														Semi-milled or wholly milled rice, long grain, whether or not polished or glazed (out-of-quota)
														--- Other
														Other semi-milled or wholly milled rice, whether or not polished or glazed (in-quota)
														Other semi-milled or wholly milled rice, whether or not polished or glazed (out-of-quota)
														- Broken rice:
														--- Long grain
														Broken rice, long grain (in-quota)
														Broken rice, long grain (out-of-quota)
														--- Other
														Other broken rice (in-quota)
														Other broken rice (out-of-quota)
														Grain sorghum:
							0	0			0	0	0	- Seed
0	0	0	0	0	0		0	0				0	0	- Other
														Buckwheat, millet and canary seed;other cereals:
0	0	0	0	0	0		0	0			0	0	0	- Buckwheat
														- Millet:
0	0	0	0	0	0		0	0		0	0	0	0	-- Seed
0	0	0	0	0	0		0	0		0	0	0	0	-- Other
0	0	0	0	0	0		0	0		0	0	0	0	- Canary seed
														- Fonio (Digitaria spp.):
							0	0			0	0	0	--- Seed
0	0	0	0	0	0		0	0		0	0	0	0	--- Other
														- Quinoa (Chenopodium quinoa):
							0	0			0	0	0	--- Seed
0	0	0	0	0	0		0	0		0	0	0	0	--- Other
														- Triticale:
							0	0			0	0	0	--- Seed
0	0	0	0	0	0		0	0		0	0	0	0	--- Other
														- Other cereals:
							0	0			0	0	0	--- Seed
0	0	0	0	0	0		0	0		0	0	0	0	--- Other

第十一章 制粉工业产品；麦芽；淀粉；菊粉；面筋

注释：

一、本章不包括：

（一）作为咖啡代用品的焙制麦芽（税目 09.01 或 21.01）；

（二）税目 19.01 的经制作的细粉、粗粒、粗粉或淀粉；

（三）税目 19.04 的玉米片及其他产品；

（四）税目 20.01、20.04 或 20.05 的经制作或保藏的蔬菜；

（五）药品（第三十章）；或

（六）具有芳香料制品或化妆盥洗品性质的淀粉（第三十三章）。

二、（一）下表所列谷物碾磨产品按干制品重量计如果同时符合以下两个条件，应归入本章；但是，整粒、滚压、制片或磨碎的谷物胚芽均归入税目 11.04：

1. 淀粉含量（按修订的尤艾斯旋光法测定）超过表列第（2）栏的比例；以及

2. 灰分含量（除去任何添加的矿物质）不超过表列第（3）栏的比例。

否则，应归入税目 23.02。

（二）符合上述规定归入本章的产品，如果用表列第（4）或第（5）栏规定孔径的金属丝网筛过筛，其通过率按重量计不低于表列比例的，应归入税目 11.01 或 11.02。

否则，应归入税目 11.03 或 11.04。

谷 物 （1）	淀粉含量 （2）	灰分含量 （3）	通过下列孔径筛子的比率	
			315 微米（4）	500 微米（5）
小麦及黑麦	45%	2.5%	80%	—
大 麦	45%	3%	80%	—
燕 麦	45%	5%	80%	—
玉米及高粱	45%	2%	—	90%
大 米	45%	1.6%	80%	—
荞 麦	45%	4%	80%	—

三、税目 11.03 所称“粗粒”及“粗粉”，是指谷物经碾碎所得的下列产品：

（一）玉米产品，用 2 毫米孔径的金属丝网筛过筛，通过率按重量计不低于 95% 的；

（二）其他谷物产品，用 1.25 毫米孔径的金属丝网筛过筛，通过率按重量计不低于 95% 的。

税 号	货 品 名 称	进口关税 %			增值/消费税%	出口退税%	统计计量单位	监管证件代码	检验检疫类别	协定税率 %		
		最惠国	普通	年内暂定						东盟	亚太	智利
11.01	**小麦或混合麦的细粉：**											
1101.0000	小麦或混合麦的细粉											
11010000.01	小麦或混合麦的细粉(配额内)	6	130		13	13	千克	4ABtxy	PR/QS	50		
11010000.90	小麦或混合麦的细粉(配额外)	65	130		13	13	千克	4ABxy	PR/QS	50		
11.02	**其他谷物细粉，但小麦或混合麦的细粉除外：**											
1102.2000	- 玉米细粉											
11022000.01	玉米细粉(配额内)	9	130		13	0	千克	4ABtxy	PR/QS			
11022000.90	玉米细粉(配额外)	40	130		13	0	千克	4ABxy	PR/QS			
	- 其他：											
	--- 大米细粉：											
1102.9011	----籼米的											
11029011.01	籼米大米细粉(配额内)	9	130		13	0	千克	4ABtxy	PR/QS			
11029011.90	籼米大米细粉(配额外)	40	130		13	0	千克	4ABxy	PR/QS			
1102.9019	----其他											
11029019.01	其他大米细粉(配额内)	9	130		13	0	千克	4ABtxy	PR/QS	20		
11029019.90	其他大米细粉(配额外)	40	130		13	0	千克	4ABxy	PR/QS	20		
1102.9090	--- 其他	5	14		13	0	千克	AB	PR/QS	0		0
11.03	**谷物的粗粒、粗粉及团粒：**											
	- 粗粒及粗粉：											

Chapter 11　Products of the milling industry; malt; starches; inulin; wheat gluten

Chapter Notes:

1. This Chapter does not cover:

   (a) Roasted malt put up as coffee substitutes (heading 09.01 or 21.01);

   (b) Prepared flours, groats, meals or starches of heading 19.01;

   (c) Corn flakes or other products of heading 19.04;

   (d) Vegetables, prepared or preserved, of heading 20.01, 20.04 or 20.05;

   (e) Pharmaceutical products (Chapter 30); or

   (f) Starches having the character of perfumery, cosmetic or toilet preparations (Chapter 33).

2. (a) Products from the milling of the cereals listed in the table below fall in this Chapter if they have, by weight on the dry product:

   (i) a starch content (determined by the modified Ewers polarimetric method) exceeding that indicated in Column (2); and

   (ii) an ash content (after deduction of any added minerals) not exceeding that indicated in Column (3).

   Otherwise, they fall in heading 23.02. However, germ of cereals, whole, rolled, flaked or ground is always classified in heading 11.04.

   (b) Products falling In this Chapter under the above provisions shall be classified in heading 11.01 or 11.02 if the percentage passing through a woven metal wire cloth sieve with the aperture indicated in Column (4) or (5) is not less, by weight, than that shown against the cereal concerned.
   Otherwise, they fall in heading 11.03 or 11.04.

Cereal (1)	Starchcontent (2)	Ashcontent (3)	Rate of passage through a sieve with an aperture of	
			315micrometres（microns）(4)	500micrometres（microns）(5)
Wheat and rye	45%	2.5%	80%	—
Barley	45%	3%	80%	—
Oats	45%	5%	80%	—
Maize（corn）and grain Sorghum	45%	2%	—	90%
Rice	45%	1.6%	80%	—
Buckwheat	45%	4%	80%	—

3. For the purposes of heading 11.03, the terms "groats" and "meal" mean products obtained by the fragmentation of cereal grains, of which:

   (a) In the case of maize (corn) products, at least 95 % by weight passes through a woven metal wire cloth sieve with an aperture of 2 mm;

   (b) In the case of other cereal products, at least 95 % by weight passes through a woven metal wire cloth sieve with an aperture of 1.25 mm.

协定税率 %										特惠税率 %				Article Description
巴基斯坦	冰岛	哥斯达黎	秘鲁	新西兰	瑞士	新加坡	韩国	澳大利亚	港澳台	老挝	孟加拉	33 国	7 国	
														Wheat or maslin flour:
														Wheat or maslin flour
														Wheat or maslin flour (in-quota)
														Wheat or maslin flour (out-of-quota)
														Cereal flours other than of wheat or maslin:
														- Maize (corn) flour
														Maize (corn) flour (in-quota)
														Maize (corn) flour (out-of-quota)
														- Other:
														--- Rice flour:
														----Of long grain
														Rice flour of long grain (in-quota)
														Rice flour of long grain (out-of-quota)
														----Other
														Other rice flour (in-quota)
														Other rice flour (out-of-quota)
0	0	0	0	0	0		0	0			0	0	0	--- Other
														Cereal groats, meal and pellets:
														- Groats and meal:

税号	货品名称	进口关税 % 最惠国	进口关税 % 普通	进口关税 % 年内暂定	增值/消费税%	出口退税%	统计计量单位	监管证件代码	检验检疫类别	协定税率 % 东盟	协定税率 % 亚太	协定税率 % 智利
1103.1100	-- 小麦的											
11031100.01	小麦粗粒及粗粉(配额内)	9	130		13	13	千克	4ABtxy	PR/QS	50		
11031100.90	小麦粗粒及粗粉(配额外)	65	130		13	13	千克	4ABxy	PR/QS	50		
1103.1300	-- 玉米的											
11031300.01	玉米粗粒及粗粉(配额内)	9	130		13	0	千克	4ABtxy	PR/QS	50		
11031300.90	玉米粗粒及粗粉(配额外)	65	130		13	0	千克	4ABxy	PR/QS	50		
	-- 其他：											
1103.1910	--- 燕麦的	5	14		13	0	千克	AB	PR/Q	0		0
	--- 大米的：											
1103.1921	----籼米的											
11031921.01	籼米大米粗粒及粗粉(配额内)	9	70		13	0	千克	4ABtxy	PR/QS			
11031921.90	籼米大米粗粒及粗粉(配额外)	10	70		13	0	千克	4ABxy	PR/QS			
1103.1929	----其他											
11031929.01	其他大米粗粒及粗粉(配额内)	9	70		13	0	千克	4ABtxy	PR/QS			
11031929.90	其他大米粗粒及粗粉(配额外)	10	70		13	0	千克	4ABxy	PR/QS			
1103.1990	--- 其他	5	14		13	0	千克	AB	PR/QS	0		0
	- 团粒：											
1103.2010	--- 小麦的											
11032010.01	小麦团粒(配额内)	10	180		13	13	千克	4ABtxy	PR/Q	50		
11032010.90	小麦团粒(配额外)	65	180		13	13	千克	4ABxy	PR/Q	50		
1103.2090	--- 其他	20	50		13	0	千克	AB	PR/Q	0		0
11.04	经其他加工的谷物（例如，去壳、滚压、制片、制成粒状、切片或粗磨），但税目10.06的稻谷、大米除外；谷物胚芽，整粒、滚压、制片或磨碎的：											
	- 滚压或制片的谷物：											
1104.1200	-- 燕麦的	20	50		17	0	千克	AB	PR/Q	0		0
	-- 其他：											
1104.1910	--- 大麦的	20	50		17	0	千克	AB	PR/Q	0		0
1104.1990	--- 其他											
11041990.10	滚压或制片的玉米	20	50		17	0	千克	4ABxy	PR/Q	0		0
11041990.90	滚压或制片的其他谷物	20	50		17	0	千克	AB	PR/Q	0		0
	- 经其他加工的谷物（例如，去壳、制成粒状、切片或粗磨）：											
1104.2200	-- 燕麦的	20	50		17	0	千克	AB	PR/Q	0		0
1104.2300	-- 玉米的											
11042300.01	经其他加工的玉米(配额内)	10	180		13	0	千克	4ABtxy	PR/Q	50		
11042300.90	经其他加工的玉米(配额外)	65	180		13	0	千克	4ABxy	PR/Q	50		
	-- 其他：											
1104.2910	--- 大麦的	65	114		13	0	千克	AB	PR/QS	0		0
1104.2990	--- 其他	20	50		13	0	千克	AB	PR/QS	0		0
1104.3000	- 谷物胚芽，整粒、滚压、制片或磨碎的	20	50		17	0	千克	AB	MPR/Q	0		0
11.05	马铃薯的细粉、粗粉、粉末、粉片、颗粒及团粒：											
1105.1000	- 细粉、粗粉及粉末	15	50		17	15	千克	AB	PR/Q	0		0
1105.2000	- 粉片、颗粒及团粒	15	50		17	15	千克	AB	PR/Q	0		0
11.06	用税目07.13的干豆或税目07.14的西谷茎髓及植物根茎、块茎制成的细粉、粗粉及粉末；用第八章的产品制成的细粉、粗粉及粉末：											
1106.1000	- 用税目07.13的干豆制成的	10	30		17	15	千克	AB	PR/QS	0		0
1106.2000	- 用税目07.14的西谷茎髓及植物根茎、块茎制成的	20	50		17	15	千克	AB	PR/QS	0		0
1106.3000	- 用第八章的产品制成的	20	80		17	5/15	千克	AB	PR/QS	0	10	0
11.07	麦芽，不论是否焙制：											
1107.1000	- 未焙制	10	50		17	15	千克	AB	PR/QS	0		0
1107.2000	- 已焙制	10	50		17	15	千克	AB	PR/QS	0		0
11.08	淀粉；菊粉：											
	- 淀粉：											
1108.1100	-- 小麦淀粉	20	50		17	0	千克	AB	PR/QS	0		0
1108.1200	-- 玉米淀粉	20	50		17	13	千克	AB	PR/QS	0		0

协定税率 %										特惠税率 %				Article Description
巴基斯坦	冰岛	哥斯达黎	秘鲁	新西兰	瑞士	新加坡	韩国	澳大利亚	港澳台	老挝	孟加拉	33 国	7 国	
														-- Of wheat
														Groats and meal of wheat (in-quota)
														Groats and meal of wheat (out-of-quota)
														-- Of maize(corn)
														Groats and meal of maize (corn) (in-quota)
														Groats and meal of maize (corn) (out-of-quota)
														-- Other:
0	0	0	0	0	0		0	0			0	0	0	--- Of oats
														--- Of rice:
														----Of long grain
														Groats and meal of rice, long grain (in-quota)
														Groats and meal of rice, long grain (out-of-quota)
														----Other
														Groats and meal of other rice (in-quota)
														Groats and meal of other rice (out-of-quota)
0	0	0	0	0	0		0	0			0	0	0	--- Other
														- Pellets:
														--- Of wheat
														Pellets wheat (in-quota)
														Pellets wheat (out-of-quota)
	0	0	6	0	14	0	17.3	12				0	0	--- Of other cereals
														Cereal grains otherwise worked (for example, hulled, rolled, flaked,pearled,sliced or kibbled) ,except rice of heading 10.06; germ of cereals, whole, rolled, flaked or ground:
														- Rolled or flaked grains:
	0	0	6	0	14	0	17.3	12				0	0	-- Of oats
														-- Other:
	0	0	6	0	14	0	17.3	12				0	0	--- Of barley
														--- Other
	0	0	6	0	14	0	17.3	12				0	0	Rolled or flaked maize (corn)
	0	0	6	0	14	0	17.3	12				0	0	Rolled or flaked other grains
														- Other worked grains (for example, hulled, pearled, sliced or kibbled):
	0	0	6	0	14	0	17.3	12				0	0	-- Of oats
														-- Of maize corn
														Other worked maize (corn) (in-quota)
														Other worked maize (corn) (out-of-quota)
														-- Other:
		0	19.5	0		0		39				0	0	--- Of barley
	0	0	6	0	14	0	17.3	12				0	0	--- Other
	0	0	6	0	14	0	17.3	12				0	0	- Germ of cereals, whole, rolled, flaked or ground
														Flour, meal, powder, flakes, granules and pellets of potatoes:
12	0	0	0	0	10.5	0	12	9				0	0	- Flour, meal and powder
12	0	0	4.5	0	10.5	0	12	9				0	0	- Flakes, granules and pellets
														Flour, meal and powder of the dried leguminous vegetables of heading 07.13, of sago or of roots or tubers of heading 07.14;or of the products of Chapter 8:
	0	0	0	0	4	0	8	6			0	0	0	- Of the dried leguminous vegetables of beading No.07.13
	0	0	0	0	14	0	17.3	12		0	0	0	0	- Of sago or of roots or tubers of heading 07.14
10	0	0	6	0	14	0	17.3	12				0	0	- Of the products of Chapter 8
														Malt, whether or not roasted:
5	0	0	3	0	4	0	8	6				0	0	- Not roasted
5	0	0	3	0	4	0	8	6				0	0	- Roasted
														Starches; inulin:
														- Starches:
	0	0	6	0	14	0	17.3	12				0	0	-- Wheat starch
	0	0	0	0	14	0	17.3	12				0	0	-- Maize(corn) starch

税号	货品名称	进口关税 %			增值/消费税%	出口退税%	统计计量单位	监管证件代码	检验检疫类别	协定税率 %		
		最惠国	普通	年内暂定						东盟	亚太	智利
1108.1300	-- 马铃薯淀粉	15	50		17	15	千克	AB	PR/QS	0		0
1108.1400	-- 木薯淀粉	10	50		17	15	千克	AB	PR/QS	0		0
1108.1900	-- 其他	20	50		17	15	千克	AB	PR/Q	0		0
1108.2000	- 菊粉	20	50		17	15	千克	AB	PR/QS	0		0
11.09	**面筋，不论是否干制：**											
1109.0000	面筋，不论是否干制	18	80		17	15	千克	AB	PR/QS	0		0

协定税率 %										特惠税率 %				Article Description
巴基斯坦	冰岛	哥斯达黎	秘鲁	新西兰	瑞士	新加坡	韩国	澳大利亚	港澳台	老挝	孟加拉	33 国	7 国	
12	0	0	4.5	0	10.5	0	12	9				0	0	-- Potato starch
5	0	0	0	0	4	0	8	6			0	0	0	-- Manioc (cassava)starch
	0	0	6	0	14	0	17.3	12				0	0	-- Other starches
	0	0	6	0	14	0	16	12				0	0	- Inulin
														Wheat gluten, whether or not dried:
14.4	0	0	5.4	0	12.6	0	15.6	10.8				0	0	Wheat gluten, whether or not dried

第十二章　含油子仁及果实；杂项子仁及果实；工业用或药用植物；稻草、秸秆及饲料

注释：

一、税目 12.07 主要包括棕榈果及棕榈仁、棉子、蓖麻子、芝麻、芥子、红花子、罂粟子、牛油树果，但不包括税目 08.01 或 08.02 的产品及油橄榄（第七章或第二十章）。

二、税目 12.08 不仅包括未脱脂的细粉和粗粉，而且包括部分或全部脱脂以及用其本身的油料全部或部分复脂的细粉和粗粉。但不包括税目 23.04 至 23.06 的残渣。

三、甜菜子、草子及其他草本植物种子、观赏用花的种子、蔬菜种子、林木种子、果树种子、巢菜子（蚕豆除外）、羽扇豆属植物种子，可一律视为种植用种子，归入税目 12.09。

但下列各项即使作种子用，也不归入税目 12.09:

（一）豆类蔬菜或甜玉米（第七章）；

（二）第九章的调味香料及其他产品；

（三）谷物（第十章）；或

（四）税目 12.01 至 12.07 或 12.11 的产品。

四、税目 12.11 主要包括下列植物或这些植物的某部分：罗勒、琉璃苣、人参、海索草、甘草、薄荷、迷迭香、芸香、鼠尾草及苦艾。

但税目 12.11 不包括：

（一）第三十章的药品；

（二）第三十三章的芳香料制品及化妆盥洗品；或

（三）税目 38.08 的杀虫剂、杀菌剂、除草剂、消毒剂及类似产品。

五、税目 12.12 的“海草及其他藻类”不包括：

（一）税目 21.02 的已死的单细胞微生物；

（二）税目 30.02 的培养微生物；或

（三）税目 31.01 或 31.05 的肥料。

子目注释：

子目 1205.10 所称“低芥子酸油菜子”，是指所榨取的固定油中芥子酸含量按重量计低于 2%，以及所得的固体成分每克葡萄糖苷酸（酯）含量低于 30 微摩尔的油菜子。

税　号	货 品 名 称	进口关税 %			增值/消费税%	出口退税%	统计计量单位	监管证件代码	检验检疫类别	协定税率 %		
		最惠国	普通	年内暂定						东盟	亚太	智利
12.01	大豆，不论是否破碎：											
1201.1000	- 种用	0	180		13	0	千克	7AB	MP/NQ			
	- 其他：											
1201.9010	--- 黄大豆	3	180		13	0	千克	7AB	MPR/QS	0	0	0
1201.9020	--- 黑大豆	3	180		13	0	千克	7AB	MPR/QS	0	0	0
1201.9030	--- 青大豆	3	180		13	0	千克	7AB	MPR/QS	0	0	0
1201.9090	--- 其他	3	180		13	0	千克	7AB	MPR/QS	0	0	0
12.02	未焙炒或未烹煮的花生，不论是否去壳或破碎：											
1202.3000	- 种用	0	0		13	0	千克	AB	P/NQ			
	- 其他：											
1202.4100	-- 未去壳	15	70		13	0	千克	AB	PR/QS	0		0
1202.4200	-- 去壳，不论是否破碎	15	70		13	0	千克	AB	PR/QS	0		0
12.03	干椰子肉：											
1203.0000	干椰子肉	15	30		13	5	千克	AB	PR/Q	0	7.5	0
12.04	亚麻子，不论是否破碎：											
1204.0000	亚麻子，不论是否破碎	15	70		13	5	千克	AB	PR/Q	0		0
12.05	油菜子，不论是否破碎：											
	- 低芥子酸油菜子：											
1205.1010	--- 种用	0	80		13	0	千克	7AB	P/NQ			
1205.1090	--- 其他	9	80		13	5	千克	7AB	PR/QS	0	0	0

Chapter 12　Oil seeds and oleaginous fruits; miscellaneous grains, seeds and fruit; industrial or medicinal plants; straw and fodder

Chapter Notes:

1. Heading 12.07 applies, inter alia, to palm nuts and kernels, cotton seeds, castor oil seeds, sesamum seeds, mustard seeds, safflower seeds, poppy seeds and shea nuts (karite nuts). It does not apply to products of heading 08.01 or 08.02 or to olives (Chapter 7 or Chapter 20).
2. Heading 12.08 applies not only to non-defatted flours and meals but also to flours and meals which have been partially defatted or defatted and wholly or partially refatted with their original oils. It does not, however, apply to residues of headings 23.04 to 23.06.
3. For the purposes of heading 12.09, beet seeds, grass and other herbage seeds, seeds of ornamental flowers, vegetable seeds, seeds of forest trees, seeds of fruit trees, seeds of vetches (other than those of the species Vicia faba) or of lupines are to be regarded as "seeds of a kind used for sowing".
   Heading 12.09 does not, however, apply to the following even if for sowing:
   (a) Leguminous vegetables or sweet corn (Chapter 7);
   (b) Spices or other products of Chapter 9;
   (c) Cereals (Chapter 10); or
   (d) Products of headings 12.01 to 12.07 or 12.11.
4. Heading 12.11 applies, inter alia, to the following plants or parts thereof: basil, borage, ginseng, hyssop, liquorice, all species of mint, rosemary, rue, sage and wormwood.
   Heading 12.11 does not, however, apply to:
   (a) Medicaments of Chapter 30;
   (b) Perfumery, cosmetic or toilet preparations of Chapter 33; or
   (c) Insecticides, fungicides, herbicides, disinfectants or similar products of heading 38.08.
5. For the purposes of heading 12.12, the term "seaweeds and other algae" does not include:
   (a) Dead single-cell micro-organisms of heading 21.02;
   (b) Cultures of micro-organisms of heading 30.02; or
   (c) Fertilisers of heading 31.01 or 31.05.

Subheading Notes:

For the purposes of subheading 1205.10,the expression "low erucic acid rape or colza seeds" means rape or cloza seeds yielding a fixed oil which has an erucic acid content of less than 2% by weight and yielding a solid component which contains less than 30 micromoles of glucosinolates per gram.

协定税率 %										特惠税率 %				Article Description
巴基斯坦	冰岛	哥斯达黎	秘鲁	新西兰	瑞士	新加坡	韩国	澳大利亚	港澳台	老挝	孟加拉	33 国	7 国	
														Soya beans,whether or not broken:
							0	0			0	0	0	- Seed
														- Other:
0	0	0	0	0	0		0			0	0	0	0	--- Yellow soya beans
0	0	0	0	0	0		0			0	0	0	0	--- Black soya beans
0	0	0	0	0	0		0			0	0	0	0	--- Green soya beans
0	0	0	0	0	0		0				0	0	0	--- Other
														Ground-nuts, not roasted or otherwise cooked, whether or not shelled or broken:
							0	0			0	0	0	- Seed
														- Other:
12	0	0	4.5	0	10.5	0	12	9		0	0	0	0	-- In shell
12	0	0	4.5	0	10.5	0	12	9		0	0	0	0	-- Shelled, whether or not broken
														Copra:
7.5	0	0	4.5	0	10.5	0	12	9			0	0	0	Copra
														Linseed, whether or not broken:
12	0	0	4.5	0	10.5	0	12	9				0	0	Linseed, whether or not broken
														Rape or colza seeds, whether or not broken:
														- Low erucic acid rape or colza seeds:
							0	0			0	0	0	--- Seed
0	0	0	0	0	3.6		5.4					0	0	--- Other

税号	货品名称	进口关税 % 最惠国	普通	年内暂定	增值/消费税%	出口退税%	统计计量单位	监管证件代码	检验检疫类别	协定税率 % 东盟	亚太	智利
	- 其他:											
1205.9010	--- 种用	0	80		13	0	千克	7AB	P/NQ			
1205.9090	--- 其他	9	80		13	5	千克	7AB	PR/QS	0	0	0
12.06	**葵花子，不论是否破碎：**											
1206.0010	--- 种用	0	0		13	5	千克	AB	P/NQ			
1206.0090	--- 其他	15	70		13	5	千克	AB	PR/QS	0		0
12.07	**其他含油子仁及果实，不论是否破碎：**											
	- 棕榈果及棕榈仁:											
1207.1010	--- 种用											
12071010.10	种用濒危棕榈果及棕榈仁	0	0		13	0	千克	ABEF	P/NQ			
12071010.90	其他种用棕榈果及棕榈仁	0	0		13	5	千克	AB	P/NQ			
1207.1090	--- 其他											
12071090.10	其他濒危棕榈果及棕榈仁(不论是否破碎)	10	70		13	0	千克	ABEF	PR/QS	0		0
12071090.90	其他棕榈果及棕榈仁(不论是否破碎)	10	70		13	5	千克	AB	PR/QS	0		0
	- 棉子:											
1207.2100	-- 种用	0	0		13	5	千克	AB	P/NQ			
1207.2900	-- 其他	15	70		13	5	千克	AB	PR/QS	0		0
	- 蓖麻子:											
1207.3010	--- 种用	0	0		13	5	千克	AB	P/NQ			
1207.3090	--- 其他	15	70		13	5	千克	AB	PR/QS	0		0
	- 芝麻:											
1207.4010	--- 种用	0	0		13	5	千克	AB	P/NQ			
1207.4090	--- 其他	10	70		13	5	千克	AB	PR/QS	0	9	0
	- 芥子:											
1207.5010	--- 种用	0	0		13	5	千克	AB	P/NQ			
1207.5090	--- 其他	15	70		13	5	千克	AB	PR/Q	0		0
	- 红花子:											
1207.6010	--- 种用	0	0		13	5	千克	AB	P/NQ			
1207.6090	--- 其他	20	70		13	5	千克	AB	PR/QS	0		0
	- 甜瓜的子:											
1207.7010	--- 种用	0	0		13	0	千克	AB	P/QS			
	--- 其他:											
1207.7091	----黑瓜子	20	80		13	5	千克	AB	PR/QS	0		0
1207.7092	----红瓜子	20	80		13	5	千克	AB	PR/QS	0		0
1207.7099	----其他	30	70		13	5	千克	AB	PR/QS	0		0
	- 其他:											
1207.9100	-- 罂粟子	20	70		13	5	千克	AB	P/Q	0		0
	-- 其他:											
1207.9910	--- 种用	0	0		13	5	千克	AB	P/NQ			
	--- 其他:											
1207.9991	----牛油树果	20	70		13	5	千克	AB	PR/Q	0		0
1207.9999	----其他	10	70		13	5	千克	AB	PR/QS	0		0
12.08	**含油子仁或果实的细粉及粗粉，但芥子粉除外：**											
1208.1000	- 大豆粉	9	70		17	0	千克	AB	PR/QS	0		0
1208.9000	- 其他	15	80		17	15	千克	AB	PR/QS	0		0
12.09	**种植用的种子、果实及孢子：**											
1209.1000	- 糖甜菜子	0	0		13	5	千克	AB	P/Q			
	- 饲料植物种子:											
1209.2100	-- 紫苜蓿子	0	0		13	0	千克	AB	P/Q			
1209.2200	-- 三叶草子	0	0		13	0	千克	AB	P/Q			
1209.2300	-- 羊茅子	0	0		13	0	千克	AB	P/Q			
1209.2400	-- 草地早熟禾子	0	0		13	0	千克	AB	P/Q			
1209.2500	-- 黑麦草种子	0	0		13	0	千克	AB	P/Q			
	-- 其他:											
1209.2910	--- 甜菜子，糖甜菜子除外	0	0		13	5	千克	AB	P/Q			
1209.2990	--- 其他	0	0		13	0	千克	AB	P/Q			
1209.3000	- 草本花卉植物种子											

协定税率 %										特惠税率 %				Article Description
巴基斯坦	冰岛	哥斯达黎	秘鲁	新西兰	瑞士	新加坡	韩国	澳大利亚	港澳台	老挝	孟加拉	33 国	7 国	
														- Other:
							0	0			0	0	0	--- Seed
0	0	0	0	0	3.6		5.4					0	0	--- Other
														Sunflower seeds,whether or not broken:
							0	0			0	0	0	--- Seed
12	0	0	4.5	0	10.5	0	12	9				0	0	--- Other
														Other oil seeds and oleaginous fruits,whether or not broken:
														- Palm nuts and kernels:
														--- Seed
							0	0			0	0	0	Endangered palm fruit and palm kernel, seed
							0	0			0	0	0	Other palm fruit and palm kernel, seed
														--- Other
5	0	0	0	0	4	0	8	6			0	0	0	Other endangered palm fruit and palm kernel (whether or not broken)
5	0	0	0	0	4	0	8	6			0	0	0	Other palm fruit and palm kernel (whether or not broken)
														- Cotton seeds:
							0	0			0	0	0	-- Seed
12	0	0	4.5	0	10.5	0	12	9				0	0	-- Other
														- Castor oil seeds:
							0	0			0	0	0	--- Seed
	0	0	4.5	0	10.5	0	12	9		0	0	0	0	--- Other
														- Sesamum seeds:
							0	0			0	0	0	--- Seeds for cultivation
9	0	0	0	0	4	0	8	6		0	0	0	0	--- Other
														- Mustard seeds:
							0	0			0	0	0	--- Seeds for cultivation
12	0	0	4.5	0	10.5	0	12	9				0	0	--- Other
														- Safflower (Carthamus tinctorius) seeds:
							0	0			0	0	0	--- Seed
	0	0	6	0	14	0	17.3	12				0	0	--- Other
														- Melon seeds:
							0	0			0	0	0	--- Seed
														--- Other:
	0	0	6	0	14	0	17.3	12				0	0	----Black watermelon seeds
	0	0	6	0	14	0	17.3	12				0	0	----Red watermelon seeds
	0	0	9	0			27	18			0	0	0	----Other
														- Other:
	0	0	6	0	14	0	17.3	12				0	0	-- Poppy seeds
														-- Other:
							0	0			0	0	0	--- Seed
														--- Other:
	0	0	6	0	14	0	17.3	12			0	0	0	----Shea nuts (karite nuts)
5	0	0	3	0	4	0	8	6		0	0	0	0	----Other
														Flours and meals of oil seeds or oleaginous fruits, other than those of mustard:
5	0	0	0	0	3.6		5.4	5.4			0	0	0	- Of soya beans
12	0	0	4.5	0	10.5	0	12	9	0//		0	0	0	- Other
														Seeds, fruit and spores, of a kind used for sowing:
							0	0			0	0	0	- Sugar beet seed
														- Seeds of forage plants:
							0	0			0	0	0	-- Lucerne(alfalfa) seed
							0	0			0	0	0	-- Clover(Trifblium spp.) seed
							0	0			0	0	0	-- Fescue seed
							0	0			0	0	0	-- Kentucky blue grass (Poa pratensis L.) seed
							0	0			0	0	0	-- Rye grass (Lolium multiflorum Lam.,Lolium perenne L.) seed
														-- Other:
							0	0			0	0	0	--- Beet seed, excluding sugar beet seed
							0	0			0	0	0	--- Other
														- Seeds of herbaceous plants cultivated principally for their flowers

税号	货品名称	进口关税 %			增值/消费税%	出口退税%	统计计量单位	监管证件代码	检验检疫类别	协定税率 %		
		最惠国	普通	年内暂定						东盟	亚太	智利
12093000.10	濒危草本花卉植物种子	0	0		13	0	千克	ABEF	P/Q			
12093000.90	其他草本花卉植物种子	0	0		13	0	千克	AB	P/Q			
	- 其他：											
1209.9100	-- 蔬菜种子	0	0		13	0	千克	AB	P/Q			
1209.9900	-- 其他											
12099900.10	其他种植用濒危种子、果实及孢子	0	0		13	0	千克	ABEF	P/Q			
12099900.90	其他种植用的种子、果实及孢子	0	0		13	0	千克	AB	P/Q			
12.10	**鲜或干的啤酒花，不论是否研磨或制成团粒；蛇麻腺：**											
1210.1000	- 啤酒花，未经研磨也未制成团粒	20	50		17	15	千克	AB	PR/QS	0		0
1210.2000	- 啤酒花，经研磨或制成团粒；蛇麻腺	10	50		17	15	千克	AB	PR/QS	0		0
12.11	**主要用作香料、药料、杀虫、杀菌或类似用途的植物或这些植物的某部分（包括子仁及果实），鲜或干的，不论是否切割、压碎或研磨成粉：**											
	- 人参：											
1211.2010	--- 西洋参	7.5	70		13	5	千克	ABEFQ	MPR/QS	0		0
1211.2020	--- 野山参（西洋参除外）	20	90		13	5	千克	ABEF	PR/QS	0	16.4	0
	--- 其他：											
1211.2091	----鲜的	20	50		13	5	千克	AB	PR/QS	0		0
1211.2099	----其他	20	50		13	5	千克	ABQ	PR/QS	0		0
1211.3000	- 古柯叶											
12113000.10	药用古柯叶(不论是否切割,压碎或研磨成粉)	9	50		13	5	千克	ABW	P/Q	0		0
12113000.20	做香料用古柯叶(不论是否切割,压碎或研磨成粉)	9	50		13	5	千克	AB	P/Q	0		0
12113000.90	杀虫杀菌用古柯叶(不论是否切割,压碎或研磨成粉)	9	50		13	5	千克	AB	P/Q	0		0
1211.4000	- 罂粟秆											
12114000.10	药用罂粟秆(不论是否切割,压碎或研磨成粉)	9	50		13	5	千克	AB	P/Q	0		0
12114000.20	做香料用罂粟秆(不论是否切割,压碎或研磨成粉)	9	50		13	5	千克	AB	P/Q	0		0
12114000.90	杀虫杀菌用罂粟秆(不论是否切割,压碎或研磨成粉)	9	50		13	5	千克	AB	P/Q	0		0
	- 其他：											
	--- 主要用作药料的植物及其某部分：											
1211.9011	----当归	6	30		13	5	千克	ABQ	PR/Q	0	3	0
1211.9012	----三七（田七）	6	20		13	5	千克	ABQ	PR/Q	0	3	0
1211.9013	----党参	6	20		13	5	千克	ABQ	PR/Q	0	3	0
1211.9014	----黄连	6	20		13	5	千克	ABQ	P/Q	0	3	0
1211.9015	----菊花	6	20		13	0/5	千克	ABQ	PR/QS	0	3	0
1211.9016	----冬虫夏草	6	20		13	5	千克	ABEQ	P/Q	0	3	0
1211.9017	----贝母	6	20		13	5	千克	ABQ	PR/Q	0	3	0
1211.9018	----川芎	6	20		13	5	千克	ABQ	PR/Q	0	3	0
1211.9019	----半夏	6	20		13	5	千克	ABQ	P/Q	0	3	0
1211.9021	----白芍	6	20		13	5	千克	ABQ	PR/Q	0	3	0
1211.9022	----天麻	6	20		13	5	千克	ABEFQ	PR/Q	0	3	0
1211.9023	----黄芪	6	30		13	5	千克	ABQ	PR/Q	0	3	0
1211.9024	----大黄、籽黄	6	20		13	5	千克	ABQ	PR/Q	0	3	0
1211.9025	----白术	6	20		13	5	千克	ABQ	PR/Q	0	3	0
1211.9026	----地黄	6	20		13	5	千克	ABQ	PR/Q	0	3	0
1211.9027	----槐米	6	20		13	5	千克	ABQ	PR/QS	0	3	0
1211.9028	----杜仲	6	20		13	5	千克	ABQ	PR/Q	0	3	0
1211.9029	----茯苓	6	20		13	5	千克	ABQ	PR/QS	0	3	0
1211.9031	----枸杞	6	30		13	5	千克	ABQ	PR/QS	0	3	0
1211.9032	----大海子	6	20		13	5	千克	ABQ	PR/QS	0	3	0
1211.9033	----沉香	3	20		13	5	千克	ABEFQ	P/Q	0	1.5	0
1211.9034	----沙参	6	20		13	5	千克	ABQ	PR/Q	0	3	0

协定税率 %										特惠税率 %				
巴基斯坦	冰岛	哥斯达黎	秘鲁	新西兰	瑞士	新加坡	韩国	澳大利亚	港澳台	老挝	孟加拉	33 国	7 国	**Article Description**
							0	0			0	0	0	Endangered herbaceous plants cultivated principally for their flowers，seed
							0	0			0	0	0	Other herbaceous plants cultivated principally for their flowers，seed
														- Other：
							0	0			0	0	0	-- Vegetable seeds
														-- Other：
							0	0			0	0	0	Other endangered seeds, fruits and spores, used for planting
							0	0			0	0	0	Other seeds, fruits and spores, used for planting
														Hop cones, fresh or dried, whether or not ground, powdered or in the form of pellets; lupulin：
	0	0	6	0	14	0	17.3	12				0	0	- Hop cones, neither ground nor powdered nor in the form of pellets
5	0	0	0	0	4	0	8	6			0	0	0	- Hop cones, ground, powdered or in the form of pellets;lupulin
														Plants and parts of plants (inclu-ding seeds and fruits),of a kind used primarily in perfumery, in pharmacy or for insecticidal, fungicidal or similar purposes, fresh or dried, whether or not cut, crushed or powdered：
														- Ginseng roots：
5	0	0	0	0	3	0	0	4.5	0/0/		0	0	0	--- American ginseng
16	0	0	6	0	14	0	17.3	12				0	0	--- Wild ginseng (other thanAmerican ginseng)
														--- Other：
	0	0	6	0	14	0	17.3	12	0//			0	0	----Fresh
	0	0	6	0	14	0		12	0//			0	0	----Other
														- Coca leaf
5	0	0	0	0	3.6		5.4	5.4			0	0	0	Coca leaf, used in pharmacy (whether or not cut, crushed or powdered)
5	0	0	0	0	3.6		5.4	5.4			0	0	0	Coca leaf, used in perfumery (whether or not cut, crushed or powdered)
5	0	0	0	0	3.6		5.4	5.4			0	0	0	Coca leaf, used for insecticidal or fungicidal (whether or not cut, crushed or powdered)
														- Poppy straw
5	0	0	0	0	3.6		5.4	5.4			0	0	0	Poppy straw, used in pharmacy (whether or not cut, crushed or powdered)
5	0	0	0	0	3.6		5.4	5.4			0	0	0	Poppy straw, used in perfumery (whether or not cut, crushed or powdered)
5	0	0	0	0	3.6		5.4	5.4			0	0	0	Poppy straw, used in insecticidal or fungicidal (whether or not cut, crushed or powdered)
														- Other：
														--- Of a kind used primarily in pharmacy：
0	0	0	0	0	2.4		0	3.6			0	0	0	----Radix angelicae sinensis
0	0	0	0	0	2.4		0	3.6			0	0	0	----Radix pseudoginseng
0	0	0	0	0	2.4		0	3.6			0	0	0	----Radix codonopsitis
0	0	0	0	0	2.4		0	3.6			0	0	0	----Rhizoma coptidis
0	0	0	0	0	2.4		0	3.6			0	0	0	----Flos chrysanthemi
0	0	0	0	0	2.4		0	3.6	/0/		0	0	0	----Cordyceps sinensis
0	0	0	0	0	2.4		0	3.6			0	0	0	----Bulbs fritillariae thunbergii
0	0	0	0	0	2.4		0	3.6			0	0	0	----Rhizoma ligustici
0	0	0	0	0	2.4		0	3.6			0	0	0	----Rhizoma pinelliae
0	0	0	0	0	2.4		0	3.6			0	0	0	----Radix paeoniae lactifiorae
0	0	0	0	0	2.4		0	3.6			0	0	0	----Rhizoma gastrodiae
0	0	0	0	0	2.4		0	3.6			0	0	0	----Radix astragali
0	0	0	0	0	2.4		0	3.6			0	0	0	----Rhubarb
0	0	0	0	0	2.4		0	3.6			0	0	0	----Rhizoma atractylodis macrocephalae
0	0	0	0	0	2.4		0	3.6			0	0	0	----Radix rehmanniae
0	0	0	0	0	2.4		0	3.6			0	0	0	----Flos sophorae
0	0	0	0	0	2.4		0	3.6			0	0	0	----Cortex eucommiae
0	0	0	0	0	2.4		0	3.6		0	0	0	0	----Poria
0	0	0	0	0	2.4		0	3.6			0	0	0	----Fructus lycii
0	0	0	0	0	2.4		0	3.6			0	0	0	----Bantaroi seeds
0	0	0	0	0	0		0	0			0	0	0	----Aloes wood
0	0	0	0	0	2.4		0	3.6			0	0	0	----Adenophora axilliflora

税号	货品名称	进口关税% 最惠国	普通	年内暂定	增值/消费税%	出口退税%	统计计量单位	监管证件代码	检验检疫类别	协定税率% 东盟	亚太	智利
1211.9035	----青蒿	6	20		13	0	千克	AB	P/Q	0		0
1211.9036	----甘草	6	30	0	13	5	千克	4ABQxy	PR/QS	0		0
1211.9037	----黄芩	6	20		13	5	千克	ABQ	P/Q	0	3	0
1211.9038	----椴树(欧椴)花及叶											
12119038.10	海南椴、紫椴(籽椴)花及叶(不论是否切割,压碎或研磨成粉)	6	30		13	5	千克	ABEQ	P/Q	0	3	0
12119038.90	其他椴树(欧椴)花及叶	6	30		13	5	千克	ABQ	P/Q	0	3	0
1211.9039	----其他											
12119039.10	药料用麻黄草粉	6	20		13	5	千克	23ABQ	P/Q	0	3	0
12119039.20	药料用麻黄草	6	20		13	5	千克	8AQ	P/Q	0	3	0
12119039.30	大麻	6	20		13	5	千克	ABW	P/Q	0	3	0
12119039.40	罂粟壳	6	20		13	5	千克	ABW	P/Q	0	3	0
12119039.50	鲜或干的木香(不论是否切割,压碎或研磨成粉)	6	20		13	5	千克	ABEF	P/Q	0	3	0
12119039.60	鲜或干的黄草及枫斗(石斛)(不论是否切割,压碎或研磨成粉)	6	20		13	5	千克	ABEF	P/Q	0	3	0
12119039.70	鲜或干的苁蓉(不论是否切割,压碎或研磨成粉)	6	20		13	5	千克	ABEF	P/Q	0	3	0
12119039.80	鲜或干的红豆杉皮、枝叶等(不论是否切割,压碎或研磨成粉)	6	20		13	5	千克	ABEF	P/Q	0	3	0
12119039.91	其他主要用作药料鲜或干濒危植物(包括其某部分,不论是否切割,压碎或研磨成粉)	6	20		13	0	千克	ABEF	P/Q	0	3	0
12119039.92	加纳籽、车前子壳粉、育亨宾皮(包括其某部分,不论是否切割,压碎或研磨成粉)	6	20		13	5	千克	AB	P/Q	0	3	0
12119039.93	恰特草(CathaedulisForssk;包括其某部分,不论是否切割、压碎或研磨成粉)	6	20		13	5	千克	ABI	P/Q	0	3	0
12119039.99	其他主要用作药料的鲜或干的植物(包括其某部分,不论是否切割,压碎或研磨成粉)	6	20		13	5	千克	ABQ	P/Q	0	3	0
1211.9050	--- 主要用作香料的植物及其某部分											
12119050.10	香料用麻黄草粉	8	50		13	5	千克	23AB	PR/Q	0	4	0
12119050.20	香料用麻黄草	8	50		13	5	千克	8A	R/	0	4	0
12119050.30	香料用沉香木及拟沉香木(包括其某部分,不论是否切割、压碎或研磨成粉)	8	50		13	0	千克	ABEF	PR/Q	0	4	0
12119050.91	其他主要用作香料的濒危植物(包括其某部分,不论是否切割,压碎或研磨成粉)	8	50		13	0	千克	ABEF	PR/Q	0	4	0
12119050.99	其他主要用作香料的植物(包括其某部分,不论是否切割,压碎或研磨成粉)	8	50		13	5	千克	AB	MPR/NQ	0	4	0
	--- 其他:											
1211.9091	----鱼藤根、除虫菊	3	11		13	5	千克	ABS	MP/NQ	0	1.5	0
1211.9099	----其他											
12119099.10	其他用麻黄草粉	9	30		13	5	千克	23AB	P/Q	0	4.5	0
12119099.20	其他用麻黄草	9	30		13	5	千克	8A	P/Q	0	4.5	0
12119099.91	其他鲜或干杀虫、杀菌用濒危植物(不论是否切割,压碎或研磨成粉)	9	30		13	0	千克	ABEF	P/Q	0	4.5	0
12119099.99	其他鲜或干的杀虫、杀菌用植物(不论是否切割,压碎或研磨成粉)	9	30		13	5	千克	AB	P/Q	0	4.5	0
12.12	**鲜、冷、冻或干的刺槐豆、海草及其他藻类、甜菜及甘蔗,不论是否碾磨;主要供人食用的其他税目未列名的果核、果仁及植物产品(包括未焙制的菊苣根):**											
	- 海草及其他藻类:											
	-- 适合供人食用的:											
1212.2110	--- 海带	20	70		13	0	千克	AB	PR/QS	0	10	0
1212.2120	--- 发菜	20	70		13	5	千克	8A	PR/QS	0	10	0
	--- 裙带菜:											
1212.2131	----干的	15	70		13	5	千克	AB	PR/QS	0	7.5	0
1212.2132	----鲜的	15	70		13	5	千克	AB	PR/QS	0	7.5	0
1212.2139	----其他	15	70		13	5	千克	AB	PR/QS	0	7.5	0
	--- 紫菜:											

协定税率 % 巴基斯坦	冰岛	哥斯达黎	秘鲁	新西兰	瑞士	新加坡	韩国	澳大利亚	港澳台	特惠税率 % 老挝	孟加拉	33 国	7 国	Article Description
5	0	0	0	0	2.4		0	3.6			0	0	0	----Southernwood
5	0	0	0	0	2.4		0	3.6			0	0	0	----Liquorice roots
0	0	0	0	0	2.4		0	3.6		0	0	0	0	----Radix astragali
														----Linden flower and leaf
0	0	0	0	0	2.4		0	3.6		0	0	0	0	Hainan linden, Tilia amurensis (seed linden) flowers and leaves (whether or not cut, crushed or powdered)
0	0	0	0	0	2.4		0	3.6		0	0	0	0	Other linden (European linden) flowers and leaves
														----Other
0	0	0	0	0	2.4		0	3.6		0	0	0	0	Ephedra powder, used in pharmacy
0	0	0	0	0	2.4		0	3.6		0	0	0	0	Ephedra sinica, used in pharmacy
0	0	0	0	0	2.4		0	3.6		0	0	0	0	Hemp (Cannabis sativa)
0	0	0	0	0	2.4		0	3.6		0	0	0	0	Poppy shell
0	0	0	0	0	2.4		0	3.6		0	0	0	0	Costustoot, fresh or dried (whether or not cut, crushed or powdered)
0	0	0	0	0	2.4		0	3.6		0	0	0	0	Herba dendrobii and dendrobium, fresh or dried (whether or not cut, crushed or powdered)
0	0	0	0	0	2.4		0	3.6		0	0	0	0	Cistanche deserticola Ma, fresh or dried (whether or not cut, crushed or powdered)
0	0	0	0	0	2.4		0	3.6		0	0	0	0	Bark, branch and leaf of taxaceae, fresh or dried (whether or not cut, crushed or powdered)
0	0	0	0	0	2.4		0	3.6		0	0	0	0	Other endangered plants and parts of them, of a kind used primarily in pharmacy, fresh or dried (whether or not cut, crushed or powdered)
0	0	0	0	0	2.4		0	3.6		0	0	0	0	Griffonia seed, plantago seed powder, yohimbine bark , and part of them (whether or not cut, crushed or powdered)
0	0	0	0	0	2.4		0	3.6		0	0	0	0	Catha edulis forssk (whether or not cut, crushed or powdered)
0	0	0	0	0	2.4		0	3.6		0	0	0	0	Other plants and parts of them, of a kind used primarily in pharmacy, fresh or dried (whether or not cut, crushed or powdered)
														--- Of a kind used primarily in perfumery
0	0	0	0	0	3.2		4.8	4.8			0	0	0	Ephedra powder, of a kind used in perfumery
0	0	0	0	0	3.2		4.8	4.8			0	0	0	Ephedra sinica, of a kind used in perfumery
0	0	0	0	0	3.2		4.8	4.8			0	0	0	Eaglewood and agalloch eaglewood, and parts of them, of a kind used in perfumery (whether or not cut, crushed or powdered)
0	0	0	0	0	3.2		4.8	4.8			0	0	0	Other endangered plants and parts of them, of a kind used in perfumery (whether or not cut, crushed or powdered)
0	0	0	0	0	3.2		4.8	4.8			0	0	0	Other plants and parts of them, of a kind used in perfumery (whether or not cut, crushed or powdered)
														--- Other:
0	0	0	0	0	0		0	0			0	0	0	----Derris roots and pyrethrum
														----Other
4.5	0	0	0	0	3.6		5.4	5.4			0	0	0	Other ephedra powder
4.5	0	0	0	0	3.6		5.4	5.4			0	0	0	Other ephedra sinica
4.5	0	0	0	0	3.6		5.4	5.4			0	0	0	Other endangered plants, of a kind used for insecticidal or fungicidal, fresh or dried (whether or not cut, crushed or powdered)
4.5	0	0	0	0	3.6		5.4	5.4			0	0	0	Other plants, of a kind used for insecticidal or fungicidal, fresh or dried (whether or not cut, crushed or powdered)
														Locust beans, seaweeds and other algae, sugar beet and sugar cane, fresh, chilled, frozen or dried, whether or not ground; fruit stones and kernels and other vegetable products (including unroasted chi-cory roots of the variety Cichorium intybus sativum)of a kind used primarily for human consumption, not elsewhere specified or included:
														-　Seaweeds and other algae:
														--　Fit for human consumption:
10	0	0	6	0	14	0	17.3	12				0	0	--- Sea tangle
10	0	0	6	0	14	0	17.3	12				0	0	--- Black moss
														--- Pinnatifida:
7.5	0	0	6.2	0	10.5	0	12	9				0	0	----Dried
7.5	0	0	6.2	0	10.5	0	12	9				0	0	----Fresh
7.5	0	0	6.2	0	10.5	0	12	9				0	0	----Other
														--- Laver:

税 号	货 品 名 称	进口关税 % 最惠国	普通	年内暂定	增值/消费税%	出口退税%	统计计量单位	监管证件代码	检验检疫类别	协定税率 % 东盟	亚太	智利
1212.2141	----干的	15	70		13	0	千克	AB	PR/QS	0	7.5	0
1212.2142	----鲜的	15	70		13	0	千克	AB	PR/QS	0	7.5	0
1212.2149	----其他	15	70		13	0	千克	AB	PR/QS	0	7.5	0
	--- 麒麟菜:											
1212.2161	----干的	15	70		13	5	千克	AB	PR/QS	0	7.5	0
1212.2169	----其他	15	70		13	5	千克	AB	PR/QS	0	7.5	0
	--- 江蓠:											
1212.2171	----干的	15	70		13	5	千克	AB	PR/QS	0	7.5	0
1212.2179	----其他	15	70		13	5	千克	AB	PR/QS	0	7.5	0
1212.2190	--- 其他	15	70	2	13	5	千克	AB	PR/QS	0	7.5	0
	-- 其他:											
1212.2910	--- 马尾藻	15	70	2	13	5	千克	AB	PR/QS	0	7.5	0
1212.2990	--- 其他	15	70	2	13	5	千克	AB	PR/QS	0	7.5	0
	- 其他:											
1212.9100	-- 甜菜	20	70		13	5	千克	AB	PR/Q	0		0
1212.9200	-- 刺槐豆	20	70		13	5	千克	AB	PR/Q	0	10	0
1212.9300	-- 甘蔗	20	70		13	5	千克	AB	PR/Q	0		0
1212.9400	-- 菊苣根	20	70		13	5	千克	AB	PR/QS	0		0
	-- 其他:											
	--- 杏、桃(包括油桃)、梅或李的核及核仁:											
1212.9911	----苦杏仁	20	80		13	5	千克	ABQ	PR/QS	0		0
1212.9912	----甜杏仁	20	80		13	5	千克	AB	PR/QS	0		0
1212.9919	----其他	20	80		13	5	千克	AB	PR/QS	0		0
	--- 其他:											
1212.9993	----白瓜子	20	80		13	5	千克	AB	PR/QS	0		0
1212.9994	----莲子	20	80		13	5	千克	AB	PR/QS	0		0
1212.9996	----甜叶菊叶	30	70		13	5	千克	AB	PR/QS	0		0
1212.9999	----其他											
12129999.10	其他供人食用濒危植物产品(包括未焙制的菊苣根,包括果核、仁等)	30	70		13	0	千克	ABEF	PR/QS	0		0
12129999.90	其他供人食用果核、仁及植物产品(包括未焙制的菊苣根)	30	70		13	5	千克	AB	PR/QS	0		0
12.13	**未经处理的谷类植物的茎、秆及谷壳,不论是否切碎、碾磨、挤压或制成团粒:**											
1213.0010	--- 未经处理的稻草的茎、秆	12	35		13	5	千克	AB	P/Q	0		0
1213.0090	--- 其他	12	35		13	5	千克	AB	P/Q	0		0
12.14	**芜菁甘蓝、饲料甜菜、饲料用根、干草、紫苜蓿、三叶草、驴喜豆、饲料羽衣甘蓝、羽扇豆、巢菜及类似饲料,不论是否制成团粒:**											
1214.1000	- 紫苜蓿粗粉及团粒	5	35		0	0	千克	AB	MP/Q	0		0
1214.9000	- 其他											
12149000.01	其他紫苜蓿(粗粉及团粒除外)	9	35	7	13	0	千克	AB	MP/Q	0		0
12149000.02	以除紫苜蓿外的禾本科和豆科为主的多种混合天然饲草	9	35	4	13	0	千克	AB	MP/Q	0		0
12149000.90	芜菁甘蓝、饲料甜菜、其他植物饲料(包括饲料用根、干草、三叶草、驴喜豆等,不论是否制成团粒)	9	35		0	0	千克	AB	MP/Q	0		0

协定税率 %										特惠税率 %				Article Description
巴基斯坦	冰岛	哥斯达黎	秘鲁	新西兰	瑞士	新加坡	韩国	澳大利亚	港澳台	老挝	孟加拉	33 国	7 国	
7.5	0	0	6.2	0	10.5	0	12	9				0	0	----Dried
7.5	0	0	6.2	0	10.5	0	12	9				0	0	----Fresh
7.5	0	0	6.2	0	10.5	0	12	9				0	0	----Other
														--- Eucheuma:
7.5	0	0	6.2	0	10.5		12	9			0	0	0	----Dried
7.5	0	0	6.2	0	10.5		12	9				0	0	----Other
														--- Gracilaria:
7.5	0	0	6.2	0	10.5		12	9				0	0	----Dried
7.5	0	0	6.2	0	10.5		12	9				0	0	----Other
7.5	0	0	6.2	0	10.5	0	12	9			0	0	0	--- Other
														-- Other:
7.5	0	0	6.2	0	10.5	0	9	9			0	0	0	--- Sargassum
7.5	0	0	6.2	0	10.5	0	9	9			0	0	0	--- Other
														- Other:
	0	0	6	0	14	0	17.3	12				0	0	-- Sugar beet
10	0	0	6	0	14	0	17.3	12				0	0	-- Locust beans (carob)
	0	0	6	0	14		16	12		0	0	0	0	-- Sugar cane
	0	0	9	0			17.3	12			0	0	0	-- Chicory roots
														-- Other:
														--- Apricot,peach(including nectarine)or plum stones and kernels:
	0	0	6	0	14	0	17.3	12				0	0	----Bitter apricot kernels
	0	0	6	0	14	0	17.3	12	0//			0	0	----Sweet apricot kernels
	0	0	6	0	14	0	17.3	12				0	0	----Other
														--- Other:
	0	0	6	0	14	0	17.3	12				0	0	----Pumpkin seeds
	0	0	6	0	14	0	17.3	12				0	0	----Lotus seeds (Semen Nelumbinis)
	0	0	9	0		0		18			0	0	0	----Stevia leaf
														----Other
	0	0	9	0		0		18			0	0	0	Other endangered vegetable products (including unroasted chicory roots, fruit stones and kernels) for human consumption
	0	0	9	0		0		18			0	0	0	Other fruit stones, kernels and vegetable products (including unroasted chicory roots) for human consumption
														Cereal straw and husks, unprepared,whether or not chopped, ground,pressed or in the form of pellets:
6	0	0	0	0	8.4	0	9.6	7.2			0	0	0	--- Cereal straw, unprepared
6	0	0	0	0	8.4	0	9.6	7.2			0	0	0	--- Other
														Swedes, manigolds, fodder roots, hay,lucerne (alfalfa), clover, sainfoin, forage kale, lupines, vetches and similar forage products,whether or not in the form of pellets:
0	0	0	0	0	0		0	0			0	0	0	- Lucerne(alfalfa)meal and pellets
														- Other
5	0	0	0	0	3.6		5.4	5.4			0	0	0	Other lucerne (alfalfa) (excluding meal and pellets)
5	0	0	0	0	3.6		5.4	5.4			0	0	0	Mixed natural forage grass based on gramineous and leguminous plants, other than those containing lucerne (alfalfa)
5	0	0	0	0	3.6		5.4	5.4			0	0	0	Bwede, beet for forage, other vegetable forage (including fodder roots, hay, clover, sainfoin, etc., whether or not in the form of pellets)

第十三章 虫胶；树胶、树脂及其他植物液、汁

注释：

税目13.02主要包括甘草、除虫菊、啤酒花、芦荟的浸膏及鸦片，但不包括：

一、按重量计蔗糖含量在10%以上或制成糖食的甘草浸膏（税目17.04）；

二、麦芽膏（税目19.01）；

三、咖啡精、茶精、马黛茶精（税目21.01）；

四、构成含酒精饮料的植物汁、液（第二十二章）；

五、樟脑、甘草甜及税目29.14或29.38的其他产品；

六、按重量计生物碱含量不低于50%的罂粟秆的浓缩物（税目29.39）；

七、税目30.03或30.04的药品及税目30.06的血型试剂；

八、鞣料或染料的浸膏（税目32.01或32.03）；

九、精油、浸膏、净油、香膏、提取的油树脂或精油的水馏液及水溶液；饮料制造业用的以芳香物质为基料的制剂（第三十三章）；或

十、天然橡胶、巴拉塔胶、古塔波胶、银胶菊胶、糖胶树胶或类似的天然树胶(税目40.01)。

本国注释：

税号1302.1100的鸦片，我国禁止进口。

税 号	货 品 名 称	进口关税 %			增值/消费税%	出口退税%	统计计量单位	监管证件代码	检验检疫类别	协定税率 %		
		最惠国	普通	年内暂定						东盟	亚太	智利
13.01	虫胶；天然树胶、树脂、树胶脂及油树脂(例如，香树脂)：											
1301.2000	- 阿拉伯胶	15	40		13	5	千克	AB	PR/Q	0		0
	- 其他：											
1301.9010	--- 胶黄耆树胶（卡喇杆胶）	15	40		13	5	千克	AB	P/Q	0		0
1301.9020	---- 乳香、没药及血竭	3	17		13	5	千克	ABQ	P/Q	0		0
1301.9030	---- 阿魏	3	17		13	5	千克	AB	P/Q	0		0
1301.9040	---- 松脂											
13019040.10	濒危松科植物的松脂	15	45		13	0	千克	ABE	PR/Q	0		0
13019040.90	其他松脂	15	45		13	5	千克	AB	MPR/NQ	0		0
1301.9090	---- 其他											
13019090.10	龙血树脂、大戟脂、愈疮树脂	15	45		13	5	千克	ABEF	P/Q	0		0
13019090.20	大麻脂	15	45		13	5	千克	ABW	P/Q	0		0
13019090.91	其他濒危植物的天然树胶、树脂[包括天然树胶、树脂及其他油树脂(例如香树脂)]	15	45		13	0	千克	ABEF	P/Q	0		0
13019090.99	其他天然树胶、树脂[包括天然树胶、树脂及其他油树脂(例如香树脂)]	15	45		13	5	千克	AB	P/Q	0		0
13.02	植物液汁及浸膏；果胶、果胶酸盐及果胶酸酯；从植物产品制得的琼脂、其他胶液及增稠剂，不论是否改性：											
	- 植物液汁及浸膏：											
1302.1100	-- 鸦片	0	0		0	15	千克	9BW	MP/NQ			
1302.1200	-- 甘草的	6	20	0	17	15	千克	4ABxy	PR/QS	0		0
1302.1300	-- 啤酒花的	10	80		17	15	千克	AB	PR/QS	0		0
	-- 其他：											
1302.1910	--- 生漆	20	90		17	5	千克	AB	MP/NQ	0		0
1302.1920	--- 印楝素	3	11		17	5	千克	ABS	P/Q	0		0
1302.1930	--- 除虫菊的或含鱼藤酮植物根茎的	3	11		17	15	千克	ABS	MP/NQ	0		0
1302.1940	--- 银杏的	20	80		17	15	千克	ABE	P/Q	0	15	0
1302.1990	--- 其他											
13021990.11	供制农药用麻黄浸膏粉	20	80		17	15	千克	23AB	P/Q	0	15	0
13021990.12	供制农药用麻黄浸膏	20	80		17	15	千克	23AB	P/Q	0	15	0
13021990.13	供制农药用的濒危植物液汁及浸膏	20	80		17	0	千克	ABEF	P/Q	0	15	0
13021990.19	供制农药用的其他植物液汁及浸膏	20	80		17	15	千克	AB	PR/Q	0	15	0
13021990.20	苦参碱	20	80		17	15	千克	ABS	P/Q	0	15	0

Chapter 13　Lac; gums, resins and other vegetable saps and extracts

Chapter Notes:

Heading 13.02 applies, inter alia, to liquorice extract and extract of pyrethrum, extract of hops, extract of aloes and opium.The heading does not apply to:

1. Liquorice extract containing more than 10 % by weight of sucrose or put up as confectionery (heading 17.04);
2. Malt extract (heading 19.01);
3. Extracts of coffee, tea or maté (heading 21.01);
4. Vegetable saps or extracts constituting alcoholic beverages (Chapter 22);
5. Camphor, glycyrrhizin or other products of heading 29.14 or 29.38;
6. Concentrates of poppy straw containing not less than 50% by weight of alkaloids (heading 29.39);
7. Medicaments of heading 30.03 or 30.04 or blood-grouping reagents (heading 30.06);
8. Tanning or dyeing extracts (heading 32.01 or 32.03);
9. Essential oils, concretes, absolutes, resinoids, extracted oleoresins, aqueous distillates or aqueous solutions of essential oils or preparations based on odoriferous substances of a kind used for the manufacture of beverages (Chapter 33); or
10. Natural rubber, balata, gutta-percha, guayule, chicle or similar natural gums (heading 40.01).

National notes:

Opium of Subheading 1302.1100 is subject to import ban.

协定税率 %										特惠税率 %			Article Description
巴基斯坦	冰岛	哥斯达黎	秘鲁	新西兰	瑞士	新加坡	韩国	澳大利亚	港澳台	老挝	孟加拉	33 国	7 国	
														Lac; natural gums，resins，gum-resins and oleoresins(for example，balsams):
0	0	0	0	0	10.5	0	12	9			0	0	0	- Gum Arabic
														- Other:
0	0	0	0	0	10.5	0	12	9				0	0	--- Gum tragacanth
0	0	0	0	0	0		0	0			0	0	0	--- Olibanum,myrrh and dragons blood
0	0	0	0	0	0		0	0			0	0	0	--- Asafoetida
														--- Pine-resin
0	0	0	0	0	10.5	0	12	9			0	0	0	Turpentine of endangered plants of pinaceae
0	0	0	0	0	10.5	0	12	9			0	0	0	Other turpentine
														--- Other
0	0	0	0	0	10.5	0	12	9			0	0	0	Resin of dracaena draco, resin of euphorbiaceae, resin of lignum vitae
0	0	0	0	0	10.5	0	12	9			0	0	0	Cannabis resin
0	0	0	0	0	10.5	0	12	9			0	0	0	Natural gums, resins of other endangered plants (including natural gum, resins and other oleoresins (e.g., balsams))
0	0	0	0	0	10.5	0	12	9			0	0	0	Other natural gums, resins (including natural gum, resins and other oleoresins (e.g., balsams))
														Vegetable saps and extracts; pecticsubstances，pectinates and pectates; a-gar-agar and other mucilages and thickeners,whether or not modified,derived from vegetable products:
														- Vegetable saps and extracts:
							0	0			0	0	0	-- Opium
5	0	0	0	0	2.4		0	3.6			0	0	0	-- Of liquorice
5	0	0	0	0	4	0	8	6			0	0	0	-- Of hops
														-- Other:
	0	0	6	0	14	0	17.3	12				0	0	--- Crude lacquer
0	0	0	0	0	0		0	0			0	0	0	--- Azadirachtin
0	0	0	0	0	0		0	0			0	0	0	--- Of pyrethrum or of the roots of plants containing rotenone
15	0	0	6	0	8	0	17.3	12				0	0	--- Of ginkgo
														--- Other
15	0	0	6	0	8	0	17.3	12				0	0	Ephedra extracts powder used in pesticide
15	0	0	6	0	8	0	17.3	12				0	0	Ephedra extracts used in pesticide
15	0	0	6	0	8	0	17.3	12				0	0	Endangered vegetable saps and extracts used in pesticide
15	0	0	6	0	8	0	17.3	12				0	0	Other vegetable saps and extracts used in pesticide
15	0	0	6	0	8	0	17.3	12				0	0	Matrine

税号	货品名称	进口关税 %			增值/消费税%	出口退税%	统计计量单位	监管证件代码	检验检疫类别	协定税率 %		
		最惠国	普通	年内暂定						东盟	亚太	智利
13021990.91	供制医药用麻黄浸膏粉	20	80		17	15	千克	23ABQ	P/Q	0	15	0
13021990.92	供制医药用麻黄浸膏	20	80		17	15	千克	23ABQ	P/Q	0	15	0
13021990.93	其他麻黄浸膏粉	20	80		17	15	千克	23AB	P/Q	0	15	0
13021990.94	其他麻黄浸膏	20	80		17	15	千克	23AB	P/Q	0	15	0
13021990.95	红豆杉液汁及浸膏	20	80		17	15	千克	ABEF	P/Q	0	15	0
13021990.96	黄草汁液及浸膏	20	80		17	15	千克	ABEF	P/Q	0	15	0
13021990.97	其他濒危植物液汁及浸膏	20	80		17	0	千克	ABEF	P/Q	0	15	0
13021990.99	其他植物液汁及浸膏	20	80		17	15	千克	AB	MPR/NQS	0	15	0
1302.2000	- 果胶、果胶酸盐及果胶酸酯	20	80		17	15	千克	AB	PR/QS	0		0
	- 从植物产品制得的胶液及增稠剂，不论是否改性：											
1302.3100	-- 琼脂	10	80		17	15	千克	AB	PR/QS	0		0
1302.3200	-- 从刺槐豆、刺槐豆子或瓜尔豆制得的胶液及增稠剂，不论是否改性	15	80		17	15	千克	AB	PR/QS	0	10	0
	-- 其他：											
	--- 海草及其他藻类制品：											
1302.3911	----卡拉胶	15	80		17	15	千克	AB	PR/QS	0		0
1302.3912	----褐藻胶	15	80		17	15	千克	AB	P/Q	0		0
1302.3919	----其他	15	80		17	15	千克	AB	P/Q	0		0
1302.3990	--- 其他											
13023990.10	未列名濒危植物胶液及增稠剂	15	80		17	0	千克	ABEF	P/Q	0		0
13023990.90	其他未列名植物胶液及增稠剂	15	80		17	15	千克	AB	MPR/Q	0		0

协定税率 %										特惠税率 %				Article Description
巴基斯坦	冰岛	哥斯达黎	秘鲁	新西兰	瑞士	新加坡	韩国	澳大利亚	港澳台	老挝	孟加拉	33国	7国	
15	0	0	6	0	8	0	17.3	12				0	0	Ephedra extract powder used in pharmacy
15	0	0	6	0	8	0	17.3	12				0	0	Ephedra extracts used in pharmacy
15	0	0	6	0	8	0	17.3	12				0	0	Other ephedra extract powder
15	0	0	6	0	8	0	17.3	12				0	0	Other ephedra extracts
15	0	0	6	0	8	0	17.3	12				0	0	Saps and extracts of Chinese yew
15	0	0	6	0	8	0	17.3	12				0	0	Saps and extracts of Herba dendrobii
15	0	0	6	0	8	0	17.3	12				0	0	Saps and extracts of other endangered vegetables
15	0	0	6	0	8	0	17.3	12				0	0	Other vegetable saps and extracts
	0	0	6	0	14	0	17.3	12				0	0	- Pectic substances，pectinates and pec-tates
														- Mucilages and thickeners，whether or not modified，derived from vegetable products：
5	0	0	3	0	4	0	8	6			0	0	0	-- Agar-agar
0	0	0	4.5	0	10.5	0	12	9				0	0	-- Mucilages and thickeners，whether or not modified，derived from locust beans，locust bean seeds or guar seeds
														-- Other：
														--- Preparations of seaweeds and other algae：
12	0	0	4.5	0	10.5	0	12	9				0	0	----Carrageenan
12	0	0	4.5	0	10.5	0	12	9				0	0	----Algin
12	0	0	8.8	0	10.5	0	12	9				0	0	----Other
														--- Other
12	0	0	6.2	0	10.5	0	12	9				0	0	Mucilages and thickeners, derived from endangered vegetable products, not elsewhere specified or included
12	0	0	6.2	0	10.5	0	12	9				0	0	Mucilages and thickeners, derived from other vegetable products, not elsewhere specified or included

第十四章 编结用植物材料；其他植物产品

注释：

一、本章不包括归入第十一类的下列产品：主要供纺织用的植物材料或植物纤维，不论其加工程度如何；或经过处理使其只能作为纺织原料用的其他植物材料。

二、税目 14.01 主要包括竹（不论是否劈开、纵锯、切段、圆端、漂白、磨光、染色或进行不燃处理）、劈开的柳条、芦苇及类似品和藤心、藤丝、藤片。但不包括木片条（税目 44.04）。

三、税目 14.04 不包括木丝（税目 44.05）及供制帚、制刷用成束、成簇的材料（税目 96.03）。

税号	货品名称	进口关税 %			增值/消费税%	出口退税%	统计计量单位	监管证件代码	检验检疫类别	协定税率 %		
		最惠国	普通	年内暂定						东盟	亚太	智利
14.01	**主要作编结用的植物材料（例如，竹、藤、芦苇、灯芯草、柳条、酒椰叶，已净、漂白或染色的谷类植物的茎秆，椴树皮）：**											
1401.1000	- 竹											
14011000.10	酸竹	10	70		13	5	千克	ABE	P/Q	0		0
14011000.90	其他竹	10	70		13	5	千克	AB	P/Q	0		0
1401.2000	- 藤											
14012000.10	濒危藤	10	35		13	0	千克	ABEF	P/Q	0		0
14012000.90	其他藤	10	35		13	5	千克	AB	P/Q	0		0
	- 其他：											
1401.9010	--- 谷类植物的茎秆（麦秸除外）	10	70		13	5	千克	AB	P/Q	0		0
1401.9020	--- 芦苇	10	70		13	5	千克	AB	P/Q	0		0
	--- 灯芯草属：											
1401.9031	---- 蔺草	10	70		13	5	千克	4ABxy	P/Q	0		0
1401.9039	---- 其他	10	70		13	5	千克	AB	P/Q	0		0
1401.9090	--- 其他	10	70		13	5	千克	AB	P/Q	0		0
14.04	**其他税目未列名的植物产品：**											
1404.2000	- 棉短绒	4	30		13	5	千克	AB	P/Q	0		0
	- 其他：											
1404.9010	--- 主要供染料、鞣料用的植物原料	5	45		13	5	千克	AB	P/Q	0	4.3	0
1404.9090	--- 其他	15	70		13	5	千克	AB	P/Q	0		0

Chapter 14 Vegetable plaiting materials; vegetable products not elsewhere specified or included

Chapter Notes:

1. This Chapter does not cover the following products which are to be classified in Section XI: vegetable materials or fibres of vegetable materials of a kind used primarily in the manufacture of textiles, however prepared, or other vegetable materials which have undergone treatment so as to render them suitable for use only as textile materials.
2. Heading 14.01 applies, inter alia, to bamboos (whether or not split, sawn lengthwise, cut to length, rounded at the ends, bleached, rendered non-inflammable, polished or dyed), split osier, reeds and the like, to rattan cores and to drawn or split rattans. The heading does not apply to chipwood (heading 44.04).
3. Heading 14.04 does not apply to wood wool (heading 44.05) and prepared knots or tufts for broom or brush making (heading 96.03).

协定税率 %										特惠税率 %				Article Description
巴基斯坦	冰岛	哥斯达黎	秘鲁	新西兰	瑞士	新加坡	韩国	澳大利亚	港澳台	老挝	孟加拉	33 国	7 国	
														Vegetable materials of a kind used primarily for plaiting (for example,bamboos, rattans, reeds, rushes, osier,raffia, cleaned, bleached or dyed cere-al straw, and lime bark):
														- Bamboos
5	0	0	0	0	4	0	8	6		0	0	0	0	Acidosasa chinensis
5	0	0	0	0	4	0	8	6		0	0	0	0	Other bamboos
														- Rattans
5	0	0	0	0	4	0	8	6		0	0	0	0	Endangered rattans
5	0	0	0	0	4	0	8	6		0	0	0	0	Other rattans
														- Other:
5	0	0	3	0	4	0	8	6			0	0	0	--- Cereal straw(other than wheat straw)
5	0	0	0	0	4	0	8	6			0	0	0	--- Reeds
														--- Rushes:
5	0	0	0	0	4	0	8	6			0	0	0	----Mat rush
5	0	0	0	0	4	0	8	6			0	0	0	----Other
5	0	0	3	0	4	0	8	6			0	0	0	--- Other
														Vegetable products not elsewhere specified or included:
0	0	0	0	0	0		0	0			0	0	0	- Cotton linters
														- Other:
0	0	0	2. 1	0	0		0	0			0	0	0	--- Raw vegetable materials of a kind used primarily in dyeing or tanning
	0	0	0	0	10. 5	0	12	9			0	0	0	--- Other

第三类 动、植物油、脂及其分解产品；精制的食用油脂；动、植物蜡

第十五章 动、植物油、脂及其分解产品；精制的食用油脂；动、植物蜡

注释：

一、本章不包括：

（一）税目 02.09 的猪脂肪及家禽脂肪；

（二）可可脂、可可油（税目 18.04）；

（三）按重量计税目 04.05 所列产品的含量超过 15%的食品（通常归入第二十一章）；

（四）税目 23.01 的油渣或税目 23.04 至 23.06 的残渣；

（五）第六类的脂肪酸、精制蜡、药品、油漆、清漆、肥皂、芳香料制品、化妆盥洗品、磺化油及其他货品；或

（六）从油类提取的油膏（税目 40.02）。

二、税目 15.09 不包括用溶剂提取的橄榄油（税目 15.10）。

三、税目 15.18 不包括变性的油、脂及其分离品，这些货品应归入其相应的未变性油、脂及其分离品的税目。

四、皂料、油脚、硬脂沥青、甘油沥青及羊毛脂残渣，归入税目 15.22。

子目注释：

子目 1514.11 及 1514.19 所称“低芥子酸菜子油”，是指按重量计芥子酸含量低于 2%的固定油。

税号	货品名称	进口关税 %			增值/消费税%	出口退税%	统计计量单位	监管证件代码	检验检疫类别	协定税率 %		
		最惠国	普通	年内暂定						东盟	亚太	智利
15.01	猪脂肪（包括已炼制的猪油）及家禽脂肪，但税目 02.09 及 15.03 的货品除外：											
1501.1000	- 猪油	10	35		17	15	千克	AB	MPR/QS	0		0
1501.2000	- 其他猪脂肪	10	35		17	15	千克	AB	MPR/QS	0		0
1501.9000	- 其他	10	35		17	15	千克	AB	MPR/QS	0		0
15.02	牛、羊脂肪，但税目 15.03 的货品除外：											
1502.1000	- 牛、羊油脂	8	30	2	17	15	千克	AB	MPR/QS	0	0	0
1502.9000	- 其他	8	70	4	17	5	千克	AB	MPR/QS	0	0	0
15.03	猪油硬脂、液体猪油、油硬脂、食用或非食用脂油，未经乳化、混合或其他方法制作：											
1503.0000	猪油硬脂、液体猪油、油硬脂、食用或非食用脂油，未经乳化、混合或其他方法制作	10	30		17	15	千克	AB	PR/QS	0		0
15.04	鱼或海生哺乳动物的油、脂及其分离品，不论是否精制，但未经化学改性：											
1504.1000	- 鱼肝油及其分离品											
15041000.10	濒危鱼鱼肝油及其分离品	12	30		17	0	千克	ABEF	PR/QS	0		0
15041000.90	其他鱼鱼肝油及其分离品	12	30		17	15	千克	AB	PR/QS	0		0
1504.2000	- 除鱼肝油以外的鱼油、脂及其分离品											
15042000.10	濒危鱼其他鱼油、脂及其分离品(鱼肝油除外)	12	50		17	0	千克	ABEF	PR/QS	0		0
15042000.90	其他鱼油、脂及其分离品(鱼肝油除外)	12	50		17	15	千克	AB	PR/QS	0		0
1504.3000	- 海生哺乳动物的油、脂及其分离品											
15043000.10	濒危哺乳动物的油、脂及其分离品(仅指海生)	14.4	50		17	0	千克	ABEF	PR/QS	0		0
15043000.90	其他海生哺乳动物油、脂及其分离品	14.4	50		17	15	千克	AB	PR/QS	0		0
15.05	羊毛脂及从羊毛脂制得的脂肪物质(包括纯净的羊毛脂)：											

SECTION III ANIMAL OR VEGETABLE FATS AND OILS AND THEIR CLEAVAGE PRODUCTS; PREPARED EDIBLE FATS; ANIMAL OR VEGETABLE WAXES

Chapter 15 Animal or vegetable fats and oils and their cleavage products; prepared edible fats; animal or vegetable waxes

Chapter Notes:

1. This Chapter does not cover:

   (a) Pig fat or poultry fat of heading 02.09;

   (b) Cocoa butter, fat or oil (heading 18.04);

   (c) Edible preparations containing by weight more than 15% of the products of heading 04.05 (generally Chapter 21);

   (d) Greaves (heading 23.01) or residues of headings No.23.04 to 23.06;

   (e) Fatty acids,prepared waxes, medicaments, paints, varnishes,soap,perfumery, cosmetic or toilet preparations,sulphonated oils or other goods of SectionsVI;

   (f) Factice derived from oils (heading 40.02).

2. Heading 15.09 does not apply to oils obtained from olives by solvent extraction (heading 15.10).

3. Heading 15.18 does not cover fats or oils or their fractions, merely denatured, which are to be classified in the heading appropriate to the corresponding undenatured fats and oils and their fractions.

4. Soap-stocks, oil foots and dregs, stearin pitch, glycerol pitch and wool grease residues fall in heading 15.22.

Subheading Notes:

For the purposes of subheadings 1514.11 and 1514.19, the expression "low erucic acid rape or colza oil" means the fixed oil which has an erucic acid content of less than 2% by weight.

协定税率 %										特惠税率 %				
巴基斯坦	冰岛	哥斯达黎	秘鲁	新西兰	瑞士	新加坡	韩国	澳大利亚	港澳台	老挝	孟加拉	33国	7国	Article Description
														Pig fat(including lard) and poultry fat, other than that of heading 02.09 or 15.03:
	0	0	0	0	4	0	8	6	0/0/		0	0	0	- Lard
	0	0	0	0	4	0	8	6	0/0/		0	0	0	- Other pig fat
	0	0	0	0	4	0	8	6	0/0/		0	0	0	- Other
														Fats of bovine animals, sheep or goats, other than those of heading 15.03:
0	0	0	0	0	3.2		4.8	4.8	/0/		0	0	0	- Tallow
0	0	0	0	0	3.2		4.8	4.8	/0/		0	0	0	- Other
														Lard stearin, lard oil, oleostearin,oleooil and tallow oil, not emulsified or mixed or otherwise prepared:
	0	0	0	0	4	0	8	6	/0/		0	0	0	Lard stearin, lard oil, oleostearin,oleooil and tallow oil, not emulsified ormixed or otherwise prepared
														Fats and oils and their fractions, of fish or marine mammals,whether or not refined, but not chemically modified:
														- Fish-liver oils and their fractions
	0	0	0	0	8.4	0	9.6	7.2	/0/			0	0	Fish-liver oils and their fractions of endangered fish
	0	0	0	0	8.4	0	9.6	7.2	/0/			0	0	Fish-liver oils and their fractions of other fish
														- Fats and oils and their fractions, of fish,other than liver oils
	0	0	1.5	0	8.6	0	9.6	7.2	/0/			0	0	Other fats and oils and their fractions of endangered fish (other than liver oils)
	0	0	1.5	0	8.6	0	9.6	7.2	/0/			0	0	Other fats and oils and their fractions (other than liver oils)
														- Fats and oils and their fractions, of marine mammals
	0	0	0	0	10	0	11.5	8.6	/0/			0	0	Oils, fats and their fractions, of endangered marine mammals
	0	0	0	0	10	0	11.5	8.6	/0/			0	0	Other oils, fats and and their fractions of marine mammals
														Wool grease and fatty substances derived therefrom(including lanolin):

税　号	货　品　名　称	进口关税 %			增值/消费税%	出口退税%	统计计量单位	监管证件代码	检验检疫类别	协定税率 %		
		最惠国	普通	年内暂定						东盟	亚太	智利
1505.0000	羊毛脂及从羊毛脂制得的脂肪物质(包括纯净的羊毛脂)	20	70		17	15	千克	AB	P/QS	0		0
15.06	**其他动物油、脂及其分离品，不论是否精制，但未经化学改性：**											
1506.0000	其他动物油、脂及其分离品，不论是否精制，但未经化学改性											
15060000.10	其他濒危动物为原料制取的脂肪(包括河马、熊、野兔、海龟为原料的及海龟蛋油)	20	70		17	0	千克	ABEF	PR/QS	0		0
15060000.90	其他动物油、脂及其分离品(不论是否精制,但未经化学改性)	20	70		17	15	千克	AB	PR/QS	0		0
15.07	**豆油及其分离品，不论是否精制，但未经化学改性：**											
1507.1000	-　初榨的，不论是否脱胶	9	190		13	0	千克	7AB	MPR/QS			
1507.9000	-　其他	9	190		13	0	千克	7AB	MR/S			
15.08	**花生油及其分离品，不论是否精制，但未经化学改性：**											
1508.1000	-　初榨的	10	100		13	0	千克	AB	PR/QS	0		
1508.9000	-　其他	10	100		13	0	千克	AB	MR/S	0		
15.09	**油橄榄油及其分离品，不论是否精制，但未经化学改性：**											
1509.1000	-　初榨的	10	30		13	0	千克	7AB	PR/QS	0		0
1509.9000	-　其他	10	30		17	0	千克	7AB	R/S	0		0
15.10	**其他橄榄油及其分离品，不论是否精制，但未经化学改性，包括掺有税目15.09的油或分离品的混合物：**											
1510.0000	其他橄榄油及其分离品，不论是否精制，但未经化学改性，包括掺有税目15.09的油或分离品的混合物	10	30		17	0	千克	7AB	PR/QS	0		0
15.11	**棕榈油及其分离品，不论是否精制，但未经化学改性：**											
1511.1000	-　初榨的	9	60		13	0	千克	7AB	MPR/QS			
	-　其他：											
1511.9010	---　棕榈液油（熔点19℃～24℃）	9	60		13	0	千克	7AB	MR/S			
1511.9020	---　棕榈硬脂液油（熔点44℃～56℃）											
15119020.01	固态棕榈硬脂(50℃≤熔点≤56℃)(未经化学改性)	8	60	2	13	0	千克	7AB	MR/S			
15119020.90	棕榈硬脂(44℃≤熔点<50℃,未经化学改性)	8	60		13	0	千克	AB	MR/S			
1511.9090	---　其他	9	60		17	0	千克	7AB	MR/S			
15.12	**葵花油、红花油或棉子油及其分离品，不论是否精制，但未经化学改性：**											
	-　葵花油或红花油及其分离品：											
1512.1100	--　初榨的	9	160		13	0	千克	AB	PR/QS	0		
1512.1900	--　其他	9	160		17	0	千克	AB	R/S	0		
	-　棉子油及其分离品：											
1512.2100	--　初榨的，不论是否去除棉子酚	10	70		13	0	千克	AB	PR/QS	0		
1512.2900	--　其他	10	70		17	0	千克	AB	R/S	0		
15.13	**椰子油、棕榈仁油或巴巴苏棕榈果油及其分离品，不论是否精制，但未经化学改性：**											
	-　椰子油及其分离品：											
1513.1100	--　初榨的	9	40		13	0	千克	AB	MPR/QS	0	4.5	0
1513.1900	--　其他	9	40		13	0	千克	AB	MPR/QS	0	4.5	0
	-　棕榈仁油或巴巴苏棕榈果油及其分离品：											
1513.2100	--　初榨的	9	40		13	0	千克	AB	MPR/QS	0		0
1513.2900	--　其他	9	40		17	0	千克	AB	MR/S	0		0
15.14	**菜子油或芥子油及其分离品，不论是否精制，但未经化学改性：**											
	-　低芥子酸菜子油及其分离品：											
1514.1100	--　初榨的	9	170		13	0	千克	7AB	MPR/QS			

协定税率 %										特惠税率 %				Article Description
巴基斯坦	冰岛	哥斯达黎	秘鲁	新西兰	瑞士	新加坡	韩国	澳大利亚	港澳台	老挝	孟加拉	33国	7国	
	0	0	6	0	14	0	17.3	12				0	0	Wool grease and fatty substances derived therefrom(including lanolin):
														Other animal fats and oils and their fractions, whether or not refined, but not chemically mo-dified:
														Other animal fats and oils and their fractions, whether or not refined, but not chemically modified
	0	0	6	0	14	0	17.3	12	/0/			0	0	Fats made with materials of other endangered animals (including hippo, bear, hare, green turtle and green turtle egg)
	0	0	6	0	14	0	17.3	12	/0/			0	0	Other animals fats and oils and their fractions (whether or not refined, but not chemically modified)
														Soya-bean oil and its fractions,whether or not refined,but not chemically modified:
														- Crude oil whether or not degummed
														- Other
														Ground-nut oil and its fractions,whether or not refined,but not chemically modified:
						0								- Crude oil
						0								- Other
														Olive oil and its fractions,whether or not refined,but not chemically modified:
	0	0	3	0	4	0	8		/0/			0	0	- Virgin
	0	0	0	0	4	0	8		0/0/			0	0	- Other
														Other oils and their fractions, obtained solely from olives, whether or not refined,but not chemically modified, including blends of these oils or fractions with oils or fractions of heading 15.09:
	0	0	0	0	4	0	8		/0/			0	0	Other oils and their fractions, obtained solely from olives, whether or not refined, but not chemically modified, including blends of these oils or fractions with oils or fractions of heading 15.09
														Palm oil and its fractions, whether or not refined, but not chemically modified:
														- Crude oil
														- Other:
														--- Palm olein
														--- Palm stearin
														Solid palm stearin (its melting point is 50℃ or more, but less than 56℃, not chemically modified)
														Palm stearin (its melting point is 44℃ or more, but less than 50℃, not chemically modified)
														--- Other
														Sunflower-seed, safflower or cottonseed oil and fractions thereof, whether or not refined, but not chemically modified:
														- Sunflower-seed or safflower oil and fractions thereof:
									/0/					-- Crude oil
									/0/					-- Other
														- Cotton-seed oil and its fractions:
						0			/0/					-- Crude oil, whether or not gossypol has been removed
						0			/0/					-- Other
														Coconut(copra), palm kernel or babassu oil and fractions thereof, whether or not refined, but not chemically modified:
														- Coconut (copra)oil and its fractions:
4.5	0	0	0	0	3.6		5.4		/0/			0	0	-- Crude oil
4.5	0	0	0	0	3.6		5.4		/0/		0	0	0	-- Other
														- Palm kernel or babassu oil and fractions thereof:
	0	0	0	0	3.6		5.4		/0/			0	0	-- Crude oil
	0	0	0	0	3.6		5.4		/0/			0	0	-- Other
														Rape, colza or mustard oil and frac- tions thereof, whether or not refined,but not chemically modified:
														- Low erucic acid rape of colza oil and its fractions:
														-- Crude oil

税号	货品名称	进口关税 %			增值/消费税%	出口退税%	统计计量单位	监管证件代码	检验检疫类别	协定税率 %		
		最惠国	普通	年内暂定						东盟	亚太	智利
1514.1900	-- 其他	9	170		13	0	千克	7AB	MPR/QS			
	- 其他:											
	-- 初榨的:											
1514.9110	--- 菜子油	9	170		13	0	千克	7AB	MPR/QS			
1514.9190	--- 芥子油	9	170		13	0	千克	7AB	MPR/QS			
1514.9900	-- 其他	9	170		17	0	千克	7AB	MR/S			
15.15	**其他固定植物油、脂(包括希蒙得木油)及其分离品,不论是否精制,但未经化学改性:**											
	- 亚麻子油及其分离品:											
1515.1100	-- 初榨的	15	30		13	0	千克	AB	MPR/QS	0		0
1515.1900	-- 其他	15	30		17	0	千克	AB	R/S	0		0
	- 玉米油及其分离品:											
1515.2100	-- 初榨的	10	160		13	0	千克	AB	PR/QS	0		
1515.2900	-- 其他	10	160		17	0	千克	AB	R/S	0		
1515.3000	- 蓖麻油及其分离品	10	70		17	5	千克	AB	MP/QS	0		0
1515.5000	- 芝麻油及其分离品	12	20		13	0	千克	AB	PR/QS	0		0
	- 其他:											
1515.9010	--- 希蒙得木油(霍霍巴油)及其分离品	20	70		17	5	千克	AB	PR/QS	0		0
1515.9020	--- 印楝油及其分离品	20	70		17	5	千克	ABS	PR/QS	0		0
1515.9030	--- 桐油及其分离品	20	70		17	5	千克	AB	PR/QS	0		0
1515.9090	--- 其他											
15159090.10	红松籽油(不论是否精制,但未经化学改性)	20	70		17	0	千克	ABE	PR/QS	0		0
15159090.90	其他固定植物油、脂及其分离品(不论是否精制,但未经化学改性)	20	70		17	0	千克	AB	MPR/NQS	0		0
15.16	**动、植物油、脂及其分离品,全部或部分氢化、相互酯化、再酯化或反油酸化,不论是否精制,但未经进一步加工:**											
1516.1000	- 动物油、脂及其分离品	5	70		17	15	千克	AB	R/S	0		0
1516.2000	- 植物油、脂及其分离品	25	70		17	0	千克	AB	R/S	0		0
15.17	**人造黄油;本章各种动、植物油、脂及其分离品混合制成的食用油、脂或制品,但税目15.16的食用油、脂及其分离品除外:**											
1517.1000	- 人造黄油,但不包括液态的	30	80		17	0	千克	AB	MR/S	0		0
	- 其他:											
1517.9010	--- 起酥油											
15179010.01	动物油脂制造的起酥油(税目1516的食用油、脂及其分离品除外)	25	70		17	15	千克	AB	R/S	0		0
15179010.90	植物油脂制造的起酥油(税目1516的食用油、脂及其分离品除外)	25	70		13	0	千克	AB	R/S	0		0
1517.9090	--- 其他											
15179090.01	其他混合制成的动物质食用油脂或制品(税目1516的食用油、脂及其分离品除外)	25	70		17	15	千克	AB	R/S	0		0
15179090.90	其他混合制成的植物质食用油脂或制品(税目1516的食用油、脂及其分离品除外)	25	70		13	0	千克	AB	R/S	0		0
15.18	**动、植物油、脂及其分离品,经过熟炼、氧化、脱水、硫化、吹制或在真空、惰性气体中加热聚合及用其他化学方法改性的,但税目15.16的产品除外;本章各种油、脂及其分离品混合制成的其他税目未列名的非食用油、脂或制品:**											
1518.0000	动、植物油、脂及其分离品,经过熟炼、氧化、脱水、硫化、吹制或在真空、惰性气体中加热聚合及用其他化学方法改性的,但税目15.16的产品除外;本章各种油、脂及其分离品混合制成的其他税目未列名的非食用油、脂或制品	10	70		17	15	千克	AB	MR/S	0		0
15.20	**粗甘油;甘油水及甘油碱液:**											
1520.0000	粗甘油;甘油水及甘油碱液	20	50	6	17	15	千克	AB	MR/S	0		0

协定税率 %										特惠税率 %				Article Description
巴基斯坦	冰岛	哥斯达黎	秘鲁	新西兰	瑞士	新加坡	韩国	澳大利亚	港澳台	老挝	孟加拉	33 国	7 国	
														-- Other
														- Other:
														-- Crude oil:
														--- Rape oil
														--- Mustard oil
														-- Other
														Other fixed vegetable fats and oils(including jojoba oil)and fractions thereof，whether or not refined，but not chemically modified:
														- Linseed oil and its fractions:
	0	0	4.5	0	10.5	0	12		/0/			0	0	-- Crude oil
	0	0	4.5	0	10.5	0	12		/0/			0	0	-- Other
														- Maize (corn) oil and its fractions:
						0			/0/	0	0	0	0	-- Crude oil
						0			/0/	0	0	0	0	-- Other
	0	0	0	0	4	0	8	6	/0/	0	0	0	0	- Castor oil and its fractions
	0	0	0	0	8.4	0	9.6	7.2	/0/	0	0	0	0	- Sesame oil and its fractions
														- Other:
	0	0		0	14	0	17.3	12	/0/		0	0	0	--- Jojoba oil and its fractions
	0	0		0	14	0	17.3	12	/0/			0	0	--- Neemoil and its fractions
	0	0		0	14	0	17.3	12	/0/		0	0	0	--- Tung oil and its fractions
														--- Other
	0	0		0	14	0		12	/0/	0	0	0	0	Pine nut oil (whether or not refined, but not chemically modified)
	0	0		0	14	0		12	/0/	0	0	0	0	Other fixed vegetable fats and oils, and fractions thereof (whether or not refined, but not chemically modified)
														Animal or vegetable fats and oil and fractions thereof,partly or wholly hydrogenated，interesterified，reesterified or elaidinized，whether or not refined，but not further prepared:
	0	0	0	0	0		0	0	/0/		0	0	0	- Animal fats and oils and fractions thereof
	0	0	7.5	0				15	/0/			0	0	- Vegetable fats and oils and fractions thereof
														Margarine; edible mixtures or preparations of animal or vegetable fats or oils or of fractions of different fats or oils of this Chapter，other than ediblefats or oils or their fracitions of heading 15.16:
		0		0		0		18	/0/					- Margarine，excluding liquid margarine
														- Other:
														--- Shortening
	0	0	7.5	0	17.5			15	0/0/			0	0	Shortening, made of animal fats or oils (other than edible fats or oils,or their fractions of heading 15.16)
	0	0	7.5	0	17.5			15	0/0/			0	0	Shortening, made of vegetable oils (other than edible fats or oils, or their fractions of heading 15.16)
														--- Other
	0	0	7.5	0	18				0/0/			0	0	Edible mixtures of animal fats or oils or products (other than edible fats or oil or their fractions of heading 15.16)
	0	0	7.5	0	18				0/0/			0	0	Edible mixtures of vegetable fats or oils or products (other than edible fats or oil or their fractions of heading 15.16)
														Animal or vegetable fats and oils and fractions thereof, boiled，oxidized，dehydrated，sulphurized，blown，polymerized by heat in vacuum or in inert gas or otherwise chemically modified,excluding those of heading 15.16;inedible mixtures or preparations of animal or vegetable fats or oils or of fractions of different fats or oils of this Chapter，not elsewhere specified or included:
	0	0	3	0	4	0	9		/0/		0	0	0	Animal or vegetable fats and oils and fractions thereof，boiled，oxidized，dehydrated，sulphurized，blown，polymerized by heat in vacuum or in inert gas or otherwise chemically modified，ex-cluding those of heading 15.16;inedible mixtures or preparations of animal or vegetable fats or oils or of fractions of different fats or oils of this Chapter，not elsewhere specified or included
														Glycerol，crude; glycerol waters and glycerol lyes:
	0	0	6	0	14	0	17.3	12	0/0/			0	0	Glycerol，crude; glycerol waters and glycerol lyes

税　号	货　品　名　称	进口关税 %			增值/消费税%	出口退税%	统计计量单位	监管证件代码	检验检疫类别	协定税率 %		
		最惠国	普通	年内暂定						东盟	亚太	智利
15.21	植物蜡（甘油三酯除外）、蜂蜡、其他虫蜡及鲸蜡，不论是否精制或着色：											
1521.1000	- 植物蜡											
15211000.10	小烛树蜡	20	80		17	15	千克	ABEF	PR/Q	0		0
15211000.90	其他植物蜡	20	80		17	15	千克	AB	PR/QS	0		0
	- 其他：											
1521.9010	--- 蜂蜡	20	80		17	15	千克	AB	PR/QS	0		0
1521.9090	--- 其他											
15219090.10	鲸蜡(不论是否精制或着色)	20	80		17	15	千克	ABEF	P/Q	0		0
15219090.90	其他虫蜡(不论是否精制或着色)	20	80		17	15	千克	AB	P/Q	0		0
15.22	油鞣回收脂；加工处理油脂物质及动、植物蜡所剩的残渣：											
1522.0000	油鞣回收脂；加工处理油脂物质及动、植物蜡所剩的残渣	20	50		17	15	千克	9		0		0

协定税率 %										特惠税率 %				Article Description
巴基斯坦	冰岛	哥斯达黎	秘鲁	新西兰	瑞士	新加坡	韩国	澳大利亚	港澳台	老挝	孟加拉	33 国	7 国	
														Vegetable waxes(other than triglycerides)，beeswax，other insect waxes and spermaceti，whether or not refined or coloured:
														- Vegetable waxes
	0	0	6	0	14	0	17.3	12				0	0	Candelilla wax
	0	0	6	0	14	0	17.3	12				0	0	Other vegetable waxes
														- Other:
	0	0	6	0	14	0	17.3	12				0	0	--- Beeswax
														--- Other
	0	0	6	0	14	0	17.3	12				0	0	Spermaceti, whether or not refined or coloured
	0	0	6	0	14	0	17.3	12				0	0	Other insect waxes, whether or not refined or coloured
														Degras; residues resulting from the treatment of fatty substances of animal or vegetable waxes:
	0	0	6	0	14	0	17.3	12				0	0	Degras; residues resulting from the treatment of fatty substances of animal or vegetable waxes

第四类 食品；饮料、酒及醋；烟草、烟草及烟草代用品的制品

注释：

本类所称“团粒”，是指直接挤压或加入按重量计比例不超过 3% 的粘合剂制成的粒状产品。

第十六章 肉、鱼、甲壳动物、软体动物及其他水生无脊椎动物的制品

注释：

一、本章不包括用第二章、第三章及税目 05.04 所列方法制作或保藏的肉、食用杂碎、鱼、甲壳动物、软体动物或其他水生无脊椎动物。

二、本章的食品按重量计必须含有 20% 以上的香肠、肉、食用杂碎、动物血、鱼、甲壳动物、软体动物或其他水生无脊椎动物及其混合物。对于含有两种或两种以上前述产品的食品，则应按其中重量最大的产品归入第十六章的相应税目。但本条规定不适用于税目 19.02 的包馅食品和税目 21.03 及 21.04 的食品。

子目注释：

一、子目 1602.10 的“均化食品”，是指用肉、食用杂碎或动物血经精细均化制成供婴幼儿食用或营养用的零售包装食品（每件净重不超过 250 克）。为了调味、保藏或其他目的，均化食品中可以加入少量其他配料，还可以含有少量可见的肉粒或食用杂碎粒。归类时该子目优先于税目 16.02 的其他子目。

二、税目 16.04 或 16.05 项下各子目所列的是鱼、甲壳动物、软体动物及其他水生无脊椎动物的俗名，它们与第三章中相同名称的鱼、甲壳动物、软体动物及其他水生无脊椎动物种类范围相同。

税号	货品名称	进口关税 %			增值/消费税%	出口退税%	统计计量单位	监管证件代码	检验检疫类别	协定税率 %		
		最惠国	普通	年内暂定						东盟	亚太	智利
16.01	**肉、食用杂碎或动物血制成的香肠及类似产品；用香肠制成的食品：**											
1601.0010	--- 用天然肠衣做外包装的香肠及类似产品											
16010010.10	濒危野生动物肉、杂碎、血制天然肠衣香肠（含税目 02.08 的野生动物，包括类似品）	15	90		17	0	千克	ABEF	PR/QS	0		0
16010010.90	其他动物肉，杂碎及血制天然肠衣香肠（包括类似品）	15	90		17	15	千克	AB	PR/QS	0		0
1601.0020	--- 其他香肠及类似产品											
16010020.10	濒危野生动物肉、杂碎、血制其他肠衣香肠（含税目 02.08 的野生动物，包括类似品）	15	90		17	0	千克	ABEF	PR/QS	0		0
16010020.90	其他动物肉，杂碎及血制其他肠衣香肠（包括类似品）	15	90		17	15	千克	AB	PR/QS	0		0
1601.0030	--- 用香肠制成的食品											
16010030.10	用含濒危野生动物成分的香肠制的食品（含税目 02.08 的野生动物）	15	90		17	0	千克	ABEF	PR/QS	0		0
16010030.90	用含其他动物成分的香肠制的食品	15	90		17	5/15	千克	AB	PR/QS	0		0
16.02	**其他方法制作或保藏的肉、食用杂碎或动物血：**											
1602.1000	- 均化食品											
16021000.10	含濒危野生动物成分的均化食品（指用肉、食用杂碎或动物血经精细均化制成，零售包装）	15	90		17	0	千克	ABEF	R/S	0		0
16021000.90	其他动物肉或食用杂碎的均化食品（指用肉、食用杂碎或动物血经精细均化制成，零售包装）	15	90		17	15	千克	AB	R/S	0		0
1602.2000	- 动物肝											
16022000.10	制作或保藏的濒危动物肝（第 2、3 章所列方法制作或保藏的除外）	15	90		17	0	千克	ABEF	PR/QS	0		0

SECTION Ⅳ　PREPARED FOODSTUFFS; BEVERAGES, SPIRITS AND VINEGAR; TOBACCO AND MANUFACTURED TOBACCO SUBSTITUTES

Section Notes:

In this Section the term “pellets” means products which have been agglomerated either directly by compression or by the addition of a binder in a proportion not exceeding 3% by weight.

Chapter 16　Preparations of meat, of fish or of crustaceans, ollusks or other aquatic invertebrates

Chapter Notes:

1. This Chapter does not cover meat, meat offal, fish, crustaceans, molluscs or other aquatic invertebrates, prepared or preserved by the processes specified in Chapter 2 or 3 or heading 05.04.

2. Food preparations fall in this Chapter provided that they contain more than 20% by weight of sausage, meat, meat offal, blood, fish or crustaceans, molluscs or other aquatic invertebrates, or any combination thereof. In cases where the preparation contains two or more of the products mentioned above, it is classified in the heading of Chapter 16 corresponding to the component or components which predominate by weight. These provisions do not apply to the stuffed products of heading 19.02 or to the preparations of heading 21.03 or 21.04.

Subheading Notes:

1. For the purposes of subheading 1602.10, the expression “homogenised preparations” means preparations of meat, meat offal or blood, finely homogenised, put up for retail sale as infant food or for dietetic purposes, in containers of a net weight content not exceeding 250g. For the application of this definition no account is to be taken of small quantities of any ingredients which may have been added to the preparation for seasoning, preservation or other purposes. These preparations may contain a small quantity of visible pieces of meat or meat offal. This subheading takes precedence over all other subheadings of heading 16.02.

2. The fish, crustaceans, molluscs and other aquatic invertebrates specified in the subheadings of heading 16.04 or 16.05 under their common names only, are of the same species as those mentioned in Chapter 3 under the same name.

协定税率 %										特惠税率 %				Article Description
巴基斯坦	冰岛	哥斯达黎	秘鲁	新西兰	瑞士	新加坡	韩国	澳大利亚	港澳台	老挝	孟加拉	33 国	7 国	
														Sausages and similar products，of meat，meat offal or blood; food preparations based on these products:
														--- Sausages and similar products,with a natural casing
12	0	0	4.5	0	10.5	0	12	9	0/0/			0	0	Sausages and similar products of meat, meat offal or blood of endangered wild animals, coated with natural casings (including similar products of wild animals of heading 02.08)
12	0	0	4.5	0	10.5	0	12	9	0/0/			0	0	Sausages and similar products of meat, meat offal or blood of other aminals, with natural casing
														--- Other sausages and similar products
12	0	0	4.5	0	10.5	0	12	9	0/0/			0	0	Sausages and similar products of meat, meal offal or blood of endangered wild animals, with other casings (including similar products of wild animals of heading 02.08)
12	0	0	4.5	0	10.5	0	12	9	0/0/			0	0	Sausages and similar products of meat, meat offal or blood of other animals, with other casings
														--- Food preparations based on sausages and similar produts
12	0	0	4.5	0	10.5	0	12	9	/0/			0	0	Food preparations based on sausages, with composition of endangered wild animals (including wild animals of heading 02.08)
12	0	0	4.5	0	10.5	0	12	9	/0/			0	0	Food preparations based on sausages, with composition of other animals
														Other prepared or preserved meat，meat offal or blood:
														- Homogenized preparations
12	0	0	4.5	0	10.5	0	12	9				0	0	Homogenized preparations with compositions of endangered wild animals (finely homogenized meat, meat offal or blood, put up for retail sale)
12	0	0	4.5	0	10.5	0	12	9				0	0	Homogenized preparations of other animals (finely homogenized meat, meat offal or blood, put up for retail sale)
														- Of liver of any animal
12	0	0	4.5	0	10.5	0	12	9	0//			0	0	Liver of endangered animals (other than those of Chapter 2 and 3), prepared or preserved

税号	货品名称	进口关税% 最惠国	普通	年内暂定	增值/消费税%	出口退税%	统计计量单位	监管证件代码	检验检疫类别	协定税率% 东盟	亚太	智利
16022000.90	制作或保藏的其他动物肝(第2、3章所列方法制作或保藏的除外)	15	90		17	15	千克	AB	PR/QS	0		0
	- 税目01.05的家禽的:											
1602.3100	-- 火鸡的	15	90		17	15	千克	AB	PR/QS	0		0
	-- 鸡的:											
1602.3210	--- 罐头	15	90		17	15	千克	AB	PR/QS	0		0
	--- 其他:											
1602.3291	----鸡胸肉	15	90		17	15	千克	AB	PR/QS	0		0
1602.3292	----鸡腿肉	15	90		17	15	千克	AB	PR/QS	0		0
1602.3299	----其他	15	90		17	15	千克	AB	PR/QS	0		0
	-- 其他:											
1602.3910	--- 罐头	15	90		17	15	千克	AB	PR/QS	0		0
	--- 其他:											
1602.3991	----鸭的	15	90		17	5/15	千克	AB	PR/QS	0		0
1602.3999	----其他	15	90		17	15	千克	AB	PR/QS	0		0
	- 猪的:											
1602.4100	-- 后腿及其肉块											
16024100.10	制作或保藏的鹿豚、姬猪后腿及肉块	15	90		17	15	千克	ABEF	PR/QS	0		0
16024100.90	制作或保藏的猪后腿及其肉块	15	90		17	15	千克	AB	PR/QS	0		0
1602.4200	-- 前腿及其肉块											
16024200.10	制作或保藏的鹿豚、姬猪前腿及肉块	15	90		17	15	千克	ABEF	PR/QS	0		0
16024200.90	制作或保藏的猪前腿及其肉块	15	90		17	15	千克	AB	PR/QS	0		0
	-- 其他,包括混合的肉:											
1602.4910	--- 罐头											
16024910.10	其他含鹿豚、姬猪肉及杂碎的罐头	15	90		17	15	千克	ABEF	PR/QS	0		0
16024910.90	其他猪肉及杂碎的罐头	15	90		17	15	千克	AB	PR/QS	0		0
1602.4990	--- 其他											
16024990.10	制作或保藏的其他鹿豚、姬猪肉,杂碎(包括血等)	15	90		17	15	千克	ABEF	PR/QS	0		
16024990.90	制作或保藏的其他猪肉,杂碎,血	15	90		17	15	千克	AB	PR/QS	0		
	- 牛的:											
1602.5010	--- 罐头											
16025010.10	含濒危野牛肉的罐头	12	90		17	0	千克	ABEF	PR/QS	0		0
16025010.90	其他牛肉及牛杂碎罐头(含野牛肉的除外)	12	90		17	15	千克	AB	PR/QS	0		0
1602.5090	--- 其他											
16025090.10	其他制作或保藏的濒危野牛肉、杂碎(包括血等)	12	90		17	0	千克	ABEF	PR/QS	0		0
16025090.90	其他制作或保藏的牛肉,杂碎,血	12	90		17	15	千克	AB	PR/QS	0		0
	- 其他,包括动物血的食品:											
1602.9010	--- 罐头											
16029010.10	其他濒危野生动物肉及杂碎罐头	15	90		17	0	千克	ABEF	PR/QS	0		0
16029010.90	其他肉及杂碎罐头	15	90		17	15	千克	AB	PR/QS	0		0
1602.9090	--- 其他											
16029090.10	制作或保藏的其他濒危野生动物肉(包括杂碎、血)	15	90		17	0	千克	ABEF	PR/QS	0		0
16029090.90	经制作或保藏的其他肉、杂碎及血	15	90		17	15	千克	AB	PR/QS	0		0
16.03	**肉、鱼、甲壳动物、软体动物或其他水生无脊椎动物的精及汁:**											
1603.0000	肉、鱼、甲壳动物、软体动物或其他水生无脊椎动物的精及汁											
16030000.10	含濒危野生动物及鱼类成分的肉(指税目02.08及子目0301.92野生动物及鱼类)	23	90		17	0	千克	ABEF	PR/QS	0		0
16030000.90	肉及水产品的精、汁(水产品指鱼、甲壳动物、软体动物或其他水生无脊椎动物)	23	90		17	15	千克	AB	PR/QS	0		0
16.04	**制作或保藏的鱼;鲟鱼子酱及鱼卵制的鲟鱼子酱代用品:**											
	- 鱼,整条或切块,但未绞碎:											

协定税率 %										特惠税率 %				
巴基斯坦	冰岛	哥斯达黎加	秘鲁	新西兰	瑞士	新加坡	韩国	澳大利亚	港澳台	老挝	孟加拉	33国	7国	**Article Description**
12	0	0	4.5	0	10.5	0	12	9	0//			0	0	Liver of other animals (other than those of Chapter 2 and 3), prepared or preserved
														- Of poultry of heading 01.05:
12	0	0	4.5	0	10.5	0	12	9				0	0	-- Of turkeys
														-- Of fowls of the species Gallus domesticus:
12	0	0	4.5	0	10.5	0	12	9	/0/			0	0	--- In airtight containers
														--- Other:
12	0	0	4.5	0	10.5	0	12	9	0//			0	0	----Chicken breast filets
12	0	0	4.5	0	10.5	0	12	9	0//			0	0	----Chicken leg meat
12	0	0	4.5	0	10.5	0	12	9	0/0/			0	0	----Other
														-- Other:
12	0	0	4.5	0	10.5	0	12	9	/0/			0	0	--- In airtight containers
														--- Other:
12	0	0	4.5	0	10.5	0	12	9	0//			0	0	----Of duck
12	0	0	4.5	0	10.5	0	12	9	/0/			0	0	----Other
														- Of swine:
														-- Hams and cuts thereof
12	0	0	4.5	0	10.5	0	12	9	/0/			0	0	Trail leg and cuts of Babyrousa, Porcula salvania, prepared or preserved
12	0	0	4.5	0	10.5	0	12	9	/0/			0	0	Trail leg and cuts of swine, prepared or preserved
														-- Shoulders and cuts thereof
12	0	0	4.5	0	10.5	0	12	9	/0/			0	0	Shoulders and cuts of Babyrousa, Porcula salvania, prepared or preserved
12	0	0	4.5	0	10.5	0	12	9	/0/			0	0	Shoulders and cuts of swine, prepared or preserved
														-- Other，including mixtures:
														--- In airtight containers
12	0	0	4.5	0	10.5	0	12	9	/0/			0	0	Other meat, meat offal of Babyrousa and Porcula salvania, tinned
12	0	0	4.5	0	10.5	0	12	9	/0/			0	0	Other meat, meat offal of swine, tinned
														--- Other
12	0	0	4.5	0	10.5	0	12	9	0/0/			0	0	Meat, meat offal or blood of Babyrousa, Porcula salvania, prepared or preserved
12	0	0	4.5	0	10.5	0	12	9	0/0/			0	0	Meat, meat offal or blood of other swine, prepared or preserved
														- Of bovine animals:
														--- In airtight containers
6	0	0	3.6	0	8.4	0	9.6	7.2	0/0/			0	0	Meat of endangered wild bovine animals, tinned
6	0	0	3.6	0	8.4	0	9.6	7.2	0/0/			0	0	Other meat, meat offal of bovine animals, tinned (other than those of containing compositions of wild bovine animals)
														--- Other
6	0	0	3.6	0	8.4	0	9.6	7.2	0/0/			0	0	Other meat, meat offal or blood of endangered wild bovine animals, prepared or preserved
6	0	0	3.6	0	8.4	0	9.6	7.2	0/0/			0	0	Other meat, meat offal or blood of bovine animals, prepared or preserved
														- Other，including preparations of blood of any animal:
														--- In airtight containers
12	0	0	4.5	0	10.5	0	12	9	/0/			0	0	Other meat, meat offal of endangered wild animal, tinned
12	0	0	4.5	0	10.5	0	12	9	/0/			0	0	Other meat, meat offal of other animals, tinned
														--- Other
12	0	0	4.5	0	10.5	0	12	9	/0/			0	0	Other meat, meat offal or blood of endangered wild animals, prepared or preserved
12	0	0	4.5	0	10.5	0	12	9	/0/			0	0	Other meat, meat offal or blood of other animals, prepared or preserved
														Extracts and juices of meat，fish or crustaceans，molluscs or other aquatic invertebrates:
														Extracts and juices of meat，fish or crustaceans，molluscs or other aquatic invertebrates
	0	0	6.9	0	16.1	0	20.7	13.8	0//			0	0	Meat containing compositions of endangered wild animals and fish (i.e., those of heading 02.08 or of subheading 0301.92)
	0	0	6.9	0	16.1	0	20.7	13.8	0//			0	0	Extracts and juices of meat, fish or crustaceans, molluscs or other aquatic invertebrates
														Prepared or preserved fish;caviar and caviar substitutes prepared from fish eggs:
														- Fish，whole or in pieces，but not minced:

税号	货品名称	进口关税 % 最惠国	普通	年内暂定	增值/消费税%	出口退税%	统计计量单位	监管证件代码	检验检疫类别	协定税率 % 东盟	亚太	智利
	-- 鲑鱼:											
1604.1110	--- 大西洋鲑鱼	12	90		17	15	千克	AB	PR/QS	0		0
1604.1190	--- 其他											
16041190.10	制作或保藏的川陕哲罗鲑鱼(整条或切块,但未绞碎)	12	90		17	15	千克	ABE	PR/QS	0		0
16041190.20	制作或保藏的秦岭细鳞鲑鱼(整条或切块,但未绞碎)	12	90		17	15	千克	ABE	PR/QS	0		0
16041190.90	制作或保藏的其他鲑鱼	12	90		17	15	千克	AB	PR/QS	0		0
1604.1200	-- 鲱鱼	12	90		17	15	千克	AB	PR/QS	0		0
1604.1300	-- 沙丁鱼、小沙丁鱼属、黍鲱或西鲱	5	90		17	15	千克	AB	PR/QS	0		0
1604.1400	-- 金枪鱼、鲣鱼及狐鲣(狐鲣属)	5	90		17	15	千克	AB	PR/QS	0		0
1604.1500	-- 鲭鱼	12	90		17	15	千克	AB	PR/QS	0		0
1604.1600	-- 鳀鱼	12	90		17	15	千克	AB	PR/QS	0		0
1604.1700	-- 鳗鱼											
16041700.10	制作或保藏的花鳗鲡(整条或切块,但未绞碎)	12	90		17	15	千克	ABE	PR/QS	0	9.9	0
16041700.20	制作或保藏的欧洲鳗鲡(整条或切块,但未绞碎)	12	90		17	15	千克	ABEF	PR/QS	0	9.9	0
16041700.90	其他制作或保藏的鳗鱼(整条或切块,但未绞碎)	12	90		17	15	千克	AB	PR/QS	0	9.9	0
	-- 其他:											
1604.1920	--- 罗非鱼	12	90		17	15	千克	AB	PR/QS	0		0
	--- 叉尾鮰鱼:											
1604.1931	----斑点叉尾鮰鱼	12	90		17	15	千克	AB	PR/QS	0	9.9	0
1604.1939	----其他	12	90		17	15	千克	AB	PR/QS	0	9.9	0
1604.1990	--- 其他											
16041990.10	制作或保藏的濒危鱼类(整条或切块,但未绞碎)	12	90		17	0	千克	ABEF	PR/QS	0	9.9	0
16041990.90	制作或保藏的其他鱼(整条或切块,但未绞碎)	12	90		17	15	千克	AB	PR/QS	0	9.9	0
	- 其他制作或保藏的鱼:											
	--- 罐头:											
1604.2011	----鱼翅											
16042011.10	濒危鲨鱼鱼翅罐头	12	90		17	0	千克	ABEF	PR/QS	0	9.9	0
16042011.90	其他鲨鱼鱼翅罐头	12	90		17	15	千克	AB	PR/QS	0	9.9	0
1604.2019	----其他											
16042019.10	非整条或切块的濒危鱼罐头(鱼翅除外)	12	90		17	0	千克	ABEF	PR/QS	0	9.9	0
16042019.90	非整条或切块的其他鱼罐头(鱼翅除外)	12	90		17	15	千克	AB	PR/QS	0	9.9	0
	--- 其他:											
1604.2091	----鱼翅											
16042091.10	制作或保藏的濒危鲨鱼鱼翅(非整条、非切块、非罐头)	12	90		17	0	千克	ABEF	PR/QS	0	9.9	0
16042091.90	制作或保藏其他鲨鱼鱼翅(非整条、非切块、非罐头)	12	90		17	15	千克	AB	PR/QS	0	9.9	0
1604.2099	----其他											
16042099.10	其他制作或保藏的濒危鱼(非整条、非切块、非罐头,鱼翅除外)	12	90		17	0	千克	ABEF	PR/QS	0	9.9	0
16042099.90	其他制作或保藏的鱼(非整条、非切块、非罐头,鱼翅除外)	12	90		17	15	千克	AB	PR/QS	0	9.9	0
	- 鲟鱼子酱及鲟鱼子酱代用品:											
1604.3100	-- 鲟鱼子酱	12	90		17	15	千克	ABEF	PR/QS	0		0
1604.3200	-- 鲟鱼子酱代用品	12	90		17	15	千克	AB	PR/QS	0		0
16.05	**制作或保藏的甲壳动物、软体动物及其他水生无脊椎动物:**											
1605.1000	- 蟹	5	90		17	15	千克	AB	PR/QS	0		0
	- 小虾及对虾:											
1605.2100	-- 非密封包装	5	90		17	15	千克	AB	PR/QS	0		0
1605.2900	-- 其他	5	90		17	15	千克	AB	PR/QS	0		0
1605.3000	- 龙虾	5	90		17	15	千克	AB	PR/QS	0		0
	- 其他甲壳动物:											
	--- 淡水小龙虾:											

协定税率 %										特惠税率 %				Article Description
巴基斯坦	冰岛	哥斯达黎	秘鲁	新西兰	瑞士	新加坡	韩国	澳大利亚	港澳台	老挝	孟加拉	33 国	7 国	
														-- Salmon:
6	0	0		0		0	9.6	7.2	0//			0	0	--- Atlantic salmon
														--- Other
6	0	0		0		0	9.6	7.2				0	0	Hucho bleekeri , prepared or preserved, whole or in pieces, but not minced
6	0	0		0		0	9.6	7.2				0	0	Qinling lenok, prepared or preserved, whole or in pieces, but not minced
6	0	0		0		0	9.6	7.2				0	0	Other salmon, prepared or preserved
6	0	0	0	0	8.4	0	9.6	7.2				0	0	-- Herrings
0	0	0	0.6	0	0		0	0	/0/		0	0	0	-- Sardines , sardinella, brisling or sprats
0	0	0	0	0	0		0	0	0//		0	0	0	-- Tunas, skipjack or bonito
6	0	0	1.5	0	8.4	0	9.6	7.2				0	0	-- Mackerel
6	0	0	1.5	0	8.4	0	9.6	7.2				0	0	-- Anchovies
														-- Eels
5	0	0		0	8.4	0	9.6	7.2	0//		0	0	0	Marbled eel, prepared or preserved, whole or in pieces, but not minced
5	0	0		0	8.4	0	9.6	7.2	0//		0	0	0	European eel, prepared or preserved, whole or in pieces, but not mined
5	0	0		0	8.4	0	9.6	7.2	0//		0	0	0	Other eels, prepared or preserved, whole or in pieces, but not minced
														-- Other:
6	0	0		0	8.4	0	9.6	7.2	0//			0	0	--- Tilapia
														--- Ictalurus:
5	0	0		0	8.4	0	9.6	7.2	0//		0	0	0	----Channel catfish (Ictalurus punctatus)
5	0	0		0	8.4	0	9.6	7.2	0//		0	0	0	----Other
														--- Other
5	0	0		0	8.4	0	9.6	7.2	0/0/		0	0	0	Endangered fish, prepared or preserved, whole or in pieces, but not minced
5	0	0		0	8.4	0	9.6	7.2	0/0/		0	0	0	Other fish, prepared or preserved, whole or in pieces, but not minced
														- Other prepared or preserved fish:
														--- In airtight containers:
														---- Shark's fin
5	0	0	3.6	0	8.4	0			0/0/			0	0	Endangered shark's fins, tinned
5	0	0	3.6	0	8.4	0			0/0/			0	0	Other shark's fins, tinned
														----Other
5	0	0	3.6	0	8.4	0	9.6	7.2	0/0/			0	0	Endangered fish, not whole nor in pieces, tinned (other than shark's fins)
5	0	0	3.6	0	8.4	0	9.6	7.2	0/0/			0	0	Other fish, not whole nor in pieces, tinned (other than shark's fins)
														--- Other:
														----Shark's fin
5	0	0	3.6	0	8.4	0			0/0/			0	0	Endangered shark's fins, prepared or preserved, not whole nor in pieces, not tinned
5	0	0	3.6	0	8.4	0			0/0/			0	0	Other shark's fins, prepared or preserved, not whole nor in pieces, not tinned
														----Other
5	0	0	3.6	0	8.4	0	9.6	7.2	0/0/			0	0	Other endangered fish, prepared or preserved, not whole nor in pieces, not tinned, other than shark's fins
5	0	0	3.6	0	8.4	0	9.6	7.2	0/0/			0	0	Other fish, prepared or preserved, not whole nor in pieces, not tinned, other than shark's fins
														- Caviar and caviar substitutes:
6	0	0	0	0	8.4	0	9.6	7.2				0	0	-- Caviar
6	0	0	0	0	8.4	0	9.6	7.2				0	0	-- Caviar substitutes
														Crustaceans,molluscs and other aquatic invertebrates, prepared or preserved:
0	0	0	0	0	0		0	0	0//		0	0	0	- Crab
														- Shrimps and prawns:
0	0	0	0	0	0		0	0	0//		0	0	0	-- Not in airtight container
0	0	0	0	0	0		0	0	0//		0	0	0	-- Other
0	0	0	0	0	0		0	0	0//		0	0	0	- Lobster
														- Other crustaceans:
														--- Freshwater crawfish:

税号	货品名称	进口关税 %			增值/消费税%	出口退税%	统计计量单位	监管证件代码	检验检疫类别	协定税率 %		
		最惠国	普通	年内暂定						东盟	亚太	智利
1605.4011	----虾仁	5	90		17	15	千克	AB	PR/QS	0		0
1605.4019	----其他	5	90		17	15	千克	AB	PR/QS	0		0
1605.4090	--- 其他	5	90		17	15	千克	AB	PR/QS	0		0
	- 软体动物:											
1605.5100	-- 牡蛎(蚝)	5	90		17	15	千克	AB	PR/QS	0	3.9	0
1605.5200	-- 扇贝,包括海扇											
16055200.10	制作或保藏的大珠母贝	5	90		17	15	千克	ABE	PR/QS	0	3.9	0
16055200.90	其他制作或保藏的扇贝,包括海扇	5	90		17	15	千克	AB	PR/QS	0	3.9	0
1605.5300	-- 贻贝	5	90		17	15	千克	AB	PR/QS	0	3.9	0
1605.5400	-- 墨鱼及鱿鱼	5	90		17	15	千克	AB	PR/QS	0	3.9	0
1605.5500	-- 章鱼	5	90		17	15	千克	AB	PR/QS	0	3.9	0
	-- 蛤、鸟蛤及舟贝:											
1605.5610	--- 蛤	5	90		17	5/15	千克	AB	PR/QS	0	3.9	0
1605.5620	--- 鸟蛤及舟贝											
16055620.10	制作或保藏的砗磲	5	90		17	15	千克	ABEF	PR/QS	0	3.9	0
16055620.90	其他制作或保藏的鸟蛤及舟贝	5	90		17	15	千克	AB	PR/QS	0	3.9	0
1605.5700	-- 鲍鱼	5	90		17	15	千克	AB	PR/QS	0	3.9	0
1605.5800	-- 蜗牛及螺,海螺除外											
16055800.10	制作或保藏的濒危蜗牛及螺,海螺除外	5	90		17	0	千克	ABEF	PR/QS	0	3.9	0
16055800.90	其他制作或保藏的蜗牛及螺,海螺除外	5	90		17	15	千克	AB	PR/QS	0	3.9	0
1605.5900	-- 其他											
16055900.10	其他制作或保藏的濒危软体动物	5	90		17	0	千克	ABEF	PR/QS	0	3.9	0
16055900.90	其他制作或保藏的软体动物	5	90		17	15	千克	AB	PR/QS	0	3.9	0
	- 其他水生无脊椎动物:											
1605.6100	-- 海参											
16056100.10	制作或保藏的暗色刺参	5	90		17	15	千克	ABEF	PR/QS	0	3.9	0
16056100.90	其他制作或保藏的海参	5	90		17	15	千克	AB	PR/QS	0	3.9	0
1605.6200	-- 海胆	5	90		17	15	千克	AB	PR/QS	0	3.9	0
1605.6300	-- 海蜇	15	90		17	5/15	千克	AB	PR/QS	0		0
1605.6900	-- 其他											
16056900.10	其他制作或保藏的濒危水生无脊椎动物	5	90		17	0	千克	ABEF	PR/QS	0	3.9	0
16056900.90	其他制作或保藏的水生无脊椎动物	5	90		17	15	千克	AB	PR/QS	0	3.9	0

协定税率 %										特惠税率 %				Article Description
巴基斯坦	冰岛	哥斯达黎	秘鲁	新西兰	瑞士	新加坡	韩国	澳大利亚	港澳台	老挝	孟加拉	33 国	7 国	
0	0	0	0	0	0		0	0			0	0	0	----Shelled
0	0	0	0	0	0		0	0			0	0	0	----Other
0	0	0	0	0	0		0	0	/0/		0	0	0	--- Other
														- Molluscs:
0	0	0	0.6	0	0		0	0	0/0/		0	0	0	-- Oysters:
														-- Scallops, including queen scallops
0	0	0	0.6	0	0		0	0	0/0/		0	0	0	Pearloysters, prepared or preserved
0	0	0	0.6	0	0		0	0	0/0/		0	0	0	Other scallops, including queen scallops, prepared or preserved
0	0	0	0.6	0	0		0	0	0/0/		0	0	0	-- Mussels（Mytilus spp., Perna spp.）
0	0	0	0.6	0	0		0	0	0/0/		0	0	0	-- Cuttle fish and squid
0	0	0	0.6	0	0		0	0	0/0/		0	0	0	-- Octopus
														- Clams, cockles and arkshells:
0	0	0		0	0		0	0	0//		0	0	0	--- Clams
														--- Cockles and arkshells
0	0	0	0.6	0	0		0	0	0/0/		0	0	0	Tridacna, prepared or preserved
0	0	0	0.6	0	0		0	0	0/0/		0	0	0	Other cockles and ark shells, prepared or preserved
0	0	0	0.6	0	0		0	0	0/0/		0	0	0	-- Abalone
														-- Snails, other than sea snails
0	0	0	0.6	0	0		0	0	0/0/		0	0	0	Endangered snails, other than sea snails , prepared or preserved
0	0	0	0.6	0	0		0	0	0/0/		0	0	0	Other snails, other than sea snails, prepared or preserved
														-- Other
0	0	0	0.6	0	0		0	0	0/0/		0	0	0	Other endangered molluscs, prepared or preserved
0	0	0	0.6	0	0		0	0	0/0/		0	0	0	Other molluscs, prepared or preserved
														- Other aquatic invertebrates:
														-- Sea cucumbers
0	0	0	0.6	0	0		0	0	0/0/		0	0	0	Isostichopus fuscus , prepared or preserved
0	0	0	0.6	0	0		0	0	0/0/		0	0	0	Other sea cucumbers, prepared or preserved
0	0	0	0.6	0	0		0	0	0/0/		0	0	0	-- Sea urchins
12	0	0		0	10.5	0	12	9	0//		0	0	0	-- Jelly fish
														-- Other
0	0	0	0.6	0	0		0	0	0/0/		0	0	0	Other endangered aquatic invertebrates , prepared or preserved
0	0	0	0.6	0	0		0	0	0/0/		0	0	0	Other aquatic invertebrates, prepared or preserved

第十七章 糖及糖食

注释：

本章不包括：

一、含有可可的糖食（税目 18.06）；

二、税目 29.40 的化学纯糖（蔗糖、乳糖、麦芽糖、葡萄糖及果糖除外）及其他产品；或

三、第三十章的药品及其他产品。

子目注释：

一、子目 1701.12、1701.13 及 1701.14 所称“原糖”，是指按重量计干燥状态的蔗糖含量对应的旋光读数低于 99.5° 的糖。

二、子目 1701.13 仅包括非离心甘蔗糖，其按重量计干燥状态的蔗糖含量对应的旋光读数不低于 69° 但低于 93°。该产品仅含肉眼不可见的不规则形状天然他形微晶，外被糖蜜残余及其他甘蔗成分。

税号	货品名称	进口关税 %			增值/消费税%	出口退税%	统计计量单位	监管证件代码	检验检疫类别	协定税率 %		
		最惠国	普通	年内暂定						东盟	亚太	智利
17.01	固体甘蔗糖、甜菜糖及化学纯蔗糖：											
	- 未加香料或着色剂的原糖：											
1701.1200	-- 甜菜糖											
17011200.01	未加香料或着色剂的甜菜原糖[按重量计干燥状态的糖含量低于旋光读数 99.5 度(配额内)]	15	125		17	15	千克	ABt	MPR/QS			
17011200.90	未加香料或着色剂的甜菜原糖[按重量计干燥状态的糖含量低于旋光读数 99.5 度(配额外)]	50	125		17	15	千克	7AB	MPR/QS			
1701.1300	-- 本章子目注释二所述的甘蔗糖											
17011300.01	未加香料或着色剂的本章子目注释二所述的甘蔗原糖[按重量计干燥状态的蔗糖含量对应的旋光读数不低于 69 度，但低于 93 度(配额内)]	15	125		17	15	千克	ABt	MPR/QS			
17011300.90	未加香料或着色剂的本章子目注释二所述的甘蔗原糖[按重量计干燥状态的蔗糖含量对应的旋光读数不低于 69 度，但低于 93 度(配额外)]	50	125		17	15	千克	7AB	MPR/QS			
1701.1400	-- 其他甘蔗糖											
17011400.01	未加香料或着色剂其他甘蔗原糖[按重量计干燥状态的糖含量低于旋光读数 99.5 度(配额内)]	15	125		17	15	千克	ABt	MPR/QS			
17011400.90	未加香料或着色剂其他甘蔗原糖[按重量计干燥状态的糖含量低于旋光读数 99.5 度(配额外)]	50	125		17	15	千克	7AB	MPR/QS			
	- 其他：											
1701.9100	-- 加有香料或着色剂											
17019100.01	加有香料或着色剂的糖[指甘蔗糖、甜菜糖及化学纯蔗糖(配额内)]	15	125		17	15	千克	ABt	R/S			
17019100.90	加有香料或着色剂的糖[指甘蔗糖、甜菜糖及化学纯蔗糖(配额外)]	50	125		17	15	千克	7AB	R/S			
	-- 其他：											
1701.9910	--- 砂糖											
17019910.10	砂糖(配额内)	15	125		17	15	千克	ABt	MR/S			
17019910.90	砂糖(配额外)	50	125		17	15	千克	7AB	MR/S			
1701.9920	--- 绵白糖											
17019920.01	绵白糖(配额内)	15	125		17	15	千克	ABt	R/S			
17019920.90	绵白糖(配额外)	50	125		17	15	千克	7AB	R/S			
1701.9990	--- 其他											
17019990.01	其他精制糖(配额内)	15	125		17	15	千克	ABt	R/S			
17019990.90	其他精制糖(配额外)	50	125		17	15	千克	7AB	R/S			

Chapter 17　Sugars and sugar confectionery

Chapter Notes:

This Chapter does not cover:

1. Sugar confectionery containing cocoa(heading 18.06);
2. Chemically pure sugars(other than sucrose, lactose, maltose, glucose and fructose) or other products of heading 29.40; or
3. Medicaments or other products of Chapter 30.

Subheading Notes:

1. For the purposes of subheadings 1701.12, 1701.13 and 1701.14, "raw sugar" means sugar whose content of sucrose by weight, in the dry state, corresponds to a polarimeter reading of less than 99.5 °.
2. Subheading 1701.13 covers only cane sugar obtained without centrifugation, whose content of sucrose by weight, in the dry state, corresponds to a polarimeter reading of 69° or more but less than 93°.The product contains only natural anhedral microcrystals, of irregular shape, not visible to the naked eye, which are surrounded by residues of molasses and other constituents of sugar cane.

协定税率 %										特惠税率 %				Article Description
巴基斯坦	冰岛	哥斯达黎	秘鲁	新西兰	瑞士	新加坡	韩国	澳大利亚	港澳台	老挝	孟加拉	33 国	7 国	
														Cane or beet sugar and chemically pure sucrose，in solid form:
														- Raw sugar not containing added flavouring or colouring matter:
														-- Beet sugar
														Raw beet sugar, whose content of sucrose by weight, in the dry state, corresponds to a polarimeter reading of less than 99.5 °, not containing added flavouring or colouring matter (in-quota)
														Raw beet sugar, whose content of sucrose by weight, in the dry state, corresponds to a polarimeter reading of less than 99.5 °, not containing added flavouring or colouring matter (out-of-quota)
														-- Cane sugar specified in subheading note 2 of this chapter
														Raw cane sugar described in Note 2 of this Chapter, not containing added flavouring or colouring matter, whose content of sucrose by weight, in the dry state, corresponds to a polarimeter reading of 69° or more but less than 93 ° (in-quota)
														Raw cane sugar described in the Note2 of this Chapter, not containing added flavouring or colouring matter, whose content of sucrose by weight, in the dry state, corresponds to a polarimeter reading of 69° or more but less than 93 ° (out-of--quota)
														-- Other cane sugar
														Other raw cane sugar ,whose content of sucrose by weight, in the dry state, corresponds to a polarimeter reading of less than 99.5°, not containing added flavouring or colouring matter (in-quota))
														Other raw cane sugar ,whose content of sucrose by weight, in the dry state, corresponds to a polarimeter reading of less than 99.5°, not containing added flavouring or colouring matter (out-of-quota))
														- Other:
														-- Containing added flavouring or colouring matter
														Sugar (referring to cane or beet sugar and chemically pure sucrose), containing added flavouring or colouring matter (in-quota)
														Sugar (referring to cane or beet sugar and chemically pure sucrose), containing added flavouring, colouring matter (out-of-quota)
														-- Other:
														--- Granulated sugar
														Granulated sugar (in-quota)
														Granulated sugar (out-of-quota)
														--- Superfine sugar
														Superfine sugar (in-quota)
														Superfine sugar (out-of-quota)
														--- Other
														Other refined sugar (in-quota)
														Other refined sugar (out-of-quota)

税号	货品名称	进口关税 % 最惠国	普通	年内暂定	增值/消费税%	出口退税%	统计计量单位	监管证件代码	检验检疫类别	协定税率 % 东盟	亚太	智利
17.02	其他固体糖，包括化学纯乳糖、麦芽糖、葡萄糖及果糖；未加香料或着色剂的糖浆；人造蜜，不论是否掺有天然蜂蜜；焦糖：											
	- 乳糖及乳糖浆：											
1702.1100	-- 按重量计干燥无水乳糖含量在99%及以上	10	80		17	15	千克	AB	R/S	0		0
1702.1900	-- 其他	10	80		17	15	千克	AB	R/S	0		0
1702.2000	- 槭糖及槭糖浆	30	80		17	15	千克	AB	R/S	0		0
1702.3000	- 葡萄糖及葡萄糖浆，不含果糖或按重量计干燥状态的果糖含量在20%以下	30	80		17	15	千克	AB	R/S	0		0
1702.4000	- 葡萄糖及葡萄糖浆，按重量计干燥状态的果糖含量在20%及以上，但在50%以下，转化糖除外	30	80		17	15	千克	AB	R/S	0		0
1702.5000	- 化学纯果糖	30	80		17	15	千克	AB	R/S	0		0
1702.6000	- 其他果糖及果糖浆，按重量计干燥状态的果糖含量在50%以上，转化糖除外	30	80		17	15	千克	AB	R/S	0		0
1702.9000	- 其他，包括转化糖及其他按重量计干燥状态的果糖含量为50%的糖及糖浆混合物											
17029000.10	人造蜜	30	80		17	15	千克	AB	R/S	0		0
17029000.90	其他固体糖，焦糖(包括转化糖及按重量计干燥状态果糖含量50%的糖、糖浆)	30	80		17	15	千克	AB	R/S	0		0
17.03	制糖后所剩的糖蜜：											
1703.1000	- 甘蔗糖蜜	8	50		17	15	千克	ABP	R/S	0		0
1703.9000	- 其他	8	50		17	15	千克	ABP	R/S	0		0
17.04	不含可可的糖食（包括白巧克力）：											
1704.1000	- 口香糖，不论是否裹糖	12	50		17	15	千克	AB	R/S	0	9.5	0
1704.9000	- 其他	10	50		17	15	千克	AB	R/S	0	8.2	0

协定税率 %										特惠税率 %				Article Description
巴基斯坦	冰岛	哥斯达黎	秘鲁	新西兰	瑞士	新加坡	韩国	澳大利亚	港澳台	老挝	孟加拉	33 国	7 国	
														Other sugars，including chemically pure lactose，maltose，glucose and fructose，in solid form; sugar syrups not containing added flavouring or colouring matter; artificial honey,whether or not mixed with natural honey; caramel:
														- Lactose and lactose syrup:
5		0	0	0	4	0	8	6	/0/		0	0	0	-- Containing by weight 99% or more lactose，expressed as anhydrous lactose，calculated on the dry matter
5		0	0	0	4	0	8	6	/0/		0	0	0	-- Other
		0	9	0		0	27	18	/0/			0		- Maple sugar and maple syrup
		0	9	0		0		18	0/0/			0		- Glucose and glucose syrup，not containing fructose or containing in the dry state less than 20% by weight of fructose
		0	9	0		0		18	/0/			0		- Glucose and glucose syrup，containing in the dry state at least 20% but less than 50% by weight of fructose,excluding invert sugar
	0	0	9	0		0		18	/0/			0		- Chemically pure fructose
	0	0	9	0		0		18	/0/			0		- Other fructose and fructose syrup, containing in the dry state more than 50% by weight of fructose，excluding invert sugar
														- Other，including invert sugar and other sugar and sugar syrup blends containing in the dry state more than 50% by weight of fructose
	0	0	17.6	0	21.6	0		18	0/0/		0	0	0	Artificial honey
	0	0	17.6	0	21.6	0		18	0/0/		0	0	0	Other sugars in solid form, caramel, including invert sugar and other sugar and syrup containing in the dry state 50% by weight of fructose
														Molasses resulting from the extraction or refining or sugar:
5	0	0	0	0	3.2		4.8	4.8			0	0	0	- Cane molasses
5	0	0	0	0	3.2		4.8	4.8			0	0	0	- Other
														Sugar confectionery(including white chocolate)，not containing cocoa:
5	0	0	7.1	0	8.4	0		7.2	0//		0	0	0	- Chewing gum，whether or not sugarcoated
8.2	0	0	3	0	0	0	9	6	0/0/		0	0	0	- Other

第十八章 可可及可可制品

注释：

一、本章不包括税目 04.03、19.01、19.04、19.05、21.05、22.02、22.08、30.03、30.04 的制品。

二、税目 18.06 包括含有可可的糖食及注释一以外的其他含可可的食品。

税号	货品名称	进口关税 %			增值/消费税%	出口退税%	统计计量单位	监管证件代码	检验检疫类别	协定税率 %		
		最惠国	普通	年内暂定						东盟	亚太	智利
18.01	**整颗或破碎的可可豆，生的或焙炒的：**											
1801.0000	整颗或破碎的可可豆，生的或焙炒的	8	30	2	17	5/15	千克	AB	MPR/QS	0		0
18.02	**可可荚、壳、皮及废料：**											
1802.0000	可可荚、壳、皮及废料	10	30		17	5	千克	AB	P/QS	0		0
18.03	**可可膏，不论是否脱脂：**											
1803.1000	- 未脱脂	10	30		17	15	千克	AB	R/S	0		0
1803.2000	- 全脱脂或部分脱脂	10	30		17	15	千克	AB	R/S	0		0
18.04	**可可脂、可可油：**											
1804.0000	可可脂、可可油											
18040000.10	可可脂	22	70		17	15	千克	AB	R/S	0		0
18040000.90	可可油	22	70		17	15	千克	AB	R/S	0		0
18.05	**未加糖或其他甜物质的可可粉：**											
1805.0000	未加糖或其他甜物质的可可粉	15	40		17	15	千克	AB	PR/QS	0		0
18.06	**巧克力及其他含可可的食品：**											
1806.1000	- 加糖或其他甜物质的可可粉	10	50		17	15	千克	AB	PR/QS	0		0
1806.2000	- 其他重量超过 2 千克的块状或条状含可可食品，或液状、膏状、粉状、粒状或其他散装形状的含可可食品，容器包装或内包装每件净重超过 2 千克的	10	50		17	15	千克	AB	R/S	0	7.7	0
	- 其他块状或条状的含可可食品：											
1806.3100	-- 夹心	8	50		17	15	千克	AB	R/S	0	6.4	0
1806.3200	-- 不夹心	10	50		17	15	千克	AB	R/S	0	7.7	0
1806.9000	- 其他	8	50		17	15	千克	AB	R/S	0	6.4	0

Chapter 18　Cocoa and cocoa preparations

Chapter Notes:

1. This Chapter does not cover the preparations of heading 04.03, 19.01, 19.04, 19.05, 21.05, 22.02, 22.08, 30.03 or 30.04.

2. Heading 18.06 includes sugar confectionery containing cocoa and, subject to Note 1 to this Chapter, other food preparations containing cocoa.

协定税率 %										特惠税率 %				Article Description
巴基斯坦	冰岛	哥斯达黎	秘鲁	新西兰	瑞士	新加坡	韩国	澳大利亚	港澳台	老挝	孟加拉	33 国	7 国	
														Cocoa beans，whole or broken，raw or roasted:
5	0	0	0	0	3.2		4.8	4.8			0	0	0	Cocoa beans，whole or broken，raw or roasted
														Cocoa shells，husks，skins and other cocoa waste:
5	0	0	0	0	4	0	8	6			0	0	0	Cocoa shells，husks，skins and other cocoa waste
														Cocoa paste,whether or not defatted:
5	0	0	0	0	4		8	6				0	0	- Not defatted
5	0	0	0	0	4		8	6				0	0	- Wholly or partly defatted
														Cocoa butter，fat and oil:
														Cocoa butter，fat and oil
	0	0	6.6	0	15.4		19.8	13.2			0	0	0	Cocoa butter
	0	0	6.6	0	15.4		19.8	13.2			0	0	0	Cocoa oil
														Cocoa powder，not containing added sugar or other sweetening matter:
12	0	0	4.5	0	10.5		12	9				0	0	Cocoa powder，not containing added sugar or other sweetening matter
														Chocolate and other food preparations containing cocoa:
5	0	0	3	0	4		8	6				0	0	- Cocoa powder，containing added sugar or other sweetening matter
5	0	0	3	0	0	0	8	6	0/0/			0	0	- Other preparations in blocks，slabs or bars weighing more than 2kg or in liquid，paste，powder，granular or other bulk form in containers or immediate packings，of a content exceeding 2kg
														- Other，in blocks,slabs or bars:
5	0	0	0	0	3.2		6.9	4.8	0/0/		0	0	0	-- Filled
5	0	0	3	0	0	0	8.6	6	0/0/			0	0	-- Not filled
5	0	0	0	0	5.6		6.9	4.8	0/0/		0	0	0	- Other

第十九章　谷物、粮食粉、淀粉或乳的制品；糕饼点心

注释：

一、本章不包括：

（一）按重量计含香肠、肉、食用杂碎、动物血、鱼、甲壳动物、软体动物、其他水生无脊椎动物及其混合物超过 20% 的食品（第十六章），但税目 19.02 的包馅食品除外；

（二）用粮食粉或淀粉制的专作动物饲料用的饼干及其他制品（税目 23.09）；或

（三）第三十章的药品及其他产品。

二、税目 19.01 所称：

（一）“粗粒”是指第十一章的谷物粗粒；

（二）“细粉”及“粗粉”，是指：

1. 第十一章的谷物细粉及粗粉；以及

2. 其他章所列植物的细粉、粗粉及粉末，但不包括干蔬菜、马铃薯和干豆类的细粉、粗粉及粉末（应分别归入税目 07.12、11.05 和 11.06）。

三、税目 19.04 不包括按重量计全脱脂可可含量超过 6% 或用巧克力完全包裹的食品或税目 18.06 的其他含可可食品（税目 18.06）。

四、税目 19.04 所称“其他方法制作的”，是指制作或加工程度超过第十章或第十一章各税目或注释所规定范围的。

税号	货品名称	进口关税 %			增值/消费税%	出口退税%	统计计量单位	监管证件代码	检验检疫类别	协定税率 %		
		最惠国	普通	年内暂定						东盟	亚太	智利
19.01	麦精；细粉、粗粒、粗粉、淀粉或麦精制的其他税目未列名的食品，不含可可或按重量计全脱脂可可含量低于 40%；税目 04.01 至 04.04 所列货品制的其他税目未列名的食品，不含可可或按重量计全脱脂可可含量低于 5%：											
	- 供婴幼儿食用的零售包装食品：											
1901.1010	--- 配方奶粉	15	40	5	17	15	千克	7AB	R/S	0		0
1901.1090	--- 其他	15	40	5	17	15	千克	AB	R/S	0		0
1901.2000	- 供烘焙税目 19.05 所列面包糕饼用的调制品及面团	25	80		17	5/15	千克	AB	R/S	0		0
1901.9000	- 其他	10	80	5	17	15	千克	AB	R/S	0		0
19.02	面食，不论是否煮熟、包馅（肉馅或其他馅）或其他方法制作，例如，通心粉、面条、汤团、馄饨、饺子、奶油面卷；古斯古斯面食，不论是否制作：											
	- 生的面食，未包馅或未经其他方法制作：											
1902.1100	-- 含蛋	15	80		17	5	千克	AB	PR/QS	0		0
1902.1900	-- 其他	15	80		17	5/15	千克	AB	PR/QS	0		0
1902.2000	- 包馅面食，不论是否烹煮或经其他方法制作	15	80		17	5/15	千克	AB	PR/QS	0		0
	- 其他面食：											
1902.3010	--- 米粉干	15	80		17	5	千克	AB	PR/QS	0		0
1902.3020	--- 粉丝	15	80		17	15	千克	AB	PR/QS	0		0
1902.3030	--- 即食或快熟面条	15	80		17	5/15	千克	AB	PR/QS	0	13.1	0
1902.3090	--- 其他	15	80		17	5/15	千克	AB	PR/QS	0	13.1	0
1902.4000	- 古斯古斯面食	25	80		17	5/15	千克	AB	R/S	0		0
19.03	珍粉及淀粉制成的珍粉代用品，片、粒、珠、粉或类似形状的：											
1903.0000	珍粉及淀粉制成的珍粉代用品，片、粒、珠、粉或类似形状的	15	80		17	15	千克	AB	R/S	0		0
19.04	谷物或谷物产品经膨化或烘炒制成的食品（例如，玉米片）；其他税目未列名的预煮或经其他方法制作的谷粒（玉米除外）、谷物片或经其他加工的谷粒（细粉、粗粒及粗粉除外）：											
1904.1000	- 谷物或谷物产品经膨化或烘炒制成的食品	25	80		17	15	千克	AB	R/S	0		0

Chapter 19 Preparations of cereals, flour, starch or milk; Pastrycooks' products

Chpter Notes:

1. This Chapter does not cover:

   (a) Except in the case of stuffed products of heading 19.02, food preparations containing more than 20% by weight of sausage, meat, meat offal, blood, fish or crustaceans, molluscs or other aquatic invertebrates, or any combination thereof (Chapter 16);

   (b) Biscuits or other articles made from flour or from starch, specially prepared for use in animal feeding (heading 23.09); or

   (c) Medicaments or other products of Chapter 30.

2. For the purposes of heading 19.01:

   (a) The term "groats" means cereal groats of Chapter 11;

   (b) The term "flour" and "meal" mean:

      (i) Cereal flour and meal of Chapter 11, and

      (ii) Flour, meal and power of vegetable origin of any Chapter, other than flour, meal or powder of dried vegetables (heading 07.12), of potatoes (heading 11.05) or of dried leguminous vegetables (heading 11.06).

3. Heading 19.04 does not cover preparations containing more than 6% by weight of cocoa calculated on a totally defatted basis or completely coated with chocolate or other food preparations containing cocoa of heading 18.06 (heading 18.06).

4. For the purposes of heading 19.04, the expression "otherwise prepared" means prepared or processed to an extent beyond that provided for in the headings of or Notes to Chapter 10 or 11.

协定税率 %										特惠税率 %				Article Description
巴基斯坦	冰岛	哥斯达黎	秘鲁	新西兰	瑞士	新加坡	韩国	澳大利亚	港澳台	老挝	孟加拉	33 国	7 国	
														Malt extract;food preparations of flour,groats,meal,starch or malt extract,not containing cocoa or containing less than 40% by weight of cocoa calculated on a totally defatted basis,not elsewhere specified or included;food preparations of goods of headings No.04.01 to 04.04,not containing cocoa or containing less than 5% by weight of cocoa calculated on a totally defatted basis,not elsewhere specified or included:
														- Preparations for infant use, put up for retail sale:
12	0	0	4.5	0	10.5	0		9	/0/			0	0	--- Powdered formulas
12	0	0	4.5	0	10.5	0		9	/0/			0	0	--- Other
	0	0	7.5	0	17.5	0	22.5	15	0/0/			0	0	- Mixes and doughs for the pre-paration of bakers wares of heading 19.05
5	0	0	3	0	4	0	8.6	6	0/0/			0	0	- Other
														Pasta, whether or not cooked or stuffed(with meat or other sub- stances) or otherwise prepared, such as spaghetti, macaroni, noodles,lasagne, gnocchi, ravioli, cannelloni; couscous, whether or not prepared:
														- Uncooked pasta, not stuffed or other wise prepared:
12		0	4.5	0	10.5	0	12	9	0/0/		0	0	0	-- containing eggs
12		0	4.5	0	10.5	0	13	9	0/0/		0	0	0	-- Other
12	0	0	4.5	0		0	13	9	0/0/		0	0	0	- Stuffed pasta, whether or not cooked or otherwise prepared
														- Other pasta:
12	0	0	4.5	0	10.5	0	12	9	/0/			0	0	--- Rice vermicelli, cooked
12	0	0	4.5	0	10.5	0	12	9	/0/			0	0	--- Bean vermicelli, cooked
7.5	0	0	4.5	0	10.5	0	13.5	9	0/0/		0	0	0	--- Instant noodle
7.5	0	0	4.5	0		0	13	9	0/0/			0	0	--- Other
	0	0	7.5	0	17.5	0	22.5	15	/0/			0	0	- Couscous
														Tapioca and substitutes therefor prepared from starch,in the form of flakes,grains,pearls,siftings or in similar forms:
12	0	0	4.5	0	10.5	0	12	9	/0/		0	0	0	Tapioca and substitutes therefor prepared from starch, in the form of flakes, grains, pearls, siftings or in similar forms
														Prepared foods obtained by the swelling or roasting of cereals or cerealproducts (for example, corn flakes); cereals (other than maize (corn)) in grain form or in the form of flakes or other worked grains (except flour, groats and meal), precooked or otherwise prepared, not elsewhere specified or included:
	0	0	7.5	0	18.8	0	22.5	15	/0/			0	0	- Prepared foods obtained by the swelling or roasting of cereals or cereal products

税　号	货品名称	进口关税 %			增值/消费税%	出口退税%	统计计量单位	监管证件代码	检验检疫类别	协定税率 %		
		最惠国	普通	年内暂定						东盟	亚太	智利
1904.2000	- 未烘炒谷物片制成的食品及未烘炒的谷物片与烘炒的谷物片或膨化的谷物混合制成的食品	30	80		17	15	千克	AB	PR/QS	0		0
1904.3000	- 碾碎的干小麦	30	80		17	15	千克	AB	PR/QS	0		0
1904.9000	- 其他	30	80		17	15	千克	AB	PR/QS	0		0
19.05	**面包、糕点、饼干及其他烘焙糕饼，不论是否含可可；圣餐饼、装药空囊、封缄、糯米纸及类似制品：**											
1905.1000	- 黑麦脆面包片	20	80		17	15	千克	AB	R/S	0		0
1905.2000	- 姜饼及类似品	20	80		17	15	千克	AB	R/S	0		0
	- 甜饼干；华夫饼及圣餐饼：											
1905.3100	-- 甜饼干	15	80		17	15	千克	AB	R/S	0	12.4	0
1905.3200	-- 华夫饼及圣餐饼	15	80		17	15	千克	AB	R/S	0	12.4	0
1905.4000	- 面包干、吐司及类似的烤面包	20	80		17	15	千克	AB	R/S	0		0
1905.9000	- 其他	20	80		17	15	千克	AB	R/S	0	17.1	0

协定税率 %										特惠税率 %				Article Description
巴基斯坦	冰岛	哥斯达黎	秘鲁	新西兰	瑞士	新加坡	韩国	澳大利亚	港澳台	老挝	孟加拉	33国	7国	
	0	0	16	0	12	0	27	18	0//			0		- Prepared foods obtained from unroasted cereal flakes or from mixtures of unroasted cereal flakes and roasted cereal flakes or swelled cereals
	0	0	16	0		0	27	18	/0/			0		- Bulgur wheat
	0	0	12.5	0	12	0	27	18	0/0/			0		- Other
														Bread, pastry, cakes, biscuits and other bakers wares, whether or not containing cocoa; communion wafers,empty cachets of a kind suitable for pharmaceutical use, sealing wafers, rice paper and similar products:
	0	0	6	0	14	0	17.3	12	/0/			0	0	- Crispbread
	0	0	6	0	14	0	17.3	12	/0/			0	0	- Gingerbread and the like
														- Sweet biscuits;waffles and wafers:
12.4	0	0	4.5	0	11.3	0	13	9	0/0/	7.5	0	0	0	-- Sweet biscuits
7.5	0	0	4.5	0	0	0	13	9	0/0/	7.5	0	0	0	-- Waffles and wafers
		0	6	0	14	0	17.3	12	/0/			0	0	- Rusks, toasted bread and similar toasted products
16	0	0	6	0	14	0	18	12	0/0/	10	10	0	0	- Other

第二十章 蔬菜、水果、坚果或植物其他部分的制品

注释：

一、本章不包括：

（一）用第七章、第八章或第十一章所列方法制作或保藏的蔬菜、水果或坚果；

（二）按重量计含香肠、肉、食用杂碎、动物血、鱼、甲壳动物、软体动物、其他水生无脊椎动物及其混合物超过20%的食品（第十六章）；

（三）税目19.05的烘焙糕饼及其他制品；或

（四）税目21.04的均化混合食品。

二、税目20.07及20.08不包括制成糖食的果冻、果膏、糖衣杏仁或类似品（税目17.04）及巧克力糖食（税目18.06）。

三、税目20.01、20.04及20.05仅酌情包括用本章注释一（一）以外的方法制作或保藏的第七章或税目11.05、11.06的产品（第八章产品的细粉、粗粉除外）。

四、干重量在7%及以上的番茄汁归入税目20.02。

五、税目20.07所称"烹煮制成的"，是指在常压或减压状态下，通过减少产品中的水分或其他方法增加产品粘稠度的热处理制得的。

六、税目20.09所称"未发酵及未加酒精的水果汁"，是指按容量计酒精浓度（标准见第二十二章注释二）不超过0.5%的水果汁。

子目注释：

一、子目2005.10所称"均化蔬菜"，是指蔬菜经精细均化制成供婴幼儿食用或营养用的零售包装食品（每件净重不超过250克）。为了调味、保藏或其他目的，均化蔬菜中可以加入少量其他配料，还可以含有少量可见的蔬菜粒。归类时，子目2005.10优先于税目20.05的其他子目。

二、子目2007.10所称"均化食品"，是指果实经精细均化制成供婴幼儿食用或营养用的零售包装食品（每件净重不超过250克）。为了调味、保藏或其他目的，均化食品中可以加入少量其他配料，还可以含有少量可见的果粒。归类时，子目2007.10优先于税目20.07的其他子目。

三、子目2009.12、2009.21、2009.31、2009.41、2009.61及2009.71所称"白利糖度值"，是指在 20℃时直接从白利糖度计读取的度数或从折射计直接读取的以蔗糖百分比含量计的折射率，在其他温度下读取的数值应折算为20℃时的数值。

税号	货品名称	进口关税 %			增值/消费税%	出口退税%	统计计量单位	监管证件代码	检验检疫类别	协定税率 %		
		最惠国	普通	年内暂定						东盟	亚太	智利
20.01	蔬菜、水果、坚果及植物的其他食用部分，用醋或醋酸制作或保藏的：											
2001.1000	－黄瓜及小黄瓜	25	70		17	5/15	千克	AB	R/S	0		0
	－其他：											
2001.9010	---大蒜											
20019010.10	用醋或醋酸腌制的大蒜头、大蒜瓣(无论是否加糖或去皮)	25	70		17	5/15	千克	AB	R/S	0		0
20019010.90	用醋或醋酸腌制的其他大蒜(不含蒜头、蒜瓣，无论是否加糖或去皮)	25	70		17	5/15	千克	AB	R/S	0		0
2001.9090	---其他											
20019090.10	用醋或醋酸制作或保藏的松茸	25	70		17	5	千克	ABE	R/S	0		0
20019090.20	用醋或醋酸制作或保藏的酸竹笋	25	70		17	5	千克	ABE	R/S	0		0
20019090.30	用醋或醋酸制作或保藏的芦荟	25	70		17	5	千克	ABEF	R/S	0		0
20019090.40	用醋或醋酸制作或保藏的仙人掌植物	25	70		17	5	千克	ABEF	R/S	0		0
20019090.50	用醋或醋酸制作或保藏的莼菜	25	70		17	5	千克	ABE	R/S	0		0
20019090.90	用醋制作的其他果、菜及食用植物(包括用醋酸制作或保藏的)	25	70		17	5/15	千克	AB	R/S	0		0
20.02	番茄，用醋或醋酸以外的其他方法制作或保藏的：											

Chapter 20 Preparations of vegetables, fruit, nuts or other parts of plants

Chapter Notes:

1. This Chapter does not cover:

   (a) Vegetables, fruit or nuts, prepared or preserved by the processes specified in Chapter 7, 8 or 11;

   (b) Food preparations containing more than 20% by weight of sausage, meat, meat offal, blood, fish or crustaceans, molluscs or other aquatic invertebrates, or any combination thereof(Chapter 16);

   (c) Bakers' wares and other products of heading 19.05; or

   (d) Homogenised composite food preparations of heading 21.04.

2. Headings 20.07 and 20.08 do not apply to fruit jellies, fruit pastes, sugar-coated almonds or the like in the form of sugar confectionery(heading 17.04) or chocolate confectionery(heading 18.06).

3. Headings 20.01, 20.04 and 20.05 cover, as the case may be, only those products of Chapter 7 or of heading 11.05 or 11.06(other than flour, meal and powder of the products of Chapter 8) which have been prepared or preserved by processes other than those referred to in Note 1(a).

4. Tomato juice the dry weight content of which is 7% or more is to be classified in heading 20.02.

5. For the purposes of heading 20.07, the expression "obtained by cooking" means obtained by heat treatment at atmospheric pressure or under reduced pressure to increase the viscosity of a product through reduction of water content or other means.

6. For the purposes of heading 20.09, the expression " juices, unfermented and not containing added spirit " means juices of an alcoholic strength by volume(see Note 2 to Chapter 22) not exceeding 0.5% vol.

Subheading Notes:

1. For the purposes of subheading 2005.10, the expression "homogenised vegetables" means preparations of vegetables, finely homogenised, put up for retail sale as infant food or for dietetic purposes, in containers of a net weight content not exceeding 250 g. For the application of this definition no account is to be taken of small quantities of any ingredients which may have been added to the preparation for seasoning, preservation or other purposes. These preparations may contain a small quantity of visible pieces of vegetables. Subheading 2005.10 takes precedence over all other subheadings of heading 20.05.

2. For the purposes of subheading 2007.10, the expression "homogenised preparations" means preparations of fruit, finely homogenised, put up for retail sale as infant food or for dietetic purposes, in containers of a net weight content not exceeding 250g. For the application of this definition no account is to be taken of small quantities of any ingredients which may have been added to the preparation for seasoning, preservation or other purposes. These preparations may contain a small quantity of visible pieces of fruit. Subheading 2007.10 takes precedence over all other subheadings of heading 20.07.

3. For the purposes of subheadings 2009.12, 2009.21,2009.31, 2009.41,2009.61 and 2009.71, the expression "Brix value" means the direct reading of degrees Brix obtained form a Brix hydrometer or of refractive index expressed in terms of percentage sucrose content obtained from a refractometer, at a temperature of 20℃ or corrected for 20℃ if the reading is made at a different temperature.

协定税率 %										特惠税率 %				Article Description
巴基斯坦	冰岛	哥斯达黎	秘鲁	新西兰	瑞士	新加坡	韩国	澳大利亚	港澳台	老挝	孟加拉	33 国	7 国	
														Vegetables, fruit, nuts and other edible parts of plants, prepared or preserved by vinegar or acetic acid:
	0	0	7.5	0	17.5	0	22.5	15				0	0	- Cucumbers and gherkins
														- Other:
														--- Garlic
	0	0	7.5	0	17.5	0	22.5	15		12.5	12.5	0	0	Garlic heads and garlic bulblet, prepared by vinegar or acetic acid, whether or not added sugar or skinned
	0	0	7.5	0	17.5	0	22.5	15		12.5	12.5	0	0	Other garlic prepared by vinegar or acetic acid, whether or not added sugars or skinned (other than garlic heads and garlic bulblet)
														--- Other
	0	0	7.5	0	17.5	0	22.5	15	/0/	12.5	12.5	0	0	Tricholoma matsutake, prepared or preserved by vinegar or acetic acid
	0	0	7.5	0	17.5	0	22.5	15	/0/	12.5	12.5	0	0	Bamboo shoots of acidosasa chinensis, prepared or preserved by vinegar or acetic acid
	0	0	7.5	0	17.5	0	22.5	15	/0/	12.5	12.5	0	0	Aloe, prepared or preserved by vinegar or acetic acid
	0	0	7.5	0	17.5	0	22.5	15	/0/	12.5	12.5	0	0	Cactus, prepared or preserved by vinegar or acetic acid
	0	0	7.5	0	17.5	0	22.5	15	/0/	12.5	12.5	0	0	Water shield, prepared orpreserved by vinegar oracetic acid
	0	0	7.5	0	17.5	0	22.5	15	/0/	12.5	12.5	0	0	Vegetables, fruit and other edible parts of plants, prepared or preserved by vinegar or acetic acid
														Tomatoes prepared or preserved otherwise than by vinegar or acetic acid:

税　号	货　品　名　称	进口关税 %			增值/消费税%	出口退税%	统计计量单位	监管证件代码	检验检疫类别	协定税率 %		
		最惠国	普通	年内暂定						东盟	亚太	智利
	-　番茄，整个或切片：											
2002.1010	---　罐头	19	80		17	15	千克	AB	R/S	0		0
2002.1090	---　其他	25	70		17	5/15	千克	AB	PR/Q	0		0
	-　其他：											
	---　番茄酱罐头：											
2002.9011	----重量不超过 5kg 的番茄酱罐头	20	80		17	15	千克	AB	R/S	0		0
2002.9019	----重量大于 5kg 的番茄酱罐头	20	80		17	15	千克	AB	R/S	0		0
2002.9090	---　其他	18	70		17	5/15	千克	AB	PR/QS	0		0
20.03	**蘑菇及块菌，用醋或醋酸以外的其他方法制作或保藏的：**											
	-　伞菌属蘑菇：											
	---　罐头：											
2003.1011	----小白蘑菇	25	90		17	15	千克	AB	R/S	0		0
2003.1019	----其他	25	90		17	15	千克	AB	R/S	0		0
2003.1090	---　其他	25	90		17	5/15	千克	AB	R/S	0		0
	-　其他：											
2003.9010	---　罐头											
20039010.10	非用醋制作的香菇罐头[用醋或醋酸以外其他方法制作或保藏的(非伞菌属蘑菇)]	25	90		17	15	千克	AB	R/S	0		0
20039010.20	非用醋制作的松茸罐头(用醋或醋酸以外其他方法制作或保藏的)	25	90		17	15	千克	ABE	R/S	0		0
20039010.90	非用醋制作的其他蘑菇罐头[用醋或醋酸以外其他方法制作或保藏的(非伞菌属蘑菇)]	25	90		17	15	千克	AB	R/S	0		0
2003.9090	---　其他											
20039090.10	非用醋制作的其他香菇[用醋或醋酸以外其他方法制作或保藏的(非伞菌属蘑菇)]	25	90		17	5/15	千克	AB	PR/QS	0		0
20039090.20	非用醋制作的其他松茸(用醋或醋酸以外其他方法制作或保藏的)	25	90		17	5/15	千克	ABE	PR/QS	0		0
20039090.90	非用醋制作的其他蘑菇[用醋或醋酸以外其他方法制作或保藏的(非伞菌属蘑菇)]	25	90		17	5/15	千克	AB	PR/QS	0		0
20.04	**其他冷冻蔬菜，用醋或醋酸以外的其他方法制作或保藏的，但税目 20.06 的产品除外：**											
2004.1000	-　马铃薯	13	70		17	5/15	千克	AB	PR/QS	0		0
2004.9000	-　其他蔬菜及什锦蔬菜											
20049000.10	非用醋制作的冷冻松茸	25	70		17	5/15	千克	ABE	PR/QS	0		0
20049000.20	非用醋制作的冷冻酸竹笋	25	70		17	5/15	千克	ABE	PR/QS	0		0
20049000.30	非用醋制作的冷冻芦荟	25	70		17	5/15	千克	ABEF	PR/QS	0		0
20049000.40	非用醋制作的冷冻仙人掌植物	25	70		17	5/15	千克	ABEF	PR/QS	0		0
20049000.90	非用醋制作的其他冷冻蔬菜(税目 2006 的货品除外)	25	70		17	5/15	千克	AB	PR/QS	0		0
20.05	**其他未冷冻蔬菜，用醋或醋酸以外的其他方法制作或保藏的，但税目 20.06 的产品除外：**											
2005.1000	-　均化蔬菜	25	70		17	15	千克	AB	PR/QS	0		0
2005.2000	-　马铃薯	15	70		17	5/15	千克	AB	PR/QS	0		0
2005.4000	-　豌豆	25	70		17	5/15	千克	AB	PR/QS	0		0
	-　豇豆属及菜豆属：											
	--　脱荚的：											
	---　罐头：											
2005.5111	----赤豆馅	25	80		17	15	千克	AB	R/S	0		0
2005.5119	----其他	25	80		17	15	千克	AB	R/S	0		0
	---　其他：											
2005.5191	----赤豆馅	25	70		17	15	千克	AB	PR/QS	0		0
2005.5199	----其他	25	70		17	5/15	千克	AB	PR/QS	0		0
	--　其他：											
2005.5910	---　罐头	25	80		17	15	千克	AB	R/S	0		0
2005.5990	---　其他	25	70		17	5/15	千克	AB	PR/QS	0		0
	-　芦笋：											
2005.6010	---　罐头	25	80		17	15	千克	AB	R/S	0		0

协定税率 %										特惠税率 %				Article Description
巴基斯坦	冰岛	哥斯达黎	秘鲁	新西兰	瑞士	新加坡	韩国	澳大利亚	港澳台	老挝	孟加拉	33 国	7 国	
														- Tomatoes, whole or in pieces:
	0	0	5.7	0	13.3	0	16.4	11.4	/0/			0	0	--- In airtight containers
	0	0	7.5	0	17.5	0	22.5	15				0	0	--- Other
														- Other:
														--- Tomato paste,in airtight containers:
	0	0	0	0	14	0	17.3	12	/0/			0	0	----Weighing not more than 5kg
	0	0	0	0	14	0	16	12	/0/			0	0	----Weighing more than 5kg
14.4	0	0	0	0	12.6	0	15.6	10.8	/0/			0	0	--- Other
														Mushrooms and truffles, prepared or preserved otherwise than by vinegar or acetic acid:
														- Mushrooms:
														--- In airtight containers:
	0	0	7.5	0	17.5	0	20	15	/0/			0	0	----Small white agaric
	0	0	7.5	0	17.5	0	20	15	/0/			0	0	----Other
	0	0	7.5	0	17.5	0	20	15	/0/			0	0	--- Other
														- Other:
														--- In airtight containers
	0	0	7.5	0	17.5	0	20	15	/0/			0	0	Shiitake (other than those of the genus Agaricus), tinned, prepared or preserved otherwise than by vinegar or acetic acid
	0	0	7.5	0	17.5	0	20	15	/0/			0	0	Tricholoma matsutake, tinned, prepared or preserved otherwise than by vinegar or acetic acid
	0	0	7.5	0	17.5	0	20	15	/0/			0	0	Other shiitake (other than those of the genus Agaricus), tinned, prepared or preserved otherwise than by vinegar or acetic acid
														--- Other
	0	0	7.5	0	17.5	0	20	15	/0/			0	0	Other shiitake (other than those of the genus Agaricus), prepared or preserved otherwise than by vinegar or acetic acid
	0	0	7.5	0	17.5	0	20	15	/0/			0	0	Other Tricholoma matsutake, prepared or preserved otherwise than by vinegar or acetic acid
	0	0	7.5	0	17.5	0	20	15	/0/			0	0	Other mushrooms (other than those of the genus Agaricus), prepared or preserved otherwise than by vinegar or acetic acid
														Other vegetables prepared or preserved otherwise than by vinegar or acetic acid, frozen, other than products of heading 20.06:
6.5		0	3.9	0	9.1	0	10.4	7.8			0	0	0	- Potatoes
														- Other vegetables and mixtures of vegetables
	0	0	7.5	0	17.5	0	20	15				0	0	Tricholoma matsutake, frozen, not prepared by vinegar
	0	0	7.5	0	17.5	0	20	15				0	0	Bamboo shoots of acidosasa chinensis, frozen, not prepared by vinegar
	0	0	7.5	0	17.5	0	20	15				0	0	Aloe, frozen, not prepared by vinegar
	0	0	7.5	0	17.5	0	20	15				0	0	Cactus, frozen, not prepared by vinegar
	0	0	7.5	0	17.5	0	20	15				0	0	Other vegetables, frozen, not prepared by vinegar, frozen (other than products of heading 20.06)
														Other vegetables prepared or pre-served otherwise than by vinegar or acetic acid, not frozen, other than products of heading 20.06:
	0	0	7.5	0	17.5	0	20	15				0	0	- Homogenized vegetables
12		0	4.5	0	10.5	0	12	9	0//			0	0	- Potatoes
	0	0	7.5	0	17.5	0	20	15				0	0	- Peas(Pisum sativum)
														- Beans(Vigna spp., phaseolus spp.):
														-- Beans, shelled:
														--- In airtight containers:
	0	0	7.5	0	17.5	0	20	15	0/0/			0	0	----Red bean paste
	0	0	7.5	0	17.5	0	22.5	15	0/0/			0	0	----Other
														--- Other:
	0	0	7.5	0	17.5	0	20	15				0	0	----Red bean paste
		0	7.5	0	17.5	0	22.5	15	0//			0	0	----Other
														-- Other:
		0	7.5	0	17.5	0	20	15	/0/			0	0	--- In airtight containers
		0	7.5	0	17.5	0	20	15				0	0	--- Other
														- Asparagus:
		0	7.5	0	17.5	0	20	15	/0/			0	0	--- In airtight containers

税号	货品名称	进口关税 %			增值/消费税%	出口退税%	统计计量单位	监管证件代码	检验检疫类别	协定税率 %		
		最惠国	普通	年内暂定						东盟	亚太	智利
2005.6090	--- 其他	25	70		17	5/15	千克	AB	PR/QS	0		0
2005.7000	- 油橄榄	10	70		17	5/15	千克	AB	PR/QS	0		0
2005.8000	- 甜玉米	10	80		17	5/15	千克	AB	PR/QS	0		0
	- 其他蔬菜及什锦蔬菜：											
	-- 竹笋：											
2005.9110	--- 竹笋罐头											
20059110.10	非用醋制作的酸竹笋罐头	25	80		17	15	千克	ABE	R/S	0		0
20059110.90	非用醋制作的其他竹笋罐头	25	80		17	15	千克	AB	R/S	0		0
2005.9190	--- 其他											
20059190.10	非用醋制作的酸竹笋	25	70		17	5/15	千克	ABE	PR/QS	0		0
20059190.90	非用醋制作的其他竹笋	25	70		17	5/15	千克	AB	PR/QS	0		0
	-- 其他：											
2005.9920	--- 蚕豆罐头	25	80		17	15	千克	AB	R/S	0		0
2005.9940	--- 榨菜	25	70		17	5/15	千克	AB	R/S	0		0
2005.9950	--- 咸蕨菜	25	70		17	5/15	千克	AB	R/S	0		0
2005.9960	--- 咸藠头	25	70		17	5/15	千克	AB	R/S	0		0
	--- 其他：											
2005.9991	----罐头	25	70		17	15	千克	AB	R/S	0		0
2005.9999	----其他											
20059999.10	非用醋制作的仙人掌	25	70		17	5/15	千克	ABEF	PR/QS	0		0
20059999.20	非用醋制作的芦荟	25	70		17	5/15	千克	ABEF	PR/QS	0		0
20059999.90	非用醋制作的其他蔬菜及什锦蔬菜	25	70		17	5/15	千克	AB	PR/QS	0		0
20.06	**糖渍蔬菜、水果、坚果、果皮及植物的其他部分（沥干、糖渍或裹糖的）：**											
2006.0010	--- 蜜枣	30	90		17	15	千克	AB	R/S	0		0
2006.0020	--- 橄榄	30	90		17	15	千克	AB	R/S	0		0
2006.0090	--- 其他											
20060090.10	糖渍制松茸	30	90		17	15	千克	ABE	R/S	0		0
20060090.90	其他糖渍蔬菜,水果,坚果,果皮(包括糖渍植物的其他部分)	30	90		17	15	千克	AB	R/S	0		0
20.07	**烹煮制得的果酱、果冻、柑橘酱、果泥及果膏，不论是否加糖或其他甜物质：**											
2007.1000	- 均化食品	30	80		17	15	千克	AB	R/S	0		0
	- 其他：											
2007.9100	-- 柑橘属水果的	30	80		17	15	千克	AB	R/S	0		0
	-- 其他：											
2007.9910	--- 罐头	5	80		17	15	千克	AB	R/S	0		0
2007.9990	--- 其他	5	80		17	15	千克	AB	R/S	0		0
20.08	**用其他方法制作或保藏的其他税目未列名水果、坚果及植物的其他食用部分，不论是否加酒、加糖或其他甜物质：**											
	- 坚果、花生及其他子仁，不论是否混合：											
	-- 花生：											
2008.1110	--- 花生米罐头	30	90		17	15	千克	AB	R/S	0		0
2008.1120	--- 烘焙花生	30	80		17	15	千克	AB	PR/QS	0		0
2008.1130	--- 花生酱	30	90		17	15	千克	AB	R/S	0		0
2008.1190	--- 其他	30	80		17	5/15	千克	AB	PR/QS	0		0
	-- 其他，包括什锦坚果及其他子仁：											
2008.1910	--- 核桃仁罐头	20	90		17	15	千克	AB	R/S	0	10	0
2008.1920	--- 其他果仁罐头	13	90		17	15	千克	AB	R/S	0	6.5	0
	--- 其他：											
2008.1991	----栗仁	10	80		17	5/15	千克	AB	PR/QS	0	5	0
2008.1992	----芝麻	10	80		17	5/15	千克	AB	PR/QS	0	5	0
2008.1999	----其他											
20081999.10	其他方法制作或保藏的红松子仁(用醋或醋酸以外其他方法制作或保藏的)	10	80		17	0	千克	ABE	PR/QS	0	5	0

协定税率 %											特惠税率 %			Article Description
巴基斯坦	冰岛	哥斯达黎	秘鲁	新西兰	瑞士	新加坡	韩国	澳大利亚	港澳台	老挝	孟加拉	33 国	7 国	
	0	0	7.5	0	17.5	0	20	15				0	0	--- Other
5	0	0	3	0	4	0	8	6				0	0	- Olives
5	0	0	0	0	4	0	8	6				0	0	- Sweet corn(Zea mays var. saccharata):
														- Other vegetables and mixtures of vegetables:
														-- Bamboo shoots
														--- Bamboo shoots,in airtight containers
	0	0	7.5	0	17.5	0	20	15	/0/			0	0	Bamboo shootssof acidosasa chinensis, tinned, not prepared by vinegar
	0	0	7.5	0	17.5	0	20	15	/0/			0	0	Other bamboo shoots, tinned, not prepared by vinegar
														--- Other
	0	0	7.5	0	17.5	0	20	15				0	0	Bamboo shoots of acidosasa chinensis, not prepared by vinegar
	0	0	7.5	0	17.5	0	20	15				0	0	Other bamboo shoots, not prepared by vinegar
														-- Other:
	0	0	7.5	0	17.5	0	20	15	/0/			0	0	--- Broad beans,in airtight containers
	0	0	7.5	0	17.5	0	20	15				0	0	--- Hot pickled mustard tubers
	0	0	7.5	0	17.5	0	20	15				0	0	--- Chueh tsai (fiddle-head),salted
	0	0	7.5	0	17.5	0	20	15				0	0	--- Scallion, salted
														--- Other:
	0	0	0	0	17.5	0	22.5	15	/0/			0	0	----In airtight containers
														----Other
	0	0	0	0	18	0	22.5	15				0	0	Cactus, not prepared by vinegar
	0	0	0	0	18	0	22.5	15				0	0	Aloe, not prepared by vinegar
	0	0	0	0	18	0	22.5	15				0	0	Other vegetables and assorted vegetables, not prepared by vinegar
														Vegetables, fruit, nuts, fruit-peel and other parts of plants, preserved by sugar (drained,glace or crystallized):
	0	0	9	0		0	27	18	0//		0	0	0	--- Preserved jujubes
	0	0	17.6	0		0	27	18	0//		0	0	0	--- Preserved olives
														--- Other
	0	0	17.6	0	0	0	27	18	0/0/		0	0	0	Tricholoma matsutake, preserved by sugar
	0	0	17.6	0	0	0	27	18	0/0/		0	0	0	Other vegetables, fruit, nuts, pericarp and other parts of plants, preserved by sugar
														Jams, fruit jellies, marmalades, fruit or nut puree and fruit or nut pastes, being cooked preparations, whether or not containing added sugar or other sweetening matter:
	0	0	17.6	0	12	0	27	18				0		- Homogenized preparations
														- Other:
	0	0	9	0	0	0	27	18	/0/		0	0	0	-- Citrus fruit
														-- Other:
0	0	0	1.5	0	0		0	0	/0/	2.5	0	0	0	--- In airtight containers
0	0	3	1.5	0	2		0	0	/0/	2.5	0	0	0	--- Other
														Fruit, nuts and other edible parts of plants, otherwise prepared, or preserved, whether or not containing added sugar or other sweetening matter or spirit,not elsewhere specified or included:
														- Nuts, ground-nuts and other seeds, whether or not mixed together:
														-- Ground-nuts:
	0	0		0		0	27	18	0/0/			0		--- ground-nut kernels, In airtight containers
	0	0		0		0	27	18	0/0/		0	0	0	--- Roasted ground-Nuts
	0	0		0		0	27	18				0		--- Ground-nut butter
	0	0		0		0	27	18	0/0/			0		--- Other
														-- Other,including mixtures:
10	0	0	6	0	14	0	17.3	12	0/0/	0	0	0	0	--- Walnut meats,In airtight containers
5	0	0	3.9	0	9.1	0	10.4	7.8	0/0/	0	0	0	0	--- Other Nuts, In airtight containers
														--- Other:
5	0	0	3	0	7.2	0	8	6	0/0/	0	0	0	0	----Chestnut seed
5		0	0	0	4	0	8	6	0/0/			0	0	----Sesame
														----Other
5	0	0	3	0	4	0	8	6	0/0/	0	0	0	0	Korean pine seeds, prepared or preserved otherwise than by vinegar or acetic acid

税 号	货 品 名 称	进口关税 % 最惠国	普通	年内暂定	增值/消费税%	出口退税%	统计计量单位	监管证件代码	检验检疫类别	协定税率 % 东盟	亚太	智利
20081999.90	未列名制作或保藏的坚果及其他子仁(用醋或醋酸以外其他方法制作或保藏的)	10	80		17	5/15	千克	AB	PR/QS	0	5	0
	- 菠萝:											
2008.2010	--- 罐头	15	90		17	15	千克	AB	R/S			0
2008.2090	--- 其他	15	80		17	5/15	千克	AB	PR/Q			0
	- 柑橘属水果:											
2008.3010	--- 罐头	20	90		17	15	千克	AB	R/S	0		0
2008.3090	--- 其他	20	80		17	5/15	千克	AB	PR/QS	0		0
	- 梨:											
2008.4010	--- 罐头	20	90		17	15	千克	AB	R/S	0		0
2008.4090	--- 其他	20	80		17	5/15	千克	AB	PR/Q	0		0
2008.5000	- 杏	20	90		17	5/15	千克	AB	PR/QS	0		0
	- 樱桃:											
2008.6010	--- 罐头	20	90		17	15	千克	AB	PR/QS	0		0
2008.6090	--- 其他	20	90		17	5/15	千克	AB	PR/QS	0		0
	- 桃，包括油桃:											
2008.7010	--- 罐头	10	90		17	15	千克	AB	R/S	0		0
2008.7090	--- 其他	20	80		17	5/15	千克	AB	PR/QS	0		0
2008.8000	- 草莓	15	90		17	5/15	千克	AB	PR/QS	0		0
	- 其他，包括子目 2008.19 以外的什锦果实:											
2008.9100	-- 棕榈芯	5	80		17	5/15	千克	AB	PR/QS	0		0
2008.9300	-- 蔓越橘(大果蔓越橘、小果蔓越橘、越橘)	15	80		17	5/15	千克	AB	PR/QS	0		0
2008.9700	-- 什锦果实	10	80		17	5/15	千克	AB	PR/QS	0		0
	-- 其他:											
2008.9910	--- 荔枝罐头	20	90		17	15	千克	AB	R/S	0		0
2008.9920	--- 龙眼罐头	15	80		17	15	千克	AB	R/S			0
	--- 海草及其他藻类制品:											
2008.9931	----调味紫菜	15	90		17	15	千克	AB	R/S	0		0
2008.9932	----盐腌海带	15	80		17	5/15	千克	AB	PR/QS	0		0
2008.9933	----盐腌裙带菜	15	80		17	5/15	千克	AB	PR/QS	0		0
2008.9939	----其他	15	80		17	5/15	千克	AB	PR/QS	0		0
2008.9940	--- 清水荸荠（马蹄）罐头	25	80		17	15	千克	AB	R/S	0		0
2008.9990	--- 其他	15	80		17	5/15	千克	AB	PR/QS	0		0
20.09	**未发酵及未加酒精的水果汁(包括酿酒葡萄汁)、蔬菜汁，不论是否加糖或其他甜物质:**											
	- 橙汁:											
2009.1100	-- 冷冻的	7.5	90		17	15	千克	AB	PR/QS	0		0
2009.1200	-- 非冷冻的，白利糖度值不超过 20	30	90		17	15	千克	AB	PR/QS	0		0
2009.1900	-- 其他	30	90		17	15	千克	AB	R/S	0		0
	- 葡萄柚（包括柚）汁:											
2009.2100	-- 白利糖度值不超过 20 的	15	90		17	15	千克	AB	PR/QS	0		0
2009.2900	-- 其他	15	90		17	15	千克	AB	R/S	0		0
	- 其他未混合的柑橘属水果汁:											
	-- 白利糖度值不超过 20 的:											
2009.3110	--- 柠檬汁	18	90		17	15	千克	AB	PR/QS	0	16.8	0
2009.3190	--- 其他	18	90		17	15	千克	AB	PR/QS	0	16.8	0
	-- 其他:											
2009.3910	--- 柠檬汁	18	90		17	15	千克	AB	R/S	0	16.8	0
2009.3990	--- 其他	18	90		17	15	千克	AB	R/S	0	16.8	0
	- 菠萝汁:											
2009.4100	-- 白利糖度值不超过 20 的	10	90		17	15	千克	AB	PR/QS			0
2009.4900	-- 其他	10	90		17	15	千克	AB	R/S			0
2009.5000	- 番茄汁	30	80		17	15	千克	AB	R/S	0		0
	- 葡萄汁，包括酿酒葡萄汁:											
2009.6100	-- 白利糖度值不超过 30 的	20	90		17	15	千克	AB	PR/QS	0		0
2009.6900	-- 其他	20	90		17	15	千克	AB	R/S	0		0
	- 苹果汁:											
2009.7100	-- 白利糖度值不超过 20 的	20	90		17	15	千克	AB	PR/QS	0		0

协定税率 %										特惠税率 %				Article Description
巴基斯坦	冰岛	哥斯达黎	秘鲁	新西兰	瑞士	新加坡	韩国	澳大利亚	港澳台	老挝	孟加拉	33 国	7 国	
5	0	0	3	0	4	0	8	6	0/0/	0	0	0	0	Nuts and other seeds, prepared or preserved otherwise than by vinegar or acetic acid, not elsewhere specified or included
														- Pineapples:
	0	9	4.5	0	10.5		12	9	/0/	0	0	0	0	--- In airtight containers
	0	9	4.5	0	10.5		12	9		0	0	0	0	--- Other
														- Citrus fruit:
	0	12	0	0	14	0	17.3	12	/0/	0	0	0	0	--- In airtight containers
	0	0	0	0	14	0	18	12	0//	0	0	0	0	--- Other
														- Pears:
	0	0	6	0	14	0	17.3	12	/0/	0	0	0	0	--- In airtight containers
	0	0	6	0	14	0	17.3	12		0	0	0	0	--- Other
	0	0	6	0	14	0	17.3	12				0	0	- Apricots
														- Cherries:
	0	0	6	0	14	0	17.3	12				0	0	--- In airtight containers
	0	0	6	0	14	0	17.3	12				0	0	--- Other
														- Peaches,including nectarines:
5	0	0	3	0	4	0	8	6	/0/	0	0	0	0	--- In airtight containers
	0	0	6	0	14	0	17.3	12	0//	0	0	0	0	--- Other
12	0	0	4.5	0	10.5	0	12	9				0	0	- Strawberries
														- Other, including mixtures other than those of subheading 2008.19:
0	0	0	0	0	0		0	0			0	0	0	-- Palm hearts
12	0	0	4.5	0	6	0	12	9	0/0/		0	0	0	-- Cranberries (Vaccinium macrocarpon, Vaccinium oxycoccos,Vaccinium vitis-idaea)
5	0	0	3	0	4	0	8	6	/0/		0	0	0	-- Mixtures
														-- Other:
	0	0	6	0	14	0	17.3	12	0/0/			0	0	--- Lychee can
	0	0	4.5	0	10.5		12	9	0/0/		0	0	0	--- Longan can
														--- Preparations of seaweeds and other algae:
	0	0	4.5	0	10.5	0	13.5	9	0/0/		0	0	0	----Seasoned laver
12	0	0	4.5	0	10.5		12	9	0/0/		0	0	0	----Sea tangle,salted
12	0	0	4.5	0	10.5		12	9	0/0/		0	0	0	----Pinnatifida,salted
12	0	0	4.5	0	10.5		12	9	0/0/		0	0	0	----Other
	0	0	7.5	0	17.5	0	20	15	/0/			0	0	--- Water chestnut,in airtight containers
12	0	0	4.5	0	6	0	12	9	0/0/		0	0	0	--- Other
														Fruit juices (including grape must) and vegetable juices, unfermented and not containing added spirit, whether or not containing added sugar or other sweetening matter:
														- Orange juice:
5	0	0	2.2	0	3		4.5	5.6	0/0/	0	0	0	0	-- Frozen
	0		9	0	0	0	27	22.5	0/0/	0	0	0	0	-- Not frozen, of a Brix value not exceeding 20
	0		9	0		0	27	22.5	/0/	0	0	0	0	-- Other
														- Grapefruit(including pomelo) juice:
12	0	0	0	0	10.5	0	12	9	0/0/	0	0	0	0	-- Of a Brix value not exceeding 20
12	0	0	0	0	10.5	0	12	9	/0/	0	0	0	0	-- Other
														- Juice of any other single citrus fruit:
														-- Of a Brix value not exceeding 20:
14.4	0	0	5.4	0	12.6	0	15.6	10.8	0/0/	9	0	0	0	--- Lemon juice
14.4	0	0	5.4	0	12.6	0	15.6	10.8	0/0/	9	0	0	0	--- Other
														-- Other:
14.4	0	0	0	0	12.6	0	15.6	10.8	/0/	9	0	0	0	--- Lemon juice
14.4	0	0	0	0	12.6	0	15.6	10.8	/0/	9	0	0	0	--- Other
														- Pineapple juice:
	0	0	0	0	4		8	6	0/0/	0	0	0	0	-- Of a Brix value not exceeding 20
	0	0	0	0	4		8	6	/0/	0	0	0	0	-- Other
	0	0	9	0		0	27	18	/0/	0	0	0	0	- Tomato juice
														- Grape juice(including grape must):
	0	0	8.3	0	14	0	17.3	12	0/0/			0	0	-- Of a Brix value not exceeding 30
	0	0	8.3	0	14	0	17.3	12	/0/			0	0	-- Other
														- Apple juice:
	0	0	0	0	14	0	17.3	12	0/0/			0	0	-- Of a Brix value not exceeding 20

税号	货品名称	进口关税 %			增值/消费税%	出口退税%	统计计量单位	监管证件代码	检验检疫类别	协定税率 %		
		最惠国	普通	年内暂定						东盟	亚太	智利
2009.7900	-- 其他	20	90		17	15	千克	AB	R/S	0		0
	- 其他未混合的水果汁或蔬菜汁：											
2009.8100	-- 蔓越橘汁(大果蔓越橘、小果蔓越橘、越橘)	20	90		17	15	千克	AB	PR/QS	0	10	0
	-- 其他：											
	--- 水果汁：											
2009.8912	----芒果汁	20	90		17	15	千克	AB	PR/QS	0	17.4	0
2009.8913	----西番莲果汁	20	90		17	15	千克	AB	PR/QS	0	17.4	0
2009.8914	----番石榴果汁	20	90		17	15	千克	AB	PR/QS	0	17.4	0
2009.8915	----梨汁	20	90		17	15	千克	AB	PR/QS	0	10	0
2009.8919	----其他	20	90		17	15	千克	AB	PR/QS	0	10	0
2009.8920	--- 蔬菜汁	20	80		17	15	千克	AB	PR/QS	0	10	0
	- 混合汁：											
2009.9010	--- 水果汁	20	90		17	15	千克	AB	PR/QS	0	17.4	0
2009.9090	--- 其他	20	80		17	15	千克	AB	PR/QS	0		0

协定税率 %										特惠税率 %				Article Description
巴基斯坦	冰岛	哥斯达黎	秘鲁	新西兰	瑞士	新加坡	韩国	澳大利亚	港澳台	老挝	孟加拉	33 国	7 国	
	0	0	6	0	14	0	17.3	12	/0/			0	0	-- Other
														- Juice of any other single fruit or vegetable:
10	0	0	6	0	14	0	17.3	12	0/0/	0	0	0	0	-- Cranberries (Vaccinium macrocarpon, Vaccinium oxycoccos,Vaccinium vitis-idaea) juice
														-- Other:
														--- Fruit juice:
16	0	0	6	0	14	0	17.3	12	0/0/	0	0	0	0	----Mango juice
16	0	0	6	0	14	0	17.3	12	0/0/	0	0	0	0	----Passion-fruit juice
16	0	0	6	0	14	0	17.3	12	0/0/	0	0	0	0	----Guva juice
10	0	0	6	0	14	0	17.3	12	0/0/	0	0	0	0	----Pear juice
10	0	0	6	0	14	0	17.3	12	0/0/	0	0	0	0	----Other
10	0	0	6	0	14	0	17.3	12	0/0/		0	0	0	--- Vegetable juice
														- Mixtures of juices:
16	0	0	0	0	14	0	17.3	12	0/0/	0	0	0	0	--- Of fruit juices
	0	0	0	0	14	0	17.3	12	0/0/	0	0	0	0	--- Other

第二十一章 杂项食品

注释：

一、本章不包括：

（一）税目 07.12 的什锦蔬菜；

（二）含咖啡的焙炒咖啡代用品（税目 09.01）；

（三）加香料的茶（税目 09.02）；

（四）税目 09.04 至 09.10 的调味香料或其他产品；

（五）按重量计含香肠、肉、食用杂碎、动物血、鱼、甲壳动物、软体动物、其他水生无脊椎动物及其混合物超过 20% 的食品（第十六章），但税目 21.03 或 21.04 的产品除外；

（六）税目 30.03 或 30.04 的药用酵母及其他产品；或

（七）税目 35.07 的酶制品。

二、上述注释一（二）所述咖啡代用品的精汁归入税目 21.01。

三、税目 21.04 所称“均化混合食品”，是指两种或两种以上的基本配料，例如，肉、鱼、蔬菜或果实等，经精细均化制成供婴幼儿食用或营养用的零售包装食品（每件净重不超过 250 克）。为了调味、保藏或其他目的，可以加入少量其他配料，还可以含有少量可见的小块配料。

税号	货品名称	进口关税 %			增值/消费税%	出口退税%	统计计量单位	监管证件代码	检验检疫类别	协定税率 %		
		最惠国	普通	年内暂定						东盟	亚太	智利
21.01	**咖啡、茶、马黛茶的浓缩精汁及以其为基本成分或以咖啡、茶、马黛茶为基本成分的制品；烘焙菊苣和其他烘焙咖啡代用品及其浓缩精汁：**											
	- 咖啡浓缩精汁及以其为基本成分或以咖啡为基本成分的制品：											
2101.1100	-- 浓缩精汁	17	130		17	15	千克	AB	R/S	0		0
2101.1200	-- 以浓缩精汁或咖啡为基本成分的制品	30	130		17	15	千克	AB	R/S	0		0
2101.2000	- 茶、马黛茶浓缩精汁及以其为基本成分或以茶、马黛茶为基本成分的制品	32	130		17	15	千克	AB	R/S	0	16	0
2101.3000	- 烘焙菊苣和其他烘焙咖啡代用品及其浓缩精汁	32	130		17	15	千克	AB	R/S	0		0
21.02	**酵母（活性或非活性）；已死的其他单细胞微生物（不包括税目 30.02 的疫苗）；发酵粉：**											
2102.1000	- 活性酵母	25	80		17	15	千克	AB	PR/QS	0		0
2102.2000	- 非活性酵母；已死的其他单细胞微生物	25	70		13	15	千克	AB	PR/QS	0		0
2102.3000	- 发酵粉	25	70		17	15	千克	AB	PR/QS	0		0
21.03	**调味汁及其制品；混合调味品；芥子粉及其调制品：**											
2103.1000	- 酱油	28	90	15	17	15	千克	AB	R/S	0		0
2103.2000	- 番茄沙司及其他番茄调味汁	15	90		17	15	千克	AB	R/S	0		0
2103.3000	- 芥子粉及其调制品	15	70		17	15	千克	AB	PR/QS	0		0
	- 其他：											
2103.9010	--- 味精	21	130		17	13	千克	AB	R/S	0	18.2	0
2103.9020	--- 别特酒，按体积计酒精含量 44.2%～49.2%，按重量计含 1.5%～6%的香料、各种配料以及 4%～10%的糖	21	90		17	15	千克	AB	R/S	0		0
2103.9090	--- 其他	21	90		17	5/15	千克	AB	R/S	0	18.4	0
21.04	**汤料及其制品；均化混合食品：**											
2104.1000	- 汤料及其制品	15	90		17	15	千克	AB	PR/QS	0		0
2104.2000	- 均化混合食品	32	90		17	15	千克	AB	R/S	0		0
21.05	**冰淇淋及其他冰制食品，不论是否含可可：**											
2105.0000	冰淇淋及其他冰制食品，不论是否含可可	19	90		17	15	千克	AB	R/S	0		0

Chapter 21 Miscellaneous edible preparations

Chapter Notes:

1. This Chapter does not cover:

   (a) Mixed vegetables of heading 07.12;

   (b) Roasted coffee substitutes containing coffee in any proportion (heading 09.01);

   (c) Flavoured tea (heading 09.02);

   (d) Spices or other products of headings 09.04 to 09.10;

   (e) Food preparations, other than the products described in heading 21.03 or 21.04, containing more than 20% by weight of sausage, meat, meat offal, blood, fish or crustaceans, molluscs or other aquatic invertebrates, or any combination thereof (Chapter 16);

   (f) Yeast put up as a medicament or other products of heading 30.03 or 30.04; or

   (g) Prepared enzymes of heading 35.07.

2. Extracts of the substitutes referred to in Note 1 (b) above are to be classified in heading 21.01.

3. For the purposes of heading 21.04, the expression “homogenised composite food preparations” means preparations consisting of a finely homogenised mixture of two or more basic ingredients such as meat, fish, vegetables or fruit, put up for retail sale as infant food or for dietetic purposes, in containers of a net weight content not exceeding 250g. For the application of this definition, no account is to be taken of small quantities of any ingredients which may be added to the mixture for seasoning, preservation or other purposes. Such preparations may contain a small quantity of visible pieces of ingredients.

协定税率 %										特惠税率 %				Article Description
巴基斯坦	冰岛	哥斯达黎	秘鲁	新西兰	瑞士	新加坡	韩国	澳大利亚	港澳台	老挝	孟加拉	33 国	7 国	
														Extracts, essences and concentrates, of coffee, tea or mate and preparations with a basis of these products or with a basis of coffee, tea or mate; roasted chicory and other roasted coffee substitutes, and extracts, essences and concentrates thereof:
														- Extracts，essences and concentrates of coffee，and preparations with a basis of these extracts，essences or concen-trates or with a basis of coffee：
13.6	0	0		0		0	14.7	10.2	0/0/		0	0	0	-- Extracts,essences and concentrates
	0	0		0		0	27	18	0/0/			0		-- Preparations with a basis of extracts，essences or concentrates or with a basis of coffee
16	0	0	9.6	0	12.8	0		19.2	0/0/			0	0	- Extracts,essences and concentrates,of tea or maté,and preparations with abasis of these Extracts,essences or concentrates or with a basis of tea or maté
		0		0		0	28.8	19.2				0	0	- Roasted chicory and other roasted coffee substitutes,and extracts，essences and concentrates thereof
														Yeasts(active or inactive)；other singlecell micro-organisms，dead(but not including vaccines of heading 30.02)；prepared baking powders：
	0	0	7.5	0	10	0	22.5	15	0/0/			0	0	- Active yeasts
	0	0	7.5	0	10	0	22.5	15	/0/			0	0	- Inactive yeasts；other single-cell microorganisms，dead
	0	0	7.5	0		0	22.5	15	/0/			0	0	- Prepared baking powders
														Sauces and preparations therefor；mixed condiments and mixes seasonings；mustard flour and meal and prepared mustard：
	0	0	8.4	0	19.6	0	25.2	16.8	0/0/		0	0	0	- Soya sauce
12		0	4.5	0	10.5	0	12	9	0/0/		0	0	0	- Tomato ketchup and Other Tomato sauces
12		0	4.5	0	10.5	0	12	9	/0/		0	0	0	- Mustard flour and meal and prepared mustard
														- Other：
18.2	0	0	6.3	0	14.7	0	18.9	12.6	0/0/			0	0	--- Gourmet powder
	0	0	12.4	0	14.7	0	18.9	12.6	0/0/			0	0	--- Aromatic bitters，44.2%-49.2%of which is alcoholic strength by volume，1.5%-6% of which is spiles and various ingredients by weight and 4%-10% of which is sugar by weight
18.4	0	0	8.8	0	15.8	0	18.9	12.6	0/0/		0	0	0	--- Other
														Soups and broths and preparations therefor；homogenized composite food preparations：
12	0	0	4.5	0	10.5	0	12	9	0/0/			0	0	- Soups and broths and preparations therefor
		0	9.6	0		0	28.8	19.2	/0/			0	0	- Homogenized composite food preparations
														Ice cream and other edible ice ,whether or not containing cocoa：
	0	0	5.7	0	0	0		11.4	0/0/			0	0	Ice cream and other edible ice,whether or not containing cocoa

税号	货品名称	进口关税%			增值/消费税%	出口退税%	统计计量单位	监管证件代码	检验检疫类别	协定税率%		
		最惠国	普通	年内暂定						东盟	亚太	智利
21.06	**其他税目未列名的食品:**											
2106.1000	- 浓缩蛋白质及组织化蛋白质	10	90		17	15	千克	AB	R/S	0		0
	- 其他:											
2106.9010	--- 制造碳酸饮料的浓缩物	35	100		17	15	千克	AB	R/S	0		0
2106.9020	--- 制造饮料用的复合酒精制品	20	180		17/5	15	千克	AB	R/S	0		0
2106.9030	--- 蜂王浆制剂											
21069030.10	含濒危植物成分的蜂王浆制剂	3	80		17	0	千克	ABEF	R/S	0		0
21069030.90	其他蜂王浆制剂	3	80		17	15	千克	AB	R/S	0		0
2106.9040	--- 椰子汁	10	90		17	15	千克	AB	PR/QS		9	0
2106.9050	--- 海豹油胶囊											
21069050.10	濒危海豹油胶囊	20	90		17	0	千克	ABEF	R/S	0	18.4	0
21069050.90	其他海豹油胶囊	20	90		17	15	千克	AB	R/S	0	18.4	0
2106.9090	--- 其他											
21069090.01	乳蛋白部分水解配方、乳蛋白深度水解配方、氨基酸配方、无乳糖配方特殊婴幼儿奶粉	20	90	5	17	15	千克	AB	R/S	0	18.4	0
21069090.11	含濒危鱼软骨素胶囊	20	90		17	0	千克	ABEF	R/S	0	18.4	0
21069090.19	含濒危动植物成分的其他编号未列名食品	20	90		17	0	千克	ABEF	R/S	0	18.4	0
21069090.90	其他编号未列名的食品	20	90		17	5/15	千克	AB	R/S	0	18.4	0

协定税率 %										特惠税率 %				
巴基斯坦	冰岛	哥斯达黎	秘鲁	新西兰	瑞士	新加坡	韩国	澳大利亚	港澳台	老挝	孟加拉	33 国	7 国	**Article Description**
														Food preparations not elsewhere specified or included:
5	0	0	3	0	4	0	8	6	/0/			0	0	- Protein concentrates and textured protein substances
														- Other:
	0	0	10.5	0		0	31.5	21	0/0/			0	0	--- Beverage bases
	0	0	6	0	14	0	17.3	12	0/0/			0	0	--- Compound alcoholic preparations of a kind used for the manufacture of beverages
														--- Royal jelly,put up as tonic essences
0	0	0	0	0	0		0	0	0/0/	0	0	0	0	Other royal jelly preparations, containing endangered plants ingredients
0	0	0	0	0	0		0	0	0/0/	0	0	0	0	Other royal jelly preparations
9	0	0	3	0	4		8	6	0/0/	0	0	0	0	--- Coconut juice
														--- Seal oil capsules
18.4	0	0	6	0	15	0	19.3	12	0/0/			0	0	Endangered seal oil capsules
18.4	0	0	6	0	15	0	19.3	12	0/0/			0	0	Other seal oil capsules
														--- Other
18.4	0	0	6	0	15	0	19.3	12	0/0/			0	0	Special infant milk powder of partial hydrolysis formula of lactoprotein, deep hydrolysis formula of lactoprotein,amino acid formula
18.4	0	0	6	0	15	0	19.3	12	0/0/			0	0	Chondroitin capsules, containing endangered fish
18.4	0	0	6	0	15	0	19.3	12	0/0/			0	0	Other food preparations, containing endangered animals and plants, notelsewhere specified or included
18.4	0	0	6	0	15	0	19.3	12	0/0/			0	0	Other food preparations, not elsewhere specified or included

第二十二章 饮料、酒及醋

注释：

一、本章不包括：

（一）本章的产品（税目22.09的货品除外）经配制后，用于烹饪而不适于作为饮料的制品（通常归入税目21.03）；

（二）海水（税目25.01）；

（三）蒸馏水、导电水及类似的纯净水（税目28.53）；

（四）按重量计浓度超过10%的醋酸（税目29.15）；

（五）税目30.03或30.04的药品；或

（六）芳香料制品及盥洗品（第三十三章）。

二、本章及第二十章和第二十一章所称“按容量计酒精浓度”，应是温度在20℃时测得的浓度。

三、税目22.02所称“无酒精饮料”，是指按容量计酒精浓度不超过0.5%的饮料。含酒精饮料应分别归入税目22.03至22.06或税目22.08。

子目注释：

子目2204.10所称“汽酒”，是指温度在20℃时装在密封容器中超过大气压力3巴及以上的酒。

税号	货品名称	进口关税 %			增值/消费税%	出口退税%	统计计量单位	监管证件代码	检验检疫类别	协定税率 %		
		最惠国	普通	年内暂定						东盟	亚太	智利
22.01	**未加糖或其他甜物质及未加味的水，包括天然或人造矿泉水及汽水；冰及雪：**											
	- 矿泉水及汽水：											
2201.1010	--- 矿泉水	20	90		17	0	升/千克	AB	R/S	0		0
2201.1020	--- 汽水	20	90		17	15	升/千克	AB	R/S	0		0
	- 其他：											
	--- 天然水：											
2201.9011	----已包装	10	30		17	0	千升/千克	AB	R/S	0		0
2201.9019	----其他	10	30		17	0	千升/千克	AB	R/S	0		0
2201.9090	--- 其他	10	30		17	0	千升/千克	AB	R/S	0		0
22.02	**加味、加糖或其他甜物质的水，包括矿泉水及汽水，其他无酒精饮料，但不包括税目20.09的水果汁或蔬菜汁：**											
2202.1000	- 加味、加糖或其他甜物质的水，包括矿泉水及汽水											
22021000.10	含濒危动植物成分的加味、加糖或其他甜物质的水(包括矿泉水及汽水)	20	100		17	0	升/千克	ABEF	R/S	0		0
22021000.90	其他加味、加糖或其他甜物质的水(包括矿泉水及汽水)	20	100		17	15	升/千克	AB	R/S	0		0
2202.9000	- 其他											
22029000.11	含濒危动植物成分散装无酒精饮料(不包括税目20.09的水果汁或蔬菜汁)	35	100		17	0	升/千克	ABEF	R/S	0	29.5	0
22029000.19	其他散装无酒精饮料(不包括税目2009的水果汁或蔬菜汁)	35	100		17	15	升/千克	AB	R/S	0	29.5	0
22029000.91	含濒危动植物成分其他包装无酒精饮料(不包括税目20.09的水果汁或蔬菜汁)	35	100		17	0	升/千克	ABEF	R/S	0	29.5	0
22029000.99	其他包装无酒精饮料(不包括税目2009的水果汁或蔬菜汁)	35	100		17	15	升/千克	AB	R/S	0	29.5	0

Chapter 22　Beverages, spirits and vinegar

Chapter Notes:

1. This Chapter does not cover:

   (a) Products of this Chapter (other than those of heading 22.09) prepared for culinary purposes and thereby rendered unsuitable for consumption as beverages (generally heading 21.03);

   (b) Sea water (heading 25.01);

   (c) Distilled or conductivity water or water of similar purity (heading 28.53);

   (d) Acetic acid of a concentration exceeding 10% by weight of acetic acid (heading 29.15);

   (e) Medicaments of heading 30.03 or 30.04; or

   (f) Perfumery or toilet preparations (Chapter 33).

2. For the purposes of this Chapter and of Chapters 20 and 21, the "alcoholic strength by volume" shall be determined at a temperature of 20℃.

3. For the purposes of heading 22.02, the term "non-alcoholic beverages" means beverages of an alcoholic strength by volume not exceeding 0.5% vol. Alcoholic beverages are classified in headings 22.03 to 22.06 or heading 22.08 as appropriate.

Subheading Notes:

For the purposes of subheading 2204.10, the expression "sparkling wine" means wine which, when kept at a temperature of 20℃ in closed containers, has an excess pressure of not less than 3 bars.

协定税率 %										特惠税率 %				Article Description
巴基斯坦	冰岛	哥斯达黎	秘鲁	新西兰	瑞士	新加坡	韩国	澳大利亚	港澳台	老挝	孟加拉	33 国	7 国	
														Waters，including natural or artificial mineral waters and aerated waters,not containing added sugar or other sweetening matter or flavoured；ice and snow：
														- Mineral waters and aerated waters：
	0	0	6	0	14	0	18	12	0/0/		0	0	0	--- Mineral waters
	0	0	6	0	14	0	17.3	12	/0/		0	0	0	--- Aerated waters
														- Other：
														--- Natural waters：
5	0	0	0	0	4	0	8	6	0/0/			0	0	----Packaged
5	0	0	0	0	4	0	8	6	0/0/			0	0	----- Other
5	0	0	0	0	4	0	8	6	0//			0	0	--- Other
														Waters，including mineral waters and aerated waters，containing added sugar or other sweetening matter or flavoured,and other non-alcoholic beverages, not including fruit or vegetablejuices of heading 20.09：
														- waters,including Mineral waters and aerated waters,containing added sugar or other sweetening matter or flavoured
	0	0	6	0	14	0	18	12	0/0/			0	0	Waters, containing added sugar or other sweetening matter or flavoured, and containing endangered plants or animals ingredients (including mineral water and carbonated drinks)
	0	0	6	0	14	0	18	12	0/0/			0	0	Other water, containing added sugar or other sweetening matter or flavoured(including mineral water and carbonated drinks)
														- Other
29.5	0	0	10.5	0	26.3	0	31.5	21	0/0/		0	0	0	Non-alcoholic beverages, in bulk (other than fruit juices and vegetable juices of heading 20.09), containing endangered plants or animals ingredients
29.5	0	0	10.5	0	26.3	0	31.5	21	0/0/		0	0	0	Other non-alcoholic beverage, in bulk (other than fruit juices and vegetable juices of heading 20.09)
29.5	0	0	10.5	0	26.3	0	31.5	21	0/0/		0	0	0	Non-alcoholic beverages, in other packing, containing endangered plants or animals ingredients (other than fruit juices and vegetable juices of heading 20.09)
29.5	0	0	10.5	0	26.3	0	31.5	21	0/0/		0	0	0	Non-alcoholic beverages, in other packing (other than fruit juices and vegetable juices of heading 20.09)

税号	货品名称	进口关税 % 最惠国	进口关税 % 普通	进口关税 % 年内暂定	增值/消费税%	出口退税%	统计计量单位	监管证件代码	检验检疫类别	协定税率 % 东盟	协定税率 % 亚太	协定税率 % 智利
22.03	**麦芽酿造的啤酒：**											
2203.0000	麦芽酿造的啤酒	0	7.5元/升		17/[注1]	15	升/千克	AB	R/S			
22.04	**鲜葡萄酿造的酒，包括加酒精的；税目20.09以外的酿酒葡萄汁：**											
2204.1000	- 汽酒	14	180		17/10	15	升/千克	AB	R/S	0		0
	- 其他酒；加酒精抑制发酵的酿酒葡萄汁：											
2204.2100	-- 装入2升及以下容器的	14	180		17/10	15	升/千克	AB	R/S	0		0
2204.2900	-- 其他	20	180		17/10	15	升/千克	AB	R/S	0		0
2204.3000	- 其他酿酒葡萄汁	30	90		17/10	15	升/千克	AB	R/S	0		0
22.05	**味美思酒及其他加植物或香料的用鲜葡萄酿造的酒：**											
2205.1000	- 装入2升及以下容器的	65	180		17/10	15	升/千克	AB	R/S	0		0
2205.9000	- 其他	65	180		17/10	15	升/千克	AB	R/S	0		0
22.06	**其他发酵饮料（例如，苹果酒、梨酒、蜂蜜酒）；其他税目未列名的发酵饮料的混合物及发酵饮料与无酒精饮料的混合物：**											
2206.0010	--- 黄酒	40	180		17/[注2]	15	升/千克	AB	R/S	0		0
2206.0090	--- 其他	40	180		17/10	15	升/千克	AB	R/S	0		0
22.07	**未改性乙醇，按容量计酒精浓度在80%及以上；任何浓度的改性乙醇及其他酒精：**											
2207.1000	- 未改性乙醇，按容量计酒精浓度在80%及以上	40	100		17	13	升/千克	ABG	MR/NS	0		0
2207.2000	- 任何浓度的改性乙醇及其他酒精											
22072000.10	任何浓度的改性乙醇	30	80	5	17	0	升/千克	ABG	MR/NS	0		0
22072000.90	任何浓度的其他酒精	30	80	5	17	0	升/千克	ABG	R/S	0		0
22.08	**未改性乙醇，按容量计酒精浓度在80%以下；蒸馏酒、利口酒及其他酒精饮料：**											
2208.2000	- 蒸馏葡萄酒制得的烈性酒											
22082000.10	装入200升及以上容器的蒸馏葡萄酒制得的烈性酒	10	180		17/[注3]	15	升/千克	AB	R/S	0		0
22082000.90	其他蒸馏葡萄酒制得的烈性酒	10	180		17/[注3]	15	升/千克	AB	R/S	0		0
2208.3000	- 威士忌酒	10	180		17/[注3]	15	升/千克	AB	R/S	0		0
2208.4000	- 朗姆酒及蒸馏已发酵甘蔗产品制得的其他烈性酒	10	180		17/[注3]	15	升/千克	AB	R/S	0		0
2208.5000	- 杜松子酒	10	180		17/[注3]	15	升/千克	AB	R/S	0		0
2208.6000	- 伏特加酒	10	180		17/[注3]	15	升/千克	AB	R/S	0	8.8	0
2208.7000	- 利口酒及柯迪尔酒	10	180		17/[注3]	15	升/千克	AB	R/S	0	8.8	0
	- 其他：											
2208.9010	--- 龙舌兰酒											
22089010.10	濒危龙舌兰酒	10	180		17/[注3]	0	升/千克	ABEF	R/S	0	8.8	0

1：消费税为：进口完税价格≥370美元/吨的麦芽酿造啤酒，税率为250元/吨；进口完税价格<370美元/吨的麦芽酿造啤酒，税率为220元
2：消费税为：240元/吨。
3：消费税为：20%，加1元/千克。

协定税率 %											特惠税率 %			
巴基斯坦	冰岛	哥斯达黎	秘鲁	新西兰	瑞士	新加坡	韩国	澳大利亚	港澳台	老挝	孟加拉	33 国	7 国	**Article Description**
														Beer made from malt:
							0	0			0	0	0	Beer made from malt
														Wine of fresh grapes ,includingfortified wines;grape must other than that of heading 20.09:
11.2	0	0	4.2	0	9.8	0	11.2	8.4				0	0	- Sparkling wine
														- Other wine；grape must with fermentation prevented or arrested by the addition of alcohol:
11.2	0	0	7.5	0	9.8	0	11.2	8.4	0/0/			0	0	-- In containers holding 2L or less
	0	0	10.7	0	14	0	17.3	12				0	0	-- Other
	0	0	12.5	0		0	27	18						- Other grape must
														Vermouth and other wine of fresh grapes flavoured with plants or aromatic substances:
		0	27.1	0		0	58.5	39						- In containers holding 2L or less
		0	27.1	0		0	58.5	39						- Other
														Other fermented beverages(for example,cider perry，mead); mixtures of fermented beverages and mixtures of fermented beverages and non-alcoholic beverages，not elsewhere specified or included:
	0	0	13.4	0		0	36	24	0/0/			0	0	--- Yellow rice wine
	0	0	13.4	0		0	36	24	0/0/			0	0	--- Other
														Undenatured ethyl alcohol of an alcoholic strength by volume of 80% vol or higher; ethyl alcohol and other spirits,denatured,of any strength:
0	0	0	12	0		0	36	24	/0/			0	0	- Undenatured ethyl alcohol of an alcoholic,strength by volume of 80% vol or higher
														- Ethyl alcohol and other spirits,denatured of any strength
0	0	0	0	0		0	27	18				0	0	Ethyl alcohol, denatured, of any strength
0	0	0	0	0		0	27	18				0	0	Other spirits, of any strength
														Undenaturated ethyl alcohol of an alcoholic strength by volume of less than 80%vol;spirits,liqueurs and other spirituous beverages:
														- Spirits obtained by distilling grape wine or grape marc
5	0	0	3	0	4	0	8	6			0	0	0	Spirits obtained by distilling grape wine or grape marc, in containers holding 200L or more
5	0	0	3	0	4	0	8	6			0	0	0	Other spirits obtained by distilling grape wine or grape marc
5	0	0	3	0	4	0	8	6			0	0	0	- Whiskies
5	0	0	0	0	4	0	8	6			0	0	0	- Rum and other spirits obtained by distilling fermented sugar-caneproducts
5		0	0	0	4	0	8	6			0	0	0	- Gin and geneva
5		0	0	0	4	0	8	6			0	0	0	- Vodka
5	0	0	3	0	4	0	8	6			0	0	0	- Liqueurs and cordials
														- Other:
														--- Tequila,Mezcal
5	0	0	0	0	4	0	8	6				0	0	Tequila, Mezcal, containing endangered wild animals and plants ingredients

税号	货品名称	进口关税 %			增值/消费税%	出口退税%	统计计量单位	监管证件代码	检验检疫类别	协定税率 %		
		最惠国	普通	年内暂定						东盟	亚太	智利
22089010.90	其他龙舌兰酒	10	180		17/[注1]	15	升/千克	AB	R/S	0	8.8	0
2208.9020	--- 白酒	10	180		17/[注1]	15	升/千克	AB	R/S	0	8.8	0
2208.9090	--- 其他											
22089090.01	酒精浓度在80%以下的未改性乙醇	10	180		17	15	升/千克	AB	R/S	0	8.8	0
22089090.21	含濒危野生动植物成分的薯类蒸馏酒	10	180		17/[注1]	0	升/千克	ABEF	R/S	0	8.8	0
22089090.29	其他薯类蒸馏酒	10	180		17/[注1]	15	升/千克	AB	R/S	0	8.8	0
22089090.91	含濒危野生动植物成分的其他蒸馏酒及酒精饮料	10	180		17/[注1]	0	升/千克	ABEF	R/S	0	8.8	0
22089090.99	其他蒸馏酒及酒精饮料	10	180		17/[注1]	15	升/千克	AB	MR/NS	0	8.8	0
22.09	**醋及用醋酸制得的醋代用品:**											
2209.0000	醋及用醋酸制得的醋代用品	20	70	15	17	15	升/千克	AB	R/S	0		0

1：消费税为：20%，加1元/千克。

协定税率 %										特惠税率 %				Article Description
巴基斯坦	冰岛	哥斯达黎	秘鲁	新西兰	瑞士	新加坡	韩国	澳大利亚	港澳台	老挝	孟加拉	33 国	7 国	
5	0	0	0	0	4	0	8	6				0	0	Other tequila, Mezcal
5	0	0	3	0	4	0	8	6	/0/		0	0	0	--- Chinese distilled spirits
														--- Other
5	0	0	3	0	4	0	9	6	/0/		0	0	0	Undenatured ethyl alcohol of an alcoholic strength by volume of less than 80% vol
5	0	0	3	0	4	0	9	6	/0/		0	0	0	Potato spirits containing endangered wild plants or animals ingredients
5	0	0	3	0	4	0	9	6	/0/		0	0	0	Other spirits obtained by distilling potatoes
5	0	0	3	0	4	0	9	6	/0/		0	0	0	Other spirits and spirituous beverages containing endangered wild animals or plants ingredients
5	0	0	3	0	4	0	9	6	/0/		0	0	0	Other spirits, spirituous beverages
														Vinegar and substitutes for vinegar obtained from acetic acid:
	0	0	6	0	14	0	17.3	12	0/0/			0	0	Vinegar and substitutes for vinegar obtained from acetic acid

第二十三章　食品工业的残渣及废料；配制的动物饲料

注释：

税目 23.09 包括其他税目未列名的配制动物饲料，这些饲料是由动、植物原料加工而成的，并且已改变了原料的基本特性，但加工过程中的植物废料、植物残渣及副产品除外。

子目注释：

子目 2306.41 所称的“低芥子酸油菜子”，是指第十二章子目注释一所定义的菜子。

税号	货品名称	进口关税 %			增值/消费税%	出口退税%	统计计量单位	监管证件代码	检验检疫类别	协定税率 %		
		最惠国	普通	年内暂定						东盟	亚太	智利
23.01	**不适于供人食用的肉、杂碎、鱼、甲壳动物、软体动物或其他水生无脊椎动物的渣粉及团粒；油渣：**											
	- 肉、杂碎的渣粉及团粒；油渣：											
	--- 肉骨粉：											
2301.1011	----含牛羊成分的	2	11		13	15	千克	AB	MP/Q	0		0
2301.1019	----其他	2	11		13	15	千克	AB	MP/Q	0		0
2301.1020	--- 油渣	5	50		13	0	千克	AB	P/Q	0		0
2301.1090	--- 其他	5	30		13	0	千克	AB	P/Q	0		0
	- 鱼、甲壳动物、软体动物或其他水生无脊椎动物的渣粉及团粒：											
2301.2010	--- 饲料用鱼粉	2	11		0	0	千克	AB	MP/Q	0	0	0
2301.2090	--- 其他	5	30		0	0	千克	AB	P/Q	0	0	0
23.02	**谷物或豆类植物在筛、碾或其他加工过程中所产生的糠、麸及其他残渣，不论是否制成团粒：**											
2302.1000	- 玉米的	5	30		0	0	千克	AB	MP/Q	0		0
2302.3000	- 小麦的	3	30		0	0	千克	AB	P/Q	0		0
2302.4000	- 其他谷物的	5	30		0	0	千克	AB	P/Q	0		0
2302.5000	- 豆类植物的	5	30		13	0	千克	AB	P/Q	0		0
23.03	**制造淀粉过程中的残渣及类似的残渣，甜菜渣、甘蔗渣及制糖过程中的其他残渣，酿造及蒸馏过程中的糟粕及残渣，不论是否制成团粒：**											
2303.1000	- 制造淀粉过程中的残渣及类似的残渣	5	30		13	13	千克	AB	P/Q	0		0
2303.2000	- 甜菜渣、甘蔗渣及制糖过程中的其他残渣	5	30		13	0/5	千克	AB	P/Q	0		0
2303.3000	- 酿造及蒸馏过程中的糟粕及残渣											
23033000.10	玉米酒糟	5	30		0	0	千克	7AB	P/Q	0		0
23033000.90	其他酿造及蒸馏过程中的糟粕及残渣	5	30		0	0	千克	AB	P/Q	0		0
23.04	**提炼豆油所得的油渣饼及其他固体残渣，不论是否碾磨或制成团粒：**											
2304.0010	--- 油渣饼	5	30		13	13	千克	7AB	P/NQ	0	0	0
2304.0090	--- 其他	5	30		13	13	千克	7AB	P/NQ	0	0	0
23.05	**提炼花生油所得的油渣饼及其他固体残渣，不论是否碾磨或制成团粒：**											
2305.0000	提炼花生油所得的油渣饼及其他固体残渣，不论是否碾磨或制成团粒	5	30		0	0	千克	AB	P/NQ	0		0
23.06	**税目 23.04 或 23.05 以外的提炼植物油脂所得的油渣饼及其他固体残渣，不论是否碾磨或制成团粒：**											
2306.1000	- 棉子的	5	30		0	13	千克	AB	P/NQ	0		0
2306.2000	- 亚麻子的	5	30		0	13	千克	AB	P/NQ	0		0
2306.3000	- 葵花子的	5	30		0	13	千克	AB	P/NQ	0		0
	- 油菜子的：											
2306.4100	-- 低芥子酸的	5	30		0	13	千克	AB	P/NQ	0		0
2306.4900	-- 其他	5	30		0	13	千克	AB	P/NQ	0		0
2306.5000	- 椰子或干椰肉的	5	30		13	13	千克	AB	P/NQ	0	2.5	0
2306.6000	- 棕榈果或棕榈仁的											

Chapter 23 Residues and waste from the food industries; prepared animal fodder

Chapter Notes:

Heading 23.09 includes products of a kind used in animal feeding, not elsewhere specified or included, obtained by processing vegetable or animal materials to such an extent that they have lost the essential characteristics of the original material, other than vegetable waste, vegetable residues and by-products of such processing.

Subheading Notes:

For the purposes of subheading 2306.41, the expression "low erucic acid rape or colza seeds" means seeds as defined in Subheading Note 1 to Chapter 12.

协定税率 %										特惠税率 %				Article Description
巴基斯坦	冰岛	哥斯达黎	秘鲁	新西兰	瑞士	新加坡	韩国	澳大利亚	港澳台	老挝	孟加拉	33国	7国	
														Flours,meals and pellets,of meat or meat offal,of fish or of crustaceans,molluscs or other aquatic invertebrates,unfit,for human consumption;greaves:
														- Flours,meals and pellets,of meat or meat offal;greaves:
														--- Flours and meals,of meat bones:
0	0	0	0	0	0		0	0			0	0	0	----Of bovine and sheep
0	0	0	0	0	0		0	0			0	0	0	----Other
0	0	0	0	0	0		0	0	0//		0	0	0	--- Greaves
0	0	0	0	0	0		0	0			0	0	0	--- Other
														- Flours,meals and pellets,of fish or of crustaceans,molluscs or other aquatic invertebrates:
0	0	0.8	0	0	0		0	0	0//		0	0	0	--- Flours and meals of fish,of a kind used in animal feeding
0	0	0	0.6	0	0		0	0	0//		0	0	0	--- Other
														Bran,sharps and other residues,whether or not in the form of pellets,derived from the sifting,milling or other working of cereals or of leguminous plants:
0	0	0	0	0	0		0	0			0	0	0	- Of maize(corn)
0	0	0	0	0	0		0	0			0	0	0	- Of wheat
0	0	0	0	0	0		0	0			0	0	0	- Of other cereals
0	0	0	0	0	0		0	0	0//		0	0	0	- Of leguminous plants
														Residues of starch manufacture and similar residues，beet-pulp，bagasses and other waste of sugar manufacture，brewing or distilling dregs and waste，whether or not in the form of pellets:
0	0	0	0	0	0		0	0			0	0	0	- Residues of starch manufacture and similar residues
0	0	0	0	0	0		0	0			0	0	0	- Beet-pulp，bagasses and other waste of sugar manufacture
														- Brewing or distilling dregs and waste
0	0	0	0	0	0		0	0			0	0	0	Corn distillers solubles
0	0	0	0	0	0		0	0			0	0	0	Other dross and residues during the process of brewing and distillation
														Oil-cake and other solid residues，whether or not ground or in the form of pellets，resulting from the extraction of soyabean oil:
0	0	0	0	0	0		0	3			0	0	0	--- Oil-cake
0	0	0	0	0	0		0	3			0	0	0	--- Other
														Oil-cake and other solid residues，whether or not ground or in the form of pellets，resulting from the extraction of ground nutoil:
0	0	0	0	0	0		0	3			0	0	0	Oil-cake and other solid residues，whether or not ground or in the form of pellets，resulting from the extraction of groundnut oil
														Oil-cake and other solid residues，whether or not ground or in the form of pellets，resulting from the extraction of vegetable fats or oils，other than those of heading 23.04 or 23.05:
0	0	0	0	0	0		0	0			0	0	0	- Of cotton seeds
0	0	0	0	0	0		0	0		0	0	0	0	- Of linseed
0	0	0	0	0	0		0	3			0	0	0	- Of sunflower seeds
														- Of rape or colza seeds:
0	0	0	0	0	0		0	3				0	0	-- Of low erucic acid rape or colza seeds
0	0	0	0	0	0		0	3				0	0	-- Other
0	0	0	0	0	0		0	0			0	0	0	- Of coconut or copra
														- Of palm nuts or kernels

税号	货品名称	进口关税 %			增值/消费税%	出口退税%	统计计量单位	监管证件代码	检验检疫类别	协定税率 %		
		最惠国	普通	年内暂定						东盟	亚太	智利
23066000.10	濒危棕榈果或濒危棕榈仁油渣饼及固体残渣(税目 2304 或 2305 以外提炼植物油脂所得的)	5	30		13	0	千克	ABEF	P/NQ	0		0
23066000.90	其他棕榈果或其他棕榈仁油渣饼及固体残渣(税目 2304 或 2305 以外提炼植物油脂所得的)	5	30		13	13	千克	AB	P/NQ	0		0
2306.9000	- 其他	5	30		13	0/13/15	千克	AB	P/NQ	0		0
23.07	**葡萄酒渣；粗酒石：**											
2307.0000	葡萄酒渣；粗酒石	5	30		0	0	千克	AB	R/S	0		0
23.08	**动物饲料用的其他税目未列名的植物原料、废料、残渣及副产品，不论是否制成团粒：**											
2308.0000	动物饲料用的其他税目未列名的植物原料、废料、残渣及副产品，不论是否制成团粒	5	35		13	0/5/15	千克	AB	P/Q	0		0
23.09	**配制的动物饲料：**											
	- 零售包装的狗食或猫食：											
2309.1010	--- 罐头	15	90		13	13	千克	AB	P/Q	0		0
2309.1090	--- 其他	15	90		13	13	千克	AB	P/Q	0		0
	- 其他：											
2309.9010	--- 制成的饲料添加剂	5	14		17	13/15	千克	AB	MP/Q	0	2.5	0
2309.9090	--- 其他	6.5	14	4	13	0/13/15	千克	AB	MP/Q	0	3.3	0

协定税率 %										特惠税率 %				
巴基斯坦	冰岛	哥斯达黎	秘鲁	新西兰	瑞士	新加坡	韩国	澳大利亚	港澳台	老挝	孟加拉	33 国	7 国	**Article Description**
0	0	0	0	0	0		0	3			0	0	0	Endangered palm fruit or endangered palm kernel oil cake and solid residue (from refining plant oil other than heading 23.04 and 23.05)
0	0	0	0	0	0		0	3			0	0	0	Other palm fruits or palm kernel oil cake and solid residue (from refining plant oilother than heading 23.04 and 23.05)
0	0	0	0	0	0		0	3		0	0	0	0	- Other
														Wine lees;argol:
0	0	0	0	0	0		0	0			0	0	0	Wine lees;argol
														Vegetable materials and vesetable waste，vegetable residues and by-products，whether or not in the form of pellets，of a kind used in animal feeding，not elsewhere specified or included:
0	0	0	0	0	0		0	0				0	0	Vegetable materials and veget-able waste，vegetable residues and by-products，whether or not in the form of pellets，of a kind used in animal feeding，not elsewhere specified or included
														Preparations of a kind used in animal feeding:
														- Dog or cat food，put up for retail sale:
12	0	0	4.5	0	10.5	0	12	9	0/0/			0	0	--- In airtight containers
12	0	0	4.5	0	10.5	0	12	9	0/0/			0	0	--- Other
														- Other:
0	0	0	1.5	0	2		0	0	0//		0	0	0	--- Preparations for use in making the complete feeds or supplementary feeds
0	0	0	2	0	2.6		5.2	3.9	0/0/		0	0	0	--- Other

第二十四章　烟草、烟草及烟草代用品的制品

注释：

本章不包括药用卷烟（第三十章）。

子目注释：

子目 2403.11 所称“水烟料”，是指由烟草和甘油混合而成用水烟筒吸用的烟草，不论是否含有芳香油及提取物、糖蜜或糖，也不论是否用水果调味，但供在水烟筒中吸用的非烟草产品除外。

税号	货品名称	进口关税 %			增值/消费税%	出口退税%	统计计量单位	监管证件代码	检验检疫类别	协定税率 %		
		最惠国	普通	年内暂定						东盟	亚太	智利
24.01	烟草；烟草废料：											
	- 未去梗的烟草：											
2401.1010	--- 烤烟	10	70		17	5/15	千克	7AB	PM/QS		9.4	0
2401.1090	--- 其他	10	70		17	5	千克	7AB	PM/QS			0
	- 部分或全部去梗的烟草：											
2401.2010	--- 烤烟	10	70		17	5/15	千克	7AB	P/QS			0
2401.2090	--- 其他	10	70		17	15	千克	7AB	P/QS			0
2401.3000	- 烟草废料	10	70		17	5/15	千克	7AB	P/QS			0
24.02	烟草或烟草代用品制成的雪茄烟及卷烟：											
2402.1000	- 烟草制的雪茄烟	25	180		17/36	0	千克/千支	7AB	R/S			0
2402.2000	- 烟草制的卷烟	25	180		17/[注1]	0	千克/千支	7AB	M/S			0
2402.9000	- 其他											
24029000.01	烟草代用品制的卷烟	25	180		17/[注1]	0	千克/千支	7AB	R/S			0
24029000.09	烟草代用品制的雪茄烟	25	180		17/36	0	千克/千支	7AB	R/S			0
24.03	其他烟草及烟草代用品的制品；“均化”或“再造”烟草；烟草精汁：											
	- 供吸用的烟草，不论是否含有任何比例的烟草代用品：											
2403.1100	-- 本章子目注释所述的水烟料	57	180		17/30	15	千克	7AB	P/QS	50	50	0
2403.1900	-- 其他	57	180		17/30	15	千克	7AB	P/QS	50	50	0
	- 其他：											
2403.9100	-- “均化”或“再造”烟草											
24039100.10	再造烟草	57	180	40	17/30	15	千克	7AB	P/Q	50		0
24039100.90	均化烟草	57	180		17/30	15	千克	7AB	P/Q	50		0
2403.9900	-- 其他											
24039900.10	烟草精汁	57	180		17	15	千克	7AB	MP/NQS	50		0
24039900.90	其他烟草及烟草代用品的制品	57	180		17/30	15	千克	AB	P/QS	50		0

1：消费税为：每标准条进口卷烟确定消费税适用比例税率的价格≥70 元人民币的，税率为 56%+150 元/标准箱；每标准条进口卷烟确定消费税适用比例税率的价格＜70 元人民币的，税率为 36%+150 元/标准箱。

Chapter 24　Tobacco and manufactured tobacco substitutes

Chapter Notes:

This Chapter does not cover medicinal cigarettes (Chapter 30).

Subheading Notes:

For the purposes of subheading 2403.11, the expression "water pipe tobacco" means tobacco intended for smoking in a water pipe and which consists of a mixture of tobacco and glycerol, whether or not containing aromatic oils and extracts, molasses or sugar, and whether or not flavoured with fruit. However, tobacco-free products intended for smoking in a water pipe are excluded from this subheading.

协定税率 %										特惠税率 %				Article Description
巴基斯坦	冰岛	哥斯达黎	秘鲁	新西兰	瑞士	新加坡	韩国	澳大利亚	港澳台	老挝	孟加拉	33 国	7 国	
														Unmanufactured tobacco; tobacco refuse:
														- Tobacco,not stemmed/stripped:
9.4				0										--- Flue-cured
				0										--- Other
														- Tobacco,partly or wholly stemmed/stripped:
				0										--- Flue-cured
				0										--- Other
			3	0							0	0	0	- Tobacco refuse
														Cigars,cheroots,cigarillos and cigarettes,of tobacco or of tobacco substitutes:
				0										- Cigars,cheroots and cigarillos,containing tobacco
				0										- Cigarettes containing tobacco
														- Other
				0										Cigarettes, of tobacco substitutes
				0										Cigars, cheroots and cigarillos, of tobacco substitutes
														Other manufactured tobacco and manufactured tobacco substitutes;"homogenized"or"reconstituted"tobacco;tobacco extracts and essences:
														- Smoking tobacco, whether or not containing tobacco substitutes in any proportion:
50				0										-- Water pipe tobacco specified in subheading note 1 of this chapter
50				0										-- Other
														- Other:
														-- "Homogenized"or"reconstituted"tobacco
				0										Reconstituted tobacco
				0										Homogenized tobacco
														-- Other
				0										Tobacco extracts and essences
				0										Other manufactured tobacco and manufactured tobacco substitutes

第五类　矿产品

第二十五章　盐；硫磺；泥土及石料；石膏料、石灰及水泥

注释：

一、除条文及注释四另有规定的以外，本章各税目只包括原产状态的矿产品，或只经过洗涤（包括用化学物质清除杂质而未改变产品结构的）、破碎、磨碎、研粉、淘洗、筛分以及用浮选、磁选和其他机械物理方法（不包括结晶法）精选过的货品，但不得经过焙烧、煅烧、混合或超过税目所列的加工范围。

本章产品可含有添加的抗尘剂，但所加剂料并不使原产品改变其一般用途而适合于某些特殊用途。

二、本章不包括：

（一）升华硫磺、沉淀硫磺及胶态硫磺（税目 28.02）；

（二）土色料，按重量计三氧化二铁含量在 70%及以上（税目 28.21）；

（三）第三十章的药品及其他产品；

（四）芳香料制品及化妆盥洗品（第三十三章）；

（五）长方砌石、路缘石、扁平石（税目 68.01）、镶嵌石或类似石料（税目 68.02）及铺屋顶、饰墙面或防潮用的板岩（税目 68.03）；

（六）宝石或半宝石（税目 71.02 或 71.03）；

（七）每颗重量不低于 2.5 克的氯化钠或氧化镁培养晶体（光学元件除外）（税目 38.24）；氯化钠或氧化镁制的光学元件（税目 90.01）；

（八）台球用粉块（税目 95.04）；或

（九）书写或绘画用粉笔及裁缝划粉（税目 96.09）。

三、既可归入税目 25.17，又可归入本章其他税目的产品，应归入税目 25.17。

四、税目 25.30 主要包括：未膨胀的蛭石、珍珠岩及绿泥石；不论是否煅烧或混合的土色料；天然云母氧化铁；海泡石（不论是否磨光成块）；琥珀；模制后未经进一步加工的片、条、杆或类似形状的粘聚海泡石及粘聚琥珀；黑玉；菱锶矿（不论是否煅烧），但不包括氧化锶；陶器、砖或混凝土的碎块。

税　号	货　品　名　称	进口关税 %			增值/消费税%	出口退税 %	统计计量单位	监管证件代码	检验检疫类别	协定税率 %		
		最惠国	普通	年内暂定						东盟	亚太	智利
25.01	**盐（包括精制盐及变性盐）及纯氯化钠，不论是否为水溶液，也不论是否添加抗结块剂或松散剂；海水：**											
	--- 盐：											
2501.0011	----食用盐	0	0		13	13	千克	AB	R/S			
2501.0019	----其他	0	0		17	13	千克	AB	R/S			
2501.0020	--- 纯氯化钠	3	35		17	13	千克			0		0
2501.0030	--- 海水	0	0		17	0	千克					
25.02	**未焙烧的黄铁矿：**											
2502.0000	未焙烧的黄铁矿	3	20	1	17	0	千克			0		0
25.03	**各种硫磺，但升华硫磺、沉淀硫磺及胶态硫磺除外：**											
2503.0000	各种硫磺，但升华硫磺、沉淀硫磺及胶态硫磺除外	3	17	1	17	0	千克	AB	MR/NS	0		0
25.04	**天然石墨：**											
	-　粉末或粉片：											
2504.1010	--- 粉片	3	30	1	17	0	千克			0		0
	--- 其他：											
2504.1091	----球化石墨	3	30		17	13	千克			0		0
2504.1099	----其他	3	30		17	0	千克			0		0
2504.9000	-　其他	3	30		17	0	千克			0		0

SECTION V　MINERAL PRODUCTS

Chapter 25　Salt; sulphur; earths and stone; plastering materials, lime and cement

Chapter Notes:

1. Except where their context or Note 4 to this Chapter otherwise requires, the headings of this Chapter cover only products which are in the crude state or which have been washed (even with chemical substances eliminating the impurities without changing the structure of the product), crushed, ground, powdered, levigated, sifted, screened, concentrated by flotation, magnetic separation or other mechanical or physical processes (except crystallisation), but not products which have been roasted, calcined, obtained by mixing or subjected to processing beyond that mentioned in each heading.

   The products of this Chapter may contain an added anti-dusting agent, provided that such addition does not render the product particularly suitable for specific use rather than for general use.

2. This Chapter does not cover:

   (a) Sublimed sulphur, precipitated sulphur or colloidal sulphur (heading 28.02);

   (b) Earth colours containing 70% or more by weight of combined iron evaluated as Fe_2O_3 (heading 28.21);

   (c) Medicaments or other products of Chapter 30;

   (d) Perfumery, cosmetic or toilet preparations (Chapter 33);

   (e) Setts, curbstones or flagstones (heading 68.01); mosaic cubes or the like (heading 68.02); roofing, facing or damp course slates (heading 68.03);

   (f) Precious or semi-precious stones (heading 71.02 or 71.03);

   (g) Cultured crystals (other than optical elements) weighing not less than 2.5g each, of sodium chloride or of magnesium oxide, of heading 38.24; optical elements of sodium chloride or of magnesium oxide (heading 90.01);

   (h) Billiard chalks (heading 95.04); or

   (ij) Writing or drawing chalks or tailors' chalks (heading 96.09).

3. Any products classifiable in heading 25.17 and any other heading of the Chapter are to be classified in heading 25.17.

4. Heading 25.30 applies, inter alia, to: vermiculite, perlite and chlorites, unexpanded; earth colours, whether or not calcined or mixed together; natural micaceous iron oxides; meerschaum (whether or not in polished pieces); amber; agglomerated meerschaum and agglomerated amber, in plates, rods, sticks or similar forms, not worked after moulding; jet; strontianite (whether or not calcined), other than strontium oxide; broken pieces of pottery, brick or concrete.

协定税率 %										特惠税率 %				Article Description
巴基斯坦	冰岛	哥斯达黎	秘鲁	新西兰	瑞士	新加坡	韩国	澳大利亚	港澳台	老挝	孟加拉	33国	7国	
														Salt(including table salt and denatured salt)and pure sodium chloride,whether or not in aqueous solution or containing added anticaking or freeflowing agents;sea water:
														--- Salt:
							0	0			0	0	0	----Edible salt
							0	0			0	0	0	----Other
0	0	0	0	0	0		0	0		0	0	0	0	--- Pure sodium chloride
							0	0			0	0	0	--- Sea water
														Unroasted iron pyrites:
0	0	0	0	0	0		0	0			0	0	0	Unroasted iron pyrites
														Sulphur of all kinds,other than sublimed sulphur,precipitated sulphur and colloidal sulphur:
0	0	0	0	0	0		0	0				0	0	Sulphur of all kinds,other than sublimed sulphur,precipitated sulphur and colloidal sulphur
														Natural graphite:
														- In powder or in flakes:
0	0	0	0	0	2.1		0	0			0	0	0	--- In flakes
														--- Other:
0	0	0	0	0	0		0	0			0	0	0	----Spheroidized graphite
0	0	0	0	0	0		0	0			0	0	0	----Other
0	0	0	0	0	0		0	0			0	0	0	- Other

税号	货品名称	进口关税 %			增值/消费税%	出口退税%	统计计量单位	监管证件代码	检验检疫类别	协定税率 %		
		最惠国	普通	年内暂定						东盟	亚太	智利
25.05	各种天然砂,不论是否着色,但第二十六章的含金属矿砂除外:											
2505.1000	- 硅砂及石英砂	3	40	1	17	0	千克	48xy		0		0
2505.9000	- 其他											
25059000.10	标准砂(不论是否着色,第二十六章的金属矿砂除外)	3	40	1	17	0	千克	4xy		0		0
25059000.90	其他天然砂(不论是否着色,第二十六章的金属矿砂除外)	3	40	1	17	0	千克	48xy		0		0
25.06	石英(天然砂除外);石英岩,不论是否粗加修整或仅用锯或其他方法切割成矩形(包括正方形)的板、块:											
2506.1000	- 石英	3	40	1	17	0	千克			0		0
2506.2000	- 石英岩	3	40	1	17	0	千克			0		0
25.07	高岭土及类似土,不论是否煅烧:											
2507.0010	--- 不论是否煅烧的高岭土	3	50	1	17	0	千克			0		0
2507.0090	--- 不论是否煅烧的其他高岭土类似土	3	50	1	17	0	千克			0		0
25.08	其他粘土(不包括税目68.06的膨胀粘土)、红柱石、蓝晶石及硅线石,不论是否煅烧;富铝红柱石;火泥及第纳斯土:											
2508.1000	- 膨润土	3	50		17	0	千克			0		0
2508.3000	- 耐火粘土	3	20	1	17	0	千克	4xy		0		0
2508.4000	- 其他粘土	3	50		17	0	千克			0		0
2508.5000	- 红柱石、蓝晶石及硅线石	3	40		17	0	千克			0		0
2508.6000	- 富铝红柱石	3	40		17	0	千克			0		0
2508.7000	- 火泥及第纳斯土											
25087000.10	火泥	3	20		17	0	千克			0		0
25087000.90	第纳斯土	3	20		17	0	千克			0		0
25.09	白垩:											
2509.0000	白垩	3	45		17	0	千克			0		0
25.10	天然磷酸钙、天然磷酸铝钙及磷酸盐白垩:											
	- 未碾磨:											
2510.1010	--- 磷灰石	3	11	0	17	0	千克	4xy		0		0
2510.1090	--- 其他	3	20		17	0	千克	4xy		0		0
	- 已碾磨:											
2510.2010	--- 磷灰石	3	11	0	17	0	千克	4xy		0		0
2510.2090	--- 其他	3	20		17	0	千克	4xy		0		0
25.11	天然硫酸钡(重晶石);天然碳酸钡(毒重石),不论是否煅烧,但税目28.16的氧化钡除外:											
2511.1000	- 天然硫酸钡(重晶石)	3	45		17	0	千克			0		0
2511.2000	- 天然碳酸钡(毒重石)	3	45		17	0	千克			0		0
25.12	硅质化石粗粉(例如,各种硅藻土)及类似的硅质土,不论是否煅烧,其表观比重不超过1:											
2512.0010	--- 硅藻土	3	40		17	0	千克	AB	R/S	0		0
2512.0090	--- 其他	3	40		17	0	千克			0		0
25.13	浮石;刚玉岩;天然刚玉砂;天然石榴石及其他天然磨料,不论是否热处理:											
2513.1000	- 浮石	3	35		17	0	千克			0		0
2513.2000	- 刚玉岩、天然刚玉砂、天然石榴石及其他天然磨料	3	17		17	0	千克			0		0
25.14	板岩,不论是否粗加修整或仅用锯或其他方法切割成矩形(包括正方形)的板、块:											
2514.0000	板岩,不论是否粗加修整或仅用锯或其他方法切割成矩形(包括正方形)的板、块	3	50		17	0	千克			0		0
25.15	大理石、石灰华及其他石灰质碑用或建筑用石,表观比重为2.5及以上,蜡石,不论是否粗加修整或仅用锯或其他方法切割成矩形(包括正方形)的板、块:											

协定税率 %										特惠税率 %				Article Description
巴基斯坦	冰岛	哥斯达黎	秘鲁	新西兰	瑞士	新加坡	韩国	澳大利亚	港澳台	老挝	孟加拉	33 国	7 国	
														Natural sands of all kinds,whether or not coloured,other than metal-bearing sands of Chapter 26:
0	0	0	0	0	0		1.8	0			0	0	0	- Silica sands and quartz sands
														- Other
0	0	0	0	0	0		0	0			0	0	0	Standard sand, whether or not coloured, other than mineral ores of Chapter 26
0	0	0	0	0	0		0	0			0	0	0	Other natural sands, whether or not coloured, other than mineral ores of Chapter 26
														Quartz(other than natural sands);quartzite,whether or not roughly trimmed or merely cut,by sawing or otherwise,into blocks or slabs of a rectangular(including square)shape:
0	0	0	0	0	0		0	0			0	0	0	- Quartz
0	0	0	0	0	0		0	0			0	0	0	- Quartzite
														Kaolin and other kaolinic clays,whether or not calcined:
0	0	0	0	0	0		0	0			0	0	0	--- Kaolin
0	0	0	0	0	0		0	0			0	0	0	--- Other
														Other clays (not including expanded clays of heading 68.06),andalusite,kyanite and sillimanite,whether or not calcined;mullite;chamotte or dinas earths:
0	0	0	0	0	0		0	0			0	0	0	- Bentonite
0	0	0	0	0	0		0	0			0	0	0	- Fire-clay
0	0	0	0	0	0		0	0			0	0	0	- Other clays
0	0	0	0	0	0		0	0			0	0	0	- Andalusite,kyanite and sillimanite
0	0	0	0	0	0		0	0			0	0	0	- Mullite
														- Chamotte or dinas earths
0	0	0	0	0	2.1		0	0			0	0	0	Chamotte
0	0	0	0	0	2.1		0	0			0	0	0	Dinas earths
														Chalk:
0	0	0	0	0	0		0	0			0	0	0	Chalk
														Natural calcium phosphates,na-tural aluminium calcium phosphates and phosphatic chalk:
														- Unground:
0	0	0	0	0	0		0	0			0	0	0	--- Apatite
0	0	0	0	0	0		0	0			0	0	0	--- Other
														- Ground:
0	0	0	0	0	0		0	0			0	0	0	--- Apatite
0	0	0	0	0	0		0	0			0	0	0	--- Other
														Natural barinm sulphate(barytes);natural barium carbonate(witherite),whether or not calcined,other than barium oxide of heading 28.16:
0	0	0	0	0	0		0	0				0	0	- Natural barium sulphate(barytes)
0	0	0	0	0	0		0	0				0	0	- Natural barium carbonate(witherite)
														Siliceous fossil meals(for example,kieselguhr,tripolite and diatomite)and similar siliceous earths,whether or not calcined,of an apparent specific gravity of 1 or less:
0	0	0	0	0	0		0	0			0	0	0	--- Kieselguhr
0	0	0	0	0	0		0	0			0	0	0	--- Other
														Pumice stone;emery;natural corundum,natural garnet and other natural abrasives,whether or not heat-treated:
0	0	0	0	0	0		0	0			0	0	0	- Pumice stone
0	0	0	0	0	0		0	0			0	0	0	- Emery,natural corundum,narural garnet and other natural abrasives
														Slate,whether or not roughly trimmed or merely cut,by sawing or otherwise,into blocks or slabs of a rectangular(including square)shape:
0	0	0	0	0	0		0	0			0	0	0	Slate,whether or not roughly trimmed or merely cut,by sawing or otherwise,into blocks or slabs of a rectangular(including square)shape
														Marble,travertine,ecaussine and other calcareous monumental or building stone of an apparent specific gravity of 2.5 or more,and alabaster,whether or not roughly trimmed or merely cut,by sawing or otherwise,into blocks or slabs of a rectangular(including square)shape:

税号	货品名称	进口关税 %			增值/消费税%	出口退税%	统计计量单位	监管证件代码	检验检疫类别	协定税率 %		
		最惠国	普通	年内暂定						东盟	亚太	智利
	- 大理石及石灰华：											
2515.1100	-- 原状或粗加修整	4	80	0	17	0	千克			0		0
2515.1200	-- 用锯或其他方法切割成矩形，包括正方形	4	80	0	17	0	千克			0		0
2515.2000	- 其他石灰质碑用或建筑用石；蜡石	3	50	0	17	0	千克			0		0
25.16	**花岗岩、斑岩、玄武岩、砂岩以及其他碑用或建筑用石，不论是否粗加修整或仅用锯或其他方法切割成矩形（包括正方形）的板、块：**											
	- 花岗岩：											
2516.1100	-- 原状或粗加修整	4	50	0	17	0	千克	A	M	0	2	0
2516.1200	-- 仅用锯或其他方法切割成矩形，包括正方形	4	50	0	17	0	千克	A	M	0	2	0
2516.2000	- 砂岩											
25162000.01	原状或粗加修整砂岩	3	50	0	17	0	千克	A	M	0	2.1	0
25162000.90	矩形（包括正方形）砂岩（用锯或其他方法切割成矩形的板、块）	3	50	0	17	0	千克			0	2.1	0
2516.9000	- 其他碑用或建筑用石	3	50	0	17	0	千克			0	2.1	0
25.17	**通常作混凝土粒料、铺路、铁道路基或其他路基用的卵石、砾石及碎石，圆石子及燧石，不论是否热处理；矿渣、浮渣及类似的工业残渣，不论是否混有本税目第一部分所列的材料；沥青碎石；税目 25.15、25.16 所列各种石料的碎粒、碎屑及粉末，不论是否热处理：**											
2517.1000	- 通常作混凝土粒料、铺路、铁道路基或其他路基用的卵石、砾石及碎石，圆石子及燧石，不论是否热处理	4	50		17	0	千克			0		0
2517.2000	- 矿渣、浮渣及类似的工业残渣，不论是否混有子目 2517.10 所列的材料	3	50		17	0	千克	9		0		0
2517.3000	- 沥青碎石	3	50		17	0	千克	9		0		0
	- 税目 25.15 及 25.16 所列各种石料的碎粒、碎屑及粉末，不论是否热处理：											
2517.4100	-- 大理石的	3	50		17	0	千克			0		0
2517.4900	-- 其他	3	50		17	0	千克			0		0
25.18	**白云石，不论是否煅烧或烧结、粗加修整或仅用锯或其他方法切割成矩形（包括正方形）的板、块；夯混白云石：**											
2518.1000	- 未煅烧或烧结的白云石	3	40	0	17	0	千克			0		0
2518.2000	- 已煅烧或烧结的白云石	3	40	0	17	0	千克			0		0
2518.3000	- 夯混白云石	3	40	0	17	0	千克			0		0
25.19	**天然碳酸镁（菱镁矿）；熔凝镁氧矿；烧结镁氧矿，不论烧结前是否加入少量其他氧化物；其他氧化镁，不论是否纯净：**											
2519.1000	- 天然碳酸镁（菱镁矿）	3	40	1	17	0	千克	4xy		0		0
	- 其他：											
2519.9010	--- 熔凝镁氧矿	3	40	1	17	0	千克	4xy		0		0
2519.9020	--- 烧结镁氧矿（重烧镁）	3	40	1	17	0	千克	4xy		0		0
2519.9030	--- 碱烧镁（轻烧镁）	3	40	1	17	0	千克	4xy		0		0
	--- 其他：											
2519.9091	----化学纯氧化镁	3	35		17	0	千克	AB	R/S	0		0
2519.9099	----其他											
25199099.10	其他氧化镁含量在70%及以上的矿产品	3	40	1	17	0	千克	4xy		0		0
25199099.90	其他氧化镁	3	40		17	0	千克			0		0
25.20	**生石膏；硬石膏；熟石膏（由煅烧的生石膏或硫酸钙构成），不论是否着色，也不论是否带有少量促凝剂或缓凝剂：**											
2520.1000	- 生石膏；硬石膏	5	80		17	0	千克			0		0
	- 熟石膏：											
2520.2010	--- 牙科用	5	40		17	0	千克			0		0
2520.2090	--- 其他	5	80		17	0	千克			0		0

协定税率 %										特惠税率 %				Article Description
巴基斯坦	冰岛	哥斯达黎	秘鲁	新西兰	瑞士	新加坡	韩国	澳大利亚	港澳台	老挝	孟加拉	33 国	7 国	
														- Marble and travertine:
0	0	0	0	0	0		0	0			0	0	0	-- Crude or roughly trimmed
0	0	0	0	0	0		0	0			0	0	0	-- Merely cut,by sawing or otherwise,into blocks or slabs of a rectangular (including square)shape
0	0	0	0	0	0		0	0			0	0	0	- Ecaussine and other calcareous monumental or building stone;alabaster
														Granite,porphyry,basalt,sandstone and other monumental or building stone,whether or not building stone,whether or not roughly trimmed or merely cut,by sawing or otherwise,into blocks or slabs of a rectangular(including square)shape:
														- Granite:
0	0	0	0	0	0		0	0			0	0	0	-- Crude or roughly trimmed
0	0	0	0	0	0		0	0			0	0	0	-- Merely cut,by sawing or otherwise,into blocks or slabs of a rectangular (including square)shape
														- Sandstone
0	0	0	0	0	0		0	0			0	0	0	Crude or roughly trimmed sandstone
0	0	0	0	0	0		0	0			0	0	0	Sandstone, cut by sawing or otherwise, into blocks or slabs of rectangular (including square) shape
0	0	0	0	0	0		0	0			0	0	0	- Other monumental or building stone
														Pebbles,gravel,broken or crushed stone,of a kind commonly used for concrete aggregates,for road metalling or for railway or other ballast,shingle and flint,whether or not heat-treated;macadan of slag,dross or similar industrial waste,whether or not incorporating the materials cited in the first part of the heading;tarred macadam;granules,chippings and powder,of stones of heading 25.15 or 25.16,whether or not heat treated:
0	0	0	0	0	0		0	0			0	0	0	- Pebbles,gravel,broken or crushed stone,of a kind commonly used for concrete aggregates,for road metalling or for railway or other ballast,shingle and flint,whether or not bead-treated
0	0	0	0	0	0		0	0			0	0	0	- Macadam of slag,dross or similar industrial waste,whether or not incorporating the mate-rials cited in subheading 2517.10
0	0	0	0	0	0		0	0			0	0	0	- Tarred macadam
														- Granules,chippings and powder,stones of heading 25.15 or 25.16,whether or not heat-treated:
0	0	0	0	0	0		0	0			0	0	0	-- Of marble
0	0	0	0	0	0		0	0			0	0	0	-- Other
														Dolomite,whether or not calcined;including dolomite roughly trimmed or merely cut,by sawing or otherwise, into blocks or slabs of a rectangular (including square)shape;dolomite ramming mix:
0	0	0	0	0	0		0	0			0	0	0	- Dolomite,not calcinecd or sintered
0	0	0	0	0	0		0	0			0	0	0	- Calcined or sintered dolomite
0	0	0	0	0	0		0	0			0	0	0	- Dolomite ramming mix
														Natural magnesium carbonate(magnesite);fused magnesia; dead- burned(simtered)magnesia,whether or not containing small quantities of other oxides added before sintering;other magnesinm oxide,whether or not pure:
0	0	0	0	0	0		0	0			0	0	0	- Natural magnesium carbonate(magnesite)
														- Other:
0	0	0	0	0	0		0	0			0	0	0	--- Fused magnesia
0	0	0	0	0	0		0	0			0	0	0	--- Dead-burned(sintered)magnesia
0	0	0	0	0	0		0	0			0	0	0	--- Light-burned magnesia
														--- Other:
0	0	0	0	0	0		0	0			0	0	0	----Magnesium oxide,chemically pure
														----Other
0	0	0	0	0	0		0	0			0	0	0	Other mineral products containing by weight more than 70% of magnesium oxide
0	0	0	0	0	0		0	0			0	0	0	Other magnesium oxide
														Gypsum;anhydrite;plasters(consisting of calcined gypsum or calcium sulphate)whether or not coloured,with or without small quantities of accelerators or retarders:
0	0	0	0	0	0		0	0	0//	0	0	0	0	- Gypsum;anhydrite
														- Plasters:
0	0	0	0	0	0		3	0		0	0	0	0	--- For dental use
0	0	0	0	0	0		4	0		0	0	0	0	--- Other

税号	货品名称	进口关税% 最惠国	普通	年内暂定	增值/消费税%	出口退税%	统计计量单位	监管证件代码	检验检疫类别	协定税率% 东盟	亚太	智利
25.21	石灰石助熔剂；通常用于制造石灰或水泥的石灰石及其他钙质石：											
2521.0000	石灰石助熔剂；通常用于制造石灰或水泥的石灰石及其他石灰质石	5	50		17	0	千克			0		0
25.22	生石灰、熟石灰及水硬石灰，但税目28.25的氧化钙及氢氧化钙除外：											
2522.1000	- 生石灰	5	80		17	0	千克			0		0
2522.2000	- 熟石灰	5	80		17	0	千克			0		0
2522.3000	- 水硬石灰	5	80		17	0	千克			0		0
25.23	硅酸盐水泥、矾土水泥、矿渣水泥、富硫酸盐水泥及类似的水凝水泥，不论是否着色，包括水泥熟料：											
2523.1000	- 水泥熟料	8	30		17	0	千克			0		0
	- 硅酸盐水泥：											
2523.2100	-- 白水泥，不论是否人工着色	6	30		17	0	千克			0	4.5	0
2523.2900	-- 其他	8	30		17	0	千克	A	M/	0	6	0
2523.3000	- 矾土水泥	6	30		17	0	千克			0		0
2523.9000	- 其他水凝水泥	8	30		17	0	千克	A	M/	0		0
25.24	石棉：											
2524.1000	- 青石棉	5	30		17	0	千克	89		0		0
	- 其他：											
2524.9010	--- 长纤维的											
25249010.10	长纤维阳起石石棉(包括长纤维铁石棉、透闪石石棉及直闪石石棉)	5	30		17	0	千克	89		0		0
25249010.90	其他长纤维石棉	5	30		17	0	千克			0		0
2524.9090	--- 其他的											
25249090.10	其他阳起石石棉(包括其他铁石棉、透闪石石棉及直闪石石棉)	5	35		17	0	千克	89		0		0
25249090.90	其他石棉	5	35		17	0	千克			0		0
25.25	云母，包括云母片；云母废料：											
2525.1000	- 原状云母及劈开的云母片	5	30	1	17	0	千克			0		0
2525.2000	- 云母粉	5	30		17	0	千克			0		0
2525.3000	- 云母废料	5	30		17	0	千克	AP	M/	0		0
25.26	天然冻石，不论是否粗加修整或仅用锯或其他方法切割成矩形（包括正方形）的板、块；滑石：											
	- 未破碎及未研粉：											
2526.1010	--- 冻石	3	50		17	0	千克			0		0
2526.1020	--- 滑石	3	50	1	17	0	千克	4xy		0		0
	- 已破碎或已研粉：											
2526.2010	--- 冻石	3	50		17	0	千克			0		0
2526.2020	--- 滑石											
25262020.01	滑石粉(体积百分比90%及以上的产品颗粒度小于等于18微米的)	3	50	1	17	0	千克	4ABxy	R/S	0		0
25262020.90	已破碎或已研粉的其他天然滑石	3	50	1	17	0	千克	4xy		0		0
25.28	天然硼酸盐及其精矿（不论是否煅烧），但不包括从天然盐水析离的硼酸盐；天然粗硼酸，含硼酸干重不超过85%：											
2528.0010	--- 天然硼砂及其精矿（不论是否煅烧）	3	30	0	17	0	千克	A	M/	0		0
2528.0090	--- 其他	5	30	0	17	0	千克			0		0
25.29	长石；白榴石；霞石及霞石正长岩；萤石(氟石)：											
2529.1000	- 长石	3	50	1	17	0	千克			0		0
	- 萤石：											
2529.2100	-- 按重量计氟化钙含量≤97%的萤石	3	50		17	0	千克	4xy		0		0
2529.2200	-- 按重量计氟化钙含量>97%的萤石	3	50		17	0	千克	4xy		0		0
2529.3000	- 白榴石；霞石及霞石正长岩	5	50		17	0	千克			0		0
25.30	其他税目未列名的矿产品：											
	- 未膨胀的蛭石、珍珠岩及绿泥石：											

协定税率 %										特惠税率 %				
巴基斯坦	冰岛	哥斯达黎	秘鲁	新西兰	瑞士	新加坡	韩国	澳大利亚	港澳台	老挝	孟加拉	33 国	7 国	Article Description
														Limestone flux;limestone and other calcareous stone,of a kind used for the manufacture of lime or cement:
0	2.5	0	0	0	0		0	0	0//		0	0	0	Limestone flux;limestone and other calcareous stone, of a kind used for the manufacture of lime or cement
														Quicklime,slaked lime and hydraulic lime,other than calcium oxide and hydroxide of heading 28.25:
0	0	0	0	0	0		0	0			0	0	0	- Quicklime
0	0	0	0	0	0		0	0			0	0	0	- Slaked lime
0	0	0	0	0	0		3	0			0	0	0	- Hydraulic lime
														Portland cement,aluminous cement,slag cement,supersulphate cement and similar hydraulic cements,whether or not co-loured or in the form of clinkers:
5	0	0	0	0	3.2		4.8	4.8	0//0		0	0	0	- Cement clinkers
														- Portland cement:
0	0	0	0	0	2.4		0	3.6	//0		0	0	0	-- White cement,whether or not artificially coloured
5	0	0	0	0	3.2		4.8	4.8	0/0/0		0	0	0	-- Other
5	0	0	0	0	2.4		0	3.6			0	0	0	- Aluminous cement
5	0	0	0	0	3.2		4.8	4.8			0	0	0	- Other hydraulic cements
														Asbestos:
0	0	0	0	0	0		3	0				0	0	- Crocidolite
														- Other:
														--- Of long staple
0	0	0	0	0	0		3	0				0	0	Long-staple actinolite asbestos (including long-staple amosa asbestos, tremolite asbestos and anthophyllite asbestos)
0	0	0	0	0	0		3	0				0	0	Other long-staple asbestos
														--- Other
0	0	0	0	0	0		3	0				0	0	Other actinolite asbestos (including other amosa asbestos, tremolite asbestos or anthophyllite asbestos)
0	0	0	0	0	0		3	0				0	0	Other asbestos
														Mica,including splittings;mica waste:
0	0	0	0	0	0		0	0			0	0	0	- Crude mica and mica rifted into sheets or splittings
0	0	0	0	0	0		0	0			0	0	0	- Mica powder
0	0	0	0	0	0		3	0			0	0	0	- Mica waste
														Natural steatite,whether or not roughly trimmed or merely cut,by sawing or otherwise,into blocks or slabs or a rectangular(including square)shape;talc:
														- Not crushed,not powdered:
0	0	0	0	0	0		0	0			0	0	0	--- Natural steatite
0	0	0	0	0	0		0	0			0	0	0	--- Talc
														- Crushed or powdered:
0	0	0	0	0	0		0	0			0	0	0	--- Natural steatite
														--- Talc
0	0	0	0	0	0		1.8	0			0	0	0	Talc powder (products with the volume percentage exceeding 90% and the particle size not exceeding 18 microns)
0	0	0	0	0	0		1.8	0			0	0	0	Other natural talc, crushed or powdered
														Natural borates and concentrates thereof(whether or not calcined), but not including borates separated from natural brine; natural boric acid containing not more than 85% of H_3BO_3 calculated on the dry weight:
0	0	0	0	0	0		0	0			0	0	0	--- Natural sodium borates and concentrates thereof（whether or not calcined）
0	0	0	1.5	0	0		0	0			0	0	0	--- Other
														Felspar; leucite; nepheline and nepheline syenite; fluorspar:
0	0	0	0	0	0		0	0			0	0	0	- Felspar
														- Fluorspar:
0	0	0	0	0	0		0	0			0	0	0	-- Containing by weight 97% or less of calcium fluoride
0	0	0	0	0	0		0	0			0	0	0	-- Containing by weight more than 97% of calcium fluoride
0	0	0	0	0	0		3	0			0	0	0	- Leucite; nepheline and nepheline syenite
														Mineral substances not elsewhere specified or included:
														- Vermiculite, perlite and chlorites,unexpanded:

税号	货品名称	进口关税 %			增值/消费税%	出口退税%	统计计量单位	监管证件代码	检验检疫类别	协定税率 %		
		最惠国	普通	年内暂定						东盟	亚太	智利
2530.1010	--- 绿泥石	5	30		17	0	千克			0		0
2530.1020	--- 蛭石及珍珠岩	5	30		17	0	千克			0		0
2530.2000	- 硫镁矾矿及泻盐矿（天然硫酸镁）	3	30		17	0	千克			0		0
	- 其他：											
2530.9010	--- 矿物性药材	3	30		17	0	千克			0		0
2530.9020	--- 稀土金属矿	0	0		17	0	千克	4Bxy	/N			
	--- 其他：											
2530.9091	----硅灰石	3	50		17	0	千克			0		0
2530.9099	----其他											
25309099.01	天青石	3	50	1	17	0	千克			0		0
25309099.02	锂辉石矿	3	50	0	17	0	千克			0		0
25309099.10	废镁砖	3	50	1	17	0	千克	49xy		0		0
25309099.20	叶腊石	3	50		17	0	千克			0		0
25309099.30	未煅烧的水镁石	3	50	1	17	0	千克	4xy		0		0
25309099.92	其他税目未列名氧化镁含量在70%及以上的矿产品	3	50		17	0	千克			0		0
25309099.99	其他矿产品	3	50		17	0	千克			0		0

协定税率 %										特惠税率 %				Article Description
巴基斯坦	冰岛	哥斯达黎	秘鲁	新西兰	瑞士	新加坡	韩国	澳大利亚	港澳台	老挝	孟加拉	33 国	7 国	
0	0	0	0	0	0		3	0			0	0	0	--- Chlorites
0	0	0	0	0	0		0	0			0	0	0	--- Vermiculite, perlite unexpanded
0	0	0	0	0	0		0	0			0	0	0	- Kieserite, epsomite (natural magnesium sulphates)
														- Other:
0	0	0	0	0	0		0	0			0	0	0	--- Mineral medicinal substances
							0	0			0	0	0	--- Ores of rare earth metals
														--- Other:
0	0	0	0	0	0		0	0			0	0	0	----Wollastonite
														----Other
0		0	0	0	0		0	0			0	0	0	Celestite
0		0	0	0	0		0	0			0	0	0	Spodumene
0		0	0	0	0		0	0			0	0	0	Waste magnesia bricks
0		0	0	0	0		0	0			0	0	0	Pyrophyllite
0		0	0	0	0		0	0			0	0	0	Brucite, not calcinecd
0		0	0	0	0		0	0			0	0	0	Mineral substances, not elsewhere specified or included, containing by weight 70% or more of magnesium oxide
0		0	0	0	0		0	0			0	0	0	Other mineral substances

第二十六章　矿砂、矿渣及矿灰

注释：

一、本章不包括：

（一）供铺路用的矿渣及类似的工业废渣（税目 25.17）；

（二）天然碳酸镁（菱镁矿），不论是否煅烧（税目 25.19）；

（三）主要含有石油的石油储罐的淤渣（税目 27.10）；

（四）第三十一章的碱性熔渣；

（五）矿物棉（税目 68.06）；

（六）贵金属或包贵金属的废碎料；主要用于回收贵金属的含贵金属或贵金属化合物的其他废碎料（税目 71.12）；或

（七）通过熔炼所产生的铜锍、镍锍或钴锍（第十五类）。

二、税目 26.01 至 26.17 所称“矿砂”，是指冶金工业中提炼汞、税目 28.44 的金属以及第十四类、第十五类金属的矿物，即使这些矿物不用于冶金工业，也包括在内。但税目 26.01 至 26.17 不包括不是以冶金工业正常加工方法处理的各种矿物。

三、税目 26.20 仅适用于：

（一）在工业上提炼金属或作为生产金属化合物基本原料的矿渣、矿灰及残渣，但焚化城市垃圾所产生的灰、渣除外（税目 26.21）；以及

（二）含有砷的矿渣、矿灰及残渣，不论其是否含有金属，用于提取或生产砷或金属及其化合物。

子目注释：

一、子目 2620.21 所称“含铅汽油的淤渣及含铅抗震化合物的淤渣”，是指含铅汽油及含铅抗震化合物（例如，四乙基铅）储罐的淤渣，主要含有铅、铅化合物以及铁的氧化物。

二、含有砷、汞、铊及其混合物的矿渣、矿灰及残渣，用于提取或生产砷、汞、铊及其化合物，归入子目 2620.60。

税号	货品名称	进口关税 %			增值/消费税%	出口退税%	统计计量单位	监管证件代码	检验检疫类别	协定税率 %		
		最惠国	普通	年内暂定						东盟	亚太	智利
26.01	**铁矿砂及其精矿，包括焙烧黄铁矿：**											
	- 铁矿砂及其精矿，但焙烧黄铁矿除外：											
	-- 未烧结：											
2601.1110	--- 平均粒度小于 0.8 毫米的	0	0		17	0	千克	7A	M/			
2601.1120	--- 平均粒度不小于 0.8 毫米，但不大于 6.3 毫米的	0	0		17	0	千克	7A	M/			
2601.1190	--- 其他	0	0		17	0	千克	7A	M/			
2601.1200	-- 已烧结	0	0		17	0	千克	7A	M/			
2601.2000	- 焙烧黄铁矿	0	0		17	0	千克	7A	M/			
26.02	**锰矿砂及其精矿，包括以干重计含锰量在 20% 及以上的锰铁矿及其精矿：**											
2602.0000	锰矿砂及其精矿	0	0		17	0	千克	A	M/			
26.03	**铜矿砂及其精矿：**											
2603.0000	铜矿砂及其精矿											
26030000.10	铜矿砂及其精矿（黄金价值部分）	0	0		0	0	千克	7A	M/			
26030000.90	铜矿砂及其精矿（非黄金价值部分）	0	0		17	0	千克	7A	M/			
26.04	**镍矿砂及其精矿：**											
2604.0000	镍矿砂及其精矿											
26040000.01	镍矿砂及其精矿（黄金价值部分）	0	0		0	0	千克					
26040000.90	镍矿砂及其精矿（非黄金价值部分）	0	0		17	0	千克					
26.05	**钴矿砂及其精矿：**											
2605.0000	钴矿砂及其精矿											
26050000.01	钴矿砂及其精矿（黄金价值部分）	0	0		0	0	千克					

Chapter 26　Ores, slag and ash

Chapter Notes:

1. This Chapter does not cover:

   (a) Slag or similar industrial waste prepared as macadam (heading 25.17);

   (b) Natural magnesium carbonate (magnesite), whether or not calcined (heading 25.19);

   (c) Sludges from the storage tanks of petroleum oils consisting mainly of such oils (heading 27.10);

   (d) Basic slag of Chapter 31;

   (e) Slag wool, rock wool or similar mineral wools (heading 68.06);

   (f) Waste or scrap of precious metal or of metal clad with precious metal; other waste or scrap containing precious metal or precious metal compounds, of a kind used principally for the recovery of precious metal (heading 71.12); or

   (g) Copper, nickel or cobalt mattes produced by any process of smelting (Section XV).

2. For the purposes of headings 26.01 to 26.17, the term "ores" means minerals of mineralogical species actually used in the metallurgical industry for the extraction of mercury, of the metals of heading 28.44 or of the metals of Section XIV or XV, even if they are intended for non- metallurgical purposes. Headings 26.01 to 26.17 do not, however, include minerals which have been submitted to processes not normal to the metallurgical industry.

3. Heading 26.20 applies only to:

   (a) Slag, ash and residues of a kind used in industry either for the extraction of metals or as a basis for the manufacture of chemical compounds of metals, excluding ash and residues from the incineration of municipal waste (heading 26.21); and

   (b) Slag, ash and residues containing arsenic, whether or not containing metals, of a kind used either for the extraction of arsenic or metals or for the manufacture of their chemical compounds.

Subheading Notes:

1. For the purposes of subheading 2620.21, "leaded gasoline sludges and leaded anti- knock compound sludges" mean suldges obtained from storage tanks of leaded gasoline and leaded anti- knock compounds (for example, tetraethyllead), and consisting essentially of lead, lead compounds and iron oxide.
2. Slag,ash and residues containing arsenic, mercury, thallium or their mixtures, of a kind used for the extraction of arsenic or those metals or for the manufacture of their chemical compounds, are to be classified in subheading 2620.60.

协定税率 %										特惠税率 %				Article Description
巴基斯坦	冰岛	哥斯达黎	秘鲁	新西兰	瑞士	新加坡	韩国	澳大利亚	港澳台	老挝	孟加拉	33 国	7 国	
														Iron ores and concentrates, including roasted iron pyrites:
														- Iron ores and concentrates,other than roasted iron pyrites:
														-- Non agglomerated:
							0	0			0	0	0	--- The average grain size less than 0.8mm
							0	0			0	0	0	--- The average grain size not less than 0.8mm,but not more than 6.3mm
							0	0			0	0	0	--- Other
							0	0			0	0	0	-- Agglomerated
							0	0			0	0	0	- Roasted iron pyrites
														Manganese ores and concentrates, including ferruginous manganese ores and concentrates with a manganese content of 20% or more, calculated on the dry weight:
							0	0			0	0	0	Manganese ores and concentrates, including ferruginous manganese ores and concentrates with a manganese content of 20% or more, calculated on the dry weight
														Copper ores and concentrates:
														Copper ores and concentrates
							0	0			0	0	0	Copper ores and its concentrates (part of the gold value)
							0	0			0	0	0	Copper ores and its concentrates (part of the non-gold value)
														Nickel ores and concentrates:
														Nickel ores and concentrates
							0	0			0	0	0	Nickel ores and its concentrates (part of gold value)
							0	0			0	0	0	Nickel ores and its concentrates (part of the non-gold value)
														Cobalt ores and concentrates:
														Cobalt ores and concentrates
							0	0			0	0	0	Cobalt ores and its concentrates (part of the gold value)

税　号	货　品　名　称	进口关税 % 最惠国	普通	年内暂定	增值/消费税%	出口退税%	统计计量单位	监管证件代码	检验检疫类别	协定税率 % 东盟	亚太	智利
26050000.90	钴矿砂及其精矿(非黄金价值部分)	0	0		17	0	千克					
26.06	**铝矿砂及其精矿：**											
2606.0000	铝矿砂及其精矿	0	0		17	0	千克	47xy				
26.07	**铅矿砂及其精矿：**											
2607.0000	铅矿砂及其精矿											
26070000.01	铅矿砂及其精矿(黄金价值部分)	0	0		0	0	千克	A	M/			
26070000.90	铅矿砂及其精矿(非黄金价值部分)	0	0		17	0	千克	A	M/			
26.08	**锌矿砂及其精矿：**											
2608.0000	锌矿砂及其精矿											
26080000.01	灰色饲料氧化锌(氧化锌 ZnO 含量大于 80%)	0	0		17	0	千克	A	M/			
26080000.90	其他锌矿砂及其精矿	0	0		17	0	千克	A	M/			
26.09	**锡矿砂及其精矿：**											
2609.0000	锡矿砂及其精矿	0	0		17	0	千克	4xy				
26.10	**铬矿砂及其精矿：**											
2610.0000	铬矿砂及其精矿	0	0		17	0	千克	A	M/			
26.11	**钨矿砂及其精矿：**											
2611.0000	钨矿砂及其精矿	0	0		17	0	千克	4xy				
26.12	**铀或钍矿砂及其精矿：**											
2612.1000	-　铀矿砂及其精矿	0	0		17	0	千克					
2612.2000	-　钍矿砂及其精矿	0	0		17	0	千克	4xy				
26.13	**钼矿砂及其精矿：**											
2613.1000	-　已焙烧	0	0		17	0	千克	4xy				
2613.9000	-　其他	0	0		17	0	千克	4xy				
26.14	**钛矿砂及其精矿：**											
2614.0000	钛矿砂及其精矿	0	0		17	0	千克					
26.15	**铌、钽、钒或锆矿砂及其精矿：**											
2615.1000	-　锆矿砂及其精矿	0	0		17	0	千克					
	-　其他：											
2615.9010	---　水合钽铌原料（钽铌矿富集物）	0	0		17	0	千克					
2615.9090	---　其他											
26159090.10	铌、钽精矿及其矿砂	0	0		17	0	千克					
26159090.90	钒矿砂；钒精矿	0	0		17	0	千克					
26.16	**贵金属矿砂及其精矿：**											
2616.1000	-　银矿砂及其精矿	0	0		17	0	千克					
2616.9000	-　其他											
26169000.01	黄金矿砂	0	0		0	0	千克					
26169000.09	其他贵金属矿砂及其精矿	0	0		17	0	千克					
26.17	**其他矿砂及其精矿：**											
	-　锑矿砂及其精矿：											
2617.1010	---　生锑（锑精矿，选矿产品）	0	0		17	0	千克	4xy				
2617.1090	---　其他											
26171090.01	其他锑矿砂及其精矿(黄金价值部分)	0	0		0	0	千克	4xy				
26171090.90	其他锑矿砂及其精矿(非黄金价值部分)	0	0		17	0	千克	4xy				
	-　其他：											
2617.9010	---　朱砂（辰砂）	3	14		17	0	千克	X		0		0
2617.9090	---　其他	0	0		17	0	千克					
26.18	**冶炼钢铁所产生的粒状熔渣（熔渣砂）：**											
2618.0010	---　主要含锰											
26180010.01	主要含锰的冶炼钢铁产生的粒状熔渣，含锰量＞25%(包括熔渣砂)	4	35	1	17	0	千克	AP	M/	0		0
26180010.90	其他主要含锰的冶炼钢铁产生的粒状熔渣(包括熔渣砂)	4	35		17	0	千克	9A	M/	0		0
2618.0090	---　其他	4	35		17	0	千克	9A	M/	0		0
26.19	**冶炼钢铁所产生的熔渣、浮渣（粒状熔渣除外）、氧化皮及其他废料：**											

协定税率 %										特惠税率 %				Article Description
巴基斯坦	冰岛	哥斯达黎	秘鲁	新西兰	瑞士	新加坡	韩国	澳大利亚	港澳台	老挝	孟加拉	33国	7国	
							0	0			0	0	0	Cobalt ores and its concentrates (part of the non-gold value)
														Aluminium ores and concentrates:
							0	0			0	0	0	Aluminium ores and concentrates
														Lead ores and concentrates:
														Lead ores and concentrates
							0	0			0	0	0	Lead ores and its concentrates (part of the gold value)
							0	0			0	0	0	Lead ores and its concentrates (part of the non-gold value)
														Zinc ores and concentrates:
														Zinc ores and concentrates
							0	0			0	0	0	Grey zinc oxide feed, containing by weight more than 80% of ZnO
							0	0			0	0	0	Other zinc ores and its concentrates
														Tin ores and concentrates:
							0	0			0	0	0	Tin ores and concentrates
														Chromium ores and concentrates:
							0	0			0	0	0	Chromium ores and concentrates
														Tungsten ores and concentrates:
							0	0			0	0	0	Tungsten ores and concentrates
														Uranium or thorium ores and concentrates:
							0	0			0	0	0	- Uranium ores and concentrates
							0	0			0	0	0	- Thorium ores and concentrates
														Molybdenum ores and concentrates:
							0	0			0	0	0	- Roasted
							0	0			0	0	0	- Other
														Titanium ores and concentrates:
							0	0			0	0	0	Titanium ores and concentrates
														Niobium, tantalum, vanadium or zirconium ores and concentrates:
							0	0			0	0	0	- Zirconium ores and concentrates
														- Other:
							0	0			0	0	0	--- Hydrated Tantalum/Niobium materials or enriched materials from Tantalum/Niobium Ore
														--- Other
							0	0			0	0	0	Niobium, tantalum concentrates and ores
							0	0			0	0	0	Vanadium ores and its concentrates
														Precious metal ores and concentrates:
							0	0			0	0	0	- Silver ores and concentrates
														- Other
							0	0			0	0	0	Gold ores
							0	0			0	0	0	Other precious metal ores and its concentrates
														Other ores and concentrates:
														- Antimony ores and concentrates:
							0	0			0	0	0	--- Crude antimony(Antimony concentrates which are mineral products)
														--- Other
							0	0			0	0	0	Other antimony ores and its concentrates (part of the gold value)
							0	0			0	0	0	Other antimony ores and its concentrates (part of the non-gold value)
														- Other:
0	0	0	0	0	0		0	0			0	0	0	--- Cinnabar
							0	0			0	0	0	--- Other
														Granulated slag (slag sand) from the manufacture of iron or steel:
														--- Containing mainly Manganese
0	0	0	0	0	0		0	0				0	0	Granulous slag (including slag sand) from the manufacture of iron or steel, containing more than 25% of manganese
0	0	0	0	0	0		0	0				0	0	Other granulous slag (including slag sand) from the manufacture of iron or steel, containing mainly manganese
0	0	0	0	0	0		0	0				0	0	--- Other
														Slag, dross (other than granulated slag), scalings and other waste from the manufacture of iron or steel:

税 号	货品名称	进口关税 %			增值/消费税%	出口退税%	统计计量单位	监管证件代码	检验检疫类别	协定税率 %		
		最惠国	普通	年内暂定						东盟	亚太	智利
2619.0000	冶炼钢铁所产生的熔渣、浮渣（粒状熔渣除外）、氧化皮及其他废料											
26190000.10	轧钢产生的氧化皮	4	35		17	0	千克	AP	M/	0		0
26190000.21	冶炼钢铁所产生的含钒浮渣、熔渣，五氧化二钒含量＞20%（冶炼钢铁所产生的粒状熔渣除外）	4	35	1	17	0	千克	AP	M/	0		0
26190000.29	其他冶炼钢铁所产生的含钒浮渣、熔渣（冶炼钢铁所产生的粒状熔渣除外）	4	35		17	0	千克	AP	M/	0		0
26190000.30	含铁大于80%的冶炼钢铁产生的渣钢铁	4	35		17	0	千克	AP	M/	0		0
26190000.90	冶炼钢铁产生的其他熔渣、浮渣及其他废料（冶炼钢铁所产生的粒状熔渣除外）	4	35		17	0	千克	9A	M/	0		0
26.20	含有金属、砷及其化合物的矿渣、矿灰及残渣（冶炼钢铁所产生的灰、渣除外）：											
	- 主要含锌：											
2620.1100	-- 含硬锌的矿渣、矿灰及残渣	4	35		17	0	千克	9		0		0
2620.1900	-- 其他	4	35		17	0	千克	9		0		0
	- 主要含铅：											
2620.2100	-- 含铅汽油的淤渣及含铅抗震化合物的淤渣	4	35		17	0	千克	9		0		0
2620.2900	-- 其他	4	35		17	0	千克	9		0		0
2620.3000	- 主要含铜	4	35		17	0	千克	9		0		0
2620.4000	- 主要含铝	4	35		17	0	千克	9		0		0
2620.6000	- 含有砷、汞、铊及其混合物，用于提取或生产砷、汞、铊及其化合物	4	35		17	0	千克	9		0		0
	- 其他：											
2620.9100	-- 含有锑、铍、镉、铬或其混合物	4	35		17	0	千克	9		0		0
	-- 其他：											
2620.9910	--- 主要含钨	4	35		17	0	千克	49xy		0		0
2620.9990	--- 其他											
26209990.11	含其他金属及其化合物的矿渣、矿灰及残渣，五氧化二钒＞20%（冶炼钢铁所产生的及含钒废催化剂除外）	4	35	1	17	0	千克	AP	M/	0		0
26209990.19	含其他金属及其化合物的矿渣、矿灰及残渣，10%＜五氧化二钒≤20%的（冶炼钢铁所产生的及含钒废催化剂除外）	4	35		17	0	千克	AP	M/	0		0
26209990.20	含铜大于10%的铜冶炼转炉渣及火法精炼渣、其他铜冶炼渣	4	35		17	0	千克	9		0		0
26209990.90	含其他金属及其化合物的矿渣、矿灰及残渣（冶炼钢铁所产生灰、渣的除外）	4	35		17	0	千克	9		0		0
26.21	其他矿渣及矿灰，包括海藻灰（海草灰）；焚化城市垃圾所产生的灰、渣：											
2621.1000	- 焚化城市垃圾所产生的灰、渣	4	35		17	0	千克	9		0		0
2621.9000	- 其他											
26219000.10	海藻灰及其他植物灰（包括稻壳灰）	4	35		17	0	千克	9		0		0
26219000.90	其他矿渣及矿灰	4	35		17	0	千克	9		0		0

协定税率 %										特惠税率 %				Article Description
巴基斯坦	冰岛	哥斯达黎	秘鲁	新西兰	瑞士	新加坡	韩国	澳大利亚	港澳台	老挝	孟加拉	33国	7国	
														Slag, dross (other than granulated slag), scalings and other waste from the manufacture of iron or steel
0	0	0	0	0	0		0	0				0	0	Scalings from the rolling of iron or steel
0	0	0	0	0	0		0	0				0	0	The scum and slag with vanadium, containing mord than 20% of vanadium pentoxide, from the manufacture of iron or steel (other than granulated slag)
0	0	0	0	0	0		0	0				0	0	Other scum and slag with vanadium from the manufacture of iron or steel (other than granulated slag)
0	0	0	0	0	0		0	0				0	0	Slag iron, dross containing more than 80% of iron, from the manufacture of iron or steel
0	0	0	0	0	0		0	0				0	0	Other slag, dross (other than granulated slag) and other waste from the manufacture of iron or steel
														Slag, ash and residues (other than from the manufacture of iron or steel) containing metals, arsenic or their compounds:
														- Containing mainly zinc:
0	0	0	0	0	0		0	0			0	0	0	-- Hard zinc spelter
0	0	0	0	0	0		0	0			0	0	0	-- Other
														- Containing mainly lead:
0	0	0	0	0	0		0	0			0	0	0	-- Leaded gasoline sludges and leaded anti-knock compound sludges
0	0	0	0	0	0		0	0			0	0	0	-- Other
0	0	0	0	0	0		0	0			0	0	0	- Containing mainly copper
0	0	0	0	0	0		0	0			0	0	0	- Containing mainly aluminium
0	0	0	0	0	0		0	0			0	0	0	- Containing arsenic, mercury, thallium or their mixtures, of a kind used for the extraction of arsenic or those metals or for the manufacture of their chemical compounds
														- Other:
0	0	0	0	0	0		0	0			0	0	0	-- Containing antimony, beryllinm, cadmium, chromium or their mixtures
														-- Other:
0	0	0	0	0	0		0	0			0	0	0	--- Containing mainly tungsten
														--- Other
0	0	0	0	0	0		0	0			0	0	0	Slag, ash and residue with other metal and its compound, contaning more than 20% of vanadium pentoxide (other than from the manufacture of iron or steel and disuse catalyzer containing vanadium)
0	0	0	0	0	0		0	0			0	0	0	Slag, ash and residue with other metal and its compound, contaning more than 10% but not exceeding 20% of vanadium pentoxide (other than from the manufacture of iron or steel and disuse catalyzer containing vanadium)
0	0	0	0	0	0		0	0			0	0	0	Slag, ash and residue from the manufacture of copper, containing more than 10% of copper
0	0	0	0	0	0		0	0			0	0	0	Slag, ash and residues, containing other metals or their compounds (other than from the manufacture of iron or steel)
														Other slag and ash,including seaweed ash(kelp);ash and re-sidues from the incineration of municipal waste:
0	0	0	0	0	0			0			0	0	0	- Ash and residues from the incineration of municipal waste
														- Other
0	0	0	0	0	0		0	0	0//		0	0	0	Seaweed ash (kelp) and other plant ash, including rice husk ash
0	0	0	0	0	0		0	0	0//		0	0	0	Other slag and ash

第二十七章 矿物燃料、矿物油及其蒸馏产品；沥青物质；矿物蜡

注释：

一、本章不包括：

（一）单独的已有化学定义的有机化合物，但纯甲烷及纯丙烷应归入税目 27.11；

（二）税目 30.03 及 30.04 的药品；或

（三）税目 33.01、33.02 及 38.05 的不饱和烃混合物。

二、税目 27.10 所称“石油及从沥青矿物提取的油类”，不仅包括石油、从沥青矿物提取的油及类似油，还包括那些用任何方法提取的主要含有不饱和烃混合物的油，但其非芳族成分的重量必须超过芳族成分。

然而，它不包括采用减压蒸馏法，在压力转换为 1013 毫巴下的温度 300℃时，以体积计馏出量小于 60% 的液体合成聚烯烃（第三十九章）。

三、税目 27.10 所称“废油”，是指主要含石油及从沥青矿物提取的油类（参见本章注释二）的废油，不论其是否与水混合。它们包括：

（一）不再适于作为原产品使用的废油（例如，用过的润滑油、液压油及变压器油）；

（二）石油储罐的淤渣油，主要含废油及高浓度的在生产原产品时使用的添加剂（例如，化学品）；以及

（三）水乳浊液状的或与水混合的废油，例如，浮油、清洗油罐所得的油或机械加工中已用过的切削油。

子目注释：

一、子目 2701.11 所称“无烟煤”，是指含挥发物（以干燥、无矿物质计）不超过 14% 的煤。

二、子目 2701.12 所称“烟煤”，是指含挥发物（以干燥、无矿物质计）超过 14%，并且热值（以潮湿、无矿物质计）等于或大于 5833 大卡／千克的煤。

三、子目 2707.10、2707.20、2707.30 及 2707.40 所称“粗苯”、“粗甲苯”、“粗二甲苯”及“萘”，是分别指按重量计苯、甲苯、二甲苯或萘的含量在 50% 以上的产品。

四、子目 2710.12 所称“轻油及其制品”，是指温度在 210℃时以体积计馏出量（包括损耗）在 90% 及以上的产品（以美国标准试验法 D86 为准）。

五、税目 27.10 的子目所称“生物柴油”，是指从动植物油脂（不论是否使用过）得到的用作燃料的脂肪酸单烷基酯。

税号	货品名称	进口关税 %			增值/消费税%	出口退税%	统计计量单位	监管证件代码	检验检疫类别	协定税率 %		
		最惠国	普通	年内暂定						东盟	亚太	智利
27.01	**煤；煤砖、煤球及用煤制成的类似固体燃料：**											
	- 煤，不论是否粉化，但未制成型：											
2701.1100	-- 无烟煤											
27011100.10	无烟煤(不论是否粉化,但未制成型)	3	20		17	0	千克	47Axy	M/	0		0
27011100.90	无烟煤滤料	3	20		17	0	千克	7A	M/	0		0
	-- 烟煤：											
2701.1210	--- 炼焦煤	3	20		17	0	千克	47Axy	M/	0		0
2701.1290	--- 其他	6	20		17	0	千克	47Axy	M/	0		0
2701.1900	-- 其他煤	5	20		17	0	千克	47Axy	M/	0	3.5	0
2701.2000	- 煤砖、煤球及用煤制成的类似固体燃料	5	50		17	0	千克			0		0
27.02	**褐煤，不论是否制成型，但不包括黑玉：**											
2702.1000	- 褐煤，不论是否粉化，但未制成型	3	20		17	0	千克	4Axy	M/	0		0
2702.2000	- 制成型的褐煤	3	20		17	0	千克	A	M/	0		0
27.03	**泥煤（包括肥料用泥煤），不论是否制成型：**											
2703.0000	泥煤（包括肥料用泥煤），不论是否制成型											
27030000.10	泥炭(草炭)[沼泽(湿地)中,地上植物枯死、腐烂堆积而成的有机矿体(不论干湿)]	5	20		17	0	千克	8AB	P/Q	0		0

Chapter 27　Mineral fuels, mineral oils and products of their distillation; bituminous substances; mineral waxes

Chapter Notes:

1. This Chapter does not cover:

   (a) Separate chemically defined organic compounds, other than pure methane and propane which are to be classified in heading 27.11;
   (b) Medicaments of heading 30.03 or 30.04; or
   (c) Mixed unsaturated hydrocarbons of heading 33.01, 33.02 or 38.05.

2. References in heading 27.10 to "petroleum oils and oils obtained from bituminous minerals" include not only petroleum oils and oils obtained from bituminous minerals but also similar oils, as well as those consisting mainly of mixed unsaturated hydrocarbons, obtained by any process, provided that the weight of the non-aromatic constituents exceeds that of the aromatic constituents.

   However, the references do not include liquid synthetic polyolefins of which less than 60% by volume distils at 300℃, after conversion to 1,013 millibars when a reduced- pressure distillation method is used (Chapter 39).

3. For the purposes of heading 27.10, "waste oils" means waste containing mainly petroleum oils and oils obtained from bituminous minerals (as described in Note 2 to this Chapter), whether or not mixed with water. These include:

   (a) Such oils no longer fit for use as primary products (for example, used lubricating oils, used hydraulic oils and used transformer oils);
   (b) Sludge oils from the storage tanks of petroleum oils, mainly containing such oils and a high concentration of additives (for example, chemicals)used in the manufacture of the primary products; and
   (c) Such oils in the form of emulsions in water or mixtures with water, such as those resulting from oil spills or storage tank washings, or from the use of cutting oils for machining operations.

Subheading Notes:

1. For the purposes of subheading 2701.11, "anthracite" means coal having a volatile matter limit (on a dry, mineral- matter- free basis) not exceeding 14%.
2. For the purposes of subheading 2701.12, "bituminous coal" means coal having a volatile matter limit (on a dry, mineral- matter- free basis) exceeding 14% and a calorific value limit (on a moist, mineral- matter- free basis) equal to or greater than 5,833 kcal/kg.
3. For the purposes of subheadings 2707.10, 2707.20, 2707.30 and 2707.40 the terms "benzol (benzene)", "toluol (toluene)", "xylol (xylenes)" and "naphthalene" apply to products which contain more than 50 % by weight of benzene, toluene, xylenes or naphthalene, respectively.
4. For the purposes of subheading 2710.12, "light oils and preparations" are those of which 90% or more by volume (including losses) distil at 210℃ (ASTM D 86 method).
5. For the purposes of the subheadings of heading 27.10, the term "biodiesel" means mono-alkyl esters of fatty acids of a kind used as a fuel, derived from animal or vegetable fats and oils whether or not used.".

协定税率 %										特惠税率 %				Article Description
巴基斯坦	冰岛	哥斯达黎加	秘鲁	新西兰	瑞士	新加坡	韩国	澳大利亚	港澳台	老挝	孟加拉	33 国	7 国	
														Coal; briquettes, ovoids and similar solid fuels manufactured from coal:
														- Coal, whether or not pulve-rized, but not agglomerated:
														-- Anthracite
0	0	0	0	0	0		0	0		0	0	0	0	Anthracite (whether or not pulverized, but not agglomerated)
0	0	0	0	0	0		0	0		0	0	0	0	Anthracite filtering media
														-- Bituminous coal:
0	0	0	0	0	0		0	0		0	0	0	0	--- Coking coal
5	0	0	0	0	2.4		0	2		0	0	0	0	--- Other
0	0	0	0	0	0		0	0		0	0	0	0	-- Other coal
0	0	0	0	0	0		0	0		0	0	0	0	- Briquettes, ovoids and similar solid fuels manufactured from coal
														Lignite, whether or not agglome-rated,excluding jet:
0	0	0	0	0	0		0	0			0	0	0	- Lignite, whether or not pulve-rized,but not agglomerated
0	0	0	0	0	0		0	0			0	0	0	- Agglomerated lignite
														Peat (including peat litter), whether or not agglomerated:
														Peat(including peat litter), whether or not agglomerated
0	0	0	0	0	0		0	0				0	0	Peat (peat moss) (formed by dried or rotten plant in swamp and wetland (whether dry or wet))

税号	货品名称	进口关税 % 最惠国	进口关税 % 普通	进口关税 % 年内暂定	增值/消费税%	出口退税%	统计计量单位	监管证件代码	检验检疫类别	协定税率 % 东盟	协定税率 % 亚太	协定税率 % 智利
27030000.90	泥煤(包括肥料用泥煤)(不论是否制成型)	5	20		17	0	千克	AB	P/Q	0		0
27.04	**煤、褐煤或泥煤制成的焦炭及半焦炭，不论是否制成型；甑炭：**											
2704.0010	--- 焦炭及半焦炭	5	11	0	17	0	千克	4xy		0	2.5	0
2704.0090	--- 其他	5	11	0	17	0	千克			0	2.5	0
27.05	**煤气、水煤气、炉煤气及类似气体，但石油气及其他烃类气除外：**											
2705.0000	煤气、水煤气、炉煤气及类似气体，但石油气及其他烃类气除外											
27050000.10	煤气	5	20	1	13	0	千克	AB	M/N	0		0
27050000.90	水煤气、炉煤气及类似气体(石油气及其他烃类气除外)	5	20	1	13	0	千克			0		0
27.06	**从煤、褐煤或泥煤蒸馏所得的焦油及其他矿物焦油，不论是否脱水或部分蒸馏，包括再造焦油：**											
2706.0000	从煤、褐煤或泥煤蒸馏所得的焦油及其他矿物焦油，不论是否脱水或部分蒸馏，包括再造焦油											
27060000.01	含蒽油≥50%及沥青≥40%的“炭黑油”	6	30	1	17	0	千克			0		0
27060000.90	其他从煤、褐煤或泥煤蒸馏所得的焦油及矿物焦油(不论是否脱水或部分蒸馏,包括再造焦油)	6	30	1	17	0	千克	AB	M/N	0		0
27.07	**蒸馏高温煤焦油所得的油类及其他产品；芳族成分重量超过非芳族成分的类似产品：**											
2707.1000	- 粗苯	6	20		17	0	千克	AB	M/N	0		0
2707.2000	- 粗甲苯	6	30		17	0	千克			0		0
2707.3000	- 粗二甲苯	6	20	2	17	0	千克			0		0
2707.4000	- 萘	7	30		17	0	千克			0	6	0
2707.5000	- 其他芳烃混合物，温度在250℃时的馏出量以体积计（包括损耗）在65%及以上（以美国标准试验法D86为准）	7	30		17	0	千克			0		0
	- 其他：											
2707.9100	-- 杂酚油	7	30		17	0	千克			0		0
	-- 其他：											
2707.9910	--- 酚	7	30		17	0	千克			0		0
2707.9990	--- 其他	7	30		17	0	千克			0		0
27.08	**从煤焦油或其他矿物焦油所得的沥青及沥青焦：**											
2708.1000	- 沥青	7	35		17	0	千克			0		0
2708.2000	- 沥青焦											
27082000.01	针状沥青焦	6	11	3	17	0	千克			0		0
27082000.90	其他沥青焦	6	11		17	0	千克			0		0
27.09	**石油原油及从沥青矿物提取的原油：**											
2709.0000	石油原油及从沥青矿物提取的原油	0	0		17	0	千克	47ABvxy	M/N			
27.10	**石油及从沥青矿物提取的油类，但原油除外；以上述油为基本成分（按重量计不低于70%）的其他税目未列名制品；废油：**											
	- 石油及从沥青矿物提取的油类(但原油除外）以及以上述油为基本成分（按重量计不低于70%）的其他税目未列名制品，不含有生物柴油，但废油除外：											
	-- 轻油及其制品：											
2710.1210	--- 车用汽油及航空汽油	5	14	1	17/1.52元/升	0	千克/升	47ABvy	M/N	0		0

协定税率 %										特惠税率 %				Article Description
巴基斯坦	冰岛	哥斯达黎	秘鲁	新西兰	瑞士	新加坡	韩国	澳大利亚	港澳台	老挝	孟加拉	33 国	7 国	
0	0	0	0	0	0		0	0				0	0	Peat (including peat litter) (whether or not agglomerated)
														Coke and semi-coke of coal, of lignite or of peat,whether or not agglomerated; retort carbon:
0	0	0	0	0	0		0	0				0	0	--- Coke and semi-coke
0	0	0	0	0	0		0	0				0	0	--- Other
														Coal gas, water gas, producer gas and similar gases, other than petroleum gases and other gaseous hydrocarbons:
														Coal gas, water gas, producer gas and similar gases, other than petroleum gases and other gaseous hydrocarbons
0	0	0	0	0	0		0	0				0	0	Coal gas
0	0	0	0	0	0		0	0				0	0	Water gas, producer gas and similar gases (other than petroleum gases and other gaseous hydrocarbons)
														Tar distilled from coal, from lignite or from peat, and other mineral tars,whether or not dehydrated or partially distilled,including reconstituted tars:
														Tar distilled from coal, from lignite or from peat, and other mineral tars,whether or not dehydrated or partially distilled, including reconstituted tars
5	0	0	0	0	2.4		0	3.6				0	0	Carbon black oil, containing anthracene oil 50% or more, containing bitumen 40% or more
5	0	0	0	0	2.4		0	3.6				0	0	Other tar and mineral tars, distilled from coal, lignite or peat, whether or not dehydrated or partially distilled, including reconstituted tars
														Oils and other products of the distillation of high temperature coal tar;similar products in which the weight of the aromatic constituents exceeds that of the non-aromatic constituents:
5	0	0	0	0	2.4		5.2	3.6			0	0	0	- Benzole
5	0	0	0	0	2.4		3.6	3.6			0	0	0	- Toluole
5	0	0	0	0	2.4		5.2	3.6			0	0	0	- Xylole
5	0	0	0	0	2.8		6	4.2			0	0	0	- Naphthalene
5	0	0	0	0	2.8		6	4.2			0	0	0	- Other aromatic hydrocarbon mixtures of which 65% or more by volume(including losses)distils at 250℃by the ASTM D86 method
														- Other:
5	0	0	0	0	2.8		5.6	4.2			0	0	0	-- Creosote oils
														-- Other:
5	0	0	0	0	2.8		4.2	4.2			0	0	0	--- Phenols
5	0	0	0	0	2.8		6	4.2			0	0	0	--- Other
														Pitch and pitch coke, obtained from coal tar or from other mineral tars:
5	0	0	0	0	2.8		4.2	4.2				0	0	- Pitch
														- Pitch coke
5	0	0	0	0	2.4		4.8	3.6				0	0	Needle-shaped pitch coke
5	0	0	0	0	2.4		4.8	3.6				0	0	Other pitch coke
														Petroleum oils and oils obtained from bituminous minerals, crude:
							0	0			0	0	0	Petroleum oils and oils obtained from bituminous minerals, crude
														Petroleum oils and oils obtained from bituminous minerals, other than crude; preparations not elsewhere specified or included, containing by weight 70% or more of petroleum oils or of oils obtained from bituminous minerals, these oils being the basic constituents of the preparations; waste oils:
														- Petroleum oils and oils obtained from bituminous minerals (other than crude) and preparations not elsewhere specified or included,containing by weight 70 % or more of petroleum oils or of oils obtained from bituminous minerals, these oils being the basic constituents of the preparations, other than those containing biodiesel and other than waste oils:
														-- Light oils and preparations:
0	0	0		0	0	0	4.3	0				0	0	--- Mortor gasoline, aviation gasoline

税号	货品名称	进口关税 % 最惠国	普通	年内暂定	增值/消费税%	出口退税%	统计计量单位	监管证件代码	检验检疫类别	协定税率 % 东盟	亚太	智利
2710.1220	--- 石脑油	6	20	0	17/1.52元/升	0	千克/升	47ABvy	M/N	0	5.4	0
2710.1230	--- 橡胶溶剂油、油漆溶剂油、抽提溶剂油	6	30		17/1.52元/升	0	千克/升					0
	--- 其他:											
2710.1291	----壬烯											
27101291.01	壬烯，不含生物柴油(碳九异构体混合物含量高于90%)	9	20	4	17	0	千克	4Ay	M/			0
27101291.90	其他壬烯，不含生物柴油	9	20		17	0	千克	4Ay	M/			0
2710.1299	----其他											
27101299.10	异戊烯同分异构体混合物，不含生物柴油	9	20	5	17	0	千克	4Ay	M/			0
27101299.90	其他轻油及制品，不含生物柴油(包括按重量计含油≥70%的制品)	9	20		17	0	千克	4Ay	M/			0
	-- 其他:											
	--- 煤油馏分:											
2710.1911	----航空煤油	9	14	0	17	0	千克/升	47ABvy	M/N	0		0
2710.1912	----灯用煤油	9	14		17/1.2元/升	0	千克/升	47ABvy	M/N			0
2710.1919	----其他											
27101919.10	正构烷烃(C_9-C_{13})，不含生物柴油	6	20	2	17/1.2元/升	0	千克/升	4y		0		0
27101919.90	其他煤油馏分的油及制品，不含生物柴油	6	20		17/1.2元/升	0	千克/升	4ABy	M/N	0		0
	--- 柴油及其他燃料油:											
2710.1922	----5～7号燃料油	6	20	1	17/1.2元/升	0	千克/升	7ABv	M/N	0		0
2710.1923	----柴油	6	11	1	17/1.2元/升	0	千克/升	47ABvy	M/N			0
2710.1929	----其他											
27101929.10	蜡油，不含生物柴油(350℃以下馏出物体积<20%，550℃以下馏出物体积>80%)	6	20	0	17/1.2元/升	0	千克/升	7ABv	M/N	0		0
27101929.90	其他燃料油，不含生物柴油	6	20		17/1.2元/升	0	千克/升	7ABv	M/N	0		0
	--- 润滑油、润滑脂及其他重油:											
2710.1991	----润滑油	6	17		17/1.52元/升	0	千克/升	4Axy	M/	0	5.4	0
2710.1992	----润滑脂	6	17		17/1.52元/升	0	千克/升	4Axy	M/	0	5.4	0
2710.1993	----润滑油基础油	6	17		17/1.52元/升	0	千克/升	4xy		0		0
2710.1994	----液体石蜡和重质液体石蜡	6	20		17	0	千克	AB	MR/NS/N	0	5.4	0
2710.1999	----其他	6	20		17/1.2元/升	0	千克/升	B		0		0
2710.2000	- 石油及从沥青矿物提取的油类(但原油除外)以及以上述油为基本成分(按重量计不低于70%)的其他税目未列名制品，含有生物柴油，但废油除外	6	20		17/1.2元/升	0	千克/升	4Ay	M/	0		0
	- 废油:											
2710.9100	-- 含多氯联苯(PCBs)、多氯三联苯(PCTs)或多溴联苯(PBBs)的	6	20		17	0	千克	9		0		0
2710.9900	-- 其他	6	20		17	0	千克	9		0		0
27.11	**石油气及其他烃类气:**											
	- 液化的:											
2711.1100	-- 天然气	0	20		13	0	千克	4ABy	M/N			
2711.1200	-- 丙烷	5	20	1	13	0	千克	AB	M/N	0	3.5	0
	-- 丁烷:											
2711.1310	--- 直接灌注香烟打火机及类似打火器用，其包装容器的容积超过300立方厘米	11	80		17	0	千克			0		0

协定税率 %										特惠税率 %				Article Description
巴基斯坦	冰岛	哥斯达黎	秘鲁	新西兰	瑞士	新加坡	韩国	澳大利亚	港澳台	老挝	孟加拉	33 国	7 国	
0	0	0		0	2.4	0	5.2	3.6				0	0	--- Naphtha
	0	0		0	2.4		5.2	3.6				0		--- Rubber solvent, paint solvent, extractive solvent
														--- Other:
														----Nonene
	0	0		0	3.6		7.8	5.4				0		Nonene, not containing biodiesel (containing more than 90% of nonene isomeride mixtures)
	0	0		0	3.6		7.8	5.4				0		Other nonene, not containing biodiesel
														----Other
	0	0		0	3.6		7.8	5.4				0		Isoamylene isomeride mixtures, not containing biodiesel
	0	0		0	3.6		7.8	5.4				0		Other light oil and products, not containing biodiesel (including products containing by weight 70% or more of oils)
														-- Other:
														--- Kerosene distillages:
5	0	0	0	0	3.6	0	0	5.4	//0			0	0	----Aviation kerosene
	0	0	2.7	0	3.6		7.8	5.4				0		----Lamp-kerosene
														----Other
5	0	0	0	0	2.4	0	0	3.6	//0			0	0	Normal paraffin hydrocarbon(C_9-C_{13}), not containing biodiesel
5	0	0	0	0	2.4	0	0	3.6	//0			0	0	Other kerosene distillages oils and products, not containing biodiesel
														--- Diesel oils and other fuel oils:
5	0	0	0	0	2.4	0	3.6	3.6				0	0	----Fuel oils No.5-No.7
	0	0	1.8	0	2.4		5.2	3.6						----Diesel oils
														----Other
5	0	0	1.8	0	2.4	0	5.2	3.6	/0/			0		Paraffin oils, not containing biodiesel (in which less than 20% by volume distils at below 350℃, and more than 80% by volume distils at below 550℃)
5	0	0	1.8	0	2.4	0	5.2	3.6	/0/			0		Other fuel oils, not containing biodiesel
														--- Lubricating oils, lubricating greases and other heavy oils:
0	0	0	0	0	2.4		5.2	3.6	0/0/		0	0	0	----Lubricating grease
0	0	0	0	0	2.4		5.2	3.6				0	0	----Lubricating oils
5	0	0	0	0	2.4		5.2	3.6	//0			0	0	----Basic oils for lubricating oils
0	0	0	0	0	2.4		0	3.6	//0			0	0	----Liquid paraffin and heavy liquid paraffin
5	0	0	0	0	2.4		5.4	3.6	0//			0	0	----Other
0	0	0		0	0	0	5.2	3.6	//0			0	0	- Petroleum oils and oils obtained from bituminous minerals (other than crude) and preparations not elsewhere specified or included, containing by weight 70 % or more of petroleum oils or of oils obtained from bituminous minerals, these oils being the basic constituents of the preparations, containing biodiesel, other than waste oils
														- Waste oils:
5	0	0	0	0	2.4			3.6				0	0	-- Containing poly chlorinated biphenyls (PCBs), polychlorinated terphenyls(PCTs) or polybrominated biphenyls(PBBs)
5	0	0	0	0	2.4		3.6	3.6				0	0	-- Other
														Petroleum gases and other gaseous hydrocarbons:
														- Liquefied:
							0	0			0	0	0	-- Natural gas
0	0	0	0	0	0		3	0				0	0	-- Propane
														-- Butanes:
5	0	0	0	0	7.7	0	8.8	6.6				0	0	--- Liquid or liquefied-gas fuels in containers of a kind used for filling or refilling cigarette or similar lighters and of a capacity exceeding $300cm^3$

税号	货品名称	进口关税 % 最惠国	进口关税 % 普通	进口关税 % 年内暂定	增值/消费税%	出口退税 %	统计计量单位	监管证件代码	检验检疫类别	协定税率 % 东盟	协定税率 % 亚太	协定税率 % 智利
2711.1390	--- 其他	5	20	1	13	0	千克			0		0
2711.1400	-- 乙烯、丙烯、丁烯及丁二烯											
27111400.10	液化的乙烯	5	20		17	0	千克	AB	M/N	0		0
27111400.90	液化的丙烯、丁烯及丁二烯	5	20		17	0	千克			0		0
	-- 其他：											
2711.1910	--- 直接灌注香烟打火机及类似打火器用的燃料，其包装容器的容积超过300立方厘米	10	80		17	0	千克			0	7	0
2711.1990	--- 其他											
27111990.10	其他液化石油气	3	20		13	0	千克	AB	M/N	0	2.1	0
27111990.90	其他液化烃类气	3	20		13	0	千克			0	2.1	0
	- 气态的：											
2711.2100	-- 天然气	0	20		13	0	千克	AB	M/N			
2711.2900	-- 其他											
27112900.10	其他气态石油气	6	20		13	0	千克	AB	M/N	0		0
27112900.90	其他气态烃类气	6	20		13	0	千克			0		0
27.12	**凡士林；石蜡、微晶石蜡、疏松石蜡、地蜡、褐煤蜡、泥煤蜡、其他矿物蜡及用合成或其他方法制得的类似产品，不论是否着色：**											
2712.1000	- 凡士林	8	45		17	0	千克	AB	R/S	0		0
2712.2000	- 石蜡，按重量计含油量小于0.75%	8	45		17	0	千克	4ABx	R/S	0		0
	- 其他：											
2712.9010	--- 微晶石蜡	8	45		17	0	千克	4ABx	R/S	0		0
2712.9090	--- 其他	8	45		17	0	千克			0		0
27.13	**石油焦、石油沥青及其他石油或从沥青矿物提取的油类的残渣：**											
	- 石油焦：											
	-- 未煅烧：											
2713.1110	--- 硫的重量百分比小于3%的	3	11		17	0	千克			0		0
2713.1190	--- 其他	3	11		17	0	千克			0		0
	-- 已煅烧：											
2713.1210	--- 硫的重量百分比小于0.8%的	3	11		17	0	千克			0		0
2713.1290	--- 其他	3	11		17	0	千克			0		0
2713.2000	- 石油沥青	8	35		17	0	千克			0	5.6	0
2713.9000	- 其他石油或从沥青矿物提取的油类的残渣	6	35		17	0	千克	9		0		0
27.14	**天然沥青（地沥青）；沥青页岩、油页岩及焦油砂；沥青岩：**											
2714.1000	- 沥青页岩、油页岩及焦油砂	6	20		17	0	千克			0		0
	- 其他：											
2714.9010	--- 天然沥青（地沥青）	8	35	4	17	0	千克			0		0
2714.9020	--- 乳化沥青	0	20		17	0	千克					
2714.9090	--- 其他	3	20		17	0	千克			0		0
27.15	**以天然沥青（地沥青）、石油沥青、矿物焦油或矿物焦油沥青为基本成分的沥青混合物（例如，沥青胶粘剂、稀释沥青）：**											
2715.0000	以天然沥青（地沥青）、石油沥青、矿物焦油或矿物焦油沥青为基本成分的沥青混合物（例如，沥青胶粘剂、稀释沥青）	8	35		17	0	千克			0		0
27.16	**电力：**											
2716.0000	电力	0	8		17	17	千瓦时					

协定税率 %										特惠税率 %				Article Description
巴基斯坦	冰岛	哥斯达黎	秘鲁	新西兰	瑞士	新加坡	韩国	澳大利亚	港澳台	老挝	孟加拉	33 国	7 国	
0	0	0	1.5	0	0		4	0				0		--- Other
														-- Ethylene, propylene, butylene and butadiene
0	0	0	0	0	0		4.3	0				0	0	Liquefied ethylene
0	0	0	0	0	0		4.3	0				0	0	Liquefied propylene, butene and butadiene
														-- Other:
5	0	0	0	0	4		8	6				0	0	--- Liquid or liquefied-gas fuels in containers of a kind used for filling or refilling cigarette or similar lighters and of a capacity exceeding 300cm^3
														--- Other
0	0	0	0.9	0	0		1.8	0				0		Other liquefied petroleum gas
0	0	0	0.9	0	0		1.8	0				0		Other liquefied hydrocarbon gas
														- In gaseous state:
							0	0			0	0	0	-- Natural gas
														-- Other
5	0	0	0	0	2.4		3.6	3.6				0	0	Other gaseous petroleum gas
5	0	0	0	0	2.4		3.6	3.6				0	0	Other gaseous hydrocarbon gas
														Petroleum jelly; paraffin wax, microcrystalline petroleum wax, slack wax, ozokerite, lignite wax, peat wax, other mineral waxes, and similar products obtained by synthesis or by other processes, whether or not coloured:
5	0	0	0	0	3.2		4.8	4.8			0	0	0	- Petroleum jelly
5	0	0	0	0	3.2		6.4	4.8			0	0	0	- Paraffin wax containing by weight less than 0.75% of oil
														- Other:
5	0	0	0	0	3.2		6.4	4.8			0	0	0	--- Microcrystalline petroleum wax
5	0	0	0	0	3.2		6.4	4.8			0	0	0	--- Other
														Petroleum coke, Petroleum bitumen and other residues of petroleum oils or of oils obtained from bituminous minerals:
														- Petroleum coke:
														-- Not calcined:
0	0	0	0	0	0		2.6	0			0	0	0	--- Containing by weight less than 3% of Sulphur
0	0	0	0	0	0		2.6	0			0	0	0	--- Other
														-- Calcined:
0	0	0	0	0	0		2.6	0			0	0	0	--- Containing by weight less than 0.8% of Sulphur
0	0	0	0	0	0		2.6	0			0	0	0	--- Other
5	0	0	0	0	3.2		6.9	4.8			0	0	0	- Petroleum bitumen
5	0	0	0	0	2.4		3.6	3.6			0	0	0	- Other residues of petroleum oils or of oils obtained from bituminous minerals
														Bitumen and asphalt, natural; bituminous or oil shale and tar sands; asphaltites and asphaltic rocks:
5	0	0	0	0	2.4		3.6	3.6			0	0	0	- Bituminous or oil shale and tar sands
														- Other:
5	0	0	0	0	3.2		6.9	4.8			0	0	0	--- Natural bitumen and asphalt
							0	0			0	0	0	--- Emulsified bitumen and asphalt
0	0	0	0	0	0		0	0			0	0	0	--- Other
														Bituminous mixtures based on natural asphalt, on natural bitumen, on petroleum bitumen,on mineral tar or on mineral tar pitch (for example, bituminous mastics, cut-backs):
5	0	0	0	0	3.2		6.4	4.8	/0/		0	0	0	Bituminous mixtures based on natura asphalt, on natural bitumen, on petroleum bitumen, on mineral tar or on mineral tar pitch(for example, bituminous mastics, cut-backs)
														Electrical energy:
							0	0			0	0	0	Electrical energy

第六类　化学工业及其相关工业的产品

注释：

一、

（一）凡符合税目 28.44 或 28.45 规定的货品（放射性矿砂除外），应分别归入这两个税目而不归入本协调制度的其他税目。

（二）除上述（一）款另有规定的以外，凡符合税目 28.43、28.46 或 28.52 规定的货品，应分别归入以上税目而不归入本类的其他税目。

二、除上述注释一另有规定的以外，凡由于按一定剂量或作为零售包装而可归入税目 30.04、30.05、30.06、32.12、33.03、33.04、33.05、33.06、33.07、35.06、37.07 或 38.08 的货品，应分别归入以上税目，而不归入本协调制度的其他税目。

三、由两种或两种以上单独成分配套的货品，其部分或全部成分属于本类范围以内，混合后则构成第六类或第七类的货品，应按混合后产品归入相应的税目，但其组成成分必须符合下列条件：

（一）其包装形式足以表明这些成分不需经过改装就可一起使用的；

（二）一起报验的；以及

（三）这些成分的属性及相互比例足以表明是相互配用的。

第二十八章　无机化学品；贵金属、稀土金属、放射性元素及其同位素的有机及无机化合物

注释：

一、除条文另有规定的以外，本章各税目只适用于：

（一）单独的化学元素及单独的已有化学定义的化合物，不论是否含有杂质；

（二）上述（一）款产品的水溶液；

（三）溶于其他溶剂的上述（一）款产品，但该产品处于溶液状态只是为了安全或运输所采取的正常必要方法，其所用溶剂并不使该产品改变其一般用途而适合于某些特殊用途；

（四）为了保存或运输需要，加入稳定剂（包括抗结块剂）的上述（一）、（二）、（三）款产品；

（五）为了便于识别或安全起见，加入抗尘剂或着色剂的上述（一）、（二）、（三）、（四）款产品，但所加剂料并不使原产品改变其一般用途而适合于某些特殊用途。

二、除以有机物质稳定的连二亚硫酸盐及次硫酸盐（税目 28.31），无机碱的碳酸盐及过碳酸盐（税目 28.36），无机碱的氰化物、氧氰化物及氰络合物（税目 28.37），无机碱的雷酸盐、氰酸盐及硫氰酸盐（税目 28.42），税目 28.43 至 28.46 及 28.52 的有机产品，以及碳化物（税目 28.49）之外，本章仅包括下列碳化合物：

（一）碳的氧化物，氰化氢及雷酸、异氰酸、硫氰酸及其他简单或络合氰酸（税目 28.11）；

（二）碳的卤氧化物（税目 28.12）；

（三）二硫化碳（税目 28.13）；

（四）硫代碳酸盐、硒代碳酸盐、碲代碳酸盐、硒代氰酸盐、碲代氰酸盐、四氰硫基二氨基络酸盐及其他无机碱络合氰酸盐（税目 28.42）；

（五）用尿素固化的过氧化氢（税目 28.47）、氧硫化碳、硫代羰基卤化物、氰、卤化氰、氨基氰及其金属衍生物（税目 28.53），不论是否纯净，但氰氨化钙除外（第三十一章）。

三、除第六类注释一另有规定的以外，本章不包括：

（一）氯化钠或氧化镁（不论是否纯净）及第五类的其他产品；

（二）上述注释二所述以外的有机—无机化合物；

（三）第三十一章注释二、三、四或五所述的产品；

SECTION VI　PRODUCTS OF THE CHEMICAL OR ALLIED INDUSTRIE

Section Notes:

1.

(a) Goods (other than radioactive ores) answering to a description in heading 28.44 or 28.45 are to be classified in those headings and in no other heading of the Nomenclature.

(b) Subject to paragraph (a) above, goods answering to a description in heading 28.43, 28.46 or 28.52 are to be classified in those headings and in no other heading of this Section.

2. Subject to Note 1 above, goods classifiable in heading 30.04, 30.05, 30.06, 32.12, 33.03, 33.04, 33.05, 33.06, 33.07, 35.06, 37.07 or 38.08 by reason of being put up in measured doses or for retail sale are to be classified in those headings and in no other heading of the Nomenclature.

3. Goods put up in sets consisting of two or more separate constituents, some or all of which fall in this Section and are intended to be mixed together to obtain a product of Section VI or VII, are to be classified in the heading appropriate to that product, provided that the constituents are:

(a) having regard to the manner in which they are put up, clearly identifiable as being intended to be used together without first being repacked;

(b) presented together; and

(c) identifiable, whether by their nature or by the relative proportions in which they are present, as being complementary one to another.

Chapter 28　Inorganic chemicals; organic or inorganic compounds of precious metals, of rare-earth metals, of radioactive elements or of isotopes

Chapter Notes:

1. Except where the context otherwise requires, the headings of this Chapter apply only to:

(a) Separate chemical elements and separate chemically defined compounds, whether or not containing impurities;

(b) The products mentioned in (a) above dissolved in water;

(c) The products mentioned in (a) above dissolved in other solvents provided that the solution constitutes a normal and necessary method of putting up these products adopted solely for reasons of safety or for transport and that the solvent does not render the product particularly suitable for specific use rather than for general use;

(d) The products mentioned in (a), (b) or (c) above with an added stabiliser (including an anti-caking agent) necessary for their preservation or transport;

(e) The products mentioned in (a), (b), (c) or (d) above with an added anti- dusting agent or a colouring substance added to facilitate their identification or for safety reasons, provided that the additions do not render the product particularly suitable for specific use rather than for general use.

2. In addition to dithionites and sulphoxylates, stabilised with organic substances (heading 28.31), carbonates and peroxocarbonates of inorganic bases (heading28.36), cyanides, cyanide oxides and complex cyanides of inorganic bases (heading 28.37), fulminates, cyanates and thiocyanates, of inorganic bases (heading 28.42), organic products included in heading 28.43 to 28.46 and 28.52 and carbides (heading 28.49), only the following compounds of carbon are to be classified in this Chapter:

(a) Oxides of carbon, hydrogen cyanide and fulminic, isocyanic, thiocyanic and other simple or complex cyanogen acids (heading 28.11);

(b) Halide oxides of carbon (heading 28.12);

(c) Carbon disulphide (heading 28.13);

(d) Thiocarbonates, selenocarbonates, tellurocarbonates, selenocyanates, tellurocyanates, tetrathio-cyanatodiamminochromates (reineckates) and other complex cyanates, of inorganic bases (heading 28.42);

(e) Hydrogen peroxide, solidified with urea (heading 28.47), carbon oxysulphide, thiocarbonyl halides, cyanogen, cyanogen halides and cyanamide and its metal derivatives (heading 28.53) other than calcium cyanamide, whether or not pure (Chapter 31).

3. Subject to the provisions of Note 1 to Section VI, this Chapter does not cover:

(a) Sodium chloride or magnesium oxide, whether or not pure, or other products of Section V;

(b) Organo-inorganic compounds other than those mentioned in Note 2 above;

(c) Products mentioned in Note 2, 3, 4 or 5 to Chapter 31;

（四）税目 32.06 的用作发光剂的无机产品；税目 32.07 的搪瓷玻璃料及其他玻璃，呈粉、粒或粉片状的；

（五）人造石墨（税目 38.01）；税目 38.13 的灭火器的装配药及已装药的灭火弹；税目 38.24 的零售包装的除墨剂；税目 38.24 的每颗重量不少于 2.5 克的碱金属或碱土金属卤化物的培养晶体（光学元件除外）；

（六）宝石或半宝石（天然、合成或再造）及这些宝石、半宝石的粉末（税目 71.02 至 71.05），第七十一章的贵金属及贵金属合金；

（七）第十五类的金属（不论是否纯净）、金属合金或金属陶瓷，包括硬质合金（与金属烧结的金属碳化物）；或

（八）光学元件，例如，用碱金属或碱土金属卤化物制成的（税目 90.01）。

四、由本章第二分章的非金属酸和第四分章的金属酸所构成的已有化学定义的络酸，应归入税目 28.11。

五、税目 28.26 至 28.42 只适用于金属盐、铵盐及过氧酸盐。

除条文另有规定的以外，复盐及络盐应归入税目 28.42。

六、税目 28.44 只适用于:

（一）锝（原子序数 43）、钷（原子序数 61）、钋（原子序数 84）及原子序数大于 84 的所有化学元素；

（二）天然或人造放射性同位素（包括第十四类及第十五类的贵金属和贱金属的放射性同位素），不论是否混合；

（三）上述元素或同位素的无机或有机化合物，不论是否已有化学定义或是否混合；

（四）含有上述元素或同位素及其无机或有机化合物并且具有某种放射性强度超过 74 贝克勒尔／克（0.002 微居里／克）的合金、分散体（包括金属陶瓷）、陶瓷产品及混合物；

（五）核反应堆已耗尽（已辐照）的燃料元件（释热元件）；

（六）放射性的残渣，不论是否有用。

税目 28.44、28.45 及本注释所称“同位素”，是指:

1. 单独的核素，但不包括自然界中以单一同位素状态存在的核素；

2. 同一元素的同位素混合物，其中一种或几种同位素已被浓缩，即人工地改变了该元素同位素的自然构成。

七、税目 28.48 包括按重量计含磷量超过 15% 的磷化铜（磷铜）。

八、经掺杂用于电子工业的化学元素（例如，硅、硒），如果拉制后未经加工或呈圆筒形、棒形，应归入本章；如果已切成圆片、薄片或类似形状，则归入税目 38.18。

子目注释:

子目 2852.10 所称“已有化学定义”是指符合第二十八章注释一（一）至（五）或第二十九章注释一（一）至（八）规定的汞的无机或有机化合物。

税　号	货 品 名 称	进口关税 %			增值/消费税%	出口退税%	统计计量单位	监管证件代码	检验检疫类别	协定税率 %		
		最惠国	普通	年内暂定						东盟	亚太	智利
	第一分章　化学元素											
28.01	氟、氯、溴及碘:											
2801.1000	- 氯	5.5	80		17	0	千克	AB	M/N	0		0
2801.2000	- 碘	5.5	30		17	0	千克	G		0		
	- 氟；溴:											
2801.3010	--- 氟	5.5	30		17	0	千克	AB	M/N	0		0
2801.3020	--- 溴	5.5	30	1	17	0	千克	AB	M/N	0		0
28.02	升华硫磺、沉淀硫磺；胶态硫磺:											
2802.0000	升华硫磺、沉淀硫磺；胶态硫磺	5.5	17	1	17	0	千克	AB	M/N	0		0
28.03	碳（碳黑及其他税目未列名的其他形态的碳）:											
2803.0000	碳（碳黑及其他税目未列名的其他形态的碳）	5.5	35		17	0	千克			0	4.4	0
28.04	氢、稀有气体及其他非金属:											

(d) Inorganic products of a kind used as luminophores, of heading 32.06; glass frit and other glass in the form of powder, granules or flakes, of heading 32.07;

(e) Artificial graphite (heading 38.01); products put up as charges for fire- extinguishers or put up in fire-extinguishing grenades, of heading 38.13; ink removers put up in packings for retail sale, of heading 38.24; cultured crystals (other than optical elements) weighing not less than 2.5g each, of the halides of the alkali or alkaline- earth metals, of heading 38.24;

(f) Precious or semi- precious stones (natural, synthetic or reconstructed) or dust or powder of such stones (headings 71.02 to 71.05), or precious metals or precious metal alloys of Chapter 71;

(g) The metals, whether or not pure, metal alloys or cermets, including sintered metal carbides (metal carbides sintered with a metal), of Section XV; or

(h) Optical elements, for example, of the halides of the alkali or alkaline- earth metals (heading 90.01).

4. Chemically defined complex acids consisting of a non- metal acid of sub- Chapter II and a metal acid of sub- Chapter IV are to be classified in heading 28.11.

5. Headings 28.26 to 28.42 apply only to metal or ammonium salts or peroxysalts.

Except where the context otherwise requires, double or complex salts are to be classified in heading 28.42.

6. Heading 28.44 applies only to:

(a) Technetium (atomic No.43), promethium (atomic No.61), polonium (atomic No.84) and all elements with an atomic number greater than 84;

(b) Natural or artificial radioactive isotopes (including those of the precious metals or of the base metals of Sections XIV and XV), whether or not mixed together;

(c) Compounds, inorganic or organic, of these elements or isotopes, whether or not chemically defined, whether or not mixed together;

(d) Alloys, dispersions (including cermets), ceramic products and mixtures containing these elements or isotopes or inorganic or organic compounds thereof and having a specific radioactivity exceeding 74 Bq/g (0.002 μci/g);

(e) Spent (irradiated) fuel elements (cartridges) of nuclear reactors;

(f) Radioactive residues whether or not usable.

The term "isotopes", for the purposes of this Note and of the wording of headings 28.44 and 28.45, refers to:

(i) Individual nuclides, excluding, however, those existing in nature in the monoisotopic state;

(ii) Mixtures of isotopes of one and the same element, enriched in one or several of the said isotopes, that is, elements of which the natural isotopic composition has been artificially modified.

7. Heading 28.48 includes copper phosphide (phosphor copper) containing more than 15% by weight of phosphorus.

8. Chemical elements (for example, silicon and selenium) doped for use in electronics are to be classified in this Chapter, provided that they are in forms unworked as drawn, or in the form of cylinders or rods. When cut in the form of discs, wafers or similar forms, they fall in heading 38.18.

Subheading Note:

For the purposes of subheading 2852.10, the expression "chemically defined" means all organic or inorganic compounds of mercury meeting the requirements of paragraphs (a) to (e) of Note 1 to Chapter 28 or paragraphs (a) to (h) of Note 1 to Chapter 29.

协定税率 %										特惠税率 %				Article Description
巴基斯坦	冰岛	哥斯达黎	秘鲁	新西兰	瑞士	新加坡	韩国	澳大利亚	港澳台	老挝	孟加拉	33 国	7 国	
														I. CHEMICAL ELEMENTS
														Fluorine, chlorine, bromine and iodine:
5	0	0	0	0	2.2		3.3	0				0	0	- Chlorine
5	0	0		0	2.2		3.3	0				0	0	- Iodine
														- Fluorine; bromine:
0	0	0	0	0	2.2		3.3	0				0	0	--- Fluorine
0	0	0	0	0	2.2		0	0				0	0	--- Bromine
														Sulphur, sublimed or precipitated; colloidal sulphur:
0	0	0	0	0	2.2		3.3	0				0	0	Sulphur, sublimed or precipitated; colloidal sulphur
														Carbon(carbon blacks and other forms of carbon not elsewhere specified or included):
0		0	0	0	2.2		4.7	0	0//0		0	0	0	Carbon(carbon blacks and other forms of carbon not elsewhere specified or included)
														Hydrogen, rare gases and other non-metals:

税　号	货 品 名 称	进口关税 %			增值/消费税%	出口退税%	统计计量单位	监管证件代码	检验检疫类别	协定税率 %		
		最惠国	普通	年内暂定						东盟	亚太	智利
2804.1000	- 氢	5.5	30		17	0	千克/立方米	AB	M/N	0		0
	- 稀有气体：											
2804.2100	-- 氩	5.5	30		17	0	千克/立方米	AB	M/N	0		0
2804.2900	-- 其他	5.5	30		17	0	千克/立方米			0		0
2804.3000	- 氮	5.5	30		17	0	千克/立方米	AB	M/N	0		0
2804.4000	- 氧	5.5	80		17	0	千克/立方米	AB	M/N	0		0
2804.5000	- 硼；碲											
28045000.01	碲	5.5	17	0	17	13	千克			0		0
28045000.10	颗粒＜500μm的硼及其合金(含量≥97%,不论球形,椭球体,雾化,片状,研碎金属燃料)	5.5	17		17	13	千克	3		0		0
28045000.20	能量密度＞40MJ/kg的硼浆(硼溶于溶剂形成的硼浆)	5.5	17		17	13	千克	3		0		0
28045000.90	其他硼	5.5	17		17	13	千克			0		0
	- 硅：											
	-- 按重量计含硅量不少于99.99%：											
	--- 经掺杂用于电子工业的直径在7.5厘米及以上的单晶硅棒：											
2804.6117	----直径在30厘米及以上的	4	11		17	17	千克			0		0
2804.6119	----其他	4	11		17	0	千克			0		0
2804.6120	--- 经掺杂用于电子工业的其他单晶硅棒	4	17		17	0	千克			0		0
2804.6190	--- 其他											
28046190.11	含硅量＞99.9999999%的多晶硅废碎料(太阳能级多晶硅除外)	4	30		17	0	千克	AP	M/	0		0
28046190.12	含硅量＞99.9999999%的太阳能级多晶硅	4	30		17	0	千克			0		0
28046190.13	含硅量＞99.9999999%的太阳能级多晶硅废碎料	4	30		17	0	千克	AP	M/	0		0
28046190.19	其他含硅量＞99.9999999%的多晶硅(太阳能级多晶硅除外)	4	30		17	0	千克			0		0
28046190.91	其他含硅量≥99.99%的硅废碎料(太阳能级多晶硅除外)	4	30		17	0	千克	AP	M/	0		0
28046190.92	含硅量≥99.99%的太阳能级多晶硅	4	30		17	0	千克			0		0
28046190.93	含硅量≥99.99%的太阳能级多晶硅废碎料	4	30		17	0	千克	AP	M/	0		0
28046190.99	其他含硅量≥99.99%的硅(太阳能级多晶硅除外)	4	30		17	0	千克			0		0
2804.6900	-- 其他	4	30		17	0	千克			0		0
	- 磷：											
2804.7010	--- 黄磷（白磷）	5.5	30		17	0	千克	AB	M/N	0		0
2804.7090	--- 其他											
28047090.10	红磷	5.5	30		17	0	千克	ABG	M/N	0		0
28047090.90	其他磷	5.5	30		17	0	千克			0		0
2804.8000	- 砷	5.5	30		17	0	千克	X		0		0
	- 硒：											
2804.9010	--- 经掺杂用于电子工业的晶体棒	4	17		17	0	千克			0		0
2804.9090	--- 其他	5.5	30	0	17	13	千克			0		0
28.05	碱金属、碱土金属；稀土金属、钪及钇，不论是否相互混合或相互熔合；汞：											
	- 碱金属及碱土金属：											
2805.1100	-- 钠	5.5	30		17	0	千克	AB	M/N	0		0
2805.1200	-- 钙											
28051200.10	高纯度钙[金属杂质(除镁外)含量＜1‰,硼含量小于十万分之一]	5.5	30	1	17	0	千克	3A	M/	0		0

协定税率 %										特惠税率 %				
巴基斯坦	冰岛	哥斯达黎	秘鲁	新西兰	瑞士	新加坡	韩国	澳大利亚	港澳台	老挝	孟加拉	33国	7国	**Article Description**
0	0	0	0	0	2.2		4.4	0	0//		0	0	0	- Hydrogen
														- Rare gases:
5	0	0	0	0	2.2		3.3	0	0//		0	0	0	-- Argon
5	0	0	0	0	2.2		3.3	0	0//		0	0	0	-- Other
5	0	0	0	0	2.2		3.3	0	0//		0	0	0	- Nitrogen
5	0	0	0	0	2.2		3.3	0	0//		0	0	0	- Oxygen
														- Boron; tellurium
0	0	0	0	0	2.2		0	0			0	0	0	Tellurium
0	0	0	0	0	2.2		0	0			0	0	0	Boron and its alloys, granularity is less than 500μm (containing 97% or more by weight of boron, in the form of spheroid, ellipsoid, atomized, flakes or pulverized metallic fuel)
0	0	0	0	0	2.2		0	0			0	0	0	Boron paste (boron dissolved in solvent), energy density is more than 40MJ/kg
0	0	0	0	0	2.2		0	0			0	0	0	Other boron
														- Silicon:
														-- Containing by weight not less than 99.99% of silicon:
														--- Monocrystals doped for use in electronics, in the form of cylinders or rods, 7.5cm or more in diameter:
0	0	0	0	0	0		0	0			0	0	0	----30cm or more in diameter
0	0	0	0	0	0			0			0	0	0	----Other
0	0	0	0	0	0		0	0			0	0	0	--- Other monocrystals doped for use in electronics, in the form of cylinders or rods
														--- Other
0	0	0	0	0	1.6		3.4	0			0	0	0	Polycrystalline silicon waste or scrap, containing by weight more than 99.9999999% of silicon (other than polycrystalline silicon for solar cells)
0	0	0	0	0	1.6		3.4	0			0	0	0	Polycrystalline silicon, containing by weight more than 99.9999999% of silicon, for solar cells
0	0	0	0	0	1.6		3.4	0			0	0	0	Polycrystalline silicon waste or scrap, containing by weight more than 99.9999999% of silicon, for solar cells
0	0	0	0	0	1.6		3.4	0			0	0	0	Other polycrystalline silicon, containing by weight more than 99.9999999% of silicon (other than polycrystalline silicon for solar cells)
0	0	0	0	0	1.6		3.4	0			0	0	0	Other silicon waste or scrap, containing by weight 99.99% or more of silicon (other than polycrystalline silicon for solar cells)
0	0	0	0	0	1.6		3.4	0			0	0	0	Polycrystalline silicon, containing by weight 99.99% or more of silicon, for solar cells
0	0	0	0	0	1.6		3.4	0			0	0	0	Waste and scrap of polycrystalline silicon, containing by weight 99.99% or more of silicon, for solar cells
0	0	0	0	0	1.6		3.4	0			0	0	0	Other silicon, containing by weight 99.99% or more of silicon (other than polycrystalline silicon for solar cells)
0	0	0	0	0	0		2.4	0			0	0	0	-- Other
														- Phosphorus:
0	0	0	0	0	2.2		3.3	0			0	0	0	--- Yellow phosphorus(white phosphorus)
														--- Other
0	0	0	0	0	2.2		4.4	0			0	0	0	Red phosphorus
0	0	0	0	0	2.2		4.4	0			0	0	0	Other phosphorus
0	0	0	0	0	2.2		3.3	0			0	0	0	- Arsenic
														- Selenium:
0	0	0	1.2	0	0		0	0			0	0	0	--- Crystals doped for use in electronics, in the form of cylinders or rods
0	0	0	3.5	0	2.2		0	0				0	0	--- Other
														Alkali or alkaline-earth metals; rare-earth metals, scandium and yttrium, whether or not intermixed or interalloyed; mercury:
														- Alkali metals or alkaline-earth metals:
0	0	0	0	0	2.2		0	0				0	0	-- Sodium
														-- Calcium
0	0	0	0	0	2.2		0	0				0	0	High-purity calcium, metal impurity (other than magnesium) less than 1%, containing less than 1/100000 by weight of boron

税 号	货 品 名 称	进口关税 %			增值/消费税%	出口退税%	统计计量单位	监管证件代码	检验检疫类别	协定税率 %		
		最惠国	普通	年内暂定						东盟	亚太	智利
28051200.90	其他钙	5.5	30	1	17	0	千克			0		0
	-- 其他:											
2805.1910	--- 锂	5.5	30	1	17	0	千克			0		0
2805.1990	--- 其他	5.5	30	1	17	0	千克			0		0
	- 稀土金属、钪及钇，不论是否相互混合或相互熔合:											
	--- 稀土金属、钪及钇，未相互混合或相互熔合:											
2805.3011	----钕	5.5	30	0	17	0	千克	4Bxy	/N	0		0
2805.3012	----镝	5.5	30	0	17	0	千克	4Bxy	/N	0		0
2805.3013	----铽	5.5	30	0	17	0	千克	4Bxy	/N	0		0
2805.3014	----镧	5.5	30	0	17	0	千克	4Bxy	/N	0		0
2805.3015	----铈											
28053015.10	颗粒＜500μm的铈及其合金(含量≥97%,不论球形,椭球体,雾化,片状,研碎金属燃料;未相互混合或相互熔合)	5.5	30	0	17	0	千克	3B	/N	0		0
28053015.90	其他金属铈(未相互混合或相互熔合)	5.5	30	0	17	0	千克	4Bxy	/N	0		0
2805.3016	----镨	5.5	30	0	17	0	千克	4Bxy	/N	0		0
2805.3017	----钇	5.5	30	0	17	0	千克	4Bxy	/N	0		0
2805.3019	----其他	5.5	30	0	17	0	千克	4Bxy	/N	0		0
	--- 稀土金属、钪及钇，相互混合或相互熔合:											
2805.3021	----电池级	5.5	30	0	17	0	千克	4Bxy	/N	0		0
2805.3029	----其他	5.5	30	0	17	0	千克	4Bxy	/N	0		0
2805.4000	- 汞	5.5	17		17	0	千克	X		0		0
	第二分章 无机酸及非金属无机氧化物											
28.06	**氯化氢（盐酸）；氯磺酸:**											
2806.1000	- 氯化氢（盐酸）	5.5	80		17	0	千克	23AB	R/S	0		0
2806.2000	- 氯磺酸	5.5	40		17	0	千克	AB	M/N	0		0
28.07	**硫酸；发烟硫酸:**											
2807.0000	硫酸；发烟硫酸											
28070000.10	硫酸	5.5	35	1	17	0	千克	23		0		0
28070000.90	发烟硫酸	5.5	35	1	17	0	千克	AB	M/N	0		0
28.08	**硝酸；磺硝酸:**											
2808.0000	硝酸；磺硝酸											
28080000.10	红发烟硝酸	5.5	40		17	0	千克	3A	M/	0		0
28080000.90	磺硝酸及其他硝酸	5.5	40		17	0	千克			0		0
28.09	**五氧化二磷；磷酸；多磷酸，不论是否已有化学定义:**											
2809.1000	- 五氧化二磷	1	8		17	0	千克	AB	M/N	0		0
	- 磷酸及多磷酸:											
	--- 磷酸及偏磷酸、焦磷酸:											
2809.2011	----食品级磷酸	1	8		17	0	千克	AB	R/NS	0		0
2809.2019	----其他	1	8		17	0	千克	B	/N	0		0
2809.2090	--- 其他	5.5	35		17	0	千克			0		0
28.10	**硼的氧化物；硼酸:**											
2810.0010	--- 硼的氧化物	5.5	30		17	0	千克			0		0
2810.0020	--- 硼酸	5.5	30		17	0	千克	A	M/	0		0
28.11	**其他无机酸及非金属无机氧化物:**											
	- 其他无机酸:											
2811.1100	-- 氟化氢（氢氟酸）	5.5	35		17	0	千克	3A	M/	0		0
	-- 其他:											
2811.1910	--- 氢氰酸	5.5	35		17	0	千克	23		0		0
2811.1920	--- 硒化氢	5.5	35		17	0	千克	AB	M/N	0		0
2811.1990	--- 其他											
28111990.10	氢碘酸	5.5	35		17	0	千克	ABG	M/N	0		0
28111990.20	砷酸、焦砷酸、偏砷酸	5.5	35		17	0	千克	X		0		0
28111990.90	其他无机酸	5.5	35		17	0	千克	AB	MR/NS	0		0
	- 其他非金属无机氧化物:											

协定税率 %										特惠税率 %				Article Description
巴基斯坦	冰岛	哥斯达黎	秘鲁	新西兰	瑞士	新加坡	韩国	澳大利亚	港澳台	老挝	孟加拉	33 国	7 国	
0	0	0	0	0	2.2		0	0				0	0	Other calcium
														-- Other:
0	0	0	0	0	2.2		0	0				0	0	--- Lithium
0	0	0	0	0	2.2		0	0				0	0	--- Other
														- Rare-earth metals, scandium and yttrium, whether or not intermixed or interalloyed:
														--- Not intermixed or interalloyed:
0	0	0	0	0	2.2		0	0				0	0	----Neodymium
0	0	0	0	0	2.2		0	0				0	0	----Dysprosium
0	0	0	0	0	2.2		0	0				0	0	----Terbium
0	0	0	0	0	2.2		0	0				0	0	----Lanthanum
														----Cerium
0	0	0	0	0	2.2		0	0				0	0	Cerium and its alloys, granularity is less than 500 μm, containing 97% or more by weight of cerium, in the form of spheroid, ellipsoid, atomized, flakes or pulverized metallic fuel, not intermixed or interalloyed
0	0	0	0	0	2.2		0	0				0	0	Other cerium metal, not intermixed or interalloyed
0	0	0	0	0	2.2		0	0				0	0	----Praseodymium
0	0	0	0	0	2.2		0	0				0	0	----Yttrium
0	0	0	0	0	2.2		0	0				0	0	----Other
														--- Inuermixed or interalloyed:
0	0	0	0	0	2.2		0	0				0	0	----Battery grade
0	0	0	0	0	2.2		0	0				0	0	----Other
0	0	0	0	0	2.2		3.3	0				0	0	- Mercury
														Ⅱ.INORGANIC ACIDS ANDINORGANIC;OXYGEN COMPOUNDS OF NON-METALS
														Hydrogen chloride (hydrochloric acid); chorosulphuric acid:
5	0	0	0	0	2.2		3.3	0				0	0	- Hydrogen chloride(hydrochloric acid)
0	0	0	0	0	2.2		3.3	0				0	0	- Chlorosulphuric acid
														Sulphuric acid; oleum:
														Sulphuric acid; oleum
5	0	0	0	0	2.2		3.3	0				0	0	Sulphuric acid
5	0	0	0	0	2.2		3.3	0				0	0	Oleum
														Nitric acid; sulphonitric acids:
														Nitric acid; sulphonitric acids
5	0	0	0	0	2.2		3.3	0				0	0	Red fuming nitric acid
5	0	0	0	0	2.2		3.3	0				0	0	Sulphonitric acids and other nitric acids
														Diphosphorus pentaoxide; phosphoric acid; polyphosphoric acids, whether or not chemically defined:
0	0	0	0	0	0		0	0				0	0	- Diphosphorus pentaoxide
														- Phosphoric acid and polyphosphoric acids:
														--- Phosphoric acid, metaphosphoric acid and pyrophosphoric acid:
0	0	0	0	0	0		0	0				0	0	----Phosphoric acid, food grade
0	0	0	0	0	0		0.8	0				0	0	----Other
5	0	0	0	0	2.2		3.3	0				0	0	--- Other
														Oxides of boron; boric acids:
0	0	0	1.6	0	2.2		3.3	0				0	0	--- Oxides of boron
0	0	0	1.6	0	2.2		3.3	0				0	0	--- Boric acids
														Other inorganic acids and other inorganic oxygen compounds of non-metals:
														- Other inorganic acids:
0	0	0	0	0	2.2		3.3	0			0	0	0	-- Hydrofluoric acid
														-- Other:
0	0	0	0	0	2.2		3.3	0			0	0	0	--- Hydrocyanic acid
5	0	0	0	0	2.2		4.4	0			0	0	0	--- Hydrogen selenide
														--- Other
5	0	0	0	0	2.2		4.4	0			0	0	0	Hydriodic acid
5	0	0	0	0	2.2		4.4	0			0	0	0	Arsenic acid, pyroarsenic acid, meta-arsenic acid
5	0	0	0	0	2.2		4.4	0			0	0	0	Other inorganic acids
														- Other inorganic oxygen compounds of nonmetals:

税号	货品名称	进口关税 %			增值/消费税%	出口退税%	统计计量单位	监管证件代码	检验检疫类别	协定税率 %		
		最惠国	普通	年内暂定						东盟	亚太	智利
2811.2100	-- 二氧化碳	5.5	30		17	0	千克	AB	MR/NS	0		0
	-- 二氧化硅:											
2811.2210	--- 硅胶	5.5	30		17	9	千克	AB	R/S	0		0
2811.2290	--- 其他	5.5	30		17	9	千克	AB	R/S	0		0
2811.2900	-- 其他											
28112900.10	三氧化二砷、五氧化二砷[亚砷(酸)酐,砒霜,白砒,氧化亚砷,砷(酸)酐,三氧化砷]	5.5	30		17	0	千克	X		0		0
28112900.20	四氧化二氮	5.5	30		17	0	千克	3A	M/	0		0
28112900.90	其他非金属无机氧化物	5.5	30		17	0	千克			0		0
	第三分章 非金属卤化物及硫化物											
28.12	**非金属卤化物及卤氧化物:**											
	- 氯化物及氯氧化物:											
2812.1010	--- 氯化亚砜	5.5	30	2	17	0	千克	23		0		0
2812.1020	--- 氧氯化磷(磷酰氯;三氯氧磷)	5.5	30		17	0	千克	23		0		0
2812.1030	--- 碳酰二氯(光气)	5.5	30		17	0	千克	23		0		0
	--- 非金属氯化物:											
2812.1041	----一氯化硫(氯化硫)	5.5	30		17	0	千克	23		0		0
2812.1042	----二氯化硫	5.5	30		17	0	千克	23		0		0
2812.1043	----三氯化磷	5.5	30		17	0	千克	23		0		0
2812.1044	----三氯化砷	5.5	30		17	0	千克	23		0		0
2812.1045	----五氯化磷	5.5	30		17	0	千克	23		0		0
2812.1049	----其他	5.5	30		17	0	千克			0		0
2812.1090	--- 其他	5.5	30		17	0	千克			0		0
	- 其他:											
	--- 氟化物及氟氧化物:											
2812.9011	----三氟化氮	5.5	30		17	9	千克	AB	M/N	0		0
2812.9019	----其他											
28129019.10	三氟化氯	5.5	30		17	0	千克	3A	M/	0		0
28129019.20	三氟化砷(氟化亚砷)	5.5	30		17	0	千克	X		0		0
28129019.30	硫酰氟	5.5	30		17	0	千克	S		0		0
28129019.90	其他氟化物及氟氧化物	5.5	30		17	0	千克			0		0
2812.9090	--- 其他											
28129090.10	三溴化砷,三碘化砷(溴化亚砷,碘化亚砷)	5.5	30		17	0	千克	X		0		0
28129090.90	其他非金属卤化物及卤氧化物	5.5	30		17	0	千克			0		0
28.13	**非金属硫化物;商品三硫化二磷:**											
2813.1000	- 二硫化碳	5.5	30		17	0	千克	X		0		0
2813.9000	- 其他											
28139000.10	五硫化二磷	5.5	30		17	0	千克	23		0		0
28139000.20	三硫化二磷	5.5	30		17	0	千克	AB	M/N	0		0
28139000.90	其他非金属硫化物	5.5	30		17	0	千克			0		0
	第四分章 无机碱和金属氧化物、氢氧化物及过氧化物											
28.14	**氨及氨水:**											
2814.1000	- 氨	5.5	35	0	17	0	千克	AB	M/N	0		0
2814.2000	- 氨水											
28142000.10	氨水(含量≥10%)	5.5	35	0	17	0	千克	AB	M/N	0		0
28142000.90	其他氨水	5.5	35	0	17	0	千克			0		0
28.15	**氢氧化钠(烧碱);氢氧化钾(苛性钾);过氧化钠及过氧化钾:**											
	- 氢氧化钠(烧碱):											
2815.1100	-- 固体	10	35		17	0	千克	ABG	MR/NS		7	0
2815.1200	-- 水溶液(氢氧化钠浓溶液及液体烧碱)	8	35		17	0	千克	ABG	M/N		5.6	0
2815.2000	- 氢氧化钾(苛性钾)	5.5	30		17	13	千克	AB	MR/NS	0		0
2815.3000	- 过氧化钠及过氧化钾	5.5	30		17	0	千克	AB	M/N	0		0
28.16	**氢氧化镁及过氧化镁;锶或钡的氧化物、氢氧化物及过氧化物:**											
2816.1000	- 氢氧化镁及过氧化镁											

协定税率 %										特惠税率 %				Article Description
巴基斯坦	冰岛	哥斯达黎	秘鲁	新西兰	瑞士	新加坡	韩国	澳大利亚	港澳台	老挝	孟加拉	33 国	7 国	
5	0	0	0	0	2.2		3.3	0	0//		0	0	0	-- Carbon dioxide
														-- Silicon dioxide:
5	0	0	0	0	2.2		3.3	0	/0/		0	0	0	--- Silica gel
5	0	0	0	0	2.2		3.3	0	/0/		0	0	0	--- Other
														-- Other
5	0	0	0	0	2.2		3.3	0	0//		0	0	0	Arsenic trioxide, arsenic pentaoxide (arsenous anhydride, arsenic, white arsenic, arsenous oxidation, arsenic anhydride, arsenic trioxide)
5	0	0	0	0	2.2		3.3	0	0//		0	0	0	Dinitrogen tetroxide
5	0	0	0	0	2.2		3.3	0	0//		0	0	0	Other inorganic oxygen compounds of non-metals
														Ⅲ.HALOGEN OR SULPHURCOMPOUNDS OF NON-METALS
														Halides and halide oxides of non-metals:
														- Chlorides and chloride oxides:
5	0	0	0	0	2.2		0	0				0	0	--- Sulphoxide chloride
5	0	0	0	0	2.2		3.3	0				0	0	--- Phosphorus oxychloride (phosphoryl monochloride; phosphorus oxytrichloride)
0	0	0	0	0	2.2		3.3	0				0	0	--- Carbonyl dichloride(phosgene)
														--- Other chlorides of non-metals:
0	0	0	0	0	2.2		3.3	0				0	0	----Sulfur monochloride
0	0	0	0	0	2.2		3.3	0				0	0	----Sulfur dichloride
0	0	0	0	0	2.2		3.3	0				0	0	----Phosphorus trichloride
0	0	0	0	0	2.2		3.3	0				0	0	----Arsenic trichloride
0	0	0	0	0	2.2		3.3	0				0	0	----Phosphorus pentachloride
5	0	0	0	0	2.2		3.3	0				0	0	----Other
0	0	0	0	0	2.2		3.3	0				0	0	--- Other
														- Other:
														--- Fluoride and oxyfluoride:
0	0	0	0	0	2.2		4.7	0				0	0	----Nitrogen trifluoride
														----Other
0	0	0	0	0	2.2		3.3	0				0	0	Chlorine trifluoride
0	0	0	0	0	2.2		3.3	0				0	0	Arsenous fluoride (arsenous fluorid)
0	0	0	0	0	2.2		3.3	0				0	0	Sulfuryl fluoride
0	0	0	0	0	2.2		3.3	0				0	0	Other fluorides and oxyfluorides
														--- Other
0	0	0	0	0	2.2		4.4	0				0	0	Arsenic bromide, arsenic triiodide (arsenous bromide, arsenous iodide)
0	0	0	0	0	2.2		4.4	0				0	0	Other halides and halide oxides of non-metals
														Sulphides of non-metals; commercial phosphorus trisuiphides:
0	0	0	0	0	2.2		3.3	0	0//			0	0	- Carbon disulphide
														- Other
0	0	0	0	0	2.2		3.3	0				0	0	Phosphorus pentasulfide
0	0	0	0	0	2.2		3.3	0				0	0	Phosphorus trisulfide
0	0	0	0	0	2.2		3.3	0				0	0	Other sulphides of non-metals
														Ⅳ.INORGANIC BASES AND OXIDES, HYDROXIDES AND PEROXIDES OF METALS
														Ammonia, anhydrous or in aqueous solution:
0	0	0	0	0	2.2		3.3	0			0	0	0	- Anhydrous ammonia
														- Ammonia in aqueous solution
0	0	0	0	0	2.2		0	0			0	0	0	Ammonia water (containing 10% or more)
0	0	0	0	0	2.2		0	0			0	0	0	Other ammonia water
														Sodium hydroxide (caustic soda);potassium hydroxide (caustic po-tash);peroxides or sodium or postassium:
														- Sodium hydroxide(caustic soda):
7	0	0	0	0	4		8	6			0	0	0	-- Solid
5.6	0	0	0	0	3.2		6.4	4.8			0	0	0	-- In aqueous solution(soda lye or liquid soda)
5	0	0	0	0	2.2		3.3	0			0	0	0	- Potassium hydroxide(caustic potash)
0	0	0	0	0	2.2		3.3	0			0	0	0	- Peroxides of sodium or potassium
														Hydroxide and peroxide of magnesium; oxides, hydroxides and peroxides, of strontium or barium:
														- Hydroxide and peroxide of magnesium

税号	货品名称	进口关税 % 最惠国	普通	年内暂定	增值/消费税%	出口退税%	统计计量单位	监管证件代码	检验检疫类别	协定税率 % 东盟	亚太	智利
28161000.10	过氧化镁	5.5	30		17	0	千克	AB	M/N	0		0
28161000.90	氢氧化镁	5.5	30		17	0	千克			0		0
2816.4000	- 锶或钡的氧化物、氢氧化物及过氧化物	5.5	30	2	17	0	千克			0		0
28.17	**氧化锌及过氧化锌:**											
2817.0010	--- 氧化锌	5.5	40		17	0	千克	AB	R/S	0		0
2817.0090	--- 过氧化锌	5.5	30		17	0	千克	AB	M/N	0		0
28.18	**人造刚玉,不论是否已有化学定义;氧化铝;氢氧化铝:**											
	- 人造刚玉,不论是否已有化学定义:											
2818.1010	--- 棕刚玉	5.5	20		17	0	千克			0		0
2818.1090	--- 其他	5.5	20		17	0	千克			0		0
2818.2000	- 氧化铝,但人造刚玉除外	8	30	0	17	0	千克	7		0		0
2818.3000	- 氢氧化铝	5.5	30		17	0	千克			0		0
28.19	**铬的氧化物及氢氧化物:**											
2819.1000	- 三氧化铬	5.5	20		17	0	千克	AB	M/N	0		0
2819.9000	- 其他	5.5	30		17	0	千克			0		0
28.20	**锰的氧化物:**											
2820.1000	- 二氧化锰	5.5	40		17	0	千克			0		0
2820.9000	- 其他	5.5	30		17	0	千克			0		0
28.21	**铁的氧化物及氢氧化物;土色料,按重量计三氧化二铁含量在70%及以上:**											
2821.1000	- 铁的氧化物及氢氧化物	5.5	30		17	0	千克			0		0
2821.2000	- 土色料	5.5	45		17	0	千克			0		0
28.22	**钴的氧化物及氢氧化物;商品氧化钴:**											
2822.0010	--- 四氧化三钴	5.5	30	2	17	13	千克	4xy		0		0
2822.0090	--- 其他	5.5	30	2	17	0	千克	4xy		0		0
28.23	**钛的氧化物:**											
2823.0000	钛的氧化物	5.5	30		17	0	千克			0		0
28.24	**铅的氧化物;铅丹及铅橙:**											
2824.1000	- 一氧化铅(铅黄、黄丹)	5.5	30		17	0	千克	X		0		0
	- 其他:											
2824.9010	--- 铅丹及铅橙	5.5	45		17	0	千克	X		0		0
2824.9090	--- 其他	5.5	30		17	0	千克			0		0
28.25	**肼(联氨)、胲(羟胺)及其无机盐;其他无机碱;其他金属氧化物、氢氧化物及过氧化物:**											
	- 肼(联氨)、胲(羟胺)及其无机盐:											
2825.1010	--- 水合肼											
28251010.10	纯度70%及以上的水合肼	5.5	30		17	0	千克	3A	M/	0		0
28251010.90	纯度70%以下的水合肼	5.5	30		17	0	千克	AB	M/N	0		0
2825.1020	--- 硫酸羟胺	5.5	30		17	0	千克	AB	M/N	0		0
2825.1090	--- 其他	5.5	30		17	0	千克			0		0
	- 锂的氧化物及氢氧化物:											
2825.2010	--- 氢氧化锂	5.5	30		17	0	千克	AB	M/N	0		0
2825.2090	--- 其他	5.5	30		17	0	千克			0		0
	- 钒的氧化物及氢氧化物:											
2825.3010	--- 五氧化二钒	5.5	30		17	0	千克	4ABxy	M/N	0		0
2825.3090	--- 其他	5.5	30		17	0	千克	4xy		0		0
2825.4000	- 镍的氧化物及氢氧化物	5.5	30	2	17	13	千克			0		0
2825.5000	- 铜的氧化物及氢氧化物	5.5	30		17	0	千克			0		0
2825.6000	- 锗的氧化物及二氧化锆											
28256000.01	锗的氧化物	5.5	30		17	0	千克	4xy		0		0
28256000.90	二氧化锆	5.5	30		17	0	千克	3		0		0
2825.7000	- 钼的氧化物及氢氧化物	5.5	30		17	0	千克	4xy		0		0
2825.8000	- 锑的氧化物	5.5	30		17	0	千克	4Bxy	/N	0		0
	- 其他:											
	--- 钨的氧化物及氢氧化物:											
2825.9011	----钨酸	5.5	30		17	0	千克	4xy		0		0
2825.9012	----三氧化钨	5.5	30		17	0	千克	4xy		0		0
2825.9019	----其他											

协定税率 % 巴基斯坦	冰岛	哥斯达黎	秘鲁	新西兰	瑞士	新加坡	韩国	澳大利亚	港澳台	特惠税率 % 老挝	孟加拉	33 国	7 国	Article Description
5	0	0	0	0	2.2		4.4	0				0	0	Peromag
5	0	0	0	0	2.2		4.4	0				0	0	Magnesium hydroxide
5	0	0	0	0	2.2		0	0				0	0	- Oxides, hydroxides and peroxides, of strontium or barium
														Zinc oxide; Zinc peroxide:
0	0	0	0.7	0	2.2		3.3	0			0	0	0	--- Zinc oxide
0	0	0	1.6	0	2.2		3.3	0			0	0	0	--- Zinc peroxide
														Artificial corundum, whether or not chemically defined; aluminium oxide;aluminium hydroxide:
														- Artificial corundum, whether or not chemically defined:
0	0	0	0	0	2.2		4.4	0			0	0	0	--- Brown fused alumina
0	0	0	0	0	2.2		3.3	0			0	0	0	--- Other
5	0	0	0	0	3.2	0	4.8	0			0	0	0	- Aluminium oxide, other than artificial corundum
0	0	0	0	0	2.2		3.3	0			0	0	0	- Aluminium hydroxide
														Chromium oxides and hydroxides:
0	0	0	0	0	2.2		4.4	0			0	0	0	- Chromium trioxide
0	0	0	0	0	2.2		3.3	0			0	0	0	- Other
														Manganese oxide:
0	0	0	0	0	2.2		3.3	0			0	0	0	- Manganese dioxide
0	0	0	0	0	2.2		3.3	0			0	0	0	- Other
														Iron oxides and hydroxides; earth colours containing 70% or more by weight of combined iron evaluated as Fe_2O_3:
0	0	0	0	0	2.2		4.7	0			0	0	0	- Iron oxides and hydroxides
0	0	0	0	0	2.2		4.4	0			0	0	0	- Earth colours
														Cobalt oxides and hydroxides; commercial cobalt oxides:
0	0	0	0	0	2.2		0	0				0	0	--- Cobalt tetroxide
0	0	0	0	0	2.2		3.3	0				0	0	--- Other
														Titanium oxides:
0	0	0	0	0	2.2		3.3	0				0	0	Titanium oxides
														Lead oxides; red lead and orange lead:
0	0	0	0	0	2.2		3.3	0				0	0	- Lead monoxide(litharge, massicot)
														- Other:
0	0	0	0	0	2.2		3.3	0				0	0	--- Red lead and orange lead
0	0	0	0	0	2.2		3.3	0				0	0	--- Other
														Hydrazine and hydroxylamine and their inorganic salts; other inorganic bases; othermetal oxides, hydroxides and peroxides:
														- Hydrazine and hydroxylamine and their inorganic salts:
														--- Hydrazine hydrate
0	0	0	0	0	2.2		4.4	0			0	0	0	Hydrazine hydrate, containing 70% or more
0	0	0	0	0	2.2		4.4	0			0	0	0	Hydrazine hydrate, containing less than 70%
5	0	0	0	0	2.2		4.4	0			0	0	0	--- Hydroxylamine sulfate
5	0	0	0	0	2.2		3.3	0			0	0	0	--- Other
														- Lithium oxide and hydroxide:
0	0	0	0	0	2.2		3.3	0			0	0	0	--- Lithium hydroxide
0	0	0	0	0	2.2		3.3	0			0	0	0	--- Other
														- Vanadium oxides and hydroxides:
0	0	0	0	0	2.2		4.4	0			0	0	0	--- Divanadium pentaoxide
0	0	0	0	0	2.2		3.3	0			0	0	0	--- Other
0	0	0	0	0	2.2		3.3	0			0	0	0	- Nickel oxides and hydroxides
0	0	0	0	0	2.2		3.3	0			0	0	0	- Copper oxides and hydroxides
														- Germanium oxides and zirconium dioxide
0	0	0	0	0	2.2		3.3	0			0	0	0	Germanium oxides
0	0	0	0	0	2.2		3.3	0			0	0	0	Zirconium dioxide
0	0	0		0	2.2		3.3	0			0	0	0	- Molybdenum oxides and hydroxides
0	0	0	0	0	2.2		3.3	0			0	0	0	- Antimony oxides
														- Other:
														-- Tungsten oxides and hydroxides:
0	0	0	0	0	2.2		3.3	0			0	0	0	----Tungstic acid
0	0	0	0	0	2.2		3.3	0			0	0	0	----Tungstic oxide
														----Other

税号	货品名称	进口关税 %			增值/消费税%	出口退税%	统计计量单位	监管证件代码	检验检疫类别	协定税率 %		
		最惠国	普通	年内暂定						东盟	亚太	智利
28259019.10	蓝色氧化钨	5.5	30		17	0	千克	4xy		0		0
28259019.90	其他钨的氧化物及氢氧化物	5.5	30		17	0	千克			0		0
	--- 铋的氧化物及氢氧化物:											
2825.9021	----三氧化二铋	5.5	30		17	13	千克	4ABxy	R/S	0		0
2825.9029	----其他	5.5	30		17	0	千克	4ABxy	R/S	0		0
	--- 锡的氧化物及氢氧化物:											
2825.9031	----二氧化锡	5.5	30		17	0	千克	4ABxy	R/S	0		0
2825.9039	----其他	5.5	30		17	0	千克	4ABxy	R/S	0		0
	--- 铌的氧化物及氢氧化物:											
2825.9041	----一氧化铌	5.5	30		17	0	千克	A	M/	0		0
2825.9049	----其他	5.5	30		17	0	千克	AB	MR/NS	0		0
2825.9090	--- 其他	5.5	30		17	0	千克	AB	MR/NS	0		0
	第五分章 无机酸盐、无机过氧酸盐及金属酸盐、金属过氧酸盐											
28.26	**氟化物;氟硅酸盐、氟铝酸盐及其他氟络盐:**											
	- 氟化物:											
	-- 氟化铝:											
2826.1210	--- 无水氟化铝	5.5	30		17	0	千克	AB	M/N	0		0
2826.1290	--- 其他	5.5	30		17	0	千克	AB	M/N	0		0
	-- 其他:											
2826.1910	--- 铵的氟化物											
28261910.10	氟化氢铵	5.5	30		17	0	千克	3A	M/	0		0
28261910.90	其他铵的氟化物	5.5	30		17	0	千克			0		0
2826.1920	--- 钠的氟化物											
28261920.10	氟化钠	5.5	30		17	0	千克	3AB	MR/NS	0		0
28261920.20	氟化氢钠	5.5	30		17	0	千克	3A	M/	0		0
28261920.90	其他钠的氟化物	5.5	30		17	0	千克			0		0
2826.1990	--- 其他											
28261990.10	氟化钾	5.5	30		17	0	千克	3A	M/	0		0
28261990.20	氟化氢钾	5.5	30		17	0	千克	3A	M/	0		0
28261990.30	氟化铅,四氟化铅,氟化镉	5.5	30		17	0	千克	X		0		0
28261990.90	其他氟化物	5.5	30		17	0	千克			0		0
2826.3000	- 六氟铝酸钠(人造冰晶石)	5.5	30		17	13	千克			0		0
	- 其他:											
2826.9010	--- 氟硅酸盐	5.5	30		17	0	千克			0		0
2826.9020	--- 六氟磷酸锂	5.5	30		17	13	千克			0		0
2826.9090	--- 其他											
28269090.10	氟钽酸钾	5.5	30		17	0	千克			0		0
28269090.30	氟硼酸铅,氟硼酸镉	5.5	30		17	0	千克	X		0		0
28269090.90	氟铝酸盐及其他氟络盐	5.5	30		17	0	千克			0		0
28.27	**氯化物、氯氧化物及氢氧基氯化物;溴化物及溴氧化物;碘化物及碘氧化物:**											
	- 氯化铵:											
2827.1010	--- 肥料用	4	11		17	0	千克	G		0		0
2827.1090	--- 其他	5.5	30		17	0	千克	G		0		0
2827.2000	- 氯化钙	5.5	50		17	9	千克	AB	R/S	0		0
	- 其他氯化物:											
2827.3100	-- 氯化镁	5.5	30		17	0	千克	AB	R/S	0		0
2827.3200	-- 氯化铝	5.5	30		17	0	千克			0		0
2827.3500	-- 氯化镍	5.5	30		17	0	千克			0		0
	-- 其他:											
2827.3910	--- 氯化锂	5.5	30		17	0	千克			0	4.4	0
2827.3920	--- 氯化钡	5.5	30		17	0	千克	AB	M/N	0	4.4	0
2827.3930	--- 氯化钴	5.5	30		17	0	千克	4ABxy	R/S	0	4.4	0
2827.3990	--- 其他	5.5	30		17	0	千克	AB	MR/NS	0	4.4	0
	- 氯氧化物及氢氧基氯化物:											
2827.4100	-- 铜的氯氧化物及氢氧基氯化物	5.5	30		17	0	千克			0		0
	-- 其他:											
2827.4910	--- 锆的氯氧化物及氢氧基氯化物	5.5	30		17	0	千克			0		0

协定税率 %										特惠税率 %				Article Description
巴基斯坦	冰岛	哥斯达黎	秘鲁	新西兰	瑞士	新加坡	韩国	澳大利亚	港澳台	老挝	孟加拉	33 国	7 国	
0	0	0	0	0	2.2		3.3	0			0	0	0	Blue tungsten oxides
0	0	0	0	0	2.2		3.3	0			0	0	0	Other tungsten oxides and tungsten hydroxides
														--- Bismuth oxides and hydroxides:
0	0	0	0	0	2.2		3.3	0			0	0	0	----Dibismuth trioxide
0	0	0	0	0	2.2		3.3	0			0	0	0	----Other
														--- Tin oxides and hydroxides:
0	0	0	0	0	2.2		3.3	0			0	0	0	----Tin dioxide
0	0	0	0	0	2.2		3.3	0			0	0	0	----Other
														--- Niobium oxides and hydroxides:
0	0	0	0	0	2.2		3.3	0			0	0	0	----Niobium monoxide
0	0	0	0	0	2.2		3.3	0			0	0	0	----Other
0	0	0	0	0	2.2		3.3	0			0	0	0	--- Other
														Ⅴ.SALTS AND PEROXYSALTS, OFINORGANIC ACIDS AND METALS
														Fluorides; fluorosilicates, fluoroaluminates and other complex fluorine salts:
														- Fluorides:
														-- Of aluminium:
0	0	0	0	0	2.2		3.3	0			0	0	0	--- Aluminium fluoride(anhydrous)
0	0	0	0	0	2.2		3.3	0			0	0	0	--- Other
														-- Other:
														--- Of ammonium
0	0	0	0	0	2.2		3.3	0			0	0	0	Sodium bifluoride
0	0	0	0	0	2.2		3.3	0			0	0	0	Other ammonium fluorid
														--- Of sodium
0	0	0	0	0	2.2		3.3	0			0	0	0	Sodium fluoride
0	0	0	0	0	2.2		3.3	0			0	0	0	Sodium bifluoride
0	0	0	0	0	2.2		3.3	0			0	0	0	Other sodium fluorid
														--- Other
5	0	0	0	0	2.2		3.3	0			0	0	0	Potassium fluoride
5	0	0	0	0	2.2		3.3	0			0	0	0	Potassium hydrogen fluoride
5	0	0	0	0	2.2		3.3	0			0	0	0	Lead fluoride, lead tetrafluoride, cadmium fluoride
5	0	0	0	0	2.2		3.3	0			0	0	0	Other fluorides
0	0	0	0	0	2.2		3.3	0			0	0	0	- Sodium hexafluoroaluminate (synthetic cryolite)
														- Other:
5	0	0	0	0	2.2		4.4	0	0//		0	0	0	--- Fluorosilicates
5	0	0	0	0	2.2		4.7	0			0	0	0	--- Lithium hexafluorophosphate
														--- Other
5	0	0	0	0	2.2		4.7	0			0	0	0	Potassium fluotantalate
5	0	0	0	0	2.2		4.7	0			0	0	0	Lead fluoborate, cadmium fluoborate
5	0	0	0	0	2.2		4.7	0			0	0	0	Fluoroaluminate, Other fluorine complex salt
														Chlorides, chloride oxides and chloride hydroxides; bromides and bromide oxides; iodides and iodide oxides:
														- Ammonium chloride:
0	0	0	0	0	0		0	0			0	0	0	--- For use as fertilizer
5	0	0	0	0	2.2		3.3	0			0	0	0	--- Other
5	0	0	0	0	2.2		3.3	0			0	0	0	- Calcium chloride
														- Other chlorides:
5	0	0	0	0	2.2		4.4	0			0	0	0	-- Of magnesium
5	0	0	0	0	2.2		3.3	0			0	0	0	-- Of aluminium
5	0	0	0	0	2.2		3.3	0			0	0	0	-- Of nickel
														-- Other:
0	0	0		0	2.2		3.3	0			0	0	0	--- Lithium chloride
0	0	0		0			3.3	0			0	0	0	--- Barium chloride
0	0	0	0	0	2.2		3.3	0			0	0	0	--- Cobalt chloride
0	0	0		0	2.2		3.3	0			0	0	0	--- Other
														- Chloride oxides and chloride hydroxides:
0	0	0	1.6	0	2.2		3.3	0			0	0	0	-- Of copper
														-- Other:
5	0	0	0	0	2.2		3.3	0			0	0	0	--- Of zirconium

税号	货品名称	进口关税 %			增值/消费税%	出口退税%	统计计量单位	监管证件代码	检验检疫类别	协定税率 %		
		最惠国	普通	年内暂定						东盟	亚太	智利
2827.4990	--- 其他	5.5	30		17	0	千克			0		0
	- 溴化物及溴氧化物:											
2827.5100	-- 溴化钠及溴化钾	5.5	30		17	0	千克			0		0
2827.5900	-- 其他	5.5	30		17	0	千克			0		0
2827.6000	- 碘化物及碘氧化物	5.5	30		17	0	千克	AB	MR/NS	0		0
28.28	**次氯酸盐;商品次氯酸钙;亚氯酸盐;次溴酸盐:**											
2828.1000	- 商品次氯酸钙及其他钙的次氯酸盐	12	80		17	5	千克			0	8.4	0
2828.9000	- 其他	5.5	30		17	0	千克	AB	MR/NS	0		0
28.29	**氯酸盐及高氯酸盐;溴酸盐及过溴酸盐;碘酸盐及高碘酸盐:**											
	- 氯酸盐:											
2829.1100	-- 氯酸钠	12	30		17	0	千克	AB	M/N	0		0
	-- 其他:											
2829.1910	--- 氯酸钾(洋硝)	5.5	20		17	0	千克	9B	/N	0		0
2829.1990	--- 其他	5.5	30		17	0	千克			0		0
2829.9000	- 其他											
28299000.10	颗粒<500μm的球形高氯酸铵	5.5	30		17	0	千克	3A	M/	0		0
28299000.90	其他高氯酸盐,溴酸盐等(包括过溴酸盐、碘酸盐及高碘酸盐)	5.5	30		17	0	千克			0		0
28.30	**硫化物;多硫化物,不论是否已有化学定义:**											
	- 钠的硫化物:											
2830.1010	--- 硫化钠	5.5	40		17	0	千克	3A	M/	0		0
2830.1090	--- 其他	5.5	30		17	0	千克			0		0
	- 其他:											
2830.9020	--- 硫化锑	5.5	45		17	0	千克	B	/N	0		0
2830.9030	--- 硫化钴	5.5	30		17	0	千克			0		0
2830.9090	--- 其他	5.5	30		17	0	千克			0		0
28.31	**连二亚硫酸盐及次硫酸盐:**											
	- 钠的连二亚硫酸盐及次硫酸盐:											
2831.1010	--- 钠的连二亚硫酸盐	5.5	30		17	0	千克	AB	MR/NS	0		0
2831.1020	--- 钠的次硫酸盐	5.5	30		17	0	千克			0		0
2831.9000	- 其他	5.5	30		17	0	千克			0		0
28.32	**亚硫酸盐;硫代硫酸盐:**											
2832.1000	- 钠的亚硫酸盐	5.5	30		17	0	千克			0		0
2832.2000	- 其他亚硫酸盐	5.5	30		17	0	千克	AB	MR/NS	0		0
2832.3000	- 硫代硫酸盐	5.5	30		17	0	千克			0		0
28.33	**硫酸盐;矾;过硫酸盐:**											
	- 钠的硫酸盐:											
2833.1100	-- 硫酸钠	5.5	40		17	0	千克	4xy		0		0
2833.1900	-- 其他	5.5	30		17	0	千克			0		0
	- 其他硫酸盐:											
2833.2100	-- 硫酸镁	5.5	30		17	0	千克	AB	R/S	0		0
2833.2200	-- 硫酸铝	5.5	30		17	0	千克			0		0
2833.2400	-- 镍的硫酸盐	5.5	30		17	0	千克			0		0
2833.2500	-- 铜的硫酸盐	5.5	30		17	0	千克			0		0
2833.2700	-- 硫酸钡	5.5	30		17	0	千克	G		0		0
	-- 其他:											
2833.2910	--- 硫酸亚铁	5.5	45		17	0	千克	AB	R/S	0		0
2833.2920	--- 铬的硫酸盐	5.5	30		17	0	千克			0		0
2833.2930	--- 硫酸锌	5.5	30		17	5	千克	AB	R/S	0		0
2833.2990	--- 其他											
28332990.10	硫酸钴	5.5	30		17	0	千克	4ABxy	R/S	0		0
28332990.90	其他硫酸盐	5.5	30		17	0	千克	AB	MR/NS	0		0
	- 矾:											
2833.3010	--- 钾铝矾	5.5	45		17	0	千克			0		0
2833.3090	--- 其他	5.5	30		17	0	千克			0		0
2833.4000	- 过硫酸盐	5.5	30		17	0	千克			0		0
28.34	**亚硝酸盐;硝酸盐:**											

协定税率 %										特惠税率 %				Article Description
巴基斯坦	冰岛	哥斯达黎	秘鲁	新西兰	瑞士	新加坡	韩国	澳大利亚	港澳台	老挝	孟加拉	33 国	7 国	
5	0	0	0	0	2.2		3.3	0			0	0	0	--- Other
														- Bromides and bromide oxides:
0	0	0	0	0	2.2		3.3	0			0	0	0	-- Bromides of sodium or of potassium
5	0	0	0	0	2.2		4.4	0			0	0	0	-- Other
5	0	0		0	2.2		3.3	0			0	0	0	- Iodides and iodide oxides
														Hypochlorites; commercial calcium hypochlorite; chlorites; hypobromites:
5	0	0	0	0	8.4	0	9.6	7.2				0	0	- Commercial calcium hypochlorite and other calcium hypochlorites
5	0	0	0	0	2.2		3.3	0				0	0	- Other
														Chlorates and perchlorates; bromates and perbromates; iodates and periodates:
														- Chlorates:
6	0	0	0	0	8.4	0	9.6	7.2				0	0	-- Of sodium
														-- Other:
0	0	0	0	0	2.2		3.3	0				0	0	--- Potassium chlorate
0	0	0	0	0	2.2		3.3	0				0	0	--- Other
														- Other
5	0	0	0	0	2.2		3.3	0				0	0	Ammonium perchlorate, spheroid, granularity less than 500μm
5	0	0	0	0	2.2		3.3	0				0	0	Other perchlorates(bromates and perbromates, iodates and periodates)
														Sulphides; polysulphides, whether or not chemically defined:
														- Sodium sulphides:
5	0	0	0	0	2.2		3.3	0			0	0	0	--- Sodium sulphide
0	0	0	0	0	2.2		3.3	0			0	0	0	--- Other
														- Other:
0	0	0	0	0	2.2		3.3	0			0	0	0	--- Antimony sulphide
0	0	0	0	0	2.2		4.4	0			0	0	0	--- Cobalt sulphide
5	0	0	0	0	2.2		3.3	0			0	0	0	--- Other
														Dithionites and sulphoxylates:
														- Of sodium:
5	0	0	0	0	2.2		3.3	0				0	0	--- Sodium dithionites
5	0	0	0	0	2.2		3.3	0				0	0	--- Sodium sulphoxylates
5	0	0	0	0	2.2		3.3	0				0	0	- Other
														Sulphites; thiosulphates:
5	0	0	0	0	2.2		3.3	0				0	0	- Sodium sulphites
0	0	0	0	0	2.2		3.3	0				0	0	- Other sulphites
5	0	0	0	0	2.2		3.3	0				0	0	- Thiosulphates
														Sulphates; alums; peroxosulphates (persul-phates):
														- Sodium sulphates:
5	0	0	0	0	3.9		0	0				0	0	-- Disodium sulphate
5	0	0	0	0	2.2		3.3	0				0	0	-- Other
														- Other sulphates:
5	0	0	0	0	2.2		3.3	0			0	0	0	-- Of magnesium
5	0	0	0	0	2.2		3.3	0			0	0	0	-- Of aluminium
5	0	0	0	0	2.2		3.3	0			0	0	0	-- Of nickel
5	0	0	0	0	2.2		3.3	0			0	0	0	-- Of copper
5	0	0	0	0	2.2		4.4	0			0	0	0	-- Of barium
														-- Other:
5	0	0	0	0	2.2		3.3	0			0	0	0	--- Ferrous sulphate
0	0	0	0	0	2.2		3.3	0			0	0	0	--- Chromium sulphates
5	0	0	0	0	2.2		4.4	0			0	0	0	--- Zine sulphate
														--- Other
5	0	0	0	0	3.9		3.3	0			0	0	0	Cobalt sulphate
5	0	0	0	0	3.9		3.3	0			0	0	0	Other sulphates
														- Alums:
0	0	0	0	0	2.2		4.4	0			0	0	0	--- Potassium aluminum sulfate
0	0	0	0	0	2.2		4.4	0			0	0	0	--- Other
5	0	0	0	0	2.2		4.4	0			0	0	0	- Peroxosulphates (persulphates)
														Nitrites; nitrates:

税号	货品名称	进口关税 % 最惠国	普通	年内暂定	增值/消费税%	出口退税%	统计计量单位	监管证件代码	检验检疫类别	协定税率 % 东盟	亚太	智利
2834.1000	- 亚硝酸盐	5.5	30		17	0	千克	AB	MR/NS	0		0
	- 硝酸盐：											
	-- 硝酸钾：											
2834.2110	--- 肥料用	4	11	1	17	0	千克	AB	M/N	0		0
2834.2190	--- 其他	5.5	30		17	0	千克	AB	M/N	0		0
	-- 其他：											
2834.2910	--- 硝酸钴	5.5	30		17	0	千克	AB	M/N	0		0
2834.2990	--- 其他											
28342990.01	硝酸钡	5.5	30	2	17	0	千克	AB	M/N	0		0
28342990.90	其他硝酸盐	5.5	30		17	0	千克			0		0
28.35	**次磷酸盐、亚磷酸盐及磷酸盐；多磷酸盐，不论是否已有化学定义：**											
2835.1000	- 次磷酸盐及亚磷酸盐	5.5	20		17	0	千克			0		0
	- 磷酸盐：											
2835.2200	-- 磷酸一钠及磷酸二钠	5.5	20		17	0	千克			0		0
2835.2400	-- 钾的磷酸盐	5.5	20		17	0	千克			0		0
	-- 正磷酸氢钙（磷酸二钙）：											
2835.2510	--- 饲料级的	5.5	20		17	0	千克	AB	R/S	0		0
2835.2520	--- 食品级的	5.5	20		17	5	千克	AB	R/S	0		0
2835.2590	--- 其他	5.5	20		17	0	千克			0		0
2835.2600	-- 其他磷酸钙	5.5	20		17	0	千克			0		0
	-- 其他：											
2835.2910	--- 磷酸三钠	5.5	20		17	0	千克	AB	R/S	0		0
2835.2990	--- 其他	5.5	20		17	0	千克	A	MR/	0		0
	- 多磷酸盐：											
	-- 三磷酸钠（三聚磷酸钠）：											
2835.3110	--- 食品级的	5.5	20		17	13	千克	AB	R/S	0		0
2835.3190	--- 其他	5.5	20		17	13	千克			0		0
	-- 其他：											
	--- 六偏磷酸钠：											
2835.3911	---- 食品级的	5.5	20		17	9	千克	AB	R/S	0		0
2835.3919	---- 其他	5.5	20		17	0	千克			0		0
2835.3990	--- 其他	5.5	20		17	0	千克			0		0
28.36	**碳酸盐；过碳酸盐；含氨基甲酸铵的商品碳酸铵：**											
2836.2000	- 碳酸钠（纯碱）	5.5	35		17	9	千克	AG	MR/	0		0
2836.3000	- 碳酸氢钠（小苏打）	5.5	45		17	9	千克	ABG	R/S	0		0
2836.4000	- 钾的碳酸盐	5.5	30		17	0	千克			0		0
2836.5000	- 碳酸钙	5.5	45		17	0	千克	AB	R/S	0		0
2836.6000	- 碳酸钡	5.5	40	1	17	0	千克			0		0
	- 其他：											
2836.9100	-- 锂的碳酸盐	5.5	30	2	17	0	千克			0		0
2836.9200	-- 锶的碳酸盐	5.5	30	2	17	0	千克			0		0
	-- 其他：											
2836.9910	--- 碳酸镁	5.5	45		17	0	千克	AB	R/S	0		0
2836.9930	--- 碳酸钴	5.5	30	2	17	0	千克	4xy		0		0
2836.9940	--- 商品碳酸铵及其他铵的碳酸盐	5.5	30		17	0	千克			0		0
2836.9950	--- 碳酸锆	5.5	30		17	0	千克	AB	R/S	0		0
2836.9990	--- 其他	5.5	30		17	13	千克	A	MR/	0		0
28.37	**氰化物、氧氰化物及氰络合物：**											
	- 氰化物及氧氰化物：											
	-- 氰化钠及氧氰化钠：											
2837.1110	--- 氰化钠	5.5	20		17	0	千克	23X		0		0
2837.1120	--- 氧氰化钠	5.5	30		17	0	千克			0	5	0
	-- 其他：											
2837.1910	--- 氰化钾	5.5	20		17	0	千克	23X		0		0
2837.1990	--- 其他											
28371990.11	氰化锌，氰化亚铜，氰化铜（氰化高铜）	5.5	30		17	0	千克	X		0		0

协定税率 %										特惠税率 %				
巴基斯坦	冰岛	哥斯达黎	秘鲁	新西兰	瑞士	新加坡	韩国	澳大利亚	港澳台	老挝	孟加拉	33 国	7 国	**Article Description**
5	0	0	0	0	2.2		3.3	0			0	0	0	- Nitrites
														- Nitrates:
														-- Of potassium:
0	0	0	0	0	0		0	0			0	0	0	--- For use as fertilizer
5	0	0	0	0	2.2		3.3	0			0	0	0	--- Other
														-- Other:
0	0	0	0	0	2.2		3.3	0			0	0	0	--- Of cobalt
														--- Other
5	0	0	0	0	2.2		3.3	0			0	0	0	Barium nitrate
5	0	0	0	0	2.2		3.3	0			0	0	0	Other nitrates
														Phosphinates (hypophosphites), phosphonates(phosphites)and phosphates; polyphosphates, whether or not chemically defined:
5	0	0	0	0	2.2		3.3	0			0	0	0	- Phosphinates (hypophosphites) and phosphonates(phosphites)
														- Phosphates:
5	0	0	0	0	2.2		4.4	0			0	0	0	-- Of mono-or disodium
5	0	0	0	0	2.2		3.3	0			0	0	0	-- Of potassium
														-- Calcium hydrogenorthophosphate(dicalcium phosphate):
5	0	0	0	0	2.2		3.3	0			0	0	0	--- Feed grade
5	0	0	0	0	2.2		3.3	0			0	0	0	--- Food grade
5	0	0	0	0	4		3.3	0			0	0	0	--- Other
5	0	0	0	0	2.2		4.4	0			0	0	0	-- Other phosphates of calcium
														-- Other:
5	0	0	0	0	2.2		3.3	0			0	0	0	--- Trisodium phosphate
5	0	0	0	0	2.2		4.4	0			0	0	0	--- Other
														- Polyphosphates:
														-- Sodium triphosphate(sodium tripolyphosphate):
5	0	0	0	0	2.2		3.3	0			0	0	0	--- Food grade
5	0	0	0	0	2.2		4.4	0			0	0	0	--- Other
														-- Other:
														--- Sodium hexametaphosphate:
5	0	0	0	0	2.2		3.3	0			0	0	0	----Food grade
5	0	0	0	0	2.2		4.4	0			0	0	0	----Other
5		0	0	0	2.2		3.3	0			0	0	0	--- Other
														Carbonates; peroxocarbonates (percarbonates); commercial ammonium carbonate containing ammonium carbamate:
5	0	0	0	0	2.2		3.3	0			0	0	0	- Disodium carbonate
5	0	0	0	0	2.2		4.4	0			0	0	0	- Sodium hydrogencarbonate (sodium bicarbonate)
5	0	0	0	0	2.2		3.3	0			0	0	0	- Potassium carbonates
5	0	0	0	0	2.2		3.3	0			0	0	0	- Calcium carbonate
5	0	0	0	0	2.2		0	0			0	0	0	- Barium carbonate
														- Other:
5	0	0		0	2.2		3.3	0			0	0	0	-- Lithium carbonates
5	0	0	0	0	2.2		0	0			0	0	0	-- Strontium carbonate
														-- Other:
5	0	0	0	0	2.2		4.4	0			0	0	0	--- Magnesium carbonate
5	0	0	0	0	2.2		0	0			0	0	0	--- Cobalt carbonate
0	0	0	0	0	2.2		3.3	0			0	0	0	--- Commercial ammonium carbonate and other ammonium carbonates
5	0	0	0	0	2.2		3.3	0			0	0	0	--- Zirconium carbonate
5	0	0	0	0	2.2		3.3	0	/0/		0	0	0	--- Other
														Cyanides, cyanide oxides and complex cyanides:
														- Cyanides and cyanide oxides:
														-- Of sodium:
0	0	0	0	0	2.2		4.7	0				0	0	--- Sodium cyanide
0	0	0	0	0	2.2		3.3	0				0	0	--- Sodium cyanide oxide
														-- Other:
0	0	0	0	0	2.2		3.3	0				0	0	--- Potassium cyanide
														--- Other
0	0	0	0	0	2.2		4.7	0				0	0	Zinc cyanide, cuprous cyanide, copper cyanide (cupric cyanide)

税号	货品名称	进口关税 %			增值/消费税%	出口退税%	统计计量单位	监管证件代码	检验检疫类别	协定税率 %		
		最惠国	普通	年内暂定						东盟	亚太	智利
28371990.12	氰化镍,氰化钙(氰化亚镍)	5.5	30		17	0	千克	X		0		0
28371990.13	氰化钡,氰化镉,氰化铅	5.5	30		17	0	千克	X		0		0
28371990.14	氰化钴[氰化钴(Ⅱ)/氰化钴(Ⅲ)]	5.5	30		17	0	千克	X		0		0
28371990.90	其他氰化物及氧氰化物	5.5	30		17	0	千克			0		0
2837.2000	- 氰络合物											
28372000.11	氰化镍钾,氰化钠铜锌(氰化钾镍,镍氰化钾,铜盐)	5.5	30		17	0	千克	X		0		0
28372000.12	氰化亚铜(三)钠,氰化亚铜(三)钾(紫铜盐,紫铜矾,氰化铜钠,氰化亚铜钾,亚铜氰化钾)	5.5	30		17	0	千克	X		0		0
28372000.90	其他氰络合物	5.5	30		17	0	千克			0		0
28.39	**硅酸盐;商品碱金属硅酸盐:**											
	- 钠盐:											
2839.1100	-- 偏硅酸钠	5.5	40		17	0	千克			0		0
	-- 其他:											
2839.1910	--- 硅酸钠	5.5	30		17	0	千克	A	M/	0		0
2839.1990	--- 其他	5.5	30		17	0	千克			0		0
2839.9000	- 其他											
28399000.01	锆的硅酸盐	5.5	30	2	17	0	千克			0		0
28399000.10	硅酸铅	5.5	30		17	0	千克	X		0		0
28399000.90	其他硅酸盐;商品碱金属硅酸盐	5.5	30		17	0	千克			0		0
28.40	**硼酸盐及过硼酸盐:**											
	- 四硼酸钠(精炼硼砂):											
2840.1100	-- 无水四硼酸钠	5.5	20	2	17	0	千克			0		0
2840.1900	-- 其他	5.5	20	2	17	0	千克			0		0
2840.2000	- 其他硼酸盐											
28402000.10	硼酸锌	5.5	30		17	0	千克	S		0		0
28402000.90	其他硼酸盐	5.5	30		17	0	千克			0		0
2840.3000	- 过硼酸盐	5.5	30		17	0	千克			0		0
28.41	**金属酸盐及过金属酸盐:**											
2841.3000	- 重铬酸钠	5.5	20		17	0	千克	AB	M/N	0		0
2841.5000	- 其他铬酸盐及重铬酸盐;过铬酸盐	5.5	30		17	0	千克			0		0
	- 亚锰酸盐、锰酸盐及高锰酸盐:											
2841.6100	-- 高锰酸钾	5.5	30		17	0	千克	23AB	MR/NS	0		0
	-- 其他:											
2841.6910	--- 锰酸锂	5.5	30		17	13	千克			0		0
2841.6990	--- 其他	5.5	30		17	0	千克			0		0
	- 钼酸盐:											
2841.7010	--- 钼酸铵	5.5	30		17	0	千克	4xy		0		0
2841.7090	--- 其他	5.5	30		17	0	千克	4xy		0		0
	- 钨酸盐:											
2841.8010	--- 仲钨酸铵	5.5	30		17	0	千克	4xy		0		0
2841.8020	--- 钨酸钠	5.5	30		17	0	千克	4xy		0		0
2841.8030	--- 钨酸钙	5.5	30		17	0	千克	4xy		0		0
2841.8040	--- 偏钨酸铵	5.5	30		17	0	千克	4xy		0		0
2841.8090	--- 其他	5.5	30		17	0	千克			0		0
2841.9000	- 其他											
28419000.10	钴酸锂	5.5	30	2	17	13	千克			0		0
28419000.20	铼酸盐	5.5	30	0	17	0	千克			0		0
28419000.90	其他金属酸盐及过金属酸盐	5.5	30		17	0	千克			0		0
28.42	**其他无机酸盐或过氧酸盐(包括不论是否已有化学定义的硅铝酸盐),但叠氮化物除外:**											
2842.1000	- 硅酸复盐或硅酸络盐,包括不论是否已有化学定义的硅铝酸盐	5.5	30		17	0	千克	AB	R/S	0		0
	- 其他:											
	--- 雷酸盐、氰酸盐及硫氰酸盐:											
2842.9011	----硫氰酸钠	5.5	30		17	0	千克	A	M/	0		0
2842.9019	----其他											
28429019.10	其他硫氰酸盐	5.5	30		17	0	千克	AB	M/N	0		0

协定税率 %										特惠税率 %				
巴基斯坦	冰岛	哥斯达黎	秘鲁	新西兰	瑞士	新加坡	韩国	澳大利亚	港澳台	老挝	孟加拉	33 国	7 国	**Article Description**
0	0	0	0	0	2.2		4.7	0				0	0	Nickel cyanide, calcium cyanide (nickelous cyanide)
0	0	0	0	0	2.2		4.7	0				0	0	Barium cyanide, cadmium cyanide, lead cyanide
0	0	0	0	0	2.2		4.7	0				0	0	Cobaltous cyanide (cobalt cyanide (II) \ (III))
0	0	0	0	0	2.2		4.7	0				0	0	Other cyanides and cyanide oxides
														- Complex cyanides
0	0	0	0	0	2.2		3.3	0				0	0	Nickel potassium cyanide, sodium copper zinc cyanide salt (potassium nickel cyanide, falcial potassium cyanide, cupreous salt)
0	0	0	0	0	2.2		3.3	0				0	0	Sodium cuprocyanide, potassium cuprocyanide; red copper salt, red copper alum, copper natrium cyanide, potassium cuprous cyanide, cuprous potassium cuanide
0	0	0	0	0	2.2		3.3	0				0	0	Other complex cyanide
														Silicates;commercial alkali metal silicates:
														- Of sodium:
5	0	0	0	0	2.2		4.4	0				0	0	-- Sodium metasilicates
														-- Other:
5	0	0	0	0	2.2		4.4	0				0	0	--- Sodium silicate
5	0	0	0	0	2.2		4.4	0				0	0	--- Other
														- Other
5	0	0	0	0	3.9		3.3	0				0	0	Zirconium silicate
5	0	0	0	0	3.9		3.3	0				0	0	Lead silicate
5	0	0	0	0	3.9		3.3	0				0	0	Other silicate, commercial alkali metal silicates
														Borates; peroxoborates (perborates):
														- Disodium tetraborate(refined borax):
0	0	0	0	0	2.2		0	0				0	0	-- Anhydrous
0	0	0	0	0	2.2		0	0				0	0	-- Other
														- Other borates
0	0	0	0	0	2.2		4.4	0				0	0	Zinc borate
0	0	0	0	0	2.2		4.4	0				0	0	Other borates
0	0	0	0	0	2.2		3.3	0				0	0	- Peroxoborates(perborates)
														Salts of oxometanic or peroxometallicacids:
0	0	0	0	0	2.2		3.3	0			0	0	0	- Sodium dichromate
5	0	0	0	0	2.2		3.3	0			0	0	0	- Other chromates and dichromates; peroxochromates
														- Manganites, manganates and perman ganates:
5	0	0	0	0	2.2		3.3	0			0	0	0	-- Potassium permanganate
														-- Other:
0	0	0	0	0	2.2		3.3	0			0	0	0	--- Lithium manganate
0	0	0	0	0	2.2		3.3	0			0	0	0	--- Other
														- Molybdates:
5	0	0	0	0	2.2		0	0			0	0	0	--- Ammonium molybdates
5	0	0	0	0	2.2		3.3	0			0	0	0	--- Other
														- Tungstates(wolframates):
0	0	0	0	0	2.2		3.3	0			0	0	0	--- Ammonium paratungstate
0	0	0	0	0	2.2		3.3	0			0	0	0	--- Sodium tungstate
0	0	0	0	0	2.2		3.3	0			0	0	0	--- Calcium wolframate
0	0	0	0	0	2.2		3.3	0			0	0	0	--- Ammonium metatungstate
0	0	0	0	0	2.2		0	0			0	0	0	--- Other
														- Other
5	0	0	0	0	2.2		4.4	0			0	0	0	Lithium cobaltate
5	0	0	0	0	2.2		4.4	0			0	0	0	Rhenate
5	0	0	0	0	2.2		4.4	0			0	0	0	Other salts of oxometallic or peroxometallic acids
														Other Salts of inorganic acids or peroxoacids (including aluminosilicates whether or not chemically defined),other than azides:
5	0	0	0	0	4		3.3	0	0//			0	0	- Double or complex silicates, including aluminosilicates whether or not chemically defined
														- Other:
														--- Fulminates, cyanates and thiocyanate:
5	0	0	0	0	2.2		3.3	0				0	0	----Sodium thiocyanate
														----Other
5	0	0	0	0	2.2		3.3	0				0	0	Other thiocyanate

税号	货品名称	进口关税 % 最惠国	普通	年内暂定	增值/消费税%	出口退税%	统计计量单位	监管证件代码	检验检疫类别	协定税率 % 东盟	亚太	智利
28429019.90	雷酸盐及氰酸盐	5.5	30		17	0	千克			0		0
2842.9020	--- 碲化镉	5.5	30		17	0	千克	X		0		0
2842.9030	--- 锂镍钴锰氧化物	5.5	30		17	13	千克	AB	R/S	0		0
2842.9040	--- 磷酸铁锂	5.5	30		17	0	千克	A	M/	0		0
2842.9050	--- 硒酸盐及亚硒酸盐	5.5	30		17	0	千克	AB	MR/NS	0		0
2842.9090	--- 其他											
28429090.13	亚砷酸钠，亚砷酸钾，亚砷酸钙（偏亚砷酸钠）	5.5	30		17	13	千克	X		0		0
28429090.14	亚砷酸锶，亚砷酸钡，亚砷酸铁	5.5	30		17	13	千克	X		0		0
28429090.15	亚砷酸铜，亚砷酸锌，亚砷酸铅（亚砷酸氢铜）	5.5	30		17	13	千克	X		0		0
28429090.16	亚砷酸锑，砷酸铵，砷酸氢二铵	5.5	30		17	13	千克	X		0		0
28429090.17	砷酸钠，砷酸氢二钠，砷酸二氢钠（砷酸三钠）	5.5	30		17	13	千克	X		0		0
28429090.18	砷酸钾，砷酸二氢钾，砷酸镁	5.5	30		17	13	千克	X		0		0
28429090.19	砷酸钙，砷酸钡，砷酸铁（砷酸三钙）	5.5	30		17	13	千克	X		0		0
28429090.21	砷酸亚铁，砷酸铜，砷酸锌	5.5	30		17	13	千克	X		0		0
28429090.22	砷酸铅，砷酸锑，偏砷酸钠	5.5	30		17	13	千克	X		0		0
28429090.23	硒化铅，硒化镉	5.5	30		17	13	千克	X		0		0
28429090.90	其他无机酸盐及过氧酸盐（叠氮化物除外）	5.5	30		17	13	千克	AB	MR/NS	0		0
	第六分章 杂项产品											
28.43	**胶态贵金属；贵金属的无机或有机化合物，不论是否已有化学定义；贵金属汞齐：**											
2843.1000	- 胶态贵金属	5.5	30		17	0	克			0		0
	- 银化合物：											
2843.2100	-- 硝酸银	5.5	30		17	0	克	AB	M/N	0		0
2843.2900	-- 其他											
28432900.10	氰化银，氰化银钾，亚砷酸银（银氰化钾，砷酸银）	5.5	30		17	0	克	X		0		0
28432900.90	其他银化合物（不论是否已有化学定义）	5.5	30		17	0	克			0		0
2843.3000	- 金化合物											
28433000.10	氰化金，氰化金钾（含金 40%）等［包括氰化亚金（I）钾（含金 68.3%）、氰化亚金（III）钾（含金 57%）］	5.5	30		17	0	克	JX		0		0
28433000.90	其他金化合物（不论是否已有化学定义）	5.5	30		17	0	克	J		0		0
2843.9000	- 其他贵金属化合物；贵金属汞齐											
28439000.10	氯化钯	5.5	30		17	0	克	G		0		0
28439000.20	氯化铂	5.5	30		17	0	克	4xy		0		0
28439000.30	其他铂化合物	5.5	30		17	0	克	4xy		0		0
28439000.90	其他贵金属化合物，贵金属汞齐（不论是否已有化学定义）	5.5	30		17	0	克	4xy		0		0
28.44	**放射性化学元素及放射性同位素（包括可裂变或可转换的化学元素及同位素）及其化合物；含上述产品的混合物及残渣：**											
2844.1000	- 天然铀及其化合物；含天然铀或天然铀化合物的合金、分散体（包括金属陶瓷）、陶瓷产品及混合物											
28441000.10	天然铀及其化合物	5.5	30	0	17	0	克/百万贝可	23		0		0
28441000.90	含天然铀或天然铀化合物的合金、分散体（包括金属陶瓷）、陶瓷产品及混合物	5.5	30		17	0	克/百万贝可	23		0		0
2844.2000	- U_{235}浓缩铀及其化合物；钚及其化合物；含U_{235}浓缩铀、钚或它们的化合物的合金、分散体（包括金属陶瓷）、陶瓷产品及混合物											
28442000.10	含U_{235}浓度低于 5%的低浓铀及其化合物	5.5	30	0	17	0	克/百万贝可	23		0		0
28442000.90	其他U_{235}浓缩铀，钚及其化合物（包括其合金，分散体，陶瓷产品及混合物）	5.5	30		17	0	克/百万贝可	23		0		0

协定税率 %										特惠税率 %				Article Description
巴基斯坦	冰岛	哥斯达黎	秘鲁	新西兰	瑞士	新加坡	韩国	澳大利亚	港澳台	老挝	孟加拉	33 国	7 国	
5	0	0	0	0	2.2		3.3	0				0	0	Fulminate and cyanate
5	0	0	0	0	2.2		3.3	0				0	0	--- Cadmium telluride
5	0	0	0	0	2.2		3.3	0				0	0	--- Lithium nickel cobalt manganese oxides
5	0	0	0	0	2.2		4.4	0				0	0	--- Lithium Iron Phosphate
5	0	0	0	0	2.2		3.3	0				0	0	--- Selenate and selenite
														--- Other
5	0	0	0	0	2.2		3.3	0				0	0	Sodium arsenite, potassium arsenite, calcium arsenite stay (sodium metaarsenite)
5	0	0	0	0	2.2		3.3	0				0	0	Strontium arsenite, barium arsenite ferric arsenite
5	0	0	0	0	2.2		3.3	0				0	0	Copper arsenite, zinc arsenite, lead arsenite (hydric cupric arsenite)
5	0	0	0	0	2.2		3.3	0				0	0	Antimony arsenite, ammonium arsenate, diamine hydrogen arsenate
5	0	0	0	0	2.2		3.3	0				0	0	Sodium arsenate, sodium arsenate dibasic, sodium arsenate monobasic (sodium arsenate tribasic)
5	0	0	0	0	2.2		3.3	0				0	0	Potassium arsenate, potassium dihydrogen arsenate, magnesium arsenate
5	0	0	0	0	2.2		3.3	0				0	0	Calcium arsenate, barium arsenate, ferric arsenate, tricalcium arsenate
5	0	0	0	0	2.2		3.3	0				0	0	Ferrous arsenate, cupric arsenate, zinc arsenate
5	0	0	0	0	2.2		3.3	0				0	0	Lead arsenate, antimony arsenate, sodium meta-arsenate
5	0	0	0	0	2.2		3.3	0				0	0	Lead selenide, cadmium selenide
5	0	0	0	0	2.2		3.3	0				0	0	Other salts of inorganic acids or peroxoacids (other than azides)
														Ⅵ. MISCELLANEOUS
														Colloidal precious metals;inorganic or organic compounds of precious metals, whether or not chemically defined; amalgams of precious metals:
0	0	0	0	0	2.2		3.3	0				0	0	- Colloidal precious metals
														- Silver compounds:
0	0	0	0	0	2.2		3.3	0	0//			0	0	-- Silver nitrate
														-- Other
0	0	0	0	0	2.2		3.3	0	0//			0	0	Silver cyanide, silver potassium cyanide, silver arsenite (silver potassium cyanide, silver arsenate)
0	0	0	0	0	2.2		3.3	0	0//			0	0	Other silver compounds, whether or not chemically defined
														- Gold compounds
0	0	0	0	0	2.2		3.3	0	0//			0	0	Gold cyanide, gold potassium cyanide (containing gold 40%) (including potassium dicyanoaurate (I) (containing gold 68.3%), potassium dicyanoaurate (III) (containing gold 57%))
0	0	0	0	0	2.2		3.3	0	0//			0	0	Other gold compounds, whether or not chemically defined
														- Other compounds; amalgams
5	0	0	0	0			3.3	0	0//			0	0	Palladium chloride
5	0	0	0	0			3.3	0	0//			0	0	Platinum chloride
5	0	0	0	0			3.3	0	0//			0	0	Other platinum compounds
5	0	0	0	0			3.3	0	0//			0	0	Other precious metal compounds or precious amalgam, whether or not chemically defined
														Radioactive chemical elements and radioactive isotopes(including the fissile or fertile chemical elements and isotopes) and their compounds; mixtures and residues containing these products:
														- Natural uranium and its compounds; aloys, dispersions(including cermets), ceramic products and mixtures containing natural uranium or natural uranium compouds
0	0	0	0	0	2.2		3.3	0			0	0	0	Natural uranium and its compounds
0	0	0	0	0	2.2		3.3	0			0	0	0	Aloys,dispersions(including cermets),ceramic products and mixtures containing natural uranium or natural uranium compounds
														- Uranium enriched in U_{235} and its compounds; plutonium and its compounds; alloys dispersion (including cermets), ceramic products and mixtures containing uranium enriched in U_{235}, plutonium or compounds of these products
0	0	0	0	0	2.2		3.3	0			0	0	0	Uranium enriched in U_{235} and its compounds, containing less than 5% of U_{235}
0	0	0	0	0	2.2		3.3	0			0	0	0	Other uranium enriched in U_{235} and its compounds; plutonium and its compounds; alloys dispersion (including cermets), ceramic products and mixtures containing uranium enriched in U_{235}, plutonium or compounds of these products

税号	货品名称	进口关税 %			增值/消费税%	出口退税%	统计计量单位	监管证件代码	检验检疫类别	协定税率 %		
		最惠国	普通	年内暂定						东盟	亚太	智利
2844.3000	- U_{235}贫化铀及其化合物；钍及其化合物；含U_{235}贫化铀、钍或它们的化合物的合金、分散体（包括金属陶瓷）、陶瓷产品及混合物	5.5	30		17	0	克/百万贝可	23		0		0
	- 除子目2844.10、2844.20及2844.30以外的放射性元素、同位素及其化合物；含这些元素、同位素及其化合物的合金、分散体（包括金属陶瓷）、陶瓷产品及混合物：											
2844.4010	--- 镭及镭盐											
28444010.10	镭－226及其化合物、混合物(两用物项管制商品)	4	14		17	0	克/百万贝可	23		0		0
28444010.90	其他镭及镭盐	4	14		17	0	克/百万贝可	2		0		0
2844.4020	--- 钴及钴盐	4	14		17	0	克/百万贝可	2		0		0
2844.4090	--- 其他											
28444090.10	铀-233及其化合物(包括呈金属、合金、化合物或浓缩物形态的各种材料)	5.5	30		17	0	克/百万贝可	23		0		0
28444090.20	氘、氘化物和氘的混合物，以及含有上述任何一种物质的产品[氘－氢原子比超过千分之一的，不包括含氘(任何形态)量小于1.48×10^{3}GBq的产品]	5.5	30		17	0	克/百万贝可	23		0		0
28444090.30	氦-3(3He)、含有氦-3的混合物(不包括氦-3的含量＜1g的产品)	5.5	30		17	0	克/百万贝可	3		0		0
28444090.40	发射α粒子，其α半衰期为10天或更长但小于200年的放射性核素(1.单质；2.含有α总活度为37GBq/kg或更大的任何这类放射性核素的化合物；3.含有α总活度为37GBq/kg或更大的任何这类放射性核素的混合物；4.含有任何上述物质的产品，不包括所含α活度小于3.7GBq的产品)	5.5	30		17	0	克/百万贝可	23		0		0
28444090.90	其他放射性元素、同位素及其化合物(子目284410,284420,284430以外的放射性元素,同位素)	5.5	30		17	0	克/百万贝可	2		0		0
2844.5000	- 核反应堆已耗尽（已辐照）的燃料元件（释热元件）	5.5	30		17	0	克			0		0
28.45	**税目28.44以外的同位素；这些同位素的无机或有机化合物，不论是否已有化学定义：**											
2845.1000	- 重水（氧化氘）	5.5	30		17	0	克	3		0		0
2845.9000	- 其他											
28459000.10	除重水外的氘及氘化物	5.5	30		17	0	克	3		0		0
28459000.20	硼-10同位素及其化合物、混合物(硼-10同位素占硼总量＞20%的硼及其化合物、混合物)	5.5	30		17	0	克	3		0		0
28459000.30	富集锂-6同位素及其化合物混合物[富集锂-6同位素指锂-6同位素富集度＞7.5%(按原子数计)]	5.5	30		17	0	克	3		0		0
28459000.90	其他同位素及其他化合物(税目2844以外的同位素)	5.5	30		17	0	克			0		0
28.46	**稀土金属、钇、钪及其混合物的无机或有机化合物：**											
	- 铈的化合物：											
2846.1010	--- 氧化铈	5.5	30	0	17	0	千克	4Bxy	/N	0	3.9	0
2846.1020	--- 氢氧化铈	5.5	30	0	17	0	千克	4Bxy	/N	0	3.9	0
2846.1030	--- 碳酸铈	5.5	30	0	17	0	千克	4Bxy	/N	0	3.9	0
2846.1090	--- 其他											
28461090.10	氰化铈	5.5	30	0	17	0	千克	4BXxy	/N	0	3.9	0
28461090.90	铈的其他化合物	5.5	30	0	17	0	千克	4Bxy	/N	0	3.9	0
	- 其他：											
	--- 氧化稀土（氧化铈除外）：											
2846.9011	----氧化钇	5.5	30	0	17	0	千克	4Bxy	/N	0		0

协定税率 %										特惠税率 %				Article Description
巴基斯坦	冰岛	哥斯达黎	秘鲁	新西兰	瑞士	新加坡	韩国	澳大利亚	港澳台	老挝	孟加拉	33 国	7 国	
0	0	0	0	0	2.2		3.3	0			0	0	0	- Uranium depleted in U_{235} and its compounds; thorium and its compounds; alloys, dispersions (including cermets), ceramic products and mixtures containing uranium depleted in U_{235}, thorium or compounds of these products
														- Radioactive elements and isotopes and compounds other than those of subheading2844.10, 2844.20 or 2844.30; alloys, dispersions (including cermets), ceramic products and mixtures containing these elements, isotopes or compounds radioactive residues:
														--- Radium and its salts
0	0	0	0	0	0		0	0			0	0	0	Radium-226 and its compound, mixture (dual-use items controlled goods)
0	0	0	0	0	0		0	0			0	0	0	Other radium and its salts
0	0	0	0	0	0		0	0			0	0	0	--- Cobalt and its salts
														--- Other
0	0	0	0	0	2.2		3.3	0			0	0	0	Uranium-233 and its compounds(including metallic, alloys, compounds and concentration materials)
0	0	0	0	0	2.2		3.3	0			0	0	0	Tritium, tritide, compound of tritium and products containing any of the above mentioned material (tritium-with hydrogen atoms ratio over 1‰, not including products whose tritium (any form) quantity is less than 1.48×10^3GBq)
0	0	0	0	0	2.2		3.3	0			0	0	0	Helium -3 (3He), compound with Helium -3 (not including products whose helium-3 quantity is less than 1g)
0	0	0	0	0	2.2		3.3	0			0	0	0	Emit radionuclide with α granule whose half-life-period is 10 days or longer but less than 200 years (1. elementary substance; 2. Containing compound of radionuclide any of this type with overall α activity of 37GBq/kg or above; 3. Containing mixture of any radionuclide of this type with α overall activity of 37GBq/kg or above; 4. containing products of any of the abovementioned materials, not including products whose α activity is less than 3.7GBq)
0	0	0	0	0	2.2		3.3	0			0	0	0	Other radioactive elements and isotopes and compounds, other than those of subheadings 2844.10, 2844.20 and 2844.30
0	0	0	0	0	2.2		3.3	0				0	0	- Spent (irradiated) fuel elements (cartridges)of nuclear reactors
														Isotopes other than those of heading28.44; compounds, inorganic or organic, of such isotopes, whether or not chemically defined:
0	0	0	0	0	2.2		3.3	0				0	0	- Heavy water (deuterium oxide)
														- Other
0	0	0	0	0	2.2		3.3	0				0	0	Deuterium and deuterides, other than heavy water
0	0	0	0	0	2.2		3.3	0				0	0	Boron-10 and its compounds(the total boron content containing boron-10 more than 20%)
0	0	0	0	0	2.2		3.3	0				0	0	Lithium enriched in lithium-6 and its compounds and mixtures (1ithium enriched in lithium-6 refers to enrichment of lithium-6 isotope more than 7.5% (by atomicity))
0	0	0	0	0	2.2		3.3	0				0	0	Other isotopes and other compounds (other than those of heading 28.44)
														Compounds, inorganic or organic, of rare-earth metals, of yttrium or of scandium or of mixtures of these metals:
														- Ceric compounds:
0	0	0	0	0	2.2		0	0				0	0	--- Cerium oxide
0	0	0	0	0	2.2		0	0				0	0	--- Cerium hydroxide
0	0	0	0	0	2.2		0	0				0	0	--- Cerium carbonate
														--- Other
0	0	0	0	0	2.2		0	0				0	0	Cerium cyanide
0	0	0	0	0	2.2		0	0				0	0	Other ceric compounds
														- Other:
														--- Rare-earth oxides(other than cerium oxide):
0	0	0	0	0	2.2		0	0				0	0	----Yttrium oxide

税　号	货　品　名　称	进口关税 % 最惠国	普通	年内暂定	增值/消费税%	出口退税%	统计计量单位	监管证件代码	检验检疫类别	协定税率 % 东盟	亚太	智利
2846.9012	----氧化镧	5.5	30	0	17	0	千克	4Bxy	/N	0		0
2846.9013	----氧化钕	5.5	30	0	17	0	千克	4Bxy	/N	0		0
2846.9014	----氧化铕	5.5	30	0	17	0	千克	4Bxy	/N	0		0
2846.9015	----氧化镝	5.5	30	0	17	0	千克	4Bxy	/N	0		0
2846.9016	----氧化铽	5.5	30	0	17	0	千克	4Bxy	/N	0		0
2846.9017	----氧化镨	5.5	30	0	17	0	千克	4Bxy	/N	0		0
2846.9019	----其他											
28469019.20	氧化铒	5.5	30	0	17	0	千克	4Bxy	/N	0		0
28469019.30	氧化钆	5.5	30	0	17	0	千克	4Bxy	/N	0		0
28469019.40	氧化钐	5.5	30	0	17	0	千克	4Bxy	/N	0		0
28469019.70	氧化镱	5.5	30	0	17	0	千克	4Bxy	/N	0		0
28469019.80	氧化钪	5.5	30	0	17	0	千克	4Bxy	/N	0		0
28469019.91	灯用红粉	5.5	30	0	17	0	千克	4Bxy	/N	0		0
28469019.92	按重量计中重稀土总含量≥30%的其他氧化稀土(灯用红粉、氧化铈除外)	5.5	30	0	17	0	千克	4Bxy	/N	0		0
28469019.99	其他氧化稀土(灯用红粉、氧化铈除外)	5.5	30	0	17	0	千克	4Bxy	/N	0		0
	--- 氯化稀土:											
2846.9021	----氯化铽	5.5	30	0	17	0	千克	4Bxy	/N	0		0
2846.9022	----氯化镝	5.5	30	0	17	0	千克	4Bxy	/N	0		0
2846.9023	----氯化镧	5.5	30	0	17	0	千克	4Bxy	/N	0		0
2846.9024	----氯化钕	5.5	30	0	17	0	千克	4Bxy	/N	0		0
2846.9025	----氯化镨	5.5	30	0	17	0	千克	4Bxy	/N	0		0
2846.9026	----氯化钇	5.5	30	0	17	0	千克	4Bxy	/N	0		0
2846.9028	----混合氯化稀土	5.5	30	0	17	0	千克	4Bxy	/N	0		0
2846.9029	----其他	5.5	30	0	17	0	千克	4Bxy	/N	0		0
	--- 氟化稀土:											
2846.9031	----氟化铽	5.5	30	0	17	0	千克	4Bxy	/N	0		0
2846.9032	----氟化镝	5.5	30	0	17	0	千克	4Bxy	/N	0		0
2846.9033	----氟化镧	5.5	30	0	17	0	千克	4Bxy	/N	0		0
2846.9034	----氟化钕	5.5	30	0	17	0	千克	4Bxy	/N	0		0
2846.9035	----氟化镨	5.5	30	0	17	0	千克	4Bxy	/N	0		0
2846.9036	----氟化钇	5.5	30	0	17	0	千克	4Bxy	/N	0		0
2846.9039	----其他	5.5	30	0	17	0	千克	4Bxy	/N	0		0
	--- 碳酸稀土:											
2846.9041	----碳酸镧	5.5	30	0	17	0	千克	4Bxy	/N	0		0
2846.9042	----碳酸铽	5.5	30	0	17	0	千克	4Bxy	/N	0		0
2846.9043	----碳酸镝	5.5	30	0	17	0	千克	4Bxy	/N	0		0
2846.9044	----碳酸钕	5.5	30	0	17	0	千克	4Bxy	/N	0		0
2846.9045	----碳酸镨	5.5	30	0	17	0	千克	4Bxy	/N	0		0
2846.9046	----碳酸钇	5.5	30	0	17	0	千克	4Bxy	/N	0		0
2846.9048	----混合碳酸稀土											
28469048.10	按重量计中重稀土总含量≥30%的混合碳酸稀土	5.5	30	0	17	0	千克	4Bxy	/N	0		0
28469048.90	其他混合碳酸稀土	5.5	30	0	17	0	千克	4Bxy	/N	0		0
2846.9049	----其他	5.5	30	0	17	0	千克	4Bxy	/N	0		0
	--- 其他:											
2846.9091	----镧的其他化合物	5.5	30	0	17	0	千克	4Bxy	/N	0		0
2846.9092	----钕的其他化合物	5.5	30	0	17	0	千克	4Bxy	/N	0		0
2846.9093	----铽的其他化合物	5.5	30	0	17	0	千克	4Bxy	/N	0		0
2846.9094	----镝的其他化合物	5.5	30	0	17	0	千克	4Bxy	/N	0		0
2846.9095	----镨的其他化合物	5.5	30	0	17	0	千克	4Bxy	/N	0		0
2846.9096	----钇的其他化合物											
28469096.01	LED 用荧光粉(成分含钇的其他化合物)	5.5	30	0	17	0	千克	B	/N	0		0
28469096.90	钇的其他化合物	5.5	30	0	17	0	千克	4Bxy	/N	0		0
2846.9099	----其他											
28469099.01	LED 用荧光粉(成分含稀土金属、钪的其他化合物,铈的化合物除外)	5.5	30	0	17	0	千克	B	/N	0		0

协定税率 %										特惠税率 %				
巴基斯坦	冰岛	哥斯达黎	秘鲁	新西兰	瑞士	新加坡	韩国	澳大利亚	港澳台	老挝	孟加拉	33 国	7 国	Article Description
0	0	0	0	0	2.2		0	0				0	0	----Lanthanum oxide
0	0	0	0	0	2.2		0	0				0	0	----Neodymium oxide
0	0	0	0	0	2.2		0	0				0	0	----Eurapium oxide
0	0	0	0	0	2.2		0	0				0	0	----Dysprosium oxide
0	0	0	0	0	2.2		0	0				0	0	----Terbium oxide
0	0	0	0	0	2.2		0	0				0	0	----Praseodymium oxide (sesquioxide)
														----Other
0	0	0	0	0	2.2		0	0				0	0	Erbium oxide
0	0	0	0	0	2.2		0	0				0	0	Gadolinium oxide
0	0	0	0	0	2.2		0	0				0	0	Samarium oxide
0	0	0	0	0	2.2		0	0				0	0	Ytterbium oxide
0	0	0	0	0	2.2		0	0				0	0	Scandium oxide
0	0	0	0	0	2.2		0	0				0	0	Red powder used for lights
0	0	0	0	0	2.2		0	0				0	0	Other rare-earth oxides, containing by weight 30% or more of heavy rare-earth (other than red powder used for light and cerium oxide)
0	0	0	0	0	2.2		0	0				0	0	Other rare-earth oxides (other than red powder used for lights and cerium oxide)
														--- Rare-earth chlorides:
0	0	0	0	0	2.2		0	0				0	0	----Terbium chloride
0	0	0	0	0	2.2		0	0				0	0	----Dysprosium chloride
0	0	0	0	0	2.2		0	0				0	0	----Lanthanum chloride
0	0	0	0	0	2.2		0	0				0	0	----Neodymium chloride
0	0	0	0	0	2.2		0	0				0	0	----Praseodymium chloride
0	0	0	0	0	2.2		0	0				0	0	----Yttrium chloride
0	0	0	0	0	2.2		0	0				0	0	----Mixture of rare-earth chlorides
0	0	0	0	0	2.2		0	0				0	0	----Other
														--- Rare-earth fluorides:
0	0	0	0	0	2.2		0	0				0	0	----Terbium fluoride
0	0	0	0	0	2.2		0	0				0	0	----Dysprosium fluoride
0	0	0	0	0	2.2		0	0				0	0	----Lanthanum fluoride
0	0	0	0	0	2.2		0	0				0	0	----Neodymium fluoride
0	0	0	0	0	2.2		0	0				0	0	----Praseodymium fluoride
0	0	0	0	0	2.2		0	0				0	0	----Yttrium fluoride
0	0	0	0	0	2.2		0	0				0	0	----Other
														--- Rare-earth carbonates:
0	0	0	0	0	2.2		0	0				0	0	----Lanthanum carbonate
0	0	0	0	0	2.2		0	0				0	0	----Terbium carbonate
0	0	0	0	0	2.2		0	0				0	0	----Dysprosium carbonate
0	0	0	0	0	2.2		0	0				0	0	----Neodymium carbonate
0	0	0	0	0	2.2		0	0				0	0	----Praseodymium carbonate
0	0	0	0	0	2.2		0	0				0	0	----Yttrium carbonate
														----Mixture of rare-earth carbonate
0	0	0	0	0	2.2		0	0				0	0	Mixed rare-earth carbonates, containing by weight 30% or more of heavy rare-earth
0	0	0	0	0	2.2		0	0				0	0	Other mixed rare-earth carbonates
0	0	0	0	0	2.2		0	0				0	0	----Other
														--- Other:
0	0	0	0	0	2.2		0	0				0	0	----Other compounds of lanthanum
0	0	0	0	0	2.2		0	0				0	0	----Other compounds of neodymium
0	0	0	0	0	2.2		0	0				0	0	----Other compounds of terbium
0	0	0	0	0	2.2		0	0				0	0	----Other compounds of dysprosium
0	0	0	0	0	2.2		0	0				0	0	----Other compounds of praseodymium
														----Other compounds of yttrium
0	0	0	0	0	2.2		0	0				0	0	Phosphor powder used for LED (with other compounds of yttrium)
0	0	0	0	0	2.2		0	0				0	0	Other compounds of yttrium
														----Other
0	0	0	0	0	2.2		0	0				0	0	Phosphor powder used for LED (with other compounds of yttrium, scandium, other than compounds of cerium)

税号	货品名称	进口关税 %			增值/消费税%	出口退税%	统计计量单位	监管证件代码	检验检疫类别	协定税率 %		
		最惠国	普通	年内暂定						东盟	亚太	智利
28469099.10	按重量计中重稀土总含量≥30%的稀土金属、钪的其他化合物(铈的化合物除外)	5.5	30	0	17	0	千克	4Bxy	/N	0		0
28469099.90	其他稀土金属、钪的其他化合物(铈的化合物除外)	5.5	30	0	17	0	千克	4Bxy	/N	0		0
28.47	**过氧化氢，不论是否用尿素固化：**											
2847.0000	过氧化氢，不论是否用尿素固化	5.5	30		17	0	千克	AB	MR/NS	0		0
28.48	**磷化物，不论是否已有化学定义，但不包括磷铁：**											
2848.0000	磷化物，不论是否已有化学定义，但不包括磷铁											
28480000.10	磷化铝，磷化锌	5.5	20		17	0	千克	S		0		0
28480000.90	其他磷化物(不论是否已有化学定义，但不包括磷铁)	5.5	20		17	0	千克			0		0
28.49	**碳化物，不论是否已有化学定义：**											
2849.1000	- 碳化钙	5.5	45		17	0	千克	AB	M/N	0		0
2849.2000	- 碳化硅	5.5	30		17	0	千克	4xy		0		0
	- 其他：											
2849.9010	--- 碳化硼	5.5	30		17	0	千克			0		0
2849.9020	--- 碳化钨	5.5	30		17	0	千克	4xy		0		0
2849.9090	--- 其他	5.5	30		17	0	千克			0		0
28.50	**氢化物、氮化物、叠氮化物、硅化物及硼化物，不论是否已有化学定义，但可归入税目28.49的碳化物除外：**											
	--- 氮化物：											
2850.0011	----氮化锰	5.5	30		17	0	千克			0	3.9	0
2850.0012	----氮化硼	5.5	30		17	0	千克			0	3.9	0
2850.0019	----其他	5.5	30		17	0	千克			0	3.9	0
2850.0090	--- 其他											
28500090.10	砷化氢(砷烷，砷化三氢，胂)	5.5	30		17	0	千克	X		0	3.9	0
28500090.90	其他氢化物、硅化物等(包括硼化物，可归入税目2849的碳化物除外)	5.5	30		17	0	千克			0	3.9	0
28.52	**汞的无机或有机化合物，不论是否已有化学定义，汞齐除外：**											
2852.1000	- 已有化学定义的	5.5	30		17	0	千克	X		0		0
2852.9000	- 其他	5.5	30		17	0	千克	X		0		0
28.53	**其他无机化合物（包括蒸馏水、导电水及类似的纯净水）；液态空气（不论是否除去稀有气体）；压缩空气；汞齐，但贵金属汞齐除外：**											
2853.0010	--- 饮用蒸馏水	5.5	70		17	0	千克	AB	R/S	0		0
2853.0020	--- 氯化氰	5.5	30		17	0	千克	23		0		0
2853.0030	--- 镍钴锰氢氧化物	6.5	30		17	13	千克			0		0
2853.0090	--- 其他											
28530090.10	饮用纯净水	5.5	30		17	0	千克	AB	M/N	0		0
28530090.21	氰，氰化碘，氰化溴，铅汞齐(包括氰气，碘化氰，溴化氰)	5.5	30		17	0	千克	X		0		0
28530090.22	砷化锌，砷化镓	5.5	30		17	0	千克	X		0		0
28530090.30	单氰胺	5.5	30		17	0	千克			0		0
28530090.90	其他无机化合物、压缩空气等(包括导电水、液态空气、汞齐等，贵金属汞齐除外)	5.5	30		17	0	千克			0		0

协定税率 %										特惠税率 %				Article Description
巴基斯坦	冰岛	哥斯达黎	秘鲁	新西兰	瑞士	新加坡	韩国	澳大利亚	港澳台	老挝	孟加拉	33 国	7 国	
0	0	0	0	0	2.2		0	0				0	0	Rare-earth metal, containing by weight 30% or more of heavy rare-earth, other compounds of scandium (other than compounds of cerium)
0	0	0	0	0	2.2		0	0				0	0	Other rare-earth metal, other compounds of scandium (other than compound of cerium)
														Hydrogen peroxide, whether or not solidified with urea:
5	0	0	0	0	2.2		4.7	0				0	0	Hydrogen peroxide, whether or not solidified with urea
														Phosphides, whether or not chemically defined, excluding ferrophosphorus:
														Phosphides, whether or not chemically defined, excluding ferrophophorus
0	0	0	0	0	2.2		4.4	0				0	0	Aluminium phosphide, zinc phosphide
0	0	0	0	0	2.2		4.4	0				0	0	Other phosphides(whether or not chemically defined, other than ferrophosphorus)
														Carbides, whether or not chemically defined:
0	0	0	0	0	2.2		3.3	0				0	0	- Of calcium
5	0	0	0	0	2.2		4.4	0				0	0	- Of silicon
														- Other:
0	0	0	0	0	2.2		3.3	0				0	0	--- Of boron
0	0	0	0	0	2.2		3.3	0				0	0	--- Of tungsten
0	0	0	0	0	2.2		3.3	0				0	0	--- Other
														Hydrides, nitrides, azides, silicides and borides, whether or not chemically defined, other than compounds which are also carbides of heading 28.49:
														--- Nitride:
0	0	0	0	0	2.2		3.3	0	0//			0	0	----Manganese nitride
0	0	0	0	0	2.2		3.3	0	0//			0	0	----Boron nitride
0	0	0	0	0	2.2		3.3	0	0//			0	0	----Other
														--- Other
0	0	0	0	0	2.2		4.7	0	0//			0	0	Arsenic hydrideArsine (arsenic alkyl, arsenic hydride, arsine)
0	0	0	0	0	2.2		4.7	0	0//			0	0	Other hydrides, silicides (including borides, other than carbide compounds of heading 28.49)
														compounds, inorganic or organic, of mercury, excluding amalgams:
0	0	0	0	0	2.2		3.3	0	0//			0	0	- Chemically defined
5	0	0	0	0	2.2		3.3	0			0	0	0	- Other
														Other inorganic compounds (including distilled or conductivity water and water of similar purity); liquid air (whether or not rare gases have been removed); compressed air; amalgams, other than amalgams of precious metals:
0	0	0	0	0	2.2		3.3	0	0/0/			0	0	--- Distilled water for human consumption
0	0	0	0	0	2.2		3.3	0				0	0	--- Chlorocyanogen, cyanogen chloride
5	0	0	0	0	2.2		3.9	3.9	0/0/			0	0	--- Nickel cobalt manganese composite hydroxide
														--- Other
5	0	0	0	0	2.2		3.3	0	0/0/			0	0	Purified water for human consumption
5	0	0	0	0	2.2		3.3	0	0/0/			0	0	Cyanogen, cyanogen iodide, bromine cyanide, lead amalgam (including cyanogen gas, cyanogen iodide, cyanogen bromide)
5	0	0	0	0	2.2		3.3	0	0/0/			0	0	Zinc arsenide, gallium arsenide
5	0	0	0	0	2.2		3.3	0	0/0/			0	0	Monocyanamide
5	0	0	0	0	2.2		3.3	0	0/0/			0	0	Other inorganic compounds, compressed air (including conductivity water, liquid air, amalgams and so on, other than amalgamms of precious metals)

第二十九章 有机化学品

注释：

一、除条文另有规定的以外，本章各税目只适用于：

（一）单独的已有化学定义的有机化合物，不论是否含有杂质；

（二）同一有机化合物的两种或两种以上异构体的混合物（不论是否含有杂质），但无环烃异构体的混合物（立体异构体除外），不论是否饱和，应归入第二十七章；

（三）税目 29.36 至 29.39 的产品，税目 29.40 的糖醚、糖缩醛、糖酯及其盐类和税目 29.41 的产品，不论是否已有化学定义；

（四）上述（一）、（二）、（三）款产品的水溶液；

（五）溶于其他溶剂的上述（一）、（二）、（三）款的产品，但该产品处于溶液状态只是为了安全或运输所采取的正常必要方法，其所用溶剂并不使该产品改变其一般用途而适合于某些特殊用途；

（六）为了保存或运输的需要，加入稳定剂（包括抗结块剂）的上述（一）、（二）、（三）、（四）、（五）各款产品；

（七）为了便于识别或安全起见，加入抗尘剂、着色剂或气味剂的上述（一）、（二）、（三）、（四）、（五）、（六）各款产品，但所加剂料并不使原产品改变其一般用途而适合于某些特殊用途；

（八）为生产偶氮染料而稀释至标准浓度的下列产品：重氮盐，用于重氮盐、可重氮化的胺及其盐类的偶合剂。

二、本章不包括：

（一）税目 15.04 的货品及税目 15.20 的粗甘油；

（二）乙醇（税目 22.07 或 22.08）；

（三）甲烷及丙烷（税目 27.11）；

（四）第二十八章注释二所述的碳化合物；

（五）税目 30.02 的免疫制品；

（六）尿素（税目 31.02 或 31.05）；

（七）植物性或动物性着色料（税目 32.03）、合成有机着色料、用作萤光增白剂或发光体的合成有机产品（税目为 32.04）及零售包装的染料或其他着色料（税目 32.12）；

（八）酶（税目 35.07）；

（九）聚乙醛、六亚甲基四胺（乌洛托品）及类似物质，制成片、条或类似形状作为燃料用的，以及包装容器的容积不超过 300 立方厘米的直接灌注香烟打火机及类似打火器用的液体燃料或液化气体燃料（税目 36.06）；

（十）灭火器的装配药及已装药的灭火弹（税目 38.13）；零售包装的除墨剂（税目 38.24）；或

（十一）光学元件，例如，用酒石酸乙二胺制成的（税目 90.01）。

三、可以归入本章两个或两个以上税目的货品，应归入有关税目中的最后一个税目。

四、税目 29.04 至 29.06、29.08 至 29.11 及 29.13 至 29.20 的卤化、磺化、硝化或亚硝化衍生物均包括复合衍生物，例如，卤磺化、卤硝化、磺硝化及卤磺硝化衍生物。

硝基及亚硝基不作为税目 29.29 的含氮基官能团。

税目 29.11、29.12、29.14、29.18 及 29.22 所称“含氧基”，仅限于税目 29.05 至 29.20 的各种含氧基（其特征为有机含氧基）。

五、

（一）本章第一分章至第七分章的酸基有机化合物与这些分章的有机化合物构成的酯，应归入有关分章的最后一个税目。

（二）乙醇与本章第一分章至第七分章的酸基有机化合物所构成的酯，应按有关酸基化合物归类。

（三）除第六类注释一及第二十八章注释二另有规定的以外：

Chapter 29　Organic chemicals

Chapter Notes:

1. Except where the context otherwise requires, the headings of this Chapter apply only to:

   (a) Separate chemically defined organic compounds, whether or not containing impurities;

   (b) Mixtures of two or more isomers of the same organic compound (whether or not containing impurities), except mixtures of acyclic hydrocarbon isomers (other than stereoisomers), whether or not saturated (Chapter 27);

   (c) The products of headings 29.36 to 29.39 or the sugar ethers, sugar acetals and sugar esters, and their salts, of heading 29.40, or the products of heading 29.41, whether or not chemically defined;

   (d) The products mentioned in (a), (b) or (c) above dissolved in water;

   (e) The products mentioned in (a), (b) or (c) above dissolved in other solvents provided that the solution constitutes a normal and necessary method of putting up these products adopted solely for reasons of safety or for transport and that the solvent does not render the product particularly suitable for specific use rather than for general use;

   (f) The products mentioned in (a), (b), (c), (d) or (e) above with an added stabiliser (including an anti- caking agent) necessary for their preservation or transport;

   (g) The products mentioned in (a), (b), (c), (d), (e) or (f) above with an added anti- dusting agent or a colouring or odoriferous substance added to facilitate their identification or for safety reasons, provided that the additions do not render the product particularly suitable for specific use rather than for general use;

   (h) The following products, diluted to standard strengths, for the production of azo dyes: diazonium salts, couplers used for these salts and diazotisable amines and their salts.

2. This Chapter does not cover:

   (a) Goods of heading 15.04 or crude glycerol of heading 15.20;

   (b) Ethyl alcohol (heading 22.07 or 22.08);

   (c) Methane or propane (heading 27.11);

   (d) The compounds of carbon mentioned in Note 2 to Chapter 28;

   (e) Immunological products of heading 30.02;

   (f) Urea (heading 31.02 or 31.05);

   (g) Colouring matter of vegetable or animal origin (heading 32.03), synthetic organic colouring matter, synthetic organic products of a kind used as fluorescent brightening agents or as luminophores (heading 32.04) or dyes or other colouring matter put up in forms or packings for retail sale (heading 32.12);

   (h) Enzymes (heading 35.07);

   (ij) Metaldehyde, hexamethylenetetramine or similar substances, put up in forms (for example, tablets, sticks or similar forms) for use as fuels, or liquid or liquefied-gas fuels in containers of a kind used for filling or refilling cigarette or similar lighters and of a capacity not exceeding 300 cm^3 (heading 36.06);

   (k) Products put up as charges for fire- extinguishers or put up in fire- extinguishing grenades, of heading 38.13; ink removers put up in packings for retail sale, of heading 38.24; or

   (l) Optical elements, for example, of ethylenediamine tartrate (heading 90.01).

3. Goods which could be included in two or more of the headings of this Chapter are to be classified in that one of those headings which occurs last in numerical order.

4. In headings 29.04 to 29.06, 29.08 to 29.11 and 29.13 to 29.20, any reference to halogenated, sulphonated, nitrated or nitrosated derivatives includes a reference to compound derivatives, such as sulphohalogenated, nitrohalogenated, nitrosulphonated or nitrosulphohalogenated derivatives.
   Nitro or nitroso groups are not to be taken as "nitrogen- functions" for the purpose of heading 29.29.

   For the purposes of headings 29.11, 29.12, 29.14, 29.18 and 29.22, "oxygen- function" is to be restricted to the functions (the characteristic organic oxygen-containing groups) referred to in headings 29.05 to 29.20.

5.

   (a) The esters of acid- function organic compounds of sub-Chapters I to VII with organic compounds of these sub- Chapters are to be classified with that compound which is classified in the heading which occurs last in numerical order in these sub- Chapters.

   (b) Esters of ethyl alcohol with acid-function organic compounds of sub- Chapters I to VII are to be classified in the same heading as the corresponding acid-function compounds.

   (c) Subject to Note 1 to Section VI and Note 2 to Chapter 28:

1. 第一分章至第十分章及税目 29.42 的有机化合物的无机盐，例如，含酸基、酚基或烯醇基的化合物及有机碱的无机盐，应归入相应的有机化合物的税目；

2. 第一分章至第十分章及税目 29.42 的有机化合物之间生成的盐，应按生成该盐的碱或酸（包括酚基或烯醇基化合物）归入本章有关税目中的最后一个税目；以及

3. 除第十一分章或税目 29.41 的产品外，配位化合物应按该化合物所有金属键（金属-碳键除外）“断开”所形成的片段归入第二十九章有关税目中的最后一个税目。

（四）除乙醇外，金属醇化物应按相应的醇归类（税目 29.05）。

（五）羧酸酰卤化物应按相应的酸归类。

六、税目 29.30 及 29.31 的化合物是指有机化合物，其分子中除含氢、氧或氮原子外，还含有与碳原子直接连接的其他非金属或金属原子（例如，硫、砷或铅）。

税目 29.30（有机硫化合物）及税目 29.31（其他有机-无机化合物）不包括某些磺化或卤化衍生物（含复合衍生物）。这些衍生物分子中除氢、氧、氮之外，只有具有磺化或卤化衍生物（或复合衍生物）性质的硫原子或卤素原子与碳原子直接连接。

七、税目 29.32、29.33 及 29.34 不包括三节环环氧化物、过氧化酮、醛或硫醛的环聚合物、多元羧酸酐、多元醇或酚与多元酸构成的环酯及多元酸酰亚胺。

本条规定只适用于由本条所列环化功能形成环内杂原子的化合物。

八、税目 29.37 所称：

（一）“激素”，包括激素释放因子、激素刺激和释放因子、激素抑制剂以及激素抗体；

（二）“主要用作激素的”，不仅适用于主要起激素作用的激素衍生物及结构类似物，也适用于在本税目所列产品合成过程中主要用作中间体的激素衍生物及结构类似物。

子目注释：

一、属于本章任一税目项下的一种（组）化合物的衍生物，如果该税目其他子目未明确将其包括在内，而且有关的子目中又无列名为“其他”的子目，则应与该种（组）化合物归入同一子目。

二、第二十九章注释三不适用于本章的子目。

税号	货品名称	进口关税 %			增值/消费税%	出口退税%	统计计量单位	监管证件代码	检验检疫类别	协定税率 %		
		最惠国	普通	年内暂定						东盟	亚太	智利
	第一分章　烃类及其卤化、磺化、硝化或亚硝化衍生物											
29.01	无环烃：											
2901.1000	- 饱和	2	30		17	9	千克			0		0
	- 不饱和：											
2901.2100	-- 乙烯	2	20	1	17	9	千克	AB	M/N	0		0
2901.2200	-- 丙烯	2	20	1	17	9	千克	AB	M/N	0		0
	-- 丁烯及其异构体：											
2901.2310	--- 1-丁烯	2	20		17	9	千克	AB	M/N	0		0
2901.2320	--- 2-丁烯	2	20		17	9	千克	AB	M/N	0		0
2901.2330	--- 2-甲基丙烯	2	20		17	9	千克			0		0
	-- 1,3-丁二烯及异戊二烯：											
2901.2410	--- 1,3-丁二烯	2	20		17	13	千克	AB	M/N	0		0
2901.2420	--- 异戊二烯	2	20		17	9	千克			0		0
	-- 其他：											
2901.2910	--- 异戊烯	2	30		17	9	千克	AB	M/N	0		0
2901.2920	--- 乙炔	2	45		17	9	千克	AB	M/N	0		0
2901.2990	--- 其他											
29012990.10	诱虫烯	2	30		17	9	千克	S		0		0
29012990.90	其他不饱和无环烃	2	30		17	9	千克			0		0
29.02	环烃：											
	- 环烷烃、环烯及环萜烯：											
2902.1100	-- 环己烷	2	30		17	9	千克	AB	M/N	0		0

(i) Inorganic salts of organic compounds such as acid-, phenol- or enol- function compounds or organic bases, of sub-Chapters I to X or heading 29.42, are to be classified in the heading appropriate to the organic compound;

(ii) Salts formed between organic compounds of sub- Chapters I to X or heading 29.42 are to be classified in the heading appropriate to the base or to the acid (including phenol- or enol- function compounds) from which they are formed, whichever occurs last in numerical order in the Chapter; and

(iii) Co- ordination compounds, other than products classifiable in sub-Chapter XI or heading 29.41, are to be classified in the heading which occurs last in numerical order in Chapter 29, among those appropriate to the fragments formed by "cleaving" of all metal bonds, other than meta- carbon bonds.

(d) Metal alcoholates are to be classified in the same heading as the corresponding alcohols except in the case of ethanol (heading 29.05).

(e) Halides of carboxylic acids are to be classified in the same heading as the corresponding acids.

6. The compounds of headings 29.30 and 29.31 are organic compounds the molecules of which contain, in addition to atoms of hydrogen, oxygen or nitrogen, atoms of other nonmetals or of metals (such as sulphur, arsenic or lead) directly linked to carbon atoms.
Heading 29.30 (organo- sulphur compounds) and heading 29.31 (other organo- inorganic compounds) do not include sulphonated or halogenated derivatives (including compound derivatives) which, apart from hydrogen, oxygen and nitrogen, only have directly linked to carbon the atoms of sulphur or of a halogen which give them their nature of sulphonated or halogenated derivatives (or compound derivatives).

7. Headings 29.32, 29.33 and 29.34 do not include epoxides with a three-membered ring, ketone peroxides, cyclic polymers of aldehydes or of thioaldehydes, anhydrides of polybasic carboxylic acids, cyclic esters of polyhydric alcohols or phenols with polybasic acids, or imides of polybasic acids.
These provisions apply only when the ring-position hetero-atoms are those resulting solely from the cyclising function or functions here listed.

8. For the purposes of heading 29.37:

(a) the term "hormones" includes hormone-releasing or hormone-stimulating factors, hormone inhibitors and hormone antagonists (anti-hormones);

(b) the expression "used primarily as hormones" applies not only to hormone derivatives and structural analogues used primarily for their hormonal effect, but also to those derivatives and structural analogues used primarily as intermediates in the synthesis of products Of this heading.

Subheading Notes:

1. Within any one heading of this Chapter, derivatives of a chemical compound (or group of chemical compounds) are to be classified in the same subheading as that compound (or group of compounds) provided that they are not more specifically covered by any other subheading and that there is no residual subheading named "Other" in the series of subheadings concerned.

2. Note 3 to Chapter 29 does not apply to the subheadings of this Chapter.

协定税率 %										特惠税率 %				Article Description
巴基斯坦	冰岛	哥斯达黎	秘鲁	新西兰	瑞士	新加坡	韩国	澳大利亚	港澳台	老挝	孟加拉	33 国	7 国	
														Ⅰ.HYDROCARBONS AND THEIRHALOGENATED，SULPHONATED，NITRATED OR NITROSATED DERIVATIVES
														Acyclic hydrocarbons:
0	0	0	0	0	0		0	0	0//			0	0	- Saturated
														- Unsaturated:
0	0	0	0	0	0		1.6	0				0	0	-- Ethylene
0	0	0	0	0	0		1.6	0	//0			0	0	-- Propene(propylene)
														-- Butene (butylene) and isomers thereof:
0	0	0	0	0	0		1.6	0				0	0	--- 1-Butene
0	0	0	0	0	0		0	0				0	0	--- 2-Butene
0	0	0	0	0	0		0	0				0	0	--- 2-methyl-propylene
														-- Buta-1,3-diene and isoprene:
0	0	0	0	0	0		1.6	0	//0			0	0	--- Buta-1,3-diene
0	0	0	0	0	0		1.7	0	//0			0	0	--- Isoprene
														-- Other:
0	0	0	0	0	0		0	0				0	0	--- Isopentene
0	0	0	0	0	0		0	0				0	0	--- Acetylene
														--- Other
0	1	0	0	0	0		1.6	0				0	0	Muscalure
0	1	0	0	0	0		1.6	0				0	0	Other unsaturated acyclic hydrocarbons
														Cyclic hydrocarbons:
														- Cyclanes, cyclenes and cycloterpenes:
0	0	0	0	0	0		0	0				0	0	-- Cyclohexane

税号	货品名称	进口关税 %			增值/消费税%	出口退税%	统计计量单位	监管证件代码	检验检疫类别	协定税率 %		
		最惠国	普通	年内暂定						东盟	亚太	智利
	-- 其他:											
2902.1910	--- 蒎烯	2	30		17	9	千克			0		0
2902.1920	--- 4-烷基-4'-烷基双环己烷	2	30		17	9	千克			0		0
2902.1990	--- 其他											
29021990.11	1-甲基环丙烯	2	30		17	9	千克	S		0		0
29021990.12	d-柠檬烯	2	30		17	9	千克			0		0
29021990.90	其他环烷烃、环烯及环萜烯	2	30		17	9	千克			0		0
2902.2000	- 苯	2	20		17	0	千克	AB	M/N	0		0
2902.3000	- 甲苯	2	30		17	13	千克	23		0		0
	- 二甲苯:											
2902.4100	-- 邻二甲苯	2	20		17	9	千克			0		0
2902.4200	-- 间二甲苯	2	20		17	9	千克			0		0
2902.4300	-- 对二甲苯	2	20		17	13	千克			0		0
2902.4400	-- 混合二甲苯异构体	2	20		17	13	千克			0		0
2902.5000	- 苯乙烯	2	30		17	9	千克	AB	M/N	0	1.4	0
2902.6000	- 乙苯	2	30		17	9	千克	AB	M/N	0		0
2902.7000	- 异丙基苯	2	30		17	9	千克	AB	M/N	0		0
	- 其他:											
2902.9010	--- 四氢萘	2	11		17	9	千克			0		0
2902.9020	--- 精萘	2	35		17	9	千克	AB	M/N	0		0
2902.9030	--- 十二烷基苯	2	30		17	9	千克			0		0
2902.9040	--- 4-(4'-烷基环己基)环己基乙烯	2	30		17	13	千克			0		0
2902.9090	--- 其他											
29029090.10	联苯	2	30		17	9	千克			0		0
29029090.90	其他芳香烃	2	30		17	9	千克			0		0
29.03	**烃的卤化衍生物:**											
	- 无环烃的饱和氯化衍生物:											
2903.1100	-- 一氯甲烷及氯乙烷	5.5	30		17	9	千克			0		0
2903.1200	-- 二氯甲烷											
29031200.01	纯度在99%及以上的二氯甲烷	8	30		17	9	千克	X		0		0
29031200.90	其他二氯甲烷	8	30		17	9	千克	X		0		0
2903.1300	-- 氯仿(三氯甲烷)	10	30		17	9	千克	23X		0	9	0
2903.1400	-- 四氯化碳											
29031400.10	非用于清洗剂的四氯化碳	8	30		17	9	千克	49Bxy	/N	0		0
29031400.90	用于清洗剂的四氯化碳	8	30		17	9	千克	89		0		0
2903.1500	-- 1,2-二氯乙烷(ISO)	5.5	30	1	17	0	千克	ABX	MR/NS			0
	-- 其他:											
2903.1910	--- 1,1,1-三氯乙烷(甲基氯仿)											
29031910.10	1,1,1-三氯乙烷(甲基氯仿)(用于清洗剂的除外)	8	30		17	9	千克	14ABxy	M/N	0		0
29031910.90	1,1,1-三氯乙烷(甲基氯仿)(用于清洗剂的)	8	30		17	9	千克	18A	M/	0		0
2903.1990	--- 其他	5.5	30		17	9	千克			0		0
	- 无环烃的不饱和氯化衍生物:											
2903.2100	-- 氯乙烯	5.5	30	1	17	9	千克	AB	M/N	0	3.9	0
2903.2200	-- 三氯乙烯	8	30		17	9	千克	X		0		0
2903.2300	-- 四氯乙烯(全氯乙烯)	5.5	30		17	9	千克	X		0		0
	-- 其他:											
2903.2910	--- 3-氯-1-丙烯(氯丙烯)	5.5	30		17	9	千克			0		0
2903.2990	--- 其他											
29032990.10	1,1-二氯乙烯	5.5	30		17	9	千克	X		0		0
29032990.90	其他无环烃的不饱和氯化衍生物	5.5	30		17	9	千克			0		0
	- 无环烃的氟化、溴化或碘化衍生物:											
2903.3100	-- 1,2-二溴乙烷(ISO)	5.5	30		17	0	千克	89		0		0
	-- 其他:											
2903.3910	--- 1,1,3,3,3-五氟-2-三氟甲基-1-丙烯(全氟异丁烯;八氟异丁烯)	5.5	30		17	9	千克	23		0		0

协定税率 %										特惠税率 %				Article Description
巴基斯坦	冰岛	哥斯达黎	秘鲁	新西兰	瑞士	新加坡	韩国	澳大利亚	港澳台	老挝	孟加拉	33 国	7 国	
														-- Other:
0	1	0	0	0	0		0	0				0	0	--- Pinene
0	1	0	0	0	0		0	0				0	0	--- 4-Alkyl-4′-alkylbicyclohexane
														--- Other
0	1	0	0	0	0		0	0				0	0	1-methyl cyclopropene
0	1	0	0	0	0		0	0				0	0	D-limonene
0	1	0	0	0	0		0	0				0	0	Other cyclanes, cyclenes and cycloterpenes
0	0	0	0	0	0		1.7	0				0	0	- Benzene
0	0	0	0	0	0		1.7	0				0	0	- Toluene
														- Xylenes:
0	0	0	0	0	0		1.6	0	//0			0	0	-- o-Xylene
0	0	0	0	0	0		0	0	//0			0	0	-- m-Xylene
0	0	0	0	0	1.4			0	//0			0	0	-- p-Xylene
0	0	0	0	0	0		0	0	//0			0	0	-- Mixed xylene isomers
0	0	0	0	0	1.4		1.8	0						- Styrene
0	0	0	0	0	0		1.6	0				0	0	- Ethylbenzene
0	0	0	0	0	0		0	0				0	0	- Cumene
														- Other:
0	0	0	0	0	0		0	0				0	0	--- Tetrahydronaphthalene(tetralin)
0	0	0	0	0	0		1.7	0				0	0	--- Naphthalene
0	0	0	0	0	0			0	//0			0	0	--- Dodecylbenzene
0	0	0	0	0	0		0	0				0	0	--- 4-(4′-alkylcyclohexyl) cyclohexyl ethylene
														--- Other
0	0	0	0	0	0		0	0				0	0	Biphenyl
0	0	0	0	0	0		0	0				0	0	Other aromatic hydrocarbons
														Halogenated derivatives of hydrocarbons:
														- Saturated chlorinated derivatives of acyclic hydrocarbons:
0	0	0	0	0	2.2		3.3	0				0	0	-- Chloromethane(methyl chloride)and chloroethane(ethyl chloride)
														-- Dichloromethane(methylene chloride)
5	0	0	0	0	3.2		6.9	4.8	0//			0	0	Dichloromethane (methylene chloride) which purity is 99% or more
5	0	0	0	0	3.2		6.9	4.8	0//			0	0	Other dichloromethane (methylene chloride)
5	0	0	0	0	4		8	6	0//0			0	0	-- Chloroform(trichloromethane)
														-- Carbon tetrachloride
5	0	0	0	0	3.2		4.8	4.8				0	0	Carbon tetrachloride, not used in cleaning agent
5	0	0	0	0	3.2		4.8	4.8				0	0	Carbon tetrachloride, used in cleaning agent
	0	0		0	2.2		3.3	0				0		-- 1,2-Dichloroethane(ethylene dichloride)
														-- Other:
														--- 1,1,1-Trichloroethane(methylchloro form)
5	0	0	0	0	3.2		4.8	4.8				0	0	1,1,1-trichloroethane, other than used in cleaning agent
5	0	0	0	0	3.2		4.8	4.8				0	0	1,1,1-trichloroethane, used in cleaning agent
5	0	0	0	0	2.2		4.4	0				0	0	--- Other
														- Unsaturated chlorinated derivatives of acyclic hydrocarbons:
0	0	0	0	0	2.2		0	0	//0			0	0	-- Vinyl chloride(chloroethylene)
5	0	0	0	0	3.2		6.9	4.8				0	0	-- Trichloroethylene
0	0	0	0	0	2.2		3.3	0				0	0	-- Tetrachloroethylene(perchloroethylene)
														-- Other:
0	0	0	0	0	2.2		3.3	0				0	0	--- 3-Chloro-1-propene (Chloro propene)
														--- Other
0	0	0	0	0	2.2		3.3	0				0	0	1,1-dichloroethylene
0	0	0	0	0	2.2		3.3	0				0	0	Other unsaturated chlorinated derivatives of acyclic hydrocarbons
														- Fluorinated, brominated or iodinated derivatives of acyclic hydrocarbons:
5	0	0	0	0	2.2		3.3	0	0//			0	0	-- Ethylene dibromide (ISO)(1,2-dibromoethane)
														-- Other:
0	0	0	0	0	2.2		3.3	0				0	0	--- 1,1,3,3,3-Pentafluro-2-trifluromethyl-1-propene(Perfluorolisobutylene, isobutylene octafluoride)

税号	货品名称	进口关税% 最惠国	进口关税% 普通	进口关税% 年内暂定	增值/消费税%	出口退税%	统计计量单位	监管证件代码	检验检疫类别	协定税率% 东盟	协定税率% 亚太	协定税率% 智利
2903.3990	--- 其他											
29033990.10	二溴甲烷	5.5	30		17	9	千克	AB	M/N	0		0
29033990.20	溴甲烷(别名甲基溴)	5.5	30		17	0	千克	14ABxy	M/N	0		0
29033990.30	碘甲烷	5.5	30		17	13	千克	AB	M/N	0		0
29033990.90	其他无环烃的氟化、溴化或碘化衍生物	5.5	30		17	13	千克			0		0
	- 含有两种或两种以上不同卤素的无环烃卤化衍生物:											
2903.7100	-- 一氯二氟甲烷	5.5	30		17	13	千克	14ABxy	M/N	0		0
2903.7200	-- 二氯三氟乙烷	5.5	30		17	9	千克	14xy		0		0
2903.7300	-- 二氯一氟乙烷	5.5	30		17	9	千克	14xy		0		0
2903.7400	-- 一氯二氟乙烷	5.5	30		17	9	千克	14xy		0		0
2903.7500	-- 二氯五氟丙烷											
29037500.10	1,1,1,2,2-五氟-3,3-二氯丙烷	5.5	30		17	9	千克	14xy		0		0
29037500.20	1,1,2,2,3-五氟-1,3-二氯丙烷	5.5	30		17	9	千克	14xy		0		0
29037500.90	其他二氯五氟丙烷	5.5	30		17	9	千克	14xy		0		0
2903.7600	-- 溴氯二氟甲烷、溴三氟甲烷及二溴四氟乙烷											
29037600.10	溴氯二氟甲烷(Halon-1211)	5.5	30		17	9	千克	14xy		0		0
29037600.20	溴三氟甲烷(Halon-1301)	5.5	30		17	9	千克	14ABxy	M/N	0		0
29037600.30	二溴四氟乙烷	5.5	30		17	9	千克			0		0
	-- 其他，仅含氟和氯的全卤化物:											
2903.7710	--- 三氯氟甲烷	5.5	30		17	9	千克	14ABxy	M/N	0		0
2903.7720	--- 其他仅含氟和氯的甲烷、乙烷及丙烷的全卤化物											
29037720.11	二氯二氟甲烷(CFC-12)	5.5	30		17	9	千克	14ABxy	M/N	0		0
29037720.12	三氯三氟乙烷,用于清洗剂除外(CFC-113)	5.5	30		17	9	千克	14xy		0		0
29037720.13	三氯三氟乙烷,用于清洗剂(CFC-113)	5.5	30		17	9	千克	89		0		0
29037720.14	二氯四氟乙烷(CFC-114)	5.5	30		17	9	千克	14ABxy	M/N	0		0
29037720.15	一氯五氟乙烷(CFC-115)	5.5	30		17	9	千克	14ABxy	M/N	0		0
29037720.16	一氯三氟甲烷(CFC-13)	5.5	30		17	9	千克	14ABxy	M/N	0		0
29037720.17	五氯一氟乙烷	5.5	30		17	9	千克			0		0
29037720.18	四氯二氟乙烷	5.5	30		17	9	千克			0		0
29037720.19	七氯一氟丙烷	5.5	30		17	9	千克			0		0
29037720.21	六氯二氟丙烷	5.5	30		17	9	千克			0		0
29037720.22	五氯三氟丙烷	5.5	30		17	9	千克			0		0
29037720.23	四氯四氟丙烷	5.5	30		17	9	千克			0		0
29037720.24	三氯五氟丙烷	5.5	30		17	9	千克			0		0
29037720.25	二氯六氟丙烷	5.5	30		17	9	千克			0		0
29037720.26	一氯七氟丙烷	5.5	30		17	9	千克			0		0
2903.7790	--- 其他	5.5	30		17	13	千克			0		0
2903.7800	-- 其他全卤化衍生物	5.5	30		17	9	千克			0		0
	-- 其他:											
2903.7910	--- 其他仅含氟和氯的甲烷、乙烷及丙烷的卤化衍生物											
29037910.11	一氟二氯甲烷	5.5	30		17	9	千克	14xy		0		0
29037910.12	1,1,1,2-四氟-2-氯乙烷	5.5	30		17	9	千克	14xy		0		0
29037910.13	三氟一氯乙烷	5.5	30		17	9	千克	14ABxy	M/N	0		0
29037910.14	1-氟-1,1-二氯乙烷	5.5	30		17	9	千克	14xy		0		0
29037910.15	1,1-二氟-1-氯乙烷	5.5	30		17	9	千克	14xy		0		0
29037910.90	其他仅含氟和氯的甲烷、乙烷及丙烷的卤化衍生物	5.5	30		17	9	千克	14xy		0		0
2903.7990	--- 其他											
29037990.10	二溴氯丙烷(1,2-二溴-3-氯丙烷)	5.5	30		17	9	千克	89		0		0
29037990.21	其他仅含溴、氟的甲烷、乙烷和丙烷	5.5	30		17	9	千克	14xy		0		0
29037990.29	其他仅含氟和溴的甲烷等卤化衍生物(包括其他仅含氟和溴的乙烷及丙烷的卤化衍生物)	5.5	30		17	9	千克			0		0

协定税率 %										特惠税率 %				Article Description
巴基斯坦	冰岛	哥斯达黎	秘鲁	新西兰	瑞士	新加坡	韩国	澳大利亚	港澳台	老挝	孟加拉	33 国	7 国	
														--- Other
5	0	0	0	0	2.2		3.3	0	0//			0	0	Dibromomethane
5	0	0	0	0	2.2		3.3	0	0//			0	0	Methyl bromide
5	0	0	0	0	2.2		3.3	0	0//			0	0	Methyl iodide
5	0	0	0	0	2.2		3.3	0	0//			0	0	Other fluorinated, brominated or iodinated derivatives of acyclic hydrocarbons
														- Halogenated derivatives of acyclic hydrocarbons containing two or more different halogens:
5	0	0	0	0	2.2		3.3	0				0	0	-- Chlorodifluoromethane
5	0	0	0	0	2.2		3.3	0				0	0	-- Dichlorotrifluoroethanes
5	0	0	0	0	2.2		3.3	0				0	0	-- Dichlorofluoroethanes
5	0	0	0	0	2.2		3.3	0				0	0	-- Chlorodifluoroethanes
														-- Dichloropentafluoropropanes
5	0	0	0	0	2.2		3.3	0				0	0	1,1,1,2,2- pentafluoro -3,3-dicholoropropane
5	0	0	0	0	2.2		3.3	0				0	0	1,1,1,2,3- pentafluoro -1,3-dicholoropropane
5	0	0	0	0	2.2		3.3	0				0	0	Chlorodifluorobromomethane
														-- Bromochlorodifluoromethane, bromotrifluoromethane and dibromotertraf luorothane
0	0	0	0	0	2.2		3.3	0				0	0	Romine chlorodifluoromethane(Halon-1211)
0	0	0	0	0	2.2		3.3	0				0	0	Bromotrifluoromethane
0	0	0	0	0	2.2		3.3	0				0	0	Dibromotetrafluoroethane
														-- Other perhalogenated derivatives only with fluorine and chlorine:
5	0	0	0	0	2.2		3.3	0				0	0	--- Trichlorofluoromethane
														--- Other methane, ethane and propane perhalogenated derivatives only with fluorine and chlorine:
0	0	0	0	0	2.2		3.3	0				0	0	Dichlorodifluoromethane
0	0	0	0	0	2.2		3.3	0				0	0	Trichloro trifluoro ethane(CFC-113), other than used as cleaning agent
0	0	0	0	0	2.2		3.3	0				0	0	Trichloro trifluoro ethane(CFC-113), used as cleaning agent
0	0	0	0	0	2.2		3.3	0				0	0	Dichlorotetrafluoroethane
0	0	0	0	0	2.2		3.3	0				0	0	Chloropentafluoroethane
0	0	0	0	0	2.2		3.3	0				0	0	Chlorotrifluoromethane(CFC-13)
0	0	0	0	0	2.2		3.3	0				0	0	Pentachlorophenol ethyl fluoride
0	0	0	0	0	2.2		3.3	0				0	0	Tetrachloro-difluoroethane
0	0	0	0	0	2.2		3.3	0				0	0	Heptachlor fluorine propane
0	0	0	0	0	2.2		3.3	0				0	0	Hexachlorodifluoropropanes
0	0	0	0	0	2.2		3.3	0				0	0	Pentachlorophenol trifluoroacetic propane
0	0	0	0	0	2.2		3.3	0				0	0	Chlorotetrafluoropropane
0	0	0	0	0	2.2		3.3	0				0	0	Trichloro pentafluoropropane
0	0	0	0	0	2.2		3.3	0				0	0	Dichloro-hexafluoropropane
0	0	0	0	0	2.2		3.3	0				0	0	Monochlorine heptafluoropropane
5	0	0	0	0	2.2		4.4	0				0	0	--- Other
0	0	0	0	0	2.2		3.3	0				0	0	-- Other perhalogenated derivatives
														-- Other:
														--- Other methane, ethane and propane halogenated derivatives only with fluorine and chlorine
5	0	0	0	0	2.2		3.3	0				0	0	Monofluorine Dichloromethane
5	0	0	0	0	2.2		3.3	0				0	0	1,1,1,2- Tetrafluorodichloroethane
5	0	0	0	0	2.2		3.3	0				0	0	Trifluoroacetic monochloroethane
5	0	0	0	0	2.2		3.3	0				0	0	1-flurorine-1,1-dichloroethane
5	0	0	0	0	2.2		3.3	0				0	0	1,1-difluoro -1-chloroethane
5	0	0	0	0	2.2		3.3	0				0	0	Other methane, ethane and propane halogenate derivative only with flurorine and chloric
														--- Other
0	0	0	0	0	2.2		3.3	0				0	0	Dibromochloropropane
0	0	0	0	0	2.2		3.3	0				0	0	Other methane , ethane and propane halogenate derivative only with fluorine and bromic
0	0	0	0	0	2.2		3.3	0				0	0	Other methane halogenate derivative only with fluorine and bromic (including other ethane and propane halogenate derivative only with fluorine and bromic

税号	货品名称	进口关税% 最惠国	普通	年内暂定	增值/消费税%	出口退税%	统计计量单位	监管证件代码	检验检疫类别	协定税率% 东盟	亚太	智利
29037990.90	其他无环烃卤化衍生物(含二种或二种以上不同卤素)	5.5	30		17	9	千克			0		0
	- 环烷烃、环烯烃或环萜烯烃的卤化衍生物:											
2903.8100	-- 1,2,3,4,5,6-六氯环己烷[六六六(ISO)],包括林丹(ISO,INN)											
29038100.10	林丹(ISO,INN)	5.5	30		17	0	千克	S		0		0
29038100.20	α-六氯环己烷、β-六氯环己烷	5.5	30		17	0	千克	89		0		0
29038100.90	其他1,2,3,4,5,6-六氯环己烷[六六六(ISO)](混合异构体)	5.5	30		17	0	千克	X		0		0
2903.8200	-- 艾氏剂(ISO)、氯丹(ISO)及七氯(ISO)											
29038200.10	艾氏剂(ISO)及七氯(ISO)	5.5	30		17	0	千克	89		0		0
29038200.90	氯丹(ISO)(别名八氯化甲桥茚)	5.5	30		17	0	千克	89		0		0
2903.8900	-- 其他											
29038900.10	毒杀芬	5.5	30		17	0	千克	89		0		0
29038900.30	灭蚁灵	5.5	30		17	0	千克	89		0		0
29038900.90	其他环烷烃、环烯烃或环萜烯烃的卤化衍生物	5.5	30		17	13	千克			0		0
	- 芳烃卤化衍生物:											
	-- 氯苯、邻二氯苯及对二氯苯:											
2903.9110	--- 邻二氯苯	5.5	30		17	9	千克			0		0
2903.9190	--- 其他											
29039190.10	1,4-二氯苯(又称对二氯苯)	5.5	30		17	9	千克	S		0		0
29039190.90	氯苯	5.5	30		17	9	千克	AB	M/N	0		0
2903.9200	-- 六氯苯(ISO)及滴滴涕(ISO,INN)[1,1,1-三氯-2,2-双(4-氯苯基)乙烷]	5.5	30		17	0	千克	89		0		0
	-- 其他:											
2903.9910	--- 对氯甲苯	5.5	30		17	9	千克	AB	M/N	0		0
2903.9920	--- 3,4-二氯三氟甲苯	5.5	30		17	9	千克			0		0
2903.9930	--- 4-(4'-烷基苯基)-1-(4'-烷基苯基)-2-氟苯	5.5	30		17	13	千克			0		0
2903.9990	--- 其他											
29039990.10	多氯联苯、多溴联苯	5.5	30		17	9	千克	89		0		0
29039990.30	多氯三联苯(PCT)	5.5	30		17	9	千克	X		0		0
29039990.40	稗草烯	5.5	30		17	0	千克	S		0		0
29039990.50	五氯苯	5.5	30		17	9	千克	89		0		0
29039990.90	其他芳烃卤化衍生物	5.5	30		17	9	千克			0		0
29.04	**烃的磺化、硝化或亚硝化衍生物,不论是否卤化:**											
2904.1000	- 仅含磺基的衍生物及其盐和乙酯	5.5	30		17	9	千克			0		0
	- 仅含硝基或亚硝基的衍生物:											
2904.2010	--- 硝基苯	5.5	20		17	9	千克	AB	M/N	0		0
2904.2020	--- 硝基甲苯	5.5	30		17	9	千克			0		0
2904.2030	--- 二硝基甲苯	5.5	20		17	9	千克	AB	M/N	0		0
2904.2040	--- 三硝基甲苯(TNT)	5.5	40		17	9	千克	AB	M/N	0		0
2904.2090	--- 其他											
29042090.10	六硝基芪	5.5	30		17	9	千克	3		0		0
29042090.20	4-硝基联苯	5.5	30		17	9	千克	X		0		0
29042090.90	其他仅含硝基或亚硝基衍生物	5.5	30		17	9	千克			0		0
	- 其他:											
	--- 硝基氯化苯:											
2904.9011	----邻硝基氯化苯	5.5	30		17	9	千克			0		0
2904.9012	----间硝基氯化苯	5.5	30		17	9	千克			0		0
2904.9013	----对硝基氯化苯	5.5	30		17	9	千克			0		0
2904.9020	--- 二硝基氯化苯	5.5	20		17	9	千克			0		0
2904.9030	--- 三氯硝基甲烷(氯化苦;硝基氯仿)	5.5	30		17	0	千克	23S		0		0
2904.9090	--- 其他											
29049090.11	氯硝丙烷	5.5	30		17	0	千克	S		0		0
29049090.12	四氯硝基苯	5.5	30		17	0	千克	S		0		0
29049090.13	五氯硝基苯	5.5	30		17	0	千克	S		0		0

协定税率 %										特惠税率 %				
巴基斯坦	冰岛	哥斯达黎	秘鲁	新西兰	瑞士	新加坡	韩国	澳大利亚	港澳台	老挝	孟加拉	33国	7国	Article Description
0	0	0	0	0	2.2		3.3	0				0	0	Other acyclic hydrocarbon halogenate derivative (with two or more different halogens)
														- Halogenated derivatives of cyclanic, cyclenic or cycloterpenic hydrocarbons:
														-- 1, 2, 3, 4, 5,6-Hexachlorocyclohexane （HCH（ISO））, including linadne（ISO, INN）
0	0	0	0	0	2.2		3.3	0				0	0	Lindane (ISO, INN)
0	0	0	0	0	2.2		3.3	0				0	0	α-Hexachlorocyclohexane, β-hexachlorocyclohexane
0	0	0	0	0	2.2		3.3	0				0	0	1,2,3,4,5,6-Hexachlorocyclohexane (hexachloro-cyclohexane soprocide (ISO))
														-- Aldrin（ISO）, chlordane（ISO）and heptachlor（ISO）
0	0	0	0	0	2.2		3.3	0				0	0	Aldrin (ISO) and heptachlor (ISO)
0	0	0	0	0	2.2		3.3	0				0	0	Chlordan (ISO)
														-- Other
0	0	0	0	0	2.2		3.3	0				0	0	Toxaphene
0	0	0	0	0	2.2		3.3	0				0	0	Mirex
0	0	0	0	0	2.2		3.3	0				0	0	Other Cycloalkanes, cycloolefin or cyc-terpene halogenate dervative
														- Halogenated derivatives of aromatic hydrocarbons:
														-- Chlorobenzene, o-dichlorobenzene and P-dichlorobenzene:
0	0	0	0	0	2.2		4.4	0				0	0	--- o-Dichlorobenzene
														--- Other
5	0	0	0	0	2.2		3.3	0				0	0	1,4-dichlorobenzene
5	0	0	0	0	2.2		3.3	0				0	0	Chlorobenzene
0	0	0	0	0	2.2		3.3	0				0	0	-- Hexachlorobenzene（ISO）and DDT（ISO）（clofenotane（INN）, 1,1,1-trichloro-2,2-bis（p-chlorophenyl）ethane）
														-- Other:
0	0	0	0	0	2.2		3.3	0				0	0	--- P-Chlorotoluene
0	0	0	0	0	2.2		3.3	0				0	0	--- 3,4-Dichlorotrifluoride toluene
5	0	0	0	0	2.2		3.3	0				0	0	--- 4-(4'-alkylphenyl)-1-(4'-alkylphenyl)-2-fluoroben zene
														--- Other
5	0	0	0	0	2.2		3.3	0				0	0	Polychlorinated biphenyl, polybrominated biphenyls
5	0	0	0	0	2.2		3.3	0				0	0	Polychlorinated Terphenyls (PCT)
5	0	0	0	0	2.2		3.3	0				0	0	Tavron
5	0	0	0	0	2.2		3.3	0				0	0	Pentachlorobenzene
5	0	0	0	0	2.2		3.3	0				0	0	Other arene halogenate derivative
														Sulphonated, nitrated or nitrosated derivatives of hydrocarbons, whether or not halogenated:
5	0	0	0	0	2.2		3.3	0	0//			0	0	- Derivatives containing only sulpho groups, their salts and ethyl esters
														- Derivatives containing only nitro or only nitroso groups:
0	0	0	0	0	2.2		3.3	0				0	0	--- Nitrobenzene
0	0	0	0	0	2.2		3.3	0				0	0	--- Nitrotoluene and nitrochlorobenzene
0	0	0	0	0	2.2		3.3	0				0	0	--- Dinitrotoluene and dinitrochlorobenzene
0	0	0	0	0	2.2		3.3	0				0	0	--- Trinitrotoluene
														--- Other
5	0	0	0	0	2.2		3.3	0				0	0	Hexanitrostilbene
5	0	0	0	0	2.2		3.3	0				0	0	4-Nitrobiphenyl
5	0	0	0	0	2.2		3.3	0				0	0	Other derivatives containing only nitro or only nitroso groups
														- Other:
														--- Nitrochlorobenzene:
0	0	0	0	0	2.2		3.3	0				0	0	----o-Nitrochlorobenzene
0	0	0	0	0	2.2		3.3	0				0	0	----m-Nitrochlorobenzene
0	0	0	0	0	2.2		3.3	0				0	0	----p-Nitrochlorobenzene
0	0	0	0	0	2.2		3.3	0				0	0	--- Dinitrochlorobenzene
0	0	0	0	0	2.2		3.3	0				0	0	--- Trichloronitromethane(chloropicrin, nitrochloroform)
														--- Other
5	0	0	0	0	2.2		3.3	0				0	0	Chloronltropropane
5	0	0	0	0	2.2		3.3	0				0	0	Tecnazene
5	0	0	0	0	2.2		3.3	0				0	0	Quintozene

税号	货品名称	进口关税 %			增值/消费税%	出口退税%	统计计量单位	监管证件代码	检验检疫类别	协定税率 %		
		最惠国	普通	年内暂定						东盟	亚太	智利
29049090.14	全氟辛基磺酸、全氟辛基磺酸钾、全氟辛基磺酸锂、全氟辛基磺酸铵、全氟辛基磺酰氟	5.5	30		17	9	千克	X		0		0
29049090.90	其他烃的磺化、硝化、亚硝化衍生物(不论是否卤化)	5.5	30		17	9	千克			0		0
	第二分章　醇类及其卤化、磺化、硝化或亚硝化衍生物											
29.05	**无环醇及其卤化、磺化、硝化或亚硝化衍生物:**											
	-　饱和一元醇:											
2905.1100	--　甲醇	5.5	30		17	13	千克	AB	M/N	0		0
	--　丙醇及异丙醇:											
2905.1210	---　丙醇	5.5	30	3	17	9	千克	AB	M/N	0		0
2905.1220	---　异丙醇	5.5	30		17	9	千克	ABG	M/N	0		0
2905.1300	--　正丁醇	5.5	30		17	13	千克	AB	MR/NS	0		0
	--　其他丁醇:											
2905.1410	---　异丁醇	5.5	30		17	9	千克			0		0
2905.1420	---　仲丁醇	5.5	30		17	9	千克			0		0
2905.1430	---　叔丁醇	5.5	30		17	9	千克			0		0
	--　辛醇及其异构体:											
2905.1610	---　正辛醇	5.5	30		17	13	千克			0		0
2905.1690	---　其他	5.5	30		17	9	千克			0		0
2905.1700	--　十二醇、十六醇及十八醇	7	30		17	9	千克			0		0
	--　其他:											
2905.1910	---　3,3-二甲基丁-2-醇（频哪基醇）	5.5	30		17	9	千克	23		0		0
2905.1990	---　其他											
29051990.10	三十烷醇	5.5	30		17	13	千克	S		0		0
29051990.90	其他饱和一元醇	5.5	30		17	13	千克			0		0
	-　不饱和一元醇:											
	--　无环萜烯醇:											
2905.2210	---　香叶醇、橙花醇（3,7-二甲基-2,6-辛二烯-1-醇）	5.5	30		17	9	千克			0		0
2905.2220	---　香茅醇（3,7-二甲基-6-辛烯-1-醇）	5.5	30		17	9	千克			0		0
2905.2230	---　芳樟醇	5.5	30		17	13	千克	AB	R/S	0		0
2905.2290	---　其他	5.5	30		17	9	千克			0		0
2905.2900	--　其他	5.5	30		17	9	千克			0		0
	-　二元醇:											
2905.3100	--　1,2-乙二醇	5.5	30		17	9	千克					0
2905.3200	--　1,2-丙二醇	5.5	30	3	17	9	千克			0		0
	--　其他:											
2905.3910	---　2,5-二甲基已二醇	4	11		17	9	千克			0		0
2905.3990	---　其他											
29053990.01	1,3-丙二醇	5.5	30	3	17	9	千克	AB	R/S	0		0
29053990.02	1,4-丁二醇	5.5	30		17	9	千克	AB	R/S	0		0
29053990.10	驱蚊醇	5.5	30		17	9	千克	S		0		0
29053990.90	其他二元醇	5.5	30		17	9	千克	AB	MR/NS	0		0
	-　其他多元醇:											
2905.4100	--　2-乙基-2-（羟甲基）丙烷-1,3-二醇（三羟甲基丙烷）	5.5	30		17	9	千克			0		0
2905.4200	--　季戊四醇	5.5	30		17	13	千克			0		0
2905.4300	--　甘露糖醇	8	30		17	13	千克	AB	R/S	0		0
2905.4400	--　山梨醇	14	40		17	13	千克			0		0
2905.4500	--　丙三醇（甘油）	14	50	3	17	13	千克	AB	R/S	0	11.2	0
	--　其他:											
2905.4910	---　木糖醇	5.5	30		17	9	千克	AB	R/S	0		0
2905.4990	---　其他	5.5	30		17	9	千克			0		0
	-　无环醇的卤化、磺化、硝化或亚硝化衍生物:											
2905.5100	--　乙氯维诺（INN）	5.5	30		17	9	千克	I		0		0

协定税率 %										特惠税率 %				Article Description
巴基斯坦	冰岛	哥斯达黎	秘鲁	新西兰	瑞士	新加坡	韩国	澳大利亚	港澳台	老挝	孟加拉	33 国	7 国	
5	0	0	0	0	2.2		3.3	0				0	0	Perfluorooctane sulfonate, Perfluorooctane sulfonate acid potassiu, Perfluorooctane sulfonate acid lithium, Perfluorooctane sulfonate acid ammonia, Perfluorooctane sulfonate acid acyl bromide
5	0	0	0	0	2.2		3.3	0				0	0	Other sulphonated, nitrated, nitrosalted derivatives of hydrocarbons, whether or not halogenated
														Ⅱ.ALCOHOLS AND THEIRHALOGENATED, SULPHONATED, NITRATED OR NITROSATED DERIVATIVES
														Acyclic alcohols and their halogenated, sulphonated, nitrated or nitrosated derivatives:
														- Saturated monohydric alcohols:
0	0	0		0	2.2			0	0/0/					-- Methanol(methyl alcohol)
														-- Propan-1-ol(propyl alcohol)and propan-2-ol(isopropyl alcohol):
0	0	0	0	0	2.2		4.7	0				0	0	--- Propan-1-ol(propyl alcohol)
0	0	0	0	0	2.2		4.7	0	//0			0	0	--- Propan-2-ol(isopropyl alcohol)
0	0	0	0	0	2.2		4.7	0	//0			0	0	-- Butan-1-ol(n-butyl alcohol)
														-- Other butanols:
0	0	0	0	0	2.2		4.7	0	//0			0	0	--- Isobutanol
0	0	0	0	0	2.2		4.7	0				0	0	--- Secbutanol
0	0	0	0	0	2.2		4.7	0				0	0	--- Tertiary butanol
														-- Octanol(octyl alcohol)and isomers thereof:
5	0	0		0	2.2			0						--- n-octanol
5	0	0		0	2.2			0						--- Other
5	0	0	0	0	2.8		6	4.2				0	0	-- Dodecan-1-ol(lauryl alcohol),hexade can-1-ol(cetyl alcohol)and octadecan-1-ol(stearyl alcohol)
														-- Other:
0	0	0	0	0	2.2		3.3	0				0	0	--- 3,3-Dimethyl-2-butanol(pinacolyl alcohol)
														--- Other
5	0	0	0	0	3.9		3.3	0				0	0	Triacontanol
5	0	0	0	0	3.9		3.3	0				0	0	Other saturated monohydric alcohols
														- Unsaturated monohydric alcohols:
														-- Acyclic terpene alcohols:
0	0	0	0	0	2.2		3.3	0				0	0	--- Geraniol, nerol(cis-3,7-Dimethyl-2,6-octadien-1-ol)
5	0	0	0	0	2.2		3.3	0				0	0	--- Citronellol(3,7-Dimethyl-6-octen-1-ol)
5	0	0	0	0			3.3	0				0	0	--- Linalool
5	0	0	0	0	4		3.3	0				0	0	--- Other
5	0	0	0	0	2.2		3.3	0				0	0	-- Other
														- Diols:
	0	0		0				0						-- Ethylene glycol(ethanediol)
5	0	0	0	0	2.2		4.4	0				0	0	-- Propylene glycol(propane-1,2-diol)
														-- Other:
0	0	0	0	0	0		0	0				0	0	--- 2,5-dimethyl hexandiol
														--- Other
5	0	0	0	0	2.2			0				0	0	1,3-Propanediol
5	0	0	0	0	2.2			0				0	0	1,4-Butylene Glycal
5	0	0	0	0	2.2			0				0	0	Ethohexadiol
5	0	0	0	0	2.2			0				0	0	Other diatomic alcohols
														- Other polyhydric alcohols:
0	0	0	0	0	2.2		3.3	0				0	0	-- 2-Ethyl-2-(hydroxymethyl) propane-1,3- diol (trimethylolpropane)
5	0	0	0	0	2.2		4.4	0				0	0	-- Pentaerythritol
5	0	0	0	0	3.2		4.8	4.8			0	0	0	-- Mannitol
11.2	0	0	0	0	9.8	0	11.2	8.4				0	0	-- D-glucitol(sorbitol)
7	0	0	0	0	9.8	0	11.2	8.4	/0/			0	0	-- Glycerol
														-- Other:
5	0	0	0	0	2.2		3.3	0				0	0	--- Xylitol
5	0	0	0	0	2.2		3.3	0				0	0	--- Other
														- Halogenated，sulphonated，nitrated ornitrosated derivatives of acyclic alcohols:
0	0	0	0	0	2.2		3.3	0				0	0	-- Ethchlorvynol(INN)

税号	货品名称	进口关税% 最惠国	普通	年内暂定	增值/消费税%	出口退税%	统计计量单位	监管证件代码	检验检疫类别	协定税率% 东盟	亚太	智利
2905.5900	-- 其他											
29055900.10	乙氯维诺的盐	5.5	30		17	9	千克	I		0		0
29055900.20	2-氯乙醇	5.5	30		17	9	千克	3A	M/	0		0
29055900.30	溴硝醇	5.5	30		17	9	千克			0		0
29055900.40	鼠甘伏	5.5	30		17	9	千克	S		0		0
29055900.90	其他无环醇的卤化、磺化等衍生物	5.5	30		17	9	千克			0		0
29.06	**环醇及其卤化、磺化、硝化或亚硝化衍生物:**											
	- 环烷醇、环烯醇及环萜烯醇:											
2906.1100	-- 薄荷醇	5	70		17	13	千克			0		0
2906.1200	-- 环己醇、甲基环己醇及二甲基环己醇											
29061200.10	甲基环己醇	5.5	30		17	9	千克	AB	M/N	0		0
29061200.90	环己醇,二甲基环己醇	5.5	30		17	9	千克			0		0
	-- 固醇及肌醇:											
2906.1310	--- 固醇	5.5	30	3	17	9	千克			0		0
2906.1320	--- 肌醇	5.5	30		17	9	千克	AB	R/S	0		0
	-- 其他:											
2906.1910	--- 萜品醇	5.5	30		17	9	千克			0		0
2906.1990	--- 其他											
29061990.11	5α-雄烷-3α,17α-二醇(阿法雄烷二醇)[包括5α-雄烷-3β,17β-二醇(倍他雄烷二醇)]	5.5	30		17	13	千克	L		0		0
29061990.12	雄甾-4-烯-3α,17α-二醇(4-雄烯二醇(3α,17α))[包括雄甾-4-烯-3α,17β-二醇(4-雄烯二醇(3α,17β))]	5.5	30		17	13	千克	L		0		0
29061990.13	雄甾-5-烯-3α,17α-二醇(5-雄烯二醇(3α,17α))[包括雄甾-5-烯-3α,17β-二醇(5-雄烯二醇(3α,17β))]	5.5	30		17	13	千克	L		0		0
29061990.90	其他环烷醇,环烯醇及环萜烯醇	5.5	30		17	13	千克			0		0
	- 芳香醇:											
2906.2100	-- 苄醇	5	30		17	9	千克			0		0
	-- 其他:											
2906.2910	--- 2-苯基乙醇	5.5	30		17	9	千克			0		0
2906.2990	--- 其他											
29062990.10	三氯杀螨醇、杀螨醇	5.5	30		17	9	千克	S		0		0
29062990.90	其他芳香醇	5.5	30		17	9	千克			0		0
	第三分章 酚、酚醇及其卤化、磺化、硝化或亚硝化衍生物											
29.07	**酚;酚醇:**											
	- 一元酚:											
	-- 苯酚及其盐:											
2907.1110	--- 苯酚	5.5	30		17	13	千克	AB	M/N	0		0
2907.1190	--- 其他	5.5	30		17	9	千克			0		0
	-- 甲酚及其盐:											
	--- 甲酚:											
2907.1211	----间甲酚	5.5	30	3	17	9	千克			0		0
2907.1212	----邻甲酚	5.5	30	3	17	9	千克			0		0
2907.1219	----其他	5.5	30		17	9	千克	AB	MR/NS	0		0
2907.1290	--- 其他	5.5	30		17	9	千克			0		0
	-- 辛基酚、壬基酚及其异构体以及它们的盐:											
2907.1310	--- 壬基酚	5.5	30		17	9	千克	X		0		0
2907.1390	--- 其他	5.5	30		17	9	千克			0		0
	-- 萘酚及其盐:											
2907.1510	--- 2-萘酚(β-萘酚)	5.5	30		17	9	千克			0		0
2907.1590	--- 其他	5.5	30		17	9	千克	AB	R/S	0		0
	-- 其他:											
2907.1910	--- 邻仲丁基酚、邻异丙基酚											
29071910.10	邻异丙基(苯)酚	4	11	2	17	9	千克	AB	M/N	0		0
29071910.90	邻仲丁基酚	4	11	2	17	9	千克			0		0
2907.1990	--- 其他											

协定税率 %										特惠税率 %				Article Description
巴基斯坦	冰岛	哥斯达黎	秘鲁	新西兰	瑞士	新加坡	韩国	澳大利亚	港澳台	老挝	孟加拉	33 国	7 国	
														-- Other
5	0	0	0	0	2.2		4.4	0				0	0	Salts of Ethchloivynol (INN)
5	0	0	0	0	2.2		4.4	0				0	0	2-Chloroethanol
5	0	0	0	0	2.2		4.4	0				0	0	Bronopol (BAN)
5	0	0	0	0	2.2		4.4	0				0	0	Gliftor
5	0	0	0	0	2.2		4.4	0				0	0	Other halogenated, sulphonated derivatives of acyclic alcohol
														Cyclic alcohols and their halogenated, snlphonated，nitrated or nitrosated derivatives:
														- Cyclanic，cyclenic or cycloterpenic:
0	0	0	0	0	0		3	0				0	0	-- Menthol
														-- Cyclohexanol，methylcyclohexanols and dimethylcyctohexanols
5	0	0	0	0	2.2		3.3	0				0	0	Hexahydrocresol
5	0	0	0	0	2.2		3.3	0				0	0	Cyclohexanol, dimethyl-cyclohexanol
														-- Sterols and inositols:
0	0	0	0	0	2.2		4.4	0				0	0	--- Sterol
5	0	0	0	0	2.2		3.3	0				0	0	--- Inositol
														-- Other:
5	0	0	0	0	2.2		3.3	0				0	0	--- Terpineols
														--- Other
5	0	0	0	0			3.3	0				0	0	α-Dihydroandrosterone (including 5a-androstane- 3p,17p-glycol; p-dihydroandrosterone)
5	0	0	0	0			3.3	0				0	0	Androst-4-ene-3α,17α-diol (including androst-4-ene-3α,17β-diol)
5	0	0	0	0			3.3	0				0	0	Androst-5-ene-3α, 17α-diol (including Androst-5-ene-3α, 17β-diol)
5	0	0	0	0			3.3	0				0	0	Other cyclanic, cyclenic or cycloterpenic
														- Aromatic:
0	0	0	0	0	0		3	0				0	0	-- Benzyl alcohol
														-- Other:
5	0	0	0	0	2.2		3.3	0				0	0	--- 2-Phenylethyl alcohol
														--- Other
5	0	0	0	0	4		4.4	0				0	0	Dicofol, chlorfenethol
5	0	0	0	0	4		4.4	0				0	0	Other aromatic alcohols
														Ⅲ.PHENOLS，PHENOL-ALCOHOLS, AND THEIR HALOGENATED, SULPHONATED, NITRATED OR NITROSATED DERIVATIVES
														Phenols;phenol-alcohols:
														- Monophenols:
														-- Phenol (hydroxybenzene) and its salts:
0	0	0	0	0	2.2			0			0	0	0	--- Phenol
0	0	0	0	0	3.9			0			0	0	0	--- Other
														-- Cresol and its salts:
														--- Cresol:
0	0	0	0	0	2.2		3.3	0			0	0	0	----m-Cresol
0	0	0	0	0	2.2		3.3	0			0	0	0	----o-Cresol
5	0	0	0	0	2.2		4.4	0			0	0	0	----Other
0	0	0	0	0	2.2		3.3	0			0	0	0	--- Other
														-- Octylphenol，nonylphenol and their isomers;salts thereof:
0	0	0	0	0	2.2			0			0	0	0	--- Nonylphenol
0	0	0	0	0	2.2		4.7	0			0	0	0	--- Other
														-- Naphthols and their salts:
0	0	0	0	0	2.2		3.3	0			0	0	0	--- 2-Naphthols(β-naphthol)
5	0	0	0	0	2.2		3.3	0			0	0	0	--- Other
														-- Other:
														--- o-Sec-butyl phenol，o-isopropyl phenol
0	0	0	0	0	2.8		0	0			0	0	0	o-Isopropyl (benzene) phenol
0	0	0	0	0	2.8		0	0			0	0	0	o-s-Butylphenol
														--- Other

税号	货品名称	进口关税 % 最惠国	普通	年内暂定	增值/消费税%	出口退税%	统计计量单位	监管证件代码	检验检疫类别	协定税率 % 东盟	亚太	智利
29071990.11	邻苯基苯酚及其盐	5.5	30		17	0	千克			0		0
29071990.12	邻烯丙基苯酚及盐	5.5	30		17	0	千克	S		0		0
29071990.90	其他一元酚	5.5	30		17	9	千克			0		0
	- 多元酚；酚醇：											
2907.2100	-- 间苯二酚及其盐											
29072100.01	间苯二酚	5.5	30		17	9	千克			0		0
29072100.90	间苯二酚盐	5.5	30		17	9	千克			0		0
	-- 对苯二酚及其盐：											
2907.2210	--- 对苯二酚	5.5	30		17	9	千克			0		0
2907.2290	--- 其他	5.5	30		17	9	千克			0		0
2907.2300	-- 4,4'-异亚丙基联苯酚（双酚A，二苯基酚丙烷）及其盐											
29072300.01	双酚A(4,4-异亚丙基联苯酚)	5.5	30		17	9	千克			0		0
29072300.90	双酚A的盐(4,4-异亚丙基联苯酚的盐)	5.5	30		17	9	千克			0		0
	-- 其他：											
2907.2910	--- 邻苯二酚	4	11		17	9	千克			0		0
2907.2990	--- 其他											
29072990.01	特丁基对苯二酚	5.5	30		17	9	千克	AB	MR/NS	0		0
29072990.10	毒菌酚	5.5	30		17	0	千克	S		0		0
29072990.90	其他多元酚;酚醇	5.5	30		17	9	千克	AB	MR/NS	0		0
29.08	**酚及酚醇的卤化、磺化、硝化或亚硝化衍生物：**											
	- 仅含卤素取代基的衍生物及其盐：											
2908.1100	-- 五氯苯酚（ISO）	5.5	30		17	0	千克	X		0		0
	-- 其他：											
2908.1910	--- 对氯苯酚	4	11		17	9	千克			0		0
2908.1990	--- 其他											
29081990.21	格螨酯	5.5	30		17	0	千克	S		0		0
29081990.22	双氯酚	5.5	30		17	0	千克	S		0		0
29081990.23	五氯酚钠	5.5	30		17	0	千克	S		0		0
29081990.90	其他仅含卤素取代基的衍生物及盐	5.5	30		17	9	千克			0		0
	- 其他：											
2908.9100	-- 地乐酚（ISO）及其盐	5.5	30		17	0	千克	89		0		0
2908.9200	-- 4,6-二硝基邻甲酚[二硝酚（ISO）]及其盐	5.5	30		17	9	千克	89		0		0
	-- 其他：											
2908.9910	--- 对硝基酚、对硝基酚钠											
29089910.10	4-硝基苯酚(对硝基苯酚)	5.5	30		17	9	千克	X		0		0
29089910.90	对硝基苯酚钠	5.5	30		17	0	千克	S		0		0
2908.9990	--- 其他											
29089990.21	芬螨酯	5.5	30		17	0	千克	S		0		0
29089990.22	消螨酚	5.5	30		17	0	千克	S		0		0
29089990.23	戊硝酚	5.5	30		17	0	千克	S		0		0
29089990.24	特乐酚	5.5	30		17	0	千克	S		0		0
29089990.90	其他酚及酚醇的卤化等衍生物(包括其磺化、硝化或亚硝化衍生物)	5.5	30		17	9	千克			0		0
	第四分章 醚、过氧化醇、过氧化醚、过氧化酮、三节环环氧化物、缩醛及半缩醛及其卤化、磺化、硝化或亚硝化衍生物											
29.09	**醚、醚醇、醚酚、醚醇酚、过氧化醇、过氧化醚、过氧化酮（不论是否已有化学定义）及其卤化、磺化、硝化或亚硝化衍生物：**											
	- 无环醚及其卤化、磺化、硝化或亚硝化衍生物：											
2909.1100	-- 乙醚	5.5	30		17	9	千克	23		0		0
	-- 其他：											
2909.1910	--- 甲醚	5.5	30		17	13	千克			0		0
2909.1990	--- 其他											

协定税率 %										特惠税率 %				Article Description
巴基斯坦	冰岛	哥斯达黎	秘鲁	新西兰	瑞士	新加坡	韩国	澳大利亚	港澳台	老挝	孟加拉	33 国	7 国	
5	0	0	0	0	3.9		3.3	0			0	0	0	o-Phenylphenol and its salt
5	0	0	0	0	3.9		3.3	0			0	0	0	O-allylphenol and its salt
5	0	0	0	0	3.9		3.3	0			0	0	0	Other Monophenols
														- Polyphenols;phenol-alcohols:
														-- m-Dihydroxybenzene (resorcinol) and its salts
5	0	0	0	0	2.2		4.4	0			0	0	0	M-Dihydroxybenzene (resorcinol)
5	0	0	0	0	2.2		4.4	0			0	0	0	Salts of m-Dihydroxybenzene (resorcinol)
														-- p-Dihydroxybenzene (hydroquinone) and its salts:
5	0	0	0	0	2.2		3.3	0			0	0	0	--- Hydroquinone
0	0	0	0	0	2.2		3.3	0			0	0	0	--- Other
														-- 4,4′ -Isopropylidenediphenol(bisphenol A, diphenylolpropane) and its salts
5	0	0	0	0	2.2			0			0	0	0	Bisphenol-A (4,4′ -Isopropylidenediphenol)
5	0	0	0	0	2.2			0			0	0	0	Salts of bisphenol-A (4,4′ -Isopropylidene-diphenol)
														-- Other:
0	0	0	0	0	0			0			0	0	0	--- o-Dihydroxybenzene(catechol, pyrocatechol)
														--- Other
5	0	0	0	0	2.2		4.7	0			0	0	0	Tertiary butylhydroquinone
5	0	0	0	0	2.2		4.7	0			0	0	0	Hexachlorophene
5	0	0	0	0	2.2		4.7	0			0	0	0	Other Polyphenols; phenol-alcohols
														Halogenated, sulphonated, nitrated ornitrosated derivatives of phenols or phenolalcohols:
														- Derivatives containing only halogen substituents and their salts:
5	0	0	0	0	2.2		3.3	0				0	0	-- Pentachlorophenol (ISO)
														-- Other:
0	0	0	0	0	0		0	0				0	0	--- p-Chlorophenol
														--- Other
5	0	0	0	0	2.2		3.3	0				0	0	Genite
5	0	0	0	0	2.2		3.3	0				0	0	Dichlorophene
5	0	0	0	0	2.2		3.3	0				0	0	Sodium pentachlorophenate
5	0	0	0	0	2.2		3.3	0				0	0	Other derivatives containing only halogen substituents and their salts
														- Other:
5	0	0	0	0	2.2		3.3	0				0	0	-- Dinoseb (ISO) and its salts
5	0	0	0	0	2.2		3.3	0				0	0	-- 4,6-Dinitro-o-cresol (DNOC (ISO)) and its salts
														-- Other:
														--- p-Nitrophenol, sodium p-nitro-phenolate
0	0	0	0	0	2.2		3.3	0				0	0	4-Nitrophenol (p-nitrophenol)
0	0	0	0	0	2.2		3.3	0				0	0	Sodium para-nitrophenolate
														--- Other
5	0	0	0	0	2.2		4.4	0				0	0	Fenson
5	0	0	0	0	2.2		4.4	0				0	0	Dinex
5	0	0	0	0	2.2		4.4	0				0	0	Dinosam
5	0	0	0	0	2.2		4.4	0				0	0	Dinoterb
5	0	0	0	0	2.2		4.4	0				0	0	Other Halogenated, sulphonated, nitrated or nitrosated derivatives of phenols or phenolalcohols
														Ⅳ.ETHERS, ALCOHOL PEROXIDES, ETHER PEROXIDES, KETONE PEROXIDES, EPOXIDES WITH A THREE-MEM BERED RING, ACETALS AND HEMIACETALS, AND THEIR HALOGENATED, SULPHONATED, NITRATED OR NITROSATED DERIVATIVES
														Ethers, ether-alcohols, ether-phenols, ether-alcohol-phenols, alcohol peroxides, ether peroxides, ketone peroxides(whether or not chemically defined),and their halogenated, sulphonated, nitrated or nitrosated derivatives:
														- Acyclic ethers and their halogenated, sulphonated, nitrated or nitrosated derivatives:
0	0	0	0	0	2.2		3.3	0			0	0	0	-- Diethyl ether
														-- Other:
5	0	0		0	2.2		4.7	0				0		--- Methyl ether
														--- Other

税号	货品名称	进口关税 %			增值/消费税%	出口退税%	统计计量单位	监管证件代码	检验检疫类别	协定税率 %		
		最惠国	普通	年内暂定						东盟	亚太	智利
29091990.11	八氯二丙醚	5.5	30		17	13/15	千克	S		0		0
29091990.12	二氯异丙醚	5.5	30		17	13/15	千克	S		0		0
29091990.90	其他无环醚及其卤化等衍生物(包括其磺化、硝化或亚硝化衍生物)	5.5	30		17	13/15	千克			0		0
2909.2000	- 环烷醚、环烯醚或环萜烯醚及其卤化、磺化、硝化或亚硝化衍生物	5.5	30		17	9	千克			0		0
	- 芳香醚及其卤化、磺化、硝化或亚硝化衍生物:											
2909.3010	--- 1-烷氧基-4-（4-乙烯基环己基）-2,3-二氟苯	5.5	30		17	9	千克			0		0
2909.3090	--- 其他											
29093090.11	甲氧滴滴涕、除草醚	5.5	30		17	0	千克	S		0		0
29093090.12	醚菊酯、苄螨醚、三氟醚	5.5	30		17	9	千克	S		0		0
29093090.13	氯苯甲醚、甲氧除草醚	5.5	30		17	9	千克	S		0		0
29093090.14	三氟硝草醚、草枯醚	5.5	30		17	9	千克	S		0		0
29093090.15	氟除草醚、乙氧氟草醚	5.5	30		17	9	千克	S		0		0
29093090.16	四溴二苯醚、五溴二苯醚、六溴二苯醚、七溴二苯醚	5.5	30		17	9	千克	89		0		0
29093090.90	其他芳香醚及其卤化、磺化、硝化衍生物(包括其亚硝化衍生物)	5.5	30		17	9	千克			0		0
	- 醚醇及其卤化、磺化、硝化或亚硝化衍生物:											
2909.4100	-- 2,2'-氧联二乙醇（二甘醇）	5.5	30	3	17	9	千克			0		0
2909.4300	-- 乙二醇或二甘醇的单丁醚	5.5	30		17	9	千克			0		0
2909.4400	-- 乙二醇或二甘醇的其他单烷基醚	5.5	30		17	9	千克			0		0
	-- 其他:											
2909.4910	--- 间苯氧基苄醇	4	11		17	9	千克			0		0
2909.4990	--- 其他	5.5	30		17	9	千克			0		0
2909.5000	- 醚酚、醚醇酚及其卤化、磺化、硝化或亚硝化衍生物	5.5	30		17	9	千克			0		0
2909.6000	- 过氧化醇、过氧化醚、过氧化酮及其卤化、磺化、硝化或亚硝化衍生物	5.5	30		17	9	千克			0		0
29.10	**三节环环氧化物、环氧醇、环氧酚、环氧醚及其卤化、磺化、硝化或亚硝化衍生物:**											
2910.1000	- 环氧乙烷（氧化乙烯）	5.5	30		17	13	千克	X		0		0
2910.2000	- 甲基环氧乙烷（氧化丙烯）	5.5	30		17	0	千克			0		0
2910.3000	- 1-氯-2,3-环氧丙烷（表氯醇）	5.5	30		17	0	千克			0		0
2910.4000	- 狄氏剂（ISO，INN）	5.5	30		17	0	千克	89		0		0
2910.9000	- 其他											
29109000.10	异狄氏剂	5.5	30		17	0	千克	89		0		0
29109000.20	灭草环	5.5	30		17	13	千克	S		0		0
29109000.90	三节环环氧化物,环氧醇(酚,醚)(包括其卤化,磺化,硝化或亚硝化的衍生物)	5.5	30		17	13	千克			0		0
29.11	**缩醛及半缩醛，不论是否含有其他含氧基，及其卤化、磺化、硝化或亚硝化衍生物:**											
2911.0000	缩醛及半缩醛，不论是否含有其他含氧基，及其卤化、磺化、硝化或亚硝化衍生物	5.5	30		17	9	千克			0		0
	第五分章　醛基化合物											
29.12	**醛，不论是否含有其他含氧基；环聚醛；多聚甲醛:**											
	- 不含其他含氧基的无环醛:											
2912.1100	-- 甲醛	5.5	30		17	9	千克	AB	M/N	0		0
2912.1200	-- 乙醛	5.5	30		17	9	千克	X		0		0
2912.1900	-- 其他											
29121900.01	乙二醛	5.5	30	3	17	9	千克			0		0
29121900.30	丙烯醛	5.5	30		17	9	千克	X		0		0
29121900.90	其他无环醛(指不含其他含氧基)	5.5	30		17	9	千克			0		0

协定税率 %										特惠税率 %				Article Description
巴基斯坦	冰岛	哥斯达黎	秘鲁	新西兰	瑞士	新加坡	韩国	澳大利亚	港澳台	老挝	孟加拉	33 国	7 国	
5	0	0		0	2.2		4.7	0				0		Octachlorodipropyl ether
5	0	0		0	2.2		4.7	0				0		Nemamort
5	0	0		0	2.2		4.7	0				0		Other acyclic ethers and their halogenated, sulphonated, nitrated or nitrosated derivatives
0	0	0	0	0	2.2		3.3	0			0	0	0	- Cyclanic，cyclenic or cycloterpenic ethers and their halogenated，sulphonated，nitrated or nitrosated derivatives
														- Aromatic ethers and their halogenated，sulphonated，nitrated or nitrosated derivatives：
5	0	0	0	0	2.2		3.3	0			0	0	0	--- 1-Alkoxy-4-(4-vinylcyclohexyl)-2,3-difluorobenzene
														--- Other
5	0	0	0	0	2.2		3.3	0			0	0	0	Methoxychlor, nitrofen
5	0	0	0	0	2.2		3.3	0			0	0	0	Ethofenprox, halfenprox, trifluoro
5	0	0	0	0	2.2		3.3	0			0	0	0	Chloroneb, chlomethoxyfen
5	0	0	0	0	2.2		3.3	0			0	0	0	Fluorodifen, chlornitrofen
5	0	0	0	0	2.2		3.3	0			0	0	0	Fluoronitrofen, oxyfluorfen
5	0	0	0	0	2.2		3.3	0			0	0	0	Tetrabromodiphenyl ether, Pentabromodiphenyl ether, Hexabromodiphenyl ether, heptabromodiphenyl ether
5	0	0	0	0	2.2		3.3	0			0	0	0	Other aromatic ethers and their halogenated, sulphonated, nitrated or nitrosated derivatives
														- Ether-alcohols and their halogenated, sulphonated，nitrated or nitrosated derivatives：
0	0	0		0	2.2		0	0	//0			0		-- 2，2′-Oxydiethanol (diethylene glycol，digol)
5	0	0	0	0	2.2		0	0	/0/0		0	0	0	-- Monobutyl ethers of ethylene glycol or of diethylene glycol
5	0	0	0	0	2.2		4.7	0			0	0	0	-- Other monoalkylethers of ethylene glycol or of diethylene glycol
														-- Other：
0	0	0	0	0	0		0	0			0	0	0	--- m-Phenoxy benzalcohol
5	0	0	0	0	2.2		4.7	0			0	0	0	--- Other
5		0	0	0	2.2		4.7	0			0	0	0	- Ether-phenols，ether-alcohol-phenols and their halogenated，sulphonated，nitrated or nitrosated derivatives
5	0	0	0	0	2.2		4.7	0			0	0	0	- Alcohol peroxides，ether peroxides，ketone peroxides and their halogenated，sulphonated，nitrated or nitrosated derivatives
														Epoxides，epoxyalcohols，epoxyphenols and epoxyethers, with a three-membered ring，and their halogenated, sulphonated，nitrated or nitrosated derivatives：
0	0	0	0	0	2.2		4.7	0				0	0	- Oxirane(ethylene oxide)
0	0	0	0	0	2.2		4.7	0				0	0	- Methyloxirane (propylene oxide)
5	0	0	0	0	2.2		4.4	0	//0			0	0	- 1-Chloro-2,3-epoxypropane(epichlorohydrin)
5	0	0	0	0	2.2		3.3	0				0	0	- Dieldrin (ISO, INN)
														- Other
5	0	0	0	0	4		3.3	0	/0/			0	0	Endrin
5	0	0	0	0	4		3.3	0	/0/			0	0	Tridiphane
5	0	0	0	0	4		3.3	0	/0/			0	0	Epoxides, epoxyalcohols, epoxyphenols and epoxyethers with a three-membered ring, and their halogenated, sulphonated, nitrated or nitrosated derivatives
														Acetals and hemiacetals，whether or not with other oxygen function，and their halogenated，sulphonated，nitrated or nitrosated derivatives：
5	0	0	0	0	4		4.4	0				0	0	Acetals and hemiacetals，whether or not with other oxygen function，and their haogenated，sulphonated，nitrated or nitrosated derivatives
														Ⅴ.ALDEHYDE-FUNCTION COM-PO-UNDS
														Aldehydes，whether or not with other oxygen function;cyclic polymers of aldehydes;paraformaldehyde：
														- Acyclic aldehydes without other oxygen function：
0	0	0	0	0	2.2		3.3	0				0	0	-- Methanal(formaldehyde)
0	0	0	0	0	2.2		3.3	0				0	0	-- Ethanal(acetaldehyde)
														-- Other
5	0	0	0	0	3.9		4.7	0				0	0	Glyoxal
5	0	0	0	0	3.9		4.7	0				0	0	Acrolein
5	0	0	0	0	3.9		4.7	0				0	0	Other acyclic aldehydes without other oxygen function

税 号	货 品 名 称	进口关税 % 最惠国	普通	年内暂定	增值/消费税%	出口退税%	统计计量单位	监管证件代码	检验检疫类别	协定税率 % 东盟	亚太	智利
	- 不含其他含氧基的环醛:											
2912.2100	-- 苯甲醛	5.5	30		17	9	千克			0		0
	-- 其他:											
2912.2910	--- 铃兰醛(对叔丁基-α-甲基-氧化肉桂醛)	5.5	30		17	9	千克			0		0
2912.2990	--- 其他	5.5	30		17	13	千克			0		0
	- 醛醇、醛醚、醛酚及含其他含氧基的醛:											
2912.4100	-- 香草醛(3-甲氧基-4-羟基苯甲醛)	5.5	30		17	13	千克			0		0
2912.4200	-- 乙基香草醛(3-乙氧基-4-羟基苯甲醛)	5.5	30		17	13	千克			0		0
	-- 其他:											
2912.4910	--- 醛醇	5.5	30		17	13	千克			0		0
2912.4990	--- 其他	5.5	30		17	9	千克			0		0
2912.5000	- 环聚醛											
29125000.10	四聚乙醛	5.5	30		17	9	千克	S		0		0
29125000.90	其他环聚醛	5.5	30		17	9	千克			0		0
2912.6000	- 多聚甲醛	5.5	30		17	9	千克	AB	M/N	0		0
29.13	**税目 29.12 所列产品的卤化、磺化、硝化或亚硝化衍生物:**											
2913.0000	税目 29.12 所列产品的卤化、磺化、硝化或亚硝化衍生物											
29130000.10	三氯乙醛	5.5	30		17	9	千克	ABG	M/N	0		0
29130000.90	税目 2912 所列产品的其他衍生物(指卤化,磺化,硝化或亚硝化的衍生物)	5.5	30		17	9	千克			0		0
	第六分章 酮基化合物及醌基化合物											
29.14	**酮及醌,不论是否含有其他含氧基,及其卤化、磺化、硝化或亚硝化衍生物:**											
	- 不含其他含氧基的无环酮:											
2914.1100	-- 丙酮	5.5	20		17	13	千克	23		0		0
2914.1200	-- 丁酮[甲基乙基(甲)酮]	5.5	30		17	9	千克	23		0		0
2914.1300	-- 4-甲基-2-戊酮[甲基异丁基(甲)酮]	5.5	30		17	9	千克			0		0
2914.1900	-- 其他											
29141900.10	频哪酮	5.5	30		17	9	千克	23		0		0
29141900.90	其他不含其他含氧基的无环酮	5.5	30		17	9	千克			0		0
	- 不含其他含氧基的环烷酮、环烯酮或环萜烯酮:											
2914.2200	-- 环已酮及甲基环已酮	5.5	30		17	9	千克	AB	M/N	0		0
2914.2300	-- 芷香酮及甲基芷香酮	5.5	30		17	9	千克			0		0
	-- 其他:											
2914.2910	--- 樟脑	5.5	40		17	9	千克	B	/N	0		0
2914.2990	--- 其他	5.5	30		17	13	千克			0		0
	- 不含其他含氧基的芳香酮:											
2914.3100	-- 苯丙酮(苯基丙-2-酮)	5.5	30		17	9	千克	23		0		0
	-- 其他:											
2914.3910	--- 苯乙酮	4	11		17	9	千克			0		0
2914.3990	--- 其他											
29143990.11	杀鼠酮	5.5	30		17	9	千克	S		0		0
29143990.12	鼠完	5.5	30		17	0	千克	S		0		0
29143990.13	敌鼠	5.5	30		17	9	千克	S		0		0
29143990.14	邻氯苯基环戊酮	5.5	30		17	9	千克	23		0		0
29143990.90	其他不含其他含氧基的芳香酮	5.5	30		17	13	千克			0		0
2914.4000	- 酮醇及酮醛											
29144000.10	敌鼠钠	5.5	30		17	0	千克	S		0		0
29144000.20	表雄酮(3β-羟基-5α-雄烷-17-酮)、表睾酮	5.5	30		17	9	千克	L		0		0
29144000.90	其他酮醇及酮醛	5.5	30		17	9	千克			0		0
	- 酮酚及含有其他含氧基的酮:											
	--- 酮酚:											
2914.5011	---- 覆盆子酮	5.5	30		17	9	千克			0		0
2914.5019	---- 其他	5.5	30		17	9	千克			0		0

协定税率 %										特惠税率 %				
巴基斯坦	冰岛	哥斯达黎	秘鲁	新西兰	瑞士	新加坡	韩国	澳大利亚	港澳台	老挝	孟加拉	33国	7国	Article Description
														- Cyclic aldehydes without other oxygen function:
5	0	0	0	0	2.2		3.3	0				0	0	-- Benzaldehyde
														-- Other:
5	0	0	0	0	2.2		3.3	0				0	0	--- Lilial (p-tert-butyl-α-methyl-oxocinn amaldehyde)
5	0	0	0	0	4		3.3	0				0	0	--- Other
														- Aldehyde-alcohols, Aldehyde-ethers, aldehyde-phenols and aldehydes with other oxygen function:
5	0	0	0	0	2.2		3.3	0				0	0	-- Vanillin (4-hydroxy-3-methoxybenzaldehyde)
5	0	0	0	0	2.2		3.3	0				0	0	-- Ethylvanillin (3-ethoxy-4-hydroxyben-zaldehyde)
														-- Other:
5	0	0	0	0	2.2		3.3	0				0	0	--- Aldehyde-alcohols
5	0	0	0	0	2.2		3.3	0				0	0	--- Other
														- Cyclic polymers of aldehydes
0	0	0	0	0			4.7	0				0	0	Metaldehyde
0	0	0	0	0			4.7	0				0	0	Other cyclic polymers of aldehydes
5	0	0	0	0	2.2		4.7	0				0	0	- Paraformaldehyde
														Halogenated，sulphonated，nitrated or nitrosated derivatives of products of heading29.12:
														Halogenated，sulphonated，nitrated or nitrosated derivatives of products of heading29.12
5	0	0	0	0	2.2		3.3	0				0	0	Chloral
5	0	0	0	0	2.2		3.3	0				0	0	Halogenated, sulphonated, nitrated or nitrosated derivatives of products of heading 29.12
														Ⅳ.KETONE-FUNCTION COMPOUNDS AND QUINONEFUNCTION COMPOUNDS
														Ketones and quinones, whether or not with other oxygen function，and their halogenated，sulphonated，nitrated or nitrosated derivatives:
														- Acyclic ketones without other oxygen function:
0	0	0	0	0	2.2			0				0	0	-- Acetone
0	0	0	0	0	2.2			0	/0/			0	0	-- Butanone(methyl ethyl ketone)
0	0	0	0	0	2.2		4.7	0				0	0	-- 4-Methl1-2-pentanone(isobutylmethyl ketone)
														-- Other
5	0	0	0	0	2.2		4.7	0				0	0	Pinacolone
5	0	0	0	0	2.2		4.7	0				0	0	Other acyclic ketones, without other oxygen function
														- Cyclanic，cyclenic or cycloterpenic ketones without other oxygen function:
0	0	0	0	0	2.2		4.7	0				0	0	-- Cyclohexanone and methylcyclohexanone
0	0	0	0	0			3.3	0				0	0	-- Ionones and methylionones
														-- Other:
5	0	0	0	0	2.2		3.3	0				0	0	--- Camphor
5	0	0	0	0			4.4	0				0	0	--- Other
														- Aromatic ketones without other oxygen function:
0	0	0	0	0	2.2		3.3	0				0	0	-- Propiophenone(phenyl propan-2-one)
														-- Other:
0	0	0	0	0	0		0	0				0	0	--- Acetophenone
														--- Other
5	0	0	0	0	3.9		3.3	0				0	0	Duocide
5	0	0	0	0	3.9		3.3	0				0	0	Pindone
5	0	0	0	0	3.9		3.3	0				0	0	Diphacinone
5	0	0	0	0	3.9		3.3	0				0	0	O-chlorophenyl cyclopentanone
5	0	0	0	0	3.9		3.3	0				0	0	Other aromatic ketones without other oxygen function
														- Ketone-alcohols and ketone-aldehydes
5	0	0	0	0	3.9		3.3	0				0	0	Sosium diphacinone
5	0	0	0	0	3.9		3.3	0				0	0	Androsterone (3β-hydroxy-5α-androstane-17-ketone), epitestosterone
5	0	0	0	0	3.9		3.3	0				0	0	Other ketoe-alcohol and ketoe-aldehyde
														- Ketone-phenols and ketones with other oxygen function:
														--- Ketene phenols:
0	0	0	0	0	2.2		3.3	0				0	0	----Raspberry ketone
5	0	0	0	0	3.9		3.3	0				0	0	----Other

税 号	货 品 名 称	进口关税 % 最惠国	普通	年内暂定	增值/消费税%	出口退税%	统计计量单位	监管证件代码	检验检疫类别	协定税率 % 东盟	亚太	智利
2914.5020	--- 2-羟基-4-甲氧基二苯甲酮	5.5	30		17	9	千克			0		0
2914.5090	--- 其他											
29145090.11	苯草酮，双炔酰菌胺	5.5	30		17	9	千克	S		0		0
29145090.12	甲氧虫酰肼	5.5	30		17	9	千克	S		0		0
29145090.90	含其他含氧基的酮	5.5	30		17	9	千克			0		0
	- 醌：											
2914.6100	-- 蒽醌	5.5	30		17	9	千克			0		0
	-- 其他：											
2914.6910	--- 辅酶Q10	5.5	30		17	13	千克			0		0
2914.6990	--- 其他											
29146990.10	大黄素甲醚	5.5	30		17	9	千克	S		0		0
29146990.90	其他醌	5.5	30		17	9	千克			0		0
2914.7000	- 卤化、磺化、硝化或亚硝化衍生物											
29147000.11	氯鼠酮、苯菌酮、茚草酮	5.5	30		17	0	千克	S		0		0
29147000.12	二氯萘醌	5.5	30		17	0	千克	S		0		0
29147000.13	四氯对醌	5.5	30		17	0	千克	S		0		0
29147000.14	六氯丙酮	5.5	30		17	0	千克	S		0		0
29147000.15	氯敌鼠钠盐	5.5	30		17	9	千克	S		0		0
29147000.16	1-苯基-2-溴-1-丙酮	5.5	30		17	9	千克	23		0		0
29147000.17	十氯酮	5.5	30		17	9	千克	89		0		0
29147000.90	其他酮及醌的卤化、磺化衍生物（包括硝化或亚硝化衍生物）	5.5	30		17	9	千克			0		0
	第七分章 羧酸及其酸酐、酰卤化物、过氧化物和过氧酸以及它们的卤化、磺化、硝化或亚硝化衍生物											
29.15	饱和无环一元羧酸及其酸酐、酰卤化物、过氧化物和过氧酸以及它们的卤化、磺化、硝化或亚硝化衍生物：											
	- 甲酸及其盐和酯：											
2915.1100	-- 甲酸	5.5	40		17	9	千克	AB	M/N	0		0
2915.1200	-- 甲酸盐	5.5	30		17	9	千克			0		0
2915.1300	-- 甲酸酯	5.5	30		17	9	千克			0		0
	- 乙酸及其盐；乙酸酐：											
	-- 乙酸：											
	--- 冰乙酸：											
2915.2111	----食品级的	5.5	30		17	9	千克	ABG	R/S	0		0
2915.2119	----其他	5.5	30		17	9	千克	G		0		0
2915.2190	--- 其他											
29152190.10	乙酸溶液，80%≥含量>10%	5.5	50		17	9	千克	ABG	M/N	0		0
29152190.20	乙酸，含量>80%	5.5	50		17	9	千克	ABG	M/N	0		0
29152190.90	其他乙酸	5.5	50		17	9	千克	ABG	MR/NS	0		0
2915.2400	-- 乙酸酐	5.5	50		17	9	千克	23		0		0
	-- 其他：											
2915.2910	--- 乙酸钠	5.5	50		17	9	千克	ABG	R/S	0		0
2915.2990	--- 其他											
29152990.11	乙酸铜	5.5	50		17	9	千克			0		0
29152990.23	乙酸铅（醋酸铅）	5.5	50		17	9	千克	X		0		0
29152990.90	其他乙酸盐	5.5	50		17	9	千克	AB	MR/NS	0		0
	- 乙酸酯：											
2915.3100	-- 乙酸乙酯	5.5	30		17	9	千克	ABG	MR/NS	0		0
2915.3200	-- 乙酸乙烯酯	5.5	30		17	13	千克	AB	M/N	0		0
2915.3300	-- 乙酸（正）丁酯	5.5	30		17	9	千克	AB	M/N	0		0
2915.3600	-- 地乐酚（ISO）乙酸酯	5.5	30		17	0	千克	S		0		0
2915.3900	-- 其他											
29153900.11	三氯杀虫酯	5.5	30		17	13	千克	S		0		0
29153900.13	特乐酯	5.5	30		17	13	千克	S		0		0
29153900.14	灭螨醌	5.5	30		17	0	千克	S		0		0
29153900.15	信铃酯	5.5	30		17	13	千克	S		0		0
29153900.16	种衣酯	5.5	30		17	13	千克	S		0		0

协定税率 %										特惠税率 %				Article Description
巴基斯坦	冰岛	哥斯达黎	秘鲁	新西兰	瑞士	新加坡	韩国	澳大利亚	港澳台	老挝	孟加拉	33国	7国	
5	0	0	0	0	2.2		3.3	0				0	0	--- 2-Hydroxy-4-methoxydibenzophenone
														--- Other
5	0	0	0	0	2.2		4.4	0				0	0	Tralkoxydim, Mandipropamid
5	0	0	0	0	2.2		4.4	0				0	0	Methoxyfenozide
5	0	0	0	0	2.2		4.4	0				0	0	Etone with other oxygen function
														- Quinones:
5	0	0	0	0	2.2		4.4	0				0	0	-- Anthraquinone
														-- Other:
0	0	0	0	0	2.2		4.4	0				0	0	--- Coenzyme Q10
														--- Other
0	0	0	0	0	2.2		4.4	0				0	0	Physcione
0	0	0	0	0	2.2		4.4	0				0	0	Other quinones
														- Halogenated，sulphonated，nitrated or nitrosated derivatives
5	0	0	0	0			4.4	0				0	0	Chlorophacinone, metrafenone, indanofan
5	0	0	0	0			4.4	0				0	0	Dichlone
5	0	0	0	0			4.4	0				0	0	Chloranil
5	0	0	0	0			4.4	0				0	0	Hexachloroacetone
5	0	0	0	0			4.4	0				0	0	Chlorophacinone Na
5	0	0	0	0			4.4	0				0	0	1-Phenyl-2-bromo-1-acetone
5	0	0	0	0			4.4	0				0	0	Chlordecone
5	0	0	0	0			4.4	0				0	0	Halogenated, sulphonated, nitrated or nitrosated derivatives of other ketones and quinones
														Ⅶ.CARBOXYLIC ACIDS AND THEIR ANHYDRIDES，HALIDES，PEROXIDES AND PEROXYACIDS AND THEIR HALOGENATED，SULPHONATED，NITRATED OR NITROSATED DERIVATIVES
														Saturated acyclic monocarboxylic acids and their anhydrides，halides，peroxides and peroxyacids;their halogenated，sulphonated，nitrated or nitrosated derivatives:
														- Formic acid，its salts and esters:
5	0	0	0	0	2.2		4.4	0			0	0	0	-- Formic acid
5	0	0	0	0	2.2		4.4	0			0	0	0	-- Salts of formic acid
5	0	0	0	0	2.2		3.3	0			0	0	0	-- Esters of formic acid
														- Acetic acid and its salts;acetic anhydride:
														-- Acetic acid:
														--- Acetic acid，glacial:
5	0	0	0	0	2.2		0	0	//0		0	0	0	----Food grade
5	0	0	0	0	2.2		0	0	//0		0	0	0	----Other
														--- Other
5	0	0	0	0	2.2		3.3	0			0	0	0	Acetic acid solution, 80%≥content>10%
5	0	0	0	0	2.2		3.3	0			0	0	0	Titanium content>80%
5	0	0	0	0	2.2		3.3	0			0	0	0	Other acetic acid
0	0	0	0	0	2.2		3.3	0			0	0	0	-- Acetic anhydride
														-- Other:
5	0	0	0	0	2.2		3.3	0			0	0	0	--- Sodium acetate
														--- Other
5	0	0	0	0	2.2		4.4	0			0	0	0	Blue verdigris
5	0	0	0	0	2.2		4.4	0			0	0	0	Acetate leaching(PbAC)
5	0	0	0	0	2.2		4.4	0			0	0	0	Salts of other Acetate acid
														- Esters of acetic acid:
5	0	0	0	0	2.2		3.3	0			0	0	0	-- Ethyl acetate
5	0	0	0	0	2.2		0	0	//0		0	0	0	-- Vinyl acetate
0	0	0	0	0	2.2		4.7	0			0	0	0	-- n-Butyl acetate
5	0	0	0	0	2.2		3.3	0			0	0	0	-- Dinoseb (ISO) acetate
														-- Other
5	0	0	0	0	3.9		4.7	0			0	0	0	Benzethazet acetofenate
5	0	0	0	0	3.9		4.7	0			0	0	0	Dinoterb acetate
5	0	0	0	0	3.9		4.7	0			0	0	0	Acequinocyl
5	0	0	0	0	3.9		4.7	0			0	0	0	Gossyplure
5	0	0	0	0	3.9		4.7	0			0	0	0	Fenitropan

税号	货品名称	进口关税 % 最惠国	普通	年内暂定	增值/消费税%	出口退税%	统计计量单位	监管证件代码	检验检疫类别	协定税率 % 东盟	亚太	智利
29153900.90	其他乙酸酯	5.5	30		17	13	千克	AB	MR/NS	0		0
2915.4000	- 一氯代乙酸、二氯乙酸或三氯乙酸及其盐和酯											
29154000.10	一氯醋酸钠	5.5	30		17	0	千克			0		0
29154000.90	其他一氯代乙酸的盐和酯(包括二氯乙酸或三氯乙酸的盐和酯)	5.5	30		17	9	千克			0		0
	- 丙酸及其盐和酯:											
2915.5010	--- 丙酸	5.5	30	3	17	9	千克	AB	MR/NS	0		0
2915.5090	--- 其他	5.5	30		17	9	千克	AB	MR/NS	0		0
2915.6000	- 丁酸、戊酸及其盐和酯	5.5	30		17	9	千克			0		0
	- 棕榈酸、硬脂酸及其盐和酯:											
2915.7010	--- 硬脂酸	7	50		17	9	千克	AB	R/S	0		0
2915.7090	--- 其他	5.5	30		17	13	千克			0		0
2915.9000	- 其他											
29159000.11	茅草枯	5.5	30		17	0	千克	S		0		0
29159000.12	抑草蓬	5.5	30		17	0	千克	S		0		0
29159000.13	四氟丙酸	5.5	30		17	9	千克	S		0		0
29159000.20	氟乙酸钠	5.5	30		17	9	千克	89		0		0
29159000.90	其他饱和无环一元羧酸及其酸酐[(酰卤、过氧)化物,过氧酸及其卤化、硝化、磺化、亚硝化衍生物]	5.5	30		17	9	千克	AB	MR/NS	0		0
29.16	**不饱和无环一元羧酸、环一元羧酸及其酸酐、酰卤化物、过氧化物和过氧酸以及它们的卤化、磺化、硝化或亚硝化衍生物:**											
	- 不饱和无环一元羧酸及其酸酐、酰卤化物、过氧化物和过氧酸以及它们的衍生物:											
2916.1100	- 丙烯酸及其盐	6.5	30		17	9	千克			0		0
	-- 丙烯酸酯:											
2916.1210	--- 丙烯酸甲酯	6.5	30		17	9	千克	AB	M/N	0		0
2916.1220	--- 丙烯酸乙酯	6.5	30		17	9	千克	AB	M/N	0		0
2916.1230	--- 丙烯酸丁酯											
29161230.01	丙烯酸正丁酯	6.5	30		17	9	千克	AB	M/N	0		0
29161230.90	丙烯酸异丁酯	6.5	30		17	9	千克	AB	M/N	0		0
2916.1240	--- 丙烯酸异辛酯	6.5	30		17	9	千克			0		0
2916.1290	--- 其他	6.5	30		17	9	千克			0		0
2916.1300	-- 甲基丙烯酸及其盐											
29161300.10	甲基丙烯酸	6.5	80		17	13	千克	AB	M/N	0		0
29161300.90	甲基丙烯酸盐	6.5	80		17	13	千克			0		0
2916.1400	-- 甲基丙烯酸酯	6.5	80		17	13	千克			0		0
2916.1500	-- 油酸、亚油酸或亚麻酸及其盐和酯	6.5	30		17	9	千克			0		0
2916.1600	-- 乐杀螨(ISO)	6.5	30		17	0	千克	S		0		0
2916.1900	-- 其他											
29161900.11	烯虫乙酯	6.5	30		17	9	千克	S		0		0
29161900.12	烯虫炔酯	6.5	30		17	9	千克	S		0		0
29161900.13	消螨普	6.5	30		17	9	千克	S		0		0
29161900.90	其他不饱和无环一元羧酸(包括其酸酐,酰卤化物,过氧化物和过氧酸及它们的衍生物)	6.5	30		17	9	千克	AB	MR/NS	0		0
	- 环烷一元羧酸、环烯一元羧酸或环萜烯一元羧酸及其酸酐、酰卤化物、过氧化物和过氧酸以及它们的衍生物:											
2916.2010	--- 二溴菊酸、DV 菊酸甲酯	4	11		17	9	千克			0		0
2916.2090	--- 其他											
29162090.21	苄菊酯、苯醚菊酯(包括右旋苯醚菊酯、富右旋反式苯醚菊酯)	6.5	30		17	9	千克	S		0		0
29162090.22	苄烯菊酯、氯菊酯(包括生物氯菊酯)	6.5	30		17	9	千克	S		0		0
29162090.23	氯烯炔菊酯、联苯菊酯	6.5	30		17	9	千克	S		0		0
29162090.24	七氟菊酯、四氟苯菊酯、五氟苯菊酯、七氟甲醚菊酯(包括甲氧苄氟菊酯、氯氟醚菊酯)	6.5	30		17	9	千克	S		0		0

协定税率 %										特惠税率 %				Article Description
巴基斯坦	冰岛	哥斯达黎	秘鲁	新西兰	瑞士	新加坡	韩国	澳大利亚	港澳台	老挝	孟加拉	33 国	7 国	
5	0	0	0	0	3.9		4.7	0			0	0	0	Esters of other acetic acid
														- Mono-，di-or trichloroacetic acids，their salts and esters
5	0	0	0	0	2.2		3.3	0			0	0	0	Sodium monochloracetate
5	0	0	0	0	2.2		3.3	0			0	0	0	Other a chloro-acetic acid salts and esters (including dichloroacetic acid or trichloroacetic acid salts and esters)
														- Propionic acid, its salts and esters：
5	0	0	0	0	2.2		3.3	0			0	0	0	--- Propionic acid
5	0	0	0	0	2.2		4.7	0			0	0	0	--- Other
5	0	0	0	0	2.2		4.4	0			0	0	0	- Butanoic acids，pentanoic acids，their salts and esters
														- Palmitic acid，stearic acid，their salts and esters：
5	0	0	0	0	2.8		4.2	4.2			0	0	0	--- Stearic acid
5	0	0	0	0	2.2		4.7	0			0	0	0	--- Other
														- Other
5	0	0	0	0	3.9		3.3	0	/0/		0	0	0	Dalapon
5	0	0	0	0	3.9		3.3	0	/0/		0	0	0	Erbon
5	0	0	0	0	3.9		3.3	0	/0/		0	0	0	Flupropanate
5	0	0	0	0	3.9		3.3	0	/0/		0	0	0	Sodium fluoroacetate
5	0	0	0	0	3.9		3.3	0	/0/		0	0	0	Other Saturated acyclic monocarboxylic acids and their anhydrides, halides, peroxides and peroxyacids; their halogenated, sulphonated, nitrated or nitrosated derivatives
														Unsaturated acyclie monocarboxylic acids，cyclic monocarboxylie acids, their anhydrides，halides，peroxides and peroxyacids;their halogenated, sulphonated，nitrated or nitrosated derivatives:
														- Unsaturated acyclic monocarboxylic acids, their anhydrides，halides，peroxides, peroxyacids and their derivatives：
	0	0	0	0	2.6		5.6	3.9				0	0	-- Acrylic acid and its salts
														-- Esters of acrylic acid：
5	0	0	0	0	4.7	0	5.6	3.9				0	0	--- Methyl acrylate
5	0	0	0	0	2.6	0	5.6	3.9				0	0	--- Ethyl acrylate
														--- Butyl acrylate
5	0	0	0	0	2.6	0		3.9				0	0	N-butyl Aoylate
5	0	0	0	0	2.6	0		3.9				0	0	Isobutyl acylate
5	0	0	0	0	2.6	0	5.6	3.9				0	0	--- Isooctyl acrylate
5	0	0	0	0	2.6	0		3.9				0	0	--- Other
														-- Methacrylie acid and its salts
5	0	0	0	0	2.6		0	3.9	//0			0	0	Methaoylic acid
5	0	0	0	0	2.6		0	3.9	//0			0	0	Methyl acylate
5	0	0	0	0	2.6		0	3.9	//0			0	0	-- Esters of methacrylie acid
5	0	0	0	0	2.6		5.6	3.9	0//			0	0	-- Oleic，linoleic or linotenic acids，their salts and esters
5	0	0	0	0	2.6		3.9	3.9				0	0	-- Binapacryl（ISO）
														-- Other
5	0	0	0	0			3.9	3.9				0	0	Hydroprene
5	0	0	0	0			3.9	3.9				0	0	Kinoprene
5	0	0	0	0			3.9	3.9				0	0	Dinocap
5	0	0	0	0			3.9	3.9				0	0	Unsaturated acyclic monocarboxylic acids, their anhydrides, halides, peroxides, peroxyacids and their derivatives
														- Cyclanic，cyclenic or cycloterpenic monocarboxylic acids，their anhydrides，halides，peroxides，peroxyacids and their derivatives：
0	0	0	0	0	0		0	0				0	0	--- Dibromochrysanthermic acid，DVchrysanthemimono carboxy-late
														--- Other
5	0	0	0	0	4.7		3.9	3.9				0	0	Dimethirn, Phenothrin (including dphenothrin, rich-d-trans-phenothrin)
5	0	0	0	0	4.7		3.9	3.9				0	0	Benzyl-ene Permethrin, Permethrin (including Trans-Permethrin)
5	0	0	0	0	4.7		3.9	3.9				0	0	Chlorempenthrin, Bifenthrin
5	0	0	0	0	4.7		3.9	3.9				0	0	Tefluthrin, transfluthrin, fenfluthrin, teflumethrin,(including metofluthrin, Dimefluthrin)

税号	货品名称	进口关税 % 最惠国	进口关税 % 普通	进口关税 % 年内暂定	增值/消费税%	出口退税 %	统计计量单位	监管证件代码	检验检疫类别	协定税率 % 东盟	协定税率 % 亚太	协定税率 % 智利
29162090.25	戊菊酯、环螨酯	6.5	30		17	9	千克	S		0		0
29162090.26	四氟甲醚菊酯、烯炔菊酯、四氟醚菊酯(包括右旋烯炔菊酯、富右旋反式烯炔菊酯)	6.5	30		17	9	千克	S		0		0
29162090.27	炔丙菊酯(包括右旋炔丙菊酯、富右旋反式炔丙菊酯)	6.5	30		17	9	千克	S		0		0
29162090.28	氯丙炔菊酯(包括右旋反式氯丙炔菊酯)	6.5	30		17	9	千克	S		0		0
29162090.90	其他(环烷、环烯、环萜烯)一元羧酸(包括酸酐、酰卤化物、过氧化物和过氧酸及其衍生物)	6.5	30		17	9	千克	AB	MR/NS	0		0
	- 芳香一元羧酸及其酸酐、酰卤化物、过氧化物和过氧酸以及它们的衍生物:											
2916.3100	-- 苯甲酸及其盐和酯	6.5	30		17	9	千克	AB	MR/NS	0		0
2916.3200	-- 过氧化苯甲酰及苯甲酰氯	6.5	30		17	9	千克	AB	MR/NS	0		0
2916.3400	-- 苯乙酸及其盐											
29163400.10	苯乙酸	6.5	30		17	9	千克	23		0		0
29163400.90	苯乙酸盐	6.5	30		17	9	千克			0		0
	-- 其他:											
2916.3910	--- 邻甲基苯甲酸	6.5	30		17	9	千克			0		0
2916.3920	--- 布洛芬	6.5	30		17	9	千克			0		0
2916.3990	--- 其他											
29163990.12	草芽畏、燕麦酯	6.5	30		17	9	千克	S		0		0
29163990.13	5-硝基邻甲氧基苯酚钠	6.5	30		17	0	千克	S		0		0
29163990.14	对氯苯氧乙酸及其盐	6.5	30		17	9	千克	S		0		0
29163990.15	三碘苯甲酸	6.5	30		17	0	千克	S		0		0
29163990.16	萘乙酸	6.5	30		17	9	千克	S		0		0
29163990.17	伐草克	6.5	30		17	9	千克	S		0		0
29163990.18	α-萘乙酸及其盐	6.5	30		17	9	千克	S		0		0
29163990.90	其他芳香一元羧酸	6.5	30		17	9	千克			0		0
29.17	**多元羧酸及其酸酐、酰卤化物、过氧化物和过氧酸以及它们的卤化、磺化、硝化或亚硝化衍生物:**											
	- 无环多元羧酸及其酸酐、酰卤化物、过氧化物和过氧酸以及它们的衍生物:											
	-- 草酸及其盐和酯:											
2917.1110	--- 草酸	6.5	40		17	9	千克			0		0
2917.1120	--- 草酸钴	9	30		17	9	千克	4xy		0		0
2917.1190	--- 其他	6.5	30		17	9	千克			0		0
2917.1200	-- 己二酸及其盐和酯											
29171200.01	己二酸	6.5	30		17	13	千克	AB	R/S	0		0
29171200.90	己二酸盐和酯	6.5	30		17	13	千克	AB	R/S	0		0
	-- 壬二酸、癸二酸及其盐和酯:											
2917.1310	--- 癸二酸及其盐和酯	6.5	30		17	9	千克			0		0
2917.1390	--- 其他	6.5	30		17	9	千克			0		0
2917.1400	-- 马来酐	6.5	30		17	9	千克			0		0
2917.1900	-- 其他											
29171900.10	驱虫特,硝苯菌酯	6.5	30		17	0	千克	S		0		0
29171900.90	其他无环多元羧酸	6.5	30		17	9	千克			0		0
	- 环烷多元羧酸、环烯多元羧酸、环萜烯多元羧酸及其酸酐、酰卤化物、过氧化物和过氧酸以及它们的衍生物:											
2917.2010	--- 四氢苯酐	4	11		17	9	千克			0		0
2917.2090	--- 其他											
29172090.10	驱蚊灵	6.5	30		17	0	千克	S		0		0
29172090.90	其他(环烷、环烯、环萜烯)多元羧酸	6.5	30		17	9	千克	AB	MR/NS	0		0
	- 芳香多元羧酸及其酸酐、酰卤化物、过氧化物和过氧酸以及它们的衍生物:											
2917.3200	-- 邻苯二甲酸二辛酯	6.5	30		17	9	千克			0		0
2917.3300	-- 邻苯二甲酸二壬酯及邻苯二甲酸二癸酯	6.5	30		17	9	千克			0		0
	-- 其他邻苯二甲酸酯:											
2917.3410	--- 邻苯二甲酸二丁酯											

协定税率 %										特惠税率 %				Article Description
巴基斯坦	冰岛	哥斯达黎	秘鲁	新西兰	瑞士	新加坡	韩国	澳大利亚	港澳台	老挝	孟加拉	33 国	7 国	
5	0	0	0	0	4.7		3.9	3.9				0	0	Valerate, cycloprate
5	0	0	0	0	4.7		3.9	3.9				0	0	Dimefluthrin, empenthrin, tetramethylfluthrin (including d-empenthrin, rich-d-empenthrin)
5	0	0	0	0	4.7		3.9	3.9				0	0	Prallethrin (including d-prallethrin, rich-d-t-prallethrin)
5	0	0	0	0	4.7		3.9	3.9				0	0	Chlorpromazine acetylene Permethrin (including d-trans-permethrin chlorpromazine acetylene)
5	0	0	0	0	4.7		3.9	3.9				0	0	Other (cycloalkane, cyclenes, acyclic terpene) monocarboxylic acids (including acid anhydride, etheride, peroxide and peroxy-acid and their derivatives)
														- Aromatic monocarboxylic acids，their anhydrides，halides，peroxides，peroxyacids and their derivatives：
5	0	0	0	0			5.2	3.9				0	0	-- Benzoic acid，its salts and esters
5	0	0	0	0	2.6		5.2	3.9				0	0	-- Benzoyl peroxied and Benzoyl chloride
														-- phenylacetic acid and its salts
5	0	0	0	0			3.9	3.9				0	0	Phenylacetic acid
5	0	0	0	0			3.9	3.9				0	0	Salts of phenylacetic acid
														-- Other：
5	0	0	0	0	2.6		3.9	3.9				0	0	--- o-Methylbenzoic acid
5	0	0	0	0	2.6		3.9	3.9				0	0	--- Brufen(Ibuprofen)
														--- Other
5	0	0	0	0	4.7		3.9	3.9				0	0	2,3,6-TBA, methachlorphenprop
5	0	0	0	0	4.7		3.9	3.9				0	0	5- Sodium nitro-o-methoxy-benzene
5	0	0	0	0	4.7		3.9	3.9				0	0	P-chlorophenoxyacetic acid and its salt
5	0	0	0	0	4.7		3.9	3.9				0	0	Triiodobenzoic acid
5	0	0	0	0	4.7		3.9	3.9				0	0	Naphthylacetic acid
5	0	0	0	0	4.7		3.9	3.9				0	0	Chlorfenac
5	0	0	0	0	4.7		3.9	3.9				0	0	α-Naphthylacetic acid and its salts
5	0	0	0	0	4.7		3.9	3.9				0	0	Other aromatic monocarboxylic acids
														Polycarboxylic acids, their anhydrides, halides, peroxides and peroxyacids;their halogenated, sulphonated, nitrated or nitrosated derivatives:
														- Acyclie polycarboxylic acids，their anhydrides，halides，peroxides，peroxyacids and their derivatives：
														-- Oxalie acid, its salts and esters：
5	0	0	0	0	2.6		5.2	3.9				0	0	--- Oxalie acid
5	0	0	0	0	3.6		5.4	5.4				0	0	--- Cobalt oxalate
5	0	0	0	0	2.6		5.2	3.9				0	0	--- Other
														-- Adipic acid, its salts and esters
5	0	0	0	0	2.6			3.9				0	0	Adipic acid
5	0	0	0	0	2.6			3.9				0	0	Adipic acid salts and esters of adipic and
														-- Azelaic acid，sebacic acid，their salts and esters：
5	0	0	0	0	2.6		5.6	3.9				0	0	--- Sebacic acid, its salts and esters
5	0	0	0	0	2.6		3.9	3.9				0	0	--- Other
5	0	0	0	0	2.6		5.2	3.9				0	0	-- Maleic anhydride
														-- Other
5	0	0	0	0	2.6		3.9	3.9	/0/			0	0	Tabatrex ,Dibutyl Succinate
5	0	0	0	0	2.6		3.9	3.9	/0/			0	0	Other acyclic polycarboxylic acid
														- Cyclanic，eyclenic or cycloterpenic polycarboxylic acids，their anhydrides，halides，peroxides，peroxyacids and their derivatives：
0	0	0	0	0	0		3.4	0				0	0	--- Tetrahydrobenzoic anhydride
														--- Other
5	0	0	0	0	2.6		5.6	3.9				0	0	Dimethyl carbat
5	0	0	0	0	2.6		5.6	3.9				0	0	Other (Cyclanic, cyclenic or cycloterpenic) poly- carboxylic acids
														- Aromatic polycarboxylic acids，their anhydrides，halides，peroxides，peroxyacids and their derivatives：
5	0	0	0	0	2.6			3.9	//0			0	0	-- Dioctyl orthophthalates
5	0	0	0	0	2.6		0	3.9	//0			0	0	-- Dinonyl or didecyl orthophthalates
														-- Other esters of orthophthalic acid:
														--- Dibutyl orthophthalates

税号	货品名称	进口关税 %			增值/消费税%	出口退税%	统计计量单位	监管证件代码	检验检疫类别	协定税率 %		
		最惠国	普通	年内暂定						东盟	亚太	智利
29173410.10	驱蚊叮	6.5	30		17	0	千克	S		0		0
29173410.90	其他邻苯二甲酸二丁酯	6.5	30		17	9	千克			0		0
2917.3490	--- 其他	6.5	30		17	9	千克			0		0
2917.3500	-- 邻苯二甲酸酐	6.5	30		17	9	千克	AB	M/N	0		0
	-- 对苯二甲酸及其盐:											
	--- 对苯二甲酸:											
2917.3611	----精对苯二甲酸	6.5	30		17	13	千克			0	6	0
2917.3619	----其他	6.5	30		17	9	千克			0	6	0
2917.3690	--- 其他	6.5	30		17	9	千克			0		0
2917.3700	-- 对苯二甲酸二甲酯	6.5	30		17	9	千克			0		0
	-- 其他:											
2917.3910	--- 间苯二甲酸	6.5	30		17	9	千克			0		0
2917.3990	--- 其他											
29173990.11	酞菌酯	6.5	30		17	9	千克	S		0		0
29173990.12	氯酞酸甲酯	6.5	30		17	9	千克	S		0		0
29173990.13	氯酞酸	6.5	30		17	9	千克	S		0		0
29173990.90	其他芳香多元羧酸	6.5	30		17	9	千克			0		0
29.18	**含附加含氧基的羧酸及其酸酐、酰卤化物、过氧化物和过氧酸以及它们的卤化、磺化、硝化或亚硝化衍生物:**											
	- 含醇基但不含其他含氧基的羧酸及其酸酐、酰卤化物、过氧化物和过氧酸以及它们的衍生物:											
2918.1100	-- 乳酸及其盐和酯	6.5	30		17	13	千克	AB	MR/NS	0		0
2918.1200	-- 酒石酸	6.5	35		17	9	千克	AB	R/S	0		0
2918.1300	-- 酒石酸盐及酒石酸酯	6.5	30		17	9	千克	AB	MR/NS	0		0
2918.1400	-- 柠檬酸	6.5	35		17	13	千克	4ABxy	R/NS	0		0
2918.1500	-- 柠檬酸盐及柠檬酸酯	6.5	30		17	13	千克	4ABxy	R/NS	0		0
2918.1600	-- 葡糖酸及其盐和酯	6.5	30		17	13	千克			0		0
2918.1800	-- 乙酯杀螨醇(ISO)	6.5	30		17	0	千克	S		0		0
	-- 其他:											
2918.1910	--- 2,2-二苯基-2-羟基乙酸(二苯羟乙酸;二苯乙醇酸)	6.5	30		17	9	千克	23		0		0
2918.1990	--- 其他											
29181990.10	二苯乙醇酸甲酯(包括其酸酐,酰卤化物,过氧化物和过氧酸及其衍生物)	6.5	30		17	9	千克	23		0		0
29181990.30	γ-羟基丁酸及其盐	6.5	30		17	9	千克	I		0		0
29181990.41	丙酯杀螨醇	6.5	30		17	0	千克	S		0		0
29181990.42	溴螨酯	6.5	30		17	9	千克	S		0		0
29181990.43	茐丁酯	6.5	30		17	9	千克	S		0		0
29181990.44	整形醇	6.5	30		17	9	千克	S		0		0
29181990.90	其他含醇基但不含其他含氧基羧酸(包括其酸酐,酰卤化物,过氧化物和过氧酸及其衍生物)	6.5	30		17	9	千克			0		0
	- 含酚基但不含其他含氧基的羧酸及其酸酐、酰卤化物、过氧化物和过氧酸以及它们的衍生物:											
	-- 水杨酸及其盐:											
2918.2110	--- 水杨酸、水杨酸钠	6.5	20		17	9	千克			0		0
2918.2190	--- 其他	6.5	30		17	9	千克			0		0
	-- 邻乙酰水杨酸及其盐和酯:											
2918.2210	--- 邻乙酰水杨酸(阿司匹林)	6	20		17	9	千克			0		0
2918.2290	--- 其他	6.5	30		17	9	千克			0		0
2918.2300	-- 水杨酸的其他酯及其盐	6.5	30		17	9	千克			0		0
2918.2900	-- 其他	6.5	30		17	9	千克	AB	R/S	0		0
2918.3000	- 含醛基或酮基但不含其他含氧基的羧酸及其酸酐、酰卤化物、过氧化物和过氧酸以及它们的衍生物											
29183000.11	除虫菊素Ⅰ、除虫菊素Ⅱ	6.5	30		17	9	千克	S		0		0
29183000.12	瓜叶菊素Ⅰ、瓜叶菊素Ⅱ	6.5	30		17	9	千克	S		0		0

协定税率 %										特惠税率 %				
巴基斯坦	冰岛	哥斯达黎	秘鲁	新西兰	瑞士	新加坡	韩国	澳大利亚	港澳台	老挝	孟加拉	33 国	7 国	Article Description
5	0	0	0	0	2.6		5.2	3.9				0	0	Dibutyl phthalate
5	0	0	0	0	2.6		5.2	3.9				0	0	Other dibutyl phthalate
5	0	0	0	0	2.6		0	3.9	//0			0	0	--- Other
5	0	0	0	0	2.6			3.9				0	0	-- Phthalic anhydride
														-- Terephthalie acid and its salts:
														--- Terephthalic acid:
6	0	0		0	4.7	0		3.9				0	0	----PTA(Purified terephthalic acid)
6	0	0	0	0	4.7	0		3.9				0	0	----Other
5	0	0	0	0	2.6			3.9				0	0	--- Other
5	0	0	0	0	2.6		5.6	3.9				0	0	-- Dimethyl terephthalate
														-- Other:
5	0	0	0	0	2.6			3.9				0	0	--- m-phthalic acid
														--- Other
5	0	0	0	0	2.6		5.6	3.9				0	0	Nitrothal-isopropyl
5	0	0	0	0	2.6		5.6	3.9				0	0	Chlorthal-dimethyl
5	0	0	0	0	2.6		5.6	3.9				0	0	Chlorthal
5	0	0	0	0	2.6		5.6	3.9				0	0	Other aromatic polycarboxylic acid
														Carboxylic acids with additional oxygen function and their anhydrides, halides, peroxides and peroxyacids;their halogenated, sulphonated, nitrated or nitrosated derivatives:
														- Carboxylic acids with alcohol function but without other oxygen function, their anhydrides, halides, peroxides, peroxyacids and their derivatives:
5	0	0	0	0	2.6		5.2	3.9				0	0	-- Lactic acid, its salts and esters
5	0	0	0	0	2.6		3.9	3.9				0	0	-- Tartaric acid
5	0	0	0	0	2.6		3.9	3.9				0	0	-- Salts and esters of tartaric acid
5	0	0	0	0	2.6		5.2	3.9				0	0	-- Citric acid
5	0	0	0	0	2.6		3.9	3.9				0	0	-- Salts and esters of citric acid
5	0	0	0	0	2.6		3.9	3.9				0	0	-- Gluconic acid, its salts and esters
5	0	0	0	0	2.6		3.9	3.9				0	0	-- Chlorobenzilate (ISO)
														-- Other:
5	0	0	0	0	2.6		3.9	3.9				0	0	--- 2, 2-Diphenyl-2-hydroxyacetic acid(ahydroxydiphenylacetic acid, benzilic acid)
														--- Other
5	0	0	0	0	2.6		3.9	3.9				0	0	Methyl benzilate (including their anhydrides, halides, peroxides, peroxyacids and their derivatives)
5	0	0	0	0	2.6		3.9	3.9				0	0	γ-hydroxybutanoic acid and its salts
5	0	0	0	0	2.6		3.9	3.9				0	0	Acaralate
5	0	0	0	0	2.6		3.9	3.9				0	0	Bromopropylate
5	0	0	0	0	2.6		3.9	3.9				0	0	Flurenol
5	0	0	0	0	2.6		3.9	3.9				0	0	Chlorflurenol
5	0	0	0	0	2.6		3.9	3.9				0	0	Other Carboxylic acids with phenol function but without other oxygen function,(including their anhydrides, etheride, peroxides, peroxyacids and their derivatives)
														- Carboxylic acids with phenol function but without other oxygen function, their anhydrides, halides, peroxides, peroxyacids and their derivatives:
														-- Salicylic acid and its salts:
5	0	0	0	0	4.7		5.2	3.9				0	0	--- Salicylic acid and sodium salicylate
5	0	0	0	0	2.6		3.9	3.9				0	0	--- Other
														-- o-Acetylsalicylic acid, its salts and esters:
5	0	0	0	0	2.4		3.6	3.6				0	0	--- Acetylsalicylic acid
5	0	0	0	0	2.6		3.9	3.9				0	0	--- Other
5	0	0	0	0			3.9	3.9				0	0	-- Other esters of salicylic acid and their salts
5	0	0	0	0	2.6		5.6	3.9	/0/			0	0	-- Other
														- Carboxylic acids with aldehyde or ketone function but without other oxygen function, their anhydrides, halides, peroxides, peroxyacids and their derivatives
5	0	0	0	0	4.7		3.9	3.9				0	0	Pyrethrin I, Pyrethrin II
5	0	0	0	0	4.7		3.9	3.9				0	0	Cinerin I, Cinerin II

税号	货品名称	进口关税 %			增值/消费税%	出口退税%	统计计量单位	监管证件代码	检验检疫类别	协定税率 %		
		最惠国	普通	年内暂定						东盟	亚太	智利
29183000.13	苿酮菊素Ⅰ、苿酮菊素Ⅱ	6.5	30		17	9	千克	S		0		0
29183000.14	环戊烯丙菊酯	6.5	30		17	9	千克	S		0		0
29183000.15	调环酸、抗倒酯、环虫菊酯	6.5	30		17	9	千克	S		0		0
29183000.16	烯丙菊酯等(包括右旋烯丙菊酯、富右旋反式烯丙菊酯、右旋反式烯丙菊酯)	6.5	30		17	9	千克	S		0		0
29183000.17	Es-生物烯丙菊酯、生物烯丙菊酯等(包括S-生物烯丙菊酯)	6.5	30		17	9	千克	S		0		0
29183000.18	乙酰氟菊酯	6.5	30		17	9	千克	S		0		0
29183000.90	其他含醛基或酮基不含其他含氧基羧酸(包括酸酐、酰卤化物、过氧化物和过氧酸及其衍生物)	6.5	30		17	9	千克			0		0
	- 其他:											
2918.9100	-- 2,4,5-涕(ISO)(2,4,5-三氯苯氧基乙酸)及其盐和酯	6.5	30		17	0	千克	89		0		0
2918.9900	-- 其他											
29189900.21	2,4-滴、2,4-滴丙酸、2,4-滴丁酸等(包括精2,4-滴丙酸、苯醚菌酯)	6.5	30		17	13	千克	S		0		0
29189900.22	2甲4氯、2甲4氯丙酸等(包括精2甲4氯丙酸)	6.5	30		17	13	千克	S		0		0
29189900.23	2甲4氯丁酸	6.5	30		17	13	千克	S		0		0
29189900.24	麦草畏、杀草畏	6.5	30		17	13	千克	S		0		0
29189900.25	禾草灵、乳氟禾草灵	6.5	30		17	13	千克	S		0		0
29189900.26	氟苯禾草灵、甲羧除草醚	6.5	30		17	13	千克	S		0		0
29189900.27	三氟羧草醚、乙羧氟草醚	6.5	30		17	13	千克	S		0		0
29189900.28	氟乳醚、调果酸、座果酸	6.5	30		17	13	千克	S		0		0
29189900.29	增糖酯、S-诱抗素(包括烯虫酯)	6.5	30		17	13	千克	S		0		0
29189900.30	调环酸钙	6.5	30		17	13	千克	S		0		0
29189900.41	2甲4氯异辛酯	6.5	30		17	13	千克	S		0		0
29189900.90	其他含其他附加含氧基羧酸(包括其酸酐,酰卤化物,过氧化物和过氧酸及其衍生物)	6.5	30		17	13	千克			0		0
	第八分章 非金属无机酸酯及其盐以及它们的卤化、磺化、硝化或亚硝化衍生物											
29.19	**磷酸酯及其盐,包括乳磷酸盐,以及它们的卤化、磺化、硝化或亚硝化衍生物:**											
2919.1000	- 三(2,3-二溴丙基)磷酸酯	6.5	30		17	9	千克	89		0		0
2919.9000	- 其他											
29199000.20	磷酸三丁酯	6.5	30		17	9	千克	3		0		0
29199000.31	敌敌钙、敌敌畏	6.5	30		17	9	千克	S		0		0
29199000.32	速灭磷、二溴磷	6.5	30		17	9	千克	S		0		0
29199000.33	巴毒磷、杀虫畏	6.5	30		17	0	千克	S		0		0
29199000.34	毒虫畏、甲基毒虫畏	6.5	30		17	0	千克	S		0		0
29199000.35	庚烯磷、特普	6.5	30		17	0	千克	S		0		0
29199000.36	三乙膦酸铝、乙膦酸	6.5	30		17	9	千克	S		0		0
29199000.37	氯瘟磷、伐草磷	6.5	30		17	0	千克	S		0		0
29199000.90	其他磷酸酯及其盐(包括乳磷酸盐)(包括它们的卤化,磺化,硝化或亚硝化衍生物)	6.5	30		17	9	千克	AB	MR/NS	0		0
29.20	**其他非金属无机酸酯(不包括卤化氢的酯)及其盐以及它们的卤化、磺化、硝化或亚硝化衍生物:**											
	- 硫代磷酸酯及其盐以及它们的卤化、磺化、硝化或亚硝化衍生物:											
2920.1100	-- 对硫磷(ISO)及甲基对硫磷(ISO)	6.5	30		17	0	千克	X		0		0
2920.1900	-- 其他											
29201900.12	氯氧磷、虫螨畏	6.5	30		17	0	千克	S		0		0
29201900.13	杀螟硫磷、除线磷	6.5	30		17	9	千克	S		0		0
29201900.14	异氯磷、皮蝇磷	6.5	30		17	9	千克	S		0		0
29201900.15	溴硫磷、乙基溴硫磷、硝虫硫磷	6.5	30		17	9	千克	S		0		0
29201900.16	甲基增效磷、增效磷	6.5	30		17	9	千克			0		0
29201900.17	碘硫磷、苯稻瘟净	6.5	30		17	0	千克	S		0		0

协定税率 %										特惠税率 %				Article Description
巴基斯坦	冰岛	哥斯达黎	秘鲁	新西兰	瑞士	新加坡	韩国	澳大利亚	港澳台	老挝	孟加拉	33国	7国	
5	0	0	0	0	4.7		3.9	3.9				0	0	Jasmolin I, Jasmolin II
5	0	0	0	0	4.7		3.9	3.9				0	0	Terallethrin
5	0	0	0	0	4.7		3.9	3.9				0	0	Prohexadione-calcium, trinexapac-ethyl, Cyclet- hrin-ester
5	0	0	0	0	4.7		3.9	3.9				0	0	Esbiothrin(including d-allethrin, rich-d-trans- allethrin, d-trans-allethrin)
5	0	0	0	0	4.7		3.9	3.9				0	0	E-bioallethrin, bioallethrin(including S-bioallethrin)
5	0	0	0	0	4.7		3.9	3.9				0	0	Acetyl fluthrinate
5	0	0	0	0	4.7		3.9	3.9				0	0	Other carboxylic acids with aldehyde or ketone function but without other oxygen function, their anhydrides, halides, peroxides, peroxyacids and their derivatives
														- Other:
5	0	0	0	0	2.6		3.9	3.9				0	0	-- 2,4,5-T(ISO) (2,4,5-trichlorophenoxyacetic acid), its salts and esters
														-- Other
5	0	0	0	0	4.7		3.9	3.9				0	0	2,4-d,2,4- Dichlorprop-p,2,4-Embutox (including J2, 4-Dichlorprop-p)
5	0	0	0	0	4.7		3.9	3.9				0	0	MCPA, Mecoprop (including mecoprop-P)
5	0	0	0	0	4.7		3.9	3.9				0	0	MCPA butyric acid
5	0	0	0	0	4.7		3.9	3.9				0	0	Dicamba, tricamba
5	0	0	0	0	4.7		3.9	3.9				0	0	Diclofop-methyl, lactofen
5	0	0	0	0	4.7		3.9	3.9				0	0	Fluoro-naphthalene Diclofop, bifenox
5	0	0	0	0	4.7		3.9	3.9				0	0	Acifluorfen-sodium, Fluoroglycofen
5	0	0	0	0	4.7		3.9	3.9				0	0	Fluorine lactolide, cloprop, cloxyfonac
5	0	0	0	0	4.7		3.9	3.9				0	0	Dicapthon, abscisic acid, (inclduding methoprene)
5	0	0	0	0	4.7		3.9	3.9				0	0	Prohexadione calcium
5	0	0	0	0	4.7		3.9	3.9				0	0	MCPA-isooctyl
5	0	0	0	0	4.7		3.9	3.9				0	0	Other Carboxylic acids with additional oxygen function and their anhydrides, halides, peroxides and peroxyacids
														Ⅷ.ESTERS OF INORGANIC ACIDS OF NON-METALS AND THEIR SALTS，AND THEIR HALOGENATED，SULPHONATED，NITRATED OR NITROSATED DERIVATIVES
														Phosphoric esters and their salts，including lactophosphates;their halogenated, sulphonated，nitrated or nitrosated derivatives:
5	0	0	0	0	2.6		3.9	3.9				0	0	- Tris(2,3-dibromopropyl)phosphate
														- Other
5	0	0	0	0	2.6		3.9	3.9				0	0	Tributyl phosphate
5	0	0	0	0	2.6		3.9	3.9				0	0	Calvinphos, dichlorovos
5	0	0	0	0	2.6		3.9	3.9				0	0	Mevinphos, naled
5	0	0	0	0	2.6		3.9	3.9				0	0	Crotoxyphos, tetrachlorvinphos
5	0	0	0	0	2.6		3.9	3.9				0	0	Chlorfenvinphos, dimethylvinphos
5	0	0	0	0	2.6		3.9	3.9				0	0	Heptenophos, TEPP
5	0	0	0	0	2.6		3.9	3.9				0	0	Fosetyl-aluminium, phosphonoacetic acid
5	0	0	0	0	2.6		3.9	3.9				0	0	Phosdiphen, tris[2-(2,4-dichlorophenoxy)ethyl] phosphite
5	0	0	0	0	2.6		3.9	3.9				0	0	Other phosphoric esters and their salts, including lactophosphates; their halogenated, sulphonated, nitrated or nitrosated derivatives
														Esters of other inorganic acids of nonmetals (excluding esters of hydrogen halides)and their salts;their halogenated，sulphonated，nitrated or nitrosated derivatives:
														- Thiophosphoric esters (phosphorothioates) and their salts; theirhalogenated, sulphonated, nitrated or nitrosated derivatives:
5	0	0	0	0	2.6		3.9	3.9				0	0	-- Parathion (ISO) and parathion-methyl(ISO)(methyl-parathion)
														-- Other
5	0	0	0	0	2.6		3.9	3.9				0	0	Chlorethoxyfos, methacrifos
5	0	0	0	0	2.6		3.9	3.9				0	0	Fenitrothion, dichlofenthion
5	0	0	0	0	2.6		3.9	3.9				0	0	Dicapthon, fenchlorphos
5	0	0	0	0	2.6		3.9	3.9				0	0	Bromophos, nexagan, Glass insect parathion
5	0	0	0	0	2.6		3.9	3.9				0	0	Methyl phosphorus efficiency, penyl thiophosphate
5	0	0	0	0	2.6		3.9	3.9				0	0	Idofenphos, Benzene rice blast net

税号	货品名称	进口关税 %			增值/消费税%	出口退税%	统计计量单位	监管证件代码	检验检疫类别	协定税率 %		
		最惠国	普通	年内暂定						东盟	亚太	智利
29201900.18	甲基立枯磷、克菌磷	6.5	30		17	9	千克	S		0		0
29201900.19	速杀硫磷、丰丙磷	6.5	30		17	9	千克	S		0		0
29201900.90	其他硫代磷酸酯及其盐(包括它们的卤化,磺化,硝化或亚硝化衍生物)	6.5	30		17	9	千克			0		0
	- 其他:											
	--- 亚磷酸酯:											
2920.9011	----亚磷酸三甲酯	6.5	30		17	9	千克	23		0		0
2920.9012	----亚磷酸三乙酯	6.5	30		17	9	千克	23		0		0
2920.9013	----亚磷酸二甲酯	6.5	30		17	9	千克	23		0		0
2920.9014	----亚磷酸二乙酯	6.5	30		17	9	千克	23		0		0
2920.9019	----其他	6.5	30		17	9	千克			0		0
2920.9090	--- 其他											
29209090.01	碳酸二苯酯	6.5	30	2	17	9	千克			0		0
29209090.11	硫丹	6.5	30		17	0	千克	S		0		0
29209090.12	治螟磷	6.5	30		17	0	千克	S		0		0
29209090.13	消螨通	6.5	30		17	0	千克	S		0		0
29209090.14	炔螨特	6.5	30		17	9	千克	S		0		0
29209090.15	浸种磷	6.5	30		17	0	千克	S		0		0
29209090.16	赛松	6.5	30		17	0	千克	S		0		0
29209090.20	三乙基砷酸酯	6.5	30		17	9	千克	X		0		0
29209090.90	其他无机酸酯(不包括卤化氢的酯)(包括其盐以及它们的卤化,磺化,硝化或亚硝化衍生物)	6.5	30		17	9	千克			0		0
	第九分章 含氮基化合物											
29.21	**氨基化合物:**											
	- 无环单胺及其衍生物以及它们的盐:											
2921.1100	-- 甲胺、二甲胺或三甲胺及其盐											
29211100.10	二甲胺	6.5	30		17	9	千克	23		0		0
29211100.20	二甲胺盐酸盐	6.5	30		17	9	千克	23		0		0
29211100.30	甲胺盐	6.5	30		17	9	千克			0		0
29211100.90	甲胺,三甲胺及其盐,其他二甲胺盐	6.5	30		17	9	千克	AB	M/N	0		0
	-- 其他:											
2921.1910	--- 二正丙胺	4	11		17	9	千克	AB	M/N	0		0
2921.1920	--- 异丙胺	6.5	30	2	17	9	千克			0		0
2921.1930	--- N, N-二(2-氯乙基)乙胺	6.5	30		17	9	千克	23		0		0
2921.1940	--- N, N-二(2-氯乙基)甲胺	6.5	30		17	9	千克	23		0		0
2921.1950	--- 三(2-氯乙基)胺	6.5	30		17	9	千克	23		0		0
2921.1960	--- 二烷(甲、乙、正丙或异丙)氨基乙基-2-氯及其质子化盐	6.5	30		17	9	千克	23		0		0
2921.1990	--- 其他											
29211990.11	三乙胺(单一成分,用做点火剂)	6.5	30		17	9	千克	3A	M/	0		0
29211990.20	二异丙胺	6.5	30		17	9	千克	3		0		0
29211990.31	2-氨基丁烷	6.5	30		17	0	千克	S		0		0
29211990.33	胺鲜酯	6.5	30		17	9	千克	S		0		0
29211990.90	其他无环单胺及其衍生物及其盐	6.5	30		17	9	千克			0		0
	- 无环多胺及其衍生物以及它们的盐:											
	-- 乙二胺及其盐:											
2921.2110	--- 乙二胺	6.5	30		17	9	千克			0		0
2921.2190	--- 其他	6.5	30		17	9	千克			0		0
	-- 六亚甲基二胺及其盐:											
2921.2210	--- 己二酸己二胺盐(尼龙-6,6 盐)	6.5	20		17	9	千克			0		0
2921.2290	--- 其他	6.5	30		17	9	千克			0		0
2921.2900	-- 其他											
29212900.10	辛菌胺	6.5	30		17	9	千克	S		0		0
29212900.90	其他无环多胺及其衍生物(包括它们的盐)	6.5	30		17	9	千克			0		0
2921.3000	- 环烷单胺或多胺、环烯单胺或多胺、环萜烯单胺或多胺及其衍生物以及它们的盐											
29213000.10	丙己君及其盐	6.5	30		17	9	千克	I		0		0
29213000.30	氨基羧酸环丙烷	6.5	30		17	9	千克	S		0		0

协定税率 %										特惠税率 %				Article Description
巴基斯坦	冰岛	哥斯达黎	秘鲁	新西兰	瑞士	新加坡	韩国	澳大利亚	港澳台	老挝	孟加拉	33国	7国	
5	0	0	0	0	2.6		3.9	3.9				0	0	Tolclofos-methyl, pyrazophos
5	0	0	0	0	2.6		3.9	3.9				0	0	Heterophos, Aphidan
5	0	0	0	0	2.6		3.9	3.9				0	0	Other thiophosphoric esters (phosphorothioates) and their salts; their halogenated, sulphonated, nitrated or nitrosated derivatives
														- Other:
														--- Phosphites:
5	0	0	0	0	2.6		3.9	3.9				0	0	----Trimethyl phosphite
5	0	0	0	0	2.6		3.9	3.9				0	0	----Trimethyl phosphite
5	0	0	0	0	2.6		3.9	3.9				0	0	----Dimethyl phosphite
5	0	0	0	0	2.6		3.9	3.9				0	0	----Diethyl phosphite
5	0	0	0	0	2.6		3.9	3.9				0	0	----Other
														--- Other
5	0	0	0	0	2.6		3.9	3.9				0	0	Diphenyl carbonate
5	0	0	0	0	2.6		3.9	3.9				0	0	Thiodan
5	0	0	0	0	2.6		3.9	3.9				0	0	Sulfotepp
5	0	0	0	0	2.6		3.9	3.9				0	0	Dinobuton
5	0	0	0	0	2.6		3.9	3.9				0	0	Propargite
5	0	0	0	0	2.6		3.9	3.9				0	0	Izopamfos
5	0	0	0	0	2.6		3.9	3.9				0	0	Sesone
5	0	0	0	0	2.6		3.9	3.9				0	0	Thiethyl arsenate
5	0	0	0	0	2.6		3.9	3.9				0	0	Other Esters of other inorganic acids (excluding esters of hydrogen halides) and their salts; their halogenated, sulphonated, nitrated or nitrosated derivatives
														Ⅸ.NITROGEN-FUNCTION COMPOUNDS
														Amine-function compounds:
														- Acyclic monoamines and their derivatives;salts thereof:
														-- Methylamine，di-or trimethylamine and their salts
5	0	0	0	0	2.6		3.9	3.9				0	0	Dimethylamine
5	0	0	0	0	2.6		3.9	3.9				0	0	Dimethyl amine hydro chloride
5	0	0	0	0	2.6		3.9	3.9				0	0	Salts of methylamine
5	0	0	0	0	2.6		3.9	3.9				0	0	Methylamine, trimethylamine and their salts
														-- Other:
0	0	0	0	0	0		0	0				0	0	--- Di-n-propylamine
5	0	0	0	0	2.6		0	3.9				0	0	--- Isopropyl amine
5	0	0	0	0	2.6		3.9	3.9				0	0	--- N, N-Bis(2-chloroethyl) ethylamine
5	0	0	0	0	2.6		3.9	3.9				0	0	--- N, N-Bis(2-chloroethyl) methylamine
5	0	0	0	0	2.6		3.9	3.9				0	0	--- Tri-(2-chloroethyl) amine
5	0	0	0	0	2.6		3.9	3.9				0	0	--- N, N-Dialkyl (Me, Et, n-Pr or i-Pr)aminoethyl-2-chlorides and corresponding protonated salts
														--- Other
5	0	0	0	0	2.6		3.9	3.9				0	0	Triethylamine (Single component, used for igniter)
5	0	0	0	0	2.6		3.9	3.9				0	0	Diisopropylamine
5	0	0	0	0	2.6		3.9	3.9				0	0	2-aminobutane
5	0	0	0	0	2.6		3.9	3.9				0	0	Diethylaminoethyl hexanoate
5	0	0	0	0	2.6		3.9	3.9				0	0	Other acyclic monoamines and its derivatives or its salts
														- Acyclic polyamines and their derivatives;salts thereof:
														-- Ethylenediamine and its salts:
5	0	0	0	0	2.6		5.6	3.9				0	0	--- Ethylenediamine
5	0	0	0	0	4.7		5.2	3.9				0	0	--- Other
														-- Hexamethylenediamine and its salts:
5	0	0	0	0	2.6		3.9	3.9				0	0	--- Hexamethylene adipamide(nylon-6,6 salt)
5	0	0	0	0	2.6		5.2	3.9				0	0	--- Other
														-- Other
5	0	0	0	0	2.6		5.2	3.9				0	0	N-octyl-N'-[2-(octylamino)ethyl]ethylenediamine
5	0	0	0	0	2.6		5.2	3.9				0	0	Other acyclic polyamines and their derivatives (including salts thereof)
														- Cyclanic，cyclenic or cycloterpenic monoor polyamines，and their derivatives;salts thereof
5	0	0	0	0	2.6		3.9	3.9				0	0	Propylhexedrine and its salts
5	0	0	0	0	2.6		3.9	3.9				0	0	Aminocyclopropane-1-carboxylicacid

税 号	货 品 名 称	进口关税 %			增值/消费税%	出口退税%	统计计量单位	监管证件代码	检验检疫类别	协定税率 %		
		最惠国	普通	年内暂定						东盟	亚太	智利
29213000.40	乙撑亚胺	6.5	30		17	9	千克	AB	M/N	0		0
29213000.90	其他环(烷、烯、萜烯)单胺或多胺(包括其衍生物及它们的盐)	6.5	30		17	9	千克			0		0
	- 芳香单胺及其衍生物以及它们的盐:											
	-- 苯胺及其盐:											
2921.4110	--- 苯胺	6.5	20		17	9	千克	X		0		0
2921.4190	--- 其他	6.5	30		17	9	千克			0		0
2921.4200	-- 苯胺衍生物及其盐											
29214200.12	敌锈钠	6.5	30		17	9	千克	S		0		0
29214200.13	苯草醚	6.5	30		17	9	千克	S		0		0
29214200.90	其他苯胺衍生物及其盐	6.5	30		17	9	千克			0		0
2921.4300	-- 甲苯胺及其衍生物以及它们的盐											
29214300.01	间甲苯胺或对甲苯胺	6.5	30		17	9	千克			0		0
29214300.10	氟乐灵	6.5	30		17	9	千克	S		0		0
29214300.20	邻甲苯胺	6.5	30		17	9	千克			0		0
29214300.31	溴鼠胺	6.5	30		17	0	千克	S		0		0
29214300.32	乙丁氟灵	6.5	30		17	9	千克	S		0		0
29214300.33	氯乙氟灵	6.5	30		17	9	千克	S		0		0
29214300.34	环丙氟灵	6.5	30		17	9	千克	S		0		0
29214300.35	乙丁烯氟灵	6.5	30		17	9	千克	S		0		0
29214300.36	地乐灵	6.5	30		17	9	千克	S		0		0
29214300.37	氯乙灵	6.5	30		17	9	千克	S		0		0
29214300.38	氟节胺	6.5	30		17	9	千克	S		0		0
29214300.90	甲苯胺盐、甲苯胺衍生物及其盐	6.5	30		17	9	千克			0		0
2921.4400	-- 二苯胺及其衍生物以及它们的盐	6.5	30		17	17	千克			0		0
2921.4500	-- 1-萘胺(α-萘胺)、2-萘胺(β-萘胺)及其衍生物以及它们的盐											
29214500.10	2-萘胺	6.5	30		17	9	千克	X		0		0
29214500.90	1-萘胺和2-萘胺的衍生物及盐(包括1-萘胺)	6.5	30		17	9	千克			0		0
2921.4600	-- 安非他明(INN)、苄非他明(INN)、右苯丙胺(INN)、乙非他明(INN)、芬坎法明(INN)、利非他明(INN)、左苯丙胺(INN)、美芬雷司(INN)、苯丁胺(INN)以及它们的盐											
29214600.11	安非他明、苄非他明、右苯丙胺(包括它们的盐)	6.5	30		17	9	千克	I		0		0
29214600.12	乙非他明、芬坎法明、利非他明(包括它们的盐)	6.5	30		17	9	千克	I		0		0
29214600.13	左苯丙胺、美芬雷司、芬特明(包括它们的盐)	6.5	30		17	9	千克	I		0		0
	-- 其他:											
2921.4910	--- 对异丙基苯胺	4	11		17	13	千克			0		0
2921.4920	--- 二甲基苯胺	6.5	20		17	13	千克			0		0
2921.4930	--- 2,6-甲基乙基苯胺	4	11		17	13	千克			0		0
2921.4940	--- 2,6-二乙基苯胺	6.5	20		17	13	千克			0		0
2921.4990	--- 其他											
29214990.11	异丙乐灵	6.5	30		17	13	千克	S		0		0
29214990.12	仲丁灵	6.5	30		17	13	千克	S		0		0
29214990.13	二甲戊灵	6.5	30		17	13	千克	S		0		0
29214990.20	4-氨基联苯	6.5	30		17	13	千克	X		0		0
29214990.31	乙环利定、二甲基安非他明(以及它们的盐)	6.5	30		17	13	千克	I		0		0
29214990.32	芬氟拉明、右旋芬氟拉明(以及它们的盐)	6.5	30		17	13	千克	I		0		0
29214990.90	其他芳香单胺及衍生物及它们的盐	6.5	30		17	13	千克			0		0
	- 芳香多胺及其衍生物以及它们的盐:											
	-- 邻-、间-、对-苯二胺、二氨基甲苯及其衍生物以及它们的盐:											
2921.5110	--- 邻苯二胺	4	11		17	9	千克			0		0
2921.5190	--- 其他											
29215190.11	氨氟灵	6.5	30		17	9	千克	S		0		0
29215190.12	氨氟乐灵	6.5	30		17	9	千克	S		0		0
29215190.20	2,4-二氨基甲苯	6.5	30		17	17	千克	X		0		0

协定税率 %										特惠税率 %				Article Description
巴基斯坦	冰岛	哥斯达黎	秘鲁	新西兰	瑞士	新加坡	韩国	澳大利亚	港澳台	老挝	孟加拉	33 国	7 国	
5	0	0	0	0	2.6		3.9	3.9				0	0	Ethylenimine
5	0	0	0	0	2.6		3.9	3.9				0	0	Other Cylanic, cyclenic or cycloterpenic monoor polyamines, and their derivatives; salts thereof
														- Aromatic monoamines and theirderivatives;salts thereof:
														-- Aniline and its salts:
5	0	0	0	0	2.6		3.9	3.9				0	0	--- Aniline
5	0	0	0	0			3.9	3.9				0	0	--- Other
														-- Aniline derivatives and their salts
5	0	0	0	0			5.2	3.9				0	0	Sodium-p-aminobenzensulfonate
5	0	0	0	0			5.2	3.9				0	0	Aclonifen
5	0	0	0	0			5.2	3.9				0	0	Other derivatives and their salts of aniline
														-- Toluidines and their derivatives;salts thereof
5	0	0	0	0	2.6		5.6	3.9				0	0	M-Toluidine or p-Toluidine
5	0	0	0	0	2.6		5.6	3.9				0	0	Trifluralin
5	0	0	0	0	2.6		5.6	3.9				0	0	o-Toluidine
5	0	0	0	0	2.6		5.6	3.9				0	0	Bromethalin
5	0	0	0	0	2.6		5.6	3.9				0	0	Benfluralin
5	0	0	0	0	2.6		5.6	3.9				0	0	Fluchloralin
5	0	0	0	0	2.6		5.6	3.9				0	0	Profluralin
5	0	0	0	0	2.6		5.6	3.9				0	0	Ethalfluralin
5	0	0	0	0	2.6		5.6	3.9				0	0	Dipropalin
5	0	0	0	0	2.6		5.6	3.9				0	0	Chlornidine
5	0	0	0	0	2.6		5.6	3.9				0	0	Flumetralin
5	0	0	0	0	2.6		5.6	3.9				0	0	Derivatives and salts of toluidines
5	0	0	0	0			5.2	3.9				0	0	-- Diphenylamine and its derivatives;salts thereof
														-- 1-Naphthylamine (α-naphthy lamine), 2-naphthylamine(β-naphthylamine) and their derivatives;salts thereof
5	0	0	0	0			3.9	3.9				0	0	2-Naphthylamine
5	0	0	0	0			3.9	3.9				0	0	Derivatives and salts of 1-Naphthylamine and 2-Naphthylamine(including 1naphthy- lamine)
														-- Amfetamine (INN), benzfetamine (INN), dexamfetamine (INN), etilamfetamine (INN), fencamfamin (INN), lefetamine (INN), levamfetamine(INN), mefenorex (INN) and phentermine(INN);salts thereof
5	0	0	0	0	2.6		3.9	3.9				0	0	Amfetamine (INN) ,benzfetamine (INN), dexamfetamine (INN)(including their salts)
5	0	0	0	0	2.6		3.9	3.9				0	0	Etilamfetamine (INN), fencamfamin (INN), lefetamine (INN)(including their salts)
5	0	0	0	0	2.6		3.9	3.9				0	0	Levamfetamine (INN) ,mefenorex (INN) and phentermine (INN)(including their salts)
														-- Other:
0	0	0	0	0	0		0	0				0	0	--- p-Isopropyl-aniline
5	0	0	0	0	2.6		5.2	3.9				0	0	--- Dimethylanilines
0	0	0	0	0	0		0	0				0	0	--- 2，6-Methyl ethyl aniline
5	0	0	0	0			3.9	3.9				0	0	--- 2，6-Diethylaniline
														--- Other
5	0	0	0	0			3.9	3.9				0	0	Isopropalin
5	0	0	0	0			3.9	3.9				0	0	Butralin
5	0	0	0	0			3.9	3.9				0	0	Pendimethalin
5	0	0	0	0			3.9	3.9				0	0	4 - aminobiphenyl
5	0	0	0	0			3.9	3.9				0	0	Eticyclidine, dimethylamphetamine (and their salts)
5	0	0	0	0			3.9	3.9				0	0	Fenfluramine, dexfenfluramine(and their salts)
5	0	0	0	0			3.9	3.9				0	0	Other aromatic monoamine and derivants and their salts
														- Aromatic polyamines and their derivatives;salts thereof:
														-- o-，m-，p-Phenylenediamine，diaminotoluenes，and their derivatives;salts thereof:
0	0	0	0	0	0		0	0				0	0	--- o-Phenylenediamine
														--- Other
5	0	0	0	0	2.6		3.9	3.9				0	0	Dinitramine
5	0	0	0	0	2.6		3.9	3.9				0	0	Prodiamine
5	0	0	0	0	2.6		3.9	3.9				0	0	2, 4 -diaminotoluene

税号	货品名称	进口关税 % 最惠国	普通	年内暂定	增值/消费税%	出口退税%	统计计量单位	监管证件代码	检验检疫类别	协定税率 % 东盟	亚太	智利
29215190.90	间、对-苯二胺、二氨基甲苯等(包括衍生物及它们的盐)	6.5	30		17	17	千克			0		0
2921.5900	-- 其他											
29215900.10	三氨基三硝基苯	6.5	30		17	9	千克	3		0		0
29215900.20	联苯胺(4,4′-二氨基联苯)	6.5	30		17	9	千克	89		0		0
29215900.31	4,4′-二氨基-3,3′-二氯二苯基甲烷	6.5	30		17	9	千克	X		0		0
29215900.32	3,3′-二氯联苯胺	6.5	30		17	9	千克	X		0		0
29215900.33	4,4′-二氨基二苯基甲烷	6.5	30		17	13	千克	X		0		0
29215900.90	其他芳香多胺及衍生物及它们的盐	6.5	30		17	13	千克			0		0
29.22	含氧基氨基化合物:											
	- 氨基醇(但含有一种以上含氧基的除外)及其醚和酯,以及它们的盐:											
2922.1100	-- 单乙醇胺及其盐											
29221100.01	单乙醇胺	6.5	30		17	9	千克	AB	MR/NS	0		0
29221100.90	单乙醇胺盐	6.5	30		17	9	千克			0		0
2922.1200	-- 二乙醇胺及其盐											
29221200.01	二乙醇胺	6.5	30		17	9	千克			0		0
29221200.10	全氟辛基磺酸二乙醇胺	6.5	30		17	9	千克	X		0		0
29221200.90	二乙醇胺盐	6.5	30		17	9	千克			0		0
	-- 三乙醇胺及其盐:											
2922.1310	--- 三乙醇胺	6.5	30		17	9	千克	23AB	R/S	0		0
2922.1320	--- 三乙醇胺盐											
29221320.20	三乙醇胺盐酸盐	6.5	30		17	9	千克	23		0		0
29221320.90	其他三乙醇胺的盐	6.5	30		17	9	千克			0		0
2922.1400	-- 右丙氧吩(INN)及其盐	6.5	30		17	9	千克	W		0		0
	-- 其他:											
2922.1910	--- 乙胺丁醇	6.5	30		17	13	千克			0		0
	--- 二烷(甲、乙、正丙或异丙)氨基乙-2-醇及其质子化盐:											
2922.1921	----二甲氨基乙醇及其质子化盐	6.5	30		17	13	千克			0		0
2922.1922	----二乙氨基乙醇及其质子化盐											
29221922.10	2-二乙氨基乙醇(或称N,N-二乙基乙醇胺)	6.5	30		17	9	千克	3		0		0
29221922.90	二乙氨基乙醇的质子化盐	6.5	30		17	9	千克			0		0
2922.1929	----其他	6.5	30		17	9	千克	23		0		0
2922.1930	--- 乙基二乙醇胺	6.5	30		17	9	千克	23		0		0
2922.1940	--- 甲基二乙醇胺	6.5	30		17	13	千克	23		0		0
2922.1950	--- 本芴醇	6.5	30		17	13	千克			0		0
2922.1990	--- 其他											
29221990.10	增产胺	6.5	30		17	13	千克	S		0		0
29221990.20	克仑特罗	6.5	30		17	13	千克	L		0		0
29221990.31	醋美沙朵、阿醋美沙朵、阿法美沙朵(以及它们的盐)	6.5	30		17	13	千克	W		0		0
29221990.32	倍醋美沙多、倍他美沙多(以及它们的盐)	6.5	30		17	13	千克	W		0		0
29221990.33	地美沙多、地美庚醇、诺美沙多(以及它们的盐)	6.5	30		17	13	千克	W		0		0
29221990.90	其他氨基醇及其醚、酯和它们的盐(但含有一种以上含氧基的除外)	6.5	30		17	13	千克			0		0
	- 氨基萘酚和其他氨基酚(但含有一种以上含氧基的除外)及其醚和酯,以及它们的盐:											
2922.2100	-- 氨基羟基萘磺酸及其盐	6.5	30		17	13	千克			0		0
	-- 其他:											
2922.2910	--- 茴香胺、二茴香胺、氨基苯乙醚及其盐	6.5	30		17	13	千克			0		0
2922.2990	--- 其他											
29222990.11	布苯丙胺、二甲氧基乙基安非他明(以及它们的盐)	6.5	30		17	13	千克	I		0		0
29222990.12	二甲氧基安非他明、副甲氧基安非他明(以及它们的盐)	6.5	30		17	13	千克	I		0		0
29222990.13	二甲氧基甲苯异丙胺、三甲氧基安非他明(以及它们的盐)	6.5	30		17	13	千克	I		0		0

协定税率 %										特惠税率 %				Article Description
巴基斯坦	冰岛	哥斯达黎	秘鲁	新西兰	瑞士	新加坡	韩国	澳大利亚	港澳台	老挝	孟加拉	33 国	7 国	
5	0	0	0	0	2.6		3.9	3.9				0	0	o-, m-, p-m-phenylene diamine, paraphenylene diamine, diaminotoluene etc.(including their derivatives and salts)
														-- Other
5	0	0	0	0			5.2	3.9				0	0	Triamino trinitrobenzene
5	0	0	0	0			5.2	3.9				0	0	Benzidine (4,4'-diaminodiphenyl)
5	0	0	0	0			5.2	3.9				0	0	4,4'-diamido-3,3'-Dichlorodiphenylmethane
5	0	0	0	0			5.2	3.9				0	0	3,3'-dichloro-benzidine
5	0	0	0	0			5.2	3.9				0	0	4,4'-diaminodiphenylmethane
5	0	0	0	0			5.2	3.9				0	0	Other aromatic polyamines and their derivatives or salts
														Oxygen-function amino-compounds:
														- Amino-alcohols，other than those containing more than one kind of oxygen function，their ethers and esters;salts thereof:
														-- Monoethanolamine and its salts
5	0	0	0	0	2.6			3.9				0	0	Monoethanolamine
5	0	0	0	0	2.6			3.9				0	0	Monoethanolamine salt
														-- Diethanolamine and its salts
5	0	0	0	0	2.6			3.9				0	0	Diethanolamine
5	0	0	0	0	2.6			3.9				0	0	Prefluorooctanesulfonic acid diethanolamine
5	0	0	0	0	2.6			3.9				0	0	Diethanolamine salt
														-- Triethanolamine and its salts:
5	0	0	0	0	2.6		5.6	3.9				0	0	--- Triethanolamine
														--- Salts of triethanolamine
5	0	0	0	0	2.6		3.9	3.9				0	0	Triethanolamine hydrochloride
5	0	0	0	0	2.6		3.9	3.9				0	0	Other salts of triethanolamine
5	0	0	0	0	2.6		3.9	3.9				0	0	-- Dextropropoxyphene (INN) and its salts
														-- Other:
5	0	0	0	0	2.6		3.9	3.9				0	0	--- Ethylamino butanol(Ethambutol)
														--- N, N-Dialkyl-(Me, Et, n-Pr or i-Pr)aminoethane-2-ols and corresponding protonated salts:
5	0	0	0	0	2.6		3.9	3.9				0	0	----N, N-Dimethylaminoethanol and corresponding protonated salts
														----N, N-Diethylaminoethanol and corresponding protonated salts
5	0	0	0	0	2.6		3.9	3.9				0	0	2-diethylaminoethanol(N, N-diethyl ethylene diamine)
5	0	0	0	0	2.6		3.9	3.9				0	0	Protonated salts of diethylaminoethanol
5	0	0	0	0	2.6		3.9	3.9				0	0	----Other
5	0	0	0	0	2.6		3.9	3.9				0	0	--- Ethyldiethanolamine
5	0	0	0	0	2.6		3.9	3.9				0	0	--- Methyldiethanolamine
5	0	0	0	0	2.6		3.9	3.9				0	0	--- Benflumetol
														--- Other
5	0	0	0	0	2.6		3.9	3.9				0	0	Guayule
5	0	0	0	0	2.6		3.9	3.9				0	0	Clenbuterol
5	0	0	0	0	2.6		3.9	3.9				0	0	Acetylmethadol, alphacetylmethadol, alphamethadol (and their salts)
5	0	0	0	0	2.6		3.9	3.9				0	0	Betacetylmethadol, betamethadol (and their salts)
5	0	0	0	0	2.6		3.9	3.9				0	0	Dimenoxadol, dimepheptanol, noracymethadol(and their salts)
5	0	0	0	0	2.6		3.9	3.9				0	0	Other alkamine and ether, ester and their salts (other than those containing more than one kind of Oxygen function)
														- Amino-naphthols and amino-phenols，other than those containing more than one kind of oxygen function，their ethers and esters;salts thereof:
5	0	0	0	0	2.6		5.2	3.9				0	0	-- Aminohydroxynaphthalenesulphonic acid and their salts
														-- Other:
5	0	0	0	0	2.6		5.2	3.9				0	0	--- Anisidines, dianisidines, phenetidines, and their salts
														--- Other
5	0	0	0	0	2.6		3.9	3.9				0	0	Brolamfetamine, dimethoxy-ethylamphetamine (and their salts)
5	0	0	0	0	2.6		3.9	3.9				0	0	Dimethoxyamfetamine, paramethoxyampheta-mine (and their salts)
5	0	0	0	0	2.6		3.9	3.9				0	0	DOMdimethoxymethylamphetamine, trimethoxyampheta mine (and their salts)

税号	货品名称	进口关税 %			增值/消费税%	出口退税%	统计计量单位	监管证件代码	检验检疫类别	协定税率 %		
		最惠国	普通	年内暂定						东盟	亚太	智利
29222990.14	2,5-二甲氧基-4-溴苯乙胺、地佐辛(以及它们的盐)	6.5	30		17	13	千克	I		0		0
29222990.15	他喷他多(Tapentadol; CAS 号: 175591-23-8)	6.5	30		17	13	千克	I		0		0
29222990.16	2,5-二甲氧基-4-碘苯乙胺(2, 5-Dimethoxy-4-iodophenethylamine; CAS 号: 69587-11-7)	6.5	30		17	13	千克	I		0		0
29222990.17	2,5-二甲氧基苯乙胺(2, 5-Dimethoxy-phenethylamine; CAS 号: 3600-86-0)	6.5	30		17	13	千克	I		0		0
29222990.90	其他氨基(萘酚、酚)及醚、酯(包括它们的盐,但含有一种以上含氧基的除外)	6.5	30		17	13	千克			0		0
	- 氨基醛、氨基酮和氨基醌,但含有一种以上含氧基的除外,以及它们的盐:											
2922.3100	-- 安非拉酮(INN)、美沙酮(INN)和去甲美沙酮(INN)以及它们的盐											
29223100.10	安非拉酮及其盐	6.5	30		17	9	千克	I		0		0
29223100.20	美沙酮、去甲美沙酮及它们的盐	6.5	30		17	9	千克	W		0		0
	-- 其他:											
2922.3910	--- 4-甲基甲卡西酮	6.5	30		17	9	千克	I		0		0
2922.3990	--- 其他											
29223990.10	氯胺酮及其盐	6.5	30		17	9	千克	I		0		0
29223990.20	灭藻醌	6.5	30		17	9	千克	S		0		0
29223990.30	异美沙酮及其盐	6.5	30		17	9	千克	W		0		0
29223990.40	甲卡西酮及其盐	6.5	30		17	9	千克	I		0		0
29223990.50	4-甲基乙卡西酮(4-MEC)(4-Methylethcathinone;CAS 号: 1225617-18-4)	6.5	30		17	9	千克	I		0		0
29223990.90	其他氨基醛、氨基酮及其盐(包括氨基醌及其盐,但含有一种以上含氧基的除外)	6.5	30		17	9	千克			0		0
	- 氨基酸(但含有一种以上含氧基的除外)及其酯以及它们的盐:											
	-- 赖氨酸及其酯以及它们的盐:											
2922.4110	--- 赖氨酸	5	20		17	13	千克	AB	MP/Q	0		0
2922.4190	--- 其他	6	30	5	17	9	千克	AB	MPR/QS	0		0
	-- 谷氨酸及其盐:											
2922.4210	--- 谷氨酸	10	90	5	17	9	千克	AB	MP/Q	0	8.6	0
2922.4220	--- 谷氨酸钠	10	130		17	0	千克	AB	MP/Q	0		0
2922.4290	--- 其他	6.5	30		17	9	千克	AB	MP/Q	0		0
	-- 邻氨基苯甲酸(氨茴酸)及其盐:											
2922.4310	--- 邻氨基苯甲酸(氨茴酸)	6.5	20		17	9	千克	23		0		0
2922.4390	--- 其他	6.5	30		17	9	千克			0		0
2922.4400	-- 替利定(INN)及其盐	6.5	30		17	9	千克	W		0		0
	-- 其他:											
	--- 其他氨基酸:											
2922.4911	----氨甲环酸	6.5	20		17	13	千克	AB	MPR/QS	0		0
2922.4919	----其他											
29224919.10	安咪奈丁	6.5	20		17	13	千克	I		0		0
29224919.90	其他氨基酸	6.5	20		17	13	千克	AB	MPR/QS	0		0
	--- 其他:											
2922.4991	----普鲁卡因	6	20		17	13	千克			0		0
2922.4999	----其他											
29224999.11	草灭畏	6.5	30		17	9	千克	ABS	MP/Q	0		0
29224999.12	灭杀威、灭除威、混灭威等(害扑威、速灭威、残杀威、猛杀威)	6.5	30		17	9	千克	ABS	MP/NQ	0		0
29224999.13	兹克威、除害威	6.5	30		17	0	千克	ABS	MP/NQ	0		0
29224999.14	异丙威	6.5	30		17	9	千克	ABS	MP/NQ	0		0
29224999.15	仲丁威、畜虫威、合杀威	6.5	30		17	9	千克	ABS	MP/NQ	0		0
29224999.16	甲萘威、地麦威、蜱虱威	6.5	30		17	9	千克	ABS	MP/Q	0		0
29224999.17	除线威	6.5	30		17	9	千克	ABS	MP/Q	0		0
29224999.18	氨酰丙酸(盐酸盐)	6.5	30		17	9	千克	ABS	MP/Q	0		0

协定税率 %										特惠税率 %				Article Description
巴基斯坦	冰岛	哥斯达黎	秘鲁	新西兰	瑞士	新加坡	韩国	澳大利亚	港澳台	老挝	孟加拉	33 国	7 国	
5	0	0	0	0	2.6		3.9	3.9				0	0	2,5-dimethoxy-4-bromobenzeneethylamine, dezocine (and their salts)
5	0	0	0	0	2.6		3.9	3.9				0	0	Tapentadol ;CAS No:175591-23-8
5	0	0	0	0	2.6		3.9	3.9				0	0	2,5-Dimethoxy-4-iodophenethylamine；CAS No：69587-11-7
5	0	0	0	0	2.6		3.9	3.9				0	0	2,5-Dimethoxy-phenethylamine；CAS No：3600-86-0
5	0	0	0	0	2.6		3.9	3.9				0	0	Other Amino-naphthols and amino-phenols, other than those containing more than one kind of oxygen function, their ethers and esters; salts thereof
														- Amino-aldehydes, amino-ketones and amino-quinones, other than those containing more than one kind of oxygen function;salts thereof:
														-- Amfepramone (INN),methadone (INN) and normethadone (INN);salts thereof
5	0	0	0	0	2.6		3.9	3.9				0	0	Amfepramone (INN) and its salts
5	0	0	0	0	2.6		3.9	3.9				0	0	Methadone (INN) , normethadone (INN) and their salts
														-- Other：
5	0	0	0	0	2.6		3.9	3.9				0	0	--- 4-Methylmethcathinone
														--- Other
5	0	0	0	0	2.6		3.9	3.9				0	0	Ketamine and its salts
5	0	0	0	0	2.6		3.9	3.9				0	0	Quinoclamine
5	0	0	0	0	2.6		3.9	3.9				0	0	Isomethadone and its salts
5	0	0	0	0	2.6		3.9	3.9				0	0	Methcathinone and its salts
5	0	0	0	0	2.6		3.9	3.9				0	0	4-Methylethcathinone;CAS No：1225617-18-4
5	0	0	0	0	2.6		3.9	3.9				0	0	Other amino-aldehydes, amino-ketones and amin o-quinones; salts thereof (other than those containing more than one kind of oxygen function)
														- Amino-acids, other than those containing more than one kind of oxygen function, and their esters;salts thereof:
														-- Lysine and its esters;salts thereof:
0	0	0	0	0	0		4.3	0				0	0	--- Lysine
5	0	0	0	0	2.4		3.6	3.6				0	0	--- Other
														-- Glutamic acid and its salts：
5	0	0	0	0	4	0	8	6				0	0	--- Glutamic acid
5	0	0	0	0	4	0	8	6	0//			0	0	--- Sodium glutamate
5	0	0	0	0	2.6		3.9	3.9				0	0	--- Other
														-- Anthranilic acid and its salts：
5	0	0	0	0	2.6		3.9	3.9				0	0	--- Anthranilic acid
5	0	0	0	0	2.6		3.9	3.9				0	0	--- Other
5	0	0	0	0	2.6		3.9	3.9				0	0	-- Tilidine(INN)and its salts
														-- Other：
														--- Amino acids：
5	0	0	0	0	2.6		5.6	3.9				0	0	----Tranexamic acid
														----Other
5	0	0	0	0	2.6		5.6	3.9				0	0	Amineptine
5	0	0	0	0	2.6		5.6	3.9				0	0	Other amino acids
														--- Other：
5	0	0	0	0	2.4		3.6	3.6				0	0	----Procaine
														----Other
5	0	0	0	0	2.6		3.9	3.9				0	0	Chloramben
5	0	0	0	0	2.6		3.9	3.9				0	0	Meobal, XMC, trimethacarb etc.(etrofol, MTMC, propoxur, promecarb)
5	0	0	0	0	2.6		3.9	3.9				0	0	Mexacarbate, allyxycarb
5	0	0	0	0	2.6		3.9	3.9				0	0	Isoprocarb
5	0	0	0	0	2.6		3.9	3.9				0	0	Fenobucarb, butacarb, bufencarb
5	0	0	0	0	2.6		3.9	3.9				0	0	Carbaryl, dimetan, promacyl
5	0	0	0	0	2.6		3.9	3.9				0	0	Cloethocarb
5	0	0	0	0	2.6		3.9	3.9				0	0	Aminolevulinic(hydrochloride)

税　号	货 品 名 称	进口关税 % 最惠国	普通	年内暂定	增值/消费税%	出口退税%	统计计量单位	监管证件代码	检验检疫类别	协定税率 % 东盟	亚太	智利
29224999.19	安咪奈丁的盐	6.5	20		17	13	千克	I		0		0
29224999.90	其他氨基酸及其酯及它们的盐(含有一种以上含氧基的除外)	6.5	30		17	9	千克	AB	MPR/QS	0		0
	- 氨基醇酚、氨基酸酚及其他含氧基氨基化合物:											
2922.5010	--- 对羟基苯甘氨酸及其邓钾盐	6.5	30		17	13	千克	AB	R/S	0		0
2922.5020	--- 莱克多巴胺和盐酸莱克多巴胺	6.5	30		17	9	千克	89		0		0
2922.5090	--- 其他											
29225090.10	曲马多	6.5	30		17	13	千克	I		0		0
29224919.20	苏氨酸	6.5	20	5	17	13	千克	AB	MPR/QS	0		0
29225090.90	其他氨基醇酚、氨基酸酚(包括其他含氧基氨基化合物)	6.5	30		17	13	千克	AB	R/S	0		0
29.23	**季铵盐及季铵碱;卵磷脂及其他磷氨基类脂,不论是否已有化学定义:**											
2923.1000	- 胆碱及其盐	6.5	30		17	9	千克	AB	R/S	0		0
2923.2000	- 卵磷脂及其他磷氨基类脂	6.5	30		17	9	千克	AB	R/S	0		0
2923.9000	- 其他											
29239000.11	矮壮素	6.5	30		17	9	千克	S		0		0
29239000.12	菊胺酯	6.5	30		17	9	千克	S		0		0
29239000.13	全氟辛基磺酸四乙胺、全氟辛基磺酸双癸基二甲基铵	6.5	30		17	9	千克	X		0		0
29239000.90	其他季铵盐及季铵碱	6.5	30		17	9	千克			0		0
29.24	**羧基酰胺基化合物;碳酸酰胺基化合物:**											
	- 无环酰胺(包括无环氨基甲酸酯)及其衍生物以及它们的盐:											
2924.1100	-- 甲丙氨酯(INN)	6.5	30		17	9	千克	I		0		0
2924.1200	-- 氟乙酰胺(ISO)、久效磷(ISO)及磷胺(ISO)											
29241200.10	氟乙酰胺(ISO)(氟乙酰胺别名敌蚜胺)	6.5	30		17	0	千克	89		0		0
29241200.90	久效磷(ISO)及磷胺(ISO)	6.5	30		17	0	千克	X		0		0
	-- 其他:											
2924.1910	--- 二甲基甲酰胺	6.5	30		17	9	千克			0		0
2924.1990	--- 其他											
29241990.12	百治磷	6.5	30		17	0	千克	S		0		0
29241990.13	溴乙酰胺	6.5	30		17	0	千克	S		0		0
29241990.14	霜霉威	6.5	30		17	9	千克	S		0		0
29241990.15	叶枯炔	6.5	30		17	0	千克	S		0		0
29241990.16	二丙烯草胺	6.5	30		17	9	千克	S		0		0
29241990.17	解草烯	6.5	30		17	9	千克			0		0
29241990.18	驱蚊酯	6.5	30		17	9	千克	S		0		0
29241990.30	甲丙氨酯的盐	6.5	30		17	9	千克	I		0		0
29241990.40	丙烯酰胺	6.5	30		17	9	千克	X		0		0
29241990.90	其他无环酰胺(包括无环氨基甲酸酯)(包括其衍生物及其盐)	6.5	30		17	13	千克			0		0
	- 环酰胺(包括环氨基甲酸酯)及其衍生物以及它们的盐:											
2924.2100	-- 酰脲及其衍生物以及它们的盐											
29242100.10	氟环脲	6.5	30		17	9	千克	S		0		0
29242100.20	绿麦隆	6.5	30		17	9	千克	S		0		0
29242100.90	其他酰脲及其衍生物以及它们的盐	6.5	30		17	9	千克			0		0
2924.2300	-- 2-乙酰氨基苯甲酸(N-乙酰邻氨基苯甲酸)及其盐											
29242300.10	2-乙酰氨基苯甲酸、N-乙酰邻氨基苯酸(包括N-乙酰邻氨基苯甲酸)	6.5	30		17	9	千克	23		0		0
29242300.90	2-乙酰氨基苯甲酸的盐	6.5	30		17	9	千克			0		0
2924.2400	-- 炔己蚁胺(INN)	6.5	30		17	9	千克	I		0		0
	-- 其他:											
2924.2910	--- 对乙酰氨基苯乙醚(非那西丁)	6	30		17	9	千克	Q		0		0
2924.2920	--- 对乙酰氨基酚(扑热息痛)	6	30		17	9	千克	Q		0		0

协定税率 %										特惠税率 %				
巴基斯坦	冰岛	哥斯达黎	秘鲁	新西兰	瑞士	新加坡	韩国	澳大利亚	港澳台	老挝	孟加拉	33 国	7 国	Article Description
5	0	0	0	0	2.6		3.9	3.9				0	0	Salts of amineptine
5	0	0	0	0	2.6		3.9	3.9				0	0	Other amino-acids, and their esters; salts thereof (other than those containing more than one kind of oxygen function)
														- Amino-alcohol-phenols, amino-acidphenols and other amino-compounds with oxygen function:
5	0	0	0	0	2.6		3.9	3.9				0	0	--- D-p-hydroxyphenylglycine and its monopotassium salt
5	0	0	0	0	2.6		5.6	3.9				0	0	--- Ractopamine and ractopamine hydrochloride
														--- Other
5	0	0	0	0	2.6		5.2	3.9				0	0	Tramadol
5	0	0	0	0	2.6		5.6	3.9				0	0	Threonine
5	0	0	0	0	2.6		5.2	3.9				0	0	Other Amino-alcohol-phenols, Amino phenol (Include other compounds containing oxygroup and amino)
														Quaternary ammonium salts and hydroxides;leeithins and other phosphoaminolipids, whether or not chemically defined:
5	0	0	0	0	2.6		3.9	3.9				0	0	- Choline and its salts
5	0	0	0	0	2.6		5.2	3.9				0	0	- Lecithins and other phosphoam-inolipids
														- Other
5	0	0	0	0	2.6		3.9	3.9				0	0	Chlorocholine chloride
5	0	0	0	0	2.6		3.9	3.9				0	0	Tetramethrin
5	0	0	0	0	2.6		3.9	3.9				0	0	Ethanaminium,,Prefluorooctanesulfonic acid didoctyl dimethyl ammonium sale
5	0	0	0	0	2.6		3.9	3.9				0	0	Other quaternary ammonium salts and hydroxides
														Carboxyamide-function com-pounds;amidefunction com-pounds of carbonicacid:
														- Aeyclic amides (including acyclic carbamates) and their derivatives;salts thereof:
5	0	0	0	0	2.6		3.9	3.9				0	0	-- Meprobamate(INN)
														-- Fluoroacetamide (ISO), monocrotophos (ISO) and phosphamidon (ISO)
5	0	0	0	0	2.6		3.9	3.9				0	0	Fluoroacetamide (ISO)
5	0	0	0	0	2.6		3.9	3.9				0	0	Monocrotophos (ISO) and phosphamidon (ISO)
														-- Other:
5	0	0	0	0	2.6		0	3.9	0//0			0	0	--- N, N-dimethylformamide
														--- Other
5	0	0	0	0	2.6		5.6	3.9				0	0	Dicrotophos
5	0	0	0	0	2.6		5.6	3.9				0	0	Bromoacetamide
5	0	0	0	0	2.6		5.6	3.9				0	0	Propamocarb
5	0	0	0	0	2.6		5.6	3.9				0	0	Cellocidin
5	0	0	0	0	2.6		5.6	3.9				0	0	Allidochlor
5	0	0	0	0	2.6		5.6	3.9				0	0	Acetamide
5	0	0	0	0	2.6		5.6	3.9				0	0	Dimethyl phthalate
5	0	0	0	0	2.6		5.6	3.9				0	0	Salts of meprobamate (INN)
5	0	0	0	0	2.6		5.6	3.9				0	0	Acrylamide
5	0	0	0	0	2.6		5.6	3.9				0	0	Other cyclic amides (including acyclic carbamates) and their derivatives; salts thereof
														- Cyclic amides(including cyclic carbamates) and their derivatives;salts thereof:
														-- Ureides and their derivatives;salts thereof
5	0	0	0	0	2.6		3.9	3.9				0	0	Flucycloxuron
5	0	0	0	0	2.6		3.9	3.9				0	0	Chlortoluron
5	0	0	0	0	2.6		3.9	3.9				0	0	Other ureides and their derivants and salts thereof
														-- 2-Acetamidobenzoic acid (N-acety-lanthranilic acid)and its salts
5	0	0	0	0			3.9	3.9				0	0	2-Acetamidobenzoic acid, N-acetylanthranilic acid (including N-acetylanthranilic acid)
5	0	0	0	0			3.9	3.9				0	0	Salts of 2-acetamidobenzoic acid
5	0	0	0	0	2.6		3.9	3.9				0	0	-- Ethinamate(INN)
														-- Other:
5	0	0	0	0	2.4		3.6	3.6				0	0	--- Phenacetin
5	0	0	0	0	2.4		3.6	3.6				0	0	--- p-Acetaminophenol (paracetanol)

税号	货品名称	进口关税 %			增值/消费税%	出口退税%	统计计量单位	监管证件代码	检验检疫类别	协定税率 %		
		最惠国	普通	年内暂定						东盟	亚太	智利
2924.2930	--- 阿斯巴甜	6.5	30		17	13	千克			0		0
2924.2990	--- 其他											
29242990.11	避蚊胺、灭锈胺、叶枯酞、水杨菌胺、氟丁酰草胺(包括苯酰菌胺)	6.5	30		17	13	千克	S		0		0
29242990.12	萘草胺、新燕灵、非草隆、氯炔灵、苄草隆	6.5	30		17	13	千克	S		0		0
29242990.13	燕麦灵、苄胺灵、特草灵、特胺灵、环丙酰亚胺	6.5	30		17	13	千克	S		0		0
29242990.14	毒草胺、丁烯草胺、二氯已酰草胺	6.5	30		17	13	千克	S		0		0
29242990.15	萘丙胺、牧草胺、溴丁酰草胺	6.5	30		17	13	千克	S		0		0
29242990.16	氯甲酰草胺、麦草伏M、麦草伏	6.5	30		17	13	千克	S		0		0
29242990.17	氯虫酰肼、异丙甲草胺、苯肽胺酸等(包括精异丙甲草胺、缬霉威)	6.5	30		17	13	千克	S		0		0
29242990.18	灭害威	6.5	30		17	13	千克	S		0		0
29242990.19	苯氧威	6.5	30		17	13	千克	S		0		0
29242990.20	氟酰脲、环丙酰草胺、烯草胺	6.5	30		17	13	千克	S		0		0
29242990.31	苯胺灵、苯霜灵、丙草胺、敌稗等(包括丙炔草胺、草不隆、草完隆、除虫脲、除幼脲)	6.5	30		17	13	千克	S		0		0
29242990.32	敌草胺、敌草隆、二甲苯草胺等(包括丁草胺、丁酰草胺、二甲草胺、氟苯脲、氟草隆)	6.5	30		17	13	千克	S		0		0
29242990.33	庚酰草胺、环丙草胺、环酰草胺等(包括氟虫脲、氟铃脲、氟酰胺、氟蚁灵、氟幼脲)	6.5	30		17	13	千克	S		0		0
29242990.34	甲氯酰草胺、甲霜灵、环草隆等(包括环莠隆、甲草胺、甲氧隆、克草胺、枯草隆)	6.5	30		17	13	千克	S		0		0
29242990.35	甲基杀草隆、枯莠隆、邻酰胺等(包括氯苯胺灵、麦草氟甲酯、麦草氟异丙酯)	6.5	30		17	13	千克	S		0		0
29242990.36	灭草隆、灭幼脲、炔苯酰草胺等(包括麦锈灵、棉胺宁、灭草灵、炔草隆、杀草胺)	6.5	30		17	13	千克	S		0		0
29242990.37	虱螨脲、双苯酰草胺、双酰草胺等(包括杀草隆、杀铃脲、杀螺胺、莎稗磷)	6.5	30		17	13	千克	S		0		0
29242990.38	甜菜安、特丁草胺、乙氧苯草胺等(包括甜菜宁、戊菌隆、酰草隆、乙草胺、乙霉威)	6.5	30		17	13	千克	S		0		0
29242990.39	乙酰甲草胺、异丙隆、异草完隆等(包括异丙草胺、异丁草胺)	6.5	30		17	13	千克	S		0		0
29242990.40	炔己蚁胺的盐	6.5	30		17	13	千克	I		0		0
29242990.50	地恩丙胺及其盐	6.5	30		17	13	千克	W		0		0
29242990.90	其他环酰胺(包括环氨基甲酸酯)(包括其衍生物以及它们的盐)	6.5	30		17	13	千克			0		0
29.25	**羧基酰亚胺化合物(包括糖精及其盐)及亚胺基化合物:**											
	- 酰亚胺及其衍生物以及它们的盐:											
2925.1100	-- 糖精及其盐	9	90		17	9	千克	AB	R/S	0		0
2925.1200	-- 格鲁米特(INN)	6.5	30		17	9	千克	I		0		0
2925.1900	-- 其他											
29251900.10	格鲁米特的盐	6.5	30		17	9	千克	I		0		0
29251900.21	腐霉利	6.5	30		17	9	千克	S		0		0
29251900.22	菌核净、菌核利、甲菌利、乙菌利	6.5	30		17	9	千克	S		0		0
29251900.23	氟烯草酸	6.5	30		17	9	千克	S		0		0
29251900.24	胺菊酯(包括右旋胺菊酯、右旋反式胺菊酯、富右旋反式胺菊酯)	6.5	30		17	9	千克	S		0		0
29251900.90	其他酰亚胺及其衍生物、盐	6.5	30		17	9	千克			0		0
	- 亚胺及其衍生物以及它们的盐:											
2925.2100	-- 杀虫脒(ISO)	6.5	30		17	0	千克	89		0		0
2925.2900	-- 其他											
29252900.11	杀螨特、杀螨脒	6.5	30		17	9	千克	S		0		0
29252900.12	单甲脒、伐虫脒、丙烷脒	6.5	30		17	9	千克	S		0		0
29252900.13	烯肟菌胺、烯肟菌酯、醚菌酯	6.5	30		17	9	千克	S		0		0
29252900.14	双胍辛胺、多果啶、双胍辛胺乙酸盐等(包括双胍三辛烷基苯磺酸盐)	6.5	30		17	9	千克	S		0		0
29252900.15	禾草灭、氟草醚、增产肟	6.5	30		17	9	千克	S		0		0
29252900.16	氯代水杨胺、双胍辛乙酸盐、顺己烯醇	6.5	30		17	9	千克	S		0		0

协定税率 %										特惠税率 %				
巴基斯坦	冰岛	哥斯达黎	秘鲁	新西兰	瑞士	新加坡	韩国	澳大利亚	港澳台	老挝	孟加拉	33 国	7 国	**Article Description**
5	0	0	0	0	4.6		3.9	3.9	/0/			0	0	--- Aspartame
														--- Other
5	0	0	0	0	4.6		3.9	3.9	/0/			0	0	Delphene, mepronil, tecloftalam, Salicin trichlamide
5	0	0	0	0	4.6		3.9	3.9	/0/			0	0	Naptalam, benzoylpropethyl, fenuron, chlorbufam, Cumyluron
5	0	0	0	0	4.6		3.9	3.9	/0/			0	0	Barban, dichlormate, terbucarb, karbutilate, carpropamid
5	0	0	0	0	4.6		3.9	3.9	/0/			0	0	Propachlor, butenachlor, karsil
5	0	0	0	0	4.6		3.9	3.9	/0/			0	0	Naproanilide, tebutam, bromobutide
5	0	0	0	0	4.6		3.9	3.9	/0/			0	0	Clomeprop, flamprop M, flamprop
5	0	0	0	0	4.6		3.9	3.9	/0/			0	0	Halofenozide, metolachlor, phthalanillic etc. (including s-metolachlor, iprovalicarb)
5	0	0	0	0	4.6		3.9	3.9	/0/			0	0	Aminocarb
5	0	0	0	0	4.6		3.9	3.9	/0/			0	0	Fenobucarb
5	0	0	0	0	4.6		3.9	3.9	/0/			0	0	Novaluron, cyclanilide, pethoxamid
5	0	0	0	0	4.6		3.9	3.9	/0/			0	0	Propham, Benalaxyl, Pretilachlor, Propanil etc.(including prynachlor, neburon, tricuron, diflubenzuron, dichlorbenzuron)
5	0	0	0	0	4.6		3.9	3.9	/0/			0	0	Napropamide, Diuron, xylachloretc. (including Butachlor, chloranocryl, dimethachlor, teflubenzuron, Fluometuron)
5	0	0	0	0	4.6		3.9	3.9	/0/			0	0	Monalide, cypromid, cyromazine etc. (including flufenoxuron, Hexaflumuron, flutolanil, nifluridide, penfluron)
5	0	0	0	0	4.6		3.9	3.9	/0/			0	0	Pentanochlor, metalaxyl, siduron, etc. (including cycluron, alachlor, metoxuron, kecaoan, chloroxuron)
5	0	0	0	0	4.6		3.9	3.9	/0/			0	0	Methyldymron, difenoxuron, mebenil, etc. (including chlorpropham, flamprop-methyl, flamprop-isopropyl)
5	0	0	0	0	4.6		3.9	3.9	/0/			0	0	Monuron, dimilin, propyzamide, etc. (including benodanil, phenisopham, swep, buturon, ethaprochlor)
5	0	0	0	0	4.6		3.9	3.9	/0/			0	0	Lufenuron, diphenamid, carbetamide, etc. (including daimuron, triflumuron, niclosamide, anilofos)
5	0	0	0	0	4.6		3.9	3.9	/0/			0	0	Desmedipham, terbuchlor, ethobenzanid, etc. (including phenmedipham, pencycuron, phenobenzuron, Acetochlor, diethofencarb)
5	0	0	0	0	4.6		3.9	3.9	/0/			0	0	Diethatyl ethyl, isoproturon, isonoruron, etc. (including propisochlor, delachlor)
5	0	0	0	0	4.6		3.9	3.9	/0/			0	0	Salts of ethinamate (INN)
5	0	0	0	0	4.6		3.9	3.9	/0/			0	0	Diampromide and its salts
5	0	0	0	0	4.6		3.9	3.9	/0/			0	0	Other cyclic amides (including cyclic carbamates) and their derivatives; salts thereof
														Carboxyimide-function com-pounds (including saccharin and its salts) and imine-function compounds:
														- Imides and their derivatives;salts thereof:
5	0	0	0	0	3.6		7.2	5.4				0	0	-- Saccharin and its salts
5	0	0	0	0	2.6		3.9	3.9				0	0	-- Glutethimide(INN)
														-- Other
5	0	0	0	0	4.7		3.9	3.9				0	0	Salts of glutethimide (INN)
5	0	0	0	0	4.7		3.9	3.9				0	0	Procymidone
5	0	0	0	0	4.7		3.9	3.9				0	0	Dimetachlone, dichlozolin, myclozolin, chlozolinate
5	0	0	0	0	4.7		3.9	3.9				0	0	Flumiclorac-pentyl
5	0	0	0	0	4.7		3.9	3.9				0	0	Tetramethrin (including d-tetramethrin, d-trans-tetramethrin, rich-d-t-tetramethrin)
5	0	0	0	0	4.7		3.9	3.9				0	0	Other imides and their derivatives; salts thereof
														- Imines and their derivatives; salts thereof:
5	0	0	0	0	2.6		3.9	3.9				0	0	-- Chlordimeform (ISO)
														-- Other
5	0	0	0	0	2.6		3.9	3.9				0	0	Aracide, formetanate
5	0	0	0	0	2.6		3.9	3.9				0	0	Semiamitraz, formetanate, Propamidine
5	0	0	0	0	2.6		3.9	3.9				0	0	SYP-1620, enostroburin, kresoxim-methyl
5	0	0	0	0	2.6		3.9	3.9				0	0	Iminoctadine, dodine, iminoctadine triacetate, etc. (including iminoctadine)
5	0	0	0	0	2.6		3.9	3.9				0	0	Alloxydim, oxyfluorfen, heptopargil
5	0	0	0	0	2.6		3.9	3.9				0	0	Chlorosalicvlicamide, uazatine, leaf alcohol

税号	货品名称	进口关税 %			增值/消费税%	出口退税%	统计计量单位	监管证件代码	检验检疫类别	协定税率 %		
		最惠国	普通	年内暂定						东盟	亚太	智利
29252900.20	羟亚胺及其盐	6.5	30		17	9	千克	23		0		0
29252900.30	双甲脒	6.5	30		17	9	千克	S		0		0
29252900.90	其他亚胺及其衍生物以及它们的盐	6.5	30		17	9	千克			0		0
29.26	**腈基化合物：**											
2926.1000	- 丙烯腈	6.5	30	3	17	13	千克	X				0
2926.2000	- 1-氰基胍（双氰胺）	6.5	30		17	13	千克			0		0
2926.3000	- 芬普雷司（INN）及其盐；美沙酮（INN）中间体（4-氰基-2-二甲氨基-4,4-二苯基丁烷）											
29263000.10	美沙酮中间体(4-氰基-2-二甲氨基-4,4-二苯基丁烷)	6.5	30		17	9	千克	W		0		0
29263000.20	芬普雷司及其盐	6.5	30		17	9	千克	I		0		0
	- 其他：											
2926.9010	--- 对氯氰苄	4	11		17	9	千克			0		0
2926.9020	--- 间苯二甲腈	6.5	30		17	9	千克			0		0
2926.9090	--- 其他											
29269090.10	甲氰菊酯、S-氰戊菊酯、氯氟氰菊酯(包括氰氟虫腙)	6.5	30		17	9	千克	S		0		0
29269090.20	己二腈	6.5	30	1	17	9	千克			0		0
29269090.30	杀灭菊酯乳剂(含量＞25%)	6.5	30		17	9	千克	AB	M/N	0		0
29269090.31	氯氰菊酯、氟氯氰菊酯等(包括高效氯氰菊酯、高效反式氯氰菊酯、高效氟氯氰菊酯)	6.5	30		17	9	千克	S		0		0
29269090.32	杀螟腈、甲基辛硫磷等(包括敌草腈、碘苯腈、辛酰碘苯腈、溴苯腈、辛酰溴苯腈)	6.5	30		17	9	千克	S		0		0
29269090.33	氯辛硫磷、戊氰威、苯醚氰菊酯等(包括稻瘟酰胺、丙螨氰、右旋苯醚氰菊酯)	6.5	30		17	9	千克	S		0		0
29269090.34	戊烯氰氯菊酯、溴氯氰菊酯(包括高效氯氟氰菊酯、精高效氯氟氰菊酯)	6.5	30		17	9	千克	S		0		0
29269090.35	溴氰菊酯、四溴菊酯、氟丙菊酯	6.5	30		17	9	千克	S		0		0
29269090.36	氟氯苯菊酯、氰戊菊酯、乙氰菊酯	6.5	30		17	9	千克	S		0		0
29269090.37	氟氰戊菊酯、溴氟菊酯、溴灭菊酯	6.5	30		17	9	千克	S		0		0
29269090.38	氰菌胺、百菌清、霜脲氰、溴菌腈	6.5	30		17	9	千克	S		0		0
29269090.39	氟胺氰菊酯、氰氟草酯(包括富右旋反式苯氰菊酯)	6.5	30		17	9	千克	S		0		0
29269090.41	氰烯菌酯	6.5	30		17	9	千克	S		0		0
29269090.50	辛硫磷	6.5	30		17	9	千克	S		0		0
29269090.60	丁氟螨酯	6.5	30		17	9	千克	S		0		0
29269090.70	3-氧-2-苯基丁腈	6.5	30		17	9	千克	23		0		0
29269090.90	其他腈基化合物	6.5	30		17	9	千克			0		0
29.27	**重氮化合物、偶氮化合物及氧化偶氮化合物：**											
2927.0000	重氮化合物、偶氮化合物及氧化偶氮化合物											
29270000.10	敌磺钠(包括氧化偶氮化合物)	6.5	30		17	9	千克	S		0		0
29270000.20	4-二丙基氨基苯重氮氯化锌盐	6.5	30		17	9	千克	AB	M/N	0		0
29270000.90	其他重氮化合物、偶氮化合物等(包括氧化偶氮化合物)	6.5	30		17	9	千克			0		0
29.28	**肼（联氨）及胲（羟胺）的有机衍生物：**											
2928.0000	肼（联氨）及胲（羟胺）的有机衍生物											
29280000.10	偏二甲肼	6.5	20		17	9	千克	3		0		0
29280000.20	甲基肼	6.5	20		17	9	千克	3A	M/	0		0
29280000.31	抑食肼，虫酰肼，丁酰肼，联苯肼酯(包括肟菌酯，苯氧菌胺)	6.5	20		17	9	千克	S		0		0
29280000.32	绿谷隆、溴谷隆、利谷隆、氯溴隆	6.5	20		17	9	千克	S		0		0
29280000.33	溴酚肟、乙二肟	6.5	20		17	9	千克	S		0		0
29280000.34	苯螨特	6.5	20		17	9	千克	S		0		0
29280000.35	醌肟腙	6.5	20		17	9	千克	S		0		0
29280000.36	三甲苯草酮	6.5	20		17	9	千克	S		0		0
29280000.37	解草胺腈	6.5	20		17	9	千克			0		0
29280000.90	其他肼(联氨)及胲(羟胺)的有机衍生物	6.5	20		17	9	千克			0		0
29.29	**其他含氮基化合物：**											
	- 异氰酸酯：											

协定税率 %										特惠税率 %				
巴基斯坦	冰岛	哥斯达黎	秘鲁	新西兰	瑞士	新加坡	韩国	澳大利亚	港澳台	老挝	孟加拉	33 国	7 国	**Article Description**
5	0	0	0	0	2.6		3.9	3.9				0	0	Hydroxylimine and its salts
5	0	0	0	0	2.6		3.9	3.9				0	0	Amitraz
5	0	0	0	0	2.6		3.9	3.9				0	0	Other imines and their derivatives and their salts
														Nitrile-function compounds:
	0	0	0	0	2.6			3.9				0	0	- Acrylonitrile
5	0	0	0	0	2.6		5.2	3.9				0	0	- 1-cyanoguanidine(dicyandiamide)
														- Fenproporex (INN) and its salts;methadone (INN) intermediate (4-cyano-2-dimethylamino-4,4-diphenylbutane)
5	0	0	0	0	2.6		3.9	3.9				0	0	Methadone (INN) intermediate (4-cyano-2-dimethylamino-4,4-diphenyl butane)
5	0	0	0	0	2.6		3.9	3.9				0	0	Fenproporex (INN) and its salts
														- Other:
0	0	0	0	0	0		0	0				0	0	--- p-Chlorobenzyl cyanide
5	0	0	0	0	2.6		3.9	3.9				0	0	--- m-Phthalonitrile
														--- Other
5	0	0	0	0	4.6		3.9	3.9	0//			0	0	Fenpropathrin, s-fenvalerate, cyhalothrin (including metaflumizone)
5	0	0	0	0	4.6		3.9	3.9	0//			0	0	Hexanedinitrile
5	0	0	0	0	4.6		3.9	3.9	0//			0	0	Fenvalerate emulsion (Content＞25%)
5	0	0	0	0	4.6		3.9	3.9	0//			0	0	Cypermethrin, cyfluthrin, etc. (including beta- cypermethrin, thetacypermethrin, beta-cyfluthrin)
5	0	0	0	0	4.6		3.9	3.9	0//			0	0	Cyanophos, phoxiom-methyl, etc. (including dichlobenil, ioxynil, ioxynil octanoate, bromoxynil, bromoxynil octanoate)
5	0	0	0	0	4.6		3.9	3.9	0//			0	0	Chlorphoxim, nitrilacarb, cyphenothrin, etc. (including fenoxanil, malonoben, d-cyphenothrin)
5	0	0	0	0	4.6		3.9	3.9	0//			0	0	Pentmethrin, tralocythrin (including lambda- cyhalothrin, gamma-cyhalothrin)
5	0	0	0	0	4.6		3.9	3.9	0//			0	0	Deltamethrin, tralomerhrin, acrinathrin
5	0	0	0	0	4.6		3.9	3.9	0//			0	0	Flumethrin, fenvalerate, Cycloprothrin
5	0	0	0	0	4.6		3.9	3.9	0//			0	0	Flucythrinate, brofluthrinate, brofenvalerate
5	0	0	0	0	4.6		3.9	3.9	0//			0	0	Fenoxanil, chlorothalonil, cymoxanil, bromothalonil
5	0	0	0	0	4.6		3.9	3.9	0//			0	0	Taufluralinate, cyhalofop-butyl (including rich-d-t-cyphenothrin)
5	0	0	0	0	4.6		3.9	3.9	0//			0	0	Phenamacril
5	0	0	0	0	4.6		3.9	3.9	0//			0	0	Phoxim
5	0	0	0	0	4.6		3.9	3.9	0//			0	0	Cyflumetofen
5	0	0	0	0	4.6		3.9	3.9	0//			0	0	3-Phenylbutyronitrile
5	0	0	0	0	4.6		3.9	3.9	0//			0	0	Other compound with nitrile function
														Diazo-,azo-or azoxy-compounds:
														Diazo-,azo-or azoxy-compounds
5	0	0	0	0	2.6		3.9	3.9	/0/			0	0	Fenaminosulf (including azoxy-compounds)
5	0	0	0	0	2.6		3.9	3.9	/0/			0	0	Dipropyl-amino benzene diazonium chloride-zinc salt
5	0	0	0	0	2.6		3.9	3.9	/0/			0	0	Other diazo-compounds or azo-compounds (including azoxy-compounds)
														Organic derivatives of hydrazine or of hydroxylamine:
														Organic derivatives of hydrazine or of hydroxylamine
5	0	0	0	0	2.6		5.2	3.9				0	0	Unsymmetric dimethylhydrazine
5	0	0	0	0	2.6		5.2	3.9				0	0	Methylhydrazine
5	0	0	0	0	2.6		5.2	3.9				0	0	RH-5849, tebufenozide, daminozide, bifenazate (including Trifloxystrobin, Metominostrobin)
5	0	0	0	0	2.6		5.2	3.9				0	0	Monolinuron, metobromuron, linuron, chlorbromuron
5	0	0	0	0	2.6		5.2	3.9				0	0	Bromofenoxim, glyoxime
5	0	0	0	0	2.6		5.2	3.9				0	0	Benzoximate
5	0	0	0	0	2.6		5.2	3.9				0	0	Benquinox
5	0	0	0	0	2.6		5.2	3.9				0	0	Tralkoxydim
5	0	0	0	0	2.6		5.2	3.9				0	0	Cyometrinil
5	0	0	0	0	2.6		5.2	3.9				0	0	Other organic derivatives of hydrazine or hydroxylamine
														Compounds with other nitrogen function:
														- Isocyanates:

税　号	货品名称	进口关税 %			增值/消费税%	出口退税%	统计计量单位	监管证件代码	检验检疫类别	协定税率 %		
		最惠国	普通	年内暂定						东盟	亚太	智利
2929.1010	--- 2,4-和2,6-甲苯二异氰酸酯混合物（甲苯二异氰酸酯TDI）	6.5	30		17	9	千克			0		0
2929.1020	--- 二甲苯二异氰酸酯（TODI）	6.5	30		17	9	千克			0		0
2929.1030	--- 二苯基甲烷二异氰酸酯（纯MDI）	6.5	30		17	13	千克			0		0
2929.1040	--- 六亚甲基二异氰酸酯	6.5	30		17	9	千克			0		0
2929.1090	--- 其他	6.5	30		17	13	千克			0		0
	- 其他：											
2929.9010	--- 环己基氨基磺酸钠（甜蜜素）	9	90		17	9	千克	AB	R/S	0		0
2929.9020	--- 二烷（甲、乙、正丙或异丙）氨基膦酰二卤	6.5	30		17	9	千克	23		0		0
2929.9030	--- 二烷（甲、乙、正丙或异丙）氨基膦酸二烷（甲、乙、正丙或异丙）酯	6.5	30		17	9	千克	23		0		0
2929.9040	--- 乙酰甲胺磷	6.5	30		17	9	千克	S		0		0
2929.9090	--- 其他											
29299090.11	胺丙畏、胺草磷、抑草磷、丁苯草酮等(包括甲基胺草磷)	6.5	30		17	9	千克	S		0		0
29299090.12	异柳磷、甲基异柳磷、丙胺氟磷等	6.5	30		17	0	千克	S		0		0
29299090.13	八甲磷、育畜磷、甘氨硫磷等(包括甲氟磷、毒鼠磷、水胺硫磷)	6.5	30		17	9	千克	S		0		0
29299090.90	其他含氮基化合物	6.5	30		17	9	千克			0		0
	第十分章　有机—无机化合物、杂环化合物、核酸及其盐以及磺（酰）胺											
29.30	**有机硫化合物：**											
2930.2000	- 硫代氨基甲酸盐（或酯）及二硫代氨基甲酸盐											
29302000.11	禾草丹、杀螟丹	6.5	30		17	9	千克	S		0		0
29302000.12	威百亩、代森钠、丙森锌、福美铁等(包括福美锌、代森福美锌、安百亩)	6.5	30		17	9	千克	S		0		0
29302000.13	燕麦敌、野麦畏、硫草敌	6.5	30		17	9	千克	S		0		0
29302000.14	苄草丹、戊草丹、坪草丹、仲草丹	6.5	30		17	9	千克	S		0		0
29302000.15	丁草敌、克草敌、茵草敌、灭草敌等(包括环草敌)	6.5	30		17	9	千克	S		0		0
29302000.16	硫菌威、菜草畏	6.5	30		17	9	千克	S		0		0
29302000.90	其他硫代氨基甲酸盐(或酯)(包括二硫代氨基甲酸盐)	6.5	30		17	9	千克			0		0
2930.3000	- 一硫化二烃氨基硫羰、二硫化二烃氨基硫羰及四硫化二烃氨基硫羰											
29303000.10	福美双	6.5	30		17	9	千克	S		0		0
29303000.90	其他一硫化二烃氨基硫羰等(包括二硫化二烃氨基硫羰及四硫化二烃氨基硫羰)	6.5	30		17	9	千克			0		0
2930.4000	- 甲硫氨酸（蛋氨酸）	6.5	30	5	17	13	千克	AB	MP/Q	0		0
2930.5000	- 敌菌丹（ISO）及甲胺磷（ISO）											
29305000.10	甲胺磷(ISO)	6.5	30		17	0	千克	X		0		0
29305000.20	敌菌丹(ISO)	6.5	30		17	0	千克	S		0		0
	- 其他：											
2930.9010	--- 双巯丙氨酸（胱氨酸）	6.5	30		17	9	千克	AB	MP/Q	0		0
2930.9020	--- 二硫代碳酸酯（或盐）[黄原酸酯（或盐）]	6.5	30		17	13	千克			0		0
2930.9090	--- 其他											
29309090.11	烯禾啶,双环磺草酮,氟虫酰胺,氟苯虫酰胺	6.5	30		17	9	千克	S		0		0
29309090.13	2-氯乙基氯甲基硫醚	6.5	30		17	9	千克	23		0		0
29309090.14	二(2-氯乙基)硫醚(即芥子气)	6.5	30		17	9	千克	23		0		0
29309090.15	二(2-氯乙硫基)甲烷	6.5	30		17	9	千克	23		0		0
29309090.16	1,2-二(2-氯乙硫基)乙烷(即倍半芥气)	6.5	30		17	9	千克	23		0		0
29309090.17	1,3-二(2-氯乙硫基)正丙烷	6.5	30		17	9	千克	23		0		0
29309090.18	1,4-二(2-氯乙硫基)正丁烷	6.5	30		17	9	千克	23		0		0
29309090.19	1,5-二(2-氯乙硫基)正戊烷	6.5	30		17	9	千克	23		0		0
29309090.21	二(2-氯乙硫基甲基)醚	6.5	30		17	9	千克	23		0		0
29309090.22	二(2-氯乙硫基乙基)醚(即氧芥气)	6.5	30		17	9	千克	23		0		0
29309090.23	胺吸膦(硫代磷酸二乙基-S-2-二乙氨基乙酯及烷基化或质子化盐)	6.5	30		17	9	千克	23		0		0

协定税率 %										特惠税率 %				
巴基斯坦	冰岛	哥斯达黎	秘鲁	新西兰	瑞士	新加坡	韩国	澳大利亚	港澳台	老挝	孟加拉	33 国	7 国	Article Description
5	0	0	0	0	2.6		5.6	3.9	//0			0	0	--- Toluene diisocyanate
5	0	0	0	0			3.9	3.9				0	0	--- o-Xylene diisocyanate
5	0	0	0	0	4.6			3.9				0	0	--- Diphenylmethane diisocyanate
5	0	0	0	0	2.6		5.2	3.9				0	0	--- Hexamethelene diisocyanate
5	0	0	0	0	2.6		3.9	3.9				0	0	--- Other
														- Other:
5	0	0	0	0	3.6		5.4	5.4				0	0	--- Sodium cyclamate
5	0	0	0	0	2.6		3.9	3.9				0	0	--- N, N-Dialkyl(Me, Et, n-Pr or i-Pr)phosphoramidic dihalides
5	0	0	0	0	2.6		3.9	3.9				0	0	--- Dialkyl(Me, Et, n-Pr or i-Pr) N, N-dialkyl (Me, Et, n-Pr or i-Pr)-phosphoramidates
5	0	0	0	0	2.6		3.9	3.9				0	0	--- Acephate
														--- Other
5	0	0	0	0	2.6		5.6	3.9				0	0	Propetamphos, amiprophos, butamifos, butroxydim, etc. (including amiprophos-methl)
5	0	0	0	0	2.6		5.6	3.9				0	0	Isofenphos, isofenphos-methyl, mipafox, etc.
5	0	0	0	0	2.6		5.6	3.9				0	0	Schradan, crufomate, phosglycin, etc. (including dimefox, phosazetin, isocarbophos)
5	0	0	0	0	2.6		5.6	3.9				0	0	Other compounds with nitrogen function
														Ⅹ.ORGANO-INORGANIC COM-POU-NDS, HETEROCYCLIC COMPOUNDS, NUCLEIC ACIDS AND THEIR SALTS, AND SULPHONAMIDES
														Organo-sulphur compounds:
														- Thiocarbamates and dithiocarbamates
5	0	0	0	0	2.6		3.9	3.9				0	0	Thiobencarb, cartap
5	0	0	0	0	2.6		3.9	3.9				0	0	Metam-sodium, nabam, propineb, ferbam, etc. (including ziram, polycarbamate, meta-ammonium)
5	0	0	0	0	2.6		3.9	3.9				0	0	Diallate, triallate, ethiolate
5	0	0	0	0	2.6		3.9	3.9				0	0	Prosulfocarb, esprocarb, orbencarb, tiocarbazil
5	0	0	0	0	2.6		3.9	3.9				0	0	Butylate, pebulate, eradicane, vernolate (including cycloate)
5	0	0	0	0	2.6		3.9	3.9				0	0	Prothiocarb, sulfallate
5	0	0	0	0	2.6		3.9	3.9				0	0	Other thiocarbamates (including dithiocarbamates)
														- Thiuram mono-，di or tetrasulphide
5	0	0	0	0	2.6		3.9	3.9				0	0	Thiram
5	0	0	0	0	2.6		3.9	3.9				0	0	Other thiuram monosulphides (including di- or tetrasulphide)
5	0	0	0	0	2.6		3.9	3.9				0	0	- Methionine
														- Captafol (ISO) and methamidophos (ISO)
5	0	0	0	0	2.6		3.9	3.9				0	0	Methamidophos (ISO)
5	0	0	0	0	2.6		3.9	3.9				0	0	Captafol (ISO)
														- Other:
5	0	0	0	0	2.6		3.9	3.9				0	0	--- Cystine
5	0	0	0	0	2.6		3.9	3.9				0	0	--- Dithiocarbonates (xanthates)
														--- Other
5	0	0	0	0	2.6		3.9	3.9	0//			0	0	Sethoxydim, benzobicyclon, flubendiamide
5	0	0	0	0	2.6		3.9	3.9	0//			0	0	2-Chloroethyl ChloroMethyl Ether
5	0	0	0	0	2.6		3.9	3.9	0//			0	0	Bis (2-chloroethyl) sulfide (mustard gas)
5	0	0	0	0	2.6		3.9	3.9	0//			0	0	Bis (2-chloroethyl thio) methane
5	0	0	0	0	2.6		3.9	3.9	0//			0	0	1,2-Bis (2-chloroethyl thio) ethane (sesquimustard)
5	0	0	0	0	2.6		3.9	3.9	0//			0	0	1,3-Bis (2-chloroethyl thio) propane
5	0	0	0	0	2.6		3.9	3.9	0//			0	0	1,4-Bis (2-chloroethyl thio) butane
5	0	0	0	0	2.6		3.9	3.9	0//			0	0	1,5-Bis (2-chloroethyl thio) pentane
5	0	0	0	0	2.6		3.9	3.9	0//			0	0	Bis (2-chloroethyl thio methyl) ester
5	0	0	0	0	2.6		3.9	3.9	0//			0	0	Bis (2-chloroethyl thio ethyl) ester (O-mustard)
5	0	0	0	0	2.6		3.9	3.9	0//			0	0	Amiton (O, O-Diethyl-s-(2-(diethylamino) ethyl) phosphorothiolate, and its alkylated or protonated salts)

税　号	货　品　名　称	进口关税 % 最惠国	普通	年内暂定	增值/消费税%	出口退税%	统计计量单位	监管证件代码	检验检疫类别	协定税率 % 东盟	亚太	智利
29309090.24	烷基氨基乙-2-硫醇及相应质子盐	6.5	30		17	9	千克	23		0		0
29309090.25	硫二甘醇[二(2-羟乙基)硫醚、硫代双乙醇]	6.5	30		17	9	千克	23		0		0
29309090.26	烷基硫代膦酸烷 S-2-二烷氨基乙酯(包括相应烷基化盐,质子化盐,烷基指甲,乙,正丙,异丙基)	6.5	30		17	9	千克	23		0		0
29309090.27	含一磷原子与甲、乙、丙基结合化合物(不包括地虫磷)	6.5	30		17	9	千克	23		0		0
29309090.28	内吸磷	6.5	30		17	9	千克	X		0		0
29309090.31	4-甲基硫基安非他明	6.5	30		17	9	千克	I		0		0
29309090.32	莫达非尼	6.5	30		17	9	千克	I		0		0
29309090.51	甲基硫菌灵、硫菌灵、苯螨醚等(包括乙蒜素、敌灭生、丁酮威、丁酮砜威、棉铃威)	6.5	30		17	9	千克	S		0		0
29309090.52	灭多威、涕灭威、乙硫苯威等(包括杀线威、甲硫威、多杀威、涕灭砜威、硫双威、)	6.5	30		17	0	千克	S		0		0
29309090.53	丁醚脲、久效威、苯硫威等(包括敌螨特、2 甲 4 氯乙硫酯)	6.5	30		17	9	千克	S		0		0
29309090.54	杀虫双、杀虫单、灭虫脲等(包括避虫醇、烯虫硫酯、三氯杀螨砜、杀螨醚、杀螨酯)	6.5	30		17	9	千克	S		0		0
29309090.55	代森锌、代森锰、代森锰锌等(包括福美胂、福美甲胂、代森铵、代森联)	6.5	30		17	9	千克	S		0		0
29309090.56	烯草酮、磺草酮、嗪草酸甲酯、硝磺草酮等(包括苯氟磺胺、甲磺乐灵、氯硫酰草胺、脱叶磷)	6.5	30		17	9	千克	S		0		0
29309090.57	灭菌丹、克菌丹、杀螨硫醚等(包括氟杀螨、硫肟醚、莠不生)	6.5	30		17	9	千克	S		0		0
29309090.58	稻瘟净、异稻瘟净、稻丰散等(包括敌瘟磷)	6.5	30		17	9	千克	S		0		0
29309090.59	安妥、灭鼠特、二硫氰基甲烷等(包括灭鼠肼、氟硫隆)	6.5	30		17	9	千克	S		0		0
29309090.61	马拉硫磷、苏硫磷、赛硫磷等(包括丙虫磷、双硫磷、亚砜磷、异亚砜磷)	6.5	30		17	9	千克	S		0		0
29309090.62	丙溴磷、田乐磷、特丁硫磷等(包括硫丙磷、地虫硫膦、乙硫磷、丙硫磷、甲基乙拌磷)	6.5	30		17	9	千克	S		0		0
29309090.63	乐果、益硫磷、氧乐果等(包括甲拌磷、乙拌磷、虫螨磷、果虫磷)	6.5	30		17	9	千克	S		0		0
29309090.64	氯胺磷、家蝇磷、灭蚜磷等(包括安硫磷、四甲磷、丁苯硫磷、苯线磷、蚜灭磷)	6.5	30		17	9	千克	S		0		0
29309090.65	硫线磷、氯甲硫磷、杀虫磺等(包括砜吸磷、砜拌磷、异拌磷、三硫磷、芬硫磷)	6.5	30		17	9	千克	S		0		0
29309090.66	倍硫磷、甲基内吸磷、乙酯磷等(包括丰索磷、内吸磷、发硫磷)	6.5	30		17	9	千克	S		0		0
29309090.67	灭线磷	6.5	30		17	9	千克	S		0		0
29309090.91	DL-羟基蛋氨酸	6.5	30		17	9	千克	AB	MP/Q	0		0
29309090.99	其他有机硫化合物	6.5	30		17	13	千克			0		0
29.31	**其他有机-无机化合物:**											
2931.1000	- 四甲基铅及四乙基铅	6.5	30		17	9	千克	X		0		0
2931.2000	- 三丁基锡化合物	6.5	30		17	0	千克	X		0		0
	- 其他:											
	--- 含有磷原子的:											
2931.9011	----双甘磷	6.5	30		17	0	千克	AB	MR/NS	0		0
2931.9019	----其他											
29319019.11	烷基亚膦酰烷基-2-二烷氨基乙酯(包括相应烷基化盐或质子化盐)	6.5	30		17	9	千克	23		0		0
29319019.12	氯沙林、氯梭曼(氯沙林即甲基氯膦酸异丙酯,氯梭曼即甲基氯膦酸频那酯)	6.5	30		17	9	千克	23		0		0
29319019.13	烷基氟膦酸烷酯,10 碳原子以下(烷基指甲,乙,正丙,异丙基,例如沙林,梭曼)	6.5	30		17	9	千克	23		0		0
29319019.14	二烷氨基氰膦酸烷酯 10 碳原子以下(烷基指甲,乙,正丙,异丙基,例如塔崩)	6.5	30		17	9	千克	23		0		0

协定税率 %										特惠税率 %				Article Description
巴基斯坦	冰岛	哥斯达黎	秘鲁	新西兰	瑞士	新加坡	韩国	澳大利亚	港澳台	老挝	孟加拉	33 国	7 国	
5	0	0	0	0	2.6		3.9	3.9	0//			0	0	N. N-dialkyl aminoethane-2-thiols and corresponding protonated salts
5	0	0	0	0	2.6		3.9	3.9	0//			0	0	Thiodiglycol (2-(2-hydroxy-ethylsulfanyl)-ethanol, 2,2'-Thiodiethanol)
5	0	0	0	0	2.6		3.9	3.9	0//			0	0	Alkyl alkane thiophosphate-S-2-aminoethyl (including cyclo alkane-S-2-dialkane Methyl, Ethyl, n-propyl and isopropyl aminoethyl and corresponding alkylated or protonated salts)
5	0	0	0	0	2.6		3.9	3.9	0//			0	0	Chemicals, containing a phosphorus atom to which is boned one methyl, ethyl or propyl group (excluding Fonofos)
5	0	0	0	0	2.6		3.9	3.9	0//			0	0	Demeton
5	0	0	0	0	2.6		3.9	3.9	0//			0	0	4-methylthioamfetamine
5	0	0	0	0	2.6		3.9	3.9	0//			0	0	Modafinil
5	0	0	0	0	2.6		3.9	3.9	0//			0	0	Thiophanate-methyl, thiophanate, phenproxide, etc. (including ethylsulfonothiolate, dimexano, butocarboxim, butoxycarboxim, alanycarb)
5	0	0	0	0	2.6		3.9	3.9	0//			0	0	Methomyl, aldicarb, ethiofencarb, etc. (including oxamyl, methiocarb, toxisamate, aldoxycarb, thiodicarb)
5	0	0	0	0	2.6		3.9	3.9	0//			0	0	Diafenthiuron, thiofanox, fenothiocarb, etc. (including chlorfensulphide, MCPAthioethyl)
5	0	0	0	0	2.6		3.9	3.9	0//			0	0	Dimehypo, monosultap, chloromethiuron, etc. (including 2-(octylthio) ethanol, triprene, tetradifon, chlorbenside, chlorfenson)
5	0	0	0	0	2.6		3.9	3.9	0//			0	0	Zineb, maneb, mancozeb, etc. (including asomate, urbacide, amobam, metiram)
5	0	0	0	0	2.6		3.9	3.9	0//			0	0	Clethodim, sulcotrione, fluthiacet-methyl, mesotrione, etc. (including dichlofluanid, nitralin, chlorthiamid, Tribufos)
5	0	0	0	0	2.6		3.9	3.9	0//			0	0	Folpet, captan, tetrasul sulfoxide, etc. (including fluorbenside, Sulfoxime, thioperoxydicarbonicacid)
5	0	0	0	0	2.6		3.9	3.9	0//			0	0	Kitazine, iprobenfos, phenthoate, etc. (including edifenphos)
5	0	0	0	0	2.6		3.9	3.9	0//			0	0	Antu, thiosemicarbazide, dithiocyano-methane, etc. (including promurit, fluothiuron)
5	0	0	0	0	2.6		3.9	3.9	0//			0	0	Malathion, sophamide, amidithion, etc. (including propaphos, temephos, oxydemeton_methyl, oxydeprofos)
5	0	0	0	0	2.6		3.9	3.9	0//			0	0	Profenofos, cymetox, terbufos, etc. (including sulprofos, fonofos, ethion, prothiofos, thiometon)
5	0	0	0	0	2.6		3.9	3.9	0//			0	0	Dimethoate, ethoate-methyl, omethoate, etc. (including phorate, disulfoton, chlorthiophos, cyanthoate)
5	0	0	0	0	2.6		3.9	3.9	0//			0	0	Chloramine phosphorus, acethion, mecarbam, etc.(including formothion, mecarphon, fosmethilan, fenamiphos, mecarbam)
5	0	0	0	0	2.6		3.9	3.9	0//			0	0	Cadusafos, chlormephos, bensultap, etc. (including metilmerkaptofosoksid, oxydisulfoton, isothioate, carbophenothion, phenkapton)
5	0	0	0	0	2.6		3.9	3.9	0//			0	0	Fenthion, methyl demeton, acetoxon, etc. (includeing fensulfothion, demeton, prothoate)
5	0	0	0	0	2.6		3.9	3.9	0//			0	0	Phonamiphos
5	0	0	0	0	2.6		3.9	3.9	0//			0	0	DL-methionine hydroxy analogue
5	0	0	0	0	2.6		3.9	3.9	0//			0	0	Other organo-sulphur compounds
														Other organo-inorganic compounds:
5	0	0	0	0	2.6		3.9	3.9				0	0	- Tetramethyl lead and tetraethyl lead
5	0	0	0	0	2.6		3.9	3.9				0	0	- Tributyltin compounds
														- Other:
														--- Containing Phosphorus atoms:
5	0	0	0	0	2.6		3.9	3.9				0	0	----N-(Phosphonomethyl)iminodiacetic acid
														----Other
5	0	0	0	0	2.6		3.9	3.9				0	0	Alkanes phosphite acid alkyl-2-dialkyl amino ethyl (including the corresponding alkylated salt or protonated salts)
5	0	0	0	0	2.6		3.9	3.9				0	0	Chlorine sarin, chlorine soman (methyl phosphonochloridic acid isopropyl ester, pinacolyl methylphosphonochloridate)
5	0	0	0	0	2.6		3.9	3.9				0	0	Acid alkyl ester alkyl fluoride, under 10 carbon atoms (alkyl refers to methyl, ethyl, n-propyl and isopropyl, for example, sarin and soman)
5	0	0	0	0	2.6		3.9	3.9				0	0	Dialkyl amino acid alkyl ester cyanide, under 10 carbon atoms (alkyl refers to methyl, ethyl, n-propyl and isopropyl, e.g., tabun)

税号	货品名称	进口关税 % 最惠国	普通	年内暂定	增值/消费税%	出口退税%	统计计量单位	监管证件代码	检验检疫类别	协定税率 % 东盟	亚太	智利
29319019.15	烷基膦酰二氟(烷基指甲,乙,正丙,异丙基,例如,DF:甲基膦酰二氟)	6.5	30		17	9	千克	23		0		0
29319019.16	草甘膦	6.5	30		17	0	千克	S		0		0
29319019.17	草铵膦,草硫膦,杀木膦等(包括双丙氨膦,增甘膦及其盐)	6.5	30		17	9	千克	S		0		0
29319019.18	三丁氯苄鏻	6.5	30		17	9	千克	S		0		0
29319019.19	乙烯利	6.5	30		17	9	千克	S		0		0
29319019.21	敌百虫,氟硅菊酯,毒壤膦等(包括苯硫膦,溴苯膦,苯腈膦,丁酯膦)	6.5	30		17	9	千克	S		0		0
29319019.22	甲基膦酰二氯、甲基膦酸二甲酯、丙基膦酸、甲基膦酸、乙基膦酸二乙酯、甲基膦酸二聚乙二醇酯(CAS 号: 294675-51-7) {包括甲基膦酸(5-乙基-2-甲基-2-氧代-1,3,2-二氧磷杂环己-5-基)甲基甲基酯(CAS 号: 41203-81-0); 甲基膦酸二[5-(5-乙基-2-甲基-2-氧代-1,3,2-二氧磷杂环己基)甲基]酯(CAS 号: 42595-45-9), 地虫磷除外}	6.5	30		17	9	千克	23		0		0
29319019.90	其他含磷原子的有机-无机化合物	6.5	30		17	9	千克	AB	MR/NS	0		0
2931.9090	--- 其他											
29319090.01	六甲基环三硅氧烷(包括八甲基环四硅氧烷,十甲基环五硅氧烷,十二甲基环六硅氧烷)	6.5	30		17	9	千克			0		0
29319090.11	2-氯乙烯基二氯胂	6.5	30		17	0	千克	23		0		0
29319090.12	二(2-氯乙烯基)氯胂	6.5	30		17	0	千克	23		0		0
29319090.13	三(2-氯乙烯基)胂	6.5	30		17	0	千克	23		0		0
29319090.14	锆试剂,二甲胂酸等(包括4-二甲氨基偶氮苯-4'-胂酸,卡可基酸,二甲基胂酸钠)	6.5	30		17	0	千克	X		0		0
29319090.15	4-氨基苯胂酸钠,二氯化苯胂(对氨基苯胂酸钠,二氯苯胂,苯胂化二氯)	6.5	30		17	0	千克	X		0		0
29319090.16	蒽醌-1-胂酸、三环锡(普特丹)等(包括月桂酸三丁基锡、醋酸三丁基锡)	6.5	30		17	0	千克	X		0		0
29319090.17	硫酸三乙基锡,二丁基氧化锡等(包括氧化二丁基锡,乙酸三乙基锡,三乙基乙酸锡)	6.5	30		17	9	千克	X		0		0
29319090.18	四乙基锡,乙酸三甲基锡(四乙锡,醋酸三甲基锡)	6.5	30		17	9	千克	X		0		0
29319090.19	毒菌锡[三苯基羟基锡(含量>20%)]	6.5	30		17	9	千克	X		0		0
29319090.21	乙酰亚砷酸铜,二苯(基)胺氯胂(祖母绿;翡翠绿;醋酸亚砷酸铜,吩吡嗪化氯;亚当氏气)	6.5	30		17	0	千克	X		0		0
29319090.22	3-硝基-4-羟基苯胂酸(4-羟基-3-硝基苯胂酸)	6.5	30		17	0	千克	X		0		0
29319090.23	乙基二氯胂,二苯(基)氯胂(包括二氯化乙基胂,氯化二苯胂)	6.5	30		17	0	千克	X		0		0
29319090.24	甲(基)胂酸,丙(基)胂酸,二碘化苯胂(苯基二碘胂)	6.5	30		17	0	千克	X		0		0
29319090.25	苯胂酸,2-硝基苯胂酸等(包括邻硝基苯胂酸,3-硝基苯胂酸,间硝基苯胂酸等)	6.5	30		17	0	千克	X		0		0
29319090.26	4-硝基苯胂酸,2-氨基苯胂酸(对硝基苯胂酸,邻氨基苯胂酸)	6.5	30		17	0	千克	X		0		0
29319090.27	3-氨基苯胂酸、4-氨基苯胂酸(间氨基苯胂酸、对氨基苯胂酸)	6.5	30		17	0	千克	X		0		0
29319090.28	三苯锡,三苯基乙酸锡等(包括三苯基氯化锡,三苯基氢氧化锡,苯丁锡,三唑锡)	6.5	30		17	9	千克	S		0		0
29319090.29	田安	6.5	30		17	13	千克	S		0		0
29319090.31	乙烯硅	6.5	30		17	9	千克	S		0		0
29319090.90	其他有机-无机化合物	6.5	30		17	13	千克	AB	MR/NS	0		0
29.32	**仅含氧杂原子的杂环化合物:**											
	- 结构上含有一个非稠合呋喃环(不论是否氢化)的化合物:											
2932.1100	-- 四氢呋喃	6	20		17	9	千克	AB	M/N	0		0

协定税率 %										特惠税率 %				Article Description
巴基斯坦	冰岛	哥斯达黎	秘鲁	新西兰	瑞士	新加坡	韩国	澳大利亚	港澳台	老挝	孟加拉	33 国	7 国	
5	0	0	0	0	2.6		3.9	3.9				0	0	Alkyl phosphonyl difluoride (alkyl refers to methyl, ethyl, n-propyl and isopropyl, e.g., DF: methyl phosphonic acid fluorine)
5	0	0	0	0	2.6		3.9	3.9				0	0	Glyphosate
5	0	0	0	0	2.6		3.9	3.9				0	0	Glufosinate, sulfosate, fosamine, etc. (including bialaphos, glyphosine and their salts)
5	0	0	0	0	2.6		3.9	3.9				0	0	Phosphonium, tributyl ((2,4-dichlorophenyl)methyl)-, chloride (1:1)
5	0	0	0	0	2.6		3.9	3.9				0	0	Ethephon
5	0	0	0	0	2.6		3.9	3.9				0	0	Dipterex, silafluofen, arichloronat (including EPN, leptophos, cyanofenphos, butonat)
5	0	0	0	0	2.6		3.9	3.9				0	0	Methyl phosphonic acid chlorin, dimethyl methanephosphonate, propylphosphonate, methylphosphonate, diethyl ethylphosphonate, methyl phosphonate poly(ethylene glycol)ester (CAS number：294675-51-7)(including methyl methylphosphonate, 5-(5-ethyl-2-methyl-2-oxide-1,3,2-dioxaphosphorinanyl)methyl ester (CAS number：41203-81-0), methylphosphonate di(5-(5-ethyl-2-methyl-2-oxide-1,3,2-dioxaphosphorinanyl)methyl) ester （CAS number：42595-45-9）, other than dyfonate)
5	0	0	0	0	2.6		3.9	3.9				0	0	Other organo-inorganic compounds, containing phosphorus atoms --- Other
5	0	0	0	0	2.6		3.9	3.9				0	0	Hexamethylcyclotrisiloxane (including octamethylcyclotetrasiloxane, decamethylcyclopentasiloxane, decamethylcyclopentasiloxane)
5	0	0	0	0	2.6		3.9	3.9				0	0	2-Chlorovinyldichloroarsine
5	0	0	0	0	2.6		3.9	3.9				0	0	Dichloro-arsine (2-Chlorovinyl)
5	0	0	0	0	2.6		3.9	3.9				0	0	Tri-arsine (2-chlorovinyl)
5	0	0	0	0	2.6		3.9	3.9				0	0	Zirconin, silvisar, etc. (including 4-dimethylamino-azobenzene-4'-arsonic acid, cacodylic acid, sodium dimethyl arsine)
5	0	0	0	0	2.6		3.9	3.9				0	0	Aminophenyl arsine sodium, chlorodiphenyl-arsine (sodium arsanilate, dichlorophenarsine, phenylarsine dichloride)
5	0	0	0	0	2.6		3.9	3.9				0	0	Anthrauinone-1-arsonic acid, cyhexatin (pute dan), etc. (including tributyltin laurate, tributyltin acetate)
5	0	0	0	0	2.6		3.9	3.9				0	0	Triethyltin sulfate, dibutyltin oxide, etc. (including dibutyltin oxide, triethyltin acetate, triethyltin acetate)
5	0	0	0	0	2.6		3.9	3.9				0	0	Tetraethyltin, acetic acid trimethyl tin (Tetraethyl tin, acetic acid trimethyl tin)
5	0	0	0	0	2.6		3.9	3.9				0	0	Fentin hydroxide(content of triphenylhydroxytintin ＞20%)
5	0	0	0	0	2.6		3.9	3.9				0	0	Copper acetoarsenite, diphenylchlorarsine
5	0	0	0	0	2.6		3.9	3.9				0	0	4-hydroxy-3-nitrophenylarsonic acid
5	0	0	0	0	2.6		3.9	3.9				0	0	Ethyldich loroarsine, diphenyl –chloroarsine (including ethylarsine dichloride, diphenylarsinechloride)
5	0	0	0	0	2.6		3.9	3.9				0	0	Methylarsinic acid, alylarsonic acid, phenyldiiodoarsine
5	0	0	0	0	2.6		3.9	3.9				0	0	Benzenearsonic acid, 2-nitrophenylarsonic acid, etc. (including o-nitrophenylarsonic acid, 3-nitrophenylarsonic acid, m-nitrophenylarsonic acid)
5	0	0	0	0	2.6		3.9	3.9				0	0	Nitrophenyl arsenic acid, 2-aminophenylarsonic acid (Nitrophenyl arsenic acid, oarsanilic acid)
5	0	0	0	0	2.6		3.9	3.9				0	0	Aminophenylarsonic acid, 4-amino-benzene arsenic acid (Amino benzene arsenic acid, arsanilic acid)
5	0	0	0	0	2.6		3.9	3.9				0	0	Fentin acetate, fentin acetate (including fentin chloride, fentin hydroxide, fenbutatin oxide, azocyclotin)
5	0	0	0	0	2.6		3.9	3.9				0	0	Neoasozin
5	0	0	0	0	2.6		3.9	3.9				0	0	Etacelasil
5	0	0	0	0	2.6		3.9	3.9				0	0	Other organic-inorganic compound
														Heterocyclic compounds with oxygen hetero-atom (s) only:
														- Compounds containing an unfused furan ring(whether or not hydrogenated)in the structure：
5	0	0	0	0	2.4		0	3.6	0//0			0	0	-- Tetrahydrofuran

税号	货品名称	进口关税 % 最惠国	普通	年内暂定	增值/消费税%	出口退税%	统计计量单位	监管证件代码	检验检疫类别	协定税率 % 东盟	亚太	智利
2932.1200	-- 2-糠醛	6	20		17	9	千克	B	/N	0		0
2932.1300	-- 糠醇及四氢糠醇	6	20		17	9	千克			0		0
2932.1900	-- 其他											
29321900.11	喃烯菊酯,炔呋菊酯等(包括甲呋炔菊酯,溴苄呋菊酯,右旋炔呋菊酯)	6.5	20		17	9	千克	S		0		0
29321900.12	呋菌胺,酯菌胺,抑霉胺等(包括环菌胺,甲呋酰胺,二甲呋酰胺,)	6.5	20		17	9	千克	S		0		0
29321900.13	呋氧草醚,环庚草醚,呋草酮等(包括茵多酸)	6.5	20		17	9	千克	S		0		0
29321900.14	楝素,呋霜灵等(包括呋菌隆,螺螨酯)	6.5	20		17	9	千克	S		0		0
29321900.15	苄呋菊酯(包括右旋苄呋菊酯,生物苄呋菊酯)	6.5	20		17	9	千克	S		0		0
29321900.16	呋虫胺	6.5	20		17	9	千克	S		0		0
29321900.20	呋芬雷司	6.5	20		17	9	千克	I		0		0
29321900.90	其他结构上有非稠合呋喃环化合物	6.5	20		17	9	千克			0		0
	- 内酯:											
2932.2010	--- 香豆素、甲基香豆素及乙基香豆素	6.5	20		17	13	千克			0		0
2932.2090	--- 其他内酯											
29322090.11	杀鼠灵,克鼠灵,敌鼠灵,溴鼠灵等(包括氯灭鼠灵,氟鼠灵,鼠得克,杀鼠醚)	6.5	20		17	0	千克	S		0		0
29322090.12	赤霉酸	6.5	20		17	13	千克	S		0		0
29322090.13	蝇毒磷,茴蒿素,溴敌隆,呋酰胺等(包括四氯苯酞,畜虫磷)	6.5	20		17	0	千克	S		0		0
29322090.14	丁香菌酯	6.5	20		17	13	千克	S		0		0
29322090.15	甲氨基阿维菌素苯甲酸盐	6.5	20		17	13	千克	S		0		0
29322090.16	阿维菌素	6.5	20		17	13	千克	S		0		0
29322090.90	其他内酯	6.5	20		17	13	千克			0		0
	- 其他:											
2932.9100	-- 4-丙烯基-1,2-亚甲二氧基苯(异黄樟脑)	6.5	20		17	9	千克	23		0		0
2932.9200	-- 1-(1,3-苯并二噁茂-5-基)丙烷-2-酮	6.5	20		17	9	千克	23		0		0
2932.9300	-- 3,4-亚甲二氧基苯甲醛(胡椒醛)	6.5	20		17	13	千克	23		0		0
2932.9400	-- 4-烯丙基-1,2-亚甲二氧基苯(黄樟脑)	6.5	20		17	13	千克	23		0		0
2932.9500	-- 四氢大麻酚(所有的异构体)	6.5	20		17	9	千克	I		0		0
	-- 其他:											
2932.9910	--- 7-羟基苯并呋喃(呋喃酚)	4	11		17	13	千克			0		0
2932.9920	--- 2,2'-双甲氧羰基-4,4'-双甲氧基-5,6,5',6'-双亚甲二氧基联苯(联苯双酯)	6.5	20		17	13	千克			0		0
2932.9930	--- 蒿甲醚	6.5	20		17	13	千克			0		0
2932.9990	--- 其他											
29329990.11	克百威	6.5	20		17	13	千克	S		0		0
29329990.12	二氧威,恶虫威,丙硫克百威等(包括丁硫克百威,呋线威)	6.5	20		17	13	千克	S		0		0
29329990.13	因毒磷,敌恶磷,碳氯灵	6.5	20		17	13	千克	S		0		0
29329990.14	增效特,增效砜,增效醚,增效酯等(包括增效环,增效散)	6.5	20		17	13	千克			0		0
29329990.15	吡喃灵,吡喃隆,乙氧呋草黄等(包括呋草黄,氟草肟)	6.5	20		17	13	千克	S		0		0
29329990.16	避蚊酮,苯虫醚,鱼藤酮	6.5	20		17	13	千克	S		0		0
29329990.17	调呋酸,芸苔素内酯	6.5	20		17	13	千克	S		0		0
29329990.21	紫杉醇	6.5	20		17	0	千克	EFQ		0		0
29329990.22	三尖杉宁碱	6.5	20		17	13	千克	EF		0		0
29329990.23	十去乙酰基巴卡丁三(红豆杉提取物10-DAB)	6.5	20		17	13	千克	EF		0		0
29329990.24	十去乙酰基紫杉醇(红豆杉提取物10-DAT)	6.5	20		17	0	千克	EF		0		0
29329990.25	巴卡丁三	6.5	20		17	13	千克	EF		0		0
29329990.26	7-表紫杉醇	6.5	20		17	0	千克	EF		0		0
29329990.27	10-去乙酰7-表紫杉醇	6.5	20		17	0	千克	EF		0		0
29329990.28	7,10-双(三氯乙酰基)-10-去乙酰基巴卡丁三类似物	6.5	20		17	13	千克	EF		0		0
29329990.29	多烯紫杉醇	6.5	20		17	0	千克	EF		0		0
29329990.31	7,10-双(三氯乙酰基)-多西他赛	6.5	20		17	13	千克	EF		0		0
29329990.40	替苯丙胺及其盐	6.5	20		17	13	千克	I		0		0

协定税率 %										特惠税率 %				Article Description
巴基斯坦	冰岛	哥斯达黎	秘鲁	新西兰	瑞士	新加坡	韩国	澳大利亚	港澳台	老挝	孟加拉	33 国	7 国	
5	0	0	0	0	2.4		3.6	3.6				0	0	-- 2-Furaldehyde(furfuraldehyde)
5	0	0	0	0	2.4		3.6	3.6				0	0	-- Furfuryl alcohol and tetrahydrofurfuryl alcohol
														-- Other
5	0	0	0	0			3.9	3.9				0	0	Japothrins, furamethrin, etc. (including proparthrin, bromethrin, d-furamethrin)
5	0	0	0	0			3.9	3.9				0	0	Methuroxam, cyprofuram, vangard, etc. (including cyprodinil, fenfuram, furcarbanil)
5	0	0	0	0			3.9	3.9				0	0	Furyloxyfen, cinmethylin, flurtamone, etc. (including endothall)
5	0	0	0	0			3.9	3.9				0	0	Toosedarin, furalaxyl, etc. (including furophanate, spirodiclofen)
5	0	0	0	0			3.9	3.9				0	0	Resmethrin (including d-resmethrin, bioresmethrin)
5	0	0	0	0			3.9	3.9				0	0	Dinotefuran
5	0	0	0	0			3.9	3.9				0	0	Furfennorex
5	0	0	0	0			3.9	3.9				0	0	Other compounds containing an unfused furan ring in the structure
														- Lactones:
5	0	0	0	0	2.6		3.9	3.9				0	0	--- Coumarin, methylcoumarins and ethylcoumarins
														--- Other lactones
5	0	0	0	0	4.6		3.9	3.9				0	0	Warfarin, coumafuryl, melitoxin, brodifacoum, etc. (including coumachlor, flocoumafen, difenacoum and coumatetralyl)
5	0	0	0	0	4.6		3.9	3.9				0	0	Gibberellic acid
5	0	0	0	0	4.6		3.9	3.9				0	0	Coumaphos, santonin, bromadiolone, ofurace (including rabcide, dithion)
5	0	0	0	0	4.6		3.9	3.9				0	0	Coumoxystrobin
5	0	0	0	0	4.6		3.9	3.9				0	0	Emamectin benzoate
5	0	0	0	0	4.6		3.9	3.9				0	0	Abamectin
5	0	0	0	0	4.6		3.9	3.9				0	0	Other lactone
														- Other:
5	0	0	0	0	2.6		3.9	3.9				0	0	-- Isosafrole
5	0	0	0	0	2.6		3.9	3.9				0	0	-- 1-(1,3-Benzodioxol-5-yl) propan-2-one
5	0	0	0	0	2.6		3.9	3.9				0	0	-- Piperonal
5	0	0	0	0	2.6		3.9	3.9				0	0	-- Safrole
5	0	0	0	0	2.6		3.9	3.9				0	0	-- Tetrahydrocannabinols(all is omers)
														-- Other:
0	0	0	0	0	0		3.4	0				0	0	--- Furan phenol
5	0	0	0	0	2.6		3.9	3.9				0	0	--- Bifendate
5	0	0	0	0	4.6		3.9	3.9				0	0	--- Artemether
														--- Other
5	0	0	0	0	4.6		3.9	3.9				0	0	Carbofuran
5	0	0	0	0	4.6		3.9	3.9				0	0	Dioxocarb, bendiocarb, benfuracarb (including carbosulfan, furathiocarb)
5	0	0	0	0	4.6		3.9	3.9				0	0	Endothion, dioxathion, isobenzan
5	0	0	0	0	4.6		3.9	3.9				0	0	Bucarpolate, sufoxide, piperonyl butoxide, propyl isome, etc. (including piperonylcyclonene, sesamex)
5	0	0	0	0	4.6		3.9	3.9				0	0	Pyracarbolin, metobenzuron, ethofumesate, etc. (including ethofumesate, fluxofenim)
5	0	0	0	0	4.6		3.9	3.9				0	0	Butopyronoxyl, difenolan, rotenone
5	0	0	0	0	4.6		3.9	3.9				0	0	Dikegulac, brassinolide
5	0	0	0	0	4.6		3.9	3.9				0	0	Taxinol
5	0	0	0	0	4.6		3.9	3.9				0	0	Cephalomannine
5	0	0	0	0	4.6		3.9	3.9				0	0	10-deacetylate-baccatin III (extracted from taxus 10-DAB)
5	0	0	0	0	4.6		3.9	3.9				0	0	10-deacetylate-paclitaxel (extracted from taxus 10-DAT)
5	0	0	0	0	4.6		3.9	3.9				0	0	Baccatine Ⅲ
5	0	0	0	0	4.6		3.9	3.9				0	0	7-epitaxol
5	0	0	0	0	4.6		3.9	3.9				0	0	10-deacetyl-7-epitaxol
5	0	0	0	0	4.6		3.9	3.9				0	0	7,10-bis (trichloroacetyl)-10-deacetyl baccatin Ⅲ analogues
5	0	0	0	0	4.6		3.9	3.9				0	0	Docetaxel
5	0	0	0	0	4.6		3.9	3.9				0	0	7,10-bis (trichloroacetyl)-docetaxel
5	0	0	0	0	4.6		3.9	3.9				0	0	Tenamfetamine and its salts

税号	货品名称	进口关税 % 最惠国	进口关税 % 普通	进口关税 % 年内暂定	增值/消费税%	出口退税%	统计计量单位	监管证件代码	检验检疫类别	协定税率 % 东盟	协定税率 % 亚太	协定税率 % 智利
29329990.51	(1,2-二甲基庚基)羟基四氢甲基二苯吡喃(包括六氢大麻酚)	6.5	20		17	13	千克	I		0		0
29329990.52	甲羟芬胺，乙芬胺，羟芬胺	6.5	20		17	13	千克	I		0		0
29329990.53	二亚甲基双氧安非他明及其盐(MDMA)	6.5	20		17	13	千克	I		0		0
29329990.54	3，4-亚甲二氧基甲卡西酮(3,4-methylenedioxy-N-methylcathinone;CAS号：186028-79-5)	6.5	20		17	13	千克	I		0		0
29329990.60	二恶英、呋喃(多氯二苯并对二恶英、多氯二苯并呋喃)	6.5	20		17	13	千克	89		0		0
29329990.70	1,4-二噁烷	6.5	20		17	13	千克	X		0		0
29329990.80	二氢黄樟素	6.5	20		17	13	千克	G		0		0
29329990.91	其他濒危植物提取的仅含氧杂原子的杂环化合物	6.5	20		17	0	千克	EF		0		0
29329990.99	其他仅含氧杂原子的杂环化合物	6.5	20		17	13	千克			0		0
29.33	**仅含氮杂原子的杂环化合物：**											
	-　结构上含有一个非稠合吡唑环(不论是否氢化)的化合物：											
2933.1100	--　二甲基苯基吡唑酮（安替比林）及其衍生物	6.5	20		17	9	千克			0	6	0
	--　其他：											
2933.1920	---　安乃近	6	20		17	9	千克	Q		0		0
2933.1990	---　其他											
29331990.11	吡硫磷,吡唑硫磷,敌蝇威,乙虫腈等(包括异索威,吡唑威)	6.5	20		17	13	千克	S		0		0
29331990.12	氟虫腈,唑螨酯,吡螨胺等(包括吡唑醚菌酯)	6.5	20		17	13	千克	S		0		0
29331990.13	吡草醚,吡唑草胺,氟氯草胺等(包括野燕枯,苄草唑,吡唑特,吡草酮)	6.5	20		17	13	千克	S		0		0
29331990.14	吡唑萘菌胺(包括氟唑菌胺、乙唑螨腈、异丙吡草酯、唑虫酰胺)	6.5	20		17	13	千克	S		0		0
29331990.15	苯并烯氟菌唑	6.5	20		17	13	千克	S		0		0
29331990.90	其他结构上有非稠合吡唑环化合物	6.5	20		17	13	千克			0		0
	-　结构上含有一个非稠合咪唑环(不论是否氢化)的化合物：											
2933.2100	--　乙内酰脲及其衍生物	6.5	30		17	9	千克			0		0
2933.2900	--　其他											
29332900.11	异菌脲	6.5	20		17	13	千克	S		0		0
29332900.12	抑霉唑,咪菌腈,咪菌酮,咪鲜胺等(包括克霉唑,咪鲜胺锰盐)	6.5	20		17	13	千克	S		0		0
29332900.13	咪草酸、丁咪酰胺	6.5	20		17	13	千克	S		0		0
29332900.14	果绿啶	6.5	20		17	13	千克	S		0		0
29332900.15	氟菌唑	6.5	20		17	13	千克	S		0		0
29332900.90	其他结构上有非稠合咪唑环化合物	6.5	20		17	13	千克			0		0
	-　结构上含有一个非稠合吡啶环(不论是否氢化)的化合物：											
2933.3100	--　吡啶及其盐											
29333100.10	吡啶	6	20		17	9	千克	AB	M/N	0		0
29333100.90	吡啶盐	6	20		17	9	千克			0		0
	--　六氢吡啶（哌啶）及其盐：											
2933.3210	---　六氢吡啶（哌啶）	4	11		17	9	千克	23		0		0
2933.3220	---　六氢吡啶（哌啶）盐	6.5	20		17	9	千克			0		0
2933.3300	--　阿芬太尼(INN)、阿尼利定(INN)、苯氰米特(INN)、溴西泮(INN)、地芬诺新(INN)、地芬诺酯(INN)、地匹哌酮(INN)、芬太尼(INN)、凯托米酮(INN)、哌醋甲酯(INN)、喷他左辛(INN)、哌替啶(INN)、哌替啶中间体A(INN)、苯环利定(INN)、苯哌利定(INN)、哌苯甲醇(INN)、哌氰米特(INN)、哌丙吡胺(INN)和三甲利定(INN)以及它们的盐											

协定税率 %										特惠税率 %				
巴基斯坦	冰岛	哥斯达黎	秘鲁	新西兰	瑞士	新加坡	韩国	澳大利亚	港澳台	老挝	孟加拉	33 国	7 国	Article Description
5	0	0	0	0	4.6		3.9	3.9				0	0	(1,2-Dimetol) Hydroxytetrahydrobiopterin-DMHP (including Parahexyl)
5	0	0	0	0	4.6		3.9	3.9				0	0	MMDA, N-ethyl MDA, N-hydroxy MDA.
5	0	0	0	0	4.6		3.9	3.9				0	0	Methylene dioxymethamphetamine (MDMA) and its salts
5	0	0	0	0	4.6		3.9	3.9				0	0	3,4-methylenedioxy-N-methylcathinone; CAS No：186028-79-5
5	0	0	0	0	4.6		3.9	3.9				0	0	Dioxin, furan (Polychlorinated dibenzo-p-dioxins, polychlorinated dibenzofurans)
5	0	0	0	0	4.6		3.9	3.9				0	0	1, 4-Dioxane
5	0	0	0	0	4.6		3.9	3.9				0	0	Dihydrosafrole
5	0	0	0	0	4.6		3.9	3.9				0	0	Other heterocyclic compounds with oxygen hetero-atom only, distilled from endangered plants
5	0	0	0	0	4.6		3.9	3.9				0	0	Other heterocyclic compounds only with oxygen heterocyclic compound
														Heterocyclic compounds with nitrogen hetero-atom (s) only:
														- Compounds containing an unfused pyrazole ring (whether or not hydrogenated)in the structure：
5	0	0	0	0	2.6		3.9	3.9				0	0	-- Phenazone(antipyrin) and its derivatives
														-- Other：
5	0	0	0	0	2.4		3.6	3.6				0	0	--- Analgin
														--- Other
5	0	0	0	0	2.6		3.9	3.9				0	0	Pyrazothion, pyraclofos, dimetilan, ethiprole, etc. (including isolan, pyrolan)
5	0	0	0	0	2.6		3.9	3.9				0	0	Fipronil, fenpyroximate, tebufenpyrad, etc. (including pyraclostrobin)
5	0	0	0	0	2.6		3.9	3.9				0	0	Pyraflufenethyl, metazachlor, nipyraclofen, etc. (including difenzoquat, pyrazoxyfen, pyrazolate, benzofenap)
5	0	0	0	0	2.6		3.9	3.9				0	0	Isopyrazam (including penflufen, fluazolate, tolfenpyrad)
5	0	0	0	0	2.6		3.9	3.9				0	0	Benzovindiflupyr
5	0	0	0	0	2.6		3.9	3.9				0	0	Other compounds containing an unfused pyrazole ring in the structure
														- Compounds containing an unfused imidazole ring (whether or not hydrogenated) in the structure：
5	0	0	0	0	2.6		3.9	3.9				0	0	-- Hydantoin and its derivatives
														-- Other
5	0	0	0	0	4.7		5.2	3.9				0	0	Iprodione
5	0	0	0	0	4.7		5.2	3.9				0	0	Imazalil, fenapanil, climbazole, prochloraz, etc. (including clotrimazole, prochloraz, rochloraz-manganese chloride complex)
5	0	0	0	0	4.7		5.2	3.9				0	0	Imazamethabenz-methyl, isocarbamide
5	0	0	0	0	4.7		5.2	3.9				0	0	Glyodin
5	0	0	0	0	4.7		5.2	3.9				0	0	Triflumizole
5	0	0	0	0	4.7		5.2	3.9				0	0	Other compounds containing an unfused imidazole ring in the structure
														- Compounds containing an unfused pyridine ring (whether or not hydrogenated)in the structure：
														-- Pyridine and its salts
5	0	0	0	0	2.4		0	3.6	//0			0	0	Pyridine
5	0	0	0	0	2.4		0	3.6	//0			0	0	Pyridinium
														-- Piperidine and its salts：
0	0	0	0	0	0		0	0				0	0	--- Hexahydropyridine(piperidine)
5	0	0	0	0	2.6		3.9	3.9				0	0	--- Isoniazidum
														-- Alfentanil(INN),anileridine(INN),bezitramide (INN), bromazepam (INN),difenoxin(INN),diphenoxylate(INN),dipipanone (INN),fentanyl (INN),ketobemidone (INN),methylphenidate (INN),pentazocine (INN),pethidine (INN),intermediate A(INN),phencyclidine (INN) (PCP),phenoperidine (INN),pipradrol (INN),piritramide (INN), propiram (INN) and trimeperidine(INN);salts thereof

税号	货品名称	进口关税% 最惠国	进口关税% 普通	进口关税% 年内暂定	增值/消费税%	出口退税%	统计计量单位	监管证件代码	检验检疫类别	协定税率% 东盟	协定税率% 亚太	协定税率% 智利
29333300.11	阿芬太尼,芬太尼(以及它们的盐)	6.5	20		17	9	千克	W		0		0
29333300.12	哌替啶,地芬诺酯(以及它们的盐)	6.5	20		17	9	千克	W		0		0
29333300.13	哌腈(氰)米特,丙吡兰(哌丙吡胺)(以及它们的盐)	6.5	20		17	9	千克	W		0		0
29333300.21	哌醋甲酯,喷他左辛,溴西泮(以及它们的盐)	6.5	20		17	9	千克	I		0		0
29333300.22	苯环利定,哌苯甲醇(以及它们的盐)	6.5	20		17	9	千克	I		0		0
29333300.31	地匹哌酮,凯托米酮,地芬诺新(以及它们的盐)	6.5	20		17	9	千克	W		0		0
29333300.32	哌替啶中间体A,苯哌利定,三甲利定(以及它们的盐)	6.5	20		17	9	千克	W		0		0
29333300.33	阿尼利定,苯氰米特(以及它们的盐)	6.5	20		17	9	千克	W		0		0
	-- 其他:											
2933.3910	--- 二苯乙醇酸-3-奎宁环酯	6.5	20		17	9	千克	23		0		0
2933.3920	--- 奎宁环-3-醇	6.5	20		17	9	千克	23		0		0
2933.3990	--- 其他											
29333990.10	甲基吡啶,氰基吡啶,吡啶硫酮锌(包括三甲基吡啶)	6.5	20		17	13	千克			0		0
29333990.21	精吡氟禾草灵,毒死蜱,二氯氨基吡啶羧酸(包括二氟吡隆,三氟甲吡醚,氯虫苯甲酰胺)	6.5	20		17	13	千克	S		0		0
29333990.22	百草枯,啶虫脒	6.5	20		17	13	千克	S		0		0
29333990.23	精喹禾灵	6.5	20		17	13	千克	S		0		0
29333990.24	喹禾灵,氟吡禾灵,吡氟禾草灵等(包括炔禾灵,氟吡乙禾灵,氟吡菌胺,卤草啶)	6.5	20		17	13	千克	S		0		0
29333990.25	高效氟吡甲禾灵,氟吡甲禾灵等(包括鼠特灵,灭鼠优,灭鼠安,氟鼠啶)	6.5	20		17	13	千克	S		0		0
29333990.26	甲基毒死蜱,吡虫啉等(包括吡氯氰菊酯,啶蜱脲,氟啶脲,哒幼酮,吡丙醚)	6.5	20		17	13	千克	S		0		0
29333990.27	驱蝇啶,烯啶虫胺	6.5	20		17	13	千克	S		0		0
29333990.28	咪唑烟酸,甲咪唑烟酸,咪唑乙烟酸等(包括氨氯吡啶酸,三氯吡氧乙酸,氯氟吡氧乙酸,二氯吡啶酸)	6.5	20		17	13	千克	S		0		0
29333990.29	炔草酸,哌草磷,哌草丹,稗草丹等(包括吡氟酰草胺,氟啶草酮,氟硫草啶,甲氧咪草烟)	6.5	20		17	13	千克	S		0		0
29333990.30	3-羟基-1-甲基哌啶	6.5	20		17	13	千克	23		0		0
29333990.40	3-奎宁环酮	6.5	20		17	13	千克	23		0		0
29333990.51	甲哌鎓,抗倒胺,氯吡脲,吡啶醇	6.5	20		17	13	千克	S		0		0
29333990.52	啶菌噁唑,苯锈啶,啶斑肟等(包括啶菌腈)	6.5	20		17	13	千克	S		0		0
29333990.53	氟啶胺,氟啶虫酰胺,三氯甲基吡啶	6.5	20		17	13	千克	S		0		0
29333990.54	咪唑嗪,丁硫啶,氯苯吡啶,哌丙灵	6.5	20		17	13	千克	S		0		0
29333990.55	氟吡菌酰胺	6.5	20		17	13	千克	S		0		0
29333990.56	氯啶菌酯	6.5	20		17	13	千克	S		0		0
29333990.57	氯氨吡啶酸	6.5	20		17	13	千克	S		0		0
29333990.58	哌壮素	6.5	20		17	13	千克	S		0		0
29333990.60	啶氧菌酯(包括氟啶虫胺腈、环啶菌胺、四氯虫酰胺、溴氰虫酰胺、玉雄杀、氟吡菌胺)	6.5	20		17	13	千克	S		0		0
29333990.71	乙酰阿法甲基芬太尼、烯丙罗定、阿法美罗定(以及它们的盐)	6.5	20		17	13	千克	W		0		0
29333990.72	阿法甲基芬太尼、阿法罗定、苄替啶(以及它们的盐)	6.5	20		17	13	千克	W		0		0
29333990.73	倍他羟基芬太尼、倍他羟基-3-甲基芬太尼、倍他美罗定(以及它们的盐)	6.5	20		17	13	千克	W		0		0
29333990.74	倍他罗定、依托利定、羟哌替啶、美他佐辛(以及它们的盐)	6.5	20		17	13	千克	W		0		0
29333990.75	3-甲基芬太尼、1-甲基-4-苯基-4-哌啶丙酸酯、诺匹哌酮(以及它们的盐)	6.5	20		17	13	千克	W		0		0
29333990.76	对氟芬太尼、1-苯乙基-4-苯基-4-哌啶乙酸酯(以及它们的盐)	6.5	20		17	13	千克	W		0		0
29333990.77	哌替啶中间体B、哌替啶中间体C(以及它们的盐)	6.5	20		17	13	千克	W		0		0

协定税率 %										特惠税率 %				
巴基斯坦	冰岛	哥斯达黎	秘鲁	新西兰	瑞士	新加坡	韩国	澳大利亚	港澳台	老挝	孟加拉	33 国	7 国	Article Description
5	0	0	0	0	2.6		5.6	3.9				0	0	Alfentanil (INN), fentanyl (INN) (and their salts)
5	0	0	0	0	2.6		5.6	3.9				0	0	Pethidine (INN) diphenoxylate (INN) (and their salts)
5	0	0	0	0	2.6		5.6	3.9				0	0	Piritramide(INN), propiram (INN) and their salts
5	0	0	0	0	2.6		5.6	3.9				0	0	Methylphenidate (INN), pentazocine (INN), bromazepam (INN) and their salts
5	0	0	0	0	2.6		5.6	3.9				0	0	Phencyclidine (INN) (PCP), pipradrol (INN) and their salts
5	0	0	0	0	2.6		5.6	3.9				0	0	Dipipanone (INN), ketobemidone (INN), difenoxin (INN) and their salts
5	0	0	0	0	2.6		5.6	3.9				0	0	Pethidie-Intermediate-A (INN), phenoperidine (INN), trimeperidine (INN) and their salts
5	0	0	0	0	2.6		5.6	3.9				0	0	Anileridine (INN), piritramide (INN) and their salts
														-- Other:
5	0	0	0	0	2.6		3.9	3.9				0	0	--- Benzilic acid-3-quinuclidinate
5	0	0	0	0	2.6		3.9	3.9				0	0	--- Quinuclidine-3-ol
														--- Other
5	0	0	0	0	4.6		3.9	3.9				0	0	Methylpyridine, cyanopyridine, Zinc pyrithione (including trimethylpyridine)
5	0	0	0	0	4.6		3.9	3.9				0	0	Fluazifop-p-butyl, chlorpyrifos, aminopyralid (including diflufenzopyr, pyridalyl, chlorantraniliprole)
5	0	0	0	0	4.6		3.9	3.9				0	0	Paraquat, acetamiprid
5	0	0	0	0	4.6		3.9	3.9				0	0	Quizalofop-p-ethyl
5	0	0	0	0	4.6		3.9	3.9				0	0	Quizalofop, haloxyfop, fluazifop, etc. (including chloroazifop-propynyl, haloxyfop-2-ethoxymethyl, fluopicolide, haloxydine)
5	0	0	0	0	4.6		3.9	3.9				0	0	Haloxyfop-P-methyl, haloxyfop-methyl, etc. (including norbormide, pyrinuron, RH-945, flupropadine)
5	0	0	0	0	4.6		3.9	3.9				0	0	Chlorpyrifos-methyl, imidacloprid, etc. (including cypermethrin, fluazuron, chlorfluazuron, pyridaben, pyriproxyfen)
5	0	0	0	0	4.6		3.9	3.9				0	0	2,5-Pyridinedicarboxylicacid, nitenpyram
5	0	0	0	0	4.6		3.9	3.9				0	0	Imazapyr, imazapic, imazethapyr, etc. (including picloram, trichlopyr, fluroxypyr, clopyralid)
5	0	0	0	0	4.6		3.9	3.9				0	0	Clodinafop-propargyl, piperophos, dimepiperate, pyributicarb, etc. (including diflufenican, fluridone, dithiopyr, imazamox)
5	0	0	0	0	4.6		3.9	3.9				0	0	3-Hydroxy-1-methyl piperidine
5	0	0	0	0	4.6		3.9	3.9				0	0	3-Quinuclidone
5	0	0	0	0	4.6		3.9	3.9				0	0	Mepiquatechloride, inabenfide, forchlorfenuron, pyripropanol
5	0	0	0	0	4.6		3.9	3.9				0	0	SYP-Z048, fenpropidin, pyrifenox, etc. (including pyridinitril)
5	0	0	0	0	4.6		3.9	3.9				0	0	Fluazinam, flonicamid, nitrapyrin
5	0	0	0	0	4.6		3.9	3.9				0	0	Triazoxide, buthiobate, parinol, piperlin
5	0	0	0	0	4.6		3.9	3.9				0	0	Fluopyram
5	0	0	0	0	4.6		3.9	3.9				0	0	SYP-7017
5	0	0	0	0	4.6		3.9	3.9				0	0	Picloram
5	0	0	0	0	4.6		3.9	3.9				0	0	Piproctanyl
5	0	0	0	0	4.6		3.9	3.9				0	0	Picoxystrobin (including sulfoxaflor, ICIA0858, SYP9080, cyantraniliprole, chloretazate, fluopicolide)
5	0	0	0	0	4.6		3.9	3.9				0	0	Acetyl-alpha-methylfent, allylprodine, alphameprodine and their salts
5	0	0	0	0	4.6		3.9	3.9				0	0	Alpha-methylfentanyl, alphaprodine, benzethidine and their salts
5	0	0	0	0	4.6		3.9	3.9				0	0	Betahydroxyfentanyl, betahydroxy-3-methyl fentanyl, betameprodine (and their salts)
5	0	0	0	0	4.6		3.9	3.9				0	0	Betaprodine, etoxeridine, hydroxypethidine, metazocine and their salts
5	0	0	0	0	4.6		3.9	3.9				0	0	3-Methyl fentanyl,1-methyl-4-phenyl-4-piperi-dine propionate, norpipanone and their salts
5	0	0	0	0	4.6		3.9	3.9				0	0	Parafluorofentanyl, 1-phenethyl-4-phenyl-4-pi-peridine acetate and their salts
5	0	0	0	0	4.6		3.9	3.9				0	0	Pethidine intermediate B, pethidine intermediate C and their salts

税号	货品名称	进口关税 % 最惠国	普通	年内暂定	增值/消费税%	出口退税%	统计计量单位	监管证件代码	检验检疫类别	协定税率 % 东盟	亚太	智利
29333990.78	非那丙胺、非那佐辛、匹米诺定、丙哌利定(以及它们的盐)	6.5	20		17	13	千克	W		0		0
29333990.80	瑞芬太尼及其盐	6.5	20		17	13	千克	W		0		0
29333990.90	其他结构上有非稠合吡啶环化合物	6.5	20		17	13	千克			0		0
	- 结构上含有一个喹啉或异喹啉环系(不论是否氢化)的化合物,但未经进一步稠合的:											
2933.4100	-- 左非诺(INN)及其盐	6.5	20		17	9	千克	W		0		0
2933.4900	-- 其他											
29334900.11	丙烯酸喹啉酯,苯氧喹啉	6.5	20		17	13	千克	S		0		0
29334900.12	咯喹酮	6.5	20		17	13	千克	S		0		0
29334900.13	氯甲喹啉酸、乙氧喹啉	6.5	20		17	13	千克	S		0		0
29334900.14	二氯喹啉酸	6.5	20		17	13	千克	S		0		0
29334900.15	FG-4592(CAS 号 808118-40-3)(一种缺氧诱导因子-脯氨酸羟化酶抑制剂)	6.5	20		17	13	千克	L		0		0
29334900.21	羟蒂巴酚、左美沙芬、左芬啡烷	6.5	20		17	13	千克	W		0		0
29334900.22	去甲左啡诺、非诺啡烷、消旋甲啡烷、消旋啡烷	6.5	20		17	13	千克	W		0		0
29334900.30	布托啡诺	6.5	20		17	13	千克	I		0		0
29334900.90	其他含喹琳或异喹啉环系的化合物(但未进一步稠合的)	6.5	20		17	13	千克			0		0
	- 结构上含有一个嘧啶环(不论是否氢化)或哌嗪环的化合物:											
2933.5200	-- 丙二酰脲(巴比土酸)及其盐	6.5	20		17	9	千克			0		0
2933.5300	-- 阿洛巴比妥(INN)、异戊巴比妥(INN)、巴比妥(INN)、布他比妥(INN)、正丁巴比妥(INN)、环己巴比妥(INN)、甲苯巴比妥(INN)、戊巴比妥(INN)、苯巴比妥(INN)、仲丁巴比妥(INN)、司可巴比妥(INN)和乙烯比妥(INN)以及它们的盐											
29335300.11	阿洛巴比妥,仲丁巴比妥(以及它们的盐)	6.5	20		17	9	千克	I		0		0
29335300.12	乙烯比妥,布他比妥,丁巴比妥(以及它们的盐)	6.5	20		17	9	千克	I		0		0
29335300.13	环己巴比妥,甲苯巴比妥(以及它们的盐)	6.5	20		17	9	千克	I		0		0
29335300.14	司可巴比妥,异戊巴比妥(以及它们的盐)	6.5	20		17	9	千克	I		0		0
29335300.15	戊巴比妥,苯巴比妥,巴比妥(以及它们的盐)	6.5	20		17	9	千克	I		0		0
2933.5400	-- 其他丙二酰脲(巴比土酸)的衍生物以及它们的盐	6.5	20		17	9	千克			0		0
2933.5500	-- 氯普唑仑(INN)、甲氯喹酮(INN)、甲喹酮(INN)和齐培丙醇(INN)以及它们的盐											
29335500.11	甲氯喹酮,甲喹酮(以及它们的盐)	6.5	20		17	9	千克	I		0		0
29335500.12	氯普唑仑,齐培丙醇(以及它们的盐)	6.5	20		17	9	千克	I		0		0
	-- 其他:											
2933.5910	--- 胞嘧啶	6.5	20		17	13	千克			0	4.6	0
2933.5920	--- 环丙氟哌酸	6.5	20		17	9	千克			0	6	0
2933.5990	--- 其他											
29335990.11	嘧啶磷,甲基嘧啶磷,二嗪磷,双苯嘧草酮等(包括嘧啶氧磷,乙嘧硫磷)	6.5	20		17	13	千克	S		0	4.6	0
29335990.12	烯腺嘌呤,苄腺嘌呤,丁基嘧啶磷,嘧啶肟草醚等(包括苄氨基嘌呤,羟烯腺嘌呤)	6.5	20		17	13	千克	S		0	4.6	0
29335990.13	嘧草醚,双草醚,除草啶,环草啶等(包括异草啶,异丙酯草醚,嘧草硫醚,特草啶)	6.5	20		17	13	千克	S		0	4.6	0
29335990.14	吡菌磷,嘧霉胺,嘧菌胺,嘧菌酯等(包括嘧菌环胺,嘧菌腙)	6.5	20		17	13	千克	S		0	4.6	0
29335990.15	嘧啶威,抗蚜威,环虫腈,嘧螨醚等(包括嘧螨酯)	6.5	20		17	13	千克	S		0	4.6	0
29335990.16	氯苯嘧啶醇,环丙嘧啶醇,呋嘧醇等(包括氟苯嘧啶醇)	6.5	20		17	13	千克	S		0	4.6	0
29335990.17	氟蚁腙,鼠立死	6.5	20		17	13	千克	S		0	4.6	0
29335990.18	二甲嘧酚,乙嘧酚,乙嘧酚磺酸酯	6.5	20		17	13	千克	S		0	4.6	0
29335990.19	嗪氨灵,咪唑喹啉酸,丙酯草醚	6.5	20		17	13	千克	S		0	4.6	0

协定税率 %										特惠税率 %				
巴基斯坦	冰岛	哥斯达黎	秘鲁	新西兰	瑞士	新加坡	韩国	澳大利亚	港澳台	老挝	孟加拉	33 国	7 国	Article Description
5	0	0	0	0	4.6		3.9	3.9				0	0	Phenampromide, phenazocine, piminodine, Properidine and their salts
5	0	0	0	0	4.6		3.9	3.9				0	0	Remifentanil and its salts
5	0	0	0	0	4.6		3.9	3.9				0	0	Other compounds containing an unfused pyrazole ring in the structure
														- Compounds containing a quinoline or isoquinoline ring-system (whether or not hydrogenated),not further fused:
5	0	0	0	0	2.6		3.9	3.9				0	0	-- Levorpharol(INN)and its salts
														-- Other
5	0	0	0	0	2.6		3.9	3.9				0	0	Halacrinate, quinoxyfen
5	0	0	0	0	2.6		3.9	3.9				0	0	Pyroquilon
5	0	0	0	0	2.6		3.9	3.9				0	0	Quinmerac, ethoxyquin
5	0	0	0	0	2.6		3.9	3.9				0	0	Quinclorac
5	0	0	0	0	2.6		3.9	3.9				0	0	FG-4592 (CAS number: 808118-40-3) (a kind of hypoxia-inducible factor (HIF))
5	0	0	0	0	2.6		3.9	3.9				0	0	Drotebanol, levomethorphan, levophenacylmorphan
5	0	0	0	0	2.6		3.9	3.9				0	0	Norlevorphanol, phenomorphan, racemethorphan, racemorphan
5	0	0	0	0	2.6		3.9	3.9				0	0	Butorphanol
5	0	0	0	0	2.6		3.9	3.9				0	0	Other compounds containing quinoline or isoquinoline ring-system (but not further fused)
														- Compounds containing a pyrimidine ring(whether or not hydrogenated)or piperazine ring in the structure:
5	0	0	0	0	2.6		3.9	3.9				0	0	-- Malonylurea (barbituric acid) and its salts
														-- Allobarbital (INN),amobarbital(INN),barbital (INN),butalbital (INN),butobarbital(INN),cyclobarbital (INN),methylphenobarbital(INN),pentobarbital (INN),phenobarbital (INN),secbutabarbital (INN),secobarbital(INN) and vinylbital(INN);salts thereof
5	0	0	0	0	2.6		3.9	3.9				0	0	Allobarbital (INN), secbutabarbital (INN) and their salts
5	0	0	0	0	2.6		3.9	3.9				0	0	Vinylbital (INN), butalbital (INN), butobarbital (INN) and their salts
5	0	0	0	0	2.6		3.9	3.9				0	0	Cyclobarbital (INN), methylphenobarbital (INN) and their salts
5	0	0	0	0	2.6		3.9	3.9				0	0	Secobarbital (INN), amobarbital (INN) and their salts
5	0	0	0	0	2.6		3.9	3.9				0	0	Pentobarbital (INN), phenobarbital (INN), barbital (INN) and their salts
5	0	0	0	0	2.6		3.9	3.9				0	0	-- Other derivatives of malonylurea (barbituric acid);salts thereof
														-- Loprazolam (INN),mecloqualone (INN),methaqualone (INN) and zipeprol(INN);salts thereof
5	0	0	0	0	2.6		3.9	3.9				0	0	Mecloqualone (INN), methaqualone (INN) and their salts
5	0	0	0	0	2.6		3.9	3.9				0	0	Loprazolam (INN), zipeprol (INN) and their salts
														-- Other:
0	0	0	0	0	2.6		3.9	3.9				0	0	--- Cytosine
5	0	0	0	0	2.6		3.9	3.9				0	0	--- Ciprofloxacin
														--- Other
0	0	0	0	0	4.6		3.9	3.9				0	0	Pyrimithate, pirimiphos-methyl, diazinon, benzfendizone, etc. (including midinyanglin, etrimfos)
0	0	0	0	0	4.6		3.9	3.9				0	0	Enadenine, benzyladenine, tebupirimfos, pyribenzoxim, etc. (including benzyladenine, oxyenadenine)
0	0	0	0	0	4.6		3.9	3.9				0	0	Pyriminobac-methyl, bispyribac-sodium, bromacil, lenacil, etc. (including isocil, benzoic acid,4-[[[2-[(4,6-dimethoxy-2-pyrimidinyl) oxy]phenyl] methyl] amino]-, 1-methylethyl ester, pyrithiobac-sodium, terbacil)
0	0	0	0	0	4.6		3.9	3.9				0	0	Pyrazophos, pyrimethanil, mepanipyrim, Azoxystrobin, etc. (including cyprodinil ferimzone)
0	0	0	0	0	4.6		3.9	3.9				0	0	Pyramat, pirimicarb, dicyclanil, pyrimidifen, etc. (including fluacrypyrim)
0	0	0	0	0	4.6		3.9	3.9				0	0	Fenarimol, ancymidol, flurprimidol, etc. (including nuarimol)
0	0	0	0	0	4.6		3.9	3.9				0	0	Hydramethylnon, crimidine
0	0	0	0	0	4.6		3.9	3.9				0	0	Dimethirimol, ethirimol, bupirimate
0	0	0	0	0	4.6		3.9	3.9				0	0	Triforine, imazaquin, pyribambenz-propyl

税 号	货 品 名 称	进口关税 % 最惠国	进口关税 % 普通	进口关税 % 年内暂定	增值/消费税%	出口退税%	统计计量单位	监管证件代码	检验检疫类别	协定税率 % 东盟	协定税率 % 亚太	协定税率 % 智利
29335990.20	氟丙嘧草酯、氯丙嘧啶酸	6.5	20		17	13	千克	S		0	4.6	0
29335990.30	溴嘧草醚	6.5	20		17	13	千克	S		0	4.6	0
29335990.40	唑嘧菌胺	6.5	20		17	13	千克	S		0	4.6	0
29335990.51	依他喹酮(Etaqualone; CAS 号: 7432-25-9)	6.5	20		17	13	千克	I		0	4.6	0
29335990.52	苄基哌嗪(Benzylpiperazine; CAS 号: 2759-28-6)	6.5	20		17	13	千克	I		0	4.6	0
29335990.90	其他结构上有嘧啶环等的化合物(包括其他结构上有哌嗪环的化合物)	6.5	20		17	13	千克			0	4.6	0
	- 结构上含有一个非稠合三嗪环(不论是否氢化)的化合物:											
2933.6100	-- 三聚氰胺(蜜胺)	6.5	20		17	9	千克	A	M/	0		0
	-- 其他:											
2933.6910	--- 三聚氰氯	6	20		17	9	千克			0		0
	--- 异氰脲酸氯化衍生物:											
2933.6921	----二氯异氰脲酸	6.5	20		17	9	千克	AB	M/N	0		0
2933.6922	----三氯异氰脲酸	6.5	20		17	9	千克	AB	M/N	0		0
2933.6929	----其他											
29336929.10	二氯异氰尿酸钠	6.5	20		17	9	千克	AB	R/S	0		0
29336929.90	其他异氰脲酸氯化衍生物	6.5	20		17	9	千克			0		0
2933.6990	--- 其他											
29336990.11	西玛津,莠去津,扑灭津,草达津等(包括特丁津,氰草津,环丙津,甘扑津,甘草津)	6.5	20		17	9	千克	S		0		0
29336990.12	西草净,扑草净,敌草净,莠灭净等(包括特丁净,异丙净,异戊乙净,氰草净,氟草净,甲氧丙净)	6.5	20		17	9	千克	S		0		0
29336990.13	扑灭通,仲丁通	6.5	20		17	9	千克	S		0		0
29336990.14	丁嗪草酮,环嗪酮,嗪草酮等(包括苯嗪草酮,乙嗪草酮)	6.5	20		17	9	千克	S		0		0
29336990.15	灭蚜硫磷,灭蝇胺,吡蚜酮等(包括敌菌灵)	6.5	20		17	9	千克	S		0		0
29336990.16	三嗪氟草胺	6.5	20		17	9	千克	S		0		0
29336990.90	其他结构上含非稠合三嗪环化合物	6.5	20		17	9	千克			0		0
	- 内酰胺:											
2933.7100	-- 6-己内酰胺	9	35		17	9	千克	A	M/			0
2933.7200	-- 氯巴占(INN)和甲乙哌酮(INN)	9	15		17	9	千克	I		0		0
2933.7900	-- 其他内酰胺											
29337900.10	氯巴占和甲乙哌酮的盐	9	20		17	9	千克	I		0		0
29337900.20	灭菌磷,螺虫乙酯	9	20		17	9	千克	S		0		0
29337900.30	佐匹克隆(Zopiclone; CAS 号: 43200-80-2)	9	20		17	9	千克	I		0		0
29337900.90	其他内酰胺	9	20		17	9	千克			0		0
	- 其他:											
2933.9100	-- 阿普唑仑(INN)、卡马西泮(INN)、氯氮卓(INN)、氯硝西泮(INN)、氯拉卓酸、地洛西泮(INN)、地西泮(INN)、艾司唑仑(INN)、氯氟卓乙酯(INN)、氟地西泮(INN)、氟硝西泮(INN)、氟西泮(INN)、哈拉西泮(INN)、劳拉西泮(INN)、氯甲西泮(INN)、马吲哚(INN)、美达西泮(INN)、咪达唑仑(INN)、硝甲西泮(INN)、硝西泮(INN)、去甲西泮(INN)、奥沙西泮(INN)、匹那西泮(INN)、普拉西泮(INN)、吡咯戊酮(INN)、替马西泮(INN)、四氢西泮(INN)和三唑仑(INN)以及它们的盐											
29339100.11	阿普唑仑,卡马西泮,氯氮卓(以及它们的盐)	6.5	20		17	13	千克	I		0		0
29339100.12	氯硝西泮,氯拉卓酸,地洛西泮(以及它们的盐)	6.5	20		17	13	千克	I		0		0
29339100.13	地西泮,艾司唑仑,氯氟卓乙酯(以及它们的盐)	6.5	20		17	13	千克	I		0		0
29339100.14	氟地西泮,氟硝西泮,氟西泮(以及它们的盐)	6.5	20		17	13	千克	I		0		0
29339100.15	哈拉西泮,劳拉西泮,氯甲西泮(以及它们的盐)	6.5	20		17	13	千克	I		0		0
29339100.16	马吲哚,咪达唑仑,硝西泮(以及它们的盐)	6.5	20		17	13	千克	I		0		0

协定税率 %										特惠税率 %				Article Description
巴基斯坦	冰岛	哥斯达黎	秘鲁	新西兰	瑞士	新加坡	韩国	澳大利亚	港澳台	老挝	孟加拉	33 国	7 国	
0	0	0	0	0	4.6		3.9	3.9				0	0	Butafenacil, aminocyclopyrachlor
0	0	0	0	0	4.6		3.9	3.9				0	0	ZJ0777
0	0	0	0	0	4.6		3.9	3.9				0	0	Initium
0	0	0	0	0	4.6		3.9	3.9				0	0	Etaqualone; CAS No: 7432-25-9
0	0	0	0	0	4.6		3.9	3.9				0	0	Benzylpiperazine;CAS No: 2759-28-6
0	0	0	0	0	4.6		3.9	3.9				0	0	Other compounds containing pyrimidine ring (including other compounds containing piperazine rings)
														- Compounds containing an unfused triazine ring (whether or not hydrogenated)in the structure:
5	0	0	0	0	2.6		3.9	3.9				0	0	-- Melamine
														-- Other:
5	0	0	0	0	2.4		3.6	3.6	/0/			0	0	--- Cyanuric chloride
														--- Chloroisocyanurate:
5	0	0	0	0	2.6		3.9	3.9	/0/			0	0	----Dichloroisooyanurate acid
5	0	0	0	0	2.6		3.9	3.9	/0/			0	0	----Trichloroisocyanurate acid
														----Other
5	0	0	0	0	2.6		3.9	3.9	/0/			0	0	Sodium dichloroisocyanurate
5	0	0	0	0	2.6		3.9	3.9	/0/			0	0	Other chloroisocyanuric acid derivatives
														--- Other
5	0	0	0	0	2.6		5.2	3.9	/0/			0	0	Simazine, atrazine, propazine, trietazine, etc. (including terbuthylazine, cyanazine, cyprazine, proglinazine, eglinazine)
5	0	0	0	0	2.6		5.2	3.9	/0/			0	0	Simetryn, prometryn, desmetryn, ametryn, etc. (including terbutryn, dipropetryn, dimethametryn, cyanatryn, SSH 108, methoprotryne)
5	0	0	0	0	2.6		5.2	3.9	/0/			0	0	Prometon, secbumeton
5	0	0	0	0	2.6		5.2	3.9	/0/			0	0	Menazon, cyromazine, pymetrozine, etc. (including anilazine)
5	0	0	0	0	2.6		5.2	3.9	/0/			0	0	Menazon, cyromazine, pymetrozine, etc. (including anilazine)
5	0	0	0	0	2.6		5.2	3.9	/0/			0	0	Triaziflam
5	0	0	0	0	2.6		5.2	3.9	/0/			0	0	Other compounds containing an unfused triazine ring in the structure
														- Lactams:
	0	0		0	3.6			5.4						-- 6-Hexanolactam (epsilon-caprolactam)
5	0	0	0	0	3.6		5.4	5.4				0	0	-- Clobazam (INN) and methyprylon(INN)
														-- Other lactams
5	0	0	0	0			5.4	5.4				0	0	Salts of clobazam (INN) and methyprylon (INN)
5	0	0	0	0			5.4	5.4				0	0	Ditalimfos
5	0	0	0	0			5.4	5.4				0	0	Zopiclone; CAS No: 43200-80-2
5	0	0	0	0			5.4	5.4				0	0	Other lactams
														- Other:
														-- Alprazolam (INN), camazepam(INN),chlordiazepoxide (INN),clonazepam (INN),clorazepate, delorazepam(INN),diazepam (INN),estazolam (INN),ethyl loflazepate(INN),fludiazepam (INN),flunitrazepam (INN),flurazepam (INN),halazepam (INN),lorazepam (INN),lormetazepam (INN), mazindol(INN),medazepam (INN),midazolam(INN),nimetazepam (INN),nitrazepam(INN),nordazepam(INN),oxazepam(INN),pinazepam(INN),prazepam (INN), pyrovalerone(INN),temazepam (INN),tetrazepam (INN) and triazolam (INN);salts thereof
5	0	0	0	0	2.6		3.9	3.9				0	0	Alprazolam (INN), camazepam (INN), chlordiaze- poxide (INN) and their salts
5	0	0	0	0	2.6		3.9	3.9				0	0	Clonazepam (INN), clorazepate (INN), delorazepam (INN) and their salts
5	0	0	0	0	2.6		3.9	3.9				0	0	Diazepam (INN), estazolam (INN), ethyl loflazepate (INN) and their salts
5	0	0	0	0	2.6		3.9	3.9				0	0	Fludiazepam (INN), flunitrazepam (INN), flurazepam (INN) and their salts
5	0	0	0	0	2.6		3.9	3.9				0	0	Halazepam (INN), lorazepam (INN), lormetazepam (INN) and their salts
5	0	0	0	0	2.6		3.9	3.9				0	0	Mazindol (INN), midazolam (INN), nitrazepam (INN) and their salts

税 号	货 品 名 称	进口关税 % 最惠国	普通	年内暂定	增值/消费税%	出口退税%	统计计量单位	监管证件代码	检验检疫类别	协定税率 % 东盟	亚太	智利
29339100.17	奥沙西泮，匹那西泮，普拉西泮(以及它们的盐)	6.5	20		17	13	千克	I		0		0
29339100.18	去甲西泮，三唑仑(以及它们的盐)	6.5	20		17	13	千克	I		0		0
29339100.21	硝甲西泮，美达西泮(以及它们的盐)	6.5	20		17	13	千克	I		0		0
29339100.22	吡咯戊酮，替马西泮，四氢西泮(以及它们的盐)	6.5	20		17	13	千克	I		0		0
2933.9900	-- 其他											
29339900.11	抑芽丹，三唑磷，虫线磷，喹硫磷，唑啶草酮等(包括哒嗪硫磷，亚胺硫磷，氯亚胺硫磷，保棉磷，益棉磷，威菌磷)	6.5	20		17	13	千克	S		0		0
29339900.12	氯唑磷，炔咪菊酯，吲哚酮草酯等(包括呋喃虫酰肼，唑蚜威，不育胺，虫螨腈，抗螨唑，四螨嗪)	6.5	20		17	13	千克	S		0		0
29339900.13	多菌灵，苯菌灵，氰菌灵，麦穗宁，氟哒嗪草酯等(包括咪菌威，丙硫多菌灵，氟氯菌核利，哒菌酮，拌种咯，杀草强)	6.5	20		17	13	千克	S		0		0
29339900.14	三唑酮，醚草敏，三唑醇，唑草酮等(包括四氯喹恶啉，己唑醇，腈苯唑，亚胺唑，四氟醚唑，氟环唑)	6.5	20		17	13	千克	S		0		0
29339900.15	苄氯三唑醇，戊菌唑，粉唑醇等(包括联苯三唑醇，腈菌唑，环丙唑醇，烯唑醇，戊唑醇，氟硅唑)	6.5	20		17	13	千克	S		0		0
29339900.16	环菌唑，叶菌唑，灭菌唑，种菌唑等(包括申嗪霉素，氟喹唑，哒螨灵，喹螨醚，氟草敏，氟咯草酮)	6.5	20		17	13	千克	S		0		0
29339900.17	唑草酯，四环唑，恶草酸等(包括喹禾糠酯，哒草特，咯草隆，禾草敌，唑草胺，敌草快，氯草敏)	6.5	20		17	13	千克	S		0		0
29339900.18	氟胺草唑，氨唑草酮，三氟苯唑等(包括吲哚丁酸，溴莠敏，吲熟酯，三唑磺，四唑酰草胺)	6.5	20		17	13	千克	S		0		0
29339900.19	多效唑，烯效唑，抑芽唑等(包括叶枯净，叶锈特，吡喃草酮，吲哚乙酸)	6.5	20		17	13	千克	S		0		0
29339900.21	氯尼他秦	6.5	20		17	13	千克	W		0		0
29339900.22	依托尼秦	6.5	20		17	13	千克	W		0		0
29339900.23	普罗庚嗪，布桂嗪	6.5	20		17	13	千克	W		0		0
29339900.30	扎莱普隆，唑吡坦(以及它们的盐)	6.5	20		17	13	千克	I		0		0
29339900.40	齐帕特罗	6.5	20		17	13	千克	L		0		0
29339900.51	二甲基色胺，二乙基色胺	6.5	20		17	13	千克	I		0		0
29339900.52	乙色胺，咯环利定	6.5	20		17	13	千克	I		0		0
29339900.53	[1-(5-氟戊基)-1H-吲哚-3-基](2-碘苯基)甲酮 {1-[(5-Fluoropentyl)-1H-indol-3-yl]-(2-iodophenyl)methanone; CAS 号: 335161-03-0}	6.5	20		17	13	千克	I		0		0
29339900.54	1-(5-氟戊基)-3-(1-萘甲酰基)-1H-吲哚 [1-(5-Fluoropentyl)-3-(1-naphthoyl)indole; CAS 号: 335161-24-5]	6.5	20		17	13	千克	I		0		0
29339900.55	1-戊基-3-(1-萘甲酰基)吲哚 [1-Pentyl-3-(1-naphthoyl)indole; CAS 号: 209414-07-3]	6.5	20		17	13	千克	I		0		0
29339900.56	1-丁基-3-(1-萘甲酰基)吲哚 [1-Butyl-3-(1-naphthoyl)indole; CAS 号: 208987-48-8]	6.5	20		17	13	千克	I		0		0
29339900.57	2-(2-甲氧基苯基)-1-(1-戊基-1H-吲哚-3-基)乙酮 [2-(2-Methoxyphenyl)-1-(1-pentyl-1H-indol-3-yl)ethanone; CAS 号: 864445-43-2]	6.5	20		17	13	千克	I		0		0
29339900.60	(环)四亚甲基四硝胺(俗名奥托金 HMX)	6.5	20		17	13	千克	3		0		0
29339900.70	(环)三亚甲基三硝基胺(俗名黑索金 RDX)	6.5	20		17	13	千克	3		0		0
29339900.80	丁羟咯酮(包括杀雄啉、杀雄嗪酸、双唑草腈、唑酮草酯)	6.5	20		17	13	千克	S		0		0
29339900.91	阿托伐他汀钙	6.5	20	4	17	13	千克			0		0
29339900.99	其他仅含氮杂原子的杂环化合物	6.5	20		17	13	千克			0		0
29.34	**核酸及其盐，不论是否已有化学定义；其他杂环化合物：**											

协定税率 %										特惠税率 %				Article Description
巴基斯坦	冰岛	哥斯达黎	秘鲁	新西兰	瑞士	新加坡	韩国	澳大利亚	港澳台	老挝	孟加拉	33 国	7 国	
5	0	0	0	0	2.6		3.9	3.9				0	0	Oxazepam (INN), pinazepam (INN), prazepam (INN) and their salts
5	0	0	0	0	2.6		3.9	3.9				0	0	Nordazepam (INN), triazolam (INN) and their salts
5	0	0	0	0	2.6		3.9	3.9				0	0	Nimetazepam (INN), medazepam (INN) and their salts
5	0	0	0	0	2.6		3.9	3.9				0	0	Pyrovalerone (INN), temazepam (INN), tetrazepam (INN) and their salts
														-- Other
5	0	0	0	0	4.7		3.9	3.9				0	0	Maleic hydrazide, triazophos, thionazin, quinalphos, azafenidin, etc. (including pyridaphenthion, phosmet, dialifos, azinphos-methyl, azinphos-ethyl, triamiphos)
5	0	0	0	0	4.7		3.9	3.9				0	0	Isazofos, imiprothrin, cinidon-ethyl, etc. (including fufenozide, triazamate, metepa, chlorfenapyr, fenazaflor, clofentezine)
5	0	0	0	0	4.7		3.9	3.9				0	0	Carbendazim, benomyl, cypendazole, fuberidazole, flufenpyr-ethyl (including debacarb, albendazole, fluoromide, diclomezine, fenpiclonil, amitrole)
5	0	0	0	0	4.7		3.9	3.9				0	0	Triadimefon, credazine, triadimenol, carfentrazone-ethyl, etc. (including chlorquinox, hexaconazole, fenbuconazole, imibenc-onazole, tertraconazole, epoxiconazole)
5	0	0	0	0	4.7		3.9	3.9				0	0	Diclobutrazol, penconazole, flutriafol, etc. (including bitertanol, myclobutanil, cyproconazole, diniconazole, tebuconazole, flusilazole)
5	0	0	0	0	4.7		3.9	3.9				0	0	Cyproconazole, metconazole, triticonazole, ipco-nazole, etc. (including phenazino-1-carboxylic acid fluquinconazole, pyridaben, fenazaquin, norflurazon, fluorochloridone)
5	0	0	0	0	4.7		3.9	3.9				0	0	Carfentrazone-ethyl, tetcyclacis, propaquizafop, ect. (quizalofop-p-tefuryl, pyridate, cisanilide, molinate, cafenstrole, diquat, chloridazon)
5	0	0	0	0	4.7		3.9	3.9				0	0	Flupoxam, amicarbazone, fluotrimazole, etc. (includeing indolebutyric acid, brompyrazon, ethychlozate, epronaz, fentrazamide)
5	0	0	0	0	4.7		3.9	3.9				0	0	Paclobutrazol, uniconazole, triapenthenol, etc. (including phenazine oxide, butrizol, tepraloxydim, indoleacetic acid)
5	0	0	0	0	4.7		3.9	3.9				0	0	Clonitazene
5	0	0	0	0	4.7		3.9	3.9				0	0	Etonitazene
5	0	0	0	0	4.7		3.9	3.9				0	0	Proheptazine, bucinnazine
5	0	0	0	0	4.7		3.9	3.9				0	0	Zaleplon, zolpidem and their salts
5	0	0	0	0	4.7		3.9	3.9				0	0	Zilpaterol
5	0	0	0	0	4.7		3.9	3.9				0	0	Dimethyltryptamine, diethyltryptamine
5	0	0	0	0	4.7		3.9	3.9				0	0	Etryptamine, rolicyclidine
5	0	0	0	0	4.7		3.9	3.9				0	0	1-[(5-Fluoropentyl)-1H-indol-3-yl]-(2-iodophenyl)methanone; CAS No: 335161-03-0
5	0	0	0	0	4.7		3.9	3.9				0	0	1-(5-Fluoropentyl)-3-(1-naphthoyl)indole; CAS No: 335161-24-5
5	0	0	0	0	4.7		3.9	3.9				0	0	1-Pentyl-3- (1-naphthoyl) indole; CAS No: 209414-07-3
5	0	0	0	0	4.7		3.9	3.9				0	0	1-Butyl-3- (1-naphthoyl) indole; CAS No: 208987-48-8
5	0	0	0	0	4.7		3.9	3.9				0	0	2-(2-Methoxyphenyl) -1-(1-pentyl-1H-indol-3-yl)ethanone; CAS No: 864445-43-2
5	0	0	0	0	4.7		3.9	3.9				0	0	Cyclotetramethylene tetranitramine (HMX)
5	0	0	0	0	4.7		3.9	3.9				0	0	Trimethylene-trinitramine (RDX)
5	0	0	0	0	4.7		3.9	3.9				0	0	Tenuazonic acid (including sintofen, clofencet, pyraclonil and carfentrazone-ethyl)
5	0	0	0	0	4.7		3.9	3.9				0	0	Atorvastatin calcium
5	0	0	0	0	4.7		3.9	3.9				0	0	Other heterocyclic compounds with nitrogen hetero-atom (s) only
														Nucleic acids and their salts，whether or not chemically defined;Other heteroeyclic compounds:

税 号	货 品 名 称	进口关税 %			增值/消费税%	出口退税%	统计计量单位	监管证件代码	检验检疫类别	协定税率 %		
		最惠国	普通	年内暂定						东盟	亚太	智利
2934.1000	- 结构上含有一个非稠合噻唑环(不论是否氢化)的化合物											
29341000.11	噻螨酮	6.5	20		17	9	千克	S		0		0
29341000.12	噻唑膦,噻唑硫磷	6.5	20		17	9	千克	S		0		0
29341000.13	噻唑烟酸,噻唑菌胺	6.5	20		17	9	千克	S		0		0
29341000.14	氯噻啉,氟螨噻	6.5	20		17	9	千克	S		0		0
29341000.15	噻菌灵,噻菌胺,噻丙腈	6.5	20		17	9	千克	S		0		0
29341000.16	噻呋酰胺、噻虫胺、噻虫嗪、噻虫啉	6.5	20		17	9	千克	S		0		0
29341000.17	辛噻酮,拌种灵	6.5	20		17	9	千克	S		0		0
29341000.18	稻瘟灵	6.5	20		17	9	千克	S		0		0
29341000.19	甲噻诱胺	6.5	20		17	9	千克	S		0		0
29341000.90	结构上含有非稠合噻唑环的化合物(非稠合噻唑环,不论是否氢化)	6.5	20		17	9	千克			0		0
2934.2000	- 结构上含有一个苯并噻唑环系(不论是否氢化)的化合物,但未经进一步稠合的											
29342000.11	噻螨威,噻霉酮	6.5	20		17	9	千克	S		0		0
29342000.12	苯噻硫氰	6.5	20		17	9	千克	S		0		0
29342000.13	烯丙苯噻唑	6.5	20		17	9	千克	S		0		0
29342000.14	草除灵	6.5	20		17	9	千克	S		0		0
29342000.15	噻唑禾草灵	6.5	20		17	9	千克	S		0		0
29342000.16	苯噻隆	6.5	20		17	9	千克	S		0		0
29342000.17	甲基苯噻隆	6.5	20		17	9	千克	S		0		0
29342000.18	苯噻酰草胺	6.5	20		17	9	千克	S		0		0
29342000.19	苯噻菌酯	6.5	20		17	13	千克	S		0		0
29342000.90	其他含一个苯并噻唑环系的化合物	6.5	20		17	13	千克			0		0
2934.3000	- 结构上含有一个吩噻嗪环系(不论是否氢化)的化合物,但未经进一步稠合的	6.5	20		17	13	千克			0		0
	- 其他:											
2934.9100	-- 阿米雷司(INN)、溴替唑仑(INN)、氯噻西泮(INN)、氯噁唑仑(INN)、右吗拉胺(INN)、卤噁唑仑(INN)、凯他唑仑(INN)、美索卡(INN)、噁唑仑(INN)、匹莫林(INN)、苯巴曲嗪(INN)、芬美曲嗪(INN)和舒芬太尼(INN)以及它们的盐											
29349100.11	阿米雷司,溴替唑仑,氯噻西泮(以及它们的盐)	6.5	20		17	13	千克	I		0		0
29349100.12	氯恶唑仑,卤沙(恶)唑仑(以及它们的盐)	6.5	20		17	13	千克	I		0		0
29349100.13	凯他唑仑,美索卡,奥沙(恶)唑仑(以及它们的盐)	6.5	20		17	13	千克	I		0		0
29349100.14	匹莫林,苯甲曲嗪,芬美曲嗪(以及它们的盐)	6.5	20		17	13	千克	I		0		0
29349100.20	右吗拉胺,舒芬太尼(以及它们的盐)	6.5	20		17	13	千克	W		0		0
	-- 其他:											
2934.9910	--- 磺内酯及磺内酰胺	6.5	30		17	13	千克			0		0
2934.9920	--- 呋喃唑酮	6	20		17	13	千克	A	M/	0		0
2934.9930	--- 核酸及其盐	6.5	35		17	13	千克			0		0
2934.9940	--- 奈韦拉平、依发韦仑、利托那韦及它们的盐	6.5	20		17	13	千克			0		0
2934.9950	--- 克拉维酸及其盐	6.5	20		17	13	千克			0		0
2934.9960	--- 7-苯乙酰氨基-3-氯甲基-4-头孢烷酸对甲氧基苄酯、7-氨基头孢烷酸、7-氨基脱乙酰氧基头孢烷酸	6	20		17	9/15	千克			0	5	0
2934.9990	--- 其他											
29349990.01	核苷酸类食品添加剂	6.5	20		17	13	千克	AB	R/S	0		0
29349990.10	恶草酮,氟噻草胺,活化酯,高效二甲吩草胺(包括吡噻菌胺)	6.5	20		17	13	千克	S		0		0
29349990.21	恶唑磷,蔬果磷,茂硫磷,除害磷等(包括甲基吡恶磷,丁硫环磷,硫环磷,杀扑磷,伏杀硫磷,地胺磷)	6.5	20		17	13	千克	S		0		0
29349990.22	环线威,杀虫环,杀虫钉,多噻烷等(包括甲基硫环磷,噻嗪酮,恶虫酮,茚虫威)	6.5	20		17	13	千克	S		0		0

协定税率 %										特惠税率 %				
巴基斯坦	冰岛	哥斯达黎	秘鲁	新西兰	瑞士	新加坡	韩国	澳大利亚	港澳台	老挝	孟加拉	33 国	7 国	**Article Description**
														- Compounds containing an unfused thiazole ring (whether or not hydrogenated)in the structure
5	0	0	0	0	2.6		5.6	3.9				0	0	Hexythiazox
5	0	0	0	0	2.6		5.6	3.9				0	0	Fosthiazate, colophonate
5	0	0	0	0	2.6		5.6	3.9				0	0	Thiazopyr, ethaboxam
5	0	0	0	0	2.6		5.6	3.9				0	0	Imidaclothiz, flubenzimine
5	0	0	0	0	2.6		5.6	3.9				0	0	Thiabendazole, metsulfovax, thiapronil
5	0	0	0	0	2.6		5.6	3.9				0	0	Thifluzamide, clothianidin, thiamethoxam, thiacloprid
5	0	0	0	0	2.6		5.6	3.9				0	0	Octhilinone, seedvax
5	0	0	0	0	2.6		5.6	3.9				0	0	Isoprothiolane
5	0	0	0	0	2.6		5.6	3.9				0	0	Methiadinil
5	0	0	0	0	2.6		5.6	3.9				0	0	Compounds containing an unfused thiazole ring (whether or not hydrogenated) in the structure
														- Compounds containing in the structure a benzothiazole ring-system(whether or not hydrogenated),not further fused
5	0	0	0	0	2.6		5.2	3.9				0	0	Tazimcarb, Benziothiazolinone
5	0	0	0	0	2.6		5.2	3.9				0	0	TCMTB
5	0	0	0	0	2.6		5.2	3.9				0	0	Probenazole
5	0	0	0	0	2.6		5.2	3.9				0	0	Benazolin-ethyl
5	0	0	0	0	2.6		5.2	3.9				0	0	Fenthiaprop
5	0	0	0	0	2.6		5.2	3.9				0	0	Benzthiazuron
5	0	0	0	0	2.6		5.2	3.9				0	0	Methabenzthiazuron
5	0	0	0	0	2.6		5.2	3.9				0	0	Mefenacet
5	0	0	0	0	2.6		5.2	3.9				0	0	Benzothiostrobin
5	0	0	0	0	2.6		5.2	3.9				0	0	Other Compounds containing in the structure a benzothiazole ring-system
5	0	0	0	0	2.6		3.9	3.9				0	0	- Compounds containing in the structure a phenothiazine ring-system(whether or not hydrogenated),not further fused
														- Other:
														-- Aminorex(INN),brotizolam (INN), clotiazepam (INN), cloxazolam (INN),dextromoramide (INN),haloxazolam (INN), ketazolam(INN), mesocarb (INN),oxazolam(INN),pemoline(INN), phendimet razine (INN), phenmetrazine (INN)and sufentanil(INN);salts thereof
5	0	0	0	0	2.6		3.9	3.9				0	0	Aminorex (INN), brotizolam (INN), clotiazepam (INN) and their salts
5	0	0	0	0	2.6		3.9	3.9				0	0	Cloxazolam (INN), haloxazolam (INN) and their salts
5	0	0	0	0	2.6		3.9	3.9				0	0	Ketazolam (INN), mesocarb (INN),oxazolam (INN) and their salts
5	0	0	0	0	2.6		3.9	3.9				0	0	Pemoline (INN), phendimetrazine (INN), phenmetrazine (INN) and their salts
5	0	0	0	0	2.6		3.9	3.9				0	0	Dextromoramide (INN), sufentanil (INN) and their salts
														-- Other:
5	0	0	0	0	2.6		3.9	3.9				0	0	--- Sultones and sultams
5	0	0	0	0			3.6	3.6				0	0	--- Furazolidone
5	0	0	0	0	2.6		3.9	3.9				0	0	--- Nucleic acids and their salts
5	0	0	0	0	2.6		3.9	3.9				0	0	--- Nevirapine, efavirenz, ritonavir and their salts
5	0	0	0	0	2.6		3.9	3.9				0	0	--- Clavulanic acid and its salts
0	0	0	0	0	2.4		3.6	3.6				0	0	--- 4-methoxybenzyl 3-chloromethyl-7-(2-phenylacetamido)-3-cephem-4-carboxylate, 7-aminocephalosporianic acid, 7-aminodeacetoxycephalosporanic acid
														--- Other
5	0	0	0	0	2.6		3.9	3.9				0	0	Food additives of nucleotides
5	0	0	0	0	2.6		3.9	3.9				0	0	Oxadiazon, flufenacet, acibenzolar, dimethenamid (including penthiopyrad)
5	0	0	0	0	2.6		3.9	3.9				0	0	Isoxathion, salithion, morphothion, ythidathion, etc. (including azamethiphos, fosthietan, phosfolan, methidathion, phosalone, mephosfolan)
5	0	0	0	0	2.6		3.9	3.9				0	0	Tirpate, thiocyclam, trithialan, polythiacycloalkane, etc. (including phosfolan-methyl, buprofezin, metoxadiazone, indoxacarb)

税号	货品名称	进口关税 %			增值/消费税%	出口退税%	统计计量单位	监管证件代码	检验检疫类别	协定税率 %		
		最惠国	普通	年内暂定						东盟	亚太	智利
29349990.23	恶唑禾草灵,毒鼠硅,噻鼠灵等(包括福拉比,噻节因,糠菌唑,精恶唑禾草灵)	6.5	20		17	13	千克	S		0		0
29349990.24	代森硫,代森环,氟吗啉,咯菌腈等(包括稻瘟酯,烯酰吗啉,噻菌腈,土菌灵,恶霜灵,恶霉灵)	6.5	20		17	13	千克	S		0		0
29349990.25	噻森铜,丙环唑,乙环唑等(包括噁唑菌酮,金核霉素,呋菌唑,叶枯唑,呋醚唑,苯醚甲环唑)	6.5	20		17	13	千克	S		0		0
29349990.26	嗪草酸,噻氟隆,丁噻隆,异恶隆等(包括噻苯隆,磺噻隆,恶唑隆,异恶草醚,噻吩草胺,二甲吩草胺)	6.5	20		17	13	千克	S		0		0
29349990.27	苯草灭,灭草松,灭草唑等(包括异噁草松,恶嗪草酮,环苯草酮,丙炔氟草胺)	6.5	20		17	13	千克	S		0		0
29349990.28	丙炔恶草酮,噻草酮等(包括糖氨基嘌呤,苯螨噻,异恶酰草胺,异恶唑草酮)	6.5	20		17	13	千克	S		0		0
29349990.29	炔丙恶唑草,噻唑锌等(包括噻菌茂,硅丰环)	6.5	20		17	13	千克	S		0		0
29349990.31	多抗霉素,灰瘟素	6.5	20		17	13	千克	S		0		0
29349990.32	三环唑,氧环唑	6.5	20		17	13	千克	S		0		0
29349990.33	灭螨猛,克杀螨,螨蜱胺	6.5	20		17	13	千克	S		0		0
29349990.34	二氰蒽醌,吗菌威	6.5	20		17	13	千克	S		0		0
29349990.35	十二环吗啉,十三吗啉	6.5	20		17	13	千克	S		0		0
29349990.36	杀螺吗啉,丁苯吗啉	6.5	20		17	13	千克	S		0		0
29349990.37	喹菌酮,肼菌酮	6.5	20		17	13	千克	S		0		0
29349990.38	萎锈灵,氧化萎锈灵	6.5	20		17	13	千克	S		0		0
29349990.39	棉隆,乙烯菌核利	6.5	20		17	13	千克	S		0		0
29349990.41	环酯草醚	6.5	20		17	13	千克	S		0		0
29349990.42	噻菌铜	6.5	20		17	13	千克	S		0		0
29349990.43	苯唑草酮	6.5	20		17	13	千克	S		0		0
29349990.44	丁吡吗啉	6.5	20		17	13	千克	S		0		0
29349990.45	环戊噁草酮	6.5	20		17	13	千克	S		0		0
29349990.50	恶唑酰草胺(包括环氧虫啶、噻嗯菊酯、双苯噁唑酯、乙螨唑、异恶氯草酮、唑啉草酯)	6.5	20		17	13	千克	S		0		0
29349990.61	甲米雷司及其盐	6.5	20		17	13	千克	I		0		0
29349990.62	替诺环定及其盐	6.5	20		17	13	千克	I		0		0
29349990.71	硫代芬太尼、阿法甲基硫代芬太尼(以及它们的盐)	6.5	20		17	13	千克	W		0		0
29349990.72	二乙噻丁、二甲噻丁、吗苯丁酯、乙甲噻丁(以及它们的盐)	6.5	20		17	13	千克	W		0		0
29349990.73	呋替啶、左吗拉胺、3-甲基硫代芬太尼(以及它们的盐)	6.5	20		17	13	千克	W		0		0
29349990.74	吗拉胺中间体、吗哌利定、苯吗庚酮、消旋吗拉胺(以及它们的盐)	6.5	20		17	13	千克	W		0		0
29349990.75	亚甲基二氧吡咯戊酮(Methylenedioxypyrovalerone;CAS 号: 687603-66-3)	6.5	20		17	13	千克	I		0		0
29349990.90	其他杂环化合物	6.5	20		17	13	千克			0		0
29.35	**磺(酰)胺:**											
2935.0010	--- 磺胺嘧啶	6.5	35		17	9	千克			0		0
2935.0020	--- 磺胺双甲基嘧啶	6.5	35		17	9	千克	A	M/	0		0
2935.0030	--- 磺胺甲噁唑	6.5	35		17	9	千克			0		0
2935.0090	--- 其他											
29350090.11	氟唑磺隆,氟吡磺隆,磺酰磺隆,氯酯磺草胺等(包括甲酰氨基嘧磺隆,乙氧磺隆,氯磺隆,甲磺隆,苯磺隆,胺苯磺隆)	6.5	35		17	9	千克	S		0		0
29350090.12	醚苯磺隆,噻吩磺隆,醚磺隆,氟啶嘧磺隆等(包括氟胺磺隆,氟磺隆,甲嘧磺隆,氯嘧磺隆,氟嘧磺隆)	6.5	35		17	9	千克	S		0		0
29350090.13	苄嘧磺隆,吡嘧磺隆,烟嘧磺隆,双氯磺草胺等(包括啶嘧磺隆,砜嘧磺隆,唑嘧磺隆)	6.5	35		17	9	千克	S		0		0

协定税率 %										特惠税率 %				Article Description
巴基斯坦	冰岛	哥斯达黎	秘鲁	新西兰	瑞士	新加坡	韩国	澳大利亚	港澳台	老挝	孟加拉	33 国	7 国	
5	0	0	0	0	2.6		3.9	3.9				0	0	Fenoxaprop, silatrane, difethialone, etc. (including furametpyr, dimethipin, bromuconazole, fenoxaprop-p-ethyl)
5	0	0	0	0	2.6		3.9	3.9				0	0	Etem (BSI), thiadiazin, flumorph, fludioxonil, etc. (including pefurazoate, dimethomorph, thicyofen, etridiazole, oxadixyl, hymexazol)
5	0	0	0	0	2.6		3.9	3.9				0	0	N, N-methylene-double (2-amino-5- mercapto (1, 3,4-thiadiazole) copper, Propiconazole, etaconazole, etc. (including famoxadone, aureonucleomycin, furconazole, bismerthiazol, cis-Furconazole, difenoconazole)
5	0	0	0	0	2.6		3.9	3.9				0	0	Fluthiacet, thiazfluron, tebuthiuron, isouron, etc. (including thidiazuron, ethidimuron, dimefuron, isoxapyrifop, thenychlor, dimethenamid)
5	0	0	0	0	2.6		3.9	3.9				0	0	Bentranil, bentazone, methazole, etc. (including clomazone, oxaziclomefone, clefoxidim, flumioxazin)
5	0	0	0	0	2.6		3.9	3.9				0	0	Oxadiargyl, cycloxydim, etc. (including kinetin, triarathene, isoxaben, isoxaflutole)
5	0	0	0	0	2.6		3.9	3.9				0	0	Oxadiargyl, zinc thiazole, etc. (including saijunmao, chloromethylsilatrane)
5	0	0	0	0	2.6		3.9	3.9				0	0	Polyoxins, blasticidin
5	0	0	0	0	2.6		3.9	3.9				0	0	Tricyclazole, azaconazole
5	0	0	0	0	2.6		3.9	3.9				0	0	Chinomethionate, thioquinox, Cymiazole
5	0	0	0	0	2.6		3.9	3.9				0	0	Dithianon, carbamorph
5	0	0	0	0	2.6		3.9	3.9				0	0	Dodemorph, tridemorph
5	0	0	0	0	2.6		3.9	3.9				0	0	Trifenmorph, fenpropimorph
5	0	0	0	0	2.6		3.9	3.9				0	0	Oxolinic acid, drazoxolon
5	0	0	0	0	2.6		3.9	3.9				0	0	Carboxin, oxycarboxin
5	0	0	0	0	2.6		3.9	3.9				0	0	Dazomet, vinclozolin
5	0	0	0	0	2.6		3.9	3.9				0	0	Pyriftalid
5	0	0	0	0	2.6		3.9	3.9				0	0	Thiodiazole copper
5	0	0	0	0	2.6		3.9	3.9				0	0	Topramezone
5	0	0	0	0	2.6		3.9	3.9				0	0	Pyrimorph
5	0	0	0	0	2.6		3.9	3.9				0	0	Pentoxazone
5	0	0	0	0	2.6		3.9	3.9				0	0	Metamifop (including cycloxaprid, kadethrin, isoxadifen-ethyl, etoxazole, isoxachlortole, pinoxaden)
5	0	0	0	0	2.6		3.9	3.9				0	0	4-methylaminorex and its salts
5	0	0	0	0	2.6		3.9	3.9				0	0	Tenocyclidine and its salts
5	0	0	0	0	2.6		3.9	3.9				0	0	Thiofentanyl, alpha-methylthiofentanyl and their salts
5	0	0	0	0	2.6		3.9	3.9				0	0	Diethylthiambutene, dimethylthiambutene, dioxaphetyl butyrate, ethylmethylthiambutene and their salts
5	0	0	0	0	2.6		3.9	3.9				0	0	Furethidine, levomoramide, 3-methylthiofentanyl and their salts
5	0	0	0	0	2.6		3.9	3.9				0	0	Moramide intermediate, morpheridine, phenadoxone, racemoramide and their salts
5	0	0	0	0	2.6		3.9	3.9				0	0	Methylenedioxypyrovalerone; CAS No: 687603-66-3
5	0	0	0	0	2.6		3.9	3.9				0	0	Other heterocyclic compounds
														Sulphonamides:
5	0	0	0	0	2.6		3.9	3.9				0	0	--- Sulphadiazine
5	0	0	0	0	2.6		3.9	3.9				0	0	--- Sulfadimidine
5	0	0	0	0	2.6		3.9	3.9				0	0	--- Sulfamethoxazole
														--- Other
5	0	0	0	0	4.7		3.9	3.9				0	0	Flucarbazone-Sodium, flucetosulfuron, sulfosulfuron, cloransulam-methyl, etc. (including foramsulfuron, ethoxysulfuron, chlorsulfuron, metsulfuron-methyl, tribenuron-methyl, ethametsulfuron-methyl)
5	0	0	0	0	4.7		3.9	3.9				0	0	Triasulfuron, thifensulfuron, cinosulfuron, Flupyrsulfuron-methyl sodium, etc. (including triflusulfuron-methyl, prosulfuron, sulfometuron-methyl, chlorimuron-ethyl, primisulfuron)
5	0	0	0	0	4.7		3.9	3.9				0	0	Bensulfuron-methyl, pyrazosulfuron-ethyl, nicosulfuron, diclosulam, etc. (including flazasulfuron, rimsulfuron, NC-330)

税号	货品名称	进口关税% 最惠国	进口关税% 普通	进口关税% 年内暂定	增值/消费税%	出口退税%	统计计量单位	监管证件代码	检验检疫类别	协定税率% 东盟	协定税率% 亚太	协定税率% 智利
29350090.14	四唑嘧磺隆,唑吡嘧磺隆,三氟甲磺隆等(包括氟吡嘧磺隆,酰嘧磺隆,环丙嘧磺隆,甲基二磺隆)	6.5	35		17	9	千克	S		0		0
29350090.15	氟磺酰草胺,甲磺草胺,嘧苯胺磺隆等(包括唑嘧磺草胺,双氟磺草胺,五氟磺草胺)	6.5	35		17	9	千克	S		0		0
29350090.16	氟磺胺草醚,磺草灵,吲唑磺菌胺等(包括单嘧磺酯,磺草唑胺,三氟啶磺隆钠)	6.5	35		17	9	千克	S		0		0
29350090.17	磺草膦,氨磺乐灵,三氟啶磺隆,啶磺草胺等(包括甲基碘磺隆钠盐)	6.5	35		17	9	千克	S		0		0
29350090.18	磺菌胺,增糖胺等(包括甲苯氟磺胺,氟虫胺)	6.5	35		17	9	千克	S		0		0
29350090.19	畜蜱磷,伐灭磷,地散磷等(包括磺菌威,氰霜唑)	6.5	35		17	9	千克	S		0		0
29350090.20	环氧嘧磺隆	6.5	35		17	9	千克	S		0		0
29350090.31	苯嘧磺草胺	6.5	35		17	9	千克	S		0		0
29350090.32	噻酮磺隆	6.5	35		17	9	千克	S		0		0
29350090.33	N-乙基全氟辛基磺酰胺、N-甲基全氟辛基磺酰胺、N-乙基-N-(2-羟乙基)全氟辛基磺酰胺、N-(2-羟乙基)-N-甲基全氟辛基磺酰胺	6.5	35		17	9	千克	X		0		0
29350090.90	其他磺(酰)胺	6.5	35		17	9	千克			0		0
	第十一分章　维生素原、维生素及激素											
29.36	**天然或合成再制的维生素原和维生素(包括天然浓缩物)及其主要用作维生素的衍生物,上述产品的混合物,不论是否溶于溶剂:**											
	-　未混合的维生素及其衍生物:											
2936.2100	--　维生素A及其衍生物	4	20		17	17	千克	AB	R/S	0		0
2936.2200	--　维生素B_1及其衍生物	4	20		17	13	千克	AB	R/S	0		0
2936.2300	--　维生素B_2及其衍生物	4	20		17	13	千克	AB	R/S	0		0
2936.2400	--　D或DL-泛酸(维生素B_3或维生素B_5)及其衍生物	4	20		17	13	千克	AB	R/S	0		0
2936.2500	--　维生素B_6及其衍生物	4	20		17	13	千克	AB	R/S	0		0
2936.2600	--　维生素B_{12}及其衍生物	4	20		17	13	千克	AB	R/S	0		0
2936.2700	--　维生素C及其衍生物											
29362700.10	未混合的维生素C原粉(不论是否溶于溶剂)	4	20		17	13	千克	4ABxy	R/S	0		0
29362700.20	未混合的维生素C钙、维生素C钠(不论是否溶于溶剂)	4	20		17	13	千克	4ABxy	R/S	0		0
29362700.30	颗粒或包衣维生素C(不论是否溶于溶剂)	4	20		17	13	千克	4ABxy	R/S	0		0
29362700.90	维生素C酯类及其他(不论是否溶于溶剂)	4	20		17	13	千克	4ABxy	R/S	0		0
2936.2800	--　维生素E及其衍生物	4	20		17	17	千克	AB	R/S	0		0
2936.2900	--　其他维生素及其衍生物											
29362900.10	胆钙化醇(不论是否溶于溶剂)	4	20		17	17	千克	ABS	R/S	0		0
29362900.90	其他未混合的维生素及其衍生物(不论是否溶于溶剂)	4	20		17	17	千克	AB	R/S	0		0
	--　其他:											
2936.9010	---　维生素AD_3	4	20		17	13	千克	AB	R/S	0		0
2936.9090	---　其他	4	20		17	13	千克	AB	R/S	0		0
29.37	**天然或合成再制的激素、前列腺素、血栓烷、血细胞三烯及其衍生物和结构类似物,包括主要用作激素的改性链多肽:**											
	-　多肽激素、蛋白激素、糖蛋白激素及其衍生物和结构类似物:											
2937.1100	--　生长激素及其衍生物和结构类似物											
29371100.10	生长激素(GH)	4	20		17	13	千克	L		0		0
29371100.90	生长激素的衍生物和结构类似物	4	20		17	13	千克			0		0
	--　胰岛素及其盐:											
2937.1210	---　重组人胰岛素及其盐	4	20		17	17	千克	L		0		0
2937.1290	---　其他	4	20		17	15	千克	L		0		0
2937.1900	--　其他											

协定税率 %										特惠税率 %				Article Description
巴基斯坦	冰岛	哥斯达黎	秘鲁	新西兰	瑞士	新加坡	韩国	澳大利亚	港澳台	老挝	孟加拉	33国	7国	
5	0	0	0	0	4.7		3.9	3.9				0	0	Azimsulfuron, imazosulfuron, tritosulfuron pestanal, etc. (including halosulfuron-methyl, amidosulfuron, cyclosulfamuron, mesosulfuron-methyl)
5	0	0	0	0	4.7		3.9	3.9				0	0	Mefluidide, sulfentrazone, orthosulfamuron, etc. (including flumetsulam, florasulam, penoxsulam)
5	0	0	0	0	4.7		3.9	3.9				0	0	Fomesafen, asulam, amisulbrom, etc. (including monosulfuron ester, metosulam, trifloxysulfuron sodium)
5	0	0	0	0	4.7		3.9	3.9				0	0	Mesyl (methyl) caramoylmethyla-minome-thyl phosphonic acid, oryzalin, trifloxysulfuron, pyroxsulam, etc. (including iodosulfuron methyl sodium)
5	0	0	0	0	4.7		3.9	3.9				0	0	Flusulfamide, fluoridamid, etc. (including tolyfluanid, sulfluramid)
5	0	0	0	0	4.7		3.9	3.9				0	0	Cythioate, famphur, bensulide, etc. (including methasulfocarb, cyazofamid)
5	0	0	0	0	4.7		3.9	3.9				0	0	Oxasulfuron
5	0	0	0	0	4.7		3.9	3.9				0	0	Saflufenacil
5	0	0	0	0	4.7		3.9	3.9				0	0	Thiencarbazone-methyl
5	0	0	0	0	4.7		3.9	3.9				0	0	Thiencarbazone-methyl
5	0	0	0	0	4.7		3.9	3.9				0	0	Other sulphonamides
														XI.PROVITAMINS, VITAMINS AND HORMONES
														Provitamins and vitamins, natural or reproduced by synthesis (including natural concentrates), derivatives thereof used primarily as vitamins, and intermixtures of the foregoing, whether or not in any solvent:
														- Vitamins and their derivatives, unmixed:
0	0	0	0	0	2.9		0	0	/0/		0	0	0	-- Vitamins A and their derivatives
0	0	0	0	0	0		0	0	/0/		0	0	0	-- Vitamin B_1 and its derivatives
0	0	0	0	0	0		2.4	0	/0/		0	0	0	-- Vitamin B_2 and its derivatives
0	0	0	0	0	0		0	0	/0/		0	0	0	-- D-or DL-Pantothenic acid (Vitamin B_3 or Vitamin B_5)and its derivatives
0	0	0	0	0	0		0	0	/0/		0	0	0	-- Vitamin B_6 and its derivatives
0	0	0	0	0	2.8		0	0	/0/		0	0	0	-- Vitamin B_{12} and its derivatives
														-- Vitamin C and its derivatives
0	0	0	0	0	0		0	0	/0/		0	0	0	Natural concentrates of Vitamins C, unmixed (whether or not in any solvent)
0	0	0	0	0	0		0	0	/0/		0	0	0	Calcium ascorbate, Sodium ascorbate, unmixed (whether or not in any solvent)
0	0	0	0	0	0		0	0	/0/		0	0	0	Vitamin C in granule or lagging cover (whether or not in any solvent)
0	0	0	0	0	0		0	0	/0/		0	0	0	Vitamin C esters and others (whether or not in any solvent)
0	0	0	0	0	2.8		0	0	/0/		0	0	0	-- Vitamin E and its derivatives
														-- Other vitamins and their derivatives
0	0	0	0	0	2.8		0	0	/0/		0	0	0	Vitamin D3 (whether or not in any solvent)
0	0	0	0	0	2.8		0	0	/0/		0	0	0	Other unmixed vitamins and their derivatives (whether or not in any solvent)
														-- Other:
0	0	0	0	0	0		0	0	/0/		0	0	0	--- Vitamin AD_3
0	0	0	0	0	0		0	0	/0/		0	0	0	--- Other
														Hormones, prostaglandins, thromboaxnes and leukotrienes, natural or reproduced by synthesis;derivatives and structural analogues thereof, including chain modified polypeptides, used pri-marily as hormones:
														- Polypeptide hormones, protein hormones and glycoprotein hormones, their derivatives and structural analogues:
														-- Somatotropin, its derivatives and structural analogues
0	0	0	0	0	0		0	0				0	0	Somatotropin
0	0	0	0	0	0		0	0				0	0	Derivatives and structural analogues of somatotropin
														-- Insulin and its salts:
0	0	0	0	0	0		0	0				0	0	--- Recombinant human insulin and its salts
0	0	0	0	0	0		0	0				0	0	--- Other
														-- Other

税号	货品名称	进口关税 % 最惠国	普通	年内暂定	增值/消费税%	出口退税%	统计计量单位	监管证件代码	检验检疫类别	协定税率 % 东盟	亚太	智利
29371900.13	绒促性素、促黄体生成素等[包括生长激素释放肽类(GHRPs)、普拉莫瑞林(生长激素释放肽-2)、CJC-1295(CAS 号 863288-34-0)、生长激素释放肽-6、生长激素释放激素及其类似物、生长激素促分泌剂]	4	20		17	13	千克	L		0		0
29371900.15	促皮质素类等肽类激素[包括艾瑞莫瑞林、阿那瑞林、布舍瑞林、可的瑞林、海沙瑞林、伊莫瑞林、舍莫瑞林、替莫瑞林、戈那瑞林、蔔瑞林(脑肠肽)及其模拟物类]	4	20		17	13	千克	L		0		0
29371900.16	亮丙瑞林	4	20		17	13	千克	L		0		0
29371900.90	其他多肽激素及衍生物和结构类似物(包括蛋白激素、糖蛋白激素及其衍生物和结构类似物)	4	20		17	13	千克	Q		0		0
	- 甾族激素及其衍生物及结构类似物:											
2937.2100	-- 可的松、氢化可的松、脱氢可的松及脱氢皮质醇	4	20		17	9	千克	Q		0		0
	-- 皮质甾类激素的卤化衍生物:											
2937.2210	--- 地塞米松	4	30		17	9	千克	Q		0		0
2937.2290	--- 其他	4	30		17	9	千克	Q		0		0
	-- 雌(甾)激素和孕激素:											
	--- 动物源的:											
2937.2311	----孕马结合雌激素	4	30		17	13	千克	Q		0		0
2937.2319	----其他	4	30		17	13	千克	Q		0		0
2937.2390	--- 其他											
29372390.10	泽仑诺;孕三烯酮;替勃龙(包括四氢孕三烯酮)	4	30		17	13	千克	L		0		0
29372390.90	其他雌(甾)激素及孕激素	4	30		17	13	千克	Q		0		0
2937.2900	-- 其他											
29372900.11	1-雄烯二醇;1-雄烯二酮{包括雄甾-4-烯-3β,17α-二醇[4-雄烯二醇(3β,17α)]; 雄甾-5-烯-3β,17α-二醇[5-雄烯二醇(3β,17α)]}	4	30		17	13	千克	L		0		0
29372900.12	4-雄烯二醇;5-雄烯二酮{包括5α-雄烷-3α,17β-二醇[雄烷二醇(3α,17β)];5α-雄烷-3β,17α-二醇[雄烷二醇(3β,17α)];勃拉睾酮; 5β-雄烷-3α,17β-二醇[5β-雄烷二醇(3α,17β)]}	4	30		17	13	千克	L		0		0
29372900.13	勃地酮;卡芦睾酮(包括勃二酮;氯司替勃)	4	30		17	13	千克	L		0		0
29372900.14	达那唑;去氢氯甲睾酮(包括普拉睾酮;去氧甲睾酮)	4	30		17	13	千克	L		0		0
29372900.15	双氢睾酮;屈他雄酮(包括表双氢睾酮;乙雌烯醇;氟甲睾酮;甲酰勃龙)	4	30		17	13	千克	L		0		0
29372900.16	夫拉扎勃(包括4-羟基睾酮;3α-羟基-5α-雄烷-17-酮)	4	30		17	13	千克	L		0		0
29372900.17	美雄诺龙;美睾酮;美雄酮(包括甲基屈他雄酮)	4	30		17	13	千克	L		0		0
29372900.18	甲基-1-睾酮;甲睾酮;甲诺睾酮(包括甲二烯诺龙;去甲雄酮)	4	30		17	13	千克	L		0		0
29372900.19	美替诺龙;美雄醇(包括美曲勃龙)	4	30		17	13	千克	L		0		0
29372900.21	米勃酮;诺龙;诺勃酮;诺司替勃(包括19-去甲雄烯二酮;诺乙雄龙)	4	30		17	13	千克	L		0		0
29372900.22	19-去甲胆烷醇酮(包括羟勃龙;氧雄龙)	4	30		17	13	千克	L		0		0
29372900.23	羟甲睾酮;羟甲烯龙(包括前列他唑)	4	30		17	13	千克	L		0		0
29372900.24	奎勃龙;司坦唑醇;司腾勃龙(包括1-睾酮;睾酮;群勃龙)	4	30		17	13	千克	L		0		0
29372900.25	7α-羟基-普拉睾酮	4	30		17	13	千克	L		0		0
29372900.26	7β-羟基-普拉睾酮	4	30		17	13	千克	L		0		0
29372900.27	7-羰基-普拉睾酮	4	30		17	13	千克	L		0		0
29372900.28	胆烷醇酮	4	30		17	13	千克	L		0		0
29372900.31	雄甾-5-烯-3β,17β-二醇[5-雄烯二醇(3β,17β)]	4	30		17	13	千克	L		0		0

协定税率 %										特惠税率 %				Article Description
巴基斯坦	冰岛	哥斯达黎	秘鲁	新西兰	瑞士	新加坡	韩国	澳大利亚	港澳台	老挝	孟加拉	33 国	7 国	
0	0	0	0	0	2.8		0	0				0	0	Chorionic gonadotrophin，luteinizing hormone etc, including GH-Releasing Peptides (GHRPs),pralmorelin (GHRP-2),CJC-1295（CAS number 863288-34-0）,GHRP-6,Growth Hormone Releasing Hormone(GHRH) and its analogues,Growth Hormone Secretagogues (GHS)
0	0	0	0	0	2.8		0	0				0	0	Corticotrophin and other peptide hormones，including alexamorelin，anamorelin，buserelin，corticorelin，hexarelin，ipamorelin，sermorelin，tesamorelin，triptorelin，ghrelin and its mimetics
0	0	0	0	0	2.8		0	0				0	0	Leuprorelin
0	0	0	0	0	2.8		0	0				0	0	Other polypeptide hormones and their derivatives and structural analogues (including protein hormones, glycoprotein hormones and their derivatives and structural analogues)
														- Steroidal hormones, their derivatives and structural analogues：
0	0	0	0	0	0		0	0				0	0	-- Cortisone, hydrocortisone, prednisone(dehydrocortisone) and prednisolone(dehydrohydrocortisone)
														-- Halogenated derivatives of corticosteroidal hormones：
0	0	0	0	0	0		0	0				0	0	--- Dexamethasone
0	0	0	0	0	0		0	0				0	0	--- Other
														-- Oestrogens and progestogens:
														--- Zoogenic:
0	0	0	0	0	0		0	0				0	0	----Progesterone conjugated equine estrogen
0	0	0	0	0	0		0	0				0	0	----Other
														--- Other
0	0	0	0	0	0		0	0				0	0	Zeranol, gestrinone, tibolone (including tetrahydrogestrinone)
0	0	0	0	0	0		0	0				0	0	Other oestrogens and progestogens
														-- Other
0	0	0	0	0	0		0	0				0	0	1-androstenediol; 1-androstenedione (including androst-4-ene-3β,17α-diol); androst-5-ene-3β,17α-diol
0	0	0	0	0	0		0	0				0	0	4-androstenediol; 5-androstenedione (including 5α-androstane-3α, 17β-diol; 5α-androstane-3β, 17α-diol; bolasterone;5β-androstane-3α,17β-diol)
0	0	0	0	0	0		0	0				0	0	Boldenone, calusterone (including boldione, clostebol)
0	0	0	0	0	0		0	0				0	0	Danazol, dehydrochloromethyltestosterone (including prasterone, desoxymethyltestosterone)
0	0	0	0	0	0		0	0				0	0	Dihydrotestosterone, dromostanolon (including epi-dihydrotestosterone, ethylestrenol, fluoxymesterone, formebolone)
0	0	0	0	0	0		0	0				0	0	Furazabol (including 4- hydroxyl testosterone, 3α-hydroxy-5α-androstan-17-one)
0	0	0	0	0	0		0	0				0	0	Mestanolone, mesterolone, methandienone (including Methasterone)
0	0	0	0	0	0		0	0				0	0	Methyl-1-testosterone, methyltestosterone, methylnortestosterone (including methyldienolone, 19-norandrosterone)
0	0	0	0	0	0		0	0				0	0	Metenolone, methandriol (including metribolone)
0	0	0	0	0	0		0	0				0	0	Mibolerone, nandrolone, norboletone, norclostebol (including 19-norandrostenedione, norethandrolone)
0	0	0	0	0	0		0	0				0	0	19-noretiocholanolone (including oxabolone, oxandrolone)
0	0	0	0	0	0		0	0				0	0	Oxymesterone, oxymetholone (including prostanozol)
0	0	0	0	0	0		0	0				0	0	Quinbolone, stanozolol, Stenbolone (including 1-testosterone, testosterone, trenbolone)
0	0	0	0	0	0		0	0				0	0	7α-hydroxy- prasterone
0	0	0	0	0	0		0	0				0	0	7β-hydroxy- prasterone
0	0	0	0	0	0		0	0				0	0	7-carbonyl- prasterone
0	0	0	0	0	0		0	0				0	0	Etiocholanolone
0	0	0	0	0	0		0	0				0	0	Androst-5-ene-3β, 17β-diol（androstenediol）

税号	货品名称	进口关税 % 最惠国	普通	年内暂定	增值/消费税%	出口退税%	统计计量单位	监管证件代码	检验检疫类别	协定税率 % 东盟	亚太	智利
29372900.32	雄甾-4-烯-3,17-二酮(4-雄烯二酮)	4	30		17	13	千克	L		0		0
29372900.33	勃雄二醇	4	30		17	13	千克	L		0		0
29372900.34	雄酮	4	30		17	13	千克	L		0		0
29372900.90	其他甾类激素及其衍生物和结构类似物	4	30		17	13	千克	Q		0		0
2937.5000	- 前列腺素、血栓烷和白细胞三烯及其衍生物和结构类似物	4	30		17	9	千克			0		0
2937.9000	- 其他											
29379000.10	氨基酸衍生物	4	30		17	9	千克	ABQ	R/S	0		0
29379000.90	其他激素及其衍生物和结构类似物	4	30		17	9	千克	Q		0		0
	第十二分章 天然或合成再制的苷（配糖物）、植物碱及其盐、醚、酯和其他衍生物											
29.38	**天然或合成再制的苷（配糖物）及其盐、醚、酯和其他衍生物：**											
2938.1000	- 芸香苷（芦丁）及其衍生物	6.5	20		17	9	千克	Q		0		0
	- 其他：											
2938.9010	--- 齐多夫定、拉米夫定、司他夫定、地达诺新及它们的盐	6.5	20		17	13	千克			0		0
2938.9090	--- 其他											
29389090.10	甘草酸粉	6.5	20		17	9	千克	4xy		0		0
29389090.20	甘草酸盐类	6.5	20		17	9	千克	4ABxy	R/S	0		0
29389090.30	甘草次酸及其衍生物	6.5	20		17	9	千克	4xy		0		0
29389090.90	其他天然或合成再制的苷及其盐等(包括醚、酯和其他衍生物)	6.5	20		17	9	千克			0		0
29.39	**天然或合成再制的生物碱及其盐、醚、酯和其他衍生物：**											
	- 鸦片碱及其衍生物以及它们的盐：											
2939.1100	-- 罂粟秆浓缩物、丁丙诺啡（INN）、可待因、双氢可待因（INN）、乙基吗啡、埃托啡（INN）、海洛因、氢可酮（INN）、氢吗啡酮（INN）、吗啡、尼可吗啡（INN）、羟考酮（INN）、羟吗啡酮（INN）、福尔可定（INN）、醋氢可酮（INN）及蒂巴因，以及它们的盐											
29391100.11	罂粟秆浓缩物	4	50		17	9	千克	W		0		0
29391100.12	可待因、双氢可待因、乙基吗啡(以及它们的盐)	4	50		17	9	千克	W		0		0
29391100.13	埃托啡、海洛因、氢可酮(以及它们的盐)	4	50		17	9	千克	W		0		0
29391100.14	氢吗啡酮、吗啡、尼可吗啡(以及它们的盐)	4	50		17	9	千克	W		0		0
29391100.15	羟考酮、羟吗啡酮、福尔可定(以及它们的盐)	4	50		17	9	千克	W		0		0
29391100.16	醋氢可酮,蒂巴因(以及它们的盐)	4	50		17	9	千克	W		0		0
29391100.20	丁丙诺啡及其盐	4	50		17	9	千克	I		0		0
2939.1900	-- 其他											
29391900.10	二氢埃托啡及其盐	4	50		17	9	千克	W		0		0
29391900.21	苄吗啡、可多克辛、地索吗啡、醋托啡(以及它们的盐)	4	50		17	9	千克	W		0		0
29391900.22	双氢吗啡、氢吗啡醇、甲地索啡、甲二氢吗啡(以及它们的盐)	4	50		17	9	千克	W		0		0
29391900.23	美托酮、吗啡-N-氧化物、麦罗啡、去甲吗啡(以及它们的盐)	4	50		17	9	千克	W		0		0
29391900.24	醋氢可待因、尼可待因、尼二氢可待因、去甲可待因(以及它们的盐)	4	50		17	9	千克	W		0		0
29391900.25	吗啡甲溴化物及其盐	4	50		17	9	千克	W		0		0
29391900.30	纳布啡及其盐	4	50		17	9	千克	I		0		0
29391900.40	奥列巴文(Oripavine;CAS 号: 467-04-9)	4	50		17	9	千克	W		0		0
29391900.90	其他鸦片碱及其衍生物及它们的盐	4	50		17	9	千克	Q		0		0
2939.2000	- 金鸡纳生物碱及其衍生物以及它们的盐	4	20		17	9	千克	Q		0		0
2939.3000	- 咖啡因及其盐											
29393000.10	咖啡因	4	20		17	9	千克	ABI	R/S	0		0
29393000.90	咖啡因的盐	4	20		17	9	千克	ABI	R/S	0		0

协定税率 %										特惠税率 %				Article Description
巴基斯坦	冰岛	哥斯达黎	秘鲁	新西兰	瑞士	新加坡	韩国	澳大利亚	港澳台	老挝	孟加拉	33 国	7 国	
0	0	0	0	0	0		0	0				0	0	4-Androstene-3,17-dione
0	0	0	0	0	0		0	0				0	0	Bolandiol
0	0	0	0	0	0		0	0				0	0	Androsterone
0	0	0	0	0	0		0	0				0	0	Other steroid hormones and their derivatives and structural analogues
0	0	0	0	0	0		2.4	0				0	0	- Prostaglandins, thromboxanes and leukotrienes, their derivatives and structural analogues
														- Other
0	0	0	0	0	0		0	0				0	0	Derivatives of amino acids
0	0	0	0	0	0		0	0				0	0	Other hormones and their derivatives and structural analogues
														Ⅻ.GLYCOSIDES AND VEG-ETABLE ALKALOIDS, NATURAL OR REPRODUCED BYSYNTHESIS, AND THEIR SALTS, ETHERS, ESTERS AND OTHER DERIVATIVES **Glycosides, natural or reproduced bysynthesis, and their salts, ethers, esters and other derivatives:**
5	0	0	0	0	2.6		3.9	3.9				0	0	- Rutoside(rutin)and its derivatives
														- Other:
5	0	0	0	0	2.6		3.9	3.9				0	0	--- Zidovudine, lamivudine, stavudine, didanosine and their salts
														--- Other
5	0	0	0	0	2.6		3.9	3.9				0	0	Powders, Glycyrrhizic acid
5	0	0	0	0	2.6		3.9	3.9				0	0	Glycyrrhizinate
5	0	0	0	0	2.6		3.9	3.9				0	0	Glycyrrhetinic acid and its derivatives
5	0	0	0	0	2.6		3.9	3.9				0	0	Other glycosides, natural or reproduced by synthesis, and their salts, etc. (including ethers, esters and other derivatives)
														Vegetable alkaloids, natural or reproduced by synthesis, and their salts, ethers, esters and other derivatives:
														- Alkaloids of opium and their derivatives;salts thereof:
														-- Concentrates of poppy straw;buprenorphine (INN),codeine, dihydrocodeine (INN),ethylmorphine, etorphine(INN),heroin, hydrocodone(INN),hydromorphone(INN),morphine, nicomorphine (INN),oxycodone(INN),oxymorphone(INN),pholcodine (INN),thebacon (INN)and thebaine;salts thereof
0	0	0	0	0	0		0	0			0	0	0	Concentrates of poppy straw
0	0	0	0	0	0		0	0			0	0	0	Codeine, dihydrocodeine (INN), ethylmorphine and their salts
0	0	0	0	0	0		0	0			0	0	0	Etorphine (INN), heroin, hydrocodone (INN) and their salts
0	0	0	0	0	0		0	0			0	0	0	Hydromorphone(INN), morphine, nicomorphine(INN) and their salts
0	0	0	0	0	0		0	0			0	0	0	Oxycodone (INN), oxymorphone (INN), pholcodine (INN) and their salts
0	0	0	0	0	0		0	0			0	0	0	Thebacon (INN) and thebaine and their salts
0	0	0	0	0	0		0	0			0	0	0	Buprenorphine and its salts
														-- Other
0	0	0	0	0	0		0	0			0	0	0	Dihydroetorphine and its salts
0	0	0	0	0	0		0	0			0	0	0	Benzylmorphine, codoxime, desomorphine, acetorphine and their salts
0	0	0	0	0	0		0	0			0	0	0	Dihydromorphine, hydromorphinol, methyldesorphine, methyldihydromorphine and their salts
0	0	0	0	0	0		0	0			0	0	0	Metopon, morphine-N-oxide, myrophine, normorphine and their salts
0	0	0	0	0	0		0	0			0	0	0	Acetyldihydrocodeine, nicocodine, nicodicodine, norcodeine and their salts
0	0	0	0	0	0		0	0			0	0	0	Morphine methobromide and its salts
0	0	0	0	0	0		0	0			0	0	0	Nalbuphine and its salts
0	0	0	0	0	0		0	0			0	0	0	Oripavine; CAS No: 467-04-9
0	0	0	0	0	0		0	0			0	0	0	Other alkaloids of opium and their derivatives; salts thereof
0	0	0	0	0	0		0	0			0	0	0	- Alkaloids of cinchona and their derivatives;salts thereof
														- Caffeine and its salts
0	0	0	0	0	0		0	0			0	0	0	Caffeine
0	0	0	0	0	0		0	0			0	0	0	Salts of caffeine

税号	货品名称	进口关税 % 最惠国	普通	年内暂定	增值/消费税%	出口退税%	统计计量单位	监管证件代码	检验检疫类别	协定税率 % 东盟	亚太	智利
	- 麻黄碱类及其盐:											
2939.4100	-- 麻黄碱及其盐											
29394100.10	麻黄碱(麻黄素,盐酸麻黄碱)	4	20		17	9	千克	23Q		0		0
29394100.20	硫酸麻黄碱	4	20		17	9	千克	23Q		0		0
29394100.30	消旋盐酸麻黄碱	4	20		17	9	千克	23Q		0		0
29394100.40	草酸麻黄碱	4	20		17	9	千克	23Q		0		0
29394100.90	麻黄碱盐	4	20		17	9	千克	Q		0		0
2939.4200	-- 假麻黄碱(INN)及其盐											
29394200.10	伪麻黄碱(伪麻黄素,盐酸伪麻黄碱)	4	20		17	9	千克	23Q		0		0
29394200.20	硫酸伪麻黄碱	4	20		17	9	千克	23Q		0		0
29394200.90	假麻黄碱盐(D-2-甲胺基-1-苯基丙醇)	4	20		17	9	千克	Q		0		0
2939.4300	-- d-去甲假麻黄碱(INN)及其盐	4	20		17	9	千克	I		0		0
2939.4400	-- 去甲麻黄碱及其盐	4	20		17	9	千克	23		0		0
2939.4900	-- 其他											
29394900.10	盐酸甲基麻黄碱	4	20		17	9	千克	23Q		0		0
29394900.20	消旋盐酸甲基麻黄碱	4	20		17	9	千克	23Q		0		0
29394900.90	其他麻黄碱及其盐	4	20		17	9	千克	Q		0		0
	- 茶碱和氨茶碱及其衍生物以及它们的盐:											
2939.5100	-- 芬乙茶碱(INN)及其盐	4	20		17	9	千克	I		0		0
2939.5900	-- 其他	4	20		17	9	千克	Q		0		0
	- 麦角生物碱及其衍生物以及它们的盐:											
2939.6100	-- 麦角新碱(INN)及其盐											
29396100.10	麦角新碱	4	20		17	9	千克	23Q		0		0
29396100.90	麦角新碱盐	4	20		17	9	千克	Q		0		0
2939.6200	-- 麦角胺(INN)及其盐											
29396200.10	麦角胺	4	20		17	9	千克	23Q		0		0
29396200.90	麦角胺盐	4	20		17	9	千克	Q		0		0
2939.6300	-- 麦角酸及其盐											
29396300.10	麦角酸	4	20		17	9	千克	23Q		0		0
29396300.90	麦角酸盐	4	20		17	9	千克	Q		0		0
2939.6900	-- 其他											
29396900.10	麦角二乙胺及其盐	4	20		17	9	千克	I		0		0
29396900.90	其他麦角生物碱及其衍生物(包括它们的盐)	4	20		17	9	千克	Q		0		0
	- 其他:											
	-- 可卡因、芽子碱、左甲苯丙胺、去氧麻黄碱(INN)、去氧麻黄碱外消旋体,它们的盐、酯及其他衍生物:											
2939.9110	--- 可卡因及其盐	4	20		17	9	千克	W		0		0
2939.9190	--- 其他											
29399190.11	左甲苯丙胺(以及它们的盐、酯及其他衍生物)	4	20		17	9	千克	I		0		0
29399190.12	去氧麻黄碱(以及它们的盐、酯及其他衍生物)	4	20		17	9	千克	I		0		0
29399190.13	去氧麻黄碱外消旋体(以及它们的盐、酯及其他衍生物)	4	20		17	9	千克	I		0		0
29399190.20	芽子碱及其盐	4	20		17	9	千克	W		0		0
	-- 其他:											
2939.9910	--- 烟碱及其盐											
29399910.10	烟碱	4	20		17	9	千克	ABQ	M/N	0		0
29399910.90	烟碱盐	4	20		17	9	千克	Q		0		0
2939.9920	--- 番木鳖碱(士的年)及其盐											
29399920.10	番木鳖碱	4	17		17	9	千克	ABQ	M/N	0		0
29399920.90	番木鳖碱盐	4	17		17	9	千克	Q		0		0
2939.9990	--- 其他											
29399990.11	卡西酮、麦司卡林(以及它们的盐)	4	20		17	9	千克	I		0		0
29399990.12	赛洛新、赛洛西宾(以及它们的盐)	4	20		17	9	千克	I		0		0
29399990.90	其他生物碱及其衍生物(包括生物碱的盐、酯及其他衍生物)	4	20		17	9	千克	ABQ	MR/NS	0		0

协定税率 %										特惠税率 %				
巴基斯坦	冰岛	哥斯达黎	秘鲁	新西兰	瑞士	新加坡	韩国	澳大利亚	港澳台	老挝	孟加拉	33 国	7 国	**Article Description**
														- Ephedrines and their salts:
														-- Ephedrine and its salts
0	0	0	0	0	0		0	0			0	0	0	Ephedrine (ephedrine, ephedrini hydrochloride)
0	0	0	0	0	0		0	0			0	0	0	Ephedrine sulfate
0	0	0	0	0	0		0	0			0	0	0	DL-Ephedrine hydrochloride
0	0	0	0	0	0		0	0			0	0	0	Ephedrine oxalate
0	0	0	0	0	0		0	0			0	0	0	Salts of ephedrine
														-- Pseudoephedrine(INN)and its salts
0	0	0	0	0	0		0	0			0	0	0	Pseudoephedrine (pseudoephedrine, pseudoephedrine hydrochloride)
0	0	0	0	0	0		0	0			0	0	0	Pseudoephedrine sulfate
0	0	0	0	0	0		0	0			0	0	0	Salts of pseudoephedrine (D-2- methylamino-1- phenyl propanol)
0	0	0	0	0	0		0	0			0	0	0	-- d-Norpseudoephedrine and its salts
0	0	0	0	0	0		0	0			0	0	0	-- Norpseudoephedrine and its salts
														-- Other
0	0	0	0	0	0		0	0			0	0	0	Methylephedrine hydrochloride
0	0	0	0	0	0		0	0			0	0	0	DL-Methylephedrine hydrochloride
0	0	0	0	0	0		0	0			0	0	0	Other ephedrines and their salts
														- Theophylline and aminophylline (theophylline-ethylenediamine) and their derivatives;salts thereof:
0	0	0	0	0	0		0	0			0	0	0	-- Fenetylline(INN) and its salts
0	0	0	0	0	0		0	0			0	0	0	-- Other
														- Alkaloids of rye ergot and their derivatives;salts thereof:
														-- Ergometrine(INN)and its salts
0	0	0	0	0	0		0	0			0	0	0	Ergometrine (INN)
0	0	0	0	0	0		0	0			0	0	0	Salts of ergometrine (INN)
														-- Ergotamine(INN) and its salts
0	0	0	0	0	0		0	0			0	0	0	Ergotamine (INN)
0	0	0	0	0	0		0	0			0	0	0	Salts of ergotamine (INN)
														-- Lysergic acid and its salts
0	0	0	0	0	0		0	0			0	0	0	Lysergic acid
0	0	0	0	0	0		0	0			0	0	0	Salts of lysergic acid
														-- Other
0	0	0	0	0	2.8		0	0			0	0	0	Lysergide and its salts
0	0	0	0	0	2.8		0	0			0	0	0	Other ergot alkaloids and their derivatives (including their salts)
														- Other:
														-- Cocaine, ecgonine, levometamfe-tamine, metamfetamine (INN), metamfetamine racemate;salts, esters and other derivatives thereof:
0	0	0	0	0	0		0	0			0	0	0	--- Cocaine and its salts
														--- Other
0	0	0	0	0	0		0	0			0	0	0	Levomethamphetamine and their salts, esters and other derivatives
0	0	0	0	0	0		0	0			0	0	0	Metamfetamine (INN) and their salts, esters and other derivatives
0	0	0	0	0	0		0	0			0	0	0	Metamfetamine racemate and their salts, esters and other derivatives
0	0	0	0	0	0		0	0			0	0	0	Ecgonine and its salts
														-- Other:
														--- Nicotine and its salts
0	0	0	0	0	0		0	0			0	0	0	Nicotine
0	0	0	0	0	0		0	0			0	0	0	Nicotine salts
														--- Strychnine and its salts
0	0	0	0	0	0		0	0			0	0	0	Strychnine
0	0	0	0	0	0		0	0			0	0	0	Salts of strychnine
														--- Other
0	0	0	0	0	2.8		0	0			0	0	0	Cathinone, mescaline and their salts
0	0	0	0	0	2.8		0	0			0	0	0	Psilocine, psilocybin and their salts
0	0	0	0	0	2.8		0	0			0	0	0	Other alkaloids and their derivatives (including their salts, esters and other derivatives)

税号	货品名称	进口关税 %			增值/消费税%	出口退税%	统计计量单位	监管证件代码	检验检疫类别	协定税率 %		
		最惠国	普通	年内暂定						东盟	亚太	智利
	第十三分章 其他有机化合物											
29.40	化学纯糖，但蔗糖、乳糖、麦芽糖、葡萄糖及果糖除外；糖醚、糖缩醛和糖酯及其盐，但不包括税目29.37、29.38及29.39的产品：											
2940.0010	--- 木糖	6	30		17	13	千克	ABQ	R/S	0		0
2940.0090	--- 其他	6	30		17	13	千克	ABQ	R/S	0		0
29.41	抗菌素：											
	- 青霉素和具有青霉烷酸结构的青霉素衍生物及其盐：											
	--- 氨苄青霉素及其盐：											
2941.1011	----氨苄青霉素	6	20		17	13	千克	Q		0	5	0
2941.1012	----氨苄青霉素三水酸	6	20		17	13	千克	Q		0	5	0
2941.1019	----其他	6	20		17	13	千克	Q		0	5	0
	--- 其他：											
2941.1091	----羟氨苄青霉素	4	20		17	13	千克	Q		0		0
2941.1092	----羟氨苄青霉素三水酸	4	20		17	13	千克	Q		0		0
2941.1093	----6-氨基青霉烷酸（6APA）	4	20		17	13	千克			0		0
2941.1094	----青霉素V	4	20		17	13	千克	Q		0		0
2941.1095	----磺苄青霉素	4	20		17	13	千克	Q		0		0
2941.1096	----邻氯青霉素	4	20		17	13	千克	Q		0		0
2941.1099	----其他	4	20		17	13	千克	4Qxy		0		0
2941.2000	- 链霉素及其衍生物以及它们的盐											
29412000.11	硫酸链霉素	4	20		17	13	千克	QS		0		0
29412000.90	其他链霉素及其衍生物、盐	4	20		17	13	千克	Q		0		0
	- 四环素及其衍生物以及它们的盐：											
	--- 四环素及其盐：											
2941.3011	----四环素	4	20		17	13	千克	Q		0		0
2941.3012	----四环素盐	4	20		17	13	千克	Q		0		0
2941.3020	--- 四环素衍生物及其盐	4	20		17	13	千克	Q		0		0
2941.4000	- 氯霉素及其衍生物以及它们的盐	4	20		17	13	千克	Q		0		0
2941.5000	- 红霉素及其衍生物以及它们的盐	4	20		17	13	千克	Q		0		0
	- 其他：											
2941.9010	--- 庆大霉素及其衍生物以及它们的盐	4	20		17	13	千克	Q		0		0
2941.9020	--- 卡那霉素及其衍生物以及它们的盐	4	20		17	13	千克	Q		0		0
2941.9030	--- 利福平及其衍生物以及它们的盐	4	20		17	13	千克	Q		0		0
2941.9040	--- 林可霉素及其衍生物以及它们的盐	4	20		17	13	千克	Q		0		0
	--- 头孢菌素及其衍生物以及它们的盐：											
2941.9052	----头孢氨苄及其盐	6	20		17	13	千克	Q		0	5	0
2941.9053	----头孢唑啉及其盐	6	20		17	13	千克	Q		0	5	0
2941.9054	----头孢拉啶及其盐	6	20		17	13	千克	Q		0	5	0
2941.9055	----头孢三嗪（头孢曲松）及其盐	6	20		17	13	千克	Q		0	5	0
2941.9056	----头孢哌酮及其盐	6	20		17	13	千克	Q		0	5	0
2941.9057	----头孢噻肟及其盐	6	20		17	13	千克	Q		0	5	0
2941.9058	----头孢克罗及其盐	6	20		17	13	千克	Q		0	5	0
2941.9059	----其他											
29419059.10	放线菌酮	6	20		17	13	千克	QS		0	5	0
29419059.90	其他头孢菌素及其衍生物(包括它们的盐)	6	20		17	13	千克	Q		0	5	0
2941.9060	--- 麦迪霉素及其衍生物以及它们的盐	6	20		17	13	千克	Q		0	4.2	0
2941.9070	--- 乙酰螺旋霉素及其衍生物以及它们的盐	4	20		17	13	千克	Q		0		0
2941.9090	--- 其他											
29419090.11	中生菌素	6	20		17	15	千克	QS		0	5	0
29419090.12	春雷霉素	6	20		17	15	千克	QS		0	5	0
29419090.90	其他抗菌素	6	20		17	15	千克	Q		0	5	0
29.42	其他有机化合物：											
2942.0000	其他有机化合物	6.5	30		17	9	千克			0		0

协定税率 %										特惠税率 %				Article Description
巴基斯坦	冰岛	哥斯达黎	秘鲁	新西兰	瑞士	新加坡	韩国	澳大利亚	港澳台	老挝	孟加拉	33国	7国	
														XIII.OTHER ORGANIC COM-POUNDS
														Sugars, chemically pure, other than sucrose, lactose, maltose, glucose and fructose;sugar ethers, sugar acetals and sugar esters, and their salts, other than products of heading 29.37,29.38 or 29.39:
5	0	0	0	0	2.4		4.8	3.6			0	0	0	--- Xylose
5	0	0	0	0	2.4		4.8	3.6			0	0	0	--- Other
														Antibiotics:
														- Penicillins and their derivatives with a penicillanic acid structure;salts thereof:
														--- Ampicillin and its salts:
0	0	0	0	0	2.4		3.6	3.6			0	0	0	----Ampicillin
0	0	0	0	0	2.4		3.6	3.6			0	0	0	----Ampicillin trihydrate
0	0	0	0	0	2.4		3.6	3.6			0	0	0	----Other
														--- Other:
0	0	0	0	0	0		0	0			0	0	0	----Amoxycillin
0	0	0	0	0	0		0	0			0	0	0	----Amoxycillin trihydrate
0	0	0	0	0	0		0	0			0	0	0	----6-Aminopenicillanic acid
0	0	0	0	0	0		0	0			0	0	0	----Penicillin V
0	0	0	0	0	0		0	0			0	0	0	----Sulfobenzylpenicillin
0	0	0	0	0	0		0	0			0	0	0	----Cloxacillin
0	0	0	0	0	0		0	0			0	0	0	----Other
														- Streptomycins and their derivatives;salts thereof
0	0	0	0	0	0		0	0			0	0	0	Streptomycin sulfate
0	0	0	0	0	0		0	0			0	0	0	Other streptomycins and their derivatives, salts thereof
														- Tetracyclines and their derivatives;salts thereof:
														--- Tetracyclines and their salts:
0	0	0	0	0	0		0	0	/0/		0	0	0	----Tetracyclines
0	0	0	0	0	0		0	0	/0/		0	0	0	----Salts of tetracyclines
0	0	0	0	0	0		0	0	/0/		0	0	0	--- Tetracyclines derivatives and their salts
0	0	0	0	0	0		0	0			0	0	0	- Chloramphenicol and its derivatives;salts thereof
0	0	0	0	0	0		0	0	/0/		0	0	0	- Erythromycin and its derivatives;salts thereof
														- Other:
0	0	0	0	0	0		0	0			0	0	0	--- Gentamycin and its derivatives;salts thereof
0	0	0	0	0	0		0	0			0	0	0	--- Kanamycin and its derivatives;salts thereof
0	0	0	0	0	0		0	0			0	0	0	--- Rifampicin(RFP);salts thereof
0	0	0	0	0	0		0	0			0	0	0	--- Lincomycin and its derivatives;salts thereof
														--- Cephamycin and its derivatives;salts thereof:
0	0	0	0	0	2.4		3.6	3.6			0	0	0	----Cefalexin and its salts
0	0	0	0	0	2.4		3.6	3.6			0	0	0	----Cefazolin and its salts
0	0	0	0	0	2.4		3.6	3.6			0	0	0	----Cefradine and its salts
0	0	0	0	0	4.3		3.6	3.6			0	0	0	----Ceftriaxone and its salts
0	0	0	0	0	2.4		3.6	3.6			0	0	0	----Cefoperazone and its salts
0	0	0	0	0	2.4		3.6	3.6			0	0	0	----Cefotaxime and its salts
0	0	0	0	0	2.4		3.6	3.6			0	0	0	----Cefaclor and its salts
														----Other
0	0	0	0	0	2.4		4.8	3.6			0	0	0	Actidione
0	0	0	0	0	2.4		4.8	3.6			0	0	0	Other cephalosporins and their derivatives (including their salts)
0	0	0	0	0	2.4		3.6	3.6			0	0	0	--- Midecamycin and its derivatives;salts thereof
0	0	0	0	0	0		0	0			0	0	0	--- Acetyl-spiramycin and its derivatives;salts thereof
														--- Other
0	0	0	0	0	2.4		3.6	3.6			0	0	0	Zhongshengmycin
0	0	0	0	0	2.4		3.6	3.6			0	0	0	Kasugamycin
0	0	0	0	0	2.4		3.6	3.6			0	0	0	Other antibiotics
														Other organic compounds:
5	0	0	0	0	2.6		3.9	3.9			0	0	0	Other organic compounds

第三十章　药　品

注释：

一、本章不包括：

（一）食品及饮料（例如，营养品、糖尿病食品、强化食品、保健食品、滋补饮料及矿泉水），但不包括供静脉摄入用的滋养品（第四类）；

（二）用于帮助吸烟者戒烟的制剂，例如，片剂、咀嚼胶或透皮贴片（税目 21.06 或 38.24）；

（三）经特殊煅烧或精细研磨的牙科用熟石膏（税目 25.20）；

（四）适合医药用的精油水馏液及水溶液（税目 33.01）；

（五）税目 33.03 至 33.07 的制品，不论是否具有治疗及预防疾病的作用；

（六）加有药料的肥皂及税目 34.01 的其他产品；

（七）以熟石膏为基本成分的牙科用制品（税目 34.07）；或

（八）不作治疗及预防疾病用的血清蛋白（税目 35.02）。

二、税目 30.02 所称的“免疫制品”是指直接参与免疫过程调节的多肽及蛋白质（税目 29.37 的货品除外），例如，单克隆抗体（MAB）、抗体片段、抗体偶联物及抗体片段偶联物、白介素、干扰素（IFN）、趋化因子及特定的肿瘤坏死因子（TNF）、生长因子（GF）、促红细胞生成素及集落刺激因子（CSF）。

三、税目 30.03 及 30.04 以及本章注释四（四）所述的非混合产品及混合产品，按下列规定处理：

（一）非混合产品：

1. 溶于水的非混合产品；

2. 第二十八章及第二十九章的所有货品；以及

3. 税目 13.02 的单一植物浸膏，只经标定或溶于溶剂的。

（二）混合产品：

1. 胶体溶液及悬浮液（胶态硫磺除外）；

2. 从植物性混合物加工所得的植物浸膏；以及

3. 蒸发天然矿质水所得的盐及浓缩物。

四、税目 30.06 仅适用于下列物品（这些物品只能归入税目 30.06 而不得归入本协调制度其他税目）：

（一）无菌外科肠线、类似的无菌缝合材料（包括外科或牙科用无菌可吸收缝线）及外伤创口闭合用的无菌粘合胶布；

（二）无菌昆布及无菌昆布塞条；

（三）外科或牙科用无菌吸收性止血材料；外科或牙科用无菌抗粘连阻隔材料，不论是否可吸收；

（四）用于病人的X光检查造影剂及其他诊断试剂，这些药剂是由单一产品配定剂量或由两种以上成分混合而成的；

（五）血型试剂；

（六）牙科粘固剂及其他牙科填料；骨骼粘固剂；

（七）急救药箱、药包；

（八）以激素、税目 29.37 的其他产品或杀精子剂为基本成分的化学避孕药物。

（九）专用于人类或作兽药用的凝胶制品，作为外科手术或体检时躯体部位的润滑剂，或者作为躯体和医疗器械之间的偶合剂；

（十）废药物，即因超过有效保存期等原因而不适合作原用途的药品；以及

（十一）可确定用于造口术的用具，即裁切成型的结肠造口术、回肠造口术、尿道造口术用袋及其具有粘性的片或底盘。

Chapter 30 Pharmaceutical products

Chapter Notes:

1. This Chapter does not cover:

(a) Foods or beverages (such as dietetic, diabetic or fortified foods, food supplements, tonic beverages and mineral waters), other than nutritional preparations for intravenous administration (Section IV);

(b) Preparations, such as tablets, chewing gum or patches (transdermal systems), intended to assist smokers to stop smoking (heading 21.06 or 38.24);

(c) Plasters specially calcined or finely ground for use in dentistry (heading 25.20);

(d) Aqueous distillates or aqueous solutions of essential oils, suitable for medicinal uses (heading 33.01);

(e) Preparations of headings 33.03 to 33.07, even if they have therapeutic or prophylactic properties;

(f) Soap or other products of heading 34.01 containing added medicaments;

(g) Preparations with a basis of plaster for use in dentistry (heading 34.07); or

(h) Blood albumin not prepared for therapeutic or prophylactic uses (heading 35.02).

2. For the purposes of heading 30.02, the expression "immunological products" applies to peptides and proteins (other than goods of heading 29.37) which are directly involved in the regulation of immunological processes, such as monoclonal antibodies (MAB), antibody fragments, antibody conjugates and antibody fragment conjugates, interleukins, interferons (IFN), chemokines and certain tumor necrosis factors (TNF), growth factors (GF), hematopoietins and colony stimulating factors (CSF).

3. For the purposes of headings 30.03 and 30.04 and of Note 4 (d) to this Chapter, the following are to be treated:

(a) As unmixed products:

(i) Unmixed products dissolved in water;

(ii) All goods of Chapter 28 or 29; and

(iii) Simple vegetable extracts of heading 13.02, merely standardised or dissolved in any solvent;

(b) As products which have been mixed:

(i) Colloidal solutions and suspensions (other than colloidal sulphur);

(ii) Vegetable extracts obtained by the treatment of mixtures of vegetable materials; and

(iii) Salts and concentrates obtained by evaporating natural mineral waters.

4. Heading 30.06 applies only to the following, which are to be classified in that heading and in no other heading of the Nomenclature:

(a) Sterile surgical catgut, similar sterile suture materials (including sterile absorbable surgical or dental yarns) and sterile tissue adhesives for surgical wound closure;

(b) Sterile laminaria and sterile laminaria tents;

(c) Sterile absorbable surgical or dental haemostatics; sterile surgical or dental adhesion barriers, whether or not absorbable;

(d) Opacifying preparations for X-ray examinations and diagnostic reagents designed to be administered to the patient, being unmixed products put up in measured doses or products consisting of two or more ingredients which have been mixed together for such uses;

(e) Blood- grouping reagents;

(f) Dental cements and other dental fillings; bone reconstruction cements;

(g) First- aid boxes and kits;

(h) Chemical contraceptive preparations based on hormones, on other products of heading 29.37 or on spermicides;

(ij) Gel preparations designed to be used in human or veterinary medicine as a lubricant for parts of the body for surgical operations or physical examinations or as a coupling agent between the body and medical instruments;

(k) Waste pharmaceuticals, that is, pharmaceutical products which are unfit for their original intended purpose due to, for example, expiry of shelf life; and

(l) Appliances identifiable for ostomy use, that is, colostomy, ileostomy and urostomy pouches cut to shape and their adhesive wafers or faceplates.

税号	货品名称	进口关税% 最惠国	进口关税% 普通	进口关税% 年内暂定	增值/消费税%	出口退税%	统计计量单位	监管证件代码	检验检疫类别	协定税率% 东盟	协定税率% 亚太	协定税率% 智利
30.01	**已干燥的器官疗法用腺体及其他器官，不论是否制成粉末；器官疗法用腺体、其他器官及其分泌物的提取物；肝素及其盐；其他供治疗或预防疾病用的其他税目未列名的人体或动物制品：**											
3001.2000	- 腺体、其他器官及其分泌物的提取物											
30012000.10	其他濒危野生动物腺体、器官(包括分泌物)	3	30		17	0	千克	ABEFQ	P/Q	0		0
30012000.20	人类的腺体、器官及其分泌物提取物	3	30		17	15	千克	ABQ	V/W	0		0
30012000.90	其他腺体、器官及其分泌物提取物	3	30		17	15	千克	ABQ	P/Q	0		0
	- 其他：											
3001.9010	--- 肝素及其盐	3	30		17	15	千克	Q		0		0
3001.9090	--- 其他											
30019090.10	蛇毒制品(供治疗或预防疾病用)	3	30		17	15	千克	ABEFQ	PV/QW	0		0
30019090.91	其他濒危动物制品(供治疗或预防疾病用)	3	30		17	0	千克	ABEFQ	P/Q	0		0
30019090.99	其他未列名的人体或动物制品(供治疗或预防疾病用)	3	30		17	13/15	千克	ABQ	PV/QW	0		0
30.02	**人血；治病、防病或诊断用的动物血制品；抗血清、其他血份及免疫制品，不论是否修饰或通过生物工艺加工制得；疫苗、毒素、培养微生物(不包括酵母)及类似产品：**											
3002.1000	- 抗血清、其他血份及免疫制品，不论是否修饰或通过生物工艺加工制得											
30021000.11	促红素(EPO)类[包括培促红素β；培尼沙肽；达促红素；缺氧诱导因子(HIF)稳定剂类；ARA-290(一种促红素衍生肽)；唾液酸促红素；氨甲酰促红素；CNTO530(一种EPO-Ig4-FC融合蛋白)；EPO-FC融合蛋白；促红素模拟肽类；缺氧诱导因子(HIF)激活剂类；]	3	20	0	17	17	千克	ABL	PV/QW	0		0
30021000.12	胰岛素样生长因子1(IGF-1)及其类似物	3	20	0	17	17	千克	ABL	PV/QW	0		0
30021000.13	机械生长因子类	3	20	0	17	17	千克	ABL	PV/QW	0		0
30021000.14	成纤维细胞生长因子(FGFs)类	3	20	0	17	17	千克	ABL	PV/QW	0		0
30021000.15	肝细胞生长因子(HGF)	3	20	0	17	17	千克	ABL	PV/QW	0		0
30021000.16	血小板衍生生长因子(PDGF)	3	20	0	17	17	千克	ABL	PV/QW	0		0
30021000.17	血管内皮生长因子(VEGF)	3	20	0	17	17	千克	ABL	PV/QW	0		0
30021000.90	其他抗血清、其他血份及免疫制品(不论是否通过修饰或生物工艺加工制得)	3	20	0	17	17	千克	AB	PV/QW	0		0
3002.2000	- 人用疫苗	3	20	0	17	17	千克	ABQ	V/W	0		0
3002.3000	- 兽用疫苗	3	20		17	17	千克	R		0		0
	- 其他：											
3002.9010	--- 石房蛤毒素	3	20		17	15	千克	23Q		0		0
3002.9020	--- 蓖麻毒素	3	20		17	15	千克	23Q		0		0
3002.9030	--- 细菌及病毒											
30029030.10	两用物项管制细菌及病毒	3	20		17	17	千克	3AB	PV/QW	0		0
30029030.20	苏云金杆菌	3	20		17	17	千克	ABS	P/Q	0		0
30029030.30	枯草芽孢杆菌	3	20		17	17	千克	ABS	PV/QW	0		0
30029030.90	其他细菌及病毒	3	20		17	17	千克	AB	PV/QW	0		0
3002.9040	--- 遗传物质和基因修饰生物体											
30029040.10	两用物项管制遗传物质和基因修饰生物体	3	20	0	17	17	千克	3AB	PV/QW	0		0
30029040.90	其他遗传物质和基因修饰生物体	3	20	0	17	17	千克	AB	PV/QW	0		0
3002.9090	--- 其他											
30029090.11	濒危动物血制品	3	20	0	17	0	千克	ABEFQ	P/Q	0		0
30029090.19	其他人血制品、动物血制品	3	20	0	17	17	千克	ABQ	PV/QW	0		0
30029090.21	噬菌核霉	3	20	0	17	17	千克	ABS	PV/QW	0		0
30029090.22	淡紫拟青霉	3	20	0	17	17	千克	ABS	PV/QW	0		0
30029090.23	哈茨木霉菌	3	20	0	17	17	千克	ABS	PV/QW	0		0
30029090.24	寡雄腐霉	3	20	0	17	17	千克	ABS	PV/QW	0		0
30029090.91	两用物项管制毒素	3	20	0	17	17	千克	3AB	PV/QW	0		0

协定税率 %										特惠税率 %				
巴基斯坦	冰岛	哥斯达黎	秘鲁	新西兰	瑞士	新加坡	韩国	澳大利亚	港澳台	老挝	孟加拉	33 国	7 国	Article Description
														Glands and other organs for organotherapeutic uses, dried, whether or not powdered;extracts of glands or other organs or of their secretions for organo-therapeutic uses;heparin and its salts;other human or animal substances prepared for therapeutic or prophylactic uses, not elsewhere specified or included:
														- Extracts of glands or other organs or of their secretions
0	0	0	0	0	0		0	0				0	0	Extracts of glands or other organs or of their secretions of endangered wild animals
0	0	0	0	0	0		0	0				0	0	Extracts of human glands or organs or of their secretions
0	0	0	0	0	0		0	0				0	0	Extracts other of glands or other organs or of their secretions
														- Other:
0	0	0	0	0	0		0	0				0	0	--- Heparin and its salts
														--- Other
0	0	0	0	0	0		0	0				0	0	Snake venom (for therapeutic or prophylactic use)
0	0	0	0	0	0		0	0				0	0	Other products of endangered animal (for therapeutic or prophylactic use)
0	0	0	0	0	0		0	0				0	0	Other human or animal products, not elsewhere specified or included (for therapeutic or prophylactic use)
														Human blood; animal blood prepared for therapeutic, prophylactic or diagnostic uses; antisera, other blood fractions and immunological products, whether or not modified or obtained by means of biotechnological processes; vaccines, toxins, cultures of micro-organisms (excluding yeasts) and similar products:
														- Antisera and other blood fractions and immunological products, whether or not modified or obtained by means of biotechnological processes
0	0	0	0	0	2.2		0	0			0	0	0	Erythropoietins(EPO) (including methoxy polyethylene glycol-epoetin beta (CERA),peginesatide, darbepoetin(dEPO),hypoxia inducible factor (HIF) stabilizer, ARA-290,asialo EPO, carbamylated EPO, CNTO 530,EPO-Fc, EPO-mimetic peptides (EMP),HIF activators)
0	0	0	0	0	2.2		0	0			0	0	0	Insulin-like growth factors 1(IGF-1) and its analogues
0	0	0	0	0	2.2		0	0			0	0	0	Mechano Growth Factor
0	0	0	0	0	2.2		0	0			0	0	0	Fibroblast growth factor (FGFs) class
0	0	0	0	0	2.2		0	0			0	0	0	Hepatocyte growth factor (HGF)
0	0	0	0	0	2.2		0	0			0	0	0	Platelet derived growth factor (PDGF)
0	0	0	0	0	2.2		0	0			0	0	0	Vascular endothelial growth factor (VEGF)
0	0	0	0	0	2.2		0	0			0	0	0	Other antisera and other blood fractions and modified immunological products (whether or not obtained by means of biotechnological process)
0	0	0	0	0	2.1		0	0			0	0	0	- Vaccines for human medicine
0	0	0	0	0	0		0	0			0	0	0	- Vaccines for veterinary medicine
														- Other:
0	0	0	0	0	0		0	0			0	0	0	--- Saxitoxin
0	0	0	0	0	0		0	0			0	0	0	--- Ricitoxin
														--- Bacteria and Virus
0	0	0	0	0	2.1		0	0			0	0	0	Bacteria and virus under control of Dual-use items and technologies
0	0	0	0	0	2.1		0	0			0	0	0	Bacillus thuringiensis
0	0	0	0	0	2.1		0	0			0	0	0	Bacillus subtitlis
0	0	0	0	0	2.1		0	0			0	0	0	Other bacteria and virus
														--- Genetics material and Gene modified Organism
0	0	0	0	0	0		0	0			0	0	0	Genetic material and genetically modified objects under control of Dual-use items and technologies
0	0	0	0	0	0		0	0			0	0	0	Other genetic material and genetically modified objects
														--- Other
0	0	0	0	0	0		0	0	0//		0	0	0	Blood products of endangered animals
0	0	0	0	0	0		0	0	0//		0	0	0	Other blood products of human and animals
0	0	0	0	0	0		0	0	0//		0	0	0	Coniothyrium minitans
0	0	0	0	0	0		0	0	0//		0	0	0	Paecilomyces lilacinus
0	0	0	0	0	0		0	0	0//		0	0	0	Trichoderma harzianum
0	0	0	0	0	0		0	0	0//		0	0	0	Pythium oligandrum
0	0	0	0	0	0		0	0	0//		0	0	0	Toxins under control of Dual-use items and technologies

税号	货品名称	进口关税 % 最惠国	普通	年内暂定	增值/消费税%	出口退税%	统计计量单位	监管证件代码	检验检疫类别	协定税率 % 东盟	亚太	智利
30029090.99	人血、其他毒素等[包括培养微生物(不包括酵母)及类似产品]	3	20	0	17	17	千克	AB	PV/QW	0		0
30.03	**两种或两种以上成分混合而成的治病或防病用药品（不包括税目 30.02、30.05 或 30.06 的货品），未配定剂量或制成零售包装：**											
	- 含有青霉素及具有青霉烷酸结构的青霉素衍生物或链霉素及其衍生物：											
	--- 青霉素：											
3003.1011	----氨苄青霉素	6	30		17	15	千克	Q		0	4.5	0
3003.1012	----羟氨苄青霉素	6	30		17	15	千克	Q		0	4.5	0
3003.1013	----青霉素 V	6	30		17	15	千克	Q		0	4.5	0
3003.1019	----其他	6	30		17	15	千克	Q		0	4.5	0
3003.1090	--- 其他	6	30		17	15	千克	Q		0	4.5	0
	- 含有其他抗菌素：											
	--- 头孢菌素：											
3003.2011	----头孢噻肟	6	30		17	15	千克	Q		0	5.4	0
3003.2012	----头孢他啶	6	30		17	15	千克	Q		0	5.4	0
3003.2013	----头孢西丁	6	30		17	15	千克	Q		0	5.4	0
3003.2014	----头孢替唑	6	30		17	15	千克	Q		0	5.4	0
3003.2015	----头孢克罗	6	30		17	15	千克	Q		0	5.4	0
3003.2016	----头孢呋辛	6	30		17	15	千克	Q		0	5.4	0
3003.2017	----头孢三嗪（头孢曲松）	6	30		17	15	千克	Q		0	5.4	0
3003.2018	----头孢哌酮	6	30		17	15	千克	Q		0	5.4	0
3003.2019	----其他	6	30		17	15	千克	Q		0	5.4	0
3003.2090	--- 其他	6	30		17	15	千克	Q		0	4.2	0
	- 含有激素或税目 29.37 的其他产品，但不含抗菌素：											
3003.3100	-- 含有胰岛素	5	30		17	15	千克	Q		0	3.5	0
3003.3900	-- 其他	6	30		17	15	千克	Q		0	4.2	0
	- 含有生物碱及其衍生物，但不含抗菌素及税目 29.37 的激素或其他产品：											
3003.4010	--- 含有奎宁或其盐	5	35		17	15	千克	Q		0		0
3003.4090	--- 其他	5	30		17	15	千克	Q		0		0
	- 其他：											
3003.9010	--- 含有磺胺类	6	40		17	15	千克	Q		0	4.2	0
3003.9020	--- 含有青蒿素及其衍生物	5	30		17	15	千克	Q		0		0
3003.9090	--- 其他											
30039090.10	含紫杉醇的混合药品(未配定剂量或非零售包装,混合指含两种或两种以上成分)	5	30		17	0	千克	EFQ		0		0
30039090.20	含其他未列名濒危动植物混合药品(未配定剂量或非零售包装,混合指含两种或两种以上成分)	5	30		17	0	千克	EFQ		0		0
30039090.90	含其他未列名成分混合药品(未配定剂量或非零售包装,混合指含两种或两种以上成分)	5	30		17	15	千克	Q		0		0
30.04	**由混合或非混合产品构成的治病或防病用药品（不包括税目 30.02、30.05 或 30.06 的货品），已配定剂量（包括制成皮肤摄入形式的）或制成零售包装：**											
	- 含有青霉素及具有青霉烷酸结构的青霉素衍生物或链霉素及其衍生物：											
	--- 青霉素：											
3004.1011	----氨苄青霉素制剂											
30041011.10	兽用普鲁卡因青霉素、奈夫西林钠制剂(包括制成零售包装)	6	30		17	15	千克	R		0	4.5	0
30041011.90	氨苄青霉素制剂(包括制成零售包装)	6	30		17	15	千克	Q		0	4.5	0
3004.1012	----羟氨苄青霉素制剂	6	30		17	15	千克	Q		0	4.5	0
3004.1013	----青霉素 V 制剂	6	30		17	15	千克	Q		0	4.5	0
3004.1019	----其他	6	30		17	15	千克	Q		0	4.5	0

协定税率 %										特惠税率 %				Article Description
巴基斯坦	冰岛	哥斯达黎	秘鲁	新西兰	瑞士	新加坡	韩国	澳大利亚	港澳台	老挝	孟加拉	33 国	7 国	
0	0	0	0	0	0		0	0	0//		0	0	0	Human blood, other toxins (including cultures of micro-organisms (other tha yeasts) and similar products)
														Medicaments(excluding goods of heading 30.02,30.05 or 30.06)consisting of two or more constituents which have been mixed together for therapeutic or prophylactic uses, not put up in measured doses or in forms or packings for retail sale:
														- Containing penicillins or derivatives thereof, with a penicillanic acid structure, or streptomycins or their derivatives:
														--- Containing penicillins:
0	0	0	0	0	2.4		3.6	3.6			0	0	0	----Ampicillin
0	0	0	0	0	2.4		3.6	3.6			0	0	0	----Amoxycillin
0	0	0	0	0	2.4		3.6	3.6			0	0	0	----Penicillin V
0	0	0	0	0	2.4		3.6	3.6			0	0	0	----Other
0	0	0	0	0	2.4		3.6	3.6			0	0	0	--- Other
														- Containing other antibiotics:
														--- Containing cephamycins:
0	0	0	0	0	2.4		3.6	3.6			0	0	0	----Cefotaxime
0	0	0	0	0	2.4		3.6	3.6			0	0	0	----Ceftazidime
0	0	0	0	0	2.4		3.6	3.6			0	0	0	----Cefoxitin
0	0	0	0	0	2.4		3.6	3.6			0	0	0	----Ceftezole
0	0	0	0	0	2.4		3.6	3.6			0	0	0	----Cefaclor
0	0	0	0	0	2.4		3.6	3.6			0	0	0	----Cefuroxime
0	0	0	0	0	2.4		3.6	3.6			0	0	0	----Ceftriaxone
0	0	0	0	0	2.4		3.6	3.6			0	0	0	----Cefoperazone
0	0	0	0	0	2.4		3.6	3.6			0	0	0	----Other
0	0	0	0	0	2.4		3.6	3.6			0	0	0	--- Other
														- Containing hormones or other products of heading 29.37 but not containing antibiotics:
0	0	0	0	0	0		3	0			0	0	0	-- Containing insulin
0	0	0	0	0	2.4		3.6	3.6			0	0	0	-- Other
														- Containing alkaloids or derivatives thereof but not containing hormones or other products of heading 29.37 or antibiotics:
0	0	0	0	0	0		3	0			0	0	0	--- Containing quinine or its salts
0	0	0	0	0	0		3	0			0	0	0	--- Other
														- Other:
0	0	0	0	0	2.4		3.6	3.6	/0/		0	0	0	--- Containing sulfa drugs
0	0	0	0	0	0		3	0	/0/		0	0	0	--- Containing artemisinins and their derivatives
														--- Other
0	0	0	0	0	3.6		3	0	/0/		0	0	0	Medicaments containing paclitaxel, consisting of two or more constituents (not put up in measured doses or in forms or packings for retail sale)
0	0	0	0	0	3.6		3	0	/0/		0	0	0	Medicaments, consisting of two or more constituents from endangered animals and plants, not elsewhere specified or included (not put up in measured doses or in forms or packings for retail sale)
0	0	0	0	0	3.6		3	0	/0/		0	0	0	Medicaments, consisting of two or more other constituents, not elsewhere specified or included (not put up in measured doses or in forms or packings for retail sale)
														Medicaments(excluding goods of heading 30.02,30.05 or 30.06)consisting of mixed or unmixed products for therapeutic or prophylactic uses, put up in measured doses (including those in the form of transdermal administration systems)or in forms or packings for retail sale:
														- Containing penicillins or derivatives thereof ,with a penicillanic acid structure, or streptomycins or their derivatives:
														--- Containing penicillins:
														----Ampicillin
0	0	0	0	0	2.4		3.6	3.6	0/0/		0	0	0	Procaine penicillin and Nafcillin sodium preparations for veterinary medicaments (including those in forms or packings for retail sale)
0	0	0	0	0	2.4		3.6	3.6	0/0/		0	0	0	Ampicillin (including in forms or packings for retail sale)
0	0	0	0	0	2.4		3.6	3.6	0/0/		0	0	0	----Amoxycillin
0	0	0	0	0	2.4		3.6	3.6	0/0/		0	0	0	----Penicillin V
0	0	0	0	0	2.4		3.6	3.6	0/0/		0	0	0	----Other

税号	货品名称	进口关税% 最惠国	普通	年内暂定	增值/消费税%	出口退税%	统计计量单位	监管证件代码	检验检疫类别	协定税率% 东盟	亚太	智利
3004.1090	---其他	6	30		17	15	千克	Q		0	4.5	0
	- 含有其他抗菌素:											
	--- 头孢菌素:											
3004.2011	----头孢噻肟制剂	6	30		17	15	千克	Q		0	5	0
3004.2012	----头孢他啶制剂	6	30		17	15	千克	Q		0	5	0
3004.2013	----头孢西丁制剂	6	30		17	15	千克	Q		0	5	0
3004.2014	----头孢替唑制剂	6	30		17	15	千克	Q		0	5	0
3004.2015	----头孢克罗制剂	6	30		17	15	千克	Q		0	5	0
3004.2016	----头孢呋辛制剂	6	30		17	15	千克	Q		0	5	0
3004.2017	----头孢三嗪(头孢曲松)制剂	6	30		17	15	千克	Q		0	5	0
3004.2018	----头孢哌酮制剂	6	30		17	15	千克	Q		0	5	0
3004.2019	----其他											
30042019.11	兽用已配剂量的头孢氨苄,头孢塞呋钠制剂(包括零售包装的制成品)	6	30		17	15	千克	R		0	5	0
30042019.12	兽用已配剂量的头孢塞呋晶体,硫酸头孢喹肟制剂(包括零售包装的制成品)	6	30		17	15	千克	R		0	5	0
30042019.90	其他已配剂量头孢菌素制剂(包括零售包装的制成品)	6	30		17	15	千克	Q		0	5	0
3004.2090	--- 其他											
30042090.11	兽用已配剂量的土霉素,延胡索酸泰妙菌素,泰拉霉素制剂(包括制成零售包装)	6	30		17	15	千克	R		0	4.2	0
30042090.12	兽用已配剂量的氟苯尼考,多拉菌素,硫酸庆大霉素制剂(包括制成零售包装)	6	30		17	15	千克	R		0	4.2	0
30042090.13	兽用已配剂量的硫酸双羟链霉素制剂(包括制成零售包装)	6	30		17	15	千克	R		0	4.2	0
30042090.90	已配剂量含有其他抗菌素的药品(包括制成零售包装)	6	30		17	15	千克	Q		0	4.2	0
	- 含有激素或税目29.37的其他产品,但不含抗菌素:											
	-- 含有胰岛素:											
3004.3110	--- 含有重组人胰岛素的											
30043110.10	已配剂量含重组人胰岛素的单方制剂(包括零售包装)	5	30		17	15	千克	L		0	3.5	0
30043110.90	已配剂量含重组人胰岛素的其他药品(不含抗菌素,包括零售包装)	5	30		17	15	千克	Q		0	3.5	0
3004.3190	--- 其他											
30043190.10	其他已配剂量含胰岛素的单方制剂(包括零售包装)	5	30		17	15	千克	L		0	3.5	0
30043190.90	其他已配剂量含胰岛素的其他药品(不含抗菌素,包括零售包装)	5	30		17	15	千克	Q		0	3.5	0
3004.3200	-- 含有皮质甾类激素及其衍生物或结构类似物											
30043200.11	已配剂量含1-雄烯二醇或1-雄烯二酮的单方制剂(包括其衍生物及结构类似物,包括零售包装)	5	30		17	15	千克	L		0	3.5	0
30043200.12	已配剂量含甲酰勃龙的单方制剂(包括其衍生物及结构类似物,包括零售包装)	5	30		17	15	千克	L		0	3.5	0
30043200.13	已配剂量含雄甾-4-烯-3β,17α-二醇[4-雄烯二醇(3β,17α)]的单方制剂(包括其衍生物及结构类似物,包括零售包装)	5	30		17	15	千克	L		0	3.5	0
30043200.14	已配剂量含雄甾-5-烯-3β,17α-二醇[5-雄烯二醇(3β,17α)]的单方制剂(包括其衍生物及结构类似物,包括零售包装)	5	30		17	15	千克	L		0	3.5	0
30043200.15	已配剂量含4-雄烯二醇或乙雌烯醇的单方制剂(包括其衍生物及结构类似物,包括零售包装)	5	30		17	15	千克	L		0	3.5	0

协定税率 %										特惠税率 %				Article Description
巴基斯坦	冰岛	哥斯达黎	秘鲁	新西兰	瑞士	新加坡	韩国	澳大利亚	港澳台	老挝	孟加拉	33 国	7 国	
0	0	0	0	0	2.4		3.6	3.6	0/0/		0	0	0	--- Other
														- Containing other antibiotics:
														--- Containing cephamycins:
0	0	0	0	0	2.4		3.6	3.6	0//		0	0	0	----Cefotaxime
0	0	0	0	0	2.4		3.6	3.6	0//		0	0	0	----Ceftazidime
0	0	0	0	0	2.4		3.6	3.6	0//		0	0	0	----Cefoxitin
0	0	0	0	0	2.4		3.6	3.6	0//		0	0	0	----Ceftezole
0	0	0	0	0	2.4		3.6	3.6	0//		0	0	0	----Cefaclor
0	0	0	0	0	2.4		3.6	3.6	0//		0	0	0	----Cefuroxime
0	0	0	0	0	2.4		3.6	3.6	0//		0	0	0	----Ceftriaxone
0	0	0	0	0	2.4		3.6	3.6	0//		0	0	0	----Cefoperazone
														----Other
0	0	0	0	0	2.4		4.8	3.6	0//		0	0	0	Cefalexin and Ceftiofur sodium preparations for veterinary medicaments, put up in measured doses (including those in forms or packings for retail sale)
0	0	0	0	0	2.4		4.8	3.6	0//		0	0	0	Ceftiofur crystal and Cefquinome sulphate preparations for veterinary medicaments, put up in measured doses (including those in forms or packings for retail sale)
0	0	0	0	0	2.4		4.8	3.6	0//		0	0	0	Other Cephalosporin preparations, put up in measured doses (including those in forms or packings for retail sale)
														--- Other
0	0	0	0	0	4.2		3.6	3.6	0/0/		0	0	0	Oxytetracycline, Tiamulin Fumarate and Tulathromycin preparations for veterinary medicaments, put up in measured doses (including those in forms or packings for retail sale)
0	0	0	0	0	4.2		3.6	3.6	0/0/		0	0	0	Florfenicol, Doramectin and Gentamycin sulphate preparations for veterinary medicaments, put up in measured doses (including those in forms or packings for retail sale)
0	0	0	0	0	4.2		3.6	3.6	0/0/		0	0	0	Dihydrostreptomycin sulfate preparations for veterinary medicaments, put up in measured doses (including those in forms or packings for retail sale)
0	0	0	0	0	4.2		3.6	3.6	0/0/		0	0	0	Medicaments containing other antibiotics, put up in measured doses (including those in forms or packings for retail sale)
														- Containing hormones or other products of heading29.37 but not containing antibiotics:
														-- Containing insulin:
														--- Containing recombinant human insulin
0	0	0	0	0	0		3	0			0	0	0	Prescribed preparations containing recombinant human insulin, put up in measured doses (including those in forms or packings for retail sale)
0	0	0	0	0	0		3	0			0	0	0	Other medicaments containing recombinant human insulin, put up in measured doses (not containing antibiotics, including those in forms or packings for retail sale)
														--- Other
0	0	0	0	0	0		3	0			0	0	0	Other prescribed preparations, containing insulin, put up in measured doses (including those in forms or packings for retail sale)
0	0	0	0	0	0		3	0			0	0	0	Other medicaments, containing insulin, put up in measured doses (not containing antibiotics, including in forms or packings for retail sale)
														-- Containing corticosteroid hormones, their derivatives and structural analogues
0	0	0	0	0	0		3	0	0//		0	0	0	Prescribed preparations, containing androstenediol or 1-androstenedione (including their derivatives and structural analogues), put up in measured doses (including those in forms or packings for retail sale)
0	0	0	0	0	0		3	0	0//		0	0	0	Prescribed preparations, containing formebolone (including their derivatives and structural analogues), put up in measured doses (including those in forms or packings for retail sale)
0	0	0	0	0	0		3	0	0//		0	0	0	Prescribed preparations, containing androst-4-ene-3β, 17α-diol, put up in measured doses (including their derivatives and structural analogues, in forms or packings for retail sale)
0	0	0	0	0	0		3	0	0//		0	0	0	Prescribed preparations, containing androst-5-ene-3β, 17α-diol, put up in measured doses (including their derivatives and structural analogues, in forms or packings for retail sale)
0	0	0	0	0	0		3	0	0//		0	0	0	Prescribed preparations, containing 4-androstenediol or ethylestrenol (including their derivatives and structural analogues), put up in measured doses (including those in forms or packings for retail sale)

税号	货品名称	进口关税% 最惠国	普通	年内暂定	增值/消费税%	出口退税%	统计计量单位	监管证件代码	检验检疫类别	协定税率% 东盟	亚太	智利
30043200.16	已配剂量含5-雄烯二酮的单方制剂(包括其衍生物及结构类似物,包括零售包装)	5	30		17	15	千克	L		0	3.5	0
30043200.17	已配剂量含5α-雄烷-3α,17β-二醇[雄烷二醇(3α,17β)]或5β-雄烷-3α,17β-二醇[5β-雄烷二醇(3α,17β)]的单方制剂(包括其衍生物及其结构类似物,包括零售包装)	5	30		17	15	千克	L		0	3.5	0
30043200.18	已配剂量5α-雄烷-3β,17α-二醇[雄烷二醇(3β,17α)]的单方制剂(包括其衍生物及结构类似物,包括零售包装)	5	30		17	15	千克	L		0	3.5	0
30043200.19	已配剂量含勃拉睾酮的单方制剂(包括其衍生物及结构类似物,包括零售包装)	5	30		17	15	千克	L		0	3.5	0
30043200.21	已配剂量含勃地酮的单方制剂(包括其衍生物及结构类似物,包括零售包装)	5	30		17	15	千克	L		0	3.5	0
30043200.22	已配剂量含勃二酮的单方制剂(包括其衍生物及结构类似物,包括零售包装)	5	30		17	15	千克	L		0	3.5	0
30043200.23	已配剂量含卡芦睾酮或达那唑的单方制剂(包括其衍生物及结构类似物,包括零售包装)	5	30		17	15	千克	L		0	3.5	0
30043200.24	已配剂量含氯司替勃的单方制剂(包括其衍生物及结构类似物,包括零售包装)	5	30		17	15	千克	L		0	3.5	0
30043200.25	已配剂量含去氢氯甲睾酮的单方制剂(包括其衍生物及结构类似物,包括零售包装)	5	30		17	15	千克	L		0	3.5	0
30043200.28	已配剂量含普拉睾酮或屈他雄酮的单方制剂(包括其衍生物及结构类似物,包括零售包装)	5	30		17	15	千克	L		0	3.5	0
30043200.29	已配剂量含去氧甲睾酮或双氢睾酮的单方制剂(包括其衍生物及结构类似物,包括零售包装)	5	30		17	15	千克	L		0	3.5	0
30043200.31	已配剂量含表双氢睾酮或氟甲睾酮的单方制剂(包括其衍生物及结构类似物,包括零售包装)	5	30		17	15	千克	L		0	3.5	0
30043200.32	已配剂量含夫拉扎勃的单方制剂(包括其衍生物及结构类似物,包括零售包装)	5	30		17	15	千克	L		0	3.5	0
30043200.33	已配剂量含孕三烯酮或4-羟基睾酮的单方制剂(包括其衍生物及结构类似物,包括零售包装)	5	30		17	15	千克	L		0	3.5	0
30043200.34	含3α-羟基-5α-雄烷-17-酮的单方制剂(包括其衍生物及结构类似物,已配剂量或制成零售包装)	5	30		17	15	千克	L		0	3.5	0
30043200.35	已配剂量含美睾酮或美雄酮的单方制剂(包括其衍生物及结构类似物,包括零售包装)	5	30		17	15	千克	L		0	3.5	0
30043200.36	已配剂量含甲基屈他雄酮的单方制剂(包括其衍生物及结构类似物,包括零售包装)	5	30		17	15	千克	L		0	3.5	0
30043200.37	已配剂量含甲二烯诺龙的单方制剂(包括其衍生物及结构类似物,包括零售包装)	5	30		17	15	千克	L		0	3.5	0
30043200.38	已配剂量含甲基-1-睾酮或甲诺睾酮的单方制剂(包括其衍生物及结构类似物,包括零售包装)	5	30		17	15	千克	L		0	3.5	0
30043200.39	已配剂量含美曲勃龙的单方制剂(包括其衍生物及结构类似物,包括零售包装)	5	30		17	15	千克	L		0	3.5	0
30043200.41	已配剂量含美雄诺龙或美替诺龙的单方制剂(包括其衍生物及结构类似物,包括零售包装)	5	30		17	15	千克	L		0	3.5	0

协定税率 %										特惠税率 %				Article Description
巴基斯坦	冰岛	哥斯达黎	秘鲁	新西兰	瑞士	新加坡	韩国	澳大利亚	港澳台	老挝	孟加拉	33 国	7 国	
0	0	0	0	0	0		3	0	0//		0	0	0	Prescribed preparations, containing 5-androstenedione (including their derivatives and structural analogues), put up in measured doses (including those in forms or packings for retail sale)
0	0	0	0	0	0		3	0	0//		0	0	0	Prescribed preparations, containing 5α-Androstane-3α,17β-Diol or 5β-Androstane-3α,17β-Diol, put up in measured doses (including their derivatives and structural analogues, in forms or packings for retail sale)
0	0	0	0	0	0		3	0	0//		0	0	0	Prescribed preparations, containing 5α-Androstane-3β,17α-Diol , put up in measured doses (including their derivatives and structural analogues, in forms or packings for retail sale)
0	0	0	0	0	0		3	0	0//		0	0	0	Prescribed preparations, containing bolasterone (including their derivatives and structural analogues), put up in measured doses (including those in forms or packings for retail sale)
0	0	0	0	0	0		3	0	0//		0	0	0	Prescribed preparations, containing Boldenone (including their derivatives and structural analogues), put up in measured doses (including those in forms or packings for retail sale)
0	0	0	0	0	0		3	0	0//		0	0	0	Prescribed preparations, containing boldione (including their derivatives and structural analogues), put up in measured doses (including those in forms or packings for retail sale)
0	0	0	0	0	0		3	0	0//		0	0	0	Prescribed preparations, containing calusterone or danazol (including their derivatives and structural analogues), put up in measured doses (including those in forms or packings for retail sale)
0	0	0	0	0	0		3	0	0//		0	0	0	Prescribed preparations, containing clostebol (including their derivatives and structural analogues), put up in measured doses (including those in forms or packings for retail sale)
0	0	0	0	0	0		3	0	0//		0	0	0	Prescribed preparations, containing dehydrochloromethyltestosterone, put up in measured doses (including their derivatives and structural analogues, in forms or packings for retail sale)
0	0	0	0	0	0		3	0	0//		0	0	0	Prescribed preparations, containing prasterone or dromostanolon (including their derivatives and structural analogues), put up in measured doses (including those in forms or packings for retail sale)
0	0	0	0	0	0		3	0	0//		0	0	0	Prescribed preparations, containing desoxymethyltestosterone or dihydrotestosterone (including their derivatives and structural analogues), put up in measured doses (including those in forms or packings for retail sale)
0	0	0	0	0	0		3	0	0//		0	0	0	Prescribed preparations, containing epi-dihydrotestosterone or fluoxymesterone (including their derivatives and structural analogues), put up in measured doses (including those in forms or packings for retail sale)
0	0	0	0	0	0		3	0	0//		0	0	0	Prescribed preparations, containing furazabol (including their derivatives and structural analogues), put up in measured doses (including those in forms or packings for retail sale)
0	0	0	0	0	0		3	0	0//		0	0	0	Prescribed preparations, containing gestrinone or 4- hydroxyl testosterone (including their derivatives and structural analogues), put up in measured doses (including those in forms or packings for retail sale)
0	0	0	0	0	0		3	0	0//		0	0	0	Prescribed preparations, containing 3α-hydroxy-5α-androstan-17-one (including their derivatives and structural analogues), put up in measured doses (including those in forms or packings for retail sale)
0	0	0	0	0	0		3	0	0//		0	0	0	Prescribed preparations, containing mesterolone or methandienone (including their derivatives and structural analogues), put up in measured doses (including those in forms or packings for retail sale)
0	0	0	0	0	0		3	0	0//		0	0	0	Prescribed preparations, containing Methasterone (including their derivatives and structural analogues), put up in measured doses (including those in forms or packings for retail sale)
0	0	0	0	0	0		3	0	0//		0	0	0	Prescribed preparations, containing methyldienolone (including their derivatives and structural analogues), put up in measured doses (including those in forms or packings for retail sale)
0	0	0	0	0	0		3	0	0//		0	0	0	Prescribed preparations, containing methyl-1-testosterone or methylnortestosterone (including their derivatives and structural analogues), put up in measured doses (including those in forms or packings for retail sale)
0	0	0	0	0	0		3	0	0//		0	0	0	Prescribed preparations, containing metribolone (including their derivatives and structural analogues), put up in measured doses (including those in forms or packings for retail sale)
0	0	0	0	0	0		3	0	0//		0	0	0	Prescribed preparations, containing mestanolone or metenolone (including their derivatives and structural analogues), put up in measured doses (including those in forms or packings for retail sale)

税号	货品名称	进口关税 %			增值/消费税%	出口退税%	统计计量单位	监管证件代码	检验检疫类别	协定税率 %		
		最惠国	普通	年内暂定						东盟	亚太	智利
30043200.42	已配剂量含美雄醇或甲睾酮或米勃酮的单方制剂(包括其衍生物及结构类似物,包括零售包装)	5	30		17	15	千克	L		0	3.5	0
30043200.43	已配剂量含诺龙或诺勃酮或诺司替勃的单方制剂(包括其衍生物及结构类似物,包括零售包装)	5	30		17	15	千克	L		0	3.5	0
30043200.44	已配剂量含19-去甲雄烯二酮的单方制剂(包括其衍生物及结构类似物,包括零售包装)	5	30		17	15	千克	L		0	3.5	0
30043200.45	已配剂量含去甲雄酮或诺乙雄龙的单方制剂(包括其衍生物及结构类似物,包括零售包装)	5	30		17	15	千克	L		0	3.5	0
30043200.46	已配剂量含19-去甲胆烷醇酮的单方制剂(包括其衍生物及结构类似物,包括零售包装)	5	30		17	15	千克	L		0	3.5	0
30043200.47	已配剂量含羟勃龙或氧雄龙的单方制剂(包括其衍生物及结构类似物,包括零售包装)	5	30		17	15	千克	L		0	3.5	0
30043200.48	已配剂量含羟甲睾酮或羟甲烯龙的单方制剂(包括其衍生物及结构类似物,包括零售包装)	5	30		17	15	千克	L		0	3.5	0
30043200.49	已配剂量含前列他唑的单方制剂(包括其衍生物及结构类似物,包括零售包装)	5	30		17	15	千克	L		0	3.5	0
30043200.51	含奎勃龙或替勃龙或群勃龙的单方制剂(包括其衍生物及结构类似物,已配剂量或制成零售包装)	5	30		17	15	千克	L		0	3.5	0
30043200.52	已配剂量含司坦唑醇或司腾勃龙的单方制剂(包括其衍生物及结构类似物,包括零售包装)	5	30		17	15	千克	L		0	3.5	0
30043200.53	已配剂量含1-睾酮或睾酮的单方制剂(包括其衍生物及结构类似物,包括零售包装)	5	30		17	15	千克	L		0	3.5	0
30043200.54	已配剂量含四氢孕三烯酮或泽仑诺的单方制剂(包括其衍生物及结构类似物,包括零售包装)	5	30		17	15	千克	L		0	3.5	0
30043200.60	兽用已配剂量倍他米松戊酸酯制剂(包括其衍生物及结构类似物,包括零售包装)	5	30		17	15	千克	R		0	3.5	0
30043200.71	已配剂量含雄甾-5-烯-3β,17β-二醇[5-雄烯二醇(3β,17β)]的单方制剂(包括其衍生物及结构类似物,不含抗菌素, 包括零售包装)	5	30		17	15	千克	L		0	3.5	0
30043200.72	已配剂量含雄甾-4-烯-3,17-二酮(4-雄烯二酮)的单方制剂(包括其衍生物及结构类似物,不含抗菌素, 包括零售包装)	5	30		17	15	千克	L		0	3.5	0
30043200.73	已配剂量含勃雄二醇的单方制剂(包括其衍生物及结构类似物,不含抗菌素, 包括零售包装)	5	30		17	15	千克	L		0	3.5	0
30043200.74	已配剂量含7α-羟基-普拉睾酮的单方制剂(包括其衍生物及结构类似物,不含抗菌素, 包括零售包装)	5	30		17	15	千克	L		0	3.5	0
30043200.75	已配剂量含7β-羟基-普拉睾酮的单方制剂(包括其衍生物及结构类似物,不含抗菌素, 包括零售包装)	5	30		17	15	千克	L		0	3.5	0
30043200.76	已配剂量含7-羰基-普拉睾酮的单方制剂(包括其衍生物及结构类似物,不含抗菌素, 包括零售包装)	5	30		17	15	千克	L		0	3.5	0
30043200.77	已配剂量含胆烷醇酮的单方制剂(包括其衍生物及结构类似物,不含抗菌素, 包括零售包装)	5	30		17	15	千克	L		0	3.5	0

协定税率 %										特惠税率 %				
巴基斯坦	冰岛	哥斯达黎	秘鲁	新西兰	瑞士	新加坡	韩国	澳大利亚	港澳台	老挝	孟加拉	33 国	7 国	Article Description
0	0	0	0	0	0		3	0	0//		0	0	0	Prescribed preparations, containing methandriol or methyltestosterone or mibolerone (including their derivatives and structural analogues), put up in measured doses (including those in forms or packings for retail sale)
0	0	0	0	0	0		3	0	0//		0	0	0	Prescribed preparations, containing nandrolone or norboletone or norclostebol (including their derivatives and structural analogues), put up in measured doses (including those in forms or packings for retail sale)
0	0	0	0	0	0		3	0	0//		0	0	0	Prescribed preparations, containing 19-norandrostenedione (including their derivatives and structural analogues), put up in measured doses (including those in forms or packings for retail sale)
0	0	0	0	0	0		3	0	0//		0	0	0	Prescribed preparations, containing 19-norandrosterone or norethandrolone (including their derivatives and structural analogues), put up in measured doses (including those in forms or packings for retail sale)
0	0	0	0	0	0		3	0	0//		0	0	0	Prescribed preparations, containing 19-noretiocholanolone (including their derivatives and structural analogues), put up in measured doses (including those in forms or packings for retail sale)
0	0	0	0	0	0		3	0	0//		0	0	0	Prescribed preparations, containing oxabolone or oxandrolone (including their derivatives and structural analogues), put up in measured doses (including those in forms or packings for retail sale)
0	0	0	0	0	0		3	0	0//		0	0	0	Prescribed preparations, containing oxymesterone or oxymetholone (including their derivatives and structural analogues), put up in measured doses (including those in forms or packings for retail sale)
0	0	0	0	0	0		3	0	0//		0	0	0	Prescribed preparations, containing prostanozol (including their derivatives and structural analogues), put up in measured doses (including those in forms or packings for retail sale)
0	0	0	0	0	0		3	0	0//		0	0	0	Prescribed preparations, containing quinbolone or tibolone or trenbolone (including their derivatives and structural analogues), put up in measured doses (including those in forms or packings for retail sale)
0	0	0	0	0	0		3	0	0//		0	0	0	Prescribed preparations, containing stanozolol or stenbolone (including their derivatives and structural analogues), put up in measured doses (including those in forms or packings for retail sale)
0	0	0	0	0	0		3	0	0//		0	0	0	Prescribed preparations, containing 1-testosterone or testosterone (including their derivatives and structural analogues), put up in measured doses (including those in forms or packings for retail sale)
0	0	0	0	0	0		3	0	0//		0	0	0	Prescribed preparations, containing tetrahydrogestrinone or zeranol (including their derivatives and structural analogues), put up in measured doses (including those in forms or packings for retail sale)
0	0	0	0	0	0		3	0	0//		0	0	0	Betamethasone 17-valerate preparations for veterinary medicaments (including their derivatives and structural analogues), put up in measured doses (including those in forms or packings for retail sale)
0	0	0	0	0	0		3	0	0//		0	0	0	Prescribed preparations, containing 5-Androstene-3β,17βb-diol , put up in measured doses (including their derivatives and structural analogues, not containing antibiotics, in forms or packings for retail sale)
0	0	0	0	0	0		3	0	0//		0	0	0	Prescribed preparations, containing 4-Androstene-3,17-dione , put up in measured doses (including their derivatives and structural analogues, not containing antibiotics, in forms or packings for retail sale)
0	0	0	0	0	0		3	0	0//		0	0	0	Prescribed preparations, containing bolandiol (other than antibiotics), including their derivatives and structural analogues, put up in measured doses (including those in forms or packings for retail sale)
0	0	0	0	0	0		3	0	0//		0	0	0	Prescribed preparations, containing 7α-hydroxy- Prasterone (other than antibiotics), including their derivatives and structural analogues, put up in measured doses (including those in forms or packings for retail sale)
0	0	0	0	0	0		3	0	0//		0	0	0	Prescribed preparations, containing 7β-hydroxy- Prasterone (other than antibiotics), including their derivatives and structural analogues, put up in measured doses (including those in forms or packings for retail sale)
0	0	0	0	0	0		3	0	0//		0	0	0	Prescribed preparations, containing 7-carbonyl- Prasterone (other than antibiotics), including their derivatives and structural analogues, put up in measured doses (including those in forms or packings for retail sale)
0	0	0	0	0	0		3	0	0//		0	0	0	Prescribed preparations, containing etiocholanolone (other than antibiotics), including their derivatives and structural analogues, put up in measured doses (including those in forms or packings for retail sale)

税 号	货 品 名 称	进口关税 % 最惠国	普通	年内暂定	增值/消费税%	出口退税 %	统计计量单位	监管证件代码	检验检疫类别	协定税率 % 东盟	亚太	智利
30043200.90	已配剂量含其他皮质甾类激素的药品(包括其衍生物及结构类似物,不含抗菌素,包括零售包装)	5	30		17	15	千克	Q		0	3.5	0
3004.3900	-- 其他											
30043900.11	已配剂量含克仑特罗的单方制剂(包括零售包装)	5	30		17	15	千克	L		0	3.5	0
30043900.22	已配剂量含生长激素(GH)的单方制剂(包括零售包装)	5	30		17	15	千克	L		0	3.5	0
30043900.25	已配剂量含绒促性素、促黄体生成素等的单方制剂[包括含生长激素释放肽类(GHRPs)、普拉莫瑞林(生长激素释放肽-2)、CJC-1295(CAS号863288-34-0)、生长激素释放肽-6、生长激素释放激素及其类似物、生长激素促分泌剂,零售包装]	5	30		17	15	千克	L		0	3.5	0
30043900.26	已配剂量含促皮质素类等肽类激素的单方制剂[包括零售包装,以及已配剂量或零售包装的艾瑞莫瑞林、阿那瑞林、布舍瑞林、可的瑞林、海沙瑞林、伊莫瑞林、舍莫瑞林、替莫瑞林、戈那瑞林、葛瑞林(脑肠肽)及其模拟物类的单方制剂]	5	30		17	15	千克	L		0	3.5	0
30043900.27	已配剂量含亮丙瑞林的单方制剂	5	30		17	15	千克	L		0	3.5	0
30043900.28	已配剂量含雄酮的单方制剂	5	30		17	15	千克	L		0	3.5	0
30043900.30	兽用血促性素、绒促性素制剂(包括零售包装)	5	30		17	15	千克	R		0	3.5	0
30043900.90	其他已配剂量含激素或税目2937产品的药品(不含抗菌素,包括零售包装)	5	30		17	15	千克	Q		0	3.5	0
	- 含有生物碱及其衍生物,但不含抗菌素及税目29.37的激素或其他产品:											
3004.4010	--- 含有奎宁或其盐	5	35		17	15	千克	Q		0	4	0
3004.4090	--- 其他											
30044090.10	麻黄碱盐类单方制剂[指盐酸(伪)麻黄碱片、盐酸麻黄碱注射剂、硫酸麻黄碱片]	5	30		17	15	千克	23Q		0		0
30044090.20	含可待因及衍生物及盐的复方制剂(已配定剂量或制成零售包装)	5	30		17	15	千克	I		0		0
30044090.31	丁丙诺啡透皮贴剂(包括其衍生物,已配定剂量或制成零售包装)	5	30		17	15	千克	I		0		0
30044090.39	其他含生物碱类精神药品的单方制剂(包括其衍生物,已配定剂量或制成零售包装)	5	30		17	15	千克	I		0		0
30044090.40	含生物碱类麻醉药品的单方制剂(包括其衍生物,已配定剂量或制成零售包装)	5	30		17	15	千克	W		0		0
30044090.50	吗啡阿托品注射液	5	30		17	15	千克	W		0		0
30044090.61	含有氨酚氢可酮片或其盐	5	30		17	15	千克	I		0		0
30044090.62	含有麦角胺咖啡因片/安钠咖或其盐	5	30		17	15	千克	I		0		0
30044090.63	阿桔片、复方甘草片(含阿片粉,已配定剂量或制成零售包装)	5	30		17	15	千克	I		0		0
30044090.70	氨酚双氢可待因片	5	30		17	15	千克	I		0		0
30044090.90	已配剂量含有其他生物碱等的药品(不含抗菌素及税目2937的激素或其他产品,包括零售包装)	5	30		17	15	千克	Q		0		0
3004.5000	- 含有维生素或税目29.36所列产品的其他药品	6	40		17	15	千克	Q		0	5	0
	- 其他:											
3004.9010	--- 含有磺胺类	6	40		17	17	千克	Q		0	4.2	0
3004.9020	--- 含有联苯双酯	4	30		17	17	千克	Q		0	2.8	0
	--- 中式成药:											
3004.9051	----中药酒											

协定税率 %										特惠税率 %				Article Description
巴基斯坦	冰岛	哥斯达黎	秘鲁	新西兰	瑞士	新加坡	韩国	澳大利亚	港澳台	老挝	孟加拉	33 国	7 国	
0	0	0	0	0	0		3	0	0//		0	0	0	Medicaments, containing corticosteroid hormone (other than antibiotics), including their derivatives and structural analogues, put up in measured doses (including those in forms or packings for retail sale) -- Other
0	0	0	0	0	3.5		3	0	0//		0	0	0	Prescribed preparations, containing clenbuterol, put up in measured doses (including those in forms or packings for retail sale)
0	0	0	0	0	3.5		3	0	0//		0	0	0	Prescribed preparations, containing somatotropin, put up in measured doses (including in forms or packings for retail sale)
0	0	0	0	0	3.5		3	0	0//		0	0	0	Prescribed preparations, containing Chorionic gonadotrophin ,luteinizing hormone, put up in measured doses (including preparations containing GH-Releasing Peptides (GHRPs),pralmorelin (GHRP-2),CJC-1295（CAS number 863288-34-0）,GHRP-6,Growth Hormone Releasing Hormone(GHRH) and its analogues,Growth Hormone Secretagogues (GHS) ,those in forms or packings for retail sale)
0	0	0	0	0	3.5		3	0	0//		0	0	0	Prescribed preparations, containing Corticotrophin and other peptide hormones，such as alexamorelin，anamorelin，buserelin，corticorelin，hexarelin，ipamorelin，sermorelin，tesamorelin，triptorelin，ghrelin and its mimetics, put up in measured doses (including in forms or packings for retail sale)
0	0	0	0	0	3.5		3	0	0//		0	0	0	Prescribed preparations, containing Leuprorelin
0	0	0	0	0	3.5		3	0	0//		0	0	0	Prescribed preparations, containing Androsterone
0	0	0	0	0	3.5		3	0	0//		0	0	0	Serum gonadotrophin and chorionic gonadotrophin preparations for veterinary medicaments (including those in forms or packings for retail sale)
0	0	0	0	0	3.5		3	0	0//		0	0	0	Other medicaments, containing hormones or products of heading 29.37 (other than antibiotics,), put up in measured doses (including those in forms or packings for retail sale)
														- Containing alkaloids or derivatives thereof but not containing hormones, other products of heading29.37 or antibiotics：
0	0	0	0	0	0		3	0	0//		0	0	0	--- Containing quinine or its salts
														--- Other
0	0	0	0	0	0		3	0	0//		0	0	0	Prescribed preparations, containing salts of ephedrine (ephedrini hydrochloride tablet, pseudoephedrine hydrochloride tablet, Ephedrine hydrochloride injection, ephedrine sulfate tablet)
0	0	0	0	0	0		3	0	0//		0	0	0	Compound preparations, containing codeine and its derivatives and salts (put up in measured doses or in forms or packings for retail sale)
0	0	0	0	0	0		3	0	0//		0	0	0	Buprenorphine transdermal patch (including its derivatives, put up in measured doses or in forms or packings for retail sale)
0	0	0	0	0	0		3	0	0//		0	0	0	Prescribed preparations, containing alkaloids psychotropic drugs (including its derivatives, put up in measured doses or in forms or packings for retail sale)
0	0	0	0	0	0		3	0	0//		0	0	0	Prescribed preparations, containing alkaloids narcotics (including its derivatives, put up in measured doses or in forms or packings for retail sale)
0	0	0	0	0	0		3	0	0//		0	0	0	Morphine and atropine sulfate injection
0	0	0	0	0	0		3	0	0//		0	0	0	Containing paracetamol and hydrocodone bitartrate tablet or its salts
0	0	0	0	0	0		3	0	0//		0	0	0	Containing carfergot tablet or caffeine sodium benzoate or its salts
0	0	0	0	0	0		3	0	0//		0	0	0	Compound platycodon tablet and compound liquorice tablets (including opium powder, put up in measured doses or in forms or packings for retail sale)
0	0	0	0	0	0		3	0	0//		0	0	0	Paracetamol and dihydrocodeine tartrate tablets
0	0	0	0	0	0		3	0	0//		0	0	0	Medicaments, containing other alkaloids (other than antibiotics, hormones or other products of heading 29.37), put up in measured doses (including those in forms or packings for retail sale)
0	0	0	0	0	2.4		3.6	3.6	/0/		0	0	0	- Other medicaments containing vitamins or other products of heading29.36
														- Other：
0	0	0	0	0	2.4		3.6	3.6	0/0/		0	0	0	--- containing sulfa drugs
0	0	0	0	0	0		0	0	/0/		0	0	0	--- Containing biphenyl dicarbxybte
														--- Medicaments of Chinese type：
														----Medicated liquors or wines

税号	货品名称	进口关税 % 最惠国	普通	年内暂定	增值/消费税%	出口退税%	统计计量单位	监管证件代码	检验检疫类别	协定税率 % 东盟	亚太	智利
30049051.10	含濒危动植物成分的中药酒(已配定剂量或零售包装)	3	30		17	0	千克	EF		0	2	0
30049051.90	含其他成分的中药酒(已配定剂量或零售包装)	3	30		17	15	千克			0	2	0
3004.9052	----片仔癀	3	30		17	17	千克	EFQ		0	2	0
3004.9053	----白药											
30049053.10	含天然麝香的白药(已配定剂量或零售包装)	3	30		17	17	千克	EFQ		0	2	0
30049053.90	含人工麝香的白药(已配定剂量或零售包装)	3	30		17	17	千克	Q		0	2	0
3004.9054	----清凉油	3	30		17	17	千克	Q		0	2	0
3004.9055	----安宫牛黄丸											
30049055.10	含天然麝香的安宫牛黄丸(已配定剂量或零售包装)	3	30		17	0	千克	EFQ		0	2	0
30049055.90	其他安宫牛黄丸(已配定剂量或零售包装)	3	30		17	15	千克	Q		0	2	0
3004.9059	----其他											
30049059.10	含濒危动植物成分的中式成药(已配定剂量或零售包装)	3	30		17	0	千克	EFQ		0	2	0
30049059.90	含其他成分的中式成药(已配定剂量或零售包装)	3	30		17	15	千克	Q		0	2	0
3004.9060	--- 含有青蒿素及其衍生物	4	30		17	17	千克	Q		0		0
3004.9090	--- 其他											
30049090.10	含濒危野生动植物成分的药品(已配定剂量或零售包装,不含紫杉醇)	4	30		17	0	千克	EFQ		0	2.8	0
30049090.20	含紫杉醇成分的药品(已配定剂量或制成零售包装)	4	30		17	0	千克	EFQ		0	2.8	0
30049090.30	其他含第 29 章麻醉药品的单方制剂(已配定剂量或制成零售包装)	4	30		17	15	千克	W		0	2.8	0
30049090.41	地芬诺酯复方制剂(已配定剂量或制成零售包装)	4	30		17	15	千克	I		0	2.8	0
30049090.49	其他含第 29 章精神药品的单方制剂(已配定剂量或制成零售包装)	4	30		17	15	千克	I		0	2.8	0
30049090.50	含右丙氧芬及其盐的复方制剂(已配定剂量或制成零售包装)	4	30		17	15	千克	I		0	2.8	0
30049090.60	复方樟脑酊(含阿片酊、樟脑、苯甲酸、八角茴香油等,包括零售包装)	4	30		17	15	千克	W		0	2.8	0
30049090.71	已配剂量含雄甾-4-烯-3α,17β-二醇[4-雄烯二醇(3α,17β)]的单方制剂(包括零售包装)	4	30		17	15	千克	L		0	2.8	0
30049090.72	已配剂量含雄甾-5-烯-3α,17α-二醇[5-雄烯二醇(3α,17α)]的单方制剂(包括零售包装)	4	30		17	15	千克	L		0	2.8	0
30049090.73	已配剂量含雄甾-5-烯-3α,17β-二醇[5-雄烯二醇(3α,17β)]的单方制剂(包括零售包装)	4	30		17	15	千克	L		0	2.8	0
30049090.74	已配剂量含5α-雄烷-3α,17α-二醇[阿法雄烷二醇)或雄甾-4-烯-3α,17α-二醇(4-雄烯二醇(3α,17α)]的单方制剂(包括零售包装)	4	30		17	15	千克	L		0	2.8	0
30049090.75	已配剂量含5α-雄烷-3β,17β-二醇(倍他雄烷二醇)的单方制剂(包括零售包装)	4	30		17	15	千克	L		0	2.8	0
30049090.77	含表雄酮(3β-羟基-5α-雄烷-17-酮)的单方制剂(已配剂量或制成零售包装)	4	30		17	15	千克	L		0	2.8	0
30049090.78	已配剂量含齐帕特罗的单方制剂(包括零售包装)	4	30		17	15	千克	L		0	2.8	0
30049090.79	已配剂量含表睾酮的单方制剂(包括零售包装)	4	30		17	15	千克	L		0	2.8	0
30049090.81	兽用已配剂量含右旋糖苷铁、替泊沙林、布他磷制剂(包括零售包装)	4	30		17	15	千克	R		0	2.8	0
30049090.82	兽用已配剂量含硝碘酚腈、氟尼辛葡甲胺、美洛昔康制剂(包括零售包装)	4	30		17	15	千克	R		0	2.8	0

协定税率 %										特惠税率 %				Article Description
巴基斯坦	冰岛	哥斯达黎	秘鲁	新西兰	瑞士	新加坡	韩国	澳大利亚	港澳台	老挝	孟加拉	33国	7国	
0	0	0	0	0	0		0	0	0/0/		0	0	0	Traditional Chinese medicine wine, containing constituents from endangered animals and plants (put up in measured doses or in forms or packings for retail sale)
0	0	0	0	0	0		0	0	0/0/		0	0	0	Traditional Chinese medicine wine, containing other constituents (put up in measured doses or in forms or packings for retail sale)
0	0	0	0	0	0		0	0	0/0/		0	0	0	----Pien Tzu Huang
														----Bai Yao
0	0	0	0	0	0		0	0	0/0/		0	0	0	Baiyao, containing natural musk (put up in measured doses or in forms or packings for retail sale)
0	0	0	0	0	0		0	0	0/0/		0	0	0	Baiyao, containing artificial musk (put up in measured doses or in forms or packings for retail sale)
0	0	0	0	0	0		0	0	0/0/		0	0	0	----Essential balm
														----Angong niuhuang wan
0	0	0	0	0	0		0	0	0/0/		0	0	0	Angong Niuhuang Wan, containing natural musk (put up in measured doses or in forms or packings for retail sale)
0	0	0	0	0	0		0	0	0/0/		0	0	0	Other angong Niuhuang Wan, containing natural musk (put up in measured doses or in forms or packings for retail sale)
														----Other
0	0	0	0	0	0		0	0	0/0/		0	0	0	Chinese patent medicine, containing constituents from endangered animals and plants (put up in measured doses or in forms or packings for retail sale)
0	0	0	0	0	0		0	0	0/0/		0	0	0	Chinese patent medicine, containing other constituents (put up in measured doses or in forms or packings for retail sale)
0	0	0	0	0	0		0	0	0/0/		0	0	0	--- containing artemisinins and their derivatives
														--- Other
0	0	0	0	0	2.8		0	0	0/0/			0	0	Medicaments, containing constituents from endangered wild animals and plants (other than paclitaxel), put up in measured doses or in forms or packings for retail sale
0	0	0	0	0	2.8		0	0	0/0/			0	0	Medicaments, containing paclitaxel (put up in measured doses or in forms or packings for retail sale)
0	0	0	0	0	2.8		0	0	0/0/			0	0	Other prescribed preparations, containing narcotics of Chapter 29 (put up in measured doses or in forms or packings for retail sale)
0	0	0	0	0	2.8		0	0	0/0/			0	0	Compound preparations of diphenoxylate (put up in measured doses or in forms or packings for retail sale)
0	0	0	0	0	2.8		0	0	0/0/			0	0	Other prescribed preparations, containing psychotropic drugs of Chapter 29 (put up in measured doses or in forms or packings for retail sale)
0	0	0	0	0	2.8		0	0	0/0/			0	0	Compound preparations, containing dextropropoxyphene and its salts (put up in measured doses or in forms or packings for retail sale)
0	0	0	0	0	2.8		0	0	0/0/			0	0	Compound camphor tincture (containing tincture of opium, camphor, benzoic acid, star anise oil, etc, including those in forms or packings for retail sale)
0	0	0	0	0	2.8		0	0	0/0/			0	0	Prescribed preparations, containing androst-4-ene-3α, 17β -diol, put up in measured doses (including in forms or packings for retail sale)
0	0	0	0	0	2.8		0	0	0/0/			0	0	Prescribed preparations, containing androst-5-ene-3α, 17α-diol, put up in measured doses (including in forms or packings for retail sale)
0	0	0	0	0	2.8		0	0	0/0/			0	0	Prescribed preparations, containing androst-5-ene-3α, 17β-diol, put up in measured doses (including in forms or packings for retail sale)
0	0	0	0	0	2.8		0	0	0/0/			0	0	Prescribed preparations, containing 5α-androstane-3α, 17α-diol , put up in measured doses (including in forms or packings for retail sale)
0	0	0	0	0	2.8		0	0	0/0/			0	0	Prescribed preparations, containing 5α-androstane-3β,17β-diol, put up in measured doses (including those in forms or packings for retail sale)
0	0	0	0	0	2.8		0	0	0/0/			0	0	Prescribed preparations, containing Androsterone(3β-hydroxy-5α-androstan-17-one)put up in measured doses or in forms or packings for retail sale
0	0	0	0	0	2.8		0	0	0/0/			0	0	Prescribed preparations, containing zilpaterol, put up in measured doses (including those in forms or packings for retail sale)
0	0	0	0	0	2.8		0	0	0/0/			0	0	Prescribed preparations, containing epitestosterone, put up in measured doses (including those in forms or packings for retail sale)
0	0	0	0	0	2.8		0	0	0/0/			0	0	Preparations containing iron dextran, tepoxalin, butafosfan for veterinary medicaments, put up in measured doses (including those in forms or packings for retail sale)
0	0	0	0	0	2.8		0	0	0/0/			0	0	Preparations containing nitroxinil, flunixin meglumine, meloxicam for veterinary medicaments, put up in measured doses (including those in forms or packings for retail sale)

税 号	货 品 名 称	进口关税 %			增值/消费税%	出口退税 %	统计计量单位	监管证件代码	检验检疫类别	协定税率 %		
		最惠国	普通	年内暂定						东盟	亚太	智利
30049090.91	含 FG-4592(CAS 号 808118-40-3，一种缺氧诱导因子-脯氨酸羟化酶抑制剂)的已配定剂量的制剂(包括零售包装)	4	30		17	15	千克	Q		0	2.8	0
30049090.99	其他已配定剂量的药品(包括零售包装)	4	30		17	15	千克	Q		0	2.8	0
30.05	**软填料、纱布、绷带及类似物品（例如，敷料、橡皮膏、泥罨剂），经过药物浸涂或制成零售包装供医疗、外科、牙科或兽医用：**											
	- 胶粘敷料及有胶粘涂层的其他物品：											
3005.1010	--- 橡皮膏	5	70		17	15	千克			0		0
3005.1090	--- 其他	5	35		17	15	千克			0		0
	- 其他：											
3005.9010	--- 药棉、纱布、绷带	5	70		17	15	千克			0	3	0
3005.9090	--- 其他	5	35		17	15	千克			0		0
30.06	**本章注释四所规定的医药用品：**											
3006.1000	- 无菌外科肠线、类似的无菌缝合材料（包括外科或牙科用无菌可吸收缝线）及外伤创口闭合用的无菌粘合胶布；无菌昆布及无菌昆布塞条；外科或牙科用无菌吸收性止血材料；外科或牙科用无菌抗粘连阻隔材料，不论是否可吸收	5	30		17	15	千克			0		0
3006.2000	- 血型试剂	3	20		17	15	千克	AB	V/W	0		0
3006.3000	- X 光检查造影剂；用于病人的诊断试剂	4	30		17	15	千克	ABQ	V/W	0		0
3006.4000	- 牙科粘固剂及其他牙科填料；骨骼粘固剂	5	30		17	15	千克			0		0
3006.5000	- 急救药箱、药包	5	30		17	15	千克			0		0
	- 以激素、税目 29.37 的其他产品或杀精子剂为基本成分的化学避孕药物：											
3006.6010	--- 以激素为基本成分的避孕药物	0	0		0	0	千克	Q				
3006.6090	--- 其他	0	0		0	0	千克	Q				
3006.7000	- 专用于人类或兽药的凝胶制剂，作为外科手术或体检时躯体部位的润滑剂，或者作为躯体和医疗器械之间的耦合剂	6.5	30		17	15	千克			0		0
	- 其他：											
3006.9100	-- 可确定用于造口术的用具	10	80		17	15	千克			0	9.2	0
3006.9200	-- 废药物	5	30		17	15	千克	9		0		0

协定税率 %										特惠税率 %				Article Description
巴基斯坦	冰岛	哥斯达黎	秘鲁	新西兰	瑞士	新加坡	韩国	澳大利亚	港澳台	老挝	孟加拉	33 国	7 国	
0	0	0	0	0	2.8		0	0	0/0/			0	0	Prescribed preparations, containing FG-4592(CAS:808118-40-3), put up in measured doses (including in forms or packings for retail sale)
0	0	0	0	0	2.8		0	0	0/0/			0	0	Other medicaments (put up in measured doses (including in forms or packings for retail sale)
														Wadding, gauze, bandages and similar articles(for example, dressings, adhesive plasters, poultices),impregnated or coated with pharmaceutical substances or put up in forms or packings for retail sale for medical, surgical, dental or veterinary purposes:
														- Adhesive dressings and other articles having an adhesive layer:
0	0	0	0	0	0		3	0	/0/		0	0	0	--- Adhesive plasters
0		0	0	0	0		3	0	/0/		0	0	0	--- Other
														- Other:
0	0	0	0	0	0		3	0	0//		0	0	0	--- Absorbent cotton, gauze, bandages
0		0	0	0	0		3	0	0/0/		0	0	0	--- Other
														Pharmaceutical goods specified in Note 4 to this Chapter:
0	0	0	0	0	2		3	0	0/0/		0	0	0	- Sterile surgical catgut, similar sterile suture materials (including sterile absorbable surgical or dental yarns) and sterile tissue adhesives for surgical wound closure; sterile laminaria and sterile laminaria tents; sterile absorbable surgical or dental haemostatics; sterile surgical or dental adhesion barriers, whether or not absorbable
0	0	0	0	0	2.1		0	0			0	0	0	- Blood-grouping reagents
0	0	0	0	0	1.6		0	0			0	0	0	- Opacifying preparations for X-ray examinations;diagnostic reagents designed to be administered to the patient
0	0	0	0	0	2		4	0			0	0	0	- Dental cements and other dental fillings;bone reconstruction cements
0	0	0	0	0	0		3	0			0	0	0	- First-aid boxes and kits
														- Chemical contraceptive preparations based on hormones, on other products of heading 29.37 or on spermicides:
							0	0			0	0	0	--- contraceptive preparations based on hormones
							0	0			0	0	0	--- Other
5	0	0	0	0	2.6		3.9	3.9	0//		0	0	0	- Gel preparations designed to be used in human or veterinary medicine as a lubricant for parts of the body for surgical operations or physical examinations or as a coupling agent between the body and medical instruments
														- Other:
9.2	0	0	0	0	4	0	8	6	0/0/		0	0	0	-- Appliances identifiable for ostomy use
0	0	0	0	0	0		3	0			0	0	0	-- Waste pharmaceuticals

第三十一章 肥 料

注释:

一、本章不包括:

(一)税目 05.11 的动物血;

(二)单独的已有化学定义的化合物[符合下列注释二(一)、三(一)、四(一)或五所规定的化合物除外];或

(三)税目 38.24 的每颗重量不低于 2.5 克的氯化钾培养晶体(光学元件除外);氯化钾光学元件(税目 90.01)。

二、税目 31.02 只适用于下列货品,但未制成税目 31.05 所述形状或包装:

(一)符合下列任何一条规定的货品:

1. 硝酸钠,不论是否纯净;
2. 硝酸铵,不论是否纯净;
3. 硫酸铵及硝酸铵的复盐,不论是否纯净;
4. 硫酸铵,不论是否纯净;
5. 硝酸钙及硝酸铵的复盐(不论是否纯净)或硝酸钙及硝酸铵的混合物;
6. 硝酸钙及硝酸镁的复盐(不论是否纯净)或硝酸钙及硝酸镁的混合物;
7. 氰氨化钙,不论是否纯净或用油处理;
8. 尿素,不论是否纯净。

(二)由上述(一)款任何货品相互混合的肥料;

(三)由氯化铵或上述(一)或(二)款任何货品与白垩、石膏或其他无肥效无机物混合而成的肥料;

(四)由上述(一)2 或 8 项的货品或其混合物溶于水或液氨的液体肥料。

三、税目 31.03 只适用于下列货品,但未制成税目 31.05 所述形状或包装:

(一)符合下列任何一条规定的货品:

1. 碱性熔渣;
2. 税目 25.10 的天然磷酸盐,已焙烧或经过超出清除杂质范围的热处理;
3. 过磷酸钙(一过磷酸钙、二过磷酸钙或三过磷酸钙);
4. 磷酸氢钙,按干燥无水产品重量计含氟量不低于 0.2%。

(二)由上述(一)款的任何货品相互混合的肥料,不论含氟量多少。

(三)由上述(一)或(二)款的任何货品与白垩、石膏或其他无肥效无机物混合而成的肥料,不论含氟量多少。

四、税目 31.04 只适用于下列货品,但未制成税目 31.05 所述形状或包装:

(一)符合下列任何一条规定的货品:

1. 天然粗钾盐(例如,光卤石、钾盐镁矾及钾盐);
2. 氯化钾,不论是否纯净,但上述注释一(三)所述的产品除外;
3. 硫酸钾,不论是否纯净;
4. 硫酸镁钾,不论是否纯净。

(二)由上述(一)款任何货品相互混合的肥料。

五、磷酸二氢铵及磷酸氢二铵(不论是否纯净)及其相互之间的混合物应归入税目 31.05。

六、税目 31.05 所称"其他肥料",仅适用于其基本成分至少含有氮、磷、钾中一种肥效元素的肥料用产品。

Chapter 31　Fertilisers

Chapter Notes:

1. This Chapter does not cover:

(a) Animal blood of heading 05.11;

(b) Separate chemically defined compounds (other than those answering to the descriptions in Note 2 (a), 3 (a), 4 (a) or 5 below); or

(c) Cultured potassium chloride crystals (other than optical elements) weighing not less than 2.5 g each, of heading 38.24; optical elements of potassium chloride (heading 90.01).

2. Heading 31.02 applies only to the following goods, provided that they are not put up in the forms or packages described in heading 31.05:

(a) Goods which answer to one or other of the descriptions given below:

(i) Sodium nitrate, whether or not pure;

(ii) Ammonium nitrate, whether or not pure;

(iii) Double salts, whether or not pure, of ammonium sulphate and ammonium nitrate;

(iv) Ammonium sulphate, whether or not pure;

(v) Double salts (whether or not pure) or mixtures of calcium nitrate and ammonium nitrate;

(vi) Double salts (whether or not pure) or mixtures of calcium nitrate and magnesium nitrate;

(vii) Calcium cyanamide, whether or not pure or treated with oil;

(viii) Urea, whether or not pure.

(b) Fertilisers consisting of any of the goods described In (a) above mixed together;

(c) Fertilisers consisting of ammonium chloride or of any of the goods described in (a) or (b) above mixed with chalk, gypsum or other inorganic non-fertilising substances;

(d) Liquid fertilisers consisting of the goods of subparagraph (a) (ii) or (viii) above, or of mixtures of those goods, in an aqueous or ammoniacal solution.

3. Heading 31.03 applies only to the following goods, provided that they are not put up in the forms or packages described in heading 31.05:

(a) Goods which answer to one or other of the descriptions given below:

(i) Basic slag;

(ii) Natural phosphates of heading 25.10, calcined or further heat-treated than for the removal of impurities;

(iii) Superphosphates (single, double or triple);

(iv) Calcium hydrogenorthophosphate containing not less than 0.2% by weight of fluorine calculated on the dry anhydrous product.

(b) Fertilisers consisting of any of the goods described in (a) above mixed together, but with no account being taken of the fluorine content limit.

(c) Fertilisers consisting of any of the goods described in (a) or (b) above, but with no account being taken of the fluorine content limit, mixed with chalk, gypsum or other inorganic non-fertilising substances.

4. Heading 31.04 applies only to the following goods, provided that they are not put up in the forms or packages described in heading 31.05:

(a) Goods which answer to one or other of the descriptions given below:

(i) Crude natural potassium salts (for example, carnallite, kainite and sylvite);

(ii) Potassium chloride, whether or not pure, except as provided in Note 1 (c) above;

(iii) Potassium sulphate, whether or not pure;

(iv) Magnesium potassium sulphate, whether or not pure.

(b) Fertilisers consisting of any of the goods described in (a) above mixed together.

5. Ammonium dihydrogenorthophosphate (monoammonium phosphate) and diammonium hydrogenorthophosphate (diammonium phosphate), whether or not pure, and intermixtures thereof, are to be classified in heading 31.05.

6. For the purposes of heading 31.05, the term “other fertilisers” applies only to products of a kind used as fertilisers and containing, as an essential constituent, at least one of the fertilising elements nitrogen, phosphorus or potassium.

税号	货品名称	进口关税% 最惠国	进口关税% 普通	进口关税% 年内暂定	增值/消费税%	出口退税%	统计计量单位	监管证件代码	检验检疫类别	协定税率% 东盟	协定税率% 亚太	协定税率% 智利
31.01	**动物或植物肥料,不论是否相互混合或经化学处理;动植物产品经混合或化学处理制成的肥料:**											
	--- 未经化学处理:											
3101.0011	----鸟粪	3	11		13	0	千克	AB	P/Q	0		0
3101.0019	----其他											
31010019.10	未经化学处理的森林凋落物(包括腐叶、腐根、树皮、树叶、树根等森林腐殖质)	6.5	30		13	0	千克	8AB	P/Q	0		0
31010019.90	未经化学处理的其他动植物肥料	6.5	30		13	0	千克	AB	P/Q	0		0
3101.0090	--- 其他											
31010090.10	经化学处理的含动物源性成分(如粪、羽毛等)动植物肥料	4	11		13	0	千克	AB	P/Q	0		0
31010090.20	经化学处理的森林凋落物(包括腐叶、腐根、树皮、树叶、树根等森林腐殖质)	4	11		13	0	千克	8AB	P/Q	0		0
31010090.90	经化学处理的其他动植物肥料	4	11		13	0	千克	AB	P/Q	0		0
31.02	**矿物氮肥及化学氮肥:**											
3102.1000	- 尿素,不论是否水溶液											
31021000.10	尿素(配额内,不论是否水溶液)	4	150		13	0	千克	At	M/		40	
31021000.90	尿素(配额外,不论是否水溶液)	50	150		13	0	千克	A	M/		40	
	- 硫酸铵;硫酸铵和硝酸铵的复盐及混合物:											
3102.2100	-- 硫酸铵	4	11		13	0	千克	7AB	M/S	0		0
3102.2900	-- 其他	4	11		13	0	千克	7		0		0
3102.3000	- 硝酸铵,不论是否水溶液	4	11		13	0	千克	9		0		0
3102.4000	- 硝酸铵与碳酸钙或其他无肥效无机物的混合物	4	11		13	0	千克	7		0		0
3102.5000	- 硝酸钠	4	11		13	0	千克	7AB	M/NS	0		0
3102.6000	- 硝酸钙和硝酸铵的复盐及混合物	4	11		13	0	千克	7		0		0
3102.8000	- 尿素及硝酸铵混合物的水溶液或氨水溶液	4	11		13	0	千克	7		0		0
	- 其他,包括上述子目未列名的混合物:											
3102.9010	--- 氰氨化钙	4	11		13	0	千克	7AB	M/N	0		0
3102.9090	--- 其他	4	11		13	0	千克	7		0		0
31.03	**矿物磷肥及化学磷肥:**											
	- 过磷酸钙:											
3103.1010	--- 重过磷酸钙	4	11	1	13	0	千克	7A	M/	0		0
3103.1090	--- 其他	4	11	1	13	0	千克	7A	M/	0		0
3103.9000	- 其他	4	11	1	13	0	千克	7		0		0
31.04	**矿物钾肥及化学钾肥:**											
	- 氯化钾:											
3104.2020	--- 纯氯化钾	3	11		13	0	千克	7A	M/	0		0
3104.2090	--- 其他	3	11	1	13	0	千克	7AB	M/S	0		0
3104.3000	- 硫酸钾	3	11	1	13	0	千克	7A	M/	0		0
	- 其他:											
3104.9010	--- 光卤石、钾盐及其他天然粗钾盐	3	11	1	13	0	千克	7		0		0
3104.9090	--- 其他	3	11	1	13	0	千克	7		0		0
31.05	**含氮、磷、钾中两种或三种肥效元素的矿物肥料或化学肥料;其他肥料;制成片及类似形状或每包毛重不超过10千克的本章各项货品:**											
3105.1000	- 制成片及类似形状或每包毛重不超过10千克的本章各项货品											
31051000.10	制成片状及类似形状或零售包装的硝酸铵(零售包装每包毛重不超过10千克)	4	11	1	13	0	千克	9		0		0
31051000.90	制成片状及类似形状或零售包装的第31章其他货品(零售包装每包毛重不超过10千克)	4	11	1	13	0	千克	7		0		0
3105.2000	- 含氮、磷、钾三种肥效元素的矿物肥料或化学肥料											
31052000.10	化学肥料或矿物肥料(配额内,含氮、磷、钾三种肥效元素)	4	150		13	0	千克	At	M/			

协定税率 %										特惠税率 %				Article Description
巴基斯坦	冰岛	哥斯达黎	秘鲁	新西兰	瑞士	新加坡	韩国	澳大利亚	港澳台	老挝	孟加拉	33 国	7 国	
														Animal or vegetable fertilizers, whether or not mixed together or chemically treated; fertilizers produced by the mixing or chemical treatment of animal or vegetable products:
														--- Not chemically treated:
0	0	0	0	0	0		0	0			0	0	0	----Guano
														----Other
5	0	0	0	0	2.6		3.9	3.9	/0/		0	0	0	Forest litter, not chemically treated (including rotted leaves, rotted roots, bark, leaves, roots and forest humus)
5	0	0	0	0	2.6		3.9	3.9	/0/		0	0	0	Other animal or vegetable fertilizer, not chemically treated
														--- Other
0	0	0	0	0	0		3.4	0	0//		0	0	0	Animal or vegetable fertilizer, chemically treated, containing constituents of animal origin (e.g., dung, feather, etc)
0	0	0	0	0	0		3.4	0	0//		0	0	0	Forest litter, chemically treated (including rotted leaves, rotted roots, bark, leaves, roots and forest humus)
0	0	0	0	0	0		3.4	0	0//		0	0	0	Other animal or vegetable fertilizer, chemically treated
														Mineral or chemical fertilizers, nitrogenous:
														- Urea, whether or not in aqueous solution
40									0//					Urea, whether or not in aqueous solution, in-quota
40									0//					Urea, whether or not in aqueous solution, out-of-quota
														- Ammonium sulphate;double salts and mixtures of ammonium sulphate and ammonium nitrate:
0	0	0	0	0	0		0	0				0	0	-- Ammonium sulphate
0	0	0	0	0	0		0	0				0	0	-- Other
0	0	0	0	0	0		0	0				0	0	- Ammonium nitrate, whether or not in aqueous solution
0	0	0	0	0	0		0	0				0	0	- Mixtures of ammonium nitrate with calcium carbonate or other inorganic nonfertilizing substances
0	0	0	0	0	0		0	0				0	0	- Sodium nitrate
0	0	0	0	0	0		0	0				0	0	- Double salts and mixtures of calcium nitrate and ammonium nitrate
0	0	0	0	0	0		0	0				0	0	- Mixtures Of urea and ammonium nitrate In aqueous or ammoniacal solution
														- Other, including mixtures not specified in the foregoing subheadings:
0	0	0	0	0	0		0	0				0	0	--- Calcium cyanamide
0	0	0	0	0	0		0	0				0	0	--- Other
														Mineral or chemical fertilizers, phosphatic:
														- Superphosphates:
0	0	0	0	0	0		0	0				0	0	--- Triple superphosphates
0	0	0	0	0	0		0	0				0	0	--- Other
0	0	0	0	0	0		0	0				0	0	- Other
														Mineral or chemical fertilizers, potassic:
														- Potassium chloride:
0	0	0	0	0	0		0	0				0	0	--- Pure potassium chloride
0	0	0	0	0	0		0	0				0	0	--- Other
0	0	0	0	0	0		2.6	0				0	0	- Potassium sulphate
														- Other:
0	0	0	0	0	0		0	0				0	0	--- Carnallite, sylvite and other crude natural potassium salts
0	0	0	0	0	0		0	0				0	0	--- Other
														Mineral or chemical fertilizers containing two or three of the fertilizing elements nitrogen, phosphorus and potassium; other fertilizers; goods of this Chapter in tablets or similar forms or in packages of a gross weight not exceeding 10kg:
														- Goods of this Chapter in tablets or similar forms or in packages of a gross weight not exceeding 10kg
0	0	0	0	0	0		0	0	0//			0	0	Ammonium nitrate, in tablets or similar forms or in packages for retail sale, of a gross weight not exceeding 10kg
0	0	0	0	0	0		0	0	0//			0	0	Other goods of the Chapter 31, in tablets or similar forms or in packages for retail sale, of a gross weight not exceeding 10kg
														- Mineral or chemical fertilizers containing the three fertilizing elements nitrogen ,phosphorus and potassium
									0//					Mineral or chemical fertilizers containing the three fertilizing elements nitrogen, phosphorus and potassium, in-quota

税号	货品名称	进口关税 %			增值/消费税%	出口退税%	统计计量单位	监管证件代码	检验检疫类别	协定税率 %		
		最惠国	普通	年内暂定						东盟	亚太	智利
31052000.90	化学肥料或矿物肥料(配额外,含氮、磷、钾三种肥效元素)	50	150		13	0	千克	A	M/			
3105.3000	- 磷酸氢二铵											
31053000.10	磷酸氢二铵(配额内)	4	150		13	0	千克	ABt	M/S			
31053000.90	磷酸氢二铵(配额外)	50	150		13	0	千克	AB	M/S			
3105.4000	- 磷酸二氢铵及磷酸二氢铵与磷酸氢二铵的混合物	4	11	1	13	0	千克	7A	M/	0		0
	- 其他含氮、磷两种肥效元素的矿物肥料或化学肥料:											
3105.5100	-- 含有硝酸盐及磷酸盐	4	11	1	13	0	千克	7A	M/	0		0
3105.5900	-- 其他	4	11	1	13	0	千克	7A	M/	0		0
3105.6000	- 含磷、钾两种肥效元素的矿物肥料或化学肥料	4	11	1	13	0	千克	7A	M/	0		0
3105.9000	- 其他	4	11	1	13	0	千克	7A	M/	0		0

协定税率 %										特惠税率 %				Article Description
巴基斯坦	冰岛	哥斯达黎加	秘鲁	新西兰	瑞士	新加坡	韩国	澳大利亚	港澳台	老挝	孟加拉	33 国	7 国	
									0//					Mineral or chemical fertilizers containing the three fertilizing elements nitrogen, phosphorus and potassium, out-of-quota
														- Diammonium hydrogenorthophosphate(diammonium phosphate)
														Diammonium hydrogenorthophosphate (diammonium phosphate), in-quota
														Diammonium hydrogenorthophosphate (diammonium phosphate), out-of-quota
0	0	0	0	0	0		0	0				0	0	- Ammonium dihydrogenorthophosphate (monoammonium phosphate) and mixtures thereof with diammonium hydrogenorthophosphate (diammonium phosphate)
														- Other mineral or chemical fertilizers containing the two fertilizing elements nitrogen and phosphorus:
0	0	0	0	0	0		0	0	0//			0	0	-- Containing nitrates and phosphates
0	0	0	0	0	0		0	0				0	0	-- Other
0	0	0	0	0	0		0	0	0//			0	0	- Mineral or chemical fertilizers containing the two fertilizing elements phosphorus and potassium
0	0	0	0	0	0		0	0	0//			0	0	- Other

第三十二章 鞣料浸膏及染料浸膏；鞣酸及其衍生物；染料、颜料及其他着色料；油漆及清漆；油灰及其他类似胶粘剂；墨水、油墨

注释：

一、本章不包括：

（一）单独的已有化学定义的化学元素及化合物（税目 32.03 及 32.04 的货品、税目 32.06 的用作发光体的无机产品、税目 32.07 所述形状的熔融石英或其他熔融硅石制成的玻璃及税目 32.12 的零售形状或零售包装的染料及其他着色料除外）；

（二）税目 29.36 至 29.39、29.41 及 35.01 至 35.04 的鞣酸盐及其他鞣酸衍生物；或

（三）沥青胶粘剂（税目 27.15）。

二、税目 32.04 包括生产偶氮染料用的稳定重氮盐与偶合物的混合物。

三、税目 32.03、32.04、32.05 及 32.06 也包括以着色料为基本成分的制品（例如，税目 32.06 包括以税目 25.30 或第二十八章的颜料，金属粉片及金属粉末为基本成分的制品）。该制品是用作原材料着色剂的拼料。但以上税目不包括分散在非水介质中呈液状或浆状的制漆用颜料，例如，税目 32.12 的瓷漆及税目 32.07、32.08、32.09、32.10、32.12、32.13 及 32.15 的其他制品。

四、税目 32.08 包括由税目 39.01 至 39.13 所列产品溶于挥发性有机溶剂的溶液（胶棉除外），但溶剂重量必须超过溶液重量的 50%。

五、本章所称“着色料”，不包括作为油漆填料的产品，不论这些产品能否用于水浆涂料的着色。

六、税目 32.12 所称“压印箔”，只包括用以压印诸如书本封面或帽带之类的薄片，这些薄片由以下材料构成：

（一）金属粉（包括贵金属粉）或颜料经胶水、明胶及其他粘合剂凝结而成的；或

（二）金属（包括贵金属）或颜料沉积于任何材料衬片上的。

税号	货品名称	进口关税 %			增值/消费税%	出口退税%	统计计量单位	监管证件代码	检验检疫类别	协定税率 %		
		最惠国	普通	年内暂定						东盟	亚太	智利
32.01	植物鞣料浸膏；鞣酸及其盐、醚、酯和其他衍生物：											
3201.1000	- 坚木浸膏	5	35		17	0	千克			0		0
3201.2000	- 荆树皮浸膏	6.5	35		17	0	千克			0		0
	- 其他：											
3201.9010	--- 其他鞣料浸膏											
32019010.10	其他濒危植物鞣料浸膏	6.5	40		17	0	千克	EF		0		0
32019010.90	其他植物鞣料浸膏	6.5	40		17	0	千克			0		0
3201.9090	--- 其他	6.5	35		17	0	千克			0		0
32.02	有机合成鞣料；无机鞣料；鞣料制剂，不论是否含有天然鞣料；预鞣用酶制剂：											
3202.1000	- 有机合成鞣料	6.5	35		17	0	千克			0		0
3202.9000	- 其他											
32029000.10	无铬鞣料（不论是否含有天然鞣料，包括预鞣用酶制剂）	6.5	35	3	17	0	千克			0		0
32029000.90	其他无机鞣料、鞣料制剂等（不论是否含有天然鞣料，包括预鞣用酶制剂）	6.5	35		17	0	千克			0		0
32.03	动植物质着色料（包括染料浸膏，但动物碳黑除外），不论是否已有化学定义；本章注释三所述的以动植物质着色料为基本成分的制品：											
	--- 植物质着色料及以其为基本成分的制品：											
3203.0011	----天然靛蓝及以其为基本成分的制品	6.5	80		17	0	千克	AB	R/S	0		0
3203.0019	----其他											
32030019.10	濒危植物质着色料及制品（制品是指以植物质着色料为基本成分的）	6.5	45		17	0	千克	ABEF	R/S	0		0

Chapter 32 Tanning or dyeing extracts; tannins and their derivatives; dyes, pigments and other colouring matter; paints and varnishes; putty and other mastics; inks

Chapter Notes:

1. This Chapter does not cover:

   (a) Separate chemically defined elements or compounds (except those of heading 32.03 or 32.04, inorganic products of a kind used as luminophores (heading 32.06), glass obtained from fused quartz or other fused silica in the forms provided for in heading 32.07, and also dyes and other colouring matter put up in forms or packings for retail sale, of heading 32.12);

   (b) Tannates or other tannin derivatives of products of headings 29.36 to 29.39, 29.41 or 35.01 to 35.04; or

   (c) Mastics of asphalt or other bituminous mastics (heading 27.15).

2. Heading 32.04 includes mixtures of stabilised diazonium salts and couplers for the production of azo dyes.

3. Headings 32.03, 32.04, 32.05 and 32.06 apply also to preparations based on colouring matter (including, in the case of heading 32.06, colouring pigments of heading 25.30 or Chapter 28, metal flakes and metal powders), of a kind used for colouring any material or used as ingredients in the manufacture of colouring preparations. The headings do not apply, however, to pigments dispersed in non-aqueous media, in liquid or paste form, of a kind used in the manufacture of paints, including enamels (heading 32.12), or to other preparations of heading 32.07, 32.08, 32.09, 32.10, 32.12, 32.13 or 32.15.

4. Heading 32.08 includes solutions (other than collodions) consisting of any of the products specified in headings 39.01 to 39.13 in volatile organic solvents when the weight of the solvent exceeds 50% of the weight of the solution.

5. The expression "colouring matter" in this Chapter does not include products of a kind used as extenders in oil paints, whether or not they are also suitable for colouring distempers.

6. The expression "stamping foils" in heading 32.12 applies only to thin sheets of a kind used for printing, for example, book covers or hat bands, and consisting of:

   (a) Metallic powder (including powder of precious metal) or pigment, agglomerated with glue, gelatin or other binder; or

   (b) Metal (including precious metal) or pigment, deposited on a supporting sheet of any material.

协定税率 %										特惠税率 %				Article Description
巴基斯坦	冰岛	哥斯达黎	秘鲁	新西兰	瑞士	新加坡	韩国	澳大利亚	港澳台	老挝	孟加拉	33 国	7 国	
														Tanning extracts of vegetable origin;tannins and their salts ,ethers, esters and other derivatives:
0	0	0	0	0	0		3	0				0	0	- Quebracho extract
5	0	0	0	0	2.6		3.9	3.9				0	0	- Wattle extract
														- Other:
														--- Other tanning Extracts
5	0	0	0	0	2.6		3.9	3.9				0	0	Other tanning extracts of endangered vegetable origin
5	0	0	0	0	2.6		3.9	3.9				0	0	Other tanning extracts of vegetable origin
5	0	0	0	0	2.6		3.9	3.9				0	0	--- Other
														Synthetic organic tanning substances; inorganic tanning substances; tanning preparations, whether or not containing natural tanning substances; enzymatic preparations for pre-tanning:
5	0	0	0	0	2.6		3.9	3.9	0//			0	0	- Synthetic organic tanning substances
														- Other
5	0	0	0	0	2.6		3.9	3.9	0/0/			0	0	Tanning substances without chromium, whether or not containing natural tanning substances, including enzymatic preparations for pre-tanning
5	0	0	0	0	2.6		3.9	3.9	0/0/			0	0	Other inorganic tanning substances and tanning preparations, whether or not containing natural tanning substances, including enzymatic preparations for pre-tanning
														Colouring matter of vegetable or animal origin (including dyeing extracts but excluding animal black),whether or not chemically defined; preparations as specified in Note 3 to this Chapter based on colouring matter of vegetable or animal origin:
														--- Colouring matter of vegetable origin and preparations based thereon:
5	0	0	4.1	0	2.6		3.9	3.9			0	0	0	----Natural indigo and preparations based thereon
														----Other
5	0	0	4.1	0	2.6		3.9	3.9	/0/		0	0	0	Colouring matter of endangered vegetable origin and preparations based thereon

税号	货品名称	进口关税 % 最惠国	普通	年内暂定	增值/消费税%	出口退税%	统计计量单位	监管证件代码	检验检疫类别	协定税率 % 东盟	亚太	智利
32030019.90	其他植物质着色料及制品(制品是指以植物质着色料为基本成分的)	6.5	45		17	13	千克	AB	R/S	0		0
3203.0020	--- 动物质着色料及以其为基本成分的制品	6.5	50		17	13	千克	A	MR/	0		0
32.04	**有机合成着色料，不论是否已有化学定义；本章注释三所述的以有机合成着色料为基本成分的制品；用作荧光增白剂或发光体的有机合成产品，不论是否已有化学定义：**											
	- 有机合成着色料及本章注释三所述的以有机合成着色料为基本成分的制品：											
3204.1100	-- 分散染料及以其为基本成分的制品	6.5	35		17	0	千克	AB	R/S	0	5.8	0
3204.1200	-- 酸性染料（不论是否预金属络合）及以其为基本成分的制品；媒染染料及以其为基本成分的制品	6.5	35		17	0	千克	AB	R/S	0	5.8	0
3204.1300	-- 碱性染料及以其为基本成分的制品	6.5	35		17	0	千克	AB	R/S	0	6	0
3204.1400	-- 直接染料及以其为基本成分的制品	6.5	35		17	0	千克	AB	R/S	0	6	0
	-- 瓮染料（包括颜料用的）及以其为基本成分的制品：											
3204.1510	--- 合成靛蓝（还原靛蓝）	6.5	35		17	0	千克	AB	R/S	0	6	0
3204.1590	--- 其他	6.5	35		17	0	千克			0	6	0
3204.1600	-- 活性染料及以其为基本成分的制品	6.5	35		17	0	千克			0	5.8	0
3204.1700	-- 颜料及以其为基本成分的制品	6.5	35		17	0	千克			0	4.6	0
	-- 其他，包括由子目 3204.11 至 3204.19 中两个或多个子目所列着色料组成的混合物：											
	--- 硫化染料及以其为基本成分的制品：											
3204.1911	----硫化黑（硫化青）及以其为基本成分的制品	6.5	35		17	0	千克			0	6	0
3204.1919	----其他	6.5	35		17	0	千克			0	6	0
3204.1990	--- 其他	6.5	35		17	0	千克	AB	R/S	0	6	0
3204.2000	- 用作荧光增白剂的有机合成产品	6.5	40		17	0	千克	A	M/	0	6	0
	- 其他：											
3204.9010	--- 生物染色剂及染料指示剂	6.5	20		17	0	千克			0	6	0
3204.9020	--- 胡萝卜素及类胡萝卜素	6.5	20		17	0	千克			0	6	0
3204.9090	--- 其他	6.5	40		17	0	千克			0	6	0
32.05	**色淀；本章注释三所述的以色淀为基本成分的制品：**											
3205.0000	色淀；本章注释三所述的以色淀为基本成分的制品	6.5	35		17	0	千克	AB	R/S	0		0
32.06	**其他着色料；本章注释三所述的制品，但税目 32.03、32.04 及 32.05 的货品除外；用作发光体的无机产品，不论是否已有化学定义：**											
	- 以二氧化钛为基本成分的颜料及制品：											
	-- 以干物质计二氧化钛含量在 80%及以上的：											
3206.1110	--- 钛白粉	6.5	30		17	0	千克	4xy		0		0
3206.1190	--- 其他	6.5	30		17	0	千克			0		0
3206.1900	-- 其他	10	30		17	0	千克			0		0
3206.2000	- 以铬化合物为基本成分的颜料及制品	6.5	35		17	0	千克			0		0
	- 其他着色料及其他制品：											
3206.4100	-- 群青及以其为基本成分的制品	6.5	35		17	0	千克			0		0
	-- 锌钡白及以硫化锌为基本成分的其他颜料和制品：											
3206.4210	--- 锌钡白	6.5	30		17	0	千克			0		0
3206.4290	--- 其他	6.5	30		17	0	千克			0		0
	-- 其他：											
	--- 以铋化合物为基本成分的颜料及制品：											
3206.4911	----以钒酸铋为基本成分的颜料及制品	6.5	35		17	0	千克			0	3.3	0
3206.4919	----其他	6.5	35		17	0	千克			0	3.3	0
3206.4990	--- 其他	6.5	35		17	0	千克			0	3.3	0
3206.5000	- 用作发光体的无机产品	6.5	35		17	0	千克			0	5.9	0

协定税率 %										特惠税率 %				
巴基斯坦	冰岛	哥斯达黎	秘鲁	新西兰	瑞士	新加坡	韩国	澳大利亚	港澳台	老挝	孟加拉	33 国	7 国	Article Description
5	0	0	4.1	0	2.6		3.9	3.9	/0/		0	0	0	Other colouring matter of vegetable origin and preparations based thereon
5	0	0	4.1	0	2.6		3.9	3.9			0	0	0	--- Colouring matter of animal origin and preparations based thereon
														Synthetic organic colouring matter, whether or not chemically defined; preparations as specified in Note 3 to this Chapter based on synthetic organic colouring natter; synthetic organic products of a kind used as fluorescent brightening agents or as luminophores, whether or not chemically defined:
														- Synthetic organic colouring matter and preparations based thereon as specified in Note 3 to this Chapter:
0	0	0	0	0			3.9	3.9			0	0	0	-- Disperse dyes and preparations based thereon
0	0	0	0	0	4.7		0	3.9	0//0		0	0	0	-- Acid dyes, whether or not premetallized, and preparations based thereon;mordant dyes and preparations based thereon
0	0	0	0	0	2.6		3.9	3.9			0	0	0	-- Basic dyes and preparations based thereon
0	0	0	0	0	4.6		0	3.9	//0		0	0	0	-- Direct dyes and preparations based thereon
														-- Vat dyes (including those usable in that state as pigments) and preparations based thereon:
0	0	0	0	0	2.6		5.2	3.9			0	0	0	--- Synthetic indigo(reductive indigo)
0	0	0	0	0	2.6		5.2	3.9			0	0	0	--- Other
0	0	0	0	0	4.7		0	3.9	0//0		0	0	0	-- Reactive dyes and preparations based thereon
0	0	0	0	0	4.6		0	3.9	0//0		0	0	0	-- Pigments and preparations based thereon
														-- Other, including mixtures of colouring matter of two or more of the subheadings No.3204.11 to 3204.19:
														--- Sulphur dyes and preparations based thereon:
0	0	0	0	0	2.6		5.2	3.9			0	0	0	----Sulphur black and preparations based thereon
0	0	0	0	0	2.6		5.2	3.9			0	0	0	----Other
0	0	0	0	0			0	3.9	//0		0	0	0	--- Other
0	0	0	0	0	4.7		0	3.9	0//0		0	0	0	- Synthetic organic products of a kind used as flourescent brightening agents
														- Other:
0	0	0	0	0	4.6		3.9	3.9			0	0	0	--- Biological stains and dye indicators
0	0	0	0	0	2.6		3.9	3.9			0	0	0	--- Carotenes and carotenoids
0	0	0	0	0	2.6		3.9	3.9			0	0	0	--- Other
														Colour lakes;preparations as specified in Note 3 to this Chapter based on colour lakes:
5	0	0	0	0	2.6		5.6	3.9			0	0	0	Colour lakes; preparations as specified in Note 3 to this Chapter based on colour lakes
														Other colouring matter;preparations as specified in Note 3 to this Chapter, other than those of heading32.03,32.04 or 32.05; inorganic products of a kind used as luminophores, whether or not chemically defined:
														- Pigments and preparations based on titanium dioxide:
														-- Containing 80% or more by weight of titanium dioxide calculated on the dry matter:
5	0	0	0	0	2.6		0	3.9	//0		0	0	0	--- Titanium White
5	0	0	0	0	2.6		3.9	3.9			0	0	0	--- Other
5	0	0	0	0	4	0	8	6	0//0		0	0	0	-- Other
5	0	0	0	0	2.6		3.9	3.9			0	0	0	- Pigments and preparations based on chromium compounds
														- Other colouring matter and other preparations:
5	0	0	0	0	2.6		3.9	3.9			0	0	0	-- Ultramarine and preparations based thereon
														-- Lithopone and other pigments and preparations based on zinc sulphide:
5	0	0	0	0	2.6		3.9	3.9			0	0	0	--- Lithopone
5	0	0	0	0	2.6		5.2	3.9			0	0	0	--- Other
														-- Other:
														--- Pigments and preparations based on bismuth compounds
0	0	0	0	0	2.6		5.2	3.9	0//0		0	0	0	----Pigments and preparations based on bismuth vanadate
0	0	0	0	0	2.6		5.2	3.9	0//0		0	0	0	----Other
0	0	0	0	0	2.6		5.2	3.9	0//0		0	0	0	--- Other
5	0	0	0	0	2.6		5.2	3.9			0	0	0	- Inorganic products of a kind used as luminophores

税号	货品名称	进口关税 %			增值/消费税%	出口退税%	统计计量单位	监管证件代码	检验检疫类别	协定税率 %		
		最惠国	普通	年内暂定						东盟	亚太	智利
32.07	**陶瓷、搪瓷及玻璃工业用的调制颜料、遮光剂、着色剂、珐琅和釉料、釉底料（泥釉）、光瓷釉以及类似产品；搪瓷玻璃料及其他玻璃，呈粉、粒或粉片状的：**											
3207.1000	- 调制颜料、遮光剂、着色剂及类似制品	5	50		17	0	千克			0		0
3207.2000	- 珐琅和釉料、釉底料（泥釉）及类似制品	5	50		17	0	千克			0		0
3207.3000	- 光瓷釉及类似制品	5	50		17	0	千克			0		0
3207.4000	- 搪瓷玻璃料及其他玻璃，呈粉、粒或粉片状的	5	50		17	0	千克			0		0
32.08	**以合成聚合物或化学改性天然聚合物为基本成分的油漆及清漆（包括瓷漆及大漆），分散于或溶于非水介质的；本章注释四所述的溶液：**											
3208.1000	- 以聚酯为基本成分											
32081000.10	分散于或溶于非水介质的聚酯油漆及清漆，施工状态下挥发性有机物含量大于420克/升[以聚酯为基本成分的(包括瓷漆及大漆)]	10	50		17/4	0	千克	A	M/	0	9	0
32081000.90	其他分散于或溶于非水介质的聚酯油漆及清漆；以聚酯为基本成分的本章注释四所述溶液[以聚酯为基本成分的(包括瓷漆及大漆)]	10	50		17	0	千克	A	M/	0	9	0
	- 以丙烯酸聚合物或乙烯聚合物为基本成分：											
3208.2010	--- 以丙烯酸聚合物为基本成分											
32082010.11	分散于或溶于非水介质的光导纤维用涂料，施工状态下挥发性有机物含量大于420克/升(主要成分为聚胺酯丙烯酸酯类化合物,以丙烯酸聚合物为基本成分)	10	50	6	17/4	0	千克	A	M/	0	9	0
32082010.19	其他分散于或溶于非水介质的光导纤维用涂料(主要成分为聚胺酯丙烯酸酯类化合物,以丙烯酸聚合物为基本成分)	10	50	6	17	0	千克	A	M/	0	9	0
32082010.91	其他以丙烯酸聚合物为基本成分的油漆、清漆等，施工状态下挥发性有机物含量大于420克/升(分散于或溶于非水质的以丙烯酸聚合物为基本成分,包括瓷漆大漆)	10	50		17/4	0	千克	A	M/	0	9	0
32082010.99	其他以丙烯酸聚合物为基本成分的油漆、清漆等;以丙烯酸聚合物为基本成分的本章注释四所述溶液(分散于或溶于非水质的以丙烯酸聚合物为基本成分,包括瓷漆大漆)	10	50		17	0	千克	A	M/	0	9	0
3208.2020	--- 以乙烯聚合物为基本成分											
32082020.10	溶于非水介质的聚乙烯油漆及清漆,施工状态下挥发性有机物含量大于420克/升[以乙烯聚合物为基本成分(包括瓷漆及大漆)]	10	50		17/4	0	千克	A	M/	0	9	0
32082020.90	其他分散于或溶于非水介质的以乙烯聚合物为基本成分的油漆及清漆;以乙烯聚合物为基本成分的本章注释四所述溶液[以乙烯聚合物为基本成分(包括瓷漆及大漆)]	10	50		17	0	千克	A	M/	0	9	0
	- 其他：											
3208.9010	--- 以聚胺酯类化合物为基本成分											
32089010.11	分散于或溶于非水介质的光导纤维用涂料，施工状态下挥发性有机物含量大于420克/升(主要成分为聚胺酯丙烯酸酯类化合物,以聚胺酯类化合物为基本成分)	10	50	6	17/4	0	千克	A	M/	0	9	0
32089010.19	其他分散于或溶于非水介质的光导纤维用涂料(主要成分为聚胺酯丙烯酸酯类化合物,以聚胺酯类化合物为基本成分)	10	50	6	17	0	千克	A	M/	0	9	0
32089010.91	其他聚胺酯油漆清漆等,施工状态下挥发性有机物含量大于420克/升(溶于非水介质以聚胺酯类化合物为基本成分,含瓷漆大漆)	10	50		17/4	0	千克	A	LM/	0	9	0

协定税率 %										特惠税率 %				Article Description
巴基斯坦	冰岛	哥斯达黎	秘鲁	新西兰	瑞士	新加坡	韩国	澳大利亚	港澳台	老挝	孟加拉	33 国	7 国	
														Prepared pigments ,prepared opacifiers and prepared colours, vitrifiable enamels and glazes, engobes (slips), liquid lustres and similar preparations, of a kind used in the ceramic, enamelling or glass industry; glass frit and other glass, in the form of powder, granules or flakes:
0	0	0	0	0	0		4	0			0	0	0	- Prepared pigments, prepared opacifiers, prepared colours and similar preparations
0	0	0	0	0	0		4.3	0			0	0	0	- Vitrifiable enamels and glazes, engobes (slips) and similar preparations
0	0	0	0	0	0		3	0			0	0	0	- Liquid lustres and similar preparations
0	0	0	0	0	0		3	0			0	0	0	- Glass frit and other glass, in the form of powder, granules or flakes
														Paints and varnishes (including enamels and lacquers) based on synthetic polymers or chemically modified natural polymers, dispersed or dissolved in a nonaqueous medium; solutions as defined in Note 4 to this Chapter:
														- based on polyesters
5	0	0	3	0	4	0	9	6	0/0/0		0	0	0	Paints and varnishes(including enamels and lacquers) based on polyesters, dispersed or dissolved in a nonaqueous medium, with a VOC(Volatile Organic Compounds) content more than 420 grams per liter during construction stage
5	0	0	3	0	4	0	9	6	0/0/0		0	0	0	Other paints and varnishes(including enamels and lacquers) based on polyesters, dispersed or dissolved in a nonaqueous medium, polyesters solutions as defined in Note 4 to this Chapter
														- Based on acrylic or vinyl polymers:
														--- Based on acrylic polymers
5	0	0	3	0	4	0	9	6	//0			0	0	Coatings for optical fibers(mainly polyurethane or acrylate, based on acrylic polymers), dispersed or dissolved in a nonaqueous medium, with a VOC(Volatile Organic Compounds) content more than 420 grams per liter during construction stage
5	0	0	3	0	4	0	9	6	//0			0	0	Other coatings for optical fibers(mainly polyurethane or acrylate, based on acrylic polymers), dispersed or dissolved in a nonaqueous medium
5	0	0	3	0	4	0	9	6	//0			0	0	Paints and varnishes(including enamels and lacquers) based on acrylic polymers, dispersed or dissolved in a nonaqueous medium, with a VOC(Volatile Organic Compounds) content more than 420 grams per liter during construction stage
5	0	0	3	0	4	0	9	6	//0			0	0	Other paints and varnishes(including enamels and lacquers) based on acrylic polymers, dispersed or dissolved in a nonaqueous medium, acrylic polymers solutions as defined in Note 4 to this Chapter
														--- Based on vinyl polymers
5	0	0	3	0	4		8	6				0	0	Polyethylene paints and varnishes(including enamels and lacquers, based on polymers of ethylene, dispersed or dissolved in a nonaqueous medium), with a VOC(Volatile Organic Compounds) content more than 420 grams per liter during construction stage
5	0	0	3	0	4		8	6				0	0	Other paints and varnishes(including enamels and lacquers) based on vinyl polymers, dispersed or dissolved in a nonaqueous medium, vinyl polymers solutions as defined in Note 4 to this Chapter
														- Other:
														--- Based on polyurethane polymers
5	0	0	3	0	4	0	8	6				0	0	Coatings for optical fibers(mainly polyurethane or acrylate, based on polyurethane), dispersed or dissolved in a nonaqueous medium, with a VOC(Volatile Organic Compounds) content more than 420 grams per liter during construction stage
5	0	0	3	0	4	0	8	6				0	0	Other coatings for optical fibers(mainly polyurethane or acrylate, based on polyurethane), dispersed or dissolved in a nonaqueous medium
5	0	0	3	0	4	0	8	6				0	0	Other polyurethane paint and varnish, the content of volatile organic compounds under construction state greater than 420 g / L (dissolved in a nonaqueous medium with polyamine ester compounds as basic components, including enamel lacquer)

税号	货品名称	进口关税 %			增值/消费税%	出口退税%	统计计量单位	监管证件代码	检验检疫类别	协定税率 %		
		最惠国	普通	年内暂定						东盟	亚太	智利
32089010.99	其他聚胺酯油漆清漆等;以聚胺酯类化合物为基本成分的本章注释四所述溶液(分散于或溶于非水介质以聚胺酯类化合物为基本成分,含瓷漆大漆)	10	50		17	0	千克	A	LM/	0	9	0
3208.9090	--- 其他											
32089090.10	分散于或溶于非水介质其他油漆、清漆溶液,施工状态下挥发性有机物含量大于420克/升(包括以聚合物为基本成分的漆,本章注释四所述溶液)	10	50		17/4	0	千克	A	LM/	0	9	0
32089090.90	分散于或溶于非水介质其他油漆、清漆溶液;其他本章注释四所述溶液(包括以聚合物为基本成分的漆,本章注释四所述溶液)	10	50		17	0	千克	A	LM/	0	9	0
32.09	**以合成聚合物或化学改性天然聚合物为基本成分的油漆及清漆(包括瓷漆及大漆),分散于或溶于水介质的:**											
3209.1000	- 以丙烯酸聚合物或乙烯聚合物为基本成分											
32091000.10	溶于水介质的聚丙烯酸油漆及清漆,施工状态下挥发性有机物含量大于420克/升[以聚丙烯酸或聚乙烯为基本成分的(包括瓷漆及大漆)]	10	50		17/4	0	千克	A	M/	0	9	0
32091000.90	其他溶于水介质的聚丙烯酸油漆及清漆[以聚丙烯酸或聚乙烯为基本成分的(包括瓷漆及大漆)]	10	50		17	0	千克	A	M/	0	9	0
	- 其他:											
3209.9010	--- 以环氧树脂为基本成分											
32099010.10	以环氧树脂为基本成分的油漆及清漆,施工状态下挥发性有机物含量大于420克/升(包括瓷漆及大漆,分散或溶于水介质)	10	50		17/4	0	千克	A	M/	0		0
32099010.90	其他以环氧树脂为基本成分的油漆及清漆(包括瓷漆及大漆,分散或溶于水介质)	10	50		17	0	千克	A	M/	0		0
3209.9020	--- 以氟树脂为基本成分											
32099020.10	以氟树脂为基本成分的油漆及清漆,施工状态下挥发性有机物含量大于420克/升(包括瓷漆及大漆,分散于或溶于水介质)	10	50		17/4	0	千克	A	M/	0		0
32099020.90	其他以氟树脂为基本成分的油漆及清漆(包括瓷漆及大漆,分散于或溶于水介质)	10	50		17	0	千克	A	M/	0		0
3209.9090	--- 其他											
32099090.10	溶于水介质其他聚合物油漆及清漆,施工状态下挥发性有机物含量大于420克/升(以合成聚合物或化学改性天然聚合物为基本成分的)	10	50		17/4	0	千克	A	M/	0		0
32099090.90	溶于水介质其他聚合物油漆及清漆,施工状态下挥发性有机物含量不大于420克/升(以合成聚合物或化学改性天然聚合物为基本成分的)	10	50		17	0	千克	A	M/	0		0
32.10	**其他油漆及清漆(包括瓷漆、大漆及水浆涂料);加工皮革用的水性颜料:**											
3210.0000	其他油漆及清漆(包括瓷漆、大漆及水浆涂料);加工皮革用的水性颜料											
32100000.11	其他光导纤维用涂料,施工状态下挥发性有机物含量大于420克/升	10	50	6	17/4	0	千克			0	9	0
32100000.19	其他光导纤维用涂料,施工状态下挥发性有机物含量不大于420克/升	10	50	6	17	0	千克			0	9	0
32100000.91	其他油漆及清漆,皮革用水性颜料,施工状态下挥发性有机物含量大于420克/升(包括非聚合物为基料的瓷漆,大漆及水浆涂料)	10	50		17/4	0	千克		+L	0	9	0
32100000.99	其他油漆及清漆,皮革用水性颜料,施工状态下挥发性有机物含量不大于420克/升(包括非聚合物为基料的瓷漆,大漆及水浆涂料)	10	50		17	0	千克		+L	0	9	0
32.11	**配制的催干剂:**											
3211.0000	配制的催干剂	10	50		17	0	千克			0		0

协定税率 %										特惠税率 %				Article Description
巴基斯坦	冰岛	哥斯达黎	秘鲁	新西兰	瑞士	新加坡	韩国	澳大利亚	港澳台	老挝	孟加拉	33 国	7 国	
5	0	0	3	0	4	0	8	6				0	0	Other paints and varnishes(including enamels and lacquers) based on polyurethanes, dispersed or dissolved in a nonaqueous medium, polyurethanes solutions as defined in Note 4 to this Chapter
														--- Other
5	0	0	3	0	7	0	9	6	0/0/0			0	0	Paints and varnishes(including enamels and lacquers) based on other polymers, dispersed or dissolved in a nonaqueous medium, other polymers solutions as defined in Note 4 to this Chapter, with a VOC(Volatile Organic Compounds) content more than 420 grams per liter during construction stage
5	0	0	3	0	7	0	9	6	0/0/0			0	0	Other paints and varnishes(including enamels and lacquers) based on other polymers, dispersed or dissolved in a nonaqueous medium, other polymers solutions as defined in Note 4 to this Chapter
														Paints and varnishes(including enamels and lacquers) based on synthetic polymers or chemically modified natural polymers, dispersed or dissolved in an aqueous medium:
														- Based on acrylic or vinyl polymers
5	0	0	3	0	4	0	8	6	/0/		0	0	0	Polyacrylic acid dissolved in an aqueous medium of paints and varnishes, volatile organic content construction conditions (greater than 420 g / L with polyacrylic acid or polyethylene as basic components (including enamels and lacquers))
5	0	0	3	0	4	0	8	6	/0/		0	0	0	Other soluble polyacrylic acid in aqueous media paints and varnishes (polyacrylic acid or polyethylene as basic components (including enamels and lacquers))
														- Other:
														--- Based on epoxy resin
5	0	0	0	0	4	0	9	6	//0			0	0	With epoxy resin as the basic components of the paint and varnish, the content of volatile organic compounds in the construction state is greater than 420 g / L (including enamels and lacquers, dispersed or dissolved in water)
5	0	0	0	0	4	0	9	6	//0			0	0	The other with epoxy resin paints and varnishes basic ingredients (including enamels and lacquers, dispersed or dissolved in water)
														--- based on fluororesin
5	0	0	0	0	4	0	8	6				0	0	Fluoride resin as the basic ingredients of paints and varnishes, volatile organic compounds content in construction state is greater than 420 g / L (including enamels and lacquers, dispersed or dissolved in an aqueous medium)
5	0	0	0	0	4	0	8	6				0	0	The other with fluorine resin paints and varnishes basic ingredients (including enamels and lacquers, dispersed or dissolved in an aqueous medium)
														--- Other
5	0	0	0	0	7	0	9	6	0//0			0	0	Soluble in water and other medium polymer paint and varnish, volatile organic content construction conditions (greater than 420 g / L with a synthetic polymer or chemically modified natural polymers as basic ingredients)
5	0	0	0	0	7	0	9	6	0//0			0	0	Water soluble polymer paint and varnish and other medium, the construction conditions of volatile organic compounds content of not more than 420 g / L (with a synthetic polymer or chemically modified natural polymers as basic ingredients)
														Other paints and varnishes (including enamels, lacquers and distempers);prepared water pigments of a kind used for finishing leather:
														Other paints and varnishes (including enamels, lacquers and distempers);prepared water pigments of a kind used for finishing leather
5	0	0	3	0	4	0	6	6	0/0/0		0	0	0	Other optical fiber coatings, volatile organic compounds content in construction state is greater than 420 g / L.
5	0	0	3	0	4	0	6	6	0/0/0		0	0	0	Other optical fiber coatings, construction under the condition of volatile organic matter content of not more than 420 g / L.
5	0	0	3	0	4	0	6	6	0/0/0		0	0	0	Other paints and varnishes, leather aqueous pigment, volatile organic compounds content in construction state is greater than 420 g / L (including enamels, non polymers lacquer and slurry coating)
5	0	0	3	0	4	0	6	6	0/0/0		0	0	0	Other paints and varnishes, leather water paint, construction under the condition of volatile organic matter content of not more than 420 g / L (including enamels, non polymers lacquer and slurry coating)
														Prepared driers:
5	0	0	0	0	7	0	8.6	6				0	0	Prepared driers

税号	货品名称	进口关税 %			增值/消费税%	出口退税%	统计计量单位	监管证件代码	检验检疫类别	协定税率 %		
		最惠国	普通	年内暂定						东盟	亚太	智利
32.12	**制造油漆（含瓷漆）用的颜料（包括金属粉末或金属粉片），分散于非水介质中呈液状或浆状的；压印箔；零售形状及零售包装的染料或其他着色料：**											
3212.1000	- 压印箔	15	80		17	0	千克			0		0
3212.9000	- 其他	10	50		17	0	千克			0		0
32.13	**艺术家、学生和广告美工用的颜料、调色料、文娱颜料及类似品，片状、管装、罐装、瓶装、扁盒装以及类似形状或包装的：**											
3213.1000	- 成套的颜料	10	70		17	13	千克			0		0
3213.9000	- 其他	10	70		17	13	千克			0	9	0
32.14	**安装玻璃用油灰、接缝用油灰、树脂胶泥、嵌缝胶及其他类似胶粘剂；漆工用填料；非耐火涂面制剂，涂门面、内墙、地板、天花板等用：**											
	- 安装玻璃用油灰、接缝用油灰、树脂胶泥、嵌缝胶及其他类似胶粘剂；漆工用填料：											
3214.1010	--- 半导体器件封装材料	9	70		17	13	千克			0		0
3214.1090	--- 其他	9	70		17	13	千克			0		0
3214.9000	- 其他											
32149000.10	非耐火涂面制剂，施工状态下挥发性有机物含量大于420克/升（涂门面、内墙、地板、天花板等用）	9	70		17/4	0	千克			0		0
32149000.90	其他非耐火涂面制剂（涂门面、内墙、地板、天花板等用）	9	70		17	0	千克			0		0
32.15	**印刷油墨、书写或绘图墨水及其他墨类，不论是否固体或浓缩：**											
	- 印刷油墨：											
3215.1100	-- 黑色	6.5	45		17	0	千克	AB	M/N	0	4.6	0
3215.1900	-- 其他	6.5	45		17	0	千克			0	4.6	0
	- 其他：											
3215.9010	--- 书写墨水	6.5	70		17	13	千克			0		0
3215.9020	--- 水性喷墨墨水	10	70		17	13	千克			0		0
3215.9090	--- 其他	10	70		17	13	千克			0		0

协定税率 %										特惠税率 %				Article Description
巴基斯坦	冰岛	哥斯达黎	秘鲁	新西兰	瑞士	新加坡	韩国	澳大利亚	港澳台	老挝	孟加拉	33 国	7 国	
														Pigments (including metallic powders and flakes) dispersed in non-aqueous media, in liquid or paste form, of a kind used in the manufacture of paints (including enamels); stamping foils;dyes and other colouring matter put up in forms or packings for retail sale:
12	0	0	4.5	0	10.5	0	12	9				0	0	- Stamping foils
5	0	0	0	0	4	0	8	6				0	0	- Other
														Artists, students or signboard painters colours, modifying tints, amusement colours and the like, in tablets, tubes, jars, bottles, pans or in similar forms or packings:
5	0	0	3	0	4		8	6				0	0	- Colours in sets
5	0	0	0	0	4		8	6			0	0	0	- Other
														Glaziers putty, grafting putty, resin cements, caulking compounds and other mastics;painters fillings;non-refractory surfacing preparations for facades, indoor walls, floors, ceilings or the like:
														- Glaziers putty, grafting putty, resin cements, caulking compounds and other mastics;painters fillings:
5	0	0	0	0	3.6			5.4			0	0	0	--- Encapsulation material for semiconductor device
5	0	0	0	0	6.3		5.4	5.4			0	0	0	--- Other
														- Other
5	0	0	0	0	3.6		7.8	5.4	0//		0	0	0	Non refractory coating formulations, volatile organic compounds content in construction state is greater than 420 g / L (facades, walls, floor, ceiling etc.)
5	0	0	0	0	3.6		7.8	5.4	0//		0	0	0	Other non refractory surface preparation (painted appearance, interior wall, floor, ceiling, etc.)
														Printing ink, writing or drawing ink and other inks, whether or not concentrated or solid:
														- Printing ink:
0	0	0	0	0	2.6		3.9	3.9	0/0/		0	0	0	-- Black
0	0	0	0	0	4.6		5.2	3.9	0/0/0		0	0	0	-- Other
														- Other:
5	0	0	0	0	2.6		3.9	3.9	0/0/		0	0	0	--- Writing or drawing inks
5	0	0	0	0	7	0	6	6	0/0/		0	0	0	--- Water-based inkjet inks
5	0	0	0	0	7	0	6	6	0/0/		0	0	0	--- Other

第三十三章 精油及香膏；芳香料制品及化妆盥洗品

注释：

一、本章不包括：

（一）税目 13.01 或 13.02 的天然油树脂或植物浸膏；

（二）税目 34.01 的肥皂及其他产品；或

（三）税目 38.05 的脂松节油、木松节油和硫酸盐松节油及其他产品。

二、税目 33.02 所称“香料”，仅指税目 33.01 所列的物质、从这些物质离析出来的香料组分以及合成芳香剂。

三、税目 33.03 至 33.07 主要包括适合作这些税目所列用途的零售包装产品，不论其是否混合（精油水馏液及水溶液除外）。

四、税目 33.07 所称“芳香料制品及化妆盥洗品”，主要适用于下列产品：香袋；通过燃烧散发香气的制品；香纸及用化妆品浸渍或涂布的纸；隐形眼镜片或假眼用的溶液；用香水或化妆品浸渍、涂布、包覆的絮胎、毡呢及无纺织物；动物用盥洗品。

税号	货品名称	进口关税 %			增值/消费税%	出口退税%	统计计量单位	监管证件代码	检验检疫类别	协定税率 %		
		最惠国	普通	年内暂定						东盟	亚太	智利
33.01	精油（无萜或含萜），包括浸膏及净油；香膏；提取的油树脂；用花香吸取法或浸渍法制成的含浓缩精油的脂肪、固定油、蜡及类似品；精油脱萜时所得的萜烯副产品；精油水馏液及水溶液：											
	- 柑橘属果实的精油：											
3301.1200	-- 橙油	20	80		17	9	千克	A	R/	0		0
3301.1300	-- 柠檬油	20	80		17	9	千克	A	R/	0		0
	-- 其他：											
3301.1910	--- 白柠檬油（酸橙油）	20	80		17	9	千克	A	R/	0		0
3301.1990	--- 其他	20	80		17	9	千克	A	R/	0		0
	- 非柑橘属果实的精油：											
3301.2400	-- 胡椒薄荷油	20	90		17	9	千克	A	R/	0		0
3301.2500	-- 其他薄荷油	15	90	5	17	13	千克	A	R/	0	14	0
	-- 其他：											
3301.2910	--- 樟脑油	20	90		17	9	千克	ABE	MR/N	0		0
3301.2920	--- 香茅油	15	70		17	9	千克	A	R/	0		0
3301.2930	--- 茴香油	20	80		17	9	千克	A	R/	0		0
3301.2940	--- 桂油	20	80		17	9	千克	A	R/	0		0
3301.2950	--- 山苍子油	20	80		17	9	千克	A	R/	0		0
3301.2960	--- 桉叶油	20	80		17	9	千克	AB	MR/NS	0		0
	--- 其他：											
3301.2991	----老鹳草油（香叶油）	20	80		17	9	千克	A	R/	0		0
3301.2999	----其他											
33012999.10	黄樟油	15	80	7	17	9	千克	23A	R/	0		0
33012999.91	其他濒危植物精油（柑桔属果实除外）（包括浸膏及净油）	15	80		17	0	千克	AEF	R/	0		0
33012999.99	其他非柑橘属果实的精油（包括浸膏及净油）	15	80		17	9	千克	A	R/	0		0
	- 香膏：											
3301.3010	--- 鸢尾凝脂	20	80	10	17	13	千克			0		0
3301.3090	--- 其他											
33013090.10	其他濒危植物香膏	20	80		17	0	千克	EF		0		0
33013090.90	其他香膏	20	80		17	9	千克			0		0
	- 其他：											
3301.9010	--- 提取的油树脂											
33019010.10	濒危植物提取的油树脂	20	80		17	0	千克	EF		0	18	0
33019010.90	其他提取的油树脂	20	80		17	9	千克			0	18	0
3301.9020	--- 柑橘属果实的精油脱萜的萜烯副产品	20	80		17	9	千克			0	18	0
3301.9090	--- 其他	20	80		17	9	千克			0	18	0

Chapter 33　Essential oils and resinoids;perfumery, cosmetic or toilet preparations

Chapter Notes:

1. This Chapter does not cover:

   (a) Natural oleoresins or vegetable extracts of heading 13.01 or 13.02;

   (b) Soap or other products of heading 34.01; or

   (c) Gum, wood or sulphate turpentine or other products of heading 38.05.

2. The expression "odoriferous substances" in heading 33.02 refers only to the substances of heading 33.01, to odoriferous constituents isolated from those substances or to synthetic aromatics.

3. Headings 33.03 to 33.07 apply, inter alia, to products, whether or not mixed (other than aqueous distillates and aqueous solutions of essential oils), suitable for use as goods of these headings and put up in packings of a kind sold by retail for such use.

4. The expression "perfumery, cosmetic or toilet preparations" in heading 33.07 applies, *inter alia*, to the following products: scented sachets; odoriferous preparations which operate by burning; perfumed papers and papers impregnated or coated with cosmetics; contact lens or artificial eye solutions; wadding, felt and nonwovens, impregnated, coated or covered with perfume or cosmetics; animal toilet preparations.

协定税率 %										特惠税率 %				Article Description
巴基斯坦	冰岛	哥斯达黎	秘鲁	新西兰	瑞士	新加坡	韩国	澳大利亚	港澳台	老挝	孟加拉	33 国	7 国	
														Essential oils(terpeneless or not), including concretes and absolutes;resinoids;extracted oleoresins;concentrates of essential oils in fats, in fixedoils, in waxes or the like, obtained by enfleurage or maceration;terpenicbyproducts of the deterpenation of essential oils;aqueous distillates and aqueous solutions of essential oils:
														- Essential oils of citrus fruit:
	0	0	6	0	15	0	17.3	12	/0/			0	0	-- Of orange
	0	0	0	0	8	0	17.3	12	/0/		0	0	0	-- Of lemon
														-- Other:
	0	0	0	0	14	0	17.3	12	/0/			0	0	--- Of lime
	0	0	0	0	14	0	17.3	12	/0/			0	0	--- Other
														- Essential oils other than those of citrus fruit:
	0	0	6	0	14	0	17.3	12	/0/			0	0	-- Of peppermint(Mentha piperita)
12	0	0	4.5	0	10.5	0	12	9	/0/		0	0	0	-- Of other mints
														-- Other:
	0	0	6	0	14	0	17.3	12	/0/			0	0	--- Of camphor
12	0	0	4.5	0	10.5	0	12	9	/0/		0	0	0	--- Of citronella
	0	0	6	0	14	0	17.3	12	/0/			0	0	--- Of aniseed
	0	0	6	0	14	0	17.3	12	/0/			0	0	--- Of cassia
	0	0	6	0	14	0	17.3	12	/0/			0	0	--- Of litsea cubeba
	0	0	6	0	14	0	17.3	12	/0/			0	0	--- Of eucalyptus
														--- Other:
	0	0	6	0	14	0	17.3	12	/0/			0	0	----Of geranium
														----Other
12	0	0	0	0	10.5	0	13	9	/0/		0	0	0	Sassafras oil
12	0	0	0	0	10.5	0	13	9	/0/		0	0	0	Other essential oils of endangered plants (other than those of citrus fruit) (including concretes and absolutes)
12	0	0	0	0	10.5	0	13	9	/0/		0	0	0	Other essential oils other than those of citrus fruit (including concretes and absolutes)
														- Resinoids:
	0	0	6	0	14	0	17.3	12	/0/			0	0	--- Balsam of irises
														--- Other
	0	0	6	0	14	0	17.3	12	/0/			0	0	Other resinoids of endangered plants
	0	0	6	0	14	0	17.3	12	/0/			0	0	Other resinoids
														- Other:
														--- Extracted oleoresins
18	0	0	0	0	14	0	17.3	12	/0/			0	0	Extracted oleoresins of endangered plants
18	0	0	0	0	14	0	17.3	12	/0/			0	0	Other extracted oleoresins
18	0	0	0	0	14	0	17.3	12	/0/			0	0	--- Terpenic byproducts of the deterpenation of essential oils of citrus fruit
18	0	0	0	0	14	0	17.3	12	/0/		0	0	0	--- Other

税号	货品名称	进口关税 %			增值/消费税%	出口退税%	统计计量单位	监管证件代码	检验检疫类别	协定税率 %		
		最惠国	普通	年内暂定						东盟	亚太	智利
33.02	工业原料用的芳香物质的混合物及以一种或多种芳香物质为基本成分的混合物（包括酒精溶液）；生产饮料用的以芳香物质为基本成分的其他制品：											
	- 食品或饮料工业用:											
3302.1010	--- 生产饮料用的以香料为基本成分的制品，按容量计酒精浓度不超过0.5%的	15	90		17	13	千克	AB	R/N	0	12.8	0
3302.1090	--- 其他											
33021090.01	生产食品、饮料用混合香料及制品(含以香料为基本成分的混合物，按容量计酒精浓度＞0.5%)	15	130		17/5	13	千克	A	R/	0		0
33021090.90	其他生产食品用混合香料及制品(含以香料为基本成分的混合物)	15	130		17	13	千克	A	R/	0		0
3302.9000	- 其他	10	130		17	13	千克			0		0
33.03	香水及花露水：											
3303.0000	香水及花露水	10	150		17/30	13	千克/件	AB	M/N	0	8.2	0
33.04	美容品或化妆品及护肤品（药品除外），包括防晒油或晒黑油；指（趾）甲化妆品：											
3304.1000	- 唇用化妆品											
33041000.10	含濒危植物成分唇用化妆品	10	150		17/30	0	千克/件	ABEF	M/N	0		0
33041000.90	其他唇用化妆品	10	150		17/30	13	千克/件	AB	M/N	0		0
3304.2000	- 眼用化妆品											
33042000.10	含濒危植物成分眼用化妆品	10	150		17/30	0	千克/件	ABEF	M/N	0		0
33042000.90	其他眼用化妆品	10	150		17/30	13	千克/件	AB	M/N	0		0
3304.3000	- 指（趾）甲化妆品	15	150	10	17/30	13	千克/件	AB	M/N	0		0
	- 其他：											
3304.9100	-- 粉，不论是否压紧											
33049100.01	痱子粉、爽身粉	10	150		17	13	千克/件	AB	M/N	0		0
33049100.90	粉，不论是否压紧	10	150		17/30	13	千克/件	AB	M/N	0		0
3304.9900	-- 其他											
33049900.10	护肤品(包括防晒油或晒黑油，但药品除外)	6.5	150	2	17	13	千克/件	AB	M/N	0		0
33049900.91	其他含濒危植物成分美容品或化妆品	6.5	150		17/30	0	千克/件	ABEF	M/N	0		0
33049900.99	其他美容品或化妆品	6.5	150		17/30	13	千克/件	AB	M/N	0		0
33.05	护发品：											
3305.1000	- 洗发剂（香波）											
33051000.10	含濒危植物成分的洗发剂	6.5	150		17	0	千克	ABEF	M/N	0	5.4	0
33051000.90	其他洗发剂(香波)	6.5	150		17	13	千克	AB	M/N	0	5.4	0
3305.2000	- 烫发剂	15	150	10	17	13	千克	AB	M/N	0		0
3305.3000	- 定型剂	15	150	10	17	13	千克	AB	M/N	0		0
3305.9000	- 其他	10	150		17	13	千克	AB	M/N	0	8.5	0
33.06	口腔及牙齿清洁剂，包括假牙模膏及粉；清洁牙缝用的纱线（牙线），单独零售包装的：											
	- 洁齿品：											
3306.1010	--- 牙膏											
33061010.10	含濒危植物成分牙膏	10	150		17	0	千克	ABEF	R/S	0	7	0
33061010.90	其他牙膏	10	150		17	13	千克	AB	R/S	0	7	0
3306.1090	--- 其他	10	150		17	9	千克			0	7	0
3306.2000	- 清洁牙缝用的纱线（牙线）	10	70		17	9	千克			0	9.2	0
3306.9000	- 其他	10	70		17	9	千克	AB	R/S	0		0
33.07	剃须用制剂、人体除臭剂、沐浴用制剂、脱毛剂和其他税目未列名的芳香料制品及化妆盥洗品；室内除臭剂，不论是否加香水或消毒剂：											
3307.1000	- 剃须用制剂	10	150		17	13	千克	AB	M/N	0	7	0
3307.2000	- 人体除臭剂及止汗剂	10	150		17	13	千克	AB	M/N	0	7	0
3307.3000	- 香浴盐及其他沐浴用制剂	10	150		17	13	千克	AB	M/N	0	8.5	0

协定税率 %										特惠税率 %				Article Description
巴基斯坦	冰岛	哥斯达黎	秘鲁	新西兰	瑞士	新加坡	韩国	澳大利亚	港澳台	老挝	孟加拉	33 国	7 国	
														Mixtures of odoriferous substances and mixtures(including alcoholic solutions)with a basis of one or more of these substances, of a kind used as raw materials in industry;other preparations based on odoriferous substances, of a kind used for the manufacture of beverages:
														- Of a kind used in the food or drink industry:
7.5	0	0	4.5	0	10.5	0	12	9	/0/			0	0	--- Preparations based on odoriferous substances, of a kind used for the manufacture of beverages, alcoholic strength by volume not exceeding 0.5% vol.
														--- Other
12	0	0	4.5	0	10.5	0	12	9	/0/		0	0	0	Mixtures of odoriferous substances and products, of a kind used for the manufacture of beverages and food (including mixture based on odoriferous substances, alcoholic strength by volume exceeding 0.5%)
12	0	0	4.5	0	10.5	0	12	9	/0/		0	0	0	Other mixtures of odoriferous substances, of a kind used for the manufacture of food (including mixture based on odoriferous substances)
5	0	0	3	0	4	0	8	6	0/0/		0	0	0	- Other
														Perfumes and toilet waters:
5	0	0	0	0	4	0		6	0/0/		0	0	0	Perfumes and toilet waters
														Beauty or make-up preparations and preparations for the care of the skin (other than medicaments), including sunscreen or sun tan preparations;manicure or pedicure preparations:
														- Lip make-up preparations
5	0	0	0	0	4	0		6	0/0/			0	0	Lip make-up preparations, containing constituents from endangered plants
5	0	0	0	0	4	0		6	0/0/			0	0	Other lip make-up preparations
														- Eye make-up preparations
5	0	0	0	0	4	0		6	0/0/			0	0	Eye make-up preparations, containing constituents from endangered plants
5	0	0	0	0	4	0		6	0/0/			0	0	Other eye make-up preparations
12	0	0	4.5	0	10.5	0		9	0/0/			0	0	- Manicture or pedicure preparations
														- Other:
														-- Powders, whether or not compressed
5	0	0	0	0	4	0		6	/0/			0	0	Prickly heat power, talcum powder
5	0	0	0	0	4	0		6	/0/			0	0	Powders, whether or not compressed
														-- Other
5.2	3.3	0	0	0	2.6	0	5.9	3.9	0/0/			0	0	Preparations for the care of the skin (including sunscreen or sun tan preparations, except the medicaments)
5.2	3.3	0	0	0	2.6	0	5.9	3.9	0/0/			0	0	Beauty or make-up preparations, containing constituents from endangered plants
5.2	3.3	0	0	0	2.6	0	5.9	3.9	0/0/			0	0	Other beauty or make-up preparations
														Preparations for use on the hair:
														- Shampoos
5		0	0	0	2.6	0	5.5	3.9	0/0/		0	0	0	Shampoos containing constituents from endangered plants
5		0	0	0	2.6	0	5.5	3.9	0/0/		0	0	0	Other shampoos
12	0	0	4.5	0	10.5	0		9	/0/			0	0	- Preparations for permanent waving or straightening
12	0	0	4.5	0	10.5	0		9	/0/			0	0	- Hair lacquers
5		0	0	0	4	0	8.6	6	0/0/		0	0	0	- Other
														Preparations for oral or dental hygiene, including denture fixative pastes and powders;yarn used to clean between the teeth(dental floss),in individual retail package:
														- Dentifrices:
														--- Toothpastes
5	0	0	0	0	4	0	8	6	0/0/		0	0	0	Toothpastes containing constituents from endangered plants
5	0	0	0	0	4	0	8	6	0/0/		0	0	0	Other toothpastes
5	0	0	0	0	4	0	8	6				0	0	--- Other
5	0	0	0	0	4		8	6				0	0	- Yarn used to clean between the teeth (dental floss)
5	0	0	0	0	4	0	8	6	0/0/			0	0	- Other
														Pre-shave, shaving or after-shave preparations, personal deodorants, bath preparations, depilatories and other perfumery, cosmetic or toilet preparations, not elsewhere specified or included;prepared room deodorizers, whether or not perfumed or having disinfectant properties:
5	0	0	0	0	4	0		6				0	0	- Pre-shave, shaving or after-shave preparations
5	0	0	0	0	4	0		6	/0/			0	0	- Personal deodorants and antiperspirants
5	0	0	0	0	4	0	8.6	6	0/0/			0	0	- Perfumed bath salts and Other bath preparations

税号	货品名称	进口关税 %			增值/消费税%	出口退税%	统计计量单位	监管证件代码	检验检疫类别	协定税率 %		
		最惠国	普通	年内暂定						东盟	亚太	智利
	- 室内散香或除臭制品，包括宗教仪式用的香：											
3307.4100	-- 神香及其他通过燃烧散发香气的制品	10	150		17	9	千克			0		0
3307.4900	-- 其他	10	150		17	9	千克			0		0
3307.9000	- 其他	9	150		17	13	千克			0	6.3	0

协定税率 %										特惠税率 %				Article Description
巴基斯坦	冰岛	哥斯达黎	秘鲁	新西兰	瑞士	新加坡	韩国	澳大利亚	港澳台	老挝	孟加拉	33 国	7 国	
														- Preparations for perfuming or deodorizing rooms, including odoriferous preparations used during religious rites:
5	0	0	0	0	4	0	8	6	0//		0	0	0	-- Agarbatti and other odoriferous preparations which operate by burning
5	0	0	0	0	4	0	8	6	0//		0	0	0	-- Other
5	0	0	0	0	3.6		7.7	5.4	/0/		0	0	0	- Other

第三十四章 肥皂、有机表面活性剂、洗涤剂、润滑剂、人造蜡、调制蜡、光洁剂、蜡烛及类似品、塑型用膏、“牙科用蜡”及牙科用熟石膏制剂

注释：

一、本章不包括：

（一）用作脱模剂的食用动植物油、脂混合物或制品（税目 15.17）；

（二）单独的已有化学定义的化合物；或

（三）含肥皂或其他有机表面活性剂的洗发剂、洁齿品、剃须膏及沐浴用制剂（税目 33.05、33.06 及 33.07）。

二、税目 34.01 所称“肥皂”，只适用于水溶性肥皂。税目 34.01 的肥皂及其他产品可以含有添加料（例如，消毒剂、磨料粉、填料或药料）。含磨料粉的产品，只有条状、块状或模制形状可以归入税目 34.01。其他形状的应作为“去污粉及类似品”归入税目 34.05。

三、税目 34.02 所称“有机表面活性剂”，是指温度在 20℃时与水混合配成 0.5%浓度的水溶液，并在同样温度下搁置一小时后与下列规定相符的产品：

（一）成为透明或半透明的液体或稳定的乳浊液而未离析出不溶解物质；以及

（二）将水的表面张力减低到每厘米 45 达因及以下。

四、税目 34.03 所称“石油及从沥青矿物提取的油类”，适用于第二十七章注释二所规定的产品。

五、税目 34.04 所称“人造蜡及调制蜡”，仅适用于：

（一）用化学方法生产的具有蜡质特性的有机产品，不论是否为水溶性的；

（二）各种蜡混合制成的产品；

（三）以一种或几种蜡为基本原料并含有油脂、树脂、矿物质或其他原料的具有蜡质特性的产品。

本税目不包括：

（一）税目 15.16、34.02 或 38.23 的产品，不论是否具有蜡质特性；

（二）税目 15.21 的未混合的动物蜡或未混合的植物蜡，不论是否精制或着色；

（三）税目 27.12 的矿物蜡或类似产品，不论是否相互混合或仅经着色；或

（四）混合、分散或溶解于液体溶剂的蜡（税目 34.05、38.09 等）。

税号	货品名称	进口关税 %			增值/消费税%	出口退税%	统计计量单位	监管证件代码	检验检疫类别	协定税率 %		
		最惠国	普通	年内暂定						东盟	亚太	智利
34.01	肥皂；作肥皂用的有机表面活性产品及制品，条状、块状或模制形状的，不论是否含有肥皂；洁肤用的有机表面活性产品及制品，液状或膏状并制成零售包装的，不论是否含有肥皂；用肥皂或洗涤剂浸渍、涂面或包覆的纸、絮胎、毡呢及无纺织物：											
	- 肥皂及有机表面活性产品及制品，条状、块状或模制形状的，以及用肥皂或洗涤剂浸渍、涂面或包覆的纸、絮胎、毡呢及无纺织物：											
3401.1100	-- 盥洗用（包括含有药物的产品）	10	130		17	13	千克	AB	M/N	0	8.3	0
	-- 其他：											
3401.1910	--- 洗衣皂	10	80		17	13	千克			0		0
3401.1990	--- 其他	15	130	10	17	13	千克			0		0
3401.2000	- 其他形状的肥皂	15	130	10	17	13	千克			0	12.4	0
3401.3000	- 洁肤用的有机表面活性产品及制剂，液状或膏状并制成零售包装的，不论是否含有肥皂	10	130		17	13	千克	AB	M/N	0		0
34.02	有机表面活性剂（肥皂除外）；表面活性剂制品、洗涤剂（包括助洗剂）及清洁剂，不论是否含有肥皂，但税目 34.01 的产品除外：											

Chapter 34 Soap, organic surface active agents, washing preparations, lubricating preparations, artificial waxes, prepared waxes, polishing or scouring preparations, candles and similar articles, modelling pastes, "dental waxes" and dental preparations with a basis of plaster

Chapter Notes:

1. This Chapter does not cover:

   (a) Edible mixtures or preparations of animal or vegetable fats or oils of a kind used as mould release preparations (heading 15.17);

   (b) Separate chemically defined compounds; or

   (c) Shampoos, dentifrices, shaving creams and foams, or bath preparations, containing soap or other organic surface- active agents (heading 33.05, 33.06 or 33.07).

2. For the purposes of heading 34.01, the expression "soap" applies only to soap soluble in water. Soap and the other products of heading 34.01 may contain added substances (for example, disinfectants, abrasive powders, fillers or medicaments). Products containing abrasive powders remain classified in heading 34.01 only if in the form of bars, cakes or moulded pieces or shapes. In other forms they are to be classified in heading 34.05 as "scouring powders and similar preparations".

3. For the purposes of heading 34.02, "organic surface- active agents" are products which when mixed with water at a concentration of 0.5% at 20℃ and left to stand for one hour at the same temperature:

   (a) give a transparent or translucent liquid or stable emulsion without separation of insoluble matter; and

   (b) reduce the surface tension of water to 4.5×10^{-2} N/m (45 dyne/cm) or less.

4. In heading 34.03 the expression "petroleum oils and oils obtained from bituminous minerals" applies to the products defined in Note 2 to Chapter 27.

5. In heading 34.04, subject to the exclusions provided below, the expression "artificial waxes and prepared waxes" applies only to:

   (a) Chemically produced organic products of a waxy character, whether or not water- soluble;

   (b) Products obtained by mixing different waxes;

   (c) Products of a waxy character with a basis of one or more waxes and containing fats, resins, mineral substances or other materials.

   The heading does not apply to:

   (a) Products of heading 15.16, 34.02 or 38.23, even if having a waxy character;

   (b) Unmixed animal waxes or unmixed vegetable waxes, whether or not refined or coloured, of heading 15.21;

   (c) Mineral waxes or similar products of heading 27.12, whether or not intermixed or merely coloured; or

   (d) Waxes mixed with, dispersed in or dissolved in a liquid medium (headings 34.05, 38.09, etc.).

协定税率 %										特惠税率 %				Article Description
巴基斯坦	冰岛	哥斯达黎	秘鲁	新西兰	瑞士	新加坡	韩国	澳大利亚	港澳台	老挝	孟加拉	33 国	7 国	
														Soap;organic surface-active products and preparations for use as soap, in the form of bars, cakes, moulded pieces or shapes, whether or not containing soap;organic surface-active products and preparations for washing the skin, in the form of liguid or cream and put up for retail sale, whether or not containing soap;paper, wadding, felt and nonwovens, impregnated, coated or covered with soap or detergent:
														- Soap and organic surface-active products and preparations, in the form of bars, cakes, moulded pieces or shapes, and paper, wadding, felt and nonwovens, impregnated, coated or covered with soap or detergent:
8.3	0	0	0	0	4	0	8	6	0/0/	0	0	0	0	-- for toilet use(including medicated products)
														-- Other:
5	0	0	0	0	4	0		6	/0/		0	0	0	--- Laundry soap
12	0	0	4.5	0	10.5		12	9				0	0	--- Other
7.5	0	0	4.5	0	10.5		12	9	0/0/	0	0	0	0	- Soap In Other forms
5	0	0	0	0	4	0	8	6	/0/		0	0	0	- Organic surface-active products and preparations for washing the skin, in the form of liquid or cream and put up for retail sale, whether or not cotaining soap
														Organic surface-active agents(other than soap);surface-active preparations, washing preparations(including auxiliary washing preparations)and cleaning preparations, whether or not containing soap, other than those of heading34.01:

税号	货品名称	进口关税 % 最惠国	普通	年内暂定	增值/消费税%	出口退税%	统计计量单位	监管证件代码	检验检疫类别	协定税率 % 东盟	亚太	智利
	- 有机表面活性剂，不论是否零售包装：											
3402.1100	-- 阴离子型	6.5	30		17	13	千克			0	6	0
3402.1200	-- 阳离子型	6.5	30		17	13	千克			0	6	0
3402.1300	-- 非离子型											
34021300.10	含有壬基酚聚氧乙烯醚的有机表面活性剂(不论是否零售包装,肥皂除外)	6.5	30		17	13	千克	X		0	5.9	0
34021300.90	其他非离子型有机表面活性剂(不论是否零售包装,肥皂除外)	6.5	30		17	13	千克			0	5.9	0
3402.1900	-- 其他	6.5	30		17	13	千克			0	6	0
	- 零售包装的制品：											
3402.2010	--- 合成洗涤粉	10	80		17	13	千克			0	8.5	0
3402.2090	--- 其他	10	80		17	13	千克			0	8.5	0
3402.9000	- 其他											
34029000.01	十二烷基苯磺酸钙甲醇溶液(非零售包装,十二烷基苯磺酸钙含量高于70%)	9	80	7	17	13	千克			0	7.8	0
34029000.90	非零售包装有机表面活性剂制品(包括洗涤剂及清洁剂,不论是否含有肥皂)	9	80		17	13	千克			0	7.8	0
34.03	润滑剂（包括以润滑剂为基本成分的切削油制剂、螺栓或螺母松开剂、防锈或防腐蚀制剂及脱模剂）及用于纺织材料、皮革、毛皮或其他材料油脂处理的制剂，但不包括以石油或从沥青矿物提取的油类为基本成分（按重量计不低于70%）的制剂：											
	- 含有石油或从沥青矿物提取的油类：											
3403.1100	-- 处理纺织材料、皮革、毛皮或其他材料的制剂	10	50	8	17	9	千克			0	9.5	0
3403.1900	-- 其他	10	50	8	17	9	千克			0		0
	- 其他：											
3403.9100	-- 处理纺织材料、皮革、毛皮或其他材料的制剂	10	50	8	17	9	千克			0		0
3403.9900	-- 其他	10	50		17	9	千克			0		0
34.04	人造蜡及调制蜡：											
3404.2000	- 聚氧乙烯（聚乙二醇）蜡	10	70		17	9	千克			0		0
3404.9000	- 其他	10	70		17	0	千克			0		0
34.05	鞋靴、家具、地板、车身、玻璃或金属用的光洁剂、擦洗膏、去污粉及类似制品（包括用这类制剂浸渍、涂面或包覆的纸、絮胎、毡呢、无纺织物、泡沫塑料或海绵橡胶），但不包括税目34.04的蜡：											
3405.1000	- 鞋靴或皮革用的上光剂及类似制品	10	80		17	9	千克			0		0
3405.2000	- 保养木制家具、地板或其他木制品用的上光剂及类似制品	10	80		17	9	千克			0		0
3405.3000	- 车身用的上光剂及类似制品，但金属用的光洁剂除外	10	80		17	9	千克			0		0
3405.4000	- 擦洗膏、去污粉及类似制品	10	80		17	9	千克			0		0
3405.9000	- 其他	10	80		17	9	千克			0	8.5	0
34.06	各种蜡烛及类似品：											
3406.0000	各种蜡烛及类似品											
34060000.10	含濒危动物成分的蜡烛及类似品	10	130		17	0	千克	EF		0		0
34060000.90	其他各种蜡烛及类似品	10	130		17	17	千克			0		0
34.07	塑型用膏，包括供儿童娱乐用的在内；通称为“牙科用蜡”或“牙科造形膏”的制品，成套、零售包装或制成片状、马蹄形、条状及类似形状的；以熟石膏（煅烧石膏或硫酸钙）为基本成分的牙科用其他制品：											

协定税率 %										特惠税率 %				Article Description
巴基斯坦	冰岛	哥斯达黎	秘鲁	新西兰	瑞士	新加坡	韩国	澳大利亚	港澳台	老挝	孟加拉	33 国	7 国	
														- Organic surface-active agents, whether or not put up for retail sale:
5	0	0	0	0	2.6		5.5	3.9	0/0/		0	0	0	-- Anionic
5	0	0	0	0	2.6		5.5	3.9	0/0/		0	0	0	-- Cationic
														-- Non-ionic
5	0	0	0	0	4.6		5.6	3.9	0/0/0		0	0	0	Organic surface-active agents, containing nonylphenol polyoxyethylene ether (other than soap), whether or not put up for retail sale
5	0	0	0	0	4.6		5.6	3.9	0/0/0		0	0	0	Other non-ionic organic surface-active agents (other than soap), whether or not put up for retail sale
5	0	0	0	0	2.6		5.5	3.9	/0/		0	0	0	-- Other
														- Preparations put up for retail sale:
5	0	0	0	0	4	0	8.6	6	/0/			0	0	--- Synthetic detergents in powder form
5	0	0	0	0	4	0	8.6	6	0/0/			0	0	--- Other
														- Other
5	0	0	0	0	6.3	0	5.4	5.4	0/0/		0	0	0	Methanol solution of calcium dodecyl benzene sulfonate (containing more than 70% of calcium dodecyl benzosulfonate, not put up for retail sale)
5	0	0	0	0	6.3	0	5.4	5.4	0/0/		0	0	0	Preparations of organic surface-active agents, not put up for retail sale (including washing and cleaning preparations, whether or not containing soap)
														Lubricating preparations (including cutting-oil preparations, bolt or nutrelease preparations, anti-rust or anticorrosion preparations and mould release preparations, based on lubricants)and preparations of a kind used for the oil or grease treatment of textile materials, leather, furskins or other materials, but excluding preparations containing, as basic constituents,70% or more by weight of petroleum oils or of oils obtained from bituminous minerals:
														- Containing petroleum oils or oils obtained from bituminous minerals:
5	0	0	0	0	4	0	8	6	0//			0	0	-- Preparations for the treatment of textile materials, leather, furskins or other materials
5	0	0	0	0	0	0	6	6	0//		0	0	0	-- Other
														- Other:
5	0	0	3	0	4	0	6	6	0//			0	0	-- Preparations for the treatment of textile materials, leather, furskins or other materials
5	0	0	3	0	7	0	6	6	/0/			0	0	-- Other
														Artificial waxes and prepared waxes:
5	0	0	0	0	4			6				0	0	- Of poly(oxyethylene)(polyethyleneglycol)
5	0	0	3	0	4		6	6			0	0	0	- Other
														Polishes and creams for footwear, furniture, floors, coachwork, glass or metal, scouring pastes and powders and similar preparations(whether or not in the form of paper, wadding, felt, nonwovens, cellular plastics or cellular rubber, impregnated, coated or covered with such preparations),excluding waxes of heading34.04:
5	0	0	3	0	4	0	8	6	0//			0	0	- Polishes, creams and similar preparations for footwear or leather
5	0	0	3	0	4	0	8	6	0//			0	0	- Polishes, creams and similar preparations for the maintenance of wooden furniture, floors or other woodwork
5	0	0	3	0	4	0	8	6				0	0	- Polishes and similar preparations for coachwork, other than metal polishes
5	0	0	0	0	4		8	6				0	0	- Scouring pastes and powders and other scouring preparations
5	0	0	3	0	4	0	6	6	0//			0	0	- Other
														Candles, tapers and the like:
														Candles, tapers and the like
5	0	0	0	0	4	0	8	6	/0/			0	0	Candle and tapers and the like, containing composition of endangered animals
5	0	0	0	0	4	0	8	6	/0/			0	0	Other candles, tapers and the like
														Modelling pastes, including those put up for children′s amusement;preparations known as "dental wax"or as "dental impression compounds",put up in sets, in packings for retail sale or in plates, horseshoe shapes, sticks or similar forms;other preparations for use in dentistry, with a basis of plaster(of calcined gypsum or calcium sulphate):

税号	货品名称	进口关税 %			增值/消费税%	出口退税%	统计计量单位	监管证件代码	检验检疫类别	协定税率 %		
		最惠国	普通	年内暂定						东盟	亚太	智利
3407.0010	--- 牙科用蜡及造型膏	6.5	30		17	9	千克			0		0
3407.0020	--- 以熟石膏为基本成分的牙科用其他制品	6.5	40		17	9	千克			0		0
3407.0090	--- 其他	10	100		17	9	千克			0		0

协定税率 %										特惠税率 %				Article Description
巴基斯坦	冰岛	哥斯达黎	秘鲁	新西兰	瑞士	新加坡	韩国	澳大利亚	港澳台	老挝	孟加拉	33 国	7 国	
5	0	0	0	0	4.6		5.2	3.9			0	0	0	--- Preparations of a kind known as “dental wax”or as “dental impression compounds”
5	0	0	0	0	2.6		3.9	3.9			0	0	0	--- Other preparations for use in dentistry, with a basis of plaster
5	0	0	0	0	4		8	6				0	0	--- Other

第三十五章　蛋白类物质；改性淀粉；胶；酶

注释：

一、本章不包括：

（一）酵母（税目 21.02）；

（二）第三十章的血份（非治病、防病用的血清白蛋白除外）、药品及其他产品；

（三）预糅用酶制剂（税目 32.02）；

（四）第三十四章的加酶的浸透剂、洗涤剂及其他产品；

（五）硬化蛋白（税目 39.13）；或

（六）印刷工业用的明胶产品（第四十九章）。

二、税目 35.05 所称“糊精”，是指淀粉的降解产品，其还原糖含量以右旋糖的干重量计不超过10%。

如果还原糖含量超过10%，应归入税目 17.02。

税号	货品名称	进口关税 %			增值/消费税%	出口退税%	统计计量单位	监管证件代码	检验检疫类别	协定税率 %		
		最惠国	普通	年内暂定						东盟	亚太	智利
35.01	酪蛋白、酪蛋白酸盐及其他酪蛋白衍生物；酪蛋白胶：											
3501.1000	- 酪蛋白	10	35		17	13	千克	AB	R/S	0		0
3501.9000	- 其他	10	35		17	13	千克	AB	R/S	0		0
35.02	白蛋白(包括按重量计干质成分的乳清蛋白含量超过 80%的两种或两种以上的乳清蛋白浓缩物)、白蛋白盐及其他白蛋白衍生物：											
	- 卵清蛋白：											
3502.1100	-- 干的	10	80		17	13	千克	AB	P/Q	0		0
3502.1900	-- 其他	10	80		17	13	千克	AB	P/Q	0		0
3502.2000	- 乳白蛋白,包括两种或两种以上的乳清蛋白浓缩物	10	35		17	13	千克	AB	R/S	0		0
3502.9000	- 其他	10	35		17	13	千克	AB	R/S	0		0
35.03	明胶（包括长方形、正方形明胶薄片，不论是否表面加工或着色）及其衍生物；鱼鳔胶；其他动物胶，但不包括税目 35.01 的酪蛋白胶：											
3503.0010	--- 明胶及其衍生物											
35030010.01	明胶	12	35	5	17	13	千克	AB	PR/QS	0		0
35030010.90	明胶的衍生物(包括长方形、正方形明胶薄片，不论是否表面加工或着色)	12	35		17	13	千克	AB	P/Q	0		0
3503.0090	--- 其他	12	50		17	13	千克	AB	PR/QS	0		0
35.04	蛋白胨及其衍生物;其他税目未列名的蛋白质及其衍生物；皮粉，不论是否加入铬矾：											
3504.0010	--- 蛋白胨	3	11		17	13	千克	AB	R/S	0		0
3504.0090	--- 其他	8	35		17	13	千克	AB	R/S	0		0
35.05	糊精及其他改性淀粉(例如，预凝化淀粉或酯化淀粉)；以淀粉、糊精或其他改性淀粉为基本成分的胶：											
3505.1000	- 糊精及其他改性淀粉	12	50	6	17	13	千克	A	MR/	0		0
3505.2000	- 胶	20	50		17	13	千克	A	MR/	0		0
35.06	其他税目未列名的调制胶及其他调制粘合剂;适于作胶或粘合剂用的产品,零售包装每件净重不超过1千克：											
3506.1000	- 适于作胶或粘合剂用的产品,零售包装每件净重不超过 1 千克											
35061000.10	硅酮结构密封胶(零售包装每件净重不超过 1 千克)	10	90		17	13	千克	A	M/	0	9.2	0
35061000.90	其他适于作胶或粘合剂的零售产品(零售包装每件净重不超过 1 千克)	10	90		17	13	千克			0	9.2	0
	- 其他：											

Chapter 35　Albuminoidal substances; modified starches; glues; enzymes

Chapter Notes:

1. This Chapter does not cover:

   (a) Yeasts (heading 21.02);

   (b) Blood fractions (other than blood albumin not prepared for therapeutic or prophylactic uses), medicaments or other products of Chapter 30;

   (c) Enzymatic preparations for pre-tanning (heading 32.02);

   (d) Enzymatic soaking or washing preparations or other products of Chapter 34;

   (e) Hardened proteins (heading 39.13); or

   (f) Gelatin products of the printing industry (Chapter 49).

2. For the purposes of heading 35.05, the term "dextrins" means starch degradation products with a reducing sugar content, expressed as dextrose on the dry substance, not exceeding 10%.

   Such products with a reducing sugar content exceeding 10% fall in heading 17.02.

协定税率 %										特惠税率 %				Article Description
巴基斯坦	冰岛	哥斯达黎	秘鲁	新西兰	瑞士	新加坡	韩国	澳大利亚	港澳台	老挝	孟加拉	33 国	7 国	
														Casein, caseinates and other casein derivatives;casein glues:
5	0	0	0	0	4	0	8	6				0	0	- Casein
5	0	0	3	0	4		8	6				0	0	- Other
														Albumins(including concentrates of two or more whey proteins, containing by weight more than 80% whey proteins, calculated on the dry matter),albuminates and other albumin derivatives:
														- Egg albumin:
5	0	0	0	0	4		8	6				0	0	-- Dried
5	0	0	0	0	4		8	6				0	0	-- Other
5	0	0	0	0	4		8	6				0	0	- Milk albumin, including concentrates of two or more whey proteins
5	0	0	3	0	4		8	6	0//			0	0	- Other
														Gelatin(including gelatin in rectangular(including square)sheets, whether or not surface-worked or coloured)and gelatin derivatives;isinglass;other glues of animal origin, excluding casein glues of heading35.01:
														--- Gelatin and gelatin derivatives
6	0	0	0	0	8.4	0	9.6	7.2				0	0	Gelatin
6	0	0	0	0	8.4	0	9.6	7.2				0	0	Gelatin derivatives (including gelatin sheets in rectangular or square forms), whether or not surface-worked or coloured)
6	0	0	0	0	8.4	0	9.6	7.2				0	0	--- Other
														Peptones and their derivatives;other protein substances and their derivatives, not elsewhere specified or included;hide powder, whether or not chromed:
0	0	0	0	0	0		0	0	/0/		0	0	0	--- Peptones
5	0	0	0	0	3.2		4.8	4.8	/0/		0	0	0	--- Other
														Dextrins and other modified starches(for example, pregelatinized or esterified starches);glues based on starches, or on dextrins or other modified starches:
6	0	0	3.6	0	8.4	0	9.6	7.2	0/0/			0	0	- Dextrins and Other modified starches
	0	0	6	0	14	0	17.3	12				0	0	- Glues
														Prepared glues and other prepared adhesives, not elsewhere specified or included;products suitable for use as glues or adhesives, put up for retail sale as glues or adhesives, not exceeding a net weight of 1kg:
														- Products suitable for use as glues or adhesives, put up for retail sale as glues or adhesives, not exceeding a net weight, of 1kg
5		0	3	0	7	0	6	6	0//0		0	0	0	Structural silicone sealant (put up for retail sale, in packages of a net weight not exceeding 1 kg)
5		0	3	0	7	0	6	6	0//0		0	0	0	Other products suitable for use as glues or adhesives, put up for retail sale (in packages of a net weight not exceeding 1 kg)
														- Other:

税号	货品名称	进口关税 %			增值/消费税%	出口退税%	统计计量单位	监管证件代码	检验检疫类别	协定税率 %		
		最惠国	普通	年内暂定						东盟	亚太	智利
	-- 以橡胶或税目39.01至39.13的聚合物为基本成分的粘合剂:											
3506.9110	--- 以聚酰胺为基本成分的	10	90		17	13	千克			0	7	0
3506.9120	--- 以环氧树脂为基本成分的	10	90		17	13	千克			0	7	0
3506.9190	--- 其他											
35069190.10	非零售,硅酮结构密封胶	10	90		17	13	千克	A	M/	0	7	0
35069190.90	其他橡胶或塑料为基本成分粘合剂[包括以人造树脂(环氧树脂除外)为基本成分的]	10	90		17	13	千克			0	7	0
3506.9900	-- 其他	10	90		17	13	千克			0	8.6	0
35.07	**酶;其他税目未列名的酶制品:**											
3507.1000	- 粗制凝乳酶及其浓缩物	6	30		17	13	千克	AB	R/S	0		0
	- 其他:											
3507.9010	--- 碱性蛋白酶	6	30		17	13	千克	AB	R/S	0		0
3507.9020	--- 碱性脂肪酶	6	30		17	13	千克	AB	R/S	0		0
3507.9090	--- 其他	6	30		17	13	千克	AB	R/S	0		0

协定税率 %										特惠税率 %				Article Description
巴基斯坦	冰岛	哥斯达黎	秘鲁	新西兰	瑞士	新加坡	韩国	澳大利亚	港澳台	老挝	孟加拉	33 国	7 国	
														-- Adhesives based on polymers of headings 39.01 to 39.13 or on rubber:
5	0	0	3	0	4	0	8.6	6	0/0/0		0	0	0	--- based on polyamide
5	0	0	3	0	7	0	9	6	0/0/0		0	0	0	--- based on epoxy resin
														--- Other
5	0	0	3	0	7	0	8	6	0/0/0		0	0	0	Structural silicone sealant, not put up for retail sale
5	0	0	3	0	7	0	8	6	0/0/0		0	0	0	Other adhesives based on rubber or plastic (including those based on artificial resin, other than epoxy resin)
5	0	0	3	0	7	0	9	6	0/0/0		0	0	0	-- Other
														Enzymes;prepared enzymes not elsewhere specified or included:
5	0	0	0	0	2.4		3.6	3.6			0	0	0	- Rennet and concentrates thereof
														- Other:
5	0	0	0	0	2.4		4.8	3.6			0	0	0	--- Basic proteinase
5	0	0	0	0	2.4		4.8	3.6			0	0	0	--- Basic lipase
5	0	0	0	0	2.4		3.6	3.6	/0/		0	0	0	--- Other

第三十六章　炸药；烟火制品；火柴；引火合金；易燃材料制品

注释：

一、本章不包括单独的已有化学定义的化合物，但下列注释二（一）、（二）所述物品除外。

二、税目 36.06 所称“易燃材料制品”，只适用于：

（一）聚乙醛、六亚甲基四胺（六甲撑四胺）及类似物质，已制成片、棒或类似形状作燃料用的；以酒精为基本成分的固体或半固体燃料及类似的配制燃料；

（二）直接灌注香烟打火机及类似打火器用的液体燃料或液化气体燃料，其包装容器的容积不超过 300 立方厘米；以及

（三）树脂火炬、引火物及类似品。

税号	货品名称	进口关税 % 最惠国	普通	年内暂定	增值/消费税%	出口退税%	统计计量单位	监管证件代码	检验检疫类别	协定税率 % 东盟	亚太	智利
36.01	**发射药：**											
3601.0000	发射药											
36010000.10	模压的胶质推进剂	9	50		17	0	千克	3		0		0
36010000.20	含硝化粘接剂及铝粉＞5%的推进剂	9	50		17	0	千克	3		0		0
36010000.90	其他发射药	9	50		17	0	千克			0		0
36.02	**配制炸药，但发射药除外：**											
3602.0010	--- 硝铵炸药											
36020010.10	符合特定标准的硝铵炸药(硝胺类物质超过 2%，或密度＞1.8g/cm³、爆速＞8000m/s)	9	50		17	0	千克	3		0		0
36020010.90	其他硝铵炸药，但发射药除外	9	50		17	0	千克			0		0
3602.0090	--- 其他											
36020090.10	符合特定标准的其他配制炸药[含有超过 2%(按重量计)的下述任何一种物质：(环)四亚甲基四硝胺(HMX)；(环)三亚甲基三硝基胺(RDX)；三氨基三硝基苯(TATB)；氨基二硝基苯并氧化呋咱或7-氨基-4,6-硝基苯并呋咱-1-氧化物；六硝基芪(HNS)等；或晶体密度大于 1.8g/cm³、爆速超过8000m/s 的各种炸药]	9	50		17	0	千克	3		0		0
36020090.90	其他配制炸药，但发射药除外	9	50		17	0	千克			0		0
36.03	**安全导火索；导爆索；火帽或雷管；引爆器；电雷管：**											
3603.0000	安全导火索；导爆索；火帽或雷管；引爆器；电雷管											
36030000.10	爆炸桥	9	50		17	0	千克	3		0		0
36030000.20	爆炸桥丝	9	50		17	0	千克	3		0		0
36030000.30	冲击片	9	50		17	0	千克	3		0		0
36030000.40	爆炸箔起爆器	9	50		17	0	千克	3		0		0
36030000.50	使用单个或多个雷管的装置(由单一点火信号同时起爆，不包括仅使用起药的雷管)	9	50		17	0	千克	3		0		0
36030000.60	炸药雷管点火装置(用于引爆上述税目 3603 各子目列名的爆炸配件的雷管)	9	50		17	0	千克	3		0		0
36030000.90	其他安全导火索导爆索等引爆器件(包括火帽或雷管、引爆器、电雷管)	9	50		17	0	千克			0		0
36.04	**烟花、爆竹、信号弹、降雨火箭、浓雾信号弹及其他烟火制品：**											
3604.1000	-　烟花、爆竹	6	130		17/15	13	千克	AB	M/N	0		0
3604.9000	-　其他	6	100		17	13	千克			0		0
36.05	**火柴，但税目 36.04 的烟火制品除外：**											
3605.0000	火柴，但税目 36.04 的烟火制品除外	6	100		17	0	千克	AB	M/N	0		0
36.06	**各种形状的铈铁及其他引火合金；本章注释二所述的易燃材料制品：**											

Chapter 36　Explosives; pyrotechnic products; matches; pyrophoric alloys; certain combustible preparations

Chapter Notes:

1. This Chapter does not cover separate chemically defined compounds other than those described in Note 2 (a) or (b) below.

2. The expression “articles of combustible materials” in heading 36.06 applies only to:

   (a) Metaldehyde, hexamethylenetetramine and similar substances, put up in forms (for example, tablets, sticks or similar forms) for use as fuels; fuels with a basis of alcohol, and similar prepared fuels, in solid or semi- solid form;

   (b) Liquid or liquefied- gas fuels in containers of a kind used for filling or refilling cigarette or similar lighters and of a capacity not exceeding 300 cm^3; and

   (c) Resin torches, firelighters and the like.

协定税率 %										特惠税率 %				Article Description
巴基斯坦	冰岛	哥斯达黎	秘鲁	新西兰	瑞士	新加坡	韩国	澳大利亚	港澳台	老挝	孟加拉	33 国	7 国	
														Propellent powders:
														Propellent powders
5	0	0	0	0	3.6		5.4	5.4				0	0	Molded colloid propellant
5	0	0	0	0	3.6		5.4	5.4				0	0	Propellant, containing more than 5% of nitrified adhesives and aluminum powders
5	0	0	0	0	3.6		5.4	5.4				0	0	Other propellent powders
														Prepared explosives, other than propellent powders:
														--- Based on ammonals nitrate
5	0	0	0	0	3.6		5.4	5.4				0	0	Ammonium nitrate explosives, meet specific criteria (containing more than 2% of nitramines; or density exceeding 1.8g/cm^3, explosion velocity exceeding 8000m/s)
5	0	0	0	0	3.6		5.4	5.4				0	0	Other ammonium nitrate explosives, other than propellent powders
														--- Other
5	0	0	0	0	3.6		5.4	5.4				0	0	Preparation of other explosives that meet specific criteria (containing more than 2% (by weight) of any one of the following materials: (ring) four methylene four nitramine (HMX); Sanya (ring) methyl three nitro amine (RDX); three amino three nitrobenzene (TATB); two amino and nitrobenzene furoxan or 7- -4,6- -1- and nitrobenzene amino furazan oxide; six nitro stilbene (HNS); or the crystal density greater than 1.8g/cm^3, more than 8000m/s of various explosives detonation velocity).
5	0	0	0	0	3.6		5.4	5.4				0	0	Other prepared explosives, other than propellent powders
														Safety fuses;detonating fuses;percussion or detonating caps;igniters;electric detonators:
														Safety fuses;detonating fuses;percussion or detonating caps;igniters;electric detonators
5	0	0	0	0	3.6		5.4	5.4			0	0	0	Exploding bridge
5	0	0	0	0	3.6		5.4	5.4			0	0	0	Exploding bridge wire
5	0	0	0	0	3.6		5.4	5.4			0	0	0	Slapper
5	0	0	0	0	3.6		5.4	5.4			0	0	0	Exploding foil initiator
5	0	0	0	0	3.6		5.4	5.4			0	0	0	Devices using one or more detonator (detonating from a single ignition signal at the same time, other than detonators used detonating powder only)
5	0	0	0	0	3.6		5.4	5.4			0	0	0	Ignition devices of explosive detonator (for igniting the detonators of subheadings in heading 36.03)
5	0	0	0	0	3.6		5.4	5.4			0	0	0	Other safety fuses and detonating fuses (including percussion or detonating caps, igniters, electric detonators)
														Fireworks, signalling flares, rain rockets, fog signals and other pyrotechnicarticles:
5	0	0	0	0	2.4		3.6	3.6				0	0	- Fireworks
5	0	0	0	0	2.4		3.6	3.6				0	0	- Other
														Matches, other than pyrotechnic articles of heading36.04:
5	0	0	0	0	2.4		3.6	3.6			0	0	0	Matches, other than pyrotechnic articles of heading36.04
														Ferro-cerium and other pyrophoric alloys in all forms;articles of combustible materials as specified in Note 2 to this Chapter:

税号	货品名称	进口关税 %			增值/消费税%	出口退税%	统计计量单位	监管证件代码	检验检疫类别	协定税率 %		
		最惠国	普通	年内暂定						东盟	亚太	智利
3606.1000	- 直接灌注香烟打火机及类似打火器用的液体燃料或液化气体燃料,其包装容器的容积不超过300立方厘米	10	80		17	0	千克			0		0
	- 其他:											
	--- 铈铁及其他引火合金:											
3606.9011	----已切成形可直接使用	9	80		17	0	千克			0		0
3606.9019	----其他	9	50		17	0	千克			0		0
3606.9090	--- 其他	9	80		17	0	千克			0		0

协定税率 %										特惠税率 %				Article Description
巴基斯坦	冰岛	哥斯达黎	秘鲁	新西兰	瑞士	新加坡	韩国	澳大利亚	港澳台	老挝	孟加拉	33 国	7 国	
5	0	0	0	0	4		8	6	0//			0	0	- Liquid or liquefied-gas fuels in containers of a kind used for filling or refilling cigarette or similar lighters and of a capacity not exceeding 300cm^3
														- Other:
														--- Ferro-cerium and other pyrophoricalloys:
5	0	0	0	0	3.6		5.4	5.4			0	0	0	----Cut to shape, for immediate use
5	0	0	0	0	3.6		5.4	5.4			0	0	0	----Other
5	0	0	0	0	3.6		5.4	5.4			0	0	0	--- Other

第三十七章　照相及电影用品

注释：

一、本章不包括废碎料。

二、本章所称“摄影”，是指光或其他射线作用于感光面上直接或间接形成可见影像的过程。

税号	货品名称	进口关税% 最惠国	进口关税% 普通	进口关税% 年内暂定	增值/消费税%	出口退税%	统计计量单位	监管证件代码	检验检疫类别	协定税率% 东盟	协定税率% 亚太	协定税率% 智利
37.01	**未曝光的摄影感光硬片及平面软片，用纸、纸板及纺织物以外任何材料制成；未曝光的一次成像感光平片，不论是否分装：**											
3701.1000	- X光用	20	40	10	17	13	千克/平方米					0
3701.2000	- 一次成像平片	5	40		17	13	千克			0		0
	- 其他硬片及软片，任何一边超过255毫米：											
	--- 照相制版用：											
3701.3021	----激光照排片	10	50		17	13	千克/平方米					0
3701.3022	----PS版	10	50		17	13	千克/平方米					0
3701.3024	----CTP版	10	50		17	13	千克/平方米			0		0
3701.3025	----柔性印刷版											
37013025.10	柔性印刷版(厚度小于3mm的)(任何一边>255mm)	10	50	5	17	13	千克/平方米					0
37013025.90	其他柔性印刷版(任何一边>255mm)	10	50		17	13	千克/平方米					0
3701.3029	----其他	10	50		17	13	千克/平方米					0
3701.3090	--- 其他	20	70		17	13	千克/平方米			0		0
	- 其他：											
3701.9100	-- 彩色摄影用	22	70		17	13	千克			0		0
	-- 其他：											
3701.9920	--- 照相制版用											
37019920.01	石英玻璃基质的未曝光感光硬片	10	40	5	17	13	千克/平方米			0		0
37019920.10	超微粒干版	10	40		17	13	千克/平方米			0		0
37019920.90	照相制版用其他未曝光软片及硬片(非彩色摄影用，边长≤255mm)	10	40		17	13	千克/平方米			0		0
3701.9990	--- 其他	25	70		17	13	千克/平方米			0		0
37.02	**成卷的未曝光摄影感光胶片，用纸、纸板及纺织物以外任何材料制成；未曝光的一次成像感光卷片：**											
3702.1000	- X光用	10	40		17	13	千克/平方米					0
	- 无齿孔的其他胶片，宽度不超过105毫米：											
	-- 彩色摄影用：											
3702.3110	--- 一次成像卷片	5	40		17	13	个/平方米			0		0
3702.3190	--- 其他	￥56/m^2	￥433/m^2		17	13	个/平方米			0		0
	-- 其他涂卤化银乳液的：											

Chapter 37　Photographic or cinematographic goods

Chapter Notes:

1. This Chapter does not cover waste or scrap.
2. In this Chapter the word "photographic" relates to the process by which visible images are formed, directly or indirectly, by the action of light or other forms of radiation on photosensitive surfaces.

协定税率 %										特惠税率 %				Article Description
巴基斯坦	冰岛	哥斯达黎	秘鲁	新西兰	瑞士	新加坡	韩国	澳大利亚	港澳台	老挝	孟加拉	33 国	7 国	
														Photographic plates and film in the flat, sensitized, unexposed, of any material other than paper, paperboard or textiles;instant print film in the flat, sensitized, unexposed, whether or not in packs:
	0	0	6	0	14		18.4	12				0	0	- For X-ray
0	0	0	0	0	3.6		4	0			0	0	0	- Instant print film
														- Other plates and film, with any side exceeding 255mm:
														--- For preparing printing plates or cylinders:
	0	0	0	0	7		¥2.9/m^2	6	/0/			0	0	----Laser phototypesetting film
	0	0	0	0	4		¥6.4/m^2	6	/0/			0	0	----Precoated sensitized plate
5	0	0	0	0	4		¥6.4/m^2	6	/0/			0	0	----CTP plate
														----Flexographic printing plates
	0	0	0	0	7		¥12/m^2	6	/0/			0	0	Flexographic printing plates, of a thickness not exceeding 3mm, with any side exceeding 255mm
	0	0	0	0	7		¥12/m^2	6	/0/			0	0	Other flexographic printing plates, with any side exceeding 255mm
	0	0	0	0	7		¥9/m^2	6	/0/			0	0	----Other
	0	0	6	0	14	0	17.3	12				0	0	--- Other
														- Other:
	0	0	6.6	0	15.4	0		13.2				0	0	-- For colour photography(polychrome)
														-- Other:
														--- For preparing printing plates or cylinders
5	0	0	3	0	4		8	6				0	0	Unexposed photosensitive plates based on quartz glass
5	0	0	3	0	4		8	6				0	0	Ultra-microminiaturization plate
5	0	0	3	0	4		8	6				0	0	Other plates and film, unexposed, for photolithographic process (not for colour photography, side not more than 255mm)
	0	0	7.5	0	17.5	0		15				0	0	--- Other
														Photographic film in rolls, sensitized, unexposed, of any material other than paper, paperboard or textiles;instant print film in rolls, sensitized, unexposed:
	0	0	0	0	4		8.6	6				0	0	- For X-ray
														- Other film, without perforations, of a width not exceeding 105mm:
														-- For colour photography (polychrome):
0	0	0	0	0	0		3	0			0	0	0	--- Instant print film
	0	0	12	0		0		24				0	0	--- Other
														-- Other, with silver halide emulsion:

税号	货品名称	进口关税 % 最惠国	普通	年内暂定	增值/消费税%	出口退税%	统计计量单位	监管证件代码	检验检疫类别	协定税率 % 东盟	亚太	智利
3702.3210	--- 一次成像卷片	5	40		17	13	千克/平方米			0		0
3702.3220	--- 照相制版用	¥4.5/m^2	¥104/m^2		17	13	千克/平方米			0		0
3702.3290	--- 其他	¥21/m^2	¥202/m^2		17	13	千克/平方米			0		0
	-- 其他:											
3702.3920	--- 照相制版用	¥12/m^2	¥104/m^2		17	13	千克/平方米			0		0
3702.3990	--- 其他	¥24/m^2	¥202/m^2		17	13	千克/平方米			0		0
	- 无齿孔的其他胶片，宽度超过 105 毫米:											
3702.4100	-- 彩色摄影用，宽度超过 610 毫米，长度超过 200 米	¥7.1/m^2	¥202/m^2		17	13	千克/平方米					0
	-- 非彩色摄影用，宽度超过 610 毫米，长度超过 200 米:											
	--- 照相制版用:											
3702.4221	----印刷电路板制造用光致抗蚀干膜	¥0.6/m^2	¥110/m^2		17	13	千克/平方米			0		0
3702.4229	----其他	¥1.6/m^2	¥110/m^2		17	13	千克/平方米			0		0
	--- 其他:											
3702.4292	----红色或红外激光胶片											
37024292.01	未曝光红色或红外激光胶片(宽长胶卷指宽度＞800mm，长度＞1000m)	¥2.4/m^2	¥213/m^2	1.05 元/m^2	17	13	千克/平方米			0		0
37024292.90	其他未曝光红色或红外激光胶片(610mm＜宽度≤800mm，200m＜长度≤1000m)	¥2.4/m^2	¥213/m^2		17	13	千克/平方米			0		0
3702.4299	----其他	¥7/m^2	¥213/m^2		17	13	千克/平方米			0		0
	-- 宽度超过 610 毫米，长度不超过 200 米:											
	--- 照相制版用:											
3702.4321	----激光照排片	10	¥104/m^2		17	13	千克/平方米			0		0
3702.4329	----其他	¥3.7/m^2	¥104/m^2		17	13	千克/平方米			0		0
3702.4390	--- 其他	¥17/m^2	¥202/m^2		17	13	千克/平方米			0		0
	-- 宽度超过 105 毫米，但不超过 610 毫米:											
	--- 照相制版用:											
3702.4421	----激光照排片	¥2.0/m^2	¥115/m^2		17	13	千克/平方米					0
3702.4422	----印刷电路板制造用光致抗蚀干膜	¥5/m^2	¥115/m^2		17	13	千克/平方米			0		0
3702.4429	----其他	¥2.9/m^2	¥115/m^2		17	13	千克/平方米			0		0
3702.4490	--- 其他	¥27/m^2	¥202/m^2		17	13	千克/平方米			0		0
	- 彩色摄影用的其他胶片:											
3702.5200	-- 宽度不超过 16 毫米	¥95/m^2	¥433/m^2		17	13	米/平方米			0		0
3702.5300	-- 幻灯片用，宽度超过 16 毫米，但不超过 35 毫米，长度不超过 30 米	¥128/m^2	¥433/m^2		17	13	米/平方米			0		0

协定税率 %										特惠税率 %				Article Description
巴基斯坦	冰岛	哥斯达黎	秘鲁	新西兰	瑞士	新加坡	韩国	澳大利亚	港澳台	老挝	孟加拉	33国	7国	
0	0	0	0	0	0		3	0			0	0	0	--- Instant print film
¥2.25/m²	0	0	0	0	4		¥3.6/m²	6				0	0	--- For preparing printing plates or cylinders
	0	0	6.6	0	15.4	0	¥18.9/m²	13.2				0	0	--- Other
														-- Other:
¥6/m²	0	0	0	0	4		¥9.6/m²	6				0	0	--- For preparing printing plates or cylinders
	0	0	6.6	0	15.4	0	¥21.6/m²	13.2				0	0	--- Other
														- Other film, without perforations, of a width exceeding 105mm:
	0	0	4.8	0	11.2			9.6				0	0	-- Of a width exceeding 610mm and of a length exceeding 200m, for colour photography(polychrome)
														-- Of a width exceeding 610mm and of a length exceeding 200m, other than for colour photography:
														--- For preparing printing plates or cylinders:
¥0.3/m²	0	0	0	0	4	0		6				0	0	----Wide anticorrosive photographic plate for printed circuit processing
¥0.8/m²	0	0	0	0	4		¥1.2/m²	6				0	0	----Other
														--- Other:
														----Red or infrared laser film
	0	0	4.8	0	11.2	0	¥1.9/m²	9.6				0	0	Unexposed red or infrared laser film (of a width exceeding 800mm, of a length exceeding 1000m)
	0	0	4.8	0	11.2	0	¥1.9/m²	9.6				0	0	Other unexposed red or infrared laser film (width exceeding 610mm, but not more than 800mm, length exceeding 200m, but not more than 1000m)
	0	0	4.8	0	11.2	0	¥5.6/m²	9.6				0	0	----Other
														-- Of a width exceeding 610mm and of a length not exceeding 200m:
														--- For preparing printing plates or cylinders:
¥0.9/m²	0	0	0	0	4		¥1.4/m²	6				0	0	----Laser phototypesetting film
¥1.85/m²	0	0	0	0	4		¥2.9/m²	6				0	0	----Other
	0	0	6	0	14	0	¥14.7/m²	12				0	0	--- Other
														-- Of a width exceeding 105mm but not exceeding 610mm:
														--- For preparing printing plates or cylinders:
¥1.0/m²	0	0	0	0	4		¥1.6/m²	6				0	0	----Laser phototypesetting film
¥0.45/m²	0	0	0	0	4			6				0	0	----Narrow anticorrosive photographic plate for printed circuit processing
¥1.45/m²	0	0	0	0	4		¥2.3/m²	6				0	0	----Other
	0	0	6	0	14	0	¥23.4/m²	12				0	0	--- Other
														- Other film, for colour photography(pylychrome):
	0	0	14.1	0		0		28.2				0	0	-- Of a width not exceeding 16mm
	0	0	14.1	0		0		28.2	0//			0	0	-- Of a width exceeding 16mm but not exceeding 35mm and of a length not exceeding 30m, for slides

税 号	货 品 名 称	进口关税 % 最惠国	普通	年内暂定	增值/消费税%	出口退税%	统计计量单位	监管证件代码	检验检疫类别	协定税率 % 东盟	亚太	智利
	-- 非幻灯片用，宽度超过16毫米，但不超过35毫米，长度不超过30米：											
3702.5410	--- 宽度为35毫米，长度不超过2米	¥18/m^2	¥433/m^2		17	13	米/平方米					0
3702.5490	--- 其他	¥24/m^2	¥433/m^2		17	13	米/平方米					0
	-- 宽度超过16毫米，但不超过35毫米，长度超过30米：											
3702.5520	--- 电影胶片	¥9/m^2	¥232/m^2		17	13	米/平方米			20		0
3702.5590	--- 其他	¥27/m^2	¥433/m^2		17	13	米/平方米			20		0
	-- 宽度超过35毫米：											
3702.5620	--- 电影胶片	¥13/m^2	¥232/m^2		17	13	米/平方米			0		0
3702.5690	--- 其他	¥74/m^2	¥433/m^2		17	13	米/平方米			0		0
	- 其他：											
3702.9600	-- 宽度不超过35毫米，长度不超过30米	¥21/m^2	¥210/m^2		17	13	米/平方米					0
3702.9700	-- 宽度不超过35毫米，长度超过30米	¥9/m^2	¥210/m^2		17	13	米/平方米					0
3702.9800	-- 宽度超过35毫米	¥10/m^2	¥210/m^2		17	13	米/平方米			0		0
37.03	**未曝光的摄影感光纸、纸板及纺织物：**											
	- 成卷，宽度超过610毫米：											
3703.1010	--- 感光纸及纸板	18	100		17	13	千克					0
3703.1090	--- 其他	18	70		17	13	千克					0
	- 其他，彩色摄影用：											
3703.2010	--- 感光纸及纸板	35	100		17	13	千克			20		0
3703.2090	--- 其他	18	70		17	13	千克					0
	- 其他：											
3703.9010	--- 感光纸及纸板	35	100		17	13	千克			20		0
3703.9090	--- 其他	18	70		17	13	千克					0
37.04	**已曝光未冲洗的摄影硬片、软片、纸、纸板及纺织物：**											
3704.0010	--- 电影胶片	6.5	30		17	13	千克	Z		0		0
3704.0090	--- 其他	18	70		17	13	千克			0		0
37.05	**已曝光已冲洗的摄影硬片及软片，但电影胶片除外：**											
3705.1000	- 供复制胶版用	18	70		17	13	千克			0		0
	- 其他：											
3705.9010	--- 教学专用幻灯片	0	0		17	13	千克					
	--- 缩微胶片：											
3705.9021	----书籍、报刊的	0	0		17	13	千克					
3705.9029	----其他	4	14		17	13	千克			0		0
3705.9090	---其他	18	70		17	13	千克			0		0
37.06	**已曝光已冲洗的电影胶片，不论是否配有声道或仅有声道：**											
	- 宽度在35毫米及以上：											
3706.1010	--- 教学专用	0	0		17	17	千克/米	Z				
3706.1090	--- 其他	5	14		17	17	千克/米	Z		0		0
	- 其他：											
3706.9010	--- 教学专用	0	0		17	17	千克/米	Z				
3706.9090	--- 其他	4	14		17	17	千克/米	Z		0		0

协定税率 %										特惠税率 %				Article Description
巴基斯坦	冰岛	哥斯达黎	秘鲁	新西兰	瑞士	新加坡	韩国	澳大利亚	港澳台	老挝	孟加拉	33 国	7 国	
														-- Of a width exceeding 16mm but not exceeding 35mm and of a length not exceeding 30m, other than for slides:
	0	0	5.4	0	12.6		¥19/m²	10.8	0//			0	0	--- Of a width 35mm and of a length not exceeding 2m
	0	0	5.4	0	12.6		¥20.8/m²	10.8	0//			0	0	--- Other
														-- Of a width exceeding 16mm but not exceeding 35mm and of a length exceeding 30m:
	0	0	7.8	0				15.6				0	0	--- Cinematographic film
	0	0		0				24				0		--- Other
														-- Of a width exceeding 35mm:
	0	0	7.2	0	16.8	0	¥11.7/m²	14.4				0	0	--- Cinematographic film
	0	0	12	0		0		24				0	0	--- Other
														- Other:
	0	0	6	0	14		¥18.2/m²	12				0	0	-- Of a width not exceeding 35mm and of a length not exceeding 30m
¥9/m²	0	0	5.4	0	12.6		¥7.8/m²	10.8				0	0	-- Of a width not exceeding 35mm and of a length exceeding 30m
¥8/m²	0	0	5.4	0	12.6	0	¥8/m²	10.8				0	0	-- Of a width exceeding 35mm
														Photographic paper, paperboard and textiles, sensitized, unexposed:
														- In rolls of a width exceeding 610mm:
	0	0	5.4	0	12.6		15.6	10.8				0	0	--- Photographic paper and paperboard
	0	0	5.4	0	12.6		15.6	10.8				0	0	--- Other
														- Other, for colour photography(polychrome):
	0	0		0				21	0//			0		--- Photographic paper and paperboard
	0	0	5.4	0	12.6		15.6	10.8	0//			0	0	--- Other
														- Other:
	0	0		0				21				0		--- Photographic paper and paperboard
	0	0	5.4	0	12.6		15.6	10.8				0	0	--- Other
														Photographic plates, film, paper, paperboard and textiles, exposed but not developed:
5	0	0	0	0	2.6		3.9	3.9				0	0	--- Cinematographic film
14.4	0	0	5.4	0	12.6	0	14.4	10.8				0	0	--- Other
														Photographic plates and film, exposed and developed, other than cinematographic film:
14.4	0	0	5.4	0	12.6	0	14.4	10.8				0	0	- For offset reproduction
														- Other:
							0	0			0	0	0	--- Lantern slides, for educational use only
														--- Microfilms:
							0	0			0	0	0	----For printed books and newspapers
0	0	0	0	0	0		0	0				0	0	----Other
14.4	0	0	5.4	0	12.6	0	14.4	10.8				0	0	--- Other
														Cinematographic film, exposed and developed, whether or not incorporating sound track or consisting only of sound track:
														- Of a width of 35mm or more:
							0	0			0	0	0	--- For educational use only
0	0	0	0	0	0		4.3	0	0//		0	0	0	--- Other
														- Other:
							0	0			0	0	0	--- For educational use only
0	0	0	0	0	0		0	0	0//		0	0	0	--- Other

税号	货品名称	进口关税 %			增值/消费税%	出口退税%	统计计量单位	监管证件代码	检验检疫类别	协定税率 %		
		最惠国	普通	年内暂定						东盟	亚太	智利
37.07	摄影用化学制剂（不包括上光漆、胶水、粘合剂及类似制剂）；摄影用未混合产品，定量包装或零售包装可立即使用的：											
3707.1000	- 感光乳液											
37071000.01	不含银的感光乳液剂	8	35	4	17	13	千克			0		0
37071000.90	其他感光乳液	8	35		17	13	千克			0		0
	- 其他：											
3707.9010	--- 冲洗照相胶卷及相片用	16	100		17	13	千克			0		0
3707.9020	--- 复印机用	10	45	8	17	13	千克			0		0
3707.9090	--- 其他	8	35		17	13	千克			0		0

协定税率 %										特惠税率 %				Article Description
巴基斯坦	冰岛	哥斯达黎	秘鲁	新西兰	瑞士	新加坡	韩国	澳大利亚	港澳台	老挝	孟加拉	33 国	7 国	
														Chemical preparations for photographic uses (other than varnishes, glues, adhesives and similar preparations);unmixed products for photographic uses, put up in measured portions or put up for retail sale in a form ready for use:
														- Sensitizing emulsions
5	0	0	0	0	5.6		6.9	4.8	/0/		0	0	0	Non-silver sensitising emulsions
5	0	0	0	0	5.6		6.9	4.8	/0/		0	0	0	Other sensitising emulsions
														- Other:
12.8	0	0	4.8	0	11.2	0	13.8	9.6	0//			0	0	--- For use in developing photographic film and photographs
5	0	0	3	0	4	0	8	6	0/0/		0	0	0	--- For use in photo-copying apparatus
5	0	0	0	0	5.6		6.4	4.8	0/0/		0	0	0	--- Other

第三十八章 杂项化学产品

注释：

一、本章不包括：

（一）单独的已有化学定义的元素及化合物，但下列各项除外：

1. 人造石墨（税目 38.01）；

2. 制成税目 38.08 所述的形状或包装的杀虫剂、杀鼠剂、杀菌剂、除草剂、抗萌剂、植物生长调节剂、消毒剂及类似产品；

3. 灭火器的装配药及已装药的灭火弹（税目 38.13）；

4. 下列注释二所规定的检定参照物；

5. 下列注释三（一）及三（三）所规定的产品。

（二）化学品与食品或其他营养物质的混合物，配制食品用的（一般归入税目 21.06）；

（三）含有金属、砷及其混合物，并符合第二十六章注释三（一）或三（二）的规定的矿渣、矿灰和残渣（包括淤渣，但下水道淤泥除外）（税目 26.20）；

（四）药品（税目 30.03 及 30.04）；或

（五）用于提取贱金属或生产贱金属化合物的废催化剂（税目 26.20），主要用于回收贵金属的废催化剂（税目 71.12），或某种形状（例如，精细粉末或纱网状）的金属或金属合金催化剂（第十四类或第十五类）。

二、

（一）税目 38.22 所称的“检定参照物”，是指附有证书的参照物，该证书标明了参照物属性的指标、确定这些指标的方法以及与每一指标相关的确定度，这些参照物用于分析、校准和比较。

（二）除第二十八和二十九章的产品外，检定参照物在本目录中应优先归入税目 38.22。

三、税目 38.24 包括不归入本协调制度其他税目的下列货品：

（一）每颗重量不小于 2.5 克的氧化镁、碱金属或碱土金属卤化物制成的培养晶体（光学元件除外）；

（二）杂醇油；骨焦油；

（三）零售包装的除墨剂；

（四）零售包装的蜡纸改正液、其他改正液及改正带（税目 96.12 的产品除外）；以及

（五）可熔性陶瓷测温器（例如，塞格测温锥）。

四、本目录所称“城市垃圾”，是指从家庭、宾馆、餐厅、医院、商店、办公室等收集来的废物、马路和人行道的垃圾以及建筑垃圾或拆建垃圾。城市垃圾通常含有大量各种各样的材料，例如，塑料、橡胶、木材、纸张、纺织品、玻璃、金属、食物、破烂家具和其他已损坏或被丢弃的物品。但“城市垃圾”不包括：

（一）已从垃圾中分拣出来的单独的材料或物品，例如，废的塑料、橡胶、木材、纸张、纺织品、玻璃、金属和电池的废品，这些材料或物品应归入本目录中适当税目；

（二）工业废物；

（三）第三十章注释四（十）所规定的废药物；或

（四）本章注释六（一）所规定的医疗废物。

五、税目 38.25 所称“下水道淤泥”，是指经城市污水处理厂处理的淤泥，包括预处理的废料、刷洗污垢和性质不稳定的淤泥。但适合作为肥料用的性质稳定的淤泥除外（第三十一章）。

六、税目 38.25 所称的“其他废物”适用于：

（一）医疗废物，即医学研究、诊断、治疗以及其他内科、外科、牙科或兽医治疗所产生的被污染的废物，通常含有病菌和药物，需作专门处理（例如，脏的敷料、用过的手套及注射器）；

（二）废有机溶剂；

（三）废的金属酸洗液、液压油、制动油及防冻液；以及

Chapter 38 Miscellaneous chemical products

Chapter Notes:

1. This Chapter does not cover:

(a) Separate chemically defined elements or compounds with the exception of the following:

(i) Artificial graphite (heading 38.01);

(ii) Insecticides, rodenticides, fungicides, herbicides, anti- sprouting products and plant-growth regulators, disinfectants and similar products, put up as described in heading 38.08;

(iii) Products put up as charges for fire-extinguishers or put up in fire-extinguishing grenades (heading 38.13);

(iv) Certified reference materials specified in Note 2 below;

(v) Products specified in Note 3 (a) or 3 (c) below.

(b) Mixtures of chemicals with foodstuffs or other substances with nutritive value, of a kind used in the preparation of human foodstuffs (generally heading 21.06);

(c) Slag, ash and residues (including sludges, other than sewage sludge), containing metals, arsenic or their mixtures and meeting the requirements of Note 3 (a) or 3 (b) to Chapter 26(heading 26.20);

(d) Medicaments (heading 30.03 or 30.04); or

(e) Spent catalysts of a kind used for the extraction of base metals or for the manufacture of chemical compounds of base metals (heading 26.20), spent catalysts of a kind used principally for the recovery of precious metal (heading 71.12) or catalysts consisting of metals or metal alloys in the form of, for example, finely divided powder or woven gauze (Section XIV or XV).

2.

(a) For the purpose of heading 38.22, the expression "certified reference materials" means reference materials which are accompanied by a certificate which indicates the values of the certified properties, the methods used to determine these values and the degree of certainty associated with each value and which are suitable for analytical, calibrating or referencing purposes.

(b) With the exception of the products of Chapter 28 or 29, for the classification of certified reference materials, heading 38.22 shall take precedence over any other heading in the Nomenclature.

3. Heading 38.24 includes the following goods which are not to be classified in any other heading of the Nomenclature:

(a) Cultured crystals (other than optical elements) weighing not less than 2.5 g each, of magnesium oxide or of the halides of the alkali or alkaline-earth metals;

(b) Fusel oil; Dippel's oil;

(c) Ink removers put up in packings for retail sale;

(d) Stencil correctors, other correcting fluids and correction tapes (other than those of heading 96.12), put up in packings for retail sale; and

(e) Ceramic firing testers, fusible (for example, Seger cones).

4. Throughout the Nomenclature, "municipal waste" means waste of a kind collected from households, hotels, restaurants, hospitals, shops, offices, etc., road and pavement sweepings, as well as construction and demolition waste. Municipal waste generally contains a large variety of materials such as plastics, rubber, wood, paper, textiles, glass, metals, food materials, broken furniture and other damaged or discarded articles. The term "municipal waste", however, does not cover:

(a) Individual materials or articles segregated from the waste, such as wastes of plastics, rubber, wood, paper, textiles, glass or metals and spent batteries which fall in their appropriate headings of the Nomenclature;

(b) Industrial waste;

(c) Waste pharmaceuticals, as defined in Note 4 (k) to Chapter 30; or

(d) Clinical waste, as defined in Note 6 (a) below.

5. For the purposes of heading 38.25, "sewage sludge" means sludge arising from urban effluent treatment plant and includes pre-treatment waste, scourings and unstabilised sludge.Stabilised sludge when suitable for use as fertiliser is excluded (Chapter 31).

6. For the purposes of heading 38.25, the expression "other wastes" applies to:

(a) Clinical waste, that is, contaminated wastearising from medical research, diagnosis, treatment or other medical, surgical, dental or veterinary procedures, which often contain pathogens and pharmaceutical substances and require special disposal procedures (for example, soiled dressings, used gloves and used syringes);

(b) Waste organic solvents;

(c) Wastes of metal pickling liquors, hydraulic fluids, brake fluids and anti-freezing fluids; and

（四）化学工业及相关工业的其他废物。

但不包括主要含有石油及从沥青矿物提取的油类的废油（税目 27.10）。

七、税目 38.26 所称的“生物柴油”，是指从动植物油脂（不论是否使用过）得到的用作燃料的脂肪酸单烷基酯。

子目注释：

一、子目 3808.50 仅包括税目 38.08 的货品，含有一种或多种下列物质：艾氏剂（ISO）；乐杀螨（ISO）；毒杀芬（ISO）；敌菌丹（ISO）；氯丹（ISO）；杀虫脒（ISO）；乙酯杀螨醇（ISO）；滴滴涕（ISO，INN）[1,1,1-三氯-2,2-双（4-氯苯基）乙烷]；狄氏剂（ISO，INN）；4,6-二硝基邻甲酚[二硝酚（ISO）]及其盐；地乐酚（ISO）及其盐或酯；1,2-二溴乙烷（ISO）；1,2-二氯乙烷（ISO）；氟乙酰胺（ISO）；七氯（ISO）；六氯苯（ISO）；1,2,3,4,5,6-六氯环己烷[六六六（ISO）]，包括林丹（ISO，INN）；汞化合物；甲胺磷（ISO）；久效磷（ISO）；环氧乙烷（氧化乙烯）；对硫磷（ISO）；甲基对硫磷（ISO）；五氯苯酚（ISO）及其盐或酯；磷胺（ISO）；2,4,5-涕（ISO）（2,4,5-三氯苯氧基乙酸）及其盐或酯；三丁基锡化合物。

子目 3808.50 还包括含有苯菌灵（ISO）、克百威（ISO）及福美双（ISO）混合物的粉状制剂。

二、子目 3825.41 和 3825.49 所称“废有机溶剂”，是指主要含有有机溶剂的废物，不适合再作原产品使用，不论其是否用于回收溶剂。

税号	货品名称	进口关税 %			增值/消费税%	出口退税%	统计计量单位	监管证件代码	检验检疫类别	协定税率 %		
		最惠国	普通	年内暂定						东盟	亚太	智利
38.01	**人造石墨；胶态或半胶态石墨；以石墨或其他碳为基本成分的糊状、块状、板状制品或其他半制品：**											
3801.1000	- 人造石墨											
38011000.10	核级石墨(纯度高于百万分之五硼当量，密度大于 1.50g/cm³)	6.5	30	3	17	0	千克	3		0		0
38011000.20	人造细晶粒整体石墨(20℃下的密度、拉伸断裂应变、热膨胀系数符合特殊要求)	6.5	30	3	17	0	千克	3		0		0
38011000.90	其他人造石墨	6.5	30	3	17	0	千克	3		0		0
3801.2000	- 胶态或半胶态石墨	6.5	30		17	0	千克			0		0
3801.3000	- 电极用碳糊及炉衬用的类似糊	6.5	35		17	0	千克			0		0
	- 其他：											
3801.9010	--- 表面处理的球化石墨	6.5	35		17	13	千克	3		0		0
3801.9090	--- 其他	6.5	35		17	0	千克	3		0		0
38.02	**活性碳；活性天然矿产品；动物炭黑，包括废动物炭黑：**											
	- 活性碳：											
3802.1010	--- 木质的	6.5	20		17	0	千克	G		0	5.5	0
3802.1090	--- 其他	6.5	20		17	0	千克	ABG	M/N	0	5.5	0
3802.9000	- 其他											
38029000.10	濒危动物炭黑(包括废动物炭黑)	10	45		17	0	千克	EF		0		0
38029000.90	活性天然矿产品；其他动物炭黑(包括废动物炭黑)	10	45		17	0	千克			0		0
38.03	**妥尔油，不论是否精炼：**											
3803.0000	妥尔油，不论是否精炼	6.5	35		17	0	千克			0		0
38.04	**木浆残余碱液，不论是否浓缩、脱糖或经化学处理，包括木素磺酸盐，但不包括税目 38.03 的妥尔油：**											
3804.0000	木浆残余碱液，不论是否浓缩、脱糖或经化学处理，包括木素磺酸盐，但不包括税目 38.03 的妥尔油											
38040000.10	未经浓缩、脱糖或经过化学处理的木浆残余碱液(妥尔油除外)	6.5	35		17	0	千克	9		0		0
38040000.90	经浓缩、脱糖或经过化学处理的木浆残余碱液，包括木素磺酸盐(妥尔油除外)	6.5	35		17	0	千克			0		0

(d) Other wastes from chemical or allied industries.

The expression "other wastes" does not, however, cover wastes which contain mainly petroleum oils or oils obtained from bituminous minerals (heading 27.10).

7. For the purposes of heading 38.26, the term "biodiesel" means mono-alkyl esters of fatty acids of a kind used as a fuel, derived from animal or vegetable fats and oils whether or not used.

Subheading Notes:

1. Subheading 3808.50 covers only goods of heading 38.08, containing one or more of the following substances : aldrin (ISO); binapacryl (ISO); camphechlor (ISO) (toxaphene); captafol (ISO); chlordane (ISO); chlordimeform (ISO); chlorobenzilate (ISO); DDT (ISO) (clofenotane (INN), 1,1,1-trichloro-2,2-bis(p-chlorophenyl)ethane); dieldrin (ISO, INN); 4,6-dinitro-o-cresol (DNOC (ISO)) or its salts; dinoseb (ISO), its salts or its esters; ethylene dibromide (ISO) (1,2-dibromoethane); ethylene dichloride (ISO) (1,2-dichloroethane); fluoroacetamide (ISO); heptachlor (ISO); hexachlorobenzene (ISO); 1,2,3,4,5,6-hexachlorocyclohexane (HCH (ISO)), including lindane (ISO, INN); mercury compounds; methamidophos (ISO); monocrotophos (ISO); oxirane (ethylene oxide); parathion (ISO); parathion-methyl (ISO) (methyl-parathion); pentachlorophenol (ISO), its salts or its esters; phosphamidon (ISO); 2,4,5-T (ISO) (2,4,5-trichlorophenoxyacetic acid), its salts or its esters; tributyltin compounds.

   Subheading 3808.50 also covers dustable powder formulations containing a mixture of benomyl (ISO), carbofuran (ISO) and thiram (ISO).

2. For the purposes of subheadings 3825.41 and 3825.49, "waste organic solvents" are wastes containing mainly organic solvents, not fit for further use as presented as primary products, whether or not intended for recovery of the solvents.

协定税率 %										特惠税率 %				Article Description
巴基斯坦	冰岛	哥斯达黎	秘鲁	新西兰	瑞士	新加坡	韩国	澳大利亚	港澳台	老挝	孟加拉	33 国	7 国	
														Artificial graphite;colloidal or semicolloidal graphite;preparations based on graphite or other carbon in the form of pastes, blocks, plates or other semi-manufactures:
														- Artificial graphite
5	0	0	0	0	4.6		5.2	3.9	0//		0	0	0	Nuclear grade graphite (with a boron content of more than five part per million, density more than 1.50g/cm^3)
5	0	0	0	0	4.6		5.2	3.9	0//		0	0	0	Artificial fine-grained graphite (Density at 20℃, tensile fracture strain, coefficient of thermal expansion meet specific criteria)
5	0	0	0	0	4.6		5.2	3.9	0//		0	0	0	Other artificial graphite
5	0	0	0	0	2.6		5.6	3.9			0	0	0	- Colloidal or semi-colloidal graphite
5	0	0	0	0	4.6		3.9	3.9			0	0	0	- Carbonaceous pastes for electrodes and similar pastes for furnace linings
														- Other:
5	0	0	0	0	2.6		3.9	3.9			0	0	0	--- Spheroidized graphite by Surface treatment
5	0	0	0	0	2.6		3.9	3.9			0	0	0	--- Other
														Activated carbon;activated natural mineral products;animal black, including spent animal black:
														- Activated carbon:
5	0	0	0	0	2.6		3.9	3.9				0	0	--- Wood based
5	0	0	0	0	2.6		3.9	3.9				0	0	--- Other
														- Other
5	0	0	3	0	4	0	8	6				0	0	Endangered animal black (including spent animal black)
5	0	0	3	0	4	0	8	6				0	0	Activated natural mineral products; other animal black (including spent animal black)
														Tall oil, whether or not refined:
5	0	0	0	0	2.6		3.9	3.9			0	0	0	Tall oil, whether or not refined
														Residual lyes from the manufacture of wood pulp, whether or not concentrated, desugared or chemically treated, including lignin sulphonates, but excluding tall oil of heading38.03:
														Residual lyes from the manufacture of wood pulp, whether or not concentrated, desugared or chemically treated, including lignin sulphonates, but excluding tall oil of heading38.03
5	0	0	0	0	2.6		5.2	3.9				0	0	Residual lyes from the manufacture of wood pulp, not concentrated, not desugared nor chemically treated, including lignin sulphonates (other than tall oil)
5	0	0	0	0	2.6		5.2	3.9				0	0	Residual lyes from the manufacture of wood pulp, concentrated, desugared or chemically treated, including lignin sulphonates (other than tall oil)

税号	货品名称	进口关税 %			增值/消费税%	出口退税%	统计计量单位	监管证件代码	检验检疫类别	协定税率 %		
		最惠国	普通	年内暂定						东盟	亚太	智利
38.05	**脂松节油、木松节油和硫酸盐松节油及其他萜烯油，用蒸馏或其他方法从针叶木制得；粗制二聚戊烯；亚硫酸盐松节油及其他粗制对异丙基苯甲烷；以α萜品醇为基本成分的松油：**											
3805.1000	- 脂松节油、木松节油和硫酸盐松节油	6.5	50		17	0	千克	AB	M/N	0		0
	- 其他：											
3805.9010	--- 松油	6.5	50		17	0	千克	AB	M/N	0		0
3805.9090	--- 其他	6.5	50		17	0	千克			0		0
38.06	**松香和树脂酸及其衍生物；松香精及松香油；再熔胶：**											
	- 松香及树脂酸：											
3806.1010	--- 松香	10	70		17	0	千克			0		0
3806.1020	--- 树脂酸	10	70		17	0	千克			0		0
	- 松香盐、树脂酸盐及松香或树脂酸衍生物的盐，但松香加合物的盐除外：											
3806.2010	--- 松香盐及树脂酸盐	6.5	40		17	13	千克			0		0
3806.2090	--- 其他	6.5	40		17	13	千克			0		0
3806.3000	- 酯胶	6.5	50		17	0	千克	AB	PR/QS	0		0
3806.9000	- 其他											
38069000.10	歧化松香及松香衍生物	6.5	40		17	0	千克			0		0
38069000.90	其他松香及树脂酸衍生物(包括松香精及松香油；再熔胶)	6.5	40		17	0	千克			0		0
38.07	**木焦油；精制木焦油；木杂酚油；粗木精；植物沥青；以松香、树脂酸或植物沥青为基本成分的啤酒桶沥青及类似制品：**											
3807.0000	木焦油；精制木焦油；木杂酚油；粗木精；植物沥青；以松香、树脂酸或植物沥青为基本成分的啤酒桶沥青及类似制品	6.5	35		17	0	千克			0		0
38.08	**杀虫剂、杀鼠剂、杀菌剂、除草剂、抗萌剂、植物生长调节剂、消毒剂及类似产品，零售形状、零售包装或制成制剂及成品(例如，经硫磺处理的带子、杀虫灯芯、蜡烛及捕蝇纸)：**											
	- 本章子目注释一所规定的货品：											
3808.5010	--- 零售包装											
38085010.10	零售包装的含有一种第38章子目注释一所列物质的货品	9	35		13	5	千克	S		0		0
38085010.90	零售包装含多种第38章子目注释一所列物质的货品	9	35		13	5	千克	X		0		0
3808.5090	--- 其他											
38085090.10	非零售包装的含有一种第38章子目注释一所列物质的货品	5	11		13	5	千克	S		0		0
38085090.90	非零售包装含多种第38章子目注释一所列物质的货品	5	11		13	5	千克	X		0		0
	- 其他：											
	-- 杀虫剂：											
	--- 零售包装：											
3808.9111	----蚊香	10	80		17	5	千克	AS	M/	0	0	0
3808.9112	----生物杀虫剂	10	35		13	5	千克	AS	M/	0	7	0
3808.9119	----其他	10	35		13	5	千克	AS	M/	0	7	0
3808.9190	--- 其他	6	11		13	5	千克	AS	M/	0	4.2	0
	-- 杀菌剂：											
3808.9210	--- 零售包装	9	35		17	5	千克	S		0		0
3808.9290	--- 其他											
38089290.10	非零售包装的医用杀菌剂	6	11		17	5	千克			0		0
38089290.21	经农药杀菌剂浸渍的纸质水果套袋	6	11		17	5	千克	S		0		0
38089290.29	非零售包装的其他农用杀菌剂成药	6	11		13	5	千克	S		0		0
38089290.90	非零售包装的非农用杀菌剂成药(包括非医用杀菌剂)	6	11		13	5	千克			0		0

协定税率 %										特惠税率 %				Article Description
巴基斯坦	冰岛	哥斯达黎	秘鲁	新西兰	瑞士	新加坡	韩国	澳大利亚	港澳台	老挝	孟加拉	33 国	7 国	
														Gum, wood or sulphate turpentine and othe terpenic oils produced by the distillation or other treatment of coniferous woods;crude dipentene;sulphite turpentine and other crude paracymene;pine oil containing alpha terpineol as the main constituent:
5	0	0	0	0	2.6		3.9	3.9			0	0	0	- Gum, wood or sulphate turpentine oils
														- Other:
5	0	0	0	0	2.6		3.9	3.9			0	0	0	--- Pine oil
5	0	0	0	0	2.6		3.9	3.9			0	0	0	--- Other
														Rosin and resin acids, and derivatives thereof;rosin spirit and rosin oils;rungums:
														- Rosinand resin acids:
5	0	0	0	0	4	0	8	6	/0/			0	0	--- Rosin
5	0	0	0	0	4		8	6	/0/			0	0	--- Resin acides
														- Salts of rosin, of resin acids or of derivatives of rosin or resin acids, other than salts of rosin adducts:
5	0	0	0	0	2.6		3.9	3.9	/0/			0	0	--- Salts of rosin, of resin acids
5	0	0	0	0	2.6		3.9	3.9	/0/			0	0	--- Other
5	0	0	0	0	2.6		3.9	3.9	/0/			0	0	- Ester gums
														- Other
5	0	0	0	0	2.6		3.9	3.9	/0/			0	0	Disproportionated rosin and rosin derivatives
5	0	0	0	0	2.6		3.9	3.9	/0/			0	0	Other rosin and resin acids derivatives (including rosin spirit and rosin oils; run gums)
														Wood tar;wood tar oils;wood creosote;wood naphtha;vegetable pitch;brewers pitch and similar preparations based on rosin, resin acids or on vegetable pitch:
5	0	0	0	0	2.6		3.9	3.9				0	0	Wood tar;wood tar oils;wood creosote;wood naphtha;vegetable pitch;brewers pitch and similar preparations based on rosin, resin acids or on vegetable pitch
														Insecticides, rodenticides, fungicides, herbicides, anti-sprouting products and plantgrowth regulators, disinfectants and similar products, put up in forms or packings for retail sale or as preparations or articles(for example, sulphur-treated bands, wicks and candles, and fly-papers):
														- Goods specified in Subheading Note 1 to this Chapter:
														--- Put up for retail sale
5	0	0	0	0	3.6		5.4	5.4	0//		0	0	0	Goods containing one of the substances specified in Subheading Note 1 to Chapter 38, put up for retail sale
5	0	0	0	0	3.6		5.4	5.4	0//		0	0	0	Goods containing more than one of the substances specified in Subheading Note 1 to Chapter 38, put up for retail sale
														--- Other
	0	0	0	0	0		3	0	0//		0	0	0	Goods containing one of the substances specified in Subheading Note 1 to Chapter 38, not put up for retail sale
	0	0	0	0	0		3	0	0//		0	0	0	Goods containing more than one of the substances specified in Subheading Note 1 to Chapter 38, not put up for retail sale
														- Other:
														-- Insecticides:
														--- Put up for retail sale:
0	0	0	0	0	4		6	6	/0/		0	0	0	----Mosquito smudges
5	0	0	0	0	4		8	6	0/0/		0	0	0	----Biopesticide
5	0	0	0	0	4		8	6	0/0/		0	0	0	----Other
0	0	0	0	0	4.2		3.6	3.6	0/0/		0	0	0	--- Other
														-- Fungicides:
5	0	0	0	0	6.3		5.4	5.4	0//		0	0	0	--- Put up for retail sale
														--- Other
5	0	0	0	0	4.2		3.6	3.6			0	0	0	Medical fungicides, not put up for retail sale
5	0	0	0	0	4.2		3.6	3.6			0	0	0	Paper fruit bagging, impregnated by pesticide fungicides
5	0	0	0	0	4.2		3.6	3.6			0	0	0	Other agricultural fungicides medicaments, not put up for retail sale
5	0	0	0	0	4.2		3.6	3.6			0	0	0	Non-agricultural fungicides medicaments (including non-medical bactericide), not put up for retail sale

税号	货品名称	进口关税 % 最惠国	普通	年内暂定	增值/消费税%	出口退税%	统计计量单位	监管证件代码	检验检疫类别	协定税率 % 东盟	亚太	智利
	-- 除草剂、抗萌剂及植物生长调节剂:											
	--- 除草剂:											
3808.9311	----零售包装	9	35		13	5	千克	AS	M/	0		0
3808.9319	----其他											
38089319.10	非零售包装百草枯母液	5	11		13	5	千克	AS	M/	0	4.5	0
38089319.90	其他非零售包装的除草剂成药	5	11		13	5	千克	AS	M/	0	4.5	0
	--- 其他:											
3808.9391	----零售包装	9	35		13	5	千克	S		0	8.3	0
3808.9399	----其他	6	14		13	5	千克	S		0	5.5	0
3808.9400	-- 消毒剂											
38089400.10	医用消毒剂	9	35		17	5	千克			0		0
38089400.20	兽用已配剂量含戊二醛、癸甲溴铵消毒剂等(包括复方煤焦油酸溶液消毒防腐药)	9	35		13	5	千克	R		0		0
38089400.90	其他非医用消毒剂	9	35		13	5	千克			0		0
	-- 其他:											
3808.9910	--- 零售包装	9	35		13	5	千克	S		0		0
3808.9990	--- 其他	9	14		13	5	千克	S		0		0
38.09	纺织、造纸、制革及类似工业用的其他税目未列名的整理剂、染料加速着色或固色助剂及其他产品和制剂(例如,修整剂及媒染剂):											
3809.1000	- 以淀粉物质为基本成分	10	35		17	0	千克			0		0
	- 其他:											
3809.9100	-- 纺织工业及类似工业用	6.5	35		17	0	千克			0	6	0
3809.9200	-- 造纸工业及类似工业用	6.5	35		17	0	千克			0		0
3809.9300	-- 制革工业及类似工业用	6.5	35		17	0	千克			0		0
38.10	金属表面酸洗剂;焊接用的焊剂及其他辅助剂;金属及其他材料制成的焊粉或焊膏;作焊条芯子或焊条涂料用的制品:											
3810.1000	- 金属表面酸洗剂;金属及其他材料制成的焊粉或焊膏	6.5	35		17	13	千克			0	6	0
3810.9000	- 其他	6.5	35		17	0	千克			0		0
38.11	抗震剂、抗氧剂、防胶剂、黏度改良剂、防腐蚀制剂及其他配制添加剂,用于矿物油(包括汽油)或与矿物油同样用途的其他液体:											
	- 抗震剂:											
3811.1100	-- 以铅化合物为基本成分	6.5	35		17	0	千克	X		0		0
3811.1900	-- 其他	6.5	35		17	0	千克			0		0
	- 润滑油添加剂:											
3811.2100	-- 含有石油或从沥青矿物提取的油类	6.5	35		17	0	千克			0		0
3811.2900	-- 其他	6.5	35		17	0	千克			0	5.5	0
3811.9000	- 其他	6.5	35		17	0	千克			0		0
38.12	配制的橡胶促进剂;其他税目未列名的橡胶或塑料用复合增塑剂;橡胶或塑料用抗氧制剂及其他复合稳定剂:											
3812.1000	- 配制的橡胶促进剂	6	20		17	13	千克			0		0
3812.2000	- 橡胶或塑料用复合增塑剂	6.5	35		17	5	千克			0		0
	- 橡胶或塑料用抗氧制剂及其他复合稳定剂:											
3812.3010	--- 橡胶的防老剂	6	20		17	5	千克			0		0
3812.3090	--- 其他	6.5	35		17	5	千克			0	4.6	0
38.13	灭火器的装配药;已装药的灭火弹:											
3813.0010	--- 灭火器的装配药	6.5	35		17	0	千克		+L	0		0
3813.0020	--- 已装药的灭火弹	10	70		17	0	千克			0		0

协定税率 %										特惠税率 %				Article Description
巴基斯坦	冰岛	哥斯达黎	秘鲁	新西兰	瑞士	新加坡	韩国	澳大利亚	港澳台	老挝	孟加拉	33 国	7 国	
														-- Herbicides, anti-sprouting products and plant-growth regulators:
														--- Herbicides:
5	0	0	0	0	3.6		5.4	5.4			0	0	0	----Put up for retail sale
														----Other
0	0	0	0	0	3.5		3	0			0	0	0	Paraquat mother-liquor, not put up for retail sale
0	0	0	0	0	3.5		3	0			0	0	0	Other herbicides medicine, not put up for retail sale
														--- Other:
5	0	0	0	0	3.6		5.4	5.4			0	0	0	----Put up for retail sale
5	0	0	0	0	2.4		3.6	3.6			0	0	0	----Other
														-- Disinfectants
5	0	0	0	0	6.3		5.4	5.4	0//		0	0	0	Medical disinfectants
5	0	0	0	0	6.3		5.4	5.4	0//		0	0	0	Disinfectants for veterinary use, containing glutaraldehyde and didoctyl dimethyl ammonium bromide disinfectant, put up in measured doses (including disinfectants and antiseptics of acid solution of compound coal tar)
5	0	0	0	0	6.3		5.4	5.4	0//		0	0	0	Other non-medical disinfectants
														-- Other:
5	0	0	0	0	3.6		5.4	5.4	0//		0	0	0	--- Put up for retail sale
5	0	0	0	0	3.6		5.4	5.4	/0/		0	0	0	--- Other
														Finishing agents, dye carriers to accelerate the dyeing or fixing of dye-stuffs and other products and preparations(for example, dressings and mordants),of a kind used in the textile, paper, leather or like industries, not elsewhere specified or included:
0	0	0	0	0	4	0	8	6			0	0	0	- With a basis of amylaceous substances
														- Other:
0	0	0	0	0	4.6		3.9	3.9	0//		0	0	0	-- Of a kind used in the textile or like industries
0	0	0	0	0	2.6		5.2	3.9	0//		0	0	0	-- Of a kind used in the paper or like industries
0	0	0	0	0	2.6		3.9	3.9	0//		0	0	0	-- Of a kind used in the leather or like industries
														Pickling preparations for metal surfaces;fluxes and other auxiliary preparations for soldering, brazing or welding;soldering, brazing or welding powders and pastes consisting of metal and other materials;preparations of a kind used as cores or coatings for welding electrodes or rods:
5	0	0	0	0	2.6		5.6	3.9	0/0/		0	0	0	- Pickling preparations for metal surfaces;soldering, brazing or welding powders and pastes consisting of metal and other materials
5	0	0	0	0	2.6		5.6	3.9			0	0	0	- Other
														Anti-knock preparations, oxidation inhibitors, gum inhibitors, viscosity improvers, anti-corrosive preparations and other prepared additives, for mineral oils (including gasoline)or for otherliquids used for the same purposes as mineral oils:
														- Anti-knock preparations:
5	0	0	0	0	2.6		3.9	3.9				0	0	-- Based on lead compounds
5	0	0	0	0	2.6		3.9	3.9				0	0	-- Other
														- Additives for lubricating oils:
5	0	0	0	0	2.6		3.9	3.9				0	0	-- Containing petroleum oils or oils obtained from bituminous minerals
5	0	0	0	0	2.6		5.2	3.9	/0/			0	0	-- Other
5	0	0	0	0	2.6		3.9	3.9	0/0/			0	0	- Other
														Prepared rubber accelerators;compounds plasticizers for rubber or plastics, not elsewhere specified or included;anti-oxidizing preparations and other compound stabilizers for rubber or plastics:
5	0	0	0	0	2.4		5.2	3.6			0	0	0	- Prepared rubber accelerators
5	0	0	0	0	2.6		5.6	3.9			0	0	0	- Compound plasticizers for rubber or plastics
														- Anti-oxidizing preparations and other compound stabilizers for rubber or plastics:
5	0	0	0	0	2.4		5.2	3.6	0//		0	0	0	--- Rubber antioxidants
0	0	0	0	0	4.6		3.9	3.9	0//		0	0	0	--- Other
														Preparations and charges for fire-extinguishers;charged fire-extinguishing grenades:
5	0	0	0	0	2.6		5.2	3.9			0	0	0	--- Preparations and charges for fire-extinguishers
5	0	0	0	0	4		8	6			0	0	0	--- Charged fire-extinguishing grenades

税号	货品名称	进口关税 %			增值/消费税%	出口退税%	统计计量单位	监管证件代码	检验检疫类别	协定税率 %		
		最惠国	普通	年内暂定						东盟	亚太	智利
38.14	**其他税目未列名的有机复合溶剂及稀释剂;除漆剂:**											
3814.0000	其他税目未列名的有机复合溶剂及稀释剂;除漆剂	10	50		17	0	千克			0	9	0
38.15	**其他税目未列名的反应引发剂、反应促进剂、催化剂:**											
	- 载体催化剂:											
3815.1100	-- 以镍及其化合物为活性物的	6.5	35		17	0	千克			0		0
3815.1200	-- 以贵金属及其化合物为活性物的											
38151200.10	载铂催化剂(为了从重水中回收氚或为了生产重水而专门设计或制备,用于加速氢和水之间的氢同位素交换反应)	6.5	35	4	17	0	千克	3		0		0
38151200.90	其他以贵金属为活性物的载体催化剂	6.5	35	4	17	0	千克			0		0
3815.1900	-- 其他	6.5	35		17	0	千克			0	4.6	0
3815.9000	- 其他	6.5	35		17	0	千克			0	6	0
38.16	**耐火的水泥、灰泥、混凝土及类似耐火混合制品,但税目38.01的产品除外:**											
3816.0000	耐火的水泥、灰泥、混凝土及类似耐火混合制品,但税目38.01的产品除外	6.5	35		17	0	千克			0		0
38.17	**混合烷基苯及混合烷基萘,但税目27.07及29.02的货品除外:**											
3817.0000	混合烷基苯及混合烷基萘,但税目27.07及29.02的货品除外	6.5	35		17	13	千克			0		0
38.18	**经掺杂用于电子工业的化学元素,已切成圆片、薄片或类似形状;经掺杂用于电子工业的化合物:**											
	--- 直径在7.5厘米及以上的单晶硅切片:											
3818.0011	----直径在15.24厘米及以下的	0	11		17	13	千克/片					
3818.0019	----其他	0	11		17	13	千克/片					
3818.0090	--- 其他	0	17		17	13	千克					
38.19	**闸用液压油及其他液压传动用液体,不含石油或从沥青矿物提取的油类,或者按重量计石油或从沥青矿物提取的油类含量低于70%:**											
3819.0000	闸用液压油及其他液压传动用液体,不含石油或从沥青矿物提取的油类,或者按重量计石油或从沥青矿物提取的油类含量低于70%	6.5	35		17	0	千克			0		0
38.20	**防冻剂及解冻剂:**											
3820.0000	防冻剂及解冻剂	10	35		17	0	千克			0		0
38.21	**制成的供微生物(包括病毒及类似品)或植物细胞、人体细胞、动物细胞生长或维持用的培养基:**											
3821.0000	制成的供微生物(包括病毒及类似品)或植物细胞、人体细胞、动物细胞生长或维持用的培养基	3	11		17	0	千克			0		0
38.22	**附于衬背上的诊断或实验用试剂及不论是否附于衬背上的诊断或实验用配制试剂,但税目30.02及30.06的货品除外;检定参照物:**											
3822.0010	--- 附于衬背上的	4	35		17	13	千克	AB	V/W	0		0
3822.0090	--- 其他	5	35		17	13	千克	AB	V/W	0		0
38.23	**工业用单羧脂肪酸;精炼所得的酸性油;工业用脂肪醇:**											
	- 工业用单羧脂肪酸;精炼所得的酸性油:											
3823.1100	-- 硬脂酸	16	50		17	13	千克			0		0
3823.1200	-- 油酸	16	50	8	17	9	千克	AB	R/N	0		0
3823.1300	-- 妥尔油脂肪酸	16	50		17	0	千克			0		0
3823.1900	-- 其他											
38231900.01	植物酸性油(酸性油仅指精炼所得的)	16	50	5	17	0	千克			0		0

协定税率 %										特惠税率 %				
巴基斯坦	冰岛	哥斯达黎	秘鲁	新西兰	瑞士	新加坡	韩国	澳大利亚	港澳台	老挝	孟加拉	33 国	7 国	Article Description
														Organic composite solvents and thinners, not elsewhere specified or included;prepared paint or varnish removers:
5	0	0	3	0	7	0	9	6	0/0/		0	0	0	Organic composite solvents and thinners, not elsewhere specified or included;prepared paint or varnish removers
														Reaction initiators, reaction accelerators and catalytic preparations, not elsewhere specified or included:
														- Supported catalysts:
5	0	0	0	0	2.6		5.2	3.9			0	0	0	-- With nickel or nickel compounds as the active substance
														-- With precious metal or precious metal compounds as the active substance
5	0	0	0	0	2.6		5.2	3.9	0//		0	0	0	Supported platinum catalyst (for recycling tritium from heavy water, or specially designed for producing heavy water, used for accelerating exchange reaction of hydrogen isotope between hydrogen and water)
5	0	0	0	0	2.6		5.2	3.9	0//		0	0	0	Other supported catalysts with precious metal or its compounds as the active substance
0	0	0	0	0	2.6		3.9	3.9			0	0	0	-- Other
5	0	0	0	0	4.6		3.9	3.9	/0/		0	0	0	- Other
														Refractory cements, mortars, concretes and similar compositions, other than products of heading38.01:
5	0	0	0	0	2.6		3.9	3.9				0	0	Refractory cements, mortars, concretes and similar compositions, other than products of heading38.01
														Mixed alkylbenzentes and mixed alkylnaphthalenes, other than those of heading27.07 or 29.02:
5	0	0	0	0	2.6		5.6	3.9	//0		0	0	0	Mixed alkylbenzenes and alkylnaphthalenes ,other than those of heading27.07 or 29.02
														Chemical elements doped for use in electronics, in the form of discs, wafers or similar forms;chemical compouds doped for use in electronics:
														--- Monocrystalline sillicon, in the form of discs, wafers or similar form,7.5cm or more in diameter:
							0	0			0	0	0	----Diameter not exceeding15.24cm
							0	0			0	0	0	----Other
							0	0			0	0	0	--- Other
														Hydraulic brake fluids and other prepared liquids for hydraulic transmission, not containing or containing less than 70%by weight of petroleum oils or oils obtained from bituminous minerals:
5	0	0	0	0	2.6		3.9	3.9	/0/			0	0	Huydraulic brake fluids and other prepared liquids for hydraulic transmission, not containing or containing less than 70% by weight of petroleum oils or oils obtaines from bituminous minerals
														Anti-freezing preparations and prepared de-icing fluids:
5	0	0	0	0	4	0	8	6	/0/		0	0	0	Anti-freezing preparations and prepared de-icing fluids
														Prepared culture media for the development or maintenance of micro-organisms (including viruses and the like) or of plant, human or animal cells:
0	0	0	0	0	0		1.8	0	0//			0	0	Prepared culture media for the development or maintenance of micro-organisms (including viruses and the like) or of plant, human or animal cells
														Diagnostic or laboratory reagents on a backing and prepared diagnostic or laboratory reagents whether or not on a backing, other than those of heading30.02 or 30.06;certified reference materials:
0	2	0	0	0	1.6		2.4	0	0//		0	0	0	--- On a backing
0	2.5	0	0	0	2		3	0	0//		0	0	0	--- Other
														Industrial monocarboxylic fatty acids;acid oils from refining;industrial fatty alcohols:
														- Industrial monocarboxylic fatty acids;acid oils from refining:
12.8		0	4.8	0	11.2		13.8	9.6				0	0	-- Stearic acid
12.8		0	4.8	0	11.2	0	13.8	9.6	0//			0	0	-- Oleic acid
12.8	0	0	4.8	0	11.2	0	13.8	9.6				0	0	-- Tall oil fatty acids
														-- Other
12.8	0	0	4.8	0	11.2	0	13.8	9.6	0/0/			0	0	Plant acid oils (refers to the refined acid oils only)

税 号	货 品 名 称	进口关税 % 最惠国	普通	年内暂定	增值/消费税%	出口退税%	统计计量单位	监管证件代码	检验检疫类别	协定税率 % 东盟	亚太	智利
38231900.90	其他工业用单羧脂肪酸、酸性油(酸性油仅指精炼所得的)	16	50		17	0	千克			0		0
3823.7000	- 工业用脂肪醇	13	50	9	17	0	千克			0		0
38.24	**铸模及铸芯用粘合剂;其他税目未列名的化学工业及其相关工业的化学产品及配制品(包括由天然产品混合组成的):**											
3824.1000	- 铸模及铸芯用粘合剂	6.5	35		17	5	千克			0		0
3824.3000	- 自身混合或与金属粘合剂混合的未烧结金属碳化物											
38243000.10	混合的未烧结金属碳化钨(包括自身混合或与金属粘合剂混合的)	6.5	35		17	0	千克	4xy		0		0
38243000.90	其他混合的未烧结金属碳化物(包括自身混合或与金属粘合剂混合的)	6.5	35		17	0	千克			0		0
	- 水泥、灰泥及混凝土用添加剂:											
3824.4010	--- 高效减水剂	6.5	35		17	13	千克			0		0
3824.4090	--- 其他	6.5	35		17	0	千克		+L	0		0
3824.5000	- 非耐火的灰泥及混凝土	6.5	35		17	0	千克			0		0
3824.6000	- 子目 2905.44 以外的山梨醇	14	40		17	0	千克			0		0
	- 含有甲烷、乙烷或丙烷的卤化衍生物的混合物:											
3824.7100	-- 含全氯氟烃(CFCs)的,不论是否含氢氯氟烃(HCFCs)、全氟烃(PFCs)或氢氟烃(HFCs)											
38247100.11	二氯二氟甲烷和二氟乙烷的混合物(R-500)	6.5	35		17	0	千克	14ABxy	M/N	0		0
38247100.12	一氯二氟甲烷和二氯二氟甲烷的混合物(R-501)	6.5	35		17	0	千克	14xy		0		0
38247100.13	一氯二氟甲烷和一氯五氟乙烷的混合物(R-502)	6.5	35		17	0	千克	14ABxy	M/N	0		0
38247100.14	三氟甲烷和一氯三氟甲烷的混合物(R-503)	6.5	35		17	0	千克	14ABxy	M/N	0		0
38247100.15	二氟甲烷和一氯五氟乙烷的混合物(R-504)	6.5	35		17	0	千克	14xy		0		0
38247100.16	二氯二氟甲烷和一氟一氯甲烷的混合物(R-505)	6.5	35		17	0	千克	14xy		0		0
38247100.17	一氟一氯甲烷和二氯四氟乙烷的混合物(R-506)	6.5	35		17	0	千克	14xy		0		0
38247100.18	二氯二氟甲烷和二氯四氟乙烷的混合物(R-400)	6.5	35		17	0	千克	14xy		0		0
38247100.90	其他含甲烷、乙烷或丙烷的全氯氟烃(CFCs)混合物[不论是否含甲烷、乙烷或丙烷的氢氯氟烃(HCFCs)、全氟烃(PFCs)或氢氟烃(HFCs)]	6.5	35		17	0	千克			0		0
3824.7200	-- 含溴氯二氟甲烷、溴三氟甲烷或二溴四氟乙烷的	6.5	35		17	0	千克			0		0
3824.7300	-- 含氢溴氟烃(HBFCs)的	6.5	35		17	0	千克			0		0
3824.7400	-- 含氢氯氟烃(HCFCs)的,不论是否含全氟烃(PFCs)或氢氟烃(HFCs),但不含全氯氟烃(CFCs)											
38247400.11	二氟一氯甲烷、二氟乙烷和一氯四氟乙烷的混合物(R-401)	6.5	35		17	13	千克	14xy		0		0
38247400.12	五氟乙烷、丙烷和二氟一氯甲烷的混合物(R402)	6.5	35		17	13	千克	14xy		0		0
38247400.13	丙烷、二氟一氯甲烷和八氟丙烷的混合物(R403)	6.5	35		17	13	千克	14xy		0		0
38247400.14	二氟一氯甲烷、二氟乙烷、一氯二氟乙烷和八氟环丁烷的混合物(R405)	6.5	35		17	13	千克	14xy		0		0
38247400.15	二氟一氯甲烷、2-甲基丙烷(异丁烷)和一氯二氟乙烷的混合物(R406)	6.5	35		17	13	千克	14xy		0		0
38247400.16	五氟乙烷、三氟乙烷和二氟一氯甲烷的混合物(R408)	6.5	35		17	13	千克	14xy		0		0
38247400.17	二氟一氯甲烷、一氯四氟乙烷和一氯二氟乙烷的混合物(R409)	6.5	35		17	13	千克	14xy		0		0
38247400.18	丙烯、二氟一氯甲烷和二氟乙烷的混合物(R411)	6.5	35		17	13	千克	14xy		0		0
38247400.19	二氟一氯甲烷、八氟丙烷和一氯二氟乙烷的混合物(R412)	6.5	35		17	13	千克	14xy		0		0

协定税率 %										特惠税率 %				Article Description
巴基斯坦	冰岛	哥斯达黎	秘鲁	新西兰	瑞士	新加坡	韩国	澳大利亚	港澳台	老挝	孟加拉	33 国	7 国	
12.8	0	0	4.8	0	11.2	0	13.8	9.6	0/0/			0	0	Other industrial monocarboxylic fatty acids and acid oils (acids oil refers to the refined acids oil only)
6.5	0	0	0	0	9.1	0	11.2	7.8				0	0	- Industrial fatty alcohols
														Prepared binders for foundry moulds or cores;chemical products and preparations of the chemical or allied industries(including those consisting of mixtures of natural products),not elsewhere specified or included:
5	0	0	0	0	2.6		5.2	3.9			0	0	0	- Prepared binders for foundry moulds or cores
														- Non-agglomerated metal carbides mixed together or with metallic binders
5	0	0	0	0	2.6		3.9	3.9			0	0	0	Non-agglomerated metallic tungsten carbides mixture (including mixed together or with metallic binders)
5	0	0	0	0	2.6		3.9	3.9			0	0	0	Other non-agglomerated metallic carbides mixture (including mixed together or with metallic binders)
														- Prepared additives for cements, mortars or concretes:
5	0	0	0	0	2.6		5.6	3.9	0//		0	0	0	--- High efficiency water reducing agent
5	0	0	0	0	2.6		3.9	3.9	0//		0	0	0	--- Other
5	0	0	0	0	2.6		3.9	3.9	0/0/		0	0	0	- Non-refractory mortars and concretes
11.2	0	0	0	0	9.8	0	11.2	8.4				0	0	- Sorbitol other than that of subheading2905.44
														- Mixtures containing halogenated derivatives of methane, ethane or propane :
														-- containing chlorofluorocarbons (CFCs), whether or not containing hydrochlorofluorocarbons (HCFCs), perfluorocarbons (PFCs) or hydrofluorocarbons (HFCs)
5	0	0	0	0	2.6		3.9	3.9	0/0/		0	0	0	Mixtures of dichlorodifluoromethane and difluoromethane (R-500)
5	0	0	0	0	2.6		3.9	3.9	0/0/		0	0	0	Mixtures of chlorodifluoromethane and dichlorodifluoromethane (R-501)
5	0	0	0	0	2.6		3.9	3.9	0/0/		0	0	0	Mixtures of difluorochloromethane and chloropentafluoroethane (R-502)
5	0	0	0	0	2.6		3.9	3.9	0/0/		0	0	0	Mixtures of trifluoromethane and chlorotrifluoromethane (R-503)
5	0	0	0	0	2.6		3.9	3.9	0/0/		0	0	0	Mixtures of difluoromethane and chlorinepentafluoroethane (R-504)
5	0	0	0	0	2.6		3.9	3.9	0/0/		0	0	0	Mixtures of dichlorodifluoromethane and a fluorochloromethane (R-505)
5	0	0	0	0	2.6		3.9	3.9	0/0/		0	0	0	Mixtures of fluorochloromethane and dichlorotetrafluoroethane (R-506)
5	0	0	0	0	2.6		3.9	3.9	0/0/		0	0	0	Mixtures of dichlorodifluoromethane and dichlorotetrafluoroethane (R-400)
5	0	0	0	0	2.6		3.9	3.9	0/0/		0	0	0	Other mixtures of chlorofluorocarbons (CFCs) containing methane, ethane or propane (whether or not containing hydrochlorofluorocarbons (HCFCs), perfluorocarbons (PFCs), or hydrofluorocarbons (HFCs))
5	0	0	0	0	2.6		3.9	3.9			0	0	0	-- Containing bromochlorodifluoromethane, bromotrifluoromethane or dibromotetrafluoroethanes
5	0	0	0	0	2.6		3.9	3.9	0/0/		0	0	0	-- containing hydrobromofluorocarbons (HBFCs)
														-- containing hydrochlorofluorocarbons (HCFCs), whether or not containing perfluorocarbons (PFCs) or hydrofluorocarbons (HFCs),but not containing chlorofluorocarbons (CFCs)
5	0	0	0	0	2.6		3.9	3.9	0/0/		0	0	0	Mixtures of chlorodifluoromethane, difluoroethane and chlorotetrafluoroethane (R-401)
5	0	0	0	0	2.6		3.9	3.9	0/0/		0	0	0	Mixtures of pentafluoroethane, propane and chlorodifluoromethane (R402)
5	0	0	0	0	2.6		3.9	3.9	0/0/		0	0	0	Mixtures of propane, chlorodifluoromethane and perfluoropropane (R403)
5	0	0	0	0	2.6		3.9	3.9	0/0/		0	0	0	Mixtures of chlorodifluoromethane, difluoroethane, chlorodifluoroethane and octafluorocyclobutane (R405)
5	0	0	0	0	2.6		3.9	3.9	0/0/		0	0	0	Mixtures of chlorodifluoromethane, 2-methylpropane (isobutane) and chlorodifluoroethane (R406)
5	0	0	0	0	2.6		3.9	3.9	0/0/		0	0	0	Mixtures of pentafluoroethane, trifluoroethane and chlorodifluoromethane (R408)
5	0	0	0	0	2.6		3.9	3.9	0/0/		0	0	0	Mixtures of chlorodifluoromethane, chlorotetrafluoroethane and chlorodifluoroethane (R409)
5	0	0	0	0	2.6		3.9	3.9	0/0/		0	0	0	Mixtures of propylene, chlorodifluoromethane and difluoroethane (R411)
5	0	0	0	0	2.6		3.9	3.9	0/0/		0	0	0	Mixtures of chlorodifluoromethane, octafluoropropane and chlorodifluoroethane (R412)

税 号	货 品 名 称	进口关税 % 最惠国	普通	年内暂定	增值/消费税%	出口退税%	统计计量单位	监管证件代码	检验检疫类别	协定税率 % 东盟	亚太	智利
38247400.21	二氟一氯甲烷、一氯四氟乙烷、一氯二氟乙烷和2-甲基丙烷的混合物(R414)	6.5	35		17	13	千克	14xy		0		0
38247400.22	二氟一氯甲烷和二氟乙烷的混合物(R415)	6.5	35		17	13	千克	14xy		0		0
38247400.23	四氟乙烷、一氯四氟乙烷和丁烷的混合物(R416)	6.5	35		17	13	千克	14xy		0		0
38247400.24	丙烷、二氟一氯甲烷和二氟乙烷的混合物(R418)	6.5	35		17	13	千克	14xy		0		0
38247400.25	二氟一氯甲烷和八氟丙烷的混合物(R509)	6.5	35		17	13	千克	14xy		0		0
38247400.26	二氟一氯甲烷和一氯二氟乙烷的混合物	6.5	35		17	13	千克	14xy		0		0
38247400.90	其他含甲烷、乙烷或丙烷的氢氯氟烃混合物(不论是否含甲烷、乙烷或丙烷的全氟烃或氢氟烃,但不含全氯氟烃)	6.5	35		17	13	千克	14xy		0		0
3824.7500	-- 含四氯化碳的	6.5	35		17	0	千克			0	6	0
3824.7600	-- 含1,1,1-三氯乙烷(甲基氯仿)的	6.5	35		17	0	千克			0	6	0
3824.7700	-- 含溴化甲烷(甲基溴)或溴氯甲烷的	6.5	35		17	0	千克			0		0
3824.7800	-- 含全氟烃(PFCs)或氢氟烃(HFCs)的,但不含全氯氟烃(CFCs)或氢氯氟烃(HCFCs)的	6.5	35		17	13	千克			0	6	0
3824.7900	-- 其他	6.5	35		17	0	千克			0		0
	- 含环氧乙烷(氧化乙烯)、多溴联苯(PBBs)、多氯联苯(PCBs)、多氯三联苯(PCTs)或三(2,3-二溴丙基)磷酸酯的混合物及制品:											
3824.8100	-- 含环氧乙烷(氧化乙烯)的	6.5	35		17	0	千克			0	6	0
3824.8200	-- 含多氯联苯(PCBs)、多氯三联苯(PCTs)或多溴联苯(PBBs)的	6.5	35		17	0	千克	X		0	6	0
3824.8300	-- 含三(2,3-二溴丙基)磷酸酯的	6.5	35		17	0	千克			0	6	0
	- 其他:											
3824.9010	--- 杂醇油	6.5	40		17	0	千克			0	5.5	0
3824.9020	--- 除墨剂、蜡纸改正液及类似品	9	80		17	0	千克			0	8.3	0
3824.9030	--- 增炭剂	6.5	35		17	0	千克			0		0
	--- 其他:											
3824.9091	---- 按重量计含滑石50%以上的混合物	6.5	35		17	0	千克	4xy		0	6	0
3824.9092	---- 按重量计含氧化镁70%以上的混合物	6.5	35		17	0	千克	4xy		0	6	0
3824.9093	---- 表面包覆钴化合物的氢氧化镍(掺杂碳)	6.5	35		17	5	千克			0	6	0
3824.9099	---- 其他											
38249099.01	高钛渣(二氧化钛质量百分含量>70%的)	6.5	35	0	17	0	千克			0	6	0
38249099.04	水解物或水解料、DMC(六甲基环三硅氧烷,八甲基环四硅氧烷,十甲基环五硅氧烷,十二甲基环六硅氧烷中任何2种,3种或4种组成的混合物)	6.5	35		17	13	千克			0	6	0
38249099.05	核苷酸类食品添加剂	6.5	35		17	5	千克	AB	R/S	0	6	0
38249099.06	按重量计氧化锌含量在50%及以上的混合物	6.5	35	3	17	0	千克			0	6	0
38249099.10	粗制碳化硅[其中碳化硅含量大于15%(按重量计)]	6.5	35		17	0	千克	4xy		0	6	0
38249099.20	混胺(二甲胺和三乙胺混合物的水溶液)	6.5	35		17	0	千克	3		0	6	0
38249099.30	氰化物的混合物	6.5	35		17	0	千克	X		0	6	0
38249099.40	膨胀石墨	6.5	35		17	0	千克	3		0	6	0
38249099.51	甲基膦酸的混合物(CAS号:170836-68-7){由甲基膦酸(5-乙基-2-甲基-2-氧代-1,3,2-二氧磷杂环己-5-基)甲基甲基酯(CAS号:41203-81-0)和甲基膦酸二[5-(5-乙基-2-甲基-2-氧代-1,3,2-二氧磷杂环己基)甲基]酯(CAS号:42595-45-9)混合而成}	6.5	35		17	5	千克	23		0	6	0
38249099.90	其他编号未列名的化工产品	6.5	35		17	5	千克			0	6	0
38.25	**其他税目未列名的化学工业及其相关工业的副产品;城市垃圾;下水道淤泥;本章注释六所规定的其他废物:**											
3825.1000	- 城市垃圾	6.5	35		17	0	千克	9		0		0
3825.2000	- 下水道淤泥	6.5	35		17	0	千克	9		0		0

协定税率 %										特惠税率 %				Article Description
巴基斯坦	冰岛	哥斯达黎	秘鲁	新西兰	瑞士	新加坡	韩国	澳大利亚	港澳台	老挝	孟加拉	33 国	7 国	
5	0	0	0	0	2.6		3.9	3.9	0/0/		0	0	0	Mixtures of chlorodifluoromethane, chlorotetrafluoroethane, chlorodifluoroethane and 2-methylpropane (R414)
5	0	0	0	0	2.6		3.9	3.9	0/0/		0	0	0	Mixtures of chlorodifluoromethane and difluoroethane (R415)
5	0	0	0	0	2.6		3.9	3.9	0/0/		0	0	0	Mixtures of tetrafluoroethane, chlorotetrafluoroethane and butane (R416)
5	0	0	0	0	2.6		3.9	3.9	0/0/		0	0	0	Mixtures of propane, chlorodifluoromethane and difluoroethane (R418)
5	0	0	0	0	2.6		3.9	3.9	0/0/		0	0	0	Mixtures of chlorodifluoromethane and octafluoropropane (R509)
5	0	0	0	0	2.6		3.9	3.9	0/0/		0	0	0	Mixtures of chlorodifluoromethane and chlorodifluoroethane
5	0	0	0	0	2.6		3.9	3.9	0/0/		0	0	0	Other HCFCs mixtures containing methane, ethane or propane (perfluorocarbons or hydrofluorocarbons whether or not containing methane, ethane or propane, but not containing CFCs)
5	0	0	0	0	2.6		3.9	3.9	0/0/		0	0	0	-- containing carbon tetrachloride
5	0	0	0	0	2.6		3.9	3.9	0/0/		0	0	0	-- Containing 1，1,1-trichloroethane (methyl chloroform)
5	0	0	0	0	2.6		3.9	3.9	0/0/		0	0	0	-- containing bromomethane (methyl bromide) or bromochloro methane
5	0	0	0	0	2.6		3.9	3.9	0/0/		0	0	0	-- containing perfluorocarbons (PFCs) or hydrofluorocarbons (HFCs),but not containing chlorofluorocarbons (CFCs) or hydrochlorofluorocarbons (HCFCs)
5	0	0	0	0	2.6		3.9	3.9	0/0/		0	0	0	-- Other
														- Mixtures and preparations containing oxirane (ethylene oxide),polybrominated biphenyls (PBBs), polychlorinated biphenyls (PCBs),polychlorinated terphenyls (PCTs) or tris(2，3-dibromopropyl)phosphate：
5	0	0	0	0	2.6		3.9	3.9	0/0/		0	0	0	-- containing oxirane (ethylene oxide)
5	0	0	0	0	2.6		3.9	3.9	0/0/		0	0	0	-- containing polychlorinated biphenyls (PCBs), polychlorinated terphenyls (PCTs) or polybrominated biphenyls (PBBs)
5	0	0	0	0	2.6		3.9	3.9	0/0/		0	0	0	-- Containing tris (2，3-dibromo-propyl) phosphate
														- Other：
5	0	0	0	0	2.6		5.2	3.9			0	0	0	--- Fusel oil
5	0	0	0	0	3.6	0	5.4	5.4			0	0	0	--- Ink-removers, stencil correctors and the like
5	0	0	0	0	2.6		3.9	3.9			0	0	0	--- Carburetant
														--- Other：
5	0	0	0	0	2.6		3.9	3.9	0/0/		0	0	0	----Mixtures containing more than 50% by weight of talc
5	0	0	0	0	2.6		3.9	3.9	0/0/		0	0	0	----Mixtures containing more than 70% by weight of magnesium oxide
5	0	0	0	0			5.6	3.9	0/0/		0	0	0	----Nickelous hydroxide(doped carbon) covered on the face side with cobalt compound
														----Other
5	0	0	0	0			5.6	3.9	0/0/		0	0	0	Titanium-rich slag (containing more than 70% by weight of titanium dioxide)
5	0	0	0	0			5.6	3.9	0/0/		0	0	0	Hydrolyzate or hydrolysis materials, DMC (the mixtures, composed of any 2, 3 or 4 kinds of 6-methyl siloxane ring 3, 8-methyl siloxane ring 4, 10-methyl siloxane ring 5, 12-methyl siloxane ring 6)
5	0	0	0	0			5.6	3.9	0/0/		0	0	0	Nucleotide food additives
5	0	0	0	0			5.6	3.9	0/0/		0	0	0	Mixtures containing no less than 50% of zinc oxide by weight
5	0	0	0	0			5.6	3.9	0/0/		0	0	0	Crude silicon carbide (containing more than 15% by weight of silicon carbide)
5	0	0	0	0			5.6	3.9	0/0/		0	0	0	Mixed amine (mixtures of dimethylamine and triethylamine in aqueous solution)
5	0	0	0	0			5.6	3.9	0/0/		0	0	0	Mixtures of cyanide
5	0	0	0	0			5.6	3.9	0/0/		0	0	0	Expanded graphite
5	0	0	0	0			5.6	3.9	0/0/		0	0	0	Mixture of methylphosphonic acid(CAS:170836-68-7), consisting of a mixture of phosphonic acid, methyl-, bis(5-ethyl-2-methyl-2,2-dioxido -1,3,2-dioxaphosphorinan-5-yl)methyl ester(CAS:41203-81-0) and (5-ethyl-2-methyl-2-oxido-1,3,2-dioxaphosphorinan-5-yl)methyl methyl methylphosphonate(CAS:42595-45-9)
5	0	0	0	0			5.6	3.9	0/0/		0	0	0	Other chemical products, not elsewhere specified or included
														Residual products of the chemical or allied industries, not elsewhere specified or included;municipal waste;sewage sludge;other wastes specified in Note 6 to this Chapter:
5	0	0	0	0	2.6		3.9	3.9				0	0	- Municipal waste
5	0	0	0	0	2.6		3.9	3.9				0	0	- Sewage sludge

税号	货品名称	进口关税 %			增值/消费税%	出口退税%	统计计量单位	监管证件代码	检验检疫类别	协定税率 %		
		最惠国	普通	年内暂定						东盟	亚太	智利
3825.3000	- 医疗废物	6.5	35		17	0	千克	9		0		0
	- 废有机溶剂:											
3825.4100	-- 卤化物的	6.5	35		17	0	千克	9		0		0
3825.4900	-- 其他	6.5	35		17	0	千克	9		0		0
3825.5000	- 废的金属酸洗液、液压油、制动油及防冻液	6.5	35		17	0	千克	9		0		0
	- 其他化学工业及相关工业的废物:											
3825.6100	-- 主要含有有机成分的	6.5	35		17	0	千克	9		0		0
3825.6900	-- 其他	6.5	35		17	0	千克	9		0		0
3825.9000	- 其他											
38259000.10	浓缩糖蜜发酵液	6.5	35		17	0	千克	AB	R/S	0		0
38259000.90	其他商品编号未列名化工副产品及废物	6.5	35		17	0	千克	9		0		0
38.26	**生物柴油及其混合物,不含或含有按重量计低于70%的石油或从沥青矿物提取的油类:**											
3826.0000	生物柴油及其混合物,不含或含有按重量计低于70%的石油或从沥青矿物提取的油类											
38260000.01	纯生物柴油	6.5	35		17	0	千克/升			0	6	0
38260000.90	其他生物柴油及其混合物	6.5	35		17/1.2元/升	0	千克/升			0	6	0

协定税率 %										特惠税率 %				Article Description
巴基斯坦	冰岛	哥斯达黎	秘鲁	新西兰	瑞士	新加坡	韩国	澳大利亚	港澳台	老挝	孟加拉	33 国	7 国	
5	0	0	0	0	2.6		3.9	3.9				0	0	- Clinical waste
														- Waste organic solvents:
5	0	0	0	0	2.6		3.9	3.9				0	0	-- Halogenated
5	0	0	0	0	2.6		3.9	3.9				0	0	-- Other
5	0	0	0	0	2.6	0	3.9	3.9				0	0	- Wastes of metal pickling liquors, hydraulic fluids, brake fluids and antifreeze fluids
														- Other wastes from chemical or allied industries:
5	0	0	0	0	2.6		3.9	3.9				0	0	-- Mainly containing organic constituents
5	0	0	0	0	2.6		3.9	3.9				0	0	-- Other
														- Other
5	0	0	0	0	2.6		3.9	3.9	0//			0	0	Condensed molasses fermentation solubles
5	0	0	0	0	2.6		3.9	3.9	0//			0	0	Other chemical by-products or waste, not elsewhere specified or included
														Biodiesel and mixtures thereof, not containing or containing less than 70% by weight of petroleum oils or oils obtained from bituminous minerals:
														Biodiesel and mixtures thereof, not containing or containing less than 70% by weight of petroleum oils or oils obtained from bituminous minerals
5	0	0	0	0			5.6	3.9	0/0/		0	0	0	Pure biodiesel BD100 (GB/T 20828)
5	0	0	0	0			5.6	3.9	0/0/		0	0	0	Other biodiesel and mixtures (except BD100)

第七类 塑料及其制品；橡胶及其制品

注释：

一、由两种或两种以上单独成分配套的货品，其部分或全部成分属于本类范围以内，混合后则构成第六类或第七类的货品，应按混合后产品归入相应的税目，但其组成成分必须同时符合下列条件：

（一）其包装形式足以表明这些成分不需经过改装就可以一起使用的；

（二）一起报验的；以及

（三）这些成分的属性及相互比例足以表明是相互配用的。

二、除税目 39.18 或 39.19 的货品外，印有花纹、文字、图画的塑料、橡胶及其制品，如果所印花纹、字画作为其主要用途，应归入第四十九章。

第三十九章 塑料及其制品

注释：

一、本协调制度所称“塑料”，是指税目 39.01 至 39.14 的材料，这些材料能够在聚合时或聚合后在外力（一般是热力和压力，必要时加入溶剂或增塑剂）作用下通过模制、浇铸、挤压、滚轧或其他工序制成一定的形状，成形后除去外力，其形状仍保持不变。

本协调制度所称“塑料”，还应包括钢纸，但不包括第十一类的纺织材料。

二、本章不包括：

（一）税目 27.10 或 34.03 的润滑剂；

（二）税目 27.12 或 34.04 的蜡；

（三）单独的已有化学定义的有机化合物（第二十九章）；

（四）肝素及其盐（税目 30.01）；

（五）税目 39.01 至 39.13 所列的任何产品溶于挥发性有机溶剂的溶液（胶棉除外），但溶剂的重量必须超过溶液重量的 50%（税目 32.08）；税目 32.12 的压印箔；

（六）有机表面活性剂或税目 34.02 的制剂；

（七）再熔胶及酯胶（税目 38.06）；

（八）矿物油（包括汽油）或与矿物油用途相同的其他液体用的配制添加剂（税目 38.11）；

（九）以第三十九章的聚乙二醇、聚硅氧烷或其他聚合物为基本成分配制的液压用液体（税目 38.19）；

（十）附于塑料衬背上的诊断或实验用试剂（税目 38.22）；

（十一）第四十章规定的合成橡胶及其制品；

（十二）鞍具及挽具（税目 42.01）；税目 42.02 的衣箱、提箱、手提包及其他容器；

（十三）第四十六章的缏条、编结品及其他制品；

（十四）税目 48.14 的壁纸；

（十五）第十一类的货品（纺织原料及纺织制品）；

（十六）第十二类的物品（例如，鞋靴、帽类、雨伞、阳伞、手杖、鞭子、马鞭及其零件）；

（十七）税目 71.17 的仿首饰；

（十八）第十六类的物品（机器、机械器具或电气器具）；

（十九）第十七类的航空器零件及车辆零件；

（二十）第九十章的物品（例如，光学元件、眼镜架及绘图仪器）；

（二十一）第九十一章的物品（例如，钟壳及表壳）；

（二十二）第九十二章的物品（例如，乐器及其零件）；

（二十三）第九十四章的物品（例如，家具、灯具、照明装置、灯箱及活动房屋）；

（二十四）第九十五章的物品（例如，玩具、游戏品及运动用品）；或

SECTION VII PLASTICS AND ARTICLES THEREOF; RUBBER AND ARTICLES THEREOF

Section Notes:

1. Goods put up in sets consisting of two or more separate constituents, some or all of which fall in this Section and are intended to be mixed together to obtain a product of Section VI or VII, are to be classified in the heading appropriate to that product, provided that the constituents are:

   (a) having regard to the manner in which they are put up, clearly identifiable as being intended to be used together without first being repacked;

   (b) presented together; and

   (c) identifiable, whether by their nature or by the relative proportions in which they are present, as being complementary one to another.

2. Except for the goods of heading 39.18 or 39.19, plastics, rubber, and articles thereof, printed with motifs, characters or pictorial representations, which are not merely incidental to the primary use of the goods, fall in Chapter 49.

Chapter 39 Plastics and articles thereof

Chapter Notes:

1. Throughout the Nomenclature the expression "plastics" means those materials of headings 39.01 to 39.14 which are or have been capable, either at the moment of polymerisation or at some subsequent stage, of being formed under external influence (usually heat and pressure, if necessary with a solvent or plasticiser) by moulding, casting, extruding, rolling or other process into shapes which are retained on the removal of the external influence.

   Throughout the Nomenclature any reference to "plastics" also includes vulcanised fibre. The expression, however, does not apply to materials regarded as textile materials of Section XI.

2. This Chapter does not cover:

   (a) Lubricating preparations of heading 27.10 or 34.03;

   (b) Waxes of heading 27.12 or 34.04;

   (c) Separate chemically defined organic compounds (Chapter 29);

   (d) Heparin or its salts (heading 30.01);

   (e) Solutions (other than collodions) consisting of any of the products specified in headings 39.01 to 39.13 in volatile organic solvents when the weight of the solvent exceeds 50% of the weight of the solution (heading 32.08); stamping foils of heading 32.12;

   (f) Organic surface-active agents or preparations of heading 34.02;

   (g) Run gums or ester gums (heading 38.06);

   (h) Prepared additives for mineral oils (including gasoline) or for other liquids used for the same purposes as mineral oils (heading 38.11);

   (ij) Prepared hydraulic fluids based on polyglycols, silicones or other polymers of Chapter 39 (heading 38.19);

   (k) Diagnostic or laboratory reagents on a backing of plastics (heading 38.22);

   (l) Synthetic rubber, as defined for the purposes of Chapter 40, or articles thereof;

   (m) Saddlery or harness (heading 42.01) or trunks, suitcases, handbags or other containers of heading 42.02;

   (n) Plaits, wickerwork or other articles of Chapter 46;

   (o) Wall coverings of heading 48.14;

   (p) Goods of Section XI (textiles and textile articles);

   (q) Articles of Section XII (for example, footwear, headgear, umbrellas, sun umbrellas, walking-sticks, whips, riding- crops or parts thereof);

   (r) Imitation jewellery of heading 71.17;

   (s) Articles of Section XVI (machines and mechanical or electrical appliances);

   (t) Parts of aircraft or vehicles of Section XVII;

   (u) Articles of Chapter 90 (for example, optical elements, spectacle frames, drawing instruments);

   (v) Articles of Chapter 91 (for example, clock or watch cases);

   (w) Articles of Chapter 92 (for example, musical instruments or parts thereof);

   (x) Articles of Chapter 94 (for example, furniture, lamps and lighting fittings, illuminated signs, prefabricated buildings);

   (y) Articles of Chapter 95 (for example, toys, games, sports requisites); or

（二十五）第九十六章的物品（例如，刷子、钮扣、拉链、梳子、烟斗的嘴及柄、香烟嘴及类似品、保温瓶的零件及类似品、钢笔、活动铅笔）。

三、税目 39.01 至 39.11 仅适用于化学合成的下列货品：

（一）采用减压蒸馏法，在压力转换为 1013 毫巴下的温度 300℃时，以体积计馏出量小于 60%的液体合成聚烯烃（税目 39.01 及 39.02）；

（二）非高度聚合的苯并呋喃-茚树脂（税目 39.11）；

（三）平均至少有五个单体单元的其他合成聚合物；

（四）聚硅氧烷（税目 39.10）；

（五）甲阶酚醛树脂（税目 39.09）及其他预聚物。

四、所称"共聚物"，包括在整个聚合物中按重量计没有一种单体单元的含量在 95%及以上的各种聚合物。

在本章中，除条文另有规定的以外，共聚物（包括共缩聚物、共加聚物，嵌段共聚物及接枝共聚物）及聚合物混合体应按聚合物中重量最大的那种共聚单体单元所构成的聚合物归入相应税目。在本注释中，归入同一税目的聚合物的共聚单体单元应作为一种单体单元对待。

如果没有任何一种共聚单体单元重量为最大，共聚物或聚合物混合体应按号列顺序归入其可归入的最末一个税目。

五、化学改性聚合物，即聚合物主链上的支链通过化学反应发生了变化的聚合物，应按未改性的聚合物的相应税目归类。本规定不适用于接枝共聚物。

六、税目 39.01 至 39.14 所称"初级形状"，只限于下列各种形状：

（一）液状及糊状，包括分散体（乳浊液及悬浮液）及溶液；

（二）不规则形状的块，团、粉（包括压型粉）、颗粒、粉片及类似的散装形状。

七、税目 39.15 不适用于已制成初级形状的单一的热塑材料废碎料及下脚料（税目 39.01 至 39.14）。

八、税目 39.17 所称"管子"，是指通常用于输送或供给气体或液体的空心制品或半制品（例如，肋纹浇花软管、多孔管），还包括香肠用肠衣及其他扁平管。除肠衣及扁平管外，内截面如果不呈圆形、椭圆形、矩形（其长度不超过宽度的 1.5 倍）或正几何形，则不能视为管子，而应作为异型材。

九、税目 39.18 所称"塑料糊墙品"，适用于墙壁或天花板装饰用的宽度不小于 45 厘米的成卷产品，这类产品是将塑料牢固地附着在除纸张以外任何材料的衬背上，并且在塑料面起纹、压花、着色、印制图案或用其他方法装饰。

十、税目 39.20 及 39.21 所称"板、片、膜、箔、扁条"，只适用于未切割或仅切割成矩形（包括正方形）（含切割后即可供使用的），但未经进一步加工的板、片、膜、箔、扁条（第五十四章的物品除外）及正几何形块，不论是否经过印制或其他表面加工。

十一、税目 39.25 只适用于第二分章以前各税目未包括的下列物品：

（一）容积超过 300 升的囤、柜（包括化粪池）、罐、桶及类似容器；

（二）用于地板、墙壁、隔墙、天花板或屋顶等方面的结构件；

（三）槽管及其附件；

（四）门、窗及其框架和门槛；

（五）阳台、栏杆、栅栏、栅门及类似品；

（六）窗板、百叶窗（包括威尼斯式百叶窗）或类似品及其零件、附件；

（七）商店、工棚、仓库等用的拼装式固定大形货架；

（八）建筑用的特色（例如，凹槽、圆顶及鸽棚式）装饰件；以及

（九）固定装于门窗、楼梯、墙壁或建筑物其他部位的附件及架座，例如，球形把手、拉手、挂钩、托架、毛巾架、开关板及其他护板。

子目注释：

一、属于本章任一税目项下的聚合物（包括共聚物）及化学改性聚合物应按下列规则归类：

（一）在同级子目中有一个"其他"子目的：

1. 子目所列聚合物名称冠有"聚（多）"的（例如，聚乙烯及聚酰胺-6,6），是指列名

(z) Articles of Chapter 96 (for example, brushes, buttons, slide fasteners, combs, mouthpieces or stems for smoking pipes, cigarette-holders or the like, parts of vacuum flasks or the like, pens, propelling pencils).

3. Headings 39.01 to 39.11 apply only to goods of a kind produced by chemical synthesis, falling in the following categories:

(a) Liquid synthetic polyolefins of which less than 60% by volume distils at 300℃, after conversion to 1,013 milibars when a reduced-pressure distillation method is used (headings 39.01 and 39.02);

(b) Resins, not highly polymerised, of the coumarone- indene type (heading 39.11);

(c) Other synthetic polymers with an average of at least 5 monomer units;

(d) Silicones (heading 39.10);

(e) Resols (heading 39.09) and other prepolymers.

4. The expression "copolymers" covers all polymers in which no single monomer unit contributes 95% or more by weight to the total polymer content.

For the purposes of this Chapter, except where the context otherwise requires, copolymers (including co- polycondensates, co-polyaddition products, block copolymers and graft copolymers) and polymer blends are to be classified in the heading covering polymers of that comonomer unit which predominates by weight over every other single comonomer unit. For the purposes of this Note, constituent comonomer units of polymers falling in the same heading shall be taken together.
If no single comonomer unit predominates, copolymers or polymer blends, as the case may be, are to be classified in the heading which occurs last in numerical order among those which equally merit consideration.

5. Chemically modified polymers, that is those in which only appendages to the main polymer chain have been changed by chemical reaction, are to be classified in the heading appropriate to the unmodified polymer. This provision does not apply to graft copolymers.

6. In headings 39.01 to 39.14, the expression "primary forms" applies only to the following forms:

(a) Liquids and pastes, including dispersions (emulsions and suspensions) and solutions;

(b) Blocks of irregular shape, lumps, powders (including moulding powders), granules, flakes and similar bulk forms.

7. Heading 39.15 does not apply to waste, parings and scrap of a single thermoplastic material, transformed into primary forms (headings 39.01 to 39.14) .

8. For the purposes of heading 39.17, the expression "tubes, pipes and hoses" means hollow products, whether semi-manufactures or finished products, of a kind generally used for conveying, conducting or distributing gases or liquids (for example, ribbed garden hose, perforated tubes). This expression also includes sausage casings and other lay-flat tubing. However, except for the last-mentioned, those having an internal cross-section other than round, oval, rectangular (in which the length does not exceed 1.5 times the width) or in the shape of a regular polygon are not to be regarded as tubes, pipes and hoses but as profile shapes.

9. For the purposes of heading 39.18, the expression "wall or ceiling coverings of plastics" applies to products in rolls, of a width not less than 45 cm, suitable for wall or ceiling decoration, consisting of plastics fixed permanently on a backing of any material other than paper, the layer of plastics (on the face side) being grained, embossed, coloured, design-printed or otherwise decorated.

10. In headings 39.20 and 39.21, the expression "plates, sheets, film, foil and strip" applies only to plates, sheets, film, foil and strip (other than those of Chapter 54) and to blocks of regular geometric shape, whether or not printed or otherwise surface-worked, uncut or cut into rectangles (including squares) but not further worked (even if when so cut they become articles ready for use).

11. Heading 39.25 applies only to the following articles, not being products covered by any of the earlier headings of sub- Chapter II:

(a) Reservoirs, tanks (including septic tanks), vats and similar containers, of a capacity exceeding 300 l;

(b) Structural elements used, for example, in floors, walls or partitions, ceilings or roofs;

(c) Gutters and fittings thereof;

(d) Doors, windows and their frames and thresholds for doors;

(e) Balconies, balustrades, fencing, gates and similar barriers;

(f) Shutters, blinds (including Venetian blinds) and similar articles and parts and fittings thereof;

(g) Large-scale shelving for assembly and permanent installation, for example, in shops, workshops, warehouses;

(h) Ornamental architectural features, for example, flutings, cupolas, dovecotes; and

(ij) Fittings and mountings intended for permanent installation in or on doors, windows, staircases, walls or other parts of buildings, for example, knobs, handles, hooks, brackets, towel rails, switch- plates and other protective plates.

Subheading Notes:

1. Within any one heading of this Chapter, polymers (including copolymers) and chemically modified polymers are to be classified according to the following provisions:

(a) Where there is a subheading named "Other" in the same series:

(i) The designation in a subheading of a polymer by the prefix "poly" (for example, polyethylene and polyamide-6, 6) means that the constituent monomer unit or monomer units of the named polymer taken together must contribute 95%

的该种聚合物单体单元含量在整个聚合物中按重量计必须占95%及以上。

2. 子目3901.30、3903.20、3903.30及3904.30所列的共聚物，如果该种共聚单体单元含量在整个聚合物中按重量计占95%及以上，即应归入上述子目。

3. 化学改性聚合物如未在其他子目具体列名，应归入列明为“其他”的子目内。

4. 不符合上述1、2、3款规定的聚合物，应按聚合物中重量最大的那种单体单元（与其他各种单一的共聚单体单元相比）所构成的聚合物归入该级其他相应子目。为此，归入同一子目的聚合物单体单元应作为一种单体单元对待。只有在同级子目中的聚合物共聚单体单元才可以进行比较。

（二）在同级子目中没有“其他”子目的：

1. 聚合物应按聚合物中重量最大的那种单体单元（与其他各种单一的共聚单体单元相比）所构成的聚合物归入该级相应子目。为此，归入同一子目的聚合物单体单元应作为一种单体单元对待。只有在同级子目中的聚合物共聚单体单元才可以进行比较。

2. 化学改性聚合物应按相应的未改性聚合物的子目归类。

聚合物混合体应按单体单元比例相等、种类相同的聚合物归入相应子目。

二、子目3920.43所称“增塑剂”，包括“次级增塑剂”。

税号	货品名称	进口关税 %			增值/消费税%	出口退税%	统计计量单位	监管证件代码	检验检疫类别	协定税率 %		
		最惠国	普通	年内暂定						东盟	亚太	智利
	第一分章 初级形状											
39.01	初级形状的乙烯聚合物：											
3901.1000	- 聚乙烯，比重小于0.94											
39011000.01	初级形状比重＜0.94的聚乙烯(进口CIF价高于3800美元/吨)	6.5	45	3	17	13	千克				6	0
39011000.90	初级形状比重＜0.94的聚乙烯	6.5	45		17	13	千克				6	0
3901.2000	- 聚乙烯，比重在0.94及以上											
39012000.01	初级形状比重≥0.94的聚乙烯(进口CIF价高于3800美元/吨)	6.5	45	3	17	13	千克				6	0
39012000.90	初级形状比重≥0.94的聚乙烯	6.5	45		17	13	千克				6	0
3901.3000	- 乙烯-乙酸乙烯酯共聚物	6.5	45		17	5	千克			0	6	0
	- 其他：											
3901.9010	--- 乙烯-丙烯共聚物（乙丙橡胶）	6.5	45		17	5	千克			0		0
3901.9020	--- 线型低密度聚乙烯	6.5	45		17	13	千克			0		0
3901.9090	--- 其他	6.5	45		17	13	千克			0	6.3	0
39.02	初级形状的丙烯或其他烯烃聚合物：											
3902.1000	- 聚丙烯											
39021000.10	电工级初级形状聚丙烯树脂(灰分含量不大于30ppm)	6.5	45	3	17	13	千克			0		0
39021000.90	其他初级形状的聚丙烯	6.5	45		17	13	千克			0		0
3902.2000	- 聚异丁烯	6.5	45		17	5	千克	AB	R/S	0		0
	- 丙烯共聚物：											
3902.3010	--- 乙烯-丙烯共聚物（乙丙橡胶）	6.5	45		17	5	千克			0	6	0
3902.3090	--- 其他	6.5	45		17	5	千克			0	6	0
3902.9000	- 其他											
39029000.10	端羧基聚丁二烯，CTPB(做粘接剂或燃料)	6.5	45		17	5	千克	3		0		0
39029000.20	端羟基聚丁二烯，HTPB(做粘接剂或燃料)	6.5	45		17	5	千克	3		0		0
39029000.90	其他初级形状的烯烃聚合物	6.5	45		17	5	千克			0		0
39.03	初级形状的苯乙烯聚合物：											
	- 聚苯乙烯：											
3903.1100	-- 可发性的	6.5	45		17	5	千克	AB	M/N	0	6	0
	-- 其他：											
3903.1910	--- 改性的	6.5	45		17	13	千克			0	6	0
3903.1990	--- 其他	6.5	45		17	5	千克			0	6	0
3903.2000	- 苯乙烯-丙烯腈（SAN）共聚物	12	45		17	5	千克			0		0

or more by weight of the total polymer content.

(ii) The copolymers named in subheadings 3901.30, 3903.20, 3903.30 and 3904.30 are to be classified in those subheadings, provided that the comonomer units of the named copolymers contribute 95% or more by weight of the total polymer content.

(iii) Chemically modified polymers are to be classified in the subheading named "Other", provided that the chemically modified polymers are not more specifically covered by another subheading.

(iv) Polymers not meeting (i), (ii) or (iii) above, are to be classified in the subheading, among the remaining subheadings in the series, covering polymers of that monomer unit which predominates by weight over every other single comonomer unit. For this purpose, constituent monomer units of polymers falling in the same subheading shall be taken together. Only the constituent comonomer units of the polymers in the series of subheadings under consideration are to be compared.

(b) Where there is no subheading named "Other" in the same series:

(i) Polymers are to be classified in the subheading covering polymers of that monomer unit which predominates by weight over every other single comonomer unit. For this purpose, constituent monomer units of polymers falling in the same subheading shall be taken together. Only the constituent comonomer units of the polymers in the series under consideration are to be compared.

(ii) Chemically modified polymers are to be classified in the subheading appropriate to the unmodified polymer.

Polymer blends are to be classified in the same subheading as polymers of the same monomer units in the same proportions.

2. For the purposes of subheading 3920.43, the term "plasticisers" includes secondary plasticisers.

协定税率 %										特惠税率 %				Article Description
巴基斯坦	冰岛	哥斯达黎	秘鲁	新西兰	瑞士	新加坡	韩国	澳大利亚	港澳台	老挝	孟加拉	33 国	7 国	
														Ⅰ.PRIMARY FORMS
														Polymers of ethylene，in primary forms:
														- Polyethylene having a specific gravity of less than 0.94
6	0	0		0	4.7		6.2	3.9	0/0/					Polyethylene having a specific gravity of less than 0.94, in primary forms (import CIF price more than 3800 U.S. dollars/ton)
6	0	0		0	4.7		6.2	3.9	0/0/					Polyethylene having a specific gravity of less than 0.94, in primary forms (import CIF price not more than 3800 U.S. dollars/ton)
														- Polyethylene having a specific gravity of 0.94 or more
6	0	0		0	4.7		6.2	3.9	0/0/					Polyethylene having a specific gravity of 0.94 or more, in primary forms (import CIF price more than 3800 U.S. dollars/ton)
6	0	0		0	4.7		6.2	3.9	0/0/					Polyethylene having a specific gravity of 0.94 or more, in primary forms (import CIF price not more than 3500 U.S. dollars/ton)
5	0	0	0	0	2.6		6.2	3.9	0//			0	0	- Ethylene-vinyl acetate copolymers
														- Other:
5	0	0	0	0	2.6	0	5.6	3.9				0	0	--- Ethylene-propylene copolymers
5	0	0		0		0		3.9			0	0	0	--- Linearity low density polyethylene
5	0	0	0	0	2.6	0	5.5	3.9	0/0/			0	0	--- Other
														Polymers of propylene or of other olefins,in primary forms:
														- Polypropylene
5	0	0		0	4.7	0		3.9	0/0/					Polypropylene resin of electrical grade, in primary forms (ash content not more than 30ppm ash)
5	0	0		0	4.7	0		3.9	0/0/					Other polypropylene in primaiy forms
5	0	0	0	0	2.6			3.9			0	0	0	- Polyisobutylene
														- Propylene copolymers:
5	0	0	0	0	2.6	0	5.6	3.9	0//0		0	0	0	--- Ethylene-propylene copolymers
5	0	0	0	0	2.6	0	6.2	3.9	0//		0	0	0	--- Other
														- Other
5	0	0	0	0	2.6	0		3.9	//0		0	0	0	Carboxyl-terminated polybutadiene (of a kind used as adhesive or fuel)
5	0	0	0	0	2.6	0		3.9	//0		0	0	0	Carboxyl-terminated polybutadiene (of a kind used as adhesive or fuel)
5	0	0	0	0	2.6	0		3.9	//0		0	0	0	Other polymers of olefins, in primaiy forms
														Polymers of styrene,in primary forms:
														- Polystyrene:
5	0	0	0	0	2.6	0	6.2	3.9			0	0	0	-- Expansible
														-- Other:
5	0	0	0	0	2.6	0	5.8	3.9	0//		0	0	0	--- Modified
5	0	0	0	0	2.6	0	5.8	3.9	0//		0	0	0	--- Other
6	0	0	0	0	8.4	0	11	7.2	//0			0	0	- Styrene-acrylonitrile (SAN) copolymers

税号	货品名称	进口关税 %			增值/消费税%	出口退税%	统计计量单位	监管证件代码	检验检疫类别	协定税率 %		
		最惠国	普通	年内暂定						东盟	亚太	智利
	- 丙烯腈-丁二烯-苯乙烯（ABS）共聚物:											
3903.3010	--- 改性的	6.5	45		17	13	千克			0	6	0
3903.3090	--- 其他	6.5	45		17	5	千克			0	6	0
3903.9000	- 其他	6.5	45		17	5	千克			0	6	0
39.04	**初级形状的氯乙烯或其他卤化烯烃聚合物:**											
	- 聚氯乙烯，未掺其他物质:											
3904.1010	--- 糊树脂	6.5	45		17	13	千克			0	6	0
3904.1090	--- 其他											
39041090.01	聚氯乙烯纯粉（纯指未掺其他物质）	6.5	45		17	13	千克			0	6	0
39041090.90	其他初级形状的纯聚氯乙烯（纯指未掺其他物质）	6.5	45		17	13	千克			0	6	0
	- 其他聚氯乙烯:											
3904.2100	-- 未塑化	6.5	45		17	13	千克			0		0
3904.2200	-- 已塑化	6.5	45		17	13	千克			0		0
3904.3000	- 氯乙烯-乙酸乙烯酯共聚物	9	45		17	5	千克			0	8.6	0
3904.4000	- 其他氯乙烯共聚物	12	45		17	5	千克			0	11.4	0
3904.5000	- 偏二氯乙烯聚合物	6.5	45		17	5	千克			0		0
	- 氟聚合物:											
3904.6100	-- 聚四氟乙烯	10	45		17	13	千克			0		0
3904.6900	-- 其他	6.5	45		17	13	千克			0		0
3904.9000	- 其他	10	45		17	5	千克			0		0
39.05	**初级形状的乙酸乙烯酯或其他乙烯酯聚合物；初级形状的其他乙烯基聚合物:**											
	- 聚乙酸乙烯酯:											
3905.1200	-- 水分散体	10	45		17	5	千克			0		0
3905.1900	-- 其他	10	45		17	5	千克			0		0
	- 乙酸乙烯酯共聚物:											
3905.2100	-- 水分散体	10	45		17	5	千克			0		0
3905.2900	-- 其他	10	45		17	5	千克			0		0
3905.3000	- 聚乙烯醇，不论是否含有未水解的乙酸酯基	14	45		17	5	千克	AB	R/S	0		0
	- 其他:											
3905.9100	-- 共聚物	10	45		17	5	千克			0		0
3905.9900	-- 其他	10	45		17	5	千克			0		0
39.06	**初级形状的丙烯酸聚合物:**											
3906.1000	- 聚甲基丙烯酸甲酯	6.5	45		17	13	千克			0	6	0
	- 其他:											
3906.9010	--- 聚丙烯酰胺	6.5	45		17	5	千克	AB	R/S	0	6	0
3906.9090	--- 其他											
39069090.10	丙烯酸钠聚合物	6.5	45	3	17	5	千克			0	6	0
39069090.90	其他初级形状的丙烯酸聚合物	6.5	45		17	13	千克			0	6	0
39.07	**初级形状的聚缩醛、其他聚醚及环氧树脂；初级形状的聚碳酸酯、醇酸树脂、聚烯丙基酯及其他聚酯:**											
	- 聚缩醛:											
3907.1010	--- 聚甲醛	6.5	45		17	13	千克			0	6	0
3907.1090	--- 其他	6.5	45		17	5	千克			0	6	0
	- 其他聚醚:											
3907.2010	--- 聚四亚甲基醚二醇	6.5	45	3	17	5	千克			0	6	0
3907.2090	--- 其他	6.5	45		17	13	千克			0	6	0
3907.3000	- 环氧树脂											
39073000.01	初级形状溴质量≥18%或进口CIF价>3800美元/吨的环氧树脂（如溶于溶剂，以纯环氧树脂折算溴的百分比含量）	6.5	45	4	17	5	千克	A	M/	0	6	0
39073000.90	初级形状的环氧树脂（溴重量百分比含量在18%以下）	6.5	45		17	5	千克	AB	M/N	0	6	0
3907.4000	- 聚碳酸酯	6.5	45	3	17	13	千克			0	6.1	0
3907.5000	- 醇酸树脂	10	45		17	5	千克	AB	M/N	0	9.5	0
	- 聚对苯二甲酸乙二酯:											

协定税率 %										特惠税率 %				Article Description
巴基斯坦	冰岛	哥斯达黎	秘鲁	新西兰	瑞士	新加坡	韩国	澳大利亚	港澳台	老挝	孟加拉	33 国	7 国	
														- Acrylonitrile-butadiene-styrene(ABS)copolymers:
5	0	0	0	0	4.7	0	5.8	3.9	0/0/		0	0	0	--- modified
5	0	0	0	0	4.6	0	5.8	3.9	0/0/		0	0	0	--- Other
5	0	0	0	0	2.6	0	5.6	3.9	0//0		0	0	0	- Other
														Polymers of vinyl chloride or of other halogenated olefins,in primary forms:
														- Poly (vinyl chloride), not mixed with any other substances:
6	0	0	0	0	2.6	0	5.8	3.9			0	0	0	--- Paste resins
														--- Other
6	0	0	0	0	2.6	0	5.5	3.9			0	0	0	Pure polyvinyl chloride powder (not mixed with any other substances)
6	0	0	0	0	2.6	0	5.5	3.9			0	0	0	Pure polyvinyl chloride powder, in primaiy forms (not mixed with any other substances)
														- Other poly(vinyl chloride):
5	0	0	0	0	2.6	0	5.8	3.9	0//		0	0	0	-- Non-plasticized
	0	0	0	0	2.6	0	5.8	3.9	0//		0	0	0	-- Plasticized
5	0	0	0	0	3.6		7.8	5.4			0	0	0	- Vinyl chloride-vinyl acetate copolymers
6	0	0	3.6	0	8.4	0	10.4	7.2				0	0	- Other vinyl chloride copolymers
5	0	0	0	0	2.6		3.9	3.9			0	0	0	- Vinylidene chloride polymers
														- Fluoro-polymers:
5	0	0	0	0	4	0	8	6			0	0	0	-- Polytetrafluoroethylene
5	0	0	0	0	2.6		3.9	3.9			0	0	0	-- Other
5	0	0	0	0	4		8.6	6			0	0	0	- Other
														Polymers of vinyl acetate or of other vinyl esters, in primary forms;other vinyl polymers in primary forms:
														- Poly(vinyl acetate):
	0	0	3	0	4	0	8.6	6				0	0	-- In aqueous dispersion
5	0	0	0	0	4		8.6	6				0	0	-- Other
														- Vinyl acetate copolymers:
5	0	0	0	0	4	0	8.6	6	//0			0	0	-- In aqueous dispersion
5	0	0	0	0		0	8.6	6				0	0	-- Other
11.2	0	0	0	0	9.8	0	11.2	8.4	//0			0	0	- Poly (vinyl alcohol), whether or not containing unhydrolyzed acetate groups
														- Other:
5	0	0	0	0	4		8.6	6				0	0	-- Copolymers
	0	0	3	0	4		8.6	6	0//			0	0	-- Other
														Acrylic polymers in primary forms:
5	0	0	0	0	2.6		6.2	3.9	0//0		0	0	0	- Poly(methyl methacrylate)
														- Other:
5	0	0	0	0	2.6		6.2	3.9	0//0		0	0	0	--- Polyacrylamide
														--- Other
5	0	0	0	0	4.6		5.2	3.9	0//0		0	0	0	Sodium polyaciylate
5	0	0	0	0	4.6		5.2	3.9	0//0		0	0	0	Other acrylic polymers in primary forms
														Polyacetals, other polyethers and epoxide resins, in primary forms;polycarbonates, alkyd resins, polyallyl esters and other polyesters, in primary forms:
														- Polyacetals:
5	0	0	0	0	2.6	0	5.6	3.9	0//0		0	0	0	--- Polyoxymethylene(POM)
5	0	0	0	0	2.6	0	3.9	3.9	0//		0	0	0	--- Other
														- Other polyethers:
5	0	0	0	0	2.6	0	0	3.9	//0		0	0	0	--- Polytetramethylene ether glycol (PTMEG)
5	0	0	0	0	4.6	0	5.6	3.9			0	0	0	--- Other
														- Epoxide resins
5	0	0	0	0	4.7	0	5.6	3.9	0//0		0	0	0	Epoxide resins, in primary forms, containing by weight not less than 18% of bromine or import CIF price is more than 3800 U.S. dollars/ton (if dissolved in solvent, the content of bromine are counted by epoxide resins only)
5	0	0	0	0	4.7	0	5.6	3.9	0//0		0	0	0	Epoxide resins, in primary forms (containing bromine less than 18% by weight)
5	0	0	0	0	4.6		5.6	3.9	0//0		0	0	0	- Polycarbonates
5	0	0	3	0	4	0	8	6	//0		0	0	0	- Alkyd resins
														- Poly(ethylene terephthalate):

税号	货品名称	进口关税 %			增值/消费税%	出口退税%	统计计量单位	监管证件代码	检验检疫类别	协定税率 %		
		最惠国	普通	年内暂定						东盟	亚太	智利
	--- 切片:											
3907.6011	----高黏度	6.5	45		17	13	千克					0
3907.6019	----其他	6.5	45		17	13	千克					0
3907.6090	--- 其他	6.5	45		17	13	千克			0		0
3907.7000	- 聚乳酸	6.5	45	3	17	5	千克			0	6.2	0
	- 其他聚酯:											
3907.9100	-- 不饱和	6.5	45		17	5	千克			0		0
	-- 其他:											
3907.9910	--- 聚对苯二甲酸丁二酯											
39079910.01	未经增强或改性的初级形状 PBT 树脂	6.5	45		17	13	千克			0	6.2	0
39079910.90	其他聚对苯二甲酸丁二酯	6.5	45		17	13	千克			0	6.2	0
	--- 其他:											
3907.9991	----聚对苯二甲酸-己二醇-丁二醇酯	6.5	45		17	5	千克	AB	R/S	0	6.2	0
3907.9999	----其他	6.5	45		17	5	千克	AB	R/S	0	6.2	0
39.08	**初级形状的聚酰胺:**											
	- 聚酰胺-6、-11、-12、-6,6、-6,9、-6,10或-6,12:											
	--- 切片:											
3908.1011	----聚酰胺-6,6 切片											
39081011.01	聚酰胺-6,6 切片	6.5	45		17	13	千克			0		0
39081011.90	改性聚酰胺-6,6 切片(经螺杆二次混炼加入玻璃纤维、矿物质、增韧剂、阻燃剂的改性聚酰胺-6,6 切片)	6.5	45		17	13	千克			0		0
3908.1012	----聚酰胺-6 切片	6.5	45		17	13	千克			0		0
3908.1019	----其他											
39081019.10	尼龙 11、尼龙 12 切片(即聚酰胺-11;-12 切片)	6.5	45		17	13	千克			0		0
39081019.99	聚酰胺-6,9 切片等(包括聚酰胺-6,9;-6,10;-6,12)	6.5	45		17	13	千克			0		0
3908.1090	--- 其他	6.5	45		17	5	千克			0		0
	- 其他:											
3908.9010	--- 芳香族聚酰胺及其共聚物	10	45		17	5	千克			0		0
3908.9020	--- 半芳香族聚酰胺及其共聚物	10	45		17	5	千克			0		0
3908.9090	--- 其他	10	45		17	5	千克			0		0
39.09	**初级形状的氨基树脂、酚醛树脂及聚氨酯类:**											
3909.1000	- 尿素树脂;硫脲树脂	6.5	45		17	5	千克			0	6.1	0
3909.2000	- 蜜胺树脂	6.5	45		17	5	千克			0	6.1	0
	- 其他氨基树脂:											
3909.3010	--- 聚(亚甲基苯基异氰酸酯)(聚合 MDI 或粗 MDI)	6.5	35		17	13	千克			0	6	0
3909.3090	--- 其他	6.5	45		17	5	千克	AB	M/N	0		0
3909.4000	- 酚醛树脂	6.5	45		17	5	千克	AB	M/N	0	6.1	0
3909.5000	- 聚氨基甲酸酯	6.5	45		17	13	千克	AB	M/N	0	6	0
39.10	**初级形状的聚硅氧烷:**											
3910.0000	初级形状的聚硅氧烷	6.5	45		17	13	千克			0	6.1	0
39.11	**初级形状的石油树脂、苯并呋喃-茚树脂、多萜树脂、多硫化物、聚砜及本章注释三所规定的其他税目未列名产品:**											
3911.1000	- 石油树脂、苯并呋喃树脂、茚树脂、苯并呋喃-茚树脂及多萜树脂	6.5	45		17	5	千克			0	6.1	0
3911.9000	- 其他											
39119000.01	芳基酸与芳基胺预缩聚物	6.5	45	3	17	5	千克			0		0
39119000.03	改性三羟乙基脲酸酯类预缩聚物	6.5	45	3	17	5	千克			0		0
39119000.04	聚苯硫醚	6.5	45		17	13	千克			0		0
39119000.05	偏苯三酸酐和异氰酸预缩聚物	6.5	45	3	17	5	千克			0		0

协定税率 %										特惠税率 %				Article Description
巴基斯坦	冰岛	哥斯达黎	秘鲁	新西兰	瑞士	新加坡	韩国	澳大利亚	港澳台	老挝	孟加拉	33 国	7 国	
														--- In the form of slices or chips:
	0	0	0	0	2.6		5.8	3.9			0	0	0	----High viscosity
	0	0	0	0	2.6		5.8	3.9	0/0/		0	0	0	----Other
	0	0	0	0	2.6		5.6	3.9	/0/		0	0	0	--- Other
5	0	0	0	0	2.6		3.9	3.9	0/0/		0	0	0	- Poly(lactic acid)
														- Other polyesters:
5	0	0	0	0	2.6	0	5.2	3.9	//0		0	0	0	-- Unsaturated
														-- Other:
														--- PBT(Polybutylene terephthalate)
5	0	0	0	0	2.6		5.6	3.9	0/0/		0	0	0	PBT resins, in primary forms ,not reinforced or modified
5	0	0	0	0	2.6		5.6	3.9	0/0/		0	0	0	Other PBT (polybutylene terephthalate)
														--- Other:
5	0	0	0	0	2.6		0	3.9	0/0/0		0	0	0	----Poly(terephthalic acid-hexanediol-butanediol ester)
5	0	0	0	0	2.6		0	3.9	0/0/0		0	0	0	----Other
														Polyamides in primary forms:
														- Polyamide-6,-11,-12,-6,6,-6,9,-6,10 or -6,12:
														--- In the form of slices or chips:
														----of polyamide -6,6
5	0	0	0	0	4.6	0		3.9	0//		0	0	0	Polyamide -6,6, slices or chips
5	0	0	0	0	4.6	0		3.9	0//		0	0	0	Modified polyamide -6,6 slices (by adding glass fibre, minerals, toughening agents, flame retardants via screw-secondary mixing)
5	0	0	0	0	4.7	0		3.9	0//		0	0	0	----Of polyamide -6
														----Other
5	0	0	0	0	4.7	0		3.9	0//		0	0	0	Nylon 11, Nylon 12, slices or chips (polyamide-11,-12)
5	0	0	0	0	4.7	0		3.9	0//		0	0	0	Polyamide -6,9 slices or chips, etc. (including polyamide -6,9; -6,10; -6,12)
5	0	0	0	0	4.6			3.9	0//		0	0	0	--- Other
														- Other:
5	0	0	0	0		0		6	0//		0	0	0	--- Aromatic polyamides and copolymers thereof
5	0	0	0	0		0		6	0//		0	0	0	--- Semi-aromatic polyamides and copolymers thereof
5	0	0	0	0		0		6	0//		0	0	0	--- Other
														Amino-resins，phenolic resins and polyurethanes，in primary forms:
5	0	0	0	0	2.6		0	3.9	//0		0	0	0	- Urea resins；thiourea resins
5	0	0	0	0	2.6		0	3.9	//0		0	0	0	- Melamine resins
														- Other amino-resins:
5	0	0	0	0	2.6	0	5.6	3.9	0//		0	0	0	--- Poly(methylene phenyl isocyanate) (polymeric MDI or crude MDI)
5	0	0	0	0	2.6	0	0	3.9	//0		0	0	0	--- Other
5	0	0	0	0	2.6		5.2	3.9	//0		0	0	0	- Phenolic resins
5	0	0	0	0	2.6	0	0	3.9	0/0/0		0	0	0	- Polyurethanes
														Silicones in primary forms:
5	0	0	0	0	2.6		5.2	3.9	0//0		0	0	0	Silicones in primary forms
														Petroleum resins，eonmarone-indene resins，polyterpenes，polysulphides,polysulphones and other products specified in Note 3 to this Chapter,not elsewhere specified or included，in primary forms:
5	0	0	0	0	2.6		5.6	3.9	//0		0	0	0	- Petroleum resins，coumarone，indene or coumarone-indene resins and polyterpenes
														- Other
5	0	0	0	0	2.6		3.9	3.9			0	0	0	Prepolycondensate of arylacid and arylamine
5	0	0	0	0	2.6		3.9	3.9			0	0	0	Prepolycondensate of modified 3-hydroxyethyl urea esters
5	0	0	0	0	2.6		3.9	3.9			0	0	0	Polyphenylene sulfide
5	0	0	0	0	2.6		3.9	3.9			0	0	0	Prepoly condensate of trimelltic anhydride and isocyanic acid

税号	货品名称	进口关税 %			增值/消费税%	出口退税%	统计计量单位	监管证件代码	检验检疫类别	协定税率 %		
		最惠国	普通	年内暂定						东盟	亚太	智利
39119000.90	其他初级形状的多硫化物、聚砜等(等包括本章注释三所规定的其他编号未列名产品)	6.5	45		17	13	千克			0		0
39.12	初级形状的其他税目未列名的纤维素及其化学衍生物：											
	- 乙酸纤维素：											
3912.1100	-- 未塑化	6.5	40		17	0/5	千克			0		0
3912.1200	-- 已塑化	6.5	40		17	0	千克			0		0
3912.2000	- 硝酸纤维素（包括胶棉）	6.5	45		17	0	千克			0		0
	- 纤维素醚：											
3912.3100	-- 羧甲基纤维素及其盐	6.5	45		17	0	千克			0		0
3912.3900	-- 其他	6.5	45		17	0	千克			0		0
3912.9000	- 其他	6.5	45		17	0	千克			0		0
39.13	初级形状的其他税目未列名的天然聚合物（例如，藻酸）及改性天然聚合物（例如，硬化蛋白、天然橡胶的化学衍生物）：											
3913.1000	- 藻酸及其盐和酯	10	45		17	0	千克	AB	R/S	0		0
3913.9000	- 其他											
39139000.11	香菇多糖	6.5	50		17	13	千克	S		0		0
39139000.90	其他初级形状的未列名天然聚合物[包括改性天然聚合物(如硬化蛋白)]	6.5	50		17	13	千克			0		0
39.14	初级形状的离子交换剂，以税目39.01至39.13的聚合物为基本成分的：											
3914.0000	初级形状的离子交换剂，以税目39.01至39.13的聚合物为基本成分的	6.5	45		17	5	千克			0		0
	第二分章 废碎料及下脚料；半制品；制成品											
39.15	塑料的废碎料及下脚料：											
3915.1000	- 乙烯聚合物的	6.5	50		17	0	千克	AP	M/	0		0
3915.2000	- 苯乙烯聚合物的	6.5	50		17	0	千克	AP	M/	0		0
3915.3000	- 氯乙烯聚合物的	6.5	50		17	0	千克	AP	M/	0		0
	- 其他塑料的：											
3915.9010	--- 聚对苯二甲酸乙二酯的	6.5	50		17	0	千克	AP	M/	0		0
3915.9090	--- 其他	6.5	50		17	0	千克	AP	M/	0		0
39.16	塑料制的单丝（截面直径超过1毫米）、条、杆、型材及异型材，不论是否经表面加工，但未经其他加工：											
3916.1000	- 乙烯聚合物制	10	45		17	13	千克			0		0
	- 氯乙烯聚合物制：											
3916.2010	--- 异型材	10	45		17	13	千克			0	7	0
3916.2090	--- 其他	10	45		17	13	千克			0	7	0
	- 其他塑料制：											
3916.9010	--- 聚酰胺制的	10	45		17	13	千克			0		0
3916.9090	--- 其他	10	45		17	13	千克			0		0
39.17	塑料制的管子及其附件（例如，接头、肘管、法兰）：											
3917.1000	- 硬化蛋白或纤维素材料制的人造肠衣(香肠用肠衣)	10	50		17	13	千克	A	R/	0		
	- 硬管：											
3917.2100	-- 乙烯聚合物制	10	45		17	13	千克			0		0
3917.2200	-- 丙烯聚合物制	10	45		17	13	千克			0		0
3917.2300	-- 氯乙烯聚合物制	10	45		17	13	千克			0		0
3917.2900	-- 其他塑料制	10	45		17	13	千克			0		0
	- 其他管：											
3917.3100	-- 软管，最小爆破压力为27.6兆帕斯卡	10	45		17	13	千克			0	7	0
3917.3200	-- 其他未装有附件的管子，未经加强也未与其他材料合制	6.5	45		17	13	千克			0	4.6	0
3917.3300	-- 其他装有附件的管子，未经加强也未与其他材料合制	6.5	45		17	13	千克			0	4.6	0

协定税率 %										特惠税率 %				Article Description
巴基斯坦	冰岛	哥斯达黎	秘鲁	新西兰	瑞士	新加坡	韩国	澳大利亚	港澳台	老挝	孟加拉	33 国	7 国	
5	0	0	0	0	2.6		3.9	3.9			0	0	0	Polysulfides, polysulfones, in primary forms (including other products in Note 3 in this Chapter, not elsewhere specified or included)
														Cellulose and its chemical derivatives,not elsewhere specified or included，in primary forms:
														- Cellulose acetates:
5	0	0	0	0	2.6		5.2	3.9				0	0	-- Non-plasticized
5	0	0	0	0	2.6		3.9	3.9				0	0	-- Plasticized
5	0	0	0	0	2.6		3.9	3.9				0	0	- Cellulose nitrates (including collodions)
														- Cellulose ethers:
5	0	0	0	0	2.6		3.9	3.9				0	0	-- Carboxymethylcellulose and its salts
5	0	0	0	0	2.6		3.9	3.9				0	0	-- Other
5	0	0	0	0	2.6		3.9	3.9	0//			0	0	- Other
														Natural polymers(for example，alginic acid) and modified natural polymers(for example，hardened proteins,chemical derivatives of natural rubber)，not elsewhere specified or included，in primary forms:
5	0	0		0	4	0	8	6			0	0	0	- Alginic acid，its salts and esters
														- Other
5	3.3	0	0	0	2.6		3.9	3.9			0	0	0	Fungous proteoglycan
5	3.3	0	0	0	2.6		3.9	3.9			0	0	0	Other natural polymers, including modified natural polymers(for example, hardened proteins), not elsewhere specified or included, in primary forms
														Ion-exchangers based on polymers of headings No.39.01 to 39.13，in primary forms:
5		0	0	0	2.6		3.9	3.9			0	0	0	Ion-exchangers based on polymersof headings No.39.01 to 39.13，in primary forms
														Ⅱ.WASTE，PARINGS ANDSCRAP;SEMI-MANUFACTURES;ARTICLES
														Waste，parings and scrap，of plastics:
5	0	0	0	0	2.6	0	5.6	3.9	0/0/		0	0	0	- Of polymers of ethylene
5	0	0	0	0	2.6	0	5.6	3.9	0/0/		0	0	0	- Of polymers of styrene
5	0	0	0	0	2.6	0	5.6	3.9	0/0/		0	0	0	- Of polymers of vinyl chloride
														- Of other plastics:
5	0	0	0	0	4.6	0	5.6	3.9	0/0/		0	0	0	--- Of pdyethylene glycol tevephthalate
5	0	0	0	0	4.6	0	5.6	3.9	0/0/		0	0	0	--- Other
														Monofilament of which any cross-sectional dimension exceeds 1mm，rods,sticks and profile shapes,whether or not surfaceworked but not otherwise worked，of plastics:
5	0	0	3	0	4	0	8	6				0	0	- Of polymers of ethylene
														- Of polymers of vinyl chloride:
5	0	0	0	0	4		8	6				0	0	--- Sections
5	0	0	0	0	4		8	6				0	0	--- Other
														- Of other plastics:
5	0	0	0	0	4	0	8	6	0//			0	0	--- Of polyamides
5	0	0	0	0	4	0	8	6				0	0	--- Other
														Tubes，pipes and hoses，and fittings therefor(for example，joints，elbows,flanges)，of plastics:
5	0	0	0	0	4		8	6				0	0	- Artificial guts (sausage casings) of hardened protein or of cellulosic materials
														- Tubes，pipes and hoses，rigid:
5	0	0	3	0	4	0	8	6			0	0	0	-- Of polymers of ethylene
5	0	0	0	0	4		8	6			0	0	0	-- Of polymers of propylene
5	0	0	3	0	4	0	8	6	0//		0	0	0	-- Of polymers of vinyl chloride
5	0	0	0	0	7	0	8	6			0	0	0	-- Of other plastics
														- Other tubes，pipes and hoses:
5	0	0	0	0	4	0	6	6	0//		0	0	0	-- Flexible tubes，pipes and hoses，having a minimum burst pressure of 27.6MPa
0	0	0	0	0	4.6		3.9	3.9			0	0	0	-- Other，not reinforced or otherwise combined with other materials,without fittings
0	0	0	0	0	2.6		3.9	3.9			0	0	0	-- Other，not reinforced or otherwise combined with other materials，with fittings

税号	货品名称	进口关税% 最惠国	普通	年内暂定	增值/消费税%	出口退税%	统计计量单位	监管证件代码	检验检疫类别	协定税率% 东盟	亚太	智利
3917.3900	-- 其他	6.5	45		17	13	千克			0	4.5	0
3917.4000	- 管子附件	10	45		17	13	千克			0	7	0
39.18	**块状或成卷的塑料铺地制品，不论是否胶粘；本章注释九所规定的塑料糊墙品：**											
	- 氯乙烯聚合物制：											
3918.1010	--- 糊墙品	10	45		17	13	千克			0		0
3918.1090	--- 其他	10	45		17	13	千克			0		0
	- 其他塑料制：											
3918.9010	--- 糊墙品	10	45		17	13	千克			0		0
3918.9090	--- 其他	10	45		17	13	千克			0		0
39.19	**自粘的塑料板、片、膜、箔、带、扁条及其他扁平形状材料，不论是否成卷：**											
	- 成卷，宽度不超过20厘米：											
3919.1010	--- 丙烯酸树脂类为基本成分	6.5	45		17	13	千克			0		0
	--- 其他：											
3919.1091	----胶囊型反光膜	6.5	45		17	13	千克			0		0
3919.1099	----其他	6.5	45		17	13	千克			0		0
	- 其他：											
3919.9010	--- 胶囊型反光膜	6.5	45		17	13	千克			0	4.6	0
3919.9090	--- 其他	6.5	45		17	13	千克			0	4.6	0
39.20	**其他非泡沫塑料的板、片、膜、箔及扁条，未用其他材料强化、层压、支撑或用类似方法合制：**											
	- 乙烯聚合物制：											
3920.1010	--- 乙烯聚合物制电池隔膜	6.5	45	3	17	13	千克			0	4.6	0
3920.1090	--- 其他											
39201090.10	农用非泡沫聚乙烯薄膜(未用其他材料强化,层压,支撑或用类似方法合制)	6.5	45		13	0	千克			0	4.6	0
39201090.90	其他非泡沫乙烯聚合物板,片,膜,箔及扁条(未用其他材料强化,层压,支撑或用类似方法合制,非农用)	6.5	45		17	13	千克			0	4.6	0
	- 丙烯聚合物制：											
3920.2010	--- 丙烯聚合物制电池隔膜	6.5	45		17	13	千克			0		0
3920.2090	--- 其他											
39202090.10	农用非泡沫聚丙烯薄膜(未用其他材料强化,层压,支撑或用类似方法合制)	6.5	45		13	0	千克			0		0
39202090.90	非泡沫丙烯聚合物板,片,膜,箔及扁条(未用其他材料强化,层压,支撑或用类似方法合制,非农用)	6.5	45		17	5	千克			0		0
3920.3000	- 苯乙烯聚合物制	6.5	45		17	13	千克			0	4.6	0
	- 氯乙烯聚合物制：											
3920.4300	-- 按重量计增塑剂含量不小于6%											
39204300.10	农用软质聚氯乙烯薄膜(增塑剂含量≥6%,未用其他材料强化、层压、支撑)	6.5	45		13	0	千克			0	4.5	0
39204300.90	氯乙烯聚合物板,片,膜,箔及扁条(增塑剂含量≥6%,未用其他材料强化、层压、支撑)	6.5	45		17	5	千克			0	4.5	0
3920.4900	-- 其他											
39204900.10	其他农用软质聚氯乙烯薄膜(非泡沫料的,未用其他材料强化,层压,支撑)	6.5	45		13	0	千克			0	4.5	0
39204900.90	其他氯乙烯聚合物板,片,膜,箔及扁条(非泡沫料的,未用其他材料强化,层压,支撑,非农用)	6.5	45		17	5	千克			0	4.5	0
	- 丙烯酸聚合物制：											
3920.5100	-- 聚甲基丙烯酸甲酯制	6.5	45		17	13	千克			0	4.6	0
3920.5900	-- 其他	6.5	45		17	13	千克			0		0
	- 聚碳酸酯、醇酸树脂、聚烯丙酯或其他聚酯制：											
3920.6100	-- 聚碳酸酯制	6.5	45		17	13	千克			0	4.6	0
3920.6200	-- 聚对苯二甲酸乙二酯制											

协定税率 %										特惠税率 %				Article Description
巴基斯坦	冰岛	哥斯达黎	秘鲁	新西兰	瑞士	新加坡	韩国	澳大利亚	港澳台	老挝	孟加拉	33 国	7 国	
4.5	0	0	0	0	2.6	0	5.6	3.9			0	0	0	-- Other
5	0	0	3	0	7	0	6	6			0	0	0	- Fittings
														Floor coverings of plastics, whether or not self-adhesive, in rolls or in the form of tiles; wall or ceiling coverings of plastics, as defined in Note 9 to this Chapter:
														- Of polymers of vinyl chloride:
5	0	0	3	0	4		8	6				0	0	--- Wall or ceiling coverings
5	0	0	3	0	7			6				0	0	--- Other
														- Of other plastics:
5	0	0	0	0	4		8	6	0//			0	0	--- Wall or ceiling coverings
5	0	0	0	0	4		8	6	0//			0	0	--- Other
														Self-adhesive plates, sheets, film, foil, tape, strip and other flat shapes, of plastics, whether or not in rolls:
														- In rolls of a width not exceeding 20cm:
5	0	0	0	0	2.6		3.9	3.9			0	0	0	--- Based on acrylic resin
														--- Other:
5	0	0	0	0	2.6		3.9	3.9			0	0	0	----Encapsulant reflective film
5	0	0	0	0	4.6			3.9	//0		0	0	0	----Other
														- Other:
0	0	0	0	0	2.6		5.6	3.9	0//		0	0	0	--- Encapsulant reflective film
0	0	0	0	0	2.6		5.6	3.9	0//0		0	0	0	--- Other
														Other plates, sheets, film, foil and strip, of plastics, non-cellular and not reinforced, laminated, supported or similarly combined with other materials:
														- Of polymers of ethylene:
0	0	0	0	0	2.6		5.2	3.9	0//		0	0	0	--- Battery separator, of polymers of ethylene
														--- Other
0	0	0	0	0	4.6		5.6	3.9	0/0/0		0	0	0	Film of polyethylene for agricultural use, non-cellular (not reinforced, laminated, supported or similarly combined with other materials)
0	0	0	0	0	4.6		5.6	3.9	0/0/0		0	0	0	Plates, sheets, film, foil and strip, of polymers of ethylene, non-cellular (not reinforced, laminated, supported or similarly combined with other materials, not for agricultural use)
														- Of polymers of propylene:
5	0	0	0	0	2.6			3.9	0//		0	0	0	--- Battery separator, of polymers of propylene
														--- Other
5	0	0	0	0	4.6		5.2	3.9	0/0/0		0	0	0	Film of polypropylene for agricultural use, non-cellular (not reinforced, laminated, supported or similarly combined with other materials)
5	0	0	0	0	4.6		5.2	3.9	0/0/0		0	0	0	Plates, sheets, film, foil and strip, of polymers of propylene, non-cellular (not reinforced, laminated, supported or similarly combined with other materials, not for agricultural use)
0	0	0	0	0	2.6		5.2	3.9	0//0		0	0	0	- Of polymers of styrene
														- Of polymers of vinyl chloride:
														-- Containing by weight not less than 6% of plasticisers
4.5	0	0	0	0	2.6	0	5.2	3.9	0//0		0	0	0	Soft polyvinyl chloride film, for agricultural use (containing by weight not less than 6% of plasticisers, not reinforced, laminated, supported with other materials)
4.5	0	0	0	0	2.6	0	5.2	3.9	0//0		0	0	0	Plates, sheets, film, foil and strip, of polymers of vinyl chloride (containing by weight not less than 6% of plasticisers, not reinforced, laminated, supported with other materials)
														-- Other
4.5	0	0	0	0	4.6		5.6	3.9	0/0/0		0	0	0	Other soft polyvinyl chloride film for agricultural use, non-cellular (not reinforced laminated, supported with other materials)
4.5	0	0	0	0	4.6		5.6	3.9	0/0/0		0	0	0	Other plates, sheets, film, foil and strip, of polymers of vinyl chloride (not reinforced laminated, supported with other materials, not for agricultural use)
														- Of acrylic polymers:
0	0	0	0	0	2.6		5.2	3.9	//0		0	0	0	-- Of poly(methyl methacrylate)
5	0	0	0	0	2.6		5.6	3.9			0	0	0	-- Other
														- Of polycarbonates, alkyd resins, polyallyl esters or other polyesters:
0	0	0	0	0	2.6		5.6	3.9	//0		0	0	0	-- Of polycarbonates
														-- Of poly(ethylene terephthalate)

税 号	货 品 名 称	进口关税 %			增值/消费税%	出口退税%	统计计量单位	监管证件代码	检验检疫类别	协定税率 %		
		最惠国	普通	年内暂定						东盟	亚太	智利
39206200.01	9微米≤厚≤15.9微米聚酯薄膜(聚对苯二甲酸乙二酯制,型号XA10AUDIO)	6.5	45		17	13	千克			0	4.6	0
39206200.02	5微米≤厚≤8.9微米聚酯薄膜(聚对苯二甲酸乙二酯制,型号XL07AUTEN)	6.5	45		17	13	千克			0	4.6	0
39206200.03	16微米≤厚≤29.9微米聚酯薄膜[聚对苯二甲酸乙二酯制,型号XB30CAB(N)]	6.5	45		17	13	千克			0	4.6	0
39206200.04	50微米≤厚≤99.9微米聚酯薄膜[聚对苯二甲酸乙二酯制,型号XB30CAB(M)]	6.5	45		17	13	千克			0	4.6	0
39206200.09	其他聚对苯二甲酸乙二酯板片膜等(包括箔及扁条,非泡沫料,未用其他材料强化,层压,支撑)	6.5	45		17	13	千克			0	4.6	0
3920.6300	-- 不饱和聚酯制	10	45		17	13	千克			0		0
3920.6900	-- 其他聚酯制	10	45		17	13	千克			0	9	0
	- 纤维素及其化学衍生物制:											
3920.7100	-- 再生纤维素制	6.5	45		17	13	千克			0		0
3920.7300	-- 乙酸纤维素制	6.5	45		17	13	千克			0		0
3920.7900	-- 其他纤维素衍生物制	10	45		17	13	千克			0		0
	- 其他塑料制:											
3920.9100	-- 聚乙烯醇缩丁醛制											
39209100.01	聚乙烯醇缩丁醛膜(厚度不超过3毫米)(非泡沫料的,未用其他材料强化、层压、支撑)	6.5	45	3	17	13	千克			0		0
39209100.90	聚乙烯醇缩丁醛板,片,箔,扁条及厚度超过3毫米的膜(非泡沫料的,未用其他材料强化、层压、支撑)	6.5	45		17	13	千克			0		0
3920.9200	-- 聚酰胺制	10	45		17	13	千克			0		0
3920.9300	-- 氨基树脂制	6.5	45		17	13	千克			0		0
3920.9400	-- 酚醛树脂制	10	45		17	13	千克			0	7	0
	-- 其他塑料制:											
3920.9910	--- 聚四氟乙烯制	6.5	45		17	13	千克			0		0
3920.9990	--- 其他塑料制											
39209990.01	聚酰亚胺膜,厚度≤0.03mm(未用其他材料强化、层压、支撑)	6.5	45	3	17	13	千克			0		0
39209990.90	其他非泡沫塑料板,片,膜,箔,扁条(未用其他材料强化、层压、支撑)	6.5	45		17	13	千克			0		0
39.21	**其他塑料板、片、膜、箔、扁条:**											
	- 泡沫塑料的:											
3921.1100	-- 苯乙烯聚合物制	10	45		17	13	千克			0	9	0
	-- 氯乙烯聚合物制:											
3921.1210	--- 人造革及合成革	9	70		17	13	千克/米			0		0
3921.1290	--- 其他	6.5	45		17	13	千克			0		0
	-- 氨酯聚合物制:											
3921.1310	--- 人造革及合成革	9	70		17	13	千克/米			0	6.3	0
3921.1390	--- 其他	6.5	45		17	13	千克			0	4.6	0
3921.1400	-- 再生纤维素制	10	45		17	13	千克			0		0
	-- 其他塑料制:											
3921.1910	--- 人造革及合成革	9	45		17	13	千克/米			0	6.3	0
3921.1990	--- 其他	6.5	45		17	13	千克			0	4.6	0
	- 其他:											
3921.9020	--- 聚乙烯嵌有玻璃纤维的板、片	6.5	45		17	13	千克			0	4.6	0
3921.9030	--- 聚异丁烯为基本成分的附有人造毛毡的板、片、卷材	6.5	45		17	13	千克			0	4.6	0
3921.9090	--- 其他											
39219090.01	离子交换膜	6.5	45	5	17	13	千克			0	4.6	0
39219090.10	两用物项管制结构复合材料的层压板(用纤维和丝材增强而制成的各种预浸件和预成形件,其中增强材料的比拉伸强度大于7.62×10^4米和比模量大于3.18×10^6米)	6.5	45		17	13	千克	3		0	4.6	0
39219090.90	未列名塑料板,片,膜,箔,扁条(离子交换膜、两用物项管制结构复合材料的层压板除外)	6.5	45		17	13	千克			0	4.6	0

协定税率 %										特惠税率 %				Article Description
巴基斯坦	冰岛	哥斯达黎	秘鲁	新西兰	瑞士	新加坡	韩国	澳大利亚	港澳台	老挝	孟加拉	33 国	7 国	
0	0	0	0	0	2.6		5.6	3.9	0/0/0		0	0	0	Poly(ethylene terephthalate) film, 9μm≤thickness≤15.9μm (Type: XA1OAUDIO)
0	0	0	0	0	2.6		5.6	3.9	0/0/0		0	0	0	Poly(ethylene terephthalate) film, 5μm≤thickness≤8.9μm (Type: XL07AUTEN)
0	0	0	0	0	2.6		5.6	3.9	0/0/0		0	0	0	Poly(ethylene terephthalate) film, 16μm≤thickness≤29.9μm (Type: XB30CAB (N))
0	0	0	0	0	2.6		5.6	3.9	0/0/0		0	0	0	Poly(ethylene terephthalate) film, 50μm≤thickness≤99.9μm (Type: XB30CAB (M))
0	0	0	0	0	2.6		5.6	3.9	0/0/0		0	0	0	Other film, foil and strip of poly(ethylene terephthalate) (non-cellular and not reinforced, laminated, supported with other materials)
5	0	0	0	0	4		8	6			0	0	0	-- Of unsaturated polyesters
5	0	0	3	0	4	0	9	6	//0		0	0	0	-- Of other polyesters
														- Of cellulose or its chemical derivatives:
5	0	0	0	0	2.6		5.2	3.9			0	0	0	-- Of regenerated cellulose
5	0	0	0	0	2.6		3.9	3.9	0//		0	0	0	-- Of cellulose acetate
5	0	0	0	0	4		8	6			0	0	0	-- Of other cellulose derivatives
														- Of other plastics:
														-- Of poly(vinyl butyral)
5	0	0	0	0	2.6		5.6	3.9			0	0	0	Polyvinyl butyral film, of a thickness not exceeding 3mm (non-cellular, not reinforced, laminated, supported with other materials)
5	0	0	0	0	2.6		5.6	3.9			0	0	0	Polyvinyl butyral plates, sheets, foil and strip, and film, of a thickness exceeding 3mm (non-cellular, not reinforced, supported with other materials)
5	0	0	0	0	4	0	6	6			0	0	0	-- Of polyamides
5	0	0	0	0	2.6		3.9	3.9			0	0	0	-- Of amino-resins
5	0	0	0	0	4	0	8	6			0	0	0	-- Of phenolic resins
														-- Of other plastics:
5	0	0	0	0	2.6		5.6	3.9			0	0	0	--- Of polytetrafluoroethylene
														--- Of other plastics
5	0	0	0	0	2.6		5.2	3.9	0//0		0	0	0	Polyimide film, of a thickness not exceeding 0.03mm (not reinforced, laminated, supported with other materials)
5	0	0	0	0	2.6		5.2	3.9	0//0		0	0	0	Other plates, sheets, film, foil and strip, of plastics (not reinforced, laminated, supported)
														Other plates，sheets，film，foil and strip，of plastics:
														- Cellular:
5	0	0	0	0	4		8	6			0	0	0	-- Of polymers of styrene
														-- Of polymers of vinyl chloride:
5	0	0	0	0	3.6	0	7.8	5.4	0//0		0	0	0	--- Combined with textile fabrics
5	0	0	0	0	4.6		3.9	3.9	0//		0	0	0	--- Other
														-- Of polyurethanes:
5	0	0	0	0	3.6	0	7.8	5.4	0//0		0	0	0	--- Combined with textile fabrics
0	0	0	0	0	2.6		5.2	3.9	0//		0	0	0	--- Other
5	0	0	0	0	4		8	6			0	0	0	-- Of regenerated cellulose
														-- Of other plastics:
5	0	0	0	0	3.6		7.8	5.4			0	0	0	--- Combined with textile fabrics
0	0	0	0	0	4.6		5.6	3.9	//0		0	0	0	--- Other
														- Other:
0	0	0	0	0	4.6		3.9	3.9	0//		0	0	0	--- Plates，sheets of polyethylene with glass fibres
0	0	0	0	0	2.6		5.2	3.9	0//		0	0	0	--- Plates，sheets，coils of poly-isobutylene with man-made felt
														--- Other
0	0	0	0	0	4.6		5.6	3.9	0//0		0	0	0	Ion exchange membrane
0	0	0	0	0	4.6		5.6	3.9	0//0		0	0	0	Laminated board made of structure of composite materials under control of Dual-use item and technologies (various prepreg and pre-formed parts reinforced by fibers and threads, the specific tensile strength of reinforcing materials is greater than 7.62×10^4m and specific modulus greater than 3.18×10^6m)
0	0	0	0	0	4.6		5.6	3.9	0//0		0	0	0	Other plates, sheets, film, foil and strip of plastic, not elsewhere specified or included (other than ion exchange membrane, laminated board made of structure of composite materials under control of Dual-use item and technologies)

税号	货品名称	进口关税 % 最惠国	普通	年内暂定	增值/消费税%	出口退税%	统计计量单位	监管证件代码	检验检疫类别	协定税率 % 东盟	亚太	智利
39.22	塑料浴缸、淋浴盘、洗涤槽、盥洗盆、坐浴盆、便盆、马桶座圈及盖、抽水箱及类似卫生洁具：											
3922.1000	- 浴缸、淋浴盘、洗涤槽及盥洗盆	10	80		17	13	千克			0		0
3922.2000	- 马桶座圈及盖	10	80		17	13	千克			0		0
3922.9000	- 其他	10	80		17	13	千克			0		0
39.23	供运输或包装货物用的塑料制品；塑料制的塞子、盖子及类似品：											
3923.1000	- 盒、箱（包括板条箱）及类似品	10	80		17	13	千克			0	7	0
	- 袋及包（包括锥形的）：											
3923.2100	-- 乙烯聚合物制	10	80		17	13	千克			0		0
3923.2900	-- 其他塑料制	10	80		17	13	千克			0		0
3923.3000	- 坛、瓶及类似品	6.5	80		17	13	千克			0		0
3923.4000	- 卷轴、纡子、筒管及类似品	10	35		17	13	千克			0	7	0
3923.5000	- 塞子、盖子及类似品	10	80		17	13	千克			0		0
3923.9000	- 其他	10	80		17	13	千克			0	7	0
39.24	塑料制的餐具、厨房用具、其他家庭用具及卫生或盥洗用具：											
3924.1000	- 餐具及厨房用具	10	80		17	13	千克	A	R/	0		0
3924.9000	- 其他	10	80		17	13	千克	A	M/	0		0
39.25	其他税目未列名的建筑用塑料制品：											
3925.1000	- 囤、柜、罐、桶及类似容器，容积超过300升	10	80		17	13	千克			0		0
3925.2000	- 门、窗及其框架、门槛	10	80		17	13	千克			0	7	0
3925.3000	- 窗板、百叶窗（包括威尼斯式百叶窗）或类似制品及其零件	10	80		17	13	千克			0		0
3925.9000	- 其他	10	80		17	13	千克			0		0
39.26	其他塑料制品及税目39.01至39.14所列其他材料的制品：											
3926.1000	- 办公室或学校用品	10	80		17	13	千克			0		0
	- 衣服及衣着附件（包括分指手套、连指手套及露指手套）：											
	--- 手套（包括分指手套、连指手套及露指手套）：											
3926.2011	----聚氯乙烯制	10	90		17	13	千克/双			0		0
3926.2019	----其他	10	90		17	13	千克/双			0		0
3926.2090	--- 其他	10	90		17	13	千克			0		0
3926.3000	- 家具、车厢或类似品的附件	10	80		17	13	千克		+L	0		0
3926.4000	- 小雕塑品及其他装饰品	10	100		17	13	千克			0	8.3	0
	- 其他：											
3926.9010	--- 机器及仪器用零件	10	35		17	13	千克			0	9	0
3926.9090	--- 其他											
39269090.10	两用物项管制结构复合材料的预成形件和制品(用纤维和丝材增强而制成的各种预浸件和预成形件,其中增强材料的比拉伸强度大于 7.62×10^4 米和比模量大于 3.18×10^6 米)	10	80		17	13	千克	3		0	9.2	0
39269090.90	其他塑料制品(包括税目 3901 至 3914 所列材料的制品)	10	80		17	13	千克			0	9.2	0

协定税率 %										特惠税率 %				Article Description
巴基斯坦	冰岛	哥斯达黎	秘鲁	新西兰	瑞士	新加坡	韩国	澳大利亚	港澳台	老挝	孟加拉	33 国	7 国	
														Baths, shower-baths, sinks, washbasins, bidets, lavatory pans, seats and covers, flushing cisterns and similar sanitary ware, of plastics:
5	0	0	0	0	4		8	6	/0/	0	0	0	0	- Baths, shower-baths, sinks and wash-basins
5	0	0	3	0	4		8	6	/0/	0	0	0	0	- Lavatory seats and covers
5	0	0	0	0	4		8	6			0	0	0	- Other
														Articles for the conveyance or packing of goods, of plastics;stoppers, lids,caps and other closures,of plastics:
5	0	0	3	0	4	0	9	6	0/0/0		0	0	0	- Boxes, cases, crates and similar articles
														- Sacks and bags(including cones):
5	0	0	3	0	4	0	6	6	0/0/			0	0	-- Of polymers of ethylene
5	0	0	3	0	4	0	8.6	6	0/0/		0	0	0	-- Of other plastics
5	0	0		0	2.6	0	5.6	3.9	0//		0	0	0	- Carboys,bottles,flasks and similar articles
5	0	0	0	0	4	0	8.6	6				0	0	- Spools,cops,bobbins and similar supports
5	0	0	3	0	7	0	8	6	0//0		0	0	0	- Stoppers,lids,caps and other closures
5	0	0	3	0	4	0	9	6	0/0/0			0	0	- Other
														Tableware, kitchenware, other household articles and hygienic or toilet articles, of plastics:
5	0	0	3	0	4	0	8.6	6	0/0/	0	0	0	0	- Tableware and kitchenware
5	0	0	3	0	4	0	8	6	0/0/		0	0	0	- Other
														Builders ware of plastics, not elsewhere specified or included:
5	0	0	3	0	4		8	6			0	0	0	- Reservoirs,tanks,vats and similar containers,of a capacity exceeding 300L
5	0	0	3	0	4		8	6				0	0	- Doors,windows and their frames and thresholds for doors
5	0	0	0	0	4		8	6				0	0	- Shutters,blinds (including Venetian blinds) and similar articles and parts thereof
5	0	0	3	0	7.2		8	6	0//			0	0	- Other
														Other articles of plastics and articles of other materials of headings No.39.01 to 39.14:
5	0	0	0	0	4	0	8	6			0	0	0	- Office or school supplies
														- Articles of apparel and clothing accessories (including gloves,mittens and mitts):
														--- Gloves(including mittens and mitts):
	0	0	0	0	4	0	8	6	0//			0	0	----Of poly(vinyl chloride)
	0	0	0	0	4	0	8	6	0//			0	0	----Other
	0	0	0	0	4	0	8	6	0//		0	0	0	--- Other
5	0	0	3	0	4	0	8.6	6			0	0	0	- Fittings for furniture, coachwork or the like
5	0	0	0	0	4		8	6			0	0	0	- Statuettes and other ornamental articles
														- Other:
5	0	0	3	0	7	0	8	6	0/0/0		0	0	0	--- Of a kind for used in machines or instruments
														--- Other
9.2	0	0	3	0	7	0	8	6	0/0/0		0	0	0	Laminated board made of structure of composite materials under control of Dual-use item and technologies (various prepreg and pre-formed parts reinforced by fibers and threads, the specific tensile strength of reinforcing materials is greater than 7.62×10^4m and specific modulus greater than 3.18×10^6m)
9.2	0	0	3	0	7	0	8	6	0/0/0		0	0	0	Other articles of plastics (containing articles of other materials of headings 39.01 to 39.14)

第四十章 橡胶及其制品

注释：

一、除条文另有规定的以外，本协调制度所称“橡胶”，是指不论是否硫化或硬化的下列产品：天然橡胶、巴拉塔胶、古塔波胶、银胶菊胶、糖胶树胶及类似的天然树胶、合成橡胶、从油类中提取的油膏以及上述物品的再生品。

二、本章不包括：

（一）第十一类的货品（纺织原料及纺织制品）；

（二）第六十四章的鞋靴及其零件；

（三）第六十五章的帽类及其零件（包括游泳帽）；

（四）第十六类的硬质橡胶制的机械器具、电气器具及其零件（包括各种电气用品）；

（五）第九十章、第九十二章、第九十四章或第九十六章的物品；或

（六）第九十五章的物品（运动用分指手套、连指手套及露指手套及税目 40.11 至 40.13 的制品除外）。

三、税目 40.01 至 40.03 及 40.05 所称“初级形状”，只限于下列形状：

（一）液状及糊状，包括胶乳（不论是否预硫化）及其他分散体和溶液；

（二）不规则形状的块，团、包、粉、粒、碎屑及类似的散装形状。

四、本章注释一和税目 40.02 所称“合成橡胶”，适用于：

（一）不饱和合成物质，即用硫磺硫化能使其不可逆地变为非热塑物质，这种物质能在温度 18～29℃之间被拉长到其原长度的 3 倍而不致断裂，拉长到原长度的 2 倍时，在五分种内能回复到不超过原长度的 1.5 倍。为了进行上述试验，可以加入交联所需的硫化活化剂或促进剂；也允许含有注释五（二）2 及 3 所述的物质。但不能加入非交联所需的物质，例如，增量剂、增塑剂及填料；

（二）聚硫橡胶（TM）；以及

（三）与塑料接枝共聚或混合而改性的天然橡胶、解聚天然橡胶以及不饱和合成物质与饱和合成高聚物的混合物，但这些产品必须符合以上（一）款关于硫化、延伸及回复的要求。

五、

（一）税目 40.01 及 40.02 不适用于任何凝结前或凝结后与下列物质相混合的橡胶或橡胶混合物：

1. 硫化剂、促进剂、防焦剂或活性剂（为制造预硫胶乳所加入的除外）；

2. 颜料或其他着色料，但仅为易于识别而加入的除外；

3. 增塑剂或增量剂（用油增量的橡胶中所加的矿物油除外）、填料、增强剂、有机溶剂或其他物质，但以下（二）款所述的除外；

（二）含有下列物质的橡胶或橡胶混合物，只要仍具有原料的基本特性，应归入税目 40.01 或 40.02：

1. 乳化剂或防粘剂；

2. 少量的乳化剂分解产品；

3. 微量的下列物质：热敏剂（一般为制造热敏胶乳用）、阳离子表面活性剂（一般为制造阳性胶乳用）、抗氧剂、凝固剂、碎裂剂、抗冻剂、胶溶剂、保存剂、稳定剂、粘度控制剂或类似的特殊用途添加剂。

六、税目 40.04 所称“废碎料及下脚料”，是指在橡胶或橡胶制品生产或加工过程中由于切割、磨损或其他原因明显不能按橡胶或橡胶制品使用的废橡胶及下脚料。

七、全部用硫化橡胶制成的线，其任一截面的尺寸超过 5 毫米的，应作为带、杆或型材及异型材归入税目 40.08。

八、税目 40.10 包括用橡胶浸渍、涂布、包覆或层压的织物制成的或用橡胶浸渍、涂布、包覆或套裹的纱线或绳制成的传动带、输送带。

Chapter 40　Rubber and articles thereof

Chapter Notes:

1. Except where the context otherwise requires, throughout the Nomenclature the expression "rubber" means the following products, whether or not vulcanised or hard: natural rubber, balata, gutta-percha, guayule, chicle and similar natural gums, synthetic rubber, factice derived from oils, and such substances reclaimed.

2. This Chapter does not cover:

(a) Goods of Section XI (textiles and textile articles);

(b) Footwear or parts thereof of Chapter 64;

(c) Headgear or parts thereof (including bathing caps) of Chapter 65;

(d) Mechanical or electrical appliances or parts thereof of Section XVI (including electrical goods of all kinds), of hard rubber;

(e) Articles of Chapter 90, 92, 94 or 96; or

(f) Articles of Chapter 95 (other than sports gloves,mittens and mitts and articles of headings 40.11 to 40.13).

3. In headings 40.01 to 40.03 and 40.05, the expression "primary forms" applies only to the following forms:

(a) Liquids and pastes (including latex, whether or not pre- vulcanised, and other dispersions and solutions);

(b) Blocks of irregular shape, lumps, bales, powders, granules, crumbs and similar bulk forms.

4. In Note 1 to this Chapter and in heading 40.02, the expression "synthetic rubber" applies to:

(a) Unsaturated synthetic substances which can be irreversibly transformed by vulcanisation with sulphur into non-thermoplastic substances which, at a temperature between 18℃ and 29℃, will not break on being extended to three times their original length and will return, after being extended to twice their original length, within a period of five minutes, to a length not greater than one and a half times their original length. For the purposes of this test, substances necessary for the cross-linking, such as vulcanising activators or accelerators, may be added; the presence of substances as provided for by Note 5 (b) (ii) and (iii) is also permitted. However, the presence of any substances not necessary for the cross-linking, such as extenders, plasticisers and fillers, is not permitted;

(b) Thioplasts (TM); and

(c) Natural rubber modified by grafting or mixing with plastics, depolymerised natural rubber, mixtures of unsaturated synthetic substances with saturated synthetic high polymers provided that all the above- mentioned products comply with the requirements concerning vulcanisation, elongation and recovery in (a) above.

5.

(a) Headings 40.01 and 40.02 do not apply to any rubber or mixture of rubbers which has been compounded, before or after coagulation, with:

(i) vulcanising agents, accelerators, retarders or activators (other than those added for the preparation of pre-vulcanised rubber latex);

(ii) pigments or other colouring matter, other than those added solely for the purpose of identification;

(iii) plasticisers or extenders (except mineral oil in the case of oil-extended rubber), fillers, reinforcing agents, organic solvents or any other substances, except those permitted under (b);

(b) The presence of the following substances in any rubber or mixture of rubbers shall not affect its classification in heading 40.01 or 40.02, as the case may be, provided that such rubber or mixture of rubbers retains its essential character as a raw material:

(i) emulsifiers or anti- tack agents;

(ii) small amounts of breakdown products of emulsifiers;

(iii) very small amounts of the following: heat- sensitive agents (generally for obtaining thermosensitive rubber latexes), cationic surface- active agents (generally for obtaining electropositive rubber latexes), antioxidants, coagulants, crumbling agents, freeze-resisting agents, peptisers, preservatives, stabilisers, viscosity-control agents, or similar special- purpose additives.

6. For the purposes of heading 40.04, the expression "waste, parings and scrap" means rubber waste, parings and scrap from the manufacture or working of rubber and rubber goods definitely not usable as such because of cutting-up, wear or other reasons.

7. Thread wholly of vulcanised rubber, of which any cross-sectional dimension exceeds 5 mm, is to be classified as strip, rods or profile shapes, of heading 40.08.

8. Heading 40.10 includes conveyor or transmission belts or belting of textile fabric impregnated, coated, covered or laminated with rubber or made from textile yarn or cord impregnated, coated, covered or sheathed with rubber.

九、税目 40.01、40.02、40.03、40.05 及 40.08 所称“板”、“片”、“带”，仅指未切割或只简单切割成矩形（包括正方形）的板、片、带及正几何形块，不论是否具有成品的特征，也不论是否经过印制或其他表面加工，但未切割成其他形状或进一步加工。

税目 40.08 所称“杆”或“型材及异型材”，仅指不论是否切割成一定长度或表面加工，但未经进一步加工的该类产品。

税号	货品名称	进口关税 %			增值/消费税%	出口退税 %	统计计量单位	监管证件代码	检验检疫类别	协定税率 %		
		最惠国	普通	年内暂定						东盟	亚太	智利
40.01	天然橡胶、巴拉塔胶、古塔波胶、银胶菊胶、糖胶树胶及类似的天然树胶，初级形状或板、片、带：											
4001.1000	- 天然胶乳，不论是否预硫化	20	40	[注1]	17	5	千克	AB	MP/Q			0
	- 其他形状的天然橡胶：											
4001.2100	-- 烟胶片	20	40	[注2]	17	5	千克	AB	MP/Q		17	0
4001.2200	-- 技术分类天然橡胶（TSNR）	20	40	[注2]	17	5	千克					0
4001.2900	-- 其他	20	40		17	5	千克				17	0
4001.3000	- 巴拉塔胶、古塔波胶、银胶菊胶、糖胶树胶及类似的天然树胶	20	40		17	5	千克			0		0
40.02	合成橡胶及从油类提取的油膏，初级形状或板、片、带；税目 40.01 所列产品与本税目所列产品的混合物，初级形状或板、片、带：											
	- 丁苯橡胶（SBR）；羧基丁苯橡胶（XSBR）：											
	-- 胶乳：											
4002.1110	--- 羧基丁苯橡胶	7.5	14		17	5	千克			0		0
4002.1190	--- 其他	7.5	14		17	5	千克			0		0
	-- 其他：											
	--- 初级形状的：											
4002.1911	----未经任何加工的丁苯橡胶(溶聚的除外)	7.5	14		17	13	千克			0		0
4002.1912	----充油丁苯橡胶(溶聚的除外)	7.5	14		17	5	千克			0		0
4002.1913	----热塑丁苯橡胶	7.5	14		17	5	千克			0		0
4002.1914	----充油热塑丁苯橡胶	7.5	14		17	5	千克			0		0
4002.1915	----未经任何加工的溶聚丁苯橡胶	7.5	14		17	13	千克			0		0
4002.1916	----充油溶聚丁苯橡胶	7.5	14		17	5	千克			0		0
4002.1919	----其他	7.5	14		17	5	千克					0
4002.1990	--- 其他											
40021990.01	简单处理的丁苯橡胶，热塑或充油热塑丁苯橡胶除外(指为便于运输，对初级形状进行压缩、挤压等简单成型处理)	7.5	35		17	5	千克			0	7.1	0
40021990.90	其他丁苯橡胶及羧基丁苯橡胶板，片，带(4002199001 项下的除外)	7.5	35		17	0	千克			0	7.1	0
	- 丁二烯橡胶（BR）：											
4002.2010	--- 初级形状的	7.5	14		17	5	千克			0		0
4002.2090	--- 其他	7.5	35		17	0	千克			0	7	0
	- 异丁烯-异戊二烯（丁基）橡胶（IIR）；卤代丁基橡胶（CIIR 或 BIIR）：											
	-- 异丁烯-异戊二烯（丁基）橡胶（IIR）：											
4002.3110	--- 初级形状的	6	14		17	5	千克			0	5.6	0
4002.3190	--- 其他	7.5	35		17	0	千克			0	7.1	0
	-- 其他：											
4002.3910	--- 初级形状的	7.5	14		17	5	千克			0		0
4002.3990	--- 其他	7.5	35		17	0	千克			0	7.1	0
	- 氯丁二烯（氯丁）橡胶（CR）：											
4002.4100	-- 胶乳	7.5	14		17	5	千克			0	7.1	0
	-- 其他：											

1：2016 年暂定税率 10%或 900 元/吨，两者从低。

2：2016 年暂定税率 20%或 1500 元/吨，两者从低。

9. In headings 40.01, 40.02, 40.03, 40.05 and 40.08, the expressions "plates", "sheets" and "strip" apply only to plates, sheets and strip and to blocks of regular geometric shape, uncut or simply cut to rectangular (including square) shape, whether or not having the character of articles and whether or not printed or otherwise surface-worked, but not otherwise cut to shape or further worked.

   In heading 40.08 the expressions "rods" and "profile shapes" apply only to such products, whether or not cut to length or surface-worked but not otherwise worked.

协定税率 %										特惠税率 %				Article Description
巴基斯坦	冰岛	哥斯达黎	秘鲁	新西兰	瑞士	新加坡	韩国	澳大利亚	港澳台	老挝	孟加拉	33 国	7 国	
														Natural rubber，balata，gutta-percha,guayule，chicle and similar natural gums，in primary forms or in plates,sheets or strip：
	0	0		0	14		17.3	12						- Natural rubber latex，whether or not prevulcanized
														- Natural rubber in other forms：
17	0	0		0	14		17.3	12						-- Smoked sheets
	0	0		0	14			12						-- Technically specified natural rubber(TSNR)
17	0	0		0	14			12						-- Other
	0	0	6	0	14	0	17.3	12				0	0	- Balata，gutta-percha，guayule，chicleand similar natural gums
														Synthetic rubber and factice derivedfrom oils，in primary forms or in plates，sheets or strip;mixtures of any products of heading No.40.01 with any product of this heading，in primary forms or in plates，sheets or strip：
														- Styrene-butadiene rubber(SBR);carboxylated styrene-butadiene rubber(XSBR)：
														-- Latex：
5	0	0	0	0	3		6.5	4.5	0//		0	0	0	--- Carboxylated styrene-butadiene rubber(XSBR)
5	0	0	0	0	3		6.5	4.5	0//		0	0	0	--- Other
														-- Other：
														--- In primary forms：
5	0	0	0	0	3		6.5	4.5	0//		0	0	0	----SBR, not worked(other than SSBR)
5	0	0	0	0	3		6.5	4.5	0//		0	0	0	----SBR,oil-fitted(other than SSBR)
5	0	0	0	0	3		6.5	4.5	0//		0	0	0	----SBR，thermo-plasticated
5	0	0	0	0	3		6.5	4.5	0//		0	0	0	----SBR，oil-filled and thermo-plasticated
5	0	0	0	0	3		6.5	4.5	0//		0	0	0	----Solution polymerized styrene-butadiene rubber(SSBR),not worked
5	0	0	0	0	3		6.5	4.5	0//		0	0	0	----SSBR, oil-fitted
	0	0	0	0	3		6.5	4.5	0//		0	0	0	----Other
														--- Other
5	0	0	0	0	3		6.5	4.5	0//		0	0	0	Styrene-butadiene rubber (SBR) with simple treatment, other than oil-filled and thermo-plasticated SBR (compression, extrusion and other simple treatment to the shape of primary form to facilitate transport)
5	0	0	0	0	3		6.5	4.5	0//		0	0	0	Other SBR and XSBR in plates, sheets or strip (other than any products of heading No.40021990.01)
														- Butadiene rubber(BR)：
5	0	0	0	0	3		6.5	4.5			0	0	0	--- In primary forms
5	0	0	0	0	3		6.5	4.5			0	0	0	--- Other
														- Isobutene-isoprene (butyl) rubber (IIR);halo-isobutene-isoprene rubber(CIIR or BIIR)：
														-- Isobutene-isoprene (butyl) rubber (IIR)：
5	0	0	0	0	2.4		5.2	3.6			0	0	0	--- In primary forms
5	0	0	0	0	3		6.5	4.5			0	0	0	--- Other
														-- Other：
5	0	0	0	0	3		6.5	4.5			0	0	0	--- In pimary forms
5	0	0	0	0	3		6.5	4.5			0	0	0	--- Other
														- Chloroprene (ehlorobutadiene)rubber(CR)：
5	0	0	0	0	3		4.5	4.5			0	0	0	-- Latex
														-- Other：

税　号	货　品　名　称	进口关税 % 最惠国	普通	年内暂定	增值/消费税%	出口退税%	统计计量单位	监管证件代码	检验检疫类别	协定税率 % 东盟	亚太	智利
4002.4910	--- 初级形状的	7.5	14		17	5	千克			0		0
4002.4990	--- 其他	7.5	35		17	0	千克			0	7.1	0
	- 丁腈橡胶（NBR）：											
4002.5100	-- 胶乳	7.5	14		17	5	千克			0	7.1	0
	-- 其他：											
4002.5910	--- 初级形状的	7.5	14		17	5	千克			0		0
4002.5990	--- 其他	7.5	35		17	0	千克			0		0
	- 异戊二烯橡胶（IR）：											
4002.6010	--- 初级形状的	3	14		17	5	千克			0		0
4002.6090	--- 其他	5	35		17	0	千克			0	4.5	0
	- 乙丙非共轭二烯橡胶（EPDM）：											
4002.7010	--- 初级形状的	7.5	14		17	5	千克			0		0
4002.7090	--- 其他	7.5	35		17	0	千克			0	7.1	0
4002.8000	- 税目 40.01 所列产品与本税目所列产品的混合物	7.5	35		17	0	千克	A	M/	0		0
	- 其他：											
4002.9100	-- 胶乳	7.5	14		17	0	千克			0		0
	-- 其他：											
	--- 其他合成橡胶：											
4002.9911	----初级形状的	7.5	14		17	13	千克			0		0
4002.9919	----其他	7.5	35		17	0	千克			0		0
4002.9990	--- 其他	4	14		17	0	千克			0		0
40.03	**再生橡胶，初级形状或板、片、带：**											
4003.0000	再生橡胶，初级形状或板、片、带	8	30		17	13	千克			0		0
40.04	**橡胶（硬质橡胶除外）的废碎料、下脚料及其粉、粒：**											
4004.0000	橡胶（硬质橡胶除外）的废碎料、下脚料及其粉、粒											
40040000.10	废轮胎及其切块	8	30		17	0	千克	9		0	7.6	0
40040000.20	硫化橡胶废碎料、下脚料及其粉、粒（硬质橡胶的除外）（不包括符合 GB/T19208 标准的硫化橡胶粉产品）	8	30		17	0	千克	9		0	7.6	0
40040000.90	未硫化橡胶废碎料、下脚料及其粉、粒	8	30		17	0	千克	AP	M/	0	7.6	0
40.05	**未硫化的复合橡胶，初级形状或板、片、带：**											
4005.1000	- 与炭黑或硅石混合	8	35		17	0	千克	A	M/	0		0
4005.2000	- 溶液；子目 4005.10 以外的分散体	8	35		17	0	千克	A	M/	0		0
	- 其他：											
4005.9100	-- 板、片、带	8	35		17	0	千克	A	M/	0		0
4005.9900	-- 其他	8	35		17	0	千克	A	M/	0		0
40.06	**其他形状（例如，杆、管或型材及异型材）的未硫化橡胶及未硫化橡胶制品（例如，盘、环）：**											
4006.1000	- 轮胎翻新用胎面补料胎条	8	35		17	0	千克			0		0
	- 其他：											
4006.9010	--- 其他形状的未硫化橡胶	8	35		17	0	千克			0		0
4006.9020	--- 未硫化橡胶制品	14	80		17	0	千克			0		0
40.07	**硫化橡胶线及绳：**											
4007.0000	硫化橡胶线及绳	14	80		17	9	千克			0		0
40.08	**硫化橡胶（硬质橡胶除外）制的板、片、带、杆或型材及异型材：**											
	- 海绵橡胶制：											
4008.1100	-- 板、片、带	8	35		17	9	千克			0		0
4008.1900	-- 其他	8	35		17	9	千克			0		0
	- 非海绵橡胶制：											
4008.2100	-- 板、片、带	8	35		17	9	千克			0		0
4008.2900	-- 其他	8	35		17	9	千克			0		0

协定税率 %										特惠税率 %				
巴基斯坦	冰岛	哥斯达黎	秘鲁	新西兰	瑞士	新加坡	韩国	澳大利亚	港澳台	老挝	孟加拉	33 国	7 国	Article Description
5	0	0	0	0	3			4.5			0	0	0	--- In primary forms
5	0	0	0	0	3		6.5	4.5			0	0	0	--- Other
														- Acrylonitrile-butadient rubber (NBR):
5	0	0	0	0	3		6.5	4.5			0	0	0	-- Latex
														-- Other:
5	0	0	0	0	3		6.5	4.5			0	0	0	--- In primary forms
5	0	0	0	0	3		6.5	4.5			0	0	0	--- Other
														- Isoprene rubber(IR):
0	0	0	0	0	0		2.6	0			0	0	0	--- In primary forms
0	0	0	0	0	0		4.3	0			0	0	0	--- Other
														- Ethylene-propylene-non-conjugated diene rubber(EPDM):
5	0	0	0	0	3		6.5	4.5			0	0	0	--- In primary forms
5	0	0	0	0	3		6.5	4.5			0	0	0	--- Other
5	0	0	0	0	3		6.5	4.5			0	0	0	- Mixtures of any product of heading No.40.01 with any product of this heading
														- Other:
5	0	0	0	0	3		6.5	4.5			0	0	0	-- Latex
														-- Other:
														--- Other synthetic rubber:
5	0	0	0	0	3		6.5	4.5	0//0		0	0	0	----In primary forms
5	0	0	0	0	3		6.5	4.5	0//		0	0	0	----Other
0	0	0	0	0	0		0	0			0	0	0	--- Other
														Reclaimed rubber in primary forms or in plates,sheets or strip:
5	0	0	0	0	3.2		6.9	4.8	0//		0	0	0	Reclaimed rubber in primary forms or in plates，sheets or strip
														Waste，parings and scrap of rubber(other than hard rubber)and powders and granules obtained therefrom:
														Waste，parings and scrap of rubber(other than hard rubber)and powders and granules obtained therefrom
5	0	0	0	0	3.2		4.8	4.8				0	0	Waste tyres and their cuts
5	0	0	0	0	3.2		4.8	4.8				0	0	Vulcanized rubber waste and scrap, and powders and granules obtained therefrom (other than products of vulcanized rubber powders meeting GB/T 19208)
5	0	0	0	0	3.2		4.8	4.8				0	0	Not vulcanized rubber waste and scrap, and powders and granules obtained therefrom
														Compounded rubber，unvulcanized，in primary forms or in plates，sheets or strip:
5	0	0	0	0	3.2		6.9	4.8	/0/		0	0	0	- Compounded with carbon black or silica
5	0	0	0	0	3.2		6.9	4.8			0	0	0	- Solutions;dispersions other than those of sub-heading No.4005.10
														- Other:
5	0	0	0	0	3.2		4.8	4.8			0	0	0	-- Plates，sheets and strip
5	0	0	0	0	3.2		6.9	4.8	0//		0	0	0	-- Other
														Other forms (for example，rods，tubes and profile shapes)and articles (for example，discs and rings)，or unvulcanized rubber:
5	0	0	0	0	3.2		4.8	4.8			0	0	0	- Camel-back strips for retreading rubber tyres
														- Other:
5	0	0	0	0	3.2		6.4	4.8			0	0	0	--- Other forms of unvulcanized rubber
11.2	0	0	0	0	9.8	0	11.2	8.4				0	0	--- Articles of unvulcanized rubber
														Vulcanized rubber thread and cord:
11.2	0	0	0	0	9.8	0	11.2	8.4	0//			0	0	Vulcanized rubber thread and cord
														Plates，sheets，strip，rods and profile shapes，of vulcanized rubber other than hard rubber:
														- Of cellular rubber:
5	0	0	0	0	3.2		6.9	4.8			0	0	0	-- Plates,sheets and strip
5	0	0	0	0	3.2		4.8	4.8			0	0	0	-- Other
														- Of non-cellular rubber:
5	0	0	0	0	3.2		4.8	4.8			0	0	0	-- Plates,sheets and strip
5	0	0	0	0	3.2		4.8	4.8			0	0	0	-- Other

税号	货品名称	进口关税 % 最惠国	普通	年内暂定	增值/消费税%	出口退税%	统计计量单位	监管证件代码	检验检疫类别	协定税率 % 东盟	亚太	智利
40.09	**硫化橡胶（硬质橡胶除外）制的管子，不论是否装有附件（例如，接头、肘管、法兰）：**											
	- 未经加强或未与其他材料合制：											
4009.1100	-- 未装有附件	10.5	40		17	9	千克		+L	0		0
4009.1200	-- 装有附件	10	40		17	9	千克		+L	0		0
	- 用金属加强或只与金属合制：											
4009.2100	-- 未装有附件	10.5	40		17	9	千克		+L	0		0
4009.2200	-- 装有附件	10	40		17	9	千克		+L	0		0
	- 用纺织材料加强或只与纺织材料合制：											
4009.3100	-- 未装有附件	10.5	40		17	9	千克		+L	0		0
4009.3200	-- 装有附件	10	40		17	9	千克		+L	0		0
	- 用其他材料加强或与其他材料合制：											
4009.4100	-- 未装有附件	10.5	40		17	9	千克			0		0
4009.4200	-- 装有附件	10	40		17	9	千克			0		0
40.10	**硫化橡胶制的传动带或输送带及带料：**											
	- 输送带及带料：											
4010.1100	-- 仅用金属加强的	10	35		17	9	千克			0		0
4010.1200	-- 仅用纺织材料加强的	10	35		17	9	千克			0		0
4010.1900	-- 其他	10	35		17	9	千克			0		0
	- 传动带及带料：											
4010.3100	-- 梯形截面的环形传动带（三角带），V形肋状的，外周长超过60厘米，但不超过180厘米	8	35		17	9	千克			0		0
4010.3200	-- 梯形截面的环形传动带（三角带），外周长超过60厘米，但不超过180厘米，V形肋状的除外	8	35		17	9	千克			0		0
4010.3300	-- 梯形截面的环形传动带（三角带），V形肋状的，外周长超过180厘米，但不超过240厘米	8	35		17	9	千克			0		0
4010.3400	-- 梯形截面的环形传动带（三角带），外周长超过180厘米，但不超过240厘米，V形肋状的除外	8	35		17	9	千克			0		0
4010.3500	-- 环形同步带，外周长超过60厘米，但不超过150厘米	10	35		17	9	千克			0		0
4010.3600	-- 环形同步带，外周长超过150厘米，但不超过198厘米	10	35		17	9	千克			0		0
4010.3900	-- 其他	8	35		17	9	千克			0	7.6	0
40.11	**新的充气橡胶轮胎：**											
4011.1000	- 机动小客车（包括旅行小客车及赛车）用	10	50		17	9	千克/条	A	LM/	0	9.4	0
4011.2000	- 客运机动车辆或货运机动车辆用											
40112000.10	断面宽≥30英寸客或货车用新充气橡胶轮胎(指机动车辆用橡胶轮胎,断面宽度≥30英寸)	10	50	8	17	9	千克/条	A	M/	0	9.4	0
40112000.90	其他客或货车用新充气橡胶轮胎(指机动车辆用橡胶轮胎)	10	50		17	9	千克/条	A	LM/	0	9.4	0
4011.3000	- 航空器用	1	11		17	9	千克/条			0		0
4011.4000	- 摩托车用	15	80		17	9	千克/条	A	LM/	0		0
4011.5000	- 自行车用	20	80		17	13	千克/条			0		0
	- 其他，人字形胎面或类似胎面的：											
4011.6100	-- 农业或林业车辆及机器用											
40116100.10	断面宽≥24英寸人字轮胎(新充气橡胶轮胎,含胎面类似人字形的,农林车辆机械用)	17.5	50	8	17	9	千克/条	A	M/	0		0
40116100.90	其他人字形胎面轮胎(新充气橡胶轮胎,含胎面类似人字形的,农林车辆机械用)	17.5	50		17	9	千克/条	A	M/	0		0
4011.6200	-- 建筑业或工业搬运车辆及机器用，辋圈尺寸不超过61厘米											
40116200.10	断面宽≥24英寸人字形轮胎(建筑业,工业用,辋圈≤61cm,新充气橡胶轮胎,含类似人字形)	17.5	50		17	9	千克/条	A	M/	0		0

协定税率 %											特惠税率 %			Article Description
巴基斯坦	冰岛	哥斯达黎	秘鲁	新西兰	瑞士	新加坡	韩国	澳大利亚	港澳台	老挝	孟加拉	33 国	7 国	
														Tubes,pipes and hoses,of vulcanized rubber other than hard rubber,witn or without their fittings (for example,joints，elbows，flanges):
														- Not reinforced or otherwise combined with other materials:
5	0	0	0	0	7.4	0	8.4	6.3				0	0	-- Without fittings
5	0	0	0	0	4		8	6				0	0	-- With fittings
														- Reinforced or otherwise combined only with metal:
5	0	0	3.2	0	7.4	0	8.4	6.3				0	0	-- Without fittings
5	0	0	0	0	4	0	8	6				0	0	-- With fittings
														- Reinforced or otherwise combined only with textile materials:
5	0	0	3.2	0	7.4	0	9.4	6.3				0	0	-- Without fittings
5	0	0	0	0	4		8	6				0	0	-- With fittings
														- Reinforced or otherwise combined with other materials:
5	0	0	3.2	0	7.4	0	8.4	6.3				0	0	-- Without fittings
5	0	0	3	0	4	0	8	6				0	0	-- With fittings
														Conveyor or transmission belts or belting，of vulcanized rubber:
														- Conveyor belts or belting:
5	0	0	3	0	7.5		8	6	0//			0	0	-- Reinforced only with metal
5	0	0	3	0	0		8	6				0	0	-- Reinforced only with textile materials
5	0	0	3	0	0		8	6				0	0	-- Other
														- Transmission belts or belting:
5	0	0	0	0	3.2		4.8	4.8			0	0	0	-- Endless transmission belts of trapezoidal cross-section (V-belts), V-ribbed, of an outside circumference exceeding 60cm but not exceeding 180cm
5	0	0	0	0	3.2		4.8	4.8			0	0	0	-- Endless transmission belts of trapezoidal cross -section (V -belts)，other than V -ribbed，of an outside circumference exceeding 60cm but not exceeding 180cm
5	0	0	0	0	3.2		4.8	4.8			0	0	0	-- Endless transmission belts of trapezoidal cross -section (V -belts)，V -ribbed，of an outside circumference exceeding 180cm but not exceeding 240cm
5	0	0	0	0	3.2		4.8	4.8			0	0	0	-- Endless transmission belts of trapezoidal cross-section (V -belts)，other than V-ribbed，of an outside circumference exceeding 180cm but not exceeding 240cm
5	0	0	0	0	4	0	8	6				0	0	-- Endless synchronous belts，of an outside circumference exceeding 60cm but not exceeding 150cm
5	0	0	0	0	4		8	6				0	0	-- Endless synchronous belts，of an outside circumference exceeding 150cm but not exceeding 198cm
5	0	0	0	0	0		4.8	4.8			0	0	0	-- Other
														New pneumatic tyres，of rubber:
5	0	0		0	4	0	8.6	6	//0		0	0	0	- Of a kind used on motor cars (including station wagons and racing cars)
														- Of a kind used on buses or lorries
5	0	0	3	0	4	0	8.6	6	//0			0	0	New pneumatic tyres of rubber, used on buses or lorries (referring to rubber tyres used on motor vehicles, of a cross-section width exceeding 30 inches)
5	0	0	3	0	4	0	8.6	6	//0			0	0	Other new pneumatic tyres of rubber, used on buses or lorries (referring to rubber tyres used on motor vehicles)
0	0	0	0	0	0		0	0			0	0	0	- Of a kind used on aircraft
12	0	0	4.5	0	10.5	0	13	9	//0			0	0	- Of a kind used on motorcycles
	0	0	6	0	14	0	17.3	12	//0			0	0	- Of a kind used on bicycles
														- Other，Having a “herring-bone” or similar tread:
														-- Of a kind used on agricultural or forestry vehicles and machines
14	0	0	5.2	0	12.3	0	14	10.5	//0			0	0	New pneumatic tyres of rubber, with “herring-bone” tread, of a cross-section width exceeding 24 inches, used on agricultural or forestry vehicles and machines
14	0	0	5.2	0	12.3	0	14	10.5	//0			0	0	Other new pneumatic tyres of rubber, with “herring-bone” tread, used on agricultural or forestry vehicles and machines
														-- Of a kind used on construction or industrial handling vehicles and machines and having a rim size not exceeding 61cm
14	0	0	5.2	0	12.3	0	14	10.5				0	0	New pneumatic tyres of rubber, with “herring-bone” tread, of a cross-section width exceeding 24 inches, used on construction or industry and having a rim size not exceeding 61cm

税号	货品名称	进口关税 % 最惠国	普通	年内暂定	增值/消费税%	出口退税%	统计计量单位	监管证件代码	检验检疫类别	协定税率 % 东盟	亚太	智利
40116200.90	其他人字形胎面轮胎(建筑业,工业用,辋圈≤61cm,新充气橡胶胎,含类似人字形)	17.5	50		17	9	千克/条	A	M/	0		0
4011.6300	-- 建筑业或工业搬运车辆及机器用,辋圈尺寸超过61厘米											
40116300.10	断面宽≥24英寸人字形子轮胎(建筑业,工业用,辋圈>61cm,新充气橡胶胎,含类人字形)	17.5	50	8	17	9	千克/条	A	M/	0		0
40116300.90	其他人字形胎面轮胎(建筑业,工业用,辋圈>61cm,新充气橡胶胎,含类人字形)	17.5	50		17	9	千克/条	A	M/	0		0
4011.6900	-- 其他											
40116900.10	断面宽≥30英寸人字形轮胎(其他用途,新充气橡胶轮胎,含胎面类似人字形的)	17.5	50	8	17	9	千克/条	A	M/	0		0
40116900.90	其他人字形胎面轮胎(其他用途,新充气橡胶轮胎,含胎面类似人字形的)	17.5	50		17	9	千克/条	A	M/	0		0
	- 其他:											
4011.9200	-- 农业或林业车辆及机器用	25	50		17	9	千克/条			0		0
4011.9300	-- 建筑业或工业搬运车辆及机器用,辋圈尺寸不超过61厘米											
40119300.10	其他断面宽度≥24英寸轮胎(建筑业,工业用,辋圈≤61cm,新充气橡胶胎,非人字形胎面)	25	50		17	9	千克/条			0		0
40119300.90	其他新的充气橡胶轮胎(建筑业,工业用,辋圈≤61cm,新充气橡胶胎,非人字形胎面)	25	50		17	9	千克/条			0		0
4011.9400	-- 建筑业或工业搬运车辆及机器用,辋圈尺寸超过61厘米											
40119400.10	其他断面宽度≥24英寸轮胎(建筑业,工业用,辋圈>61cm,新充气橡胶胎,非人字形胎面)	25	50	8	17	9	千克/条			0		0
40119400.90	其他新的充气橡胶轮胎(建筑业,工业用,辋圈>61cm,新充气橡胶胎,非人字形胎面)	25	50		17	9	千克/条			0		0
4011.9900	-- 其他											
40119900.10	其他断面宽度≥30英寸轮胎(其他用途,新充气橡胶轮胎,非人字形胎面)	25	50	8	17	9	千克/条			0		0
40119900.90	其他新的充气橡胶轮胎(其他用途,新充气橡胶轮胎,非人字形胎面)	25	50		17	9	千克/条		+L	0		0
40.12	**翻新的或旧的充气橡胶轮胎;实心或半实心橡胶轮胎、橡胶胎面及橡胶轮胎衬带:**											
	- 翻新轮胎:											
4012.1100	-- 机动小客车(包括旅行小客车及赛车)用	20	50		17	9	千克/条	A	M/	0		0
4012.1200	-- 机动大客车或货运机动车用	20	50		17	9	千克/条	A	M/	0		0
4012.1300	-- 航空器用	20	50	4	17	9	千克/条			0		0
4012.1900	-- 其他	20	50		17	9	千克/条			0		0
	- 旧的充气轮胎:											
4012.2010	--- 汽车用	25	50		17	9	千克/条	A	M/	0		0
4012.2090	--- 其他	25	80		17	9	千克/条			0		0
	- 其他:											
4012.9010	--- 航空器用	3	11		17	9	千克			0		0
4012.9020	--- 汽车用	22	50		17	9	千克	A	M/	0		0
4012.9090	--- 其他	22	50		17	9	千克			0		0
40.13	**橡胶内胎:**											
4013.1000	- 机动小客车(包括旅行小客车及赛车)、客运机动车辆或货运机动车辆用	15	50		17/3	9	千克/条	A	M/	0	13	0
4013.2000	- 自行车用	15	80		17	13	千克/条			0		0
	- 其他:											
4013.9010	--- 航空器用	3	11		17	9	千克/条			0		0
4013.9090	--- 其他	15	50		17/3	9	千克/条			0		0
40.14	**硫化橡胶(硬质橡胶除外)制的卫生及医疗用品(包括奶嘴),不论是否装有硬质橡胶制的附件:**											
4014.1000	- 避孕套	0	0		0	0	千克					

协定税率 %										特惠税率 %				Article Description
巴基斯坦	冰岛	哥斯达黎	秘鲁	新西兰	瑞士	新加坡	韩国	澳大利亚	港澳台	老挝	孟加拉	33 国	7 国	
14	0	0	5.2	0	12.3	0	14	10.5				0	0	Other new pneumatic tyres of rubber, with "herring-bone" tread, used on construction or industry and having a rim size not exceeding 61cm
														-- Of a kind used on construction or industrial handling vehicles and machines and having a rim size exceeding 61cm
14	0	0	5.2	0	12.3	0	14	10.5				0	0	New pneumatic tyres of rubber, with "herring-bone" tread, of a cross-section width exceeding 24 inches, used on construction or industry and having a rim size exceeding 61cm
14	0	0	5.2	0	12.3	0	14	10.5				0	0	Other new pneumatic tyres of rubber, with "herring-bone" tread, on construction or industrial uses and having a rim size exceeding 61cm
														-- Other
14	0	0	5.2	0	12.3	0	14	10.5	//0			0	0	New pneumatic tyres of rubber, with "herring-bone" tread, for other uses, of a cross-section width exceeding 30 inches
14	0	0	5.2	0	12.3	0	14	10.5	//0			0	0	Other new pneumatic tyres of rubber, with "herring-bone" tread, for other uses
														- Other:
	0	0		0		0	22.5	15	//0		0	0	0	-- Of a kind used on agricultural or forestry vehicles and machines
														-- Of a kind used on construction or industrial handling vehicles and machines and having a rim size not exceeding 61cm
	0	0		0		0	22.5	15				0		Other new pneumatic tyres of rubber, non "herring-bone" tread, used on construction or industry, of a cross-section width exceeding 24 inches and having a rim size not exceeding 61cm
	0	0		0		0	22.5	15				0		Other new pneumatic tyres of rubber, non "herring-bone" tread, used on construction or industry and having a rim size not exceeding 61cm
														-- Of a kind used on construction or industrial handling vehicles and machines and having a rim size exceeding 61cm
	0	0		0		0	22.5	15				0		Other new pneumatic tyres of rubber, non "herring-bone" tread, used on construction or industry, of a cross-section width exceeding 24 inches and having a rim size exceeding 61cm
	0	0		0		0	22.5	15				0		Other new pneumatic tyres of rubber, non "herring-bone" tread, used on construction or industry, having a rim size exceeding 61cm
														-- other
	0	0		0		0	22.5	15				0		Other new pneumatic tyres of rubber, non "herring-bone" tread, for other uses, of a cross-section width exceeding 30 inches
	0	0		0		0	22.5	15				0		Other new pneumatic tyres of rubber, non "herring-bone" tread, for other uses
														Retreaded or used pneumatic tyres of rubber;solid or cushion tyres，tyre treads and tyre flaps，of rubber:
														- Retreaded tyres:
	0	0	6	0	14	0	17.3	12				0	0	-- Of a kind used on motor cars，(including station wagons and racing cars)
	0	0	6	0	14	0	17.3	12	0//			0	0	-- Of a kind used on buses or lorries
	0	0	6	0	14	0	17.3	12	0//			0	0	-- Of a kind used on aircraft
	0	0	6	0	14	0	17.3	12				0	0	-- Other
														- Used pneumatic tyres:
	0	0		0		0	22.5	15	0//					--- Of a kind used on motor cars，buses or lorries
	0	0		0		0	22.5	15	0//					--- Other
														- Other:
0	0	0	0	0	0		0	0				0	0	--- Of a kind used on aircraft
	0	0	6.6	0	15.4	0	19.8	13.2				0	0	--- Of a kind used on motor cars，buses or lorries
	0	0	6.6	0	15.4	0	19.8	13.2				0	0	--- Other
														Inner tubes,of rubber:
7.5	0	0	4.5	0	10.5	0	13	9				0	0	- Of a kind used on motor cars(including staton wagons and racing cars),buses or lorries
12	0	0	4.5	0	10.5	0	12	9				0	0	- Of a kind used on bicycles
														- Other:
0	0	0	0	0	0		0	0			0	0	0	--- Of a kind used on aircraft
12	0	0	4.5	0	10.5	0	12	9				0	0	--- Other
														Hygienic or pharmaceutical articles(including teats)，of vulcanized rubber other than hard rubber，with or without fittings of hard rubber:
							0	0			0	0	0	- Sheath contraceptives

税　号	货　品　名　称	进口关税 % 最惠国	普通	年内暂定	增值/消费税%	出口退税%	统计计量单位	监管证件代码	检验检疫类别	协定税率 % 东盟	亚太	智利
4014.9000	- 其他	17.5	50		17	9	千克	A	M/	0		0
40.15	**硫化橡胶（硬质橡胶除外）制的衣着用品及附件（包括分指手套、连指手套及露指手套）：**											
	- 分指手套、连指手套及露指手套：											
4015.1100	-- 外科用	8	30		17	13	千克/双			0		0
4015.1900	-- 其他	18	80		17	13	千克/双			0		0
	- 其他：											
4015.9010	--- 医疗用	8	30		17	9	千克			0		0
4015.9090	--- 其他	15	90		17	9	千克			0		0
40.16	**硫化橡胶（硬质橡胶除外）的其他制品：**											
	- 海绵橡胶制：											
4016.1010	--- 机器及仪器用零件	8	30		17	9	千克			0		0
4016.1090	--- 其他	15	80		17	9	千克			0		0
	- 其他：											
4016.9100	-- 铺地制品及门垫	18	80		17	9	千克		+L	0		0
4016.9200	-- 橡皮擦	18	80		17	9	千克			0		0
	-- 垫片、垫圈及其他密封件：											
4016.9310	--- 机器及仪器用	8	30		17	9	千克			0		0
4016.9390	--- 其他	15	80		17	9	千克			0		0
4016.9400	-- 船舶或码头的碰垫，不论是否可充气	18	80		17	9	千克			0		0
4016.9500	-- 其他可充气制品											
40169500.01	硫化橡胶制液压隔离式蓄能器用胶囊	18	80	9	17	9	千克			0		0
40169500.90	硫化橡胶制其他可充气制品	18	80		17	9	千克			0		0
	-- 其他：											
4016.9910	--- 机器及仪器用零件											
40169910.01	奶衬(硬质橡胶除外)	8	30	4	17	9	千克			0	7.6	0
40169910.90	硫化橡胶制机器及仪器用其他零件(硬质橡胶除外)	8	30		17	9	千克			0	7.6	0
4016.9990	--- 其他											
40169990.01	动车组用胶囊，外风挡板(硬质橡胶除外)	10	80	5	17	9	千克			0	9.5	0
40169990.90	其他未列名硫化橡胶制品(硬质橡胶除外)	10	80		17	9	千克			0	9.5	0
40.17	**各种形状的硬质橡胶（例如，纯硬质胶），包括废碎料；硬质橡胶制品：**											
4017.0010	--- 各种形状的硬质橡胶，包括废碎料											
40170010.10	各种形状的硬质橡胶废碎料	8	35		17	9	千克	9		0		0
40170010.90	各种形状的硬质橡胶	8	35		17	9	千克			0		0
4017.0020	--- 硬质橡胶制品	15	90		17	9	千克			0		0

协定税率 %										特惠税率 %				Article Description
巴基斯坦	冰岛	哥斯达黎	秘鲁	新西兰	瑞士	新加坡	韩国	澳大利亚	港澳台	老挝	孟加拉	33 国	7 国	
14	0	0	5.2	0	12.3	0	14	10.5	/0/			0	0	- Other
														Articles of apparel and clothing accessories (including gloves, mittens and mitts), for all purposes, of vulcanized rubber other than hard rubber:
														- Gloves, mittens and mitts:
5	0	0	0	0	3.2		4.8	4.8			0	0	0	-- Surgical
	0	0	5.4	0	12.6	0	14.4	10.8			0	0	0	-- Other
														- Other:
5		0	0	0	3.2		4.8	4.8			0	0	0	--- For medical purpose
	0	0	4.5	0	10.5	0	12	9				0	0	--- Other
														Other articles of vulcanized rubber other than hard rubber:
														- Of cellular rubber:
5	0	0	0	0	3.2		6.9	4.8			0	0	0	--- Of a kind used in machines or instruments
12	0	0	4.5	0	10.5	0	12	9				0	0	--- Other
														- Other:
	0	0	5.4	0	12.6	0	14.4	10.8	0//			0	0	-- Floor coverings and mats
	0	0	5.4	0	12.6		14.4	10.8				0	0	-- Erasers
														-- Gaskets, washers and other seals:
5	0	0	0	0	5.6		4.8	4.8	0//		0	0	0	--- Of a kind used in machines or instruments
	0	0	4.5	0	10.5	0	9	9	0//		0	0	0	--- Other
	0	0	5.4	0	12.6	0	14.4	10.8				0	0	-- Boat or dock fenders, whether or not inflatable
														-- Other inflatable articles
	0	0	5.4	0	12.6	0	14.4	10.8	/0/			0	0	Capsules used in isolated hydraulic accumulators, of vulcanized rubber
	0	0	5.4	0	12.6	0	14.4	10.8	/0/			0	0	Other inflatable articles, of vulcanized rubber
														-- Other:
														--- Of a kind used in machines or instruments
5	0	0	0	0	5.6		6.9	4.8	/0/		0	0	0	Milk lining (other than hard rubber)
5	0	0	0	0	5.6		6.9	4.8	/0/		0	0	0	Vulcanized rubber, machinery and instruments (other than hard rubber)
														--- Other
5	0	0	3	0	7	0	8	6	/0/		0	0	0	Electric Multiple Units (EMU) capsule, outside air damper (other than hard rubber)
5	0	0	3	0	7	0	8	6	/0/		0	0	0	Other vulcanized rubber (other than hard rubber) not elsewhere specified or included in this Chapter
														Hard rubber (for example, ebonite)in all forms, including waste and scrap;articles of hard rubber:
														--- Hard rubber in all forms, including waste and scrap
5	0	0	0	0	3.2		6.4	4.8	/0/			0	0	Hard rubber waste and scrap in all forms
5	0	0	0	0	3.2		6.4	4.8	/0/			0	0	Hard rubber in all forms
12	0	0	4.5	0	10.5	0	12	9	/0/			0	0	--- Articles of hard rubber

第八类　生皮、皮革、毛皮及其制品；鞍具及挽具；旅行用品、手提包及类似容器；动物肠线（蚕胶丝除外）制品

第四十一章　生皮（毛皮除外）及皮革

注释：

一、本章不包括：

（一）生皮的边角废料（税目 05.11）；

（二）税目 05.05 或 67.01 的带羽毛或羽绒的整张或部分鸟皮；

（三）带毛生皮或已鞣的带毛皮张（第四十三章）；但下列动物的带毛生皮应归入第四十一章：牛（包括水牛）、马、绵羊及羔羊（不包括阿斯特拉罕、喀拉科尔、波斯羔羊或类似羔羊、印度、中国或蒙古羔羊）、山羊或小山羊（不包括也门、蒙古或西藏的山羊及小山羊）、猪（包括野猪）、小羚羊、瞪羚、骆驼（包括单峰骆驼）、驯鹿、麇、鹿、狍或狗。

二、

（一）税目 41.04 至 41.06 不包括经逆鞣（包括预鞣）加工的皮（酌情归入税目 41.01 至 41.03）。

（二）税目 41.04 至 41.06 所称“坯革”，包括在干燥前经复鞣、染色或加油（加脂）的皮。

三、本协调制度所称“再生皮革”，仅指税目 41.15 的皮革。

税　号	货　品　名　称	进口关税 % 最惠国	普通	年内暂定	增值/消费税%	出口退税%	统计计量单位	监管证件代码	检验检疫类别	协定税率 % 东盟	亚太	智利
41.01	生牛皮（包括水牛皮）、生马皮（鲜的、盐渍的、干的、石灰浸渍的、浸酸的或以其他方法保藏，但未鞣制、未经羊皮纸化处理或进一步加工的），不论是否去毛或剖层：											
	－　未剖层的整张皮，简单干燥的每张重量不超过 8 千克，干盐腌的不超过 10 千克，鲜的、湿盐腌的或以其他方法保藏的不超过 16 千克：											
	--- 牛皮：											
4101.2011	----经退鞣处理的											
41012011.10	规定重量退鞣未剖层整张濒危生野牛皮（指每张，简单干燥≤8 千克，干盐渍≤10 千克，鲜或湿盐≤16 千克）	8	17		13	0	千克/张	ABEF	MP/Q	0	6	0
41012011.90	规定重量未剖层退鞣处理整张生牛皮（包括水牛皮）（指每张，简单干燥≤8 千克，干盐渍≤10 千克，鲜或湿盐≤16 千克）	8	17		13	0	千克/张	AB	MP/Q	0	6	0
4101.2019	----其他											
41012019.10	规定重量非退鞣未剖层整张濒危生野牛皮（指每张，简单干燥≤8 千克，干盐渍≤10 千克，鲜或湿盐≤16 千克）	5	17		13	0	千克/张	ABEF	MP/Q	0		0
41012019.90	规定重量非退鞣未剖层处理整张生牛皮（包括水牛皮）（指每张，简单干燥≤8 千克，干盐渍≤10 千克，鲜或湿盐≤16 千克）	5	17		13	0	千克/张	AB	MP/Q	0		0
4101.2020	--- 马皮											
41012020.10	规定重量未剖层整张濒危生野马皮（指每张，简单干燥≤8 千克，干盐渍≤10 千克，鲜或湿盐≤16 千克）	5	30		13	0	千克/张	ABEF	MP/Q	0		0
41012020.90	规定重量未剖层整张生马皮（指每张，简单干燥≤8 千克，干盐渍≤10 千克，鲜或湿盐≤16 千克）	5	30		13	0	千克/张	AB	MP/Q	0		0
	－　整张皮，重量超过 16 千克：											
	--- 牛皮：											

SECTION VIII　RAW HIDES AND SKINS, LEATHER, FURSKINS AND ARTICLES THEREOF; SADDLERY AND HARNESS; TRAVEL GOODS, HANDBAGS AND SIMILAR CONTAINERS;ARTICLES OF ANIMAL GUT (OTHER THAN SILK- WORM GUT)

Chapter 41　Raw hides and skins (other than furskins) and leather

Chapter Notes:

1. This Chapter does not cover:

(a) Parings or similar waste, of raw hides or skins (heading 05.11);

(b) Birdskins or parts of birdskins, with their feathers or down, of heading 05.05 or 67.01; or

(c) Hides or skins, with the hair or wool on, raw, tanned or dressed (Chapter 43); the following are, however, to be classified in Chapter 41, namely, raw hides and skins with the hair or wool on, of bovine animals (including buffalo), of equine animals, of sheep or lambs (except Astrakhan, Broadtail, Caracul, Persian or similar lambs, Indian, Chinese, Mongolian or Tibetan lambs), of goats or kids (except Yemen, Mongolian or Tibetan goats and kids), of swine (including peccary), of chamois, of gazelle, of camels (including dromedaries), of reindeer, of elk, of deer, of roebucks or of dogs.

2.

(a) Headings 41.04 to 41.06 do not cover hides and skins which have undergone a tanning (including pre- tanning) process which is reversible (headings 41.01 to 41.03, as the case may be).

(b) For the purposes of headings 41.04 to 41.06, the term “crust” includes hides and skins that have been retanned, coloured or fat-liquored (stuffed) prior to drying.

3. Throughout the Nomenclature the expression “composition leather” means only substances of the kind referred to in heading 41.15.

协定税率 %										特惠税率 %				Article Description
巴基斯坦	冰岛	哥斯达黎	秘鲁	新西兰	瑞士	新加坡	韩国	澳大利亚	港澳台	老挝	孟加拉	33 国	7 国	
														Raw hides and skins of bovine (in-cluding buffalo)or equine animals (fresh,or salted,dried limed,pickled or otherwise preserved,but not tanned,parchment-dressed or further prepared),whether or not dehaired or split:
														- Whole hides and skins, unsplit，of a weight per skin not exceeding 8kg when simply dried，10kg when dry-salted,or 16kg when fresh，wet-salted or otherwise preserved:
														--- Of bovine animals:
														----Have undergone a reversible tanning process
5	0	0	0	0	3.2		4.8	6	0//		0	0	0	Whole raw hides and skins of endangered wild bovine, have undergone a reversible tanning process (of a weight per skin not exceeding 8kg when simply dried, not exceeding 10kg when dry-salted, not exceeding 16kg when fresh or wet-salted)
5	0	0	0	0	3.2		4.8	6	0//		0	0	0	Whole raw hides and skins of bovine (including buffalo), have undergone a reversible tanning process (of a weight per skin not exceeding 8kg when simply dried, not exceeding 10kg when dry-salted, not exceeding 16kg when fresh or wet-salted)
														----Other
0	0	0	0	0	0		0	3.8	0//	0	0	0	0	Whole raw hides and skins of endangered wild bovine, have not undergone a reversible tanning process (of a weight per skin not exceeding 8kg when simply dried, not exceeding 10kg when dry-salted, not exceeding 16kg when fresh or wet-salted)
0	0	0	0	0	0		0	3.8	0//	0	0	0	0	Whole raw hides and skins of bovine (including buffalo), have not undergone a reversible tanning process (of a weight per skin not exceeding 8kg when simply dried, not exceeding 10kg when dry-salted, not exceeding 16kg when fresh or wet-salted)
														--- Of equine animals
0	0	2	0	0	0		0	1.7	0//	0	0	0	0	Whole raw hides and skins of endangered wild equine animals (of a weight per skin not exceeding 8kg when simply dried, not exceeding 10kg when dry-salted, not exceeding 16kg when fresh or wet-salted)
0	0	2	0	0	0		0	1.7	0//	0	0	0	0	Whole raw hides and skins of equine animals (of a weight per skin not exceeding 8kg when simply dried, not exceeding 10kg when dry-salted, not exceeding 16kg when fresh or wet-salted)
														- Whole hides and skins，of a weight exceeding 16kg:
														--- Of bovine animals:

税号	货品名称	进口关税 % 最惠国	普通	年内暂定	增值/消费税%	出口退税%	统计计量单位	监管证件代码	检验检疫类别	协定税率 % 东盟	亚太	智利
4101.5011	----经退鞣处理的											
41015011.10	重>16千克退鞣整张濒危生野牛皮	8.4	17		13	0	千克/张	ABEF	MP/Q	0	7	0
41015011.90	重>16千克退鞣处理整张生牛皮(包括水牛皮)	8.4	17		13	0	千克/张	AB	MP/Q	0	7	0
4101.5019	----其他											
41015019.10	重>16千克非退鞣整张濒危生野牛皮	5	17		13	0	千克/张	ABEF	MP/Q	0		0
41015019.90	重>16千克非退鞣处理整张生牛皮(包括水牛皮)	5	17		13	0	千克/张	AB	MP/Q	0		0
4101.5020	--- 马皮											
41015020.10	重>16千克整张濒危生野马皮	5	30		13	0	千克/张	ABEF	MP/Q	0		0
41015020.90	重>16千克整张生马皮	5	30		13	0	千克/张	AB	MP/Q	0		0
	- 其他，包括整张或半张的背皮及腹皮：											
	--- 牛皮：											
4101.9011	----经退鞣处理的											
41019011.10	其他退鞣处理濒危生野牛皮(包括整张或半张的背皮及腹皮)	8.4	17		13	0	千克	ABEF	MP/Q	0	7	0
41019011.90	其他退鞣处理生牛皮(包括整张或半张的背皮及腹皮)	8.4	17		13	0	千克	AB	MP/Q	0	7	0
4101.9019	----其他											
41019019.10	其他濒危生野牛皮(包括整张或半张的背皮及腹皮)	5	17		13	0	千克	ABEF	MP/Q	0		0
41019019.90	其他生牛皮(包括整张或半张的背皮及腹皮)	5	17		13	0	千克	AB	MP/Q	0		0
4101.9020	--- 马皮											
41019020.10	其他濒危生野马皮(包括整张或半张的背皮及腹皮)	5	30		13	0	千克	ABEF	P/Q	0		0
41019020.90	其他生马皮(包括整张或半张的背皮及腹皮)	5	30		13	0	千克	AB	P/Q	0		0
41.02	**绵羊或羔羊生皮（鲜的、盐渍的、干的、石灰浸渍的、浸酸的或经其他方法保藏，但未鞣制、未经羊皮纸化处理或进一步加工的），不论是否带毛或剖层，但本章注释一（三）所述不包括的生皮除外：**											
4102.1000	- 带毛	7	30		13	0	千克/张	AB	MP/Q	0		0
	- 不带毛：											
	-- 浸酸的：											
4102.2110	--- 经退鞣处理的	14	30		13	0	千克/张	AB	MP/Q	0		0
4102.2190	--- 其他	9	30		13	0	千克/张	AB	MP/Q	0	8	0
	-- 其他：											
4102.2910	--- 经退鞣处理的	14	30		13	0	千克/张	AB	P/Q	0		0
4102.2990	--- 其他	7	30		13	0	千克/张	AB	P/Q	0	6	0
41.03	**其他生皮（鲜的、盐渍的、干的、石灰浸渍的、浸酸的或以其他方法保藏，但未鞣制、未经羊皮纸化处理或进一步加工的），不论是否去毛或剖层，但本章注释一（二）或（三）所述不包括的生皮除外：**											
4103.2000	- 爬行动物皮	9	30		13	0	千克/张	ABEF	P/Q	0		0
4103.3000	- 猪皮											
41033000.10	生鹿豚、姬猪皮	9	30		13	0	千克/张	ABEF	MP/Q	0		0
41033000.90	生猪皮	9	30		13	0	千克/张	AB	MP/Q	0		0
	- 其他：											
	--- 山羊板皮：											
4103.9011	----经退鞣处理的	14	35		13	0	千克/张	AB	MP/Q	0		0
4103.9019	----其他	9	35		13	0	千克/张	AB	MP/Q	0		0
	--- 其他山羊或小山羊皮：											
4103.9021	----经退鞣处理的	14	30		13	0	千克/张	AB	MP/Q	0		0

协定税率 %										特惠税率 %				Article Description
巴基斯坦	冰岛	哥斯达黎	秘鲁	新西兰	瑞士	新加坡	韩国	澳大利亚	港澳台	老挝	孟加拉	33国	7国	
														----Have undergone a reversible tanning process
5	0	0	0	0	3.36		5	6.3			0	0	0	Whole raw hides and skins of endangered wild bovine, have undergone a reversible tanning process, of a weight exceeding 16kg
5	0	0	0	0	3.36		5	6.3			0	0	0	Whole raw hides and skins of bovine (including buffalo), have undergone a reversible tanning process, of a weight exceeding 16kg
														----Other
0	0	0	0	0	0		0	3.8		0	0	0	0	Whole raw hides and skins of endangered wild bovine, have not undergone a reversible tanning process, of a weight exceeding 16kg
0	0	0	0	0	0		0	3.8		0	0	0	0	Whole raw hides and skins of bovine (including buffalo), have not undergone a reversible tanning process, of a weight exceeding 16kg
														--- Of equine animals
0	0	2	0	0	0		0	3		0	0	0	0	Whole raw hides and skins of endangered equine animals, of a weight exceeding 16kg
0	0	2	0	0	0		0	3		0	0	0	0	Whole raw hides and skins of equine animals, of a weight exceeding 16kg
														- Other，including butts，bends and bollies：
														--- Of bovine animals：
														----Have undergone a reversible tanning process
5	0	0	0	0	3.36		5	6.3			0	0	0	Other whole raw hides and skins of endangered wild bovine, have undergone a reversible tanning process (including butts, bends and bellies)
5	0	0	0	0	3.36		5	6.3			0	0	0	Other whole raw hides and skins of bovine, have undergone a reversible tanning process (including butts, bends and bellies)
														----Other
0	0	0	0	0	0		0	3.8		0	0	0	0	Other whole raw hides and skins of endangered wild bovine (including butts, bends and bellies)
0	0	0	0	0	0		0	3.8		0	0	0	0	Other whole raw hides and skins of bovine (including butts, bends and bellies)
														--- Of equine animals
0	0	2	0	0	0		0	3		0	0	0	0	Other whole raw hides and skins of endangered equine animals (including butts, bends and bellies)
0	0	2	0	0	0		0	3		0	0	0	0	Other whole raw hides and skins of equine animals (including butts, bends and bellies)
														Raw skins of sheep or lambs （fresh，or salted，dried，limed，pickled or otherwise preserved，but not tanned，parchment-dressed or further prepared),whether or not with wool on or split,other than those excluded by Note 1(c) to this chapter：
5	0	2.8		0	2.8		0	4.2			0	0	0	- With wool on
														- Without wool on：
														-- Pickled：
11.2	0	5.6		0	9.8	0	11.2	10.5				0	0	--- Have undergone a reversible tanning process
5	0	3.6	0	0	3.6		5.4	6.8			0	0	0	--- Other
														-- Other：
7	0	5.6	0	0	9.8	0	11.2	10.5				0	0	--- Have undergone a reversible tanning process
5	0	2.8	0	0	2.8		0	5.3			0	0	0	--- Other
														Other raw hides and skins (fresh，or salted，dried，limed，pickled or otherwise preserved，but not tanned，parchment-dressed or further prepared),whether or not dehaired or split,other than those excluded by Note l(b)or 1(c) to this Chapter：
5	0	3.6	0	0	3.6		5.4	6.8			0	0	0	- Of reptiles
														- Of swine
5	0	3.6	0	0	3.6		5.4	5.4			0	0	0	Raw hides and skins of babirusa, porcula salvania
5	0	3.6	0	0	3.6		5.4	5.4			0	0	0	Raw hides and skins of swine
														- Other：
														--- Of goats：
7	0	5.6	0	0	9.8	0	11.2	10.5				0	0	----Have undergone a reversible tanning process
5	0	3.6	0	0	3.6		5.4	6			0	0	0	----Other
														--- Other, of goats or kids：
7	0	5.6	0	0	9.8	0	11.2	10.5				0	0	----Have undergone a reversible tanning process

税号	货品名称	进口关税 %			增值/消费税%	出口退税%	统计计量单位	监管证件代码	检验检疫类别	协定税率 %		
		最惠国	普通	年内暂定						东盟	亚太	智利
4103.9029	----其他	9	30		13	0	千克/张	AB	MP/Q	0		0
4103.9090	--- 其他											
41039090.10	其他濒危野生动物生皮[本章注释一(二)或(三)所述不包括的生皮除外]	9	30		13	0	千克/张	ABEF	MP/Q	0		0
41039090.90	其他生皮[本章注释一(二)或(三)所述不包括的生皮除外]	9	30		13	0	千克/张	AB	MP/Q	0		0
41.04	**经鞣制的不带毛牛皮(包括水牛皮)、马皮及其坯革,不论是否剖层,但未经进一步加工:**											
	- 湿革(包括蓝湿皮):											
	-- 全粒面未剖层革;粒面剖层革:											
	--- 牛皮:											
4104.1111	----蓝湿的											
41041111.10	蓝湿濒危野牛皮(全粒面未剖或粒面剖层,经鞣制不带毛)	7	17	3	17	0	千克	ABEF	MP/Q	0	3.5	0
41041111.90	全粒面未剖层或粒面剖层蓝湿牛皮(经鞣制不带毛)	7	17	3	17	0	千克	AB	MP/Q	0	3.5	0
4104.1119	----其他											
41041119.10	湿濒危野牛皮(全粒面未剖或粒面剖层,经鞣制不带毛)	8	35		17	0	千克	EF		0	4	0
41041119.90	全粒面未剖层或粒面剖层湿牛皮(经鞣制不带毛)	8	35		17	0	千克			0	4	0
4104.1120	--- 马皮											
41041120.10	湿濒危野马皮(全粒面未剖或粒面剖层,经鞣制不带毛)	5	35		17	0	千克	EF		0	2.5	0
41041120.90	全粒面未剖层或粒面剖层湿马皮(经鞣制不带毛)	5	35		17	0	千克			0	2.5	0
	-- 其他:											
	--- 牛皮:											
4104.1911	----蓝湿的											
41041911.10	其他蓝湿濒危野牛皮(经鞣制不带毛)	6	17	3	17	0	千克	ABEF	MP/Q	0	3	0
41041911.90	其他蓝湿牛皮(经鞣制不带毛)	6	17	3	17	0	千克	AB	MP/Q	0	3	0
4104.1919	----其他											
41041919.10	其他湿濒危野牛皮(经鞣制不带毛)	7	35		17	0	千克	EF		0	3.5	0
41041919.90	其他湿牛皮(经鞣制不带毛)	7	35		17	0	千克			0	3.5	0
4104.1920	--- 马皮											
41041920.10	其他湿濒危野马皮(经鞣制不带毛)	7	35	5	17	0	千克	EF		0	3.5	0
41041920.90	其他湿马皮(经鞣制不带毛)	7	35	5	17	0	千克			0	3.5	0
	- 干革(坯革):											
4104.4100	-- 全粒面未剖层革;粒面剖层革											
41044100.10	濒危野牛马干革(全粒面未剖或粒面剖层,经鞣制不带毛)	5	35	3	17	0	千克	EF		0	3.5	0
41044100.90	全粒面未剖层或粒面剖层干革(经鞣制不带毛)	5	35	3	17	0	千克			0	3.5	0
	-- 其他:											
4104.4910	--- 机器带用牛、马皮革											
41044910.10	其他机器带用濒危野牛马皮革(经鞣制不带毛)	5	20		17	0	千克	EF		0	3.5	0
41044910.90	其他机器带用牛马皮革(经鞣制不带毛)	5	20		17	0	千克			0	3.5	0
4104.4990	--- 其他											
41044990.10	其他濒危野牛马皮革(经鞣制不带毛)	7	35		17	0	千克	EF		0	4.9	0
41044990.90	其他牛马皮革(经鞣制不带毛)	7	35		17	0	千克			0	4.9	0
41.05	**经鞣制的不带毛绵羊或羔羊皮革及其坯革,不论是否剖层,但未经进一步加工:**											
	- 湿革(包括蓝湿皮):											
4105.1010	--- 蓝湿的	14	50	10	17	0	千克	AB	MP/Q	0	7	0

协定税率 %										特惠税率 %				
巴基斯坦	冰岛	哥斯达黎	秘鲁	新西兰	瑞士	新加坡	韩国	澳大利亚	港澳台	老挝	孟加拉	33 国	7 国	Article Description
5	0	3.6	0	0	3.6		5.4	6			0	0	0	----Other
														--- Other
5	0	3.6	0	0	3.6		5.4	5.4	0//		0	0	0	Other raw hides and skins of endangered wild animals, other than those excluded by Note 1 (b) or 1 (c) to this Chapter
5	0	3.6	0	0	3.6		5.4	5.4	0//		0	0	0	Other raw hides and skins of animals, other than those excluded by Note 1 (b) or 1 (c) to this Chapter
														Tanned or crust hides and skins of bovine （including buffalo) or equineanimals，without hair on，whether or not split，but not further prepared:
														- In the wet state (including wet-blue):
														-- Full grains，unsplit;grain splits:
														--- Of bovine animals:
														----Wet-blue
0	0	2.8	0	0	2.8		4.2	4.2		1.4	0	0	0	Tanned or crust hides and skins of endangered wild bovine, wet-blue, without hair on (full grains, unsplit or grain splits)
0	0	2.8	0	0	2.8		4.2	4.2		1.4	0	0	0	Tanned or crust hides and skins of bovine, wet-blue, without hair on (full grains, unsplit or grain splits)
														----Other
0	0	3.2	0	0	3.2		4.8	4.8	0//	2	0	0	0	Tanned or crust hides and skins of endangered wild bovine, in the wet state, without hair on, full grains, unsplit or grain splits
0	0	3.2	0	0	3.2		4.8	4.8	0//	2	0	0	0	Tanned or crust hides and skins of bovine, in the wet state, without hair on, full grains, unsplit or grain splits
														--- Of equine animals
0	0	2	0	0	0		3	0	0//	2	0	0	0	Tanned or crust hides and skins of endangered equine animals, in the wet state, without hair on, full grains, unsplit or grain splits
0	0	2	0	0	0		3	0	0//	2	0	0	0	Tanned or crust hides and skins of equine animals, in the wet state, without hair on, full grains, unsplit or grain splits
														-- Other:
														--- Of bovine animals:
														----Wet-blue
3	0	2.8	0	0	2.4		3.6	3.6		1.4	0	0	0	Other tanned or crust hides and skins of endangered wild bovine, wet-blue, without hair on
3	0	2.8	0	0	2.4		3.6	3.6		1.4	0	0	0	Other tanned or crust hides and skins of bovine, wet-blue, without hair on
														----Other
0	0	2.8	0	0	2.8		4.2	4.2	0//	1.8	0	0	0	Other tanned or crust hides and skins of endangered wild bovine, without hair on, in the wet state
0	0	2.8	0	0	2.8		4.2	4.2	0//	1.8	0	0	0	Other tanned or crust hides and skins of bovine, without hair on, in the wet state
														--- Of equine animals
0	0	2.8	0	0	2.8		4.2	4.2	0//	2.1	0	0	0	Other tanned or crust hides and skins of endangered wild equine animals, wet, without hair on
0	0	2.8	0	0	2.8		4.2	4.2	0//	2.1	0	0	0	Other tanned or crust hides and skins of equine animals, without hair on, in the wet state
														- In the dry state(crust):
														-- Full grain，unsplit;grain splits
0	0	2	0	0	0		3	0	0//	2	0	0	0	Tanned or crust, dry hides and skins of endangered wild bovine or equine animals, without hair on, full grains, unsplit or grain splits
0	0	2	0	0	0		3	0	0//	2	0	0	0	Tanned or crust, dry hides and skins of animals, without hair on, full grains, unsplit or grain splits
														-- Other:
														--- For machinery belting
0	0	2	0	0	0		3	0		0	0	0	0	Other tanned or crust hides and skins of endangered wild bovine or equine animals, without hair on, for machinery belting
0	0	2	0	0	0		3	0		0	0	0	0	Tanned or crust hides and skins of bovine, equine animals, without hair on, for machinery belting
														--- Other
4.9	0	2.8	0	0	2.8		6	4.2	0//	2.1	0	0	0	Other tanned or crust hides and skins of endangered wild bovine or equine animals, without hair on
4.9	0	2.8	0	0	2.8		6	4.2	0//	2.1	0	0	0	Other tanned or crust hides and skins of bovine or equine animals, without hair on
														Tanned or crust skins of sheep or lambs，without wool on，whether or not split，but not further prepared:
														- In the wet state (including wet-blue):
5	0	5.6		0	9.8	0	11.2	8.4		2.1	0	0	0	--- Wet-blue

税号	货品名称	进口关税% 最惠国	普通	年内暂定	增值/消费税%	出口退税%	统计计量单位	监管证件代码	检验检疫类别	协定税率% 东盟	亚太	智利
4105.1090	--- 其他	10	50		17	0	千克			0	5	0
4105.3000	- 干革（坯革）	8	50		17	0	千克			0	5.6	0
41.06	**经鞣制的其他不带毛动物皮革及其坯革，不论是否剖层，但未经进一步加工：**											
	- 山羊或小山羊的：											
4106.2100	-- 湿革（包括蓝湿皮）											
41062100.01	蓝湿山羊皮（经鞣制不带毛）	14	50	10	17	0	千克			0	12	0
41062100.90	其他山羊或小山羊湿革（经鞣制不带毛）	14	50		17	0	千克			0	12	0
4106.2200	-- 干革（坯革）	14	50		17	0	千克			0	9.8	0
	- 猪的：											
	-- 湿革（包括蓝湿皮）：											
4106.3110	--- 蓝湿的											
41063110.10	蓝湿鹿豚、姬猪皮（经鞣制不带毛）	14	50	10	17	0	千克	ABEF	P/Q	0		0
41063110.90	其他蓝湿猪皮（经鞣制不带毛）	14	50	10	17	0	千克	AB	P/Q	0		0
4106.3190	--- 其他											
41063190.10	鹿豚、姬猪湿革（经鞣制不带毛）	14	50		17	0	千克	EF		0		0
41063190.90	其他猪湿革（经鞣制不带毛）	14	50		17	0	千克			0		0
4106.3200	-- 干革（坯革）											
41063200.10	鹿豚、姬猪干革（经鞣制不带毛，坯革）	14	50		17	0	千克	EF		0		0
41063200.90	其他猪干革（经鞣制不带毛，坯革）	14	50		17	0	千克			0		0
4106.4000	- 爬行动物的	14	50		17	0	千克	EF		0		0
	- 其他：											
4106.9100	-- 湿革（包括蓝湿皮）											
41069100.10	其他濒危野生动物湿革（经鞣制不带毛）	14	50		17	0	千克	EF		0		0
41069100.90	其他动物湿革（经鞣制不带毛）	14	50		17	0	千克			0		0
4106.9200	-- 干革（坯革）											
41069200.10	其他濒危野生动物干革（经鞣制不带毛）	14	50		17	0	千克	EF		0		0
41069200.90	其他动物干革（经鞣制不带毛）	14	50		17	0	千克			0		0
41.07	**经鞣制或半硝处理后进一步加工的不带毛的牛皮革（包括水牛皮革）或马皮革，包括羊皮纸化处理的皮革，不论是否剖层，但税目41.14的皮革除外：**											
	- 整张的：											
	-- 全粒面未剖层革：											
4107.1110	--- 牛皮											
41071110.10	全粒面未剖层整张濒危野牛皮（经鞣制或半硝后进一步加工，羊皮纸化处理）	8	50		17	0	千克/张	EF		0		0
41071110.90	全粒面未剖层整张牛皮（经鞣制或半硝后进一步加工，羊皮纸化处理）	8	50		17	0	千克/张			0		0
4107.1120	--- 马皮											
41071120.10	全粒面未剖层整张濒危野马皮（经鞣制或半硝后进一步加工，羊皮纸化处理）	5	50		17	0	千克/张	EF		0		0
41071120.90	全粒面未剖层整张马皮（经鞣制或半硝后进一步加工，羊皮纸化处理）	5	50		17	0	千克/张			0		0
	-- 粒面剖层革：											
4107.1210	--- 牛皮											
41071210.10	粒面剖层整张濒危野牛皮（经鞣制或半硝后进一步加工，羊皮纸化处理）	8	50	6	17	0	千克/张	EF		0		0
41071210.90	粒面剖层整张牛皮（经鞣制或半硝后进一步加工，羊皮纸化处理）	8	50	6	17	0	千克/张			0		0
4107.1220	--- 马皮											

协定税率 %										特惠税率 %				Article Description
巴基斯坦	冰岛	哥斯达黎	秘鲁	新西兰	瑞士	新加坡	韩国	澳大利亚	港澳台	老挝	孟加拉	33 国	7 国	
5	0	4	0	0	4		8	6		2	0	0	0	--- Other
5.6	0	3.2	0	0	3.2		6.4	4.8		4.8	0	0	0	- In the dry state(crust)
														Tanned or crust hides and skins of other animals，without wool or hair on，whether or not split，but not further prepared：
														- Of goats or kids：
														-- In the wet state (including wet-blue)
12	0	5.6	0	0	9.8	0	11.2	8.4		2.1	0	0	0	Tanned or crust, wet-blue hides and skins of goats, without wool on
12	0	5.6	0	0	9.8	0	11.2	8.4		2.1	0	0	0	Other tanned or crust, wet hides and skins of goats or kids, without wool on
9.8	0	5.6		0	9.8	0	11.2	8.4		8.4	0	0	0	-- In the dry state (crust)
														- Of swine：
														-- In the wet state (including wet-blue)：
														--- Wet-blue
11.2	0	5.6	0	0	9.8	0	11.2	8.4		4.2	4.2	0	0	Tanned or crust, wet-blue hides and skins of Babyrousa or Porcula salvania, without hair on
11.2	0	5.6	0	0	9.8	0	11.2	8.4		4.2	4.2	0	0	Other tanned or crust, wet-blue hides and skins of swine, without hair on
														--- Other
7	0	5.6	0	0	9.8	0	11.2	8.4		4.2	4.2	0	0	Tanned or crust, wet hides and skins of Babyrousa or Porcula salvania, without hair on
7	0	5.6	0	0	9.8	0	11.2	8.4		4.2	4.2	0	0	Other tanned or crust, wet hides and skins of swine, without hair on
														-- In the dry state (crust)
11.2	0	5.6	0	0	9.8	0	11.2	8.4		4.2	4.2	0	0	Tanned or crust, dry hides and skins of Babyrousa or Porcula salvania, without hair on
11.2	0	5.6	0	0	9.8	0	11.2	8.4		4.2	4.2	0	0	Other tannd or crust, dry hides and skins of swine, without hair on
7	0	5.6	0	0	9.8	0	11.2	8.4		0	0	0	0	- Of reptiles
														- Other：
														-- In the wet state (including wet-blue)
11.2	0	5.6	0	0	9.8	0	11.2	8.4		0	0	0	0	Tanned or crust, wet hides and skins of other endangered wild animals, without hair on
11.2	0	5.6	0	0	9.8	0	11.2	8.4		0	0	0	0	Tanned or crust, wet hides and skins of other animals, without hair on
														-- In the dry state (crust)
11.2	0	5.6	0	0	9.8	0	11.2	8.4		0	0	0	0	Tanned or crust, dry hides and skins of other endangered wild animals, without hair on
11.2	0	5.6	0	0	9.8	0	11.2	8.4		0	0	0	0	Tanned or crust, dry hides and skins of other animals, without hair on
														Leather further prepared after tanning or crusting, including parchment-dressed leather，of bovine (including buffalo) or equine animals，without hair on，whether or not split,other than leather of heading 41.14：
														- Whole hides and skins：
														-- Full grains,unsplit：
														--- Of bovine animals
	0	3.2		0	3.2		6.9	4.8	0//					Leather further prepared after tanning or crusting, including parchment-dressed leather, of endangered wild bovine, whole hides and skins, full grains, unsplit
	0	3.2		0	3.2		6.9	4.8	0//					Leather further prepared after tanning or crusting, including parchment-dressed leather, of bovine, whole hides and skins, full grains, unsplit
														--- Of equine animals
0	0	2	0	0	0		3	0	0//		0	0	0	Leather further prepared after tanning or crusting, including parchment-dressed leather, of endangered wild equine animals, whole hides and skins, full grains, unsplit
0	0	2	0	0	0		3	0	0//		0	0	0	Leather further prepared after tanning or crusting, including parchment-dressed leather, of equine animals, whole hides and skins, full grains, unsplit
														-- Grain splits：
														--- Of bovine animals
	0	3.2		0	3.2		6.4	4.8	0//					Leather further prepared after tanning or crusting, including parchment-dressed leather, of endangered wild bovine, whole hides and skins, grain splits
	0	3.2		0	3.2		6.4	4.8	0//					Leather further prepared after tanning or crusting, including parchment-dressed leather, of bovine, whole hides and skins, grain splits
														--- Of equine animals

税号	货品名称	进口关税 % 最惠国	普通	年内暂定	增值/消费税%	出口退税%	统计计量单位	监管证件代码	检验检疫类别	协定税率 % 东盟	亚太	智利
41071220.10	粒面剖层整张濒危野马皮(经鞣制或半硝后进一步加工,羊皮纸化处理)	5	50		17	0	千克/张	EF		0		0
41071220.90	粒面剖层整张马皮(经鞣制或半硝后进一步加工,羊皮纸化处理)	5	50		17	0	千克/张			0		0
	-- 其他:											
4107.1910	--- 机器带用											
41071910.10	其他机器带用整张濒危野牛马皮革(经鞣制或半硝后进一步加工,羊皮纸化处理)	5	50		17	0	千克/张	EF		0		0
41071910.90	其他机器带用整张牛马皮革(经鞣制或半硝后进一步加工,羊皮纸化处理)	5	50		17	0	千克/张			0		0
4107.1990	--- 其他											
41071990.10	其他整张濒危野牛马皮革(经鞣制或半硝后进一步加工,羊皮纸化处理)	7	50		17	0	千克/张	EF		0		0
41071990.90	其他整张牛马皮革(经鞣制或半硝后进一步加工,羊皮纸化处理)	7	50		17	0	千克/张			0		0
	- 其他,包括半张的:											
4107.9100	-- 全粒面未剖层革											
41079100.10	全粒面未剖层非整张濒危野牛马皮(经鞣制或半硝后进一步加工,羊皮纸化处理)	5	50		17	0	千克	EF		0		0
41079100.90	全粒面未剖层非整张革(经鞣制或半硝后进一步加工,羊皮纸化处理)	5	50		17	0	千克			0		0
4107.9200	-- 粒面剖层革											
41079200.10	粒面剖层非整张濒危野牛马皮革(经鞣制或半硝后进一步加工,羊皮纸化处理)	5	50		17	0	千克	EF		0		0
41079200.90	粒面剖层非整张革(经鞣制或半硝后进一步加工,羊皮纸化处理)	5	50		17	0	千克			0		0
	-- 其他:											
4107.9910	--- 机器带用											
41079910.10	其他机器带用非整张濒危野牛马皮(经鞣制或半硝后进一步加工,羊皮纸化处理)	5	50		17	0	千克	EF		0		0
41079910.90	其他机器带用非整张牛马皮革(经鞣制或半硝后进一步加工,羊皮纸化处理)	5	50		17	0	千克			0		0
4107.9990	--- 其他											
41079990.10	其他非整张濒危野牛马皮革(经鞣制或半硝后进一步加工,羊皮纸化处理)	7	50		17	0	千克	EF		0		0
41079990.90	其他非整张牛马皮革(经鞣制或半硝后进一步加工,羊皮纸化处理)	7	50		17	0	千克			0		0
41.12	**经鞣制或半硝处理后进一步加工的不带毛的绵羊或羔羊皮革,包括羊皮纸化处理的皮革,不论是否剖层,但税目41.14的皮革除外:**											
4112.0000	经鞣制或半硝处理后进一步加工的不带毛的绵羊或羔羊皮革,包括羊皮纸化处理的皮革,不论是否剖层,但税目41.14的皮革除外	8	50		17	0	千克			0	5.6	0
41.13	**经鞣制或半硝处理后进一步加工的不带毛的其他动物皮革,包括羊皮纸化处理的皮革,不论是否剖层,但税目41.14的皮革除外:**											
4113.1000	- 山羊或小山羊的	14	50		17	0	千克			0	9.8	0
4113.2000	- 猪的											
41132000.10	加工的鹿豚、姬猪皮革(经鞣制或半硝后进一步加工,不带毛,羊皮纸化处理)	14	50		17	0	千克	EF		0		0
41132000.90	加工的猪皮革(经鞣制或半硝后进一步加工,不带毛,羊皮纸化处理)	14	50		17	0	千克			0		0
4113.3000	- 爬行动物的	14	50		17	0	千克	EF		0		0
4113.9000	- 其他											
41139000.10	加工的其他濒危野生动物皮革(经鞣制或半硝后进一步加工,不带毛,羊皮纸化处理)	14	50		17	0	千克	EF		0		0

协定税率 %										特惠税率 %				
巴基斯坦	冰岛	哥斯达黎	秘鲁	新西兰	瑞士	新加坡	韩国	澳大利亚	港澳台	老挝	孟加拉	33 国	7 国	**Article Description**
0	0	2	0	0	0		3	0	0//		0	0	0	Leather further prepared after tanning or crusting, including parchment-dressed leather, of endangered wild equine animals, whole hides and skins, grain splits
0	0	2	0	0	0		3	0	0//		0	0	0	Leather further prepared after tanning or crusting, including parchment-dressed leather, of equine animals, whole hides and skins, grain splits
														-- Other:
														--- For machinery belting
0	0	2	0	0	0		4	0			0	0	0	Other leather further prepared after tanning or crusting, including parchment-dressed leather, of endangered wild bovine or equine animals, whole hides and skins, for machinery belting
0	0	2	0	0	0		4	0			0	0	0	Other leather further prepared after tanning or crusting, including parchment-dressed leather, of bovine or equine animals, whole hides and skins, for machinery belting
														--- Other
	0	2.8		0	2.8		4.2	4.2	0//					Other leather further prepared after tanning or crusting, including parchment-dressed leather, of endangered wild bovine or equine animals, whole hides and skins
	0	2.8		0	2.8		4.2	4.2	0//					Other leather further prepared after tanning or crusting, including parchment-dressed leather, of bovine or equine animals, whole hides and skins
														- Other,including sides:
														-- Full grains，unsplit
0	0	2	0	0	0		4	0			0	0	0	Other leather further prepared after tanning or crusting, including parchment-dressed leather, of endangered wild bovine or equine animals, not whole hides and skins, full grains, unsplit
0	0	2	0	0	0		4	0			0	0	0	Leather further prepared after tanning or crusting, including parchment-dressed leather, not whole hides and skins, full grains, unsplit
														-- Grain splits
	0	2	0	0	2		4.3	0			0	0	0	Leather further prepared after tanning or crusting, including parchment-dressed leather, of endangered wild bovine or equine animals, not whole hides and skins, grain splits
	0	2	0	0	2		4.3	0			0	0	0	Leather further prepared after tanning or crusting, including parchment-dressed leather, not whole hides and skins, grain splits
														-- Other:
														--- For machinery belting
0	0	2	0	0	0		3	0			0	0	0	Other leather further prepared after tanning or crusting, including parchment-dressed leather, of endangered wild bovine or equine animals, not whole hides and skins, for machinery belting
0	0	2	0	0	0		3	0			0	0	0	Other leather further prepared after tanning or crusting, including parchment-dressed leather, of bovine or equine animals, not whole hides and skins, for machineiy belting
														--- Other
	0	2.8	0	0	2.8		6	4.2	0//		0	0	0	Other leather further prepared after tanning or crusting, including parchment-dressed leather, of endangered wild bovine or equine animals, not whole hides and skins
	0	2.8	0	0	2.8		6	4.2	0//		0	0	0	Other leather further prepared after tanning or crusting, including parchment-dressed leather, of bovine or equine animals, not whole hides and skins
														Leather further prepared after tanning or crusting, including parchment-dressed leather，of sheep or lamb,without wool on,whether or not split,other than leather of heading 41.14:
5.6	0	3.2	0	0	3.2		6.9	4.8	0//		0	0	0	Leather further prepared after tanning or crusting，including parchment -dressed leather，of sheep or lamb,without wool on，whether or not split,other than leather of heading 41.14
														Leather further prepared after tan-ning or crusting，including parchment-dressed leather，of other animals,without wool or hair on，whether or not split，other than leather of heading 41.14:
9.8		5.6		0	9.8	0	11.2	8.4	0//		0	0	0	- Of goats or kids
														- Of swine
	0	5.6	0	0	9.8	0	11.2	8.4	0//			0	0	Leather further prepared after tanning or crusting, including parchment-dressed leather, of Babyrousa or Porcula salvania, without hair on
	0	5.6	0	0	9.8	0	11.2	8.4	0//			0	0	Leather further prepared after tanning or crusting, including parchment-dressed leather, of swine, without hair on
11.2		5.6	0	0	9.8	0	11.2	8.4			0	0	0	- Of reptiles
														- Other
	7	5.6	0	0	9.8	0	11.2	8.4			0	0	0	Leather further prepared after tanning or crusting, including parchment-dressed leather, of other endangered wild animals, without hair on

税号	货品名称	进口关税 %			增值/消费税%	出口退税%	统计计量单位	监管证件代码	检验检疫类别	协定税率 %		
		最惠国	普通	年内暂定						东盟	亚太	智利
41139000.90	加工的其他动物皮革(经鞣制或半硝后进一步加工,不带毛,羊皮纸化处理)	14	50		17	0	千克			0		0
41.14	**油鞣皮革(包括结合鞣制的油鞣皮革);漆皮及层压漆皮;镀金属皮革:**											
4114.1000	- 油鞣皮革(包括结合鞣制的油鞣皮革)											
41141000.10	油鞣其他濒危野生动物皮革(包括结合鞣制的油鞣皮革)	14	50		17	0	千克	EF		0		0
41141000.90	油鞣其他动物皮革(包括结合鞣制的油鞣皮革;野生动物皮革除外)	14	50		17	0	千克			0		0
4114.2000	- 漆皮及层压漆皮;镀金属皮革	10	50		17	0	千克			0	9	0
41.15	**以皮革或皮革纤维为基本成分的再生皮革,成块、成张或成条的,不论是否成卷;皮革或再生皮革的边角废料,不适宜作皮革制品用;皮革粉末:**											
4115.1000	- 以皮革或皮革纤维为基本成分的再生皮革,成块、成张或成条的,不论是否成卷	14	50		17	0	千克			0		0
4115.2000	- 皮革或再生皮革的边角废料,不适宜作皮革制品用;皮革粉末											
41152000.10	皮革废渣、灰渣、淤渣及粉末	14	50		17	0	千克	9		0		0
41152000.90	成品皮革、皮革制品或再生皮革的边角料(经过筛选的,面积不小于200平方厘米的皮革边角料,用于手套、配饰、玩具等的加工)	14	50		17	0	千克	AP	M/	0		0

协定税率 %										特惠税率 %				Article Description
巴基斯坦	冰岛	哥斯达黎	秘鲁	新西兰	瑞士	新加坡	韩国	澳大利亚	港澳台	老挝	孟加拉	33 国	7 国	
	7	5.6	0	0	9.8	0	11.2	8.4			0	0	0	Leather further prepared after tanning or crusting, including parchment-dressed leather, of other animals, without hair on
														Chamois including combination chamois) leather;patent leather and patent laminated leather;metallised leather:
														- Chamois (including combination chamois) leather
	0	5.6	4.2	0	9.8	0	11.2	8.4				0	0	Chamois (including combination chamois) leather of other endangered wild animals
	0	5.6	4.2	0	9.8	0	11.2	8.4				0	0	Chamois (including combination chamois) leather of other animals, other than leather of wild animals
9	0	4		0	4	0	9	6						- Patent leather and patent laminated leather;metallised leather
														Composition leather with a basis of leather or leather fibre, in slabs,sheets or strip, whether or not in rolls; parings and other waste of leather or of composition leather, not suitable for the manufacture of leather articles;leather dust, powder and flour:
	0	5.6		0	9.8	0	11.2	8.4						- Composition leather with a basis of leather or leather fibre, in slabs, sheets or strip, whether or not in rolls
														- Parings and other waste of leather or of composition leather, not suitable for the manufacture of leather articles;leather dust, powder and flour
	0	5.6	0	0	9.8	0	11.2	8.4		4.2	4.2	0	0	Waste residue, dust, powder and flour of leather
	0	5.6	0	0	9.8	0	11.2	8.4		4.2	4.2	0	0	Parings and other waste of finished leather or leather articles or composition leather, sorted, with an area exceeding 200 square centimetre, for gloves, accessories and toys use

第四十二章　皮革制品；鞍具及挽具；旅行用品、手提包及类似容器；动物肠线（蚕胶丝除外）制品

注释：

一、本章所称的“皮革”包括油鞣皮革（含结合鞣制的油鞣皮革）、漆皮、层压漆皮和镀金属皮革。

二、本章不包括：

（一）外科用无菌肠线或类似的无菌缝合材料（税目 30.06）；

（二）以毛皮或人造毛皮衬里或作面（仅饰边的除外）的衣服及衣着附件（分指手套、连指手套及露指手套除外）（税目 43.03 或 43.04）；

（三）网线袋及类似品（税目 56.08）；

（四）第六十四章的物品；

（五）第六十五章的帽类及其零件；

（六）税目 66.02 的鞭子、马鞭或其他物品；

（七）袖扣、手镯或其他仿首饰（税目 71.17）；

（八）单独报验的挽具附件或装饰物，例如，马镫、马嚼子、马铃铛及类似品、带扣（一般归入第十五类）；

（九）弦线、鼓面皮或类似品及其他乐器零件（税目 92.09）；

（十）第九十四章的物品（例如，家具，灯具及照明装置）；

（十一）第九十五章的物品（例如，玩具、游戏品及运动用品）；或

（十二）税目 96.06 的钮扣、揿扣、钮扣芯或这些物品的其他零件、钮扣坯。

三、

（一）除上述注释二所规定的以外，税目 42.02 也不包括：

1. 非供长期使用的带把手塑料薄膜袋，不论是否印制（税目 39.23）；

2. 编结材料制品（税目 46.02）。

（二）税目 42.02 及 42.03 的制品，如果装有用贵金属、包贵金属、天然或养殖珍珠、宝石或半宝石（天然、合成或再造）制的零件，即使这些零件不是仅作为小配件或小饰物的，只要其未构成物品的基本特征，仍应归入上述税目。但如果这些零件已构成物品的基本特征，则应归入第七十一章。

四、税目 42.03 所称“衣服及衣着附件”，主要适用于分指手套、连指手套及露指手套（包括运动手套及防护手套）、围裙及其他防护用衣着、裤吊带、腰带、子弹带及腕带，但不包括表带（税目 91.13）。

税号	货品名称	进口关税 %			增值/消费税%	出口退税%	统计计量单位	监管证件代码	检验检疫类别	协定税率 %		
		最惠国	普通	年内暂定						东盟	亚太	智利
42.01	各种材料制成的鞍具及挽具（包括缰绳、挽绳、护膝垫、口套、鞍褥、马褡裢、狗外套及类似品），适合各种动物用：											
4201.0000	各种材料制成的鞍具及挽具（包括缰绳、挽绳、护膝垫、口套、鞍褥、马褡裢、狗外套及类似品），适合各种动物用											
42010000.10	濒危野生动物材料制的鞍具及挽具（适合各种动物用）	20	100		17	0	千克	EF		0	12	0
42010000.90	各种材料制成的鞍具及挽具（野生动物材料制的除外，适合各种动物用）	20	100		17	13	千克			0	12	0

Chapter 42　Articles of leather; saddlery and harness; travel goods, handbags and similar containers; articles of animal gut (other than silk- worm gut)

Chapter Notes:

1. For the purposes of this Chapter, the term "leather" includes chamois (including combination chamois) leather, patent leather, patent laminated leather and metallised leather.

2. This Chapter does not cover:

(a) Sterile surgical catgut or similar sterile suture materials (heading 30.06);

(b) Articles of apparel or clothing accessories (except gloves, mittens and mitts), lined with furskin or artificial fur or to which furskin or artificial fur is attached on the outside except as mere trimming (heading 43.03 or 43.04);

(c) Made up articles of netting (heading 56.08);

(d) Articles of Chapter 64;

(e) Headgear or parts thereof of Chapter 65;

(f) Whips, riding-crops or other articles of heading 66.02;

(g) Cuff-links, bracelets or other imitation jewellery (heading 71.17);

(h) Fittings or trimmings for harness, such as stirrups, bits, horse brasses and buckles, separately presented (generally Section XV);

(ij) Strings, skins for drums or the like, or other parts of musical instruments (heading 92.09);

(k) Articles of Chapter 94 (for example, furniture, lamps and lighting fittings);

(l) Articles of Chapter 95 (for example, toys, games, sports requisites); or

(m) Buttons, press- fasteners, snap-fasteners, press-studs, button moulds or other parts of these articles, button blanks, of heading 96.06.

3.

(a) In addition to the provisions of Note 2 above, heading 42.02 does not cover:

(i) Bags made of sheeting of plastics, whether or not printed, with handles, not designed for prolonged use (heading 39.23);

(ii) Articles of plaiting materials (heading 46.02).

(b) Articles of headings 42.02 and 42.03 which have parts of precious metal or metal clad with precious metal, of natural or cultured pearls, of precious or semi-precious stones (natural, synthetic or reconstructed) remain classified in those headings even if such parts constitute more than minor fittings or minor ornamentation, provided that these parts do not give the articles their essential character. If, on the other hand, the parts give the articles their essential character, the articles are to be classified in Chapter 71.

4. For the purposes of heading 42.03, the expression "articles of apparel and clothing accessories" applies, inter alia, to gloves, mittens and mitts (including those for sport or for protection), aprons and other protective clothing, braces, belts, bandoliers and wrist straps, but excluding watch straps (heading 91.13).

协定税率 %										特惠税率 %				Article Description
巴基斯坦	冰岛	哥斯达黎	秘鲁	新西兰	瑞士	新加坡	韩国	澳大利亚	港澳台	老挝	孟加拉	33 国	7 国	
														Saddlery and harness for any animal(including traces，leads，knee pads，muzzles，saddle cloths，saddle bags，dog coats and the like)，of any material:
														Saddlery and harness for any animal (including traces，leads，knee pads，muzzles，saddle cloths，saddle bags，dog coats and the like)，of any material
10	0	0	6	0	14	0	17. 3	12	/0/	8	0	0	0	Saddlery and harness for any animal, of material of endangered wild animals
10	0	0	6	0	14	0	17. 3	12	/0/	8	0	0	0	Saddlery and harness for any animal, of any material (other than the material of wild animals)

税号	货品名称	进口关税 %			增值/消费税%	出口退税%	统计计量单位	监管证件代码	检验检疫类别	协定税率 %		
		最惠国	普通	年内暂定						东盟	亚太	智利
42.02	**衣箱、提箱、小手袋、公文箱、公文包、书包、眼镜盒、望远镜盒、照相机套、乐器盒、枪套及类似容器；旅行包、食品或饮料保温包、化妆包、帆布包、手提包、购物袋、钱夹、钱包、地图盒、烟盒、烟袋、工具包、运动包、瓶盒、首饰盒、粉盒、刀叉餐具盒及类似容器，用皮革或再生皮革、塑料片、纺织材料、钢纸或纸板制成，或者全部或主要用上述材料或纸包覆制成：**											
	- 衣箱、提箱、小手袋、公文箱、公文包、书包及类似容器：											
	-- 以皮革或再生皮革作面：											
4202.1110	--- 衣箱											
42021110.10	以含濒危野生动物皮革或再生皮革作面的衣箱	15	100	10	17	0	千克/个	EF		0		0
42021110.90	其他以皮革或再生皮革作面的衣箱	15	100	10	17	15	千克/个			0		0
4202.1190	--- 其他											
42021190.10	以濒危野生动物皮革或再生皮革作面的箱包(包括提箱、小手袋、公文包、书包及类似容器,但不包括衣箱)	10	100		17	0	千克/个	EF		0		0
42021190.90	其他以皮革或再生皮革作面的箱包(包括提箱、小手袋、公文包、书包及类似容器,但不包括衣箱)	10	100		17	15	千克/个			0		0
	-- 以塑料或纺织材料作面：											
4202.1210	--- 衣箱	20	100	10	17	15	千克/个			0	17	0
4202.1290	--- 其他	20	100		17	15	千克/个			0	17	0
4202.1900	-- 其他	20	100		17	15	千克/个			0		0
	- 手提包，不论是否有背带，包括无把手的：											
4202.2100	-- 以皮革或再生皮革作面											
42022100.10	以濒危野生动物皮革或再生皮革作面的手提包(不论是否有背带,包括无把手的)	10	100		17	0	千克/个	EF		0	6.9	0
42022100.90	其他以皮革或再生皮革作面的手提包(不论是否有背带,包括无把手的)	10	100		17	15	千克/个			0	6.9	0
4202.2200	-- 以塑料片或纺织材料作面	10	100		17	15	千克/个			0	8.2	0
4202.2900	-- 其他	20	100	10	17	15	千克/个			0	14	0
	- 通常置于口袋或手提包内的物品：											
4202.3100	-- 以皮革或再生皮革作面											
42023100.10	以濒危野生动物皮革或再生皮革作面的钱包等物品(指通常置于口袋或手提包内的物品)	10	100		17	0	千克/个	EF		0	6.9	0
42023100.90	以皮革或再生皮革作面钱包等物品(指通常置于口袋或手提包内的物品)	10	100		17	15	千克/个			0	6.9	0
4202.3200	-- 以塑料片或纺织材料作面	20	100		17	15	千克/个			0	14	0
4202.3900	-- 其他	20	100		17	15	千克/个			0	14	0
	- 其他：											
4202.9100	-- 以皮革或再生皮革作面											
42029100.10	濒危野生动物皮革或再生皮革作面的其他容器	10	100		17	0	千克/个	EF		0	8.5	0
42029100.90	其他皮革或再生皮革作面其他容器	10	100		17	15	千克/个			0	8.5	0
4202.9200	-- 以塑料片或纺织材料作面	10	100		17	15	千克/个			0	8.5	0
4202.9900	-- 其他	20	100		17	15	千克/个			0		0
42.03	**皮革或再生皮革制的衣服及衣着附件：**											
4203.1000	- 衣服											
42031000.10	濒危野生动物皮革制的衣服(包括再生野生动物皮革制作的)	10	100		17	0	千克/件	EF		0		0
42031000.90	皮革或再生皮革制的衣服(野生动物皮革制作的除外)	10	100		17	13	千克/件			0		0

协定税率 %										特惠税率 %				Article Description
巴基斯坦	冰岛	哥斯达黎	秘鲁	新西兰	瑞士	新加坡	韩国	澳大利亚	港澳台	老挝	孟加拉	33 国	7 国	
														Trunks, suit-cases, vanity-cases, executive cases, brief-cases, school satchels, spectacle cases, birocular cases, camera cases, musical instrument cases, gun cases, holsters and similar containers; travelling-bags, insulated food or beverages bags, toilet bags, ruck-sacks, handbags, shopping-bags, wallets, purses, map-cases, cigarett-cases,tobacco-pouches, tool bags, sports bags, bottle-cases, jewellery boxes, powder-boxes,cutlery cases and similar containers, of leather or of composition leather, of sheeting of plastics, of textile materials, of vulcanized fibre or of paperboard, or wholly or mainly covered with such materials or with paper:
														- Trunks,suit-cases, vanity-cases, executive-cases, briefcases, school satchels and similar containers:
														-- With outer surface of leather or of composition leather:
														--- Trunks
12	0	0	4.5	0	10.5	0	12	9		8.3	8.3	0	0	Trunks with outer surface of leather or of composition leather, of endangered wild animals
12	0	0	4.5	0	10.5	0	12	9		8.3	8.3	0	0	Other trunks with outer surface of leather or of composition leather
														--- Other
5	0	0	0	0	7		8	6		8	0	0	0	Cases with outer surface of leather or composition leather of endangered wild animals (including suit-cases, vanity-cases, executivecases, briefcases, school satchels and similar containers, other than trunks)
5	0	0	0	0	7		8	6		8	0	0	0	Other cases with outer surface of leather or composition leather (including suit-cases, vanity-cases, executive-cases, briefcases, school satchels and similar containers, other than trunks)
														-- With outer surface of plastics or of textile materials:
16	0	0	6	0	14	0	17.3	12	//0			0	0	--- Trunks
16	0	0	6	0	14	0	16	12	/0/0		0	0	0	--- Other
	0	0	6	0	14	0	17.3	12	//0	8	0	0	0	-- Other
														- Handbags,whether or not with shoulder strap,including those without handle:
														-- With outer surface of leather or of composition leather
5	0	0	3	0	7		8	6	0/0/		0	0	0	Handbags with outer surface of leather or of composition leather of endangered wild animals, whether or not with shoulder strap, including those without handle
5	0	0	3	0	7		8	6	0/0/		0	0	0	Other handbags with outer surface of leather or of composition leather, whether or not with shoulder strap, including those without handle
5	0	0	3	0	7	0	8	6	/0/0		0	0	0	-- with outer surface of plastic sheeting or of textile materials
14	0	0	6	0	14	0	17.3	12	/0/	8	8	0	0	-- Other
														- Articles of a kind normally carried in the pocket or in the handbag:
														-- With outer surface of leather or of composition leather
5	0	0	0	0	7		8	6	/0/		0	0	0	Purse and other articles with outer surface of leather or of composition leather of endangered animals (normally carried in the pocket or in the handbag)
5	0	0	0	0	7		8	6	/0/		0	0	0	Purse and other articles with outer surface of leather or of composition leather (normally carried in the pocket or in the handbag)
14	0	0	6	0	14	0	16	12	/0/		0	0	0	-- With outer surface of plastic sheeting or of textile materials
14	0	0	6	0	14	0	17.3	12		8	8	0	0	-- Other
														- Other:
														-- With outer surface of leather or of composition leather
5	0	0	0	0	7		8	6	/0/		0	0	0	Containers with outer surface of leather or of composition leather of endangered wild animals
5	0	0	0	0	7		8	6	/0/		0	0	0	Other containers with outer surface of leather or of composition leather
5	0	0	3	0	4	0	8	6	0/0/		0	0	0	-- With outer surface of plastic sheeting or of textile materials
	0	0	6	0	14.4	0	17.3	12	/0/			0	0	-- Other
														Articles of apparel and clothing accessories, of leather or of composition leather:
														- Articles of apparel
0	0	0	3	0	4		6	6	0/0/	8	0	0	0	Articles of apparel of leather or of composition leather, of endangered wild animals
0	0	0	3	0	4		6	6	0/0/	8	0	0	0	Articles of apparel of leather or of composition leather (other than of leather of wild animals)

税号	货品名称	进口关税 %			增值/消费税%	出口退税%	统计计量单位	监管证件代码	检验检疫类别	协定税率 %		
		最惠国	普通	年内暂定						东盟	亚太	智利
	- 手套，包括连指或露指的：											
4203.2100	-- 专供运动用											
42032100.10	濒危野生动物皮革制的运动手套(包括再生野生动物皮革制作的)	20	100		17	0	千克/双	EF		0	14	0
42032100.90	皮革或再生皮革制专供运动用手套(包括连指或露指的，野生动物皮革制作的除外)	20	100		17	13	千克/双			0	14	0
	-- 其他：											
4203.2910	--- 劳保手套											
42032910.10	濒危野生动物皮革制的劳保手套(包括再生野生动物皮革制作的)	20	100		17	0	千克/双	EF		0		0
42032910.90	皮革或再生皮革制的劳保手套(野生动物皮革制作的除外)	20	100		17	13	千克/双			0		0
4203.2990	--- 其他											
42032990.10	濒危野生动物皮革制的其他手套(包括再生野生动物皮革制作的)	20	100		17	0	千克/双	EF		0		0
42032990.90	皮革或再生皮革制的其他手套(包括连指或露指的)	20	100		17	13	千克/双			0		0
	- 腰带及子弹带：											
4203.3010	--- 腰带											
42033010.10	濒危野生动物皮革制的腰带(包括再生野生动物皮革制作的)	10	100		17	0	千克	EF		0		0
42033010.90	其他动物皮革制的腰带(包括再生动物皮革制作的)	10	100		17	13	千克			0		0
4203.3020	--- 子弹带											
42033020.10	濒危野生动物皮革制的子弹带(包括再生野生动物皮革制作的)	10	100		17	0	千克	EF		0		0
42033020.90	其他动物皮革制的子弹带(包括再生动物皮革制作的)	10	100		17	13	千克			0		0
4203.4000	- 其他衣着附件											
42034000.10	濒危野生动物皮革制的衣着附件(包括再生野生动物皮革制作的)	20	100		17	0	千克	EF		0		0
42034000.90	皮革或再生皮革制的其他衣着附件	20	100		17	13	千克			0		0
42.05	**皮革或再生皮革的其他制品：**											
4205.0010	--- 坐具套											
42050010.10	濒危野生动物皮革制的坐具套(包括再生野生动物皮革制作的)	12	100		17	0	千克	EF		0		0
42050010.90	其他动物皮革制的坐具套(包括再生皮革制作的)	12	100		17	13	千克			0		0
4205.0020	--- 机器、机械器具或其他专门技术用途的											
42050020.10	濒危野生动物皮革制工业用皮革或再生皮革制品(工业用指机器、机械器具或其他专门技术用途的)	8	35		17	0	千克	EF		0		0
42050020.90	其他工业用皮革或再生皮革制品(工业用指机器、机械器具或其他专门技术用途的)	8	35		17	13	千克			0		0
4205.0090	--- 其他											
42050090.10	濒危野生动物皮革的其他制品(包括再生野生动物皮革制作的)	12	100		17	0	千克	EF		0		0
42050090.20	皮革或再生皮革制宠物用品	12	100		17	13	千克	AB	P/Q	0		0
42050090.90	皮革或再生皮革的其他制品	12	100		17	13	千克			0		0
42.06	**肠线（蚕胶丝除外）、肠膜、膀胱或筋腱制品：**											
4206.0000	肠线（蚕胶丝除外）、肠膜、膀胱或筋腱制品	20	90		17	5	千克			0		0

协定税率 %										特惠税率 %				
巴基斯坦	冰岛	哥斯达黎	秘鲁	新西兰	瑞士	新加坡	韩国	澳大利亚	港澳台	老挝	孟加拉	33 国	7 国	Article Description
														- Gloves, mittens and mitts:
														-- Specially designed for use In sports
0		0	6	0	14	0	17.3	12	0/0/			0	0	Gloves, specially designed for use in sports, of leather or of composition leather, of endangered wild animals
0		0	6	0	14	0	17.3	12	0/0/			0	0	Gloves, mittens and mitts, specially designed for use in sports, of leather or of composition leather (other than of leather of wild animals)
														-- Other:
														--- Working gloves
0		0	6	0	14	0	17.3	12	0/0/	8	8	0	0	Working gloves, of leather or of composition leather, of endangered wild animals
0		0	6	0	14	0	17.3	12	0/0/	8	8	0	0	Working gloves, of leather or of composition leather (other than of leather of wild animals)
														--- Other
0		0	6	0	14	0	17.3	12	0/0/	8	8	0	0	Other gloves, of leather or of composition leather of endangered wild animals
0		0	6	0	14	0	17.3	12	0/0/	8	8	0	0	Other gloves, mittens and mitts, of leather or of composition leather
														- Belts and bandoliers:
														--- Belts
0	0	0	3	0	4		8	6	0/0/	8	0	0	0	Belts, of leather or of composition leather, of endangered wild animals
0	0	0	3	0	4		8	6	0/0/	8	0	0	0	Belts, of leather or of composition leather, of other animals
														--- bandoliers
0	0	0	3	0	4		8	6	0//	8	0	0	0	Bandoliers, of leather or of composition leather, of endangered wild animals
0	0	0	3	0	4		8	6	0//	8	0	0	0	Bandoliers, of leather or of composition leather, of other animals
														- Other clothing accessories
0		0	6	0	14	0	17.3	12	0/0/	8	8	0	0	Clothing accessories, of leather or of composition leather, of endangered wild animals
0		0	6	0	14	0	17.3	12	0/0/	8	8	0	0	Other clothing accessories, of leather or of composition leather
														Other articles of leather or of composition leather:
														--- Cover of seat
6	0	0	0	0	8.4	0		7.2	0//	7.8	0	0	0	Cover of seats, of leather or of composition leather, of endangered wild animals
6	0	0	0	0	8.4	0		7.2	0//	7.8	0	0	0	Cover of seats, of leather or of composition leather, of other animals
														--- Of a kind used in machinery or mechanical appliances or for other technical uses
5	0	0	0	0	5.8		6.4	4.8			0	0	0	Articles of leather or of composition leather, of endangered wild animals, used in machinery or mechanical appliances or for other technical uses
5	0	0	0	0	5.8		6.4	4.8			0	0	0	Other articles of leather or of composition leather, of a kind used in machine or mechanical appliances or for other technical uses
														--- Other
6	0	0	3.6	0	8.4	0	10.4	7.2	0//	7.8	0	0	0	Other articles, of leather or of composition leather, of endangered wild animals
6	0	0	3.6	0	8.4	0	10.4	7.2	0//	7.8	0	0	0	Articles for pets, of leather or of composition leather
6	0	0	3.6	0	8.4	0	10.4	7.2	0//	7.8	0	0	0	Other articles, of leather or of composition leather
														Articles of gut(other than silk-wormgut), of goldbeater's skin, of bladders or of tendons:
	0	0	6	0	14	0	17.3	12				0	0	Articles of gut (other than silkwormgut), of goldbeater's skin, of bladders or of tendons

第四十三章　毛皮、人造毛皮及其制品

注释：

一、本协调制度所称“毛皮”，是指已鞣的各种动物的带毛毛皮，但不包括税目 43.01 的生毛皮。

二、本章不包括：

（一）带羽毛或羽绒的整张或部分鸟皮（税目 05.05 或 67.01）；

（二）第四十一章的带毛生皮[参见该章注释一（三）]；

（三）用皮革与毛皮或用皮革与人造毛皮制成的分指手套、连指手套及露指手套（税目 42.03）；

（四）第六十四章的物品；

（五）第六十五章的帽件及其零件；或

（六）第九十五章的物品（例如，玩具、游戏品及运动用品）。

三、税目 43.03 包括加有其他材料缝合的毛皮和毛皮部分品，以及缝合成衣服、衣服部分品、衣着附件或其他制品的毛皮和毛皮部分品。

四、以毛皮或人造毛皮衬里或作面（仅饰边的除外）的衣服及衣着附件（不包括注释二所述的货品），应分别归入税目 43.03 或 43.04，但毛皮或人造毛皮仅作为装饰的除外。

五、本协调制度所称“人造毛皮”，是指以毛、发或其他纤维粘附或缝合于皮革、织物或其他材料之上而构成的仿毛皮，但不包括以机织或针织方法制得的仿毛皮（一般应归入税目 58.01 或 60.01）。

税　号	货　品　名　称	进口关税 %			增值/消费税%	出口退税%	统计计量单位	监管证件代码	检验检疫类别	协定税率 %		
		最惠国	普通	年内暂定						东盟	亚太	智利
43.01	生毛皮（包括适合加工皮货用的头、尾、爪及其他块、片），但税目 41.01、41.02 或 41.03 的生皮除外：											
4301.1000	- 整张水貂皮，不论是否带头、尾或爪	15	100	10	13	0	千克	AB	P/Q	0		0
4301.3000	- 下列羔羊的整张毛皮，不论是否带头、尾或爪：阿斯特拉罕、喀拉科尔、波斯羔羊及类似羔羊、印度、中国或蒙古羔羊	20	90		13	0	千克	AB	P/Q	0		0
4301.6000	- 整张狐皮，不论是否带头、尾或爪											
43016000.10	整张濒危生狐皮（不论是否带头、尾或爪）	20	100	15	13	0	千克/张	ABEF	P/Q	0		0
43016000.90	其他整张生狐皮（不论是否带头，尾或爪）	20	100	15	13	0	千克/张	AB	P/Q	0		0
	- 整张的其他毛皮，不论是否带头、尾或爪：											
4301.8010	--- 兔皮											
43018010.10	整张生濒危野兔皮（不论是否带头、尾或爪）	20	90		13	0	千克/张	ABEF	P/Q	0		0
43018010.90	整张生兔皮（不论是否带头，尾或爪）	20	90		13	0	千克/张	AB	P/Q	0		0
4301.8090	--- 其他											
43018090.10	整张的其他生濒危野生动物毛皮（不论是否带头、尾或爪，包括整张濒危生海豹皮）	20	90		13	0	千克/张	ABEF	P/Q	0		0
43018090.90	整张的其他生毛皮（不论是否带头，尾或爪，包括整张生海豹皮）	20	90		13	0	千克/张	AB	P/Q	0		0
	- 适合加工皮货用的头、尾、爪及其他块、片：											
4301.9010	--- 黄鼠狼尾	20	50		13	0	千克	ABEF	P/Q	0		0
4301.9090	--- 其他											
43019090.10	其他濒危野生动物未鞣头尾（加工皮货用，包括爪及其他块、片）	20	90		13	0	千克	ABEF	P/Q	0		0
43019090.90	适合加工皮货用的其他未鞣头、尾（包括爪及其他块、片）	20	90		13	0	千克	AB	P/Q	0		0
43.02	未缝制或已缝制（不加其他材料）的已鞣毛皮（包括头、尾、爪及其他块、片），但税目 43.03 的货品除外：											
	- 未缝制的整张毛皮，不论是否带头、尾或爪：											

Chapter 43　Furskins and artificial fur; manufactures thereof

Chapter Notes:

1. Throughout the Nomenclature references to "furskins", other than to raw furskins of heading 43.01, apply to hides or skins of all animals which have been tanned or dressed with the hair or wool on.

2. This Chapter does not cover:

   (a) Birdskins or parts of birdskins, with their feathers or down (heading 05.05 or 67.01);

   (b) Raw hides or skins, with the hair or wool on, of Chapter 41 (see Note 1(c) to that Chapter);

   (c) Gloves, mittens and mitts, consisting of leather and furskin or of leather and artificial fur (heading 42.03);

   (d) Articles of Chapter 64;

   (e) Headgear or parts thereof of Chapter 65; or

   (f) Articles of Chapter 95 (for example, toys, games, sports requisites).

3. Heading 43.03 includes furskins and parts thereof, assembled with the addition of other materials, and furskins and parts thereof, sewn together in the form of garments or parts or accessories of garments or in the form of other articles.

4. Articles of apparel and clothing accessories (except those excluded by Note 2) lined with furskin or artificial fur or to which furskin or artificial fur is attached on the outside except as mere trimming are to be classified in heading 43.03 or 43.04 as the case may be.

5. Throughout the Nomenclature the expression "artificial fur" means any imitation of furskin consisting of wool, hair or other fibres gummed or sewn on to leather, woven fabric or other materials, but does not include imitation furskins obtained by weaving or knitting (generally, heading 58.01 or 60.01).

协定税率 %										特惠税率 %				Article Description
巴基斯坦	冰岛	哥斯达黎	秘鲁	新西兰	瑞士	新加坡	韩国	澳大利亚	港澳台	老挝	孟加拉	33 国	7 国	
														Raw furskins(including heads，tails,paws and other pieces or cuttings,suitable for furriers use)，other than raw hides and skins of heading No.41.01,41.02 or 41.03:
12	0	0	4.5	0	10.5	0	12	9	0//			0	0	- Of mink，whole，with or without head,tail or paws
	0	0	6	0	14	0	17.3	12	0//			0	0	- Of lamb，the following：Astrakhan,Broadtail，Caracul，Persian and similar lamb，Indian，Chinese，Mongolian or Tibetan lamb，whole，with or withouthead，tail or paws
														- Of fox，whole，with or without head,tail or paws
	0	0	6	0	14	0	17.3	12	0//			0	0	Raw furskins of endangered fox, whole, with or without head, tail or paws
	0	0	6	0	14	0	17.3	12	0//			0	0	Other raw furskins of fox, whole, with or without head, tail or paws
														- Other furskins,whole,with or without head,tall or paws：
														--- Of rabbit or hare,whole,with or without head，tail or paws
	0	0	6	0	14	0	17.3	12	0//			0	0	Raw furskins of endangered rabbit or hare, whole, with or without head, tail or paws
	0	0	6	0	14	0	17.3	12	0//			0	0	Raw furskins of rabbit or hare, whole, with or without head, tail or paws
														--- Other
	0	0	6	0	14	0	17.3	12	0//			0	0	Raw furskins of other endangered wild animals, whole, with or without head, tail or paws, including endangered raw sealskin
	0	0	6	0	14	0	17.3	12	0//			0	0	Raw furskins of other animals, whole ，with or without head, tail or paws, including raw sealskin
														- Heads，tails，paws and other pieces or cuttings，suitable for furriers use：
	0	0	6	0	14	0	17.3	12	0//			0	0	--- Weasel tails
														--- Other
	0	0	6	0	14	0	17.3	12	0//			0	0	Heads or tails (including paws and other pieces or cuttings) of endangered wild animals, not tanned nor dressed, suitable for furriers' use
	0	0	6	0	14	0	17.3	12	0//			0	0	Other heads or tails (including paws and other pieces or cuttings) of animals, not tanned nor dressed, suitable for furriers' use
														Tanned or dressed furskins (including heads，tails，paws and other pieces or cuttings)，unassembled，or assembled(without the addition of other materials)other than those of heading No.43.03:
														- Whole skins,with or without head,tail or paws,not assembled：

税 号	货 品 名 称	进口关税 % 最惠国	普通	年内暂定	增值/消费税%	出口退税%	统计计量单位	监管证件代码	检验检疫类别	协定税率 % 东盟	亚太	智利
4302.1100	-- 水貂皮	12	130		17	5	千克/张			0		0
	-- 其他:											
4302.1910	--- 灰鼠皮、白鼬皮、其他貂皮、狐皮、水獭皮、旱獭皮及猞猁皮											
43021910.10	已鞣未缝制的濒危狐皮(兰狐皮、银狐皮除外)	10	130		17	0	千克/张	EF		0		0
43021910.20	已鞣未缝制的兰狐皮、银狐皮	10	130		17	5	千克/张			0		0
43021910.90	已鞣未缝制的其他贵重濒危动物毛皮(灰鼠皮、白鼬皮、其他貂皮、水獭皮、旱獭皮、猞猁皮)	10	130		17	0	千克/张	EF		0		0
4302.1920	--- 兔皮											
43021920.10	已鞣未缝制的整张濒危野兔皮(不论是否带头、尾或爪)	10	100		17	0	千克/张	EF		0		0
43021920.90	已鞣未缝制的整张兔皮(不论是否带头,尾或爪)	10	100		17	5	千克/张			0		0
4302.1930	--- 下列羔羊皮:阿斯特拉罕、喀拉科尔、波斯羔羊及类似羔羊、印度、中国或蒙古羔羊	20	100		17	5	千克/张			0		0
4302.1990	--- 其他											
43021990.10	已鞣未缝制其他濒危野生动物毛皮	10	100		17	0	千克/张	EF		0		0
43021990.90	已鞣未缝制的其他毛皮	10	100		17	5	千克/张			0		0
4302.2000	- 未缝制的头、尾、爪及其他块、片											
43022000.10	已鞣未缝濒危野生动物头、尾、爪等(包括块、片)	20	100		17	0	千克	EF		0		0
43022000.90	已鞣未缝制的头、尾、爪及其他块、片	20	100		17	5	千克			0		0
	- 已缝制的整张毛皮及其块、片:											
4302.3010	--- 灰鼠、白鼬、貂、狐、水獭、旱獭及猞猁的整张毛皮及其块、片											
43023010.10	已鞣已缝制貂皮、狐皮及其块,片(兰狐、银狐、水貂、艾虎的整张毛皮及块、片除外)	20	130		17	5	千克	EF		0		0
43023010.90	已鞣已缝制的贵重濒危动物毛皮及其块、片(灰鼠皮、白鼬皮、其他貂皮、水獭皮、旱獭皮、猞猁皮及块、片)	20	130		17	0	千克	EF		0		0
4302.3090	--- 其他											
43023090.10	已鞣缝的其他整张濒危野生毛皮(包括块、片)	20	100		17	0	千克	EF		0		0
43023090.90	已鞣已缝制的其他整张毛皮及块片	20	100		17	5	千克			0		0
43.03	**毛皮制的衣服、衣着附件及其他物品:**											
	- 衣服及衣着附件:											
4303.1010	--- 毛皮衣服											
43031010.10	濒危野生动物毛皮衣服	23	150	10	17	0	千克/件	EF		0		0
43031010.90	其他毛皮衣服	23	150	10	17	13	千克/件			0		0
4303.1020	--- 毛皮衣着附件											
43031020.10	濒危野生动物毛皮衣着附件	18	150		17	0	千克	EF		0		0
43031020.90	其他毛皮衣着附件	18	150		17	13	千克			0		0
4303.9000	- 其他											
43039000.10	濒危野生动物毛皮制其他物品	18	150		17	0	千克	EF		0		0
43039000.90	其他毛皮制物品	18	150		17	13	千克			0		0
43.04	**人造毛皮及其制品:**											
4304.0010	--- 人造毛皮	18	130		17	13	千克			0		0
4304.0020	--- 人造毛皮制品	18	150		17	13	千克			0		0

协定税率 %										特惠税率 %				Article Description
巴基斯坦	冰岛	哥斯达黎	秘鲁	新西兰	瑞士	新加坡	韩国	澳大利亚	港澳台	老挝	孟加拉	33 国	7 国	
6	0	0	0	0	8.4	0	9.6	7.2	0//			0	0	-- Of mink
														-- Other:
														--- Of grey squirrel,ermine, other marten,fox,otter,marmot and lynx
5	0	0	0	0	4		8	6	0//			0	0	Furskins of endangered fox, tanned or dressed, unassembled (other than furskins of blue fox or silver fox)
5	0	0	0	0	4		8	6	0//			0	0	Furskins of blue fox or silver fox, tanned or dressed, unassembled
5	0	0	0	0	4		8	6	0//			0	0	Precious furskins of endangered animals (grey squirrel, ermine, other marten, fox, otter, marmot and lynx), tanned or dressed, unassembled
														--- Of rabbit or hare
5	0	0	0	0	4		8	6	0//		0	0	0	Furskins of endangered rabbit and hare, whole, tanned or dressed, unassembled, with or without head, tail or paws
5	0	0	0	0	4		8	6	0//		0	0	0	Furskins of rabbit and hare, whole, tanned or dressed, unassembled, with or without head, tail or paws
		0	6	0	14	0	17.3	12	0//		0	0	0	--- Of lamb, the following : Astrakhan, Broadtail, Caracul, Persian and similar lamb, Indian, Chinese, Mongolian or Tibetan lamb
														--- Other
	0	0	0	0	4		8	6	0//		0	0	0	Furskins of other endangered wild animals, tanned or dressed, unassembled
	0	0	0	0	4		8	6	0//		0	0	0	Other furskins of other animals, tanned or dressed, unassembled
														- Heads, tails, paws and other pieces or cuttings, not assembled
	0	0	6	0	14	0	17.3	12	0//			0	0	Heads, tails, paws and other pieces or cuttings, of endangered wild animals, tanned or dressed, unassembled
	0	0	6	0	14	0	17.3	12	0//			0	0	Tanned or dressed heads, tails, paws and other pieces or cuttings of other animals, unassembled
														- Whole skins and pieces or cuttings thereof, assembled:
														--- Of grey squirrel, ermine, other marten, fox, otter, marmot and lynx
	0	0	6	0	14	0	17.3	12	0//			0	0	Whole skins and pieces or cuttings thereof, of marten or fox, tanned or dressed, assembled (other than of blue fox, silver fox, mink, fitch)
	0	0	6	0	14	0	17.3	12	0//			0	0	Whole skins and pieces or cuttings thereof of endangered precious animals, tanned or dressed, assembled (of grey squirrel, ermine, other marten, fox, otter, marmot and lynx)
														--- Other
		0	6	0	14	0	17.3	12	0//			0	0	Whole skins and pieces or cuttings thereof, of other endangered wild animals, tanned or dressed, assembled
		0	6	0	14	0	17.3	12	0//			0	0	Whole skins and pieces or cuttings thereof, of other animals, tanned or dressed, assembled
														Articles of apparel, clothing accessories and other articles of furskin:
														- Articles of apparel and clothing accessories:
														--- Articles of appare
		0	6.9	0	16.1	0	20.7	13.8	0//	10.4	10.4	0	0	Articles of apparel of furskin of endangered wild animals
		0	6.9	0	16.1	0	20.7	13.8	0//	10.4	10.4	0	0	Articles of apparel of furskin of other animals
														--- Clothing accessories
		0	5.4	0	12.6	0	14.4	10.8	0//	9.9	9.9	0	0	Clothing accessories of furskin of endangered wild animals
		0	5.4	0	12.6	0	14.4	10.8	0//	9.9	9.9	0	0	Clothing accessories of furskin of other animals
														- Other
14.4		0	0	0	12.6	0	14.4	10.8	0//	9.9	9.9	0	0	Other articles of furskin of endangered wild animals
14.4		0	0	0	12.6	0	14.4	10.8	0//	9.9	9.9	0	0	Other articles of furskin of other animals
														Artifieial fur and articles thereof:
		0	5.4	0	12.6	0	14.4	10.8	0//	10.8	10.8	0	0	--- Artificial fur
14.4		0	5.4	0	12.6	0	14.4	10.8	0//	10.8	10.8	0	0	--- Articles of artificial fur

第九类　木及木制品；木炭；软木及软木制品；稻草、秸秆、针茅或其他编结材料制品；篮筐及柳条编结品

第四十四章　木及木制品；木炭

注释：

一、本章不包括：

（一）主要作香料、药料、杀虫、杀菌或类似用途的木片、刨花、碎木、木粒或木粉（税目 12.11）；

（二）竹或主要作编结用的其他木质材料，呈原木状，不论是否经劈开、纵锯或切段（税目 14.01）；

（三）主要作染料或鞣料用的木片、刨花、木粒或木粉（税目 14.04）；

（四）活性炭（税目 38.02）；

（五）税目 42.02 的物品；

（六）第四十六章的货品；

（七）第六十四章的鞋靴及其零件；

（八）第六十六章的货品（例如，伞、手杖及其零件）；

（九）税目 68.08 的货品；

（十）税目 71.17 的仿首饰；

（十一）第十六类或第十七类的货品（例如，机器零件，机器及器具的箱、罩、壳，车辆部件）；

（十二）第十八类的货品（例如，钟壳、乐器及其零件）；

（十三）火器的零件（税目 93.05）；

（十四）第九十四章的物品（例如，家具、灯具及照明装置、活动房屋）；

（十五）第九十五章的物品（例如，玩具、游戏品及运动用品）；

（十六）第九十六章的物品（例如，烟斗及其零件、钮扣、铅笔），但税目 96.03 所列物品的木身及木柄除外；或

（十七）第九十七章的物品（例如，艺术品）。

二、本章所称“强化木”，是指经过化学或物理方法处理（对于多层粘合木材，其处理应超出一般粘合需要），从而增加了密度或硬度并改善了机械强度、抗化学或抗电性能的木材。

三、税目 44.14 至 44.21 适用于碎料板或类似木质材料板、纤维板、层压板或强化木的制品。

四、税目 44.10、44.11 或 44.12 的产品，可以加工成税目 44.09 所述的各种形状，也可以加工成弯曲、瓦楞、多孔或其他形状（正方形或矩形除外），以及经其他任何加工，但未具有其他税目所列制品的特性。

五、税目 44.17 不包括装有第八十二章注释一所述材料制成的刀片、工作刃、工作面或其他工作部件的工具。

六、除上述注释一及其他条文另有规定的以外，本章税目中所称“木”，也包括竹及其他木质材料。

子目注释：

一、子目 4401.31 所称“木屑棒”是指由木材加工业、家具制造业及其他木材加工活动中产生的副产品（例如，刨花、锯末及碎木片）直接压制而成或加入按重量计不超过 3%的粘合剂后粘聚而成的产品。此类产品呈圆柱状，其直径不超过 25 毫米，长度不超过 100 毫米。

二、子目 4403.41 至 4403.49、4407.21 至 4407.29、4408.31 至 4408.39 及 4412.31 所称“热带木”，是指下列木材：

SECTION IX WOOD AND ARTICLES OF WOOD; WOOD CHARCOAL; CORK AND ARTICLES OF CORK; MANUFACTURES OF STRAW, OF ESPARTO OR OF OTHER PLAITING MATERIALS; BASKETWARE AND WICKERWORK

Chapter 44 Wood and articles of wood; wood charcoal

Chapter Notes:

1. This Chapter does not cover:

   (a) Wood, in chips, in shavings, crushed, ground or powdered, of a kind used primarily in perfumery, in pharmacy, or for insecticidal, fungicidal or similar purposes (heading 12.11);

   (b) Bamboos or other materials of a woody nature of a kind used primarily for plaiting, in the rough, whether or not split, sawn lengthwise or cut to length (heading 14.01);

   (c) Wood, in chips, in shavings, ground or powdered, of a kind used primarily in dyeing or in tanning (heading 14.04);

   (d) Activated charcoal (heading 38.02);

   (e) Articles of heading 42.02;

   (f) Goods of Chapter 46;

   (g) Footwear or parts thereof of Chapter 64;

   (h) Goods of Chapter 66 (for example, umbrellas and walking-sticks and parts thereof);

   (ij) Goods of heading 68.08;

   (k) Imitation jewellery of heading 71.17;

   (l) Goods of Section XVI or Section XVII (for example, machine parts, cases, covers, cabinets for machines and apparatus and wheelwrights' wares);

   (m) Goods of Section XVIII (for example, clock cases and musical instruments and parts thereof);

   (n) Parts of firearms (heading 93.05);

   (o) Articles of Chapter 94 (for example, furniture, lamps and lighting fittings, prefabricated buildings);

   (p) Articles of Chapter 95 (for example, toys, games, sports requisites);

   (q) Articles of Chapter 96 (for example, smoking pipes and parts thereof, buttons, pencils) excluding bodies and handles, of wood, for articles of heading 96.03; or

   (r) Articles of Chapter 97 (for example, works of art).

2. In this Chapter, the expression “densified wood” means wood which has been subjected to chemical or physical treatment (being, in the case of layers bonded together, treatment in excess of that needed to ensure a good bond), and which has thereby acquired increased density or hardness together with improved mechanical strength or resistance to chemical or electrical agencies.
3. Headings 44.14 to 44.21 apply to articles of the respective descriptions of particle board or similar board, fibreboard, laminated wood or densified wood as they apply to such articles of wood.
4. Products of heading 44.10, 44.11 or 44.12 may be worked to form the shapes provided for in respect of the goods of heading 44.09, curved, corrugated, perforated, cut or formed to shapes other than square or rectangular or submitted to any other operation provided it does not give them the character of articles of other headings.
5. Heading 44.17 does not apply to tools in which the blade, working edge, working surface or other working part is formed by any of the materials specified in Note 1 to Chapter 82.
6. Subject to Note 1 above and except where the context otherwise requires, any reference to “wood” in a heading of this Chapter applies also to bamboos and other materials of a woody nature.

Subheading Notes:

1. For the purposes of subheading 4401.31, the expression “wood pellets” means by-products such as cutter shavings, sawdust or chips, of the mechanical wood processing industry, furniture-making industry or other wood transformation activities, which have been agglomerated either directly by compression or by the addition of a binder in a proportion not exceeding 3 % by weight. Such pellets are cylindrical, with a diameter not exceeding 25 mm and a length not exceeding 100 mm.
2. For the purposes of subheadings 4403.41 to 4403.49, 4407.21 to 4407.29, 4408.31 to 4408.39 and 4412.31, the expression “tropical wood” means one of the following types of wood:

大叶帽柱木、非洲桃花心木、西非红豆木、箭毒木、阿兰木、圭亚那苦油楝木、非洲甘比山榄木、杜楝木、非洲栎柞木、婆罗双木、美洲轻木、白驼峰楝木、黑驼峰楝木、卡蒂沃木、雪松木、西非褐红椴木、深红色红柳桉木、非洲核桃楝木、阿夫苏木、象牙海岸榄仁木、破布木、吉贝木、丝棉木、乔状黄牛木、安哥拉丛花木、巴西胡桃木、皮蚁木、伊罗科木、拟爱神木、夹竹桃木、巴西红木、绒根木、龙脑香木、开姆帕斯木、羯布罗香木、康多非洲楝木、象牙海岸褐红椴木、象牙海岸翼梧桐木、浅红色红柳桉木、非洲榄仁木、南美樟木、圭亚那铁线子木、西印度桃花心木、猴子果木、肖氏夸利亚木、曼孙梧桐木、马来蝴蝶木、巴栲红柳桉木、粗轴坡垒木、苗茄木、斯温漆木、异翅香木、非洲梨木、非洲银叶木、胶木、非洲白梧桐木、加蓬榄木、蓖麻木、爱里古夷苏木、奥文科尔木、中非蜡烛木、紫檀木、人面子木、危地马拉黑黄檀木、印度黑黄檀木、巴西黑黄檀木、巴西花梨木、巴西柚木、白坚木、鸡骨常山木、印马四出香木、大沃契希亚木、东南亚棱柱木、萨撇列木、萌生木棉木、苏帕楠木、西波木、苏古皮拉木、红椿木、圭亚那考拉玉蕊木、柚木、安哥拉香桃花心木、非洲阿勃木、南美肉豆蔻木、白柳桉木、白色红柳桉木、白色柳桉木、黄色红柳桉木。

税号	货品名称	进口关税% 最惠国	进口关税% 普通	进口关税% 年内暂定	增值/消费税%	出口退税%	统计计量单位	监管证件代码	检验检疫类别	协定税率% 东盟	协定税率% 亚太	协定税率% 智利
44.01	**薪柴（圆木段、块、枝、成捆或类似形状）；木片或木粒；锯末、木废料及碎片，不论是否粘结成圆木段、块、片或类似形状：**											
4401.1000	- 薪柴（圆木段、块、枝、成捆或类似形状）	0	70		17	0	千克	AB	P/Q			
	- 木片或木粒：											
4401.2100	-- 针叶木											
44012100.10	濒危针叶木木片或木粒	0	8		17	0	千克	ABEF	P/Q			
44012100.90	其他针叶木木片或木粒	0	8		17	0	千克	AB	P/Q			
4401.2200	-- 非针叶木											
44012200.10	濒危非针叶木木片或木粒	0	8		17	0	千克	ABEF	P/Q			
44012200.90	其他非针叶木木片或木粒	0	8		17	0	千克	AB	P/Q			
	- 锯末、木废料及碎片，不论是否粘结成圆木段、块、片或类似形状：											
4401.3100	-- 木屑棒	0	8		17	0	千克	AB	MP/Q			
4401.3900	-- 其他	0	8		17	0	千克	AB	MP/Q			
44.02	**木炭（包括果壳炭及果核炭），不论是否结块：**											
4402.1000	- 竹的	10.5	70		17	0	千克			0		0
4402.9000	- 其他											
44029000.10	以木材为原料直接烧制的木炭	10.5	70		17	0	千克	8		0		0
44029000.90	其他木炭（包括果壳炭及果核炭，不论是否结块）	10.5	70		17	0	千克			0		0
44.03	**原木，不论是否去皮、去边材或粗锯成方：**											
4403.1000	- 用油漆、着色剂、杂酚油或其他防腐剂处理											
44031000.10	油漆，着色剂等处理的红豆杉原木（包括用杂酚油或其他防腐剂处理）	0	8		13	0	千克/立方米	8AF	MP/Q			
44031000.20	油漆，着色剂等处理的其他濒危树种原木（包括用杂酚油或其他防腐剂处理）	0	8		13	0	千克/立方米	8AF	MP/Q			
44031000.90	其他油漆，着色剂等处理的原木（包括用杂酚油或其他防腐剂处理）	0	8		13	0	千克/立方米	8A	MP/Q			
	- 其他，针叶木的：											
4403.2010	--- 红松和樟子松											
44032010.10	其他红松原木（用油漆着色剂，杂酚油或其他防腐剂处理的除外）	0	8		13	0	千克/立方米	8AEF	MP/Q			
44032010.90	其他樟子松原木（用油漆着色剂，杂酚油或其他防腐剂处理的除外）	0	8		13	0	千克/立方米	8A	MP/Q			
4403.2020	--- 白松（云杉和冷杉）											
44032020.10	濒危白松、云杉和冷杉原木	0	8		13	0	千克/立方米	8AF	MP/Q			
44032020.90	其他白松、云杉和冷杉原木	0	8		13	0	千克/立方米	8A	MP/Q			

Abura, Acajou d'Afrique, Afrormosia, Ako,Alan,Andiroba,Aningré,Avodiré,Azobé, Balau, Balsa, Bossé clair, Bossé foncé, Cativo, Cedro, Dabema, Dark Red Meranti, Dibétou, Doussié, Framiré, Freijo, Fromager, Fuma, Geronggang, Ilomba, Imbuia, Ipé, Iroko, Jaboty, Jelutong, Jequitiba, Jongkong, Kapur, Kempas, Keruing, Kosipo, Kotibé, Koto, Light Red Meranti, Limba, Louro, Maçaranduba, Mahogany, Makoré, Mandioqueira, Mansonia, Mengkulang, Meranti Bakau,Merawan, Merbau, Merpauh, Mersawa, Moabi, Niangon, Nyatoh, Obeche, Okoumé, Onzabili,Orey, Ovengkol, Ozigo, Padauk, Paldao, Palissandre de Guatemala, Palissandre de Para, Palissandre de Rio, Palissandre de Rose, Pau Amarelo, Pau Marfim, Pulai, Punah, Quaruba, Ramin, Sapelli, Saqui-Saqui, Sepetir, Sipo, Sucupira, Suren, Tauari, Teak, Tiama, Tola,Virola, White Lauan, White Meranti, White Seraya, Yellow Meranti.

协定税率 %										特惠税率 %				Article Description
巴基斯坦	冰岛	哥斯达黎	秘鲁	新西兰	瑞士	新加坡	韩国	澳大利亚	港澳台	老挝	孟加拉	33 国	7 国	
														Fuel wood，in logs，in billets，in twigs,in faggots or in similar forms；wood in chips or particles;sawdust and wood waste and scrap，whether or not agglomerated in logs，briquettes, pellets or similar forms:
							0	0			0	0	0	- Fuel wood，in logs，in billets，in twigs，in faggots or in similar forms
														- Wood in chips or particles:
														-- Coniferous
							0	0			0	0	0	Endangered coniferous wood in chips or particles
							0	0			0	0	0	Other coniferous wood in chips or particles
														-- Non-coniferous
							0	0			0	0	0	Endangered non-coniferous wood in chips or particles
							0	0			0	0	0	Other non-coniferous wood in chips or particles
														- Sawdust and wood waste and scrap, whether or not agglomerated in logs, briquettes, pellets or similar ：
							0	0			0	0	0	-- Wood pellets
							0	0			0	0	0	-- Other
														Wood charcoal(including shell or nut charcoal)，whether or not agglomerated:
5	0	0	0	0	7.4	0	8.4	6.3				0	0	- Of bamboo
														- Other
5	0	0	0	0	7.4	0	8.4	6.3				0	0	Wood charcoal, of wood as raw materials,directly burnt
5	0	0	0	0	7.4	0	8.4	6.3				0	0	Other wood charcoal (including shell or nut charcoal, whether or not agglomerated)
														Wood in the rough，whether or not stripped of bark or sapwood，or roughly squared:
														- Treated with paint，stains，creosote or other preservatives
							0	0			0	0	0	Taxus chinensis wood in the rough, treated with paint, stains (including creosote or other preservatives)
							0	0			0	0	0	Other endangered trees wood in the rough, treated with paint, stains (including treated with creosote or other preservatives)
							0	0			0	0	0	Other trees wood in the rough, treated with paint, stains (including treated with creosote or other preservatives)
														- Other，coniferous:
														--- Korean pine and Mongolian scotch pine
							0	0			0	0	0	Other korean pine wood in the rough (except treated with paint, stains, creosote or other preservatives)
							0	0			0	0	0	Other Mongolian scotch pine wood in the rough (except treated with paint, stains, creosote or other preservatives)
														--- White pine (spruce and fir)
							0	0			0	0	0	Endangered white pine wood in the rough (spruce and fir)
							0	0			0	0	0	Other white pine wood in the rough (spruce and fir)

税号	货品名称	进口关税% 最惠国	普通	年内暂定	增值/消费税%	出口退税%	统计计量单位	监管证件代码	检验检疫类别	协定税率% 东盟	亚太	智利
4403.2030	--- 辐射松	0	8		13	0	千克/立方米	8A	MP/Q			
4403.2040	--- 落叶松	0	8		13	0	千克/立方米	8A	MP/Q			
4403.2050	--- 花旗松	0	8		13	0	千克/立方米	8A	MP/Q			
4403.2090	--- 其他											
44032090.10	其他红豆杉原木	0	8		13	0	千克/立方米	8AF	MP/Q			
44032090.20	其他濒危针叶木原木	0	8		13	0	千克/立方米	8AF	MP/Q			
44032090.90	其他针叶木原木	0	8		13	0	千克/立方米	8A	MP/Q			
	- 其他，本章子目注释二所列的热带木的:											
4403.4100	-- 深红色红柳桉木、浅红色红柳桉木及巴栲红柳桉木	0	8		13	0	千克/立方米	8A	MP/Q			
	-- 其他:											
4403.4910	--- 柚木	0	35		13	0	千克/立方米	8A	MP/Q			
4403.4920	--- 奥克曼（奥克榄）	0	35		13	0	千克/立方米	8A	MP/Q			
4403.4930	--- 龙脑香木（克隆）	0	35		13	0	千克/立方米	8A	MP/Q			
4403.4940	--- 山樟（香木）	0	35		13	0	千克/立方米	8A	MP/Q			
4403.4950	--- 印茄木（波罗格）	0	35		13	0	千克/立方米	8A	MP/Q			
4403.4960	--- 大干巴豆（门格里斯或康派斯）	0	35		13	0	千克/立方米	8A	MP/Q			
4403.4970	--- 异翅香木	0	35		13	0	千克/立方米	8A	MP/Q			
4403.4990	--- 其他											
44034990.10	其他本章子目注释二濒危热带原木(用油漆,着色剂,杂酚油或其他防腐剂处理的除外)	0	8		13	0	千克/立方米	8AF	MP/Q			
44034990.90	其他本章子目注释二所列热带原木(用油漆,着色剂,杂酚油或其他防腐剂处理的除外)	0	8		13	0	千克/立方米	8A	MP/Q			
	- 其他:											
4403.9100	-- 栎木（橡木）											
44039100.10	蒙古栎原木(用油漆,着色剂,杂酚油或其他防腐剂处理的除外)	0	8		13	0	千克/立方米	8AEF	MP/Q			
44039100.90	其他栎木(橡木)原木(用油漆,着色剂,杂酚油或其他防腐剂处理的除外)	0	8		13	0	千克/立方米	8A	MP/Q			
4403.9200	-- 山毛榉木	0	8		13	0	千克/立方米	8A	MP/Q			
	-- 其他:											
4403.9910	--- 楠木	0	35		13	0	千克/立方米	8A	MP/Q			
4403.9920	--- 樟木	0	35		13	0	千克/立方米	8A	MP/Q			
4403.9930	--- 红木											
44039930.10	濒危红木原木(用油漆,着色剂,杂酚油或其他防腐剂处理的除外)	0	35		13	0	千克/立方米	8AEF	MP/Q			
44039930.90	其他红木原木(用油漆,着色剂,杂酚油或其他防腐剂处理的除外)	0	35		13	0	千克/立方米	8AF	MP/Q			
4403.9940	--- 泡桐木	0	8		13	0	千克/立方米	8A	P/Q			
4403.9950	--- 水曲柳	0	8		13	0	千克/立方米	8AF	MP/Q			

协定税率 %											特惠税率 %			
巴基斯坦	冰岛	哥斯达黎	秘鲁	新西兰	瑞士	新加坡	韩国	澳大利亚	港澳台	老挝	孟加拉	33 国	7 国	Article Description
							0	0			0	0	0	--- Radiata pine
							0	0			0	0	0	--- Larch
							0	0			0	0	0	--- Douglas fir
														--- Other
							0	0			0	0	0	Other Taxus chinensis wood in the rough
							0	0			0	0	0	Other endangered coniferous wood in the rough
							0	0			0	0	0	Other coniferous wood in the rough
														- Other, of tropical wood specified in subheading note 2 to this Chapter:
							0	0			0	0	0	-- Dark Red Meranti，Light Red Meranti and Meranti Bakau
														-- Other (of tropical non-contiferous wood specified in subheading note 1 to this chapter):
							0	0			0	0	0	--- Teak
							0	0			0	0	0	--- Okoume(Aukoumed Klaineana)
							0	0			0	0	0	--- Dipterocarpus spp.（Keruing）
							0	0			0	0	0	--- Kapur(Dryobalanops spp.)
							0	0			0	0	0	--- Intsia spp.(Mengaris)
							0	0			0	0	0	--- Koompassia spp.(Mengaris or Kempas)
							0	0			0	0	0	--- Anisopter spp.
														--- Other
							0	0			0	0	0	Other endangered tropical wood in the rough, specified in Subheading Note 2 to this Chapter (except treated with paint, stains, creosote or other preservatives)
							0	0			0	0	0	Other Tropical wood wood in the rough, specified in Subheading Note 2 to this Chapter (except treated with paint, stains, creosote or other preservatives)
														- Other:
														-- Of oak(Quercus spp.)
							0	0			0	0	0	Mongolian oak in the rough, except treated with paints, stains, creosote or other preservatives
							0	0			0	0	0	Other oak (Ouercus spp.) in the rough, except treated with paints, stains, creosote or other preservatives
							0	0			0	0	0	-- Of beech(Fagus spp.)
														-- Other:
							0	0			0	0	0	--- Of nan mu(Phoebe)
							0	0			0	0	0	--- Of camphor wood
														--- Of rosewood
							0	0			0	0	0	Endangered rosewood logs(with paint,colorant,creosote or other preservatives expept)
							0	0			0	0	0	Other mahogany(with paint,colorant,creosote or other preservatives expept)
							0	0			0	0	0	--- Of Kiri(Paulownia)
							0	0			0	0	0	--- Ash

税 号	货 品 名 称	进口关税 % 最惠国	普通	年内暂定	增值/消费税%	出口退税%	统计计量单位	监管证件代码	检验检疫类别	协定税率 % 东盟	亚太	智利
4403.9960	--- 北美硬阔叶木(包括樱桃木、黑胡桃木、枫木)	0	8		13	0	千克/立方米	8A	MP/Q			
4403.9980	--- 其他未列名的温带非针叶木											
44039980.10	其他未列名温带濒危非针叶木原木(用油漆,着色剂,杂酚油或其他防腐剂处理的除外)	0	8		13	0	千克/立方米	8AF	MP/Q			
44039980.90	其他未列名温带非针叶木原木(用油漆,着色剂,杂酚油或其他防腐剂处理的除外)	0	8		13	0	千克/立方米	8A	MP/Q			
4403.9990	--- 其他											
44039990.11	南美蒺藜木(玉檀木)原木(用油漆,着色剂,杂酚油或其他防腐剂处理的除外)	0	8		13	0	千克/立方米	8AEF	MP/Q			
44039990.12	沉香木及拟沉香木原木(用油漆,着色剂,杂酚油或其他防腐剂处理的除外)	0	8		13	0	千克/立方米	8AEF	MP/Q			
44039990.19	其他未列名濒危非针叶原木(用油漆,着色剂,杂酚油或其他防腐剂处理的除外)	0	8		13	0	千克/立方米	8AEF	MP/Q			
44039990.90	其他未列名非针叶原木(用油漆,着色剂,杂酚油或其他防腐剂处理的除外)	0	8		13	0	千克/立方米	8A	MP/Q			
44.04	**箍木;木劈条;已削尖但未经纵锯的木桩;粗加修整但未经车圆、弯曲或其他方式加工的木棒,适合制手杖、伞柄、工具把柄及类似品;木片条及类似品:**											
4404.1000	- 针叶木的											
44041000.10	濒危针叶木的箍木等及类似品(包括木劈条,棒及类似品)	8	50		17	0	千克	ABEF	P/Q	0		0
44041000.90	其他针叶木的箍木等及类似品(包括木劈条,棒及类似品)	8	50		17	0	千克	AB	P/Q	0		0
4404.2000	- 非针叶木的											
44042000.10	濒危非针叶木箍木等(包括木劈条,棒及类似品)	8	50		17	0	千克	ABEF	P/Q	0		0
44042000.90	其他非针叶木箍木等(包括木劈条,棒及类似品)	8	50		17	0	千克	AB	P/Q	0		0
44.05	**木丝;木粉:**											
4405.0000	木丝;木粉	8	40		17	0	千克	AB	P/Q	0		0
44.06	**铁道及电车道枕木:**											
4406.1000	- 未浸渍	0	14		17	0	千克/立方米	4ABxy	P/Q			
4406.9000	- 其他											
44069000.10	濒危木已浸渍铁道及电车道枕木	0	14		17	0	千克/立方米	EF				
44069000.90	其他已浸渍的铁道及电车道枕木	0	14		17	0	千克/立方米					
44.07	**经纵锯、纵切、刨切或旋切的木材,不论是否刨平、砂光或端部接合,厚度超过6毫米:**											
	- 针叶木:											
4407.1010	--- 红松和樟子松											
44071010.11	端部接合的红松厚板材(经纵锯、纵切、刨切或旋切的,厚度超过6mm)	0	14		17	0	千克/立方米	ABEF	MP/Q			
44071010.19	端部接合的樟子松厚板材(经纵锯、纵切、刨切或旋切的,厚度超过6mm)	0	14		17	0	千克/立方米	AB	MP/Q			
44071010.91	非端部接合的红松厚板材(经纵锯、纵切、刨切或旋切的,厚度超过6mm)	0	14		17	0	千克/立方米	4ABEFxy	MP/Q			
44071010.99	非端部接合的樟子松厚板材(经纵锯、纵切、刨切或旋切的,厚度超过6mm)	0	14		17	0	千克/立方米	4ABxy	MP/Q			
4407.1020	--- 白松(云杉和冷杉)											
44071020.11	端部接合的濒危白松(云杉,冷杉)厚板材(经纵锯、纵切、刨切或旋切的,厚度超过6mm)	0	14		17	0	千克/立方米	ABEF	MP/Q			
44071020.19	端部接合的其他白松(云杉,冷杉)厚板材(经纵锯、纵切、刨切或旋切的,厚度超过6mm)	0	14		17	0	千克/立方米	AB	MP/Q			

协定税率 %										特惠税率 %				Article Description
巴基斯坦	冰岛	哥斯达黎	秘鲁	新西兰	瑞士	新加坡	韩国	澳大利亚	港澳台	老挝	孟加拉	33 国	7 国	
							0	0			0	0	0	--- North American hard wood (including cherry，walnut，and maple)
														--- Other temperate non-coniferous not specified
							0	0			0	0	0	Other endangered temperate zone non-coniferous wood in the rough, not elsewhere specified or included (except treated with paint, stains, creosote or other preservatives)
							0	0			0	0	0	Other temperate zone non-coniferous wood in the rough, not elsewhere specified or included (except treated with paint, stains, creosote or other preservatives)
														--- Other
							0	0			0	0	0	Bulnesia sarmientoi of South America in the rough (except treated with paint, stains, creosote or other preservatives)
							0	0			0	0	0	Aquilaria spp.and Gyrinops spp., in the rough (except treated with paint, stains, creosote or other preservatives)
							0	0			0	0	0	Other endangered non-coniferous wood in the rough, not elsewhere specified or included (except that treated with paint, stains, creosote or other preservatives)
							0	0			0	0	0	Other non-coniferous wood in the rough, not elsewhere specified or included (except that treated with paint, stains, creosote or other preservatives)
														Hoopwood;split poles;piles，pickets and stakes of wood，pointed but not sawn lengthwise; wooden sticks,roughly trimmed but not turned，bentor otherwise worked，suitable for the manufacture of walking-sticks，umbrellas,tool handles or the like;chipwood and the like:
														- Coniferous
5	0	0	0	0	3.2	0	4.8	4.8				0	0	Hoopwood of endangered coniferous wood and the Similar goods (including split, wooden sticks and the like)
5	0	0	0	0	3.2	0	4.8	4.8				0	0	Other Hoopwood of coniferous wood and the similar goods (including split, wooden sticks and the like)
														- Non-coniferous
5	0	0	0	0	3.2	0	4.8	4.8				0	0	Hoopwood of endangered non-coniferous wood and the similar goods (including split, wooden sticks and the like)
5	0	0	0	0	3.2	0	4.8	4.8				0	0	Other Hoopwood of non-coniferous wood and the similar goods (including split, wooden sticks and the like)
														Wood wool;wood flour:
5	0	0	0	0	3.2	0	4.8	4.8			0	0	0	Wood wool;wood flour
														Railway or tramway sleepers (crossties) of wood:
							0	0			0	0	0	- Not impregnated
														- Other
							0	0			0	0	0	Soaked Railway or tramway sleepers (crossties) of endangered wood
							0	0			0	0	0	Other Soaked railway or tramway sleepers (crossties) of wood
														Wood sawn or chipped lengthwise,sliced or peeled，whether or not planed，sanded or end-jointed，of a thickness exceeding 6mm:
														- Coniferous：
														--- Korean pine and Mongolian scotch pine
							0	0			0	0	0	Korean pine wood, sawn or chipped lengthwise, sliced or peeled, end-jointed, of a thickness exceeding 6mm
							0	0			0	0	0	Mongolian scotch pine wood sawn or chipped lengthwise, sliced or peeled, end-jointed, of a thickness exceeding 6mm
							0	0			0	0	0	Korean pine and Mongolian scotch pine wood, sawn or chipped lengthwise, sliced or peeled, not end-jointed, of a thickness exceeding 6mm
							0	0			0	0	0	Wood sawn or chipped lengthwise, sliced or peeled, not end jointed, of Mongolian scocth pine, of a thinkness exceeding 6mm
														--- White pine(spruce and fir)
							0	0			0	0	0	Wood of endangered white pine (spruce and fir), sawn or chipped lengthwise, sliced or peeled, end-jointed, of a thickness exceeding 6mm
							0	0			0	0	0	Wood of other white pine (spruce and fir), sawn or chipped lengthwise, sliced or peeled, end-jointed, of a thickness exceeding 6mm

税号	货品名称	进口关税 % 最惠国	普通	年内暂定	增值/消费税%	出口退税%	统计计量单位	监管证件代码	检验检疫类别	协定税率 % 东盟	亚太	智利
44071020.91	非端部接合濒危白松(云杉,冷杉)厚板材(经纵锯、纵切、刨切或旋切的,厚度超过6mm)	0	14		17	0	千克/立方米	4ABEFxy	MP/Q			
44071020.99	非端部接合其他白松(云杉,冷杉)厚板材(经纵锯、纵切、刨切或旋切的,厚度超过6mm)	0	14		17	0	千克/立方米	4ABxy	MP/Q			
4407.1030	--- 辐射松											
44071030.10	端部接合的辐射松厚板材(经纵锯、纵切、刨切或旋切的,厚度超过6mm)	0	14		17	0	千克/立方米	AB	MP/Q			
44071030.90	非端部接合的辐射松厚板材(经纵锯、纵切、刨切或旋切的,厚度超过6mm)	0	14		17	0	千克/立方米	4ABxy	MP/Q			
4407.1040	--- 花旗松											
44071040.10	端部接合的花旗松厚板材(经纵锯、纵切、刨切或旋切的,厚度超过6mm)	0	14		17	0	千克/立方米	AB	MP/Q			
44071040.90	非端部接合的花旗松厚板材(经纵锯、纵切、刨切或旋切的,厚度超过6mm)	0	14		17	0	千克/立方米	4ABxy	MP/Q			
4407.1090	--- 其他											
44071090.11	端部接合其他濒危针叶木厚板材(经纵锯、纵切、刨切或旋切的,厚度超过6mm)	0	14		17	0	千克/立方米	ABEF	MP/Q			
44071090.19	端部接合其他针叶木厚板材(经纵锯、纵切、刨切或旋切的,厚度超过6mm)	0	14		17	0	千克/立方米	AB	MP/Q			
44071090.91	非端部接合其他濒危针叶木厚板材(经纵锯、纵切、刨切或旋切的,厚度超过6mm)	0	14		17	0	千克/立方米	4ABEFxy	MP/Q			
44071090.99	非端部接合的其他针叶木厚板材(经纵锯、纵切、刨切或旋切的,厚度超过6mm)	0	14		17	0	千克/立方米	4ABxy	MP/Q			
	- 本章子目注释二所列的热带木:											
4407.2100	-- 美洲桃花心木											
44072100.10	端部接合美洲桃花心木(经纵锯、纵切、刨切或旋切的,厚度超过6mm)	0	14		17	0	千克/立方米	ABEF	MP/Q			
44072100.90	非端部接合美洲桃花心木(经纵锯、纵切、刨切或旋切的,厚度超过6mm)	0	14		17	0	千克/立方米	4ABEFxy	MP/Q			
4407.2200	-- 苏里南肉豆蔻木、巴西胡桃木及美洲轻木											
44072200.10	端部接合的苏里南肉豆蔻木、巴西胡桃木及美洲轻木(经纵锯、纵切、刨切或旋切的,厚度超过6mm)	0	14		17	0	千克/立方米	AB	MP/Q			
44072200.90	非端部接合的苏里南肉豆蔻木、巴西胡桃木及美洲轻木(经纵锯、纵切、刨切或旋切的,厚度超过6mm)	0	14		17	0	千克/立方米	4ABxy	MP/Q			
4407.2500	-- 深红色红柳桉木、浅红色红柳桉木及巴栲红柳桉木											
44072500.10	端部接合的红柳桉木板材(指深红色、浅红色及巴栲红柳桉木,厚度超过6mm)	0	14		17	0	千克/立方米	AB	MP/Q			
44072500.90	非端部接合的红柳桉木板材(指深红色、浅红色及巴栲红柳桉木,经纵锯、纵切、刨切或旋切的,厚度超过6mm)	0	14		17	0	千克/立方米	4ABxy	MP/Q			
4407.2600	-- 白柳桉木、白色红柳桉木、白色柳桉木、黄色红柳桉木及阿兰木											
44072600.10	端部接合的白柳桉、其他柳桉木和阿兰木板材(经纵锯、纵切、刨切或旋切的,厚度超过6mm)	0	14		17	0	千克/立方米	AB	MP/Q			
44072600.90	非端部接合的白柳桉、其他柳桉木和阿兰木板材(经纵锯、纵切、刨切或旋切的,厚度超过6mm)	0	14		17	0	千克/立方米	4ABxy	MP/Q			
4407.2700	-- 沙比利											
44072700.10	端部接合的沙比利木板材(经纵锯、纵切、刨切或旋切的,厚度超过6mm)	0	40		17	0	千克/立方米	AB	MP/Q			
44072700.90	非端部接合的沙比利木板材(经纵锯、纵切、刨切或旋切的,厚度超过6mm)	0	40		17	0	千克/立方米	4ABxy	MP/Q			
4407.2800	-- 伊罗科木											
44072800.10	端部接合的伊罗科木板材(经纵锯、纵切、刨切或旋切的,厚度超过6mm)	0	14		17	0	千克/立方米	AB	MP/Q			

协定税率 %										特惠税率 %				Article Description
巴基斯坦	冰岛	哥斯达黎	秘鲁	新西兰	瑞士	新加坡	韩国	澳大利亚	港澳台	老挝	孟加拉	33 国	7 国	
							0	0			0	0	0	Wood sawn or chipped lengthwise, sliced or peeled, of endangered white pine (spruce and fir), not end-jointed, of a thickness exceeding 6mm
							0	0			0	0	0	Wood sawn or chipped lengthwise, sliced or peeled, of other white pine (spruce and fir), not endjointed, of a thickness exceeding 6mm
														--- Rediata pine
							0	0			0	0	0	Radiata pine wood sawn or chipped lengthwise, sliced or peeled, end-jointed, of a thickness exceeding 6mm
							0	0			0	0	0	Radiata pine wood sawn or chipped lengthwise, sliced or peeled, not end-jointed, of a thickness exceeding 6mm
														--- Douglas fir
							0	0			0	0	0	Douglas fir wood sawn or chipped lengthwise, sliced or peeled, end-jointed, of a thickness exceeding 6mm
							0	0			0	0	0	Douglas fir wood sawn or chipped lengthwise, sliced or peeled, not end-jointed, of a thickness exceeding 6mm
														--- Other
							0	0			0	0	0	Other wood of endangered conifer, sawn or chipped lengthwise, sliced or peeled, end-jointed, of a thickness exceeding 6mm
							0	0			0	0	0	Other coniferous wood,sawn or chipped lengthwise, sliced or peeled, end-jointed, of a thickness exceeding 6mm
							0	0			0	0	0	Other wood of endangered conifer, sawn or chipped lengthwise, sliced or peeled, not end-jointed, of a thickness exceeding 6mm
							0	0			0	0	0	Other coniferous wood sawn or chipped lengthwise, sliced or peeled, not end-jointed, of a thickness exceeding 6mm
														- Of tropical wood specified in subheading note 2 to this Chapter:
														-- Mahogany (Swietenia spp.)
							0	0			0	0	0	Mahogany wood sawn or chipped lengthwise, sliced or peeled, end-jointed, of a thickness exceeding 6mm
							0	0			0	0	0	Mahogany wood sawn or chipped lengthwise, sliced or peeled, not end-jointed, of a thickness exceeding 6mm
														-- Virola, Imbuia and Balsa
							0	0			0	0	0	Virola, Imbuia and Balsa wood sawn or chipped lengthwise sliced or peeled, end-jointed, of a thickness exceeding 6mm
							0	0			0	0	0	Virola, Imbuia and Balsa wood sawn or chipped lengthwise, sliced or peeled, not end-joined, of a thickness exceeding 6mm
														-- Dark Red Meranti，Light Red Metanti and Meranti Bakau
							0	0			0	0	0	Wood sawn or chipped lengthwise, sliced or peeled, of Dark Red Meranti, Light Red Meranti and Meranti Bakau, end-jointed, of a thickness exceeding 6mm
							0	0			0	0	0	Wood sawn or chipped lengthwise, sliced or peeled, of Dark Red Meranti, Light Red Meranti and Meranti Bakau, not end-jointed, of a thickness exceeding 6mm
														-- White Lauan，White Meranti，White Seraya，Yellow Meranti and Alan
							0	0			0	0	0	Wood sawn or chipped lengthwise, sliced or peeled, of White Lauan, White Meranti, White Seraya, Yellow Meranti and Alan, end-jointed, of a thickness exceeding 6mm
							0	0			0	0	0	Wood sawn or chipped lengthwise, sliced or peeled, of White Lauan, White Meranti, White Seraya, Yellow Meranti and Alan, not end-jointed, of a thickness exceeding 6mm
														-- Sapelli
							0	0			0	0	0	Sapelli wood sawn or chipped lengthwise, sliced or peeled, end-jointed, of a thickness exceeding 6mm
							0	0			0	0	0	Sapelli wood sawn or chipped lengthwise, sliced or peeled, not end-jointed, of a thickness exceeding 6mm
														-- Iroko
							0	0			0	0	0	Iroko wood sawn or chipped lengthwise, sliced or peeled, end-jointed, of a thickness exceeding 6mm

税号	货品名称	进口关税 %			增值/消费税%	出口退税%	统计计量单位	监管证件代码	检验检疫类别	协定税率 %		
		最惠国	普通	年内暂定						东盟	亚太	智利
44072800.90	非端部接合的伊罗科木板材(经纵锯、纵切、刨切或旋切的,厚度超过6mm)	0	14		17	0	千克/立方米	4ABxy	MP/Q			
	-- 其他:											
4407.2910	--- 柚木											
44072910.10	端部接合的柚木板材(经纵锯、纵切、刨切或旋切的,厚度超过6mm)	0	40		17	0	千克/立方米	AB	P/Q			
44072910.90	非端部接合的柚木板材(经纵锯、纵切、刨切或旋切的,厚度超过6mm)	0	40		17	0	千克/立方米	4ABxy	P/Q			
4407.2920	--- 非洲桃花心木											
44072920.10	端部接合的非洲桃花心木板材(经纵锯、纵切、刨切或旋切的,厚度超过6mm)	0	40		17	0	千克/立方米	AB	MP/Q			
44072920.90	非端部接合的非洲桃花心木板材(经纵锯、纵切、刨切或旋切的,厚度超过6mm)	0	40		17	0	千克/立方米	AB	MP/Q			
4407.2930	--- 波罗格											
44072930.10	端部接合的波罗格Merban板材(经纵锯、纵切、刨切或旋切的,厚度超过6mm)	0	40		17	0	千克/立方米	AB	MP/Q			
44072930.90	非端部接合的波罗格Merban板材(经纵锯、纵切、刨切或旋切的,厚度超过6mm)	0	40		17	0	千克/立方米	AB	MP/Q			
4407.2990	--- 其他											
44072990.11	端部接合拉敏木厚板材(经纵锯、纵切、刨切或旋切的,厚度超过6mm)	0	14		17	0	千克/立方米	ABEF	MP/Q			
44072990.12	端部接合其他未列名本章子目注释二濒危热带木厚板材(经纵锯、纵切、刨切或旋切的,厚度超过6mm)	0	14		17	0	千克/立方米	ABEF	MP/Q			
44072990.19	端部接合其他未列名本章子目注释二热带木厚板材(经纵锯、纵切、刨切或旋切的,厚度超过6mm)	0	14		17	0	千克/立方米	AB	MP/Q			
44072990.91	非端部接合其他未列名本章子目注释二濒危热带木板材(经纵锯、纵切、刨切或旋切的,厚度超过6mm)	0	14		17	0	千克/立方米	4ABEFxy	MP/Q			
44072990.99	非端部接合其他未列名本章子目注释二热带木板材(经纵锯、纵切、刨切或旋切的,厚度超过6mm)	0	14		17	0	千克/立方米	4ABxy	MP/Q			
	- 其他:											
4407.9100	-- 栎木(橡木)											
44079100.11	端部接合的蒙古栎厚板材(经纵锯、纵切、刨切或旋切的,厚度超过6mm)	0	14		17	0	千克/立方米	ABEF	P/Q			
44079100.19	端部接合的其他栎木(橡木)厚板材(经纵锯、纵切、刨切或旋切的,厚度超过6mm)	0	14		17	0	千克/立方米	AB	P/Q			
44079100.91	非端部接合的蒙古栎厚板材(经纵锯、纵切、刨切或旋切的,厚度超过6mm)	0	14		17	0	千克/立方米	4ABEFxy	P/Q			
44079100.99	非端部接合的其他栎木(橡木)厚板材(经纵锯、纵切、刨切或旋切的,厚度超过6mm)	0	14		17	0	千克/立方米	4ABxy	P/Q			
4407.9200	-- 山毛榉木											
44079200.10	端部接合的山毛榉木厚板材(经纵锯、纵切、刨切或旋切的,厚度超过6mm)	0	14		17	0	千克/立方米	ABE	P/Q			
44079200.90	非端部接合的山毛榉木厚板材(经纵锯、纵切、刨切或旋切的,厚度超过6mm)	0	14		17	0	千克/立方米	4ABExy	P/Q			
4407.9300	-- 枫木											
44079300.10	端部接合的枫木厚板材(经纵锯、纵切、刨切或旋切,厚度超过6mm)	0	14		17	0	千克/立方米	AB	MP/Q			
44079300.90	非端部接合的枫木厚板材(经纵锯、纵切、刨切或旋切,厚度超过6mm)	0	14		17	0	千克/立方米	4ABxy	MP/Q			
4407.9400	-- 樱桃木											
44079400.10	端部接合的樱桃木厚板材(经纵锯、纵切、刨切或旋切,厚度超过6mm)	0	14		17	0	千克/立方米	AB	MP/Q			
44079400.90	非端部接合的樱桃木厚板材(经纵锯、纵切、刨切或旋切,厚度超过6mm)	0	14		17	0	千克/立方米	4ABxy	MP/Q			
4407.9500	-- 白蜡木											

协定税率 %										特惠税率 %				Article Description
巴基斯坦	冰岛	哥斯达黎	秘鲁	新西兰	瑞士	新加坡	韩国	澳大利亚	港澳台	老挝	孟加拉	33 国	7 国	
							0	0			0	0	0	Iroko wood sawn or chipped lengthwise, sliced or peeled, not end-jointed, of a thickness exceeding 6mm
														-- Other:
														--- Teak
							0	0			0	0	0	Teak wood sawn or chipped lengthwise, sliced or peeled, end-jointed, of a thickness exceeding 6mm
							0	0			0	0	0	Teak wood sawn or chipped lengthwise, sliced or peeled, not end-jointed, of a thickness exceeding 6mm
														--- Acajou
							0	0			0	0	0	Acajou wood sawn or chipped lengthwise, sliced or peeled, end-jointed, of a thickness exceeding 6mm
							0	0			0	0	0	Acajou wood sawn or chipped lengthwise, sliced or peeled, not end-jointed, of a thickness exceeding 6mm
														--- Merbau
							0	0			0	0	0	Merbau wood sawn or chipped lengthwise, sliced or peeled, end-jointed, of a thickness exceeding 6mm
							0	0			0	0	0	Merbau wood sawn or chipped lengthwise, sliced or peeled, not end-jointed, of a thickness exceeding 6mm
														--- Other
							0	0			0	0	0	Ramin wood sawn or chipped lengthwise, sliced or peeled, end-jointed, of a thickness exceeding 6mm
							0	0			0	0	0	Other endangered tropical wood, not elsewhere specified or included, specified in Subheading Note 2 to this Chapter, sawn or chipped lengthwise, sliced or peeled, end-jointed, of a thickness exceeding 6mm
							0	0			0	0	0	Other tropical wood, not elsewhere specified or included , specified in Subheading Note 2 to this Chapter, sawn or chipped lengthwise, sliced or peeled , end-jointed, of a thickness exceeding 6mm
							0	0			0	0	0	Other endangered tropical wood, not elsewhere specified or included, specified in Subheading Note 2 to this Chapter, sawn or chipped lengthwise, sliced or peeled, not end-jointed, of a thickness exceeding 6mm
							0	0			0	0	0	Other tropical wood, not elsewhere specified or included, specified in Subheading Note 2 to this Chapter, sawn or chipped lengthwise, sliced or peeled, not end-jointed, of a thickness exceeding 6mm
														- Other:
														-- Of oak(Ouercus spp.)
							0	0			0	0	0	Mongolian oak wood sawn or chipped lengthwise, sliced or peeled, end-jointed, of a thickness exceeding 6mm
							0	0			0	0	0	Other oak (Ouercus spp.) wood sawn or chipped lengthwise, sliced or peeled, end-jointed, of a thickness exceeding 6mm
							0	0			0	0	0	Mongolian oak wood sawn or chipped lengthwise, sliced or peeled, not end-jointed, of a thickness exceeding 6mm
							0	0			0	0	0	Other oak (Ouercus spp.) wood sawn or chipped lengthwise, sliced or peeled, not end-jointed, of a thickness exceeding 6mm
														-- Of beech(Fagus spp.)
							0	0			0	0	0	Beech (Fagus spp.) wood sawn or chipped lengthwise, sliced or peeled, end-jointed, of a thickness exceeding 6mm
							0	0			0	0	0	Beech (Fagus spp.) wood sawn or chipped lengthwise, sliced or peeled, not end-jointed, of a thickness exceeding 6mm
														-- Of maple (Acer spp.)
							0	0			0	0	0	Maple wood sawn or chipped lengthwise, sliced or peeled, end-jointed, of a thickness exceeding 6mm
							0	0			0	0	0	Maple wood sawn or chipped lengthwise, sliced or peeled, not end-jointed, of a thickness exceeding 6mm
														-- Of cherry (Prunus spp.)
							0	0			0	0	0	Cherry wood sawn or chipped lengthwise, sliced or peeled, end-jointed, of a thickness exceeding 6mm
							0	0			0	0	0	Cherry wood sawn or chipped lengthwise, sliced or peeled, not end-jointed, of a thickness exceeding 6mm
														-- Of ash (Fraxinus spp.)

税号	货品名称	进口关税 % 最惠国	进口关税 % 普通	进口关税 % 年内暂定	增值/消费税%	出口退税%	统计计量单位	监管证件代码	检验检疫类别	协定税率 % 东盟	协定税率 % 亚太	协定税率 % 智利
44079500.11	端部接合的水曲柳厚板材(经纵锯、纵切、刨切或旋切的,厚度超过6mm)	0	14		17	0	千克/立方米	ABEF	MP/Q			
44079500.19	端部接合的其他白蜡木厚板材(经纵锯、纵切、刨切或旋切的,厚度超过6mm)	0	14		17	0	千克/立方米	AB	MP/Q			
44079500.91	非端部接合的水曲柳厚板材(经纵锯、纵切、刨切或旋切的,厚度超过6mm)	0	14		17	0	千克/立方米	4ABEFxy	MP/Q			
44079500.99	非端部接合的其他白蜡木厚板材(经纵锯、纵切、刨切或旋切的,厚度超过6mm)	0	14		17	0	千克/立方米	4ABxy	MP/Q			
	-- 其他:											
4407.9910	--- 樟木、楠木、红木											
44079910.11	端部接合濒危樟木/楠木/红木厚板材(经纵锯、纵切、刨切或旋切的,厚度超过6mm)	0	40		17	0	千克/立方米	ABEF	MP/Q			
44079910.19	端部接合其他樟木/楠木/红木厚板材(经纵锯、纵切、刨切或旋切的,厚度超过6mm)	0	40		17	0	千克/立方米	AB	MP/Q			
44079910.91	非端部接合濒危樟木/楠木/红木厚板材(经纵锯、纵切、刨切或旋切的,厚度超过6mm)	0	40		17	0	千克/立方米	4ABEFxy	MP/Q			
44079910.99	非端部接合其他樟木/楠木/红木厚板材(经纵锯、纵切、刨切或旋切的,厚度超过6mm)	0	40		17	0	千克/立方米	4ABxy	MP/Q			
4407.9920	--- 泡桐木											
44079920.10	端部接合的泡桐木厚板材(经纵锯、纵切、刨切或旋切的,厚度超过6mm)	0	14		17	13	千克/立方米	AB	P/Q			
44079920.90	非端部接合的泡桐木厚板材(经纵锯、纵切、刨切或旋切的,厚度超过6mm)	0	14		17	13	千克/立方米	AB	P/Q			
4407.9930	--- 其他北美硬阔叶材(含黑胡桃木)											
44079930.10	端部接合的北美硬阔叶材厚板材(含黑胡桃木,纵锯、纵切、刨切或旋切,厚度超过6mm)	0	14		17	0	千克/立方米	AB	MP/Q			
44079930.90	非端部接合的北美硬阔叶材厚板材(含黑胡桃木,纵锯、纵切、刨切或旋切,厚度超过6mm)	0	14		17	0	千克/立方米	AB	MP/Q			
4407.9980	--- 其他温带非针叶材											
44079980.11	端部接合其他温带濒危非针叶板材(纵锯、纵切、刨切或旋切的,厚度超过6mm)	0	14		17	0	千克/立方米	ABEF	MP/Q			
44079980.19	端部接合的其他温带非针叶厚板材(纵锯、纵切、刨切或旋切的,厚度超过6mm)	0	14		17	0	千克/立方米	AB	MP/Q			
44079980.91	非端部结合其他温带濒危非针叶厚板材(纵锯、纵切、刨切或旋切的,厚度超过6mm)	0	14		17	0	千克/立方米	4ABEFxy	MP/Q			
44079980.99	非端部接合的其他温带非针叶厚板材(纵锯、纵切、刨切或旋切的,厚度超过6mm)	0	14		17	0	千克/立方米	4ABxy	MP/Q			
4407.9990	--- 其他											
44079990.11	端部接合的南美蒺藜木(玉檀木)厚板材(经纵锯、纵切、刨切或旋切的,厚度超过6mm)	0	14		17	0	千克/立方米	ABEF	MP/Q			
44079990.12	端部接合的沉香木及拟沉香木厚板材(经纵锯、纵切、刨切或旋切的,厚度超过6mm)	0	14		17	0	千克/立方米	ABEF	MP/Q			
44079990.15	端部接合的其他濒危木厚板材(经纵锯、纵切、刨切或旋切的,厚度超过6mm)	0	14		17	0	千克/立方米	ABEF	MP/Q			
44079990.19	端部接合的其他木厚板材(经纵锯、纵切、刨切或旋切的,厚度超过6mm)	0	14		17	0	千克/立方米	AB	MP/Q			
44079990.91	非端部接合的南美蒺藜木(玉檀木)厚板材(经纵锯、纵切、刨切或旋切的,厚度超过6mm)	0	14		17	0	千克/立方米	4ABEFxy	MP/Q			
44079990.92	非端部接合的沉香木及拟沉香木厚板材(经纵锯、纵切、刨切或旋切的,厚度超过6mm)	0	14		17	0	千克/立方米	4ABEFxy	MP/Q			
44079990.95	非端部接合的其他濒危木厚板材(经纵锯、纵切、刨切或旋切的,厚度超过6mm)	0	14		17	0	千克/立方米	4ABEFxy	MP/Q			
44079990.99	非端部接合的其他木厚板材(经纵锯、纵切、刨切或旋切的,厚度超过6mm)	0	14		17	0	千克/立方米	4ABxy	MP/Q			

协定税率 %										特惠税率 %				Article Description
巴基斯坦	冰岛	哥斯达黎	秘鲁	新西兰	瑞士	新加坡	韩国	澳大利亚	港澳台	老挝	孟加拉	33 国	7 国	
							0	0			0	0	0	Wood of Fraxinus mandshurica, sawn or chipped lengthwise, sliced or peeled, end-jointed, of a thickness exceeding 6mm
							0	0			0	0	0	Other ash wood sawn or chipped lengthwise, sliced or peeled, end-jointed, of a thickness exceeding 6mm
							0	0			0	0	0	Wood of Fraxinus mandshurica, sawn or chipped lengthwise, sliced or peeled, not end-jointed, of a thickness exceeding 6mm
							0	0			0	0	0	Other ash wood sawn or chipped lengthwise, sliced or peeled, not end-jointed, of a thickness exceeding 6mm
														-- Other:
														--- Of camphor-wood，nanmu or rosewood
							0	0			0	0	0	The end of the engagement of endangered nanmu Zhangmu rosewood planks(sawn or chipped lengthwise,sliced or peeled,the thickness is more than 6mm)
							0	0			0	0	0	The other end jointed nanmu Zhangmu rosewood planks(sawn or chipped lengthwise,sliced or peeled,the thickness is more than 6mm)
							0	0			0	0	0	None end joint engagement nanmu Zhangmu rosewood planks(sawn or chipped lengthwise,sliced or peeled,the thickness is more than 6mm)
							0	0			0	0	0	None end joining other nanmu Zhangmu rosewood planks(sawn or chipped lengthwise,sliced or peeled,the thickness is more than 6mm)
														--- Of Paulownia
							0	0			0	0	0	Paulownia wood sawn or chipped lengthwise, sliced or peeled, end-jointed, of a thickness exceeding 6mm
							0	0			0	0	0	Paulownia wood sawn or chipped lengthwise, sliced or peeled, not end-jointed, of a thickness exceeding 6mm
														--- North American hard wood (including walnut)
							0	0			0	0	0	Wood sawn or chipped lengthwise, sliced or peeled, of North American hard wood (including walnut), end-jointed, of a thickness exceeding 6mm
							0	0			0	0	0	Wood sawn or chipped lengthwise, sliced or peeled, of North American hardwood (including walnut), not end-jointed, of a thickness exceeding 6mm
														--- Other temperate non-coniferous wood
							0	0			0	0	0	Wood sawn or chipped lengthwise, sliced or peeled, of other endangered temperate non-coniferous wood, end-jointed, of a thickness exceeding 6mm
							0	0			0	0	0	Wood sawn or chipped lengthwise, sliced or peeled, of other temperate non-coniferous wood, end-jointed, of a thickness exceeding 6mm
							0	0			0	0	0	Wood sawn or chipped lengthwise, sliced or peeled, of other endangered temperate non-coniferous wood, not end-jointed, of a thickness exceeding 6mm
							0	0			0	0	0	Wood sawn or chipped lengthwise, sliced or peeled, of other temperate non-coniferous wood, not end-jointed, of a thickness exceeding 6mm
														--- Other
							0	0			0	0	0	Wood sawn or chipped lengthwise, sliced or peeled, end jointed, of Bulnesia sarmientoi of South America (Bulnesia sarmientoi), of a thinkness exceeding 6mm
							0	0			0	0	0	Wood, sawn or chipped lengthwise, sliced or peeled, end-jointed,of Aloewood and Quasi eaglewood, of a thickness exceeding 6mm
							0	0			0	0	0	Wood sawn or chipped lengthwise, sliced or peeled, end jointed, of other endangered wood, of a thinkness exceeding 6mm
							0	0			0	0	0	Other wood sawn or chipped lengthwise, sliced or peeled, end-jointed, of a thickness exceeding 6mm
							0	0			0	0	0	Wood sawn or chipped lengthwise, sliced or peeled, not end-jointed, of Bulnesia sarmientoi of South America (Bulnesia sarmientoi),of a thickness exceeding 6mm
							0	0			0	0	0	Wood sawn or chipped lengthwise, sliced or peeled, not end jointed, of Aloewood and Quasi eaglewood, of a thinkness exceeding 6mm
							0	0			0	0	0	Wood sawn or chipped lengthwise, sliced or peeled, not-end jointed, of other endangered wood, of a thinkness exceeding 6mm
							0	0			0	0	0	Other wood sawn or chipped lengthwise, sliced or peeled, not end-jointed ,of a thickness exceeding 6mm

税号	货品名称	进口关税 % 最惠国	进口关税 % 普通	进口关税 % 年内暂定	增值/消费税%	出口退税%	统计计量单位	监管证件代码	检验检疫类别	协定税率 % 东盟	协定税率 % 亚太	协定税率 % 智利
44.08	饰面用单板（包括刨切积层木获得的单板）、制胶合板或类似多层板用单板以及其他经纵锯、刨切或旋切的木材，不论是否刨平、砂光、拼接或端部接合，厚度不超过6毫米：											
	- 针叶木：											
	--- 饰面用单板：											
4408.1011	----用胶合板等多层板制的											
44081011.10	胶合板等多层板制濒危针叶木单板(厚度≤6mm,饰面用)	8	40		17	0	千克	ABEF	MP/Q			0
44081011.90	其他胶合板等多层板制针叶木单板(厚度≤6mm,饰面用)	8	40		17	0	千克	AB	MP/Q			0
4408.1019	----其他											
44081019.10	其他饰面濒危针叶木单板(厚度≤6mm)	4	40		17	0	千克	ABEF	MP/Q	0		0
44081019.90	其他饰面针叶木单板(厚度≤6mm)	4	40		17	0	千克	AB	MP/Q	0		0
4408.1020	--- 制胶合板用单板											
44081020.10	制胶合板用濒危针叶木单板(厚度≤6mm)	4	17		17	0	千克	ABEF	MP/Q	0		0
44081020.90	其他制胶合板用针叶木单板(厚度≤6mm)	4	17		17	0	千克	AB	MP/Q	0		0
4408.1090	--- 其他											
44081090.10	其他濒危针叶木单板材(经纵锯,刨切或旋切的,厚度≤6mm)	4	30		17	0	千克	ABEF	MP/Q	0		0
44081090.90	其他针叶木单板材(经纵锯,刨切或旋切的,厚度≤6mm)	4	30		17	0	千克	AB	MP/Q	0		0
	- 本章子目注释二所列的热带木：											
	-- 深红色红柳桉木、浅红色红柳桉木及巴栲红柳桉木：											
	--- 饰面用单板：											
4408.3111	----用胶合板等多层板制的	10	40		17	0	千克	AB	MP/Q			0
4408.3119	----其他	4	40		17	0	千克	AB	MP/Q	0		0
4408.3120	--- 制胶合板用单板	4	17		17	0	千克	AB	MP/Q	0		0
4408.3190	--- 其他	4	30		17	0	千克	AB	MP/Q	0		0
	-- 其他：											
	--- 饰面用单板：											
4408.3911	----用胶合板等多层板制的											
44083911.10	胶合板多层板制饰面桃花心木单板(厚度≤6mm)	10	40		17	0	千克	ABEF	MP/Q			0
44083911.20	胶合板多层板制饰面拉敏木单板(厚度≤6mm)	10	40		17	0	千克	ABEF	MP/Q			0
44083911.30	厚度≤6mm胶合板多层板制饰面濒危木单板(本章子目注释二所列其他热带木)	10	40		17	0	千克	ABEF	MP/Q			0
44083911.90	厚度≤6mm胶合板多层板制饰面热带木单板(本章子目注释二所列其他热带木)	10	40		17	0	千克	AB	MP/Q			0
4408.3919	----其他											
44083919.10	其他饰面用桃花心木单板(厚度不超过6mm)	4	40		17	0	千克	ABEF	MP/Q	0		0
44083919.20	其他饰面用拉敏木单板(厚度不超过6mm)	4	40		17	0	千克	ABEF	MP/Q	0		0
44083919.30	厚度≤6mm其他濒危热带木制饰面用单板(本章子目注释二所列其他热带木)	4	40		17	0	千克	ABEF	MP/Q	0		0
44083919.90	厚度≤6mm其他饰面用单板(本章子目注释二所列其他热带木)	4	40		17	0	千克	AB	MP/Q	0		0
4408.3920	--- 制胶合板用单板											
44083920.10	其他桃花心木制的胶合板用单板(厚度≤6mm)	4	17		17	0	千克	ABEF	MP/Q	0		0
44083920.20	其他拉敏木制的胶合板用单板(厚度≤6mm)	4	17		17	0	千克	ABEF	MP/Q	0		0
44083920.30	其他濒危热带木制的胶合板用单板(本章子目注释二所列其他热带木,厚度≤6mm)	4	17		17	0	千克	ABEF	MP/Q	0		0
44083920.90	其他列名热带木制的胶合板用单板(本章子目注释二所列其他热带木,厚度≤6mm)	4	17		17	0	千克	AB	MP/Q	0		0

协定税率 %										特惠税率 %				Article Description
巴基斯坦	冰岛	哥斯达黎	秘鲁	新西兰	瑞士	新加坡	韩国	澳大利亚	港澳台	老挝	孟加拉	33 国	7 国	
														Sheets for veneering(including those obtained by slicing laminated wood),for plywood or for similar laminated wood and other wood，sawn lengthwise，sliced or peeled，whether or not planed，sanded，spliced or end-jointed，of a thickness not exceeding 6mm:
														- Coniferous:
														--- Veneer sheets:
														----Of laminated plywood
	0	0	0	0	3.2		6.9	4.8				0		Sheets for veneering of endangered coniferous wood, of laminated plywood, of a thickness not exceeding 6mm
	0	0	0	0	3.2		6.9	4.8				0		Other sheets for veneering of coniferous wood, of laminated plywood, of a thickness not exceeding 6mm
														----Other
0	0	0	0	0	0	0	0	0				0	0	Other veneer sheets of endangered coniferous wood, of a thickness not exceeding 6mm
0	0	0	0	0	0	0	0	0				0	0	Other sheets for veneering of coniferous wood, of a thickness not exceeding 6mm
														--- Sheets for plywood
0	0	0	0	0	0	0	0	0				0	0	Sheets for plywood of endangered coniferous wood, of a thickness not exceeding 6mm
0	0	0	0	0	0	0	0	0				0	0	Sheets for plywood of other coniferous wood, of a thickness not exceeding 6mm
														--- Other
0	0	0	0	0	0	0	0	0				0	0	Other sheets of endangered coniferous wood, sawn or chipped lengthwise, sliced or peeled, of a thickness not exceeding 6mm
0	0	0	0	0	0	0	0	0				0	0	Other sheets of coniferous wood, sawn or chipped lengthwise, sliced or peeled, of a thickness not exceeding 6mm
														- Of tropical wood specified in subheading note 2 to this Chapter:
														-- Dark Red Meranti，Light Red Meranti and Meranti Bakau:
														--- Veneer sheets:
	0	0	0	0	4		8.6	6				0		----Of laminated plywood
0	0	0	0	0	0	0	0	0				0	0	----Other
0	0	0	0	0	0	0	0	0				0	0	--- Sheets for plywood
0	0	0	0	0	0	0	0	0				0	0	--- Other
														-- Other:
														--- Veneer sheets:
														----Of laminated plywood
	0	0	0	0	4		8.6	6				0		Veneer sheets, of Acajou d'afrique, of laminated plywood, of a thickness not exceeding 6mm
	0	0	0	0	4		8.6	6				0		Veneer sheets, of Ramin wood, of laminated plywood, of a thickness not exceeding 6mm
	0	0	0	0	4		8.6	6				0		Veneer sheets, of endangered tropical wood specified in Subheading Note 2 to this Chapter, of laminated plywood, of a thickness not exceeding 6mm
	0	0	0	0	4		8.6	6				0		Veneer sheets, of tropical wood specified in Subheading Note 2 to this Chapter, of laminated plywood, of a thickness not exceeding 6mm
														----Other
0	0	0	0	0	0	0	0	0				0	0	Other veneer sheets, of Acajou d'afrique, of a thickness not exceeding 6mm
0	0	0	0	0	0	0	0	0				0	0	Other veneer sheets, of Ramin wood, of a thickness not exceeding 6mm
0	0	0	0	0	0	0	0	0				0	0	Other veneer sheets, of endangered tropical wood specified in Subheading Note 2 to this Chapter, of a thickness not exceeding 6mm
0	0	0	0	0	0	0	0	0				0	0	Other veneer sheets, of tropical wood, specified in Subheading Note 2 to this Chapter, of a thickness not exceeding 6mm
														--- Sheets for plywood
0	0	0	0	0	0	0	0	0				0	0	Other sheets for plywood, of acajou d'afrique, of a thickness not exceeding 6mm
0	0	0	0	0	0	0	0	0				0	0	Other sheets for plywood of Ramin wood, of a thickness not exceeding 6mm
0	0	0	0	0	0	0	0	0				0	0	Other sheets for plywood, of endangered tropical wood specified in Subheading Note 2 to this Chapter, of a thickness not exceeding 6mm
0	0	0	0	0	0	0	0	0				0	0	Other sheets for plywood, of tropical wood, specified in Subheading Note 2 to this Chapter, of a thickness not exceeding 6mm

税号	货品名称	进口关税 % 最惠国	普通	年内暂定	增值/消费税%	出口退税%	统计计量单位	监管证件代码	检验检疫类别	协定税率 % 东盟	亚太	智利
4408.3990	--- 其他											
44083990.10	其他桃花心木制的其他单板(本章子目注释二所列其他热带木,厚度≤6mm)	4	30		17	0	千克	ABEF	MP/Q	0		0
44083990.20	其他拉敏木制的其他单板(本章子目注释二所列其他热带木,厚度≤6mm)	4	30		17	0	千克	ABEF	MP/Q	0		0
44083990.30	其他列名濒危热带木制的其他单板(本章子目注释二所列其他热带木,厚度≤6mm)	4	30		17	0	千克	ABEF	MP/Q	0		0
44083990.90	其他列名的热带木制的其他单板(本章子目注释二所列其他热带木,厚度≤6mm)	4	30		17	0	千克	AB	MP/Q	0		0
	- 其他:											
	--- 饰面用单板:											
4408.9011	----用胶合板等多层板制的											
44089011.10	胶合板多层板制饰面濒危木单板(厚度≤6mm)	4	40		17	0	千克	ABEF	MP/Q			0
44089011.90	胶合板多层板制饰面其他木单板(厚度≤6mm,针叶木、热带木除外)	4	40		17	0	千克	AB	MP/Q			0
4408.9012	----温带非针叶木制											
44089012.10	温带濒危非针叶木制饰面用木单板(厚度≤6mm,针叶木、热带木除外)	3	40	1	17	0	千克	ABEF	MP/Q	0		0
44089012.90	其他温带非针叶木制饰面用木单板(厚度≤6mm,针叶木、热带木除外)	3	40	1	17	0	千克	AB	MP/Q	0		0
4408.9013	----竹制											
44089013.10	濒危竹制饰面用单板(厚度≤6mm)	4	40		17	0	千克	ABE	MP/Q			0
44089013.90	其他竹制饰面用单板(厚度≤6mm)	4	40		17	0	千克	AB	MP/Q			0
4408.9019	----其他											
44089019.11	家具饰面用濒危木单板(厚度≤6mm)	3	40	1	17	0	千克	ABEF	MP/Q	0		0
44089019.19	其他家具饰面用单板(厚度≤6mm)	3	40	1	17	0	千克	AB	MP/Q	0		0
44089019.91	其他饰面用濒危木单板(厚度≤6mm)	3	40		17	0	千克	ABEF	MP/Q	0		0
44089019.99	其他饰面用单板(厚度≤6mm)	3	40		17	0	千克	AB	MP/Q	0		0
	--- 制胶合板用单板:											
4408.9021	----温带非针叶木制											
44089021.10	温带濒危非针叶木制胶合板用单板(厚度≤6mm)	3	17		17	0	千克	ABEF	MP/Q	0		0
44089021.90	其他温带非针叶木制胶合板用单板(厚度≤6mm)	3	17		17	0	千克	AB	MP/Q	0		0
4408.9029	----其他											
44089029.11	其他濒危木制胶合板用旋切单板(厚度≤6mm)	3	17	1	17	0	千克	ABEF	MP/Q	0		0
44089029.19	其他濒危木制胶合板用其他单板(厚度≤6mm,旋切单板除外)	3	17		17	0	千克	ABEF	MP/Q	0		0
44089029.91	其他木制胶合板用旋切单板(厚度≤6mm)	3	17	1	17	0	千克	AB	MP/Q	0		0
44089029.99	其他木制胶合板用其他单板(厚度≤6mm,旋切单板除外)	3	17		17	0	千克	AB	MP/Q	0		0
	--- 其他:											
4408.9091	----温带非针叶木制											
44089091.10	温带濒危非针叶木制其他单板材(经纵锯,刨切或旋切的,厚度≤6mm)	3	30		17	0	千克	ABEF	MP/Q	0		0
44089091.90	温带非针叶木制其他单板材(经纵锯,刨切或旋切的,厚度≤6mm)	3	30		17	0	千克	AB	MP/Q	0		0
4408.9099	----其他											
44089099.10	其他濒危木制的其他单板材(经纵锯,刨切或旋切的,厚度≤6mm)	3	30		17	0	千克	ABEF	MP/Q	0		0
44089099.90	其他木材,但针叶木热带木除外(经纵锯,刨切或旋切的,厚度≤6mm)	3	30		17	0	千克	AB	MP/Q	0		0

协定税率 %										特惠税率 %				Article Description
巴基斯坦	冰岛	哥斯达黎	秘鲁	新西兰	瑞士	新加坡	韩国	澳大利亚	港澳台	老挝	孟加拉	33 国	7 国	
														--- Other
0	0	0	0	0	0	0	0	0				0	0	Other sheets of other Acajou, of tropical wood specified in Subheading Note 2 to this Chapter, of a thickness not exceeding 6mm
0	0	0	0	0	0	0	0	0				0	0	Other sheets of other Ramin wood, of tropical wood specified in Subheading Note 2 to this Chapter, of a thickness not exceeding 6mm
0	0	0	0	0	0	0	0	0				0	0	Other sheets of other endangered tropical wood specified in Subheading Note 2 to this Chapter, of a thickness not exceeding 6mm
0	0	0	0	0	0	0	0	0				0	0	Other sheets of other tropical wood specified in Subheading Note 2 to this Chapter, of a thickness not exceeding 6mm
														-　Other:
														--- Veneer sheets:
														----Of laminated plywood
	0	0	0	0	0		3.4	0				0		Veneer sheets of endangered wood, of laminated plywood , of a thickness not exceeding 6mm
	0	0	0	0	0		3.4	0				0		Veneer sheets of other wood, of laminated plywood, of a thickness not exceeding 6mm (other than coniferous or tropical wood)
														----Of temperate non-coniferous wood
0	0	0	0	0	0	0	0	0				0	0	Veneer sheets of endangered temperate non- coniferous wood, of a thickness not exceeding 6mm (other than coniferous or tropical wood)
0	0	0	0	0	0	0	0	0				0	0	Othre veneer sheets of temperate non-coniferous wood, of a thickness not exceeding 6mm (other than coniferous or tropical wood)
														----Of bamboo
	0	0	0	0	0		3.4	0				0		Veneer sheets of endangered bamboo, of a thickness not exceeding 6mm
	0	0	0	0	0		3.4	0				0		Other veneer sheets of other bamboo, of a thickness not exceeding 6mm
														----Other
0	0	0	0	0	0	0	1.8	0				0	0	Veneer sheets of endangered wood, for furniture, of a thickness not exceeding 6mm
0	0	0	0	0	0	0	1.8	0				0	0	Other veneer sheets for furniture, of a thickness not exceeding 6mm
0	0	0	0	0	0	0	1.8	0				0	0	Other Veneer sheets of endangered wood, of a thickness not exceeding 6mm
0	0	0	0	0	0	0	1.8	0				0	0	Other Veneer sheets of wood, of a thickness not exceeding 6mm
														--- Sheets for plywood:
														----Of temperate non-coniferous wood
0	0	0	0	0	0	0	0	0				0	0	Sheets for plywood of endangered temperate non-coniferous wood, of a thickness not exceeding 6mm
0	0	0	0	0	0	0	0	0				0	0	Other sheets for plywood of temperate non-coniferous wood, of a thickness not exceeding 6mm
														----Other
0	0	0	0	0	0	0	0	0				0	0	Other sheets for plywood of endangered wood, peeled, of a thickness not exceeding 6mm
0	0	0	0	0	0	0	0	0				0	0	Other sheets for plywood of other endangered wood , of a thickness not exceeding 6mm, other than peeled sheets
0	0	0	0	0	0	0	0	0				0	0	Other sheets for plywood of wood, peeled, of a thickness not exceeding 6mm
0	0	0	0	0	0	0	0	0				0	0	Other sheets for plywood of other wood,　of a thickness of not exceeding 6mm, other than peeled sheets
														--- Other:
														----Of temperate non-coniferous wood
0	0	0	0	0	0	0	0	0				0	0	Sheets of temperate endangered non-coniferous wood, sawn or chipped lengthwise, sliced or peeled, of a thickness not exceeding 6mm
0	0	0	0	0	0	0	0	0				0	0	Other sheets of temperate non-coniferous wood, sawn or chipped lengthwise, sliced or peeled, of a thickness not exceeding 6mm
														----Other
0	0	0	0	0	0	0	0	0				0	0	Other sheets of other endangered wood, sawn or chipped lengthwise, sliced or peeled, of a thickness not exceeding 6mm
0	0	0	0	0	0	0	0	0				0	0	Other wood, sawn or chipped lengthwise, sliced or peeled (other than coniferous or tropical wood), of a thickness not exceeding 6mm

税号	货品名称	进口关税 % 最惠国	普通	年内暂定	增值/消费税%	出口退税%	统计计量单位	监管证件代码	检验检疫类别	协定税率 % 东盟	亚太	智利
44.09	**任何一边、端或面制成连续形状（舌榫、槽榫、半槽榫、斜角、V形接头、珠榫、缘饰、刨圆及类似形状）的木材（包括未装拼的拼花地板用板条及缘板），不论其任意一边或面是否刨平、砂光或端部接合：**											
	- 针叶木：											
4409.1010	--- 地板条（块）											
44091010.10	一边或面制成连续形状的濒危针叶木制地板条、块(包括未装拼的拼花地板用板条及缘板)	7.5	50		17/5	0	千克	ABEF	P/Q	0		0
44091010.90	一边或面制成连续形状的其他针叶木地板条,块(包括未装拼的拼花地板用板条及缘板)	7.5	50		17/5	0	千克	AB	P/Q	0		0
4409.1090	--- 其他											
44091090.10	一边或面制成连续形状濒危针叶木材	7.5	50		17	0	千克	ABEF	P/Q	0		0
44091090.90	其他一边或面制成连续形状的针叶木材	7.5	50		17	0	千克	AB	P/Q	0		0
	- 非针叶木：											
	-- 竹的：											
4409.2110	--- 地板条（块）											
44092110.10	一边或面制成连续形状的濒危竹地板条(块)(包括未装拼的拼花竹地板用板条及缘板)	4	50		17	0	千克	ABE	P/Q	0		0
44092110.90	一边或面制成连续形状的竹地板条(块)(包括未装拼的拼花竹地板用板条及缘板)	4	50		17	13	千克	AB	P/Q	0		0
4409.2190	--- 其他											
44092190.10	一边或面制成连续形状的其他濒危竹材	4	50		17	0	千克	ABE	P/Q	0		0
44092190.90	一边或面制成连续形状的其他竹材	4	50		17	13	千克	AB	P/Q	0		0
	-- 其他：											
4409.2910	--- 地板条（块）											
44092910.10	一边或面制成连续形状的拉敏木地板条、块(包括未装拼的拉敏木拼花地板用板条及缘板)	4	50		17/5	0	千克	ABEF	P/Q	0		0
44092910.20	一边或面制成连续形状的桃花心木地板条、块(包括未装拼的桃花心木拼花地板用板条及缘板)	4	50		17/5	0	千克	ABEF	P/Q	0		0
44092910.30	一边或面制成连续形状的其他濒危木地板条、块(包括未装拼的其他濒危木拼花地板用板条及缘板)	4	50		17/5	0	千克	ABEF	P/Q	0		0
44092910.90	一边或面制成连续形状的其他非针叶木地板条、块(包括未装拼的其他非针叶木拼花地板用板条及缘板)	4	50		17/5	0	千克	AB	P/Q	0		0
4409.2990	--- 其他											
44092990.10	一边或面制成连续形状的拉敏木	4	50		17	0	千克	ABEF	P/Q	0		0
44092990.20	一边或面制成连续形状的桃花心木	4	50		17	0	千克	ABEF	P/Q	0		0
44092990.30	一边或面制成连续形状的其他濒危木	4	50		17	0	千克	ABEF	P/Q	0		0
44092990.90	一边或面制成连续形状的其他非针叶木材	4	50		17	0	千克	AB	P/Q	0		0
44.10	**碎料板、定向刨花板（OSB）及类似板（例如，华夫板），木或其他木质材料制，不论是否用树脂或其他有机粘合剂粘合：**											
	- 木制：											
4410.1100	-- 碎料板	4	40		17	9	千克	AB	P/Q			
4410.1200	-- 定向刨花板（OSB）	4	40		17	9	千克	AB	P/Q			
4410.1900	-- 其他	4	40		17	9	千克	AB	P/Q			
	- 其他：											
	--- 碎料板：											
4410.9011	----麦稻秸秆制	7.5	40		17	9	千克	AB	P/Q			
4410.9019	----其他	7.5	40		17	9	千克	AB	P/Q			
4410.9090	--- 其他	7.5	40		17	9	千克	AB	P/Q			

协定税率 %											特惠税率 %			Article Description
巴基斯坦	冰岛	哥斯达黎	秘鲁	新西兰	瑞士	新加坡	韩国	澳大利亚	港澳台	老挝	孟加拉	33 国	7 国	
														Wood(including strips and friezes for parquet flooring, not assembled)continuously shaped(tongues, grooved, rebated, chamfered, V-jointed, beaded,moulded, rounded or the like)along any of its "edges, ends or faces,whether or not planed, sanded or end-jointed":
														- Coniferous:
														--- Floor board strips
5	0	0	0	0	3	0	6	4.5			0	0	0	Floor board strips of endangered coniferous wood (including strips and friezes for parquet flooring, not assembled) continuously shaped along any of its edges or faces
5	0	0	0	0	3	0	6	4.5			0	0	0	Floor board strips of other coniferous wood (including strips and friezes for parquet flooring, not assembled) continuously shaped along any of its edges or faces
														--- Other
5	0	0	0	0	3	0	4.5	4.5			0	0	0	Endangered coniferous wood, continuously shaped along any of its edges or faces
5	0	0	0	0	3	0	4.5	4.5			0	0	0	Coniferous wood, continuously shaped along any of its edges or faces
														- Non-coniferous:
														-- Of bamboo:
														--- Floor board strips
0	0	0	0	0	0	0	0	0			0	0	0	Floor board strips of endangered bamboo (including strips and friezes for parquet flooring, not assembled) continuously shaped along any of its edges or faces
0	0	0	0	0	0	0	0	0			0	0	0	Floor board strips of bamboo (including strips and friezes for parquet flooring, not assembled) continuously shaped along any of its edges or faces
														--- Other
0	0	0	0	0	0	0	0	0			0	0	0	Other endangered bamboo continuously shaped along any of its edges or faces
0	0	0	0	0	0	0	0	0			0	0	0	Other bamboo, continuously shaped along any of its edges or faces
														-- Other:
														--- Floor board strips
0	0	0	0	0	0	0	0	0			0	0	0	Floor board strips of Ramin wood (including strips and friezes for parquet flooring, not assembled) continuously shaped along any of its edges or faces
0	0	0	0	0	0	0	0	0			0	0	0	Floor board strips of Acajou wood (including strips and friezes for parquet flooring, not assembled) continuously shaped along any of its edges or faces
0	0	0	0	0	0	0	0	0			0	0	0	Floor board strips of other endangered wood (including strips and friezes for parquet flooring, not assembled) continuously shaped along any of its edges or faces
0	0	0	0	0	0	0	0	0			0	0	0	Floor board strips of other non-coniferous wood (including strips and friezes for parquet flooring, not assembled) continuously shaped along any of its edges or faces
														--- Other
0	0	0	0	0	0	0	0	0				0	0	Ramin wood, continuously shaped along any of its edges or faces
0	0	0	0	0	0	0	0	0				0	0	Acajou wood, continuously shaped along any of its edges or faces
0	0	0	0	0	0	0	0	0				0	0	Other endangered wood continuously shaped along any of its edges or faces
0	0	0	0	0	0	0	0	0				0	0	Other non-coniferous wood, continuously shaped along any of its edges or faces
														Particle board, oriented strand board (OSB) and similar board (for example, waferboard) of wood or other ligneous materials, whether or not agglomerated with resins or other organic binding substances:
														- Of wood:
				0	0									-- Particle board
				0	0									-- Oriented strand board (OSB)
				1.6	1.6									-- Other
														- Other:
														--- Particle board:
														----Of wheat or rice straw
														----Other
														--- Other

税号	货品名称	进口关税 %			增值/消费税%	出口退税%	统计计量单位	监管证件代码	检验检疫类别	协定税率 %		
		最惠国	普通	年内暂定						东盟	亚太	智利
44.11	**木纤维板或其他木质材料纤维板,不论是否用树脂或其他有机粘合剂粘合:**											
	- 中密度纤维板(MDF):											
	-- 厚度不超过5毫米:											
	--- 密度超过每立方厘米0.8克:											
4411.1211	----未经机械加工或盖面的	4	40		17	9	千克	AB	P/Q			
4411.1219	----其他	7.5	40		17	9	千克	AB	P/Q			
	--- 密度超过每立方厘米0.5克,但未超过每立方厘米0.8克:											
4411.1221	----辐射松制的	4	40		17	9	千克	AB	P/Q			
4411.1229	----其他	4	40		17	9	千克	AB	P/Q			
	--- 其他:											
4411.1291	----未经机械加工或盖面的	7.5	40		17	9	千克	AB	P/Q			
4411.1299	----其他	4	40		17	9	千克	AB	P/Q			
	-- 厚度超过5毫米,但未超过9毫米:											
	--- 密度超过每立方厘米0.8克:											
4411.1311	----未经机械加工或盖面的	4	40		17	9	千克	AB	P/Q			
4411.1319	----其他	7.5	40		17	9	千克	AB	P/Q			
	--- 密度超过每立方厘米0.5克,但未超过每立方厘米0.8克:											
4411.1321	----辐射松制的	4	40		17	9	千克	AB	P/Q			
4411.1329	----其他	4	40		17	9	千克	AB	P/Q			
	--- 其他:											
4411.1391	----未经机械加工或盖面的	7.5	40		17	9	千克	AB	P/Q			
4411.1399	----其他	4	40		17	9	千克	AB	P/Q			
	-- 厚度超过9毫米:											
	--- 密度超过每立方厘米0.8克:											
4411.1411	----未经机械加工或盖面的	4	40		17	9	千克	AB	P/Q			
4411.1419	----其他	7.5	40		17	9	千克	AB	P/Q			
	--- 密度超过每立方厘米0.5克,但未超过每立方厘米0.8克:											
4411.1421	----辐射松制的	4	40		17	9	千克	AB	P/Q			
4411.1429	----其他	4	40		17	9	千克	AB	P/Q			
	--- 其他:											
4411.1491	----未经机械加工或盖面的	7.5	40		17	9	千克	AB	P/Q			
4411.1499	----其他	4	40		17	9	千克	AB	P/Q			
	- 其他:											
	-- 密度超过每立方厘米0.8克:											
4411.9210	--- 未经机械加工或盖面的	4	40		17	9	千克	AB	P/Q			
4411.9290	--- 其他	7.5	40		17	9	千克	AB	P/Q			
	-- 密度超过每立方厘米0.5克,但未超过每立方厘米0.8克:											
4411.9310	--- 辐射松制的	4	40		17	9	千克	AB	P/Q			
4411.9390	--- 其他	4	40		17	9	千克	AB	P/Q			
	-- 密度未超过每立方厘米0.5克:											
4411.9410	--- 密度超过每立方厘米0.35克,但未超过每立方厘米0.5克	7.5	40		17	9	千克	AB	P/Q			
	--- 密度未超过每立方厘米0.35克:											
4411.9421	----未经机械加工或盖面的	7.5	40		17	9	千克	AB	P/Q			
4411.9429	----其他	4	40		17	9	千克	AB	P/Q			
44.12	**胶合板、单板饰面板及类似的多层板:**											
	- 竹制的:											
	--- 仅由薄板制的胶合板,每层厚度不超过6毫米:											
4412.1011	----至少有一表层是本章子目注释所列的热带木											
44121011.11	至少有一表层为濒危热带木薄板制濒危竹胶合板(每层厚度≤6mm,热带木指本章子目注释二所列木材)	12	30		17	0	千克/立方米	ABEF	MP/Q			0

协定税率 %										特惠税率 %				Article Description
巴基斯坦	冰岛	哥斯达黎	秘鲁	新西兰	瑞士	新加坡	韩国	澳大利亚	港澳台	老挝	孟加拉	33 国	7 国	
														Fibreboard of wood or other ligneous materials, whether or not bonded with resins or other organic substances:
														- Medium density fibreboard (MDF)：
														-- Of a thickness not exceeding 5mm:
														--- Of a density exceeding $0.8g/cm^3$:
				0	0		3.4							----Not mechanically worked or surface covered
				3	3		4.5							----Other
														--- Of a density exceeding $0.5g/cm^3$ but not exceeding $0.8g/cm^3$：
				0	0		3.4	0				0		----Of radiata pine
				0	0		3.4							----Other
														--- Other:
				3	3		6.5							----Not mechanically worked or surface covered
				0	0		3.4							----Other
														-- Of a thickness exceeding 5mm but not exceeding 9mm:
														--- Of a density exceeding $0.8g/cm^3$:
				0	0									----Not mechanically worked or surface covered
				5.4	5.4									----Other
														--- Of a density exceeding $0.5g/cm^3$ but not exceeding $0.8g/cm^3$：
				0	0			0				0		----Of radiata pine
				0	0									----Other
														--- Other:
				3	3									----Not mechanically worked or surface covered
				0	0		3.4							----Other
														-- Of a thickness exceeding 9mm:
														--- Of a density exceeding $0.8g/cm^3$:
				0	0		3.4							----Not mechanically worked or surface covered
				5.4	5.4		6.5							----Other
														--- Of a density exceeding $0.5g/cm^3$ but not exceeding $0.8g/cm^3$：
				0	0		3.4	0				0		----Of radiata pine
				0	0		3.4							----Other
														--- Other:
				3	3		6.5							----Not mechanically worked or surface covered
				0	0		3.4							----Other
														- Other:
														-- Of a density exceeding $0.8g/cm^3$:
				0	0		3.4							--- Not mechanically worked or surface covered
				3	3		6.5							--- Other
														-- Of a density exceeding $0.5g/cm^3$ but not exceeding $0.8g/cm^3$:
				0	0			0				0		--- Of radiata pine
				0	0									--- Other
														-- Of a density not exceeding $0.5g/cm^3$:
				3	3		6.5							--- Of a density exceeding $0.35g/cm^3$ but not exceeding $0.5g/cm^3$
														--- Of a density not exceeding $0.35g/cm^3$:
				3	3		6.5							----Not mechanically worked or surface covered
				0	0		3.4							----Other
														Plywood, veneered panels and similar laminated wood:
														- Of bamboo:
														--- Plywood consisting solely of sheets of wood, each ply not exceeding 6mm thickness：
														----With at least one outer ply of tropical wood specified in Subheading Note 2 to this Chapter
	0	0	0	0	8.4		10.4	7.2				0		Plywood consisting of sheets of endangered bamboo, with at least one outer ply of endangered tropical wood specified in Subheading Note 2 to this Chapter, each ply thickness not exceeding 6 mm

税号	货品名称	进口关税% 最惠国	普通	年内暂定	增值/消费税%	出口退税%	统计计量单位	监管证件代码	检验检疫类别	协定税率% 东盟	亚太	智利
44121011.19	至少有一表层为濒危热带木薄板制其他竹胶合板(每层厚度≤6mm,热带木指本章子目注释二所列木材)	12	30		17	0	千克/立方米	ABEF	MP/Q			0
44121011.91	至少有一表层是其他热带木薄板制濒危竹胶合板(每层厚度≤6mm,热带木指本章子目注释二所列木材)	12	30		17	0	千克/立方米	ABEF	MP/Q			0
44121011.99	至少有一表层是其他热带木薄板制其他竹胶合板(每层厚度≤6mm,热带木指本章子目注释二所列木材)	12	30		17	9	千克/立方米	AB	MP/Q			0
4412.1019	----其他											
44121019.11	至少有一表层为濒危非针叶木薄板胶合板(至少有一表层为温带非针叶木制,每层厚度≤6mm)	4	30		17	0	千克/立方米	ABEF	MP/Q			
44121019.19	其他至少有一表层为非针叶木薄板胶合板(至少有一表层为温带非针叶木制,每层厚度≤6mm)	4	30		17	9	千克/立方米	AB	MP/Q			
44121019.21	濒危竹地板层叠胶合而成的多层板(每层厚度≤6mm)	4	30		17	0	千克/立方米	ABE	MP/Q			
44121019.29	其他竹地板层叠胶合而成的多层板(每层厚度≤6mm)	4	30		17	13	千克/立方米	AB	MP/Q			
44121019.91	其他濒危竹胶合板(每层厚度≤6mm)	4	30		17	0	千克/立方米	ABE	MP/Q			
44121019.99	其他竹胶合板(每层厚度≤6mm)	4	30		17	13	千克/立方米	AB	MP/Q			
4412.1020	--- 其他，至少有一表层是非针叶木											
44121020.11	至少有一表层是濒危非针叶木的濒危竹制多层板(每层厚度≤6mm)	10	30		17	0	千克/立方米	ABEF	MP/Q			
44121020.19	至少有一表层是其他非针叶木的其他濒危竹制多层板(每层厚度≤6mm)	10	30		17	0	千克/立方米	ABEF	MP/Q			
44121020.91	至少有一表层是濒危非针叶木的其他竹制多层板(每层厚度≤6mm)	10	30		17	0	千克/立方米	ABEF	MP/Q			
44121020.99	至少有一表层是其他非针叶木的其他竹制多层板(每层厚度≤6mm)	10	30		17	9	千克/立方米	AB	MP/Q			
	--- 其他:											
4412.1091	----至少有一层是本章子目注释所列的热带木											
44121091.10	至少有一层是热带木的濒危竹制多层板(热带木指本章子目注释二所列木材)	8	30		17	0	千克/立方米	ABEF	MP/Q			
44121091.90	至少有一层是热带木的其他竹制多层板(热带木指本章子目注释二所列木材)	8	30		17	9	千克/立方米	AB	MP/Q			
4412.1092	----至少含有一层木碎料板											
44121092.10	至少含有一层木碎料板的濒危竹制多层板	10	30		17	0	千克/立方米	ABEF	MP/Q			
44121092.90	至少含有一层木碎料板的其他竹制多层板	10	30		17	9	千克/立方米	AB	MP/Q			
4412.1099	----其他											
44121099.10	其他濒危竹制多层板	4	30		17	0	千克/立方米	ABE	MP/Q	0		0
44121099.90	其他竹制多层板	4	30		17	13	千克/立方米	AB	MP/Q	0		0
	- 仅由薄木板制的其他胶合板（竹制除外），每层厚度不超过6毫米:											
4412.3100	-- 至少有一表层是本章子目注释二所列的热带木											
44123100.10	至少有一表层为桃花心木薄板制胶合板(每层厚度≤6mm)	12	30		17	5	千克/立方米	ABEF	MP/Q			0
44123100.20	至少有一表层为拉敏木薄板制胶合板(每层厚度≤6mm)	12	30		17	5	千克/立方米	ABEF	MP/Q			0
44123100.30	至少有一表层为濒危热带木薄板制胶合板(每层厚度≤6mm,热带木指本章子目注释二所列木材)	12	30		17	0	千克/立方米	ABEF	MP/Q			0

协定税率 %										特惠税率 %				Article Description
巴基斯坦	冰岛	哥斯达黎	秘鲁	新西兰	瑞士	新加坡	韩国	澳大利亚	港澳台	老挝	孟加拉	33 国	7 国	
	0	0	0	0	8.4		10.4	7.2				0		Plywood consisting of sheets of other bamboo, with at least one outer ply of endangered tropical wood specified in Subheading Note 2 to this Chapter, each ply thickness not exceeding 6 mm
	0	0	0	0	8.4		10.4	7.2				0		Plywood consisting of sheets of endangered bamboo, with at least one outer ply of other tropical wood specified in Subheading Note 2 to this Chapter, each ply thickness not exceeding 6 mm
	0	0	0	0	8.4		10.4	7.2				0		Plywood consisting of sheets of other bamboo, with at least one outer ply of other tropical wood specified in Subheading Note 2 to this Chapter, each ply thickness not exceeding 6 mm
														----Other
				0	0		3.4							Plywood consisting of sheets of endangered non-coniferous wood, with at least one outer ply of temperate non-coniferous wood, each ply thickness not exceeding 6 mm
				0	0		3.4							Plywood consisting of sheets of non-coniferous wood, with at least one outer ply of temperate non-coniferous wood, each ply thickness not exceeding 6 mm
				0	0		3.4							Plywood with multi-plies of endangered bamboo, each ply thickness not exceeding 6 mm
				0	0		3.4							Plywood with multi-plies of other bamboo, each ply thickness not exceeding 6 mm
				0	0		3.4							Plywood of other endangered bamboo, each ply thickness not exceeding 6 mm
				0	0		3.4							Plywood of other bamboo, each ply thickness not exceeding 6 mm
														--- Other, with at least one outer ply of non-coniferous wood
5		0	0	0	4		8.6	6				0		Laminated wood of endangered bamboo, with at least one outer ply of endangered non-coniferous wood, each ply thickness not exceeding 6 mm
5		0	0	0	4		8.6	6				0		Laminated wood of other endangered bamboo, with at least one outer ply of other non-coniferous wood, each ply not thickness exceeding 6 mm
5		0	0	0	4		8.6	6				0		Laminated wood of other bamboo, with at least one outer ply of endangered non-coniferous wood, each ply thickness not exceeding 6mm
5		0	0	0	4		8.6	6				0		Laminated wood of other bamboo, with at least one outer ply of other non-coniferous wood, each ply thickness not exceeding 6 mm
														--- Other:
														----With at least one ply of tropical wood specified in Subheading Note 2 to this Chapter
				3.2	3.2		6.9							Laminated wood of other endangered bamboo, with at least one outer ply of tropical wood specified in Subheading Note 2 to this Chapter
				3.2	3.2		6.9							Laminated wood of other bamboo, with at least one outer ply of tropical wood specified in Subheading Note 2 to this Chapter
														----Containing at least one layer of particle board
				4	4		8.6							Laminated wood of endangered bamboo, containing at least one layer of wood particle board
				4	4		8.6							Laminated wood of other bamboo, containing at least one layer of wood particle board
														----Other
0	0	0	0	0	0	0	0	0			0	0	0	Other laminated wood of endangered bamboo
0	0	0	0	0	0	0	0	0			0	0	0	Other laminated wood of bamboo
														- Other plywood, consisting solely of sheets of wood (other than bamboo), each ply not exceeding 6mm thickness :
														-- With at least one outer ply of tropical wood specified in Subheading Note 2 to this Chapter
	0	0	0	0	8.4		10.4	7.2				0		Plywood, with at least one outer ply of Acajou, each ply thickness not exceeding 6 mm
	0	0	0	0	8.4		10.4	7.2				0		Plywood, with at least one outer ply of Ramin wood, each ply thickness not exceeding 6 mm
	0	0	0	0	8.4		10.4	7.2				0		Plywood, with one outer ply of tropical wood specified in Subheading Note 2 to this Chapter, each ply thickness not exceeding 6mm

税 号	货 品 名 称	进口关税 %			增值/消费税%	出口退税%	统计计量单位	监管证件代码	检验检疫类别	协定税率 %		
		最惠国	普通	年内暂定						东盟	亚太	智利
44123100.90	至少有一表层是其他热带木制的胶合板(每层厚度≤6mm,竹制除外,热带木指本章子目注释二所列木材)	12	30		17	9	千克/立方米	AB	MP/Q			0
	-- 其他，至少有一表层是非针叶木的:											
4412.3210	--- 至少有一表层是温带非针叶木											
44123210.10	至少有一表层是濒危温带非针叶木薄板制胶合板(每层厚度≤6mm,竹制除外)	4	30		17	0	千克/立方米	ABEF	MP/Q			
44123210.90	至少有一表层是其他温带非针叶木薄板制胶合板(每层厚度≤6mm,竹制除外)	4	30		17	9	千克/立方米	AB	MP/Q			
4412.3290	--- 其他											
44123290.10	至少有一表层是濒危其他非针叶胶合板(每层厚度≤6mm,竹制除外)	4	30		17	0	千克/立方米	ABEF	MP/Q			
44123290.90	至少有一表层是其他非针叶胶合板(每层厚度≤6mm,竹制除外)	4	30		17	9	千克/立方米	AB	MP/Q			
4412.3900	-- 其他											
44123900.10	其他濒危薄板制胶合板(每层厚度≤6mm,竹制除外)	4	30		17	0	千克/立方米	ABEF	MP/Q	0		0
44123900.90	其他薄板制胶合板(每层厚度≤6mm,竹制除外)	4	30		17	9	千克/立方米	AB	MP/Q	0		0
	- 其他:											
	-- 木块芯胶合板、侧板条芯胶合板及板条芯胶合板:											
4412.9410	--- 至少有一表层是非针叶木											
44129410.10	至少有一表层是桃花心木的木块芯胶合板等(还包括侧板条芯胶合板及板条芯胶合板)	10	30		17	5	千克/立方米	ABEF	MP/Q			
44129410.20	至少有一表层是拉敏木的木块芯胶合板等(还包括侧板条芯胶合板及板条芯胶合板)	10	30		17	5	千克/立方米	ABEF	MP/Q			
44129410.30	至少有一表层是濒危热带木的木块芯胶合板等(还包括侧板条芯胶合板及板条芯胶合板)	10	30		17	0	千克/立方米	ABEF	MP/Q			
44129410.40	至少有一表层是濒危非针叶木的木块芯胶合板等(还包括侧板条芯胶合板及板条芯胶合板)	10	30		17	0	千克/立方米	ABEF	MP/Q			
44129410.90	至少有一表层是非针叶木的木块芯胶合板等(还包括侧板条芯胶合板及板条芯胶合板)	10	30		17	9	千克/立方米	AB	MP/Q			
	--- 其他:											
4412.9491	----至少有一层是本章子目注释所列的热带木											
44129491.10	至少有一层是濒危热带木的针叶木面木块芯胶合板等(还包括侧板条芯胶合板及板条芯胶合板,热带木指本章子目注释二所列木材)	8	30		17	0	千克/立方米	ABEF	MP/Q			
44129491.90	至少有一层是热带木的针叶木面木块芯胶合板等(还包括侧板条芯胶合板及板条芯胶合板,热带木指本章子目注释二所列木材)	8	30		17	9	千克/立方米	AB	MP/Q			
4412.9492	----其他，至少含有一层木碎料板											
44129492.10	至少含有一层木碎料板的濒危针叶木面木块芯胶合板等(还包括侧板条芯胶合板及板条芯胶合板)	10	30		17	0	千克/立方米	ABEF	MP/Q			
44129492.90	至少含有一层木碎料板的针叶木面木块芯胶合板等(还包括侧板条芯胶合板及板条芯胶合板)	10	30		17	9	千克/立方米	AB	MP/Q			
4412.9499	----其他											
44129499.10	其他濒危针叶木面木块芯胶合板等(还包括侧板条芯胶合板及板条芯胶合板)	4	30		17	0	千克/立方米	ABEF	MP/Q	0		0
44129499.90	其他针叶木面木块芯胶合板等(还包括侧板条芯胶合板及板条芯胶合板)	4	30		17	9	千克/立方米	AB	MP/Q	0		0
	-- 其他:											
4412.9910	--- 至少有一表层是非针叶木											
44129910.10	至少有一表层是桃花心木的多层板	10	30		17	0/5	千克/立方米	ABEF	MP/Q			
44129910.20	至少有一表层是拉敏木的多层板	10	30		17	0/5	千克/立方米	ABEF	MP/Q			

协定税率 %										特惠税率 %				Article Description
巴基斯坦	冰岛	哥斯达黎	秘鲁	新西兰	瑞士	新加坡	韩国	澳大利亚	港澳台	老挝	孟加拉	33 国	7 国	
	0	0	0	0	8.4		10.4	7.2				0		Plywood, with at least one outer ply of other tropical wood specified in Subheading Note 2 to this Chapter, each ply thickness not exceeding 6mm (other than bamboo)
														-- Other, with at least one outer ply of non-coniferous wood:
														--- With at least one outer ply of temperate non-coniferous wood
				0	0		3.4							Plywood, with at least one outer ply of endangered temperate non-coniferous wood, each ply thickness not exceeding 6mm (other than bamboo)
				0	0		3.4							Plywood, with at least one outer ply of other temperate non-coniferous wood, each ply thickness not exceeding 6mm (other than bamboo)
														--- Other
				0	0		3.4							Plywood, with at least one outer ply of other endangered non-coniferous wood, each ply thickness not exceeding 6mm (other than bamboo)
				0	0		3.4							Plywood, with at least one outer ply of other non-coniferous wood, each ply thickness not exceeding 6mm (other than bambo)
														-- Other
0	0	0	0	0	0	0	0	0			0	0	0	Plywood consisting solely of sheets of endangered wood, each ply thickness not exceeding 6mm (other than bamboo)
0	0	0	0	0	0	0	0	0			0	0	0	Plywood consisting solely of sheets of wood, each ply thickness not exceeding 6mm (other than bamboo)
														- Other:
														-- Blockboard, laminboard and battenboard:
														--- With at least one outer ply of non-coniferous wood
5				4	4		8.6							Blockboard, laminboard and battenboard, with at least one outer ply of Acajou board
5				4	4		8.6							Blockboard, laminboard and battenboard, with at least one outer ply of Ramin wood
5				4	4		8.6							Blockboard, laminboard and battenboard, with at least one outer ply of endangered tropical wood
5				4	4		8.6							Blockboard, laminboard and battenboard, with at least one outer ply of endangered non-coniferous wood
5				4	4		8.6							Blockboard, laminboard and battenboard, with at least one outer ply of non-coniferous wood
														--- Other:
														----With at least one ply of tropical wood specified in Subheading Note 2 to this Chapter
				3.2	3.2		6.9							Blockboard, laminboard and battenboard, with at least one outer ply of endangered tropical coniferous wood specified in Subheading Note 2 to this Chapter
				3.2	3.2		6.9							Blockboard, laminboard and battenboard, with at least one outer ply of tropical coniferous wood specified in Subheading Note 2 to this Chapter
														----Other, containing at least one layer of particle board
				4	4		8.6							Blockboard, laminboard and battenboard, with outer ply of endangered coniferous wood, containing at least one layer of wood particle board
				4	4		8.6							Blockboard, laminboard and battenboard, with outer ply of coniferous wood, containing at least one layer of wood particle board
														----Other
0	0	0	0	0	0	0	0	0			0	0	0	Other blockboard, including laminboard and battenboard, with outer ply of endangered coniferous wood
0	0	0	0	0	0	0	0	0			0	0	0	Other blockboard, including laminboard and battenboard, with outer ply of coniferous wood
														-- Other:
														--- With at least one outer ply of non-coniferous wood
5				4	4		8.6							Laminated wood, with at least one outer ply of Acajou
5				4	4		8.6							Laminated wood, with at least one outer ply of Ramin wood

税号	货品名称	进口关税 %			增值/消费税%	出口退税%	统计计量单位	监管证件代码	检验检疫类别	协定税率 %		
		最惠国	普通	年内暂定						东盟	亚太	智利
44129910.30	至少有一表层是濒危热带木的多层板	10	30		17	0	千克/立方米	ABEF	MP/Q			
44129910.40	其他至少有一表层是濒危非针叶木的多层板	10	30		17	0	千克/立方米	ABEF	MP/Q			
44129910.90	其他至少有一表层是非针叶木的多层板	10	30		17	9	千克/立方米	AB	MP/Q			
	--- 其他:											
4412.9991	----至少有一层是本章子目注释所列的热带木											
44129991.10	其他至少有一层是濒危热带木的针叶木面多层板(热带木指本章子目注释二所列木材)	8	30		17	0	千克/立方米	ABEF	MP/Q			
44129991.90	其他至少有一层是热带木的针叶木面多层板(热带木指本章子目注释二所列木材)	8	30		17	9	千克/立方米	AB	MP/Q			
4412.9992	----其他，至少含有一层木碎料板											
44129992.10	其他至少含有一层木碎料板的濒危针叶木面多层板	10	30		17	0	千克/立方米	ABEF	MP/Q			
44129992.90	其他至少含有一层木碎料板的针叶木面多层板	10	30		17	9	千克/立方米	AB	MP/Q			
4412.9999	----其他											
44129999.10	其他濒危针叶木面多层板	4	30		17	0	千克/立方米	ABEF	MP/Q	0		0
44129999.90	其他针叶木面多层板	4	30		17	9	千克/立方米	AB	MP/Q	0		0
44.13	**强化木，成块、板、条或异型的:**											
4413.0000	强化木，成块、板、条或异型的	6	20		17	9	千克	AB	P/Q	0		0
44.14	**木制的画框、相框、镜框及类似品:**											
4414.0010	--- 辐射松制的	20	100		17	5	千克	AB	P/Q			
4414.0090	--- 其他											
44140090.10	拉敏木制画框,相框,镜框及类似品	20	100		17	5	千克	ABEF	P/Q			
44140090.20	濒危木制画框,相框,镜框及类似品	20	100		17	0	千克	ABEF	P/Q			
44140090.90	其他木制的画框,相框,镜框及类似品	20	100		17	13	千克	AB	P/Q			
44.15	**包装木箱、木盒、板条箱、圆桶及类似的包装容器；木制电缆卷筒；木托板、箱形托盘及其他装载用木板；木制的托盘护框:**											
4415.1000	- 箱、盒、板条箱、圆桶及类似的包装容器；电缆卷筒											
44151000.10	拉敏木制木箱及类似包装容器(电缆卷筒)	7.5	80		17	5	千克/件	ABEF	P/Q	0		0
44151000.20	濒危木制木箱及类似包装容器(电缆卷筒)	7.5	80		17	0	千克/件	ABEF	P/Q	0		0
44151000.90	木箱及类似的包装容器,电缆卷筒	7.5	80		17	9	千克/件	AB	P/Q	0		0
	- 木托板、箱形托盘及其他装载用木板；木制的托盘护框:											
4415.2010	--- 辐射松制的	7.5	80		17	5	千克/件	AB	P/Q			
4415.2090	--- 其他											
44152090.10	拉敏木托板、箱形托盘及装载木板(包括拉敏木制托盘护框)	7.5	80		17	5	千克/件	ABEF	P/Q			
44152090.20	濒危木托板、箱形托盘及装载木板(包括濒危木制托盘护框)	7.5	80		17	0	千克/件	ABEF	P/Q			
44152090.90	其他木制托板、箱形托盘及其他装载木板(包括其他木制托盘护框)	7.5	80		17	9	千克/件	AB	P/Q			
44.16	**木制大桶、琵琶桶、盆和其他木制箍桶及其零件，包括桶板:**											
4416.0010	--- 辐射松制的	16	80		17	0	千克	AB	P/Q			
4416.0090	--- 其他											
44160090.10	拉敏木制大桶、琵琶桶、盆和其他箍桶及其零件(包括拉敏木制桶板)	16	80		17	0	千克	ABEF	P/Q			
44160090.20	濒危木制大桶、琵琶桶、盆和其他箍桶及其零件(包括濒危木制桶板)	16	80		17	0	千克	ABEF	P/Q			

协定税率 %										特惠税率 %				Article Description
巴基斯坦	冰岛	哥斯达黎	秘鲁	新西兰	瑞士	新加坡	韩国	澳大利亚	港澳台	老挝	孟加拉	33国	7国	
5				4	4		8.6							Laminated wood, with at least one outer ply of endangered tropical wood
5				4	4		8.6							Other laminated wood, at least one outer ply of endangered non-coniferous wood
5				4	4		8.6							Other laminated wood, with at least one outer ply of non-coniferous wood
														--- Other:
														----With at least one ply of tropical wood specified in Subheading Note 2 to this Chapter
				3.2	3.2		6.9							Other laminated wood, with at least one outer ply of endangered tropical coniferous wood specified in Subheading Note 2 to this Chapter
				3.2	3.2		6.9							Other laminated wood, with at least one outer ply of tropical coniferous wood specified in Subheading Note 2 to this Chapter
														----Other, containing at least one layer of particle board
				4	4		8.6							Laminated wood, with one outer ply of endangered coniferous wood, containing at least one layer of particle board
				4	4		8.6							Laminated wood, with one outer ply of coniferous wood, containing at least one layer of particle board
														----Other
0	0	0	0	0	0	0	0	0				0	0	Laminated wood, with one outer ply of endangered coniferous wood
0	0	0	0	0	0	0	0	0				0	0	Laminated wood, with one outer ply of coniferous wood
														Densified wood，in blocks，plates,strips or profile shapes:
5	0	0	0	0	2.4	0	4.8	3.6			0	0	0	Densified wood，in blocks，plates，strips or profile shapes
														Wooden frames for paintings，photographs，mirrors or similar objects:
				0				12				0		--- Of radiata pine
														--- Other
														Ramin wood frames for paintings , photographs , mirrors or similar objects
														Endangered wood frames for paintings, photographs, mirrors or similar objects
														Other wood frames for paintings, photographs , mirrors or similar objects
														Packing cases，boxes，crates，drums and similar packings，of wood;cabledrums of wood;pallets，box pallets and other load boards，of wood;pallet collars of wood:
														- Cases,boxes,crates,drums and similar packing;cable-drums
5	0	0	0	0	3	0	6	4.5			0	0	0	Cases and similar packing; cabledrums, of Ramin wood
5	0	0	0	0	3	0	6	4.5			0	0	0	Cases and similar packing; cabledrums, of endangered wood
5	0	0	0	0	3	0	6	4.5			0	0	0	Cases and similar packing; cabledrums, of wood
														- Pallets,box pallets and other load boards;pallet collars:
				0				4.5				0		--- of radiata pine
														--- Other
														Pallets, box pallets and other load boards, including pallet collars, of Ramin wood
														Pallets, box pallets and other load boards, including pallet collars, of endangered wood
														Pallets, box pallets and other load boards, including pallet collars, of other wood
														Casks，barrels，vats，tubs and other coopers' products and parts thereof，of wood，including staves:
				0				9.6				0		--- Of radiata pine
														--- Other
														Casks, barrels, vats, tubs and other coopers' products and parts thereof, including staves, of Ramin wood
														Casks, barrels, vats, tubs and other coopers' products and parts thereof, including staves, of endangered wood

税　号	货 品 名 称	进口关税 %			增值/消费税%	出口退税%	统计计量单位	监管证件代码	检验检疫类别	协定税率 %		
		最惠国	普通	年内暂定						东盟	亚太	智利
44160090.90	其他木制大桶、琵琶桶、盆和其他箍桶及其零件(包括其他木制桶板)	16	80		17	0	千克	AB	P/Q			
44.17	**木制的工具、工具支架、工具柄、扫帚及刷子的身及柄；木制鞋靴楦及楦头：**											
4417.0010	--- 辐射松制的	16	80		17	0	千克	AB	P/Q			
4417.0090	--- 其他											
44170090.10	拉敏木制工具、工具支架、工具柄、扫帚及刷子的身及柄(包括拉敏木制鞋靴楦及楦头)	16	80		17	0	千克	ABEF	P/Q			
44170090.20	濒危木制工具、工具支架、工具柄、扫帚及刷子的身及柄(包括濒危木制鞋靴楦及楦头)	16	80		17	0	千克	ABEF	P/Q			
44170090.90	其他木制工具、工具支架、工具柄、扫帚及刷子的身及柄(包括其他木制鞋靴楦及楦头)	16	80		17	0	千克	AB	P/Q			
44.18	**建筑用木工制品，包括蜂窝结构木镶板、已装拼的地板、木瓦及盖屋板：**											
	- 窗、法兰西式（落地）窗及其框架：											
4418.1010	--- 辐射松制的	4	70		17	5	千克	AB	LP/Q			
4418.1090	--- 其他											
44181090.10	拉敏木制木窗,落地窗及其框架	4	70		17	5	千克	ABEF	LP/Q			
44181090.20	濒危木制木窗,落地窗及其框架	4	70		17	0	千克	ABEF	LP/Q			
44181090.90	其他木制木窗,落地窗及其框架	4	70		17	9	千克	AB	LP/Q			
4418.2000	- 门及其框架和门槛											
44182000.10	拉敏木制的木门及其框架和门槛	4	70		17	5	千克	ABEF	P/Q	0		0
44182000.20	濒危木制的木门及其框架和门槛	4	70		17	0	千克	ABEF	P/Q	0		0
44182000.90	木门及其框架和门槛	4	70		17	9	千克	AB	+LP/Q	0		0
4418.4000	- 水泥构件的模板	4	70		17	9	千克	AB	P/Q	0		0
4418.5000	- 木瓦及盖屋板	7.5	70		17	9	千克	AB	P/Q	0		0
4418.6000	- 柱及梁											
44186000.10	濒危木制柱和梁	4	70		17	0	千克	ABEF	P/Q	0		0
44186000.90	其他木制柱和梁	4	70		17	9	千克	AB	P/Q	0		0
	- 已装拼的地板：											
4418.7100	-- 马赛克地板用											
44187100.10	已装拼的拉敏木制马赛克地板	4	70		17	0	千克	ABEF	P/Q	0		0
44187100.20	已装拼的其他濒危木制马赛克地板	4	70		17	0	千克	ABEF	P/Q	0		0
44187100.90	已装拼的其他木制马赛克地板	4	70		17	0	千克	AB	P/Q	0		0
	-- 其他，多层的：											
4418.7210	--- 竹制	4	70		17	13	千克	AB	P/Q	0		0
4418.7290	--- 其他											
44187290.10	已装拼的拉敏木制多层地板	4	70		17	0	千克	ABEF	P/Q	0		0
44187290.20	已装拼的其他濒危木制多层地板	4	70		17	0	千克	ABEF	P/Q	0		0
44187290.90	已装拼的其他木制多层地板	4	70		17	0	千克	AB	P/Q	0		0
	-- 其他：											
4418.7910	--- 竹制	4	70		17	13	千克	AB	P/Q	0		0
4418.7990	--- 其他											
44187990.10	已装拼的拉敏木制其他地板	4	70		17	0	千克	ABEF	P/Q	0		0
44187990.20	已装拼的其他濒危木制地板	4	70		17	0	千克	ABEF	P/Q	0		0
44187990.90	已装拼的木制其他地板	4	70		17	0	千克	AB	P/Q	0		0
	- 其他：											
4418.9010	--- 竹制											
44189010.10	濒危竹制其他建筑用木工制品(包括蜂窝结构的木镶板)	4	70		17	0	千克	ABE	P/Q	0		0
44189010.90	其他竹制其他建筑用木工制品(包括蜂窝结构的木镶板)	4	70		17	9	千克	AB	P/Q	0		0
4418.9090	--- 其他											
44189090.10	拉敏木制其他建筑用木工制品(包括蜂窝结构的木镶板)	4	70		17	5	千克	ABEF	P/Q	0		0
44189090.20	濒危木制其他建筑用木工制品(包括蜂窝结构的木镶板)	4	70		17	0	千克	ABEF	P/Q	0		0
44189090.90	其他建筑用木工制品(包括蜂窝结构的木镶板)	4	70		17	9	千克	AB	P/Q	0		0
44.19	**木制餐具及厨房用具：**											

协定税率 %										特惠税率 %				Article Description
巴基斯坦	冰岛	哥斯达黎	秘鲁	新西兰	瑞士	新加坡	韩国	澳大利亚	港澳台	老挝	孟加拉	33 国	7 国	
														Casks, barrels, vats, tubs and other coopers' products and parts thereof, including staves, of other wood
														Tools，tool bodies，tool handles，broom or brush bodies and handles，of wood;boot or shoe lasts and trees，of wood:
				0				9.6				0		--- Of radiata pine
														--- Other
														Tools, tool bodies, tool handles, broom or brush bodies and handles, and boot or shoe lasts and trees, of ramin wood
														Tools, tool bodies, tool handles, broom or brush bodies and handles, and boot or shoe lasts and trees, of endangered wood
														Tools, tool bodies, tool handles, broom or brush bodies and handles, and boot or shoe lasts and trees, of other wood
														Builders' joinery and carpentry of wood，including cellular wood panels,assembled flooring panels，shingles and shakes:
														- Windows，French-windows and their frames:
				0				0				0		--- Of radiata pine
														--- Other
									/0/			0		Windows, French-windows and their frames of Ramin wood
									/0/			0		Windows, French-windows and their frames of endangered wood
									/0/			0		Windows, French-windows and their frames of other wood
														- Doors and their frames and thresholds
0	0	0	0	0	0	0	0	0	/0/		0	0	0	Doors and their frames and thresholds, of ramin wood
0	0	0	0	0	0	0	0	0	/0/		0	0	0	Doors and their frames and thresholds, of endangered wood
0	0	0	0	0	0	0	0	0	/0/		0	0	0	Doors and their frames and thresholds, of wood
0	0	0	0	0	0		0	0			0	0	0	- Shuttering for concrete constructional work
5	0	0	0	0	3		4.5	4.5			0	0	0	- Shingles and shakes
														- Posts and beams
0	0	0	0	0	0	0	0	0			0	0	0	Poles and beams, of endangered wood
0	0	0	0	0	0	0	0	0			0	0	0	Poles and beams, of other wood
														- Assembled flooring panels:
														-- For mosaic floors
0	0	0	0	0	0	0	0	0			0	0	0	Assembled flooring panels for mosaic floor, of Ramin wood
0	0	0	0	0	0	0	0	0			0	0	0	Assembled flooring panels for mosaic floor, of endangered wood
0	0	0	0	0	0	0	0	0			0	0	0	Assembled flooring panels for mosaic floor, of other wood
														-- Other, multilayer:
0	0	0	0	0	0	0	0	0				0	0	--- Of bamboo
														--- Other
0	0	0	0	0	0	0	0	0				0	0	Assembled flooring panels, multilayer, of Ramin wood
0	0	0	0	0	0	0	0	0				0	0	Assembled flooring panels, multilayer, of endangered wood
0	0	0	0	0	0	0	0	0				0	0	Assembled flooring panels, multilayer, of other wood
														-- Other:
0	0	0	0	0	0	0	0	0				0	0	--- Of bamboo
														--- Other
0	0	0	0	0	0	0	0	0				0	0	Other flooring panels of Ramin wood , assembled
0	0	0	0	0	0	0	0	0				0	0	Other flooring panels of endangered wood, assembled
0	0	0	0	0	0	0	0	0				0	0	Other flooring panels of wood, assembled
														- Other:
														--- Of bamboo
0	0	0	0	0	0	0	0	0			0	0	0	Other builder's joinery and carpentry of endangered bamboo (including cellular wood panels)
0	0	0	0	0	0	0	0	0			0	0	0	Other builder's joinery and carpentry of other bamboo (including cellular wood panels)
														--- Other
0	0	0	0	0	0	0	0	0			0	0	0	Other builders' joinery and carpentry, and cellular wood panels, of Ramin wood (including cellular wood panels)
0	0	0	0	0	0	0	0	0			0	0	0	Other builders' joinery and carpentry, and cellular wood panels, of endangered wood (including cellular wood panels)
0	0	0	0	0	0	0	0	0			0	0	0	Other builders' joinery and carpentry, and cellular wood panels, of other wood (including cellular wood panels)
														Tableware and kitchenware，of wood:

税号	货品名称	进口关税 % 最惠国	普通	年内暂定	增值/消费税%	出口退税%	统计计量单位	监管证件代码	检验检疫类别	协定税率 % 东盟	亚太	智利
	--- 一次性筷子:											
4419.0031	----木制	0	100		17/5	0	千克	AB	P/Q			
4419.0032	----竹制											
44190032.10	酸竹制一次性筷子	0	100		17	0	千克	ABE	PR/Q			
44190032.90	其他竹制一次性筷子	0	100		17	13	千克	AB	PR/Q			
	--- 其他:											
4419.0091	----竹制	0	100		17	13	千克	AB	PR/Q			
4419.0099	----其他											
44190099.10	拉敏木制的餐具及厨房用具	0	100		17	5	千克	ABEF	PR/Q			
44190099.20	濒危木制的餐具及厨房用具	0	100		17	0	千克	ABEF	PR/Q			
44190099.90	其他木制餐具及厨房用具	0	100		17	9	千克	AB	PR/Q			
44.20	**镶嵌木(包括细工镶嵌木);装珠宝或刀具用的木制盒子和小匣子及类似品;木制小雕像及其他装饰品;第九十四章以外的木制家具:**											
	- 木制小雕像及其他装饰品:											
	--- 木刻及竹刻:											
4420.1011	----木刻											
44201011.20	濒危木制的木刻	0	100		17	0	千克	ABEF	P/Q			
44201011.90	其他木刻	0	100		17	9	千克	AB	P/Q			
4420.1012	----竹刻	0	100		17	9	千克	AB	P/Q			
4420.1020	--- 木扇											
44201020.20	濒危木制的木扇	0	100		17	0	千克	ABEF	P/Q			
44201020.90	木扇	0	100		17	9	千克	AB	P/Q			
4420.1090	--- 其他											
44201090.30	沉香木及拟沉香木制其他小雕像及其他装饰品	0	100		17	0	千克	ABEF	P/Q			
44201090.40	其他濒危木制其他小雕像及其他装饰品	0	100		17	0	千克	ABEF	P/Q			
44201090.90	其他木制小雕像及其他装饰品	0	100		17	13	千克	AB	P/Q			
	- 其他:											
4420.9010	--- 镶嵌木											
44209010.10	拉敏木制的镶嵌木	0	45		17	5	千克	ABEF	P/Q			
44209010.20	濒危木制的镶嵌木	0	45		17	0	千克	ABEF	P/Q			
44209010.90	镶嵌木	0	45		17	13	千克	AB	P/Q			
4420.9090	--- 其他											
44209090.10	拉敏木盒及类似品,非落地木家具(前者用于装珠宝或家具;后者不包括第九十四章的家具)	0	100		17	5	千克	ABEF	P/Q			
44209090.20	濒危木盒及类似品,非落地木家具(前者用于装珠宝或家具;后者不包括第九十四章的家具)	0	100		17	0	千克	ABEF	P/Q			
44209090.90	木盒子及类似品;非落地式木家具(前者用于装珠宝或家具,后者不包括第九十四章的家具)	0	100		17	9	千克	AB	P/Q			
44.21	**其他木制品:**											
4421.1000	- 衣架											
44211000.10	拉敏木制木衣架	0	90		17	5	千克	ABEF	P/Q			
44211000.20	濒危木制木衣架	0	90		17	0	千克	ABEF	P/Q			
44211000.90	木衣架	0	90		17	9	千克	AB	P/Q			
	- 其他:											
4421.9010	--- 卷轴、纡子、筒管、缝纫用线轴及类似品											
44219010.10	拉敏木纡子、筒管、卷轴、线轴及类似品	0	35		17	5	千克	ABEF	P/Q			
44219010.20	濒危木纡子、筒管、卷轴、线轴及类似品	0	35		17	0	千克	ABEF	P/Q			
44219010.90	木卷轴、纡子、筒管、线轴及类似品	0	35		17	9	千克	AB	P/Q			
	--- 圆签、圆棒、冰果棒、压舌片及类似一次性制品:											
4421.9021	----木制											
44219021.10	一次性拉敏木制圆签,圆棒,冰果棒,压舌片(包括类似的一次性制品)	0	35		17	0	千克	ABEF	P/Q			
44219021.20	一次性濒危木制圆签,圆棒,冰果棒,压舌片(包括类似的一次性制品)	0	35		17	0	千克	ABEF	P/Q			

协定税率 %										特惠税率 %				
巴基斯坦	冰岛	哥斯达黎	秘鲁	新西兰	瑞士	新加坡	韩国	澳大利亚	港澳台	老挝	孟加拉	33 国	7 国	**Article Description**
														--- One-time chopsticks:
							0	0			0	0	0	----Of wood
														----Of bamboo
							0	0			0	0	0	One-time chopsticks, of Acidosasa chinensis
							0	0			0	0	0	One-time chopsticks, of other bamboo
														--- Other:
							0	0			0	0	0	----Of bamboo
														----Other
							0	0			0	0	0	Tableware and kitchenware of Ramin wood
							0	0			0	0	0	Tableware and kitchenware of endangered wood
							0	0			0	0	0	Tableware and kitchenware of other wood
														Wood marquetry and inlaid wood;caskets and cases for jewellery or cutlery，and similar articles，of wood;statuettes and other ornaments，of wood;wooden articles or furniture not falling in Chapter 94:
														- Statuettes and other ornaments，of wood:
														--- Wood or bamboo carvings:
														----Wood carvings
							0	0			0	0	0	Wood carvings, of endangered wood
							0	0			0	0	0	Wood carvings, of other wood
							0	0			0	0	0	----Bamboo carvings
														--- Wooden fans
							0	0			0	0	0	Wood fans, of endangered wood
							0	0			0	0	0	Wood fans
														--- Other
							0	0			0	0	0	Statuettes and other ornaments, of Eaglewood and Agalloch Eaglewood
							0	0			0	0	0	Other Statuettes and other ornaments, of other endangered wood
							0	0			0	0	0	Other Statuettes and other ornaments, of other wood
														- Other:
														--- Wood marquetry and inlaid wood
							0	0			0	0	0	Inlaid wood, of ramin wood
							0	0			0	0	0	Inlaid wood, of endangered wood
							0	0			0	0	0	Inlaid wood
														--- Other
							0	0			0	0	0	Caskets, cases and similar articles for jewelry or furniture, of Ramin wood; non-floor furniture, of ramin wood, excluding furniture in Chapter 94
							0	0			0	0	0	Caskets, cases and similar articles for jewelry or furniture, of endangered wood; non-floor furniture, of endangered wooden, excluding furniture in Chapter 94
							0	0			0	0	0	Caskets, cases and similar articles for jewelry or furniture, of wood; non-floor furniture, of wood, excluding furniture in Chapter 94
														Other articles of wood:
														- Clothes hangers
							0	0			0	0	0	Clothes hangers of Ramin wood
							0	0			0	0	0	Clothes hangers of endangered wood
							0	0			0	0	0	Clothes hangers of wood
														- Other:
														--- Spools，cops，bobbins，sewing thread reels and the like
							0	0			0	0	0	Cops, bobbins, spools, sewing thread reels and similar articles, of Ramin wood
							0	0			0	0	0	Cops, bobbins, spools, sewing thread reels and similar articles, of endangered wood
							0	0			0	0	0	Spools, cops, bobbins, sewing thread reels and similar articles, of wood
														--- Circle sticks,circle bars,popsicle sticks,spatula and the like:
														----Of wood
							0	0			0	0	0	Round picks and sticks, sticks for ice-sucker, spatulas and similar one time articles, of ramin wood
							0	0			0	0	0	Round picks and sticks, sticks for ice-sucker, spatulas and similar one time articles, of endangered wood

税号	货品名称	进口关税 %			增值/消费税%	出口退税%	统计计量单位	监管证件代码	检验检疫类别	协定税率 %		
		最惠国	普通	年内暂定						东盟	亚太	智利
44219021.90	一次性其他木制圆签,圆棒,冰果棒,压舌片(包括类似的一次性制品)	0	35		17	0	千克	AB	P/Q			
4421.9022	----竹制											
44219022.10	一次性酸竹制圆签,圆棒,冰果棒,压舌片(包括类似的一次性制品)	0	35		17	0	千克	ABE	P/Q			
44219022.90	一次性其他竹制圆签,圆棒,冰果棒,压舌片(包括类似的一次性制品)	0	35		17	13	千克	AB	P/Q			
4421.9090	--- 其他											
44219090.10	拉敏木制的未列名的木制品	0	90		17	5	千克	ABEF	P/Q			
44219090.20	濒危木制的未列名的木制品	0	90		17	0	千克	ABEF	P/Q			
44219090.90	未列名的木制品	0	90		17	13	千克	AB	P/Q			

协定税率 %										特惠税率 %				Article Description
巴基斯坦	冰岛	哥斯达黎	秘鲁	新西兰	瑞士	新加坡	韩国	澳大利亚	港澳台	老挝	孟加拉	33 国	7 国	
							0	0			0	0	0	Round picks and sticks, sticks for ice-sucker, spatulas and similar one time articles, of other wood
														----Of bamboo
							0	0			0	0	0	Round picks and sticks, sticks for ice-sucker, spatulas and similar one time articles, of Acidosasa chinensis
							0	0			0	0	0	Round picks and sticks, sticks for ice-sucker, spatulas and similar one time articles, of other bamboo
														--- Other
							0	0			0	0	0	Articles of Ramin wood, not elsewhere specified or included
							0	0			0	0	0	Articles of endangered wood, not elsewhere specified or included
							0	0			0	0	0	Articles of wood, not elsewhere specified or included

第四十五章 软木及软木制品

注释：

本章不包括：

一、第六十四章的鞋靴及其零件；

二、第六十五章的帽类及其零件；或

三、第九十五章的物品（例如，玩具、游戏品及运动用品）。

税号	货品名称	进口关税 %			增值/消费税%	出口退税%	统计计量单位	监管证件代码	检验检疫类别	协定税率 %		
		最惠国	普通	年内暂定						东盟	亚太	智利
45.01	**未加工或简单加工的天然软木；软木废料；碎的、粒状的或粉状的软木：**											
4501.1000	- 未加工或简单加工的天然软木	6	17	1	17	0	千克	AB	P/Q	0		0
	- 其他：											
4501.9010	--- 软木废料	0	17		17	0	千克	AB	MP/Q			
4501.9020	--- 碎的、粒状的或粉状的软木（软木碎、软木粒或软木粉）	0	17		17	0	千克	AB	P/Q			
45.02	**天然软木，除去表皮或粗切成方形，或成长方块、正方块、板、片或条状（包括作塞子用的方块坯料）：**											
4502.0000	天然软木，除去表皮或粗切成方形，或成长方块、正方块、板、片或条状（包括作塞子用的方块坯料）	8	30		17	0	千克	AB	P/Q	0		0
45.03	**天然软木制品：**											
4503.1000	- 塞子	8	50		17	0	千克	AB	P/Q	0		0
4503.9000	- 其他	10.5	50		17	0	千克	AB	P/Q	0		0
45.04	**压制软木（不论是否使用粘合剂压成）及其制品：**											
4504.1000	- 块、板、片及条；任何形状的砖、瓦；实心圆柱体，包括圆片	8.4	30		17	0	千克	AB	P/Q	0		0
4504.9000	- 其他	0	50		17	0	千克	AB	P/Q			

Chapter 45 Cork and articles of cork

Chapter Notes:

This Chapter does not cover:

1. Footwear or parts of footwear of Chapter 64;
2. Headgear or parts of headgear of Chapter 65;
3. Or Articles of Chapter 95 (for example, toys, games, sports requisites).

协定税率 %										特惠税率 %				Article Description
巴基斯坦	冰岛	哥斯达黎	秘鲁	新西兰	瑞士	新加坡	韩国	澳大利亚	港澳台	老挝	孟加拉	33 国	7 国	
														Natural cork，raw or simply prepared;waste cork;crushed，granulated or ground cork:
5	0	0	0	0	2.4		0	3.6				0	0	- Natrual cork，raw or simply prepared
														- Other:
							0	0			0	0	0	--- Waste cork
							0	0			0	0	0	--- Crushed, granulated or ground cork
														Natural cork，debarked or roughly squared，or in rectangular (including square) blocks，plates，sheets or strip (including sharp-edged blanks for corks or stoppers):
5	0	0	0	0	3.2		4.8	4.8			0	0	0	Natural cork，debarked or roughly squared，or in rectangular (including square) blocks，plates，sheets or strip(including sharp-edged blanks for corks or stoppers)
														Articles of natural cork:
5	0	0	0	0	3.2		4.8	4.8			0	0	0	- Corks and stoppers
5	0	0	0	0	7.4	0	8.4	6.3			0	0	0	- Other
														Agglomerated cork(with or without a binding substance)and articles of agglomerated cork:
5	0	0	0	0	3.36		6.7	5			0	0	0	- Blocks，plates，sheets and strip；tiles of any shape;solid cylinders，including discs
							0	0			0	0	0	- Other

第四十六章 稻草、秸秆、针茅或其他编结材料制品；篮筐及柳条编结品

注释：

一、本章所称“编结材料”，是指其状态或形状适于编结、交织或类似加工的材料，包括稻草、秸秆、柳条、竹、藤、灯芯草、芦苇、木片条、其他植物材料扁条（例如，树皮条、狭叶、酒椰叶纤维或其他从阔叶获取的条）、未纺的天然纺织纤维、塑料单丝及扁条、纸带，但不包括皮革、再生皮革、毡呢或无纺织物的扁条、人发、马毛、纺织粗纱或纱线以及第五十四章的单丝和扁条。

二、本章不包括：

（一）税目 48.14 的壁纸；

（二）不论是否编结而成的线、绳、索、缆（税目 56.07）；

（三）第六十四章和第六十五章的鞋靴、帽类及其零件；

（四）编结而成的车辆或车身（第八十七章）；或

（五）第九十四章的物品（例如，家具、灯具及照明装置）。

三、税目 46.01 所称“平行连结的成片编结材料、缏条或类似的编结材料产品”，是指编结材料、缏条及类似的编结材料产品平行排列连结成片的制品，其连结材料不论是否为纺制的纺织材料。

税 号	货 品 名 称	进口关税 %			增值/消费税%	出口退税%	统计计量单位	监管证件代码	检验检疫类别	协定税率 %		
		最惠国	普通	年内暂定						东盟	亚太	智利
46.01	用编结材料编成的缏条及类似产品，不论是否缝合成宽条；平行连结或编织的成片编结材料、缏条或类似的编结材料产品，不论是否制成品（例如，席子、席料、帘子）：											
	- 植物材料制的席子、席料及帘子：											
4601.2100	-- 竹制的	9	90		17	13	千克/张	AB	P/Q	0		0
4601.2200	-- 藤制的	9	100		17	13	千克/张	AB	P/Q	0		0
	-- 其他：											
	--- 草制的：											
4601.2911	----灯心草属材料制的											
46012911.11	蔺草制的提花席、双首席、垫子（单位面积＞1平方米，不论是否包边）	9	90		17	13	千克/张	4ABxy	P/Q	0		0
46012911.12	蔺草制的其他席子（单位面积＞1平方米，不论是否包边）	9	90		17	13	千克/张	4ABxy	P/Q	0		0
46012911.19	蔺草制的其他席子、席料及帘子（单位面积≤1平方米，不论是否包边）	9	90		17	13	千克/张	AB	P/Q	0		0
46012911.90	其他灯心草属材料制的席子等（包括席子、席料、帘子、垫子）	9	90		17	13	千克/张	AB	P/Q	0		0
4601.2919	----其他	9	90		17	13	千克/张	AB	P/Q	0		0
	--- 芦苇制的：											
4601.2921	----苇帘	9	90		17	13	千克/张	AB	P/Q	0		0
4601.2929	----其他	9	90		17	13	千克/张	AB	P/Q	0		0
4601.2990	--- 其他	9	90		17	13	千克/张	AB	P/Q	0		0
	- 其他：											
	-- 竹制的：											
4601.9210	--- 缏条及类似产品，不论是否缝合成宽条	9	100		17	13	千克	AB	P/Q	0		0
4601.9290	--- 其他	9	90		17	13	千克	AB	P/Q	0		0
	-- 藤制的：											
4601.9310	--- 缏条及类似产品，不论是否缝合成宽条	9	100		17	13	千克	AB	P/Q	0		0
4601.9390	--- 其他	9	90		17	13	千克	AB	P/Q	0		0
	-- 其他植物材料制的：											
	--- 稻草制的：											
4601.9411	----缏条（绳）	10	90		17	13	千克	AB	P/Q	0		0
4601.9419	----其他	10	90		17	13	千克	AB	P/Q	0		0
	--- 其他：											

Chapter 46　Manufactures of straw, of esparto or of other plaiting materials; basketware and wickerwork

Chapter Notes:

1. In this Chapter the expression "plaiting materials" means materials in a state or form suitable for plaiting, interlacing or similar processes; it includes straw, osier or willow, bamboos, rattans, rushes, reeds, strips of wood, strips of other vegetable material (for example, strips of bark, narrow leaves and raffia or other strips obtained from broad leaves), unspun natural textile fibres, monofilament and strip and the like of plastics and strips of paper, but not strips of leather or composition leather or of felt or nonwovens, human hair, horsehair, textile rovings or yarns, or monofilament and strip and the like of Chapter 54.

2. This Chapter does not cover:

   (a) Wall coverings of heading 48.14;

   (b) Twine, cordage, ropes or cables, plaited or not (heading 56.07);

   (c) Footwear or headgear or parts thereof of Chapter 64 or 65;

   (d) Vehicles or bodies for vehicles of basketware (Chapter 87); or

   (e) Articles of Chapter 94 (for example, furniture, lamps and lighting fittings).

3. For the purposes of heading 46.01, the expression "plaiting materials, plaits and similar products of plaiting materials, bound together in parallel strands" means plaiting materials, plaits and similar products of plaiting materials, placed side by side and bound together, in the form of sheets, whether or not the binding materials are of spun textile materials.

协定税率 %										特惠税率 %				Article Description
巴基斯坦	冰岛	哥斯达黎	秘鲁	新西兰	瑞士	新加坡	韩国	澳大利亚	港澳台	老挝	孟加拉	33 国	7 国	
														Plaits and similar products of plaiting materials，whether or not assembled into strips;plaiting materials，plaits and similar products of plaiting materials，bound together in parallel strands or woven，in sheet form，whether or not being finished articles(for example，mats，matting,screens):
														- Mats，matting and screens of vegetable materials:
5	0	0	0	0	3.6		5.4	5.4	/0/	0	0	0	0	-- Of bamboo
5	0	0	0	0	3.6		5.4	5.4	/0/	0	0	0	0	-- Of rattan
														-- Other:
														--- Of grass or straw:
														----Of rushes
5	0	0	0	0	3.6		5.4	5.4	/0/	0	0	0	0	Jacquard mats, clover mats and cushion, of Schoenoplectus trigueter, of per unit area exceeding 1 m^2, whether or not edged
5	0	0	0	0	3.6		5.4	5.4	/0/	0	0	0	0	Other mats, matting, of Schoenoplectus trigueter, of per unit area exceeding 1 m^2, whether or not edged
5	0	0	0	0	3.6		5.4	5.4	/0/	0	0	0	0	Other mats, matting and screens, of Schoenoplectus trigueter, of per unit area not exceeding 1 m^2, whether or not edged
5	0	0	0	0	3.6		5.4	5.4	/0/	0	0	0	0	Other mats, matting and screens, of other Rush except Schoenoplectus trigueter
5	0	0	0	0	3.6		5.4	5.4		0	0	0	0	----Other
														--- Of reeds:
5	0	0	0	0	3.6		5.4	5.4		0	0	0	0	----Screens of reeds
5	0	0	0	0	3.6		5.4	5.4		0	0	0	0	----Other
5	0	0	0	0	3.6		5.4	5.4		0	0	0	0	--- Other
														- Other:
														-- Of bamboo:
5	0	0	0	0	3.6		5.4	5.4	/0/	0	0	0	0	--- Plaits and similar products of plaiting meterials, whether or not assembled into strips
5	0	0	0	0	3.6		5.4	5.4	/0/		0	0	0	--- Other
														-- Of rattan:
5	0	0	0	0	3.6		5.4	5.4	/0/	0	0	0	0	--- Plaits and similar products of plaiting meterials, whether or not assembled into strips
5	0	0		0	3.6		5.4	5.4	/0/			0		--- Other
														-- Of other vegetable materials:
														--- Of straw:
5	0	0	0	0	4		8	6				0	0	----Plaits
5	0	0	0	0	4		8	6				0	0	----Other
														--- Other:

税号	货品名称	进口关税 % 最惠国	普通	年内暂定	增值/消费税%	出口退税%	统计计量单位	监管证件代码	检验检疫类别	协定税率 % 东盟	亚太	智利
4601.9491	----缠条及类似产品，不论是否缝合成宽条	9	100		17	13	千克	AB	P/Q	0		0
4601.9499	----其他	9	90		17	13	千克	AB	P/Q	0		0
	其他：											
4601.9910	--- 缏条及类似产品，不论是否缝合成宽条	9	90		17	13	千克			0		0
4601.9990	--- 其他	9	90		17	13	千克			0		0
46.02	**用编结材料直接编成或用税目 46.01 所列货品制成的篮筐、柳条编结品及其他制品；丝瓜络制品：**											
	- 植物材料制：											
4602.1100	-- 竹制的	9	100		17	13	千克	AB	P/Q	0		0
4602.1200	-- 藤制的	9	100		17	13	千克	AB	P/Q	0		0
	-- 其他：											
4602.1910	--- 草制的	9	100		17	13	千克	AB	P/Q	0		0
4602.1920	--- 玉米皮制的	9	100		17	13	千克	AB	P/Q	0		0
4602.1930	--- 柳条制的	9	100		17	13	千克	AB	P/Q	0		0
4602.1990	--- 其他	9	100		17	13	千克	AB	P/Q	0		0
4602.9000	- 其他	9	100		17	13	千克			0	8	0

协定税率 %										特惠税率 %				Article Description
巴基斯坦	冰岛	哥斯达黎	秘鲁	新西兰	瑞士	新加坡	韩国	澳大利亚	港澳台	老挝	孟加拉	33 国	7 国	
5	0	0	0	0	3.6		5.4	5.4		0	0	0	0	----Plaits and similar products of plaiting meterials, whether or not assembled into strips
5	0	0	0	0	3.6		5.4	5.4			0	0	0	----Other
														-- Other:
5	0	0	0	0	3.6		5.4	5.4		0	0	0	0	--- Plaits and similar products of plaiting materials, whether or not assembled into strips
5	0	0	0	0	3.6		7.2	5.4				0	0	--- Other
														Basketwork, wickerwork and other articles, made directly to shape from plaiting materials or made up from goods of heading No.46.01;articles of loofah:
														- Of vegetable materials:
5	0	0	0	0	3.6		5.4	5.4			0	0	0	-- Of bamboo
5	0	0		0	3.6		5.4	5.4			0	0	0	-- Of rattan
														-- Other:
5	0	0	0	0	3.6		5.4	5.4			0	0	0	--- Of grass or straw
5	0	0	0	0	3.6		5.4	5.4			0	0	0	--- Of maize-shuck
5	0	0	0	0	3.6		5.4	5.4			0	0	0	--- Of osier
5	0	0		0	3.6		5.4	5.4			0	0	0	--- Other
5	0	0	0	0	3.6		5.4	5.4	/0/		0	0	0	- Other

第十类　木浆及其他纤维状纤维素浆；回收（废碎）纸或纸板；纸、纸板及其制品

第四十七章　木浆及其他纤维状纤维素浆；回收（废碎）纸或纸板

注释：

税目 47.02 所称“化学木浆，溶解级”，是指温度在 20℃时浸入含 18%氢氧化钠的苛性碱溶液内，一小时后，按重量计含有 92%及以上的不溶级分的碱木浆或硫酸盐木浆，或者含有 88%及以上的不溶级分的亚硫酸盐木浆。对于亚硫酸盐木浆，按重量计灰分含量不得超过 0.15%。

税号	货品名称	进口关税 %			增值/消费税%	出口退税%	统计计量单位	监管证件代码	检验检疫类别	协定税率 %		
		最惠国	普通	年内暂定						东盟	亚太	智利
47.01	机械木浆：											
4701.0000	机械木浆	0	8		17	0	千克					
47.02	化学木浆，溶解级：											
4702.0000	化学木浆，溶解级											
47020000.01	用于生产粘胶等化学纤维（不含醋酸纤维）的化学木浆，溶解级[3.7dl/g≤浆粕的粘度<6.4dl/g，或者 350ml/g≤浆粕的粘度<700ml/g，α纤维素含量(R18，硫酸盐法)<95.5%，或者α纤维素含量(R18，亚硫酸盐法)<94%，灰分≤0.15%]	0	8		17	0	千克					
47020000.90	其他化学木浆，溶解级	0	8		17	0	千克					
47.03	碱木浆或硫酸盐木浆，但溶解级的除外：											
	-　未漂白：											
4703.1100	--　针叶木的	0	8		17	0	千克					
4703.1900	--　非针叶木的	0	8		17	0	千克					
	-　半漂白或漂白：											
4703.2100	--　针叶木的											
47032100.01	用于生产粘胶等化学纤维（不含醋酸纤维）的漂白针叶木碱木浆或硫酸盐木浆（包括半漂白的，溶解级的除外）[3.7dl/g≤浆粕的粘度<6.4dl/g，或者 350ml/g≤浆粕的粘度<700ml/g，88%≤α纤维素含量(R18，硫酸盐法)<95.5%，灰分≤0.15%]	0	8		17	0	千克					
47032100.90	其他漂白针叶木碱木浆或硫酸盐木浆（包括半漂白的，溶解级的除外）	0	8		17	0	千克					
4703.2900	--　非针叶木的	0	8		17	0	千克					
47.04	亚硫酸盐木浆，但溶解级的除外：											
	-　未漂白：											
4704.1100	--　针叶木的	0	8		17	0	千克					
4704.1900	--　非针叶木的	0	8		17	0	千克					
	-　半漂白或漂白：											
4704.2100	--　针叶木的	0	8		17	0	千克					
4704.2900	--　非针叶木的	0	8		17	0	千克					
47.05	用机械和化学联合制浆法制得的木浆：											
4705.0000	用机械和化学联合制浆法制得的木浆	0	8		17	0	千克					
47.06	从回收（废碎）纸或纸板提取的纤维浆或其他纤维状纤维素浆：											
4706.1000	-　棉短绒纸浆											

SECTION X PULP OF WOOD OR OF OTHER FIBROUS CELLULOSIC MATERIAL; RECOVERED (WASTE AND SCRAP) PAPER OR PAPERBOARD; PAPER AND PAPERBOARD AND ARTICLES THEREOF

Chapter 47 Pulp of wood or of other fibrous cellulosic material;recovered (waste and scrap) paper or paperboard

Chapter Notes:

For the purposes of heading 47.02, the expression “chemical wood pulp, dissolving grades” means chemical wood pulp having by weight an insoluble fraction of 92% or more for soda or sulphate wood pulp or of 88% or more for sulphite wood pulp after one hour in a caustic soda solution containing 18% sodium hydroxide (NaOH) at 20℃, and for sulphite wood pulp an ash content that does not exceed 0.15% by weight.

协定税率 %										特惠税率 %				Article Description
巴基斯坦	冰岛	哥斯达黎	秘鲁	新西兰	瑞士	新加坡	韩国	澳大利亚	港澳台	老挝	孟加拉	33 国	7 国	
														Mechanical wood pulp:
							0	0			0	0	0	Mechanical wood pulp
														Chemical wood pulp，dissolving grades:
														Chemical wood pulp，dissolving grades
							0	0			0	0	0	Chemical wood pulp used in the production of chemical fibers such as viscose other than acetate，dissolving grades(with pulp viscosity 3.7dl/g or more, but less than 6.4dl/g, or with pulp viscosity 350ml/g or more, but less than 700ml/g; with containing cellulose (R18, by Kraft) by weight less than 95.5%, or with containing cellulose (R18, by Sulfite) by weight less than 94%; ash content not exceeding 0.15% by weight)
							0	0			0	0	0	Other chemical wood pulp, dissolving grades
														Chemical wood pulp，soda or sulphate，other than dissolving grades:
														- Unbleached:
							0	0			0	0	0	-- Coniferous
							0	0			0	0	0	-- Non-coniferous
														- Semi-bleached or bleached:
														-- Coniferous
							0	0			0	0	0	Bleached Coniferous chemical wood pulp, soda or sulphate including Semi-bleached but other than dissolving grades, used in the production of chemical fibers such as viscose other than acetate, with pulp viscosity 3.7dl/g or more, but less than 6.4dl/g, or with pulp viscosity 350ml/g or more, but less than 700ml/g; with content of cellulose (R18, by Kraft) by weight 88% or more, but less than 95.5%; ash content unexceeding 0.15% by weight)
							0	0			0	0	0	Other bleached Coniferous chemical wood pulp, soda or sulphate including Semi-bleached but other than dissolving grades
							0	0			0	0	0	-- Non-coniferous
														Chemical wood pulp,sulphite,other than dissolving grades:
														- Unbleached:
							0	0			0	0	0	-- Coniferous
							0	0			0	0	0	-- Non-coniferous
														- Semi-bleached or bleached:
							0	0			0	0	0	-- Coniferous
							0	0			0	0	0	-- Non-coniferous
														Wood pulp obtained by a combination of mechanical and chemical pulping processes:
							0	0			0	0	0	Wood pulp obtained by a combination of mechanical and chemical pulping processes
														Pulps of fibres derived from recovered(waste and scrap)paper or paperboard or of other fibrous cellulosic material:
														- Cotton linters pulp

税号	货品名称	进口关税 % 最惠国	普通	年内暂定	增值/消费税%	出口退税%	统计计量单位	监管证件代码	检验检疫类别	协定税率 % 东盟	亚太	智利
47061000.01	用于生产粘胶等化学纤维(不含醋酸纤维)的棉短绒浆粕[3.7dl/g≤浆粕的粘度<6.4dl/g，或者350ml/g≤浆粕的粘度<700ml/g，α纤维素含量(R18，硫酸盐法)<95.5%，或者α纤维素含量(R18，亚硫酸盐法)<94%，灰分≤0.15%]	0	8		17	13	千克					
47061000.90	其他棉短绒纸浆	0	8		17	13	千克					
4706.2000	- 从回收（废碎）纸或纸板提取的纤维浆	0	8		17	0	千克					
4706.3000	- 其他，竹浆											
47063000.01	用于生产粘胶等化学纤维(不含醋酸纤维)的其他纤维状纤维素竹浆(包括机械浆、化学浆、半化学浆)[3.7dl/g≤浆粕的粘度<6.4dl/g,或者350ml/g≤浆粕的粘度<700ml/g,α纤维素含量(R18，硫酸盐法)<95.5%，或者α纤维素含量(R18，亚硫酸盐法)<94%，灰分≤0.15%]	0	8		17	0	千克					
47063000.90	其他纤维状纤维素竹浆(包括机械浆、化学浆、半化学浆)	0	8		17	0	千克					
	- 其他:											
4706.9100	-- 机械浆	0	8		17	0	千克					
4706.9200	-- 化学浆	0	8		17	0	千克					
4706.9300	-- 用机械和化学联合法制得的浆	0	8		17	0	千克					
47.07	**回收（废碎）纸或纸板:**											
4707.1000	- 未漂白的牛皮纸或纸板及瓦楞纸或纸板的	0	8		17	0	千克	ABP	MP/Q			
4707.2000	- 主要由漂白化学木浆制成未经本体染色的其他纸和纸板的	0	8		17	0	千克	ABP	MP/Q			
4707.3000	- 主要由机械浆制成的纸或纸板(例如,报纸、杂志及类似印刷品）的	0	8		17	0	千克	ABP	MP/Q			
4707.9000	- 其他，包括未分选的废碎品											
47079000.10	回收(废碎)墙(壁)纸、涂蜡纸、浸蜡纸、复写纸(包括未分选的废碎品)	0	8		17	0	千克	9AB	MP/Q			
47079000.90	其他回收纸或纸板(包括未分选的废碎品)	0	8		17	0	千克	ABP	MP/Q			

协定税率 %										特惠税率 %				Article Description
巴基斯坦	冰岛	哥斯达黎	秘鲁	新西兰	瑞士	新加坡	韩国	澳大利亚	港澳台	老挝	孟加拉	33 国	7 国	
							0	0			0	0	0	Cotton linters pulp used in the production of chemical fibers such as viscose other than acetate, with pulp viscosity 3.7dl/g or more, but less than 6.4dl/g, or with pulp viscosity 350ml/g or more, but less than 700ml/g; with containing cellulose (R18, by Kraft) by weight less than 95.5%, or with containing cellulose (R18, by Sulfite) by weight less than 94%; ash content not exceeding 0.15% by weight)
							0	0			0	0	0	Other cotton linters pulp
							0	0			0	0	0	- Pulps of fibres derived from recovered (waste and scrap)paper or paperboard
														- Other, of bamboo
							0	0			0	0	0	Other bamboo pulp in form of fibers, including mechanical pulp, chemical pulp, semi-chemical pulp, used in the production of chemical fibers such as viscose other than acetate, with pulp viscosity 3.7dl/g or more, but less than 6.4dl/g, or with pulp viscosity 350ml/g or more, but less than 700ml/g; with content of cellulose (R18, by Kraft) by weight 88% or more, but less than 95.5%, or with content of cellulose (R18, by Sulfite) by weight 87% or more, but less than 94%; ash content unexceeding 0.15% by weight)
							0	0			0	0	0	Other bamboo pulp in form of fibers，including mechanical pulp, chemical pulp, semi-chemical pulp
														- Other:
							0	0			0	0	0	-- Mechanical
							0	0			0	0	0	-- Chemical
							0	0			0	0	0	-- Obtained by a combination of mechanical and chemical processes
														Recovered (waste and scrap)paper or paperboard:
							0	0			0	0	0	- Unbleached kraft paper or paperboard or of corrugated paper or paperboard
							0	0			0	0	0	- Other paper or paperboard made mainly of bleached chemical pulp，not coloured in the mass
							0	0			0	0	0	- Paper or paperboard made mainly of mechanical pulp (for example，newspapers，journals and similar printed matter)
														- Other，including unsorted waste and scrap
							0	0			0	0	0	Recovered (waste and scrap) wallpaper, wax-coated paper or waxed paper and carbon paper (including unsorted waste and scrap)
							0	0			0	0	0	Other recovered paper or paperboard (including unsorted waste and scrap)

第四十八章 纸及纸板；纸浆、纸或纸板制品

注释：

一、除条文另有规定外，本章所称“纸”包括纸板（不考虑其厚度或每平方米重量）。

二、本章不包括：

（一）第三十章的物品；

（二）税目 32.12 的压印箔；

（三）香纸及用化妆品浸渍或涂布的纸（第三十三章）；

（四）用肥皂或洗涤剂浸渍、覆盖或涂布的纸或纤维素絮纸（税目 34.01）和用光洁剂、擦光膏及类似制剂浸渍、覆盖或涂布的纸或纤维素絮纸（税目 34.05）；

（五）税目 37.01 至 37.04 的感光纸或感光纸板；

（六）用诊断或实验用试剂浸渍的纸（税目 38.22）；

（七）第三十九章的用纸强化的层压塑料板，用塑料覆盖或涂布的单层纸或纸板（塑料部分占总厚度的一半以上），以及上述材料的制品，但税目 48.14 的壁纸除外；

（八）税目 42.02 的物品（例如，旅行用品）；

（九）第四十六章的物品（编结材料制品）；

（十）纸纱线或纸纱线纺织物（第十一类）；

（十一）第六十四章或第六十五章的物品；

（十二）税目 68.05 的砂纸或税目 68.14 的用纸或纸板衬底的云母（但涂布云母粉的纸及纸板归入本章）；

（十三）用纸或纸板衬底的金属箔（通常归入第十四类或第十五类）；

（十四）税目 92.09 的制品；

（十五）第九十五章的物品（例如，玩具、游戏品及运动用品）；或

（十六）第九十六章的物品[例如，钮扣，卫生巾（护垫）及止血塞、婴儿尿布及尿布衬里]。

三、除注释七另有规定的以外，税目 48.01 至 48.05 包括经研光、高度研光、釉光或类似处理、仿水印、表面施胶的纸及纸板；同时还包括用各种方法本体着色或染成斑纹的纸、纸板、纤维素絮纸及纤维素纤维网纸。除税目 48.03 另有规定的以外，上述税目不适用于经过其他方法加工的纸、纸板、纤维素絮纸或纤维素纤维网纸。

四、本章所称“新闻纸”，是指所含用机械或化学—机械方法制得的木纤维不少于全部纤维重量的 50% 的未经涂布的报刊用纸，未施胶或微施胶，每面粗糙度[帕克印刷表面粗糙度（1 兆帕）]超过 2.5 微米，每平方米重量不小于 40 克，但不超过 65 克。

五、税目 48.02 所称“书写、印刷或类似用途的纸及纸板”、“未打孔的穿孔卡片和穿孔纸带纸”，是指主要用漂白纸浆或用机械或化学—机械方法制得的纸浆制成的纸及纸板，并且符合下列任一标准：

每平方米重量不超过 150 克的纸或纸板：

（一）用机械或化学—机械方法制得的纤维含量在 10% 及以上，并且

1. 每平方米重量不超过 80 克；或

2. 本体着色；

（二）灰分含量在 8% 以上，并且

1. 每平方米重量不超过 80 克；或

2. 本体着色；

（三）灰分含量在 3% 以上，亮度在 60% 及以上；或

（四）灰分含量在 3% 以上，但不超过 8%，亮度低于 60%，耐破指数等于或小于 2.5 千帕斯卡 · 平方米/克；或

（五）灰分含量在 3% 及以下，亮度在 60% 及以上，耐破指数等于或小于 2.5 千帕斯卡 · 平方米/克。

每平方米重量超过 150 克的纸或纸板：

Chapter 48　Paper and paperboard; articles of paper pulp,of paper or of paperboard

Chapter Notes:

1. For the purposes of this Chapter, except where the context otherwise requires, a reference to "paper" includes references to paperboard (irrespective of thickness or weight per m^2)
2. This Chapter does not cover:

(a) Articles of Chapter 30;

(b) Stamping foils of heading 32.12;

(c) Perfumed papers or papers impregnated or coated with cosmetics (Chapter 33);

(d) Paper or cellulose wadding impregnated, coated or covered with soap or detergent (heading 34.01), or with polishes, creams or similar preparations (heading 34.05);

(e) Sensitised paper or paperboard of headings 37.01 to 37.04;

(f) Paper impregnated with diagnostic or laboratory reagents (heading 38.22);

(g) Paper-reinforced stratified sheeting of plastics, or one layer of paper or paperboard coated or covered with a layer of plastics, the latter constituting more than half the total thickness, or articles of such materials, other than wall coverings of heading 48.14 (Chapter 39);

(h) Articles of heading 42.02 (for example, travel goods);

(ij) Articles of Chapter 46 (manufactures of plaiting material);

(k) Paper yarn or textile articles of paper yarn (Section XI);

(l) Articles of Chapter 64 or Chapter 65;

(m) Abrasive paper or paperboard (heading 68.05) or paper- or paperboard-backed mica (heading 68.14) (paper and paperboard coated with mica powder are, however, to be classified in this Chapter);

(n) Metal foil backed with paper or paperboard (generally Section XIV or XV);

(o) Articles of heading 92.09;

(p) Articles of Chapter 95 (for example, toys, games, sports requisites); or

(q) Articles of Chapter 96 (for example, buttons, sanitary towels (pads) and tampons, napkins (diapers) and napkin liners for babies).

3. Subject to the provisions of Note 7, headings 48.01 to 48.05 include paper and paperboard which have been subjected to calendering, super-calendering, glazing or similar finishing, false water-marking or surface sizing, and also paper, paperboard, cellulose wadding and webs of cellulose fibres, coloured or marbled throughout the mass by any method. Except where heading 48.03 otherwise requires, these headings do not apply to paper, paperboard, cellulose wadding or webs of cellulose fibres which have been otherwise processed.
4. In this Chapter the expression "newsprint" means uncoated paper of a kind used for the printing of newspapers, of which not less than 50% by weight of the total fibre content consists of wood fibres obtained by a mechanical or chemi-mechanical process, unsized or very lightly sized, having a surface roughness Parker Print Surf (1 MPa) on each side exceeding 2.5 micrometres (microns), weighing not less than 40 g/m^2 and not more than 65 g/m^2.
5. For the purposes of heading 48.02, the expressions "paper and paperboard, of a kind used for writing, printing or other graphic purposes" and "non perforated punch-cards and punch tape paper" mean paper and paperboard made mainly from bleached pulp or from pulp obtained by a mechanical or chemi-mechanical process and satisfying any of the following criteria:

For paper or paperboard weighing not more than 150 g/m^2:

(a) containing 10% or more of fibres obtained by a mechanical or chemi-mechanical process, and

(i) weighing not more than 80 g/m^2, or

(ii) coloured throughout the mass; or

(b) containing more than 8% ash, and

(i) weighing not more than 80 g/m^2, or

(ii) coloured throughout the mass; or

(c) containing more than 3% ash and having a brightness of 60% or more; or

(d) containing more than 3% but not more than 8% ash, having a brightness less than 60%, and a burst index equal to or less than 2.5 $kPa \cdot m^2/g$; or

(e) containing 3% ash or less, having a brightness of 60% or more and a burst index equal to or less than 2.5 $kPa \cdot m^2/g$.

For paper or paperboard weighing more than 150 g/m^2:

（一）本体着色；或

（二）亮度在60%及以上，并且

1. 厚度在225微米及以下；或

2. 厚度在225微米以上，但不超过508微米，灰分含量在3%以上；或

（三）亮度低于60%，厚度不超过254微米，灰分含量在8%以上。

税目48.02不包括滤纸及纸板(含茶袋纸)或毡纸及纸板。

六、本章所称"牛皮纸及纸板"，是指所含用硫酸盐法或烧碱法制得的纤维不少于全部纤维重量的80%的纸及纸板。

七、除税目条文另有规定的以外，符合税目48.01至48.11中两个或两个以上税目所规定的纸、纸板、纤维素絮纸及纤维素纤维网纸，应按号列顺序归入有关税目中的最末一个税目。

八、税目48.01及48.03至48.09仅适用于下列规格的纸、纸板、纤维素絮纸及纤维素纤维网纸：

（一）成条或成卷，宽度超过36厘米；或

（二）成张矩形（包括正方形），一边超过36厘米，另一边超过15厘米（以未折叠计）。

九、税目48.14所称"壁纸及类似品"，仅限于：

（一）适合作墙壁或天花板装饰用的成卷纸张，宽度不小于45厘米，但不超过160厘米：

1. 起纹、压花、染面、印有图案或经其他装饰的（例如，植绒），不论是否用透明的防护塑料涂布或覆盖；

2. 表面饰有木粒或草粒而凹凸不平的；

3. 表面用塑料涂布或覆盖并起纹、压花、染面、印有图案或经其他装饰的；或

4. 表面用不论是否平行连结或编织的编结材料覆盖的；

（二）适于装饰墙壁或天花板用的经上述加工的纸边及纸条，不论是否成卷；

（三）由几幅拼成的壁纸，成卷或成张，贴到墙上可组成印刷的风景画或图案。

既可作铺地制品，也可作壁纸的以纸或纸板为底的产品，应归入税目48.23。

十、税目48.20不包括切成一定尺寸的活页纸张或卡片，不论是否印制、压花、打孔。

十一、税目48.23主要适用于提花机或类似机器用的穿孔纸或卡片，以及纸花边。

十二、除税目48.14及48.21的货品外，印有图案、文字或图画的纸、纸板、纤维素絮纸及其制品，如果所印图案、文字或图画作为其主要用途，应归入第四十九章。

子目注释：

一、子目4804.11及4804.19所称"牛皮衬纸"，是指所含用硫酸盐法或烧碱法制得的木纤维不少于全部纤维重量的80%的成卷机器整饰或上光纸及纸板，每平方米重量超过115克，并且最低缪伦耐破度符合下表所示（其他重量的耐破度可参照下表换算）：

重 量 （克／平方米）	最低缪伦耐破度 （千帕斯卡）
115	393
125	417
200	637
300	824
400	961

二、子目4804.21及4804.29所称"袋用牛皮纸"，是指所含用硫酸盐法或烧碱法制得的木纤维不少于全部纤维重量的80%的成卷机器上光纸，每平方米重量不少于60克，但不超过115克，并且符合下列一种规格：

（一）缪伦耐破指数不小于3.7千帕斯卡·平方米／克，并且横向伸长率大于4.5%，纵向伸长率大于2%；

（二）至少能达到下表所示的最小撕裂度和抗张强度（其他重量的可参照下表换算）：

(a) coloured throughout the mass; or

(b) having a brightness of 60% or more, and

(i) a caliper of 225 micrometres (microns) or less, or

(ii) a caliper of more than 225 micrometres (microns) but not more than 508 micrometres (microns) and an ash content of more than 3%; or

(c) having a brightness of less than 60%, a caliper of 254 micrometres (microns) or less and an ash content of more than 8%.

Heading 48.02 does not, however, cover filter paper or paperboard (including tea-bag paper) or felt paper or paperboard.

6. In this Chapter "kraft paper and paperboard" means paper and paperboard of which not less than 80% by weight of the total fibre content consists of fibres obtained by the chemical sulphate or soda processes.

7. Except where the terms of the headings otherwise require, paper, paperboard, cellulose wadding and webs of cellulose fibres answering to a description in two or more of the headings 48.01 to 48.11 are to be classified under that one of such headings which occurs last in numerical order in the Nomenclature.

8. Headings 48.01 and 48.03 to 48.09 apply only to paper, paperboard, cellulose wadding and webs of cellulose fibres:

(a) in strips or rolls of a width exceeding 36 cm; or

(b) in rectangular (including square) sheets with one side exceeding 36 cm and the other side exceeding 15 cm in the unfolded state.

9. For the purposes of heading 48.14, the expression "wallpaper and similar wall coverings" applies only to:

(a) Paper in rolls, of a width of not less than 45 cm and not more than 160 cm, suitable for wall or ceiling decoration:

(i) Grained, embossed, surface-coloured, design-printed or otherwise surface-decorated (for example, with textile flock), whether or not coated or covered with transparent protective plastics;

(ii) With an uneven surface resulting from the incorporation of particles of wood, straw, etc.;

(iii) Coated or covered on the face side with plastics, the layer of plastics being grained, embossed, coloured, design-printed or otherwise decorated; or

(iv) Covered on the face side with plaiting material, whether or not bound together in parallel strands or woven;

(b) Borders and friezes, of paper, treated as above, whether or not in rolls, suitable for wall or ceiling decoration;

(c) Wall coverings of paper made up of several panels, in rolls or sheets, printed so as to make up a scene, design or motif when applied to a wall.

Products on a base of paper or paperboard, suitable for use both as floor coverings and as wall coverings, are to be classified in heading 48.23.

10. Heading 48.20 does not cover loose sheets or cards, cut to size, whether or not printed, embossed or perforated.

11. Heading 48.23 applies, inter alia, to perforated paper or paperboard cards for Jacquard or similar machines and paper lace.

12. Except for the goods of heading 48.14 or 48.21, paper, paperboard, cellulose wadding and articles thereof, printed with motifs, characters or pictorial representations, which are not merely incidental to the primary use of the goods, fall in Chapter 49.

Subheading Notes:

1. For the purposes of subheadings 4804.11 and 4804.19, "kraftliner" means machine-finished or machine-glazed paper and paperboard, of which not less than 80% by weight of the total fibre content consists of wood fibres obtained by the chemical sulphate or soda processes, in rolls, weighing more than 115 g/m² and having a minimum Mullen bursting strength as indicated in the following table or the linearly interpolated or extrapolated equivalent for any other weight.

Weight (g/m²)	Minimum Mullen bursting strength (kPa)
115	393
125	417
200	637
300	824
400	961

2. For the purposes of subheadings 4804.21 and 4804.29, "sack kraft paper" means machine-finished paper, of which not less than 80% by weight of the total fibre content consists of fibres obtained by the chemical sulphate or soda processes, in rolls, weighing not less than 60 g/m² but not more than 115 g/m² and meeting one of the following sets of specifications:

(a) Having a Mullen burst index of not less than 3.7 kPam²/g and a stretch factor of more than 4.5% in the cross direction and of more than 2% in the machine direction.

(b) Having minima for tear and tensile as indicated in the following table or the linearly interpolated equivalent for any other weight:

重 量 （克/平方米）	最小撕裂度 （毫牛顿）		最小抗张强度 （千牛顿/米）	
	纵向	纵向加横向	横向	纵向加横向
60	700	1510	1.9	6
70	830	1790	2.3	7.2
80	965	2070	2.8	8.3
100	1230	2635	3.7	10.6
115	1425	3060	4.4	12.3

三、子目 4805.11 所称“半化学的瓦楞纸”，是指所含用机械和化学联合法制得的未漂白硬木纤维不少于全部纤维重量的 65% 的成卷纸张，并且在温度为 23℃和相对湿度为 50% 时，经过 30 分钟的瓦楞芯纸平压强度测定（CMT30），抗压强度超过 1.8 牛顿/克/平方米。

四、子目 4805.12 包括主要用机械和化学联合法制得的草浆制成的成卷纸张，每平方米重量在 130 克及以上，并且在温度为 23℃和相对湿度为 50%时，经过 30 分钟的瓦楞芯纸平压强度测定（CMT30），抗压强度超过 1.4 牛顿/克/平方米。

五、子目 4805.24 和 4805.25 包括全部或主要由回收（废碎）纸或纸板制得的纸浆制成的纸和纸板。强韧箱纸板也可以有一面用染色纸或漂白或未漂白的非再生浆制得的纸做表层。这些产品缪伦耐破指数不小于 2 千帕斯卡·平方米/克。

六、子目 4805.30 所称“亚硫酸盐包装纸”，是指所含用亚硫酸盐法制得的木纤维超过全部纤维重量的 40%的机器研光纸，灰分含量不超过 8%，并且缪伦耐破指数不小于 1.47 千帕斯卡·平方米/克。

七、子目 4810.22 所称“轻质涂布纸”，是指双面涂布纸，其每平方米总重量不超过 72 克，每面每平方米的涂层重量不超过 15 克，原纸中所含用机械方法制得的木纤维不少于全部纤维重量的 50%。

税 号	货 品 名 称	进口关税 %			增值/消费税%	出口退税%	统计计量单位	监管证件代码	检验检疫类别	协定税率 %		
		最惠国	普通	年内暂定						东盟	亚太	智利
48.01	成卷或成张的新闻纸：											
4801.0000	成卷或成张的新闻纸	5	30		17	0	千克					
48.02	书写、印刷或类似用途的未经涂布的纸及纸板、未打孔的穿孔卡片及穿孔纸带纸，成卷或成张矩形（包括正方形），任何尺寸，但税目 48.01 或 48.03 的纸除外；手工制纸及纸板：											
	- 手工制纸及纸板：											
4802.1010	--- 宣纸	7.5	70		17	13	千克					
4802.1090	--- 其他	7.5	70		17	13	千克					
	- 光敏、热敏、电敏纸及纸板的原纸和原纸板：											
4802.2010	--- 照相原纸	7.5	40	5	17	0	千克					
4802.2090	--- 其他	7.5	40		17	0	千克					
4802.4000	- 壁纸原纸	7.5	40		17	0	千克					
	- 其他纸及纸板，不含用机械或化学—机械方法制得的纤维或所含前述纤维不超过全部纤维重量的 10%：											
4802.5400	-- 每平方米重量小于 40 克	7.5	30		17	0	千克					
4802.5500	-- 每平方米重量在 40 克及以上，但不超过 150 克，成卷的											
48025500.10	40g＜每平方米重≤150g 的胶版纸（成卷，机械或化学-机械法制得的纤维含量≤10%）	5	30		17	0	千克					
48025500.90	40g＜每平方米重≤150g 未涂布中厚纸（书写印刷用，成卷，含机械或化学-机械法制纤维≤10%）	5	30		17	0	千克					

Weight (g/m²)	Minimum tear (mN)		Minimum tensile (kN/m)	
	Machine direction	Machine direction plus cross direction	Cross direction	Machine direction plus cross direction
60	700	1510	1.9	6
70	830	1790	2.3	7.2
80	965	2070	2.8	8.3
100	1230	2635	3.7	10.6
115	1425	3060	4.4	12.3

3. For the purposes of subheading 4805.11, "semi-chemical fluting paper" means paper, in rolls, of which not less than 65% by weight of the total fibre content consists of unbleached hardwood fibres obtained by a combination of mechanical and chemical pulping processes, and having a CMT 30 (Corrugated Medium Test with 30 minutes of conditioning) crush resistance exceeding 1.8 newtons/g/m^2 at 50% relative humidity, at 23℃.
4. Subheading 4805.12 cover paper, in rolls, made mainly of straw pulp obtained by a combination of mechanical and chemical processes, weighing 130g/m^2 or more, and having a CMT 30 (Corrugated Medium Test with 30 minutes of conditioning) crush resistance exceeding 1.4 newtons/g/m^2 at 50% relative humidity, at 23℃.

5. Subheading 4805.24 and 4805.25 cover paper and paperboard made wholly or mainly of pulp of recovered (waste and scrap)paper or paperboard, Testliner may also have a surface layer of dyed paper or of paper made of bleached or unbleached non-recovered pulp. These products have a Mullen burst index of not less than 2kPa·m^2/g.

6. For the purposes of subheading 4805.30, "sulphite wrapping paper" means machine-glazed paper, of which more than 40% by weight of the total fibre content consists of wood fibres obtained by the chemical sulphite process, having an ash content not exceeding 8% and having a Mullen burst index of not less than 1.47 kPa·m²/g.

7. For the purposes of subheading 4810.22, "light-weight coated paper" means paper, coated on both sides, of a total weight not exceeding 72 g/m², with a coating weight not exceeding 15 g/m² per side, on a base of which not less than 50% by weight of the total fibre content consists of wood fibres obtained by a mechanical process.

协定税率 %										特惠税率 %				Article Description
巴基斯坦	冰岛	哥斯达黎	秘鲁	新西兰	瑞士	新加坡	韩国	澳大利亚	港澳台	老挝	孟加拉	33国	7国	
														Newsprint, in rolls or sheets:
														Newsprint, in rolls or sheets
														Uncoated paper and paperboard, of a kind used for writing, printing or other graphic purposes, and non perforated punch-cards and punch tape paper,in rolls orrectangular（including square）sheets,of any size,other than paper of heading No.48.01 or 48.03;　hand-made paper and paper-board:
														-　Hand-made paper and paperboard:
														--- Xuan paper
														--- Other
														-　Paper and paperboard of a kind used as a base for photo-sensitive, heat-sensitive or electro-sensitive paper or paperboard:
									0//			0		--- Photo paper base
									0//			0		--- Other
									0//			0		-　Wallpaper base
														-　Other paper and paperboard, not containing fibres obtained by a mechanical or chemi-mechanical process or of which not more than 10% by weight of the total fibre content consists of such fibres:
									0//			0		--　Weighing less than 40g/m^2
														--　Weighing 40g/m^2 or more but not more than 150g/m^2, in rolls
									0//			0		Offset paper, weighing more than 40g/m^2 but not more than 150g/m^2 (in rolls, containing fibres not more than 10%, obtained by a mechanical or chemi-mechanical process)
									0//			0		Uncoated paper, weighing more than 40g/m^2 but not more than 150g/m2 used for writing and printing (in rolls, containing not more than 10% by weight of　fibres obtained by a mechanical or chemi-mechanical process)

税号	货品名称	进口关税% 最惠国	进口关税% 普通	进口关税% 年内暂定	增值/消费税%	出口退税%	统计计量单位	监管证件代码	检验检疫类别	协定税率% 东盟	协定税率% 亚太	协定税率% 智利
4802.5600	-- 每平方米重量在40克及以上,但不超过150克，成张的，以未折叠计一边不超过435毫米，另一边不超过297毫米											
48025600.10	成张40g＜每平方米重≤150g胶版纸(长≤435mm,宽≤297mm含机械或化学-机械法制纤维≤10%)	5	30		17	0	千克					
48025600.90	40g＜每平方米重≤150g未涂布纸,成张(书写印刷,长≤435mm,宽≤297mm含机械或半化学浆≤10%)	5	30		17	0	千克					
4802.5700	-- 其他，每平方米重量在40克及以上，但不超过150克											
48025700.10	其他40g＜每平方米重≤150g的胶版纸(机械或化学-机械法制得的纤维含量≤10%)	5	30		17	0	千克					
48025700.90	其他40g＜每平方米≤150g未涂中厚纸(书写印刷用,含机械或化学-机械法制纤维≤10%)	5	30		17	0	千克					
4802.5800	-- 每平方米重量超过150克	5	30		17	0	千克					
	- 其他纸及纸板,所含用机械或化学一机械方法制得的纤维超过全部纤维重量的10%:											
	-- 成卷的:											
4802.6110	--- 新闻纸	7.5	30		17	0	千克					
4802.6190	--- 其他	5	30		17	0	千克					
4802.6200	-- 成张的，以未折叠计一边不超过435毫米，另一边不超过297毫米	5	30		17	0	千克					
	-- 其他:											
4802.6910	--- 新闻纸	7.5	30		17	0	千克					
4802.6990	--- 其他	5	30		17	0	千克					
48.03	**卫生纸、面巾纸、餐巾纸以及家庭或卫生用的类似纸、纤维素絮纸和纤维素纤维网纸,不论是否起纹、压花、打孔、染面、饰面或印花，成卷或成张的:**											
4803.0000	卫生纸、面巾纸、餐巾纸以及家庭或卫生用的类似纸、纤维素絮纸和纤维素纤维网纸,不论是否起纹、压花、打孔、染面、饰面或印花，成卷或成张的	7.5	40		17	0	千克	A	M/			
48.04	**成卷或成张的未经涂布的牛皮纸及纸板,但不包括税目48.02或48.03的货品:**											
	- 牛皮衬纸:											
4804.1100	-- 未漂白											
48041100.10	每平方米重115－360克未漂白、成卷或成张未涂布牛皮挂面纸(紧度不小于0.68g/cm³,耐破指数不小于2.6kPa·m²/g,横向环压指数不小于7.5N/m·m²/g,横向耐折度不小于60次,饱和牛皮纸除外。)	5	30		17	0	千克					
48041100.20	未漂白的牛皮挂面纸[抗张指数(横向+纵向)大于等于69N.m/g，撕裂指数(纵向)大于等于10mN.m²/g,抗张能量吸收指数(横向)大于等于1.0J/g,抗张能量吸收指数(纵向)大于等于0.8J/g,透气度大于等于3.4um/(pa.s),伸长率(纵向)大于等于2%，成卷或成张的及未经涂布的]	5	30		17	0	千克					
48041100.90	其他未漂白的牛皮挂面纸(成卷或成张的及未经涂布的)	5	30		17	0	千克					
4804.1900	-- 其他	5	30		17	0	千克					
	- 袋用牛皮纸:											
4804.2100	-- 未漂白	5	30		17	0	千克					
4804.2900	-- 其他	5	30		17	0	千克					

协定税率 %										特惠税率 %				Article Description
巴基斯坦	冰岛	哥斯达黎	秘鲁	新西兰	瑞士	新加坡	韩国	澳大利亚	港澳台	老挝	孟加拉	33国	7国	
														-- Weighing $40g/m^2$ or more but not more than $150g/m^2$, in sheets with one side not exceeding 435mm and the other side not exceeding 297mm in the unfolded state
									0//			0		Offset paper, weighing more than $40g/m^2$ but not more than $150g/m^2$ (in sheets with one side not exceeding 435mm and the other side not exceeding 297mm, containing not more than 10% by weight of fibres obtained by a mechanical or chemi-mechanical process)
									0//			0		Uncoated paper, weighing more than $40g/m^2$ but not more than $150g/m^2$, used for writing and printing (in sheets with one side not exceeding 435mm and the other side not exceeding 297mm, containing not more than 10% by weight of fibres obtained by a mechanical or chemi-mechanical process)
														-- Other, weighing $40g/m^2$ or more but not more than $150g/m^2$
									0//			0		Other offset paper, weighing more than $40g/m^2$ but not more than $150g/m^2$ (containing not more than 10% by weight of fibres obtained by a mechanical or chemi-mechanical process)
									0//			0		Other uncoated paper, weighing more than $40g/m^2$ but not more than $150g/m^2$ (used for writing and printing, containing not more than 10% by weight of fibres obtained by a mechanical or chemi-mechanical process)
									0//			0		-- Weighing more than $150g/m^2$
														- Other paper and paperboard, of which more than 10% by weight of the total fibre content consists of fibres obtained by a mechanical or chemi-mechanical process:
														-- In rolls:
														--- Newsprint
									0//			0		--- Other
									0//			0		-- In sheets with one side not exceeding 435mm and the other side not exceeding 297mm in the unfolded state
														-- Other:
														--- Newsprint
									0//			0		--- Other
														Toilet or facial tissue stock, towel or napkin stock and similar paper of a kind used for household or sanitary purposes, cellulose wadding and webs of cellulose fibres, whether or not creped, crinkled, embossed, perforated, surface-coloured, surface-decorated or printed, in rolls or sheets:
														Toilet or facial tissue stock, towel or napkin stock and similar paper of a kind used for household or sanitary purposes, cellulose wadding and webs of cellulose fibres, whether or not creped, crinkled, embossed, perforated,surface-coloured, surface-decorated or printed, in rolls or sheets
														Uncoated kraft paper and paper-board, in rolls or sheets, other than that of heading No.48.02 or 48.03:
														- Kraftliner:
														-- Unbleached
														Uncoated kraftliner paper, unbleached, in rolls or sheets, weighing more than $115g/m^2$ but less than $360g/m^2$ (tightness not less than $0.68g/cm^3$, burst index not less than $2.6kPa·m^2/g$, cross direction ring crush index not less than $7.5N/m·m^2/g$, cross direction folding endurance not less than 60 times, other than saturated kraft paper)
														Unblesched kraft linerboard(tensile index (horizontal + vertical) is greater than or equal to 69N./M, the tear index(longitudinal)is greater than or equal to $10mN.m^2/g$,tensile energy absorption index(horizontal) is greater than or equal to 1.0J/g,tensile energy absorption index(longitudinal) is equal or greater thanto 0.8J/g,permeability greater than or equal to 3.4um/(Pa.s),elongation (the longitudinal) is greater than or equal to 2%(into a roll or into a sheet or not)
														Other unbleached kraftliner paper (uncoated, in rolls or sheets)
														-- Other
														- Sack kraft paper:
														-- Unbleached
														-- Other

税号	货品名称	进口关税 %			增值/消费税%	出口退税%	统计计量单位	监管证件代码	检验检疫类别	协定税率 %		
		最惠国	普通	年内暂定						东盟	亚太	智利
	- 其他牛皮纸及纸板，每平方米重量不超过150克：											
4804.3100	-- 未漂白											
48043100.10	每平方米重115－150克未漂白、成卷或成张未涂布其他牛皮纸(紧度不小于0.68g/cm³,耐破指数不小于2.6kPa·m²/g,横向环压指数不小于7.5N/m·m²/g,横向耐折度不小于60次,饱和牛皮纸除外)	2	30		17	0	千克					
48043100.20	未漂白的其他薄牛皮纸及纸板[抗张指数(横向+纵向)大于等于69N.m/g，撕裂指数(纵向)大于等于10mN.m²/g,抗张能量吸收指数(横向)大于等于1.0J/g,抗张能量吸收指数(纵向)大于等于0.8J/g,透气度大于等于3.4um/(pa.s),伸长率(纵向)大于等于2%，薄纸指每平方米重≤150克,成卷或成张未经涂布的]	2	30		17	0	千克					
48043100.90	其他未漂白的其他薄牛皮纸及纸板(薄纸指每平方米重≤150克,成卷或成张未经涂布的)	2	30		17	0	千克					
4804.3900	-- 其他	2	30		17	0	千克					
	- 其他牛皮纸及纸板，每平方米重量超过150克，但小于225克：											
4804.4100	-- 未漂白											
48044100.10	150＜每平方米重＜225克未漂白、成卷或成张未涂布其他牛皮纸(紧度不小于0.68g/cm³,耐破指数不小于2.6kPa·m²/g,横向环压指数不小于7.5N/m·m²/g,横向耐折度不小于60次,饱和牛皮纸除外。)	2	30		17	0	千克					
48044100.20	未漂白的其他中厚牛皮纸及纸板[抗张指数(横向+纵向)大于等于69N.m/g，撕裂指数(纵向)大于等于10 mN.m²/g,抗张能量吸收指数(横向)大于等于1.0J/g,抗张能量吸收指数(纵向)大于等于0.8J/g,透气度大于等于3.4um/(pa.s),伸长率(纵向)大于等于2%，中厚指150克＜每平方米重＜225克,成卷或成张未涂布的]	2	30		17	0	千克					
48044100.90	其他未漂白的其他中厚牛皮纸及纸板(中厚指150克＜每平方米重＜225克,成卷或成张未涂布的)	2	30		17	0	千克					
4804.4200	-- 本体均匀漂白,所含用化学方法制得的木纤维超过全部纤维重量的95%	5	30		17	0	千克					
4804.4900	-- 其他	2	30		17	0	千克					
	- 其他牛皮纸及纸板，每平方米重量在225克及以上：											
4804.5100	-- 未漂白											
48045100.10	每平方米重225－360克未漂白、成卷或成张未涂布其他牛皮纸(紧度不小于0.68g/cm³,耐破指数不小于2.6kPa·m²/g,横向环压指数不小于7.5N/m·m²/g,横向耐折度不小于60次,饱和牛皮纸除外。)	2	30		17	0	千克					
48045100.20	未漂白的其他厚牛皮纸及纸板[抗张指数(横向+纵向)大于等于69N.m/g，撕裂指数(纵向)大于等于10mN.m²/g,抗张能量吸收指数(横向)大于等于1.0J/g,抗张能量吸收指数(纵向)大于等于0.8J/g,透气度大于等于3.4um/(pa.s),伸长率(纵向)大于等于2%，厚纸指每平方米重≥225克,成卷或成张未经涂布的]	2	30		17	0	千克					
48045100.90	其他未漂白的其他厚牛皮纸及纸板(厚纸指每平方米重≥225克,成卷或成张未经涂布的)	2	30		17	0	千克					
4804.5200	-- 本体均匀漂白,所含用化学方法制得的木纤维超过全部纤维重量的95%	5	30		17	0	千克					
4804.5900	-- 其他	2	30		17	0	千克					

协定税率 %										特惠税率 %				Article Description
巴基斯坦	冰岛	哥斯达黎	秘鲁	新西兰	瑞士	新加坡	韩国	澳大利亚	港澳台	老挝	孟加拉	33 国	7 国	
														- Other kraftpaper and paperboard weighing 150g/m^2 or less:
														-- Unbleached
														Other uncoated kraft paper, unbleached, in rolls or sheets, weighing more than 115g/m^2 but less than 150g/m^2 (tightness not less than 0.68g/cm^3, burst index not less than 2.6kPa·m^2/g, cross direction ring crush index not less than 7.5N/ m·m^2/g , cross direction folding endurance not less than 60 times, other than saturated kraft paper)
														Other thin kraft paper and board (transverse + vertical) is greater than or equal to 69N./M,the tear index(longitudinal)is greater than or equal to 10mN. m^2/g,tensile energy absorption index(horizontal) is greater than or equal to 1.0J/g,tensile energy absorption index(longitudinal) is equal or greater thanto 0.8J/g,permeability greater than or equal to 3.4um/(Pa.s).(paper refers to the weight per square meter≤150 grams ,in rolls or sheets without coating)
														Other uncoated kraft paper and paperboard, unbleached (weighing 150g/m^2 or less, in rolls or sheets)
														-- Other
														- Other kraft paper and paperboard weighing more than 150g/m^2 but less than 225g/m^2:
														-- Unbleached
														Other uncoated kraft paper, unbleached, in rolls or sheets, weighing more than 115g/m^2 but less than 225g/m^2 (tightness not less than 0.68g/cm^3, burst index not less than 2.6kPa·m^2/g, cross direction ring crush index not less than 7.5N/ m·m^2/g, cross direction folding endurance not less than 60 times, other than saturated kraft paper)
														Other thick kraft paper and board (horizontal and vertical) is greater than or equal to 69N./M,the tear index(longitudinal)is greater than or equal to 10mN. m^2/g,tensile energy absorption index(horizontal) is greater than or equal to 1.0J/g,tensile energy absorption index(longitudinal) is equal or greater thanto 0.8J/g,permeability greater than or equal to 3.4um/(Pa.s).(paper refers to the weight per square meter is greater than150 ang less than 225 grams,in rolls or sheets without coating)
														Other uncoated kraft paper and paperboard, unbleached (weighing more than 115g/m^2 but less than 225g/m^2, in rolls or sheets)
														-- Bleached uniformly throughout the mass and of which more than 95% by weight of the total fibre content consists of wood fibres obtained by a chemical process
														-- Other
														- Other kraft paper and paperboard weighing 225g/m^2 or more:
														-- Unbleached
														Other uncoated kraft paper, unbleached, in rolls or sheets, weighing more than 225g/m^2 but less than 360g/m^2 (tightness not less than 0.68g/cm^3, burst index not less than 2.6kPa·m^2/g, cross direction ring crush index not less than 7.5N/ m·m^2/g, cross direction folding endurance not less than 60 times, other than saturated kraft paper)
														Other thick kraft paper and board (horizontal and vertical) is greater than or equal to 69N./M,the tear index(longitudinal)is greater than or equal to 10mN. m^2/g,tensile energy absorption index(horizontal) is greater than or equal to 1.0J/g,tensile energy absorption index(longitudinal) is equal or greater thanto 0.8J/g,permeability greater than or equal to 3.4um/(Pa.s).(paper refers to the weight per square meter ≥225 grams,in rolls or sheets without coating)
														Other uncoated kraft paper and paperboard, unbleached (weighing 225g/m^2 or more, in rolls or sheets)
														-- Bleached uniformly throughout the mass and of which more than 95% by weight of the total fibre content consists of wood fibres obtained by a chemical process
														-- Other

税　号	货　品　名　称	进口关税 % 最惠国	普通	年内暂定	增值/消费税%	出口退税%	统计计量单位	监管证件代码	检验检疫类别	协定税率 % 东盟	亚太	智利
48.05	**成卷或成张的其他未经涂布的纸及纸板，加工程度不超过本章注释三所列范围：**											
	－　瓦楞原纸：											
4805.1100	－－　半化学的瓦楞原纸	7.5	30		17	0	千克					
4805.1200	－－　草浆瓦楞原纸	7.5	30		17	0	千克					
4805.1900	－－　其他	7.5	30		17	0	千克					
	－　强韧箱纸板（再生挂面纸板）：											
4805.2400	－－　每平方米重量在150克及以下	7.5	30		17	0	千克					
4805.2500	－－　每平方米重量超过150克	7.5	30		17	0	千克					
4805.3000	－　亚硫酸盐包装纸	7.5	30		17	0	千克					
4805.4000	－　滤纸及纸板	7.5	30		17	0	千克					
4805.5000	－　毡纸及纸板	7.5	30		17	0	千克					
	－　其他：											
	－－　每平方米重量在150克及以下：											
4805.9110	－－－　电解电容器原纸	7.5	30		17	0	千克					
4805.9190	－－－　其他	7.5	30		17	0	千克					
4805.9200	－－　每平方米重量在150克以上，但小于225克	7.5	30		17	0	千克					
4805.9300	－－　每平方米重量在225克及以上	7.5	30		17	0	千克					
48.06	**成卷或成张的植物羊皮纸、防油纸、描图纸、半透明纸及其他高光泽透明或半透明纸：**											
4806.1000	－　植物羊皮纸	7.5	40		17	0	千克					
4806.2000	－　防油纸	7.5	40		17	0	千克					
4806.3000	－　描图纸	7.5	30		17	0	千克					
4806.4000	－　高光泽透明或半透明纸	7.5	40	5	17	0	千克					
48.07	**成卷或成张的复合纸及纸板（用粘合剂粘合各层纸或纸板制成），未经表面涂布或未浸渍，不论内层是否有加强材料：**											
4807.0000	成卷或成张的复合纸及纸板（用粘合剂粘合各层纸或纸板制成），未经表面涂布或未浸渍，不论内层是否有加强材料	7.5	40	5	17	0	千克					
48.08	**成卷或成张的瓦楞纸及纸板（不论是否与平面纸胶合）、皱纹纸及纸板、压纹纸及纸板、穿孔纸及纸板，但税目48.03的纸除外：**											
4808.1000	－　瓦楞纸及纸板，不论是否穿孔	7.5	30		17	0	千克					
4808.4000	－　皱纹牛皮纸，不论是否压花或穿孔	7.5	40		17	0	千克					
4808.9000	－　其他	7.5	40		17	0	千克					
48.09	**复写纸、自印复写纸及其他拷贝或转印纸（包括涂布或浸渍的油印蜡纸或胶印版纸），不论是否印制，成卷或成张的：**											
4809.2000	－　自印复写纸	7.5	40		17	0	千克					
4809.9000	－　其他	7.5	40		17	0	千克					
48.10	**成卷或成张矩形（包括正方形）的任何尺寸的单面或双面涂布高岭土或其他无机物质（不论是否加粘合剂）的纸及纸板，但未涂布其他涂料，不论是否染面、饰面或印花：**											
	－　书写、印刷或类似用途的纸及纸板，不含用机械或化学—机械方法制得的纤维或所含前述纤维不超过全部纤维重量的10%：											
4810.1300	－－　成卷的											
48101300.01	成卷的铜版纸（所含用机械或化学-机械法制得的纤维≤10%）	5	40		17	0	千克					
48101300.90	涂无机物的其他书写/印刷或类似用途纸/纸板（成卷的，所含用机械或化学-机械法制得的纤维≤10%）	5	40		17	0	千克					

协定税率 %										特惠税率 %				Article Description
巴基斯坦	冰岛	哥斯达黎	秘鲁	新西兰	瑞士	新加坡	韩国	澳大利亚	港澳台	老挝	孟加拉	33 国	7 国	
														Other uncoated paper and paper-board, in rolls or sheets, not further worked or processed than as specified in Note 3 to this Chapter：-Fluting paper:
														- Fluting paper:
									0//			0		-- Semi-chemical fluting paper
									0//			0		-- Straw fluting paper
									0//			0		-- Other
														- Testliner（recycled liner board）:
									0//			0		-- Weighing 150g/m^2 or less
									0//			0		-- Weighing more than 150g/m^2
														- Sulphite wrapping paper
														- Filter paper and paperboard
														- Felt paper and paperboard
														- Other:
														-- Weighing 150g/m^2 or less:
									0//			0		--- Paper base for electrolytic capacitor
									0//			0		--- Other
														-- Weighing more than 150g/m^2 but less than 225g/m^2
									0//			0		-- Weighing 225g/m^2 or more
														Vegetable parchment, greaseproof papers, tracing papers and glassine and other glazed transparent or translucent papers,in rolls or sheets:
														- Vegetable parchment
														- Greaseproof papers
														- Tracing papers
														- Glassine and other glazed transparent or translucent papers
														Composite paper and paperboard（made by sticking fiat layers of paper or paperboard together with an adhesive),not surface-coated or impregnated,whether or not internally reinforced,in rolls or sheets:
														Composite paper and paperboard（made by sticking flat layers of paper or paperboard together with an adhesive）,not surface-coated or impregnated,whether or not internally reinforced,in rolls or sheets
														Paper and paperboard, corrugated（with or without glued flat surface sheets）,creped,crinkled,embossed or perforated,in rolls or sheets,other than paper of the kind described in heading No.48.03:
				5.4	5.4									- Corrugated paper and paperboard,whether or not perforated
														- Kraft paper, creped or crinkled, whether or not embossed or perforated
														- Other
														Carbon paper,self-copy paper and other copying or transfer papers(including coated or impregnated paper for duplicator stencils or offset plates）,whether or not printed，in rolls or sheets:
														- Self-copy paper
														- Other
														Paper and paperboard,coated on one or both sides with kaolín（China clay）or other inorganic substances，with or without a binder,and with no other coating，whether or not surface-coloured,surface-decorated or printed, in rolls or rectangular（including square）sheets,of any size: - Paper and paperboard of a kind used for writing, printing or other graphic purposes, not containing fibres obtained by a mechanical or chemi-mechanical process or of which not more than 10% by weight of the total fibre content consists of such fibres: -- In rolls
									0//			0		Coated art paper, in rolls, containing not more than 10% by weight of fibres obtained by a mechanical or chemi-mechanical process
									0//			0		Other paper and paperboard, coated on inorganic substances, used for writing, printing or other graphic purposes (in rolls, containing not more than 10% byweight of fibres obtained by a mechanical or chemi-mechanical process)

税号	货品名称	进口关税 % 最惠国	进口关税 % 普通	进口关税 % 年内暂定	增值/消费税%	出口退税%	统计计量单位	监管证件代码	检验检疫类别	协定税率 % 东盟	协定税率 % 亚太	协定税率 % 智利
4810.1400	-- 成张的，一边不超过435毫米，另一边不超过297毫米（以未折叠计）											
48101400.01	成张的铜版纸(一边≤435mm,另一边≤297mm,机械或化学-机械纤维≤10%)	5	40		17	0	千克					
48101400.90	涂无机物的其他成张的书写、印刷的纸及纸板(一边≤435mm,另一边≤297mm,机械或化学-机械纤维≤10%)	5	40		17	0	千克					
4810.1900	-- 其他											
48101900.01	其他铜版纸(所含用机械或化学-机械法制得的纤维≤10%)	5	40		17	0	千克					
48101900.90	涂无机物的其他书写、印刷用途的纸及纸板(所含用机械或化学-机械法制得的纤维≤10%)	5	40		17	0	千克					
	- 书写、印刷或类似用途的纸及纸板，所含用机械或化学—机械方法制得的纤维超过全部纤维重量的10%：											
4810.2200	-- 轻质涂布纸	5	40		17	0	千克					
4810.2900	-- 其他	5	40		17	0	千克					
	- 牛皮纸及纸板，但书写、印刷或类似用途的除外：											
4810.3100	-- 本体均匀漂白，所含用化学方法制得的木纤维超过全部纤维重量的95%，每平方米重量不超过150克											
48103100.10	涂无机物的白板纸、白卡纸(薄纸指重量≤150克/平方米,含用化学方法制得木纤维)	5	40		17	0	千克					
48103100.90	涂无机物的薄漂白牛皮纸及纸板(薄纸指重量≤150克/平方米,含用化学方法制得的木纤维)	5	40		17	0	千克					
4810.3200	-- 本体均匀漂白，所含用化学方法制得的木纤维超过全部纤维重量的95%，每平方米重量超过150克											
48103200.10	涂无机物的白板纸、白卡纸(厚纸指重量＞150克/平方米,含用化学方法制得的木纤维)	5	40		17	0	千克					
48103200.90	涂无机物的厚漂白牛皮纸及纸板(厚纸指重量＞150克/平方米,含用化学方法制得的木纤维)	5	40		17	0	千克					
4810.3900	-- 其他	5	40		17	0	千克					
	- 其他纸及纸板：											
4810.9200	-- 多层的	5	40		17	0	千克					
4810.9900	-- 其他	7.5	40		17	0	千克					
48.11	**成卷或成张矩形（包括正方形）的任何尺寸的经涂布、浸渍、覆面、染面、饰面或印花的纸、纸板、纤维素絮纸及纤维素纤维网纸，但税目48.03、48.09或48.10的货品除外：**											
4811.1000	- 焦油纸及纸板、沥青纸及纸板	7.5	40		17	0	千克					
	- 胶粘纸及纸板：											
4811.4100	-- 自粘的	7.5	40		17	0	千克					
4811.4900	-- 其他	7.5	40		17	0	千克					
	- 用塑料（不包括粘合剂）涂布、浸渍或覆盖的纸及纸板：											
	-- 漂白的，每平方米重量超过150克：											
4811.5110	--- 彩色相纸用双面涂塑纸	7.5	40	1	17	0	千克					
	--- 其他：											
4811.5191	----纸塑铝复合材料	7.5	40		17	0	千克					
4811.5199	----其他	7.5	40		17	0	千克					
	-- 其他：											
4811.5910	--- 绝缘纸及纸板	7.5	30		17	0	千克					
	--- 其他：											
4811.5991	----镀铝的	7.5	40		17	0	千克					

协定税率 %										特惠税率 %				Article Description
巴基斯坦	冰岛	哥斯达黎	秘鲁	新西兰	瑞士	新加坡	韩国	澳大利亚	港澳台	老挝	孟加拉	33 国	7 国	
														-- In sheets with one side not exceeding 435mm and the other side not exceeding 297mm in the unfolded state
									0//			0		Coated art paper, in sheets with one side not exceeding 435mm and the other side not exceeding 297mm, containing not more than 10% by weight of fibres obtained by amechanical or chemi-mechanical process)
									0//			0		Other paper and paperboard, coated on inorganic substances, used for writing and printing (in sheets with one side not exceeding 435mm and the other side not exceeding 297mm, containing not more than 10% of fibres obtained by mechanical or chemi-mechanical process)
														-- Other
									0//			0		Other coated art paper (containing more than 10% of fibres obtained by mechanical or chemi-mechanical process)
									0//			0		Other paper and paperboard, coated on inorganic substances, used for writing and printing (containing not more than 10% of fibres obtained by mechanical or chemi-mechanical process)
														- Paper and paperboard of a kind used for writing, printing or other graphic purposes,of which more than 10% by weight of the total fibre content consists of fibres obtained by a mechanical or chemi-mechanical process：
														-- Light-weight coated paper
									0//			0		-- Other
														-Kraft paper and paperboard, other than that of a kind used for writing,printing or other graphic purposes：
														-- Bleached uniformly throughout the mass and of which more than 95% by weight of the total fibre content consists of wood fibres obtained by a chemical process,and weighing 150g/m^2 or less
									0/0/			0		White board and ivory board, coated with inorganic substances, weighing 150g/m^2 or less, containing wood fibres obtained by a chemical process
									0/0/			0		Kraft paper and paperboard, bleached, coated with inorganic substances, weighing 150g/m^2 or less, containing wood fibres obtained by a chemical process
														-- Bleached uniformly throughout the mass and of which more than 95% by weight of the total fibre content consists of wood fibres obtained by a chemical process, and weighing more than 150g/m^2
									0/0/			0		White board and ivory board, coated with inorganic substances, weighing more than 150g/m^2, containing wood fibres obtained by a chemical process
									0/0/			0		White kraft paper and paperboard, bleached, coated with inorganic substances, weighing more than 150g/m^2, containing wood fibres obtained by a chemical process
									0/0/			0		-- Other
														- Other paper and paperboard：
									0/0/			0		-- Multiply
									0/0/			0		-- Other
														Paper,paperboard,cellulose wadding and webs of cellulose fibres, coated,impregnated, covered, surface coloured,surface-decorated or printed, in rolls or rectangular（including square）sheets, of any size, other than goods of the kind described in heading No.48.03,48.09 or 48.10:
									0/0/			0		- Tarred, bituminised or asphalted paper and paperboard
														- Gummed or adhesive paper and paperboard：
									0/0/			0		-- Self-adhesive
									0/0/			0		-- Other
														- Paper and paperboard coated,impregnated or covered with plastics（excluding adhesives）：
														-- Bleached, weighing more than 150g/m^2：
									0/0/			0		--- Paper coated on both sides with plastics for colour photography
														--- Other：
									0/0/			0		----Aluminium-plastic composite paper and paperboard
									0/0/			0		----Other
														-- Other：
									0/0/			0		--- Insulating paper and paperboard
														--- Other：
									0/0/			0		----Aluminium plated

税号	货品名称	进口关税 % 最惠国	普通	年内暂定	增值/消费税%	出口退税%	统计计量单位	监管证件代码	检验检疫类别	协定税率 % 东盟	亚太	智利
4811.5999	----其他	7.5	40		17	0	千克					
	- 用蜡、石蜡、硬脂精、油或甘油涂布、浸渍、覆盖的纸及纸板：											
4811.6010	--- 绝缘纸及纸板	7.5	30		17	0	千克					
4811.6090	--- 其他	7.5	40		17	0	千克					
4811.9000	- 其他纸、纸板、纤维素絮纸及纤维素纤维网纸	7.5	40		17	0	千克					
48.12	**纸浆制的滤块、滤板及滤片：**											
4812.0000	纸浆制的滤块、滤板及滤片	7.5	40		17	0	千克					
48.13	**卷烟纸，不论是否切成一定尺寸、成小本或管状：**											
4813.1000	- 成小本或管状	7.5	100		17	0	千克	7				
4813.2000	- 宽度不超过5厘米成卷的	7.5	100		17	0	千克	7				
4813.9000	- 其他	7.5	100		17	0	千克	7				
48.14	**壁纸及类似品；窗用透明纸：**											
4814.2000	- 用塑料涂面或盖面的壁纸及类似品，起纹、压花、着色、印刷图案或经其他装饰	7.5	50		17	13	千克					
4814.9000	- 其他											
48149000.10	用木粒或草粒等饰面的壁纸	7.5	50		17	0	千克	A	M/			
48149000.90	其他壁纸及类似品，窗用透明纸	7.5	50		17	0	千克					
48.16	**复写纸、自印复写纸及其他拷贝或转印纸（不包括税目48.09的纸）、油印蜡纸或胶印版纸，不论是否盒装：**											
4816.2000	- 自印复写纸	7.5	70		17	0	千克					
	- 其他：											
4816.9010	--- 热敏转印纸	7.5	40		17	0	千克					
4816.9090	--- 其他	7.5	70		17	0	千克					
48.17	**纸或纸板制的信封、封缄信片、素色明信片及通信卡片；纸或纸板制的盒子、袋子及夹子，内装各种纸制文具：**											
4817.1000	- 信封	7.5	80		17	13	千克					
4817.2000	- 封缄信片、素色明信片及通信卡片	7.5	80		17	13	千克					
4817.3000	- 纸或纸板制的盒子、袋子及夹子，内装各种纸制文具	7.5	80		17	13	千克					
48.18	**卫生纸及类似纸、家庭或卫生用纤维素絮纸及纤维素纤维网纸，成卷宽度不超过36厘米或切成一定尺寸或形状的；纸浆、纸、纤维素絮纸或纤维素纤维网纸制的手帕、面巾、台布、餐巾、床单及类似的家庭、卫生或医院用品、衣服及衣着附件：**											
4818.1000	- 卫生纸	7.5	80		17	5	千克	A	M/			
4818.2000	- 纸手帕及纸面巾	7.5	90		17	5	千克	A	M/			
4818.3000	- 纸台布及纸餐巾	7.5	90		17	5	千克	A	M/			
4818.5000	- 衣服及衣着附件	7.5	90		17	13	千克	A	M/	0		0
4818.9000	- 其他	7.5	90		17	13	千克	A	M/			
48.19	**纸、纸板、纤维素絮纸或纤维素纤维网纸制的箱、盒、匣、袋及其他包装容器；纸或纸板制的卷宗盒、信件盘及类似品，供办公室、商店及类似场所使用的：**											
4819.1000	- 瓦楞纸或纸板制的箱、盒、匣	5	80		17	13	千克					
4819.2000	- 非瓦楞纸或纸板制的可折叠箱、盒、匣	5	80		17	13	千克					
4819.3000	- 底宽40厘米及以上的纸袋	7.5	80		17	13	千克			0		0
4819.4000	- 其他纸袋，包括锥形袋	7.5	80		17	13	千克					
4819.5000	- 其他包装容器，包括唱片套	7.5	80		17	13	千克	A	R/			
4819.6000	- 办公室、商店及类似场所使用的卷宗盒、信件盘、存储盒及类似品	7.5	80		17	13	千克					

协定税率 %										特惠税率 %				Article Description
巴基斯坦	冰岛	哥斯达黎	秘鲁	新西兰	瑞士	新加坡	韩国	澳大利亚	港澳台	老挝	孟加拉	33 国	7 国	
									0/0/			0		----Other
														- Paper and paperboard,coated,impregnated or covered with wax,paraffin wax,stearin,oil or glyecrol:
									0/0/			0		--- Insulating paper and paperboard
									0/0/			0		--- Other
									0/0/			0		- Other paper, paperboard, cellulose wadding and webs of cellulose fibres
														Filter blocks, slabs and plates, of paper pulp:
														Filter blocks, slabs and plates, of paper pulp
														Cigarette paper,whether or not cut to size or in the form of booklets or tubes:
														- In the form of booklets or tubes
														- In rolls of a width not exceeding 5cm
														- Other
														Wallpaper and similar wall coverings; window transparencies of paper:
														- Wallpaper and similar wall coverings, consisting of paper coated or covered, on the face side, with a grained, embossed, coloured, design-printed or otherwise decorated layer of plastics
														- Other
														Wallpaper with grain of wood or grass
														Other wallpaper and similar wall coverings, window transparencies of paper
														Carbon paper,self-copy paper and other copying or transfer papers（other than those of heading No.48.09）, duplicator stencils and offset plates, of paper,whether or not put up in boxes:
														- Self-copy paper
														- Other:
														--- Heat transfer paper
														--- Other
														Envelopes, letter cards, plain postcards and correspondence cards, of paper or paperboard; boxes, pouches,wallets and writing compendiums, of paper or paperhoard, containing an assortment of paper stationery:
														- Envelopes
														- Letter cards, plain postcards and correspondence cards
														- Boxes, pouches, wallets and writing compendiums, of paper or paperboard, containing an assortment of paper stationery
														Toilet paper and similar paper, cellulose wadding or webs of cellulose fibres, of a kind used for household or sanitary purposes,in rolls of a width not exceeding 36cm,or cut to size or shape; handkerchiefs, cleansing tissues, towels, tablecloths, serviettes, napkins for babies, tampons, bed sheets and similar household, sanitary or hospital articles,articles of apparel and clothing accessories, of paper pulp, paper, cellulose wadding or webs of cellulose fibres:
														- Toilet paper
														- Handkerchiefs, cleansing or facial tissues and towels
														- Tablecloths and serviettes
5	0	0	0	0	3		4.5	4.5			0	0	0	- Articles of apparel and clothing accessories
														- Other
														Cartons, boxes, cases, bags and other packing containers, of paper, paperboard, cellulose wadding or webs of cellulose fibres; box files, letter trays and similar articles, of paper or paperboard of a kind used in offices, shops or the like:
									0/0/			0		- Cartons, boxes and cases, of corrugated paper or paperboard
									0/0/			0		- Folding cartons, boxes and cases, of noncorrugated paper or paperboard
5	0	0	0	0	3	0	4.5	4.5			0	0	0	- Sacks and hags, having a base of a width of 40cm or more
														- Other sacks and bags, including cones
														- Other packing containers, including record sleeves
														- Box files, letter trays, storage boxes and similar articles, of a kind used in offices, shops or the like

税号	货品名称	进口关税 %			增值/消费税%	出口退税%	统计计量单位	监管证件代码	检验检疫类别	协定税率 %		
		最惠国	普通	年内暂定						东盟	亚太	智利
48.20	**纸或纸板制的登记本、账本、笔记本、定货本、收据本、信笺本、记事本、日记本及类似品、练习本、吸墨纸本、活动封面（活页及非活页）、文件夹、卷宗皮、多联商业表格纸、页间夹有复写纸的本及其他文具用品；纸或纸板制的样品薄、粘贴簿及书籍封面：**											
4820.1000	- 登记本、账本、笔记本、定货本、收据本、信笺本、记事本、日记本及类似品	7.5	80		17	13	千克					
4820.2000	- 练习本	7.5	80		17	13	千克					
4820.3000	- 活动封面（书籍封面除外）、文件夹及卷宗皮	7.5	80		17	13	千克					
4820.4000	- 多联商业表格纸、页间夹有复写纸的本	7.5	80		17	13	千克			0		0
4820.5000	- 样品簿及粘贴簿	7.5	80		17	13	千克					
4820.9000	- 其他	7.5	80		17	13	千克					
48.21	**纸或纸板制的各种标签，不论是否印制：**											
4821.1000	- 印制	7.5	50		17	13	千克					
4821.9000	- 其他	7.5	50		17	13	千克					
48.22	**纸浆、纸或纸板（不论是否穿孔或硬化）制的筒管、卷轴、纡子及类似品：**											
4822.1000	- 纺织纱线用	7.5	35		17	13	千克					
4822.9000	- 其他	7.5	70		17	13	千克					
48.23	**切成一定尺寸或形状的其他纸、纸板、纤维素絮纸及纤维素纤维网纸；纸浆、纸、纸板、纤维素絮纸及纤维素纤维网纸制的其他物品：**											
4823.2000	- 滤纸及纸板	7.5	30		17	13	千克					
4823.4000	- 已印制的自动记录器用打印纸卷、纸张及纸盘	7.5	30		17	13	千克					
	- 纸或纸板制的盘、碟、盆、杯及类似品：											
4823.6100	-- 竹浆纸或纸板制的	7.5	90		17	13	千克	A	M/	0		0
	-- 其他：											
4823.6910	--- 非木植物浆制	7.5	90		17	13	千克	A	M/	0		0
4823.6990	--- 其他	7.5	90		17	13	千克	A	M/	0		0
4823.7000	- 压制或模制纸浆制品	7.5	90		17	13	千克					
	- 其他：											
4823.9010	--- 以纸或纸板为底制成的铺地制品	7.5	90		17	0	千克					
4823.9020	--- 神纸及类似用品	7.5	180		17	13	千克			0		0
4823.9030	--- 纸扇	7.5	90		17	13	千克			0		0
4823.9090	--- 其他	7.5	90		17	13	千克					

协定税率 %										特惠税率 %				Article Description
巴基斯坦	冰岛	哥斯达黎	秘鲁	新西兰	瑞士	新加坡	韩国	澳大利亚	港澳台	老挝	孟加拉	33 国	7 国	
														Registers, account books, note books, order books, receipt books, letter pads, memorandum pads, diaries and similar articles, exercise books, blotting-pads, binders（loose -leaf or other）, folders, file covers, manifold business forms, interleaved carbon sets and other articles of stationery, of paper or paperboard；albums for samples or for collections and book covers, of paper or paperboard:
														- Registers, account books, note nooks,order books, receipt books, letter pads, memorandum pads, diaries and similar articles
														- Exercise books
														- Binders（other than book covers）, folders and file covers
5	0	0	0	0	3		6	4.5			0	0	0	- Manifold business forms and interleaved carbon sets
														- Albums for samples or for collections
														- Other
														Paper or paperboard labels of all kinds，whether or not printed:
									0/0/			0		- Printed
														- Other
														Bobbins, spools, cops and similar supports of paper pulp, paper or paperboard（whether or not perforated or hardened）:
														- Of a kind used for winding textile yarn
														- Other
														Other paper,paperboard,cellulose wadding and webs of cellulose fibres, cut to size or shape；other articles of paper pulp, paper, paperboard, cellulose wadding or webs of cellulose fibres:
														- Filter paper and paperboard
														- Rolls, sheets and dials, printed for self-recording apparatus
														- Trays, dishes, plates, cups and the like, of paper or paperboard:
5	0	0	0	0	3		4.5	4.5			0	0	0	-- Of bamboo
														-- Other:
5	0	0	0	0	3		6	4.5			0	0	0	--- Of vegetable pulp, other than wood pulp
5	0	0	0	0	3		6	4.5			0	0	0	--- Other
														- Moulded or pressed articles of paper pulp
														- Other:
				3	3		6.5							--- Floor coverings on a base of paper or of paperboard, whether or not cut to size
5	0	0	0	0	3		4.5	4.5			0	0	0	--- Joss paper and the like
5	0	0	0	0	3		4.5	4.5			0	0	0	--- Paper fans
									0/0/			0		--- Other

第四十九章　书籍、报纸、印刷图画及其他印刷品；手稿、打字稿及设计图纸

注释：

一、本章不包括：

（一）透明基的照相负片或正片（第三十七章）；

（二）立体地图、设计图表或地球仪、天体仪，不论是否印刷（税目 90.23）；

（三）第九十五章的扑克牌或其他物品；或

（四）雕版画、印刷画、石印画的原本（税目 97.02），税目 97.04 的邮票、印花税票、纪念封、首日封、邮政信笺及类似品，以及第九十七章的超过 100 年的古物或其他物品。

二、第四十九章所称"印刷"，也包括用胶版复印机、油印机印制，在自动数据处理设备控制下打印绘制，压印、冲印、感光复印、热敏复印或打字。

三、用纸以外材料装订成册的报纸、杂志和期刊，以及一期以上装订在同一封面里的成套报纸、杂志和期刊，应归入税目 49.01，不论是否有广告材料。

四、税目 49.01 还包括：

（一）附有说明文字，每页编有号数以便装订成一册或几册的整集印刷复制品，例如，美术作品、绘画；

（二）随同成册书籍的图画附刊；以及

（三）供装订书籍或小册子用的散页、集页或书帖形式的印刷品，已构成一部作品的全部或部分。

但没有说明文字的印刷图画或图解，不论是否散页或书帖形式，应归入税目 49.11。

五、除本章注释三另有规定的以外，税目 49.01 不包括主要作广告用的出版物（例如，小册子、散页印刷品、商业目录、同业公会出版的年鉴、旅游宣传品），这类出版物应归入税目 49.11。

六、税目 49.03 所称"儿童图画书"，是指以图画为主、文字为辅，供儿童阅览的书籍。

税号	货品名称	进口关税 %			增值/消费税%	出口退税%	统计计量单位	监管证件代码	检验检疫类别	协定税率 %		
		最惠国	普通	年内暂定						东盟	亚太	智利
49.01	书籍、小册子、散页印刷品及类似印刷品，不论是否单张：											
4901.1000	- 单张的，不论是否折叠	0	0		13	0/13	千克					
	- 其他：											
4901.9100	-- 字典或百科全书及其连续出版的分册	0	0		13	0/13	千克					
4901.9900	-- 其他	0	0		13	0/13	千克					
49.02	报纸、杂志及期刊，不论有无插图或广告材料：											
4902.1000	- 每周至少出版四次	0	0		13	13	千克					
4902.9000	- 其他	0	0		13	13	千克					
49.03	儿童图画书、绘画或涂色书：											
4903.0000	儿童图画书、绘画或涂色书	0	0		13	0/13	千克					
49.04	乐谱原稿或印本，不论是否装订或印有插图：											
4904.0000	乐谱原稿或印本，不论是否装订或印有插图	0	0		13	0/13	千克					
49.05	各种印刷的地图、水道图及类似图表，包括地图册、挂图、地形图及地球仪、天体仪：											
4905.1000	- 地球仪、天体仪	0	0		17	13	千克					
	- 其他：											
4905.9100	-- 成册的	0	0		17	0/13	千克					
4905.9900	-- 其他	0	0		17	0/13	千克					
49.06	手绘的建筑、工程、工业、商业、地形或类似用途的设计图纸原稿；手稿；用感光纸照相复印或用复写纸誊写的上述物品复制件：											

Chapter 49 Printed books, newspapers, pictures and other products of the printing industry; manuscripts, typescripts and plans

Chapter Notes:

1. This Chapter does not cover:

   (a) Photographic negatives or positives on transparent bases (Chapter 37);

   (b) Maps, plans or globes, in relief, whether or not printed (heading 90.23);

   (c) Playing cards or other goods of Chapter 95; or

   (d) Original engravings, prints or lithographs (heading 97.02), postage or revenue stamps, stamp-postmarks, first- day covers, postal stationery or the like of heading 97.04, antiques of an age exceeding one hundred years or other articles of Chapter 97.

2. For the purposes of Chapter 49, the term "printed" also means reproduced by means of a duplicating machine, produced under the control of an automatic data processing machine, embossed, photographed, photocopied, thermocopied or typewritten.

3. Newspapers, journals and periodicals which are bound otherwise than in paper, and sets of newspapers, journals or periodicals comprising more than one number under a single cover are to be classified in heading 49.01, whether or not containing advertising material.

4. Heading 49.01 also covers:

   (a) A collection of printed reproductions of, for example, works of art or drawings, with a relative text, put up with numbered pages in a form suitable for binding into one or more volumes;

   (b) A pictorial supplement accompanying, and subsidiary to, a bound volume; and

   (c) Printed parts of books or booklets, in the form of assembled or separate sheets or signatures, constituting the whole or a part of a complete work and designed for binding.

   However, printed pictures or illustrations not bearing a text, whether in the form of signatures or separate sheets, fall in heading 49.11.

5. Subject to Note 3 to this Chapter, heading 49.01 does not cover publications which are essentially devoted to advertising (for example, brochures, pamphlets, leaflets, trade catalogues, year books published by trade associations, tourist propaganda). Such publications are to be classified in heading 49.11.

6. For the purposes of heading 49.03, the expression "children's picture books" means books for children in which the pictures form the principal interest and the text is subsidiary.

协定税率 %										特惠税率 %				Article Description
巴基斯坦	冰岛	哥斯达黎	秘鲁	新西兰	瑞士	新加坡	韩国	澳大利亚	港澳台	老挝	孟加拉	33 国	7 国	
														Printed books, brochures, leaflets and similar printed matter,whether or not in single sheets:
							0	0			0	0	0	- In single sheets, whether or not folded
														- Other:
							0	0			0	0	0	-- Dictionaries and encyclopaedias, and serial instalments thereof
							0	0			0	0	0	-- Other
														Newspapers,journals and periodicals, whether or not illustrated or containing advertising material:
							0	0			0	0	0	- Appearing at least four times a week
							0	0			0	0	0	- Other
														Children's picture, drawing or colouring books:
							0	0			0	0	0	Children's picture, drawing or colouring books
														Music, printed or in manuscript, whether or not bound or illustrated:
							0	0			0	0	0	Music,printed or in manuscript, whether or not bound or illustrated
														Maps and hydrographic or similar charts of all kinds, including atlases, wall maps, topographical plans and globes, printed:
							0	0			0	0	0	- Globes
														- Other:
							0	0			0	0	0	-- In book form
							0	0			0	0	0	-- Other
														Plans and drawings for architectural, engineering, industrial, commercial, topographical or similar purposes, being originals drawn by hand; hand-written text; photographic reproductions on sensitized paper and carbon copies of the foregoing:

税号	货品名称	进口关税 %			增值/消费税%	出口退税%	统计计量单位	监管证件代码	检验检疫类别	协定税率 %		
		最惠国	普通	年内暂定						东盟	亚太	智利
4906.0000	手绘的建筑、工程、工业、商业、地形或类似用途的设计图纸原稿；手稿；用感光纸照相复印或用复写纸誊写的上述物品复制件	0	0		17	13	千克					
49.07	**在承认或将承认其面值的国家流通或新发行并且未经使用的邮票、印花税票及类似票证；印有邮票或印花税票的纸品；钞票；空白支票；股票、债券及类似所有权凭证：**											
4907.0010	--- 邮票	7.5	50		17	13	千克					
4907.0020	--- 钞票	0	50		17	13	千克					
4907.0030	--- 证券凭证	0	50		17	13	千克					
4907.0090	--- 其他											
49070090.01	特许权使用凭证(包括软件升级许可证、软件用户许可证等，但游戏软件升级许可证、游戏软件用户许可证除外)	7.5	50	0	17	13	千克					
49070090.90	其他印有邮票等的其他纸品(包括印有印花税票的纸品，特许权使用凭证除外)	7.5	50		17	13	千克					
49.08	**转印贴花纸（移画印花法用图案纸）：**											
4908.1000	- 釉转印贴花纸（移画印花法用图案纸）	7.5	50		17	13	千克					
4908.9000	- 其他	7.5	50		17	13	千克					
49.09	**印刷或有图画的明信片；印有个人问候、祝贺、通告的卡片，不论是否有图画、带信封或饰边：**											
4909.0010	--- 印刷或有图画的明信片	7.5	50		17	13	千克					
4909.0090	--- 其他	7.5	50		17	13	千克					
49.10	**印刷的各种日历，包括日历芯：**											
4910.0000	印刷的各种日历，包括日历芯	7.5	50		17	13	千克					
49.11	**其他印刷品，包括印刷的图片及照片：**											
	- 商业广告品、商税目录及类似印刷品：											
4911.1010	--- 无商业价值的	0	0		17	13	千克					
4911.1090	--- 其他	7.5	50		17	13	千克					
	- 其他：											
4911.9100	-- 图片、设计图样及照片	7.5	50		17	13	千克					
	-- 其他：											
4911.9910	--- 纸质的	7.5	50		17	13	千克					
4911.9990	--- 其他	7.5	50		17	13	千克					

协定税率 %										特惠税率 %				Article Description
巴基斯坦	冰岛	哥斯达黎	秘鲁	新西兰	瑞士	新加坡	韩国	澳大利亚	港澳台	老挝	孟加拉	33 国	7 国	
							0	0			0	0	0	Plans and drawings for architectural, engineering, industrial, commercial topographical or similar purposes, being originals drawn by hand; hand-written text; photographic reqroduetions on sensitized paper and carbon copies of the foregoing
														Unused postage, revenue or similar stamps of current or new issue in the country in which they have, or will have, a recognised face value; stamp-impressed paper; banknotes; cheque forms; stock, share or bond certificates and similar documents of title:
				3	3		6.5					0	0	--- Postage
							0	0			0	0	0	--- Banknotes
							0	0			0	0	0	--- Documents of title
														--- Other
				3	3		6.5					0	0	Concession using credential license (including software upgrading license, software user license)
				3	3		6.5					0	0	Other stamp-impressed paper (including revenue stamps, other than Concession using credential license)
														Transfers（decalcomanias）:
				3	3		6.5					0	0	- Transfers（decalcomanias）, vitrifiable
				3	3		6.5		0//			0	0	- Other
														Printed or illustrated postcards; printed cards bearing personal greetings, messages or announcements, whether or not illustrated,with or without envelopes or trimmings:
				3	3		6.5					0	0	--- Printed or illustrated postcards
				3	3		6.5					0	0	--- Other
														Calendars of any kind, printed, including calendar blocks:
				5.3	5.3		6.5				0	0	0	Calendars of any kind, printed, including calendar blocks
														Other printed matter, including printed pictures and photographs:
														- Trade advertising material, commercial catalogues and the like:
							0	0			0	0	0	--- No commercial value
				5.3	5.3		6.5		0//			0	0	--- Other
														- Other:
				3	3		6.5					0	0	-- Pictures, designs and photographs
														-- Other:
	0			5.4	5.4		6.5		0//			0	0	--- Of paper
	0			5.4	5.4		6.5		0//			0	0	--- Other

第十一类 纺织原料及纺织制品

注释：

一、本类不包括：

（一）制刷用的动物鬃、毛（税目 05.02）；马毛及废马毛（税目 05.11）；

（二）人发及人发制品（税目 05.01、67.03 或 67.04），但通常用于榨油机或类似机器的滤布除外（税目 59.11）；

（三）第十四章的棉短绒或其他植物材料；

（四）税目 25.24 的石棉、税目 68.12 或 68.13 的石棉制品或其他产品；

（五）税目 30.05 或 30.06 的物品；税目 33.06 的用于清洁牙缝的纱线（牙线），单独零售包装的；

（六）税目 37.01 至 37.04 的感光布；

（七）截面尺寸超过 1 毫米的塑料单丝和表面宽度超过 5 毫米的塑料扁条及类似品（例如，人造草）（第三十九章），以及上述单丝或扁条的缏条、织物、篮筐或柳条编结品（第四十六章）；

（八）第三十九章的用塑料浸渍、涂布、包覆或层压的机织物、针织物或钩编织物、毡呢或无纺织物及其制品；

（九）第四十章的用橡胶浸渍、涂布、包覆或层压的机织物、针织物或钩编织物、毡呢或无纺织物及其制品；

（十）带毛皮张（第四十一章或第四十三章）、税目 43.03 或 43.04 的毛皮制品、人造毛皮及其制品；

（十一）税目 42.01 或 42.02 的用纺织材料制成的物品；

（十二）第四十八章的产品或物品（例如，纤维素絮纸）；

（十三）第六十四章的鞋靴及其零件、护腿、裹腿及类似品；

（十四）第六十五章的发网、其他帽类及其零件；

（十五）第六十七章的货品；

（十六）涂有研磨料的纺织材料（税目 68.05）以及税目 68.15 的碳纤维及其制品；

（十七）玻璃纤维及其制品，但可见底布的玻璃线刺绣品除外（第七十章）；

（十八）第九十四章的物品（例如，家具、寝具、灯具及照明装置）；

（十九）第九十五章的物品（例如，玩具、游戏品、运动用品及网具）；

（二十）第九十六章的物品[例如，刷子、旅行用成套缝纫用具、拉链、打字机色带、卫生巾（护垫）及止血塞、婴儿尿布及尿布衬里]；或

（二十一）第九十七章的物品。

二、

（一）可归入第五十章至第五十五章及税目 58.09 或 59.02 的由两种或两种以上纺织材料混合制成的货品，应按其中重量最大的那种纺织材料归类。

当没有一种纺织材料重量较大时，应按可归入的有关税目中最后一个税目所列的纺织材料归类。

（二）应用上述规定时：

1. 马毛粗松螺旋花线（税目 51.10）和含金属纱线（税目 56.05）均应作为一种单一的纺织材料，其重量应为它们在纱线中的合计重量；在机织物的归类中，金属线应作为一种纺织材料；

2. 在选择合适的税目时，应首先确定章，然后再确定该章的有关税目，至于不归入该章的其他材料可不予考虑；

3. 当归入第五十四章及第五十五章的货品与其他章的货品进行比较时，应将这两章作为一个单一的章对待；

4. 同一章或同一税目所列各种不同的纺织材料应作为单一的纺织材料对待。

（三）上述（一）、（二）两款规定亦适用于以下注释三、四、五或六所述纱线。

SECTION XI TEXTILES AND TEXTILE ARTICLES

Section Notes:

1. This Section does not cover:

(a) Animal brush-making bristles or hair (heading 05.02); horsehair or horsehair waste (heading 05.11);

(b) Human hair or articles of human hair (heading 05.01, 67.03 or 67.04), except straining cloth of a kind commonly used in oil presses or the like (heading 59.11);

(c) Cotton linters or other vegetable materials of Chapter 14;

(d) Asbestos of heading 25.24 or articles of asbestos or other products of heading 68.12 or 68.13;

(e) Articles of heading 30.05 or 30.06; yarn used to clean between the teeth (dental floss), in individual retail packages, of heading 33.06;

(f) Sensitised textiles of headings 37.01 to 37.04;

(g) Monofilament of which any cross-sectional dimension exceeds 1 mm or strip or the like (for example, artificial straw) of an apparent width exceeding 5 mm, of plastics (Chapter 39), or plaits or fabrics or other basketware or wickerwork of such monofilament or strip (Chapter 46);

(h) Woven, knitted or crocheted fabrics, felt or nonwovens, impregnated, coated, covered or laminated with plastics, or articles thereof, of Chapter 39;

(ij) Woven, knitted or crocheted fabrics, felt or nonwovens, impregnated, coated, covered or laminated with rubber, or articles thereof, of Chapter 40;

(k) Hides or skins with their hair or wool on (Chapter 41 or 43) or articles of furskin, artificial fur or articles thereof, of heading 43.03 or 43.04;

(l) Articles of textile materials of heading 42.01 or 42.02;

(m) Products or articles of Chapter 48 (for example, cellulose wadding);

(n) Footwear or parts of footwear, gaiters or leggings or similar articles of Chapter 64;

(o) Hair-nets or other headgear or parts thereof of Chapter 65;

(p) Goods of Chapter 67;

(q) Abrasive-coated textile material (heading 68.05) and also carbon fibres or articles of carbon fibres of heading 68.15;

(r) Glass fibres or articles of glass fibres, other than embroidery with glass thread on a visible ground of fabric (Chapter 70);

(s) Articles of Chapter 94 (for example, furniture, bedding, lamps and lighting fittings);

(t) Articles of Chapter 95 (for example, toys, games, sports requisites and nets);

(u) Articles of Chapter 96 (for example, brushes, travel sets for sewing, slide fasteners, typewriter ribbons, sanitary towels (pads) and tampons, napkins (diapers) and napkin liners for babies); or

(v) Articles of Chapter 97.

2.

(a) Goods classifiable in Chapters 50 to 55 or of heading 58.09 or in heading 58.09 or 59.02 and of a mixture of two or more textile materials are to be classified as if consisting wholly of that one textile material which predominates by weight over any other single textile material.
When no one textile material predominates by weight, the goods are to be classified as if consisting wholly of that one textile material which is covered by the heading which occurs last in numerical order among those which equally merit consideration.

(b) For the purposes of the above rule:

(i) Gimped horsehair yarn (heading 51.10) and metallised yarn (heading 56.05) are to be treated as a single textile material the weight of which is to be taken as the aggregate of the weights of its components; for the classification of woven fabrics, metal thread is to be regarded as a textile material;

(ii) The choice of appropriate heading shall be effected by determining first the Chapter and then the applicable heading within that Chapter, disregarding any materials not classified in that Chapter;

(iii) When both Chapters 54 and 55 are involved with any other Chapter, Chapters 54 and 55 are to be treated as a single Chapter;

(iv) Where a Chapter or a heading refers to goods of different textile materials, such materials are to be treated as a single textile material.

(c) The provisions of paragraphs (a) and (b) above apply also to the yarns referred to in Note 3, 4, 5 or 6 below.

三、

（一）本类的纱线（单纱、多股纱线或缆线）除下列（二）款另有规定的以外，凡符合以下规格的应作为“线、绳、索、缆”：

1. 丝或绢丝纱线，细度在 20000 分特以上；

2. 化学纤维纱线（包括第五十四章的用两根及以上单丝纺成的纱线），细度在 10000 分特以上；

3. 大麻或亚麻纱线：

（1）加光或上光的，细度在 1429 分特及以上；或

（2）未加光或上光的，细度在 20000 分特以上；

4. 三股或三股以上的椰壳纤维纱线；

5. 其他植物纤维纱线，细度在 20000 分特以上；或

6. 用金属线加强的纱线。

（二）下列各项不按上述（一）款规定办理：

1. 羊毛或其他动物毛纱线及纸纱线，但用金属线加强的纱线除外；

2. 第五十五章的化学纤维长丝丝束以及第五十四章的未加捻或捻度每米少于 5 转的复丝纱线；

3. 税目 50.06 的蚕胶丝及第五十四章的单丝；

4. 税目 56.05 的含金属纱线；但用金属线加强的纱线按上述（一）款 6 项规定办理；以及

5. 税目 56.06 的绳绒线、粗松螺旋花线及纵行起圈纱线。

四、

（一）除下列（二）款另有规定的以外，第五十章、第五十一章、第五十二章、第五十四章和第五十五章所称“供零售用”纱线，是指以下列方式包装的纱线（单纱、多股纱线或缆线）：

1. 绕于纸板、线轴、纱管或类似芯子上，其重量（含线芯）符合下列规定：

（1）丝、绢丝或化学纤维长丝纱线，不超过 85 克；或

（2）其他纱线，不超过 125 克；

2. 绕成团、绞或束，其重量符合下列规定：

（1）细度在 3000 分特以下的化学纤维长丝纱线，丝或绢丝纱线，不超过 85 克；

（2）细度在 2000 分特以下的任何其他纱线，不超过 125 克；或

（3）其他纱线，不超过 500 克；

3. 绕成绞或束，每绞或每束中有若干用线分开的小绞或小束，每小绞或小束的重量相等，并且符合下列规定：

（1）丝、绢丝或化学纤维长丝纱线，不超过 85 克；或

（2）其他纱线，不超过 125 克。

（二）下列各项不按上述（一）款规定办理：

1. 各种纺织材料制的单纱，但下列两种除外：

（1）未漂白的羊毛或动物细毛单纱；以及

（2）漂白、染色或印色的羊毛或动物细毛单纱，细度在 5000 分特以上；

2. 未漂白的多股纱线或缆线：

（1）丝或绢丝制的，不论何种包装；或

（2）除羊毛或动物细毛外其他纺织材料制，成绞或成束的；

3. 漂白、染色或印色丝或绢丝制的多股纱线或缆线，细度在 133 分特及以下；以及

4. 任何纺织材料制的单纱、多股纱线或缆线：

（1）交叉绕成绞或束的；或

（2）绕于纱芯上或以其他方式卷绕，明显用于纺织工业的（例如，绕于纱管、加捻管、纬纱管、锥形筒管或锭子上的或者绕成蚕茧状以供绣花机使用的纱线）。

五、税目 52.04、54.01 及 55.08 所称“缝纫线”，是指下列多股纱线或缆线：

3.

(a) For the purposes of this Section, and subject to the exceptions in paragraph (b) below, yarns (single, multiple (folded) or cabled) of the following descriptions are to be treated as "twine, cordage, ropes and cables":

(i) Of silk or waste silk, measuring more than 20,000 decitex;

(ii) Of man-made fibres (including yarn of two or more monofilaments of Chapter 54), measuring more than 10,000 decitex;

(iii) Of true hemp or flax:

i) Polished or glazed, measuring 1,429 decitex or more; or

ii) Not polished or glazed, measuring more than 20,000 decitex;

(iv) Of coir, consisting of three or more plies;

(v) Of other vegetable fibres, measuring more than 20,000 decitex; or

(vi) Reinforced with metal thread.

(b) Exceptions:

(i) Yarn of wool or other animal hair and paper yarn, other than yarn reinforced with metal thread;

(ii) Man-made filament tow of Chapter 55 and multifilament yarn without twist or with a twist of less than 5 turns per metre of Chapter 54;

(iii) Silk worm gut of heading 50.06, and monofilaments of Chapter 54;

(iv) Metallised yarn of heading 56.05; yarn reinforced with metal thread is subject to paragraph (a) (vi) above; and

(v) Chenille yarn, gimped yarn and loop wale-yarn of heading 56.06.

4.

(a) For the purposes of Chapters 50, 51, 52, 54 and 55, the expression "put up for retail sale" in relation to yarn means, subject to the exceptions in paragraph (b) below, yarn (single, multiple (folded) or cabled) put up:

(i) On cards, reels, tubes or similar supports, of a weight (including support) not exceeding:

i) 85 g in the case of silk, waste silk or man-made filaments; or

ii) 125 g in other cases;

(ii) In balls, hanks or skeins of a weight not exceeding:

i) 85 g in the case of man-made filament yarn of less than 3,000 decitex, silk or silk waste;

ii) 125 g in the case of all other yarns of less than 2,000 decitex; or

iii) 500 g in other cases.

(iii) In hanks or skeins comprising several smaller hanks or skeins separated by dividing threads which render them independent one of the other, each of uniform weight not exceeding:

i) 85 g in the case of silk, waste silk or man-made filaments; or

ii) 125 g in other cases.

(b) Exceptions:

(i) Single yarn of any textile material, except:

i) Single yarn of wool or fine animal hair, unbleached; and

ii) Single yarn of wool or fine animal hair, bleached, dyed or printed, measuring more than 5,000 decitex;

(ii) Multiple (folded) or cabled yarn, unbleached:

i) Of silk or waste silk, however put up; or

ii) Of other textile material except wool or fine animal hair, in hanks or skeins;

(iii) Multiple (folded) or cabled yarn of silk or waste silk, bleached, dyed or printed, measuring 133 decitex or less; and

(iv) Single, multiple (folded) or cabled yarn of any textile material:

i) In cross-reeled hanks or skeins; or

ii) Put up on supports or in some other manner indicating its use in the textile industry (for example, on cops, twisting mill tubes, pirns, conical bobbins or spindles, or reeled in the form of cocoons for embroidery looms).

5. For the purposes of headings 52.04, 54.01 and 55.08, the expression "sewing thread" means multiple (folded) or cabled yarn:

（一）绕于芯子（例如，线轴、纱管）上，重量（包括纱芯）不超过1000克；

（二）作为缝纫线上过浆的；以及

（三）终捻为反手（Z）捻的。

六、本类所称"高强力纱"，是指断裂强度大于下列标准的纱线：

尼龙、其他聚酰胺或聚酯制的单纱60厘牛顿/特克斯；

尼龙、其他聚酰胺或聚酯制的多股纱线或缆线53厘牛顿/特克斯；

粘胶纤维制的单纱、多股纱线或缆线27厘牛顿/特克斯。

七、本类所称"制成的"，是指：

（一）裁剪成除正方形或长方形以外的其他形状的；

（二）呈制成状态，无需缝纫或其他进一步加工（或仅需剪断分隔联线）即可使用的（例如，某些抹布、毛巾、台布、方披巾、毯子）；

（三）裁剪成一定尺寸，至少有一边为带有可见的锥形或压平形的热封边，其余各边经本注释其他各项所述加工，但不包括为防止剪边脱纱而用热切法或其他简单方法处理的织物；

（四）已缝边或滚边，或者在任一边带有结制的流苏，但不包括为防止剪边脱纱而锁边或用其他简单方法处理的织物；

（五）裁剪成一定尺寸并经抽纱加工的；

（六）缝合、胶合或用其他方法拼合而成的（将两段或两段以上同样料子的织物首尾连接而成的匹头，以及由两层或两层以上的织物，不论中间有无胎料，层叠而成的匹头除外）；

（七）针织或钩编成一定形状，不论报验时是单件还是以若干件相连成幅的。

八、对于第五十章至第六十章：

（一）第五十章至第五十五章和第六十章，以及除条文另有规定以外的第五十六章至第五十九章，不适用于上述注释七所规定的制成货品；以及

（二）第五十章至第五十五章及第六十章不包括第五十六章至第五十九章的货品。

九、第五十章至第五十五章的机织物包括由若干层平行纱线以锐角或直角相互层叠，在纱线交叉点用粘合剂或以热粘合法粘合而成的织物。

十、以纺织材料和橡胶线制成的弹性产品归入本类。

十一、本类所称"浸渍"，包括"浸泡"。

十二、本类所称"聚酰胺"，包括"芳族聚酰胺"。

十三、本类及本协调制度所称"弹性纱线"，是指合成纤维纺织材料制成的长丝纱线（包括单丝），但变形纱线除外。这些纱线可拉伸至原长的三倍而不断裂，并可在拉伸至原长两倍后五分钟内回复到不超过原长度一倍半。

十四、除条文另有规定的以外，各种服装即使成套包装供零售用，也应按各自税目分别归类。本注释所称"纺织服装"，是指税目61.01至61.14及税目62.01至62.11所列的各种服装。

子目注释：

一、本类及本协调制度所用有关名词解释如下：

（一）未漂白纱线

1. 带有纤维自然色泽并且未经漂染（不论是否整体染色）或印色的纱线；或

2. 从回收纤维制得，色泽未定的纱线（本色纱）。

这种纱线可用无色浆料或易褪色染料（可轻易地用肥皂洗去）处理，如果是化学纤维纱线，则整体用消光剂（例如，二氧化钛）进行处理。

（二）漂白纱线

1. 经漂白加工、用漂白纤维制得或经染白（除条文另有规定的以外）（不论是否整体染色）及用白浆料处理的纱线；

2. 用未漂白纤维和漂白纤维混纺制得的纱线；或

(a) Put up on supports (for example, reels, tubes) of a weight (including support) not exceeding 1,000 g;

(b) Dressed for use as sewing thread; and

(c) With a final "Z" twist.

6. For the purposes of this Section, the expression "high tenacity yarn" means yarn having a tenacity, expressed in cN/tex (centinewtons per tex), greater than the following:
Single yarn of nylon or other polyamides, or of polyesters 60 cN/tex

Multiple (folded) or cabled yarn of nylon or other polyamides, or of polyesters 53 cN/tex

Single, multiple (folded) or cabled yarn of viscose rayon 27 cN/tex.

7. For the purposes of this Section, the expression "made up" means:

(a) Cut otherwise than into squares or rectangles;

(b) Produced in the finished state, ready for use (or merely needing separation by cutting dividing threads) without sewing or other working (for example, certain dusters, towels, table cloths, scarf squares, blankets);

(c) Cut to size and with at least one heat-sealed edge with a visibly tapered or compressed border and the other edges treated as described in any other subparagraph of this Note, but excluding fabrics the cut edges of which have been prevented from unravelling by hot cutting or by other simple means;

(d) Hemmed or with rolled edges, or with a knotted fringe at any of the edges, but excluding fabrics the cut edges of which have been prevented from unravelling by whipping or by other simple means;

(e) Cut to size and having undergone a process of drawn thread work;

(f) Assembled by sewing, gumming or otherwise (other than piece goods consisting of two or more lengths of identical material joined end to end and piece goods composed of two or more textiles assembled in layers, whether or not padded);

(g) Knitted or crocheted to shape, whether presented as separate items or in the form of a number of items in the length.

8. For the purposes of Chapters 50 to 60:

(a) Chapters 50 to 55 and 60 and, except where the context otherwise requires, Chapters 56 to 59 do not apply to goods made up within the meaning of Note 7 above; and

(b) Chapters 50 to 55 and 60 do not apply to goods of Chapters 56 to 59.

9. The woven fabrics of Chapters 50 to 55 include fabrics consisting of layers of parallel textile yarns superimposed on each other at acute or right angles. These layers are bonded at the intersections of the yarns by an adhesive or by thermal bonding.

10. Elastic products consisting of textile materials combined with rubber threads are classified in this Section.

11. For the purposes of this Section, the expression "impregnated" includes "dipped".

12. For the purposes of this Section, the expression "polyamides" includes "aramids".

13. For the purposes of this Section and, where applicable, throughout the Nomenclature, the expression "elastomeric yarn" means filament yarn, including monofilament, of synthetic textile material, other than textured yarn, which does not break on being extended to three times its original length and which returns, after being extended to twice its original length, within a period of five minutes, to a length not greater than one and a half times its original length.

14. Unless the context otherwise requires, textile garments of different headings are to be classified In their own headings even if put up in sets for retail sale. For the purposes of this Note, the expression "textile garments" means garments of headings 61.01 to 61.14 and headings 62.01 to 62.11.

Subheading Notes:

1. In this Section and, where applicable, throughout the Nomenclature, the following expressions have the meanings hereby assigned to them:

(a) Unbleached yarn

Yarn which:

(i) has the natural colour of its constituent fibres and has not been bleached, dyed (whether or not in the mass) or printed; or

(ii) is of indeterminate colour ("grey yarn"), manufactured from garnetted stock.

Such yarn may have been treated with a colourless dressing or fugitive dye (which disappears after simple washing with soap) and, in the case of man-made fibres, treated in the mass with delustring agents (for example, titanium dioxide).

(b) Bleached yarn

Yarn which:

(i) has undergone a bleaching process, is made of bleached fibres or, unless the context otherwise requires, has been dyed white (whether or not in the mass) or treated with a white dressing;

(ii) consists of a mixture of unbleached and bleached fibres; or

3. 用未漂白纱和漂白纱纺成多股纱线或缆线。

（三）着色（染色或印色）纱线

1. 染成彩色（不论是否整体染色，但白色或易褪色除外）或印色的纱线，以及用染色或印色纤维纺制的纱线；

2. 用各色染色纤维混合纺制或用未漂白或漂白纤维与着色纤维混合制得的纱线（夹色纱或混色纱），以及用一种或几种颜色间隔印色而获得点纹印迹的纱线；

3. 用已经印色的纱条或粗纱纺制的纱线；或

4. 用未漂白纱和漂白纱与着色纱纺成的多股纱线或缆线。

上述定义在必要的地方稍作修改后，可适用于第五十四章的单丝、扁条或类似产品。

（四）未漂白机织物

用未漂白纱线织成后未经漂白、染色或印花的机织物。这类织物可用无色浆料或易褪色染料处理。

（五）漂白机织物

1. 经漂白、染白或用白浆料处理（除条文另有规定的以外）的成匹机织物；

2. 用漂白纱线织成的机织物；或

3. 用未漂白纱线和漂白纱线织成的机织物。

（六）染色机织物

1. 除条文另有规定的以外，染成白色以外的其他单一颜色或用白色以外的其他有色整理剂处理的成匹机织物；或

2. 以单一颜色的着色纱线织成的机织物。

（七）色织机织物

除印花机织物以外的下列机织物：

1. 用各种不同颜色纱线或同一颜色不同深浅（纤维的自然色彩除外）纱线织成的机织物；

2. 用未漂白或漂白纱线与着色纱线织成的机织物；或

3. 用夹色纱线或混色纱线织成的机织物。

不论何种情况，布边或布头的纱线均可忽略不计。

（八）印花机织物

成匹印花的机织物，不论是否用各色纱线织成。

用刷子或喷枪、经转印纸转印、植绒或蜡防印花等方法印成花纹图案的机织物亦可视为印花机织物。

上述各类纱线或织物如经丝光工艺处理并不影响其归类。

上述第（四）至（八）项的定义在必要的地方稍加修改后，可适用于针织或钩编织物。

（九）平纹组织

每根纬纱在并排的经纱间上下交错而过，而每根经纱也在并排的纬纱间上下交错而过的织物组织。

二、

（一）含有两种或两种以上纺织材料的第五十六章至第六十三章的产品，应根据本类注释二对第五十章至第五十五章或税目 58.09 的此类纺织材料产品归类的规定来确定归类。

（二）运用本条规定时：

1. 应酌情考虑按归类总规则第三条来确定归类；

2. 对由底布和绒面或毛圈面构成的纺织品，在归类时可不考虑底布的属性；

3. 对税目 58.10 的刺绣品及其制品，归类时应只考虑底布的属性，但不见底布的刺绣品及其制品应根据绣线的属性确定归类。

(iii) is multiple (folded) or cabled and consists of unbleached and bleached yarns.

(c) Coloured (dyed or printed) yarn

Yarn which:

(i) is dyed (whether or not in the mass) other than white or in a fugitive colour, or printed, or made from dyed or printed fibres;

(ii) consists of a mixture of dyed fibres of different colours or of a mixture of unbleached or bleached fibres with coloured fibres (marl or mixture yarns), or is printed in one or more colours at intervals to give the impression of dots;

(iii) is obtained from slivers or rovings which have been printed; or

(iv) is multiple (folded) or cabled and consists of unbleached or bleached yarn and coloured yarn.

The above definitions also apply, mutatis mutandis, to monofilament and to strip or the like of Chapter 54.

(d) Unbleached woven fabric

Woven fabric made from unbleached yarn and which has not been bleached, dyed or printed. Such fabric may have been treated with a colourless dressing or a fugitive dye.

(e) Bleached woven fabric

Woven fabric which:

(i) has been bleached or, unless the context otherwise requires, dyed white or treated with a white dressing, in the piece;

(ii) consists of bleached yarn; or

(iii) consists of unbleached and bleached yarn.

(f) Dyed woven fabric

Woven fabric which:

(i) is dyed a single uniform colour other than white (unless the context otherwise requires) or has been treated with a coloured finish other than white (unless the context otherwise requires), in the piece; or

(ii) consists of coloured yarn of a single uniform colour.

(g) Woven fabric of yarns of different colours

Woven fabric (other than printed woven fabric) which:

(i) consists of yarns of different colours or yarns of different shades of the same colour (other than the natural colour of the constituent fibres);

(ii) consists of unbleached or bleached yarn and coloured yarn; or

(iii) consists of marl or mixture yarns.

(In all cases, the yarn used in selvedges and piece ends is not taken into consideration.)

(h) Printed woven fabric

Woven fabric which has been printed in the piece, whether or not made from yarns of different colours.

(The following are also regarded as printed woven fabrics: woven fabrics bearing designs made, for example, with a brush or spray gun, by means of transfer paper, by flocking or by the batik process.)

The process of mercerisation does not affect the classification of yarns or fabrics within the above categories.

The definitions at (d) to (h) above apply, mutatis mutandis, to knitted or crocheted fabrics.

(ij) Plain weave

A fabric construction in which each yarn of the weft passes alternately over and under successive yarns of the warp and each yarn of the warp passes alternately over and under successive yarns of the weft.

2.

(a) Products of Chapters 56 to 63 containing two or more textile materials are to be regarded as consisting wholly of that textile material which would be selected under Note 2 to this Section for the classification of a product of Chapters 50 to 55 consisting of the same textile materials.

(b) For the application of this rule:

(i) where appropriate, only the part which determines the classification under Interpretative Rule 3 shall be taken into account;

(ii) in the case of textile products consisting of a ground fabric and a pile or looped surface no account shall be taken of the ground fabric;

(iii) in the case of embroidery of heading 58.10 and goods thereof, only the ground fabric shall be taken into account. However, embroidery without visible ground, and goods thereof, shall be classified with reference to the embroidering threads alone.

第五十章 蚕丝

税 号	货 品 名 称	进口关税 %			增值/消费税%	出口退税%	统计计量单位	监管证件代码	检验检疫类别	协定税率 %		
		最惠国	普通	年内暂定						东盟	亚太	智利
50.01	**适于缫丝的蚕茧：**											
5001.0010	--- 适于缫丝的桑蚕茧	6	70		17	5	千克	AB	P/Q	0		0
5001.0090	--- 其他	6	70		17	5	千克	AB	P/Q	0		0
50.02	**生丝（未加捻）：**											
	--- 桑蚕丝：											
5002.0011	----厂丝	9	80		17	15	千克	AB	P/Q	0		0
5002.0012	----土丝	9	80		17	15	千克	AB	P/Q	0		0
5002.0013	----双宫丝	9	80		17	15	千克	AB	P/Q	0		0
5002.0019	----其他	9	80		17	15	千克	AB	P/Q	0		0
5002.0020	--- 柞蚕丝	9	80		17	15	千克	AB	P/Q	0		0
5002.0090	--- 其他	9	80		17	15	千克	AB	P/Q	0		0
50.03	**废丝（包括不适于缫丝的蚕茧、废纱及回收纤维）：**											
	--- 未梳：											
5003.0011	----下茧、茧衣、长吐、滞头	9	70		17	13	千克	AB	P/Q	0		0
5003.0012	----回收纤维	9	70		17	13	千克	AB	P/Q	0		0
5003.0019	----其他	9	70		17	13	千克	AB	P/Q	0		0
	--- 其他：											
5003.0091	----绵球	9	70		17	13	千克	AB	P/Q	0		0
5003.0099	----其他	9	70		17	13	千克	AB	P/Q	0		0
50.04	**丝纱线（绢纺纱线除外），非供零售用：**											
5004.0000	丝纱线（绢纺纱线除外），非供零售用	6	90		17	17	千克					0
50.05	**绢纺纱线，非供零售用：**											
5005.0010	--- 紬丝纱线											
50050010.10	非供零售用紬丝纱线(紬丝为主,含丝及绢丝85%及以上纱线)	6	90		17	17	千克			0		0
50050010.90	非供零售用紬丝纱线(紬丝为主,含丝及绢丝85%以下纱线)	6	90		17	17	千克			0		0
5005.0090	--- 其他											
50050090.10	非供零售用其他绢纺纱线(含丝及绢丝85%及以上纱线)	6	90		17	17	千克			0		0
50050090.20	非供零售用其他绢纺纱线(含丝及绢丝85%以下纱线)	6	90		17	17	千克			0		0
50.06	**丝纱线及绢纺纱线，供零售用；蚕胶丝：**											
5006.0000	丝纱线及绢纺纱线，供零售用；蚕胶丝											
50060000.10	零售用丝纱线,绢纺纱线;蚕胶丝(含丝及绢丝85%及以上纱线)	6	100		17	17	千克			0		0
50060000.20	零售用丝纱线,绢纺纱线;蚕胶丝(含丝及绢丝85%以下纱线)	6	100		17	17	千克			0		0
50.07	**丝或绢丝机织物：**											
	- 紬丝机织物：											
5007.1010	--- 未漂白（包括未练白或练白）或漂白											
50071010.10	未漂白或漂白的紬丝机织物(包括未练白或练白的,含紬丝85%及以上)	10	130		17	17	米/千克			0		0
50071010.20	未漂白或漂白的紬丝机织物(包括未练白或练白的,含紬丝85%以下,棉或化纤限内)	10	130		17	17	米/千克			0		0
50071010.31	未漂白或漂白的紬丝机织物(含未练白或练白,紬丝<85%与精梳羊毛或动物细毛混纺,羊毛限内)	10	130		17	17	米/千克			0		0
50071010.39	未漂白或漂白的紬丝机织物(未练白或练白的,含紬丝85%以下,与其他混纺,羊毛限内)	10	130		17	17	米/千克			0		0

Chapter 50　Silk

协定税率 %										特惠税率 %				
巴基斯坦	冰岛	哥斯达黎	秘鲁	新西兰	瑞士	新加坡	韩国	澳大利亚	港澳台	老挝	孟加拉	33 国	7 国	Article Description
														Silk worm cocoons suitable for reeling:
5	0	0	0	0	2.4		0	3.6			0	0	0	--- Bombyx mori cocoons
5	0	0	0	0	2.4		0	3.6			0	0	0	--- Other
														Raw silk（not thrown）:
														--- Mulberry silk:
5	0	0	0	0	3.6		5.4	5.4			0	0	0	----Filature silk
5	0	0	0	0	3.6		5.4	5.4			0	0	0	----Native silk
5	0	0	0	0	3.6		5.4	5.4			0	0	0	----Duppion silk
5	0	0	0	0	3.6		5.4	5.4			0	0	0	----Other
5	0	0	0	0	3.6		5.4	5.4			0	0	0	--- Tussah silk
5	0	0	0	0	3.6		5.4	5.4			0	0	0	--- Other
														Silk waste（including cocoons unsuitable for reeling, yarn waste and garnetted stock）:
														--- Not carded or combed:
5	0	0	0	0	3.6		5.4	5.4			0	0	0	----Spoiledcocoon, cocoon outer floss, frison, frigon
5	0	0	0	0	3.6		5.4	5.4			0	0	0	----Garnetted stock
5	0	0	0	0	3.6		5.4	5.4			0	0	0	----Other
														--- Other:
5	0	0	0	0	3.6		5.4	5.4			0	0	0	----Silk top
5	0	0	0	0	3.6		5.4	5.4			0	0	0	----Other
														Silk yarn（other than yarn spun from silk waste）not put up for retail sale:
5	0	0	0	0	2.4		0	3.6	/0/		0	0	0	Silk yarn（other than yarn spun from silk waste）not put up for retail sale
														Yarn spun from silk waste, not put up for retail sale:
														--- Spun from noil silk
5	0	0	0	0	2.4		0	3.6	/0/		0	0	0	Yarn spun from noil silk, containing 85% or more by weight of silk or silk waste, not put up for retail sale
5	0	0	0	0	2.4		0	3.6	/0/		0	0	0	Yarn spun from noil silk, containing less than 85% by weight of silk or silk waste, not put up for retail sale
														--- Other
5	0	0	0	0	2.4		0	3.6	/0/		0	0	0	Yarn spun from other silk waste, containing 85% or more by weight of silk or silk waste, not put up for retail sale
5	0	0	0	0	2.4		0	3.6	/0/		0	0	0	Yarn spun from other silk waste, containing less than 85% by weight of silk or silk waste, not put up for retail sale
														Silk yarn and yarn spun from silk waste, put up for retail sale;　silk-worm gut:
														Silk yarn and yarn spun from silk waste, put up for retail sale; silk-worm gut
5	0	0	0	0	2.4		0	3.6	/0/		0	0	0	Silk yarn and yarn spun from silk waste, put up for retail sale; silk-worm gut, containing 85% or more by weight of silk or silk waste
5	0	0	0	0	2.4		0	3.6	/0/		0	0	0	Silk yarn and yarn spun from silk waste, put up for retail sale; silk-worm gut, containing less than 85% by weight of silk or silk waste
														Woven fabrics of silk or of silk waste:
														-　Fabrics of noil silk:
														--- Unbleached（including unscoured or scoured）or bleached
5	0	0	0	0	4		6	6		0	0	0	0	Woven fabrics of noil silk, unbleached or bleached (including unscoured or scoured), containing 85% or more by weight of noil silk
5	0	0	0	0	4		6	6		0	0	0	0	Woven fabrics of noil silk, unbleached or bleached (including unscoured or scoured), containing less than 85% by weight of noil silk (in cotton or man-made fibres limit)
5	0	0	0	0	4		6	6		0	0	0	0	Woven fabrics of noil silk, mixed with combed wool or fine animal hair, unbleached or bleached (including unscoured or scoured), containing less than 85% by weight of noil silk (in wool limit)
5	0	0	0	0	4		6	6		0	0	0	0	Woven fabrics of noil silk, mixed with other fibres, unbleached or bleached (including unscoured or scoured), containing less than 85% by weight of noil silk (in wool limit)

税号	货品名称	进口关税% 最惠国	普通	年内暂定	增值/消费税%	出口退税%	统计计量单位	监管证件代码	检验检疫类别	协定税率% 东盟	亚太	智利
50071010.91	未漂白或漂白的紬丝机织物(未练白或练白的,含紬丝<85%与精梳羊毛或动物细毛混纺)	10	130		17	17	米/千克			0		0
50071010.99	未漂白或漂白的紬丝机织物(包括未练白或练白的,含紬丝85%以下,与其他混纺)	10	130		17	17	米/千克			0		0
5007.1090	--- 其他											
50071090.10	其他紬丝机织物(含紬丝85%及以上)	10	130		17	17	米/千克			0		0
50071090.21	其他色织紬丝机织物(含紬丝85%以下,棉或化纤限内)	10	130		17	17	米/千克			0		0
50071090.29	其他非色织紬丝机织物(含紬丝85%以下,棉或化纤限内)	10	130		17	17	米/千克			0		0
50071090.31	其他紬丝机织物(含紬丝85%以下,与精梳羊毛或动物细毛混纺,羊毛限内)	10	130		17	17	米/千克			0		0
50071090.39	其他紬丝机织物(含紬丝85%以下,与其他混纺,羊毛限内)	10	130		17	17	米/千克			0		0
50071090.91	其他紬丝机织物(含紬丝85%以下,与精梳羊毛或动物细毛混纺)	10	130		17	17	米/千克			0		0
50071090.99	其他紬丝机织物(含紬丝85%以下,与其他混纺)	10	130		17	17	米/千克			0		0
	- 其他机织物,按重量计丝或绢丝(紬丝除外)含量在85%及以上:											
	--- 桑蚕丝机织物:											
5007.2011	----未漂白(包括未练白或练白)或漂白	10	130		17	17	米/千克			0	9	0
5007.2019	----其他	10	130		17	17	米/千克			0	9	0
	--- 柞蚕丝机织物:											
5007.2021	----未漂白(包括未练白或练白)或漂白	10	130		17	17	米/千克			0	9	0
5007.2029	----其他	10	130		17	17	米/千克			0	9	0
	--- 绢丝机织物:											
5007.2031	----未漂白(包括未练白或练白)或漂白	10	130		17	17	米/千克			0	9	0
5007.2039	----其他	10	130		17	17	米/千克			0	9	0
5007.2090	--- 其他											
50072090.10	未漂白或漂白其他丝机织物(包括未练白或练白,按重量计丝或绢丝含量在85%及以上)	10	130		17	17	米/千克			0	9	0
50072090.90	其他丝机织物(按重量计丝或绢丝含量在85%及以上)	10	130		17	17	米/千克			0	9	0
	- 其他机织物:											
5007.9010	--- 未漂白(包括未练白或练白)或漂白											
50079010.10	未漂白或漂白其他丝机织物(包括未练白或练白,含丝及绢丝85%及以上)	10	130		17	17	米/千克			0	8.5	0
50079010.20	未漂白或漂白其他丝机织物(包括未练白或练白,含丝及绢丝<85%与其他混纺,棉或化纤限内)	10	130		17	17	米/千克			0	8.5	0
50079010.31	未漂白或漂白其他丝机织物(未练白或练白,含丝及绢丝<85%,与精梳羊毛或动物细毛混纺,羊毛限)	10	130		17	17	米/千克			0	8.5	0
50079010.39	未漂白或漂白其他丝机织物(未练白或练白,含丝及绢丝<85%,与其他混纺,羊毛限内)	10	130		17	17	米/千克			0	8.5	0
50079010.91	未漂白或漂白其他丝机织物(未练白或练白,含丝及绢丝<85%,与精梳羊毛或动物细毛混纺)	10	130		17	17	米/千克			0	8.5	0
50079010.99	未漂白或漂白其他丝机织物(未练白或练白,含丝及绢丝85%以下,与其他混纺)	10	130		17	17	米/千克			0	8.5	0
5007.9090	--- 其他											
50079090.10	其他丝机织物(含丝及绢丝85%及以上)	10	130		17	17	米/千克			0	8.5	0
50079090.21	其他色织丝机织物(含丝及绢丝85%以下,与其他混纺,棉或化学纤维限内)	10	130		17	17	米/千克			0	8.5	0

协定税率 %										特惠税率 %				
巴基斯坦	冰岛	哥斯达黎	秘鲁	新西兰	瑞士	新加坡	韩国	澳大利亚	港澳台	老挝	孟加拉	33 国	7 国	Article Description
5	0	0	0	0	4		6	6		0	0	0	0	Woven fabrics of noil silk, unbleached or bleached (including unscoured or scoured), containing less than 85% by weight of noil silk, mixed with combed wool or fine animal hair
5	0	0	0	0	4		6	6		0	0	0	0	Woven fabrics of noil silk, mixed with other fibres, unbleached or bleached (including unscoured or scoured), containing less than 85% by weight of noil silk
														--- Other
5	0	0	0	0	4		6	6		0	0	0	0	Other woven fabrics of noil silk, containing 85% or more by weight of noil silk
5	0	0	0	0	4		6	6		0	0	0	0	Other woven fabrics of noil silk, of yarns of different colours, containing less than 85% by weight of noil silk (in cotton or man-made fibres limit)
5	0	0	0	0	4		6	6		0	0	0	0	Other woven fabrics of noil silk, not of yarns of different colours, containing less than 85% by weight of noil silk (in cotton or man-made fibres limit)
5	0	0	0	0	4		6	6		0	0	0	0	Other woven fabrics of noil silk, mixed with combed wool or fine animal hair, containing less than 85% by weight of noil silk (in wool limit)
5	0	0	0	0	4		6	6		0	0	0	0	Other woven fabrics of noil silk, mixed with other fibres, containing less than 85% by weight of noil silk (in wool limit)
5	0	0	0	0	4		6	6		0	0	0	0	Other woven fabrics of noil silk, mixed with combed wool or fine animal hair, containing less than 85% by weight of noil silk
5	0	0	0	0	4		6	6		0	0	0	0	Other woven fabrics of noil silk, mixed with others fibres, containing less than 85% by weight of noil silk
														- Other woven fabrics, containing 85% or more by weight of silk or of silk waste (other than noil silk):
														--- Of mulberry silk:
5	0	0	0	0	4		6	6		0	0	0	0	--- Unbleaded (including unscoured or scoured) or bleached
5	0	0	0	0	4		8.6	6	0//	0	0	0	0	----Other
														--- Of tussah silk:
5	0	0	0	0	4		6	6		0	0	0	0	--- Unbleaded (including unscoured or scoured) or bleached
5	0	0	0	0	4		6	6		0	0	0	0	----Other
														--- Of silk waste:
5	0	0	0	0	4		6	6		0	0	0	0	--- Unbleaded (including unscoured or scoured) or bleached
5	0	0	0	0	4		6	6		0	0	0	0	----Other
														--- Other
5	0	0	0	0	4		6	6		0	0	0	0	Other woven fabrics of silk, unbleached (including unscoured or scoured) or bleached, containing 85% or more by weight of silk and silk waste
5	0	0	0	0	4		6	6		0	0	0	0	Other woven fabrics of silk, containing 85% or more by weight of silk and silk waste
														- Other woven fabrics:
														--- Unbleaded (including unscoured or scoured) or bleached
5	0	0	0	0	4		6	6		0	0	0	0	Other woven fabrics of silk, unbleached (including unscoured or scoured) or bleached, containing 85% or more by weight of silk and silk waste
5	0	0	0	0	4		6	6		0	0	0	0	Other woven fabrics of silk, mixed with other fibres, unbleached or bleached (including unscoured or scoured), containing less than 85% by weight of silk and silk waste (in cotton or man-made fibres limit)
5	0	0	0	0	4		6	6		0	0	0	0	Other woven fabrics of silk, mixed with combed wool or fine animal hair, unbleached or bleached (including unscoured or scoured), containing less than 85% by weight of silk and silk waste (in wool limit)
5	0	0	0	0	4		6	6		0	0	0	0	Other woven fabrics of silk, mixed with other fibres, unbleached or bleached (including unscoured or scoured), containing less than 85% by weight of silk and silk waste (in wool limit)
5	0	0	0	0	4		6	6		0	0	0	0	Other woven fabrics of silk, mixed with combed wool or fine animal hair, unbleached or bleached (including unscoured or scoured), containing less than 85% by weight of silk and silk waste
5	0	0	0	0	4		6	6		0	0	0	0	Other woven fabrics of silk, mixed with others fibres, unbleached or bleached (including unscoured or scoured), containing less than 85% by weight of silk and silk waste
														--- Other
5	0	0	3	0	4		6	6		0	0	0	0	Other woven fabrics of silk, containing 85% or more by weight of silk and silk waste
5	0	0	3	0	4		6	6		0	0	0	0	Other woven fabrics of silk, of yarns of different colours, mixed with other fibres, containing less than 85% by weight of silk and silk waste (in cotton or man-made fibres limit)

税 号	货 品 名 称	进口关税 %			增值/消费税%	出口退税%	统计计量单位	监管证件代码	检验检疫类别	协定税率 %		
		最惠国	普通	年内暂定						东盟	亚太	智利
50079090.29	其他非色织丝机织物(含丝及绢丝85%以下,与其他混纺,棉或化学纤维限内)	10	130		17	17	米/千克			0	8.5	0
50079090.31	其他丝机织物(含丝及绢丝<85%,与精梳羊毛或动物细毛混纺,羊毛限内)	10	130		17	17	米/千克			0	8.5	0
50079090.39	其他丝机织物(含丝及绢丝85%以下,与其他混纺,羊毛限内)	10	130		17	17	米/千克			0	8.5	0
50079090.91	其他丝机织物(含丝及绢丝85%以下,与精梳羊毛或动物细毛混纺)	10	130		17	17	米/千克			0	8.5	0
50079090.99	其他丝机织物(含丝及绢丝85%以下,与其他混纺)	10	130		17	17	米/千克			0	8.5	0

协定税率 %										特惠税率 %				Article Description
巴基斯坦	冰岛	哥斯达黎	秘鲁	新西兰	瑞士	新加坡	韩国	澳大利亚	港澳台	老挝	孟加拉	33 国	7 国	
5	0	0	3	0	4		6	6		0	0	0	0	Other woven fabrics of silk, not of yarns of different colours, mixed with other fibres, containing less than 85% by weight of silk and silk waste (in cotton or man-made fibres limit)
5	0	0	3	0	4		6	6		0	0	0	0	Other woven fabrics of silk, mixed with combed wool or fine animal hair, containing less than 85% by weight of silk and silk waste (in wool limit)
5	0	0	3	0	4		6	6		0	0	0	0	Other woven fabrics of silk, mixed with other fibres, containing less than 85% by weight of silk and silk waste (in wool limit)
5	0	0	3	0	4		6	6		0	0	0	0	Other woven fabrics of silk, mixed with combed wool or fine animal hair, containing less than 85% by weight of silk and silk waste
5	0	0	3	0	4		6	6		0	0	0	0	Other woven fabrics of silk, mixed with other fibres, containing less than 85% by weight of silk and silk waste

第五十一章 羊毛、动物细毛或粗毛；马毛纱线及其机织物

注释：

本协调制度所称：

一、“羊毛”，是指绵羊或羔羊身上长的天然纤维；

二、“动物细毛”，是指下列动物的毛：羊驼、美洲驼、驼马、骆驼（包括单峰骆驼）、牦牛、安哥拉山羊、西藏山羊、喀什米尔山羊及类似山羊（普通山羊除外）、家兔（包括安哥拉兔）、野兔、海狸、河狸鼠或麝鼠；

三、“动物粗毛”，是指以上未提及的其他动物的毛，但不包括制刷用鬃、毛（税目 05.02）以及马毛（税目 05.11）。

税号	货品名称	进口关税 %			增值/消费税%	出口退税%	统计计量单位	监管证件代码	检验检疫类别	协定税率 %		
		最惠国	普通	年内暂定						东盟	亚太	智利
51.01	**未梳的羊毛：**											
	- 含脂羊毛，包括剪前水洗毛：											
5101.1100	-- 剪羊毛											
51011100.01	未梳的含脂剪羊毛(配额内)	1	50		13	5	千克	ABt	MP/Q	20		
51011100.90	未梳的含脂剪羊毛(配额外)	38	50		13	5	千克	AB	MP/Q	20		
5101.1900	-- 其他											
51011900.01	未梳的其他含脂羊毛(配额内)	1	50		13	5	千克	ABt	MP/Q	20		
51011900.90	未梳的其他含脂羊毛(配额外)	38	50		13	5	千克	AB	MP/Q	20		
	- 脱脂羊毛，未碳化：											
5101.2100	-- 剪羊毛											
51012100.01	未梳的脱脂剪羊毛(未碳化)(配额内)	1	50		17	13	千克	ABt	MP/Q	20		
51012100.90	未梳的脱脂剪羊毛(未碳化)(配额外)	38	50		17	13	千克	AB	MP/Q	20		
5101.2900	-- 其他											
51012900.01	未梳的其他脱脂羊毛(未碳化)(配额内)	1	50		17	13	千克	ABt	MP/Q	20		
51012900.90	未梳的其他脱脂羊毛(未碳化)(配额外)	38	50		17	13	千克	AB	MP/Q	20		
5101.3000	- 碳化羊毛											
51013000.01	未梳碳化羊毛(配额内)	1	50		17	13	千克	ABt	MP/Q	20		
51013000.90	未梳碳化羊毛(配额外)	38	50		17	13	千克	AB	MP/Q	20		
51.02	**未梳的动物细毛或粗毛：**											
	- 细毛：											
5102.1100	-- 喀什米尔山羊的	9	45		17	0	千克	AB	P/Q	0		0
	-- 其他：											
5102.1910	--- 兔毛											
51021910.10	未梳濒危兔毛	9	50		17	0	千克	ABEF	P/Q	0		0
51021910.90	其他未梳兔毛	9	50		17	5	千克	AB	P/Q	0		0
5102.1920	--- 其他山羊绒	9	45		17	0	千克	AB	P/Q	0		0
5102.1930	--- 骆驼毛、骆驼绒											
51021930.10	未梳濒危野生骆驼科动物毛、绒	9	45		17	0	千克	ABEF	P/Q	0		0
51021930.90	其他未梳骆驼毛、绒	9	45		17	5	千克	AB	P/Q	0		0
5102.1990	--- 其他											
51021990.10	未梳的其他濒危野生动物细毛	9	45		17	0	千克	ABEF	P/Q	0		0
51021990.90	未梳的其他动物细毛	9	45		17	5	千克	AB	P/Q	0		0
5102.2000	- 粗毛											
51022000.10	未梳的濒危野生动物粗毛	9	50		17	0	千克	ABEF	P/Q	0		0
51022000.90	未梳的其他动物粗毛	9	50		17	5	千克	AB	P/Q	0		0
51.03	**羊毛或动物细毛或粗毛的废料，包括废纱线，但不包括回收纤维：**											
	- 羊毛或动物细毛的落毛：											
5103.1010	--- 羊毛落毛											
51031010.01	羊毛落毛(配额内)	1	50		17	5	千克	ABt	P/Q	20		
51031010.90	羊毛落毛(配额外)	38	50		17	5	千克	AB	P/Q	20		
5103.1090	--- 其他											
51031090.10	其他濒危野生动物细毛的落毛	9	50		17	0	千克	ABEF	P/Q	0		0
51031090.90	其他动物细毛的落毛	9	50		17	5	千克	ABP	MP/Q	0		0

Chapter 51　Wool, fine or coarse animal hair; horsehair yarn and woven fabric

Chapter Notes:

Throughout the Nomenclature:

1. "Wool" means the natural fibre grown by sheep or lambs;
2. "Fine animal hair" means the hair of alpaca, llama, vicuna, camel (including dromedary), yak, Angora, Tibetan, Kashmir or similar goats (but not common goats), rabbit (including Angora rabbit), hare, beaver, nutria or musk-rat;
3. "Coarse animal hair" means the hair of animals not mentioned above, excluding brush-making hair and bristles (heading 05.02) and horsehair (heading 05.11).

协定税率 %										特惠税率 %				Article Description
巴基斯坦	冰岛	哥斯达黎	秘鲁	新西兰	瑞士	新加坡	韩国	澳大利亚	港澳台	老挝	孟加拉	33国	7国	
														Wool, not carded or combed:
														- Greasy, including fleece-washed wool:
														-- Shorn wool
														Greasy shorn wool, not carded or combed (in-quota)
														Greasy shorn wool, not carded or combed (out-of-quota)
														-- Other
														Other greasy wool, not carded or combed (in-quota)
														Other greasy wool, not carded or combed (out-of-quota)
														- Degreased, not carbonized:
														-- Shorn wool
														Degreased shorn wool, not carded or combed, not carbonized (in-quota)
														Degreased shorn wool, not carded or combed, not carbonized (out-of-quota)
														-- Other
														Other degreased wool, not carded or combed, not carbonized (in-quota)
														Other degreased wool, not carded or combed, not carbonized (out-of-quota)
														- Carbonized
									/0/					Carbonized wool, not carded or combed (in-quota)
									/0/					Carbonized wool, not carded or combed (out-of-quota)
														Fine or coarse animal hair, not carded or combed:
														- Fine animal hair:
5	0	0	0	0	3.6		5.4	5.4			0	0	0	-- Of kashmir（cashmere）goats
														-- Other:
														--- Of rabbit and hare
5	0	0	0	0	3.6		5.4	5.4			0	0	0	Fine hair of endangered rabbit and hare, not carded or combed
5	0	0	0	0	3.6		5.4	5.4			0	0	0	Fine hair of other rabbit and hare, not carded or combed
5	0	0	0	0	3.6		5.4	5.4			0	0	0	--- Of other goats
														--- Of camel
5	0	0	0	0	3.6		5.4	5.4			0	0	0	Fine hair of endangered wild camel, not carded or combed
5	0	0	0	0	3.6		5.4	5.4			0	0	0	Fine hair of other camel, not carded or combed
														--- Other
5	0	0	0	0	3.6		5.4	5.4				0	0	Fine hair of other endangered wild animal, not carded or combed
5	0	0	0	0	3.6		5.4	5.4				0	0	Fine hair of other animal, not carded or combed
														- Coarse animal hair
5	0	0	0	0	3.6		5.4	5.4			0	0	0	Coarse hair of endangered wild animal, not carded or combed
5	0	0	0	0	3.6		5.4	5.4			0	0	0	Coarse hair of other animal, not carded or combed
														Waste of wool or of fine or coarse animal hair, including yarn waste but excluding garnetted stock:
														- Noils of wool or of fine animal hair:
														--- Of wool
														Noils of wool (in-quota)
														Noils of wool (out-of-quota)
														--- Other
5	0	0	0	0	3.6		5.4	5.4			0	0	0	Noils of fine hair of other endangered wild animal
5	0	0	0	0	3.6		5.4	5.4			0	0	0	Noils of fine hair of other animal

税 号	货 品 名 称	进口关税 % 最惠国	普通	年内暂定	增值/消费税%	出口退税%	统计计量单位	监管证件代码	检验检疫类别	协定税率 % 东盟	亚太	智利
	- 羊毛或动物细毛的其他废料:											
5103.2010	--- 羊毛废料	13.5	20		17	5	千克	AB	P/Q	0		0
5103.2090	--- 其他											
51032090.10	其他濒危野生动物细毛废料(包括废纱线,不包括回收纤维)	9	50		17	0	千克	ABEF	P/Q	0		0
51032090.90	其他动物细毛废料(包括废纱线,不包括回收纤维)	9	50		17	5	千克	ABP	MP/Q	0		0
5103.3000	- 动物粗毛废料											
51033000.10	濒危野生动物粗毛废料(包括废纱线,不包括回收纤维)	9	50		17	0	千克	ABEF	P/Q	0		0
51033000.90	其他动物粗毛废料(包括废纱线,不包括回收纤维)	9	50		17	5	千克	ABP	MP/Q	0		0
51.04	**羊毛或动物细毛或粗毛的回收纤维:**											
5104.0010	--- 羊毛的回收纤维	15	20		17	5	千克	AB	P/Q	0		0
5104.0090	--- 其他											
51040090.10	其他濒危野生动物细毛(包括粗毛回收纤维)	5	50		17	0	千克	ABEF	P/Q	0		0
51040090.90	其他动物细毛或粗毛的回收纤维	5	50		17	13	千克	ABP	MP/Q	0		0
51.05	**已梳的羊毛及动物细毛或粗毛(包括精梳片毛):**											
5105.1000	- 粗梳羊毛											
51051000.01	粗梳羊毛(配额内)	3	50		17	13	千克	ABt	MP/Q			
51051000.90	粗梳羊毛(配额外)	38	50		17	13	千克	AB	MP/Q			
	- 羊毛条及其他精梳羊毛:											
5105.2100	-- 精梳片毛											
51052100.01	精梳羊毛片毛(配额内)	3	50		17	13	千克	ABt	MP/Q			
51052100.90	精梳羊毛片毛(配额外)	38	50		17	13	千克	AB	MP/Q			
5105.2900	-- 其他											
51052900.01	羊毛条及其他精梳羊毛(配额内)	3	50		17	13	千克	ABt	MP/Q			
51052900.90	羊毛条及其他精梳羊毛(配额外)	38	50		17	13	千克	AB	MP/Q			
	- 已梳动物细毛:											
5105.3100	-- 喀什米尔山羊的	5	50		17	0	千克	AB	P/Q	0		0
	-- 其他:											
5105.3910	--- 兔毛											
51053910.10	已梳濒危兔毛	5	70		17	0	千克	ABEF	P/Q	0		0
51053910.90	其他已梳兔毛	5	70		17	13	千克	AB	P/Q	0		0
	--- 其他山羊绒:											
5105.3921	----无毛山羊绒	5	50		17	0	千克	AB	MP/Q	0		0
5105.3929	----其他	5	50		17	0	千克	AB	P/Q	0		0
5105.3990	--- 其他											
51053990.10	其他已梳濒危野生动物细毛	5	50		17	13	千克	ABEF	P/Q	0		0
51053990.90	其他已梳动物细毛	5	50		17	13	千克	AB	P/Q	0		0
5105.4000	- 已梳动物粗毛											
51054000.10	其他已梳濒危野生动物粗毛	5	50		17	0	千克	ABEF	P/Q	0		0
51054000.90	其他已梳动物粗毛	5	50		17	13	千克	AB	P/Q	0		0
51.06	**粗梳羊毛纱线,非供零售用:**											
5106.1000	- 按重量计羊毛含量在85%及以上	5	70		17	17	千克			0		0
5106.2000	- 按重量计羊毛含量在85%以下	5	70		17	17	千克			0		0
51.07	**精梳羊毛纱线,非供零售用:**											
5107.1000	- 按重量计羊毛含量在85%及以上	5	70		17	17	千克			0	2.5	0
5107.2000	- 按重量计羊毛含量在85%以下	5	70		17	17	千克			0		0
51.08	**动物细毛(粗梳或精梳)纱线,非供零售用:**											
	- 粗梳:											
	--- 按重量计动物细毛含量在85%及以上的:											
5108.1011	----山羊绒的	5	70		17	17	千克			0	4.3	0
5108.1019	----其他											
51081019.10	非供零售用粗梳其他濒危动物细毛纱线(按重量计其他动物细毛含量≥85%)	5	70		17	0	千克	EF		0	4.3	0

协定税率 %										特惠税率 %				Article Description
巴基斯坦	冰岛	哥斯达黎	秘鲁	新西兰	瑞士	新加坡	韩国	澳大利亚	港澳台	老挝	孟加拉	33国	7国	
														- Other waste of wool or of fine animal hair:
6.8	0	0	4	0	9.5	0	10.8	8.1				0	0	--- Of wool
														--- Other
5	0	0	0	0	3.6		5.4	5.4				0	0	Waste of fine hair of other endangered wild animal, including yarn waste but excluding garnetted stock
5	0	0	0	0	3.6		5.4	5.4				0	0	Waste of fine hair of other animal, including yarn waste but excluding garnetted stock
														- Waste of coarse animal hair
5	0	0	0	0	3.6		5.4	5.4			0	0	0	Waste of coarse hair of endangered wild animal, including yarn waste but excluding garnetted stock
5	0	0	0	0	3.6		5.4	5.4			0	0	0	Waste of coarse hair of other animal, including yarn waste but excluding garnetted stock
														Garnetted stock of wool or of fine or coarse animal hair:
12	0	0	4.5	0	10.5	0	12	9				0	0	--- Of wool
														--- Other
0	0	0	0	0	0		0	0			0	0	0	Garnetted stock of fine or coarse hair of other endangered wild animal
0	0	0	0	0	0		0	0			0	0	0	Garnetted stock of fine or coarse hair of other animal
														Wool and fine or coarse animal hair, carded or combed (including combed wool in fragments):
														- Carded wool
														Carded wool (in-quota)
														Carded wool (out-of-quota)
														- Wool tops and other combed wool:
														-- Combed wool in fragments
														Combed wool in fragments (in-quota)
														Combed wool in fragments (out-of-quota)
														-- Other
														Wool tops and other combed wool (in-quota)
														Wool tops and other combed wool (out-of-quota)
														- Fine animal hair, carded or combed:
0	0	0	0	0	0		0	0			0	0	0	-- Of kashmir (cashmere) goats
														-- Other:
														--- Of rabbit or hare
0	0	0		0	0		0	0			0	0	0	Fine hair of endangered rabbit and hare, carded or combed
0	0	0		0	0		0	0			0	0	0	Fine hair of other rabbit and hare, carded or combed
														--- Of other goats:
0	0	0		0	0		0	0			0	0	0	----Dehaired goats wool
0	0	0		0	0		0	0			0	0	0	----Other
														--- Other
0	0	0		0	0		0	0				0	0	Fine hair of other wild animal, carded or combed
0	0	0		0	0		0	0				0	0	Fine hair of other animal, carded or combed
														- Coarse animal hair, carded or combed
0	0	0		0	0		0	0			0	0	0	Coarse hair of other endangered wild animal, carded or combed
0	0	0		0	0		0	0			0	0	0	Coarse hair of other animal, carded or combed
														Yarn of carded wool, not put up for retail sale:
0	0	0	0	0	0		0	0	0/0/		0	0	0	- Containing 85% or more by weight of wool
0	0	0	0	0	0		0	0	0/0/		0	0	0	- Containing less than 85% by weight of wool
														Yarn of combed wool, not put up for retail sale:
0		0	0	0	0		0	0	0/0/		0	0	0	- Containing 85% or more by weight of wool
0	0	0	0	0	0		0	0	/0/		0	0	0	- Containing less than 85% by weight of wool
														Yarn of fine animal hair (carded or combed), not put up for retail sale:
														- Carded:
														--- Containing 85% or more by weight of fine animal hair:
0	0	0	0	0	0		0	0	/0/		0	0	0	----Of goats
														----Other
0	0	0	0	0	0		0	0	/0/		0	0	0	Yarn of fine hair of other endangered animal, containing 85% or more by weight of other fine animal hair, carded, not put up for retail sale

税号	货品名称	进口关税 %			增值/消费税%	出口退税%	统计计量单位	监管证件代码	检验检疫类别	协定税率 %		
		最惠国	普通	年内暂定						东盟	亚太	智利
51081019.90	非供零售用粗梳其他动物细毛纱线(按重量计其他动物细毛含量≥85%)	5	70		17	17	千克			0	4.3	0
5108.1090	--- 其他											
51081090.10	非供零售用粗梳其他濒危动物细毛纱线(按重量计其他粗梳动物细毛含量＜85%)	5	70		17	0	千克	EF		0	4.3	0
51081090.90	非供零售用粗梳其他动物细毛纱线(按重量计其他粗梳动物细毛含量＜85%)	5	70		17	17	千克			0	4.3	0
	- 精梳:											
	--- 按重量计动物细毛含量在85%及以上的:											
5108.2011	----山羊绒的	5	70		17	17	千克			0		0
5108.2019	----其他											
51082019.10	非供零售用精梳其他濒危动物细毛纱线(按重量计其他动物细毛含量≥85%)	5	70		17	0	千克	EF		0		0
51082019.90	非供零售用精梳其他动物细毛纱线(按重量计其他动物细毛含量≥85%)	5	70		17	17	千克			0		0
5108.2090	--- 其他											
51082090.10	非供零售用精梳其他濒危动物细毛纱线(按重量计其他精梳动物细毛含量＜85%)	5	70		17	0	千克	EF		0		0
51082090.90	非供零售用精梳其他动物细毛纱线(按重量计其他精梳动物细毛含量＜85%)	5	70		17	17	千克			0		0
51.09	**羊毛或动物细毛的纱线，供零售用:**											
	按重量计羊毛或动物细毛含量在85%及以上:											
	--- 动物细毛:											
5109.1011	----山羊绒的	6	80		17	17	千克			0		0
5109.1019	----其他	6	80		17	17	千克			0		0
5109.1090	--- 其他	6	80		17	17	千克			0		0
	- 其他:											
	--- 动物细毛:											
5109.9011	----山羊绒的	6	80		17	17	千克			0		0
5109.9019	----其他	6	80		17	17	千克			0		0
5109.9090	--- 其他	6	80		17	17	千克			0		0
51.10	**动物粗毛或马毛的纱线（包括马毛粗松螺旋花线），不论是否供零售用:**											
5110.0000	动物粗毛或马毛的纱线（包括马毛粗松螺旋花线），不论是否供零售用											
51100000.10	濒危动物粗毛的纱线(包括马毛粗松螺旋花线，不论是否供零售用)	6	70		17	0	千克	EF		0		0
51100000.90	其他动物粗毛或马毛的纱线(包括马毛粗松螺旋花线，不论是否供零售用)	6	70		17	17	千克			0		0
51.11	**粗梳羊毛或粗梳动物细毛的机织物:**											
	按重量计羊毛或动物细毛含量在85%及以上:											
	-- 每平方米重量不超过300克:											
	--- 动物细毛的:											
5111.1111	----山羊绒的	10	130		17	17	米/千克			0	8.5	0
5111.1119	----其他	10	130		17	17	米/千克			0	8.5	0
5111.1190	--- 其他	10	130		17	17	米/千克			0	8.5	0
	-- 其他:											
	--- 动物细毛的:											
5111.1911	----山羊绒的	10	130		17	17	米/千克			0	8.5	0
5111.1919	----其他	10	130		17	17	米/千克			0	8.5	0
5111.1990	--- 其他	10	130		17	17	米/千克			0	8.5	0
5111.2000	- 其他，主要或仅与化学纤维长丝混纺											
51112000.10	与化纤长丝混纺提花/装饰家具布(重量≤140克/平方米或重量＞300克/平方米，羊毛或动物细毛含量＜85%)	10	130		17	17	米/千克			0		0
51112000.90	与化纤长丝混纺其他粗梳毛机织物(羊毛或动物细毛含量＜85%)	10	130		17	17	米/千克			0		0

协定税率 %										特惠税率 %				Article Description
巴基斯坦	冰岛	哥斯达黎	秘鲁	新西兰	瑞士	新加坡	韩国	澳大利亚	港澳台	老挝	孟加拉	33 国	7 国	
0	0	0	0	0	0		0	0	/0/		0	0	0	Yarn of fine hair of other animal, containing 85% or more by weight of other fine animal hair, carded, not put up for retail sale
														--- Other
0	0	0	0	0	0		0	0	/0/		0	0	0	Yarn of fine hair of other endangered animal, carded, containing less than 85% by weight of other fine animal hair, not put up for retail sale
0	0	0	0	0	0		0	0	/0/		0	0	0	Yarn of fine hair of other animal, carded, containing less than 85% by weight of other fine animal hair, not put up for retail sale
														- Combed:
														--- Containing 85% or more by weight of fine animal hair:
0	0	0		0	0		0	0	/0/		0	0	0	----Of goats
														----Other
0	0	0		0	0		0	0	/0/		0	0	0	Yarn of fine hair of other endangered animal, combed, containing 85% or more by weight of other fine animal hair, not put up for retail sale
0	0	0		0	0		0	0	/0/		0	0	0	Yarn of fine hair of other animal, combed, containing 85% or more by weight of other fine animal hair, not put up for retail sale
														--- Other
0	0	0		0	0		0	0	/0/		0	0	0	Yarn of fine hair of other endangered animal, combed, containing less than 85% by weight of other fine animal hair, not put up for retail sale
0	0	0		0	0		0	0	/0/		0	0	0	Yarn of fine hair of other animal, combed, containing less than 85% by weight of other fine animal hair, not put up for retail sale
														Yarn of wool or of fine animal hair, put up for retail sale:
														- Containing 85% or more by weight of wool or of fine animal hair:
														--- Of fine animal hair:
5	0	0	0	0	2.4		0	3.6			0	0	0	----Of goats
5	0	0	0	0	2.4		0	3.6	/0/		0	0	0	----Other
5	0	0	0	0	2.4		0	3.6	/0/		0	0	0	--- Other
														- Other:
														--- Of fine animal hair:
5	0	0		0	2.4		0	3.6	/0/		0	0	0	----Of goats
5	0	0		0	2.4		0	3.6	/0/		0	0	0	----Other
5	0	0		0	2.4		0	3.6	/0/		0	0	0	--- Other
														Yarn of coarse animal hair or of horsehair (including gimped horsehair yarn), whether or not put up for retail sale:
														Yarn of coarse animal hair or of horse hair (including gimped horsehair yarn), whether or not put up for retail sale
5	0	0	0	0	2.4		0	3.6	/0/		0	0	0	Yarn of coarse hair of endangered animal (including gimped horsehair yarn, whether or not put up for retail sale)
5	0	0	0	0	2.4		0	3.6	/0/		0	0	0	Yarn of other coarse hair or of horsehair (including gimped horsehair yarn, whether or not put up for retail sale)
														Woven fabrics of carded wool or of carded fine animal hair:
														- Containing 85% or more by weight of wool or of fine animal hair:
														-- Of a weight not exceeding 300g/m^2:
														--- Of fine animal hair:
5	0	0	0	0	4	0	6	6				0	0	----Of goats
5	0	0	0	0	4	0	6	6				0	0	----Other
5	0	0	3	0	4	0	6	6	/0/			0	0	--- Other
														-- Other:
														--- Of fine animal hair:
5	0	0	0	0	4	0	6	6				0	0	----Of goats
5	0	0	0	0	4	0	6	6				0	0	----Other
5	0	0	3	0	4	0	6	6				0	0	--- Other
														- Other, mixed mainly or solely with manmade filaments
5	0	0	0	0	4	0	6	6				0	0	Jacquard/decorative cloth, mixed with man-made filaments, containing less than 85% by weight of wool or fine animal hair, weighing not exceeding 140g/m^2, or exceeding 300g/m^2
5	0	0	0	0	4	0	6	6				0	0	Other woven fabrics, mixed with man-made filaments, containing less than 85% by weight of wool or fine animal hair

税号	货品名称	进口关税 % 最惠国	进口关税 % 普通	进口关税 % 年内暂定	增值/消费税%	出口退税%	统计计量单位	监管证件代码	检验检疫类别	协定税率 % 东盟	协定税率 % 亚太	协定税率 % 智利
5111.3000	- 其他，主要或仅与化学纤维短纤混纺											
51113000.10	与化纤短纤混纺提花/装饰家具布(重量≤140克/平方米或重量>300克/平方米,羊或动物细毛含量<85%)	10	130		17	17	米/千克			0	8.5	0
51113000.90	与化纤短纤混纺其他粗梳毛机织物(羊毛或动物细毛含量<85%)	10	130		17	17	米/千克			0	8.5	0
5111.9000	- 其他											
51119000.11	其他丝与粗梳羊毛或动物细毛混纺(丝及绢丝含量≥30%,粗梳羊毛或动物细毛含量<85%,价值>$33/kg)	10	130		17	17	米/千克			0		0
51119000.19	其他丝混纺机织物(丝及绢丝含量≥30%,粗梳羊毛或动物细毛含量<85%,价值>$33/kg)	10	130		17	17	米/千克			0		0
51119000.21	其他毛混纺提花/装饰家具布(粗梳羊毛或动物细毛含量<85%,重量≤140克/平方米或重量>300克/平方米)	10	130		17	17	米/千克			0		0
51119000.29	其他毛混纺提花/装饰家具布(粗梳羊毛或动物细毛含量<85%,重量≤140克/平方米或重量>300克/平方米)	10	130		17	17	米/千克			0		0
51119000.91	其他机织物(与粗梳羊毛或动物细毛混纺,粗梳羊毛或动物细毛含量<85%)	10	130		17	17	米/千克			0		0
51119000.99	其他机织物(与其他混纺,粗梳羊毛或动物细毛含量<85%)	10	130		17	17	米/千克			0		0
51.12	**精梳羊毛或精梳动物细毛的机织物：**											
	- 按重量计羊毛或动物细毛含量在85%及以上：											
5112.1100	-- 每平方米重量不超过200克											
51121100.10	重≤140克/平方米毛提花/装饰家具布(精梳羊毛或动物细毛含量≥85%)	10	130		17	17	米/千克			0	5	0
51121100.90	其他重量≤200克/平方米毛制机织物(精梳羊毛或动物细毛含量≥85%)	10	130		17	17	米/千克			0	5	0
5112.1900	-- 其他											
51121900.10	重>200克/平方米毛提花/装饰家具布(精梳羊毛或动物细毛含量≥85%)	10	130		17	17	米/千克			0	5	0
51121900.90	重量>200克/平方米其他毛制机织物(精梳羊毛或动物细毛含量≥85%)	10	130		17	17	米/千克			0	5	0
5112.2000	- 其他，主要或仅与化学纤维长丝混纺											
51122000.10	与化纤长丝混纺毛制提花/家具布(精梳羊毛或动物细毛含量<85%,重≤140克/平方米或重>300g/平方米)	10	130		17	17	米/千克			0		0
51122000.90	与化纤长丝混纺其他毛制机织物(精梳羊毛或动物细毛含量<85%)	10	130		17	17	米/千克			0		0
5112.3000	- 其他，主要或仅与化学纤维短纤混纺											
51123000.10	与化纤短纤混纺毛制提花/家具布(精梳羊/动物细毛含量<85%,重≤140克/平方米或重>300克/平方米)	10	130		17	17	米/千克			0		0
51123000.90	与化纤短纤混纺其他毛制机织物(精梳羊毛或动物细毛含量<85%)	10	130		17	17	米/千克			0		0
5112.9000	- 其他											
51129000.10	其他丝与毛混纺机织物(精梳羊毛或动物细毛含量<85%,丝及绢丝含量≥30%,价值>$33/kg)	10	130		17	17	米/千克			0		0
51129000.20	其他精梳毛制提花/装饰家具布(羊毛或动物细毛含量<85%,重≤140克/平方米或重>300克/平方米)	10	130		17	17	米/千克			0		0
51129000.90	其他机织物(精梳羊毛或动物细毛<85%)	10	130		17	17	米/千克			0		0
51.13	**动物粗毛或马毛的机织物：**											
5113.0000	动物粗毛或马毛的机织物	10	130		17	17	米/千克			0		0

协定税率 %										特惠税率 %				Article Description
巴基斯坦	冰岛	哥斯达黎	秘鲁	新西兰	瑞士	新加坡	韩国	澳大利亚	港澳台	老挝	孟加拉	33 国	7 国	
														- Other, mixed mainly or solely with manmade staple fibres
5	0	0	0	0	4	0	6	6				0	0	Jacquard/decorative cloth, mixed with man-made staple fibres, containing less than 85% by weight of wool or fine animal hair, weighing not exceeding 140g/m^2, or exceeding 300g/m^2
5	0	0	0	0	4	0	6	6				0	0	Other woven fabrics, mixed with man-made staple fibres, containing less than 85% by weight of wool or fine animal hair
														- Other
5		0	0	0	4	0	6	6				0	0	Other woven fabrics, mixed with 30% or more by weight of silk or silk waste, containing less than 85% by weight of carded wool or fine animal hair, of a value exceeding USD33/kg
5		0	0	0	4	0	6	6				0	0	Other woven fabrics, mixed with 30% or more by weight of silk or silk waste, containing less than 85% by weight of carded wool or of fine animal hair, of a value exceeding USD33/kg
5		0	0	0	4	0	6	6				0	0	Other jacquard /decorative cloth, mixed with other fibres, containing less than 85% by weight of carded wool or fine animal hair, of a weight not exceeding 140g/m^2, or exceeding 300g/m^2
5		0	0	0	4	0	6	6				0	0	Other jacquard /decorative cloth, mixed with other fibres, containing less than 85% by weight of carded wool or fine animal hair, weighing not exceeding 140g/m^2, or exceeding 300g/m^2
5		0	0	0	4	0	6	6				0	0	Other woven fabrics, mixed with other fibres, containing less than 85% by weight of carded wool or of fine animal hair
5		0	0	0	4	0	6	6				0	0	Other woven fabrics, mixed with others fibres, containing less than 85% by weight of carded wool or fine animal hair
														Woven fabrics of combed wool or of combed fine animal hair:
														- Containing 85% or more by weight of wool or of fine animal hair:
														-- Of a weight not exceeding 200g/m^2
5	0	0	3	0	4	0	6	6	0/0/		0	0	0	Jacquard/decorative cloth, containing 85% or more by weight of combed wool or fine animal hair, weighing not exceeding 140g/m^2
5	0	0	3	0	4	0	6	6	0/0/		0	0	0	Other woven fabrics, containing 85% or more by weight of combed wool or fine animal hair, weighing not exceeding 200g/m^2
														-- Other
5	0	0	3	0	4	0	6	6	0/0/	0	0	0	0	Jacquard/decorative cloth, containing 85% or more by weight of combed wool or fine animal hair, weighing exceeding 200g/m^2
5	0	0	3	0	4	0	6	6	0/0/	0	0	0	0	Other woven fabrics, containing 85% or more by weight of combed wool or fine animal hair, weighing exceeding 200g/m^2
														- Other, mixed mainly or solely with manmade filaments
5	0	0	0	0	4	0	6	6	/0/		0	0	0	Jacquard /decorative cloth, mixed with man-made filaments, containing less than 85% by weight of combed wool or fine animal hair, weighing not exceeding 140g/m^2 or exceeding 300g/m^2
5	0	0	0	0	4	0	6	6	/0/		0	0	0	Other woven fabrics, mixed with man-made filaments, containing less than 85% by weight of combed wool or fine animal hair
														- Other, mixed mainly or solely with manmade staple fibres
5	0	0	0	0	4	0	6	6	/0/		0	0	0	Jacquard /decorative cloth, mixed with man-made staple fibres, containing less than 85% by weight of combed wool or fine animal hair, weighing not exceeding 140g/m^2 or exceeding 300g/m^2,
5	0	0	0	0	4	0	6	6	/0/		0	0	0	Other woven fabrics, mixed with man-made staple fibres, containing less than 85% by weight of combed wool or fine animal hair
														- Other
5	0	0	3	0	4	0	6	6	/0/		0	0	0	Other woven fabrics, mixed with silk, containing less than 85% by weight of combed wool or fine animal hair, and 30% or more by weight of silk or silk waste, of a value exceeding USD33/kg
5	0	0	3	0	4	0	6	6	/0/		0	0	0	Other jacquard/decorative cloth, containing less than 85% by weight of wool or fine animal hair, weighing not exceeding 140g/m^2 or exceeding 300g/m^2
5	0	0	3	0	4	0	6	6	/0/		0	0	0	Other woven fabrics, containing less than 85% by weight of combed wool or fine animal hair
														Woven fabrics of coarse animal hair or of horsehair:
5	0	0	0	0	4	0	6	6	/0/		0	0	0	Woven fabrics of coarse animal hair or of horsehair

第五十二章 棉花

子目注释：

子目 5209.42 及 5211.42 所称“粗斜纹布（劳动布）”，是指用不同颜色的纱线织成的三线或四线斜纹织物，包括破斜纹组织的织物，这种织物以经纱为面，经纱染成一种相同的颜色，纬纱未漂白或经漂白、染成灰色或比经纱稍浅的颜色。

税号	货品名称	进口关税 %			增值/消费税%	出口退税%	统计计量单位	监管证件代码	检验检疫类别	协定税率 %		
		最惠国	普通	年内暂定						东盟	亚太	智利
52.01	**未梳的棉花：**											
5201.0000	未梳的棉花											
52010000.01	未梳的棉花[包括脱脂棉花(配额内)]	1	125		13	13	千克	4ABtx	MP/Q	20		
52010000.80	未梳的棉花[包括脱脂棉花(关税配额外暂定)]	40	125	[注1]	13	13	千克	4ABex	MP/Q	20		
52010000.90	未梳的棉花[包括脱脂棉花(配额外)]	40	125		13	13	千克	4ABx	MP/Q	20		
52.02	**废棉（包括废棉纱线及回收纤维）：**											
5202.1000	- 废棉纱线（包括废棉线）	10	30		17	13	千克	AP	M/	0		0
	- 其他：											
5202.9100	-- 回收纤维	10	30		17	13	千克	ABP	MP/Q	0		0
5202.9900	-- 其他	10	30		17	13	千克	ABP	MP/Q	0		0
52.03	**已梳的棉花：**											
5203.0000	已梳的棉花											
52030000.01	已梳的棉花(配额内)	1	125		17	13	千克	4ABtx	MP/Q			
52030000.90	已梳的棉花(配额外)	40	125		17	13	千克	4ABx	MP/Q			
52.04	**棉制缝纫线，不论是否供零售用：**											
	- 非供零售用：											
5204.1100	-- 按重量计含棉量在85%及以上	5	40		17	17	千克			0		0
5204.1900	-- 其他	5	40		17	17	千克			0		0
5204.2000	- 供零售用	5	50		17	17	千克			0		0
52.05	**棉纱线（缝纫线除外），按重量计含棉量在85%及以上，非供零售用：**											
	- 未精梳纤维纺制的单纱：											
5205.1100	-- 细度在714.29分特及以上(不超过14公支)	5	40		17	17	千克			0	3.5	0
5205.1200	-- 细度在714.29分特以下，但不细于232.56分特（超过14公支，但不超过43公支）	5	40		17	17	千克			0	3.5	0
5205.1300	-- 细度在232.56分特以下，但不细于192.31分特（超过43公支，但不超过52公支）	5	40		17	17	千克			0	3.5	0
5205.1400	-- 细度在192.31分特以下，但不细于125分特（超过52公支，但不超过80公支）	5	40		17	17	千克			0	3.5	0
5205.1500	-- 细度在125分特以下（超过80公支）	5	40		17	17	千克			0	3.5	0
	- 精梳纤维纺制的单纱：											
5205.2100	-- 细度在714.29分特及以上(不超过14公支)	5	40		17	17	千克			0	3.5	0
5205.2200	-- 细度在714.29分特以下，但不细于232.56分特（超过14公支，但不超过43公支）	5	40		17	17	千克			0	3.5	0
5205.2300	-- 细度在232.56分特以下，但不细于192.31分特（超过43公支，但不超过52公支）	5	40		17	17	千克			0	3.5	0
5205.2400	-- 细度在192.31分特以下，但不细于125分特（超过52公支，但不超过80公支）	5	40		17	17	千克			0	3.5	0

1：对配额外进口的一定数量棉花，适用滑准税形式暂定关税，具体方式如下。

（1）当进口棉花完税价格高于或等于15元/千克时，暂定从量税率为0.57元/千克。

（2）当进口棉花完税价格低于15元/千克时，暂定关税税率按下式计算：Ri=9.337/Pi +2.77%×Pi-1（Ri≤40%）。

其中：Ri为暂定关税税率，对上式计算结果小数点后第4位四舍五入保留前3位；Pi为关税完税价格，单位为“元/千克”。

Chapter 52 Cotton

Subheading Notes:

1. For the purposes of subheadings 5209.42 and 5211.42, the expression "denim" means fabrics of yarns of different colours, of 3-thread or 4-thread twill, including broken twill, warp faced, the warp yarns of which are of one and the same colour and the weft yarns of which are unbleached, bleached, dyed grey or coloured a lighter shade of the colour of the warp yarns.

协定税率 %										特惠税率 %				Article Description
巴基斯坦	冰岛	哥斯达黎	秘鲁	新西兰	瑞士	新加坡	韩国	澳大利亚	港澳台	老挝	孟加拉	33 国	7 国	
														Cotton, not carded or combed:
														Cotton, not carded or combed
														Cotton, including degreased cotton, not carded or combed (in-quota)
														Cotton, including degreased cotton, not carded or combed (out-of-quota, interim)
														Cotton, including degreased cotton, not carded or combed (out-of-quota)
														Cotton waste（including yarn waste and garnetted stock）:
	0	0	3	0	4	0	8	6				0	0	- Yarn waste（including thread waste）
														- Other:
	0	0	0	0	4	0	6	6	0//		0	0	0	-- Garnetted stock
	0	0		0	4	0	8	6						-- Other
														Cotton, carded or combed:
														Cotton, carded or combed
														Cotton, carded or combed (in-quota)
														Cotton, carded or combed (out-of-quota)
														Cotton sewing thread, whether or not put up for retail sale:
														- Not put up for retail sale:
	0	0	0	0	0		0	0	/0/	0	0	0	0	-- Containing 85% or more by weight of cotton
	0	0	0	0	0		0	0	/0/		0	0	0	-- Other
	0	0	0	0	0		0	0	/0/	0	0	0	0	- Put up for retail sale
														Cotton yarn (other than sewing thread), containing 85% or more by weight of cotton, not put up for retail sale:
														- Single yarn, of uncombed fibres:
3.5	0	0	0	0	0		4.3	3.9	0/0/0	0	0	0	0	-- Measuring 714.29 decitex or more（not exceeding 14 metric number）
3.5	0	0	0	0	0		4.3	3.9	0//0	0	0	0	0	-- Measuring less than 714.29 decitex but not less than 232.56 decitex（exceeding 14 metric number but not exceeding 43 metric number）
3.5	0	0	0	0	0		4.3	3.9	0//		0	0	0	-- Measuring less than 232.56 decitex but not less than 192.31 decitex（exceeding 43 metric number but not exceeding 52 metric number）
3.5	0	0	0	0	0		4.4	3.9	0//	0	0	0	0	-- Measuring less than 192.31 decitex but not less than 125 decitex（exceeding 52 metric number but not exceeding 80 metric number）
3.5	0	0	0	0	0		4.3	3.9			0	0	0	-- Measuring less than 125 decitex（exceeding 80 metric number）
														- Single yarn, of combed fibres:
3.5	0	0	0	0	0		4.3	3.9	0//		0	0	0	-- Measuring 714.29 decitex or more（not exceeding 14 metric number）
3.5	0	0	0	0	0		4.3	3.9	0//		0	0	0	-- Measuring less than 714.29 decitex but not less than 232.56 decitex（exceeding 14 metric number but not exceeding 43 metric number）
3.5	0	0	0	0	0		4	3.9	0//		0	0	0	-- Measuring less than 232.56 decitex but not less than 192.31 decitex（exceeding 43 metric number but not exceeding 52 metric number）
3.5	0	0	0	0	0		4	3.9	0//	0	0	0	0	-- Measuring less than 192.31 decitex but not less than 125 decitex（exceeding 52 metric number but not exceeding 80 metric number）

税　号	货 品 名 称	进口关税 %			增值/消费税%	出口退税%	统计计量单位	监管证件代码	检验检疫类别	协定税率 %		
		最惠国	普通	年内暂定						东盟	亚太	智利
5205.2600	-- 细度在125分特以下，但不细于106.38分特（超过80公支，但不超过94公支）	5	40		17	17	千克			0		0
5205.2700	-- 细度在106.38分特以下，但不细于83.33分特（超过94公支，但不超过120公支）	5	40		17	17	千克			0		0
5205.2800	-- 细度在83.33分特以下（超过120公支）	5	40		17	17	千克			0		0
	- 未精梳纤维纺制的多股纱线或缆线：											
5205.3100	-- 每根单纱细度在714.29分特及以上（每根单纱不超过14公支）	5	40		17	17	千克			0	4.5	0
5205.3200	-- 每根单纱细度在714.29分特以下，但不细于232.56分特（每根单纱超过14公支，但不超过43公支）	5	40		17	17	千克			0	3.5	0
5205.3300	-- 每根单纱细度在232.56分特以下，但不细于192.31分特（每根单纱超过43公支，但不超过52公支）	5	40		17	17	千克			0		0
5205.3400	-- 每根单纱细度在192.31分特以下，但不细于125分特（每根单纱超过52公支，但不超过80公支）	5	40		17	17	千克			0		0
5205.3500	-- 每根单纱细度在125分特以下(每根单纱超过80公支）	5	40		17	17	千克			0		0
	- 精梳纤维纺制的多股纱线或缆线：											
5205.4100	-- 每根单纱细度在714.29分特及以上（每根单纱不超过14公支）	5	40		17	17	千克			0	4.5	0
5205.4200	-- 每根单纱细度在714.29分特以下，但不细于232.56分特（每根单纱超过14公支，但不超过43公支）	5	40		17	17	千克				3.5	0
5205.4300	-- 每根单纱细度在232.56分特以下，但不细于192.31分特（每根单纱超过43公支，但不超过52公支）	5	40		17	17	千克			0		0
5205.4400	-- 每根单纱细度在192.31分特以下，但不细于125分特（每根单纱超过52公支，但不超过80公支）	5	40		17	17	千克			0		0
5205.4600	-- 每根单纱细度在125分特以下，但不细于106.38分特（每根单纱超过80公支，但不超过94公支）	5	40		17	17	千克			0	4.5	0
5205.4700	-- 每根单纱细度在106.38分特以下，但不细于83.33分特（每根单纱超过94公支，但不超过120公支）	5	40		17	17	千克			0	4.5	0
5205.4800	-- 每根单纱细度在83.33分特以下(每根单纱超过120公支）	5	40		17	17	千克			0	4.5	0
52.06	**棉纱线（缝纫线除外），按重量计含棉量在85%以下，非供零售用：**											
	- 未精梳纤维纺制的单纱：											
5206.1100	-- 细度在714.29分特及以上(不超过14公支）	5	40		17	17	千克			0	3.5	0
5206.1200	-- 细度在714.29分特以下，但不细于232.56分特（超过14公支，但不超过43公支）	5	40		17	17	千克			0	3.5	0
5206.1300	-- 细度在232.56分特以下，但不细于192.31分特（超过43公支，但不超过52公支）	5	40		17	17	千克			0		0
5206.1400	-- 细度在192.31分特以下，但不细于125分特（超过52公支，但不超过80公支）	5	40		17	17	千克			0		0
5206.1500	-- 细度在125分特以下（超过80公支）	5	40		17	17	千克			0	3.5	0
	- 精梳纤维纺制的单纱：											
5206.2100	-- 细度在714.29分特及以上(不超过14公支）	5	40		17	17	千克			0	4.5	0
5206.2200	-- 细度在714.29分特以下，但不细于232.56分特（超过14公支，但不超过43公支）	5	40		17	17	千克			0		0

协定税率 %										特惠税率 %				Article Description
巴基斯坦	冰岛	哥斯达黎	秘鲁	新西兰	瑞士	新加坡	韩国	澳大利亚	港澳台	老挝	孟加拉	33 国	7 国	
	0	0	0	0	0		4.3	3.9	0//		0	0	0	-- Measuring less than 125 decitex but not less than 106.38 decitex (exceeding 80 metric number but not exceeding 94 metric number)
	0	0	0	0	0		4.3	3.9	0//		0	0	0	-- Measuring less than 106.38 decitex but not less than 83.33 decitex (exceeding 94 metric number but not exceeding 120 metric number)
	0	0	0	0	0		4.3	3.9	0//		0	0	0	-- Measuring less than 83.33 decitex (exceeding 120 metric number)
														- Multiple (folded) or cabled yarn, of uncombed fibres:
4.5	0	0		0	0		4.3	3.9	0/0/					-- Measuring per single yarn 714.29 decitex or more (not exceeding 14 metric number per single yarn)
3.5	0	0	0	0	0		4.3	3.9	0/0/		0	0	0	-- Measuring per single yarn less than 714.29 decitex but not less than 232.56 decitex (exceeding 14 metric number but not exceeding 43 metric number per single yarn)
	0	0	0	0	0		4.3	3.9	0/0/		0	0	0	-- Measuring per single yarn less than 232.56 decitex but not less than 192.31 decitex (exceeding 43 metric number but not exceeding 52 metric number per single yarn)
	0	0	0	0	0		4.3	3.9	0/0/		0	0	0	-- Measuring per single yarn less than192.31 decitex but not less than 125 decitex (exceeding 52 metric number but not exceeding 80 metric number per single yarn)
	0	0	0	0	0		4.3	3.9	/0/		0	0	0	-- Measuring per single yarn less than 125 decitex (exceeding 80metric number per single yarn)
														- Multiple (folded) or cabled yarn, of combed fibres:
4.5	0	0		0	0		4.3	3.9	0/0/			0	0	-- Measuring per single yarn 714.29 decitex or more (not exceeding 14 metric number per single yarn)
3.5	0	0	0	0	2		4.4	3.9	0/0/		0	0	0	-- Measuring per single yarn less than 714.29 decitex but not less than 232.56 decitex (exceeding 14 metric number but not exceeding 43 metric number per single yarn)
	0	0		0	0		4.3	3.9	0/0/		0	0	0	-- Measuring per singleyarn less than 232.56 decitex but not less than 192.31 decitex (exceeding 43 metric number but not exceeding 52 metric number per single yarn)
	0	0	0	0	0		4.3	3.9	0/0/		0	0	0	-- Measuring per single yarn less than 192.31 decitex but not less than 125 decitex (exceeding 52 metric number but not exceeding 80 metric number per single yarn)
4.5	0	0	0	0	0		4.3	3.9	0/0/		0	0	0	-- Measuring per single yarn less than 125 decitex but not less than 106.38 decitex (exceeding 80 metric number but not exceeding 94 metric number per single yarn)
4.5	0	0	0	0	0		4.3	3.9	0/0/		0	0	0	-- Measuring per singleyarn less than 106.38 decitex but not less than 83.33 decitex (exceeding 94 metric number but not exceeding 120 metric number per single yarn)
4.5	0	0	0	0	0		4.3	3.9	0/0/		0	0	0	-- Measuring per single yarn less than 83.33 decitex (exceeding 120 metric number per single yarn)
														Cotton yarn (other than sewing thread), containing less than 85% by weight of cotton, not put up for retail sale:
														- Single yarn, of uncombed fibres:
3.5	0	0		0	0		4.3	3.9	0/0/					-- Measuring 714.29 decitex or more (not exceeding 14 metric number)
3.5	0	0	0	0	0		4.3	3.9	0/0/0			0	0	-- Measuring less than 714.29 decitex but not less than 232.56 decitex (exceeding 14 metric number but not exceeding 43 metric number)
	0	0	0	0	0		4.3	3.9	0/0/		0	0	0	-- Measuring less than 232.56 decitex but not less than 192.31 decitex (exceeding 43 metric number but not exceeding 52 metric number)
	0	0	0	0	0		4.3	3.9	0/0/		0	0	0	-- Measuring less than 192.31 decitex but not less than 125 decitex (exceeding 52 metric number but not exceeding 80 metric number)
3.5	0	0	0	0	0		4.3	3.9	0/0/		0	0	0	-- Measuring less than 125 decitex (exceeding 80 metric number)
														- Single yarn, of combed fibres:
4.5	0	0	0	0	0		4.3	3.9	0/0/			0	0	-- Measuring 714.29 decitex or more (not exceeding 14 metric number)
	0	0	0	0	0		4.3	3.9	0/0/0			0	0	-- Measuring less than 714.29 decitex but not less than 232.56 decitex (exceeding 14 metric number but not exceeding 43 metric number)

税　号	货品名称	进口关税 % 最惠国	普通	年内暂定	增值/消费税%	出口退税%	统计计量单位	监管证件代码	检验检疫类别	协定税率 % 东盟	亚太	智利
5206.2300	-- 细度在232.56分特以下，但不细于192.31分特（超过43公支，但不超过52公支）	5	40		17	17	千克			0		0
5206.2400	-- 细度在192.31分特以下，但不细于125分特（超过52公支，但不超过80公支）	5	40		17	17	千克			0		0
5206.2500	-- 细度在125分特以下（超过80公支）	5	40		17	17	千克			0		0
	- 未精梳纤维纺制的多股纱线或缆线：											
5206.3100	-- 每根单纱细度在714.29分特及以上（每根单纱不超过14公支）	5	40		17	17	千克			0		0
5206.3200	-- 每根单纱细度在714.29分特以下，但不细于232.56分特（每根单纱超过14公支，但不超过43公支）	5	40		17	17	千克			0		0
5206.3300	-- 每根单纱细度在232.56分特以下，但不细于192.31分特（每根单纱超过43公支，但不超过52公支）	5	40		17	17	千克			0		0
5206.3400	-- 每根单纱细度在192.31分特以下，但不细于125分特（每根单纱超过52公支，但不超过80公支）	5	40		17	17	千克			0		0
5206.3500	-- 每根单纱细度在125分特以下(每根单纱超过80公支）	5	40		17	17	千克			0		0
	- 精梳纤维纺制的多股纱线或缆线：											
5206.4100	-- 每根单纱细度在714.29分特及以上（每根单纱不超过14公支）	5	40		17	17	千克			0		0
5206.4200	-- 每根单纱细度在714.29分特以下，但不细于232.56分特（每根单纱超过14公支，但不超过43公支）	5	40		17	17	千克			0		0
5206.4300	-- 每根单纱细度在232.56分特以下，但不细于192.31分特（每根单纱超过43公支，但不超过52公支）	5	40		17	17	千克			0		0
5206.4400	-- 每根单纱细度在192.31分特以下，但不细于125分特（每根单纱超过52公支，但不超过80公支）	5	40		17	17	千克			0		0
5206.4500	-- 每根单纱细度在125分特以下(每根单纱超过80公支）	5	40		17	17	千克			0		0
52.07	**棉纱线（缝纫线除外），供零售用：**											
5207.1000	- 按重量计含棉量在85%及以上	6	50		17	17	千克			0	5	0
5207.9000	- 其他	6	50		17	17	千克			0		0
52.08	**棉机织物，按重量计含棉量在85%及以上，每平方米重量不超过200克：**											
	- 未漂白：											
5208.1100	-- 平纹机织物，每平方米重量不超过100克											
52081100.10	未漂白全棉平纹府绸及细平布(每平方米重量不超过100克,含棉85%及以上)	10	70		17	17	米/千克			0		0
52081100.20	未漂白全棉平纹机织平布(每平方米重量不超过100克,68号及以下)	10	70		17	17	米/千克			0		0
52081100.30	未漂白全棉平纹奶酪布(每平方米重量不超过100克,含棉85%及以上)	10	70		17	17	米/千克			0		0
52081100.40	未漂白全棉平纹印染用布(每平方米重量不超过100克,43-68号)	10	70		17	17	米/千克			0		0
52081100.50	未漂白全棉平纹巴里纱及薄细布(每平方米重量不超过100克,69号及以上)	10	70		17	17	米/千克			0		0
52081100.60	未漂白全棉平纹机织打字布(每平方米重量不超过100克,含棉85%及以上)	10	70		17	17	米/千克			0		0
52081100.70	未漂白全棉医用纱布(每平方米重量不超过100克,含棉85%及以上)	10	70		17	17	米/千克			0		0
5208.1200	-- 平纹机织物，每平方米重量超过100克											
52081200.10	未漂白全棉平纹府绸及细平布(100g＜每平方米重量≤200g,含棉85%及以上)	10	70		17	17	米/千克			0		0

协定税率 %										特惠税率 %				Article Description
巴基斯坦	冰岛	哥斯达黎	秘鲁	新西兰	瑞士	新加坡	韩国	澳大利亚	港澳台	老挝	孟加拉	33 国	7 国	
	0	0	0	0	0		4.3	3.9	0/0/		0	0	0	-- Measuring less than 232.56 decitex but not less than 192.31 decitex（exceeding 43 metric number but not exceeding 52 metric number）
	0	0	0	0	0		4.3	3.9	0/0/0		0	0	0	-- Measuring less than 192.31 decitex but not less than 125 decitex（exceeding 52 metric number but not exceeding 80 metric number）
	0	0	0	0	0		4.3	3.9	0/0/		0	0	0	-- Measuring less than 125 decitex（exceeding 80 metric number）
														- Multiple（folded）or cabled yarn, of uncombed fibres：
	0	0	0	0	0		4.3	3.9	0/0/			0	0	-- Measuring per single yarn 714.29 decitex or more（not exceeding 14 metric number per single yarn）
	0	0	0	0	0		4.3	3.9	0/0/			0	0	-- Measuring per single yarn less than 714.29 decitex but not less than 232.56 decitex（exceeding 14 metric number but not exceeding 43 metric number per single yarn）
	0	0	0	0	0		4.3	3.9	0/0/		0	0	0	-- Measuring per single yarn less than 232.56 decitex but not less than 192.31 decitex（exceeding 43 metric number but not exceeding 52 metric number per single yarn）
	0	0	0	0	0		4.3	3.9	0/0/		0	0	0	-- Measuring per single yarn less than 192.31 decitex but not less than 125 decitex（exceeding 52 metric number but not exceeding 80 metric number per single yarn）
	0	0	0	0	0		4.3	3.9	0/0/		0	0	0	-- Measuring per single yarn less than 125 decitex（exceeding 80 metric number per single yarn）
														- Multiple（folded）or cabled yarn, of combed fibres：
	0	0	0	0	0		4.3	3.9	0/0/			0	0	-- Measuring per single yarn 714.29 decitex or more（not exceeding 14 metric number per single yarn）
	0	0	0	0	0		4.3	3.9	0/0/			0	0	-- Measuring per single yarn less than 714.29 deeitex but not less than 232.56 decitex（exceeding 14 metric number but not exceeding 43 metric number per single yarn）
	0	0	0	0	0		4.3	3.9	0/0/		0	0	0	-- Measuring per single yarn less than 232.56 decitex but not less then 192.31 decitex（exceeding 43 metric number but not exceeding 52 metric number per single yarn）
	0	0	0	0	0		4.3	3.9	0/0/		0	0	0	-- Measuring per single yarn less than 192.31 decitex but not less than 125 decitex（exceeding 52 metric number but not exceeding 80 metric number per single yarn）
	0	0	0	0	0		4.3	3.9	0/0/		0	0	0	-- Measuring per single yarn less than 125 decitex（exceeding 80 metric number per single yarn）
														Cotton yarn（other than sewing thread）put up for retail sale:
5	0	0	0	0	2.4		0	3.6	/0/			0	0	- Containing 85% or more by weight of cotton
5	0	0	0	0	2.4		0	3.6	/0/		0	0	0	- Other
														Woven fabrics of cotton, containing 85% or more by weight of cotton, weighing not more than 200g/m^2:
														- Unbleached：
														-- Plain weave, weighing not more than 100g/m^2
0	0	0	0	0	4		6	6	0//			0	0	Plain poplin and fine plain cloth of cotton, unbleached, containing 85% or more by weight of cotton, weighing not more than 100g/m^2
0	0	0	0	0	4		6	6	0//			0	0	Plain weave of cotton, unbleached, weighing not more than 100g/m^2, No.68 or below
0	0	0	0	0	4		6	6	0//			0	0	Plain cheese cloth, unbleached, containing 85% or more by weight of cotton, weighing not more than 100g/m^2
0	0	0	0	0	4		6	6	0//			0	0	Plain cloth of cotton for printing and dyeing, unbleached, weighing not more than 100g/m^2, No.43-68
0	0	0	0	0	4		6	6	0//			0	0	Plain voile and muslin of cotton, unbleached, weighing not more than 100g/m^2, No.69 or above
0	0	0	0	0	4		6	6	0//			0	0	Plain typewriter ribbon of cotton, unbleached, containing 85% or more by weight of cotton, weighing not more than 100g/m^2
0	0	0	0	0	4		6	6	0//			0	0	Medical gauze of cotton, unbleached, containing 85% or more by weight of cotton, weighing not more than 100g/m^2
														-- Plain weave, weighing more than 10g/m^2
0	0	0	0	0	4	0	6	6	0//			0	0	Plain poplin and fine cloth of cotton, unbleached, containing 85% or more by weight of cotton, weighing more than 100g/m^2 but not more than 200g/m^2

税号	货品名称	进口关税 %			增值/消费税%	出口退税%	统计计量单位	监管证件代码	检验检疫类别	协定税率 %		
		最惠国	普通	年内暂定						东盟	亚太	智利
52081200.20	未漂白全棉平纹机织平布(100g<每平方米重量≤200g,68号及以下)	10	70		17	17	米/千克			0		0
52081200.30	未漂白全棉平纹奶酪布(100g<每平方米重量≤200g,含棉85%及以上)	10	70		17	17	米/千克			0		0
52081200.40	未漂白全棉平纹印染用布(100g<每平方米重量≤200g,43-68号)	10	70		17	17	米/千克			0		0
52081200.50	未漂白全棉平纹巴里纱及薄细布(100g<每平方米重量≤200g,69号及以上)	10	70		17	17	米/千克			0		0
5208.1300	-- 三线或四线斜纹机织物,包括双面斜纹机织物	10	70		17	17	米/千克			0	8.5	0
5208.1900	-- 其他机织物											
52081900.10	未漂白其他全棉机织缎布(每平方米重量不超过200克,含棉85%及以上)	10	70		17	17	米/千克			0		0
52081900.20	未漂白其他全棉机织斜纹布(每平方米重量不超过200克,含棉85%及以上)	10	70		17	17	米/千克			0		0
52081900.30	未漂白其他全棉机织牛津布(每平方米重量不超过200克,含棉85%及以上)	10	70		17	17	米/千克			0		0
52081900.90	未漂白其他全棉机织物(每平方米重量不超过200克,含棉85%及以上)	10	70		17	17	米/千克			0		0
	- 漂白:											
5208.2100	-- 平纹机织物,每平方米重量不超过100克											
52082100.10	漂白全棉平纹府绸及细平布(每平方米重量≤100克,含棉85%及以上)	10	70		17	17	米/千克	A	M/	0		0
52082100.20	漂白全棉平纹机织平布(每平方米重量不超过100克,68号及以下)	10	70		17	17	米/千克	A	M/	0		0
52082100.30	漂白全棉平纹奶酪布(每平方米重量不超过100克,含棉85%及以上)	10	70		17	17	米/千克	A	M/	0		0
52082100.40	漂白全棉平纹印染用布(每平方米重量不超过100克,43-68号)	10	70		17	17	米/千克	A	M/	0		0
52082100.50	漂白全棉平纹巴里纱及薄细布(每平方米重量不超过100克,69号及以上)	10	70		17	17	米/千克	A	M/	0		0
52082100.60	漂白全棉医用纱布(每平方米重量不超过100克,含棉85%及以上)	10	70		17	17	米/千克	A	M/	0		0
5208.2200	-- 平纹机织物,每平方米重量超过100克											
52082200.10	漂白全棉平纹府绸及细平布(100g<每平方米重量≤200g,含棉85%及以上)	10	70		17	17	米/千克	A	M/	0		0
52082200.20	漂白全棉平纹机织平布(100g<每平方米重量≤200g,68号及以下)	10	70		17	17	米/千克	A	M/	0		0
52082200.30	漂白全棉平纹奶酪布(100g<每平方米重量≤200g,含棉85%及以上)	10	70		17	17	米/千克	A	M/	0		0
52082200.40	漂白全棉平纹印染用布(100g<每平方米重量≤200g,43-68号)	10	70		17	17	米/千克	A	M/	0		0
52082200.50	漂白全棉巴里纱及薄细布(100g<每平方米重量≤200g,69号及以上)	10	70		17	17	米/千克	A	M/	0		0
5208.2300	-- 三线或四线斜纹机织物,包括双面斜纹机织物	12	70		17	17	米/千克	A	M/	0		0
5208.2900	-- 其他机织物											
52082900.10	漂白其他全棉机织缎布(每平方米重量不超过200克,含棉85%及以上)	10	70		17	17	米/千克	A	M/	0		0
52082900.20	漂白其他全棉机织斜纹布(每平方米重量不超过200克,含棉85%及以上)	10	70		17	17	米/千克	A	M/	0		0
52082900.30	漂白其他全棉机织牛津布(每平方米重量不超过200克,含棉85%及以上)	10	70		17	17	米/千克	A	M/	0		0
52082900.90	漂白其他全棉机织物(每平方米重量不超过200克,含棉85%及以上)	10	70		17	17	米/千克	A	M/	0		0
	- 染色:											
5208.3100	-- 平纹机织物,每平方米重量不超过100克											

协定税率 %										特惠税率 %				Article Description
巴基斯坦	冰岛	哥斯达黎	秘鲁	新西兰	瑞士	新加坡	韩国	澳大利亚	港澳台	老挝	孟加拉	33 国	7 国	
0	0	0	0	0	4	0	6	6	0//			0	0	Plain cloth of cotton, unbleached, weighing more than 100g/m^2 but not more than 200g/m^2, No.68 or below
0	0	0	0	0	4	0	6	6	0//			0	0	Plain cheese cloth of cotton, unbleached, containing 85% or more by weight of cotton, weighing more than 100g/m^2 but not more than 200g/m^2
0	0	0	0	0	4	0	6	6	0//			0	0	Plain cloth of cotton for printing and dyeing, unbleached, weighing more than 100g/m^2 but not more than 200g/m^2, No.43-68
0	0	0	0	0	4	0	6	6	0//			0	0	Plain voile and muslin of cotton, unbleached, weighing more than 100g/m^2 but not more than 200g/m^2, No.69 or above
0	0	0	0	0	4		8	6	0//			0	0	-- 3-thread or 4-thread twill, including cross twill
														-- Other fabrics
0	0	0	0	0	4	0	6	6	0//			0	0	Other satin cloth of cotton, unbleached, containing 85% or more by weight of cotton, weighing not more than 200g/m^2
0	0	0	0	0	4	0	6	6	0//			0	0	Other twill cloth of cotton, unbleached, containing 85% or more by weight of cotton, weighing not more than 200g/m^2
0	0	0	0	0	4	0	6	6	0//			0	0	Other oxford cloth of cotton, unbleached, containing 85% or more by weight of cotton, weighing not more than 200g/m^2
0	0	0	0	0	4	0	6	6	0//			0	0	Other woven fabrics of cotton, unbleached, containing 85% or more by weight of cotton, weighing not more than 200g/m^2
														- Bleached:
														-- Plain weave, weighing not more than 100g/m^2
0	0	0	0	0	4		6	6	0//			0	0	Plain poplin and fine plain cloth of cotton, bleached, containing 85% or more by weight of cotton, weighing not more than 100g/m^2
0	0	0	0	0	4		6	6	0//			0	0	Plain cloth of cotton, bleached, weighing not more than 100g/m^2, No.68 or below
0	0	0	0	0	4		6	6	0//			0	0	Plain cheese cloth of cotton, bleached, containing 85% or more by weight of cotton, weighing not more than 100g/m^2
0	0	0	0	0	4		6	6	0//			0	0	Plain cloth of cotton for printing and dyeing, bleached, weighing not more than 100g/m^2, No.43-68
0	0	0	0	0	4		6	6	0//			0	0	Plain voile and muslin of cotton, bleached, weighing not more than 100g/m^2, No.69 or above
0	0	0	0	0	4		6	6	0//			0	0	Medical gauze of cotton, bleached, containing 85% or more by weight of cotton, weighing not more than 100g/m^2
														-- Plain weave, weighing more than 100g/m^2
0	0	0	0	0	4	0	6	6	0//	0	0	0	0	Plain poplin and fine cloth of cotton, bleached, containing 85% or more by weight of cotton, weighing more than 100g/m^2 but not more than 200g/m^2
0	0	0	0	0	4	0	6	6	0//	0	0	0	0	Plain cloth of cotton, bleached, weighing more than 100g/m^2 but not more than 200g/m^2, No.68 or below
0	0	0	0	0	4	0	6	6	0//	0	0	0	0	Plain cheese cloth of cotton, bleached, containing 85% or more by weight of cotton, weighing more than 100g/m^2 but not more than 200g/m^2
0	0	0	0	0	4	0	6	6	0//	0	0	0	0	Plain cloth of cotton for printing and dyeing, bleached, weighing more than 100g/m^2 but not more than 200g/m^2, No.43-68
0	0	0	0	0	4	0	6	6	0//	0	0	0	0	Plain voile and muslin of cotton, bleached, weighing more than 100g/m^2 but not more than 200g/m^2, No.69 or above
0	0	0	0	0	8.6	0	7.2	7.2	0//			0	0	-- 3-thread or 4-thread twill, inluding cross twill
														-- Other fabrics
0	0	0	0	0	4		6	6	0//			0	0	Other satin cloth of cotton, bleached, containing 85% or more by weight of cotton, weighing not more than 200g/m^2
0	0	0	0	0	4		6	6	0//			0	0	Other twill cloth of cotton, bleached, containing 85% or more by weight of cotton, weighing not more than 200g/m^2
0	0	0	0	0	4		6	6	0//			0	0	Other oxford cloth of cotton, bleached, containing 85% or more by weight of cotton, weighing not more than 200g/m^2
0	0	0	0	0	4		6	6	0//			0	0	Other woven fabrics of cotton, bleached, containing 85% or more by weight of cotton, weighing not more than 200g/m^2
														- Dyed:
														-- Plain weave, weighing not more than 100g/m^2

税号	货品名称	进口关税 %			增值/消费税%	出口退税%	统计计量单位	监管证件代码	检验检疫类别	协定税率 %		
		最惠国	普通	年内暂定						东盟	亚太	智利
52083100.10	染色全棉手工织布(每平方米重量不超过100克,含棉85%及以上)	10	70		17	17	米/千克	A	M/	0		0
52083100.91	染色全棉平纹府绸及细平布(每平方米重量不超过100克,含棉85%及以上)	10	70		17	17	米/千克	A	M/	0		0
52083100.92	染色全棉平纹机织平布(每平方米重量不超过100克,68号及以下)	10	70		17	17	米/千克	A	M/	0		0
52083100.93	染色全棉平纹奶酪布(每平方米重量不超过100克,含棉85%及以上)	10	70		17	17	米/千克	A	M/	0		0
52083100.94	染色全棉平纹印染用布(每平方米重量不超过100克,43-68号)	10	70		17	17	米/千克	A	M/	0		0
52083100.95	染色全棉巴里纱及薄细布(每平方米重量不超过100克,69号及以上)	10	70		17	17	米/千克	A	M/	0		0
5208.3200	-- 平纹机织物,每平方米重量超过100克											
52083200.10	染色全棉手工织布(100g<每平方米重量≤200g,含棉85%及以上)	10	70		17	17	米/千克	A	M/	0	8.5	0
52083200.91	染色全棉平纹府绸及细平布(100g<每平方米重量≤200g,含棉85%及以上)	10	70		17	17	米/千克	A	M/	0	8.5	0
52083200.92	染色全棉平纹机织平布(100g<每平方米重量≤200g,68号及以下)	10	70		17	17	米/千克	A	M/	0	8.5	0
52083200.93	染色全棉平纹奶酪布(100g<每平方米重量≤200g,含棉85%及以上)	10	70		17	17	米/千克	A	M/	0	8.5	0
52083200.94	染色全棉平纹印染用布(100g<每平方米重量≤200g,43-68号)	10	70		17	17	米/千克	A	M/	0	8.5	0
52083200.95	染色全棉巴里纱及薄细布(100g<每平方米重量≤200g,69号及以上)	10	70		17	17	米/千克	A	M/	0	8.5	0
5208.3300	-- 三线或四线斜纹机织物,包括双面斜纹机织物	10	70		17	17	米/千克	A	M/	0	8.5	0
5208.3900	-- 其他机织物											
52083900.10	染色其他全棉机织缎布(每平方米重量不超过200克,含棉85%及以上)	10	70		17	17	米/千克	A	M/	0	8.5	0
52083900.20	染色其他全棉机织斜纹布(每平方米重量不超过200克,含棉85%及以上)	10	70		17	17	米/千克	A	M/	0	8.5	0
52083900.30	染色其他全棉机织牛津布(每平方米重量不超过200克,含棉85%及以上)	10	70		17	17	米/千克	A	M/	0	8.5	0
52083900.90	染色其他全棉机织物(每平方米重量不超过200克,含棉85%及以上)	10	70		17	17	米/千克	A	M/	0	8.5	0
	- 色织:											
5208.4100	-- 平纹机织物,每平方米重量不超过100克											
52084100.10	色织的全棉手工织布(每平方米重量不超过100克,含棉85%及以上)	10	70		17	17	米/千克	A	M/	0		0
52084100.90	色织的全棉平纹机织物(每平方米重量不超过100克,含棉85%及以上)	10	70		17	17	米/千克	A	M/	0		0
5208.4200	-- 平纹机织物,每平方米重量超过100克											
52084200.10	色织的全棉手工织布(100g<每平方米重量≤200g,含棉85%及以上)	10	70		17	17	米/千克	A	M/	0	7	0
52084200.90	色织的全棉平纹机织物(100g<每平方米重量≤200g,含棉85%及以上)	10	70		17	17	米/千克	A	M/	0	7	0
5208.4300	-- 三线或四线斜纹机织物,包括双面斜纹机织物	10	70		17	17	米/千克	A	M/	0		0
5208.4900	-- 其他机织物											
52084900.10	色织的其他全棉提花机织物(每平方米重量不超过200克,含棉85%及以上)	10	70		17	17	米/千克	A	M/	0	9	0
52084900.90	色织的其他全棉机织物(每平方米重量不超过200克,含棉85%及以上)	10	70		17	17	米/千克	A	M/	0	9	0
	- 印花:											
5208.5100	-- 平纹机织物,每平方米重量不超过100克											

协定税率 %										特惠税率 %				
巴基斯坦	冰岛	哥斯达黎	秘鲁	新西兰	瑞士	新加坡	韩国	澳大利亚	港澳台	老挝	孟加拉	33 国	7 国	Article Description
0	0	0	0	0	4		6	6	0//0		0	0	0	Handwoven cloth of cotton, dyed, containing 85% or more by weight of cotton, weighing not more than 100g/m^2
0	0	0	0	0	4		6	6	0//0		0	0	0	Plain poplin and fine cloth of cotton, dyed, containing 85% or more by weight of cotton, weighing not more than 100g/m^2
0	0	0	0	0	4		6	6	0//0		0	0	0	Plain cloth of cotton, dyed, weighing not more than 100g/m^2, No.68 or below
0	0	0	0	0	4		6	6	0//0		0	0	0	Plain cheese cloth of cotton, dyed, containing 85% or more by weight of cotton, weighing not more than 100g/m^2
0	0	0	0	0	4		6	6	0//0		0	0	0	Plain cloth of cotton for printing and dyeing, dyed, weighing not more than 100g/m^2, No.43-68
0	0	0	0	0	4		6	6	0//0		0	0	0	Plain voile and muslin of cotton, dyed, weighing not more than 100g/m^2, No.69 or above
														-- Plain weave, weighing more than 100g/m^2
0	0	0	0	0	4	0	6	6	0//0		0	0	0	Handwoven cloth of cotton, dyed, containing 85% or more by weight of cotton, weighing more than 100g/m^2 but not more than 200g/m^2
0	0	0	0	0	4	0	6	6	0//0		0	0	0	Plain poplin and fine plain cloth of cotton, dyed, containing 85% or more by weight of cotton, weighing more than 100g/m^2 but not more than 200g/m^2
0	0	0	0	0	4	0	6	6	0//0		0	0	0	Plain cloth of cotton, dyed, weighing more than 100g/m^2 but not more than 200g/m^2, No.68 or below
0	0	0	0	0	4	0	6	6	0//0		0	0	0	Plain cheese cloth of cotton, dyed, containing 85% or more by weight of cotton, weighing more than 100g/m^2 but not more than 200g/m^2
0	0	0	0	0	4	0	6	6	0//0		0	0	0	Plain cloth of cotton for printing and dyeing, dyed, weighing more than 100g/m^2 but not more than 200g/m^2, No.43-68
0	0	0	0	0	4	0	6	6	0//0		0	0	0	Plain voile and muslin of cotton, dyed, weighing more than 100g/m^2 but not more than 200g/m^2, No.69 or above
0	0	0	0	0	4		6	6	0//	0	0	0	0	-- 3-thread or 4-thread twill, including cross twill
														-- Other fabrics
0	0	0	0	0	4	0	6	6	0//0		0	0	0	Other satin cloth of cotton, dyed, containing 85% or more by weight of cotton, weighing not more than 200g/m^2
0	0	0	0	0	4	0	6	6	0//0		0	0	0	Other twill cloth of cotton, dyed, containing 85% or more by weight of cotton, weighing not more than 200g/m^2
0	0	0	0	0	4	0	6	6	0//0		0	0	0	Other oxford cloth of cotton, dyed, containing 85% or more by weight of cotton, weighing not more than 200g/m^2
0	0	0	0	0	4	0	6	6	0//0		0	0	0	Other woven fabrics of cotton, dyed, containing 85% or more by weight of cotton, weighing not more than 200g/m^2
														- Of yarns of different colours:
														-- Plain weave, weighing not more than 100g/m^2
0	0	0	0	0	7	0	6	6	0//			0	0	Handwoven cloth of cotton, of yarns of different colours, containing 85% or more by weight of cotton, weighing not more than 100g/m^2
0	0	0	0	0	7	0	6	6	0//			0	0	Plain woven fabrics of cotton, of yarns of different colours, containing 85% or more by weight of cotton, weighing not more than 100g/m^2
														-- Plain weave, weighing more than 100g/m^2
0	0	0	0	0	7	0	6	6	0//0		0	0	0	Handwoven cloth of cotton, of yarns of different colours, containing 85% or more by weight of cotton, weighing more than 100 g/m^2 but not more than 200g/m^2
0	0	0	0	0	7	0	6	6	0//0		0	0	0	Plain woven fabrics of cotton, of yarns of different colours, containing 85% or more by weight of cotton, weighing more than 100 g/m^2 but not more than 200g/m^2
0	0	0	0	0	7		6	6	0//			0	0	-- 3-thread or 4-thread twill, including cross twill
														-- Other fabrics
0	0	0	0	0	4	0	6	6	0//	0	0	0	0	Other jacquard woven fabrics of cotton, of yarns of different colours, containing 85% or more by weight of cotton, weighing not more than 200g/m^2
0	0	0	0	0	4	0	6	6	0//	0	0	0	0	Other woven fabrics of cotton, of yarns of different colours, containing 85% or more by weight of cotton, weighing not more than 200g/m^2
														- Printed:
														-- Plain weave, weighing not more than 100g/m^2

税号	货品名称	进口关税 %			增值/消费税%	出口退税%	统计计量单位	监管证件代码	检验检疫类别	协定税率 %		
		最惠国	普通	年内暂定						东盟	亚太	智利
52085100.10	印花全棉手工织布(每平方米重量不超过100克,含棉85%及以上)	10	70		17	17	米/千克	A	M/	0		0
52085100.91	印花全棉平纹府绸及细平布(每平方米重量不超过100克,含棉85%及以上)	10	70		17	17	米/千克	A	M/	0		0
52085100.92	印花全棉平纹机织平布(每平方米重量不超过100克,68号及以下)	10	70		17	17	米/千克	A	M/	0		0
52085100.93	印花全棉平纹奶酪布(每平方米重量不超过100克,含棉85%及以上)	10	70		17	17	米/千克	A	M/	0		0
52085100.94	印花全棉平纹印染用布(每平方米重量不超过100克,43-68号)	10	70		17	17	米/千克	A	M/	0		0
52085100.95	印花全棉平纹巴里纱及薄细布(每平方米重量不超过100克,69号及以上)	10	70		17	17	米/千克	A	M/	0		0
5208.5200	-- 平纹机织物,每平方米重量超过100克											
52085200.10	印花的全棉手工织布(100g＜每平方米重量≤200g,含棉85%及以上)	10	70		17	17	米/千克	A	M/	0	8.5	0
52085200.91	印花的全棉平纹府绸及细平布(100g＜每平方米重量≤200g,含棉85%及以上)	10	70		17	17	米/千克	A	M/	0	8.5	0
52085200.92	印花的全棉平纹机织平布(100g＜每平方米重量≤200g,68号及以下)	10	70		17	17	米/千克	A	M/	0	8.5	0
52085200.93	印花的全棉平纹奶酪布(100g＜每平方米重量≤200g,含棉85%及以上)	10	70		17	17	米/千克	A	M/	0	8.5	0
52085200.94	印花的全棉平纹印染用布(100g＜每平方米重量≤200g,43-68号)	10	70		17	17	米/千克	A	M/	0	8.5	0
52085200.95	印花的全棉巴里纱及薄细布(100g＜每平方米重量≤200g,69号及以上)	10	70		17	17	米/千克	A	M/	0	8.5	0
	-- 其他机织物:											
5208.5910	--- 三线或四线斜纹机织物,包括双面斜纹机织物	10	70		17	17	米/千克	A	M/	0		0
5208.5990	--- 其他											
52085990.10	印花其他全棉机织缎布(每平方米重量不超过200克,含棉85%及以上)	10	70		17	17	米/千克	A	M/	0	8.5	0
52085990.20	印花其他全棉机织斜纹布(每平方米重量不超过200克,含棉85%及以上)	10	70		17	17	米/千克	A	M/	0	8.5	0
52085990.30	印花其他全棉机织牛津布(每平方米重量不超过200克,含棉85%及以上)	10	70		17	17	米/千克	A	M/	0	8.5	0
52085990.90	印花其他全棉机织物(每平方米重量不超过200克,含棉85%及以上)	10	70		17	17	米/千克	A	M/	0	8.5	0
52.09	**棉机织物,按重量计含棉量在85%及以上,每平方米重量超过200克:**											
	- 未漂白:											
5209.1100	-- 平纹机织物											
52091100.10	未漂白全棉平纹府绸及细平布(指每平方米重超过200克,含棉85%及以上)	10	70		17	17	米/千克					0
52091100.20	未漂白的全棉平纹机织平布(指每平方米重超过200克,含棉85%及以上)	10	70		17	17	米/千克					0
52091100.30	未漂白的全棉平纹机织帆布(指每平方米重超过200克,含棉85%及以上)	10	70		17	17	米/千克					0
5209.1200	-- 三线或四线斜纹机织物,包括双面斜纹机织物	10	70		17	17	米/千克			0	7	0
5209.1900	-- 其他机织物											
52091900.10	未漂白的其他全棉机织缎布(指每平方米重超过200克,含棉85%及以上)	10	70		17	17	米/千克			0		0
52091900.20	未漂白的其他全棉机织斜纹布(指每平方米重超过200克,含棉85%及以上)	10	70		17	17	米/千克			0		0
52091900.30	未漂白的其他全棉机织帆布(指每平方米重超过200克,含棉85%及以上)	10	70		17	17	米/千克			0		0
52091900.90	未漂白的其他全棉机织物(指每平方米重超过200克,含棉85%及以上)	10	70		17	17	米/千克			0		0

协定税率 %										特惠税率 %				Article Description
巴基斯坦	冰岛	哥斯达黎	秘鲁	新西兰	瑞士	新加坡	韩国	澳大利亚	港澳台	老挝	孟加拉	33 国	7 国	
0	0	0	0	0	4		6	6	0//		0	0	0	Handwoven cloth of cotton, printed, containing 85% or more by weight of cotton, weighing not more than $100g/m^2$
0	0	0	0	0	4		6	6	0//		0	0	0	Plain poplin and fine plain cloth of cotton, printed, containing 85% or more by weight of cotton, weighing not more than $100g/m^2$
0	0	0	0	0	4		6	6	0//		0	0	0	Plain cloth of cotton, printed, weighing not more than $100g/m^2$, No.68 or below
0	0	0	0	0	4		6	6	0//		0	0	0	Plain cheese cloth of cotton, printed, containing 85% or more by weight of cotton, weighing not more than $100g/m^2$
0	0	0	0	0	4		6	6	0//		0	0	0	Plain cloth of cotton for printing and dyeing, printed, weighing not more than $100g/m^2$, No.43-68
0	0	0	0	0	4		6	6	0//		0	0	0	Plain voile and muslin of cotton, printed, weighing not more than $100g/m^2$, No.69 or above
														-- Plain weave, weighing more than $100g/m^2$
0	0	0	0	0	4	0	9	6	0//		0	0	0	Handwoven cloth of cotton, printed, containing 85% or more by weight of cotton, weighing more than $100g/m^2$ but not more than $200g/m^2$
0	0	0	0	0	4	0	9	6	0//		0	0	0	Plain poplin and fine cloth of cotton, printed, containing 85% or more by weight of cotton, weighing more than $100g/m^2$ but not more than $200g/m^2$
0	0	0	0	0	4	0	9	6	0//		0	0	0	Plain cloth of cotton, printed, weighing more than $100g/m^2$ but not more than $200g/m^2$, No.68 or below
0	0	0	0	0	4	0	9	6	0//		0	0	0	Plain cheese cloth of cotton, printed, containing 85% or more by weight of cotton, weighing more than $100g/m^2$ but not more than $200g/m^2$
0	0	0	0	0	4	0	9	6	0//		0	0	0	Plain cloth of cotton for printing and dyeing, printed, weighing more than $100g/m^2$ but not more than $200g/m^2$, No.43-68
0	0	0	0	0	4	0	9	6	0//		0	0	0	Plain voile and muslin of cotton, printed, weighing more than $100g/m^2$ but not more than $200g/m^2$, No.69 or above
														-- Other fabrics:
0	0	0	0	0	4		6	6	0//			0	0	--- 3-thread or 4-thread twill, including cross twill
														--- Other
0	0	0	0	0	4		6	6	//0			0	0	Other satin cloth of cotton, printed, containing 85% or more by weight of cotton, weighing not more than $200g/m^2$
0	0	0	0	0	4		6	6	//0			0	0	Other twill cloth of cotton, printed, containing 85% or more by weight of cotton, weighing not more than $200g/m^2$
0	0	0	0	0	4		6	6	//0			0	0	Other oxford cloth of cotton, printed, containing 85% or more by weight of cotton, weighing not more than $200g/m^2$
0	0	0	0	0	4		6	6	//0			0	0	Other woven fabrics of cotton, printed, containing 85% or more by weight of cotton, weighing not more than $200g/m^2$
														Woven fabrics of cotton, containing 85% or more by weight of cotton, weighing more than $200g/m^2$:
														- Unbleached:
														-- Plain weave
0	0	0		0	4		9	6	0//		0	0	0	Plain poplin and fine plain cloth of cotton, unbleached, containing 85% or more by weight of cotton, weighing more than $200g/m^2$
0	0	0		0	4		9	6	0//		0	0	0	Plain cloth of cotton, unbleached, containing 85% or more by weight of cotton, weighing more than $200g/m^2$
0	0	0		0	4		9	6	0//		0	0	0	Plain woven canvas of cotton, unbleached, containing 85% or more by weight of cotton, weighing more than $200g/m^2$
0	0	0	0	0	4	0	6	6	0//			0	0	-- 3-thread or 4-thread twill, including cross twill
														-- Other fabrics
0	0	0	0	0	4	0	6	6	0//		0	0	0	Other satin cloth of cotton, unbleached, containing 85% or more by weight of cotton, weighing more than $200g/m^2$
0	0	0	0	0	4	0	6	6	0//		0	0	0	Other twill fabrics of cotton, unbleached, containing 85% or more by weight of cotton, weighing more than $200g/m^2$
0	0	0	0	0	4	0	6	6	0//		0	0	0	Other woven canvas of cotton, unbleached, containing 85% or more by weight of cotton, weighing more than $200g/m^2$
0	0	0	0	0	4	0	6	6	0//		0	0	0	Other woven fabrics of cotton, unbleached, containing 85% or more by weight of cotton, weighing more than $200g/m^2$

税号	货品名称	进口关税 %			增值/消费税%	出口退税%	统计计量单位	监管证件代码	检验检疫类别	协定税率 %		
		最惠国	普通	年内暂定						东盟	亚太	智利
	- 漂白：											
5209.2100	-- 平纹机织物											
52092100.10	漂白全棉平纹府绸及细平布(指每平方米重超过200克,含棉85%及以上)	12	70		17	17	米/千克			0		0
52092100.20	漂白的全棉平纹机织平布(指每平方米重超过200克,含棉85%及以上)	12	70		17	17	米/千克			0		0
52092100.30	漂白的全棉平纹机织帆布(指每平方米重超过200克,含棉85%及以上)	12	70		17	17	米/千克			0		0
5209.2200	-- 三线或四线斜纹机织物,包括双面斜纹机织物	12	70		17	17	米/千克			0		0
5209.2900	-- 其他机织物											
52092900.10	漂白的其他全棉机织缎布(指每平方米重超过200克,含棉85%及以上)	12	70		17	17	米/千克			0		0
52092900.30	漂白的其他全棉机织帆布(指每平方米重超过200克,含棉85%及以上)	12	70		17	17	米/千克			0		0
52092900.90	漂白的其他全棉机织物(指每平方米重超过200克,含棉85%及以上)	12	70		17	17	米/千克			0		0
	- 染色：											
5209.3100	-- 平纹机织物											
52093100.10	染色全棉手工织布(指每平方米重超过200克,含棉85%及以上)	10	70		17	17	米/千克	A	M/	0	8.5	0
52093100.91	染色全棉平纹府绸及细平布(指每平方米重超过200克,含棉85%及以上)	10	70		17	17	米/千克	A	M/	0	8.5	0
52093100.92	染色的全棉平纹机织平布(指每平方米重超过200克,含棉85%及以上)	10	70		17	17	米/千克	A	M/	0	8.5	0
52093100.93	染色的全棉平纹机织帆布(指每平方米重超过200克,含棉85%及以上)	10	70		17	17	米/千克	A	M/	0	8.5	0
5209.3200	-- 三线或四线斜纹机织物,包括双面斜纹机织物	10	70		17	17	米/千克	A	M/	0	8.5	0
5209.3900	-- 其他机织物											
52093900.10	染色的其他全棉机织缎布(指每平方米重超过200克,含棉85%及以上)	10	70		17	17	米/千克	A	M/	0	8.5	0
52093900.20	染色的其他全棉机织斜纹布(指每平方米重超过200克,含棉85%及以上)	10	70		17	17	米/千克	A	M/	0	8.5	0
52093900.30	染色的其他全棉机织帆布(指每平方米重超过200克,含棉85%及以上)	10	70		17	17	米/千克	A	M/	0	8.5	0
52093900.90	染色的其他全棉机织物(指每平方米重超过200克,含棉85%及以上)	10	70		17	17	米/千克	A	M/	0	8.5	0
	- 色织：											
5209.4100	-- 平纹机织物											
52094100.10	色织的全棉手工织布(指每平方米重超过200克,含棉85%及以上)	10	70		17	17	米/千克	A	M/	0		0
52094100.90	色织的全棉平纹机织物(指每平方米重超过200克,含棉85%及以上)	10	70		17	17	米/千克	A	M/	0		0
5209.4200	-- 粗斜纹布(劳动布)											
52094200.10	色织全棉蓝粗斜纹布(劳动布)(指每平方米重超过200克,含棉85%及以上)	10	70		17	17	米/千克	A	M/	0	8.5	0
52094200.90	色织其他全棉粗斜纹布(劳动布)(指每平方米重超过200克,含棉85%及以上)	10	70		17	17	米/千克	A	M/	0	8.5	0
5209.4300	-- 其他三线或四线斜纹机织物,包括双面斜纹机织物	10	70		17	17	米/千克	A	M/	0	9.3	0
5209.4900	-- 其他机织物											
52094900.10	色织的其他全棉提花机织物(指每平方米重超过200克,含棉85%及以上)	10	70		17	17	米/千克	A	M/	0		0
52094900.90	色织的其他全棉机织物(指每平方米重超过200克,含棉85%及以上)	10	70		17	17	米/千克	A	M/	0		0
	- 印花：											
5209.5100	-- 平纹机织物											

协定税率 %										特惠税率 %				Article Description
巴基斯坦	冰岛	哥斯达黎	秘鲁	新西兰	瑞士	新加坡	韩国	澳大利亚	港澳台	老挝	孟加拉	33 国	7 国	
														- Bleached:
														-- Plain weave
0	0	0	0	0	8.4	0	7.2	7.2	0//		0	0	0	Plain poplin and fine plain cloth of cotton, bleached, containing 85% or more by weight of cotton, weighing more than 200g/m^2
0	0	0	0	0	8.4	0	7.2	7.2	0//		0	0	0	Plain cloth of cotton, bleached, containing 85% or more by weight of cotton, weighing more than 200g/m^2
0	0	0	0	0	8.4	0	7.2	7.2	0//		0	0	0	Plain woven canvas of cotton, bleached, containing 85% or more by weight of cotton, weighing more than 200g/m^2
0	0	0	0	0	8.4	0	7.2	7.2	0//			0	0	-- 3-thread or 4-thread twill, including cross twill
														-- Other fabrics
0	0	0	0	0	8.4	0	7.2	7.2	0//			0	0	Other satin cloth of cotton, bleached, containing 85% or more by weight of cotton, weighing more than 200g/m^2
0	0	0	0	0	8.4	0	7.2	7.2	0//			0	0	Other woven canvas of cotton, bleached, containing 85% or more by weight of cotton, weighing more than 200g/m^2
0	0	0	0	0	8.4	0	7.2	7.2	0//			0	0	Other woven fabrics of cotton, bleached, containing 85% or more by weight of cotton, weighing more than 200g/m^2
														- Dyed:
														-- Plain weave
0	0	0	0	0	4	0	6	6	0//0	0	0	0	0	Handwoven cloth of cotton, dyed, containing 85% or more by weight of cotton, weighing more than 200g/m^2
0	0	0	0	0	4	0	6	6	0//0	0	0	0	0	Plain poplin and fine plain cloth of cotton, dyed, containing 85% or more by weight of cotton, weighing more than 200g/m^2
0	0	0	0	0	4	0	6	6	0//0	0	0	0	0	Plain cloth of cotton, dyed, containing 85% or more by weight of cotton, weighing more than 200g/m^2
0	0	0	0	0	4	0	6	6	0//0	0	0	0	0	Plain woven canvas of cotton, dyed, containing 85% or more by weight of cotton, weighing more than 200g/m^2
0	0	0	0	0	4	0	6	6	0//0	0	0	0	0	-- 3-thread or 4-thread twill, including cross twill
														-- Other fabrics
0	0	0	0	0	4	0	6	6	0//0	0	0	0	0	Other satin cloth of cotton, dyed, containing 85% or more by weight of cotton, weighing more than 200g/m^2
0	0	0	0	0	4	0	6	6	0//0	0	0	0	0	Other twill cloth of cotton, dyed, containing 85% by weight of cotton, weighing more than 200g/m^2
0	0	0	0	0	4	0	6	6	0//0	0	0	0	0	Other woven canvas of cotton, dyed, containing 85% or more by weight of cotton, weighing more than 200g/m^2
0	0	0	0	0	4	0	6	6	0//0	0	0	0	0	Other woven fabrics of cotton, dyed, containing 85% or more by weight of cotton, weighing more than 200g/m^2
														- Of yarns of different colours:
														-- Plain weave
0	0	0	0	0	4	0	6	6	0//0			0	0	Handwoven cloth of cotton, of yarns of different colours, containing 85% or more by weight of cotton, weighing more than 200g/m^2
0	0	0	0	0	4	0	6	6	0//0			0	0	Plain woven fabrics of cotton, of yarns of different colours, containing more than 85% by weight of cotton, weighing more than 200g/m^2
														-- Denim
0	0	0	0	0	4	0	6	6	0/0/0	0	0	0	0	Blue denim of cotton, of yarns of different colours, containing 85% or more by weight of cotton, weighing more than 200g/m^2
0	0	0	0	0	4	0	6	6	0/0/0	0	0	0	0	Denim of cotton, of yarns of different colours, containing 85% or more by weight of cotton, weighing more than 200g/m^2
0	0	0	0	0	4		6	6	0//			0	0	-- Other fabrics of 3-thread or 4-thread twill, including cross twill
														-- Other fabrics
0	0	0	0	0	4	0	8.6	6	0//			0	0	Other jacquard woven fabrics of cotton, of yarns of different colours, containing 85% or more by weight of cotton, weighing more than 200g/m^2
0	0	0	0	0	4	0	8.6	6	0//			0	0	Other woven fabrics of cotton, of yarns of different colours, containing 85% or more by weight of cotton, weighing more than 200g/m^2
														- Printed:
														-- Plain weave

税号	货品名称	进口关税 %			增值/消费税%	出口退税%	统计计量单位	监管证件代码	检验检疫类别	协定税率 %		
		最惠国	普通	年内暂定						东盟	亚太	智利
52095100.10	印花全棉手工织布(指每平方米重超过200克,含棉85%及以上)	10	70		17	17	米/千克	A	M/	0	9.3	0
52095100.91	印花全棉平纹府绸及细平布(指每平方米重超过200克,含棉85%及以上)	10	70		17	17	米/千克	A	M/	0	9.3	0
52095100.92	印花全棉平纹机织平布(指每平方米重超过200克,含棉85%及以上)	10	70		17	17	米/千克	A	M/	0	9.3	0
52095100.93	印花全棉平纹机织帆布(指每平方米重超过200克,含棉85%及以上)	10	70		17	17	米/千克	A	M/	0	9.3	0
5209.5200	-- 三线或四线斜纹机织物,包括双面斜纹机织物	10	70		17	17	米/千克	A	M/	0		0
5209.5900	-- 其他机织物											
52095900.10	印花的其他全棉机织缎布(指每平方米重超过200克,含棉85%及以上)	10	70		17	17	米/千克	A	M/	0	8.5	0
52095900.20	印花的其他全棉机织斜纹布(指每平方米重超过200克,含棉85%及以上)	10	70		17	17	米/千克	A	M/	0	8.5	0
52095900.30	印花的其他全棉机织帆布(指每平方米重超过200克,含棉85%及以上)	10	70		17	17	米/千克	A	M/	0	8.5	0
52095900.90	印花的其他全棉机织物(指每平方米重超过200克,含棉85%及以上)	10	70		17	17	米/千克	A	M/	0	8.5	0
52.10	**棉机织物,按重量计含棉量在85%以下,主要或仅与化学纤维混纺,每平方米重量不超过200克:**											
	- 未漂白:											
5210.1100	-- 平纹机织物											
52101100.11	未漂白与聚酯短纤混纺的棉制府绸(指每平方米重≤200克,含棉85%以下,含平细布)	12	90	6	17	17	米/千克			0	10.2	0
52101100.12	未漂白与聚酯短纤混纺棉机织平布(指每平方米重≤200克,68号及以下,含棉85%以下)	12	90	6	17	17	米/千克			0	10.2	0
52101100.13	未漂白与聚酯短纤混纺棉奶酪布(指每平方米重≤200克,含棉85%以下)	12	90	6	17	17	米/千克			0	10.2	0
52101100.14	未漂白与聚酯短纤混纺棉印染用布(指每平方米重≤200克,43-68号,含棉85%以下)	12	90	6	17	17	米/千克			0	10.2	0
52101100.15	未漂白与聚酯短纤混纺棉巴里纱(指每平方米重≤200克,69号及以上,含棉85%以下,含薄细布)	12	90	6	17	17	米/千克			0	10.2	0
52101100.91	未漂白与其他化纤混纺棉府绸(指每平方米重≤200克,含棉85%以下,含细平布)	12	90	6	17	17	米/千克			0	10.2	0
52101100.92	未漂白与其他化纤混纺棉机织平布(指每平方米重≤200克,68号及以下,含棉85%以下)	12	90	6	17	17	米/千克			0	10.2	0
52101100.93	未漂白与其他化纤混纺棉奶酪布(指每平方米重≤200克,含棉85%以下)	12	90	6	17	17	米/千克			0	10.2	0
52101100.94	未漂白与其他化纤混纺棉印染用布(指每平方米重≤200克,43-68号,含棉85%以下)	12	90	6	17	17	米/千克			0	10.2	0
52101100.95	未漂白与其他化纤混纺棉巴里纱(指每平方米重≤200克,69号及以上,含棉85%以下,含薄细布)	12	90	6	17	17	米/千克			0	10.2	0
	-- 其他机织物:											
5210.1910	--- 三线或四线斜纹机织物,包括双面斜纹机织物											
52101910.10	未漂白与聚酯短纤混纺3/4线或双面棉斜纹布(每平方米重≤200克,含棉85%以下)	12	90		17	17	米/千克			0		0
52101910.90	未漂白与其他化纤混纺3/4线或双面棉斜纹布(每平方米重≤200克,含棉85%以下)	12	90		17	17	米/千克			0		0
5210.1990	--- 其他											
52101990.11	其他未漂白与聚酯短纤混纺的缎布(每平方米重≤200克,含棉85%以下)	12	90	6	17	17	米/千克			0		0
52101990.12	其他未漂白与聚酯短纤混纺斜纹布(每平方米重≤200克,含棉85%以下)	12	90	6	17	17	米/千克			0		0

协定税率 %										特惠税率 %				
巴基斯坦	冰岛	哥斯达黎	秘鲁	新西兰	瑞士	新加坡	韩国	澳大利亚	港澳台	老挝	孟加拉	33 国	7 国	Article Description
0	0	0	0	0	4	0	6	6	0//		0	0	0	Handwoven cloth of cotton, printed, containing 85% or more by weight of cotton, weighing more than 200g/m^2
0	0	0	0	0	4	0	6	6	0//		0	0	0	Plain poplin and fine plain cloth of cotton, printed, containing 85% or more by weight of cotton, weighing more than 200g/m^2
0	0	0	0	0	4	0	6	6	0//		0	0	0	Plain cloth of cotton, printed, containing 85% or more by weight of cotton, weighing more than 200g/m^2
0	0	0	0	0	4	0	6	6	0//		0	0	0	Plain woven canvas of cotton, printed, containing 85% or more by weight of cotton, weighing more than 200g/m^2
0	0	0	0	0	4		6	6	0//			0	0	-- 3-thread or 4-thread twill, including cross twill
														-- Other fabrics
0	0	0	0	0	4		6	6	0//		0	0	0	Other satin cloth of cotton, printed, containing 85% or more by weight of cotton, weighing more than 200g/m^2
0	0	0	0	0	4		6	6	0//		0	0	0	Other twill cloth of cotton, printed, containing 85% or more by weight of cotton, weighing more than 200g/m^2
0	0	0	0	0	4		6	6	0//		0	0	0	Other woven canvas of cotton, printed, containing 85% or more by weight of cotton, weighing more than 200g/m^2
0	0	0	0	0	4		6	6	0//		0	0	0	Other woven fabrics of cotton, printed, containing 85% or more by weight of cotton, weighing more than 200g/m^2
														Woven fabrics of cotton, containing less than 85% by weight of cotton, mixed mainly or solely with manmade fibres, weighing not more than 200g/m^2:
														- Unbleached:
														-- Plain weave
0	0	0	0	0	8.4	0	7.2	7.2	0//		0	0	0	Plain poplin of cotton, unbleached, mixed with polyester staple fibres, containing less than 85% by weight of cotton, including fine cloth of cotton, weighting not more than 200g/m^2
0	0	0	0	0	8.4	0	7.2	7.2	0//		0	0	0	Plain cloth of cotton, unbleached, mixed with polyester staple fibres, containing 85% by weight of cotton, No.68 or below, weighting not more than 200g/m^2
0	0	0	0	0	8.4	0	7.2	7.2	0//		0	0	0	Plain cheese cloth of cotton, unbleached, mixed with polyester staple fibres, containing less than 85% by weight of cotton, weighting not more than 200g/m^2
0	0	0	0	0	8.4	0	7.2	7.2	0//		0	0	0	Plain cloth of cotton for printing and dyeing, unbleached, mixed with polyester staple fibres, containing less than 85% by weight of cotton, No.43-68, weighting not more than 200g/m^2
0	0	0	0	0	8.4	0	7.2	7.2	0//		0	0	0	Plain voile and muslin of cotton, unbleached, mixed with polyester staple fibres, containing less than 85% by weight of cotton, No.69 or above, weighting not more than 200g/m^2
0	0	0	0	0	8.4	0	7.2	7.2	0//		0	0	0	Plain poplin of cotton, unbleached, mixed with other man-made fibres, containing less than 85% by weight of cotton, including fine cloth of cotton, weighting not more than 200g/m^2
0	0	0	0	0	8.4	0	7.2	7.2	0//		0	0	0	Plain cloth of cotton, unbleached, mixed with other man-made fibres, containing less than 85% by weight of cotton, No.68 or above, weighting not more than 200g/m^2
0	0	0	0	0	8.4	0	7.2	7.2	0//		0	0	0	Plain cheese cloth of cotton, unbleached, mixed with other man-made fibres, containing less than 85% by weight of cotton, weighting not more than 200g/m^2
0	0	0	0	0	8.4	0	7.2	7.2	0//		0	0	0	Cloth of cotton for printing and dyeing, unbleached, mixed with other man-made fibres, containing less than 85% by weight of cotton, No.43-68, weighing not more than 200g/m^2
0	0	0	0	0	8.4	0	7.2	7.2	0//		0	0	0	Voile and muslin of cotton, unbleached, mixed with other man-made fibres, containing less than 85% by weight of cotton, No.69 or above, weighing not more than 200g/m^2
														-- Other fabrics:
														--- 3-thread or 4-thread twill, including cross twill
0	0	0	0	0	8.4	0	7.2	7.2	0//			0	0	3 or 4-thread twill, including double-faced twill of cotton, unbleached, mixed with polyester staple fibres, containing less than 85% by weight of cotton, weighing not more than 200g/m^2
0	0	0	0	0	8.4	0	7.2	7.2	0//			0	0	Other 3 or 4-thread twill, including double-faced twill of cotton, unbleached, mixed with other man-made fibres, containing less than 85% of cotton, weighing not more than 200g/m^2
														--- Other
0	0	0	0	0	8.4	0	7.2	7.2	0//		0	0	0	Other satin cloth, unbleached, mixed with polyester staple fibres, containing less than 85% by weight of cotton, weighing not more than 200 g/m^2
0	0	0	0	0	8.4	0	7.2	7.2	0//		0	0	0	Other twill cloth, unbleached, mixed with polyester staple fibres, containing less than 85% by weight of cotton, weighing not more than 200 g/m^2

税号	货品名称	进口关税 %			增值/消费税%	出口退税%	统计计量单位	监管证件代码	检验检疫类别	协定税率 %		
		最惠国	普通	年内暂定						东盟	亚太	智利
52101990.13	其他未漂白与聚酯短纤混纺牛津布(每平方米重≤200克,含棉85%以下)	12	90	6	17	17	米/千克			0		0
52101990.19	其他未漂白与聚酯短纤混纺棉布(每平方米重≤200克,含棉85%以下)	12	90	6	17	17	米/千克			0		0
52101990.91	其他未漂白与其他化纤混纺缎布(每平方米重≤200克,含棉85%以下)	12	90	6	17	17	米/千克			0		0
52101990.92	其他未漂白与其他化纤混纺斜纹布(每平方米重≤200克,含棉85%以下)	12	90	6	17	17	米/千克			0		0
52101990.93	其他未漂白与其他化纤混牛津布(每平方米重≤200克,含棉85%以下)	12	90	6	17	17	米/千克			0		0
52101990.99	其他未漂白与其他化纤混纺棉布(每平方米重≤200克,含棉85%以下)	12	90	6	17	17	米/千克			0		0
	- 漂白:											
5210.2100	-- 平纹机织物											
52102100.11	漂白与聚酯短纤混纺棉府绸(每平方米重≤200克,含棉85%以下,含细平布)	14	90		17	17	米/千克			0		0
52102100.12	漂白与聚酯短纤混纺棉机织平布(每平方米重≤200克,68号及以下,含棉85%以下)	14	90		17	17	米/千克			0		0
52102100.13	漂白与聚酯短纤混纺棉奶酪布(每平方米重≤200克,含棉85%以下)	14	90		17	17	米/千克			0		0
52102100.14	漂白与聚酯短纤混纺棉印染布(每平方米重≤200克,43-68号,含棉85%以下)	14	90		17	17	米/千克			0		0
52102100.15	漂白与聚酯短纤混纺棉巴里纱(每平方米重≤200克,69号及以上,含棉85%以下,含薄细布)	14	90		17	17	米/千克			0		0
52102100.21	漂白与化纤长丝混纺棉府绸(每平方米重≤200克,含棉85%以下,含细平布)	14	90		17	17	米/千克			0		0
52102100.22	漂白与化纤长丝混纺棉机织平布(每平方米重≤200克,68号及以下,含棉85%以下)	14	90		17	17	米/千克			0		0
52102100.23	漂白与化纤长丝混纺棉奶酪布(每平方米重≤200克,含棉85%以下)	14	90		17	17	米/千克			0		0
52102100.24	漂白与化纤长丝混纺棉印染布(每平方米重≤200克,43-68号,含棉85%以下)	14	90		17	17	米/千克			0		0
52102100.25	漂白与化纤长丝混纺棉巴里纱(每平方米重≤200克,69号及以上,含棉85%以下,含薄细布)	14	90		17	17	米/千克			0		0
52102100.91	漂白与其他化纤混纺棉府绸(每平方米重≤200克,含棉85%以下,含细平布)	14	90		17	17	米/千克			0		0
52102100.92	漂白与其他化纤混纺棉机织平布(每平方米重≤200克,68号及以下,含棉85%以下)	14	90		17	17	米/千克			0		0
52102100.93	漂白与其他化纤混纺棉奶酪布(每平方米重≤200克,含棉85%以下)	14	90		17	17	米/千克			0		0
52102100.94	漂白与其他化纤混纺棉印染布(每平方米重≤200克,43-68号,含棉85%以下)	14	90		17	17	米/千克			0		0
52102100.95	漂白与其他化纤混纺棉巴里纱(每平方米重≤200克,69号及以上,含棉85%以下,含薄细布)	14	90		17	17	米/千克			0		0
	-- 其他机织物:											
5210.2910	--- 三线或四线斜纹机织物,包括双面斜纹机织物											
52102910.10	漂白与聚酯短纤混纺3/4线或双面棉斜纹布(每平方米重≤200克,含棉85%以下)	14	90		17	17	米/千克			0		0
52102910.20	漂白与化纤长丝混纺3/4线或双面棉斜纹布(每平方米重≤200克,含棉85%以下)	14	90		17	17	米/千克			0		0
52102910.90	漂白与其他化纤混纺3/4线或双面棉斜纹布(每平方米重≤200克,含棉85%以下)	14	90		17	17	米/千克			0		0
5210.2990	--- 其他											

协定税率 %										特惠税率 %				Article Description
巴基斯坦	冰岛	哥斯达黎	秘鲁	新西兰	瑞士	新加坡	韩国	澳大利亚	港澳台	老挝	孟加拉	33 国	7 国	
0	0	0	0	0	8.4	0	7.2	7.2	0//		0	0	0	Other oxford cloth, unbleached, mixed with polyester staple fibres, containing less than 85% by weight of cotton, weighing not more than $200g/m^2$
0	0	0	0	0	8.4	0	7.2	7.2	0//		0	0	0	Other cloth of cotton, unbleached, mixed with polyester staple fibres, containing less than 85% by weight of cotton, weighing not more than $200g/m^2$
0	0	0	0	0	8.4	0	7.2	7.2	0//		0	0	0	Other stain cloth, unbleached, mixed with other man-made fibres, containing less than 85% by weight of cotton, weighing not more than $200g/m^2$
0	0	0	0	0	8.4	0	7.2	7.2	0//		0	0	0	Other twill cloth, unbleached, mixed with other man-made fibres, containing less than 85% by weight of cotton, weighing not more than $200g/m^2$
0	0	0	0	0	8.4	0	7.2	7.2	0//		0	0	0	Other oxford cloth, unbleached, mixed with other man-made fibres, containing less than 85% by weight of cotton, weighing not more than $200g/m^2$
0	0	0	0	0	8.4	0	7.2	7.2	0//		0	0	0	Other cloth of cotton, unbleached, mixed with other man-made fibres, containing less than 85% by weight of cotton, weighing not more than $200g/m^2$:
														- Bleached:
														-- Plain weave
0	0	0	0	0	9.8	0	11.2	8.4	0//		0	0	0	Plain poplin of cotton, bleached, mixed with plyester staple fibres, containing less than 85% by weight of cotton, including fine plain cloth of cotton, weighing not more than $200g/m^2$
0	0	0	0	0	9.8	0	11.2	8.4	0//		0	0	0	Plain cloth of cotton, bleached, mixed with polyester staple fibres, containing less than 85% by weight of cotton, No.68 or below, weighing not more than $200g/m^2$
0	0	0	0	0	9.8	0	11.2	8.4	0//		0	0	0	Plain cheese cloth of cotton, bleached, mixed with polyester staple fibres, containing less than 85% by weight of cotton, weighing not more than $200g/m^2$
0	0	0	0	0	9.8	0	11.2	8.4	0//		0	0	0	Cloth of cotton for printing and dyeing, bleached, mixed with polyester staple fibres, containing less than 85% by weight of cotton, No.43-48, weighing not more than $200g/m^2$
0	0	0	0	0	9.8	0	11.2	8.4	0//		0	0	0	Voile and muslin of cotton, bleached, mixed with polyester staple fibres, containing less than 85% by weight of cotton, No.69 or above, weighing not more than $200g/m^2$
0	0	0	0	0	9.8	0	11.2	8.4	0//		0	0	0	Poplin and fine plain cloth of cotton, bleached, mixed with man-made filaments, containing less than 85% by weight of cotton, weighing not more than $200g/m^2$
0	0	0	0	0	9.8	0	11.2	8.4	0//		0	0	0	Plain cloth of cotton, bleached, mixed with man-made filaments, containing less than 85% by weight of cotton, No.68 or below, weighing not more than $200g/m^2$
0	0	0	0	0	9.8	0	11.2	8.4	0//		0	0	0	Plain cheese cloth of cotton, bleached, mixed with man-made filaments, containing less than 85% by weight of cotton, weighing not more than $200g/m^2$
0	0	0	0	0	9.8	0	11.2	8.4	0//		0	0	0	Cotton cloth for printing and dyeing, bleached, mixed with man-made filaments, containing less than 85% by weight of cotton, No.43-68, weighing not more than $200g/m^2$
0	0	0	0	0	9.8	0	11.2	8.4	0//		0	0	0	Voile and muslin of cotton, bleached, mixed with man-made filaments, containing less than 85% by weight of cotton, No.69 or above, weighing not more than $200g/m^2$
0	0	0	0	0	9.8	0	11.2	8.4	0//		0	0	0	Plain poplin and fine plain cloth of cotton, bleached, mixed with other man-made fibres, containing less than 85% by weight of cotton, weighing not more than $200g/m^2$
0	0	0	0	0	9.8	0	11.2	8.4	0//		0	0	0	Plain cloth of cotton, bleached, mixed with other man-made fibres, containing less than 85% by weight of cotton, No.68 or below, weighing not more than $200g/m^2$
0	0	0	0	0	9.8	0	11.2	8.4	0//		0	0	0	Plain cheese cloth of cotton, bleached, mixed with other man-made fibres, containing less than 85% by weight of cotton, weighing not more than $200g/m^2$
0	0	0	0	0	9.8	0	11.2	8.4	0//		0	0	0	Cotton cloth for printing and dyeing, bleached, mixed with other man-made fibres, containing less than 85% by weight of cotton, No.43-68, weighing not more than $200g/m^2$
0	0	0	0	0	9.8	0	11.2	8.4	0//		0	0	0	Voile and muslin of cotton, bleached, mixed with other man-made fibres, containing less than 85% by weight of cotton, No.69 or above, weighing not more than $200g/m^2$
														-- Other fabrics:
														--- 3-thread or 4-thread twill, including cross twill
0	0	0	0	0	9.8	0	11.2	8.4	0//			0	0	3 or 4-thread twill or double-faced twill of cotton, bleached, mixed with polyester staple fibres, containing less than 85% by weight of cotton, weighing not more than $200g/m^2$
0	0	0	0	0	9.8	0	11.2	8.4	0//			0	0	3 or 4-thread twill or double-faced twill of cotton, bleached, mixed with man-made filaments, containing less than 85% by weight of cotton, weighing not more than $200g/m^2$
0	0	0	0	0	9.8	0	11.2	8.4	0//			0	0	Other 3 or 4-thread twill or double-faced twill of cotton, bleached, mixed with man-made fibres, containing less than 85% by weight of cotton, weighing not more than $200g/m^2$
														--- Other

税号	货品名称	进口关税 %			增值/消费税%	出口退税%	统计计量单位	监管证件代码	检验检疫类别	协定税率 %		
		最惠国	普通	年内暂定						东盟	亚太	智利
52102990.11	其他漂白与聚酯短纤混纺缎布(每平方米重≤200克,含棉85%以下)	14	90		17	17	米/千克			0		0
52102990.12	其他漂白与聚酯短纤混纺斜纹布(每平方米重≤200克,含棉85%以下)	14	90		17	17	米/千克			0		0
52102990.13	其他漂白与聚酯短纤混纺牛津布(每平方米重≤200克,含棉85%以下)	14	90		17	17	米/千克			0		0
52102990.19	其他漂白与聚酯短纤混纺棉布(每平方米重≤200克,含棉85%以下)	14	90		17	17	米/千克			0		0
52102990.21	其他漂白与化纤长丝混纺缎布(每平方米重≤200克,含棉85%以下)	14	90		17	17	米/千克			0		0
52102990.22	其他漂白与化纤长丝混纺斜纹布(每平方米重≤200克,含棉85%以下)	14	90		17	17	米/千克			0		0
52102990.23	其他漂白与化纤长丝混纺牛津布(每平方米重≤200克,含棉85%以下)	14	90		17	17	米/千克			0		0
52102990.29	其他漂白与化纤长丝混纺棉布(每平方米重≤200克,含棉85%以下)	14	90		17	17	米/千克			0		0
52102990.91	其他漂白与其他化纤混纺缎布(每平方米重≤200克,含棉85%以下)	14	90		17	17	米/千克			0		0
52102990.92	其他漂白与其他化纤混纺斜纹布(每平方米重≤200克,含棉85%以下)	14	90		17	17	米/千克			0		0
52102990.93	其他漂白与其他化纤混纺牛津布(每平方米重≤200克,含棉85%以下)	14	90		17	17	米/千克			0		0
52102990.99	其他漂白与其他化纤混纺棉布(每平方米重≤200克,含棉85%以下)	14	90		17	17	米/千克			0		0
	- 染色:											
5210.3100	-- 平纹机织物											
52103100.11	染色与聚酯短纤混纺棉府绸(每平方米重≤200克,含棉85%以下,含细平布)	10	90		17	17	米/千克			0	8.5	0
52103100.12	染色与聚酯短纤混纺棉机织平布(每平方米重≤200克,68号及以下,含棉85%以下)	10	90		17	17	米/千克			0	8.5	0
52103100.13	染色与聚酯短纤混纺棉奶酪布(每平方米重≤200克,含棉85%以下)	10	90		17	17	米/千克			0	8.5	0
52103100.14	染色与聚酯短纤混纺棉印染布(每平方米重≤200克,43-68号,含棉85%以下)	10	90		17	17	米/千克			0	8.5	0
52103100.15	染色与聚酯短纤混纺棉巴里纱(每平方米重≤200克,69号及以上,含棉85%以下,含薄细布)	10	90		17	17	米/千克			0	8.5	0
52103100.21	染色与化纤长丝混纺棉府绸(每平方米重≤200克,含棉85%以下,含细平布)	10	90		17	17	米/千克			0	8.5	0
52103100.22	染色与化纤长丝混纺棉机织平布(每平方米重≤200克,含棉85%以下)	10	90		17	17	米/千克			0	8.5	0
52103100.23	染色与化纤长丝混纺棉奶酪布(每平方米重≤200克,含棉85%以下)	10	90		17	17	米/千克			0	8.5	0
52103100.24	染色与化纤长丝混纺棉印染布(每平方米重≤200克,43-68号,含棉85%以下)	10	90		17	17	米/千克			0	8.5	0
52103100.25	染色与化纤长丝混纺棉巴里纱(每平方米重≤200克,69号及以上,含棉85%以下,含薄细布)	10	90		17	17	米/千克			0	8.5	0
52103100.91	染色与其他化纤混纺棉府绸(每平方米重≤200克,含棉85%以下,含细平布)	10	90		17	17	米/千克			0	8.5	0
52103100.92	染色与其他化纤混纺棉机织平布(每平方米重≤200克,68号及以下,含棉85%以下)	10	90		17	17	米/千克			0	8.5	0
52103100.93	染色与其他化纤混纺棉奶酪布(每平方米重≤200克,含棉85%以下)	10	90		17	17	米/千克			0	8.5	0
52103100.94	染色与其他化纤混纺棉印染布(每平方米重≤200克,43-68号,含棉85%以下)	10	90		17	17	米/千克			0	8.5	0

协定税率 %										特惠税率 %				Article Description
巴基斯坦	冰岛	哥斯达黎	秘鲁	新西兰	瑞士	新加坡	韩国	澳大利亚	港澳台	老挝	孟加拉	33 国	7 国	
0	0	0	0	0	9.8	0	11.2	8.4				0	0	Other satin cloth, bleached, mixed with polyester staple fibres, containing less than 85% by weight of cotton, weighing not more than 200g/m^2
0	0	0	0	0	9.8	0	11.2	8.4				0	0	Other twill cloth, bleached, mixed with polyester staple fibres, containing less than 85% by weight of cotton, weighing not more than 200g/m^2
0	0	0	0	0	9.8	0	11.2	8.4				0	0	Other oxford cloth, bleached, mixed with polyester staple fibres, containing less than 85% by weight of cotton, weighing not more than 200g/m^2
0	0	0	0	0	9.8	0	11.2	8.4				0	0	Other cotton cloth, bleached, mixed with polyester staple fibres, containing less than 85% by weight of cotton, weighing not more than 200g/m^2
0	0	0	0	0	9.8	0	11.2	8.4				0	0	Other satin cloth, bleached, mixed with man-made filaments, containing less than 85% by weight of cotton, weighing not more than 200g/m^2
0	0	0	0	0	9.8	0	11.2	8.4				0	0	Other twill cloth, bleached, mixed with man-made filaments, containing less than 85% by weight of cotton, weighing not more than 200g/m^2
0	0	0	0	0	9.8	0	11.2	8.4				0	0	Other oxford cloth, bleached, mixed with man-made filaments, containing less than 85% by weight of cotton, weighing not more than 200g/m^2
0	0	0	0	0	9.8	0	11.2	8.4				0	0	Other cotton cloth, bleached, mixed with man-made filaments, containing less than 85% by weight of cotton, weighing not more than 200g/m^2
0	0	0	0	0	9.8	0	11.2	8.4				0	0	Other satin cloth, bleached, mixed with other man-made fibres, containing less than 85% by weight of cotton, weighing not more than 200g/m^2
0	0	0	0	0	9.8	0	11.2	8.4				0	0	Other twill cloth, bleached, mixed with other man-made fibres, containing less than 85% by weight of cotton, weighing not more than 200g/m^2
0	0	0	0	0	9.8	0	11.2	8.4				0	0	Other oxford cloth, bleached, mixed with other man-made fibres, containing less than 85% by weight of cotton, weighing not more than 200g/m^2
0	0	0	0	0	9.8	0	11.2	8.4				0	0	Other cloth of cotton, bleached, mixed with other man-made fibres, containing less than 85% by weight of cotton, weighing not more than 200g/m^2
														- Dyed:
														-- Plain weave
0	0	0	0	0	4	0	9	6	0//0		0	0	0	Poplin of cotton, dyed, mixed with polyester staple fibres, containing less than 85% by weight of cotton, including fine plain choth of cotton, weighing not more than 200g/m^2
0	0	0	0	0	4	0	9	6	0//0		0	0	0	Plain cloth of cotton, dyed, mixed with polyester staple fibres, containing less than 85% by weight of cotton, No.68 or below, weighing not more than 200g/m^2
0	0	0	0	0	4	0	9	6	0//0		0	0	0	Plain cheese cloth of cotton, dyed, mixed with polyester staple fibres, containing less than 85% by weight of cotton, weighing not more than 200g/m^2
0	0	0	0	0	4	0	9	6	0//0		0	0	0	Plain cloth of cotton for printing and dyeing, dyed, mixed with polyester staple fibres, containing less than 85% by weight of cotton, No.43-68, weighing not more than 200g/m^2
0	0	0	0	0	4	0	9	6	0//0		0	0	0	Voile and muslin of cotton, dyed, mixed with polyester staple fibrese, containing less than 85% by weight of cotton, No.69 or above, weighing not more than 200g/m^2
0	0	0	0	0	4	0	9	6	0//0		0	0	0	Poplin of cotton, dyed, mixed with man-made filaments, containing less than 85% by weight of cotton, including fine plain cloth of cotton, weighing not more than 200g/m^2
0	0	0	0	0	4	0	9	6	0//0		0	0	0	Plain cloth of cotton, dyed, mixed with man-made filaments, containing less than 85% by weight of cotton, weighing not more than 200g/m^2
0	0	0	0	0	4	0	9	6	0//0		0	0	0	Plain cheese cloth of cotton, dyed, mixed with man-made filaments, containing less than 85% by weight of cotton, weighing not more than 200g/m^2
0	0	0	0	0	4	0	9	6	0//0		0	0	0	Plain cloth of cotton for printing and dyeing, dyed, mixed with man-made filaments, containing less than 85% by weight of cotton, No.43-68, weighing not more than 200g/m^2
0	0	0	0	0	4	0	9	6	0//0		0	0	0	Voile and muslin of cotton, dyed, mixed with man-made filaments, containing less than 85% by weight of cotton, No.69 or above, weighing not more than 200g/m^2
0	0	0	0	0	4	0	9	6	0//0		0	0	0	Poplin of cotton including fine plain cloth, dyed, mixed with other man-made fibres, containing less than 85% by weight of cotton, weighing not more than 200g/m^2
0	0	0	0	0	4	0	9	6	0//0		0	0	0	Plain cloth of cotton, dyed, mixed with other man-made fibres, containing less than 85% by weight of cotton, No.68 or below, weighing not more than 200g/m^2
0	0	0	0	0	4	0	9	6	0//0		0	0	0	Plain cheese cloth of cotton, dyed, mixed with other man-made fibres, containing less than 85% by weight of cotton, weighing not more than 200g/m^2
0	0	0	0	0	4	0	9	6	0//0		0	0	0	Plain cloth for printing and dyeing of cotton, dyed, mixed with other man-made fibres, containing less than 85% by weight of cotton, No.43-68, weighing not more than 200g/m^2

税号	货品名称	进口关税 % 最惠国	普通	年内暂定	增值/消费税%	出口退税%	统计计量单位	监管证件代码	检验检疫类别	协定税率 % 东盟	亚太	智利
52103100.95	染色与其他化纤混纺棉巴里纱(每平方米重≤200克,69号及以上,含棉85%以下,含薄细布)	10	90		17	17	米/千克			0	8.5	0
5210.3200	-- 三线或四线斜纹机织物,包括双面斜纹机织物											
52103200.10	染色与聚酯短纤混纺的3/4线斜纹棉布(每平方米重不超过200克,含棉85%以下,含双面斜纹布)	10	90		17	17	米/千克			0	8.5	0
52103200.20	染色与化纤长丝混纺的3/4线斜纹棉布(每平方米重不超过200克,含棉85%以下,含双面斜纹布)	10	90		17	17	米/千克			0	8.5	0
52103200.90	染色与其他化纤混纺的3/4线斜纹棉布(每平方米重不超过200克,含棉85%以下,含双面斜纹布)	10	90		17	17	米/千克			0	8.5	0
5210.3900	-- 其他机织物											
52103900.11	其他染色与聚酯短纤混纺缎布(每平方米重≤200克,含棉85%以下)	10	90		17	17	米/千克			0	8.5	0
52103900.12	其他染色与聚酯短纤混纺斜纹布(每平方米重≤200克,含棉85%以下)	10	90		17	17	米/千克			0	8.5	0
52103900.13	其他染色与聚酯短纤混纺牛津布(每平方米重≤200克,含棉85%以下)	10	90		17	17	米/千克			0	8.5	0
52103900.19	其他染色与聚酯短纤混纺棉布(每平方米重≤200克,含棉85%以下)	10	90		17	17	米/千克			0	8.5	0
52103900.21	其他染色与化纤长丝混纺缎布(每平方米重≤200克,含棉85%以下)	10	90		17	17	米/千克			0	8.5	0
52103900.22	其他染色与化纤长丝混纺斜纹布(每平方米重≤200克,含棉85%以下)	10	90		17	17	米/千克			0	8.5	0
52103900.23	其他染色与化纤长丝混纺牛津布(每平方米重≤200克,含棉85%以下)	10	90		17	17	米/千克			0	8.5	0
52103900.29	其他染色与化纤长丝混纺棉布(每平方米重≤200克,含棉85%以下)	10	90		17	17	米/千克			0	8.5	0
52103900.91	其他染色与其他化纤混纺缎布(每平方米重≤200克,含棉85%以下)	10	90		17	17	米/千克			0	8.5	0
52103900.92	其他染色与其他化纤混纺斜纹布(每平方米重≤200克,含棉85%以下)	10	90		17	17	米/千克			0	8.5	0
52103900.93	其他染色与其他化纤混纺牛津布(每平方米重≤200克,含棉85%以下)	10	90		17	17	米/千克			0	8.5	0
52103900.99	其他染色与其他化纤混纺棉布(每平方米重≤200克,含棉85%以下)	10	90		17	17	米/千克			0	8.5	0
	- 色织:											
5210.4100	-- 平纹机织物											
52104100.10	色织与聚酯短纤混纺棉平纹布(每平方米重≤200克,含棉85%以下)	10	90		17	17	米/千克			0		0
52104100.20	色织与化纤长丝混纺棉平纹布(每平方米重≤200克,含棉85%以下)	10	90		17	17	米/千克			0		0
52104100.90	色织与其他化纤混纺棉平纹布(每平方米重≤200克,含棉85%以下)	10	90		17	17	米/千克			0		0
	-- 其他机织物:											
5210.4910	--- 三线或四线斜纹机织物,包括双面斜纹机织物											
52104910.10	色织与聚酯短纤混纺3/4斜纹棉布(每平方米重≤200克,含棉85%以下,含双面斜纹布)	10	90		17	17	米/千克			0		0
52104910.20	色织与化纤长丝混纺3/4斜纹棉布(每平方米重≤200克,含棉85%以下,含双面斜纹布)	10	90		17	17	米/千克			0		0

协定税率 %										特惠税率 %				Article Description
巴基斯坦	冰岛	哥斯达黎	秘鲁	新西兰	瑞士	新加坡	韩国	澳大利亚	港澳台	老挝	孟加拉	33 国	7 国	
0	0	0	0	0	4	0	9	6	0//0		0	0	0	Voile and muslin of cotton, dyed, mixed with other man-made fibres, containing less than 85% by weight of cotton, No.69 or above, weighing not more than 200g/m^2
														-- 3-thread or 4-thread twill, including cross twill
0	0	0	0	0	4	0	6	6	0//			0	0	3 or 4-thread twill or double-faced twill of cotton, dyed, mixed with polyester staple fibres, containing less than 85% by weight of cotton, weighing not more than 200g/m^2
0	0	0	0	0	4	0	6	6	0//			0	0	3 or 4-thread twill or double-faced twill of cotton, dyed, mixed with man-made filaments, containing less than 85% by weight of cotton, weighing not more than 200g/m^2
0	0	0	0	0	4	0	6	6	0//			0	0	Other 3 or 4-thread twill or double-faced twill of cotton, dyed, mixed with other man-made fibres, containing less than 85% by weight of cotton, weighing not more than 200g/m^2
														-- Other fabrics
0	0	0	3	0	4	0	8.6	6	0//0			0	0	Other satin cloth of cotton, dyed, mixed with polyester staple fibres, containing less than 85% by weight of cotton, weighting not more 200g/m^2
0	0	0	3	0	4	0	8.6	6	0//0			0	0	Other twill cloth of cotton, dyed, mixed with polyester staple fibres, containing less than 85% by weight of cotton, weighing not more than 200g/m^2
0	0	0	3	0	4	0	8.6	6	0//0			0	0	Other oxford cloth of cotton, dyed, mixed with polyester staple fibres, containing less than 85% by weight of cotton, weighing not more than 200g/m^2
0	0	0	3	0	4	0	8.6	6	0//0			0	0	Other cloth of cotton, dyed, mixed with polyester staple fibres, containing less than 85% by weight of cotton, weighing not more than 200g/m^2
0	0	0	3	0	4	0	8.6	6	0//0			0	0	Other satin cloth of cotton, dyed, mixed with man-made filaments, containing less than 85% by weight of cotton, weighing not more than 200g/m^2
0	0	0	3	0	4	0	8.6	6	0//0			0	0	Other twill cloth of cotton, dyed, mixed with man-made filaments, containing less than 85% by weight of cotton, weighing not more than 200g/m^2
0	0	0	3	0	4	0	8.6	6	0//0			0	0	Other oxford cloth of cotton, dyed, mixed with man-made filaments, containing less than 85% by weight of cotton, weighing not more than 200g/m^2
0	0	0	3	0	4	0	8.6	6	0//0			0	0	Other cloth of cotton, dyed, mixed with man-made filaments, containing less than 85% by weight of cotton, weighing not more than 200g/m^2
0	0	0	3	0	4	0	8.6	6	0//0			0	0	Other satin cloth of cotton, dyed, mixed with other man-made fibres, containing less than 85% by weight of cotton, weighing not more than 200g/m^2
0	0	0	3	0	4	0	8.6	6	0//0			0	0	Other twill cloth of cotton, dyed, mixed with other man-made fibres, containing less than 85% by weight of cotton, weighing not more than 200g/m^2
0	0	0	3	0	4	0	8.6	6	0//0			0	0	Other oxford cloth of cotton, dyed, mixed with other man-made fibres, containing less than 85% by weight of cotton, weighing not more than 200g/m^2
0	0	0	3	0	4	0	8.6	6	0//0			0	0	Other cloth of cotton, dyed, mixed with other man-made fibres, containing less than 85% by weight of cotton, weighing not more than 200g/m^2
														- Of yarns of different colours：
														-- Plain weave
0	0	0	0	0	4	0	6	6	0//0			0	0	Plain cloth of cotton, of yarns of different colours, mixed with polyester staple fibres, containing less than 85% by weight of cotton, weighing not more than 200g/m^2
0	0	0	0	0	4	0	6	6	0//0			0	0	Plain cloth of cotton, of yarns of different colours, mixed with man-made filaments, containing less than 85% by weight of cotton, weighing not more than 200g/m^2
0	0	0	0	0	4	0	6	6	0//0			0	0	Plain cloth of cotton, of yarns of different colours, mixed with other man-made fibres, containing less than 85% by weight of cotton, weighing not more than 200g/m^2
														-- Other fabrics：
														--- 3-thread or 4-thread twill, including cross twill
0	0	0	0	0	4	0	6	6	0//			0	0	3 or 4-thread twill or double-faced twill of cotton, of yarns of different colours, mixed with polyester staple fibres, containing less than 85% by weight of cotton, weighing not more than 200g/m^2
0	0	0	0	0	4	0	6	6	0//			0	0	3 or 4-thread twill or double-faced twill of cotton, of yarns of different colours, mixed with other man-made fibres, containing less than 85% by weight of cotton, weighing not more than 200g/m^2

税号	货品名称	进口关税 %			增值/消费税%	出口退税%	统计计量单位	监管证件代码	检验检疫类别	协定税率 %		
		最惠国	普通	年内暂定						东盟	亚太	智利
52104910.90	色织其他化纤混纺 3/4 斜纹棉布(每平方米重≤200克,含棉85%以下,含双面斜纹布)	10	90		17	17	米/千克			0		0
5210.4990	--- 其他											
52104990.11	色织与聚酯短纤混纺提花布(每平方米重不超过200克,含棉85%以下)	10	90		17	17	米/千克			0		0
52104990.19	色织与聚酯短纤混纺其他棉布(每平方米重不超过200克,含棉85%以下)	10	90		17	17	米/千克			0		0
52104990.20	色织与化纤长丝混纺棉布(每平方米重不超过200克,含棉85%以下)	10	90		17	17	米/千克			0		0
52104990.90	色织与其他化纤混纺棉布(每平方米重不超过200克,含棉85%以下)	10	90		17	17	米/千克			0		0
	- 印花:											
5210.5100	-- 平纹机织物											
52105100.11	印花与聚酯短纤混纺的棉府绸(每平方米重≤200克,含棉85%以下,含细平布)	10	90		17	17	米/千克			0		0
52105100.12	印花与聚酯短纤混纺棉机织平布(每平方米重≤200克,68号及以下,含棉85%以下)	10	90		17	17	米/千克			0		0
52105100.13	印花与聚酯短纤混纺的棉奶酪布(每平方米重≤200克,含棉85%以下)	10	90		17	17	米/千克			0		0
52105100.14	印花与聚酯短纤混纺棉印染布(每平方米重≤200克,43-68号,含棉85%以下)	10	90		17	17	米/千克			0		0
52105100.15	印花与聚酯短纤混纺棉巴里纱(每平方米重≤200克,69号及以上,含棉85%以下,含薄细布)	10	90		17	17	米/千克			0		0
52105100.21	印花与化纤长丝混纺的棉府绸(每平方米重≤200克,含棉85%以下,含细平布)	10	90		17	17	米/千克			0		0
52105100.22	印花与化纤长丝混纺棉机织平布(每平方米重≤200克,68号及以下,含棉85%以下)	10	90		17	17	米/千克			0		0
52105100.23	印花与化纤长丝混纺棉奶酪布(每平方米重≤200克,含棉85%以下)	10	90		17	17	米/千克			0		0
52105100.24	印花与化纤长丝混纺棉印染布(每平方米重≤200克,43-68号,含棉85%以下)	10	90		17	17	米/千克			0		0
52105100.25	印花与化纤长丝混纺棉巴里纱(每平方米重≤200克,69号及以上,含棉85%以下,含薄细布)	10	90		17	17	米/千克			0		0
52105100.91	印花与其他化纤混纺的棉府绸(每平方米重≤200克,含棉85%以下,含细平布)	10	90		17	17	米/千克			0		0
52105100.92	印花与其他化纤混纺棉机织平布(每平方米重≤200克,68号及以下,含棉85%以下)	10	90		17	17	米/千克			0		0
52105100.93	印花与其他化纤混纺的棉奶酪布(每平方米重≤200克,含棉85%以下)	10	90		17	17	米/千克			0		0
52105100.94	印花与其他化纤混纺棉印染布(每平方米重≤200克,43-68号,含棉85%以下)	10	90		17	17	米/千克			0		0
52105100.95	印花与其他化纤混纺棉巴里纱(每平方米重≤200克,65号及以上,含棉85%以下,含薄细布)	10	90		17	17	米/千克			0		0
	-- 其他机织物:											
5210.5910	--- 三线或四线斜纹机织物,包括双面斜纹机织物											
52105910.10	印花聚酯短纤混纺 3/4 线斜纹棉布(每平方米重不超过200克,含棉85%以下,含双面斜纹布)	10	90		17	17	米/千克			0		0
52105910.20	印花化纤长丝混纺 3/4 线斜纹棉布(每平方米重不超过200克,含棉85%以下,含双面斜纹布)	10	90		17	17	米/千克			0		0
52105910.90	印花其他化纤混纺 3/4 线斜纹棉布(每平方米重不超过200克,含棉85%以下,含双面斜纹布)	10	90		17	17	米/千克			0		0
5210.5990	--- 其他											

协定税率 %										特惠税率 %				Article Description
巴基斯坦	冰岛	哥斯达黎	秘鲁	新西兰	瑞士	新加坡	韩国	澳大利亚	港澳台	老挝	孟加拉	33 国	7 国	
0	0	0	0	0	4	0	6	6	0//			0	0	Other 3 or 4-thread twill or double-faced twill of cotton, of yarns of different colours, mixed with other man-made fibres, containing less than 85% by weight of cotton, weighing not more than $200g/m^2$
														--- Other
0	0	0	0	0	4	0	6	6	0//0		0	0	0	Jacquard cloth of cotton, of yarns of different colours, mixed with polyester staple fibres, containing less than 85% by weight of cotton, weighing not more than $200g/m^2$
0	0	0	0	0	4	0	6	6	0//0		0	0	0	Other cloth of cotton, of yarns of different colours, mixed with polyester staple fibres, containing less than 85% by weight of cotton, weighing not more than $200g/m^2$
0	0	0	0	0	4	0	6	6	0//0		0	0	0	Jacquard cloth of cotton, of yarns of different colours, mixed with man-made filaments, containing less than 85% by weight of cotton, weighing not more than $200g/m^2$
0	0	0	0	0	4	0	6	6	0//0		0	0	0	Other cloth of cotton, of yarns of different colours, mixed with other man-made fibres, containing less than 85% by weight of cotton, weighing not more than $200g/m^2$
														- Printed：
														-- Plain weave
0	0	0	0	0	4		6	6			0	0	0	Poplin of cotton, printed, mixed with polyester staple fibres, containing less than 85% by weight of cotton, including fine plain cloth, weighing not more than $200g/m^2$
0	0	0	0	0	4		6	6			0	0	0	Plain cloth of cotton, printed, mixed with polyester staple fibres, containing less than 85% by weight of cotton, No.68 or below, weighing not more than $200g/m^2$
0	0	0	0	0	4		6	6			0	0	0	Cheese cloth of cotton, printed, mixed with polyester staple fibres, containing less than 85% by weight of cotton, weighing not more than $200g/m^2$
0	0	0	0	0	4		6	6			0	0	0	Cloth of cotton for printing and dyeing, printed, mixed with polyester staple fibres, containing less than 85% by weight of cotton, No.43-68, weighing not more than $200g/m^2$
0	0	0	0	0	4		6	6			0	0	0	Voile and muslin of cotton, printed, mixed with polyester staple fibres, containing less than 85% by weight of cotton, No.69 or above, weighing not more than $200g/m^2$
0	0	0	0	0	4		6	6			0	0	0	Poplin of cotton, printed, mixed with man-made filaments, containing less than 85% by weight of cotton, including fine plain cloth, weighing not more than $200g/m^2$
0	0	0	0	0	4		6	6			0	0	0	Plain cloth of cotton, printed, mixed with man-made filaments, containing less than 85% by weight of cotton, No.68 or below, weighing not more than $200g/m^2$
0	0	0	0	0	4		6	6			0	0	0	Cheese cloth of cotton, printed, mixed with man-made filaments, containing less than 85% by weight of cotton, weighing not more than $200g/m^2$
0	0	0	0	0	4		6	6			0	0	0	Cloth of cotton for printing and dyeing, printed, mixed with man-made filaments, containing less than 85% by weight of cotton, No.43-68, weighing not more than $200g/m^2$
0	0	0	0	0	4		6	6			0	0	0	Voile and muslin of cotton, printed, mixed with man-made filaments, containing less than 85% by weight of cotton, No.69 or above, weighing not more than $200g/m^2$
0	0	0	0	0	4		6	6			0	0	0	Other poplin of cotton, printed, mixed with other man-made fibres, containing less than 85% by weight of cotton, including fine plain cloth, weighing not more than $200g/m^2$
0	0	0	0	0	4		6	6			0	0	0	Other plain cloth of cotton, printed, mixed with other man-made fibres, containing less than 85% by weight of cotton, No.68 or below, weighing not more than $200g/m^2$
0	0	0	0	0	4		6	6			0	0	0	Other cheese cloth of cotton, printed, mixed with other man-made fibres, containing less than 85% by weight of cotton, weighing not more than $200g/m^2$
0	0	0	0	0	4		6	6			0	0	0	Other voile and muslin of cotton, printed, mixed with other man-made fibres, containing less than 85% by weight of cotton, No.65 or above, weighing not more than $200g/m^2$
0	0	0	0	0	4		6	6			0	0	0	Voiles and muslin of cotton, mixed with other man-made fibres, printed, containing less than 85% by weight of cotton, No.65 or above, weighing not more than $200g/m^2$
														-- Other fabrics：
														--- 3-thread or 4-thread twill, including cross twill
0	0	0	0	0	4		6	6				0	0	3 or 4-thread twill or double-faced twill cloth of cotton, printed, mixed with polyester staple fibres, containing less than 85% by weight of cotton, weighing not more than $200g/m^2$
0	0	0	0	0	4		6	6				0	0	3 or 4-thread twill or double-faced twill cloth of cotton, printed, mixed with man-made filaments, containing less than 85% by weight of cotton, weighing not more than $200g/m^2$
0	0	0	0	0	4		6	6				0	0	3 or 4-thread twill or double-faced twill cloth of cotton, printed, mixed with other man-made fibres, containing less than 85% by weight of cotton, weighing not more than $200g/m^2$
														--- Other

税号	货品名称	进口关税% 最惠国	进口关税% 普通	进口关税% 年内暂定	增值/消费税%	出口退税%	统计计量单位	监管证件代码	检验检疫类别	协定税率% 东盟	协定税率% 亚太	协定税率% 智利
52105990.11	其他印花与聚酯短纤混纺缎布(每平方米重不超过200克,含棉85%以下)	10	90		17	17	米/千克			0		0
52105990.12	其他印花与聚酯短纤混纺斜纹布(每平方米重不超过200克,含棉85%以下)	10	90		17	17	米/千克			0		0
52105990.13	其他印花与聚酯短纤混纺牛津布(每平方米重不超过200克,含棉85%以下)	10	90		17	17	米/千克			0		0
52105990.19	其他印花与聚酯短纤混纺棉布(每平方米重不超过200克,含棉85%以下)	10	90		17	17	米/千克			0		0
52105990.21	其他印花与化纤长丝混纺缎布(每平方米重不超过200克,含棉85%以下)	10	90		17	17	米/千克			0		0
52105990.22	其他印花与化纤长丝混纺斜纹布(每平方米重不超过200克,含棉85%以下)	10	90		17	17	米/千克			0		0
52105990.23	其他印花与化纤长丝混纺牛津布(每平方米重不超过200克,含棉85%以下)	10	90		17	17	米/千克			0		0
52105990.29	其他印花与化纤长丝混纺棉布(每平方米重不超过200克,含棉85%以下)	10	90		17	17	米/千克			0		0
52105990.91	其他印花与其他化纤混纺缎布(每平方米重不超过200克,含棉85%以下)	10	90		17	17	米/千克			0		0
52105990.92	其他印花与其他化纤混纺斜纹布(每平方米重不超过200克,含棉85%以下)	10	90		17	17	米/千克			0		0
52105990.93	其他印花与其他化纤混纺牛津布(每平方米重不超过200克,含棉85%以下)	10	90		17	17	米/千克			0		0
52105990.99	其他印花与其他化纤混纺棉布(每平方米重不超过200克,含棉85%以下)	10	90		17	17	米/千克			0		0
52.11	**棉机织物，按重量计含棉量在85%以下，主要或仅与化学纤维混纺，每平方米重量超过200克：**											
	－ 未漂白:											
5211.1100	－－ 平纹机织物											
52111100.11	未漂白与聚酯短纤混纺棉府绸(每平方米重>200克,含棉85%以下,含细平布)	12	90	6	17	17	米/千克			0		0
52111100.12	未漂白与聚酯短纤混纺棉机织平布(每平方米重>200克,含棉85%以下)	12	90	6	17	17	米/千克			0		0
52111100.19	未漂白与聚酯短纤混纺棉平纹帆布(每平方米重>200克,含棉85%以下)	12	90	6	17	17	米/千克			0		0
52111100.91	未漂白与其他化纤混纺棉府绸(每平方米重>200克,含棉85%以下,含细平布)	12	90	6	17	17	米/千克			0		0
52111100.92	未漂白与其他化纤混纺棉机织平布(每平方米重>200克,含棉85%以下)	12	90	6	17	17	米/千克			0		0
52111100.99	未漂白与其他化纤混纺棉平纹帆布(每平方米重>200克,含棉85%以下)	12	90	6	17	17	米/千克			0		0
5211.1200	－－ 三线或四线斜纹机织物,包括双面斜纹机织物											
52111200.10	未漂白聚酯短纤混纺斜纹棉布(每平方米重>200克,含棉85%以下,3/4线斜纹布,双面斜纹布)	12	90	6	17	17	米/千克			0		0
52111200.90	未漂白其他化纤混纺斜纹棉布(每平方米重>200克,含棉85%以下,3/4线斜纹布,双面斜纹布)	12	90	6	17	17	米/千克			0		0
5211.1900	－－ 其他机织物											
52111900.11	未漂白与聚酯短纤混纺其他棉缎布(每平方米重>200克,含棉85%以下)	12	90		17	17	米/千克			0		0
52111900.12	未漂白与聚酯短纤混纺其他棉斜纹布(每平方米重>200克,含棉85%以下)	12	90		17	17	米/千克			0		0

协定税率 %										特惠税率 %				
巴基斯坦	冰岛	哥斯达黎	秘鲁	新西兰	瑞士	新加坡	韩国	澳大利亚	港澳台	老挝	孟加拉	33 国	7 国	Article Description
0	0	0	0	0	4		6	6			0	0	0	Other satin cloth of cotton, printed, mixed with polyester staple fibres, containing less than 85% by weight of cotton, weighing not more than 200g/m^2
0	0	0	0	0	4		6	6			0	0	0	Other twill cloth of cotton, printed, mixed with polyester staple fibres, containing less than 85% by weight of cotton, weighing not more than 200g/m^2
0	0	0	0	0	4		6	6			0	0	0	Other oxford cloth of cotton, printed, mixed with man-made filaments, containing less than 85% by weight of cotton, weighing not more than 200g/m^2
0	0	0	0	0	4		6	6			0	0	0	Other cloth of cotton, printed, mixed with polyester staple fibres, containing less than 85% by weight of cotton, weighing not more than 200g/m^2
0	0	0	0	0	4		6	6			0	0	0	Other satin cloth of cotton, printed, mixed with man-made filaments, containing less than 85% by weight of cotton, weighing not more than 200g/m^2
0	0	0	0	0	4		6	6			0	0	0	Other twill cloth of cotton, printed, mixed with man-made filaments, containing less than 85% by weight of cotton, weighing not more than 200g/m^2
0	0	0	0	0	4		6	6			0	0	0	Other oxford cloth of cotton, printed, mixed with man-made filaments, containing less than 85% by weight of cotton, weighing not more than 200g/m^2
0	0	0	0	0	4		6	6			0	0	0	Other cloth of cotton, printed, mixed with man-made filaments, containing less than 85% by weight of cotton, weighing not more than 200g/m^2
0	0	0	0	0	4		6	6			0	0	0	Other satin cloth of cotton, printed, mixed with other man-made fibres, containing less than 85% by weight of cotton, weighing not more than 200g/m^2
0	0	0	0	0	4		6	6			0	0	0	Other twill cloth of cotton, printed, mixed with other man-made fibres, containing less than 85% by weight of cotton, weighing not more than 200g/m^2
0	0	0	0	0	4		6	6			0	0	0	Other oxford cloth of cotton, printed, mixed with other man-made fibres, containing less than85% by weight of cotton, weighing not more than 200g/m^2
0	0	0	0	0	4		6	6			0	0	0	Other cloth of cotton, printed, mixed with other man-made fibres, containing less than 85% by weight of cotton, weighing not more than 200g/m^2
														Woven fabrics of cotton, mixed mainly or solely with man-made fibres, containing less than 85% by weight of cotton, weighing more than 200g/m^2:
														- Unbleached:
														-- Plain weave
0	0	0	0	0	8.4	0	10.4	7.2	0//		0	0	0	Poplin and fine plain cloth of cotton, unbleached, mixed with polyester staple fibres, containing less than 85% by weight of cotton, weighing more than 200g/m^2
0	0	0	0	0	8.4	0	10.4	7.2	0//		0	0	0	Plain cloth of cotton, unbleached, mixed with polyester staple fibres, containing less than 85% by weight of cotton, weighing more than 200g/m^2
0	0	0	0	0	8.4	0	10.4	7.2	0//		0	0	0	Plain canvas of cotton, unbleached, mixed with polyester staple fibres, containing less than 85% by weight of cotton, weighing more than 200g/m^2
0	0	0	0	0	8.4	0	10.4	7.2	0//		0	0	0	Other poplin and fine plain cloth of cotton, unbleached, mixed with other man-made fibres, containing less than 85% by weight of cotton, weighing more than 200g/m^2
0	0	0	0	0	8.4	0	10.4	7.2	0//		0	0	0	Other plain cloth of cotton, unbleached, mixed with other man-made fibres, containing less than 85% by weight of cotton, weighing more than 200g/m^2
0	0	0	0	0	8.4	0	10.4	7.2	0//		0	0	0	Other plain canvas of cotton, unbleached, mixed with other man-made fibres, containing less than 85% by weight of cotton, weighing more than 200g/m^2
														-- 3-thread or 4-thread twill, including cross twill
0	0	0	0	0	8.4	0	7.2	7.2	0//		0	0	0	3 or 4-thread twill or double-faced twill cloth of cotton, unbleached, mixed with polyester staple fibres, containing less than 85% by weight of cotton, weighing more than 200g/m^2
0	0	0	0	0	8.4	0	7.2	7.2	0//		0	0	0	Other 3 or 4-thread twill or double-faced twill cloth of cotton, unbleached, mixed with other man-made fibres, containing less than 85% by weight of cotton, weighing more than 200g/m^2
														-- Other fabrics
0	0	0	0	0	8.4	0	7.2	7.2	0//		0	0	0	Other satin cloth of cotton, unbleached, mixed with polyester staple fibres, containing less than 85% by weight of cotton, weighing more than 200g/m^2
0	0	0	0	0	8.4	0	7.2	7.2	0//		0	0	0	Other twill cloth of cotton, unbleached, mixed with polyester staple fibres, containing less than 85% by weight of cotton, weighing more than 200g/m^2

税　号	货　品　名　称	进口关税 %			增值/消费税%	出口退税%	统计计量单位	监管证件代码	检验检疫类别	协定税率 %		
		最惠国	普通	年内暂定						东盟	亚太	智利
52111900.13	未漂白与聚酯短纤混纺其他棉帆布(每平方米重>200克,含棉85%以下)	12	90		17	17	米/千克			0		0
52111900.19	未漂白与聚酯短纤混纺其他棉布(每平方米重>200克,含棉85%以下)	12	90		17	17	米/千克			0		0
52111900.91	未漂白与其他化纤混纺其他棉缎布(每平方米重>200克,含棉85%以下)	12	90		17	17	米/千克			0		0
52111900.92	未漂白与其他化纤混纺其他棉斜纹布(每平方米重>200克,含棉85%以下)	12	90		17	17	米/千克			0		0
52111900.93	未漂白与其他化纤混纺其他棉帆布(每平方米重>200克,含棉85%以下)	12	90		17	17	米/千克			0		0
52111900.99	未漂白与其他化纤混纺其他棉布(每平方米重>200克,含棉85%以下)	12	90		17	17	米/千克			0		0
5211.2000	- 漂白	14	90		17	17	米/千克			0		0
	- 染色:											
5211.3100	-- 平纹机织物											
52113100.11	染色与聚酯短纤混纺棉府绸(每平方米重>200克,含棉85%以下,含细平布)	10	90		17	17	米/千克			0	8.5	0
52113100.12	染色与聚酯短纤混纺机织平布(每平方米重>200克,含棉85%以下)	10	90		17	17	米/千克			0	8.5	0
52113100.13	染色与聚酯短纤混纺平纹帆布(每平方米重>200克,含棉85%以下)	10	90		17	17	米/千克			0	8.5	0
52113100.21	染色与化纤长丝混纺棉府绸(每平方米重>200克,含棉85%以下,含细平布)	10	90		17	17	米/千克			0	8.5	0
52113100.22	染色与化纤长丝混纺机织平布(每平方米重>200克,含棉85%以下)	10	90		17	17	米/千克			0	8.5	0
52113100.23	染色与化纤长丝混纺平纹帆布(每平方米重>200克,含棉85%以下)	10	90		17	17	米/千克			0	8.5	0
52113100.91	染色与其他化纤混纺棉府绸(每平方米重>200克,含棉85%以下,含细平布)	10	90		17	17	米/千克			0	8.5	0
52113100.92	染色与其他化纤混纺机织平布(每平方米重>200克,含棉85%以下)	10	90		17	17	米/千克			0	8.5	0
52113100.93	染色与其他化纤混纺平纹帆布(每平方米重>200克,含棉85%以下)	10	90		17	17	米/千克			0	8.5	0
5211.3200	-- 三线或四线斜纹机织物,包括双面斜纹机织物											
52113200.10	染色聚酯短纤混纺3/4线斜纹棉布(每平方米重>200克,含棉85%以下,含双面斜纹布)	10	90		17	17	米/千克			0	8.5	0
52113200.20	染色化纤长丝混纺3/4线斜纹棉布(每平方米重>200克,含棉85%以下,含双面斜纹布)	10	90		17	17	米/千克			0	8.5	0
52113200.90	染色其他化纤混纺3/4线斜纹棉布(每平方米重>200克,含棉85%以下,含双面斜纹布)	10	90		17	17	米/千克			0	8.5	0
5211.3900	-- 其他机织物											
52113900.11	染色与聚酯短纤混纺的棉缎布(每平方米重>200克,含棉85%以下)	10	90		17	17	米/千克			0	8.5	0
52113900.12	染色与聚酯短纤混纺的棉斜纹布(每平方米重>200克,含棉85%以下)	10	90		17	17	米/千克			0	8.5	0
52113900.13	染色与聚酯短纤混纺的棉帆布(每平方米重>200克,含棉85%以下)	10	90		17	17	米/千克			0	8.5	0
52113900.19	染色与聚酯短纤混纺其他棉布(每平方米重>200克,含棉85%以下)	10	90		17	17	米/千克			0	8.5	0
52113900.21	染色与化纤长丝混纺的棉缎布(每平方米重>200克,含棉85%以下)	10	90		17	17	米/千克			0	8.5	0
52113900.22	染色与化纤长丝混纺的棉斜纹布(每平方米重>200克,含棉85%以下)	10	90		17	17	米/千克			0	8.5	0

协定税率 %										特惠税率 %				Article Description
巴基斯坦	冰岛	哥斯达黎	秘鲁	新西兰	瑞士	新加坡	韩国	澳大利亚	港澳台	老挝	孟加拉	33 国	7 国	
0	0	0	0	0	8.4	0	7.2	7.2	0//		0	0	0	Other canvas of cotton, unbleached, mixed with polyester staple fibres, containing less than 85% by weight of cotton, weighing more than 200g/m^2
0	0	0	0	0	8.4	0	7.2	7.2	0//		0	0	0	Other cloth of cotton, unbleached, mixed with polyester staple fibres, containing less than 85% by weight of cotton, weighing more than 200g/m^2
0	0	0	0	0	8.4	0	7.2	7.2	0//		0	0	0	Other satin cloth of cotton, unbleached, mixed with other man-made fibres, containing less than 85% by weight of cotton, weighing more than 200g/m^2
0	0	0	0	0	8.4	0	7.2	7.2	0//		0	0	0	Other twill cloth of cotton, unbleached, mixed with other man-made fibres, containing less than 85% by weight of cotton, weighing more than 200g/m^2
0	0	0	0	0	8.4	0	7.2	7.2	0//		0	0	0	Other canvas of cotton, unbleached, mixed with other man-made fibres, containing less than 85% by weight of cotton, weighing more than 200g/m^2
0	0	0	0	0	8.4	0	7.2	7.2	0//		0	0	0	Other cloth of cotton, unbleached, mixed with other man-made fibres, containing less than 85% by weight of cotton, weighing more than 200g/m^2
0	0	0	0	0	9.8	0	11.2	8.4	0//			0	0	- Bleached
														- Dyed:
														-- Plain weave
0	0	0	0	0	4	0	9.4	6	0//		0	0	0	Poplin and fine plain cloth of cotton, dyed, mixed with polyester staple fibres, containing less than 85% by weight of cotton, weighing more than 200g/m^2
0	0	0	0	0	4	0	9.4	6	0//		0	0	0	Plain cloth of cotton, dyed, mixed with polyester staple fibres, containing less than 85% by weight of cotton, weighing more than 200g/m^2
0	0	0	0	0	4	0	9.4	6	0//		0	0	0	Plain canvas of cotton, dyed, mixed with polyester staple fibres, containing less than 85% by weight of cotton, weighing more than 200g/m^2
0	0	0	0	0	4	0	9.4	6	0//		0	0	0	Poplin and fine plain cloth of cotton, dyed, mixed with man-made filaments, containing less than 85% by weight of cotton, weighing more than 200g/m^2
0	0	0	0	0	4	0	9.4	6	0//		0	0	0	Plain cloth of cotton, dyed, mixed with man-made filaments, containing less than 85% by weight of cotton, weighing more than 200g/m^2
0	0	0	0	0	4	0	9.4	6	0//		0	0	0	Canvas of cotton, dyed, mixed with man-made filaments, containing less than 85% by weight of cotton, weighing more than 200g/m^2
0	0	0	0	0	4	0	9.4	6	0//		0	0	0	Poplin and fine plain cloth of cotton, dyed, mixed with other man-made fibres, containing less than 85% by weight of cotton, weighing more than 200g/m^2
0	0	0	0	0	4	0	9.4	6	0//		0	0	0	Plain cloth of cotton, dyed, mixed with other man-made fibres, containing less than 85% by weight of cotton, weighing more than 200g/m^2
0	0	0	0	0	4	0	9.4	6	0//		0	0	0	Plain canvas of cotton, dyed, mixed with other man-made fibres, containing less than 85% by weight of cotton, weighing more than 200g/m^2
														-- 3-thread or 4-thread twill, including cross twill
0	0	0	0	0	4	0	6	6	0//			0	0	3 or 4-thread twill or double-faced twill of cotton, dyed, mixed with polyester staple fibres, containing less than 85% by weight of cotton, weighing more than 200g/m^2
0	0	0	0	0	4	0	6	6	0//			0	0	3 or 4-thread twill or double-faced twill cloth of cotton, dyed, mixed with man-made filaments, containing less than 85% by weight of cotton, weighing more than 200g/m^2
0	0	0	0	0	4	0	6	6	0//			0	0	3 or 4-thread twill or double-faced twill cloth of cotton, dyed, mixed with other man-made fibres, containing less than 85% by weight of cotton, weighing more than 200g/m^2
														-- Other fabrics
0	0	0	3	0	4	0	8.6	6	0//0		0	0	0	Satin cloth of cotton, dyed, mixed with polyester staple fibres, containing less than 85% by weight of cotton, weighing more than 200g/m^2
0	0	0	3	0	4	0	8.6	6	0//0		0	0	0	Twill cloth of cotton, dyed, mixed with polyester staple fibres, containing less than 85% by weight of cotton, weighing more than 200g/m^2
0	0	0	3	0	4	0	8.6	6	0//0		0	0	0	Canvas of cotton, dyed, mixed with polyester staple fibres, containing less than 85% by weight of cotton, weighing more than 200g/m^2
0	0	0	3	0	4	0	8.6	6	0//0		0	0	0	Other cloth of cotton, dyed, mixed with polyester staple fibres, containing less than 85% by weight of cotton, weighing more than 200g/m^2
0	0	0	3	0	4	0	8.6	6	0//0		0	0	0	Satin cloth of cotton, dyed, mixed with man-made filaments, containing less than 85% by weight of cotton, weighing more than 200g/m^2
0	0	0	3	0	4	0	8.6	6	0//0		0	0	0	Twill cloth of cotton, dyed, mixed with man-made filaments, containing less than85% by weight of cotton, weighing more than 200g/m^2

税号	货品名称	进口关税 %			增值/消费税%	出口退税%	统计计量单位	监管证件代码	检验检疫类别	协定税率 %		
		最惠国	普通	年内暂定						东盟	亚太	智利
52113900.23	染色与化纤长丝混纺的棉帆布(每平方米重>200克,含棉85%以下)	10	90		17	17	米/千克			0	8.5	0
52113900.29	染色与化纤长丝混纺的其他棉布(每平方米重>200克,含棉85%以下)	10	90		17	17	米/千克			0	8.5	0
52113900.91	染色与其他化纤混纺的棉缎布(每平方米重>200克,含棉85%以下)	10	90		17	17	米/千克			0	8.5	0
52113900.92	染色与其他化纤混纺的棉斜纹布(每平方米重>200克,含棉85%以下)	10	90		17	17	米/千克			0	8.5	0
52113900.93	染色与其他化纤混纺的棉帆布(每平方米重>200克,含棉85%以下)	10	90		17	17	米/千克			0	8.5	0
52113900.99	染色与其他化纤混纺其他棉布(每平方米重>200克,含棉85%以下)	10	90		17	17	米/千克			0	8.5	0
	– 色织:											
5211.4100	-- 平纹机织物											
52114100.10	色织与聚酯短纤混纺平纹棉布(每平方米重超过200克,含棉85%以下)	10	90		17	17	米/千克			0		0
52114100.20	色织与化纤长丝混纺平纹棉布(每平方米重超过200克,含棉85%以下)	10	90		17	17	米/千克			0		0
52114100.90	色织与其他化纤混纺平纹棉布(每平方米重超过200克,含棉85%以下)	10	90		17	17	米/千克			0		0
5211.4200	-- 粗斜纹布(劳动布)											
52114200.10	色织与化纤混纺蓝色粗斜纹棉布(每平方米重超过200克,含棉85%以下)	10	90		17	17	米/千克			0		0
52114200.90	色织与化纤混纺非蓝色粗斜纹棉布(每平方米重超过200克,含棉85%以下)	10	90		17	17	米/千克			0		0
5211.4300	-- 其他三线或四线斜纹机织物,包括双面斜纹机织物											
52114300.10	其他色织与聚酯短纤混纺3/4线斜纹棉布(每平方米重超过200克,含棉85%以下,含双面斜纹布)	10	90		17	17	米/千克			0		0
52114300.20	其他色织与化纤长丝混纺3/4线斜纹棉布(每平方米重超过200克,含棉85%以下,含双面斜纹布)	10	90		17	17	米/千克			0		0
52114300.90	其他色织与其他化纤混纺3/4线斜纹棉布(每平方米重超过200克,含棉85%以下,含双面斜纹布)	10	90		17	17	米/千克			0		0
5211.4900	-- 其他机织物											
52114900.11	色织与聚酯短纤混纺的提花布(每平方米重超过200克,含棉85%以下)	10	90		17	17	米/千克			0		0
52114900.19	色织与聚酯短纤混纺其他棉布(每平方米重超过200克,含棉85%以下)	10	90		17	17	米/千克			0		0
52114900.21	色织与化纤长丝混纺的提花布(每平方米重超过200克,含棉85%以下)	10	90		17	17	米/千克			0		0
52114900.29	色织与化纤长丝混纺其他棉布(每平方米重超过200克,含棉85%以下)	10	90		17	17	米/千克			0		0
52114900.91	色织与其他化纤混纺的提花布(每平方米重超过200克,含棉85%以下)	10	90		17	17	米/千克			0		0
52114900.99	色织与其他化纤混纺其他棉布(每平方米重超过200克,含棉85%以下)	10	90		17	17	米/千克			0		0
	– 印花:											
5211.5100	-- 平纹机织物											
52115100.11	印花与聚酯短纤混纺棉府绸(每平方米重超过200克,含棉85%以下,含细平布)	10	90		17	17	米/千克			0		0
52115100.12	印花与聚酯短纤混纺的机织平布(每平方米重超过200克,含棉85%以下)	10	90		17	17	米/千克			0		0

协定税率 %										特惠税率 %				Article Description
巴基斯坦	冰岛	哥斯达黎	秘鲁	新西兰	瑞士	新加坡	韩国	澳大利亚	港澳台	老挝	孟加拉	33 国	7 国	
0	0	0	3	0	4	0	8.6	6	0//0		0	0	0	Canvas of cotton, dyed, mixed with man-made filaments, containing less than 85% by weight of cotton, weighing more than 200g/m^2
0	0	0	3	0	4	0	8.6	6	0//0		0	0	0	Other cloth of cotton, dyed, mixed with man-made filaments, containing less than 85% by weight of cotton, weighing more than 200g/m^2
0	0	0	3	0	4	0	8.6	6	0//0		0	0	0	Satin cloth of cotton, dyed, mixed with other man-made fibres, containing less than 85% by weight of cotton, weighing more than 200g/m^2
0	0	0	3	0	4	0	8.6	6	0//0		0	0	0	Twill cloth of cotton, dyed, mixed with other man-made fibres, containing less than 85% by weight of cotton, weighing more than 200g/m^2
0	0	0	3	0	4	0	8.6	6	0//0		0	0	0	Canvas of cotton, dyed, mixed with other man-made fibres, containing less than 85% by weight of cotton, weighing more than 200g/m^2
0	0	0	3	0	4	0	8.6	6	0//0		0	0	0	Other cloth of cotton, dyed, mixed with other man-made fibres, containing less than 85% by weight of cotton, weighing more than 200g/m^2
														- Of yarns of different colours:
														-- Plainweave
0	0	0	0	0	4		6	6	0//			0	0	Plain cloth of cotton, of yarns of different colours, mixed with polyester staple fibres, containing less than 85% by weight of cotton, weighing more than 200g/m^2
0	0	0	0	0	4		6	6	0//			0	0	Plain cloth of cotton, of yarns of different colours, mixed with man-made filaments, containing less than 85% by weight of cotton, weighing more than 200g/m^2
0	0	0	0	0	4		6	6	0//			0	0	Plain cloth of cotton, of yarns of different colours, mixed with other man-made fibres, containing less than 85% by weight of cotton, weighing more than 200g/m^2
														-- Denim
0	0	0	0	0	4	0	6	6	0//			0	0	Blue denim of cotton, of yarns of different colours, mixed with man-made fibres, containing less than 85% by weight of cotton, weighing more than 200g/m^2
0	0	0	0	0	4	0	6	6	0//			0	0	Non-blue denim of cotton, of yarns of different colours, mixed with man-made fibres, containing less than 85% by weight of cotton, weighing more than 200g/m^2
														-- Other fabrics of 3-thread or 4-thread twill, including cross twill
0	0	0	0	0	4		6	6	0//			0	0	Other 3 or 4-thread twill or double-faced twill of cotton, of yarns of different colours, mixed with polyester staple fibres, containing less than 85% by weight of cotton, weighing more than 200g/m^2
0	0	0	0	0	4		6	6	0//			0	0	Other 3 or 4-thread twill or double-faced twill cloth of cotton, of yarns of different colours, mixed with man-made filaments, containing less than 85% by weight of cotton, weighing more than 200g/m^2
0	0	0	0	0	4		6	6	0//			0	0	Other 3 or 4-thread twill or double-faced twill cloth of cotton, of yarns of different colours, mixed with other man-made fibres, containing less than 85% by weight of cotton, weighing more than 200g/m^2
														-- Other fabrics
0	0	0	0	0	4	0	8.6	6				0	0	Jacquard cloth, of yarns of different colours, mixed with polyester staple fibres, containing less than 85% by weight of cotton, weighing more than 200g/m^2
0	0	0	0	0	4	0	8.6	6				0	0	Other cloth of cotton, of yarns of different colours, mixed with polyester staple fibres, containing less than 85% by weight of cotton, weighing more than 200g/m^2
0	0	0	0	0	4	0	8.6	6				0	0	Jacquard cloth, of yarns of different colours, mixed with man-made filaments, containing less than 85% by weight of cotton, weighing more than 200g/m^2
0	0	0	0	0	4	0	8.6	6				0	0	Other cloth of cotton, of yarns of different colours, mixed with man-made filaments, containing less than 85% by weight of cotton, weighing more than 200g/m^2
0	0	0	0	0	4	0	8.6	6				0	0	Jacquard cloth, of yarns of different colours, mixed with other man-made fibres, containing less than 85% by weight of cotton, weighing more than 200g/m^2
0	0	0	0	0	4	0	8.6	6				0	0	Other cloth of cotton, of yarns of different colours, mixed with other man-made fibres, containing less than 85% by weight of cotton, weighing more than 200g/m^2
														- Printed:
														-- Plain weave
0	0	0	0	0	4		6	6				0	0	Poplin and fine plain cloth of cotton, printed, mixed with polyester staple fibres, containing＜85% by weight of cotton, weighing more than 200g/m^2
0	0	0	0	0	4		6	6				0	0	Plain cloth of cotton, printed, mixed with polyester staple fibres, containing less than 85% by weight of cotton, weighing more than 200g/m^2

税号	货品名称	进口关税 %			增值/消费税%	出口退税%	统计计量单位	监管证件代码	检验检疫类别	协定税率 %		
		最惠国	普通	年内暂定						东盟	亚太	智利
52115100.13	印花与聚酯短纤混纺的平纹帆布(每平方米重超过200克,含棉85%以下)	10	90		17	17	米/千克			0		0
52115100.21	印花与化纤长丝混纺棉府绸(每平方米重超过200克,含棉85%以下,含细平布)	10	90		17	17	米/千克			0		0
52115100.22	印花与化纤长丝混纺机织平布(每平方米重超过200克,含棉85%以下)	10	90		17	17	米/千克			0		0
52115100.23	印花与化纤长丝混纺平纹帆布(每平方米重超过200克,含棉85%以下)	10	90		17	17	米/千克			0		0
52115100.91	印花与其他化纤混纺棉府绸(每平方米重超过200克,含棉85%以下,含细平布)	10	90		17	17	米/千克			0		0
52115100.92	印花与其他化纤混纺的机织平布(每平方米重超过200克,含棉85%以下)	10	90		17	17	米/千克			0		0
52115100.93	印花与其他化纤混纺的平纹帆布(每平方米重超过200克,含棉85%以下)	10	90		17	17	米/千克			0		0
5211.5200	-- 三线或四线斜纹机织物,包括双面斜纹机织物											
52115200.10	印花与聚酯短纤混纺3/4线斜纹棉布(每平方米重超过200克,含棉85%以下,含双面斜纹布)	10	90		17	17	米/千克			0		0
52115200.20	印花与化纤长丝混纺3/4线斜纹棉布(每平方米重超过200克,含棉85%以下,含双面斜纹布)	10	90		17	17	米/千克			0		0
52115200.90	印花与其他化纤混纺3/4线斜纹棉布(每平方米重超过200克,含棉85%以下,含双面斜纹布)	10	90		17	17	米/千克			0		0
5211.5900	-- 其他机织物											
52115900.11	印花与聚酯短纤混纺棉缎布(每平方米重超过200克,含棉85%以下)	10	90		17	17	米/千克			0	8.5	0
52115900.12	印花与聚酯短纤混纺斜纹棉布(每平方米重超过200克,含棉85%以下)	10	90		17	17	米/千克			0	8.5	0
52115900.13	印花与聚酯短纤混纺棉帆布(每平方米重超过200克,含棉85%以下)	10	90		17	17	米/千克			0	8.5	0
52115900.19	印花与聚酯短纤混纺其他棉布(每平方米重超过200克,含棉85%以下)	10	90		17	17	米/千克			0	8.5	0
52115900.21	印花与化纤长丝混纺棉缎布(每平方米重超过200克,含棉85%以下)	10	90		17	17	米/千克			0	8.5	0
52115900.22	印花与化纤长丝混纺斜纹棉布(每平方米重超过200克,含棉85%以下)	10	90		17	17	米/千克			0	8.5	0
52115900.23	印花与化纤长丝混纺棉帆布(每平方米重超过200克,含棉85%以下)	10	90		17	17	米/千克			0	8.5	0
52115900.29	印花与化纤长丝混纺其他棉布(每平方米重超过200克,含棉85%以下)	10	90		17	17	米/千克			0	8.5	0
52115900.91	印花与其他化纤混纺棉缎布(每平方米重超过200克,含棉85%以下)	10	90		17	17	米/千克			0	8.5	0
52115900.92	印花与其他化纤混纺斜纹棉布(每平方米重超过200克,含棉85%以下)	10	90		17	17	米/千克			0	8.5	0
52115900.93	印花与其他化纤混纺棉帆布(每平方米重超过200克,含棉85%以下)	10	90		17	17	米/千克			0	8.5	0
52115900.99	印花与其他化纤混纺其他棉布(每平方米重超过200克,含棉85%以下)	10	90		17	17	米/千克			0	8.5	0
52.12	其他棉机织物:											
	- 每平方米重量不超过200克:											
5212.1100	-- 未漂白											
52121100.11	未漂白的其他混纺棉布(每平方米重≤200克,与36%及以上精梳羊毛或动物细毛混纺)	12	80		17	17	米/千克			0		0
52121100.19	未漂白的其他混纺棉布(每平方米重≤200克,与36%以下精梳羊毛或动物细毛混纺)	12	80		17	17	米/千克			0		0

协定税率 %										特惠税率 %				
巴基斯坦	冰岛	哥斯达黎	秘鲁	新西兰	瑞士	新加坡	韩国	澳大利亚	港澳台	老挝	孟加拉	33 国	7 国	Article Description
0	0	0	0	0	4		6	6				0	0	Plain canvas of cotton, printed, mixed with polyester staple fibres, containing less than 85% by weight of cotton, weighing more than 200g/m^2
0	0	0	0	0	4		6	6				0	0	Poplin and fine plain cloth of cotton, printed, mixed with man-made filaments, containing less than 85% by weight of cotton, weighing more than 200g/m^2
0	0	0	0	0	4		6	6				0	0	Plain cloth of cotton, printed, mixed with man-made filaments, containing less than 85% by weight of cotton, weighing more than 200g/m^2
0	0	0	0	0	4		6	6				0	0	Plain canvas of cotton, printed, mixed with man-made filaments, containing less than 85% by weight of cotton, weighing more than 200g/m^2
0	0	0	0	0	4		6	6				0	0	Satin cloth of cotton, printed , mixed with other man-made fibres, containing less than 85% by weight of cotton, weighing more than 200g/m^2
0	0	0	0	0	4		6	6				0	0	Twill cloth of cotton, printed, mixed with other man-made fibres, containing less than 85% by weight of cotton, weighing more than 200g/m^2
0	0	0	0	0	4		6	6				0	0	Plain canvas of cotton, printed, mixed with other man-made fibres, containing less than 85% by weight of cotton, weighing more than 200g/m^2
														-- 3-thread or 4-thread twill, including cross twill
0	0	0	0	0	4		6	6				0	0	3 or 4-thread twill or double-faced twill cloth of cotton, printed, mixed with polyester staple fibres, containing less than 85% by weight of cotton, weighing more than 200g/m^2
0	0	0	0	0	4		6	6				0	0	3 or 4-thread twill or double-faced twill cloth of cotton, printed, mixed with man-made filaments, containing less than 85% by weight of cotton, weighing more than 200g/m^2
0	0	0	0	0	4		6	6				0	0	3 or 4-thread twill or double-faced twill cloth of cotton, printed, mixed with other man-made fibres, containing less than 85% by weight of cotton, weighing more than 200g/m^2
														-- Other fabrics
0	0	0	0	0	4		6	6				0	0	Satin cloth of cotton, printed, mixed with polyester staple fibres, containing less than 85% by weight of cotton, weighing more than 200g/m^2
0	0	0	0	0	4		6	6				0	0	Twill cloth of cotton, printed, mixed with polyester staple fibres, containing less than 85% by weight of cotton, weighing more than 200g/m^2
0	0	0	0	0	4		6	6				0	0	Canvas of cotton, printed, mixed with polyester staple fibres, containing less than 85% by weight of cotton, weighing more than 200g/m^2
0	0	0	0	0	4		6	6				0	0	Other cloth of cotton, printed, mixed with polyester staple fibres, containing less than 85% by weight of cotton, weighing more than 200g/m^2
0	0	0	0	0	4		6	6				0	0	Satin cloth of cotton, printed, mixed with man-made filaments, containing less than 85% by weight of cotton, weighing more than 200g/m^2
0	0	0	0	0	4		6	6				0	0	Twill cloth of cotton, printed, mixed with man-made filaments, containing less than 85% by weight of cotton, weighing more than 200g/m^2
0	0	0	0	0	4		6	6				0	0	Canvas of cotton, printed, mixed with man-made filaments, containing less than 85% by weight of cotton, weighing more than 200g/m^2
0	0	0	0	0	4		6	6				0	0	Other cloth of cotton, printed, mixed with man-made filaments, containing less than 85% by weight of cotton, weighing more than 200g/m^2
0	0	0	0	0	4		6	6				0	0	Satin cloth of cotton, printed , mixed with other man-made fibres, containing less than 85% by weight of cotton, weighing more than 200g/m^2
0	0	0	0	0	4		6	6				0	0	Twill cloth of cotton, printed, mixed with other man-made fibres, containing less than 85% by weight of cotton, weighing more than 200g/m^2
0	0	0	0	0	4		6	6				0	0	Canvas of cotton, printed, mixed with other man-made fibres, containing less than 85% by weight of cotton, weighing more than 200g/m^2
0	0	0	0	0	4		6	6				0	0	Other cloth of cotton, printed, mixed with other man-made fibres, containing less than 85% by weight of cotton, weighing more than 200g/m^2
														Other woven fabrics of cotton:
														- Weighing not more than 200g/m^2:
														-- Unbleached
0	0	0	0	0	8.4	0	7.2	7.2	0//		0	0	0	Other cloth of cotton, unbleached, mixed with 36% or more by weight of combed wool or fine animal hair, weighing not more than 200g/m^2
0	0	0	0	0	8.4	0	7.2	7.2	0//		0	0	0	Other cloth of cotton, unbleached, mixed with less than 36% by weight of combed wool or fine animal hair, weighing not more than 200g/m^2

税号	货品名称	进口关税 % 最惠国	普通	年内暂定	增值/消费税%	出口退税%	统计计量单位	监管证件代码	检验检疫类别	协定税率 % 东盟	亚太	智利
52121100.21	未漂白的其他混纺棉布(每平方米重≤200克,与36%及以上其他羊毛或动物细毛混纺)	12	80		17	17	米/千克			0		0
52121100.29	未漂白的其他混纺棉布(每平方米重≤200克,与其他羊毛或动物细毛混纺)	12	80		17	17	米/千克			0		0
52121100.30	未漂白的其他混纺府绸及细平布(每平方米重≤200克,与化纤、羊毛/动物细毛以外其他纤维混纺)	12	80		17	17	米/千克			0		0
52121100.40	未漂白的其他混纺棉机织平布(每平方米重≤200克,与化纤、羊毛/动物细毛以外其他纤维混纺)	12	80		17	17	米/千克			0		0
52121100.50	未漂白的其他混纺棉印染布(每平方米重≤200克,与化纤、羊毛/动物细毛以外其他纤维混纺)	12	80		17	17	米/千克			0		0
52121100.60	未漂白其他混纺棉奶酪布,薄细布,巴里纱(每平方米重≤200克,与化纤、羊毛/动物细毛以外其他纤维混纺)	12	80		17	17	米/千克			0		0
52121100.70	未漂白的其他混纺棉缎布(每平方米重≤200克,与化纤、羊毛/动物细毛以外其他纤维混纺)	12	80		17	17	米/千克			0		0
52121100.81	未漂白的其他混纺斜纹棉布(每平方米重≤200克,与化纤、羊毛/动物细毛以外其他纤维混纺)	12	80		17	17	米/千克			0		0
52121100.89	未漂白的其他混纺棉牛津布(每平方米重≤200克,与化纤、羊毛/动物细毛以外其他纤维混纺)	12	80		17	17	米/千克			0		0
52121100.90	未漂白的其他混纺棉布(每平方米重≤200克,与化纤、羊毛/细毛以外其他纤维混纺)	12	80		17	17	米/千克			0		0
5212.1200	-- 漂白											
52121200.11	漂白的其他混纺棉布(每平方米重≤200克,与36%及以上精梳羊毛或动物细毛混纺)	14	80		17	17	米/千克			0		0
52121200.19	漂白的其他混纺棉布(每平方米重≤200克,与36%以下精梳羊毛或动物细毛混纺)	14	80		17	17	米/千克			0		0
52121200.20	漂白的其他混纺棉布(每平方米重≤200克,与其他羊毛或动物细毛混纺)	14	80		17	17	米/千克			0		0
52121200.50	漂白的其他混纺棉印染布(每平方米重≤200克,与除化纤/羊毛/动物细毛外其他纤维混纺)	14	80		17	17	米/千克			0		0
52121200.60	漂白其他混纺棉奶酪布/薄细布/纱(每平方米重≤200克,与除化纤/羊毛/动物细毛外其他纤维混纺)	14	80		17	17	米/千克			0		0
52121200.71	漂白的其他混纺棉缎布(每平方米重≤200克,与除化纤/羊毛/动物细毛外其他纤维混纺)	14	80		17	17	米/千克			0		0
52121200.72	漂白的其他混纺斜纹棉布(每平方米重≤200克,与除化纤/羊毛/动物细毛外其他纤维混纺)	14	80		17	17	米/千克			0		0
52121200.79	漂白的其他混纺棉牛津布(每平方米重≤200克,与除化纤/羊毛/动物细毛外其他纤维混纺)	14	80		17	17	米/千克			0		0
52121200.90	漂白的其他混纺棉机织物(每平方米重≤200克,与除化纤/羊毛/动物细毛外其他纤维混纺)	14	80		17	17	米/千克			0		0
5212.1300	-- 染色											
52121300.11	染色其他混纺棉布(每平方米重≤200克,与36%及以上精梳羊毛/动物细毛混纺)	10	80		17	17	米/千克			0		0
52121300.19	染色其他混纺棉布(每平方米重≤200克,与36%及以下精梳羊毛/动物细毛混纺)	10	80		17	17	米/千克			0		0
52121300.21	染色其他混纺棉布(每平方米重≤200克,与36%及以上其他羊毛/动物细毛混纺)	10	80		17	17	米/千克			0		0
52121300.29	染色其他混纺棉布(每平方米重≤200克,与36%及以下其他羊毛/动物细毛混纺)	10	80		17	17	米/千克			0		0
52121300.30	染色其他混纺府绸及平细布(每平方米重≤200克,与化纤以外其他纤维混纺)	10	80		17	17	米/千克			0		0

协定税率 %										特惠税率 %				
巴基斯坦	冰岛	哥斯达黎	秘鲁	新西兰	瑞士	新加坡	韩国	澳大利亚	港澳台	老挝	孟加拉	33 国	7 国	**Article Description**
0	0	0	0	0	8.4	0	7.2	7.2	0//		0	0	0	Other cloth of cotton, unbleached, mixed with 36% or more by weight other wool or fine animal hair, weighing not more than 200g/m^2
0	0	0	0	0	8.4	0	7.2	7.2	0//		0	0	0	Other cloth of cotton, unbleached, mixed with other wool or fine animal hair, weighing not more than 200g/m^2
0	0	0	0	0	8.4	0	7.2	7.2	0//		0	0	0	Other poplin and fine plain cloth of cotton, unbleached, mixed with fibres other than man-made fibres, wool or fine animal hair, weighing not more than 200g/m^2
0	0	0	0	0	8.4	0	7.2	7.2	0//		0	0	0	Other plain cloth of cotton, unbleached, mixed with fibres other than man-made fibres, wool or fine animal hair, weighing not more than 200g/m^2
0	0	0	0	0	8.4	0	7.2	7.2	0//		0	0	0	Other cloth of cotton for printing and dyeing, unbleached, mixed with fibres other than man-made fibres, wool or fine animal hair, weighing not more than 200g/m^2
0	0	0	0	0	8.4	0	7.2	7.2	0//		0	0	0	Other cheese cloth, voile and muslin of cotton, unbleached, mixed with fibres other than man-made fibres, wool or fine animal hair, weighing not more than 200g/m^2
0	0	0	0	0	8.4	0	7.2	7.2	0//		0	0	0	Other satin cloth of cotton, unbleached, mixed with fibres other than man-made fibres, wool or fine animal hair, weighing not more than 200g/m^2
0	0	0	0	0	8.4	0	7.2	7.2	0//		0	0	0	Other twill cloth of cotton, unbleached, mixed with fibres other than man-made fibres, wool or fine animal hair, weighing not more than 200g/m^2
0	0	0	0	0	8.4	0	7.2	7.2	0//		0	0	0	Other oxford cloth of cotton, unbleached, mixed with fibres other than man-made fibres, wool or fine animal hair, weighing not more than 200g/m^2
0	0	0	0	0	8.4	0	7.2	7.2	0//		0	0	0	Other cloth of cotton, unbleached, mixed with fibres other than man-made fibres, wool or fine animal hair, weighing not more than 200g/m^2
														-- Bleached
0	0	0	0	0	9.8	0	11.2	8.4	0//			0	0	Other cloth of cotton, bleached, mixed with 36% or more by weight of combed wool or fine animal hair, weighing not more than 200g/m^2
0	0	0	0	0	9.8	0	11.2	8.4	0//			0	0	Other cloth of cotton, bleached, mixed with less than 36% by weight of combed wool or fine animal hair, weighing not more than 200g/m^2
0	0	0	0	0	9.8	0	11.2	8.4	0//			0	0	Other cloth of cotton, bleached, weighing not more than 200g/m^2, mixed with 36% or more by weight of other wool or fine animal hair
0	0	0	0	0	9.8	0	11.2	8.4	0//			0	0	Other cloth of cotton for printing and dyeing, bleached, mixed with fibres other than man-made fibres, wool or fine animal hair, weighing not more than 200g/m^2
0	0	0	0	0	9.8	0	11.2	8.4	0//			0	0	Other cheese cloth, voile and muslin of cotton, bleached, mixed with fibres other than man-made fibres, wool or fine animal hair, weighing not more than 200g/m^2
0	0	0	0	0	9.8	0	11.2	8.4	0//			0	0	Other satin cloth of cotton, bleached, mixed with fibres other than man-made fibres, wool or fine animal hair, weighing not more than 200g/m^2
0	0	0	0	0	9.8	0	11.2	8.4	0//			0	0	Other twill cloth of cotton, bleached, mixed with fibres other than man-made fibres, wool or fine animal hair, weighing not more than 200g/m^2
0	0	0	0	0	9.8	0	11.2	8.4	0//			0	0	Other oxford cloth of cotton, bleached, mixed with fibres other than man-made fibres, wool or fine animal hair, weighing not more than 200g/m^2
0	0	0	0	0	9.8	0	11.2	8.4	0//			0	0	Other woven fabrics of cotton, bleached, mixed with fibres other than man-made fibres, wool or fine animal hair, weighing not more than 200g/m^2
														-- Dyed
0	0	0	0	0	4		6	6	0//			0	0	Other cloth of cotton, dyed, mixed with 36% or more by weight of combed wool or fine animal hair, weighing not more than 200g/m^2
0	0	0	0	0	4		6	6	0//			0	0	Other cloth of cotton, dyed, mixed with less than 36% by weight of combed wool or fine animal hair, weighing not more than 200g/m^2
0	0	0	0	0	4		6	6	0//			0	0	Other cloth of cotton, dyed, mixed with 36% or more by weight of other wool or fine animal hair, weighing not more than 200g/m^2
0	0	0	0	0	4		6	6	0//			0	0	Other cloth of cotton, dyed, mixed with less than 36% by weight of other wool or fine animal hair, weighing not more than 200g/m^2
0	0	0	0	0	4		6	6	0//			0	0	Other poplin and fine plain cloth, dyed, mixed with fibres other than man-made fibres, weighing not more than 200g/m^2

税号	货品名称	进口关税 % 最惠国	普通	年内暂定	增值/消费税%	出口退税%	统计计量单位	监管证件代码	检验检疫类别	协定税率 % 东盟	亚太	智利
52121300.60	染色其他混纺奶酪布,薄细布,巴里纱(每平方米重≤200克,与化纤以外其他纤维混纺)	10	80		17	17	米/千克			0		0
52121300.71	染色其他混纺棉缎布(每平方米重≤200克,与化纤以外其他纤维混纺)	10	80		17	17	米/千克			0		0
52121300.72	染色其他混纺斜纹棉布(每平方米重≤200克,与化纤以外其他纤维混纺)	10	80		17	17	米/千克			0		0
52121300.79	染色其他混纺棉牛津布(每平方米重≤200克,与化纤以外其他纤维混纺)	10	80		17	17	米/千克			0		0
52121300.90	染色其他混纺棉布(每平方米重≤200克,与化纤以外其他纤维混纺)	10	80		17	17	米/千克			0		0
5212.1400	-- 色织											
52121400.11	色织其他混纺棉布(每平方米重≤200克,与36%及以上精梳羊毛/动物细毛混纺)	10	80		17	17	米/千克			0		0
52121400.19	色织其他混纺棉布(每平方米重≤200克,与36%及以下精梳羊毛/动物细毛混纺)	10	80		17	17	米/千克			0		0
52121400.21	色织其他混纺棉布(每平方米重≤200克,与36%及以上其他羊毛/动物细毛混纺)	10	80		17	17	米/千克			0		0
52121400.29	色织其他混纺棉布(每平方米重≤200克,与36%及以下其他羊毛/动物细毛混纺)	10	80		17	17	米/千克			0		0
52121400.30	色织其他混纺棉提花布(每平方米重≤200克,与化纤以外其他纤维混纺)	10	80		17	17	米/千克			0		0
52121400.90	色织其他混纺棉布(每平方米重≤200克,与化纤以外其他纤维混纺)	10	80		17	17	米/千克			0		0
5212.1500	-- 印花											
52121500.11	印花其他混纺棉布(每平方米重≤200克,与36%及以上精梳羊毛/动物细毛混纺)	10	80		17	17	米/千克			0		0
52121500.19	印花其他混纺棉布(每平方米重≤200克,与36%及以下精梳羊毛/动物细毛混纺)	10	80		17	17	米/千克			0		0
52121500.21	印花其他混纺棉布(每平方米重≤200克,与36%及以上其他羊毛/动物细毛混纺)	10	80		17	17	米/千克			0		0
52121500.29	印花其他混纺棉布(每平方米重≤200克,与36%及以下其他羊毛/动物细毛混纺)	10	80		17	17	米/千克			0		0
52121500.40	印花其他混纺棉机织平布(每平方米重≤200克,与化纤/羊毛/动物细毛以外其他纤维混纺)	10	80		17	17	米/千克			0		0
52121500.50	印花其他混纺棉印染布(每平方米重≤200克,与化纤/羊毛/动物细毛以外其他纤维混纺)	10	80		17	17	米/千克			0		0
52121500.60	印花其他混纺棉奶酪布,薄细布,巴里纱(每平方米重≤200克,与化纤/羊毛/动物细毛以外其他纤维混纺)	10	80		17	17	米/千克			0		0
52121500.71	印花其他混纺棉缎布(每平方米重≤200克,与化纤/羊毛/动物细毛以外其他纤维混纺)	10	80		17	17	米/千克			0		0
52121500.72	印花其他混纺斜纹棉布(每平方米重≤200克,与化纤/羊毛/动物细毛以外其他纤维混纺)	10	80		17	17	米/千克			0		0
52121500.79	印花其他混纺棉牛津布(每平方米重≤200克,与化纤/羊毛/动物细毛以外其他纤维混纺)	10	80		17	17	米/千克			0		0
52121500.90	印花其他混纺棉布(每平方米重≤200克,与化纤/羊毛/动物细毛以外其他纤维混纺)	10	80		17	17	米/千克			0		0
	- 每平方米重量超过200克:											
5212.2100	-- 未漂白											
52122100.11	未漂白其他混纺棉布(每平方米重>200克,与36%及以上精梳羊毛/动物细毛混纺)	12	80	6	17	17	米/千克			0		0
52122100.19	未漂白其他混纺棉布(每平方米重>200克,与36%及以下精梳羊毛/动物细毛混纺)	12	80	6	17	17	米/千克			0		0
52122100.21	未漂白其他混纺棉布(每平方米重>200克,与36%及以上其他羊毛/动物细毛混纺)	12	80	6	17	17	米/千克			0		0

协定税率 %										特惠税率 %				Article Description
巴基斯坦	冰岛	哥斯达黎	秘鲁	新西兰	瑞士	新加坡	韩国	澳大利亚	港澳台	老挝	孟加拉	33 国	7 国	
0	0	0	0	0	4		6	6	0//			0	0	Other cheese cloth, voile and muslin, dyed, mixed with fibres other than man-made fibres, weighing not more than 200g/m^2
0	0	0	0	0	4		6	6	0//			0	0	Other satin cloth of cotton, dyed, mixed with fibres other than man-made fibres, weighing not more than 200g/m^2
0	0	0	0	0	4		6	6	0//			0	0	Other twill cloth of cotton, dyed, mixed with fibres other than man-made fibres, weighing not more than 200g/m^2
0	0	0	0	0	4		6	6	0//			0	0	Other oxford cloth of cotton, dyed, mixed with fibres other than man-made fibres, weighing not more than 200g/m^2
0	0	0	0	0	4		6	6	0//			0	0	Other woven fabrics of cotton, dyed, mixed with fibres other than man-made fibres, weighing not more than 200g/m^2
														-- Of yarns of different colours
0	0	0	0	0	4		6	6				0	0	Other woven fabrics of cotton, of yarns of different colours, mixed with 36% or more by weight of combed wool or fine animal hair, weighing not more than 200g/m^2
0	0	0	0	0	4		6	6				0	0	Other cloth of cotton, of yarns of different colours, mixed with less than 36% by weight of combed wool or fine animal hair, weighing not more than 200g/m^2
0	0	0	0	0	4		6	6				0	0	Other cloth of cotton, of yarns of different colours, mixed with 36% or more by weight of other wool or fine animal hair, weighing not more than 200g/m^2
0	0	0	0	0	4		6	6				0	0	Other cloth of cotton, of yarns of different colours, mixed with less than 36% by weight of other wool or fine animal hair, weighing not more than 200g/m^2
0	0	0	0	0	4		6	6				0	0	Other jacquard cloth of cotton, of yarns of different colours, mixed with fibres other than man-made fibres, weighing not more than 200g/m^2
0	0	0	0	0	4		6	6				0	0	Other cloth of cotton, of yarns of different colours, mixed with fibres other than man-made fibres, weighing not more than 200g/m^2
														-- Printed
0	0	0	0	0	4		6	6				0	0	Other cloth of cotton, printed, mixed with 36% or more by weight of combed wool or fine animal hair, weighing not more than 200g/m^2
0	0	0	0	0	4		6	6				0	0	Other cloth of cotton, printed, mixed with 36% less than by weight of combed wool or fine animal hair, weighing not more than 200g/m^2
0	0	0	0	0	4		6	6				0	0	Other woven fabrics of cotton, printed, mixed with 36% or more by weight of other wool or fine animal hair, weighing not more than 200g/m^2
0	0	0	0	0	4		6	6				0	0	Other woven fabrics of cotton, printed, mixed with less than 36% by weight of other wool or fine animal hair, weighing not more than 200g/m^2
0	0	0	0	0	4		6	6				0	0	Other plain cloth, printed, mixed with fibres other than man-made fibres, wool or fine animal hair, weighing not more than 200g/m^2
0	0	0	0	0	4		6	6				0	0	Other cloth of cotton for printing and dyeing, printed, mixed with fibres other than man-made fibres, wool or fine animal hair, weighing not more than 200g/m^2
0	0	0	0	0	4		6	6				0	0	Other cheese cloth, voile and muslin of cotton, printed, mixed with fibres other than man-made fibres, wool or fine animal hair, weighing not more than 200g/m^2
0	0	0	0	0	4		6	6				0	0	Other satin cloth of cotton, printed, mixed with fibres other than man-made fibres, wool or fine animal hair, weighing not more than 200g/m^2
0	0	0	0	0	4		6	6				0	0	Other twill cloth of cotton, printed, mixed with fibres other than man-made fibres, wool or fine animal hair, weighing not more than 200g/m^2
0	0	0	0	0	4		6	6				0	0	Other oxford cloth of cotton, printed, mixed with fibres other than man-made fibres, wool or fine animal hair, weighing not more than 200g/m^2
0	0	0	0	0	4		6	6				0	0	Other cloth of cotton, printed, mixed with fibres other than man-made fibres, wool or fine animal hair, weighing not more than 200g/m^2
														- Weighing more than 200g/m^2:
														-- Unbleached
0	0	0	0	0	8.4	0	7.2	7.2	0//		0	0	0	Other cloth of cotton, unbleached, mixed with 36% or more by weight of combed wool or fine animal hair, weighing more than 200g/m^2
0	0	0	0	0	8.4	0	7.2	7.2	0//		0	0	0	Other cloth of otton, unbleached, mixed with less than 36% by weight of combed wool or fine animal hair, weighing more than 200g/m^2
0	0	0	0	0	8.4	0	7.2	7.2	0//		0	0	0	Other cloth of cotton, unbleached, mixed with 36% or more by weight of other wool or fine animal hair, weighing more than 200g/m^2

税号	货品名称	进口关税 % 最惠国	普通	年内暂定	增值/消费税%	出口退税%	统计计量单位	监管证件代码	检验检疫类别	协定税率 % 东盟	亚太	智利
52122100.29	未漂白其他混纺棉布(每平方米重>200克,与36%及以下其他羊毛/动物细毛混纺)	12	80	6	17	17	米/千克			0		0
52122100.30	未漂白其他混纺府绸及平细布(每平方米重>200克,与化纤以外其他纤维混纺)	12	80	6	17	17	米/千克			0		0
52122100.40	未漂白其他混纺棉机织平布(每平方米重>200克,与化纤以外其他纤维混纺)	12	80	6	17	17	米/千克			0		0
52122100.50	未漂白其他混纺棉帆布(每平方米重>200克,与化纤以外其他纤维混纺)	12	80	6	17	17	米/千克			0		0
52122100.60	未漂白其他混纺棉缎布(每平方米重>200克,与化纤以外其他纤维混纺)	12	80	6	17	17	米/千克			0		0
52122100.70	未漂白其他混纺斜纹棉布(每平方米重>200克,与化纤以外其他纤维混纺)	12	80	6	17	17	米/千克			0		0
52122100.90	未漂白其他混纺棉布(每平方米重>200克,与化纤以外其他纤维混纺)	12	80	6	17	17	米/千克			0		0
5212.2200	-- 漂白											
52122200.11	漂白的其他混纺棉布(每平方米重>200克,与36%及以上精梳羊毛、动物细毛混纺)	14	80		17	17	米/千克			0		0
52122200.19	漂白的其他混纺棉布(每平方米重>200克,与36%及以下精梳羊毛、动物细毛混纺)	14	80		17	17	米/千克			0		0
52122200.21	漂白的其他混纺棉布(每平方米重>200克,与36%及以上其他羊毛、动物细毛混纺)	14	80		17	17	米/千克			0		0
52122200.29	漂白的其他混纺棉布(每平方米重>200克,与36%及以下其他羊毛、动物细毛混纺)	14	80		17	17	米/千克			0		0
52122200.30	漂白的其他混纺府绸及细平布(每平方米重>200克,与化纤、羊毛、动物细毛以外其他纤维混纺)	14	80		17	17	米/千克			0		0
52122200.40	漂白的其他混纺棉机织平布(每平方米重>200克,与化纤、羊毛、动物细毛以外其他纤维混纺)	14	80		17	17	米/千克			0		0
52122200.50	漂白的其他混纺棉帆布(每平方米重>200克,与化纤、羊毛、动物细毛以外其他纤维混纺)	14	80		17	17	米/千克			0		0
52122200.60	漂白的其他混纺棉缎布(每平方米重>200克,与化纤、羊毛、动物细毛以外其他纤维混纺)	14	80		17	17	米/千克			0		0
52122200.70	漂白的其他混纺棉斜纹布(每平方米重>200克,与化纤、羊毛、动物细毛以外其他纤维混纺)	14	80		17	17	米/千克			0		0
52122200.90	漂白的其他混纺棉布(每平方米重>200克,与化纤、羊毛、动物细毛以外其他纤维混纺)	14	80		17	17	米/千克			0		0
5212.2300	-- 染色											
52122300.11	染色的其他混纺棉布(每平方米重>200克,与36%及以上精梳羊毛、动物细毛混纺)	10	80		17	17	米/千克			0		0
52122300.19	染色的其他混纺棉布(每平方米重>200克,与36%及以下精梳羊毛、动物细毛混纺)	10	80		17	17	米/千克			0		0
52122300.21	染色的其他混纺棉布(每平方米重>200克,与36%及以上其他羊毛、动物细毛混纺)	10	80		17	17	米/千克			0		0
52122300.29	染色的其他混纺棉布(每平方米重>200克,与36%及以下其他羊毛、动物细毛混纺)	10	80		17	17	米/千克			0		0
52122300.30	染色的其他混纺府绸及细平布(每平方米重>200克,与化纤、羊毛、动物细毛以外其他纤维混纺)	10	80		17	17	米/千克			0		0
52122300.40	染色的其他混纺棉机织平布(每平方米重>200克,与化纤、羊毛、动物细毛以外其他纤维混纺)	10	80		17	17	米/千克			0		0
52122300.50	染色的其他混纺棉帆布(每平方米重>200克,与化纤、羊毛、动物细毛以外其他纤维混纺)	10	80		17	17	米/千克			0		0
52122300.60	染色的其他混纺棉缎布(每平方米重>200克,与化纤、羊毛、动物细毛以外其他纤维混纺)	10	80		17	17	米/千克			0		0
52122300.70	染色的其他混纺棉斜纹布(每平方米重>200克,与化纤、羊毛、动物细毛以外其他纤维混纺)	10	80		17	17	米/千克			0		0

协定税率 %										特惠税率 %				Article Description
巴基斯坦	冰岛	哥斯达黎	秘鲁	新西兰	瑞士	新加坡	韩国	澳大利亚	港澳台	老挝	孟加拉	33 国	7 国	
0	0	0	0	0	8.4	0	7.2	7.2	0//		0	0	0	Other woven fabrics of cotton, unbleached, mixed with 36% or less by weight of other wool or fine animal hair, weighing more than 200g/m^2
0	0	0	0	0	8.4	0	7.2	7.2	0//		0	0	0	Other poplin and fine plain cloth, unbleached, mixed with fibres other than man-made fibres, weighing more than 200g/m^2
0	0	0	0	0	8.4	0	7.2	7.2	0//		0	0	0	Other plain cloth of cotton, unbleached, mixed with fibres other than man-made fibres, weighing more than 200g/m^2
0	0	0	0	0	8.4	0	7.2	7.2	0//		0	0	0	Other canvas of cotton, unbleached, mixed with fibres other than man-made fibres, weighing more than 200g/m^2
0	0	0	0	0	8.4	0	7.2	7.2	0//		0	0	0	Other satin cloth of cotton, unbleached, mixed with fibres other than man-made fibres, weighing more than 200g/m^2
0	0	0	0	0	8.4	0	7.2	7.2	0//		0	0	0	Other twill cloth of cotton, unbleached, mixed with fibres other than man-made fibres, weighing more than 200g/m^2
0	0	0	0	0	8.4	0	7.2	7.2	0//		0	0	0	Other cloth of cotton, unbleached, mixed with fibres other than man-made fibres, weighing more than 200g/m^2
														-- Bleached
0	0	0	0	0	9.8	0	11.2	8.4	0//			0	0	Other cloth of cotton, bleached, mixed with 36% or more by weight of combed wool or fine animal hair, weighing more than 200g/m^2
0	0	0	0	0	9.8	0	11.2	8.4	0//			0	0	Other cloth of cotton, bleached, mixed with less than 36% by weight of combed wool or fine animal hair, weighing more than 200g/m^2
0	0	0	0	0	9.8	0	11.2	8.4	0//			0	0	Other cloth of cotton, bleached, mixed with 36% or more by weight of other wool or fine animal hair, weighing more than 200g/m^2
0	0	0	0	0	9.8	0	11.2	8.4	0//			0	0	Other cloth of cotton, bleached, mixed with less than 36% by weight of other wool or fine animal hair, weighing more than 200g/m^2
0	0	0	0	0	9.8	0	11.2	8.4	0//			0	0	Other poplin and fine plain cloth, bleached, mixed with fibres other than man-made fibres, wool or fine animal hair, weighing more than 200g/m^2
0	0	0	0	0	9.8	0	11.2	8.4	0//			0	0	Other plain cloth of cotton, bleached, mixed with fibres other than man-made fibres, wool or fine animal hair, weighing more than 200g/m^2
0	0	0	0	0	9.8	0	11.2	8.4	0//			0	0	Other canvas of cotton, bleached, mixed with fibres other than man-made fibres, wool or fine animal hair, weighing more than 200g/m^2
0	0	0	0	0	9.8	0	11.2	8.4	0//			0	0	Other satin cloth of cotton, bleached, mixed with fibres other than man-made fibres, wool or fine animal hair, weighing more than 200g/m^2
0	0	0	0	0	9.8	0	11.2	8.4	0//			0	0	Other twill cloth of cotton, bleached, mixed with fibres other than man-made fibres, wool or fine animal hair, weighing more than 200g/m^2
0	0	0	0	0	9.8	0	11.2	8.4	0//			0	0	Other cloth of cotton, bleached, mixed with fibres other than man-made fibres, wool or fine animal hair, weighing more than 200g/m^2
														-- Dyed
0	0	0	0	0	4		6	6	0//			0	0	Other cloth of cotton, dyed, mixed with 36% or more by weight of combed wool or fine animal hair, weighing more than 200g/m^2
0	0	0	0	0	4		6	6	0//			0	0	Other cloth of cotton, dyed, mixed with less than 36% by weight of combed wool or fine animal hair, weighing more than 200g/m^2
0	0	0	0	0	4		6	6	0//			0	0	Other cloth of cotton, dyed, mixed with 36% or more by weight of other wool or fine animal hair, weighing more than 200g/m^2
0	0	0	0	0	4		6	6	0//			0	0	Other woven fabrics of cotton, dyed, mixed with less than 36% by weight of other wool or fine animal hair, weighing more than 200g/m^2
0	0	0	0	0	4		6	6	0//			0	0	Other poplin and fine plain cloth, dyed, mixed with fibres other than man-made fibres, wool or fine animal hair, weighing more than 200g/m^2
0	0	0	0	0	4		6	6	0//			0	0	Other plain cloth of cotton, dyed, mixed with fibres other than man-made fibres, wool or fine animal hair, weighing more than 200g/m^2
0	0	0	0	0	4		6	6	0//			0	0	Other canvas of cotton, dyed, mixed with fibres other than man-made fibres, wool or fine animal hair, weighing more than 200g/m^2
0	0	0	0	0	4		6	6	0//			0	0	Other satin cloth of cotton, dyed, mixed with fibres other than man-made fibres, wool or fine animal hair, weighing more than 200g/m^2
0	0	0	0	0	4		6	6	0//			0	0	Other twill cloth of cotton, dyed, mixed with fibres other than man-made fibres, wool or fine animal hair, weighing more than 200g/m^2

税号	货品名称	进口关税 %			增值/消费税%	出口退税%	统计计量单位	监管证件代码	检验检疫类别	协定税率 %		
		最惠国	普通	年内暂定						东盟	亚太	智利
52122300.90	染色的其他混纺棉布(每平方米重>200克,与化纤、羊毛、动物细毛以外其他纤维混纺)	10	80		17	17	米/千克			0		0
5212.2400	-- 色织											
52122400.11	色织的其他混纺棉布(每平方米重>200克,与36%及以上精梳羊毛、动物细毛混纺)	10	80		17	17	米/千克			0		0
52122400.19	色织的其他混纺棉布(每平方米重>200克,与36%及以下精梳羊毛、动物细毛混纺)	10	80		17	17	米/千克			0		0
52122400.21	色织的其他混纺棉布(每平方米重>200克,与36%及以上其他羊毛、动物细毛混纺)	10	80		17	17	米/千克			0		0
52122400.29	色织的其他混纺棉布(每平方米重>200克,与36%及以下其他羊毛、动物细毛混纺)	10	80		17	17	米/千克			0		0
52122400.30	色织的其他混纺蓝色粗斜纹布(每平方米重>200克,与化纤、羊毛、动物细毛以外其他纤维混纺)	10	80		17	17	米/千克			0		0
52122400.40	色织的其他混纺提花布(每平方米重>200克,与化纤、羊毛、动物细毛以外其他纤维混纺)	10	80		17	17	米/千克			0		0
52122400.90	色织的其他混纺棉布(每平方米重>200克,与化纤、羊毛、动物细毛以外其他纤维混纺)	10	80		17	17	米/千克			0		0
5212.2500	-- 印花											
52122500.11	印花的其他混纺棉布(每平方米重>200克,与36%及以上精梳羊毛、动物细毛混纺)	10	80		17	17	米/千克			0		0
52122500.19	印花的其他混纺棉布(每平方米重>200克,与36%及以下精梳羊毛、动物细毛混纺)	10	80		17	17	米/千克			0		0
52122500.21	印花的其他混纺棉布(每平方米重>200克,与36%及以上其他羊毛、动物细毛混纺)	10	80		17	17	米/千克			0		0
52122500.29	印花的其他混纺棉布(每平方米重>200克,与36%及以下其他羊毛、动物细毛混纺)	10	80		17	17	米/千克			0		0
52122500.30	印花的其他混纺府绸及细平布(每平方米重>200克,与化纤、羊毛、动物细毛以外其他纤维混纺)	10	80		17	17	米/千克			0		0
52122500.40	印花的其他混纺棉机织平布(每平方米重>200克,与化纤、羊毛、动物细毛以外其他纤维混纺)	10	80		17	17	米/千克			0		0
52122500.50	印花的其他混纺棉帆布(每平方米重>200克,与化纤、羊毛、动物细毛以外其他纤维混纺)	10	80		17	17	米/千克			0		0
52122500.60	印花的其他混纺棉缎布(每平方米重>200克,与化纤、羊毛、动物细毛以外其他纤维混纺)	10	80		17	17	米/千克			0		0
52122500.70	印花的其他混纺棉斜纹布(每平方米重>200克,与化纤、羊毛、动物细毛以外其他纤维混纺)	10	80		17	17	米/千克			0		0
52122500.90	印花的其他混纺棉布(每平方米重>200克,与化纤、羊毛、动物细毛以外其他纤维混纺)	10	80		17	17	米/千克			0		0

协定税率 %										特惠税率 %				Article Description
巴基斯坦	冰岛	哥斯达黎	秘鲁	新西兰	瑞士	新加坡	韩国	澳大利亚	港澳台	老挝	孟加拉	33 国	7 国	
0	0	0	0	0	4		6	6	0//			0	0	Other cloth of cotton, dyed, mixed with fibres other than man-made fibres, wool or fine animal hair, weighing more than $200g/m^2$
														-- Of yarns of different colours
0	0	0	0	0	4		6	6				0	0	Other cloth of cotton, of yarns of different colours, containing 36% or more by weight of combed wool or fine animal hair, weighing more than $200g/m^2$
0	0	0	0	0	4		6	6				0	0	Other cloth of cotton, of yarns of different colours, containing less than 36% by weight of combed wool or fine animal hair, weighing more than $200g/m^2$
0	0	0	0	0	4		6	6				0	0	Other cloth of cotton, of yarns of different colours, containing 36% or more by weight of other wool or fine animal hair, weighing more than $200g/m^2$
0	0	0	0	0	4		6	6				0	0	Other cloth of cotton, of yarns of different colours, containing less than 36% by weight of other wool or fine animal hair, weighing more than $200g/m^2$
0	0	0	0	0	4		6	6				0	0	Other blue denim of cotton, of yarns of different colours, mixed with fibres other than man-made fibres, wool or fine animal hair, weighing more than $200g/m^2$
0	0	0	0	0	4		6	6				0	0	Other jacquard cloth of cotton, of yarns of different colours, mixed with fibres other than man-made fibres, wool or fine animal hair, weighing more than $200g/m^2$
0	0	0	0	0	4		6	6				0	0	Other cloth of cotton, of yarns of different colours, mixed with fibres other than man-made fibres, wool or fine animal hair, weighing more than $200g/m^2$
														-- Printed
0	0	0	0	0	4		6	6			0	0	0	Other cloth of cotton, printed, containing 36% or more by weight of combed wool or fine animal hair, weighing more than $200g/m^2$
0	0	0	0	0	4		6	6			0	0	0	Other cloth of cotton, printed, containing less than 36% by weight of combed wool or fine animal hair, weighing more than $200g/m^2$
0	0	0	0	0	4		6	6			0	0	0	Other cloth of cotton, printed, containing 36% or more by weight of other wool or fine animal hair, weighing more than $200g/m^2$
0	0	0	0	0	4		6	6			0	0	0	Other cloth of cotton, printed, containing less than 36% by weight of other wool or fine animal hair, weighing more than $200g/m^2$
0	0	0	0	0	4		6	6			0	0	0	Other poplin and fine plain cloth, printed, mixed with fibres other than man-made fibres, wool or fine animal hair, weighing more than $200g/m^2$
0	0	0	0	0	4		6	6			0	0	0	Other plain cloth of cotton, printed, mixed with fibres other than man-made fibres wool or fine animal hair, weighing more than $200g/m^2$
0	0	0	0	0	4		6	6			0	0	0	Other canvas of cotton, printed, mixed with fibres other than man-made fibres, wool or fine animal hair, weighing more than $200g/m^2$
0	0	0	0	0	4		6	6			0	0	0	Other satin cloth of cotton, printed, mixed with fibres other than man-made fibres, wool or fine animal hair, weighing more than $200g/m^2$
0	0	0	0	0	4		6	6			0	0	0	Other twill cloth of cotton, printed, mixed with fibres other than man-made fibres, wool or fine animal hair, weighing more than $200g/m^2$
0	0	0	0	0	4		6	6			0	0	0	Other cloth of cotton, printed, mixed with fibres other than man-made fibres, wool or fine animal hair, weighing more than $200g/m^2$

第五十三章　其他植物纺织纤维；纸纱线及其机织物

税　号	货　品　名　称	进口关税 % 最惠国	普通	年内暂定	增值/消费税%	出口退税%	统计计量单位	监管证件代码	检验检疫类别	协定税率 % 东盟	亚太	智利
53.01	亚麻，生的或经加工但未纺制的；亚麻短纤及废麻（包括废麻纱线及回收纤维）：											
5301.1000	- 生的或经沤制的亚麻	6	30		17	5	千克	AB	P/Q	0		0
	- 破开、打成、栉梳或经其他加工但未纺制的亚麻：											
5301.2100	-- 破开的或打成的	6	30	1	17	5	千克	AB	P/Q	0		0
5301.2900	-- 其他	6	30		17	5	千克	AB	P/Q	0		0
5301.3000	- 亚麻短纤及废麻	6	30	1	17	5	千克	AB	P/Q	0		0
53.02	大麻，生的或经加工但未纺制的；大麻短纤及废麻（包括废麻纱线及回收纤维）：											
5302.1000	- 生的或经沤制的大麻	6	30		17	5	千克	AB	P/Q	0		0
5302.9000	- 其他	6	30		17	5	千克	AB	P/Q	0		0
53.03	黄麻及其他纺织用韧皮纤维（不包括亚麻、大麻及苎麻），生的或经加工但未纺制的；上述纤维的短纤及废麻（包括废纱线及回收纤维）：											
5303.1000	- 生的或经沤制的黄麻及其他纺织用韧皮纤维	5	20		13	5	千克	AB	P/Q	0		0
5303.9000	- 其他	5	30		17	5	千克	AB	P/Q	0		0
53.05	椰壳纤维、蕉麻（马尼拉麻）、苎麻及其他税目未列名的纺织用植物纤维，生的或经加工但未纺制的；上述纤维的短纤、落麻及废料（包括废纱线及回收纤维）：											
	--- 苎麻：											
5305.0011	----生的	5	30		17	5	千克	AB	P/Q	0		0
5305.0012	----经加工但未纺制的	5	30		17	5	千克	AB	P/Q	0		0
5305.0013	----短纤及废料	5	30		17	5	千克	AB	P/Q	0		0
5305.0019	----其他	5	20		17	5	千克	AB	P/Q	0		0
5305.0020	--- 蕉麻	3	20		17	5	千克	AB	P/Q	0		0
	--- 其他：											
5305.0091	----西沙尔麻及其他纺织用龙舌兰类纤维	5	30		17	5	千克	AB	P/Q	0		0
5305.0092	----椰壳纤维	5	30		17	5	千克	AB	P/Q	0	4	0
5305.0099	----其他	5	30		17	5	千克	AB	P/Q	0		0
53.06	亚麻纱线：											
5306.1000	- 单纱	6	50		17	17	千克			0		0
5306.2000	- 多股纱线或缆线	10	50	5	17	17	千克			0		0
53.07	黄麻纱线或税目53.03的其他纺织用韧皮纤维纱线：											
5307.1000	- 单纱	6	35		17	17	千克			0		0
5307.2000	- 多股纱线或缆线	6	35		17	17	千克			0		0
53.08	其他植物纺织纤维纱线；纸纱线：											
5308.1000	- 椰壳纤维纱线	6	45		17	17	千克			0		0
5308.2000	- 大麻纱线	6	45		17	17	千克			0		0
	- 其他：											
	--- 苎麻纱线：											
5308.9011	----按重量计苎麻含量在85%及以上的未漂白或漂白纱线	6	50		17	17	千克			0		0
5308.9012	----按重量计苎麻含量在85%及以上的色纱线	6	50		17	17	千克			0		0
5308.9013	----按重量计苎麻含量在85%以下的未漂白或漂白纱线	6	50		17	17	千克			0		0
5308.9014	----按重量计苎麻含量在85%以下的色纱线	6	50		17	17	千克			0		0
	--- 其他：											
5308.9091	----纸纱线	6	70		17	17	千克			0		0
5308.9099	----其他	6	45		17	17	千克			0		0
53.09	亚麻机织物：											
	- 按重量计亚麻含量在85%及以上：											

Chapter 53 Other vegetable textile fibres; paper yarn and woven fabrics of paper yarn

协定税率 %										特惠税率 %				Article Description
巴基斯坦	冰岛	哥斯达黎	秘鲁	新西兰	瑞士	新加坡	韩国	澳大利亚	港澳台	老挝	孟加拉	33国	7国	
														Flax, raw or processed but not spun; flax tow and waste (including yarn waste and garnetted stock):
5	0	0	0	0	2.4		0	3.6			0	0	0	- Flax, raw or retted
														- Flax, broken, scutched, hackled or otherwise processed, but not spun:
5	0	0	0	0	2.4		0	3.6			0	0	0	-- Broken or scutched
5	0	0	0	0	2.4		0	3.6			0	0	0	-- Other
5	0	0	0	0	2.4		0	3.6			0	0	0	- Flax tow and waste
														True hemp (Cannabis sativa L), raw or processed but not spun; tow and waste of true hemp (including yarn waste and garnetted stock):
5	0	0	0	0	2.4		0	3.6			0	0	0	- True hemp, raw or retted
5	0	0	0	0	2.4		0	3.6			0	0	0	- Other
														Jute and other textile bast fibres (excluding flax, true hemp and ramie), raw or processed but not spun; tow and waste of these fibres (including yarn waste and garnetted stock):
0	0	0	0	0	0		0	0		0	0	0	0	- Jute and other textile bast fibres, raw or retted
0	0	0	0	0	0		0	0		0	0	0	0	- Other
														Coconut, abaca (Manila hemp or Musatextilis Nee), ramie and other vegetable textile fibres, not elsewhere specified or included, raw or processed but not spun; tow, noils and waste of these fibres (including yarn waste and garnetted stock):
														--- Remie:
0	0	0	0	0	0		0	0			0	0	0	----Raw
0	0	0	0	0	0		0	0			0	0	0	----Processed but not spun
0	0	0	0	0	0		0	0			0	0	0	----Tow and waste
0	0	0	0	0	0		0	0			0	0	0	----Other
0	0	0	0	0	0		0	0			0	0	0	--- Of abaca
														--- Other:
0	0	0	0	0	0		0	0			0	0	0	----Sisal and other textile fibres of the genus Agave, raw
0	0	0	0	0	0		0	0		0	0	0	0	----Of coconut (coir)
0	0	0	0	0	0		0	0			0	0	0	----Other
														Flax yarn:
5	0	0	0	0	2.4		0	3.6	0/0/		0	0	0	- single
5	0	0	0	0	4		6	6	0/0/		0	0	0	- Multiple (folded) or cabled
														Yarn of jute or of other textile bast fibres of heading 53.03:
5	0	0	0	0	2.4		0	3.6	/0/	3	0	0	0	- Single
5	0	0	0	0	2.4		0	3.6	/0/	3	0	0	0	- Multiple (folded) or cabled
														Yarn of other vegetable textile fibres; paper yarn:
5	0	0	0	0	2.4		0	3.6	/0/		0	0	0	- Coir yarn
5	0	0	0	0	2.4		0	3.6	/0/		0	0	0	- True hemp yarn
														- Other:
														--- Ramie yarn:
5	0	0	0	0	2.4		0	3.6	/0/		0	0	0	----Unbleached or bleached yarn, containing 85% or more by weight of ramie
5	0	0	0	0	2.4		0	3.6	/0/		0	0	0	---- Coloured yarn, containing 85% or more by weight of ramie
5	0	0	0	0	2.4		0	3.6	/0/		0	0	0	---- Unbleached or bleached yarn, containing less than 85% by weight of ramie
5	0	0	0	0	2.4		0	3.6	/0/		0	0	0	---- Coloured yarn, containing less than 85% by weight of ramie
														--- Other:
5	0	0	0	0	2.4		0	3.6	/0/		0	0	0	----Paper yarn
5	0	0	0	0	2.4		0	3.6	/0/		0	0	0	----Other
														Woven fabrics of flax:
														- Containing 85% or more by weight of flax:

税号	货品名称	进口关税 % 最惠国	普通	年内暂定	增值/消费税%	出口退税%	统计计量单位	监管证件代码	检验检疫类别	协定税率 % 东盟	亚太	智利
	-- 未漂白或漂白:											
5309.1110	--- 未漂白	10	80		17	17	米/千克			0		0
5309.1120	--- 漂白的纯亚麻机织物	10	80		17	17	米/千克			0		0
5309.1900	-- 其他	10	80		17	17	米/千克			0	9.3	0
	- 按重量计亚麻含量在85%以下:											
	-- 未漂白或漂白:											
5309.2110	--- 未漂白											
53092110.11	未漂白与精梳毛混纺的亚麻机织物(亚麻含量在85%以下,含17%以上羊毛或动物细毛)	10	80		17	17	米/千克			0		0
53092110.19	未漂白的其他混纺亚麻机织物(亚麻含量在85%以下,含17%以上羊毛或动物细毛)	10	80		17	17	米/千克			0		0
53092110.21	未漂白的混纺亚麻府绸及细平布(亚麻含量在85%以下,与棉及化纤混纺,棉限内)	10	80		17	17	米/千克			0		0
53092110.22	未漂白的混纺亚麻机织平布(亚麻含量在85%以下,与棉及化纤混纺,棉限内)	10	80		17	17	米/千克			0		0
53092110.23	未漂白的混纺亚麻机织印染用布(亚麻含量在85%以下,与棉及化纤混纺,棉限内)	10	80		17	17	米/千克			0		0
53092110.24	未漂白的混纺亚麻其他机织物(亚麻含量在85%以下,与棉及化纤混纺,棉限内)	10	80		17	17	米/千克			0		0
53092110.25	未漂白的混纺亚麻府绸及细平布(亚麻含量在85%以下,与棉及化纤混纺,化纤限内)	10	80		17	17	米/千克			0		0
53092110.26	未漂白的混纺亚麻机织平布(亚麻含量在85%以下,与棉及化纤混纺,化纤限内)	10	80		17	17	米/千克			0		0
53092110.27	未漂白的混纺亚麻机织印染用布(亚麻含量在85%以下,与棉及化纤混纺,化纤限内)	10	80		17	17	米/千克			0		0
53092110.28	未漂白的混纺亚麻其他机织物(亚麻含量在85%以下,与棉及化纤混纺,化纤限内)	10	80		17	17	米/千克			0		0
53092110.29	未漂白的混纺亚麻其他机织物(亚麻含量在85%以下,与棉及化纤混纺)	10	80		17	17	米/千克			0		0
53092110.91	未漂白的混纺亚麻其他机织物(亚麻含量<85%,主要或仅与精梳羊毛或动物细毛混纺)	10	80		17	17	米/千克			0		0
53092110.99	未漂白的混纺亚麻其他机织物(亚麻含量在85%以下)	10	80		17	17	米/千克			0		0
5309.2120	--- 漂白											
53092120.11	漂白与精梳毛混纺的亚麻机织物(亚麻含量在85%以下,含17%以上羊毛或动物细毛)	10	80		17	17	米/千克			0		0
53092120.19	漂白的其他混纺亚麻机织物(亚麻含量在85%以下,含17%以上羊毛或动物细毛)	10	80		17	17	米/千克			0		0
53092120.21	漂白的混纺亚麻府绸及细平布(亚麻含量在85%以下,与棉及化纤混纺,棉限内)	10	80		17	17	米/千克			0		0
53092120.22	漂白的混纺亚麻机织平布(亚麻含量在85%以下,与棉及化纤混纺,棉限内)	10	80		17	17	米/千克			0		0
53092120.23	漂白的混纺亚麻机织印染用布(亚麻含量在85%以下,与棉及化纤混纺,棉限内)	10	80		17	17	米/千克			0		0
53092120.24	漂白的混纺亚麻其他机织物(亚麻含量在85%以下,与棉及化纤混纺,棉限内)	10	80		17	17	米/千克			0		0
53092120.25	漂白的混纺亚麻府绸及细平布(亚麻含量在85%以下,与棉及化纤混纺,化纤限内)	10	80		17	17	米/千克			0		0
53092120.26	漂白的混纺亚麻机织平布(亚麻含量在85%以下,与棉及化纤混纺,化纤限内)	10	80		17	17	米/千克			0		0
53092120.27	漂白的混纺亚麻机织印染用布(亚麻含量在85%以下,与棉及化纤混纺,化纤限内)	10	80		17	17	米/千克			0		0
53092120.28	漂白的混纺亚麻其他机织物(亚麻含量在85%以下,与棉及化纤混纺,化纤限内)	10	80		17	17	米/千克			0		0

协定税率 %										特惠税率 %				Article Description
巴基斯坦	冰岛	哥斯达黎	秘鲁	新西兰	瑞士	新加坡	韩国	澳大利亚	港澳台	老挝	孟加拉	33 国	7 国	
														-- Unbleached or bleached:
0	0	0	0	0	4		6	6			0	0	0	--- Unbleached
0	0	0	0	0	4		6	6			0	0	0	--- Woven fabrics of flax, bleached
0	0	0	0	0	4		6	6	0//		0	0	0	-- Other
														- Containing less than 85% by weight of flax:
														-- Unbleached or bleached:
														--- Unbleached
0	0	0	0	0	4		6	6	/0/		0	0	0	Woven fabrics of flax, unbleached, mixed with 17% or more by weight of combed wool or fine animal hair, containing less than 85% by weight of flax
0	0	0	0	0	4		6	6	/0/		0	0	0	Other woven fabrics of flax, unbleached, mixed with 17% or more by weight of wool or fine animal hair, containing less than 85% by weight of flax
0	0	0	0	0	4		6	6	/0/		0	0	0	Poplin and fine plain cloth of flax, unbleached, mixed with cotton and man-made fibres (in cotton limit)
0	0	0	0	0	4		6	6	/0/		0	0	0	Plain cloth of flax, unbleached, mixed with cotton or man- made fibres, containing less than 85% by weight of flax (in cotton limit)
0	0	0	0	0	4		6	6	/0/		0	0	0	Cloth of flax for printing and dyeing, unbleached, mixed with cotton or man-made fibres, containing less than 85% by weight of flax (in cotton limit)
0	0	0	0	0	4		6	6	/0/		0	0	0	Other woven fabrics of flax, unbleached, mixed with cotton or man-made fibres, containing less than 85% by weight of flax (in cotton limit)
0	0	0	0	0	4		6	6	/0/		0	0	0	Poplin and fine plain cloth of flax, unbleached, mixed with cotton or man-made fibres, containing less than 85% by weight of flax (in man-made fibres limit)
0	0	0	0	0	4		6	6	/0/		0	0	0	Plain cloth of flax, unbleached, mixed with cotton or man-made fibres, containing less than 85% by weight of flax (in man-made fibres limit)
0	0	0	0	0	4		6	6	/0/		0	0	0	Cloth of flax for printing and dyeing, unbleached, mixed with cotton or man-made fibres, containing less than 85% by weight of flax (in man-made fibres limit)
0	0	0	0	0	4		6	6	/0/		0	0	0	Other woven fabrics of flax, unbleached, mixed with cotton or man-made fibres, containing less than 85% by weight of flax (in man-made fibres limit)
0	0	0	0	0	4		6	6	/0/		0	0	0	Other woven fabrics of flax, unbleached, mixed with cotton or man-made fibres, containing less than 85% by weight of flax
0	0	0	0	0	4		6	6	/0/		0	0	0	Other woven fabrics of flax, unbleached, mixed mainly or solely with combed wool or fine animal hair, containing less than 85% by weight of flax
0	0	0	0	0	4		6	6	/0/		0	0	0	Other woven fabrics of flax, unbleached, containing less than 85% by weight of flax
														--- Bleached
0	0	0	0	0	4		6	6	/0/		0	0	0	Woven fabrics of flax, bleached, mixed with 17% or more by weight of combed wool or fine animal hair, containing less than 85% by weight of flax
0	0	0	0	0	4		6	6	/0/		0	0	0	Other woven fabrics of flax, bleached, mixed with 17% or more by weight of wool or fine animal hair, containing less than 85% by weight of flax
0	0	0	0	0	4		6	6	/0/		0	0	0	Poplin and fine plain cloth of flax, bleached, mixed with cotton or man-made fibres, containing less than 85% by weight of flax (in cotton limit)
0	0	0	0	0	4		6	6	/0/		0	0	0	Plain cloth, bleached, mixed with cotton or man-made fibres, containing less than 85% by weight of flax (in cotton limit)
0	0	0	0	0	4		6	6	/0/		0	0	0	Cloth of flax for printing and dyeing, bleached, mixed with cotton or man-made fibres, containing less than 85% by weight of flax (in cotton limit)
0	0	0	0	0	4		6	6	/0/		0	0	0	Other woven fabrics of flax, bleached, mixed with cotton or man-made fibres, containing less than 85% by weight of flax (in cotton limit)
0	0	0	0	0	4		6	6	/0/		0	0	0	Poplin and fine plain cloth of flax, bleached, mixed with cotton or man-made fibres, containing less than 85% by weight of flax (in man-made fibres limit)
0	0	0	0	0	4		6	6	/0/		0	0	0	Plain cloth of flax, bleached, mixed with cotton or man-made fibres, containing less than 85% by weight of flax (in man-made fibres limit)
0	0	0	0	0	4		6	6	/0/		0	0	0	Woven fabrics of flax for printing and dyeing, bleached, mixed with cotton and man-made fibres (in man-made fibres limit)
0	0	0	0	0	4		6	6	/0/		0	0	0	Other woven fabrics of flax, bleached, mixed with cotton or man-made fibres, containing less than 85% by weight of flax (in man-made fibres limit)

税号	货品名称	进口关税 %			增值/消费税%	出口退税%	统计计量单位	监管证件代码	检验检疫类别	协定税率 %		
		最惠国	普通	年内暂定						东盟	亚太	智利
53092120.29	漂白的混纺亚麻其他机织物(亚麻含量在85%以下,与棉及化纤混纺)	10	80		17	17	米/千克			0		0
53092120.91	漂白的混纺亚麻其他机织物(亚麻含量<85%,主要或仅与精梳羊毛或动物细毛混纺)	10	80		17	17	米/千克			0		0
53092120.99	漂白的混纺亚麻其他机织物(亚麻含量在85%以下)	10	80		17	17	米/千克			0		0
5309.2900	-- 其他											
53092900.11	其他与精梳毛混纺的亚麻机织物(亚麻含量在85%以下,含17%以上羊毛或动物细毛)	10	80		17	17	米/千克			0	8.5	0
53092900.19	其他混纺亚麻机织物(亚麻含量在85%以下,含17%以上羊毛或动物细毛)	10	80		17	17	米/千克			0	8.5	0
53092900.21	其他混纺亚麻府绸及细平布(亚麻含量在85%以下,与棉及化纤混纺,棉限内)	10	80		17	17	米/千克			0	8.5	0
53092900.22	其他混纺亚麻机织平布(亚麻含量在85%以下,与棉及化纤混纺,棉限内)	10	80		17	17	米/千克			0	8.5	0
53092900.23	其他混纺亚麻机织印染用布(亚麻含量在85%以下,与棉及化纤混纺,棉限内)	10	80		17	17	米/千克			0	8.5	0
53092900.24	其他混纺亚麻其他机织物(亚麻含量在85%以下,与棉及化纤混纺,棉限内)	10	80		17	17	米/千克			0	8.5	0
53092900.25	其他混纺亚麻府绸及细平布(亚麻含量在85%以下,与棉及化纤混纺,化纤限内)	10	80		17	17	米/千克			0	8.5	0
53092900.26	其他混纺亚麻机织平布(亚麻含量在85%以下,与棉及化纤混纺,化纤限内)	10	80		17	17	米/千克			0	8.5	0
53092900.27	其他混纺亚麻机织印染用布(亚麻含量在85%以下,与棉及化纤混纺,化纤限内)	10	80		17	17	米/千克			0	8.5	0
53092900.28	其他混纺亚麻其他机织物(亚麻含量在85%以下,与棉及化纤混纺,化纤限内)	10	80		17	17	米/千克			0	8.5	0
53092900.29	其他混纺亚麻其他机织物(亚麻含量在85%以下,与棉及化纤混纺)	10	80		17	17	米/千克			0	8.5	0
53092900.91	其他混纺亚麻其他机织物(亚麻含量<85%,主要或仅与精梳羊毛或动物细毛混纺)	10	80		17	17	米/千克			0	8.5	0
53092900.99	其他混纺亚麻机织物(亚麻含量在85%以下)	10	80		17	17	米/千克			0	8.5	0
53.10	**黄麻或税目53.03的其他纺织用韧皮纤维机织物:**											
5310.1000	- 未漂白											
53101000.11	未漂白黄麻或其他韧皮纤维机织物(宽度不超过150厘米,与精梳羊毛或动物细毛混纺)	10	40		17	17	米/千克			0		0
53101000.19	未漂白黄麻或其他韧皮纤维机织物(宽度不超过150厘米,与其他纤维混纺)	10	40		17	17	米/千克			0		0
53101000.91	未漂白黄麻或其他韧皮纤维机织物(宽度超过150厘米,与精梳羊毛或动物细毛混纺)	10	40		17	17	米/千克			0		0
53101000.99	未漂白黄麻或其他韧皮纤维机织物(宽度超过150厘米,与其他纤维混纺)	10	40		17	17	米/千克			0		0
5310.9000	- 其他											
53109000.11	其他黄麻机织物,宽度≤150厘米(含税目5303其他纺织用韧皮纤维布与精梳羊毛或动物细毛混纺)	10	40		17	17	米/千克			0		0
53109000.19	其他黄麻机织物,宽度≤150厘米(含税目5303的其他纺织用韧皮纤维布,与其他纤维混纺)	10	40		17	17	米/千克			0		0
53109000.91	其他黄麻机织物,宽度>150厘米(含税目5303其他纺织用韧皮纤维布与精梳羊毛或动物细毛混纺)	10	40		17	17	米/千克			0		0
53109000.99	其他黄麻机织物,宽度>150厘米(含税目5303的其他纺织用韧皮纤维布,与其他纤维混纺)	10	40		17	17	米/千克			0		0
53.11	**其他纺织用植物纤维机织物;纸纱线机织物:**											

协定税率 %										特惠税率 %				Article Description
巴基斯坦	冰岛	哥斯达黎	秘鲁	新西兰	瑞士	新加坡	韩国	澳大利亚	港澳台	老挝	孟加拉	33 国	7 国	
0	0	0	0	0	4		6	6	/0/		0	0	0	Other woven fabrics of flax, bleached, mixed with cotton or man-made fibres, containing less than 85% by weight of flax
0	0	0	0	0	4		6	6	/0/		0	0	0	Other woven fabrics of flax, bleached, mixed mainly or solely with combed wool or fine animal hair, containing less than 85% by weight of flax
0	0	0	0	0	4		6	6	/0/		0	0	0	Other woven fabrics of flax, bleached, containing less than 85% by weight of flax
														-- Other
0	0	0	0	0	4		6	6	0/0/		0	0	0	Other woven fabrics of flax, mixed with 17% or more by weight of combed wool or fine animal hair, containing less than 85% by weight of flax
0	0	0	0	0	4		6	6	0/0/		0	0	0	Other woven fabrics of flax, mixed with containing 17% or more by weight of wool or fine animal hair, containing less than 85% by weight of flax
0	0	0	0	0	4		6	6	0/0/		0	0	0	Other poplin and fine plain cloth of flax, mixed with cotton or man-made fibres, containing less than 85% by weight of flax (in cotton limit)
0	0	0	0	0	4		6	6	0/0/		0	0	0	Other plain cloth of flax, mixed with cotton or man-made fibres, containing less than 85% by weight of flax (in cotton limit)
0	0	0	0	0	4		6	6	0/0/		0	0	0	Other cloth of flax for printing and dyeing, mixed with cotton or man-made fibres, containing less than 85% by weight of flax (in cotton limit)
0	0	0	0	0	4		6	6	0/0/		0	0	0	Other woven fabrics of flax, mixed with cotton or man-made fibres, containing less than 85% by weight of flax (in cotton limit)
0	0	0	0	0	4		6	6	0/0/		0	0	0	Other poplin and fine plain cloth of flax, mixed with cotton or man-made fibres, containing less than 85% by weight of flax (in man-made fibres limit)
0	0	0	0	0	4		6	6	0/0/		0	0	0	Other plain cloth of flax, mixed with cotton or man-made fibres, containing less than 85% by weight of flax (in man-made fibres limit)
0	0	0	0	0	4		6	6	0/0/		0	0	0	Other cloth of flax for printing and dyeing, mixed with cotton or man-made fibres, containing less than 85% by weight of flax (in man-made fibres limit)
0	0	0	0	0	4		6	6	0/0/		0	0	0	Other woven fabrics of flax, mixed with cotton or man-made fibres, containing less than 85% by weight of flax (in man-made fibres limit)
0	0	0	0	0	4		6	6	0/0/		0	0	0	Other woven fabrics of flax, mixed with cotton or man-made fibres, containing less than 85% by weight of flax
0	0	0	0	0	4		6	6	0/0/		0	0	0	Other woven fabrics of flax, mixed mainly or solely with combed wool or fine animal hair, containing less than 85% by weight of flax
0	0	0	0	0	4		6	6	0/0/		0	0	0	Other blended woven fabrics, containing less than 85% by weight of flax
														Woven fabrics of jute or of other textilebast fibres of heading 53.03:
														- Unbleached
5	0	0	0	0	4		6	6		5	0	0	0	Woven fabrics of jute or of other textile bast fibres, of a width not exceeding 150cm, unbleached, mixed with combed wool or fine animal hair
5	0	0	0	0	4		6	6		5	0	0	0	Woven fabrics of jute or of other textile bast fibres, of a width not exceeding 150cm, unbleached, mixed with other fibres
5	0	0	0	0	4		6	6		5	0	0	0	Woven fabrics of jute or of other textile bast fibres, of a width exceeding 150cm, unbleached, mixed with combed wool or fine animal hair
5	0	0	0	0	4		6	6		5	0	0	0	Woven fabrics of jute or of other textile bast fibres, of a width exceeding 150cm, unbleached, mixed with other fibres
														- Other
5	0	0	0	0	4		6	6		5	0	0	0	Other woven fabrics of jute or of other textile bast fibres of heading 53.03, of a width not exceeding 150cm, mixed with combed wool or fine animal hair
5	0	0	0	0	4		6	6		5	0	0	0	Other woven fabrics of jute or of other textile bast fibres of heading 53.03, of a width not exceeding 150cm, mixed with other fibres
5	0	0	0	0	4		6	6		5	0	0	0	Other woven fabrics of jute or of other textile bast fibres of heading 53.03, of a width exceeding 150cm, mixed with combed wool or fine animal hair
5	0	0	0	0	4		6	6		5	0	0	0	Other woven fabrics of jute or of other textile bast fibres of heading 53.03, of a width exceeding 150cm, mixed with other fibres
														Woven fabrics of other vegetable textile fibres; woven fabrics of paper yarn:

税号	货品名称	进口关税 %			增值/消费税%	出口退税%	统计计量单位	监管证件代码	检验检疫类别	协定税率 %		
		最惠国	普通	年内暂定						东盟	亚太	智利
	--- 苎麻的:											
5311.0012	----按重量计苎麻含量在85%及以上的未漂白机织物											
53110012.11	未漂白与精梳毛混纺的苎麻机织物(苎麻含量在85%及以上,含17%以上羊毛或动物细毛)	10	80		17	17	米/千克			0		0
53110012.19	未漂白苎麻机织物(苎麻含量在85%及以上,含17%以上羊毛或动物细毛)	10	80		17	17	米/千克			0		0
53110012.21	未漂白的苎麻府绸及细平布(苎麻含量在85%及以上,与棉及化纤混纺,棉限内)	10	80		17	17	米/千克			0		0
53110012.22	未漂白的苎麻机织平布(苎麻含量在85%及以上,与棉及化纤混纺,棉限内)	10	80		17	17	米/千克			0		0
53110012.23	未漂白的苎麻机织印染用布(苎麻含量在85%及以上,与棉及化纤混纺,棉限内)	10	80		17	17	米/千克			0		0
53110012.29	未漂白的苎麻其他机织物(苎麻含量在85%及以上,与棉及化纤混纺,棉限内)	10	80		17	17	米/千克			0		0
53110012.31	未漂白的苎麻府绸及细平布(苎麻含量在85%及以上,与棉及化纤混纺,化纤限内)	10	80		17	17	米/千克			0		0
53110012.32	未漂白的苎麻机织平布(苎麻含量在85%及以上,与棉及化纤混纺,化纤限内)	10	80		17	17	米/千克			0		0
53110012.33	未漂白的苎麻机织印染用布(苎麻含量在85%及以上,与棉及化纤混纺,化纤限内)	10	80		17	17	米/千克			0		0
53110012.39	未漂白的苎麻其他机织物(苎麻含量在85%及以上,与棉及化纤混纺,化纤限内)	10	80		17	17	米/千克			0		0
53110012.40	未漂白的苎麻其他机织物(苎麻含量在85%及以上,与棉及化纤混纺)	10	80		17	17	米/千克			0		0
53110012.91	未漂白的苎麻其他机织物(苎麻含量在85%及以上,主要或仅与精梳羊毛/动物细毛混纺)	10	80		17	17	米/千克			0		0
53110012.99	未漂白的苎麻其他机织物(苎麻含量在85%及以上)	10	80		17	17	米/千克			0		0
5311.0013	----按重量计苎麻含量在85%及以上的其他机织物											
53110013.11	与精梳毛混纺的苎麻其他机织物(苎麻含量≥85%,含17%以上羊毛或动物细毛)	12	80		17	17	米/千克			0		0
53110013.19	苎麻其他机织物(苎麻含量≥85%,羊毛/动物细毛>17%)	12	80		17	17	米/千克			0		0
53110013.21	苎麻府绸及细平布(苎麻含量≥85%,与棉及化纤混纺,棉限内)	12	80		17	17	米/千克			0		0
53110013.22	苎麻机织平布(苎麻含量≥85%,与棉及化纤混纺,棉限内)	12	80		17	17	米/千克			0		0
53110013.23	苎麻机织印染布(苎麻含量≥85%,与棉及化纤混纺,棉限内)	12	80		17	17	米/千克			0		0
53110013.29	苎麻其他机织物(苎麻含量≥85%,与棉及化纤混纺,棉限内)	12	80		17	17	米/千克			0		0
53110013.31	苎麻府绸及细平布(苎麻含量≥85%,与棉及化纤混纺,化纤限内)	12	80		17	17	米/千克			0		0
53110013.32	苎麻机织平布(苎麻含量≥85%,与棉及化纤混纺,化纤限内)	12	80		17	17	米/千克			0		0
53110013.33	苎麻机织印染布(苎麻含量≥85%,与棉及化纤混纺,化纤限内)	12	80		17	17	米/千克			0		0
53110013.39	苎麻其他机织物(苎麻含量≥85%,与棉及化纤混纺,化纤限内)	12	80		17	17	米/千克			0		0
53110013.40	苎麻其他机织物(苎麻含量≥85%,与棉及化纤混纺)	12	80		17	17	米/千克			0		0
53110013.91	苎麻其他机织物(苎麻含量≥85%,主要或仅与精梳羊毛/动物细毛混纺)	12	80		17	17	米/千克			0		0

协定税率 %										特惠税率 %				Article Description
巴基斯坦	冰岛	哥斯达黎	秘鲁	新西兰	瑞士	新加坡	韩国	澳大利亚	港澳台	老挝	孟加拉	33 国	7 国	
														--- Of ramie:
														---- Woven fabrics of ramie, unbleached, containing 85% or more by weight of ramie
5	0	0	0	0	4		6	6	/0/		0	0	0	Woven fabrics of ramie, unbleached, mixed with 17% or more by weight of combed wool or fine animal hair, containing 85% or more by weight of ramie
5	0	0	0	0	4		6	6	/0/		0	0	0	Woven fabrics of ramie, unbleached, mixed with 17% or more by weight of wool or fine animal hair, containing 85% or more by weight of ramie
5	0	0	0	0	4		6	6	/0/		0	0	0	Poplin and fine plain cloth of ramie, unbleached, mixed with cotton or man-made fibres, containing 85% or more by weight of ramie (in cotton limit)
5	0	0	0	0	4		6	6	/0/		0	0	0	Plain cloth of ramie, unbleached, mixed with cotton or man-made fibres, containing 85% or more by weight of ramie (in cotton limit)
5	0	0	0	0	4		6	6	/0/		0	0	0	Woven fabrics of ramie for printing and dyeing, unbleached, mixed with cotton or man-made fibres, containing 85% or more by weight of ramie (in cotton limit)
5	0	0	0	0	4		6	6	/0/		0	0	0	Other woven fabrics of ramie, unbleached, mixed with cotton or man-made fibres, containing 85% or more by weight of ramie (in cotton limit)
5	0	0	0	0	4		6	6	/0/		0	0	0	Poplin and fine plain cloth of ramie, unbleached, mixed with cotton or man-made fibres, containing 85% or more by weight of ramie (in man-made fibres limit)
5	0	0	0	0	4		6	6	/0/		0	0	0	Plain cloth of ramie, unbleached, mixed with cotton or man-made fibres, containing 85% or more by weight of ramie (in man-made fibres limit)
5	0	0	0	0	4		6	6	/0/		0	0	0	Woven fabrics of ramie for printing and dyeing, unbleached, mixed with cotton or man-made fibres, containing 85% or more by weight of ramie (in man-made fibres limit)
5	0	0	0	0	4		6	6	/0/		0	0	0	Other woven fabrics of ramie, unbleached, mixed with cotton or man-made fibres, containing 85% or more by weight of ramie (in man-made fibres limit)
5	0	0	0	0	4		6	6	/0/		0	0	0	Other woven fabrics of ramie, unbleached, mixed with cotton or man-made fibres, containing 85% or more by weight of ramie
5	0	0	0	0	4		6	6	/0/		0	0	0	Other woven fabrics of ramie, unbleached, mixed mainly or solely with combed wool or fine animal hair, containing 85% or more by weight of ramie
5	0	0	0	0	4		6	6	/0/		0	0	0	Other woven fabrics of ramie, unbleached, containing 85% or more by weight of ramie
														---- Other woven fabrics of ramie, containing 85% or more by weight of ramie
6	0	0	0	0	8.4	0	7.2	7.2	/0/		0	0	0	Other woven fabrics of ramie, mixed with 17% or more by weight of combed wool or fine animal hair, containing 85% or more by weight of ramie
6	0	0	0	0	8.4	0	7.2	7.2	/0/		0	0	0	Other woven fabrics of ramie, mixed with more than 17% by weight of wool or fine animal hair, containing 85% or more by weight of ramie
6	0	0	0	0	8.4	0	7.2	7.2	/0/		0	0	0	Poplin and fine plain cloth of ramie, mixed with cotton or man-made fibres, containing 85% or more by weight of ramie (in cotton limit)
6	0	0	0	0	8.4	0	7.2	7.2	/0/		0	0	0	Plain cloth of ramie, mixed with cotton or man-made fibres, containing 85% or more by weight of ramie (in cotton limit)
6	0	0	0	0	8.4	0	7.2	7.2	/0/		0	0	0	Cloth of ramie for printing and dyeing, mixed with cotton or man-made fibres, containing 85% or more by weight of ramie (in cotton limit)
6	0	0	0	0	8.4	0	7.2	7.2	/0/		0	0	0	Other woven fabrics of ramie, mixed with cotton or man-made fibres, containing 85% or more by weight of ramie (in cotton limit)
6	0	0	0	0	8.4	0	7.2	7.2	/0/		0	0	0	Poplin and fine plain cloth of ramie, mixed with cotton or man-made fibres, containing 85% or more by weight of ramie (in man-made fibres limit)
6	0	0	0	0	8.4	0	7.2	7.2	/0/		0	0	0	Plain cloth of ramie, mixed with cotton or man-made fibres, containing 85% or more by weight of ramie (in man-made fibres limit)
6	0	0	0	0	8.4	0	7.2	7.2	/0/		0	0	0	Cloth of ramie for printing and dyeing, mixed with cotton or man-made fibres, containing 85% or more by weight of ramie (in man-made fibres limit)
6	0	0	0	0	8.4	0	7.2	7.2	/0/		0	0	0	Other woven fabrics of ramie, mixed with cotton or man-made fibres, containing 85% or more by weight of ramie (in man-made fibres limit)
6	0	0	0	0	8.4	0	7.2	7.2	/0/		0	0	0	Other woven fabrics of ramie, mixed with cotton or man-made fibres, containing 85% or more by weight of ramie
6	0	0	0	0	8.4	0	7.2	7.2	/0/		0	0	0	Other woven fabrics of ramie, mixed mainly or solely with combed wool or fine animal hair, containing 85% or more by weight of ramie

税号	货品名称	进口关税% 最惠国	普通	年内暂定	增值/消费税%	出口退税%	统计计量单位	监管证件代码	检验检疫类别	协定税率% 东盟	亚太	智利
53110013.99	苎麻其他机织物(苎麻含量≥85%)	12	80		17	17	米/千克			0		0
5311.0014	----按重量计苎麻含量在85%以下的未漂白机织物											
53110014.11	未漂白与精梳羊毛混纺苎麻机织物(苎麻含量<85%,含17%以上羊毛/动物细毛)	10	80		17	17	米/千克			0		0
53110014.19	未漂白苎麻机织物(苎麻含量<85%,含17%以上羊毛/动物细毛)	10	80		17	17	米/千克			0		0
53110014.21	未漂白的苎麻府绸及细平布(苎麻含量在85%以下,与棉及化纤混纺,棉限内)	10	80		17	17	米/千克			0		0
53110014.22	未漂白的苎麻机织平布(苎麻含量在85%以下,与棉及化纤混纺,棉限内)	10	80		17	17	米/千克			0		0
53110014.23	未漂白的苎麻机织印染用布(苎麻含量在85%以下,与棉及化纤混纺,棉限内)	10	80		17	17	米/千克			0		0
53110014.29	未漂白的苎麻其他机织物(苎麻含量在85%以下,与棉及化纤混纺,棉限内)	10	80		17	17	米/千克			0		0
53110014.31	未漂白的苎麻府绸及细平布(苎麻含量在85%以下,与棉及化纤混纺,化纤限内)	10	80		17	17	米/千克			0		0
53110014.32	未漂白的苎麻机织平布(苎麻含量在85%以下,与棉及化纤混纺,化纤限内)	10	80		17	17	米/千克			0		0
53110014.33	未漂白的苎麻机织印染用布(苎麻含量在85%以下,与棉及化纤混纺,化纤限内)	10	80		17	17	米/千克			0		0
53110014.39	未漂白的苎麻其他机织物(苎麻含量在85%以下,与棉及化纤混纺,化纤限内)	10	80		17	17	米/千克			0		0
53110014.40	未漂白的苎麻其他机织物(苎麻含量在85%以下,与棉及化纤混纺)	10	80		17	17	米/千克			0		0
53110014.91	未漂白的苎麻其他机织物(苎麻含量<85%,主要或仅与精梳羊毛或动物细毛混纺)	10	80		17	17	米/千克			0		0
53110014.99	未漂白的苎麻其他机织物(苎麻含量在85%以下)	10	80		17	17	米/千克			0		0
5311.0015	----按重量计苎麻含量在85%以下的其他机织物											
53110015.11	其他苎麻机织物,含量<85%(毛重>17%,主要或仅与精梳羊毛或动物细毛混纺)	12	80		17	17	米/千克			0		0
53110015.19	其他苎麻机织物(苎麻含量在85%以下,含17%以上羊毛或动物细毛)	12	80		17	17	米/千克			0		0
53110015.21	苎麻府绸及细平布(苎麻含量在85%以下,与棉及化纤混纺,棉限内)	12	80		17	17	米/千克			0		0
53110015.22	苎麻机织平布(苎麻含量在85%以下,与棉及化纤混纺,棉限内)	12	80		17	17	米/千克			0		0
53110015.29	其他苎麻机织物(苎麻含量在85%以下,与棉及化纤混纺,棉限内)	12	80		17	17	米/千克			0		0
53110015.31	苎麻府绸及细平布(苎麻含量在85%以下,与棉及化纤混纺,化纤限内)	12	80		17	17	米/千克			0		0
53110015.32	苎麻机织平布(苎麻含量在85%以下,与棉及化纤混纺,化纤限内)	12	80		17	17	米/千克			0		0
53110015.33	苎麻机织印染用布(苎麻含量在85%以下,与棉及化纤混纺,化纤限内)	12	80		17	17	米/千克			0		0
53110015.39	其他苎麻机织物(苎麻含量在85%以下,与棉及化纤混纺,化纤限内)	12	80		17	17	米/千克			0		0
53110015.91	其他苎麻机织物(苎麻<85%,主要或仅与精梳羊毛或动物细毛混纺)	12	80		17	17	米/千克			0		0
53110015.99	其他苎麻机织物(指按重量计苎麻含量在85%以下)	12	80		17	17	米/千克			0		0
5311.0020	--- 纸纱线的											

协定税率 %										特惠税率 %				Article Description
巴基斯坦	冰岛	哥斯达黎	秘鲁	新西兰	瑞士	新加坡	韩国	澳大利亚	港澳台	老挝	孟加拉	33 国	7 国	
6	0	0	0	0	8.4	0	7.2	7.2	/0/		0	0	0	Other woven fabrics of ramie, containing 85% or more by weight of ramie
														----Woven fabrics of ramie, unbleached, containing less than 85% by weight of ramie
5	0	0	0	0	4		6	6			0	0	0	Woven fabrics of ramie, unbleached, mixed with 17% or more by weight of wool or fine animal hair, containing less than 85% by weight of ramie
5	0	0	0	0	4		6	6			0	0	0	Woven fabrics of ramie, unbleached, mixed with 17% or more by weight of wool or fine animal hair, containing less than 85% by weight of ramie
5	0	0	0	0	4		6	6			0	0	0	Poplin and fine plain cloth of ramie, unbleached, mixed with cotton or man-made fibres, containing less than 85% by weight of ramie (in cotton limit)
5	0	0	0	0	4		6	6			0	0	0	Plain cloth of ramie, unbleached, mixed with cotton or man-made fibres, containing less than 85% by weight of ramie (in cotton limit)
5	0	0	0	0	4		6	6			0	0	0	Cloth of ramie for printing and dyeing, unbleached, mixed with cotton or man-made fibres, containing less than 85% by weight of ramie (in cotton limit)
5	0	0	0	0	4		6	6			0	0	0	Other woven fabrics of ramie, unbleached, mixed with cotton or man-made fibres, containing less than 85% by weight of ramie (in cotton limit)
5	0	0	0	0	4		6	6			0	0	0	Poplin and fine plain fabrics of ramie, unbleached, mixed with cotton or man-made fibres, containing less than 85% by weight of ramie (in man-made fibres limit)
5	0	0	0	0	4		6	6			0	0	0	Plain cloth of ramie, unbleached, mixed with cotton or man-made fibres, containing less than 85% by weight of ramie (in man-made fibres limit)
5	0	0	0	0	4		6	6			0	0	0	Cloth of ramie for printing and dyeing, unbleached, mixed with cotton or man-made fibres, containing less than 85% by weight of ramie (in man-made fibres limit)
5	0	0	0	0	4		6	6			0	0	0	Other woven fabrics of ramie, unbleached, mixed with cotton or man-made fibres, containing less than 85% by weight of ramie (in man-made fibres limit)
5	0	0	0	0	4		6	6			0	0	0	Other woven fabrics of ramie, unbleached, mixed with cotton or man-made fibres, containing less than 85% by weight of ramie
5	0	0	0	0	4		6	6			0	0	0	Other woven fabrics of ramie, unbleached, mixed mainly or solely with combed wool or fine animal hair, containing less than 85% by weight of ramie
5	0	0	0	0	4		6	6			0	0	0	Other woven fabrics of ramie, unbleached, containing less than 85% by weight of ramie
														----Other woven fabrics, containing less than 85% by weight of ramie
6	0	0	0	0	8.4	0	7.2	7.2	/0/			0	0	Other woven fabrics of ramie, mixed mainly or solely with less than 17% by weight of combed wool or fine animal hair , containing by weight less than 85% of ramie
6	0	0	0	0	8.4	0	7.2	7.2	/0/			0	0	Other woven fabrics of ramie, mixed with 17% or more by weight of wool or fine animal hair, containing less than 85% by weight of ramie and
6	0	0	0	0	8.4	0	7.2	7.2	/0/			0	0	Poplin and fine plain cloth of ramie, mixed with cotton or man-made fibres, containing less than 85% by weight of ramie (in cotton limit)
6	0	0	0	0	8.4	0	7.2	7.2	/0/			0	0	Plain cloth of ramie, mixed with cotton or man-made fibres, containing less than 85% by weight of ramie (in cotton limit)
6	0	0	0	0	8.4	0	7.2	7.2	/0/			0	0	Other woven fabrics of ramie, mixed with cotton or man-made fibres, containing less than 85% by weight of ramie (in cotton limit)
6	0	0	0	0	8.4	0	7.2	7.2	/0/			0	0	Poplin and fine plain cloth of ramie, mixed with cotton or man-made fibres, containing less than 85% by weight of ramie (in man-made fibres limit)
6	0	0	0	0	8.4	0	7.2	7.2	/0/			0	0	Plain cloth of ramie, mixed with cotton or man-made fibres, containing less than 85% by weight of ramie (in man-made fibres limit)
6	0	0	0	0	8.4	0	7.2	7.2	/0/			0	0	Cloth of ramie for printing and dyeing, mixed with cotton or man-made fibres, containing less than 85% by weight of ramie (in man-made fibres limit)
6	0	0	0	0	8.4	0	7.2	7.2	/0/			0	0	Other woven fabrics of ramie, mixed with cotton or man-made fibres, containing less than 85% by weight of ramie (in man-made fibres limit)
6	0	0	0	0	8.4	0	7.2	7.2	/0/			0	0	Other woven fabrics of ramie, mixed mainly or solely with combed wool or fine animal hair, containing less than 85% by weight of ramie
6	0	0	0	0	8.4	0	7.2	7.2	/0/			0	0	Other woven fabrics of ramie, containing less than 85% by weight of ramie
														--- Of paper yarn

税号	货品名称	进口关税 %			增值/消费税%	出口退税%	统计计量单位	监管证件代码	检验检疫类别	协定税率 %		
		最惠国	普通	年内暂定						东盟	亚太	智利
53110020.10	纸纱线机织物(主要或仅与精梳羊毛或动物细毛混纺)	10	90		17	17	米/千克			0		0
53110020.90	纸纱线机织物	10	90		17	17	米/千克			0		0
5311.0030	--- 大麻的	10	50		17	17	米/千克			0	9.3	0
5311.0090	--- 其他											
53110090.10	其他纺织用植物纤维机织物(含17%以上羊毛或动物细毛)	10	50		17	17	米/千克			0	9.3	0
53110090.21	其他纺织用植物纤府绸及细平布(与棉及化纤混纺,棉限内)	10	50		17	17	米/千克			0	9.3	0
53110090.22	其他纺织用植物纤维机织平布(与棉及化纤混纺,棉限内)	10	50		17	17	米/千克			0	9.3	0
53110090.29	其他纺织用植物纤维机织物(与棉及化纤混纺,棉限内)	10	50		17	17	米/千克			0	9.3	0
53110090.32	其他纺织用植物纤维机织平布(与棉及化纤混纺,化纤限内)	10	50		17	17	米/千克			0	9.3	0
53110090.33	其他纺织用植物纤维机织印染用布(与棉及化纤混纺,化纤限内)	10	50		17	17	米/千克			0	9.3	0
53110090.39	其他纺织用植物纤维其他机织物(与棉及化纤混纺,化纤限内)	10	50		17	17	米/千克			0	9.3	0
53110090.40	其他纺织用植物纤维其他机织物(与棉及化纤混纺)	10	50		17	17	米/千克			0	9.3	0
53110090.90	其他纺织用植物纤维其他机织物	10	50		17	17	米/千克			0	9.3	0

协定税率 %										特惠税率 %				Article Description
巴基斯坦	冰岛	哥斯达黎	秘鲁	新西兰	瑞士	新加坡	韩国	澳大利亚	港澳台	老挝	孟加拉	33 国	7 国	
5	0	0	0	0	4		6	6			0	0	0	Woven fabrics of paper yarn, mixed mainly or solely with combed wool or fine animal hair
5	0	0	0	0	4		6	6			0	0	0	Woven fabrics of paper yarn
5	0	0	0	0	4		6	6			0	0	0	--- Of true hemp
														--- Other
5	0	0	0	0	4		6	6			0	0	0	Woven fabrics of vegetable fibres, used for other textiles, containing 17% or more by weight of wool or fine animal hair
5	0	0	0	0	4		6	6			0	0	0	Poplin and fine plain cloth of other vegetable textile fibres, mixed with cotton or man-made fibres (in cotton limit)
5	0	0	0	0	4		6	6			0	0	0	Plain cloth of other vegetable textile vegetable fibres, mixed with cotton or man-made fibres (in cotton limit)
5	0	0	0	0	4		6	6			0	0	0	Woven fabrics of other vegetable textile fibres, mixed with cotton or man-made fibres (in cotton limit)
5	0	0	0	0	4		6	6			0	0	0	Plain cloth of other vegetable textile fibres, mixed with cotton or man-made fibres (in man-made fibres limit)
5	0	0	0	0	4		6	6			0	0	0	Cloth of other vegetable textile fibres for printing and dyeing, mixed with cotton or man-made fibres (in man-made fibres limit)
5	0	0	0	0	4		6	6			0	0	0	Other woven fabrics of other vegetable textile fibres, mixed with cotton or man-made fibres (in man-made fibres limit)
5	0	0	0	0	4		6	6			0	0	0	Other woven fabrics of other vegetable textile fibres, mixed with cotton or man-made fibres
5	0	0	0	0	4		6	6			0	0	0	Other woven fabrics of other vegetable fibres, used for textile

第五十四章　化学纤维长丝；化学纤维纺织材料制扁条及类似品

注释：

一、本协调制度所称“化学纤维”，是指通过下列任一方法加工制得的有机聚合物的短纤或长丝：

（一）将有机单体物质加以聚合而制成的聚合物，例如，聚酰胺、聚酯、聚烯烃、聚氨基甲酸酯；或通过上述加工得到的聚合物经化学改性制得（例如，聚乙酸乙烯酯水解制得的聚乙烯醇）；或

（二）将天然有机聚合物（例如，纤维素）溶解或化学处理制成聚合物，例如，铜铵纤维或粘胶纤维；或将天然有机聚合物（例如，纤维素、酪蛋白及其他蛋白质或藻酸）经化学改性制成聚合物，例如，醋酸纤维素纤维或藻酸盐纤维。

对于化学纤维，所称“合成”，是指（一）款所述的纤维；所称“人造”，是指（二）款所述的纤维。税目 54.04 或 54.05 的扁条及类似品不视作化学纤维。

对于纺织材料，所称“化学纤维”、“合成纤维”及“人造纤维”，其含义应与上述解释相同。

二、税目 54.02 及 54.03 不适用于第五十五章的合成纤维或人造纤维的长丝丝束。

税号	货品名称	进口关税 %			增值/消费税%	出口退税%	统计计量单位	监管证件代码	检验检疫类别	协定税率 %		
		最惠国	普通	年内暂定						东盟	亚太	智利
54.01	化学纤维长丝纺制的缝纫线，不论是否供零售用：											
	- 合成纤维长丝纺制：											
5401.1010	--- 非供零售用	5	70		17	17	千克			0		0
5401.1020	--- 供零售用	5	90		17	17	千克			0		0
	- 人造纤维长丝纺制：											
5401.2010	--- 非供零售用	5	35		17	17	千克			0		0
5401.2020	--- 供零售用	5	90		17	17	千克			0		0
54.02	合成纤维长丝纱线（缝纫线除外），非供零售用，包括细度在 67 分特以下的合成纤维单丝：											
	- 尼龙或其他聚酰胺纺制的高强力纱：											
	-- 芳香族聚酰胺纺制：											
5402.1110	--- 聚间苯二甲酰间苯二胺纺制	5	70		17	17	千克	A	M/	0		0
5402.1120	--- 聚对苯二甲酰对苯二胺纺制	5	70		17	17	千克	A	M/	0		0
5402.1190	--- 其他	5	70		17	17	千克	A	M/	0		0
	-- 其他：											
5402.1910	--- 聚酰胺-6（尼龙-6）纺制的	5	70		17	17	千克	A	M/	0		0
5402.1920	--- 聚酰胺-6,6（尼龙-6,6）纺制的	5	70		17	17	千克	A	M/	0		0
5402.1990	--- 其他	5	70		17	17	千克	A	M/	0		0
5402.2000	- 聚酯高强力纱											
54022000.10	非零售聚酯高强力纱（单丝/未捻或捻度＜5 转/米的复丝单纱）	5	70		17	17	千克	A	M/	0		0
54022000.20	非零售聚酯高强力纱（捻度⩾5 转/米的复丝单纱）	5	70		17	17	千克	A	M/	0		0
54022000.90	非零售聚酯高强力多股纱	5	70		17	17	千克	A	M/	0		0
	- 变形纱线：											
	-- 尼龙或其他聚酰胺纺制，每根单纱细度不超过 50 特：											
	--- 弹力丝：											
5402.3111	----聚酰胺-6（尼龙-6）纺制的	5	80		17	17	千克	A	M/	0		0
5402.3112	----聚酰胺-6,6（尼龙-6,6）纺制的	5	80		17	17	千克	A	M/	0		0
5402.3113	----芳香族聚酰胺纺制的	5	80		17	17	千克	A	M/	0		0
5402.3119	----其他	5	80		17	17	千克	A	M/	0		0
5402.3190	--- 其他	5	70		17	17	千克	A	M/	0		0
	-- 尼龙或其他聚酰胺纺制，每根单纱细度超过 50 特：											

Chapter 54　Man-made filaments; strip and the like of man-made textile materials

Chapter Notes:

1. Throughout the Nomenclature, the term “man-made fibres” means staple fibres and filaments of organic polymers produced by manufacturing processes, either:

   (a) By polymerisation of organic monomers to produce polymers such as polyamides, polyesters, polyolefins or polyurethanes, or by chemical modification of polymers produced by this process (for example, poly(vinyl alcohol) prepared by the hydrolysis of poly(vinyl acetate)); or

   (b) By dissolution or chemical treatment of natural organic polymers (for example, cellulose) to produce polymers such as cuprammonium rayon (cupro) or viscose rayon, or by chemical modification of natural organic polymers (for example, cellulose, casein and other proteins, or alginic acid), to produce polymers such as cellulose acetate or alginates.

   The terms “synthetic” and “artificial”, used in relation to fibres, mean: synthetic: fibres as defined at (a); artificial: fibres as defined at (b). Strip and the like of heading 54.04 or 54.05 are not considered to be man-made fibres.

   The terms “man-made”, “synthetic” and “artificial” shall have the same meanings when used in relation to “textile materials”.

2. Headings 54.02 and 54.03 do not apply to synthetic or artificial filament tow of Chapter 55.

协定税率 %										特惠税率 %				Article Description
巴基斯坦	冰岛	哥斯达黎	秘鲁	新西兰	瑞士	新加坡	韩国	澳大利亚	港澳台	老挝	孟加拉	33 国	7 国	
														Sewing thread of man-made fila-ments, whether or not put up for retail sale:
														- Of synthetic filaments:
0	0	0	0	0	2		4.3	0	0/0/0		0	0	0	--- not put up for retail sale
0	0	0	0	0	0		0	0			0	0	0	--- Put up for retail sale
														- Of artificial filaments:
0	0	0	0	0	0		0	0			0	0	0	--- Not put up for retail sale
0	0	0	0	0	0		0	0			0	0	0	--- Put up for retail sale
														Synthetic filament yarn（other than sewing thread）, not put up for retail sale, including synthetic monofilament of less than 67 decitex:
														- High tenacity yarn of nylon or other polyamides:
														-- Of aramids:
0	0	0	0	0	0		4.3	0	/0/		0	0	0	--- Of polyisophthaloyl metaphenylene diamine
0	0	0	0	0	0		4.3	0	/0/		0	0	0	--- Of poly-p-phenylene terephthamide
0	0	0	0	0	0		4.3	0	/0/		0	0	0	--- Other
														-- Other:
0	0	0	0	0	0			0	/0/		0	0	0	--- Of nylon-6
0	0	0	0	0	0			0	/0/		0	0	0	--- Of nylon-6,6
0	0	0	0	0	0		4.3	0	/0/		0	0	0	--- Other
														- High tenacity yarn of polyesters
0	0	0	0	0	2		4.3	0	/0/0		0	0	0	High tenacity yarn of polyesters, not put up for retail sale, monofilament /multi-filament single yarn untwisted or with a twist less than 5 turns/m
0	0	0	0	0	2		4.3	0	/0/0		0	0	0	High tenacity yarn of polyesters, not put up for retail sale, multi-filament single yarn with a twist 5 or more turns/m
0	0	0	0	0	2		4.3	0	/0/0		0	0	0	High tenacity yarn of polyesters, multiple yarn, not put up for retail sale
														- Textured yarn:
														-- Of nylon or other polyamides, measuring per single yarn not more than 50 tex:
														--- Elastic filament:
0	0	0	0	0	0			0	0/0/		0	0	0	----Of nylon-6
0	0	0	0	0	0			0	0/0/		0	0	0	----Of nylon-6,6
0	0	0	0	0	0			0	0/0/		0	0	0	----Of aramides
0	0	0	0	0	0		4.3	0	0/0/		0	0	0	----Other
0	0	0	0	0	0		4.3	0	0/0/		0	0	0	--- Other
														-- Of nylon or other polyamides, measuring per single yarn more than 50 tex:

税 号	货品名称	进口关税 % 最惠国	普通	年内暂定	增值/消费税%	出口退税%	统计计量单位	监管证件代码	检验检疫类别	协定税率 % 东盟	亚太	智利
	--- 弹力丝:											
5402.3211	----聚酰胺-6（尼龙-6）纺制的	5	80		17	17	千克			0		0
5402.3212	----聚酰胺-6,6（尼龙-6,6）纺制的	5	80		17	17	千克			0		0
5402.3213	----芳香族聚酰胺纺制的	5	80		17	17	千克			0		0
5402.3219	----其他	5	80		17	17	千克			0		0
5402.3290	--- 其他	5	70		17	17	千克			0	4.5	0
	-- 聚酯纺制:											
5402.3310	--- 弹力丝	5	90		17	17	千克	A	M/	0		0
5402.3390	--- 其他	5	70		17	17	千克	A	M/			0
5402.3400	-- 聚丙烯纺制	5	70		17	17	千克			0		0
5402.3900	-- 其他	5	70		17	17	千克			0		0
	- 其他单纱,未加捻或捻度每米不超过 50 转:											
	-- 弹性纱线:											
5402.4410	--- 氨纶纱线	5	70		17	17	千克			0		0
5402.4490	--- 其他	5	70		17	17	千克	A	M/	0	4.7	0
	-- 其他，尼龙或其他聚酰胺纱线:											
5402.4510	--- 聚酰胺-6（尼龙-6）纺制的	5	70		17	17	千克			0	4.7	0
5402.4520	--- 聚酰胺-6,6（尼龙-6,6）纺制的	5	70		17	17	千克			0	4.7	0
5402.4530	--- 芳香族聚酰胺纺制的	5	70		17	17	千克			0	4.7	0
5402.4590	--- 其他	5	70		17	17	千克			0	4.7	0
5402.4600	-- 其他，部分定向聚酯纱线	5	70		17	17	千克	A	M/			0
5402.4700	-- 其他，聚酯纱线	5	70		17	17	千克	A	M/		4.7	0
5402.4800	-- 其他，聚丙烯纱线	5	70		17	17	千克			0		0
	-- 其他:											
5402.4910	--- 断裂强度大于等于 22cN/dtex，且初始模量大于等于 750cN/dtex 的聚乙烯纱线	5	70		17	17	千克			0		0
5402.4990	--- 其他											
54024990.01	非弹性氨纶单纱(非供零售用,未加捻或捻度每米不超过 50 转，缝纫线除外)	5	70		17	17	千克			0		0
54024990.90	其他合成纤维长丝单纱(非供零售用,未加捻或捻度每米不超过 50 转，缝纫线除外)	5	70		17	17	千克			0		0
	- 其他单纱，捻度每米超过 50 转:											
	-- 尼龙或其他聚酰胺纱线:											
5402.5110	--- 聚酰胺-6（尼龙-6）纺制的	5	70		17	17	千克					0
5402.5120	--- 聚酰胺-6,6（尼龙-6,6）纺制的	5	70		17	17	千克			0		0
5402.5130	--- 芳香族聚酰胺纺制的	5	70		17	17	千克			0		0
5402.5190	--- 其他	5	70		17	17	千克			0		0
5402.5200	-- 聚酯纱线	5	70		17	17	千克				4.3	0
	-- 其他:											
5402.5910	--- 聚丙烯纱线	5	70		17	17	千克			0		0
5402.5920	--- 断裂强度大于等于 22cN/dtex，且初始模量大于等于 750cN/dtex 的聚乙烯纱线	5	70		17	17	千克			0		0
5402.5990	--- 其他	5	70		17	17	千克			0		0
	- 其他纱线（多股纱线或缆线）:											
	-- 尼龙或其他聚酰胺纺制:											
5402.6110	--- 聚酰胺-6（尼龙-6）纺制的	5	70		17	17	千克			0		0
5402.6120	--- 聚酰胺-6,6（尼龙-6,6）纺制的	5	70		17	17	千克			0		0
5402.6130	--- 芳香族聚酰胺纺制的	5	70		17	17	千克			0		0
5402.6190	--- 其他	5	70		17	17	千克			0		0
5402.6200	-- 聚酯纺制	5	70		17	17	千克			0		0
	-- 其他:											
5402.6910	--- 聚丙烯纱线	5	70		17	17	千克			0		0
5402.6920	--- 氨纶纱线	5	70		17	17	千克			0		0
5402.6990	--- 其他	5	70		17	17	千克			0		0
54.03	**人造纤维长丝纱线（缝纫线除外），非供零售用，包括细度在 67 分特以下的人造纤维单丝:**											
5403.1000	- 粘胶纤维纺制的高强力纱											

协定税率 %										特惠税率 %				Article Description
巴基斯坦	冰岛	哥斯达黎	秘鲁	新西兰	瑞士	新加坡	韩国	澳大利亚	港澳台	老挝	孟加拉	33 国	7 国	
														--- Elastic filament:
0	0	0	0	0	0			0	0/0/		0	0	0	----Of nylon-6
0	0	0	0	0	0			0	0/0/		0	0	0	----Of nylon-6,6
0	0	0	0	0	0		4.3	0	0/0/		0	0	0	----Of aramides
0	0	0	0	0	0			0	0/0/		0	0	0	----Other
0	0	0	0	0	0		4.3	0	0/0/		0	0	0	--- Other
														-- Of polyesters:
0	0	0	0	0	0		0	0	/0/0		0	0	0	--- Elastic filament
0	0	0	0	0	0		4	0	/0/		0	0	0	--- Other
0	0	0	0	0	0		4	0	/0/		0	0	0	-- Of polypropylene
0	0	0	0	0	0		4	0	/0/		0	0	0	-- Other
														- Other yarn, single, untwisted or with a twist not exceeding 50 turns per metre:
														-- Elastomeric:
0	0	0	0	0	0			0	/0/		0	0	0	--- Of polyurethane
0	0	0	0	0	0		0	0	0/0/		0	0	0	--- Other
														-- Other, of nylon or other polyamides:
0	0	0	0	0	0		4.3	0	/0/		0	0	0	--- Of nylon-6
0	0	0	0	0	0		4.3	0	/0/		0	0	0	--- Of nylon-6,6
0	0	0	0	0	0		4.3	0	/0/		0	0	0	--- Of aramides
0	0	0	0	0	0		4.3	0	/0/		0	0	0	--- Other
0	0	0	0	0	0		4	0	/0/		0	0	0	-- Other, of polyesters, partially oriented
0	0	0	0	0	3.5		4.3	0	/0/		0	0	0	-- Other, of polyesters
0	0	0	0	0	0		0	0	/0/		0	0	0	-- Other, of polypropylene
														-- Other:
0	0	0	0	0	0			0	/0/		0	0	0	--- Of polyethylene, with a breaking strength of 22cN/dtex or more and initial modulus of 750cN/dtex or more
														--- Other
0	0	0	0	0	0			0	/0/		0	0	0	Non-elastic polyurethane yarn ,not put up for retail sale, untwisted or with a twist not exceeding 50 turns/m, other than sewing thread
0	0	0	0	0	0			0	/0/		0	0	0	Other synthetic filament single yarn, not put up for retail sale, untwisted or with a twist not exceeding 50 turns/m, other than sewing thread
														- Other, yarn, single, with a twist exceeding 50 turns per metre:
														-- Of nylon or other polyamides:
0	0	0	0	0	0			0	/0/		0	0	0	--- Of nylon-6
0	0	0	0	0	0			0	/0/		0	0	0	--- Of nylon-6,6
0	0	0	0	0	0		4.3	0	/0/		0	0	0	--- Of aramides
0	0	0	0	0	0		4.3	0	/0/		0	0	0	--- Other
0	0	0	0	0	0		4	0	/0/		0	0	0	-- Of polyesters
														-- Other:
0	0	0	0	0	0		0	0	/0/		0	0	0	--- Of polypropylene
0	0	0	0	0	0		0	0	/0/		0	0	0	--- Of polyethylene, with a breaking strength of 22cN/dtex or more and initial modulus of 750cN/dtex or more
0	0	0	0	0	0		0	0	/0/		0	0	0	--- Other
														- Other yarn, multiple（folded）or cabled:
														-- Of nylon or other polyamides:
0	0	0	0	0	0		4.3	0	/0/		0	0	0	--- Of nylon-6
0	0	0	0	0	0		4.3	0	/0/		0	0	0	--- Of nylon-6,6
0	0	0	0	0	0		4.3	0	/0/		0	0	0	--- Of aramides
0	0	0	0	0	0		3	0	/0/		0	0	0	--- Other
0	0	0	0	0	0		3	0	/0/0		0	0	0	-- Of polyesters
														-- Other:
0	0	0	0	0	0		4.3	0	/0/		0	0	0	--- Of polypropylene
0	0	0	0	0	0			0	/0/		0	0	0	--- Of polyurethane
0	0	0	0	0	0		4	0	/0/		0	0	0	--- Other
														Artificial filament yarn（other than sewing thread）, not put up for retail sale, including artificial monofilament of less than 67 decitex:
														- High tenacity yarn of viscose rayon

税号	货品名称	进口关税% 最惠国	进口关税% 普通	进口关税% 年内暂定	增值/消费税%	出口退税%	统计计量单位	监管证件代码	检验检疫类别	协定税率% 东盟	协定税率% 亚太	协定税率% 智利
54031000.10	非零售粘胶纤维高强力纱(单丝/未捻或捻度每米5转以下的复丝单纱,非供零售用)	5	35		17	17	千克			0		0
54031000.20	非零售粘胶纤维高强力纱(捻度5转/米及以上的复丝单纱)	5	35		17	17	千克			0		0
54031000.90	非零售粘胶纤维高强力多股纱	5	35		17	17	千克			0		0
	- 其他单纱:											
	-- 粘胶纤维纺制,未加捻或捻度每米不超过120转:											
5403.3110	--- 竹制	5	35		17	17	千克			0		0
5403.3190	--- 其他	5	35		17	17	千克			0		0
	-- 粘胶纤维纺制,捻度每米超过120转:											
5403.3210	--- 竹制	5	35		17	17	千克			0		0
5403.3290	--- 其他	5	35		17	17	千克			0		0
	-- 醋酸纤维纺制:											
5403.3310	--- 二醋酸纤维纺制											
54033310.10	非零售二醋酸纤维单纱(单丝/未捻或捻度每米5转以下的复丝单纱,包括变形纱线)	5	40		17	17	千克	A	M/	0		0
54033310.20	非零售二醋酸纤维单纱(5转/米≤捻度≤250转/米,包括变形纱线)	5	40		17	17	千克	A	M/	0		0
54033310.90	非零售二醋酸纤维单纱(捻度超过250转/米)	5	40		17	17	千克	A	M/	0		0
5403.3390	--- 其他											
54033390.10	非零售其他醋酸纤维单纱(单丝/未捻或捻度每米5转以下的复丝单纱,非供零售用,包括变形纱线)	5	35		17	17	千克			0		0
54033390.20	非零售其他醋酸纤维单纱(5转/米≤捻度≤250转/米,包括变形纱线)	5	35		17	17	千克			0		0
54033390.90	非零售其他醋酸纤维单纱(捻度超过250转/米,包括变形纱线)	5	35		17	17	千克			0		0
5403.3900	-- 其他											
54033900.10	非零售其他人纤长丝单纱(单丝/未捻或捻度每米5转以下的复丝单纱,非供零售用,包括变形纱线)	5	35		17	17	千克			0		0
54033900.90	非零售其他人纤长丝单纱(捻度5转/米及以上,包括变形纱线)	5	35		17	17	千克			0		0
	- 其他纱线(多股纱线或缆线):											
5403.4100	-- 粘胶纤维纺制	5	35		17	17	千克			0		0
5403.4200	-- 醋酸纤维纺制	5	35		17	17	千克			0		0
5403.4900	-- 其他	5	35		17	17	千克			0		0
54.04	**截面尺寸不超过1毫米,细度在67分特及以上的合成纤维单丝;表观宽度不超过5毫米的合成纤维纺织材料制扁条及类似品(例如,人造草):**											
	- 单丝:											
5404.1100	-- 弹性单丝											
54041100.10	细度≥67分特的涤纶纤维弹性单丝(截面尺寸不超过1mm,细度<67分特的合纤单丝归入税目5402)	5	80		17	17	千克			0		0
54041100.90	细度≥67分特的其他合成纤维弹性单丝(截面尺寸不超过1mm,细度<67分特的合纤单丝归入税目5402)	5	80		17	17	千克			0		0
5404.1200	-- 其他,聚丙烯单丝	5	80		17	17	千克			0		0
5404.1900	-- 其他											
54041900.10	细度≥67分特的涤纶纤维单丝(截面尺寸不超过1mm,细度<67分特的合纤单丝归入税目5402)	5	80		17	17	千克			0		0
54041900.90	细度≥67分特的其他合成纤维单丝(截面尺寸不超过1mm,细度<67分特的合纤单丝归入税目5402)	5	80		17	17	千克			0		0

协定税率 %										特惠税率 %				
巴基斯坦	冰岛	哥斯达黎	秘鲁	新西兰	瑞士	新加坡	韩国	澳大利亚	港澳台	老挝	孟加拉	33 国	7 国	Article Description
0	0	0	0	0	0		0	0	/0/		0	0	0	High tenacity yarn of viscose rayon, not put up for retail sale, monofilament/multi-filament single yarn, untwisted or with a twist less than 5 turns/m
0	0	0	0	0	0		0	0	/0/		0	0	0	High tenacity yarn of viscose rayon, multi-filament single yarn, with a twist 5 or more turns/m, not put up for retail sale
0	0	0	0	0	0		0	0	/0/		0	0	0	High tenacity yarn of viscose rayon, multiple yarn, not put up for retail sale
														- Other yarn, single:
														-- Of viscose rayon, untwisted or with a twist not exceeding 120 turns per metre:
0	0	0	0	0	0		0	0	/0/		0	0	0	--- Of bamboo
0	0	0	0	0	0		0	0	/0/		0	0	0	--- Other
														-- Of viscose rayon, with a twist exceeding 120 turns per metre:
0	0	0	0	0	0		0	0	/0/		0	0	0	--- Of bamboo
0	0	0	0	0	0		0	0	/0/		0	0	0	--- Other
														-- Of cellulose acetate:
														--- Of cellulose diacetate
0	0	0	0	0	0		0	0	/0/		0	0	0	Single yarn of cellulose diacetate, not put up for retail sale, including textured filament yarn, single filament /multi-filament single yarn, untwisted or with a twist less than 5 turns/m
0	0	0	0	0	0		0	0	/0/		0	0	0	Single yarn of cellulose diacetate, not put up for retail sale, including textured yarn, with a twist more than 5 turns/m but not exceeding 250 turns/m
0	0	0	0	0	0		0	0	/0/		0	0	0	Single yarn of other cellulose diacetate, single, not put up for retail sale, with a twist exceeding 250 turns/m
														--- Other
0	0	0	0	0	0		0	0	/0/		0	0	0	Other single yarn of cellulose acetate, not put up for retail sale, including textured filament yarn, monofilament /multi- filament single yarn untwisted or with a twist not exceeding 5 turns/m
0	0	0	0	0	0		0	0	/0/		0	0	0	Other single yarn of cellulose acetate, not for retail sale, including textured yarn, with a twist more than 5 turns/m but not exceeding 250 turns/m
0	0	0	0	0	0		0	0	/0/		0	0	0	Other single yarn of cellulose acetate, not put up for retail sale, including textured yarn, with a twist exceeding 250 turns/m
														-- Other
0	0	0	0	0	0		0	0	/0/		0	0	0	Other single yarn of artificial filaments, not put up for retail sale, including textured yarn, monofilament /multi- filament single yarn untwisted or with a twist less than 5 turns/m
0	0	0	0	0	0		0	0	/0/		0	0	0	Other single yarn of artificial filaments, not put up for retail sale, including textured yarn, with a twist 5 or more turns/m
														- Other, yarn, multiple（folded）or cabled:
0	0	0	0	0	0		0	0	/0/		0	0	0	-- Of viscose rayon
0	0	0	0	0	0		0	0	/0/		0	0	0	-- Of cellulose acetate
0	0	0	0	0	0		0	0	/0/		0	0	0	-- Other
														Synthetic monofilament of 67 decitex or more and of which no cross-sectional dimension exceeding 1mm；strip and the like（for example, artificial straw）ofsynthetic textile materials of an apparent width not exceeding 5mm:
														- Monofilament:
														-- Elastomeric
0	0	0	0	0	0		4.3	0	0//		0	0	0	Elastomeric polyester monofilament of 67 decitex or more, other than synthetic monofilament of less than 67 decitex and of which no cross-sectional dimension exceeding 1mm classified in heading 54.02
0	0	0	0	0	0		4.3	0	0//		0	0	0	Other elastomeric synthetic monofilament of 67 decitex or more, other than synthetic monofilament of less than 67 decitex and of which no cross-sectional dimension exceeding 1mm classified in heading 54.02
0	0	0	0	0	0		0	0	0//		0	0	0	-- Other, of polypropylene
														-- Other
0	0	0	0	0	2		4	0	0//		0	0	0	Polyester monofilament of 67 decitex or more, other than synthetic monofilament of less than 67 decitex and of which no cross-sectional dimension exceeding 1mm classified in heading 54.02
0	0	0	0	0	2		4	0	0//		0	0	0	Other synthetic monofilament of 67 decitex or more, other than synthetic monofilament of less than 67 decitex and of which no cross-sectional dimension exceeding 1mm classified in heading 54.02

税号	货品名称	进口关税 % 最惠国	普通	年内暂定	增值/消费税%	出口退税%	统计计量单位	监管证件代码	检验检疫类别	协定税率 % 东盟	亚太	智利
5404.9000	- 其他	5	80		17	17	千克			0		0
54.05	**截面尺寸不超过1毫米，细度在67分特及以上的人造纤维单丝；表观宽度不超过5毫米的人造纤维纺织材料制扁条及类似品（例如，人造草）：**											
5405.0000	截面尺寸不超过1毫米，细度在67分特及以上的人造纤维单丝；表观宽度不超过5毫米的人造纤维纺织材料制扁条及类似品（例如，人造草）	5	80		17	17	千克			0		0
54.06	**化学纤维长丝纱线（缝纫线除外），供零售用：**											
5406.0010	--- 合成纤维长丝纱线	5	90		17	17	千克			0		0
5406.0020	--- 人造纤维长丝纱线	5	90		17	17	千克			0		0
54.07	**合成纤维长丝纱线的机织物，包括税目54.04所列材料的机织物：**											
	- 尼龙或其他聚酰胺高强力纱、聚酯高强力纱纺制的机织物：											
5407.1010	--- 尼龙或其他聚酰胺高强力纱纺制	10	130		17	17	米/千克	A	M/	0		0
5407.1020	--- 聚酯高强力纱纺制											
54071020.10	聚酯高强力纱纺制机织物(重量≤170克/平方米)	10	130		17	17	米/千克	A	M/	0		0
54071020.90	聚酯高强力纱纺制机织物(重量>170克/平方米)	10	130		17	17	米/千克	A	M/	0		0
5407.2000	- 扁条及类似品的机织物											
54072000.10	聚乙烯聚丙烯扁条或类似机织物(宽度在3米以下)	10	130		17	17	米/千克			0		0
54072000.90	其他合成纤维扁条及类似品机织物	10	130		17	17	米/千克			0		0
5407.3000	- 第十一类注释九所列的机织物											
54073000.10	平行纱线相互层迭并粘合织物(第十一类注释九所列的机织物,含塑料>60%)	10	130		17	17	米/千克			0		0
54073000.20	平行纱线相互层迭并粘合织物(第十一类注释九所列的机织物，含塑料≤60%)	10	130		17	17	米/千克			0		0
	- 其他机织物，按重量计尼龙或其他聚酰胺长丝含量在85%及以上：											
5407.4100	-- 未漂白或漂白											
54074100.10	未漂或漂白的打字机带用机织物(尼龙或其他聚酰胺长丝含量≥85%)	10	130		17	17	米/千克			0		0
54074100.20	未漂白纯尼龙机织物(尼龙含量≥85%)	10	130		17	17	米/千克			0		0
54074100.90	未漂白的或漂白的其他机织物(其他聚酰胺长丝含量≥85%)	10	130		17	17	米/千克			0		0
5407.4200	-- 染色	10	130		17	17	米/千克			0	9.5	0
5407.4300	-- 色织	10	130		17	17	米/千克			0	7	0
5407.4400	-- 印花	10	130		17	17	米/千克			0		0
	- 其他机织物，按重量计聚酯变形长丝含量在85%及以上：											
5407.5100	-- 未漂白或漂白											
54075100.10	未漂白或漂白纯聚酯变形长丝布(聚酯变形长丝含量≥85%,重量≤170克/平方米)	10	130		17	17	米/千克			0	7	0
54075100.20	未漂白或漂白纯聚酯变形长丝机织物(聚酯变形长丝含量≥85%,重量大于170克/平方米)	10	130		17	17	米/千克			0	7	0
5407.5200	-- 染色											
54075200.10	染色的聚酯变形长丝布,含量≥85%(宽<77厘米,每厘米经纱密70-142根,纬密32-71根)	10	130		17	17	米/千克			0	9.5	0
54075200.91	染色的其他聚酯变形长丝机织物(聚酯变形长丝含量≥85%,重量≤170克/平方米)	10	130		17	17	米/千克			0	9.5	0
54075200.92	染色的其他聚酯变形长丝机织物(聚酯变形长丝含量≥85%,重量>170克/平方米)	10	130		17	17	米/千克			0	9.5	0

协定税率 %										特惠税率 %				Article Description
巴基斯坦	冰岛	哥斯达黎	秘鲁	新西兰	瑞士	新加坡	韩国	澳大利亚	港澳台	老挝	孟加拉	33 国	7 国	
0	0	0	0	0	0		4	0	/0/		0	0	0	- Other
														Artificial monofilament of 67 decitex or more and of which no cross-sectional dimension exceeds 1mm；strip and the like（for example, artificial straw）of artificial textile materials of an apparent width not exceeding 5mm:
0	0	0	0	0	0		0	0	/0/		0	0	0	Artificial monofilament of 67 decitex or more and of which no cross-sectional dimension exceeds 1mm；strip and the like（for example, artificial straw）of artificial textile materials of an apparent width not exceeding 5mm
														Man-made filament yarn, other than sewing thread, put up for retail sale:
0	0	0	0	0	0		0	0	/0/		0	0	0	--- Synthetic filament yarn
0	0	0	0	0	0		0	0	/0/		0	0	0	--- Artificial filament yarn
														Woven fabrics of synthetic filament yarn, including woven fabrics obtained from materials of heading 54.04:
														- Woven fabrics obtained from high tenacity yarn of nylon or other polyamides or of polyesters:
0	0	0	0	0	4	0	6	6	0//0			0	0	--- Of nylon or other polyamides
														--- Of polyesters
0	0	0	0	0	4	0	6	6	//0			0	0	Woven fabrics of high tenacity yarn of polyester, weighing not exceeding 170g/m^2
0	0	0	0	0	4	0	6	6	//0			0	0	Woven fabrics of high tenacity yarn of polyester, weighing exceeding 170g/m^2
														- Woven fabrics obtained from strip or the like
0	0	0	0	0	4	0	9	6				0	0	Woven fabrics obtained from strip or the like of polyethylene or polypropylene, of a width not exceeding 3m
0	0	0	0	0	4	0	9	6				0	0	Other woven fabrics obtained from strip or the like of synthetic filament
														- Fabrics specified in Note 9 to Section XI
0	0	0	0	0	4	0	6	6				0	0	Woven fabrics consisting of parallel textile yarns superimposed and bonded each other, specified in Note 9 to Section XI, containing 60% or more by weight of plastics
0	0	0	0	0	4	0	6	6				0	0	Woven fabrics consisting of parallel textile yarns superimposed and bonded each other, specified in Note 9 to Section XI, containing 60% or less by weight of plastics
														- Other woven fabrics, containing 85% or more by weight of filaments of nylon or other polyamides:
														-- Unbleached or bleached
0	0	0	0	0	4	0	6	6	0//0			0	0	Woven fabrics for typewriter ribbon, unbleached or bleached, containing 85% or more by weight of nylon filaments or of other polyamides
0	0	0	0	0	4	0	6	6	0//0			0	0	Woven fabrics of nylon, unbleached, containing 85% or more by weight of filaments of nylon
0	0	0	0	0	4	0	6	6	0//0			0	0	Other woven fabrics, unbleached or bleached, containing 85% or more by weight of filaments of other polyamides
0	0	0	0	0	4	0	9	6	0/0/0	0	0	0	0	-- Dyed
0	0	0	0	0	4	0	6	6	0//0			0	0	-- Of yarns of different colours
0	0	0	0	0	4	0	9	6				0	0	-- Printed
														- Other woven fabrics, containing 85% or more by weight of textured polyester filaments:
														-- Unbleached or bleached
0	0	0	0	0	4	0	6	6	//0			0	0	Cloth of textured polyester filaments, unbleached or bleached, containing 85% or more by weight of textured polyester filaments, weighing not exceeding 170g/m^2
0	0	0	0	0	4	0	6	6	//0			0	0	Woven fabrics of textured polyester filaments, unbleached or bleached, containing 85% or more by weight of textured polyester filaments, weighing exceeding 170g/m^2
														-- Dyed
0	0	0	0	0	4	0	9	6	0//0	0	0	0	0	Cloth of textured polyester filaments, dyed, containing 85% or more by weight of textured polyester filaments, of a width less than 77cm, of a warp-yarn density 70-142yarns/cm and a weft-yarn density 32-71yarns/cm
0	0	0	0	0	4	0	9	6	0//0	0	0	0	0	Other woven fabrics of textured polyester filaments, dyed, containing 85% or more by weight of textured polyester filaments, weighing not exceeding 170g/m^2
0	0	0	0	0	4	0	9	6	0//0	0	0	0	0	Other woven fabrics of textured polyester filaments, dyed, containing 85% or more by weight of textured polyester filaments, weighing exceeding 170g/m^2

税号	货品名称	进口关税 %			增值/消费税%	出口退税%	统计计量单位	监管证件代码	检验检疫类别	协定税率 %		
		最惠国	普通	年内暂定						东盟	亚太	智利
5407.5300	-- 色织											
54075300.10	色织的聚酯变形长丝布,含量≥85%(宽<77厘米,每厘米经纱密70-142根,纬密32-71根)	10	130		17	17	米/千克			0		0
54075300.91	色织的聚酯变形长丝机织物(聚酯变形长丝含量≥85%,重量≤170克/平方米)	10	130		17	17	米/千克			0		0
54075300.92	色织的聚酯变形长丝机织物(聚酯变形长丝含量≥85%, 重量>170克/平方米)	10	130		17	17	米/千克			0		0
5407.5400	-- 印花											
54075400.10	印花的聚酯变形长丝机织物(聚酯变形长丝含量≥85%,重量≤170克/平方米)	10	130		17	17	米/千克			0		0
54075400.20	印花的聚酯变形长丝机织物(聚酯变形长丝含量≥85%,重量>170克/平方米)	10	130		17	17	米/千克			0		0
	- 其他机织物，按重量计聚酯长丝含量在85%及以上:											
5407.6100	-- 按重量计聚酯非变形长丝含量在85%及以上											
54076100.11	染色聚酯非变形长丝布,含量≥85%(宽<77厘米,每厘米经纱密70-142根,纬密32-71根)	10	130		17	17	米/千克			0	9.5	0
54076100.12	色织聚酯非变形长丝布,含量≥85%(宽<77厘米,每厘米经纱密70-142根,纬密32-71根)	10	130		17	17	米/千克			0	9.5	0
54076100.20	全聚酯其他非变形长丝机织物(单纱含27根丝,细度75-80分特,捻度900转及以上)	10	130		17	17	米/千克			0	9.5	0
54076100.31	未漂白或漂白聚酯非变形长丝机织物(聚酯非变形长丝含量≥85%,重量>170克/平方米)	10	130		17	17	米/千克			0	9.5	0
54076100.32	未漂白或漂白聚酯非变形长丝机织物(聚酯非变形长丝含量≥85%,重量≤170克/平方米)	10	130		17	17	米/千克			0	9.5	0
54076100.41	染色其他聚酯非变形长丝布(聚酯非变形长丝含量≥85%,重量>170克/平方米)	10	130		17	17	米/千克			0	9.5	0
54076100.42	染色其他纯聚酯非变形长丝布(聚酯非变形长丝含量≥85%,重量≤170克/平方米)	10	130		17	17	米/千克			0	9.5	0
54076100.51	色织其他聚酯非变形长丝布(聚酯非变形长丝含量≥85%,重量>170克/平方米)	10	130		17	17	米/千克			0	9.5	0
54076100.52	色织其他聚酯非变形长丝布(聚酯非变形长丝含量≥85%,重量≤170克/平方米)	10	130		17	17	米/千克			0	9.5	0
54076100.61	印花其他聚酯非变形长丝布(聚酯非变形长丝含量≥85%,重量>170克/平方米)	10	130		17	17	米/千克			0	9.5	0
54076100.62	印花其他聚酯非变形长丝布(聚酯非变形长丝含量≥85%,重量≤170克/平方米)	10	130		17	17	米/千克			0	9.5	0
5407.6900	-- 其他											
54076900.11	未漂白或漂白其他聚酯长丝布(聚酯长丝含量≥85%,重量>170克/平方米)	10	130		17	17	米/千克			0	9.5	0
54076900.12	未漂白或漂白其他聚酯长丝布(聚酯长丝含量≥85%,重量≤170克/平方米)	10	130		17	17	米/千克			0	9.5	0
54076900.21	染色其他聚酯长丝布(聚酯长丝含量≥85%,重量>170克/平方米)	10	130		17	17	米/千克			0	9.5	0
54076900.22	染色其他聚酯长丝布(聚酯长丝含量≥85%,重量≤170克/平方米)	10	130		17	17	米/千克			0	9.5	0
54076900.31	色织其他聚酯长丝布,含量≥85%(每厘米经纱密70-142根,纬密32-71根)	10	130		17	17	米/千克			0	9.5	0
54076900.32	色织其他聚酯长丝布(聚酯长丝含量≥85%,重量>170克/平方米)	10	130		17	17	米/千克			0	9.5	0

协定税率 %										特惠税率 %				Article Description
巴基斯坦	冰岛	哥斯达黎	秘鲁	新西兰	瑞士	新加坡	韩国	澳大利亚	港澳台	老挝	孟加拉	33 国	7 国	
														-- Of yarns of different colours
0	0	0	0	0	4	0	6	6	//0			0	0	Woven fabrics of textured polyester filaments, of yarns of different colours, containing 85% or more by weight of textured polyester filaments, of a width less than 77cm, of a warp-yarn density 70-142yarns/cm and a weft-yarn density 32-71yarns/cm
0	0	0	0	0	4	0	6	6	//0			0	0	Woven fabrics of textured polyester filaments, of yarns of different colours, containing 85% or more by weight of textured polyester filaments, weighing not exceeding 170g/m^2
0	0	0	0	0	4	0	6	6	//0			0	0	Woven fabrics of textured polyester filaments, of yarns of different colours, containing 85% or more by weight of textured polyester filaments, weighing exceeding 170g/m^2
														-- Printed
0	0	0	0	0	4	0	8.6	6	//0			0	0	Woven fabrics of textured polyester filaments, printed, containing 85% or more by weight of textured polyester filaments, weighing not exceeding 170g/m^2
0	0	0	0	0	4	0	8.6	6	//0			0	0	Woven fabrics of textured polyester filaments, printed, containing 85% or more by weight of textured polyester filaments, weighing exceeding 170g/m^2
														- Other woven fabrics, containing 85% or more by weight of polyester filaments:
														-- Containing 85% or more by weight of non-textured polyester filaments
0	0	0	0	0	4	0	9	6	0/0/0		0	0	0	Cloth of non-textured polyester filaments, dyed, containing 85% or more by weight of non-textured polyester filaments, of a width less than 77cm, of a warp-yarn density 70-142yarns/cm and a weft-yarn density 32-71yarns/cm
0	0	0	0	0	4	0	9	6	0/0/0		0	0	0	Cloth of non-textured polyester filaments, of yarns of different colours, containing 85% or more by weight of non-textured polyester filaments, of a width less than 77cm, of a warp-yarn density 70-142yarns/cm and a weft-yarn density 32-71yarns/cm
0	0	0	0	0	4	0	9	6	0/0/0		0	0	0	Woven fabrics of non-textured polyester filaments, of which single yarns composed of 27 threads, of 75-80 decitex, with a twist exceeding 900 turns per meter
0	0	0	0	0	4	0	9	6	0/0/0		0	0	0	Woven fabrics of non-textured polyester filaments, unbleached or bleached, containing 85% or more by weight of non-textured polyester filaments, weighing exceeding 170g/m^2
0	0	0	0	0	4	0	9	6	0/0/0		0	0	0	Woven fabrics of non-textured polyester filaments, unbleached or bleached, containing 85% or more by weight of non-textured polyester filaments, weighing not exceeding 170g/m^2
0	0	0	0	0	4	0	9	6	0/0/0		0	0	0	Other woven fabrics of non-textured polyester filaments, dyed, containing 85% or more by weight of non-textured polyester filaments, weighing exceeding 170g/m^2
0	0	0	0	0	4	0	9	6	0/0/0		0	0	0	Other cloth of non-textured polyester filaments, dyed, containing 85% or more by weight of non-textured polyester filaments, weighing not exceeding 170g/m^2
0	0	0	0	0	4	0	9	6	0/0/0		0	0	0	Other cloth of non-textured polyester filaments, of yarns of different colours, containing 85% or more by weight of non-textured polyester filaments, weighing exceeding 170g/m^2
0	0	0	0	0	4	0	9	6	0/0/0		0	0	0	Other cloth of non-textured polyester filaments, of yarns of different colours, containing 85% or more by weight of non-textured polyester filaments, weighing not exceeding 170g/m^2
0	0	0	0	0	4	0	9	6	0/0/0		0	0	0	Other cloth of non-textured polyester filaments, printed, containing 85% or more by weight of non-textured polyester filaments, weighing exceeding 170g/m^2
0	0	0	0	0	4	0	9	6	0/0/0		0	0	0	Other cloth of non-textured polyester filaments, printed, containing 85% or more by weight of non-textured polyester filaments, weighing not exceeding 170g/m^2
														-- Other
0	0	0	0	0	4	0	9	6	//0		0	0	0	Other cloth of polyester filaments, unbleached or bleached, containing 85% or more by weight of polyester filaments, weighing exceeding 170g/m^2
0	0	0	0	0	4	0	9	6	//0		0	0	0	Other cloth of polyester filaments, unbleached or bleached, containing 85% or more by weight of polyester filaments, weighing not exceeding 170g/m^2
0	0	0	0	0	4	0	9	6	//0		0	0	0	Other cloth of polyester filaments, dyed, containing 85% or more by weight of polyester filaments, weighing exceeding 170g/m^2
0	0	0	0	0	4	0	9	6	//0		0	0	0	Other cloth of polyester filaments, dyed, containing 85% or more by weight of polyester filaments, weighing not exceeding 170g/m^2
0	0	0	0	0	4	0	9	6	//0		0	0	0	Other cloth of polyester filaments, of yarns of different colours, containing 85% or more by weight of polyester filaments, of a warp-yarn density 70-142yarns/cm and a weft-yarn density 32-71yarns/cm
0	0	0	0	0	4	0	9	6	//0		0	0	0	Other cloth of polyester filaments, of yarns of different colours, containing 85% or more by weight of polyester filaments, weighing exceeding 170g/m^2

税 号	货 品 名 称	进口关税 %			增值/消费税%	出口退税%	统计计量单位	监管证件代码	检验检疫类别	协定税率 %		
		最惠国	普通	年内暂定						东盟	亚太	智利
54076900.33	色织其他聚酯长丝布(聚酯长丝含量≥85%,重量≤170克/平方米)	10	130		17	17	米/千克			0	9.5	0
54076900.41	印花其他聚酯长丝布(聚酯长丝含量≥85%,重量>170克/平方米)	10	130		17	17	米/千克			0	9.5	0
54076900.42	印花其他聚酯长丝布(聚酯长丝含量≥85%,重量≤170克/平方米)	10	130		17	17	米/千克			0	9.5	0
	- 其他机织物,按重量计其他合成纤维长丝含量在85%及以上:											
5407.7100	-- 未漂白或漂白	10	130		17	17	米/千克			0	8.8	0
5407.7200	-- 染色	10	130		17	17	米/千克			0	9.5	0
5407.7300	-- 色织	10	130		17	17	米/千克			0		0
5407.7400	-- 印花	10	130		17	17	米/千克			0	9.5	0
	- 其他机织物,按重量计其他合成纤维长丝含量在85%以下,主要或仅与棉混纺:											
5407.8100	-- 未漂白或漂白											
54078100.10	未漂白或漂白与棉混纺府绸及细平布(其他合成纤维长丝含量在85%以下)	10	130		17	17	米/千克			0		0
54078100.20	未漂白或漂白的与棉混纺平布(其他合成纤维长丝含量在85%以下)	10	130		17	17	米/千克			0		0
54078100.30	未漂或漂白的与棉混纺印染用布(混纺合纤布指按重量计其他合成纤维长丝含量在85%以下)	10	130		17	17	米/千克			0		0
54078100.40	未漂白或漂白与棉混纺缎纹或斜纹布(混纺合纤布指按重量计其他合成纤维长丝含量在85%以下)	10	130		17	17	米/千克			0		0
54078100.90	未漂白或漂白与棉混纺其他合纤布(混纺合纤布指按重量计其他合成纤维长丝含量在85%以下)	10	130		17	17	米/千克			0		0
5407.8200	-- 染色											
54078200.10	染色的与棉混纺府绸及细平布(混纺合纤布指按重量计其他合成纤维长丝含量在85%以下)	10	130		17	17	米/千克			0		0
54078200.20	染色的与棉混纺平布(混纺合纤布指按重量计其他合成纤维长丝含量在85%以下)	10	130		17	17	米/千克			0		0
54078200.30	染色的与棉混纺印染用布(混纺合纤布指按重量计其他合成纤维长丝含量在85%以下)	10	130		17	17	米/千克			0		0
54078200.40	染色的与棉混纺缎纹或斜纹布(混纺合纤布指按重量计其他合成纤维长丝含量在85%以下)	10	130		17	17	米/千克			0		0
54078200.90	染色的与棉混纺其他合成纤维布(混纺合纤布指按重量计其他合成纤维长丝含量在85%以下)	10	130		17	17	米/千克			0		0
5407.8300	-- 色织											
54078300.10	色织的与棉混纺府绸及细平布(混纺合纤布指按重量计其他合成纤维长丝含量在85%以下)	10	130		17	17	米/千克			0		0
54078300.20	色织的与棉混纺平布(混纺合纤布指按重量计其他合成纤维长丝含量在85%以下)	10	130		17	17	米/千克			0		0
54078300.30	色织的与棉混纺印染用布(混纺合纤布指按重量计其他合成纤维长丝含量在85%以下)	10	130		17	17	米/千克			0		0
54078300.40	色织的与棉混纺缎纹或斜纹布(混纺合纤布指按重量计其他合成纤维长丝含量在85%以下)	10	130		17	17	米/千克			0		0
54078300.90	色织的与棉混纺其他合成纤维布(混纺合纤布指按重量计其他合成纤维长丝含量在85%以下)	10	130		17	17	米/千克			0		0
5407.8400	-- 印花											
54078400.10	印花的与棉混纺府绸及细平布(混纺合纤布指按重量计其他合成纤维长丝含量在85%以下)	10	130		17	17	米/千克			0		0
54078400.30	印花的与棉混纺印染用布(混纺合纤布指按重量计其他合成纤维长丝含量在85%以下)	10	130		17	17	米/千克			0		0
54078400.90	印花的与棉混纺其他合成纤维布(混纺合纤布指按重量计其他合成纤维长丝含量在85%以下)	10	130		17	17	米/千克			0		0
	- 其他机织物:											
5407.9100	-- 未漂白或漂白											

协定税率 %										特惠税率 %				Article Description
巴基斯坦	冰岛	哥斯达黎	秘鲁	新西兰	瑞士	新加坡	韩国	澳大利亚	港澳台	老挝	孟加拉	33 国	7 国	
0	0	0	0	0	4	0	9	6	//0		0	0	0	Other cloth of polyester filaments, of yarns of different colours, containing 85% or more by weight of polyester filaments, weighing not exceeding 170g/m^2
0	0	0	0	0	4	0	9	6	//0		0	0	0	Other cloth of polyester filaments, printed, containing 85% or more by weight of polyester filaments, weighing exceeding 170g/m^2
0	0	0	0	0	4	0	9	6	//0		0	0	0	Other cloth of polyester filaments, printed, containing 85% or more by weight of polyester filaments, weighing not exceeding 170g/m^2
														- Other woven fabrics, containing 85% or more by weight of synthetic filaments:
0	0	0	0	0	4	0	6	6	0//0			0	0	-- Unbleached or bleached
0	0	0	0	0	4	0	9	6	0//0	0	0	0	0	-- Dyed
0	0	0	0	0	4	0	9	6				0	0	-- Of yarns of different colours
0	0	0	0	0	4	0	6	6				0	0	-- Printed
														- Other woven fabrics, containing less than 85% by weight of synthetic filaments, mixed mainly or solely with cotton:
														-- Unbleached or bleached
0	0	0	0	0	4	0	6	6	0//			0	0	Poplin and fine plain cloth, unbleached or bleached, mixed with cotton, containing less than 85% by weight of synthetic filaments
0	0	0	0	0	4	0	6	6	0//			0	0	Plain cloth, unbleached or bleached, mixed with cotton, containing less than 85% by weight of synthetic filaments
0	0	0	0	0	4	0	6	6	0//			0	0	Cloth for printing and dyeing, unbleached or bleached, mixed with cotton, containing less than 85% by weight of synthetic filaments
0	0	0	0	0	4	0	6	6	0//			0	0	Satin cloth or twill cloth, unbleached or bleached, mixed with cotton, containing less than 85% by weight of synthetic filaments
0	0	0	0	0	4	0	6	6	0//			0	0	Other cloth of synthetic filaments, unbleached or bleached, mixed with cotton, containing less than 85% by weight of synthetic filaments
														-- Dyed
0	0	0	0	0	4	0	9	6	0//0		0	0	0	Poplin and fine plain cloth, dyed, mixed with cotton, containing less than 85% by weight of synthetic filaments
0	0	0	0	0	4	0	9	6	0//0		0	0	0	Plain cloth, dyed, mixed with cotton, containing less than 85% by weight of synthetic filaments
0	0	0	0	0	4	0	9	6	0//0		0	0	0	Cloth for printing and dyeing, dyed, mixed with cotton, containing less than 85% by weight of synthetic filaments
0	0	0	0	0	4	0	9	6	0//0		0	0	0	Satin or twill cloth, dyed, mixed with cotton ,containing less than 85% by weight of synthetic filaments
0	0	0	0	0	4	0	9	6	0//0		0	0	0	Cloth of synthetic filaments, dyed, mixed with cotton, containing less than 85% by weight of synthetic filaments
														-- Of yarns of different colours
0	0	0	0	0	4	0	6	6	//0			0	0	Poplin and fine plain cloth, of yarns of different colours, mixed with cotton, containing less than 85% by weight of synthetic filaments
0	0	0	0	0	4	0	6	6	//0			0	0	Plain cloth, of yarns of different colours, mixed with cotton, containing less than 85% by weight of synthetic filaments
0	0	0	0	0	4	0	6	6	//0			0	0	Cloth for printing and dyeing, of yarns of different colours, mixed with cotton, containing less than 85% by weight of synthetic filaments
0	0	0	0	0	4	0	6	6	//0			0	0	Satin or twill cloth, of yarns of different colours, mixed with cotton, containing less than 85% by weight of synthetic filaments
0	0	0	0	0	4	0	6	6	//0			0	0	Cloth of synthetic filaments, of yarns of different colours, mixed with cotton, containing less than 85% by weight of synthetic filaments
														-- Printed
0	0	0	0	0	4	0	6	6				0	0	Poplin and fine plain cloth, printed, mixed with cotton, containing less than 85% by weight of synthetic filaments
0	0	0	0	0	4	0	6	6				0	0	Cloth for printing and dyeing, printed, mixed with cotton, containing less than 85% by weight of synthetic filaments
0	0	0	0	0	4	0	6	6				0	0	Other cloth of synthetic filaments, printed, mixed with cotton, containing less than 85% by weight of synthetic filaments
														- Other woven fabrics:
														-- Unbleached or bleached

税号	货品名称	进口关税 %			增值/消费税%	出口退税%	统计计量单位	监管证件代码	检验检疫类别	协定税率 %		
		最惠国	普通	年内暂定						东盟	亚太	智利
54079100.11	未漂白或漂白的其他混纺合成纤维布(与精梳羊毛或动物细毛≥36%混纺,合纤<85%)	10	130		17	17	米/千克			0		0
54079100.19	未漂白或漂白的其他混纺合成纤维布(合纤含量在85%以下,与其他羊毛或动物细毛36%及以上混纺)	10	130		17	17	米/千克			0		0
54079100.21	未漂白或漂白的其他混纺合成纤维布(与精梳羊毛或动物细毛<36%混纺,合纤<85%)	10	130		17	17	米/千克			0		0
54079100.29	未漂白或漂白的其他混纺合成纤维布(与其他羊毛或动物细毛<36%混纺,合纤<85%)	10	130		17	17	米/千克			0		0
54079100.30	未漂白或漂白的其他混纺合成纤维布(与人造纤维长丝混纺,合纤含量<85%)	10	130		17	17	米/千克			0		0
54079100.91	未漂白或漂其他混纺府绸及细平布(合成纤维长丝含量在85%以下,与其他纤维混纺)	10	130		17	17	米/千克			0		0
54079100.92	未漂白或漂白的其他混纺平布(合成纤维长丝含量在85%以下,与其他纤维混纺)	10	130		17	17	米/千克			0		0
54079100.93	未漂白或漂白的其他混纺印染用布(合成纤维长丝含量在85%以下,与其他纤维混纺)	10	130		17	17	米/千克			0		0
54079100.94	未漂白或漂其他混纺缎纹或斜纹布(合成纤维长丝含量在85%以下,与其他纤维混纺)	10	130		17	17	米/千克			0		0
54079100.99	未漂白或漂白的其他混纺合成纤维布(合成纤维长丝含量在85%以下,与其他纤维混纺)	10	130		17	17	米/千克			0		0
5407.9200	-- 染色											
54079200.11	染色的其他混纺合成纤维布(与精梳羊毛或动物细毛≥36%混纺,合纤<85%)	10	130		17	17	米/千克			0		0
54079200.19	染色的其他混纺合成纤维布(与其他羊毛或动物细毛≥36%混纺,合纤<85%)	10	130		17	17	米/千克			0		0
54079200.21	染色的其他混纺合成纤维布(与精梳羊毛或动物细毛<36%混纺,合纤<85%)	10	130		17	17	米/千克			0		0
54079200.29	染色的其他混纺合成纤维布(与其他羊毛或动物细毛<36%混纺,合纤<85%)	10	130		17	17	米/千克			0		0
54079200.30	染色的其他混纺合成纤维布(与人造纤维长丝或含金属纱线混纺,合纤含量在85%以下)	10	130		17	17	米/千克			0		0
54079200.91	染色的其他混纺府绸及细平布(合成纤维长丝含量在85%以下,与其他纤维混纺)	10	130		17	17	米/千克			0		0
54079200.92	染色的其他混纺平布(合成纤维长丝含量在85%以下,与其他纤维混纺)	10	130		17	17	米/千克			0		0
54079200.93	染色的其他混纺印染用布(合成纤维长丝含量在85%以下,与其他纤维混纺)	10	130		17	17	米/千克			0		0
54079200.94	染色的其他混纺缎纹或斜纹布(合成纤维长丝含量在85%以下,与其他纤维混纺)	10	130		17	17	米/千克			0		0
54079200.99	染色的其他混纺合成纤维布(合成纤维长丝含量在85%以下,与其他纤维混纺)	10	130		17	17	米/千克			0		0
5407.9300	-- 色织											
54079300.11	色织的其他混纺合成纤维布(与精梳羊毛或动物细毛≥36%混纺,合纤<85%)	10	130		17	17	米/千克			0		0
54079300.19	色织的其他混纺合成纤维布(与其他羊毛或动物细毛≥36%混纺,合纤<85%)	10	130		17	17	米/千克			0		0
54079300.21	色织的其他混纺合成纤维布(与精梳羊毛或动物细毛<36%混纺,合纤<85%)	10	130		17	17	米/千克			0		0
54079300.29	色织的其他混纺合成纤维布(与其他羊毛或动物细毛<36%混纺,合纤<85%)	10	130		17	17	米/千克			0		0

协定税率 %										特惠税率 %				Article Description
巴基斯坦	冰岛	哥斯达黎	秘鲁	新西兰	瑞士	新加坡	韩国	澳大利亚	港澳台	老挝	孟加拉	33 国	7 国	
0	0	0	0	0	4	0	9	6	0//			0	0	Other cloth of synthetic filaments, unbleached or bleached, mixed with 36% or more by weight of combed wool or fine animal hair, containing less than 85% by weight of synthetic filaments
0	0	0	0	0	4	0	9	6	0//			0	0	Other cloth of synthetic filaments, unbleached or bleached, mixed with 36% or more by weight of other wool or fine animal hair, containing less than 85% by weight of synthetic filaments
0	0	0	0	0	4	0	9	6	0//			0	0	Other cloth of synthetic filaments, unbleached or bleached, mixed with less than 36% by weight of combed wool or fine animal hair, containing less than 85% by weight of synthetic filaments
0	0	0	0	0	4	0	9	6	0//			0	0	Other cloth of synthetic filaments, unbleached or bleached, mixed with less than 36% by weight of other wool or fine animal hair, containing less than 85% by weight of synthetic filaments
0	0	0	0	0	4	0	9	6	0//			0	0	Other cloth of synthetic filaments, unbleached or bleached, mixed with artificial filaments, containing less than 85% by weight of synthetic filaments
0	0	0	0	0	4	0	9	6	0//			0	0	Other poplin and fine plain cloth, unbleached or bleached, mixed with other fibres, containing less than 85% by weight of synthetic filaments
0	0	0	0	0	4	0	9	6	0//			0	0	Other plain cloth, unbleached or bleached, mixed with other fibres, containing less than 85% by weight of synthetic filaments
0	0	0	0	0	4	0	9	6	0//			0	0	Other cloth for printing and dyeing, unbleached or bleached, mixed with other fibres, containing less than 85% by weight of synthetic filaments
0	0	0	0	0	4	0	9	6	0//			0	0	Other satin or twill cloth, unbleached or bleached, mixed with other fibres, containing less than 85% by weight of synthetic filaments,
0	0	0	0	0	4	0	9	6	0//			0	0	Other cloth of synthetic filaments, unbleached or bleached, mixed with other fibres, containing less than 85% by weight of synthetic filaments
														-- Dyed
0	0	0	0	0	4	0	9	6	0//0	0	0	0	0	Other cloth of synthetic filaments, dyed, mixed with 36% or more by weight of combed wool or fine animal hair, containing less than 85% by weight of synthetic filaments
0	0	0	0	0	4	0	9	6	0//0	0	0	0	0	Other cloth of synthetic filaments, dyed, mixed with 36% or more by weight of other wool or fine animal hair, containing less than 85% by weight of synthetic filaments
0	0	0	0	0	4	0	9	6	0//0	0	0	0	0	Other cloth of synthetic filaments, dyed, mixed with less than 36% by weight of combed wool or fine animal hair, containing less than 85% by weight of synthetic filaments
0	0	0	0	0	4	0	9	6	0//0	0	0	0	0	Other cloth of synthetic filaments, dyed, mixed with less than 36% by weight of other wool or fine animal hair, containing less than 85% by weight of synthetic filaments
0	0	0	0	0	4	0	9	6	0//0	0	0	0	0	Other cloth of synthetic filaments, dyed, mixed with artificial filaments or metallized yarn, containing less than 85% by weight of synthetic filaments
0	0	0	0	0	4	0	9	6	0//0	0	0	0	0	Other poplin and fine plain cloth, dyed, mixed with other fibres, containing less than 85% by weight of synthetic filaments
0	0	0	0	0	4	0	9	6	0//0	0	0	0	0	Other plain cloth, dyed, mixed with other fibres, containing less than 85% by weight of synthetic filaments
0	0	0	0	0	4	0	9	6	0//0	0	0	0	0	Other cloth for printing and dyeing, dyed, mixed with other fibres, containing less than 85% by weight of synthetic filaments
0	0	0	0	0	4	0	9	6	0//0	0	0	0	0	Other satin or twill cloth, dyed, mixed with other fibres, containing less than 85% by weight of synthetic filaments
0	0	0	0	0	4	0	9	6	0//0	0	0	0	0	Other cloth of synthetic fibres, dyed, mixed with other fibres, containing less than 85% by weight of synthetic filaments
														-- Of yarns of different colours
0	0	0	0	0	4	0	6	6	//0			0	0	Other cloth of synthetic filaments, of yarns of different colours, mixed with 36% or more by weight of combed wool or fine animal hair, containing less than 85% by weight of synthetic filaments
0	0	0	0	0	4	0	6	6	//0			0	0	Other cloth of synthetic filaments, of yarns of different colours, mixed with 36% or more by weight of other wool or fine animal hair, containing less than 85% by weight of synthetic filaments
0	0	0	0	0	4	0	6	6	//0			0	0	Other cloth of synthetic filaments, of yarns of different colours, mixed with less than 36% by weight of combed wool or fine animal hair, containing less than 85% by weight of synthetic filaments
0	0	0	0	0	4	0	6	6	//0			0	0	Other cloth of synthetic filaments, of yarns of different colours, mixed with less than 36% by weight of other wool or fine animal hair, containing less than 85% by weight of synthetic filaments

税号	货品名称	进口关税 %			增值/消费税%	出口退税%	统计计量单位	监管证件代码	检验检疫类别	协定税率 %		
		最惠国	普通	年内暂定						东盟	亚太	智利
54079300.30	色织其他混纺合纤布,合纤<85%(含化纤长丝≥85%,每厘米经密70-142根,纬密32-71根)	10	130		17	17	米/千克			0		0
54079300.40	色织的其他混纺合成纤维布(与人造纤维长丝或含金属纱线混纺,合纤长丝含量<85%)	10	130		17	17	米/千克			0		0
54079300.91	色织的其他混纺府绸及细平布(合成纤维长丝含量在85%以下,与其他纤维混纺)	10	130		17	17	米/千克			0		0
54079300.92	色织的其他混纺平布(合成纤维长丝含量在85%以下,与其他纤维混纺)	10	130		17	17	米/千克			0		0
54079300.93	色织的其他混纺印染用布(合成纤维长丝含量在85%以下,与其他纤维混纺)	10	130		17	17	米/千克			0		0
54079300.94	色织的其他混纺缎纹或斜纹布(合成纤维长丝含量在85%以下,与其他纤维混纺)	10	130		17	17	米/千克			0		0
54079300.99	色织的其他混纺合成纤维布(合成纤维长丝含量在85%以下,与其他纤维混纺)	10	130		17	17	米/千克			0		0
5407.9400	--- 印花											
54079400.10	印花的其他混纺合成纤维布(与羊毛或动物细毛≥36%混纺,合纤<85%)	10	130		17	17	米/千克			0		0
54079400.20	印花的其他混纺合成纤维布(与羊毛或动物细毛<36%混纺,合纤<85%)	10	130		17	17	米/千克			0		0
54079400.30	印花的其他混纺合成纤维布(与人造纤维长丝或含金属纱线混纺,合纤含量<85%)	10	130		17	17	米/千克			0		0
54079400.91	印花的其他混纺府绸及细平布(合成纤维长丝含量在85%以下,与其他纤维混纺)	10	130		17	17	米/千克			0		0
54079400.92	印花的其他混纺平布(合成纤维长丝含量在85%以下,与其他纤维混纺)	10	130		17	17	米/千克			0		0
54079400.93	印花的其他混纺印染用布(合成纤维长丝含量在85%以下,与其他纤维混纺)	10	130		17	17	米/千克			0		0
54079400.94	印花的其他混纺缎纹或斜纹布(合成纤维长丝含量在85%以下,与其他纤维混纺)	10	130		17	17	米/千克			0		0
54079400.99	印花的其他混纺合成纤维布(合成纤维长丝含量在85%以下,与其他纤维混纺)	10	130		17	17	米/千克			0		0
54.08	**人造纤维长丝纱线的机织物,包括税目54.05所列材料的机织物:**											
5408.1000	- 粘胶纤维高强力纱的机织物	10	130		17	17	米/千克			0		0
	- 其他机织物,按重量计人造纤维长丝、扁条或类似品含量在85%及以上:											
	-- 未漂白或漂白:											
5408.2110	--- 粘胶长丝制	12	130		17	17	米/千克			0		0
5408.2120	--- 醋纤长丝制	12	130		17	17	米/千克			0		0
5408.2190	--- 其他	12	130		17	17	米/千克			0		0
	-- 染色:											
5408.2210	--- 粘胶长丝制	10	130		17	17	米/千克			0		0
5408.2220	--- 醋纤长丝制	10	130		17	17	米/千克			0		0
5408.2290	--- 其他	10	130		17	17	米/千克			0		0
	-- 色织:											
5408.2310	--- 粘胶长丝制	10	130		17	17	米/千克			0		0
5408.2320	--- 醋纤长丝制	10	130		17	17	米/千克			0		0
5408.2390	--- 其他	10	130		17	17	米/千克			0		0
	-- 印花:											
5408.2410	--- 粘胶长丝制	10	130		17	17	米/千克			0		0
5408.2420	--- 醋纤长丝制	10	130		17	17	米/千克			0		0
5408.2490	--- 其他	10	130		17	17	米/千克			0		0
	- 其他机织物:											
5408.3100	-- 未漂白或漂白											

协定税率 %										特惠税率 %				Article Description
巴基斯坦	冰岛	哥斯达黎	秘鲁	新西兰	瑞士	新加坡	韩国	澳大利亚	港澳台	老挝	孟加拉	33 国	7 国	
0	0	0	0	0	4	0	6	6	//0			0	0	Other cloth of synthetic filaments, of yarns of different colours, containing less than 85% by weight of synthetic filaments and 85% or more by weight of chemical filaments, of a warp-yarn density 70-142yarns/cm and a weft-yarn density 32-71yarns/cm
0	0	0	0	0	4	0	6	6	//0			0	0	Other cloth of synthetic filaments, of yarns of different colours, mixed with artificial filaments or metallized yarn, containing less than 85% by weight of synthetic filaments
0	0	0	0	0	4	0	6	6	//0			0	0	Other poplin and fine plain cloth, of yarns of different colours, mixed with other fibres, containing less than 85% by weight of synthetic filaments
0	0	0	0	0	4	0	6	6	//0			0	0	Other plain cloth, of yarns of different colours, mixed with other fibres, containing less than 85% by weight of synthetic filaments
0	0	0	0	0	4	0	6	6	//0			0	0	Other plain cloth for printing and dyeing, of yarns of different colours, mixed with other fibres, containing less than 85% by weight of synthetic filaments
0	0	0	0	0	4	0	6	6	//0			0	0	Other satin or twill cloth, of yarns of different colours, mixed with other fibres, containing less than 85% by weight of synthetic filaments
0	0	0	0	0	4	0	6	6	//0			0	0	Other cloth of synthetic filaments, of yarns of different colours, mixed with other fibres, containing less than 85% by weight of synthetic filaments
														-- Printed
0	0	0	0	0	4	0	6	6				0	0	Other cloth of synthetic filaments, printed, mixed with other fibres, containing 36% or more by weight of wool or fine animal hair, and less than 85% by weight of synthetic fibres
0	0	0	0	0	4	0	6	6				0	0	Other cloth of synthetic filaments, printed, mixed with other fibres, containing less than 36% by weight of wool or fine animal hair, and less than 85% by weight of synthetic fibres
0	0	0	0	0	4	0	6	6				0	0	Other cloth of synthetic filaments, printed, mixed with artificial filaments or metallized yarn, containing less than 85% by weight of synthetic filaments
0	0	0	0	0	4	0	6	6				0	0	Other poplin and fine plain cloth, printed, mixed with other fibres, containing less than 85% by weight of synthetic filaments
0	0	0	0	0	4	0	6	6				0	0	Other plain cloth, printed, mixed with other fibres, containing less than 85% by weight of synthetic filaments
0	0	0	0	0	4	0	6	6				0	0	Other woven fabrics for printing and dyeing, printed, mixed with other fibres, containing less than 85% by weight of synthetic filaments
0	0	0	0	0	4	0	6	6				0	0	Other satin or twill cloth, printed, mixed with other fibres, containing less than 85% by weight of synthetic filaments
0	0	0	0	0	4	0	6	6				0	0	Other cloth of synthetic filaments, printed, mixed with other fibres, containing less than 85% by weight of synthetic filaments
														Woven fabrics of artificial filament yarn,including woven fabrics obtained from materials of heading 54.05:
0	0	0	0	0	4	0	6	6				0	0	- Woven fabrics obtained from high tenacity yarn of viscose rayon
														- Other woven fabrics, containing 85% or more by weight of artificial filament or strip or the like:
														-- Unbleached or bleached:
0	0	0	0	0	8.4	0	7.2	7.2				0	0	--- Of yarns of viscose rayon
0	0	0	0	0	8.4	0	10.8	7.2				0	0	--- Of yarns of cellulose acetate
0	0	0	0	0	8.4	0	7.2	7.2				0	0	--- Other
														-- Dyed:
0	0	0	0	0	4	0	6	6	0//			0	0	--- Of yarns of viscose rayon
0	0	0	0	0	4	0	6	6	0//0			0	0	--- Of yarns of cellulose acetate
0	0	0	0	0	4	0	6	6	0//0			0	0	--- Other
														-- Of yarns of different colours:
0	0	0	0	0	4	0	6	6				0	0	--- Of yarns of viscose rayon
0	0	0	0	0	4	0	6	6				0	0	--- Of yarns of cellulose acetate
0	0	0	0	0	4	0	6	6	//0			0	0	--- Other
														-- Printed:
0	0	0	0	0	4	0	6	6	0//			0	0	--- Of yarns of viscose rayon
0	0	0	0	0	4	0	6	6	0//			0	0	--- Of yarns of cellulose acetate
0	0	0	0	0	4	0	6	6	0//			0	0	--- Other
														- Other woven fabrics:
														-- Unbleached or bleached

税号	货品名称	进口关税 %			增值/消费税%	出口退税%	统计计量单位	监管证件代码	检验检疫类别	协定税率 %		
		最惠国	普通	年内暂定						东盟	亚太	智利
54083100.11	未漂白或漂白人纤长丝机织物(与精梳羊毛或动物细毛≥36%混纺,人纤<85%)	10	130		17	17	米/千克			0		0
54083100.19	未漂白或漂白人纤长丝机织物(与其他羊毛或动物细毛≥36%混纺,人纤<85%)	10	130		17	17	米/千克			0		0
54083100.21	未漂白或漂白人纤长丝机织物(与精梳羊毛或动物细毛<36%混纺,人纤<85%)	10	130		17	17	米/千克			0		0
54083100.29	未漂白或漂白人纤长丝机织物(与其他羊毛或动物细毛<36%混纺,人纤<85%)	10	130		17	17	米/千克			0		0
54083100.30	未漂白或漂白人纤长丝机织物(与人纤长丝混纺,人纤长丝含量在85%以下)	10	130		17	17	米/千克			0		0
54083100.91	未漂白或漂白人纤长丝府绸及细平布(混纺布指按重量计人纤长丝,扁条或类似品含量在85%以下)	10	130		17	17	米/千克			0		0
54083100.92	未漂白或漂白人纤长丝平布(混纺布指按重量计人纤长丝,扁条或类似品含量在85%以下)	10	130		17	17	米/千克			0		0
54083100.93	未漂白或漂白人纤长丝印染用布(混纺布指按重量计人纤长丝,扁条或类似品含量在85%以下)	10	130		17	17	米/千克			0		0
54083100.94	未漂白或漂白人纤长丝缎纹或斜纹布(混纺布指按重量计人纤长丝,扁条或类似品含量在85%以下)	10	130		17	17	米/千克			0		0
54083100.99	未漂白或漂白人纤长丝其他混纺布(混纺布指按重量计人纤长丝,扁条或类似品含量在85%以下)	10	130		17	17	米/千克			0		0
5408.3200	-- 染色											
54083200.11	染色的人纤长丝机织物(与精梳羊毛或动物细毛≥36%混纺,人纤<85%)	10	130		17	17	米/千克			0	9.5	0
54083200.19	染色的人纤长丝机织物(与其他羊毛或动物细毛≥36%混纺,人纤<85%)	10	130		17	17	米/千克			0	9.5	0
54083200.21	染色的人纤长丝机织物(与精梳羊毛或动物细毛<36%混纺,人纤<85%)	10	130		17	17	米/千克			0	9.5	0
54083200.29	染色的人纤长丝机织物(与其他羊毛或动物细毛<36%混纺,人纤<85%)	10	130		17	17	米/千克			0	9.5	0
54083200.30	染色的人纤长丝机织物(含丝及绢丝30%及以上,每千克价值超过$33,人纤<85%)	10	130		17	17	米/千克			0	9.5	0
54083200.40	染色的人纤长丝机织物(与合纤长丝混纺,人纤长丝,扁条或类似品含量在85%以下)	10	130		17	17	米/千克			0	9.5	0
54083200.91	染色的人纤长丝府绸或细平布(混纺布指按重量计人纤长丝,扁条或类似品含量在85%以下)	10	130		17	17	米/千克			0	9.5	0
54083200.92	染色的人纤长丝平布(混纺布指按重量计人纤长丝,扁条或类似品含量在85%以下)	10	130		17	17	米/千克			0	9.5	0
54083200.93	染色的人纤长丝印染用布(混纺布指按重量计人纤长丝,扁条或类似品含量在85%以下)	10	130		17	17	米/千克			0	9.5	0
54083200.99	染色的人纤长丝其他机织物(混纺布指按重量计人纤长丝,扁条或类似品含量在85%以下)	10	130		17	17	米/千克			0	9.5	0
5408.3300	-- 色织											
54083300.11	色织的人纤长丝机织物(与精梳羊毛或动物细毛≥36%混纺,人纤<85%)	10	130		17	17	米/千克			0		0
54083300.19	色织的人纤长丝机织物(与其他羊毛或动物细毛≥36%混纺,人纤<85%)	10	130		17	17	米/千克			0		0
54083300.21	色织的人纤长丝机织物(与精梳羊毛或动物细毛<36%混纺,人纤<85%)	10	130		17	17	米/千克			0		0

协定税率 %										特惠税率 %				Article Description
巴基斯坦	冰岛	哥斯达黎	秘鲁	新西兰	瑞士	新加坡	韩国	澳大利亚	港澳台	老挝	孟加拉	33 国	7 国	
0	0	0	0	0	4	0	6	6				0	0	Woven fabrics of artificial filaments, unbleached or bleached, mixed with 36% or more by weight of combed wool or fine animal hair, containing less than 85% by weight of artificial filaments
0	0	0	0	0	4	0	6	6				0	0	Woven fabrics of artificial filaments, unbleached or bleached, mixed with 36% or more by weight of other wool or fine animal hair, containing less than 85% by weight of artificial filaments
0	0	0	0	0	4	0	6	6				0	0	Woven fabrics of artificial filaments, unbleached or bleached, mixed with less than 36% by weight of combed wool or fine animal hair, containing less than 85% by weight of artificial filaments
0	0	0	0	0	4	0	6	6				0	0	Woven fabrics of artificial filaments, unbleached or bleached, mixed with less than 36% by weight of other wool or fine animal hair, containing less than 85% by weight of artificial filaments
0	0	0	0	0	4	0	6	6				0	0	Woven fabrics of artificial filaments, unbleached or bleached, mixed with less than 85% by weight of artificial filaments
0	0	0	0	0	4	0	6	6				0	0	Poplin and fine plain cloth of artificial filaments, unbleached or bleached, containing less than 85% by weight of artificial filament and strip or the like
0	0	0	0	0	4	0	6	6				0	0	Plain cloth of artificial filaments, unbleached or bleached, containing less than 85% by weight of artificial filament and strip or the like
0	0	0	0	0	4	0	6	6				0	0	Woven fabrics of artificial filaments for printing and dyeing, unbleached or bleached, containing less than 85% by weight of artificial filament and strip or the like
0	0	0	0	0	4	0	6	6				0	0	Satin or twill cloth of artificial filaments, unbleached or bleached, containing less than 85% by weight of artificial filament and strip or the like
0	0	0	0	0	4	0	6	6				0	0	Other blended woven fabrics of artificial filaments, unbleached or bleached, containing less than 85% by weight of artificial filament and strip or the like
														-- Dyed
0	0	0	0	0	4	0	8.6	6	//0		0	0	0	Woven fabrics of artificial filaments, dyed, mixed with 36% or more by weight of combed wool or fine animal hair, containing less than 85% by weight of artificial filaments
0	0	0	0	0	4	0	8.6	6	//0		0	0	0	Woven fabrics of artificial filaments, dyed, mixed with 36% or more by weight of other wool or fine animal hair, containing less than 85% by weight of artificial filaments
0	0	0	0	0	4	0	8.6	6	//0		0	0	0	Woven fabrics of artificial filaments, dyed, mixed with less than 36% by weight of combed wool or fine animal hair, containing less than 85% by weight of artificial filaments
0	0	0	0	0	4	0	8.6	6	//0		0	0	0	Woven fabrics of artificial filaments, dyed, mixed with less than 36% by weight of other wool or fine animal hair, containing less than 85% by weight of artificial filaments
0	0	0	0	0	4	0	8.6	6	//0		0	0	0	Woven fabrics of artificial filaments, dyed, containing by weight 30% or more by weight of silk or silk waste and less than 85% of artificial filaments, of a value exceeding $33/kg
0	0	0	0	0	4	0	8.6	6	//0		0	0	0	Woven fabrics of artificial filaments, dyed, mixed with synthetic filaments, containing less than 85% by weight of artificial filament and strip or the like
0	0	0	0	0	4	0	8.6	6	//0		0	0	0	Poplin and fine plain cloth of artificial filaments, dyed, containing less than 85% by weight of artificial filament and strip or the like
0	0	0	0	0	4	0	8.6	6	//0		0	0	0	Plain cloth of artificial filaments, dyed, containing less than 85% by weight of artificial filament and strip or the like
0	0	0	0	0	4	0	8.6	6	//0		0	0	0	Woven fabrics of artificial filaments for printing and dyeing, dyed, containing less than 85% by weight of artificial filament and strip or the like
0	0	0	0	0	4	0	8.6	6	//0		0	0	0	Other woven fabrics of artificial filaments, dyed, containing less than 85% by weight of artificial filament and strip or the like
														-- Of yarns of different colours
0	0	0	0	0	4	0	6	6				0	0	Woven fabrics of artificial filaments, of yarns of different colours, mixed with 36% or more by weight of combed wool or fine animal hair, containing less than 85% by weight of artificial filaments
0	0	0	0	0	4	0	6	6				0	0	Woven fabrics of artificial filaments, of yarns of different colours, mixed with 36% or more by weight of other wool or fine animal hair, containing less than 85% by weight of artificial filaments
0	0	0	0	0	4	0	6	6				0	0	Woven fabrics of artificial filaments, of yarns of different colours, mixed with less than 36% by weight of combed wool or fine animal hair, containing less than 85% by weight of artificial filaments

税号	货品名称	进口关税 %			增值/消费税%	出口退税%	统计计量单位	监管证件代码	检验检疫类别	协定税率 %		
		最惠国	普通	年内暂定						东盟	亚太	智利
54083300.29	色织的人纤长丝机织物(与其他羊毛或动物细毛＜36%混纺,人纤＜85%)	10	130		17	17	米/千克			0		0
54083300.30	色织的人纤长丝机织物,人纤＜85%(含化纤长丝≥85%,每厘米经密70-142根,纬密32-71根)	10	130		17	17	米/千克			0		0
54083300.40	色织的人纤长丝机织物(含丝及绢丝30%及以上,每千克价值超过$33,人纤＜85%)	10	130		17	17	米/千克			0		0
54083300.50	色织的人纤长丝机织物(与合纤长丝混纺,人纤长丝,扁条或类似品含量在85%以下)	10	130		17	17	米/千克			0		0
54083300.92	色织的人纤长丝平布(混纺布指按重量计人纤长丝,扁条或类似品含量在85%以下)	10	130		17	17	米/千克			0		0
54083300.94	色织的人纤长丝缎纹或斜纹布(混纺布指按重量计人纤长丝,扁条或类似品含量在85%以下)	10	130		17	17	米/千克			0		0
54083300.99	色织的人纤长丝其他机织物(混纺布指按重量计人纤长丝,扁条或类似品含量在85%以下)	10	130		17	17	米/千克			0		0
5408.3400	-- 印花											
54083400.10	印花的人纤长丝机织物(与羊毛或动物细毛≥36%混纺,人纤＜85%)	10	130		17	17	米/千克			0		0
54083400.20	印花的人纤长丝机织物(与羊毛或动物细毛＜36%混纺,人纤＜85%)	10	130		17	17	米/千克			0		0
54083400.30	印花的人纤长丝机织物(含丝及绢丝30%及以上,每千克超过$33,人纤＜85%)	10	130		17	17	米/千克			0		0
54083400.40	印花的人纤长丝机织物(与合纤长丝混纺,人纤长丝、扁条或类似品含量在85%以下)	10	130		17	17	米/千克			0		0
54083400.91	印花的人纤长丝府绸或细平布(混纺布指按重量计人纤长丝、扁条或类似品含量在85%以下)	10	130		17	17	米/千克			0		0
54083400.92	印花的人纤长丝平布(混纺布指按重量计人纤长丝、扁条或类似品含量在85%以下)	10	130		17	17	米/千克			0		0
54083400.93	印花的人纤长丝印染用布(混纺布指按重量计人纤长丝、扁条或类似品含量在85%以下)	10	130		17	17	米/千克			0		0
54083400.94	印花的人纤长丝缎纹或斜纹布(混纺布指按重量计人纤长丝、扁条或类似品含量在85%以下)	10	130		17	17	米/千克			0		0
54083400.99	印花的人纤长丝其他机织物(混纺布指按重量计人纤长丝、扁条或类似品含量在85%以下)	10	130		17	17	米/千克			0		0

协定税率 %										特惠税率 %				Article Description
巴基斯坦	冰岛	哥斯达黎	秘鲁	新西兰	瑞士	新加坡	韩国	澳大利亚	港澳台	老挝	孟加拉	33 国	7 国	
0	0	0	0	0	4	0	6	6				0	0	Woven fabrics of artificial filaments, of yarns of different colours, mixed with less than 36% by weight of other wool or fine animal hair, containing less than 85% by weight of artificial filaments
0	0	0	0	0	4	0	6	6				0	0	Woven fabrics of artificial filaments, of yarns of different colours, containing less than 85% by weight of artificial filaments and 85% or more by weight of chemical filaments , of a warp-yarn density 70-142yarns/cm and a weft-yarn density 32-71yarns/cm
0	0	0	0	0	4	0	6	6				0	0	Woven fabrics of artificial filaments, of yarns of different colours, containing by weight 30% or more of silk or silk waste and less than 85% by weight of artificial filaments, of a value exceeding $33/kg
0	0	0	0	0	4	0	6	6				0	0	Woven fabrics of artificial filaments, of yarns of different colours, mixed with synthetic filaments, containing less than 85% by weight of artificial filament and strip or the like
0	0	0	0	0	4	0	6	6				0	0	Plain cloth of artificial filaments, of yarns of different colours, containing less than 85% by weight of artificial filament and strip or the like
0	0	0	0	0	4	0	6	6				0	0	Satin or twill cloth of artificial filaments, of yarns of different colours, containing less than 85% by weight of artificial filament and strip or the like
0	0	0	0	0	4	0	6	6				0	0	Other woven fabrics of artificial filaments, of yarns of different colours, containing less than 85% by weight of artificial filament and strip or the like
														-- Printed
0	0	0	0	0	4	0	6	6				0	0	Woven fabrics of artificial filaments, printed, mixed with 36% or more by weight of wool or fine animal hair, and less than 85% by weight of artificial fibres
0	0	0	0	0	4	0	6	6				0	0	Woven fabrics of artificial filaments, printed, mixed with less than 36% by weight of wool or fine animal hair, and less than 85% by weight of synthetic fibres
0	0	0	0	0	4	0	6	6				0	0	Woven fabrics of artificial filaments, printed, containing by weight 30% or more of silk or silk waste and less than 85% by weight of artificial filaments, of a value exceeding $33/kg
0	0	0	0	0	4	0	6	6				0	0	Woven fabrics of artificial filaments, printed, mixed with synthetic filaments, containing less than 85% by weight of artificial filament and strip or the like
0	0	0	0	0	4	0	6	6				0	0	Poplin and fine plain cloth of artificial filaments, printed, containing less than 85% by weight of artificial filament and strip or the like
0	0	0	0	0	4	0	6	6				0	0	Plain cloth of artificial filaments, printed, containing less than 85% by weight of artificial filament and strip or the like
0	0	0	0	0	4	0	6	6				0	0	Woven fabrics of artificial filaments for printing and dyeing, printed, containing less than 85% by weight of artificial filament and strip or the like
0	0	0	0	0	4	0	6	6				0	0	Satin or twill cloth of artificial filaments, printed, containing less than 85% by weight of artificial filament and strip or the like
0	0	0	0	0	4	0	6	6				0	0	Other woven fabrics of artificial filaments, printed, containing less than 85% by weight of artificial filament and strip or the like

第五十五章 化学纤维短纤

注释:

税目 55.01 和 55.02 仅适用于每根与丝束长度相等的平行化学纤维长丝丝束。前述丝束应同时符合下列规格:

一、丝束长度超过 2 米;

二、捻度每米少于 5 转;

三、每根长丝细度在 67 分特以下;

四、合成纤维长丝丝束,须经拉伸处理,即本身不能被拉伸至超过本身长度的一倍;

五、丝束总细度大于 20000 分特。

丝束长度不超过 2 米的归入税目 55.03 或 55.04。

税号	货品名称	进口关税 %			增值/消费税%	出口退税%	统计计量单位	监管证件代码	检验检疫类别	协定税率 %		
		最惠国	普通	年内暂定						东盟	亚太	智利
55.01	合成纤维长丝丝束:											
5501.1000	- 尼龙或其他聚酰胺制	5	70		17	17	千克			0		0
5501.2000	- 聚酯制	5	70		17	17	千克					0
5501.3000	- 聚丙烯腈或变性聚丙烯腈制	5	35		17	17	千克				4.5	0
5501.4000	- 聚丙烯制	5	70		17	17	千克			0		0
5501.9000	- 其他	5	70		17	17	千克			0		0
55.02	人造纤维长丝丝束:											
5502.0010	--- 二醋酸纤维丝束	3	40		17	17	千克	7		0	2.1	0
5502.0090	--- 其他	5	35		17	17	千克			0	3.5	0
55.03	合成纤维短纤,未梳或未经其他纺前加工:											
	- 尼龙或其他聚酰胺制:											
	-- 芳香族聚酰胺制:											
5503.1110	--- 聚间苯二甲酰间苯二胺纺制	5	70		17	17	千克			0		0
5503.1120	--- 聚对苯二甲酰对苯二胺纺制	5	70		17	17	千克			0		0
5503.1190	--- 其他	5	70		17	17	千克			0		0
5503.1900	-- 其他	5	70		17	17	千克			0		0
5503.2000	- 聚酯制	5	70		17	17	千克				4.5	0
5503.3000	- 聚丙烯腈或变性聚丙烯腈制	5	35		17	17	千克				4.5	0
5503.4000	- 聚丙烯制	5	70		17	17	千克			0		0
	- 其他:											
5503.9010	--- 聚苯硫醚制	5	70		17	17	千克			0		0
5503.9090	--- 其他	5	70		17	17	千克			0		0
55.04	人造纤维短纤,未梳或未经其他纺前加工:											
	- 粘胶纤维制:											
5504.1010	--- 竹制	5	35		17	17	千克			0		0
	--- 木制:											
5504.1021	----阻燃的	5	35		17	17	千克			0		0
5504.1029	----其他											
55041029.10	高湿模量未梳木制非阻燃粘胶纤维(湿强≥2.0cn/dtex,干强≥3.0cn/dtex)(干伸>14%,湿伸>18%,纤度 0.89-2.67dtex)	5	35		17	17	千克			0		0
55041029.90	其他未梳的木制非阻燃粘胶短纤(包括未经其他纺前加工的)	5	35		17	17	千克			0		0
5504.1090	--- 其他	5	35		17	17	千克			0		0
5504.9000	- 其他	5	35		17	17	千克			0		0
55.05	化学纤维废料(包括落绵、废纱及回收纤维):											
5505.1000	- 合成纤维的	5	70		17	17	千克	AP	M/	0		0
5505.2000	- 人造纤维的	5	70		17	17	千克	AP	M/	0		0
55.06	合成纤维短纤,已梳或经其他纺前加工:											
	- 尼龙或其他聚酰胺制:											

Chapter 55 Man-made staple fibres

Note.

Headings 55.01 and 55.02 apply only to man-made filament tow, consisting of parallel filaments of a uniform length equal to the length of the tow, meeting the following specifications:

1. Length of tow exceeding 2 m;
2. Twist less than 5 turns per metre;
3. Measuring per filament less than 67 decitex;
4. Synthetic filament tow only: the tow must be drawn, that is to say, be incapable of being stretched by more than 100% of its length;
5. Total measurement of tow more than 20,000 decitex.

Tow of a length not exceeding 2 m is to be classified in heading 55.03 or 55.04.

协定税率 %										特惠税率 %				Article Description
巴基斯坦	冰岛	哥斯达黎	秘鲁	新西兰	瑞士	新加坡	韩国	澳大利亚	港澳台	老挝	孟加拉	33 国	7 国	
														Synthetic filament tow:
0	0	0	0	0	0		0	0			0	0	0	- Of nylon or other polyamides
0	0	0	0	0	0		4	0			0	0	0	- Of polyesters
0	0	0		0	0		4.3	0			0	0	0	- Acrylic or modacrylic
0	0	0	0	0	0		0	0	0//		0	0	0	- Of polypropylene
0	0	0	0	0	0		4	0	0//		0	0	0	- Other
														Artificial filament tow:
0	0	0	0	0	0		0	0			0	0	0	--- Cellulose diacetate filament tow
0	0	0	0	0	0		4.3	0			0	0	0	--- Other
														Synthetic staple fibres, not carded, combed or otherwise processed for spinning:
														- Of nylon or other polyamides:
														-- Of aromatic polyamides:
0	0	0	0	0	0			0			0	0	0	--- Of polyisophthaloyl metaphenylene diamine
0	0	0	0	0	0			0			0	0	0	--- Of poly-p-phenylene terephthamide
0	0	0	0	0	3.5			0			0	0	0	--- Other
0	0	0	0	0	3.5		4	0			0	0	0	-- Other
0	0	0	0	0	0		4.3	0			0	0	0	- Of polyesters
0	0	0	0	0	0		4	0			0	0	0	- Acrylic or modacrylie
0	0	0	0	0	0		4	0			0	0	0	- Of polypropylene
														- Other:
0	0	0	0	0	0		4	0	//0		0	0	0	--- Of polyphenylene sulfide
0	0	0	0	0	0		0	0	//0		0	0	0	--- Other
														Artificial staple fibres, not carded, combed or otherwise processed for spinning:
														- Of viscose rayon:
0	0	0	0	0	0		0	0			0	0	0	--- Of bamboo
														--- Of wood:
0	0	0	0	0	0		4	0			0	0	0	----Flame resistant
														----Other
0	0	0	0	0	0		4	0			0	0	0	Wooden viscose staple fibres of high wet modulus, not flame resistant, not carded or combed, of which wetness strength not less 2.0cn/dtex, dryness strength not less 3.0cn/dtex, dry stretch exceeding 14%, wet stretch exceeding 18%, linear density 0.89dtex-2.67dtex
0	0	0	0	0	0		4	0			0	0	0	Other wooden viscose staple fibres, not carded, combed or otherwise processed before spinning
0	0	0	0	0	0		4	0			0	0	0	--- Other
0	0	0	0	0	0		0	0	//0		0	0	0	- Other
														Waste (including noils, yarn waste and garnetted stock) of man-made fibres:
0	0	0	0	0	0		4	0			0	0	0	- Of synthetic fibres
0	0	0	0	0	0		4	0	0//		0	0	0	- Of artificial fibres
														Synthetic staple fibres, carded, combed or otherwise processed for spinning:
														- Of aromatic polyamides:

税　号	货品名称	进口关税 % 最惠国	普通	年内暂定	增值/消费税%	出口退税%	统计计量单位	监管证件代码	检验检疫类别	协定税率 % 东盟	亚太	智利
	--- 芳族聚酰胺纺制:											
5506.1011	----聚间苯二甲酰间苯二胺纺制	5	70		17	17	千克			0		0
5506.1012	----聚对苯二甲酰对苯二胺纺制	5	70		17	17	千克			0		0
5506.1019	----其他	5	70		17	17	千克			0		0
5506.1090	--- 其他	5	70		17	17	千克			0		0
5506.2000	- 聚酯制	5	70		17	17	千克				4.5	0
5506.3000	- 聚丙烯腈或变性聚丙烯腈制	5	35		17	17	千克				4.5	0
	- 其他:											
5506.9010	--- 聚苯硫醚制	5	70		17	17	千克			0		0
5506.9090	--- 其他	5	70		17	17	千克			0		0
55.07	**人造纤维短纤，已梳或经其他纺前加工:**											
5507.0000	人造纤维短纤，已梳或经其他纺前加工	5	35		17	17	千克			0		0
55.08	**化学纤维短纤纺制的缝纫线，不论是否供零售用:**											
5508.1000	- 合成纤维短纤纺制											
55081000.11	非零售用聚丙烯腈短纤缝纫线	5	90		17	17	千克			0	4.5	0
55081000.19	非零售用其他合纤短纤缝纫线	5	90		17	17	千克			0	4.5	0
55081000.90	零售用合成纤维短纤缝纫线	5	90		17	17	千克			0	4.5	0
5508.2000	- 人造纤维短纤纺制											
55082000.10	非零售用人造纤维短纤缝纫线	5	70		17	17	千克			0		0
55082000.90	零售用人造纤维短纤缝纫线	5	70		17	17	千克			0		0
55.09	**合成纤维短纤纺制的纱线（缝纫线除外），非供零售用:**											
	- 按重量计尼龙或其他聚酰胺短纤含量在85%及以上:											
5509.1100	-- 单纱	5	90		17	17	千克			0		0
5509.1200	-- 多股纱线或缆线	5	90		17	17	千克			0		0
	- 按重量计聚酯短纤含量在85%及以上:											
5509.2100	-- 单纱	5	90		17	17	千克			0		0
5509.2200	-- 多股纱线或缆线											
55092200.10	非零售聚酯短纤多股纱线或缆线(终捻为Z捻，聚酯短纤含量在85%及以上，缝纫线除外)	5	90		17	17	千克			0		0
55092200.90	非零售其他聚酯短纤多股纱线缆线(聚酯短纤含量在85%及以上，缝纫线除外)	5	90		17	17	千克			0		0
	- 按重量计聚丙烯腈或变性聚丙烯腈短纤含量在85%及以上:											
5509.3100	-- 单纱	5	90		17	17	千克			0		0
5509.3200	-- 多股纱线或缆线	5	90		17	17	千克			0	4.8	0
	- 其他纱线，按重量计合成纤维短纤含量在85%及以上:											
5509.4100	-- 单纱	5	90		17	17	千克			0		0
5509.4200	-- 多股纱线或缆线	5	90		17	17	千克			0		0
	- 其他聚酯短纤纺制的纱线:											
5509.5100	-- 主要或仅与人造纤维短纤混纺	5	90		17	17	千克			0		0
5509.5200	-- 主要或仅与羊毛或动物细毛混纺	5	90		17	17	千克			0		0
5509.5300	-- 主要或仅与棉混纺	5	90		17	17	千克			0	3.5	0
5509.5900	-- 其他	5	90		17	17	千克			0		0
	- 其他聚丙烯腈或变性聚丙烯腈短纤纺制的纱线:											
5509.6100	-- 主要或仅与羊毛或动物细毛混纺	5	90		17	17	千克			0		0
5509.6200	-- 主要或仅与棉混纺	5	90		17	17	千克			0	4.8	0
5509.6900	-- 其他	5	90		17	17	千克			0		0
	- 其他纱线:											
5509.9100	-- 主要或仅与羊毛或动物细毛混纺	5	90		17	17	千克			0		0

协定税率 %										特惠税率 %				Article Description
巴基斯坦	冰岛	哥斯达黎	秘鲁	新西兰	瑞士	新加坡	韩国	澳大利亚	港澳台	老挝	孟加拉	33 国	7 国	
														--- Of nylon or other polyamides:
0	0	0	0	0	0			0			0	0	0	----Of polyisophthaloyl metaphenylene diamine
0	0	0	0	0	0			0			0	0	0	----Of poly-p-phenylene terephthamide
0	0	0	0	0	0		4.3	0			0	0	0	----Other
0	0	0	0	0	0		3	0			0	0	0	--- Other
4.5	0	0	0	0	0		4	0			0	0	0	- Of polyesters
4.5	0	0	0	0	0		4	0			0	0	0	- Acrylic or modacrylic
														- Other:
0	0	0	0	0	0		4.3	0			0	0	0	--- Of polyphenylene sulfide
0	0	0	0	0	0		4.3	0			0	0	0	--- Other
														Artificial staple fibres, carded, combed or otherwise processed for spinning:
0	0	0	0	0	0		0	0			0	0	0	Artificial staple fibres, carded, combed or otherwise processed for spinning
														Sewing thread of man-made staple fibres, whether or not put up for retail sale:
														- Of synthetic staple fibres
0	0	0	0	0	0		0	0	0/0/		0	0	0	Sewing thread of acrylic staple fibres, not put up for retail sale
0	0	0	0	0	0		0	0	0/0/		0	0	0	Sewing thread of other synthetic staple fibres, not put up for retail sale
0	0	0	0	0	0		0	0	0/0/		0	0	0	Sewing thread of synthetic staple fibres, put up for retail sale
														- Of artificial staple fibres
0	0	0	0	0	0		0	0			0	0	0	Sewing thread of artificial staple fibres, not put up for retail sale
0	0	0	0	0	0		0	0			0	0	0	Sewing thread of artificial staple fibres, put up for retail sale
														Yarn(other than sewing thread)of synthetic staple fibres, not put up for retail sale:
														- Containing 85% or more by weight of staple fibres of nylon or other polyamides:
0	0	0	0	0	0		0	0	0/0/		0	0	0	-- Single yarn
0	0	0	0	0	0		0	0	0/0/		0	0	0	-- Multiple (folded) or cabled yarn
														- Containing 85% or more by weight of polyester staple fibres:
0	0	0	0	0	0		0	0	0/0/		0	0	0	-- Single yarn
														-- Multiple (folded) or cabled yarn
0	0	0	0	0	0		0	0	0/0/		0	0	0	Multiple (folded) or cabled yarn, not put up for retail sale, with a final “Z” twist, containing 85% or more by weight of polyester staple fibres, other than sewing thread
0	0	0	0	0	0		0	0	0/0/		0	0	0	Other multiple (folded) or cabled yarn, not put up for retail sale, containing 85% or more by weight of polyester staple fibres, other than sewing thread
														- Containing 85% or more by weight of acrylic or modacrylic staple fibres:
0	0	0	0	0	0		0	0	0/0/		0	0	0	-- Single yarn
0	0	0	0	0	0		0	0	0/0/ 0		0	0	0	-- Multiple (folded) or cabled yarn
														- Other yarn, containing 85% or more by weight of synthetic staple fibres:
0	0	0	0	0	0		0	0	0/0/		0	0	0	-- Single yarn
0	0	0	0	0	0		4	0	0/0/		0	0	0	-- Multiple (folded) or cabled yarn
														- Other yarn, of polyester staple fibres:
0	0	0	0	0	0		4	0	0/0/		0	0	0	-- Mixed mainly or solely with artificial staple fibres
0	0	0	0	0	0		0	0	0/0/		0	0	0	-- Mixed mainly or solely with wool or fine animal hair
0	0	0	0	0	0		0	0	0/0/ 0		0	0	0	-- Mixed mainly or solely with cotton
0	0	0	0	0	0		0	0	0/0/		0	0	0	-- Other
														- Other yarn, of acrylic or modacrylic staple fibres:
0	0	0	0	0	0		0	0	0/0/		0	0	0	-- Mixed mainly or solely with wool or fine animal hair
0	0	0	0	0	0		0	0	0/0/		0	0	0	-- Mixed mainly or solely with cotton
0	0	0	0	0	0		0	0	0/0/		0	0	0	-- Other
														- Other yarn:
0		0	0	0	0		3	0	0/0/		0	0	0	-- Mixed mainly or solely with wool or fine animal hair

税 号	货 品 名 称	进口关税 %			增值/消费税%	出口退税%	统计计量单位	监管证件代码	检验检疫类别	协定税率 %		
		最惠国	普通	年内暂定						东盟	亚太	智利
5509.9200	-- 主要或仅与棉混纺	5	90		17	17	千克			0		0
5509.9900	-- 其他	5	90		17	17	千克			0		0
55.10	**人造纤维短纤纺制的纱线（缝纫线除外），非供零售用：**											
	- 按重量计人造纤维短纤含量在85%及以上：											
5510.1100	-- 单纱	5	70		17	17	千克			0	4.5	0
5510.1200	-- 多股纱线或缆线	5	70		17	17	千克			0		0
5510.2000	- 其他纱线,主要或仅与羊毛或动物细毛混纺	5	70		17	17	千克			0		0
5510.3000	- 其他纱线，主要或仅与棉混纺	5	70		17	17	千克			0	3.5	0
5510.9000	- 其他	5	70		17	17	千克			0	4.5	0
55.11	**化学纤维短纤纺制的纱线（缝纫线除外），供零售用：**											
5511.1000	- 按重量计合成纤维短纤含量在85%及以上	5	90		17	17	千克			0		0
5511.2000	- 按重量计合成纤维短纤含量在85%以下	5	90		17	17	千克			0		0
5511.3000	- 人造纤维短纤纺制	5	90		17	17	千克			0		0
55.12	**合成纤维短纤纺制的机织物,按重量计合成纤维短纤含量在85%及以上：**											
	- 按重量计聚酯短纤含量在85%及以上：											
5512.1100	-- 未漂白或漂白											
55121100.10	未漂或漂白聚酯短纤机织府绸(聚酯短纤含量在85%及以上,包括细平布)	15	130		17	17	米/千克			0	10.5	0
55121100.20	未漂或漂白聚酯短纤机织平布(聚酯短纤含量在85%及以上)	15	130		17	17	米/千克			0	10.5	0
55121100.30	未漂或漂白聚酯短纤印染用布(纯聚酯布指按重量计聚酯短纤含量在85%及以上)	15	130		17	17	米/千克			0	10.5	0
55121100.40	未漂或漂白聚酯短纤平纹奶酪布(聚酯短纤含量在85%及以上,含薄细布,巴里纱)	15	130		17	17	米/千克			0	10.5	0
55121100.50	未漂或漂白聚酯短纤机织帆布(纯聚酯布指按重量计聚酯短纤含量在85%及以上)	15	130		17	17	米/千克			0	10.5	0
55121100.60	未漂或漂白聚酯短纤其他斜纹机织物(聚酯短纤含量在85%及以上,含缎纹)	15	130		17	17	米/千克			0	10.5	0
55121100.70	未漂或漂白聚酯短纤牛津布(纯聚酯布指按重量计聚酯短纤含量在85%及以上)	15	130		17	17	米/千克			0	10.5	0
55121100.90	未漂或漂白聚酯短纤其他机织物(纯聚酯布指按重量计聚酯短纤含量在85%及以上)	15	130		17	17	米/千克			0	10.5	0
5512.1900	-- 其他											
55121900.10	聚酯短纤色织机织物(聚酯短纤含量在85%及以上,蓝粗斜纹布及提花织物除外)	10	130		17	17	米/千克			0		0
55121900.20	聚酯短纤蓝粗斜纹布(纯聚酯布指按重量计聚酯短纤含量在85%及以上)	10	130		17	17	米/千克			0		0
55121900.31	聚酯短纤其他机织府绸或细平布(纯聚酯布指按重量计聚酯短纤含量在85%及以上)	10	130		17	17	米/千克			0		0
55121900.32	聚酯短纤其他机织平布(纯聚酯布指按重量计聚酯短纤含量在85%及以上)	10	130		17	17	米/千克			0		0
55121900.33	聚酯短纤其他机织印染用布(纯聚酯布指按重量计聚酯短纤含量在85%及以上)	10	130		17	17	米/千克			0		0
55121900.34	聚酯短纤其他平纹奶酪布等(聚酯短纤含量在85%及以上,含薄细布,巴里纱)	10	130		17	17	米/千克			0		0
55121900.35	聚酯短纤其他机织帆布(纯聚酯布指按重量计聚酯短纤含量在85%及以上)	10	130		17	17	米/千克			0		0

协定税率 %										特惠税率 %				Article Description
巴基斯坦	冰岛	哥斯达黎	秘鲁	新西兰	瑞士	新加坡	韩国	澳大利亚	港澳台	老挝	孟加拉	33国	7国	
0	0	0	0	0	0		0	0	0/0/0		0	0	0	-- Mixed mainly or solely with cotton
0	0	0	0	0	0		0	0	0/0/		0	0	0	-- Other
														Yarn (other than sewing thread) of artificial staple fibres, not put up for retail sale:
														- Containing 85% or more by weight of artificial staple fibres:
0	0	0	0	0	0		4.3	0	0/0/0		0	0	0	-- Single yarn
0	0	0	0	0	0		4.3	0	0/0/0		0	0	0	-- Multiple (folded) or cabled yarn
0	0	0	0	0	0		0	0	0/0/		0	0	0	- Other yarn, mixed mainly or solely with wool or fine animal hair
0	0	0	0	0	0		0	0	0/0/0		0	0	0	- Other yarn, mixed mainly or solely with cotton
0	0	0	0	0	0		4	0	0/0/		0	0	0	- Other yarn
														Yarn (other than sewing thread) of man-made staple fibres, put up for retail sale:
0	0	0	0	0	0		0	0			0	0	0	- Of synthetic staple fibres, containing 85% or more by weight of such fibres
0	0	0	0	0	0		0	0			0	0	0	- Of synthetic staple fibres, containing less than 85% by weight of such fibres
0	0	0	0	0	0		0	0			0	0	0	- Of artificial staple fibres
														Woven fabrics of synthetic staple fibres, containing 85%or more by weight of synthetic staple fibres:
														- Containing 85% or more by weight of polyester staple fibres:
														-- Unbleached or bleached
0	0	0	5.4	0	10.5	0	12	9	//0		0	0	0	Poplin and fine plain cloth of polyester staple fibres, unbleached or bleached, containing 85% or more by weight of polyester staple fibres
0	0	0	5.4	0	10.5	0	12	9	//0		0	0	0	Plain cloth of polyester staple fibres, unbleached or bleached, containing 85% or more by weight of polyester staple fibres
0	0	0	5.4	0	10.5	0	12	9	//0		0	0	0	Woven fabrics of polyester staple fibres for printing and dyeing, unbleached or bleached, containing 85% or more by weight of polyester staple fibres
0	0	0	5.4	0	10.5	0	12	9	//0		0	0	0	Plain cheese cloth, muslin and voile of polyester staple fibres, unbleached or bleached, containing 85% or more by weight of polyester staple fibres
0	0	0	5.4	0	10.5	0	12	9	//0		0	0	0	Canvas of polyester staple fibres, unbleached or bleached, containing 85% or more by weight of polyester staple fibres
0	0	0	5.4	0	10.5	0	12	9	//0		0	0	0	Other satin or twill cloth of polyester staple fibres, unbleached or bleached, containing 85% or more by weight of polyester staple fibres
0	0	0	5.4	0	10.5	0	12	9	//0		0	0	0	Oxford cloth of polyester staple fibres, unbleached or bleached, containing 85% or more by weight of polyester staple fibres
0	0	0	5.4	0	10.5	0	12	9	//0		0	0	0	Other woven fabrics of polyester staple fibres, unbleached or bleached, containing 85% or more by weight of polyester staple fibres
														-- Other
0	0	0	3	0	4	0	9	6	0//0		0	0	0	Woven fabrics of polyester staple fibres, of yarns of different colours, containing 85% or more by weight of polyester staple fibres, other than blue denim and figured cloth
0	0	0	3	0	4	0	9	6	0//0		0	0	0	Blue denim of polyester staple fibres, containing 85% or more by weight of polyester staple fibres
0	0	0	3	0	4	0	9	6	0//0		0	0	0	Other poplin and fine plain cloth of polyester staple fibres, containing 85% or more by weight of polyester staple fibres
0	0	0	3	0	4	0	9	6	0//0		0	0	0	Other plain cloth of polyester staple fibres, containing 85% or more by weight of polyester staple fibres
0	0	0	3	0	4	0	9	6	0//0		0	0	0	Other woven fabrics of polyester staple fibres for printing and dyeing, containing 85% or more by weight of polyester staple fibres
0	0	0	3	0	4	0	9	6	0//0		0	0	0	Other plain cheese cloth, muslin and voile of polyester staple fibres, containing 85% or more by weight of polyester staple fibres
0	0	0	3	0	4	0	9	6	0//0		0	0	0	Other canvas of polyester staple fibres, containing 85% or more by weight of polyester staple fibres

税号	货品名称	进口关税 % 最惠国	普通	年内暂定	增值/消费税%	出口退税%	统计计量单位	监管证件代码	检验检疫类别	协定税率 % 东盟	亚太	智利
55121900.36	聚酯短纤其他缎纹或斜纹机织物(纯聚酯布指按重量计聚酯短纤含量在85%及以上)	10	130		17	17	米/千克			0		0
55121900.37	聚酯短纤其他牛津布(纯聚酯布指按重量计聚酯短纤含量在85%及以上)	10	130		17	17	米/千克			0		0
55121900.90	聚酯短纤其他机织物(纯聚酯布指按重量计聚酯短纤含量在85%及以上)	10	130		17	17	米/千克			0		0
	- 按重量计聚丙烯腈或变性聚丙烯腈短纤含量在85%及以上:											
5512.2100	-- 未漂白或漂白											
55122100.10	未漂白或漂白腈纶短纤机织府绸细平布(纯腈纶布指按重量计腈纶短纤含量在85%及以上)	13	130		17	17	米/千克			0		0
55122100.20	未漂白或漂白腈纶短纤机织平布(纯腈纶布指按重量计腈纶短纤含量在85%及以上)	13	130		17	17	米/千克			0		0
55122100.30	未漂白或漂白腈纶短纤机织印染用布(纯腈纶布指按重量计腈纶短纤含量在85%及以上)	13	130		17	17	米/千克			0		0
55122100.40	未漂白或漂白腈纶短纤平纹奶酪布等(腈纶短纤含量在85%及以上,含薄细布,巴里纱)	13	130		17	17	米/千克			0		0
55122100.50	未漂白或漂白腈纶短纤机织帆布(纯腈纶布指按重量计腈纶短纤含量在85%及以上)	13	130		17	17	米/千克			0		0
55122100.60	未漂白或漂白的腈纶短纤其他斜纹机织物(腈纶短纤含量在85%及以上,含缎纹机织物)	13	130		17	17	米/千克			0		0
55122100.70	未漂白或漂白腈纶短纤牛津布(纯腈纶布指按重量计腈纶短纤含量在85%及以上)	13	130		17	17	米/千克			0		0
55122100.90	未漂白或漂白腈纶短纤其他机织物(纯腈纶布指按重量计腈纶短纤含量在85%及以上)	13	130		17	17	米/千克			0		0
5512.2900	-- 其他											
55122900.10	腈纶短纤色织机织物(腈纶短纤含量在85%及以上,蓝粗斜纹布及提花织物除外)	10	130		17	17	米/千克			0	9.3	0
55122900.20	腈纶短纤蓝粗斜纹布(纯腈纶布指按重量计腈纶短纤含量在85%及以上)	10	130		17	17	米/千克			0	9.3	0
55122900.31	腈纶短纤其他机织府绸或细平布(纯腈纶布指按重量计腈纶短纤含量在85%及以上)	10	130		17	17	米/千克			0	9.3	0
55122900.32	腈纶短纤其他机织平布(纯腈纶布指按重量计腈纶短纤含量在85%及以上)	10	130		17	17	米/千克			0	9.3	0
55122900.33	腈纶短纤其他机织印染用布(纯腈纶布指按重量计腈纶短纤含量在85%及以上)	10	130		17	17	米/千克			0	9.3	0
55122900.34	腈纶短纤其他平纹奶酪布等(腈纶短纤含量在85%及以上,含薄细布,巴里纱)	10	130		17	17	米/千克			0	9.3	0
55122900.35	腈纶短纤其他机织帆布(纯腈纶布指按重量计腈纶短纤含量在85%及以上)	10	130		17	17	米/千克			0	9.3	0
55122900.36	腈纶短纤其他缎纹或斜纹机织物(纯腈纶布指按重量计腈纶短纤含量在85%及以上)	10	130		17	17	米/千克			0	9.3	0
55122900.37	腈纶短纤其他牛津布(纯腈纶布指按重量计腈纶短纤含量在85%及以上)	10	130		17	17	米/千克			0	9.3	0
55122900.90	腈纶短纤其他机织物(纯腈纶布指按重量计腈纶短纤含量在85%及以上)	10	130		17	17	米/千克			0	9.3	0
	- 其他:											
5512.9100	-- 未漂白或漂白											
55129100.10	未漂白或漂白其他合纤短纤机织府绸(其他合纤短纤含量在85%及以上,含细平布)	18	130		17	17	米/千克			0		0
55129100.20	未漂白或漂白其他合纤短纤机织平布(其他纯合纤布指按重量计其他合纤短纤含量在85%及以上)	18	130		17	17	米/千克			0		0
55129100.30	未漂白或漂白其他合纤短纤印染用布(其他纯合纤布指按重量计其他合纤短纤含量在85%及以上)	18	130		17	17	米/千克			0		0

协定税率 %										特惠税率 %				Article Description
巴基斯坦	冰岛	哥斯达黎	秘鲁	新西兰	瑞士	新加坡	韩国	澳大利亚	港澳台	老挝	孟加拉	33 国	7 国	
0	0	0	3	0	4	0	9	6	0//0		0	0	0	Other satin or twill cloth of polyester staple fibres, containing 85% or more by weight of polyester staple fibres
0	0	0	3	0	4	0	9	6	0//0		0	0	0	Other oxford cloth of polyester staple fibres, containing 85% or more by weight of polyester staple fibres
0	0	0	3	0	4	0	9	6	0//0		0	0	0	Other woven fabrics of polyester staple fibres, containing 85% or more by weight of polyester staple fibres
														- Containing 85% or more by weight of acrylic or modacrylic staple fibres:
														-- Unbleached or bleached
0	0	0	0	0	9.1	0	10.4	7.8			0	0	0	Poplin and fine plain cloth of acrylic staple fibres, unbleached or bleached, containing 85% or more by weight of acrylic staple fibres
0	0	0	0	0	9.1	0	10.4	7.8			0	0	0	Plain cloth of acrylic staple fibres, unbleached or bleached, containing 85% or more by weight of acrylic staple fibres
0	0	0	0	0	9.1	0	10.4	7.8			0	0	0	Woven fabrics of acrylic staple fibres for printing and dyeing, unbleached or bleached, containing 85% or more by weight of acrylic staple fibres
0	0	0	0	0	9.1	0	10.4	7.8			0	0	0	Plain cheese cloth, muslin and voile of acrylic staple fibres, unbleached or bleached, containing 85% or more by weight of acrylic staple fibres
0	0	0	0	0	9.1	0	10.4	7.8			0	0	0	Canvas of acrylic staple fibres, unbleached or bleached, containing 85% or more by weight of acrylic staple fibres
0	0	0	0	0	9.1	0	10.4	7.8			0	0	0	Other satin or twill cloth of acrylic staple fibres, unbleached or bleached, containing 85% or more by weight of acrylic staple fibres
0	0	0	0	0	9.1	0	10.4	7.8			0	0	0	Oxford cloth of acrylic staple fibres, unbleached or bleached, containing 85% or more by weight of acrylic staple fibres
0	0	0	0	0	9.1	0	10.4	7.8			0	0	0	Other woven fabrics of acrylic staple fibres, unbleached or bleached, containing 85% or more by weight of acrylic staple fibres
														-- Other
0	0	0	0	0	4	0	6	6				0	0	Woven fabrics of acrylic staple fibres, of yarns of different colours, containing 85% or more by weight of acrylic staple fibres, other than blue denim and jacquard cloth
0	0	0	0	0	4	0	6	6				0	0	Blue denim of acrylic staple fibres, containing 85% or more by weight of acrylic staple fibres
0	0	0	0	0	4	0	6	6				0	0	Other poplin and fine plain cloth of acrylic staple fibres, containing 85% or more by weight of acrylic staple fibres
0	0	0	0	0	4	0	6	6				0	0	Other plain cloth of acrylic staple fibres, containing 85% or more by weight of acrylic staple fibres
0	0	0	0	0	4	0	6	6				0	0	Other cloth of acrylic staple fibres for printing and dyeing, containing 85% or more by weight of acrylic staple fibres
0	0	0	0	0	4	0	6	6				0	0	Other plain cheese cloth, muslin and voile of acrylic staple fibres, containing 85% or more by weight of acrylic staple fibres
0	0	0	0	0	4	0	6	6				0	0	Other canvas of acrylic staple fibres, containing 85% or more by weight of acrylic staple fibres
0	0	0	0	0	4	0	6	6				0	0	Other satin or twill cloth of acrylic staple fibres, containing 85% or more by weight of acrylic staple fibres
0	0	0	0	0	4	0	6	6				0	0	Other oxford cloth of acrylic staple fibres, containing 85% or more by weight of acrylic staple fibres
0	0	0	0	0	4	0	6	6				0	0	Other woven fabrics of acrylic staple fibres, containing 85% or more by weight of acrylic staple fibres
														- Other:
														-- Unbleached or bleached
0	0	0	5.4	0	12.6	0	14.4	10.8				0	0	Poplin and fine plain cloth of other synthetic staple fibres, unbleached or bleached, containing 85% or more by weight of synthetic staple fibres
0	0	0	5.4	0	12.6	0	14.4	10.8				0	0	Plain cloth of other synthetic staple fibres, unbleached or bleached, containing 85% or more by weight of synthetic staple fibres
0	0	0	5.4	0	12.6	0	14.4	10.8				0	0	Plain cloth of other synthetic staple fibres for printing and dyeing, unbleached or bleached, containing 85% or more by weight of synthetic staple fibres

税号	货品名称	进口关税 %			增值/消费税%	出口退税%	统计计量单位	监管证件代码	检验检疫类别	协定税率 %		
		最惠国	普通	年内暂定						东盟	亚太	智利
55129100.40	未漂白或漂白其他合纤短纤平纹奶酪布(其他合纤短纤含量在85%及以上,含薄细布,巴里纱)	18	130		17	17	米/千克			0		0
55129100.50	未漂白或漂白其他合纤短纤机织帆布(其他纯合纤布指按重量计其他合纤短纤含量在85%及以上)	18	130		17	17	米/千克			0		0
55129100.60	未漂白或漂白其他合纤短纤斜纹机织物(其他合纤短纤含量在85%及以上,含缎纹机织物)	18	130		17	17	米/千克			0		0
55129100.70	未漂白或漂白其他合纤短纤牛津布(其他纯合纤布指按重量计其他合纤短纤含量在85%及以上)	18	130		17	17	米/千克			0		0
55129100.90	未漂白或漂白其他合纤短纤其他机织物(其他纯合纤布指按重量计其他合纤短纤含量在85%及以上)	18	130		17	17	米/千克			0		0
5512.9900	-- 其他											
55129900.10	其他合纤短纤色织机织物(其他合纤短纤含量≥85%,蓝粗斜纹布及提花织物除外)	10	130		17	17	米/千克			0		0
55129900.20	其他合纤短纤蓝粗斜纹布(其他纯合纤布指按重量计其他合纤短纤含量在85%及以上)	10	130		17	17	米/千克			0		0
55129900.31	其他合纤短纤机织府绸或细平布(其他纯合纤布指按重量计其他合纤短纤含量在85%及以上)	10	130		17	17	米/千克			0		0
55129900.32	其他合纤短纤其他机织平布(其他纯合纤布指按重量计其他合纤短纤含量在85%及以上)	10	130		17	17	米/千克			0		0
55129900.33	其他合纤短纤其他机织印染用布(其他纯合纤布指按重量计其他合纤短纤含量在85%及以上)	10	130		17	17	米/千克			0		0
55129900.34	其他合纤短纤平纹奶酪布等(其他合纤短纤85%及以上,含薄细布,巴里纱)	10	130		17	17	米/千克			0		0
55129900.35	其他合纤短纤其他机织帆布(其他纯合纤布指按重量计其他合纤短纤含量在85%及以上)	10	130		17	17	米/千克			0		0
55129900.36	其他合纤短纤缎纹或斜纹机织物(其他纯合纤布指按重量计其他合纤短纤含量在85%及以上)	10	130		17	17	米/千克			0		0
55129900.39	其他合纤短纤其他牛津布(其他纯合纤布指按重量计其他合纤短纤含量在85%及以上)	10	130		17	17	米/千克			0		0
55129900.90	其他合纤短纤其他机织物(其他纯合纤布指按重量计其他合纤短纤含量在85%及以上)	10	130		17	17	米/千克			0		0
55.13	**合成纤维短纤纺制的机织物,按重量计合成纤维短纤含量在85%以下,主要或仅与棉混纺,每平方米重量不超过170克:**											
	- 未漂白或漂白:											
	-- 聚酯短纤纺制的平纹机织物:											
5513.1110	--- 未漂白											
55131110.10	与棉混纺未漂白聚酯短纤平纹府绸(含聚酯短纤85%以下,每平方米重≤170克,含细平布)	16	130		17	17	米/千克			0		0
55131110.20	与棉混纺未漂白聚酯短纤机织平布(混纺为含聚酯短纤85%以下,轻质指每平方米重≤170克)	16	130		17	17	米/千克			0		0
55131110.30	与棉混未漂白聚酯短纤平纹印染用布(混纺为含聚酯短纤85%以下,轻质指每平方米重≤170克)	16	130		17	17	米/千克			0		0
55131110.40	与棉混纺未漂白聚酯短纤平纹奶酪布(含聚酯短纤<85%,轻质每平方米重≤170克,含薄细布,巴里纱)	16	130		17	17	米/千克			0		0
5513.1120	--- 漂白											
55131120.10	与棉混纺漂白聚酯短纤平纹府绸(含聚酯短纤85%以下,每平方米重≤170克,含细平布)	15	130		17	17	米/千克	A	M/	0		0
55131120.20	与棉混纺漂白聚酯短纤机织平布(混纺为含聚酯短纤85%以下,轻质指每平方米重≤170克)	15	130		17	17	米/千克	A	M/	0		0
55131120.30	与棉混纺漂白聚酯平纹印染用布(混纺为含聚酯短纤85%以下,轻质指每平方米重≤170克)	15	130		17	17	米/千克	A	M/	0		0

协定税率 %										特惠税率 %				
巴基斯坦	冰岛	哥斯达黎	秘鲁	新西兰	瑞士	新加坡	韩国	澳大利亚	港澳台	老挝	孟加拉	33 国	7 国	**Article Description**
0	0	0	5.4	0	12.6	0	14.4	10.8				0	0	Plain cheese cloth, muslin and voile of other synthetic staple fibres, unbleached or bleached, containing 85% or more by weight of synthetic staple fibres
0	0	0	5.4	0	12.6	0	14.4	10.8				0	0	Canvas of other synthetic staple fibres, unbleached or bleached, containing 85% or more by weight of synthetic staple fibres
0	0	0	5.4	0	12.6	0	14.4	10.8				0	0	Satin or twill cloth of other synthetic staple fibres, unbleached or bleached, containing 85% or more by weight of synthetic staple fibres
0	0	0	5.4	0	12.6	0	14.4	10.8				0	0	Oxford cloth of other synthetic staple fibres, unbleached or bleached, containing 85% or more by weight of synthetic staple fibres
0	0	0	5.4	0	12.6	0	14.4	10.8				0	0	Woven fabrics of other synthetic staple fibres, unbleached or bleached, containing 85% or more by weight of synthetic staple fibres
														-- Other
0	0	0	0	0	4	0	8.6	6	0/0/0	0	0	0	0	Woven fabrics of other synthetic staple fibres, of yarns of different colours, containing 85% or more by weight of other synthetic staple fibres, other than blue denim and jacquard cloth
0	0	0	0	0	4	0	8.6	6	0/0/0	0	0	0	0	Blue denim of other synthetic staple fibres, containing 85% or more by weight of other synthetic staple fibres
0	0	0	0	0	4	0	8.6	6	0/0/0	0	0	0	0	Poplin and fine plain cloth of other synthetic staple fibres, containing 85% or more by weight of other synthetic staple fibres
0	0	0	0	0	4	0	8.6	6	0/0/0	0	0	0	0	Plain cloth of other synthetic staple fibres, containing 85% or more by weight of other synthetic staple fibres
0	0	0	0	0	4	0	8.6	6	0/0/0	0	0	0	0	Other woven fabrics of other synthetic staple fibres for printing and dying, containing 85% or more by weight of synthetic staple fibres
0	0	0	0	0	4	0	8.6	6	0/0/0	0	0	0	0	Plain cheese cloth ,muslin and voile of other synthetic staple fibres, containing 85% or more by weight of other synthetic staple fibres
0	0	0	0	0	4	0	8.6	6	0/0/0	0	0	0	0	Other canvas of other synthetic staple fibres, containing 85% or more by weight of synthetic staple fibres
0	0	0	0	0	4	0	8.6	6	0/0/0	0	0	0	0	Satin or twill cloth of other synthetic staple fibres, containing 85% or more by weight of other synthetic staple fibres
0	0	0	0	0	4	0	8.6	6	0/0/0	0	0	0	0	Other oxford cloth of other synthetic staple fibres, containing 85% or more by weight of synthetic staple fibres
0	0	0	0	0	4	0	8.6	6	0/0/0	0	0	0	0	Other woven fabrics of other synthetic staple fibres, containing 85% or more by weight of other synthetic staple fibres
														Woven fabrics of synthetic staple fibres, containing less than 85% by weight of such fibres, mixed mainly or solely with cotton, of a weight not exceeding 170g/m^2:
														- Unbleached or bleached:
														-- Of polyester staple fibres, plain weave:
														--- Unbleached
0	0	0	4.8	0	11.2	0	12.8	9.6	0//			0	0	Plain poplin and fine plain cloth of polyester staple fibres, unbleached, mixed with cotton, containing less than 85% by weight of polyester staple fibres, weighing not exceeding 170g/m^2
0	0	0	4.8	0	11.2	0	12.8	9.6	0//			0	0	Plain cloth of polyester staple fibres, unbleached, mixed with cotton, containing less than 85% by weight of polyester staple fibres, weighing not exceeding 170g/m^2
0	0	0	4.8	0	11.2	0	12.8	9.6	0//			0	0	Plain cloth of polyester staple fibres for printing and dyeing, unbleached, mixed with cotton, containing less than 85% by weight of polyester staple fibres, weighing not exceeding 170g/m^2
0	0	0	4.8	0	11.2	0	12.8	9.6	0//			0	0	Plain cheese cloth, voile and muslin of polyester staple fibres, unbleached, mixed with cotton, containing less than 85% by weight of polyester staple fibres, weighing not exceeding 170g/m^2
														--- Bleached
0	0	0	4.5	0	10.5	0	12	9	0//			0	0	Plain poplin and fine plain cloth of polyester staple fibres, bleached, mixed with cotton, containing less than 85% by weight of polyester staple fibres, weighing not exceeding 170g/m^2
0	0	0	4.5	0	10.5	0	12	9	0//			0	0	Plain cloth of polyester staple fibres, bleached, mixed with cotton, containing less than 85% by weight of polyester staple fibres, weighing not exceeding 170g/m^2
0	0	0	4.5	0	10.5	0	12	9	0//			0	0	Plain cloth of polyester staple fibres for printing and dyeing, bleached, mixed with cotton, containing less than 85% by weight of polyester staple fibres, weighing not exceeding 170g/m^2

税号	货品名称	进口关税 %			增值/消费税%	出口退税%	统计计量单位	监管证件代码	检验检疫类别	协定税率 %		
		最惠国	普通	年内暂定						东盟	亚太	智利
55131120.40	与棉混纺漂白聚酯短纤平纹奶酪布等(含聚酯短纤＜85%,每平方米重≤170克,含薄细布,巴里纱)	15	130		17	17	米/千克	A	M/	0		0
	-- 聚酯短纤纺制的三线或四线斜纹机织物,包括双面斜纹机织物:											
5513.1210	--- 未漂白	16	130		17	17	米/千克			0		0
5513.1220	--- 漂白	18	130		17	17	米/千克			0		0
	-- 其他聚酯短纤纺制的机织物:											
5513.1310	--- 未漂白											
55131310.10	与棉混纺未漂聚酯短纤斜纹机织物(含聚酯短纤＜85%,轻质指每平方米重≤170克,含缎纹布)	16	130		17	17	米/千克			0		0
55131310.20	与棉混纺未漂白聚酯短纤牛津布(混纺为含聚酯短纤85%以下,轻质指每平方米重≤170克)	16	130		17	17	米/千克			0		0
55131310.90	与棉混纺未漂聚酯短纤其他机织物(混纺为含聚酯短纤85%以下,轻质指每平方米重≤170克)	16	130		17	17	米/千克			0		0
5513.1320	--- 漂白											
55131320.10	与棉混纺漂白聚酯短纤斜纹机织物(含聚酯短纤85%以下,轻质指每平方米重≤170克,含缎纹)	18	130		17	17	米/千克			0		0
55131320.20	与棉混纺漂白聚酯短纤牛津布(混纺为含聚酯短纤85%以下,轻质指每平方米重≤170克)	18	130		17	17	米/千克			0		0
55131320.90	与棉混纺漂白聚酯短纤其他机织物(混纺为含聚酯短纤85%以下,轻质指每平方米重≤170克)	18	130		17	17	米/千克			0		0
5513.1900	-- 其他机织物											
55131900.10	与棉混纺的未漂白或漂白的其他合纤短纤布(其他合短纤＜85%,每平方米重≤170克,专指府绸或细平布)	18	130		17	17	米/千克			0		0
55131900.20	与棉混纺的未漂白或漂白的其他合纤短纤布(其他合短纤＜85%,每平方米重≤170克,专指机织平布)	18	130		17	17	米/千克			0		0
55131900.30	与棉混纺的未漂白或漂白的其他合纤短纤布(其他合短纤＜85%,每平方米重≤170克,专指平纹印染用布)	18	130		17	17	米/千克			0		0
55131900.40	与棉混纺的未漂白或漂白的其他合纤短纤布(合短纤＜85%,每平方米重≤170克,指奶酪布,薄细布,巴里纱)	18	130		17	17	米/千克			0		0
55131900.50	与棉混纺的未漂白或漂白的其他合纤短纤布(其他合短纤＜85%,每平方米重≤170克,专指缎纹或斜纹布)	18	130		17	17	米/千克			0		0
55131900.60	与棉混纺的未漂白或漂白的其他合纤短纤布(其他合短纤＜85%,每平方米重≤170克,专指牛津布)	18	130		17	17	米/千克			0		0
55131900.90	与棉混纺的未漂白或漂白的其他合纤短纤布(其他合短纤＜85%,每平方米重≤170克,特指其他机织物)	18	130		17	17	米/千克			0		0
	- 染色:											
5513.2100	-- 聚酯短纤纺制的平纹机织物											
55132100.10	与棉混纺染色聚酯短纤平纹府绸(含聚酯短纤85%以下,每平方米重≤170克,含细平布)	10	130		17	17	米/千克			0	9.1	0
55132100.20	与棉混纺染色聚酯短纤机织平布(混纺为含聚酯短纤85%以下,轻质指每平方米重≤170克)	10	130		17	17	米/千克			0	9.1	0
55132100.30	与棉混纺的染色聚酯短纤平纹印染用布(混纺为含聚酯短纤85%以下,轻质指每平方米重≤170克)	10	130		17	17	米/千克			0	9.1	0
55132100.40	与棉混染色聚酯短纤平纹奶酪布等(聚酯短纤85%以下,每平方米重≤170克,含薄细布,巴里纱)	10	130		17	17	米/千克			0	9.1	0
	-- 其他聚酯短纤纺制的机织物:											

协定税率 %										特惠税率 %				Article Description
巴基斯坦	冰岛	哥斯达黎	秘鲁	新西兰	瑞士	新加坡	韩国	澳大利亚	港澳台	老挝	孟加拉	33 国	7 国	
0	0	0	4.5	0	10.5	0	12	9	0//			0	0	Plain cheese cloth, voile and muslin of polyester staple fibres, bleached, mixed with cotton, containing less than 85% by weight of polyester staple fibres, weighing not exceeding 170g/m^2
														-- 3-thread or 4-thread twill, including cross twill, of polyester staple fibres:
0	0	0	4.8	0	11.2	0	12.8	9.6	0//			0	0	--- Unbleached
0	0	0	5.4	0	12.6	0	14.4	10.8	0//			0	0	--- Bleached
														-- Other woven fabrics of polyester staple fibres:
														--- Unbleached
0	0	0	4.8	0	11.2	0	12.8	9.6				0	0	Satin or twill cloth of polyester staple fibres, unbleached, mixed with cotton, containing less than 85% by weight of polyester staple fibres, weighing not exceeding 170g/m^2
0	0	0	4.8	0	11.2	0	12.8	9.6				0	0	Oxford cloth of polyester staple fibres, unbleached, mixed with cotton, containing less than 85% by weight of polyester staple fibres, weighing not exceeding 170g/m^2
0	0	0	4.8	0	11.2	0	12.8	9.6				0	0	Other woven fabrics of polyester staple fibres, unbleached, mixed with cotton, containing less than 85% by weight of polyester staple fibres, weighing not exceeding 170g/m^2
														--- Bleached
0	0	0	5.4	0	12.6	0	14.4	10.8				0	0	Satin or twill cloth of polyester staple fibres, bleached, mixed with cotton, containing less than 85% by weight of polyester staple fibres, weighing not exceeding 170g/m^2
0	0	0	5.4	0	12.6	0	14.4	10.8				0	0	Oxford cloth of polyester staple fibres, bleached, mixed with cotton, containing less than 85% by weight of polyester staple fibres, weighing not exceeding 170g/m^2
0	0	0	5.4	0	12.6	0	14.4	10.8				0	0	Other woven fabrics of polyester staple fibres, bleached, mixed with cotton, containing less than 85% by weight of polyester staple fibres, weighing not exceeding 170g/m^2
														-- Other woven fabrics
0	0	0	5.4	0	12.6	0	14.4	10.8				0	0	Other poplin or fine plain cloth of synthetic staple fibres, unbleached or bleached, mixed with cotton, containing less than 85% by weight of synthetic staple fibres, weighing not exceeding 170g/m^2
0	0	0	5.4	0	12.6	0	14.4	10.8				0	0	Other plain cloth of synthetic staple fibres, unbleached or bleached, mixed with cotton, containing less than 85% by weight of synthetic staple fibres, weighing not exceeding 170g/m^2
0	0	0	5.4	0	12.6	0	14.4	10.8				0	0	Other plain cloth for printing and dyeing of synthetic staple fibres, unbleached or bleached, mixed with cotton, containing less than 85% by weight of synthetic staple fibres, weighing not exceeding 170g/m^2
0	0	0	5.4	0	12.6	0	14.4	10.8				0	0	Other cheese cloth, voile and muslin of synthetic staple fibres, unbleached or bleached, mixed with cotton, containing less than 85% by weight of synthetic staple fibres, weighing not exceeding 170g/m^2
0	0	0	5.4	0	12.6	0	14.4	10.8				0	0	Other satin or twill cloth of synthetic staple fibres, unbleached or bleached, mixed with cotton, containing less than 85% by weight of synthetic staple fibres, weighing not exceeding 170g/m^2
0	0	0	5.4	0	12.6	0	14.4	10.8				0	0	Other oxford cloth of synthetic staple fibres, unbleached or bleached, mixed with cotton, containing less than 85% by weight of synthetic staple fibres, weighing not exceeding 170g/m^2
0	0	0	5.4	0	12.6	0	14.4	10.8				0	0	Other woven fabrics of synthetic staple fibres, unbleached or bleached, mixed with cotton, containing less than 85% by weight of synthetic staple fibres, weighing not exceeding 170g/m^2
														- Dyed:
														-- Of polyester staple fibres, plain weave
0	0	0	0	0	4	0	6	6	0/0/0			0	0	Plain poplin and fine plain cloth of polyester staple fibres, dyed, mixed with cotton, containing less than 85% by weight of polyester staple fibres, weighing not exceeding 170g/m^2
0	0	0	0	0	4	0	6	6	0/0/0			0	0	Plain cloth of polyester staple fibres, dyed, mixed with cotton, containing less than 85% by weight of polyester staple fibres, weighing not exceeding 170g/m^2
0	0	0	0	0	4	0	6	6	0/0/0			0	0	Plain cloth of polyester staple fibres for printing and dyeing, dyed, mixed with cotton, containing less than 85% by weight of polyester staple fibres, weighing not exceeding 170g/m^2
0	0	0	0	0	4	0	6	6	0/0/0			0	0	Plain cheese cloth, voile and muslin of polyester staple fibres, dyed, mixed with cotton, containing less than 85% by weight of polyester staple fibres, weighing not exceeding 170g/m^2
														-- Other woven fabrics of polyester staple fibres:

税号	货品名称	进口关税% 最惠国	普通	年内暂定	增值/消费税%	出口退税%	统计计量单位	监管证件代码	检验检疫类别	协定税率% 东盟	亚太	智利
5513.2310	--- 聚酯短纤纺制的三线或四线斜纹机织物,包括双面斜纹机织物	10	130		17	17	米/千克			0		0
5513.2390	--- 其他	10	130		17	17	米/千克			0		0
5513.2900	-- 其他机织物											
55132900.10	与棉混纺染色其他合纤短纤府绸(其他合短纤<85%,每平方米重≤170克,含细平布)	10	130		17	17	米/千克			0		0
55132900.20	与棉混纺染色其他合纤短纤平布(混纺为含其他合短纤<85%,轻质指每平方米重≤170克)	10	130		17	17	米/千克			0		0
55132900.30	与棉混纺染色其他合纤短纤平纹布(印染用,其他合短纤<85%,指每平方米重≤170克)	10	130		17	17	米/千克			0		0
55132900.40	与棉混纺的染色其他合纤短纤平纹布(合短纤<85%,每平方米重≤170克,指奶酪布,薄细布,巴里纱)	10	130		17	17	米/千克			0		0
55132900.50	与棉混纺染色其他合纤短纤斜纹布(其他合短纤<85%,每平方米重≤170克,含缎纹布)	10	130		17	17	米/千克			0		0
55132900.60	与棉混纺染色其他合纤短纤牛津布(混纺为含其他合短纤<85%,轻质指每平方米重≤170克)	10	130		17	17	米/千克			0		0
55132900.90	与棉混纺染色其他合纤短纤其他布(混纺为含其他合短纤<85%,轻质指每平方米重≤170克)	10	130		17	17	米/千克			0		0
	- 色织:											
5513.3100	-- 聚酯短纤纺制的平纹机织物	10	130		17	17	米/千克			0		0
	-- 其他机织物:											
5513.3910	--- 聚酯短纤纺制的三线或四线斜纹机织物,包括双面斜纹机织物	10	130		17	17	米/千克			0	8.8	0
5513.3920	--- 其他聚酯短纤纺制的机织物	10	130		17	17	米/千克			0		0
5513.3990	--- 其他	10	130		17	17	米/千克			0		0
	- 印花:											
5513.4100	-- 聚酯短纤纺制的平纹机织物											
55134100.10	与棉混纺印花聚酯短纤平纹府绸(含聚酯短纤85%以下,指每平方米重≤170克,含细平布)	10	130		17	17	米/千克			0		0
55134100.20	与棉混纺印花聚酯短纤机织平布(混纺为含聚酯短纤85%以下,轻质指每平方米重≤170克)	10	130		17	17	米/千克			0		0
55134100.30	与棉混纺的印花聚酯短纤平纹印染用布(混纺为含聚酯短纤85%以下,轻质指每平方米重≤170克)	10	130		17	17	米/千克			0		0
55134100.40	与棉混印花聚酯短纤平纹奶酪布等(含聚酯短纤<85%,每平方米重≤170克,含薄细布,巴里纱)	10	130		17	17	米/千克			0		0
	-- 其他机织物:											
5513.4910	--- 聚酯短纤纺制的三线或四线斜纹机织物,包括双面斜纹机织物	10	130		17	17	米/千克			0		0
5513.4920	--- 其他聚酯短纤纺制的机织物	10	130		17	17	米/千克			0		0
5513.4990	--- 其他	10	130		17	17	米/千克			0		0
55.14	**合成纤维短纤纺制的机织物,按重量计合成纤维短纤含量在85%以下,主要或仅与棉混纺,每平方米重量超过170克:**											
	- 未漂白或漂白:											
	-- 聚酯短纤纺制的平纹机织物:											
5514.1110	--- 未漂白											
55141110.10	与棉混纺未漂白聚酯短纤平纹府绸(含聚酯短纤85%以下,每平方米重>170克,含细平布)	16	130		17	17	米/千克			0	14.4	0
55141110.20	与棉混纺未漂白聚酯短纤机织平布(混纺为含聚酯短纤85%以下,重质指每平方米重>170克)	16	130		17	17	米/千克			0	14.4	0
55141110.30	与棉混纺未漂白聚酯短纤平纹帆布(混纺为含聚酯短纤85%以下,重质指每平方米重>170克)	16	130		17	17	米/千克			0	14.4	0
5514.1120	--- 漂白											

协定税率 %										特惠税率 %				Article Description
巴基斯坦	冰岛	哥斯达黎加	秘鲁	新西兰	瑞士	新加坡	韩国	澳大利亚	港澳台	老挝	孟加拉	33 国	7 国	
0	0	0	0	0	4	0	6	6	0//			0	0	--- 3-thread or 4-thread twill, including cross twill, of polyester staple fibres
0	0	0	0	0	4	0	8	6				0	0	--- Other
														-- Other woven fabrics
0	0	0	0	0	4	0	6	6			0	0	0	Other poplin and fine plain cloth of synthetic staple fibres, dyed, mixed with cotton, containing less than 85% by weight of synthetic staple fibres, weighing not exceeding 170g/m^2
0	0	0	0	0	4	0	6	6			0	0	0	Other plain cloth of synthetic staple fibres, dyed, mixed with cotton, containing less than 85% by weight of other synthetic staple fibres, weighing not exceeding 170g/m^2
0	0	0	0	0	4	0	6	6			0	0	0	Other plain cloth of synthetic staple fibres for printing and dyeing, dyed, mixed with cotton, containing less than 85% by weight of other synthetic staple fibres, weighing not exceeding 170g/m^2
0	0	0	0	0	4	0	6	6			0	0	0	Other cheese cloth, voile and muslin of synthetic staple fibres, dyed, mixed with cotton, containing less than 85% by weight of other synthetic staple fibres, weighing not exceeding 170g/m^2
0	0	0	0	0	4	0	6	6			0	0	0	Other satin or twill cloth of synthetic staple fibres, dyed, mixed with cotton, containing less than 85% by weight of other synthetic staple fibres, weighing not exceeding 170g/m^2
0	0	0	0	0	4	0	6	6			0	0	0	Other oxford cloth of synthetic staple fibres, dyed, mixed with cotton, containing less than 85% by weight of other synthetic staple fibres, weighing not exceeding 170g/m^2
0	0	0	0	0	4	0	6	6			0	0	0	Other woven fabrics of synthetic staple fibres, dyed, mixed with cotton, containing less than 85% by weight of other synthetic staple fibres, weighing not exceeding 170g/m^2
														- Of yarns of different colours:
0	0	0	0	0	4	0	6	6	0//			0	0	-- Of polyester staple fibres, plain weave
														-- Other woven fabrics:
0	0	0	0	0	4	0	6	6	0//			0	0	--- 3-thread or 4-thread twill, including cross twill, of polyester staple fibres
0	0	0	0	0	4	0	6	6	0//			0	0	--- Other woven fabrics of polyester staple fibres
0	0	0	0	0	4	0	6	6				0	0	--- Other
														- Printed:
														-- Of polyester staple fibres, plain weave
0	0	0	0	0	4	0	6	6		0	0	0	0	Plain poplin and fine plain cloth of polyester staple fibres, printed, mixed with cotton, containing less than 85% by weight of polyester staple fibres, weighing not exceeding 170g/m^2
0	0	0	0	0	4	0	6	6		0	0	0	0	Plain cloth of polyester staple fibres, printed, mixed with cotton, containing less than 85% by weight of polyester staple fibres, weighing not exceeding 170g/m^2
0	0	0	0	0	4	0	6	6		0	0	0	0	Plain cloth of polyester staple fibres for printing and dyeing, printed, mixed with cotton, containing less than 85% by weight of polyester staple fibres, weighing not exceeding 170g/m^2
0	0	0	0	0	4	0	6	6		0	0	0	0	Plain cheese cloth, voile and muslin of polyester staple fibres, printed, mixed with cotton, containing less than 85% by weight of polyester staple fibres, weighing not exceeding 170g/m^2
														-- Other woven fabrics:
0	0	0	0	0	4	0	6	6				0	0	--- 3-thread or 4-thread twill, including cross twill, of polyester staple fibres
0	0	0	0	0	4	0	6	6				0	0	--- Other woven fabrics of polyester staple fibres
0	0	0	0	0	4	0	6	6				0	0	--- Other
														Woven fabrics of synthetic staple fibres, containing less than 85% by weight of such fibres, mixed mainly or solely with cotton, of a weight exceeding 170g/m^2:
														- Unbleached or bleached:
														-- Of polyester staple fibres, plain weave:
														--- Unbleached
0	0	0	4.8	0	11.2	0	12.8	9.6				0	0	Plain poplin and fine plain cloth of polyester staple fibres, unbleached, mixed with cotton, containing less than 85% by weight of polyester staple fibres, weighing exceeding 170g/m^2
0	0	0	4.8	0	11.2	0	12.8	9.6				0	0	Plain cloth of polyester staple fibres, unbleached, mixed with cotton, containing less than 85% by weight of polyester staple fibres, weighing exceeding 170g/m^2
0	0	0	4.8	0	11.2	0	12.8	9.6				0	0	Plain canvas of polyester staple fibres, unbleached, mixed with cotton, containing less than 85% by weight of polyester staple fibres, weighing exceeding 170g/m^2
														--- Bleached

税号	货品名称	进口关税 %			增值/消费税%	出口退税%	统计计量单位	监管证件代码	检验检疫类别	协定税率 %		
		最惠国	普通	年内暂定						东盟	亚太	智利
55141120.10	与棉混纺漂白聚酯短纤平纹府绸(聚酯短纤 85%以下,每平方米重＞170克,含细平布)	18	130		17	17	米/千克			0		0
55141120.20	与棉混纺漂白聚酯短纤机织平布(混纺为含聚酯短纤 85%以下,重质指每平方米重＞170克)	18	130		17	17	米/千克			0		0
55141120.30	与棉混纺漂白聚酯短纤平纹帆布(混纺为含聚酯短纤 85%以下,重质指每平方米重＞170克)	18	130		17	17	米/千克			0		0
	-- 聚酯短纤纺制的三线或四线斜纹机织物,包括双面斜纹机织物:											
5514.1210	--- 未漂白	16	130		17	17	米/千克			0		0
5514.1220	--- 漂白	18	130		17	17	米/千克			0		0
	-- 其他机织物:											
	--- 聚酯短纤纺制的机织物:											
5514.1911	----未漂白	16	130		17	17	米/千克			0		0
5514.1912	----漂白	18	130		17	17	米/千克			0		0
5514.1990	--- 其他	16	130		17	17	米/千克			0	15.2	0
	- 染色:											
5514.2100	-- 聚酯短纤纺制的平纹机织物											
55142100.10	与棉混纺染色聚酯短纤平纹府绸(含细平布,聚酯短纤 85%以下,重质指每平方米重＞170克)	10	130		17	17	米/千克			0		0
55142100.20	与棉混纺染色聚酯短纤机织平布(混纺为含聚酯短纤 85%以下,重质指每平方米重＞170克)	10	130		17	17	米/千克			0		0
55142100.30	与棉混纺染色聚酯短纤平纹帆布(混纺为含聚酯短纤 85%以下,重质指每平方米重＞170克)	10	130		17	17	米/千克			0		0
5514.2200	-- 聚酯短纤纺制的三线或四线斜纹机织物,包括双面斜纹机织物	10	130		17	17	米/千克			0		0
5514.2300	-- 其他聚酯短纤纺制的机织物											
55142300.10	与棉混纺染色聚酯短纤其他斜纹布(聚酯短纤 85%以下,每平方米重＞170克,含缎纹布)	10	130		17	17	米/千克			0		0
55142300.20	与棉混纺染色聚酯短纤其他帆布(混纺为含聚酯短纤 85%以下,重质指每平方米重＞170克)	10	130		17	17	米/千克			0		0
55142300.90	与棉混纺染色聚酯短纤其他机织物(混纺为含聚酯短纤 85%以下,重质指每平方米重＞170克)	10	130		17	17	米/千克			0		0
5514.2900	-- 其他机织物											
55142900.10	与棉混纺染色其他合纤短纤府绸(含细平布,其他合短纤＜85%,重质指每平方米重＞170克)	10	130		17	17	米/千克			0		0
55142900.20	与棉混纺染色其他合纤短纤平布(混纺为含其他合短纤＜85%,重质指每平方米重＞170克)	10	130		17	17	米/千克			0		0
55142900.30	与棉混纺染色其他合纤短纤帆布(混纺为含其他合短纤＜85%,重质指每平方米重＞170克)	10	130		17	17	米/千克			0		0
55142900.40	与棉混纺染色其他合纤短纤斜纹布(含缎纹布,其他合短纤＜85%,重质指每平方米重＞170克)	10	130		17	17	米/千克			0		0
55142900.90	与棉混纺染色其他合纤短纤其他布(混纺为含其他合短纤＜85%,重质指每平方米重＞170克)	10	130		17	17	米/千克			0		0
	- 色织:											
5514.3010	--- 聚酯短纤纺制的平纹机织物	10	130		17	17	米/千克			0		0
5514.3020	--- 聚酯短纤纺制的三线或四线斜纹机织物,包括双面斜纹机织物	10	130		17	17	米/千克			0		0
5514.3030	--- 其他聚酯短纤纺制的机织物	10	130		17	17	米/千克			0		0
5514.3090	--- 其他机织物	10	130		17	17	米/千克			0		0
	- 印花:											
5514.4100	-- 聚酯短纤纺制的平纹机织物											
55144100.10	与棉混纺印花聚酯短纤平纹府绸(聚酯短纤 85%以下,每平方米重＞170克, 含细平布)	10	130		17	17	米/千克			0		0
55144100.20	与棉混纺印花聚酯短纤机织平布(混纺为含聚酯短纤 85%以下,重质指每平方米重＞170克)	10	130		17	17	米/千克			0		0

协定税率 %										特惠税率 %				Article Description
巴基斯坦	冰岛	哥斯达黎	秘鲁	新西兰	瑞士	新加坡	韩国	澳大利亚	港澳台	老挝	孟加拉	33 国	7 国	
0	0	0	5.4	0	12.6	0	14.4	10.8				0	0	Plain poplin and fine plain cloth of polyester staple fibres, bleached, mixed with cotton, containing less than 85% by weight of polyester staple fibres, weighing exceeding $170g/m^2$
0	0	0	5.4	0	12.6	0	14.4	10.8				0	0	Plain cloth of polyester staple fibres, bleached, mixed with cotton, containing less than 85% by weight of polyester staple fibres, weighing exceeding $170g/m^2$
0	0	0	5.4	0	12.6	0	14.4	10.8				0	0	Plain canvas of polyester staple fibres, bleached, mixed with cotton, containing less than 85% by weight of polyester staple fibres, weighing exceeding $170g/m^2$
														-- 3-thread or 4-thread twill, including cross twill, of polyester staple fibres:
0	0	0	4.8	0	11.2	0	12.8	9.6	0//			0	0	--- Unbleached
0	0	0	5.4	0	12.6	0	14.4	10.8	0//			0	0	--- Bleached
														-- Other woven fabrics:
														--- Woven fabrics of polyester staple fibres:
0	0	0	4.8	0	11.2	0	12.8	9.6				0	0	----Unbleached
0	0	0	5.4	0	12.6	0	14.4	10.8				0	0	----Bleached
0	0	0	4.8	0	11.2	0	12.8	9.6				0	0	--- Other
														- Dyed:
														-- Of polyester staple fibres, plain weave
0	0	0	0	0	4	0	6	6	0//			0	0	Plain poplin and fine plain cloth of polyester staple fibres, dyed, mixed with cotton, containing less than 85% by weight of polyester staple fibres, weighing exceeding $170g/m^2$
0	0	0	0	0	4	0	6	6	0//			0	0	Plain cloth of polyester staple fibres, dyed, mixed with cotton, containing less than 85% by weight of polyester staple fibres, weighing exceeding $170g/m^2$
0	0	0	0	0	4	0	6	6	0//			0	0	Plain canvas of polyester staple fibres, dyed, mixed with cotton, containing less than 85% by weight of polyester staple fibres, weighing exceeding $170g/m^2$
0	0	0	0	0	4	0	6	6	0//			0	0	-- 3-thread or 4-thread twill, including cross twill, of polyester staple fibres
														-- Other woven fabrics of polyester staple fibres
0	0	0	0	0	4	0	6	6		0	0	0	0	Other satin or twill cloth of polyester staple fibres, dyed, mixed with cotton, containing less than 85% by weight of polyester staple fibres, weighing exceeding $170g/m^2$
0	0	0	0	0	4	0	6	6		0	0	0	0	Other canvas of polyester staple fibres, dyed, mixed with cotton, containing less than 85% by weight of polyester staple fibres, weighing exceeding $170g/m^2$
0	0	0	0	0	4	0	6	6		0	0	0	0	Other woven fabrics of polyester staple fibres, dyed, mixed with cotton, containing less than 85% by weight of polyester staple fibres, weighing exceeding $170g/m^2$
														-- Other woven fabrics
0	0	0	0	0	4	0	6	6			0	0	0	Other poplin of synthetic staple fibres and fine plain cloth, dyed, mixed with cotton, containing less than 85% by weight of other synthetic staple fibres, weighing exceeding $170g/m^2$
0	0	0	0	0	4	0	6	6			0	0	0	Other plain cloth of synthetic staple fibres, dyed, mixed with cotton, containing less than 85% by weight of other synthetic staple fibres, weighing exceeding $170g/m^2$
0	0	0	0	0	4	0	6	6			0	0	0	Other canvas of synthetic staple fibres, dyed, mixed with cotton, containing less than 85% by weight of other synthetic staple fibres, weighing exceeding $170g/m^2$
0	0	0	0	0	4	0	6	6			0	0	0	Other satin or twill cloth of synthetic staple fibres, dyed, mixed with cotton, containing less than 85% by weight of other synthetic staple fibres, weighing exceeding $170g/m^2$
0	0	0	0	0	4	0	6	6			0	0	0	Other woven fabrics of synthetic staple fibres, dyed, mixed with cotton, containing less than 85% by weight of other synthetic staple fibres, weighing exceeding $170g/m^2$
														- Of yarns of different colours:
0	0	0	0	0	4	0	6	6	0//			0	0	--- Of polyester staple fibres, plain weave
0	0	0	0	0	4	0	6	6	0//			0	0	--- 3-thread or 4-thread twill, including cross twill, of polyester staple fibres
0	0	0	0	0	4	0	6	6				0	0	--- Other woven fabrics of polyester staple fibres
0	0	0	0	0	4	0	6	6				0	0	--- Other woven fabrics
														- Printed:
														-- Of polyester staple fibres, plain weave
0	0	0	0	0	4	0	6	6				0	0	Plain poplin and fine plain cloth of polyester staple fibres, printed, mixed with cotton, containing less than 85% by weight of polyester staple fibres, weighing exceeding $170g/m^2$
0	0	0	0	0	4	0	6	6				0	0	Plain cloth of polyester staple fibres, printed, mixed with cotton, containing less than 85% by weight of polyester staple fibres, weighing exceeding $170g/m^2$

税　号	货　品　名　称	进口关税 %			增值/消费税%	出口退税%	统计计量单位	监管证件代码	检验检疫类别	协定税率 %		
		最惠国	普通	年内暂定						东盟	亚太	智利
55144100.30	与棉混纺印花聚酯短纤平纹帆布(混纺为含聚酯短纤 85%以下,重质指每平方米重＞170克)	10	130		17	17	米/千克			0		0
5514.4200	-- 聚酯短纤纺制的三线或四线斜纹机织物,包括双面斜纹机织物	10	130		17	17	米/千克			0		0
5514.4300	-- 其他聚酯短纤纺制的机织物											
55144300.10	与棉混纺印花聚酯短纤其他斜纹布(含缎纹布,聚酯短纤 85%以下,重质指每平方米重＞170g)	10	130		17	17	米/千克			0		0
55144300.20	与棉混纺印花聚酯短纤其他帆布(混纺为含聚酯短纤 85%以下,重质指每平方米重＞170克)	10	130		17	17	米/千克			0		0
55144300.90	与棉混纺印花聚酯短纤其他机织物(混纺为含聚酯短纤 85%以下,重质指每平方米重＞170克)	10	130		17	17	米/千克			0		0
5514.4900	-- 其他机织物											
55144900.10	与棉混纺印花其他合纤短纤府绸(含细平布,其他合短纤＜85%,重质指每平方米重＞170g)	10	130		17	17	米/千克			0		0
55144900.20	与棉混纺印花其他合纤短纤平布(混纺为含其他合短纤＜85%,重质指每平方米重＞170克)	10	130		17	17	米/千克			0		0
55144900.30	与棉混纺印花其他合纤短纤帆布(混纺为含其他合短纤＜85%,重质指每平方米重＞170克)	10	130		17	17	米/千克			0		0
55144900.40	与棉混纺印花其他合纤短纤斜纹布(含缎纹布,其他合短纤＜85%,重质指每平方米重＞170克)	10	130		17	17	米/千克			0		0
55144900.90	与棉混纺印花其他合纤短纤其他布(混纺为含其他合短纤＜85%,重质指每平方米重＞170克)	10	130		17	17	米/千克			0		0
55.15	**合成纤维短纤纺制的其他机织物:**											
	- 聚酯短纤纺制:											
5515.1100	-- 主要或仅与粘胶纤维短纤混纺											
55151100.11	聚酯短纤蓝粗斜纹布(与粘胶纤维短纤混纺,聚酯短纤含量在 85%以下)	10	130		17	17	米/千克			0	8.8	0
55151100.19	聚酯短纤其他色织布(短纤含量在 85%以下,提花织物除外,与粘胶纤维短纤混纺)	10	130		17	17	米/千克			0	8.8	0
55151100.21	未漂或漂白聚酯短纤府绸或细平布(聚酯短纤含量在 85%以下,主要或仅与粘胶纤维短纤混纺)	10	130		17	17	米/千克			0	8.8	0
55151100.22	未漂或漂白聚酯短纤其他机织平布(聚酯短纤含量在 85%以下,主要或仅与粘胶纤维短纤混纺)	10	130		17	17	米/千克			0	8.8	0
55151100.23	未漂或漂白聚酯短纤其他印染用布(聚酯短纤含量在 85%以下,主要或仅与粘胶纤维短纤混纺)	10	130		17	17	米/千克			0	8.8	0
55151100.24	未漂或漂白聚酯短纤奶酪布等(短纤含量＜85%,含薄细布,巴里纱,与粘胶纤维短纤混纺)	10	130		17	17	米/千克			0	8.8	0
55151100.25	未漂或漂白聚酯短纤机织帆布(聚酯短纤含量在 85%以下,主要或仅与粘胶纤维短纤混纺)	10	130		17	17	米/千克			0	8.8	0
55151100.26	未漂或漂白聚酯短纤缎纹或斜纹布(聚酯短纤含量在 85%以下,主要或仅与粘胶纤维短纤混纺)	10	130		17	17	米/千克			0	8.8	0
55151100.27	未漂或漂白聚酯短纤牛津布(聚酯短纤含量在 85%以下,主要或仅与粘胶纤维短纤混纺)	10	130		17	17	米/千克			0	8.8	0
55151100.29	未漂或漂白聚酯短纤其他机织物(聚酯短纤含量在 85%以下,主要或仅与粘胶纤维短纤混纺)	10	130		17	17	米/千克			0	8.8	0
55151100.31	其他聚酯短纤府绸或细平布(聚酯短纤含量在 85%以下,主要或仅与粘胶纤维短纤混纺)	10	130		17	17	米/千克			0	8.8	0
55151100.32	其他聚酯短纤机织平布(聚酯短纤含量在 85%以下,主要或仅与粘胶纤维短纤混纺)	10	130		17	17	米/千克			0	8.8	0
55151100.33	其他聚酯短纤机织印染用布(聚酯短纤含量在 85%以下,主要或仅与粘胶纤维短纤混纺)	10	130		17	17	米/千克			0	8.8	0

协定税率 %										特惠税率 %				Article Description
巴基斯坦	冰岛	哥斯达黎	秘鲁	新西兰	瑞士	新加坡	韩国	澳大利亚	港澳台	老挝	孟加拉	33 国	7 国	
0	0	0	0	0	4	0	6	6				0	0	Plain canvas of polyester staple fibres, printed, mixed with cotton, containing less than 85% by weight of polyester staple fibres, weighing exceeding 170g/m^2
0	0	0	0	0	4	0	6	6				0	0	-- 3-thread or 4-thread twill, including cross twill, of polyester staple fibres
														-- Other woven fabrics of polyester staple fibres
0	0	0	0	0	4	0	6	6				0	0	Other satin or twill cloth of polyester staple fibres, printed, mixed with cotton, containing less than 85% by weight of polyester staple fibres, weighing exceeding 170g/m^2
0	0	0	0	0	4	0	6	6				0	0	Other canvas of polyester staple fibres, printed, mixed with cotton, containing less than 85% by weight of polyester staple fibres, weighing exceeding 170g/m^2
0	0	0	0	0	4	0	6	6				0	0	Other woven fabrics of polyester staple fibres, printed, mixed with cotton, containing less than 85% by weight of polyester staple fibres, weighing exceeding 170g/m^2
														-- Other woven fabrics
0	0	0	0	0	4	0	6	6				0	0	Other poplin of synthetic staple fibres and fine plain cloth , printed, mixed with cotton, containing less than 85% by weight of other synthetic staple fibres, weighing exceeding 170g/m^2
0	0	0	0	0	4	0	6	6				0	0	Other plain cloth of synthetic staple fibres, printed, mixed with cotton, containing less than 85% by weight of other synthetic staple fibres, weighing exceeding 170g/m^2
0	0	0	0	0	4	0	6	6				0	0	Other canvas of synthetic staple fibres, printed, mixed with cotton, containing less than 85% by weight of other synthetic staple fibres, weighing exceeding 170g/m^2
0	0	0	0	0	4	0	6	6				0	0	Other satin or twill cloth of synthetic staple fibres, printed, mixed with cotton, containing less than 85% by weight of other synthetic staple fibres, weighing exceeding 170g/m^2
0	0	0	0	0	4	0	6	6				0	0	Other woven fabrics of synthetic staple fibres, printed, mixed with cotton, containing less than 85% by weight of other synthetic staple fibres, weighing exceeding 170g/m^2
														Other woven fabrics of synthetic staple fibres:
														- Of polyester staple fibres:
														-- Mixed mainly or solely with viscose rayon staple fibres
0	0	0	0	0	4	0	6	6	//0			0	0	Blue denim of polyester staple fibres, mixed with viscose rayon staple fibres, containing less than 85% by weight of polyester staple fibres
0	0	0	0	0	4	0	6	6	//0			0	0	Other woven fabrics of polyester staple fibres, of yarns of different colours, containing less than 85% by weight of polyester staple fibres, mixed with viscose rayon staple fibres, other than jacquard cloth
0	0	0	0	0	4	0	6	6	//0			0	0	Poplin and fine plain cloth of polyester staple fibres, unbleached or bleached, containing less than 85% by weight of polyester staple fibres, mixed mainly or solely with viscose rayon staple fibres
0	0	0	0	0	4	0	6	6	//0			0	0	Other plain cloth of polyester staple fibres, unbleached or bleached, containing less than 85% by weight of polyester staple fibres, mixed mainly or solely with viscose rayon staple fibres
0	0	0	0	0	4	0	6	6	//0			0	0	Other woven fabrics of polyester staple fibres for printing and dyeing, unbleached or bleached, containing less than 85% by weight of polyester staple fibres, mixed mainly or solely with viscose rayon staple fibres
0	0	0	0	0	4	0	6	6	//0			0	0	Cheese cloth, voile and muslin of polyester staple fibres, unbleached or bleached, containing less than 85% by weight of polyester staple fibres, mixed mainly or solely with viscose rayon staple fibres
0	0	0	0	0	4	0	6	6	//0			0	0	Canvas of polyester staple fibres, unbleached or bleached, containing less than 85% by weight of polyester staple fibres, mixed mainly or solely with viscose rayon staple fibres
0	0	0	0	0	4	0	6	6	//0			0	0	Satin or twill cloth of polyester staple fibres, unbleached or bleached, containing less than 85% by weight of polyester staple fibres, mixed mainly or solely with viscose rayon staple fibres
0	0	0	0	0	4	0	6	6	//0			0	0	Oxford cloth of polyester staple fibres, unbleached or bleached, containing less than 85% by weight of polyester staple fibres, mixed mainly or solely with viscose rayon staple fibres
0	0	0	0	0	4	0	6	6	//0			0	0	Other woven fabrics of polyester staple fibres, unbleached or bleached, containing less than 85% by weight of polyester staple fibres, mixed mainly or solely with viscose rayon staple fibres
0	0	0	0	0	4	0	6	6	//0			0	0	Other poplin and fine plain cloth of polyester staple fibres, containing less than 85% by weight of polyester staple fibres, mixed mainly or solely with viscose rayon staple fibres
0	0	0	0	0	4	0	6	6	//0			0	0	Other plain cloth of polyester staple fibres, containing less than 85% by weight of polyester staple fibres, mixed mainly or solely with viscose rayon staple fibres
0	0	0	0	0	4	0	6	6	//0			0	0	Other woven fabrics of polyester staple fibres for printing and dyeing, containing less than 85% by weight of polyester staple fibres, mixed mainly or solely with viscose rayon staple fibres

税号	货品名称	进口关税 % 最惠国	普通	年内暂定	增值/消费税%	出口退税%	统计计量单位	监管证件代码	检验检疫类别	协定税率 % 东盟	亚太	智利
55151100.34	其他聚酯短纤奶酪布等(短纤含量<85%,含薄细布,巴里纱,与粘胶纤维短纤混纺)	10	130		17	17	米/千克			0	8.8	0
55151100.35	其他聚酯短纤机织帆布(聚酯短纤含量在85%以下,主要或仅与粘胶纤维短纤混纺)	10	130		17	17	米/千克			0	8.8	0
55151100.36	其他聚酯短纤缎纹或斜纹机织物(聚酯短纤含量在85%以下,主要或仅与粘胶纤维短纤混纺)	10	130		17	17	米/千克			0	8.8	0
55151100.37	其他聚酯短纤牛津布(聚酯短纤含量在85%以下,主要或仅与粘胶纤维短纤混纺)	10	130		17	17	米/千克			0	8.8	0
55151100.39	其他聚酯短纤其他机织物(聚酯短纤含量在85%以下,主要或仅与粘胶纤维短纤混纺)	10	130		17	17	米/千克			0	8.8	0
5515.1200	-- 主要或仅与化学纤维长丝混纺											
55151200.11	未漂或漂聚酯短纤府绸或细平布(聚酯短纤含量在85%以下,与化纤长丝混纺)	10	130		17	17	米/千克			0	9	0
55151200.12	未漂白或漂白聚酯短纤平布(聚酯短纤含量在85%以下,与化纤长丝混纺)	10	130		17	17	米/千克			0	9	0
55151200.13	未漂白或漂白聚酯短纤印染用布(聚酯短纤含量在85%以下,与化纤长丝混纺)	10	130		17	17	米/千克			0	9	0
55151200.14	未漂白或漂白聚酯短纤缎纹或斜纹布(聚酯短纤含量在85%以下,与化纤长丝混纺)	10	130		17	17	米/千克			0	9	0
55151200.19	未漂白或漂白聚酯短纤其他机织物(聚酯短纤含量在85%以下,与化纤长丝混纺)	10	130		17	17	米/千克			0	9	0
55151200.21	其他聚酯短纤府绸或细平布(聚酯短纤含量在85%以下,与化纤长丝混纺)	10	130		17	17	米/千克			0	9	0
55151200.22	其他聚酯短纤平布(聚酯短纤含量在85%以下,与化纤长丝混纺)	10	130		17	17	米/千克			0	9	0
55151200.23	其他聚酯短纤印染用布(聚酯短纤含量在85%以下,与化纤长丝混纺)	10	130		17	17	米/千克			0	9	0
55151200.24	其他聚酯短纤缎纹或斜纹机织物(聚酯短纤含量在85%以下,与化纤长丝混纺)	10	130		17	17	米/千克			0	9	0
55151200.29	其他聚酯短纤其他机织物(聚酯短纤含量在85%以下,与化纤长丝混纺)	10	130		17	17	米/千克			0	9	0
5515.1300	-- 主要或仅与羊毛或动物细毛混纺											
55151300.11	未漂白或漂白的聚酯短纤与精梳毛混纺布(含羊毛或动物细毛36%及以上,聚酯短纤含量在85%以下)	10	130		17	17	米/千克			0		0
55151300.12	未漂白或漂白的聚酯短纤与粗梳毛混纺布(含羊毛或动物细毛36%及以上,聚酯短纤含量在85%以下)	10	130		17	17	米/千克			0		0
55151300.13	未漂白或漂白的聚酯短纤与精梳毛混纺布(含羊毛或动物细毛36%以下,聚酯短纤含量在85%以下)	10	130		17	17	米/千克			0		0
55151300.19	未漂白或漂白的聚酯短纤与粗梳毛混纺布(含羊毛或动物细毛<36%,聚酯短纤含量在85%以下)	10	130		17	17	米/千克			0		0
55151300.21	其他聚酯短纤与精梳毛混纺机织物(含羊毛或动物细毛36%及以上,聚酯短纤含量在85%以下)	10	130		17	17	米/千克			0		0
55151300.22	其他聚酯短纤与粗梳毛混纺机织物(含羊毛或动物细毛36%及以上,聚酯短纤含量在85%以下)	10	130		17	17	米/千克			0		0
55151300.23	其他聚酯短纤与精梳毛混纺机织物(含羊毛或动物细毛<36%,聚酯短纤含量在85%以下)	10	130		17	17	米/千克			0		0
55151300.29	其他聚酯短纤与粗梳毛混纺机织物(含羊毛或动物细毛<36%,聚酯短纤含量在85%以下)	10	130		17	17	米/千克			0		0
5515.1900	-- 其他											
55151900.11	聚酯短纤与其他纤维混蓝粗斜纹布(混纺为以聚酯短纤为主,但聚酯短纤含量在85%以下)	10	130		17	17	米/千克			0	9	0

协定税率 %										特惠税率 %				Article Description
巴基斯坦	冰岛	哥斯达黎	秘鲁	新西兰	瑞士	新加坡	韩国	澳大利亚	港澳台	老挝	孟加拉	33 国	7 国	
0	0	0	0	0	4	0	6	6	//0			0	0	Other cheese cloth, muslin and voile of polyester staple fibres, containing less than 85% by weight of polyester staple fibres , mixed mainly or solely with viscose rayon staple fibres
0	0	0	0	0	4	0	6	6	//0			0	0	Other canvas of polyester staple fibres, containing less than 85% by weight of polyester staple fibres, mixed mainly or solely with viscose rayon staple fibres
0	0	0	0	0	4	0	6	6	//0			0	0	Other satin or twill cloth of polyester staple fibres, containing less than 85% by weight of polyester staple fibres, mixed mainly or solely with viscose rayon staple fibres
0	0	0	0	0	4	0	6	6	//0			0	0	Other oxford cloth of polyester staple fibres, containing less than 85% by weight of polyester staple fibres, mixed mainly or solely with viscose rayon staple fibres
0	0	0	0	0	4	0	6	6	//0			0	0	Other woven fabrics of polyester staple fibres, containing less than 85% by weight of polyester staple fibres, mixed mainly or solely with viscose rayon staple fibres
														-- Mixed mainly or solely with man-made filaments
0	0	0	0	0	4	0	6	6	//0			0	0	Poplin or fine plain cloth of polyester staple fibres, unbleached or bleached, containing less than 85% by weight of polyester staple fibres, mixed with man-made filaments
0	0	0	0	0	4	0	6	6	//0			0	0	Plain cloth of polyester staple fibres, unbleached or bleached, containing less than 85% by weight of polyester staple fibres, mixed with man-made filaments
0	0	0	0	0	4	0	6	6	//0			0	0	Woven fabrics of polyester staple fibres for printing and dyeing, unbleached or bleached, containing less than 85% by weight of polyester staple fibres, mixed with man-made filaments
0	0	0	0	0	4	0	6	6	//0			0	0	Satin or twill cloth of polyester staple fibres, unbleached or bleached, containing less than 85% by weight of polyester staple fibres, mixed with man-made filaments
0	0	0	0	0	4	0	6	6	//0			0	0	Other woven fabrics of polyester staple fibres, unbleached or bleached, containing less than 85% by weight of polyester staple fibres, mixed with man-made filaments
0	0	0	0	0	4	0	6	6	//0			0	0	Other poplin or fine plain cloth of polyester staple fibres, containing less than 85% by weight of polyester staple fibres, mixed with man-made filaments
0	0	0	0	0	4	0	6	6	//0			0	0	Other plain cloth of polyester staple fibres, containing less than 85% by weight of polyester staple fibres, mixed with man-made filaments
0	0	0	0	0	4	0	6	6	//0			0	0	Other woven fabrics of polyester staple fibres for printing and dyeing, containing less than 85% by weight of polyester staple fibres, mixed with man-made filaments
0	0	0	0	0	4	0	6	6	//0			0	0	Other satin or twill cloth of polyester staple fibres, containing less than 85% by weight of polyester staple fibres, mixed with man-made filaments
0	0	0	0	0	4	0	6	6	//0			0	0	Other woven fabrics of polyester staple fibres, containing less than 85% by weight of polyester staple fibres, mixed with man-made filaments
														-- Mixed mainly or solely with wool or fine animal hair
0	0	0	0	0	4	0	6	6				0	0	Woven fabrics of polyester staple fabrics, unbleached or bleached, mixed with 36% or more by weight of combed wool or fine animal hair, containing less than 85% by weight of polyester staple fibres
0	0	0	0	0	4	0	6	6				0	0	Woven fabrics of polyester staple fabrics, unbleached or bleached, mixed with 36% or more by weight of carded wool or fine animal hair, containing less than 85% by weight of polyester staple fibres
0	0	0	0	0	4	0	6	6				0	0	Woven fabrics of polyester staple fabrics, unbleached or bleached, mixed with less than 36% by weight of combed wool or fine animal hair, containing less than 85% by weight of polyester staple fibres
0	0	0	0	0	4	0	6	6				0	0	Woven fabrics of polyester staple fabrics, unbleached or bleached, mixed with less than 36% by weight of carded wool or fine animal hair, containing less than 85% by weight of polyester staple fibres
0	0	0	0	0	4	0	6	6				0	0	Other woven fabrics of polyester staple fabrics, mixed with 36% or more by weight of combed wool or fine animal hair, containing less than 85% by weight of polyester staple fibres
0	0	0	0	0	4	0	6	6				0	0	Other woven fabrics of polyester staple fabrics, mixed with 36% or more by weight of carded wool or fine animal hair, containing less than 85% by weight of polyester staple fibres
0	0	0	0	0	4	0	6	6				0	0	Other woven fabrics of polyester staple fabrics, mixed with less than 36% by weight of combed wool or fine animal hair, containing less than 85% by weight of polyester staple fibres
0	0	0	0	0	4	0	6	6				0	0	Other woven fabrics of polyester staple fabrics, mixed with less than 36% by weight of carded wool or fine animal hair, containing less than 85% by weight of polyester staple fibres
														-- Other
0	0	0	0	0	4	0	6	6				0	0	Blue denim of polyester staple fibres, mixed with other fibres, containing less than 85% by weight of polyester staple fibres

税号	货品名称	进口关税 %			增值/消费税%	出口退税%	统计计量单位	监管证件代码	检验检疫类别	协定税率 %		
		最惠国	普通	年内暂定						东盟	亚太	智利
55151900.19	聚酯短纤其他色织机织物(聚酯短纤<85%,提花织物除外,与其他纤维混纺)	10	130		17	17	米/千克			0	9	0
55151900.21	未漂白或漂白聚酯短纤其他府绸(聚酯短纤含量在85%以下,与其他纤维混纺,含细平布)	10	130		17	17	米/千克			0	9	0
55151900.22	未漂白或漂白聚酯短纤其他机织平布(聚酯短纤含量在85%以下,与其他纤维混纺)	10	130		17	17	米/千克			0	9	0
55151900.23	未漂白或漂白聚酯短纤其他机织印染布(聚酯短纤含量在85%以下,与其他纤维混纺)	10	130		17	17	米/千克			0	9	0
55151900.24	未漂白或漂白聚酯短纤奶酪布等(短纤含量<85%,与其他纤维混纺,含薄细布,巴里纱)	10	130		17	17	米/千克			0	9	0
55151900.25	未漂白或漂白聚酯短纤机织帆布(聚酯短纤含量在85%以下,与其他纤维混纺)	10	130		17	17	米/千克			0	9	0
55151900.26	未漂白或漂白聚酯短纤缎纹或斜纹布(聚酯短纤含量在85%以下,与其他纤维混纺)	10	130		17	17	米/千克			0	9	0
55151900.27	未漂白或漂白聚酯短纤牛津布(聚酯短纤含量在85%以下,与其他纤维混纺)	10	130		17	17	米/千克			0	9	0
55151900.29	未漂白或漂白聚酯短纤其他机织物(聚酯短纤含量在85%以下,与其他纤维混纺)	10	130		17	17	米/千克			0	9	0
55151900.31	其他聚酯短纤府绸或细平布(聚酯短纤含量在85%以下,与其他纤维混纺)	10	130		17	17	米/千克			0	9	0
55151900.32	其他聚酯短纤机织平布(聚酯短纤含量在85%以下,与其他纤维混纺)	10	130		17	17	米/千克			0	9	0
55151900.33	其他聚酯短纤机织印染用布(聚酯短纤含量在85%以下,与其他纤维混纺)	10	130		17	17	米/千克			0	9	0
55151900.34	其他聚酯短纤奶酪布等(短纤含量<85%,与其他纤维混纺,含薄细布,巴里纱)	10	130		17	17	米/千克			0	9	0
55151900.35	其他聚酯短纤机织帆布(聚酯短纤含量在85%以下,与其他纤维混纺)	10	130		17	17	米/千克			0	9	0
55151900.36	其他聚酯短纤缎纹或斜纹机织物(聚酯短纤含量在85%以下,与其他纤维混纺)	10	130		17	17	米/千克			0	9	0
55151900.37	其他聚酯短纤牛津布(聚酯短纤含量在85%以下,与其他纤维混纺)	10	130		17	17	米/千克			0	9	0
55151900.39	其他聚酯短纤其他机织物(聚酯短纤含量在85%以下,与其他纤维混纺)	10	130		17	17	米/千克			0	9	0
	- 聚丙烯腈或变性聚丙烯腈短纤纺制:											
5515.2100	-- 主要或仅与化学纤维长丝混纺											
55152100.11	未漂白或漂白腈纶短纤府绸或细平布(腈短纤含量在85%以下,主要或仅与化纤长丝混纺)	10	130		17	17	米/千克			0		0
55152100.12	未漂白或漂白腈纶短纤平布(腈短纤含量在85%以下,主要或仅与化纤长丝混纺)	10	130		17	17	米/千克			0		0
55152100.13	未漂白或漂白腈纶短纤印染用布(腈短纤含量在85%以下,主要或仅与化纤长丝混纺)	10	130		17	17	米/千克			0		0
55152100.14	未漂白或漂白腈纶短纤缎纹或斜纹布(腈短纤含量在85%以下,主要或仅与化纤长丝混纺)	10	130		17	17	米/千克			0		0
55152100.19	未漂白或漂白腈纶短纤其他机织物(腈短纤含量在85%以下,主要或仅与化纤长丝混纺)	10	130		17	17	米/千克			0		0
55152100.21	其他腈纶短纤混纺府绸或细平布(腈短纤含量在85%以下,主要或仅与化纤长丝混纺)	10	130		17	17	米/千克			0		0
55152100.22	其他腈纶短纤平布(腈短纤含量在85%以下,主要或仅与化纤长丝混纺)	10	130		17	17	米/千克			0		0
55152100.23	其他腈纶短纤印染用布(腈短纤含量在85%以下,主要或仅与化纤长丝混纺)	10	130		17	17	米/千克			0		0

协定税率 %										特惠税率 %				Article Description
巴基斯坦	冰岛	哥斯达黎	秘鲁	新西兰	瑞士	新加坡	韩国	澳大利亚	港澳台	老挝	孟加拉	33国	7国	
0	0	0	0	0	4	0	6	6				0	0	Other woven fabrics of polyester staple fabrics, of yarns of different colours, mixed with other fibres, containing less than 85% by weight of polyester staple fibres, other than jacquard cloth
0	0	0	0	0	4	0	6	6				0	0	Other poplin and fine plain cloth of polyester staple fibres, unbleached or bleached, mixed with other fibres, containing less than 85% by weight of polyester staple fibres
0	0	0	0	0	4	0	6	6				0	0	Other plain cloth of polyester staple fibres, unbleached or bleached, mixed with other fibres, containing less than 85% by weight of polyester staple fibres
0	0	0	0	0	4	0	6	6				0	0	Other woven fabrics of polyester staple fibres for printing and dyeing, unbleached or bleached, mixed with other fibres, containing less than 85% by weight of polyester staple fibres
0	0	0	0	0	4	0	6	6				0	0	Cheese cloth, voile and muslin of polyester staple fibres, unbleached or bleached, mixed with other fibres, containing less than 85% by weight of polyester staple fibres
0	0	0	0	0	4	0	6	6				0	0	Canvas of polyester staple fibres, unbleached or bleached, mixed with other fibres, containing less than 85% by weight of polyester staple fibres
0	0	0	0	0	4	0	6	6				0	0	Satin or twill cloth of polyester staple fibres, unbleached or bleached, mixed with other fibres, containing less than 85% by weight of polyester staple fibres
0	0	0	0	0	4	0	6	6				0	0	Oxford cloth of polyester staple fibres, unbleached or bleached, mixed with other fibres, containing less than 85% by weight of polyester staple fibres
0	0	0	0	0	4	0	6	6				0	0	Other woven fabrics of polyester staple fibres, unbleached or bleached, mixed with other fibres, containing less than 85% by weight of polyester staple fibres
0	0	0	0	0	4	0	6	6				0	0	Other poplin or fine plain cloth of polyester staple fibres, containing less than 85% by weight of polyester staple fibres, mixed with other fibres
0	0	0	0	0	4	0	6	6				0	0	Other plain cloth of polyester staple fibres, containing less than 85% by weight of polyester staple fibres, mixed with other fibres
0	0	0	0	0	4	0	6	6				0	0	Other woven fabrics of polyester staple fibres for printing and dyeing, containing less than 85% by weight of polyester staple fibres, mixed with other fibres
0	0	0	0	0	4	0	6	6				0	0	Other cheese cloth, muslin and voile of polyester staple fibres, mixed with other fibres, containing less than 85% by weight of staple fibres
0	0	0	0	0	4	0	6	6				0	0	Other canvas of polyester staple fibres, containing less than 85% by weight of polyester staple fibres, mixed with other fibres
0	0	0	0	0	4	0	6	6				0	0	Other satin or twill cloth of polyester staple fibres, containing less than 85% by weight of polyester staple fibres, mixed with other fibres
0	0	0	0	0	4	0	6	6				0	0	Other oxford cloth of polyester staple fibres, containing less than 85% by weight of polyester staple fibres, mixed with other fibres
0	0	0	0	0	4	0	6	6				0	0	Other woven fabrics of polyester staple fibres, containing less than 85% by weight of polyester staple fibres, mixed with other fibres
														- Of acrylic or modacrylic staple fibres:
														-- Mixed mainly or solely with man-made filaments
0	0	0	0	0	4	0	6	6				0	0	Poplin and fine plain cloth of acrylic staple fibres, unbleached or bleached, containing less than 85% by weight of acrylic staple fibres, mixed mainly or solely with man-made filaments
0	0	0	0	0	4	0	6	6				0	0	Plain cloth of acrylic staple fibres, unbleached or bleached, containing less than 85% by weight of acrylic staple fibres, mixed mainly or solely with man-made filaments
0	0	0	0	0	4	0	6	6				0	0	Woven fabrics of acrylic staple fibres for printing and dyeing, unbleached or bleached, containing less than 85% by weight of acrylic staple fibres, mixed mainly or solely with man-made filaments
0	0	0	0	0	4	0	6	6				0	0	Satin or twill cloth of acrylic staple fibres, unbleached or bleached, containing less than 85% by weight of acrylic staple fibres, mixed mainly or solely with man-made filaments
0	0	0	0	0	4	0	6	6				0	0	Other woven fabrics of acrylic staple fibres, unbleached or bleached, containing less than 85% by weight of acrylic staple fibres, mixed mainly or solely with man-made filaments
0	0	0	0	0	4	0	6	6				0	0	Other poplin or fine plain cloth of acrylic staple fibres, containing less than 85% by weight of acrylic staple fibres, mixed mainly or solely with man-made filaments
0	0	0	0	0	4	0	6	6				0	0	Other plain cloth of acrylic staple fibres, containing less than 85% by weight of acrylic staple fibres, mixed mainly or solely with man-made filaments
0	0	0	0	0	4	0	6	6				0	0	Other woven fabrics of acrylic staple fibres for printing and dyeing, containing less than 85% by weight of acrylic staple fibres, mixed mainly or solely with man-made filaments

税号	货品名称	进口关税% 最惠国	进口关税% 普通	进口关税% 年内暂定	增值/消费税%	出口退税%	统计计量单位	监管证件代码	检验检疫类别	协定税率% 东盟	协定税率% 亚太	协定税率% 智利
55152100.24	其他腈纶短纤混纺缎纹或斜纹布(腈短纤含量在85%以下,主要或仅与化纤长丝混纺)	10	130		17	17	米/千克			0		0
55152100.29	其他腈纶短纤混纺其他机织物(腈短纤含量在85%以下,主要或仅与化纤长丝混纺)	10	130		17	17	米/千克			0		0
5515.2200	-- 主要或仅与羊毛或动物细毛混纺											
55152200.11	未漂白或漂白的腈纶短纤与精梳毛混纺布(腈短纤含量<85%,含羊毛或动物细毛36%及以上)	12	130		17	17	米/千克			0		0
55152200.12	未漂白或漂白的腈纶短纤与粗梳毛混纺布(腈短纤含量<85%,含羊毛或动物细毛36%及以上)	12	130		17	17	米/千克			0		0
55152200.13	未漂白或漂白的腈纶短纤与精梳毛混纺布(腈短纤含量<85%,含羊毛或动物细毛<36%)	12	130		17	17	米/千克			0		0
55152200.19	未漂白或漂白的腈纶短纤与粗梳毛混纺布(腈短纤含量<85%,含羊毛或动物细毛<36%)	12	130		17	17	米/千克			0		0
55152200.21	其他腈纶短纤与精梳毛混纺机织物(腈短纤含量<85%,含羊毛或动物细毛36%及以上)	12	130		17	17	米/千克			0		0
55152200.22	其他腈纶短纤与粗梳毛混纺机织物(腈短纤含量<85%,含羊毛或动物细毛36%及以上)	12	130		17	17	米/千克			0		0
55152200.23	其他腈纶短纤与精梳毛混纺机织物(腈短纤含量<85%,含羊毛或动物细毛<36%)	12	130		17	17	米/千克			0		0
55152200.29	其他腈纶短纤与粗梳毛混纺机织物(腈短纤含量<85%,含羊毛或动物细毛<36%)	12	130		17	17	米/千克			0		0
5515.2900	-- 其他											
55152900.11	腈纶短纤与其他纤维混蓝粗斜纹布(混纺为以聚丙烯腈短纤为主,腈短纤含量在85%以下)	10	130		17	17	米/千克			0		0
55152900.19	其他腈纶短纤色织机织布(腈短纤含量<85%,提花织物除外,与其他纤维混纺)	10	130		17	17	米/千克			0		0
55152900.21	其他未漂白或漂白的腈纶短纤府绸(腈短纤含量在85%以下,与其他纤维混纺,含细平布)	10	130		17	17	米/千克			0		0
55152900.22	其他未漂白或漂白的腈纶短纤平布(腈短纤含量在85%以下,与其他纤维混纺)	10	130		17	17	米/千克			0		0
55152900.23	其他未漂白或漂白的腈纶短纤印染用布(腈短纤含量在85%以下,与其他纤维混纺)	10	130		17	17	米/千克			0		0
55152900.24	其他未漂白或漂白的腈纶短纤奶酪布等(腈短纤含量<85%,与其他纤维混纺,含薄细布,巴里纱)	10	130		17	17	米/千克			0		0
55152900.25	其他未漂白或漂白的腈纶短纤机织帆布(腈短纤含量在85%以下,与其他纤维混纺)	10	130		17	17	米/千克			0		0
55152900.26	其他未漂白或漂白的腈纶短纤缎纹布(含斜纹机织物,腈短纤含量<85%,与其他纤维混纺)	10	130		17	17	米/千克			0		0
55152900.27	其他未漂白或漂白的腈纶短纤牛津布(腈短纤含量在85%以下,与其他纤维混纺)	10	130		17	17	米/千克			0		0
55152900.29	其他未漂白或漂白的腈纶短纤其他机织物(腈短纤含量在85%以下,与其他纤维混纺)	10	130		17	17	米/千克			0		0
55152900.31	其他腈纶短纤府绸或细平布(腈短纤含量在85%以下,与其他纤维混纺)	10	130		17	17	米/千克			0		0
55152900.32	其他腈纶短纤机织平布(腈短纤含量在85%以下,与其他纤维混纺)	10	130		17	17	米/千克			0		0
55152900.33	其他腈纶短纤机织印染用布(腈短纤含量在85%以下,与其他纤维混纺)	10	130		17	17	米/千克			0		0
55152900.34	其他腈纶短纤奶酪布等(腈短纤含量<85%,与其他纤维混纺,含薄细布,巴里纱)	10	130		17	17	米/千克			0		0

协定税率 %										特惠税率 %				Article Description
巴基斯坦	冰岛	哥斯达黎	秘鲁	新西兰	瑞士	新加坡	韩国	澳大利亚	港澳台	老挝	孟加拉	33 国	7 国	
0	0	0	0	0	4	0	6	6				0	0	Other satin or twill cloth of acrylic staple fibres, containing less than 85% by weight of acrylic staple fibres, mixed mainly or solely with man-made filaments
0	0	0	0	0	4	0	6	6				0	0	Other woven fabrics of acrylic staple fibres, containing less than 85% by weight of acrylic staple fibres, mixed mainly or solely with man-made filaments
														-- Mixed mainly or solely with wool or fine animal hair
0	0	0	0	0	8.4	0	7.2	7.2			0	0	0	Woven fabrics of acrylic staple fibres, unbleached or bleached, mixed with 36% or more by weight of combed wool or fine animal hair, containing less than 85% by weight of acrylic staple fibres
0	0	0	0	0	8.4	0	7.2	7.2			0	0	0	Woven fabrics of acrylic staple fibres, unbleached or bleached, mixed with 36% or more by weight of carded wool or fine animal hair, containing less than 85% by weight of acrylic staple fibres
0	0	0	0	0	8.4	0	7.2	7.2			0	0	0	Woven fabrics of acrylic staple fibres, unbleached or bleached, mixed with less than 36% by weight of combed wool or fine animal hair, containing less than 85% by weight of acrylic staple fibres
0	0	0	0	0	8.4	0	7.2	7.2			0	0	0	Woven fabrics of acrylic staple fibres, unbleached or bleached, mixed with less than 36% by weight of carded wool or fine animal hair, containing less than 85% by weight of acrylic staple fibres
0	0	0	0	0	8.4	0	7.2	7.2			0	0	0	Other woven fabrics of acrylic staple fibres, mixed with 36% or more by weight of combed wool or fine animal hair, containing less than 85% by weight of acrylic staple fibres
0	0	0	0	0	8.4	0	7.2	7.2			0	0	0	Other woven fabrics of acrylic staple fibres, mixed with 36% or more by weight of carded wool or fine animal hair, containing less than 85% by weight of acrylic staple fibres
0	0	0	0	0	8.4	0	7.2	7.2			0	0	0	Other woven fabrics of acrylic staple fibres, mixed with less than 36% by weight of combed wool or fine animal hair, containing less than 85% by weight of acrylic staple fibres
0	0	0	0	0	8.4	0	7.2	7.2			0	0	0	Other woven fabrics of acrylic staple fibres, mixed with less than 36% by weight of carded wool or fine animal hair, containing less than 85% by weight of acrylic staple fibres
														-- Other
0	0	0	0	0	4	0	6	6				0	0	Blue denim of acrylic staple fibres, mixed with other fibres, containing less than 85% by weight of acrylic staple fibres
0	0	0	0	0	4	0	6	6				0	0	Other woven fabrics of acrylic staple fibres, of yarns of different colours, mixed with other fibres, containing less than 85% by weight of acrylic staple fibres, other than jacquard cloth
0	0	0	0	0	4	0	6	6				0	0	Other poplin or fine plain cloth of acrylic staple fibres, unbleached or bleached, mixed with other fibres, containing less than 85% by weight of acrylic staple fibres
0	0	0	0	0	4	0	6	6				0	0	Other plain cloth of acrylic staple fibres, unbleached or bleached, mixed with other fibres, containing less than 85% by weight of acrylic staple fibres
0	0	0	0	0	4	0	6	6				0	0	Other woven fabrics of acrylic staple fibres for printing and dyeing, unbleached or bleached, mixed with other fibres, containing less than 85% by weight of acrylic staple fibres
0	0	0	0	0	4	0	6	6				0	0	Other cheese cloth, voile and muslin of acrylic staple fibres, unbleached or bleached, mixed with other fibres, containing less than 85% by weight of acrylic staple fibres
0	0	0	0	0	4	0	6	6				0	0	Other canvas of acrylic staple fibres, unbleached or bleached, mixed with other fibres, containing less than 85% by weight of acrylic staple fibres
0	0	0	0	0	4	0	6	6				0	0	Other satin or twill cloth of acrylic staple fibres, unbleached or bleached, mixed with other fibres, containing less than 85% by weight of acrylic staple fibres
0	0	0	0	0	4	0	6	6				0	0	Other oxford cloth fabrics of acrylic staple fibres, unbleached or bleached, mixed with other fibres, containing less than 85% by weight of acrylic staple fibres
0	0	0	0	0	4	0	6	6				0	0	Other woven fabrics of acrylic staple fibres, unbleached or bleached, mixed with other fibres, containing less than 85% by weight of acrylic staple fibres
0	0	0	0	0	4	0	6	6				0	0	Other poplin or fine plain cloth of acrylic staple fibres, mixed with other fibres, containing less than 85% by weight of acrylic staple fibres
0	0	0	0	0	4	0	6	6				0	0	Other plain cloth of acrylic staple fibres, mixed with other fibres, containing less than 85% by weight of acrylic staple fibres
0	0	0	0	0	4	0	6	6				0	0	Other woven fabrics of acrylic staple fibres for printing and dyeing, mixed with other fibres, containing less than 85% by weight of acrylic staple fibres
0	0	0	0	0	4	0	6	6				0	0	Other cheese cloth, voile and muslin of acrylic staple fibres, mixed with other fibres, containing less than 85% by weight of acrylic staple fibres

税号	货品名称	进口关税 % 最惠国	普通	年内暂定	增值/消费税%	出口退税%	统计计量单位	监管证件代码	检验检疫类别	协定税率 % 东盟	亚太	智利
55152900.35	其他腈纶短纤机织帆布(腈短纤含量在85%以下,与其他纤维混纺)	10	130		17	17	米/千克			0		0
55152900.36	其他腈纶短纤与其他纤维混牛津布(腈短纤含量在85%以下,与其他纤维混纺)	10	130		17	17	米/千克			0		0
55152900.37	其他腈纶短纤缎纹或斜纹机织物(腈短纤含量在85%以下,与其他纤维混纺)	10	130		17	17	米/千克			0		0
55152900.39	其他腈纶短纤与其他纤维混机织物(混纺为以聚丙烯腈短纤为主,腈短纤含量在85%以下)	10	130		17	17	米/千克			0		0
	- 其他机织物:											
5515.9100	-- 主要或仅与化学纤维长丝混纺											
55159100.11	未漂白或漂白的其他合纤短府绸(与化纤长丝混纺,合成纤维短纤含量<85%,含细平布)	10	130		17	17	米/千克			0		0
55159100.12	未漂白或漂白的其他合纤短纤平布(与化纤长丝混纺,合成纤维短纤含量在85%以下)	10	130		17	17	米/千克			0		0
55159100.13	未漂白或漂白的其他合纤短纤混印染用布(与化纤长丝混纺,合成纤维短纤含量在85%以下)	10	130		17	17	米/千克			0		0
55159100.14	未漂白或漂白的其他合纤短纤缎纹布等(与化纤长丝混纺,合成纤维短纤含量<85%,含斜纹机织物)	10	130		17	17	米/千克			0		0
55159100.19	未漂白或漂白的其他合纤短纤其他机织物(与化纤长丝混纺,合成纤维短纤含量在85%以下)	10	130		17	17	米/千克			0		0
55159100.21	其他合纤短纤府绸或细平布(与化纤长丝混纺,合成纤维短纤含量在85%以下)	10	130		17	17	米/千克			0		0
55159100.22	其他合纤短纤平布(与化纤长丝混纺,合成纤维短纤含量在85%以下)	10	130		17	17	米/千克			0		0
55159100.23	其他合纤短纤印染用布(与化纤长丝混纺,合成纤维短纤含量在85%以下)	10	130		17	17	米/千克			0		0
55159100.24	其他合纤短纤缎纹或斜纹机织物(与化纤长丝混纺,合成纤维短纤含量在85%以下)	10	130		17	17	米/千克			0		0
55159100.29	其他合纤短纤其他机织物(与化纤长丝混纺,合成纤维短纤含量在85%以下)	10	130		17	17	米/千克			0		0
5515.9900	-- 其他											
55159900.11	其他合纤短纤蓝粗斜纹布(合成纤维短纤含量在85%以下,与其他纤维混纺)	10	130		17	17	米/千克			0	9	0
55159900.19	其他合纤短纤其他色织机织物(合成纤维短纤含量<85%,与其他纤维混纺,提花织物除外)	10	130		17	17	米/千克			0	9	0
55159900.21	未漂白或漂白的其他合纤短纤府绸(合成纤维短纤含量在85%以下,与其他纤维混纺,含细平布)	10	130		17	17	米/千克			0	9	0
55159900.22	未漂白或漂白的其他合纤短纤其他平布(合成纤维短纤含量在85%以下,与其他纤维混纺)	10	130		17	17	米/千克			0	9	0
55159900.23	未漂白或漂白的其他合纤短纤印染用布(合成纤维短纤含量在85%以下,与其他纤维混纺)	10	130		17	17	米/千克			0	9	0
55159900.24	未漂白或漂白的其他合纤短纤奶酪布等(合纤短纤含量<85%,与其他纤维混纺,含薄细布,巴里纱)	10	130		17	17	米/千克			0	9	0
55159900.25	未漂白或漂白的其他合纤短纤帆布(合成纤维短纤含量在85%以下,与其他纤维混纺)	10	130		17	17	米/千克			0	9	0
55159900.26	未漂白或漂白的其他合纤短纤混纺缎纹布(合成纤维短纤含量<85%,与其他纤维混纺,含斜纹机织物)	10	130		17	17	米/千克			0	9	0
55159900.27	未漂白或漂白的其他合纤短纤牛津布(合成纤维短纤含量在85%以下,与其他纤维混纺)	10	130		17	17	米/千克			0	9	0

协定税率 %										特惠税率 %				Article Description
巴基斯坦	冰岛	哥斯达黎	秘鲁	新西兰	瑞士	新加坡	韩国	澳大利亚	港澳台	老挝	孟加拉	33 国	7 国	
0	0	0	0	0	4	0	6	6				0	0	Other canvas of acrylic staple fibres, mixed with other fibres, containing less than 85% by weight of acrylic staple fibres
0	0	0	0	0	4	0	6	6				0	0	Other oxford cloth of acrylic staple fibres, mixed with other fibres, containing less than 85% by weight of acrylic staple fibres
0	0	0	0	0	4	0	6	6				0	0	Other satin or twill cloth of acrylic staple fibres, mixed with other fibres, containing less than 85% by weight of acrylic staple fibres
0	0	0	0	0	4	0	6	6				0	0	Other woven fabrics of acrylic staple fibres ,mixed with other fibres, containing less than 85% by weight of acrylic staple fibres
														- Other woven fabrics:
														-- Mixed mainly or solely with man-made filaments
0	0	0	0	0	4	0	6	6				0	0	Poplin or fine plain cloth of other synthetic staple fibres, unbleached or bleached, mixed with man-made filaments, containing less than 85% by weight of other synthetic staple fibres
0	0	0	0	0	4	0	6	6				0	0	Plain cloth of other synthetic staple fibres, unbleached or bleached, mixed with man-made filaments, containing less than 85% by weight of other synthetic staple fibres
0	0	0	0	0	4	0	6	6				0	0	Woven fabrics of other synthetic staple fibres for printing and dyeing, unbleached or bleached, mixed with man-made filaments, containing less than 85% by weight of other synthetic staple fibres
0	0	0	0	0	4	0	6	6				0	0	Satin or twill cloth of other synthetic staple fibres, unbleached or bleached, mixed with man-made filaments, containing less than 85% by weight of other synthetic staple fibres
0	0	0	0	0	4	0	6	6				0	0	Other woven fabrics of other synthetic staple fibres, unbleached or bleached, mixed with man-made filaments, containing less than 85% by weight of other synthetic staple fibres
0	0	0	0	0	4	0	6	6				0	0	Poplin or fine plain cloth of other synthetic staple fibres, mixed with man-made filaments, containing less than 85% by weight of synthetic staple fibres
0	0	0	0	0	4	0	6	6				0	0	Plain cloth of other synthetic staple fibres, mixed with man-made filaments, containing less than 85% by weight of synthetic staple fibres
0	0	0	0	0	4	0	6	6				0	0	Woven fabrics of other synthetic staple fibres for printing and dyeing, mixed with man-made filaments, containing less than 85% by weight of synthetic staple fibres
0	0	0	0	0	4	0	6	6				0	0	Satin or twill cloth of other synthetic staple fibres, mixed with man-made filaments, containing less than 85% by weight of synthetic staple fibres
0	0	0	0	0	4	0	6	6				0	0	Other woven fabrics of other synthetic staple fibres, mixed with man-made filaments, containing less than 85% by weight of synthetic staple fibres
														-- Other
0	0	0	0	0	4	0	6	6				0	0	Blue denim of other synthetic staple fibres, mixed with other fibres, containing less than 85% by weight of synthetic staple fibres
0	0	0	0	0	4	0	6	6				0	0	Other woven fabrics of other synthetic staple fibres, of yarns of different colours, mixed with other fibres, containing less than 85% by weight of synthetic staple fibres, other than jacquard cloth
0	0	0	0	0	4	0	6	6				0	0	Poplin or fine plain cloth of other synthetic staple fibres, unbleached or bleached, mixed with other fibres, containing less than 85% by weight of synthetic staple fibres
0	0	0	0	0	4	0	6	6				0	0	Plain cloth of other synthetic staple fibres, unbleached or bleached, mixed with other fibres, containing less than 85% by weight of synthetic staple fibres
0	0	0	0	0	4	0	6	6				0	0	Woven fabrics of other synthetic staple fibres for printing and dyeing, unbleached or bleached, mixed with other fibres, containing less than 85% by weight of synthetic staple fibres
0	0	0	0	0	4	0	6	6				0	0	Cheese cloth, voile and muslin of other synthetic staple fibres, unbleached or bleached, mixed with other fibres, containing less than 85% by weight of synthetic staple fibres
0	0	0	0	0	4	0	6	6				0	0	Canvas of other synthetic staple fibres, unbleached or bleached, mixed with other fibres, containing less than 85% by weight of synthetic staple fibres
0	0	0	0	0	4	0	6	6				0	0	Satin or twill cloth of other synthetic staple fibres, unbleached or bleached, mixed with other fibres, containing less than 85% by weight of synthetic staple fibres
0	0	0	0	0	4	0	6	6				0	0	Oxford cloth of other synthetic staple fibres, unbleached or bleached, mixed with other fibres, containing less than 85% by weight of synthetic staple fibres

税 号	货 品 名 称	进口关税 %			增值/消费税%	出口退税 %	统计计量单位	监管证件代码	检验检疫类别	协定税率 %		
		最惠国	普通	年内暂定						东盟	亚太	智利
55159900.29	未漂白或漂白的其他合纤短纤其他机织物(合成纤维短纤含量在85%以下,与其他纤维混纺)	10	130		17	17	米/千克			0	9	0
55159900.31	其他合纤短纤府绸或细平布(合成纤维短纤含量在85%以下,与其他纤维混纺)	10	130		17	17	米/千克			0	9	0
55159900.32	其他合纤短纤其他机织平布(合成纤维短纤含量在85%以下,与其他纤维混纺)	10	130		17	17	米/千克			0	9	0
55159900.33	其他合纤短纤机织印染用布(合成纤维短纤含量在85%以下,与其他纤维混纺)	10	130		17	17	米/千克			0	9	0
55159900.34	其他合纤短纤奶酪布等(合纤短纤含量<85%,与其他纤维混纺,含薄细布,巴里纱)	10	130		17	17	米/千克			0	9	0
55159900.35	其他合纤短纤机织帆布(合成纤维短纤含量在85%以下,与其他纤维混纺)	10	130		17	17	米/千克			0	9	0
55159900.36	其他合纤短纤缎纹或斜纹机织物(合成纤维短纤含量在85%以下,与其他纤维混纺)	10	130		17	17	米/千克			0	9	0
55159900.37	其他合纤短纤其他纤维混牛津布(合成纤维短纤含量在85%以下,与其他纤维混纺)	10	130		17	17	米/千克			0	9	0
55159900.39	其他合纤短纤其他机织物(合成纤维短纤含量在85%以下,与其他纤维混纺)	10	130		17	17	米/千克			0	9	0
55.16	人造纤维短纤纺制的机织物:											
	- 按重量计人造纤维短纤含量在85%及以上:											
5516.1100	-- 未漂白或漂白	12	130		17	17	米/千克			0		0
5516.1200	-- 染色	10	130		17	17	米/千克			0		0
5516.1300	-- 色织	10	130		17	17	米/千克			0		0
5516.1400	-- 印花	10	130		17	17	米/千克			0		0
	- 按重量计人造纤维短纤含量在85%以下,主要或仅与化学纤维长丝混纺:											
5516.2100	-- 未漂白或漂白											
55162100.10	未漂白或漂白的人纤短纤府绸或细平布(人造纤维短纤含量在85%以下,与化纤长丝混纺)	12	130		17	17	米/千克			0		0
55162100.20	未漂白或漂白的人纤短纤平布(人造纤维短纤含量在85%以下,与化纤长丝混纺)	12	130		17	17	米/千克			0		0
55162100.30	未漂白或漂白的人纤短纤印染用布(人造纤维短纤含量在85%以下,与化纤长丝混纺)	12	130		17	17	米/千克			0		0
55162100.40	未漂白或漂白的人纤短纤缎纹或斜纹布(人造纤维短纤含量在85%以下,与化纤长丝混纺)	12	130		17	17	米/千克			0		0
55162100.90	未漂白或漂白的人纤短纤其他机织物(人造纤维短纤含量在85%以下,与化纤长丝混纺)	12	130		17	17	米/千克			0		0
5516.2200	-- 染色											
55162200.10	染色人纤短纤府绸或细平布(人造纤维短纤含量在85%以下,与化纤长丝混纺)	10	130		17	17	米/千克			0	9.5	0
55162200.20	染色人纤短纤平布(人造纤维短纤含量在85%以下,与化纤长丝混纺)	10	130		17	17	米/千克			0	9.5	0
55162200.30	染色人纤短纤印染用布(人造纤维短纤含量在85%以下,与化纤长丝混纺)	10	130		17	17	米/千克			0	9.5	0
55162200.40	染色人纤短纤缎纹或斜纹机织物(人造纤维短纤含量在85%以下,与化纤长丝混纺)	10	130		17	17	米/千克			0	9.5	0
55162200.90	染色人纤短纤其他机织物(人造纤维短纤含量在85%以下,与化纤长丝混纺)	10	130		17	17	米/千克			0	9.5	0
5516.2300	-- 色织											
55162300.10	色织人纤短纤府绸和细平布(人造纤维短纤含量在85%以下,与化纤长丝混纺)	10	130		17	17	米/千克			0		0
55162300.20	色织人纤短纤平布(人造纤维短纤含量在85%以下,与化纤长丝混纺)	10	130		17	17	米/千克			0		0

协定税率 %										特惠税率 %				Article Description
巴基斯坦	冰岛	哥斯达黎	秘鲁	新西兰	瑞士	新加坡	韩国	澳大利亚	港澳台	老挝	孟加拉	33 国	7 国	
0	0	0	0	0	4	0	6	6				0	0	Woven fabrics of other synthetic staple fibres, unbleached or bleached, mixed with other fibres, containing less than 85% by weight of synthetic staple fibres
0	0	0	0	0	4	0	6	6				0	0	Poplin or fine plain cloth of other synthetic staple fibres, mixed with other fibres, containing less than 85% by weight of synthetic staple fibres
0	0	0	0	0	4	0	6	6				0	0	Other plain cloth of other synthetic staple fibres, mixed with other fibres, containing less than 85% by weight of synthetic staple fibres
0	0	0	0	0	4	0	6	6				0	0	Woven fabrics of other synthetic staple fibres for printing and dyeing, mixed with other fibres, containing less than 85% by weight of synthetic staple fibres
0	0	0	0	0	4	0	6	6				0	0	Cheese cloth, voile and muslin of other synthetic staple fibres, mixed with other fibres, containing less than 85% by weight of synthetic staple fibres
0	0	0	0	0	4	0	6	6				0	0	Canvas of other synthetic staple fibres, mixed with other fibres, containing less than 85% by weight of synthetic staple fibres
0	0	0	0	0	4	0	6	6				0	0	Satin or twill cloth of other synthetic staple fibres, mixed with other fibres, containing less than 85% by weight of synthetic staple fibres
0	0	0	0	0	4	0	6	6				0	0	Oxford cloth of other synthetic staple fibres, mixed with other fibres, containing less than 85% by weight of synthetic staple fibres
0	0	0	0	0	4	0	6	6				0	0	Other woven fabrics of other synthetic staple fibres, mixed with other fibres, containing less than 85% by weight of synthetic staple fibres
														Woven fabrics of artificial staple fibres:
														- Containing 85% or more by weight of artificial staple fibres:
0	0	0	0	0	8.4	0	7.2	7.2	0//		0	0	0	-- Unbleached or bleached
0	0	0	0	0	4	0	6	6	0//0			0	0	-- Dyed
0	0	0	0	0	4	0	6	6	0//			0	0	-- Of yarns of different colours
0	0	0	0	0	4	0	6	6	0//			0	0	-- Printed
														- Containing less than 85% by weight of artificial staple fibres, mixed mainly or solely with man-made filaments:
														-- Unbleached or bleached
0	0	0	0	0	8.4	0	7.2	7.2	0//			0	0	Poplin or fine plain cloth of artificial staple fibres, unbleached or bleached, containing less than 85% by weight of artificial staple fibres, mixed with man-made filaments
0	0	0	0	0	8.4	0	7.2	7.2	0//			0	0	Plain cloth of artificial staple fibres, unbleached or bleached, containing less than 85% by weight of artificial staple fibres, mixed with man-made filaments
0	0	0	0	0	8.4	0	7.2	7.2	0//			0	0	Woven fabrics of artificial staple fibres for printing and dyeing, unbleached or bleached, containing less than 85% by weight of artificial staple fibres, mixed with man-made filaments
0	0	0	0	0	8.4	0	7.2	7.2	0//			0	0	Satin or twill cloth of artificial staple fibres, unbleached or bleached, containing less than 85% by weight of artificial staple fibres, mixed with man-made filaments
0	0	0	0	0	8.4	0	7.2	7.2	0//			0	0	Other woven fabrics of artificial staple fibres, unbleached or bleached, containing less than 85% by weight of artificial staple fibres, mixed with man-made filaments
														-- Dyed
0	0	0	0	0	4	0	8.6	6	0//0			0	0	Poplin or fine plain cloth of artificial staple fibres, dyed, containing less than 85% by weight of artificial staple fibres, mixed with man-made filaments
0	0	0	0	0	4	0	8.6	6	0//0			0	0	Plain cloth of artificial staple fibres, dyed, containing less than 85% by weight of artificial staple fibres, mixed with man-made filaments
0	0	0	0	0	4	0	8.6	6	0//0			0	0	Woven fabrics of artificial staple fibres for printing and dyeing, dyed, containing less than 85% by weight of artificial staple fibres, mixed with man-made filaments
0	0	0	0	0	4	0	8.6	6	0//0			0	0	Satin or twill cloth of artificial staple fibres, dyed, containing less than 85% by weight of artificial staple fibres, mixed with man-made filaments
0	0	0	0	0	4	0	8.6	6	0//0			0	0	Other woven fabrics of artificial staple fibres, dyed, containing less than 85% by weight of artificial staple fibres, mixed with man-made filaments
														-- Of yarns of different colours
0	0	0	0	0	4	0	6	6	0//			0	0	Poplin and fine plain fabrics of artificial staple fibres, of yarns of different colours, containing less than 85% by weight of artificial staple fibres, mixed with man-made filaments
0	0	0	0	0	4	0	6	6	0//			0	0	Plain cloth of artificial staple fibres, of yarns of different colours, containing less than 85% by weight of artificial staple fibres, mixed with man-made filaments

税号	货品名称	进口关税 % 最惠国	普通	年内暂定	增值/消费税%	出口退税%	统计计量单位	监管证件代码	检验检疫类别	协定税率 % 东盟	亚太	智利
55162300.30	色织人纤短纤印染用布(人造纤维短纤含量在85%以下,与化纤长丝混纺)	10	130		17	17	米/千克			0		0
55162300.40	色织人纤短纤缎纹或斜纹机织物(人造纤维短纤含量在85%以下,与化纤长丝混纺)	10	130		17	17	米/千克			0		0
55162300.90	色织人纤短纤其他机织物(人造纤维短纤含量在85%以下,与化纤长丝混纺)	10	130		17	17	米/千克			0		0
5516.2400	-- 印花											
55162400.10	印花人纤短纤府绸或细平布(人造纤维短纤含量在85%以下,与化纤长丝混纺)	10	130		17	17	米/千克			0		0
55162400.20	印花人纤短纤平布(人造纤维短纤含量在85%以下,与化纤长丝混纺)	10	130		17	17	米/千克			0		0
55162400.30	印花人纤短纤印染用布(人造纤维短纤含量在85%以下,与化纤长丝混纺)	10	130		17	17	米/千克			0		0
55162400.40	印花人纤短纤缎纹或斜纹机织物(人造纤维短纤含量在85%以下,与化纤长丝混纺)	10	130		17	17	米/千克			0		0
55162400.90	印花人纤短纤其他布(人造纤维短纤含量在85%以下,与化纤长丝混纺)	10	130		17	17	米/千克			0		0
	- 按重量计人造纤维短纤含量在85%以下,主要或仅与羊毛或动物细毛混纺:											
5516.3100	-- 未漂白或漂白											
55163100.11	未漂白或漂白人纤短纤与精梳毛混纺布(人造纤维短纤含量<85%,羊毛或动物细毛36%及以上)	12	130		17	17	米/千克			0		0
55163100.19	未漂白或漂白人纤短纤与粗梳毛混纺布(人造纤维短纤含量<85%,羊毛或动物细毛36%及以上)	12	130		17	17	米/千克			0		0
55163100.21	未漂白或漂白人纤短纤与精梳毛混纺布(人造纤维短纤含量<85%,羊毛或动物细毛<36%)	12	130		17	17	米/千克			0		0
55163100.29	未漂白或漂白人纤短纤与粗梳毛混纺布(人造纤维短纤含量<85%,羊毛或动物细毛<36%)	12	130		17	17	米/千克			0		0
5516.3200	-- 染色											
55163200.11	染色人纤短纤与精梳毛混纺机织物(人造纤维短纤含量<85%,羊毛或动物细毛36%及以上)	10	130		17	17	米/千克			0		0
55163200.19	染色人纤短纤与粗梳毛混纺机织物(人造纤维短纤含量<85%,羊毛或动物细毛36%及以上)	10	130		17	17	米/千克			0		0
55163200.21	染色人纤短纤与精梳毛混纺机织物(人造纤维短纤含量<85%,羊毛或动物细毛<36%)	10	130		17	17	米/千克			0		0
55163200.29	染色人纤短纤与粗梳毛混纺机织物(人造纤维短纤含量<85%,羊毛或动物细毛<36%)	10	130		17	17	米/千克			0		0
5516.3300	-- 色织											
55163300.11	色织人纤短纤与精梳毛混纺机织物(人造纤维短纤含量<85%,羊毛或动物细毛36%及以上)	10	130		17	17	米/千克			0		0
55163300.19	色织人纤短纤与粗梳毛混纺机织物(人造纤维短纤含量<85%,羊毛或动物细毛36%及以上)	10	130		17	17	米/千克			0		0
55163300.21	色织人纤短纤与精梳毛混纺机织物(人造纤维短纤含量<85%,羊毛或动物细毛<36%)	10	130		17	17	米/千克			0		0
55163300.29	色织人纤短纤与粗梳毛混纺机织物(人造纤维短纤含量<85%,羊毛或动物细毛<36%)	10	130		17	17	米/千克			0		0
5516.3400	-- 印花											
55163400.11	印花人纤短纤与精梳毛混纺机织物(人造纤维短纤含量<85%,羊毛或动物细毛36%及以上)	10	130		17	17	米/千克			0		0

协定税率 %										特惠税率 %				
巴基斯坦	冰岛	哥斯达黎	秘鲁	新西兰	瑞士	新加坡	韩国	澳大利亚	港澳台	老挝	孟加拉	33 国	7 国	**Article Description**
0	0	0	0	0	4	0	6	6	0//			0	0	Woven fabrics of artificial staple fibres for printing and dyeing, of yarns of different colours, containing less than 85% by weight of artificial staple fibres, mixed with man-made filaments
0	0	0	0	0	4	0	6	6	0//			0	0	Satin or twill cloth of artificial staple fibres, of yarns of different colours, containing less than 85% by weight of artificial staple fibres, mixed with man-made filaments
0	0	0	0	0	4	0	6	6	0//			0	0	Other woven fabrics of artificial staple fibres, of yarns of different colours, containing less than 85% by weight of artificial staple fibres, mixed with man-made filaments
														-- Printed
0	0	0	0	0	4	0	6	6	0//			0	0	Poplin or fine plain cloth of artificial staple fibres, printed, containing less than 85% by weight of artificial staple fibres, mixed with man-made filaments
0	0	0	0	0	4	0	6	6	0//			0	0	Plain cloth of artificial staple fibres, printed, containing less than 85% by weight of artificial staple fibres, mixed with man-made filaments
0	0	0	0	0	4	0	6	6	0//			0	0	Woven fabrics of artificial staple fibres for printing and dyeing, printed, containing less than 85% by weight of artificial staple fibres, mixed with man-made filaments
0	0	0	0	0	4	0	6	6	0//			0	0	Satin or twill cloth of artificial staple fibres, printed, containing less than 85% by weight of artificial staple fibres, mixed with man-made filaments
0	0	0	0	0	4	0	6	6	0//			0	0	Other woven fabrics of artificial staple fibres, printed, containing less than 85% by weight of artificial staple fibres, mixed with man-made filaments
														- Containing less than 85% by weight of artificial staple fibres, mixed mainly or solely with wool or fine animal hair:
														-- Unbleached or bleached
0	0	0	0	0	8.4	0	7.2	7.2	0//			0	0	Woven fabrics of artificial staple fibres, unbleached or bleached, mixed with 36% or more by weight of combed wool or fine animal hair, containing less than 85% by weight of artificial staple fibres
0	0	0	0	0	8.4	0	7.2	7.2	0//			0	0	Woven fabrics of artificial staple fibres, unbleached or bleached, mixed with 36% or more by weight of carded wool or fine animal hair, containing less than 85% by weight of artificial staple fibres
0	0	0	0	0	8.4	0	7.2	7.2	0//			0	0	Woven fabrics of artificial staple fibres, unbleached or bleached, mixed with less than 36% by weight of combed wool or fine animal hair, containing less than 85% by weight of artificial staple fibres
0	0	0	0	0	8.4	0	7.2	7.2	0//			0	0	Woven fabrics of artificial staple fibres, unbleached or bleached, mixed with less than 36% by weight of carded wool or fine animal hair, containing less than 85% by weight of artificial staple fibres
														-- Dyed
0	0	0	0	0	4	0	6	6	0//			0	0	Woven fabrics of artificial staple fibres, dyed, mixed with 36% or more by weight of combed wool or fine animal hair, containing less than 85% by weight of artificial staple fibres
0	0	0	0	0	4	0	6	6	0//			0	0	Woven fabrics of artificial staple fibres, dyed, mixed with 36% or more by weight of carded wool or fine animal hair, containing less than 85% by weight of artificial staple fibres
0	0	0	0	0	4	0	6	6	0//			0	0	Woven fabrics of artificial staple fibres, dyed, mixed with less than 36% by weight of combed wool or fine animal hair, containing less than 85% by weight of artificial staple fibres
0	0	0	0	0	4	0	6	6	0//			0	0	Woven fabrics of artificial staple fibres, dyed, mixed with less than 36% by weight of carded wool or fine animal hair, containing less than 85% by weight of artificial staple fibres
														-- Of yarns of different colours
0	0	0	0	0	4	0	6	6	0//			0	0	Woven fabrics of artificial staple fibres, of yarns of different colours, mixed with 36% or more by weight of combed wool or fine animal hair, containing less than 85% by weight of artificial staple fibres
0	0	0	0	0	4	0	6	6	0//			0	0	Woven fabrics of artificial staple fibres, of yarns of different colours, mixed with 36% or more by weight of carded wool or fine animal hair, containing less than 85% by weight of artificial staple fibres
0	0	0	0	0	4	0	6	6	0//			0	0	Woven fabrics of artificial staple fibres, of yarns of different colours, mixed with less than 36% by weight of combed wool or fine animal hair, containing less than 85% by weight of artificial staple fibres
0	0	0	0	0	4	0	6	6	0//			0	0	Woven fabrics of artificial staple fibres, of yarns of different colours, mixed with less than 36% by weight of carded wool or fine animal hair, containing less than 85% by weight of artificial staple fibres
														-- Printed
0	0	0	0	0	4	0	6	6	0//			0	0	Woven fabrics of artificial staple fibres, printed, mixed with 36% or more by weight of combed wool or fine animal hair, containing less than 85% by weight of artificial staple fibres

税 号	货 品 名 称	进口关税 %			增值/消费税%	出口退税%	统计计量单位	监管证件代码	检验检疫类别	协定税率 %		
		最惠国	普通	年内暂定						东盟	亚太	智利
55163400.19	印花人纤短纤与粗梳毛混纺机织物(人造纤维短纤含量<85%,羊毛或动物细毛36%及以上)	10	130		17	17	米/千克			0		0
55163400.21	印花人纤短纤与精梳毛混纺机织物(人造纤维短纤含量<85%,羊毛或动物细毛<36%)	10	130		17	17	米/千克			0		0
55163400.29	印花人纤短纤与粗梳毛混纺机织物(人造纤维短纤含量<85%,羊毛或动物细毛<36%)	10	130		17	17	米/千克			0		0
	- 按重量计人造纤维短纤含量在85%以下,主要或仅与棉混纺:											
5516.4100	-- 未漂白或漂白											
55164100.10	未漂白或漂白人纤短纤府绸或细平布(人造纤维短纤含量在85%以下,与棉混纺)	12	130		17	17	米/千克			0		0
55164100.20	未漂白或漂白人纤短纤与棉混纺平布(混纺为以人纤短纤为主,但人造纤维短纤含量在85%以下)	12	130		17	17	米/千克			0		0
55164100.30	与棉混纺的未漂白或漂白人纤短纤印染用布(混纺为以人纤短纤为主,但人造纤维短纤含量在85%以下)	12	130		17	17	米/千克			0		0
55164100.40	未漂白或漂白人纤短纤与棉混纺的奶酪布等(人造纤维短纤含量在85%以下,含薄细布,巴里纱)	12	130		17	17	米/千克			0		0
55164100.50	与棉混纺的未漂白或漂白人纤短纤机织帆布(混纺为以人纤短纤为主,但人造纤维短纤含量在85%以下)	12	130		17	17	米/千克			0		0
55164100.60	与棉混纺的未漂白或漂白人纤短纤缎纹布等(含斜纹布,人造纤维短纤含量在85%以下)	12	130		17	17	米/千克			0		0
55164100.70	与棉混纺的未漂白或漂白人纤短纤牛津布(混纺为以人纤短纤为主,但人造纤维短纤含量在85%以下)	12	130		17	17	米/千克			0		0
55164100.90	与棉混纺的未漂白或漂白人纤短纤其他布(混纺为以人纤短纤为主,但人造纤维短纤含量在85%以下)	12	130		17	17	米/千克			0		0
5516.4200	-- 染色											
55164200.10	与棉混纺的染色人纤短纤府绸或细平布(混纺为以人纤短纤为主,但人造纤维短纤含量在85%以下)	12	130		17	17	米/千克			0		0
55164200.20	与棉混纺的染色人纤短纤平布(混纺为以人纤短纤为主,但人造纤维短纤含量在85%以下)	12	130		17	17	米/千克			0		0
55164200.30	与棉混纺的染色人纤短纤印染用布(混纺为以人纤短纤为主,但人造纤维短纤含量在85%以下)	12	130		17	17	米/千克			0		0
55164200.40	与棉混纺的染色人纤短纤奶酪布等(含薄细布,巴里纱,人造纤维短纤含量在85%以下)	12	130		17	17	米/千克			0		0
55164200.50	与棉混纺的染色人纤短纤机织帆布(混纺为以人纤短纤为主,但人造纤维短纤含量在85%以下)	12	130		17	17	米/千克			0		0
55164200.60	与棉混纺的染色人纤短纤缎纹或斜纹布(混纺为以人纤短纤为主,但人造纤维短纤含量在85%以下)	12	130		17	17	米/千克			0		0
55164200.70	与棉混纺的染色人纤短纤牛津布(混纺为以人纤短纤为主,但人造纤维短纤含量在85%以下)	12	130		17	17	米/千克			0		0
55164200.90	与棉混纺的染色人纤短纤其他机织物(混纺为以人纤短纤为主,但人造纤维短纤含量在85%以下)	12	130		17	17	米/千克			0		0
5516.4300	-- 色织											
55164300.10	与棉混纺的人纤短纤色织蓝色粗斜纹布(混纺为以人纤短纤为主,但人造纤维短纤含量在85%以下)	10	130		17	17	米/千克			0		0
55164300.20	与棉混纺人纤短纤色织提花机织物(混纺为以人纤短纤为主,但人造纤维短纤含量在85%以下)	10	130		17	17	米/千克			0		0

协定税率 %										特惠税率 %				Article Description
巴基斯坦	冰岛	哥斯达黎	秘鲁	新西兰	瑞士	新加坡	韩国	澳大利亚	港澳台	老挝	孟加拉	33 国	7 国	
0	0	0	0	0	4	0	6	6	0//			0	0	Woven fabrics of artificial staple fibres, printed, mixed with 36% or more by weight of carded wool or fine animal hair, containing less than 85% by weight of artificial staple fibres
0	0	0	0	0	4	0	6	6	0//			0	0	Woven fabrics of artificial staple fibres, printed, mixed with less than 36% by weight of combed wool or fine animal hair, containing less than 85% by weight of artificial staple fibres
0	0	0	0	0	4	0	6	6	0//			0	0	Woven fabrics of artificial staple fibres, printed, mixed with less than 36% by weight of carded wool or fine animal hair, containing less than 85% by weight of artificial staple fibres
														- Containing less than 85% by weight of artificial staple fibres, mixed mainly or solely with cotton:
														-- Unbleached or bleached
0	0	0	0	0	8.4	0	7.2	7.2	0//			0	0	Poplin or fine plain cloth of artificial staple fibres, unbleached or bleached, mixed with cotton, containing less than 85% by weight of artificial staple fibres
0	0	0	0	0	8.4	0	7.2	7.2	0//			0	0	Plain cloth of artificial staple fibres, unbleached or bleached, mixed with cotton, containing less than 85% by weight of artificial staple fibres
0	0	0	0	0	8.4	0	7.2	7.2	0//			0	0	Woven fabrics of artificial staple fibres for printing and dyeing, unbleached or bleached, mixed with cotton, containing less than 85% by weight of artificial staple fibres
0	0	0	0	0	8.4	0	7.2	7.2	0//			0	0	Cheese cloth, voile and muslin of artificial staple fibres, unbleached or bleached, mixed with cotton, containing less than 85% by weight of artificial staple fibres
0	0	0	0	0	8.4	0	7.2	7.2	0//			0	0	Canvas of artificial staple fibres, unbleached or bleached, mixed with cotton, containing less than 85% by weight of artificial staple fibres
0	0	0	0	0	8.4	0	7.2	7.2	0//			0	0	Satin or twill cloth of artificial staple fibres, unbleached or bleached, mixed with cotton, containing less than 85% by weight of artificial staple fibres
0	0	0	0	0	8.4	0	7.2	7.2	0//			0	0	Oxford cloth of artificial staple fibres, unbleached or bleached, mixed with cotton, containing less than 85% by weight of artificial staple fibres
0	0	0	0	0	8.4	0	7.2	7.2	0//			0	0	Other woven fabrics of artificial staple fibres, unbleached or bleached, mixed with cotton, containing less than 85% by weight of artificial staple fibres
														-- Dyed
0	0	0	0	0	8.4	0	7.2	7.2	0//			0	0	Poplin or fine plain cloth of artificial staple fibres, dyed, mixed with cotton, containing less than 85% by weight of artificial staple fibres
0	0	0	0	0	8.4	0	7.2	7.2	0//			0	0	Plain cloth of artificial staple fibres, dyed, mixed with cotton, containing less than 85% by weight of artificial staple fibres
0	0	0	0	0	8.4	0	7.2	7.2	0//			0	0	Woven fabrics of artificial staple fibres for printing and dyeing, dyed, mixed with cotton, containing less than 85% by weight of artificial staple fibres
0	0	0	0	0	8.4	0	7.2	7.2	0//			0	0	Cheese cloth, voile and muslin of artificial staple fibres, dyed, mixed with cotton, containing less than 85% by weight of artificial staple fibres
0	0	0	0	0	8.4	0	7.2	7.2	0//			0	0	Canvas of artificial staple fibres, dyed, mixed with cotton, containing less than 85% by weight of artificial staple fibres
0	0	0	0	0	8.4	0	7.2	7.2	0//			0	0	Satin or twill cloth of artificial staple fibres, dyed, mixed with cotton, containing less than 85% by weight of artificial staple fibres
0	0	0	0	0	8.4	0	7.2	7.2	0//			0	0	Oxford cloth of artificial staple fibres, dyed, mixed with cotton, containing less than 85% by weight of artificial staple fibres
0	0	0	0	0	8.4	0	7.2	7.2	0//			0	0	Other woven fabrics of artificial staple fibres, dyed, mixed with cotton, containing less than 85% by weight of artificial staple fibres
														-- Of yarns of different colours
0	0	0	0	0	4	0	6	6	0//			0	0	Blue denim of artificial staple fibres, of yarns of different colours, mixed with cotton, containing less than 85% by weight of artificial staple fibres
0	0	0	0	0	4	0	6	6	0//			0	0	Jacquard cloth of artificial staple fibres, of yarns of different colours, mixed with cotton, containing less than 85% by weight of artificial staple fibres

税号	货品名称	进口关税 % 最惠国	进口关税 % 普通	进口关税 % 年内暂定	增值/消费税%	出口退税%	统计计量单位	监管证件代码	检验检疫类别	协定税率 % 东盟	协定税率 % 亚太	协定税率 % 智利
55164300.90	与棉混纺人纤短纤其他色织机织物(混纺为以人纤短纤为主,但人造纤维短纤含量在85%以下)	10	130		17	17	米/千克			0		0
5516.4400	-- 印花											
55164400.10	与棉混纺的印花人纤短纤府绸或细平布(混纺为以人纤短纤为主,但人造纤维短纤含量在85%以下)	10	130		17	17	米/千克			0		0
55164400.20	与棉混纺的印花人纤短纤平布(混纺为以人纤短纤为主,但人造纤维短纤含量在85%以下)	10	130		17	17	米/千克			0		0
55164400.30	与棉纺的混印花人纤短纤印染用布(混纺为以人纤短纤为主,但人造纤维短纤含量在85%以下)	10	130		17	17	米/千克			0		0
55164400.40	与棉混纺印花人纤短纤奶酪布等(含薄细布,巴里纱,人造纤维短纤含量在85%以下)	10	130		17	17	米/千克			0		0
55164400.50	与棉混纺印花人纤短纤机织帆布(混纺为以人纤短纤为主,但人造纤维短纤含量在85%以下)	10	130		17	17	米/千克			0		0
55164400.60	印花人纤短纤缎纹或斜纹机织物(与棉混纺,人造纤维短纤含量在85%以下)	10	130		17	17	米/千克			0		0
55164400.70	与棉混纺印花人纤短纤牛津布(混纺为以人纤短纤为主,但人造纤维短纤含量在85%以下)	10	130		17	17	米/千克			0		0
55164400.90	与棉混纺印花人纤短纤其他机织物(混纺为以人纤短纤为主,但人造纤维短纤含量在85%以下)	10	130		17	17	米/千克			0		0
	- 其他:											
5516.9100	-- 未漂白或漂白											
55169100.10	未漂或漂白人纤短纤府绸或细平布(与其他纤维混纺,人造纤维短纤含量在85%以下)	12	130		17	17	米/千克			0		0
55169100.20	未漂或漂白人纤短纤机织平布(与其他纤维混纺,人造纤维短纤含量在85%以下)	12	130		17	17	米/千克			0		0
55169100.30	未漂或漂白人纤短纤印染用布(与其他纤维混纺,人造纤维短纤含量在85%以下)	12	130		17	17	米/千克			0		0
55169100.40	未漂或漂白人纤短纤奶酪布等(与其他纤维混纺,人纤短纤含量<85%,含薄细布,巴里纱)	12	130		17	17	米/千克			0		0
55169100.50	未漂或漂白人纤短纤机织帆布(与其他纤维混纺,人造纤维短纤含量在85%以下)	12	130		17	17	米/千克			0		0
55169100.60	未漂或漂白人纤短纤缎纹或斜纹布(与其他纤维混纺,人造纤维短纤含量在85%以下)	12	130		17	17	米/千克			0		0
55169100.70	未漂或漂白人纤短纤牛津布(与其他纤维混纺,人造纤维短纤含量在85%以下)	12	130		17	17	米/千克			0		0
55169100.90	未漂或漂白人纤短纤其他机织物(与其他纤维混纺,人造纤维短纤含量在85%以下)	12	130		17	17	米/千克			0		0
5516.9200	-- 染色											
55169200.10	染色人纤短纤府绸或细平布(与其他纤维混纺,人造纤维短纤含量在85%以下)	10	130		17	17	米/千克			0		0
55169200.20	染色人纤短纤机织平布(与其他纤维混纺,人造纤维短纤含量在85%以下)	10	130		17	17	米/千克			0		0
55169200.30	染色人纤短纤印染用布(与其他纤维混纺,人造纤维短纤含量在85%以下)	10	130		17	17	米/千克			0		0
55169200.40	染色人纤短纤奶酪布等(与其他纤维混纺,人纤短纤含量<85%,含薄细布,巴里纱)	10	130		17	17	米/千克			0		0
55169200.50	染色人纤短纤机织帆布(与其他纤维混纺,人造纤维短纤含量在85%以下)	10	130		17	17	米/千克			0		0
55169200.60	染色人纤短纤缎纹或斜纹机织物(与其他纤维混纺,人造纤维短纤含量在85%以下)	10	130		17	17	米/千克			0		0
55169200.70	染色人纤短纤牛津布(与其他纤维混纺,人造纤维短纤含量在85%以下)	10	130		17	17	米/千克			0		0
55169200.90	染色人纤短纤其他机织物(与其他纤维混纺,人造纤维短纤含量在85%以下)	10	130		17	17	米/千克			0		0

协定税率 %										特惠税率 %				Article Description
巴基斯坦	冰岛	哥斯达黎	秘鲁	新西兰	瑞士	新加坡	韩国	澳大利亚	港澳台	老挝	孟加拉	33 国	7 国	
0	0	0	0	0	4	0	6	6	0//			0	0	Other woven fabrics of artificial staple fibres, of yarns of different colours, mixed with cotton, containing less than 85% by weight of artificial staple fibres
														-- Printed
0	0	0	0	0	4	0	6	6	0//			0	0	Poplin or fine plain fabrics of artificial staple fibres, printed, mixed with cotton, containing less than 85% by weight of artificial staple fibres
0	0	0	0	0	4	0	6	6	0//			0	0	Plain cloth of artificial staple fibres, printed, mixed with cotton, containing less than 85% by weight of artificial staple fibres
0	0	0	0	0	4	0	6	6	0//			0	0	Woven fabrics of artificial staple fibres for printing and dyeing, printed, mixed with cotton, containing less than 85% by weight of artificial staple fibres
0	0	0	0	0	4	0	6	6	0//			0	0	Cheese cloth, voile and muslin of artificial staple fibres, printed, mixed with cotton, containing less than 85% by weight of artificial staple fibres
0	0	0	0	0	4	0	6	6	0//			0	0	Canvas of artificial staple fibres, printed, mixed with cotton, containing less than 85% by weight of artificial staple fibres
0	0	0	0	0	4	0	6	6	0//			0	0	Satin or twill cloth of artificial staple fibres, printed, mixed with cotton, containing less than 85% by weight of artificial staple fibres
0	0	0	0	0	4	0	6	6	0//			0	0	Oxford cloth of artificial staple fibres, printed, mixed with cotton, containing less than 85% by weight of artificial staple fibres
0	0	0	0	0	4	0	6	6	0//			0	0	Other woven fabrics of artificial staple fibres, printed, mixed with cotton, containing less than 85% by weight of artificial staple fibres
														- Other:
														-- Unbleached or bleached
0	0	0	0	0	8.4	0	7.2	7.2	0//			0	0	Poplin or fine plain cloth of artificial staple fibres, unbleached or bleached, mixed with other fibres, containing less than 85% by weight of artificial staple fibres
0	0	0	0	0	8.4	0	7.2	7.2	0//			0	0	Plain cloth of artificial staple fibres, unbleached or bleached, mixed with other fibres, containing less than 85% by weight of artificial staple fibres
0	0	0	0	0	8.4	0	7.2	7.2	0//			0	0	Woven fabrics of artificial staple fibres for printing and dyeing, unbleached or bleached, mixed with other fibres, containing less than 85% by weight of artificial staple fibres
0	0	0	0	0	8.4	0	7.2	7.2	0//			0	0	Cheese cloth, voile and muslin of artificial staple fibres, unbleached or bleached, mixed with other fibres, containing less than 85% by weight of artificial staple fibres
0	0	0	0	0	8.4	0	7.2	7.2	0//			0	0	Canvas of artificial staple fibres, unbleached or bleached, mixed with other fibres, containing less than 85% by weight of artificial staple fibres
0	0	0	0	0	8.4	0	7.2	7.2	0//			0	0	Satin or twill cloth of artificial staple fibres, unbleached or bleached, mixed with other fibres, containing less than 85% by weight of artificial staple fibres
0	0	0	0	0	8.4	0	7.2	7.2	0//			0	0	Oxford cloth of artificial staple fibres, unbleached or bleached, mixed with other fibres, containing less than 85% by weight of artificial staple fibres
0	0	0	0	0	8.4	0	7.2	7.2	0//			0	0	Other woven fabrics of artificial staple fibres, unbleached or bleached, mixed with other fibres, containing less than 85% by weight of artificial staple fibres
														-- Dyed
0	0	0	0	0	4	0	8.6	6	0//		0	0	0	Poplin or fine plain cloth of artificial staple fibres, dyed, mixed with other fibres, containing less than 85% by weight of artificial staple fibres
0	0	0	0	0	4	0	8.6	6	0//		0	0	0	Plain cloth of artificial staple fibres, dyed, mixed with other fibres, containing less than 85% by weight of artificial staple fibres
0	0	0	0	0	4	0	8.6	6	0//		0	0	0	Woven fabrics of artificial staple fibres for printing and dyeing, dyed, mixed with other fibres, containing less than 85% by weight of artificial staple fibres
0	0	0	0	0	4	0	8.6	6	0//		0	0	0	Cheese cloth, voile and muslin of artificial staple fibres, dyed, mixed with other fibres, containing less than 85% by weight of artificial staple fibres
0	0	0	0	0	4	0	8.6	6	0//		0	0	0	Canvas of artificial staple fibres, dyed, mixed with other fibres, containing less than 85% by weight of artificial staple fibres
0	0	0	0	0	4	0	8.6	6	0//		0	0	0	Satin or twill cloth of artificial staple fibres, dyed, mixed with other fibres, containing less than 85% by weight of artificial staple fibres
0	0	0	0	0	4	0	8.6	6	0//		0	0	0	Oxford cloth of artificial staple fibres, dyed, mixed with other fibres, containing less than 85% by weight of artificial staple fibres
0	0	0	0	0	4	0	8.6	6	0//		0	0	0	Other woven fabrics of artificial staple fibres, dyed, mixed with other fibres, containing less than 85% by weight of artificial staple fibres

税号	货品名称	进口关税 %			增值/消费税%	出口退税%	统计计量单位	监管证件代码	检验检疫类别	协定税率 %		
		最惠国	普通	年内暂定						东盟	亚太	智利
5516.9300	-- 色织											
55169300.10	人纤短纤色织蓝粗斜纹布(与其他纤维混纺,人造纤维短纤含量在85%以下)	10	130		17	17	米/千克			0		0
55169300.20	色织人纤短纤提花机织物(与其他纤维混纺,人造纤维短纤含量在85%以下)	10	130		17	17	米/千克			0		0
55169300.90	色织人纤短纤其他机织物(与其他纤维混纺,人造纤维短纤含量在85%以下)	10	130		17	17	米/千克			0		0
5516.9400	-- 印花											
55169400.10	印花人造纤维短纤府绸或细平布(与其他纤维混纺,按重量计人造纤维短纤含量在85%以下)	10	130		17	17	米/千克			0	9.4	0
55169400.20	印花人造纤维短纤机织平布(与其他纤维混纺,按重量计人造纤维短纤含量在85%以下)	10	130		17	17	米/千克			0	9.4	0
55169400.30	印花人造纤维短纤印染用布(与其他纤维混纺,按重量计人造纤维短纤含量在85%以下)	10	130		17	17	米/千克			0	9.4	0
55169400.40	印花人造纤维短纤奶酪布等(含薄细布、巴里纱,与其他纤维混纺,人纤短纤含量<85%)	10	130		17	17	米/千克			0	9.4	0
55169400.50	印花人造纤维短纤机织帆布(与其他纤维混纺,按重量计人造纤维短纤含量在85%以下)	10	130		17	17	米/千克			0	9.4	0
55169400.60	印花人纤短纤缎纹或斜纹机织物(与其他纤维混纺,按重量计人造纤维短纤含量在85%以下)	10	130		17	17	米/千克			0	9.4	0
55169400.70	印花人造纤维短纤牛津布(与其他纤维混纺,按重量计人造纤维短纤含量在85%以下)	10	130		17	17	米/千克			0	9.4	0
55169400.90	印花人造纤维短纤其他机织物(与其他纤维混纺,按重量计人造纤维短纤含量在85%以下)	10	130		17	17	米/千克			0	9.4	0

协定税率 %										特惠税率 %				Article Description
巴基斯坦	冰岛	哥斯达黎	秘鲁	新西兰	瑞士	新加坡	韩国	澳大利亚	港澳台	老挝	孟加拉	33 国	7 国	
														-- Of yarns of different colours
0	0	0	0	0	4	0	6	6	0//			0	0	Blue denim of artificial staple fibres, of yarns of different colours, mixed with other fibres, containing less than 85% by weight of artificial staple fibres
0	0	0	0	0	4	0	6	6	0//			0	0	Jacquard cloth of artificial staple fibres, of yarns of different colours, mixed with other fibres, containing less than 85% by weight of artificial staple fibres
0	0	0	0	0	4	0	6	6	0//			0	0	Other woven fabrics of artificial staple fibres, of yarns of different colours, mixed with other fibres, containing less than 85% by weight of artificial staple fibres
														-- Printed
0	0	0	0	0	4	0	6	6	0//			0	0	Poplin or fine plain cloth of artificial staple fibres, printed, mixed with other fibres, containing less than 85% by weight of artificial staple fibres
0	0	0	0	0	4	0	6	6	0//			0	0	Plain cloth of artificial staple fibres, printed, mixed with other fibres, containing less than 85% by weight of artificial staple fibres
0	0	0	0	0	4	0	6	6	0//			0	0	Woven fabrics of artificial staple fibres for printing and dyeing, printed, mixed with other fibres, containing less than 85% by weight of artificial staple fibres
0	0	0	0	0	4	0	6	6	0//			0	0	Cheese cloth, voile and muslin of artificial staple fibres, printed, mixed with other fibres, containing less than 85% by weight of artificial staple fibres
0	0	0	0	0	4	0	6	6	0//			0	0	Canvas of artificial staple fibres, printed, mixed with other fibres, containing less than 85% by weight of artificial staple fibres
0	0	0	0	0	4	0	6	6	0//			0	0	Satin or twill cloth of artificial staple fibres, printed, mixed with other fibres, containing less than 85% by weight of artificial staple fibres
0	0	0	0	0	4	0	6	6	0//			0	0	Oxford cloth of artificial staple fibres, printed, mixed with other fibres, containing less than 85% by weight of artificial staple fibres
0	0	0	0	0	4	0	6	6	0//			0	0	Other woven fabrics of artificial staple fibres, printed, mixed with other fibres, containing less than 85% by weight of artificial staple fibres

第五十六章　絮胎、毡呢及无纺织物；特种纱线；线、绳、索、缆及其制品

注释：

一、本章不包括：

（一）用各种物质或制剂（例如，第三十三章的香水或化妆品、税目 34.01 的肥皂或洗涤剂、税目 34.05 的光洁剂及类似制剂、税目 38.09 的织物柔软剂）浸渍、涂布、包覆的絮胎、毡呢或无纺织物，其中的纺织材料仅作为承载介质；

（二）税目 58.11 的纺织产品；

（三）以毡呢或无纺织物为底的砂布及类似品（税目 68.05）；

（四）以毡呢或无纺织物为底的粘聚或复制云母（税目 68.14）；

（五）以毡呢或无纺织物为底的金属箔（通常归入第十四类或第十五类）；或

（六）税目 96.19 的卫生巾（护垫）及止血塞、婴儿尿布及尿布衬里和类似品。

二、所称“毡呢”，包括针刺机制毡呢以及纤维本身通过缝编工序增强了抱合力的纺织纤维网状织物。

三、税目 56.02 及 56.03 分别包括用各种性质（紧密结构或泡沫状）的塑料或橡胶浸渍、涂布、包覆或层压的毡呢及无纺织物。

税目 56.03 还包括用塑料或橡胶作粘合材料的无纺织物。

但税目 56.02 及 56.03 不包括：

（一）用塑料或橡胶浸渍、涂布、包覆或层压，按重量计纺织材料含量在 50%及以下的毡呢或者完全嵌入塑料或橡胶之内的毡呢（第三十九章或第四十章）；

（二）完全嵌入塑料或橡胶之内的无纺织物，以及用肉眼可辨别出两面都用塑料或橡胶涂布、包覆的无纺织物，涂布或包覆所引起的颜色变化可不予考虑(第三十九章或第四十章)；或

（三）与毡呢或无纺织物混制的泡沫塑料或海绵橡胶板、片或扁条，纺织材料仅在其中起增强作用（第三十九章或第四十章）。

四、税目 56.04 不包括用肉眼无法辨别出是否经过浸渍、涂布或包覆的纺织纱线或税目 54.04 或 54.05 的扁条及类似品(通常归入第五十章至第五十五章)；运用本条规定，可不考虑浸渍、涂布或包覆所引起的颜色变化。

税号	货品名称	进口关税 %			增值/消费税%	出口退税%	统计计量单位	监管证件代码	检验检疫类别	协定税率 %		
		最惠国	普通	年内暂定						东盟	亚太	智利
56.01	纺织材料絮胎及其制品；长度不超过 5 毫米的纺织纤维（纤维屑）、纤维粉末及球结：											
	- 絮胎；其他絮胎制品：											
5601.2100	-- 棉制											
56012100.10	棉制的成匹絮胎	10	50		17	17	千克			0		0
56012100.90	其他棉制的絮胎及絮胎制品	10	50		17	17	千克			0		0
	-- 化学纤维制：											
5601.2210	--- 卷烟滤嘴	12	100		17	17	千克	7		0		0
5601.2290	--- 其他											
56012290.10	化学纤维制的成匹絮胎	12	100		17	17	千克			0		0
56012290.90	化学纤维制的其他絮胎及絮胎制品	12	100		17	17	千克			0		0
5601.2900	-- 其他											
56012900.10	羊毛或动物细毛制絮胎及制品	10	90		17	17	千克			0		0
56012900.90	其他纺织材料制絮胎及制品	10	90		17	17	千克			0		0
5601.3000	- 纤维屑、纤维粉末及球结											
56013000.10	由两种或以上有机聚合物纺制的纤维(横截面为皮芯结构或并列结构或海岛结构，长度不超过 5mm)	10	100	5	17	17	千克			0		0
56013000.90	纺织纤维屑，纤维粉末及球结(纺织纤维长度不超过 5mm)	10	100		17	17	千克			0		0
56.02	毡呢，不论是否浸渍、涂布、包覆或层压：											

Chapter 56 Wadding, felt and nonwovens; special yarns; twine, cordage, ropes and cables and articles thereof

Chapter Notes:

1. This Chapter does not cover:

(a) Wadding, felt or nonwovens, impregnated, coated or covered with substances or preparations (for example, perfumes or cosmetics of Chapter 33, soaps or detergents of heading 34.01, polishes, creams or similar preparations of heading 34.05, fabric softeners of heading 38.09) where the textile material is present merely as a carrying medium;

(b) Textile products of heading 58.11;

(c) Natural or artificial abrasive powder or grain, on a backing of felt or nonwovens (heading 68.05);

(d) Agglomerated or reconstituted mica, on a backing of felt or nonwovens (heading 68.14); or

(e) Metal foil on a backing of felt or nonwovens (generally Section XIV or XV).

(f) Sanitary towels (pads) and tampons, napkins and napkin liners for babies and similar articles of heading 96.19.

2. The term "felt" includes needleloom felt and fabrics consisting of a web of textile fibres the cohesion of which has been enhanced by a stitch-bonding process using fibres from the web itself.

3. Headings 56.02 and 56.03 cover respectively felt and nonwovens, impregnated, coated, covered or laminated with plastics or rubber whatever the nature of these materials (compact or cellular).

Heading 56.03 also includes nonwovens in which plastics or rubber forms the bonding substance.

Headings 56.02 and 56.03 do not, however, cover:

(a) Felt impregnated, coated, covered or laminated with plastics or rubber, containing 50% or less by weight of textile material or felt completely embedded in plastics or rubber (Chapter 39 or 40);

(b) Nonwovens, either completely embedded in plastics or rubber, or entirely coated or covered on both sides with such materials, provided that such coating or covering can be seen with the naked eye with no account being taken of any resulting change of colour (Chapter 39 or 40); or

(c) Plates, sheets or strip of cellular plastics or cellular rubber combined with felt or nonwovens, where the textile material is present merely for reinforcing purposes (Chapter 39 or 40).

4. Heading 56.4 does not cover textile yarn, or the like of heading 54.04 or 54.05,in which the impregnation, coating or covering cannot be seen with the naked eye (usually Chapters 50 to 55);for the purpose of this provision, no account should be taken of any resulting change of colour.

协定税率 %										特惠税率 %				
巴基斯坦	冰岛	哥斯达黎	秘鲁	新西兰	瑞士	新加坡	韩国	澳大利亚	港澳台	老挝	孟加拉	33国	7国	Article Description
														Wadding of textile materials and articles thereof; textile fibres, not exceeding 5mm in length (flock), textile dust and mill neps:
														- Wadding; other articles of wadding:
														-- Of cotton
5	0	0	0	0	4	0	6	6	0/0/			0	0	Cotton wadding, into the piece
5	0	0	0	0	4	0	6	6	0/0/			0	0	Other cotton wadding and articles thereof
														-- Of man-made fibres:
6	0	0	0	0	8.4	0						0	0	--- Cigarette filter tips
														--- Other
	0	0	0	0	8.4	0	10.4	7.2	//0		0	0	0	Wadding of man-made fibres, in the piece
	0	0	0	0	8.4	0	10.4	7.2	//0		0	0	0	Other wadding of man-made fibres and articles thereof
														-- Other
5	0	0	0	0	4	0	6	6			0	0	0	Wadding of wool or fine animal hair and articles thereof
5	0	0	0	0	4	0	6	6			0	0	0	Wadding of other textile materials and articles thereof
														- Textile flock and dust and mill neps
5	0	0	0	0	4	0	6	6				0	0	Textile fibres composed of two or more species of organic polymers, with a skin-core or parataxis or sea islands cross-section structure, of a length not exceeding 5mm
5	0	0	0	0	4	0	6	6				0	0	Textile flock, dust and mill neps, of a length not exceeding 5mm
														Felt, whether or not impregnated, coated, covered or laminated:

税　号	货　品　名　称	进口关税 %			增值/消费税%	出口退税%	统计计量单位	监管证件代码	检验检疫类别	协定税率 %		
		最惠国	普通	年内暂定						东盟	亚太	智利
5602.1000	- 针刺机制毡呢及纤维缝编织物											
56021000.10	毛制针刺机制毡呢及纤维缝编织(不论是否浸渍,涂布,包覆或层压)	10	100		17	17	千克			0		0
56021000.90	其他纺织料制针刺机制毡呢等(含缝编织物,不论是否浸渍,涂布,包覆或层压)	10	100		17	17	千克			0		0
	- 其他毡呢，未浸渍、涂布、包覆或层压:											
5602.2100	-- 羊毛或动物细毛制	10	100		17	17	千克			0		0
5602.2900	-- 其他纺织材料制	10	100		17	17	千克			0		0
5602.9000	- 其他											
56029000.10	其他纺织材料制其他毡呢(层压)	10	100		17	17	千克			0		0
56029000.91	化学纤维制其他毡呢(浸渍、涂布、包覆)	10	100		17	17	千克			0		0
56029000.99	其他纺织材料制其他毡呢(浸渍、涂布、包覆)	10	100		17	17	千克			0		0
56.03	**无纺织物，不论是否浸渍、涂布、包覆或层压:**											
	- 化学纤维长丝制:											
	-- 每平方米重量不超过25克:											
5603.1110	--- 经浸渍、涂布、包覆或层压	10	70		17	17	千克			0	8.5	0
5603.1190	--- 其他	10	130		17	17	千克			0	8.5	0
	-- 每平方米重量超过25克，但不超过70克:											
5603.1210	--- 经浸渍、涂布、包覆或层压	10	70		17	17	千克			0	8.5	0
5603.1290	--- 其他	10	130		17	17	千克			0		0
	-- 每平方米重量超过70克,但不超过150克:											
5603.1310	--- 经浸渍、涂布、包覆或层压	10	70		17	17	千克			0	8.5	0
5603.1390	--- 其他	10	130		17	17	千克			0		0
	-- 每平方米重量超过150克:											
5603.1410	--- 经浸渍、涂布、包覆或层压	10	70		17	17	千克			0	8.5	0
5603.1490	--- 其他	10	130		17	17	千克			0	7	0
	- 其他:											
	-- 每平方米重量不超过25克:											
5603.9110	--- 经浸渍、涂布、包覆或层压											
56039110.10	每平方米重≤25克经浸渍的乙烯聚合物制电池隔膜基布(浸渍包括涂布、包覆或压层)	10	70	5	17	17	千克			0	8.5	0
56039110.90	每平方米重≤25克经浸渍其他无纺布(浸渍包括涂布、包覆或压层)	10	70		17	17	千克			0	8.5	0
5603.9190	--- 其他	10	85		17	17	千克			0	8.5	0
	-- 每平方米重量超过25克，但不超过70克:											
5603.9210	--- 经浸渍、涂布、包覆或层压											
56039210.10	25＜每平方米重≤70克浸渍的乙烯聚合物制电池隔膜基布(浸渍包括涂布、包覆或压层)	10	70	5	17	17	千克			0	8.5	0
56039210.90	25＜每平方米重≤70克浸渍其他无纺布(浸渍包括涂布、包覆或压层)	10	70		17	17	千克			0	8.5	0
5603.9290	--- 其他	10	85		17	17	千克			0	9.3	0
	-- 每平方米重量超过70克,但不超过150克:											
5603.9310	--- 经浸渍、涂布、包覆或层压											
56039310.10	70＜每平方米重≤150克浸渍的乙烯聚合物制电池隔膜基布(浸渍包括涂布、包覆或压层)	10	70	5	17	17	千克			0	8.5	0
56039310.90	70＜每平方米重≤150克浸渍其他无纺布(浸渍包括涂布、包覆或压层)	10	70		17	17	千克			0	8.5	0
5603.9390	--- 其他	10	85		17	17	千克			0	9.3	0
	-- 每平方米重量超过150克:											
5603.9410	--- 经浸渍、涂布、包覆或层压											
56039410.11	毛制铺地品衬底用物纺织物(浸渍、涂布、包覆或压层,每平方米重＞150克)	10	70		17	17	千克			0	8.5	0

协定税率 %										特惠税率 %				Article Description
巴基斯坦	冰岛	哥斯达黎	秘鲁	新西兰	瑞士	新加坡	韩国	澳大利亚	港澳台	老挝	孟加拉	33 国	7 国	
														- Needleloom felt and stitch-bonded fibre fabrics
5	0	0	0	0	4	0	6	6				0	0	Needleloom felt and stitch-bonded fibre fabrics of wool or fine animal hair, whether or not impregnated, coated, covered or laminated
5	0	0	0	0	4	0	6	6				0	0	Needleloom felt and stitch-bonded fibre fabrics of other textile materials, whether or not impregnated, coated, covered or laminated
														- Other felt, not impregnated, coated, covered or laminated:
5	0	0	0	0	4	0	6	6				0	0	-- Of wool or fine animal hair
5	0	0	0	0	4	0	6	6				0	0	-- Of other textile materials
														- Other
5	0	0	0	0	4	0	6	6			0	0	0	Other felt of other textile materials, laminated
5	0	0	0	0	4	0	6	6			0	0	0	Other felt of man-made fibres, impregnated, coated or covered
5	0	0	0	0	4	0	6	6			0	0	0	Other felt of other textile materials, impregnated, coated or covered
														Nonwovens, whether or not impregnated, coated, covered or laminated:
														- Of man-made filaments:
														-- Weighing not more than $25g/m^2$:
0	0	0	0	0	4	0	6	6	//0	0	0	0	0	--- Impregnated, coated, co-vered or laminated
0	0	0	0	0	4	0	8	6				0	0	--- Other
														-- Weighing more than $25g/m^2$ but not more than $70g/m^2$:
0	0	0	0	0	4	0	8.6	6	0/0/	0	0	0	0	--- Impregnated, coated, covered or laminated
0	0	0	0	0	4	0	6	6	0/0/0		0	0	0	--- Other
														-- Weighing more than $70g/m^2$ but not more than $150g/m^2$:
0	0	0	0	0	4	0	6	6	/0/0			0	0	--- Impregnated, coated, co-vered or laminated
0	0	0	0	0	4	0	6	6	/0/0		0	0	0	--- Other
														-- Weighing more than $150g/m^2$:
0	0	0	0	0	4	0	8.6	6	//0			0	0	--- Impregnated, coated, co-vered or laminated
0	0	0	0	0	4	0	6	6	//0		0	0	0	--- Other
														- Other:
														-- Weighing not more than $25g/m^2$:
														--- Impregnated, coated, co-vered or laminated
0	0	0	0	0	4	0	8	6				0	0	Battery separator substrates of polyethylene, impregnated, coated, covered or laminated, weighing lnot more than $25g/m^2$
0	0	0	0	0	4	0	8	6				0	0	Other nonwovens, impregnated, coated, covered or laminated, weighing not more than $25g/m^2$
0	0	0	0	0	4	0	8	6				0	0	--- Other
														-- Weighing more than $25g/m^2$ but not more than $70g/m^2$:
														--- Impregnated, coated, co-vered or laminated
0	0	0	0	0	4	0	8	6	0/0/			0	0	Battery separator substrates of polyethylene, impregnated, coated, covered or laminated, weighing more than $25g/m^2$ but not more than $70g/m^2$
0	0	0	0	0	4	0	8	6	0/0/			0	0	Other nonwovens, impregnated, coated, covered or laminated, weighing more than $25g/m^2$ but not more than $70g/m^2$
0	0	0	0	0	4		6	6	0/0/0	0	0	0	0	--- Other
														-- Weighing more than $70g/m^2$ but not more than $150g/m^2$:
														--- Impregnated, coated, co-vered or laminated
0	0	0	0	0	4	0	8	6	0/0/			0	0	The impregnation of polymers of ethylene battery diaphragm base fabric per square meter weight greater than 70 grams less than or equal to 150 grams (including dip coated or laminated)
0	0	0	0	0	4	0	8	6	0/0/			0	0	Other non woven fabrics are more than 70 grams per square meter less than or equal to 150 grams (impregnation, including coating, coating or layer)
0	0	0	0	0	4	0	6	6	0/0/0			0	0	--- Other
														-- Weighing more than $150g/m^2$:
														--- Impregnated, coated, co-vered or laminated
0	0	0	0	0	4	0	6	6	0//0			0	0	Nonwovens of wool or fine animal hair for backing floor coverings, impregnated, coated, covered or laminated, weighing more than $150g/m^2$

税号	货品名称	进口关税% 最惠国	普通	年内暂定	增值/消费税%	出口退税%	统计计量单位	监管证件代码	检验检疫类别	协定税率% 东盟	亚太	智利
56039410.19	其他材料制铺地品衬底用无纺织物(浸渍、涂布、包覆或压层,每平方米重>150克)	10	70		17	17	千克			0	8.5	0
56039410.90	其他材料制无纺织物(浸渍、涂布、包覆或压层,每平方米重>150克)	10	70		17	17	千克			0	8.5	0
5603.9490	--- 其他											
56039490.11	毛制铺地品衬底用无纺织物(每平方米重>150克)	10	85		17	17	千克			0	9.3	0
56039490.19	其他材料制铺地品衬底用无纺织物(每平方米重>150克)	10	85		17	17	千克			0	9.3	0
56039490.90	其他材料制无纺织物(每平方米重>150克)	10	85		17	17	千克			0	9.3	0
56.04	**用纺织材料包覆的橡胶线及绳;用橡胶或塑料浸渍、涂布、包覆或套裹的纺织纱线及税目54.04或54.05的扁条及类似品:**											
5604.1000	- 用纺织材料包覆的橡胶线及绳	5	80		17	17	千克			0		0
5604.9000	- 其他											
56049000.10	棉制纱线(用橡胶或塑料浸渍、涂布、包覆、套裹)	5	80		17	17	千克			0		0
56049000.20	税目5404的合成纤维单丝、扁条(用橡胶或塑料浸渍、涂布、包覆、套裹)	5	80		17	17	千克			0		0
56049000.30	税目5404的人造纤维单丝、扁条(用橡胶或塑料浸渍、涂布、包覆、套裹)	5	80		17	17	千克			0		0
56049000.90	其他纺织纱线(用橡胶或塑料浸渍、涂布、包覆、套裹)	5	80		17	17	千克			0		0
56.05	**含金属纱线,不论是否螺旋花线,由纺织纱线或税目54.04或54.05的扁条及类似品与金属线、扁条或粉末混合制得或用金属包覆制得:**											
5605.0000	含金属纱线,不论是否螺旋花线,由纺织纱线或税目54.04或54.05的扁条及类似品与金属线、扁条或粉末混合制得或用金属包覆制得											
56050000.10	金属涂层或层压化纤长丝等(扁条及类似品,非螺旋,未加捻或捻度每米低于5转)	5	70		17	17	千克			0		0
56050000.90	其他含金属纱线,可含螺旋花边(与金属线、扁条或粉末混合制的或用金属包覆制)	5	70		17	17	千克			0		0
56.06	**粗松螺旋花线,税目54.04或54.05的扁条及类似品制的螺旋花线(税目56.05的货品及马毛粗松螺旋花线除外);绳绒线(包括植绒绳绒线);纵行起圈纱线:**											
5606.0000	粗松螺旋花线,税目54.04或54.05的扁条及类似品制的螺旋花线(税目56.05的货品及马毛粗松螺旋花线除外);绳绒线(包括植绒绳绒线);纵行起圈纱线	5	70		17	17	千克			0		0
56.07	**线、绳、索、缆,不论是否编织或编结而成,也不论是否用橡胶或塑料浸渍、涂布、包覆或套裹:**											
	- 西沙尔麻或其他纺织用龙舌兰类纤维纺制:											
5607.2100	-- 包扎用绳											
56072100.10	剑麻或其他龙舌兰纤维制包扎用绳(农机用,可编织或编结,可用橡胶或塑料浸涂包套)	5	50		17	17	千克			0		0
56072100.90	剑麻或龙舌兰纤维制其他包扎用绳(农机用,可编织或编结,可用橡胶或塑料浸涂包套)	5	50		17	17	千克			0		0
5607.2900	-- 其他	5	50		17	17	千克			0		0
	- 聚乙烯或聚丙烯纺制:											
5607.4100	-- 包扎用绳											
56074100.10	宽的非裂膜扁条聚乙烯包扎用绳(可编织或编结,可用橡胶或塑料浸渍、涂布,包覆,套裹)	5	100		17	17	千克			0		0

协定税率 %										特惠税率 %				Article Description
巴基斯坦	冰岛	哥斯达黎	秘鲁	新西兰	瑞士	新加坡	韩国	澳大利亚	港澳台	老挝	孟加拉	33 国	7 国	
0	0	0	0	0	4	0	6	6	0//0			0	0	Nonwovens of other materials for backing floor coverings, impregnated, coated, covered or laminated, weighing more than 150g/m^2
0	0	0	0	0	4	0	6	6	0//0			0	0	Nonwovens of other materials, impregnated, coated, covered or laminated, weighing more than 150g/m^2
														--- Other
0	0	0	0	0	4	0	8.6	6	0//0	0	0	0	0	Nonwovens of wool or fine animal hair for backing floor coverings, weighing more than 150g/m^2
0	0	0	0	0	4	0	8.6	6	0//0	0	0	0	0	Nonwovens of other textile materials for backing floor coverings, weighing more than 150g/m^2
0	0	0	0	0	4	0	8.6	6	0//0	0	0	0	0	Nonwovens of other textile materials, weighing more than 150g/m^2
														Rubber thread and cord, textile covered; textile yarn, and strip and the like of heading 54.04 or 54.05, impregnated, coated, covered or sheathed with rubber or plastics:
0	0	0	0	0	0		3	0	/0/	0	0	0	0	- Rubber thread and cord, textile covered
														- Other
0	0	0	0	0	0		4	0	/0/		0	0	0	Cotton yarn, impregnated, coated, covered or sheathed with rubber or plastics
0	0	0	0	0	0		4	0	/0/		0	0	0	Synthetic monofilament or strip, of heading 54.04, impregnated, coated, covered or sheathed with rubber or plastics
0	0	0	0	0	0		4	0	/0/		0	0	0	Artificial monofilament or strip, of heading 54.04, impregnated, coated, covered or sheathed with rubber or plastics
0	0	0	0	0	0		4	0	/0/		0	0	0	Other textile yarn, impregnated, coated, covered or sheathed with rubber or plastics
														Metallized yarn, whether or not gimped , being textile yarn, or strip or the like of heading 54.04 or 54.05, combined with metal in the form of thread, strip or powder or covered with metal:
														Metallized yarn, whether or not gimped, being textile yarn, or strip or the like of heading 54.04 or 54.05, combined with metal in the form of thread, strip or powder or covered with metal
0	0	0	0	0	0		0	0	/0/		0	0	0	Man-made filament, strip or the like, coated or laminated with metal, not gimped, untwisted or with a twist not exceeding 5 turns per meter
0	0	0	0	0	0		0	0	/0/		0	0	0	Other metallized yarn, whether or not gimped, combined with metal in the form of thread, strip or powder or covered with metal
														Gimped yarn ,and strip and the like of heading 54.04 or 54.05, gimped, other than those of heading 56.05 and gimped horsehair yarn; chenille yarn, including flock chenille yarn; loopwale yarn:
0	0	0	0	0	0		0	0	/0/		0	0	0	Gimped yarn, and strip and the like of heading 54.04 or 54.05, gimped, other than those of heading 56.05 and gimped horsehair yarn; chenille yarn, including flock chenille yarn; loopwale yarn
														Twine, cordage, rope sand cables, whether or not plaited or braided and whether or not impregnated, coated, covered or sheathed with rubber or plastics:
														- Of sisal or other textile fibres of the genus Agave:
														-- Binder or baler twine
0	0	0	0	0	0		0	0	/0/		0	0	0	Binder or baler twine of sisal or other textile fibres of the genus Agave, used for agricultural machinery, whether or not plaited or braided and whether or not impregnated, coated, covered or sheathed with rubber or plastics
0	0	0	0	0	0		0	0	/0/		0	0	0	Other binder or baler twine of sisal or textile fibres of the genus Agave, used for agricultural machinery, whether or not plaited or braided and whether or not impregnated, coated, covered or sheathed with rubber or plastics
0	0	0	0	0	0		0	0	/0/		0	0	0	-- Other
														- Of polyethylene or polypropy-lene:
														-- Binder or baler twine
0	0	0	0	0	0		0	0	/0/		0	0	0	Binder or baler twine of wide nontearing-film strip of polyethylene, whether or not plaited or braided and whether or not impregnated, coated, covered or sheathed with rubber or plastics

税号	货品名称	进口关税 %			增值/消费税%	出口退税%	统计计量单位	监管证件代码	检验检疫类别	协定税率 %		
		最惠国	普通	年内暂定						东盟	亚太	智利
56074100.90	其他聚乙烯或聚丙烯制包扎用绳(可编织或编结,可用橡胶或塑料浸渍、涂布,包覆,套裹)	5	100		17	17	千克			0		0
5607.4900	-- 其他											
56074900.10	宽非裂膜扁条聚乙烯其他线、绳、索、缆(可编织或编结用橡胶或塑料浸涂包套,含聚丙烯制)	5	100		17	17	千克			0		0
56074900.20	其他聚乙烯或聚丙烯制线、绳、索、缆(未经编织或编结,可用橡胶或塑料浸渍、涂布、包覆、套裹)	5	100		17	17	千克			0		0
56074900.90	其他聚乙烯或聚丙烯制线、绳、索、缆(已编织或编结,可用橡胶或塑料浸渍、涂布、、包覆、套裹)	5	100		17	17	千克			0		0
5607.5000	- 其他合成纤维纺制											
56075000.10	其他合纤制未编织或编织线、绳、索、缆(可用橡胶或塑料浸渍、涂布、包覆、套裹)	5	100		17	17	千克			0		0
56075000.90	其他合纤制已编织或编织线、绳、索、缆(可用橡胶或塑料浸渍、涂布、包覆、套裹)	5	100		17	17	千克			0		0
	- 其他:											
5607.9010	--- 蕉麻(马尼拉麻)或其他硬质(叶)纤维纺制	5	50		17	17	千克			0		0
5607.9090	--- 其他											
56079090.10	大麻制线、绳、索、缆(可编织或编结,可用橡胶或塑料浸渍、涂布、包覆、套裹)	5	100		17	17	千克			0		0
56079090.90	其他纺织材料制线、绳、索、缆(可编织或编结,可用橡胶或塑料浸渍、涂布、包覆、套裹)	5	100		17	17	千克			0		0
56.08	**线、绳或索结制的网料;纺织材料制成的渔网及其他网:**											
	- 化学纤维材料制:											
5608.1100	-- 制成的渔网											
56081100.10	化纤材料制成手撒线拉的渔网	10	50		17	17	千克			0		0
56081100.90	化纤材料制成其他渔网	10	50		17	17	千克			0		0
5608.1900	-- 其他											
56081900.10	化纤材料制用拉线收口的诱饵包(罗网及篓状网除外)	12	100		17	17	千克			0		0
56081900.90	化纤材料制成的网料和其他网(包括化纤线、绳、索结制的网料,罗网及篓状网除外)	12	100		17	17	千克			0		0
5608.9000	- 其他											
56089000.11	毛、棉制的渔网	10	100		17	17	千克			0		0
56089000.19	其他纺织纤维制的渔网	10	100		17	17	千克			0		0
56089000.91	棉制的其他网及网料(吊床,罗网及篓状网除外)	10	100		17	17	千克			0		0
56089000.92	毛制的其他网及网料(包括棉制的网式吊床,罗网及篓状网除外)	10	100		17	17	千克			0		0
56089000.99	其他纺织纤维制成的其他网及网料(罗网及篓状网除外)	10	100		17	17	千克			0		0
56.09	**用纱线、税目 54.04 或 54.05 的扁条及类似品或线、绳、索、缆制成的其他税目未列名物品:**											
5609.0000	用纱线、税目 54.04 或 54.05 的扁条及类似品或线、绳、索、缆制成的其他税目未列名物品	10	100		17	17	千克			0		0

协定税率 %										特惠税率 %				Article Description
巴基斯坦	冰岛	哥斯达黎	秘鲁	新西兰	瑞士	新加坡	韩国	澳大利亚	港澳台	老挝	孟加拉	33 国	7 国	
0	0	0	0	0	0		0	0	/0/		0	0	0	Other binder or baler twine of polyethylene or polypropylene ,whether or not plaited or braided and whether or not impregnated, coated, covered or sheathed with rubber or plastics
														-- Other
0	0	0	0	0	0		0	0	/0/		0	0	0	Other twine, cordage, ropes and cables, of wide nontearing-film strip of polyethylene or polypropylene, whether or not braided or plaited and whether or not impregnated, coated, covered or sheathed with rubber or plastics
0	0	0	0	0	0		0	0	/0/		0	0	0	Other twine, cordage, ropes and cables of polyethylene or polypropylene, not plaited or braided, whether or not impregnated, coated, covered or sheathed with rubber or plastics
0	0	0	0	0	0		0	0	/0/		0	0	0	Other twine, cordage, ropes and cables of polyethylene or polypropylene, plaited or braided, whether or not impregnated, coated, covered or sheathed with rubber or plastics
														- Of other synthetic fibres
0	0	0	0	0	2		0	0	/0/0		0	0	0	Twine, cordage, ropes and cables of other synthetic fibres, not plaited or braided, whether or not impregnated, coated, covered or sheathed with rubber or plastics
0	0	0	0	0	2		0	0	/0/0		0	0	0	Twine, cordage, ropes and cables of other synthetic fibres, plaited or braided, whether or not impregnated, coated, covered or sheathed with rubber or plastics
														- Other：
0	0	0	0	0	0		0	0	/0/		0	0	0	--- Of abaca（Manila hemp or Muse textilis Nee）or other hard（leaf）fibres
														--- Other
0	0	0	0	0	0		0	0	/0/	0	0	0	0	Twine, cordage, ropes and cables of true hemp, whether or not plaited or braided and whether or not impregnated, coated, covered or sheathed with rubber or plastics
0	0	0	0	0	0		0	0	/0/	0	0	0	0	Twine, cordage, ropes and cables of other textile materials, whether or not plaited or braided and whether or not impregnated, coated, covered or sheathed with rubber or plastics
														Knotted netting of twine, cordage or rope; made up fishing nets and other made up nets, of textile materials:
														- Of man-made textile materials：
														-- Made up fishing nets
5	0	0	3	0	4		6	6			0	0	0	Hand casting and rope pulling fishing nets of man-made textile materials
5	0	0	3	0	4		6	6			0	0	0	Other made up fishing nets of man-made textile materials
														-- Other
6	0	0	0	0	8. 4	0	7. 2	7. 2	//0			0	0	Bait bag with a drawstring, of man-made textile materials, other than toils or basket-shaped nets
6	0	0	0	0	8. 4	0	7. 2	7. 2	//0			0	0	Netting and other made up nets of man-made textile materials, including knotted netting of twine, cordage or ropes, other than toils or basket-shaped nets
														- Other
5	0	0	0	0	4		6	6	0//		0	0	0	Made up fishing nets, of wool or fine animal hair, or of cotton
5	0	0	0	0	4		6	6	0//		0	0	0	Made up fishing nets of other textile materials
5	0	0	0	0	4		6	6	0//		0	0	0	Other made up nets and netting of cotton, other than hammock, toils or basket-shaped nets
5	0	0	0	0	4		6	6	0//		0	0	0	Other made up nets and netting, of wool or animal hair, including netting hammock of cotton, other than toils or basket-shaped nets
5	0	0	0	0	4		6	6	0//		0	0	0	Other made up nets and netting of other textile materials, other than toils or basket-shaped nets
														Articles of yarn, strip or the like of heading 54.04 or 54.05, twine, cordage, rope or cables, not elsewhere specified or inclu-ded:
5	0	0	0	0	4		6	6		0	0	0	0	Articles of yarn, strip or the like of heading 54.04 or 54.05, twine, cordage, rope or cables, not elsewhere specified or included

第五十七章　地毯及纺织材料的其他铺地制品

注释：

一、本章所称“地毯及纺织材料的其他铺地制品”，是指使用时以纺织材料作面的铺地制品，也包括具有纺织材料铺地制品特征但作其他用途的物品。

二、本章不包括铺地制品衬垫。

税号	货品名称	进口关税 %			增值/消费税%	出口退税%	统计计量单位	监管证件代码	检验检疫类别	协定税率 %		
		最惠国	普通	年内暂定						东盟	亚太	智利
57.01	结织栽绒地毯及纺织材料的其他结织栽绒铺地制品，不论是否制成的：											
5701.1000	- 羊毛或动物细毛制	14	130		17	17	千克/平方米			0		0
	- 其他纺织材料制：											
5701.9010	--- 化学纤维制	16	130		17	17	千克/平方米			0		0
5701.9020	--- 丝制	14	100		17	17	千克/平方米			0		0
5701.9090	--- 其他	14	100		17	17	千克/平方米			0		0
57.02	机织地毯及纺织材料的其他机织铺地制品，未簇绒或未植绒，不论是否制成的，包括“开来姆”、“苏麦克”、“卡拉马尼”及类似的手织地毯：											
5702.1000	- “开来姆”、“苏麦克”、“卡拉马尼”及类似的手织地毯	14	130		17	17	千克/平方米			0		0
5702.2000	- 椰壳纤维制的铺地制品	14	100		17	17	千克/平方米			0		0
	- 其他起绒结构的铺地制品，未制成的：											
5702.3100	-- 羊毛或动物细毛制	10	130		17	17	千克/平方米			0		0
5702.3200	-- 化学纤维制	16	130		17	17	千克/平方米			0		0
5702.3900	-- 其他纺织材料制	14	100		17	17	千克/平方米			0		0
	- 其他起绒结构的铺地制品，制成的：											
5702.4100	-- 羊毛或动物细毛制	10	130		17	17	千克/平方米			0		0
5702.4200	-- 化学纤维制	10	130		17	17	千克/平方米			0		0
5702.4900	-- 其他纺织材料制	14	100		17	17	千克/平方米			0	9.3	0
	- 其他非起绒结构的铺地制品，未制成的：											
5702.5010	--- 羊毛或动物细毛制	14	130		17	17	千克/平方米			0		0
5702.5020	--- 化学纤维制	16	130		17	17	千克/平方米			0		0
5702.5090	--- 其他纺织材料制	14	100		17	17	千克/平方米			0		0
	- 其他非起绒结构的铺地制品，制成的：											
5702.9100	-- 羊毛或动物细毛制	14	130		17	17	千克/平方米			0		0
5702.9200	-- 化学纤维制	16	130		17	17	千克/平方米			0		0
5702.9900	-- 其他纺织材料制	14	100		17	17	千克/平方米			0		0
57.03	簇绒地毯及纺织材料的其他簇绒铺地制品，不论是否制成的：											
5703.1000	- 羊毛或动物细毛制	14	130		17	17	千克/平方米			0		0

Chapter 57 Carpets and other textile floor coverings

Chapter Notes:

1. For the purposes of this Chapter, the term "carpets and other textile floor coverings" means floor coverings in which textile materials serve as the exposed surface of the article when in use and includes articles having the characteristics of textile floor coverings but intended for use for other purposes.
2. This Chapter does not cover floor covering underlays.

协定税率 %										特惠税率 %				Article Description
巴基斯坦	冰岛	哥斯达黎	秘鲁	新西兰	瑞士	新加坡	韩国	澳大利亚	港澳台	老挝	孟加拉	33 国	7 国	
														Carpets and other textile floor coverings knotted, whether or not made up:
	0	0	0	0	9.8	0	11.2	8.4			0	0	0	- Of wool or fine animal hair
														- Of other textile materials:
12.8	0	0	4.8	0	11.2	0	12.8	9.6			0	0	0	--- Of man-made textile materials
7	0	0	0	0	9.8	0	11.2	8.4				0	0	--- Of silk
7	0	0	0	0	9.8	0	11.2	8.4				0	0	--- Other
														Carpets and other textile floor coverings, woven, not tufted or flocked, whether or not made up, including "Kelem", "Schumacks", "Karamanie" and similar handwoven rugs:
0	0	0	0	0	9.8	0	11.2	8.4		0	0	0	0	- "Kelem", "Schumacks", "Karamanie" and similar handwoven rugs
0	0	0	0	0	9.8	0	11.2	8.4				0	0	- Floor coverings of coconut fibres (coir)
														- Other, of pile construction, not made up:
0	0	0	0	0	7	0	6	6			0	0	0	-- Of wool or fine animal hair
0	0	0	4.8	0	11.2	0	12.8	9.6				0	0	-- Of man-made textile materials
0	0	0	0	0	9.8	0	11.2	8.4		0	0	0	0	-- Of other textile materials
														- Other, of pile construction, made up:
0	0	0	0	0	4	0	6	6			0	0	0	-- Of wool or fine animal hair
0	0	0	0	0	4	0	6	6			0	0	0	-- Of man-made textile materials
0	0	0	0	0	9.8	0	11.2	8.4				0	0	-- Of other textile materials
														- Other, not of pile construction, not made up :
0	0	0	0	0	9.8	0	11.2	8.4				0	0	--- Of wool or fine animal hair
0	0	0	4.8	0	11.2	0	12.8	9.6				0	0	--- Of man-made textile materials
0	0	0	0	0	9.8	0	11.2	8.4				0	0	--- Of other textile materials
														- Other, not of pile construction, made up:
0	0	0	0	0	9.8	0	11.2	8.4				0	0	-- Of wool or fine animal hair
0	0	0	4.8	0	11.2	0	12.8	9.6				0	0	-- Of man-made textile materials
0	0	0	0	0	9.8	0	11.2	8.4				0	0	-- Of other textile materials
														Carpets and other textile floor coverings, tufted, whether or not made up:
	0	0	0	0	9.8	0	11.2	8.4			0	0	0	- Of wool or fine animal hair

税号	货品名称	进口关税 %			增值/消费税%	出口退税%	统计计量单位	监管证件代码	检验检疫类别	协定税率 %		
		最惠国	普通	年内暂定						东盟	亚太	智利
5703.2000	- 尼龙或其他聚酰胺制	10	130		17	17	千克/平方米			0		0
5703.3000	- 其他化学纤维制	10	130		17	17	千克/平方米			0		0
5703.9000	- 其他纺织材料制	14	100		17	17	千克/平方米			0		0
57.04	**毡呢地毯及纺织材料的其他毡呢铺地制品,未簇绒或未植绒,不论是否制成的:**											
5704.1000	- 最大表面面积不超过0.3平方米	14	130		17	17	千克/平方米			0		0
5704.9000	- 其他	10	130		17	17	千克/平方米			0		0
57.05	**其他地毯及纺织材料的其他铺地制品,不论是否制成的:**											
5705.0010	--- 羊毛或动物细毛制	14	130		17	17	千克/平方米			0		0
5705.0020	--- 化学纤维制	10	130		17	17	千克/平方米			0		0
5705.0090	--- 其他纺织材料制	14	100		17	17	千克/平方米			0		0

协定税率 %										特惠税率 %				Article Description
巴基斯坦	冰岛	哥斯达黎	秘鲁	新西兰	瑞士	新加坡	韩国	澳大利亚	港澳台	老挝	孟加拉	33 国	7 国	
5	0	0	0	0	4	0	9	6			0	0	0	- Of nylon or other polyamides
	0	0	0	0	4	0	6	6			0	0	0	- Of other man-made textile materials
11.2	0	0	0	0	9.8	0	11.2	8.4		0	0	0	0	- Of other textile materials
														Carpets and other textile floor coverings, of felt, not tufted or flocked, whether or not made up:
7	0	0	0	0	9.8	0	11.2	8.4				0	0	- Tiles, having a maximum surface area of 0.3m^2
5	0	0	0	0	4	0	6	6			0	0	0	- Other
														Other carpets and other textile floor coverings, whether or not made up:
11.2	0	0	0	0	9.8	0	11.2	8.4		0	0	0	0	--- Of wool or fine animal hair
5	0	0	0	0	4	0	6	6		0	0	0	0	--- Of man-made textile materials
11.2	0	0	0	0	9.8	0	11.2	8.4		0	0	0	0	--- Other

第五十八章　特种机织物；簇绒织物；花边；装饰毯；装饰带；刺绣品

注释：

一、本章不适用于经浸渍、涂布、包覆或层压的第五十九章注释一所述的纺织物或第五十九章的其他货品。

二、税目 58.01 也包括因未将浮纱割断而使表面无竖绒的纬起绒织物。

三、税目 58.03 所称“纱罗”，是指经线全部或部分由地经纱和绞经纱构成的织物，其中绞经纱绕地经纱半圈、一圈或几圈而形成圈状，纬纱从圈中穿过。

四、税目 58.04 不适用于税目 56.08 的线、绳、索结制的网状织物。

五、税目 58.06 所称“狭幅机织物”，是指：

（一）幅宽不超过 30 厘米的机织物，不论是否织成或从宽幅料剪成，但两侧必须有织成的、胶粘的或用其他方法制成的布边；

（二）压平宽度不超过 30 厘米的圆筒机织物；以及

（三）折边的斜裁滚条布，其未折边时的宽度不超过 30 厘米。

流苏状的狭幅机织物归入税目 58.08。

六、税目 58.10 所称“刺绣品”，除了一般纺织材料绣线绣制的刺绣品外，还包括在可见底布上用金属线或玻璃线刺绣的刺绣品，也包括用珠片、饰珠、纺织材料或其他材料制的装饰用花纹图案所缝绣的贴花织物。该税目不包括手工针绣嵌花装饰毯（税目 58.05）。

七、除税目 58.09 的产品外，本章还包括金属线制的用于衣着、装饰及类似用途的物品。

税　号	货　品　名　称	进口关税 %			增值/消费税%	出口退税%	统计计量单位	监管证件代码	检验检疫类别	协定税率 %		
		最惠国	普通	年内暂定						东盟	亚太	智利
58.01	起绒机织物及绳绒织物，但税目 58.02 或 58.06 的织物除外：											
5801.1000	- 羊毛或动物细毛制	10	130		17	17	米/千克			0		0
	- 棉制：											
5801.2100	-- 不割绒的纬起绒织物											
58012100.10	未漂白不割绒的棉制纬起绒织物（税目 5802 或 5806 的织物除外）	12	70		17	17	米/千克			0		0
58012100.90	其他不割绒的棉制纬起绒织物（税目 5802 或 5806 的织物除外）	12	70		17	17	米/千克			0		0
5801.2200	-- 割绒的灯芯绒	10	70		17	17	米/千克			0		0
5801.2300	-- 其他纬起绒织物											
58012300.10	未漂白其他棉制纬起绒织物（税目 5802 或 5806 的织物除外）	10	70		17	17	米/千克			0		0
58012300.90	其他棉制纬起绒织物（税目 5802 或 5806 的织物除外）	10	70		17	17	米/千克			0		0
5801.2600	-- 绳绒织物											
58012600.10	未漂白棉制绳绒织物（税目 5802 或 5806 的织物除外）	10	70		17	17	米/千克			0		0
58012600.90	其他棉制绳绒织物（税目 5802 或 5806 的织物除外）	10	70		17	17	米/千克			0		0
	-- 经起绒织物：											
5801.2710	--- 不割绒的（棱纹绸）	10	70		17	17	米/千克			0		0
5801.2720	--- 割绒的	10	70		17	17	米/千克			0		0
	- 化学纤维制：											
5801.3100	-- 不割绒的纬起绒织物	10	130		17	17	米/千克			0		0
5801.3200	-- 割绒的灯芯绒	10	130		17	17	米/千克			0		0
5801.3300	-- 其他纬起绒织物	10	130		17	17	米/千克			0		0
5801.3600	-- 绳绒织物	10	130		17	17	米/千克			0		0
	-- 经起绒织物：											
5801.3710	--- 不割绒的（棱纹绸）	10	130		17	17	米/千克			0		0
5801.3720	--- 割绒的	10	130		17	17	米/千克			0		0
	- 其他纺织材料制：											

Chapter 58　Special woven fabrics; tufted textile fabrics; lace; tapestries; trimmings; embroidery

Chapter Notes:

1. This Chapter does not apply to textile fabrics referred to in Note 1 to Chapter 59, impregnated, coated, covered or laminated, or to other goods of Chapter 59.
2. Heading 58.01 also includes woven weft pile fabrics which have not yet had the floats cut, at which stage they have no pile standing up.
3. For the purposes of heading 58.03, "gauze" means a fabric with a warp composed wholly or in part of standing or ground threads and crossing or doup threads which cross the standing or ground threads making a half turn, a complete turn or more to form loops through which weft threads pass.
4. Heading 58.04 does not apply to knotted net fabrics of twine, cordage or rope, of heading 56.08.
5. For the purposes of heading 58.06, the expression "narrow woven fabrics" means:
   (a) Woven fabrics of a width not exceeding 30 cm, whether woven as such or cut from wider pieces, provided with selvedges (woven, gummed or otherwise made) on both edges;
   (b) Tubular woven fabrics of a flattened width not exceeding 30 cm; and
   (c) Bias binding with folded edges, of a width when unfolded not exceeding 30 cm.
   Narrow woven fabrics with woven fringes are to be classified in heading 58.08.
6. In heading 58.10, the expression "embroidery" means, inter alia, embroidery with metal or glass thread on a visible ground of textile fabric, and sewn appliqué work of sequins, beads or ornamental motifs of textile or other materials. The heading does not apply to needlework tapestry (heading 58.05).
7. In addition to the products of heading 58.09, this Chapter also includes articles made of metal thread and of a kind used in apparel, as furnishing fabrics or for similar purposes.

协定税率 %										特惠税率 %				Article Description
巴基斯坦	冰岛	哥斯达黎	秘鲁	新西兰	瑞士	新加坡	韩国	澳大利亚	港澳台	老挝	孟加拉	33 国	7 国	
														Woven pile fabrics and chenille fabrics, other than fabrics of heading 58.02 or 58.06:
0	0	0	0	0	4	0	6	6			0	0	0	- Of wool or fine animal hair
														- Of cotton:
														-- Uncut weft pile fabrics
0	0	0	0	0	8.4	0	7.2	7.2				0	0	Uncut weft pile fabrics of cotton, unbleached, other than fabrics of heading 58.02 or 58.06
0	0	0	0	0	8.4	0	7.2	7.2				0	0	Other uncut weft pile fabrics of cotton, other than fabrics of heading 58.02 or 58.06
0	0	0	0	0	4		6	6	0//0		0	0	0	-- Cut corduroy
														-- Other weft pile fabrics
0	0	0	0	0	4		8	6			0	0	0	Other weft pile fabrics of cotton, unbleached, other than fabrics of heading 58.02 or 58.06
0	0	0	0	0	4		8	6			0	0	0	Other weft pile fabrics of cotton ,other than fabrics of heading 58.02 or 58.06
														-- Chenille fabrics
0	0	0	0	0	4		6	6			0	0	0	Chenille fabrics of cotton, unbleached, other than fabrics of heading 58.02 or 58.06
0	0	0	0	0	4		6	6			0	0	0	Other chenille fabrics of cotton, other than fabrics of heading 58.02 or 58.06
														-- Warp pile fabrics:
0	0	0	0	0	4		6	6			0	0	0	--- Uncut（èpinglè）
0	0	0	0	0	4		6	6	0//		0	0	0	--- Cut
														- Of man-made fibres:
0	0	0	0	0	4	0	8.6	6			0	0	0	-- Uncut weft pile fabrics
0	0	0	0	0	4	0	6	6			0	0	0	-- Cut corduroy
0	0	0	0	0	4	0	6	6	//0	0	0	0	0	-- Other weft pile fabrics
0	0	0	0	0	4	0	6	6			0	0	0	-- Chenille fabrics
														-- Warp pile fabrics:
0	0	0	0	0	4	0	6	6			0	0	0	--- Uncut（èpinglè）
0	0	0	0	0	4	0	6	6			0	0	0	--- Cut
														- Of other textile materials:

税 号	货 品 名 称	进口关税 %			增值/消费税%	出口退税%	统计计量单位	监管证件代码	检验检疫类别	协定税率 %		
		最惠国	普通	年内暂定						东盟	亚太	智利
5801.9010	--- 丝及绢丝制	10	130		17	17	米/千克			0		0
5801.9090	--- 其他											
58019090.10	亚麻和苎麻起绒机织物及绳绒织物(税目 5802 或 5806 的织物除外)	10	80		17	17	米/千克			0		0
58019090.90	其他材料制起绒机织物及绳绒织物(税目 5802 或 5806 的织物除外)	10	80		17	17	米/千克			0		0
58.02	**毛巾织物及类似的毛圈机织物，但税目 58.06 的狭幅织物除外；簇绒织物，但税目 57.03 的产品除外：**											
	- 棉制毛巾织物及类似的毛圈机织物：											
5802.1100	-- 未漂白	12	70		17	17	米/千克			0		0
5802.1900	-- 其他	10	70		17	17	米/千克			0		0
	- 其他纺织材料制的毛巾织物及类似的毛圈机织物：											
5802.2010	--- 丝及绢丝制											
58022010.10	丝及绢丝毛巾织物及类似毛圈织物(税目 5806 的狭幅织物除外，含丝 85%及以上)	12	130		17	17	米/千克			0		0
58022010.90	丝及绢丝毛巾织物及类似毛圈织物(税目 5806 的狭幅织物除外，含丝 85%以下)	12	130		17	17	米/千克			0		0
5802.2020	--- 羊毛或动物细毛制	12	130		17	17	米/千克			0		0
5802.2030	--- 化学纤维制	14	130		17	17	米/千克			0		0
5802.2090	--- 其他	12	80		17	17	米/千克			0		0
	- 簇绒织物：											
5802.3010	--- 丝及绢丝制											
58023010.10	丝及绢丝制簇绒织物(税目 5703 的产品除外，含丝 85%及以上)	10	130		17	17	米/千克			0		0
58023010.90	其他丝及绢丝制簇绒织物(税目 5703 的产品除外，含丝 85%以下)	10	130		17	17	米/千克			0		0
5802.3020	--- 羊毛或动物细毛制	10	130		17	17	米/千克			0		0
5802.3030	--- 棉或麻制											
58023030.10	麻制簇绒织物(税目 5703 的产品除外)	10	70		17	17	米/千克			0		0
58023030.90	棉制簇绒织物(税目 5703 的产品除外)	10	70		17	17	米/千克			0		0
5802.3040	--- 化学纤维制	10	130		17	17	米/千克			0		0
5802.3090	--- 其他纺织材料制	10	80		17	17	米/千克			0		0
58.03	**纱罗，但税目 58.06 的狭幅织物除外：**											
5803.0010	--- 棉制	10	70		17	17	米/千克			0		0
5803.0020	--- 丝及绢丝制	10	130		17	17	米/千克			0		0
5803.0030	--- 化学纤维制	10	130		17	17	米/千克			0		0
5803.0090	--- 其他纺织材料制	10	80		17	17	米/千克			0		0
58.04	**网眼薄纱及其他网眼织物，但不包括机织物、针织物或钩编织物；成卷、成条或成小块图案的花边，但税目 60.02 至 60.06 的织物除外：**											
	- 网眼薄纱及其他网眼织物：											
5804.1010	--- 丝及绢丝制											
58041010.10	丝及绢丝网眼薄纱及其他网眼织物(含丝 85%及以上，不包括机织物，针织物或钩编织物)	10	130		17	17	千克			0	7	0
58041010.90	丝及绢丝网眼薄纱及其他网眼织物(含丝 85%以下，不包括机织物，针织物或钩编织物)	10	130		17	17	千克			0	7	0
5804.1020	--- 棉制	10	70		17	17	千克			0	7	0
5804.1030	--- 化学纤维制	12	130		17	17	千克			0	8.4	0
5804.1090	--- 其他纺织材料制	10	90		17	17	千克			0	7	0
	- 机制花边：											
5804.2100	-- 化学纤维制	10	130		17	17	千克			0		0
	-- 其他纺织材料制：											
5804.2910	--- 丝及绢丝制											

协定税率 %										特惠税率 %				Article Description
巴基斯坦	冰岛	哥斯达黎	秘鲁	新西兰	瑞士	新加坡	韩国	澳大利亚	港澳台	老挝	孟加拉	33 国	7 国	
0	0	0	0	0	4	0	6	6			0	0	0	--- Of silk or silk waste
														--- Other
0	0	0	0	0	4	0	6	6			0	0	0	Pile fabrics and chenille fabrics, of flax and ramie, other than fabrics of heading 58.02 or 58.06
0	0	0	0	0	4	0	6	6			0	0	0	Pile fabrics and chenille fabrics, of other materials ,other than fabrics of heading 58.02 or 58.06
														Terry towelling and similar woven terry fabrics, other than narrow fabrics of heading 58.06; tufted textile fabrics, other than products of heading 57.03:
														- Terry towelling and similar-woven terry fabrics, of cotton:
0	0	0	0	0	8.4	0	7.2	7.2	/0/	0	0	0	0	-- Unbleached
0	0	0	0	0	4		6	6	/0/		0	0	0	-- Other
														- Terry towelling and similar woven terry fabrics, of other textile materials:
														--- Of silk or silk waste
0	0	0	0	0	8.4	0	7.2	7.2	/0/	0	0	0	0	Terry towelling and similar woven terry fabrics, of silk or silk waste, containing 85% or more by weight of silk or silk waste, other than narrow fabrics of heading 58.06
0	0	0	0	0	8.4	0	7.2	7.2	/0/	0	0	0	0	Terry towelling and similar woven terry fabrics of silk or silk waste, containing less than 85% by weight of silk or silk waste, other than narrow fabrics of heading 58.06
0	0	0	0	0	8.4	0	7.2	7.2	/0/	0	0	0	0	--- Of wool or fine animal hair
0	0	0	0	0	9.8	0	11.2	8.4	/0/	0	0	0	0	--- Of man-made fibres
0	0	0	0	0	8.4	0	7.2	7.2	/0/	0	0	0	0	--- Other
														- Tufted textile fabrics:
														--- Of silk or silk waste
0	0	0	0	0	4	0	6	6			0	0	0	Tufted textile fabrics of silk or silk waste, containing 85% or more by weight of silk or silk waste, other than products of heading 57.03
0	0	0	0	0	4	0	6	6			0	0	0	Other tufted textile fabrics of silk or silk waste, containing less than 85% by weight of silk or silk waste, other than products of heading 57.03
0	0	0	0	0	4	0	6	6			0	0	0	--- Of wool or fine animal hair
														--- Of cotton or bast fibres
0	0	0	0	0	4		6	6			0	0	0	Tufted textile fabrics of bast fibres, other than products of heading 57.03
0	0	0	0	0	4		6	6			0	0	0	Tufted textile fabrics of cotton, other than products of heading 57.03
0	0	0	3	0	4	0	6	6			0	0	0	--- Of man-made fibres
0	0	0	0	0	4	0	6	6			0	0	0	--- Of other textile materials
														Gauze, other than narrow fabrics of heading 58.06:
5	0	0	0	0	4		6	6			0	0	0	--- Of cotton
5	0	0	0	0	4	0	6	6			0	0	0	--- Of silk or silk waste
5	0	0	0	0	4	0	6	6			0	0	0	--- Of man-made fibres
5	0	0	0	0	4	0	6	6			0	0	0	--- Of other textile materials
														Tulles and other net fabrics, not including woven, knitted or crocheted fabrics; lace in the piece, in strips or in motifs, other than fabrics of headings 60.02 to 60.06 :
														- Tulles and other net fabrics:
														--- Of silk or silk waste
5	0	0	0	0	4	0	6	6			0	0	0	Tulles and other net fabrics of silk or silk waste, not including woven, knitted or crocheted fabrics, containing 85% or more by weight of silk or silk waste
5	0	0	0	0	4	0	6	6			0	0	0	Tulles and other net fabrics of silk or silk waste, not including woven, knitted or crocheted fabrics, containing less than 85% by weight of silk or silk waste
5	0	0	0	0	7.2		6	6			0	0	0	--- Of cotton
5	0	0	0	0	8.4	0	10.8	7.2	//0	0	0	0	0	--- Of man-made fibres
5	0	0	0	0	4	0	6	6	//0		0	0	0	--- Of other textile materials
														- Mechanically made lace:
5	0	0	0	0	4	0	6	6	0/0/0		0	0	0	-- Of man-made fibres
														-- Of other textile materials:
														--- Of silk or silk waste

税号	货品名称	进口关税 %			增值/消费税%	出口退税%	统计计量单位	监管证件代码	检验检疫类别	协定税率 %		
		最惠国	普通	年内暂定						东盟	亚太	智利
58042910.10	丝及绢丝含量85%及以上机制花边(成卷成条或成小块图案的,但税目6002的织物除外)	10	130		17	17	千克			0		0
58042910.90	丝及绢丝含量85%以下机制花边(成卷成条或成小块图案的,但税目6002的织物除外)	10	130		17	17	千克			0		0
5804.2920	--- 棉制	10	70		17	17	千克			0		0
5804.2990	--- 其他	10	90		17	17	千克			0		0
5804.3000	- 手工制花边											
58043000.11	丝含量达85%及以上制手工制花边(成卷成条或成小块图案的,但税目6002的织物除外)	10	100		17	17	千克			0		0
58043000.19	丝含量达85%以下制手工制花边(成卷成条或成小块图案的,但税目6002的织物除外)	10	100		17	17	千克			0		0
58043000.20	棉或化纤制手工制花边(成卷成条或成小块图案的,但税目6002的织物除外)	10	100		17	17	千克			0		0
58043000.90	其他纺织材料制手工制其他花边(成卷成条或成小块图案的,但税目6002的织物除外)	10	100		17	17	千克			0		0
58.05	**"哥白林"、"弗朗德"、"奥步生"、"波威"及类似式样的手织装饰毯,以及手工针绣嵌花装饰毯(例如,小针脚或十字绣),不论是否制成的:**											
5805.0010	--- 手工针绣嵌花装饰毯											
58050010.10	毛制非民间工艺针绣嵌花其他装饰毯(不论是否制成的)	12	130		17	17	平方米/千克			0		0
58050010.20	棉制手工针绣嵌花其他装饰毯(不论是否制成的)	12	130		17	17	平方米/千克			0		0
58050010.30	化纤制手工针绣嵌花其他装饰毯(不论是否制成的)	12	130		17	17	平方米/千克			0		0
58050010.90	其他纺织料制手工针绣嵌花装饰毯(不论是否制成的)	12	130		17	17	平方米/千克			0		0
5805.0090	--- 其他											
58050090.10	毛制非民间工艺的手织装饰毯(包括"哥白林","弗朗德","奥步生","波威"及类似式样的)	12	130		17	17	平方米/千克			0		0
58050090.20	棉制"哥白林"等手织装饰毯(包括"弗朗德","奥步生","波威"及类似式样的手织装饰毯)	12	130		17	17	平方米/千克			0		0
58050090.30	化纤制"哥白林"等手织装饰毯(包括"弗朗德","奥步生","波威"及类似式样的手织装饰毯)	12	130		17	17	平方米/千克			0		0
58050090.90	其他纺织料制"哥白林"等手织装饰毯(包括"弗朗德","奥步生","波威"及类似式样的手织装饰毯)	12	130		17	17	平方米/千克			0		0
58.06	**狭幅机织物,但税目58.07的货品除外;用粘合剂粘合制成的有经纱而无纬纱的狭幅织物(包扎匹头用带):**											
	- 起绒机织物(包括毛巾织物及类似的毛圈织物)及绳绒织物:											
5806.1010	--- 棉或麻制											
58061010.10	棉制狭幅起绒机织物及绳绒织物(包括狭幅毛巾织物及类似毛圈织物,税目5807的货品除外)	10	70		17	17	千克			0		0
58061010.90	麻制狭幅起绒机织物及绳绒织物(包括狭幅毛巾织物及类似毛圈织物,税目5807的货品除外)	10	70		17	17	千克			0		0
5806.1090	--- 其他纺织材料制											
58061090.10	含丝≥85%狭幅起绒及绳绒等织物(包括狭幅毛巾织物及类似毛圈织物,税目5807的货品除外)	10	80		17	17	千克			0	9.1	0
58061090.20	毛制狭幅起绒织物及绳绒织物(包括狭幅毛巾织物及类似毛圈织物,税目5807的货品除外)	10	80		17	17	千克			0	9.1	0
58061090.30	化纤制狭幅起绒织物及绳绒织物(包括狭幅毛巾织物及类似毛圈织物,税目5807的货品除外)	10	80		17	17	千克			0	9.1	0
58061090.90	其他材料狭幅起绒织物及绳绒织物(包括狭幅毛巾织物及类似毛圈织物,税目5807的货品除外)	10	80		17	17	千克			0	9.1	0

协定税率 %										特惠税率 %				Article Description
巴基斯坦	冰岛	哥斯达黎	秘鲁	新西兰	瑞士	新加坡	韩国	澳大利亚	港澳台	老挝	孟加拉	33 国	7 国	
5	0	0	0	0	4	0	6	6			0	0	0	Mechanically made lace, in the piece, in strips or in motifs, containing 85% or more by weight of silk or silk waste, other than fabrics of heading 60.02
5	0	0	0	0	4	0	6	6			0	0	0	Mechanically made lace, in the piece, in strips or in motifs, containing less than 85% by weight of silk or silk waste, other than fabrics of heading 60.02
5	0	0	0	0	4		6	6		0	0	0	0	--- Of cotton
5	0	0	0	0	4	0	6	6			0	0	0	--- Other
														- Hand-made lace
5	0	0	0	0	4	0	6	6			0	0	0	Hand-made lace, in the piece, in strips or in motifs, containing 85% or more by weight of silk, other than fabrics of heading 60.02
5	0	0	0	0	4	0	6	6			0	0	0	Hand-made lace, in the piece, in strips or in motifs, containing less than 85% by weight of silk, other than fabrics of heading 60.02
5	0	0	0	0	4	0	6	6			0	0	0	Hand-made lace, in the piece, in strips or in motifs, of cotton or of man-made fibres, other than fabrics of heading 60.02
5	0	0	0	0	4	0	6	6			0	0	0	Other hand-made lace, in the piece, in strips or in motifs, of other textile materials, other than fabrics of heading 60.02
														Hand-woven tapestries of the type Gobelins, Flanders, Aubusson, Beauvais and the like, and needle-worked tapestries (for example, petit point, cross stitch), whether or not made up:
														--- Needle-worked tapestries
6	0	0	0	0	8.4	0	7.2	7.2			0	0	0	Needle-worked tapestries of wool or fine animal hair, of non-folk craft, whether or not made up
6	0	0	0	0	8.4	0	7.2	7.2			0	0	0	Other needle-worked tapestries of cotton, whether or not made up
6	0	0	0	0	8.4	0	7.2	7.2			0	0	0	Other needle-worked tapestries of man-made fibres, whether or not made up
6	0	0	0	0	8.4	0	7.2	7.2			0	0	0	Needle-worked tapestries of other textile materials, whether or not made up
														--- Other
6	0	0	0	0	8.4	0	7.2	7.2			0	0	0	Hand-woven tapestries of wool or fine animal hair, of non-folk craft, including the type Gobelins, Flanders, Aubusson, Beauvais and the like
6	0	0	0	0	8.4	0	7.2	7.2			0	0	0	Hand-woven tapestries of the type Gobelins, Flanders, Aubusson, Beauvais and the like, of cotton
6	0	0	0	0	8.4	0	7.2	7.2			0	0	0	Hand-woven tapestries of the type Gobelins, Flanders, Aubusson, Beauvais and the like, of man-made fibres
6	0	0	0	0	8.4	0	7.2	7.2			0	0	0	Hand-woven tapestries of the type Gobelins, Flanders, Aubusson, Beauvais and the like, of other textile materials
														Narrow woven fabrics, other than goods of heading 58.07; narrow fabrics consisting of warp without weft assembled by means of an adhesive (bolducs):
														- Woven pile fabrics（including terry towelling and similar terry fabris）and chenille fabrics:
														--- Of cotton or bast fibres
5	0	0	0	0	4		6	6			0	0	0	Narrow woven pile fabrics , and chenille fabrics, of cotton, including terry towelling and similar terry fabrics, other than goods of heading 58.07
5	0	0	0	0	4		6	6			0	0	0	Narrow woven pile fabrics (including terry towelling and similar terry fabrics) and chenille fabrics, of bast fibres, other than goods of heading 58.07
														--- Of other textile materials
5	0	0	0	0	4	0	6	6	//0	0	0	0	0	Narrow woven pile fabrics (including terry towelling and similar terry fabrics) and chenille fabrics, containing 85% or more by weight of silk or silk waste, other than goods of heading 58.07
5	0	0	0	0	4	0	6	6	//0	0	0	0	0	Narrow woven pile fabrics (including terry towelling and similar terry fabrics) and chenille fabrics, of wool or fine animal hair, other than goods of heading 58.07
5	0	0	0	0	4	0	6	6	//0	0	0	0	0	Narrow woven pile fabrics (including terry towelling and similar terry fabrics) and chenille fabrics, of man-made fibres, other than goods of heading 58.07
5	0	0	0	0	4	0	6	6	//0	0	0	0	0	Narrow woven pile fabrics (including terry towelling and similar terry fabrics) and chenille fabrics, of other textile materials, other than goods of heading 58.07)

税号	货品名称	进口关税 %			增值/消费税%	出口退税%	统计计量单位	监管证件代码	检验检疫类别	协定税率 %		
		最惠国	普通	年内暂定						东盟	亚太	智利
5806.2000	- 按重量计弹性纱线或橡胶线含量在5%及以上的其他机织物	10	100		17	17	千克			0		0
	- 其他机织物:											
5806.3100	-- 棉制	10	70		17	17	千克			0		0
5806.3200	-- 化学纤维制											
58063200.10	化纤制用于打字机色带狭幅机织物(税目5807的货品除外)	10	130		17	17	千克			0	7	0
58063200.90	化纤制其他狭幅机织物(税目5807的货品除外)	10	130		17	17	千克			0	7	0
	-- 其他纺织材料制:											
5806.3910	--- 丝及绢丝制	10	130		17	17	千克			0		0
5806.3920	--- 羊毛或动物细毛制	10	130		17	17	千克			0		0
5806.3990	--- 其他											
58063990.10	含金属纱线制其他狭幅机织物(税目5807的货品除外)	10	80		17	17	千克			0		0
58063990.90	其他材料制其他狭幅机织物(税目5807的货品除外)	10	80		17	17	千克			0		0
	- 用粘合剂粘合制成的有经纱而无纬纱的织物(包扎匹头用带):											
5806.4010	--- 棉或麻制	10	70		17	17	千克			0		0
5806.4090	--- 其他纺织材料制	10	80		17	17	千克			0		0
58.07	**非绣制的纺织材料制标签、徽章及类似品,成匹、成条或裁成一定形状或尺寸:**											
5807.1000	- 机织											
58071000.10	棉制机织非绣制标签(成匹,成条或裁成一定形状或尺寸)	10	100		17	17	千克			0	8.5	0
58071000.20	化纤制机织非绣制标签(成匹,成条或裁成一定形状或尺寸)	10	100		17	17	千克			0	8.5	0
58071000.90	其他纺织材料制机织非绣制标签等(包括徽章及类似品,成匹、成条或裁成一定形状或尺寸)	10	100		17	17	千克			0	8.5	0
5807.9000	- 其他											
58079000.10	棉制非绣制的标签(成匹,成条或裁成一定形状或尺寸)	10	100		17	17	千克			0		0
58079000.20	化纤制非绣制的标签(成匹,成条或裁成一定形状或尺寸)	10	100		17	17	千克			0		0
58079000.90	其他纺织材料制非绣制的标签等(包括徽章及类似品,成匹,成条或裁成一定形状或尺寸)	10	100		17	17	千克			0		0
58.08	**成匹的编带;非绣制的成匹装饰带,但针织或钩编的除外;流苏、绒球及类似品:**											
5808.1000	- 成匹的编带											
58081000.10	棉或化纤制成匹的编带	10	100		17	17	千克			0		0
58081000.20	蕉麻或苎麻制成匹的编带(适合制造或装饰帽类用)	10	100		17	17	千克	A	M/	0		0
58081000.90	其他纺织材料制成匹的编带	10	100		17	17	千克			0		0
5808.9000	- 其他											
58089000.10	棉或化纤制非绣制成匹装饰带(针织或钩编的除外)	10	100		17	17	千克			0		0
58089000.90	其他非绣制成匹装饰带,流苏等(含绒球及类似品,针织或钩编的除外)	10	100		17	17	千克			0		0
58.09	**其他税目未列名的金属线机织物及税目56.05所列含金属纱线的机织物,用于衣着、装饰及类似用途:**											
5809.0010	--- 与棉混制	10	90		17	17	米/千克			0		0
5809.0020	--- 与化学纤维混制	10	130		17	17	米/千克			0		0
5809.0090	--- 其他	10	100		17	17	米/千克			0		0
58.10	**成匹、成条或成小块图案的刺绣品:**											
5810.1000	- 不见底布的刺绣品	10	130		17	17	千克			0		0
	- 其他刺绣品:											
5810.9100	-- 棉制	10	130		17	17	千克			0		0

协定税率 %										特惠税率 %				
巴基斯坦	冰岛	哥斯达黎	秘鲁	新西兰	瑞士	新加坡	韩国	澳大利亚	港澳台	老挝	孟加拉	33 国	7 国	**Article Description**
5	0	0	0	0	4	0	6	6	0/0/0	0	0	0	0	- Other woven fabrics, containing 5%or more by weight of elastomeric yarn or rubber thread
														- Other woven fabrics:
5	0	0	0	0	4		6	6		0	0	0	0	-- Of cotton
														-- Of man-made fibres
5	0	0	0	0	4	0	6	6	/0/0	0	0	0	0	Narrow woven fabrics of man-made fibres, used for typewriter ribbon, other than goods of heading 58.07
5	0	0	0	0	4	0	6	6	/0/0	0	0	0	0	Other narrow woven fabrics of man-made fibres, other than goods of heading 58.07
														-- Of other textile materials:
5	0	0	0	0	4	0	6	6			0	0	0	--- Of silk or silk waste
5	0	0	0	0	4	0	6	6			0	0	0	--- Of wool or fine animal hair
														--- Other
5	0	0	0	0	4	0	6	6			0	0	0	Other narrow woven fabrics of metallized yarn, other than goods of heading 58.07
5	0	0	0	0	4	0	6	6			0	0	0	Other narrow woven fabrics of other materials, other than goods of heading 58.07
														- Fabrics consisting of warp without weft assembled by means of an adhesive（bolducs）:
5	0	0	0	0	4		6	6			0	0	0	--- Of cotton or bast fibres
5	0	0	0	0	4	0	6	6			0	0	0	--- Of other textile materials
														Labels, badges and similar articles of textile materials, in the piece, in strips or cut to shape or size, not embroidered:
														- Woven
8.5	0	0	3	0	4	0	6	6	0/0/0	0	0	0	0	Woven labels of cotton, in the piece, in strips or cut to shape or size, not embroidered
8.5	0	0	3	0	4	0	6	6	0/0/0	0	0	0	0	Woven labels of man-made fibres, in the piece, in strips or cut to shape or size, not embroidered
8.5	0	0	3	0	4	0	6	6	0/0/0	0	0	0	0	Woven labels, badges and similar articles, of other textile materials, in the piece, in strips or cut to shape or size, not embroidered
														- Other
5	0	0	0	0	4	0	6	6			0	0	0	Labels of cotton in the piece, in strips or cut to shape or size, not embroidered
5	0	0	0	0	4	0	6	6			0	0	0	Labels of man-made fibres, in the piece, in strips or cut to shape or size, not embroidered
5	0	0	0	0	4	0	6	6			0	0	0	Labels, badges and similar articles of other textile materials, in the piece, in strips or cut to shape or size, not embroidered
														Braids in the piece; ornamental trimmings in the piece, without embroidery, other than knitted or crocheted; tassels, pompons and similar articles:
														- Braids in the piece
	0	0	0	0	4	0	6	6	/0/		0	0	0	Braids of cotton or of man-made fibres, in the piece
	0	0	0	0	4	0	6	6	/0/		0	0	0	Braids of abaca or ramie, in the piece, suitable for manufacturing or decorating headgear
	0	0	0	0	4	0	6	6	/0/		0	0	0	Braids of other textile materials, in the piece
														- Other
5	0	0	0	0	4	0	6	6	/0/	0	0	0	0	Ornamental trimmings of cotton or of man-made fibres, in the piece, without embroidery, other than knitted or crocheted
5	0	0	0	0	4	0	6	6	/0/	0	0	0	0	Other ornamental trimmings in the piece, including tassels, pompons and similar articles, without embroidery, other than knitted or crocheted
														Woven fabrics of metal thread and woven fabrics of metallized yarn of heading 56.05, of a kind used in apparel, as furni-shing fabrics or for similar purposes, not elsewhere specified or included:
5	0	0	0	0	4	0	6	6			0	0	0	--- Mixed with cotton
5	0	0	0	0	4	0	6	6			0	0	0	--- Mixed with man-made fibres
5	0	0	0	0	4	0	6	6			0	0	0	--- Other
														Embroidery in the piece, in strips or in motifs:
5	0	0	0	0	4	0	6	6			0	0	0	- Embroidery without visible ground
														- Other embroidery:
	0	0	3	0	4	0	6	6			0	0	0	-- Of cotton

税 号	货 品 名 称	进口关税 %			增值/消费税%	出口退税%	统计计量单位	监管证件代码	检验检疫类别	协定税率 %		
		最惠国	普通	年内暂定						东盟	亚太	智利
5810.9200	-- 化学纤维制											
58109200.10	化学纤维制见底布刺绣标签(成匹,成条或成小块图案)	10	130		17	17	千克			0		0
58109200.90	其他化学纤维制见底布刺绣品(成匹,成条或成小块图案)	10	130		17	17	千克			0		0
5810.9900	-- 其他纺织材料制											
58109900.10	羊毛或动物细毛制见底布刺绣品(成匹,成条或成小块图案)	10	130		17	17	千克			0		0
58109900.90	其他纺织材料制见底布刺绣品(成匹,成条或成小块图案)	10	130		17	17	千克			0		0
58.11	**用一层或几层纺织材料与胎料经绗缝或其他方法组合制成的被褥状纺织品,但税目58.10的刺绣品除外:**											
5811.0010	--- 丝及绢丝制	10	130		17	17	千克			0		0
5811.0020	--- 羊毛或动物细毛制	10	130		17	17	千克			0		0
5811.0030	--- 棉制											
58110030.10	未漂或漂白棉制被褥状纺织品(经绗缝等法用一层或几层织物与胎料组合不含税目5810刺绣品)	10	80		17	17	千克			0		0
58110030.90	其他棉制被褥状纺织品(经绗缝等法用一层或几层织物与胎料组合不含税目5810刺绣品)	10	80		17	17	千克			0		0
5811.0040	--- 化学纤维制	12	130		17	17	千克			0		0
5811.0090	--- 其他纺织材料制	10	90		17	17	千克			0		0

协定税率 %										特惠税率 %				Article Description
巴基斯坦	冰岛	哥斯达黎	秘鲁	新西兰	瑞士	新加坡	韩国	澳大利亚	港澳台	老挝	孟加拉	33 国	7 国	
														-- Of man-made fibres
5	0	0	0	0	4	0	8.6	6	//0		0	0	0	Embroidered labels of man-made fibres, with visible ground, in the piece, in strips or in motifs
5	0	0	0	0	4	0	8.6	6	//0		0	0	0	Embroidery of other man-made fibres, with visible ground, in the piece, in strips or in motifs
														-- Of other textile materials
5	0	0	0	0	4	0	6	6			0	0	0	Embroidery of wool or fine animal hair, with visible ground, in the piece, in strips or in motifs
5	0	0	0	0	4	0	6	6			0	0	0	Embroidery of other textile materials, with visible ground, in the piece, in strips or in motifs
														Quilted textile products in the piece, composed of one or more layers of textile materials assembled with padding by stitching or otherwise, other than embroidery of heading 58.10:
0	0	0	0	0	4	0	6	6			0	0	0	--- Of silk or silk waste
0	0	0	0	0	4	0	6	6			0	0	0	--- Of wool or fine animal hair
														--- Of cotton
0	0	0	0	0	4		6	6			0	0	0	Quilted textile products of cotton in the piece, composed of one or more layers of textile materials assembled with padding by stitching or otherwise, unbleached or bleached, other than embroidery of heading 58.10
0	0	0	0	0	4		6	6			0	0	0	Other quilted textile products of cotton in the piece, composed of one or more layers of textile materials assembled with padding by stitching or otherwise, other than embroidery of heading 58.10
0	0	0	0	0	8.4	0	10.8	7.2			0	0	0	--- Of man-made fibres
0	0	0	0	0	4	0	6	6			0	0	0	--- Of other textile materials

第五十九章　浸渍、涂布、包覆或层压的纺织物；工业用纺织制品

注释：

一、除条文另有规定的以外，本章所称"纺织物"，仅适用于第五十章至第五十五章、税目 58.03 及 58.06 的机织物、税目 58.08 的成匹编带和装饰带及税目 60.02 至 60.06 的针织物或钩编织物。

二、税目 59.03 适用于：

（一）用塑料浸渍、涂布、包覆或层压的纺织物，不论每平方米重量多少以及塑料的性质如何（紧密结构或泡沫状的），但下列各项除外：

1. 用肉眼无法辨别出是否经过浸渍、涂布、包覆或层压的织物（通常归入第五十章至第五十五章、第五十八章或第六十章），但由于浸渍、涂布、包覆或层压所引起的颜色变化可不予考虑；

2. 温度在 15～30℃时，用手工将其绕于直径 7 毫米的圆柱体上会发生断裂的产品（通常归入第三十九章）；

3. 纺织物完全嵌入塑料内或在其两面均用塑料完全包覆或涂布，而这种包覆或涂布用肉眼是能够辨别出的产品（但由于包覆或涂布所引起的颜色变化可不予考虑）（第三十九章）；

4. 用塑料部分涂布或包覆并由此而形成图案的织物（通常归入第五十章至第五十五章、第五十八章或第六十章）；

5. 与纺织物混制而其中纺织物仅起增强作用的泡沫塑料板、片或带（第三十九章）；或

6. 税目 58.11 的纺织品。

（二）由税目 56.04 的用塑料浸渍、涂布、包覆或套裹的纱线、扁条或类似品制成的织物。

三、税目 59.05 所称"糊墙织物"，是指以纺织材料作面，固定在一衬背上或在背面进行处理（浸渍或涂布以便于裱糊），适于装饰墙壁或天花板，且宽度不小于 45 厘米的成卷产品。

但本税目不适用于以纺织纤维屑或粉末直接粘于纸上（税目 48.14）或布底上（通常归入税目 59.07）的糊墙物品。

四、税目 59.06 所称"用橡胶处理的纺织物"是指：

（一）用橡胶浸渍、涂布、包覆或层压的纺织物：

1. 每平方米重量不超过 1500 克；或

2. 每平方米重量超过 1500 克，按重量计纺织材料含量在 50%以上；

（二）由税目 56.04 的用橡胶浸渍、涂布、包覆或套裹的纱线、扁条或类似品制成的织物；以及

（三）平行纺织纱线经橡胶粘合的织物，不论每平方米重量多少。

但本税目不包括与纺织物混制而其中纺织物仅起增强作用的海绵橡胶板、片或带（第四十章），也不包括税目 58.11 的纺织品。

五、税目 59.07 不适用于：

（一）用肉眼无法辨别出是否经过浸渍、涂布或包覆的织物（通常归入第五十章至第五十五章、第五十八章或第六十章），但由于浸渍、涂布或包覆所引起的颜色变化可不予考虑；

（二）绘有图画的织物（作为舞台、摄影布景或类似品的已绘制的画布除外）；

（三）用短绒、粉末、软木粉或类似品部分覆面并由此而形成图案的织物，但仿绒织物仍归入本税目；

（四）以淀粉或类似物质为基本成分的普通浆料上浆整理的织物；

（五）以纺织物为底的木饰面板（税目 44.08）；

（六）以纺织物为底的砂布及类似品（税目 68.05）；

（七）以纺织物为底的粘聚或复制云母片（税目 68.14）；或

（八）以纺织物为底的金属箔（通常归入第十四类或第十五类）。

六、税目 59.10 不适用于：

Chapter 59 Impregnated, coated, covered or laminated textile fabrics; textile articles of a kind suitable for industrial use

Chapter Notes:

1. Except where the context otherwise requires, for the purposes of this Chapter the expression "textile fabrics" applies only to the woven fabrics of Chapters 50 to 55 and headings 58.03 and 58.06, the braids and ornamental trimmings in the piece of heading 58.08 and the knitted or crocheted fabrics of headings 60.02 to 60.06.

2. Heading 59.03 applies to:

(a) Textile fabrics, impregnated, coated, covered or laminated with plastics, whatever the weight per square metre and whatever the nature of the plastic material (compact or cellular), other than:

(i) Fabrics in which the impregnation, coating or covering cannot be seen with the naked eye (usually Chapters 50 to 55, 58 or 60); for the purpose of this provision, no account should be taken of any resulting change of colour;

(ii) Products which cannot, without fracturing, be bent manually around a cylinder of a diameter of 7 mm, at a temperature between 15℃ and 30℃ (usually Chapter 39);

(iii) Products in which the textile fabric is either completely embedded in plastics or entirely coated or covered on both sides with such material, provided that such coating or covering can be seen with the naked eye with no account being taken of any resulting change of colour (Chapter 39);

(iv) Fabrics partially coated or partially covered with plastics and bearing designs resulting from these treatments (usually Chapters 50 to 55, 58 or 60);

(v) Plates, sheets or strip of cellular plastics, combined with textile fabric, where the textile fabric is present merely for reinforcing purposes (Chapter 39); or

(vi) Textile products of heading 58.11;

(b) Fabrics made from yarn, strip or the like, impregnated, coated, covered or sheathed with plastics, of heading 56.04.

3. For the purposes of heading 59.05, the expression "textile wall coverings" applies to products in rolls, of a width of not less than 45 cm, suitable for wall or ceiling decoration, consisting of a textile surface which has been fixed on a backing or has been treated on the back (impregnated or coated to permit pasting).

This heading does not, however, apply to wall coverings consisting of textile flock or dust fixed directly on a backing of paper (heading 48.14) or on a textile backing (generally heading 59.07).

4. For the purposes of heading 59.06, the expression "rubberised textile fabrics" means:

(a) Textile fabrics impregnated, coated, covered or laminated with rubber,

(i) Weighing not more than 1,500 g/m²; or

(ii) Weighing more than 1,500 g/m² and containing more than 50% by weight of textile material;

(b) Fabrics made from yarn, strip or the like, impregnated, coated, covered or sheathed with rubber, of heading 56.04; and

(c) Fabrics composed of parallel textile yarns agglomerated with rubber, irrespective of their weight per square metre.

This heading does not, however, apply to plates, sheets or strips of cellular rubber, combined with textile fabric, where the textile fabric is present merely for reinforcing purposes (Chapter 40), or textile products of heading 58.11.

5. Heading 59.07 does not apply to:

(a) Fabrics in which the impregnation, coating or covering cannot be seen with the naked eye (usually Chapters 50 to 55, 58 or 60); for the purpose of this provision, no account should be taken of any resulting change of colour;

(b) Fabrics painted with designs (other than painted canvas being theatrical scenery, studio back-cloths or the like);

(c) Fabrics partially covered with flock, dust, powdered cork or the like and bearing designs resulting from these treatments; however, imitation pile fabrics remain classified in this heading;

(d) Fabrics finished with normal dressings having a basis of amylaceous or similar substances;

(e) Wood veneered on a backing of textile fabrics (heading 44.08);

(f) Natural or artificial abrasive powder or grain, on a backing of textile fabrics (heading 68.05);

(g) Agglomerated or reconstituted mica, on a backing of textile fabrics (heading 68.14); or

(h) Metal foil on a backing of textile fabrics (generally Section XIV or XV).

6. Heading 59.10 does not apply to:

（一）厚度小于 3 毫米的纺织材料制传动带料或输送带料；或

（二）用橡胶浸渍、涂布、包覆或层压的织物制成的或用橡胶浸渍、涂布、包覆或套裹的纱线或绳制成的传动带料及输送带料（税目 40.10）。

七、税目 59.11 适用于下列不能归入第十一类其他税目的货品：

（一）下列成匹的、裁成一定长度或仅裁成矩形（包括正方形）的纺织产品（具有税目 59.08 至 59.10 所列产品特征的产品除外）：

1. 用橡胶、皮革或其他材料涂布、包覆或层压的作针布用的纺织物、毡呢及毡呢衬里机织物，以及其他专门技术用途的类似织物，包括用橡胶浸渍的用于包覆纺锤（织轴）的狭幅丝绒织物；

2. 筛布；

3. 用于榨油机器或类似机器的纺织材料制或人发制滤布；

4. 用多股经纱或纬纱平织而成的纺织物，不论是否毡化、浸渍或涂布，通常用于机械或其他专门技术用途；

5. 专门技术用途的增强纺织物；

6. 工业上用作填塞或润滑材料的线绳、编带及类似品，不论是否涂布、浸渍或用金属加强。

（二）专门技术用途的纺织制品（税目 59.08 至 59.10 的货品除外），例如，造纸机器或类似机器（如制浆机或制石棉水泥的机器）用的环状或装有连接装置的纺织物或毡呢、密封垫、垫圈、抛光盘及其他机器零件。

税号	货品名称	进口关税 %			增值/消费税%	出口退税%	统计计量单位	监管证件代码	检验检疫类别	协定税率 %		
		最惠国	普通	年内暂定						东盟	亚太	智利
59.01	用胶或淀粉物质涂布的纺织物，作书籍封面及类似用途的；描图布；制成的油画布；作帽里的硬衬布及类似硬挺纺织物：											
	- 用胶或淀粉物质涂布的纺织物，作书籍封面及类似用途的：											
5901.1010	--- 棉或麻制											
59011010.10	胶或淀粉涂布的棉纺织物（作书籍封面，棉织物重≥50%，经漂染印花）	10	80		17	17	千克			0		0
59011010.90	胶或淀粉涂布的麻及其他棉纺织（作书籍封面及类似用途的）	10	80		17	17	千克			0		0
5901.1020	--- 化学纤维制											
59011020.10	胶或淀粉涂布的涤棉短纤混纺织品（书籍封面及类似用途，聚酯短纤棉混纺漂染织物重＞50%）	10	130		17	17	千克			0		0
59011020.90	胶或淀粉涂布的其他化纤纺织物（作书籍封面及类似用途的）	10	130		17	17	千克			0		0
5901.1090	--- 其他											
59011090.10	用胶或淀粉涂布的精梳毛纺织物（书籍封面及类似用途，精梳羊毛或动物细毛织物重≥50%）	10	100		17	17	千克			0		0
59011090.90	用胶或淀粉涂布的其他纺织物（作书籍封面及类似用途的）	10	100		17	17	千克			0		0
	- 其他：											
5901.9010	--- 制成的油画布											
59019010.10	精梳毛织物制油画布（精梳羊毛或动物细毛织物重≥50%）	10	50		17	17	千克			0		0
59019010.20	棉制油画布（棉织物重≥50%，经漂白染色印花等加工）	10	50		17	17	千克			0		0
59019010.30	聚酯短纤与棉混纺织物制油画（织物重≥50%经漂白染色印花等加工）	10	50		17	17	千克			0		0
59019010.90	其他纺织物制成的油画布	10	50		17	17	千克			0		0
	--- 其他：											
5901.9091	----棉或麻制											

(a) Transmission or conveyor belting, of textile material, of a thickness of less than 3 mm; or

(b) Transmission or conveyor belts or belting of textile fabric impregnated, coated, covered or laminated with rubber or made from textile yarn or cord impregnated, coated, covered or sheathed with rubber (heading 40.10).

7. Heading 59.11 applies to the following goods, which do not fall in any other heading of Section XI:

(a) Textile products in the piece, cut to length or simply cut to rectangular (including square) shape (other than those having the character of the products of headings 59.08 to 59.10), the following only:

(i) Textile fabrics, felt and felt-lined woven fabrics, coated, covered or laminated with rubber, leather or other material, of a kind used for card clothing, and similar fabrics of a kind used for other technical purposes, including narrow fabrics made of velvet impregnated with rubber, for covering weaving spindles (weaving beams);

(ii) Bolting cloth;

(iii) Straining cloth of a kind used in oil presses or the like, of textile material or of human hair;

(iv) Flat woven textile fabrics with multiple warp or weft, whether or not felted, impregnated or coated, of a kind used in machinery or for other technical purposes;

(v) Textile fabrics reinforced with metal, of a kind used for technical purposes;

(vi) Cords, braids and the like, whether or not coated, impregnated or reinforced with metal, of a kind used in industry as packing or lubricating materials;

(b) Textile articles (other than those of headings 59.08 to 59.10) of a kind used for technical purposes (for example, textile fabrics and felts, endless or fitted with linking devices, of a kind used in paper-making or similar machines (for example, for pulp or asbestos-cement), gaskets, washers, polishing discs and other machinery parts).

协定税率 %										特惠税率 %				Article Description
巴基斯坦	冰岛	哥斯达黎	秘鲁	新西兰	瑞士	新加坡	韩国	澳大利亚	港澳台	老挝	孟加拉	33 国	7 国	
														Textile fabrics coated with gum or amylaceous substances, of a kind used for the outer covers of books or the like; tracing cloth; prepared painting canvas;buckram and similar stiffened textile fabrics of a kind used for hat foundations:
														- Textile fabrics coated with gum or amylaceous substances, of a kind used for the outer covers of books or the like:
														--- Of cotton or bast fibres
5	0	0	0	0	4	0	8	6			0	0	0	Textile fabrics of cotton, coated with gum or amylaceous substances, bleached, printed or dyed, containing 50% or more by weight of textile fabrics, of a kind used for the outer covers of books
5	0	0	0	0	4	0	8	6			0	0	0	Other textile fabrics of cotton, or of bast fibres, coated with gum or amylaceous substances, of a kind used for the outer covers of books or the like
														--- Of man-made fibres
5	0	0	0	0	4	0	6	6			0	0	0	Textile fabrics mixed with polyester staple fibres and cotton, coated with gum or amylaceous substances, bleached or dyed, containing more than 50% by weight of textile fabrics, of a kind used for the outer covers of books or the like
5	0	0	0	0	4	0	6	6			0	0	0	Textile fabrics of other man-made fibres, coated with gum or amylaceous substances, of a kind used for the outer covers of books or the like
														--- Other
5	0	0	0	0	4	0	6	6			0	0	0	Textile fabrics of combed wool or fine animal hair, coated with gum or amylaceous substances, containing 50% or more by weight of textile fabrics, of a kind used for the outer covers of books or the like
5	0	0	0	0	4	0	6	6			0	0	0	Other textile fabrics, coated with gum or amylaceous substances, of a kind used for the outer covers of books or the like
														- Other:
														--- Prepared painting canvas
5	0	0	0	0	4		6	6			0	0	0	Prepared painting canvas of combed wool or fine animal hair, containing 50% or more by weight of textile fabrics
5	0	0	0	0	4		6	6			0	0	0	Prepared painting canvas of cotton, bleached, dyed or printed, containing 50% or more by weight of textile fabrics
5	0	0	0	0	4		6	6			0	0	0	Prepared painting canvas, mixed with polyester staple fibres and cotton, bleached, dyed or printed, containing 50% or more by weight of textile fabrics
5	0	0	0	0	4		6	6			0	0	0	Prepared painting canvas of other textile fabrics
														--- Other:
														----Of cotton or bast fibres

税号	货品名称	进口关税%			增值/消费税%	出口退税%	统计计量单位	监管证件代码	检验检疫类别	协定税率%		
		最惠国	普通	年内暂定						东盟	亚太	智利
59019091.10	棉制描图布、帽里硬衬布等(包括类似硬挺纺织物,棉织物重≥50%经漂染印花)	10	80		17	17	千克			0		0
59019091.90	麻及其他棉制描图布、帽里硬衬布(包括类似硬挺纺织物)	10	80		17	17	千克			0		0
5901.9092	----化学纤维制											
59019092.10	聚酯短纤与棉混纺织物制描图布(含帽里硬衬类似硬挺纺织物,织物重≥50%,经漂染印)	10	130		17	17	千克			0		0
59019092.90	其他化纤制描图布,帽里硬衬布等(包括类似硬挺纺织物)	10	130		17	17	千克			0		0
5901.9099	----其他											
59019099.10	精梳毛纺织物制描图布,帽里硬衬(包括类似硬挺纺织物,精梳羊毛或动物细毛织物重≥50%)	10	100		17	17	千克			0		0
59019099.90	其他纺织物制描图布,帽里硬衬布(包括类似硬挺纺织物)	10	100		17	17	千克			0		0
59.02	**尼龙或其他聚酰胺、聚酯或粘胶纤维高强力纱制的帘子布:**											
	- 尼龙或其他聚酰胺制:											
5902.1010	--- 聚酰胺-6(尼龙-6)制	10	40		17	17	千克			0	9	0
5902.1020	--- 聚酰胺-6,6(尼龙-6,6)制	10	40		17	17	千克			0	9	0
5902.1090	--- 其他	10	40		17	17	千克			0	9	0
5902.2000	- 聚酯制	10	40		17	17	千克			0	9	0
5902.9000	- 其他	10	40		17	17	千克			0		0
59.03	**用塑料浸渍、涂布、包覆或层压的纺织物,但税目59.02的货品除外:**											
	- 用聚氯乙烯浸渍、涂布、包覆或层压的:											
5903.1010	--- 绝缘布或带											
59031010.10	若干平行化纤纱线粘合绝缘布或带(聚氯乙烯浸渍涂布包覆或层压,塑料占60%及以下)	10	40		17	17	千克			0	8.5	0
59031010.20	聚氯乙烯浸渍涤棉混纺绝缘布或带(聚氯乙烯涂包漂染聚酯短纤棉混纺,塑或胶<50%)	10	40		17	17	千克			0	8.5	0
59031010.30	聚氯乙烯浸渍其他化纤绝缘布或带(用聚氯乙烯涂布包覆或层压,塑或胶≤70%)	10	40		17	17	千克			0	8.5	0
59031010.90	用聚氯乙烯浸渍的其他绝缘布或带(包括用聚氯乙烯涂布,包覆或层压的)	10	40		17	17	千克			0	8.5	0
5903.1020	--- 人造革											
59031020.10	若干层平行纱线粘合的化纤人造革(用聚氯乙烯浸渍涂布包覆层压,塑料占60%及以下)	10	70		17	17	千克/米			0	8.5	0
59031020.20	用聚氯乙烯浸渍的涤棉织物人造革(聚氯乙烯涂布漂印染聚酯短纤棉混纺,塑或胶<50%)	10	70		17	17	千克/米			0	8.5	0
59031020.30	用聚氯乙烯浸渍的其他化纤人造革(包括用聚氯乙烯涂布包覆或层压,塑或胶≤70%)	10	70		17	17	千克/米			0	8.5	0
59031020.40	用聚氯乙烯浸渍的棉织物人造革(聚氯乙烯涂布包覆或层压漂.染,印花织物不小于50%)	10	70		17	17	千克/米			0	8.5	0
59031020.90	用聚氯乙烯浸渍的其他人造革(包括用聚氯乙烯涂布,包覆或层压的)	10	70		17	17	千克/米			0	8.5	0
5903.1090	--- 其他											
59031090.10	若干层平行纱线粘合化纤其他织物(聚氯乙烯浸渍涂布包覆层压,塑料重≤60%)	10	90		17	17	千克			0	8.5	0
59031090.21	聚氯乙烯浸渍的其他涤棉混纺织物(聚氯乙烯涂布漂印染聚酯短纤棉混纺,塑或胶<50%)	10	90		17	17	千克			0	8.5	0
59031090.29	聚氯乙烯浸渍的其他化纤织物(包括用聚氯乙烯涂布包覆层压,塑或胶≤70%)	10	90		17	17	千克			0	8.5	0

协定税率 %										特惠税率 %				
巴基斯坦	冰岛	哥斯达黎	秘鲁	新西兰	瑞士	新加坡	韩国	澳大利亚	港澳台	老挝	孟加拉	33 国	7 国	**Article Description**
5	0	0	0	0	4		6	6		0	0	0	0	Cotton tracing cloth, buckram and similar stiffened textile fabrics of a kind used for hat foundations, bleached, dyed or printed, containing 50% or more by weight of textile fabrics
5	0	0	0	0	4		6	6		0	0	0	0	Other tracing cloth, buckram and similar stiffened textile fabrics of a kind used for hat foundations, of cotton or of bast fibres
														----Of man-made fibres
5	0	0	0	0	4		6	6			0	0	0	Tracing cloth, buckram and similar stiffened textile fabrics of a kind used for hat foundations, mixed with polyester staple fibres and cotton, bleached, dyed or printed, containing 50% or more by weight of textile fabrics
5	0	0	0	0	4		6	6			0	0	0	Tracing cloth, buckram and similar stiffened textile fabrics of a kind used for hat foundations, of other man-made fibres
														----Other
5	0	0	0	0	4		6	6			0	0	0	Tracing cloth, buckram and similar stiffened textile fabrics of a kind used for hat foundations, of combed wool or fine animal hair, containing 50% or more by weight of textile fabrics
5	0	0	0	0	4		6	6			0	0	0	Tracing cloth, buckram and similar stiffened textile fabrics of a kind used for hat foundations, of other textile fabrics
														Tyre cord fabric of high tenacity yarn of nylon or other polyamides polyesters or viscose rayon:
														- Of nylon or other polyamides:
5	0	0	0	0	4	0	8.6	6			0	0	0	--- Of polyamide-6 (nylon-6)
5	0	0	0	0	4	0	8.6	6			0	0	0	--- Of polyamide-6,6 (nylon-6,6)
5	0	0	0	0	4	0	8	6			0	0	0	--- Other
5	0	0	0	0	4	0	9	6			0	0	0	- Of polyesters
5	0	0	0	0	7		6	6			0	0	0	- Other
														Textile fabrics impregnated, coated, covered or laminated with plastics, other than those of heading 59.02:
														- With poly（vinyl chloride）:
														--- Insulating cloth or tape
5	0	0	0	0	4		6	6			0	0	0	Insulating cloth or tape composed of agglomerated parallel man-made fibres yarns, impregnated, coated, covered or laminated with polyvinyl chloride, containing 60% or less by weight of plastics
5	0	0	0	0	4		6	6			0	0	0	Insulating cloth or tape mixed with polyester staple fibres and cotton, impregnated, coated or covered with polyvinyl chloride, bleached or dyed, containing less than 50% by weight of plastics or rubber
5	0	0	0	0	4		6	6			0	0	0	Insulating cloth or tape of other man-made fibres, impregnated, coated, covered or laminated with polyvinyl chloride, containing 70% or less by weight of plastics or rubber
5	0	0	0	0	4		6	6			0	0	0	Other insulating cloth or tape, impregnated, coated, covered or laminated with polyvinyl chloride
														--- Imitation leather
5	0	0	0	0	4	0	9	6	0//0		0	0	0	Imitation leather composed of layers of agglomerated parallel man-made fibres yarns, impregnated, coated, covered or laminated with polyvinyl chloride, containing 60% or less by weight of plastics
5	0	0	0	0	4	0	9	6	0//0		0	0	0	Imitation leather mixed with polyester staple fibres and cotton, impregnated or coated with polyvinyl chloride, bleached, dyed or printed, containing less than 50% by weight of plastics or rubber
5	0	0	0	0	4	0	9	6	0//0		0	0	0	Imitation leather of other man-made fibres, impregnated, coated, covered or laminated with polyvinyl chloride, containing 70% or less by weight of plastics or rubber
5	0	0	0	0	4	0	9	6	0//0		0	0	0	Imitation leather of cotton, impregnated, coated, covered or laminated with polyvinyl chloride, bleached, dyed or printed, containing more than 50% by weight of textile fabric
5	0	0	0	0	4	0	9	6	0//0		0	0	0	Other imitation leather, impregnated, coated, covered or laminated with polyvinyl chloride
														--- Other
5	0	0	0	0	4	0	9	6	0//0		0	0	0	Other textile fabrics composed of layers of agglomerated parallel man-made fibres yarns, impregnated, coated, covered or laminated with polyvinyl chloride, containing 60% or less by weight of plastics
5	0	0	0	0	4	0	9	6	0//0		0	0	0	Other textile fabrics mixed with polyester staple fibres and cotton, impregnated or coated with polyvinyl chloride, bleached, dyed or printed, containing less than 50% by weight of plastics or rubber
5	0	0	0	0	4	0	9	6	0//0		0	0	0	Other textile fabrics of man-made fibres, impregnated, coated, covered or laminated with polyvinyl chloride, containing 70% or less by weight of plastics or rubber

税号	货品名称	进口关税 %			增值/消费税%	出口退税%	统计计量单位	监管证件代码	检验检疫类别	协定税率 %		
		最惠国	普通	年内暂定						东盟	亚太	智利
59031090.30	聚氯乙烯浸渍的棉织物(聚氯乙烯涂布包覆层压,漂染印花织物≥50%)	10	90		17	17	千克			0	8.5	0
59031090.40	用聚氯乙烯浸渍的精梳毛织物(聚氯乙烯涂布包覆或层压,精梳羊毛或动物细毛≥50%)	10	90		17	17	千克			0	8.5	0
59031090.90	聚氯乙烯浸渍的其他纺织物(包括用聚氯乙烯涂布,包覆或层压的)	10	90		17	17	千克			0	8.5	0
	- 用聚氨基甲酸酯浸渍、涂布、包覆或层压的:											
5903.2010	--- 绝缘布或带											
59032010.10	若干平行纱线粘合化纤绝缘布或带(聚氨基甲酸酯浸渍涂布,包覆或层压,塑料重≤60%)	10	40		17	17	千克			0	8.5	0
59032010.20	聚氨基甲酸酯浸渍涤棉绝缘布或带(聚氨基甲酸酯浸涂漂染聚酯短纤棉混纺,塑或胶<50%)	10	40		17	17	千克			0	8.5	0
59032010.30	聚氨基甲酸酯浸渍其他化纤绝缘布(包括用聚氨基甲酸酯涂布,包覆层压,塑或胶≤70%)	10	40		17	17	千克			0	8.5	0
59032010.90	聚氨基甲酸酯浸渍其他绝缘布或带(包括用聚氨基甲酸酯涂布,包覆或层压的)	10	40		17	17	千克			0	8.5	0
5903.2020	--- 人造革											
59032020.10	若干层平行纱线粘合化纤人造革(聚氨基甲酸酯浸渍涂布,包覆层压,塑料≤60%)	10	70		17	17	千克/米			0	8.5	0
59032020.20	用聚氨基甲酸酯浸渍的涤棉人造革(聚氨基甲酸酯涂布漂染聚酯短纤棉混纺,塑或胶<50%)	10	70		17	17	千克/米			0	8.5	0
59032020.30	聚氨基甲酸酯浸渍其他化纤人造革(包括用聚氨基甲酸酯涂布,包覆层压,塑或胶≤70%)	10	70		17	17	千克/米			0	8.5	0
59032020.40	聚氨基甲酸酯浸渍的棉织物人造革(聚氨基甲酸酯涂布,包覆层压,漂染印织物≥50%)	10	70		17	17	千克/米			0	8.5	0
59032020.90	用聚氨基甲酸酯浸渍的其他人造革(包括用聚氨基甲酸酯涂布,包覆或层压的)	10	70		17	17	千克/米			0	8.5	0
5903.2090	--- 其他											
59032090.10	若干层平行纱线粘合化纤其他织物(聚氨基甲酸酯浸渍涂布,包覆层压,塑料≤60%)	10	90		17	17	千克			0	8.5	0
59032090.21	聚氨基甲酸酯浸渍其他涤棉织物(聚氨基甲酸酯涂布漂染聚酯短纤棉混纺,塑或胶<50%)	10	90		17	17	千克			0	8.5	0
59032090.29	聚氨基甲酸酯浸渍其他化纤织物(含聚氨基甲酸酯涂布包覆或层压,塑或胶≤70%)	10	90		17	17	千克			0	8.5	0
59032090.30	用聚氨基甲酸酯浸渍的棉织物(聚氨基甲酸酯涂布包覆层压,漂染印织物≥50%)	10	90		17	17	千克			0	8.5	0
59032090.41	用聚氨基甲酸酯浸渍的精梳毛织物(聚氨基甲酸酯涂布包覆层压,精梳羊毛或动物细毛≥50%)	10	90		17	17	千克			0	8.5	0
59032090.49	用聚氨基甲酸酯浸渍的其他毛织物(聚氨基甲酸酯涂布包覆或层压,精梳毛织物除外)	10	90		17	17	千克			0	8.5	0
59032090.90	用聚氨基甲酸酯浸渍的其他纺织物(包括用聚氨基甲酸酯涂布,包覆或层压的)	10	90		17	17	千克			0	8.5	0
	- 其他:											
5903.9010	--- 绝缘布或带											
59039010.10	若干平行化纤纱线粘合绝缘布或带(其他塑料浸渍涂布,包覆或层压,塑料重≤60%)	10	40		17	17	千克			0	8.5	0
59039010.20	其他塑料浸渍涤棉混纺绝缘布或带(塑料浸涂包的漂染聚酯短纤棉混纺,塑料橡胶<50%)	10	40		17	17	千克			0	8.5	0
59039010.30	其他塑料浸渍其他化纤绝缘布或带(包括用其他塑料涂布,包覆或层压,塑料或橡胶≤70%)	10	40		17	17	千克			0	8.5	0
59039010.90	用其他塑料浸渍的其他绝缘布或带(包括用其他塑料涂布,包覆或层压的)	10	40		17	17	千克			0	8.5	0

协定税率 %										特惠税率 %				
巴基斯坦	冰岛	哥斯达黎	秘鲁	新西兰	瑞士	新加坡	韩国	澳大利亚	港澳台	老挝	孟加拉	33 国	7 国	**Article Description**
5	0	0	0	0	4	0	9	6	0//0		0	0	0	Textile fabrics of cotton, impregnated, coated, covered or laminated with polyvinyl chloride, bleached, dyed or printed, containing 50% or more by weight of textile fabrics
5	0	0	0	0	4	0	9	6	0//0		0	0	0	Textile fabrics of combed wool or fine animal hair, impregnated, coated, covered or laminated with polyvinyl chloride, containing 50% or more by weight of combed wool or fine animal hair
5	0	0	0	0	4	0	9	6	0//0		0	0	0	Other textile fabrics, impregnated, coated, covered or laminated with polyvinyl chloride
														- With polyurethane:
														--- Insulating cloth or tape
5	0	0	0	0	4		6	6			0	0	0	Insulating cloth or tape composed of layers of agglomerated parallel man-made fibres yarns, impregnated, coated, covered or laminated with polyurethane, containing 60% or less by weight of plastics
5	0	0	0	0	4		6	6			0	0	0	Insulating cloth or tape mixed with polyester staple fibres and cotton, impregnated or coated with polyurethane, bleached or dyed, containing less than 50% by weight of plastics or rubber
5	0	0	0	0	4		6	6			0	0	0	Insulating cloth or tape of other man-made fibres, impregnated, coated, covered or laminated with polyurethane, containing 70% or less by weight of plastics or rubber
5	0	0	0	0	4		6	6			0	0	0	Other insulating cloth or tape, impregnated, coated, covered or laminated with polyurethane
														--- Imitation leather
5	0	0	0	0	4	0	9	6	//0		0	0	0	Imitation leather composed of layers of agglomerated parallel man-made fibres yarns, impregnated, coated, covered or laminated with polyurethane, containing 60% or less by weight of plastics
5	0	0	0	0	4	0	9	6	//0		0	0	0	Imitation leather mixed with polyester staple fibres and cotton, impregnated or coated with polyurethane, bleached or dyed, containing less than 50% by weight of plastics or rubber
5	0	0	0	0	4	0	9	6	//0		0	0	0	Imitation leather of other man-made fibres, impregnated, coated, covered or laminated with polyurethane, containing 70% or less by weight of plastics or rubber
5	0	0	0	0	4	0	9	6	//0		0	0	0	Imitation leather of cotton, impregnated, coated, covered or laminated with polyurethane, bleached, dyed or printed, containing more than 50% by weight of textile fabric
5	0	0	0	0	4	0	9	6	//0		0	0	0	Other imitation leather, impregnated, coated, covered or laminated with polyurethane
														--- Other
8.5	0	0	0	0	4	0	9	6	0//0		0	0	0	Other textile fabrics composed of layers of agglomerated parallel man-made fibres yarns, impregnated, coated, covered or laminated with polyurethane, containing 60% or less by weight of plastics
8.5	0	0	0	0	4	0	9	6	0//0		0	0	0	Other textile fabrics mixed with polyester staple fibres and cotton, impregnated or coated with polyurethane, bleached or dyed, containing less than 50% by weight of plastics or rubber
8.5	0	0	0	0	4	0	9	6	0//0		0	0	0	Other textile fabrics of man-made fibres, impregnated, coated, covered or laminated with polyurethane, containing 70% or less by weight of plastics or rubber
8.5	0	0	0	0	4	0	9	6	0//0		0	0	0	Textile fabrics of cotton, impregnated, coated, covered or laminated with polyurethane, bleached, dyed or printed, containing 50% or more by weight of textile fabrics
8.5	0	0	0	0	4	0	9	6	0//0		0	0	0	Textile fabrics of combed wool or fine animal hair, impregnated, coated, covered or laminated with polyurethane, containing 50% or more by weight of combed wool or fine animal hair
8.5	0	0	0	0	4	0	9	6	0//0		0	0	0	Textile fabrics of wool or fine animal hair, impregnated, coated, covered or laminated with polyurethane, other than textile fabrics of combed wool or fine animal hair
8.5	0	0	0	0	4	0	9	6	0//0		0	0	0	Other textile fabrics, impregnated, coated, covered or laminated with polyurethane
														- Other:
														--- Insulating cloth or tape
5	0	0	0	0	7		6	6			0	0	0	Insulating cloth or tape composed of agglomerated parallel man-made fibres yarns, impregnated, coated, covered or laminated with other plastics, containing 60% or less by weight of plastics
5	0	0	0	0	7		6	6			0	0	0	Insulating cloth or tape mixed with polyester staple fibres and cotton, bleached or dyed, impregnated, coated or covered with other plastics, containing less than 50% by weight of plastics or rubber
5	0	0	0	0	7		6	6			0	0	0	Insulating cloth or tape of other man-made fibres, impregnated, coated, covered or laminated with other plastics, containing 70% or less by weight of plastics or rubber
5	0	0	0	0	7		6	6			0	0	0	Other insulating cloth or tape, impregnated, coated, covered or laminated with other plastics

税号	货品名称	进口关税 % 最惠国	进口关税 % 普通	进口关税 % 年内暂定	增值/消费税%	出口退税%	统计计量单位	监管证件代码	检验检疫类别	协定税率 % 东盟	协定税率 % 亚太	协定税率 % 智利
5903.9020	--- 人造革											
59039020.10	由若干层平行纱线粘合化纤人造革(用其他塑料涂布,包覆或层压,塑料重≤60%)	10	70		17	17	千克/米			0	8.5	0
59039020.20	用其他塑料浸渍的涤棉织物人造革(其他塑料涂布,包覆的漂染,印花聚酯短纤棉混纺,塑料或橡胶<50%)	10	70		17	17	千克/米			0	8.5	0
59039020.30	用其他塑料浸渍的其他化纤人造革(包括用其他塑料涂布,包覆的,塑料或橡胶≤70%)	10	70		17	17	千克/米			0	8.5	0
59039020.40	用其他塑料浸渍的棉织物人造革(用其他塑料涂布,包覆或层压,漂染印花织物≥50%)	10	70		17	17	千克/米			0	8.5	0
59039020.90	用其他塑料浸渍的其他人造革(包括用其他塑料涂布,包覆或层压的)	10	70		17	17	千克/米			0	8.5	0
5903.9090	--- 其他											
59039090.10	若干层化纤平行纱线粘合其他织物(用其他塑料浸渍涂布包覆或层压.塑料重≤60%)	10	90		17	17	千克			0	8.5	0
59039090.21	其他塑料浸渍的其他涤棉混纺织物(其他塑料涂布,漂染印花,聚酯短纤棉混纺.塑料或橡胶<50%)	10	90		17	17	千克			0	8.5	0
59039090.29	用其他塑料浸渍的其他化纤织物(包括用其他塑料涂布、包覆或层压的.塑料或橡胶≤70%)	10	90		17	17	千克			0	8.5	0
59039090.30	用其他塑料浸渍的棉织物(用其他塑料涂布、包覆或层压的.漂染印花织物≥50%)	10	90		17	17	千克			0	8.5	0
59039090.41	用其他塑料浸渍的精梳毛织物(用其他塑料涂布包、覆或层压的,精梳羊毛或动物细毛≥50%)	10	90		17	17	千克			0	8.5	0
59039090.49	用其他塑料浸渍的其他毛织物(用其他塑料涂布、包覆或层压的,精梳毛织物除外)	10	90		17	17	千克			0	8.5	0
59039090.90	用其他塑料浸渍的其他纺织物(包括用其他塑料涂布、包覆或层压的)	10	90		17	17	千克			0	8.5	0
59.04	**列诺伦(亚麻油地毡),不论是否剪切成形;以织物为底布经涂布或覆面的铺地制品,不论是否剪切成形:**											
5904.1000	- 列诺伦(亚麻油地毡)	14	90		17	17	千克/平方米			0		0
5904.9000	- 其他	14	90		17	17	千克/平方米			0		0
59.05	**糊墙织物:**											
5905.0000	糊墙织物											
59050000.11	以纸衬背的合成短纤制糊墙织物	10	80		17	17	千克/平方米			0		0
59050000.19	以纸衬背的人造短纤制糊墙织物	10	80		17	17	千克/平方米			0		0
59050000.20	平行纱线固定的糊墙织物(固定在任何其他衬背上的)	10	80		17	17	千克/平方米			0		0
59050000.31	其他合成短纤制糊墙织物	10	80		17	17	千克/平方米			0		0
59050000.39	其他人造短纤制糊墙织物	10	80		17	17	千克/平方米			0		0
59050000.90	其他纺织糊墙织物	10	80		17	17	千克/平方米			0		0
59.06	**用橡胶处理的纺织物,但税目59.02的货品除外:**											
	- 宽度不超过20厘米的胶粘带:											
5906.1010	--- 绝缘带	10	40		17	17	千克			0		0
5906.1090	--- 其他	10	100		17	17	千克			0		0
	- 其他:											
5906.9100	-- 针织或钩编的											

协定税率 %										特惠税率 %				
巴基斯坦	冰岛	哥斯达黎	秘鲁	新西兰	瑞士	新加坡	韩国	澳大利亚	港澳台	老挝	孟加拉	33 国	7 国	**Article Description**
														--- Imitation leather
5	0	0	0	0	4	0	8.6	6	//0		0	0	0	Imitation leather composed of layers of agglomerated parallel man-made fibres yarns, impregnated, coated, covered or laminated with other plastics, containing 60% or less by weight of plastics
5	0	0	0	0	4	0	8.6	6	//0		0	0	0	Imitation leather mixed with polyester staple fibres and cotton, impregnated, coated or covered with other plastics, bleached, dyed or printed, containing less than 50% by weight of plastics or rubber
5	0	0	0	0	4	0	8.6	6	//0		0	0	0	Imitation leather of other man-made fibres, impregnated, coated or covered with other plastics, containing 70% or less by weight of plastics or rubber
5	0	0	0	0	4	0	8.6	6	//0		0	0	0	Imitation leather of cotton, impregnated, coated, covered or laminated with other plastics, bleached, dyed or printed, containing more than 50% by weight of textile fabric
5	0	0	0	0	4	0	8.6	6	//0		0	0	0	Other imitation leather, impregnated, coated, covered or laminated with other plastics
														--- Other
8.5	0	0	0	0	4	0	9	6	0//0	0	0	0	0	Other textile fabrics composed of layers of agglomerated parallel man-made fibres yarns, impregnated, coated, covered or laminated with other plastics, containing 60% or less by weight of plastics
8.5	0	0	0	0	4	0	9	6	0//0	0	0	0	0	Other textile fabrics mixed with polyester staple fibres and cotton, impregnated or coated laminated with other plastics, bleached, dyed or printed, containing less than 50% by weight of plastics or rubber
8.5	0	0	0	0	4	0	9	6	0//0	0	0	0	0	Other textile fabrics of man-made fibres, impregnated, coated, covered or laminated with other plastics, containing 70% or less by weight of plastics or rubber
8.5	0	0	0	0	4	0	9	6	0//0	0	0	0	0	Textile fabrics of cotton, impregnated, coated, covered or laminated with other plastics, bleached, dyed or printed, containing 50% or more by weight of textile fabrics
8.5	0	0	0	0	4	0	9	6	0//0	0	0	0	0	Textile fabrics of combed wool or fine animal hair, impregnated, coated, covered or laminated with other plastics, containing 50% or more by weight of combed wool or fine animal hair
8.5	0	0	0	0	4	0	9	6	0//0	0	0	0	0	Other textile fabrics of wool or fine animal hair, impregnated, coated, covered or laminated with other plastics ,other than textile fabrics of combed wool or fine animal hair
8.5	0	0	0	0	4	0	9	6	0//0	0	0	0	0	Other textile fabrics, impregnated, coated, covered or laminated with other plastics
														Linoleum, whether or not cut to shape; floor coverings consisting of a coating or covering applied on a textile backing, whether or not cut to shape:
11.2	0	0	0	0	9.8	0	11.2	8.4				0	0	- Linoleum
7	0	0	0	0	9.8	0	11.2	8.4				0	0	- Other
														Textile wall coverings:
														Textile wall coverings
5	0	0	0	0	4	0	6	6			0	0	0	Textile wall coverings of synthetic staple fibres, fixed on a backing of paper
5	0	0	0	0	4	0	6	6			0	0	0	Textile wall coverings of artificial staple fibres, fixed on a backing of paper
5	0	0	0	0	4	0	6	6			0	0	0	Textile wall coverings of yarns laid parallel fabrics, fixed on a backing of any material
5	0	0	0	0	4	0	6	6			0	0	0	Other textile wall coverings of synthetic fibres
5	0	0	0	0	4	0	6	6			0	0	0	Other textile wall coverings of artificial fibres
5	0	0	0	0	4	0	6	6			0	0	0	Other textile wall coverings
														Rubberized textile fabrics, other than those of heading 59.02:
														- Adhesive tape of a width not exceeding 20cm:
5	0	0	0	0	4		6	6			0	0	0	--- Insulating tape
5		0	0	0	4	0	6	6			0	0	0	--- Other
														- Other:
														-- Knitted or crocheted

税　号	货 品 名 称	进口关税 % 最惠国	普通	年内暂定	增值/消费税%	出口退税%	统计计量单位	监管证件代码	检验检疫类别	协定税率 % 东盟	亚太	智利
59069100.10	用橡胶处理的针织或钩编化纤纺织物(按重量计塑料或橡胶不超过70%,宽＞20cm)	10	130		17	17	千克			0		0
59069100.90	用橡胶处理的针织或钩编其他纺织物(宽＞20cm)	10	130		17	17	千克			0		0
	-- 其他:											
5906.9910	--- 绝缘布或带											
59069910.10	用橡胶处理的精梳毛纺绝缘布或带(非针织或钩编,精梳羊毛或动物细毛≥50%,宽＞20cm)	10	40		17	17	千克			0		0
59069910.20	用橡胶处理的棉织物绝缘布或带(非针织或钩编,漂染印花棉织物≥50%,宽＞20cm)	10	40		17	17	千克			0		0
59069910.31	用橡胶处理聚酯短纤棉混纺绝缘布带(非针织或钩编,漂染印花混纺布≥50%,宽＞20cm)	10	40		17	17	千克			0		0
59069910.39	用橡胶处理的其他化纤绝缘布或带(非针织或钩编,宽＞20cm,塑料或橡胶≤70%)	10	40		17	17	千克			0		0
59069910.90	用橡胶处理宽＞20cm其他绝缘布或带(非针织或钩编的,宽＞20cm)	10	40		17	17	千克			0		0
5906.9990	--- 其他											
59069990.10	用橡胶处理的精梳毛纺织物(精梳羊毛或动物细毛≥50%,非针织或钩编的,宽＞20cm)	10	100		17	17	千克			0		0
59069990.20	用橡胶处理的其他棉纺织物(非针织或钩编,宽＞20cm,漂染印花棉织物≥50%)	10	100		17	17	千克			0		0
59069990.31	用橡胶处理的聚酯短纤棉混纺织物(非针织或钩编,宽＞20cm,漂染印花聚酯混纺布≥50%)	10	100		17	17	千克			0		0
59069990.39	用橡胶处理的其他化纤纺织物(非针织或钩编,宽＞20cm,塑料或橡胶≤70%)	10	100		17	17	千克			0		0
59069990.90	用橡胶处理的其他纺织物(非针织或钩编.宽＞20cm)	10	100		17	17	千克			0		0
59.07	**用其他材料浸渍、涂布或包覆的纺织物;作舞台、摄影布景或类似用途的已绘制画布:**											
5907.0010	--- 绝缘布或带											
59070010.10	其他材料浸涂植物纤维绝缘布或带(用橡胶,塑料,浆料以外材料浸渍、涂布或包覆,棉除外)	10	40		17	17	千克			0	8.5	0
59070010.20	其他材料浸涂的棉制绝缘布或带(用橡胶,塑料,浆料以外材料浸渍、涂布或包覆,漂染棉织物≥50%)	10	40		17	17	千克			0	8.5	0
59070010.30	其他材料浸涂涤短纤棉混纺绝缘布(橡胶,塑料,浆料以外材料浸渍、涂布或包覆,漂染涤棉织物≥50%)	10	40		17	17	千克			0	8.5	0
59070010.90	其他材料浸涂其他纺织绝缘布或带(用橡胶,塑料,浆料以外材料浸渍、涂布或包覆)	10	40		17	17	千克			0	8.5	0
5907.0020	--- 已绘制画布											
59070020.10	其他材料浸涂植物纤维已绘制画布(用橡胶,塑料,浆料以外材料浸渍、涂布或包覆,棉除外)	10	50		17	17	千克			0	8.5	0
59070020.20	其他材料浸涂精梳毛已绘制画布(用橡胶、塑料、浆料以外材料浸渍、涂布或包覆,精梳羊毛/动物细毛≥50%)	10	50		17	17	千克			0	8.5	0
59070020.30	用其他材料浸涂的棉制已绘制画布(用橡胶、塑料、浆料以外材料浸渍、涂布或包覆,漂染棉织物≥50%)	10	50		17	17	千克			0	8.5	0
59070020.40	其他材料浸涂涤短纤棉混已绘画布(用橡胶、塑料、浆料以外材料浸渍、涂布或包覆,漂染涤短棉织物≥50%)	10	50		17	17	千克			0	8.5	0
59070020.90	其他材料浸涂其他织物已绘制画布(用橡胶,塑料,浆料以外材料浸渍、涂布或包覆)	10	50		17	17	千克			0	8.5	0

协定税率 %										特惠税率 %				
巴基斯坦	冰岛	哥斯达黎加	秘鲁	新西兰	瑞士	新加坡	韩国	澳大利亚	港澳台	老挝	孟加拉	33 国	7 国	Article Description
5	0	0	0	0	4	0	6	6	//0		0	0	0	Rubberized textile fabrics of man-made fibres , knitted or crocheted, containing less than 70% by weight of plastics or rubber, of a width exceeding 20cm
5	0	0	0	0	4	0	6	6	//0		0	0	0	Other rubberized textile fabrics, knitted or crocheted, of a width exceeding 20cm
														-- Other:
														--- Insulating cloth or tape
5	0	0	0	0	4		6	6			0	0	0	Rubberized insulating cloth or tape of combed wool or fine animal hair, not knitted or crocheted, containing 50% or more by weight of combed wool or fine animal hair, of a width exceeding 20cm
5	0	0	0	0	4		6	6			0	0	0	Rubberized insulating cloth or tape of cotton, not knitted or crocheted, bleached, dyed or printed, containing 50% or more by weight of textile fabrics, of a width exceeding 20cm
5	0	0	0	0	4		6	6			0	0	0	Rubberized insulating cloth or tape mixed with polyester staple fibres and cotton, not knitted or crocheted, bleached, dyed or printed, containing 50% or more by weight of textile fabrics, of a width exceeding 20cm
5	0	0	0	0	4		6	6			0	0	0	Rubberized insulating cloth or tape of other man-made fibres, not knitted or crocheted, containing less than 70% by weight of plastics or rubber, of a width exceeding 20cm
5	0	0	0	0	4		6	6			0	0	0	Rubberized other insulating cloth or tape, not knitted or crocheted, of a width exceeding 20cm
														--- Other
5	0	0	0	0	4	0	6	6	//0		0	0	0	Rubberized textile fabrics of combed wool or fine animal hair, not knitted or crocheted, containing 50% or more by weight of combed wool or fine animal hair, of a width exceeding 20cm
5	0	0	0	0	4	0	6	6	//0		0	0	0	Rubberized other cotton fabrics, not knitted or crocheted, bleached, dyed or printed, containing 50% or more by weight of textile fabrics, of a width exceeding 20cm
5	0	0	0	0	4	0	6	6	//0		0	0	0	Rubberized textile fabrics mixed with polyester staple fibres and cotton, not knitted or crocheted, bleached, dyed or printed, containing 50% or more by weight of textile fabrics, of a width exceeding 20cm
5	0	0	0	0	4	0	6	6	//0		0	0	0	Rubberized textile fabrics of other man-made fibres, not knitted or crocheted, containing 70% or less by weight of plastics or rubber, of a width exceeding 20cm
5	0	0	0	0	4	0	6	6	//0		0	0	0	Rubberized other textile fabrics, not knitted or crocheted, of a width exceeding 20cm
														Textile fabrics otherwise impregnated, coated or covered;painted canvas being theatrical scenery, studio backcloths or the like:
														--- Insulating cloth or tape
5	0	0	0	0	7		6	6			0	0	0	Insulating cloth or tape of vegetable fibres other than cotton, impregnated, coated or covered with materials other than rubber, plastics, gum or amylaceous substances
5	0	0	0	0	7		6	6			0	0	0	Insulating cloth or tape of cotton, impregnated, coated or covered with materials other than rubber, plastics, gum or amylaceous substances, containing 50% or more by weight of cotton fabrics, bleached and dyed
5	0	0	0	0	7		6	6			0	0	0	Insulating cloth or tape mixed with polyester staple fibres and cotton, impregnated, coated or covered with materials other than rubber, plastics, gum or amylaceous substances, containing 50% or more by weight of cotton fabrics, bleached and dyed
5	0	0	0	0	7		6	6			0	0	0	Insulating cloth or tape of other textile fabrics, impregnated, coated or covered with materials other than rubber, plastics, gum or amylaceous substances
														--- Painted canvas
5	0	0	0	0	4		6	6	0//		0	0	0	Painted canvas of vegetable fibres other than cotton, impregnated, coated or covered with materials other than rubber, plastics, gum or amylaceous substances
5	0	0	0	0	4		6	6	0//		0	0	0	Painted canvas of combed wool or fine animal hair, impregnated, coated or covered with materials other than rubber, plastics, gum or amylaceous substances ,containing 50% or more by weight of combed wool or fine animal hair
5	0	0	0	0	4		6	6	0//		0	0	0	Painted canvas of cotton, impregnated, coated or covered with materials other than rubber, plastics, gum or amylaceous substances, containing 50% or more by weight of cotton fabrics, bleached and dyed
5	0	0	0	0	4		6	6	0//		0	0	0	Painted canvas mixed with polyester staple fibres and cotton, impregnated, coated or covered with materials other than rubber, plastics, gum or amylaceous substances, containing 50% or more by weight of textile fabrics, bleached and dyed
5	0	0	0	0	4		6	6	0//		0	0	0	Painted canvas of other textile fabrics, impregnated, coated or covered with materials other than rubber, plastics, gum or amylaceous substances

税号	货品名称	进口关税 % 最惠国	进口关税 % 普通	进口关税 % 年内暂定	增值/消费税%	出口退税 %	统计计量单位	监管证件代码	检验检疫类别	协定税率 % 东盟	协定税率 % 亚太	协定税率 % 智利
5907.0090	--- 其他											
59070090.10	用其他材料浸涂的植物纤维纺织物(用橡胶、塑料、浆料以外材料浸渍、涂布或包覆,棉除外)	10	100		17	17	千克			0	8.5	0
59070090.20	用其他材料浸涂的精梳毛纺织物(用橡胶、塑料、浆料以外材料浸渍、涂布或包覆,精梳羊毛/动物细毛≥50%)	10	100		17	17	千克			0	8.5	0
59070090.30	用其他材料浸涂的棉制纺织物(用橡胶、塑料、浆料以外材料浸渍、涂布或包覆,漂染棉织物≥50%)	10	100		17	17	千克			0	8.5	0
59070090.40	用其他材料浸涂的涤短纤棉混纺织物(用橡胶、塑料、浆料以外材料浸渍、涂布或包覆,漂染涤棉织物≥50%)	10	100		17	17	千克			0	8.5	0
59070090.90	用其他材料浸涂的其他纺织物(用橡胶、,塑料、浆料以外材料浸渍、涂布或包覆)	10	100		17	17	千克			0	8.5	0
59.08	**用纺织材料机织、编结或针织而成的灯芯、炉芯、打火机芯、烛芯或类似品;煤气灯纱筒及纱罩,不论是否浸渍:**											
5908.0000	用纺织材料机织、编结或针织而成的灯芯、炉芯、打火机芯、烛芯或类似品;煤气灯纱筒及纱罩,不论是否浸渍	10	70		17	17	千克			0		0
59.09	**纺织材料制的水龙软管及类似的管子,不论有无其他材料作衬里、护套或附件:**											
5909.0000	纺织材料制的水龙软管及类似的管子,不论有无其他材料作衬里、护套或附件	8	35		17	17	千克		+L	0		0
59.10	**纺织材料制的传动带或输送带及带料,不论是否用塑料浸渍、涂布、包覆或层压,也不论是否用金属或其他材料加强:**											
5910.0000	纺织材料制的传动带或输送带及带料,不论是否用塑料浸渍、涂布、包覆或层压,也不论是否用金属或其他材料加强	8	35		17	17	千克			0		0
59.11	**本章注释七所规定的作专门技术用途的纺织产品及制品:**											
	- 用橡胶、皮革或其他材料涂布、包覆或层压的作针布用的纺织物、毡呢及毡呢衬里机织物,以及作专门技术用途的类似织物,包括用橡胶浸渍的、用于包覆纺锤(织轴)的狭幅丝绒织物:											
5911.1010	--- 用橡胶浸渍的、用于包覆纺锤(织轴)的狭幅丝绒织物	8	75		17	17	千克			0	7.2	0
5911.1090	--- 其他	8	35		17	17	千克			0		0
5911.2000	- 筛布,不论是否制成的											
59112000.10	丝制筛布(不论是否制成的)	8	35		17	17	千克			0		0
59112000.90	其他纺织材料制筛布(不论是否制成的,刻版筛网印布除外)	8	35		17	17	千克			0		0
	- 环状或装有连接装置的纺织物及毡呢,用于造纸机器或类似机器(例如,制浆机或制石棉水泥的机器):											
5911.3100	-- 每平方米重量在650克以下	8	35		17	17	千克			0		0
5911.3200	-- 每平方米重量在650克及以上	8	35		17	17	千克			0		0
5911.4000	- 用于榨油机器或类似机器的滤布,包括人发制滤布	8	35		17	17	千克			0		0
5911.9000	- 其他	8	35		17	17	千克			0		0

协定税率 %										特惠税率 %				
巴基斯坦	冰岛	哥斯达黎	秘鲁	新西兰	瑞士	新加坡	韩国	澳大利亚	港澳台	老挝	孟加拉	33 国	7 国	Article Description
														--- Other
5	0	0	0	0	4	0	9	6			0	0	0	Textile fabrics of vegetable fibres other than cotton, impregnated, coated or covered with materials other than rubber, plastics, gum or amylaceous substances
5	0	0	0	0	4	0	9	6			0	0	0	Textile fabrics of combed wool or fine animal hair, impregnated, coated or covered with materials other than rubber, plastics, gum or amylaceous substances, containing 50% or more by weight of combed wool or fine animal hair
5	0	0	0	0	4	0	9	6			0	0	0	Textile fabrics of cotton, impregnated, coated or covered with materials other than rubber, plastics, gum or amylaceous substances, containing 50% or more by weight of cotton fabrics, bleached and dyed
5	0	0	0	0	4	0	9	6			0	0	0	Textile fabrics mixed with polyester staple fibres and cotton, impregnated, coated or covered with materials other than rubber, plastics, gum or amylaceous substances, containing 50% or more by weight of textile fabrics, bleached and dyed
5	0	0	0	0	4	0	9	6			0	0	0	Textile fabrics of other textile fabrics, impregnated, coated or covered with materials other than rubber, plastics, gum or amylaceous substances
														Textile wicks, woven, platied or knitted, for lamps, stoves, ligh-ters, candles or the like; incandescent gas mantles and tubular knitted gas mantle fabric therefor, whether or not impregnated:
5	0	0	0	0	4		6	6			0	0	0	Textile wicks, woven, plaited or knitted, for lamps, stoves, lighters, candles or the like; incandescent gas mantles and tubular knitted gas mantle fabric therefor, whether or not impregnated
														Textile hosepiping and similar textile tubing, with or without lining, armour or accessories of other materials:
5	0	0	0	0	3.2		4.8	4.8	/0/		0	0	0	Textile hosepiping and similar textile tubing, with or without lining, armour or accessories of other materials
														Transmission or conveyor belts or belting, of textile material, whether or not impregnated, coated, covered or laminated with plastics, or reinforced with metal or other material:
5	0	0	0	0	3.2		4.8	4.8	//0		0	0	0	Transmission or conveyor belts or belting, of textile material, whether or not impregnated, coated, covered or laminated with plastics, or reinforced with metal or other material
														Textile products and articles, for technical uses, specified in Note 7 to this Chapter:
														- Textile fabrics, felt and felt-lined woven fabrics, coated, covered or laminated with rubber, leather or other material, of a kind used for card clothing, and similar fabrics of a kind used for other technical purposes, including narrow fabrics made of velvet impregnated with rubber, for covering weaving spindles（weaving beams）：
5	0	0	0	0	3.2		4.8	4.8			0	0	0	--- Narrow fabrics made of velvet impregnated with rubber, for covering weaving spindles（weaving beams）
5	0	0	0	0	3.2		4.8	4.8			0	0	0	--- Other
														- Bolting cloth, whether or not made up
5	0	0	0	0	0		4.8	4.8			0	0	0	Bolting cloth of silk or silk waste, whether or not made up
5	0	0	0	0	0		4.8	4.8			0	0	0	Bolting cloth of other textile materials, whether or not made up, other than screen cloth for block printing
														- Textile fabrics and felts, endless or fitted with linking devices, of a kind used in paper-making or similar machines（for example, for pulp or asbestos-cement）：
5	0	0	0	0	3.2		4.8	4.8			0	0	0	-- Weighing less than 650g/m^2
5	0	0	0	0	5.6		4.8	4.8			0	0	0	-- Weighing 650g/m^2 or more
5	0	0	0	0	3.2		4.8	4.8			0	0	0	- Straining cloth of a kind used in oil presses or the like, including that of human hair
5	0	0	0	0	3.2			4.8			0	0	0	- Other

第六十章　针织物及钩编织物

注释：

一、本章不包括：

（一）税目 58.04 的钩编花边；

（二）税目 58.07 的针织或钩编的标签、徽章及类似品；或

（三）第五十九章的经浸渍、涂布、包覆或层压的针织物及钩编织物。但经浸渍、涂布、包覆或层压的起绒针织物及起绒钩编织物仍归入税目 60.01。

二、本章还包括用金属线制的用于衣着、装饰或类似用途的织物。

三、本协调制度所称“针织物”，包括由纺织纱线用链式针法构成的缝编织物。

税号	货品名称	进口关税 %			增值/消费税%	出口退税%	统计计量单位	监管证件代码	检验检疫类别	协定税率 %		
		最惠国	普通	年内暂定						东盟	亚太	智利
60.01	针织或钩编的起绒织物，包括“长毛绒”织物及毛圈织物：											
6001.1000	-　“长毛绒”织物											
60011000.10	毛制针织或钩编的长毛绒织物(羊毛及动物细毛制)	10	130		17	17	米/千克			0	8.5	0
60011000.20	棉制针织或钩编的长毛绒织物	10	130		17	17	米/千克			0	8.5	0
60011000.30	化纤制针织或钩编的长毛绒织物	10	130		17	17	米/千克			0	8.5	0
60011000.90	其他纺材制针织或钩编长毛绒织物	10	130		17	17	米/千克			0	8.5	0
	-　毛圈绒头织物：											
6001.2100	--　棉制	10	70		17	17	米/千克			0	8.5	0
6001.2200	--　化学纤维制	10	130		17	17	米/千克			0	8.5	0
6001.2900	--　其他纺织材料制											
60012900.10	毛制针织或钩编毛圈绒头织物(羊毛及动物细毛制)	12	130		17	17	米/千克			0		0
60012900.90	其他材料制针织或钩编毛圈绒头布	12	130		17	17	米/千克			0		0
	-　其他：											
6001.9100	--　棉制	10	70		17	17	米/千克			0	7	0
6001.9200	--　化学纤维制	10	130		17	17	米/千克			0	8.5	0
6001.9900	--　其他纺织材料制											
60019900.10	丝制针织或钩编其他起绒织物(按重量计含丝及绢丝 85%及以上)	12	130		17	17	米/千克			0		0
60019900.20	毛制针织或钩编其他起绒织物(羊毛及动物细毛制)	12	130		17	17	米/千克			0		0
60019900.90	其他纺材制针织或钩编起绒织物	12	130		17	17	米/千克			0		0
60.02	宽度不超过 30 厘米，按重量计弹性纱线或橡胶线含量在 5%及以上的针织物或钩编织物，但税目 60.01 的货品除外：											
	-　按重量计弹性纱线含量在 5%及以上，但不含橡胶线：											
6002.4010	---　棉制	10	70		17	17	米/千克			0	8.5	0
6002.4020	---　丝及绢丝制	10	130		17	17	米/千克			0	8.5	0
6002.4030	---　合成纤维制	10	130		17	17	米/千克			0		0
6002.4040	---　人造纤维制	10	130		17	17	米/千克			0		0
6002.4090	---　其他	10	130		17	17	米/千克			0	7	0
	-　其他：											
6002.9010	---　棉制	10	70		17	17	米/千克			0	8.5	0
6002.9020	---　丝及绢丝制	10	130		17	17	米/千克			0	8.5	0
6002.9030	---　合成纤维制	10	130		17	17	米/千克			0	5	0
6002.9040	---　人造纤维制	10	130		17	17	米/千克			0	5	0
6002.9090	---　其他	10	130		17	17	米/千克			0	8.5	0
60.03	宽度不超过 30 厘米的针织或钩编织物，但税目 60.01 或 60.02 的货品除外：											
6003.1000	-　羊毛或动物细毛制	10	130		17	17	米/千克			0		0

Chapter 60 Knitted or crocheted fabrics

Chapter Notes:

1. This Chapter does not cover:
   (a) Crochet lace of heading 58.04;
   (b) Labels, badges or similar articles, knitted or crocheted, of heading 58.07; or
   (c) Knitted or crocheted fabrics, impregnated, coated, covered or laminated, of Chapter 59. However, knitted or crocheted pile fabrics, impregnated, coated, covered or laminated, remain classified in heading 60.01.
2. This Chapter also includes fabrics made of metal thread and of a kind used in apparel, as furnishing fabrics or for similar purposes.
3. Throughout the Nomenclature any reference to "knitted" goods includes a reference to stitch-bonded goods in which the chain stitches are formed of textile yarn.

协定税率 %										特惠税率 %				Article Description
巴基斯坦	冰岛	哥斯达黎	秘鲁	新西兰	瑞士	新加坡	韩国	澳大利亚	港澳台	老挝	孟加拉	33 国	7 国	
														Pile fabrics, including "long pile" fabrics and terry fabrics, knitted or crocheted:
														- "Long pile" fabrics
0	0	0	0	0	4	0	8.6	6			0	0	0	"Long pile" fabrics of wool and fine animal hair, knitted or crocheted
0	0	0	0	0	4	0	8.6	6			0	0	0	"Long pile" fabrics of cotton, knitted or crocheted
0	0	0	0	0	4	0	8.6	6			0	0	0	"Long pile" fabrics of man-made fibres, knitted or crocheted
0	0	0	0	0	4	0	8.6	6			0	0	0	"Long pile" fabrics of other textile materials, knitted or crocheted
														- Looped pile fabrics:
0	0	0	0	0	4		6	6			0	0	0	-- Of cotton
0	0	0	0	0	4	0	6	6			0	0	0	-- Of man-made fibres
														-- Of other textile materials
0	0	0	0	0	8.4	0	7.2	7.2				0	0	Looped pile fabrics of wool and fine animal hair, knitted or crocheted
0	0	0	0	0	8.4	0	7.2	7.2				0	0	Looped pile fabrics of other textile materials, knitted or crocheted
														- Other:
0	0	0	0	0	4		6	6			0	0	0	-- Of cotton
0	0	0	0	0	4	0	9	6	0/0/0		0	0	0	-- Of man-made fibres
														-- Of other textile materials
0	0	0	0	0	8.4	0	7.2	7.2				0	0	Other pile fabrics, knitted or crocheted, containing 85% or more by weight of silk or silk waste
0	0	0	0	0	8.4	0	7.2	7.2				0	0	Other pile fabrics of wool or fine animal hair, knitted or crocheted
0	0	0	0	0	8.4	0	7.2	7.2				0	0	Pile fabrics of other textile materials, knitted or crocheted
														Knitted or crochete fabrics of a width not exceeding 30cm, containing 5% or more by weight of elastomeric yarn or rubber thread, other than those of heading 60.01:
														- Containing 5% or more by weight of elastomeric yarn but not containing rubber thread:
0	0	0	0	0	4		6	6			0	0	0	--- Of cotton
0	0	0	0	0	4	0	6	6			0	0	0	--- Of silk or silk waste
0	0	0	0	0	4	0	6	6			0	0	0	--- Of synthetic fibres
0	0	0	0	0	4	0	6	6			0	0	0	--- Of artificial fibres
0	0	0	0	0	4	0	6	6			0	0	0	--- Other
														- Other:
0	0	0	0	0	4		6	6		0	0	0	0	--- Of cotton
0	0	0	0	0	4	0	6	6			0	0	0	--- Of silk or silk waste
0	0	0	0	0	4	0	8.6	6		0	0	0	0	--- Of synthetic fibres
0	0	0	0	0	4	0	6	6			0	0	0	--- Of artificial fibres
0	0	0	0	0	4	0	6	6			0	0	0	--- Other
														Knitted or crocheted fabrics of a width not exceeding 30cm, other than those of heading 60.01 or 60.02:
0	0	0	0	0	4	0	6	6			0	0	0	- Of wool or fine animal hair

税　号	货　品　名　称	进口关税 % 最惠国	普通	年内暂定	增值/消费税%	出口退税%	统计计量单位	监管证件代码	检验检疫类别	协定税率 % 东盟	亚太	智利
6003.2000	- 棉制											
60032000.10	棉制宽≤30cm经编织物(按重量计弹性纱线或橡胶线含量＜5%)	10	70		17	17	米/千克			0		0
60032000.90	棉制宽≤30cm非经编针织或钩编织物(按重量计弹性纱线或橡胶线含量＜5%)	10	70		17	17	米/千克			0		0
6003.3000	- 合成纤维制											
60033000.10	合纤制宽小于等于30厘米经编织物(按重量计弹性纱线或橡胶线含量＜5%)	10	130		17	17	米/千克			0	9.4	0
60033000.90	合纤制宽小于等于30厘米非经编针织或钩编织物(按重量计弹性纱线或橡胶线含量＜5%)	10	130		17	17	米/千克			0	9.4	0
6003.4000	- 人造纤维制											
60034000.10	人纤制宽小于等于30厘米经编织物(按重量计弹性纱线或橡胶线含量＜5%)	10	130		17	17	米/千克			0	9.4	0
60034000.90	人纤制宽小于等于30厘米非经编织物(按重量计弹性纱线或橡胶线含量＜5%)	10	130		17	17	米/千克			0	9.4	0
6003.9000	- 其他	10	130		17	17	米/千克			0		0
60.04	**宽度超过30厘米，按重量计弹性纱线或橡胶线含量在5%及以上的针织物或钩编织物，但税目60.01的货品除外：**											
	- 按重量计弹性纱线含量在5%及以上，但不含橡胶线：											
6004.1010	--- 棉制	10	70		17	17	米/千克			0	7	0
6004.1020	--- 丝及绢丝制	10	130		17	17	米/千克			0	8.5	0
6004.1030	--- 合成纤维制	10	130		17	17	米/千克			0		0
6004.1040	--- 人造纤维制	10	130		17	17	米/千克			0		0
6004.1090	--- 其他	10	130		17	17	米/千克			0	8.5	0
	- 其他：											
6004.9010	--- 棉制	10	70		17	17	米/千克			0	8.5	0
6004.9020	--- 丝及绢丝制	10	130		17	17	米/千克			0	8.5	0
6004.9030	--- 合成纤维制	10	130		17	17	米/千克			0		0
6004.9040	--- 人造纤维制	10	130		17	17	米/千克			0		0
6004.9090	--- 其他	10	130		17	17	米/千克			0	7	0
60.05	**经编针织物（包括由镶边针织机织成的），但税目60.01至60.04的货品除外：**											
	- 棉制：											
6005.2100	-- 未漂白或漂白	10	70		17	17	米/千克			0		0
6005.2200	-- 染色	10	70		17	17	米/千克			0		0
6005.2300	-- 色织	10	70		17	17	米/千克			0		0
6005.2400	-- 印花	10	70		17	17	米/千克			0		0
	- 合成纤维制：											
6005.3100	-- 未漂白或漂白											
60053100.10	漂白或未漂白合成纤维制经编透孔织物(包括由花边针织机织成的经编织物)	10	130		17	17	米/千克			0	8.5	0
60053100.90	漂白或未漂白合成纤维制经编非透孔织物(包括由花边针织机织成的经编织物)	10	130		17	17	米/千克			0	8.5	0
6005.3200	-- 染色											
60053200.10	染色合成纤维制经编透孔织物(包括由花边针织机织成的经编织物)	10	130		17	17	米/千克			0	8.5	0
60053200.90	染色合成纤维制经编非透孔织物(包括由花边针织机织成的经编织物)	10	130		17	17	米/千克			0	8.5	0
6005.3300	-- 色织											
60053300.10	色织合成纤维制经编透孔织物(包括由花边针织机织成的经编织物)	10	130		17	17	米/千克			0	8.5	0

协定税率 %										特惠税率 %				
巴基斯坦	冰岛	哥斯达黎加	秘鲁	新西兰	瑞士	新加坡	韩国	澳大利亚	港澳台	老挝	孟加拉	33国	7国	**Article Description**
														- Of cotton
0	0	0	0	0	4		6	6			0	0	0	Warp knitted fabrics of cotton, of a width not exceeding 30cm, containing less than 5% by weight of elastomeric yarn or rubber thread
0	0	0	0	0	4		6	6			0	0	0	Weft knitted or crocheted fabrics of cotton, of a width not exceeding 30cm, containing less than 5% by weight of elastomeric yarn or rubber thread
														- Of synthetic fibres
0	0	0	0	0	4	0	6	6			0	0	0	Warp knitted fabrics of synthetic fibres, of a width not exceeding 30cm, containing less than 5% by weight of elastomeric yarn or rubber thread
0	0	0	0	0	4	0	6	6			0	0	0	Weft knitted or crocheted fabrics of synthetic fibres, of a width not exceeding 30cm, containing less than 5% by weight of elastomeric yarn or rubber thread
														- Of artificial fibres
0	0	0	0	0	4	0	6	6			0	0	0	Warp knitted fabrics of artificial fibres, of a width not exceeding 30cm, containing less than 5% by weight of elastomeric yarn or rubber thread
0	0	0	0	0	4	0	6	6			0	0	0	Weft knitted or crocheted fabrics of artificial fibres, of a width not exceeding 30cm, containing less than 5% by weight of elastomeric yarn or rubber thread
0	0	0	0	0	4	0	6	6			0	0	0	- Other
														Knitted or crocheted fabrics of a width exceeding 30cm, containing by weight 5% or more elastomeric yarn or rubber thread, other than those of heading 60.01:
														- Containing 5% or more by weight of elastomeric yarn but not containing rubber thread:
0	0	0	0	0	4	0	6	6	0//	0	0	0	0	--- Of cotton
0	0	0	0	0	4	0	6	6			0	0	0	--- Of silk or silk waste
0	0	0	0	0	4	0	9	6	0/0/0		0	0	0	--- Of synthetic fibres
0	0	0	0	0	4	0	8.6	6	0/0/		0	0	0	--- Of artificial fibres
0	0	0	0	0	4	0	6	6	0/0/0		0	0	0	--- Other
														- Other:
0	0	0	0	0	4		6	6	0//		0	0	0	--- Of cotton
0	0	0	0	0	4	0	6	6			0	0	0	--- Of silk or silk waste
0	0	0	0	0	4	0	9	6	0/0/0		0	0	0	--- Of synthetic fibres
0	0	0	0	0	4	0	6	6	0/0/		0	0	0	--- Of artificial fibres
0	0	0	0	0	4	0	6	6	0/0/0		0	0	0	--- Other
														Warp knit fabrics (including those made on galloon knitting machines), other than those of headings 60.01 to 60.04:
														- Of cotton:
0	0	0	0	0	4		6	6	0//		0	0	0	-- Unbleached or bleached
0	0	0	0	0	4		6	6	0//		0	0	0	-- Dyed
0	0	0	0	0	4		6	6	0//		0	0	0	-- Of yarns of different colours
0	0	0	0	0	4		6	6	0//		0	0	0	-- Printed
														- Of synthetic fibres:
														-- Unbleached or bleached
0	0	0	0	0	4	0	6	6	//0		0	0	0	Warp knitted open-work fabrics of synthetic fibres, bleached or unbleached, including those made on galloon knitting machines
0	0	0	0	0	4	0	6	6	//0		0	0	0	Warp knitted fabrics of synthetic fibres, without openings, bleached or unbleached, including those made on galloon knitting machines
														-- Dyed
0	0	0	0	0	4	0	9	6	//0	0	0	0	0	Warp knitted open-work fabrics of synthetic fibres, dyed, including those made on galloon knitting machines
0	0	0	0	0	4	0	9	6	//0	0	0	0	0	Warp knitted fabrics of synthetic fibres, without openings, dyed, including those made on galloon knitting machines
														-- Of yarns of different colours
0	0	0	0	0	4	0	6	6			0	0	0	Warp knitted open-work fabrics of synthetic fibres, of yarns of different colours, including those made on galloon knitting machines

税号	货品名称	进口关税 % 最惠国	普通	年内暂定	增值/消费税%	出口退税%	统计计量单位	监管证件代码	检验检疫类别	协定税率 % 东盟	亚太	智利
60053300.90	色织合成纤维制经编非透孔织物(包括由花边针织机织成的经编织物)	10	130		17	17	米/千克			0	8.5	0
6005.3400	-- 印花											
60053400.10	印花合成纤维制经编透孔织物(包括由花边针织机织成的经编织物)	10	130		17	17	米/千克			0	8.5	0
60053400.90	印花合成纤维制经编非透孔织物(包括由花边针织机织成的经编织物)	10	130		17	17	米/千克			0	8.5	0
	- 人造纤维制:											
6005.4100	-- 未漂白或漂白											
60054100.10	漂白或未漂白人造纤维制经编透孔织物(包括由花边针织机织成的经编织物)	10	130		17	17	米/千克			0	8.5	0
60054100.90	漂白或未漂白人造纤维制经编非透孔织物(包括由花边针织机织成的经编织物)	10	130		17	17	米/千克			0	8.5	0
6005.4200	-- 染色											
60054200.10	染色人造纤维制经编透孔织物(包括由花边针织机织成的经编织物)	10	130		17	17	米/千克			0	8.5	0
60054200.90	染色人造纤维制经编非透孔织物(包括由花边针织机织成的经编织物)	10	130		17	17	米/千克			0	8.5	0
6005.4300	-- 色织											
60054300.10	色织人造纤维制经编透孔织物(包括由花边针织机织成的经编织物)	10	130		17	17	米/千克			0	8.5	0
60054300.90	色织人造纤维制经编非透孔织物(包括由花边针织机织成的经编织物)	10	130		17	17	米/千克			0	8.5	0
6005.4400	-- 印花											
60054400.10	印花人造纤维制经编透孔织物(包括由花边针织机织成的经编织物)	10	130		17	17	米/千克			0	8.5	0
60054400.90	印花人造纤维制经编非透孔织物(包括由花边针织机织成的经编织物)	10	130		17	17	米/千克			0	8.5	0
	- 其他:											
6005.9010	--- 羊毛或动物细毛制	12	130		17	17	米/千克			0		0
6005.9090	--- 其他	12	130		17	17	米/千克			0		0
60.06	**其他针织或钩编织物:**											
6006.1000	- 羊毛或动物细毛制	12	130		17	17	米/千克			0		0
	- 棉制:											
6006.2100	-- 未漂白或漂白	10	70		17	17	米/千克			0	7	0
6006.2200	-- 染色	10	70		17	17	米/千克			0	8.5	0
6006.2300	-- 色织	10	70		17	17	米/千克			0	7	0
6006.2400	-- 印花	10	70		17	17	米/千克			0	8.5	0
	- 合成纤维制:											
6006.3100	-- 未漂白或漂白	10	130		17	17	米/千克			0	8.5	0
6006.3200	-- 染色	10	130		17	17	米/千克			0	8.5	0
6006.3300	-- 色织	10	130		17	17	米/千克			0	8.5	0
6006.3400	-- 印花	10	130		17	17	米/千克			0	8.5	0
	- 人造纤维制:											
6006.4100	-- 未漂白或漂白	10	130		17	17	米/千克			0	8.5	0
6006.4200	-- 染色	10	130		17	17	米/千克			0	8.5	0
6006.4300	-- 色织	10	130		17	17	米/千克			0	8.5	0
6006.4400	-- 印花	10	130		17	17	米/千克			0	8.5	0
6006.9000	- 其他											
60069000.10	丝及绢丝制其他针织或钩编织物(按重量计含丝及绢丝85%及以上)	12	130		17	17	米/千克			0	10.2	0
60069000.90	其他纺材制其他针织或钩编织物	12	130		17	17	米/千克			0	10.2	0

协定税率 %										特惠税率 %				Article Description
巴基斯坦	冰岛	哥斯达黎	秘鲁	新西兰	瑞士	新加坡	韩国	澳大利亚	港澳台	老挝	孟加拉	33 国	7 国	
0	0	0	0	0	4	0	6	6			0	0	0	Warp knitted fabrics of synthetic fibres, without openings, of yarns of different colours, including those made on galloon knitting machines
														-- Printed
0	0	0	0	0	4	0	6	6			0	0	0	Warp knitted open-work fabrics of synthetic fibres, printed, including those made on galloon knitting machines
0	0	0	0	0	4	0	6	6			0	0	0	Warp knitted fabrics of synthetic fibres, without openings, printed, including those made on galloon knitting machines
														- Of artificial fibres:
														-- Unbleached or bleached
0	0	0	0	0	4	0	6	6			0	0	0	Warp knitted open-work fabrics of artificial fibres, bleached or unbleached, including those made on galloon knitting machines
0	0	0	0	0	4	0	6	6			0	0	0	Warp knitted fabrics of artificial fibres, without openings, bleached or unbleached, including those made on galloon knitting machines
														-- Dyed
0	0	0	0	0	4	0	6	6			0	0	0	Warp knitted open-work fabrics of artificial fibres, dyed, including those made on galloon knitting machines
0	0	0	0	0	4	0	6	6			0	0	0	Warp knitted fabrics of artificial fibres, without openings, dyed, including those made on galloon knitting machines
														-- Of yarns of different colours
0	0	0	0	0	4	0	6	6			0	0	0	Warp knitted open-work fabrics of artificial fibres, of yarns of different colours, including those made on galloon knitting machines
0	0	0	0	0	4	0	6	6			0	0	0	Warp knitted fabrics of artificial fibres, without openings, of yarns of different colours, including those made on galloon knitting machines
														-- Printed
0	0	0	0	0	4	0	6	6			0	0	0	Warp knitted open-work fabrics of artificial fibres, printed, including those made on galloon knitting machines
0	0	0	0	0	4	0	6	6			0	0	0	Warp knitted fabrics of artificial fibres, without openings, printed, including those made on galloon knitting machines
														- Other:
0	0	0	0	0	8.4	0	7.2	7.2				0	0	--- Of wool or fine animal hair
0	0	0	0	0	8.4	0	7.2	7.2				0	0	--- Of other textile materials
														Other knitted or crocheted fabrics:
0	0	0	0	0	8.4	0	7.2	7.2				0	0	- Of wool or fine animal hair
														- Of cotton:
0	0	0	0	0	4		8.6	6	0/0/		0	0	0	-- Unbleached or bleached
0	0	0	0	0	4	0	6	6	0/0/	0	0	0	0	-- Dyed
0	0	0	0	0	4	0	6	6	0/0/	0	0	0	0	-- Of yarns Of different colours
0	0	0	0	0	4		6	6	0/0/0		0	0	0	-- Printed
														- Of synthetic fibres:
0	0	0	0	0	4	0	6	6	0/0/0		0	0	0	-- Unbleached or bleached
0	0	0	0	0	4	0	9	6	0/0/0		0	0	0	-- Dyed
0	0	0	0	0	4	0	9	6	0/0/0		0	0	0	-- Of yarns Of different colours
0	0	0	0	0	4	0	9	6	0/0/0		0	0	0	-- Printed
														- Of artificial fibres:
0	0	0	0	0	4	0	6	6	0/0/		0	0	0	-- Unbleached or bleached
0	0	0	0	0	4	0	8.6	6	0/0/0		0	0	0	-- Dyed
0	0	0	0	0	4	0	6	6	0/0/		0	0	0	-- Of yarns Of different colours
0	0	0	0	0	4	0	6	6	0/0/		0	0	0	-- Printed
														- Other
0	0	0	0	0	8.4	0	7.2	7.2				0	0	Other knitted or crocheted fabrics of silk or silk waste, containing by weight 85% or more of silk or silk waste
0	0	0	0	0	8.4	0	7.2	7.2				0	0	Other knitted or crocheted fabrics of other textile materials

第六十一章　针织或钩编的服装及衣着附件

注释：

一、本章仅适用于制成的针织品或钩编织品。

二、本章不包括：

（一）税目 62.12 的货品；

（二）税目 63.09 的旧衣着或其他旧物品；或

（三）矫形器具、外科手术带、疝气带及类似品（税目 90.21）。

三、税目 61.03 及 61.04 所称：

（一）“西服套装”，是指面料用相同的织物制成的两件套或三件套的下列成套服装：

——一件人体上半身穿着的外套或短上衣，除袖子外，其面料应由四片或四片以上组成；也可附带一件马甲（西服背心），这件马甲（西服背心）的前片面料应与套装其他各件的面料相同，后片面料则应与外套或短上衣的衬里料相同；以及

——一件人体下半身穿着的服装，即不带背带或护胸的长裤、马裤、短裤（游泳裤除外）、裙子或裙裤。

西服套装各件面料质地、颜色及构成必须相同，其款式也必须相同，尺寸大小还须相互般配，但可以用不同织物滚边（在缝口上缝入长条织物）。

如果数件人体下半身穿着的服装同时报验（例如，两条长裤、长裤与短裤、裙子或裙裤与长裤），构成西服套装下装的应是一条长裤，而对于女式西服套装，应是裙子或裙裤，其他服装应分别归类。

所称“西服套装”，包括不论是否完全符合上述条件的下列配套服装：

——常礼服，由一件后襟下垂并下端开圆弧形叉的素色短上衣和一条条纹长裤组成；

——晚礼服（燕尾服），一般用黑色织物制成，上衣前襟较短且不闭合，背后有燕尾；

——无燕尾套装夜礼服，其中上衣款式与普通上衣相似（可以更为显露衬衣前胸），但有光滑丝质或仿丝质的翻领。

（二）“便服套装”，是指面料相同并作零售包装的下列成套服装（西服套装及税目 61.07、61.08 或 61.09 的物品除外）：

——一件人体上半身穿着的服装，但套头衫及背心除外，因为套头衫可在两件套服装中作为内衣，背心也可作为内衣；以及

——一件或两件不同的人体下半身穿着的服装，即长裤、护胸背带工装裤、马裤、短裤（游泳裤除外）、裙子或裙裤。

便服套装各件面料质地、款式、颜色及构成必须相同；尺寸大小也须相互般配。所称“便服套装”，不包括税目 61.12 的运动服及滑雪服。

四、税目 61.05 及 61.06 不包括在腰围以下有口袋的服装、带有罗纹腰带及以其他方式收紧下摆的服装或其织物至少在 10 厘米 × 10 厘米的面积内沿各方向的直线长度上平均每厘米少于 10 针的服装。税目 61.05 不包括无袖服装。

五、税目 61.09 不包括带有束带、罗纹腰带或其他方式收紧下摆的服装。

六、对于税目 61.11：

（一）所称“婴儿服装及衣着附件”，是指用于身高不超过 86 厘米幼儿的服装；

（二）既可归入税目 61.11，也可归入本章其他税目的物品，应归入税目 61.11。

七、税目 61.12 所称“滑雪服”，是指从整个外观和织物质地来看，主要在滑雪（速度滑雪或高山滑雪）时穿着的下列服装或成套服装：

（一）“滑雪连身服”，即上下身连在一起的单件服装；除袖子和领子外，滑雪连身服可有口袋或脚带；或

（二）“滑雪套装”，即由两件或三件构成一套并作零售包装的下列服装：

——一件用一条拉链扣合的带风帽的厚夹克、防风衣、防风短上衣或类似的服装，可以附带一件背心（滑雪背心）；以及

Chapter 61 Articles of apparel and clothing accessories, knitted or crocheted

Chapter Notes:

1. This Chapter applies only to made up knitted or crocheted articles.

2. This Chapter does not cover:

(a) Goods of heading 62.12;

(b) Worn clothing or other worn articles of heading 63.09; or

(c) Orthopaedic appliances, surgical belts, trusses or the like (heading 90.21).

3. For the purposes of headings 61.03 and 61.04:

(a) The term "suit" means a set of garments composed of two or three pieces made up, in respect of their outer surface, in identical fabric and comprising:

——One suit coat or jacket the outer shell of which, exclusive of sleeves, consists of four or more panels, designed to cover the upper part of the body, possibly with a tailored waistcoat in addition whose front is made from the same fabric as the outer surface of the other components of the set and whose back is made from the same fabric as the lining of the suit coat or jacket; and

——One garment designed to cover the lower part of the body and consisting of trousers, breeches or shorts (other than swimwear), a skirt or a divided skirt, having neither braces nor bibs.

All of the components of a "suit" must be of the same fabric construction, colour and composition; they must also be of the same style and of corresponding or compatible size. However, these components may have piping (a strip of fabric sewn into the seam) in a different fabric.

If several separate components to cover the lower part of the body are presented together (for example, two pairs of trousers or trousers and shorts, or a skirt or divided skirt and trousers), the constituent lower part shall be one pair of trousers or, in the case of women's or girls' suits, the skirt or divided skirt, the other garments being considered separately.

The term "suit" includes the following sets of garments, whether or not they fulfil all the above conditions:

(i) morning dress, comprising a plain jacket (cutaway) with rounded tails hanging well down at the back and striped trousers;

(ii) evening dress (tailcoat), generally made of black fabric, the jacket of which is relatively short at the front, does not close and has narrow skirts cut in at the hips and hanging down behind;

(iii) dinner jacket suits, in which the jacket is similar in style to an ordinary jacket (though perhaps revealing more of the shirt front), but has shiny silk or imitation silk lapels.

(b) The term "ensemble" means a set of garments (other than suits and articles of heading 61.07, 61.08 or 61.09), composed of several pieces made up in identical fabric, put up for retail sale, and comprising:

——One garment designed to cover the upper part of the body, with the exception of pullovers which may form a second upper garment in the sole context of twin sets, and of waistcoats which may also form a second upper garment, and

——One or two different garments, designed to cover the lower part of the body and consisting of trousers, bib and brace overalls, breeches, shorts (other than swimwear), a skirt or a divided skirt.

All of the components of an ensemble must be of the same fabric construction, style, colour and composition; they also must be of corresponding or compatible size. The term "ensemble" does not apply to track suits or ski suits, of heading 61.12.

4. Headings 61.05 and 61.06 do not cover garments with pockets below the waist, with a ribbed waistband or other means of tightening at the bottom of the garment, or garments having an average of less than 10 stitches per linear centimetre in each direction counted on an area measuring at least 10 cm x 10 cm. Heading 61.05 does not cover sleeveless garments.

5. Heading 61.09 does not cover garments with a drawstring, ribbed waistband or other means of tightening at the bottom of the garment.

6. For the purposes of heading 61.11:

(a) The expression "babies' garments and clothing accessories" means articles for young children of a body height not exceeding 86 cm;

(b) Articles which are, prima facie, classifiable both in heading 61.11 and in other headings of this Chapter are to be classified in heading 61.11.

7. For the purposes of heading 61.12, "ski suits" means garments or sets of garments which, by their general appearance and texture, are identifiable as intended to be worn principally for skiing (cross-country or alpine). They consist either of:

(a) a "ski overall", that is, a one-piece garment designed to cover the upper and the lower parts of the body; in addition to sleeves and a collar the ski overall may have pockets or footstraps; or

(b) a "ski ensemble", that is, a set of garments composed of two or three pieces, put up for retail sale and comprising:

——One garment such as an anorak, wind-cheater, wind-jacket or similar article, closed by a slide fastener (zipper), possibly with a waistcoat in addition, and

——一条不论是否过腰的长裤、一条马裤或一条护胸背带工装裤。

"滑雪套装"也可由一件类似以上（一）款所述的连身服和一件可套在连身服外面的有胎料背心组成。

"滑雪套装"各件颜色可以不同，但面料质地、款式及构成必须相同；尺寸大小也须相互般配。

八、既可归入税目 61.13，也可归入本章其他税目的服装，除税目 61.11 所列的仍归入该税目外，其余的应一律归入税目 61.13。

九、本章的服装，凡门襟为左压右的，应视为男式；右压左的，应视为女式。但本规定不适用于其式样已明显为男式或女式的服装。

无法区别是男式还是女式的服装，应按女式服装归入有关税目。

十、本章物品可用金属线制成。

税号	货品名称	进口关税%			增值/消费税%	出口退税%	统计计量单位	监管证件代码	检验检疫类别	协定税率%		
		最惠国	普通	年内暂定						东盟	亚太	智利
61.01	针织或钩编的男式大衣、短大衣、斗篷、短斗篷、带风帽的防寒短上衣（包括滑雪短上衣）、防风衣、防风短上衣及类似品，但税目 61.03 的货品除外：											
6101.2000	- 棉制											
61012000.10	棉制针织或钩编男式大衣（包括短大衣、斗篷、短斗篷及类似品，雨衣除外）	17.5	90		17	17	件/千克			0	14	0
61012000.21	棉制针织或钩编手工制男式防风衣（包括防寒短上衣，防风短上衣及类似品）	17.5	90		17	17	件/千克			0	14	0
61012000.29	棉制针织或钩编男式防风衣（包括防寒短上衣，防风短上衣及类似品）	17.5	90		17	17	件/千克			0	14	0
61012000.30	棉制针织或钩编男式雨衣	17.5	90		17	17	件/千克			0	14	0
6101.3000	- 化学纤维制											
61013000.11	化纤制针织或钩编男式大衣等（含毛≥23%，包括短上衣、斗篷、短斗篷及类似品，雨衣除外）	17.5	130		17	17	件/千克			0	12.3	0
61013000.19	其他化纤制针织或钩编男式大衣等（包括短大衣，斗篷，短斗篷及类似品，雨衣除外）	17.5	130		17	17	件/千克			0	12.3	0
61013000.21	化纤制针织或钩编手工男式防风衣（含毛≥23%，包括防寒短上衣、防风短上衣及类似品）	17.5	130		17	17	件/千克			0	12.3	0
61013000.22	化纤制针织或钩编男式防风衣（含毛≥23%，包括防寒短上衣、防风短上衣及类似品）	17.5	130		17	17	件/千克			0	12.3	0
61013000.23	其他化纤针织钩编手工男式防风衣（包括防寒短上衣、防风短上衣及类似品）	17.5	130		17	17	件/千克			0	12.3	0
61013000.29	其他化纤制其他男式防风衣（包括防寒短上衣、防风短上衣及类似品）	17.5	130		17	17	件/千克			0	12.3	0
61013000.31	化纤制针织或钩编男式雨衣（按重量计含羊毛或动物细毛≥23%）	17.5	130		17	17	件/千克			0	12.3	0
61013000.39	化纤制针织或钩编男式雨衣	17.5	130		17	17	件/千克			0	12.3	0
	- 其他纺织材料制：											
6101.9010	--- 羊毛或动物细毛制											
61019010.10	毛制针织或钩编非手工制男式防风衣（包括防寒短上衣、防风短上衣及类似品）	25	130	13	17	17	件/千克			0	18	0
61019010.90	毛制针织或钩编其他男大衣、斗篷、防风衣等（包括防寒短上衣、防风短上衣、短大衣、短斗篷及类似品）	25	130	13	17	17	件/千克			0	18	0
6101.9090	--- 其他纺织材料制	17.5	130		17	17	件/千克			0	12.3	0
61.02	针织或钩编的女式大衣、短大衣、斗篷、短斗篷、带风帽的防寒短上衣（包括滑雪短上衣）、防风衣、防风短上衣及类似品，但税目 61.04 的货品除外：											
6102.1000	- 羊毛或动物细毛制											

——One pair of trousers whether or not extending above waist-level, one pair of breeches or one bib and brace overall.

The "ski ensemble" may also consist of an overall similar to the one mentioned in paragraph (a) above and a type of padded, sleeveless jacket worn over the overall.

All the components of a "ski ensemble" must be made up in a fabric of the same texture, style and composition whether or not of the same colour; they also must be of corresponding or compatible size.

8. Garments which are, prima facie, classifiable both in heading 61.13 and in other headings of this Chapter, excluding heading 61.11, are to be classified in heading 61.13.

9. Garments of this Chapter designed for left over right closure at the front shall be regarded as men's or boys' garments, and those designed for right over left closure at the front as women's or girls' garments. These provisions do not apply where the cut of the garment clearly indicates that it is designed for one or other of the sexes.
Garments which cannot be identified as either men's or boys' garments or as women's or girls' garments are to be classified in the headings covering women's or girls' garments.

10. Articles of this Chapter may be made of metal thread.

协定税率 %										特惠税率 %				Article Description
巴基斯坦	冰岛	哥斯达黎	秘鲁	新西兰	瑞士	新加坡	韩国	澳大利亚	港澳台	老挝	孟加拉	33 国	7 国	
														Men's or boys' overcoats, car-coats, capes, cloaks, anoraks (including ski-jackets), wind-cheaters, wind-jackets and similar knitted or cro-cheted articles, other than those of heading 61.03:
														- Of cotton
14	0	0	5.2	0	12.3	0	14	10.5	0/0/		0	0	0	Men's or boys' overcoats, car-coats, capes, cloaks and similar articles, of cotton, knitted or crocheted, other than raincoats
14	0	0	5.2	0	12.3	0	14	10.5	0/0/		0	0	0	Men's or boys' handmade wind-cheaters, anoraks, wind-jackets and similar articles, of cotton, knitted or crocheted
14	0	0	5.2	0	12.3	0	14	10.5	0/0/		0	0	0	Men's or boys' wind-cheaters, anoraks, wind- jackets and similar articles, of cotton, knitted or crocheted
14	0	0	5.2	0	12.3	0	14	10.5	0/0/		0	0	0	Men's or boys' raincoats of cotton, knitted or crocheted
														- Of man-made fibres
8.8	0	0	5.2	0	12.3	0	14	10.5	0/0/		0	0	0	Men's or boys' overcoats, car-coats, capes, cloaks and similar articles, of man-made fibres, knitted or crocheted, containing by weight 23% or more of wool or fine animal hair, other than raincoats
8.8	0	0	5.2	0	12.3	0	14	10.5	0/0/		0	0	0	Other men's or boys' overcoats, car-coats, capes, cloaks and similar articles, of man-made fibres, knitted or crocheted, other than raincoats
8.8	0	0	5.2	0	12.3	0	14	10.5	0/0/		0	0	0	Men's or boys' handmade wind-cheaters, anoraks, wind-jackets and similar articles, of man-made fibres, knitted or crocheted, containing by weight 23% or more of wool or fine animal hair
8.8	0	0	5.2	0	12.3	0	14	10.5	0/0/		0	0	0	Men's or boys' wind-cheaters, anoraks, wind- jackets and similar articles, of man-made fibres, knitted or crocheted, containing by weight 23% or more of wool or fine animal hair
8.8	0	0	5.2	0	12.3	0	14	10.5	0/0/		0	0	0	Other men's or boys' handmade wind-cheaters, anoraks, wind-jackets and similar articles, of man- made fibres, knitted or crocheted
8.8	0	0	5.2	0	12.3	0	14	10.5	0/0/		0	0	0	Other men's or boys' wind-cheaters, anoraks, wind-jackets and similar articles, of man-made fibres
8.8	0	0	5.2	0	12.3	0	14	10.5	0/0/		0	0	0	Men's or boys' knitted or crocheted raincoats, of man-made fibres, containing by weight 23% or more of wool or fine animal hair
8.8	0	0	5.2	0	12.3	0	14	10.5	0/0/		0	0	0	Other men's or boys' raincoats of man-made fibres, knitted or crocheted
														- Of other textile materials:
														--- Of wool or fine animal hair
18	0	0	7.5	0	17.5	0	22.5	15	0/0/			0	0	Men's or boys' non-handmade wind-cheaters, anoraks, wind-jackets and similar articles, knitted or crocheted, of wool or fine animal hair
18	0	0	7.5	0	17.5	0	22.5	15	0/0/			0	0	Other men's or boys' overcoats, capes, wind-cheaters, anoraks, wind-jackets, carcoats, cloak and similar articles, of wool or fine animal hair, knitted or crocheted
8.8	0	0	5.2	0	12.3	0	14	10.5	0/0/			0	0	--- Of Other textile materials
														Women's or girls' overcoats, car-coats, capes, cloaks, anoraks (including ski-jackets), wind-cheaters, wind-jackets and similar articles, knitted or crocheted, other than those of heading 61.04:
														- Of wool or fine animal hair

税号	货品名称	进口关税 %			增值/消费税%	出口退税%	统计计量单位	监管证件代码	检验检疫类别	协定税率 %		
		最惠国	普通	年内暂定						东盟	亚太	智利
61021000.10	毛制针织或钩编女式大衣等(包括短大衣、斗篷、短斗篷及类似品,雨衣除外)	25	130	13	17	17	件/千克			0	18	0
61021000.21	毛制针织或钩编手工制女式防风衣(包括防寒短上衣,防风短上衣及类似品)	25	130	13	17	17	件/千克			0	18	0
61021000.29	毛制针织或钩编女式防风衣(包括防寒短上衣,防风短上衣及类似品)	25	130	13	17	17	件/千克			0	18	0
61021000.30	毛制针织或钩编女式雨衣	25	130	13	17	17	件/千克			0	18	0
6102.2000	- 棉制											
61022000.10	棉制针织或钩编女式大衣(包括短大衣、斗篷、短斗篷及类似品,雨衣除外)	17.5	90		17	17	件/千克			0	14	0
61022000.21	棉制针织或钩编手工女式防风衣(包括防风短上衣,防寒短上衣及类似品)	17.5	90		17	17	件/千克			0	14	0
61022000.29	棉制针织或钩编女式防风衣(包括防风短上衣,防寒短上衣及类似品)	17.5	90		17	17	件/千克			0	14	0
61022000.30	棉制针织或钩编女式雨衣	17.5	90		17	17	件/千克			0	14	0
6102.3000	- 化学纤维制											
61023000.11	化纤制针织或钩编女式大衣等(含毛≥23%,含短大衣、斗篷短斗篷及类似品,雨衣除外)	17.5	130		17	17	件/千克			0	12.3	0
61023000.19	其他化纤制针织或钩编女式大衣(含短大衣.斗蓬短斗蓬及类似品,雨衣除外)	17.5	130		17	17	件/千克			0	12.3	0
61023000.21	化纤制针织或钩编手工女式防风衣(含毛≥23%,包括防寒短上衣,防风短上衣及类似品)	17.5	130		17	17	件/千克			0	12.3	0
61023000.22	化纤制针织或钩编女式防风衣(含毛≥23%,包括防寒短上衣,防风短上衣及类似品)	17.5	130		17	17	件/千克			0	12.3	0
61023000.23	其他化纤制针织钩编手工女防风衣(包括防寒短上衣,防风短上衣及类似品)	17.5	130		17	17	件/千克			0	12.3	0
61023000.29	其他化纤制针织钩编其他女防风衣(包括防寒短上衣,防风短上衣及类似品)	17.5	130		17	17	件/千克			0	12.3	0
61023000.31	化纤制针织或钩编女式雨衣(按重量计羊毛及动物细毛≥23%)	17.5	130		17	17	件/千克			0	12.3	0
61023000.39	化纤制针织或钩编女式雨衣	17.5	130		17	17	件/千克			0	12.3	0
6102.9000	- 其他纺织材料制											
61029000.11	丝及绢丝制针织或钩编女式大衣等(含丝≥70%包括短大衣、斗篷短斗篷及类似品,雨衣除外)	20	130		17	17	件/千克			0	13.8	0
61029000.14	丝及绢丝制针织或钩编女式防风衣(含丝≥70%,包括防寒短上衣、防风短上衣及类似品)	20	130		17	17	件/千克			0	13.8	0
61029000.15	丝及绢丝制针织或钩编女式雨衣(含丝≥70%)	20	130		17	17	件/千克			0	13.8	0
61029000.21	其他纺织材料制针织或钩编女大衣(包括短大衣、斗篷短斗篷及类似品,雨衣除外,棉限内)	20	130		17	17	件/千克			0	13.8	0
61029000.22	其他纺织材料制针织或钩编女大衣(包括短大衣、斗篷短斗篷及类似品,雨衣除外,羊毛限内)	20	130		17	17	件/千克			0	13.8	0
61029000.23	其他纺织材料制针织或钩编女大衣(包括短大衣、斗篷短斗篷及类似品,雨衣除外,化纤限内)	20	130		17	17	件/千克			0	13.8	0
61029000.29	其他纺织材料制针织或钩编女大衣(包括短大衣、斗篷短斗篷及类似品,雨衣除外)	20	130		17	17	件/千克			0	13.8	0
61029000.31	其他纺织料针织或钩编女式防风衣(包括防寒短上衣、防风短上衣及类似品,棉限内)	20	130		17	17	件/千克			0	13.8	0
61029000.32	其他纺织料针织或钩编女式防风衣(包括防寒短上衣、防风短上衣及类似品,羊毛限内)	20	130		17	17	件/千克			0	13.8	0
61029000.33	其他纺织料针织或钩编女式防风衣(包括防寒短上衣、防风短上衣及类似品,化纤限内)	20	130		17	17	件/千克			0	13.8	0
61029000.39	其他纺织料针织或钩编女式防风衣(包括防寒短上衣、防风短上衣及类似品)	20	130		17	17	件/千克			0	13.8	0

协定税率 %										特惠税率 %				Article Description
巴基斯坦	冰岛	哥斯达黎	秘鲁	新西兰	瑞士	新加坡	韩国	澳大利亚	港澳台	老挝	孟加拉	33 国	7 国	
18	0	0	7.5	0	17.5	0	22.5	15	0/0/			0	0	Women's or girls' overcoats, car-coats, capes, cloaks and similar articles, of wool or fine animal hair, knitted or crocheted, other than raincoats
18	0	0	7.5	0	17.5	0	22.5	15	0/0/			0	0	Women's or girls' handmade wind-cheaters, anoraks, wind-jackets and similar articles, of wool or fine animal hair, knitted or crocheted
18	0	0	7.5	0	17.5	0	22.5	15	0/0/			0	0	Women's or girls' wind-cheaters, anoraks, wind-jackets and similar articles, of wool or fine animal hair, knitted or crocheted
18	0	0	7.5	0	17.5	0	22.5	15	0/0/			0	0	Women's or girls' knitted or crocheted raincoats of wool or fine animal hair
														- Of cotton
14	0	0		0	12.3	0	14	10.5	0/0/		0	0	0	Women's or girls' overcoats, car-coats, capes, cloaks and similar articles, of cotton, knitted or crocheted, other than rain-coats
14	0	0		0	12.3	0	14	10.5	0/0/		0	0	0	Women's or girls' handwork wind-cheaters, anoraks, wind-jackets and similar articles, of cotton, knitted or crocheted
14	0	0		0	12.3	0	14	10.5	0/0/		0	0	0	Women's or girls' wind-cheaters, anoraks, wind-jackets and similar articles, of cotton, knitted or crocheted
14	0	0		0	12.3	0	14	10.5	0/0/		0	0	0	Women's or girls' knitted or crocheted raincoats of cotton
														- Of man-made fibres
8.8	0	0	5.2	0	12.3	0	14	10.5	0/0/		0	0	0	Women's or girls' overcoats, car-coats, capes, cloaks and similar articles, of man-made fibres, knitted or crocheted, containing by weight 23% or more of wool or fine animal hair, other than raincoats
8.8	0	0	5.2	0	12.3	0	14	10.5	0/0/		0	0	0	Other women's or girls' overcoats, car-coats, capes, cloaks and similar articles, of man-made fibres, knitted or crocheted, other than raincoats
8.8	0	0	5.2	0	12.3	0	14	10.5	0/0/		0	0	0	Women's or girls' handmade wind-cheaters, anoraks, wind-jackets and similar articles, of man-made fibres, knitted or crocheted, containing 23% or more by weight of wool or fine animal hair
8.8	0	0	5.2	0	12.3	0	14	10.5	0/0/		0	0	0	Women's or girls' wind-cheaters, anoraks, wind-jackets and similar articles, of man-made fibres, knitted or crocheted, containing 23% or more by weight of wool or fine animal hair
8.8	0	0	5.2	0	12.3	0	14	10.5	0/0/		0	0	0	Other women's or girls' handmade wind-cheaters, anoraks, wind-jackets and similar articles, of man-made fibres, knitted or crocheted
8.8	0	0	5.2	0	12.3	0	14	10.5	0/0/		0	0	0	Other women's or girls' wind-cheaters, anoraks, wind-jackets and similar articles, of man-made fibres, knitted or crocheted
8.8	0	0	5.2	0	12.3	0	14	10.5	0/0/		0	0	0	Women's or girls' knitted or crocheted raincoats, of man-made fibres, containing 23% or more by weight of wool or fine animal hair
8.8	0	0	5.2	0	12.3	0	14	10.5	0/0/		0	0	0	Women's or girls' knitted or crocheted raincoats of man-made fibres
														- Of other textile materials
10	0	0	6	0	14	0	17.3	12	0/0/			0	0	Women's or girls' overcoats, car-coats, capes, cloak and similar articles, knitted or crocheted, containing 70% or more by weight of silk or silk waste, other than raincoats
10	0	0	6	0	14	0	17.3	12	0/0/			0	0	Women's or girls' wind-cheaters, anoraks, wind-jackets and similar articles, knitted or crocheted, containing 70% or more by weight of silk or silk waste
10	0	0	6	0	14	0	17.3	12	0/0/			0	0	Women's or girls' knitted or crocheted raincoats, containing 70% or more by weight of silk or silk waste
10	0	0	6	0	14	0	17.3	12	0/0/			0	0	Women's or girls' overcoats, car-coats, capes, cloaks and similar articles, of other textile materials, knitted or crocheted, other than raincoats (in cotton limit)
10	0	0	6	0	14	0	17.3	12	0/0/			0	0	Women's or girls' overcoats, car-coats, capes, cloaks and similar articles, of other textile materials, knitted or crocheted, other than raincoats (in wool limit)
10	0	0	6	0	14	0	17.3	12	0/0/			0	0	Women's or girls' overcoats, car-coats, capes, cloak and similar articles, of other textile materials, knitted or crocheted, other than raincoats (in man-made fibres limit)
10	0	0	6	0	14	0	17.3	12	0/0/			0	0	Women's or girls' overcoats, car-coats, capes, cloaks and similar articles, of other textile materials, knitted or crocheted, other than raincoats
10	0	0	6	0	14	0	17.3	12	0/0/			0	0	Women's or girls' wind-cheaters, anoraks, wind-jackets and similar articles, of other textile materials, knitted or crocheted (in cotton limit)
10	0	0	6	0	14	0	17.3	12	0/0/			0	0	Women's or girls' wind-cheaters, anoraks, wind-jackets and similar articles, of other textile materials, knitted or crocheted (in wool limit)
10	0	0	6	0	14	0	17.3	12	0/0/			0	0	Women's or girls' wind-cheaters, anoraks, wind-jackets and similar articles, of other textile materials, knitted or crocheted (in man-made fibres limit)
10	0	0	6	0	14	0	17.3	12	0/0/			0	0	Other women's or girls' wind-cheaters, anoraks, wind-jackets and similar articles, of other textile materials, knitted or crocheted

税号	货品名称	进口关税 %			增值/消费税%	出口退税%	统计计量单位	监管证件代码	检验检疫类别	协定税率 %		
		最惠国	普通	年内暂定						东盟	亚太	智利
61029000.41	其他纺材制针织或钩编女式雨衣(棉限内)	20	130		17	17	件/千克			0	13.8	0
61029000.42	其他纺材制针织或钩编女式雨衣(羊毛限内)	20	130		17	17	件/千克			0	13.8	0
61029000.43	其他纺材制针织或钩编女式雨衣(化纤限内)	20	130		17	17	件/千克			0	13.8	0
61029000.49	其他纺材制针织或钩编女式雨衣	20	130		17	17	件/千克			0	13.8	0
61.03	针织或钩编的男式西服套装、便服套装、上衣、长裤、护胸背带工装裤、马裤及短裤(游泳裤除外):											
	- 西服套装:											
6103.1010	--- 羊毛或动物细毛制	25	130		17	17	套/千克			0	18	0
6103.1020	--- 合成纤维制											
61031020.10	合成纤维制针织或钩编男西服套装(含羊毛或动物细毛23%及以上)	25	130		17	17	套/千克			0	18	0
61031020.90	其他合成纤维制针织或钩编男式西服套装	25	130		17	17	套/千克			0	18	0
6103.1090	--- 其他纺织材料制											
61031090.11	人造纤维针织或钩编男式西服套装(含羊毛或动物细毛23%及以上)	17.5	130		17	17	套/千克			0	12.3	0
61031090.19	其他人纤针织或钩编男式西服套装	17.5	130		17	17	套/千克			0	12.3	0
61031090.20	棉制针织或钩编男式西服套装	17.5	130		17	17	套/千克			0	12.3	0
61031090.30	丝及绢丝制针织或钩编男西服套装	17.5	130		17	17	套/千克			0	12.3	0
61031090.41	其他纺材制针织或钩编男西服套装(棉限内)	17.5	130		17	17	套/千克			0	12.3	0
61031090.42	其他纺材制针织或钩编男西服套装(羊毛限内)	17.5	130		17	17	套/千克			0	12.3	0
61031090.43	其他纺材制针织或钩编男西服套装(化纤限内)	17.5	130		17	17	套/千克			0	12.3	0
61031090.49	其他纺材制针织或钩编男西服套装	17.5	130		17	17	套/千克			0	12.3	0
	- 便服套装:											
6103.2200	-- 棉制	20	90		17	17	套/千克			0	14.8	0
6103.2300	-- 合成纤维制											
61032300.10	合成纤维制针织或钩编男便服套装(含羊毛或动物细毛23%及以上)	25	130		17	17	套/千克			0	18	0
61032300.91	其他合纤针织或钩编含毛衫或针织衬衫或裤子的男便服套装	25	130		17	17	套/千克			0	18	0
61032300.99	其他合纤制针织或钩编其他男便服套装	25	130		17	17	套/千克			0	18	0
	-- 其他纺织材料制:											
6103.2910	--- 羊毛或动物细毛制	25	130		17	17	套/千克			0	18	0
6103.2990	--- 其他纺织材料制											
61032990.10	丝或绢丝制针织或钩编男便服套装(含丝或绢丝70%及以上)	25	130		17	17	套/千克			0	18	0
61032990.20	人造纤维制针织或钩编男便服套装	25	130		17	17	套/千克			0	18	0
61032990.31	其他纺织料针织或钩编男便服套装(上装为毛衫,棉限内)	25	130		17	17	套/千克			0	18	0
61032990.32	其他纺织料针织或钩编男便服套装(上装为毛衫,羊毛限内)	25	130		17	17	套/千克			0	18	0
61032990.33	其他纺织料针织或钩编男便服套装(上装为毛衫,化纤限内)	25	130		17	17	套/千克			0	18	0
61032990.34	其他纺织料针织或钩编男便服套装(上装为毛衫)	25	130		17	17	套/千克			0	18	0
61032990.35	其他纺织料针织或钩编男便服套装	25	130		17	17	套/千克			0	18	0
	- 上衣:											
6103.3100	-- 羊毛或动物细毛制	16	130		17	17	件/千克			0	11.7	0
6103.3200	-- 棉制	16	90		17	17	件/千克			0	12	0
6103.3300	-- 合成纤维制											
61033300.10	合成纤维制针织或钩编男式上衣(含羊毛或动物细毛23%及以上)	19	130		17	17	件/千克			0	13.6	0
61033300.90	其他合纤制针织或钩编男式上衣	19	130		17	17	件/千克			0	13.6	0
6103.3900	-- 其他纺织材料制											

协定税率 %										特惠税率 %				Article Description
巴基斯坦	冰岛	哥斯达黎	秘鲁	新西兰	瑞士	新加坡	韩国	澳大利亚	港澳台	老挝	孟加拉	33 国	7 国	
10	0	0	6	0	14	0	17.3	12	0/0/			0	0	Women's or girls' knitted or crocheted raincoats of other textile materials (in cotton limit)
10	0	0	6	0	14	0	17.3	12	0/0/			0	0	Women's or girls' knitted or crocheted raincoats of other textile materials (in wool limit)
10	0	0	6	0	14	0	17.3	12	0/0/			0	0	Women's or girls' knitted or crocheted raincoats of other textile materials (in man-made fibres limit)
10	0	0	6	0	14	0	17.3	12	0/0/			0	0	Other women's or girls' knitted or crocheted raincoats of other textile materials
														Men's or boys' suits, ensembles, jackets, blazers, trousers, bib and brace overalls, breeches and shorts (other than swimwear), knitted or crocheted:
														- Suits:
18	0	0	7.5	0	17.5	0	22.5	15	0/0/			0	0	--- Of wool or fine animal hair
														--- Of synthetic fibres
18	0	0	7.5	0	17.5	0	22.5	15	0/0/			0	0	Men's or boys' knitted or crocheted suits of synthetic fibres, containing 23% by weight or more of wool or fine animal hair
18	0	0	7.5	0	17.5	0	22.5	15	0/0/			0	0	Other men's or boys' knitted or crocheted suits, of synthetic fibres
														--- Of Other textile materials
8.8	0	0	5.2	0	12.3	0	14	10.5	0/0/	0	0	0	0	Men's or boys' knitted or crocheted suits of artificial fibres, containing 23% or more by weight of wool or fine animal hair
8.8	0	0	5.2	0	12.3	0	14	10.5	0/0/	0	0	0	0	Men's or boys' knitted or crocheted suits of other artificial fibres
8.8	0	0	5.2	0	12.3	0	14	10.5	0/0/	0	0	0	0	Men's or boys' knitted or crocheted suits of cotton
8.8	0	0	5.2	0	12.3	0	14	10.5	0/0/	0	0	0	0	Men's or boys' knitted or crocheted suits of silk and silk waste
8.8	0	0	5.2	0	12.3	0	14	10.5	0/0/	0	0	0	0	Men's or boys' knitted or crocheted suits of other textile materials (in cotton limit)
8.8	0	0	5.2	0	12.3	0	14	10.5	0/0/	0	0	0	0	Men's or boys' knitted or crocheted suits of other textile materials (in wool limit)
8.8	0	0	5.2	0	12.3	0	14	10.5	0/0/	0	0	0	0	Men's or boys' knitted or crocheted suits of other textile materials (in man-made fibres limit)
8.8	0	0	5.2	0	12.3	0	14	10.5	0/0/	0	0	0	0	Other men's or boys' knitted or crocheted suits, of other textile materials
														- Ensembles:
14.8	0	0	6	0	14	0	17.3	12	0/0/	0	0	0	0	-- Of cotton
														-- Of synthetic fibres
18	0	0	7.5	0	17.5	0	22.5	15	0/0/			0	0	Men's or boys' knitted or crocheted ensembles, of synthetic fibres, containing 23% or more by weight of wool or fine animal hair
18	0	0	7.5	0	17.5	0	22.5	15	0/0/			0	0	Men's or boys' knitted or crocheted ensembles of synthetic fibres, including sweater, knitted shirts or trousers
18	0	0	7.5	0	17.5	0	22.5	15	0/0/			0	0	Men's or boys' knitted or crocheted ensembles, of synthetic fibres
														-- Of other textile materials:
18	0	0	7.5	0	17.5	0	22.5	15	0/0/			0	0	--- Of wool or fine animal hair
														--- Of other textile materials
18	0	0	7.5	0	17.5	0	22.5	15	/0/	0	0	0	0	Men's or boys' knitted or crocheted ensembles, containing 70% or more by weight of silk and silk waste
18	0	0	7.5	0	17.5	0	22.5	15	/0/	0	0	0	0	Men's or boys' knitted or crocheted ensembles, of artificial fibres
18	0	0	7.5	0	17.5	0	22.5	15	/0/	0	0	0	0	Men's or boys' knitted or crocheted ensembles, of other textile materials (the upper garment is a sweater)(in cotton limit)
18	0	0	7.5	0	17.5	0	22.5	15	/0/	0	0	0	0	Men's or boys' knitted or crocheted ensembles of other textile materials (the upper garment is a sweater)(in wool limit)
18	0	0	7.5	0	17.5	0	22.5	15	/0/	0	0	0	0	Men's or boys' knitted or crocheted ensembles of other textile materials (the upper garment is a sweater)(in man-made fibres limit)
18	0	0	7.5	0	17.5	0	22.5	15	/0/	0	0	0	0	Men's or boys' knitted or crocheted ensembles of other textile materials (the upper garment is a sweater)
18	0	0	7.5	0	17.5	0	22.5	15	/0/	0	0	0	0	Other men's or boys' knitted or crocheted ensembles, of other textile materials
														- Jackets and blazers:
8	0	0	4.8	0	11.2	0	12.8	9.6	0/0/			0	0	-- Of wool or fine animal hair
8	0	0	4.8	0	11.2	0	12.8	9.6	0/0/	0	0	0	0	-- Of cotton
														-- Of synthetic fibres
9.5	0	0	5.7	0	13.3	0	15.2	11.4	0/0/		0	0	0	Men's or boys' knitted or crocheted jackets and blazers of synthetic fibres, containing 23% or more by weight of wool or fine animal hair
9.5	0	0	5.7	0	13.3	0	15.2	11.4	0/0/		0	0	0	Other men's or boys' knitted or crocheted jackets and blazers, of synthetic fibres
														-- Of other textile materials

税 号	货 品 名 称	进口关税 %			增值/消费税%	出口退税%	统计计量单位	监管证件代码	检验检疫类别	协定税率 %		
		最惠国	普通	年内暂定						东盟	亚太	智利
61033900.10	人造纤维制针织或钩编男式上衣	16	130		17	17	件/千克			0	11.7	0
61033900.20	丝制针织或钩编男式上衣(含丝及绢丝 70%及以上)	16	130		17	17	件/千克			0	11.7	0
61033900.31	其他纺织料制针织或钩编男式上衣(棉限内)	16	130		17	17	件/千克			0	11.7	0
61033900.32	其他纺织料制针织或钩编男式上衣(羊毛限内)	16	130		17	17	件/千克			0	11.7	0
61033900.33	其他纺织料制针织或钩编男式上衣(化纤限内)	16	130		17	17	件/千克			0	11.7	0
61033900.39	其他纺织料制针织或钩编男式上衣	16	130		17	17	件/千克			0	11.7	0
	- 长裤、护胸背带工装裤、马裤及短裤:											
6103.4100	-- 羊毛或动物细毛制											
61034100.10	毛制针织或钩编护胸背带男工装裤(羊毛或动物细毛制)	16	130		17	17	条/千克			0	11.7	0
61034100.20	毛制针织或钩编男长裤(羊毛或动物细毛制,包括 8-18 号男童长裤)	16	130		17	17	条/千克			0	11.7	0
61034100.90	毛制针织或钩编其他男裤(羊毛或动物细毛制,包括马裤、短裤及其他长裤)	16	130		17	17	条/千克			0	11.7	0
6103.4200	-- 棉制											
61034200.11	棉制针织或钩编护胸背带男工装裤(保暖)	16	90		17	17	条/千克			0	13.6	0
61034200.12	棉针织钩编男童非保暖背带工装裤(2-7 号男童护胸背带工装裤)	16	90		17	17	条/千克	A	M/	0	13.6	0
61034200.19	棉针织钩编男式非保暖背带工装裤(护胸背带工装裤,2-7 号男童的除外)	16	90		17	17	条/千克			0	13.6	0
61034200.21	棉制针织或钩编男童游戏套装长裤(指男童 8-18 号)	16	90		17	17	条/千克	A	M/	0	13.6	0
61034200.29	棉针织或钩编其他男童游戏套装裤(包括长裤、马裤、短裤)	16	90		17	17	条/千克	A	M/	0	13.6	0
61034200.30	棉制针织或钩编男长裤(包括 8-18 号男童长裤)	16	90		17	17	条/千克			0	13.6	0
61034200.90	棉制针织或钩编其他男裤等(包括马裤、短裤及其他长裤)	16	90		17	17	条/千克			0	13.6	0
6103.4300	-- 合成纤维制											
61034300.10	合纤针织或钩编护胸背带男工装裤(含羊毛或动物细毛 23%及以上)	17.5	130		17	17	条/千克			0	12.3	0
61034300.21	合成纤维制针织或钩编男长裤(含羊毛或动物细毛 23%及以上,包括 8-18 号男童长裤)	17.5	130		17	17	条/千克			0	12.3	0
61034300.29	合成纤维制针织或钩编其他男裤(含毛 23%及以上,包括马裤、短裤及其他长裤)	17.5	130		17	17	条/千克			0	12.3	0
61034300.91	其他合纤制护胸背带男工装裤(针织或钩编)	17.5	130		17	17	条/千克			0	12.3	0
61034300.92	其他合纤制男童游戏套装长裤(针织或钩编,指男童 8-18 号)	17.5	130		17	17	条/千克	A	M/	0	12.3	0
61034300.93	其他合纤制男童游戏套装长裤(针织或钩编,包括马裤、短裤及其他长裤)	17.5	130		17	17	条/千克	A	M/	0	12.3	0
61034300.94	其他合纤制针织或钩编男长裤(包括 8-18 号男童长裤)	17.5	130		17	17	条/千克			0	12.3	0
61034300.99	其他合纤制针织或钩编其他男裤(包括马裤、短裤及其他长裤)	17.5	130		17	17	条/千克			0	12.3	0
6103.4900	-- 其他纺织材料制											
61034900.11	丝制男式护胸背带工装裤(针织或钩编,丝及绢丝含量在 70%及以上)	16	130		17	17	条/千克			0	11.7	0
61034900.12	丝制针织或钩编男成人长裤、马裤(含 8-18 号男童长裤及马裤,丝及绢丝含量在 70%及以上)	16	130		17	17	条/千克			0	11.7	0
61034900.13	丝制针织或钩编其他男童长裤、马裤(丝及绢丝含量在 70%及以上)	16	130		17	17	条/千克	A	M/	0	11.7	0
61034900.14	丝制针织或钩编其他男式短裤(丝及绢丝含量在 70%及以上)	16	130		17	17	条/千克			0	11.7	0
61034900.21	人造纤维制男式护胸背带工装裤(针织或钩编)	16	130		17	17	条/千克			0	11.7	0

协定税率 %										特惠税率 %				Article Description
巴基斯坦	冰岛	哥斯达黎	秘鲁	新西兰	瑞士	新加坡	韩国	澳大利亚	港澳台	老挝	孟加拉	33 国	7 国	
8	0	0	4.8	0	11.2	0	12.8	9.6	0/0/	0	0	0	0	Men's or boys' knitted or crocheted jackets and blazers, of artificial fibres
8	0	0	4.8	0	11.2	0	12.8	9.6	0/0/	0	0	0	0	Men's or boys' knitted or crocheted jackets and blazers, containing 70% or more by weight of silk or silk waste
8	0	0	4.8	0	11.2	0	12.8	9.6	0/0/	0	0	0	0	Men's or boys' knitted or crocheted jackets and blazers, of other textile materials (in cotton limit)
8	0	0	4.8	0	11.2	0	12.8	9.6	0/0/	0	0	0	0	Men's or boys' knitted or crocheted jackets and blazers, of other textile materials (in wool limit)
8	0	0	4.8	0	11.2	0	12.8	9.6	0/0/	0	0	0	0	Men's or boys' knitted or crocheted jackets and blazers, of other textile materials (in man-made fibres limit)
8	0	0	4.8	0	11.2	0	12.8	9.6	0/0/	0	0	0	0	Other men's or boys' knitted or crocheted jackets and blazers, of other textile materials
														- Trousers，bib and brace overalls，breeches and shorts：
														-- Of wool or fine animal hair
8	0	0	4.8	0	11.2	0	12.8	9.6	0/0/	0	0	0	0	Men's or boys' knitted or crocheted bib and brace overalls, of wool or fine animal hair
8	0	0	4.8	0	11.2	0	12.8	9.6	0/0/	0	0	0	0	Men's knitted or crocheted trousers, of wool or fine animal hair, including boys' trousers, size 8-18
8	0	0	4.8	0	11.2	0	12.8	9.6	0/0/	0	0	0	0	Other men's or boys' knitted or crocheted trousers, breeches and shorts, of wool or fine animal hair
														-- Of cotton
8	0	0	4.8	0	11.2	0	12.8	9.6	0/0/	0	0	0	0	Men's or boys' bib and brace overalls (thermal) , of cotton, knitted or crocheted
8	0	0	4.8	0	11.2	0	12.8	9.6	0/0/	0	0	0	0	Boys' knitted or crocheted bib and brace overalls, of cotton, not thermal, size 2-7
8	0	0	4.8	0	11.2	0	12.8	9.6	0/0/	0	0	0	0	Men's or boys' bib and brace overalls, of cotton, not thermal, knitted or crocheted (other than boys', size 2-7)
8	0	0	4.8	0	11.2	0	12.8	9.6	0/0/	0	0	0	0	Boys' playsuit trousers, size 8-18, of cotton, knitted or crocheted
8	0	0	4.8	0	11.2	0	12.8	9.6	0/0/	0	0	0	0	Other boys' playsuit, including trousers, breeches and shorts, of cotton, knitted or crocheted
8	0	0	4.8	0	11.2	0	12.8	9.6	0/0/	0	0	0	0	Men's or boys' trousers, of cotton, knitted or crocheted, including boys' trousers, size 8-18
8	0	0	4.8	0	11.2	0	12.8	9.6	0/0/	0	0	0	0	Other men's or boys' trousers, breeches and shorts, of cotton, knitted or crocheted
														-- Of synthetic fibres
8.8	0	0	5.2	0	12.3	0	14	10.5	0/0/	0	0	0	0	Men's or boys' bib and brace overalls, of synthetic fibres, knitted or crocheted, containing 23% or more by weight of wool or fine animal hair
8.8	0	0	5.2	0	12.3	0	14	10.5	0/0/	0	0	0	0	Men's or boys' trousers of synthetic fibres, knitted or crocheted, containing 23% or more by weight of wool or fine animal hair, including boys' trousers, size 8-18
8.8	0	0	5.2	0	12.3	0	14	10.5	0/0/	0	0	0	0	Other men's or boys' trousers, breeches and shorts, of synthetic fibres, knitted or crocheted, containing 23% or more by weight of wool or fine animal hair
8.8	0	0	5.2	0	12.3	0	14	10.5	0/0/	0	0	0	0	Other men's or boys' bib and brace overalls, of synthetic fibres, knitted or crocheted
8.8	0	0	5.2	0	12.3	0	14	10.5	0/0/	0	0	0	0	Other boys' playsuit trousers, size 8-18, of synthetic fibres, knitted or crocheted
8.8	0	0	5.2	0	12.3	0	14	10.5	0/0/	0	0	0	0	Other boys' playsuit trousers, including breeches, shorts and other trousers, of synthetic fibres, knitted or crocheted
8.8	0	0	5.2	0	12.3	0	14	10.5	0/0/	0	0	0	0	Other men's or boys' trousers, of synthetic fibres, knitted or crocheted, including boys' trousers, size 8-18
8.8	0	0	5.2	0	12.3	0	14	10.5	0/0/	0	0	0	0	Other men's or boys' trousers, breeches and shorts, of synthetic fibres, knitted or crocheted
														-- Of other textile materials
8	0	0	4.8	0	11.2	0	12.8	9.6	0/0/	0	0	0	0	Men's or boys' bib and brace overalls, knitted or crocheted, containing 70% or more by weight of silk or silk waste
8	0	0	4.8	0	11.2	0	12.8	9.6	0/0/	0	0	0	0	Men's knitted or crocheted trousers and breeches, containing 70% or more by weight of silk or silk waste， including boys' trousers and breeches, size 8-18
8	0	0	4.8	0	11.2	0	12.8	9.6	0/0/	0	0	0	0	Boys' knitted or crocheted trousers and breeches, containing 70% or more by weight of silk or silk waste
8	0	0	4.8	0	11.2	0	12.8	9.6	0/0/	0	0	0	0	Other men's or boys' knitted or crocheted shorts, containing 70 % or more by weight of silk or silk waste
8	0	0	4.8	0	11.2	0	12.8	9.6	0/0/	0	0	0	0	Men's or boys' bib and brace overalls of artificial fibres, knitted or crocheted

税号	货品名称	进口关税 %			增值/消费税%	出口退税%	统计计量单位	监管证件代码	检验检疫类别	协定税率 %		
		最惠国	普通	年内暂定						东盟	亚太	智利
61034900.22	人纤制针织或钩编男人长裤.马裤(含8-18号男童长裤及马裤,含毛23%及以上)	16	130		17	17	条/千克			0	11.7	0
61034900.23	人纤制针织或钩编其他男童长裤、马裤(含毛23%及以上)	16	130		17	17	条/千克	A	M/	0	11.7	0
61034900.24	人纤制针织或钩编男式短裤(含毛23%及以上)	16	130		17	17	条/千克			0	11.7	0
61034900.25	其他人纤制针织或钩编男长裤、马裤(含8-18号男童长裤及马裤)	16	130		17	17	条/千克			0	11.7	0
61034900.26	其他人纤制针织或钩编其他男童长裤(包括马裤)	16	130		17	17	条/千克	A	M/	0	11.7	0
61034900.27	其他人纤制针织或钩编其他男短裤	16	130		17	17	条/千克			0	11.7	0
61034900.31	其他纺材制男式护胸背带工装裤(针织或钩编,棉限内)	16	130		17	17	条/千克			0	11.7	0
61034900.32	其他纺材制男式护胸背带工装裤(针织或钩编,羊毛限内)	16	130		17	17	条/千克			0	11.7	0
61034900.33	其他纺材制男式护胸背带工装裤(针织或钩编,化纤限内)	16	130		17	17	条/千克			0	11.7	0
61034900.39	其他纺材制男式护胸背带工装裤(针织或钩编)	16	130		17	17	条/千克			0	11.7	0
61034900.41	其他纺材制针织或钩编男长裤、马裤(包括8-18号男童长裤、马裤,棉限内)	16	130		17	17	条/千克			0	11.7	0
61034900.42	其他纺材制针织或钩编男长裤、马裤(包括8-18号男童长裤、马裤,羊毛限内)	16	130		17	17	条/千克			0	11.7	0
61034900.43	其他纺材制针织或钩编男长裤、马裤(包括8-18号男童长裤、马裤,化纤限内)	16	130		17	17	条/千克			0	11.7	0
61034900.49	其他纺材制针织或钩编男长裤、马裤(包括8-18号男童长裤、马裤)	16	130		17	17	条/千克			0	11.7	0
61034900.51	其他纺织材料制其他男童长裤马裤(针织或钩编,棉限内)	16	130		17	17	条/千克	A	M/	0	11.7	0
61034900.52	其他纺织材料制其他男童长裤马裤(针织或钩编,羊毛限内)	16	130		17	17	条/千克	A	M/	0	11.7	0
61034900.53	其他纺织材料制其他男童长裤马裤(针织或钩编,化纤限内)	16	130		17	17	条/千克	A	M/	0	11.7	0
61034900.59	其他纺织材料制其他男童长裤马裤(针织或钩编)	16	130		17	17	条/千克	A	M/	0	11.7	0
61034900.61	其他纺材制针织或钩编男式短裤(棉限内)	16	130		17	17	条/千克			0	11.7	0
61034900.62	其他纺材制针织或钩编男式短裤(羊毛限内)	16	130		17	17	条/千克			0	11.7	0
61034900.63	其他纺材制针织或钩编男式短裤(化纤限内)	16	130		17	17	条/千克			0	11.7	0
61034900.69	其他纺材制针织或钩编男式短裤	16	130		17	17	条/千克			0	11.7	0
61.04	**针织或钩编的女式西服套装、便服套装、上衣、连衣裙、裙子、裙裤、长裤、护胸背带工装裤、马裤及短裤(游泳服除外):**											
	- 西服套装:											
6104.1300	-- 合成纤维制											
61041300.10	合成纤维制针织或钩编女西服套装(含羊毛或动物细毛23%及以上)	25	130		17	17	套/千克			0	18	0
61041300.90	其他合纤制针织或钩编女西服套装	25	130		17	17	套/千克			0	18	0
	-- 其他纺织材料制:											
6104.1910	--- 羊毛或动物细毛制	17.5	130		17	17	套/千克			0	12.3	0
6104.1920	--- 棉制											
61041920.10	含裤子的棉针织或钩编女西服套装	17.5	90		17	17	套/千克			0	14	0
61041920.90	不含裤子的棉针织或钩编女西服套装	17.5	90		17	17	套/千克			0	14	0
6104.1990	--- 其他											
61041990.10	含裤子的其他纺材制针织或钩编女西服套装(棉限内)	17.5	130		17	17	套/千克			0	12.3	0

协定税率 %										特惠税率 %				
巴基斯坦	冰岛	哥斯达黎	秘鲁	新西兰	瑞士	新加坡	韩国	澳大利亚	港澳台	老挝	孟加拉	33 国	7 国	**Article Description**
8	0	0	4.8	0	11.2	0	12.8	9.6	0/0/	0	0	0	0	Men's knitted or crocheted trousers and breeches of artificial fibres, containing 23% or more by weight of wool or fine animal hair, including boys' trousers and breeches, size 8-18
8	0	0	4.8	0	11.2	0	12.8	9.6	0/0/	0	0	0	0	Other boys' trousers and breeches of artificial fibres, knitted or crocheted, containing 23% or more by weight of wool or fine animal hair
8	0	0	4.8	0	11.2	0	12.8	9.6	0/0/	0	0	0	0	Men's or boys' knitted or crocheted shorts of artificial fibres, containing 23% or more by weight of wool or fine animal hair
8	0	0	4.8	0	11.2	0	12.8	9.6	0/0/	0	0	0	0	Other men's trousers and breeches of artificial fibres, knitted or crocheted, including boys' trousers, breeches, size 8-18
8	0	0	4.8	0	11.2	0	12.8	9.6	0/0/	0	0	0	0	Other boys' knitted or crocheted trousers and breeches, of artificial fibres
8	0	0	4.8	0	11.2	0	12.8	9.6	0/0/	0	0	0	0	Other men's or boys' knitted or crocheted shorts of artificial fibres
8	0	0	4.8	0	11.2	0	12.8	9.6	0/0/	0	0	0	0	Men's or boys' bib and brace overalls, of other textile materials, knitted or crocheted, in cotton limit
8	0	0	4.8	0	11.2	0	12.8	9.6	0/0/	0	0	0	0	Men's or boys' bib and brace overalls, of other textile materials, knitted or crocheted, in wool limit
8	0	0	4.8	0	11.2	0	12.8	9.6	0/0/	0	0	0	0	Men's or boys' bib and brace overalls, of other textile materials, knitted or crocheted, in man-made fibres limit
8	0	0	4.8	0	11.2	0	12.8	9.6	0/0/	0	0	0	0	Other men's or boys' knitted or crocheted bib and brace overalls, of other textile materials
8	0	0	4.8	0	11.2	0	12.8	9.6	0/0/	0	0	0	0	Men's knitted or crocheted trousers and breeches of other textile materials, including boys' trousers and breeches, size 8-18, in cotton limit
8	0	0	4.8	0	11.2	0	12.8	9.6	0/0/	0	0	0	0	Men's knitted or crocheted trousers and breeches, of other textile materials, including boys' trousers and breeches, size 8-18, in wool limit
8	0	0	4.8	0	11.2	0	12.8	9.6	0/0/	0	0	0	0	Men's knitted or crocheted trousers and breeches ,of other textile materials, including boys' trousers and breeches, size 8-18, in man-made fibres limit
8	0	0	4.8	0	11.2	0	12.8	9.6	0/0/	0	0	0	0	Men's knitted or crocheted trousers and breeches, of other textile materials, including boys'trousers and breeches, size 8-18
8	0	0	4.8	0	11.2	0	12.8	9.6	0/0/	0	0	0	0	Boys' knitted or crocheted trousers and breeches, of other textile materials, in cotton limit
8	0	0	4.8	0	11.2	0	12.8	9.6	0/0/	0	0	0	0	Boys' knitted or crocheted trousers and breeches, of other textile materials, in wool limit
8	0	0	4.8	0	11.2	0	12.8	9.6	0/0/	0	0	0	0	Boys' knitted or crocheted trousers and breeches; of other textile materials, in man-made fibres limit
8	0	0	4.8	0	11.2	0	12.8	9.6	0/0/	0	0	0	0	Other boys' knitted or crocheted trousers and breeches, of other textile materials
8	0	0	4.8	0	11.2	0	12.8	9.6	0/0/	0	0	0	0	Men's or boys' knitted or crocheted shorts, of other textile materials, in cotton limit
8	0	0	4.8	0	11.2	0	12.8	9.6	0/0/	0	0	0	0	Men's or boys' knitted or crocheted shorts, of other textile materials, in wool limit
8	0	0	4.8	0	11.2	0	12.8	9.6	0/0/	0	0	0	0	Men's or boys' knitted or crocheted shorts, of other textile materials (in man-made fibres limit)
8	0	0	4.8	0	11.2	0	12.8	9.6	0/0/	0	0	0	0	Other men's or boys' knitted or crocheted shorts, of other textile materials
														Women's or girls' suits，ensembles, jackets, blazers，dresses, skirts，divided skirts，trousers，bib and brace overalls, breeches and shorts (other than swimwear)，knitted or crocheted：
														- Suits：
														-- Of synthetic fibres
18	0	0	7.5	0	17.5	0	22.5	15	0/0/			0	0	Women's or girls' knitted or crocheted suits, of synthetic fibres, containing 23% or more by weight of wool or fine animal hair
18	0	0	7.5	0	17.5	0	22.5	15	0/0/			0	0	Other women's or girls' knitted or crocheted suits of synthetic fibres
														-- Of other textile materials：
8.8	0	0	5.2	0	12.3	0	14	10.5	0/0/		0	0	0	--- Of wool or fine animal hair
														--- Of cotton
14	0	0	5.2	0	12.3	0	14	10.5	0/0/	0	0	0	0	Women's or girls' suits of cotton, knitted or crocheted, with trousers
14	0	0	5.2	0	12.3	0	14	10.5	0/0/	0	0	0	0	Women's or girls' suits of cotton, knitted or crocheted, without trousers
														--- Other
8.8	0	0	5.2	0	12.3	0	14	10.5	0/0/	0	0	0	0	Women's or girls' knitted or crocheted suits, of other textile materials, with trousers (in cotton limit)

税号	货品名称	进口关税 % 最惠国	普通	年内暂定	增值/消费税%	出口退税%	统计计量单位	监管证件代码	检验检疫类别	协定税率 % 东盟	亚太	智利
61041990.90	其他纺织材料制针织或钩编女式西服套装(除合成纤维、羊毛或动物细毛、棉以外的其他纺织材料)	17.5	130		17	17	套/千克			0	12.3	0
	- 便服套装:											
6104.2200	-- 棉制											
61042200.10	含针织衬衫或毛衫或裤子棉制针织或钩编女便服套装	17.5	90		17	17	套/千克			0	14	0
61042200.90	其他棉针织或钩编女便服套装	17.5	90		17	17	套/千克			0	14	0
6104.2300	-- 合成纤维制											
61042300.10	合纤制针织或钩编女便服套装(含羊毛23%及以上)	25	130		17	17	套/千克			0	18	0
61042300.91	含针织衬衫或毛衫或裤子其他合纤针织或钩编女便服套装(含毛23%以下)	25	130		17	17	套/千克			0	18	0
61042300.99	其他合纤针织或钩编其他女便服套装(含毛23%以下)	25	130		17	17	套/千克			0	18	0
	-- 其他纺织材料制:											
6104.2910	--- 羊毛或动物细毛制	17.5	130		17	17	套/千克			0	12.3	0
6104.2990	--- 其他											
61042990.21	含针织衬衫或毛衫或裤子的人纤制其他女便服套装(针织或编织)	15	130		17	17	套/千克			0	10.4	0
61042990.29	人纤制其他女便服套装(针织或编织)	15	130		17	17	套/千克			0	10.4	0
61042990.31	含针织衬衫或毛衫或裤子其他纺材针织或钩编女便服套装(棉限内)	15	130		17	17	套/千克			0	10.4	0
61042990.32	其他纺材针织或钩编女式便服套装(羊毛限内)	15	130		17	17	套/千克			0	10.4	0
61042990.33	含针织衬衫或毛衫或裤子其他纺材针织或钩编女便服套装(化纤限内)	15	130		17	17	套/千克			0	10.4	0
61042990.34	含裤子的其他纺材针织或钩编女式便服套装	15	130		17	17	套/千克			0	10.4	0
61042990.39	其他纺材针织或钩编其他女式便服套装	15	130		17	17	套/千克			0	10.4	0
	- 上衣:											
6104.3100	-- 羊毛或动物细毛制											
61043100.10	毛制钩编女式上衣	16	130		17	17	件/千克			0	11.7	0
61043100.90	毛制针织女式上衣	16	130		17	17	件/千克			0	11.7	0
6104.3200	-- 棉制											
61043200.10	棉制钩编女式上衣	16	90		17	17	件/千克			0	13.6	0
61043200.90	棉制针织女式上衣	16	90		17	17	件/千克			0	13.6	0
6104.3300	-- 合成纤维制											
61043300.11	合成纤维制钩编女上衣(含羊毛或动物细毛23%及以上)	19	130		17	17	件/千克			0	13.6	0
61043300.19	其他合成纤维制钩编女上衣	19	130		17	17	件/千克			0	13.6	0
61043300.91	合成纤维制针织女上衣(含羊毛或动物细毛23%及以上)	19	130		17	17	件/千克			0	13.6	0
61043300.99	其他合成纤维制针织女上衣	19	130		17	17	件/千克			0	13.6	0
6104.3900	-- 其他纺织材料制											
61043900.11	丝及绢丝制钩编女上衣(含丝70%及以上)	16	130		17	17	件/千克			0	11.7	0
61043900.19	丝及绢丝制针织女上衣(含丝70%及以上)	16	130		17	17	件/千克			0	11.7	0
61043900.21	人造纤维制钩编女上衣	16	130		17	17	件/千克			0	11.7	0
61043900.29	人造纤维制针织女上衣	16	130		17	17	件/千克			0	11.7	0
61043900.31	其他纺织材料制钩编女上衣(棉限内)	16	130		17	17	件/千克			0	11.7	0
61043900.32	其他纺织材料制钩编女上衣(羊毛限内)	16	130		17	17	件/千克			0	11.7	0
61043900.33	其他纺织材料制钩编女上衣(化纤限内)	16	130		17	17	件/千克			0	11.7	0
61043900.39	其他纺织材料制钩编女上衣	16	130		17	17	件/千克			0	11.7	0

协定税率 %										特惠税率 %				Article Description
巴基斯坦	冰岛	哥斯达黎	秘鲁	新西兰	瑞士	新加坡	韩国	澳大利亚	港澳台	老挝	孟加拉	33国	7国	
8.8	0	0	5.2	0	12.3	0	14	10.5	0/0/	0	0	0	0	Women's or girls' knitted or crocheted suits, of other textile materials, other than synthetic fibres, wool or fine animal hair, or cotton
														- Ensembles:
														-- Of cotton
14	0	0	5.2	0	12.3	0	14	10.5	0/0/	0	0	0	0	Women's or girls' knitted or crocheted ensembles of cotton, with sweater, knitted shirt or trousers
14	0	0	5.2	0	12.3	0	14	10.5	0/0/	0	0	0	0	Other women's or girls' knitted or croeheted ensembles of cotton
														-- Of synthetic fibres
18	0	0	7.5	0	17.5	0	22.5	15	0/0/			0	0	Women's or girls' knitted or croeheted ensembles, of synthetic fibres, containing 23% or more by weight of wool
18	0	0	7.5	0	17.5	0	22.5	15	0/0/			0	0	Women's or girls' knitted or crocheted ensembles, of other synthetic fibres, with sweater, knitted shirt or trousers, containing less than 23% by weight of animal hair
18	0	0	7.5	0	17.5	0	22.5	15	0/0/			0	0	Other women's or girls' ensembles, of synthetic fibres, knitted or crocheted, containing less than 23% by weight of animal hair
														-- Of other textile materials:
8.8	0	0	5.2	0	12.3	0	14	10.5	0/0/			0	0	--- Of wool or fine animal hair
														--- Other
7.5	0	0	4.5	0	10.5	0	12	9	0/0/		0	0	0	Other women's or girls' knitted or crocheted ensembles, of artificial fibres, with knitted shirt, sweater or trousers
7.5	0	0	4.5	0	10.5	0	12	9	0/0/		0	0	0	Other women's or girls' ensembles, of artificial fibres, knitted or crocheted
7.5	0	0	4.5	0	10.5	0	12	9	0/0/		0	0	0	Women's or girls' knitted or crocheted ensembles, of other textile materials, with knitted shirt, sweater or trousers (in cotton limit)
7.5	0	0	4.5	0	10.5	0	12	9	0/0/		0	0	0	Women's or girls' knitted or crocheted ensembles, of other textile materials (in wool limit)
7.5	0	0	4.5	0	10.5	0	12	9	0/0/		0	0	0	Women's or girls' knitted or crocheted ensembles, of other textile materials, with knitted shirt, sweater or trousers (in man-made fibres limit)
7.5	0	0	4.5	0	10.5	0	12	9	0/0/		0	0	0	Women's or girls' ensembles, of other textile materials, with trousers
7.5	0	0	4.5	0	10.5	0	12	9	0/0/		0	0	0	Other women's or girls' knitted or crocheted ensembles, of synthetic fibres
														- Jackets and blazers:
														-- Of wool or fine animal hair
8	0	0	4.8	0	11.2	0	12.8	9.6	0/0/		0	0	0	Women's or girls' crocheted jackets and blazers of wool or fine animal hair
8	0	0	4.8	0	11.2	0	12.8	9.6	0/0/		0	0	0	Women's or girls' knitted jackets and blazers of wool or fine animal hair
														-- Of cotton
13.6	0	0	4.8	0	11.2	0	12.8	9.6	0/0/	0	0	0	0	Women's or girls' crocheted jackets and blazers of cotton
13.6	0	0	4.8	0	11.2	0	12.8	9.6	0/0/	0	0	0	0	Women's or girls' knitted jackets and blazers of cotton
														-- Of synthetic fibres
9.5	0	0	5.7	0	13.3	0	15.2	11.4	0/0/		0	0	0	Women's or girls' crocheted jackets and blazers of synthetic fibres , containing 23% or more by weight of wool or fine animal hair
9.5	0	0	5.7	0	13.3	0	15.2	11.4	0/0/		0	0	0	Other women's or girls' crocheted jackets and blazers of synthetic fibres
9.5	0	0	5.7	0	13.3	0	15.2	11.4	0/0/		0	0	0	Women's or girls' knitted jackets and blazers of synthetic fibres, containing 23% or more by weight of wool or fine animal hair
9.5	0	0	5.7	0	13.3	0	15.2	11.4	0/0/		0	0	0	Other women's or girls' knitted jackets and blazers of synthetic fibres
														-- Of other textile materials
8	0	0	4.8	0	11.2	0	12.8	9.6	0/0/		0	0	0	Women's or girls' crocheted jackets and blazers, containing 70% or more by weight of silk or silk waste
8	0	0	4.8	0	11.2	0	12.8	9.6	0/0/		0	0	0	Women's or girls' knitted jackets and blazers, containing 70% or more by weight of silk or silk waste
8	0	0	4.8	0	11.2	0	12.8	9.6	0/0/		0	0	0	Women's or girls' crocheted jackets and blazers, of artificial fibres
8	0	0	4.8	0	11.2	0	12.8	9.6	0/0/		0	0	0	Women's or girls' knitted jackets and blazers, of artificial fibres
8	0	0	4.8	0	11.2	0	12.8	9.6	0/0/		0	0	0	Women's or girls' crocheted jackets and blazers of other textile materials (in cotton limit)
8	0	0	4.8	0	11.2	0	12.8	9.6	0/0/		0	0	0	Women's or girls' crocheted jackets and blazers of other textile materials (in wool limit)
8	0	0	4.8	0	11.2	0	12.8	9.6	0/0/		0	0	0	Women's or girls' crocheted jackets and blazers of other textile materials (in man-made fibres limit)
8	0	0	4.8	0	11.2	0	12.8	9.6	0/0/		0	0	0	Other women's or girls' crocheted jackets and blazers, of other textile materials

税号	货品名称	进口关税 % 最惠国	普通	年内暂定	增值/消费税%	出口退税%	统计计量单位	监管证件代码	检验检疫类别	协定税率 % 东盟	亚太	智利
61043900.41	其他纺织材料制针织女上衣(棉限内)	16	130		17	17	件/千克			0	11.7	0
61043900.42	其他纺织材料制针织女上衣(羊毛限内)	16	130		17	17	件/千克			0	11.7	0
61043900.43	其他纺织材料制针织女上衣(化纤限内)	16	130		17	17	件/千克			0	11.7	0
61043900.49	其他纺织材料制针织女上衣	16	130		17	17	件/千克			0	11.7	0
	- 连衣裙:											
6104.4100	-- 羊毛或动物细毛制	16	130		17	17	件/千克			0	11.7	0
6104.4200	-- 棉制	16	90		17	17	件/千克			0	13.6	0
6104.4300	-- 合成纤维制											
61044300.10	合纤制针织或钩编连衣裙(含羊毛或动物细毛23%及以上)	17.5	130		17	17	件/千克			0	12.3	0
61044300.90	其他合纤制针织或钩编连衣裙	17.5	130		17	17	件/千克			0	12.3	0
6104.4400	-- 人造纤维制											
61044400.10	人纤制针织或钩编连衣裙(含羊毛或动物细毛23%及以上)	16	130		17	17	件/千克			0	11.7	0
61044400.90	其他人纤制针织或钩编连衣裙	16	130		17	17	件/千克			0	11.7	0
6104.4900	-- 其他纺织材料制											
61044900.10	丝及绢丝制针织或钩编连衣裙(含丝70%及以上)	16	130		17	17	件/千克			0	11.7	0
61044900.91	其他纺织材料制针织或钩编连衣裙(棉限内)	16	130		17	17	件/千克			0	11.7	0
61044900.92	其他纺织材料制针织或钩编连衣裙(羊毛限内)	16	130		17	17	件/千克			0	11.7	0
61044900.93	其他纺织材料制针织或钩编连衣裙(化纤限内)	16	130		17	17	件/千克			0	11.7	0
61044900.99	其他纺织材料制针织或钩编连衣裙	16	130		17	17	件/千克			0	11.7	0
	- 裙子及裙裤:											
6104.5100	-- 羊毛或动物细毛制	14	130		17	17	件/千克			0	10.8	0
6104.5200	-- 棉制	14	90		17	17	件/千克			0	10.3	0
6104.5300	-- 合成纤维制											
61045300.10	合纤制针织或钩编裙子及裙裤(含羊毛或动物细毛23%及以上)	16	130		17	17	件/千克			0	11.7	0
61045300.90	其他合纤制针织或钩编裙子及裙裤	16	130		17	17	件/千克			0	11.7	0
6104.5900	-- 其他纺织材料制											
61045900.10	丝及绢丝制针织或钩编裙子及裙裤(含丝70%及以上)	14	130		17	17	件/千克			0	10.8	0
61045900.21	人纤制针织或钩编裙子及裙裤(含羊毛或动物细毛23%及以上)	14	130		17	17	件/千克			0	10.8	0
61045900.29	其他人纤制针织或钩编裙子及裙裤	14	130		17	17	件/千克			0	10.8	0
61045900.91	其他纺材制针织或钩编裙子及裙裤(棉限内)	14	130		17	17	件/千克			0	10.8	0
61045900.92	其他纺材制针织或钩编裙子及裙裤(羊毛限内)	14	130		17	17	件/千克			0	10.8	0
61045900.93	其他纺材制针织或钩编裙子及裙裤(化纤限内)	14	130		17	17	件/千克			0	10.8	0
61045900.99	其他纺材制针织或钩编裙子及裙裤	14	130		17	17	件/千克			0	10.8	0
	- 长裤、护胸背带工装裤、马裤及短裤:											
6104.6100	-- 羊毛或动物细毛制											
61046100.10	毛制针织或钩编女护胸背带工装裤	16	130		17	17	条/千克			0	11.7	0
61046100.20	毛制针织或钩编女长裤、马裤(包括女童7-16号)	16	130		17	17	条/千克			0	11.7	0
61046100.90	毛制针织或钩编其他女裤(包括短裤及其他女童裤)	16	130		17	17	条/千克			0	11.7	0
6104.6200	-- 棉制											
61046200.10	棉制针织或钩编护胸背带女工装裤(保暖护胸背带工装裤)	16	90		17	17	条/千克			0	13.6	0
61046200.20	棉针织或钩编非保暖女成人工装裤(护胸背带工装裤)	16	90		17	17	条/千克			0	13.6	0
61046200.30	棉制针织或钩编女童游戏套装长裤(指女童7-16号,包括马裤)	16	90		17	17	条/千克	A	M/	0	13.6	0

协定税率 %										特惠税率 %				
巴基斯坦	冰岛	哥斯达黎	秘鲁	新西兰	瑞士	新加坡	韩国	澳大利亚	港澳台	老挝	孟加拉	33 国	7 国	**Article Description**
8	0	0	4.8	0	11.2	0	12.8	9.6	0/0/		0	0	0	Women's or girls' knitted jackets and blazers, of other textile materials (in cotton limit)
8	0	0	4.8	0	11.2	0	12.8	9.6	0/0/		0	0	0	Women's or girls' knitted jackets and blazers, of other textile materials (in wool limit)
8	0	0	4.8	0	11.2	0	12.8	9.6	0/0/		0	0	0	Women's or girls' knitted jackets and blazers, of other textile materials (in man-made fibres limit)
8	0	0	4.8	0	11.2	0	12.8	9.6	0/0/		0	0	0	Other women's or girls' knitted jackets and blazers of other textile materials
														- Dresses:
8	0	0	4.8	0	11.2	0	12.8	9.6	0/0/			0	0	-- Of wool or fine animal hair
8	0	0	4.8	0	11.2	0	12.8	9.6	0/0/		0	0	0	-- Of cotton
														-- Of synthetic fibres
8.8	0	0	5.2	0	12.3	0	14	10.5	0/0/		0	0	0	Dresses of synthetic fibres, knitted or crocheted, containing 23% or more by weight of wool or fine animal hair
8.8	0	0	5.2	0	12.3	0	14	10.5	0/0/		0	0	0	Other knitted or crocheted dresses of synthetic fibres
														-- Of artificial fibres
8	0	0	4.8	0	11.2	0	12.8	9.6	0/0/		0	0	0	Dresses of artificial fibres, knitted or crocheted, containing 23% or more by weight of wool or fine animal hair
8	0	0	4.8	0	11.2	0	12.8	9.6	0/0/		0	0	0	Other knitted or crocheted dresses, of artificial fibres
														-- Of other textile materials
8	0	0	4.8	0	11.2	0	12.8	9.6	0/0/		0	0	0	Dresses, knitted or crocheted, containing 70 % or more by weight of silk or silk waste
8	0	0	4.8	0	11.2	0	12.8	9.6	0/0/		0	0	0	Dresses of other textile materials, knitted or crocheted (in cotton limit)
8	0	0	4.8	0	11.2	0	12.8	9.6	0/0/		0	0	0	Dresses of other textile materials, knitted or crocheted (in wool limit)
8	0	0	4.8	0	11.2	0	12.8	9.6	0/0/		0	0	0	Dresses of other textile materials, knitted or crocheted (in man-made fibres limit)
8	0	0	4.8	0	11.2	0	12.8	9.6	0/0/		0	0	0	Dresses, of other textile materials, knitted or crocheted
														- Skirts and divided skirts:
7	0	0	0	0	9.8	0	11.2	8.4	0/0/			0	0	-- Of wool or fine animal hair
7	0	0	0	0	9.8	0	11.2	8.4	0/0/		0	0	0	-- Of cotton
														-- Of synthetic fibres
8	0	0	4.8	0	11.2	0	12.8	9.6	0/0/		0	0	0	Skirts and divided skirts, knitted or crocheted, containing 23% or more by weight of wool or fine animal hair
8	0	0	4.8	0	11.2	0	12.8	9.6	0/0/		0	0	0	Other skirts and divided skirts, of synthetic fibres, knitted or crocheted
														-- Of other textile materials
7	0	0	0	0	9.8	0	11.2	8.4	0/0/	0	0	0	0	Skirts and divided skirts, knitted or crocheted, containing 70% or more by weight of silk or silk waste
7	0	0	0	0	9.8	0	11.2	8.4	0/0/	0	0	0	0	Skirts and divided skirts of artificial fibres, knitted or crocheted, containing 23% or more by weight of wool or animal hair
7	0	0	0	0	9.8	0	11.2	8.4	0/0/	0	0	0	0	Other skirts and divided skirts of artificial fibres, knitted or crocheted
7	0	0	0	0	9.8	0	11.2	8.4	0/0/	0	0	0	0	Skirts and divided skirts of other textile materials, knitted or crocheted (in cotton limit)
7	0	0	0	0	9.8	0	11.2	8.4	0/0/	0	0	0	0	Skirts and divided skirts of other textile materials, knitted or crocheted (in wool limit)
7	0	0	0	0	9.8	0	11.2	8.4	0/0/	0	0	0	0	Skirts and divided skirts of other textile materials, knitted or crocheted (in man-made fibres limit)
7	0	0	0	0	9.8	0	11.2	8.4	0/0/	0	0	0	0	Other skirts and divided skirts of other textile materials, knitted or crocheted
														- Trousers, bib and brace overalls, breeches and shorts:
														-- Of wool or fine animal hair
8	0	0	4.8	0	11.2	0	12.8	9.6	0/0/		0	0	0	Women's or girls' knitted or crocheted bib and brace overalls, of wool or fine animal hair
8	0	0	4.8	0	11.2	0	12.8	9.6	0/0/		0	0	0	Women's knitted or crocheted trousers and breeches, including girls' size 7-16, of wool or fine animal hair
8	0	0	4.8	0	11.2	0	12.8	9.6	0/0/		0	0	0	Other women's knitted or crocheted trousers, including shorts and other girls' trousers, of wool or fine animal hair
														-- Of cotton
8	0	0	4.8	0	11.2	0	12.8	9.6	0/0/	6.4	0	0	0	Women's or girls' knitted or crocheted bib and brace overalls, of cotton, thermal
8	0	0	4.8	0	11.2	0	12.8	9.6	0/0/	6.4	0	0	0	Women's knitted or crocheted bib and brace overalls, not thermal, of cotton
8	0	0	4.8	0	11.2	0	12.8	9.6	0/0/	6.4	0	0	0	Girls' knitted or crocheted playsuit trousers, size 7-16, of cotton, including breeches

税号	货品名称	进口关税 % 最惠国	普通	年内暂定	增值/消费税%	出口退税%	统计计量单位	监管证件代码	检验检疫类别	协定税率 % 东盟	亚太	智利
61046200.40	棉针织或钩编其他女童游戏套装裤(包括马裤、短裤、非保暖护胸背带工装裤及其他长裤)	16	90		17	17	条/千克	A	M/	0	13.6	0
61046200.50	棉制针织或钩编女长裤、马裤(包括女童 7-16 号)	16	90		17	17	条/千克			0	13.6	0
61046200.90	棉制针织或钩编其他女裤(包括短裤及其他女童裤)	16	90		17	17	条/千克			0	13.6	0
6104.6300	-- 合成纤维制											
61046300.10	合成纤维制护胸背带女工装裤(针织或钩编,包括女童护胸背带工装裤)	17.5	130		17	17	条/千克			0	12.3	0
61046300.21	合成纤维制针织或钩编女长裤(含毛或动物细毛23%及以上,包括女童 7-16 号)	17.5	130		17	17	条/千克			0	12.3	0
61046300.29	合成纤维制针织或钩编其他女裤(含毛或动物细毛 23%及以上,包括长裤、短裤)	17.5	130		17	17	条/千克			0	12.3	0
61046300.91	其他合纤制女童游戏套装长裤、马裤(针织或钩编,指女童 7-16 号)	17.5	130		17	17	条/千克	A	M/	0	12.3	0
61046300.92	其他合成纤维制女童游戏套装裤(针织或钩编,包括短裤及其他长裤)	17.5	130		17	17	条/千克	A	M/	0	12.3	0
61046300.99	其他合成纤维制针织或钩编女裤(包括长裤、马裤、短裤)	17.5	130		17	17	条/千克			0	12.3	0
6104.6900	-- 其他纺织材料制											
61046900.11	丝及绢丝制针织或钩编女工装裤(含丝 70%及以上)	16	130		17	17	条/千克			0	12	0
61046900.12	丝及绢丝制针织或钩编女长裤、马裤(含丝 70%及以上,包括女童 7-16 号)	16	130		17	17	条/千克			0	12	0
61046900.13	丝及绢丝制针织或钩编女短裤(含丝 70%及以上,包括女童 7-16 号)	16	130		17	17	条/千克			0	12	0
61046900.19	丝及绢丝制针织或钩编其他女长裤(含丝 70%及以上)	16	130		17	17	条/千克			0	12	0
61046900.21	人造纤维制护胸背带女工装裤(针织或钩编)	16	130		17	17	条/千克			0	12	0
61046900.22	人造纤维制针织或钩编女长裤、马裤(含毛或动物细毛 23%及以上,包括女童 7-16 号)	16	130		17	17	条/千克			0	12	0
61046900.23	人造纤维制针织或钩编其他女裤(含毛或动物细毛 23%及以上,包括长裤、短裤)	16	130		17	17	条/千克			0	12	0
61046900.24	其他人造纤维制女长裤(针织或钩编,包括女童 7-16 号)	16	130		17	17	条/千克			0	12	0
61046900.29	其他人纤制针织或钩编其他女裤(包括长裤、马裤)	16	130		17	17	条/千克			0	12	0
61046900.31	其他纺材制针织或钩编女工装裤(棉限内)	16	130		17	17	条/千克			0	12	0
61046900.32	其他纺材制针织或钩编女工装裤(羊毛限内)	16	130		17	17	条/千克			0	12	0
61046900.33	其他纺材制针织或钩编女工装裤(化纤限内)	16	130		17	17	条/千克			0	12	0
61046900.39	其他纺材制针织或钩编女工装裤	16	130		17	17	条/千克			0	12	0
61046900.41	其他纺织材料制针织或钩编女长裤(棉限内,包括女童 7-16 号,包括马裤)	16	130		17	17	条/千克			0	12	0
61046900.42	其他纺织材料制针织或钩编女长裤(羊毛限内,包括女童 7-16 号,包括马裤)	16	130		17	17	条/千克			0	12	0
61046900.43	其他纺织材料制针织或钩编女长裤(化纤限内,包括女童 7-16 号,包括马裤)	16	130		17	17	条/千克			0	12	0
61046900.49	其他纺织材料制针织或钩编女长裤(包括女童 7-16 号,包括马裤)	16	130		17	17	条/千克			0	12	0
61046900.51	其他纺织材料针织或钩编其他女长裤(棉限内)	16	130		17	17	条/千克			0	12	0
61046900.52	其他纺织材料针织或钩编其他女长裤(羊毛限内)	16	130		17	17	条/千克			0	12	0
61046900.53	其他纺织材料针织或钩编其他女长裤(化纤限内)	16	130		17	17	条/千克			0	12	0

协定税率 %										特惠税率 %				Article Description
巴基斯坦	冰岛	哥斯达黎	秘鲁	新西兰	瑞士	新加坡	韩国	澳大利亚	港澳台	老挝	孟加拉	33 国	7 国	
8	0	0	4.8	0	11.2	0	12.8	9.6	0/0/	6.4	0	0	0	Other girls' knitted or crocheted playsuit, including breeches, shorts, bib and brace overalls (not thermal) and other trousers, of cotton
8	0	0	4.8	0	11.2	0	12.8	9.6	0/0/	6.4	0	0	0	Women's knitted or crocheted trousers and breeches (including girls' size 7-16), of cotton
8	0	0	4.8	0	11.2	0	12.8	9.6	0/0/	6.4	0	0	0	Other women's and girls' knitted or crocheted shorts and trousers, of cotton
														-- Of synthetic fibres
8.8	0	0	5.2	0	12.3	0	14	10.5	0/0/		0	0	0	Women's or girls' knitted or crocheted bib and brace overalls, of synthetic fibres
8.8	0	0	5.2	0	12.3	0	14	10.5	0/0/		0	0	0	Women's and girls' knitted or crocheted trousers (including girls' size 7-16), containing 23% or more by weight of wool or fine animal hair, of synthetic fibres
8.8	0	0	5.2	0	12.3	0	14	10.5	0/0/		0	0	0	Other women's or girls' knitted or crocheted trousers and shorts, of synthetic fibres, containing 23% or more by weight of wool or fine animal hair
8.8	0	0	5.2	0	12.3	0	14	10.5	0/0/		0	0	0	Girls' knitted or crocheted playsuit trousers or breeches, size 7-16, of synthetic fibres
8.8	0	0	5.2	0	12.3	0	14	10.5	0/0/		0	0	0	Other girls' knitted or crocheted playsuit, shorts and other trousers, of synthetic fibres
8.8	0	0	5.2	0	12.3	0	14	10.5	0/0/		0	0	0	Other women's or girls' knitted or crocheted trousers, breeches and shorts, of synthetic fibres
														-- Of other textile materials
8	0	0	4.8	0	11.2	0	12.8	9.6	0/0/	0	0	0	0	Women's or girls' knitted or crocheted bib and brace overalls, containing 70% or more by weight of silk or silk waste
8	0	0	4.8	0	11.2	0	12.8	9.6	0/0/	0	0	0	0	Women's and girls' knitted or crocheted trousers, breeches (including girls' size 7-16), containing 70% or more by weight of silk or silk waste
8	0	0	4.8	0	11.2	0	12.8	9.6	0/0/	0	0	0	0	Women's and girls' knitted or crocheted shorts (including girls' size 7-16), containing 70% or more by weight of silk or silk waste
8	0	0	4.8	0	11.2	0	12.8	9.6	0/0/	0	0	0	0	Other women's or girls' knitted, crocheted trousers, containing 70% or more by weight of silk or silk waste
8	0	0	4.8	0	11.2	0	12.8	9.6	0/0/	0	0	0	0	Women's or girls' knitted or crocheted bib and brace overalls, of artificial fibres
8	0	0	4.8	0	11.2	0	12.8	9.6	0/0/	0	0	0	0	Women's and girls' knitted or crocheted trousers and breeches (including girls'size 7-16), of artificial fibres, containing 23% or more by weight of wool or fine animal hair
8	0	0	4.8	0	11.2	0	12.8	9.6	0/0/	0	0	0	0	Other women's or girls' knitted or crocheted trousers, shorts of artificial fibres, containing 23% or more by weight of wool or fine animal hair
8	0	0	4.8	0	11.2	0	12.8	9.6	0/0/	0	0	0	0	Women's and girls' knitted or crocheted trousers (including girls' size 7-16), of other artificial fibres
8	0	0	4.8	0	11.2	0	12.8	9.6	0/0/	0	0	0	0	Other women's or girls' knitted or crocheted trousers and breeches, of artificial fibres
8	0	0	4.8	0	11.2	0	12.8	9.6	0/0/	0	0	0	0	Women's or girls' knitted or crocheted bib and brace overalls, of other textile materials (in cotton limit)
8	0	0	4.8	0	11.2	0	12.8	9.6	0/0/	0	0	0	0	Women's or girls' knitted or crocheted bib and brace overalls, of other textile materials (in wool limit)
8	0	0	4.8	0	11.2	0	12.8	9.6	0/0/	0	0	0	0	Women's or girls' knitted or crocheted bib and brace overalls, of other textile materials (in man-made fibres limit)
8	0	0	4.8	0	11.2	0	12.8	9.6	0/0/	0	0	0	0	Women's or girls' knitted or crocheted bib and brace overalls, of other textile materials
8	0	0	4.8	0	11.2	0	12.8	9.6	0/0/	0	0	0	0	Women's and girls' knitted or crocheted trousers and breeches (including girls' size 7-16), of other textile materials (in cotton limit)
8	0	0	4.8	0	11.2	0	12.8	9.6	0/0/	0	0	0	0	Women's and girls' knitted or crocheted trousers and breeches (including girls' size 7-16), of other textile materials (in wool limit)
8	0	0	4.8	0	11.2	0	12.8	9.6	0/0/	0	0	0	0	Women's and girls' knitted or crocheted trousers and breeches (including girls' size 7-16), of other textile materials (in man-made fibres limit)
8	0	0	4.8	0	11.2	0	12.8	9.6	0/0/	0	0	0	0	Women's and girls' knitted or crocheted trousers and breeches (including girls' size 7-16), of other textile materials
8	0	0	4.8	0	11.2	0	12.8	9.6	0/0/	0	0	0	0	Other women's or girls' trousers, of other textile materials (in cotton limit)
8	0	0	4.8	0	11.2	0	12.8	9.6	0/0/	0	0	0	0	Other women's or girls' knitted or crocheted trousers, of other textile materials (in wool limit)
8	0	0	4.8	0	11.2	0	12.8	9.6	0/0/	0	0	0	0	Other women's or girls' knitted or crocheted trousers, of other textile materials (in man-made fibres limit)

税号	货品名称	进口关税 % 最惠国	普通	年内暂定	增值/消费税%	出口退税%	统计计量单位	监管证件代码	检验检疫类别	协定税率 % 东盟	亚太	智利
61046900.59	其他纺织材料针织或钩编其他女长裤	16	130		17	17	条/千克			0	12	0
61046900.61	其他纺织材料制针织或钩编女短裤(棉限内)	16	130		17	17	条/千克			0	12	0
61046900.62	其他纺织材料制针织或钩编女短裤(羊毛限内)	16	130		17	17	条/千克			0	12	0
61046900.63	其他纺织材料制针织或钩编女短裤(化纤限内)	16	130		17	17	条/千克			0	12	0
61046900.69	其他纺织材料制针织或钩编女短裤	16	130		17	17	条/千克			0	12	0
61.05	**针织或钩编的男衬衫:**											
6105.1000	- 棉制											
61051000.11	棉制针织或钩编男童游戏套装衬衫(不带缝制领,指男童8-18号)	16	90		17	17	件/千克	A	M/	0	13.6	0
61051000.19	棉制其他男童游戏套装衬衫(针织或钩编)	16	90		17	17	件/千克	A	M/	0	13.6	0
61051000.91	其他棉制针织或钩编男衬衫(不带缝制领,包括男童8-18号)	16	90		17	17	件/千克			0	13.6	0
61051000.99	其他棉制针织或钩编其他男衬衫	16	90		17	17	件/千克			0	13.6	0
6105.2000	- 化学纤维制											
61052000.11	化纤制针织或钩编男衬衫(含羊毛23%及以上,不带缝制领,包括男童8-18号)	17.5	130		17	17	件/千克			0	12.3	0
61052000.19	化纤制针织或钩编其他男衬衫(含羊毛23%及以上)	17.5	130		17	17	件/千克			0	12.3	0
61052000.21	化纤针织或钩编男童游戏套装衬衫(不带缝制领,指男童8-18号)	17.5	130		17	17	件/千克	A	M/	0	12.3	0
61052000.29	化纤制其他男童游戏套装衬衫(针织或钩编)	17.5	130		17	17	件/千克	A	M/	0	12.3	0
61052000.91	其他化纤制针织或钩编男衬衫(不带缝制领,包括男童8-18号)	17.5	130		17	17	件/千克			0	12.3	0
61052000.99	其他化纤制针织或钩编其他男衬衫	17.5	130		17	17	件/千克			0	12.3	0
6105.9000	- 其他纺织材料制											
61059000.11	丝及绢丝制针织或钩编男衬衫(含丝70%及以上,不带特制领,包括男童8-18号)	16	130		17	17	件/千克			0	11.7	0
61059000.19	丝及绢丝制针织或钩编其他男衬衫(含丝70%及以上)	16	130		17	17	件/千克			0	11.7	0
61059000.21	羊毛或动物细毛制男衬衫(针织或钩编,不带缝制领,包括男童8-18号)	16	130		17	17	件/千克			0	11.7	0
61059000.29	羊毛或动物细毛制其他男衬衫(针织或钩编)	16	130		17	17	件/千克			0	11.7	0
61059000.31	其他纺织材料制针织或钩编男衬衫(棉限内,不带特制领,包括男童8-18号)	16	130		17	17	件/千克			0	11.7	0
61059000.32	其他纺织材料制针织或钩编男衬衫(羊毛限内,不带特制领,包括男童8-18号)	16	130		17	17	件/千克			0	11.7	0
61059000.33	其他纺织材料制针织或钩编男衬衫(化纤限内,不带特制领,包括男童8-18号)	16	130		17	17	件/千克			0	11.7	0
61059000.39	其他纺织材料制针织或钩编男衬衫(不带特制领,包括男童8-18号)	16	130		17	17	件/千克			0	11.7	0
61059000.41	其他纺织材料制针织或钩编男衬衫(棉限内)	16	130		17	17	件/千克			0	11.7	0
61059000.42	其他纺织材料制针织或钩编男衬衫(羊毛限内)	16	130		17	17	件/千克			0	11.7	0
61059000.43	其他纺织材料制针织或钩编男衬衫(化纤限内)	16	130		17	17	件/千克			0	11.7	0
61059000.49	其他纺材制针织或钩编其他男衬衫	16	130		17	17	件/千克			0	11.7	0
61.06	**针织或钩编的女衬衫:**											
6106.1000	- 棉制											
61061000.10	棉制针织或钩编女童游戏套装衬衫	16	90		17	17	件/千克	A	M/	0	13.6	0
61061000.90	棉制针织或钩编其他女衬衫	16	90		17	17	件/千克			0	13.6	0
6106.2000	- 化学纤维制											

协定税率 %										特惠税率 %				Article Description
巴基斯坦	冰岛	哥斯达黎	秘鲁	新西兰	瑞士	新加坡	韩国	澳大利亚	港澳台	老挝	孟加拉	33 国	7 国	
8	0	0	4.8	0	11.2	0	12.8	9.6	0/0/	0	0	0	0	Other women's or girls' knitted or crocheted trousers, of other textile materials
8	0	0	4.8	0	11.2	0	12.8	9.6	0/0/	0	0	0	0	Other women's or girls' knitted or crocheted shorts, of other textile materials (in cotton limit)
8	0	0	4.8	0	11.2	0	12.8	9.6	0/0/	0	0	0	0	Other women's or girls' knitted or crocheted shorts, of other textile materials (in wool limit)
8	0	0	4.8	0	11.2	0	12.8	9.6	0/0/	0	0	0	0	Other women's or girls' knitted or crocheted shorts, of other textile materials (in man-made fibres limit)
8	0	0	4.8	0	11.2	0	12.8	9.6	0/0/	0	0	0	0	Other women's or girls' knitted or crocheted shorts, of other textile materials
														Men's or boys' shirts，knitted or crocheted:
														- Of cotton
13.6	0	0		0	11.2	0	12.8	9.6	0/0/0	0	0	0	0	Boys' knitted or crocheted playsuit shirts, size 8-18, of cotton, without stitched collar
13.6	0	0		0	11.2	0	12.8	9.6	0/0/0	0	0	0	0	Other boys' knitted or crocheted playsuit shirts, of cotton
13.6	0	0		0	11.2	0	12.8	9.6	0/0/0	0	0	0	0	Other men's knitted or crocheted shirts, of cotton, without stitched collar (including boys'size 8-18)
13.6	0	0		0	11.2	0	12.8	9.6	0/0/0	0	0	0	0	Other men's or boys' knitted or crocheted shirts, of cotton
														- Of man-made fibres
8.8	0	0	5.2	0	12.3	0	14	10.5	0/0/	0	0	0	0	Men's knitted or crocheted shirts of man-made fibres (including boys' size 8-18), containing 23% or more by weight of wool, without stitched collar
8.8	0	0	5.2	0	12.3	0	14	10.5	0/0/	0	0	0	0	Other men's or boys' knitted or crocheted shirts, of man-made fibres, containing 23% or more by weight of wool
8.8	0	0	5.2	0	12.3	0	14	10.5	0/0/	0	0	0	0	Boys' knitted or crocheted playsuit shirts, size 8-18, of man-made fibres, without stitched collar
8.8	0	0	5.2	0	12.3	0	14	10.5	0/0/	0	0	0	0	Other boys' knitted or crocheted playsuit shirts, of man-made fibres
8.8	0	0	5.2	0	12.3	0	14	10.5	0/0/	0	0	0	0	Other men's knitted or crocheted shirts (including boys' size 8-18), of man-made fibres, without stitched collar
8.8	0	0	5.2	0	12.3	0	14	10.5	0/0/	0	0	0	0	Other men's or boys' knitted or crocheted shirts, of man-made fibres
														- Of other textile materials
8	0	0	4.8	0	11.2	0	12.8	9.6	0/0/	0	0	0	0	Men's knitted or crocheted shirts (including boys' size 8-18), containing 70% or more by weight of silk or silk waste, without stitched collar
8	0	0	4.8	0	11.2	0	12.8	9.6	0/0/	0	0	0	0	Other men's or boys' knitted or crocheted shirts, containing 70% or more by weight of silk or silk waste
8	0	0	4.8	0	11.2	0	12.8	9.6	0/0/	0	0	0	0	Men's knitted or crocheted shirts (including boys' size 8-18), of wool or fine animal hair, without stitched collar
8	0	0	4.8	0	11.2	0	12.8	9.6	0/0/	0	0	0	0	Other men's or boys' knitted or crocheted shirts of wool or fine animal hair
8	0	0	4.8	0	11.2	0	12.8	9.6	0/0/	0	0	0	0	Other men's knitted or crocheted shirts (including boys' size 8-18), of other textile materials, without stitched collar (in cotton limit)
8	0	0	4.8	0	11.2	0	12.8	9.6	0/0/	0	0	0	0	Men's knitted or crocheted shirts (including boys' size 8-18), without stitched collar, of other textile materials (in wool limit)
8	0	0	4.8	0	11.2	0	12.8	9.6	0/0/	0	0	0	0	Men's knitted or crocheted shirts (including boys' size 8-18), without stitched collar, of other textile materials (in man-made fibres limit)
8	0	0	4.8	0	11.2	0	12.8	9.6	0/0/	0	0	0	0	Men's or boys' knitted or crocheted shirts (including boys', size 8-18), without stitched collar, of other textile materials
8	0	0	4.8	0	11.2	0	12.8	9.6	0/0/	0	0	0	0	Men's or boys' knitted or crocheted shirts, of other textile materials (in cotton limit)
8	0	0	4.8	0	11.2	0	12.8	9.6	0/0/	0	0	0	0	Men's or boys' knitted or crocheted shirts, of other textile materials (in wool limit)
8	0	0	4.8	0	11.2	0	12.8	9.6	0/0/	0	0	0	0	Men's or boys' knitted or crocheted shirts, of other textile materials (in man-made fibres limit)
8	0	0	4.8	0	11.2	0	12.8	9.6	0/0/	0	0	0	0	Other men's or boys' knitted or crocheted shirts, of other textile materials
														Women's or girls' blouses，shirts and shirtblouses，knitted or crocheted:
														- Of cotton
8	0	0	4.8	0	11.2	0	12.8	9.6	0/0/	0	0	0	0	Girls' knitted or crocheted playsuit shirts, of cotton
8	0	0	4.8	0	11.2	0	12.8	9.6	0/0/	0	0	0	0	Other women's or girls' knitted or crocheted shirts, of cotton
														- Of man-made fibres

税号	货品名称	进口关税 %			增值/消费税%	出口退税%	统计计量单位	监管证件代码	检验检疫类别	协定税率 %		
		最惠国	普通	年内暂定						东盟	亚太	智利
61062000.10	化纤制针织或钩编女衬衫(含羊毛23%及以上)	17.5	130		17	17	件/千克			0	12.3	0
61062000.20	其他化纤制女童游戏套装衬衫(针织或钩编)	17.5	130		17	17	件/千克	A	M/	0	12.3	0
61062000.90	其他化纤针织或钩编未列名女衬衫(针织或钩编)	17.5	130		17	17	件/千克			0	12.3	0
6106.9000	- 其他纺织材料制											
61069000.10	丝及绢丝制针织或钩编女衬衫(含丝70%及以上)	16	130		17	17	件/千克			0	11.7	0
61069000.20	羊毛或动物细毛针织或钩编女衬衫	16	130		17	17	件/千克			0	11.7	0
61069000.31	其他纺织材料制针织或钩编女衬衫(棉限内)	16	130		17	17	件/千克			0	11.7	0
61069000.32	其他纺织材料制针织或钩编女衬衫(羊毛限内)	16	130		17	17	件/千克			0	11.7	0
61069000.33	其他纺织材料制针织或钩编女衬衫(化纤限内)	16	130		17	17	件/千克			0	11.7	0
61069000.39	其他纺织材料制针织或钩编女衬衫	16	130		17	17	件/千克			0	11.7	0
61.07	**针织或钩编的男式内裤、三角裤、长睡衣、睡衣裤、浴衣、晨衣及类似品:**											
	- 内裤及三角裤:											
6107.1100	-- 棉制	14	90		17	17	件/千克	A	M/	0		0
6107.1200	-- 化学纤维制	16	130		17	17	件/千克	A	M/	0	10.9	0
	-- 其他纺织材料制:											
6107.1910	--- 丝及绢丝制											
61071910.10	丝及绢丝制男内裤及三角裤(含丝70%及以上,针织或钩编)	14	130		17	17	件/千克	A	M/	0	9.3	0
61071910.90	其他丝及绢丝制男内裤及三角裤(含丝70%以下,针织或钩编)	14	130		17	17	件/千克	A	M/	0	9.3	0
6107.1990	--- 其他											
61071990.10	羊毛或动物细毛制男内裤及三角裤(针织或钩编)	14	130		17	17	件/千克	A	M/	0	9.3	0
61071990.90	其他纺织材料制男内裤及三角裤(针织或钩编)	14	130		17	17	件/千克	A	M/	0	9.3	0
	- 长睡衣及睡衣裤:											
6107.2100	-- 棉制	14	90		17	17	件/千克	A	M/	0		0
6107.2200	-- 化学纤维制	16	130		17	17	件/千克	A	M/	0	10.9	0
	-- 其他纺织材料制:											
6107.2910	--- 丝及绢丝制											
61072910.10	丝及绢丝制针织或钩编男睡衣裤(含丝70%及以上,包括长睡衣)	14	130		17	17	件/千克	A	M/	0	9.3	0
61072910.90	其他丝及绢丝制针织或钩编男睡衣裤(含丝70%以下,包括长睡衣)	14	130		17	17	件/千克	A	M/	0	9.3	0
6107.2990	--- 其他	14	130		17	17	件/千克	A	M/	0	9.3	0
	- 其他:											
6107.9100	-- 棉制											
61079100.10	棉制针织或钩编其他睡衣裤	14	90		17	17	件/千克	A	M/	0		0
61079100.90	棉制针织或钩编男浴衣、晨衣等(包括类似品)	14	90		17	17	件/千克	A	M/	0		0
	-- 其他纺织材料制:											
6107.9910	--- 化学纤维制	16	130		17	17	件/千克	A	M/	0	10.9	0
6107.9990	--- 其他	14	130		17	17	件/千克	A	M/	0	9.3	0
61.08	**针织或钩编的女式长衬裙、衬裙、三角裤、短衬裤、睡衣、睡衣裤、浴衣、晨衣及类似品:**											
	- 长衬裙及衬裙:											
6108.1100	-- 化学纤维制	16	130		17	17	件/千克			0	10.9	0
	-- 其他纺织材料制:											
6108.1910	--- 棉制	14	90		17	17	件/千克			0		0
6108.1920	--- 丝及绢丝制											

协定税率 %										特惠税率 %				Article Description
巴基斯坦	冰岛	哥斯达黎	秘鲁	新西兰	瑞士	新加坡	韩国	澳大利亚	港澳台	老挝	孟加拉	33 国	7 国	
8.8	0	0	5.2	0	12.3	0	14	10.5	0/0/	0	0	0	0	Women' or girls' knitted or crocheted hirts, of man-made fibres, containing 23% or more by weight of wool or fine animal hair
8.8	0	0	5.2	0	12.3	0	14	10.5	0/0/	0	0	0	0	Girls' knitted or crocheted playsuit shirts, of man-made fibres
8.8	0	0	5.2	0	12.3	0	14	10.5	0/0/	0	0	0	0	Other women' or girls' knitted or crocheted shirts, not otherwise specified, of man-made fibres
														- Of other textile materials
8	0	0	4.8	0	11.2	0	12.8	9.6	0/0/0	0	0	0	0	Women's or girls' knitted or crocheted shirts, containing 70% or more by weight of silk or silk waste
8	0	0	4.8	0	11.2	0	12.8	9.6	0/0/0	0	0	0	0	Women' or girls' knitted or crocheted shirts, of wool or fine animal hair
8	0	0	4.8	0	11.2	0	12.8	9.6	0/0/0	0	0	0	0	Women's or girls' knitted or crocheted shirts, of other textile materials (in cotton limit)
8	0	0	4.8	0	11.2	0	12.8	9.6	0/0/0	0	0	0	0	Women's or girls' knitted or crocheted shirts, of other textile materials (in wool limit)
8	0	0	4.8	0	11.2	0	12.8	9.6	0/0/0	0	0	0	0	Women's or girls' knitted or crocheted shirts, of other textile materials (in man-made fibres limit)
8	0	0	4.8	0	11.2	0	12.8	9.6	0/0/0	0	0	0	0	Women's or girls' knitted or crocheted shirts, of other textile materials
														Men's or boys' underpants，briefs，night-shirts, pyjamas, bathrobes，dressing gowns and similar articles，knitted or crocheted:
														- Underpants and briefs:
11.2	0	0	4.2	0	9.8	0	11.2	8.4	0/0/	0	0	0	0	-- Of cotton
8	0	0	4.8	0	11.2	0	12.8	9.6	0/0/			0	0	-- Of man-made fibres
														-- Of other textile materials:
														--- Of silk or silk waste
7	0	0	0	0	9.8	0	11.2	8.4	0/0/			0	0	Men's or boys' knitted or crocheted underpants and briefs, containing 70% or more by weight of silk or silk waste
7	0	0	0	0	9.8	0	11.2	8.4	0/0/			0	0	Other men's or boys' knitted or crocheted underpants and briefs, containing less than by weight 70% of silk or silk waste
														--- Other
7	0	0	0	0	9.8	0	11.2	8.4	0/0/			0	0	Men's or boys' knitted or crocheted underpants and briefs, of wool or fine animal hair
7	0	0	0	0	9.8	0	11.2	8.4	0/0/			0	0	Men's or boys' knitted or crocheted underpants and briefs, of other textile fibres
														- Nightshirts and pyjamas:
11.2	0	0		0	9.8	0	11.2	8.4	0/0/	0	0	0	0	-- Of cotton
8	0	0	4.8	0	11.2	0	12.8	9.6	0/0/	0	0	0	0	-- Of man-made fibres
														-- Of other textile materials:
														--- Of silk or silk waste
7	0	0	0	0	9.8	0	11.2	8.4	0//	0	0	0	0	Men's or boys' knitted or crocheted night-shirts, pyjamas, containing b 70% or more by weightof silk or silk waste
7	0	0	0	0	9.8	0	11.2	8.4	0//	0	0	0	0	Men's or boys' knitted or crocheted night-shirts, pyjamas, containing less than 70% by weight of silk or silk waste
7	0	0	0	0	9.8	0	11.2	8.4	0//	0	0	0	0	--- Other
														- Other:
														-- Of cotton
7	0	0	0	0	9.8	0	11.2	8.4	0//			0	0	Other men's or boys' knitted or crocheted pyjamas, of cotton
7	0	0	0	0	9.8	0	11.2	8.4	0//			0	0	Men's or boys' knitted or crocheted bathrobes, dressing gowns and similar articles, of cotton
														-- Of other textile materials:
8	0	0	4.8	0	11.2	0	12.8	9.6	0//			0	0	--- Of man-made fibres
7	0	0	0	0	9.8	0	11.2	8.4				0	0	--- Other
														Women's or girls' slips，petticoats, briefs，panties，nightdresses，pyjamas, nèligès，bathrobes，dressing gowns and similar articles，knitted or crocheted:
														- Slips and petticoats:
8	0	0	4.8	0	11.2	0	12.8	9.6	0//			0	0	-- Of man-made fibres
														-- Of other textile materials:
7	0	0	0	0	9.8	0	11.2	8.4	0//		0	0	0	--- Of cotton
														--- Of silk or silk waste

税号	货品名称	进口关税% 最惠国	普通	年内暂定	增值/消费税%	出口退税%	统计计量单位	监管证件代码	检验检疫类别	协定税率% 东盟	亚太	智利
61081920.10	丝及绢丝制女式长衬裙及衬裙(针织或钩编,含丝70%及以上)	14	130		17	17	件/千克			0		0
61081920.90	其他丝及绢丝制女式长衬裙及衬裙(针织或钩编,含丝70%以下)	14	130		17	17	件/千克			0		0
6108.1990	--- 其他	14	130		17	17	件/千克			0	9.3	0
	- 三角裤及短衬裤:											
6108.2100	-- 棉制	14	90		17	17	件/千克	A	M/	0		0
6108.2200	-- 化学纤维制											
61082200.10	化纤制一次性女三角裤及短衬裤(针织或钩编)	16	130		17	17	件/千克	A	M/	0	10.9	0
61082200.90	化纤制其他女三角裤及短衬裤(针织或钩编)	16	130		17	17	件/千克	A	M/	0	10.9	0
	-- 其他纺织材料制:											
6108.2910	--- 丝及绢丝制											
61082910.10	丝及绢丝制女三角裤及短衬裤(针织或钩编,含丝70%及以上)	14	130		17	17	件/千克	A	M/	0	9.3	0
61082910.90	其他丝及绢丝制女三角裤及短衬裤(针织或钩编,含丝70%以下)	14	130		17	17	件/千克	A	M/	0	9.3	0
6108.2990	--- 其他											
61082990.10	羊毛制女三角裤及短衬裤(针织或钩编)	14	130		17	17	件/千克	A	M/	0	9.3	0
61082990.90	其他纺织材料制女三角裤及短衬裤(针织或钩编)	14	130		17	17	件/千克	A	M/	0	9.3	0
	- 睡衣及睡衣裤:											
6108.3100	-- 棉制	14	90		17	17	件/千克	A	M/	0		0
6108.3200	-- 化学纤维制	16	130		17	17	件/千克	A	M/	0	10.9	0
	-- 其他纺织材料制:											
6108.3910	--- 丝及绢丝制											
61083910.10	丝及绢丝制女睡衣及睡衣裤(针织或钩编,含丝70%及以上)	14	130		17	17	件/千克	A	M/	0	9.3	0
61083910.90	其他丝及绢丝制女睡衣及睡衣裤(针织或钩编,含丝70%以下)	14	130		17	17	件/千克	A	M/	0	9.3	0
6108.3990	--- 其他											
61083990.10	羊毛或动物细毛制女睡衣及睡衣裤(针织或钩编)	14	130		17	17	件/千克	A	M/	0	9.3	0
61083990.90	其他纺织材料制女睡衣及睡衣裤(针织或钩编)	14	130		17	17	件/千克	A	M/	0	9.3	0
	- 其他:											
6108.9100	-- 棉制											
61089100.10	棉制针织或钩编女内裤、内衣	14	90		17	17	件/千克	A	M/	0		0
61089100.90	其他棉制针织或钩编女浴衣、晨衣等(包括类似品)	14	90		17	17	件/千克	A	M/	0		0
6108.9200	-- 化学纤维制											
61089200.10	化纤制针织或钩编女内裤,内衣	16	130		17	17	件/千克	A	M/	0	10.9	0
61089200.90	其他化纤制针织或钩编女浴衣、晨衣等(包括类似品)	16	130		17	17	件/千克	A	M/	0	10.9	0
6108.9900	-- 其他纺织材料制											
61089900.10	丝及绢丝制制女浴衣、晨衣等(针织或钩编.包括类似品.含丝70%及以上)	14	130		17	17	件/千克	A	M/	0	9.3	0
61089900.20	羊毛或动物细毛制女浴衣、晨衣等(针织或钩编,包括类似品)	14	130		17	17	件/千克	A	M/	0	9.3	0
61089900.90	其他纺织材料制女浴衣、晨衣等(针织或钩编,包括类似品)	14	130		17	17	件/千克	A	M/	0	9.3	0
61.09	**针织或钩编的T恤衫、汗衫及其他内衣背心:**											
6109.1000	- 棉制											
61091000.10	棉制针织或钩编T恤衫、汗衫等(内衣式,包括其他背心)	14	90		17	17	件/千克	A	M/	0	9.4	0
61091000.21	其他棉制针织或钩编男式T恤衫(内衣除外)	14	90		17	17	件/千克	A	M/	0	9.4	0
61091000.22	其他棉制针织或钩编女式T恤衫(内衣除外)	14	90		17	17	件/千克	A	M/	0	9.4	0

协定税率 %										特惠税率 %				Article Description
巴基斯坦	冰岛	哥斯达黎	秘鲁	新西兰	瑞士	新加坡	韩国	澳大利亚	港澳台	老挝	孟加拉	33 国	7 国	
7	0	0	0	0	9.8	0	11.2	8.4	0//			0	0	Women's or girls' knitted or crocheted slips and petticoats, containing 70% or more by weight of silk or silk waste
7	0	0	0	0	9.8	0	11.2	8.4	0//			0	0	Other women's or girls' knitted or crocheted slips, petticoats, containing less than 70% by weight of silk or silk waste
7	0	0	0	0	9.8	0	11.2	8.4	0//			0	0	--- Other
														- Briefs and panties:
11.2	0	0	0	0	9.8	0	11.2	8.4	0/0/	0	0	0	0	-- Of cotton
														-- Of man-made fibres
8	0	0	4.8	0	11.2	0	12.8	9.6	0/0/		0	0	0	Women's or girls' knitted or crocheted disposable briefs and panties, of man-made fibres
8	0	0	4.8	0	11.2	0	12.8	9.6	0/0/		0	0	0	Other women's or girls' knitted or crocheted briefs and panties, of man-made fibres
														-- Of other textile materials:
														--- Of silk or silk waste
7	0	0	0	0	9.8	0	11.2	8.4	0/0/			0	0	Women's or girls' knitted or crocheted briefs and panties, containing 70%or more by weight of silk or silk waste
7	0	0	0	0	9.8	0	11.2	8.4	0/0/			0	0	Other women's or girls' knitted or crocheted briefs and panties, containing less than 70% by weight of silk or silk waste
														--- Other
7	0	0	0	0	9.8	0	11.2	8.4	0/0/			0	0	Women's or girls' knitted or crocheted briefs and panties, of wool
7	0	0	0	0	9.8	0	11.2	8.4	0/0/			0	0	Women's or girls' knitted or crocheted briefs and panties, of other textile materials
														- Nightdresses and pyjamas:
11.2	0	0	4.2	0	9.8	0	11.2	8.4	0/0/	0	0	0	0	-- Of cotton
8	0	0	4.8	0	11.2	0	12.8	9.6	0/0/	0	0	0	0	-- Of man-made fibres
														-- Of other textile materials:
														--- Of silk or silk waste
7	0	0	0	0	9.8	0	11.2	8.4	0//	0	0	0	0	Women's or girls' knitted or crocheted nightdresses, pyjamas, containing 70% or more by weight of silk or silk waste
7	0	0	0	0	9.8	0	11.2	8.4	0//	0	0	0	0	Other women's or girls' knitted or crocheted nightdresses and pyjamas, containing less than 70 % by weight of silk or silk waste
														--- Other
7	0	0	0	0	9.8	0	11.2	8.4	0//	0	0	0	0	Women's or girls' knitted or crocheted nightdresses and pyjamas, of wool or fine animal hair
7	0	0	0	0	9.8	0	11.2	8.4	0//	0	0	0	0	Women's or girls' knitted or crocheted nightdresses and pyjamas, of other textile materials
														- Other:
														-- Of cotton
11.2	0	0	4.2	0	9.8	0	11.2	8.4	0/0/	0	0	0	0	Women's or girls' knitted or crocheted briefs, panties and underwear, of cotton
11.2	0	0	4.2	0	9.8	0	11.2	8.4	0/0/	0	0	0	0	Women's or girls' knitted or crocheted bathrobes, dressing gowns and similar articles, of cotton
														-- Of man-made fibres
8	0	0	4.8	0	11.2	0	12.8	9.6	0/0/		0	0	0	Women's or girls' knitted or crocheted briefs, panties and underwear, of man-made fibres
8	0	0	4.8	0	11.2	0	12.8	9.6	0/0/		0	0	0	Women's or girls' knitted or crocheted bathrobes, dressing gowns and similar articles, of man-made fibres
														-- Of Other textile materials
7	0	0	0	0	9.8	0	11.2	8.4	0/0/			0	0	Women's or girls' knitted or crocheted bathrobes, dressing gowns and similar articles, containing 70% or more by weight of silk or silk waste
7	0	0	0	0	9.8	0	11.2	8.4	0/0/			0	0	Women's or girls' knitted or crocheted bathrobes, dressing gowns and similar articles, of wool or fine animal hair
7	0	0	0	0	9.8	0	11.2	8.4	0/0/			0	0	Women's or girls' knitted or crocheted bathrobes, dressing gowns and similar articles, of other textile materials
														T-shirts，singlets and other vests，knitted or crocheted:
														- Of cotton
9.4	0	0	4.2	0	9.8	0	8.4	8.4	0/0/	0	0	0	0	Knitted or crocheted T-shirts, singlets, underwear style, and other vests, of cotton
9.4	0	0	4.2	0	9.8	0	8.4	8.4	0/0/	0	0	0	0	Other men's or boys' knitted or crocheted T-shirts, other than underwear, of cotton
9.4	0	0	4.2	0	9.8	0	8.4	8.4	0/0/	0	0	0	0	Other women's or girls' knitted or crocheted T-shirts, other than underwear, of cotton

税号	货品名称	进口关税 % 最惠国	普通	年内暂定	增值/消费税%	出口退税%	统计计量单位	监管证件代码	检验检疫类别	协定税率 % 东盟	亚太	智利
61091000.91	其他棉制男式汗衫及其他背心(针织或钩编,内衣除外,包括男童8-18号)	14	90		17	17	件/千克	A	M/	0	9.4	0
61091000.92	其他棉制男式汗衫及其他背心(针织或钩编,内衣除外)	14	90		17	17	件/千克	A	M/	0	9.4	0
61091000.99	其他棉制女式汗衫及其他背心(针织或钩编,内衣除外)	14	90		17	17	件/千克	A	M/	0	9.4	0
	- 其他纺织材料制:											
6109.9010	--- 丝及绢丝制											
61099010.11	丝及绢丝针织或钩编T恤衫、汗衫、背心(内衣式,含丝≥70%)	14	130		17	17	件/千克	A	M/	0	9.3	0
61099010.19	其他丝及绢丝针织或钩编T恤衫、背心(包括汗衫,内衣式,含丝70%以下)	14	130		17	17	件/千克	A	M/	0	9.3	0
61099010.21	丝及绢丝针织钩编汗衫、背心(内衣除外,含丝≥70%,男童8-18号,女童7-16号)	14	130		17	17	件/千克	A	M/	0	9.3	0
61099010.29	其他丝及绢丝针织钩编汗衫、背心(内衣除外,含丝<70%,男童8-18号,女童7-16号)	14	130		17	17	件/千克	A	M/	0	9.3	0
61099010.91	其他丝及绢丝针织或钩编T恤衫、汗衫(含丝≥70%,包括其他背心)	14	130		17	17	件/千克	A	M/	0	9.3	0
61099010.99	其他丝及绢丝针织或钩编T恤衫、汗衫(含丝<70%,包括其他背心)	14	130		17	17	件/千克	A	M/	0	9.3	0
6109.9090	--- 其他											
61099090.11	毛制针织或钩编T恤衫、汗衫等(内衣式,长袖衫)	14	130		17	17	件/千克	A	M/	0	9.3	0
61099090.12	毛制针织或钩编男式T恤衫、汗衫(内衣式,长袖衫除外)	14	130		17	17	件/千克	A	M/	0	9.3	0
61099090.13	毛制针织或钩编女式T恤衫、汗衫(内衣式,长袖衫除外)	14	130		17	17	件/千克	A	M/	0	9.3	0
61099090.21	毛制针织或钩编男式其他T恤衫(内衣除外)	14	130		17	17	件/千克	A	M/	0	9.3	0
61099090.22	毛制针织或钩编女式其他T恤衫(内衣除外)	14	130		17	17	件/千克	A	M/	0	9.3	0
61099090.31	毛制男式汗衫及其他背心(针织或钩编,内衣除外,含男童8-18号)	14	130		17	17	件/千克	A	M/	0	9.3	0
61099090.32	其他毛制男式汗衫及其他背心(针织或钩编,内衣除外)	14	130		17	17	件/千克	A	M/	0	9.3	0
61099090.33	其他毛制女式汗衫及其他背心(针织或钩编,内衣除外)	14	130		17	17	件/千克	A	M/	0	9.3	0
61099090.40	化纤制针织或钩编内衣	14	130		17	17	件/千克	A	M/	0	9.3	0
61099090.50	化纤制针织或钩编T恤衫(内衣除外)	14	130		17	17	件/千克	A	M/	0	9.3	0
61099090.60	化纤针织或钩编汗衫及其他背心(内衣除外)	14	130		17	17	件/千克	A	M/	0	9.3	0
61099090.91	其他纺织材料制T恤衫、汗衫等(针织或钩编,内衣式,包括其他背心)	14	130		17	17	件/千克	A	M/	0	9.3	0
61099090.92	其他纺材制针织或钩编汗衫及其他背心(内衣除外,包括男童8-18号,女童7-16号)	14	130		17	17	件/千克	A	M/	0	9.3	0
61099090.93	其他纺材制针织或钩编T恤衫、汗衫(内衣除外,包括其他背心)	14	130		17	17	件/千克	A	M/	0	9.3	0
61.10	**针织或钩编的套头衫、开襟衫、马甲(背心)及类似品:**											
	- 羊毛或动物细毛制:											
6110.1100	-- 羊毛制											
61101100.11	羊毛制手工针织或钩编起绒外穿背心	14	130		17	17	件/千克			0	9.3	0
61101100.19	羊毛制针织或钩编起绒外穿背心	14	130		17	17	件/千克			0	9.3	0
61101100.21	羊毛制手工制起绒男毛衫(针织或钩编)	14	130		17	17	件/千克			0	9.3	0
61101100.29	羊毛针织制或钩编起绒男毛衫	14	130		17	17	件/千克			0	9.3	0

协定税率 %										特惠税率 %				Article Description
巴基斯坦	冰岛	哥斯达黎	秘鲁	新西兰	瑞士	新加坡	韩国	澳大利亚	港澳台	老挝	孟加拉	33 国	7 国	
9.4	0	0	4.2	0	9.8	0	8.4	8.4	0/0/	0	0	0	0	Other men's knitted or crocheted singlets and other vests (including boys' size 8-18), other than underwear, of cotton
9.4	0	0	4.2	0	9.8	0	8.4	8.4	0/0/	0	0	0	0	Other men's or boys' knitted or crocheted singlets and other vests, other than underwear, of cotton
9.4	0	0	4.2	0	9.8	0	8.4	8.4	0/0/	0	0	0	0	Other women's or girls' knitted or crocheted singlets and othervests, other than underwear, of cotton
														- Of other textile materials:
														--- Of silk or silk waste
7	0	0	0	0	9.8	0	11.2	8.4	0/0/	0	0	0	0	Knitted or crocheted T-shirts, singlets and other vests, underwear, containing 70% or more by weight of silk or silk waste
7	0	0	0	0	9.8	0	11.2	8.4	0/0/	0	0	0	0	Other knitted or crocheted T-shirts, singlets and other vests, underwear, containing less than 70% by weight of silk or silk waste
7	0	0	0	0	9.8	0	11.2	8.4	0/0/	0	0	0	0	Knitted or crocheted singlets, vests (including boys' size 8-18, and girls' size 7-16) , other than underwear, containing 70 % or more by weight of silk or silk waste
7	0	0	0	0	9.8	0	11.2	8.4	0/0/	0	0	0	0	Other knitted or crocheted singlets, vests (including boys' size 8-18, and girls' size 7-16) , other than underwear, containing less than 70% by weight of silk or silk waste
7	0	0	0	0	9.8	0	11.2	8.4	0/0/	0	0	0	0	Other ,knitted or crocheted T-shirts, singlets and other vests, containing 70% or more by weight of silk or silk waste
7	0	0	0	0	9.8	0	11.2	8.4	0/0/	0	0	0	0	Other knitted or crocheted T-shirts, singlets and other vests, containing less than 70% by weight of silk or silk waste
														--- Other
9.3	0	0	4.2	0	9.8	0	11.2	8.4	0/0/	0	0	0	0	Knitted or crocheted T-shirts, singlets and other vests, underwear style, long sleeve, of wool or fine animal hair
9.3	0	0	4.2	0	9.8	0	11.2	8.4	0/0/	0	0	0	0	Men's or boys' knitted or crocheted T-shirts, singlets, underwear style, other than long sleeve, of wool or fine animal hair
9.3	0	0	4.2	0	9.8	0	11.2	8.4	0/0/	0	0	0	0	Women's or grils' knitted or crocheted T-shirts, singlets, underwear style, other than long sleeve, of wool or fine animal hair
9.3	0	0	4.2	0	9.8	0	11.2	8.4	0/0/	0	0	0	0	Men's or boys' knitted or crocheted T-shirts, other than underwear, of wool or fine animal hair
9.3	0	0	4.2	0	9.8	0	11.2	8.4	0/0/	0	0	0	0	Women's or girls' knitted or crocheted T-shirts, other than underwear, of wool or fine animal hair
9.3	0	0	4.2	0	9.8	0	11.2	8.4	0/0/	0	0	0	0	Men's knitted or crocheted singlets, other vests (including boys' size 8-18), other than underwear, of wool or fine animal hair
9.3	0	0	4.2	0	9.8	0	11.2	8.4	0/0/	0	0	0	0	Men's or boys' knitted or crocheted singlets, other vests, other than underwear, of wool or fine animal hair
9.3	0	0	4.2	0	9.8	0	11.2	8.4	0/0/	0	0	0	0	Women's or girls knitted or crocheted singlets and other vests, other than underwear, of wool or fine animal hair
9.3	0	0	4.2	0	9.8	0	11.2	8.4	0/0/	0	0	0	0	Other women's or girls' knitted or crocheted underwear, of man-made fibres
9.3	0	0	4.2	0	9.8	0	11.2	8.4	0/0/	0	0	0	0	Women's or girls' knitted or crocheted T-shirts, other than underwear, of man-made fibres
9.3	0	0	4.2	0	9.8	0	11.2	8.4	0/0/	0	0	0	0	Women's or girls' knitted or crocheted singlets, other vests, other than underwear, of man-made fibres
9.3	0	0	4.2	0	9.8	0	11.2	8.4	0/0/	0	0	0	0	Knitted or crocheted T-shirts, singlets and other vests (including underwear style), of other textile materials
9.3	0	0	4.2	0	9.8	0	11.2	8.4	0/0/	0	0	0	0	Knitted or crocheted Singlets, and other vests (including boys' size 8-18 and girls' size 7-16), other than underwear, of other textile materials
9.3	0	0	4.2	0	9.8	0	11.2	8.4	0/0/	0	0	0	0	Knitted or crocheted T-shirts, singlets and other vests, other than underwear, of other textile materials
														Jerseys, pullovers, cardigans, waistcoats and similar articles, knitted or crocheted:
														- Of wool or fine animal hair:
														-- Of wool
0	0	0	4.2	0	9.8	0	8.4	8.4	0/0/0	0	0	0	0	Hand-worked knitted or crocheted piled waistcoats, of wool
0	0	0	4.2	0	9.8	0	8.4	8.4	0/0/0	0	0	0	0	Knitted or crocheted piled waistcoats, of wool
0	0	0	4.2	0	9.8	0	8.4	8.4	0/0/0	0	0	0	0	Men's or boys' hand-worked knitted or crocheted piled sweater, of wool
0	0	0	4.2	0	9.8	0	8.4	8.4	0/0/0	0	0	0	0	Men's or boys' knitted or crocheted piled sweater, of wool

税号	货品名称	进口关税 % 最惠国	普通	年内暂定	增值/消费税%	出口退税%	统计计量单位	监管证件代码	检验检疫类别	协定税率 % 东盟	亚太	智利
61101100.31	羊毛制手工制起绒女毛衫(针织或钩编)	14	130		17	17	件/千克			0	9.3	0
61101100.39	羊毛制针织或钩编起绒女毛衫	14	130		17	17	件/千克			0	9.3	0
61101100.41	羊毛手工制起绒套头衫等(包括开襟衫、背心及类似品,针织或钩编)	14	130		17	17	件/千克			0	9.3	0
61101100.49	羊毛针织或钩编起绒套头衫等(包括开襟衫、背心及类似品)	14	130		17	17	件/千克			0	9.3	0
61101100.51	羊毛手工制非起绒外穿背心(针织或钩编)	14	130		17	17	件/千克			0	9.3	0
61101100.59	羊毛针织或钩编非起绒外穿背心	14	130		17	17	件/千克			0	9.3	0
61101100.61	其他羊毛手工制非起绒男毛衫(针织或钩编)	14	130		17	17	件/千克			0	9.3	0
61101100.69	其他羊毛针织或钩编非起绒男毛衫	14	130		17	17	件/千克			0	9.3	0
61101100.71	其他羊毛制手工制非起绒女毛衫(针织或钩编)	14	130		17	17	件/千克			0	9.3	0
61101100.79	其他羊毛针织或钩编非起绒女毛衫	14	130		17	17	件/千克			0	9.3	0
61101100.91	其他羊毛制手工制非起绒套头衫等(针织或钩编,包括开襟衫、背心及类似品)	14	130		17	17	件/千克			0	9.3	0
61101100.99	其他羊毛制非起绒套头衫等(针织或钩编,包括开襟衫、背心及类似品)	14	130		17	17	件/千克			0	9.3	0
6110.1200	--- 喀什米尔山羊细毛制											
61101200.11	喀什米尔山羊细毛手工起绒男套头衫(针织或钩编,包括开襟衫、外穿背心及类似品)	14	130	7	17	17	件/千克			0	9.3	0
61101200.19	喀什米尔山羊细毛制起绒男套头衫(针织或钩编,包括开襟衫、外穿背心及类似品)	14	130	7	17	17	件/千克			0	9.3	0
61101200.21	喀什米尔山羊细毛手工起绒女套头衫(针织或钩编,包括开襟衫、外穿背心及类似品)	14	130	7	17	17	件/千克			0	9.3	0
61101200.29	喀什米尔山羊细毛制起绒女套头衫(针织或钩编,包括开襟衫、外穿背心及类似品)	14	130	7	17	17	件/千克			0	9.3	0
61101200.31	喀什米尔山羊细毛手工非起绒男套头衫(针织或钩编,包括开襟衫、外穿背心及类似品)	14	130	7	17	17	件/千克			0	9.3	0
61101200.39	喀什米尔山羊细毛非起绒男套头衫(针织或钩编,包括开襟衫、外穿背心及类似品)	14	130	7	17	17	件/千克			0	9.3	0
61101200.41	喀什米尔山羊细毛手工非起绒女套头衫(针织或钩编,包括开襟衫、外穿背心及类似品)	14	130	7	17	17	件/千克			0	9.3	0
61101200.49	喀什米尔山羊细毛非起绒女套头衫(针织或钩编,包括开襟衫、外穿背心及类似品)	14	130	7	17	17	件/千克			0	9.3	0
	-- 其他:											
6110.1910	--- 其他山羊细毛制											
61101910.11	其他山羊细毛手工起绒男套头衫(针织或钩编,包括开襟衫、背心及类似品)	14	130		17	17	件/千克			0	9.3	0
61101910.19	其他山羊细毛制起绒男套头衫(针织或钩编,包括开襟衫、背心及类似品)	14	130		17	17	件/千克			0	9.3	0
61101910.21	其他山羊细毛手工起绒女套头衫(针织或钩编,包括开襟衫、背心及类似品)	14	130		17	17	件/千克			0	9.3	0
61101910.29	其他山羊细毛制起绒女套头衫(针织或钩编,包括开襟衫、背心及类似品)	14	130		17	17	件/千克			0	9.3	0
61101910.31	其他山羊细毛手工非起绒男套头衫(针织或钩编,包括开襟衫、背心及类似品)	14	130		17	17	件/千克			0	9.3	0
61101910.39	其他山羊细毛非起绒男套头衫(针织或钩编,包括开襟衫、背心及类似品)	14	130		17	17	件/千克			0	9.3	0
61101910.41	其他山羊细毛手工非起绒女套头衫(针织或钩编,包括开襟衫、背心及类似品)	14	130		17	17	件/千克			0	9.3	0

协定税率 %										特惠税率 %				Article Description
巴基斯坦	冰岛	哥斯达黎	秘鲁	新西兰	瑞士	新加坡	韩国	澳大利亚	港澳台	老挝	孟加拉	33 国	7 国	
0	0	0	4.2	0	9.8	0	8.4	8.4	0/0/0	0	0	0	0	Women's or girls' hand-worked knitted or crocheted piled sweater, of wool
0	0	0	4.2	0	9.8	0	8.4	8.4	0/0/0	0	0	0	0	Women's or girls' knitted or crocheted piled sweater, of wool
0	0	0	4.2	0	9.8	0	8.4	8.4	0/0/0	0	0	0	0	Hand-worked knitted or crocheted piled pullovers, cardigans, waistcoats and similar articles, of wool
0	0	0	4.2	0	9.8	0	8.4	8.4	0/0/0	0	0	0	0	Knitted or crocheted piled pullovers, cardigans, waistcoats and similar articles, of wool
0	0	0	4.2	0	9.8	0	8.4	8.4	0/0/0	0	0	0	0	Hand-worked waistcoats, not piled, knitted or crocheted, of wool
0	0	0	4.2	0	9.8	0	8.4	8.4	0/0/0	0	0	0	0	Knitted or crocheted waistcoats of wool, not piled
0	0	0	4.2	0	9.8	0	8.4	8.4	0/0/0	0	0	0	0	Other men's or boys' hand-worked knitted or crocheted sweater, of wool, not piled
0	0	0	4.2	0	9.8	0	8.4	8.4	0/0/0	0	0	0	0	Other men's or boys' sweater, of wool, not piled
0	0	0	4.2	0	9.8	0	8.4	8.4	0/0/0	0	0	0	0	Other women's or girls' hand-worked knitted or crocheted sweater, of wool, not piled
0	0	0	4.2	0	9.8	0	8.4	8.4	0/0/0	0	0	0	0	Other women's or girls' knitted or crocheted sweater, of wool, not piled
0	0	0	4.2	0	9.8	0	8.4	8.4	0/0/0	0	0	0	0	Hand-worked or crocheted pullovers, cardigans, waistcoats and similar articles, of wool, not piled
0	0	0	4.2	0	9.8	0	8.4	8.4	0/0/0	0	0	0	0	Knitted or crocheted pullovers, cardigans, waistcoats and similar articles, of wool, not piled
														-- Of kashmir(cashmere)goats
0	0	0	0	0	9.8	0	11.2	8.4	0/0/		0	0	0	Handmade Men's or boys' pullovers, cardigans, waistcoats and similar articles, of Kashmir (cashmere) goats, piled, knitted or crocheted
0	0	0	0	0	9.8	0	11.2	8.4	0/0/		0	0	0	Men's or boys' pullovers, cardigans, waistcoats and similar articles of Kashmir (cashmere) goats, piled, knitted or crocheted
0	0	0	0	0	9.8	0	11.2	8.4	0/0/		0	0	0	Handmade Women's or girls' pullovers, cardigans, waistcoats and similar articles, of Kashmir (cashmere) goats, piled, knitted or crocheted
0	0	0	0	0	9.8	0	11.2	8.4	0/0/		0	0	0	Women's or girls' pullovers, cardigans, waistcoats and similar articles, of Kashmir (cashmere) goats, piled, knitted or crocheted
0	0	0	0	0	9.8	0	11.2	8.4	0/0/		0	0	0	Handmade men's or boys' pullovers, cardigans, waistcoats and similar articles, of Kashmir (cashmere) goats, not piled, knitted or crocheted
0	0	0	0	0	9.8	0	11.2	8.4	0/0/		0	0	0	Men's or boys' pullovers, cardigans, waistcoats and similar articles, of Kashmir (cashmere) goats, not piled, knitted or crocheted
0	0	0	0	0	9.8	0	11.2	8.4	0/0/		0	0	0	Handmade women's or girls' pullovers, cardigans, waistcoats and similar articles, of Kashmir (cashmere) goats, not piled, knitted or crocheted
0	0	0	0	0	9.8	0	11.2	8.4	0/0/		0	0	0	women's or girls' pullovers, cardigans, waistcoats and similar articles, of Kashmir (cashmere) goats, not piled, knitted or crocheted
														-- Other:
														--- Of other goats
0	0	0	0	0	9.8	0	11.2	8.4	0/0/		0	0	0	Men's or boys' handwork knitted or crocheted pullovers, cardigans, waistcoats and similar articles, of other goats, piled
0	0	0	0	0	9.8	0	11.2	8.4	0/0/		0	0	0	Men's or boys' knitted or crocheted pullovers, cardigans, waistcoats and similar articles, of other goats, piled
0	0	0	0	0	9.8	0	11.2	8.4	0/0/		0	0	0	Women's or girls' handwork knitted or crocheted pullovers, cardigans, waistcoats and similar articles, of other goats, piled
0	0	0	0	0	9.8	0	11.2	8.4	0/0/		0	0	0	Women's or girls' knitted or crocheted pullovers, cardigans, waistcoats and similar articles, of other goats, piled
0	0	0	0	0	9.8	0	11.2	8.4	0/0/		0	0	0	Men's or boys' handwork knitted or crocheted pullovers, cardigans, waistcoats and similar articles, of other goats, not piled
0	0	0	0	0	9.8	0	11.2	8.4	0/0/		0	0	0	Men's or boys' knitted or crocheted pullovers, cardigans, waistcoats and similar articles, of other goats, not piled
0	0	0	0	0	9.8	0	11.2	8.4	0/0/		0	0	0	Women's or girls' handwork knitted or crocheted pullovers, cardigans, waistcoats and similar articles, of other goats, not piled

税号	货品名称	进口关税 %			增值/消费税%	出口退税%	统计计量单位	监管证件代码	检验检疫类别	协定税率 %		
		最惠国	普通	年内暂定						东盟	亚太	智利
61101910.49	其他山羊细毛非起绒女套头衫(针织或钩编,包括开襟衫、背心及类似品)	14	130		17	17	件/千克			0	9.3	0
6110.1920	--- 兔毛制											
61101920.11	兔毛制手工针织或钩编起绒马甲	14	130		17	17	件/千克			0	9.3	0
61101920.19	兔毛制针织或钩编起绒马甲	14	130		17	17	件/千克			0	9.3	0
61101920.21	兔毛制手工针织或钩编起绒男毛衫	14	130		17	17	件/千克			0	9.3	0
61101920.29	兔毛制针织或钩编起绒男毛衫	14	130		17	17	件/千克			0	9.3	0
61101920.31	兔毛制手工针织或钩编起绒女毛衫	14	130		17	17	件/千克			0	9.3	0
61101920.39	兔毛制针织或钩编起绒女毛衫	14	130		17	17	件/千克			0	9.3	0
61101920.41	其他兔毛制手工制起绒套头衫等(针织或钩编,包括开襟衫、背心及类似品)	14	130		17	17	件/千克			0	9.3	0
61101920.49	其他兔毛制起绒套头衫等(针织或钩编,包括开襟衫、背心及类似品)	14	130		17	17	件/千克			0	9.3	0
61101920.51	兔毛制手工制非起绒马甲(针织或钩编)	14	130		17	17	件/千克			0	9.3	0
61101920.59	兔毛制针织或钩编非起绒马甲	14	130		17	17	件/千克			0	9.3	0
61101920.61	兔毛手工制非起绒男毛衫(针织或钩编)	14	130		17	17	件/千克			0	9.3	0
61101920.69	兔毛针织或钩编非起绒男毛衫	14	130		17	17	件/千克			0	9.3	0
61101920.71	兔毛制手工制非起绒女毛衫(针织或钩编)	14	130		17	17	件/千克			0	9.3	0
61101920.79	兔毛制针织或钩编非起绒女毛衫	14	130		17	17	件/千克			0	9.3	0
61101920.91	其他兔毛制手工制非起绒套头衫等(针织或钩编,包括开襟衫、背心及类似品)	14	130		17	17	件/千克			0	9.3	0
61101920.99	其他兔毛制非起绒套头衫等(针织或钩编,包括开襟衫、背心及类似品)	14	130		17	17	件/千克			0	9.3	0
6110.1990	--- 其他											
61101990.11	其他动物细毛制手工起绒马甲(针织或钩编)	14	130		17	17	件/千克			0	9.3	0
61101990.19	其他动物细毛制起绒马甲(针织或钩编)	14	130		17	17	件/千克			0	9.3	0
61101990.21	其他动物细毛手工起绒男毛衫(针织或钩编)	14	130		17	17	件/千克			0	9.3	0
61101990.29	其他动物细毛制起绒男毛衫(针织或钩编)	14	130		17	17	件/千克			0	9.3	0
61101990.31	其他动物细毛手工起绒女毛衫(针织或钩编)	14	130		17	17	件/千克			0	9.3	0
61101990.39	其他动物细毛制起绒女毛衫(针织或钩编)	14	130		17	17	件/千克			0	9.3	0
61101990.41	其他动物细毛手工起绒套头衫(针织或钩编,包括开襟衫、背心及类似品)	14	130		17	17	件/千克			0	9.3	0
61101990.49	其他动物细毛制起绒套头衫(针织或钩编,包括开襟衫、背心及类似品)	14	130		17	17	件/千克			0	9.3	0
61101990.51	其他动物细毛制手工非起绒马甲(针织或钩编)	14	130		17	17	件/千克			0	9.3	0
61101990.59	其他动物细毛制非起绒马甲(针织或钩编)	14	130		17	17	件/千克			0	9.3	0
61101990.61	其他动物细毛手工非起绒男毛衫(针织或钩编)	14	130		17	17	件/千克			0	9.3	0
61101990.69	其他动物细毛非起绒男毛衫(针织或钩编)	14	130		17	17	件/千克			0	9.3	0
61101990.71	其他动物细毛手工非起绒女毛衫(针织或钩编)	14	130		17	17	件/千克			0	9.3	0
61101990.79	其他动物细毛非起绒女毛衫(针织或钩编)	14	130		17	17	件/千克			0	9.3	0
61101990.91	其他动物细毛手工非起绒套头衫(针织或钩编,包括开襟衫、背心及类似品)	14	130		17	17	件/千克			0	9.3	0
61101990.99	其他动物细毛非起绒套头衫(针织或钩编,包括开襟衫、背心及类似品)	14	130		17	17	件/千克			0	9.3	0
6110.2000	- 棉制											
61102000.11	棉制儿童游戏套装紧身衫及套头衫(针织起绒,轻薄细针翻领、开领、高领,含亚麻36%以下)	14	90		17	17	件/千克	A	M/	0	11	0
61102000.12	棉制其他起绒儿童游戏套头衫等(针织钩编,包括开襟衫、背心及类似品,含亚麻36%以下)	14	90		17	17	件/千克	A	M/	0	11	0

协定税率 %										特惠税率 %				Article Description
巴基斯坦	冰岛	哥斯达黎	秘鲁	新西兰	瑞士	新加坡	韩国	澳大利亚	港澳台	老挝	孟加拉	33 国	7 国	
0	0	0	0	0	9.8	0	11.2	8.4	0/0/		0	0	0	Women's or girls' knitted or crocheted pullovers, cardigans, waistcoats and similar articles, of other goats, not piled
														--- Of rabbit and hare
0	0	0	0	0	9.8	0	11.2	8.4	0/0/			0	0	Handwork knitted or crocheted piled waistcoats, of rabbit and hare
0	0	0	0	0	9.8	0	11.2	8.4	0/0/			0	0	Knitted or crocheted waistcoats, piled, of rabbit and hare
0	0	0	0	0	9.8	0	11.2	8.4	0/0/			0	0	Men's or boys' handwork knitted or crocheted sweater, piled, of rabbit and hare
0	0	0	0	0	9.8	0	11.2	8.4	0/0/			0	0	Men's or boys' knitted or crocheted sweater, piled, of rabbit and hare
0	0	0	0	0	9.8	0	11.2	8.4	0/0/			0	0	Women's or girls' handwork knitted or crocheted sweater, piled, of rabbit and hare
0	0	0	0	0	9.8	0	11.2	8.4	0/0/			0	0	Women's or girls' knitted or crocheted sweater, piled, of rabbit and hare
0	0	0	0	0	9.8	0	11.2	8.4	0/0/			0	0	Other handwork knitted or crocheted pullovers, cardigans, waistcoats and similar articles, piled, of rabbit and hare
0	0	0	0	0	9.8	0	11.2	8.4	0/0/			0	0	Knitted or crocheted pullovers, cardigans, waistcoats and similar articles, piled, of rabbit and hare
0	0	0	0	0	9.8	0	11.2	8.4	0/0/			0	0	Handwork knitted or crocheted waistcoats, not piled,, of rabbit and hare
0	0	0	0	0	9.8	0	11.2	8.4	0/0/			0	0	Knitted or crocheted waistcoats, not piled, of rabbit and hare
0	0	0	0	0	9.8	0	11.2	8.4	0/0/			0	0	Men's or boys' handwork knitted or crocheted sweater, not piled, of rabbit and hare
0	0	0	0	0	9.8	0	11.2	8.4	0/0/			0	0	Men's or boys' knitted or crocheted sweater, not piled, of rabbit and hare
0	0	0	0	0	9.8	0	11.2	8.4	0/0/			0	0	Women's or girls' handwork knitted or crocheted sweater, not piled, of rabbit and hare
0	0	0	0	0	9.8	0	11.2	8.4	0/0/			0	0	Women's or girls' knitted or crocheted sweater, not piled, of rabbit and hare
0	0	0	0	0	9.8	0	11.2	8.4	0/0/			0	0	Other handwork knitted or crocheted pullovers, cardigans, waistcoats and similar articles, not piled, of rabbit and hare
0	0	0	0	0	9.8	0	11.2	8.4	0/0/			0	0	Other knitted or crocheted pullovers, cardigans, waistcoats and similar articles, not piled, of rabbit and hare
														--- Other
0	0	0	4.2	0	9.8	0	11.2	8.4	0/0/		0	0	0	Handwork knitted or crocheted waistcoats, of other fine animal hair, piled
0	0	0	4.2	0	9.8	0	11.2	8.4	0/0/		0	0	0	Knitted or crocheted waistcoats, of other fine animal hair, piled
0	0	0	4.2	0	9.8	0	11.2	8.4	0/0/		0	0	0	Handwork knitted or crocheted men's or boys' sweater, of other fine animal hair, piled
0	0	0	4.2	0	9.8	0	11.2	8.4	0/0/		0	0	0	Men's or boys' knitted or crocheted sweater, of other fine animal hair, piled
0	0	0	4.2	0	9.8	0	11.2	8.4	0/0/		0	0	0	Women's or girls' handwork knitted or crocheted sweater, of other fine animal hair, piled
0	0	0	4.2	0	9.8	0	11.2	8.4	0/0/		0	0	0	Women's or girls' knitted or crocheted sweater, of other fine animal hair, piled
0	0	0	4.2	0	9.8	0	11.2	8.4	0/0/		0	0	0	Handwork knitted or crocheted pullovers and cardigans, waistcoats and similar articles, of other fine animal hair, piled
0	0	0	4.2	0	9.8	0	11.2	8.4	0/0/		0	0	0	Knitted or crocheted pullovers, cardigans, waistcoats and similar articles, of other fine animal hair, piled
0	0	0	4.2	0	9.8	0	11.2	8.4	0/0/		0	0	0	Handwork knitted or crocheted waistcoats of other fine animal hair, not piled
0	0	0	4.2	0	9.8	0	11.2	8.4	0/0/		0	0	0	Handwork knitted or crocheted waistcoats of other fine animal hair, not piled
0	0	0	4.2	0	9.8	0	11.2	8.4	0/0/		0	0	0	Men's or boys' knitted or crocheted handwork sweater, of other fine animal hair, not piled
0	0	0	4.2	0	9.8	0	11.2	8.4	0/0/		0	0	0	Men's or boys' knitted or crocheted sweater, of other fine animal hair, not piled
0	0	0	4.2	0	9.8	0	11.2	8.4	0/0/		0	0	0	Women's or girls' knitted or crocheted handwork sweater, of other fine animal hair, not piled
0	0	0	4.2	0	9.8	0	11.2	8.4	0/0/		0	0	0	Women's or girls' knitted or crocheted sweater, of other fine animal hair, not piled
0	0	0	4.2	0	9.8	0	11.2	8.4	0/0/		0	0	0	Handwork knitted or crocheted pullovers, cardigans, waistcoats and similar articles, of other fine animal hair, not piled
0	0	0	4.2	0	9.8	0	11.2	8.4	0/0/		0	0	0	Knitted or crocheted pullovers, cardigans, waistcoats and similar articles, of other fine animal hair, not piled
														- Of cotton
0	0	0	4.2	0	9.8	0	11.2	8.4	0/0/0	0	0	0	0	Boys' or girls' knitted playsuit, jerseys, pullover, thin and high-gauge, turn-down, open and high-collar, of cotton, containing less than 36% of flax, piled
0	0	0	4.2	0	9.8	0	11.2	8.4	0/0/0	0	0	0	0	Other boys' or girls' knitted or crocheted playsuit, pullovers, cardigans, waistcoats and similar articles, of cotton, containing less than 36% of flax

税号	货品名称	进口关税 % 最惠国	普通	年内暂定	增值/消费税%	出口退税 %	统计计量单位	监管证件代码	检验检疫类别	协定税率 % 东盟	亚太	智利
61102000.20	棉制针织或钩编起绒马甲(毛衫、背心除外)	14	90		17	17	件/千克			0	11	0
61102000.31	棉制针织起绒紧身及套头毛衫(轻薄细针翻领、开领、高领)	14	90		17	17	件/千克			0	11	0
61102000.32	棉制针织起绒男紧身衫及套头衫(轻薄细针翻领/开领/高领,但平床机生产、直接针织成形除外)	14	90		17	17	件/千克			0	11	0
61102000.33	棉制针织起绒女紧身衫及套头衫(轻薄细针翻领/开领/高领,但平床机生产、直接针织成形除外)	14	90		17	17	件/千克			0	11	0
61102000.41	棉制针织或钩编起绒其他毛衫	14	90		17	17	件/千克			0	11	0
61102000.42	棉制针织或钩编起绒男套头衫等(包括开襟衫、背心及类似品,但平床机生产、直接针织成形除外)	14	90		17	17	件/千克			0	11	0
61102000.43	棉制针织或钩编起绒女套头衫等(包括开襟衫、背心及类似品,但平床机生产、直接针织成形除外)	14	90		17	17	件/千克			0	11	0
61102000.51	其他棉儿童游戏套装紧身及套头衫(针织、非起绒、轻薄细针翻领、开领、高领)	14	90		17	17	件/千克	A	M/	0	11	0
61102000.52	其他棉儿童游戏套装套头衫等(针织或钩编、非起绒、包括开襟衫、背心及类似品)	14	90		17	17	件/千克	A	M/	0	11	0
61102000.60	其他棉制针织或钩编非起绒马甲(毛衫、背心除外)	14	90		17	17	件/千克			0	11	0
61102000.71	棉制针织非起绒男紧身及套头衫等(轻薄细针翻领、开领、高领)	14	90		17	17	件/千克			0	11	0
61102000.72	棉制非起绒男紧身衫及套头衫(轻薄细针翻领/开领/高领,但平床机生产、直接针织成形除外)	14	90		17	17	件/千克			0	11	0
61102000.73	棉制针织非起绒女紧身衫及套头衫(轻薄细针翻领/开领/高领,但平床机生产、直接针织成形除外)	14	90		17	17	件/千克			0	11	0
61102000.91	其他棉制针织或钩编非起绒毛衫	14	90		17	17	件/千克			0	11	0
61102000.92	其他针织或钩编棉制非起绒男套头衫等(包括开襟衫、背心及类似品,但平床机生产、直接针织成形除外)	14	90		17	17	件/千克			0	11	0
61102000.93	棉制针织或钩编女套头衫等(包括开襟衫、背心及类似品,但平床机生产、直接针织成形除外)	14	90		17	17	件/千克			0	11	0
61102000.99	其他棉制针织钩编套头衫等(包括开襟衫、背心及类似品)	14	90		17	17	件/千克			0	11	0
6110.3000	- 化学纤维制											
61103000.11	化纤儿童游戏套装紧身衫及套头衫(针织起绒轻薄细针翻领开领高领毛＜23%,含丝＜30%)	16	130		17	17	件/千克	A	M/	0	10.9	0
61103000.12	化纤起绒儿童游戏套装及套头衫等(针织或钩编包括开襟衫、背心及类似品含毛＜23%,含丝＜30%)	16	130		17	17	件/千克	A	M/	0	10.9	0
61103000.21	化纤制针织或钩编起绒马甲(含羊毛或动物细毛23%及以上)	16	130		17	17	件/千克			0	10.9	0
61103000.22	化纤制针织起绒男紧身及套头毛衫(含羊毛或动物细毛23%及以上,轻薄细针翻领、开领、高领)	16	130		17	17	件/千克			0	10.9	0
61103000.23	化纤制针织或钩编起绒男毛衫(含羊毛或动物细毛23%及以上)	16	130		17	17	件/千克			0	10.9	0
61103000.24	化纤制针织起绒女紧身及套头毛衫	16	130		17	17	件/千克			0	10.9	0
61103000.25	化纤制针织或钩编起绒女毛衫(含羊毛或动物细毛23%及以上)	16	130		17	17	件/千克			0	10.9	智利
61103000.26	其他化纤针织起绒套头衫(含羊毛或动物细毛≥23%,轻薄细针翻领、开领、高领)	16	130		17	17	件/千克			0	10.9	0

协定税率 %										特惠税率 %				Article Description
巴基斯坦	冰岛	哥斯达黎	秘鲁	新西兰	瑞士	新加坡	韩国	澳大利亚	港澳台	老挝	孟加拉	33 国	7 国	
0	0	0	4.2	0	9.8	0	11.2	8.4	0/0/0	0	0	0	0	Waistcoats of cotton, piled, knitted or crocheted (other than sweater, vest)
0	0	0	4.2	0	9.8	0	11.2	8.4	0/0/0	0	0	0	0	Jerseys or pullovers, piled, of cotton, knitted, thin and high-gauge, turn-down collar, open-collar, high-collar
0	0	0	4.2	0	9.8	0	11.2	8.4	0/0/0	0	0	0	0	Men's or boys' jerseys, pullovers, piled, of cotton, knitted, thin and high-gauge, turn-down collar, open-collar, high-collar (other than made by flat-bed machine, directly knitted pattern)
0	0	0	4.2	0	9.8	0	11.2	8.4	0/0/0	0	0	0	0	Women's or girls' jerseys, pullovers, of cotton, knitted, piled, thin and high-gauge, turndown collar, open-collar, high collar (other than made by flat-bed machine, directly knitted pattern)
0	0	0	4.2	0	9.8	0	11.2	8.4	0/0/0	0	0	0	0	Other knitted or crochetedsweater, of cotton, piled
0	0	0	4.2	0	9.8	0	11.2	8.4	0/0/0	0	0	0	0	Men's or boys' knitted or crocheted pullovers, cardigans, waistcoats and similar articles, of cotton, piled (other than made by flat-bed machine, directly knitted pattern)
0	0	0	4.2	0	9.8	0	11.2	8.4	0/0/0	0	0	0	0	Women's or girls' knitted or crocheted pullovers, cardigans, waistcoats and similar articles, of cotton, piled (other than made by flat-bed machine, directly knitted pattern)
0	0	0	4.2	0	9.8	0	11.2	8.4	0/0/0	0	0	0	0	Other boys' or girls' knitted playsuit, jerseys, pullovers, of cotton, thin and high-gauge, turn-down collar, open collar and high collar, not piled
0	0	0	4.2	0	9.8	0	11.2	8.4	0/0/0	0	0	0	0	Other boys'or girls' knitted or crochetedplaysuit, pullovers, cardigans, waistcoats and similar articles, of cotton, not piled
0	0	0	4.2	0	9.8	0	11.2	8.4	0/0/0	0	0	0	0	Other knitted or crocheted waistcoats, of cotton, not piled (other than sweater, vest)
0	0	0	4.2	0	9.8	0	11.2	8.4	0/0/0	0	0	0	0	Men's or boys' knitted jerseys, pullovers, of cotton, thin and high-gauge turn-down, open and high collar, not piled
0	0	0	4.2	0	9.8	0	11.2	8.4	0/0/0	0	0	0	0	Men's or boys' jerseys, pullovers, of cotton, thin and high-gauge, turn-down collar, open collar, high collar, not piled (other than made by flat-bed machine, directly knitted pattern)
0	0	0	4.2	0	9.8	0	11.2	8.4	0/0/0	0	0	0	0	Women's or girls' jerseys, pullovers, of cotton, thin and high-gauge, turn-down, open and high collar, knitted, not piled, knitted (other than made by flat-bed machine, directly knitted pattern)
0	0	0	4.2	0	9.8	0	11.2	8.4	0/0/0	0	0	0	0	Other knitted or crocheted sweater, of cotton, not piled
0	0	0	4.2	0	9.8	0	11.2	8.4	0/0/0	0	0	0	0	Other men's or boys' knitted or crocheted pullovers, cardigans, waistcoats and similar articles, of cotton, not piled (other than made by flat-bed machine, directly knitted pattern)
0	0	0	4.2	0	9.8	0	11.2	8.4	0/0/0	0	0	0	0	Women's or girls' knitted or crocheted pullovers, cardigans, waistcoats and similar articles, of cotton (other than made by flat-bed machine, directly knitted pattern)
0	0	0	4.2	0	9.8	0	11.2	8.4	0/0/0	0	0	0	0	Other knitted or crocheted pullovers, cardigans, waistcoats and similar articles, of cotton
														- Of man-made fibres
0	0	0	4.8	0	11.2	0	13.8	9.6	0/0/0	0	0	0	0	Boys' or girls' knitted playsuit, jerseys, pull-overs, of man-made fibres, thin and high-gauge, turn-down, open and high collar, containing less than 23% of wool, and less than 30% of silk or silk waste, piled
0	0	0	4.8	0	11.2	0	13.8	9.6	0/0/0	0	0	0	0	Boys' or girls' knitted or crocheted playsuit, jerseys, pull-overs, cardigans, waistcoats and similar articles, of man-made fibres, containing less than 23% of wool, and less than 30% of silk or silk waste, piled
0	0	0	4.8	0	11.2	0	13.8	9.6	0/0/0	0	0	0	0	Knitted or crocheted waistcoats, piled, of man-made fibres, containing 23% or more of wool or fine animal hair
0	0	0	4.8	0	11.2	0	13.8	9.6	0/0/0	0	0	0	0	Men's or boys' knitted jerseys, pullovers, piled, containing 23% or more of wool or fine animal hair, thin and high-gauge, turn-down, open and high collar, of man-made fibres
0	0	0	4.8	0	11.2	0	13.8	9.6	0/0/0	0	0	0	0	Men's or boys' knitted or crochetedsweater of man-made fibres, piled, containing 23% or more of wool or fine animal hair
0	0	0	4.8	0	11.2	0	13.8	9.6	0/0/0	0	0	0	0	Women's or girls' knitted jerseys, pullovers, of man-made fibres, piled
0	0	0	4.8	0	11.2	0	13.8	9.6	0/0/0	0	0	0	0	Women's or girls' knitted or crochetedsweater of man-made fibres, piled, containing 23% or more of wool or fine animal hair
0	0	0	4.8	0	11.2	0	13.8	9.6	0/0/0	0	0	0	0	Other knitted pullovers, piled of man-made fibres, containing 23% or more of wool or fine animal hair, thin and high-gauge, turn-down collar, opencollar, high-collar

税号	货品名称	进口关税 %			增值/消费税%	出口退税%	统计计量单位	监管证件代码	检验检疫类别	协定税率 %		
		最惠国	普通	年内暂定						东盟	亚太	智利
61103000.29	其他化纤针织或钩编起绒开襟衫等(含羊毛或动物细毛≥23%,包括背心及类似品)	16	130		17	17	件/千克			0	10.9	0
61103000.31	其他化纤制针织或钩编起绒马甲	16	130		17	17	件/千克			0	10.9	0
61103000.32	化纤针织或起绒男紧身及套头毛衫(轻薄细针翻领、开领、高领)	16	130		17	17	件/千克			0	10.9	0
61103000.33	其他化纤制针织或钩编起绒男毛衫	16	130		17	17	件/千克			0	10.9	0
61103000.34	化纤制针织起绒女紧身及套头毛衫(轻薄细针,翻领、开领、高领)	16	130		17	17	件/千克			0	10.9	0
61103000.35	其他化纤制针织或钩编起绒女毛衫	16	130		17	17	件/千克			0	10.9	0
61103000.36	其他化纤针织起绒男套头衫(轻薄细针翻领/开领/高领,但平床机生产、直接针织成形除外)	16	130		17	17	件/千克			0	10.9	0
61103000.37	其他化纤针织或钩编起绒男开襟衫等(包括背心及类似品,但平床机生产、直接针织成形除外)	16	130		17	17	件/千克			0	10.9	0
61103000.38	其他化纤起绒针织女套头衫(轻薄细针翻领/开领/高领,但平床机生产、直接针织成形除外)	16	130		17	17	件/千克			0	10.9	0
61103000.39	其他化纤制针织或钩编女开襟衫等(起绒,包括背心及类似品,但平床机生产、直接针织成形除外)	16	130		17	17	件/千克			0	10.9	0
61103000.41	化纤其他童游戏套装紧身及套头衫(针织非起绒,轻薄细针翻领、开领、高领)	16	130		17	17	件/千克	A	M/	0	10.9	0
61103000.42	化纤制其他童游戏套装套头衫等(针织或钩编,非起绒,包括开襟衫、背心及类似品)	16	130		17	17	件/千克	A	M/	0	10.9	0
61103000.51	其他化纤制针织或钩编非起绒马甲(含羊毛或动物细毛23%及以上)	16	130		17	17	件/千克			0	10.9	0
61103000.52	化纤针织非起绒男紧身及套头毛衫(含羊毛/动物细毛23%及以上,轻薄细针翻领、开领、高领)	16	130		17	17	件/千克			0	10.9	0
61103000.53	化纤制针织或钩编非起绒男毛衫(含羊毛/动物细毛23%及以上)	16	130		17	17	件/千克			0	10.9	0
61103000.54	化纤针织非起绒女紧身及套头毛衫(含羊毛/动物细毛23%及以上,轻薄细针翻领、开领、高领)	16	130		17	17	件/千克			0	10.9	0
61103000.57	化纤制针织钩编非起绒女毛衫(含羊毛/动物细毛23%及以上)	16	130		17	17	件/千克			0	10.9	0
61103000.58	其他化纤针非起绒套头衫(含毛≥23%, 非起绒,轻薄细针翻领、开领、高领)	16	130		17	17	件/千克			0	10.9	0
61103000.59	其他化纤针织或钩编开襟衫等(含羊毛或动物细毛≥23%,非起绒,包括背心及类似品)	16	130		17	17	件/千克			0	10.9	0
61103000.91	其他化纤针织男紧身及套头毛衫(非起绒,轻薄细针翻领、开领、高领)	16	130		17	17	件/千克			0	10.9	0
61103000.92	其他化纤针织或钩编非起绒男毛衫	16	130		17	17	件/千克			0	10.9	0
61103000.93	化纤针织非起绒女紧身及套头毛衫(轻薄细针翻领、开领、高领)	16	130		17	17	件/千克			0	10.9	0
61103000.94	其他化纤针织或钩编非起绒女毛衫	16	130		17	17	件/千克			0	10.9	0
61103000.95	其他化纤针织非起绒男套头衫(轻薄细针翻领/开领/高领,但平床机生产、直接针织成形除外)	16	130		17	17	件/千克			0	10.9	0
61103000.96	其他化纤针织或钩编男开襟衫等(非起绒,包括外穿背心及类似品,但平床机生产、直接针织成形除外)	16	130		17	17	件/千克			0	10.9	0

协定税率 %										特惠税率 %				
巴基斯坦	冰岛	哥斯达黎	秘鲁	新西兰	瑞士	新加坡	韩国	澳大利亚	港澳台	老挝	孟加拉	33 国	7 国	Article Description
0	0	0	4.8	0	11.2	0	13.8	9.6	0/0/0	0	0	0	0	Other knitted or crochetedcardigans, waistcoats and similar articles, of man-made fibres, piled, containing 23% or more byweight of wool or fine animal hair
0	0	0	4.8	0	11.2	0	13.8	9.6	0/0/0	0	0	0	0	Other knitted or crochetedwaistcoats, of man-made fibres, piled
0	0	0	4.8	0	11.2	0	13.8	9.6	0/0/0	0	0	0	0	Men's or boys' knitted jerseys, pullovers, piled, thin and high-gauge, turn-down collar, open collar, high collar, of man-made fibres
0	0	0	4.8	0	11.2	0	13.8	9.6	0/0/0	0	0	0	0	Other men's or boys' knitted or crocheted sweater, of man-made fibres
0	0	0	4.8	0	11.2	0	13.8	9.6	0/0/0	0	0	0	0	Women's or girls' knitted jerseys, pullovers, piled, thin and high-gauge, turn-down collar, open collar, high collar, of man-made fibres
0	0	0	4.8	0	11.2	0	13.8	9.6	0/0/0	0	0	0	0	Other women's or girls' knitted or crocheted sweater, of man-made fibres, piled
0	0	0	4.8	0	11.2	0	13.8	9.6	0/0/0	0	0	0	0	Other men's or boys' knitted or crocheted pullovers, piled, thin and high-gauge, turn-down, open, high collar, of man-made fibres, other than made by flat-bed machine, directly knitted pattern
0	0	0	4.8	0	11.2	0	13.8	9.6	0/0/0	0	0	0	0	Other men's or boys' knitted or crocheted cardigans, waist-coats and similar articles, piled, of man-made fibres, other than made by flat-bed machine, directly knitted pattern
0	0	0	4.8	0	11.2	0	13.8	9.6	0/0/0	0	0	0	0	Other women's or girls' knitted pullovers, piled (thin and high-gauge, turn-down, open, high collar), of man-made fibres, other than made by flat-bed machine, directly knitted pattern
0	0	0	4.8	0	11.2	0	13.8	9.6	0/0/0	0	0	0	0	Women's or girls' knitted or crocheted cardigans, waistcoats and similar articles, of man-made fibres, piled, other than made by flat-bed machine, directly knitted pattern
0	0	0	4.8	0	11.2	0	13.8	9.6	0/0/0	0	0	0	0	Other boys' or girls' knitted playsuit, jerseys, pullovers, not piled, thin and high-gauge, turn-down, open, high collar, of man-made fibres
0	0	0	4.8	0	11.2	0	13.8	9.6	0/0/0	0	0	0	0	Other boys' or girls' knitted or crochetedplaysuit, cardigans, waistcoats and similar articles, of man-made fibres, not piled
0	0	0	4.8	0	11.2	0	13.8	9.6	0/0/0	0	0	0	0	Other knitted or crocheted waistcoats, not piled, of man-made fibres, containing 23% or more of wool or fine animal hair
0	0	0	4.8	0	11.2	0	13.8	9.6	0/0/0	0	0	0	0	Men's or boys' knitted jerseys, pullovers (including thin and high-gauge, turn-down, open, high collar), not piled, of man-made fibres, containing 23% or more of wool or fine animal hair
0	0	0	4.8	0	11.2	0	13.8	9.6	0/0/0	0	0	0	0	Men's or boys' knitted or crocheted sweater, not piled, of man-made fibres, containing 23% or more of wool or fine animal hair
0	0	0	4.8	0	11.2	0	13.8	9.6	0/0/0	0	0	0	0	Women's or girls' knitted jerseys, pullovers (including thin and high-gauge, turn-down, open, high collar), not piled, of man-made fibres containing 23% or more of wool or fine animal hair
0	0	0	4.8	0	11.2	0	13.8	9.6	0/0/0	0	0	0	0	Women's or girls' knitted or crocheted sweater, not piled, of man-made fibres, containing 23% or more of wool or fine animal hair
0	0	0	4.8	0	11.2	0	13.8	9.6	0/0/0	0	0	0	0	Other knitted pullovers (including thin and high-gauge, turn-down, open and high collar), not piled, of man-made fibres, containing 23% or more of wool or fine animal hair
0	0	0	4.8	0	11.2	0	13.8	9.6	0/0/0	0	0	0	0	Other knitted or crocheted cardigans, waistcoats and similar articles, not piled, of man-made fibres, containing 23% or more of wool or fine animal hair
0	0	0	4.8	0	11.2	0	13.8	9.6	0/0/0	0	0	0	0	Other men's or boys' knitted jerseys, pullovers (including thin and high-gauge, turn-down, open and high collar), not piled, of man-made fibres
0	0	0	4.8	0	11.2	0	13.8	9.6	0/0/0	0	0	0	0	Other men's or boys' knitted or crochetedsweater, of man-made fibres, not piled
0	0	0	4.8	0	11.2	0	13.8	9.6	0/0/0	0	0	0	0	Other women's or girls' knitted jerseys, pullovers (including thin and high-gauge turn-down, open and high collar), not piled, of man-made fibres
0	0	0	4.8	0	11.2	0	13.8	9.6	0/0/0	0	0	0	0	Other women's or girls' knitted or crocheted sweater, of man-made fibres, not piled
0	0	0	4.8	0	11.2	0	13.8	9.6	0/0/0	0	0	0	0	Other men's or boys' knitted pullovers, not piled, of man-made fibres, thin and high-gauge, turn-down, open and high collar, other than made by flat-bed machine, directly knitted pattern
0	0	0	4.8	0	11.2	0	13.8	9.6	0/0/0	0	0	0	0	Other men's or boys' knitted or crocheted cardigans, waistcoats and similar articles, not piled, of man-made fibres, other than made by flat-bed machine, directly knitted pattern

税号	货品名称	进口关税 %			增值/消费税%	出口退税%	统计计量单位	监管证件代码	检验检疫类别	协定税率 %		
		最惠国	普通	年内暂定						东盟	亚太	智利
61103000.97	其他化纤制针织非起绒女套头衫(轻薄细针翻领/开领/高领,但平床机生产、直接针织成形除外)	16	130		17	17	件/千克			0	10.9	0
61103000.98	其他化纤制针织或钩编女开襟衫等(包括外穿背心及类似品,但平床机生产、直接针织成形除外)	16	130		17	17	件/千克			0	10.9	0
61103000.99	其他化纤制针织钩编套头衫等(包括开襟衫,背心及类似品)	16	130		17	17	件/千克			0	10.9	0
	- 其他纺织材料制:											
6110.9010	--- 丝及绢丝制											
61109010.11	丝及绢丝制针织或钩编起绒毛衫等(含丝≥70%,含开衫、马甲)	14	130		17	17	件/千克			0	9.3	0
61109010.19	丝及绢丝制针织或钩编起绒毛衫等(含丝<70%,含开衫、马甲)	14	130		17	17	件/千克			0	9.3	0
61109010.91	其他丝及绢丝针织或钩编毛衫等(非起绒,含丝≥70%,含开衫、马甲)	14	130		17	17	件/千克			0	9.3	0
61109010.99	其他丝及绢丝针织或钩编毛衫等(非起绒,含丝<70%,含开衫、马甲)	14	130		17	17	件/千克			0	9.3	0
6110.9090	--- 其他											
61109090.11	其他纺织材料针织或钩编起绒马甲(棉限内,毛衫背心除外)	14	130		17	17	件/千克			0	9.3	0
61109090.12	其他纺织材料针织或钩编起绒马甲(羊毛限内,毛衫背心除外)	14	130		17	17	件/千克			0	9.3	0
61109090.13	其他纺织材料针织或钩编起绒马甲(化纤限内,毛衫背心除外)	14	130		17	17	件/千克			0	9.3	0
61109090.19	其他纺织材料起绒针织或钩编马甲(毛衫背心除外)	14	130		17	17	件/千克			0	9.3	0
61109090.21	其他纺材制针织或钩编非起绒马甲(棉限内,毛衫背心除外)	14	130		17	17	件/千克			0	9.3	0
61109090.22	其他纺材制针织或钩编非起绒马甲(羊毛限内,毛衫背心除外)	14	130		17	17	件/千克			0	9.3	0
61109090.23	其他纺材制针织或钩编非起绒马甲(化纤限内,毛衫背心除外)	14	130		17	17	件/千克			0	9.3	0
61109090.29	其他纺材制针织或钩编马甲(非起绒,毛衫背心除外)	14	130		17	17	件/千克			0	9.3	0
61109090.31	其他纺材制针织或钩编起绒毛衫(棉限内)	14	130		17	17	件/千克			0	9.3	0
61109090.33	其他纺材制针织或钩编起绒男毛衫(羊毛限内)	14	130		17	17	件/千克			0	9.3	0
61109090.34	其他纺材制针织或钩编起绒女毛衫(羊毛限内)	14	130		17	17	件/千克			0	9.3	0
61109090.35	其他纺材制针织或钩编起绒男毛衫(化纤限内)	14	130		17	17	件/千克			0	9.3	0
61109090.36	其他纺材制针织或钩编起绒女毛衫(化纤限内)	14	130		17	17	件/千克			0	9.3	0
61109090.39	其他纺材制针织或钩编毛衫(起绒)	14	130		17	17	件/千克			0	9.3	0
61109090.41	其他纺材针织或钩编起绒男套头衫等(棉限内,包括开襟衫、马甲及类似品,但平床机生产、直接针织成形除外)	14	130		17	17	件/千克			0	9.3	0
61109090.42	其他纺材针织或钩编起绒女套头衫等(棉限内,包括开襟衫、马甲及类似品,但平床机生产、直接针织成形除外)	14	130		17	17	件/千克			0	9.3	0
61109090.43	其他纺材针织或钩编起绒套头衫等(羊毛限内,包括开襟衫、马甲及类似品)	14	130		17	17	件/千克			0	9.3	0
61109090.45	其他纺材针织或钩编起绒男套头衫等(化纤限内,包括开襟衫、马甲及类似品,但平床机生产、直接针织成形除外)	14	130		17	17	件/千克			0	9.3	0
61109090.46	其他纺材针织或钩编起绒女套头衫等(化纤限内,包括开襟衫、马甲及类似品,但平床机生产、直接针织成形除外)	14	130		17	17	件/千克			0	9.3	0
61109090.49	其他纺材针织或钩编套头衫等(起绒,包括开襟衫、马甲及类似品)	14	130		17	17	件/千克			0	9.3	0

协定税率 %										特惠税率 %				Article Description
巴基斯坦	冰岛	哥斯达黎	秘鲁	新西兰	瑞士	新加坡	韩国	澳大利亚	港澳台	老挝	孟加拉	33 国	7 国	
0	0	0	4.8	0	11.2	0	13.8	9.6	0/0/0	0	0	0	0	Other women's or girls' knitted pullovers, not piled, of man-made fibres, thin and high-gauge, turn-down, open and high collar, other than made by flat-bed machine, directly knitted pattern
0	0	0	4.8	0	11.2	0	13.8	9.6	0/0/0	0	0	0	0	Other women's or girls' knitted or crocheted cardigans, waistcoats and similar articles, of man-made fibres, other than made by flat-bed machine, directly knitted pattern
0	0	0	4.8	0	11.2	0	13.8	9.6	0/0/0	0	0	0	0	Other knitted or crocheted pullovers, and cardingans, waistcoats and similar articles, of man-made fibres
														- Of other textile materials:
														--- Of silk or silk waste
0	0	0	0	0	9.8	0	11.2	8.4	0/0/	0	0	0	0	Knitted or crocheted sweater, cardigans and waistcoats, piled, containing 70% or more of silk or silk waste
0	0	0	0	0	9.8	0	11.2	8.4	0/0/	0	0	0	0	Knitted or crocheted sweater, cardigans and waistcoats, piled, containing less than 70% of silk or silk waste
0	0	0	0	0	9.8	0	11.2	8.4	0/0/	0	0	0	0	Other knitted or crocheted sweater, cardigans and waistcoats, not piled, containing 70% or more of silk or silk waste
0	0	0	0	0	9.8	0	11.2	8.4	0/0/	0	0	0	0	Other knitted or crocheted sweater, cardigans and waistcoats, not piled, containing less than 70% of silk or silk waste
														--- Other
0	0	0	4.2	0	9.8	0	11.2	8.4	0/0/	0	0	0	0	Knitted or crocheted waistcoats (other than sweater or vest), piled, of other textile materials (in cotton limit)
0	0	0	4.2	0	9.8	0	11.2	8.4	0/0/	0	0	0	0	Knitted or crocheted waistcoats (other than sweater or vest), piled, of other textile materials (in wool limit)
0	0	0	4.2	0	9.8	0	11.2	8.4	0/0/	0	0	0	0	Knitted or crocheted waistcoats (other than sweater or vest), piled, of other textile materials (in man-made fibres limit)
0	0	0	4.2	0	9.8	0	11.2	8.4	0/0/	0	0	0	0	Knitted or crocheted waistcoats (other than sweater or vest), piled, of other textile materials
0	0	0	4.2	0	9.8	0	11.2	8.4	0/0/	0	0	0	0	Knitted or crocheted waistcoats (other than sweater or vest), not piled, of other textile materials (in cotton limit)
0	0	0	4.2	0	9.8	0	11.2	8.4	0/0/	0	0	0	0	Knitted or crocheted waistcoats (other than sweater or vest), not piled, of other textile materials (in wool limit)
0	0	0	4.2	0	9.8	0	11.2	8.4	0/0/	0	0	0	0	Knitted or crocheted waistcoats (other than sweater or vest) , not piled, of other textile materials (in man-made fibres limit)
0	0	0	4.2	0	9.8	0	11.2	8.4	0/0/	0	0	0	0	Knitted or crocheted waistcoats (other than sweater or vest), not piled, of other textile materials
0	0	0	4.2	0	9.8	0	11.2	8.4	0/0/	0	0	0	0	Knitted or crocheted sweater, of other textile materials, piled (in cotton limit)
0	0	0	4.2	0	9.8	0	11.2	8.4	0/0/	0	0	0	0	Knitted or crocheted men's or boys' sweater, of other textile materials, piled (in wool limit)
0	0	0	4.2	0	9.8	0	11.2	8.4	0/0/	0	0	0	0	Women's or girls' knitted or crocheted sweater, of other textile materials, piled (in wool limit)
0	0	0	4.2	0	9.8	0	11.2	8.4	0/0/	0	0	0	0	Men's or boys' knitted or crocheted sweater, of other textile materials (in man-made fibres limit)
0	0	0	4.2	0	9.8	0	11.2	8.4	0/0/	0	0	0	0	Women's or girls' knitted or crocheted sweater of other textile materials, piled (in man-made fibres limit)
0	0	0	4.2	0	9.8	0	11.2	8.4	0/0/	0	0	0	0	Other knitted or crocheted sweater, of other textile materials, piled
0	0	0	4.2	0	9.8	0	11.2	8.4	0/0/	0	0	0	0	Men's or boys' knitted or crocheted pullovers, cardigans, waistcoats and similar articles (other than made by flat-bed machine, directly knitted pattern), piled, of other textile materials (in cotton limit)
0	0	0	4.2	0	9.8	0	11.2	8.4	0/0/	0	0	0	0	Women's or girls' knitted or crocheted pullovers, cardigans, waistcoats and similar articles (other than made by flat-bed machine, directly knitted pattern), piled, of other textile materials (in cotton limit)
0	0	0	4.2	0	9.8	0	11.2	8.4	0/0/	0	0	0	0	Knitted or crocheted pullovers, cardigans, waistcoats and similar articles, piled, of other textile materials (in wool limit)
0	0	0	4.2	0	9.8	0	11.2	8.4	0/0/	0	0	0	0	Men's or boys' knitted or crocheted pullovers, cardigans, waistcoats and similar articles (other than made by flat-bed machine, directly knitted pattern), piled, of other textile aterials (in man-made fibres limit)
0	0	0	4.2	0	9.8	0	11.2	8.4	0/0/	0	0	0	0	Women's or girls' knitted or crocheted pullovers, cardigans, waistcoats and similar articles (other than made by flat-bed machine, directly knitted pattern), piled, of other textile materials (in man-made fibres limit)
0	0	0	4.2	0	9.8	0	11.2	8.4	0/0/	0	0	0	0	Knitted or crocheted pullovers, cardigans, waistcoats and similar articles, piled, of other textile materials

税号	货品名称	进口关税 %			增值/消费税%	出口退税%	统计计量单位	监管证件代码	检验检疫类别	协定税率 %		
		最惠国	普通	年内暂定						东盟	亚太	智利
61109090.51	其他纺材针织或钩编非起绒毛衫(棉限内)	14	130		17	17	件/千克			0	9.3	0
61109090.53	其他纺材针织或钩编非起绒男毛衫(羊毛限内)	14	130		17	17	件/千克			0	9.3	0
61109090.54	其他纺材针织或钩编非起绒女毛衫(羊毛限内)	14	130		17	17	件/千克			0	9.3	0
61109090.57	其他纺材针织或钩编非起绒男毛衫(化纤限内)	14	130		17	17	件/千克			0	9.3	0
61109090.58	其他纺材针织或钩编非起绒女毛衫(化纤限内)	14	130		17	17	件/千克			0	9.3	0
61109090.59	其他纺材针织或钩编毛衫(非起绒)	14	130		17	17	件/千克			0	9.3	0
61109090.61	其他纺材针织或钩编非起绒男套衫等(包括开襟衫、背心及类似品,但平床机生产、直接针织成形除外)	14	130		17	17	件/千克			0	9.3	0
61109090.62	其他纺材针织或钩编非起绒女套衫等(包括开襟衫、背心及类似品,但平床机生产、直接针织成形除外)	14	130		17	17	件/千克			0	9.3	0
61109090.63	其他纺材针织或钩编非起绒套头衫等(羊毛限内,包括开襟衫、背心及类似品)	14	130		17	17	件/千克			0	9.3	0
61109090.65	其他纺材针织或钩编非起绒男套衫等(化纤限内,包括开襟衫、背心及类似品,但平床机生产、直接针织成形除外)	14	130		17	17	件/千克			0	9.3	0
61109090.66	其他纺材针织或钩编非起绒女套衫等(化纤限内,包括开襟衫、背心及类似品,但平床机生产、直接针织成形除外)	14	130		17	17	件/千克			0	9.3	0
61109090.69	其他纺材针织或钩编套头衫等(非起绒,包括开襟衫、背心及类似品)	14	130		17	17	件/千克			0	9.3	0
61109090.90	其他纺材针织或钩编套头衫等(包括开襟衫、背心及类似品)	14	130		17	17	件/千克			0	9.3	0
61.11	**针织或钩编的婴儿服装及衣着附件:**											
6111.2000	- 棉制											
61112000.10	棉制针织或钩编婴儿袜	14	90		17	17	千克	A	M/	0		0
61112000.20	棉制婴儿分指、连指、露指手套(针制或钩编)	14	90		17	17	千克	A	M/	0		0
61112000.40	棉制针织婴儿外衣、雨衣、滑雪装(针制或钩编,包括夹克类似品)	14	90		17	17	千克	A	M/	0		0
61112000.50	棉制针织钩编婴儿其他服装	14	90		17	17	千克	A	M/	0		0
61112000.90	棉制针织钩编婴儿衣着附件	14	90		17	17	千克	A	M/	0		0
6111.3000	- 合成纤维制											
61113000.10	合纤制针织或钩编婴儿袜	16	130		17	17	千克	A	M/	0	10.9	0
61113000.20	合纤婴儿分指、连指及露指手套(针制或钩编)	16	130		17	17	千克	A	M/	0	10.9	0
61113000.40	合纤婴儿外衣、雨衣、滑雪装(针制或钩编,包括夹克类似服装)	16	130		17	17	千克	A	M/	0	10.9	0
61113000.50	合纤针织或钩编婴儿其他服装(包括衣着附件)	16	130		17	17	千克	A	M/	0	10.9	0
61113000.90	合纤针织或钩编婴儿衣着附件	16	130		17	17	千克	A	M/	0	10.9	0
	- 其他纺织材料制:											
6111.9010	--- 羊毛或动物细毛制	14	130		17	17	千克	A	M/	0	9.3	0
6111.9090	--- 其他											
61119090.10	人造纤维针织或钩编婴儿袜	14	130		17	17	千克	A	M/	0	9.3	0
61119090.90	其他纺织材料制婴儿服装及衣着附件(针织或钩编,)	14	130		17	17	千克	A	M/	0	9.3	0
61.12	**针织或钩编的运动服、滑雪服及游泳服:**											
	- 运动服:											
6112.1100	-- 棉制											
61121100.11	棉制针织或钩编男式运动套装	16	90		17	17	套/千克			0	13.6	0
61121100.19	棉制针织或钩编女式运动套装	16	90		17	17	套/千克			0	13.6	0
6112.1200	-- 合成纤维制											
61121200.21	合纤制针织或钩编男式运动服	17.5	130		17	17	套/千克			0	12.3	0
61121200.29	合纤制针织或钩编女式运动套装	17.5	130		17	17	套/千克			0	12.3	0
6112.1900	-- 其他纺织材料制											

协定税率 %										特惠税率 %				Article Description
巴基斯坦	冰岛	哥斯达黎	秘鲁	新西兰	瑞士	新加坡	韩国	澳大利亚	港澳台	老挝	孟加拉	33 国	7 国	
0	0	0	4.2	0	9.8	0	11.2	8.4	0/0/	0	0	0	0	Knitted or crocheted sweater, not piled, of other textile materials (in cotton limit)
0	0	0	4.2	0	9.8	0	11.2	8.4	0/0/	0	0	0	0	Men's or boys' knitted or crocheted sweater, not piled, of other textile materials (in wool limit)
0	0	0	4.2	0	9.8	0	11.2	8.4	0/0/	0	0	0	0	Women's or girls' knitted or crocheted sweater, not piled, of other textile materials (in wool limit)
0	0	0	4.2	0	9.8	0	11.2	8.4	0/0/	0	0	0	0	Men's or boys' knitted or crocheted sweater, not piled, of other textile materials (in man-made fibres limit)
0	0	0	4.2	0	9.8	0	11.2	8.4	0/0/	0	0	0	0	Women's or girls' knitted or crocheted sweater, not piled, of other textile materials (in man-made fibres limit)
0	0	0	4.2	0	9.8	0	11.2	8.4	0/0/	0	0	0	0	Knitted or crocheted sweater, not piled, of other textile materials
0	0	0	4.2	0	9.8	0	11.2	8.4	0/0/	0	0	0	0	Men's or boys' knitted or crocheted pullovers, cardigans, waistcoats and similar articles (other than made by flat-bed machine, directly knitted pattern), not piled, of other textile materials (in cotton limit)
0	0	0	4.2	0	9.8	0	11.2	8.4	0/0/	0	0	0	0	Women's or girls' knitted or crocheted pullovers, cardigans, waistcoats and similar articles (other than made by flat-bed machine, directly knitted pattern), not piled, of other textile materials (in cotton limit)
0	0	0	4.2	0	9.8	0	11.2	8.4	0/0/	0	0	0	0	Other knitted or crocheted pullovers, cardigans, waistcoats and similar articles, not piled, of other textile materials (in wool limit)
0	0	0	4.2	0	9.8	0	11.2	8.4	0/0/	0	0	0	0	Men's or boys' knitted or crocheted pullovers, cardigans, waistcoats and similar articles (other than made by flat-bed machine, directly knitted pattern), not piled, of other textile materials (in man-made fibres limit)
0	0	0	4.2	0	9.8	0	11.2	8.4	0/0/	0	0	0	0	Women's or girls' knitted or crocheted pullovers, cardigans, waistcoats and similar articles (other than made by flat-bed machine, directly knitted pattern), not piled, of other textile materials (in man-made fibres limit)
0	0	0	4.2	0	9.8	0	11.2	8.4	0/0/	0	0	0	0	Other knitted or crocheted pullovers, cardigans, waistcoats and similar articles, not piled, of other textile materials
0	0	0	4.2	0	9.8	0	11.2	8.4	0/0/	0	0	0	0	Other knities or crocheied pullovers, cardigans, waistcoats and similar articles, of other textile materials
														Babies' garments and clothing accessories，knitted or crocheted:
														- Of cotton
11.2	0	0	0	0	9.8	0	11.2	8.4	0/0/		0	0	0	Babies' knitted or crocheted hosiery, of cotton
11.2	0	0	0	0	9.8	0	11.2	8.4	0/0/		0	0	0	Babies' knitted or crocheted gloves, mittens and mitts, of cotton
11.2	0	0	0	0	9.8	0	11.2	8.4	0/0/		0	0	0	Babies' knitted or crocheted coat, raincoat, ski suit, jacket and similar articles, of cotton
11.2	0	0	0	0	9.8	0	11.2	8.4	0/0/		0	0	0	Other babies' knitted or crocheted garments, of cotton
11.2	0	0	0	0	9.8	0	11.2	8.4	0/0/		0	0	0	Babies' knitted or crocheted clothing accessories, of cotton
														Babies' knitted or crocheted hosiery, of cotton
8	0	0	4.8	0	11.2	0	12.8	9.6	0/0/		0	0	0	Babies' knitted or crocheted gloves, mittens and mitts, of cotton
8	0	0	4.8	0	11.2	0	12.8	9.6	0/0/		0	0	0	Babies' knitted or crocheted gloves, mittens and mitts, of synthetic fibres
8	0	0	4.8	0	11.2	0	12.8	9.6	0/0/		0	0	0	babies' knitted or crocheted coat, raincoat, ski suit, jacket and similar articles, of synthetic fibres
8	0	0	4.8	0	11.2	0	12.8	9.6	0/0/		0	0	0	Other babies' knitted or crocheted garments and clothing accessories, of synthetic fibres
8	0	0	4.8	0	11.2	0	12.8	9.6	0/0/		0	0	0	Babies' knitted or crocheted clothing accessories, of synthetic fibres
														- Of other textile materials:
7	0	0	0	0	9.8	0	11.2	8.4	0/0/		0	0	0	--- Of wool or fine animal hair
														--- Other
7	0	0	4.2	0	9.8	0	11.2	8.4	0/0/			0	0	Babies' knitted or crocheted hosiery, of artificial fibres
7	0	0	4.2	0	9.8	0	11.2	8.4	0/0/			0	0	Babies' knitted or crocheted garments and clothing accessories, of other textile materials
														Track suits，ski suits and swimwear，knitted or crocheted:
														- track suits:
														-- Of cotton
8	0	0	4.8	0	11.2	0	12.8	9.6	0/0/			0	0	Men's or boys' knitted or crocheted track suits, of cotton
8	0	0	4.8	0	11.2	0	12.8	9.6	0/0/			0	0	Women's or girls' knitted or crocheted track suits, of cotton
														-- Of synthetic fibres
8.8	0	0	5.2	0	12.3	0	14	10.5	0/0/		0	0	0	Men's or boys' knitted or crocheted track suits, of synthetic fibres
8.8	0	0	5.2	0	12.3	0	14	10.5	0/0/		0	0	0	Women's or girls' knitted or crocheted track suits, of synthetic fibres
														-- Of Other textile materials

税号	货品名称	进口关税% 最惠国	进口关税% 普通	进口关税% 年内暂定	增值/消费税%	出口退税%	统计计量单位	监管证件代码	检验检疫类别	协定税率% 东盟	协定税率% 亚太	协定税率% 智利
61121900.31	人造纤维制针织或钩编男式运动服	16	130		17	17	套/千克			0	11.7	0
61121900.39	人造纤维制针织或钩编女运动套装	16	130		17	17	套/千克			0	11.7	0
61121900.41	羊毛制男式运动套装(针织或钩编含丝70%以下)	16	130		17	17	套/千克			0	11.7	0
61121900.49	羊毛制女式运动套装(针织或钩编含丝70%以下)	16	130		17	17	套/千克			0	11.7	0
61121900.51	动物细毛制男式运动套装(针织或钩编含丝70%以下)	16	130		17	17	套/千克			0	11.7	0
61121900.59	动物细毛制女式运动套装(针织或钩编含丝70%以下)	16	130		17	17	套/千克			0	11.7	0
61121900.61	其他纺织材料制男式运动套装(针织或钩编含丝70%以下)	16	130		17	17	套/千克			0	11.7	0
61121900.69	其他纺织材料制女式运动套装(针织或钩编含丝70%以下)	16	130		17	17	套/千克			0	11.7	0
61121900.90	其他纺织材料制运动套装(针织或钩编含丝70%及以上)	16	130		17	17	套/千克			0	11.7	0
	- 滑雪服:											
6112.2010	--- 棉制	16	90		17	17	套/千克			0	13.6	0
6112.2090	--- 其他											
61122090.10	羊毛或动物细毛针织或钩编滑雪套装	19	130		17	17	套/千克			0	13.6	0
61122090.21	化学纤维制针织或钩编男式滑雪套装	19	130		17	17	套/千克			0	13.6	0
61122090.29	化学纤维制针织或钩编女式滑雪套装	19	130		17	17	套/千克			0	13.6	0
61122090.90	其他纺织材料针织或钩编滑雪套装	19	130		17	17	套/千克			0	13.6	0
	- 男式游泳服:											
6112.3100	-- 合成纤维制	17.5	130		17	17	件/千克	A	M/	0	12.3	0
6112.3900	-- 其他纺织材料制	16	130		17	17	件/千克	A	M/	0	11.7	0
	- 女式游泳服:											
6112.4100	-- 合成纤维制	17.5	130		17	17	件/千克	A	M/	0	12.3	0
6112.4900	-- 其他纺织材料制	16	130		17	17	件/千克	A	M/	0	11.7	0
61.13	**用税目59.03、59.06或59.07的针织物或钩编织物制成的服装:**											
6113.0000	用税目59.03、59.06或59.07的针织物或钩编织物制成的服装											
61130000.11	用橡胶处理的服装(针织或钩编,织物外表面由橡胶完全覆盖)	16	130		17	17	件/千克			0	11.7	0
61130000.13	用塑料处理的毛、棉及化纤制服装(针织或钩编毛指羊动物细毛织物外表面由塑料完全覆盖)	16	130		17	17	件/千克			0	11.7	0
61130000.19	用塑料处理的其他纺织材料制服装(针织或钩编,织物外表面由塑料完全覆盖)	16	130		17	17	件/千克			0	11.7	0
61130000.21	其他橡胶处理的棉针织或钩编男上衣	16	130		17	17	件/千克			0	11.7	0
61130000.22	其他塑料等处理的棉制针织男上衣(包括钩编,包括用其他材料处理的)	16	130		17	17	件/千克			0	11.7	0
61130000.23	其他橡胶处理的棉针织或钩编女上衣	16	130		17	17	件/千克			0	11.7	0
61130000.28	其他塑料等处理的棉针织女上衣(包括钩编,包括用其他材料处理的)	16	130		17	17	件/千克			0	11.7	0
61130000.31	其他橡胶处理的纺织材料制男上衣(针织或钩编)	16	130		17	17	件/千克			0	11.7	0
61130000.32	其他塑料等处理的毛制男上衣(针织或钩编,羊毛或动物细毛制,包括用其他材料处理的)	16	130		17	17	件/千克			0	11.7	0
61130000.33	其他塑料等处理的毛、化纤男上衣(针织或钩编,包括用其他材料处理的)	16	130		17	17	件/千克			0	11.7	0
61130000.34	其他塑料等处理的纺织材料男上衣(针织或钩编,包括用其他材料处理的)	16	130		17	17	件/千克			0	11.7	0
61130000.35	其他橡胶处理的纺织材料制女上衣(针织或钩编)	16	130		17	17	件/千克			0	11.7	0
61130000.36	其他塑料等处理的毛制女上衣(针织或钩编,羊毛或动物细毛制,包括用其他材料处理的)	16	130		17	17	件/千克			0	11.7	0

协定税率 %										特惠税率 %				
巴基斯坦	冰岛	哥斯达黎	秘鲁	新西兰	瑞士	新加坡	韩国	澳大利亚	港澳台	老挝	孟加拉	33 国	7 国	**Article Description**
8	0	0	4.8	0	11.2	0	12.8	9.6	0/0/			0	0	Men's or boys' Knitted or crocheted track suits, of artificial fibres
8	0	0	4.8	0	11.2	0	12.8	9.6	0/0/			0	0	Women's or girls' knitted or crocheted track suits of artificial fibres
8	0	0	4.8	0	11.2	0	12.8	9.6	0/0/			0	0	Men's or boys' knitted or crocheted track suits, of wool, containing less than 70% by weight of silk
8	0	0	4.8	0	11.2	0	12.8	9.6	0/0/			0	0	Women's or girls' knitted or crocheted track suits, of wool, containing less than 70% by weight of silk
8	0	0	4.8	0	11.2	0	12.8	9.6	0/0/			0	0	Men's or boys' knitted or crocheted track suits, of other fine animal hair, containing less than 70% by weight of silk
8	0	0	4.8	0	11.2	0	12.8	9.6	0/0/			0	0	Women's or girls' knitted or crocheted track suits, of other fine animal hair, containing less than 70% by weight of silk
8	0	0	4.8	0	11.2	0	12.8	9.6	0/0/			0	0	Men's or boys' knitted or crocheted track suits, of other textile materials, containing less than 70% by weight of silk
8	0	0	4.8	0	11.2	0	12.8	9.6	0/0/			0	0	Women's or girls' knitted or crocheted track suits, of other textile materials, containing less than 70% by weight of silk
8	0	0	4.8	0	11.2	0	12.8	9.6	0/0/			0	0	Knitted or crocheted track suits, of other textile materials, containing 70% or more by weight of silk
														- Ski suits:
8	0	0	4.8	0	11.2	0	12.8	9.6			0	0	0	--- Of cotton
														--- Other
9.5	0	0	5.7	0	13.3	0	15.2	11.4				0	0	Knitted or crocheted ski suits, of wool or fine animal hair
9.5	0	0	5.7	0	13.3	0	15.2	11.4				0	0	Men's or boys' knitted or crocheted ski suits, of man-made fibres
9.5	0	0	5.7	0	13.3	0	15.2	11.4				0	0	Women's or girls' knitted or crocheted ski suits, of man-made fibres
9.5	0	0	5.7	0	13.3	0	15.2	11.4				0	0	Knitted or crocheted ski suits, of other textile materials
														- Men's or boys' swimwear:
8.8	0	0	5.2	0	12.3	0	14	10.5	0//			0	0	-- Of synthetic fibres
8	0	0	4.8	0	11.2	0	12.8	9.6	0//			0	0	-- Of other textile materials
														- Women's or girls' swimwear:
8.8	0	0	5.2	0	12.3	0	14	10.5	0//0			0	0	-- Of synthetic fibres
8	0	0	4.8	0	11.2	0	12.8	9.6	0//			0	0	-- Of other textile materials
														Garments, made up of knitted or crocheted fabrics of heading 59.03, 59.06 or 59.07:
														Garments，made up of knitted or crocheted fabrics of heading 59.03, 59.06 or 59.07
8	0	0	4.8	0	11.2	0	12.8	9.6	0/0/	0	0	0	0	Garments treated with rubber, made up of knitted or crocheted fabrics, surface of fabrics totally covered with rubber
8	0	0	4.8	0	11.2	0	12.8	9.6	0/0/	0	0	0	0	Garments, of cotton, of wool or fine animal hair, of man-made fibres, treated with plastics , made up of knitted or crocheted fabrics, surface of fabrics totally covered with plastics
8	0	0	4.8	0	11.2	0	12.8	9.6	0/0/	0	0	0	0	Garments, of other textile materials, treated with plastics , made up of knitted or crocheted fabrics, surface of fabrics totally covered with plastics
8	0	0	4.8	0	11.2	0	12.8	9.6	0/0/	0	0	0	0	Other men's or boys' knitted or crocheted jacket and blazers, of cotton, treated with rubber
8	0	0	4.8	0	11.2	0	12.8	9.6	0/0/	0	0	0	0	Other men's or boys' knitted or crochetedjacket and blazers, of cotton, treated with plastics, etc.
8	0	0	4.8	0	11.2	0	12.8	9.6	0/0/	0	0	0	0	Other women's or girls' knitted or crochetedjacket and blazers, of cotton, treated with rubber
8	0	0	4.8	0	11.2	0	12.8	9.6	0/0/	0	0	0	0	Other women's or girls' knitted or crochetedjacket and blazers, of cotton, treated with plastics, etc.
8	0	0	4.8	0	11.2	0	12.8	9.6	0/0/	0	0	0	0	Other men's or boys' knitted or crochetedjacket and blazers, of textile materials, treated with rubber
8	0	0	4.8	0	11.2	0	12.8	9.6	0/0/	0	0	0	0	Other men's or boys' knitted or crocheted jacket and blazers, of wool or fine animal hair, treated with plastics, etc.
8	0	0	4.8	0	11.2	0	12.8	9.6	0/0/	0	0	0	0	Other men's or boys' knitted or crochetedjacket and blazers, of wool or fine animal hair, of man-made fibres, treated with plastics, etc.
8	0	0	4.8	0	11.2	0	12.8	9.6	0/0/	0	0	0	0	Other men's or boys' knitted or crocheted jacket and blazers, of other textile materials, treated with plastics, etc.
8	0	0	4.8	0	11.2	0	12.8	9.6	0/0/	0	0	0	0	Other women's or girls' knitted or crochetedjacket and blazers, of other textile materials, treated with rubber
8	0	0	4.8	0	11.2	0	12.8	9.6	0/0/	0	0	0	0	Other women's or girls' knitted or crochetedjacket and blazers, of wool or fine animal hair, treated with plastics, etc.

税号	货品名称	进口关税 %			增值/消费税%	出口退税%	统计计量单位	监管证件代码	检验检疫类别	协定税率 %		
		最惠国	普通	年内暂定						东盟	亚太	智利
61130000.37	其他塑料等处理的化纤制女上衣(针织或钩编,包括用其他材料处理的)	16	130		17	17	件/千克			0	11.7	0
61130000.38	其他塑料等处理的纺织料制女上衣(针织或钩编,包括用其他材料处理的)	16	130		17	17	件/千克			0	11.7	0
61130000.41	其他橡胶等处理的棉制男式长短裤(针织或钩编,)	16	130		17	17	件/千克			0	11.7	0
61130000.42	其他塑料等处理的棉制男式长短裤(针织或钩编,包括用其他材料处理的)	16	130		17	17	件/千克			0	11.7	0
61130000.43	其他橡胶等处理的棉制女式长短裤(针织或钩编,)	16	130		17	17	件/千克			0	11.7	0
61130000.44	其他塑料等处理的棉制女式长短裤(针织或钩编,包括用其他材料处理的)	16	130		17	17	件/千克			0	11.7	0
61130000.51	其他橡胶处理纺织材料男长短裤(针织或钩编)	16	130		17	17	件/千克			0	11.7	0
61130000.53	其他塑料等处理的毛化纤制男裤(针织或钩编长短裤包括用其他材料处理的)	16	130		17	17	件/千克			0	11.7	0
61130000.54	其他塑料等处理纺织材料男长短裤(针织或钩编长、短裤,包括用其他材料处理的)	16	130		17	17	件/千克			0	11.7	0
61130000.57	其他橡胶处理纺织材料女长短裤(针织或钩编)	16	130		17	17	件/千克			0	11.7	0
61130000.58	其他塑料等处理的毛、化纤制女裤(针织或钩编长、短裤,包括用其他材料处理)	16	130		17	17	件/千克			0	11.7	0
61130000.59	其他塑料等处理纺织材料女长短裤(针织或钩编,包括用其他材料处理)	16	130		17	17	件/千克			0	11.7	0
61130000.91	其他橡胶处理棉针织或钩编服装	16	130		17	17	件/千克			0	11.7	0
61130000.92	其他塑料处理棉针织或钩编服装(包括用其他材料处理的)	16	130		17	17	件/千克			0	11.7	0
61130000.93	其他橡胶处理纺织材料针织服装(包括钩编服装)	16	130		17	17	件/千克			0	11.7	0
61130000.94	其他塑料等处理毛化纤针织服装(包括钩编服装,包括用其他材料处理)	16	130		17	17	件/千克			0	11.7	0
61130000.98	其他塑料等处理纺织材料针织服装(包括钩编服装,包括用其他材料处理)	16	130		17	17	件/千克			0	11.7	0
61.14	针织或钩编的其他服装:											
6114.2000	- 棉制											
61142000.11	棉制针织或钩编儿童非保暖连身裤	16	90		17	17	件/千克	A	M/	0		0
61142000.19	棉制针织或钩编其他连身裤	16	90		17	17	件/千克			0		0
61142000.21	棉制针织或钩编男成人及男童 TOPS (指 8-18 号男童 TOPS)	16	90		17	17	件/千克	A	M/	0		0
61142000.22	棉制针织或钩编其他男童 TOPS	16	90		17	17	件/千克	A	M/	0		0
61142000.29	棉制针织或钩编女式 TOPS	16	90		17	17	件/千克			0		0
61142000.30	棉制针织或钩编其他运动服	16	90		17	17	件/千克			0		0
61142000.40	棉制针织或钩编夏服、水洗服(包括女成人、女童及男童)	16	90		17	17	件/千克	A	M/	0		0
61142000.90	棉制针织或钩编其他服装	16	90		17	17	件/千克			0		0
6114.3000	- 化学纤维制											
61143000.11	化纤制针织或钩编连身衣(含羊/动物细毛 23%及以上)	17.5	130		17	17	件/千克			0		0
61143000.12	化纤制针织或钩编紧身服及衬衫(含羊/动物细毛 23%及以上,包括无袖罩衫)	17.5	130		17	17	件/千克			0		0
61143000.13	化纤制针织或钩编其他连身衣	17.5	130		17	17	件/千克			0		0
61143000.19	化纤制针织或钩编紧身服及衬衫(包括无袖罩衫)	17.5	130		17	17	件/千克			0		0
61143000.21	化纤针织或钩编男成人及男 TOPS (指 8-18 号男童 TOPS)	17.5	130		17	17	件/千克	A	M/	0		0
61143000.22	化纤针织或钩编其他男童 TOPS	17.5	130		17	17	件/千克	A	M/	0		0
61143000.29	化纤针织或钩编女式 TOPS	17.5	130		17	17	件/千克			0		0
61143000.30	化纤针织或钩编其他运动服	17.5	130		17	17	件/千克			0		0

协定税率 %										特惠税率 %				Article Description
巴基斯坦	冰岛	哥斯达黎	秘鲁	新西兰	瑞士	新加坡	韩国	澳大利亚	港澳台	老挝	孟加拉	33国	7国	
8	0	0	4.8	0	11.2	0	12.8	9.6	0/0/	0	0	0	0	Other women's or girls' knitted or crocheted jacket and blazers, of man-made fibres, treated with plastics, etc.
8	0	0	4.8	0	11.2	0	12.8	9.6	0/0/	0	0	0	0	Other women's or girls' knitted or crocheted jacket and blazers, of textile materials, treated with plastics, etc.
8	0	0	4.8	0	11.2	0	12.8	9.6	0/0/	0	0	0	0	Other men's or boys' knitted or crocheted trousers and shorts, of cotton, treated with rubber, etc.
8	0	0	4.8	0	11.2	0	12.8	9.6	0/0/	0	0	0	0	Other men's or boys' knitted or crocheted trousers and shorts, of cotton, treated with plastics, etc.
8	0	0	4.8	0	11.2	0	12.8	9.6	0/0/	0	0	0	0	Other women's or girls' knitted or crocheted trousers and shorts, of cotton, treated with rubber, etc.
8	0	0	4.8	0	11.2	0	12.8	9.6	0/0/	0	0	0	0	Other women's or girls' knitted or crocheted trousers and shorts, of cotton, treated with plastics, etc.
8	0	0	4.8	0	11.2	0	12.8	9.6	0/0/	0	0	0	0	Other men's or boys' knitted or crocheted trousers and shorts, of other textile materials, treated with rubber
8	0	0	4.8	0	11.2	0	12.8	9.6	0/0/	0	0	0	0	Other men's or boys' knitted or crocheted trousers and shorts, of wool or fine animal hair, of man-made fibres, treated with plastics, etc.
8	0	0	4.8	0	11.2	0	12.8	9.6	0/0/	0	0	0	0	Other men's or boys' knitted or crocheted trousers and shorts, of other textile materials, treated with plastics, etc.
8	0	0	4.8	0	11.2	0	12.8	9.6	0/0/	0	0	0	0	Other women's or girls' knitted or crocheted trousers and shorts, of other textile materials, treated with rubber
8	0	0	4.8	0	11.2	0	12.8	9.6	0/0/	0	0	0	0	Other women's or girls' knitted or crocheted trousers and shorts, of wool or fine animal hair, of man-made fibres, treated with plastics, etc.
8	0	0	4.8	0	11.2	0	12.8	9.6	0/0/	0	0	0	0	Other women's or girls' knitted or crocheted trousers and shorts, of other textile materials, treated with plastics, etc.
8	0	0	4.8	0	11.2	0	12.8	9.6	0/0/	0	0	0	0	Other knitted or crocheted garments, of cotton, treated with rubber
8	0	0	4.8	0	11.2	0	12.8	9.6	0/0/	0	0	0	0	Other knitted or crocheted garments, of cotton, treated with plastics or other materials
8	0	0	4.8	0	11.2	0	12.8	9.6	0/0/	0	0	0	0	Other knitted or crochetedgarments, of textile materials, treated with rubber
8	0	0	4.8	0	11.2	0	12.8	9.6	0/0/	0	0	0	0	Other knitted or crocheted garments, of wool or fine animal hair, of man-made fibres, treated with plastics, etc.
8	0	0	4.8	0	11.2	0	12.8	9.6	0/0/	0	0	0	0	Other knitted or crocheted garments, of textile materials, treated with plastics, etc.
														Other garments，knitted or crocheted:
														- Of cotton
12.8	0	0		0	11.2	0	12.8	9.6	0/0/	6.4	0	0	0	Childrens' knitted or crocheted overall, of cotton, not thermal
12.8	0	0		0	11.2	0	12.8	9.6	0/0/	6.4	0	0	0	Other knitted or crocheted overall, of cotton
12.8	0	0		0	11.2	0	12.8	9.6	0/0/	6.4	0	0	0	Men's knitted or crocheted TOPS or boys' TOPS (size 8-18), of cotton
12.8	0	0		0	11.2	0	12.8	9.6	0/0/	6.4	0	0	0	Other boys' knitted or crocheted TOPS, of cotton
12.8	0	0		0	11.2	0	12.8	9.6	0/0/	6.4	0	0	0	Women's knitted or crocheted TOPS, of cotton
12.8	0	0		0	11.2	0	12.8	9.6	0/0/	6.4	0	0	0	Other knitted or crocheted sports suits, of cotton
12.8	0	0		0	11.2	0	12.8	9.6	0/0/	6.4	0	0	0	Knitted or crocheted summer wear and wash wear (including women's or girls' and boys'), of cotton
12.8	0	0		0	11.2	0	12.8	9.6	0/0/	6.4	0	0	0	Other knitted or crocheted garments, of cotton
														- Of man-made fibres
14	0	0	5.2	0	12.3	0	14	10.5	0/0/		0	0	0	Knitted or crocheted overall, of man-made fibres, containing 23% or more by weight of wool or fine animal hair
14	0	0	5.2	0	12.3	0	14	10.5	0/0/		0	0	0	Knitted or crocheted straitjacket and shirts (including blouse without sleeve), of man-made fibres, containing 23% or more by weight of wool or fine animal hair
14	0	0	5.2	0	12.3	0	14	10.5	0/0/		0	0	0	Other knitted or crocheted overall, of man-made fibres
14	0	0	5.2	0	12.3	0	14	10.5	0/0/		0	0	0	Knitted or crocheted straitjacket and shirts (including blouse without sleeve), of man-made fibres
14	0	0	5.2	0	12.3	0	14	10.5	0/0/		0	0	0	Men's or boys' knitted or crocheted TOPS (boys' size 8-18), of man-made fibres
14	0	0	5.2	0	12.3	0	14	10.5	0/0/		0	0	0	Other boys' knitted or crocheted TOPS, of man-made fibres
14	0	0	5.2	0	12.3	0	14	10.5	0/0/		0	0	0	Women's knitted or crocheted TOPS, of man-made fibres
14	0	0	5.2	0	12.3	0	14	10.5	0/0/		0	0	0	Other knitted or crocheted sports suits, of man-made fibres

税 号	货 品 名 称	进口关税 % 最惠国	普通	年内暂定	增值/消费税%	出口退税%	统计计量单位	监管证件代码	检验检疫类别	协定税率 % 东盟	亚太	智利
61143000.40	化纤针织或钩编夏服、水洗服(包括女成人、女童及男童)	17.5	130		17	17	件/千克			0		0
61143000.90	化纤针织或钩编其他服装	17.5	130		17	17	件/千克			0		0
	- 其他纺织材料制:											
6114.9010	--- 羊毛或动物细毛制	16	130		17	17	件/千克			0		0
6114.9090	--- 其他	16	130		17	17	件/千克			0		0
61.15	**针织或钩编的连裤袜、紧身裤袜、长统袜、短袜及其他袜类,包括渐紧压袜类(例如,用以治疗静脉曲张的长统袜)和无外绱鞋底的鞋类:**											
6115.1000	- 渐紧压袜类(例如,用以治疗静脉曲张的长统袜)	16	130		17	17	双/千克			0	9.3	0
	- 其他连裤袜及紧身裤袜:											
6115.2100	-- 每根单丝细度在67分特以下的合成纤维制	16	130		17	17	双/千克			0	14.4	0
6115.2200	-- 每根单丝细度在67分特及以上的合成纤维制	16	130		17	17	双/千克			0	10.9	0
	-- 其他纺织材料制:											
6115.2910	--- 棉制	14	90		17	17	双/千克			0		0
6115.2990	--- 其他	14	130		17	17	双/千克			0	9.3	0
6115.3000	- 其他女式长统袜或中统袜,每根单丝细度在67分特以下											
61153000.21	合纤制针织或钩编女长筒袜(单丝细度在67分特以下)	14	130		17	17	双/千克			0	9.3	0
61153000.29	合纤制针织或钩编女中筒袜(单丝细度在67分特以下)	14	130		17	17	双/千克			0	9.3	0
61153000.90	其他材料制女筒袜(单丝细度在67分特以下)	14	130		17	17	双/千克			0	9.3	0
	- 其他:											
6115.9400	-- 羊毛或动物细毛制	14	130		17	17	双/千克			0		0
6115.9500	-- 棉制											
61159500.11	棉制针织或钩编矫正袜(外科用带压缩刻度)	14	90		17	17	双/千克			0		0
61159500.19	棉制针织或钩编短袜及其他袜类	14	90		17	17	双/千克			0		0
6115.9600	-- 合成纤维制											
61159600.11	合纤制针织或钩编矫正袜(外科用带压缩刻度)	16	130		17	17	双/千克			0	10.9	0
61159600.12	合纤制女长筒袜(针织或钩编含羊毛或动物细毛23%及以上)	16	130		17	17	双/千克			0	10.9	0
61159600.13	合纤制短袜及其他袜类(针织或钩编含羊毛或动物细毛23%及以上)	16	130		17	17	双/千克			0	10.9	0
61159600.14	其他合纤制女长筒袜(针织或钩编)	16	130		17	17	双/千克			0	10.9	0
61159600.19	其他合纤制短袜及其他袜类(针织或钩编)	16	130		17	17	双/千克			0	10.9	0
6115.9900	-- 其他纺织材料制											
61159900.11	人纤制短袜及其他袜类(针织或钩编含羊毛或动物细毛23%及以上)	14	130		17	17	双/千克			0	9.3	0
61159900.19	其他人纤制短袜及其他袜类(针织或钩编)	14	130		17	17	双/千克			0	9.3	0
61159900.91	其他纺织材料制短袜及其他袜类(针织或钩编,含丝70%及以上)	14	130		17	17	双/千克			0	9.3	0
61159900.99	其他纺织材料制短袜及其他袜类(针织或钩编,含丝70%以下)	14	130		17	17	双/千克			0	9.3	0
61.16	**针织或钩编的分指手套、连指手套及露指手套:**											
6116.1000	- 用塑料或橡胶浸渍、涂布或包覆的											
61161000.10	塑料或橡胶浸渍的运动手套	14	130		17	17	双/千克			0		0
61161000.91	塑料或橡胶浸渍的非运动手套(含塑料或橡胶超过50%)	14	130		17	17	双/千克			0		0
61161000.92	塑料或橡胶浸渍的非运动手套(含塑料或橡胶不超过50%,棉限内)	14	130		17	17	双/千克			0		0
61161000.93	塑料或橡胶浸渍的非运动手套(含塑料或橡胶不超过50%,毛限内)	14	130		17	17	双/千克			0		0

协定税率 %										特惠税率 %				
巴基斯坦	冰岛	哥斯达黎	秘鲁	新西兰	瑞士	新加坡	韩国	澳大利亚	港澳台	老挝	孟加拉	33 国	7 国	**Article Description**
14	0	0	5.2	0	12.3	0	14	10.5	0/0/		0	0	0	Knitted or crocheted summer wear and wash wear (including women's, girls' and boys'), of man-made fibres
14	0	0	5.2	0	12.3	0	14	10.5	0/0/		0	0	0	Other knitted or crocheted garments, of man-made fibres
														- Of other textile materials:
12.8	0	0	4.8	0	11.2	0	12.8	9.6	0//			0	0	--- Of wool or fine animal hair
12.8	0	0	4.8	0	11.2	0	12.8	9.6	0//			0	0	--- Other
														Panty hose, tights, stockings, socks and other hosiery, including graduated compression hosiery (for example, stockings for varicose veins) and footwear without applied soles, knitted or crocheted:
8	0	0	4.8	0	11.5	0	12.8	9.6	0//			0	0	- Graduated compression hosiery (for example, stockings for varicose veins)
														- Other panty hose and tights:
12.8	0	0	4.8	0	11.2	0	12.8	9.6	0/0/			0	0	-- Of synthetic fibres, measuring per single yarn less than 67 decitex
8	0	0	4.8	0	11.2	0	12.8	9.6	/0/0			0	0	-- Of synthetic fibres, measuring per single yarn 67 decitex or more
														-- Of other textile materials:
11.2	0	0	0	0	9.8	0	11.2	8.4	/0/		0	0	0	--- Of cotton
7	0	0	0	0	9.8	0	11.2	8.4	/0/0			0	0	--- Other
														- Other women's full-length or knee-length hosiery, measuring per single yarn less than 67 decitex
7	0	0	0	0	9.8	0	11.2	8.4		0	0	0	0	Women's knitted or crocheted full-length hosiery, of synthetic fibres, measuring per single yarn less than 67 decitex
7	0	0	0	0	9.8	0	11.2	8.4		0	0	0	0	Women's knitted or crocheted knee-length hosiery, of synthetic fibres, measuring per single yarn less than 67 decitex
7	0	0	0	0	9.8	0	11.2	8.4		0	0	0	0	Women's full-length or knee-length hosiery, of other textile materials, measuring per single yarn less than 67 decitex
														- Other:
11.2	0	0	0	0	9.8	0	11.2	8.4	0//			0	0	-- Of wool or fine animal hair
														-- Of cotton
11.2	0	0	4.2	0	9.8	0	11.2	8.4	0//		0	0	0	Knitted or crocheted orthopedic stockings, with surgical suppressed scale, of cotton
11.2	0	0	4.2	0	9.8	0	11.2	8.4	0//		0	0	0	Knitted or crocheted socks and other hosiery, of cotton
														-- Of synthetic fibres
8	0	0	4.8	0	11.2	0	12.8	9.6	0//		0	0	0	Knitted or crocheted orthopedic stockings, with surgical suppressed scale, of synthetic fibres
8	0	0	4.8	0	11.2	0	12.8	9.6	0//		0	0	0	Women's knitted or crocheted full-length hosiery of synthetic fibres, containing 23% or more by weight of wool or fine animal hair
8	0	0	4.8	0	11.2	0	12.8	9.6	0//		0	0	0	Knitted or crocheted socks and other hosiery, of synthetic fibres, containing 23% or more by weight of wool or fine animal hair
8	0	0	4.8	0	11.2	0	12.8	9.6	0//		0	0	0	Other knitted or crocheted women's full-length hosiery, of synthetic fibres
8	0	0	4.8	0	11.2	0	12.8	9.6	0//		0	0	0	Other knitted or crocheted socks or other hosiery, of synthetic fibres
														-- Of other textile materials
7	0	0	0	0	9.8	0	11.2	8.4	0//0			0	0	Knitted or crocheted socks or other hosiery, of artificial fibres, containing 23% or more by weight of wool or fine animal hair
7	0	0	0	0	9.8	0	11.2	8.4	0//0			0	0	Other knitted or crocheted socks or other hosiery, of artificial fibres
7	0	0	0	0	9.8	0	11.2	8.4	0//0			0	0	Knitted or crocheted socks or other hosiery, of other textile materials, containing 70% or more by weight of silk
7	0	0	0	0	9.8	0	11.2	8.4	0//0			0	0	Knitted or crocheted socks or other hosiery, of other textile materials, containing less than 70% by weight of silk
														Gloves，mittens and mitts，knitted or crocheted:
														- Impregnated，coated or covered with plastics or rubber
	0	0	0	0	9.8	0	11.2	8.4	0//		0	0	0	Sports gloves impregnated, with plastics or rubber
	0	0	0	0	9.8	0	11.2	8.4	0//		0	0	0	Non-sports gloves impregnated, with plastics or rubber, containing more than 50% of plastics or rubber
	0	0	0	0	9.8	0	11.2	8.4	0//		0	0	0	Non-sports gloves impregnated with plastics or rubber, containing not more than 50% of plastics or rubber (in cotton limit)
	0	0	0	0	9.8	0	11.2	8.4	0//		0	0	0	Non-sports gloves impregnated with plastics or rubber, containing not more than 50% of plastics or rubber (in wool limit)

税号	货品名称	进口关税 % 最惠国	普通	年内暂定	增值/消费税%	出口退税%	统计计量单位	监管证件代码	检验检疫类别	协定税率 % 东盟	亚太	智利
61161000.94	塑料或橡胶浸渍的其他非运动手套(含塑料或橡胶不超过50%,化纤限内)	14	130		17	17	双/千克			0		0
61161000.99	塑料或橡胶浸渍的其他非运动手套(含塑料或橡胶不超过50%)	14	130		17	17	双/千克			0		0
	- 其他:											
6116.9100	-- 羊毛或动物细毛制	14	130		17	17	双/千克			0		0
6116.9200	-- 棉制	14	90		17	17	双/千克			0		0
6116.9300	-- 合成纤维制											
61169300.10	合纤制其他针织或钩编手套(含羊毛或动物细毛23%及以上)	16	130		17	17	双/千克			0	10.9	0
61169300.90	合纤制其他针织或钩编手套(含羊毛或动物细毛23%以下)	16	130		17	17	双/千克			0	10.9	0
6116.9900	-- 其他纺织材料制											
61169900.11	人造纤维制其他针织或钩编手套(运动手套)	14	130		17	17	双/千克			0	9.3	0
61169900.19	人造纤维制其他针织或钩编手套(非运动手套)	14	130		17	17	双/千克			0	9.3	0
61169900.20	丝或绢丝制其他针织或钩编手套(含丝70%及以上)	14	130		17	17	双/千克			0	9.3	0
61169900.91	其他纺材制其他针织或钩编手套(棉限内)	14	130		17	17	双/千克			0	9.3	0
61169900.92	其他纺材制其他针织或钩编手套(毛限内)	14	130		17	17	双/千克			0	9.3	0
61169900.93	其他纺材制其他针织或钩编手套(化纤限内)	14	130		17	17	双/千克			0	9.3	0
61169900.99	未列名纺材制其他针织或钩编手套	14	130		17	17	双/千克			0	9.3	0
61.17	**其他制成的针织或钩编的衣着附件;服装或衣着附件的针织或钩编的零件:**											
	- 披巾、头巾、围巾、披纱、面纱及类似品:											
	--- 动物细毛制:											
6117.1011	----山羊绒制	14	130		17	17	条/千克			0	9.3	0
6117.1019	----其他	14	130		17	17	条/千克			0	9.3	0
6117.1020	--- 羊毛制	14	130		17	17	条/千克			0	9.3	0
6117.1090	--- 其他	14	130		17	17	条/千克			0	9.3	0
	- 其他附件:											
6117.8010	--- 领带及领结	14	130		17	17	千克/条			0	9.3	0
6117.8090	--- 其他	14	130		17	17	千克			0	9.3	0
6117.9000	- 零件											
61179000.10	保暖型衬里(针织或钩编)	14	130		17	17	千克			0	7	0
61179000.21	毛制针织毛衫的零件(针织或钩编,羊毛或动物细毛)	14	130		17	17	千克			0	7	0
61179000.22	毛制针织衬衫的零件(针织或钩编,羊毛或动物细毛)	14	130		17	17	千克			0	7	0
61179000.23	毛制针织上衣的零件(针织或钩编,羊毛或动物细毛)	14	130		17	17	千克			0	7	0
61179000.24	毛制针织长裤、马裤、短裤的零件(针织或钩编,羊毛或动物细毛)	14	130		17	17	千克			0	7	0
61179000.29	毛制其他未列名针织服装零件(针织或钩编,羊毛或动物细毛)	14	130		17	17	千克			0	7	0
61179000.31	棉制针织毛衫的零件(针织或钩编)	14	130		17	17	千克			0	7	0
61179000.32	棉制针织衬衫的零件(针织或钩编)	14	130		17	17	千克			0	7	0
61179000.33	棉制针织上衣的零件(针织或钩编)	14	130		17	17	千克			0	7	0
61179000.34	棉制针织长裤、马裤、短裤的零件(针织或钩编)	14	130		17	17	千克			0	7	0
61179000.39	棉制其他未列名针织服装零件(针织或钩编)	14	130		17	17	千克			0	7	0

协定税率 %										特惠税率 %				Article Description
巴基斯坦	冰岛	哥斯达黎	秘鲁	新西兰	瑞士	新加坡	韩国	澳大利亚	港澳台	老挝	孟加拉	33 国	7 国	
	0	0	0	0	9.8	0	11.2	8.4	0//		0	0	0	Other non-sports gloves impregnated with plastics or rubber, containing not more than 50% of plastics or rubber (in man-made fibres limit)
	0	0	0	0	9.8	0	11.2	8.4	0//		0	0	0	Other non-sports gloves impregnated with plastics or rubber, containing not more than 50% of plastics or rubber
														- Other:
7	0	0	0	0	9.8	0	11.2	8.4	0//		0	0	0	-- Of wool of fine animal hair
	0	0	0	0	9.8	0	11.2	8.4	0/0/			0	0	-- Of cotton
														-- Of synthetic fibres
8	0	0	4.8	0	11.2	0	12.8	9.6	0/0/		0	0	0	Knitted or crocheted gloves, of synthetic fibres, containing 23% or more of wool or fine animal hair
8	0	0	4.8	0	11.2	0	12.8	9.6	0/0/		0	0	0	Knitted or crocheted gloves, of synthetic fibres, containing less than 23% of wool or fine animal hair
														-- Of other textile materials
9.3	0	0	4.2	0	9.8	0	11.2	8.4	0//		0	0	0	Other knitted or crocheted gloves (sports gloves) , of artificial fibres
9.3	0	0	4.2	0	9.8	0	11.2	8.4	0//		0	0	0	Other knitted or crocheted gloves (non-sports gloves), of artificial fibres
9.3	0	0	4.2	0	9.8	0	11.2	8.4	0//		0	0	0	Other knitted or crocheted gloves, of silk or spun silk, containing 70% or more by weight of silk
9.3	0	0	4.2	0	9.8	0	11.2	8.4	0//		0	0	0	Knitted or crocheted gloves, of other textile materials (in cotton limit)
9.3	0	0	4.2	0	9.8	0	11.2	8.4	0//		0	0	0	Knitted or crocheted gloves, of other textile materials (in wool limit)
9.3	0	0	4.2	0	9.8	0	11.2	8.4	0//		0	0	0	Knitted or crocheted gloves, of other textile materials (in man-made fibres limit)
9.3	0	0	4.2	0	9.8	0	11.2	8.4	0//		0	0	0	Other knitted or crocheted gloves, of textile materials, not elsewhere specified or included
														Other made up clothing accessories, knitted or crocheted;knitted or crocheted parts of garments or of clothing accessories:
														- Shawls, scarves, mufflers, mantillas, veils and the like:
														--- Of fine animal hair:
0	0	0	4.2	0	9.8	0	11.2	8.4	0//		0	0	0	----Of goats
0	0	0	4.2	0	9.8	0	11.2	8.4	0//		0	0	0	----Other
0	0	0	4.2	0	9.8	0	11.2	8.4	0//		0	0	0	--- Of wool
0	0	0	4.2	0	9.8	0	11.2	8.4	0//		0	0	0	--- Other
														- Other accessories:
0	0	0	0	0	9.8	0	11.2	8.4	0//0		0	0	0	--- Ties, bow ties and cravats
0	0	0	4.2	0	9.8	0	11.2	8.4	0//0		0	0	0	--- Other accessories
														- Parts
0	0	0	0	0	9.8	0	11.2	8.4	0/0/0		0	0	0	Knitted or crocheted thermal lining
0	0	0	0	0	9.8	0	11.2	8.4	0/0/0		0	0	0	Knitted or crocheted sweaters' parts, of wool or fine animal hair
0	0	0	0	0	9.8	0	11.2	8.4	0/0/0		0	0	0	Knitted or crocheted shirts' parts, of wool or fine animal hair
0	0	0	0	0	9.8	0	11.2	8.4	0/0/0		0	0	0	Knitted or crocheted jackets and blazers' parts, of wool or fine animal hair
0	0	0	0	0	9.8	0	11.2	8.4	0/0/0		0	0	0	Knitted or crocheted trousers, breeches and shorts' parts, of wool or fine animal hair
0	0	0	0	0	9.8	0	11.2	8.4	0/0/0		0	0	0	Other knitted or crocheted garments' parts, of wool or fine animal hair, not elsewhere specified or included
0	0	0	0	0	9.8	0	11.2	8.4	0/0/0		0	0	0	Knitted or crocheted sweaters' parts, of cotton
0	0	0	0	0	9.8	0	11.2	8.4	0/0/0		0	0	0	Knitted or crocheted shirts' parts, of cotton
0	0	0	0	0	9.8	0	11.2	8.4	0/0/0		0	0	0	Knitted or crocheted jackets and blazers' parts, of cotton
0	0	0	0	0	9.8	0	11.2	8.4	0/0/0		0	0	0	Knitted or crocheted trousers, breeches and shorts' parts, of cotton
0	0	0	0	0	9.8	0	11.2	8.4	0/0/0		0	0	0	Other knitted or crocheted garments' parts, of cotton, not elsewhere specified or included

税号	货品名称	进口关税 % 最惠国	普通	年内暂定	增值/消费税%	出口退税%	统计计量单位	监管证件代码	检验检疫类别	协定税率 % 东盟	亚太	智利
61179000.41	化纤制针织毛衫的零件(针织或钩编)	14	130		17	17	千克			0	7	0
61179000.42	化纤制针织衬衫的零件(针织或钩编)	14	130		17	17	千克			0	7	0
61179000.43	化纤制针织上衣的零件(针织或钩编)	14	130		17	17	千克			0	7	0
61179000.44	化纤制针织长裤、马裤、短裤零件(针织或钩编)	14	130		17	17	千克			0	7	0
61179000.49	化纤制其他未列名针织服装零件(针织或钩编)	14	130		17	17	千克			0	7	0
61179000.91	其他材料制衣着零件(针织或钩编,含丝 70%及以上)	14	130		17	17	千克			0	7	0
61179000.92	其他材料制针织毛衫的零件(针织或钩编)	14	130		17	17	千克			0	7	0
61179000.93	其他材料制针织衬衫的零件(针织或钩编)	14	130		17	17	千克			0	7	0
61179000.94	其他材料制针织上衣的零件(针织或钩编)	14	130		17	17	千克			0	7	0
61179000.95	其他材料制长裤、马裤、短裤零件(针织或钩编)	14	130		17	17	千克			0	7	0
61179000.99	其他材料制未列名针织服装零件(针织或钩编)	14	130		17	17	千克			0	7	0

协定税率 %										特惠税率 %				Article Description
巴基斯坦	冰岛	哥斯达黎	秘鲁	新西兰	瑞士	新加坡	韩国	澳大利亚	港澳台	老挝	孟加拉	33 国	7 国	
0	0	0	0	0	9.8	0	11.2	8.4	0/0/0		0	0	0	Knitted or crocheted sweaters' parts, of man-made fiber
0	0	0	0	0	9.8	0	11.2	8.4	0/0/0		0	0	0	Knitted or crocheted shirts' parts, of man-made fiber
0	0	0	0	0	9.8	0	11.2	8.4	0/0/0		0	0	0	Knitted or crocheted jackets and blazers' parts, of man-made fiber
0	0	0	0	0	9.8	0	11.2	8.4	0/0/0		0	0	0	Knitted or crocheted trousers, breeches and shorts' parts, of man-made fiber
0	0	0	0	0	9.8	0	11.2	8.4	0/0/0		0	0	0	Other knitted or crocheted garments' parts, of man-made fiber, not elsewhere specified or included
0	0	0	0	0	9.8	0	11.2	8.4	0/0/0		0	0	0	Knitted or crocheted clothing parts, of other textile materials, containing 70% or more by weight of silk
0	0	0	0	0	9.8	0	11.2	8.4	0/0/0		0	0	0	Knitted or crocheted sweaters' parts, of other textile materials
0	0	0	0	0	9.8	0	11.2	8.4	0/0/0		0	0	0	Knitted or crocheted shirts' parts, of other textile materials
0	0	0	0	0	9.8	0	11.2	8.4	0/0/0		0	0	0	Knitted or crocheted coats and jackets parts, of other textile materials
0	0	0	0	0	9.8	0	11.2	8.4	0/0/0		0	0	0	Knitted or crocheted trousers, breeches and shorts' parts, of other textile materials
0	0	0	0	0	9.8	0	11.2	8.4	0/0/0		0	0	0	Knitted or crocheted garments'parts, of other textile materials, not elsewhere specified or included,

第六十二章　非针织或非钩编的服装及衣着附件

注释：

一、本章仅适用于除絮胎以外任何纺织物的制成品，但不适用于针织品或钩编织品（税目 62.12 的除外）。

二、本章不包括：

（一）税目 63.09 的旧衣着或其他旧物品；或

（二）矫形器具、外科手术带、疝气带及类似品（税目 90.21）。

三、税目 62.03 及 62.04 所称：

（一）“西服套装”，是指面料用完全相同织物制成的两件套或三件套的下列成套服装：

——一件人体上半身穿着的外套或短上衣，除袖子外，应由四片或四片以上面料组成；也可附带一件马甲（西服背心），这件马甲（西服背心）的前片面料应与套装其他各件的面料相同，后片面料则应与外套或短上衣的衬里料相同；以及

——一件人体下半身穿着的服装，即不带背带或护胸的长裤、马裤、短裤（游泳裤除外）、裙子或裙裤。

西服套装各件面料质地、颜色及构成必须完全相同，其款式、尺寸大小也须相互般配。但套装的各件可以有不同织物的滚边（缝入夹缝中的成条织物）。

如果数件人体下半身穿着的服装同时报验（例如，两条长裤、长裤与短裤、裙子或裙裤与长裤），构成西服套装下装的应是一条长裤，而对于女式西服套装，应是裙子或裙裤，其他服装应分别归类。

所称“西服套装”，包括不论是否完全符合上述条件的下列配套服装：

——常礼服，由一件后襟下垂并下端开圆弧形叉的素色短上衣和一条条纹长裤组成；

——晚礼服（燕尾服），一般用黑色织物制成，上衣前襟较短且不闭合，背后有燕尾；

——无燕尾套装夜礼服，其中上衣款式与普通上衣相似（可以更为显露衬衣前胸），但有光滑丝质或仿丝质的翻领。

（二）“便服套装”，是指面料相同并作零售包装的下列成套服装（西服套装及税目 62.07 或 62.08 的物品除外）：

——一件人体上半身穿着的服装，但背心除外，因为背心可作为内衣；以及

——一件或两件不同的人体下半身穿着的服装，即长裤、护胸背带工装裤、马裤、短裤（游泳裤除外）、裙子或裙裤。

便服套装各件面料质地、款式、颜色及构成必须相同；尺寸大小也须相互般配。所称“便服套装”，不包括税目 62.11 的运动服及滑雪服。

四、对于税目 62.09：

（一）所称“婴儿服装及衣着附件”，是指用于身高不超过 86 厘米幼儿的服装；

（二）既可归入税目 62.09，也可归入本章其他税目的物品，应归入税目 62.09；

五、既可归入税目 62.10，也可归入本章其他税目的服装，除税目 62.09 所列的仍归入该税目外，其余的应一律归入税目 62.10。

六、税目 62.11 所称“滑雪服”，是指从整个外观和织物质地来看，主要在滑雪（速度滑雪和高山滑雪）时穿着的下列服装或成套服装：

（一）“滑雪连身服”，即上下身连在一起的单件服装；除袖子和领子外，滑雪连身服可有口袋或脚带；或

（二）“滑雪套装”，即由两件或三件构成一套并作零售包装的下列服装：

——一件用一条拉链扣合的带风帽的厚夹克、防风衣、防风短上衣或类似的服装，可以附带一件背心（滑雪背心）；以及

——一条不论是否过腰的长裤、一条马裤或一条护胸背带工装裤。

“滑雪套装”也可由一件类似以上（一）款所述的连身服和一件可套在连身服外面的有胎料背心组成。

Chapter 62 Articles of apparel and clothing accessories, not knitted or crocheted

Chapter Notes:

1. This Chapter applies only to made up articles of any textile fabric other than wadding, excluding knitted or crocheted articles (other than those of heading 62.12).

2. This Chapter does not cover:

(a) Worn clothing or other worn articles of heading 63.09; or

(b) Orthopaedic appliances, surgical belts, trusses or the like (heading 90.21).

3. For the purposes of headings 62.03 and 62.04:

(a) The term "suit" means a set of garments composed of two or three pieces made up, in respect of their outer surface, in identical fabric and comprising:
——One suit coat or jacket the outer shell of which, exclusive of sleeves, consists of four or more panels, designed to cover the upper part of the body, possibly with a tailored waistcoat in addition whose front is made from the same fabric as the outer surface of the other components of the set and whose back is made from the same fabric as the lining of the suit coat or jacket; and
——One garment designed to cover the lower part of the body and consisting of trousers, breeches or shorts (other than swimwear), a skirt or a divided skirt, having neither braces nor bibs.

All of the components of a "suit" must be of the same fabric construction, colour and composition; they must also be of the same style and of corresponding or compatible size. However, these components may have piping (a strip of fabric sewn into the seam) in a different fabric.
If several separate components to cover the lower part of the body are presented together (for example, two pairs of trousers or trousers and shorts, or a skirt or divided skirt and trousers), the constituent lower part shall be one pair of trousers or, in the case of women's or girls' suits, the skirt or divided skirt, the other garments being considered separately.

The term "suit" includes the following sets of garments, whether or not they fulfil all the above conditions:

(i) morning dress, comprising a plain jacket (cutaway) with rounded tails hanging well down at the back and striped trousers;
(ii) evening dress (tailcoat), generally made of black fabric, the jacket of which is relatively short at the front, does not close and has narrow skirts cut in at the hips and hanging down behind;
(iii) dinner jacket suits, in which the jacket is similar in style to an ordinary jacket (though perhaps revealing more of the shirt front), but has shiny silk or imitation silk lapels.

(b) The term "ensemble" means a set of garments (other than suits and articles of heading 62.07 or 62.08) composed of several pieces made up in identical fabric, put up for retail sale, and comprising:

——One garment designed to cover the upper part of the body, with the exception of waistcoats which may also form a second upper garment, and
——One or two different garments, designed to cover the lower part of the body and consisting of trousers, bib and brace overalls, breeches, shorts (other than swimwear), a skirt or a divided skirt.

All of the components of an ensemble must be of the same fabric construction, style, colour and composition; they also must be of corresponding or compatible size. The term "ensemble" does not apply to track suits or ski suits, of heading 62.11.

4. For the purposes of heading 62.09:

(a) The expression "babies' garments and clothing accessories" means articles for young children of a body height not exceeding 86 cm;
(b) Articles which are, prima facie, classifiable both in heading 62.09 and in other headings of this Chapter are to be classified in heading 62.09.

5. Garments which are, prima facie, classifiable both in heading 62.10 and in other headings of this Chapter, excluding heading 62.09, are to be classified in heading 62.10.

6. For the purposes of heading 62.11, "ski suits" means garments or sets of garments which, by their general appearance and texture, are identifiable as intended to be worn principally for skiing (cross-country or alpine). They consist either of:

(a) a "ski overall", that is, a one-piece garment designed to cover the upper and the lower parts of the body; in addition to sleeves and a collar the ski overall may have pockets or footstraps; or

(b) a "ski ensemble", that is, a set of garments composed of two or three pieces, put up for retail sale and comprising:

——One garment such as an anorak, wind-cheater, wind-jacket or similar article, closed by a slide fastener (zipper), possibly with a waistcoat in addition, and

——One pair of trousers whether or not extending above waist-level, one pair of breeches or one bib and brace overall.

The "ski ensemble" may also consist of an overall similar to the one mentioned in paragraph (a) above and a type of padded, sleeveless jacket worn over the overall.

"滑雪套装"各件颜色可以不同，但面料质地、款式及构成必须相同；尺寸大小也须相互般配。

七、正方形或近似正方形的围巾及围巾式样的物品，如果每边均不超过60厘米，应作为手帕归类（税目62.13）。任何一边超过60厘米的手帕，应归入税目62.14。

八、本章的服装，凡门襟为左压右的，应视为男式；右压左的，应视为女式。但本规定不适用于其式样已明显为男式或女式的服装。

无法区别是男式还是女式的服装，应按女式服装归入有关税目。

九、本章物品可用金属线制成。

税号	货品名称	进口关税% 最惠国	进口关税% 普通	进口关税% 年内暂定	增值/消费税%	出口退税%	统计计量单位	监管证件代码	检验检疫类别	协定税率% 东盟	协定税率% 亚太	协定税率% 智利
62.01	男式大衣、短大衣、斗篷、短斗篷、带风帽的防寒短上衣（包括滑雪短上衣）、防风衣、防风短上衣及类似品，但税目62.03的货品除外：											
	- 大衣、雨衣、短大衣、斗篷、短斗篷及类似品：											
6201.1100	-- 羊毛或动物细毛制											
62011100.10	毛制男式雨衣(羊毛或动物细毛制)	16	130	8	17	17	件/千克			0	11.7	0
62011100.90	毛制男式大衣、斗篷及类似品(含短大衣、短斗篷,羊毛或动物细毛制)	16	130	8	17	17	件/千克			0	11.7	0
	-- 棉制：											
6201.1210	--- 羽绒服	16	90		17	17	件/千克			0		0
6201.1290	--- 其他											
62011290.10	棉制男式雨衣	16	90	8	17	17	件/千克			0		0
62011290.20	棉制男式连风帽派克大衣等(含带风帽的防寒短上衣、防风衣、防风短上衣及类似品)	16	90	8	17	17	件/千克			0		0
62011290.90	棉制男式大衣、斗篷及类似品(包括短大衣、短斗篷)	16	90	8	17	17	件/千克			0		0
	-- 化学纤维制：											
6201.1310	--- 羽绒服	17.5	130		17	17	件/千克			0	12.3	0
6201.1390	--- 其他											
62011390.10	化纤制男式雨衣	17.5	130		17	17	件/千克			0	12.3	0
62011390.20	化纤制男式连风帽派克大衣等(羊/动物细毛≥36%,带风帽防寒短上衣/防风衣等)	17.5	130		17	17	件/千克			0	12.3	0
62011390.30	化纤制男大衣、斗篷及类似品(包括短大衣、短斗篷,含羊毛或动物细毛36%及以上)	17.5	130		17	17	件/千克			0	12.3	0
62011390.40	化纤制男式连风帽派克大衣等(羊/动物细毛<36%,带风帽防寒短上衣/防风衣等)	17.5	130		17	17	件/千克			0	12.3	0
62011390.90	化纤制男大衣、斗篷及类似品(包括短大衣、短斗篷,含羊毛或动物细毛36%以下)	17.5	130		17	17	件/千克			0	12.3	0
6201.1900	-- 其他纺织材料制											
62011900.10	其他材料制男雨衣	16	100		17	17	件/千克			0	11.7	0
62011900.21	其他材料制男大衣、斗篷及类似品(含短大衣、斗篷、短斗篷,含丝70%及以上)	16	100		17	17	件/千克			0	11.7	0
62011900.29	其他材料制男大衣、斗篷及类似品(含短大衣、斗篷、短斗篷,含丝<70%)	16	100		17	17	件/千克			0	11.7	0
62011900.30	其他材料制男大衣等,羊毛限内(含短大衣、斗篷、短斗篷)	16	100		17	17	件/千克			0	11.7	0
62011900.40	其他材料制男大衣等,棉限内(含短大衣、斗篷、短斗篷)	16	100		17	17	件/千克			0	11.7	0
62011900.50	其他材料制男大衣等,化纤限内(含短大衣、斗篷、短斗篷)	16	100		17	17	件/千克			0	11.7	0
62011900.90	其他材料制男大衣等(含短大衣、斗篷、短斗篷)	16	100		17	17	件/千克			0	11.7	0
	- 其他：											
6201.9100	-- 羊毛或动物细毛制											
62019100.10	毛制男式有填料无袖上衣(羊毛或动物细毛制)	16	130		17	17	件/千克			0	11.7	0

All the components of a "ski ensemble" must be made up in a fabric of the same texture, style and composition whether or not of the same colour; they also must be of corresponding or compatible size.

7. Scarves and articles of the scarf type, square or approximately square, of which no side exceeds 60 cm, are to be classified as handkerchiefs (heading 62.13). Handkerchiefs of which any side exceeds 60 cm are to be classified in heading 62.14.

8. Garments of this Chapter designed for left over right closure at the front shall be regarded as men's or boys' garments, and those designed for right over left closure at the front as women's or girls' garments. These provisions do not apply where the cut of the garment clearly indicates that it is designed for one or other of the sexes.
Garments which cannot be identified as either men's or boys' garments or as women's or girls' garments are to be classified in the headings covering women's or girls' garments.

9. Articles of this Chapter may be made of metal thread.

协定税率 %										特惠税率 %				Article Description
巴基斯坦	冰岛	哥斯达黎	秘鲁	新西兰	瑞士	新加坡	韩国	澳大利亚	港澳台	老挝	孟加拉	33 国	7 国	
														Men's or boys' overcoats, car-coats, capes, cloaks, anoraks, including ski-jackets, wind-cheaters, wind-jackets and similar articles, other than those of heading 62.03:
														- Overcoats, raincoats, car-coats, capes, cloaks and similar articles:
														-- Of wool or fine animal hair
8	0	0	4.8	0	11.2	0	12.8	9.6	0/0/		0	0	0	Men's or boys' raincoats, of wool or fine animal hair
8	0	0	4.8	0	11.2	0	12.8	9.6	0/0/		0	0	0	Men's or boys' overcoats, cloaks and similar articles, of wool or fine animal hair (including car-coats, capes)
														-- Of cotton:
12.8	0	0	4.8	0	11.2	0	12.8	9.6	0/0/			0	0	--- Padded with feathers or down
														--- Other
12.8	0	0	4.8	0	11.2	0	12.8	9.6	0/0/		0	0	0	Men's or boys' raincoats, of cotton
12.8	0	0	4.8	0	11.2	0	12.8	9.6	0/0/		0	0	0	Men's or boys' hooded parka (including anoraks, wind-cheaters, windjackets and similar articles), of cotton
12.8	0	0	4.8	0	11.2	0	12.8	9.6	0/0/		0	0	0	Men's or boys' overcoats, cloaks and similar articles (including car-coats, capes), of cotton
														-- Of man-made fibres:
8.8	0	0	5.2	0	12.3	0	14	10.5	0/0/		0	0	0	--- Padded with feathers or down
														--- Other
8.8	0	0	5.2	0	12.3	0	14	10.5	0/0/		0	0	0	Men's or boys' raincoats of man-made fibres
8.8	0	0	5.2	0	12.3	0	14	10.5	0/0/		0	0	0	Men's or boys' hooded parka, of man-made fibres (anoraks, wind-cheaters wind-jackets, containing 36% or more by weight of wool or fine animal hair)
8.8	0	0	5.2	0	12.3	0	14	10.5	0/0/		0	0	0	Men's or boys' overcoats, cloak and similar articles (including car-coats, capes, containing 36% or more by weight of wool or fine animal hair), of man-made fibres
8.8	0	0	5.2	0	12.3	0	14	10.5	0/0/		0	0	0	Men's or boys' hooded parka (anoraks, wind-jackets and similar articles, containing less than 36% by weight of wool or fine animal hair), of man-made fibres
8.8	0	0	5.2	0	12.3	0	14	10.5	0/0/		0	0	0	Men's or boys' overcoats, cloaks and similar articles (including car-coats, capes, containing less than 36% by weight of wool or fine animal hair), of man-made fibres
														-- Of other textile materials
8	0	0	4.8	0	11.2	0	12.8	9.6	0/0/		0	0	0	Men's or boys' raincoats of other textile materials
8	0	0	4.8	0	11.2	0	12.8	9.6	0/0/		0	0	0	Men's or boys' overcoats, cloaks and similar articles (including car-coats, capes, containing 70% or more by weight of silk)
8	0	0	4.8	0	11.2	0	12.8	9.6	0/0/		0	0	0	Men's or boys' overcoats, cloaks and similar articles (including car-coats, capes, containing less than 70% by weight of silk)
8	0	0	4.8	0	11.2	0	12.8	9.6	0/0/		0	0	0	Men's or boys' overcoats (including car-coats, capes, cloaks and similar articles), of other textile materials (in wool limit)
8	0	0	4.8	0	11.2	0	12.8	9.6	0/0/		0	0	0	Men's or boys' overcoats, of other textile materials, in cotton limit (including car-coats, capes, cloaks and similar articles)
8	0	0	4.8	0	11.2	0	12.8	9.6	0/0/		0	0	0	Men's or boys' overcoats, of other textile materials, in man-made fibres limit (including car-coats, capes, cloaks and similar articles)
8	0	0	4.8	0	11.2	0	12.8	9.6	0/0/		0	0	0	Men's or boys' overcoats, of other textile materials (including car-coats, capes, cloaks and similar articles)
														- Other:
														-- Of wool or fine animal hair
8	0	0	4.8	0	11.2	0	12.8	9.6	0/0/		0	0	0	Men's or boys' TOPS, without sleeves, padded, of wool or fine animal hair

税号	货品名称	进口关税 %			增值/消费税%	出口退税%	统计计量单位	监管证件代码	检验检疫类别	协定税率 %		
		最惠国	普通	年内暂定						东盟	亚太	智利
62019100.20	毛制男式带防寒衬里防风衣(羊毛或动物细毛制,含防风短上衣)	16	130		17	17	件/千克			0	11.7	0
62019100.30	毛制男式带风帽、有填料短上衣(羊毛或动物细毛制,含防风上衣,衬衫式样,特制领)	16	130		17	17	件/千克			0	11.7	0
62019100.90	毛制男式其他防寒上衣(羊毛或动物细毛制)	16	130		17	17	件/千克			0	11.7	0
	-- 棉制:											
6201.9210	--- 羽绒服	16	90		17	17	件/千克			0		0
6201.9290	--- 其他											
62019290.10	棉制男式有填料无袖上衣(不带可连接袖子配件)	16	90		17	17	件/千克			0		0
62019290.20	棉制男式带防寒衬里防风衣(含防风短上衣)	16	90		17	17	件/千克			0		0
62019290.30	棉制男式带风帽、有填料上衣(包括防风上衣,衬衫式样,特制领)	16	90		17	17	件/千克			0		0
62019290.90	棉制男式其他防寒上衣(包括滑雪短上衣、防风短上衣及类似品)	16	90		17	17	件/千克			0		0
	-- 化学纤维制:											
6201.9310	--- 羽绒服	17.5	130		17	17	件/千克			0	12.3	0
6201.9390	--- 其他											
62019390.10	化纤制男式有填料无袖上衣(不带可连接袖子配件)	17.5	130		17	17	件/千克			0	12.3	0
62019390.20	化纤制男式带风帽防寒短上衣(羊毛或动物细毛36%及以上)	17.5	130		17	17	件/千克			0	12.3	0
62019390.30	化纤制男式带防寒衬里防风衣(含防风短上衣)	17.5	130		17	17	件/千克			0	12.3	0
62019390.40	化纤制男式带风帽、有填料上衣(包括防风上衣,衬衫式样,特制领)	17.5	130		17	17	件/千克			0	12.3	0
62019390.90	化纤制其他防寒上衣(包括带风帽防寒短上衣、防风短上衣及其他类似品)	17.5	130		17	17	件/千克			0	12.3	0
6201.9900	-- 其他纺织材料制											
62019900.11	丝制男式带防寒衬里短上衣(含丝70%及以上,含防风上衣,防风短上衣)	16	100		17	17	件/千克			0	11.7	0
62019900.12	丝制男式带特制领、有填料短上衣(含丝70%及以上,含防风上衣,衬衫式样,带风帽)	16	100		17	17	件/千克			0	11.7	0
62019900.19	丝制其他防寒上衣(含丝70%及以上)	16	100		17	17	件/千克			0	11.7	0
62019900.21	丝制男式带防寒衬里短上衣(含丝70%以下,含防风上衣,防风短上衣)	16	100		17	17	件/千克			0	11.7	0
62019900.22	丝制男式带特制领、有填料短上衣(含丝70%以下,含防风上衣,衬衫式样,带风帽)	16	100		17	17	件/千克			0	11.7	0
62019900.29	丝制其他防寒上衣(含丝70%以下)	16	100		17	17	件/千克			0	11.7	0
62019900.31	其他材料制男式带风帽防寒短上衣(棉限内,带防寒衬里)	16	100		17	17	件/千克			0	11.7	0
62019900.32	其他材料制男式带风帽防寒短上衣(羊毛限内,带防寒衬里)	16	100		17	17	件/千克			0	11.7	0
62019900.33	其他材料制男式带风帽防寒短上衣(化纤限内,带防寒衬里)	16	100		17	17	件/千克			0	11.7	0
62019900.39	其他材料制男式带风帽防寒短上衣(其他纺织材料制,带防寒衬里)	16	100		17	17	件/千克			0	11.7	0
62019900.41	其他材料制男式带风帽短上衣(棉限内,带特制领,有填料,衬衫式样)	16	100		17	17	件/千克			0	11.7	0
62019900.42	其他材料制男式带风帽短上衣(羊毛限内,带特制领,有填料,衬衫式样)	16	100		17	17	件/千克			0	11.7	0
62019900.43	其他材料制男式带风帽短上衣(化纤限内,带特制领,有填料,衬衫式样)	16	100		17	17	件/千克			0	11.7	0
62019900.49	其他材料制男式带风帽短上衣(其他材料制,带特制领,有填料,衬衫式样)	16	100		17	17	件/千克			0	11.7	0
62019900.91	其他材料制男式防寒短上衣(棉限内,含防风衣、防风短上衣类似品)	16	100		17	17	件/千克			0	11.7	0

协定税率 %										特惠税率 %				Article Description
巴基斯坦	冰岛	哥斯达黎	秘鲁	新西兰	瑞士	新加坡	韩国	澳大利亚	港澳台	老挝	孟加拉	33 国	7 国	
8	0	0	4.8	0	11.2	0	12.8	9.6	0/0/		0	0	0	Men's or boys' wind-cheaters with winter liner, of wool or fine animal hair, including wind-jackets
8	0	0	4.8	0	11.2	0	12.8	9.6	0/0/		0	0	0	Men's or boys' anoraks, padded (including wind-jackets, shirt style, specially made collar), of wool or fine animal hair
8	0	0	4.8	0	11.2	0	12.8	9.6	0/0/		0	0	0	Other men's or boys' anoraks, of wool or fine animal hair
														-- Of cotton:
12.8	0	0	4.8	0	11.2	0	12.8	9.6	0/0/		0	0	0	--- Padded with feathers or down
														--- Other
12.8	0	0	4.8	0	11.2	0	12.8	9.6	0/0/	0	0	0	0	Men's or boys' jackets and blazers, without sleeves, padded (without accessories of detachable sleeves), of cotton
12.8	0	0	4.8	0	11.2	0	12.8	9.6	0/0/	0	0	0	0	Men's or boys' wind-cheaters with winter liner (including wind-jackets), of cotton
12.8	0	0	4.8	0	11.2	0	12.8	9.6	0/0/	0	0	0	0	Men's or boys' anoraks, padded (including wind-jackets, shirt style, specially made collar), of cotton
12.8	0	0	4.8	0	11.2	0	12.8	9.6	0/0/	0	0	0	0	Other men's or boys' anoraks (including ski-jackets, wind-cheaters, wind-jackets and similar articles), of cotton
														-- Of man-made fibres:
8.8	0	0	5.2	0	12.3	0	14	10.5	0/0/		0	0	0	--- Padded with feathers or down
														--- Other
8.8	0	0	5.2	0	12.3	0	14	10.5	0/0/		0	0	0	Men's or boys' cloaks, without sleeves, padded (without accessories of detachable sleeves), of man-made fibres
8.8	0	0	5.2	0	12.3	0	14	10.5	0/0/		0	0	0	Men's or boys' anoraks, of man-made fibre, containing 36% or more by weight of wool or fine animal hair
8.8	0	0	5.2	0	12.3	0	14	10.5	0/0/		0	0	0	Men's or boys' wind-cheaters with winter liner (including wind-jackets), of man-made fibres
8.8	0	0	5.2	0	12.3	0	14	10.5	0/0/		0	0	0	Men's or boys' anoraks, wind-jackets, padded (including wind-jackets, shirt style, specially made collar), of man-made fibres
8.8	0	0	5.2	0	12.3	0	14	10.5	0/0/		0	0	0	Other men's or boys' anoraks (including wind-cheaters, wind-jackets and similar articles), of man-made fibres
														-- Of other textile materials
8	0	0	4.8	0	11.2	0	12.8	9.6	0/0/		0	0	0	Men's or boys' wind-cheaters, wind-jackets, with winter liner, containing 70% or more by weight of silk
8	0	0	4.8	0	11.2	0	12.8	9.6	0/0/		0	0	0	Men's or boys' cloaks, padded, with specially made collar (including wind-cheaters, shirt style, with hood), containing 70% or more by weight of silk
8	0	0	4.8	0	11.2	0	12.8	9.6	0/0/		0	0	0	Other men's or boys' anoraks, of silk, containing 70% or more by weight of silk
8	0	0	4.8	0	11.2	0	12.8	9.6	0/0/		0	0	0	Men's or boys' wind-cheaters with winter liner (including wind-jackets), containing less than 70% by weight of silk
8	0	0	4.8	0	11.2	0	12.8	9.6	0/0/		0	0	0	Men's or boys' cloaks, of silk, padded, with specially made collar (including wind-cheaters, shirt style, with hood), containing less than 70% by weight of silk,
8	0	0	4.8	0	11.2	0	12.8	9.6	0/0/		0	0	0	Other men's or boys' anoraks of silk, containing less than 70% by weight of silk
8	0	0	4.8	0	11.2	0	12.8	9.6	0/0/		0	0	0	Men's or boys' anoraks with winter liner, of other textile materials (in cotton limit)
8	0	0	4.8	0	11.2	0	12.8	9.6	0/0/		0	0	0	Men's or boys' anoraks with winter liner, of other textile materials (in wool limit)
8	0	0	4.8	0	11.2	0	12.8	9.6	0/0/		0	0	0	Men's or boys' anoraks with winter liner, of other textile materials (in man-made fibres limit)
8	0	0	4.8	0	11.2	0	12.8	9.6	0/0/		0	0	0	Men's or boys' anoraks with winter liner, of other textile materials
8	0	0	4.8	0	11.2	0	12.8	9.6	0/0/		0	0	0	Men's or boys' anoraks, of other textile materials, padded, with specially made collar, shirt style (in cotton limit)
8	0	0	4.8	0	11.2	0	12.8	9.6	0/0/		0	0	0	Men's or boys' anoraks, of other textile materials, padded, with specially made collar, shirt style (in wool limit)
8	0	0	4.8	0	11.2	0	12.8	9.6	0/0/		0	0	0	Men's or boys' anoraks, of other textile materials, padded, with specially made collar, shirt style (in man-made fibres limit)
8	0	0	4.8	0	11.2	0	12.8	9.6	0/0/		0	0	0	Men's or boys' anoraks, of other textile materials, padded, with specially made collar, shirt style
8	0	0	4.8	0	11.2	0	12.8	9.6	0/0/		0	0	0	Men's or boys' wind-cheaters, including wind-jackets and similar articles, of other textile materials (in cotton limit)

税号	货品名称	进口关税 %			增值/消费税%	出口退税%	统计计量单位	监管证件代码	检验检疫类别	协定税率 %		
		最惠国	普通	年内暂定						东盟	亚太	智利
62019900.92	其他材料制男式防寒短上衣(羊毛限内,含防风衣、防风短上衣类似品)	16	100		17	17	件/千克			0	11.7	0
62019900.93	其他材料制男式防寒短上衣(化纤限内,含防风衣、防风短上衣类似品)	16	100		17	17	件/千克			0	11.7	0
62019900.99	其他材料制男式其他防寒短上衣(含防风衣、防风短上衣类似品)	16	100		17	17	件/千克			0	11.7	0
62.02	**女式大衣、短大衣、斗篷、短斗篷、带风帽的防寒短上衣(包括滑雪短上衣)、防风衣、防风短上衣及类似品,但税目62.04的货品除外:**											
	- 大衣、雨衣、短大衣、斗篷、短斗篷及类似品:											
6202.1100	-- 羊毛或动物细毛制											
62021100.10	毛制女式雨衣(羊毛或动物细毛制)	16	130	8	17	17	件/千克			0	11.7	0
62021100.90	毛制女式大衣、斗篷及类似品等(包括短大衣、短斗篷,羊毛或动物细毛制)	16	130	8	17	17	件/千克			0	11.7	0
	-- 棉制:											
6202.1210	--- 羽绒服	16	90		17	17	件/千克			0		0
6202.1290	--- 其他											
62021290.10	棉制女式雨衣	16	90	8	17	17	件/千克			0		0
62021290.20	棉制女式连风帽派克大衣等(含带风帽的防寒短上衣、防风衣、防风短上衣及类似品)	16	90	8	17	17	件/千克			0		0
62021290.90	棉制女式大衣、斗篷及类似品(包括短大衣、短斗篷)	16	90	8	17	17	件/千克			0		0
	-- 化学纤维制:											
6202.1310	--- 羽绒服	19	130		17	17	件/千克			0	13.6	0
6202.1390	--- 其他											
62021390.10	化纤制女雨衣(含羊毛/动物细毛<36%,含带风帽防寒上衣、防风衣及类似品)	19	130		17	17	件/千克			0	13.6	0
62021390.20	化纤制女式连风帽派克大衣(含短大衣、短斗篷,含羊毛或动物细毛36%及以上)	19	130		17	17	件/千克			0	13.6	0
62021390.30	化纤制女大衣、斗篷及类似品(含短大衣、短斗篷,含羊毛或动物细毛36%及以上)	19	130		17	17	件/千克			0	13.6	0
62021390.40	化纤制女式连风帽派克大衣(含羊毛/动物细毛<36%,含带风帽防寒上衣、防风衣及类似品)	19	130		17	17	件/千克			0	13.6	0
62021390.90	化纤制女大衣、斗篷及类似品(含短大衣、短斗篷,含羊毛或动物细毛36%以下)	19	130		17	17	件/千克			0	13.6	0
6202.1900	-- 其他纺织材料制											
62021900.10	其他材料制女雨衣	16	100		17	17	件/千克			0	11.7	0
62021900.21	其他材料制女大衣、斗篷及类似品(含短大衣、短斗篷,含丝70%及以上)	16	100		17	17	件/千克			0	11.7	0
62021900.29	其他材料制女大衣、斗篷及类似品(含短大衣、短斗篷,含丝70%及以下)	16	100		17	17	件/千克			0	11.7	0
62021900.30	其他材料制女大衣等,羊毛限内(含短大衣、斗篷、短斗篷)	16	100		17	17	件/千克			0	11.7	0
62021900.40	其他材料制女大衣等,棉限内(含短大衣、斗篷、短斗篷)	16	100		17	17	件/千克			0	11.7	0
62021900.50	其他材料制女大衣等,化纤限内(含短大衣、斗篷、短斗篷)	16	100		17	17	件/千克			0	11.7	0
62021900.90	其他材料制女大衣(含短大衣、斗篷、短斗篷)	16	100		17	17	件/千克			0	11.7	0
	- 其他:											
6202.9100	-- 羊毛或动物细毛制											
62029100.10	毛制女式有填料无袖上衣(羊毛或动物细毛制)	16	130		17	17	件/千克			0	11.7	0
62029100.20	毛制女式带防寒衬里的短上衣(羊毛或动物细毛制,含防风衣、防风短上衣)	16	130		17	17	件/千克			0	11.7	0
62029100.90	毛制女式其他防寒上衣(羊毛或动物细毛制)	16	130		17	17	件/千克			0	11.7	0
	-- 棉制:											
6202.9210	--- 羽绒服	16	90		17	17	件/千克			0		0

协定税率 %										特惠税率 %				
巴基斯坦	冰岛	哥斯达黎	秘鲁	新西兰	瑞士	新加坡	韩国	澳大利亚	港澳台	老挝	孟加拉	33 国	7 国	**Article Description**
8	0	0	4.8	0	11.2	0	12.8	9.6	0/0/		0	0	0	Men's or boys' wind-cheaters, including wind-jackets and similar articles, of other textile materials (in wool limit)
8	0	0	4.8	0	11.2	0	12.8	9.6	0/0/		0	0	0	Men's or boys' wind-cheaters, including wind-jackets and similar articles, of other textile materials (in man-made fibres limit)
8	0	0	4.8	0	11.2	0	12.8	9.6	0/0/		0	0	0	Other men's or boys' anoraks, including wind-cheaters, wind-jackets and similar articles, of other textile materials
														Women's or girls' overcoats, car-coats, capes, cloaks, anoraks, including ski-jackets,wind-cheaters, wind-jackets and similar articles, other than those of heading 62.04:
														- Overcoats, raincoats, car-coats, capes, cloaks and similar articles:
														-- Of wool or fine animal hair
8	0	0	4.8	0	11.2	0	12.8	9.6	0/0/		0	0	0	Women's or girls' raincoats, of wool or fine animal hair
8	0	0	4.8	0	11.2	0	12.8	9.6	0/0/		0	0	0	Women's or girls' overcoats, cloaks and similar articles, of wool or fine animal hair (including car-coats, capes)
														-- Of cotton:
12.8	0	0	4.8	0	11.2	0	12.8	9.6	0/0/			0	0	--- Padded with feathers or down
														--- Other
12.8	0	0	4.8	0	11.2	0	12.8	9.6	0/0/		0	0	0	Women's or girls' raincoats, of cotton
12.8	0	0	4.8	0	11.2	0	12.8	9.6	0/0/		0	0	0	Women's or girls' hooded parka, of cotton, including wind-cheaters, wind-jackets and similar articles
12.8	0	0	4.8	0	11.2	0	12.8	9.6	0/0/		0	0	0	Women's or girls' overcoats, of cotton, including car-coats, capes, cloaks and similar articles
														-- Of man-made fibres:
9.5	0	0	5.7	0	13.3	0	15.2	11.4	0/0/		0	0	0	--- Padded with feathers or down
														--- Other
9.5	0	0	5.7	0	13.3	0	15.2	11.4	0/0/		0	0	0	Women's or girls' raincoats, anoraks, wind cheaters, wind-jackets, of man-made fibres, containing less than 36% by weight of wool or fine animal hair
9.5	0	0	5.7	0	13.3	0	15.2	11.4	0/0/		0	0	0	Women's or girls' hooded parka, wind-cheaters, wind-jackets, of man-made fibres, containing 36% or more by weight of wool or fine animal hair
9.5	0	0	5.7	0	13.3	0	15.2	11.4	0/0/		0	0	0	Women's or girls' overcoats, of man-made fibres, containing 36% or more by weight of wool or fine animal hair, car-coats, capes, cloaks and similar articles
9.5	0	0	5.7	0	13.3	0	15.2	11.4	0/0/		0	0	0	Women's or girls' hooded parka, of man-made fibres, containing less than 36% by weight of wool or fine animal hair, including wind-cheaters, wind-jackets and similar articles
9.5	0	0	5.7	0	13.3	0	15.2	11.4	0/0/		0	0	0	Women's or girls' overcoats, of man-made fibres, containing less than 36% of wool or fine animal hair, car-coats, capes, cloaks and similar articles
														-- Of other textile materials
8	0	0	4.8	0	11.2	0	12.8	9.6	0/0/		0	0	0	Women's or girls' raincoats, of other materials
8	0	0	4.8	0	11.2	0	12.8	9.6	0/0/		0	0	0	Women's or girls' overcoats, including car-coats, capes, cloaks and similar articles, of other materials, containing 70% or more by weight of silk
8	0	0	4.8	0	11.2	0	12.8	9.6	0/0/		0	0	0	Women's or girls' overcoats, including carcoats, capes, cloaks and similar articles, of other materials, containing less than 70% by weight of silk
8	0	0	4.8	0	11.2	0	12.8	9.6	0/0/		0	0	0	Women's or girls' overcoats, including car-coats, capes, cloaks, of other materials (in wool limit)
8	0	0	4.8	0	11.2	0	12.8	9.6	0/0/		0	0	0	Women's or girls' overcoats, including car-coats, capes, cloaks, of other materials (in cotton limit)
8	0	0	4.8	0	11.2	0	12.8	9.6	0/0/		0	0	0	Women's or girls' overcoats, including car-coats, capes, cloaks and similar articles, of other materials (in man-made fibres limit)
8	0	0	4.8	0	11.2	0	12.8	9.6	0/0/		0	0	0	Women's or girls' overcoats, including car-coats, capes, cloaks, of other textile materials
														- Other:
														-- Of wool or fine animal hair
8	0	0	4.8	0	11.2	0	12.8	9.6	0/0/			0	0	Women's or girls' cloaks, padded, without sleeves ,of wool or fine animal hair
8	0	0	4.8	0	11.2	0	12.8	9.6	0/0/			0	0	Women's or girls' wind-cheaters, wind-jackets, with winter liner, of wool or fine animal hair
8	0	0	4.8	0	11.2	0	12.8	9.6	0/0/			0	0	Other women's or girls' anoraks, of wool or fine animal hair
														-- Of cotton:
12.8	0	0	4.8	0	11.2	0	12.8	9.6	0/0/			0	0	--- Padded with feathers or down

税号	货品名称	进口关税 %			增值/消费税%	出口退税%	统计计量单位	监管证件代码	检验检疫类别	协定税率 %		
		最惠国	普通	年内暂定						东盟	亚太	智利
6202.9290	--- 其他											
62029290.10	棉制女式有填料无袖上衣(不带可连接袖子配件)	16	90		17	17	件/千克			0		0
62029290.20	棉制女式带防寒衬里的短上衣(含防风衣、防风短上衣)	16	90		17	17	件/千克			0		0
62029290.90	棉制女式其他防寒上衣	16	90		17	17	件/千克			0		0
	-- 化学纤维制:											
6202.9310	--- 羽绒服	17.5	130		17	17	件/千克			0	12.3	0
6202.9390	--- 其他											
62029390.10	化纤制女式有填料无袖上衣(不带可连接袖子配件)	17.5	130		17	17	件/千克			0	12.3	0
62029390.20	化纤制女式带风帽防寒短上衣(含羊毛或动物细毛36%及以上)	17.5	130		17	17	件/千克			0	12.3	0
62029390.30	化纤制女式带防寒衬里的短上衣(含防风衣、防风短上衣)	17.5	130		17	17	件/千克			0	12.3	0
62029390.90	化纤制女式其他防寒上衣	17.5	130		17	17	件/千克			0	12.3	0
6202.9900	-- 其他纺织材料制											
62029900.11	丝制女式带防寒衬里的短上衣(含丝70%及以上,含防风衣、防风短上衣)	16	100		17	17	件/千克			0	11.7	0
62029900.19	丝制女式其他防寒上衣(含丝70%及以上,)	16	100		17	17	件/千克			0	11.7	0
62029900.21	丝制女式带防寒衬里的短上衣(含丝70%以下,含防风衣、防风短上衣)	16	100		17	17	件/千克			0	11.7	0
62029900.29	丝制女式其他防寒上衣(含丝70%以下)	16	100		17	17	件/千克			0	11.7	0
62029900.31	其他材料制女式带风帽防寒短上衣(棉限内,带防寒衬里)	16	100		17	17	件/千克			0	11.7	0
62029900.32	其他材料制女式带风帽防寒短上衣(羊毛限内,带防寒衬里)	16	100		17	17	件/千克			0	11.7	0
62029900.33	其他材料制女式带风帽防寒短上衣(化纤限内,带防寒衬里)	16	100		17	17	件/千克			0	11.7	0
62029900.39	其他材料制女式带风帽防寒短上衣(其他纺织材料制,带防寒衬里)	16	100		17	17	件/千克			0	11.7	0
62029900.91	其他材料制女式防寒短上衣等(棉限内,含防风衣、防风短上衣及类似品)	16	100		17	17	件/千克			0	11.7	0
62029900.92	其他材料制女式防寒短上衣等(羊毛限内,含防风衣、防风短上衣及类似品)	16	100		17	17	件/千克			0	11.7	0
62029900.93	其他材料制女式防寒短上衣等(化纤限内,含防风衣、防风短上衣及类似品)	16	100		17	17	件/千克			0	11.7	0
62029900.99	其他材料制女式其他防寒短上衣等(含防风衣、防风短上衣及类似品)	16	100		17	17	件/千克			0	11.7	0
62.03	**男式西服套装、便服套装、上衣、长裤、护胸背带工装裤、马裤及短裤(游泳裤除外):**											
	- 西服套装:											
6203.1100	-- 羊毛或动物细毛制	17.5	130	10	17	17	套/千克			0	12.3	0
6203.1200	-- 合成纤维制											
62031200.10	合纤制男式西服套装(含羊毛或动物细毛36%及以上)	17.5	130		17	17	套/千克			0	12.3	0
62031200.90	其他合纤制男式西服套装	17.5	130		17	17	套/千克			0	12.3	0
	-- 其他纺织材料制:											
6203.1910	--- 丝及绢丝制											
62031910.10	丝及绢丝制男式西服套装(含丝70%及以上)	17.5	100		17	17	套/千克			0	12.3	0
62031910.90	其他丝及绢丝制男式西服套装(含丝70%以下)	17.5	100		17	17	套/千克			0	12.3	0
6203.1990	--- 其他											
62031990.10	棉制男式西服套装	17.5	100		17	17	套/千克			0	12.3	0
62031990.21	人造纤维制男式西服套装(含羊毛或动物细毛36%及以上)	17.5	100		17	17	套/千克			0	12.3	0
62031990.29	其他人造纤维制男式西服套装	17.5	100		17	17	套/千克			0	12.3	0
62031990.91	其他材料制男式西服套装(棉限内)	17.5	100		17	17	套/千克			0	12.3	0

协定税率 %										特惠税率 %				Article Description
巴基斯坦	冰岛	哥斯达黎	秘鲁	新西兰	瑞士	新加坡	韩国	澳大利亚	港澳台	老挝	孟加拉	33 国	7 国	
														--- Other
12.8	0	0	4.8	0	11.2	0	12.8	9.6	0/0/		0	0	0	Women's or girls' cloaks, padded, without sleeves of cotton (without accessories of detachable sleeves)
12.8	0	0	4.8	0	11.2	0	12.8	9.6	0/0/		0	0	0	Women's or girls' wind-cheaters with winter liner, including wind-jackets, of cotton
12.8	0	0	4.8	0	11.2	0	12.8	9.6	0/0/		0	0	0	Other women's or girls' anoraks, of cotton
														-- Of man-made fibres:
8.8	0	0	5.2	0	12.3	0	14	10.5	0/0/		0	0	0	--- Padded with feathers or down
														--- Other
8.8	0	0	5.2	0	12.3	0	14	10.5	0/0/		0	0	0	Women's or girls' cloaks, padded, without sleeves of man-made fibres
8.8	0	0	5.2	0	12.3	0	14	10.5	0/0/		0	0	0	Women's or girls' anoraks, of man-made fibres, containing 36% or more by weight of wool or fine animal hair
8.8	0	0	5.2	0	12.3	0	14	10.5	0/0/		0	0	0	Women's or girls' wind-cheaters with winter liner, including wind-jackets, of man-made fibres
8.8	0	0	5.2	0	12.3	0	14	10.5	0/0/		0	0	0	Other women's or girls' anoraks, of man-made fibres
														-- Of other textile materials
8	0	0	4.8	0	11.2	0	12.8	9.6	0/0/		0	0	0	Women's or girls' wind-cheaters, wind-jackets, with winter liner, containing 70% or more by weight of silk
8	0	0	4.8	0	11.2	0	12.8	9.6	0/0/		0	0	0	Other women's or girls' anoraks, of silk, containing 70% or more by weight of silk
8	0	0	4.8	0	11.2	0	12.8	9.6	0/0/		0	0	0	Women's or girls' wind-cheaters, wind-jackets, with winter liner, containing less than 70% by weight of silk
8	0	0	4.8	0	11.2	0	12.8	9.6	0/0/		0	0	0	Other women's or girls' anoraks, of silk, containing less than 70% by weight of silk
8	0	0	4.8	0	11.2	0	12.8	9.6	0/0/		0	0	0	Women's or girls' anoraks with winter liner, of other textile materials (in cotton limit)
8	0	0	4.8	0	11.2	0	12.8	9.6	0/0/		0	0	0	Women's or girls' anoraks, of other textile materials, with winter liner (in wool limit)
8	0	0	4.8	0	11.2	0	12.8	9.6	0/0/		0	0	0	Women's or girls' anoraks, of other textile materials, with winter liner (in man-made fibres limit)
8	0	0	4.8	0	11.2	0	12.8	9.6	0/0/		0	0	0	Women's or girls' anoraks, of other textile materials, with winter liner
8	0	0	4.8	0	11.2	0	12.8	9.6	0/0/		0	0	0	Women's or girls' wind-cheaters, including wind-jackets and similar articles, of other textile materials (in cotton limit)
8	0	0	4.8	0	11.2	0	12.8	9.6	0/0/		0	0	0	Women's or girls' wind-cheaters, including wind-jackets and similar articles, of other textile materials (in wool limit)
8	0	0	4.8	0	11.2	0	12.8	9.6	0/0/		0	0	0	Women's or girls' wind-cheaters, including wind-jackets and similar articles, of other textile materials (in man-made fibres limit)
8	0	0	4.8	0	11.2	0	12.8	9.6	0/0/		0	0	0	Other women's or girls' anoraks, including wind-cheaters, wind-jackets and similar articles, of other textile materials
														Men's or boys' suits, ensembles, jackets, blazers, trousers, bib and brace overalls, breeches and shorts (other than swimwear):
														- Suits:
8.8	0	0	5.2	0	0	0	14	10.5	0/0/		0	0	0	-- Of wool or fine animal hair
														-- Of synthetic fibres
8.8	0	0	5.2	0	12.3	0	14	10.5	0/0/		0	0	0	Men's or boys' suits, of synthetic fibres, containing 36% or more by weight of wool or fine animal hair
8.8	0	0	5.2	0	12.3	0	14	10.5	0/0/		0	0	0	Other men's or boys' suits, of synthetic fibres
														-- Of other textile materials:
														--- Of silk or silk waste
8.8	0	0	5.2	0	12.3	0	14	10.5	0/0/			0	0	Men's or boys' suits ,of silk and silk waste, containing 70% or more by weight of silk
8.8	0	0	5.2	0	12.3	0	14	10.5	0/0/			0	0	Other men's or boys' suits, of silk and silk waste, containing less than 70% by weight of silk
														--- Other
8.8	0	0	5.2	0	12.6	0	14	10.5	0/0/			0	0	Men's or boys' suits, of cotton
8.8	0	0	5.2	0	12.6	0	14	10.5	0/0/			0	0	Men's or boys' suits, of artificial fibres, containing 36% or more by weight of wool or fine animal hair
8.8	0	0	5.2	0	12.6	0	14	10.5	0/0/			0	0	Men's or boys' suits, of other artificial fibres
8.8	0	0	5.2	0	12.6	0	14	10.5	0/0/			0	0	Men's or boys' suits, of other textile materials (in cotton limit)

税号	货品名称	进口关税 % 最惠国	普通	年内暂定	增值/消费税%	出口退税%	统计计量单位	监管证件代码	检验检疫类别	协定税率 % 东盟	亚太	智利
62031990.92	其他材料制男式西服套装(毛限内)	17.5	100		17	17	套/千克			0	12.3	0
62031990.93	其他材料制男式西服套装(化纤限内)	17.5	100		17	17	套/千克			0	12.3	0
62031990.99	其他材料制其他男式西服套装	17.5	100		17	17	套/千克			0	12.3	0
	- 便服套装:											
6203.2200	-- 棉制											
62032200.10	棉制男式便服套装(工业及职业用)	17.5	90		17	17	套/千克			0		0
62032200.90	其他棉制男式便服套装	17.5	90		17	17	套/千克			0		0
6203.2300	-- 合成纤维制											
62032300.11	合纤制其他男式便服套装(含羊毛或动物细毛≥36%,工业及职业用)	17.5	130		17	17	套/千克			0	12.3	0
62032300.19	合纤制其他男式便服套装(含羊毛或动物细毛≥36%)	17.5	130		17	17	套/千克			0	12.3	0
62032300.91	其他合纤制其他男式便服套装(工业及职业用)	17.5	130		17	17	套/千克			0	12.3	0
62032300.99	其他合纤制其他男式便服套装	17.5	130		17	17	套/千克			0	12.3	0
	-- 其他纺织材料制:											
6203.2910	--- 丝及绢丝制											
62032910.10	丝制男式便服套装(含丝70%及以上)	17.5	130		17	17	套/千克			0	12.3	0
62032910.90	丝制其他男式便服套装(含丝70%以下)	17.5	130		17	17	套/千克			0	12.3	0
6203.2920	--- 羊毛或动物细毛制	17.5	130		17	17	套/千克			0	12.3	0
6203.2990	--- 其他											
62032990.11	人造纤维制其他男式便服套装(工业及职业用)	17.5	100		17	17	套/千克			0	12.3	0
62032990.19	人造纤维制其他男式便服套装	17.5	100		17	17	套/千克			0	12.3	0
62032990.90	其他材料制其他男式便服套装	17.5	100		17	17	套/千克			0	12.3	0
	- 上衣:											
6203.3100	-- 羊毛或动物细毛制											
62033100.10	毛制男式西服式上衣(羊毛或动物细毛制)	16	130	8	17	17	件/千克			0	11.7	0
62033100.90	毛制男式其他上衣(羊毛或动物细毛制)	16	130	8	17	17	件/千克			0	11.7	0
6203.3200	-- 棉制											
62033200.10	棉制工业及职业用男式上衣	16	90		17	17	件/千克			0	14.4	0
62033200.90	棉制其他男式上衣	16	90		17	17	件/千克			0	14.4	0
6203.3300	-- 合成纤维制											
62033300.11	合成纤维制男式西服式上衣(含羊毛或动物细毛36%及以上,工业及职业用)	17.5	130		17	17	件/千克			0	12.3	0
62033300.19	合成纤维制男式西服式上衣(含羊毛或动物细毛36%及以上)	17.5	130		17	17	件/千克			0	12.3	0
62033300.21	合成纤维制男式其他上衣(含羊毛或动物细毛36%及以上,工业及职业用)	17.5	130		17	17	件/千克			0	12.3	0
62033300.29	合成纤维制男式其他上衣(含羊毛或动物细毛36%及以上)	17.5	130		17	17	件/千克			0	12.3	0
62033300.91	其他合成纤维制男式上衣(工业及职业用)	17.5	130		17	17	件/千克			0	12.3	0
62033300.99	其他合成纤维制男式上衣	17.5	130		17	17	件/千克			0	12.3	0
	-- 其他纺织材料制:											
6203.3910	--- 丝及绢丝制											
62033910.10	丝制男式上衣(含丝70%及以上)	16	130		17	17	件/千克			0	11.7	0
62033910.90	丝制男式上衣(含丝70%以下)	16	130		17	17	件/千克			0	11.7	0
6203.3990	--- 其他											
62033990.11	人造纤维制男式西服式上衣(含羊毛或动物细毛36%及以上,工业及职业用)	16	100		17	17	件/千克			0	11.7	0
62033990.19	人造纤维制男式西服式上衣(含羊毛或动物细毛36%及以上)	16	100		17	17	件/千克			0	11.7	0
62033990.21	人造纤维制男式其他上衣(含羊毛或动物细毛36%及以上,工业及职业用)	16	100		17	17	件/千克			0	11.7	0

协定税率 %										特惠税率 %				Article Description
巴基斯坦	冰岛	哥斯达黎	秘鲁	新西兰	瑞士	新加坡	韩国	澳大利亚	港澳台	老挝	孟加拉	33 国	7 国	
8.8	0	0	5.2	0	12.6	0	14	10.5	0/0/			0	0	Men's or boys' suits, of other textile materials (in wool limit)
8.8	0	0	5.2	0	12.6	0	14	10.5	0/0/			0	0	Men's or boys' suits, of other textile materials (in man-made fibres limit)
8.8	0	0	5.2	0	12.6	0	14	10.5	0/0/			0	0	Men's or boys' suits, of other textile materials
														- Ensembles:
														-- Of cotton
14	0	0	5.2	0	12.3	0	14	10.5	0/0/		0	0	0	Men's or boys' ensembles, of cotton, industrial and occupational use
14	0	0	5.2	0	12.3	0	14	10.5	0/0/		0	0	0	Other men's or boys' ensembles, of cotton
														-- Of synthetic fibres
8.8	0	0	5.2	0	12.3	0	14	10.5	0/0/		0	0	0	Other men's or boys' ensembles, of synthetic fibres, containing 36% or more by weight of wool or fine animal hair, industrial and occupational use
8.8	0	0	5.2	0	12.3	0	14	10.5	0/0/		0	0	0	Other men's or boys' ensembles, of synthetic fibres, containing 36% or more of wool or fine animal hair
8.8	0	0	5.2	0	12.3	0	14	10.5	0/0/		0	0	0	Other men's or boys' ensembles, of synthetic fibres, industrial and occupational use
8.8	0	0	5.2	0	12.3	0	14	10.5	0/0/		0	0	0	Other men's or boys' ensembles, of synthetic fibres
														-- Of other textile materials:
														--- Of silk or silk waste
8.8	0	0	5.2	0	12.3	0	14	10.5	/0/			0	0	Men's or boys' ensembles, of silk, containing 70% or more by weight of silk
8.8	0	0	5.2	0	12.3	0	14	10.5	/0/			0	0	Other men's or boys' ensembles, of silk, containing less than 70% by weight of silk
8.8	0	0	5.2	0	12.3	0	14	10.5	0/0/			0	0	--- Of wool or fine animal hair
														--- Other
8.8	0	0	5.2	0	12.3	0	14	10.5	0/0/			0	0	Other men's or boys' ensembles, of artificial fibres, industrial and occupational use
8.8	0	0	5.2	0	12.3	0	14	10.5	0/0/			0	0	Other men's or boys' ensembles, of artificial fibres
8.8	0	0	5.2	0	12.3	0	14	10.5	0/0/			0	0	Other men's or boys' ensembles, of other textile materials
														- Jackets and blazers:
														-- Of wool or fine animal hair
8	0	0	4.8	0	11.2	0	12.8	9.6	0/0/	0	0	0	0	Men's or boys' suit jackets and blazers, of wool or fine animal hair
8	0	0	4.8	0	11.2	0	12.8	9.6	0/0/	0	0	0	0	Other men's or boys' jackets and blazers, of wool or fine animal hair
														-- Of cotton
12.8	0	0	4.8	0	11.2	0	12.8	9.6	0/0/	0	0	0	0	Men's or boys' jackets and blazers, of cotton, for industrial and occupational use
12.8	0	0	4.8	0	11.2	0	12.8	9.6	0/0/	0	0	0	0	Men's or boys' jackets and blazers, of cotton
														-- Of synthetic fibres
8.8	0	0	5.2	0	12.3	0	10.5	10.5	0/0/		0	0	0	Men's or boys' suit-type jacket, of synthetic fibres, containing 36% or more by weight of wool or fine animal hair, for industrial and occupational use
8.8	0	0	5.2	0	12.3	0	10.5	10.5	0/0/		0	0	0	Men's or boys' suit-type jacket, of synthetic fibres, containing 36% or more by weight of wool or fine animal hair
8.8	0	0	5.2	0	12.3	0	10.5	10.5	0/0/		0	0	0	Other men's or boys' jackets and blazers, of synthetic fibres, containing 36% or more of wool or fine animal hair, for industrial and occupational use
8.8	0	0	5.2	0	12.3	0	10.5	10.5	0/0/		0	0	0	Other men's or boys' jackets and blazers, of synthetic fibres, containing 36% or more by weight of wool or fine animal hair
8.8	0	0	5.2	0	12.3	0	10.5	10.5	0/0/		0	0	0	Other men's or boys' jackets and blazers, of synthetic fibres, for industrial and occupational use
8.8	0	0	5.2	0	12.3	0	10.5	10.5	0/0/		0	0	0	Other men's or boys' jackets and blazers, of synthetic fibres
														-- Of other textile materials:
														--- Of silk or silk waste
8	0	0	4.8	0	11.2	0	12.8	9.6	0/0/	9.6	0	0	0	Men's or boys' jackets and blazers, of silk, containing 70% or more by weight of silk
8	0	0	4.8	0	11.2	0	12.8	9.6	0/0/	9.6	0	0	0	Men's or boys' jackets and blazers, of silk, containing less than 70% by weight of silk
														--- Other
8	0	0	4.8	0	11.2	0	12.8	9.6	0/0/	9.6	0	0	0	Men's or boys' suit-type jacket, of artificial fibres, containing 36% or more by weight of wool or fine animal hair, for industrial and occupational use
8	0	0	4.8	0	11.2	0	12.8	9.6	0/0/	9.6	0	0	0	Men's or boys' suit-type jacket, of artificial fibres, containing 36% or more by weight of wool or fine animal hair
8	0	0	4.8	0	11.2	0	12.8	9.6	0/0/	9.6	0	0	0	Other men's or boys' jackets and blazers, of artificial fibres, containing 36% or more of wool or fine animal hair, for industrial and occupational use

税 号	货 品 名 称	进口关税 % 最惠国	普通	年内暂定	增值/消费税%	出口退税%	统计计量单位	监管证件代码	检验检疫类别	协定税率 % 东盟	亚太	智利
62033990.29	人造纤维制男式其他上衣(含羊毛或动物细毛36%及以上)	16	100		17	17	件/千克			0	11.7	0
62033990.31	其他人造纤维制男式上衣(工业及职业用)	16	100		17	17	件/千克			0	11.7	0
62033990.39	其他人造纤维制男式上衣	16	100		17	17	件/千克			0	11.7	0
62033990.91	其他材料制男式上衣(棉限内)	16	100		17	17	件/千克			0	11.7	0
62033990.92	其他材料制男式上衣(毛限内)	16	100		17	17	件/千克			0	11.7	0
62033990.93	其他材料制男式上衣(化纤限内)	16	100		17	17	件/千克			0	11.7	0
62033990.99	其他材料制男式上衣	16	100		17	17	件/千克			0	11.7	0
	- 长裤、护胸背带工装裤、马裤及短裤:											
6203.4100	-- 羊毛或动物细毛制											
62034100.11	毛制男式护胸背带工装裤(羊毛或动物细毛制,带防寒衬里)	16	130		17	17	条/千克			0	11.7	0
62034100.19	毛制男式护胸背带工装裤(羊毛或动物细毛制)	16	130		17	17	条/千克			0	11.7	0
62034100.21	毛制男式长裤、马裤(羊毛或动物细毛制,带防寒衬里)	16	130		17	17	条/千克			0	11.7	0
62034100.22	毛制男式长裤、马裤(羊毛或动物细毛制,含8-18号男童)	16	130		17	17	条/千克	A	M/	0	11.7	0
62034100.29	毛制其他男童长裤、马裤(羊毛或动物细毛制)	16	130		17	17	条/千克	A	M/	0	11.7	0
62034100.90	毛制男式短裤(羊毛或动物细毛制)	16	130		17	17	条/千克			0	11.7	0
	-- 棉制:											
6203.4210	--- 阿拉伯裤											
62034210.10	棉制男式阿拉伯裤(羽绒和水禽毛≥15%且含绒率≥35%,或含羽绒≥10%)	16	90		17	17	条/千克			0	12.9	0
62034210.90	棉制男式阿拉伯裤	16	90		17	17	条/千克			0	12.9	0
6203.4290	--- 其他											
62034290.11	工业、职业用棉男护胸背带工装裤(羽绒和水禽毛≥15%且含绒率≥35%,或含羽绒≥10%)	16	90		17	17	条/千克			0	12.9	0
62034290.12	棉制男式护胸背带工装裤(羽绒和水禽毛≥15%且含绒率≥35%,或含羽绒≥10%)	16	90		17	17	条/千克			0	12.9	0
62034290.13	棉制其他男成人护胸背带工装裤(带防寒衬里,工业及职业用)	16	90		17	17	条/千克			0	12.9	0
62034290.14	棉制其他男成人护胸背带工装裤(带防寒衬里)	16	90		17	17	条/千克			0	12.9	0
62034290.15	棉制其他男童护胸背带工装裤(带防寒衬里)	16	90		17	17	条/千克	A	M/	0	12.9	0
62034290.16	棉制其他男成人护胸背带工装裤(工业及职业用)	16	90		17	17	条/千克			0	12.9	0
62034290.17	棉制其他男成人护胸背带工装裤	16	90		17	17	条/千克			0	12.9	0
62034290.19	棉制其他男童护胸背带工装裤	16	90		17	17	条/千克	A	M/	0	12.9	0
62034290.21	工业、职业用棉男长裤、马裤(羽绒和水禽毛≥15%且含绒率≥35%,或含羽绒≥10%)	16	90		17	17	条/千克			0	12.9	0
62034290.29	棉制男式长裤、马裤(羽绒和水禽毛≥15%且含绒率≥35%,或含羽绒≥10%)	16	90		17	17	条/千克			0	12.9	0
62034290.30	棉制男式长裤、马裤(游戏装,带防寒衬里)	16	90		17	17	条/千克			0	12.9	0
62034290.41	棉制男式长裤、马裤(游戏装,不带防寒衬里,含8-18号男童)	16	90		17	17	条/千克			0	12.9	0
62034290.49	棉制其他男童长裤、马裤(游戏装,不带防寒衬里)	16	90		17	17	条/千克	A	M/	0	12.9	0
62034290.51	棉制男式长裤、马裤(非游戏装,带防寒衬里,工业及职业用)	16	90		17	17	条/千克			0	12.9	0
62034290.59	棉制男式长裤、马裤(非游戏装,带防寒衬里)	16	90		17	17	条/千克			0	12.9	0
62034290.61	棉制男成人长裤、马裤(非游戏装,不带防寒衬里,工业及职业用)	16	90		17	17	条/千克			0	12.9	0
62034290.62	棉制男式长裤、马裤(非游戏装,不带防寒衬里,含8-18号男童)	16	90		17	17	条/千克	A	M/	0	12.9	0

协定税率 %										特惠税率 %				
巴基斯坦	冰岛	哥斯达黎	秘鲁	新西兰	瑞士	新加坡	韩国	澳大利亚	港澳台	老挝	孟加拉	33 国	7 国	**Article Description**
8	0	0	4.8	0	11.2	0	12.8	9.6	0/0/	9.6	0	0	0	Other men's or boys' jackets and blazers, of artificial fibres, containing 36% or more by weight of wool or fine animal hair
8	0	0	4.8	0	11.2	0	12.8	9.6	0/0/	9.6	0	0	0	Men's or boys' jackets and blazers, of artificial fibres, for industrial and occupational use
8	0	0	4.8	0	11.2	0	12.8	9.6	0/0/	9.6	0	0	0	Men's or boys' jackets and blazers of artificial fibres
8	0	0	4.8	0	11.2	0	12.8	9.6	0/0/	9.6	0	0	0	Other men's or boys' jackets and blazers of other textile materials (in cotton limit)
8	0	0	4.8	0	11.2	0	12.8	9.6	0/0/	9.6	0	0	0	Other men's or boys' jackets and blazers of other textile materials (in wool limit)
8	0	0	4.8	0	11.2	0	12.8	9.6	0/0/	9.6	0	0	0	Other men's or boys' jackets and blazers of other textile materials (in man-made fibres limit)
8	0	0	4.8	0	11.2	0	12.8	9.6	0/0/	9.6	0	0	0	Other men's or boys' jackets and blazers of other textile materials
														- Trousers, bib and brace overalls, breeches and shorts:
														-- Of wool or fine animal hair
8	0	0	4.8	0	0	0	12.8	9.6	0/0/	0	0	0	0	Men's or boys' bib and brace overalls, of wool or fine animal hair, with winter liner
8	0	0	4.8	0	0	0	12.8	9.6	0/0/	0	0	0	0	Men's or boys' bib and brace overalls, of wool or fine animal hair
8	0	0	4.8	0	0	0	12.8	9.6	0/0/	0	0	0	0	Men's or boys' trousers and breeches (with winter liner), of wool or fine animal hair
8	0	0	4.8	0	0	0	12.8	9.6	0/0/	0	0	0	0	Men's trousers and breeches (including boys', size 8-18), of wool or fine animal hair
8	0	0	4.8	0	0	0	12.8	9.6	0/0/	0	0	0	0	Other boys' trousers and breeches, of wool or fine animal hair
8	0	0	4.8	0	0	0	12.8	9.6	0/0/	0	0	0	0	Men's or boys' shorts of wool or fine animal hair
														-- Of cotton:
														--- Arabian trousers
8	0	0	4.8	0	11.2	0	12.8	9.6	0/0/	11.2	11.2	0	0	Men's or boys' Arabian trousers of cotton, containing15% or more of down and water-fowl hair, 35% or more of down, or containing 10% or more of down fills
8	0	0	4.8	0	11.2	0	12.8	9.6	0/0/	11.2	11.2	0	0	Men's or boys' Arabian trousers of cotton
														--- Other
8	0	0	4.8	0	11.2	0	12.8	9.6	0/0/	0	0	0	0	Men's or boys' bib and brace overalls of cotton, containing15% or more of down and water-fowl hair, 35% or more of down, or containing 10% or more of down fills, for industrial and occupational use
8	0	0	4.8	0	11.2	0	12.8	9.6	0/0/	0	0	0	0	Men's or boys' bib and brace overalls of cotton, containing15% or more of down and water-fowl hair, 35% or more of down, or containing 10% or more of down fills
8	0	0	4.8	0	11.2	0	12.8	9.6	0/0/	0	0	0	0	Other men's bib and brace overalls, with winter liner, of cotton, for industrial and occupational use
8	0	0	4.8	0	11.2	0	12.8	9.6	0/0/	0	0	0	0	Other men's bib and brace overalls, with winter liner, of cotton
8	0	0	4.8	0	11.2	0	12.8	9.6	0/0/	0	0	0	0	Other boys' bib and brace overalls, with winter liner, of cotton
8	0	0	4.8	0	11.2	0	12.8	9.6	0/0/	0	0	0	0	Other men's bib and brace overalls, of cotton, for industrial and occupational use
8	0	0	4.8	0	11.2	0	12.8	9.6	0/0/	0	0	0	0	Other men's bib and brace overalls of cotton
8	0	0	4.8	0	11.2	0	12.8	9.6	0/0/	0	0	0	0	Other boys' bib and brace overalls of cotton
8	0	0	4.8	0	11.2	0	12.8	9.6	0/0/	0	0	0	0	Men's or boys' working trousers and breeches, containing15% or more of down and water-fowl hair, 35% or more of down, or containing 10% or more of down fills, for industrial and occupational use
8	0	0	4.8	0	11.2	0	12.8	9.6	0/0/	0	0	0	0	Men's or boys' trousers and breeches of cotton, containing15% or more of down and water-fowl hair, 35% or more of down, or containing 10% or more of down fills
8	0	0	4.8	0	11.2	0	12.8	9.6	0/0/	0	0	0	0	Men's or boys' trousers and breeches, playsuit, with winter liner, of cotton
8	0	0	4.8	0	11.2	0	12.8	9.6	0/0/	0	0	0	0	Men's or boys' trousers and breeches, playsuit, without winter liner, including boys', size 8-18, of cotton
8	0	0	4.8	0	11.2	0	12.8	9.6	0/0/	0	0	0	0	Other boys' trousers and breeches, playsuit, without winter line, of cottonr
8	0	0	4.8	0	11.2	0	12.8	9.6	0/0/	0	0	0	0	Men's or boys' trousers and breeches, with winter liner, of cotton (other than playsuit), for industrial and occupational use
8	0	0	4.8	0	11.2	0	12.8	9.6	0/0/	0	0	0	0	Men's or boys' trousers and breeches, with winter liner (other than playsuit), of cotton
8	0	0	4.8	0	11.2	0	12.8	9.6	0/0/	0	0	0	0	Men's trousers and breeches, of cotton, without winter liner (other than playsuit), for industrial and occupational use
8	0	0	4.8	0	11.2	0	12.8	9.6	0/0/	0	0	0	0	Men's trousers and breeches, without winter liner, including boys', size 8-18(other than playsuit), of cotton

税　号	货 品 名 称	进口关税 % 最惠国	普通	年内暂定	增值/消费税%	出口退税%	统计计量单位	监管证件代码	检验检疫类别	协定税率 % 东盟	亚太	智利
62034290.69	棉制其他男童长裤、马裤(非游戏装,不带防寒衬里)	16	90		17	17	条/千克	A	M/	0	12.9	0
62034290.91	棉制男式短裤(羽绒和水禽毛≥15%且含绒率≥35%,或含羽绒≥10%)	16	90		17	17	条/千克			0	12.9	0
62034290.92	棉制其他男式短裤(游戏装)	16	90		17	17	条/千克			0	12.9	0
62034290.99	棉制其他男式短裤(非游戏装)	16	90		17	17	条/千克			0	12.9	0
	--- 合成纤维制:											
6203.4310	--- 阿拉伯裤											
62034310.10	合成纤维制男式阿拉伯裤(羽绒和水禽毛≥15%且含绒率≥35%,或含羽绒≥10%)	17.5	130		17	17	条/千克			0	13.1	0
62034310.90	合成纤维制男式阿拉伯裤	17.5	130		17	17	条/千克			0	13.1	0
6203.4390	--- 其他											
62034390.11	工业、职业用合纤制男护胸背带工裤(羽绒和水禽毛≥15%且含绒率≥35%,或含羽绒≥10%)	17.5	130		17	17	条/千克			0	13.1	0
62034390.12	合纤制男式护胸背带工裤(羽绒和水禽毛≥15%且含绒率≥35%,或含羽绒≥10%)	17.5	130		17	17	条/千克			0	13.1	0
62034390.13	其他合纤制男成人护胸背带工装裤(带防寒衬里,工业及职业用)	17.5	130		17	17	条/千克			0	13.1	0
62034390.14	其他合纤制男成人护胸背带工装裤(带防寒衬里)	17.5	130		17	17	条/千克			0	13.1	0
62034390.15	其他合纤制男童护胸背带工装裤(带防寒衬里)	17.5	130		17	17	条/千克	A	M/	0	13.1	0
62034390.16	其他合纤制男成人护胸背带工装裤(工业及职业用)	17.5	130		17	17	条/千克			0	13.1	0
62034390.17	其他合纤制男成人护胸背带工装裤	17.5	130		17	17	条/千克			0	13.1	0
62034390.19	其他合纤制男童护胸背带工装裤	17.5	130		17	17	条/千克	A	M/	0	13.1	0
62034390.21	工业、职业用合纤制男长裤、马裤(羽绒和水禽毛≥15%且含绒率≥35%,或含羽绒≥10%)	17.5	130		17	17	条/千克			0	13.1	0
62034390.29	合纤制男式长裤、马裤(羽绒和水禽毛≥15%且含绒率≥35%,或含羽绒≥10%)	17.5	130		17	17	条/千克			0	13.1	0
62034390.31	其他合纤制男式长裤、马裤(带防寒衬里,含羊毛或动物细毛36%及以上,工业及职业用)	17.5	130		17	17	条/千克			0	13.1	0
62034390.39	其他合纤制男式长裤、马裤(带防寒衬里,含羊毛或动物细毛36%及以上)	17.5	130		17	17	条/千克			0	13.1	0
62034390.41	其他合纤制男成人长裤、马裤(不带防寒衬里,含羊毛/动物细毛36%及以上,工业及职业用)	17.5	130		17	17	条/千克			0	13.1	0
62034390.42	其他合纤制男式长裤、马裤(不带防寒衬里,含羊毛/动物细毛36%及以上,指8-18号男童)	17.5	130		17	17	条/千克			0	13.1	0
62034390.49	其他合纤制男童长裤、马裤(不带防寒衬里,含羊毛/动物细毛36%及以上)	17.5	130		17	17	条/千克	A	M/	0	13.1	0
62034390.50	其他合纤制男式长裤、马裤(带防寒衬里,游戏装)	17.5	130		17	17	条/千克			0	13.1	0
62034390.61	其他合纤制男式长裤、马裤(不带防寒衬里,游戏装,含8-18号男童)	17.5	130		17	17	条/千克	A	M/	0	13.1	0
62034390.69	其他合纤制其他男童长裤、马裤(不带防寒衬里,游戏装)	17.5	130		17	17	条/千克	A	M/	0	13.1	0
62034390.71	其他合纤制男式长裤、马裤(带防寒衬里,非游戏装和滑雪裤,工业及职业用)	17.5	130		17	17	条/千克			0	13.1	0
62034390.79	其他合纤制男式长裤、马裤(带防寒衬里,非游戏装和滑雪裤)	17.5	130		17	17	条/千克			0	13.1	0
62034390.81	其他合纤制男成人长裤、马裤(不带防寒衬里,非游戏装和滑雪裤,工业及职业用)	17.5	130		17	17	条/千克			0	13.1	0
62034390.82	其他合纤制男童长裤、马裤(不带防寒衬里,非游戏装和滑雪裤,指8-18号男童)	17.5	130		17	17	条/千克	A	M/	0	13.1	0
62034390.89	其他合纤制其他男童长裤、马裤(不带防寒衬里,非游戏装和滑雪裤)	17.5	130		17	17	条/千克	A	M/	0	13.1	0

协定税率 %										特惠税率 %				
巴基斯坦	冰岛	哥斯达黎	秘鲁	新西兰	瑞士	新加坡	韩国	澳大利亚	港澳台	老挝	孟加拉	33 国	7 国	**Article Description**
8	0	0	4.8	0	11.2	0	12.8	9.6	0/0/	0	0	0	0	Other boys' trousers and breeches, without winter liner (other than playsuit), of cotton
8	0	0	4.8	0	11.2	0	12.8	9.6	0/0/	0	0	0	0	Men's or boys' shorts of cotton, containing15% or more of down and water-fowl hair, 35% or more of down, or containing 10% or more of down fills
8	0	0	4.8	0	11.2	0	12.8	9.6	0/0/	0	0	0	0	Other men's or boys' shorts of cotton, playsuit
8	0	0	4.8	0	11.2	0	12.8	9.6	0/0/	0	0	0	0	Other men's or boys' shorts of cotton, not playsuit
														-- Of synthetic fibres:
														--- Arabian trousers
8.8	0	0	5.2	0	12.3	0	14	10.5	0/0/			0	0	Men's or boys' Arabian trousers of synthetic fibres, containing15% or more of down and water-fowl hair, 35% or more of down, or containing 10% or more of down fills
8.8	0	0	5.2	0	12.3	0	14	10.5	0/0/			0	0	Men's or boys' Arabian trousers of synthetic fibres
														--- Other
8.8	0	0	5.2	0	12.3	0	14	10.5	0/0/		0	0	0	Men's or boys' bib and brace overalls of synthetic fibres, containing 15% or more of down and water-fowl hair, 35% or more of down, containing 10% or more of down fills, for industrial and occupation use
8.8	0	0	5.2	0	12.3	0	14	10.5	0/0/		0	0	0	Men's or boys' bib and brace overalls of synthetic fibres, containing15% or more of down and waterfowl hair, 35% or more of down, or containing 10% or more of down fills
8.8	0	0	5.2	0	12.3	0	14	10.5	0/0/		0	0	0	Other men's bib and brace overalls, with winter liner of synthetic fibres, for industrial and occupational use
8.8	0	0	5.2	0	12.3	0	14	10.5	0/0/		0	0	0	Other men's bib and brace overalls, with winter liner of synthetic fibres
8.8	0	0	5.2	0	12.3	0	14	10.5	0/0/		0	0	0	Other boys' bib and brace overalls, with winter liner of synthetic fibres
8.8	0	0	5.2	0	12.3	0	14	10.5	0/0/		0	0	0	Other men's bib and brace overalls of synthetic fibres, for industrial and occupational use
8.8	0	0	5.2	0	12.3	0	14	10.5	0/0/		0	0	0	Other men's bib and brace overalls of synthetic fibres
8.8	0	0	5.2	0	12.3	0	14	10.5	0/0/		0	0	0	Other boys' bib and brace overalls of synthetic fibres
8.8	0	0	5.2	0	12.3	0	14	10.5	0/0/		0	0	0	Men's or boys' trousers and breeches of synthetic fibres, containing15% or more of down and waterfowl hair, 35% or more of down, or containing 10% or more of down fills, for industrial and occupational use
8.8	0	0	5.2	0	12.3	0	14	10.5	0/0/		0	0	0	Men's or boys' trousers and breeches of synthetic fibres, containing 15% or more of down and waterfowl hair, 35% or more of down, or containing 10% or more of down fills
8.8	0	0	5.2	0	12.3	0	14	10.5	0/0/		0	0	0	Men's or boys' trousers and breeches, with winter liner of synthetic fibres, containing 36% or more of wool or fine animal hair, for industrial and occupational use
8.8	0	0	5.2	0	12.3	0	14	10.5	0/0/		0	0	0	Men's or boys' trousers and breeches, with winter liner of synthetic fibres, containing 36% or more of wool or fine animal hair
8.8	0	0	5.2	0	12.3	0	14	10.5	0/0/		0	0	0	Men's trousers and breeches, without winter liner of synthetic fibres, containing 36% or more of wool or fine animal hair, for industrial and occupational use
8.8	0	0	5.2	0	12.3	0	14	10.5	0/0/		0	0	0	Men's trousers and breeches, without winter liner of synthetic fibres, including boys' size 8-18, containing 36% or more of wool or fine animal hair
8.8	0	0	5.2	0	12.3	0	14	10.5	0/0/		0	0	0	Boys' trousers and breeches, without winter liner of synthetic fibres, containing 36% or more of wool or fine animal hair
8.8	0	0	5.2	0	12.3	0	14	10.5	0/0/		0	0	0	Other men's or boys' trousers and breeches, with winter liner, playsuit, of synthetic fibres
8.8	0	0	5.2	0	12.3	0	14	10.5	0/0/		0	0	0	Other men's trousers and breeches, without winter liner, playsuit, including boys' size 8-18, of synthetic fibres
8.8	0	0	5.2	0	12.3	0	14	10.5	0/0/		0	0	0	Other boys' trousers and breeches, without winter liner, playsuit, of synthetic fibres
8.8	0	0	5.2	0	12.3	0	14	10.5	0/0/		0	0	0	Other men's or boys' trousers and breeches, with winter liner (not playsuit or ski trousers), of synthetic fibres, for industrial and occupational use
8.8	0	0	5.2	0	12.3	0	14	10.5	0/0/		0	0	0	Other men's or boys' trousers and breeches, with winter liner (not playsuit or ski trousers), of synthetic fibres
8.8	0	0	5.2	0	12.3	0	14	10.5	0/0/		0	0	0	Other men's trousers and breeches, without winter liner (not playsuit or ski trousers), of synthetic fibres, for industrial and occupational use
8.8	0	0	5.2	0	12.3	0	14	10.5	0/0/		0	0	0	Other boy's trousers and breeches, size 8-18 (without winter liner, not playsuit or ski trousers), of synthetic fibres
8.8	0	0	5.2	0	12.3	0	14	10.5	0/0/		0	0	0	Other boys' trousers and breeches, without winter liner (not playsuit or ski trousers), of synthetic fibres

税号	货品名称	进口关税 % 最惠国	普通	年内暂定	增值/消费税%	出口退税%	统计计量单位	监管证件代码	检验检疫类别	协定税率 % 东盟	亚太	智利
62034390.91	合纤制男式短裤(羽绒和水禽毛≥15%且含绒率≥35%,或含羽绒≥10%)	17.5	130		17	17	条/千克			0	13.1	0
62034390.92	其他合纤制男式短裤(游戏装)	17.5	130		17	17	条/千克			0	13.1	0
62034390.93	其他合纤制男式短裤(非游戏装)	17.5	130		17	17	条/千克			0	13.1	0
62034390.99	其他合纤制男裤	17.5	130		17	17	条/千克			0	13.1	0
	-- 其他纺织材料制:											
6203.4910	--- 阿拉伯裤											
62034910.10	人纤制男式阿拉伯裤(羽绒和水禽毛≥15%且含绒率≥35%,或含羽绒≥10%)	16	100		17	17	条/千克			0	11.7	0
62034910.20	人纤制男式阿拉伯裤	16	100		17	17	条/千克			0	11.7	0
62034910.30	其他材料制男式阿拉伯裤(羽绒和水禽毛≥15%且含绒率≥35%,或含羽绒≥10%)	16	100		17	17	条/千克			0	11.7	0
62034910.90	其他材料制男式阿拉伯裤	16	100		17	17	条/千克			0	11.7	0
6203.4990	--- 其他											
62034990.11	人纤制男成人护胸背带工装裤(带防寒衬里)	16	100		17	17	条/千克			0	11.7	0
62034990.12	人纤制男童护胸背带工装裤(带防寒衬里)	16	100		17	17	条/千克	A	M/	0	11.7	0
62034990.13	人纤制男成人护胸背带工装裤	16	100		17	17	条/千克			0	11.7	0
62034990.19	人纤制男童护胸背带工装裤	16	100		17	17	条/千克	A	M/	0	11.7	0
62034990.21	人纤制男式长裤、马裤(带防寒衬里,含羊毛或动物细毛36%及以上)	16	100		17	17	条/千克			0	11.7	0
62034990.22	人纤制其他男式长裤、马裤(不带防寒衬里,含羊毛或动物细毛36%及以上)	16	100		17	17	条/千克			0	11.7	0
62034990.23	人纤制男式长裤、马裤(带防寒衬里,游戏装)	16	100		17	17	条/千克			0	11.7	0
62034990.24	人纤制其他男式长裤、马裤(不带防寒衬里,游戏装)	16	100		17	17	条/千克			0	11.7	0
62034990.25	人纤制男式长裤、马裤(带防寒衬里,非游戏装)	16	100		17	17	条/千克			0	11.7	0
62034990.26	人纤制其他男式长裤、马裤(不带防寒衬里,非游戏装)	16	100		17	17	条/千克			0	11.7	0
62034990.27	人纤制男式短裤(含羊毛或动物细毛36%及以上)	16	100		17	17	条/千克			0	11.7	0
62034990.28	人纤制男式短裤(游戏装)	16	100		17	17	条/千克			0	11.7	0
62034990.29	人纤制男式短裤(非游戏装)	16	100		17	17	条/千克			0	11.7	0
62034990.31	丝制男式护胸背带工装裤(含丝70%及以上)	16	100		17	17	条/千克			0	11.7	0
62034990.32	丝制男式长裤、马裤(含丝70%及以上,带防寒衬里)	16	100		17	17	条/千克			0	11.7	0
62034990.33	丝制男式长裤、马裤(含丝70%及以上,不带防寒衬里)	16	100		17	17	条/千克			0	11.7	0
62034990.34	丝制男式短裤(含丝70%及以上)	16	100		17	17	条/千克			0	11.7	0
62034990.35	丝制男式护胸背带工装裤(含丝70%以下,带防寒衬里)	16	100		17	17	条/千克			0	11.7	0
62034990.36	丝制男式护胸背带工装裤(含丝70%以下,不带防寒衬里)	16	100		17	17	条/千克			0	11.7	0
62034990.37	丝制男式长裤、马裤(含丝70%以下,带防寒衬里)	16	100		17	17	条/千克			0	11.7	0
62034990.38	丝制男式长裤、马裤(含丝70%以下,不带防寒衬里)	16	100		17	17	条/千克			0	11.7	0
62034990.39	丝制男式短裤(含丝70%以下)	16	100		17	17	条/千克			0	11.7	0
62034990.41	其他材料制男式长裤、马裤(棉限内,带防寒衬里)	16	100		17	17	条/千克			0	11.7	0
62034990.42	其他材料制男式长裤、马裤(棉限内,不带防寒衬里)	16	100		17	17	条/千克			0	11.7	0
62034990.49	其他材料制男式短裤(棉限内)	16	100		17	17	条/千克			0	11.7	0
62034990.51	其他材料制男式长裤、马裤(毛限内,带防寒衬里)	16	100		17	17	条/千克			0	11.7	0
62034990.52	其他材料制男式长裤、马裤(毛限内,不带防寒衬里)	16	100		17	17	条/千克			0	11.7	0
62034990.59	其他材料制男式短裤(毛限内)	16	100		17	17	条/千克			0	11.7	0

协定税率 %										特惠税率 %				Article Description
巴基斯坦	冰岛	哥斯达黎	秘鲁	新西兰	瑞士	新加坡	韩国	澳大利亚	港澳台	老挝	孟加拉	33 国	7 国	
8.8	0	0	5.2	0	12.3	0	14	10.5	0/0/		0	0	0	Men's or boys' shorts, containing 15% or more of down and water-fowl hair, 35% or more of down, or containing 10% or more of down fills
8.8	0	0	5.2	0	12.3	0	14	10.5	0/0/		0	0	0	Men's or boys' shorts, playsuit, of synthetic fibres
8.8	0	0	5.2	0	12.3	0	14	10.5	0/0/		0	0	0	Other men's or boys' shorts of synthetic fibres, not playsuit
8.8	0	0	5.2	0	12.3	0	14	10.5	0/0/		0	0	0	Other men's or boys' trousers of synthetic fibres
														-- Of other textile materials:
														--- Arabian trousers
8	0	0	4.8	0	11.2	0	12.8	9.6	0/0/	0	0	0	0	Men's or boys' Arabian trousers of artificial fibres, containing 15% or more of down and water-fowl hair, 35% or more of down, or containing 10% or more of down fills
8	0	0	4.8	0	11.2	0	12.8	9.6	0/0/	0	0	0	0	Men's or boys' Arabian trousers of artificial fibres
8	0	0	4.8	0	11.2	0	12.8	9.6	0/0/	0	0	0	0	Men's or boys' Arabian trousers of other textile materials, containing 15% or more of down and water-fowl hair, 35% or more of down, or containing 10% or more of down fills
8	0	0	4.8	0	11.2	0	12.8	9.6	0/0/	0	0	0	0	Men's or boys' Arabian trousers of other textile materials
														--- Other
8	0	0	4.8	0	11.2	0	12.8	9.6	0/0/	0	0	0	0	Men's bib and brace overalls, with winter liner, of artificial fibres
8	0	0	4.8	0	11.2	0	12.8	9.6	0/0/	0	0	0	0	Boys' bib and brace overalls, with winter liner, of artificial fibres
8	0	0	4.8	0	11.2	0	12.8	9.6	0/0/	0	0	0	0	Men's bib and brace overalls, of artificial fibres
8	0	0	4.8	0	11.2	0	12.8	9.6	0/0/	0	0	0	0	Boys' bib and brace overalls, of artificial fibres
8	0	0	4.8	0	11.2	0	12.8	9.6	0/0/	0	0	0	0	Men's or boys' trousers and breeches, with winter liner of artificial fibres, containing 36% or more of wool or fine animal hair
8	0	0	4.8	0	11.2	0	12.8	9.6	0/0/	0	0	0	0	Men's or boys' trousers, breeches, without winter liner of artificial fibre, containing 36% or more of wool or fine animal hair
8	0	0	4.8	0	11.2	0	12.8	9.6	0/0/	0	0	0	0	Men's or boys' trousers and breeches, playsuit, with winter liner, of artificial fibres
8	0	0	4.8	0	11.2	0	12.8	9.6	0/0/	0	0	0	0	Men's or boys' trousers and breeches, playsuit, without winter liner, of artificial fibres
8	0	0	4.8	0	11.2	0	12.8	9.6	0/0/	0	0	0	0	Men's or boys' trousers and breeches, with winter liner, not playsuits, of artificial fibres
8	0	0	4.8	0	11.2	0	12.8	9.6	0/0/	0	0	0	0	Men's or boys' trousers and breeches, without winter liner, not playsuits, of artificial fibres
8	0	0	4.8	0	11.2	0	12.8	9.6	0/0/	0	0	0	0	Men's or boys' shorts of artificial fibres, containing 36% or more of wool or fine animal hair
8	0	0	4.8	0	11.2	0	12.8	9.6	0/0/	0	0	0	0	Men's or boys' shorts, playsuit, of artificial fibres
8	0	0	4.8	0	11.2	0	12.8	9.6	0/0/	0	0	0	0	Men's or boys' shorts, not playsuit, of artificial fibres
8	0	0	4.8	0	11.2	0	12.8	9.6	0/0/	0	0	0	0	Men's or boys' bib and brace overalls, containing 70% or more of silk
8	0	0	4.8	0	11.2	0	12.8	9.6	0/0/	0	0	0	0	Men's or boys' trousers and breeches with winter liner, containing 70% or more of silk
8	0	0	4.8	0	11.2	0	12.8	9.6	0/0/	0	0	0	0	Men's or boys' trousers and breeches without winter liner, containing 70% or more of silk
8	0	0	4.8	0	11.2	0	12.8	9.6	0/0/	0	0	0	0	Men's or boys' shorts, containing70% or more of silk
8	0	0	4.8	0	11.2	0	12.8	9.6	0/0/	0	0	0	0	Men's or boys' bib and brace overalls with winter lining, containing less than 70% of silk
8	0	0	4.8	0	11.2	0	12.8	9.6	0/0/	0	0	0	0	Men's or boys' bib and brace overalls without winter liner, containing less than 70% of silk
8	0	0	4.8	0	11.2	0	12.8	9.6	0/0/	0	0	0	0	Men's or boys' trousers and breeches with winter liner, containing less than 70% by weight of silk
8	0	0	4.8	0	11.2	0	12.8	9.6	0/0/	0	0	0	0	Men's or boys' trousers and breeches without winter liner, containing less than 70% of silk
8	0	0	4.8	0	11.2	0	12.8	9.6	0/0/	0	0	0	0	Men's or boys' shorts, containing less than 70% by weight of silk
8	0	0	4.8	0	11.2	0	12.8	9.6	0/0/	0	0	0	0	Men's or boys' trousers and breeches, with winter liner, of other textile materials (in cotton limit)
8	0	0	4.8	0	11.2	0	12.8	9.6	0/0/	0	0	0	0	Men's or boys' trousers and breeches, without winter liner, of other textile materials (in cotton limit)
8	0	0	4.8	0	11.2	0	12.8	9.6	0/0/	0	0	0	0	Men's or boys' shorts of other textile materials (in cotton limit)
8	0	0	4.8	0	11.2	0	12.8	9.6	0/0/	0	0	0	0	Men's or boys' trousers and breeches, with winter liner, of other textile materials (in wool limit)
8	0	0	4.8	0	11.2	0	12.8	9.6	0/0/	0	0	0	0	Men's or boys' trousers and breeches, without winter liner, of other textile materials (in wool limit)
8	0	0	4.8	0	11.2	0	12.8	9.6	0/0/	0	0	0	0	Men's or boys' shorts of other textile materials (in wool limit)

税　号	货　品　名　称	进口关税 % 最惠国	普通	年内暂定	增值/消费税%	出口退税%	统计计量单位	监管证件代码	检验检疫类别	协定税率 % 东盟	亚太	智利
62034990.61	其他材料制男式长裤、马裤(化纤限内,带防寒衬里)	16	100		17	17	条/千克			0	11.7	0
62034990.62	其他材料制男式长裤、马裤(化纤限内,不带防寒衬里)	16	100		17	17	条/千克			0	11.7	0
62034990.69	其他材料制男式短裤(化纤限内)	16	100		17	17	条/千克			0	11.7	0
62034990.91	其他材料制男式护胸背带工装裤(带防寒衬里)	16	100		17	17	条/千克			0	11.7	0
62034990.92	其他材料制男式护胸背带工装裤(不带防寒衬里)	16	100		17	17	条/千克			0	11.7	0
62034990.93	其他材料制男式长裤、马裤(带防寒衬里)	16	100		17	17	条/千克			0	11.7	0
62034990.94	其他材料制男式长裤、马裤(不带防寒衬里)	16	100		17	17	条/千克			0	11.7	0
62034990.99	其他材料制男式短裤	16	100		17	17	条/千克			0	11.7	0
62.04	**女式西服套装、便服套装、上衣、连衣裙、裙子、裙裤、长裤、护胸背带工装裤、马裤及短裤(游泳服除外):**											
	- 西服套装:											
6204.1100	-- 羊毛或动物细毛制	17.5	130	10	17	17	套/千克			0	12.3	0
6204.1200	-- 棉制											
62041200.10	含裤子的棉制女式西服套装	17.5	90		17	17	套/千克			0		0
62041200.90	不含裤子的棉制女式西服套装	17.5	90		17	17	套/千克			0		0
6204.1300	-- 合成纤维制											
62041300.10	合纤制女式西服套装(含羊毛或动物细毛 36%及以上)	17.5	130		17	17	套/千克			0	12.3	0
62041300.90	其他合纤制女式西服套装	17.5	130		17	17	套/千克			0	12.3	0
	-- 其他纺织材料制:											
6204.1910	--- 丝及绢丝制											
62041910.10	丝及绢丝制女式西服套装(含丝 70%及以上)	17.5	100		17	17	套/千克			0	12.3	0
62041910.90	其他丝及绢丝制女式西服套装(含丝 70%以下)	17.5	100		17	17	套/千克			0	12.3	0
6204.1990	--- 其他											
62041990.11	人造纤维制女式西服套装(含羊毛或动物细毛 36%及以上)	17.5	100		17	17	套/千克			0	12.3	0
62041990.19	其他人造纤维制女式西服套装	17.5	100		17	17	套/千克			0	12.3	0
62041990.91	含裤子的其他材料制女西服套装(棉限内)	17.5	100		17	17	套/千克			0	12.3	0
62041990.92	其他材料制女式西服套装(毛限内)	17.5	100		17	17	套/千克			0	12.3	0
62041990.93	其他材料制女式西服套装(化纤限内)	17.5	100		17	17	套/千克			0	12.3	0
62041990.99	其他材料制其他女式西服套装	17.5	100		17	17	套/千克			0	12.3	0
	- 便服套装:											
6204.2100	-- 羊毛或动物细毛制	17.5	130		17	17	套/千克			0	12.3	0
6204.2200	-- 棉制											
62042200.11	含裤子的棉制女式便服套装(工业及职业用)	17.5	90		17	17	套/千克			0		0
62042200.19	不含裤子的棉制女式便服套装(工业及职业用)	17.5	90		17	17	套/千克			0		0
62042200.91	含裤子的棉制非工业及职业用女式便服套装	17.5	90		17	17	套/千克			0		0
62042200.99	不含裤子的棉制非工业及职业用女式便服套装	17.5	90		17	17	套/千克			0		0
6204.2300	-- 合成纤维制											
62042300.11	工业、职业用合纤制女式便服套装(含羊毛或动物细毛≥36%)	20	130		17	17	套/千克			0	13.8	0
62042300.19	合成纤维制其他女式便服套装(含羊毛或动物细毛≥36%)	20	130		17	17	套/千克			0	13.8	0
62042300.91	其他合成纤维制含裤子的女式便服套装	20	130		17	17	套/千克			0	13.8	0
62042300.99	其他合成纤维制其他女式便服套装	20	130		17	17	套/千克			0	13.8	0
	-- 其他纺织材料制:											
6204.2910	--- 丝及绢丝制											
62042910.10	丝制女式便服套装(含丝及绢丝≥70%)	20	130		17	17	套/千克			0	13.8	0

协定税率 %										特惠税率 %				Article Description
巴基斯坦	冰岛	哥斯达黎	秘鲁	新西兰	瑞士	新加坡	韩国	澳大利亚	港澳台	老挝	孟加拉	33 国	7 国	
8	0	0	4.8	0	11.2	0	12.8	9.6	0/0/	0	0	0	0	Men's or boys' trousers and breeches, with winter liner, of other textile materials (in man-made fibres limit)
8	0	0	4.8	0	11.2	0	12.8	9.6	0/0/	0	0	0	0	Men's or boys' trousers and breeches, without winter liner, of other textile materials (in man-made fibres limit)
8	0	0	4.8	0	11.2	0	12.8	9.6	0/0/	0	0	0	0	Men's or boys' shorts, of other textile materials (in man-made fibres limit)
8	0	0	4.8	0	11.2	0	12.8	9.6	0/0/	0	0	0	0	Men's or boys' bib and brace overalls, with winter liner, of other textile materials
8	0	0	4.8	0	11.2	0	12.8	9.6	0/0/	0	0	0	0	Men's or boys' bib and brace overalls, without winter liner, of other textile materials
8	0	0	4.8	0	11.2	0	12.8	9.6	0/0/	0	0	0	0	Men's or boys' trousers and breeches, with winter liner, of other textile materials
8	0	0	4.8	0	11.2	0	12.8	9.6	0/0/	0	0	0	0	Men's or boys' trousers and breeches, without winter liner, of other textile materials
8	0	0	4.8	0	11.2	0	12.8	9.6	0/0/	0	0	0	0	Men's or boys' shorts of other textile materials
														Women's or girls' suits, ensembles, jackets, blazers, dresses, skirts, divided skirts, trousers, bib and brace overalls, breeches and shorts (other than swimwear):
														- Suits:
8.8	0	0	5.2	0	12.3	0	14	10.5	0/0/			0	0	-- Of wool or fine animal hair
														-- Of cotton
14	0	0	5.2	0	12.3	0	14	10.5	0/0/			0	0	Women's or girls' suits, including trousers, of cotton
14	0	0	5.2	0	12.3	0	14	10.5	0/0/			0	0	Women's or girls' suits, excluding trousers, of cotton
														-- Of synthetic fibres
8.8	0	0	5.2	0	12.3	0	14	10.5	0/0/			0	0	Women's or girls' suits of synthetic fibres, containing36% or more of wool or fine animal hair
8.8	0	0	5.2	0	12.3	0	14	10.5	0/0/			0	0	Other women's or girls' suits of synthetic fibres
														-- Of other textile materials:
														--- Of silk or silk waste
8.8	0	0	5.2	0	12.3	0	14	10.5	0/0/			0	0	Women's or girls' suits, containing 70% or more by weight of silk and silk waste
8.8	0	0	5.2	0	12.3	0	14	10.5	0/0/			0	0	Other women's or girls' suits, containing less than 70% by weight of silk and silk waste
														--- Other
8.8	0	0	5.2	0	12.3	0	14	10.5	0/0/			0	0	Women's or girls' suits of artificial fibres, containing 36% or more by weight of wool or fine animal hair
8.8	0	0	5.2	0	12.3	0	14	10.5	0/0/			0	0	Other women's or girls' suits of artificial fibres
8.8	0	0	5.2	0	12.3	0	14	10.5	0/0/			0	0	Other women's or girls' suits of other textile materials (in cotton limit)
8.8	0	0	5.2	0	12.3	0	14	10.5	0/0/			0	0	Other women's or girls' suits of other textile materials (in wool limit)
8.8	0	0	5.2	0	12.3	0	14	10.5	0/0/			0	0	Other women's or girls' suits of other textile materials (in man-made fibres limit)
8.8	0	0	5.2	0	12.3	0	14	10.5	0/0/			0	0	Other women's or girls' suits of other textile materials
														- Ensembles:
8.8	0	0	5.2	0	12.3	0	14	10.5	0/0/			0	0	-- Of wool or fine animal hair
														-- Of cotton
14	0	0	5.2	0	12.3	0	14	10.5	0/0/			0	0	Women's or girls' ensembles, including trousers, of cotton, for industrial and occupational use
14	0	0	5.2	0	12.3	0	14	10.5	0/0/			0	0	Women's or girls' ensembles, excluding trousers, of cotton, for industrial and occupational use
14	0	0	5.2	0	12.3	0	14	10.5	0/0/			0	0	Women's or girls' ensembles of cotton, including trousers, not for industrial or occupational use
14	0	0	5.2	0	12.3	0	14	10.5	0/0/			0	0	Women's or girls' ensembles of cotton, excluding trousers, not for industrial or occupational use
														-- Of synthetic fibres
10	0	0	6	0	14	0	17.3	12	0/0/			0	0	Women's or girls' ensembles of synthetic fibres, containing 36% or more of wool or fine animal hair, for industrial and occupational use
10	0	0	6	0	14	0	17.3	12	0/0/			0	0	Other women's or girls' ensembles of synthetic fibres, containing 36% or more of wool or fine animal hair
10	0	0	6	0	14	0	17.3	12	0/0/			0	0	Women's or girls' ensembles, including trousers, of other synthetic fibres
10	0	0	6	0	14	0	17.3	12	0/0/			0	0	Other women's or girls' ensembles of other synthetic fibres
														-- Of other textile materials:
														--- Of silk or silk waste
10	0	0	6	0	14	0	17.3	12	/0/			0	0	Women's or girls' ensembles, containing 70% or more by weight of silk or silk waste

税号	货品名称	进口关税 %			增值/消费税%	出口退税%	统计计量单位	监管证件代码	检验检疫类别	协定税率 %		
		最惠国	普通	年内暂定						东盟	亚太	智利
62042910.90	丝制其他女式便服套装(含丝及绢丝＜70%)	20	130		17	17	套/千克			0	13.8	0
6204.2990	--- 其他											
62042990.11	含裤子的人纤制女便服套装	14	100		17	17	套/千克			0	9.9	0
62042990.19	不含裤子的人纤制女便服套装	14	100		17	17	套/千克			0	9.9	0
62042990.21	含裤子的其他材料制女式便服套装(棉限内)	14	100		17	17	套/千克			0	9.9	0
62042990.29	不含裤子的其他材料制女式便服套装(棉限内)	14	100		17	17	套/千克			0	9.9	0
62042990.30	其他材料制女式便服套装(毛限内)	14	100		17	17	套/千克			0	9.9	0
62042990.41	含裤子的其他材料制女式便服套装(化纤限内)	14	100		17	17	套/千克			0	9.9	0
62042990.49	不含裤子的其他材料制女式便服套装(化纤限内)	14	100		17	17	套/千克			0	9.9	0
62042990.91	含裤子的其他材料制女式便服套装	14	100		17	17	套/千克			0	9.9	0
62042990.99	不含裤子的其他材料制女式便服套装	14	100		17	17	套/千克			0	9.9	0
	- 上衣:											
6204.3100	-- 羊毛或动物细毛制	16	130	8	17	17	件/千克			0	11.7	0
6204.3200	-- 棉制											
62043200.10	棉制女式上衣(工业及职业用)	16	90		17	17	件/千克			0		0
62043200.90	棉制其他女式上衣	16	90		17	17	件/千克			0		0
6204.3300	-- 合成纤维制											
62043300.10	合成纤维制女式上衣(含羊毛或动物细毛36%及以上,工业及职业用)	17.5	130		17	17	件/千克			0	12.3	0
62043300.20	合成纤维制其他女式上衣(含羊毛或动物细毛36%及以上)	17.5	130		17	17	件/千克			0	12.3	0
62043300.30	合成纤维制女式上衣(工业及职业用)	17.5	130		17	17	件/千克			0	12.3	0
62043300.90	合成纤维制其他女式上衣	17.5	130		17	17	件/千克			0	12.3	0
	-- 其他纺织材料制:											
6204.3910	--- 丝及绢丝制											
62043910.10	丝制女式上衣(含丝及绢丝70%及以上)	16	130		17	17	件/千克			0	11.7	0
62043910.90	丝制其他女式上衣(含丝及绢丝70%以下)	16	130		17	17	件/千克			0	11.7	0
6204.3990	--- 其他											
62043990.11	人纤制女式上衣(含羊毛或动物细毛≥36%,工业及职业用)	16	100		17	17	件/千克			0	11.7	0
62043990.12	人纤制其他女式上衣(含羊毛或动物细毛≥36%)	16	100		17	17	件/千克			0	11.7	0
62043990.13	人纤制女式上衣(工业及职业用)	16	100		17	17	件/千克			0	11.7	0
62043990.19	人纤制其他女式上衣	16	100		17	17	件/千克			0	11.7	0
62043990.91	其他材料制女式上衣(棉限内)	16	100		17	17	件/千克			0	11.7	0
62043990.92	其他材料制女式上衣(毛限内)	16	100		17	17	件/千克			0	11.7	0
62043990.93	其他材料制女式上衣(化纤限内)	16	100		17	17	件/千克			0	11.7	0
62043990.99	其他材料制女式上衣	16	100		17	17	件/千克			0	11.7	0
	- 连衣裙:											
6204.4100	-- 羊毛或动物细毛制	16	130		17	17	件/千克			0	11.7	0
6204.4200	-- 棉制	16	90		17	17	件/千克			0		0
6204.4300	-- 合成纤维制											
62044300.10	合成纤维制女式连衣裙(含羊毛或动物细毛≥36%)	17.5	130		17	17	件/千克			0	12.3	0
62044300.90	合成纤维制其他女式连衣裙	17.5	130		17	17	件/千克			0	12.3	0
6204.4400	-- 人造纤维制											
62044400.10	人造纤维制女式连衣裙(含羊毛或动物细毛≥36%)	16	130		17	17	件/千克			0	11.7	0
62044400.90	人造纤维制其他女式连衣裙	16	130		17	17	件/千克			0	11.7	0
	-- 其他纺织材料制:											

协定税率 %										特惠税率 %				Article Description
巴基斯坦	冰岛	哥斯达黎	秘鲁	新西兰	瑞士	新加坡	韩国	澳大利亚	港澳台	老挝	孟加拉	33 国	7 国	
10	0	0	6	0	14	0	17.3	12	/0/			0	0	Women's or girls' ensembles, containing less than 70% by weight of silk or silk waste
														--- Other
7	0	0	0	0	9.8	0	11.2	8.4	0/0/			0	0	Women's or girls' ensembles, including trousers, of artificial fibres
7	0	0	0	0	9.8	0	11.2	8.4	0/0/			0	0	Women's or girls' ensembles, excluding trousers, of artificial fibres
7	0	0	0	0	9.8	0	11.2	8.4	0/0/			0	0	Women's or girls' ensembles, including trousers, of other textile materials (in cotton limit)
7	0	0	0	0	9.8	0	11.2	8.4	0/0/			0	0	Women's or girls' ensembles, excluding trousers, of other textile materials (in cotton limit)
7	0	0	0	0	9.8	0	11.2	8.4	0/0/			0	0	Women's or girls' ensembles of other textile materials (in wool limit)
7	0	0	0	0	9.8	0	11.2	8.4	0/0/			0	0	Women's or girls' ensembles, including trousers, of other textile materials (in man-made fibres limit)
7	0	0	0	0	9.8	0	11.2	8.4	0/0/			0	0	Women's or girls' ensembles, excluding trousers, of other textile material (in man-made fibres limit)
7	0	0	0	0	9.8	0	11.2	8.4	0/0/			0	0	Women's or girls' ensembles, including trousers, of other textile material
7	0	0	0	0	9.8	0	11.2	8.4	0/0/			0	0	Women's or girls' ensembles, excluding trousers, of other textile materials
														- Jackets and blazers:
8	0	0	4.8	0	11.2	0	12.8	9.6	0/0/		0	0	0	-- Of wool or fine animal hair
														-- Of cotton
12.8	0	0	4.8	0	11.2	0	12.8	9.6	0/0/	0	0	0	0	Women's or girls' jackets and blazers of cotton, for industrial and occupational use
12.8	0	0	4.8	0	11.2	0	12.8	9.6	0/0/	0	0	0	0	Other Women's or girls' jackets and blazers of cotton
														-- Of synthetic fibres
8.8	0	0	5.2	0	12.3	0	15.1	10.5	0/0/	0	0	0	0	Women's or girls' jackets and blazers of synthetic fibres, containing 36% or more by weight of wool or fine animal hair, for industrial and occupational use
8.8	0	0	5.2	0	12.3	0	15.1	10.5	0/0/	0	0	0	0	Other women's or girls' jackets and blazers of synthetic fibres, containing 36% or more by weight of wool or fine animal hair
8.8	0	0	5.2	0	12.3	0	15.1	10.5	0/0/	0	0	0	0	Women's or girls' jackets and blazers of synthetic fibres, for industrial and occupational use
8.8	0	0	5.2	0	12.3	0	15.1	10.5	0/0/	0	0	0	0	Other women's or girls' jackets and blazers of synthetic fibres
														-- Of other textile materials:
														--- Of silk or silk waste
8	0	0	4.8	0	11.2	0	12.8	9.6	0/0/	0	0	0	0	Women's or girls' jackets and blazers of silk, containing 70% or more by weight of silk or silk waste
8	0	0	4.8	0	11.2	0	12.8	9.6	0/0/	0	0	0	0	Other women's or girls' jackets and blazers of silk, containing less than 70% by weight of silk or silk waste
														--- Other
8	0	0	4.8	0	11.2	0	12.8	9.6	0/0/	0	0	0	0	Women's or girls' jackets and blazers of artificial fibres, containing 36% or more by weight of wool or fine animal hair, for industrial and occupational use
8	0	0	4.8	0	11.2	0	12.8	9.6	0/0/	0	0	0	0	Other women's or girls' jackets and blazers of artificial fibres, containing 36% or more by weight of wool or fine animal hair
8	0	0	4.8	0	11.2	0	12.8	9.6	0/0/	0	0	0	0	Women's or girls' jackets and blazers of artificial fibres, for industrial and occupational use
8	0	0	4.8	0	11.2	0	12.8	9.6	0/0/	0	0	0	0	Other women's or girls' jackets and blazers, of artificial fibres
8	0	0	4.8	0	11.2	0	12.8	9.6	0/0/	0	0	0	0	Women's or girls' jackets and blazers of other textile materials (in cotton limit)
8	0	0	4.8	0	11.2	0	12.8	9.6	0/0/	0	0	0	0	Women's or girls' jackets and blazers of other textile materials (in wool limit)
8	0	0	4.8	0	11.2	0	12.8	9.6	0/0/	0	0	0	0	Women's or girls' jackets and blazers of other textile materials (in man-made fibres limit)
8	0	0	4.8	0	11.2	0	12.8	9.6	0/0/	0	0	0	0	Women's or girls' jackets and blazers of other textile materials
														- Dresses:
8	0	0	4.8	0	11.2	0	12.8	9.6	0/0/		0	0	0	-- Of wool or fine animal hair
12.8	0	0	4.8	0	11.2	0	12.8	9.6	0/0/	0	0	0	0	-- Of cotton
														-- Of synthetic fibres
8.8	0	0	5.2	0	12.3	0	15.1	10.5	0/0/		0	0	0	Women's or girls' dresses of synthetic fibres, containing 36% or more by weight of wool or fine animal hair
8.8	0	0	5.2	0	12.3	0	15.1	10.5	0/0/		0	0	0	Other women's or girls' dresses of synthetic fibres
														-- Of artificial fibres
8	0	0	4.8	0	11.2	0	12.8	9.6	0/0/		0	0	0	Women's or girls' dresses of artificial fibres, containing 36% or more by weight of wool or fine animal hair
8	0	0	4.8	0	11.2	0	12.8	9.6	0/0/		0	0	0	Other women's or girls' dresses of artificial fibres
														-- Of other textile materials:

税号	货品名称	进口关税 %			增值/消费税%	出口退税%	统计计量单位	监管证件代码	检验检疫类别	协定税率 %		
		最惠国	普通	年内暂定						东盟	亚太	智利
6204.4910	--- 丝及绢丝制											
62044910.10	丝制女式连衣裙(含丝及绢丝70%及以上)	16	130		17	17	件/千克			0	11.7	0
62044910.90	丝制其他女式连衣裙(含丝及绢丝70%以下)	16	130		17	17	件/千克			0	11.7	0
6204.4990	--- 其他											
62044990.91	其他材料制女式连衣裙(棉限内)	16	100		17	17	件/千克			0	11.7	0
62044990.92	其他材料制女式连衣裙(毛限内)	16	100		17	17	件/千克			0	11.7	0
62044990.93	其他材料制女式连衣裙(化纤限内)	16	100		17	17	件/千克			0	11.7	0
62044990.99	其他材料制其他女式连衣裙	16	100		17	17	件/千克			0	11.7	0
	- 裙子及裙裤:											
6204.5100	-- 羊毛或动物细毛制	14	130		17	17	件/千克			0	9.3	0
6204.5200	-- 棉制	14	90		17	17	件/千克			0		0
6204.5300	-- 合成纤维制											
62045300.10	合成纤维制女式裙子及裙裤(含羊毛或动物细毛≥36%)	16	130		17	17	件/千克			0	11.7	0
62045300.90	合成纤维制其他女式裙子及裙裤	16	130		17	17	件/千克			0	11.7	0
	-- 其他纺织材料制:											
6204.5910	--- 丝及绢丝制											
62045910.10	丝制女式裙子及裙裤(含丝70%及以上)	14	130		17	17	件/千克			0	9.3	0
62045910.90	其他丝制女式裙子及裙裤(含丝70%以下)	14	130		17	17	件/千克			0	9.3	0
6204.5990	--- 其他											
62045990.11	人造纤维制女式裙子及裙裤(含羊毛或动物细毛36%及以上)	14	100		17	17	件/千克			0	9.3	0
62045990.19	人造纤维制其他女式裙子及裙裤	14	100		17	17	件/千克			0	9.3	0
62045990.91	其他材料制女式裙子及裙裤(棉限内)	14	100		17	17	件/千克			0	9.3	0
62045990.92	其他材料制女式裙子及裙裤(毛限内)	14	100		17	17	件/千克			0	9.3	0
62045990.93	其他材料制女式裙子及裙裤(化纤限内)	14	100		17	17	件/千克			0	9.3	0
62045990.99	其他材料制其他女式裙子及裙裤	14	100		17	17	件/千克			0	9.3	0
	- 长裤、护胸背带工装裤、马裤及短裤:											
6204.6100	-- 羊毛或动物细毛制											
62046100.10	毛制女式护胸背带工装裤及短裤(带防寒衬里)	16	130		17	17	条/千克			0	11.7	0
62046100.90	毛制女式长裤、马裤	16	130		17	17	条/千克			0	11.7	0
6204.6200	-- 棉制											
62046200.10	棉制女式护胸背带工装裤	16	90		17	17	条/千克			0	14.4	0
62046200.21	棉制女式长裤、马裤(羽绒和水禽毛≥15%且含绒率≥35%,或含羽绒≥10%)	16	90		17	17	条/千克			0	14.4	0
62046200.22	棉制女式长裤、马裤(游戏装)	16	90		17	17	条/千克			0	14.4	0
62046200.29	其他棉制女式长裤、马裤	16	90		17	17	条/千克			0	14.4	0
62046200.91	棉制女式短裤(羽绒和水禽毛≥15%且含绒率≥35%,或含羽绒≥10%)	16	90		17	17	条/千克			0	14.4	0
62046200.92	棉制女式短裤(游戏装)	16	90		17	17	条/千克			0	14.4	0
62046200.99	其他棉制女式短裤	16	90		17	17	条/千克			0	14.4	0
6204.6300	-- 合成纤维制											
62046300.10	合纤制女式护胸背带工装裤	17.5	130		17	17	条/千克			0	12.3	0
62046300.21	合纤女式长裤、马裤(羽绒和水禽毛≥15%且含绒率≥35%,或含羽绒≥10%)	17.5	130		17	17	条/千克			0	12.3	0
62046300.22	合纤制其他女式长裤、马裤(含羊毛或动物细毛36%及以上)	17.5	130		17	17	条/千克			0	12.3	0
62046300.23	合纤制女式长裤、马裤(游戏装)	17.5	130		17	17	条/千克			0	12.3	0
62046300.24	合纤制女式长裤、马裤(滑雪裤除外)	17.5	130		17	17	条/千克			0	12.3	0

协定税率 %										特惠税率 %				Article Description
巴基斯坦	冰岛	哥斯达黎	秘鲁	新西兰	瑞士	新加坡	韩国	澳大利亚	港澳台	老挝	孟加拉	33 国	7 国	
														--- Of silk or silk waste
8	0	0	4.8	0	11.2	0	12.8	9.6	0/0/		0	0	0	Women's or girls' dresses of silk, containing 70% or more by weight of silk or silk waste
8	0	0	4.8	0	11.2	0	12.8	9.6	0/0/		0	0	0	Other women's or girls' dresses of silk, containing less than 70% by weight of silk or silk waste
														--- Other
8	0	0	4.8	0	11.2	0	12.8	9.6	0/0/		0	0	0	Women's or girls' dresses of other textile materials (in cotton limit)
8	0	0	4.8	0	11.2	0	12.8	9.6	0/0/		0	0	0	Women's or girls' dresses of other textile materials (in wool limit)
8	0	0	4.8	0	11.2	0	12.8	9.6	0/0/		0	0	0	Women's or girls' dresses of other textile materials (in man-made fibres limit)
8	0	0	4.8	0	11.2	0	12.8	9.6	0/0/		0	0	0	Other women's or girls' dresses of other textile materials -Skirts and divided skirts
														- Skirts and divided skirts:
7	0	0	0	0	9.8	0	11.2	8.4	0/0/		0	0	0	-- Of wool or fine animal hair
11.2	0	0	0	0	9.8	0	11.2	8.4	0/0/		0	0	0	-- Of cotton
														-- Of synthetic fibres
8	0	0	4.8	0	11.2	0	12.8	9.6	0/0/		0	0	0	Women's or girls' skirts and divided skirts, of synthetic fibres, containing 36% or more by weight of wool or fine animal hair
8	0	0	4.8	0	11.2	0	12.8	9.6	0/0/		0	0	0	Other Women's or girls' skirts and divided skirts, of synthetic fibres
														-- Of other textile materials:
														--- Of silk or silk waste
7	0	0	0	0	9.8	0	11.2	8.4	0/0/		0	0	0	Other women's or girls' skirts and divided skirts of silk, containing 70% or more by weight of silk
7	0	0	0	0	9.8	0	11.2	8.4	0/0/		0	0	0	Women's or girls' skirts and divided skirts of silk, containing less than 70% by weight of silk
														--- Other
7	0	0	4.2	0	9.8	0	11.2	8.4	0/0/		0	0	0	Women's or girls' skirts and divided skirts, of artificial fibres, containing 36% or more of wool or fine animal hair
7	0	0	4.2	0	9.8	0	11.2	8.4	0/0/		0	0	0	Women's or girls' skirts and divided skirts, of artificial fibres
7	0	0	4.2	0	9.8	0	11.2	8.4	0/0/		0	0	0	Women's or girls' skirts and divided skirts of other textile materials (in cotton limit)
7	0	0	4.2	0	9.8	0	11.2	8.4	0/0/		0	0	0	Women's or girls' skirts and divided skirts of other textile materials (in wool limit)
7	0	0	4.2	0	9.8	0	11.2	8.4	0/0/		0	0	0	Women's or girls' skirts and divided skirts of other textile materials (in man-made fibres limit)
7	0	0	4.2	0	9.8	0	11.2	8.4	0/0/		0	0	0	Other women's or girls' skirts and divided skirts of other textile materials
														- Trousers, bib and brace overalls, breeches and shorts:
														-- Of wool or fine animal hair
8	0	0	4.8	0	11.2	0	12.8	9.6	0/0/		0	0	0	Women's or girls' bib and brace overalls, with winter liner, of wool or fine animal hair
8	0	0	4.8	0	11.2	0	12.8	9.6	0/0/		0	0	0	Women's or girls' trousers and breeches, of wool or fine animal hair
														-- Of cotton
12.8	0	0	4.8	0	11.2	0	9.6	9.6	0/0/	0	0	0	0	Women's or girls' bib and brace overalls of cotton
12.8	0	0	4.8	0	11.2	0	9.6	9.6	0/0/	0	0	0	0	Women's or girls' trousers and breeches of cotton, containing 15% or more by weight of down and water-fowl hair, 35% or more by weight of down, or containing 10% or more of by weight of down fills
12.8	0	0	4.8	0	11.2	0	9.6	9.6	0/0/	0	0	0	0	Women's trousers and breeches, of cotton, playsuit
12.8	0	0	4.8	0	11.2	0	9.6	9.6	0/0/	0	0	0	0	Other women's or girls' trousers and breeches of cotton
12.8	0	0	4.8	0	11.2	0	9.6	9.6	0/0/	0	0	0	0	Women's or girls' shorts of cotton, containing 15% or more of by weight of down and water-fowl hair, 35% or more by weight of down, or containing 10% or more by weight of down fills
12.8	0	0	4.8	0	11.2	0	9.6	9.6	0/0/	0	0	0	0	Girls' shorts of cotton (playsuit)
12.8	0	0	4.8	0	11.2	0	9.6	9.6	0/0/	0	0	0	0	Other women's shorts of cotton
														-- Of synthetic fibres
8.8	0	0	5.2	0	12.3	0	14	10.5	0/0/		0	0	0	Women's or girls' bib and brace overalls of synthetic fibres
8.8	0	0	5.2	0	12.3	0	14	10.5	0/0/		0	0	0	Women's or girls' trousers and breeches of synthetic fibres, containing 15% or more by weight of down and water-fowl hair, 35% or more by weight of down, or containing 10% or more by weight of down fills
8.8	0	0	5.2	0	12.3	0	14	10.5	0/0/		0	0	0	Women's or girls' trousers and breeches of synthetic fibres, containing 36% or more by weight of wool or fine animal hair
8.8	0	0	5.2	0	12.3	0	14	10.5	0/0/		0	0	0	Women's or girls' trousers and breeches, of synthetic fibres (playsuit)
8.8	0	0	5.2	0	12.3	0	14	10.5	0/0/		0	0	0	Women's or girls' trousers and breeches, other than ski trousers, of synthetic fibres

税号	货品名称	进口关税 % 最惠国	普通	年内暂定	增值/消费税%	出口退税%	统计计量单位	监管证件代码	检验检疫类别	协定税率 % 东盟	亚太	智利
62046300.29	合纤制女式其他长裤、马裤	17.5	130		17	17	条/千克			0	12.3	0
62046300.91	合纤制女式短裤(羽绒和水禽毛≥15%且含绒率≥35%,或含羽绒≥10%)	17.5	130		17	17	条/千克			0	12.3	0
62046300.92	合纤制女式短裤(游戏装)	17.5	130		17	17	条/千克			0	12.3	0
62046300.99	其他合纤制女式短裤	17.5	130		17	17	条/千克			0	12.3	0
6204.6900	-- 其他纺织材料制											
62046900.11	人纤制女式护胸背带工装裤	16	100		17	17	条/千克			0	12	0
62046900.12	人纤制女式长裤、马裤(含羊毛或动物细毛36%及以上)	16	100		17	17	条/千克			0	12	0
62046900.13	人纤制女式短裤(含羊毛或动物细毛36%及以上)	16	100		17	17	条/千克			0	12	0
62046900.14	人纤制女式长裤、马裤(游戏装)	16	100		17	17	条/千克			0	12	0
62046900.15	人纤制女式短裤(游戏装)	16	100		17	17	条/千克			0	12	0
62046900.16	人纤制女式其他长裤、马裤	16	100		17	17	条/千克			0	12	0
62046900.17	人纤制女式其他短裤	16	100		17	17	条/千克			0	12	0
62046900.21	丝制女式护胸背带工装裤	16	100		17	17	条/千克			0	12	0
62046900.25	丝制女式其他长裤、马裤、短裤(含丝70%及以上)	16	100		17	17	条/千克			0	12	0
62046900.26	丝制女式长裤、马裤、短裤(含丝70%以下的游戏装)	16	100		17	17	条/千克			0	12	0
62046900.29	丝制女式其他长裤、马裤、短裤(含丝70%以下)	16	100		17	17	条/千克			0	12	0
62046900.91	其他材料制女式护胸背带工装裤	16	100		17	17	条/千克			0	12	0
62046900.92	其他材料制女长裤、马裤、短裤(游戏装)	16	100		17	17	条/千克			0	12	0
62046900.93	其他材料制女式长裤、马裤、短裤(棉限内)	16	100		17	17	条/千克			0	12	0
62046900.94	其他材料制女式长裤、马裤、短裤(羊毛限内)	16	100		17	17	条/千克			0	12	0
62046900.95	其他材料制女式长裤、马裤、短裤(化纤限内)	16	100		17	17	条/千克			0	12	0
62046900.99	其他材料制其他女式长、马、短裤	16	100		17	17	条/千克			0	12	0
62.05	男衬衫:											
6205.2000	- 棉制											
62052000.10	不带特制领的棉制男成人衬衫(含男童8-18号衬衫)	16	90		17	17	件/千克	A	M/	0	8	0
62052000.91	其他棉制男童游戏套装衬衫(不包括长衬衫)	16	90		17	17	件/千克	A	M/	0	8	0
62052000.99	其他棉制男式衬衫	16	90		17	17	件/千克	A	M/	0	8	0
6205.3000	- 化学纤维制											
62053000.11	不带特制领的化学纤维制男式衬衫(含羊毛或动物细毛36%及以上,含男童8-18号衬衫)	16	130		17	17	件/千克	A	M/	0	11.7	0
62053000.19	不带特制领的化纤制其他男童衬衫(含羊毛或动物细毛36%及以上)	16	130		17	17	件/千克	A	M/	0	11.7	0
62053000.91	化学纤维制其他男成人及男童衬衫(不带特制领,男童衬衫指8-18号)	16	130		17	17	件/千克	A	M/	0	11.7	0
62053000.92	化学纤维制其他男童游戏套装衬衫	16	130		17	17	件/千克	A	M/	0	11.7	0
62053000.99	化纤制其他男成人衬衫	16	130		17	17	件/千克	A	M/	0	11.7	0
	- 其他纺织材料制:											
6205.9010	--- 丝及绢丝制											
62059010.11	不带特制领的丝制非针织男式衬衫(含丝70%及以上,含男童8-18号衬衫)	16	130		17	17	件/千克	A	M/	0	11.7	0
62059010.19	丝制非针织其他男式衬衫(含丝70%及以上)	16	130		17	17	件/千克	A	M/	0	11.7	0
62059010.21	丝制其他非针织男式衬衫(棉限内,不带特制领的,含男童8-18号衬衫)	16	130		17	17	件/千克	A	M/	0	11.7	0
62059010.29	丝制其他非针织其他男式衬衫(棉限内)	16	130		17	17	件/千克	A	M/	0	11.7	0
62059010.31	丝制其他非针织男式衬衫(羊毛限内,不带特制领的,含男童8-18号衬衫)	16	130		17	17	件/千克	A	M/	0	11.7	0
62059010.39	丝制其他非针织其他男式衬衫(羊毛限内)	16	130		17	17	件/千克	A	M/	0	11.7	0

协定税率 %										特惠税率 %				
巴基斯坦	冰岛	哥斯达黎	秘鲁	新西兰	瑞士	新加坡	韩国	澳大利亚	港澳台	老挝	孟加拉	33 国	7 国	Article Description
8.8	0	0	5.2	0	12.3	0	14	10.5	0/0/		0	0	0	Other women's or girls' trousers and breeches, of synthetic fibres
8.8	0	0	5.2	0	12.3	0	14	10.5	0/0/		0	0	0	Women's or girls' shorts of synthetic fibres, containing 15% or more by weight of down and water-fowl hair, 35% or more by weight of down, or containing 10% or more by weight of down fills
8.8	0	0	5.2	0	12.3	0	14	10.5	0/0/		0	0	0	Other women's or girls' shorts of synthetic fibres
8.8	0	0	5.2	0	12.3	0	14	10.5	0/0/		0	0	0	Other women's or girls' trousers short, of synthetic fibres
														-- Of Other textile materials
8	0	0	4.8	0	11.2	0	12.8	9.6	0/0/		0	0	0	Women's or girls' bib and brace overalls of artificial fibres
8	0	0	4.8	0	11.2	0	12.8	9.6	0/0/		0	0	0	Women's or girls' trousers and breeches of artificial fibres, containing 36% or more by weight of wool or fine animal hair
8	0	0	4.8	0	11.2	0	12.8	9.6	0/0/		0	0	0	Women's or girls' trousers and shorts, of artificial fibres, containing 36% or more by weight of wool or fine animal hair
8	0	0	4.8	0	11.2	0	12.8	9.6	0/0/		0	0	0	Women's or girls' trousers, breeches and shorts, playsuit, of artificial fibres
8	0	0	4.8	0	11.2	0	12.8	9.6	0/0/		0	0	0	Women's or girls' trousers and shorts, playsuit, of artificial fibres
8	0	0	4.8	0	11.2	0	12.8	9.6	0/0/		0	0	0	Other women's or girls' trousers, breeches of artificial fibres
8	0	0	4.8	0	11.2	0	12.8	9.6	0/0/		0	0	0	Women's or girls' other trousers and short, of artificial fibres
8	0	0	4.8	0	11.2	0	12.8	9.6	0/0/		0	0	0	Women's or girls' bib and brace overalls, of silk
8	0	0	4.8	0	11.2	0	12.8	9.6	0/0/		0	0	0	Women's or girls' other trousers, breeches and shorts, of silk, containing 70% or more by weight of silk
8	0	0	4.8	0	11.2	0	12.8	9.6	0/0/		0	0	0	Women's or girls' trousers, breeches and shorts, playsuit, of silk, containing 70% or more by weight of silk
8	0	0	4.8	0	11.2	0	12.8	9.6	0/0/		0	0	0	Women's or girls' other trousers, breeches and shorts, of silk, containing less than 70% by weight of silk
8	0	0	4.8	0	11.2	0	12.8	9.6	0/0/		0	0	0	Women's or girls' bib and brace overalls of other textile materials
8	0	0	4.8	0	11.2	0	12.8	9.6	0/0/		0	0	0	Women's or girls' trousers, breeches and shorts, playsuit, of other textile materials
8	0	0	4.8	0	11.2	0	12.8	9.6	0/0/		0	0	0	Women's or girls' trousers, breeches and shorts of other textile materials (in cotton limit)
8	0	0	4.8	0	11.2	0	12.8	9.6	0/0/		0	0	0	Women's or girls' trousers, breeches and shorts of other textile materials (in wool limit)
8	0	0	4.8	0	11.2	0	12.8	9.6	0/0/		0	0	0	Women's or girls' trousers, breeches and shorts of man-made fibres (in man-made fibres limit)
8	0	0	4.8	0	11.2	0	12.8	9.6	0/0/		0	0	0	Women's or girls' other trousers, breeches and shorts, of other textile materials
														Men's or boys' shirts:
														- Of cotton
8	0	0	4.8	0	11.2	0	12.8	9.6	0/0/	0	0	0	0	Men's shirts and boys', including size 8-18, , without specially made collar, of cotton
8	0	0	4.8	0	11.2	0	12.8	9.6	0/0/	0	0	0	0	Other boy's shirts, playsuit, other than long shirts, of cotton
8	0	0	4.8	0	11.2	0	12.8	9.6	0/0/	0	0	0	0	Other men's or boys' shirts, of cotton
														- Of man-made fibres
8	0	0	4.8	0	11.2	0	12.8	9.6	0/0/	0	0	0	0	Men's or boys' shirts of man-made fibres, without specially made collar, including boys', size 8-18, containing 36% or more by weight of wool or fine animal hair
8	0	0	4.8	0	11.2	0	12.8	9.6	0/0/	0	0	0	0	Other boys' shirts, of man-made fibres, without specially made collar, containing 36% or more by weight of wool or fine animal hair
8	0	0	4.8	0	11.2	0	12.8	9.6	0/0/	0	0	0	0	Other men's or boys' shirts, without specially made collar, including boys', size 8-18, of man-made fibres
8	0	0	4.8	0	11.2	0	12.8	9.6	0/0/	0	0	0	0	Other boy's shirts of playsuit, of man-made fibres
8	0	0	4.8	0	11.2	0	12.8	9.6	0/0/	0	0	0	0	Other men's shirts of man-made fibres
														- Of other textile materials:
														--- Of silk or silk waste
8	0	0	4.8	0	11.2	0	12.8	9.6	0/0/	0	0	0	0	Men's or boys' shirts of silk, not knitted, without specially made collar, including boys' size 8-18, containing 70% or more by weight of silk
8	0	0	4.8	0	11.2	0	12.8	9.6	0/0/	0	0	0	0	Other men's or boys' shirts of silk, not knitted, containing 70% or more by weight of silk
8	0	0	4.8	0	11.2	0	12.8	9.6	0/0/	0	0	0	0	Men's or boys' shirts of silk, not knitted, without specially made collar, including boys' size 8-18 (in cotton limit)
8	0	0	4.8	0	11.2	0	12.8	9.6	0/0/	0	0	0	0	Men's or boys' shirts of silk, not knitted (in cotton limit)
8	0	0	4.8	0	11.2	0	12.8	9.6	0/0/	0	0	0	0	Men's or boys' shirts of silk, not knitted, without specially made collar, including boys' size 8-18 (in wool limit)
8	0	0	4.8	0	11.2	0	12.8	9.6	0/0/	0	0	0	0	Other men's or boys' shirts of silk, not knitted, without specially made collar, including boys'size 8-18 (in wool limit)

税号	货品名称	进口关税 % 最惠国	普通	年内暂定	增值/消费税%	出口退税%	统计计量单位	监管证件代码	检验检疫类别	协定税率 % 东盟	亚太	智利
62059010.41	丝制非针织男式衬衫(化纤限内,不带特制领的,含男童8-18号衬衫)	16	130		17	17	件/千克	A	M/	0	11.7	0
62059010.49	丝制其他非针织其他男式衬衫(化纤限内)	16	130		17	17	件/千克	A	M/	0	11.7	0
62059010.91	未列名丝制非针织男式衬衫(含丝70%以下,不带特制领的,含男童8-18号衬衫)	16	130		17	17	件/千克	A	M/	0	11.7	0
62059010.99	未列名丝制非针织其他男式衬衫(含丝70%以下)	16	130		17	17	件/千克	A	M/	0	11.7	0
6205.9020	--- 羊毛或动物细毛制	16	100		17	17	件/千克	A	M/	0	11.7	0
6205.9090	--- 其他											
62059090.11	其他纺织材料制男式衬衫(棉限内,不带特制领的,含男童8-18号衬衫)	16	100		17	17	件/千克	A	M/	0	11.7	0
62059090.19	其他纺织材料制其他男式衬衫(棉纤限内)	16	100		17	17	件/千克	A	M/	0	11.7	0
62059090.21	其他纺织材料制男式衬衫(羊毛限内,不带特制领的,含男童8-18号衬衫)	16	100		17	17	件/千克	A	M/	0	11.7	0
62059090.29	其他纺织材料制其他男式衬衫(羊毛限内)	16	100		17	17	件/千克	A	M/	0	11.7	0
62059090.31	其他纺织材料制男式衬衫(化纤限内,不带特制领的,含男童8-18号衬衫)	16	100		17	17	件/千克	A	M/	0	11.7	0
62059090.39	其他纺织材料制其他男式衬衫(化纤限内)	16	100		17	17	件/千克	A	M/	0	11.7	0
62059090.91	未列名纺织材料制男式衬衫(不带特制领的,含男童8-18号衬衫)	16	100		17	17	件/千克	A	M/	0	11.7	0
62059090.99	未列名纺织材料制其他男式衬衫	16	100		17	17	件/千克	A	M/	0	11.7	0
62.06	女衬衫:											
6206.1000	- 丝或绢丝制											
62061000.11	丝及绢丝制女式衬衫(棉限内,成人及7-16号女童衬衫)	16	130		17	17	件/千克	A	M/	0	11.7	0
62061000.19	丝及绢丝制其他女童衬衫(棉限内)	16	130		17	17	件/千克	A	M/	0	11.7	0
62061000.21	丝及绢丝制女式衬衫(羊毛限内,成人及7-16号女童衬衫)	16	130		17	17	件/千克	A	M/	0	11.7	0
62061000.29	丝及绢丝制其他女童衬衫(羊毛限内)	16	130		17	17	件/千克	A	M/	0	11.7	0
62061000.31	丝及绢丝制女式衬衫(化纤限内,成人及7-16号女童衬衫)	16	130		17	17	件/千克	A	M/	0	11.7	0
62061000.39	丝及绢丝制其他女童衬衫(化纤限内)	16	130		17	17	件/千克	A	M/	0	11.7	0
62061000.41	丝制女成人及7-16号女童衬衫(含丝70%及以上)	16	130		17	17	件/千克	A	M/	0	11.7	0
62061000.49	其他丝及绢丝制女童衬衫(含丝70%及以上)	16	130		17	17	件/千克	A	M/	0	11.7	0
62061000.91	丝制女成人及7-16号女童衬衫(含丝70%以下)	16	130		17	17	件/千克	A	M/	0	11.7	0
62061000.99	其他丝及绢丝制女童衬衫(含丝70%以下)	16	130		17	17	件/千克	A	M/	0	11.7	0
6206.2000	- 羊毛或动物细毛制											
62062000.10	毛制女成人及7-16号女童衬衫	16	130		17	17	件/千克	A	M/	0	11.7	0
62062000.90	其他羊毛或动物细毛制女童衬衫	16	130		17	17	件/千克	A	M/	0	11.7	0
6206.3000	- 棉制											
62063000.10	棉制女成人及7-16号女童衬衫	16	90		17	17	件/千克	A	M/	0	13.6	0
62063000.20	棉制女童游戏套装衫(含游戏套装衬衫)	16	90		17	17	件/千克	A	M/	0	13.6	0
62063000.90	其他棉制女式衬衫	16	90		17	17	件/千克	A	M/	0	13.6	0
6206.4000	- 化学纤维制											
62064000.11	化学纤维制女成人及女童衬衫(含羊毛或动物细毛36%及以上,成人及7-16号女童衬衫)	17.5	130		17	17	件/千克	A	M/	0	12.3	0
62064000.19	化学纤维制女成人及女童衬衫(含羊毛或动物细毛36%及以上)	17.5	130		17	17	件/千克	A	M/	0	12.3	0
62064000.20	化纤制女成人及7-16号女童衬衫	17.5	130		17	17	件/千克	A	M/	0	12.3	0
62064000.30	化学纤维制女童游戏套装衫	17.5	130		17	17	件/千克	A	M/	0	12.3	0
62064000.90	其他化学纤维制女式衬衫	17.5	130		17	17	件/千克	A	M/	0	12.3	0
6206.9000	- 其他纺织材料制											
62069000.10	其他纺织材料制女式衬衫(棉限内)	16	100		17	17	件/千克	A	M/	0	11.7	0
62069000.20	其他纺织材料制女式衬衫(羊毛限内)	16	100		17	17	件/千克	A	M/	0	11.7	0

协定税率 %										特惠税率 %				
巴基斯坦	冰岛	哥斯达黎	秘鲁	新西兰	瑞士	新加坡	韩国	澳大利亚	港澳台	老挝	孟加拉	33 国	7 国	**Article Description**
8	0	0	4.8	0	11.2	0	12.8	9.6	0/0/	0	0	0	0	Men's or boys' shirts of silk, not knitted, without specially made collar, including boys' size 8-18 (in man-made fibres limit)
8	0	0	4.8	0	11.2	0	12.8	9.6	0/0/	0	0	0	0	Other men's or boys' shirts of silk, not knitted (in man-made fibres limit)
8	0	0	4.8	0	11.2	0	12.8	9.6	0/0/	0	0	0	0	Men's or boys' shirts of silk, not knitted, without specially made collar, including boys' size 8-18, containing less than 70% of silk, not elsewhere specified or included
8	0	0	4.8	0	11.2	0	12.8	9.6	0/0/	0	0	0	0	Other men's or boys' shirts of silk, not knitted, containing less than 70% by weight of silk, not elsewhere specified or included
8	0	0	4.8	0	11.2	0	12.8	9.6	0/0/	0	0	0	0	--- Of wool or fine animal hair
														--- Other
8	0	0	4.8	0	11.2	0	12.8	9.6	0/0/	0	0	0	0	Men's or boys' shirts of other textile materials, without specially made collar, including boys' size 8-18 (in cotton limit)
8	0	0	4.8	0	11.2	0	12.8	9.6	0/0/	0	0	0	0	Other men's or boys' shirts of other textile materials (in cotton or man-made fibres limit)
8	0	0	4.8	0	11.2	0	12.8	9.6	0/0/	0	0	0	0	Men's or boys' shirts of other textile materials, without specially made collar, including boys' size 8-18 (in wool limit)
8	0	0	4.8	0	11.2	0	12.8	9.6	0/0/	0	0	0	0	Other men's or boys' shirts of other textile materials (in wool limit)
8	0	0	4.8	0	11.2	0	12.8	9.6	0/0/	0	0	0	0	Men's or boys' shirts of other textile materials, without specially made collar, including boys' size 8-18 (in man-made fibres limit)
8	0	0	4.8	0	11.2	0	12.8	9.6	0/0/	0	0	0	0	Other men's or boys' shirts of other textile materials (in man-made fibres limit)
8	0	0	4.8	0	11.2	0	12.8	9.6	0/0/	0	0	0	0	Men's or boys' shirts of other textile materials, without specially made collar, including boys' size 8-18, not elsewhere specified or included
8	0	0	4.8	0	11.2	0	12.8	9.6	0/0/	0	0	0	0	Other men's or boys' shirts of other textile materials, not elsewhere specified or included
														Women's or girls' blouses, shirts and shirtblouses:
														- Of silk or silk waste
8	0	0	4.8	0	11.2	0	12.8	9.6	0/0/		0	0	0	Women's or girls' shirts of silk or silk waste, including girls' size 7-16 (in cotton limit)
8	0	0	4.8	0	11.2	0	12.8	9.6	0/0/		0	0	0	Other girls' shirts of silk or silk waste (in cotton limit)
8	0	0	4.8	0	11.2	0	12.8	9.6	0/0/		0	0	0	Women's or girls' shirts of silk or silk waste, including girls' size 7-16 (in wool limit)
8	0	0	4.8	0	11.2	0	12.8	9.6	0/0/		0	0	0	Other girls' shirts of silk or silk waste (in wool limit)
8	0	0	4.8	0	11.2	0	12.8	9.6	0/0/		0	0	0	Women's or girls' shirts of silk or silk waste, including girls' size 7-16 (in man-made fibres limit)
8	0	0	4.8	0	11.2	0	12.8	9.6	0/0/		0	0	0	Other girls' shirts of silk or silk waste (in man-made fibres limit)
8	0	0	4.8	0	11.2	0	12.8	9.6	0/0/		0	0	0	Women's shirts of silk, including girls', size 7-16, containing 70% or more by weight of silk
8	0	0	4.8	0	11.2	0	12.8	9.6	0/0/		0	0	0	Other girls' shirts of silk and silk waste, containing 70% or more by weight of silk
8	0	0	4.8	0	11.2	0	12.8	9.6	0/0/		0	0	0	Women's shirts of silk, including girls', size 7-16, containing less than 70% by weight of silk
8	0	0	4.8	0	11.2	0	12.8	9.6	0/0/		0	0	0	Other girls' shirts of silk and silk waste, containing less than 70% by weight of silk
														- Of wool or fine animal hair
8	0	0	4.8	0	11.2	0	12.8	9.6	0/0/			0	0	Women's shirts and girls', size 7-16, of wool or fine animal hair
8	0	0	4.8	0	11.2	0	12.8	9.6	0/0/			0	0	Other girls' shirts of wool or fine animal hair
														- Of cotton
8	0	0	4.8	0	11.2	0	12.8	9.6	0/0/	0	0	0	0	Women's shirts and girls', size 7-16, of cotton
8	0	0	4.8	0	11.2	0	12.8	9.6	0/0/	0	0	0	0	Girls' playsuit of cotton, including shirt of playsuit
8	0	0	4.8	0	11.2	0	12.8	9.6	0/0/	0	0	0	0	Other women's or girls' shirts of cotton
														- Of man-made fibres
8.8	0	0	5.2	0	12.3	0	14	10.5	0/0/		0	0	0	Women's shirts and girls', size 7-16, of man-made fibres, containing 36% or more by weight of wool or fine animal hair
8.8	0	0	5.2	0	12.3	0	14	10.5	0/0/		0	0	0	Other women's or girls' shirts of man-made fibres, containing 36% or more by weight of wool or fine animal hair
8.8	0	0	5.2	0	12.3	0	14	10.5	0/0/		0	0	0	Women's shirts and girls', size 7-16, of man-made fibres
8.8	0	0	5.2	0	12.3	0	14	10.5	0/0/		0	0	0	Girls' shirts and playsuit, of man-made fibres
8.8	0	0	5.2	0	12.3	0	14	10.5	0/0/		0	0	0	Other women's or girls' shirts of man-made fibres
														- Of Other textile materials
8	0	0	4.8	0	11.2	0	12.8	9.6	0/0/	0	0	0	0	Women's or girls' shirts of other textile materials (in cotton limit)
8	0	0	4.8	0	11.2	0	12.8	9.6	0/0/	0	0	0	0	Women's or girls' shirts of other textile materials (in wool limit)

税号	货品名称	进口关税 %			增值/消费税%	出口退税%	统计计量单位	监管证件代码	检验检疫类别	协定税率 %		
		最惠国	普通	年内暂定						东盟	亚太	智利
62069000.30	其他纺织材料制女式衬衫(化纤限内)	16	100		17	17	件/千克	A	M/	0	11.7	0
62069000.91	其他纺织材料制女成人及女童衬衫(女童衬衫指7-16号)	16	100		17	17	件/千克	A	M/	0	11.7	0
62069000.99	其他纺织材料制女成人及女童衬衫	16	100		17	17	件/千克	A	M/	0	11.7	0
62.07	**男式汗衫及其他内衣背心、内裤、三角裤、长睡衣、睡衣裤、浴衣、晨衣及类似品:**											
	- 内裤及三角裤:											
6207.1100	-- 棉制	14	90		17	17	件/千克	A	M/	0	10.3	0
	-- 其他纺织材料制:											
6207.1910	--- 丝及绢丝制											
62071910.10	含丝70%及以上男式内裤及三角裤	14	130		17	17	件/千克	A	M/	0		0
62071910.90	含丝70%以下男式内裤及三角裤	14	130		17	17	件/千克	A	M/	0		0
6207.1920	--- 化学纤维制	16	130		17	17	件/千克	A	M/	0		0
6207.1990	--- 其他											
62071990.10	毛制男式内裤及三角裤	14	100		17	17	件/千克	A	M/	0		0
62071990.90	其他材料制男式内裤及三角裤	14	100		17	17	件/千克	A	M/	0		0
	- 长睡衣及睡衣裤:											
6207.2100	-- 棉制	14	90		17	17	件/千克	A	M/	0		0
6207.2200	-- 化学纤维制	16	130		17	17	件/千克	A	M/	0		0
	-- 其他纺织材料制:											
6207.2910	--- 丝及绢丝制											
62072910.11	含丝70%及以上男式长睡衣/睡衣裤(含8-18号男童长睡衣/睡衣裤)	14	130		17	17	件/千克	A	M/	0		0
62072910.19	含丝70%以下男式长睡衣/睡衣裤(含8-18号男童长睡衣/睡衣裤)	14	130		17	17	件/千克	A	M/	0		0
62072910.91	其他含丝≥70%男童长睡衣/睡衣裤	14	130		17	17	件/千克	A	M/	0		0
62072910.99	其他含丝<70%男童长睡衣/睡衣裤	14	130		17	17	件/千克	A	M/	0		0
6207.2990	--- 其他											
62072990.10	毛制男式长睡衣及睡衣裤	14	100		17	17	件/千克	A	M/	0		0
62072990.91	其他材料制男式长睡衣及睡衣裤(含8-18号男童长睡衣及睡衣裤)	14	100		17	17	件/千克	A	M/	0		0
62072990.99	其他材料制男童长睡衣及睡衣裤	14	100		17	17	件/千克	A	M/	0		0
	- 其他:											
6207.9100	-- 棉制											
62079100.11	棉制男式内衣式背心	14	90		17	17	件/千克	A	M/	0		0
62079100.12	棉制男式非内衣式背心(男成人及8-18号男童背心)	14	90		17	17	件/千克	A	M/	0		0
62079100.19	棉制其他男童非内衣式背心	14	90		17	17	件/千克	A	M/	0		0
62079100.91	棉制男式浴衣、晨衣及类似品	14	90		17	17	件/千克	A	M/	0		0
62079100.92	棉制男式睡衣、睡裤(男成人及8-18号男童背心)	14	90		17	17	件/千克	A	M/	0		0
62079100.99	棉制男式其他内衣(男成人及8-18号男童背心)	14	90		17	17	件/千克	A	M/	0		0
	-- 其他纺织材料制:											
6207.9910	--- 丝及绢丝制											
62079910.11	丝制男式内衣式背心(含丝70%及以上)	14	130		17	17	件/千克	A	M/	0	12.6	0
62079910.19	丝制其他男式内衣式背心	14	130		17	17	件/千克	A	M/	0	12.6	0
62079910.21	丝制男式非内衣式背心(含丝70%及以上)	14	130		17	17	件/千克	A	M/	0	12.6	0
62079910.29	丝制其他男式非内衣式背心	14	130		17	17	件/千克	A	M/	0	12.6	0
62079910.91	丝制男睡衣,浴衣,晨衣及类似品(含丝70%及以上)	14	130		17	17	件/千克	A	M/	0	12.6	0
62079910.99	丝制其他男睡衣,浴衣,晨衣(含类似品)	14	130		17	17	件/千克	A	M/	0	12.6	0
6207.9920	--- 化学纤维制											
62079920.11	化学纤维制男式内衣式背心	16	130		17	17	件/千克	A	M/	0		0

协定税率 %										特惠税率 %				Article Description
巴基斯坦	冰岛	哥斯达黎	秘鲁	新西兰	瑞士	新加坡	韩国	澳大利亚	港澳台	老挝	孟加拉	33 国	7 国	
8	0	0	4.8	0	11.2	0	12.8	9.6	0/0/	0	0	0	0	Women's or girls' shirts of other textile materials (in man-made fibres limit)
8	0	0	4.8	0	11.2	0	12.8	9.6	0/0/	0	0	0	0	Women's shirts and girls', including girls' size 7-16, of other textile materials
8	0	0	4.8	0	11.2	0	12.8	9.6	0/0/	0	0	0	0	Other women's or girls' shirts of other textile materials
														Men's or boys' singlets and other vests, underpants, briefs, nightshirts, pyjamas, bathrobes, dressing gowns and similar articles:
														- Underpants and briefs:
7	0	0	4.2	0	9.8	0	11.2	8.4	0/0/		0	0	0	-- Of cotton
														-- Of other textile materials:
														--- Of silk or silk waste
7	0	0	0	0	9.8	0	11.2	8.4	0/0/			0	0	Men's or boys' underpants and briefs, containing 70% or more by weight of silk
7	0	0	0	0	9.8	0	11.2	8.4	0/0/			0	0	Men's or boys' underpants and briefs, containing less than 70% by weight of silk
12.8	0	0	4.8	0	11.2	0	12.8	9.6	0/0/			0	0	--- Of man-made fibres
														--- Other
7	0	0	0	0	9.8	0	11.2	8.4	0/0/			0	0	Men's or boys' underpants and briefs of wool or fine animal hair
7	0	0	0	0	9.8	0	11.2	8.4	0/0/			0	0	Men's or boys' underpants and briefs of other textile materials
														- Nightshirts and pyjamas:
11.2	0	0	0	0	9.8	0	11.2	8.4	0/0/	0	0	0	0	-- Of cotton
12.8	0	0	4.8	0	11.2	0	12.8	9.6	0/0/			0	0	-- Of man-made fibres
														-- Of other textile materials:
														--- Of silk or silk waste
7	0	0	0	0	9.8	0	11.2	8.4				0	0	Men's or boys' nightshirts and pyjamas, including boys', size 8-18, containing 70% or more by weight of silk
7	0	0	0	0	9.8	0	11.2	8.4				0	0	Men's or boys' nightshirts and pyjamas, including boys', size 8-18, containing less than 70% by weight of silk
7	0	0	0	0	9.8	0	11.2	8.4				0	0	Other boys' nightshirts and pyjamas, containing 70% or more by weight of silk
7	0	0	0	0	9.8	0	11.2	8.4				0	0	Other boys' nightshirts and pyjamas, containing less than 70% by weight of silk
														--- Other
7	0	0	0	0	9.8	0	11.2	8.4		0	0	0	0	Men's or boys' nightshirts and pyjamas, of wool or fine animal hair
7	0	0	0	0	9.8	0	11.2	8.4		0	0	0	0	Men's or boys' nightshirts and pyjamas, including boys', size 8-18, of other textile materials
7	0	0	0	0	9.8	0	11.2	8.4		0	0	0	0	Boys' nightshirts and pyjamas of other textile materials
														- Other:
														-- Of cotton
11.2	0	0	0	0	9.8	0	11.2	8.4	0/0/		0	0	0	Men's or boys' vest-type singlets of cotton
11.2	0	0	0	0	9.8	0	11.2	8.4	0/0/		0	0	0	Men's and boys' non-vest type singlets of cotton, including boys', size 8-18
11.2	0	0	0	0	9.8	0	11.2	8.4	0/0/		0	0	0	Other boy's non-vest type singlets of cotton
11.2	0	0	0	0	9.8	0	11.2	8.4	0/0/		0	0	0	Men's or boys' bathrobes, dressing gowns and similar articles, of cotton
11.2	0	0	0	0	9.8	0	11.2	8.4	0/0/		0	0	0	Men's or boys' nightshirts and pyjamas of cotton, including men's or boy's singlets, boys', size 8-18
11.2	0	0	0	0	9.8	0	11.2	8.4	0/0/		0	0	0	Other men's or boys' vests of cotton, including men's and boys' singlets, boys', size 8-18
														-- Of other textile materials:
														--- Of silk or silk waste
7	0	0	0	0	9.8	0	11.2	8.4	0/0/			0	0	Men's or boys' vest-type singlets of silk, containing 70% or more by weight of silk
7	0	0	0	0	9.8	0	11.2	8.4	0/0/			0	0	Other men's or boys' vest-type singlets of silk
7	0	0	0	0	9.8	0	11.2	8.4	0/0/			0	0	Men's or boys' non-vest-type singlets of silk, containing 70% or more by weight of silk
7	0	0	0	0	9.8	0	11.2	8.4	0/0/			0	0	Other men's or boys' non-vest-type singlets of silk
7	0	0	0	0	9.8	0	11.2	8.4	0/0/			0	0	Men's or boys' bathrobes, dressing gowns and similar articles, containing 70% or more of silk
7	0	0	0	0	9.8	0	11.2	8.4	0/0/			0	0	Other men's or boys' pyjamas, bathrobes, dressing gowns and similar articles, of silk
														--- Of man-made fibres
12.8	0	0	4.8	0	11.2	0	12.8	9.6	0/0/		0	0	0	Men's or boys' vest-type singlets, of man-made fibres

税号	货品名称	进口关税 % 最惠国	普通	年内暂定	增值/消费税%	出口退税%	统计计量单位	监管证件代码	检验检疫类别	协定税率 % 东盟	亚太	智利
62079920.12	化学纤维制男式非内衣式背心(男成人及8-18号男童背心)	16	130		17	17	件/千克	A	M/	0		0
62079920.19	化学纤维制其他男式非内衣式背心	16	130		17	17	件/千克	A	M/	0		0
62079920.21	化纤制男式浴衣、晨衣(含羊毛或动物细毛36%及以上,含类似品)	16	130		17	17	件/千克	A	M/	0		0
62079920.29	其他化纤制男浴衣、晨衣(含类似品)	16	130		17	17	件/千克	A	M/	0		0
62079920.91	化纤制男睡衣、睡裤(含类似品)	16	130		17	17	件/千克	A	M/	0		0
62079920.99	化纤制男式其他内衣(含类似品)	16	130		17	17	件/千克	A	M/	0		0
6207.9990	--- 其他											
62079990.11	毛制男式内衣式背心	14	100		17	17	件/千克	A	M/	0	12.6	0
62079990.12	毛制男式非内衣式背心(男成人及8-18号男童背心)	14	100		17	17	件/千克	A	M/	0	12.6	0
62079990.13	毛制其他男式非内衣式背心	14	100		17	17	件/千克	A	M/	0	12.6	0
62079990.19	毛制男睡衣,浴衣,晨衣及类似品	14	100		17	17	件/千克	A	M/	0	12.6	0
62079990.91	其他材料制男式内衣式背心	14	100		17	17	件/千克	A	M/	0	12.6	0
62079990.92	其他材料制男式非内衣式背心	14	100		17	17	件/千克	A	M/	0	12.6	0
62079990.99	其他材料制男睡衣、浴衣、晨衣(含类似品)	14	100		17	17	件/千克	A	M/	0	12.6	0
62.08	女式汗衫及其他内衣背心、长衬裙、衬裙、三角裤、短衬裤、睡衣、睡衣裤、浴衣、晨衣及类似品:											
	- 长衬裙及衬裙:											
6208.1100	-- 化学纤维制	16	130		17	17	件/千克			0		0
	-- 其他纺织材料制:											
6208.1910	--- 丝及绢丝制											
62081910.11	丝制女式长衬裙及衬裙(含7-16号女童长衬裙及衬裙,含丝70%及以上)	14	130		17	17	件/千克			0		0
62081910.19	丝制其他女式长衬裙及衬裙(含7-16号女童长衬裙及衬裙,含丝70%以下)	14	130		17	17	件/千克			0		0
62081910.91	丝制女童长衬裙及衬裙(含丝70%及以上)	14	130		17	17	件/千克			0		0
62081910.99	丝制其他女童长衬裙及衬裙(含丝70%以下)	14	130		17	17	件/千克			0		0
6208.1920	--- 棉制	14	90		17	17	件/千克			0		0
6208.1990	--- 其他											
62081990.10	毛制女式长衬裙及衬裙	14	100		17	17	件/千克			0		0
62081990.90	其他材料制女式长衬裙及衬裙	14	100		17	17	件/千克			0		0
	- 睡衣及睡衣裤:											
6208.2100	-- 棉制	14	90		17	17	件/千克	A	M/	0	10.3	0
6208.2200	-- 化学纤维制	16	130		17	17	件/千克	A	M/	0		0
	-- 其他纺织材料制:											
6208.2910	--- 丝及绢丝制											
62082910.10	丝及绢丝≥70%女式睡衣及睡衣裤	14	130		17	17	件/千克	A	M/	0		0
62082910.90	丝及绢丝<70%女式睡衣及睡衣裤	14	130		17	17	件/千克	A	M/	0		0
6208.2990	--- 其他											
62082990.10	毛制女式睡衣及睡衣裤	14	100		17	17	件/千克	A	M/	0		0
62082990.90	其他材料制女式睡衣及睡衣裤	14	100		17	17	件/千克	A	M/	0		0
	- 其他:											
6208.9100	-- 棉制											
62089100.10	棉制女式内衣式背心、三角裤等(包括短衬裤)	14	90		17	17	件/千克	A	M/	0		0
62089100.21	棉制女式非内衣式背心(女成人及7-16号女童背心)	14	90		17	17	件/千克	A	M/	0		0
62089100.29	棉制其他女式非内衣式背心	14	90		17	17	件/千克	A	M/	0		0
62089100.90	棉制女式浴衣、晨衣及类似品	14	90		17	17	件/千克	A	M/	0		0
6208.9200	-- 化学纤维制											

协定税率 %										特惠税率 %				
巴基斯坦	冰岛	哥斯达黎	秘鲁	新西兰	瑞士	新加坡	韩国	澳大利亚	港澳台	老挝	孟加拉	33 国	7 国	**Article Description**
12.8	0	0	4.8	0	11.2	0	12.8	9.6	0/0/		0	0	0	Men's or boys' non-vests type singlets, including men's and boys' singlets, boys', size 8-18, of man-made fibres
12.8	0	0	4.8	0	11.2	0	12.8	9.6	0/0/		0	0	0	Other men's or boys' non-vests type singlets, of man-made fibres
12.8	0	0	4.8	0	11.2	0	12.8	9.6	0/0/		0	0	0	Men's or boys' bathrobes, dressing gowns and similar articles, of man-made fibres, containing 36% or more by weight of wool or fine animal hair
12.8	0	0	4.8	0	11.2	0	12.8	9.6	0/0/		0	0	0	Other men's or boys' bathrobes, dressing gowns and similar articles, of man-made fibres
12.8	0	0	4.8	0	11.2	0	12.8	9.6	0/0/		0	0	0	Men's or boys' nightshirts, pyjamas and similar articles, of man-made fibres
12.8	0	0	4.8	0	11.2	0	12.8	9.6	0/0/		0	0	0	Other men's or boys' vest and similar articles, of man-made fibres
														--- Other
7	0	0	0	0	9.8	0	11.2	8.4	0/0/		0	0	0	Men's or boys' vest-type singlets, of wool or fine animal hair
7	0	0	0	0	9.8	0	11.2	8.4	0/0/		0	0	0	Men's or boys' non-vest type singlets, including boys' size 8-18, of wool or fine animal hair
7	0	0	0	0	9.8	0	11.2	8.4	0/0/		0	0	0	Other men's or boys' non-vest type singlets of wool or fine animal hair
7	0	0	0	0	9.8	0	11.2	8.4	0/0/		0	0	0	Men's or boys' bathrobes, dressing gowns and similar articles, of wool or fine animal hair
7	0	0	0	0	9.8	0	11.2	8.4	0/0/		0	0	0	Men's or boys' vest type singlets, of other textile materials
7	0	0	0	0	9.8	0	11.2	8.4	0/0/		0	0	0	Men's or boys' non-vest type singlets, of other textile materials
7	0	0	0	0	9.8	0	11.2	8.4	0/0/		0	0	0	Other men's or boys' bathrobes, dressing gowns and similar articles, of other textile materials
														Women's or girls' singlets and other vests, slips, petticoats, briefs, panties, nightdresses, pyjamas, nègligès, bathrobes, dressing gowns and similar articles:
														- Slips and petticoats:
12.8	0	0	4.8	0	11.2	0	12.8	9.6	0//			0	0	-- Of man-made fibres
														-- Of other textile materials:
														--- Of silk or silk waste
7	0	0	0	0	9.8	0	11.2	8.4	0//			0	0	Women's slips and petticoats of silk, including girls', size 7-16, containing 70% or more by weight of silk
7	0	0	0	0	9.8	0	11.2	8.4	0//			0	0	Other women's slips and petticoats of silk, including girls', size 7-16, containing less than 70% by weight of silk
7	0	0	0	0	9.8	0	11.2	8.4	0//			0	0	Girls' slips and petticoats of silk, containing 70% or more by weight of silk
7	0	0	0	0	9.8	0	11.2	8.4	0//			0	0	Girls' slips and petticoats of silk, containing less than 70% by weight of silk
7	0	0	0	0	9.8	0	11.2	8.4	0//		0	0	0	--- Of cotton
														--- Other
7	0	0	0	0	9.8	0	11.2	8.4	0//			0	0	Women's or girls' slips and petticoats of wool or fine animal hair
7	0	0	0	0	9.8	0	11.2	8.4	0//			0	0	Women's or girls' slips and petticoats of other textile materials
														- Nightdresses and pyjamas:
7	0	0	0	0	9.8	0	11.2	8.4	0/0/	0	0	0	0	-- Of cotton
12.8	0	0	4.8	0	11.2	0	12.8	9.6	0/0/	0	0	0	0	-- Of man-made fibres
														-- Of other textile materials:
														--- Of silk or silk waste
7	0	0	0	0	9.8	0	11.2	8.4	0//			0	0	Women's or girls' nightdresses and pyjamas, containing 70% or more by weight of silk or silk waste
7	0	0	0	0	9.8	0	11.2	8.4	0//			0	0	Women's or girls' nightdresses and pyjamas, containing less than 70% by weight of silk or silk waste
														--- Other
7	0	0	0	0	9.8	0	11.2	8.4	0//			0	0	Women's or girls' nightdresses and pyjamas, of wool or fine animal hair
7	0	0	0	0	9.8	0	11.2	8.4	0//			0	0	Women's or girls' nightdresses and pyjamas of other textile materials
														- Other:
														-- Of cotton
11.2	0	0	4.2	0	9.8	0	11.2	8.4	0/0/	0	0	0	0	Women's or girls' vest-type singlets, briefs, including panties, of cotton
11.2	0	0	4.2	0	9.8	0	11.2	8.4	0/0/	0	0	0	0	Women's or girls' non-vest-type singlets, including girls', size 7-16, of cotton
11.2	0	0	4.2	0	9.8	0	11.2	8.4	0/0/	0	0	0	0	Other women's or girls' non-vest-type singlets of cotton
11.2	0	0	4.2	0	9.8	0	11.2	8.4	0/0/	0	0	0	0	Women's or girls' bathrobes, dressing gowns and similar articles, of cotton
														-- Of man-made fibres

税　号	货　品　名　称	进口关税 % 最惠国	普通	年内暂定	增值/消费税%	出口退税%	统计计量单位	监管证件代码	检验检疫类别	协定税率 % 东盟	亚太	智利
62089200.10	化纤制女式内衣式背心、三角裤(含短衬裤)	16	130		17	17	件/千克	A	M/	0		0
62089200.21	化纤制女式非内衣式背心(女成人及7-16号女童背心)	16	130		17	17	件/千克	A	M/	0		0
62089200.29	化纤制其他女式非内衣式背心	16	130		17	17	件/千克	A	M/	0		0
62089200.90	化纤制女式浴衣、晨衣及类似品	16	130		17	17	件/千克	A	M/	0		0
	-- 其他纺织材料制:											
6208.9910	--- 丝及绢丝制											
62089910.11	丝制女内衣式背心、三角裤等(含丝及绢丝≥70%,包括短衬裤)	14	130		17	17	件/千克	A	M/	0	12.6	0
62089910.19	丝制女内衣式背心、三角裤等(含丝及绢丝＜70%,包括短衬裤)	14	130		17	17	件/千克	A	M/	0	12.6	0
62089910.21	丝制女式非内衣式背心(含丝及绢丝70%及以上)	14	130		17	17	件/千克	A	M/	0	12.6	0
62089910.29	丝制女式非内衣式背心(含丝70%以下)	14	130		17	17	件/千克	A	M/	0	12.6	0
62089910.91	丝制女式浴衣、晨衣及类似品(含丝及绢丝70%及以上)	14	130		17	17	件/千克	A	M/	0	12.6	0
62089910.99	丝制女式浴衣、晨衣及类似品(含丝及绢丝70%以下)	14	130		17	17	件/千克	A	M/	0	12.6	0
6208.9990	--- 其他											
62089990.11	毛制女式内衣式背心、三角裤等(包括短衬裤)	14	100		17	17	件/千克	A	M/	0	12.6	0
62089990.12	毛制女式非内衣式背心(女成人及7-16号女童背心)	14	100		17	17	件/千克	A	M/	0	12.6	0
62089990.13	毛制其他女式非内衣式背心	14	100		17	17	件/千克	A	M/	0	12.6	0
62089990.19	毛制女式浴衣、晨衣及类似品	14	100		17	17	件/千克	A	M/	0	12.6	0
62089990.90	其他材料制女式背心、三角裤、短衬裤、浴衣、晨衣及类似品	14	100		17	17	件/千克	A	M/	0	12.6	0
62.09	**婴儿服装及衣着附件:**											
6209.2000	- 棉制	14	90		17	17	千克	A	M/	0		0
6209.3000	- 合成纤维制											
62093000.10	合成纤维制婴儿手套、袜子(含分指、连指及露指手套,长袜,短袜及其他袜)	16	130		17	17	千克	A	M/	0		0
62093000.20	合成纤维婴儿外衣、雨衣、滑雪装(包括夹克类似服装)	16	130		17	17	千克	A	M/	0		0
62093000.30	合成纤维制婴儿其他服装(含裤子、衬衫、裙子、睡衣、内衣等)	16	130		17	17	千克	A	M/	0		0
62093000.90	合成纤维制婴儿衣着附件	16	130		17	17	千克	A	M/	0		0
	- 其他纺织材料制:											
6209.9010	--- 羊毛或动物细毛制	14	130		17	17	千克	A	M/	0		0
6209.9090	--- 其他纺织材料制	14	100		17	17	千克	A	M/	0		0
62.10	**用税目56.02、56.03、59.03、59.06或59.07的织物制成的服装:**											
	- 用税目56.02或56.03的织物制成的服装:											
6210.1010	--- 羊毛或动物细毛制											
62101010.10	毛制纸衬背或覆盖的无纺布服装(羊毛或动物细毛制,包括毡呢或无纺织物制服装)	16	130		17	17	件/千克			0	11.7	0
62101010.20	毛制一次性或医疗用无纺织物服装(羊毛或动物细毛制)	16	130		17	17	件/千克			0	11.7	0
62101010.90	毛制其他毡呢或无纺织物服装(羊毛或动物细毛制)	16	130		17	17	件/千克			0	11.7	0
6210.1020	--- 棉或麻制											
62101020.10	棉或麻制纸衬或覆盖的无纺布服装(包括毡呢或无纺织物制服装)	16	90		17	17	件/千克			0		0
62101020.20	棉或麻一次性或医用无纺织物服装	16	90		17	17	件/千克			0		0

协定税率 %										特惠税率 %				Article Description
巴基斯坦	冰岛	哥斯达黎	秘鲁	新西兰	瑞士	新加坡	韩国	澳大利亚	港澳台	老挝	孟加拉	33 国	7 国	
12.8	0	0	4.8	0	11.2	0	12.8	9.6	0/0/0	0	0	0	0	Women's or girls' vest-type singlets briefs, including panties, of man-made fibres
12.8	0	0	4.8	0	11.2	0	12.8	9.6	0/0/0	0	0	0	0	Women's or girls' non vest-type singlets, including girls', size 7-16, of man-made fibres
12.8	0	0	4.8	0	11.2	0	12.8	9.6	0/0/0	0	0	0	0	Other women's or girls' non vest-type singlets of man-made fibres
12.8	0	0	4.8	0	11.2	0	12.8	9.6	0/0/0	0	0	0	0	Women's or girls' bathrobes of man-made fibres, including dressing gowns and similar articles
														-- Of other textile materials:
														--- Of silk or silk waste
7	0	0	0	0	9.8	0	11.2	8.4	0/0/			0	0	Women's or girls' vest-type singlets and briefs, including panties, containing 70% or more by weight of silk or silk waste
7	0	0	0	0	9.8	0	11.2	8.4	0/0/			0	0	Women's or girls' singlets, briefs, panties, of silk, vest style, containing less than 70% by weight of silk or silk waste
7	0	0	0	0	9.8	0	11.2	8.4	0/0/			0	0	Women's or girls' non vest-type singlets of silk, containing 70% or more of silk or silk waste
7	0	0	0	0	9.8	0	11.2	8.4	0/0/			0	0	Women's or girls' non vest-type singlets of silk, containing less than 70% by weight of silk
7	0	0	0	0	9.8	0	11.2	8.4	0/0/			0	0	Women's or girls' bathrobes, dressing gowns and similar articles, containing 70% or more by weight of silk or silk waste
7	0	0	0	0	9.8	0	11.2	8.4	0/0/			0	0	Women's or girls' bathrobes, dressing gowns and similar articles, containing less than 70% by weight of silk or silk waste
														--- Other
7	0	0	0	0	9.8	0	11.2	8.4	0/0/		0	0	0	Women's or girls' vest-type singlets and briefs, including panties, of wool or fine animal hair
7	0	0	0	0	9.8	0	11.2	8.4	0/0/		0	0	0	Women's non vest-type singlets, including girls' size 7-16, of wool or fine animal hair
7	0	0	0	0	9.8	0	11.2	8.4	0/0/		0	0	0	Other women's or girls' non vest-type singlets, of wool or fine animal hair
7	0	0	0	0	9.8	0	11.2	8.4	0/0/		0	0	0	Women's or girls' bathrobes, dressing gowns and similar articles, of wool or fine animal hair
7	0	0	0	0	9.8	0	11.2	8.4	0/0/		0	0	0	Women's or girls' vest type singlets, including briefs and panties, of other textile materials
														Babies' garments and clothing accessories:
7	0	0	0	0	9.8	0	11.2	8.4	0/0/		0	0	0	- Of cotton
														- Of synthetic fibres
12.8	0	0	4.8	0	11.2	0	12.8	9.6	0/0/		0	0	0	Babies' gloves and stockings of synthetic fibres, including mittens, mitts, socks and similar articles
12.8	0	0	4.8	0	11.2	0	12.8	9.6	0/0/		0	0	0	Babies' coats, raincoats and ski-suits, including jackets and similar articles, of synthetic fibres
12.8	0	0	4.8	0	11.2	0	12.8	9.6	0/0/		0	0	0	Babies' other garments, including trousers, shirt, skirt, pyjamas, underwear, of synthetic fibres
12.8	0	0	4.8	0	11.2	0	12.8	9.6	0/0/		0	0	0	Babies' clothing accessories, of synthetic fibres
														- Of other textile materials:
7	0	0	0	0	9.8	0	11.2	8.4	0/0/			0	0	--- Of wool or fine animal hair
7	0	0	0	0	9.8	0	11.2	8.4	0/0/			0	0	--- Of Other textile materials
														Garments, made up of fabrics of heading 56.02, 56.03, 59.03, 59.06 or 59.07:
														- Of fabrics of heading 56.02 or 56.03:
														--- Of wool or fine animal hair
8	0	0	4.8	0	11.2	0	12.8	9.6	0/0/	0	0	0	0	Garments, made up of nonwovens or felt fabrics, paper backed or covered, of wool or fine animal hair
8	0	0	4.8	0	11.2	0	12.8	9.6	0/0/	0	0	0	0	Garments, made up of nonwovens fabrics, of wool or fine animal hair, one-off or for medical use
8	0	0	4.8	0	11.2	0	12.8	9.6	0/0/	0	0	0	0	Garments, made up of other nonwovens or felt fabrics, of wool or fine animal hair
														--- Of cotton or bast fibres
12.8	0	0	4.8	0	11.2	0	12.8	9.6	0/0/	6.4	6.4	0	0	Garments, made up of nonwovens or felt fabrics, paper backed or covered, of cotton or bast fibres
12.8	0	0	4.8	0	11.2	0	12.8	9.6	0/0/	6.4	6.4	0	0	Garments, made up of nonwovens fabrics, of cotton or bast fibres, one-off or for medical use

税号	货品名称	进口关税 % 最惠国	普通	年内暂定	增值/消费税%	出口退税%	统计计量单位	监管证件代码	检验检疫类别	协定税率 % 东盟	亚太	智利
62101020.90	棉或麻制其他毡呢或无纺织物服装	16	90		17	17	件/千克			0		0
6210.1030	--- 化学纤维制											
62101030.10	化纤制纸衬背或覆盖的无纺布服装(包括毡呢或无纺织物制服装)	17.5	130		17	17	件/千克			0	12.3	0
62101030.20	化纤制一次性或医用无纺织物服装	17.5	130		17	17	件/千克			0	12.3	0
62101030.90	化纤制其他毡呢或无纺织物服装	17.5	130		17	17	件/千克			0	12.3	0
6210.1090	--- 其他纺织材料制											
62101090.10	其他纺织材料制纸衬背的无纺服装(包括纸覆盖的毡呢或无纺织物制服装)	16	100		17	17	件/千克			0		0
62101090.20	其他材料制一次性或医用无纺服装	16	100		17	17	件/千克			0		0
62101090.90	其他纺织材料制其他无纺织物服装(包括毡呢制服装)	16	100		17	17	件/千克			0		0
6210.2000	- 子目6201.11至6201.19所列类型的其他服装											
62102000.11	用塑料或橡胶处理化纤制男外装(织物外表面由塑料或橡胶完全覆盖的大衣、雨衣、斗篷等)	16	100		17	17	件/千克			0	11.7	0
62102000.19	其他用塑料或橡胶处理化纤制男外装(含用其他材料处理的织物制大衣、雨衣、斗篷等)	16	100		17	17	件/千克			0	11.7	0
62102000.21	用塑料或橡胶处理的羊毛制男外装(织物外表面由塑料或橡胶完全覆盖的大衣、雨衣、斗篷等)	16	100		17	17	件/千克			0	11.7	0
62102000.29	用塑料或橡胶处理的羊毛制男外装(含用其他材料处理的织物制大衣、雨衣、斗篷等)	16	100		17	17	件/千克			0	11.7	0
62102000.31	用塑料或橡胶处理的棉制男外装(织物外表面由塑料或橡胶完全覆盖的大衣、雨衣、斗篷等)	16	100		17	17	件/千克			0	11.7	0
62102000.39	其他用塑料或橡胶等处理棉制男外装(含用其他材料处理的织物制大衣、雨衣、斗篷等)	16	100		17	17	件/千克			0	11.7	0
62102000.40	用塑料或橡胶处理的其他纺材男外装(织物外表面由塑料或橡胶完全覆盖的大衣、雨衣、斗篷等)	16	100		17	17	件/千克			0	11.7	0
62102000.91	用塑料或橡胶等处理的亚麻制男外装(含用其他材料处理的织物制大衣、雨衣、斗篷等)	16	100		17	17	件/千克			0	11.7	0
62102000.99	用塑料等处理的其他纺材制男外装(含用橡胶及其他材料处理的织物制大衣、雨衣、斗篷等)	16	100		17	17	件/千克			0	11.7	0
6210.3000	- 子目6202.11至6202.19所列类型的其他服装											
62103000.11	用塑料或橡胶处理化纤制女外装(织物外表面由塑料或橡胶完全覆盖的大衣、雨衣、斗篷等)	16	100		17	17	件/千克			0	11.7	0
62103000.19	其他用塑料或橡胶处理化纤制女外装(含用其他材料处理的织物制大衣、雨衣、斗篷等)	16	100		17	17	件/千克			0	11.7	0
62103000.21	用塑料或橡胶处理的羊毛制女外装(织物外表面由塑料或橡胶完全覆盖的大衣、雨衣、斗篷等)	16	100		17	17	件/千克			0	11.7	0
62103000.29	用塑料或橡胶处理的羊毛制女外装(含用其他材料处理的织物制大衣、雨衣、斗篷等)	16	100		17	17	件/千克			0	11.7	0
62103000.31	用塑料或橡胶处理的棉制女外装(织物外表面由塑料或橡胶完全覆盖的大衣、雨衣、斗篷等)	16	100		17	17	件/千克			0	11.7	0
62103000.39	其他用塑料或橡胶等处理棉制女外装(含用其他材料处理的织物制大衣、雨衣、斗篷等)	16	100		17	17	件/千克			0	11.7	0
62103000.40	用塑料或橡胶处理的其他纺材女外装(织物外表面由塑料或橡胶完全覆盖的大衣、雨衣、斗篷等)	16	100		17	17	件/千克			0	11.7	0
62103000.91	用塑料或橡胶等处理的亚麻制女外装(含用其他材料处理的织物制大衣、雨衣、斗篷等)	16	100		17	17	件/千克			0	11.7	0
62103000.99	用塑料等处理的其他纺材制女外装(含用橡胶及其他材料处理的织物制大衣、雨衣、斗篷等)	16	100		17	17	件/千克			0	11.7	0
6210.4000	- 其他男式服装											

协定税率 %										特惠税率 %				
巴基斯坦	冰岛	哥斯达黎	秘鲁	新西兰	瑞士	新加坡	韩国	澳大利亚	港澳台	老挝	孟加拉	33 国	7 国	Article Description
12.8	0	0	4.8	0	11.2	0	12.8	9.6	0/0/	6.4	6.4	0	0	Other garments, made up of other nonwovens or felt fabrics, of cotton or bast fibres
														--- Of man-made fibres
8.8	0	0	5.2	0	12.3	0	14	10.5	0/0/	0	0	0	0	Garments, made up of other nonwovens or felt fabrics, paper backed or covered, of man-made fibres
8.8	0	0	5.2	0	12.3	0	14	10.5	0/0/	0	0	0	0	Garments, made up of nonwovens fabrics, of man-made fibres, one-off or for medical use
8.8	0	0	5.2	0	12.3	0	14	10.5	0/0/	0	0	0	0	Other garments, made up of nonwovens or felt fabrics, of man-made fibres
														--- Of Other textile materials
12.8	0	0	4.8	0	11.2	0	12.8	9.6	0/0/	0	0	0	0	Garments, made up of nonwovens or felt fabrics , paper backed or covered, of other textile materials
12.8	0	0	4.8	0	11.2	0	12.8	9.6	0/0/	0	0	0	0	Garments, made up of nonwovens fabrics, of other textile materials, one-off or for medical use
12.8	0	0	4.8	0	11.2	0	12.8	9.6	0/0/	0	0	0	0	Garments, made up of other f nonwovens or felt fabrics, of other textile materials
														- Other garments, of the type described in subheadings 6201.11 to 6201.19
8	0	0	4.8	0	11.2	0	12.8	9.6	0/0/	0	0	0	0	Men's or boys' garments of man-made fibres, treated with plastic or rubber; outer surface of fabrics of overcoats, rain-coats, clokes, etc. completely covered with plastics or rubber
8	0	0	4.8	0	11.2	0	12.8	9.6	0/0/	0	0	0	0	Other men's or boys' garments of man-made fibres, treated with plastic or rubber; overcoats, raincoats, clokes, of textile fabrics, treated with other materials
8	0	0	4.8	0	11.2	0	12.8	9.6	0/0/	0	0	0	0	Men's or boys' garments of wool, treated with plastic or rubber; outer surface of fabrics of overcoats, raincoats, clokes, etc. completely covered with plastics or rubber
8	0	0	4.8	0	11.2	0	12.8	9.6	0/0/	0	0	0	0	Men's or boys' garments of wool, treated with plastic or rubber; overcoats, raincoats, clokes, etc. of textile fabrics, treated with other materials
8	0	0	4.8	0	11.2	0	12.8	9.6	0/0/	0	0	0	0	Men's or boys' garments of cotton, treated with plastic or rubber; outer surface of fabrics of overcoats, raincoats, clokes, etc. completely covered with plastics or rubber
8	0	0	4.8	0	11.2	0	12.8	9.6	0/0/	0	0	0	0	Other men's or boys' garments of cotton, treated with plastic or rubber; overcoats, raincoats, clokes, of textile fabrics, treated with other materials
8	0	0	4.8	0	11.2	0	12.8	9.6	0/0/	0	0	0	0	Men's or boys' garments of other textile materials, treated with plastic or rubber; outer surface of fabrics of overcoats, raincoats, clokes, etc. completely covered with plastics or rubber
8	0	0	4.8	0	11.2	0	12.8	9.6	0/0/	0	0	0	0	Men's or boys' garments of flax, treated with plastic or rubber; overcoats, raincoats, clokes, etc. of textile fabrics, treated with other materials
8	0	0	4.8	0	11.2	0	12.8	9.6	0/0/	0	0	0	0	Other men's or boys' garments of other textile materials, treated with plastic; overcoats, raincoats, clokes, etc. of textile fabrics, treated with rubber or other materials
														- Other garments，of the type described in subheadings 6202.11 to 6202.19
8	0	0	4.8	0	11.2	0	12.8	9.6	0/0/		0	0	0	Women's or girls' garments of man-made fibres, treated with plastic or rubber; outer surface of fabrics of overcoats, raincoats, clokes, etc. completely covered with plastics or rubber
8	0	0	4.8	0	11.2	0	12.8	9.6	0/0/		0	0	0	Other women's or girls' garments of man-made fibres, treated with plastic or rubber; overcoats, raincoats, clokes, etc. of textile fabrics, treated with other materials
8	0	0	4.8	0	11.2	0	12.8	9.6	0/0/		0	0	0	Women's or girls' outer garments of wool, treated with plastic or rubber; outer surface of fabrics of overcoats, raincoats, clokes, etc. completely covered with plastics or rubber
8	0	0	4.8	0	11.2	0	12.8	9.6	0/0/		0	0	0	Women's or girls' garments of wool, treated with plastic or rubber; overcoats, raincoats, clokes of textile fabrics, treated with other materials
8	0	0	4.8	0	11.2	0	12.8	9.6	0/0/		0	0	0	Women's or girls' garments of cotton, treated with plastic or rubber; outer surface of fabrics of overcoats, raincoats, clokes, etc. completely covered with plastics or rubber
8	0	0	4.8	0	11.2	0	12.8	9.6	0/0/		0	0	0	Other women's or girls' garments of cotton, treated with plastic or rubber; overcoats, raincoats, clokes, etc. of textile fabrics, treated with other materials
8	0	0	4.8	0	11.2	0	12.8	9.6	0/0/		0	0	0	Women's or girls' garments of other textile materials, treated with plastic or rubber; outer surface of fabrics of overcoats, raincoats, clokes, etc. completely covered with plastics or rubber
8	0	0	4.8	0	11.2	0	12.8	9.6	0/0/		0	0	0	Women's or girls' garments of flax, treated with plastic or rubber; overcoats, raincoats, clokes of textile fabrics, treated with other materials
8	0	0	4.8	0	11.2	0	12.8	9.6	0/0/		0	0	0	Women's or girls' garments of other textile materials, treated with plastic; overcoats, raincoats, clokes, etc. of textile fabrics, treated with rubber or other materials
														- Other men's or boys' garments

税号	货品名称	进口关税 % 最惠国	普通	年内暂定	增值/消费税%	出口退税%	统计计量单位	监管证件代码	检验检疫类别	协定税率 % 东盟	亚太	智利
62104000.11	用塑料或橡胶处理化纤制其他男式服装(织物外表面由塑料或橡胶完全覆盖)	16	100		17	17	件/千克			0	11.7	0
62104000.12	用塑料等处理的化纤制男防风衣(含用橡胶及其他材料处理织物制带风帽防寒短上衣、风衣)	16	100		17	17	件/千克			0	11.7	0
62104000.13	用塑料等处理的化纤制男式长、短裤(滑雪裤除外)	16	100		17	17	件/千克			0	11.7	0
62104000.19	用塑料等处理的化纤制其他男式服装(含用橡胶及其他材料处理的织物)	16	100		17	17	件/千克			0	11.7	0
62104000.21	用塑料或橡胶处理的毛制其他男外装(织物外表面由塑料或橡胶完全覆盖,羊毛或动物细毛制)	16	100		17	17	件/千克			0	11.7	0
62104000.22	用塑料等处理的毛制男式防风衣(含用橡胶及其他材料处理织物制带风帽防寒短上衣、风衣)	16	100		17	17	件/千克			0	11.7	0
62104000.23	用塑料等处理的毛制男式长、短裤(含用橡胶及其他材料处理的毛制男式长、短裤)	16	100		17	17	件/千克			0	11.7	0
62104000.29	用塑料等处理的其他男式服装(用橡胶及其他材料处理的织物)	16	100		17	17	件/千克			0	11.7	0
62104000.31	用塑料或橡胶处理的棉制其他男外装(织物外表面由塑料或橡胶完全覆盖)	16	100		17	17	件/千克			0	11.7	0
62104000.32	用塑料等处理的棉制男式防风衣(含用橡胶及其他材料处理织物制带风帽防寒短上衣、风衣)	16	100		17	17	件/千克			0	11.7	0
62104000.33	用塑料等处理的棉制男式长、短裤(含用橡胶及其他材料处理的棉制男式长、短裤)	16	100		17	17	件/千克			0	11.7	0
62104000.39	用塑料等处理的棉制其他男式服装(含用橡胶及其他材料处理的织物)	16	100		17	17	件/千克			0	11.7	0
62104000.40	用塑料或橡胶处理其他纺材其他男装	16	100		17	17	件/千克			0	11.7	0
62104000.91	用塑料等处理的丝制其他男式服装(含用橡胶及其他材料处理的织物,含丝及绢丝70%及以上)	16	100		17	17	件/千克			0	11.7	0
62104000.92	用塑料等处理其他纺材制男防风衣(含用橡胶及其他材料处理织物制带风帽防寒短上衣、风衣)	16	100		17	17	件/千克			0	11.7	0
62104000.93	用塑料等处理其他纺材制男长、短裤(含用橡胶及其他材料处理的其他纺材制男长、短裤)	16	100		17	17	件/千克			0	11.7	0
62104000.99	用塑料等处理的其他纺材制男服装(含用橡胶及其他材料处理的织物)	16	100		17	17	件/千克			0	11.7	0
6210.5000	-　其他女式服装											
62105000.11	用塑料或橡胶处理化纤制其他女装(织物外表面由塑料或橡胶完全覆盖)	16	100		17	17	件/千克			0	11.7	0
62105000.12	用塑料等处理的化纤制女防风衣(含用橡胶及其他材料处理织物制带风帽防寒短上衣、风衣)	16	100		17	17	件/千克			0	11.7	0
62105000.13	用塑料等处理的化纤制女式长、短裤(滑雪裤除外)	16	100		17	17	件/千克			0	11.7	0
62105000.19	用塑料等处理的化纤制其他女服装(含用橡胶及其他材料处理的织物)	16	100		17	17	件/千克			0	11.7	0
62105000.21	用塑料或橡胶处理的毛制其他女外装(织物外表面由塑料或橡胶完全覆盖,羊毛或动物细毛制)	16	100		17	17	件/千克			0	11.7	0
62105000.22	用塑料等处理的毛制女式防风衣(含用橡胶及其他材料处理织物制带风帽防寒短上衣、风衣)	16	100		17	17	件/千克			0	11.7	0
62105000.23	用塑料等处理的毛制女式长、短裤(含用橡胶及其他材料处理的毛制女式长、短裤)	16	100		17	17	件/千克			0	11.7	0
62105000.29	用塑料等处理的毛制其他女式服装(含用橡胶及其他材料处理的织物)	16	100		17	17	件/千克			0	11.7	0
62105000.31	用塑料或橡胶处理的棉制其他女外装(织物外表面由塑料或橡胶完全覆盖)	16	100		17	17	件/千克			0	11.7	0
62105000.32	用塑料等处理的棉制女式防风衣(含用橡胶及其他材料处理织物制带风帽防寒短上衣、风衣)	16	100		17	17	件/千克			0	11.7	0
62105000.33	用塑料等处理的棉制女式长、短裤(含用橡胶及其他材料处理的棉制女式长、短裤)	16	100		17	17	件/千克			0	11.7	0

协定税率 %										特惠税率 %				Article Description
巴基斯坦	冰岛	哥斯达黎	秘鲁	新西兰	瑞士	新加坡	韩国	澳大利亚	港澳台	老挝	孟加拉	33 国	7 国	
8	0	0	4.8	0	11.2	0	12.8	9.6	0/0/	0	0	0	0	Men's or boys' garments of man-made fibre, treated with plastic or rubber; outer surface of fabrics is completely covered with plastic or rubber
8	0	0	4.8	0	11.2	0	12.8	9.6	0/0/	0	0	0	0	Men's or boys' wind-cheaters of man-made fibres, treated with plastic; anoraks, wind-jackets, of textile fabrics, treated with rubber or other materials
8	0	0	4.8	0	11.2	0	12.8	9.6	0/0/	0	0	0	0	Men's or boys' trousers and shorts of man-made fibres, treated with plastic, other than ski trousers
8	0	0	4.8	0	11.2	0	12.8	9.6	0/0/	0	0	0	0	Other men's or boys' garments of man-made fibres, treated with plastic, including fabrics treated with rubber or other materials
8	0	0	4.8	0	11.2	0	12.8	9.6	0/0/	0	0	0	0	Other men's or boys' garments of wool or fine animal hair, treated with plastic or rubber; outer surface of fabrics completely covered with plastic or rubber
8	0	0	4.8	0	11.2	0	12.8	9.6	0/0/	0	0	0	0	Men's or boys' wind-cheaters, of wool or fine animal hair, treated with plastic or rubber;anoraks, wind-jackets, of fabrics, treated with plastic or rubber or other materials
8	0	0	4.8	0	11.2	0	12.8	9.6	0/0/	0	0	0	0	Men's or boys' trousers and shorts, of wool or fine animal hair, treated with plastic or rubber or other materials
8	0	0	4.8	0	11.2	0	12.8	9.6	0/0/	0	0	0	0	Other men's or boys' garments, treated with plastic or other materials, fabrics treated with rubber and other materials
8	0	0	4.8	0	11.2	0	12.8	9.6	0/0/	0	0	0	0	Men's or boys' garments of cotton, treated with plastic or rubber; outer surface of fabrics is completely covered with plastic or rubber
8	0	0	4.8	0	11.2	0	12.8	9.6	0/0/	0	0	0	0	Men's or boys' wind-cheaters, of cotton treated with plastic; anoraks, wind-jackets, of fabrics, treated with rubber or other materials
8	0	0	4.8	0	11.2	0	12.8	9.6	0/0/	0	0	0	0	Men's or boys' trousers and shorts, of cotton treated with plastic or rubber or other materials
8	0	0	4.8	0	11.2	0	12.8	9.6	0/0/	0	0	0	0	Other men's or boys' garments of cotton, treated with plastic or rubber or other materials
8	0	0	4.8	0	11.2	0	12.8	9.6	0/0/	0	0	0	0	Other men's or boys' garments of other textile materials
8	0	0	4.8	0	11.2	0	12.8	9.6	0/0/	0	0	0	0	Other men's or boys' garments of silk, treated with plastic, containing the fabrics treated with rubber or other textile materials, containing 70% or more by weight of silk or silk waste
8	0	0	4.8	0	11.2	0	12.8	9.6	0/0/	0	0	0	0	Men's or boys' wind-cheaters, of other textile materials, treated with plastic; including anoraks, wind-cheaters of fabrics, treated with rubber or other materials
8	0	0	4.8	0	11.2	0	12.8	9.6	0/0/	0	0	0	0	Men's or boys' trousers and shorts, of other textile materials, treated with rubber or other materials
8	0	0	4.8	0	11.2	0	12.8	9.6	0/0/	0	0	0	0	Other men's or boys' garments, of other textile materials, treated with plastic, rubber or other materials
														- Other women's or girl's garments
8	0	0	4.8	0	11.2	0	12.8	9.6	0/0/	0	0	0	0	Women's or girls' garments of man-made fibres, treated with plastic or rubber; outer surface of fabrics is completely covered with plastic or rubber
8	0	0	4.8	0	11.2	0	12.8	9.6	0/0/	0	0	0	0	Women's or girls' wind-cheaters, of man-made fibres, treated with plastic; including anoraks and wind-cheaters of fabrics, treated with rubber or other materials
8	0	0	4.8	0	11.2	0	12.8	9.6	0/0/	0	0	0	0	Women's or girls' trousers and shorts of man-made fibres, treated with plastic, other than ski trousers
8	0	0	4.8	0	11.2	0	12.8	9.6	0/0/	0	0	0	0	Other women's or girls' garments of man-made fibres, treated with plastic, rubber or other materials
8	0	0	4.8	0	11.2	0	12.8	9.6	0/0/	0	0	0	0	Other women's or girls' garments of wool or fine animal hair, treated with plastic or rubber; outer surface of fabrics is completely covered with plastic or rubber
8	0	0	4.8	0	11.2	0	12.8	9.6	0/0/	0	0	0	0	Women's or girls' wind-cheaters, of wool or fine animal hair, treated with plastic; including anoraks and wind-cheaters of fabrics, treated with rubber or other materials
8	0	0	4.8	0	11.2	0	12.8	9.6	0/0/	0	0	0	0	Women's or girls' trousers and shorts of wool or fine animal hair, treated with plastic, rubber or other materials
8	0	0	4.8	0	11.2	0	12.8	9.6	0/0/	0	0	0	0	Other women's or girls' garments of wool or fine animal hair, treated with plastic, rubber or other materials
8	0	0	4.8	0	11.2	0	12.8	9.6	0/0/	0	0	0	0	Other women's or girls' garments of cotton, treated with plastic or rubber; outer surface of fabrics is completely covered with plastic or rubber
8	0	0	4.8	0	11.2	0	12.8	9.6	0/0/	0	0	0	0	Women's or girls' wind-cheaters, of cotton, treated with plastic; including anoraks and wind-cheaters of fabrics, treated with rubber or other materials
8	0	0	4.8	0	11.2	0	12.8	9.6	0/0/	0	0	0	0	Women's or girls' trousers and shorts of cotton, treated with plastic, rubber or other materials

税　号	货　品　名　称	进口关税 % 最惠国	普通	年内暂定	增值/消费税%	出口退税%	统计计量单位	监管证件代码	检验检疫类别	协定税率 % 东盟	亚太	智利
62105000.39	用塑料等处理的棉制其他女式服装(含用橡胶及其他材料处理的棉制其他女式服装)	16	100		17	17	件/千克			0	11.7	0
62105000.40	用塑料或橡胶处理其他纺材其他女装(织物外表面由塑料或橡胶完全覆盖)	16	100		17	17	件/千克			0	11.7	0
62105000.91	用塑料等处理的丝制其他女式服装(含用橡胶及其他材料处理的织物,含丝及绢丝70%及以上)	16	100		17	17	件/千克			0	11.7	0
62105000.92	用塑料等处理其他纺材制女防风衣(含用橡胶及其他材料处理织物制带风帽防寒短上衣、风衣)	16	100		17	17	件/千克			0	11.7	0
62105000.93	用塑料等处理其他纺材制女长、短裤(含用橡胶及其他材料处理织物制带风帽防寒短上衣、风衣)	16	100		17	17	件/千克			0	11.7	0
62105000.99	用塑料等处理的其他纺材制女服装(含用橡胶及其他材料处理的其他纺材制女服装)	16	100		17	17	件/千克			0	11.7	0
62.11	**运动服、滑雪服及游泳服;其他服装:**											
	- 游泳服:											
6211.1100	-- 男式											
62111100.10	羊毛或动物细毛制男式游泳服	16	130		17	17	件/千克	A	M/	0	11.7	0
62111100.41	丝制男式游泳服(含丝70%及以上)	16	130		17	17	件/千克	A	M/	0	11.7	0
62111100.49	丝制男式游泳服(含丝70%以下)	16	130		17	17	件/千克	A	M/	0	11.7	0
62111100.90	其他纺织材料制男式游泳服	16	130		17	17	件/千克	A	M/	0	11.7	0
6211.1200	-- 女式											
62111200.10	羊毛或动物细毛制女式游泳服	16	130		17	17	件/千克	A	M/	0	11.7	0
62111200.41	丝制女式游泳服(含丝70%及以上)	16	130		17	17	件/千克	A	M/	0	11.7	0
62111200.49	丝制女式游泳服(含丝70%以下)	16	130		17	17	件/千克	A	M/	0	11.7	0
62111200.90	其他纺织材料制女式游泳服	16	130		17	17	件/千克	A	M/	0	11.7	0
	- 滑雪服:											
6211.2010	--- 棉制	16	90		17	17	套/千克			0		0
6211.2090	--- 其他纺织材料制											
62112090.11	含滑雪男裤的羊毛制滑雪套装	19	130		17	17	套/千克			0	13.6	0
62112090.19	不含滑雪男裤的羊毛制滑雪套装	19	130		17	17	套/千克			0	13.6	0
62112090.21	含滑雪短裤或不防水滑雪裤的化纤制滑雪套装	19	130		17	17	套/千克			0	13.6	0
62112090.29	化纤制其他滑雪套装	19	130		17	17	套/千克			0	13.6	0
62112090.90	其他纺织材料制滑雪套装	19	130		17	17	套/千克			0	13.6	0
	- 其他男式服装:											
	-- 棉制:											
6211.3210	--- 阿拉伯袍	16	90		17	17	件/千克			0		0
6211.3220	--- 运动服											
62113220.11	棉制男式运动套装(面和衬里的面料相同的运动套装)	16	90		17	17	套/千克			0		0
62113220.19	棉制其他男式运动套装	16	90		17	17	套/千克			0		0
6211.3290	--- 其他											
62113290.21	棉制男式连衣服及类似品	16	90		17	17	件/千克			0		0
62113290.29	棉制男式连衣裤及类似品	16	90		17	17	件/千克			0		0
62113290.30	棉制男式水洗服、夏服、游戏装	16	90		17	17	件/千克			0		0
62113290.40	棉制男式工业及职业衣着	16	90		17	17	件/千克			0		0
62113290.51	棉制男式TOPS(男成人及8-18号男童TOPS)	16	90		17	17	件/千克			0		0
62113290.59	棉制其他男式TOPS	16	90		17	17	件/千克			0		0
62113290.60	棉制男式风雪套装及类似服装	16	90		17	17	件/千克			0		0
62113290.91	棉制男衬衫(税目6205的衬衫除外)	16	90		17	17	件/千克			0		0
62113290.99	棉制男式其他服装(含马甲、上衣)	16	90		17	17	件/千克			0		0
	-- 化学纤维制:											
6211.3310	--- 阿拉伯袍	17.5	130		17	17	件/千克			0	12.3	0
6211.3320	--- 运动服											
62113320.11	化纤制男式运动套装(面和衬里的面料相同的运动套装)	18	130		17	17	套/千克			0	12.3	0

协定税率 %										特惠税率 %				Article Description
巴基斯坦	冰岛	哥斯达黎	秘鲁	新西兰	瑞士	新加坡	韩国	澳大利亚	港澳台	老挝	孟加拉	33 国	7 国	
8	0	0	4.8	0	11.2	0	12.8	9.6	0/0/	0	0	0	0	Other women's or girls' garments of cotton, treated with plastic or rubber or other materials
8	0	0	4.8	0	11.2	0	12.8	9.6	0/0/	0	0	0	0	Other women's or girls' garments of other textile materials, treated with plastic or rubber; outer surface of fabrics is completely covered with plastic or rubber
8	0	0	4.8	0	11.2	0	12.8	9.6	0/0/	0	0	0	0	Other women's or girls' garments of silk, treated with plastic, containing the fabrics treated with rubber or other textile materials, containing 70% or more of silk or silk waste
8	0	0	4.8	0	11.2	0	12.8	9.6	0/0/	0	0	0	0	Women's or girls' wind-cheaters, of other textile materials, treated with plastic; including anoraks, wind-cheaters of fabrics, treated with rubber or other materials
8	0	0	4.8	0	11.2	0	12.8	9.6	0/0/	0	0	0	0	Women's or girls' trousers and shorts, of other textile materials, treated with plastic; including anoraks, wind-cheaters of fabrics, treated with rubber or other materials
8	0	0	4.8	0	11.2	0	12.8	9.6	0/0/	0	0	0	0	Other women's or girls' garments, of other textile materials, treated with plastic, rubber or other materials
														Track suits, ski suits and swimwear; other garments:
														- Swimwear:
														-- men's or boys'
8	0	0	4.8	0	11.2	0	12.8	9.6	0/0/			0	0	Men's or boys' swimwear, of wool or fine animal hair
8	0	0	4.8	0	11.2	0	12.8	9.6	0/0/			0	0	Men's or boys' swimwear, of silk, containing 70% or more by weight of silk
8	0	0	4.8	0	11.2	0	12.8	9.6	0/0/			0	0	Men's or boys' swimwear, of silk, containing less than 70% by weight of silk
8	0	0	4.8	0	11.2	0	12.8	9.6	0/0/			0	0	Other men's or boys' swimwear, of other textile materials
														-- Women's or girls'
8	0	0	4.8	0	11.2	0	12.8	9.6	0//		0	0	0	Women's or girls' swimwear, of wool or fine animal hair
8	0	0	4.8	0	11.2	0	12.8	9.6	0//		0	0	0	Women's or girls' swimwear of silk, containing 70% or more by weight of silk
8	0	0	4.8	0	11.2	0	12.8	9.6	0//		0	0	0	Women's or girls' swimwear of silk, containing less than 70% by weight of silk
8	0	0	4.8	0	11.2	0	12.8	9.6	0//		0	0	0	Women's or girls' swimwear of other textile materials
														- Ski suits:
12.8	0	0	4.8	0	11.2	0	12.8	9.6	0//		0	0	0	--- Of cotton
														--- Of other textile materials
9.5	0	0	5.7	0	13.3	0	15.2	11.4	0//			0	0	Ski suits of wool, including men's or boys' ski pants
9.5	0	0	5.7	0	13.3	0	15.2	11.4	0//			0	0	Ski suits of wool, excluding men's or boys' ski pants
9.5	0	0	5.7	0	13.3	0	15.2	11.4	0//			0	0	Ski suits of man-made fibres, including ski shorts or non water-proof ski pants
9.5	0	0	5.7	0	13.3	0	15.2	11.4	0//			0	0	Other ski suits of man-made fibres
9.5	0	0	5.7	0	13.3	0	15.2	11.4	0//			0	0	Ski suits of other textile materials
														- Other garments, men's or boys':
														-- Of cotton:
12.8	0	0	4.8	0	11.2	0	12.8	9.6	0//			0	0	--- Arabian robes
														--- Track suits
	0	0	4.8	0	11.2	0	12.8	9.6	0/0/		0	0	0	Men's or boys' track suits, of cotton, same fabrics of outer and lining
	0	0	4.8	0	11.2	0	12.8	9.6	0/0/		0	0	0	Other men's or boys' track suits of cotton
														--- Other
	0	0	4.8	0	11.2	0	12.8	9.6	0/0/		0	0	0	Men's or boys' one-piece garment and similar articles, of cotton
	0	0	4.8	0	11.2	0	12.8	9.6	0/0/		0	0	0	Men's or boys' overalls and similar articles, of cotton
	0	0	4.8	0	11.2	0	12.8	9.6	0/0/		0	0	0	Men's or boys' summer wear, wash wear, playsuit, of cotton
	0	0	4.8	0	11.2	0	12.8	9.6	0/0/		0	0	0	Men's or boys' garments of cotton, industrial and occupational use
	0	0	4.8	0	11.2	0	12.8	9.6	0/0/		0	0	0	Men's TOPS and boys' TOPS, size8-18, of cotton
	0	0	4.8	0	11.2	0	12.8	9.6	0/0/		0	0	0	Other men's or boys' TOPS, of cotton
	0	0	4.8	0	11.2	0	12.8	9.6	0/0/		0	0	0	Men's or boys' ski suits and similar articles, of cotton
	0	0	4.8	0	11.2	0	12.8	9.6	0/0/		0	0	0	Men's or boys' shirt, other than the shirt of heading 62.05
	0	0	4.8	0	11.2	0	12.8	9.6	0/0/		0	0	0	Other men's or boys' garments, of cotton, including vests and coats
														-- Of man-made fibres:
8.8	0	0	5.2	0	12.3	0	14	10.5	0//			0	0	--- Arabian robes
														--- Track suits
12.3	0	0	5.4	0	12.6	0	14.4	10.8	0/0/		0	0	0	Men's or boys' track suits of man-made fibres, same fabrics of outer and lining

税号	货品名称	进口关税% 最惠国	进口关税% 普通	进口关税% 年内暂定	增值/消费税%	出口退税%	统计计量单位	监管证件代码	检验检疫类别	协定税率% 东盟	协定税率% 亚太	协定税率% 智利
62113320.19	化纤制其他男式运动套装	18	130		17	17	套/千克			0	12.3	0
6211.3390	--- 其他											
62113390.21	化纤制男式连衣服及类似品	17.5	130		17	17	件/千克			0	12.3	0
62113390.29	化纤制男式连衣裤及类似品	17.5	130		17	17	件/千克			0	12.3	0
62113390.30	化纤制男式水洗服、夏服、游戏装(含类似服)	17.5	130		17	17	件/千克			0	12.3	0
62113390.91	化纤制男式工业及职业衣着	17.5	130		17	17	件/千克			0	12.3	0
62113390.92	化纤制男式 TOPS(男成人及 8-18 号男童 TOPS)	17.5	130		17	17	件/千克			0	12.3	0
62113390.93	化纤制其他男式 TOPS	17.5	130		17	17	件/千克			0	12.3	0
62113390.94	化纤制男式风雪套装及类似服装	17.5	130		17	17	件/千克			0	12.3	0
62113390.95	化纤制男衬衫(税目 6205 的衬衫除外)	17.5	130		17	17	件/千克			0	12.3	0
62113390.99	化纤制男式其他服装(含马甲,上衣)	17.5	130		17	17	件/千克			0	12.3	0
	-- 其他纺织材料制:											
6211.3910	--- 丝及绢丝制											
62113910.11	丝及绢丝制男运动服(含丝 70%及以上)	16	130		17	17	件/千克			0	11.7	0
62113910.19	丝及绢丝制男运动服(含丝 70%以下)	16	130		17	17	件/千克			0	11.7	0
62113910.21	丝或绢丝制男连衣裤及类似品(含丝 70%及以上)	16	130		17	17	件/千克			0	11.7	0
62113910.29	丝或绢丝制男连衣裤及类似品(含丝 70%以下)	16	130		17	17	件/千克			0	11.7	0
62113910.91	丝或绢丝制男式 TOPS(含丝 70%及以上)	16	130		17	17	件/千克			0	11.7	0
62113910.92	丝或绢丝制男式 TOPS(含丝 70%以下)	16	130		17	17	件/千克			0	11.7	0
62113910.93	丝或绢丝制男式风雪套装(含类似服装,含丝 70%及以上)	16	130		17	17	件/千克			0	11.7	0
62113910.94	丝或绢丝制男式风雪套装(含类似服装,含丝 70%以下)	16	130		17	17	件/千克			0	11.7	0
62113910.95	丝或绢丝制男式其他服装(含衬衫,马甲,上衣,含丝 70%及以上)	16	130		17	17	件/千克			0	11.7	0
62113910.99	丝或绢丝制男式其他服装(含衬衫,马甲,上衣,含丝 70%以下)	16	130		17	17	件/千克			0	11.7	0
6211.3920	--- 羊毛或动物细毛制											
62113920.10	毛制男式运动套装	16	130		17	17	件/千克			0	11.7	0
62113920.90	毛制男式其他服装	16	130		17	17	件/千克			0	11.7	0
6211.3990	--- 其他											
62113990.10	其他纺织材料制男式运动套装	16	100		17	17	件/千克			0	11.7	0
62113990.20	其他纺织材料制男连衣裤(含类似品)	16	100		17	17	件/千克			0	11.7	0
62113990.91	其他纺织材料制男式水洗服、夏服(含游戏装等类似服装)	16	100		17	17	件/千克			0	11.7	0
62113990.92	其他纺织材料制男式 TOPS	16	100		17	17	件/千克			0	11.7	0
62113990.93	其他纺织材料制男式风雪套装(含类似服装)	16	100		17	17	件/千克			0	11.7	0
62113990.99	其他纺织材料制男式其他服装(含衬衫,马甲,上衣)	16	100		17	17	件/千克			0	11.7	0
	- 其他女式服装:											
	-- 棉制:											
6211.4210	--- 运动服											
62114210.10	棉制女式运动套装(面和衬里的面料相同的运动套装)	16	90		17	17	套/千克			0		0
62114210.90	棉制其他女式运动套装	16	90		17	17	套/千克			0		0
6211.4290	--- 其他	16	90		17	17	件/千克			0		0
	-- 化学纤维制:											
6211.4310	--- 运动服											
62114310.10	化纤制女式运动套装(面和衬里的面料相同的运动套装)	17.5	130		17	17	套/千克			0	12.3	0
62114310.90	化纤制其他女式运动套装	17.5	130		17	17	套/千克			0	12.3	0
6211.4390	--- 其他	17.5	130		17	17	件/千克			0	12.3	0

协定税率 %										特惠税率 %				Article Description
巴基斯坦	冰岛	哥斯达黎	秘鲁	新西兰	瑞士	新加坡	韩国	澳大利亚	港澳台	老挝	孟加拉	33 国	7 国	
12.3	0	0	5.4	0	12.6	0	14.4	10.8	0/0/		0	0	0	Other men's or boys' track suits of man-made fibres
														--- Other
12.3	0	0	5.2	0	12.3	0	14	10.5	0/0/		0	0	0	Men's or boys' one-piece garment and similar articles, of man-made fibres
12.3	0	0	5.2	0	12.3	0	14	10.5	0/0/		0	0	0	Men's or boys' overalls and similar articles, of man-made fibres
12.3	0	0	5.2	0	12.3	0	14	10.5	0/0/		0	0	0	Men's or boys' summer wear, wash wear, playsuit and similar articles, of man-made fibres
12.3	0	0	5.2	0	12.3	0	14	10.5	0/0/		0	0	0	Men's or boys' garments of man-madefibres, industrial and occupational use
12.3	0	0	5.2	0	12.3	0	14	10.5	0/0/		0	0	0	Men's TOPS and boys' TOPS, size 8-18, of man-made fibres
12.3	0	0	5.2	0	12.3	0	14	10.5	0/0/		0	0	0	Other men's or boys' TOPS, of man-made fibres
12.3	0	0	5.2	0	12.3	0	14	10.5	0/0/		0	0	0	Men's or boys' ski suits and similar articles, of man-made fibres
12.3	0	0	5.2	0	12.3	0	14	10.5	0/0/		0	0	0	Men's or boys' shirt of man-made fibres, other than the shirt of heading 62.05
12.3	0	0	5.2	0	12.3	0	14	10.5	0/0/		0	0	0	Other men's or boys' garments of man-made fibres, including vests, coats
														-- Of other textile materials:
														--- Of silk or silk waste
8	0	0	4.8	0	11.2	0	12.8	9.6	0/0/			0	0	Men's or boys' track suits, of silk, containing 70% or more by weight of silk
8	0	0	4.8	0	11.2	0	12.8	9.6	0/0/			0	0	Men's or boys' track suits, of silk, containing less than 70% by weight of silk
8	0	0	4.8	0	11.2	0	12.8	9.6	0/0/			0	0	Men's or boys' overall and similar articles, of silk or silk waste, containing 70% or more of silk
8	0	0	4.8	0	11.2	0	12.8	9.6	0/0/			0	0	Men's or boys' overall and similar articles of silk, containing less than 70% by weight of silk
8	0	0	4.8	0	11.2	0	12.8	9.6	0/0/			0	0	Men's or boys' TOPS of silk or silk waste, containing 70% or more by weight of silk
8	0	0	4.8	0	11.2	0	12.8	9.6	0/0/			0	0	Men's or boys' TOPS of silk or silk waste, containing less than 70% by weight of silk
8	0	0	4.8	0	11.2	0	12.8	9.6	0/0/			0	0	Men's or boys' ski suits and similar articles, of silk or silk waste, containing 70% or more by weight of silk
8	0	0	4.8	0	11.2	0	12.8	9.6	0/0/			0	0	Men's or boys' ski suits and similar articles, of silk or silk waste, containing less than 70% by weight of silk
8	0	0	4.8	0	11.2	0	12.8	9.6	0/0/			0	0	Other men's or boys' garments, including shirts, vests, coats, of silk or silk waste, containing 70% or more by weight of silk
8	0	0	4.8	0	11.2	0	12.8	9.6	0/0/			0	0	Other men's or boys' garments, including shirts, vests, coats, of silk or silk waste, containing less than 70% by weight of silk
														--- Of wool or fine animal hair
8	0	0	4.8	0	11.2	0	12.8	9.6	0/0/			0	0	Men's or boys' track suits of wool or fine animal hair
8	0	0	4.8	0	11.2	0	12.8	9.6	0/0/			0	0	Other men's or boys' shirts, of wool or fine animal hair
														--- Other
8	0	0	4.8	0	11.2	0	12.8	9.6	0/0/			0	0	Men's or boys' track suits of other textile materials
8	0	0	4.8	0	11.2	0	12.8	9.6	0/0/			0	0	Men's or boys' overalls and similar articles, of other textile materials
8	0	0	4.8	0	11.2	0	12.8	9.6	0/0/			0	0	Men's or boys' summer wear, wash wear, playsuit and similar articles, of other textile materials
8	0	0	4.8	0	11.2	0	12.8	9.6	0/0/			0	0	Men's or boys' TOPS, of other textile materials
8	0	0	4.8	0	11.2	0	12.8	9.6	0/0/			0	0	Men's or boys' ski suits and similar articles, of other textile materials
8	0	0	4.8	0	11.2	0	12.8	9.6	0/0/			0	0	Other men's or boys' garments, including shirts, vests, coats, of other textile materials
														- Other garments, women's or girls':
														-- Of cotton:
														--- Track suits
12.8	0	0	4.8	0	11.2	0	12.8	9.6	0/0/		0	0	0	Women's or girls' track suits, of cotton, and same fabrics of outer and lining
12.8	0	0	4.8	0	11.2	0	12.8	9.6	0/0/		0	0	0	Other Women's or girls' track suits, of cotton
12.8	0	0	4.8	0	11.2	0	12.8	9.6	0/0/		0	0	0	--- Other
														-- Of man-made fibres:
														--- Track suits
8.8	0	0	5.2	0	12.3	0	14	10.5	0/0/		0	0	0	Women's or girls' track suits, of man-made fibres, same fabrics of outer and lining
8.8	0	0	5.2	0	12.3	0	14	10.5	0/0/		0	0	0	Other Women's or girls' track suits, of man-made fibres
8.8	0	0	5.2	0	12.3	0	14	10.5	0/0/		0	0	0	--- Other

税号	货品名称	进口关税 %			增值/消费税%	出口退税%	统计计量单位	监管证件代码	检验检疫类别	协定税率 %		
		最惠国	普通	年内暂定						东盟	亚太	智利
	-- 其他纺织材料制:											
6211.4910	--- 丝及绢丝制											
62114910.11	丝或绢丝制女式运动套装(含丝70%及以上)	16	130		17	17	件/千克			0	11.7	0
62114910.19	丝或绢丝制女式运动套装(含丝70%以下)	16	130		17	17	件/千克			0	11.7	0
62114910.21	丝或绢丝制女连衣裤及类似品(含丝70%及以上)	16	130		17	17	件/千克			0	11.7	0
62114910.29	丝或绢丝制女连衣裤及类似品(含丝70%以下)	16	130		17	17	件/千克			0	11.7	0
62114910.31	丝或绢丝制女式TOPS(含丝70%及以上)	16	130		17	17	件/千克			0	11.7	0
62114910.39	丝或绢丝制女式TOPS(含丝70%以下)	16	130		17	17	件/千克			0	11.7	0
62114910.41	丝或绢丝制女式风雪套装(含类似服装,含丝70%及以上)	16	130		17	17	件/千克			0	11.7	0
62114910.49	丝或绢丝制女式风雪套装(含类似服装,含丝70%以下)	16	130		17	17	件/千克			0	11.7	0
62114910.51	丝及绢丝制女式其他服装(含衬衫,马甲,上衣,无袖罩衫,含丝70%及以上)	16	130		17	17	件/千克			0	11.7	0
62114910.59	丝及绢丝制女式其他服装(含衬衫,马甲,上衣和无袖罩衫,含丝70%以下)	16	130		17	17	件/千克			0	11.7	0
62114910.91	丝及绢丝制女式其他服装(含丝70%及以上)	16	130		17	17	件/千克			0	11.7	0
62114910.99	丝及绢丝制女式其他服装(含丝70%以下)	16	130		17	17	件/千克			0	11.7	0
6211.4990	--- 其他											
62114990.10	其他纺织材料制女式运动套装	16	100		17	17	件/千克			0	11.7	0
62114990.20	其他纺织材料制女连衣裤(含类似品)	16	100		17	17	件/千克			0	11.7	0
62114990.30	其他纺织材料制女式其他服装(含游戏装,类似服)	16	100		17	17	件/千克			0	11.7	0
62114990.40	其他纺织材料制女式TOPS	16	100		17	17	件/千克			0	11.7	0
62114990.50	其他纺织材料制女式风雪套装(含类似服装)	16	100		17	17	件/千克			0	11.7	0
62114990.90	其他纺织材料制女式其他服装(含衬衫,马甲,上衣,无袖罩衫)	16	100		17	17	件/千克			0	11.7	0
62.12	胸罩、束腰带、紧身胸衣、吊裤带、吊袜带、束袜带和类似品及其零件,不论是否针织或钩编的:											
	- 胸罩:											
6212.1010	--- 化学纤维制	16	130		17	17	件/千克	A	M/	0	14.4	0
6212.1090	--- 其他纺织材料制											
62121090.10	毛制其他胸罩(不论是否针织或钩编)	14	100		17	17	件/千克	A	M/	0	12.6	0
62121090.20	棉制其他胸罩(不论是否针织或钩编)	14	100		17	17	件/千克	A	M/	0	12.6	0
62121090.31	丝制胸罩(不论是否针织或钩编,含丝70%及以上)	14	100		17	17	件/千克	A	M/	0	12.6	0
62121090.39	丝制其他胸罩(不论是否针织或钩编,含丝70%以下)	14	100		17	17	件/千克	A	M/	0	12.6	0
62121090.90	其他纺织材料制其他胸罩(不论是否针织或钩编)	14	100		17	17	件/千克	A	M/	0	12.6	0
	- 束腰带及腹带:											
6212.2010	--- 化学纤维制	16	130		17	17	件/千克	A	M/	0		0
6212.2090	--- 其他纺织材料制											
62122090.10	毛制束胸带及腹带(不论是否针织或钩编)	14	100		17	17	件/千克	A	M/	0		0
62122090.20	棉制束腰带及腹带(不论是否针织或钩编)	14	100		17	17	件/千克	A	M/	0		0

协定税率 %										特惠税率 %				Article Description
巴基斯坦	冰岛	哥斯达黎	秘鲁	新西兰	瑞士	新加坡	韩国	澳大利亚	港澳台	老挝	孟加拉	33 国	7 国	
														-- Of other textile materials:
														--- Of silk or silk waste
8	0	0	4.8	0	11.2	0	12.8	9.6	0/0/			0	0	Women's or girls' track suits, of silk or silk waste, containing 70% or more of silk
8	0	0	4.8	0	11.2	0	12.8	9.6	0/0/			0	0	Women's or girls' track suits, of silk or silk waste, containing less than 70% by weight of silk
8	0	0	4.8	0	11.2	0	12.8	9.6	0/0/			0	0	Women's or girls' overalls and similar articles, of silk or silk waste, containing 70% or more of silk
8	0	0	4.8	0	11.2	0	12.8	9.6	0/0/			0	0	Women's or girls' overalls and similar articles, of silk or silk waste, containing less than 70% by weight of silk
8	0	0	4.8	0	11.2	0	12.8	9.6	0/0/			0	0	Women's or girls' TOPS, of silk or silk waste, containing 70% or more by weight of silk
8	0	0	4.8	0	11.2	0	12.8	9.6	0/0/			0	0	Women's or girls' TOPS, of silk or silk waste, containing less than 70% by weight of silk
8	0	0	4.8	0	11.2	0	12.8	9.6	0/0/			0	0	Women's or girls' ski suits and similar articles, of silk or silk waste, containing 70% or more by weight of silk
8	0	0	4.8	0	11.2	0	12.8	9.6	0/0/			0	0	Women's or girls' ski suits and similar articles, of silk or silk waste, containing less than 70% by weight of silk
8	0	0	4.8	0	11.2	0	12.8	9.6	0/0/			0	0	Other women's or girls' garments, of silk or silk waste, including shirts, vests, coat, cloaks, containing 70% or more by weight of silk
8	0	0	4.8	0	11.2	0	12.8	9.6	0/0/			0	0	Other women's or girls' garments, of silk or silk waste, including shirts, vests, coats, cloaks, containing less than 70% by weight of silk
8	0	0	4.8	0	11.2	0	12.8	9.6	0/0/			0	0	Other women's or girls' garments, of silk or silk waste, containing 70% or more by weight of silk
8	0	0	4.8	0	11.2	0	12.8	9.6	0/0/			0	0	Other women's or girls' garments, of silk or silk waste, containing less than 70% by weight of silk
														--- Other
8	0	0	4.8	0	11.2	0	12.8	9.6	0/0/		0	0	0	Other women's or girls' track suits, of other textile materials
8	0	0	4.8	0	11.2	0	12.8	9.6	0/0/		0	0	0	Other women's or girls' overalls and similar articles, of other textile materials
8	0	0	4.8	0	11.2	0	12.8	9.6	0/0/		0	0	0	Other women's or girls' garments of other textile materials, including playsuit and similar articles
8	0	0	4.8	0	11.2	0	12.8	9.6	0/0/		0	0	0	Women's or girls' TOPS, of other textile materials
8	0	0	4.8	0	11.2	0	12.8	9.6	0/0/		0	0	0	Women's or girls' ski suits and similar articles, of other textile materials
8	0	0	4.8	0	11.2	0	12.8	9.6	0/0/		0	0	0	Other women's or girls' garments, of other textile materials, including shirts, vests, coats, cloaks
														Brassières, girdles, corsets, braces, suspenders, garters and similar articles and parts thereof, whether or not knitted or crocheted:
														- Brassières:
12.8	0	0	4.8	0	11.2	0	12.8	9.6	0/0/0	0	0	0	0	--- Of man-made fibres
														--- Of other textile materials
7	0	0	0	0	9.8	0	11.2	8.4	0/0/0		0	0	0	Brassieres of wool or fine animal hair, whether or not knitted or crocheted
7	0	0	0	0	9.8	0	11.2	8.4	0/0/0		0	0	0	Brassieres of cotton, whether or not knitted or crocheted
7	0	0	0	0	9.8	0	11.2	8.4	0/0/0		0	0	0	Brassieres of silk, whether or not knitted or crocheted, containing 70% or more by weight of silk
7	0	0	0	0	9.8	0	11.2	8.4	0/0/0		0	0	0	Brassieres of silk, whether or not knitted or crocheted, containing less than 70% by weight of silk
7	0	0	0	0	9.8	0	11.2	8.4	0/0/0		0	0	0	Brassieres of other textile materials, whether or not knitted or crocheted
														- Girdles and panty-girdles:
12.8	0	0	4.8	0	11.2	0	12.8	9.6	0/0/0			0	0	--- Of man-made fibres
														--- Of Other textile materials
11.2	0	0	0	0	9.8	0	11.2	8.4	0/0/0		0	0	0	Girdles and panty-girdles of wool or fine animal hair, whether or not knitted or crocheted
11.2	0	0	0	0	9.8	0	11.2	8.4	0/0/0		0	0	0	Girdles and panty-girdles of cotton whether or not knitted or crocheted

税号	货品名称	进口关税 %			增值/消费税%	出口退税%	统计计量单位	监管证件代码	检验检疫类别	协定税率 %		
		最惠国	普通	年内暂定						东盟	亚太	智利
62122090.31	丝制束腰带及腹带(不论是否针织或钩编,含丝70%及以上)	14	100		17	17	件/千克	A	M/	0		0
62122090.39	丝制束腰带及腹带(不论是否针织或钩编,含丝70%以下)	14	100		17	17	件/千克	A	M/	0		0
62122090.90	其他材料制束胸带及腹带(不论是否针织或钩编)	14	100		17	17	件/千克	A	M/	0		0
	- 束腰胸衣:											
6212.3010	--- 化学纤维制	16	130		17	17	件/千克	A	M/	0		0
6212.3090	--- 其他纺织材料制											
62123090.10	毛制紧身胸衣(不论是否针织或钩编)	14	100		17	17	件/千克	A	M/	0		0
62123090.20	棉制紧身胸衣(不论是否针织或钩编)	14	100		17	17	件/千克	A	M/	0		0
62123090.31	丝制紧身胸衣(不论是否针织或钩编,含丝70%及以上)	14	100		17	17	件/千克	A	M/	0		0
62123090.39	丝制其他紧身胸衣(不论是否针织或钩编,含丝70%以下)	14	100		17	17	件/千克	A	M/	0		0
62123090.90	其他材料制紧身胸衣(不论是否针织或钩编)	14	100		17	17	件/千克	A	M/	0		0
	- 其他:											
6212.9010	--- 化学纤维制	16	130		17	17	件/千克			0	14.4	0
6212.9090	--- 其他纺织材料制											
62129090.10	毛制吊裤带、吊袜带、束袜带等(不论是否针织或钩编,含羊毛与橡胶/塑料制的)	14	100		17	17	件/千克			0	12.6	0
62129090.20	棉制吊裤带、吊袜带、束袜带等(不论是否针织或钩编,含棉与橡胶/塑料制的)	14	100		17	17	件/千克			0	12.6	0
62129090.31	丝制吊裤带、吊袜带、束袜带等(不论是否针织或钩编,含丝70%及以上)	14	100		17	17	件/千克			0	12.6	0
62129090.39	丝制吊裤带、吊袜带、束袜带等(不论是否针织或钩编,含丝70%以下)	14	100		17	17	件/千克			0	12.6	0
62129090.90	其他材料制吊裤带、吊袜带等(不论是否针织或钩编,包括束袜带和类似品及其零件)	14	100		17	17	件/千克			0	12.6	0
62.13	手帕:											
	- 棉制:											
6213.2010	--- 刺绣的	14	90		17	17	条/千克			0		0
6213.2090	--- 其他	14	90		17	17	条/千克			0		0
	- 其他纺织材料制:											
6213.9020	--- 刺绣的	14	100		17	17	条/千克			0		0
6213.9090	--- 其他											
62139090.10	化纤制其他手帕	14	100		17	17	条/千克			0		0
62139090.20	麻制其他手帕	14	100		17	17	条/千克			0		0
62139090.90	其他材料制手帕	14	100		17	17	条/千克			0		0
62.14	披巾、领巾、围巾、披纱、面纱及类似品:											
6214.1000	- 丝或绢丝制											
62141000.10	含丝70%及以上的披巾、头巾、围巾(包括披纱、面纱等及类似品)	14	130	8	17	17	条/千克			0		0
62141000.90	含丝70%以下的披巾、头巾、围巾(包括披纱、面纱等及类似品)	14	130	8	17	17	条/千克			0		0
	- 羊毛或动物细毛制:											
6214.2010	--- 羊毛制	14	130	8	17	17	条/千克			0		0
6214.2020	--- 山羊绒制	14	130	8	17	17	条/千克			0		0
6214.2090	--- 其他	14	130		17	17	条/千克			0		0
6214.3000	- 合成纤维制	16	130		17	17	条/千克			0		0
6214.4000	- 人造纤维制	14	130		17	17	条/千克			0		0
6214.9000	- 其他纺织材料制											
62149000.10	棉制披巾、头巾及类似品(包括围巾、披纱、面纱)	14	100		17	17	条/千克			0		0
62149000.90	其他材料制披巾、头巾及类似品(包括围巾、披纱、面纱及类似品)	14	100		17	17	条/千克			0		0
62.15	领带及领结:											

协定税率 %										特惠税率 %				Article Description
巴基斯坦	冰岛	哥斯达黎	秘鲁	新西兰	瑞士	新加坡	韩国	澳大利亚	港澳台	老挝	孟加拉	33 国	7 国	
11.2	0	0	0	0	9.8	0	11.2	8.4	0/0/0		0	0	0	Girdles and panty-girdles of silk, whether or not knitted or crocheted, containing 70% or more by weight of silk
11.2	0	0	0	0	9.8	0	11.2	8.4	0/0/0		0	0	0	Girdles and panty-girdles of silk, whether or not knitted or crocheted, containing less than 70% by weight of silk
11.2	0	0	0	0	9.8	0	11.2	8.4	0/0/0		0	0	0	Girdles and panty-girdles of other textile materials, whether or not knitted or crocheted
														- Corselettes:
12.8	0	0	4.8	0	11.2	0	12.8	9.6	0/0/			0	0	--- Of man-made fibres
														--- Of other textile materials
7	0	0	0	0	9.8	0	11.2	8.4	0/0/		0	0	0	Corselettes of wool or fine animal hair, whether or not knitted or crocheted
7	0	0	0	0	9.8	0	11.2	8.4	0/0/		0	0	0	Corselettes of cotton, whether or not knitted or crocheted
7	0	0	0	0	9.8	0	11.2	8.4	0/0/		0	0	0	Corselettes of silk, whether or not knitted or crocheted, containing 70% or more by weight of silk
7	0	0	0	0	9.8	0	11.2	8.4	0/0/		0	0	0	Corselettes of silk, whether or not knitted or crocheted, containing less than 70% by weight of silk
7	0	0	0	0	9.8	0	11.2	8.4	0/0/		0	0	0	Corselettes of other textile materials, whether or not knitted or crocheted
														- Other:
12.8	0	0	4.8	0	11.2	0	12.8	9.6	0/0/0			0	0	--- Of man-made fibres
														--- Of Other textile materials
7	0	0	0	0	9.8	0	11.2	8.4	0/0/0			0	0	Braces, suspenders and garters, of wool and plastics or rubber, whether or not knitted or crocheted
7	0	0	0	0	9.8	0	11.2	8.4	0/0/0			0	0	Braces, suspenders and garters, of cotton and plastics or rubber, whether or not knitted or crocheted
7	0	0	0	0	9.8	0	11.2	8.4	0/0/0			0	0	Braces, suspenders and garters, of silk, containing 70% or more by weight of silk, whether or not knitted or crocheted
7	0	0	0	0	9.8	0	11.2	8.4	0/0/0			0	0	Braces, suspenders and garters, of silk, containing less than 70% by weight of silk, whether or not knitted or crocheted
7	0	0	0	0	9.8	0	11.2	8.4	0/0/0			0	0	Braces, suspenders, garters and similar articles and parts thereof, of other textile materials, whether or not knitted or crocheted
														Handkerchiefs:
														- Of cotton:
7	0	0	0	0	9.8	0	11.2	8.4	0//	0	0	0	0	--- Embroidered
11.2	0	0	0	0	9.8	0	11.2	8.4	0//	0	0	0	0	--- Other
														- Of other textile materials:
7	0	0	0	0	9.8	0	11.2	8.4		0	0	0	0	--- Embroidered
														--- Other
7	0	0	0	0	9.8	0	11.2	8.4	0//	0	0	0	0	Other handkerchiefs of man-made fibres
7	0	0	0	0	9.8	0	11.2	8.4	0//	0	0	0	0	Other handkerchiefs of flax
7	0	0	0	0	9.8	0	11.2	8.4	0//	0	0	0	0	Handkerchiefs of other textile materials
														Shawls, scarves, mufflers, mantillas, veils and the like:
														- Of silk or silk waste
11.2	0	0	0	0	9.8	0	11.2	8.4	0//		0	0	0	Shawls, scarves, mufflers of silk, containing 70% or more by weight of silk or silk waste, including mantillas, veils and the like
11.2	0	0	0	0	9.8	0	11.2	8.4	0//		0	0	0	Shawls, scarves, mufflers of silk, containing less than 70% by weight of silk or silk waste, including mantillas, veils and the like
														- Of wool or fine animal hair :
11.2	0	0	4.2	0	9.8	0	11.2	8.4	0//		0	0	0	--- Of wool
11.2	0	0	4.2	0	9.8	0	11.2	8.4	0//		0	0	0	--- Of goats
11.2	0	0	4.2	0	9.8	0	11.2	8.4	0//		0	0	0	--- Other
12.8	0	0	4.8	0	11.2	0	12.8	9.6	0//		0	0	0	- Of synthetic fibres
11.2	0	0	0	0	9.8	0	11.2	8.4	0//		0	0	0	- Of artificial fibres
														- Of other textile materials
11.2	0	0	0	0	9.8	0	11.2	8.4	0//		0	0	0	Shawls, scarves and mufflers, of cotton, including mantillas, veils and the like
11.2	0	0	0	0	9.8	0	11.2	8.4	0//		0	0	0	Shawls, scarves and mufflers, of other textile materials, including mantillas, veils and the like
														Ties, bow ties and cravats:

税号	货品名称	进口关税 %			增值/消费税%	出口退税%	统计计量单位	监管证件代码	检验检疫类别	协定税率 %		
		最惠国	普通	年内暂定						东盟	亚太	智利
6215.1000	- 丝或绢丝制											
62151000.11	丝及绢丝制领带及领结(非丝纺织材料含量50%及以上)	14	130		17	17	条/千克			0		0
62151000.19	丝及绢丝制领带及领结(非丝纺织材料含量50%以下,外层织物含丝70%及以上)	14	130		17	17	条/千克			0		0
62151000.90	其他丝及绢丝制领带及领结(非丝纺织材料含量50%以下)	14	130		17	17	条/千克			0		0
6215.2000	- 化学纤维制	16	130		17	17	条/千克			0	14.4	0
6215.9000	- 其他纺织材料制											
62159000.10	毛制领带及领结	14	100		17	17	条/千克			0		0
62159000.20	棉制领带及领结	14	100		17	17	条/千克			0		0
62159000.90	其他材料制领带及领结	14	100		17	17	条/千克			0		0
62.16	**分指手套、连指手套及露指手套:**											
6216.0000	分指手套、连指手套及露指手套											
62160000.11	非针织物裁剪缝制成的运动手套(已浸渍塑料/橡胶,但含量不超过50%;棉限内;并四指)	14	100		17	17	双/千克			0		0
62160000.12	非针织物裁剪缝制成的非运动手套(已浸渍塑料/橡胶,但含量不超过50%;棉限内;并四指)	14	100		17	17	双/千克			0		0
62160000.13	非针织物裁剪缝制成的运动手套(已浸渍塑料/橡胶,但含量不超过50%;化纤限内;并四指)	14	100		17	17	双/千克			0		0
62160000.14	非针织物裁剪缝制成的非运动手套(已浸渍塑料/橡胶,但含量不超过50%;化纤限内;并四指)	14	100		17	17	双/千克			0		0
62160000.15	其他非针织物裁剪缝成的运动手套(已浸渍塑料/橡胶,但含量不超过50%;并四指)	14	100		17	17	双/千克			0		0
62160000.19	其他非针织物制成的非运动手套(已浸渍塑料/橡胶,但含量不超过50%;并四指)	14	100		17	17	双/千克			0		0
62160000.21	其他浸渍塑料/橡胶非针织运动手套(含棉、化学纤维及其他纺织纤维50%及以上;棉限内)	14	100		17	17	双/千克			0		0
62160000.22	其他浸渍塑料/橡胶非针织非运动手套(含棉、化学纤维及其他纺织纤维50%及以上;棉限内)	14	100		17	17	双/千克			0		0
62160000.23	其他浸渍塑料/橡胶非针织运动手套(含棉、化学纤维及其他纺织纤维50%及以上;化纤限内)	14	100		17	17	双/千克			0		0
62160000.24	其他浸渍塑料/橡胶非针织非运动手套(含棉、化学纤维及其他纺织纤维50%及以上;化纤限内)	14	100		17	17	双/千克			0		0
62160000.25	未列名浸渍塑料/橡胶非针织运动手套(含棉、化学纤维及其他纺织纤维50%及以上)	14	100		17	17	双/千克			0		0
62160000.29	未列名浸渍塑料/橡胶非针织非运动手套(含棉、化学纤维及其他纺织纤维50%及以上)	14	100		17	17	双/千克			0		0
62160000.31	棉非针织物制的运动手套(非浸渍塑料、橡胶;含并四指、分四指)	14	100		17	17	双/千克			0		0
62160000.39	棉非针织物制的非运动手套(非浸渍塑料、橡胶;含并四指、分四指)	14	100		17	17	双/千克			0		0
62160000.41	化纤制非针织物制的运动手套(非浸渍塑料/橡胶;含并四指、分四指;含羊毛或动物细毛≥36%)	14	100		17	17	双/千克			0		0
62160000.42	化纤制非针织物制的非运动手套(非浸渍塑料/橡胶;含并四指、分四指;含羊毛或动物细毛≥36%)	14	100		17	17	双/千克			0		0
62160000.43	其他化纤制非针织运动手套(非浸渍塑料、橡胶的;含并四指、分四指)	14	100		17	17	双/千克			0		0
62160000.49	其他化纤制非针织非运动手套(非浸渍塑料、橡胶的;含并四指、分四指)	14	100		17	17	双/千克			0		0
62160000.51	毛制非针织运动手套(非浸渍塑料、橡胶的;含并四指、分四指)	14	100		17	17	双/千克			0		0
62160000.59	毛制非针织非运动手套(非浸渍塑料、橡胶的;含并四指、分四指)	14	100		17	17	双/千克			0		0
62160000.91	其他纺织材料制非针织运动手套(非浸渍塑料、橡胶的;含分指手套、连指手套及露指手套)	14	100		17	17	双/千克			0		0

协定税率 %										特惠税率 %				Article Description
巴基斯坦	冰岛	哥斯达黎	秘鲁	新西兰	瑞士	新加坡	韩国	澳大利亚	港澳台	老挝	孟加拉	33 国	7 国	
														- Of silk or silk waste
11.2	0	0	0	0	9.8	0	11.2	8.4	0//		0	0	0	Ties, bow ties and cravats of silk and silk waste, containing 50% or more by weight of non-silk textile fabrics
11.2	0	0	0	0	9.8	0	11.2	8.4	0//		0	0	0	Ties, bow ties and cravats of silk and silk waste, containing less than 50% by weight of non-silk textile fabrics, outer fabrics containing 70% or more by weight of silk
11.2	0	0	0	0	9.8	0	11.2	8.4	0//		0	0	0	Ties, bow ties and cravats of other silk and silk waste, containing less than 50% by weight of non-silk textile fabrics
12.8	0	0	4.8	0	11.2	0	12.8	9.6	0//		0	0	0	- Of man-made fibres
														- Of other textile materials
7	0	0	0	0	9.8	0	11.2	8.4	0//		0	0	0	Ties, bow ties and cravats, of wool or fine animal hair
7	0	0	0	0	9.8	0	11.2	8.4	0//		0	0	0	Ties, bow ties and cravats, of cotton
7	0	0	0	0	9.8	0	11.2	8.4	0//		0	0	0	Ties, bow ties and cravatsof other textile materials
														Gloves，mittens and mitts:
														Gloves，mittens and mitts
	0	0	0	0	9.8	0	11.2	8.4	0/0/		0	0	0	Sports mittens, made up of not-knitted fabrics, impregnated with rubber or plastics and containing less than 50% by weight of cotton (in cotton limit)
	0	0	0	0	9.8	0	11.2	8.4	0/0/		0	0	0	Non-sports mittens, made up of not-knitted fabrics, impregnated with rubber or plastics and containing less than 50% by weight of cotton (in cotton limit)
	0	0	0	0	9.8	0	11.2	8.4	0/0/		0	0	0	Sports mittens, made up of not-knitted fabrics, impregnated with rubber or plastics and containing less than 50% by weight of man-made fibres (in man-made fibres limit)
	0	0	0	0	9.8	0	11.2	8.4	0/0/		0	0	0	Non-sports mittens, made up of not-knitted fabrics, impregnated with rubber or plastics and containing less than 50% by weight of man-made fibres (in man-made fibres limit)
	0	0	0	0	9.8	0	11.2	8.4	0/0/		0	0	0	Other sports mittens, made up of not-knitted fabrics, impregnated with rubber or plastics and containing less than 50%
	0	0	0	0	9.8	0	11.2	8.4	0/0/		0	0	0	Non-sports mittens, made up of other not-knitted fabrics, impregnated with rubber or plastics and containing less than 50%
	0	0	0	0	9.8	0	11.2	8.4	0/0/		0	0	0	Other not-knitted sports gloves, impregnated with rubber or plastics, containing 50% or more by weight of cotton, man-made fibres or other textile fibres (in cotton limit)
	0	0	0	0	9.8	0	11.2	8.4	0/0/		0	0	0	Other not-knitted non-sports gloves, impregnated with rubber or plastics, containing 50% or more by weight of cotton, man-made fibres or other textile fibres (in cotton limit)
	0	0	0	0	9.8	0	11.2	8.4	0/0/		0	0	0	Other not-knitted sports gloves, impregnated with rubber or plastics, containing 50% or more by weight of cotton, man-made fibres or other textile fibres (in man-made fibres limit)
	0	0	0	0	9.8	0	11.2	8.4	0/0/		0	0	0	Other not-knitted non-sports gloves, impregnated with rubber or plastics, containing 50% or more by weight of cotton, man-made fibres or other textile fibres (in man-made fibres limit)
	0	0	0	0	9.8	0	11.2	8.4	0/0/		0	0	0	Not-knitted sports gloves, impregnated with rubber or plastics, containing 50% or more by weight of cotton, man-made fibres or other textile fibres, not elsewhere specified or included
	0	0	0	0	9.8	0	11.2	8.4	0/0/		0	0	0	Not-knitted non sports gloves, impregnated with rubber or plastics, containing 50% or more by weight of cotton, man-made fibres or other textile fibres, not elsewhere specified or included
	0	0	0	0	9.8	0	11.2	8.4	0/0/		0	0	0	Not-knitted sports gloves and mittens of cotton, not impregnated with rubber or plastics
	0	0	0	0	9.8	0	11.2	8.4	0/0/		0	0	0	Not-knitted non-sports gloves and mittens of cotton, not impregnated with rubber or plastics
	0	0	0	0	9.8	0	11.2	8.4	0/0/		0	0	0	Not-knitted sports gloves and mittens of man-made fibres, not impregnated with rubber or plastics, containing 36% or more by weight of wool or fine animal hair
	0	0	0	0	9.8	0	11.2	8.4	0/0/		0	0	0	Not-knitted non-sports gloves and mittens of man-made fibres, not impregnated with rubber or plastics, containing 36% or more by weight of wool or fine animal hair
	0	0	0	0	9.8	0	11.2	8.4	0/0/		0	0	0	Other not-knitted sports gloves and mittens, of man-made fibres, not impregnated with rubber or plastics
	0	0	0	0	9.8	0	11.2	8.4	0/0/		0	0	0	Other not-knitted non-sports gloves and mittens , of man-made fibres, not impregnated with rubber or plastics
	0	0	0	0	9.8	0	11.2	8.4	0/0/		0	0	0	Not-knitted sports gloves and mittens of wool or fine animal hair, not impregnated with rubber or plastics
	0	0	0	0	9.8	0	11.2	8.4	0/0/		0	0	0	Not-knitted sports gloves and mittens of wool or fine animal hair, not impregnated with rubber or plastics
	0	0	0	0	9.8	0	11.2	8.4	0/0/		0	0	0	Not-knitted sports gloves, mittens and mitts of other textile materials, not impregnated with rubber or plastics

税号	货品名称	进口关税% 最惠国	进口关税% 普通	进口关税% 年内暂定	增值/消费税%	出口退税%	统计计量单位	监管证件代码	检验检疫类别	协定税率% 东盟	协定税率% 亚太	协定税率% 智利
62160000.99	其他纺织材料制非针织非运动手套(非浸渍塑料、橡胶的;含分指手套、连指手套及露指手套)	14	100		17	17	双/千克			0		0
62.17	**其他制成的衣着附件;服装或衣着附件的零件,但税目62.12的货品除外:**											
	- 附件:											
6217.1010	--- 袜子及袜套	14	130		17	17	千克/双			0	12.2	0
6217.1020	--- 和服腰带	14	100		17	17	千克/条			0	12.2	0
6217.1090	--- 其他											
62171090.10	毛制服装或衣着附件(指非针织非钩编)	14	100		17	17	千克			0	12.2	0
62171090.20	棉制服装或衣着附件(指非针织非钩编)	14	100		17	17	千克			0	12.2	0
62171090.30	化纤制服装或衣着附件(指非针织非钩编)	14	100		17	17	千克			0	12.2	0
62171090.41	丝制服装或衣着附件(指非针织非钩编,含丝70%及以上)	14	100		17	17	千克			0	12.2	0
62171090.49	丝制服装或衣着附件(指非针织非钩编,含丝70%以下)	14	100		17	17	千克			0	12.2	0
62171090.90	其他服装或衣着附件(指非针织非钩编)	14	100		17	17	千克			0	12.2	0
6217.9000	- 零件											
62179000.11	羊毛或动物细毛制保暖型衬里	14	100		17	17	千克			0	12.6	0
62179000.12	毛制非针织或非钩编衬衫的零件	14	100		17	17	千克			0	12.6	0
62179000.13	毛制非针织或非钩编上衣的零件	14	100		17	17	千克			0	12.6	0
62179000.14	毛制长裤及马裤的零件(指非针织非钩编)	14	100		17	17	千克			0	12.6	0
62179000.19	其他毛制服装或衣着零件(指非针织非钩编)	14	100		17	17	千克			0	12.6	0
62179000.21	棉制保暖型衬里	14	100		17	17	千克			0	12.6	0
62179000.22	棉制非针织非钩编衬衫的零件	14	100		17	17	千克			0	12.6	0
62179000.23	棉制非针织非钩编上衣的零件	14	100		17	17	千克			0	12.6	0
62179000.24	棉制长裤及马裤的零件(指非针织非钩编)	14	100		17	17	千克			0	12.6	0
62179000.29	棉制服装或衣着零件(指非针织非钩编)	14	100		17	17	千克			0	12.6	0
62179000.31	化纤制保暖型衬里	14	100		17	17	千克			0	12.6	0
62179000.32	化纤制非针织非钩编衬衫的零件	14	100		17	17	千克			0	12.6	0
62179000.33	化纤制非针织非钩编上衣的零件	14	100		17	17	千克			0	12.6	0
62179000.34	化纤制长裤及马裤的零件(指非针织非钩编)	14	100		17	17	千克			0	12.6	0
62179000.39	化纤制服装或衣着零件(指非针织非钩编)	14	100		17	17	千克			0	12.6	0
62179000.41	丝制保暖型衬里	14	100		17	17	千克			0	12.6	0
62179000.42	丝制服装或衣着零件(指非针织非钩编,含丝70%及以上)	14	100		17	17	千克			0	12.6	0
62179000.49	丝制服装或衣着零件(指非针织非钩编,含丝70%以下)	14	100		17	17	千克			0	12.6	0
62179000.91	其他材料制保暖型衬里	14	100		17	17	千克			0	12.6	0
62179000.92	其他材料制衬衫零件(非针织非钩编)	14	100		17	17	千克			0	12.6	0

协定税率 %										特惠税率 %				Article Description
巴基斯坦	冰岛	哥斯达黎	秘鲁	新西兰	瑞士	新加坡	韩国	澳大利亚	港澳台	老挝	孟加拉	33 国	7 国	
	0	0	0	0	9.8	0	11.2	8.4	0/0/		0	0	0	Not-knitted non-sports gloves, mittens and mitts of other textile materials, not impregnated with rubber or plastics
														Other made up clothing accessories; parts of garments or of clothing accessories，other than those of heading 62.12:
														- Accessories:
7	0	0	0	0	9.8	0	11.2	8.4	//0			0	0	--- Stocking，socks and socketes
7	0	0	0	0	9.8	0	11.2	8.4	0//0		0	0	0	--- Kimono belts
														--- Other
12.2	0	0	0	0	9.8	0	11.2	8.4	0//0	0	0	0	0	Other made up clothing accessories of wool or fine animal hair, not knitted or crocheted
12.2	0	0	0	0	9.8	0	11.2	8.4	0//0	0	0	0	0	Other made up clothing accessories of cotton, not knitted or crocheted
12.2	0	0	0	0	9.8	0	11.2	8.4	0//0	0	0	0	0	Parts of garments or of clothing accessories of man-made fibres, not knitted or crocheted
12.2	0	0	0	0	9.8	0	11.2	8.4	0//0	0	0	0	0	Other made up clothing accessories of silk, not knitted or crocheted, containing 70% or more by weight of silk
12.2	0	0	0	0	9.8	0	11.2	8.4	0//0	0	0	0	0	Other made up clothing accessories of silk, not knitted or crocheted, containing less than 70% by weight of silk
12.2	0	0	0	0	9.8	0	11.2	8.4	0//0	0	0	0	0	Other made up clothing accessories, not knitted or crocheted
														- Parts
12.6	0	0	0	0	9.8	0	12.1	8.4	0/0/0	0	0	0	0	Thermal linings of wool or fine animal hair
12.6	0	0	0	0	9.8	0	12.1	8.4	0/0/0	0	0	0	0	Parts of shirts, of wool or fine or coarse animal hair, not knitted or crocheted
12.6	0	0	0	0	9.8	0	12.1	8.4	0/0/0	0	0	0	0	Parts of jackets and blazers, of wool or fine animal hair, not knitted or crocheted
12.6	0	0	0	0	9.8	0	12.1	8.4	0/0/0	0	0	0	0	Parts of trousers or breeches, of wool or fine animal hair, not knitted or crocheted
12.6	0	0	0	0	9.8	0	12.1	8.4	0/0/0	0	0	0	0	Other parts of garments or of clothing accessories, of wool or fine animal hair, not knitted or crocheted
12.6	0	0	0	0	9.8	0	12.1	8.4	0/0/0	0	0	0	0	Thermal lining of cotton
12.6	0	0	0	0	9.8	0	12.1	8.4	0/0/0	0	0	0	0	Parts of shirts, of cotton, not knitted or crocheted
12.6	0	0	0	0	9.8	0	12.1	8.4	0/0/0	0	0	0	0	Parts of jackets and blazers, of cotton, not knitted or crocheted
12.6	0	0	0	0	9.8	0	12.1	8.4	0/0/0	0	0	0	0	Parts of trousers or breeches, of cotton, not knitted or crocheted
12.6	0	0	0	0	9.8	0	12.1	8.4	0/0/0	0	0	0	0	Other parts of garments or of clothing accessories, of cotton, not knitted or crocheted
12.6	0	0	0	0	9.8	0	12.1	8.4	0/0/0	0	0	0	0	Thermal lining, of man-made fibres
12.6	0	0	0	0	9.8	0	12.1	8.4	0/0/0	0	0	0	0	Parts of shirts, of man-made fibres, not knitted or crocheted
12.6	0	0	0	0	9.8	0	12.1	8.4	0/0/0	0	0	0	0	Parts of jackets and blazers, of man-made fibres, not knitted or crocheted
12.6	0	0	0	0	9.8	0	12.1	8.4	0/0/0	0	0	0	0	Parts of trousers or breeches, of man-made fibres, not knitted or crocheted
12.6	0	0	0	0	9.8	0	12.1	8.4	0/0/0	0	0	0	0	Other parts of garments or of clothing accessories, of man-made fibres, not knitted or crocheted
12.6	0	0	0	0	9.8	0	12.1	8.4	0/0/0	0	0	0	0	Thermal lining of silk, not knitted or crocheted
12.6	0	0	0	0	9.8	0	12.1	8.4	0/0/0	0	0	0	0	Parts of garments or of clothing accessories of silk, containing 70% or more by weight of silk, not knitted or crocheted
12.6	0	0	0	0	9.8	0	12.1	8.4	0/0/0	0	0	0	0	Parts of garments or of clothing accessories of silk, containing less than 70% by weight of silk, not knitted or crocheted
12.6	0	0	0	0	9.8	0	12.1	8.4	0/0/0	0	0	0	0	Thermal lining of other textile materials
12.6	0	0	0	0	9.8	0	12.1	8.4	0/0/0	0	0	0	0	Parts of shirts, of other textile materials, not knitted or crocheted

税号	货品名称	进口关税 %			增值/消费税%	出口退税%	统计计量单位	监管证件代码	检验检疫类别	协定税率 %		
		最惠国	普通	年内暂定						东盟	亚太	智利
62179000.93	其他材料制上衣零件(指非针织非钩编)	14	100		17	17	千克			0	12.6	0
62179000.94	其他材料制长裤及马裤的零件(指非针织非钩编)	14	100		17	17	千克			0	12.6	0
62179000.99	其他材料制服装或衣着附件(指非针织或非钩编,含各种附件的零件)	14	100		17	17	千克			0	12.6	0

协定税率 %										特惠税率 %				Article Description
巴基斯坦	冰岛	哥斯达黎	秘鲁	新西兰	瑞士	新加坡	韩国	澳大利亚	港澳台	老挝	孟加拉	33 国	7 国	
12.6	0	0	0	0	9.8	0	12.1	8.4	0/0/0	0	0	0	0	Parts of jackets and blazers, of other textile materials, not knitted or crocheted
12.6	0	0	0	0	9.8	0	12.1	8.4	0/0/0	0	0	0	0	Parts of trousers or breeches, of other textile materials, not knitted or crocheted
12.6	0	0	0	0	9.8	0	12.1	8.4	0/0/0	0	0	0	0	Parts of garments or of clothing accessories, of other textile materials, not knitted or crocheted

第六十三章 其他纺织制成品；成套物品；旧衣着及旧纺织品；碎织物

注释：

一、第一分章仅适用于各种纺织物制成的物品。

二、第一分章不包括：

（一）第五十六章至第六十二章的货品；或

（二）税目 63.09 的旧衣着或其他旧物品。

三、税目 63.09 仅适用于下列货品：

（一）纺织材料制品：

1. 衣着和衣着附件及其零件；

2. 毯子及旅行毯；

3. 床上、餐桌、盥洗及厨房用的织物制品；

4. 装饰用织物制品，但税目 57.01 至 57.05 的地毯及税目 58.05 的装饰毯除外。

（二）用石棉以外其他任何材料制成的鞋帽类。

上述物品只有同时符合下列两个条件才能归入本税目：

1. 必须明显看得出穿用过；以及

2. 必须以散装、捆装、袋装或类似的大包装形式报验。

税号	货品名称	进口关税 %			增值/消费税%	出口退税%	统计计量单位	监管证件代码	检验检疫类别	协定税率 %		
		最惠国	普通	年内暂定						东盟	亚太	智利
	第一分章 其他纺织制成品											
63.01	毯子及旅行毯：											
6301.1000	- 电暖毯	16	100		17	17	条/千克	A	M/	0		0
6301.2000	- 羊毛或动物细毛制的毯子（电暖毯除外）及旅行毯											
63012000.10	毛制毯子及旅行毯(羊毛或动物细毛制，非电暖的，长度不超过3米)	16	130	8	17	17	条/千克			0		0
63012000.20	其他毛制毯子及旅行毯(羊毛或动物细毛制，非电暖的，长度超过3米)	16	130	8	17	17	条/千克			0		0
6301.3000	- 棉制的毯子（电暖毯除外）及旅行毯	16	90		17	17	条/千克			0		0
6301.4000	- 合成纤维制的毯子（电暖毯除外）及旅行毯	17.5	130		17	17	条/千克			0		0
6301.9000	- 其他毯子及旅行毯											
63019000.10	人造纤维制的毯子及旅行毯(非电暖的)	16	90		17	17	条/千克			0		0
63019000.20	丝制毯子及旅行毯(非电暖的，含丝及绢丝85%及以上)	16	90		17	17	条/千克			0		0
63019000.90	其他纺织材料制毯子及旅行毯(非电暖的)	16	90		17	17	条/千克			0		0
63.02	床上、餐桌、盥洗及厨房用的织物制品：											
	- 针织或钩编的床上用织物制品：											
6302.1010	--- 棉制	14	90		17	17	条/千克			0		0
6302.1090	--- 其他纺织材料制	14	130		17	17	条/千克			0		0
	- 其他印花的床上用织物制品：											
	-- 棉制：											
6302.2110	--- 床单	14	90		17	17	条/千克			0		0
6302.2190	--- 其他											
63022190.10	棉制印花枕套	14	90		17	17	条/千克			0		0
63022190.20	棉制印花枕罩	14	90		17	17	条/千克			0		0
63022190.90	其他棉制印花床上用织物制品	14	90		17	17	条/千克			0		0
	-- 化学纤维制：											
6302.2210	--- 床单	16	130		17	17	条/千克			0		0
6302.2290	--- 其他											
63022290.10	化纤制印花枕套	16	130		17	17	条/千克			0		0
63022290.20	化纤无纺织物制印花床用织物制品	16	130		17	17	条/千克			0		0
63022290.90	其他化纤制印花床上用织物制品	16	130		17	17	条/千克			0		0

Chapter 63 Other made up textile articles; sets; worn clothing and worn textile articles; rags

Chapter Notes:

1. Sub-Chapter I applies only to made up articles, of any textile fabric.
2. Sub-Chapter I does not cover:
   (a) Goods of Chapters 56 to 62; or
   (b) Worn clothing or other worn articles of heading 63.09.
3. Heading 63.09 applies only to the following goods:
   (a) Articles of textile materials:
      (i) Clothing and clothing accessories, and parts thereof;
      (ii) Blankets and travelling rugs;
      (iii) Bed linen, table linen, toilet linen and kitchen linen;
      (iv) Furnishing articles, other than carpets of headings 57.01 to 57.05 and tapestries of heading 58.05;
   (b) Footwear and headgear of any material other than asbestos.
   In order to be classified in this heading, the articles mentioned above must comply with both of the following requirements:
      (i) they must show signs of appreciable wear, and
      (ii) they must be presented in bulk or in bales, sacks or similar packings.

协定税率 %										特惠税率 %				Article Description
巴基斯坦	冰岛	哥斯达黎	秘鲁	新西兰	瑞士	新加坡	韩国	澳大利亚	港澳台	老挝	孟加拉	33 国	7 国	
														Ⅰ.OTHER MADE UP TEXTILE ARTICLES
														Blankets and travelling rugs:
12.8	0	0	4.8	0	11.2	0	12.8	9.6				0	0	- Electric blankets
														- Blankets(other than electric blankets)and travelling rugs, of wool or of fine animal hair
12.8	0	0	4.8	0	11.2	0	12.8	9.6	/0/		0	0	0	Non-electric blankets and travelling rugs, of wool or of fine animal hair, of a length not exceeding 3m
12.8	0	0	4.8	0	11.2	0	12.8	9.6	/0/		0	0	0	Other non-electric blankets and travelling rugs, of wool or of fine animal hair, of a length exceeding 3m
12.8	0	0	4.8	0	11.2	0	12.8	9.6	/0/		0	0	0	- Blankets (other than electric blankets) and travelling rugs, of cotton
14	0	0	5.2	0	12.3	0	14	10.5	/0/		0	0	0	- Blankets (other than electric blankets) and travelling rugs, of synthetic fibres
														- Other blankets and travelling rugs
12.8	0	0	4.8	0	11.2	0	12.8	9.6	/0/0		0	0	0	Non-electric blankets and travelling rugs of artificial fibres
12.8	0	0	4.8	0	11.2	0	12.8	9.6	/0/0		0	0	0	Non-electric blankets and travelling rugs, containing 85% or more by weight of silk or silk waste
12.8	0	0	4.8	0	11.2	0	12.8	9.6	/0/0		0	0	0	Non-electric blankets and travelling rugs of other textile materials
														Bed linen, table linen, toilet li-nen and kitchen linen:
														- Bed linen, knitted or crocheted:
0	0	0	0	0	9.8	0	11.2	8.4			0	0	0	--- Of cotton
0	0	0	0	0	9.8	0	11.2	8.4				0	0	--- Of other textile materials
														- Other bed linen, printed:
														-- Of cotton:
0	0	0	0	0	10	0	11.2	8.4			0	0	0	--- Bed sheets
														--- Other
0	0	0	0	0	9.8	0	11.2	8.4			0	0	0	Printed pillowcases of cotton
0	0	0	0	0	9.8	0	11.2	8.4			0	0	0	Printed pillow covers of cotton
0	0	0	0	0	9.8	0	11.2	8.4			0	0	0	Other printed bed linen of cotton
														-- Of man-made fibres:
0	0	0	4.8	0	11.2	0	12.8	9.6			0	0	0	--- Bed sheets
														--- Other
0	0	0	4.8	0	11.2	0	12.8	9.6			0	0	0	Printed pillowcases of man-made fibres
0	0	0	4.8	0	11.2	0	12.8	9.6			0	0	0	Printed bed linen of non-wovens of man-made fibres
0	0	0	4.8	0	11.2	0	12.8	9.6			0	0	0	Other printed bed linen of man-made fibres

税号	货品名称	进口关税 % 最惠国	普通	年内暂定	增值/消费税%	出口退税 %	统计计量单位	监管证件代码	检验检疫类别	协定税率 % 东盟	亚太	智利
	-- 其他纺织材料制:											
6302.2910	--- 丝及绢丝制											
63022910.10	丝及绢丝制印花床上用织物制品(含丝85%及以上)	14	130		17	17	条/千克			0		0
63022910.90	丝及绢丝制印花床上用织物制品(含丝85%以下)	14	130		17	17	条/千克			0		0
6302.2920	--- 麻制											
63022920.10	亚麻或苎麻制印花床上用织物制品	14	90		17	17	条/千克			0		0
63022920.90	其他麻制印花床上用织物制品	14	90		17	17	条/千克			0		0
6302.2990	--- 其他	14	100		17	17	条/千克			0		0
	- 其他床上用织物制品:											
	-- 棉制:											
6302.3110	--- 刺绣的	14	90		17	17	条/千克			0		0
	--- 其他:											
6302.3191	----床单	14	90		17	17	条/千克			0		0
6302.3192	----毛巾被	14	90		17	17	条/千克			0		0
6302.3199	----其他											
63023199.10	棉制其他枕套	14	90		17	17	条/千克			0		0
63023199.20	其他棉与亚麻混纺床上用织物制品	14	90		17	17	条/千克			0		0
63023199.30	棉制其他枕罩	14	90		17	17	条/千克			0		0
63023199.90	棉制其他床上用织物制品	14	90		17	17	条/千克			0		0
	-- 化学纤维制:											
6302.3210	--- 刺绣的	16	130		17	17	条/千克			0		0
6302.3290	--- 其他											
63023290.10	化纤制其他床单	16	130		17	17	条/千克			0		0
63023290.20	化纤制其他枕套	16	130		17	17	条/千克			0		0
63023290.30	其他化纤无纺织物制床上织物制品	16	130		17	17	条/千克			0		0
63023290.90	化纤制其他床上用织物制品	16	130		17	17	条/千克			0		0
	-- 其他纺织材料制:											
6302.3910	--- 丝及绢丝制											
63023910.10	丝及绢丝制其他床上用织物制品(含丝85%及以上)	14	130		17	17	条/千克			0		0
63023910.90	丝及绢丝制其他床上用织物制品(含丝85%以下)	14	130		17	17	条/千克			0		0
	--- 麻制:											
6302.3921	----刺绣的											
63023921.10	亚麻或苎麻制其他床上用织物制品(刺绣的)	14	90		17	17	条/千克			0		0
63023921.90	其他麻制其他床上用织物制品(刺绣的)	14	90		17	17	条/千克			0		0
6302.3929	----其他											
63023929.10	亚麻或苎麻制其他床上用织物制品	14	90		17	17	条/千克			0		0
63023929.90	其他麻制其他床上用织物制品	14	90		17	17	条/千克			0		0
	--- 其他:											
6302.3991	----刺绣的											
63023991.10	毛制刺绣床上用织物制品	14	100		17	17	条/千克			0		0
63023991.90	其他材料制刺绣床上用织物制品	14	100		17	17	条/千克			0		0
6302.3999	----其他											
63023999.10	毛制非刺绣床上用织物制品	14	100		17	17	条/千克			0		0
63023999.90	其他材料制其他床上用织物制品	14	100		17	17	条/千克			0		0
	- 针织或钩编的餐桌用织物制品:											
6302.4010	--- 手工制											
63024010.10	手工棉制餐桌用织物制品(指针织或钩编类的)	14	100		17	17	件/千克			0		0
63024010.20	手工植物纺织纤维制餐桌用制品(指针织或钩编类的)	14	100		17	17	件/千克			0		0
63024010.90	手工其他纺织材料制餐桌用制品(指针织或钩编类的)	14	100		17	17	件/千克			0		0
6302.4090	--- 其他											
63024090.10	棉制餐桌用织物制品(针织或钩编的,非手工)	14	100		17	17	件/千克			0		0
63024090.20	植物纺织纤维制的餐桌用织物制品(针织或钩编的,非手工)	14	100		17	17	件/千克			0		0

协定税率 %										特惠税率 %				
巴基斯坦	冰岛	哥斯达黎	秘鲁	新西兰	瑞士	新加坡	韩国	澳大利亚	港澳台	老挝	孟加拉	33国	7国	**Article Description**
														-- Of other textile materials:
														--- Of silk or silk waste
0	0	0	0	0	9.8	0	11.2	8.4				0	0	Printed bed linen of silk or silk waste, containing 85% or more by weight of silk
0	0	0	0	0	9.8	0	11.2	8.4				0	0	Printed bed linen of silk or silk waste, containing less than 85% by weight of silk
														--- Of bast fibres
0	0	0	0	0	9.8	0	11.2	8.4				0	0	Printed bed linen of flax or ramie
0	0	0	0	0	9.8	0	11.2	8.4				0	0	Printed bed linen of other bast fibres
0	0	0	0	0	9.8	0	11.2	8.4				0	0	--- Other
														- Other bed linen:
														-- Of cotton:
0	0	0	0	0	9.8	0	11.2	8.4			0	0	0	--- Embroidered
														--- Other:
0	0	0	0	0	9.8	0	11.2	8.4			0	0	0	----Bed sheets
0	0	0	0	0	9.8	0	11.2	8.4				0	0	----Towelling coverlets
														----Other
0	0	0	0	0	9.8	0	11.2	8.4			0	0	0	Other pillowcases of cotton
0	0	0	0	0	9.8	0	11.2	8.4			0	0	0	Other bed linen of blended fabrics, mixed with cotton and flax
0	0	0	0	0	9.8	0	11.2	8.4			0	0	0	Pillow cover of cotton
0	0	0	0	0	9.8	0	11.2	8.4			0	0	0	Other bed linen of cotton
														-- Of man-made fibres:
0	0	0	4.8	0	11.2	0	12.8	9.6			0	0	0	--- Embroidered
														--- Other
0	0	0	4.8	0	11.2	0	12.8	9.6			0	0	0	Bed sheets of man-made fibres
0	0	0	4.8	0	11.2	0	12.8	9.6			0	0	0	Other pillowcases of man-made fibres
0	0	0	4.8	0	11.2	0	12.8	9.6			0	0	0	Other bed linen of non-woven fabrics of man-made fibres
0	0	0	4.8	0	11.2	0	12.8	9.6			0	0	0	Other bed linen, of man-made fibres
														-- Of other textile materials:
														--- Of silk or silk waste
0	0	0	0	0	9.8	0	11.2	8.4				0	0	Other bed linen of silk and silk waste, containing 85% or more by weight of silk
0	0	0	0	0	9.8	0	11.2	8.4				0	0	Other bed linen of silk and silk waste, containing less than 85% by weight of silk
														--- Of bast fibres:
														----Embroidered
0	0	0	0	0	9.8	0	11.2	8.4				0	0	Other embroidered bed linen of flax or ramie
0	0	0	0	0	9.8	0	11.2	8.4				0	0	Other embroidered bed linen of other bast fibres
														----Other
0	0	0	0	0	9.8	0	11.2	8.4				0	0	Other bed linen of flax or ramie
0	0	0	0	0	9.8	0	11.2	8.4				0	0	Other bed linen of other bast fibres
														--- Other:
														----Embroidered
0	0	0	0	0	9.8	0	11.2	8.4				0	0	Other embroidered bed linen of wool or fine animal hair
0	0	0	0	0	9.8	0	11.2	8.4				0	0	Other embroidered bed linen of other textile materials
														----Other
0	0	0	0	0	9.8	0	11.2	8.4			0	0	0	Other non-embroidered bed linen of wool or fine animal hair
0	0	0	0	0	9.8	0	11.2	8.4			0	0	0	Other bed linen of other textile materials
														- Table linen, knitted or crocheted:
														--- Hand-worked
0	0	0	0	0	9.8	0	11.2	8.4				0	0	Hand-worked table linen of cotton, knitted or crocheted
0	0	0	0	0	9.8	0	11.2	8.4				0	0	Hand-worked table linen of other vegetable textile fibres, knitted or crocheted
0	0	0	0	0	9.8	0	11.2	8.4				0	0	Other hand-worked table linen of other textile materials, knitted or crocheted
														--- Other
0	0	0	0	0	9.8	0	11.2	8.4			0	0	0	Non hand-worked table linen, of cotton, knitted or crochetedt
0	0	0	0	0	9.8	0	11.2	8.4			0	0	0	Non hand-worked table linen, of other vegetable textile fibres, knitted or crocheted

税号	货品名称	进口关税% 最惠国	普通	年内暂定	增值/消费税%	出口退税%	统计计量单位	监管证件代码	检验检疫类别	协定税率% 东盟	亚太	智利
63024090.90	其他纺织材料制餐桌用织物制品(针织或钩编的,非手工)	14	100		17	17	件/千克			0		0
	- 其他餐桌用织物制品:											
	-- 棉制:											
6302.5110	--- 刺绣的	14	90		17	17	件/千克			0		0
6302.5190	--- 其他	14	90		17	17	件/千克			0		0
	-- 化学纤维制:											
6302.5310	--- 刺绣的	14	130		17	17	件/千克			0		0
6302.5390	--- 其他											
63025390.10	化纤无纺织物制餐桌用织物制品	16	130		17	17	件/千克			0		0
63025390.90	化纤制其他餐桌用织物制品	16	130		17	17	件/千克			0		0
	-- 其他纺织材料制:											
	--- 亚麻制:											
6302.5911	----刺绣的	14	90		17	17	件/千克			0		0
6302.5919	----其他	14	90		17	17	件/千克			0		0
6302.5990	--- 其他											
63025990.10	羊毛或动物细毛制餐桌用织物制品	14	100		17	17	件/千克			0		0
63025990.90	其他纺织材料制餐桌用织物制品	14	100		17	17	件/千克			0		0
	- 盥洗及厨房用棉制毛巾织物或类似的毛圈织物的制品:											
6302.6010	--- 浴巾											
63026010.10	棉制针织或钩编毛巾织物浴巾(含类似毛圈织物的制品)	14	90		17	17	条/千克			0		0
63026010.90	棉制非针织或非钩编毛巾织物浴巾(含类似毛圈织物的制品)	14	90		17	17	条/千克			0		0
6302.6090	--- 其他											
63026090.11	棉制针织或钩编毛巾织物茶巾(包括类似毛圈织物的制品)	14	90		17	17	条/千克			0		0
63026090.19	棉制非针织或非钩编毛巾织物茶巾(包括类似毛圈织物的制品)	14	90		17	17	条/千克			0		0
63026090.91	棉制其他盥洗及厨房用毛巾制品(包括类似毛圈织物的制品,针织或钩编)	14	90		17	17	条/千克			0		0
63026090.99	棉制其他盥洗及厨房用毛巾制品(含类似毛圈织物的制品,非针织或非钩编)	14	90		17	17	条/千克			0		0
	- 其他:											
6302.9100	-- 棉制											
63029100.10	棉制茶巾(毛巾织物或类似毛圈织物的除外)	14	90		17	17	条/千克			0		0
63029100.20	棉制毛巾(毛巾织物或类似毛圈织物的除外)	14	90		17	17	条/千克			0		0
63029100.90	棉制其他盥洗及厨房织物制品(毛巾织物或类似毛圈织物的除外)	14	90		17	17	条/千克			0		0
6302.9300	-- 化学纤维制											
63029300.10	化纤无纺织物制盥洗及厨房制品	16	130		17	17	条/千克			0		0
63029300.90	化纤制其他盥洗及厨房织物制品	16	130		17	17	条/千克			0		0
	-- 其他纺织材料制:											
6302.9910	--- 亚麻制	14	90		17	17	条/千克			0		0
6302.9990	--- 其他											
63029990.10	毛制盥洗及厨房用织物制品	14	100		17	17	条/千克			0		0
63029990.90	其他材料制盥洗及厨房织物制品	14	100		17	17	条/千克			0		0
63.03	**窗帘(包括帷帘)及帐幔;帘帷或床帷:**											
	- 针织或钩编的:											
	-- 合成纤维制:											
6303.1210	--- 针织的											
63031210.10	合纤制针织百叶窗,卷帘和窗幔	16	130		17	17	千克			0		0
63031210.90	其他合纤制针织窗帘等(包括帷帘,帐幔,帘帷及床帷)	16	130		17	17	千克			0		0
6303.1220	--- 钩编的											

协定税率 %										特惠税率 %				Article Description
巴基斯坦	冰岛	哥斯达黎	秘鲁	新西兰	瑞士	新加坡	韩国	澳大利亚	港澳台	老挝	孟加拉	33 国	7 国	
0	0	0	0	0	9.8	0	11.2	8.4			0	0	0	Non hand-worked table linen, of other textile materials, knitted or crocheted
														- Other table linen:
														-- Of cotton:
0	0	0	0	0	9.8	0	11.2	8.4	0//			0	0	--- Embroidered
0	0	0	0	0	9.8	0	11.2	8.4	0/0/		0	0	0	--- Other
														-- Of man-made fibres:
0	0	0	0	0	9.8	0	11.2	8.4				0	0	--- Embroidered
														--- Other
0	0	0	4.8	0	11.2	0	12.8	9.6			0	0	0	Table linen of non-woven fabrics of man-made fibres
0	0	0	4.8	0	11.2	0	12.8	9.6			0	0	0	Other table linen of man-made fibres
														-- Of other textile materials:
														--- Of flax:
0	0	0	0	0	9.8	0	11.2	8.4				0	0	----Embroidered
0	0	0	0	0	9.8	0	11.2	8.4				0	0	----Other
														--- Other
0	0	0	0	0	9.8	0	11.2	8.4				0	0	Table linen of wool or fine animal hair
0	0	0	0	0	9.8	0	11.2	8.4				0	0	Table linen of other textile materials
														- Toilet linen and kitchen linen, of terry towelling or similar terry fabrics, of cotton:
														--- Bath towels
0	0	0	0	0	9.8	0	11.2	8.4	//0		0	0	0	Cotton bath towels of terry towelling or similar terry fabrics, knitted or crocheted
0	0	0	0	0	9.8	0	11.2	8.4	//0		0	0	0	Cotton bath towels of terry towelling or similar terry fabrics, not knitted or crocheted
														--- Other
0	0	0	0	0	9.8	0	11.2	8.4	//0		0	0	0	Cotton tea napkins of terry towelling or similar terry fabrics, knitted or crocheted
0	0	0	0	0	9.8	0	11.2	8.4	//0		0	0	0	Cotton tea napkins of terry towelling or similar terry fabrics, not knitted or crocheted
0	0	0	0	0	9.8	0	11.2	8.4	//0		0	0	0	Other cotton toilet linen and kitchen linen of terry towelling or similar terry fabrics, knitted or crocheted
0	0	0	0	0	9.8	0	11.2	8.4	//0		0	0	0	Other cotton toilet linen and kitchen linen of terry towelling or similar terry fabrics, not knitted or crocheted
														- Other:
														-- Of cotton
0	0	0	0	0	9.8	0	11.2	8.4			0	0	0	Tea napkins of cotton, other than terry towelling or similar terry fabrics
0	0	0	0	0	9.8	0	11.2	8.4			0	0	0	Towels of cotton, other than terry towelling or similar terry fabrics
0	0	0	0	0	9.8	0	11.2	8.4			0	0	0	Other toilet linen and kitchen linen of cotton, other than terry towelling or similar terry fabrics
														-- Of man-made fibres
0	0	0	4.8	0	11.2	0	12.8	9.6	0//			0	0	Toilet linen and kitchen linen of non-woven fabrics of man-made fibres
0	0	0	4.8	0	11.2	0	12.8	9.6	0//			0	0	Other toilet linen and kitchen linen of man-made fibres
														-- Of other textile materials:
0	0	0	0	0	9.8	0	11.2	8.4				0	0	--- Of flax
														--- Other
0	0	0	0	0	9.8	0	11.2	8.4				0	0	Other toilet linen and kitchen linen of wool or other fine animal hair
0	0	0	0	0	9.8	0	11.2	8.4				0	0	Other toilet linen and kitchen linen of other textile materials
														Curtains (including drapes) and interior blinds; curtain or bed valances:
														- Knitted or crocheted:
														-- Of synthetic fibres:
														--- Knitted
0	0	0	4.8	0	11.2	0	12.8	9.6				0	0	Curtains (including drapes) and interior blinds, curtain or bed valances, of synthetic fibres, knitted
0	0	0	4.8	0	11.2	0	12.8	9.6				0	0	Other curtains, drapes, interior blinds, curtain and bed valances, of synthetic fibres, knitted
														--- Crocheted

税 号	货 品 名 称	进口关税 % 最惠国	普通	年内暂定	增值/消费税%	出口退税%	统计计量单位	监管证件代码	检验检疫类别	协定税率 % 东盟	亚太	智利
63031220.10	合纤制钩编百叶窗,卷帘和窗幔	16	130		17	17	千克			0		0
63031220.90	其他合纤制钩编的窗帘等(包括帷帘,帐幔,帘帷及床帷)	16	130		17	17	千克			0		0
	-- 其他纺织材料制:											
	--- 棉制:											
6303.1931	----针织的	14	90		17	17	千克			0		0
6303.1932	----钩编的	14	90		17	17	千克			0		0
	--- 其他纺织材料制:											
6303.1991	----针织的	14	130		17	17	千克			0		0
6303.1992	----钩编的	14	130		17	17	千克			0		0
	- 其他:											
6303.9100	-- 棉制											
63039100.10	棉制非针织网眼窗帘(包括帷帘,帐幔,帘帷及床帷)	14	90		17	17	千克			0		0
63039100.90	棉制非针织非钩编窗帘(包括帷帘,帐幔,帘帷及床帷)	14	90		17	17	千克			0		0
6303.9200	-- 合成纤维制											
63039200.10	合纤百叶窗,卷帘和窗幔(非针织非钩编)	16	130		17	17	千克		+L	0		0
63039200.90	其他合纤制非针织非钩编窗帘等(包括帷帘、帐幔、帘帷及床帷)	16	130		17	17	千克			0		0
6303.9900	-- 其他纺织材料制											
63039900.10	毛制非针织非钩编窗帘(包括帷帘,帐幔,帘帷及床帷)	14	100		17	17	千克			0		0
63039900.20	人造纤维制非针织非钩编窗帘(包括帷帘,帐幔,帘帷及床帷)	14	100		17	17	千克			0		0
63039900.31	丝制非针织非钩编窗帘(包括帷帘,帐幔,帘帷及床帷,含丝85%及以上)	14	100		17	17	千克			0		0
63039900.39	丝制非针织非钩编窗帘(含帷帘、帐幔、帘帷及床帷,含丝85%以下)	14	100		17	17	千克			0		0
63039900.40	其他纺织材料无纺织物制窗帘(包括帷帘,帐幔,帘帷及床帷)	14	100		17	17	千克			0		0
63039900.50	亚麻或苎麻制非针织非钩编窗帘(包括帷帘,帐幔,帘帷及床帷)	14	100		17	17	千克			0		0
63039900.60	其他纺织材料制非针织网眼窗帘(包括帷帘,帐幔,帘帷及床帷)	14	100		17	17	千克			0		0
63039900.90	其他纺织材料制非针织非钩编窗帘(包括帷帘,帐幔,帘帷及床帷)	14	100		17	17	千克			0		0
63.04	**其他装饰用织物制品,但税目94.04的货品除外:**											
	- 床罩:											
	-- 针织或钩编的:											
	--- 针织的:											
6304.1121	----手工制											
63041121.10	棉制手工针织床罩	14	100		17	17	件/千克			0		0
63041121.20	化纤制手工针织床罩	14	100		17	17	件/千克			0		0
63041121.90	其他纺织材料制手工针织床罩	14	100		17	17	件/千克			0		0
6304.1129	----其他											
63041129.10	棉制非手工针织床罩	14	100		17	17	件/千克			0		0
63041129.20	化纤制非手工针织床罩	14	100		17	17	件/千克			0		0
63041129.90	其他纺织材料制非手工针织床罩	14	100		17	17	件/千克			0		0
	--- 钩编的:											
6304.1131	----手工制											
63041131.10	棉制手工钩编床罩	14	100		17	17	件/千克			0		0
63041131.20	化纤制手工钩编床罩	14	100		17	17	件/千克			0		0
63041131.90	其他纺织材料制手工钩编床罩	14	100		17	17	件/千克			0		0
6304.1139	----其他											
63041139.10	棉制非手工钩编床罩	14	100		17	17	件/千克			0		0
63041139.20	化纤制非手工钩编床罩	14	100		17	17	件/千克			0		0

协定税率 %										特惠税率 %				Article Description
巴基斯坦	冰岛	哥斯达黎	秘鲁	新西兰	瑞士	新加坡	韩国	澳大利亚	港澳台	老挝	孟加拉	33 国	7 国	
0	0	0	4.8	0	11.2	0	12.8	9.6				0	0	Curtains (including drapes) and interior blinds; curtain or bed valances, of synthetic fibres, crocheted
0	0	0	4.8	0	11.2	0	12.8	9.6				0	0	Other curtains, including drapes, interior blinds, curtain and bed valances, of synthetic fibres, crocheted
														-- Of other textile materials:
														--- Of cotton:
0	0	0	0	0	9.8	0	11.2	8.4			0	0	0	----Knitted
0	0	0	0	0	9.8	0	11.2	8.4				0	0	----Crocheted
														--- Of other textile materials:
0	0	0	0	0	9.8	0	11.2	8.4				0	0	----Knitted
0	0	0	0	0	9.8	0	11.2	8.4				0	0	----Crocheted
														- Other:
														-- Of cotton
0	0	0	0	0	9.8	0	11.2	8.4			0	0	0	Curtains (including drapes) and interior blinds; curtain or bed valances, of cotton, openwork, not knitted
0	0	0	0	0	9.8	0	11.2	8.4			0	0	0	Curtains (including drapes) and interior blinds; curtain or bed valances, of cotton, openwork, not knitted or crocheted
														-- Of synthetic fibres
0	0	0	4.8	0	11.2	0	12.8	9.6	0//		0	0	0	Curtains (including drapes) and interior blinds; curtain or bed valances, of synthetic fibres, not knitted or crocheted
0	0	0	4.8	0	11.2	0	12.8	9.6	0//		0	0	0	Curtains (including drapes) and interior blinds; curtain or bed valances, of synthetic fibres, not knitted or crocheted
														-- Of other textile materials
0	0	0	0	0	9.8	0	11.2	8.4			0	0	0	Curtains (including drapes) and interior blinds; curtain or bed valances, not knitted or crocheted, of wool or fine animal hair
0	0	0	0	0	9.8	0	11.2	8.4			0	0	0	Curtains (including drapes)and interior blinds; curtain or bed valances, of artificial fibres, not knitted or crocheted
0	0	0	0	0	9.8	0	11.2	8.4			0	0	0	Curtains (including drapes) and interior blinds; curtain or bed valances, of silk, containing 85% or more by weight of silk, not knitted or crocheted
0	0	0	0	0	9.8	0	11.2	8.4			0	0	0	Curtains (including drapes) and interior blinds; curtain or bed valances, of silk, not knitted or crocheted, containing less than 85% by weight of silk
0	0	0	0	0	9.8	0	11.2	8.4			0	0	0	Curtains (including drapes)and interior blinds; curtain or bed valances, of non-woven fabrics of other textile materials
0	0	0	0	0	9.8	0	11.2	8.4			0	0	0	Curtains (including drapes) and interior blinds; curtain or bed valances, not knitted or crocheted, of flax or ramie
0	0	0	0	0	9.8	0	11.2	8.4			0	0	0	Curtains (including drapes) and interior blinds; curtain or bed valances, not knitted, openwork, of other textile materials
0	0	0	0	0	9.8	0	11.2	8.4			0	0	0	Curtains (including drapes) and interior blinds; curtain or bed valances, not knitted or crocheted, of other textile materials
														Other furnishing articles, excluding those of heading 94.04:
														- Bedspreads:
														-- Knitted or crocheted:
														--- Knitted:
														----Hand-worked
7	0	0	0	0	9.8	0	11.2	8.4	/0/			0	0	Hand-worked knitted bedspreads of cotton
7	0	0	0	0	9.8	0	11.2	8.4	/0/			0	0	Hand-worked knitted bedspreads, of man-made fibres
7	0	0	0	0	9.8	0	11.2	8.4	/0/			0	0	Hand-worked knitted bedspreads of other textile materials
														----Other
7	0	0	0	0	9.8	0	11.2	8.4	/0/			0	0	Non-hand-worked knitted bedspreads of cotton
7	0	0	0	0	9.8	0	11.2	8.4	/0/			0	0	Non-hand-worked knitted bedspreads of man-made fibres
7	0	0	0	0	9.8	0	11.2	8.4	/0/			0	0	Non-hand-worked knitted bedspreads of other textile materials
														--- Crocheted:
														----Hand-worked
7	0	0	0	0	9.8	0	11.2	8.4			0	0	0	Hand-worked crocheted bedspreads of cotton
7	0	0	0	0	9.8	0	11.2	8.4			0	0	0	Hand-worked crocheted bedspreads of man-made fibres
7	0	0	0	0	9.8	0	11.2	8.4			0	0	0	Hand-worked crocheted bedspreads of other textile materials
														----Other
7	0	0	0	0	9.8	0	11.2	8.4			0	0	0	Non-hand-worked crocheted bedspreads of cotton
7	0	0	0	0	9.8	0	11.2	8.4			0	0	0	Non-hand-worked crocheted bedspreads of man-made fibres

税号	货品名称	进口关税 % 最惠国	普通	年内暂定	增值/消费税%	出口退税%	统计计量单位	监管证件代码	检验检疫类别	协定税率 % 东盟	亚太	智利
63041139.90	其他纺织材料制非手工钩编床罩	14	100		17	17	件/千克			0		0
	- 其他:											
6304.1910	--- 丝及绢丝制											
63041910.10	丝及绢丝制非针织非钩编床罩(含丝85%及以上)	14	130		17	17	件/千克			0		0
63041910.90	丝及绢丝制非针织非钩编床罩(含丝85%以下)	14	130		17	17	件/千克			0		0
	--- 棉或麻制:											
6304.1921	----刺绣的											
63041921.10	亚麻或苎麻制刺绣床罩(指非针织非钩编)	14	90		17	17	件/千克			0		0
63041921.20	其他麻制非针织非钩编刺绣床罩	14	90		17	17	件/千克			0		0
63041921.90	棉制非针织非钩编刺绣床罩	14	90		17	17	件/千克			0		0
6304.1929	----其他											
63041929.10	亚麻或苎麻制非针织非钩编床罩	14	90		17	17	件/千克			0		0
63041929.91	其他麻制其他非针织非钩编床罩	14	90		17	17	件/千克			0		0
63041929.99	棉制其他非针织非钩编床罩	14	90		17	17	件/千克			0		0
	--- 化学纤维制:											
6304.1931	----刺绣的	16	130		17	17	件/千克			0		0
6304.1939	----其他	16	130		17	17	件/千克			0		0
	--- 其他纺织材料制:											
6304.1991	----刺绣的											
63041991.10	毛制非针织非钩编刺绣床罩(羊毛或动物细毛制)	14	100		17	17	件/千克			0		0
63041991.90	其他纺织材料制非针织刺绣床罩(含非钩编的)	14	100		17	17	件/千克			0		0
6304.1999	----其他											
63041999.10	毛制其他非针织非钩编床罩(羊毛或动物细毛制)	14	100		17	17	件/千克			0		0
63041999.90	其他材料制非针织非钩编其他床罩	14	100		17	17	件/千克			0		0
	- 其他:											
	-- 针织或钩编的:											
	--- 针织的:											
6304.9121	----手工制											
63049121.10	棉制手工针织的其他装饰制品	14	100		17	17	千克			0		0
63049121.20	毛制手工针织的其他装饰制品(羊毛或动物细毛制)	14	100		17	17	千克			0		0
63049121.31	丝制手工针织的其他装饰制品(含丝85%及以上)	14	100		17	17	千克			0		0
63049121.39	丝制手工针织的其他装饰制品(含丝85%以下)	14	100		17	17	千克			0		0
63049121.40	化纤制手工针织的其他装饰制品	14	100		17	17	千克			0		0
63049121.90	其他纺材制手工针织其他装饰制品	14	100		17	17	千克			0		0
6304.9129	----其他											
63049129.10	棉制非手工针织的其他装饰制品	14	100		17	17	千克			0		0
63049129.20	毛制非手工针织的其他装饰制品(羊毛或动物细毛制)	14	100		17	17	千克			0		0
63049129.31	丝制非手工针织的其他装饰制品(含丝85%及以上)	14	100		17	17	千克			0		0
63049129.39	丝制非手工针织的其他装饰制品(含丝85%以下)	14	100		17	17	千克			0		0
63049129.40	化纤制非手工针织其他装饰制品	14	100		17	17	千克			0		0
63049129.90	其他纺材制非手工针织其他装饰品	14	100		17	17	千克			0		0
	--- 钩编的:											
6304.9131	----手工制											
63049131.10	棉制手工钩编的其他装饰制品	14	100		17	17	千克			0		0
63049131.20	毛制手工钩编的其他装饰制品(羊毛或动物细毛制)	14	100		17	17	千克			0		0

协定税率 %										特惠税率 %				
巴基斯坦	冰岛	哥斯达黎	秘鲁	新西兰	瑞士	新加坡	韩国	澳大利亚	港澳台	老挝	孟加拉	33 国	7 国	**Article Description**
7	0	0	0	0	9.8	0	11.2	8.4			0	0	0	Non-hand-worked crocheted bedspreads of other textile materials
														-- Other:
														--- Of silk or silk waste
7	0	0	0	0	9.8	0	11.2	8.4				0	0	Bedspreads of silk or silk waste, containing 85% or more by weight of silk, not knitted or crocheted
7	0	0	0	0	9.8	0	11.2	8.4				0	0	Bedspreads of silk or silk waste, containing less than 85% by weight of silk, not knitted or crocheted
														--- Of cotton or bast fibres:
														----Embroidered
7	0	0	0	0	9.8	0	11.2	8.4				0	0	Embroidered bedspreads of flax or ramie, not knitted or crocheted
7	0	0	0	0	9.8	0	11.2	8.4				0	0	Embroidered bedspreads of other bast fibres, not knitted or crocheted
7	0	0	0	0	9.8	0	11.2	8.4				0	0	Embroidered bedspreads of cotton, not knitted or crocheted
														----Other
	0	0	0	0	9.8	0	11.2	8.4			0	0	0	Other bedspreads of flax or ramie, not knitted or crocheted
	0	0	0	0	9.8	0	11.2	8.4			0	0	0	Other bedspreads of other bast fibres, not knitted or crocheted d,
	0	0	0	0	9.8	0	11.2	8.4			0	0	0	Other bedspreads of cotton, not knitted or crocheted
														--- Of man-made fibres:
12.8	0	0	4.8	0	11.2	0	12.8	9.6				0	0	----Embroidered
12.8	0	0	4.8	0	11.2	0	12.8	9.6				0	0	----Other
														--- Of other textile materials:
														----Embroidered
7	0	0	0	0	9.8	0	11.2	8.4				0	0	Embroidered bedspreads of wool or fine animal hair, not knitted or crocheted
7	0	0	0	0	9.8	0	11.2	8.4				0	0	Embroidered bedspreads of other textile materials, not knitted or crocheted
														----Other
7	0	0	0	0	9.8	0	11.2	8.4				0	0	Other bedspreads of wool or fine animal hair, not knitted or crocheted
7	0	0	0	0	9.8	0	11.2	8.4				0	0	Other bedspreads of other textile materials, not knitted or crocheted
														- Other:
														-- Knitted or crocheted:
														--- Knitted:
														----Hand-worked
7	0	0	0	0	9.8	0	11.2	8.4			0	0	0	Other hand-worked knitted furnishing articles, of cotton
7	0	0	0	0	9.8	0	11.2	8.4			0	0	0	Other hand-worked knitted furnishing articles, of wool or fine animal hair
7	0	0	0	0	9.8	0	11.2	8.4			0	0	0	Other hand-worked knitted furnishing articles, containing 85% or more by weight of silk
7	0	0	0	0	9.8	0	11.2	8.4			0	0	0	Other hand-worked knitted furnishing articles, containing less than 85% by weight of silk
7	0	0	0	0	9.8	0	11.2	8.4			0	0	0	Other hand-worked knitted furnishing articles of man-made fibres
7	0	0	0	0	9.8	0	11.2	8.4			0	0	0	Other hand-worked knitted furnishing articles, of other textile materials
														----Other
7	0	0	0	0	9.8	0	11.2	8.4	/0/		0	0	0	Other non-hand-worked, knitted furnishing articles of cotton
7	0	0	0	0	9.8	0	11.2	8.4	/0/		0	0	0	Other non-hand-worked, knitted furnishing articles of wool or fine animal hair
7	0	0	0	0	9.8	0	11.2	8.4	/0/		0	0	0	Other non-hand-worked, knitted furnishing articles, containing 85% or more by weight of silk
7	0	0	0	0	9.8	0	11.2	8.4	/0/		0	0	0	Other non-hand-worked, knitted furnishing articles, containing less than 85% by weight of silk
7	0	0	0	0	9.8	0	11.2	8.4	/0/		0	0	0	Other non-hand-worked, knitted furnishing articles of man-made fibres
7	0	0	0	0	9.8	0	11.2	8.4	/0/		0	0	0	Other non-hand-worked, knitted furnishing articles of other textile materials
														--- Crocheted:
														----Hand-worked
11.2	0	0	0	0	9.8	0	11.2	8.4				0	0	Other hand-worked crocheted furnishing articles of cotton
11.2	0	0	0	0	9.8	0	11.2	8.4				0	0	Other hand-worked crocheted furnishing articles of wool or fine animal hair

税号	货品名称	进口关税 %			增值/消费税%	出口退税%	统计计量单位	监管证件代码	检验检疫类别	协定税率 %		
		最惠国	普通	年内暂定						东盟	亚太	智利
63049131.31	丝制手工钩编的其他装饰制品(含丝 85%及以上)	14	100		17	17	千克			0		0
63049131.39	丝制手工钩编的其他装饰制品(含丝 85%以下)	14	100		17	17	千克			0		0
63049131.40	化纤制手工钩编的其他装饰制品	14	100		17	17	千克			0		0
63049131.90	其他制手工钩编的其他材料装饰制品	14	100		17	17	千克			0		0
6304.9139	----其他											
63049139.10	棉制非手工钩编的其他装饰制品	14	100		17	17	千克			0		0
63049139.20	毛制非手工钩编的其他装饰制品(羊毛或动物细毛制)	14	100		17	17	千克			0		0
63049139.31	丝制非手工钩编的其他装饰制品(含丝 85%及以上)	14	100		17	17	千克			0		0
63049139.39	丝制非手工钩编的其他装饰制品(含丝 85%以下)	14	100		17	17	千克			0		0
63049139.40	化纤制非手工钩编其他装饰制品	14	100		17	17	千克			0		0
63049139.90	其他纺材制非手工钩编其他装饰品	14	100		17	17	千克			0		0
	-- 非针织或非钩编的，棉制：											
6304.9210	--- 刺绣的	14	90		17	17	千克			0		0
6304.9290	--- 其他	14	90		17	17	千克			0		0
	-- 非针织或非钩编的，合成纤维制：											
6304.9310	--- 刺绣的	16	130		17	17	千克			0		0
6304.9390	--- 其他	16	130		17	17	千克			0		0
	-- 非针织或非钩编的，其他纺织材料制：											
6304.9910	--- 丝及绢丝制											
63049910.10	丝制非针织非钩编的装饰制品(含绢丝制品，含丝 85%及以上)	14	130		17	17	千克			0		0
63049910.90	丝制非针织非钩编的装饰制品(含绢丝制品，含丝 85%以下)	14	130		17	17	千克			0		0
	--- 麻制：											
6304.9921	----刺绣的											
63049921.10	亚麻或苎麻非针织其他刺绣装饰品(含非钩编制品)	14	90		17	17	千克			0		0
63049921.90	其他麻制非针织其他刺绣装饰品(包括非钩编的)	14	90		17	17	千克			0		0
6304.9929	----其他											
63049929.10	亚麻或苎麻制其他非针织的装饰品(含非钩编制品)	14	90		17	17	千克			0		0
63049929.90	其他麻制其他非针织的装饰制品(含非钩编制品)	14	90		17	17	千克			0		0
6304.9990	--- 其他											
63049990.10	毛制非针织非钩编装饰制品(羊毛或动物细毛制)	14	100		17	17	千克			0		0
63049990.20	人造纤维制非针织非钩编装饰品	14	100		17	17	千克			0		0
63049990.90	其他材料制非针织非钩编装饰品	14	100		17	17	千克			0		0
63.05	**货物包装用袋：**											
6305.1000	- 黄麻或税目 53.03 的其他韧皮纺织纤维制											
63051000.10	黄麻制旧的货物包装袋(含税目 5303 的其他韧皮纤维制)	10	40		17	17	条/千克			0		0
63051000.90	黄麻制其他货物包装袋(含税目 5303 的其他韧皮纤维制)	10	40		17	17	条/千克			0		0
6305.2000	- 棉制	16	90		17	17	条/千克			0		0
	- 化学纤维材料制：											
6305.3200	-- 散装货物储运软袋											
63053200.11	聚乙烯或聚丙烯制软袋(针织或钩编的，用扁条及类似材料制成，散装货物周转用)	16	100		17	17	条/千克			0		0
63053200.19	聚乙烯或聚丙烯制软袋(非针织或钩编的，扁条及类似材料制成，散装货物周转用)	16	100		17	17	条/千克			0		0

协定税率 %										特惠税率 %				Article Description
巴基斯坦	冰岛	哥斯达黎	秘鲁	新西兰	瑞士	新加坡	韩国	澳大利亚	港澳台	老挝	孟加拉	33 国	7 国	
11.2	0	0	0	0	9.8	0	11.2	8.4				0	0	Other hand-worked crocheted furnishing articles, containing 85% or more by weight of silk
11.2	0	0	0	0	9.8	0	11.2	8.4				0	0	Other hand-worked crocheted furnishing articles of silk , containing less than 85% by weight of silk
11.2	0	0	0	0	9.8	0	11.2	8.4				0	0	Other hand-worked crocheted furnishing articles of man-made fibres
11.2	0	0	0	0	9.8	0	11.2	8.4				0	0	Other hand-worked crocheted furnishing articles of other textile materials
														----Other
7	0	0	0	0	9.8	0	11.2	8.4				0	0	Other non-hand-worked crocheted furnishing articles of cotton
7	0	0	0	0	9.8	0	11.2	8.4				0	0	Other non-hand-worked crocheted furnishing articles of wool or fine animal hair
7	0	0	0	0	9.8	0	11.2	8.4				0	0	Other non-hand-worked crocheted furnishing articles of silk, containing 85% or more by weight of silk
7	0	0	0	0	9.8	0	11.2	8.4				0	0	Other non hand-worked crocheted furnishing articles of silk, containing less than 85% by weight of silk
7	0	0	0	0	9.8	0	11.2	8.4				0	0	Other non-hand-worked crocheted furnishing articles of man-made fibres
7	0	0	0	0	9.8	0	11.2	8.4				0	0	Other non-hand-worked crocheted furnishing articles of other textile materials
														-- Not knitted or crocheted, of cotton:
7	0	0	0	0	9.8	0	11.2	8.4				0	0	--- Embroidered
11.2	0	0	0	0	9.8	0	11.2	8.4			0	0	0	--- Other
														-- Not knitted or crocheted ,of synthetic fibres:
12.8	0	0	4.8	0	11.2	0	12.8	9.6				0	0	--- Embroidered
12.8	0	0	4.8	0	11.2	0	12.8	9.6			0	0	0	--- Other
														-- Not knitted or crocheted, of other textile materials:
														--- Of silk or silk waste
7	0	0	0	0	9.8	0	11.2	8.4			0	0	0	Other furnishing articles of silk, not knitted or crocheted, containing 85% or more by weight of silk or silk waste
7	0	0	0	0	9.8	0	11.2	8.4			0	0	0	Other furnishing articles of silk, not knitted or crocheted, containing less than 85% by weight of silk or silk waste
														--- Of bast fibres:
														----Embroidered
7	0	0	0	0	9.8	0	11.2	8.4				0	0	Other embroidered furnishing articles of flax or ramie, not knitted or crocheted
7	0	0	0	0	9.8	0	11.2	8.4				0	0	Other embroidered furnishing articles of other bast fibres, not knitted or crocheted
														----Other
7	0	0	0	0	9.8	0	11.2	8.4				0	0	Other furnishing articles of flax or ramie, not knitted or crocheted
7	0	0	0	0	9.8	0	11.2	8.4				0	0	Other furnishing articles of other bast fibres, not knitted or crocheted,
														--- Other
7	0	0	0	0	9.8	0	11.2	8.4			0	0	0	Other furnishing articles of wool or fine animal hair, not knitted or crocheted
7	0	0	0	0	9.8	0	11.2	8.4			0	0	0	Other furnishing articles of man-made fibres, not knitted or crocheted
7	0	0	0	0	9.8	0	11.2	8.4			0	0	0	Other furnishing articles of other fibres, not knitted or crochete,
														Sacks and bags, of a kind used for the packing of goods:
														- Of jute or of other textile bast fibres of heading 53.03
5	0	0	0	0	4		6	6		0	0	0	0	Used sacks and bags, of a kind used for the packing of goods, of jute or of other textile bast fibres of heading 53.03
5	0	0	0	0	4		6	6		0	0	0	0	Other sacks and bags, of a kind used for the packing of goods, of jute or of other textile bast fibres of heading 53.03
12.8	0	0	4.8	0	11.2	0	12.8	9.6			0	0	0	- Of cotton
														- Of man-made textile materials:
														-- Flexible intermediate bulk containers
12.8	0	0	4.8	0	11.2	0	12.8	9.6			0	0	0	Flexible intermediate bulk containers of polyethylene or polypropylene strip or the like, used for bulk goods turnover, knitted or crocheted
12.8	0	0	4.8	0	11.2	0	12.8	9.6			0	0	0	Flexible intermediate bulk containers of polyethylene or polypropylene strip or the like, used for bulk goods turnover, not knitted or crocheted

税 号	货品名称	进口关税 %			增值/消费税%	出口退税%	统计计量单位	监管证件代码	检验检疫类别	协定税率 %		
		最惠国	普通	年内暂定						东盟	亚太	智利
63053200.90	化纤制的散装货物周转软袋	16	100		17	17	条/千克			0		0
6305.3300	-- 其他，聚乙烯、聚丙烯扁条或类似材料制											
63053300.10	聚乙烯或聚丙烯制其他货物包装袋(针织或钩编的,用扁条及类似材料制成)	16	100		17	17	条/千克			0	13.6	0
63053300.90	聚乙烯或聚丙烯制其他货物包装袋(非针织或钩编的,用扁条及类似材料制成)	16	100		17	17	条/千克			0	13.6	0
6305.3900	-- 其他	16	100		17	17	条/千克			0		0
6305.9000	- 其他纺织材料制											
63059000.11	亚麻制旧货物包装袋(针织或钩编的)	14	90		17	17	条/千克			0		0
63059000.19	其他亚麻制旧货物包装袋	14	90		17	17	条/千克			0		0
63059000.90	其他纺织材料制其他货物包装袋	14	90		17	17	条/千克			0		0
63.06	**油苫布、天篷及遮阳篷；帐篷；风帆；野营用品：**											
	- 油苫布、天篷及遮阳篷:											
6306.1200	-- 合成纤维制	16	130		17	17	件/千克			0		0
	-- 其他纺织材料制:											
6306.1910	--- 麻制	14	80		17	17	件/千克			0		0
6306.1920	--- 棉制	14	80		17	17	件/千克			0		0
6306.1990	--- 其他											
63061990.10	人造纤维制油苫布、天篷及遮阳篷	14	100		17	17	件/千克			0		0
63061990.90	其他材料制油苫布、天篷及遮阳篷	14	100		17	17	件/千克			0		0
	- 帐篷:											
6306.2200	-- 合成纤维制											
63062200.10	合纤制移动帐篷	16	130		17	17	件/千克			0		0
63062200.90	合纤制帐篷	16	130		17	17	件/千克			0		0
	-- 其他纺织材料制:											
6306.2910	--- 棉制	14	80		17	17	件/千克			0		0
6306.2990	--- 其他	14	100		17	17	件/千克			0		0
	- 风帆:											
6306.3010	--- 合成纤维制	16	130		17	17	件/千克			0		0
6306.3090	--- 其他纺织材料制	14	100		17	17	件/千克			0		0
	- 充气褥垫:											
6306.4010	--- 棉制	14	80		17	17	件/千克			0		0
6306.4020	--- 化学纤维制	16	130		17	17	件/千克			0		0
6306.4090	--- 其他	14	100		17	17	件/千克			0		0
	- 其他:											
6306.9010	--- 棉制	14	80		17	17	件/千克			0		0
6306.9020	--- 麻制	14	80		17	17	件/千克			0		0
6306.9030	--- 化学纤维制	16	130		17	17	件/千克			0		0
6306.9090	--- 其他	14	100		17	17	件/千克			0		0
63.07	**其他制成品，包括服装裁剪样：**											
6307.1000	- 擦地布、擦碗布、抹布及类似擦拭用布	14	130		17	17	千克			0	11.9	0
6307.2000	- 救生衣及安全带	14	70		17	17	千克/件			0		0
6307.9000	- 其他											
63079000.11	棉制标签、服饰辫线及流苏(含紧身胸衣、鞋及类似品的系带)	14	100		17	17	千克			0		0
63079000.19	其他制标签、服饰辫线及流苏(含紧身胸衣、鞋及类似品的系带)	14	100		17	17	千克			0		0
63079000.20	棉制起绒或簇绒织物制毛巾	14	100		17	17	千克			0		0
63079000.30	棉制枕壳	14	100		17	17	千克			0		0
63079000.40	棉制被壳、羽绒被壳、盖被壳(含类似品,含棉85%以下)	14	100		17	17	千克			0		0
63079000.51	棉制手术用巾及其他毛巾	14	100		17	17	千克			0		0
63079000.59	化学纤维制未列名毛巾	14	100		17	17	千克			0		0
63079000.61	以棉做面的冷藏包	14	100		17	17	千克			0		0
63079000.62	以化纤纺织材料做面的冷藏包	14	100		17	17	千克			0		0
63079000.69	其他纺织材料做面的冷藏包	14	100		17	17	千克			0		0

协定税率 %										特惠税率 %				Article Description
巴基斯坦	冰岛	哥斯达黎	秘鲁	新西兰	瑞士	新加坡	韩国	澳大利亚	港澳台	老挝	孟加拉	33 国	7 国	
12.8	0	0	4.8	0	11.2	0	12.8	9.6			0	0	0	Flexible intermediate bulk containers of man-made fibres, used for bulk goods turnover
														-- Other, of polyethylene or poly-propylene strip or the like
8	0	0	4.8	0	11.2	0	12.8	9.6				0	0	Other sacks and bags, of a kind used for the packing of goods, of polyethylene or polypropylene strip or the like, knitted or crocheted
8	0	0	4.8	0	11.2	0	12.8	9.6				0	0	Other sacks and bags, of a kind used for the packing of goods, of polyethylene or polypropylene strip or the like, not knitted or crocheted
12.8	0	0	4.8	0	11.2	0	12.8	9.6				0	0	-- Other
														- Of other textile materials
11.2	0	0	0	0	9.8	0	11.2	8.4			0	0	0	Used sacks and bags, of a kind used for the packing of goods, of flax, knitted or crocheted
11.2	0	0	0	0	9.8	0	11.2	8.4			0	0	0	Used sacks and bags, of a kind used for the packing of goods, of flax, not knitted or crocheted
11.2	0	0	0	0	9.8	0	11.2	8.4			0	0	0	Other sacks and bags, of a kind used for the packing of goods, of other textile materials
														Tarpaulins, awnings and sunblinds; tents; sails for boats, sailboards or landcraft; camping goods:
														- Tarpaulins, awnings and sunblinds:
0	0	0	4.8	0	11.2	0	12.8	9.6				0	0	-- Of synthetic fibres
														-- Of other textile materials:
0	0	0	0	0	9.8	0	11.2	8.4				0	0	--- Of bast fibres
0	0	0	0	0	9.8	0	11.2	8.4				0	0	--- Of cotton
														--- Other
0	0	0	0	0	9.8	0	11.2	8.4				0	0	Tarpaulins, awnings and sunblinds, of artificial fibres
0	0	0	0	0	9.8	0	11.2	8.4				0	0	Tarpaulins, awnings and sunblinds, of other textile materials
														- Tents:
														-- Of synthetic fibres
0	0	0	4.8	0	11.2	0	12.8	9.6			0	0	0	Moveable tents, of synthetic fibres
0	0	0	4.8	0	11.2	0	12.8	9.6			0	0	0	Other tents of synthetic fibres
														-- Of other textile materials:
0	0	0	0	0	9.8	0	11.2	8.4				0	0	--- Of cotton
0	0	0	0	0	9.8	0	11.2	8.4			0	0	0	--- Other
														- Sails:
0	0	0	4.8	0	11.2	0	12.8	9.6	0//			0	0	--- Of synthetic fibres
0	0	0	0	0	9.8	0	11.2	8.4				0	0	--- Of other textile materials
														- Pneumatic mattresses:
0	0	0	0	0	9.8	0	11.2	8.4				0	0	--- Of cotton
0	0	0	4.8	0	11.2	0	12.8	9.6			0	0	0	--- Of man-made fibres
0	0	0	0	0	9.8	0	11.2	8.4				0	0	--- Other
														- Other:
0	0	0	0	0	9.8	0	11.2	8.4			0	0	0	--- Of cotton
0	0	0	0	0	9.8	0	11.2	8.4				0	0	--- Of bast fibres
0	0	0	4.8	0	11.2	0	12.8	9.6				0	0	--- Of man-made fibres
0	0	0	0	0	9.8	0	11.2	8.4				0	0	--- Other
														Other made up articles, including dress patterns:
7	0	0	0	0	9.8	0	11.2	8.4	//0			0	0	- Floor-cloths, dish-cloths, dus-ters and similar cleaning cloths
11.2	0	0	0	0	9.8	0	11.2	8.4			0	0	0	- Life-jackets and life-belts
														- Other
11.2	0	0	0	0	9.8	0	12.1	8.4	0/0/	0	0	0	0	Tags, clothing braid string and fringes, including laces of corsets, shoelaces and similar articles, of cotton
11.2	0	0	0	0	9.8	0	12.1	8.4	0/0/	0	0	0	0	Tags, clothing braid string and fringes, including laces of corsets, shoelaces and similar articles, of other textile materials
11.2	0	0	0	0	9.8	0	12.1	8.4	0/0/	0	0	0	0	Towel, of pile fabrics or tufting, of cotton
11.2	0	0	0	0	9.8	0	12.1	8.4	0/0/	0	0	0	0	Pillow shell, of cotton
11.2	0	0	0	0	9.8	0	12.1	8.4	0/0/	0	0	0	0	Quilt shell of cotton, feather quilt shell or comforter shell, containing less than 85% of cotton
11.2	0	0	0	0	9.8	0	12.1	8.4	0/0/	0	0	0	0	Towels for surgery operation and other towels, of cotton
11.2	0	0	0	0	9.8	0	12.1	8.4	0/0/	0	0	0	0	Towels of man-made fibres, not specified
11.2	0	0	0	0	9.8	0	12.1	8.4	0/0/	0	0	0	0	Refrigerating bag with cover of cotton
11.2	0	0	0	0	9.8	0	12.1	8.4	0/0/	0	0	0	0	Refrigerating bag with cover of man-made textile materials
11.2	0	0	0	0	9.8	0	12.1	8.4	0/0/	0	0	0	0	Refrigerating bag with cover of other textile materials

税 号	货 品 名 称	进口关税 % 最惠国	普通	年内暂定	增值/消费税%	出口退税 %	统计计量单位	监管证件代码	检验检疫类别	协定税率 % 东盟	亚太	智利
63079000.90	纺织材料制未列名制品	14	100		17	17	千克			0		0
	第二分章　成套物品											
63.08	**由机织物及纱线构成的零售包装成套物品，不论是否带附件，用以制作小地毯、装饰毯、绣花台布、餐巾或类似的纺织物品：**											
6308.0000	由机织物及纱线构成的零售包装成套物品，不论是否带附件，用以制作小地毯、装饰毯、绣花台布、餐巾或类似的纺织物品											
63080000.10	机织物及纱线制零售包装成套物品(内含羊毛纱的)	14	130		17	17	千克			0		0
63080000.20	机织物及纱线制零售包装成套物品(由普通棉机织物及棉绗缝被褥织物与纱线构成的)	14	130		17	17	千克			0		0
63080000.30	机织物及纱线制零售包装成套物品(由合成纤维普通机织物及绗缝被褥织物与纱线构成)	14	130		17	17	千克			0		0
63080000.90	其他机织物及纱线构成的成套物品(零售包装的)	14	130		17	17	千克			0		0
	第三分章　旧衣着及旧纺织品；碎织物											
63.09	**旧衣物：**											
6309.0000	旧衣物	14	130		17	0	千克	9		0		0
63.10	**新或旧的破、碎织物，线、绳、索、缆的废、碎料以及线、绳、索、缆或纺织材料的破旧制品：**											
6310.1000	-　经分拣的											
63101000.10	新的或未使用过的纺织材料制经分拣的碎织物等(新的或未使用过的,包括废线,绳,索,缆及其制品)	14	50		17	17	千克	AP	M/	0		0
63101000.90	其他纺织材料制经分拣的碎织物等(包括废线,绳,索,缆及其制品)	14	50		17	17	千克	9		0		0
6310.9000	-　其他											
63109000.10	新的或未使用过的纺织材料制其他碎织物等(新的或未使用过的,包括废线,绳,索,缆及其制品)	14	50		17	17	千克	AP	M/	0		0
63109000.90	其他纺织材料制碎织物等(包括废线,绳,索,缆及其制品)	14	50		17	17	千克	9		0		0

协定税率 %										特惠税率 %				
巴基斯坦	冰岛	哥斯达黎	秘鲁	新西兰	瑞士	新加坡	韩国	澳大利亚	港澳台	老挝	孟加拉	33 国	7 国	**Article Description**
11.2	0	0	0	0	9.8	0	12.1	8.4	0/0/	0	0	0	0	Other made up articles, not specified, of other textile materials
														II .SETS
														Sets consisting of woven fabric and yarn, whether or not with accessories, for making up into rugs, tapestries, embroidered table cloths or serviettes, or similar textile articles, put up in packings for retail sale:
														Sets consisting of woven fabric and yarn, whether or not with accessories, for making up into rugs, tapestries, embroidered table cloths or serviettes, or similar textile articles, put up in packings for retail sale
7	0	0	0	0	9.8	0	11.2	8.4				0	0	Sets consisting of woven fabric and yarn, containing woolen yarn, put up for retail sale
7	0	0	0	0	9.8	0	11.2	8.4				0	0	Sets consisting of woven fabric and yarn, quilt mattress fabrics and yarn, of cotton, put up for retail sale
7	0	0	0	0	9.8	0	11.2	8.4				0	0	Sets consisting of woven fabric and yarn, quilt mattress fabrics and yarn, of synthetic fibres, put up for retail sale
7	0	0	0	0	9.8	0	11.2	8.4				0	0	Other sets consisting of woven fabric and yarn, put up for retail sale
														III.WORN CLOTHING AND WORN TEXTILE ARTICLES; RAGS
														Worn clothing and other worn articles:
7	0	0	0	0	9.8	0	11.2	8.4				0	0	Worn clothing and other worn articles
														Used or new rags, scrap twine, cordage, rope and cables and worn out articles of twine, cor-dage, rope or cables, of textile materials:
														- Sorted
11.2	0	0	0	0	9.8	0	11.2	8.4			0	0	0	Sorted new or unused rags, including scrap twine, cordage, rope and cables and worn out articles of twine, of textile materials
11.2	0	0	0	0	9.8	0	11.2	8.4			0	0	0	Other sorted rags, including scrap twine, cordage, rope and cables and worn out articles of twine, of textile materials
														- Other
	0	0	0	0	9.8	0	11.2	8.4		0	0	0	0	Other new or unused rags, including scrap twine, cordage, rope and cables and worn out articles of twine, of textile materials
	0	0	0	0	9.8	0	11.2	8.4		0	0	0	0	Other rags, including scrap twine, cordage, rope and cables and worn out articles of twine, of textile materials

第十二类 鞋、帽、伞、杖、鞭及其零件；已加工的羽毛及其制品；人造花；人发制品

第六十四章 鞋靴、护腿和类似品及其零件

注释：

一、本章不包括：

（一）易损材料（例如，纸、塑料薄膜）制的无外绱鞋底的一次性鞋靴罩或套。这些产品应按其构成材料归类；

（二）纺织材料制的鞋靴，没有用粘、缝或其他方法将外底固定或安装在鞋面上的（第十一类）；

（三）税目 63.09 的旧鞋靴；

（四）石棉制品（税目 68.12）；

（五）矫形鞋靴或其他矫形器具及其零件（税目 90.21）；或

（六）玩具鞋及装有冰刀或轮子的滑冰鞋；护胫或类似的运动防护服装（第九十五章）。

二、税目 64.06 所称“零件”，不包括鞋钉、护鞋铁掌、鞋眼、鞋钩、鞋扣、饰物、编带、鞋带、绒球或其他装饰带（应分别归入相应税目）及税目 96.06 的钮扣或其他货品。

三、本章所称：

（一）“橡胶”及“塑料”，包括能用肉眼辨出其外表有一层橡胶或塑料的机织物或其他纺织产品；运用本款时，橡胶或塑料仅引起颜色变化的不计在内；以及

（二）“皮革”，是指税目 41.07 及 41.12 至 41.14 的货品。

四、除本章注释三另有规定的以外：

（一）鞋面的材料应以占表面面积最大的那种材料为准，计算表面面积可不考虑附件及加固件，例如，护踝、裹边、饰物、扣子、拉襻、鞋眼或类似附属件；

（二）外底的主要材料应以与地面接触最广的那种材料为准，计算接触面时可不考虑鞋底钉、铁掌或类似附属件。

子目注释：

子目 6402.12、6402.19、6403.12、6403.19 及 6404.11 所称“运动鞋靴”，仅适用于：

一、带有或可装鞋底钉、止滑柱、夹钳、马蹄掌或类似品的体育专用鞋靴；

二、滑冰靴、滑雪靴及越野滑雪用鞋靴、滑雪板靴、角力靴、拳击靴及赛车鞋。

税号	货品名称	进口关税 %			增值/消费税%	出口退税%	统计计量单位	监管证件代码	检验检疫类别	协定税率 %		
		最惠国	普通	年内暂定						东盟	亚太	智利
64.01	橡胶或塑料制外底及鞋面的防水鞋靴，其鞋面不是用缝、铆、钉、旋、塞或类似方法固定在鞋底上的：											
	- 装有金属防护鞋头的鞋靴：											
6401.1010	--- 橡胶制鞋面的	24	100		17	15	千克/双			0	12	0
6401.1090	--- 塑料制鞋面的	24	100		17	15	千克/双			0	12	0
	- 其他鞋靴：											
	-- 中、短统靴（过踝但未到膝）：											
6401.9210	--- 橡胶制鞋面的	24	100		17	15	千克/双			0	12	0
6401.9290	--- 塑料制鞋面的	24	100		17	15	千克/双			0	12	0
6401.9900	-- 其他	24	100		17	15	千克/双			0	12	0
64.02	橡胶或塑料制外底及鞋面的其他鞋靴：											
	- 运动鞋靴：											

SECTION XII FOOTWEAR, HEADGEAR, UMBRELLAS, SUN UMBRELLAS, WALKING- STICKS, SEAT- STICKS, WHIPS, RIDING-CROPS AND PARTS THEREOF; PREPARED FEATHERS AND ARTICLES MADE THEREWITH; ARTIFICIAL FLOWERS; ARTICLES OF HUMAN HAIR

Chapter 64 Footwear, gaiters and the like; parts of such articles

Chapter Notes:

1. This Chapter does not cover:

   (a) Disposable foot or shoe coverings of flimsy material (for example, paper, sheeting of plastics) without applied soles. These products are classified according to their constituent material;

   (b) Footwear of textile material, without an outer sole glued, sewn or otherwise affixed or applied to the upper (Section XI);

   (c) Worn footwear of heading 63.09;

   (d) Articles of asbestos (heading 68.12);

   (e) Orthopaedic footwear or other orthopaedic appliances, or parts thereof (heading 90.21); or

   (f) Toy footwear or skating boots with ice or roller skates attached; shin-guards or similar protective sportswear (Chapter 95).

2. For the purposes of heading 64.06, the term "parts" does not include pegs, protectors, eyelets, hooks, buckles, ornaments, braid, laces, pompons or other trimmings (which are to be classified in their appropriate headings) or buttons or other goods of heading 96.06.

3. For the purposes of this Chapter:

   (a) the terms "rubber" and "plastics" include woven fabrics or other textile products with an external layer of rubber or plastics being visible to the naked eye; for the purpose of this provision, no account should be taken of any resulting change of colour; and

   (b) the term "leather" refers to the goods of headings 41.07 and 41.12 to 41.14.

4. Subject to Note 3 to this Chapter:

   (a) The material of the upper shall be taken to be the constituent material having the greatest external surface area, no account being taken of accessories or reinforcements such as ankle patches, edging, ornamentation, buckles, tabs, eyelet stays or similar attachments;

   (b) The constituent material of the outer sole shall be taken to be the material having the greatest surface area in contact with the ground, no account being taken of accessories or reinforcements such as spikes, bars, nails, protectors or similar attachments.

Subheading Notes:

For the purposes of subheadings 6402.12, 6402.19, 6403.12, 6403.19 and 6404.11, the expression "sports footwear" applies only to:

1. Footwear which is designed for a sporting activity and has, or has provision for the attachment of, spikes, sprigs, stops, clips, bars or the like;
2. Skating boots, ski-boots and cross-country ski footwear, snowboard boots, wrestling boots, boxing boots and cycling shoes.

协定税率 %										特惠税率 %				Article Description
巴基斯坦	冰岛	哥斯达黎	秘鲁	新西兰	瑞士	新加坡	韩国	澳大利亚	港澳台	老挝	孟加拉	33 国	7 国	
														Waterproof footwear with outer soles and uppers of rubber or of plastics, the uppers of which are neither fixed to the sole nor assembled by stitching, riveting, nailing, screwing, plugging or similar processes:
														- Footwear incorporating a protective metal toe-cap:
12	0	0	7.2	0	16.8	0	21.6	14.4				0	0	--- With uppers of rubber
12	0	0	7.2	0	16.8	0	21.6	14.4				0	0	--- With uppers of plastics
														- Other footwear:
														-- Covering the ankle but not covering the knee:
12	0	0	7.2	0	16.8	0	21.6	14.4				0	0	--- With uppers of rubber
12	0	0	7.2	0	16.8	0	21.6	14.4				0	0	--- With uppers of plastics
12	0	0	7.2	0	16.8	0	21.6	14.4				0	0	-- Other
														Other footwear with outer soles and uppers of rubber or plastics:
														- Sports footwear:

税号	货品名称	进口关税 % 最惠国	普通	年内暂定	增值/消费税%	出口退税%	统计计量单位	监管证件代码	检验检疫类别	协定税率 % 东盟	亚太	智利
6402.1200	-- 滑雪靴、越野滑雪鞋靴及滑雪板靴											
64021200.10	含濒危动物毛皮橡胶/塑料底及面滑雪靴(包括越野滑雪鞋靴及滑雪板靴)	10	100		17	0	千克/双	EF		0	5	0
64021200.90	其他橡胶/塑料底及面滑雪靴(包括越野滑雪鞋靴及滑雪板靴)	10	100		17	15	千克/双			0	5	0
6402.1900	-- 其他											
64021900.10	含濒危动物毛皮其他运动鞋靴(橡胶、塑料制底及面)	24	100		17	0	千克/双	EF		0	12	0
64021900.90	橡胶、塑料制底及面的其他运动鞋靴	24	100		17	15	千克/双			0	12	0
6402.2000	- 用栓塞方法将鞋面条带装配在鞋底上的鞋	24	100		17	15	千克/双			0	12	0
	- 其他鞋靴:											
6402.9100	-- 短统靴(过踝)	24	100	12	17	15	千克/双			0	12	0
	-- 其他:											
6402.9910	--- 橡胶制鞋面的	24	100	12	17	15	千克/双			0	12	0
	--- 塑料制鞋面的:											
6402.9921	----以机织物或其他纺织材料作衬底的	24	100		17	15	千克/双			0	12	0
6402.9929	----其他	24	100		17	15	千克/双			0	12	0
64.03	**橡胶、塑料、皮革或再生皮革制外底，皮革制鞋面的鞋靴:**											
	- 运动鞋靴:											
6403.1200	-- 滑雪靴、越野滑雪鞋靴及滑雪板靴											
64031200.10	濒危野生动物皮革制鞋面的滑雪靴	24	100		17	15	千克/双	EF		0		0
64031200.90	其他皮革制鞋面的滑雪靴(包括橡胶、塑料、皮革制外底和越野滑雪鞋靴及板靴)	24	100		17	15	千克/双			0		0
6403.1900	-- 其他											
64031900.10	濒危野生动物皮革制鞋面其他运动鞋靴	15	100		17	15	千克/双	EF		0		0
64031900.90	皮革制鞋面的其他运动鞋靴(橡胶、塑料、皮革或再生皮革制外底)	15	100		17	15	千克/双			0		0
6403.2000	- 皮革制外底，由交叉于脚背并绕大脚趾的皮革条带构成鞋面的鞋											
64032000.10	濒危野生动物皮革条带为鞋面的皮底鞋	24	100		17	15	千克/双	EF		0		0
64032000.90	其他皮革条带为鞋面的皮底鞋(皮革条带交叉于脚背并绕大脚趾的)	24	100		17	15	千克/双			0		0
6403.4000	- 装有金属防护鞋头的其他鞋靴											
64034000.10	其他含濒危野生动物皮革面鞋靴(装有金属护鞋头的)	24	100		17	15	千克/双	EF		0		0
64034000.90	装有金属护鞋头的其他皮革面鞋靴(橡胶、塑料、皮革或再生皮革制外底)	24	100		17	15	千克/双			0		0
	- 皮革制外底的其他鞋靴:											
	-- 短统靴(过踝):											
	--- 过脚踝但低于小腿的短统靴，按内底长度分类:											
6403.5111	----小于24厘米的											
64035111.10	濒危野生动物皮革制外底皮革面过脚踝但低于小腿的短筒靴(内底长度小于24cm，运动用靴除外)	10	100		17	15	千克/双	EF		0		0
64035111.90	皮革制外底皮革面过脚踝但低于小腿的短筒靴(内底长度小于24cm，运动用靴除外)	10	100		17	15	千克/双			0		0
6403.5119	----其他											
64035119.10	其他野生动物皮革制外底皮革面过脚踝但低于小腿短筒靴(运动用靴除外)	10	100		17	15	千克/双	EF		0		0
64035119.90	其他皮革制外底皮革面过脚踝但低于小腿短筒靴(运动用靴除外)	10	100		17	15	千克/双			0		0
	--- 其他，按内底长度分类:											
6403.5191	----小于24厘米的											

协定税率 %										特惠税率 %				Article Description
巴基斯坦	冰岛	哥斯达黎	秘鲁	新西兰	瑞士	新加坡	韩国	澳大利亚	港澳台	老挝	孟加拉	33 国	7 国	
														-- Ski-boots, cross-country ski footwear and snowboard boots
5	0	0	0	0	4		8	6			0	0	0	Ski-boots with outer soles and uppers of rubber or plastics, containing furskin of endangered animals, including cross-country ski footwear and snowboard boots
5	0	0	0	0	4		8	6			0	0	0	Other ski-boots with outer soles and uppers of rubber or plastics, including cross-country ski footwear and snowboard boots
														-- Other
12	0	0	7.2	0	16.8	0	21.6	14.4				0	0	Other sports footwear with outer soles and uppers of rubber or plastics, containing furskin of endangered animals
12	0	0	7.2	0	16.8	0	21.6	14.4				0	0	Other sports footwear with outer soles and uppers of rubber or plastics
12	0	0	7.2	0	16.8	0	21.6	14.4				0	0	- Footwear with upper straps or thongs assembled to the soles by means of plugs
														- Other footwear:
12	0	0	7.2	0	16.8	0	21.6	14.4	/0/			0	0	-- Covering the ankle
														-- Other:
12	0	0	7.2	0	16.8	0	21.6	14.4	/0/		0	0	0	--- With uppers of rubber
														--- With uppers of plastics:
12	0	0	7.2	0	16.8	0	21.6	14.4	/0/		0	0	0	----On a base of woven fabric or other textile materials
12	0	0	7.2	0	16.8	0	21.6	14.4	/0/		0	0	0	----other
														Footwear with outer soles of rubber, plastics, leather or composition leather and uppers of leather:
														- Sports footwear:
														-- Ski-boots, cross-country ski footwear and snowboard boots
	0	0	7.2	0	16.8	0	21.6	14.4			0	0	0	Ski-boots with uppers of leather of wild animals
	0	0	7.2	0	16.8	0	21.6	14.4			0	0	0	Ski-boots with uppers of other leather and outer soles of rubber, plastics, leather or composition leather, including cross-country ski footwear and snowboard boots
														-- Other
12	0	0	4.5	0	10.5	0	12	9	/0/		0	0	0	Other sports footwear with uppers of leather of endangerde wild animals
12	0	0	4.5	0	10.5	0	12	9	/0/		0	0	0	Other sports footwear with uppers of other leather and outer soles of rubber, plastics, leather or composition leather
														- Footwear with outer soles of leather, and uppers which consist of leather straps across the instep and around the big toe
	0	0	7.2	0	16.8	0	21.6	14.4	/0/		0	0	0	Footwear with outer soles of leather and with uppers of leather straps of endangerde wild animals
	0	0	7.2	0	16.8	0	21.6	14.4	/0/		0	0	0	Footwear with outer soles of leather and with uppers which consist of other leather straps across the instep and around the big toe
														- Other footwear, incorporating a protective metal toe-cap
	0	0	7.2	0	16.8	0	21.6	14.4			0	0	0	Other footwear with uppers of leather of endangerde wild animals, incorporating a protective metal toe-cap
	0	0	7.2	0	16.8	0	21.6	14.4			0	0	0	Other footwear with uppers of other leather and outer soles of rubber, plastics, leather or composition leather, incorporating a protective metal toe-cap
														- Other footwear with outer soles of leather:
														-- Covering the ankle:
														--- Covering the ankle but not covering the calf, by length of inner soles:
														----Less than 24cm
5	0	0	0	0	4		8	6	/0/		0	0	0	Short boots with outer soles of leather of endangerde wild animals and uppers of leather, covering the ankle but not covering the calf, inner sole length less than 24cm, other than sports footwear
5	0	0	0	0	4		8	6	/0/		0	0	0	Short boots with outer soles of leather and uppers of leather, covering the ankle but not covering the calf, inner soles length less than 24cm, other than sports footwear
														----Other
5	0	0	0	0	4		8	6			0	0	0	Other short boots with outer soles of leather of wild animals and uppers of leather, covering the ankle but not covering the calf, other than sports footwear
5	0	0	0	0	4		8	6			0	0	0	Short boots with outer soles of other leather and uppers of leather, covering the ankle but not covering the calf, other than sports footwear
														--- Other, by length of inner soles:
														----Less than 24cm

税号	货品名称	进口关税 % 最惠国	普通	年内暂定	增值/消费税%	出口退税%	统计计量单位	监管证件代码	检验检疫类别	协定税率 % 东盟	亚太	智利
64035191.10	濒危野生动物皮革制外底皮革面短筒靴(内底长度小于24cm, 运动用靴除外)	10	100		17	15	千克/双	EF		0		0
64035191.90	皮革制外底的皮革面短筒靴(过踝)(内底长度小于24cm, 运动用靴除外)	10	100		17	15	千克/双			0		0
6403.5199	----其他											
64035199.10	濒危野生动物皮革制外底皮革面短筒靴(运动用靴除外)	10	100		17	15	千克/双	EF		0		0
64035199.90	皮革制外底的皮革面短筒靴(过踝)(运动用靴除外)	10	100		17	15	千克/双			0		0
6403.5900	-- 其他											
64035900.10	濒危野生动物皮革制外底皮革面其他鞋(包括靴,运动用鞋靴除外)	10	100		17	15	千克/双	EF		0		0
64035900.90	皮革制外底的皮革面其他鞋靴(运动用鞋靴除外)	10	100		17	15	千克/双			0		0
	- 其他鞋靴:											
	-- 短统靴(过踝):											
	--- 过脚踝但低于小腿的短统靴,按内底长度分类:											
6403.9111	----小于24厘米的											
64039111.10	其他濒危野生动物皮革制面过脚踝但低于小腿的短筒靴(内底＜24cm, 橡胶、塑料、再生皮革制外底,运动用靴除外)	10	100		17	15	千克/双	EF		0		0
64039111.90	其他皮革制面过脚踝但低于小腿的短筒靴(内底＜24cm, 橡胶、塑料、再生皮革制外底,运动用靴除外)	10	100		17	15	千克/双			0		0
6403.9119	----其他											
64039119.10	其他濒危野生动物皮革制面过脚踝但低于小腿的短筒靴(橡胶、塑料、再生皮革制外底,运动用靴除外)	10	100		17	15	千克/双	EF		0		0
64039119.90	其他皮革制面过脚踝但低于小腿的短筒靴(橡胶、塑料、再生皮革制外底,运动用靴除外)	10	100		17	15	千克/双			0		0
	--- 其他,按内底长度分类:											
6403.9191	----小于24厘米的											
64039191.10	其他濒危野生皮革制面的短筒靴(过踝)(内底＜24cm, 橡胶、塑料、再生皮革制外底,运动用靴除外)	10	100		17	15	千克/双	EF		0		0
64039191.90	其他皮革制面的短筒靴(过踝)(内底＜24cm, 橡胶、塑料、再生皮革制外底,运动用靴除外)	10	100		17	15	千克/双			0		0
6403.9199	----其他											
64039199.10	其他濒危野生皮革制面的短筒靴(过踝)(橡胶、塑料、再生皮革制外底,运动用靴除外)	10	100		17	15	千克/双	EF		0		0
64039199.90	其他皮革制面的短筒靴(过踝)(橡胶、塑料、再生皮革制外底,运动用靴除外)	10	100		17	15	千克/双			0		0
6403.9900	-- 其他											
64039900.10	濒危野生动物皮革制面的其他鞋靴(橡胶、塑料、再生皮革制外底,运动用鞋靴除外)	10	100		17	15	千克/双	EF		0	8.5	0
64039900.90	其他皮革制面的其他鞋靴(橡胶、塑料、再生皮革制外底,运动用鞋靴除外)	10	100		17	15	千克/双			0	8.5	0
64.04	**橡胶、塑料、皮革或再生皮革制外底,用纺织材料制鞋面的鞋靴:**											
	- 橡胶或塑料制外底的鞋靴:											
6404.1100	-- 运动鞋靴;网球鞋、篮球鞋、体操鞋、训练鞋及类似鞋	24	100	12	17	15	千克/双			0	12	0
	-- 其他:											
6404.1910	--- 拖鞋	24	100		17	15	千克/双			0	12	0
6404.1990	--- 其他	24	100		17	15	千克/双			0	12	0
	- 皮革或再生皮革制外底的鞋靴:											

协定税率 %										特惠税率 %				Article Description
巴基斯坦	冰岛	哥斯达黎	秘鲁	新西兰	瑞士	新加坡	韩国	澳大利亚	港澳台	老挝	孟加拉	33 国	7 国	
5	0	0	0	0	4		8	6			0	0	0	Short boots with outer soles of leather of endangerde wild animals and uppers of leather, of inner soles length less than 24cm, other than sports footwear
5	0	0	0	0	4		8	6			0	0	0	Short boots with outer soles of leather and uppers of leather, covering the ankle, of inner soles length less than 24cm, other than sports footwear
														----Other
5	0	0	0	0	4		8	6			0	0	0	Short boots with outer soles of leather of endangerde wild animals and uppers of leather, other than sports footwear
5	0	0	0	0	4		8	6			0	0	0	Short boots with outer soles of other leather and uppers of leather, covering the ankle, other than sports footwear
														-- Other
5	0	0	3	0	7		8	6	/0/		0	0	0	Other footwear with outer soles of leather of endangerde wild animals and uppers of leather, including boots, other than sports footwear
5	0	0	3	0	7		8	6	/0/		0	0	0	Other footwear with outer soles of other leather and uppers of leather, other than sports footwear
														- Other footwear:
														-- Covering the ankle:
														--- Covering the ankle but not covering the calf, by length of inner soles:
														----Less than 24cm
5	0	0	0	0	7	0	8	6	/0/		0	0	0	Short boots with uppers of leather of endangerde wild animals, covering the ankle but lower than calf, outer soles of rubber or plastic or composition leather, of inner soles length less than 24cm, other than sports footwear
5	0	0	0	0	7	0	8	6	/0/		0	0	0	Short boots with uppers of other leather, covering the ankle but lower than calf, outer soles of rubber or plastic or composition leather, of inner soles length less than 24cm, other than sports footwear
														----Other
5	0	0	0	0	4	0	8	6	/0/		0	0	0	Short boots with uppers of leather of endangerde wild animals, covering the ankle but lower than calf, outer soles of rubber or plastic or composition leather, other than sports footwear
5	0	0	0	0	4	0	8	6	/0/		0	0	0	Short boots with uppers of other leather, covering the ankle but lower than calf, outer soles of rubber or plastic or composition leather, other than sports footwear
														--- Other, by length of inner soles:
														----Less than 24cm
5	0	0	0	0	4	0	8	6	/0/		0	0	0	Short boots with uppers of leather of endangerde wild animals, covering the ankle, outer soles of rubber or plastic or composition leather, of inner soles length less than 24cm, other than sports footwear
5	0	0	0	0	4	0	8	6	/0/		0	0	0	Short boots with uppers of other leather, covering the ankle, outer soles of rubber or plastic or composition leather, of inner soles length less than 24cm, other than sports footwear
														----Other
5	0	0	0	0	4	0	8	6	/0/		0	0	0	Short boots with uppers of leather of endangerde wild animals, covering the ankle, outer soles of rubber or plastic or composition leather, other than sports footwear
5	0	0	0	0	4	0	8	6	/0/		0	0	0	Short boots with uppers of other leather, covering the ankle, outer soles of rubber or plastic or composition leather, other than sports footwear
														-- Other
5	0	0	0	0	7	0	8	6	/0/		0	0	0	Other footwear with uppers of leather of endangerde wild animals, outer soles of rubber or plastic or composition leather, other than sports footwear
5	0	0	0	0	7	0	8	6	/0/		0	0	0	Other footwear with uppers of other leather, outer soles of rubber or plastic or composition leather, other than sports footwear
														Footwear with outer soles of rubber, plastics, leather or composition leather and uppers of textile materials:
														- Footwear with outer soles of rubber or plastics:
12	0	0	7.2	0	16.8	0	21.6	14.4	/0/			0	0	-- Sports footwear; tennis shoes, basketball shoes, gym shoes, training shoes and the like
														-- Other:
12	0	0	7.2	0	16.8	0	21.6	14.4	/0/			0	0	--- Slippers
12	0	0	7.2	0	16.8	0	21.6	14.4	/0/			0	0	--- Other
														- Footwear with outer soles of leather or composition leather:

税号	货品名称	进口关税 %			增值/消费税%	出口退税%	统计计量单位	监管证件代码	检验检疫类别	协定税率 %		
		最惠国	普通	年内暂定						东盟	亚太	智利
6404.2010	--- 拖鞋	24	100		17	15	千克/双			0	12	0
6404.2090	--- 其他	24	100		17	15	千克/双			0	12	0
64.05	**其他鞋靴:**											
	- 皮革或再生皮革制鞋面的:											
6405.1010	--- 橡胶、塑料、皮革及再生皮革制外底的	24	100	12	17	15	千克/双			0	12	0
6405.1090	--- 其他材料制外底的											
64051090.10	濒危野生动物皮革制面的其他鞋靴(外底用橡胶,塑料,皮革及再生皮革以外材料制成)	24	100	12	17	15	千克/双	EF		0	12	0
64051090.90	其他皮革或再生皮革制面的其他鞋靴(外底用橡胶,塑料,皮革及再生皮革以外材料制成)	24	100	12	17	15	千克/双			0	12	0
6405.2000	- 纺织材料制鞋面的											
64052000.10	羊毛毡呢制内底及鞋面的鞋靴(外底用橡胶,塑料,皮革或再生皮革制以外材料制成)	22	100	12	17	15	千克/双			0	11	0
64052000.90	纺织材料制鞋面的其他鞋靴(外底用橡胶,塑料,皮革或再生皮革制以外材料制成)	22	100	12	17	15	千克/双			0	11	0
	- 其他:											
6405.9010	--- 橡胶、塑料、皮革及再生皮革制外底的	15	100		17	15	千克/双			0	10.5	0
6405.9090	--- 其他材料制外底的	15	100		17	15	千克/双			0	10.5	0
64.06	**鞋靴零件(包括鞋面,不论是否带有除外底以外的其他鞋底);活动式鞋内底、跟垫及类似品;护腿、裹腿和类似品及其零件:**											
6406.1000	- 鞋面及其零件,但硬衬除外											
64061000.10	含濒危野生动物皮的鞋面及其零件	15	90		17	15	千克	EF		0	13.2	0
64061000.90	其他鞋面及其零件(不包括硬衬及毛毡呢制品)	15	90		17	15	千克			0	13.2	0
	- 橡胶或塑料制的外底及鞋跟:											
6406.2010	--- 橡胶制的	15	90		17	15	千克			0		0
6406.2020	--- 塑料制的	15	90		17	15	千克			0		0
	- 其他:											
6406.9010	--- 木制	15	90		17	15	千克	A	M/	0	10.5	0
	--- 其他材料制:											
6406.9091	----活动式鞋内底、跟垫及类似品	15	90		17	15	千克			0	10.5	0
6406.9092	----护腿、裹腿和类似品及其零件	15	90		17	15	千克			0	10.5	0
6406.9099	----其他	15	90		17	15	千克			0	10.5	0

协定税率 %										特惠税率 %				Article Description
巴基斯坦	冰岛	哥斯达黎	秘鲁	新西兰	瑞士	新加坡	韩国	澳大利亚	港澳台	老挝	孟加拉	33 国	7 国	
12	0	0	7.2	0	16.8	0	21.6	14.4				0	0	--- Slippers
12	0	0	7.2	0	16.8	0	21.6	14.4				0	0	--- Other
														Other footwear:
														- With uppers of leather or composition leather:
12	0	0	7.2	0	16.8	0	21.6	14.4				0	0	--- With outer soles of rubber, plastics, leather or composition leather
														--- Other
12	0	0	7.2	0	16.8	0	21.6	14.4				0	0	Other footwear with uppers of leather of endangerde wild animals, outer soles of materials other than rubber, plastics, leather or composition leather
12	0	0	7.2	0	16.8	0	21.6	14.4				0	0	Other footwear with uppers of other leather or composition leather, outer soles of materials other than rubber, plastics, leather or composition leather
														- With uppers of textile materials
11	0	0	6.6	0	15.4	0	19.8	13.2				0	0	Footwear with innner soles and uppers of wool felt, outer soles of materials other than rubber, plastics, leather or composition leather
11	0	0	6.6	0	15.4	0	19.8	13.2				0	0	Other footwear with uppers of textile materials, outer soles of materials other than rubber, plastics, leather or composition leather
														- Other:
7.5	0	0	4.5	0	10.5	0	12	9				0	0	--- With outer soles of rubber, plastics, leather or composition leather
7.5	0	0	4.5	0	10.5	0	12	9				0	0	--- Other
														Parts of footwear（including uppers whether or not attached to soles other than outer soles); removable in-soles, heel cushions and similar articles;gaiters, leggings and similar articles, and parts thereof:
														- Uppers and parts thereof, other than stiffeners
7.5	0	0	4.5	0	10.5	0	13.5	9	//0			0	0	Uppers and parts thereof, containing leather of endangerde wild animals
7.5	0	0	4.5	0	10.5	0	13.5	9	//0			0	0	Other uppers and parts thereof, excluding stiffeners and felt articles
														- Outer soles and heels, of rubber or plastics:
12	0	0	4.5	0	10.5	0	12	9	//0		0	0	0	--- Of rubber
12	0	0	4.5	0	10.5	0	12	9			0	0	0	--- Of plastics
														- Other:
7.5	0	0	4.5	0	10.5	0	12	9				0	0	--- Of wood
														--- Of other materials:
7.5	0	0	4.5	0	10.5	0	13.5	9	0/0/0			0	0	----Re-movable in-soles, heel cushions and similar articles
7.5	0	0	4.5	0	10.5	0	13.5	9	0/0/0			0	0	----Gaiters, leggings and similar articles, and parts thereof
7.5	0	0	4.5	0	10.5	0	13.5	9	0/0/0			0	0	----Other

第六十五章 帽类及其零件

注释：

一、本章不包括：

（一）税目 63.09 的旧帽类；

（二）石棉制帽类（税目 68.12）；或

（三）第九十五章的玩偶帽、其他玩具帽或狂欢节用品。

二、税目 65.02 不包括缝制的帽坯，但仅将条带缝成螺旋形的除外。

税号	货品名称	进口关税 %			增值/消费税%	出口退税 %	统计计量单位	监管证件代码	检验检疫类别	协定税率 %		
		最惠国	普通	年内暂定						东盟	亚太	智利
65.01	毡呢制的帽坯、帽身及帽兜，未楦制成形，也未加帽边；毡呢制的圆帽片及制帽用的毡呢筒（包括裁开的毡呢筒）：											
6501.0000	毡呢制的帽坯、帽身及帽兜，未楦制成形，也未加帽边；毡呢制的圆帽片及制帽用的毡呢筒（包括裁开的毡呢筒）	22	100		17	15	千克			0		0
65.02	编结的帽坯或用任何材料的条带拼制而成的帽坯，未楦制成形，也未加帽边、衬里或装饰物：											
6502.0000	编结的帽坯或用任何材料的条带拼制而成的帽坯，未楦制成形，也未加帽边、衬里或装饰物	20	100		17	15	千克			0		0
65.04	编结帽或用任何材料的条带拼制而成的帽类，不论有无衬里或装饰物：											
6504.0000	编结帽或用任何材料的条带拼制而成的帽类，不论有无衬里或装饰物	20	130		17	15	个/千克			0		0
65.05	针织或钩编的帽类，用成匹的花边、毡呢或其他纺织物（条带除外）制成的帽类，不论有无衬里或装饰物；任何材料制的发网，不论有无衬里或装饰物：											
6505.0010	--- 发网	10	130		17	15	个/千克			0		0
6505.0020	--- 钩编的帽类	20	130		17	15	个/千克			0	19	0
	--- 其他：											
6505.0091	----用税目 65.01 的帽身、帽兜或圆帽片制成的毡呢帽类，无论有无衬里或装饰物	22	130		17	15	个/千克			0		0
6505.0099	----其他	20	130		17	15	个/千克			0	19	0
65.06	其他帽类，不论有无衬里或装饰物：											
6506.1000	- 安全帽											
65061000.10	防护罩(带有能够滤除生物因子滤器的面罩)	10	100		17	15	个/千克	3		0		0
65061000.90	其他安全帽(不论有无衬里或饰物)	10	100		17	15	个/千克			0		0
	- 其他：											
6506.9100	-- 橡胶或塑料制	10	100		17	15	个/千克			0		0
	-- 其他材料制：											
6506.9910	--- 皮革制											
65069910.10	野生动物皮革制帽类	10	130		17	15	个/千克	EF		0		0
65069910.90	其他皮革制帽类	10	130		17	15	个/千克			0		0
6506.9920	--- 毛皮制											
65069920.10	野生动物毛皮制的帽类(无论有无衬里或饰物)	10	130		17	15	个/千克	EF		0		0
65069920.90	其他毛皮制的帽类(无论有无衬里或饰物)	10	130		17	15	个/千克			0		0
6506.9990	--- 其他	24	100		17	15	个/千克			0		0
65.07	帽圈、帽衬、帽套、帽帮、帽骨架、帽舌及帽颏带：											
6507.0000	帽圈、帽衬、帽套、帽帮、帽骨架、帽舌及帽颏带											
65070000.10	含野生动物成分的帽类附件(指帽圈、衬、套、帮、骨架、舌及颏带)	24	100		17	15	千克	EF		0		0
65070000.90	其他帽类附件(指帽圈、衬、套、帮、骨架、舌及颏带)	24	100		17	15	千克			0		0

Chapter 65 Headgear and parts thereof

Chapter Notes:

1. This Chapter does not cover:

    (a) Worn headgear of heading 63.09;

    (b) Asbestos headgear (heading 68.12); or

    (c) "Dolls" hats, other toy hats or carnival articles of Chapter 95.

2. Heading 65.02 does not cover hat-shapes made by sewing other than those obtained simply by sewing strips in spirals.

协定税率 %										特惠税率 %				Article Description
巴基斯坦	冰岛	哥斯达黎	秘鲁	新西兰	瑞士	新加坡	韩国	澳大利亚	港澳台	老挝	孟加拉	33国	7国	
														Hat-forms, hat bodies and hoods of felt, neither blocked to shape nor with made brims; plateaux and manchons (including slit manchons), of felt:
	0	0	6.6	0	15.4	0	19.8	13.2				0	0	Hat-forms, hat bodies and hoods of felt, neither blocked to shape nor with made brims; plateaux and manchons(including slit manchons) ,of felt
														Hat-shapes, plaited or made by assembling strips of any materi-al, neither blocked to shape, nor with made brims, nor lined, nor trimmed:
	0	0	6	0	14	0	17.3	12				0	0	Hat-shapes, plaited or made by assembling strips of any material, neither blocked to shape, nor with made brims, nor lined, nor trimmed
														Hats and other headgear, plaited or made by assembling strips of any material, whether or not lined or trimmed:
	0	0	6	0	14	0	17.3	12				0	0	Hats and other headgear, plaited or made by assembling strips of any material, whether or not lined or trimmed
														Hats and other headgear, knitted or crocheted, or made up from lace, felt or other textile fabric, in the piece(by not in strips),whether or not lined or trimmed;hair-nets of any material, whether or not lined or trimmed:
5	0	0	0	0	4		8	6			0	0	0	--- Hair-nets
19	0	0	6	0	14	0	17.3	12			0	0	0	--- Hats and other headgear, knitted or crocheted
														--- Other:
	0	0	6.6	0	15.4	0	19.8	13.2				0	0	----Felt hats and other felt headgear, made from the hat bodies, hoods or plateaux of heading No.65.01, whether or not lined or trimmed
19	0	0	6	0	14	0	16	12	/0/		0	0	0	----Other
														Other headgear, whether or not lined or trimmed
														- Safety headgear
5	0	0	0	0	4		8	6				0	0	Protective mask with filter which can filter biological factors
5	0	0	0	0	4		8	6				0	0	Other safety headgear, whether or not lined or trimmed
														- Other:
5	0	0	0	0	4		8	6				0	0	-- Of rubber or of plastics
														-- Of other materials:
														--- Of leather
5	0	0	0	0	4		8	6				0	0	Other headgear, of leather of wild animals
5	0	0	0	0	4		8	6				0	0	Other headgear, of leather of other animals
														--- Of furskin
5	0	0	0	0	4		8	6	0//		0	0	0	Headgear, of furskin of wild animals, whether or not lined or trimmed
5	0	0	0	0	4		8	6	0//		0	0	0	Headgear, of furskin of other animals, whether or not lined or trimmed
	0	0	7.2	0	16.8	0	21.6	14.4			0	0	0	--- Other
														Head-bands, linings, covers, hat foundations, hat frames, peaks and chinstraps, for headgear:
														Head-bands, linings, covers, hat foundations, hat frames, peaks and chinstraps, for headgear
	0	0	7.2	0	16.8	0	21.6	14.4	/0/			0	0	Headgear accessories, including headbands, linings, covers, hat foundations, hat frames, peaks and chinstraps, containing materials of wild animals
	0	0	7.2	0	16.8	0	21.6	14.4	/0/			0	0	Other headgear accessories, including head-bands, linings, covers, hat foundations, hat frames, peaks and chinstraps

第六十六章 雨伞、阳伞、手杖、鞭子、马鞭及其零件

注释：

一、本章不包括：

（一）丈量用杖及类似品（税目 90.17）；

（二）火器手杖、刀剑手杖、灌铅手杖及类似品（第九十三章）；或

（三）第九十五章的货品（例如，玩具雨伞、玩具阳伞）。

二、税目 66.03 不包括纺织材料制的零件、附件及装饰品或者任何材料制的罩套、流苏、鞭梢、伞套及类似品。此类货品即使与税目 66.01 或 66.02 的物品一同报验，只要未装配在一起，则不应视为上述税目所列物品的组成零件，而应分别归入各有关税目。

税号	货品名称	进口关税 %			增值/消费税%	出口退税%	统计计量单位	监管证件代码	检验检疫类别	协定税率 %		
		最惠国	普通	年内暂定						东盟	亚太	智利
66.01	雨伞及阳伞(包括手杖伞、庭园用伞及类似伞)：											
6601.1000	- 庭园用伞及类似伞	14	130		17	15	千克/把			0		0
	其他：											
6601.9100	-- 折叠伞	10	130		17	15	千克/把			0		0
6601.9900	-- 其他	10	130		17	15	千克/把			0		0
66.02	手杖、带座手杖、鞭子、马鞭及类似品：											
6602.0000	手杖、带座手杖、鞭子、马鞭及类似品											
66020000.11	含野生动物成分的手杖、带座手杖(包括马鞭、鞭子及类似品)	10	130		17	15	千克/把	EF		0		0
66020000.19	动植物材料制手杖、鞭子及类似品(包括带座手杖)	10	130		17	15	千克/把			0		0
66020000.90	其他手杖、带座手杖、鞭子及类似品	10	130		17	15	千克/把			0		0
66.03	税目 66.01 或 66.02 所列物品的零件及装饰品：											
6603.2000	- 伞骨，包括装在伞柄上的伞骨	14	130		17	15	千克			0		0
6603.9000	- 其他											
66039000.10	含野生动物成分的伞、手杖的零件及装饰品(包括鞭子的其他零件及饰品)	14	130		17	15	千克	EF		0		0
66039000.90	伞、手杖及鞭子的其他零件及饰品(罩套、流苏、鞭梢及纺织材料制品除外)	14	130		17	15	千克			0		0

Chapter 66 Umbrellas, sun umbrellas, walking-sticks, seat-sticks, whips, riding-crops, and parts thereof

Chapter Notes:

1. This Chapter does not cover:

   (a) Measure walking-sticks or the like (heading 90.17);

   (b) Firearm-sticks, sword-sticks, loaded walking-sticks or the like (Chapter 93); or

   (c) Goods of Chapter 95 (for example, toy umbrellas, toy sun umbrellas).

2. Heading 66.03 does not cover parts, trimmings or accessories of textile material, or covers, tassels, thongs, umbrella cases or the like, of any material. Such goods presented with, but not fitted to, articles of heading 66.01 or 66.02 are to be classified separately and are not to be treated as forming part of those articles.

协定税率 %										特惠税率 %				Article Description
巴基斯坦	冰岛	哥斯达黎	秘鲁	新西兰	瑞士	新加坡	韩国	澳大利亚	港澳台	老挝	孟加拉	33 国	7 国	
														Umbrellas and sun umbrellas（including walking-stick umbrellas, garden umbrellas and similar umbrellas):
7	0	0	0	0	9.8	0	11.2	8.4				0	0	- Garden or similar umbrellas
														- Other:
5	0	0	0	0	4		8	6			0	0	0	-- Having a telescopic shaft
5	0	0	0	0	4		8	6				0	0	-- Other
														Walking-sticks, seat-sticks, whips, ridingcrops and the like:
														Walking-sticks, seat-sticks, whips, ridingcrops and the like
5	0	0	0	0	4		8	6				0	0	Walking-sticks, seat-sticks, whips, riding-crops and the like, containing materials of wild animals
5	0	0	0	0	4		8	6				0	0	Walking-sticks, seat-sticks, whips, riding-crops and the like, of vegetable or animal materials
5	0	0	0	0	4		8	6				0	0	Other walking-sticks, seat-sticks, whips, riding-crops and the like
														Parts, trimmings and accessories of articles of heading No. 66.01 or 66.02:
11.2	0	0	0	0	9.8	0	11.2	8.4				0	0	- Umbrella frames, including frames mounted on shafts(sticks)
														- Other
11.2	0	0	0	0	9.8	0	11.2	8.4			0	0	0	Parts, trimmings and accessories of umbrella, walking-sticks, whips, containing composition of wild animals
11.2	0	0	0	0	9.8	0	11.2	8.4			0	0	0	Other parts, trimmings and accessories of umbrella, walking-sticks, whips, other than covers, tassels, lash and other articles of textile material

第六十七章　已加工羽毛、羽绒及其制品；人造花；人发制品

注释：

一、本章不包括：

（一）人发制滤布（税目 59.11）；

（二）花边、刺绣品或其他纺织物制成的花卉图案（第十一类）；

（三）鞋靴（第六十四章）；

（四）帽类及发网（第六十五章）；

（五）玩具、运动用品或狂欢节用品（第九十五章）；或

（六）羽毛掸帚、粉扑及人发制的筛子（第九十六章）。

二、税目 67.01 不包括：

（一）羽毛或羽绒仅在其中作为填充料的物品（例如，税目 94.04 的寝具）；

（二）羽毛或羽绒仅作为饰物或填充料的衣服或衣着附件；或

（三）税目 67.02 的人造花、叶及其部分品，以及它们的制成品。

三、税目 67.02 不包括：

（一）玻璃制品（第七十章）；或

（二）用陶器、石料、金属、木料或其他材料经模铸、锻造、雕刻、冲压或其他方法整件制成形的人造花、叶或果实；用捆扎、胶粘及类似方法以外的其他方法将部分品组合而成的上述制品。

税　号	货 品 名 称	进口关税 %			增值/消费税%	出口退税%	统计计量单位	监管证件代码	检验检疫类别	协定税率 %		
		最惠国	普通	年内暂定						东盟	亚太	智利
67.01	带羽毛或羽绒的鸟皮及鸟体其他部分、羽毛、部分羽毛、羽绒及其制品（税目 05.05 的货品和经加工的羽管及羽轴除外）：											
6701.0000	带羽毛或羽绒的鸟皮及鸟体其他部分、羽毛、部分羽毛、羽绒及其制品（税目 05.05 的货品和经加工的羽管及羽轴除外）											
67010000.10	已加工野禽羽毛、羽绒及其制品	20	130		17	15	千克	ABEF	P/Q	0		0
67010000.90	其他已加工羽毛、羽绒及其制品（税目 0505 的货品及经加工的羽管及羽轴除外）	20	130		17	15	千克	AB	P/Q	0		0
67.02	人造花、叶、果实及其零件；用人造花、叶或果实制成的物品：											
6702.1000	- 塑料制	20	130		17	15	千克			0		0
	- 其他材料制：											
6702.9010	--- 羽毛制											
67029010.10	野禽羽毛制花、叶、果实及其制品	20	130		17	15	千克	ABEF	P/Q	0		0
67029010.90	其他羽毛制花、叶、果实及其制品（包括花、叶、果实的零件）	20	130		17	15	千克	AB	P/Q	0		0
6702.9020	--- 丝及绢丝制	24	130		17	15	千克			0		0
6702.9030	--- 化学纤维制	24	130		17	15	千克			0		0
6702.9090	--- 其他	20	130		17	15	千克			0		0
67.03	经梳理、稀疏、脱色或其他方法加工的人发；作假发及类似品用的羊毛、其他动物毛或其他纺织材料：											
6703.0000	经梳理、稀疏、脱色或其他方法加工的人发；作假发及类似品用的羊毛、其他动物毛或其他纺织材料	20	100		17	9	千克			0	18	0
67.04	人发、动物毛或纺织材料制的假发、假胡须、假眉毛、假睫毛及类似品；其他税目未列名的人发制品：											
	- 合成纤维纺织材料制：											
6704.1100	-- 整头假发	25	130		17	9	千克			0		0

Chapter 67 Prepared feathers and down and articles made of feathers or of down; artificial flowers; articles of human hair

Chapter Notes:

1. This Chapter does not cover:

    (a) Straining cloth of human hair (heading 59.11);

    (b) Floral motifs of lace, of embroidery or other textile fabric (Section XI);

    (c) Footwear (Chapter 64);

    (d) Headgear or hair-nets (Chapter 65);

    (e) Toys, sports requisites or carnival articles (Chapter 95); or

    (f) Feather dusters, powder-puffs or hair sieves (Chapter 96).

2. Heading 67.01 does not cover:

    (a) Articles in which feathers or down constitute only filling or padding (for example, bedding of heading 94.04);

    (b) Articles of apparel or clothing accessories in which feathers or down constitute no more than mere trimming or padding; or

    (c) Artificial flowers or foliage or parts thereof or made up articles of heading 67.02.

3. Heading 67.02 does not cover:

    (a) Articles of glass (Chapter 70); or

    (b) Artificial flowers, foliage or fruit of pottery, stone, metal, wood or other materials, obtained in one piece by moulding, forging, carving, stamping or other process, or consisting of parts assembled otherwise than by binding, glueing, fitting into one another or similar methods.

协定税率 %										特惠税率 %				Article Description
巴基斯坦	冰岛	哥斯达黎	秘鲁	新西兰	瑞士	新加坡	韩国	澳大利亚	港澳台	老挝	孟加拉	33 国	7 国	
														Skins and other parts of birds with their feathers or down, feathers, parts of feathers, down and articles thereof (other than goods of heading No.05.05 and worked quills and scapes):
														Skins and other parts of birds with their feathers or down, feathers, parts of feathers, down and articles thereof (other than goods of heading No. 05.05 and worked quills and scapes)
	0	0	6	0	14	0	17.3	12	/0/			0	0	Worked feathers, down and articles thereof, of wild birds
	0	0	6	0	14	0	17.3	12	/0/			0	0	Other worked feathers, down and articles thereof, other than goods of heading 05.05 and worked quills and scapes
														Artificial flowers, foliage and fruit and parts thereof;articles made of artificial flowers, foliage or fruit:
	0	0	6	0	14	0	17.3	12				0	0	- Of plastics
														- Of other materials:
														--- Of feathers or down
	0	0	6	0	14	0	17.3	12				0	0	Artificial flowers, foliage and fruit and articles thereof, of feathers or down of wild birds
	0	0	6	0	14	0	17.3	12				0	0	Artificial flowers, foliage and fruit and articles thereof; of other feathers or down, including parts of flowers, foliage and fruit and articles thereof
	0	0	7.2	0	16.8	0	21.6	14.4				0	0	--- Of silk or silk waste
	0	0	7.2	0	16.8	0	21.6	14.4				0	0	--- Of man-made fibres
	0	0	6	0	14	0	17.3	12				0	0	--- Other
														Human hair, dressed, thinned, bleached or otherwise worked;wool or other animal hair or other textile materials, prepared for use in making wigs or the like:
18	0	0	6	0	14	0	16	12				0	0	Human hair, dressed, thinned, bleached or otherwise worked; wool or other animal hair or other textile materials, prepared for use in making wigs or the like
														Wigs, false beards, eyebrows and eyelashes, switches and the like, of human or animal hair or of textile materials;articles of human hair not elsewhere specified or included:
														- Of synthetic textile materials:
	0	0	7.5	0	18	0	22.5	15			0	0	0	-- Complete wigs

税 号	货 品 名 称	进口关税 % 最惠国	普通	年内暂定	增值/消费税%	出口退税%	统计计量单位	监管证件代码	检验检疫类别	协定税率 % 东盟	亚太	智利
6704.1900	-- 其他	25	130		17	9	千克			0		0
6704.2000	- 人发制	15	130		17	9	千克			0		0
6704.9000	- 其他材料制	25	130		17	9	千克			0		0

协定税率 %										特惠税率 %				Article Description
巴基斯坦	冰岛	哥斯达黎	秘鲁	新西兰	瑞士	新加坡	韩国	澳大利亚	港澳台	老挝	孟加拉	33 国	7 国	
	0	0	7.5	0	18	0	22.5	15	/0/		0	0	0	-- Other
12	0	0	4.5	0	10.5	0	12	9	/0/		0	0	0	- Of human hair
	0	0	7.5	0	18	0	22.5	15	/0/		0	0	0	- Of other materials

第十三类　石料、石膏、水泥、石棉、云母及类似材料的制品；陶瓷产品；玻璃及其制品

第六十八章　石料、石膏、水泥、石棉、云母及类似材料的制品

注释：

一、本章不包括：

（一）第二十五章的货品；

（二）税目 48.10 或 48.11 的经涂布、浸渍或覆盖的纸及纸板（例如，用云母粉或石墨涂布的纸及纸板、沥青纸及纸板）；

（三）第五十六章或第五十九章的经涂布、浸渍或包覆的纺织物（例如，用云母粉、沥青涂布或包覆的织物）；

（四）第七十一章的物品；

（五）第八十二章的工具及其零件；

（六）税目 84.42 的印刷用石板；

（七）绝缘子（税目 85.46）或绝缘材料制的零件（税目 85.47）；

（八）牙科用磨锉（税目 90.18）；

（九）第九十一章的物品（例如，钟及钟壳）；

（十）第九十四章的物品（例如，家具、灯具及照明装置、活动房屋）；

（十一）第九十五章的物品（例如，玩具、游戏品及运动用品）；

（十二）用第九十六章注释二（二）所述材料制成的税目 96.02 的物品或税目 96.06 的物品（例如，钮扣）、税目 96.09 的物品（例如，石笔）或税目 96.10 的物品（例如，绘画石板）；或

（十三）第九十七章的物品（例如，艺术品）。

二、税目 68.02 所称“已加工的碑石或建筑用石”，不仅适用于已加工的税目 25.15、25.16 的各种石料，也适用于所有经类似加工的其他天然石料（例如，石英岩、燧石、白云石及冻石），但不适用于板岩。

税　号	货　品　名　称	进口关税 %			增值/消费税%	出口退税%	统计计量单位	监管证件代码	检验检疫类别	协定税率 %		
		最惠国	普通	年内暂定						东盟	亚太	智利
68.01	**天然石料（不包括板岩）制的长方砌石、路缘石、扁平石：**											
6801.0000	天然石料（不包括板岩）制的长方砌石、路缘石、扁平石	12	70		17	0	千克			0		0
68.02	**已加工的碑石或建筑用石（不包括板岩）及其制品，但税目 68.01 的货品除外；天然石料（包括板岩）制的镶嵌石（马赛克）及类似品，不论是否有衬背；天然石料（包括板岩）制的人工染色石粒、石片及石粉：**											
	-　砖、瓦、方块及类似品，不论是否为矩形（包括正方形），其最大表面积以可置入边长小于 7 厘米的方格为限；人工染色的石粒、石片及石粉：											
6802.1010	--- 大理石	24	90		17	0	千克			0	19.2	0
6802.1090	--- 其他	20	90		17	0	千克			0	16	0
	-　简单切削或锯开并具有一个平面的其他碑石或建筑用石及其制品：											
	--　大理石、石灰华及蜡石：											
6802.2110	--- 大理石	10	90		17	0	千克			0		0
6802.2120	--- 石灰华	24	90		17	9	千克			0		0
6802.2190	--- 其他	24	90		17	0	千克			0		0
6802.2300	--　花岗岩	10	90		17	0	千克	A	M	0	9.2	0

SECTION XIII ARTICLES OF STONE, PLASTER, CEMENT, ASBESTOS, MICA OR SIMILAR MATERIALS; CERAMIC PRODUCTS; GLASS AND GLASSWARE

Chapter 68 Articles of stone, plaster, cement, asbestos, mica or similar materials

Chapter Notes:

1. This Chapter does not cover:

   (a) Goods of Chapter 25;

   (b) Coated, impregnated or covered paper and paperboard of heading 48.10 or 48.11 (for example, paper and paperboard coated with mica powder or graphite, bituminised or asphalted paper and paperboard);

   (c) Coated, impregnated or covered textile fabric of Chapter 56 or 59 (for example, fabric coated or covered with mica powder, bituminised or asphalted fabric);

   (d) Articles of Chapter 71;

   (e) Tools or parts of tools, of Chapter 82;

   (f) Lithographic stones of heading 84.42;

   (g) Electrical insulators (heading 85.46) or fittings of insulating material of heading 85.47;

   (h) Dental burrs (heading 90.18);

   (ij) Articles of Chapter 91 (for example, clocks and clock cases);

   (k) Articles of Chapter 94 (for example, furniture, lamps and lighting fittings, prefabricated buildings);

   (l) Articles of Chapter 95 (for example, toys, games and sports requisites);

   (m) Articles of heading 96.02, if made of materials specified in Note 2 (b) to Chapter 96, or of heading 96.06 (for example, buttons), 96.09 (for example, slate pencils) or 96.10 (for example, drawing slates); or

   (n) Articles of Chapter 97 (for example, works of art).

2. In heading 68.02 the expression "worked monumental or building stone" applies not only to the varieties of stone referred to in heading 25.15 or 25.16 but also to all other natural stone (for example, quartzite, flint, dolomite and steatite) similarly worked; it does not, however, apply to slate.

协定税率 %										特惠税率 %				Article Description
巴基斯坦	冰岛	哥斯达黎	秘鲁	新西兰	瑞士	新加坡	韩国	澳大利亚	港澳台	老挝	孟加拉	33 国	7 国	
														Setts, curbstones and flagstones, of natural stone(except slate):
6	0	0	0	0	8.4	0	9.6	7.2	/0/			0	0	Setts, curbstones and flagstones, of natural stone(except slate)
														Worked monumental or building stone(except slate)and articles thereof, other than goods of heading No.68.01; mosaic cubes and the like, of natural stone （including slate),whether or not on a backing; artificially co-loured granules, chippings and powder, of natural stone (inclu-ding slate):
														- Tiles, cubes and similar articles, whether or not rectangular (including square), the largest surface area of which is capable of being enclosed in a square the side of which is less than 7cm; artificially coloured granules, chippings and powder:
0	0	0	0	0	16.8	0	21.6	14.4	0/0/		0	0	0	--- Marble
0	0	0	0	0	14	0	17.3	12	0/0/			0	0	--- Other
														- Other monumental or building stone and articles thereof, simply cut or sawn, with a flat or even surface:
														-- Marble, travertine and alabaster:
0	0	0	0	0	4		8	6	/0/		0	0	0	--- Marble
0	0	0	0	0	16.8	0	21.6	14.4	/0/			0	0	--- Travertine
0	0	0	0	0	16.8	0	21.6	14.4				0	0	--- Other
0	0	0	0	0	4		8	6	/0/		0	0	0	-- Granite

税号	货品名称	进口关税 %			增值/消费税%	出口退税%	统计计量单位	监管证件代码	检验检疫类别	协定税率 %		
		最惠国	普通	年内暂定						东盟	亚太	智利
	-- 其他石:											
6802.2910	--- 其他石灰石	24	90		17	0	千克			0		0
6802.2990	--- 其他	15	90		17	0	千克			0		0
	- 其他:											
	-- 大理石、石灰华及蜡石:											
6802.9110	--- 石刻	24	90		17	13	千克			0		0
6802.9190	--- 其他	10	90		17	9	千克			0		0
	-- 其他石灰质石:											
6802.9210	--- 石刻	24	90		17	13	千克			0		0
6802.9290	--- 其他	10	90		17	9	千克			0		0
	-- 花岗岩:											
	--- 石刻:											
6802.9311	----墓碑石	24	90		17	13	千克	A	M	0		0
6802.9319	----其他	24	90		17	13	千克	A	M	0		0
6802.9390	--- 其他	10	90		17	9	千克	A	M	0	9.2	0
	-- 其他石:											
6802.9910	--- 石刻	24	90		17	13	千克			0		0
6802.9990	--- 其他	24	90		17	9	千克			0		0
68.03	**已加工的板岩及板岩或粘聚板岩的制品:**											
6803.0010	--- 板岩制	20	80		17	5	千克			0		0
6803.0090	--- 其他	20	80		17	5	千克			0		0
68.04	**未装支架的石磨、石碾、砂轮和类似品及其零件,用于研磨、磨刃、抛光、整形或切割,以及手用磨石、抛光石及其零件,用天然石料、粘聚的天然磨料、人造磨料或陶瓷制成,不论是否装有由其他材料制成的零件:**											
6804.1000	- 碾磨或磨浆用石磨、石碾	8	40		17	5	千克			0		0
	- 其他石磨、石碾、砂轮及类似品:											
	-- 粘聚合成或天然金刚石制:											
6804.2110	--- 砂轮	8	17		17	5	千克			0		0
6804.2190	--- 其他	8	17		17	5	千克			0		0
	-- 其他粘聚磨料制或陶瓷制:											
6804.2210	--- 砂轮	8	17		17	5	千克			0		0
6804.2290	--- 其他	8	40		17	5	千克			0		0
	-- 天然石料制:											
6804.2310	--- 砂轮	8	17		17	5	千克			0		0
6804.2390	--- 其他	8	40		17	5	千克			0		0
	- 手用磨石及抛光石:											
6804.3010	--- 琢磨油石	8	17		17	5	千克			0	6.4	0
6804.3090	--- 其他	8	40		17	5	千克			0	6.4	0
68.05	**砂布、砂纸及以其他材料为底的类似品,不论是否裁切、缝合或用其他方法加工成形:**											
6805.1000	- 砂布	8	40		17	5	千克			0		0
6805.2000	- 砂纸	8	40		17	5	千克			0		0
6805.3000	- 其他	8	40		17	5	千克			0		0
68.06	**矿渣棉、岩石棉及类似的矿质棉;页状蛭石、膨胀粘土、泡沫矿渣及类似的膨胀矿物材料;具有隔热、隔音或吸音性能的矿物材料的混合物及制品,但税目68.11、68.12或第六十九章的货品除外:**											
	- 矿渣棉、岩石棉及类似的矿质棉(包括其相互混合物),块状、成片或成卷:											
6806.1010	--- 硅酸铝纤维及其制品	10.5	40		17	5	千克			0		0
6806.1090	--- 其他											
68061090.01	其他矿物纤维,渣球含量小于5%	10.5	40	5	17	5	千克			0		0
68061090.90	其他矿渣棉,岩石棉及类似矿质棉(包括相互混合物,块状、成片或成卷)	10.5	40		17	5	千克			0		0

协定税率 %										特惠税率 %				Article Description
巴基斯坦	冰岛	哥斯达黎	秘鲁	新西兰	瑞士	新加坡	韩国	澳大利亚	港澳台	老挝	孟加拉	33 国	7 国	
														-- Other stone:
0	0	0	7.2	0	16.8	0	21.6	14.4	/0/			0	0	--- Other calcareous stone
0	0	0	4.5	0	10.5	0	12	9	/0/		0	0	0	--- Other
														- Other:
														-- Marble, travertine and alabaster:
0	0	0	0	0	16.8	0	21.6	14.4	/0/			0	0	--- Carvings
0	0	0	0	0	4		8	6	0/0/		0	0	0	--- Other
														-- Other calcareous stone:
0	0	0	7.2	0	16.8	0	21.6	14.4	/0/			0	0	--- Carvings
0	0	0	3	0	4		8	6	0/0/		0	0	0	--- Other
														-- Granite:
														--- Carvings:
0	0	0	7.2	0	16.8	0	21.6	14.4	/0/			0	0	----Gravestone
0	0	0	7.2	0	16.8	0	21.6	14.4	0/0/			0	0	----Other
0	0	0	0	0	4		8	6	/0/		0	0	0	--- Other
														-- Other stone:
0	0	0	0	0	16.8	0	21.6	14.4	/0/			0	0	--- Carvings
0	0	0	0	0	16.8	0	21.6	14.4	0/0/		0	0	0	--- Other
														Worked slate and articles of slate or of agglomerated slate:
	0	0	6	0	14	0	17.3	12	/0/			0	0	--- Of slate
	0	0	6	0	14	0	17.3	12				0	0	--- Other
														Millstones, grindstones, grinding wheels and the like, without frameworks, for grinding, sharpening, polishing, trueing or cutting, hand sharpening or polishing stones, and parts thereof, of natural stone, of agglomerated natural or artificial abrasives, or of ceramics, with or without parts of other materials:
5	0	0	0	0	3.2		4.8	4.8			0	0	0	- Millstones and grindstones for milling, grinding or pulping
														- Other millstones, grindstones, grinding wheels and the like:
														-- Of agglomerated synthetic or natural diamond:
5	0	0	0	0	5.6		6.4	4.8	0//		0	0	0	--- Grinding wheels
5	0	0	0	0	5.6		6.4	4.8	0//		0	0	0	--- Other
														-- Of other agglomerated abrasives or of ceramics:
5	0	0	0	0	5.6		4.8	4.8	0//		0	0	0	--- Grinding wheels
5	0	0	0	0	3.2		4.8	4.8	0//		0	0	0	--- Other
														-- Of natural stone:
5	0	0	0	0	3.2		4.8	4.8			0	0	0	--- Grinding wheels
5	0	0	0	0	3.2		6.4	4.8			0	0	0	--- Other
														- Hand sharpening or polishing stones:
5	0	0	0	0	3.2		4.8	4.8			0	0	0	--- Oilstones
5	0	0	0	0	3.2		6.4	4.8			0	0	0	--- Other
														Natural or artificial abrasive powder or grain, on a base of textile material, of paper, of paperboard or of other materials, whether or not cut to shape or sewn or otherwise made up:
5	0	0	0	0	5.6		6.9	4.8			0	0	0	- On a base of woven textile fabric only
5	0	0	0	0	5.6		6.4	4.8			0	0	0	- On a base of paper or paperboard only
5	0	0	0	0	3.2		6.4	4.8			0	0	0	- On a base of other materials
														Slag wool, rock wool and similar mineral wools; exfoliated vermi-culite, expanded clays, foamed slag and similar expanded mineral materials;mixtures and articles of heat-insulating, soundinsula-ting or soundabsorbing mineral materials, other than those of heading No.68.11 or 68.12 or of Chapter 69:
														- Slag wool, rock wool and similar mineral wools (including intermixtures thereof), in bulk, sheets or rolls:
5	0	0	0	0	7.4	0	8.4	6.3			0	0	0	--- Alumino-silicate fibre and articles of alumino-silicate fibre
														--- Other
5	0	0	0	0	7.4	0	8.4	6.3			0	0	0	Other mineral fiber, slag content of less than 5%
5	0	0	0	0	7.4	0	8.4	6.3			0	0	0	Other slag wool, rock wool and similar mineral wools, including inter-mixtures thereof, in bulk, sheets or rolls

税号	货品名称	进口关税 % 最惠国	普通	年内暂定	增值/消费税%	出口退税%	统计计量单位	监管证件代码	检验检疫类别	协定税率 % 东盟	亚太	智利
6806.2000	- 页状蛭石、膨胀粘土、泡沫矿渣及类似的膨胀矿物材料（包括其相互混合物）	10.5	40		17	0	千克			0		0
6806.9000	- 其他	10	50		17	0	千克			0		0
68.07	**沥青或类似原料(例如,石油沥青或煤焦油沥青)的制品:**											
6807.1000	- 成卷	12	50		17	0	千克			0		0
6807.9000	- 其他	12	50		17	0	千克			0	9.6	0
68.08	**镶板、平板、瓦、砖及类似品，用水泥、石膏及其他矿物粘合材料粘合植物纤维、稻草、刨花、木片屑、木粉、锯末或木废料制成:**											
6808.0000	镶板、平板、瓦、砖及类似品，用水泥、石膏及其他矿物粘合材料粘合植物纤维、稻草、刨花、木片屑、木粉、锯末或木废料制成	10.5	40		17	5	千克			0		0
68.09	**石膏制品及以石膏为基本成分的混合材料制品:**											
	- 未经装饰的板、片、砖、瓦及类似品:											
6809.1100	-- 仅用纸、纸板贴面或加强的	28	100		17	5	千克			0		0
6809.1900	-- 其他	25	100		17	5	千克			0		0
6809.9000	- 其他制品	25	100		17	5	千克			0		0
68.10	**水泥、混凝土或人造石制品，不论是否加强:**											
	- 砖、瓦、扁平石及类似品:											
6810.1100	-- 建筑用砖及石砌块	10.5	40		17	5	千克			0	8.4	0
	-- 其他:											
6810.1910	--- 人造石制	10.5	70		17	5	千克			0	8.4	0
6810.1990	--- 其他	10.5	70		17	5	千克			0	8.4	0
	- 其他制品:											
	-- 建筑或土木工程用的预制结构件:											
6810.9110	--- 钢筋混凝土和预应力混凝土管、杆、板、桩等	10.5	40		17	5	千克			0		0
6810.9190	--- 其他	10.5	40		17	5	千克			0		0
	-- 其他:											
6810.9910	--- 铁道用水泥枕	8	14		17	5	千克			0		0
6810.9990	--- 其他	10.5	70		17	5	千克			0		0
68.11	**石棉水泥、纤维素水泥或类似材料的制品:**											
	- 含石棉的:											
6811.4010	--- 瓦楞板	5	40		17	5	千克			0		0
6811.4020	--- 其他片、板、砖、瓦及类似制品	10.5	40		17	5	千克			0		0
6811.4030	--- 管子及管子附件	8	40		17	5	千克			0		0
6811.4090	--- 其他制品	8.4	40		17	5	千克			0		0
	- 不含石棉的:											
6811.8100	-- 瓦楞板	5	40		17	5	千克			0		0
6811.8200	-- 其他片、板、砖、瓦及类似制品	10.5	40		17	5	千克			0		0
	-- 其他制品:											
6811.8910	--- 管子及管子附件	8	40		17	5	千克			0		0
6811.8990	--- 其他	8.4	40		17	5	千克			0		0
68.12	**已加工的石棉纤维;以石棉为基本成分或以石棉和碳酸镁为基本成分的混合物;上述混合物或石棉的制品（例如，纱线、机织物、服装、帽类、鞋靴、衬垫），不论是否加强，但税目 68.11 或 68.13 的货品除外:**											
6812.8000	- 青石棉的	10.5	40		17	5	千克			0		0
	- 其他:											
6812.9100	-- 服装、衣着附件、鞋靴及帽类	10.5	40		17	5	千克			0		0
6812.9200	-- 纸、麻丝板及毡子	10.5	40		17	5	千克			0		0
6812.9300	-- 成片或成卷的压缩石棉纤维接合材料	10.5	40		17	5	千克			0		0
6812.9900	-- 其他	10	40		17	5	千克			0		0

协定税率 %										特惠税率 %				Article Description
巴基斯坦	冰岛	哥斯达黎	秘鲁	新西兰	瑞士	新加坡	韩国	澳大利亚	港澳台	老挝	孟加拉	33 国	7 国	
5	0	0	0	0	7.4	0	8.4	6.3			0	0	0	- Exfoliated vermiculite, expanded clays, foamed slag and similar expanded mineral materials (including intermixtures thereof)
5	0	0	0	0	4		8.6	6			0	0	0	- Other
														Articles of asphalt or of similarmaterial (for example, petroleum bitumen or coal tar pitch):
6	0	0	0	0	8.4	0	9.6	7.2				0	0	- In rolls
5	0	0	0	0	8.4	0	9.6	7.2				0	0	- Other
														Panels, boards, tiles, blocks and similar articles of vegetable fibre, of straw or of shavings, chips, particles, sawdust or other waste, of wood, agglomerated with cement, plaster or other mineral binders:
5	0	0	0	0	7.4	0	8.4	6.3				0	0	Panels, boards, tiles, blocks and similar articles of vegetable fibre, of straw or of shavings, chips, particles, sawdust or other waste, of wood, agglomerated with cement, plaster or other mineral binders
														Articles of plaster or of compositions based on plaster:
														- Boards, sheets, panels, tiles and similar articles, not ornamented:
	0	0	8.4	0	19.6	0		16.8				0	0	-- Faced or reinforced with paper or paper board only
	0	0	7.5	0		0	22.5	15	/0/			0	0	-- Other
	0	0	7.5	0		0	22.5	15				0	0	- Other articles
														Articles of cement, of concrete or of artificial stone, whether or not reinforced:
														- Tiles, flagstones, bricks and similar articles:
5	0	0	0	0	7.4	0	8.4	6.3	0//		0	0	0	-- Building blocks and bricks
														-- Other:
5	0	0	0	0	7.4	0	8.4	6.3	/0/		0	0	0	--- Of artificial stone
5	0	0	0	0	7.4	0	8.4	6.3			0	0	0	--- Other
														- Other articles:
														-- Prefabricated structural components for building or civil engineering:
5	0	0	0	0	7.4	0	8.4	6.3	0//		0	0	0	--- Reinforced concrete and prestressed concrete tubes, pipes, rods, plates, piles and similar articles
5	0	0	0	0	7.4	0	8.4	6.3	0/0/		0	0	0	--- Other
														-- Other:
5	0	0	0	0	3.2		4.8	4.8			0	0	0	--- Railway sleepers of concrete
5	0	0	0	0	7.4	0	8.4	6.3			0	0	0	--- Other
														Articles of asbestos-cement, of cellulose fibre-cement or the like:
														- Containing asbestos:
0	0	0	0	0	0		3	0				0	0	--- Corrugated sheets
5	0	0	0	0	7.4	0	8.4	6.3				0	0	--- Other sheets, panels, tiles and similar articles
5	0	0	0	0	3.2		4.8	4.8				0	0	--- Tubes, pipes and tube or pipe fittings
5	0	0	0	0	3.36		6.7	5				0	0	--- Other articles
														- Not containing asbestos:
0	0	0	0	0	0		3	0				0	0	-- Corrugated sheets
5	0	0	0	0	7.6	0	8.4	6.3				0	0	-- Other sheets, panels, tiles and similar articles
														-- Other articles:
5	0	0	0	0	3.2		4.8	4.8				0	0	--- Tubes, pipes and tube or pipe fittings
5	0	0	0	0	3.36		5	5				0	0	--- Other
														Fabricated asbestos fibres; mixtures with a basis of asbestos or with a basis of asbestos and magnesium carbonate; articles of such mixtures or of asbestos (for example, thread, woven fabric, clothing, headgear, footwear, gaskets), whether or not reinforced, other than goods of heading No.68.11 or 68.13:
5	0	0	0	0	7.4	0	8.4	6.3			0	0	0	- Of crocidolite
														- Other:
5	0	0	0	0	7.4	0	8.4	6.3			0	0	0	-- Clothing, clothing accessories, footwear and headgear
5	0	0	0	0	7.4	0	8.4	6.3			0	0	0	-- Paper, millboard and felt
5	0	0	0	0	7.4	0	8.4	6.3			0	0	0	-- Compressed asbestos fibre jointing, in sheets or rolls
5	0	0	0	0	4		8	6			0	0	0	-- Other

税号	货品名称	进口关税 %			增值/消费税%	出口退税%	统计计量单位	监管证件代码	检验检疫类别	协定税率 %		
		最惠国	普通	年内暂定						东盟	亚太	智利
68.13	**以石棉、其他矿物质或纤维素为基本成分的未装配摩擦材料及其制品（例如，片、卷、带、盘、圈、垫及扇形），适于作制动器、离合器及类似品，不论是否与织物或其他材料结合而成：**											
	- 含石棉的：											
6813.2010	--- 闸衬、闸垫	10	40		17	5	千克			0		0
6813.2090	--- 其他	12	40		17	5	千克			0		0
	- 不含石棉的：											
6813.8100	-- 闸衬、闸垫	10	40		17	5	千克			0		0
6813.8900	-- 其他	12	40		17	5	千克			0		0
68.14	**已加工的云母及其制品，包括粘聚或复制的云母，不论是否附于纸、纸板或其他材料上：**											
6814.1000	- 粘聚或复制云母制的板、片、带，不论是否附于其他材料上	10.5	35		17	5	千克			0		0
6814.9000	- 其他	10.5	35		17	5	千克			0		0
68.15	**其他税目未列名的石制品及其他矿物制品（包括碳纤维及其制品和泥煤制品）：**											
6815.1000	- 非电器用的石墨或其他碳精制品	15	70		17	0	千克	3		0		0
6815.2000	- 泥煤制品	15	70		17	0	千克			0		0
	- 其他制品：											
6815.9100	-- 含有菱镁矿、白云石或铬铁矿的	15	70		17	0	千克			0		0
	-- 其他：											
6815.9920	--- 碳纤维											
68159920.10	两用物项管制的碳纤维（比模量≥12.7×10^6m，或比抗拉强度≥23.5×10^4m）	17.5	70		17	9	千克	3		0		0
68159920.90	其他碳纤维	17.5	70		17	9	千克			0		0
	--- 碳纤维制品：											
6815.9931	----碳布	17.5	70		17	9	千克			0		0
6815.9932	----碳纤维预浸料											
68159932.10	两用物项管制的碳纤维预浸料（制品）	17.5	70		17	9	千克	3		0		0
68159932.90	其他碳纤维预浸料（制品）	17.5	70		17	9	千克			0		0
6815.9939	----其他	17.5	70		17	9	千克			0		0
6815.9940	---玄武岩纤维及其制品	17.5	70		17	0	千克			0		0
6815.9990	--- 其他	17.5	70		17	0	千克			0		0

协定税率 %										特惠税率 %				Article Description
巴基斯坦	冰岛	哥斯达黎	秘鲁	新西兰	瑞士	新加坡	韩国	澳大利亚	港澳台	老挝	孟加拉	33 国	7 国	
														Friction material and articles thereof (for example, sheets, rolls, strips, segments, discs, washers, pads), not mounted, for brakes, for clutches or the like, with a basis of asbestos, of other mineral substances or of cellulose, whether or not combined with textile or other materials:
														- Containing asbestos:
5	0	0	0	0	4		8	6			0	0	0	--- Brake linings and pads
6	0	0	0	0	8.4	0	9.6	7.2				0	0	--- Other
														- Not containing asbestos:
5	0	0	0	0	4		8	6			0	0	0	-- Brake linings and pads
6	0	0	0	0	8.4	0	9.6	7.2				0	0	-- Other
														Worked mica and articles of mica, including agglomerated or reconstituted mica, whether or not on a support of paper, paperboard or other materials:
5	0	0	0	0	0	0	8.4	6.3			0	0	0	- Plates, sheets and strips of agglomerated or reconstituted mica, whether or not on a support
5	0	0	0	0	7.4	0	8.4	6.3			0	0	0	- Other
														Articles of stone or of other mineral substances (including carbon fibres, articles of carbon fibres and articles of peat), not elsewhere specified or included:
12	0	0	4.5	0	10.5	0		9			0	0	0	- Non-electrical articles of graphite or other carbon
12	0	0	4.5	0	10.5	0	12	9				0	0	- Articles of peat
														- Other articles:
12	0	0	4.5	0	10.5	0	12	9				0	0	-- Containing magnesite, dolomite or chromite
														-- Other:
														--- Carbon fibres
	0	0	5.2	0	12.3	0		10.5			0	0	0	Carbon fibers under the controll of dual-use items, the modulus ≥12.7×10^6m, or tensile strength ≥23.5×10^4m
	0	0	5.2	0	12.3	0		10.5			0	0	0	Other carbon fibers
														--- Articles of carbon fibres:
	0	0	5.2	0	12.3	0		10.5			0	0	0	----Carbon fabric
														----Pre-preg material of carbon fibres
	0	0	5.2	0	12.3	0		10.5			0	0	0	Carbon fibers prepreg (products) under the controll of dual-use items
	0	0	5.2	0	12.3	0		10.5			0	0	0	Other carbon fibers prepreg (products)
	0	0	5.2	0	12.3	0		10.5			0	0	0	----Other
	0	0	5.2	0	12.3	0	14	10.5			0	0	0	--- Basalt fiber and articles thereof
	0	0	5.2	0	12.3	0	14	10.5			0	0	0	--- Other

第六十九章 陶瓷产品

注释：

一、本章仅适用于成形后经过烧制的陶瓷产品。税目 69.04 至 69.14 仅适用于不能归入税目 69.01 至 69.03 的产品。

二、本章不包括：

（一）税目 28.44 的产品；

（二）税目 68.04 的物品；

（三）第七十一章的物品（例如，仿首饰）；

（四）税目 81.13 的金属陶瓷；

（五）第八十二章的物品；

（六）绝缘子（税目 85.46）或绝缘材料制的零件（税目 85.47）；

（七）假牙（税目 90.21）；

（八）第九十一章的物品（例如，钟及钟壳）；

（九）第九十四章的物品（例如，家具、灯具及照明装置、活动房屋）；

（十）第九十五章的物品（例如，玩具、游戏品及运动用品）；

（十一）税目 96.06 的物品（例如，钮扣）或税目 96.14 的物品（例如，烟斗）；或

（十二）第九十七章的物品（例如，艺术品）。

税号	货品名称	进口关税 %			增值/消费税%	出口退税%	统计计量单位	监管证件代码	检验检疫类别	协定税率 %		
		最惠国	普通	年内暂定						东盟	亚太	智利
	第一分章 硅化石粉或类似硅土及耐火材料制品											
69.01	硅质化石粉（例如，各种硅藻土）或类似硅土制的砖、块、瓦及其他陶瓷制品：											
6901.0000	硅质化石粉（例如，各种硅藻土）或类似硅土制的砖、块、瓦及其他陶瓷制品	8	50		17	0	千克			0	6.4	0
69.02	耐火砖、块、瓦及类似耐火陶瓷建材制品，但硅质化石粉及类似硅土制的除外：											
6902.1000	- 单独或同时含有按重量计超过50%的镁、钙或铬（分别以氧化镁、氧化钙或三氧化二铬的含量计）	8	30		17	0	千克			0		0
6902.2000	- 含有按重量计超过50%的三氧化二铝、二氧化硅或其混合物或化合物	8	30		17	0	千克			0		0
6902.9000	- 其他	8	30		17	0	千克			0		0
69.03	其他耐火陶瓷制品（例如，甑、坩埚、马弗罩、喷管、栓塞、支架、烤钵、管子、护套及棒条），但硅质化石粉及类似硅土制的除外：											
6903.1000	- 含有按重量计超过50%的石墨、其他碳或其混合物	8	20		17	0	千克			0		0
6903.2000	- 含有按重量计超过50%的三氧化二铝或三氧化二铝和二氧化硅的混合物或化合物	8	20		17	0	千克			0		0
6903.9000	- 其他	8	20		17	9	千克			0		0
	第二分章 其他陶瓷产品											
69.04	陶瓷制建筑用砖、铺地砖、支撑或填充用砖及类似品：											
6904.1000	- 建筑用砖	15	90		17	9	千克/千块		+L	0		0
6904.9000	- 其他	24.5	90		17	9	千克		+L	0		0
69.05	屋顶瓦、烟囱罩、通风帽、烟囱衬壁、建筑装饰物及其他建筑用陶瓷制品：											
6905.1000	- 屋顶瓦	24.5	90	15	17	9	千克			0		0
6905.9000	- 其他	24.5	90		17	9	千克		+L	0		0
69.06	陶瓷套管、导管、槽管及管子附件：											

Chapter 69　Ceramic products

Chapter Notes:

1. This Chapter applies only to ceramic products which have been fired after shaping. Headings 69.04 to 69.14 apply only to such products other than those classifiable in headings 69.01 to 69.03.

2. This Chapter does not cover:

   (a) Products of heading 28.44;

   (b) Articles of heading 68.04;

   (c) Articles of Chapter 71 (for example, imitation jewellery);

   (d) Cermets of heading 81.13;

   (e) Articles of Chapter 82;

   (f) Electrical insulators (heading 85.46) or fittings of insulating material of heading 85.47;

   (g) Artificial teeth (heading 90.21);

   (h) Articles of Chapter 91 (for example, clocks and clock cases);

   (ij) Articles of Chapter 94 (for example, furniture, lamps and lighting fittings, prefabricated buildings);

   (k) Articles of Chapter 95 (for example, toys, games and sports requisites);

   (l) Articles of heading 96.06 (for example, buttons) or of heading 96.14 (for example, smoking pipes); or

   (m) Articles of Chapter 97 (for example, works of art).

协定税率 %										特惠税率 %				Article Description
巴基斯坦	冰岛	哥斯达黎	秘鲁	新西兰	瑞士	新加坡	韩国	澳大利亚	港澳台	老挝	孟加拉	33 国	7 国	
														Ⅰ.GOODS OF SILICEOUS FOSSIL MEALS OR OF SIMILAR SILICEOUS EARTHS, AND REFRACTORY GOODS
														Bricks, blocks, tiles and other ceramic goods of siliceous fossil meals (for example, kieselguhr, tripolite or diatomite)or of similar siliceous earths:
5	0	0	0	0	3.2		4.8	4.8				0	0	Bricks, blocks, tiles and other ceramic goods of siliceous fossil meals (for example, kieselguhr, tripolite or diatomite)or of similar siliceous earths
														Refractory bricks, blocks, tiles and similar refractory ceramic constructional goods, other than those of siliceous fossil meals or similar siliceous earths:
5	0	0	0	0	3.2		4.8	4.8			0	0	0	- Containing by weight, singly or together, more than 50% of the elements Mg, Ca or Cr, expressed as MgO, CaO or Cr_2O_3
5	0	0	0	0	5.6		4.8	4.8			0	0	0	- Containing by weight more than 50% of alumina (Al_2O_3), of silica (SiO_2) or of a mixture or compound of these products
5	0	0	0	0	3.2		6.4	4.8			0	0	0	- Other
														Other refractory, ceramic goods(for example, retorts, crucibles, muffles, nozzles, plugs, supports, cupels, tubes, pipes, sheaths and rods), other than those of siliceous fossil meals or of similar siliceous earthes:
5	0	0	0	0	3.2		6.4	4.8		0	0	0	0	- Containing by weight more than 50% of graphite or other carbon or of a mixture of these products
5	0	0	0	0	3.2		4.8	4.8		0	0	0	0	- Containing by weight more than 50% of alumina(Al_2O_3) or of a mixture of compound of alumina and of silica(SiO_2)
5	0	0	0	0	3.2		4.8	4.8		0	0	0	0	- Other
														Ⅱ.OTHER CERAMIC PRODUCTS
														Ceramic building bricks, flooring blocks, support or filler tiles and the like:
12	0	0	4.5	0	10.5	0	12	9			0	0	0	- Building bricks
	0	0	7.4	0	17.2	0	22	14.7				0	0	- Other
														Roofing tiles, chimney-pots, cowls, chimney liners, architectural ornaments and other ceramic constructional goods:
	0	0	7.4	0	17.2	0	22	14.7				0	0	- Roofing tiles
	0	0	7.4	0	17.2	0	22	14.7				0	0	- Other
														Ceramic pipes, conduits, guttering and pipe fittings:

税号	货品名称	进口关税 % 最惠国	普通	年内暂定	增值/消费税%	出口退税%	统计计量单位	监管证件代码	检验检疫类别	协定税率 % 东盟	亚太	智利
6906.0000	陶瓷套管、导管、槽管及管子附件	15	90	10	17	9	千克			0		0
69.07	**未上釉的陶瓷贴面砖、铺面砖、包括炉面砖及墙面砖；未上釉的陶瓷镶嵌砖（马赛克）及类似品，不论是否有衬背：**											
6907.1000	- 砖、瓦、块及类似品，不论是否矩形，其最大表面积以可置入边长小于7厘米的方格为限											
69071000.10	瓷砖，陶瓷等产品，未打磨上釉陶瓷（表面最宽＜7cm）	24.5	90		17	9	千克/平方米		+L	0		0
69071000.90	未上釉的小陶瓷砖，瓦，块及类似品（小指最大表面积可置入边长＜7cm的方格为限）	24.5	90		17	9	千克/平方米		+L	0		0
6907.9000	- 其他	12	90		17	9	千克/平方米		+L	0		0
69.08	**上釉的陶瓷贴面砖、铺面砖，包括炉面砖及墙面砖；上釉的陶瓷镶嵌砖（马赛克）及类似品，不论是否有衬背：**											
6908.1000	- 砖、瓦、块及类似品，不论是否矩形，其最大表面积以可置入边长小于7厘米的方格为限	12	100		17	9	千克/平方米		+L	0	10.4	0
6908.9000	- 其他	12	100		17	9	千克/平方米		+L	0		0
69.09	**实验室、化学或其他专门技术用途的陶瓷器；农业用陶瓷槽、缸及类似容器；通常供运输及盛装货物用的陶瓷罐、坛及类似品：**											
	- 实验室、化学或其他专门技术用途的陶瓷器：											
6909.1100	-- 瓷制	8	30		17	13	千克			0		0
6909.1200	-- 莫氏硬度为9或以上的物品	8	30		17	13	千克			0		0
6909.1900	-- 其他	8	30		17	13	千克			0		0
6909.9000	- 其他	21	90	15	17	9	千克			0		0
69.10	**陶瓷洗涤槽、脸盆、脸盆座、浴缸、坐浴盆、抽水马桶、水箱、小便池及类似的固定卫生设备：**											
6910.1000	- 瓷制	10	100		17	9	千克/件			0	9	0
6910.9000	- 其他	10	100		17	9	千克/件	A	M/	0		0
69.11	**瓷餐具、厨房器具及其他家用或盥洗用瓷器：**											
	- 餐具及厨房器具：											
	--- 餐具：											
6911.1011	----骨瓷	12	100	8	17	13	千克	A	R/	0	10	0
6911.1019	----其他	12	100	8	17	13	千克	A	R/	0	10	0
	--- 厨房器具：											
6911.1021	----刀具	15	100	10	17	13	千克	A	R/	0	12.5	0
6911.1029	----其他	15	100	10	17	13	千克	A	R/	0	12.5	0
6911.9000	- 其他	24.5	100		17	13	千克			0	20	0
69.12	**陶餐具、厨房器具及其他家用或盥洗用陶器：**											
6912.0010	--- 餐具	15	100	10	17	13	千克	A	R/	0		0
6912.0090	--- 其他	15	100	10	17	13	千克	A	R/	0		0
69.13	**塑像及其他装饰用陶瓷制品：**											
6913.1000	- 瓷制	15	100		17	13	千克			0		0
6913.9000	- 其他	15	100		17	13	千克			0		0
69.14	**其他陶瓷制品：**											
6914.1000	- 瓷制	24.5	100		17	9	千克			0		0
6914.9000	- 其他	10	100		17	9	千克			0		0

协定税率 %										特惠税率 %				
巴基斯坦	冰岛	哥斯达黎	秘鲁	新西兰	瑞士	新加坡	韩国	澳大利亚	港澳台	老挝	孟加拉	33 国	7 国	**Article Description**
12	0	0	4.5	0	10.5	0	12	9				0	0	Ceramic pipes, conduits, guttering and pipe fittings
														Unglazed ceramic flags and pa-ving, hearth or wall tiles;unglazed ceramic mosaic cubes and the like, whether or not on a backing:
														- Tiles, cubes and similar articles, whether or not rectangular, the largest surface area of which is capable of being enclosed in a square the side of which is less than 7cm
	0	0	7.4	0	17.2	0	22	14.7				0	0	Ceramic tile, ceramics products, unglazed and unpolished (the widest side of surface square ＜7cm)
	0	0	7.4	0	17.2	0	22	14.7				0	0	Unglazed small ceramic tiles, cubes and similar articles, the largest surface area of which is capable of being enclosed in a square of side＜7cm
6	0	0	0	0	8.4	0	9.6	7.2				0	0	- Other
														Glazed ceramic flags and paving, hearth or wall tiles; glazed ceramic mosaic cubes and the like, whether or not on a backing:
5	0	0	0	0	8.4	0	9.6	7.2				0	0	- Tiles, cubes and similar articles, whether or not rectangular, the largest surface area of which is capable of being enclosed in a square the side of which is less than 7cm
6	0	0	0	0	8.4	0	9.6	7.2				0	0	- Other
														Ceramic wares for laboratory, chemical or other technical uses; ceramic troughs, tubs and similar receptacles of a kind used in agriculture;ceramic pots, jars and similar articles of a kind used for the conveyance or packing of goods:
														- Ceramic wares for laboratory, chemical or other technical uses:
5	0	0	0	0	3.2		4.8	4.8			0	0	0	-- Of porcelain or china
5	0	0	0	0	3.2		4.8	4.8			0	0	0	-- Articles having a hardness equivalent to 9 or more on the Mohs scale
5	0	0	0	0	0		4.8	4.8			0	0	0	-- Other
	0	0	6.3	0	14.7	0	18.9	12.6				0	0	- Other
														Ceramic sinks, wash basins, wash basin pedestals, baths, bidets, water closet pans, flushing cisterns, urinals and similar sanitary fixtures:
5	0	0	0	0	4	0	8	6			0	0	0	- Of porcelain or china
5	0	0	0	0	4	0	8	6			0	0	0	- Other
														Tableware, kitchenware，other household articles and toilet articles, of porcelain or china:
														- Tableware and kitchenware:
														--- Tableware:
5	0	0	0	0	8.4	0	9.6	7.2			0	0	0	----Bone china
5	0	0	0	0	8.4	0	9.6	7.2			0	0	0	----Other
														--- Kitchenware:
7.5	0	0	4.5	0	10.5	0	12	9				0	0	----Knives and the like
7.5	0	0	4.5	0	10.5	0	12	9				0	0	----Other
20	0	0	7.4	0	17.2	0	22	14.7				0	0	- Other
														Ceramic tableware, kitchenware, other household articles and toilet articles, other than of procelain or china:
12	0	0	4.5	0	10.5	0	12	9			0	0	0	--- Tableware
12	0	0	4.5	0	10.5	0	12	9				0	0	--- Other
														Statuettes and other ornamental ceramic articles:
12	0	0	4.5	0	10.5	0	12	9			0	0	0	- Of porcelain or china
12	0	0	4.5	0	10.5	0	12	9			0	0	0	- Other
														Other ceramic articles:
	0	0	7.4	0	17.2	0	22	14.7				0	0	- Of porcelain or china
5	0	0	0	0	7	0	8.6	6			0	0	0	- Other

第七十章 玻璃及其制品

注释：

一、本章不包括：

（一）税目 32.07 的货品（例如，珐琅和釉料、搪瓷玻璃料及其他玻璃粉、粒或粉片）；

（二）第七十一章的物品（例如，仿首饰）；

（三）税目 85.44 的光缆、税目 85.46 的绝缘子或税目 85.47 所列绝缘材料制的零件；

（四）光导纤维、经光学加工的光学元件、注射用针管、假眼、温度计、气压计、液体比重计或第九十章的其他物品；

（五）有永久固定电光源的灯具及照明装置、灯箱标志或铭牌和类似品及其零件（税目 94.05）；

（六）玩具、游戏品、运动用品、圣诞树装饰品及第九十五章的其他物品（供玩偶或第九十五章其他物品用的无机械装置的玻璃假眼除外）；或

（七）钮扣、保温瓶、香水喷雾器和类似的喷雾器及第九十六章的其他物品。

二、对于税目 70.03、70.04 及 70.05：

（一）玻璃在退火前的各种处理都不视为“已加工”；

（二）玻璃切割成一定形状并不影响其作为板片归类；

（三）所称“吸收、反射或非反射层”，是指极薄的金属或化合物（例如，金属氧化物）镀层，该镀层可以吸收红外线等光线或可以提高玻璃的反射性能，同时仍然使玻璃具有一定程度的透明性或半透明性；或者该镀层可以防止光线在玻璃表面的反射。

三、税目 70.06 所述产品，不论是否具有制成品的特性仍归入该税目。

四、税目 70.19 所称“玻璃棉”，是指：

（一）按重量计二氧化硅的含量在 60%及以上的矿质棉；

（二）按重量计二氧化硅的含量在 60%以下，但碱性氧化物（氧化钾或氧化钠）的含量在 5%以上或氧化硼的含量在 2%以上的矿质棉。

不符合上述规定的矿质棉归入税目 68.06。

五、本协调制度所称“玻璃”，包括熔融石英及其他熔融硅石。

子目注释：

子目 7013.21、7013.31 及 7013.91 所称“铅晶质玻璃”，仅指按重量计氧化铅含量不低于 24%的玻璃。

税号	货品名称	进口关税 % 最惠国	进口关税 % 普通	进口关税 % 年内暂定	增值/消费税%	出口退税%	统计计量单位	监管证件代码	检验检疫类别	协定税率 % 东盟	协定税率 % 亚太	协定税率 % 智利
70.01	碎玻璃及废玻璃；玻璃块料：											
7001.0000	碎玻璃及废玻璃；玻璃块料											
70010000.10	废碎玻璃	12	50		17	0	千克	9		0		0
70010000.90	玻璃块料	12	50		17	0	千克			0		0
70.02	未加工的玻璃球、棒及管（税目 70.18 的微型玻璃球除外）：											
7002.1000	- 玻璃球	12	50		17	0	千克			0		0
	- 玻璃棒：											
7002.2010	--- 光导纤维预制棒	6	50		17	13	千克			0		0
7002.2090	--- 其他	12	50		17	0	千克			0		0
	- 玻璃管：											
	-- 熔融石英或其他熔融硅石制：											
7002.3110	--- 光导纤维用波导级石英玻璃管	5	17	1	17	13	千克			0		0
7002.3190	--- 其他	14	50		17	0	千克			0		0
7002.3200	-- 温度在 0℃至 300℃时线膨胀系数不超过 5×10^{-6}/开尔文的其他玻璃制	12	50		17	13	千克			0		0
7002.3900	-- 其他											

Chapter 70　Glass and glassware

Chapter Notes:

1. This Chapter does not cover:

   (a) Goods of heading 32.07 (for example, vitrifiable enamels and glazes, glass frit, other glass in the form of powder, granules or flakes);

   (b) Articles of Chapter 71 (for example, imitation jewellery);

   (c) Optical fibre cables of heading 85.44, electrical insulators (heading 85.46) or fittings of insulating material of heading 85.47;

   (d) Optical fibres, optically worked optical elements, hypodermic syringes, artificial eyes, thermometers, barometers, hydrometers or other articles of Chapter 90;

   (e) Lamps or lighting fittings, illuminated signs, illuminated name-plates or the like, having a permanently fixed light source, or parts thereof of heading 94.05;

   (f) Toys, games, sports requisites, Christmas tree ornaments or other articles of Chapter 95 (excluding glass eyes without mechanisms for dolls or for other articles of Chapter 95); or

   (g) Buttons, fitted vacuum flasks, scent or similar sprays or other articles of Chapter 96.

2. For the purposes of headings 70.03, 70.04 and 70.05:

   (a) glass is not regarded as "worked" by reason of any process it has undergone before annealing;

   (b) cutting to shape does not affect the classification of glass in sheets;

   (c) the expression "absorbent, reflecting or non-reflecting layer" means a microscopically thin coating of metal or of a chemical compound (for example, metal oxide) which absorbs, for example, infra-red light or improves the reflecting qualities of the glass while still allowing it to retain a degree of transparency or translucency; or which prevents light from being reflected on the surface of the glass.

3. The products referred to in heading 70.06 remain classified in that heading whether or not they have the character of articles.

4. For the purposes of heading 70.19, the expression "glass wool" means:

   (a) Mineral wools with a silica (SiO_2) content not less than 60% by weight;

   (b) Mineral wools with a silica (SiO_2) content less than 60% but with an alkaline oxide (K_2O or Na_2O) content exceeding 5% by weight or a boric oxide (B_2O_3) content exceeding 2% by weight.

   Mineral wools which do not comply with the above specifications fall in heading 68.06.

5. Throughout the Nomenclature, the expression "glass" includes fused quartz and other fused silica.

Subheading Notes:

For the purposes of subheadings 7013.21, 7013.31 and 7013.91, the expression "lead crystal" means only glass having a minimum lead monoxide (PbO) content by weight of 24%.

协定税率 %										特惠税率 %				Article Description
巴基斯坦	冰岛	哥斯达黎	秘鲁	新西兰	瑞士	新加坡	韩国	澳大利亚	港澳台	老挝	孟加拉	33 国	7 国	
														Cullet and other waste and scrap of glass;glass in the mass:
														Cullet and other waste and scrap of glass;glass in the mass
6	0	0	0	0	8.4	0	9.6	7.2				0	0	Cullet and other waste and scrap of glass
6	0	0	0	0	8.4	0	9.6	7.2				0	0	Glass in the mass
														Glass in balls(other than microspheres of heading No.70.18),rods or tubes, unworked:
6	0	0	0	0	8.4	0	9.6	7.2				0	0	- Balls
														- Rods:
5	0	0	0	0	2.4		3.6	3.6				0	0	--- Preformed bars for drawing optical fibre
6	0	0	0	0	8.4	0	9.6	7.2				0	0	--- Other
														- Tubes:
														-- Of fused quartz or other fused silica:
0	0	0	0	0	0		3	0				0	0	--- Waveguide quartz tubes for optical fibres use
11.2	0	0	0	0	9.8	0	11.2	8.4				0	0	--- Other
6	0	0	0	0	8.4	0	9.6	7.2				0	0	-- Of other glass having a linear coefficient of expansion not exceeding 5×10^{-6}per Kelvin within a temperature range of 0℃ to 300℃
														-- Other

税　号	货　品　名　称	进口关税 % 最惠国	普通	年内暂定	增值/消费税%	出口退税%	统计计量单位	监管证件代码	检验检疫类别	协定税率 % 东盟	亚太	智利
70023900.01	光通信用微光组件的玻璃毛细管、定位管(外径小于 3mm)	12	50	3	17	13	千克			0		0
70023900.90	未列名、未加工的玻璃管	12	50		17	13	千克			0		0
70.03	**铸制或轧制玻璃板、片或型材及异型材，不论是否有吸收、反射或非反射层，但未经其他加工：**											
	- 非夹丝玻璃板、片：											
7003.1200	-- 整块着色、不透明、镶色或具有吸收、反射或非反射层的	15	50		17	0	千克/平方米			0		0
7003.1900	-- 其他											
70031900.01	液晶或有机发光二极管(OLED)显示屏用原板玻璃，包括保护屏用含碱玻璃(铸、轧制的非夹丝玻璃板、片，未着色,透明及不具吸收层的,未经其他加工)	17.5	50	3	17	5	千克/平方米			0		0
70031900.90	铸、轧制的其他非夹丝玻璃板、片(未着色,透明及不具吸收层的,未经其他加工)	17.5	50		17	0	千克/平方米			0		0
7003.2000	- 夹丝玻璃板、片	15	50		17	0	千克/平方米			0		0
7003.3000	- 型材及异型材	15	50		17	0	千克/平方米			0		0
70.04	**拉制或吹制玻璃板、片，不论是否有吸收、反射或非反射层，但未经其他加工：**											
7004.2000	- 整块着色、不透明、镶色或具有吸收、反射或非反射层的	17.5	50		17	0	千克/平方米			0		0
7004.9000	- 其他玻璃											
70049000.01	光学平板玻璃，厚度 0.7mm 以下(未着色,透明及不具吸收层的,未经其他加工)	17.5	50	9	17	0	千克/平方米			0		0
70049000.90	拉、吹制的其他玻璃板、片(未着色,透明及不具吸收层的,未经其他加工)	17.5	50		17	0	千克/平方米			0		0
70.05	**浮法玻璃板、片及表面研磨或抛光玻璃板、片，不论是否有吸收、反射或非反射层，但未经其他加工：**											
7005.1000	- 具有吸收、反射或非反射层的非夹丝玻璃	15	50		17	0	千克/平方米			0		0
	- 其他非夹丝玻璃：											
7005.2100	-- 整块着色、不透明、镶色或仅表面研磨的	15	50		17	0	千克/平方米			0		0
7005.2900	-- 其他											
70052900.02	液晶或有机发光二极管(OLED)显示屏用原板玻璃，包括保护屏用含碱玻璃(非夹丝浮法玻璃板、片)	15	50	3	17	5	千克/平方米			0		0
70052900.90	其他非夹丝浮法玻璃板、片	15	50		17	0	千克/平方米			0		0
7005.3000	- 夹丝玻璃	17.5	50		17	0	千克/平方米			0		0
70.06	**经弯曲、磨边、镂刻、钻孔、涂珐琅或其他加工的税目 70.03、70.04 或 70.05 的玻璃，但未用其他材料镶框或装配：**											
7006.0000	经弯曲、磨边、镂刻、钻孔、涂珐琅或其他加工的税目 70.03、70.04 或 70.05 的玻璃，但未用其他材料镶框或装配											
70060000.01	液晶玻璃基板，6 代(1850mm*1500mm)以上，不含 6 代(经弯曲,磨边,镂刻,钻孔,涂珐琅等加工、未镶框或装配)	15	50	4	17	13	千克			0		0
70060000.02	液晶玻璃基板，6 代(1850mm*1500mm)及以下(经弯曲,磨边,镂刻,钻孔,涂珐琅等加工、未镶框或装配)	15	50	6	17	13	千克			0		0
70060000.90	经其他加工税目 7003-7005 的玻璃(经弯曲,磨边,镂刻,钻孔,涂珐琅等加工、未镶框或装配)	15	50		17	13	千克			0		0

协定税率 %										特惠税率 %				
巴基斯坦	冰岛	哥斯达黎	秘鲁	新西兰	瑞士	新加坡	韩国	澳大利亚	港澳台	老挝	孟加拉	33 国	7 国	**Article Description**
6	0	0	0	0	8.4	0	9.6	7.2				0	0	Glass capillaries or positioning tube of micro-optical assemblies for optical communications, external diameter ＜3mm
6	0	0	0	0	8.4	0	9.6	7.2				0	0	Other glass tubes, unworked
														Cast glass and rolled glass, in sheets or profiles, whether or not having an absorbent, reflecting or non-reflecting layer:
														- Non-wired sheets:
12	0	0	4.5	0	10.5	0	12	9				0	0	-- Coloured throughout the mass(body tinted),opacified, flashed or having an absorbent, reflecting or non-reflecting layer
														-- Other
14	0	0	5.2	0	12.3	0	14	10.5	//0			0	0	Cast and rolled non-wired glass, in sheets or profiles, used for liquid crystal or organic light emitting diode (OLED) display, not colored, transparent and not having an absorbent layer, not otherwise worked
14	0	0	5.2	0	12.3	0	14	10.5	//0			0	0	Other cast and rolled non-wired glass, in sheets or profiles, not colored, transparent and not having an absorbent layer, not otherwise worked
12	0	0	4.5	0	10.5	0	12	9				0	0	- Wired sheets
12	0	0	4.5	0	10.5	0	12	9				0	0	- Profiles
														Drawn glass and blown glass, in sheets, whether or not having an absorbent, reflecting or non-reflecting layer, but not otherwise worked:
14	0	0	5.2	0	12.3	0	14	10.5			0	0	0	- Glass, coloured throughout the mass(body tinted),opacified, flashed or having an absorbent, reflecting or non-reflecting layer
														- Other glass
14	0	0	5.2	0	12.3	0	15.7	10.5				0	0	Optics plate glass, thickness ＜0.7mm, not coloured, transparent and not having an absorbent layer, not otherwise worked
14	0	0	5.2	0	12.3	0	15.7	10.5				0	0	Other drawn glass and blown glass, in sheets, not coloured, transparent and not having an absorbent layer, not otherwise worked
														Float glass and surface ground or polished glass, in sheets, whether or not having an absorbent, reflecting or non-reflecting layer, but not otherwise worked:
12	0	0	4.5	0	10.5	0	12	9				0	0	- Non-wired glass, having an absorbent, reflecting or non-reflecting layer
														- Other non-wired glass:
12	0	0	4.5	0	10.5	0	12	9				0	0	-- Coloured throughout the mass(body tinted),opacified, flashed or merely surface ground
														-- Other
12	0	0	4.5	0	10.5	0	12	9				0	0	Original plate galss used for liquid crystal or organic light emitting diode (OLED) display, non-wired float glass sheets
12	0	0	4.5	0	10.5	0	12	9				0	0	Other non-wired float glass, in sheets
14	0	0	5.2	0	12.3	0	14	10.5				0	0	- Wired glass
														Glass of heading No.70.03,70.04 or 70.05,bent, edge-worked, engraved, drilled, enamelled or otherwise worked, but not framed or fitted with other materials:
														Glass of heading No.70.03,70.04 or 70.05,bent, edge-worked, engraved, drilled, enamelled or otherwise worked, but not framed or fitted with other materials
12	0	0	4.5	0	10.5	0	13	9	//0			0	0	Liquid crystal plate glass, of square ＞1850mm×1500mm ,bent, edge-worked, engraved, drilled, enamelled or otherwise worked, but not framed or fitted
12	0	0	4.5	0	10.5	0	13	9	//0			0	0	Liquid crystal plate glass, of square of 1850mm×1500mm or less, bent, edge-worked, engraved, drilled, enamelled or otherwise worked, but not framed or fitted
12	0	0	4.5	0	10.5	0	13	9	//0			0	0	Glass of headings 70.03 to 70.05, bent, edge-worked, engraved, drilled, enamelled or otherwise worked, but not framed or fitted

税号	货品名称	进口关税 %			增值/消费税%	出口退税%	统计计量单位	监管证件代码	检验检疫类别	协定税率 %		
		最惠国	普通	年内暂定						东盟	亚太	智利
70.07	**钢化或层压玻璃制的安全玻璃：**											
	- 钢化安全玻璃：											
	-- 规格及形状适于安装在车辆、航空器、航天器及船舶上：											
7007.1110	--- 航空器、航天器及船舶用											
70071110.01	空载重量≥25吨飞机的挡风玻璃	2	11	1	17	13	千克			0		0
70071110.90	航空航天器及船舶用钢化安全玻璃(其他规格及形状适于安装在航空航天器及船上的)	2	11		17	13	千克			0		0
7007.1190	--- 其他	10	50		17	13	千克	A	L/	0		0
7007.1900	-- 其他	14	50		17	13	千克/平方米		+L	0		0
	- 层压安全玻璃：											
	-- 规格及形状适于安装在车辆、航空器、航天器及船舶上：											
7007.2110	--- 航空器、航天器及船舶用	2	11		17	13	千克			0		0
7007.2190	--- 其他	20	50		17	13	千克	A	L/	0		0
7007.2900	-- 其他	14	50		17	13	千克/平方米		+L	0		0
70.08	**多层隔温、隔音玻璃组件：**											
7008.0010	--- 中空或真空隔温、隔音玻璃	14	50		17	13	千克		+L	0		0
7008.0090	--- 其他	14	50		17	13	千克		+L	0		0
70.09	**玻璃镜（包括后视镜），不论是否镶框：**											
7009.1000	- 车辆后视镜	10	100		17	13	千克		+L	0		0
	- 其他：											
7009.9100	-- 未镶框											
70099100.01	槽式太阳能抛物面反射镜	21	70	10	17	13	千克			0		0
70099100.90	其他未镶框玻璃镜(包括后视镜)	21	70		17	13	千克			0		0
7009.9200	-- 已镶框	12	100		17	13	千克			0	10.8	0
70.10	**玻璃制的坛、瓶、缸、罐、安瓿及其他容器，用于运输或盛装货物；玻璃制保藏罐；玻璃塞、盖及类似的封口器：**											
7010.1000	- 安瓿	14	50		17	13	千克			0		0
7010.2000	- 塞、盖及类似的封口器	14	50		17	13	千克			0		0
	- 其他：											
7010.9010	--- 超过1升	14	50		17	13	千克			0		0
7010.9020	--- 超过0.33升，但不超过1升	14	50		17	13	千克			0		0
7010.9030	--- 超过0.15升，但不超过0.33升	14	50		17	13	千克			0		0
7010.9090	--- 不超过0.15升	14	50		17	13	千克			0		0
70.11	**制灯泡、阴极射线管及类似品用的未封口玻璃外壳（包括玻璃泡及管）及其玻璃零件，但未装有配件：**											
7011.1000	- 电灯用	21	80		17	0	千克			0		0
	- 阴极射线管用：											
7011.2010	--- 显像管玻壳及其零件	10	35		17	13	千克	6		0	7	0
7011.2090	--- 其他											
70112090.01	显示管玻壳及其零件(包括零件,但未装有配件)	10	35	6	17	5	千克	6		0	7	0
70112090.90	其他阴极射线管用的未封口玻壳(包括零件,但未装有配件)	10	35		17	5	千克	6		0	7	0
	- 其他：											
7011.9010	--- 电子管用（阴极射线管用的除外）	8	35		17	5	千克			0		0
7011.9090	--- 其他	21	80		17	0	千克			0		0
70.13	**玻璃器，供餐桌、厨房、盥洗室、办公室、室内装饰或类似用途（税目70.10或70.18的货品除外）：**											
7013.1000	- 玻璃陶瓷制	24.5	100		17	13	千克			0		0
	- 高脚杯，但玻璃陶瓷制的除外：											
7013.2200	-- 铅晶质玻璃制	24.5	100	15	17	13	千克			0		0

协定税率 %										特惠税率 %				Article Description
巴基斯坦	冰岛	哥斯达黎	秘鲁	新西兰	瑞士	新加坡	韩国	澳大利亚	港澳台	老挝	孟加拉	33 国	7 国	
														Safety glass, consisting of toughened(tempered)or laminated glass:
														- Toughened(tempered)safety glass:
														-- Of size and shape suitable for incorporation in vehicles, aircraft, spacecraft or vessels:
														--- For aircraft, spacecraft or vessels
0	0	0	0	0	0		0	0	0//		0	0	0	Toughened (tempered) safety glass, for wind shield of aircraft of an unladen weight ≥25 ton
0	0	0	0	0	0		0	0	0//		0	0	0	Other toughened (tempered) safety glass, of size and shape suitable for incorporation in spacecraft or vessels
5	0	0	0	0	4		8.6	6	0//		0	0	0	--- Other
11.2	0	0	0	0	9.8	0	11.2	8.4				0	0	-- Other
														- Laminated safety glass:
														-- Of size and shape suitable for incorporation in vehicles, aircraft, spacecraft or vessels:
0	0	0	0	0	0		0	0			0	0	0	--- for aircraft, spacecraft or vessels
	0	0	6	0	14	0	18	12			0	0	0	--- Other
11.2	0	0	0	0	9.8	0	11.2	8.4				0	0	-- Other
														Multiple-walled insulating units of glass:
11.2	0	0	0	0	9.8	0	11.2	8.4				0	0	--- Sealed or vacuum insulating glass
11.2	0	0	0	0	9.8	0	11.2	8.4	/0/			0	0	--- Other
														Glass mirrors, whether or not framed, including rear-view mirrors:
5	0	0	0	0	4	0	9	6	//0		0	0	0	- Rear-view mirrors for vehicles
														- Other:
														-- Unframed
	0	0	6.3	0	14.7	0	18.9	12.6				0	0	Trough solar power parabolic mirror
	0	0	6.3	0	14.7	0	18.9	12.6				0	0	Other unframed glass mirror, including rearview mirror
5	0	0	0	0	8.4	0	9.6	7.2			0	0	0	-- Framed
														Carboys, bottles, flasks, jars, pots, phials, ampoules and other containers, of glass, of a kind used for the conveyance or packing of goods;preserving jars of glass;stoppers, lids and other closures, of glass:
11.2	0	0	0	0	9.8	0	11.2	8.4				0	0	- Ampoules
11.2	0	0	0	0	9.8	0	11.2	8.4				0	0	- Stoppers, lids and other closures
														- Other:
11.2	0	0	0	0	9.8	0	11.2	8.4				0	0	--- Exceeding 1L
11.2	0	0	0	0	9.8	0	11.2	8.4				0	0	--- Exceeding 0.33L but not exceeding 1L
11.2	0	0	0	0	9.8	0	11.2	8.4				0	0	--- Exceeding 0.15L but not exceeding 0.33L
11.2	0	0	0	0	9.8	0	11.2	8.4			0	0	0	--- Not exceeding 0.15L
														Glass envelopes(including bulbs and tubes),open, and glass parts thereof, without fittings, for electric lamps, cathode-ray tubes or the like:
	0	0	6.3	0	14.7	0	18.9	12.6				0	0	- For electric lighting
														- For cathode-ray tubes:
5	0	0	0	0	4		8	6				0	0	--- Glass envelopes for kinescope and glass parts thereof
														--- Other
5	0	0	0	0	4			6				0	0	Glass envelopes for kinescope and parts thereof, including parts thereof, but without fittings
5	0	0	0	0	4			6				0	0	Glass envelopes for cathode-ray tubes, unsealed, including parts thereof, but without fittings
														- Other:
5	0	0	0	0	3.2		4.8	4.8				0	0	--- For electronic tubes and valves(other than cathode-ray tubes)
	0	0	6.3	0	14.7	0	18.9	12.6				0	0	--- Other
														Glassware of a kind used for table, kitchen, toilet, office, indoor decoration or similar purposes(other than that of heading No.70.10 or 70.18):
	0	0	7.4	0	17.2	0	22	14.7			0	0	0	- Of glass-ceramics
														- Stemware drinking glasses, other than of glass-ceramics:
	0	0	7.4	0	17.2	0	22	14.7				0	0	-- Of lead crystal

税号	货品名称	进口关税% 最惠国	进口关税% 普通	进口关税% 年内暂定	增值/消费税%	出口退税%	统计计量单位	监管证件代码	检验检疫类别	协定税率% 东盟	协定税率% 亚太	协定税率% 智利
7013.2800	-- 其他	8	100		17	13	千克	A	R/	0		0
	- 其他杯子，但玻璃陶瓷制的除外：											
7013.3300	-- 铅晶质玻璃制	24.5	100	15	17	13	千克			0		0
7013.3700	-- 其他	8	100		17	13	千克	A	R/	0		0
	- 餐桌或厨房用玻璃器皿（不包括杯子），但玻璃陶瓷制的除外：											
7013.4100	-- 铅晶质玻璃制	24.5	100	15	17	13	千克	A	R/	0		0
7013.4200	-- 温度在 0℃至 300℃时线膨胀系数不超过 5×10^{-6}/开尔文的其他玻璃制	10	100		17	13	千克	A	R/	0		0
7013.4900	-- 其他	10	100		17	13	千克	A	R/	0		0
	- 其他玻璃器：											
7013.9100	-- 铅晶质玻璃制	10	100		17	13	千克			0		0
7013.9900	-- 其他	10	100		17	13	千克			0		0
70.14	**未经光学加工的信号玻璃器及玻璃制光学元件（税目 70.15 的货品除外）：**											
7014.0010	--- 光学仪器用光学元件毛坯	10	40		17	13	千克			0		0
7014.0090	--- 其他											
70140090.01	滤波玻璃(带有抗红外和防反射薄膜的)	17.5	80	9	17	13	千克			0		0
70140090.90	其他未经光学加工的信号玻璃器(包括玻璃制光学元件,税目 7015 的物品除外)	17.5	80		17	13	千克			0		0
70.15	**钟表玻璃及类似玻璃、视力矫正或非视力矫正眼镜用玻璃，呈弧面、弯曲、凹形或类似形状但未经光学加工的;制造上述玻璃用的凹面圆形及扇形玻璃：**											
	- 视力矫正眼镜用玻璃：											
7015.1010	--- 变色镜片坯件	21	80		17	13	千克			0		0
7015.1090	--- 其他	17.5	70		17	13	千克			0		0
	- 其他：											
7015.9010	--- 钟表玻璃	17.5	70		17	0	千克			0		0
7015.9020	--- 平光变色镜片坯件	18	80		17	13	千克			0		0
7015.9090	--- 其他	12	80		17	0	千克			0		0
70.16	**建筑用压制或模制的铺面用玻璃块、砖、片、瓦及其他制品，不论是否夹丝；供镶嵌或类似装饰用的玻璃马赛克及其他小件玻璃品,不论是否有衬背；花饰铅条窗玻璃及类似品；多孔或泡沫玻璃块、板、片及类似品：**											
7016.1000	- 供镶嵌或类似装饰用的玻璃马赛克及其他小件玻璃品，不论是否有衬背	22	100		17	13	千克			0		0
	- 其他：											
7016.9010	--- 花饰铅条窗玻璃及类似品	24	90		17	13	千克			0		0
7016.9090	--- 其他	18	90		17	13	千克			0		0
70.17	**实验室、卫生及配药用的玻璃器，不论有无刻度或标量：**											
7017.1000	- 熔融石英或其他熔融硅石制	0	30		17	13	千克					
7017.2000	- 温度在 0℃至 300℃时线膨胀系数不超过 5×10^{-6}/开尔文的其他玻璃制	8	30		17	13	千克			0		0
7017.9000	- 其他	8	30		17	13	千克			0		0
70.18	**玻璃珠、仿珍珠、仿宝石或仿半宝石和类似小件玻璃品及其制品，但仿首饰除外；玻璃假眼，但医用假眼除外;灯工方法制作的玻璃塑像及其他玻璃装饰品，但仿首饰除外；直径不超过 1 毫米的微型玻璃球：**											
7018.1000	- 玻璃珠、仿珍珠、仿宝石或仿半宝石及类似小件玻璃品	10	100		17	13	千克			0		0
7018.2000	- 直径不超过 1 毫米的微型玻璃球											
70182000.01	熔融球形二氧化硅微粉，直径≤100um	20	100	5.5	17	13	千克			0		0
70182000.90	其他直径≤1 毫米的玻璃珠	20	100		17	13	千克			0		0
7018.9000	- 其他	20	100	10	17	13	千克			0		0

协定税率 %										特惠税率 %				Article Description
巴基斯坦	冰岛	哥斯达黎	秘鲁	新西兰	瑞士	新加坡	韩国	澳大利亚	港澳台	老挝	孟加拉	33国	7国	
5	0	0	0	0	3.2	0	4.8	4.8			0	0	0	-- Other
														- Other drinking glasses, other than of glass-ceramics:
	0	0	7.4	0	17.2	0	22	14.7				0	0	-- Of lead crystal
5	0	0	0	0	3.2	0	4.8	4.8			0	0	0	-- Other
														- Glassware of a kind used for table (other than drinking glasses) or kitchen purposes, other than of glass-ceramics:
	0	0	7.4	0	17.2	0	22	14.7				0	0	-- Of lead crystal
5	0	0	0	0	4	0	8	6			0	0	0	-- Of glass having a linear coefficient of expansion not exceeding 5×10^{-6} per Kelvin within a temperature range of 0℃ to 300℃
5	0	0	0	0	4	0	8	6			0	0	0	-- Other
														- Other glassware:
5	0	0	0	0	4	0	8	6			0	0	0	-- Of lead crystal
5	0	0	0	0	4	0	8	6			0	0	0	-- Other
														Signalling glassware and optical elements of glass(other than those of heading No.70.15),not optically worked:
5	0	0	0	0	4	0	6	6	/0/		0	0	0	--- Blanks of optical elements, for optical instruments
														--- Other
14	0	0	5.2	0	12.3	0	14	10.5				0	0	Light-filtering glass with film of anti-infrared-ray and radiation protection
14	0	0	5.2	0	12.3	0	14	10.5				0	0	Other signaling glassware, including glass optical elements, other than those of heading 70.15, not optically worked
														Clock or watch glasses and similar glasses, glasses for non-corrective or corrective spectacles, curved, bent, hollowed or the like, not optically worked;hollow glass spheres and their segments, for the manufacture of such glasses:
														- Glasses for corrective spectacles:
	0	0	6.3	0	14.7	0	18.2	12.6				0	0	--- Blanks for photochromic spectacles
14	0	0	5.2	0	12.3	0	14	10.5				0	0	--- Other
														- Other:
14	0	0	5.2	0	12.3	0	14	10.5				0	0	--- Clock and watch glasses
14.4	0	0	5.4	0	12.6	0	14.4	10.8				0	0	--- Blanks for plane photochromic spectacles
6	0	0	0	0	8.6	0	9.6	7.2			0	0	0	--- Other
														Paving blocks, slabs, bricks, squares, tiles and other articles of pressed or moulded glass, whether or not wired, of a kind used for building or construction purposes;glass cubes and other glass smallwares, whether or not on a backing, for mosaics or similar decorative purposes;leaded lights and the like;multicellular or foam glass in blocks, panels, plates, shells or similar forms:
	0	0	6.6	0	15.4	0	19.8	13.2				0	0	- Glass cubes and other glass smallwares, whether or not on a backing, for mosaics or similar decorative purposes
														- Other:
	0	0	7.2	0	16.8	0	21.6	14.4				0	0	--- Leaded lights and the like
	0	0	5.4	0	12.6	0	14.4	10.8				0	0	--- Other
														Laboratory, hygienic or pharmaceutical glassware, whether or not graduated or calibrated:
							0	0			0	0	0	- Of fused quartz or other fused silica
5	0	0	0	0	5.8		4.8	4.8			0	0	0	- Of other glass having a linear coefficient of expansion not exceeding 5×10^{-6}per Kelvin within a temperature range of 0℃ to 300℃
5	0	0	0	0	3.2		6.4	4.8			0	0	0	- Other
														Glass beads, imitation pearls, imitation precious or semi-precious stones and similar glass smallwares, and articles thereof other than imitation jewellery;glass eyes other than prosthetic articles;statuettes and other ornaments of lampworked glass, other than imitation jewellery;glass microspheres not exceeding 1mm in diameter:
5	0	0	0	0	4	0	6	6			0	0	0	- Glass beads, imitation pearls, imitation precious or semi-precious stones and similar glass smallwares
														- Glass microspheres not exceeding 1mm in diameter
	0	0	6	0	14	0	17.3	12				0	0	Fine Molten spherical silica powder, diameter ≤100um
	0	0	6	0	14	0	17.3	12				0	0	Other glass beads of diameter ≤1 mm
	0	0	6	0	14	0	17.3	12				0	0	- Other

税号	货品名称	进口关税 %			增值/消费税%	出口退税%	统计计量单位	监管证件代码	检验检疫类别	协定税率 %		
		最惠国	普通	年内暂定						东盟	亚太	智利
70.19	**玻璃纤维（包括玻璃棉）及其制品（例如，玻璃纤维纱线及其织物）：**											
	- 梳条、粗纱、纱线及短切纤维：											
7019.1100	-- 长度不超过50毫米的短切纤维											
70191100.10	两用物项管制的长度不超过50mm的短切玻璃纤维(比模量≥3.18×10^6m,以及比抗拉强度≥7.62×10^4m)	12	50		17	5	千克	3		0		0
70191100.90	其他长度不超过50mm的短切玻璃纤维	12	50		17	5	千克			0		0
7019.1200	-- 粗纱											
70191200.20	两用物项管制的玻璃纤维粗纱(比模量≥3.18×10^6m,以及比抗拉强度≥7.62×10^4m)	12	50		17	5	千克	3		0		0
70191200.90	其他玻璃纤维粗纱	12	50		17	5	千克			0		0
7019.1900	-- 其他											
70191900.11	间苯二酚甲醛胶浸渍的玻璃纤维纱(用于生产非导电玻璃纤维长丝粗纱机织轮胎帘子布的)	10	50		17	5	千克			0		0
70191900.12	玻璃纤维或纤丝材料(其"比模量"为3.18×10^6米或更大和"比抗拉强度"为7.62×10^4米或更大的玻璃纤维或纤丝材料)	10	50		17	5	千克	3		0		0
70191900.19	其他玻璃纱线(包括长度超过50mm的短切纤维)	10	50		17	5	千克			0		0
70191900.90	其他玻璃纤维(含长度超过50mm的短切纤维)	10	50		17	5	千克			0		0
	- 薄片（巴厘纱）、纤维网、席、垫、板及类似无纺产品：											
7019.3100	-- 席	5	40		17	5	千克			0		0
7019.3200	-- 薄片（巴厘纱）	14	40		17	5	千克			0		0
	-- 其他：											
7019.3910	--- 垫	10.5	40		17	5	千克			0		0
7019.3990	--- 其他	10.5	40		17	5	千克			0		0
7019.4000	- 粗纱机织物	12	40		17	5	千克			0		0
	- 其他机织物：											
7019.5100	-- 宽度不超过30厘米的											
70195100.10	两用物项管制的宽度≤15mm的玻璃纤维机织物	12	40		17	5	千克	3		0		0
70195100.90	其他宽度≤30cm的玻璃纤维机织物	12	40		17	5	千克			0		0
7019.5200	-- 宽度超过30厘米的长丝平纹织物，每平方米重量不超过250克，单根纱线细度不超过136特克斯											
70195200.01	覆铜板用玻璃纤维长丝平纹布,开纤或每平方米重≤180g(宽度>30cm,单根纱线细度≤136特)	12	40	10	17	5	千克			0		0
70195200.90	其他平方米重≤250g玻璃长丝平纹布(宽度超过30cm,单根纱线细度不超过136特)	12	40		17	5	千克			0		0
7019.5900	-- 其他	12	40		17	5	千克			0	8.4	0
	- 其他：											
7019.9010	--- 玻璃棉及其制品	7	40		17	5	千克			0		0
	--- 玻璃纤维布浸胶制品：											
7019.9021	----每平方米重量小于450克	7	40		17	5/13	千克			0		0
7019.9029	----其他	7	40		17	5	千克			0		0
7019.9090	--- 其他	7	40		17	13	千克			0		0
70.20	**其他玻璃制品：**											
	--- 工业用：											
7020.0011	----导电玻璃	10.5	40	7	17	13	千克			0		0
7020.0012	----绝缘子用玻璃伞盘	10.5	40		17	0	千克			0	9.5	0
7020.0013	----熔融石英或其他熔融硅石制											
70200013.01	半导体晶片生产用石英反应管及夹持器(熔融石英或其他熔融硅石制)(用于插入熔化和氧化炉内)	0	40		17	9	千克	s		0	8.9	0
70200013.90	熔融石英或其他熔融硅石制工业用其他玻璃制品(导电玻璃及绝缘子用玻璃伞盘除外)	10.5	40		17	9	千克			0	8.9	0
7020.0019	----其他											

协定税率 %										特惠税率 %				
巴基斯坦	冰岛	哥斯达黎	秘鲁	新西兰	瑞士	新加坡	韩国	澳大利亚	港澳台	老挝	孟加拉	33 国	7 国	**Article Description**
														Glass fibres(including glass wool)and articles thereof(for example, yarn, woven fabrics):
														- Slivers, rovings, yarn and chopped strands:
														-- Chopped strands, of a length of not more than 50mm
6	0	0	0	0	8.4	0	9.6	7.2	//0		0	0	0	Glass fiber under the control of dual-use items of the length not more than 50mm, chopped (the modulus ≥3.18×10^6m, the tensile strength ≥7.62×10^4 m)
6	0	0	0	0	8.4	0	9.6	7.2	//0		0	0	0	Other chopped strands, of a length of no more than 50mm
														-- Rovings
6	0	0	0	0	8.4	0		7.2			0	0	0	Glass fiber rovings under the control of dual-use items, (Specific modulus ≥3.18×10^6m, the tensile strength ≥7.62×10^4m)
6	0	0	0	0	8.4	0		7.2			0	0	0	Other glass fibres rovings
														-- Other
5	0	0	0	0	4		8	6	/0/0		0	0	0	Glass fibers yarn impregnated with resorcinol-formaldehyde glue for manufacturing woven tyre cord fabrics of non conductive fiberglass roving
5	0	0	0	0	4		8	6	/0/0		0	0	0	Glass fiber or filaments (Specific modulus ≥3.18×10^6m, the ultimate tensile strength ≥7.62×10^4m)
5	0	0	0	0	4		8	6	/0/0		0	0	0	Other glass yarn, including chopped strands of a length >50mm
5	0	0	0	0	4		8	6	/0/0		0	0	0	Other glass fibres, including chopped strands of a length > 50mm
														- Thin sheets(voiles),webs, mats, mattresses, boards and similar nonwoven products:
0	0	0	0	0	0		3	0			0	0	0	-- Mats
11.2	0	0	0	0	9.8	0	11.2	8.4				0	0	-- Thin sheets(voiles)
														-- Other:
5	0	0	0	0	7.4	0	8.4	6.3	//0		0	0	0	--- Mattresses
5	0	0	0	0	7.4	0	8.4	6.3	//0		0	0	0	--- Other
6	0	0	0	0	8.4	0	9.6	7.2			0	0	0	- Woven fabrics of rovings
														- Other woven fabrics:
														-- Of a width not exceeding 30cm
6	0	0	0	0	8.4	0	9.6	7.2	0//		0	0	0	Woven fabrics of glass fiber, under the control of dual-use items, of the width ≤15mm
6	0	0	0	0	8.4	0	9.6	7.2	0//		0	0	0	Other woven fabrics of glass fiber, of the width ≤30cm
														-- Of a width exceeding 30cm, plain weave, weighing less than 250g/m^2,of filaments measuring per single yarn not more than 136 tex
6	0	0	0	0	8.4	0		7.2	0/0/		0	0	0	Glass fiber woven fabrics of rovings for CCL, plain weave, splitting or per square meter weight ≤180g (width >30cm, of filaments per single yarn ≤136 tex)
6	0	0	0	0	8.4	0		7.2	0/0/		0	0	0	Other glass fiber filament plain weave woven fabrics (of a width >30cm, of filaments per single yarn ≤136 tex)
5	0	0	0	0	8.4	0	10.3	7.2	0/0/		0	0	0	-- Other
														- Other:
5	0	0	0	0	2.8		6	4.2	/0/		0	0	0	--- Glass wool and articles thereof
														--- Impregnated glass fabrics:
5	0	0	0	0	2.8		6	4.2	/0/		0	0	0	----Weighing less than 450g/m²
5	0	0	0	0	2.8		6	4.2	/0/		0	0	0	----Other
5	0	0	0	0	2.8		6	4.2	/0/		0	0	0	--- Other
														Other articles of glass:
														--- For technical use:
5	0	0	0	0	7.4	0		6.3	0//		0	0	0	----Conductivity glass
5	0	0	0	0	7.4	0	8.4	6.3			0	0	0	----Glass umbrella for insulator
														----Of fused quartz or other fused silica
5	0	0	0	0	7.4	0	6.3	6.3			0	0	0	Quartz reactor tubes and grippers for manufacturing semiconductor chips, used for inserting into the melting and oxidation furnace, produced by fused quartz or fused silica
5	0	0	0	0	7.4	0	6.3	6.3			0	0	0	Other glass articles for technical use, of fused quartz or other fused silica, other than conductive plate of glass and glass umbrella for electrical insulators
														----Other

税号	货品名称	进口关税 %			增值/消费税%	出口退税%	统计计量单位	监管证件代码	检验检疫类别	协定税率 %		
		最惠国	普通	年内暂定						东盟	亚太	智利
70200019.01	半导体晶片生产用石英反应管及夹持器(用于插入熔化和氧化炉内)	0	40		17	0	千克	s		0	8.9	0
70200019.90	其他工业用玻璃制品	10.5	40		17	0	千克			0	8.9	0
	--- 其他:											
7020.0091	----保温瓶或其他保温容器用的玻璃胆	21	100		17	13	千克/个	A	R/	0		0
7020.0099	----其他											
70200099.01	石英玻璃,平整度小于等于1微米	15	100	4	17	0	千克			0	12.8	0
70200099.90	其他非工业用玻璃制品	15	100		17	0	千克			0	12.8	0

协定税率 %										特惠税率 %				Article Description
巴基斯坦	冰岛	哥斯达黎	秘鲁	新西兰	瑞士	新加坡	韩国	澳大利亚	港澳台	老挝	孟加拉	33 国	7 国	
5	0	0	0	0	7.4	0	6.3	6.3			0	0	0	Quartz reactor tubes and grippers for manufacturing semiconductor chips, used for inserting into the melting and oxidation furnace
5	0	0	0	0	7.4	0	6.3	6.3			0	0	0	Other articles of glass for technical use
														--- Other:
	0	0	6.3	0	14.7	0	18.2	12.6	0//			0	0	----Glass inners for vacuum flasks or for other vacuum vessels
														----Other
7.5	0	0	4.5	0	10.5	0	12	9	0//		0	0	0	Quartz glass, flatness ≤1mm
7.5	0	0	4.5	0	10.5	0	12	9	0//		0	0	0	Other articles of glass not for technical use

第十四类　天然或养殖珍珠、宝石或半宝石、贵金属、包贵金属及其制品；仿首饰；硬币

第七十一章　天然或养殖珍珠、宝石或半宝石、贵金属、包贵金属及其制品；仿首饰；硬币

注释：

一、除第六类注释一（一）及下列各款另有规定的以外，凡制品的全部或部分由下列物品构成，均应归入本章：

（一）天然或养殖珍珠、宝石或半宝石（天然、合成或再造）；或

（二）贵金属或包贵金属。

二、

（一）税目 71.13、71.14 及 71.15 不包括带有贵金属或包贵金属制的小零件或小装饰品（例如，交织字母、套、圈、套环）的制品，上述注释一（二）也不适用于这类制品；

（二）税目 71.16 不包括含有贵金属或包贵金属（仅作为小零件或小装饰品的除外）的制品。

三、本章不包括：

（一）贵金属汞齐及胶态贵金属（税目 28.43）；

（二）第三十章的外科用无菌缝合材料、牙科填料或其他货品；

（三）第三十二章的货品（例如，光瓷釉）；

（四）载体催化剂（税目 38.15）；

（五）第四十二章注释三（二）所述的税目 42.02 或 42.03 的物品；

（六）税目 43.03 或 43.04 的物品；

（七）第十一类的货品（纺织原料及纺织制品）；

（八）第六十四章或第六十五章的鞋靴、帽类及其他物品；

（九）第六十六章的伞、手杖及其他物品；

（十）税目 68.04 或 68.05 及第八十二章含有宝石或半宝石（天然或合成）粉末的研磨材料制品；第八十二章装有宝石或半宝石（天然、合成或再造）工作部件的器具；第十六类的机器、机械器具、电气设备及其零件。然而，完全以宝石或半宝石（天然、合成或再造）制成的物品及其零件，除未安装的唱针用已加工蓝宝石或钻石外（税目 85.22），其余仍应归入本章；

（十一）第九十章、第九十一章或第九十二章的物品（科学仪器、钟表及乐器）；

（十二）武器及其零件（第九十三章）；

（十三）第九十五章注释二所述物品；

（十四）根据第九十六章注释四应归入该章的物品；或

（十五）雕塑品原件（税目 97.03）、收藏品（税目 97.05）或超过一百年的古物（税目 97.06），但天然或养殖珍珠、宝石及半宝石除外。

四、

（一）所称"贵金属"，是指银、金及铂。

（二）所称"铂"，是指铂、铱、锇、钯、铑及钌。

（三）所称"宝石或半宝石"，不包括第九十六章注释二（二）所述任何物质。

五、含有贵金属的合金（包括烧结及化合的），只要其中任何一种贵金属的含量达到合金重量的 2%，即应视为本章的贵金属合金。贵金属合金应按下列规则归类：

（一）按重量计含铂量在 2% 及以上的合金，应视为铂合金；

SECTION XIV NATURAL OR CULTURED PEARLS, PRECIOUS OR SEMI-PRECIOUS STONES, PRECIOUS METALS, METALS CLAD WITH PRECIOUS METAL, AND ARTICLES THEREOF; IMITATION JEWELLERY; COIN

Chapter 71 Natural or cultured pearls, precious or semi-precious stones, precious metals, metals clad with precious metal, and articles thereof; imitation jewellery; coin

Chapter Notes:

1. Subject to Note 1 (a) to Section VI and except as provided below, all articles consisting wholly or partly:

(a) Of natural or cultured pearls or of precious or semi-precious stones (natural, synthetic or reconstructed), or

(b) Of precious metal or of metal clad with precious metal, are to be classified in this Chapter.

2.

(a) Headings 71.13, 71.14 and 71.15 do not cover articles in which precious metal or metal clad with precious metal is present as minor constituents only, such as minor fittings or minor ornamentation (for example, monograms, ferrules and rims), and Note 1 (b) of the foregoing Note does not apply to such articles

(b) Heading 71.16 does not cover articles containing precious metal or metal clad with precious metal (other than as minor constituents).

3. This Chapter does not cover:

(a) Amalgams of precious metal, or colloidal precious metal (heading 28.43);

(b) Sterile surgical suture materials, dental fillings or other goods of Chapter 30;

(c) Goods of Chapter 32 (for example, lustres);

(d) Supported catalysts (heading 38.15);

(e) Articles of heading 42.02 or 42.03 referred to in Note 3 (B) to Chapter 42;

(f) Articles of heading 43.03 or 43.04;

(g) Goods of Section XI (textiles and textile articles);

(h) Footwear, headgear or other articles of Chapter 64 or 65;

(ij) Umbrellas, walking-sticks or other articles of Chapter 66;

(k) Abrasive goods of heading 68.04 or 68.05 or Chapter 82, containing dust or powder of precious or semi-precious stones (natural or synthetic); articles of Chapter 82 with a working part of precious or semi-precious stones (natural, synthetic or reconstructed); machinery, mechanical appliances or electrical goods, or parts thereof, of Section XVI. However, articles and parts thereof, wholly of precious or semi- precious stones (natural, synthetic or reconstructed) remain classified in this Chapter, except unmounted worked sapphires and diamonds for styli (heading 85.22);

(l) Articles of Chapter 90, 91 or 92 (scientific instruments, clocks and watches, musical instruments);

(m) Arms or parts thereof (Chapter 93);

(n) Articles covered by Note 2 to Chapter 95;

(o) Articles classified in Chapter 96 by virtue of Note 4 to that Chapter; or

(p) Original sculptures or statuary (heading 97.03), collectors' pieces (heading 97.05) or antiques of an age exceeding one hundred years (heading 97.06), other than natural or cultured pearls or precious or semi-precious stones.

4.

(a) The expression "precious metal" means silver, gold and platinum.

(b) The expression "platinum" means platinum, iridium, osmium, palladium, rhodium and ruthenium.

(c) The expression "precious or semi-precious stones" does not include any of the substances specified in Note 2 (b) to Chapter 96.

5 For the purposes of this Chapter, any alloy (including a sintered mixture and an inter-metallic compound) containing precious metal is to be treated as an alloy of precious metal if any one precious metal constitutes as much as 2%, by weight, of the alloy. Alloys of precious metal are to be classified according to the following rules:

(a) An alloy containing 2% or more, by weight, of platinum is to be treated as an alloy of platinum;

（二）按重量计含金量在 2%及以上，但不含铂或按重量计含铂量在 2%以下的合金，应视为金合金；

（三）按重量计含银量在 2%及以上的其他合金，应视为银合金。

六、除条文另有规定的以外，本协调制度所称贵金属应包括上述注释五所规定的贵金属合金，但不包括包贵金属或表面镀以贵金属的贱金属及非金属。

七、本协调制度所称“包贵金属”，是指以贱金属为底料，在其一面或多面用焊接、熔接、热轧或类似机械方法覆盖一层贵金属的材料。除条文另有规定的以外，也包括镶嵌贵金属的贱金属。

八、除第六类注释一（一）另有规定的以外，凡符合税目 71.12 规定的货品，应归入该税目而不归入本协调制度的其他税目。

九、税目 71.13 所称“首饰”，是指：

（一）个人用小饰物（例如，戒指、手镯、项圈、饰针、耳环、表链、表链饰物、垂饰、领带别针、袖扣、饰扣、宗教性或其他勋章及徽章）；以及

（二）通常放置在衣袋、手提包或佩戴在身上的个人用品（例如，雪茄盒或烟盒、鼻烟盒、口香糖盒或药丸盒、粉盒、链袋、念珠）。

这些物品可以和下列物品组合或镶嵌：例如，天然或养殖珍珠、宝石或半宝石、合成或再造的宝石或半宝石、玳瑁壳、珍珠母、兽牙、天然或再生琥珀、黑玉或珊瑚。

十、税目 71.14 所称“金银器”，包括装饰品、餐具、梳妆用具、吸烟用具及类似的家庭、办公室或宗教用的其他物品。

十一、税目 71.17 所称“仿首饰”，是指不含天然或养殖珍珠、宝石或半宝石（天然、合成或再造）及贵金属或包贵金属（仅作为镀层或小零件、小装饰品的除外）的上述注释九（一）所述的首饰（不包括税目 96.06 的钮扣及其他物品或税目 96.15 的梳子、发夹及类似品）。

子目注释：

一、子目 7106.10、7108.11、7110.11、7110.21、7110.31 及 7110.41 所称“粉末”，是指按重量计 90%及以上可从网眼孔径为 0.5 毫米的筛子通过的产品。

二、子目 7110.11 及 7110.19 所称“铂”，可不受本章注释四（二）的规定约束，不包括铱、锇、钯、铑及钌。

三、对于税目 71.10 项下的子目所列合金的归类，按其所含铂、钯、铑、铱、锇或钌中重量最大的一种金属归类。

税号	货品名称	进口关税 %			增值/消费税%	出口退税%	统计计量单位	监管证件代码	检验检疫类别	协定税率 %		
		最惠国	普通	年内暂定						东盟	亚太	智利
	第一分章　天然或养殖珍珠、宝石或半宝石											
71.01	**天然或养殖珍珠，不论是否加工或分级，但未成串或镶嵌；天然或养殖珍珠，为便于运输而暂穿成串：**											
	-　天然珍珠：											
	---　未分级：											
7101.1011	----黑珍珠	21	100	0	17/10	5	克	AB	P/Q	0		0
7101.1019	----其他	21	100		17/10	5	克	AB	P/Q	0		0
	---　其他：											
7101.1091	----黑珍珠	21	130	0	17/10	5	克	AB	P/Q	0		0
7101.1099	----其他	21	130		17/10	5	克	AB	P/Q	0		0
	-　养殖珍珠：											
	--　未加工：											
7101.2110	---　未分级											
71012110.01	未分级，未加工的养殖黑珍珠（未制成制品）	21	100	0	17/10	5	千克	AB	P/Q	0		0
71012110.90	其他未分级，未加工的养殖珍珠（未制成制品）	21	100		17/10	5	千克	AB	P/Q	0		0
7101.2190	---　其他											
71012190.01	其他未加工的养殖黑珍珠（未制成制品）	21	130	0	17/10	5	千克	AB	P/Q	0		0
71012190.90	其他未加工的养殖珍珠（未制成制品）	21	130		17/10	5	千克	AB	P/Q	0		0

(b) An alloy containing 2% or more, by weight, of gold but no platinum, or less than 2%, by weight, of platinum, is to be treated as an alloy of gold;

(c) Other alloys containing 2% or more, by weight, of silver are to be treated as alloys of silver.

6. Except where the context otherwise requires, any reference in the Nomenclature to precious metal or to any particular precious metal includes a reference to alloys treated as alloys of precious metal or of the particular metal in accordance with the rules in Note 5 above, but not to metal clad with precious metal or to base metal or non-metals plated with precious metal.
7. Throughout the Nomenclature the expression "metal clad with precious metal" means material made with a base of metal upon one or more surfaces of which there is affixed by soldering, brazing, welding, hot-rolling or similar mechanical means a covering of precious metal. Except where the context otherwise requires, the expression also covers base metal inlaid with precious metal.
8. Subject to Note 1 (a) to Section VI, goods answering to a description in heading 71.12 are to be classified in that heading and in no other heading of the Nomenclature.

9. For the purposes of heading 71.13, the expression "articles of jewellery" means:

(a) Any small objects of personal adornment (for example, rings, bracelets, necklaces, brooches, ear-rings, watch-chains, fobs, pendants, tie-pins, cuff-links, dress-studs, religious or other medals and insignia); and

(b) Articles of personal use of a kind normally carried in the pocket, in the handbag or on theperson (for example, cigar or cigarette cases, snuff boxes, cachou or pill boxes, powderboxes, chain purses or prayer beads).

These articles may be combined or set, for example, with natural or cultured pearls, precious or semi-precious stones, synthetic or reconstructed precious or semi-precious stones, tortoise shell, mother-of-pearl, ivory, natural or reconstituted amber, jet or coral.

10. For the purposes of heading 71.14, the expression "articles of goldsmiths' or silversmiths' wares" includes such articles as ornaments, tableware, toilet-ware, smokers' requisites and other articles of household, office or religious use.

11. For the purposes of heading 71.17, the expression "imitation jewellery" means articles of jewellery within the meaning of paragraph (a) of Note 9 above (but not including buttons or other articles of heading 96.06, or dress-combs, hair-slides or the like, or hairpins, of heading 96.15), not incorporating natural or cultured pearls, precious or semi-precious stones (natural, synthetic or reconstructed) nor (except as plating or as minor constituents) precious metal or metal clad with precious metal.

Subheading Notes.

1. For the purposes of subheadings 7106.10, 7108.11, 7110.11, 7110.21, 7110.31 and 7110.41, the expressions "powder" and "in powder form" mean products of which 90% or more by weight passes through a sieve having a mesh aperture of 0.5 mm.

2. Notwithstanding the provisions of Chapter Note 4 (b), for the purposes of subheadings 7110.11 and 7110.19, the expression "platinum" does not include iridium, osmium, palladium, rhodium or ruthenium.

3. For the classification of alloys in the subheadings of heading 71.10, each alloy is to be classified with that metal, platinum, palladium, rhodium, iridium, osmium or ruthenium which predominates by weight over each other of these metals.

协定税率 %										特惠税率 %				Article Description
巴基斯坦	冰岛	哥斯达黎	秘鲁	新西兰	瑞士	新加坡	韩国	澳大利亚	港澳台	老挝	孟加拉	33国	7国	
														Ⅰ.NATURAL OR CULTURED PEARLS AND PRECIOUS OR SEMI-PRECIOUS STONES
														Pearls, natural or cultured, whether or not worked or graded but not strung, mounted or set;ungraded pearls, natural or cultured, temporarily strung for convenience of transport:
														- Natural pearls:
														--- Ungraded:
	0	0	6.3	0	14.7	0	18.2	12.6				0	0	----Tahitian pearls
	0	0	6.3	0	14.7	0	18.2	12.6				0	0	----Other
														--- Other:
	0	0	6.3	0	14.7	0	18.2	12.6				0	0	----Tahitian pearls
	0	0	6.3	0	14.7	0	18.2	12.6				0	0	----Other
														- Cultured pearls:
														-- Unworked:
														--- Ungraded
	0	0	6.3	0	14.7	0	18.2	12.6				0	0	Cultured black pearl, unrated and unworked, unfinished
	0	0	6.3	0	14.7	0	18.2	12.6				0	0	Cultured pearl, unrated and unworked, unfinished
														--- Other
	0	0	6.3	0	14.7	0	18.2	12.6				0	0	Cultured black pearl, unworked, unfinished
	0	0	6.3	0	14.7	0	18.2	12.6				0	0	Cultured pearl, unworked, unfinished

税号	货品名称	进口关税% 最惠国	普通	年内暂定	增值/消费税%	出口退税%	统计计量单位	监管证件代码	检验检疫类别	协定税率% 东盟	亚太	智利
	-- 已加工:											
7101.2210	--- 未分级											
71012210.01	未分级,已加工的养殖黑珍珠(未制成制品)	21	100	0	17/10	5	千克			0		0
71012210.90	其他未分级,已加工的养殖珍珠(未制成制品)	21	100		17/10	5	千克			0		0
7101.2290	--- 其他											
71012290.01	其他已加工的养殖黑珍珠(未制成制品)	21	130	0	17/10	5	千克			0		0
71012290.90	其他已加工的养殖珍珠(未制成制品)	21	130		17/10	5	千克			0		0
71.02	**钻石,不论是否加工,但未镶嵌:**											
7102.1000	- 未分级	3	14		17	0	克拉	D		0		0
	- 工业用:											
7102.2100	-- 未加工或经简单锯开、劈开或粗磨	0	14		17	5	克拉	D				
7102.2900	-- 其他	0	14		17	5	克拉					
	- 非工业用:											
7102.3100	-- 未加工或经简单锯开、劈开或粗磨	3	14		17	0	克拉	D		0		0
7102.3900	-- 其他	8	35		17	0	克拉			0	0	0
71.03	**宝石(钻石除外)或半宝石,不论是否加工或分级,但未成串或镶嵌;未分级的宝石(钻石除外)或半宝石,为便于运输而暂穿成串:**											
7103.1000	- 未加工或经简单锯开或粗制成形	3	14		17/10	5	千克			0	2.8	0
	- 经其他加工:											
7103.9100	-- 红宝石、蓝宝石、祖母绿	8	35		17/10	5	克拉			0	4	0
	-- 其他:											
7103.9910	--- 翡翠	8	35		17/10	5	克拉			0	4	0
7103.9920	--- 水晶	8	35		17/10	5	克拉			0	4	0
7103.9930	--- 碧玺	8	35		17/10	5	克拉			0	4	0
7103.9940	--- 软玉	8	35		17/10	5	克拉			0	4	0
7103.9990	--- 其他	8	35		17/10	5	克拉			0	4	0
71.04	**合成或再造的宝石或半宝石,不论是否加工或分级,但未成串或镶嵌的;未分级的合成或再造的宝石或半宝石,为便于运输而暂穿成串:**											
7104.1000	- 压电石英	6	14		17	5	克			0		0
	- 其他,未加工或经简单锯开或粗制成形:											
7104.2010	--- 钻石	0	14		17	0	克					
7104.2090	--- 其他	0	14		17/10	5	克					
	- 其他:											
	--- 工业用:											
7104.9011	----钻石	6	14		17	5	克			0		0
7104.9012	----蓝宝石											
71049012.01	蓝宝石衬底(由人造刚玉加工而成)(厚度<0.5mm)	6	14	1	17/10	13	克			0		0
71049012.90	其他工业用蓝宝石(合成或再造宝石、半宝石)	6	14		17/10	13	克			0		0
7104.9019	----其他	6	14		17/10	5	克			0		0
	--- 其他:											
7104.9091	----钻石	8	35		17	0	克			0		0
7104.9099	----其他	8	35		17/10	5	克			0		0
71.05	**天然或合成的宝石或半宝石的粉末:**											
	- 钻石的:											
7105.1010	--- 天然的	0	17		17	0	克拉					
7105.1020	--- 人工合成的	0	17		17	5	克拉					
7105.9000	- 其他	0	17		17/10	5	克					
	第二分章 贵金属及包贵金属											
71.06	**银(包括镀金、镀铂的银),未锻造、半制成或粉末状:**											
	- 银粉:											
	--- 非片状粉末:											
7106.1011	----平均粒径小于3微米	0	0		17	0	克	4Axy	M/			

协定税率 %										特惠税率 %				Article Description
巴基斯坦	冰岛	哥斯达黎	秘鲁	新西兰	瑞士	新加坡	韩国	澳大利亚	港澳台	老挝	孟加拉	33 国	7 国	
														-- Worked:
														--- Ungraded
	0	0	6.3	0	14.7	0	18.9	12.6				0	0	Cultured black pearl, unrated and worked, unfinished
	0	0	6.3	0	14.7	0	18.9	12.6				0	0	Cultured pearl, unrated and worked, unfinished
														--- Other
	0	0	6.3	0	14.7	0	18.9	12.6				0	0	Cultured black pearl, worked, unfinished
	0	0	6.3	0	14.7	0	18.9	12.6				0	0	Cultured pearl, worked, unfinished
														Diamonds, whether or not worked, but not mounted or set:
0	0	0	0	0	0		0	0			0	0	0	- Unsorted
														- Industrial:
							0	0			0	0	0	-- Unworked or simply sawn, cleaved or bruted
							0	0			0	0	0	-- Other
														- Non-industrial:
0	0	0	0	0	2.1		0	0	0//		0	0	0	-- Unworked or simply sawn, cleaved or bruted
0	0	0	0	0	5.6		4.8	4.8			0	0	0	-- Other
														Precious stones(other than diamonds)and semi-precious stones, whether or not worked or graded but not strung, mounted or set;ungraded precious stones(other than diamonds)and semi-precious stones, temporarily strung for convenience of transport:
0	0	0	0	0	0		1.8	0		0	0	0	0	- Unworked or simply sawn or roughly shaped
														- Otherwise worked:
0	0	0	0	0	5.6		4.8	4.8		0	0	0	0	-- Rubies, sapphires and eme-ralds
														-- Other:
0	0	0	0	0	3.2		4.8	4.8			0	0	0	--- Jadeite
0	0	0	0	0	5.6		6.4	4.8			0	0	0	--- Crystal
0	0	0	0	0	5.6		6.4	4.8			0	0	0	--- Tourmaline
0	0	0	0	0	5.6		6.4	4.8			0	0	0	--- Nephrite
0	0	0	0	0	5.6		6.4	4.8			0	0	0	--- Other
														Synthetic or reconstructed precious or semiprecious stones, whether or not worked or graded but not strung, mounted or set;ungraded synthetic or reconstruct-ed precious or semi-precious stones, temporarily strung for convenience of transport:
5	0	0	0	0	2.4			3.6			0	0	0	- Piezo-electric quartz
														- Other, unworked or simply sawn or roughly shaped:
							0	0			0	0	0	--- Diamonds
							0	0	0//		0	0	0	--- Other
														- Other:
														--- For technical use:
5	0	0	0	0	2.4		3.6	3.6			0	0	0	----Diamonds
														----Sapphires
5	0	0	0	0	2.4		3.6	3.6	0//		0	0	0	Sapphire substrate produced by artificial corundum, of a thickness less than 0.5mm
5	0	0	0	0	2.4		3.6	3.6	0//		0	0	0	Other sapphire substrate for technical use, produced by synthetic or reconstructed precious or semiprecious stones
5	0	0	0	0	2.4		4.8	3.6			0	0	0	----Other
														--- Other:
5	0	0	0	0	3.2		4.8	4.8			0	0	0	----Diamonds
5	0	0	0	0	3.2		4.8	4.8			0	0	0	----Other
														Dust and powder of natural or synthetic precious or semi-precious stones:
														- Of diamonds:
							0	0			0	0	0	--- Natural
							0	0			0	0	0	--- Synthetic
							0	0			0	0	0	- Other
														Ⅱ.PRECIOUS METALS AND METALS CLAD WITH PRECIOUS METAL
														Silver(including silver plated with gold or platinum), unwrought or in semi-manufactured forms, or in powder form:
														- Powder:
														--- Not Flake:
							0	0			0	0	0	----Average diameter less than 3μm

税号	货品名称	进口关税% 最惠国	普通	年内暂定	增值/消费税%	出口退税%	统计计量单位	监管证件代码	检验检疫类别	协定税率% 东盟	亚太	智利
7106.1019	----其他	0	0		17	0	克	4Axy	M/			
	--- 片状粉末:											
7106.1021	----平均粒径小于10微米	0	0		17	0	克	4xy				
7106.1029	----其他	0	0		17	0	克	4xy				
	- 其他:											
	-- 未锻造:											
7106.9110	--- 纯度达99.99%及以上	0	0		17	0	克	4xy				
7106.9190	--- 其他	0	0		17	0	克	4xy				
	-- 半制成:											
7106.9210	--- 纯度达99.99%及以上	0	50		17	0	克	4xy				
7106.9290	--- 其他	0	50		17	0	克	4xy				
71.07	**以贱金属为底的包银材料:**											
7107.0000	以贱金属为底的包银材料	10.5	50		17	5	千克			0		0
71.08	**金(包括镀铂的金),未锻造、半制成或粉末状:**											
	- 非货币用:											
7108.1100	-- 金粉	0	0		0	0	克	J				
7108.1200	-- 其他未锻造形状	0	0		0	0	克	J				
7108.1300	-- 其他半制成形状	0	50		0	0	克	J				
7108.2000	- 货币用	0	0		0	0	克	J				
71.09	**以贱金属或银为底的包金材料:**											
7109.0000	以贱金属或银为底的包金材料	10.5	50		17	5	克			0		0
71.10	**铂,未锻造、半制成或粉末状:**											
	- 铂:											
7110.1100	-- 未锻造或粉末状	0	0		0	0	克	8x				
	-- 其他:											
7110.1910	--- 板、片	0	0		0	0	克	8x				
7110.1990	--- 其他	3	11		0	0	克	4xy		0		0
	- 钯:											
7110.2100	-- 未锻造或粉末状	0	10		17	0	克	4xy				
	-- 其他:											
7110.2910	--- 板、片	0	0		17	0	克	4xy				
7110.2990	--- 其他	3	11		17	0	克	4xy		0		0
	- 铑:											
7110.3100	-- 未锻造或粉末状	0	0		17	0	克	4xy				
	-- 其他:											
7110.3910	--- 板、片	0	0		17	0	克	4xy				
7110.3990	--- 其他	3	11		17	0	克	4xy		0		0
	- 铱、锇及钌:											
7110.4100	-- 未锻造或粉末状	0	0		17	0	克	4xy				
	-- 其他:											
7110.4910	--- 板、片	0	0		17	0	克	4xy				
7110.4990	--- 其他	3	11		17	0	克	4xy		0		0
71.11	**以贱金属、银或金为底的包铂材料:**											
7111.0000	以贱金属、银或金为底的包铂材料	3	11		17	0/5	克	4xy		0		0
71.12	**贵金属或包贵金属的废碎料;含有贵金属或贵金属化合物的其他废碎料,主要用于回收贵金属:**											
	- 含有贵金属或贵金属化合物的灰:											
7112.3010	--- 含有银或银化合物的	8	50		17	5	克	9		0		0
7112.3090	--- 其他	6	50		17	0	克	9		0		0
	- 其他:											
	-- 金及包金的废碎料,但含有其他贵金属的地脚除外:											
7112.9110	--- 金及包金的废碎料											

协定税率 %										特惠税率 %				Article Description
巴基斯坦	冰岛	哥斯达黎	秘鲁	新西兰	瑞士	新加坡	韩国	澳大利亚	港澳台	老挝	孟加拉	33 国	7 国	
							0	0			0	0	0	----Other
														--- Flake:
							0	0			0	0	0	----Average diameter less than 10μm
							0	0			0	0	0	----Other
														- Other:
														-- Unwrought:
							0	0			0	0	0	--- Of a purity of 99.99% or more
							0	0			0	0	0	--- Other
														-- Semi-manufactured:
							0	0			0	0	0	--- Of a purity of 99.99% or more
							0	0			0	0	0	--- Other
														Base metals clad with silver, not further worked than semi-manufactured:
5	0	0	0	0	7.4	0	8.4	6.3		0	0	0	0	Base metals clad with silver, not further worked than semi-manufactured
														Gold(including gold plated with platinum)unwrought or in semi-manufactured forms, or in powder form:
														- Non-monetary:
							0	0			0	0	0	-- Powder
							0	0			0	0	0	-- Other unwrought forms
							0	0		0	0	0	0	-- Other semi-manufactured forms
							0	0			0	0	0	- Monetary
														Base metals or silver, clad with gold, not further worked than semi-manufactured:
5	0	0	0	0	7.4	0	8.4	6.3			0	0	0	Base metals or silver, clad with gold, not further worked than semi-manufactured
														Platinum, unwrought or in semi-manufactured forms, or in powder form:
														- Platinum:
							0	0			0	0	0	-- Unwrought or in powder form
														-- Other:
							0	0			0	0	0	--- Plates and sheets
0	0	0	0	0	0		0	0	0//		0	0	0	--- Other
														- Palladium:
							0	0			0	0	0	-- Unwrought or In powder form
														-- Other:
							0	0			0	0	0	--- Plates and sheets
0	0	0	0	0	0		0	0	0//		0	0	0	--- Other
														- Rhodium:
							0	0			0	0	0	-- Unwrought or in powder form
														-- Other:
							0	0			0	0	0	--- Plates and sheets
0	0	0	0	0	0		0	0			0	0	0	--- Other
														- Iridium, osmium and ruthenium:
							0	0			0	0	0	-- Unwrought or in powder form
														-- Other:
							0	0			0	0	0	--- Plates and sheets
0	0	0	0	0	0		0	0			0	0	0	--- Other
														Base metals, silver or gold, clad with platinum, not further worked than semi-manufactured:
0	0	0	0	0	0		0	0				0	0	Base metals, silver or gold, clad with platinum, not further worked than semi-manufactured
														Waste and scrap of precious metal or of metal clad with precious metal;other waste and scrap containing precious metal or precious metal compounds, of a kind used principally for the recovery of precious metal:
														- Ash containing precious metal or precious metal compounds:
5	0	0	0	0	3.2		4.8	4.8			0	0	0	--- Of silver or silver compounds
5	0	0	0	0	2.4		3.6	3.6			0	0	0	--- Other
														- Other:
														-- Of gold, including metal clad with gold but excluding swee-pings containing other precious metals:
														--- Of gold or gold compounds

税号	货品名称	进口关税 % 最惠国	普通	年内暂定	增值/消费税%	出口退税%	统计计量单位	监管证件代码	检验检疫类别	协定税率 % 东盟	亚太	智利
71129110.10	金的废碎料	0	0		17	0	克	A	M/			
71129110.90	包金的废碎料(但含有其他贵金属的除外)	0	0		17	0	克	A	M/			
7112.9120	--- 含有金或金化合物的废碎料	6	35		17	0	克	9		0		0
	-- 铂及包铂的废碎料，但含有其他贵金属的地脚除外：											
7112.9210	--- 铂及包铂的废碎料	0	0		17	0	克	4Axy	M/			
7112.9220	--- 含有铂或铂化合物的废碎料											
71129220.01	铂含量在3%以上的其他含有铂或铂化合物的废碎料(但含有其他贵金属除外，主要用于回收铂)	6	35	0	17	0	克	4xy		0		0
71129220.90	其他含有铂及铂化合物的废碎料(但含有其他贵金属除外，主要用于回收铂)	6	35		17	0	克	4xy		0		0
	-- 其他：											
7112.9910	--- 含有银或银化合物的废碎料	8	35		17	5	克	9		0		0
7112.9920	--- 含其他贵金属或贵金属化合物的矿灰及矿渣	6	35		17	0	克	9		0		0
7112.9990	--- 其他	0	50		17	0	克					
	第三分章 珠宝首饰、金银器及其他制品											
71.13	**贵金属或包贵金属制的首饰及其零件：**											
	- 贵金属制，不论是否包、镀贵金属：											
	-- 银制，不论是否包、镀其他贵金属：											
7113.1110	--- 镶嵌钻石的	20	130		17	0	克			0	16.5	0
7113.1190	--- 其他											
71131190.10	镶嵌濒危物种制品的银首饰及零件(不论是否包、镀其他贵金属)	20	130		17	0	克	EF		0	16.5	0
71131190.90	其他银首饰及其零件(不论是否包、镀其他贵金属)	20	130		17	5	克			0	16.5	0
	-- 其他贵金属制，不论是否包、镀贵金属：											
	--- 黄金制：											
7113.1911	----镶嵌钻石的	20	130		17	0	克	J		0	14	0
7113.1919	----其他											
71131919.10	镶嵌濒危物种制品的金首饰及零件(不论是否包、镀其他贵金属)	20	130		17	0	克	EF		0	16	0
71131919.90	其他黄金制首饰及其零件(不论是否包、镀其他贵金属)	20	130		17	0	克	J		0	16	0
	--- 铂制：											
7113.1921	----镶嵌钻石的	35	130		17	0	克			0	28	0
7113.1929	----其他											
71131929.10	镶嵌濒危物种制品的铂金首饰及零件(不论是否包、镀其他贵金属)	35	130		17	0	克	EF		0	28	0
71131929.90	其他铂金制首饰及其零件(不论是否包、镀其他贵金属)	35	130		17	0	克			0	28	0
	--- 其他：											
7113.1991	----镶嵌钻石的	35	130		17	0	克			0	28	0
7113.1999	----其他											
71131999.10	镶嵌濒危物种制品的其他贵金属首饰(不论是否包、镀其他贵金属)	35	130		17	0	克	EF		0	28	0
71131999.90	其他贵金属制首饰及其零件(不论是否包、镀其他贵金属)	35	130		17	0	克			0	28	0
	- 以贱金属为底的包贵金属制：											
7113.2010	--- 镶嵌钻石的	35	130		17	0	克			0	30	0
7113.2090	--- 其他											
71132090.10	镶嵌濒危物种制品以贱金属为底的包贵金属制首饰(包括零件)	35	130		17/10	0	克	EF		0	30	0
71132090.90	其他以贱金属为底的包贵金属制首饰(包括零件)	35	130		17/10	5	克			0	30	0

协定税率 %											特惠税率 %			Article Description
巴基斯坦	冰岛	哥斯达黎	秘鲁	新西兰	瑞士	新加坡	韩国	澳大利亚	港澳台	老挝	孟加拉	33 国	7 国	
							0	0			0	0	0	Waste and scrap of gold or gold compounds
							0	0			0	0	0	Waste and scrap of metal clad with gold, excluding those containing other precious metals
5	0	0	0	0	2.4		3.6	3.6			0	0	0	--- Waste and scrap with gold or gold compounds
														-- Of platinum, including metal clad with platinum but excluding sweepings containing other precious metals:
							0	0			0	0	0	--- Of platinum
														--- Wasted and scrap with platinum
5	0	0	0	0	2.4		0	3.6			0	0	0	Other waste and scraps containing 3% or more of platinum, other than those containg other precious metals, used for recycling platinum
5	0	0	0	0	2.4		0	3.6			0	0	0	Other waste and scraps of platinum, other than those containing other precious metals, used for recycling platinum
														-- Other:
5	0	0	0	0	3.2		4.8	4.8			0	0	0	--- Waste and scrap with silver or silver compounds
5	0	0	0	0	2.4		3.6	3.6			0	0	0	--- Waste and scrap with other precious metals
							0	0			0	0	0	--- Other
														III.JEWELLERY, GOLDSMITHS AND SILVERSMITHS WARES AND OTHER ARTICLES
														Articles of jewellery and parts thereof, of precious metal or of metal clad with precious metal:
														- Of precious metal whether or not plated or clad with precious metal:
														-- Of silver, whether or not pla-ted or clad with other precious metal:
16	0	0	6	0	14.4	0	17.3	12	0/0/			0	0	--- Diamond mounted or set
														--- Other
16	0	0	6	0	8	0	17.3	12	0/0/		0	0	0	Silver jewellery and parts thereof, inlaid with articles of endangered species, whether or not plated or clad with other precious metal
16	0	0	6	0	8	0	17.3	12	0/0/		0	0	0	Other silver jewellery and parts thereof, whether or not plated or clad with other precious metal
														-- Of other precious metal, whether or not plated or clad with predious metal:
														--- Of gold:
14	0	0	6	0	15	0	17.3	12	0/0/			0	0	----Diamond mounted
														----Other
16	0	0	6	0	8	0	16	12	0/0/			0	0	Gold jewellery and parts thereof, inlaid with articles of endangered species, whether or not plated or clad with other precious metal
16	0	0	6	0	8	0	16	12	0/0/			0	0	Other gold jewellery and parts thereof, whether or not plated or clad with other precious metal
														--- Of platinum:
28	0	0	10.5	0		0		21	0/0/			0	0	----Diamond mounted
														----Other
28	0	0	10.5	0	14	0		21	0/0/		0	0	0	Platinum jewellery and parts thereof, inlaid with articles of endangered species, whether or not plated or clad with other precious metal
28	0	0	10.5	0	14	0		21	0/0/		0	0	0	Other platinum jewellery and parts thereof, whether or not plated or clad with other precious metal
														--- Other:
28	0	0	10.5	0		0		21	0/0/			0	0	----Diamond mounted or set
														----Other
28	0	0	10.5	0	14	0		21	0/0/		0	0	0	Other precious metal jewellery and parts thereof, inlaid with articles of endangered species, whether or not plated or clad with other precious metal
28	0	0	10.5	0	14	0		21	0/0/		0	0	0	Other precious metal jewellery and parts thereof, whether or not plated or clad with other precious metal
														- Of base metal clad with precious metal:
30		0	10.5	0	25.2	0		21	0/0/			0	0	--- Diamond mounted or set
														--- Other
30	0	0	10.5	0		0		21	0/0/			0	0	Jewellery and parts thereof, of base metal clad with precious metal, inlaid with articles of endangered Species
30	0	0	10.5	0		0		21	0/0/			0	0	Other jewellery and parts thereof, of base metal clad with precious metal

税号	货品名称	进口关税 %			增值/消费税%	出口退税%	统计计量单位	监管证件代码	检验检疫类别	协定税率 %		
		最惠国	普通	年内暂定						东盟	亚太	智利
71.14	**贵金属或包贵金属制的金银器及其零件:**											
	- 贵金属制，不论是否包、镀贵金属:											
7114.1100	-- 银制，不论是否包、镀其他贵金属											
71141100.10	镶嵌濒危物种制品的银器及零件(不论是否包、镀贵金属)	35	100		17	0	克	EF		0		0
71141100.90	其他银器及零件(不论是否包、镀贵金属)	35	100		17	5	克			0		0
7114.1900	-- 其他贵金属制，不论是否包、镀贵金属											
71141900.10	镶嵌濒危物种制品的金银器及零件(不论是否包、镀贵金属)	35	100		17	0	克	EF		0		0
71141900.20	其他贵金属制金器及零件(不论是否包,镀贵金属)	35	100		17	0	克	J		0		0
71141900.90	其他贵金属制银器及零件(不论是否包,镀贵金属)	35	100		17	0	克			0		0
7114.2000	- 以贱金属为底的包贵金属制											
71142000.10	以贱金属为底的包贵金属制金银器(镶嵌濒危物种制品,包括零件)	35	100		17	0	克	EF		0		0
71142000.90	其他贱金属为底包贵金属制金银器(包括零件)	35	100		17	0/5	克			0		0
71.15	**贵金属或包贵金属的其他制品:**											
7115.1000	- 金属丝布或格栅形状的铂催化剂	3	11		17	0	克	4xy		0		0
	- 其他:											
7115.9010	--- 工业或实验室用											
71159010.10	银制工业,实验室用制品	3	11	0	17	5	克			0		0
71159010.20	金制工业,实验室用制品	3	11	0	17	0	克	J		0		0
71159010.90	其他工业、实验室用贵或包贵金制品	3	11	0	17	0/5	克			0		0
7115.9090	--- 其他	35	100		17	0/5	克			0		0
71.16	**用天然或养殖珍珠、宝石或半宝石（天然、合成或再造）制成的物品:**											
7116.1000	- 天然或养殖珍珠制	35	130		17/10	5	千克			0		0
7116.2000	- 宝石或半宝石（天然、合成或再造）制	35	130		17/10	0/5	千克			0		0
71.17	**仿首饰:**											
	- 贱金属制，不论是否镀贵金属:											
7117.1100	-- 袖扣、饰扣	35	130		17	9	千克	A	M/	0		0
7117.1900	-- 其他	17	130		17	9	千克	A	M/	0	15.3	0
7117.9000	- 其他	35	130		17	9	千克	A	M/	0	30	0
71.18	**硬币:**											
7118.1000	- 非法定货币的硬币（金币除外）	0	0		17	5	千克					
7118.9000	- 其他											
71189000.10	金质铸币(金质贵金属纪念币)	0	0		17	0	千克	J				
71189000.90	其他硬币	0	0		17	0	千克					

协定税率 %										特惠税率 %				Article Description
巴基斯坦	冰岛	哥斯达黎	秘鲁	新西兰	瑞士	新加坡	韩国	澳大利亚	港澳台	老挝	孟加拉	33 国	7 国	
														Articles of goldsmiths'or silversmiths'wares and parts thereof, of precious metal or of metal clad with precious metal:
														- Of precious metal whether or not plated or clad with precious metal:
														-- Of silver, whether or not pla-ted or clad with Other precious metal
	0	0	0	0	14	0		21	0/0/		0	0	0	Silver wares and parts thereof, inlaid with articles of endangered species, whether or not plated or clad with other precious metal
	0	0	0	0	14	0		21	0/0/		0	0	0	Other silver wares and parts thereof, whether or not plated or clad with other precious metal
														-- Of Other precious metal, whe-ther or not plated or clad with precious metal
	0	0	10.5	0	26.3	0		21	0/0/			0	0	Gold and silver wares and parts thereof, inlaid with articles of endangered species, whether or not plated or clad with other precious metal
	0	0	10.5	0	26.3	0		21	0/0/			0	0	Other silver and silver wares and parts thereof, made by noble metals, whether or not plated or clad with other precious metal
	0	0	10.5	0	26.3	0		21	0/0/			0	0	Other gold and silver wares and parts thereof, whether or not plated or clad with other precious metal
														- Of base metal clad with precious metal
	0	0	10.5	0	25.2	0		21	0/0/		0	0	0	Gold and silver wares and parts thereof, of base metal clad with precious metal, inlaid with articles of endangered Species
	0	0	10.5	0	25.2	0		21	0/0/		0	0	0	Other gold and silver wares and parts thereof, of base metal clad with precious metal
														Other articles of precious metal or of metal clad with precious metal:
0	0	0	0	0	0		0	0	0//		0	0	0	- Catalysts in the form of wire cloth or grill, of platinum
														- Other:
														--- for technical or laboratory use
0	0	0	0	0	0		0	0	0/0/		0	0	0	Articles of silver for technical or laboratory use
0	0	0	0	0	0		0	0	0/0/		0	0	0	Articles of gold for technical or laboratory use
0	0	0	0	0	0		0	0	0/0/		0	0	0	Articles of precious metal or of metal clad with precious metal, for technical or laboratory use
	0	0	10.5	0		0		21	0/0/			0	0	--- Other
														Articles of natural or cultured pearls, precious or semi-precious stones(natural, synthetic or reconstructed):
	0	0	10.5	0	24.5	0		21	0/0/			0	0	- Of natural or cultured pearls
	0	0	10.5	0	14	0		21	0/0/		0	0	0	- Of precious or semi-precious stones(natural, synthetic or reconstructed)
														Imitation jewellery:
														- Of base metal, whether or not plated with precious metal:
	0	0	10.5	0	25.2	0		21	0/0/			0	0	-- Cuff-links and studs
13.6	0	0	5.1	0	11.9	0	13.6	10.2	0/0/		0	0	0	-- Other
30		0	10.5	0		0	30.1	21	0/0/		0	0	0	- Other
														Coin:
							0	0			0	0	0	- Coin(other than gold coin),not being legal tender
														- Other
							0	0			0	0	0	Gold coins (for commemorate)
							0	0			0	0	0	Other coins

第十五类 贱金属及其制品

注释：

一、本类不包括：

（一）以金属粉末为基本成分的调制油漆、油墨或其他产品（税目 32.07 至 32.10、32.12、32.13 或 32.15）；

（二）铈铁或其他引火合金（税目 36.06）；

（三）税目 65.06 或 65.07 的帽类及其零件；

（四）税目 66.03 的伞骨及其他物品；

（五）第七十一章的货品（例如，贵金属合金、以贱金属为底的包贵金属、仿首饰）；

（六）第十六类的物品（机器、机械器具及电气设备）；

（七）已装配的铁道或电车道轨道（税目 86.08）或第十七类的其他物品（车辆、船舶、航空器）；

（八）第十八类的仪器及器具，包括钟表发条；

（九）做弹药用的铅弹（税目 93.06）或第十九类的其他物品（武器、弹药）；

（十）第九十四章的物品（例如，家具、弹簧床垫，灯具及照明装置、发光标志、活动房屋）；

（十一）第九十五章的物品（例如，玩具、游戏品及运动用品）；

（十二）手用筛子、钮扣、钢笔、铅笔套、钢笔尖或第九十六章的其他物品（杂项制品）；或

（十三）第九十七章的物品（例如，艺术品）。

二、本协调制度所称“通用零件”，是指：

（一）税目 73.07、73.12、73.15、73.17 或 73.18 的物品及其他贱金属制的类似品；

（二）贱金属制的弹簧及弹簧片，但钟表发条（税目 91.14）除外；以及

（三）税目 83.01、83.02、83.08、83.10 的物品及税目 83.06 的贱金属制的框架及镜子。

第七十三章至第七十六章（税目 73.15 除外）及第七十八章至第八十二章所列货品的零件，不包括上述的通用零件。

除上段及第八十三章注释一另有规定的以外，第七十二章至第七十六章及第七十八章至第八十一章不包括第八十二章、第八十三章的物品。

三、本协调制度所称“贱金属”是指：铁及钢、铜、镍、铝、铅、锌、锡、钨、钼、钽、镁、钴、铋、镉、钛、锆、锑、锰、铍、铬、锗、钒、镓、铪、铟、铌（钶）、铼及铊。

四、本协调制度所称“金属陶瓷”，是指金属与陶瓷成分以极细微粒不均匀结合而成的产品。“金属陶瓷”包括硬质合金（金属碳化物与金属烧结而成）。

五、合金的归类规则（第七十二章、第七十四章所规定的铁合金及母合金除外）：

（一）贱金属的合金按其所含重量最大的金属归类；

（二）由本类的贱金属和非本类的元素构成的合金，如果所含贱金属的总重量等于或超过所含其他元素的总重量，应作为本类贱金属合金归类；

（三）本类所称“合金”，包括金属粉末的烧结混合物、熔化而得的不均匀紧密混合物（金属陶瓷除外）及金属间化合物。

六、除条文另有规定的以外，本协调制度所称的贱金属包括贱金属合金，这类合金应按上述注释五的规则进行归类。

七、复合材料制品的归类规则：

除各税目另有规定的以外，贱金属制品（包括根据“归类总规则”作为贱金属制品的混合材料制品）如果含有两种或两种以上贱金属的，按其所含重量最大的贱金属的制品归类。

为此：

（一）钢、铁或不同种类的钢铁，均视为一种金属；

（二）按照注释五的规定作为某一种金属归类的合金，应视为一种金属；以及

（三）税目 81.13 的金属陶瓷，应视为一种贱金属。

SECTION XV　BASE METALS AND ARTICLES OF BASE METAL

Section Notes:

1. This Section does not cover:

   (a) Prepared paints, inks or other products with a basis of metallic flakes or powder (headings 32.07 to 32.10, 32.12, 32.13 or 32.15);

   (b) Ferro-cerium or other pyrophoric alloys (heading 36.06);

   (c) Headgear or parts thereof of heading 65.06 or 65.07;

   (d) Umbrella frames or other articles of heading 66.03;

   (e) Goods of Chapter 71 (for example, precious metal alloys, base metal clad with precious metal, imitation jewellery);

   (f) Articles of Section XVI (machinery, mechanical appliances and electrical goods);

   (g) Assembled railway or tramway track (heading 86.08) or other articles of Section XVII (vehicles, ships and boats, aircraft);

   (h) Instruments or apparatus of Section XVIII, including clock or watch springs;

   (ij) Lead shot prepared for ammunition (heading 93.06) or other articles of Section XIX (arms and ammunition);

   (k) Articles of Chapter 94 (for example, furniture, mattress supports, lamps and lighting fittings, illuminated signs, prefabricated buildings);

   (l) Articles of Chapter 95 (for example, toys, games, sports requisites);

   (m) Hand sieves, buttons, pens, pencil-holders, pen nibs or other articles of Chapter 96 (miscellaneous manufactured articles); or

   (n) Articles of Chapter 97 (for example, works of art).

2. Throughout the Nomenclature, the expression "parts of general use" means:

   (a) Articles of heading 73.07, 73.12, 73.15, 73.17 or 73.18 and similar articles of other base metals;

   (b) Springs and leaves for springs, of base metal, other than clock or watch springs (heading 91.14); and

   (c) Articles of headings 83.01, 83.02, 83.08, 83.10 and frames and mirrors, of base metal, of heading 83.06.

   In Chapters 73 to 76 and 78 to 82 (but not in heading 73.15) references to parts of goods do not include references to parts of general use as defined above.

   Subject to the preceding paragraph and to Note 1 to Chapter 83, the articles of Chapter 82 or 83 are excluded from Chapters 72 to 76 and 78 to 81.

3. Throughout the Nomenclature, the expression "base metals" means: iron and steel, copper, nickel, aluminium, lead, zinc, tin, tungsten (wolfram), molybdenum, tantalum, magnesium, cobalt, bismuth, cadmium, titanium, zirconium, antimony, manganese, beryllium, chromium, germanium, vanadium, gallium, hafnium, indium, niobium (columbium), rhenium and thallium.

4. Throughout the Nomenclature, the term "cermets" means products containing a microscopic heterogeneous combination of a metallic component and a ceramic component. The term "cermets" includes sintered metal carbides (metal carbides sintered with a metal).

5. Classification of alloys (other than ferro-alloys and master alloys as defined in Chapters 72 and 74):

   (a) An alloy of base metals is to be classified as an alloy of the metal which predominates by weight over each of the other metals;

   (b) An alloy composed of base metals of this Section and of elements not falling within this Section is to be treated as an alloy of base metals of this Section if the total weight of such metals equals or exceeds the total weight of the other elements present;

   (c) In this Section the term "alloys" includes sintered mixtures of metal powders, heterogeneous intimate mixtures obtained by melting (other than cermets) and intermetallic compounds.

6. Unless the context otherwise requires, any reference in the Nomenclature to a base metal includes a reference to alloys which, by virtue of Note 5 above, are to be classified as alloys of that metal.

7. Classification of composite articles:

   Except where the headings otherwise require, articles of base metal (including articles of mixed materials treated as articles of base metal under the Interpretative Rules) containing two or more base metals are to be treated as articles of the base metal predominating by weight over each of the other metals.
   For this purpose:

   (a) Iron and steel, or different kinds of iron or steel, are regarded as one and the same metal;

   (b) An alloy is regarded as being entirely composed of that metal as an alloy of which, by virtue of Note 5, it is classified; and

   (c) A cermet of heading 81.13 is regarded as a single base metal.

八、本类所用有关名词解释如下：

（一）废碎料

在金属生产或机械加工中产生的废料及碎屑以及因破裂、切断、磨损及其他原因而明显不能作为原物使用的金属货品。

（二）粉末

按重量计 90%及以上可从网眼孔径为 1 毫米的筛子通过的产品。

第七十二章　钢铁

注释：

一、本章所述有关名词解释如下[本条注释（四）、（五）、（六）适用于本协调制度其他各章]：

（一）生铁

无实用可锻性的铁碳合金，按重量计含碳量在 2%以上并可含有一种或几种下列含量范围的其他元素：

铬不超过 10%；

锰不超过 6%；

磷不超过 3%；

硅不超过 8%；

其他元素合计不超过 10%。

（二）镜铁

按重量计含锰量在 6%以上，但不超过 30%的铁碳合金，其他方面符合上述（一）款所列标准。

（三）铁合金

锭、块、团或类似初级形状、连续铸造而形成的各种形状及颗粒、粉末状的合金，不论是否烧结，通常用于其他合金生产过程中的添加剂或在黑色金属冶炼中作除氧剂、脱硫剂及类似用途，一般无实用可锻性，按重量计铁元素含量在 4%及以上并含有下列一种或几种元素：

铬超过 10%；

锰超过 30%；

磷超过 3%；

硅超过 8%；

除碳以外的其他元素，合计超过 10%，但最高含铜量不得超过 10%。

（四）钢

除税目 72.03 以外的黑色金属材料（某些铸造而成的种类除外），具有实用可锻性，按重量计含碳量在 2%及以下，但铬钢可具有较高的含碳量。

（五）不锈钢

按重量计含碳量在 1.2%及以下，含铬量在 10.5%及以上的合金钢，不论是否含有其他元素。

（六）其他合金钢

不符合以上不锈钢定义的钢，含有一种或几种按重量计符合下列含量比例的元素：

铝 0.3%及以上；

硼 0.0008%及以上；

铬 0.3%及以上；

钴 0.3%及以上；

铜 0.4%及以上；

铅 0.4%及以上；

锰 1.65%及以上；

钼 0.08%及以上；

8. In this Section, the following expressions have the meanings hereby assigned to them:

(a) Waste and scrap

Metal waste and scrap from the manufacture or mechanical working of metals, and metal goods definitely not usable as such because of breakage, cutting-up, wear or other reasons.

(b) Powders

Products of which 90% or more by weight passes through a sieve having a mesh aperture of 1 mm.

Chapter 72 Iron and steel

Chapter Notes:

1. In this Chapter and, in the case of Notes (d), (e) and (f) throughout the Nomenclature, the following expressions have the meanings hereby assigned to them:

(a) Pig iron

Iron-carbon alloys not usefully malleable, containing more than 2% by weight of carbon and which may contain by weight one or more other elements within the following limits:

not more than 10% of chromium,

not more than 6% of manganese,

not more than 3% of phosphorus,

not more than 8% of silicon,

a total of not more than 10% of other elements.

(b) Spiegeleisen

Iron-carbon alloys containing by weight more than 6% but not more than 30% of manganese and otherwise conforming to the specification at (a) above.

(c) Ferro-alloys

Alloys in pigs, blocks, lumps or similar primary forms, in forms obtained by continuous casting and also in granular or powder forms, whether or not agglomerated, commonly used as an additive in the manufacture of other alloys or as de-oxidants, de-sulphurising agents or for similar uses in ferrous metallurgy and generally not usefully malleable, containing by weight 4% or more of the element iron and one or more of the following:

more than 10% of chromium,

more than 30% of manganese,

more than 3% of phosphorus,

more than 8% of silicon,

a total of more than 10% of other elements, excluding carbon, subject to a maximum content of 10% in the case of copper.

(d) Steel

Ferrous materials other than those of heading 72.03 which (with the exception of certain types produced in the form of castings) are usefully malleable and which contain by weight 2% or less of carbon. However, chromium steels may contain higher proportions of carbon.

(e) Stainless steel

Alloy steels containing, by weight, 1.2% or less of carbon and 10.5% or more of chromium, with or without other elements.

(f) Other alloy steel

Steels not complying with the definition of stainless steel and containing by weight one or more of the following elements in the proportion shown:

0.3% or more of aluminium,

0.0008% or more of boron,

0.3% or more of chromium,

0.3% or more of cobalt,

0.4% or more of copper,

0.4% or more of lead,

1.65% or more of manganese,

0.08% or more of molybdenum,

镍 0.3%及以上；

铌 0.06%及以上；

硅 0.6%及以上；

钛 0.05%及以上；

钨 0.3%及以上；

钒 0.1%及以上；

锆 0.05%及以上；

其他元素（硫、磷、碳及氮除外）单项含量在 0.1%及以上。

（七）供再熔的碎料钢铁锭

粗铸成形无缩孔或冒口的锭块产品，表面有明显瑕疵，化学成分不同于生铁、镜铁及铁合金。

（八）颗粒

按重量计不到 90%可从网眼孔径为 1 毫米的筛子通过，而 90%及以上可从网眼孔径为 5 毫米的筛子通过的产品。

（九）半制成品

连续铸造的实心产品，不论是否初步热轧；其他实心产品，除经初步热轧或锻造粗制成形以外未经进一步加工，包括角材、型材及异型材的坯件。

本类产品不包括成卷的产品。

（十）平板轧材

截面为矩形（正方形除外）并且不符合以上第（九）款所述定义的下列形状实心轧制产品：

1. 层叠的卷材；或

2. 平直形状，其厚度如果在 4.75 毫米以下，则宽度至少是厚度的十倍；其厚度如果在 4.75 毫米及以上，其宽度应超过 150 毫米，并且至少应为厚度的两倍。

平板轧材包括直接轧制而成并有凸起式样（例如，凹槽、肋条形、格槽、珠粒、菱形）的产品以及穿孔、抛光或制成瓦楞形的产品，但不具有其他税目所列制品或产品的特征。

各种规格的平板轧材（矩形或正方形除外），但不具有其他税目所列制品或产品的特征，都应作为宽度为 600 毫米及以上的产品归类。

（十一）不规则盘绕的热轧条、杆

经热轧不规则盘绕的实心产品，其截面为圆形、扇形、椭圆形、矩形（包括正方形）、三角形或其他外凸多边形（包括“扁圆形”及“变形矩形”，即相对两边为弧拱形，另外两边为等长平行直线形）。这类产品可带有在轧制过程中产生的凹痕、凸缘、槽沟或其他变形（钢筋）。

（十二）其他条、杆

不符合上述（九）、（十）、（十一）款或“丝”定义的实心产品，其全长截面均为圆形、扇形、椭圆形、矩形（包括正方形）、三角形或其他外凸多边形（包括“扁圆形”及“变形矩形”，即相对两边为弧拱形，另外两边为等长平行直线形）。这些产品可以：

1. 带有在轧制过程中产生的凹痕、凸缘、槽沟或其他变形（钢筋）；

2. 轧制后扭曲的。

（十三）角材、型材及异型材

不符合上述（九）、（十）、（十一）、（十二）款或“丝”定义，但其全长截面均为同样形状的实心产品。

第七十二章不包括税目 73.01 或 73.02 的产品。

（十四）丝

不符合平板轧材定义但全长截面均为同样形状的盘卷冷成形实心产品。

（十五）空心钻钢

适合钻探用的各种截面的空心条、杆，其最大外形尺寸超过 15 毫米但不超过 52 毫米，最大内孔尺寸不超过最大外形尺寸的二分之一。不符合本定义的钢铁空心条、杆应归入税目

0.3% or more of nickel,

0.06% or more of niobium,

0.6% or more of silicon,

0.05% or more of titanium,

0.3% or more of tungsten (wolfram),

0.1% or more of vanadium,

0.05% or more of zirconium,

0.1% or more of other elements (except sulphur, phosphorus, carbon and nitrogen), taken separately.

(g) Remelting scrap ingots of iron or steel

Products roughly cast in the form of ingots without feeder-heads or hot tops, or of pigs, having obvious surface faults and not complying with the chemical composition of pig iron, spiegeleisen or ferro-alloys.

(h) Granules

Products of which less than 90% by weight passes through a sieve with a mesh aperture of 1 mm and of which 90% or more by weight passes through a sieve with a mesh aperture of 5 mm.

(ij) Semi-finished products

Continuous cast products of solid section, whether or not subjected to primary hot- rolling; and Other products of solid section, which have not been further worked than subjected to primary hot-rolling or roughly shaped by forging, including blanks for angles, shapes or sections.
These products are not presented in coils.

(k) Flat-rolled products

Rolled products of solid rectangular (other than square) cross-section, which do not conform to the definition at (ij) above in the form of:

(i) Coils of successively superimposed layers, or

(ii) Straight lengths, which if of a thickness less than 4.75 mm are of a width measuring at least ten times the thickness or if of a thickness of 4.75 mm or more are of a width which exceeds 150 mm and measures at least twice the thickness.

Flat-rolled products include those with patterns in relief derived directly from rolling (for example, grooves, ribs, chequers, tears, buttons, lozenges) and those which have been perforated, corrugated or polished, provided that they do not thereby assume the character of articles or products of other headings.
Flat-rolled products of a shape other than rectangular or square, of any size, are to be classified as products of a width of 600 mm or more, provided that they do not assume the character of articles or products of other headings.

(l) Bars and rods, hot-rolled, in irregularly wound coils

Hot-rolled products in irregularly wound coils, which have a solid cross-section in the shape of circles, segments of circles, ovals, rectangles (including squares), triangles or other convex polygons (including “flattened circles” and “modified rectangles”, of which two opposite sides are convex arcs, the other two sides being straight, of equal length and parallel). These products may have indentations, ribs, grooves or other deformations produced during the rolling process (reinforcing bars and rods).

(m) Other bars and rods

Products which do not conform to any of the definitions at (ij), (k) or (l) above or to the definition of wire, which have a uniform solid cross-section along their whole length in the shape of circles, segments of circles, ovals, rectangles (including squares), triangles or other convex polygons (including “flattened circles” and “modified rectangles”, of which two opposite sides are convex arcs, the other two sides being straight, of equal length and parallel). These products may:

(i) Have indentations, ribs, grooves or other deformations produced during the rolling process (reinforcing bars and rods);

(ii) Be twisted after rolling.

(n) Angles, shapes and sections

Products having a uniform solid cross-section along their whole length which do not conform to any of the definitions at (ij), (k), (l) or (m) above or to the definition of wire.

Chapter 72 does not include products of heading 73.01 or 73.02.

(o) Wire

Cold-formed products in coils, of any uniform solid cross-section along their whole length, which do not conform to the definition of flat-rolled products.

(p) Hollow drill bars and rods

Hollow bars and rods of any cross-section, suitable for drills, of which the greatest external dimension of the cross-section exceeds 15 mm but does not exceed 52 mm, and of which the greatest internal dimension does not exceed one half of the greatest external dimension. Hollow bars and rods of iron or steel not conforming to this definition are to be classified in

73.04。

二、用一种黑色金属包覆不同种类的黑色金属，应按其中重量最大的材料归类。

三、用电解沉积法、压铸法或烧结法所得的钢铁产品，应按其形状、成分及外观归入本章类似热轧产品的相应税目。

子目注释：

一、本章所用有关名词解释如下：

（一）合金生铁

按重量计含有一种或几种下列比例的元素的生铁：

铬 0.2％以上；

铜 0.3％以上；

镍 0.3％以上；

0.1％以上的任何下列元素：铝、钼、钛、钨、钒。

（二）非合金易切削钢

按重量计含有一种或几种下列比例的元素的非合金钢：

硫 0.08％及以上；

铅 0.1％及以上；

硒 0.05％以上；

碲 0.01％以上；

铋 0.05％以上。

（三）硅电钢

按重量计含硅量至少为 0.6％但不超过 6％，含碳量不超过 0.08％的合金钢。这类钢还可含有按重量计不超过 1％的铝，但所含其他元素的比例并不使其具有其他合金钢的特性。

（四）高速钢

不论是否含有其他元素，但至少含有按重量计合计含量在 7％及以上的钼、钨、钒中两种元素的合金钢，按重量计其含碳量在 0.6％及以上，含铬量在 3～6％。

（五）硅锰钢

按重量计同时含有下列元素的合金钢：

碳不超过 0.7％；

锰 0.5％及以上，但不超过 1.9％；以及

硅 0.6％及以上，但不超过 2.3％。但所含其他元素的比例并不使其具有其他合金钢的特性。

二、税目 72.02 项下的子目所列铁合金，应按照下列规则归类：

对于只有一种元素超出本章注释一（三）规定的最低百分比的铁合金，应作为二元合金归入相应的子目。以此类推，如果有两种或三种合金元素超出了最低百分比的，则可分别作为三元或四元合金。

在运用本规定时，本章注释一（三）所述的未列名的“其他元素”，按重量计单项含量必须超过 10％。

税号	货品名称	进口关税 %			增值/消费税%	出口退税%	统计计量单位	监管证件代码	检验检疫类别	协定税率 %		
		最惠国	普通	年内暂定						东盟	亚太	智利
	第一分章　原料；粒状及粉状产品											
72.01	生铁及镜铁，锭、块或其他初级形状：											
7201.1000	-　非合金生铁，按重量计含磷量在 0.5%及以下											
72011000.10	高纯生铁(含锰量 < 0.08%, 含磷量 < 0.03%, 含硫量 < 0.02%, 含钛量 < 0.03%)	1	8		17	0	千克			0		0

heading 73.04.

2. Ferrous metals clad with another ferrous metal are to be classified as products of the ferrous metal predominating by weight.
3. Iron or steel products obtained by electrolytic deposition, by pressure casting or by sintering are to be classified, according to their form, their composition and their appearance, in the headings of this Chapter appropriate to similar hot-rolled products.

Subheading Notes:

1. In this Chapter the following expressions have the meanings hereby assigned to them:

(a) Alloy pig iron

Pig iron containing, by weight, one or more of the following elements in the specified proportions:

more than 0.2% of chromium,

more than 0.3% of copper,

more than 0.3% of nickel,

more than 0.1% of any of the following elements: aluminium, molybdenum, titanium, tungsten (wolfram), vanadium.

(b) Non-alloy free-cutting steel

Non-alloy steel containing, by weight, one or more of the following elements in the specified proportions:

0.08% or more of sulphur,

0.1% or more of lead,

more than 0.05% of selenium,

more than 0.01% of tellurium,

more than 0.05% of bismuth.

(c) Silicon-electrical steel

Alloy steels containing by weight at least 0.6% but not more than 6% of silicon and not more than 0.08% of carbon. They may also contain by weight not more than 1% of aluminium but no other element in a proportion that would give the steel the characteristics of another alloy steel.

(d) High speed steel

Alloy steels containing, with or without other elements, at least two of the three elements molybdenum, tungsten and vanadium with a combined content by weight of 7% or more, 0.6% or more of carbon and 3 to 6% of chromium.

(e) Silico-manganese steel

Alloy steels containing by weight:

not more than 0.7% of carbon,

0.5% or more but not more than 1.9% of manganese, and

0.6% or more but not more than 2.3% of silicon, but no other element in a proportion that would give the steel the characteristics of another alloy steel.

2. For the classification of ferro-alloys in the subheadings of heading 72.02 the following rule should be observed:

A ferro-alloy is considered as binary and classified under the relevant subheading (if it exists) if only one of the alloy elements exceeds the minimum percentage laid down in Chapter Note 1 (c); by analogy, it is considered respectively as ternary or quaternary if two or three alloy elements exceed the minimum percentage.

For the application of this rule the unspecified "other elements" referred to in Chapter Note 1 (c) must each exceed 10% by weight.

协定税率 %										特惠税率 %				Article Description
巴基斯坦	冰岛	哥斯达黎	秘鲁	新西兰	瑞士	新加坡	韩国	澳大利亚	港澳台	老挝	孟加拉	33 国	7 国	
														Ⅰ.PRIMARY MATERIALS; PRODUCTS IN GRANULAR OR POWDER FORM
														Pig iron and spiegeleisen in ingots, blocks or other primary forms:
														- Non-alloy pig iron containing by weight 0.5% or less of phosphorus
0	0	0	0	0	0		0	0			0	0	0	High purity pig iron (containing by weight less than 0.08% of manganese, less than 0.03% of phosphorus,less than 0.02% of sulphur, less than 0.03% of titanium)

税　号	货　品　名　称	进口关税 % 最惠国	进口关税 % 普通	进口关税 % 年内暂定	增值/消费税%	出口退税%	统计计量单位	监管证件代码	检验检疫类别	协定税率 % 东盟	协定税率 % 亚太	协定税率 % 智利
72011000.90	非合金生铁,含磷量小于或等于0.5%(含锰量<0.08%,含磷量<0.03%,含硫量<0.02%,含钛量<0.03%的高纯生铁除外)	1	8		17	0	千克			0		0
7201.2000	-　非合金生铁,按重量计含磷量在0.5%以上	1	8		17	0	千克			0		0
7201.5000	-　合金生铁;镜铁											
72015000.10	合金生铁	1	8		17	0	千克			0		0
72015000.90	镜铁	1	8		17	0	千克			0		0
72.02	铁合金:											
	-　锰铁:											
7202.1100	--　按重量计含碳量在2%以上	2	11		17	0	千克	4xy		0		0
7202.1900	--　其他	2	11		17	0	千克	4xy		0		0
	-　硅铁:											
7202.2100	--　按重量计含硅量在55%以上											
72022100.10	硅铁,含硅量大于55%,小于90%	2	11		17	0	千克	4ABxy	M/N	0		0
72022100.90	硅铁,含硅量大于90%	2	11		17	0	千克	4xy		0		0
7202.2900	--　其他											
72022900.10	硅铁,含硅量大于等于30%且不超过55%	2	11		17	0	千克	4ABxy	M/N	0		0
72022900.90	硅铁,含硅量小于30%	2	11		17	0	千克	4xy		0		0
7202.3000	-　硅锰铁	2	11		17	0	千克	4xy		0		0
	-　铬铁:											
7202.4100	--　按重量计含碳量在4%以上	2	8	0	17	0	千克	4xy		0		0
7202.4900	--　其他	2	8	1	17	0	千克	4xy		0		0
7202.5000	-　硅铬铁	2	11		17	0	千克	4xy		0		0
7202.6000	-　镍铁	2	11	0	17	0	千克	4xy		0		0
7202.7000	-　钼铁	2	11	1	17	0	千克	4xy		0		0
	-　钨铁及硅钨铁:											
7202.8010	---　钨铁	2	11	1	17	0	千克	4xy		0		0
7202.8020	---　硅钨铁	2	11		17	0	千克	4xy		0		0
	-　其他:											
7202.9100	--　钛铁及硅钛铁	2	11		17	0	千克	4xy		0		0
	--　钒铁:											
7202.9210	---　按重量计含钒量在75%及以上	9	30		17	0	千克	4xy		0		0
7202.9290	---　其他	9	30		17	0	千克	4xy		0		0
7202.9300	--　铌铁											
72029300.10	铁钽铌合金(钽含量<10%)	2	11	1	17	0	千克	4xy		0		0
72029300.90	其他铌铁	2	11	1	17	0	千克	4xy		0		0
	--　其他:											
	---　钕铁硼合金:											
7202.9911	----速凝永磁片	2	11		17	0	千克	4xy		0		0
7202.9912	----磁粉	2	11		17	0	千克	4xy		0		0
7202.9919	----其他	2	11		17	0	千克	4xy		0		0
	---　其他:											
7202.9991	----按重量计稀土元素总含量在10%以上的											
72029991.10	按重量计中重稀土总含量≥30%的铁合金(按重量计稀土元素总含量在10%以上)	2	11		17	0	千克	4xy		0		0
72029991.91	稀土硅铁合金(按重量计稀土元素总含量在10%以上)	2	11		17	0	千克	4xy		0		0
72029991.99	其他按重量计稀土元素总含量在10%以上的铁合金	2	11		17	0	千克	4xy		0		0
7202.9999	----其他	2	11		17	0	千克	4xy		0		0
72.03	直接从铁矿还原所得的铁产品及其他海绵铁产品,块、团、团粒及类似形状;按重量计纯度在99.94%及以上的铁,块、团、团粒及类似形状:											
7203.1000	-　直接从铁矿还原所得的铁产品											
72031000.10	热压铁块	2	8		17	0	千克			0		0

协定税率 %										特惠税率 %				
巴基斯坦	冰岛	哥斯达黎	秘鲁	新西兰	瑞士	新加坡	韩国	澳大利亚	港澳台	老挝	孟加拉	33国	7国	Article Description
0	0	0	0	0	0		0	0			0	0	0	Non-alloy pig iron containing by weight 0.5% or less of phosphorus(other than high purity pig iron containing by weight less than 0.08% of manganese, less than 0.03% of phosphorus,less than 0.02% of sulphur, less than 0.03% of titanium)
0	0	0	0	0	0		0	0			0	0	0	- Non-alloy pig iron containing by weight more than 0.5% of phosphorus
														- Alloy pig iron;spiegeleisen
0	0	0	0	0	0		0	0			0	0	0	Alloy pig iron
0	0	0	0	0	0		0	0			0	0	0	Spiegeleisen
														Ferro-alloys:
														- Ferro-manganese:
0	0	0	0	0	0		0	0			0	0	0	-- Containing by weight more than 2% of carbon
0	0	0	0	0	0		0	0			0	0	0	-- Other
														- Ferro-silicon:
														-- Containing by weight more than 55% of silicon
0	0	0	0	0	0		0	0			0	0	0	Ferro-silicon, containing by weight more than 55% and less than 90% of silicon
0	0	0	0	0	0		0	0			0	0	0	Ferro-silicon, containing by weight more than 90% of silicon
														-- Other
0	0	0	0	0	0		0	0			0	0	0	Ferro-silicon, containing by weight more than 30% and less than 55% of silicon
0	0	0	0	0	0		0	0			0	0	0	Ferro-silicon, containing by weight less than 30% of silicon
0	0	0	0	0	0		0	0			0	0	0	- Ferro-silicon-manganese
														- Ferro-chromium:
0	0	0	0	0	0		0	0			0	0	0	-- Containing by weight more than 4% of carbon
0	0	0	0	0	0		0	0			0	0	0	-- Other
0	0	0	0	0	0		0	0			0	0	0	- Ferro-silicon-chromium
0	0	0	0	0	0		0	0			0	0	0	- Ferro-nickel
0	0	0	0	0	0		0	0			0	0	0	- Ferro-molybdenum
														- Ferro-tungsten and ferro-silicon-tungsten:
0	0	0	0	0	0		0	0			0	0	0	--- Ferro-tungsten
0	0	0	0	0	0		0	0			0	0	0	--- Ferro-silicon-tungsten
														- Other:
0	0	0	0	0	0		0	0			0	0	0	-- Ferro-titanium and ferro-silicon-titanium
														-- Ferro-vanadium:
5	0	0	0	0	3.6		5.4	5.4			0	0	0	--- Containing by weight more than 75% of vanadium
5	0	0	0	0	3.6		5.4	5.4			0	0	0	--- Other
														-- Ferro-niobium
0	0	0	0	0	0		0	0			0	0	0	Ferro-tantalum-niobium alloy, containing by weight less than 10% of tantalum
0	0	0	0	0	0		0	0			0	0	0	Other ferro-niobium
														-- Other:
														--- Nd-Fe-B alloy:
0	0	0	0	0	0		0	0			0	0	0	----Rapidly solidified permanent magnetic sheet
0	0	0	0	0	0		0	0			0	0	0	----Magnetic powder
0	0	0	0	0	0		0	0			0	0	0	----Other
														--- Other:
														----Containing by weight more than 10% of rare-earth
0	0	0	0	0	0		0	0			0	0	0	Ferro-alloys，containing by weight 30% or more of middle and heavy rare-earth（containing by weight more than 10% of total rare-earth）
0	0	0	0	0	0		0	0			0	0	0	Rare earth ferro-silicon alloy containing by weight more than 10% of rare earth
0	0	0	0	0	0		0	0			0	0	0	Other ferro-alloys containing by weight more than 10% of rare earth
0	0	0	0	0	0		0	0			0	0	0	----Other
														Ferrous products obtained by direct reduction of iron ore and other spongy ferrous products, in lumps, pellets or similar forms;iron having a minimum purity by weight of 99.94%,in lumps, pellets or similar forms:
														- Ferrous products obtained by direct reduction of iron ore
0	0	0	0	0	0		0	0				0	0	Ferrous products in lumps,hot pressed

税号	货品名称	进口关税% 最惠国	普通	年内暂定	增值/消费税%	出口退税%	统计计量单位	监管证件代码	检验检疫类别	协定税率% 东盟	亚太	智利
72031000.90	直接从铁矿还原的铁产品(铁团、铁粒及类似形状)	2	8		17	0	千克			0		0
7203.9000	- 其他	2	8		17	0	千克			0		0
72.04	**钢铁废碎料；供再熔的碎料钢铁锭：**											
7204.1000	- 铸铁废碎料	2	8	0	17	0	千克	A	M/	0		0
	- 合金钢废碎料：											
7204.2100	-- 不锈钢废碎料	0	8		17	0	千克	AP	M/			
7204.2900	-- 其他	0	8		17	0	千克	A	M/			
7204.3000	- 镀锡钢铁废碎料	2	8	0	17	0	千克	A	M/	0		0
	- 其他废碎料：											
7204.4100	-- 车、刨、铣、磨、锯、锉、剪、冲加工过程中产生的废料，不论是否成捆	2	8	0	17	0	千克	A	M/	0		0
7204.4900	-- 其他											
72044900.10	废汽车压件	0	8		17	0	千克	AP	M/			
72044900.20	以回收钢铁为主的废五金电器	0	8		17	0	千克	AP	M/			
72044900.90	未列名钢铁废碎料	0	8		17	0	千克	A	M/			
7204.5000	- 供再熔的碎料钢铁锭	0	8		17	0	千克	A	M/			
72.05	**生铁、镜铁及钢铁的颗粒和粉末：**											
7205.1000	- 颗粒	2	30		17	0	千克			0		0
	- 粉末：											
7205.2100	-- 合金钢的	2	17		17	0	千克			0		0
7205.2900	-- 其他	2	17		17	0	千克			0		0
	第二分章 铁及非合金钢											
72.06	**铁及非合金钢，锭状或其他初级形状（税目72.03的铁除外）：**											
7206.1000	- 锭状	2	11		17	0	千克			0		0
7206.9000	- 其他	2	11		17	0	千克			0		0
72.07	**铁及非合金钢的半制成品：**											
	- 按重量计含碳量在0.25%以下：											
7207.1100	-- 矩形（包括正方形）截面，宽度小于厚度的两倍	2	11		17	0	千克			0		0
7207.1200	-- 其他矩形（正方形除外）截面的	2	11		17	0	千克			0		0
7207.1900	-- 其他	2	11		17	0	千克			0		0
7207.2000	- 按重量计含碳量在0.25%及以上	2	11		17	0	千克			0		0
72.08	**宽度在600毫米及以上的铁或非合金钢平板轧材，经热轧，但未经包覆、镀层或涂层：**											
7208.1000	- 已轧压花纹的卷材，除热轧外未经进一步加工	5	14		17	0	千克	A	M/	0		0
	- 其他经酸洗的卷材，除热轧外未经进一步加工：											
7208.2500	-- 厚度在4.75毫米及以上	5	14		17	0	千克	A	M/	0		0
	-- 厚度在3毫米及以上，但小于4.75毫米：											
7208.2610	--- 屈服强度大于355牛顿/平方毫米	5	14		17	0	千克	A	M/	0		0
7208.2690	--- 其他	5	14		17	0	千克	A	M/	0		0
	-- 厚度小于3毫米：											
7208.2710	--- 厚度小于1.5毫米	5	14		17	0	千克	A	M/	0		0
7208.2790	--- 其他	5	14		17	0	千克	A	M/	0		0
	- 其他卷材，除热轧外未经进一步加工：											
7208.3600	-- 厚度超过10毫米	6	14		17	0	千克	A	M/	0		0
7208.3700	-- 厚度在4.75毫米及以上，但不超过10毫米	5	14		17	0	千克	A	M/	0		0
	-- 厚度在3毫米及以上，但小于4.75毫米：											
7208.3810	--- 屈服强度大于355牛顿/平方毫米	5	14		17	0	千克	A	M/	0		0
7208.3890	--- 其他	5	14		17	0	千克	A	M/	0		0
	-- 厚度小于3毫米：											
7208.3910	--- 厚度小于1.5毫米	3	14		17	0	千克	A	M/	0		0
7208.3990	--- 其他	3	14		17	0	千克	A	M/	0		0
7208.4000	- 已轧压花纹的非卷材，除热轧外未经进一步加工	6	17		17	0	千克	A	M/	0		0
	- 其他非卷材，除热轧外未经进一步加工：											

协定税率 %										特惠税率 %				Article Description
巴基斯坦	冰岛	哥斯达黎	秘鲁	新西兰	瑞士	新加坡	韩国	澳大利亚	港澳台	老挝	孟加拉	33 国	7 国	
0	0	0	0	0	0		0	0				0	0	Ferrous products obtained by direct reduction of iron ore, in lumps, pellets or similar forms
0	0	0	0	0	0		0	0				0	0	- Other
														Ferrous waste and scrap;remelting scrap ingots of iron steel:
0	0	0	0	0	0		0	0			0	0	0	- Waste and scrap of cast iron
														- Waste and scrap of alloy steel:
							0	0			0	0	0	-- Of stainless steel
							0	0			0	0	0	-- Other
0	0	0	0	0	0		0	0			0	0	0	- Waste and scrap of tinned iron or steel
														- Other waste and scrap:
0	0	0	0	0	0		1.6	0			0	0	0	-- Turnings, shavings, chips, milling waste, sawdust, filings, trimmings and stampings, whether or not in bundles
														-- Other
							0	0			0	0	0	Scrap cars pressers
							0	0			0	0	0	Waste hardware and electric appliance mainly for recovery of steel and iron
							0	0			0	0	0	Ferrous waste and scrap, not elsewhere specified or included
							0	0			0	0	0	- Remelting scrap ingots
														Granules and powders, of pig iron, spiegeleisen, iron or steel:
0	0	0	0	0	0		0	0			0	0	0	- Granules
														- Powders:
0	0	0	0	0	0		0	0	0//		0	0	0	-- Of alloy steel
0	0	0	0	0	0		1.6	0			0	0	0	-- Other
														Ⅱ.IRON AND NON-ALLOY STEEL
														Iron and non-alloy steel in ingots or other primary forms (excluding iron of heading No.72.03):
0	0	0	0	0	0		0	0				0	0	- Ingots
0	0	0	0	0	0		0	0				0	0	- Other
														Semi-finished products of iron or non-alloy steel:
														- Containing by weight less than 0.25% of carbon:
0	0	0	0	0	0		0	0				0	0	-- Of rectangular (including square)cross-section, the width measuring less than twice the thickness
0	0	0	0	0	0		0	0				0	0	-- Other, of rectangular (other than square)cross-section
0	0	0	0	0	0		1.7	0				0	0	-- Other
0	0	0	0	0	0		0	0				0	0	- Containing by weight 0.25% or more of carbon
														Flat-rolled products of iron or non-alloy steel of a width of 600mm or more, hot-rolled, not clad, plated or coated:
0	0	0	0	0	0		4	0			0	0	0	- In coils, not further worked than hot-rolled, with patterns in relief
														- Other, in coils, not further worked than hot-rolled, pickled:
0	0	0	0	0	0			0			0	0	0	-- Of a thickness of 4.75mm or more
														-- Of a thickness of 3mm or more but less than 4.75mm:
0	0	0	0	0	0			0			0	0	0	--- Of a yield strength exceeding 355N/mm^2
0	0	0	0	0	0			0			0	0	0	--- Other
														-- Of a thickness of less than 3mm:
0	0	0	0	0	0		4.3	0			0	0	0	--- Of a thickness of less than 1.5mm
0	0	0	0	0	0			0	//0		0	0	0	--- Other
														- Other, in coils, not further worked than hot-rolled:
5	0	0	0	0	2.4		4.8	3.6			0	0	0	-- Of a thickness exceeding 10mm
0	0	0	0	0	0		4	0			0	0	0	-- Of a thickness of 4.75mm or more but not exceeding 10mm
														-- Of a thickness of 3mm or more but less than 4.75mm:
0	0	0	0	0	0		4	0			0	0	0	--- Of a yield strength exceeding 355N/mm^2
0	0	0	0	0	0		4	0	//0		0	0	0	--- Other
														-- Of a thickness of less than 3mm:
0	0	0	0	0	0		2.4	0			0	0	0	--- Of a thickness of less than 1.5mm
0	0	0	0	0	0		2.4	0	//0		0	0	0	--- Other
5	0	0	0	0	2.4		4.8	3.6			0	0	0	- Not in coils, not further worked than hot-rolled, with patterns in relief
														- Other, not in coils, not further worked than hot-rolled:

税 号	货 品 名 称	进口关税 %			增值/消费税%	出口退税%	统计计量单位	监管证件代码	检验检疫类别	协定税率 %		
		最惠国	普通	年内暂定						东盟	亚太	智利
	-- 厚度超过 10 毫米:											
7208.5110	--- 厚度超过 50 毫米	6	17		17	0	千克	A	M/	0		0
7208.5120	--- 厚度在 20 毫米以上，但不超过 50 毫米	6	17		17	0	千克	A	M/	0		0
7208.5190	--- 其他	6	17		17	0	千克	A	M/	0		0
7208.5200	-- 厚度在 4.75 毫米及以上，但不超过 10 毫米	6	17		17	0	千克	A	M/	0		0
	-- 厚度在 3 毫米及以上，但小于 4.75 毫米:											
7208.5310	--- 屈服强度大于 355 牛顿/平方毫米	6	17		17	0	千克	A	M/	0	5.1	0
7208.5390	--- 其他	6	17		17	0	千克	A	M/	0	5.1	0
	-- 厚度小于 3 毫米:											
7208.5410	--- 厚度小于 1.5 毫米	6	17		17	0	千克	A	M/	0	5.1	0
7208.5490	--- 其他	6	17		17	0	千克	A	M/	0	5.1	0
7208.9000	- 其他	6	17		17	0	千克	A	M/	0		0
72.09	**宽度在 600 毫米及以上的铁或非合金钢平板轧材，经冷轧，但未经包覆、镀层或涂层:**											
	- 卷材，除冷轧外未经进一步加工:											
	-- 厚度在 3 毫米及以上:											
7209.1510	--- 屈服强度大于 355 牛顿/平方毫米	6	17		17	0	千克	A	M/	0		0
7209.1590	--- 其他	6	17		17	13	千克	A	M/	0		0
	-- 厚度超过 1 毫米，但小于 3 毫米:											
7209.1610	--- 屈服强度大于 275 牛顿/平方毫米	6	17		17	13	千克	A	M/	0	4.2	0
7209.1690	--- 其他	6	17		17	13	千克	A	M/	0	4.2	0
	-- 厚度在 0.5 毫米及以上，但不超过 1 毫米:											
7209.1710	--- 屈服强度大于 275 牛顿/平方毫米	3	17		17	13	千克	A	M/	0	2.1	0
7209.1790	--- 其他	3	17		17	13	千克	A	M/	0	2.1	0
	-- 厚度小于 0.5 毫米:											
7209.1810	--- 厚度小于 0.3 毫米	6	17	4	17	13	千克	A	M/	0	4.2	0
7209.1890	--- 其他	6	17		17	13	千克	A	M/	0	4.2	0
	- 非卷材，除冷轧外未经进一步加工:											
7209.2500	-- 厚度在 3 毫米及以上	6	17		17	13	千克	A	M/	0		0
7209.2600	-- 厚度超过 1 毫米，但小于 3 毫米	6	17		17	13	千克	A	M/	0		0
7209.2700	-- 厚度在 0.5 毫米及以上，但不超过 1 毫米	6	17		17	13	千克	A	M/	0	4.2	0
7209.2800	-- 厚度小于 0.5 毫米	6	17		17	13	千克	A	M/	0		0
7209.9000	- 其他	6	17		17	13	千克	A	M/	0	4.2	0
72.10	**宽度在 600 毫米及以上的铁或非合金钢平板轧材，经包覆、镀层或涂层:**											
	- 镀或涂锡的:											
7210.1100	-- 厚度在 0.5 毫米及以上	10	20		17	13	千克	A	M/	0		0
7210.1200	-- 厚度小于 0.5 毫米	5	20		17	13	千克	A	M/	0		0
7210.2000	- 镀或涂铅的，包括镀铅锡钢板	4	20		17	13	千克			0		0
7210.3000	- 电镀锌的	8	20		17	13	千克	A	M/	0		0
	- 用其他方法镀或涂锌的:											
7210.4100	-- 瓦楞形	8	20		17	13	千克	A	M/	0		0
7210.4900	-- 其他	4	20		17	13	千克	A	M/	0		0
7210.5000	- 镀或涂氧化铬或铬及氧化铬的	8	20		17	13	千克			0		0
	- 镀或涂铝的:											
7210.6100	-- 镀或涂铝锌合金的	8	20		17	13	千克			0		0
7210.6900	-- 其他	8	20		17	13	千克			0		0
	- 涂漆或涂塑的:											
7210.7010	--- 厚度小于 1.5 毫米	4	20		17	13	千克			0		0
7210.7090	--- 其他	4	20		17	13	千克			0		0
7210.9000	- 其他	8	20		17	13	千克			0		0
72.11	**宽度小于 600 毫米的铁或非合金钢平板轧材，但未经包覆、镀层或涂层:**											
	- 除热轧外未经进一步加工:											
7211.1300	-- 经四面轧制或在闭合匣内轧制的非卷材，宽度超过 150 毫米，厚度不小于 4 毫米，未轧压花纹	6	30		17	0	千克	A	M/	0		0
7211.1400	-- 其他，厚度在 4.75 毫米及以上	6	30		17	0	千克	A	M/	0		0

协定税率 %										特惠税率 %				Article Description
巴基斯坦	冰岛	哥斯达黎	秘鲁	新西兰	瑞士	新加坡	韩国	澳大利亚	港澳台	老挝	孟加拉	33 国	7 国	
														-- Of a thickness exceeding 10mm:
5	0	0	0	0	2.4		5.2	3.6			0	0	0	--- Of a thickness exceeding 50mm
5	0	0	0	0	2.4		5.2	3.6			0	0	0	--- Of a thickness exceeding 20mm but not exceeding 50mm
5	0	0	0	0	2.4		4.8	3.6			0	0	0	--- Other
5	0	0	0	0	2.4		4.8	3.6			0	0	0	-- Of a thickness of 4.75mm or more but not exceeding 10mm
														-- Of a thickness of 3mm or more but less than 4.75mm:
0	0	0	0	0	2.4		4.8	3.6			0	0	0	--- Of a yield strength exceeding 355N/mm^2
0	0	0	0	0	2.4		4.8	3.6			0	0	0	--- Other
														-- Of a thickness of less than 3mm:
0	0	0	0	0	2.4		3.6	3.6			0	0	0	--- Of a thickness of less than 1.5mm
0	0	0	0	0	2.4		5.2	3.6			0	0	0	--- Other
5	0	0	0	0	2.4			3.6			0	0	0	- Other
														Flat-rolled products of iron or non-alloy steel, of a width of 600mm or more, cold-rolled（cold-reduced),not clad, plated or coated:
														- In coils, not further worked than cold-rolled（cold-reduced):
														-- Of a thickness of 3mm or more:
5	0	0	0	0	2.4		4.8	3.6			0	0	0	--- Of a yield strength exceeding 355N/mm^2
5	0	0	0	0	2.4		4.8	3.6			0	0	0	--- Other
														-- Of a thickness exceeding 1mm but less than 3mm:
0	0	0	0	0	2.4		4.8	3.6			0	0	0	--- Of a yield strength exceeding 275N/mm^2
0	0	0	0	0	2.4		5.2	3.6	//0		0	0	0	--- Other
														-- Of a thickness of 0.5mm or more but not exceeding 1mm:
0	0	0	0	0	0		2.6	0			0	0	0	--- Of a yield strength exceeding 275N/mm^2
0	0	0	0	0	0		2.4	0	//0		0	0	0	--- Other
														-- Of a thickness of less than 0.5mm:
0	0	0	0	0	2.4		5.2	3.6			0	0	0	--- Of a thickness less than 0.3mm
0	0	0	0	0	2.4		5.2	3.6	//0		0	0	0	--- Other
														- Not in coils, not further worked than cold-rolled（cold-reduced):
5	0	0	0	0	2.4		4.8	3.6			0	0	0	-- Of a thickness of 3mm or more
5	0	0	0	0	2.4			3.6			0	0	0	-- Of a thickness exceeding 1mm but less than 3mm
0	0	0	0	0	2.4		5.2	3.6			0	0	0	-- Of a thickness of 0.5mm or more but not exceeding 1mm
5	0	0	0	0	2.4			3.6			0	0	0	-- Of a thickness of less than 0.5mm
0	0	0	0	0	2.4		4.8	3.6			0	0	0	- Other
														Flat-rolled products of iron or non-alloy steel, of a width of 600mm or more, clad, plated or coated:
														- Plated or coated with tin:
5	0	0	0	0	4	0	8	6			0	0	0	-- Of a thickness of 0.5mm or more
0	0	0	0	0	0			0			0	0	0	-- Of a thickness of less than 0.5mm
0	0	0	0	0	0		2.4	0			0	0	0	- Plated or coated with lead, including terneplate
5	0	0	0	0	3.2			4.8	//0		0	0	0	- Electrolytically plated or coated with zinc
														- Otherwise plated or coated with zinc:
5	0	0	0	0	3.2		4.8	4.8			0	0	0	-- Corrugated
0	0	0	0	0	0			0	//0		0	0	0	-- Other
5	0	0	0	0	3.2		6.4	4.8			0	0	0	- Plated or coated with chromium oxides or with chromium and chromium oxides
														- Plated or coated with aluminium:
5	0	0	0	0	3.2			4.8			0	0	0	-- Plated or coated with aluminium-zinc alloys
5	0	0	0	0	3.2			4.8			0	0	0	-- Other
														- Painted, varnished or coated with plastics:
0	0	0	0	0	1.6		3.4	0	0//		0	0	0	--- Of a thickness of less than 1.5mm
0	0	0	0	0	1.6		3.4	0	0//		0	0	0	--- Other
5	0	0	0	0	3.2		6.9	4.8			0	0	0	- Other
														Flat-rolled products of iron or non-alloy steel, of a width of less than 600mm, not clad, plated or coated:
														- Not further worked than hot-rolled:
5	0	0	0	0	2.4		4.8	3.6			0	0	0	-- Rolled on four faces or in a closed box pass, of a width exceeding 150mm and a thickness of not less than 4mm, not in coils and without patterns in relief
5	0	0	0	0	2.4		4.8	3.6			0	0	0	-- Other, of a thickness of 4.75mm or more

税号	货品名称	进口关税 %			增值/消费税%	出口退税%	统计计量单位	监管证件代码	检验检疫类别	协定税率 %		
		最惠国	普通	年内暂定						东盟	亚太	智利
7211.1900	-- 其他	6	30		17	0	千克	A	M/	0		0
	- 除冷轧外未经进一步加工:											
7211.2300	-- 按重量计含碳量低于0.25%	6	30		17	0	千克	A	M/	0		0
7211.2900	-- 其他	6	30		17	0	千克	A	M/	0		0
7211.9000	- 其他	6	30		17	0	千克	A	M/	0		0
72.12	**宽度小于600毫米的铁或非合金钢平板轧材,经包覆、镀层或涂层:**											
7212.1000	- 镀或涂锡的	5	20		17	0	千克	A	M/	0		0
7212.2000	- 电镀锌的	8	20		17	0	千克	A	M/	0		0
7212.3000	- 用其他方法镀或涂锌的	8	20		17	0	千克	A	M/	0		0
7212.4000	- 涂漆或涂塑的	4	20		17	0	千克			0		0
7212.5000	- 镀或涂其他材料的	8	20		17	0	千克			0		0
7212.6000	- 经包覆的	8	20		17	0	千克			0		0
72.13	**不规则盘卷的铁及非合金钢的热轧条、杆:**											
7213.1000	- 带有轧制过程中产生的凹痕、凸缘、槽沟及其他变形的	3	20		17	0	千克	A	M/	0		0
7213.2000	- 其他,易切削钢制	3	20		17	0	千克	A	M/	0		0
	- 其他:											
7213.9100	--- 直径小于14毫米圆形截面的	5	20		17	0	千克	A	M/	0	4.3	0
7213.9900	-- 其他	5	20		17	0	千克	A	M/	0		0
72.14	**铁或非合金钢的其他条、杆,除锻造、热轧、热拉拔或热挤压外未经进一步加工,包括轧制后扭曲的:**											
7214.1000	- 锻造的	7	10		17	9	千克	A	M/	0		0
7214.2000	- 带有轧制过程中产生的凹痕、凸缘、槽沟或其他变形以及轧制后扭曲的	3	20		17	0	千克	A	M/	0	0	0
7214.3000	- 其他,易切削钢制	7	20		17	0	千克	A	M/	0		0
	- 其他:											
7214.9100	-- 矩形(正方形除外)截面的	3	20		17	0	千克	A	M/	0		0
7214.9900	-- 其他	3	20		17	0	千克	A	M/	0		0
72.15	**铁及非合金钢的其他条、杆:**											
7215.1000	- 易切削钢制,除冷成形或冷加工外未经进一步加工	7	20		17	0	千克	A	M/	0		0
7215.5000	- 其他,除冷成形或冷加工外未经进一步加工	7	20		17	0	千克	A	M/	0		0
7215.9000	- 其他	3	20		17	0	千克	A	M/	0		0
72.16	**铁或非合金钢的角材、型材及异型材:**											
	- 槽钢、工字钢及H形钢,除热轧、热拉拔或热挤压外未经进一步加工,截面高度低于80毫米:											
7216.1010	--- H形钢	3	14		17	0	千克	A	M/	0		0
7216.1020	--- 工字钢	3	14		17	0	千克	A	M/	0		0
7216.1090	--- 其他	3	14		17	0	千克	A	M/	0		0
	- 角钢及丁字钢,除热轧、热拉拔或热挤压外未经进一步加工,截面高度低于80毫米:											
7216.2100	-- 角钢	6	17		17	0	千克	A	M/	0		0
7216.2200	-- 丁字钢	6	14		17	0	千克	A	M/	0		0
	- 槽钢、工字钢及H型钢,除热轧、热拉拔或热挤压外未经进一步加工,截面高度在80毫米及以上:											
7216.3100	-- 槽钢	6	14		17	0	千克	A	M/	0		0
	-- 工字钢:											
7216.3210	--- 截面高度在200毫米以上	6	14		17	0	千克	A	M/	0		0
7216.3290	--- 其他	6	14		17	0	千克	A	M/	0		0
	-- H形钢:											
	--- 截面高度在200毫米以上:											
7216.3311	----截面高度在800毫米以上	6	14		17	0	千克	A	M/	0		0
7216.3319	----其他	6	14		17	0	千克	A	M/	0		0
7216.3390	--- 其他	6	14		17	0	千克	A	M/	0		0

协定税率 %										特惠税率 %				Article Description
巴基斯坦	冰岛	哥斯达黎	秘鲁	新西兰	瑞士	新加坡	韩国	澳大利亚	港澳台	老挝	孟加拉	33 国	7 国	
5	0	0	0	0	2.4		5.2	3.6			0	0	0	-- Other
														- Not further worked than cold-rolled (cold-reduced):
5	0	0	0	0	2.4		5.2	3.6			0	0	0	-- Containing by weight less than 0.25% of carbon
5	0	0	0	0	2.4		5.2	3.6			0	0	0	-- Other
5	0	0	0	0	2.4		4.8	3.6			0	0	0	- Other
														Flat-rolled products of iron or non-alloy steel, of a width of less than 600mm, clad, plated or coated:
0	0	0	0	0	0		4	0			0	0	0	- Plated or coated with tin
5	0	0	0	0	3.2		6.9	4.8			0	0	0	- Electrolytically plated or coated with zinc
5	0	0	0	0	3.2		6.4	4.8			0	0	0	- Otherwise plated or coated with zinc
0	0	0	0	0	0		3.4	0	0//		0	0	0	- Painted, varnished or coated with plastics
5	0	0	0	0	3.2		6.9	4.8			0	0	0	- Otherwise plated or coated
5	0	0	0	0	3.2		6.4	4.8			0	0	0	- Clad
														Bars and rods, hot-rolled, in irregularly wound coils, of iron or non-alloy steel:
0	0	0	0	0	0		1.8	0			0	0	0	- Containing indentations, ribs, grooves or other deformations produced during the rolling process
0	0	0	0	0	0		2.6	0			0	0	0	- Other, of free-cutting steel
														- Other:
0	0	0	0	0	0		4	0			0	0	0	-- Of circular cross-section measuring less than 14mm in diameter
0	0	0	0	0	0		4.3	0			0	0	0	-- Other
														Other bars and rods of iron or non-alloy steel, not further worked than forged, hot rolled, hot-drawn or hot-extruded, but including those twisted after rolling:
5	0	0	0	0	2.8		5.6	4.2			0	0	0	- Forged
0	0	0	0	0	0		0	0	0//		0	0	0	- Containing indentations, ribs, grooves or other deformations produced during the rolling process or twisted after rolling
5	0	0	0	0	2.8		5.6	4.2			0	0	0	- Other, of free-cutting steel
														- Other:
0	0	0	0	0	0		0	0			0	0	0	-- Of rectangular cross section (other than square)
0	0	0	0	0	0		1.8	0			0	0	0	-- Other
														Other bars and rods of iron or non-alloy steel:
5	0	0	0	0	4.9		5.6	4.2			0	0	0	- Of free-cutting steel, not further worked than cold-formed or cold-finished
5	0	0	0	0	2.8		6	4.2			0	0	0	- Other not further worked than cold-formed or cold-finished
0	0	0	0	0	0		1.8	0			0	0	0	- Other
														Angles, shapes and sections of iron or non-alloy steel:
														- U, I or H sections, not further worked than hot-rolled, hot-drawn or extruded, of a height of less than 80mm:
0	0	0	0	0	0		0	0			0	0	0	--- H sections
0	0	0	0	0	0		0	0			0	0	0	--- I sections
0	0	0	0	0	0		0	0			0	0	0	--- Other
														- L or T sections, not further workedthan hot-rolled, hot-drawn or extruded, of a height of less than 80mm:
5	0	0	0	0	2.4		4.8	3.6			0	0	0	-- L sections
5	0	0	0	0	2.4		3.6	3.6			0	0	0	-- T sections
														- U, I or H sections, not further worked than hot-rolled, hot-drawn or extruded of a height of 80mm or more:
5	0	0	0	0	2.4		4.8	3.6			0	0	0	-- U sections
														-- I sections:
5	0	0	0	0	2.4		4.8	3.6			0	0	0	--- Of a height exceeding 200mm
5	0	0	0	0	2.4		4.8	3.6			0	0	0	--- Other
														-- H sections:
														--- Of a height exceeding 200mm:
5	0	0	0	0	2.4		3.6	3.6			0	0	0	----Of a height exceeding 800mm
5	0	0	0	0	2.4		5.2	3.6			0	0	0	----Other
5	0	0	0	0	2.4		4.8	3.6			0	0	0	--- Other

税 号	货 品 名 称	进口关税 % 最惠国	进口关税 % 普通	进口关税 % 年内暂定	增值/消费税%	出口退税%	统计计量单位	监管证件代码	检验检疫类别	协定税率 % 东盟	协定税率 % 亚太	协定税率 % 智利
	- 角钢及丁字钢，除热轧、热拉拔或热挤压外未经进一步加工，截面高度在80毫米及以上：											
7216.4010	--- 角钢	3	17		17	0	千克	A	M/	0		0
7216.4020	--- 丁字钢	3	14		17	0	千克	A	M/	0		0
	- 其他角材、型材及异型材，除热轧、热拉拔或热挤压外未经进一步加工：											
7216.5010	--- 乙字钢	6	14		17	0	千克	A	M/	0		0
7216.5020	--- 球扁钢	3	20		17	0	千克	A	M/	0		0
7216.5090	--- 其他	3	20		17	0	千克	A	M/	0		0
	- 角材、型材及异型材，除冷成形或冷加工外未经进一步加工：											
7216.6100	-- 平板轧材制的	3	20		17	0	千克	A	M/	0		0
7216.6900	-- 其他	3	20		17	0	千克	A	M/	0		0
	- 其他：											
7216.9100	-- 平板轧材经冷成形或冷加工制的	3	20		17	0	千克	A	M/	0		0
7216.9900	-- 其他	3	20		17	0	千克	A	M/	0		0
72.17	**铁丝或非合金钢丝：**											
7217.1000	- 未经镀或涂层，不论是否抛光	8	40		17	0	千克			0		0
7217.2000	- 镀或涂锌的	8	40		17	9	千克			0		0
	- 镀或涂其他贱金属的：											
7217.3010	--- 镀或涂铜的	8	40		17	9	千克			0	6.4	0
7217.3090	--- 其他	8	40		17	9	千克			0	6.4	0
7217.9000	- 其他	8	40		17	0	千克			0		0
	第三分章 不锈钢											
72.18	**不锈钢，锭状或其他初级形状；不锈钢半制成品：**											
7218.1000	- 锭状及其他初级形状	2	11		17	0	千克			0		0
	- 其他：											
7218.9100	-- 矩形（正方形除外）截面的	2	11		17	0	千克			0		0
7218.9900	-- 其他	2	11		17	0	千克			0		0
72.19	**不锈钢平板轧材，宽度在600毫米及以上：**											
	- 除热轧外未经进一步加工的卷材：											
7219.1100	-- 厚度超过10毫米	4	14		17	13	千克	A	M/	0		0
7219.1200	-- 厚度在4.75毫米及以上，但不超过10毫米	4	14		17	13	千克	A	M/	0		0
	-- 厚度在3毫米及以上，但小于4.75毫米：											
	--- 未经酸洗的：											
7219.1312	----按重量计含锰量在5.5%及以上的铬锰系不锈钢	4	14		17	0	千克	A	M/	0		0
7219.1319	----其他	4	14		17	13	千克	A	M/	0		0
	--- 经酸洗的：											
7219.1322	----按重量计含锰量在5.5%及以上的铬锰系不锈钢	4	14		17	0	千克	A	M/	0		0
7219.1329	----其他	4	14		17	13	千克	A	M/	0		0
	-- 厚度小于3毫米：											
	--- 未经酸洗的：											
7219.1412	----按重量计含锰量在5.5%及以上的铬锰系不锈钢	4	14		17	0	千克	A	M/	0		0
7219.1419	----其他	4	14		17	13	千克	A	M/	0		0
	--- 经酸洗的：											
7219.1422	----按重量计含锰量在5.5%及以上的铬锰系不锈钢	4	14		17	0	千克	A	M/	0		0
7219.1429	----其他	4	14		17	13	千克	A	M/	0		0
	- 除热轧外未经进一步加工的非卷材：											
7219.2100	-- 厚度超过10毫米	10	40		17	13	千克	A	M/	0	9.3	0
7219.2200	-- 厚度在4.75毫米及以上，但不超过10毫米	10	40		17	13	千克	A	M/	0	9.3	0
7219.2300	-- 厚度在3毫米及以上，但小于4.75毫米	10	40		17	13	千克	A	M/	0	9.3	0
	-- 厚度小于3毫米：											
7219.2410	--- 厚度超过1毫米但小于3毫米	10	40		17	13	千克	A	M/	0	9.3	0
7219.2420	--- 厚度在0.5毫米及以上，但不超过1毫米	10	40		17	13	千克	A	M/	0	9.3	0

协定税率 %										特惠税率 %				Article Description
巴基斯坦	冰岛	哥斯达黎	秘鲁	新西兰	瑞士	新加坡	韩国	澳大利亚	港澳台	老挝	孟加拉	33 国	7 国	
														- L or T sections, not further worked than hot-rolled, hot-drawn or extruded, of a height of 80mm or more:
0	0	0	0	0	0		0	0			0	0	0	--- L sections
0	0	0	0	0	0		0	0			0	0	0	--- T sections
														- Other angles, shapes and sections, not further worked than hot-rolled, hot-drawn or extruded:
5	0	0	0	0	2.4		3.6	3.6			0	0	0	--- Z sections
0	0	0	0	0	0		0	0			0	0	0	--- Bulb flat steel
0	0	0	0	0	0		1.8	0			0	0	0	--- Other
														- Angles, shapes and sections, not further worked than cold-formed or cold-finished:
0	0	0	0	0	0		0	0			0	0	0	-- Obtained from flat-rolled products
0	0	0	0	0	0		1.8	0			0	0	0	-- Other
														- Other:
0	0	0	0	0	0		0	0			0	0	0	-- Cold-formed or cold-finished from flatrolled products
0	0	0	0	0	0		0	0			0	0	0	-- Other
														Wire of iron or non-alloy steel:
5	0	0	0	0	3.2			4.8	//0		0	0	0	- Not plated or coated, whether or not polished
5	0	0	0	0	3.2		6.4	4.8			0	0	0	- Plated or coated with zinc
														- Plated or coated with other base metals:
5	0	0	0	0	3.2		7.3	4.8			0	0	0	--- Plated or coated with copper
5	0	0	0	0	3.2		6.9	4.8			0	0	0	--- Other
5	0	0	0	0	3.2		6.4	4.8	0//		0	0	0	- Other
														III. STAINLESS STEEL
														Stainless steel in ingots or other peimary forms;semi-finished products of stainless steel:
0	0	0	0	0	0		1.2	0			0	0	0	- Ingots and other primary forms
														- Other:
0	0	0	0	0	0		1.2	0			0	0	0	-- Of rectangular（other than square)crosssection
0	0	0	0	0	0		1.2	0			0	0	0	-- Other
														Flat-rolled products of stainless steel, of a width of 600mm or more:
														- Not further worked than hot-rolled, in coils:
0	0	0	0	0	0		2.4	0			0	0	0	-- Of a thickness exceeding 10mm
0	0	0	0	0	0		3.2	0	//0		0	0	0	-- Of a thickness of 4.75mm or more but not exceeding 10mm
														-- Of a thickness of 3mm or more but less than 4.75mm:
														--- Not acid picked:
0	0	0	0	0	0		2.4	0			0	0	0	----Containing more than 5.5% or more by weight of manganese of Ferro-chromium-manganese steel
0	0	0	0	0	0		3.2	0	//0		0	0	0	----Other
														--- Acid pickled:
0	0	0	0	0	0		2.4	0			0	0	0	----Containing more than 5.5% or more by weight of manganese of Ferro-chromium-manganese steel
0	0	0	0	0	0		3.2	0	//0		0	0	0	----Other
														-- Of a thickness of less than 3mm:
														--- Not acid pickled:
0	0	0	0	0	0		0	0			0	0	0	----Containing more than 5.5% or more by weight of manganese of Ferro-chromium-manganese steel
0	0	0	0	0	0		2.4	0			0	0	0	----Other
														--- Acid pickled:
0	0	0	0	0	0		0	0			0	0	0	----Containing more than 5.5% or more by weight of manganese of Ferro-chromium-manganese steel
0	0	0	0	0	0		2.4	0			0	0	0	----Other
														- Not further worked than hot-rolled, not in coils:
5	0	0	0	0	4	0	8.6	6	0//			0	0	-- Of a thickness exceeding 10mm
5	0	0	3	0	4	0	9	6	0//			0	0	-- Of a thickness of 4.75mm or more but not exceeding 10mm
5	0	0	0	0	4	0	8.6	6	//0			0	0	-- Of a thickness of 3mm or more but less than 4.75mm
														-- Of a thickness of less than 3mm:
5	0	0	0	0	4	0	8.6	6	//0			0	0	--- Of a thickness exceeding 1mm but less than 3mm
5	0	0	0	0	4	0	9	6				0	0	--- Of a thickness of 0.5mm or more but not exceeding 1mm

税号	货品名称	进口关税 % 最惠国	普通	年内暂定	增值/消费税%	出口退税%	统计计量单位	监管证件代码	检验检疫类别	协定税率 % 东盟	亚太	智利
7219.2430	--- 厚度小于0.5毫米	10	40		17	13	千克	A	M/	0	9.3	0
	- 除冷轧外未经进一步加工:											
7219.3100	-- 厚度在4.75毫米及以上	10	40		17	13	千克	A	M/	0		0
7219.3200	-- 厚度在3毫米及以上，但小于4.75毫米	10	40		17	13	千克	A	M/	0		0
	-- 厚度超过1毫米，但小于3毫米:											
7219.3310	--- 按重量计含锰量在5.5%及以上的铬锰系不锈钢	10	40		17	13	千克	A	M/	0		0
7219.3390	--- 其他	10	40		17	13	千克	A	M/	0		0
7219.3400	-- 厚度在0.5毫米及以上，但不超过1毫米	10	40		17	13	千克	A	M/	0		0
7219.3500	-- 厚度小于0.5毫米	10	40		17	13	千克	A	M/	0		0
7219.9000	- 其他	10	40		17	13	千克	A	M/	0		0
72.20	**不锈钢平板轧材，宽度小于600毫米:**											
	- 除热轧外未经进一步加工:											
7220.1100	-- 厚度在4.75毫米及以上	10	20		17	9	千克	A	M/	0		0
7220.1200	-- 厚度小于4.75毫米	10	20		17	9	千克	A	M/	0		0
	- 除冷轧外未经进一步加工:											
7220.2020	--- 厚度在0.35毫米及以下	10	20		17	9	千克	A	M/	0		0
7220.2030	--- 厚度在0.35毫米以上但小于3毫米	10	20		17	9	千克	A	M/	0		0
7220.2040	--- 厚度在3毫米及以上	10	20		17	9	千克	A	M/	0		0
7220.9000	- 其他	10	20		17	9	千克	A	M/	0		0
72.21	**不规则盘卷的不锈钢热轧条、杆:**											
7221.0000	不规则盘卷的不锈钢热轧条、杆	10	20		17	13	千克	A	M/	0	8	0
72.22	**不锈钢其他条、杆；不锈钢角材、型材及异型材:**											
	- 条、杆，除热轧、热拉拔或热挤压外未经进一步加工:											
7222.1100	-- 圆形截面的	10	40		17	5	千克	A	M/	0	9	0
7222.1900	-- 其他	10	40		17	5	千克	A	M/	0	9	0
7222.2000	- 条、杆，除冷成形或冷加工外未经进一步加工	10	40		17	5	千克			0		0
7222.3000	- 其他条、杆	10	40		17	5	千克			0	8.9	0
7222.4000	- 角材、型材及异型材	10	17		17	5	千克	A	M/	0		0
72.23	**不锈钢丝:**											
7223.0000	不锈钢丝	10	20		17	5	千克			0		0
	第四分章 其他合金钢；合金钢或非合金钢制的空心钻钢											
72.24	**其他合金钢，锭状或其他初级形状；其他合金钢制的半制成品:**											
7224.1000	- 锭状及其他初级形状	2	11		17	0	千克			0		0
	- 其他:											
7224.9010	--- 单件重量在10吨及以上的粗铸锻件坯	2	11		17	0	千克			0		0
7224.9090	--- 其他	2	11		17	0	千克			0		0
72.25	**其他合金钢平板轧材，宽度在600毫米及以上:**											
	- 硅电钢制:											
7225.1100	-- 取向性硅电钢	3	20		17	13	千克	7A	M/	0	2.1	0
7225.1900	-- 其他	6	20		17	13	千克	A	M/	0		0
7225.3000	- 其他卷材，除热轧外未经进一步加工	3	14		17	9	千克	A	M/	0		0
	- 其他非卷材，除热轧外未经进一步加工:											
7225.4010	--- 工具钢	3	17		17	13	千克	A	M/	0		0
	--- 其他:											
7225.4091	---- 含硼合金钢	3	17		17	0	千克	A	M/	0		0
7225.4099	---- 其他	3	17		17	13	千克	A	M/	0		0
7225.5000	- 其他，除冷轧外未经进一步加工	3	17		17	13	千克	A	M/	0		0
	- 其他:											
7225.9100	-- 电镀或涂锌的	7	17		17	9	千克	A	M/	0		0
7225.9200	-- 用其他方法镀或涂锌的	7	17		17	9	千克	A	M/	0		0
	-- 其他:											

协定税率 %										特惠税率 %				
巴基斯坦	冰岛	哥斯达黎	秘鲁	新西兰	瑞士	新加坡	韩国	澳大利亚	港澳台	老挝	孟加拉	33 国	7 国	Article Description
5	0	0	0	0	4	0	8.6	6				0	0	--- Of a thickness of less than 0.5mm
														- Not further worked than than cold-rolled（cold-reduced):
5	0	0	3	0	4	0	8	6	//0			0	0	-- Of a thickness of 4.75mm or more
5	0	0	3	0	4	0	8	6	//0			0	0	-- Of a thickness of 3mm or more but less than 4.75mm
														-- Of a thickness exceeding 1mm but less than 3mm:
5	0	0	3	0	4	0	8	6	0//0			0	0	--- Of chromium-manganese stainless steel, containing by weight 5.5% of manganese or more
5	0	0	3	0	4	0	8.6	6	0//0			0	0	--- Other
5	0	0	3	0	4	0	9	6	0//0			0	0	-- Of a thickness of 0.5mm or more but not exceeding 1mm
5	0	0	3	0	4	0	9	6	0//0			0	0	-- Of a thickness of less than 0.5mm
5	0	0	0	0	4	0	8	6	//0			0	0	- Other
														Flat-rolled products stainless steel, of a width of less than 600mm:
														- Not further worked than hot-rolled:
5	0	0	0	0	4	0		6	0//			0	0	-- Of a thickness of 4.75mm or more
5	0	0	0	0	4	0	8	6				0	0	-- Of a thickness of less than 4.75mm
														- Not further worked than cold-rolled（cold-reduced):
5	0	0	0	0	4	0	8.6	6				0	0	--- Of a thickness of 0.35mm or less
5	0	0	0	0	4	0	8.6	6				0	0	--- Of a thickness of more than 0.35mm but less than 3mm
5	0	0	0	0	4	0	8	6				0	0	--- Of a thickness of 3mm or more
5	0	0	0	0	4	0	8	6	//0			0	0	- Other
														Bars and rods, hot-rolled, in irregularly wound coils, of stainless steel:
5	0	0	0	0	4	0	9.2	6				0	0	Bars and rods, hot-rolled, in irregularly wound coils, of stainless steel
														Other bars and rods of stainless steel;angles, shapes and sections of stainless steel:
														- Bars and rods, not further worked than hot-rolled, hot-drawn or extruded:
5	0	0	0	0	4	0	9.6	6				0	0	-- Of circular cross-section
5	0	0	0	0	4	0	9.6	6				0	0	-- Other
5	0	0	0	0	4	0		6				0	0	- Bars and rods, not further worked than cold-formed or cold-finished
5	0	0	0	0	4	0	9.6	6				0	0	- Other bars and rods
5	0	0	0	0	4	0		6				0	0	- Angles, shapes and sections
														Wire of stainless steel:
5	0	0	0	0	4	0		6	0//		0	0	0	Wire of stainless steel
														Ⅳ.OTHER ALLOY STEEL；HOLLOW DRILL BARS AND RODS，OF ALLOY OR NON-ALLOY STEEL
														Other alloy steel in ingots or otherprimary forms;semi-finished products of other alloy steel:
0	0	0	0	0	0		0	0			0	0	0	- Ingots and other primary forms
														- Other:
0	0	0	0	0	0		0	0			0	0	0	--- Raw casting forging stocks, individual piece weight of 10t or more
0	0	0	0	0	0		0	0			0	0	0	--- Other
														Flat-rolled products of other alloy steel, of a width of 600mm or more:
														- Of silicon-electrical steel:
0	0	0	0	0	0		2.6	0			0	0	0	-- Grain-oriented
5	0	0	0	0	2.4			3.6	//0		0	0	0	-- Other
0	0	0	0	0	0			0			0	0	0	- Other, not further worked than hot-rolled, in coils
														- Other, not further worked than hot-rolled, not in coils:
0	0	0	0	0	0		1.8	0			0	0	0	--- Of tool steels
														Other:
0	0	0	0	0	0		1.8	0			0	0	0	--- Of boron-containing alloy steel
0	0	0	0	0	0		1.8	0			0	0	0	----Other
0	0	0	0	0	0			0			0	0	0	- Other, not further worked than cold-rolled（cold-reduced)
														- Other:
5	0	0	0	0	2.8		5.6	4.2			0	0	0	-- Electrolytically plated or coated with zinc
5	0	0	0	0	2.8		6	4.2			0	0	0	-- Otherwise plated or coated with zinc
														-- Other:

税　号	货 品 名 称	进口关税 % 最惠国	普通	年内暂定	增值/消费税%	出口退税%	统计计量单位	监管证件代码	检验检疫类别	协定税率 % 东盟	亚太	智利
7225.9910	--- 高速钢制	3	17		17	9	千克	A	M/	0		0
7225.9990	--- 其他	7	17		17	9	千克	A	M/	0		0
72.26	**其他合金钢平板轧材，宽度小于600毫米：**											
	- 硅电钢制：											
7226.1100	-- 取向性硅电钢	3	20		17	13	千克	A	M/	0		0
7226.1900	-- 其他	3	20		17	13	千克	A	M/	0		0
7226.2000	- 高速钢制	3	20		17	9	千克	A	M/	0		0
	- 其他：											
	-- 除热轧外未经进一步加工：											
7226.9110	--- 工具钢	3	20		17	9	千克	A	M/	0		0
	--- 其他：											
7226.9191	---- 含硼合金钢	3	20		17	0	千克	A	M/	0		0
7226.9199	---- 其他	3	20		17	9	千克	A	M/	0		0
7226.9200	-- 除冷轧外未经进一步加工	3	20		17	9	千克	A	M/	0		0
	-- 其他：											
7226.9910	--- 电镀锌的	7	20		17	9	千克	A	M/	0		0
7226.9920	--- 用其他方法镀或涂锌的	7	20		17	9	千克	A	M/	0		0
7226.9990	--- 其他											
72269990.01	铁镍合金带材(生产集成电路框架用)(宽度<600mm)	7	20	4	17	9	千克	A	M/	0		0
72269990.90	其他合金板材(宽度<600mm)	7	20		17	9	千克	A	M/	0		0
72.27	**不规则盘卷的其他合金钢热轧条、杆：**											
7227.1000	- 高速钢制	3	20		17	9	千克	A	M/	0		0
7227.2000	- 硅锰钢制	6	20		17	9	千克	A	M/	0		0
	- 其他：											
7227.9010	--- 含硼合金钢制	3	20		17	0	千克	A	M/	0		0
7227.9090	--- 其他	3	20		17	9	千克	A	M/	0		0
72.28	**其他合金钢条、杆；其他合金钢角材、型材及异型材；合金钢或非合金钢制的空心钻钢：**											
7228.1000	- 高速钢条、杆	3	20		17	13	千克	A	M/	0		0
7228.2000	- 硅锰钢条、杆	6	20		17	0	千克	A	M/	0		0
	- 其他条、杆，除热轧、热拉拔或热挤压外未经进一步加工：											
7228.3010	--- 含硼合金钢制	3	20		17	0	千克	A	M/	0		0
7228.3090	--- 其他	3	20		17	13	千克	A	M/	0		0
7228.4000	- 其他条、杆，除锻造外未经进一步加工	3	20		17	13	千克	A	M/	0		0
7228.5000	- 其他条、杆，除冷成形或冷加工外未经进一步加工	3	20		17	13	千克	A	M/	0		0
7228.6000	- 其他条、杆	3	20		17	9	千克	A	M/	0		0
	角材、型材及异型材：											
7228.7010	--- 履带板型钢	6	17		17	9	千克	A	M/	0		0
7228.7090	--- 其他	6	17		17	9	千克	A	M/	0		0
7228.8000	- 空心钻钢	7	35		17	13	千克	A	M/	0		0
72.29	**其他合金钢丝：**											
7229.2000	- 硅锰钢制	7	20		17	0	千克			0		0
	- 其他：											
7229.9010	--- 高速钢制	3	20		17	13	千克			0		0
7229.9090	--- 其他	7	20		17	9	千克			0		0

协定税率 %										特惠税率 %				
巴基斯坦	冰岛	哥斯达黎	秘鲁	新西兰	瑞士	新加坡	韩国	澳大利亚	港澳台	老挝	孟加拉	33 国	7 国	Article Description
0	0	0	0	0	0		1.8	0			0	0	0	--- Of high speed steel
5	0	0	0	0	2.8		5.6	4.2			0	0	0	--- Other
														Flat-rolled products of other alloy steel, of a width of less than 600mm:
														- Of silicon-electrical steel:
0	0	0	0	0	0			0			0	0	0	-- Grain-oriented
0	0	0	0	0	0			0			0	0	0	-- Other
0	0	0	0	0	0		2.4	0			0	0	0	- Of high speed steel
														- Other:
														-- Not further worked than hot-rolled:
0	0	0	0	0	0		2.4	0			0	0	0	--- Of tool steels
														--- Other:
0	0	0	0	0	0		2.4	0			0	0	0	----Of boron-containing alloy steel
0	0	0	0	0	0		2.4	0			0	0	0	----Other
0	0	0	0	0	0		2.6	0			0	0	0	-- Not further worked than cold-rolled（cold-reduced)
														-- Other:
5	0	0	0	0	2.8		5.6	4.2			0	0	0	--- Electrolytically plated or coated with zinc
5	0	0	0	0	2.8		5.6	4.2			0	0	0	--- Otherwise plated or coated with zinc
														--- Other
5	0	0	0	0	2.8		5.6	4.2			0	0	0	Flat-rolled products of Fe-Ni alloy, of a width of less than 600mm, used for manufacturing the frame for integrated circuits)
5	0	0	0	0	2.8		5.6	4.2			0	0	0	Other flat-rolled products of other alloy steel, of a width of less than 600mm
														Bars and rods, hot-rolled, in irregularly wound coils, of other alloy steel:
0	0	0	0	0	0		0	0			0	0	0	- Of high speed steel
5	0	0	0	0	2.4		5.2	3.6			0	0	0	- Of silico-manganese steel
														- Other:
0	0	0	0	0	0		0	0			0	0	0	--- Of boron-containing alloy steel
0	0	0	0	0	0		0	0			0	0	0	--- Other
														Other bars and rods of other alloy steel;angles, shapes and sections, of other alloy steel;hollow drill bars and rods, of alloy or non-alloy steel:
0	0	0	0	0	0		2.4	0			0	0	0	- Bars and rods, of high speed steel
5	0	0	0	0	2.4		4.8	3.6			0	0	0	- Bars and rods, of silico-manganese steel
														- Other bars and rods, not further worked than hot-rolled, hot-drawn or extruded:
0	0	0	0	0	0		2.4	0			0	0	0	--- Of boron-containing alloy steel
0	0	0	0	0	0		2.4	0			0	0	0	--- Other
0	0	0	0	0	0		2.4	0			0	0	0	- Other bars and rods, not further worked than forged
0	0	0	0	0	0		2.4	0			0	0	0	- Other bars and rods, not further worked than cold-formed of cold-finished
0	0	0	0	0	0		2.4	0			0	0	0	- Other bars and rods
														- Angles, shapes and sections:
5	0	0	0	0	2.4		3.6	3.6			0	0	0	--- Shapes of crawler tread
5	0	0	0	0	2.4		4.8	3.6			0	0	0	--- Other
5	0	0	0	0	2.8		4.2	4.2			0	0	0	- Hollow drill bars and rods
														Wire of other alloy steel:
5	0	0	0	0	2.8		6	4.2				0	0	- Of silico-manganese steel
														- Other:
0	0	0	0	0	0		2.4	0				0	0	--- Of high speed steel
5	0	0	0	0	2.8			4.2				0	0	--- Other

第七十三章 钢铁制品

注释：

一、本章所称“铸铁”，适用于经铸造而得的产品，按重量计其铁元素含量超过其他元素单项含量并与第七十二章注释一（四）所述的钢的化学成分不同。

二、本章所称“丝”，是指热或冷成形的任何截面形状的产品，但其截面尺寸均不超过16毫米。

税号	货品名称	进口关税 %			增值/消费税%	出口退税%	统计计量单位	监管证件代码	检验检疫类别	协定税率 %		
		最惠国	普通	年内暂定						东盟	亚太	智利
73.01	钢铁板桩，不论是否钻孔、打眼或组装；焊接的钢铁角材、型材及异型材：											
7301.1000	- 钢铁板桩	7	20		17	9	千克			0	6.3	0
7301.2000	- 角材、型材及异型材	7	30		17	9	千克			0		0
73.02	铁道及电车道铺轨用钢铁材料（钢轨、护轨、齿轨、道岔尖轨、辙叉、尖轨拉杆及其他岔道段体、轨枕、鱼尾板、轨座、轨座楔、钢轨垫板、钢轨夹、底板、固定板及其他专门用于连接或加固路轨的材料）：											
7302.1000	- 钢轨	6	14		17	9	千克	A	M/	0		0
7302.3000	- 道岔尖轨、辙叉、尖轨拉杆及其他岔道段体	8	17		17	9	千克	A	M/	0		0
7302.4000	- 鱼尾板及钢轨垫板	7	17		17	9	千克	A	M/	0		0
	- 其他：											
7302.9010	--- 轨枕	6	14		17	9	千克	A	M/	0	5.1	0
7302.9090	--- 其他	7	17		17	9	千克	A	M/	0	6	0
73.03	铸铁管及空心异型材：											
7303.0010	--- 内径在500毫米及以上的圆形截面管	4	40		17	9	千克			0		0
7303.0090	--- 其他	4	40		17	9	千克			0		0
73.04	无缝钢铁管及空心异型材（铸铁的除外）：											
	- 石油或天然气管道管：											
	-- 不锈钢制：											
7304.1110	--- 外径大于等于215.9毫米，但不超过406.4毫米	5	17		17	13	千克	A	M/	0		0
7304.1120	--- 外径超过114.3毫米，但小于215.9毫米	5	17		17	13	千克	A	M/	0		0
7304.1130	--- 外径不超过114.3毫米	5	17		17	13	千克	A	M/	0		0
7304.1190	--- 其他	5	17		17	13	千克	A	M/	0		0
	-- 其他：											
7304.1910	--- 外径大于等于215.9毫米，但不超过406.4毫米	5	17		17	13	千克	A	M/	0		0
7304.1920	--- 外径超过114.3毫米，但小于215.9毫米	5	17		17	13	千克	A	M/	0		0
7304.1930	--- 外径不超过114.3毫米	5	17		17	13	千克	A	M/	0		0
7304.1990	--- 其他	5	17		17	13	千克	A	M/	0		0
	- 钻探石油或天然气用的套管、导管及钻管：											
	-- 不锈钢钻管：											
7304.2210	--- 外径不超过168.3毫米	4	17		17	13	千克	A	M/	0		0
7304.2290	--- 其他	4	17		17	13	千克	A	M/	0		0
	-- 其他钻管：											
7304.2310	--- 外径不超过168.3毫米	4	17		17	13	千克	A	M/	0		0
7304.2390	--- 其他	4	17		17	13	千克	A	M/	0		0
7304.2400	-- 其他不锈钢管	4	17		17	13	千克	A	M/	0	2	0
	-- 其他：											
7304.2910	--- 屈服强度小于552兆帕的 .	4	17		17	13	千克	A	M/	0	2	0
7304.2920	--- 屈服强度大于等于552兆帕，但小于758兆帕的	4	17		17	13	千克	A	M/	0	2	0
7304.2930	--- 屈服强度大于等于758兆帕的	4	17		17	13	千克	A	M/	0	2	0
	- 铁或非合金钢的其他圆形截面管：											

Chapter 73 Articles of iron or steel

Chapter Notes:

1. In this Chapter the expression "cast iron" applies to products obtained by casting in which iron predominates by weight over each of the other elements and which do not comply with the chemical composition of steel as defined in Note 1 (d) to Chapter 72.
2. In this Chapter the word "wire" means hot or cold-formed products of any cross-sectional shape, of which no cross-sectional dimension exceeds 16 mm.

协定税率 %										特惠税率 %				Article Description
巴基斯坦	冰岛	哥斯达黎	秘鲁	新西兰	瑞士	新加坡	韩国	澳大利亚	港澳台	老挝	孟加拉	33 国	7 国	
														Sheet piling of iron or steel, whether or not drilled, punched or made from assembled elements; welded angles, shapes and sections, of iron or steel:
5	0	0	0	0	2.8		5.6	4.2			0	0	0	- Sheet piling
5	0	0	0	0	2.8		5.6	4.2			0	0	0	- Angles, shapes and sections
														Railway or tramway track construction material of iron or steel, the following: rails, check-rails and rack rails, switch blades, crossing frogs, point rods and other crossing pieces, sleepers (cross-ties), fishplates, chairs, chair wedges, sole plates (base plates), rail clips, bedplates, ties and other material specialized for jointing or fixing rails:
5	0	0	0	0	2.4		4.8	3.6			0	0	0	- Rails
5	0	0	0	0	3.2		4.8	4.8			0	0	0	- Switch blades, crossing frogs, point rods and other crossing pieces
5	0	0	0	0	2.8		5.6	4.2			0	0	0	- Fish-plates and sole plates
														- Other:
0	0	0	0	0	2.4		3.6	3.6			0	0	0	--- Sleepers (cross-ties)
5	0	0	0	0	4.9		4.2	4.2			0	0	0	--- Other
														Tubes, pipes and hollow profiles, of cast iron:
0	0	0	0	0	0		0	0			0	0	0	--- Tubes and pipes of circular cross-section, of the internal diameter of 500mm or more
0	0	0	0	0	0		2.4	0			0	0	0	--- Other
														Tubes, pipes and hollow profiles, seamless, of iron (other than cast iron) or steel:
														- Line pipe of a kind used for oil or gas pipelines:
														-- Of stainless steel:
0	0	0	0	0	0		4	0			0	0	0	--- Having an outside diameter of 215.9mm or more but not exceeding 406.4mm
0	0	0	0	0	0		4	0			0	0	0	--- Having an outside diameter exceeding 114.3mm but less than 215.9mm
0	0	0	0	0	0		4	0			0	0	0	--- Having an outside diament not exceeding 114.3mm
0	0	0	0	0	0		3	0			0	0	0	--- Other
														-- Other:
0	0	0	0	0	0		4	0			0	0	0	--- Having an outside diameter of 215.9mm or more but not exceeding 406.4mm
0	0	0	0	0	0		4	0			0	0	0	--- Having an outside diameter exceeding 114.3mm but less than 215.9mm
0	0	0	0	0	0		4	0			0	0	0	--- Having an outside diament not exceeding 114.3mm
0	0	0	0	0	0		3	0			0	0	0	--- Other
														- Casing, tubing and drill pipe, of a kind used in drilling for oil or gas:
														-- Drill pipe of stainless steel:
0	0	0	0	0	0		0	0			0	0	0	--- Having an outside diameter not exceeding 168.3mm
0	0	0	0	0	0		0	0			0	0	0	--- Other
														-- Other drill pipe:
0	0	0	0	0	0		0	0			0	0	0	--- Having an outside diameter not exceeding 168.3mm
0	0	0	0	0	0		0	0			0	0	0	--- Other
0	0	0	0	0	0		0	0			0	0	0	-- Other, of stainless steel
														-- Other:
0	0	0	0	0	0		0	0			0	0	0	--- Having an yield strength less than 552MPa
0	0	0	0	0	0		0	0			0	0	0	--- Having an yield strength of 552MPa or more but less than 758MPa
0	0	0	0	0	0		0	0			0	0	0	--- Having an yield strength of 758MPa or more
														- Other, of circular cross-section, of iron or non-alloysteel:

税号	货品名称	进口关税 %			增值/消费税%	出口退税%	统计计量单位	监管证件代码	检验检疫类别	协定税率 %		
		最惠国	普通	年内暂定						东盟	亚太	智利
	-- 冷拔或冷轧的:											
7304.3110	--- 锅炉管	4	17		17	9	千克	A	M/	0		0
7304.3120	--- 地质钻管、套管	8	17		17	9	千克	A	M/	0		0
7304.3190	--- 其他	4	17		17	9	千克	A	M/	0		0
	-- 其他:											
7304.3910	--- 锅炉管	4	17		17	9	千克	A	M/	0		0
7304.3920	--- 地质钻管、套管	5	17		17	9	千克	A	M/	0		0
7304.3990	--- 其他	4	17		17	9	千克	A	M/	0		0
	- 不锈钢的其他圆形截面管:											
	-- 冷拔或冷轧的:											
7304.4110	--- 锅炉管											
73044110.01	冷轧的不锈钢制无缝锅炉管[碳(C)含量≥0.04%并≤1.2%、铬(Cr)含量>16%、镍(Ni)含量>7%、铌(Nb)含量≥0.2%,抗拉强度≥550MPa,屈服强度>200MPa]	10	17		17	9	千克	A	M/	0		0
73044110.90	其他冷轧的不锈钢制无缝锅炉管(冷拔或冷轧的,包括内螺纹)	10	17		17	9	千克	A	M/	0		0
7304.4190	--- 其他	10	40		17	13	千克	A	M/	0		0
	-- 其他:											
7304.4910	--- 锅炉管											
73044910.01	非冷轧(拔)不锈钢制无缝锅炉管[0.04%≤碳(C)含量≤1.2%、铬(Cr)含量>16%、镍(Ni)含量>7%、铌(Nb)含量≥0.2%,抗拉强度≥550MPa,屈服强度>200MPa]	10	17		17	13	千克	A	M/	0		0
73044910.90	其他非冷轧(拔)不锈钢制无缝锅炉管(包括内螺纹)	10	17		17	13	千克	A	M/	0		0
7304.4990	--- 其他	10	40		17	9	千克	A	M/	0		0
	- 其他合金钢的其他圆形截面管:											
	-- 冷拔或冷轧的:											
7304.5110	--- 锅炉管											
73045110.01	高温承压用合金钢无缝钢管(抗拉强度≥620MPa、屈服强度≥440MPa)[外径在127mm及以上,化学成分(wt%)中:0.07%≤碳(C)的含量≤0.13%、8.5%≤铬(Cr)的含量≤9.5%、0.3%≤钼(Mo)的含量≤0.6%、1.5%≤钨(W)的含量≤2.0%、抗拉强度≥620MPa、屈服强度≥440MPa]	4	17		17	9	千克	A	M/	0		0
73045110.90	冷轧的其他合金钢无缝锅炉管(冷拔或冷轧的,包括内螺纹)	4	17		17	9	千克	A	M/	0		0
7304.5120	--- 地质钻管、套管	4	17		17	9	千克	A	M/	0		0
7304.5190	--- 其他											
73045190.01	高温承压用合金钢无缝钢管[外径在127mm及以上;化学成分中:0.07%≤碳(C)的含量≤0.13%、8.5%≤铬(Cr)的含量≤9.5%、0.3%≤钼(Mo)的含量≤0.6%、1.5%≤钨(W)的含量≤2.0%;抗拉强度≥620MPa,屈服强度≥440MPa]	4	17		17	9	千克	A	M/	0		0
73045190.90	冷轧的其他合金钢制其他无缝管(冷拔或冷轧的)	4	17		17	9	千克	A	M/	0		0
	-- 其他:											
7304.5910	--- 锅炉管											
73045910.01	高温承压用合金钢无缝钢管[外径在127mm及以上;化学成分中:0.07%≤碳(C)的含量≤0.13%、8.5%≤铬(Cr)的含量≤9.5%、0.3%≤钼(Mo)的含量≤0.6%、1.5%≤钨(W)的含量≤2.0%;抗拉强度≥620MPa,屈服强度≥440MPa]	4	17		17	9	千克	A	M/	0		0
73045910.90	非冷轧其他合金钢无缝锅炉管(非冷拔或冷轧的)	4	17		17	9	千克	A	M/	0		0

协定税率 %										特惠税率 %				Article Description
巴基斯坦	冰岛	哥斯达黎	秘鲁	新西兰	瑞士	新加坡	韩国	澳大利亚	港澳台	老挝	孟加拉	33 国	7 国	
														-- Cold-drawn or cold-rolled（cold-reduced):
0	0	0	0	0	0		0	0			0	0	0	--- Boiler tubes and pipes
5	0	0	0	0	3.2		4.8	4.8			0	0	0	--- Geologicalcasing and drill pipes
0	0	0	0	0	1.6		2.4	0			0	0	0	--- Other
														-- Other:
0	0	0	0	0	0		0	0	0//		0	0	0	--- Boiler tubes and pipes
0	0	0	0	0	0		3	0	0//		0	0	0	--- Geological casinganddrill pipes
0	0	0	0	0	0		3.2	0	0//		0	0	0	--- Other
														- Other, of circular cross-section, of stainless steel:
														-- Cold-drawn or cold-rolled （cold-reduced):
														--- Boiler tubes and pipes
5	0	0	0	0	4	0	8	6				0	0	Seamless boiler tubes of cold-rolled stainless steel, (containing carbon 0.04% or more but not exceeding 1.2%, containing chrome more than 16%, nickel more than 7%, containing niobium 0.2% or more, tensile strength not less than 550 MPa and yield strength more than 200 MPa)
5	0	0	0	0	4	0	8	6				0	0	Other seamless boiler tubes of cold-drawn or cold-rolled stainless steel, including internal thread
5	0	0	0	0	4	0	9	6				0	0	--- Other
														-- Other:
														--- Boiler tubes and pipes
5	0	0	0	0	4	0	8	6				0	0	Seamless boiler tubes of non-cold-drawn or non-cold-rolled stainless steel, (containing carbon 0.04% or more but not exceeding 1.2%, containing chrome more than 16%, containing nickel more than 7%, containing niobium 0.2% or more, tensile strength not less than 550 MPa and yield strength more than 200 MPa)
5	0	0	0	0	4	0	8	6				0	0	Other seamless boiler tubes of non-cold-drawn or non-cold-rolled stainless steel, including internal thread
5	0	0	0	0	4	0	8	6				0	0	--- Other
														- Other, of circular cross-section, of other alloy steel:
														-- Cold-drawn or cold-rolled （cold-reduced):
														--- Boiler tubes and pipes
0	0	0	0	0	0		0	0			0	0	0	Seamless steel tube made of alloy steel , used in high temperature and pressure（tensile strength is not less than 620 MPa and yield strength is not less than 440 MPa）(the external dimension of boiler tubes is not less than 127mm, and the chemical constituent (wt%), containing carbon 0.07 or more but not exceeding 0.13, containing chrome 8.5or more but not exceeding 9.5, containing molybdenum 0.3 or more but not exceeding 0.6, containing tungsten 1.5 or more but not exceeding 2.0)
0	0	0	0	0	0		0	0			0	0	0	Other seamless boiler tubes of cold-drawn or cold-rolled alloy steel, including internal thread
0	0	0	0	0	0		0	0			0	0	0	--- Geological casing and drill pipes
														--- Other
0	0	0	0	0	1.6		0	0			0	0	0	Seamless steel tube made of alloy steel , used in high temperature and pressure（tensile strength is not less than 620 MPa and yield strength is not less than 440 MPa）(the external dimension is not less than 127mm, and the chemical constituent(wt%) , containing carbon 0.07 or more but not exceeding 0.13, containing chrome 8.5or more but not exceeding 9.5, containing molybdenum 0.3 or more but not exceeding 0.6, containing tungsten 1.5 or more but not exceeding 2.0)
0	0	0	0	0	1.6		0	0			0	0	0	Other seamless tubes of cold-drawn or cold-rolled alloy steel
														-- Other:
														--- Boiler tubes and pipes
0	0	0	0	0	0		0	0			0	0	0	Seamless steel tube made of alloy steel , used in high temperature and pressure（tensile strength is not less than 620 MPa and yield strength is not less than 440 MPa）(the external dimension of boiler tubes is not less than 127mm, and the chemical constituent(wt%), containing carbon 0.07 or more but not exceeding 0.13, containing chrome 8.5or more but not exceeding 9.5, containing molybdenum 0.3 or more but not exceeding 0.6, containing tungsten 1.5 or more but not exceeding 2.0)
0	0	0	0	0	0		0	0			0	0	0	Other seamless boiler tubes of non-cold-drawn or non-cold-rolled alloy steel

税 号	货 品 名 称	进口关税 % 最惠国	普通	年内暂定	增值/消费税%	出口退税%	统计计量单位	监管证件代码	检验检疫类别	协定税率 % 东盟	亚太	智利
7304.5920	--- 地质钻管、套管	4	17		17	9	千克	A	M/	0		0
7304.5990	--- 其他											
73045990.01	高温承压用合金钢无缝钢管[外径在127mm及以上；化学成分中：0.07%≤碳(C)的含量≤0.13%、8.5%≤铬(Cr)的含量≤9.5%、0.3%≤钼(Mo)的含量≤0.6%、1.5%≤钨(W)的含量≤2.0%；抗拉强度≥620MPa，屈服强度≥440MPa]	4	17		17	9	千克	A	M/	0		0
73045990.90	非冷轧其他合金钢制无缝圆形截面管(非冷拔或冷轧的)	4	17		17	9	千克	A	M/	0		0
7304.9000	- 其他	4	17		17	9	千克	A	M/	0		0
73.05	**其他圆形截面钢铁管（例如，焊、铆及用类似方法接合的管），外径超过406.4毫米：**											
	- 石油或天然气管道管：											
7305.1100	-- 纵向埋弧焊接的	7	17		17	13	千克	A	M/	0		0
7305.1200	-- 其他纵向焊接的	3	17		17	13	千克	A	M/	0		0
7305.1900	-- 其他	7	17		17	13	千克	A	M/	0		0
7305.2000	- 钻探石油或天然气用套管	7	17		17	13	千克	A	M/	0		0
	- 其他焊接的：											
7305.3100	-- 纵向焊接的	6	30		17	9	千克	A	M/	0		0
7305.3900	-- 其他	6	30		17	9	千克	A	M/	0		0
7305.9000	- 其他	6	30		17	9	千克	A	M/	0		0
73.06	**其他钢铁管及空心异型材（例如，辊缝、焊、铆及类似方法接合的）：**											
	- 石油或天然气管道管：											
7306.1100	-- 不锈钢焊缝管	7	17		17	13	千克	A	M/	0		0
7306.1900	-- 其他	7	17		17	13	千克	A	M/	0		0
	- 钻探石油或天然气用的套管及导管：											
7306.2100	-- 不锈钢焊缝管	3	17		17	13	千克	A	M/	0		0
7306.2900	-- 其他	3	17		17	13	千克	A	M/	0		0
	- 铁或非合金钢制的其他圆形截面焊缝管：											
	--- 外径不超过10毫米的：											
7306.3011	----壁厚在0.7毫米及以下	3	30		17	13	千克			0		0
7306.3019	----其他	3	30		17	9	千克			0		0
7306.3090	---其他	3	30		17	9	千克			0		0
7306.4000	- 不锈钢制的其他圆形截面焊缝管	6	30		17	9	千克			0		0
7306.5000	- 其他合金钢的圆形截面焊缝管	3	30		17	9	千克			0		0
	- 非圆形截面的其他焊缝管：											
7306.6100	-- 矩形或正方形截面的	3	30		17	9	千克			0		0
7306.6900	-- 其他非圆形截面的	3	30		17	9	千克			0		0
7306.9000	- 其他											
73069000.10	多壁式管道(直接与化学品接触表面由特殊耐腐蚀材料制成)	6	30		17	9	千克	3A	M/	0		0
73069000.90	未列名其他钢铁管及空心异型材	6	30		17	9	千克	A	M/	0		0
73.07	**钢铁管子附件（例如，接头、肘管、管套）：**											
	- 铸件：											
7307.1100	-- 无可锻性铸铁制	5	20		17	9	千克			0		0
7307.1900	-- 其他	8	20		17	9	千克			0		0
	- 其他，不锈钢制：											
7307.2100	-- 法兰	8.4	20		17	9	千克			0	6.7	0
7307.2200	-- 螺纹肘管、弯管及管套	8.4	20		17	9	千克			0		0
7307.2300	-- 对焊件	8.4	20		17	9	千克			0		0
7307.2900	-- 其他	8.4	20		17	9	千克			0		0
	- 其他：											
7307.9100	-- 法兰	7	20		17	9	千克			0		0
7307.9200	-- 螺纹肘管、弯管及管套	4	20		17	9	千克			0		0
7307.9300	-- 对焊件	7	20		17	9	千克			0		0

协定税率 %										特惠税率 %				Article Description
巴基斯坦	冰岛	哥斯达黎	秘鲁	新西兰	瑞士	新加坡	韩国	澳大利亚	港澳台	老挝	孟加拉	33 国	7 国	
0	0	0	0	0	0		0	0			0	0	0	--- Geological casing and drill pipes
														--- Other
0	0	0	0	0	0		2.4	0			0	0	0	Seamless steel tube made of alloy steel , used in high temperature and pressure（tensile strength is not less than 620 MPa and yield strength is not less than 440 MPa）(the external dimension is not less than 127mm, and the chemical constituent(wt%), containing carbon 0.07 or more but not exceeding 0.13, containing chrome 8.5or more but not exceeding 9.5, containing molybdenum 0.3 or more but not exceeding 0.6, containing tungsten 1.5 or more but not exceeding 2.0)
0	0	0	0	0	0		2.4	0			0	0	0	Other circular section seamless tubes of non-cold-drawn or non-cold-rolled alloy steel
0	0	0	0	0	0		2.4	0			0	0	0	- Other
														Other tubes and pipes（for example, welded, riveted or similarly closed),having circular cross-sections, the external diameter of which exceeds 406.4mm, of iron or steel:
														- Line pipe of a kind used for oil or gas pipelines:
5	0	0	0	0	2.8		6	4.2			0	0	0	-- Longitudinally submerged arc welded
0	0	0	0	0	0		1.8	0			0	0	0	-- Other, longitudinally welded
5	0	0	0	0	2.8		4.2	4.2			0	0	0	-- Other
5	0	0	0	0	2.8		4.2	4.2			0	0	0	- Casing of a kind used in drilling for oil or gas
														- Other, welded:
5	0	0	0	0	2.4		5.2	3.6			0	0	0	-- Longitudinally welded
5	0	0	0	0	2.4		5.2	3.6			0	0	0	-- Other
5	0	0	0	0	2.4		3.6	3.6			0	0	0	- Other
														Other tubes, pipes and hollow profiles（for example, open seam or welded, riveted or similarly closed), of iron or steel:
														- Line pipe of a kind used for oil or gas pipelines ：
5	0	0	0	0	2.8		5.6	4.2			0	0	0	-- Welded, of stainless steel
5	0	0	0	0	2.8		6	4.2			0	0	0	-- Other
														- Casing and tubing of a kind used in drilling for oil or gas:
0	0	0	0	0	0		0	0			0	0	0	-- Welded, of stainless steel
0	0	0	0	0	0		0	0			0	0	0	-- Other
														- Other, welded, of circular cross-section, of iron or non-alloy steel:
														--- Having an outside diameter not exceeding 10mm:
0	0	0	0	0	0		1.8	0			0	0	0	----Having a wall thickness of 0.7mm or less
0	0	0	0	0	0		2.6	0			0	0	0	----Other
0	0	0	0	0	0		2.6	0			0	0	0	--- Other
5	0	0	0	0	2.4			3.6			0	0	0	- Other, welded, of circular cross-section, of stainless steel
0	0	0	0	0	0		2.6	0			0	0	0	- Other, welded, of circular cross-section, of other alloy steel
														- Other, welded, of non-circular cross-section ：
0	0	0	0	0	0		1.8	0			0	0	0	-- Of square or rectangular cross-section
0	0	0	0	0	0		2.6	0			0	0	0	-- Of other non-circular cross-section
														- Other
5	0	0	0	0	2.4			3.6			0	0	0	Multiple-walls pipes, which surface directly contact with the chemicals is made of special corrosion-resistant materials
5	0	0	0	0	2.4			3.6			0	0	0	Other tubes, pipes and hollow profiles, not elsewhere specified or included
														Tube or pipe fittings （for example, couplings, elbows, sleeves), of iron or steel:
														- Cast fittings:
0	0	0	0	0	0		3	0			0	0	0	-- Of non-malleable cast iron
5	0	0	0	0	5.6		4.8	4.8			0	0	0	-- Other
														- Other, of stainless steel:
5	0	0	0	0	3.36		5	5			0	0	0	-- Flanges
5	0	0	0	0	3.36		5	5	0//		0	0	0	-- Threaded elbows, bends and sleeves
5	0	0	0	0	3.36		5	5			0	0	0	-- Butt welding fittings
5	0	0	0	0	5.9			5	0//		0	0	0	-- Other
														- Other:
5	0	0	0	0	2.8		6	4.2			0	0	0	-- Flanges
0	0	0	0	0	1.6		2.4	0			0	0	0	-- Threaded elbows, bends and sleeves
5	0	0	0	0	2.8		4.2	4.2			0	0	0	-- Butt welding fittings

税号	货品名称	进口关税 % 最惠国	进口关税 % 普通	进口关税 % 年内暂定	增值/消费税%	出口退税%	统计计量单位	监管证件代码	检验检疫类别	协定税率 % 东盟	协定税率 % 亚太	协定税率 % 智利
7307.9900	-- 其他	4	20		17	9	千克			0		0
73.08	**钢铁结构体（税目94.06的活动房屋除外）及其部件（例如，桥梁及桥梁体段、闸门、塔楼、格构杆、屋顶、屋顶框架、门窗及其框架、门槛、百叶窗、栏杆、支柱及立柱）；上述结构体用的已加工钢铁板、杆、角材、型材、异型材、管子及类似品：**											
7308.1000	- 桥梁及桥梁体段	8	30		17	9	千克			0		0
7308.2000	- 塔楼及格构杆	8.4	30		17	9	千克			0		0
7308.3000	- 门窗及其框架、门槛	10	50		17	9	千克		+L	0		0
7308.4000	- 脚手架、模板或坑道支撑用的支柱及类似设备	8.4	30		17	9	千克			0		0
7308.9000	- 其他	4	30		17	9	千克			0		0
73.09	**盛装物料用的钢铁囤、柜、罐、桶及类似容器（装压缩气体或液化气体的除外），容积超过300升，不论是否衬里或隔热，但无机械或热力装置：**											
7309.0000	盛装物料用的钢铁囤、柜、罐、桶及类似容器（装压缩气体或液化气体的除外），容积超过300升，不论是否衬里或隔热，但无机械或热力装置	10.5	35		17	5	千克			0		0
73.10	**盛装物料用的钢铁柜、桶、罐、听、盒及类似容器（装压缩气体或液化气体的除外），容积不超过300升，不论是否衬里或隔热，但无机械或热力装置：**											
7310.1000	- 容积在50升及以上											
73101000.10	100L＜总容积≤300L的容器(与所处理或盛放的化学品接触表面由特殊耐腐蚀材料制成)	10.5	40		17	5	千克	3		0		0
73101000.90	50L≤容积≤300L的其他钢铁制盛物容器(钢铁柜、桶、罐、听及类似容器)	10.5	40		17	5	千克			0		0
	- 容积在50升以下：											
	-- 焊边或卷边接合的罐：											
7310.2110	--- 易拉罐及罐体	17.5	70		17	5	千克	A	R/	0		0
7310.2190	--- 其他	17.5	70		17	5	千克			0		0
	-- 其他：											
7310.2910	--- 易拉罐及罐体	17.5	70		17	9	千克	A	R/	0		0
7310.2990	--- 其他	17.5	70		17	9	千克	A	R/	0		0
73.11	**装压缩气体或液化气体用的钢铁容器：**											
7311.0010	--- 零售包装用	17.5	70		17	5	千克	6A	M/	0		0
7311.0090	--- 其他	8	17		17	13	千克	6A	M/	0		0
73.12	**非绝缘的钢铁绞股线、绳、缆、编带、吊索及类似品：**											
7312.1000	- 绞股线、绳、缆	4	20		17	5	千克	A	M/	0		0
7312.9000	- 其他	4	20		17	5	千克			0		0
73.13	**带刺钢铁丝；围篱用的钢铁绞带或单股扁丝（不论是否带刺）及松绞的双股丝：**											
7313.0000	带刺钢铁丝；围篱用的钢铁绞带或单股扁丝（不论是否带刺）及松绞的双股丝	7	70		17	5	千克			0	6.3	0
73.14	**钢铁丝制的布（包括环形带）、网、篱、格栅；网眼钢铁板：**											
	- 机织品：											
7314.1200	-- 不锈钢制的机器用环形带	12	20		17	5	千克			0		0
7314.1400	-- 不锈钢制的其他机织品	12	20		17	5	千克			0		0
7314.1900	-- 其他	7	20		17	5	千克			0		0
7314.2000	- 交点焊接的网、篱及格栅，其丝的最大截面尺寸在3毫米及以上，网眼尺寸在100平方厘米及以上	7	70		17	5	千克			0		0
	- 其他交点焊接的网、篱及格栅：											
7314.3100	-- 镀或涂锌的	7	70		17	5	千克			0		0

协定税率 %										特惠税率 %				Article Description
巴基斯坦	冰岛	哥斯达黎	秘鲁	新西兰	瑞士	新加坡	韩国	澳大利亚	港澳台	老挝	孟加拉	33 国	7 国	
0	0	0	0	0	1.6		2.4	0			0	0	0	-- Other
														Structures （ excluding prefabricated buildings of heading No.94.06) and parts of structures （for example, bridges and bridge-sections, lock-gates, towers, lattice masts, roofs, roofing frameworks, doors and windows and their frames and thresholds for doors, shutters, balustrades, pillars and columns）,of iron or steel; plates, rods, angles, shapes, sections, tubes and the like, prepared for use in structures, of iron or steel:
0	0	0	0	0	3.2		4.8	4.8			0	0	0	- Bridges and bridge-sections
0	0	0	0	0	3.36		6.7	5			0	0	0	- Towers and lattice masts
0	0	0	0	0	4	0	8	6	0/0/		0	0	0	- Doors, windows and their frames and thresholds for doors
0	0	0	0	0	3.36		5	5			0	0	0	- Equipment for scaffolding, shuttering, propping or pit-propping
0	0	0	0	0	1.6		2.4	0	0//		0	0	0	- Other
														Reservoirs, tanks, vats and similar containers for any material（other than compressed or liquefied gas),of iron or steel, of a capacity exceeding 300L, whether or not lined or heat-insulated, but not fitted with mechanical or thermal equipment:
5	0	0	3.2	0	7.4	0	8.4	6.3			0	0	0	Reservoirs, tanks, vats and similar containers for any material （other than compressed or liquefied gas) ,of iron or steel, of a capacity exceeding 300L, whether or not lined or heat-insulated, but not fitted with mechanical or thermal equipment
														Tanks, casks, drums, cans, boxes and similar containers, for any material(other than compressed or liquefied gas), of iron or steel, of a capacity not exceeding 300L, whether or not lined or heat-insulated, but not fitted with mechanical or thermal equipment:
														- Of a capacity of 50L or more
5	0	0	3.2	0	7.4	0	9.4	6.3	0//		0	0	0	Containers, of a capacity more than 100L and not exceeding 300L, which surface contact with the treated or contained chemicals is made of special corrosion-resistant materials
5	0	0	3.2	0	7.4	0	9.4	6.3	0//		0	0	0	Other tanks, casks, drums, cans, boxes and similar containers, of iron or steel, of a capacity no less than 50 L and not exceeding 300 L
														- Of a capacity of less than 50L:
														-- Cans which are to be closed by soldering or crimping:
14	0	0	5.2	0	12.3	0	14	10.5	0//			0	0	--- Tear tab ends and bodies
14	0	0	5.2	0	12.3	0	14	10.5	0//			0	0	--- Other
														-- Other:
14	0	0	5.2	0	13.1	0	14	10.5	0//		0	0	0	--- Tear tab ends and bodies
14	0	0	5.2	0	13.1	0	14	10.5	0//		0	0	0	--- Other
														Containers for compressed or liquefied gas, of iron or steel:
14	0	0	5.2	0	12.3	0	14	10.5	0//			0	0	--- For retail packing
5	0	0	0	0	3.2		6.9	4.8	0//			0	0	--- Other
														Stranded wire, ropes, cables, plaited bands, slings and the like, of iron or steel, not electrically insulated:
0	0	0	0	0	1.6		2.4	0				0	0	- Stranded wire, ropes and cables
0	0	0	0	0	1.6		2.4	0			0	0	0	- Other
														Barbed wire of iron or steel; twisted hoop or single flat wire, barbed or not, and loosely twisted double wire, of a kind used for fencing, of iron or steel:
5	0	0	0	0	2.8		4.2	4.2			0	0	0	Barbed wire of iron or steel; twisted hoop or single flat wire, barbed or not, and loosely twisted double wire, of a kind used for fencing, of iron or steel
														Cloth（including endless bands),grill, netting and fencing, of iron or steel wire;expanded metal of iron or steel:
														- Woven cloth:
6	0	0	0	0	8.6	0	9.6	7.2			0	0	0	-- Endless bands for machinery, of stainless steel
6	0	0	0	0	0	0	9.6	7.2			0	0	0	-- Other woven cloth, of stainless steel
3.5	0	0	0	0			4.2	4.2			0	0	0	-- Other
5	0	0	0	0	2.8		4.2	4.2	0//		0	0	0	- Grill, netting and fencing, welded at the intersection, of wire with a maximum cross-sectional dimension of 3mm or more and having a mesh size of $100cm^2$ or more
														- Other grill, netting and fencing, weld ed at the intersection:
5	0	0	0	0	2.8		4.2	4.2	0//		0	0	0	-- Plated or coated with zinc

税号	货品名称	进口关税 %			增值/消费税%	出口退税%	统计计量单位	监管证件代码	检验检疫类别	协定税率 %		
		最惠国	普通	年内暂定						东盟	亚太	智利
7314.3900	-- 其他	7	70		17	5	千克			0		0
	- 其他布、网、篱及格栅：											
7314.4100	-- 镀或涂锌的	8	20		17	5	千克			0	6	0
7314.4200	-- 涂塑的	8	20		17	5	千克			0		0
7314.4900	-- 其他	8	20		17	5	千克			0		0
7314.5000	- 网眼钢铁板	8	70		17	5	千克			0		0
73.15	**钢铁链及其零件：**											
	- 铰接链及其零件：											
	-- 滚子链：											
7315.1110	--- 自行车用	12	80		17	13	千克			0		0
7315.1120	--- 摩托车用	12	80		17	13	千克			0		0
7315.1190	--- 其他	12	80		17	13	千克			0		0
7315.1200	-- 其他链	12	80		17	13	千克			0		0
7315.1900	-- 零件	12	80		17	13	千克			0		0
7315.2000	- 防滑链	12	80		17	13	千克			0		0
	- 其他链：											
7315.8100	-- 日字环节链	12	80		17	13	千克			0		0
7315.8200	-- 其他焊接链	12	80		17	13	千克			0		0
7315.8900	-- 其他	12	80		17	13	千克			0		0
7315.9000	- 其他零件	10	80		17	13	千克			0		0
73.16	**钢铁锚、多爪锚及其零件：**											
7316.0000	钢铁锚、多爪锚及其零件	10	40		17	13	千克			0		0
73.17	**钢铁制的钉、平头钉、图钉、波纹钉、U形钉（税目83.05的货品除外）及类似品，不论钉头是否用其他材料制成，但不包括铜头钉：**											
7317.0000	钢铁制的钉、平头钉、图钉、波纹钉、U形钉（税目83.05的货品除外）及类似品，不论钉头是否用其他材料制成，但不包括铜头钉	10	80		17	5	千克			0		0
73.18	**钢铁制的螺钉、螺栓、螺母、方头螺钉、钩头螺钉、铆钉、销、开尾销、垫圈（包括弹簧垫圈）及类似品：**											
	- 螺纹制品：											
7318.1100	-- 方头螺钉	10	80		17	5	千克			0		0
7318.1200	-- 其他木螺钉											
73181200.01	非用于民用航空器维护和修理的其他木螺钉	10	80		17	5	千克			0		0
73181200.90	其他木螺钉	10	80		17	5	千克			0		0
7318.1300	-- 钩头螺钉及环头螺钉	10	80		17	5	千克			0		0
7318.1400	-- 自攻螺钉											
73181400.01	非用于民用航空器维护和修理的自攻螺钉	10	80		17	5	千克			0		0
73181400.90	其他自攻螺钉	10	80		17	5	千克			0		0
	-- 其他螺钉及螺栓，不论是否带有螺母或垫圈：											
7318.1510	--- 抗拉强度在800兆帕及以上的											
73181510.01	抗拉强度≥800兆帕，杆径>6mm的其他螺钉及螺栓(不论是否带有螺母或垫圈，非用于民用航空器维护和修理的)	8	80		17	5	千克			0	4	0
73181510.90	其他抗拉强度≥800兆帕的螺钉及螺栓(不论是否带有螺母或垫圈)	8	80		17	5	千克			0	4	0
7318.1590	--- 其他											
73181590.01	杆径>6mm的其他螺钉及螺栓(不论是否带有螺母或垫圈，非用于民用航空器维护和修理的)	8	80		17	5	千克			0	4	0
73181590.90	其他螺钉及螺栓(不论是否带有螺母或垫圈)	8	80		17	5	千克			0	4	0
7318.1600	-- 螺母	8	80		17	5	千克			0		0
7318.1900	-- 其他	5	80		17	5	千克			0		0
	- 无螺纹制品：											
7318.2100	-- 弹簧垫圈及其他防松垫圈											
73182100.01	弹簧垫圈及其他防松垫圈(非用于民用航空器维护和修理的)	10	80		17	5	千克			0		0

协定税率 %										特惠税率 %				Article Description
巴基斯坦	冰岛	哥斯达黎	秘鲁	新西兰	瑞士	新加坡	韩国	澳大利亚	港澳台	老挝	孟加拉	33国	7国	
5	0	0	0	0	2.8		5.6	4.2	0//		0	0	0	-- Other
														- Other grill, netting and fencing:
5	0	0	0	0	3.2		4.8	4.8			0	0	0	-- Plated or coated with zinc
5	0	0	0	0	5.6		6.4	4.8			0	0	0	-- Coated whith plastics
5	0	0	0	0	5.6		4.8	4.8			0	0	0	-- Other
5	0	0	0	0	3.2		4.8	4.8	0//		0	0	0	- Expanded metal
														Chain and parts thereof, of iron or steel:
														- Articulated link chain and parts thereof:
														-- Roller chain:
6	0	0	0	0	8.4	0	9.6	7.2	0//			0	0	--- For bicycles
6	0	0	0	0	8.4	0	10.4	7.2	0//			0	0	--- For motorcycles
6	0	0	0	0	8.4	0	9.6	7.2	0//			0	0	--- Other
6	0	0	0	0	8.4	0	10.8	7.2				0	0	-- Other chain
6	0	0	0	0	8.4	0	9.6	7.2				0	0	-- Parts
6	0	0	0	0	8.4	0	9.6	7.2				0	0	- Skid chain
														- Other chain:
6	0	0	0	0	8.4	0	9.6	7.2				0	0	-- Stud-link
6	0	0	0	0	8.4	0	9.6	7.2			0	0	0	-- Other, welded link
6	0	0	3.6	0	8.4	0	9.6	7.2				0	0	-- Other
5	0	0	0	0	4		8	6				0	0	- Other parts
														Anchors, grapnels and parts thereof, of iron or steel:
5	0	0	0	0	4		8	6				0	0	Anchors, grapnels and parts thereof, of iron or steel
														Nails, tacks, drawing pins, corrugated nails, staples （other than those of heading No.83.05) and similar articles, of iron or steel, whether or not with heads of other material, but excluding such articles with heads of copper:
5	0	0	3	0	4		8	6				0	0	Nails, tacks, drawing pins, corrugated nails, staples （other than those of heading No.83.05) and similar articles, of iron or steel, whether or not with heads of other material, but excluding such articles with heads of copper
														Screws, bolts, nuts, coach screws, screw hooks, rivets, cotters, cotterpins, washers（including spring washers) and similar articles, of iron of steel:
														- Threaded articles:
5	0	0	3	0	4			6				0	0	-- Coach screws
														-- Other wood screws
5	0	0	3	0	4		8	6				0	0	Other wood screws, not used for the maintenance and repair of civil aircraft
5	0	0	3	0	4		8	6				0	0	Other wood screws
5	0	0	0	0	4			6				0	0	-- Screw hooks and screw rings
														-- self-tapping screws
5	0	0	3	0	7	0		6				0	0	Self-tapping screws, not used for the maintenance and repair of civil aircraft
5	0	0	3	0	7	0		6				0	0	Other self-tapping screws
														-- Other screws and bolts, whether or not with their nuts or washers:
														--- Tensile strength≥800MPa
0	0	0	0	0	5.6		6.9	4.8	0//		0	0	0	Other screws and bolts, with tensile strength ≥800 MPa and rod diameter＞6mm, whether or not with their nuts or washers, not used for the maintenance and repair of civil aircraft
0	0	0	0	0	5.6		6.9	4.8	0//		0	0	0	Other screws and bolts, with tensile strength ≥800 MPa, whether or not with their nuts or washers
														--- other
0	0	0	0	0	5.6		6.9	4.8	0//		0	0	0	Other screws and bolts, with rod diameter＞6mm, whether or not with their nuts or washers, not used for the maintenance and repair of civil aircraft
0	0	0	0	0	5.6		6.9	4.8	0//		0	0	0	Other screws and bolts, whether or not with their nuts or washers
5	0	0	0	0	5.6			4.8			0	0	0	-- Nuts
0	0	0	0	0	2		3	0			0	0	0	-- Other
														- Non-threaded articles:
														-- Spring washers and other lock washers
5	0	0	0'	0	4	0		6	0//		0	0	0	Spring washers and other lock washers, not used for the maintenance and repair of civil aircraft

税 号	货 品 名 称	进口关税 % 最惠国	普通	年内暂定	增值/消费税%	出口退税%	统计计量单位	监管证件代码	检验检疫类别	协定税率 % 东盟	亚太	智利
73182100.90	其他弹簧垫圈及其他防松垫圈	10	80		17	5	千克			0		0
7318.2200	-- 其他垫圈											
73182200.01	其他垫圈(非用于民用航空器维护和修理的)	10	80		17	5	千克			0		0
73182200.90	其他垫圈	10	80		17	5	千克			0		0
7318.2300	-- 铆钉	10	80		17	5	千克			0		0
7318.2400	-- 销及开尾销	10	80		17	5	千克			0		0
7318.2900	-- 其他	10	80		17	5	千克			0		0
73.19	**钢铁制手工缝针、编织针、引针、钩针、刺绣穿孔锥及类似制品；其他税目未列名的钢铁制安全别针及其他别针：**											
	- 安全别针及其他别针：											
7319.4010	--- 安全别针	10	90		17	5	千克			0		0
7319.4090	--- 其他	10	90		17	5	千克			0		0
7319.9000	- 其他	10	80		17	5	千克			0		0
73.20	**钢铁制弹簧及弹簧片：**											
	- 片簧及簧片：											
7320.1010	--- 铁道车辆用	6	14		17	5	千克			0		0
7320.1020	--- 汽车用	10	14		17	5	千克			0		0
7320.1090	--- 其他	10	50		17	5	千克			0		0
	- 螺旋弹簧：											
7320.2010	--- 铁道车辆用	6	14		17	5	千克			0		0
7320.2090	--- 其他	10	50		17	5	千克			0	8.5	0
	- 其他：											
7320.9010	--- 铁道车辆用	6	14		17	5	千克			0		0
7320.9090	--- 其他	12	50		17	5	千克			0		0
73.21	**非电热的钢铁制家用炉、灶（包括附有集中供暖用的热水锅的炉）烤肉架、烤炉、煤气灶、加热板和类似非电热的家用器具及其零件：**											
	- 炊事器具及加热板：											
7321.1100	-- 使用气体燃料或可使用气体燃料及其他燃料的	15	80		17	9	千克/个	6		0		0
	-- 使用液体燃料的：											
7321.1210	--- 煤油炉	21	80		17	5	千克/个			0		0
7321.1290	--- 其他	21	80		17	9	千克/个			0		0
7321.1900	-- 其他，包括使用固体燃料的	21	80		17	9	千克/个			0		0
	- 其他器具：											
7321.8100	-- 使用气体燃料或可使用气体燃料及其他燃料的	23	80		17	5	千克/个	6		0	13.8	0
7321.8200	-- 使用液体燃料的	21	80		17	5	千克/个			0		0
7321.8900	-- 其他，包括使用固体燃料的	21	80		17	9	千克/个			0		0
7321.9000	- 零件	12	80		17	9	千克			0	9.6	0
73.22	**非电热的钢铁制集中供暖用散热器及其零件；非电热的钢铁制空气加热器、暖气分布器（包括可分布新鲜空气或调节空气的）及其零件，装有电动风扇或鼓风机：**											
	- 散热器及其零件：											
7322.1100	-- 铸铁制	21	80		17	5	千克			0		0
7322.1900	-- 其他	21	80		17	5	千克			0		0
7322.9000	- 其他	20	80		17	5	千克			0		0
73.23	**餐桌、厨房或其他家用钢铁器具及其零件；钢铁丝绒；钢铁制擦锅器、洗刷擦光用的块垫、手套及类似品：**											
7323.1000	- 钢铁丝绒；擦锅器及洗刷擦光用的块垫、手套及类似品	14	80		17	5	千克	A	R/	0		0
	- 其他：											
7323.9100	-- 铸铁制，未搪瓷	20	80	10	17	9	千克	A	R/	0		0
7323.9200	-- 铸铁制，已搪瓷	20	100	10	17	9	千克	A	R/	0		0
7323.9300	-- 不锈钢制	12	80		17	9	千克	A	R/	0	8.4	0

协定税率 %										特惠税率 %				Article Description
巴基斯坦	冰岛	哥斯达黎	秘鲁	新西兰	瑞士	新加坡	韩国	澳大利亚	港澳台	老挝	孟加拉	33 国	7 国	
5	0	0	0	0	4	0		6	0//		0	0	0	Other spring washers and other lock washers
														-- Other washers
5	0	0	3	0	4	0		6			0	0	0	Other washers, not used for the maintenance and repair of civil aircraft
5	0	0	3	0	4	0		6			0	0	0	Other washers
5	0	0	0	0	4	0		6	0//		0	0	0	-- Rivets
5	0	0	0	0	7	0	9	6			0	0	0	-- Cotters and cotter-pins
5	0	0	0	0	4	0		6			0	0	0	-- Other
														Sewing needles, knitting needles, bod-kins, crochet hooks, embroidery stilettos and similar articles, for use in the hand, of iron or steel;safety pins and other pins of iron or steel, not elsewhere specified or included:
														- Safety pins and other pins:
5	0	0	0	0	4		8	6	/0/		0	0	0	--- Safety pins
5	0	0	0	0	4		8	6				0	0	--- Other
5	0	0	3	0	7			6			0	0	0	- Other
														Springs and leaves for springs, of iron or steel:
														- Leaf-springs and leaves thereof:
5	0	0	0	0	2.4		3.6	3.6			0	0	0	--- For railway locomotives and rollingstock
5	0	0	0	0	4		9	6			0	0	0	--- For motor vehicles
5	0	0	0	0	7	0		6			0	0	0	--- Other
														- Helical springs:
5	0	0	0	0	2.4		3.6	3.6			0	0	0	--- For railway locomotives and rollingstock
5	0	0	0	0	7	0	9	6			0	0	0	--- Other
														- Other:
5	0	0	0	0	2.4		3.6	3.6			0	0	0	--- For railway locomotives and rollingstock
6	0	0	0	0	8.4	0		7.2			0	0	0	--- Other
														Stoves, ranges, grates, cookers （including those with subsidiary boilers for central heating）, barbecues, braziers, gas-rings, plate warmers and similar non-electric domestic appliances, and parts thereof, of iron or steel:
														- Cooking appliances and plate warmers:
12	0	0	4.5	0	10.5	0	12	9				0	0	-- For gas fuel or for both gas and other fuels
														-- For liquid fuel:
	0	0	6.3	0	14.7	0	18.9	12.6				0	0	--- Kerosene cooking stoves
	0	0	6.3	0	14.7	0	18.9	12.6				0	0	--- Other
	0	0	6.3	0	14.7	0	18.9	12.6				0	0	-- Other, including appliances for solid fuel
														- Other appliances:
11.5	0	0	6.9	0	16.1	0	20.7	13.8				0	0	-- For gas fuel or for both gas and other fuels
	0	0	6.3	0	14.7	0	18.9	12.6				0	0	-- For liquid fuel
	0	0	6.3	0	14.7	0	18.9	12.6				0	0	-- Other, including appliances for solid fuel
5	0	0	3.6	0	8.4	0	9.6	7.2			0	0	0	- Parts
														Radiators for central heating, not electrically heated, and parts thereof, of iron or steel;air heaters and hot air distributors（including distributors which can also distribute fresh or con-ditioned air）, not electrically heated, incorporating a motor-dirven fan or blower, and parts thereof, of iron or steel:
														- Radiators and parts thereof:
	0	0	6.3	0	14.7	0	18.9	12.6				0	0	-- Of cast iron
	0	0	6.3	0	14.7	0	18.9	12.6				0	0	-- Other
	0	0	6	0	14	0	17.3	12			0	0	0	- Other
														Table, kitchen or other household articles and parts thereof, of iron or steel; iron or steel wool; pot scourers and scouring or polishing pads, gloves and the like, of iron or steel:
11.2	0	0	4.2	0	9.8	0	11.2	8.4				0	0	- Iron or steel wool; pot scourers and scouring or polishing pads, gloves and the like
														- Other:
	0	0	6	0	14	0	17.3	12				0	0	-- Of cast iron, not enamelled
	0	0	6	0	14	0	17.3	12				0	0	-- Of cast iron, enamelled
5	0	0	0	0	8.4	0	9.6	7.2	0/0/		0	0	0	-- Of stainless steel

税号	货品名称	进口关税 %			增值/消费税%	出口退税%	统计计量单位	监管证件代码	检验检疫类别	协定税率 %		
		最惠国	普通	年内暂定						东盟	亚太	智利
	-- 钢铁（铸铁除外）制，已搪瓷：											
7323.9410	--- 面盆	20	100		17	9	千克	A	R/	0		0
7323.9420	--- 烤锅	20	100	10	17	9	千克	A	R/	0		0
7323.9490	--- 其他	20	100		17	9	千克	A	R/	0		0
7323.9900	-- 其他	20	80		17	9	千克	A	R/	0		0
73.24	**钢铁制卫生器具及其零件：**											
7324.1000	- 不锈钢制洗涤槽及脸盆	18	80	10	17	9	千克			0		0
	- 浴缸：											
7324.2100	-- 铸铁制，不论是否搪瓷	10	100		17	9	千克			0		0
7324.2900	-- 其他	30	100	15	17	9	千克			0		0
7324.9000	- 其他，包括零件	25	100	15	17	9	千克			0		0
73.25	**其他钢铁铸造制品：**											
	- 无可锻性铸铁制：											
7325.1010	--- 工业用	7	40		17	5	千克			0		0
7325.1090	--- 其他	20	90		17	5	千克			0		0
	- 其他：											
7325.9100	-- 研磨机用的研磨球及类似品	10.5	40		17	5	千克			0		0
	-- 其他：											
7325.9910	--- 工业用	10.5	40		17	5	千克			0	8.9	0
7325.9990	--- 其他	20	90		17	5	千克			0	12	0
73.26	**其他钢铁制品：**											
	- 经锻造或冲压，但未经进一步加工：											
7326.1100	-- 研磨机用的研磨球及类似品	10.5	40		17	5	千克			0		0
	-- 其他：											
7326.1910	--- 工业用	10.5	40		17	5	千克			0		0
7326.1990	--- 其他	20	90		17	5	千克			0		0
	- 钢铁丝制品：											
7326.2010	--- 工业用	10	40		17	5	千克			0	5	0
7326.2090	--- 其他	18	90		17	9	千克			0	12.6	0
	- 其他：											
	--- 工业用：											
7326.9011	----钢铁纤维及其制品	10.5	40		17	5	千克			0	8.9	0
7326.9019	----其他	10.5	40		17	5	千克			0	8.9	0
7326.9090	--- 其他	8	90		17	9	千克			0	6.8	0

协定税率 %										特惠税率 %				Article Description
巴基斯坦	冰岛	哥斯达黎	秘鲁	新西兰	瑞士	新加坡	韩国	澳大利亚	港澳台	老挝	孟加拉	33 国	7 国	
														-- Of iron (other than cast iron)or steel, enamelled:
	0	0	6	0	14	0	17.3	12				0	0	--- Basin
	0	0	6	0	14	0	17.3	12				0	0	--- Casserole
	0	0	6	0	14	0	17.3	12				0	0	--- Other
	0	0	6	0	14	0	17.3	12				0	0	-- Other
														Sanitary ware and parts thereof, of iron or steel:
	0	0	5.4	0	12.6	0	14.4	10.8	0//		0	0	0	- Sinks and wash basins, of stainless steel
														- Baths:
5	0	0	3	0	4	0	8	6				0	0	-- Of cast iron, whether or not enamelled
	0	0	9	0	21	0	27	18				0	0	-- Other
	0	0	7.5	0	17.5	0	22.5	15				0	0	- Other, including parts
														Other cast articles of iron or steel:
														- Of non-malleable cast iron:
5		0	0	0	2.8		6	4.2			0	0	0	--- For technical use
	0	0	6	0	14	0	17.3	12				0	0	--- Other
														- Other:
5	0	0	3.2	0	7.4	0	8.4	6.3				0	0	-- Grinding balls and similar articles for mills
														-- Other:
5	0	0	3.2	0	7.4	0	8.4	6.3				0	0	--- For technical use
10	0	0	6	0	14	0	17.3	12				0	0	--- Other
														Other articles of iron or steel:
														- Forged or stamped, but not further worked:
5	0	0	3.2	0	7.4	0	8.4	6.3				0	0	-- Grinding balls and similar articles for mills
														-- Other:
5	0	0	3.2	0	7.4	0		6.3				0	0	--- For technical use
	0	0	6	0	14	0	16	12				0	0	--- Other
														- Articles of iron or steel wire:
5	0	0	0	0	4		8	6				0	0	--- For technical use
9	0	0	5.4	0	12.6	0	14.4	10.8				0	0	--- Other
														- Other:
														--- For technical use:
5	0	0	3.2	0	7.4	0	8.4	6.3	0//		0	0	0	----Steel fibres and articles thereof
5	0	0	3.2	0	7.4	0	8.4	6.3	0//		0	0	0	----Other
5	0	0	0	0	5.6	0	4.8	4.8	0//		0	0	0	--- Other

第七十四章　铜及其制品

注释：

本章所用有关名词解释如下：

一、精炼铜

按重量计含铜量至少为99.85%的金属；或

按重量计含铜量至少为97.5%，但其他各种元素的含量不超过下表中规定的限量的金属：

其他元素表

元素		所含重量百分比
Ag	银	0.25
As	砷	0.5
Cd	镉	1.3
Cr	铬	1.4
Mg	镁	0.8
Pb	铅	1.5
S	硫	0.7
Sn	锡	0.8
Te	碲	0.8
Zn	锌	1
Zr	锆	0.3
其他元素*每种		0.3

* 其他元素，例如，铝、铍、钴、铁、锰、镍、硅。

二、铜合金

除未精炼铜以外的金属物质，按重量计含铜量大于其他元素单项含量，但：

(一)按重量计至少有一种其他元素的含量超过上表中规定的限量；或

(二)按重量计其他元素的总含量超过2.5%。

三、铜母合金

含有其他元素，但按重量计含铜量超过10%的合金，该合金无实用可锻性，通常用作生产其他合金的添加剂或用作冶炼有色金属的脱氧剂、脱硫剂及类似用途。但按重量计含磷量超过15%的磷化铜归入税目28.48。

四、条、杆

轧、挤、拔或锻制的实心产品，非成卷的，其全长截面均为圆形，椭圆形、矩形（包括正方形）、等边三角形或规则外凸多边形（包括相对两边为弧拱形，另外两边为等长平行直线的“扁圆形”及“变形矩形”）。对于矩形（包括正方形）、三角形或多边形截面的产品，其全长边角可经磨圆。矩形（包括“变形矩形”）截面的产品，其厚度应大于宽度的十分之一。所述条、杆也包括同样形状及尺寸的铸造或烧结产品。该产品在铸造或烧结后再经加工（简单剪修或去氧化皮的除外），但不具有其他税目所列制品或产品的特征。

线锭及坯段，已具锥形尾端或经其他简单加工以便送入机器制成盘条或管子等的，仍应作为未锻轧铜归入税目74.03。

五、型材及异型材

轧、挤、拔、锻制的产品或其他成型产品，不论是否成卷，其全长截面相同，但与条、杆、丝、板、片、带、箔、管的定义不相符合。同时也包括同样形状的铸造或烧结产品。该产品在铸造或烧结后再经加工（简单剪修或去氧化皮的除外），但不具有其他税目所列制品或产品的特征。

六、丝

盘卷的轧、挤或拔制实心产品，其全长截面均为圆形、椭圆形、矩形（包括正方形）、等边三角形或规则外凸多边形（包括相对两边为弧拱形，另外两边为等长平行直线的“扁圆形”及“变形矩形”）。对于矩形（包括正方形）、三角形或多边形截面的产品，其全长边角可经磨圆。矩形（包括“变形矩形”）截面的产品，其厚度应大于宽度的十分之一。

Chapter 74 Copper and articles thereof

Chapter Notes:

In this Chapter the following expressions have the meanings hereby assigned to them:

1. Refined copper

Metal containing at least 99.85% by weight of copper; or

Metal containing at least 97.5% by weight of copper, provided that the content by weight of any other element does not exceed the limit specified in the following table:

TABLE - Other elements

Element		Limiting content % by weight
Ag	Silver	0.25
As	Arsenic	0.5
Cd	Cadmium	1.3
Cr	Chromium	1.4
Mg	Magnesium	0.8
Pb	Lead	1.5
S	Sulphur	0.7
Sn	Tin	0.8
Te	Tellurium	0.8
Zn	Zinc	1
Zr	Zirconium	0.3
Other elements*, each		0.3

* Other elements are, for example, Al, Be, Co, Fe, Mn, Ni, Si.

2. Copper alloys

Metallic substances other than unrefined copper in which copper predominates by weight over each of the other elements, provided that:

(i) the content by weight of at least one of the other elements is greater than the limit specified in the foregoing table; or

(ii) the total content by weight of such other elements exceeds 2.5%.

3. Master alloys

Alloys containing with other elements more than 10% by weight of copper, not usefully malleable and commonly used as an additive in the manufacture of other alloys or as de-oxidants, de-sulphurising agents or for similar uses in the metallurgy of non-ferrous metals. However, copper phosphide (phosphor copper) containing more than 15% by weight of phosphorus falls in heading 28.48.

4. Bars and rods

Rolled, extruded, drawn or forged products, not in coils, which have a uniform solid cross-section along their whole length in the shape of circles, ovals, rectangles (including squares), equilateral triangles or regular convex polygons (including "flattened circles" and "modified rectangles", of which two opposite sides are convex arcs, the other two sides being straight, of equal length and parallel). Products with a rectangular (including square), triangular or polygonal cross-section may have corners rounded along their whole length. The thickness of such products which have a rectangular (including "modified rectangular") cross-section exceeds one-tenth of the width. The expression also covers cast or sintered products, of the same forms and dimensions, which have been subsequently worked after production (otherwise than by simple trimming or de-scaling), provided that they have not thereby assumed the character of articles or products of other headings.

Wire-bars and billets with their ends tapered or otherwise worked simply to facilitate their entry into machines for converting them into, for example, drawing stock (wire-rod) or tubes, are however to be taken to be unwrought copper of heading 74.03.

5. Profiles

Rolled, extruded, drawn, forged or formed products, coiled or not, of a uniform cross- section along their whole length, which do not conform to any of the definitions of bars, rods, wire, plates, sheets, strip, foil, tubes or pipes. The expression also covers cast or sintered products, of the same forms, which have been subsequently worked after production (otherwise than by simple trimming or de-scaling), provided that they have not thereby assumed the character of articles or products of other headings.

6. Wire

Rolled, extruded or drawn products, in coils, which have a uniform solid cross-section along their whole length in the shape of circles, ovals, rectangles (including squares), equilateral triangles or regular convex polygons (including "flattened circles" and "modified rectangles", of which two opposite sides are convex arcs, the other two sides being straight, of equal length and parallel). Products with a rectangular (including square), triangular or polygonal cross-section may have corners rounded along their whole length. The thickness of such products which have a rectangular (including "modified rectangular") cross-section exceeds one-tenth of the width.

七、板、片、带、箔

成卷或非成卷的平面产品（税目 74.03 的未锻轧产品除外），截面均为厚度相同的实心矩形（不包括正方形），不论边角是否磨圆（包括相对两边为弧拱形，另外两边为等长平行直线的“变形矩形”），并且符合以下规格:

（一）矩形（包括正方形）的，厚度不超过宽度的十分之一;

（二）矩形或正方形以外形状的，任何尺寸，但不具有其他税目所列制品或产品的特征。

税目 74.09 及 74.10 还适用于具有花样（例如，凹槽、肋条形、格槽、珠粒及菱形）的板、片、带、箔以及穿孔、抛光、涂层或制成瓦楞形的这类产品，但不具有其他税目所列制品或产品的特征。

八、管

全长截面及管壁厚度相同并只有一个闭合空间的空心产品，成卷或非成卷的，其截面为圆形、椭圆形、矩形（包括正方形）、等边三角形或规则外凸多边形。对于截面为矩形（包括正方形）、等边三角形或规则外凸多边形的产品，不论全长边角是否磨圆，只要其内外截面为同一圆心并为同样形状及同一轴向，也可视为管子。上述截面的管子可经抛光、涂层、弯曲、攻丝、钻孔、缩腰、胀口、成锥形或装法兰、颈圈或套环。

子目注释:

本章所用有关名词解释如下:

一、铜锌合金（黄铜）

铜与锌的合金，不论是否含有其他元素。含有其他元素时:

（一）按重量计含锌量应大于其他各种元素的单项含量;

（二）按重量计含镍量应低于 5% [参见铜镍锌合金（德银）]; 以及

（三）按重量计含锡量应低于 3% [参见铜锡合金（青铜）]。

二、铜锡合金（青铜）

铜与锡的合金，不论是否含有其他元素。含有其他元素时，按重量计含锡量应大于其他各种元素的单项含量。当按重量计含锡量在 3%及以上时，锌的含量可大于锡的含量，但必须小于 10%。

三、铜镍锌合金（德银）

铜、镍、锌的合金，不论是否含有其他元素，按重量计含镍量在 5%及以上 [参见铜锌合金（黄铜）]。

四、铜镍合金

铜与镍的合金，不论是否含有其他元素，但按重量计含锌量不得大于 1%。含有其他元素时，按重量计含镍量应大于其他各种元素的单项含量。

税号	货品名称	进口关税 %			增值/消费税%	出口退税%	统计计量单位	监管证件代码	检验检疫类别	协定税率 %		
		最惠国	普通	年内暂定						东盟	亚太	智利
74.01	**铜锍；沉积铜（泥铜）：**											
7401.0000	铜锍；沉积铜（泥铜）											
74010000.10	沉积铜(泥铜)	2	11		17	0	千克	9A	M/	0		0
74010000.90	铜锍	2	11	0	17	0	千克			0		0
74.02	**未精炼铜；电解精炼用的铜阳极：**											
7402.0000	未精炼铜；电解精炼用的铜阳极											
74020000.01	未精炼铜、电解精炼用铜阳极(含黄金价值部分)	2	11	0	0	0	千克			0		0
74020000.90	未精炼铜、电解精炼用铜阳极(非黄金价值部分)	2	11	0	17	0	千克			0		0
74.03	**未锻轧的精炼铜及铜合金：**											
	- 精炼铜:											
	-- 阴极及阴极型材:											
	--- 阴极:											
7403.1111	---- 按重量计铜含量超过 99.9935%的											
74031111.01	高纯阴极铜(99.9999%＞铜含量＞99.9935%)(未锻轧的)	2	11	0	17	0	千克			0		0
74031111.90	高纯阴极铜(铜含量≥99.9999%)(未锻轧的)	2	11	0	17	0	千克			0		0

7. Plates, sheets, strip and foil

Flat-surfaced products (other than the unwrought products of heading 74.03), coiled or not, of solid rectangular (other than square) cross-section with or without rounded corners (including "modified rectangles" of which two opposite sides are convex arcs, the other two sides being straight, of equal length and parallel) of a uniform thickness, which are:

(a) Of rectangular (including square) shape with a thickness not exceeding one-tenth of the width,

(b) Of a shape other than rectangular or square, of any size, provided that they do not assume the character of articles or products of other headings.

Headings 74.09 and 74.10 apply, inter alia, to plates, sheets, strip and foil with patterns (for example, grooves, ribs, chequers, tears, buttons, lozenges) and to such products which have been perforated, corrugated, polished or coated, provided that they do not thereby assume the character of articles or products of other headings.

8. Tubes and pipes

Hollow products, coiled or not, which have a uniform cross-section with only one enclosed void along their whole length in the shape of circles, ovals, rectangles (including squares), equilateral triangles or regular convex polygons, and which have a uniform wall thickness. Products with a rectangular (including square), equilateral triangular or regular convex polygonal cross-section, which may have corners rounded along their whole length, are also to be taken to be tubes and pipes provided the inner and outer cross-sections are concentric and have the same form and orientation. Tubes and pipes of the foregoing cross-sections may be polished, coated, bent, threaded, drilled, waisted, expanded, cone-shaped or fitted with flanges, collars or rings.

Subheading Notes:

In this Chapter the following expressions have the meanings hereby assigned to them:

1. Copper-zinc base alloys (brasses)

Alloys of copper and zinc, with or without other elements. When other elements are present:

(a) zinc predominates by weight over each of such other elements;

(b) any nickel content by weight is less than 5% (see copper-nickel-zinc alloys (nickel silvers)); and

(c) any tin content by weight is less than 3% (see copper-tin alloys (bronzes)).

2. Copper-tin base alloys (bronzes)

Alloys of copper and tin, with or without other elements. When other elements are present, tin predominates by weight over each of such other elements, except that when the tin content is 3% or more the zinc content by weight may exceed that of tin but must be less than 10%.

3. Copper-nickel-zinc base alloys (nickel silvers)

Alloys of copper, nickel and zinc, with or without other elements. The nickel content is 5% or more by weight (see copper-zinc alloys (brasses)).

4. Copper-nickel base alloys

Alloys of copper and nickel, with or without other elements but in any case containing by weight not more than 1% of zinc. When other elements are present, nickel predominates by weight over each of such other elements.

协定税率 %										特惠税率 %				Article Description
巴基斯坦	冰岛	哥斯达黎	秘鲁	新西兰	瑞士	新加坡	韩国	澳大利亚	港澳台	老挝	孟加拉	33 国	7 国	
														Copper mattes;cement copper （precipitated copper):
														Copper mattes;cement copper （precipitated copper)
0	0	0	0	0	0		0	0		0	0	0	0	Cement copper (precipitated copper)
0	0	0	0	0	0		0	0		0	0	0	0	Copper mattes
														Unrefined copper; copper anodes for electrolytic refining:
														Unrefined copper; copper anodes for electrolytic refining
0	0	0		0	0		0	0			0	0	0	Unrefined copper; copper anodes for electrolytic refining, containing gold
0	0	0		0	0		0	0			0	0	0	Unrefined copper; copper anodes for electrolytic refining, not containing gold
														Refined copper and copper alloys, unwrought:
														- Refined copper:
														-- Cathodes and sections of cathodes:
														--- Cathodes:
														----Containing at least 99.9935% by weight of copper
0	0	0	0	0	0		0	0			0	0	0	High-purity copper cathodes of unwrought, containing more than 99.9935% and less than 99.9999% by weight of copper
0	0	0	0	0	0		0	0			0	0	0	High-purity copper cathodes of unwrought, containing no less than 99.9999% by weight of copper

税号	货品名称	进口关税 %			增值/消费税%	出口退税%	统计计量单位	监管证件代码	检验检疫类别	协定税率 %		
		最惠国	普通	年内暂定						东盟	亚太	智利
7403.1119	----其他	2	11	0	17	0	千克			0		0
7403.1190	--- 阴极型材	2	11	0	17	0	千克			0		0
7403.1200	-- 线锭	2	11	0	17	0	千克			0		0
7403.1300	-- 坯段	2	11	0	17	0	千克			0		0
7403.1900	-- 其他	2	11	0	17	0	千克			0		0
	- 铜合金:											
7403.2100	-- 铜锌合金(黄铜)	1	14		17	0	千克			0		0
7403.2200	-- 铜锡合金(青铜)	1	17		17	0	千克			0		0
7403.2900	-- 其他铜合金(税目74.05的铜母合金除外)	1	17		17	0	千克			0		0
74.04	**铜废碎料:**											
7404.0000	铜废碎料											
74040000.10	以回收铜为主的废电机等(包括废电机、电线、电缆、五金电器)	1.5	11	0	17	0	千克	AP	M/	0		0
74040000.90	其他铜废碎料	1.5	11	0	17	0	千克	A	M/	0		0
74.05	**铜母合金:**											
7405.0000	铜母合金	4	17		17	0	千克			0		0
74.06	**铜粉及片状粉末:**											
	- 非片状粉末:											
7406.1010	--- 精炼铜制	3	14		17	0	千克			0		0
7406.1020	--- 铜镍合金(白铜)或铜镍锌合金(德银)制	6	40		17	0	千克			0		0
7406.1030	--- 铜锌合金(黄铜)制	6	30		17	0	千克			0		0
7406.1040	--- 铜锡合金(青铜)制	6	30		17	0	千克			0		0
7406.1090	--- 其他铜合金制	6	30		17	0	千克			0		0
	- 片状粉末:											
7406.2010	--- 精炼铜制	4	14		17	0	千克			0		0
7406.2020	--- 铜镍合金(白铜)或铜镍锌合金(德银)制	6	40		17	0	千克			0		0
7406.2090	--- 其他铜合金制	6	30		17	0	千克			0		0
74.07	**铜条、杆、型材及异型材:**											
	- 精炼铜制:											
7407.1010	--- 铬锆铜制	4	14		17	9	千克			0		0
7407.1090	--- 其他	4	14		17	0	千克			0		0
	- 铜合金制:											
	-- 铜锌合金(黄铜):											
	--- 铜条、杆:											
7407.2111	----直线度不大于0.5毫米/米	7	20		17	9	千克			0		0
7407.2119	----其他	7	20		17	9	千克			0		0
7407.2190	--- 其他	7	20		17	9	千克			0		0
7407.2900	-- 其他	7	20		17	9	千克			0		0
74.08	**铜丝:**											
	- 精炼铜制:											
7408.1100	-- 最大截面尺寸超过6毫米	4	14		17	9	千克			0	2.8	0
7408.1900	-- 其他											
74081900.01	其他含氧量<5PPM的精炼铜丝(截面尺寸≤6mm)	4	14	2	17	9	千克			0	3.4	0
74081900.90	其他截面尺寸≤6mm的精炼铜丝	4	14		17	9	千克			0	3.4	0
	- 铜合金制:											
7408.2100	-- 铜锌合金(黄铜)	7	20		17	9	千克			0		0
	-- 铜镍合金(白铜)或铜镍锌合金(德银):											
7408.2210	--- 铜镍锌铅合金(加铅德银)	8	40		17	9	千克			0		0
7408.2290	--- 其他	8	40		17	0	千克			0		0
7408.2900	-- 其他	7	20		17	9	千克			0		0
74.09	**铜板、片及带,厚度超过0.15毫米:**											
	- 精炼铜制:											
	-- 盘卷的:											
7409.1110	--- 含氧量不超过10PPM的	4	14		17	9	千克			0		0

协定税率 %										特惠税率 %				Article Description
巴基斯坦	冰岛	哥斯达黎	秘鲁	新西兰	瑞士	新加坡	韩国	澳大利亚	港澳台	老挝	孟加拉	33 国	7 国	
0	0	0	0	0	0		0	0			0	0	0	----Other
0	0	0	0	0	0		0	0			0	0	0	--- Sections of cathodes
0	0	0	0	0	1.4		0	0			0	0	0	-- Wire-bars
0	0	0	0	0	0		0	0			0	0	0	-- Billets
0	0	0	0	0	0		0	0			0	0	0	-- Other
														- Copper alloys：
0	0	0	0	0	0		0	0	/0/		0	0	0	-- Copper-zinc base alloys （brass）
0	0	0	0	0	0		0	0			0	0	0	-- Copper-tin base alloys （bronze）
0	0	0	0	0	0		0	0			0	0	0	-- Other copper alloys other than master alloys of（heading No. 74.05）
														Copper waste and scrap：
														Copper waste and scrap
0	0	0		0	0		0	0	0//	0	0	0	0	Waste electrical machines, wires, cables, hardware and electric appliance, mainly for recycling copper
0	0	0		0	0		0	0	0//	0	0	0	0	Other copper waste and scrap
														Master alloys of copper：
0	0	0	0	0	0		0	0	0//			0	0	Master alloys of copper
														Copper powders and flakes：
														- Powders of non-lamellar structure：
0	0	0	0	0	0		0	0			0	0	0	--- Of refined copper
5	0	0	0	0	2.4		3.6	3.6			0	0	0	--- Of copper-nickel base alloys (cupronickel) or copper-nickel-zinc ase alloys (nickel silver)
5	0	0	0	0	2.4		4.8	3.6			0	0	0	--- Of copper-zinc base alloys （brass）
5	0	0	0	0	2.4		3.6	3.6			0	0	0	--- Of copper-tin base alloys （bronze）
5	0	0	0	0	2.4		3.6	3.6			0	0	0	--- Other
														- Powders of lamellar structure; flakes：
0	0	0	0	0	0		0	0			0	0	0	--- Of refined copper
5	0	0	0	0	2.4		3.6	3.6			0	0	0	--- Of copper-nickel base alloys （cupronickel） or copper-nickel-zinc base alloys （nickel silver）
5	0	0	0	0	2.4		3.6	3.6			0	0	0	--- Other
														Copper bars, rods and profiles：
														- Of refined copper：
0	0	0	0	0	1.6		0	0	//0		0	0	0	--- Of chromium zirconium copper
0	0	0	0	0	1.6		0	0	//0		0	0	0	--- Other
														- Of copper alloys：
														-- Of copper-zinc base alloys (brass)：
														--- Copper bars and rods：
5	0	0	0	0	4.9			4.2	/0/0		0	0	0	----Straightness≤0.5mm/m
5	0	0	0	0	4.9			4.2	/0/0		0	0	0	----Other
5	0	0	0	0	4.9			4.2	/0/0		0	0	0	--- Other
5	0	0	0	0	4.9		0	4.2	//0		0	0	0	-- Other
														Copper wire：
														- Of refined copper：
0	0	0	1.2	0	0		0	0	//0		0	0	0	-- Of which the maximum cross-sectional dimension exceeds 6mm
														-- Other
0	0	0	0	0	1.6		0	0	0//0		0	0	0	Other refining copper wire, of an oxygen content less than 5 PPM, of which cross-sectional dimension no more than 6mm
0	0	0	0	0	1.6		0	0	0//0		0	0	0	Other refining copper wire, of which cross-sectional dimension no more than 6mm
														- Of copper alloys：
5	0	0	0	0	2.8		6	4.2	//0		0	0	0	-- Of copper-zinc base alloys （brass）
														-- Of copper-nickel base alloys (cupronickel) or copper-nickel-zinc base alloys (nickel silver)：
5	0	0	0	0	3.2		4.8	4.8			0	0	0	--- Of copper-nickel-zinc-lead base alloys(leaded nickel silver)
5	0	0	0	0	3.2		4.8	4.8			0	0	0	--- Other
5	0	0	0	0	2.8		5.6	4.2			0	0	0	-- Other
														Copper plates, sheets and strip, of a thickness exceeding 0.15mm：
														- Of refined copper：
														-- In coils：
0	0	0	0	0	0		2.4	0			0	0	0	--- Containing oxygen not exceeding 10PPM

税号	货品名称	进口关税 % 最惠国	普通	年内暂定	增值/消费税%	出口退税%	统计计量单位	监管证件代码	检验检疫类别	协定税率 % 东盟	亚太	智利
7409.1190	--- 其他	4	14		17	9	千克			0		0
7409.1900	-- 其他	4	14		17	9	千克			0		0
	- 铜锌合金（黄铜）制：											
7409.2100	-- 盘卷的	7	20		17	9	千克			0		0
7409.2900	-- 其他	7	20		17	9	千克			0		0
	- 铜锡合金（青铜）制：											
7409.3100	-- 盘卷的	7	20		17	9	千克			0		0
7409.3900	-- 其他	7	20		17	9	千克			0		0
7409.4000	- 铜镍合金（白铜）或铜镍锌合金（德银）制	7	40		17	9	千克			0		0
7409.9000	- 其他铜合金制	7	20		17	9	千克			0		0
74.10	**铜箔（不论是否印花或用纸、纸板、塑料或类似材料衬背），厚度（衬背除外）不超过0.15毫米：**											
	- 无衬背：											
7410.1100	-- 精炼铜制	4	14		17	17	千克			0	2.8	0
	-- 铜合金制：											
7410.1210	--- 铜镍合金（白铜）或铜镍锌合金（德银）	7	40		17	13	千克			0		0
7410.1290	--- 其他	7	20		17	13	千克			0		0
	- 有衬背：											
	-- 精炼铜制：											
7410.2110	--- 印制电路用覆铜板	4	14		17	17	千克			0	3.4	0
7410.2190	--- 其他	4	14		17	13	千克			0	3.4	0
	-- 铜合金制：											
7410.2210	--- 铜镍合金（白铜）或铜镍锌合金（德银）	7	40		17	13	千克			0		0
7410.2290	--- 其他	7	20		17	13	千克			0		0
74.11	**铜管：**											
	- 精炼铜制：											
	--- 外径不超过25毫米的：											
7411.1011	----带有螺纹或翅片的	4	14		17	13	千克			0	2.8	0
7411.1019	----其他											
74111019.01	其他含氧量＜5PPM，外径≤25mm的精炼铜管	4	14	2	17	13	千克			0	2.8	0
74111019.90	外径≤25mm的其他精炼铜管	4	14		17	13	千克			0	2.8	0
7411.1020	--- 外径超过70毫米的	4	14		17	13	千克			0	2.8	0
7411.1090	--- 其他	4	14		17	13	千克			0	2.8	0
	- 铜合金制：											
	-- 铜锌合金（黄铜）：											
7411.2110	--- 盘卷的	7	20		17	13	千克			0		0
7411.2190	--- 其他	7	20		17	13	千克			0		0
7411.2200	-- 铜镍合金（白铜）或铜镍锌合金（德银）	7	40		17	13	千克			0		0
7411.2900	-- 其他	7	20		17	13	千克			0		0
74.12	**铜制管子附件（例如，接头、肘管、管套）：**											
7412.1000	- 精炼铜制	4	14		17	0	千克			0		0
	- 铜合金制：											
7412.2010	--- 铜镍合金（白铜）或铜镍锌合金（德银）	7	40		17	0	千克			0	6	0
7412.2090	--- 其他	7	20		17	0	千克			0	6	0
74.13	**非绝缘的铜丝绞股线、缆、编带及类似品：**											
7413.0000	非绝缘的铜丝绞股线、缆、编带及类似品	5	14		17	0	千克	A	M/	0		0
74.15	**铜制或钢铁制带铜头的钉、平头钉、图钉、U形钉（税目83.05的货品除外）及类似品；铜制螺钉、螺栓、螺母、钩头螺钉、铆钉、销、开尾销、垫圈（包括弹簧垫圈）及类似品：**											

协定税率 %										特惠税率 %				
巴基斯坦	冰岛	哥斯达黎	秘鲁	新西兰	瑞士	新加坡	韩国	澳大利亚	港澳台	老挝	孟加拉	33 国	7 国	**Article Description**
0	0	0	0	0	0		2.4	0			0	0	0	--- Other
0	0	0	0	0	1.6		0	0	//0		0	0	0	-- Other
														- Of copper-zinc base alloys (brass):
5	0	0	0	0	4.9		6	4.2	0//0		0	0	0	-- In coils
5	0	0	0	0	2.8		6	4.2	0//0		0	0	0	-- Other
														- Of copper-tin base alloys (bronze):
5	0	0	0	0	2.8		5.6	4.2	//0		0	0	0	-- In coils
5	0	0	0	0	2.8		0	4.2	//0		0	0	0	-- Other
5	0	0	0	0	2.8		0	4.2	//0		0	0	0	- Of copper-nickel base alloys (cupronickel) or copper-nickel-zinc base alloys (nickel silver)
5	0	0	0	0	2.8		5.6	4.2	0//0		0	0	0	- Of other copper alloys
														Copper foil (whether or not printed or backed with paper, paperboard, plastics or similar backing materials)of a thickness (excluding any backing) not exceeding 0.15mm:
														- Not backed:
0	0	0	0	0	1.6		0	0	0//0			0	0	-- Of refined copper
														-- Of copper alloys:
5	0	0	0	0	2.8		0	4.2	//0			0	0	--- Of copper-nickel base alloys (cupronickel) or copper-nickel-zinc base alloys (nickel silver)
5	0	0	0	0	2.8		0	4.2	//0			0	0	--- Other
														- Backed:
														-- Of refined copper:
0	0	0	0	0	0		0	0	0/0/0			0	0	--- Copper-clad board used to print circuit
0	0	0	0	0	0		0	0	0/0/0			0	0	--- Other
														-- Of copper alloys:
5	0	0	0	0	2.8		4.2	4.2				0	0	--- Of copper-nickel base alloys (cupronickel) or copper-nickel-zin cbase alloys (nickel silver)
5	0	0	0	0	2.8		4.2	4.2				0	0	--- Other
														Copper tubes and pipes:
														- Of refined copper:
														--- Having an outside diameter not exceeding 25mm:
0	0	0	0	0	0		2.4	0			0	0	0	----Threaded or with fins
														----Other
0	0	0	0	0	0		2.4	0			0	0	0	Other refining copper pipes, of an oxygen content less than 5 PPM, of which outside diameter no more than 25mm
0	0	0	0	0	0		2.4	0			0	0	0	Other refining copper pipes, of which outside diameter no more than 25mm
0	0	0	0	0	0		0	0			0	0	0	--- Having an outside diameter exceeding 70mm
0	0	0	0	0	2.8		0	0			0	0	0	--- Other
														- Of copper alloys:
														- Of copper-zinc base alloys (brass):
5	0	0	0	0	2.8		4.2	4.2	0//		0	0	0	--- In coils
5	0	0	0	0	2.8		6	4.2	0//		0	0	0	--- Other
5	0	0	0	0	2.8		4.2	4.2			0	0	0	-- Of copper-nickel base alloys (cupronickel) or copper-nickel-zinc base alloys (nickel silver)
5	0	0	0	0	2.8		4.2	4.2			0	0	0	-- Other
														Copper tube or pipe fittings (forexample, couplings, elbows, sleeves):
0	0	0	0	0	2.8		2.4	0			0	0	0	- Of refined copper
														- Of copper alloys:
5	0	0	0	0	4.9		4.2	4.2			0	0	0	--- Of copper-nickel base alloys (cupronickel) or copper-nickel-zinc base alloys (nickel silver)
5	0	0	0	0	2.8		4.2	4.2			0	0	0	--- Other
														Stranded wire, cables, plaited bands and the like, of copper, not electrically insulated:
0	0	0	0	0	2		4.3	0			0	0	0	Stranded wire, cables plaited bands and the like, of copper, not electrically insulated
														Nails, tacks, drawing pins, staples (other than those of heading No.83.05) and similar articles, of copper or of iron or steel with heads of copper;screws, bolts, nuts, screw hooks, rivets, cotters, cotter-pins, washers (including spring washers) and similar articles, of copper:

税　号	货　品　名　称	进口关税 %			增值/消费税%	出口退税%	统计计量单位	监管证件代码	检验检疫类别	协定税率 %		
		最惠国	普通	年内暂定						东盟	亚太	智利
7415.1000	- 钉、平头钉、图钉、U形钉及类似品	8	80		17	0	千克			0		0
	- 其他无螺纹制品：											
7415.2100	-- 垫圈（包括弹簧垫圈）	10	80		17	0	千克			0		0
7415.2900	-- 其他	10	80		17	0	千克			0		0
	- 其他螺纹制品：											
	-- 螺钉；螺栓及螺母：											
7415.3310	--- 木螺钉	8	80		17	0	千克			0		0
7415.3390	--- 其他	8	80		17	0	千克			0		0
7415.3900	-- 其他	10	80		17	0	千克			0		0
74.18	**餐桌、厨房或其他家用铜制器具及其零件；铜制擦锅器、洗刷擦光用的块垫、手套及类似品；铜制卫生器具及其零件：**											
	- 餐桌、厨房或其他家用器具及其零件；擦锅器及洗刷擦光用的块垫、手套及类似品：											
7418.1010	--- 擦锅器及洗刷擦光用的块垫、手套及类似品	18	80		17	9	千克	A	R/	0		0
7418.1020	--- 非电热的铜制家用烹饪器具及其他零件	20	80		17	9	千克	A	R/	0		0
7418.1090	--- 其他	18	80	10	17	9	千克	A	R/	0		0
7418.2000	- 卫生器具及其零件	18	80	10	17	9	千克			0		0
74.19	**其他铜制品：**											
7419.1000	- 链条及其零件	14	80		17	0	千克			0		0
	- 其他：											
	-- 铸造、模压、冲压或锻造，但未经进一步加工的：											
7419.9110	--- 工业用	10	40		17	0	千克			0		0
7419.9190	--- 其他	20	80		17	5	千克			0		0
	-- 其他：											
7419.9920	--- 铜弹簧	10	40		17	5	千克			0		0
7419.9930	--- 铜丝制的布（包括环形带）	7	20		17	5	千克			0		0
7419.9940	--- 铜丝制的网、格栅、网眼铜板	8	20		17	5	千克			0		0
7419.9950	--- 非电热的铜制家用供暖器具及其零件	20	80		17	5	千克			0		0
	--- 其他：											
7419.9991	----工业用	10	40		17	0	千克			0	8.5	0
7419.9999	----其他	20	80		17	5	千克			0	17	0

协定税率 %										特惠税率 %				Article Description
巴基斯坦	冰岛	哥斯达黎	秘鲁	新西兰	瑞士	新加坡	韩国	澳大利亚	港澳台	老挝	孟加拉	33 国	7 国	
5	0	0	0	0	3.2		4.8	4.8			0	0	0	- Nails and tacks, drawing pins, staples and similar articles
														- Other articles, not threaded:
5	0	0	0	0	4	0	8	6	0//		0	0	0	-- Washers (including spring washers)
5	0	0	0	0	4	0	8	6	0//		0	0	0	-- Other
														- Other threaded articles:
														-- Screws; bolts and nuts:
5	0	0	0	0	3.2		4.8	4.8	0//		0	0	0	--- Screws for wood
5	0	0	0	0	3.2		4.8	4.8	0//		0	0	0	--- Other
5	0	0	0	0	4		8	6	0//		0	0	0	-- Other
														Table, kitchen or other household articles and parts thereof, of copper;potscourers and scouring or polishing pads, gloves and the like, of copper;sanitary ware and parts thereof, of copper:
														- Table, kitchen or other household articles and parts thereof; pot scourers and scouring or polishing pads, gloves and the like:
14.4	0	0	5.4	0	12.6	0	14.4	10.8			0	0	0	--- Pot scourers and scouring or polishing pads, gloves and the like
	0	0	6	0	14	0	17.3	12				0	0	--- Cooking apparatus of a kind used for domestic purposes, non-electric, and parts thereof, of copper
14.4	0	0	5.4	0	12.6	0	14.4	10.8			0	0	0	--- Other
	0	0	5.4	0	12.6	0	14.4	10.8			0	0	0	- Sanitary ware and parts thereof
														Other articles of copper:
11.2	0	0	0	0	9.8	0	11.2	8.4	0//			0	0	- Chain and parts thereof
														- Other:
														-- Cast, moulded, stamped or forged, but not further worked:
5	5	0	0	0	4	0	6	6			0	0	0	--- For technical use
	0	0	6	0	14	0	17.3	12				0	0	--- Other
														-- Other:
5	0	0	0	0	7		8	6				0	0	--- Copper springs
5.6	0	0	0	0	2.8		4.2	4.2			0	0	0	--- Cloth (including endless hands), of copper wire
6.4	0	0	0	0	3.2		6.4	4.8			0	0	0	--- Grill and netting, of copper wire; expanded metal, of copper
	0	0	6	0	14	0	17.3	12				0	0	--- Heating apparatus of a kind used for domestic purposes, non-electric, and parts thereof, of copper
														--- Other:
5		0	0	0	7	0	6	6			0	0	0	----For technical use
16	0	0	6	0	14	0	18	12			0	0	0	----Other

第七十五章 镍及其制品

注释：

本章所用有关名词解释如下：

一、条、杆

轧、挤、拔或锻制的实心产品，非成卷的，其全长截面均为圆形、椭圆形、矩形（包括正方形）、等边三角形或规则外凸多边形（包括相对两边为弧拱形，另外两边为等长平行直线的“扁圆形”及“变形矩形”）。对于矩形（包括正方形）、三角形或多边形截面的产品，其全长边角可经磨圆。矩形（包括“变形矩形”）截面的产品，其厚度应大于宽度的十分之一。所述条、杆也包括同样形状及尺寸的铸造或烧结产品。该产品在铸造或烧结后再经加工（简单剪修或去氧化皮的除外），但不具有其他税目所列制品或产品的特征。

二、型材及异型材

轧、挤、拔、锻制的产品或其他成型产品，不论是否成卷，其全长截面相同，但与条、杆、丝、板、片、带、箔、管的定义不相符合。同时也包括同样形状的铸造或烧结产品。该产品在铸造或烧结后再经加工（简单剪修或去氧化皮的除外），但不具有其他税目所列制品或产品的特征。

三、丝

盘卷的轧、挤或拔制实心产品，其全长截面均为圆形、椭圆形、矩形（包括正方形）、等边三角形或规则外凸多边形（包括相对两边为弧拱形，另外两边为等长平行直线的“扁圆形”及“变形矩形”）。对于矩形（包括正方形）、三角形或多边形截面的产品，其全长边角可经磨圆。矩形（包括“变形矩形”）截面的产品，其厚度应大于宽度的十分之一。

四、板、片、带、箔

成卷或非成卷的平面产品（税目 75.02 的未锻轧产品除外），截面均为厚度相同的实心矩形（不包括正方形），不论边角是否磨圆（包括相对两边为弧拱形，另外两边为等长平行直线的“变形矩形”），并且符合以下规格：

(一) 矩形（包括正方形）的，厚度不超过宽度的十分之一；

（二）矩形或正方形以外形状的，任何尺寸，但不具有其他税目所列制品或产品的特征。

税目 75.06 还适用于具有花样（例如，凹槽、肋条形、格槽、珠粒及菱形）的板、片、带、箔以及穿孔、抛光、涂层或制成瓦楞形的这类产品，但不具有其他税目所列制品或产品的特征。

五、管

全长截面及管壁厚度相同并只有一个闭合空间的空心产品，成卷或非成卷的，其截面为圆形、椭圆形、矩形（包括正方形）、等边三角形或规则外凸多边形。对于截面为矩形（包括正方形）、等边三角形或规则外凸多边形的产品，不论全长边角是否磨圆，只要其内外截面为同一圆心并为同样形状及同一轴向，也可视为管子。上述截面的管子可经抛光、涂层、弯曲、攻丝、钻孔、缩腰、胀口、成锥形或装法兰、颈圈或套环。

子目注释：

一、本章所用有关名词解释如下：

（一）非合金镍

按重量计镍及钴的含量至少为 99% 的金属，但：

1. 按重量计含钴量不超过 1.5%；以及

2. 按重量计其他各种元素的含量不超过下表中规定的限量：

其他元素表

元　素		所含重量百分比
Fe	铁	0.5
O	氧	0.4
其他元素，	每种	0.3

Chapter 75 Nickel and articles thereof

Chapter Notes:

In this Chapter the following expressions have the meanings hereby assigned to them:

1. Bars and rods

Rolled, extruded, drawn or forged products, not in coils, which have a uniform solid cross-section along their whole length in the shape of circles, ovals, rectangles (including squares), equilateral triangles or regular convex polygons (including "flattened circles" and "modified rectangles", of which two opposite sides are convex arcs, the other two sides being straight, of equal length and parallel). Products with a rectangular (including square), triangular or polygonal cross-section may have corners rounded along their whole length. The thickness of such products which have a rectangular (including "modified rectangular") cross-section exceeds one-tenth of the width. The expression also covers cast or sintered products, of the same forms and dimensions, which have been subsequently worked after production (otherwise than by simple trimming or de-scaling), provided that they have not thereby assumed the character of articles or products of other headings.

2. Profiles

Rolled, extruded, drawn, forged or formed products, coiled or not, of a uniform cross-section along their whole length, which do not conform to any of the definitions of bars, rods, wire, plates, sheets, strip, foil, tubes or pipes. The expression also covers cast or sintered products, of the same forms, which have been subsequently worked after production (otherwise than by simple trimming or de-scaling), provided that they have not thereby assumed the character of articles or products of other headings.

3. Wire

Rolled, extruded or drawn products, in coils, which have a uniform solid cross-section along their whole length in the shape of circles, ovals, rectangles (including squares), equilateral triangles or regular convex polygons (including "flattened circles" and "modified rectangles", of which two opposite sides are convex arcs, the other two sides being straight, of equal length and parallel). Products with a rectangular (including square), triangular or polygonal cross-section may have corners rounded along their whole length. The thickness of such products which have a rectangular (including "modified rectangular") cross-section exceeds one-tenth of the width.

4. Plates, sheets, strip and foil

Flat-surfaced products (other than the unwrought products of heading 75.02), coiled or not, of solid rectangular (other than square) cross-section with or without rounded corners (including "modified rectangles" of which two opposite sides are convex arcs, the other two sides being straight, of equal length and parallel) of a uniform thickness, which are:

(a) of rectangular (including square) shape with a thickness not exceeding one-tenth of the width,

(b) of a shape other than rectangular or square, of any size, provided that they do not assume the character of articles or products of other headings.

Heading 75.06 applies, inter alia, to plates, sheets, strip and foil with patterns (for example, grooves, ribs, chequers, tears, buttons, lozenges) and to such products which have been perforated, corrugated, polished or coated, provided that they do not thereby assume the character of articles or products of other headings.

5. Tubes and pipes

Hollow products, coiled or not, which have a uniform cross-section with only one enclosed void along their whole length in the shape of circles, ovals, rectangles (including squares), equilateral triangles or regular convex polygons, and which have a uniform wall thickness. Products with a rectangular (including square), equilateral triangular, or regular convex polygonal cross-section, which may have corners rounded along their whole length, are also to be considered as tubes and pipes provided the inner and outer cross-sections are concentric and have the same form and orientation. Tubes and pipes of the foregoing cross-sections may be polished, coated, bent, threaded, drilled, waisted, expanded, cone-shaped or fitted with flanges, collars or rings.

Subheading Notes:

1. In this Chapter the following expressions have the meanings hereby assigned to them:

(a) Nickel, not alloyed

Metal containing by weight at least 99 % of nickel plus cobalt, provided that:

(i) the cobalt content by weight does not exceed 1.5 %, and

(ii) the content by weight of any other element does not exceed the limit specified in the following table:

TABLE - Other elements

Element		Limiting content % by weight
Fe	Iron	0.5
O	Oxygen	0.4
Other elements,	each	0.3

（二）镍合金

按重量计含镍量大于其他元素单项含量的金属物质，但：

1. 按重量计含钴量超过1.5%；

2. 按重量计至少有一种其他元素的含量超过上表中规定的限量；或

3. 除镍及钴以外，按重量计其他元素的总含量超过1%。

二、子目7508.10所称“丝”，不受本章注释三的限制，仅适用于截面尺寸不超过6毫米的任何截面形状的产品，不论是否盘卷。

税 号	货 品 名 称	进口关税 %			增值/消费税%	出口退税%	统计计量单位	监管证件代码	检验检疫类别	协定税率 %		
		最惠国	普通	年内暂定						东盟	亚太	智利
75.01	镍锍、氧化镍烧结物及镍冶炼的其他中间产品：											
7501.1000	- 镍锍	3	11	0	17	0	千克	4xy		0		0
	- 氧化镍烧结物及镍冶炼的其他中间产品：											
7501.2010	--- 镍湿法冶炼中间品	3	11	0	17	0	千克	4xy		0		0
7501.2090	--- 其他	3	11	0	17	0	千克	4xy		0		0
75.02	未锻轧镍：											
	- 非合金镍：											
7502.1010	--- 按重量计镍、钴总量在99.99%及以上的，但钴含量不超过0.005%	3	11	1	17	0	千克	4xy		0		0
7502.1090	--- 其他	3	11	1	17	0	千克	4xy		0		0
7502.2000	- 镍合金	3	11		17	0	千克	4xy		0		0
75.03	镍废碎料：											
7503.0000	镍废碎料	1.5	11	1	17	0	千克	4Axy	M/	0		0
75.04	镍粉及片状粉末：											
7504.0010	--- 非合金镍粉及片状粉末	4	17		17	0	千克	3		0		0
7504.0020	--- 合金镍粉及片状粉末	4	17		17	0	千克			0		0
75.05	镍条、杆、型材及异型材或丝：											
	- 条、杆、型材及异型材：											
7505.1100	-- 非合金镍制	6	14		17	5	千克			0		0
7505.1200	-- 镍合金制	6	14		17	13	千克			0		0
	- 丝：											
7505.2100	-- 非合金镍制	6	17		17	5	千克			0		0
7505.2200	-- 镍合金制	6	17		17	13	千克			0		0
75.06	镍板、片、带、箔：											
7506.1000	- 非合金镍制	6	14		17	5	千克			0		0
7506.2000	- 镍合金制	6	14		17	0	千克			0		0
75.07	镍管及管子附件（例如，接头、肘管、管套）：											
	- 镍管：											
7507.1100	-- 非合金镍制	6	17		17	0	千克			0		0
7507.1200	-- 镍合金制	6	17		17	13	千克			0		0
7507.2000	- 管子附件	6	17		17	0	千克			0		0
75.08	其他镍制品：											
	- 镍丝制的布、网及格栅：											
7508.1010	--- 镍丝布	6	20		17	0	千克			0		0
7508.1080	--- 其他工业用镍制品	6	40		17	0	千克			0		0
7508.1090	--- 其他	6	70		17	0	千克			0		0
	- 其他：											
7508.9010	--- 电镀用镍阳极	4	14		17	0	千克			0		0
7508.9080	--- 其他工业用镍制品	6	40		17	0	千克			0		0
7508.9090	--- 其他	6	70		17	0	千克			0		0

(b) Nickel alloys

Metallic substances in which nickel predominates by weight over each of the other elements provided that:

(i) the content by weight of cobalt exceeds 1.5 %,

(ii) the content by weight of at least one of the other elements is greater than the limit specified in the foregoing table, or

(iii) the total content by weight of elements other than nickel plus cobalt exceeds 1 %.

2. Notwithstanding the provisions of Chapter Note 1 (c), for the purposes of subheading 7508.10 the term "wire" applies only to products, whether or not in coils, of any cross-sectional shape, of which no cross-sectional dimension exceeds 6 mm.

协定税率 %										特惠税率 %				
巴基斯坦	冰岛	哥斯达黎	秘鲁	新西兰	瑞士	新加坡	韩国	澳大利亚	港澳台	老挝	孟加拉	33 国	7 国	Article Description
														Nickel mattes, nickel oxide sinters and other intermediate products of nickel metallurgy:
0	0	0	0	0	0		0	0			0	0	0	- Nickel mattes
														- Nickel oxide sinters and other intermediate products of nickel metallurgy:
0	0	0	0	0	0		0	0			0	0	0	--- Intermediate products of nickel metallurgy by wet process
0	0	0	0	0	0		0	0			0	0	0	--- Other
														Unwrought nickel:
														- Nickel, not alloyed:
0	0	0	0	0	0		0	0			0	0	0	--- Containing 99.99% or more by total weight of nickel and cobalt，but containing cobalt not exceeding 0.005％
0	0	0	0	0	0		0	0			0	0	0	--- Other
0	0	0	0	0	0		1.8	0			0	0	0	- Nickel, alloys
														Nickel waste and scrap:
0	0	0	0	0	0		0	0			0	0	0	Nickel waste and scrap
														Nickel powders and flakes:
0	0	0	0	0	0		0	0				0	0	--- Nickel powders and flakes, not alloyed
0	0	0	0	0	0		0	0				0	0	--- Nickel powders and flakes, alloys
														Nickel bars, rods, profiles and wire:
														- Bars, rods and profiles:
5	0	0	0	0	2.4		4.8	3.6			0	0	0	-- Of nickel, not alloyed
5	0	0	0	0	2.4		4.8	3.6			0	0	0	-- Of nickel alloys
														- Wire:
5	0	0	0	0	4.2		3.6	3.6			0	0	0	-- Of nickel, not alloyed
5	0	0	0	0	2.4		3.6	3.6			0	0	0	-- Of nickel alloys
														Nickel plates, sheets, strip and foil:
5	0	0	0	0	2.4		4.8	3.6				0	0	- Of nickel, not alloyed
5	0	0	0	0	2.4		3.6	3.6	0//			0	0	- Of nickel alloys
														Nickel tubes, pipes and tube or pipe fittings （for example, couplings, elbows, sleeves):
														- Tubes and pipes:
5	0	0	0	0	4.3		3.6	3.6				0	0	-- Of nickel, not alloyed
5	0	0	0	0	2.4		4.8	3.6				0	0	-- Of nickel alloys
5	0	0	0	0	2.4		3.6	3.6				0	0	- Tube or pipe fittings
														Other articles of nickel:
														- Cloth, grill and netting, of nickel wire:
5	0	0	0	0	2.4		3.6	3.6				0	0	--- Wire cloth
5	0	0	0	0	2.4		3.6	3.6				0	0	--- Other articles of nickel, for technical use
5	0	0	0	0	2.4		3.6	3.6				0	0	--- Other
														- Other:
0	0	0	0	0	0		2.4	0				0	0	--- Electroplating anodes
5	0	0	0	0	2.4		3.6	3.6				0	0	--- Other articles of nickel, for technical use
5	0	0	0	0	2.4		3.6	3.6				0	0	--- Other

第七十六章　铝及其制品

注释：

本章所用有关名词解释如下：

一、条、杆

轧、挤、拔或锻制的实心产品，非成卷的，其全长截面均为圆形、椭圆形、矩形（包括正方形）、等边三角形或规则外凸多边形（包括相对两边为弧拱形，另外两边为等长平行直线的“扁圆形”及“变形矩形”）。对于矩形（包括正方形）、三角形或多边形截面的产品，其全长边角可经磨圆。矩形（包括“变形矩形”）截面的产品，其厚度应大于宽度的十分之一。所述条、杆也包括同样形状及尺寸的铸造或烧结产品。该产品在铸造或烧结后再经加工（简单剪修或去氧化皮的除外），但不具有其他税目所列制品或产品的特征。

二、型材及异型材

轧、挤、拔、锻制的产品或其他成型产品，不论是否成卷，其全长截面相同，但与条、杆、丝、板、片、带、箔、管的定义不相符合。同时也包括同样形状的铸造或烧结产品。该产品在铸造或烧结后再经加工（简单剪修或去氧化皮的除外），但不具有其他税目所列制品或产品的特征。

三、丝

盘卷的轧、挤或拔制实心产品，其全长截面均为圆形、椭圆形、矩形（包括正方形）、等边三角形或规则外凸多边形（包括相对两边为弧拱形，另外两边为等长平行直线的“扁圆形”及“变形矩形”）。对于矩形（包括正方形）、三角形或多边形截面的产品，其全长边角可经磨圆。矩形（包括“变形矩形）截面的产品，其厚度应大于宽度的十分之一。

四、板、片、带、箔

成卷或非成卷的平面产品（税目 76.01 的未锻轧产品除外），截面均为厚度相同的实心矩形（不包括正方形），不论边角是否磨圆（包括相对两边为弧拱形，另外两边为等长平行直线的“变形矩形”），并且符合以下规格：

（一）矩形（包括正方形）的，厚度不超过宽度的十分之一；

（二）矩形或正方形以外形状的，任何尺寸，但不具有其他税目所列制品或产品的特征。

税目 76.06 和 76.07 还适用于具有花样（例如，凹槽、肋条形、格槽、珠粒及菱形）的板、片、带、箔以及穿孔、抛光、涂层或制成瓦楞形的这类产品，但不具有其他税目所列制品或产品的特征。

五、管

全长截面及管壁厚度相同并只有一个闭合空间的空心产品，成卷或非成卷的，其截面为圆形、椭圆形、矩形（包括正方形）、等边三角形或规则外凸多边形。对于截面为矩形（包括正方形）、等边三角形或规则外凸多边形的产品，不论全长边角是否磨圆，只要其内外截面为同一圆心并为同样形状及同一轴向，也可视为管子。上述截面的管子可经抛光、涂层、弯曲、攻丝、钻孔、缩腰、胀口、成锥形或装法兰、颈圈或套环。

子目注释：

一、本章所用有关名词解释如下：

（一）非合金铝

按重量计含铝量至少为 99％的金属，但其他各种元素的含量不超过下表中规定的限量：

其他元素表

元素	所含重量百分比
Fe + Si（铁 + 硅）	1
其他元素[(1)]，每种	0.1[(2)]

（1）其他元素，例如，铬、铜、镁、锰、镍、锌。

（2）含铜成分可大于 0.1％，但不得大于 0.2％，且铬和锰的含量均不得超过 0.05％。

Chapter 76　Aluminium and articles thereof

Note.

In this Chapter the following expressions have the meanings hereby assigned to them:

1. Bars and rods

Rolled, extruded, drawn or forged products, not in coils, which have a uniform solid cross-section along their whole length in the shape of circles, ovals, rectangles (including squares), equilateral triangles or regular convex polygons (including "flattened circles" and "modified rectangles", of which two opposite sides are convex arcs, the other two sides being straight, of equal length and parallel). Products with a rectangular (including square), triangular or polygonal cross-section may have corners rounded along their whole length. The thickness of such products which have a rectangular (including "modified rectangular") cross-section exceeds one-tenth of the width. The expression also covers cast or sintered products, of the same forms and dimensions, which have been subsequently worked after production (otherwise than by simple trimming or de-scaling), provided that they have not thereby assumed the character of articles or products of other headings.

2. Profiles

Rolled, extruded, drawn, forged or formed products, coiled or not, of a uniform cross-section along their whole length, which do not conform to any of the definitions of bars, rods, wire, plates, sheets, strip, foil, tubes or pipes. The expression also covers cast or sintered products, of the same forms, which have been subsequently worked after production (otherwise than by simple trimming or de-scaling), provided that they have not thereby assumed the character of articles or products of other headings.

3. Wire

Rolled, extruded or drawn products, in coils, which have a uniform solid cross-section along their whole length in the shape of circles, ovals, rectangles (including squares), equilateral triangles or regular convex polygons (including "flattened circles" and "modified rectangles", of which two opposite sides are convex arcs, the other two sides being straight, of equal length and parallel). Products with a rectangular (including square), triangular or polygonal cross-section may have corners rounded along their whole length. The thickness of such products which have a rectangular (including "modified rectangular") cross-section exceeds one-tenth of the width.

4. Plates, sheets, strip and foil

Flat-surfaced products (other than the unwrought products of heading 76.01), coiled or not, of solid rectangular (other than square) cross-section with or without rounded corners (including "modified rectangles" of which two opposite sides are convex arcs, the other two sides being straight, of equal length and parallel) of a uniform thickness, which are:

(a) of rectangular (including square) shape with a thickness not exceeding one-tenth of the width,

(b) of a shape other than rectangular or square, of any size, provided that they do not assume the character of articles or products of other headings.

Headings 76.06 and 76.07 apply, *inter alia*, to plates, sheets, strip and foil with patterns (for example, grooves, ribs, chequers, tears, buttons, lozenges) and to such products which have been perforated, corrugated, polished or coated, provided that they do not thereby assume the character of articles or products of other headings.

5. Tubes and pipes

Hollow products, coiled or not, which have a uniform cross-section with only one enclosed void along their whole length in the shape of circles, ovals, rectangles (including squares), equilateral triangles or regular convex polygons, and which have a uniform wall thickness. Products with a rectangular (including square), equilateral triangular or regular convex polygonal cross-section, which may have corners rounded along their whole length, are also to be considered as tubes and pipes provided the inner and outer cross-sections are concentric and have the same form and orientation. Tubes and pipes of the foregoing cross-sections may be polished, coated, bent, threaded, drilled, waisted, expanded, cone-shaped or fitted with flanges, collars or rings.

Subheading Notes.

1. In this Chapter the following expressions have the meanings hereby assigned to them:

(a) Aluminium, not alloyed

Metal containing by weight at least 99% of aluminium, provided that the content by weight of any other element does not exceed the limit specified in the following table:

TABLE - Other elements

Element	Limiting content % by weight
Fe + Si (iron plus silicon)	1
Other elements(1),each	0.1(2)

(1) Other elements are, for example Cr, Cu, Mg, Mn, Ni, Zn.

(2) Copper is permitted in a proportion greater than 0.1% but not more than 0.2%, provided that neither the chromium nor manganese content exceeds 0.05%.

（二）铝合金

按重量计含铝量大于其他元素单项含量的金属物质，但：

1. 按重量计至少有一种其他元素或铁加硅的含量大于上表中规定的限量；或

2. 按重量计其他元素的总含量超过1%。

二、子目7616.91所称“丝”，不受本章注释三的限制，仅适用于截面尺寸不超过6毫米的任何截面形状的产品，不论是否盘卷。

税号	货品名称	进口关税 %			增值/消费税%	出口退税%	统计计量单位	监管证件代码	检验检疫类别	协定税率 %		
		最惠国	普通	年内暂定						东盟	亚太	智利
76.01	未锻轧铝：											
	- 非合金铝：											
7601.1010	--- 按重量计含铝量在99.95%及以上	5	14		17	0	千克			0		0
7601.1090	--- 其他	5	14	0	17	0	千克			0		0
7601.2000	- 铝合金											
76012000.10	碱金属含量(Na+K+Ca)<10ppm，氢含量<0.12ml/100gAl的低碱精炼铝合金	7	14		17	0	千克			0	6	0
76012000.90	其他未锻轧铝合金	7	14		17	0	千克			0	6	0
76.02	铝废碎料：											
7602.0000	铝废碎料											
76020000.10	以回收铝为主的废电线等(包括废电线、电缆、五金电器)	1.5	14	0	17	0	千克	AP	M/	0		0
76020000.90	其他铝废碎料	1.5	14	0	17	0	千克	A	M/	0		0
76.03	铝粉及片状粉末：											
7603.1000	- 非片状粉末											
76031000.10	颗粒<500μm的微细球形铝粉(颗粒均匀，铝含量≥97%)	6	30		17	0	千克	3A	M/	0		0
76031000.90	其他非片状铝粉	6	30		17	0	千克	AB	M/N	0		0
7603.2000	- 片状粉末	7	30		17	0	千克			0		0
76.04	铝条、杆、型材及异型材：											
	- 非合金铝制：											
7604.1010	--- 铝条、杆	5	30		17	0	千克			0		0
7604.1090	--- 其他	5	30		17	0	千克			0		0
	- 铝合金制：											
7604.2100	-- 空心异型材	5	30		17	13	千克	A	M/	0		0
	-- 其他：											
7604.2910	--- 铝合金条、杆											
76042910.10	柱形实心体铝合金[在293K(20摄氏度)时的极限抗拉强度能达到460兆帕(0.46×10^9牛顿/平方米)或更大]	5	30		17	0	千克	3A	M/	0	3.5	0
76042910.90	其他铝合金制条、杆	5	30		17	0	千克	A	M/	0	3.5	0
7604.2990	--- 其他	5	30		17	13	千克	A	M/	0	3.5	0
76.05	铝丝：											
	- 非合金铝制：											
7605.1100	-- 最大截面尺寸超过7毫米	8	17		17	0	千克			0		0
7605.1900	-- 其他	8	17		17	0	千克			0	6.8	0
	- 铝合金制：											
7605.2100	-- 最大截面尺寸超过7毫米	8	17		17	0	千克			0		0
7605.2900	-- 其他	8	17		17	0	千克			0		0
76.06	铝板、片及带，厚度超过0.2毫米：											
	- 矩形（包括正方形）：											
	-- 非合金铝制：											
	--- 厚度在0.30毫米及以上，但不超过0.36毫米：											
7606.1121	----铝塑复合的	6	50		17	13	千克	A	M/	0	4.2	0
7606.1129	----其他	6	50	4	17	13	千克	A	M/	0	4.2	0
	--- 其他：											

(b) Aluminium alloys

Metallic substances in which aluminium predominates by weight over each of the other elements, provided that:

(i) the content by weight of at least one of the other elements or of iron plus silicon taken together is greater than the limit specified in the foregoing table; or

(ii) the total content by weight of such other elements exceeds 1%.

2. Notwithstanding the provisions of Chapter Note 1 (c), for the purposes of subheading 7616.91 the term "wire" applies only to products, whether or not in coils, of any cross-sectional shape, of which no cross-sectional dimension exceeds 6 mm.

协定税率 %										特惠税率 %				Article Description
巴基斯坦	冰岛	哥斯达黎	秘鲁	新西兰	瑞士	新加坡	韩国	澳大利亚	港澳台	老挝	孟加拉	33 国	7 国	
														Unwrought aluminium:
														- Aluminium, not alloyed:
0	0	0	0	0	0		4	0	0//		0	0	0	--- Containing by weight 99.95% or more of aluminium
0	0	0	0	0	0		0	0	0//		0	0	0	--- Other
														- Aluminium alloys
5	0	0	0	0	2.8		4.2	4.2	/0/		0	0	0	Aluminium alloys, containing by weight less than 10ppm of alkali metal(Na + K + Ca) and less than 0.12ml/100gAl of hydrogen
5	0	0	0	0	2.8		4.2	4.2	/0/		0	0	0	Other unwrought aluminium alloys
														Aluminium waste and scrap:
														Aluminium waste and scrap
0	0	0		0	0		0	0	0//		0	0	0	Waste electrical machines, wires, cables, hardware and electric appliance, mainly for recycling aluminium
0	0	0		0	0		0	0	0//		0	0	0	Other aluminium waste and scrap
														Aluminium powders and flakes:
														- Powders of non-lamellar structure
5	0	0	0	0	2.4		3.6	3.6			0	0	0	Microspherical aluminium powder, granularity <500μm, containing by weight ≥97% of aluminium
5	0	0	0	0	2.4		3.6	3.6			0	0	0	Other aluminium powders of non-lamellar structure
5	0	0	0	0	2.8		4.2	4.2			0	0	0	- Powders of lamellar structure; flakes
														Aluminium bars, rods and profiles:
														- Of aluminium, not alloyed:
0	0	0	0	0	0		3	0			0	0	0	--- Bars and rods
0	0	0	0	0	0		4.3	0			0	0	0	--- Other
														- Of aluminium alloys:
0	0	0	0	0	0		4.3	0			0	0	0	-- Hollow profiles
														-- Other:
														--- Bars and rods
0	0	0	0	0	2		4.3	0			0	0	0	Solid aluminium alloy in column-shaped, of the ultimate tensile strength no less than 460MPa ($0.46\times10^9N/m^2$) at 293K (20℃)
0	0	0	0	0	2		4.3	0			0	0	0	Other bars and rods of aluminium alloys
0	0	0	0	0	2		3	0			0	0	0	--- Other
														Aluminium wire:
														- Of aluminium, not alloyed:
5	0	0	0	0	3.2		4.8	4.8				0	0	-- Of which the maximum cross-sectional dimension exceeding 7mm
5	0	0	0	0	3.2		4.8	4.8	0//			0	0	-- Other
														- Of aluminium alloys:
5	0	0	0	0	3.2		4.8	4.8				0	0	-- Of which the maximum cross-sectional dimension exceeding 7mm
5	0	0	0	0	3.2		4.8	4.8				0	0	-- Other
														Aluminium plates, sheets and strip, of a thickness exceeding 0.2mm:
														- Rectangular (including square):
														-- Of aluminium ,not alloyed:
														--- Of a thickness of 0.30mm or more but not exceeding 0.36mm:
0	0	0	0	0	2.4		3.6	3.6			0	0	0	----Aluminium -plastic composite
0	0	0	0	0	2.4		5.2	3.6			0	0	0	----Other
														--- Other:

税　号	货　品　名　称	进口关税 %			增值/消费税%	出口退税%	统计计量单位	监管证件代码	检验检疫类别	协定税率 %		
		最惠国	普通	年内暂定						东盟	亚太	智利
7606.1191	----铝塑复合的	6	30		17	13	千克	A	M/	0	4.2	0
7606.1199	----其他	6	30		17	13	千克	A	M/	0	4.2	0
	-- 铝合金制:											
7606.1220	--- 厚度小于0.28毫米	6	30		17	13	千克	A	M/	0	4.2	0
7606.1230	--- 厚度在0.28毫米及以上，但不超过0.35毫米	6	30		17	13	千克	A	M/	0	4.2	0
	--- 厚度在0.35毫米以上，但不超过4毫米:											
7606.1251	----铝塑复合的	6	50		17	13	千克	A	M/	0	4.2	0
7606.1259	----其他	6	50		17	13	千克	A	M/	0	4.2	0
7606.1290	--- 其他	6	50		17	13	千克	A	M/	0	4.2	0
	- 其他:											
7606.9100	-- 非合金铝制	6	30		17	13	千克			0		0
7606.9200	-- 铝合金制	10	30		17	13	千克	A	M/	0		0
76.07	**铝箔（不论是否印花或用纸、纸板、塑料或类似材料衬背），厚度（衬背除外）不超过0.2毫米:**											
	- 无衬背:											
	-- 轧制后未经进一步加工的:											
7607.1110	--- 厚度不超过0.007毫米	6	35		17	15	千克			0	5.7	0
7607.1120	--- 厚度大于0.007毫米，但不超过0.01毫米	6	35		17	15	千克			0	5.7	0
7607.1190	--- 其他	6	35		17	15	千克			0	5.7	0
7607.1900	-- 其他											
76071900.01	化成箔(厚度≤0.2mm)	6	35	3	17	15	千克			0	5.1	0
76071900.90	其他无衬背铝箔(厚度≤0.2mm)	6	35		17	15	千克			0	5.1	0
7607.2000	- 有衬背	6	35		17	15	千克			0		0
76.08	**铝管:**											
7608.1000	- 非合金铝制	8	30		17	13	千克			0		0
	- 铝合金制:											
7608.2010	--- 外径不超过10厘米的											
76082010.10	外径≤10厘米的管状铝合金[在293K(20摄氏度)时的极限抗拉强度能达到460兆帕(0.46×10^9牛顿/平方米)或更大]	8	30		17	13	千克	3A	M/	0		0
76082010.90	外径≤10厘米的其他合金制铝管	8	30		17	13	千克	A	M/	0		0
	--- 其他:											
7608.2091	----壁厚不超过25毫米											
76082091.10	外径>10厘米,壁厚≤25毫米的管状铝合金[在293K(20摄氏度)时的极限抗拉强度能达到460兆帕(0.46×10^9牛顿/平方米)或更大]	8	30		17	13	千克	3A	M/	0		0
76082091.90	外径>10厘米,壁厚≤25毫米的其他合金制铝管	8	30		17	13	千克	A	M/	0		0
7608.2099	----其他											
76082099.10	外径>10厘米,其他管状铝合金[在293K(20摄氏度)时的极限抗拉强度能达到460兆帕(0.46×10^9牛顿/平方米)或更大]	8	30		17	13	千克	3A	M/	0		0
76082099.90	外径>10厘米,其他合金制铝管	8	30		17	13	千克	A	M/	0		0
76.09	**铝制管子附件（例如，接头、肘管、管套）:**											
7609.0000	铝制管子附件（例如，接头、肘管、管套）	8	35		17	13	千克			0		0
76.10	**铝制结构体（税目94.06的活动房屋除外）及其部件（例如，桥梁及桥梁体段、塔、格构杆、屋顶、屋顶框架、门窗及其框架、门槛、栏杆、支柱及立柱）；上述结构体用的已加工铝板、杆、型材、异型材、管子及类似品:**											
7610.1000	- 门窗及其框架、门槛	25	80		17	13	千克		+L	0		0
7610.9000	- 其他	6	50		17	13	千克			0		0

协定税率 %										特惠税率 %				Article Description
巴基斯坦	冰岛	哥斯达黎	秘鲁	新西兰	瑞士	新加坡	韩国	澳大利亚	港澳台	老挝	孟加拉	33 国	7 国	
0	0	0	0	0	2.4		0	3.6	0//0		0	0	0	----Aluminium -plastic composite
0	0	0	0	0	2.4		4.8	3.6	0//0		0	0	0	----Other
														-- Of aluminium alloys:
0	0	0	0	0	2.4		5.2	3.6	0//0		0	0	0	--- Of a thickness less than 0.28mm
0	0	0	0	0	2.4		5.2	3.6	0//0		0	0	0	--- Of a thickness of 0.28mm or more but not exceeding 0.35mm
														--- Of a thickness more than 0.35mm but not exceeding 4mm:
0	0	0	0	0	4.2		4.8	3.6	0//		0	0	0	----Aluminium -plastic composite
0	0	0	0	0	4.2		5.2	3.6	0//		0	0	0	----Other
0	0	0	0	0	4.2		3.6	3.6	0//		0	0	0	--- Other
														- Other:
5	0	0	0	0	2.4		5.2	3.6	0//0		0	0	0	-- Of aluminium, not alloyed
5	0	0	0	0	4	0	8.6	6	0//0		0	0	0	-- Of aluminium alloys
														Aluminium foil（whether or not printed or backed with paper, paperboard, plastics or similar backing materials)of a thickness（excluding any backing）not exceeding 0.2mm:
														- Not backed:
														-- Rolled but not further worked:
5	0	0	0	0	4.2		5.2	3.6				0	0	--- Of a thickness not exceeding 0.007mm
5	0	0	0	0	2.4		3.6	3.6				0	0	--- Of a thickness exceeding 0.007mm but not exceeding 0.01mm
5		0	0	0	2.4		0	3.6	//0			0	0	--- Other
														-- Other
5		0	0	0	2.4		4.8	3.6	//0			0	0	Formed foils, of a thickness ≤0.2 mm
5		0	0	0	2.4		4.8	3.6	//0			0	0	Other aluminium foils, not backed, of a thickness ≤0.2 mm
5		0	0	0	4.2		5.2	3.6	0//0			0	0	- Backed
														Aluminium tubes and pipes:
5	0	0	0	0	3.2		6.9	4.8			0	0	0	- Of aluminium, not alloyed
														- Of aluminium alloys:
														--- Having an outside diameter not exceeding 10cm
5	0	0	0	0	3.2		6.9	4.8			0	0	0	Tubes and pipes of aluminum alloy, of the ultimate tensile strength no less than 460MPa (0.46×10^9 N/m^2) at 293K (20 ℃), of an outside diameter no more than 10cm
5	0	0	0	0	3.2		6.9	4.8			0	0	0	Other tubes and pipes of aluminum alloy, of an outside diameter no more than 10cm
														--- Other:
														----Having a wall thickness not exceeding 25mm
5	0	0	0	0	3.2		4.8	4.8			0	0	0	Tubes and pipes of aluminum alloy, of the ultimate tensile strength no less than 460MPa (0.46×10^9 N/m^2) at 293K (20 ℃), of an outside diameter more than 10cm and of a wall thickness no more than 25mm
5	0	0	0	0	3.2		4.8	4.8			0	0	0	Other tubes and pipes of aluminum alloy, of an outside diameter more than 10cm and of a wall thickness no more than 25mm
														----Other
5	0	0	0	0	3.2		4.8	4.8			0	0	0	Other tubes and pipes of aluminum alloy, of the ultimate tensile strength no less than 460MPa (0.46×10^9 N/m^2) at 293K (20 ℃), of an outside diameter more than 10cm
5	0	0	0	0	3.2		4.8	4.8			0	0	0	Other tubes and pipes of aluminum alloy, of an outside diameter more than 10cm
														Aluminium tube or pipe fittings（for example, couplings, elbows, sleeves):
5	0	0	0	0	3.2		6.4	4.8			0	0	0	Aluminium tube or pipe fittings（for example, couplings, elbows, sleeves)
														Aluminium structures（excluding prefabricated buildings of heading No.94.06)and parts of structures（for example, bridges and bridge-sections, towers, lattice masts, roofs, roofing frameworks, doors and windows and their frames and thresholds for doors, balustrades, pillars and columns); aluminium plates, rods profiles, tubes and the like, prepared for use in structures:
	0	0	7.5	0	17.5	0	22.5	15	/0/			0	0	- Doors, windows and their frames and thresholds for doors
5	0	0	0	0	2.4		3.6	3.6			0	0	0	- Other

税号	货品名称	进口关税 % 最惠国	普通	年内暂定	增值/消费税%	出口退税%	统计计量单位	监管证件代码	检验检疫类别	协定税率 % 东盟	亚太	智利
76.11	**盛装物料用的铝制囤、柜、罐、桶及类似容器(装压缩气体或液化气体的除外),容积超过300升,不论是否衬里或隔热,但无机械或热力装置:**											
7611.0000	盛装物料用的铝制囤、柜、罐、桶及类似容器(装压缩气体或液化气体的除外),容积超过300升,不论是否衬里或隔热,但无机械或热力装置	12	35		17	13	千克			0		0
76.12	**盛装物料用的铝制桶、罐、听、盒及类似容器,包括软管容器及硬管容器(装压缩气体或液化气体的除外),容积不超过300升,不论是否衬里或隔热,但无机械或热力装置:**											
7612.1000	- 软管容器	12	50		17	13	千克			0		0
	- 其他:											
7612.9010	--- 易拉罐及罐体	30	100		17	13	千克	A	R/	0		0
7612.9090	--- 其他	12	70		17	13	千克			0		0
76.13	**装压缩气体或液化气体用的铝制容器:**											
7613.0010	--- 零售包装用	12	70		17	13	千克			0		0
7613.0090	--- 其他	6	17		17	13	千克	6		0		0
76.14	**非绝缘的铝制绞股线、缆、编带及类似品:**											
7614.1000	- 带钢芯的	6	20		17	13	千克	A	M/	0		0
7614.9000	- 其他	6	20		17	13	千克			0		0
76.15	**餐桌、厨房或其他家用铝制器具及其零件;铝制擦锅器、洗刷擦光用的块垫,手套及类似品;铝制卫生器具及其零件:**											
	- 餐桌、厨房或其他家用器具及其零件;擦锅器及洗刷擦光用的块垫、手套及类似品:											
7615.1010	--- 擦锅器、洗刷、擦光用的块垫、手套及类似品	18	90		17	13	千克	A	R/	0		0
7615.1090	--- 其他											
76151090.10	铝制高压锅	15	90	10	17	13	千克	A	R/	0		0
76151090.90	其他餐桌、厨房等家用铝制器具及其零件	15	90	10	17	13	千克	A	R/	0		0
7615.2000	- 卫生器具及其零件	18	90		17	13	千克			0		0
76.16	**其他铝制品:**											
7616.1000	- 钉、平头钉、U形钉(税目83.05的货品除外)、螺钉、螺栓、螺母、钩头螺钉、铆钉、销、开尾销、垫圈及类似品	10	40		17	13	千克			0	8.5	0
	- 其他:											
7616.9100	-- 铝丝制的布、网、篱及格栅	10	40		17	13	千克			0		0
	-- 其他:											
7616.9910	--- 工业用											
76169910.10	高度小于直径的柱形实心体铝合金[在293K(20摄氏度)时的极限抗拉强度能达到460兆帕(0.46×10^9牛顿/平方米)或更大]	10	40		17	13	千克	3		0	8.5	0
76169910.90	其他工业用铝制品(不包括铝丝布、网、格栅及栅栏)	10	40		17	13	千克			0	8.5	0
7616.9990	--- 其他	15	80		17	13	千克			0	12.8	0

协定税率 %										特惠税率 %				Article Description
巴基斯坦	冰岛	哥斯达黎	秘鲁	新西兰	瑞士	新加坡	韩国	澳大利亚	港澳台	老挝	孟加拉	33 国	7 国	
														Aluminium reservoirs, tanks, vats and similar containers, for any material（other than compressed or liquefied gas),of a capacity exceeding 300 L, whether or not lined or heat-insulated ,but not fitted with mechanical or thermal equipment:
6	0	0	0	0	8.4	0	9.6	7.2				0	0	Aluminium reservoirs, tanks, vats and similar containers, for any material（other than compressed or liquefied gas),of a capacity exceeding 300L, whether or not lined or heat-insulated ,but not fitted with mechanical or thermal equipment
														Aluminium casks, drums, cans, boxes and similar containers（including rigid or collapsible tubular containers),for any material（other than compressed or liquefied gas),of a capacity not exceeding 300L, whether or not lined or heat-insulated ,but not fitted with mechanical or thermal equipment:
6	0	0	3.6	0	8.4	0	9.6	7.2			0	0	0	- Collapsible tubular containers
														- Other
	0	0	9	0	21	0		18				0	0	--- Tear tab ends and bodies thereof
6	0	0	3.6	0	8.4	0	9.6	7.2			0	0	0	--- Other:
														Aluminium containers for compressed or liquefied gas:
6	0	0	0	0	8.6	0	9.6	7.2				0	0	--- For retail packing
5	0	0	0	0	2.4		3.6	3.6				0	0	--- Other
														Stranded wire, cables, plaited bands and the like, of aluminium, not electrically insulated:
5	0	0	0	0	2.4		3.6	3.6			0	0	0	- With steel core
5	0	0	0	0	2.4		3.6	3.6			0	0	0	- Other
														Table, kitchen or other household articles and parts thereof, of aluminium; pot scourers and scouring or polishing pads, gloves and the like, of aluminium; sanitary ware and parts thereof, of aluminium:
														- Table, kitchen or other household articles and parts thereof; pot scourers and scouring or polishing pads, gloves and the like:
14.4	0	0	5.4	0	12.6	0	14.4	10.8			0	0	0	--- Pot scourers and scouring or polishing pads, gloves and the like
														--- Other
12	0	0	4.5	0	10.5	0	13.5	9			0	0	0	Pressure cooker, of aluminium
12	0	0	4.5	0	10.5	0	13.5	9			0	0	0	Other table, kitchen or other household articles and parts thereof, of aluminium
14.4	0	0	5.4	0	12.6	0	14.4	10.8				0	0	- Sanitary ware and parts thereof
														Other articles of aluminium:
5	0	0	0	0	4	0	8	6	0//		0	0	0	- Nails, tacks, staples（other than those of heading No.83.05),screws, bolts, nuts, screw hooks, rivets, cotters, cotter-pins, washers and similar articles
														- Other:
	0	0	0	0	4	0	8	6			0	0	0	-- Cloth, grill, netting and fencing, of aluminium wire
														-- Other:
														--- For technical use
5	0	0	3	0	7	0	9	6			0	0	0	Solid aluminium alloy in column-shaped, of the ultimate tensile strength no less than 460MPa (0.46×10^9 N/m^2) at 293K (20 ℃), of an height less than diameter
5	0	0	3	0	7	0	9	6			0	0	0	Other aluminum products for industrial use, excluding cloth, grill, netting and fencing, of aluminium wire
7.5	0	0	4.5	0	10.5	0	12	9			0	0	0	--- Other

第七十八章 铅及其制品

注释：

本章所用有关名词解释如下：

一、条、杆

轧、挤、拔或锻制的实心产品，非成卷的，其全长截面均为圆形、椭圆形、矩形（包括正方形）、等边三角形或规则外凸多边形（包括相对两边为弧拱形，另外两边为等长平行直线的“扁圆形”及“变形矩形”）。对于矩形（包括正方形）、三角形或多边形截面的产品，其全长边角可经磨圆。矩形（包括“变形矩形”）截面的产品，其厚度应大于宽度的十分之一。所述条、杆也包括同样形状及尺寸的铸造或烧结产品。该产品在铸造或烧结后再经加工（简单剪修或去氧化皮的除外），但不具有其他税目所列制品或产品的特征。

二、型材及异型材

轧、挤、拔、锻制的产品或其他成型产品，不论是否成卷，其全长截面相同，但与条、杆、丝、板、片、带、箔、管的定义不相符合。同时也包括同样形状的铸造或烧结产品。该产品在铸造或烧结后再经加工（简单剪修或去氧化皮的除外），但不具有其他税目所列制品或产品的特征。

三、丝

盘卷的轧、挤或拔制实心产品，其全长截面均为圆形、椭圆形、矩形（包括正方形）、等边三角形或规则外凸多边形（包括相对两边为弧拱形，另外两边为等长平行直线的“扁圆形”及“变形矩形”）。对于矩形（包括正方形）、三角形或多边形截面的产品，其全长边角可经磨圆。矩形（包括“变形矩形”）截面的产品，其厚度应大于宽度的十分之一。

四、板、片、带、箔

成卷或非成卷的平面产品（税目 78.01 的未锻轧产品除外），截面均为厚度相同的实心矩形（不包括正方形），不论边角是否磨圆（包括相对两边为弧拱形，另外两边为等长平行直线的“变形矩形”）。并且符合以下规格：

(一) 矩形（包括正方形）的，厚度不超过宽度的十分之一；

(二) 矩形或正方形以外形状的，任何尺寸，但不具有其他税目所列制品或产品的特征。

税目 78.04 还适用于具有花样（例如，凹槽、肋条形、格槽、珠粒及菱形）的板、片、带、箔以及穿孔、抛光、涂层或制成瓦楞形的这类产品，但不具有其他税目所列制品或产品的特征。

五、管

全长截面及管壁厚度相同并只有一个闭合空间的实心产品，成卷或非成卷的，其截面为圆形、椭圆形、矩形（包括正方形）、等边三角形或规则外凸多边形。对于截面为矩形（包括正方形）、等边三角形或规则外凸多边形的产品，不论全长边角是否磨圆，只要其内外截面为同一圆心并为同样形状及同一轴向，也可视为管子。上述截面的管子可经抛光、涂层、弯曲、攻丝、钻孔、缩腰、胀口、成锥形或装法兰、颈圈或套环。

子目注释：

本章所称“精炼铅”，是指：

按重量计含铅量至少为 99.9％的金属，但其他各种元素的含量不超过下表中规定的限量：

Chapter 78 Lead and articles thereof

Chapter Note:

In this Chapter the following expressions have the meanings hereby assigned to them:

1. Bars and rods

Rolled, extruded, drawn or forged products, not in coils, which have a uniform solid cross-section along their whole length in the shape of circles, ovals, rectangles (including squares), equilateral triangles or regular convex polygons (including "flattened circles" and "modified rectangles", of which two opposite sides are convex arcs, the other two sides being straight, of equal length and parallel). Products with a rectangular (including square), triangular or polygonal cross-section may have corners rounded along their whole length. The thickness of such products which have a rectangular (including "modified rectangular") cross-section exceeds one-tenth of the width. The expression also covers cast or sintered products, of the same forms and dimensions, which have been subsequently worked after production (otherwise than by simple trimming or de-scaling), provided that they have not thereby assumed the character of articles or products of other headings.

2. Profiles

Rolled, extruded, drawn, forged or formed products, coiled or not, of a uniform cross-section along their whole length, which do not conform to any of the definitions of bars, rods, wire, plates, sheets, strip, foil, tubes or pipes. The expression also covers cast or sintered products, of the same forms, which have been subsequently worked after production (otherwise than by simple trimming or de-scaling), provided that they have not thereby assumed the character of articles or products of other headings.

3. Wire

Rolled, extruded or drawn products, in coils, which have a uniform solid cross-section along their whole length in the shape of circles, ovals, rectangles (including squares), equilateral triangles or regular convex polygons (including "flattened circles" and "modified rectangles", of which two opposite sides are convex arcs, the other two sides being straight, of equal length and parallel). Products with a rectangular (including square), triangular or polygonal cross-section may have corners rounded along their whole length. The thickness of such products which have a rectangular (including "modified rectangular") cross-section exceeds one-tenth of the width.

4. Plates, sheets, strip and foil

Flat-surfaced products (other than the unwrought products of heading 78.01), coiled or not, of solid rectangular (other than square) cross-section with or without rounded corners (including "modified rectangles" of which two opposite sides are convex arcs, the other two sides being straight, of equal length and parallel) of a uniform thickness, which are:

(a) of rectangular (including square) shape with a thickness not exceeding one-tenth of the width,

(b) of a shape other than rectangular or square, of any size, provided that they do not assume the character of articles or products of other headings.

Heading 78.04 applies, inter alia, to plates, sheets, strip and foil with patterns (for example, grooves, ribs, chequers, tears, buttons, lozenges) and to such products which have been perforated, corrugated, polished or coated, provided that they do not thereby assume the character of articles or products of other headings.

5. Tubes and pipes

Hollow products, coiled or not, which have a uniform cross-section with only one enclosed void along their whole length in the shape of circles, ovals, rectangles (including squares), equilateral triangles or regular convex polygons, and which have a uniform wall thickness. Products with a rectangular (including square), equilateral triangular or regular convex polygonal cross-section, which may have corners rounded along their whole length, are also to be considered as tubes and pipes provided the inner and outer cross-sections are concentric and have the same form and orientation. Tubes and pipes of the foregoing cross-sections may be polished, coated, bent, threaded, drilled, waisted, expanded, cone-shaped or fitted with flanges, collars or rings.

Subheading Notes:

In this Chapter the expression "refined lead" means:

Metal containing by weight at least 99.9% of lead, provided that the content by weight of any other element does not exceed the limit specified in the following table:

其他元素表

元 素		所含重量百分比
Ag	银	0.02
As	砷	0.005
Bi	铋	0.05
Ca	钙	0.002
Cd	镉	0.002
Cu	铜	0.08
Fe	铁	0.002
S	硫	0.002
Sb	锑	0.005
Sn	锡	0.005
Zn	锌	0.002
其他（例如，碲）	每种	0.001

税 号	货 品 名 称	进口关税 % 最惠国	进口关税 % 普通	进口关税 % 年内暂定	增值/消费税%	出口退税 %	统计计量单位	监管证件代码	检验检疫类别	协定税率 % 东盟	协定税率 % 亚太	协定税率 % 智利
78.01	未锻轧铅：											
7801.1000	- 精炼铅	3	20		17	0	千克			0		0
	其他：											
7801.9100	-- 按重量计所含其他元素是以锑为主的	3	20		17	0	千克			0		0
7801.9900	-- 其他	3	20		17	0	千克			0		0
78.02	铅废碎料：											
7802.0000	铅废碎料	1.5	10		17	0	千克	9		0		0
78.04	铅板、片、带、箔；铅粉及片状粉末：											
	- 板、片、带、箔：											
7804.1100	-- 片、带及厚度（衬背除外）不超过0.2毫米的箔	6	30		17	5	千克			0		0
7804.1900	-- 其他	6	30		17	0	千克			0		0
7804.2000	- 粉末及片状粉末	6	35		17	0	千克			0		0
78.06	其他铅制品：											
7806.0010	--- 铅条、杆、型材及异型材或丝	6	30		17	0	千克			0		0
7806.0090	--- 其他	6	40		17	0	千克			0		0

TABLE - Other elements

Element		Limiting content% by weight
Ag	Silver	0.02
As	Arsenic	0.005
Bi	Bismuth	0.05
Ca	Calcium	0.002
Cd	Cadmium	0.002
Cu	Copper	0.08
Fe	Iron	0.002
S	Sulphur	0.002
Sb	Antimony	0.005
Sn	Tin	0.005
Zn	Zinc	0.002
Other(for example Te)	each	0.001

协定税率 %										特惠税率 %				Article Description
巴基斯坦	冰岛	哥斯达黎	秘鲁	新西兰	瑞士	新加坡	韩国	澳大利亚	港澳台	老挝	孟加拉	33 国	7 国	
														Unwrought lead:
0	0	0	0	0	0		1.8	0			0	0	0	- Refined lead
														- Other:
0	0	0	0	0	0		0	0			0	0	0	-- Containing by weight antimony as the principal other element
0	0	0	0	0	0		1.8	0			0	0	0	-- Other
														Lead waste and scrap:
0	0	0	0	0	0		0	0				0	0	Lead waste and scrap
														Lead plates sheets, strip and foil; lead powders and flakes:
														- Plates, sheets, strip and foil:
5	0	0	0	0	2.4		3.6	3.6			0	0	0	-- Sheets, strip and foil of a thickness (excluding any backing)not exceeding 0.2mm
5	0	0	0	0	2.4		3.6	3.6			0	0	0	-- Other
5	0	0	0	0	2.4		3.6	3.6			0	0	0	- Powders and flakes
														Other articles of lead:
5	0	0	0	0	2.4		4.8	3.6			0	0	0	--- Lead bars, rods, profiles and wire
5	0	0	0	0	2.4		3.6	3.6			0	0	0	--- Other

第七十九章 锌及其制品

注释：

本章所用名词解释如下：

一、条、杆

轧、挤、拔或锻制的实心产品，非成卷的，其全长截面均为圆形、椭圆形、矩形（包括正方形）、等边三角形或规则外凸多边形（包括相对两边弧拱形，另外两边为等长平行直线的“扁圆形”及“变形矩形”）。对于矩形（包括正方形）、三角形或多边形截面的产品，其全长边角可经磨圆。矩形（包括“变形矩形”）截面的产品，其厚度应大于宽度的十分之一。所述条、杆也包括同样形状及尺寸的铸造或烧结产品。该产品在铸造或烧结后再经加工（简单剪修或去氧化皮的除外），但不具有其他税目所列制品或产品的特征。

二、型材及异型材

轧、挤、拔、锻制的产品或其他成型产品，不论是否成卷，其全长截面相同，但与条、杆、丝、板、片、带、箔、管的定义不相符合。同时也包括同样形状的铸造或烧结产品。该产品在铸造或烧结后再经加工（简单剪修或去氧化皮的除外），但不具有其他税目所列制品或产品的特征。

三、丝

盘卷的轧、挤或拔制实心产品，其全长截面均为圆形、椭圆形、矩形（包括正方形）、等边三角形或规则外凸多边形（包括相对两边为弧拱形，另外两边为等长平行直线的“扁圆形”及“变形矩形”）。对于矩形（包括正方形）、三角形或多边形截面的产品，其全长边角可经磨圆。矩形（包括“变形矩形”）截面的产品，其厚度应大于宽度的十分之一。

四、板、片、带、箔

成卷或非成卷的平面产品（税目 79.01 的未锻轧产品除外），截面均为厚度相同的实心矩形（不包括正方形），不论边角是否磨圆（包括相对两边为弧拱形，另外两边为等长平行直线的“变形矩形”）。并且符合以下规格：

（一）矩形（包括正方形）的，厚度不超过宽度的十分之一；

（二）矩形或正方形以外形状的，任何尺寸，但不具有其他税目所列制品或产品的特征。

税目 79.05 还适用于具有花样（例如，凹槽、肋条形、格槽、珠粒及菱形）的板、片、带、箔以及穿孔、抛光、涂层或制成瓦楞形的这类产品，但不具有其他税目所列制品或产品的特征。

五、管

全长截面及管壁厚度相同并只有一个闭合空间的空心产品，成卷或非成卷的，其截面为圆形、椭圆形、矩形（包括正方形）、等边三角形或规则外凸多边形。对于截面为矩形（包括正方形）、等边三角形或规则外凸多边形的产品，不论全长边角是否磨圆，只要其内外截面为同一圆心并为同样形状及同一轴向，也可视为管子。上述截面的管子可经抛光、涂层、弯曲、攻丝、钻孔、缩腰、胀口、成锥形或装法兰、颈圈或套环。

子目注释：

本章所用有关名词解释如下：

一、非合金锌

按重量计含锌量至少为 97.5% 的金属。

二、锌合金

按重量计含锌量大于其他元素单项含量的金属物质，但按重量计其他元素的总含量超过 2.5%。

三、锌末

冷凝锌雾所得的锌末。该产品由球形微粒组成，比锌粉更为精细，按重量计至少 80% 的微粒可以通过孔径为 63 微米的筛子，而且必须含有按重量计至少为 85% 的金属锌。

Chapter 79 Zinc and articles thereof

Chapter Notes:

In this Chapter the following expressions have the meanings hereby assigned to them:

1. Bars and rods

Rolled, extruded, drawn or forged products, not in coils, which have a uniform solid cross-section along their whole length in the shape of circles, ovals, rectangles (including squares), equilateral triangles or regular convex polygons (including "flattened circles" and "modified rectangles", of which two opposite sides are convex arcs, the other two sides being straight, of equal length and parallel). Products with a rectangular (including square), triangular or polygonal cross-section may have corners rounded along their whole length. The thickness of such products which have a rectangular (including "modified rectangular") cross-section exceeds one-tenth of the width. The expression also covers cast or sintered products, of the same forms and dimensions, which have been subsequently worked after production (otherwise than by simple trimming or de-scaling), provided that they have not thereby assumed the character of articles or products of other headings.

2. Profiles

Rolled, extruded, drawn, forged or formed products, coiled or not, of a uniform cross-section along their whole length, which do not conform to any of the definitions of bars, rods, wire, plates, sheets, strip, foil, tubes or pipes. The expression also covers cast or sintered products, of the same forms, which have been subsequently worked after production (otherwise than by simple trimming or de-scaling), provided that they have not thereby assumed the character of articles or products of other headings.

3. Wire

Rolled, extruded or drawn products, in coils, which have a uniform solid cross-section along their whole length in the shape of circles, ovals, rectangles (including squares), equilateral triangles or regular convex polygons (including "flattened circles" and "modified rectangles", of which two opposite sides are convex arcs, the other two sides being straight, of equal length and parallel). Products with a rectangular (including square), triangular or polygonal cross-section may have corners rounded along their whole length. The thickness of such products which have a rectangular (including "modified rectangular") cross-section exceeds one-tenth of the width.

4. Plates, sheets, strip and foil

Flat-surfaced products (other than the unwrought products of heading 79.01), coiled or not, of solid rectangular (other than square) cross-section with or without rounded corners (including "modified rectangles" of which two opposite sides are convex arcs, the other two sides being straight, of equal length and parallel) of a uniform thickness, which are:

(a) of rectangular (including square) shape with a thickness not exceeding one-tenth of the width,

(b) of a shape other than rectangular or square, of any size, provided that they do not assume the character of articles or products of other headings.

Heading 79.05 applies, inter alia, to plates, sheets, strip and foil with patterns (for example, grooves, ribs, chequers, tears, buttons, lozenges) and to such products which have been perforated, corrugated, polished or coated, provided that they do not thereby assume the character of articles or products of other headings.

5. Tubes and pipes

Hollow products, coiled or not, which have a uniform cross-section with only one enclosed void along their whole length in the shape of circles, ovals, rectangles (including squares), equilateral triangles or regular convex polygons, and which have a uniform wall thickness. Products with a rectangular (including square), equilateral triangular or regular convex polygonal cross-section, which may have corners rounded along their whole length, are also to be considered as tubes and pipes provided the inner and outer cross-sections are concentric and have the same form and orientation. Tubes and pipes of the foregoing cross-sections may be polished, coated, bent, threaded, drilled, waisted, expanded, cone-shaped or fitted with flanges, collars or rings.

Subheading Notes:

In this Chapter the following expressions have the meanings hereby assigned to them:

1. Zinc, not alloyed

Metal containing by weight at least 97.5% of zinc.

2. Zinc alloys

Metallic substances in whichh zinc predominates by weight over each of the other elements, provided that the total content by weight of such other elements exceeds 2.5%.

3. Zinc dust

Dust obtained by condensation of zinc vapour, consisting of spherical particles which are finer than zinc powders. At least 80% by weight of the particles pass through a sieve with 63 micrometres (microns) mesh. It must contain at least 85% by weight of metallic zinc.

税 号	货 品 名 称	进口关税 %			增值/消费税%	出口退税%	统计计量单位	监管证件代码	检验检疫类别	协定税率 %		
		最惠国	普通	年内暂定						东盟	亚太	智利
79.01	**未锻轧锌：**											
	- 非合金锌：											
	-- 按重量计含锌量在99.99%及以上：											
7901.1110	--- 按重量计含锌量在99.995%及以上	3	20	1	17	0	千克			0		0
7901.1190	--- 其他	3	20	1	17	0	千克			0		0
7901.1200	-- 按重量计含锌量低于99.99%	3	20	1	17	0	千克			0		0
7901.2000	- 锌合金	3	20	1	17	0	千克			0		0
79.02	**锌废碎料：**											
7902.0000	锌废碎料	1.5	20	1	17	0	千克	A	M/	0		0
79.03	**锌末、锌粉及片状粉末：**											
7903.1000	- 锌末	6	20		17	0	千克	A	M/	0		0
7903.9000	- 其他											
79039000.10	颗粒＜500μm的锌及其合金(含量≥97%,不论球形,椭球体,雾化,片状,研碎金属燃料)	6	20		17	0	千克	3A	M/	0		0
79039000.90	其他锌粉及片状粉末	6	20		17	0	千克	AB	M/N	0		0
79.04	**锌条、杆、型材及异型材或丝：**											
7904.0000	锌条、杆、型材及异型材或丝	6	30		17	0	千克			0		0
79.05	**锌板、片、带、箔：**											
7905.0000	锌板、片、带、箔	6	30		17	0	千克			0		0
79.07	**其他锌制品：**											
7907.0020	--- 锌管及锌制管子附件（例如，接头、肘管、管套）	6	30		17	0	千克			0		0
7907.0030	--- 电池壳体坯料（锌饼）	6	40		17	0	千克			0		0
7907.0090	--- 其他	6	40		17	0	千克			0		0

协定税率 %										特惠税率 %				Article Description
巴基斯坦	冰岛	哥斯达黎	秘鲁	新西兰	瑞士	新加坡	韩国	澳大利亚	港澳台	老挝	孟加拉	33 国	7 国	
														Unwrought zinc:
														- Zinc, not alloyed:
														-- Containing by weight 99.99% or more of zinc:
0	0	0	0	0	0		0	0			0	0	0	--- Containing by weight 99.995% or more of zinc
0	0	0	0	0	0		0	0			0	0	0	--- Other
0	0	0	0	0	0		1.8	0			0	0	0	-- Containing by weight less than 99.99% of zinc
0	0	0	0	0	0		0	0	0//		0	0	0	- Zinc alloys
														Zinc waste and scrap:
0	0	0	0	0	0		0	0			0	0	0	Zinc waste and scrap
														Zinc dust, powders and flakes:
5	0	0	0	0	2.4		4.8	3.6			0	0	0	- Zinc dust
														- Other
5	0	0	0	0	4.2		4.8	3.6			0	0	0	Zinc and its alloys, granularity ＜500μm (containing by weight ≥97% of zinc, whether is spheroid, ellipsoid, atomized, flake formed or crush metal fuel)
5	0	0	0	0	4.2		4.8	3.6			0	0	0	Other zinc powders and flakes
														Zinc bars, rods, profiles and wire:
5	0	0	0	0	2.4		5.2	3.6				0	0	Zinc bars, rods, profiles and wire
														Zinc plates, sheets, strip and foil:
5	0	0	0	0	2.4		3.6	3.6			0	0	0	Zinc plates, sheets, strip and foil
														Other articles of zinc:
5	0	0	0	0	2.4		3.6	3.6			0	0	0	--- Zinc tubes, pipes and tube or pipe fittings (for example couplings, elbows, sleeves)
5	0	0	3.8	0	2.4		3.6	3.6			0	0	0	--- Cellpacking blanks(zinc biscuits)
5	0	0	0	0	2.4		3.6	3.6			0	0	0	--- Other

第八十章 锡及其制品

注释：

本章所用有关名词解释如下：

一、条、杆

轧、挤、拔或锻制的实心产品，非成卷的，其全长截面均为圆形、椭圆形、矩形（包括正方形）、等边三角形或规则外凸多边形（包括相对两边为弧拱形，另外两边为等长平行直线的“扁圆形”及“变形矩形”）。对于矩形（包括正方形）、三角形或多边形截面的产品，其全长边角可经磨圆。矩形（包括“变形矩形”）截面的产品，其厚度应大于宽度的十分之一。所述条、杆也包括同样形状及尺寸的铸造或烧结产品。该产品在铸造或烧结后再经加工（简单剪修或去氧化皮的除外），但不具有其他税目所列制品或产品的特征。

二、型材及异型材

轧、挤、拔、锻制的产品或其他成型产品，不论是否成卷，其全长截面相同，但与条、杆、丝、板、片、带、箔、管的定义不相符合。同时也包括同样形状的铸造或烧结产品。该产品在铸造或烧结后再经加工（简单剪修或去氧化皮的除外），但不具有其他税目所列制品或产品的特征。

三、丝

盘卷的轧、挤或拔制实心产品，其全长截面均为圆形、椭圆形、矩形（包括正方形）、等边三角形或规则外凸多边形（包括相对两边为弧拱形，另外两边为等长平行直线的“扁圆形”及“变形矩形”）。对于矩形（包括正方形）、三角形或多边形截面的产品，其全长边角可经磨圆。矩形（包括“变形矩形”）截面的产品，其厚度应大于宽度的十分之一。

四、板、片、带、箔

成卷或非成卷的平面产品（税目 80.01 的未锻轧产品除外），截面均为厚度相同的实心矩形（不包括正方形），不论边角是否磨圆（包括相对两边为弧拱形，另外两边为等长平行直线的“变形矩形”），并且符合以下规格：

（一）矩形（包括正方形）的，厚度不超过宽度的十分之一；

（二）矩形或正方形以外形状的，任何尺寸，但不具有其他税目所列制品或产品的特征。

五、管

全长截面及管壁厚度相同并只有一个闭合空间的空心产品，成卷或非成卷的，其截面为圆形、椭圆形、矩形（包括正方形）、等边三角形或规则外凸多边形。对于截面为矩形（包括正方形）、等边三角形或规则外凸多边形的产品，不论全长边角是否磨圆，只要其内外截面为同一圆心并为同样形状及同一轴向，也可视为管子。上述截面的管子可经抛光、涂层、弯曲、攻丝、钻孔、缩腰、胀口、成锥形或装法兰、颈圈或套环。

子目注释：

本章所用有关名词解释如下：

一、非合金锡

按重量计含锡量至少为 99% 的金属，但含铋量或含铜量不超过下表中规定的限量：

其他元素表

元　素		所含重量百分比
Bi	铋	0.1
Cu	铜	0.4

二、锡合金

按重量计含锡量大于其他元素单项含量的金属物质，但：

（一）按重量计其他元素的总含量超过 1%；或

（二）按重量计含铋量或含铜量应等于或大于上表中规定的限量。

Chapter 80 Tin and articles thereof

Chapter Notes:

In this Chapter the following expressions have the meanings hereby assigned to them:

1. Bars and rods

Rolled, extruded, drawn or forged products, not in coils, which have a uniform solid cross-section along their whole length in the shape of circles, ovals, rectangles (including squares), equilateral triangles or regular convex polygons (including "flattened circles" and "modified rectangles", of which two opposite sides are convex arcs, the other two sides being straight, of equal length and parallel). Products with a rectangular (including square), triangular or polygonal cross-section may have corners rounded along their whole length. The thickness of such products which have a rectangular (including "modified rectangular") cross-section exceeds one-tenth of the width. The expression also covers cast or sintered products, of the same forms and dimensions, which have been subsequently worked after production (otherwise than by simple trimming or de-scaling), provided that they have not thereby assumed the character of articles or products of other headings.

2. Profiles

Rolled, extruded, drawn, forged or formed products, coiled or not, of a uniform cross-section along their whole length, which do not conform to any of the definitions of bars, rods, wire, plates, sheets, strip, foil, tubes or pipes. The expression also covers cast or sintered products, of the same forms, which have been subsequently worked after production (otherwise than by simple trimming or de-scaling), provided that they have not thereby assumed the character of articles or products of other headings.

3. Wire

Rolled, extruded or drawn products, in coils, which have a uniform solid cross-section along their whole length in the shape of circles, ovals, rectangles (including squares), equilateral triangles or regular convex polygons (including "flattened circles" and "modified rectangles", of which two opposite sides are convex arcs, the other two sides being straight, of equal length and parallel). Products with a rectangular (including square), triangular or polygonal cross-section may have corners rounded along their whole length. The thickness of such products which have a rectangular (including "modified rectangular") cross-section exceeds one-tenth of the width.

4. Plates, sheets, strip and foil

Flat-surfaced products (other than the unwrought products of heading 80.01), coiled or not, of solid rectangular (other than square) cross-section with or without rounded corners (including "modified rectangles" of which two opposite sides are convex arcs, the other two sides being straight, of equal length and parallel) of a uniform thickness, which are:

(a) of rectangular (including square) shape with a thickness not exceeding one-tenth of the width,

(b) of a shape other than rectangular or square, of any size, provided that they do not assume the character of articles or products of other headings.

5. Tubes and pipes

Hollow products, coiled or not, which have a uniform cross-section with only one enclosed void along their whole length in the shape of circles, ovals, rectangles (including squares), equilateral triangles or regular convex polygons, and which have a uniform wall thickness. Products with a rectangular (including square), equilateral triangular or regular convex polygonal cross-section, which may have corners rounded along their whole length, are also to be considered as tubes and pipes provided the inner and outer cross-sections are concentric and have the same form and orientation. Tubes and pipes of the foregoing cross-sections may be polished, coated, bent, threaded, drilled, waisted, expanded, cone-shaped or fitted with flanges, collars or rings.

Subheading Notes:

In this Chapter the following expressions have the meanings hereby assigned to them:

1. Tin, not alloyed

Metal containing by weight at least 99 % of tin, provided that the content by weight of any bismuth or copper is less than the limit specified in the following table:

TABLE - Other elements

Element		Limiting content % by weight
Bi	Bismuth	0.1
Cu	Copper	0.4

2. Tin alloys

Metallic substances in which tin predominates by weight over each of the other elements, provided that:

(a) the total content by weight of such other elements exceeds 1 %; or

(b) the content by weight of either bismuth or copper is equal to or greater than the limit specified in the foregoing table.

税号	货品名称	进口关税 % 最惠国	进口关税 % 普通	进口关税 % 年内暂定	增值/消费税%	出口退税%	统计计量单位	监管证件代码	检验检疫类别	协定税率 % 东盟	协定税率 % 亚太	协定税率 % 智利
80.01	未锻轧锡：											
8001.1000	- 非合金锡	3	20		17	0	千克	4xy		0		0
	- 锡合金：											
8001.2010	--- 锡基巴毕脱合金	3	20		17	0	千克	4xy		0		0
	--- 焊锡：											
8001.2021	---- 按重量计含铅量在0.1%以下的	3	30		17	0	千克	4xy		0		0
8001.2029	---- 其他	3	30		17	0	千克	4xy		0		0
8001.2090	--- 其他	3	30		17	0	千克	4xy		0		0
80.02	锡废碎料：											
8002.0000	锡废碎料	1.5	30		17	0	千克	4Axy	M/	0		0
80.03	锡条、杆、型材及异型材或丝：											
8003.0000	锡条、杆、型材及异型材或丝	8	40		17	0	千克	4xy		0		0
80.07	其他锡制品：											
8007.0020	--- 锡板、片及带，厚度超过0.2毫米	8	40		17	0	千克	4xy		0		0
8007.0030	--- 锡箔（不论是否印花或用纸、纸板、塑料或类似材料衬背），厚度（衬背除外）不超过0.2毫米；锡粉及片状粉末	8	40		17	5	千克			0		0
8007.0040	--- 锡管及管子附件（例如，接头、肘管、管套）	8	45		17	0	千克	4xy		0		0
8007.0090	--- 其他	8	80		17	0	千克			0		0

协定税率 %										特惠税率 %				Article Description
巴基斯坦	冰岛	哥斯达黎	秘鲁	新西兰	瑞士	新加坡	韩国	澳大利亚	港澳台	老挝	孟加拉	33 国	7 国	
														Unwrought tin:
0	0	0	0	0	0		1.8	0	0//		0	0	0	- Tin, not alloyed:
														- Tin alloys:
0	0	0	0	0	0		0	0	0//		0	0	0	--- Babbitt metal
														--- solder:
0	0	0	0	0	0		1.8	0	0/0/		0	0	0	----Containing by weight less than 0.1% of lead
0	0	0	0	0	0		1.8	0	0/0/		0	0	0	----Other
0	0	0	0	0	0		1.8	0	0//		0	0	0	--- Other
														Tin waste and scrap:
0	0	0	0	0	0		0	0	0//			0	0	Tin waste and scrap
														Tin bars, rods, profiles and wire:
5	0	0	0	0	3.2		6.4	4.8	0//		0	0	0	Tin bars, rods, profiles and wire
														Other articles of tin:
5	0	0	0	0	3.2		4.8	4.8				0	0	--- Tin plates, sheets and strip, of a thickness exceeding 0.2mm
5	0	0	0	0	3.2		4.8	4.8				0	0	--- Tin foil (whether or not printed or backed with paper, paperboard, plastics or similar backing materials) , of a thickness (excluding any backing) not exceeding 0.2mm; tin powders and flakes
5	0	0	0	0	5.6		4.8	4.8				0	0	--- Tin tubes, pipes and tube or pipe fittings (for example, couplings, elbows, sleeves)
6.4	0	0	0	0	3.2		6.9	4.8	0//			0	0	--- Other

第八十一章 其他贱金属、金属陶瓷及其制品

子目注释：

第七十四章注释中有关“条、杆”、“型材及异型材”、“丝”及“板、片、带、箔”的规定也适用于本章。

税号	货品名称	进口关税 %			增值/消费税%	出口退税%	统计计量单位	监管证件代码	检验检疫类别	协定税率 %		
		最惠国	普通	年内暂定						东盟	亚太	智利
81.01	**钨及其制品，包括废碎料：**											
8101.1000	- 粉末											
81011000.10	颗粒＜500μm的钨及其合金(含量≥97%,不论球形,椭球体,雾化,片状,研碎金属燃料)	6	20		17	0	千克	3		0		0
81011000.90	其他钨粉末	6	20		17	0	千克	4xy		0		0
	- 其他：											
8101.9400	-- 未锻轧钨，包括简单烧结而成的条、杆	3	20		17	0	千克	4xy		0		0
8101.9600	-- 丝	8	20		17	5	千克			0		0
8101.9700	-- 废碎料	3	20	1	17	0	千克	4APxy	M/	0		0
	-- 其他：											
8101.9910	--- 条、杆，但简单烧结而成的除外；型材及异型材，板、片、带、箔	5	30		17	0	千克			0		0
8101.9990	--- 其他	8	70		17	0	千克			0		0
81.02	**钼及其制品，包括废碎料：**											
8102.1000	- 粉末	6	20		17	0	千克	4xy		0		0
	- 其他：											
8102.9400	-- 未锻轧钼，包括简单烧结而成的条、杆	3	20		17	0	千克	4xy		0		0
8102.9500	-- 条、杆，但简单烧结而成的除外；型材及异型材，板、片、带、箔	8	30		17	0	千克			0		0
8102.9600	-- 丝	8	20		17	5	千克			0		0
8102.9700	-- 废碎料	3	20		17	0	千克	49xy		0		0
8102.9900	-- 其他	8	70		17	0	千克	4xy		0		0
81.03	**钽及其制品，包括废碎料：**											
	- 未锻轧钽，包括简单烧结而成的条、杆；粉末：											
	--- 钽粉：											
8103.2011	----松装密度小于2.2克/立方厘米的	6	14		17	13	千克	4xy		0		0
8103.2019	----其他	6	14		17	0	千克	4xy		0		0
8103.2090	--- 其他	6	14		17	0	千克	4xy		0		0
8103.3000	- 废碎料	6	14	0	17	0	千克	4Axy	M/	0		0
	- 其他：											
	--- 钽丝：											
8103.9011	----直径小于0.5毫米	8	30		17	13	千克	4xy		0		0
8103.9019	----其他	8	30		17	9	千克	4xy		0		0
8103.9090	--- 其他											
81039090.10	钽坩埚(容积在50ml至2L之间,钽纯度≥98%)	8	30		17	0	千克	3		0		0
81039090.90	其他锻轧钽及其制品	8	30		17	9	千克	4xy		0		0
81.04	**镁及其制品，包括废碎料：**											
	- 未锻轧镁：											
8104.1100	-- 按重量计含镁量至少为99.8%	6	20		17	0	千克			0	4.2	0
8104.1900	-- 其他	6	20		17	0	千克			0		0
8104.2000	- 废碎料	1.5	20		17	0	千克	AP	M/	0		0
8104.3000	- 锉屑、车屑及颗粒，已按规格分级的；粉末											
81043000.10	颗粒＜500μm的镁及其合金(含量≥97%,不论球形,椭球体,雾化,片状,研碎金属燃料)	8	30		17	0	千克	3		0		0
81043000.90	其他已分级的镁锉屑,车屑,颗粒;粉末	8	30		17	0	千克			0		0
	- 其他：											

Chapter 81　Other base metals; cermets; articles thereof

Subheading Notes:

Note 1 to Chapter 74, defining “bars and rods”, “profiles”, “wire ” and “plates, sheets, strip and foil” applies, *mutatis mutandis*, to this Chapter.

协定税率 %										特惠税率 %				Article Description
巴基斯坦	冰岛	哥斯达黎	秘鲁	新西兰	瑞士	新加坡	韩国	澳大利亚	港澳台	老挝	孟加拉	33 国	7 国	
														Tungsten （wolfram) and articles thereof, including waste and scrap:
														- Powders
5	0	0	0	0	2.4		3.6	3.6				0	0	Tungsten and its alloys, granularity ＜500pm, (containing by weight ≥97% of tungsten, whether is spheroid, ellipsoid, atomized, flake formed or crush metal fuel)
5	0	0	0	0	2.4		3.6	3.6				0	0	Other tungsten powders
														- Other:
0	0	0	0	0	2.1		0	0				0	0	-- Unwrought tungsten, including bars and rods obtained simply by sintering
5	0	0	0	0	3.2		4.8	4.8				0	0	-- Wire
0	0	0	0	0	0		0	0				0	0	-- Waste and scrap
														-- Other:
0	0	0	0	0	2		3	0				0	0	--- Bars and rods, other than those obtained simply by sintering, profiles, plates, sheets, strip and foil
5	0	0	0	0	3.2		4.8	4.8				0	0	--- Other
														Molybdenum and articles thereof, including waste and scrap:
5	0	0	0	0	2.4		3.6	3.6				0	0	- Powders
														- Other:
0	0	0	0	0	0		0	0				0	0	-- Unwrought molybdenum, including bars and rods obtained simply by sintering
5	0	0	0	0	3.2		6.4	4.8				0	0	-- Bars and rods ,other than those obtained simply by sintering, profiles, plates, sheets, strip and foil
5	0	0	0	0	3.2		4.8	4.8				0	0	-- Wire
0	0	0	0	0	0		0	0				0	0	-- Waste and scrap
5	0	0	0	0	3.2		4.8	4.8				0	0	-- Other
														Tantalum and articles thereof, including waste and scrap:
														- Unwrought tantalum, including bars and rods obtained simply by sintering; powders:
														--- Powders:
5	0	0	0	0	2.4		3.6	3.6				0	0	----Loose density less than 2.2g/cm^3
5	0	0	0	0	2.4		3.6	3.6				0	0	----Other
5	0	0	0	0	2.4		3.6	3.6				0	0	--- Other
5	0	0	0	0	2.4		0	3.6				0	0	- Waste and scrap
														- Other:
														--- Wire of tantalum:
5	0	0	0	0	3.2		4.8	4.8				0	0	----Less than 0.5mm in diameter
5	0	0	0	0	3.2		4.8	4.8				0	0	----Other
														--- Other
5	0	0	0	0	3.2		4.8	4.8				0	0	Tantalum crucible, of a capacity between 50ml and 2L, purity of tantalum ≥98%
5	0	0	0	0	3.2		4.8	4.8				0	0	Other wrought tantalum and articles thereof
														Magnesium and articles thereof, including waste and scrap:
														- Unwrought magnesium:
0	0	0	0	0	2.4		0	3.6				0	0	-- Containing at least 99.8% by weight of magnesium
5	0	0	0	0	2.4		3.6	3.6				0	0	-- Other
0	0	0	0	0	0		0	0				0	0	- Waste and scrap
														- Raspings, turnings and granules, graded according to size; powders
5	0	0	0	0	3.2		4.8	4.8				0	0	Magnesium and its alloys, granularity ＜500μm (by weight ≥97% of magnesium, whether is spheroid, ellipsoid, atomized, flake formed or crush metal fuel)
5	0	0	0	0	3.2		4.8	4.8				0	0	Other magnesium raspings, turnings and granules, graded according to size; powders
														- Other:

税　号	货 品 名 称	进口关税 % 最惠国	普通	年内暂定	增值/消费税%	出口退税%	统计计量单位	监管证件代码	检验检疫类别	协定税率 % 东盟	亚太	智利
8104.9010	--- 锻轧镁	8	30		17	0	千克			0		0
8104.9020	--- 镁制品											
81049020.10	镁金属基复合材料(包括各种结构件和制品、各种预成形件,其中增强材料的比拉伸强度大于 7.62×10^4m 和比模量大于 3.18×10^6m)	8.4	70		17	5	千克	3		0		0
81049020.90	其他镁制品	8.4	70		17	0	千克			0		0
81.05	**钴锍及其他冶炼钴时所得的中间产品;钴及其制品，包括废碎料:**											
	- 钴锍及其他冶炼钴时所得的中间产品;未锻轧钴; 粉末:											
8105.2010	--- 钴湿法冶炼中间品	4	14	0	17	0	千克	4xy		0		0
8105.2020	--- 未锻轧钴	4	14		17	0	千克	4xy		0		0
8105.2090	--- 其他											
81052090.01	钴锍及其他冶炼钴时所得中间产品	4	14	0	17	0	千克	4xy		0		0
81052090.10	钴≥99.5%的超细钴粉(费氏粒度0.8-1.5μm,松装密度0.4-0.8g/立方厘米)	4	14		17	0	千克			0		0
81052090.90	其他钴锍、粉末	4	14		17	0	千克	4xy		0		0
8105.3000	- 废碎料	4	14		17	0	千克	49xy		0		0
8105.9000	- 其他	8	30		17	0	千克	4xy		0		0
81.06	**铋及其制品，包括废碎料:**											
8106.0010	--- 未锻轧铋; 废碎料; 粉末											
81060010.11	高纯度未锻轧的铋(纯度≥99.99%,含银量低于十万分之一)	3	20	1	17	0	千克	3		0		0
81060010.19	高纯度未锻轧的铋废料、粉末(纯度≥99.99%,含银量低于十万分之一)	3	20		17	0	千克	3		0		0
81060010.91	其他未锻轧铋	3	20	1	17	0	千克	4xy		0		0
81060010.92	其他未锻轧铋废碎料	3	20		17	0	千克	4APxy	M/	0		0
81060010.99	其他未锻轧铋粉末	3	20		17	0	千克	4xy		0		0
8106.0090	--- 其他											
81060090.10	高纯度铋及铋制品(纯度≥99.99%,含银量低于十万分之一)	8	30		17	5	千克	3		0		0
81060090.90	其他铋及铋制品	8	30		17	0	千克	4xy		0		0
81.07	**镉及其制品，包括废碎料:**											
8107.2000	- 未锻轧镉; 粉末	3	14		17	0	千克			0		0
8107.3000	- 废碎料	3	14		17	0	千克	9		0		0
8107.9000	- 其他	8	30		17	0	千克			0		0
81.08	**钛及其制品，包括废碎料:**											
	- 未锻轧钛; 粉末:											
	--- 未锻轧钛:											
8108.2021	----海绵钛	3	14		17	0	千克	4xy		0		0
8108.2029	----其他											
81082029.10	颗粒<500μm的钛及其合金(含量≥97%,不论球形,椭球体,雾化,片状,研碎金属燃料)	3	14		17	0	千克	3A	M/	0		0
81082029.90	其他未锻轧钛	3	14		17	0	千克	4xy		0		0
8108.2030	--- 粉末	3	14		17	0	千克	4Axy	M/	0		0
8108.3000	- 废碎料	3	14		17	0	千克	4APxy	M/	0		0
	- 其他:											
8108.9010	--- 条、杆、型材及异型材											
81089010.10	钛合金,实心圆柱体,包括锻件(20℃下极限抗拉强度≥900MPa,外径超过75mm)	8	30		17	13	千克	3		0		0
81089010.20	钛金属基复合材料的条,杆,型材及异型材(其中增强材料的比拉伸强度大于 7.62×10^6m 和比模量大于 3.18×10^7m)	8	30		17	13	千克	3		0		0
81089010.90	其他钛条、杆、型材及异型材	8	30		17	13	千克			0		0
8108.9020	--- 丝	8	30		17	13	千克			0		0
	--- 板、片、带、箔:											
8108.9031	----厚度不超过0.8毫米	8	30	4	17	13	千克			0		0
8108.9032	----厚度超过0.8毫米											

协定税率 %										特惠税率 %				Article Description
巴基斯坦	冰岛	哥斯达黎	秘鲁	新西兰	瑞士	新加坡	韩国	澳大利亚	港澳台	老挝	孟加拉	33 国	7 国	
5	0	0	0	0	3.2		4.8	4.8				0	0	--- Wrought magnesium
														--- Magnesium articles
5	0	0	0	0	3.36		5	5				0	0	Magnesium composite materials (including all sorts of structural parts and articles and pre-formed parts, tensile strength reinforced materials ＞7.62×10^4m and specific modulus＞ 3.18×10^6m)
5	0	0	0	0	3.36		5	5				0	0	Other magnesium articles
														Cobalt mattes and other intermediate products of cobalt matallurgy；cobalt and articles thereof, including waste and scrap：
														-　Cobalt mattes and other intermediate products of cobalt matallurgy；unwrought cobalt；powders：
0	0	0	0	0	0		0	0			0	0	0	--- Intermediate products of cobalt metallurgy by wet process
0	0	0	0	0	0		0	0			0	0	0	--- Unwrought cobalt
														--- Other
0	0	0	0	0	0		0	0			0	0	0	Cobalt mattes and other intermediate products of cobalt metallurgy
0	0	0	0	0	0		0	0			0	0	0	Supper-fine cobalt powders, containing ≥99.5% of cobalt (Fischer granularinty 0.8-1.5μm, fill density 0.4-0.8g/cm^3)
0	0	0	0	0	0		0	0			0	0	0	Other cobalt mattes; powders
0	0	0	0	0	0		0	0			0	0	0	-　Waste and scrap
5	0	0	0	0	3.2		6.4	4.8			0	0	0	-　Other
														Bismuth and articles thereof, including waste and scrap：
														--- Unwrought bismuth；waste and scrap；powders
0	0	0	0	0	0		0	0				0	0	High-purity unwrought bismuth, purity ≥99.99%, containing by weight ＜0.001% of silver
0	0	0	0	0	0		0	0				0	0	High-purity unwrought bismuth , waste and scrap, purity ≥ 99.99%, containing by weight ＜0.001% of silver
0	0	0	0	0	0		0	0				0	0	Other unwrought bismuth
0	0	0	0	0	0		0	0				0	0	Other unwrought bismuth waste and scrap
0	0	0	0	0	0		0	0				0	0	Other unwrought bismuth powders
														--- Other
5	0	0	0	0	3.2		6.4	4.8				0	0	High-purity unwrought bismuth and articles thereof, purity ≥ 99.99%, containing by weight ＜0.001% of silver
5	0	0	0	0	3.2		6.4	4.8				0	0	Other bismuth and articles thereof
														Cadmium and articles thereof, including waste and scrap：
0	0	0		0	0		1.8	0				0	0	-　Unwrought cadmium；powders
0	0	0	0	0	0		0	0				0	0	-　Waste and scrap
5	0	0	0	0	3.2		4.8	4.8				0	0	-　Other
														Titanium and articles thereof, including waste and scrap：
														-　Unwrougth titanium; powder：
														--- Unwrought titanium：
0	0	0	0	0	0		0	0				0	0	----Sponge titanium
														----Other
0	0	0	0	0	0		1.8	0				0	0	Titanium and its alloys, granularity ＜500μm (containing by weight ≥97% of titanium, whether is spheroid, ellipsoid, atomized, flake formed or ground metallic fuels)
0	0	0	0	0	0		1.8	0				0	0	Other unwrought titanium; powders
0	0	0	0	0	0		0	0				0	0	--- Powders
0	0	0	0	0	0		0	0				0	0	-　Waste and scrap
														-　Other：
														--- Bars, rods, shapes and sections
5	0	0	0	0	3.2		6.4	4.8				0	0	Titanium alloys, solid cylinder, including castings (ultimate tensile strength ≥900MPa at 20℃, of an outer diameter ＞ 75mm)
5	0	0	0	0	3.2		6.4	4.8				0	0	Bars, rods, shapes and sections, made of composite material of titanium metal (the degree of strength of intensity material ＞ 7.62×10^6m, and specific modulus ＞3.18×10^7m)
5	0	0	0	0	3.2		6.4	4.8				0	0	Other bars, rods, shapes and sections, of titanium
5	0	0	0	0	3.2		4.8	4.8				0	0	--- Wire
														--- Plates, sheets, strap, foil：
5	0	0	0	0	3.2		4.8	4.8				0	0	----Of a thickness not more than 0.8mm
														----Of a thickness more than 0.8mm

税号	货品名称	进口关税 %			增值/消费税%	出口退税%	统计计量单位	监管证件代码	检验检疫类别	协定税率 %		
		最惠国	普通	年内暂定						东盟	亚太	智利
81089032.10	钛金属基复合材料的板，片，带，箔(其中增强材料的比拉伸强度大于 7.62×10^4m 和比模量大于 3.18×10^7m，厚度大于 0.8mm)	8	30	4	17	13	千克	3		0		0
81089032.90	其他厚度＞0.8 毫米钛板、片、带、箔	8	30	4	17	13	千克			0		0
8108.9040	--- 管											
81089040.10	钛合金管(20℃下极限抗拉强度≥900MPa，外径＞75mm)	8	30		17	13	千克	3		0		0
81089040.90	其他钛管	8	30		17	13	千克			0		0
8108.9090	--- 其他	8	30		17	13	千克			0		0
81.09	**锆及其制品，包括废碎料：**											
8109.2000	- 未锻轧锆；粉末											
81092000.10	颗粒＜500μm 的锆及其合金(含量≥97%，不论球形，椭球体，雾化，片状，研碎金属燃料)	3	20		17	0	千克	3A	M/	0		0
81092000.90	其他未锻轧锆；粉末	3	20		17	0	千克	3A	M/	0		0
8109.3000	- 废碎料	3	20		17	0	千克	3AP	M/	0		0
8109.9000	- 其他											
81099000.10	锆管(铪与锆重量比低于 1:500 的锆金属和合金的管或组件)	8	30		17	5	千克	3		0		0
81099000.90	其他锻轧锆及锆制品	8	30		17	0	千克	3		0		0
81.10	**锑及其制品，包括废碎料：**											
	- 未锻轧锑；粉末：											
8110.1010	--- 未锻轧锑	3	30	1	17	0	千克	4xy		0		0
8110.1020	--- 粉末	3	30		17	0	千克	4Axy	M/	0		0
8110.2000	- 废碎料	3	30		17	0	千克	49xy		0		0
8110.9000	- 其他	8	40		17	0	千克	4xy		0		0
81.11	**锰及其制品，包括废碎料：**											
8111.0010	--- 未锻轧锰；废碎料；粉末											
81110010.10	锰废碎料	3	20		17	0	千克	49xy		0		0
81110010.90	未锻轧锰；粉末	3	20		17	0	千克	4Axy	M/	0		0
8111.0090	--- 其他	8	30		17	0	千克	4xy		0		0
81.12	**铍、铬、锗、钒、镓、铪、铟、铼、铌、铊及其制品，包括废碎料：**											
	- 铍：											
8112.1200	-- 未锻轧铍；粉末	3	30		17	0	千克	3A	M/	0		0
8112.1300	-- 废碎料	3	30		17	0	千克	39		0		0
8112.1900	-- 其他	8	30		17	0	千克	3		0		0
	- 铬：											
8112.2100	-- 未锻轧铬；粉末	3	20		17	0	千克	4xy		0		0
8112.2200	-- 废碎料	3	20		17	0	千克	49xy		0		0
8112.2900	-- 其他	3	20		17	0	千克	4xy		0		0
	- 铊：											
8112.5100	-- 未锻轧铊；粉末	3	20		17	0	千克	AB	M/N	0		0
8112.5200	-- 废碎料	3	20		17	0	千克	9		0		0
8112.5900	-- 其他	8	30		17	0	千克			0		0
	- 其他：											
	-- 未锻轧；废碎料；粉末：											
8112.9210	--- 锗											
81129210.10	未锻轧锗废碎料	3	20		17	0	千克	4APxy	M/	0		0
81129210.90	未锻轧的锗；锗粉末	3	20		17	0	千克	4xy		0		0
8112.9220	--- 钒											
81129220.01	未锻轧、废碎料或粉末状的钒氮合金	3	20	0	17	0	千克	4xy		0		0
81129220.10	未锻轧的钒废碎料	3	20		17	0	千克	4APxy	M/	0		0
81129220.90	未锻轧的钒；钒粉末	3	20		17	0	千克	4xy		0		0
8112.9230	--- 铟											
81129230.10	未锻轧铟、铟粉末	3	20		17	0	千克	4xy		0		0
81129230.90	未锻轧铟废碎料	3	20		17	0	千克	49xy		0		0
8112.9240	--- 铌											

协定税率 %										特惠税率 %				
巴基斯坦	冰岛	哥斯达黎	秘鲁	新西兰	瑞士	新加坡	韩国	澳大利亚	港澳台	老挝	孟加拉	33 国	7 国	Article Description
5	0	0	0	0	3.2		4.8	4.8				0	0	Plates, sheets, strap, foil, made of composite material of titanium metal (tensile strength of reinforced material >7.62×10^4m, specific modulus >3.18×10^7m, thickness >0.8mm)
5	0	0	0	0	3.2		4.8	4.8				0	0	Other plates, sheets, strap, foil, of titanium, of a thickness > 0.8mm
														--- Tubes or pipes
5	0	0	0	0	3.2		6.4	4.8				0	0	Tubes or pipes of titanium alloys (ultimate tensile strength ≥ 900MPa at 20℃, of an outer diameter >75mm)
5	0	0	0	0	3.2		6.4	4.8				0	0	Other titanium tubes or pipes
5	0	0	0	0	3.2		4.8	4.8				0	0	--- Other
														Zirconium and articles thereof, including waste and scrap:
														- Unwrought zirconium; powders
0	0	0	0	0	0		1.8	0				0	0	Zirconium and its alloys, granularity <500μm (containing by weight ≥97% of zirconium, whether is spheroid, ellipsoid, atomized, flake formed or crush metal fuels)
0	0	0	0	0	0		1.8	0				0	0	Other unwrought zirconium; powders
0	0	0	0	0	0		0	0				0	0	- Waste and scrap
														- Other
5	0	0	0	0	3.2		6.4	4.8				0	0	Tubes or pipes of zirconium and its alloys (ratio of weight of hafnium and zirconium less than 1:500)
5	0	0	0	0	3.2		6.4	4.8				0	0	Other wrought zirconium and articles thereof
														Antimony and articles thereof, including waste and scrap:
														- Unwrought antimony; powders:
0	0	0	0	0	0		0	0				0	0	--- Unwrought antimony
0	0	0	0	0	0		0	0				0	0	--- powders
0	0	0	0	0	0		0	0				0	0	- Antimony waste and scrap
5	0	0	0	0	3.2		4.8	4.8				0	0	- Other
														Manganese and articles thereof, including waste and scrap:
														--- Unwrought manganese; waste and scrap; powders
0	0	0	0	0	0		0	0			0	0	0	Manganese waste and scrap
0	0	0	0	0	0		0	0			0	0	0	Unwrought manganese; powders
5	0	0	0	0	3.2		4.8	4.8			0	0	0	--- Other
														Beryllium, chromium, germanium, vanadium, gallium, hafnium, indium, niobium (columbium),rhenium and thallium, and articles of these metals, including waste and scrap:
														- Beryllium:
0	0	0	0	0	0		0	0			0	0	0	-- Unwrought; powders
0	0	0	0	0	0		0	0			0	0	0	-- Waste and scrap
5	0	0	0	0	3.2		4.8	4.8			0	0	0	-- Other
														- Chromium:
0	0	0	0	0	0		1.8	0			0	0	0	-- Unwrought; powders
0	0	0	0	0	0		0	0			0	0	0	-- Waste and scrap
0	0	0	0	0	0		0	0			0	0	0	-- Other
														- Thallium:
0	0	0	0	0	0		0	0			0	0	0	-- Unwrought; powders
0	0	0	0	0	0		0	0			0	0	0	-- Waste and scrap
5	0	0	0	0	3.2		4.8	4.8			0	0	0	-- Other
														- Other:
														-- Unwrought; waste and scrap; powders:
														--- Germanium
0	0	0	0	0	0		0	0			0	0	0	Unwrought germanium waste and scrap
0	0	0	0	0	0		0	0			0	0	0	Unwrought germanium; powders
														--- Vanadium
0	0	0	0	0	0		0	0			0	0	0	Vanadium and nitrogen alloys, unwrought; waste and scrap; powders
0	0	0	0	0	0		0	0			0	0	0	Unwrought vanadium waste and scrap
0	0	0	0	0	0		0	0			0	0	0	Unwrought vanadium; powders
														--- Indium
0	0	0	0	0	0		0	0			0	0	0	Unwrought indium; powders
0	0	0	0	0	0		0	0			0	0	0	Unwrought indium waste and scrap
														--- Niobium

税号	货品名称	进口关税 %			增值/消费税%	出口退税%	统计计量单位	监管证件代码	检验检疫类别	协定税率 %		
		最惠国	普通	年内暂定						东盟	亚太	智利
81129240.10	铌废碎料	3	20	1	17	0	千克	4APxy	M/	0		0
81129240.90	未锻轧的铌；铌粉末	3	20	1	17	0	千克	4xy		0		0
8112.9290	--- 其他											
81129290.11	未锻轧的铪废碎料	3	20		17	0	千克	3AP	M/	0		0
81129290.19	未锻轧的铪;粉末	3	20		17	0	千克	3A	M/	0		0
81129290.91	未锻轧的镓、铼废碎料	3	20		17	0	千克	4APxy	M/	0		0
81129290.99	未锻轧的镓、铼;粉末	3	20		17	0	千克	4Axy	M/	0		0
	-- 其他：											
8112.9910	--- 锗	3	20		17	5	千克	4xy		0		0
8112.9920	--- 钒											
81129920.01	其他钒氮合金	3	20	0	17	0	千克	4xy		0		0
81129920.90	其他钒及其制品	3	20		17	0	千克	4xy		0		0
8112.9930	--- 铟	8	20		17	0	千克	4xy		0		0
8112.9940	--- 铌	8	20		17	0	千克	4xy		0		0
8112.9990	--- 其他											
81129990.10	锻轧的铪及其制品	8	30		17	0	千克	3		0		0
81129990.90	锻轧的镓、铼及其制品	8	30		17	0	千克	4xy		0		0
81.13	**金属陶瓷及其制品，包括废碎料：**											
8113.0010	--- 颗粒；粉末											
81130010.10	颗粒或粉末状碳化钨废碎料	8.4	30		17	0	千克	AP	M/	0		0
81130010.90	颗粒或粉末状其他金属陶瓷及其制品	8.4	30		17	0	千克			0		0
8113.0090	--- 其他											
81130090.10	其他碳化钨废碎料，颗粒或粉末除外	8.4	30		17	0	千克	AP	M/	0		0
81130090.90	其他金属陶瓷及其制品，颗粒或粉末除外(包括废料)	8.4	30		17	0	千克			0		0

协定税率 %										特惠税率 %				Article Description
巴基斯坦	冰岛	哥斯达黎	秘鲁	新西兰	瑞士	新加坡	韩国	澳大利亚	港澳台	老挝	孟加拉	33 国	7 国	
0	0	0	0	0	0		0	0			0	0	0	Niobium waste and scrap
0	0	0	0	0	0		0	0			0	0	0	Unwrought niobium; powders
														--- Other
0	0	0	0	0	0		0	0			0	0	0	Unwrought hafnium waste and scrap
0	0	0	0	0	0		0	0			0	0	0	Unwrought hafnium; powders
0	0	0	0	0	0		0	0			0	0	0	Unrolled gallium and rhenium; waste and scrap
0	0	0	0	0	0		0	0			0	0	0	Unrolled gallium and rhenium; powders
														-- Other:
0	0	0	0	0	0		0	0			0	0	0	--- Germanium
														--- Vanadium
0	0	0	0	0	0		0	0			0	0	0	Other vanadium and nitrogen alloys
0	0	0	0	0	0		0	0			0	0	0	Other vanadium and articles thereof
5	0	0	0	0	3.2		4.8	4.8			0	0	0	--- Indium
5	0	0	0	0	3.2		4.8	4.8			0	0	0	--- Niobium
														--- Other
0	0	0	0	0	3.2		4.8	4.8			0	0	0	Wrought hafnium and articles thereof
0	0	0	0	0	3.2		4.8	4.8			0	0	0	Other wrought gallium and rhenium and articles thereof
														Cermets and articles thereof, including waste and scrap:
														--- Granules, powders
5	0	0	0	0	3.36			5	//0			0	0	Waste and scrap of tungsten carbide, in granular or powder
5	0	0	0	0	3.36			5	//0			0	0	Other metal ceramics and related products, in granular or powder
														--- Other
5	0	0	0	0	3.36			5	//0			0	0	Other waste and scrap of tungsten carbide, other than granules or powder
5	0	0	0	0	3.36			5	//0			0	0	Other metal ceramics and related products, including waste, other than granules or powder

第八十二章 贱金属工具、器具、利口器、餐匙、餐叉及其零件

注释：

一、除喷灯、轻便锻炉、带支架的砂轮、修指甲和修脚用器具及税目 82.09 的货品外，本章仅包括带有用下列材料制成的刀片、工作刃、工作面或其他工作部件的物品：

（一）贱金属；

（二）硬质合金或金属陶瓷；

（三）装于贱金属、硬质合金或金属陶瓷底座上的宝石或半宝石（天然、合成或再造）；或

（四）附于贱金属底座上的磨料，当附上磨料后，所具有的切齿、沟、槽或类似结构仍保持其特性及功能。

二、本章所列物品的贱金属零件，应与该制品归入同一税目，但具体列名的零件及手工工具的工具夹具（税目 84.66）除外。第十五类注释二所述的通用零件，均不归入本章。

电动剃须刀及电动毛发推剪的刀头、刀片应归入税目 85.10。

三、由税目 82.11 的一把或多把刀具与税目 82.15 至少数量相同的物品构成的成套货品应归入税目 82.15。

税号	货品名称	进口关税 % 最惠国	普通	年内暂定	增值/消费税%	出口退税%	统计计量单位	监管证件代码	检验检疫类别	协定税率 % 东盟	亚太	智利
82.01	锹、铲、镐、锄、叉及耙；斧子、钩刀及类似砍伐工具；各种修枝用剪刀；镰刀、秣刀、树篱剪、伐木楔子及其他农业、园艺或林业用手工工具：											
8201.1000	- 锹及铲											
82011000.10	含植物性材料的锹及铲	8	50		13	5	千克/把	AB	P/Q	0		0
82011000.90	其他锹及铲	8	50		13	5	千克/把			0		0
8201.3000	- 镐、锄及耙											
82013000.10	含植物性材料的镐、锄、耙	8	50		13	5	千克/把	AB	P/Q	0		0
82013000.90	其他镐、锄、耙	8	50		13	5	千克/把			0		0
8201.4000	- 斧子、钩刀及类似砍伐工具											
82014000.10	含植物性材料的砍伐工具(包括斧子、钩刀及类似砍伐工具)	8	50		13	5	千克/把	AB	P/Q	0		0
82014000.90	其他斧子、钩刀及类似砍伐工具	8	50		13	5	千克/把			0		0
8201.5000	- 修枝剪及类似的单手操作剪刀（包括家禽剪）											
82015000.10	含植物性材料的单手操作农用剪(包括家禽剪)	8	50		13	5	千克/把	AB	P/Q	0		0
82015000.90	其他修枝剪等单手操作农用剪(包括家禽剪)	8	50		13	5	千克/把			0		0
8201.6000	- 树篱剪、双手修枝剪及类似的双手操作剪刀											
82016000.10	含植物性材料的双手操作农用剪	8	50		13	5	千克/把	AB	P/Q	0		0
82016000.90	其他修枝等双手操作农用剪	8	50		13	9	千克/把			0		0
	- 用于农业、园艺或林业的其他手工工具：											
8201.9010	--- 叉											
82019010.10	含植物性材料的农业、园艺、林业用叉	8	50		13	5	千克/把	AB	P/Q	0		0
82019010.90	其他农业、园艺、林业用叉	8	50		13	5	千克/把			0		0
8201.9090	--- 其他											
82019090.10	含植物性材料的农业、园艺、林业用手工工具	8	50		13	5	千克/把	AB	P/Q	0		0
82019090.90	其他农业、园艺、林业用手工工具	8	50		13	5/9	千克/把			0		0
82.02	手工锯；各种锯的锯片（包括切条、切槽或无齿锯片）：											
8202.1000	- 手工锯	8.4	50		17	9	千克/把			0		0
	- 带锯片：											
8202.2010	--- 双金属带锯条	8	20		17	13	千克			0		0

Chapter 82　Tools, implements, cutlery, spoons and forks, of base metal; parts thereof of base metal

Chapter Notes:

1. Apart from blow lamps, portable forges, grinding wheels with frameworks, manicure or pedicure sets, and goods of heading 82.09, this Chapter covers only articles with a blade, working edge, working surface or other working part of:

   (a) Base metal;

   (b) Metal carbides or cermets;

   (c) Precious or semi-precious stones (natural, synthetic or reconstructed) on a support of base metal, metal carbide or cermet; or

   (d) Abrasive materials on a support of base metal, provided that the articles have cutting teeth, flutes, grooves, or the like, of base metal, which retain their identity and function after the application of the abrasive.

2. Parts of base metal of the articles of this Chapter are to be classified with the articles of which they are parts, except parts separately specified as such and tool-holders for hand tools (heading 84.66). However, parts of general use as defined in Note 2 to Section XV are in all cases excluded from this Chapter.
   Heads, blades and cutting plates for electric shavers and electric hair clippers are to be classified in heading 85.10.

3. Sets consisting of one or more knives of heading 82.11 and at least an equal number of articles of heading 82.15 are to be classified in heading 82.15.

协定税率 %										特惠税率 %				Article Description
巴基斯坦	冰岛	哥斯达黎	秘鲁	新西兰	瑞士	新加坡	韩国	澳大利亚	港澳台	老挝	孟加拉	33 国	7 国	
														Hand tools, the following: spades, shovels, mattocks, picks, hoes, forks and rakes; axes, bill hooks and similar hewing tools;secateurs and prundrs of any kind; scythes, hay knives, hedge shears, timber wedges and other tools of a kind used in agriculture, horticul-ture or forestry:
														- Spades and shovels
5	0	0	0	0	3.2		4.8	4.8			0	0	0	Spades and shovels, with vegetable materials
5	0	0	0	0	3.2		4.8	4.8			0	0	0	Other spades and shovels
														- Mattocks, picks, hoes and rakes
5	0	0	0	0	3.2		4.8	4.8			0	0	0	Mattocks, picks, hoes and rakes, with vegetable materials
5	0	0	0	0	3.2		4.8	4.8			0	0	0	Other Mattocks, picks, hoes and rakes
														- Axes, bill hooks and similar hewing tools
5	0	0	0	0	3.2		4.8	4.8			0	0	0	Axes, bill hooks and similar hewing tools, with vegetable materials
5	0	0	0	0	3.2		4.8	4.8			0	0	0	Other axes, bill hooks and similar hewing tools
														- Secateurs and similar one-handed pruners and shears （including poultry shears)
5	0	0	0	0	3.2		4.8	4.8			0	0	0	Secateurs and similar one-handed pruners and shears (including poultry shears), with vegetable materials, for use in agriculture
5	0	0	0	0	3.2		4.8	4.8			0	0	0	Other secateurs and similar one-handed pruners and shears (including poultry shears), for use in agriculture
														- Hedge shears, two-handed pruning shears and similar two-handed shears
5	0	0	0	0	3.2		4.8	4.8			0	0	0	Two-handed shears, with vegetable materials, used in agriculture
5	0	0	0	0	3.2		4.8	4.8			0	0	0	Other hedge shears, two-handed pruning shears and similar two-handed shears, for use in agriculture
														- Other hand tools of a kind used in agriculture, horticulture or forestry:
														--- Forks
5	0	0	0	0	3.2		4.8	4.8			0	0	0	Forks used in agriculture, horticulture or forestry, with vegetable materials
5	0	0	0	0	3.2		4.8	4.8			0	0	0	Other Forks used in agriculture, horticulture or forestry
														--- Other
5	0	0	0	0	3.2		6.4	4.8			0	0	0	Hand tools of a kind used in agriculture, horticulture or forestry, with vegetable materials
5	0	0	0	0	3.2		6.4	4.8			0	0	0	Other hand tools of a kind used in agriculture, horticulture or forestry
														Hand saws; blades for saws of all kinds （including slitting, slotting or toothless saw blades):
5	0	0	0	0	3.36		6.7	5			0	0	0	- Hand saws
														- Band saw blades:
5	0	0	0	0	5.6		6.4	4.8			0	0	0	--- Bimetal band saw blades

税号	货品名称	进口关税% 最惠国	普通	年内暂定	增值/消费税%	出口退税%	统计计量单位	监管证件代码	检验检疫类别	协定税率% 东盟	亚太	智利
8202.2090	--- 其他	8	20		17	9	千克			0		0
	- 圆锯片（包括切条或切槽锯片）：											
8202.3100	-- 带有钢制工作部件	8	20		17	9	千克			0		0
	-- 其他，包括部件：											
8202.3910	--- 带有天然或合成金刚石、立方氮化硼制的工作部件	8	20		17	9	千克			0		0
8202.3990	--- 其他	8	20		17	9	千克			0		0
8202.4000	- 链锯片	8	20		17	9	千克			0		0
	- 其他锯片：											
	-- 直锯片，加工金属用：											
8202.9110	--- 机械锯用	8	20		17	9	千克			0	7	0
8202.9190	--- 其他	8	50		17	9	千克			0		0
	-- 其他：											
8202.9910	--- 机械锯用	8.4	20		17	9	千克			0		0
8202.9990	--- 其他	10.5	50		17	9	千克			0		0
82.03	**钢锉、木锉、钳子（包括剪钳）、镊子、白铁剪、切管器、螺栓切头器、打孔冲子及类似手工工具：**											
8203.1000	- 钢锉、木锉及类似工具	10.5	50		17	9	千克/把			0		0
8203.2000	- 钳子（包括剪钳）、镊子及类似工具	10.5	50		17	9	千克/把			0		0
8203.3000	- 白铁剪及类似工具	10.5	50		17	9	千克/把			0		0
8203.4000	- 切管器、螺栓切头器、打孔冲子及类似工具	10.5	50		17	9	千克/把			0		0
82.04	**手动扳手及扳钳（包括转矩扳手，但不包括丝锥扳手）；可互换的扳手套筒，不论是否带手柄：**											
	- 手动扳手及扳钳：											
8204.1100	-- 固定的	10.5	50		17	9	千克/把			0		0
8204.1200	-- 可调的	10	50		17	9	千克/把			0		0
8204.2000	- 可互换的扳手套筒，不论是否带手柄	10	50		17	9	千克/套			0		0
82.05	**其他税目未列名的手工工具（包括玻璃刀）；喷灯；台钳、夹钳及类似品，但作为机床附件或零件的除外；砧；轻便锻炉；带支架的手摇或脚踏砂轮：**											
8205.1000	- 钻孔或攻丝工具	10	50		17	9	千克/个			0		0
8205.2000	- 锤子	10	50		17	9	千克/个			0		0
8205.3000	- 木工用刨子、凿子及类似切削工具	10.5	50		17	9	千克/个			0		0
8205.4000	- 螺丝刀	10.5	50		17	9	千克/个			0		0
	- 其他手工工具（包括玻璃刀）：											
8205.5100	-- 家用工具	10.5	50		17	9	千克/个			0		0
8205.5900	-- 其他	10	50		17	9	千克/个			0	8.5	0
8205.6000	- 喷灯	10	50		17	9	千克/个			0		0
8205.7000	- 台钳、夹钳及类似品	10.5	50		17	9	千克/个			0		0
8205.9000	- 其他，包括由本税目项下两个或多个子目所列物品组成的成套货品	10.5	50		17	9	千克			0		0
82.06	**由税目82.02至82.05中两个或多个税目所列工具组成的零售包装成套货品：**											
8206.0000	由税目82.02至82.05中两个或多个税目所列工具组成的零售包装成套货品	10.5	50		17	9	千克			0		0
82.07	**手工工具（不论是否有动力装置）及机床（例如，锻压、冲压、攻丝、钻孔、镗孔、铰孔及铣削、车削或上螺丝用的机器）的可互换工具，包括金属拉拔或挤压用模以及凿岩或钻探工具：**											
	- 凿岩或钻探工具：											
8207.1300	-- 带有金属陶瓷制的工作部件	8	20		17	13	千克			0		0
	-- 其他，包括部件：											
8207.1910	--- 带有天然或合成金刚石、立方氮化硼制的工作部件	8	20		17	13	千克			0		0

协定税率 %										特惠税率 %				Article Description
巴基斯坦	冰岛	哥斯达黎	秘鲁	新西兰	瑞士	新加坡	韩国	澳大利亚	港澳台	老挝	孟加拉	33 国	7 国	
5	0	0	0	0	5.6		6.4	4.8			0	0	0	--- Other
														- Circular saw blades (including slitting or slotting saw blades):
5	0	0	0	0	3.2		6.4	4.8			0	0	0	-- With working part of steel
														-- Other, including parts:
5	0	0	0	0	3.2		4.8	4.8	0//		0	0	0	--- With working part of natural or synthetic diamonds or cubic boron nitride
5	0	0	0	0	3.2		4.8	4.8	0//		0	0	0	--- Other
5	0	0	0	0	5.6		4.8	4.8			0	0	0	- Chain saw blades
														- Other saw blades:
														-- Straight saw blades, for working metal:
5	0	0	0	0	5.6		6.4	4.8			0	0	0	--- For sawing machines
5	0	0	0	0	5.6		4.8	4.8			0	0	0	--- Other
														-- Other:
5	0	0	0	0	5.9		6.7	5			0	0	0	--- For sawing machines
5	0	0	0	0	7.4	0	8.4	6.3				0	0	--- Other
														Files, rasps, pliers (including cutting pliers), pincers, tweezers, metal cutting shears, pipe-cutters, bolt croppers, perforating punches and similar hand tools:
5	0	0	0	0	7.4	0	8.4	6.3			0	0	0	- Files, rasps and similar tools
	0	0	0	0	7.4	0	8.4	6.3	/0/0			0	0	- Pliers (including cutting pliers), pincers, tweezers and similar tools
5	0	0	0	0	7.4	0	8.4	6.3				0	0	- Metal cutting shears and similar tools
5	0	0	0	0	7.4	0	8.4	6.3				0	0	- Pipe-cutters, bolt croppers, perforating punches and similar tools
														Hand-operated spanners and wrenches (including torque meter wrenches but not including tap wrenches); interchangeable spanner sockets, with or without handles:
														- Hand-operated spanners and wrenches:
5	0	0	0	0	7.4	0	8.4	6.3			0	0	0	-- Non-adjustable
5	0	0	0	0	4		8	6	//0		0	0	0	-- Adjustable
5	0	0	0	0	4		8	6				0	0	- Interchangeable spanner sockets, with or without handles
														Hand tools (including glaziers diamonds), not elsewhere specified or included; blow lamps; vices, clamps and the like, other than accessories for and parts of, machine tools; anvils; portable forges; hand or pedal operated grinding wheels with frame-works:
5	0	0	0	0	4		8	6				0	0	- Drilling, threading or tapping tools
5	0	0	0	0	4		8	6	//0		0	0	0	- Hammers and sledge hammers
5	0	0	0	0	7.4	0	8.4	6.3				0	0	- Planes, chisels, gouges and similar cutting tools for working wood
5	0	0	0	0	7.4	0	8.4	6.3	//0		0	0	0	- Screwdrivers
														- Other hand tools (including glaziers diamonds):
5	0	0	0	0	7.4	0	8.4	6.3				0	0	-- Household tools
5	0	0	0	0	7		8	6	//0			0	0	-- Other
5	0	0	0	0	7		8	6				0	0	- Blow lamps
5	0	0	0	0	7.6	0	8.4	6.3				0	0	- Vices, clamps and the like
5	0	0	0	0	7.4	0	8.4	6.3				0	0	- Other, including sets of articles of two or more Subheadings of this heading
														Tools of two or more of the headings No. 82.02 to 82.05, put up in sets for retail sale:
5	0	0	0	0	7.9	0	8.4	6.3				0	0	Tools of two or more of the headings No. 82.02 to 82.05, put up in sets for retail sale
														Interchangeable tools for hand tools, whether or not power-operated, or for machine-tools (for example, for pressing, stamping, punching, tapping, threading, drilling, boring, broaching, milling, turning or screw driv-ing), including dies for drawing or extruding metal, and rock drilling or earth boring tools:
														- Rock drilling or earth boring tools:
5	0	0	0	0	3.2		4.8	4.8			0	0	0	-- With working part of cermets
														-- Other, including parts:
5	0	0	0	0	3.2		4.8	4.8			0	0	0	--- With working part of natural or synthetic diamonds or cubic boron nitride

税号	货品名称	进口关税 %			增值/消费税%	出口退税%	统计计量单位	监管证件代码	检验检疫类别	协定税率 %		
		最惠国	普通	年内暂定						东盟	亚太	智利
8207.1990	--- 其他	8	20		17	13	千克			0		0
	- 金属拉拔或挤压用模：											
8207.2010	--- 带有天然或合成金刚石、立方氮化硼制的工作部件	8	20		17	13	千克/套			0		0
8207.2090	--- 其他	8	20		17	13	千克/套			0		0
8207.3000	- 锻压或冲压工具											
82073000.10	加工小轿车车身冲压件用的4种关键模具(侧围外板、翼子板、拼接整体侧围内板、拼焊整体侧围加强板用模具)	8	20	6	17	13	千克			0	6.8	0
82073000.20	加工小轿车车身冲压件用的4种特种模具(σb≥980N/mm²的冷冲压、热成型、内高压成型和铝板用模具)	8	20	6	17	13	千克			0	6.8	0
82073000.90	其他锻压或冲压工具	8	20		17	13	千克			0	6.8	0
8207.4000	- 攻丝工具	8	20		17	13	千克/件			0		0
	- 钻孔工具，但凿岩及钻探用的除外：											
8207.5010	--- 带有天然或合成金刚石、立方氮化硼制的工作部件	8	20		17	13	千克/件			0		0
8207.5090	--- 其他	8	20		17	13	千克/件			0		0
	- 镗孔或铰孔工具：											
8207.6010	--- 带有天然或合成金刚石、立方氮化硼制的工作部件	8	20		17	13	千克/件			0		0
8207.6090	--- 其他	8	20		17	13	千克/件			0		0
	- 铣削工具：											
8207.7010	--- 带有天然或合成金刚石、立方氮化硼制的工作部件	8	20		17	13	千克/件			0		0
8207.7090	--- 其他	8	20		17	13	千克/件			0		0
	- 车削工具：											
8207.8010	--- 带有天然或合成金刚石、立方氮化硼制的工作部件	8	20		17	13	千克/件			0	6.8	0
8207.8090	--- 其他	8	20		17	13	千克/件			0	6.8	0
	- 其他可互换工具：											
8207.9010	--- 带有天然或合成金刚石、立方氮化硼制的工作部件	8	20		17	13	千克/件			0	6.8	0
8207.9090	--- 其他	8	20		17	13	千克/件			0	6.8	0
82.08	**机器或机械器具的刀及刀片：**											
	- 金属加工用：											
	--- 硬质合金制的：											
8208.1011	----经镀或涂层的	8	20		17	13	千克			0		0
8208.1019	----其他	8	20		17	13	千克			0		0
8208.1090	--- 其他	8	20		17	5	千克			0		0
8208.2000	- 木器（材）加工用	8	20		17	5	千克			0		0
8208.3000	- 厨房器具或食品工业机器用	8	20		17	5	千克	A	R/	0		0
8208.4000	- 农业、园艺或林业机器用	8	20		13	5	千克			0		0
8208.9000	- 其他	8	20		17	5	千克			0	7.2	0
82.09	**未装配的工具用金属陶瓷板、杆、刀头及类似品：**											
8209.0010	--- 板	8	20		17	13	千克			0	7.2	0
	--- 条、杆：											
8209.0021	----晶粒度小于0.8微米的	8	20		17	13	千克			0	7.2	0
8209.0029	----其他	8	20		17	13	千克			0	7.2	0
8209.0030	--- 刀头	8	20		17	13	千克			0	7.2	0
8209.0090	--- 其他	8	20		17	13	千克			0	7.2	0
82.10	**用于加工或调制食品或饮料的手动机械器具，重量不超过10千克：**											
8210.0000	用于加工或调制食品或饮料的手动机械器具，重量不超过10千克	18	80		17	5	千克	A	R/	0	16.2	0
82.11	**有刃口的刀及其刀片，不论是否有锯齿（包括整枝刀），但税目82.08的刀除外：**											

协定税率 %											特惠税率 %			Article Description
巴基斯坦	冰岛	哥斯达黎	秘鲁	新西兰	瑞士	新加坡	韩国	澳大利亚	港澳台	老挝	孟加拉	33国	7国	
5	0	0	0	0	3.2		6.4	4.8			0	0	0	--- Other
														- Dies for drawing or extruding metal:
5	0	0	0	0	3.2		4.8	4.8	//0		0	0	0	--- With working part of natural or synthetic diamonds or cubic boron nitride
5	0	0	0	0	5.6		4.8	4.8	//0		0	0	0	--- Other
														- Tools for pressing, stamping or punching
5	0	0	0	0	3.2		6.9	4.8	0//0		0	0	0	Four kinds of key molds used for processing stamping or punching parts of autimotive body(frank outer plate ,fender,the whole splice frank inner plate,the whole weld frank belaying cleat,used for matrix)
5	0	0	0	0	3.2		6.9	4.8	0//0		0	0	0	Four kinds of special molds used for processing stamping or punching parts of autimotive body(σb≥980N/mm^2,molds of cold stamping, thermoforming,inner high pressure forming and used for aluminium sheet)
5	0	0	0	0	3.2		6.9	4.8	0//0		0	0	0	Other tools for pressing, stamping or punching
5	0	0	0	0	3.2			4.8	//0		0	0	0	- Tools for tapping or threading
														- Tools for drilling, other than for rock drilling:
5	0	0	0	0	0			4.8	0//0		0	0	0	--- With working part of natural or synthetic diamonds or cubic boron nitride
5	0	0	0	0	3.2			4.8	0//0		0	0	0	--- Other
														- Tools for boring or broaching:
5	0	0	0	0	3.2			4.8	//0		0	0	0	--- With working part of natural or synthetic diamonds or cubic boronnitride
5	0	0	0	0	3.2		6.9	4.8			0	0	0	--- Other
														- Tools for milling:
5	0	0	0	0	3.2			4.8	0//0		0	0	0	--- With working part of natural or synthetic diamonds or cubic boronnitride
5	0	0	0	0	3.2			4.8	0//0		0	0	0	--- Other
														- Tools for turning:
5	0	0	0	0	3.2		6.8	4.8	//0		0	0	0	--- With working part of natural or synthetic diamonds or cubic boronnitride
5	0	0	0	0	3.2		6.8	4.8	//0		0	0	0	--- Other
														- Other interchangeable tools:
5	0	0	0	0	3.2		6.8	4.8	0//0		0	0	0	--- with working part of natural or synthetic diamonds or cubic boron nitride
5	0	0	0	0	5.6		6.8	4.8	0//0		0	0	0	--- Other
														Knives and cutting blades, for machines or for mechanical appliances:
														- For metal working:
														--- Of metal carbides:
5	0	0	0	0	5.6		6.9	4.8	0//			0	0	----Plated or coated
5	0	0	0	0	5.6		6.9	4.8	0//			0	0	----Other
5	0	0	0	0	5.6		6.9	4.8	0//			0	0	--- Other
5	0	0	0	0	3.2		4.8	4.8	//0		0	0	0	- For wood working
5	0	0	0	0	3.2		6.4	4.8			0	0	0	- For kitchen appliances or for machines used by the food industry
5	0	0	0	0	5.6		4.8	4.8	//0			0	0	- For agricultural, horticultural or forestry machines
5	0	0	0	0	5.6		4.8	4.8	//0			0	0	- Other
														Plates, sticks, tips and the like for tools, unmounted, of cermets:
5	0	0	0	0	3.2		6.4	4.8			0	0	0	--- Plates
														--- Bars, sticks:
5	0	0	0	0	5.6		4.8	4.8			0	0	0	----Grain size<0.8um
5	0	0	0	0	5.6		4.8	4.8			0	0	0	----Other
5	0	0	0	0	3.2		6.9	4.8			0	0	0	--- Tips
5	0	0	0	0	3.2		4.8	4.8			0	0	0	--- Other
														Hand-operated mechanical appliances, weighing 10kg or less, used in the preparation, conditioning or serving of food or drink:
14.4	0	0	5.4	0	12.6	0	14.4	10.8	/0/			0	0	Hand-operated mechanical appliances, weighing 10kg or less, used in the preparation, conditioning or serving of food or drink
														Knives with cutting blades, serrated or not （including pruning knives), other than knives of heading No.82.08, and blades therefor:

税号	货品名称	进口关税 % 最惠国	普通	年内暂定	增值/消费税%	出口退税%	统计计量单位	监管证件代码	检验检疫类别	协定税率 % 东盟	亚太	智利
8211.1000	- 成套货品	18	80	10	17	9	千克/套			0		0
	- 其他:											
8211.9100	-- 刃面固定的餐刀	18	80	10	17	9	千克/把	A	R/	0		0
8211.9200	-- 刃面固定的其他刀	12	80		17	9	千克/把			0		0
8211.9300	-- 可换刃面的刀	18	80	10	17	9	千克/把			0		0
8211.9400	-- 刀片	14	80		17	9	千克			0		0
8211.9500	-- 贱金属制的刀柄	12	80		17	5	千克			0		0
82.12	**剃刀及其刀片(包括未分开的刀片条):**											
8212.1000	- 剃刀	12	80		17	9	千克/把			0		0
8212.2000	- 安全刀片,包括未分开的刀片条	14	80		17	9	千克/片			0		0
8212.9000	- 其他零件	12	80		17	9	千克			0		0
82.13	**剪刀、裁缝剪刀及类似品、剪刀片:**											
8213.0000	剪刀、裁缝剪刀及类似品、剪刀片	12	80		17	9	千克			0	10.8	0
82.14	**其他利口器(例如,理发推剪、屠刀、砍骨刀、切肉刀、切菜刀、裁纸刀);修指甲及修脚用具(包括指甲锉):**											
8214.1000	- 裁纸刀、开信刀、改错刀、铅笔刀及其刀片	12	80		17	5	千克			0	10.8	0
8214.2000	- 修指甲及修脚用具(包括指甲锉)	18	90		17	9	千克			0	16.2	0
8214.9000	- 其他											
82149000.10	切菜刀等厨房用利口器	18	80		17	9	千克	A	R/	0		0
82149000.90	理发推子等其他利口器	18	80		17	9	千克			0		0
82.15	**餐匙、餐叉、长柄勺、漏勺、糕点夹、鱼刀、黄油刀、糖块夹及类似的厨房或餐桌用具:**											
8215.1000	- 成套货品,至少其中一件物品是镀贵金属的	18	80		17	5	千克	A	R/	0		0
8215.2000	- 其他成套货品	18	80		17	9	千克	A	R/	0		0
	- 其他:											
8215.9100	-- 镀贵金属的	18	80		17	5	千克	A	R/	0		0
8215.9900	-- 其他	18	80	10	17	9	千克	A	R/	0		0

协定税率 %										特惠税率 %				Article Description
巴基斯坦	冰岛	哥斯达黎	秘鲁	新西兰	瑞士	新加坡	韩国	澳大利亚	港澳台	老挝	孟加拉	33 国	7 国	
0	0	0	5.4	0	12.6	0	14.4	10.8				0	0	- Sets of assorted articles
														- Other:
0	0	0	5.4	0	12.6	0	14.4	10.8				0	0	-- Table knives having fixed blades
0	0	0	0	0	9	0	9.6	7.2			0	0	0	-- Other knives having fixed blades
0	0	0	5.4	0	7.2	0	14.4	10.8				0	0	-- Knives having other than fixed blades
0	0	0	0	0	9.8	0	11.2	8.4				0	0	-- Blades
0	0	0	0	0	8.6	0	9.6	7.2			0	0	0	-- Handles of base metal
														Razors and razor blades (including razor blade blanks in strips):
0	0	0	0	0	8.4	0	9.6	7.2			0	0	0	- Razors
0	0	0	0	0	9.8	0	11.2	8.4				0	0	- Safety razor blades, including razor blade blanks in strips
0	0	0	0	0	8.4	0	9.6	7.2			0	0	0	- Other parts
														Scissors, tailors shears and similar shears, and blades therefor:
0	0	0	0	0	8.4	0	9.6	7.2			0	0	0	Scissors, tailors shears and similar shears, and blades therefor
														Other articles of cutlery (for example, hair clippers, butchers or kitchen cleavers, choppers and mincing knives, paper knives); manicure or pedicure sets and instruments (including nail files):
5	0	0	0	0	8.4	0	9.6	7.2			0	0	0	- Paper knives, letter openers, erasing knives, pencil sharpeners and blades therefor
16.2	0	0	5.4	0	12.6	0	14.4	10.8			0	0	0	- Manicure or pedicure sets and instruments (including nail files)
														- Other
	0	0	5.4	0	12.6	0	14.4	10.8				0	0	Kitchen cleavers, choppers, mincing knives and other articles of cutlery
	0	0	5.4	0	12.6	0	14.4	10.8				0	0	Hair clippers and other articles of cutlery
														Spoons, forks, ladles, skimmers, cakeserv-ers, fish-knives, butter-knives, sugar tongs and similar kitchen or tableware:
0	0	0	5.4	0	12.6	0	14.4	10.8				0	0	- Sets of assorted articles containing at least one article plated with precious metal
0	0	0	5.4	0	12.6	0	14.4	10.8				0	0	- Other sets of assorted articles
														- Other:
0	0	0	5.4	0	12.6	0	14.4	10.8				0	0	-- Plated with precious metal
0	0	0	5.4	0	12.6	0	14.4	10.8	0//		0	0	0	-- Other

第八十三章 贱金属杂项制品

注释：

一、在本章，贱金属零件应与制品一同归类。但税目 73.12、73.15、73.17、73.18 及 73.20 的钢铁制品或其他贱金属（第七十四章至第七十六章及第七十八章至第八十一章）制的类似物品不应视为本章制品的零件。

二、税目 83.02 所称“脚轮”，是指直径（对于有胎的，连胎计算在内，下同）不超过 75 毫米的或直径虽超过 75 毫米，但所装轮或胎的宽度必须小于 30 毫米的脚轮。

税号	货品名称	进口关税 %			增值/消费税%	出口退税%	统计计量单位	监管证件代码	检验检疫类别	协定税率 %		
		最惠国	普通	年内暂定						东盟	亚太	智利
83.01	**贱金属制的锁（钥匙锁、数码锁及电动锁）；贱金属制带锁的扣环及扣环框架；上述锁的贱金属制钥匙：**											
8301.1000	- 挂锁	14	80		17	9	千克/把			0		0
	- 机动车用锁：											
8301.2010	--- 中央控制门锁	10	80		17	13	千克/套		+L			0
8301.2090	--- 其他	10	80		17	9	千克/套		+L			0
8301.3000	- 家具用锁	14	80		17	9	千克/个			0		0
8301.4000	- 其他锁	14	80		17	9	千克/个			0		0
8301.5000	- 带锁的扣环及扣环框架	14	80		17	9	千克			0		0
8301.6000	- 零件	12	80		17	9	千克			0		0
8301.7000	- 钥匙	10	80		17	9	千克			0		0
83.02	**用于家具、门窗、楼梯、百叶窗、车厢、鞍具、衣箱、盒子及类似品的贱金属附件及架座；贱金属制帽架、帽钩、托架及类似品；用贱金属做支架的小脚轮；贱金属制的自动闭门器：**											
8302.1000	- 铰链（折叶）	10	80		17	5	千克		+L	0		0
8302.2000	- 小脚轮	12	80		17	9	千克			0		0
8302.3000	- 机动车辆用的其他附件及架座	10	80		17	5	千克		+L	0		0
	- 其他附件及架座：											
8302.4100	-- 建筑用	14	80		17	5	千克			0		0
8302.4200	-- 其他，家具用	12	80		17	5	千克			0		0
8302.4900	-- 其他	12	80		17	5	千克			0		0
8302.5000	- 帽架、帽钩、托架及类似品	14	80		17	9	千克			0		0
8302.6000	- 自动闭门器	12	80		17	5	千克/个			0		0
83.03	**装甲或加强的贱金属制保险箱、保险柜及保险库的门和带锁保险储存橱、钱箱、契约箱及类似品：**											
8303.0000	装甲或加强的贱金属制保险箱、保险柜及保险库的门和带锁保险储存橱、钱箱、契约箱及类似品	14	50		17	5	千克/个		+L	0		0
83.04	**贱金属制的档案柜、卡片索引柜、文件盘、文件篮、笔盘、公章架及类似的办公用具，但税目 94.03 的办公室家具除外：**											
8304.0000	贱金属制的档案柜、卡片索引柜、文件盘、文件篮、笔盘、公章架及类似的办公用具，但税目 94.03 的办公室家具除外	10.5	80		17	5	千克			0		0
83.05	**活页夹、卷宗夹的贱金属附件，贱金属制的信夹、信角、文件夹、索引标签及类似的办公用品；贱金属制的成条订书钉（例如，供办公室、室内装饰或包装用）：**											
8305.1000	- 活页夹或卷宗夹的附件	10.5	80		17	5	千克			0		0
8305.2000	- 成条订书钉	10.5	80		17	5	千克			0		0
8305.9000	- 其他，包括零件	10.5	80		17	5	千克			0		0
83.06	**非电动的贱金属铃、钟、锣及类似品；贱金属雕塑像及其他装饰品；贱金属相框或画框及类似框架；贱金属镜子：**											

Chapter 83　Miscellaneous articles of base metal

Chapter Notes:

1. For the purposes of this Chapter, parts of base metal are to be classified with their parent articles. However, articles of iron or steel of heading 73.12, 73.15, 73.17, 73.18 or 73.20, or similar articles of other base metal (Chapters 74 to 76 and 78 to 81) are not to be taken as parts of articles of this Chapter.

2. For the purposes of heading 83.02, the word "castors" means those having a diameter (including, where appropriate, tyres) not exceeding 75 mm, or those having a diameter (including, where appropriate, tyres) exceeding 75 mm provided that the width of the wheel or tyre fitted thereto is less than 30 mm.

协定税率 %										特惠税率 %				Article Description
巴基斯坦	冰岛	哥斯达黎	秘鲁	新西兰	瑞士	新加坡	韩国	澳大利亚	港澳台	老挝	孟加拉	33 国	7 国	
														Padlocks and locks （ key, combination or electrically operated), of base metal;clasps and frames with clasps, incorporating locks, of base metal;keys for any of the foregoing articles, of base metal:
11.2	0	0	0	0	9.8	0	11.2	8.4				0	0	- Padlocks
														- Locks of a kind used for motor vehicles:
	0	0	0	0	4		9	6			0	0	0	--- Central control door lock
	0	0	0	0	4		9	6			0	0	0	--- Other
11.2	0	0	0	0	9.8	0	11.2	8.4			0	0	0	- Locks of a kind used for furniture
11.2	0	0	0	0	9.8	0	11.2	8.4			0	0	0	- Other locks
11.2	0	0	0	0	9.8	0	11.2	8.4	0//			0	0	- Clasps and frames with clasps, incorporating locks
6	0	0	0	0	8.4	0	9.6	7.2			0	0	0	- Parts
5	0	0	0	0	4		8.6	6			0	0	0	- Keys presented separately
														Base metal mountings, fittings and similar articles suitable for furniture, doors, staircases, windows, blinds, coachwork, saddlery, trunks, chests, caskets, or the like; base metal hat-racks, hat-pegs, brackets and similar fixtures; castors with mountings of base metal;automatic door closers of base metal:
5	0	0	0	0	4		6	6	0//		0	0	0	- Hinges
6	0	0	0	0	8.4	0	9.6	7.2			0	0	0	- Castors
5	0	0	0	0	4		8.6	6			0	0	0	- Other mountings, fittings and similar ticles suitable for motor vehicles
														- Other mountings, fittings and similar articles:
11.2	0	0	0	0	9.8	0	11.2	8.4				0	0	-- Suitable for buildings
6	0	0	0	0	8.4	0	9.6	7.2			0	0	0	-- Other, suitable for furniture
6	0	0	0	0	8.4	0	9.6	7.2			0	0	0	-- Other
11.2	0	0	0	0	9.8	0	11.2	8.4				0	0	- Hat-racks, hat-pegs, brackets and similar fixtures
6	0	0	0	0	8.4	0	9.6	7.2			0	0	0	- Automatic door closets
														Armoured or reinforced safes, strongboxes and doors and safe deposit lockers for strong-rooms, cash or deed boxes and the like, of base metal:
11.2	0	0	0	0	9.8	0	11.2	8.4				0	0	Armoured or reinforced safes, strong boxes and doors and safe deposit lockers for strong-rooms, cash or deed boxes and the like, of base metal
														Filing cabinets, card-index cabinets, paper trays, paper rests, pen trays, office-stamp stands and similar office or desk equipment, of base metal, other than office furniture of heading No.94.03:
5	0	0	0	0	7.4	0	8.4	6.3	0//		0	0	0	Filing cabinets, card-index cabinets, paper trays, paper rests, pen trays, office-stamp stands and similar office or desk equipment, of base metal, other than office furniture of heading No.94.03
														Fittings for loose-leaf binders or files, letter clips, letter corners, paper clips, indexing tags and similar office articles, of base metal; staples in strips（for example, for offices, upholstery, packaging), of base metal:
5	0	0	0	0	7.4	0	8.4	6.3			0	0	0	- Fittings for loose-leaf binders of files
5	0	0	0	0	7.4	0	8.4	6.3			0	0	0	- Staples in strips
5	0	0	0	0	7.4	0	8.4	6.3	0//		0	0	0	- Other, including parts
														Bells, gongs and the like, non-electric, of base metal;statuettes and other ornaments, of base metal; photograph, picture or similar frames, of base metal; mirrors of base metal:

税号	货品名称	进口关税 %			增值/消费税%	出口退税%	统计计量单位	监管证件代码	检验检疫类别	协定税率 %		
		最惠国	普通	年内暂定						东盟	亚太	智利
8306.1000	- 铃、钟、锣及类似品	8	80		17	5	千克			0		0
	- 雕塑像及其他装饰品：											
8306.2100	-- 镀贵金属的	8	100		17	5	千克			0		0
	-- 其他：											
8306.2910	--- 景泰蓝的	8	100		17	9	千克			0		0
8306.2990	--- 其他	8	100		17	13	千克			0		0
8306.3000	- 相框、画框及类似框架；镜子	8	100		17	5	千克			0		0
83.07	**贱金属软管，不论是否有附件：**											
8307.1000	- 钢铁制	8.4	35		17	5	千克			0		0
8307.9000	- 其他贱金属制	8.4	35		17	5	千克			0		0
83.08	**贱金属制的扣、钩、环、眼及类似品，用于衣着、鞋靴、天篷、提包、旅行用品或其他制成品；贱金属制的管形铆钉及开口铆钉；贱金属制的珠子及亮晶片：**											
8308.1000	- 钩、环及眼	10.5	80		17	9	千克			0		0
8308.2000	- 管形铆钉及开口铆钉	10.5	80		17	5	千克			0		0
8308.9000	- 其他，包括零件	10.5	80		17	5	千克			0		0
83.09	**贱金属制的塞子、盖子（包括冠形瓶塞、螺口盖及倒水塞）、瓶帽、螺口塞、塞子帽、封志及其他包装用附件：**											
8309.1000	- 冠形瓶塞	18	90		17	5	千克			0		0
8309.9000	- 其他	12	80		17	5	千克			0		0
83.10	**贱金属制的标志牌、铭牌、地名牌及类似品、号码、字母及类似标志，但税目94.05的货品除外：**											
8310.0000	贱金属制的标志牌、铭牌、地名牌及类似品、号码、字母及类似标志，但税目94.05的货品除外	18	80		17	5	千克			0		0
83.11	**贱金属或硬质合金制的丝、条、管、板、电极及类似品，以焊剂涂面或以焊剂为芯，用于焊接或沉积金属、硬质合金；贱金属粉粘聚而成的丝或条，供金属喷镀用：**											
8311.1000	- 以焊剂涂面的贱金属制电极，电弧焊用	8	30		17	13	千克			0		0
8311.2000	- 以焊剂为芯的贱金属制焊丝，电弧焊用	8	30		17	13	千克			0		0
8311.3000	- 以焊剂涂面或以焊剂为芯的贱金属条或丝，钎焊或气焊用	8	30		17	13	千克			0		0
8311.9000	- 其他	8	30		17	13	千克			0	5.6	0

协定税率 %										特惠税率 %				Article Description
巴基斯坦	冰岛	哥斯达黎	秘鲁	新西兰	瑞士	新加坡	韩国	澳大利亚	港澳台	老挝	孟加拉	33 国	7 国	
5	0	0	0	0	3.2		6.4	4.8			0	0	0	- Bells, gongs and the like
														- Statuettes and other ornaments:
5	0	0	0	0	3.2		4.8	4.8			0	0	0	-- Plated with precious metal
														-- Other:
5	0	0	0	0	3.2		4.8	4.8			0	0	0	--- Cloisonne
5	0	0	0	0	3.2	0	6.4	4.8			0	0	0	--- Other
5	0	0	0	0	3.2		6.4	4.8			0	0	0	- Photograph, picture or similar frames; mirrors
														Flexible tubing of base metal, with or without fittings:
5	0	0	0	0	5.9		6.7	5			0	0	0	- Of iron or steel
5	0	0	0	0	3.36		6.7	5	0//		0	0	0	- Of other base metal
														Clasps, frames with clasps, buckles, buckle-clasps, hooks, eyes, eyelets and the like, of base metal, of a kind used for clothing, footwear, awnings, handbags, travel goods or other made up articles; tubular or bifurcated rivets, of base metal;beads and spangles, of base metal:
5	0	0	0	0	7.4	0	9.4	6.3	0//		0	0	0	- Hooks, eyes and eyelets
5	0	0	0	0	7.4	0	8.4	6.3	0//		0	0	0	- Tubular or bifurcated rivets
5	0	0	0	0	7.4	0	9.4	6.3	0//		0	0	0	- Other, including parts
														Stoppers, caps and lids （including crown corks, screw caps and pouring stoppers), capsules for bottles, threaded bungs, bung covers, seals and other packing accessories, of base metal:
14.4	0	0	0	0	12.6	0	14.4	10.8	0//			0	0	- Crown corks
6	0	0	0	0	8.4	0	9.6	7.2	0//		0	0	0	- Other
														Sign-plates, name-plates, address plates and similar plates, numbers, letters and other symbols, of base metal, excluding those of heading No. 94.05:
	0	0	5.4	0	12.6	0	14.4	10.8				0	0	Sign-plates, name-plates, address-plates and similar plates, numbers, letters and other symbols, of base metal, excluding those of heading No. 94.05
														Wire, rods, tubes, plates, electrodes and similar products, of base metal or of metal carbides, coated or cored with flux material, of a kind used for soldering, brazing, welding or deposition of metal or of metal carbides;wire and rods, of agglomerated basemetal powder, used for metal spraying:
5	0	0	0	0	3.2		4.8	4.8	0//		0	0	0	- Coated electrodes of base metal, for electric arc-welding
5	0	0	0	0	3.2		6.9	4.8	0//		0	0	0	- Cored wire of base metal, for electric arcwelding
5	0	0	0	0	3.2			4.8	0//		0	0	0	- Coated rods and cored wire, of base metal, for soldering, brazing or welding by flame
5	0	0	0	0	3.2		4.8	4.8	0//		0	0	0	- Other

第十六类　机器、机械器具、电气设备及其零件；录音机及放声机、电视图像、声音的录制和重放设备及其零件、附件

注释：

一、本类不包括：

（一）第三十九章的塑料或税目 40.10 的硫化橡胶制的传动带、输送带；除硬质橡胶以外的硫化橡胶制的机器、机械器具、电气器具或其他专门技术用途的物品（税目 40.16）；

（二）机器、机械器具或其他专门技术用途的皮革、再生皮革（税目 42.05）或毛皮（税目 43.03）的制品；

（三）各种材料（例如，第三十九章、第四十章、第四十四章、第四十八章及第十五类的材料）制的筒管、卷轴、纡子、锥形筒管、芯子、线轴及类似品；

（四）提花机及类似机器用的穿孔卡片（例如，归入第三十九章、第四十八章或第十五类的）；

（五）纺织材料制的传动带、输送带及其带料（税目 59.10）或专门技术用途的其他纺织材料制品（税目 59.11）；

（六）税目 71.02 至 71.04 的宝石或半宝石（天然、合成或再造）或税目 71.16 的完全以宝石或半宝石制成的物品，但已加工未装配的唱针用蓝宝石和钻石除外（税目 85.22）；

（七）第十五类注释二所规定的贱金属制通用零件（第十五类）及塑料制的类似品（第三十九章）；

（八）钻管（税目 73.04）；

（九）金属丝、带制的环形带（第十五类）；

（十）第八十二章或第八十三章的物品；

（十一）第十七类的物品；

（十二）第九十章的物品；

（十三）第九十一章的钟、表及其他物品；

（十四）税目 82.07 的可互换工具及作为机器零件的刷子（税目 96.03）；类似的可互换工具应按其构成工作部件的材料归类（例如，归入第四十章、第四十二章、第四十三章、第四十五章、第五十九章或税目 68.04、69.09）；

（十五）第九十五章的物品；或

（十六）打字机色带或类似色带，不论是否带轴或装盒（应按其材料属性归类；如已上油或经其他方法处理能着色的，应归入税目 96.12）。

二、除本类注释一、第八十四章注释一及第八十五章注释一另有规定的以外，机器零件（不属于税目 84.84、85.44、85.45、85.46 或 85.47 所列物品的零件）应按下列规定归类：

（一）凡在第八十四章、第八十五章的税目（税目 84.09、84.31、84.48、84.66、84.73、84.87、85.03、85.22、85.29、85.38 及 85.48 除外）列名的货品，均应归入该两章的相应税目；

（二）专用于或主要用于某一种机器或同一税目的多种机器（包括税目 84.79 或 85.43 的机器）的其他零件，应与该种机器一并归类，或酌情归入税目 84.09、84.31、84.48、84.66、84.73、85.03、85.22、85.29 或 85.38。但能同时主要用于税目 85.17 和 85.25 至 85.28 所列机器的零件，应归入税目 85.17；

（三）所有其他零件应酌情归入税目 84.09、84.31、84.48、84.66、84.73、85.03、85.22、85.29 或 85.38，如不能归入上述税目，则应归入税目 84.87 或 85.48。

三、由两部及两部以上机器装配在一起形成的组合式机器，或具有两种及两种以上互补或交替功能的机器，除条文另有规定的以外，应按具有主要功能的机器归类。

SECTION XVI　MACHINERY AND MECHANICAL APPLIANCES; ELECTRICAL EQUIPMENT; PARTS THEREOF; SOUND RECORDERS AND REPRODUCERS, TELEVISION IMAGE AND SOUND RECORDERS AND REPRODUCERS, AND PARTS AND ACCESSORIES OF SUCH ARTICLES

Section Notes:

1. This Section does not cover:

(a) Transmission or conveyor belts or belting, of plastics of Chapter 39, or of vulcanised rubber (heading 40.10), or other articles of a kind used in machinery or mechanical or electrical appliances or for other technical uses, of vulcanised rubber other than hard rubber (heading 40.16);

(b) Articles of leather or of composition leather (heading 42.05) or of furskin (heading 43.03), of a kind used in machinery or mechanical appliances or for other technical uses;

(c) Bobbins, spools, cops, cones, cores, reels or similar supports, of any material (for example, Chapter 39, 40, 44 or 48 or Section XV);

(d) Perforated cards for Jacquard or similar machines (for example, Chapter 39 or 48 or Section XV);

(e) Transmission or conveyor belts or belting of textile material (heading 59.10) or other articles of textile material for technical uses (heading 59.11);

(f) Precious or semi-precious stones (natural, synthetic or reconstructed) of headings 71.02 to 71.04, or articles wholly of such stones of heading 71.16, except unmounted worked sapphires and diamonds for styli (heading 85.22);

(g) Parts of general use, as defined in Note 2 to Section XV, of base metal (Section XV),or similar goods of plastics (Chapter 39);

(h) Drill pipe (heading 73.04);

(ij) Endless belts of metal wire or strip (Section XV);

(k) Articles of Chapter 82 or 83;

(l) Articles of Section XVII;

(m) Articles of Chapter 90;

(n) Clocks, watches or other articles of Chapter 91;

(o) Interchangeable tools of heading 82.07 or brushes of a kind used as parts of machines (heading 96.03); similar interchangeable tools are to be classified according to the constituent material of their working part (for example, in Chapter 40, 42, 43, 45 or 59 or heading 68.04 or 69.09);

(p) Articles of Chapter 95;or

(q) Typewriter or similar ribbons, whether or not on spools or in cartridges (classified according to their constituent material, or in heading 96.12 if inked or otherwise prepared for giving impressions).

2. Subject to Note 1 to this Section, Note 1 to Chapter 84 and Note 1 to Chapter 85, parts of machines (not being parts of the articles of heading 84.84, 85.44, 85.45, 85.46 or 85.47) are to be classified according to the following rules:

(a) Parts which are goods included in any of the headings of Chapters 84 or 85 (other than headings 84.09, 84.31, 84.48, 84.66, 84.73, 84.87, 85.03, 85.22, 85.29, 85.38 and 85.48) are in all cases to be classified in their respective headings;

(b) Other parts, if suitable for use solely or principally with a particular kind of machine, or with a number of machines of the same heading (including a machine of heading 84.79 or 85.43) are to be classified with the machines of that kind or in heading 84.09, 84.31, 84.48, 84.66, 84.73, 85.03, 85.22, 85.29 or 85.38 as appropriate. However, parts which are equally suitable for use principally with the goods of headings 85.17 and 85.25 to 85.28 are to be classified in heading 85.17;

(c) All other parts are to be classified in heading 84.09, 84.31, 84.48, 84.66, 84.73, 85.03, 85.22, 85.29 or 85.38 as appropriate or, failing that, in heading 84.87 or 85.48.

3. Unless the context otherwise requires, composite machines consisting of two or more machines fitted together to form a whole and other machines designed for the purpose of performing two or more complementary or alternative functions are to be classified as if consisting only of that component or as being that machine which performs the principal function.

四、由不同独立部件（不论是否分开或由管道、传动装置、电缆或其他装置连接）组成的机器（包括机组），如果组合后明显具有一种第八十四章或第八十五章某个税目所列功能，则全部机器应按其功能归入有关税目。

五、上述各注释所称“机器”，是指第八十四章或第八十五章各税目所列的各种机器、设备、装置及器具。

第八十四章　核反应堆、锅炉、机器、机械器具及其零件

注释：

一、本章不包括：

（一）第六十八章的石磨、石碾及其他物品；

（二）陶瓷材料制的机器或器具（例如，泵）及供任何材料制的机器或器具用的陶瓷零件（第六十九章）；

（三）实验室用玻璃器（税目 70.17）；玻璃制的机器、器具或其他专门技术用途的物品及其零件（税目 70.19 或 70.20）；

（四）税目 73.21 或 73.22 的物品或其他贱金属制的类似物品（第七十四章至第七十六章或第七十八章至第八十一章）；

（五）税目 85.08 的真空吸尘器；

（六）税目 85.09 的家用电动器具；税目 85.25 的数字照相机；或

（七）非机动的手工操作地板清扫器（税目 96.03）。

二、除第十六类注释三及本章注释九另有规定以外，如果某种机器或器具既符合税目 84.01 至 84.24 中一个或几个税目的规定，或符合税目 84.86 的规定，又符合税目 84.25 至 84.80 中一个或几个税目的规定，则应酌情归入税目 84.01 至 84.24 中的相应税目或税目 84.86，而不归入税目 84.25 至 84.80 中的有关税目。

但税目 84.19 不包括：

（一）催芽装置、孵卵器或育雏器（税目 84.36）；

（二）谷物调湿机（税目 84.37）；

（三）萃取糖汁的浸提装置（税目 84.38）；

（四）纱线、织物及纺织制品的热处理机器（税目 84.51）；或

（五）温度变化（即使必不可少）仅作为辅助功能的机器设备。

税目 84.22 不包括：

（一）缝合袋子或类似品用的缝纫机（税目 84.52）；或

（二）税目 84.72 的办公室用机器。

税目 84.24 不包括：

（一）喷墨印刷（打印）机器（税目 84.43）；或

（二）水射流切割机（税目 84.56）。

三、如果用于加工各种材料的某种机床既符合税目 84.56 的规定，又符合税目 84.57、84.58、84.59、84.60、84.61、84.64 或 84.65 的规定，则应归入税目 84.56。

四、税目 84.57 仅适用于可以完成下列不同形式机械操作的金属加工机床，但车床（包括车削中心）除外：

（一）按照机械加工程序从刀具库或类似装置中自动更换刀具（加工中心）；

（二）同时或顺序地自动使用不同的动力头对固定不动的工件进行加工（单工位组合机床）；或

（三）自动将工件送向不同的动力头（多工位组合机床）。

五、

（一）税目 84.71 所称“自动数据处理设备”，是指具有以下功能的机器：

1. 存储处理程序及执行程序直接需要的起码的数据；

2. 按照用户的要求随意编辑程序；

4. Where a machine (including a combination of machines) consists of individual components (whether separate or interconnected by piping, by transmission devices, by electric cables or by other devices) intended to contribute together to a clearly defined function covered by one of the headings in Chapter 84 or Chapter 85, then the whole falls to be classified in the heading appropriate to that function.
5. For the purposes of these Notes, the expression "machine" means any machine, machinery, plant, equipment, apparatus or appliance cited in the headings of Chapter 84 or 85.

Chapter 84　Nuclear reactors, boilers, machinery and mechanical appliances; parts thereof

Chapter Notes:

1. This Chapter does not cover:

   (a) Millstones, grindstones or other articles of Chapter 68;

   (b) Machinery or appliances (for example, pumps) of ceramic material and ceramic parts of machinery or appliances of any material (Chapter 69);

   (c) Laboratory glassware (heading 70.17); machinery, appliances or other articles for technical uses or parts thereof, of glass (heading 70.19 or 70.20);

   (d) Articles of heading 73.21 or 73.22 or similar articles of other base metals (Chapters 74 to 76 or 78 to 81);

   (e) Vacuum cleaners of heading 85.08;

   (f) Electro-mechanical domestic appliance of heading 85.09;digital cameras of heading 85.25;or

   (g) Hand-operated mechanical floor sweepers, not motorised (heading 96.03).

2. Subject to the operation of Note 3 to Section XVI and subject to Note 9 to this Chapter, a machine or appliance which answers to a description in one or more of the headings 84.01 to 84.24, or heading 84.86 and at the same time to a description in one or other of the headings 84.25 to 84.80 is to be classified under the appropriate heading of the former group or under heading 84.86, as the case may be, and not the latter group.

   Heading 84.19 does not, however, cover:

   (a) Germination plant, incubators or brooders (heading 84.36);

   (b) Grain dampening machines (heading 84.37);

   (c) Diffusing apparatus for sugar juice extraction (heading 84.38);

   (d) Machinery for the heat-treatment of textile yarns, fabrics or made up textile articles (heading 84.51); or

   (e) Machinery or plant, designed for a mechanical operation, in which a change of temperature, even if necessary, is subsidiary.

   Heading 84.22 does not cover:

   (a) Sewing machines for closing bags or similar containers (heading 84.52); or

   (b) Office machinery of heading 84.72.

   Heading 84.24 does not cover:

   (a) Ink-jet printing machines (heading 84.43); or

   (b) Water-jet cutting machines (heading 84.56).

3. A machine-tool for working any material which answers to a description in heading 84.56 and at the same time to a description in heading 84.57, 84.58, 84.59, 84.60, 84.61, 84.64 or 84.65 is to be classified in heading 84.56.

4. Heading 84.57 applies only to machine-tools for working metal, other than lathes (including turning centres), which can carry out different types of machining operations either:

   (a) by automatic tool change from a magazine or the like in conformity with a machining programme (machining centres);

   (b) by the automatic use, simultaneously or sequentially, of different unit heads working on a fixed position workpiece (unit construction machines, single station); or

   (c) by the automatic transfer of the workpiece to different unit heads (multi-station transfer machines).

5.

   (a) For the purposes of heading 84.71, the expression "automatic data processing machines" means machines capable of:

      (i) Storing the processing program or programs and at least the data immediately necessary for the execution of the program;

      (ii) Being freely programmed in accordance with the requirements of the user;

3. 按照用户指令进行算术计算；以及

4. 在运行过程中，可不需人为干预而通过逻辑判断，执行一个处理程序，这个处理程序可改变计算机指令的执行。

（二）自动数据处理设备可以是一套由若干单独部件所组成的系统。

（三）除本条注释（四）及（五）另有规定的以外，一个部件如果符合下列所有规定，即可视为自动数据处理系统的一部分：

1. 专用于或主要用于自动数据处理系统；

2. 可以直接或通过一个或几个其他部件同中央处理器相联接；以及

3. 能够以本系统所使用的方式（代码或信号）接收或传送数据。

自动数据处理设备的部件如果单独报验，应归入税目 84.71。

但是，键盘、X-Y 坐标输入装置及盘（片）式存储部件，只要符合上述注释（三）2 及（三）3 所列的规定，应一律作为税目 84.71 的部件归类。

（四）税目 84.71 不包括单独报验的下述设备，即使它们符合上述注释五（三）的所有规定：

1. 打印机、复印机、传真机，不论是否组合式；

2. 发送或接收声音、图像或其他数据的设备，包括有线或无线网络（例如，局域网或广域网）通信设备；

3. 扬声器及传声器（麦克风）；

4. 电视摄像机、数字照相机及视频摄录一体机；

5. 监视器及投影机，未装有电视接收装置。

（五）装有自动数据处理设备或与自动数据处理设备连接使用，但却从事数据处理以外的某项专门功能的机器，应按其功能归入相应的税目，对于无法按功能归类的，应归入未列名税目。

六、税目 84.82 还包括最大直径及最小直径与标称直径相差均不超过 1% 或 0.05 毫米（以相差数值较小的为准）的抛光钢珠，其他钢珠归入税目 73.26。

七、具有一种以上用途的机器在归类时，其主要用途可作为唯一的用途对待。

除本章注释二、第十六类注释三另有规定的以外，凡任何税目都未列明其主要用途的机器，以及没有哪一种用途是主要用途的机器，均应归入税目 84.79。税目 84.79 还包括将金属丝、纺织纱线或其他各种材料以及它们的混合材料制成绳、缆的机器（例如，捻股机、绞扭机、制缆机）。

八、税目 84.70 所称“袖珍式”，仅适用于外形尺寸不超过 170 毫米 × 100 毫米 × 45 毫米的机器。

九、

（一）第八十五章注释八（一）及（二）同样适用于本条注释及税目 84.86 中所称的“半导体器件”及“集成电路”。但本条注释及税目 84.86 所称“半导体器件”，也包括光敏半导体器件及发光二极管。

（二）本条注释及税目 84.86 所称“平板显示器的制造”，包括将各层基片制造成一层平板，但不包括玻璃的制造或将印刷电路板或其他电子元件装配在平板上。所称“平板显示”不包括阴极射线管技术。

（三）税目 84.86 也包括专用于或主要用于下列用途的机器及装置：

1. 制造或修补掩膜版及投影掩膜版；

2. 组装半导体器件或集成电路；

3. 升降、搬运、装卸单晶柱、晶圆、半导体器件、集成电路及平板显示器。

（四）除第十六类注释一及第八十四章注释一另有规定的以外，符合税目 84.86 规定的设备及装置，应归入该税目而不归入本协调制度的其他税目。

子目注释：

一、子目 8471.49 所称“系统”，是指各部件符合第八十四章注释五（三）所列条件，并且至少由一个中央处理部件、一个输入部件（例如，键盘或扫描器）及一个输出部件（例如，视频显示器或打印机）组成的自动数据处理设备。

(iii) Performing arithmetical computations specified by the user; and

(iv) Executing, without human intervention, a processing program which requires them to modify their execution, by logical decision during the processing run.

(b) Automatic data processing machines may be in the form of systems consisting of a variable number of separate units.

(c) Subject to paragraphs (d) and (e) below, a unit is to be regarded as being part of an automatic data processing system if it meets all of the following conditions:

(i) It is of a kind solely or principally used in an automatic data processing system;

(ii) It is connectable to the central processing unit either directly or through one or more other units; and

(iii) It is able to accept or deliver data in a form (codes or signals) which can be used by the system.

Separately presented units of an automatic data processing machine are to be classified in heading 84.71.

However, keyboards, X-Y co-ordinate input devices and disk storage units which satisfy the conditions of paragraphs (c) (ii) and (c) (iii) above, are in all cases to be classified as units of heading 84.71.

(d) Heading 84.71 does not cover the following when presented separately, even if they meet all of the conditions set forth in Note 5 (c) above:

(i) Printers, copying machines, facsimile machines, whether or not combined;

(ii) Apparatus for the transmission or reception of voice, images or other data, including apparatus for communication in a wired or wireless network (such as a local or wide area network);

(iii) Loudspeakers and microphones;

(iv) Television cameras, digital cameras and video camera recorders;

(v) Monitors and projectors, not incorporating television reception apparatus.

(e) Machines incorporating or working in conjunction with an automatic data processing machine and performing a specific function other than data processing are to be classified in the headings appropriate to their respective functions or, failing that, in residual headings.

6. Heading 84.82 applies, *inter alia*, to polished steel balls, the maximum and minimum diameters of which do not differ from the nominal diameter by more than 1% or by more than 0.05 mm, whichever is less. Other steel balls are to be classified in heading 73.26.

7. A machine which is used for more than one purpose is, for the purposes of classification, to be treated as if its principal purpose were its sole purpose.
Subject to Note 2 to this Chapter and Note 3 to Section XVI, a machine the principal purpose of which is not described in any heading or for which no one purpose is the principal purpose is, unless the context otherwise requires, to be classified in heading 84.79. Heading 84.79 also covers machines for making rope or cable (for example, stranding, twisting or cabling machines) from metal wire, textile yarn or any other material or from a combination of such materials.

8. For the purposes of heading 84.70, the term "pocket-size" applies only to machines the dimensions of which do not exceed 170 mm×100 mm×45 mm.

9.

(a) Notes 8 (a) and 8 (b) to Chapter 85 also apply with respect to the expressions "semiconductor devices. and. electronic integrated circuits", respectively, as used in this Note and in heading 84.86.However, for the purposes of this Note and of heading 84.86,the expression. semiconductor devices. also covers photosensitive semiconductor devices and light emitting diodes.

(b) For the purposes of this Note and of heading 84.86, the expression "manufacture of flat panel displays" covers the fabrication of substrates into a flat panel. It does not cover the manufacture of glass or the assembly of printed circuit boards or other electronic components onto the flat panel. The expression "flat panel display" does not cover cathode-ray tube technology.

(c) Heading 84.86 also includes machines and apparatus solely or principally of a kind used for:

(i) the manufacture or repair of masks and reticles;

(ii) assembling semiconductor devices or electronic integrated circuits;

(iii) lifting, handling, loading or unloading of boules, wafers, semiconductor devices, electronic integrated circuits and flat panel displays.

(d) Subject to Note 1 to Section XVI and Note 1 to Chapter 84, machines and apparatus answering to the description in heading 84.86 are to be classified in that heading and in no other heading of the Nomenclature.

Subheading Notes:

1. For the purposes of subheading 8471.49, the term "systems" means automatic data processing machines whose units satisfy the conditions laid down in Note 5 (c) to Chapter 84 and which comprise at least a central processing unit, one input unit (for example, a keyboard or a scanner), and one output unit (for example, a visual display unit or a printer).

二、子目 8482.40 仅包括滚柱直径相同，最大不超过 5 毫米，且长度至少是直径三倍的圆滚柱轴承，滚柱的两端可以磨圆。

税 号	货 品 名 称	进口关税 % 最惠国	普通	年内暂定	增值/消费税%	出口退税%	统计计量单位	监管证件代码	检验检疫类别	协定税率 % 东盟	亚太	智利
84.01	**核反应堆；核反应堆的未辐照燃料元件（释热元件）；同位素分离机器及装置：**											
8401.1000	- 核反应堆	2	8		17	17	千克	3		0		0
8401.2000	- 同位素分离机器、装置及其零件	1	8		17	17	个/千克	3		0		0
	- 未辐照燃料元件（释热元件）：											
8401.3010	--- 未辐照燃料元件	2	8		17	17	千克			0		0
8401.3090	--- 未辐照燃料元件的零件	1	8		17	17	千克			0		0
	- 核反应堆零件：											
8401.4010	--- 未辐照相关组件	1	8		17	17	千克			0		0
8401.4020	--- 堆内构件	1	8		17	17	千克	3		0		0
8401.4090	--- 其他											
84014090.10	核反应堆压力容器(包括其顶板)(专门设计或制造来用于容纳核反应堆的堆芯)	1	8		17	17	千克	3		0		0
84014090.20	核反应堆控制棒和设备(专用于核反应堆裂变控制棒、支承结构或悬吊结构等)	1	8		17	17	千克	3		0		0
84014090.30	核反应堆压力管(专用于容纳核燃料元件和一次冷却剂的,压力＞5.1MPa)	1	8		17	17	千克	3		0		0
84014090.90	其他核反应堆零件	1	8		17	17	千克			0		0
84.02	**蒸汽锅炉(能产生低压水蒸气的集中供暖用的热水锅炉除外)；过热水锅炉：**											
	- 蒸汽锅炉：											
	-- 蒸发量超过 45 吨 / 时的水管锅炉：											
8402.1110	--- 蒸发量在 900 吨/时及以上的发电用锅炉	3	11		17	17	台/千克	6A	M/	0	2.5	0
8402.1190	--- 其他	14	35		17	17	台/千克	6A	M/	0	13.3	0
8402.1200	-- 蒸发量不超过 45 吨 / 时的水管锅炉											
84021200.10	纸浆厂废料锅炉(蒸发≤45吨/时蒸汽水管锅炉)	5	35		17	17	台/千克	6A	M/	0	3.9	0
84021200.90	其他蒸发量未超 45 吨/时水管锅炉	5	35		17	17	台/千克	6A	M/	0	3.9	0
8402.1900	-- 其他蒸汽锅炉，包括混合式锅炉	5	35		17	17	台/千克	6A	M/	0		0
8402.2000	- 过热水锅炉	16	35		17	17	台/千克	6A	M/	0		0
8402.9000	- 零件	2	11		17	17	千克			0		0
84.03	**集中供暖用的热水锅炉，但税目 84.02 的货品除外：**											
	- 锅炉：											
8403.1010	--- 家用型	10	80		17	17	台/千克	6A	M/	0	9.5	0
8403.1090	--- 其他	10	80		17	17	台/千克	6A	M/	0	9.5	0
8403.9000	- 零件	6	80		17	17	千克			0		0
84.04	**税目 84.02 或 84.03 所列锅炉的辅助设备(例如，节热器、过热器、除灰器、气体回收器)；水蒸气或其他蒸汽动力装置的冷凝器：**											
	- 税目 84.02 或 84.03 所列锅炉的辅助设备：											
8404.1010	--- 税目 84.02 所列锅炉的辅助设备											
84041010.10	使用(可再生)生物质燃料的非水管蒸汽锅炉的辅助设备(例如，节热器、过热器、除灰器、气体回收器)	7	35	5	17	17	千克	6A	M/	0	3.5	0
84041010.90	其他蒸汽锅炉、过热水锅炉的辅助设备(例如，节热器、过热器、除灰器、气体回收器)	7	35		17	17	千克	6A	M/	0	3.5	0
8404.1020	--- 税目 84.03 所列锅炉的辅助设备	10	80	5	17	17	千克	6A	M/	0	5	0
8404.2000	- 水蒸气或其他蒸汽动力装置的冷凝器	14	35	5	17	17	千克	6A	M/	0		0
	- 零件：											
8404.9010	--- 税号 8404.1020 所列设备的零件	10	80	5	17	17	千克			0	0	0

2. Subheading 8482.40 applies only to bearings with cylindrical rollers of a uniform diameter not exceeding 5 mm and having a length which is at least three times the diameter. The ends of the rollers may be rounded.

协定税率 %										特惠税率 %				Article Description
巴基斯坦	冰岛	哥斯达黎	秘鲁	新西兰	瑞士	新加坡	韩国	澳大利亚	港澳台	老挝	孟加拉	33国	7国	
														Nuclear reactors; fuel elements (cartridges), non-irradiated, for nuclear reactors ;machinery and apparatus for isotopic separation:
0	0	0	0	0	0		0	0				0	0	- Nuclear reactors
0	0	0	0	0	0		0	0				0	0	- Machinery and apparatus for isotopic separation, and parts thereof
														- Fuel elements (cartridges), non-irradiated:
0	0	0	0	0	0		0	0				0	0	--- Fuel elements,non-irradiated
0	0	0	0	0	0		0	0				0	0	--- Parts for fuel elements non-irradiated
														- Parts of nuclear reactors:
0	0	0	0	0	0		0	0				0	0	--- Non-irradiated Associated Assembly
0	0	0	0	0	0		0	0				0	0	--- Reactor internals
														--- Other
0	0	0	0	0	0		0	0				0	0	Pressure vessels of nuclear reactors (including the top slabs)(specially designed or produced to hold the reactor core of the nuclear reactors)
0	0	0	0	0	0		0	0				0	0	Control rods and devices of nuclear reactors (control rods, supporting structures or suspended structures used solely for nuclear fission)
0	0	0	0	0	0		0	0				0	0	Pressure pipes of nuclear reactors (used solely for holding nuclear fuel elements and primary coolant, pressure ＞5.1MPa)
0	0	0	0	0	0		0	0				0	0	Other parts of nuclear reactors
														Steam or other vapour generating boilers (other than central heating hot water boilers capable also of producting low pressure steam);super-heated water boilers:
														- Steam or other vapour generating boilers:
														-- Watertube boilers with a steam production exceeding 45t per hour:
0	0	0	0	0	0		0	0				0	0	--- Boilers for generating electricity with a steam production 900t or more per hour
7	0	0	0	0	9.8	0	11.2	8.4				0	0	--- Other
														-- Watertube boilers with a steam production not exceeding 45t per hour
0	0	0	0	0	0		4.3	0				0	0	Waste material boilers from pulp mills (water tube boilers with a steam production ≤45 tons/hr)
0	0	0	0	0	0		4.3	0				0	0	Other water tube boilers with a steam production ≤45 tons/hr)
0	0	0	0	0	0		4.3	0				0	0	-- Other vapour generating boilers, including hybrid boilers
12.8	0	0	4.8	0	11.2	0	12.8	9.6				0	0	- Super-heated water boilers
0	0	0	0	0	0		0	0				0	0	- Parts
														Central heating boilers other than those of heading No.84.02:
														- Boilers:
5	0	0	0	0	4		8	6				0	0	--- Household type
5	0	0	0	0	4		8	6				0	0	--- Other
5	0	0	0	0	2.4		4.8	3.6				0	0	- Parts
														Auxiliary plant for use with boilers of heading No.84.02 or 84.03 (for example, economizers, super-heaters, soot removers, gas recoverers); condensers for steam or other vapour power units:
														- Auxiliary plant for use with boilers of heading No.84.02 or 84.03:
														--- For use with boilers of heading No.84.02
0	0	0	0	0	4.9		4.2	4.2				0	0	Auxiliary plant for use with non water tube steam boiler using (renewable)biomass fuel (for example,economizers,super-heeater,soot remover,gas recovers)
0	0	0	0	0	4.9		4.2	4.2				0	0	Auxiliary plant for use with otehe r vapour generating boiler and super-heatted water boiler(for example,economizers,super-heeater,soot remover,gas recovers)
5	0	0	0	0	4		8	6				0	0	--- For use with boilers of heading No.84.03
11.2	0	0	0	0	9.8	0	11.2	8.4				0	0	- Condensers for steam or other vapour power units
														- Parts:
0	0	0	0	0	4		6	6				0	0	--- Of the auxiliary plant of subheading No.8404.1020

税号	货品名称	进口关税 % 最惠国	普通	年内暂定	增值/消费税%	出口退税%	统计计量单位	监管证件代码	检验检疫类别	协定税率 % 东盟	亚太	智利
8404.9090	--- 其他											
84049090.10	使用(可再生)生物质燃料的非水管蒸汽锅炉的辅助设备的零件;水蒸汽或其他蒸汽动力装置的冷凝器的零件(税号84041010、84042000所列辅助设备的)	7	35	5	17	17	千克			0	0	0
84049090.90	其他辅助设备用零件(税号84041010、84042000所列辅助设备的)	7	35		17	17	千克			0	0	0
84.05	**煤气发生器,不论有无净化器;乙炔发生器及类似的水解气体发生器,不论有无净化器:**											
8405.1000	- 煤气发生器,不论有无净化器;乙炔发生器及类似的水解气体发生器,不论有无净化器	14	30		17	17	千克	A	M/	0		0
8405.9000	- 零件	8	30		17	17	千克			0		0
84.06	**汽轮机:**											
8406.1000	- 船舶动力用汽轮机	5	35		17	17	台/千瓦			0		0
	- 其他汽轮机:											
	-- 输出功率超过40兆瓦的:											
8406.8110	--- 输出功率不超过100兆瓦的	5	35		17	17	台/千瓦			0		0
8406.8120	--- 输出功率超过100兆瓦,但不超过350兆瓦的	5	35		17	17	台/千瓦			0		0
8406.8130	--- 输出功率超过350兆瓦的	6	11		17	17	台/千瓦			0		0
8406.8200	-- 输出功率不超过40兆瓦的	5	35		17	17	台/千瓦	0		0		0
8406.9000	- 零件	2	11		17	17	千克			0		0
84.07	**点燃往复式或旋转式活塞内燃发动机:**											
	- 航空器发动机:											
8407.1010	--- 输出功率不超过298千瓦	2	11		17	17	台/千瓦	6		0		0
8407.1020	--- 输出功率超过298千瓦											
84071020.10	输出功率>298kW的无人驾驶航空飞行器、无人驾驶飞艇用高效率内燃引擎(设计或改型后用于在15420米以上高空飞行的吸气活塞式或转子式内燃发动机)	2	11		17	15	台/千瓦	36		0		0
84071020.90	其他输出功率>298kW航空器内燃引擎(指点燃往复式或旋转式)	2	11		17	15	台/千瓦	6		0		0
	- 船舶发动机:											
8407.2100	-- 舷外发动机	8	35		17	17	台/千瓦	6		0		0
8407.2900	-- 其他	8	20		17	17	台/千瓦	6		0		0
	- 用于第八十七章所列车辆的往复式活塞发动机:											
8407.3100	-- 气缸容量(排气量)不超过50毫升	10	35		17	15	台/千瓦	46Axy	LM/	0		0
8407.3200	-- 气缸容量(排气量)超过50毫升,但不超过250毫升	10	35		17	15	台/千瓦	46Axy	LM/	0		0
8407.3300	-- 气缸容量(排气量)超过250毫升,但不超过1000毫升	10	70		17	15	台/千瓦	6AO	LM/	0		0
	-- 气缸容量(排气量)超过1000毫升:											
8407.3410	--- 气缸容量(排气量)超过1000毫升,但不超过3000毫升	10	70		17	17	台/千瓦	6AO	LM/		7	0
8407.3420	--- 气缸容量(排气量)超过3000毫升											
84073420.10	排气量≥5.9升的天然气发动机(第87章所列车辆用的点燃往复式活塞发动机)	10	35		17	17	台/千瓦	6AO	M/		7	0
84073420.90	其他超3000cc车用往复式活塞引擎(第87章所列车辆用的点燃往复式活塞发动机)	10	35		17	17	台/千瓦	6AO	M/		7	0
	- 其他发动机:											
8407.9010	--- 沼气发动机	12	35		17	17	台/千瓦	6		0		0
8407.9090	--- 其他											
84079090.10	转速<3600r/min汽油发动机(发电机用,立式输出轴汽油发动机除外)	18	35		17	17	台/千瓦	60		0		0
84079090.20	转速<4650r/min汽油发动机(税目8426、8428-8430所列机械用,立式输出轴汽油发动机除外)	18	35		17	17	台/千瓦	60		0		0

协定税率 %										特惠税率 %				Article Description
巴基斯坦	冰岛	哥斯达黎	秘鲁	新西兰	瑞士	新加坡	韩国	澳大利亚	港澳台	老挝	孟加拉	33 国	7 国	
														--- Other
0	0	0	0	0	2.8		0	4.2				0	0	Parts of auxiliary plant for use with non water tube steam boiler using (renewable)biomass fuel;parts of condensers for steam or other vapour power units(of the auxiliary plant of subheading of 8404.1010、 8404.2000)
0	0	0	0	0	2.8		0	4.2				0	0	Other parts (of the auxiliary plant of subheading of 8404.1010、8404.2000)
														Producer gas or water gas generators,with or without their purifiers; acetylene gas generators and similar water process gas generators, with or without their purifiers:
11.2	0	0	0	0	9.8	0	12.6	8.4				0	0	- Producer gas or water gas generators,with or without their purifiers;acetylene gas generators and similar water process gas generators, with or without their purifiers
5	0	0	0	0	3.2		4.8	4.8				0	0	- Parts
														Steam turbines and other vapour turbines:
0	0	0	0	0	0		4	0			0	0	0	- Turbines for marine propulsion
														- Other turbines:
														-- Of an output exceeding 40 MW:
0	0	0	0	0	0		3	0			0	0	0	--- Of an output not exceeding 100MW
0	0	0	0	0	0		3	0			0	0	0	--- Of an output exceeding 100 MW but not exceeding 350 MW
5	0	0	0	0	2.4		3.6	3.6			0	0	0	--- Of an output exceeding 350 MW
0	0	0	0	0	3.6		3	0			0	0	0	-- Of an output not exceeding 40 MW
0	0	0	0	0	1.4		0	0			0	0	0	- Parts
														Spark-ignition reciprocating or rotary internal combustion piston engines:
														- Aircraft engines:
0	0	0	0	0	0		0	0				0	0	--- Of an output not exceeding 298kW
														--- Of an output exceeding 298kW
0	0	0	0	0	0		0	0				0	0	Push-button aircraft of of an output exceeding 298kw、high efficiency internal combustion engine with an unmanned airship （designed or modified for suction piston or rotor type internal combustion engine 15420 meters altitude flight)
0	0	0	0	0	0		0	0				0	0	Other aircraft internal combustiong engines of an output exceeding 298kw (spark-ignition reciprocatingor rotary)
														- Marine propulsion engines:
5	0	0	0	0	3.2			4.8				0	0	-- Outboard motors
5	0	0	0	0	3.2			4.8				0	0	-- Other
														- Reciprocating piston engines of a kind used for the propulsion of vehicles of Chapter 87:
5	0	0	0	0	4		9	6				0	0	-- Of a cylinder capacity not exceeding 50cc
5	0	0	0	0	4		9	6				0	0	-- Of a cylinder capacity exceeding 50cc but not exceeding 250cc
8	0	0	0	0	4	0	9	6	0//			0	0	-- Of a cylinder capacity exceeding 250cc but not exceeding 1000cc
														-- Of a cylinder capacity exceeding 1000cc:
7	0	0		0	4		9	6	0//					--- Of a cylinder capacity exceeding 1000cc but not exceeding 3000cc
														--- Of a cylinder capacity exceeding 3000cc
7	0	0		0	4		9	6	0//			0		Natural gas engines of a cylinder capacity ≥5.9L (spark-ignition reciprocating piston engines for vehicles of Chapter 87)
7	0	0		0	4		9	6	0//			0		Other vehicle reciprocating piston engines of a cylinder capacity exceeding 3000cc (spark-ignition reciprocating piston engines for vehicles of Chapter 87)
														- Other engines:
6	0	0	0	0	8.4	0	9.6	7.2				0	0	--- Firedamp engines
														--- Other
	0	0	5.4	0	12.6	0	15.6	10.8				0	0	Gasoline engines with rotational speed<3600r/min (for generators, excluding vertical output axis gasoline engines)
	0	0	5.4	0	12.6	0	15.6	10.8				0	0	Gasoline engines with rotational speed<4650r/min (for machinery listed in Heading 84.26, 84.28—84.30, excluding vertical output axis gasoline engines)

税号	货品名称	进口关税 %			增值/消费税%	出口退税%	统计计量单位	监管证件代码	检验检疫类别	协定税率 %		
		最惠国	普通	年内暂定						东盟	亚太	智利
84079090.31	叉车用汽油发动机(800r/min≤转速≤3400r/min)(立式输出轴汽油发动机除外)	18	35	9	17	17	台/千瓦	60		0		0
84079090.39	其他转速＜4650r/min汽油发动机(税目8427所列机械用，立式输出轴汽油发动机除外)	18	35		17	17	台/千瓦	60		0		0
84079090.40	立式输出轴汽油发动机(非第87章所列车辆用其他往复式活塞发动机)	18	35	9	17	17	台/千瓦	6		0		0
84079090.90	其他往复或旋转式活塞内燃引擎(非第87章所列车辆用其他点燃往复式或旋转式活塞发动机)	18	35		17	17	台/千瓦	6		0		0
84.08	**压燃式活塞内燃发动机(柴油或半柴油发动机)：**											
8408.1000	- 船舶发动机	5	11		17	17	台/千瓦	60		0	2.5	0
	- 用于第八十七章所列车辆的发动机：											
8408.2010	--- 输出功率在132.39千瓦（180马力）及以上											
84082010.01	输出功率在441千瓦及以上的柴油发动机(600马力)	9	14	4	17	17	台/千瓦	60			6.3	0
84082010.10	功率≥132.39kW拖拉机用柴油机	9	14		13	17	台/千瓦	6			6.3	0
84082010.90	功率≥132.39kW其他用柴油机[指第87章车辆用压燃式活塞内燃发动机(132.39kW=180马力)]	9	14		17	17	台/千瓦	60			6.3	0
8408.2090	--- 其他											
84082090.10	功率＜132.39kW拖拉机用柴油机	25	35		13	13/17	台/千瓦	6		20	17.5	0
84082090.20	升功率≥50kW的输出功率＜132.39kW的轿车用柴油发动机	25	35	20	17	15	台/千瓦	60		20	17.5	0
84082090.90	功率＜132.39kW其他用柴油机(指第87章车辆用压燃式活塞内燃发动机)	25	35		17	15	台/千瓦	60		20	17.5	0
	- 其他发动机：											
8408.9010	--- 机车发动机	6	11		17	17	台/千瓦	60		0	5.4	0
	--- 其他：											
8408.9091	----输出功率不超过14千瓦											
84089091.11	功率≤14kW农业用单缸柴油机[非第87章车辆用压燃式活塞内燃发动机(14kW=19.05马力)]	5	35		13	13	台/千瓦	6		0	4.5	0
84089091.19	功率≤14kW农业用柴油发动机[非第87章车辆用压燃式活塞内燃发动机(14kW=19.05马力)]	5	35		13	13	台/千瓦	6		0	4.5	0
84089091.91	功率≤14kW其他用单缸柴油机[非第87章车辆用压燃式活塞内燃发动机(14kW=19.05马力)]	5	35		17	13	台/千瓦	6		0	4.5	0
84089091.99	功率≤14kW其他用柴油发动机[非第87章车辆用压燃式活塞内燃发动机(14kW=19.05马力)]	5	35		17	13	台/千瓦	6		0	4.5	0
8408.9092	----输出功率超过14千瓦，但小于132.39千瓦（180马力）											
84089092.10	转速＜4650r/min柴油发动机，14＜功率＜132.39kW(税目8426-8430所列工程机械用)	8.4	35		17	17	台/千瓦	60		0	7.6	0
84089092.20	14kW＜功率＜132.39kW的农业用柴油机[非87章车辆用压燃式活塞内燃发动机(1kw=1.36马力)]	8.4	35		13	13/17	台/千瓦	6		0	7.6	0
84089092.90	14kW＜功率＜132.39kW的其他用柴油机[非87章车辆用压燃式活塞内燃发动机(1kW=1.36马力)]	8.4	35		17	17	台/千瓦	6		0	7.6	0
8408.9093	----输出功率在132.39千瓦（180马力）及以上											
84089093.10	功率≥132.39kW的农业用柴油机[非第87章用压燃式活塞内燃发动机(132.39kW=180马力)]	5	14		13	17	台/千瓦	6		0	4.5	0
84089093.90	功率≥132.39kW其他用柴油发动机[非第87章用压燃式活塞内燃发动机(132.39kW=180马力)]	5	14		17	17	台/千瓦	60		0	4.5	0

协定税率 %										特惠税率 %				Article Description
巴基斯坦	冰岛	哥斯达黎	秘鲁	新西兰	瑞士	新加坡	韩国	澳大利亚	港澳台	老挝	孟加拉	33 国	7 国	
	0	0	5.4	0	12.6	0	15.6	10.8				0	0	Gasoline engines with 800r/min≤rotational speed≤3400r/min (for fork-lift trucks, excluding vertical output axis gasoline engines)
	0	0	5.4	0	12.6	0	15.6	10.8				0	0	Other gasoline engines with rotational speed<4650r/min (for machinery listed in Heading 84.27, excluding vertical output axis gasoline engines)
	0	0	5.4	0	12.6	0	15.6	10.8				0	0	Vertical output axis gasoline engines (other than reciprocating piston engines of vehicles of Chapter 87)
	0	0	5.4	0	12.6	0	15.6	10.8				0	0	Other reciprocating or rotary internal combustion piston engines (other than spark-ignition reciprocating or rotary piston engines for vehicles of Chapter 87)
														Compression-ignition internal combustion piston engines (diesel or semidiesel engines):
0	0	0	0	0	2	0	4	0				0	0	- Marine propulsion engines
														- Engines of a kind used for the propulsion of vehicles of Chapter 87:
														--- Of an output of 132.39kW (180hp) or more
6.3	0	0	0	0	3.6		7.8	5.4	0//			0	0	Diesel engines (600hp) with output power ≥441kW
6.3	0	0	0	0	3.6		7.8	5.4	0//			0	0	Diesel engines for tractors with output power≥132.39kW
6.3	0	0	0	0	3.6		7.8	5.4	0//			0	0	Diesel engines for other uses with output power ≥132.39kW (compression-ignition internal combustion piston engines of vehicles for Chapter 87 (132.39kW=180hp))
														--- Other
17.5	0	0		0			22.5	15				0		Diesel engines for tractors with output power <132.39kW
17.5	0	0		0			22.5	15				0		Diesel engines of cars of an output power<132.39kW (output per liter ≥50kW)
17.5	0	0		0			22.5	15				0		Diesel engines of other uses with output power <132.39kW (compression-ignition internal combustion piston enginesfor vehicles of Chapter 87)
														- Other engines:
0	0	0	0	0	2.4		3.6	3.6				0	0	--- Locomotive engines
														--- Other:
														----Of an output not exceeding 14kW
0	0	0	0	0	0		4.3	0				0	0	Single-cylinder diesel engines for agricultural use with output power ≤14kW (other than compression-ignition internal combustion piston engines for vehicles of Chapter 87 (14kW=19.05hp))
0	0	0	0	0	0		4.3	0				0	0	Diesel engines for agricultural use of a power ≤14kW (other than compression-ignition internal combustion piston engines of vehicles of Chapter 87 (14kW=19.05hp))
0	0	0	0	0	0		4.3	0				0	0	Single-cylinder diesel engines for other uses with output power ≤14kW (other than compression-ignition internal combustion piston engines for vehicles of Chapter 87 (14kW=19.05hp))
0	0	0	0	0	0		4.3	0				0	0	Diesel engines for other uses with output power ≤14kW (other than compression-ignition internal combustion piston engines for vehicles of Chapter 87 (14kW=19.05hp))
														----Of an output exceeding 14kW but not exceeding 132.39kW (180hp)
5	0	0	0	0	3.36		7.2	5				0	0	Diesel engines with rotational speed <4650r/min, 14kW< power<132.39kW (of engineering machinery of heading 84.26 to 84.30)
5	0	0	0	0	3.36		7.2	5				0	0	Diesel engines for agricultural use, with 14kW< output power <132.39kW (other than compression-ignition internal combustion piston engines for vehicles of Chapter 87 (1kW=1.36hp))
5	0	0	0	0	3.36		7.2	5				0	0	Diesel engines for other uses, with 14kW<power <132.39kW (other than compression-ignition internal combustion piston engines for vehicles of Chapter 87 (1kW=1.36hp))
														----Of an output of 132.39kW (180hp) or more
0	0	0	0	0	2		4.3	0				0	0	Diesel engines for agricultural use, with output power ≥ 132.39kW (other than compression-ignition internal combustion piston engines for vehicles of Chapter 87 (132.93kW=180hp))
0	0	0	0	0	2		4.3	0				0	0	Diesel engines for other uses, with output power ≥132.39kW (other than compression-ignition internal combustion piston engines for vehicles of Chapter 87 (132.93kW=180hp))

税号	货品名称	进口关税 %			增值/消费税%	出口退税%	统计计量单位	监管证件代码	检验检疫类别	协定税率 %		
		最惠国	普通	年内暂定						东盟	亚太	智利
84.09	专用于或主要用于税目84.07或84.08所列发动机的零件：											
8409.1000	- 航空器发动机用	2	11		17	17	千克			0		0
	- 其他：											
	-- 专用于或主要用于点燃式活塞内燃发动机的：											
8409.9110	--- 船舶发动机用	6	17		17	17	千克			0	4.2	0
	--- 其他：											
8409.9191	----电控燃油喷射装置	5	35		17	17	千克/套	0		0	3.5	0
8409.9199	----其他											
84099199.20	废气再循环(EGR)装置(专用或主要用于内燃发动机)	5	35		17	17	千克			0	3.5	0
84099199.30	连杆(专用或主要用于内燃发动机)	5	35		17	17	千克			0	3.5	0
84099199.40	喷嘴(专用或主要用于内燃发动机)	5	35		17	17	千克			0	3.5	0
84099199.50	气门摇臂(专用或主要用于内燃发动机)	5	35		17	17	千克			0	3.5	0
84099199.90	其他点燃式活塞内燃发动机用零件	5	35		17	17	千克			0	3.5	0
	-- 其他：											
8409.9910	--- 船舶发动机用	5	11		17	17	千克			0	4.5	0
8409.9920	--- 机车发动机用	2	11		17	17	千克			0	1.5	0
	--- 其他：											
8409.9991	----输出功率在132.39千瓦（180马力）及以上的发动机用	2	11		17	17	千克			0	1.5	0
8409.9999	----其他											
84099999.10	电控柴油喷射装置及其零件(指税目8408所列的其他发动机用)	8.4	35	5	17	17	千克	0		0	8	0
84099999.90	其他发动机的专用零件(指税目8407或8408所列的其他发动机)	8.4	35		17	17	千克			0	8	0
84.10	水轮机、水轮及其调节器：											
	- 水轮机及水轮：											
8410.1100	-- 功率不超过1000千瓦	10	35		17	17	台/千克			0		0
8410.1200	-- 功率超过1000千瓦，但不超过10000千瓦	10	35		17	17	台/千克			0		0
	-- 功率超过10000千瓦：											
8410.1310	--- 功率超过30000千瓦的冲击式水轮机及水轮	10	35		17	17	台/千克			0		0
8410.1320	--- 功率超过35000千瓦的贯流式水轮机及水轮	10	35		17	17	台/千克			0		0
8410.1330	--- 功率超过200000千瓦的水泵水轮机及水轮	10	35		17	17	台/千克			0		0
8410.1390	--- 其他	10	35		17	17	台/千克			0		0
	- 零件，包括调节器：											
8410.9010	--- 调节器	6	35		17	17	千克/套			0		0
8410.9090	--- 其他	6	35		17	17	千克			0		0
84.11	涡轮喷气发动机、涡轮螺桨发动机及其他燃气轮机：											
	- 涡轮喷气发动机：											
	-- 推力不超过25千牛顿：											
8411.1110	--- 涡轮风扇发动机	1	11		17	17	台	3		0		0
8411.1190	--- 其他	1	11		17	17	台			0		0
	-- 推力超过25千牛顿：											
8411.1210	--- 涡轮风扇发动机	1	11		17	17	台	3		0	0	0
8411.1290	--- 其他											
84111290.10	小型燃烧率高轻型涡轮喷气发动机(推力大于或等于90千牛顿的涡轮喷气发动机)	1	11		17	17	台	3		0	0.5	0
84111290.90	其他涡轮喷气发动机(推力超过25千牛顿)	1	11		17	17	台			0	0.5	0
	- 涡轮螺桨发动机：											
8411.2100	-- 功率不超过1100千瓦	2	11		17	17	台/千瓦			0		0
	-- 功率超过1100千瓦：											
8411.2210	--- 功率超过1100千瓦，但不超过2238千瓦	2	11		17	17	台/千瓦			0		0

协定税率 %										特惠税率 %				Article Description
巴基斯坦	冰岛	哥斯达黎	秘鲁	新西兰	瑞士	新加坡	韩国	澳大利亚	港澳台	老挝	孟加拉	33 国	7 国	
														Parts suitable for use solely or principally with the engines of heading No.84.07 or 84.08:
0	0	0	0	0	0		0	0			0	0	0	- For aircraft engines
														- Other:
														-- Suitable for use solely or principally with spark-ignition internal combustion piston engines:
0	0	0	0	0	2.4		5.1	3.6			0	0	0	--- For marine propulsion engines
														--- Other:
0	0	0	0	0	0	0	4.3	0			0	0	0	----Electric fuel injection devices
														----Other
0	0	0	0	0	3.5	0	4	0			0	0	0	EGR (Exhaust Gas Recycle) apparatus (used solely or principally for internal combustion engines)
0	0	0	0	0	3.5	0	4	0			0	0	0	Connecting rods (used solely or principally for internal combustion engines)
0	0	0	0	0	3.5	0	4	0			0	0	0	Nozzles (used solely or principally for internal combustion engines)
0	0	0	0	0	3.5	0	4	0			0	0	0	Valve rocker arms (used solely or principally for internal combustion engines)
0	0	0	0	0	3.5	0	4	0			0	0	0	Other parts of spark-ignition internal combustion piston engines
														-- Other:
0	0	0	0	0	3.5	0	4.3	0			0	0	0	--- For marine propulsion engines
0	0	0	0	0	0		0	0			0	0	0	--- For locomotive engines
														--- Other:
0	0	0	0	0	0		1.6	0			0	0	0	----For engines with an output of 132.39kW（180hp)or more
														----Other
5	0	0	0	0	3.36	0	7.2	5			0	0	0	Electronically contronlled diesel injection systems(for other engines of heading 84.08)
5	0	0	0	0	3.36	0	7.2	5			0	0	0	Special parts for other engines (other engines of headings 84.07 and 84.08)
														Hydraulic turbines,water wheels,and regulators therefor:
														- Hydraulic turbines and water wheels:
5	0	0	0	0	4		8	6				0	0	-- Of a power not exceeding 1000kW
5	0	0	0	0	4	0	8	6				0	0	-- Of a power exceeding 1000kW but not exceeding 10000kW
														-- Of a power exceeding 10000kW:
5	0	0	0	0	4	0	8	6				0	0	--- Impulse hydraulic turbines and water wheels of a power exceeding 30000kW
5	0	0	0	0	4	0	8	6				0	0	--- Radial hydraulic turbines and water wheels of a power exceeding 35000kW
5	0	0	0	0	4		8	6				0	0	--- Pumping hydraulic turbines and water wheels of a power exceeding 200000kW
5	0	0	0	0	4		8	6				0	0	--- Other
														- Parts, including regulators:
5	0	0	0	0	2.4		3.6	3.6				0	0	--- Regulators
5	0	0	0	0	2.4		4.8	3.6				0	0	--- Other
														Turbo-jets, turbo-propellers and other gas turbines:
														- Turbo-jets:
														-- Of a thrust not exceeding 25kN:
0	0	0	0	0	0		0	0			0	0	0	--- Turbofan engines
0	0	0	0	0	0		0	0			0	0	0	--- Other
														-- Of a thrust exceeding 25kN:
0	0	0	0	0	0		0	0			0	0	0	--- Turbofan engines
														--- Other
0	0	0	0	0	0		0	0			0	0	0	Small light turbo-jets with high combustion efficiency (turbo-jets with propulsive force≥90kN)
0	0	0	0	0	0		0	0			0	0	0	Other turbo-jets (propulsive force ＞25kN)
														- Turbo-propellers:
0	0	0	0	0	0		0	0			0	0	0	-- Of a power not exceeding 1100kW
														-- Of a power exceeding 1100kW:
0	0	0	0	0	0		0	0			0	0	0	--- Of a power exceeding 1100kW but not exceeding 2238kW

税号	货品名称	进口关税 % 最惠国	普通	年内暂定	增值/消费税%	出口退税%	统计计量单位	监管证件代码	检验检疫类别	协定税率 % 东盟	亚太	智利
8411.2220	--- 功率超过2238千瓦，但不超过3730千瓦	2	11		17	17	台/千瓦			0		0
8411.2230	--- 功率超过3730千瓦	2	11		17	17	台/千瓦			0		0
	- 其他燃气轮机：											
8411.8100	-- 功率不超过5000千瓦											
84118100.01	涡轮轴航空发动机(功率≤5000kW)	15	35	1	17	17	台/千瓦			0		0
84118100.90	功率≤5000kW的其他燃气轮机	15	35		17	17	台/千瓦			0		0
8411.8200	-- 功率超过5000千瓦	3	35		17	17	台/千瓦	0		0		0
	- 零件：											
8411.9100	-- 涡轮喷气发动机或涡轮螺桨发动机用	1	11		17	17	千克			0		0
	-- 其他：											
8411.9910	--- 涡轮轴发动机用											
84119910.10	涡轮轴航空发动机用零件	5	35	1	17	17	千克			0		0
84119910.90	其他涡轮轴发动机用零件	5	35		17	17	千克			0		0
8411.9990	--- 其他	5	35		17	17	千克			0		0
84.12	**其他发动机及动力装置：**											
	- 喷气发动机，但涡轮喷气发动机除外：											
8412.1010	--- 航空器及航天器用											
84121010.10	冲压喷气发动机(包括超燃冲压喷气发动机)	3	11		17	17	台/千克	3		0		0
84121010.20	脉冲喷气发动机	3	11		17	17	台/千克	3		0		0
84121010.30	组合循环发动机	3	11		17	17	台/千克	3		0		0
84121010.90	其他航空、航天器用喷气发动机(涡轮喷气发动机除外)	3	11		17	17	台/千克			0		0
8412.1090	--- 其他	10	35		17	17	台/千克			0		0
	- 液压动力装置：											
8412.2100	-- 直线作用（液压缸）的	12	35		17	17	台/千克			0		0
	-- 其他：											
8412.2910	--- 液压马达	10	35		17	17	台/千克			0		0
8412.2990	--- 其他											
84122990.01	抓桩器(抱桩器)	14	35	7	17	17	台/千克	0		0		0
84122990.90	其他液压动力装置	14	35		17	17	台/千克	0		0		0
	- 气压动力装置：											
8412.3100	-- 直线作用（气压缸）的											
84123100.01	三坐标测量机用平衡气缸	14	35	7	17	17	台/千克			0	13.3	0
84123100.90	其他直线作用的气压动力装置(气压缸)	14	35		17	17	台/千克			0	13.3	0
8412.3900	-- 其他	14	35		17	17	台/千克	0		0		0
8412.8000	- 其他											
84128000.10	液体火箭发动机(推力大于或等于90千牛顿可贮存推进剂的)	10	35		17	17	台/千克	3		0		0
84128000.20	固体火箭发动机(总冲大于或等于1100千牛顿秒的)	10	35		17	17	台/千克	3		0		0
84128000.90	其他发动机及动力装置	10	35		17	17	台/千克			0		0
	- 零件：											
8412.9010	--- 税号8412.1010所列机器的零件											
84129010.10	燃烧调节装置(冲压或脉冲喷气发动机的)	2	11		17	17	千克	3		0		0
84129010.20	火箭发动机的壳体	2	11		17	17	千克	3		0		0
84129010.90	航空、航天器用喷气发动机的零件(涡轮喷气发动机的零件，编号8412901010除外)	2	11		17	17	千克			0		0
8412.9090	--- 其他											
84129090.10	风力发动机零件	8	35	5	17	17	千克			0		0
84129090.90	其他发动机及动力装置的零件	8	35		17	17	千克			0		0
84.13	**液体泵，不论是否装有计量装置；液体提升机：**											
	- 装有或可装计量装置的泵：											
8413.1100	-- 分装燃料或润滑油的泵，用于加油站或车库	10	30	6	17	15	台/千克			0		0
8413.1900	-- 其他	10	30	6	17	15	台/千克			0		0
8413.2000	- 手泵，但子目8413.11或8413.19的货品除外	10	30		17	15	台/千克			0		0

协定税率 %										特惠税率 %				Article Description
巴基斯坦	冰岛	哥斯达黎	秘鲁	新西兰	瑞士	新加坡	韩国	澳大利亚	港澳台	老挝	孟加拉	33国	7国	
0	0	0	0	0	0		0	0			0	0	0	--- Of a power exceeding 2238kW but not exceeding 3730kW
0	0	0	0	0	0		0	0			0	0	0	--- Of a power exceeding 3730kW
														- Other gas turbines:
														-- Of a power not exceeding 5000kW
12	0	0	4.5	0	10.5	0	12	9				0	0	Turbine shaft aircraft engine with output power ≤5000kW
12	0	0	4.5	0	10.5	0	12	9				0	0	Other gas turbines with output power ≤5000kW
0	0	0	0	0	0		0	0			0	0	0	-- Of a power exceeding 5000kW
														- Parts:
0	0	0	0	0	0		0	0			0	0	0	-- Of turbo-jets or turbo-propellers
														-- Other:
														--- Of turboshaft engines
0	0	0	0	0	0		0	0			0	0	0	Parts for turboshaft aeroengines
0	0	0	0	0	0		0	0			0	0	0	Other parts for turboshaft engines
0	0	0	0	0	2		4	0			0	0	0	--- Other
														Other engines and motors:
														- Jet engines other than turbo-jets:
														--- For aircraft or spacecraft
0	0	0	0	0	0		0	0			0	0	0	Ramjet engines (including scramjet engines)
0	0	0	0	0	0		0	0			0	0	0	Pulse jet engines
0	0	0	0	0	0		0	0			0	0	0	Combined-cycle engines
0	0	0	0	0	0		0	0			0	0	0	Other jet engines for aircraft or spacecraft (other than turbo-jets)
5	0	0	0	0	4		8	6				0	0	--- Other
														- Hydraulic power engines and motors:
6	0	0	3.6	0	8.4	0	10.8	7.2	0//0			0	0	-- Linear acting (cylinders)
														-- Other:
5	0	0	0	0	7	0	9	6				0	0	--- Hydraulic motors
														--- Other
11.2	0	0	0	0	9.8	0	12.1	8.4				0	0	Pile Grabber (pile gripper)
11.2	0	0	0	0	9.8	0	12.1	8.4				0	0	Other hydraulic power unit
														- Pneumatic power engines and motors:
														-- Linear acting (cylinders)
7	0	0	0	0	5.6	0	8.4	8.4	//0			0	0	Pneumatic cylinders for three dimensional measuring machines
7	0	0	0	0	5.6	0	8.4	8.4	//0			0	0	Other line-acting pneumatic power engines and motors (pneumatic cylinders)
11.2	0	0	0	0	5.6	0	11.2	8.4				0	0	-- Other
														- Other
5	0	0	0	0	4		8	6				0	0	Liquid- propellant rocket engines (propulsive force ≥90kN, and being able to store propellants)
5	0	0	0	0	4		8	6				0	0	Solid-propellant rocket engines (total impulse ≥1100kN per second)
5	0	0	0	0	4		8	6				0	0	Other engines and motors
														- Parts:
														--- For machines of subheading No.8412.1010
0	0	0	0	0	0		0	0			0	0	0	Combustion regulating systems (for ramjet engines or pulse jet engines)
0	0	0	0	0	0		0	0			0	0	0	Shells of rocket engines
0	0	0	0	0	0		0	0			0	0	0	Parts of jet engines for aircraft or spacecraft (other than parts of turbo-jets of subheading 8412.9010.10)
														--- Other
5	0	0	0	0	3.2		6.9	4.8			0	0	0	Parts for wind engines
5	0	0	0	0	3.2		6.9	4.8			0	0	0	Parts for other engines and motors
														Pumps for liquids,whether or not fitted with a measuring device;liquid elevators:
														- Pumps fitted or designed to be fitted with a measuring device:
5	0	0	0	0	4	0	8	6			0	0	0	-- Pumps for dispensing fuel or lubricants, of the type used in filling-stations or in garages
5	0	0	0	0	7	0	9	6			0	0	0	-- Other
5	0	0	0	0	4	0	8	6			0	0	0	- Hand pumps,other than those of subheading No.8413.11 or 8413.19

税号	货品名称	进口关税 %			增值/消费税%	出口退税%	统计计量单位	监管证件代码	检验检疫类别	协定税率 %		
		最惠国	普通	年内暂定						东盟	亚太	智利
	- 活塞式内燃发动机用的燃油泵、润滑油泵或冷却剂泵:											
	--- 燃油泵:											
8413.3021	----输出功率在132.39千瓦（180马力）及以上的发动机用燃油泵	3	30		17	15	台/千克			0	2.5	0
8413.3029	----其他	3	30		17	15	台/千克			0		0
8413.3030	--- 润滑油泵	3	30		17	15	台/千克			0		0
8413.3090	--- 其他	3	30		17	15	台/千克			0	2.5	0
8413.4000	- 混凝土泵	8	30		17	15	台/千克			0		0
	- 其他往复式排液泵:											
8413.5010	--- 气动式											
84135010.10	农业用气动往复式排液泵	10	40	6	13	13	台/千克			0		0
84135010.20	气动式耐腐蚀波纹或隔膜泵(流量大于0.6m³/h,接触表面由特殊耐腐蚀材料制成)	10	40	6	17	15	台/千克	3		0		0
84135010.90	其他非农业用气动往复式排液泵	10	40	6	17	15	台/千克			0		0
8413.5020	--- 电动式											
84135020.10	农业用电动往复式排液泵	10	40	6	13	13	台/千克			0		0
84135020.20	电动式耐腐蚀波纹或隔膜泵(流量大于0.6m³/h,接触表面由特殊耐腐蚀材料制成)	10	40	6	17	15	台/千克	3		0		0
84135020.30	电动往复式排液多重密封泵(两用物项管制)	10	40	6	17	15	台/千克	3		0		0
84135020.90	其他非农业用电动往复式排液泵	10	40	6	17	15	台/千克			0		0
	--- 液压式:											
8413.5031	----柱塞泵											
84135031.01	农业用柱塞泵	10	40	6	13	13	台/千克			0		0
84135031.90	其他非农业用柱塞泵	10	40	6	17	15	台/千克			0		0
8413.5039	----其他											
84135039.01	其他农业用液压往复式排液泵	10	40	6	13	13	台/千克			0		0
84135039.20	液压式耐腐蚀波纹或隔膜泵(流量大于0.6m³/h,接触表面由特殊耐腐蚀材料制成)	10	40	6	17	15	台/千克	3		0		0
84135039.90	其他非农业用液压往复式排液泵	10	40	6	17	15	台/千克			0		0
8413.5090	--- 其他											
84135090.10	其他农用往复式排液泵	10	40	6	13	13	台/千克			0		0
84135090.20	其他耐腐蚀波纹或隔膜泵(流量大于0.6m³/h,接触表面由特殊耐腐蚀材料制成)	10	40	6	17	15	台/千克	3		0		0
84135090.90	其他非农用往复式排液泵	10	40	6	17	15	台/千克			0		0
	- 其他回转式排液泵:											
	--- 齿轮泵:											
8413.6021	----电动式											
84136021.01	农业用电动齿轮泵(回转式排液泵)	10	40	6	13	13	台/千克			0		0
84136021.10	电动齿轮多重密封泵(非农业用回转式排液泵)	10	40	6	17	15	台/千克	3		0		0
84136021.90	其他非农业用电动齿轮泵(回转式排液泵,多重密封泵除外)	10	40	6	17	15	台/千克			0		0
8413.6022	----液压式											
84136022.01	农业用回转式液压油泵(输入转速＞2000r/min,输入功率＞190kW,最大流量＞2×280L/min)	10	40	3	13	13	台/千克			0		0
84136022.02	非农业用回转式液压油泵(输入转速＞2000r/min,输入功率＞190kW,最大流量＞2×280L/min)	10	40	3	17	15	台/千克			0		0
84136022.10	其他农业用液压齿轮泵(回转式排液泵)	10	40	6	13	13	台/千克			0		0
84136022.20	液压齿轮多重密封泵(非农业用回转式排液泵)	10	40	6	17	15	台/千克	3		0		0

协定税率 %										特惠税率 %				Article Description
巴基斯坦	冰岛	哥斯达黎	秘鲁	新西兰	瑞士	新加坡	韩国	澳大利亚	港澳台	老挝	孟加拉	33 国	7 国	
														- Fuel, lubricating or cooling medium pumps for internal combustion piston engines:
														--- Fuel pumps:
0	0	0	0	0	0		1.8	0			0	0	0	----Fuel pumps for enginesof an output of 132.39kW (180hp)or more
0	0	0	0	0	0		1.8	0			0	0	0	----Other
0	0	0	0	0	0		1.8	0			0	0	0	--- Lubricating oil pumps
0	0	0	0	0	0		1.8	0			0	0	0	--- Other
5	0	0	0	0	3.2		6.4	4.8	0//		0	0	0	- Concrete pumps
														- Other reciprocating positive displacement pumps:
														--- Pneumatic
5	0	0	0	0	4	0	8.6	6			0	0	0	Pneumatic reciprocating positive displacement pumps for agricultural use
5	0	0	0	0	4	0	8.6	6			0	0	0	Pneumatic corrosion-resistent bellows or diaphragm pumps (flow rate >0.6m^3/h, with contact surface being made of special corrosion-resistent materials)
5	0	0	0	0	4	0	8.6	6			0	0	0	Other pneumatic reciprocating positive displacement pumps for non-agricultural use
														--- Electric
5	0	0	0	0	7.5	0	8	6	0//		0	0	0	Electric reciprocating positive displacement pumps for agricultural use
5	0	0	0	0	7.5	0	8	6	0//		0	0	0	Electric corrosion-resistent bellows or diaphragm pumps (flow rate >0.6m^3/h, of a contact surface made of special corrosion-resistant materials)
5	0	0	0	0	7.5	0	8	6	0//		0	0	0	Reciprocating highly-sealed positive displacement pumps (dual-use items control)
5	0	0	0	0	7.5	0	8	6	0//		0	0	0	Other electric reciprocating positive displacement pumps for non-agricultural use
														--- Hydraulic:
														----Plunger pumps
5	0	0	0	0	4	0	9	6			0	0	0	Plunger pumps for agricultural use
5	0	0	0	0	4	0	9	6			0	0	0	Other plunger pumps for non-agricultural use
														----Other
5	0	0	0	0	4	0	8.6	6			0	0	0	Other hydraulic reciprocating positive displacement pumps for agricultural use
5	0	0	0	0	4	0	8.6	6			0	0	0	Hydraulic corrosion-resistant bellows or diaphragm pumps (flow rate >0.6m^3/h, with contact surface being made of special corrosion-resistant materials)
5	0	0	0	0	4	0	8.6	6			0	0	0	Other hydraulic reciprocating positive displacement pumps for non-agricultural use
														--- Other
5	0	0	3	0	4	0	9	6			0	0	0	Other reciprocating positive displacement pumps for agricultural use
5	0	0	3	0	4	0	9	6			0	0	0	Other corrosion-resistant bellows or diaphragm pumps (flow rate >0.6m^3/h, of a contact surface made of special corrosion-resistant materials)
5	0	0	3	0	4	0	9	6			0	0	0	Other reciprocating positive displacement pumps for non-agricultural use
														- Other rotary positive displacement pumps:
														--- Gear pumps:
														----Electric
5		0	0	0	4	0	9	6			0	0	0	Electric gear pumps for agricultural use (rotary positive displacement pumps)
5		0	0	0	4	0	9	6			0	0	0	Electric highly-sealed gear pumps (rotary positive displacement pumps for non-agricultural use)
5		0	0	0	4	0	9	6			0	0	0	Other electric gear pumps for non-agricultural use (other than rotary positive displacement pumps and highly-sealed pumps)
														----Hydraulic
5	0	0	0	0	4		8.6	6			0	0	0	Rotary hydraulic oil pump for agricultural use (input speed>2000r/min, input power>190kW, maximum flow rate>2×280L/min)
5	0	0	0	0	4		8.6	6			0	0	0	Rotary hydraulic oil pump for non-agricultural use (input speed >2000r/min, input power>190kW, maximum flow rate>2×280L/min)
5	0	0	0	0	4		8.6	6			0	0	0	Other hydraulic gear pumps for agricultural use (rotary positive displacement pumps)
5	0	0	0	0	4		8.6	6			0	0	0	Hydraulic highly-sealed pumps (rotary positive displacement pumps for non-agricultural use)

税号	货品名称	进口关税 % 最惠国	普通	年内暂定	增值/消费税%	出口退税%	统计计量单位	监管证件代码	检验检疫类别	协定税率 % 东盟	亚太	智利
84136022.90	其他非农业用液压齿轮泵(回转式排液泵,多重密封泵除外)	10	40	6	17	15	台/千克			0		0
8413.6029	----其他											
84136029.01	其他农业用齿轮泵(回转式排液泵)	10	40	6	13	13	台/千克			0		0
84136029.90	其他非农业用齿轮泵(回转式排液泵)	10	40	6	17	15	台/千克			0		0
	--- 叶片泵:											
8413.6031	----电动式											
84136031.01	农业用电动叶片泵(回转式排液泵)	10	40	6	13	13	台/千克			0		0
84136031.10	电动叶片多重密封泵(非农业用回转式排液泵)	10	40	6	17	15	台/千克	3		0		0
84136031.90	其他非农业用电动叶片泵(回转式排液泵,多重密封泵除外)	10	40	6	17	15	台/千克			0		0
8413.6032	----液压式											
84136032.01	农业用液压叶片泵(回转式排液泵)	10	40	6	13	13	台/千克			0		0
84136032.10	液压叶片多重密封泵(非农业用回转式排液泵)	10	40	6	17	15	台/千克	3		0		0
84136032.90	其他非农业用液压叶片泵(回转式排液泵,多重密封泵除外)	10	40	6	17	15	台/千克			0		0
8413.6039	----其他											
84136039.01	其他农业用叶片泵(回转式排液泵)	10	40	6	13	13	台/千克			0		0
84136039.90	其他非农业用叶片泵(回转式排液泵)	10	40	6	17	15	台/千克			0		0
8413.6040	--- 螺杆泵											
84136040.01	农业用螺杆泵(回转式排液泵)	10	40	6	13	13	台/千克			0		0
84136040.10	螺杆多重密封泵(非农业用回转式排液泵)	10	40	6	17	15	台/千克	3		0		0
84136040.90	其他非农业用螺杆泵(回转式排液泵,多重密封泵除外)	10	40	6	17	15	台/千克			0		0
8413.6050	--- 径向柱塞泵											
84136050.01	农业用径向柱塞泵(回转式排液泵)	10	40	6	13	13	台/千克			0		0
84136050.90	其他非农业用径向柱塞泵(回转式排液泵)	10	40	6	17	15	台/千克			0		0
8413.6060	--- 轴向柱塞泵											
84136060.01	农业用轴向柱塞泵(回转式排液泵)	10	40	6	13	13	台/千克			0		0
84136060.90	其他非农业用轴向柱塞泵(回转式排液泵)	10	40	6	17	15	台/千克			0		0
8413.6090	--- 其他											
84136090.10	农业用其他回转式排液泵	10	40	8	13	13	台/千克			0		0
84136090.90	其他回转式排液泵	10	40	8	17	15	台/千克			0		0
	- 其他离心泵:											
8413.7010	--- 转速在10000转/分及以上											
84137010.10	农业用其他离心泵(转速在10000转/分及以上)	8	40		13	13	台/千克			0	7.6	0
84137010.20	液体推进剂用泵(转速≥10000转/分,出口压力≥7000千帕的)	8	40		17	15	台/千克	3		0	7.6	0
84137010.30	离心泵多重密封泵(两用物项管制)	8	40		17	15	台/千克	3		0	7.6	0
84137010.90	其他非农用离心泵(转速在10000转/分及以上)	8	40		17	15	台/千克			0	7.6	0
	--- 其他:											
8413.7091	----电动潜油泵及潜水电泵											
84137091.10	农业用电动潜油泵及潜水电泵(转速在10000转/分以下)	10	40	8	13	13	台/千克			0		0
84137091.90	其他非农业用电动潜油泵及潜水电泵(转速在10000转/分以下)	10	40	8	17	15	台/千克			0		0
8413.7099	----其他											
84137099.10	其他农业用离心泵(转速在10000转/分以下)	8	40		13	13	台/千克			0	7.6	0
84137099.20	一次冷却剂泵(全密封驱动泵,有惯性质量系统的泵,及鉴定为NC-1泵等)	8	40		17	15	台/千克	3		0	7.6	0

协定税率 %										特惠税率 %				Article Description
巴基斯坦	冰岛	哥斯达黎	秘鲁	新西兰	瑞士	新加坡	韩国	澳大利亚	港澳台	老挝	孟加拉	33 国	7 国	
5	0	0	0	0	4		8.6	6			0	0	0	Other hydraulic gear pumps for non-agricultural use (other than rotary positive displacement pumps and highly-sealed pumps)
														----Other
5	0	0	0	0	4		8	6			0	0	0	Other gear pumps for agricultural use (rotary positive displacement pumps)
5	0	0	0	0	4		8	6			0	0	0	Other gear pumps for non-agricultural use (rotary positive displacement pumps)
														--- Vane pumps:
														----Electric
5	0	0	0	0	4		8	6			0	0	0	Electric blade pumps for agricultural use (rotary positive displacement pumps)
5	0	0	0	0	4		8	6			0	0	0	Electric blade highly-sealed pumps (rotary positive displacement pumps for non-agricultural use)
5	0	0	0	0	4		8	6			0	0	0	Other electric blade pumps for non-agricultural use (other than rotary positive displacement pumps and highly-sealed pumps)
														----Hydraulic
5	0	0	0	0	4		9	6			0	0	0	Hydraulic blade pumps for agricultural use (rotary positive displacement pumps)
5	0	0	0	0	4		9	6			0	0	0	Hydraulic blade highly-sealed pumps (rotary positive displacement pumps for non-agricultural use)
5	0	0	0	0	4		9	6			0	0	0	Other hydraulic blade pumps for non-agricultural use (other than rotary positive displacement pumps and highly-sealed pumps)
														----Other
5	0	0	0	0	4		9	6			0	0	0	Other blade pumps for agricultural use (rotary positive displacement pumps)
5	0	0	0	0	4		9	6			0	0	0	Other blade pumps for non-agricultural use (rotary positive displacement pumps)
														--- Helicoidal pumps (screw pumps)
5	0	0	0	0	4		9	6			0	0	0	Screw pumps for agricultural use (rotary positive displacement pumps)
5	0	0	0	0	4		9	6			0	0	0	Screw highly-sealed pumps (rotary positive displacement pumps for non-agricultural use)
5	0	0	0	0	4		9	6			0	0	0	Other screw pumps for non-agricultural use (other than rotary positive displacement pumps and highly-sealed pumps)
														--- Radial plunger pumps
5	0	0	0	0	4		9	6			0	0	0	Radial piston pumps for agricultural use (rotary positive displacement pumps)
5	0	0	0	0	4		9	6			0	0	0	Other radial piston pumps for non-agricultural use (rotary positive displacement pumps)
														--- Axial plunger pumps
5	0	0	0	0	4		8.6	6			0	0	0	Axial piston pumps for agricultural use (rotary positive displacement pumps)
5	0	0	0	0	4		8.6	6			0	0	0	Other axial piston pumps for non-agricultural use (rotary positive displacement pumps)
														--- Other
5	0	0	0	0	7	0	8.6	6			0	0	0	Other rotary positive displacement pumps for agricultural use
5	0	0	0	0	7	0	8.6	6			0	0	0	Other rotary positive displacement pumps
														- Other centrifugal pumps:
														--- Rotational speed no less than 10000r/min
5	0	0	0	0	3.2		4.8	4.8			0	0	0	Other centrifugal pumps for agricultural use (rotational speed ≥ 10000r/min)
5	0	0	0	0	3.2		4.8	4.8			0	0	0	Liquid-propellant pumps (rotational speed≥10000r/min, outlet pressure≥7000kPa)
5	0	0	0	0	3.2		4.8	4.8			0	0	0	Highly-sealed centrifugal pumps (dual-use items control)
5	0	0	0	0	3.2		4.8	4.8			0	0	0	Other centrifugal pumps for non-agricultural use (rotational speed≥10000r/min)
														--- Other:
														----Electric submersible oil pumps and electric submersible pumps
5	0	0	0	0	4	0	8	6			0	0	0	Electric submersible pumps and submerged pumps for agricultural use(rotational speed ＜10000r/min)
5	0	0	0	0	4	0	8	6			0	0	0	Other electric submersible pumps and submerged pumps for non-agricultural use (rotational speed＜ 10000r/min)
														----Other
5	0	0	0	0	5.6		4.8	4.8	0//		0	0	0	Other centrifugal pumps for agricultural use (rotational speed ＜ 10000r/min)
5	0	0	0	0	5.6		4.8	4.8	0//		0	0	0	Primary coolant pumps (completely-sealed driven pumps, pumps with inertia mass system and NC-1 pumps, etc.)

税号	货品名称	进口关税 %			增值/消费税%	出口退税%	统计计量单位	监管证件代码	检验检疫类别	协定税率 %		
		最惠国	普通	年内暂定						东盟	亚太	智利
84137099.30	转速小于10000转/分的离心式屏蔽泵(流量大于0.6m³/h,接触表面由特殊耐腐蚀材料制成)	8	40		17	15	台/千克	3		0	7.6	0
84137099.40	转速小于10000转/分的离心式磁力泵(流量大于0.6m³/h,接触表面由特殊耐腐蚀材料制成)	8	40		17	15	台/千克	3		0	7.6	0
84137099.50	液体推进剂用泵(8000＜转速＜10000转/分,出口压力≥7000千帕的)	8	40		17	15	台/千克	3		0	7.6	0
84137099.60	其他离心泵多重密封泵(两用物项管制)	8	40		17	15	台/千克	30		0	7.6	0
84137099.90	其他非农业用离心泵(转速在10000转/分以下)	8	40		17	15	台/千克			0	7.6	0
	- 其他泵；液体提升机:											
8413.8100	-- 泵											
84138100.10	农业用其他液体泵	8	40		13	13	台/千克			0	4	0
84138100.20	生产重水用多级泵(专门为利用氨-氢交换法生产重水而设计或制造的多级泵)	8	40		17	15	台/千克	3		0	4	0
84138100.90	其他非农用液体泵	8	40		17	15	台/千克			0	4	0
8413.8200	-- 液体提升机	8	30		17	15	台/千克			0		0
	- 零件:											
8413.9100	-- 泵用	5	30		17	15	千克			0	2.5	0
8413.9200	-- 液体提升机用	6	30	4	17	15	千克			0		0
84.14	**空气泵或真空泵、空气及其他气体压缩机、风机、风扇；装有风扇的通风罩或循环气罩，不论是否装有过滤器:**											
8414.1000	- 真空泵											
84141000.10	耐腐蚀真空泵(流量大于5m³/h,接触表面由特殊耐腐蚀材料制成)	8	30	5	17	15	台/千克	3		0		0
84141000.20	真空泵(抽气口≥38cm,速度≥15m³/s,产生小于10^{-4}托极限真空度)	8	30	5	17	15	台/千克	3		0		0
84141000.30	能在含UF_6气氛中使用的真空泵(用耐UF_6腐蚀的材料制成或保护。这些泵可以是旋转式或正压式,可有排代式密封和碳氟化合物密封并且可以有特殊工作流体存在)	8	30	5	17	15	台/千克	3		0		0
84141000.40	专门设计或制造的抽气能力≥5m³/min的真空泵(专用于同位素气体扩散浓缩)	8	30	5	17	15	台/千克	3		0		0
84141000.50	能在含UF_6气氛中使用的真空泵(耐UF_6腐蚀的,也可用氟碳密封和特殊工作流体)	8	30	5	17	15	台/千克	3		0		0
84141000.90	其他真空泵	8	30	5	17	15	台/千克			0		0
8414.2000	- 手动或脚踏式空气泵	8	30		17	15	台/千克			0		0
	- 用于制冷设备的压缩机:											
	--- 电动机驱动的压缩机:											
8414.3011	----冷藏箱或冷冻箱用,电动机额定功率不超过0.4千瓦	8	80		17	17	台/千克	A	LM/	0	5.9	0
8414.3012	----冷藏箱或冷冻箱用，电动机额定功率超过0.4千瓦，但不超过5千瓦	10	80		17	17	台/千克	A	LM/	0	8.5	0
8414.3013	----空气调节器用，电动机额定功率超过0.4千瓦，但不超过5千瓦	10	80		17	17	台/千克	A	LM/	0	8.5	0
8414.3014	----空气调节器用,电动机额定功率超过5千瓦	10	80		17	17	台/千克	A	M/	0	8.5	0
8414.3015	----冷冻或冷藏设备用，电动机额定功率超过5千瓦	10	30		17	17	台/千克	A	M/	0	9.2	0
8414.3019	----其他	10	30		17	17	台/千克	A	LM/	0	9	0
8414.3090	--- 非电动机驱动的压缩机											
84143090.10	汽车空调压缩机	9	80		17	17	台/千克			0	8.1	0
84143090.90	非电机驱动其他制冷设备用压缩机	9	80		17	17	台/千克			0	8.1	0
8414.4000	- 装在拖车底盘上的空气压缩机	8	30		17	17	台/千克			0		0
	- 风机、风扇:											
	-- 台扇、落地扇、壁扇、换气扇或吊扇，包括风机,本身装有一个输出功率不超过125瓦的电动机:											

协定税率 %										特惠税率 %				Article Description
巴基斯坦	冰岛	哥斯达黎	秘鲁	新西兰	瑞士	新加坡	韩国	澳大利亚	港澳台	老挝	孟加拉	33 国	7 国	
5	0	0	0	0	5.6		4.8	4.8	0//		0	0	0	Canned centrifugal pumps with rotational speed ＜10000r/min (flow rate ＞0.6m^3/h, of a contact surface made of special corrosion-resistant materials)
5	0	0	0	0	5.6		4.8	4.8	0//		0	0	0	Magnetically-driven centrifugal pumps of a rotational speed ＜ 10000r/min (flow rate ＞0.6m^3/h, with contact surface being made of special corrosion-resistant materials)
5	0	0	0	0	5.6		4.8	4.8	0//		0	0	0	Liquid-propellant pumps of a 8000r/min ＜rotational speed ＜ 10000r/min, outlet pressure ≥7000kPa)
5	0	0	0	0	5.6		4.8	4.8	0//		0	0	0	Other centrifugal pumps and highly-sealed pumps (dual-use items control)
5	0	0	0	0	5.6		4.8	4.8	0//		0	0	0	Other centrifugal pumps for non-agricultural use (rotational speed ＜10000r/min)
														- Other pumps; liquid elevators:
														-- Pumps
0	0	0	0	0	5.6		4.8	4.8	//0		0	0	0	Other liquid pumps for agricultural use
0	0	0	0	0	5.6		4.8	4.8	//0		0	0	0	Multistage pumps for producing heavy water (multistage pumps specially designed or made to produce heavy water by utilizing the ammonia-hydrogen transformation method)
0	0	0	0	0	5.6		4.8	4.8	//0		0	0	0	Other liquid pumps for non-agricultural use
5	0	0	0	0	5.8		6.4	4.8			0	0	0	-- Liquid elevators
														- Parts:
0	0	0	0	0	3.5		0	0	0//0		0	0	0	-- Of pumps
5	0	0	0	0	2.4		3.6	3.6			0	0	0	-- Of liquid elevators
														Air or vacuum pumps, air or other gas compressors and fans; ventilating or recycling hoods incorporating a fan, whether or not fitted with filters:
														- Vacuum pumps
5	0	0	0	0	5.6		6.4	4.8	//0			0	0	Corrosion-resistant vacuum pumps (flow rate ＞5m^3/h, of a contact surface made of special corrosion-resistant materials)
5	0	0	0	0	5.6		6.4	4.8	//0			0	0	Vacuum pumps (aspirating hole ≥38cm, speed ≥15m^3/s, capacity ＜10^{-4}absolute vacuum degree)
5	0	0	0	0	5.6		6.4	4.8	//0			0	0	Vacuum pumps which can be used in UF_6 environment(made of or protected by UF_6-risistant materials. These pumps can be rotary or positive pressure, sealed with displacement or fluorocarbon, whether or not containing special working fluid)
5	0	0	0	0	5.6		6.4	4.8	//0			0	0	Specially designed or made vacuum pumps with exhaust capacity ≥5m^3/min (used solely for diffusion and concentration of isotopic gases)
5	0	0	0	0	5.6		6.4	4.8	//0			0	0	Vacuum pumps which can be used in UF_6 atmosphere (UF_6-resistant pumps can be sealed with fluorocarbon or special working fluid)
5	0	0	0	0	5.6		6.4	4.8	//0			0	0	Other vacuum pumps
5	0	0	0	0	3.2		4.8	4.8				0	0	- Hand-or foot-operated pumps
														- Compressors of a kind used in refrigerating equipment:
														--- Driven by a motor:
5	0	0	0	0	3.2	0	6.9	4.8	0//		0	0	0	----For refrigerators or freezers, of a motor power not exceeding 0.4kW
5	0	0	3	0	4	0	9	6	0//		0	0	0	----For refrigerators or freezers, of a motor power exceeding 0.4kW but not exceeding 5kW
5	0	0	3	0	4	0	6	6	0//0		0	0	0	----For air conditioning machines, of a motor power exceeding 0.4kW but not exceeding 5kW
5	0	0	3	0	4	0	8	6	0//0		0	0	0	----For air conditioning machines, of a motor power exceeding 5kW
5	0	0	3	0	4		8	6	0//		0	0	0	----For refrigerators or freezers, of a motor power exceeding 5kW
5	0	0	3	0	4	0	9	6	0//		0	0	0	----Other
														--- Driven by a non-motor
5	0	0	0	0	3.6	0	7.8	5.4	0//		0	0	0	Compressors for automobile air conditioners
5	0	0	0	0	3.6	0	7.8	5.4	0//		0	0	0	Other non-motor-driven compressors for refrigeration equipments
5	0	0	0	0	3.2		6.4	4.8	0//			0	0	- Air compressors mounted on a wheeled chassis for towing
														- Fans:
														-- Table, floor, wall, window, ceiling or roof fans,with a self-contained electric motor of an output not exceeding 125W:

税号	货品名称	进口关税 %			增值/消费税%	出口退税%	统计计量单位	监管证件代码	检验检疫类别	协定税率 %		
		最惠国	普通	年内暂定						东盟	亚太	智利
8414.5110	--- 吊扇	20	130		17	15	台/千克	A	LM/	0		0
8414.5120	--- 换气扇	20	130		17	15	台/千克	A	LM/	0		0
8414.5130	--- 具有旋转导风轮的风扇	12	130		17	15	台/千克		+L	0		0
	--- 其他:											
8414.5191	----台扇	10	130		17	15	台/千克	A	LM/	0		0
8414.5192	----落地扇	10	130		17	15	台/千克	A	LM/	0		0
8414.5193	----壁扇	10	130		17	15	台/千克	A	LM/	0		0
8414.5199	----其他	10	130		17	15	台/千克		+L	0		0
	-- 其他:											
8414.5910	--- 吊扇	8	30		17	15	台/千克	A	LM/	0	7.2	0
8414.5920	--- 换气扇	8	30		17	15	台/千克	A	LM/	0	7.2	0
8414.5930	--- 离心通风机	10	30		17	17	台/千克			0	9.5	0
8414.5990	--- 其他											
84145990.10	罗茨式鼓风机	8	30		17	17	台/千克	A	M/	0	7.2	0
84145990.20	吸气≥1$m^3$$UF_6$/min的耐$UF_6$腐蚀的鼓风机(出口压力高达500千帕,设计成在$UF_6$环境中长期运行。这种鼓风机的压力比为10:1或更低,用耐UF_6的材料制成或用这种材料进行保护)	8	30		17	15	台/千克	3A	M/	0	7.2	0
84145990.30	吸气≥2m^3/min的耐UF_6腐蚀鼓风机(轴向离心式或正排量鼓风机,压力比在1.2:1和6:1之间)	8	30		17	15	台/千克	3A	M/	0	7.2	0
84145990.40	吸气≥56m^3/s的鼓风机(用于循环硫化氢气体的单级、低压头离心式鼓风机)	8	30		17	15	台/千克	3A	M/	0	7.2	0
84145990.50	电子产品散热用轴流风扇	8	30		17	17	台/千克	A	M/	0	7.2	0
84145990.91	其他台扇、落地扇、壁扇(电动机输出功率超过125W的)	8	30		17	15	台/千克	A	LM/	0	7.2	0
84145990.99	其他风机、风扇	8	30		17	15	台/千克	A	LM/	0	7.2	0
	- 罩的平面最大边长不超过120厘米的通风罩或循环气罩:											
8414.6010	--- 抽油烟机	10	130	6	17	15	台/千克		+L	0		0
8414.6090	--- 其他											
84146090.11	生物安全柜(符合世界卫生组织规定的生物安全水平三级标准,罩的最大边长≤120厘米)	10	130		17	15	台/千克	3		0		0
84146090.12	活动(柔软的)隔离装置;手套箱(具有与三级生物安全柜类似标准,罩的最大边长≤120厘米)	10	130		17	15	台/千克	3		0		0
84146090.13	层流罩(柜)(垂直流密闭通风柜,具有三级生物安全柜类似标准,罩的最大边长≤120厘米)	10	130		17	15	台/千克	3		0		0
84146090.14	吸收塔(两用物项管制,罩的最大边长≤120厘米)	10	130		17	15	台/千克	3		0		0
84146090.15	带有风扇的高效空气粒子过滤单元的封闭洁净设备[高效空气粒子过滤单元(HEPA),罩的最大边长≤120厘米]	10	130		17	15	台/千克	3		0		0
84146090.16	厌氧微生物柜(具有与三级生物安全柜类似标准,罩的最大边长≤120厘米)	10	130		17	15	台/千克	3		0		0
84146090.90	其他≤120厘米的通风罩或循环气罩(指罩的平面最大边长不超过120厘米,装有风扇的)	10	130		17	15	台/千克			0		0
	- 其他:											
8414.8010	--- 燃气轮机用的自由活塞式发生器	8	50		17	15	台/千克			0	5.6	0
8414.8020	--- 二氧化碳压缩机	7	30		17	15	台/千克			0	4.9	0
8414.8030	--- 发动机用增压器											
84148030.01	乘用车机械增压器	7	30	5	17	15	台/千克			0	4.9	0
84148030.90	发动机用增压器	7	30		17	15	台/千克			0	4.9	0
8414.8040	--- 空气及其他气体压缩机											
84148040.10	吸气≥1$m^3$$UF_6$/min的耐$UF_6$腐蚀压缩机(出口压力高达500千帕,设计成在$UF_6$环境中长期运行。这种压缩机的压力比为10:1或更低,用耐UF_6的材料制成或用这种材料进行保护)	7	30		17	17	台/千克	3		0	4.9	0

协定税率 %										特惠税率 %				Article Description
巴基斯坦	冰岛	哥斯达黎	秘鲁	新西兰	瑞士	新加坡	韩国	澳大利亚	港澳台	老挝	孟加拉	33 国	7 国	
	0	0	6	0	14	0	17.3	12		0	0	0	0	--- Ceiling or roof fans
	0	0	6	0	14	0	17.3	12	//0	0	0	0	0	--- Window fans
6	0	0	0	0	8.4	0	9.6	7.2		0	0	0	0	--- Repeating front louver fan
														--- Other:
5	0	0	0	0	4		8	6		0	0	0	0	----Table fans
5	0	0	0	0	4		8	6		0	0	0	0	----Floor fans
5	0	0	0	0	4		8	6		0	0	0	0	----Wall fans
5	0	0	0	0	4	0	8	6	//0	0	0	0	0	----Other
														-- Other:
5	0	0	0	0	3.2		4.8	4.8				0	0	--- Ceiling or roof fans
5	0	0	0	0	3.2		4.8	4.8				0	0	--- Window fans
5	0	0	3	0	4	0	6	6	/0/			0	0	--- Centrifugal ventilation fans
														--- Other
5	0	0	0	0	5.6		4.8	4.8	//0		0	0	0	Roots blowers
5	0	0	0	0	5.6		4.8	4.8	//0		0	0	0	UF_6-resistant blowers of a air breathing ≥1m^3UF_6/min(designed for long-time running in UF_6 environment with exit pressure up to 500kPa and pressure ratio of 10:1 or lower,made of or protected by UF_6-risistant materials)
5	0	0	0	0	5.6		4.8	4.8	//0		0	0	0	UF_6-resistant blowers with air breathing ≥2m^3/min (axial centrifugal or positive displacement blowers, with pressure ratio between 1.2:1 and 6:1)
5	0	0	0	0	5.6		4.8	4.8	//0		0	0	0	Blowers with air breathing ≥56m^3/s (one-stage, low-pressure centrifugal blowers used for cycling hydrogen sulphide gas)
5	0	0	0	0	5.6		4.8	4.8	//0		0	0	0	Axial-flow fans for heat elimination of electronic products
5	0	0	0	0	5.6		4.8	4.8	//0		0	0	0	Other desk fans, floor-standing fans and wall-mounted fans (output of the electric motor >125W)
5	0	0	0	0	5.6		4.8	4.8	//0		0	0	0	Other fans
														- Hoods having a maximum horizontal side not exceeding 120cm:
5	0	0	0	0	4		8	6		0	0	0	0	--- Range hoods
														--- Other
5	0	0	0	0	4	0	8	6		0	0	0	0	Biosafety cabinets (meet the standard of Biosafety Level 3 prescribed by the World Health Organization, the maximum side length of the hood≤120cm)
5	0	0	0	0	4	0	8	6		0	0	0	0	Movable (soft) partitions; glove boxes (with a similar standard with Biosafety Level 3 cabinets, the maximum side length of the hood≤120cm)
5	0	0	0	0	4	0	8	6		0	0	0	0	Laminar hoods (cabinets) (vertifcal flow sealed fume hoods, with a similar standard of Biosafety Level 3 cabinets, the maximum side length of the hood≤120cm)
5	0	0	0	0	4	0	8	6		0	0	0	0	Absorption towers (dual-use items control, the maximum side length of the hood≤120cm)
5	0	0	0	0	4	0	8	6		0	0	0	0	HEPA closed cleaning equipments with a fan (HEPA: high efficiency particulate air filter, the maximum side length of the hood≤120cm)
5	0	0	0	0	4	0	8	6		0	0	0	0	Anaerobic microorganism cabinets (similar standard with Biosafety Level 3 cabinets, the maximum side length of the hood ≤120cm)
5	0	0	0	0	4	0	8	6		0	0	0	0	Other ventilating or recycling hoods of a side length≤120cm (the maximum side length≤120cm, fitted with a fan)
														- Other:
5	0	0	0	0	3.2		4.8	4.8				0	0	--- Free piston generators for gas turbines
0	0	0	0	0	2.8		5.6	4.2				0	0	--- CO_2 compressors
														--- Superchargers for engines
0	0	0		0			6	4.2				0		Passenger cars mechanical superchargers
0	0	0		0			6	4.2				0		Turbochargers of engines
														--- Air or other gas compressors
0	0	0	0	0	5		0	4.2	0//0			0	0	UF_6-resistant compressorss of a air breathing ≥1m^3UF_6/min(esigned for long-time running in UF_6 environment with exit pressure up to 500kPa and pressure ratio of 10:1 or lower,made of or protected by UF_6-risistant materials)

税号	货品名称	进口关税 %			增值/消费税%	出口退税%	统计计量单位	监管证件代码	检验检疫类别	协定税率 %		
		最惠国	普通	年内暂定						东盟	亚太	智利
84148040.20	MLIS用UF_6/载气压缩机(能在UF_6环境中长期操作UF_6/载气混合气压缩机)	7	30		17	17	台/千克	3		0	4.9	0
84148040.30	吸气≥$56m^3/s$的压缩机(用于循环硫化氢气体的单级、低压头离心式压缩机)	7	30		17	17	台/千克	3		0	4.9	0
84148040.40	吸气≥$2m^3/min$的耐UF_6腐蚀压缩机(轴向离心式或正排量压缩机,压力比在1.2:1和6:1之间)	7	30		17	17	台/千克	3		0	4.9	0
84148040.90	其他空气及气体压缩机	7	30		17	17	台/千克			0	4.9	0
8414.8090	--- 其他											
84148090.51	其他生物安全柜(符合世界卫生组织规定的生物安全水平三级标准)	7	30		17	17	台/千克	3		0	4.9	0
84148090.52	其他活动(柔软的)隔离装置与其他手套箱(具有与三级生物安全柜类似标准)	7	30		17	17	台/千克	3		0	4.9	0
84148090.53	其他层流罩(柜)(垂直流密闭通风柜,具有与三级生物安全柜类似标准)	7	30		17	17	台/千克	3		0	4.9	0
84148090.54	其他吸收塔(两用物项管制)	7	30		17	17	台/千克	3		0	4.9	0
84148090.55	其他带有风扇的高效空气粒子过滤单元的封闭洁净设备[高效空气粒子过滤单元(HEPA)]	7	30		17	17	台/千克	3		0	4.9	0
84148090.56	其他厌氧微生物柜(具有与三级生物安全柜类似标准)	7	30		17	15	台/千克	3		0	4.9	0
84148090.90	其他空气泵及通风罩(通风罩指装有风扇的通风罩或循环气罩,平面边长>120cm)	7	30		17	17	台/千克			0	4.9	0
	- 零件:											
	--- 税号8414.3011至8414.3014及8414.3090所列机器的零件:											
8414.9011	----压缩机进、排气阀片	8	80	5	17	15	千克			0	7.2	0
8414.9019	----其他	8	80	5	17	15	千克			0	7.2	0
8414.9020	--- 税号8414.5110至8414.5199及8414.6000所列机器的零件	12	130	6	17	15	千克			0	11.4	0
8414.9090	--- 其他											
84149090.10	分子泵(气体离心机的静态部件,专门设计或制造的内部有已加工或挤压的螺纹槽和已加工的腔的泵体)	7	30	4	17	15	千克	3		0	6.5	0
84149090.90	税目8414其他未列名零件	7	30	4	17	15	千克			0	6.5	0
84.15	**空气调节器,装有电扇及调温、调湿装置,包括不能单独调湿的空调器:**											
	- 窗式或壁式,独立的或分体的:											
8415.1010	--- 独立式	15	130		17	17	台	A	LM/	0	13.5	0
	--- 分体式:											
8415.1021	----制冷量不超过4000大卡/时	15	130		17	17	台	A	LM/	0	13.5	0
8415.1022	----制冷量超过4000大卡/时											
84151022.01	4000大卡/时<制冷量≤12046大卡/时(14000W)分体式空调,窗式或壁式(装有电扇及调温、调湿装置,包括不能单独调湿的空调器)	15	90		17	17	台	A	LM/	0	13.5	0
84151022.90	其他制冷量>12046大卡/时(14000W)分体式空调,窗式或壁式(装有电扇及调温、调湿装置,包括不能单独调湿的空调器)	15	90		17	17	台	A	LM/	0	13.5	0
8415.2000	- 机动车辆上供人使用的	20	110	10	17	17	台	A	M/			0
	- 其他:											
	-- 装有制冷装置及冷热循环换向阀(可逆式热泵)的:											
8415.8110	--- 制冷量不超过4000大卡/时	15	130		17	17	台	A	LM/	0		0
8415.8120	--- 制冷量超过4000大卡/时											
84158120.01	4000大卡/时<制冷量≤12046大卡/时(14000W)热泵式空调器(装有制冷装置及一个冷热循环换向阀的)	20	90	12	17	17	台	A	LM/	0		0

协定税率 %										特惠税率 %				
巴基斯坦	冰岛	哥斯达黎	秘鲁	新西兰	瑞士	新加坡	韩国	澳大利亚	港澳台	老挝	孟加拉	33 国	7 国	**Article Description**
0	0	0	0	0	5		0	4.2	0//0			0	0	UF_6/carrier gas compressors for MLIS (UF_6/carrier gas, mixed gases compressors can be operated in UF_6 environment in a long-term)
0	0	0	0	0	5		0	4.2	0//0			0	0	Compressors of a air breathing≥$56m^3/s$ (one-stage, low-pressure centrifugal compressors used for cycling H_2S gases
0	0	0	0	0	5		0	4.2	0//0			0	0	UF_6-resistant compressors with air breathing≥$2m^3$/min (axial centrifugal or positive displacement compressors, with pressure ratio standing between 1.2:1 and 6:1)
0	0	0	0	0	5		0	4.2	0//0			0	0	Other air or gas compressors
														--- Other
0	0	0	0	0	5		0	4.2	0//0			0	0	Other biosafety cabinets (meet the standard of Biosafety Level 3 prescribed by the World Health Organization)
0	0	0	0	0	5		0	4.2	0//0			0	0	Other movable (soft) partitions and glove boxes (with a similar standard of Biosafety Level 3 cabinets)
0	0	0	0	0	5		0	4.2	0//0			0	0	Other laminar hoods (cabinets) (vertifcal flow sealed fume hoods, with a similar standard of Biosafety Level 3 cabinets)
0	0	0	0	0	5		0	4.2	0//0			0	0	Other absorption towers (dual-use items control)
0	0	0	0	0	5		0	4.2	0//0			0	0	Other HEPA closed cleaning equipments with a fan (HEPA: high efficiency particulate air filter)
0	0	0	0	0	5		0	4.2	0//0			0	0	Other Anaerobic microorganism cabinets (with a similar standard of Biosafety Level 3 cabinets)
0	0	0	0	0	5		0	4.2	0//0			0	0	Other air pumps and ventilating hoods (ventilating hoods referring to the ventilating or recycling hoods fitted with a fan, the plane side length > 120cm)
														- Parts:
														--- Of the machines of subheadings No.8414.3011 to 8414.3014 and 8414. 3090:
5	0	0	0	0	3.2		4.8	4.8		0	0	0	0	----In take valve leaf or discharge valve leaf
5	0	0	0	0	5.6		0	4.8	//0			0	0	----Other
6	0	0	3.6	0	8.4	0	9.6	7.2	//0			0	0	--- Of the machines of subheadings No.8414.5110 to 8414.5199 or 8414.6000
														--- Other
5	0	0	0	0	5		0	4.2	0//0			0	0	Molecular pumps (gas centrifuge, with processed or pressed thread grooves and processing cavities inside)
5	0	0	0	0	5		0	4.2	0//0			0	0	Other parts not listed in Heading 84.14
														Air conditioning machines, comprising a motor-driven fan and elements for changing the temperature and humidity, including those machines in which the humidity cannot be separately regulated:
														- Window or wall types, self-contained or"split-system":
7.5	0	0	4.5	0	10.5	0	12	9				0	0	--- Self-contained
														--- Split-systerm:
7.5	0	0	4.5	0	10.5	0	12	9				0	0	----Of a refrigerating effect not exceeding 4000 Cal per hour
														----Of a refrigerating effect exceeding 4000 Cal per hour
7.5	0	0	4.5	0	10.5	0	12	9				0	0	Split-system air conditioning machines, of a 4000 Cal/h< refrigerating effect≤12046 Cal/h (14000W), window or wall types (comprising a motor-driven fan and elements for changing the temperature and humidity, including those without separately humidity regulated functions)
7.5	0	0	4.5	0	10.5	0	12	9				0	0	Other split-system air conditioning machines of a refrigerating effect >12,046 Cal/h (14000W), window or wall types(comprising a motor-driven fan and elements for changing the temperature and humidity, including those without separately humidity regulated functions)
	0	0		0	14		18	12	0//			0		- Of a kind used for persons, in motor vehicles
														- Other:
														-- Incorporating a refrigerating unit and a valve for reversal of the cooling/heat cycle (reversible heat pumps):
12	0	0	4.5	0	10.5	0	12	9				0	0	--- Of a refrigerating effect not exceeding 4000 Cal per hour
														--- Of a refrigerating effect exceeding 4000 Cal per hour
	0	0	6	0	14	0	18	12				0	0	Heat pump air conditioning machines, of a 4000 Cal/h< refrigerating effect≤12046 Cal/h(14000W) (comprising a refrigerating unit and a valve for reversal of the cooling/heat cycle)

税 号	货 品 名 称	进口关税 %			增值/消费税%	出口退税%	统计计量单位	监管证件代码	检验检疫类别	协定税率 %		
		最惠国	普通	年内暂定						东盟	亚太	智利
84158120.90	其他制冷量＞12046大卡/时(14000W)热泵式空调器(装有制冷装置及一个冷热循环换向阀的)	20	90	12	17	17	台	A	LM/	0		0
	-- 其他，装有制冷装置的：											
8415.8210	--- 制冷量不超过4000大卡/时	15	130		17	17	台	A	LM/	0		0
8415.8220	--- 制冷量超过4000大卡/时											
84158220.01	4000大卡＜制冷量≤12046大卡/时(14000W)的其他空调(仅装有制冷装置,而无冷热循环装置的)	20	90	12	17	17	台	A	LM/	0		0
84158220.90	其他制冷量＞12046大卡/时(14000W)的其他空调(仅装有制冷装置,而无冷热循环装置的)	20	90	12	17	17	台	A	LM/	0		0
8415.8300	-- 未装有制冷装置的	10	90		17	17	台	A	M/	0		0
	- 零件：											
8415.9010	--- 税号8415.1010、8415.1021、8415.8110及8415.8210所列设备的零件	10	130	6	17	15	千克			0	8	0
8415.9090	--- 其他	10	90	6	17	15	千克			0	8	0
84.16	**使用液体燃料、粉状固体燃料或气体燃料的炉用燃烧器；机械加煤机，包括其机械炉篦、机械出灰器及类似装置：**											
8416.1000	- 使用液体燃料的炉用燃烧器	10	35		17	15	千克	6		0	9.5	0
	- 其他炉用燃烧器，包括复式燃烧器：											
	--- 气体的：											
8416.2011	----使用天然气的											
84162011.01	溴化锂空调用天然气燃烧机	10.5	35	5	17	15	千克	6		0		0
84162011.90	其他使用天然气的炉用燃烧器	10.5	35		17	15	千克	6		0		0
8416.2019	----其他	10.5	35		17	15	千克	6		0		0
8416.2090	--- 其他											
84162090.01	溴化锂空调用复式燃烧机	10.5	35	5	17	15	千克	6		0		0
84162090.90	其他使用粉状固体燃料炉用燃烧器(包括其他复式燃烧器)	10.5	35		17	15	千克	6		0		0
8416.3000	- 机械加煤机，包括其机械炉篦、机械出灰器及类似装置	8.4	35		17	15	千克	6		0		0
8416.9000	- 零件	6	35		17	15	千克			0		0
84.17	**非电热的工业或实验室用炉及烘箱，包括焚烧炉：**											
8417.1000	- 矿砂、黄铁矿或金属的焙烧、熔化或其他热处理用炉及烘箱	10	35		17	15	台	6AO	M/	0		0
8417.2000	- 面包房用烤炉及烘箱，包括做饼干用的	10	35		17	15	台	A	R/	0		0
	- 其他：											
8417.8010	--- 炼焦炉	10	35		17	15	台	6A	M/	0		0
8417.8020	--- 放射性废物焚烧炉	5	35		17	15	台	6A	M/	0		0
8417.8030	--- 水泥回转窑	10	35		17	15	台	AO	M/	0		0
8417.8040	--- 石灰石分解炉	10	35		17	15	台	A	M/	0		0
8417.8050	--- 垃圾焚烧炉	10	35	5	17	15	台/千克	6AO	M/	0		0
8417.8090	--- 其他											
84178090.10	平均温度＞1000℃的耐腐蚀焚烧炉(为销毁管制化学品或化学弹药用)	10	35		17	15	台	36AO	M/	0		0
84178090.90	其他非电热的工业用炉及烘箱(包括实验室用炉、烘箱和焚烧炉)	10	35		17	15	台	6AO	M/	0		0
	- 零件：											
8417.9010	--- 海绵铁回转窑用	7	35		17	15	千克			0		0
8417.9020	--- 炼焦炉用	7	35		17	15	千克			0		0
8417.9090	--- 其他											
84179090.10	垃圾焚烧炉和放射性废物焚烧炉的零件	7	35	5	17	15	千克			0		0
84179090.90	其他非电热工业用炉及烘箱的零件(包括实验室用炉及烘箱的零件和焚烧炉零件)	7	35		17	15	千克			0		0
84.18	**电气或非电气的冷藏箱、冷冻箱及其他制冷设备；热泵，但税目84.15的空气调节器除外：**											

协定税率 %										特惠税率 %				
巴基斯坦	冰岛	哥斯达黎	秘鲁	新西兰	瑞士	新加坡	韩国	澳大利亚	港澳台	老挝	孟加拉	33国	7国	Article Description
	0	0	6	0	14	0	18	12				0	0	Other heat pump air conditioning machines of a refrigerating effect ＞12,046 Cal/h (14000W) (comprising a refrigerating unit and a valve for reversal of the cooling/heat cycle)
														-- Other, incorporating a refrigerating unit:
12	0	0	4.5	0	10.5	0		9				0	0	--- Of a refrigerating effect not exceeding 4000 Cal per hour
														--- Of a refrigerating effect exceeding 4000 Cal per hour
	0	0	6	0	14	0		12				0	0	Other air conditioning machines of a 4000 Cal/h＜refrigerating effect≤12046 Cal/h(14000W) (comprising a refrigerating unit only, without devices for reversal of the cooling/heat cycle)
	0	0	6	0	14	0		12				0	0	Other air conditioning machines of a refrigerating effect ＞ 12,046 Cal/h (14000W) (comprising a refrigerating unit only, without devices for reversal of the cooling/heat cycle)
5	0	0	0	0	4	0	8	6			0	0	0	-- Not incorporating a refrigerating unit
														- Parts:
5	0	0	0	0	4	0	8	6	0//		0	0	0	--- Of the machines of subheadings No.8415.1010,8415.1021,8415.8110 and 8415.8210
5	0	0	0	0	4	0	8	6	0//0		0	0	0	--- Other
														Furnace burners for liquid fuel, for pulverzied solid fuel or for gas; mechanical stokers, including their mechanical grates, mechanical ash dischargers and similar appliances:
5	0	0	0	0	4	0	8	6				0	0	- Furnace burners for liquid fuel
														- Other furnace burners, including combination burners:
														--- For gas:
														----Of using natural gas
5	0	0	0	0	7.4	0	8.4	6.3				0	0	Natural gas burners for lithium bromide air conditioners
5	0	0	0	0	7.4	0	8.4	6.3				0	0	Other natural gas furnace burners
5	0	0	0	0	7.4	0	8.4	6.3				0	0	----Other
														--- Other
5	0	0	0	0	4.2	0	8.4	6.3				0	0	Combination burners for lithium bromide air conditioners
5	0	0	0	0	4.2	0	8.4	6.3				0	0	Other furnace burners of pulverized solid fuel (including other combination burners)
5	0	0	0	0	3.36		5	5				0	0	- Mechanical stokers, including their mechanical grates, mechanical ash dischargers and similar appliances
5	0	0	0	0	2.4		3.6	3.6				0	0	- Parts
														Industrial or laboratory furnaces and ovens, including incinerators, non-electric:
5	0	0	0	0	4	0	8	6				0	0	- Furnaces and ovens for the roasting, melting or other heat-treatment of ores, pyrites or of metals
5	0	0	0	0	4		8	6				0	0	- Bakery ovens, including biscuit ovens
														- Other:
5	0	0	0	0	4		8	6				0	0	--- Coke ovens
0	0	0	0	0	0		3	0				0	0	--- Burn furnaces for radioactive waste
5	0	0	0	0	4	0	8	6				0	0	--- Cement rotary kilns
5	0	0	0	0	4		8	6				0	0	--- Limestone decomposition furnace
5	0	0	0	0	7.5	0	9	6	//0			0	0	--- Incinerators for waste
														--- Other
5	0	0	0	0	7.5	0	9	6	//0			0	0	Corrosion-resistant incinerators with an average temperature＞1000℃ (to destroy controlled chemicals or chemical ammunition)
5	0	0	0	0	7.5	0	9	6	//0			0	0	Other non-electric industrial furnaces and ovens (including laboratory furnaces, ovens and incinerators)
														- Parts:
5	0	0	0	0	2.8		4.2	4.2				0	0	--- For sponge iron rotary kiln
5	0	0	0	0	2.8		4.2	4.2				0	0	--- For coke ovens
														--- Other
5	0	0	0	0	4.9		4.2	4.2				0	0	Parts for incinerators for waste or burn furnaces for radioactive waste
5	0	0	0	0	4.9		4.2	4.2				0	0	Parts for other non-electric industrail furnaces and ovens (including parts for laboratory furnaces, ovens and incinerators)
														Refrigerators, freezers and other refrigerating or freezing equipment,electric or other; heat pumps other than air conditioning machines of heading No.84.15:

税号	货品名称	进口关税 %			增值/消费税%	出口退税%	统计计量单位	监管证件代码	检验检疫类别	协定税率 %		
		最惠国	普通	年内暂定						东盟	亚太	智利
	- 冷藏—冷冻组合机，各自装有单独外门的：											
8418.1010	--- 容积超过500升	10	100		17	17	台/千克	A	M/	0		0
8418.1020	--- 容积超过200升，但不超过500升	15	130		17	17	台/千克	A	LM/	0		0
8418.1030	--- 容积不超过200升	15	130		17	17	台/千克	A	LM/	0		0
	- 家用型冷藏箱：											
	-- 压缩式：											
8418.2110	--- 容积超过150升	10	130		17	17	台/千克	A	LMR/	0		0
8418.2120	--- 容积超过50升，但不超过150升	10	130		17	17	台/千克	A	LMR/	0	9	0
8418.2130	--- 容积不超过50升	10	130		17	17	台/千克	A	LMR/	0	9	0
	-- 其他：											
8418.2910	--- 半导体制冷式	30	130		17	17	台/千克	A	LMR/	0		0
8418.2920	--- 电气吸收式	15	130		17	17	台/千克	A	LR/	0		0
8418.2990	--- 其他	30	130		17	17	台/千克	A	LMR/	0		0
	- 柜式冷冻箱，容积不超过800升：											
8418.3010	--- 制冷温度在-40℃及以下	9	50		17	17	台/千克	A	M/	0		0
	--- 制冷温度在-40℃以上：											
8418.3021	----容积超过500升	23	100		17	17	台/千克	A	M/	0		0
8418.3029	----其他	30	130		17	17	台/千克	A	LM/	0		0
	- 立式冷冻箱，容积不超过900升：											
8418.4010	--- 制冷温度在-40℃及以下	9	50		17	17	台/千克	A	M/	0		0
	--- 制冷温度在-40℃以上：											
8418.4021	----容积超过500升	15	100		17	17	台/千克	A	M/	0		0
8418.4029	----其他	30	130		17	17	台/千克	A	LM/	0		0
8418.5000	- 装有冷藏或冷冻装置的其他设备（柜、箱、展示台、陈列箱及类似品），用于存储及展示	10	100		17	17	台/千克	A	LM/	0		0
	- 其他制冷设备；热泵：											
	-- 热泵，税目84.15的空气调节器除外：											
8418.6120	--- 压缩式											
84186120.10	压缩式制冷机组的热泵（介质为氢、氦的可冷却到≤23K且排热＞150W）	10	90		17	17	台/千克	3		0	7	0
84186120.90	其他压缩式热泵，税目8415的空气调节器除外	10	90		17	17	台/千克			0	7	0
8418.6190	--- 其他	15	130		17	17	台/千克			0	7	0
	-- 其他：											
8418.6920	--- 制冷机组											
84186920.10	其他压缩式制冷设备（介质为氢或氦，可冷却到≤23K且排热＞150W）	10	90		17	17	台/千克	3		0	7	0
84186920.90	其他制冷机组	10	90		17	17	台/千克			0	7	0
8418.6990	--- 其他											
84186990.10	带制冷装置的发酵罐（不发散气溶胶，且容积大于20升）	10	130		17	17	台/千克	3		0	7	0
84186990.20	制冰机、冰激凌机	10	130		17	17	台/千克	A	M/	0	7	0
84186990.90	其他制冷设备	10	130		17	17	台/千克			0	7	0
	- 零件：											
8418.9100	-- 冷藏或冷冻设备专用的特制家具	18	130		17	15	千克			0	17.1	0
	-- 其他：											
8418.9910	--- 制冷机组及热泵用	10	90	6	17	17	千克			0		0
	--- 其他：											
8418.9991	----制冷温度在-40℃及以下的冷冻设备用	9.5	50	6	17	15	千克			0		0
8418.9992	----制冷温度在-40℃以上，但容积超过500升的冷藏或冷冻设备用	10	100	6	17	15	千克			0		0
8418.9999	----其他											
84189999.10	耐腐蚀冷凝器（20平方米＞换热面积＞0.15平方米）	10	130	6	17	15	千克	3		0		0
84189999.90	税目8418其他制冷设备用零件	10	130	6	17	15	千克			0		0

协定税率 %										特惠税率 %				Article Description
巴基斯坦	冰岛	哥斯达黎	秘鲁	新西兰	瑞士	新加坡	韩国	澳大利亚	港澳台	老挝	孟加拉	33 国	7 国	
														- Combined refrigerator-freezers, fitted with separate external doors：
5	0	0	3	0	4	0	9	6			0	0	0	--- Of a capacity exceeding 500L
12	0	0	4.5	0	10.5	0	12	9				0	0	--- Of a capacity exceeding 200L, not exceeding 500L
12	0	0	4.5	0	10.5	0		9				0	0	--- Of a capacity not exceeding 200L
														- Refrigerators, household type：
														-- Compression-type：
5	0	0	0	0	4	0	8	6			0	0	0	--- Of a capacity exceeding 150L
5	0	0	0	0	4	0	8	6			0	0	0	--- Of a capacity exceeding 50L, not exceeding 150L
5	0	0	0	0	4	0	8	6			0	0	0	--- Of a capacity not exceeding 50L
														-- Other：
	0	0	9	0	21	0		18				0	0	--- Semiconductor freezing type
12	0	0	4.5	0	10.5	0	12	9				0	0	--- Absorption-type, electrical
	0	0	9	0	21	0		18				0	0	--- Other
														- Freezers of the chest type, not exceeding 800L capacity：
5	0	0	0	0	3.6			5.4	/0/		0	0	0	--- Of a refrigerating temperature of-40℃ or lower
														--- Of a refrigerating temperature higher than-40℃：
	0	0	6.9	0	16.1	0	20.7	13.8	/0/			0	0	----Of a capacity exceeding 500L
	0	0	9	0	21.6	0		18	/0/			0	0	----Other
														- Freezers of the upright type, not exceeding 900L capacity：
5	0	0	0	0	3.6			5.4	/0/		0	0	0	--- Of a refrigerating temperature of -40°C or lower
														--- Of a refrigerating temperature higher than-40℃：
12	0	0	4.5	0	10.5	0		9	/0/			0	0	----Of a capacity exceeding 500L
	0	0	9	0		0		18	/0/			0	0	----Other
5	0	0	3	0	4	0	8	6	0/0/		0	0	0	- Other furniture (chests, cabinets, display counters, show-cases and the like) for storage and display, incorporating refrigerating or freezing equipment
														- Other refrigerating or freezing equipment；heat pumps：
														-- Heat pumps other than air conditioning machines of heading No.84.15：
														--- Compression-type
5	0	0	0	0	4	0	8	6			0	0	0	Heat pumps for compression-type refrigerating units (of a cooling tempretue ≤23K, and heat elimination ＞150W, with hydrogen and helium as their media)
5	0	0	0	0	4	0	8	6			0	0	0	Other compression-type heat pumps, other than air conditioning machines of heading 84.15
7	0	0	4.5	0	10.5	0	12	9	/0/			0	0	--- Other
														-- Other：
														--- Refrigerating units
5	0	0	0	0	4	0	8	6	/0/		0	0	0	Other compression-type refrigeration equipments (of a cooling tempreture ≤23K, and heat elimination ＞150W, with hydrogen and helium as their media)
5	0	0	0	0	4	0	8	6	/0/		0	0	0	Other refrigerating units
														--- Other
5	0	0	3	0	7	0	8	6	/0/		0	0	0	Fermenters with refrigerating appliances (non-divergent aerosol, of a capacity ＞20L)
5	0	0	3	0	7	0	8	6	/0/		0	0	0	Ice makers and ice cream machines
5	0	0	3	0	7	0	8	6	/0/		0	0	0	Other refrigeration equipments
														- Parts：
14.4	0	0	5.4	0	12.6	0	14.4	10.8				0	0	-- Furniture designed to receive refrigerating or freezing equipment
														-- Other：
5	0	0	3	0	4	0	8	6			0	0	0	--- Of refrigerating units and heat pumps
														--- Other：
5	0	0	0	0	3.8		5.7	5.7	/0/		0	0	0	----Of freezing equipment of a refrigerating temperature of-40℃ or lower
5	0	0	3	0	4		8	6	/0/		0	0	0	----Of refrigerating or freezing equipment of a refrigerating temperature higher than-40°C and a capacity exceeding 500L
														----Other
5	0	0	3	0	4	0	8	6	/0/		0	0	0	Corrosion-resistant condensers($0.15m^2$＜heat transfer area＜$20m^2$)
5	0	0	3	0	4	0	8	6	/0/		0	0	0	Other parts for refrigeration equipments of heading 84.18

税号	货品名称	进口关税 % 最惠国	普通	年内暂定	增值/消费税%	出口退税%	统计计量单位	监管证件代码	检验检疫类别	协定税率 % 东盟	亚太	智利
84.19	**利用温度变化处理材料的机器、装置及类似的实验室设备，例如，加热、烹煮、烘炒、蒸馏、精馏、消毒、灭菌、汽蒸、干燥、蒸发、气化、冷凝、冷却的机器设备，不论是否电热的（不包括税目 85.14 的炉、烘箱及其他设备），但家用的除外；非电热的快速热水器或贮备式热水器：**											
	- 非电热的快速热水器或贮备式热水器：											
8419.1100	-- 燃气快速热水器	35	100		17	15	台	A	M/	0		0
	-- 其他：											
8419.1910	--- 太阳能热水器	35	100	5	17	17	台	A	M/	0		0
8419.1990	--- 其他	35	100		17	17	台	A	M/	0		0
8419.2000	- 医用或实验室用消毒器具	4	30		17	15	台	A	M/	0		0
	- 干燥器：											
8419.3100	-- 农产品干燥用	8	30		13	13	台	A	M/	0		0
8419.3200	-- 木材、纸浆、纸或纸板干燥用	9	30		17	15	台	A	M/	0		0
	-- 其他：											
8419.3910	--- 微空气流动陶瓷坯件干燥器	9	30		17	15	台	A	M/	0	4.5	0
8419.3990	--- 其他											
84193990.10	冻干设备（10千克≤24小时凝冰量≤1000千克，并可蒸汽消毒）	9	30		17	15	台	3A	M/	0	4.5	0
84193990.20	烟丝烘干机	9	30		17	15	台	AO	M/	0	4.5	0
84193990.30	干燥箱（具有与三级生物安全柜类似标准）	9	30		17	15	台	3A	M/	0	4.5	0
84193990.40	生产奶粉用干燥器	9	30	4	17	15	台	A	M/	0	4.5	0
84193990.50	污泥干燥机	9	30	5	17	15	台	A	M/	0	4.5	0
84193990.90	其他用途的干燥器	9	30		17	15	台	A	M/	0	4.5	0
	- 蒸馏或精馏设备：											
8419.4010	--- 提净塔	10	30		17	15	台	A	MR/	0		0
8419.4020	--- 精馏塔	10	30		17	15	台	A	MR/	0		0
8419.4090	--- 其他											
84194090.10	氢-低温蒸馏塔（温度≤-238℃，压力为0.5-5兆帕，内径≥1米等条件）	10	30		17	15	台	3AO	M/	0		0
84194090.20	耐腐蚀蒸馏塔（内径大于0.1米，接触表面由特殊耐腐蚀材料制成）	10	30		17	15	台	3AO	M/	0		0
84194090.90	其他蒸馏或精馏设备	10	30		17	15	台	AO	M/	0		0
8419.5000	- 热交换装置											
84195000.10	热交换器（专用于核反应堆的一次冷却剂回路的）	10	30		17	15	台	3O		0	9.5	0
84195000.20	蒸汽发生器（专用于核反应堆内生成的热量输送到进水以产生蒸汽的）	10	30		17	15	台	3		0	9.5	0
84195000.30	冷却 UF_6 的热交换器（专门设计或制造的用耐 UF_6 材料制成或保护的热交换器，在压差为100kPa下渗透压力变化率小于10Pa/h）	10	30		17	15	台	3A	M/	0	9.5	0
84195000.40	冷却气体用热交换器（用耐 UF_6 腐蚀材料制成或加以保护的）	10	30		17	15	台	3AO	M/	0	9.5	0
84195000.50	耐腐蚀热交换器（0.15平方米＜换热面积＜20平方米）	10	30		17	15	台	3AO	M/	0	9.5	0
84195000.90	其他热交换装置	10	30		17	15	台	A	M/	0	9.5	0
	- 液化空气或其他气体的机器：											
	--- 制氧机：											
8419.6011	----制氧量在15000立方米/小时及以上	12	30		17	17	台	A	M/	0		0
8419.6019	----其他	13	30		17	17	台	A	M/	0		0
8419.6090	--- 其他											
84196090.10	液化器（将来自级联的 UF_6 气体压缩并冷凝成液态 UF_6）	10	30		17	15	台	3AO	M/	0		0
84196090.20	通过冷凝分离和去除污染物的气体液化设备	10	30	5	17	15	台	AO	M/	0		0
84196090.90	其他液化空气或其他气体用的机器	10	30		17	15	台	AO	M/	0		0
	- 其他机器设备：											
8419.8100	-- 加工热饮料或烹调、加热食品用	10	30	6	17	15	台	A	LMR/	0		0

协定税率 %										特惠税率 %				Article Description
巴基斯坦	冰岛	哥斯达黎	秘鲁	新西兰	瑞士	新加坡	韩国	澳大利亚	港澳台	老挝	孟加拉	33 国	7 国	
														Machinery,plant or laboratory equipment, whether or not electrically heated（excluding furnaces, ovens and other equipment of heading 85.14）, for the treatment of materials by a process involving a change of temperaturesuch as heating, cooking, roasting,distilling,rectifying, sterilizing, pasteurizing, steaming, drying, evaporating,vaporizing, condensing or cooling,other than machinery or plant of a kind used for domestic purposes; instantaneous or storage water heaters,non-electric:
														- Instantaneous or storage water heaters, non-electric:
	0	0	10.5	0	25.2	0	31.5	21				0	0	-- Instantaneous gas water heaters
														-- Other:
	0	0	10.5	0	24.5	0		21	//0			0	0	--- Solar water heaters
	0	0	10.5	0	25.2	0		21	//0			0	0	--- Other
0	0	0	0	0	1.6		0	0				0	0	- Medical, surgical or laboratory sterilizers
														- Dryers:
5	0	0	0	0	3.2		6.4	4.8		0	0	0	0	-- For agricultural products
5	0	0	0	0	3.6		5.4	5.4	//0	0	0	0	0	-- For wood, paper pulp, paper or paperboard
														-- Other:
4.5	0	0	0	0	3.6		5.4	5.4				0	0	--- Breeze pottery blanks dryers
														--- Other
4.5	0	0	0	0	3.6		7.2	5.4	//0			0	0	Freeze-drying equipments(10kg＜24 hour ice-freezing capacity ＜1000kg, and can be sterilized by steam)
4.5	0	0	0	0	3.6		7.2	5.4	//0			0	0	Tobacco dryers
4.5	0	0	0	0	3.6		7.2	5.4	//0			0	0	Drying cabinets (with a similar standard of Biosafety Level 3 cabinets)
4.5	0	0	0	0	3.6		7.2	5.4	//0			0	0	Dryers for producing milk powder
4.5	0	0	0	0	3.6		7.2	5.4	//0			0	0	Sludge dryers
4.5	0	0	0	0	3.6		7.2	5.4	//0			0	0	Dryers of other usages
														- Distilling or rectifying plant:
5	0	0	0	0	4	0	8	6				0	0	--- Stripping towers
5	0	0	0	0	4	0	8	6				0	0	--- Rectifying towers
														--- Other
5	0	0	0	0	4	0	8	6				0	0	Hydrogen-cryogenic distillation towers (temperature≤−238℃, pressure of 0.5-5 MPa, inner diameter ≥1m)
5	0	0	0	0	4	0	8	6				0	0	Corrosion-resistant distillation towers (inner diameter＞0.1m, contact surface made of special corrosion-resistant materials)
5	0	0	0	0	4	0	8	6				0	0	Other distilling and rectifying plant
														- Heat exchange units
5	0	0	3	0	7.5	0	6	6	0//0	0	0	0	0	Heat exchangers (used solely for nuclear reactor primary coolant loop)
5	0	0	3	0	7.5	0	6	6	0//0	0	0	0	0	Steam generators (used solely to transmit the heat generated in nuclear reactors to the inlet to produce steam)
5	0	0	3	0	7.5	0	6	6	0//0	0	0	0	0	Heat exchangers for cooling UF_6 (specially designed ，made of or protected by UF_6-resistant materials,with osmotic pressure change rate ＜10pa/h under the differential pressure of less than 100kPa)
5	0	0	3	0	7.5	0	6	6	0//0	0	0	0	0	Heat exchangers for cooling gases (made of or protected by UF_6-resistant materials)
5	0	0	3	0	7.5	0	6	6	0//0	0	0	0	0	Corrosion-resistant heat exchangers (0.15m^2＜heat transfer area ＜20m^2)
5	0	0	3	0	7.5	0	6	6	0//0	0	0	0	0	Other heat exchanging devices
														- Machinery for liquefying air or other gases:
														--- Oxygen producers:
6	0	0	0	0	8.4	0	9.6	7.2	0//			0	0	----Oxygen preparation volume no less than 15000m^3/h
6.5	0	0	0	0	9.1	0	10.4	7.8	0//			0	0	----Other
														--- Other
5	0	0	0	0	4	0	8	6	0//			0	0	Liquefiers (compress and condense cascaded UF_6 gases into liquid)
5	0	0	0	0	4	0	8	6	0//			0	0	Gas liquefiers separating and removing pollutant by condensing
5	0	0	0	0	4	0	8	6	0//			0	0	Other machines for liquefying air or other gases
														- Other machinery, plant and equipment:
5	0	0	3	0	0	0	8	6	/0/	0	0	0	0	-- For making hot drinks or for cooking or heating food

税　号	货　品　名　称	进口关税 %			增值/消费税%	出口退税 %	统计计量单位	监管证件代码	检验检疫类别	协定税率 %		
		最惠国	普通	年内暂定						东盟	亚太	智利
	-- 其他：											
8419.8910	--- 加氢反应器	0	30		17	15	台	A	M/			
8419.8990	--- 其他											
84198990.10	带加热装置的发酵罐(不发散气溶胶,且容积大于20升)	0	30		17	15	台	3AO	M/			
84198990.21	凝华器(或冷阱)(从扩散级联中取出 UF_6 并可再蒸发转移)	0	30		17	15	台	3AO	M/			
84198990.22	低温制冷设备(能承受-120℃或更低的温度)	0	30		17	15	台	3A	M/			
84198990.23	UF_6 冷阱(能冻结分离出 UF_6 的冷阱)	0	30		17	15	台	3AO	M/			
84198990.90	其他利用温度变化处理材料的机器(包括类似的实验室设备)	0	30		17	15	台	A	M/			
	- 零件：											
8419.9010	--- 热水器用	0	100		17	17	千克					
8419.9090	--- 其他	4	30		17	15	千克			0		0
84.20	**研光机或其他滚压机器及其滚筒,但加工金属或玻璃用的除外：**											
8420.1000	- 研光机或其他滚压机器											
84201000.01	织物轧光机	8.4	30	6	17	15	台			0		0
84201000.90	其他研光机或滚压机器(加工金属或玻璃用的除外)	8.4	30		17	15	台			0		0
	- 零件：											
8420.9100	-- 滚筒	8	30		17	15	个/千克			0		0
8420.9900	-- 其他	8	30		17	15	千克			0		0
84.21	**离心机，包括离心干燥机；液体或气体的过滤、净化机器及装置：**											
	- 离心机，包括离心干燥机：											
8421.1100	-- 奶油分离器	8.4	30		17	15	台	A	R/	0		0
	-- 干衣机：											
8421.1210	--- 干衣量不超过10千克	17.5	70		17	15	台		+L	0		0
8421.1290	--- 其他	8	30		17	15	台			0		0
	-- 其他：											
8421.1910	--- 脱水机	10	30	6	17	15	台		+L	0		0
8421.1920	--- 固液分离机	10	30		17	15	台			0		0
8421.1990	--- 其他											
84211990.20	液-液离心接触器(为化学交换过程的铀浓缩而专门设计或制造的)	10	30		17	15	台	3		0		0
84211990.30	离心分离器,包括倾析器(不发散气溶胶、可对致病性微生物进行连续分离的)	10	30		17	15	台	3		0		0
84211990.90	其他离心机及离心干燥机	10	30		17	15	台			0		0
	- 液体的过滤、净化机器及装置：											
	-- 过滤或净化水用：											
8421.2110	--- 家用型	25	63	5	17	15	台/千克	A	R/	0	17.5	0
	--- 其他：											
8421.2191	----船舶压载水处理设备	5	50		17	15	台/千克			0	3.5	0
8421.2199	----其他											
84212199.10	喷灌设备用叠式净水过滤器	5	50	1	17	15	台/千克			0	3.5	0
84212199.20	船舶压载水处理设备用过滤器	5	50	2	17	15	台/千克			0	3.5	0
84212199.90	其他非家用型过滤或净化水的装置	5	50		17	15	台/千克			0	3.5	0
8421.2200	-- 过滤或净化饮料（水除外）用	12	40		17	15	台	A	R/	0		0
8421.2300	-- 内燃发动机的滤油器	10	40		17	15	个			0		0
	-- 其他：											
8421.2910	--- 压滤机	5	40		17	15	个	0		0	3.5	0
8421.2990	--- 其他											

协定税率 %										特惠税率 %				Article Description
巴基斯坦	冰岛	哥斯达黎	秘鲁	新西兰	瑞士	新加坡	韩国	澳大利亚	港澳台	老挝	孟加拉	33 国	7 国	
														-- Other:
							0	0		0	0	0	0	--- Hydroformer vessels
														--- Other
							0	0		0	0	0	0	Fermenters with heating devices (non-divergent aerosol, of a capacity ＞20L)
							0	0		0	0	0	0	Desublimators (or cold traps) (extract UF_6 from diffusion cascade and transfer it by evaporation)
							0	0		0	0	0	0	Low-temperature refrigerating equipment (with the capacity to stand -120℃ or lower)
							0	0		0	0	0	0	UF_6 cold traps(able to freze and separate UF_6)
							0	0		0	0	0	0	Other machines for the treatment of materials by a process involving a change of temperature (including similar laboratory equipments)
														- Parts:
							0	0			0	0	0	--- Of water heaters
0	0	0	0	0	1.6		0	0	0//0			0	0	--- Other
														Calendering or other rolling machines, other than for metals or glass,and cylinders therefor:
														- Calendering or other rolling machines
5	0	0	0	0	3.36		5	5	//0		0	0	0	Fabric calenders
5	0	0	0	0	3.36		5	5	//0		0	0	0	Other calendering or rolling machines (other than for metals and glass):
														- Parts:
5	0	0	0	0	3.2		4.8	4.8			0	0	0	-- Cylinders
5	0	0	0	0	3.2		4.8	4.8			0	0	0	-- Other
														Centrifuges, including centrifugal dryers; filtering or purifying machinery and apparatus, for liquids or gases:
														- Centrifuges, including centrifugal dryers:
5	0	0	0	0	3.36		5	5				0	0	-- Cream separators
														-- Clothes-dryers:
14	0	0	5.2	0	12.3	0	14	10.5				0	0	--- Of a dry linen capacity not exceeding 10kg
5	0	0	0	0	3.2		6.4	4.8				0	0	--- Other
														-- Other:
5	0	0	0	0	4		8	6				0	0	--- Dewaterers
5	0	0	0	0	4	0	8	6				0	0	--- Solid-liquor separators
														--- Other
5	0	0	0	0	7	0	8	6				0	0	Centrifugal liquid-liquid contactors (specially designed or made for uranium enrichment in the chemical exchange process
5	0	0	0	0	7	0	8	6				0	0	Centrifugal separators, including decanters (non-divergent aerosol which can continuously separate pathogenic microorganisms)
5	0	0	0	0	7	0	8	6				0	0	Other centrifuges and centrifugal dryers
														- Filtering or purifying machinery and apparatus for liquids:
														-- For filtering or purifying water:
17.5	0	0	7.5	0	18	0	22.5	15	0/0/			0	0	--- Of the household type
														--- Other:
0	0	0	0	0	2		4.3	0	0/0/0			0	0	----Ship ballast water treatment equipments
														----Other
0	0	0	0	0	2		4.3	0	0/0/0			0	0	Stacked water purification filters used in spray irrigation equipment
0	0	0	0	0	2		4.3	0	0/0/0			0	0	Filters for ship's ballast water treatment equipment
0	0	0	0	0	2		4.3	0	0/0/0			0	0	Other non-household type filtration or water purification devices
6	0	0	0	0	4.8	0	9.6	7.2	/0/			0	0	-- For filtering or purifying beverages other than water
5	0	0	3	0	4	0	8	6	0//			0	0	-- Oil or petrol-filters for internal combustion engines
														-- Other:
0	0	0	0	0	0		4	0	0//			0	0	--- Press filters
														--- Other

税号	货品名称	进口关税% 最惠国	进口关税% 普通	进口关税% 年内暂定	增值/消费税%	出口退税%	统计计量单位	监管证件代码	检验检疫类别	协定税率% 东盟	协定税率% 亚太	协定税率% 智利
84212990.40	液体截流过滤设备(可连续分离致病性微生物、毒素和细胞培养物)	5	40		17	15	个	3		0	3.5	0
84212990.90	其他液体的过滤、净化机器及装置	5	40		17	15	个			0	3.5	0
	- 气体的过滤、净化机器及装置:											
8421.3100	-- 内燃发动机的进气过滤器	10	40		17	15	个			0		0
	-- 其他:											
8421.3910	--- 家用型	15	100	5	17	15	个			0	10.5	0
	--- 工业用除尘器:											
8421.3921	----静电除尘器	5	40		17	15	个			0	3.5	0
8421.3922	----袋式除尘器	5	40		17	15	个			0	3.5	0
8421.3923	----旋风式除尘器	5	40		17	15	个			0	3.5	0
8421.3924	----电袋复合除尘器	5	40		17	15	个/千克			0	3.5	0
8421.3929	----其他	5	40		17	15	个			0	3.5	0
8421.3930	--- 内燃发动机排气过滤及净化装置											
84213930.01	摩托车发动机排气过滤及净化装置	5	40	3	17	15	个			0	3.5	0
84213930.90	其他内燃发动机排气过滤及净化装置	5	40		17	15	个			0	3.5	0
8421.3940	--- 烟气脱硫装置	5	40		17	15	个			0	3.5	0
8421.3950	--- 烟气脱硝装置	5	40		17	15	个			0	3.5	0
8421.3990	--- 其他	5	40		17	15	个			0	3.5	0
	- 零件:											
	-- 离心机用,包括离心干燥机用:											
8421.9110	--- 干衣量不超过10千克的干衣机用	0	70		17	15	千克					
8421.9190	--- 其他											
84219190.11	离心机壳/收集器(容纳气体离心机的转筒组件的耐 UF_6 部件)	0	30		17	15	千克	3				
84219190.12	收集器(由内径不同的同心管组成用于供取 UF_6 气体的管件)	0	30		17	15	千克	3				
84219190.13	气体扩散膜(由耐 UF_6 材料制成的多细孔过滤薄膜)	0	30		17	15	千克	3				
84219190.14	扩散室(专门设计或制造的密闭式容器,用于容纳气体扩散膜,由耐 UF_6 的材料制成或用这种材料进行保护)	0	30		17	15	千克	3				
84219190.90	其他离心机用零件	0	30		17	15	千克					
	-- 其他:											
8421.9910	--- 家用型过滤、净化装置用	10	100	5	17	15	千克			0	9	0
8421.9990	--- 其他	5	40		17	15	千克			0	4.5	0
84.22	**洗碟机;瓶子及其他容器的洗涤或干燥机器;瓶、罐、箱、袋或其他容器装填、封口、密封、贴标签的机器;瓶、罐、管、筒或类似容器的包封机器;其他包装或打包机器(包括热缩包装机器);饮料充气机:**											
	- 洗碟机:											
8422.1100	-- 家用型	10	90	6	17	15	台/千克			0		0
8422.1900	-- 其他	14	90		17	15	台/千克			0		0
8422.2000	- 瓶子或其他容器的洗涤或干燥机器	10	35		17	15	台			0		0
	- 瓶、罐、箱、袋或其他容器的装填、封口、密封、贴标签的机器;瓶、罐、管、筒或类似容器的包封机器;饮料充气机:											
8422.3010	--- 饮料及液体食品灌装设备											
84223010.10	乳品加工用自动化灌装设备	12	45	10	17	15	台	AO	R/	0	8.4	0
84223010.90	其他饮料及液体食品灌装设备	12	45		17	15	台	AO	R/	0	8.4	0
	--- 水泥包装机:											
8422.3021	----全自动灌包机	12	45		17	15	台			0	8.4	0
8422.3029	----其他	12	45		17	15	台			0	8.4	0
8422.3030	--- 其他包装机											

协定税率 %										特惠税率 %				
巴基斯坦	冰岛	哥斯达黎	秘鲁	新西兰	瑞士	新加坡	韩国	澳大利亚	港澳台	老挝	孟加拉	33 国	7 国	**Article Description**
0	0	0	0	0	3.5		0	0	0//0		0	0	0	Liquid closure filtering equipment (which can continuously separate pathogenic microorganisms, toxins and cell culture)
0	0	0	0	0	3.5		0	0	0//0		0	0	0	Other filtering and purifying machines and apparatuses for other liquids
														- Filtering or purifying machinery and apparatus for gases:
5	0	0	3	0	4		9	6	0//			0	0	-- Intake air filters for internal combustion engines
														-- Other:
7.5	0	0	4.5	0	10.5	0	12.9	9	0//0			0	0	--- Of the household type
														--- Dust collectors for industry uses:
0	0	0	0	0	2		0	0	0//0			0	0	----Electrostatic
0	0	0	0	0	0		3	0	0//			0	0	----Baghoused
0	0	0	0	0	2		0	0	0//0			0	0	----Cyclone
0	0	0	0	0	0		4.3	0	0//0			0	0	----Bag filter electrostatic
0	0	0	0	0	0		4.3	0	0/0/0			0	0	----Other
														--- Exhaust air filtering or purifying apparatus for internal combustion engines
0	0	0	0	0	0		4.3	0	0//		0	0	0	Other filtering and purifying apparatuses for motorcycle engines
0	0	0	0	0	0		4.3	0	0//		0	0	0	Other filtering and purifying apparatuses for internal combustion engines
0	0	0	0	0	0		0	0	0//0		0	0	0	--- Flue gas desulfurization apparatus
0	0	0	0	0	2		0	0	0//0		0	0	0	--- Flue gas denitration apparatus
0	0	0	0	0	2		4	0	0/0/0		0	0	0	--- Other
														- Parts:
														-- Of centrifuges, including centrifugaldryers:
							0	0			0	0	0	--- Of clothes-dryers of a dry linen capacity not exceeding 10kg
														--- Other
							0	0			0	0	0	Centrifuges chassis/collectors (UF_6-resistant components that hold air centrifugal machines)
							0	0			0	0	0	Collectors (pipes that consist of concentric tubes with different inner diameters for supplying and extracting UF_6 gases)
							0	0			0	0	0	Air diffusion membranes (multiple-pore filter membranes made of UF_6-resistant materials)
							0	0			0	0	0	Difusion rooms(specially designed or produced airtight containers, used to hold air diffusion membranes,made of or protected by UF_6-resistant materials)
							0	0			0	0	0	Other parts for centrifuges
														-- Other:
5	0	0	3	0	4	0	8	6	0//			0	0	--- Of household-type filtering or purifying machines
0	0	0	0	0	2		0	0	0//0		0	0	0	--- Other
														Dish washing machines;machinery for cleaning or drying bottles or other containers; machinery for filling, closing, sealing or labelling bottles, cans,boxes, bags or other containers; machinery for capsuling booties, jars,tubes and similar containers; other packing or wrapping machinery (including heat-shrink wrapping machinery) ; machinery for aerating beverages:
														- Dish washing machines:
5	0	0	0	0	4			6			0	0	0	-- Of the household type
11.2	0	0	0	0	0	0	11.2	8.4				0	0	-- Other
5	0	0	3	0	4	0	8	6	/0/		0	0	0	- Machinery for cleaning or drying bottles or other containers
														- Machinery for filling, closing, sealing,or labelling bottles, cans, boxes, bags or other containers; machinery for capsuling bottles,jars,tubes and similar containers;machinery for aerating beverages:
														--- Bottling or canning machinery for beverages or liquid food
5	0	0	0	0	8.4	0	9.6	7.2	0//		0	0	0	Automatic filing equipments for dairy processing
5	0	0	0	0	8.4	0	9.6	7.2	0//		0	0	0	Other filling equipments for beverages and liquid food
														--- Machinery for packing cement:
5	0	0	3.6	0	8.4	0	9.6	7.2	0//		0	0	0	----Automatic filling and sacking machines
5	0	0	3.6	0	8.4	0	9.6	7.2	0//		0	0	0	----Other
														--- Other packing machines

税号	货品名称	进口关税 %			增值/消费税%	出口退税%	统计计量单位	监管证件代码	检验检疫类别	协定税率 %		
		最惠国	普通	年内暂定						东盟	亚太	智利
84223030.01	全自动无菌灌装生产线用包装机(加工速度≥20000只/小时)	10	35	6	17	15	台	AO	R/	0	7	0
84223030.90	其他包装机	10	35		17	15	台	AO	R/	0	7	0
8422.3090	--- 其他											
84223090.01	全自动无菌灌装生产线用贴吸管机(加工速度≥22000只/小时)	10	35	6	17	15	台	A	R/	0	7	0
84223090.10	充装设备(两用物项管制)	10	35		17	15	台	3A	R/	0	7	0
84223090.90	饮料充气机及其他包封机	10	35		17	15	台	A	R/	0	7	0
8422.4000	- 其他包装或打包机器（包括热缩包装机器）	10	35		17	13/15	台			0	9.5	0
	- 零件：											
8422.9010	--- 洗碟机用	10.5	90	6	17	15	千克			0		0
8422.9020	--- 饮料及液体食品灌装设备用	8.5	45		17	15	千克	A	R/	0		0
8422.9090	--- 其他	8.5	35		17	15	千克			0		0
84.23	**衡器（感量为50毫克或更精密的天平除外），包括计数或检验用的衡器；衡器用的各种砝码、秤砣：**											
8423.1000	- 体重计，包括婴儿秤；家用秤	10.5	80		17	15	台			0		0
	- 输送带上连续称货的秤：											
8423.2010	--- 电子皮带秤	10	80		17	15	台			0		0
8423.2090	--- 其他	10	80		17	15	台			0		0
	- 恒定秤、物料定量装袋或装容器用的秤，包括库秤：											
8423.3010	--- 定量包装秤	10.5	80		17	15	台			0		0
8423.3020	--- 定量分选秤	10.5	80		17	15	台			0		0
8423.3030	--- 配料秤	10.5	80		17	15	台			0		0
8423.3090	--- 其他	10.5	80		17	15	台			0		0
	- 其他衡器：											
	-- 最大称量不超过30千克：											
8423.8110	--- 计价秤	10.5	80		17	15	台			0		0
8423.8120	--- 弹簧秤	10.5	80		17	15	台			0		0
8423.8190	--- 其他	10.5	80		17	15	台			0		0
	-- 最大称量超过30千克，但不超过5000千克：											
8423.8210	--- 地中衡	10.5	80		17	15	台			0		0
8423.8290	--- 其他	10.5	80		17	15	台			0		0
	-- 其他：											
8423.8910	--- 地中衡	10	80		17	15	台			0		0
8423.8920	--- 轨道衡	10	80		17	15	台			0		0
8423.8930	--- 吊秤	10	80		17	15	台			0		0
8423.8990	--- 其他	10	80		17	15	台			0		0
8423.9000	- 衡器用的各种砝码、秤砣；衡器的零件	10	80		17	15	千克			0		0
84.24	**液体或粉末的喷射、散布或喷雾的机械器具（不论是否手工操作）；灭火器，不论是否装药；喷枪及类似器具；喷汽机、喷砂机及类似的喷射机器：**											
8424.1000	- 灭火器，不论是否装药	8.4	70		17	15	个	A	LM/	0		0
8424.2000	- 喷枪及类似器具	8.4	40		17	15	个			0	8	0
8424.3000	- 喷汽机、喷砂机及类似的喷射机器	8.4	40		17	15	台			0		0
	- 其他器具：											
8424.8100	-- 农业或园艺用	8	30		13	13	台		+L	0	7.6	0
	-- 其他：											
8424.8910	--- 家用型	0	80		17	17	台/千克					
8424.8920	--- 喷涂机器人	0	80		17	17	台/千克					
	--- 其他：											
8424.8991	---- 船用洗舱机	0	30		17	17	台					
8424.8999	---- 其他											

协定税率 %										特惠税率 %				Article Description
巴基斯坦	冰岛	哥斯达黎	秘鲁	新西兰	瑞士	新加坡	韩国	澳大利亚	港澳台	老挝	孟加拉	33 国	7 国	
5	0	0	3	0	4	0	6	6	0//		0	0	0	Packaging machines for automatic aseptic filling lines (processing speed ≥20000 pcs/hr)
5	0	0	3	0	4	0	6	6	0//		0	0	0	Other packaging machines
														--- Other
5	0	0	3	0	0	0	6	6	0//		0	0	0	Straw machines for fully automatic aseptic filling lines (processing speed ≥22000 pcs/hr)
5	0	0	3	0	0	0	6	6	0//		0	0	0	Filling equipments (dual-use items control)
5	0	0	3	0	0	0	6	6	0//		0	0	0	Machinery for aerating beverages and other encapsulation machines
5	0	0	3	0	4	0	8	6	0//		0	0	0	- Other packing or wrapping machinery (including heat-shrink wrapping machinery)
														- Parts:
5	0	0	3.2	0	7.4	0	8.4	6.3			0	0	0	--- Of dish washing machines
5	0	0	0	0	3.4		6.8	5.1			0	0	0	--- Of bottling or canning machinery for beverages or liquid food
5		0	0	0	6		5.1	5.1	0//		0	0	0	--- Other
														Weighing machinery (excluding balances of a sensitivity of 50mg or better),including weight operated counting or checking machines;weighing machine weights of all kinds:
5	0	0	0	0	7.4	0	8.4	6.3	/0/		0	0	0	- Personal weighing machines, including baby scales;household scales
														- Scales for continuous weighing of goods on conveyors:
5	0	0	0	0	4		8	6			0	0	0	--- Electronic belt weighing machines
5	0	0	0	0	4		8	6			0	0	0	--- Other
														- Constant weight scales and scales for discharging a predetermined weight of material into a bag or container, including hopper scales:
5	0	0	0	0	7.4	0	8.4	6.3			0	0	0	--- Rationed packing scales
5	0	0	0	0	7.4	0	8.4	6.3			0	0	0	--- Rationed sorting scales
5	0	0	0	0	7.4	0	8.4	6.3			0	0	0	--- Proporating scales
5	0	0	0	0	7.4	0	8.4	6.3			0	0	0	--- Other
														- Other weighing machinery:
														-- Having a maximum weighing capacity not exceeding 30kg:
5	0	0	0	0	7.4	0	8.4	6.3			0	0	0	--- Account balances
5	0	0	0	0	7.4	0	8.4	6.3			0	0	0	--- Spring balances
5	0	0	0	0	8.6	0	8.4	6.3			0	0	0	--- Other
														-- Having a maximum weighing capacity exceeding 30kg but not exceeding 5000kg:
5	0	0	0	0	7.4	0	8.4	6.3			0	0	0	--- Weighbridges
5	0	0	0	0	0	0	8.4	6.3			0	0	0	--- Other
														-- Other:
5	0	0	3	0	4		8	6			0	0	0	--- Weighbridges
5	0	0	3	0	4		8	6			0	0	0	--- Track scales
5	0	0	3	0	4		8	6			0	0	0	--- Hanging scales
5	0	0	3	0	4		8	6			0	0	0	--- Other
5	0	0	0	0	7	0	8	6			0	0	0	- Weighing machine weights of all kinds;parts of weighing machinery
														Mechanical appliances (whether or not hand-operated) for projecting, dispersing or spraying liquidsor powders;fire extinguishers, whether or not charged;spray guns and similar appliances; steam or sand blasting machines and similar jet projecting machines:
5	0	0	0	0	3.36		7.2	5				0	0	- Fire extinguishers, whether or not charged
5	0	0	0	0	3.36		5	5				0	0	- Spray guns and similar appliances
5	0	0	0	0	5.9		6.7	5	//0			0	0	- Steam or sand blasting machines and similar jet projecting machines
														- Other appliances:
5	0	0	0	0	3.2		4.8	4.8	0//			0	0	-- Agricultural or horticultural
														-- Other:
							0	0			0	0	0	--- Of the household type
							0	0			0	0	0	--- Spray painting robots
														--- Other:
							0	0			0	0	0	----Marine cabinet washer
														----Other

税 号	货 品 名 称	进口关税 % 最惠国	普通	年内暂定	增值/消费税%	出口退税%	统计计量单位	监管证件代码	检验检疫类别	协定税率 % 东盟	亚太	智利
84248999.10	分离喷嘴(由狭缝状、曲率半径极小的弯曲通道组成,内有分离楔尖)	0	30		17	17	台	3	+L			
84248999.90	其他用途的喷射、喷雾机械器具	0	30		17	17	台		+L			
	- 零件:											
8424.9010	--- 税号 8424.1000 所列器具用的零件	0	70		17	15	千克					
8424.9020	--- 税号 8424.8910 所列器具用的零件	0	80		17	15	千克		+L			
8424.9090	--- 其他	0	30		17	13/15	千克					
84.25	**滑车及提升机,但倒卸式提升机除外;卷扬机及绞盘;千斤顶:**											
	- 滑车及提升机,但倒卸式提升机及提升车辆用的提升机除外:											
8425.1100	-- 电动的	6	30		17	17	台			0		0
8425.1900	-- 其他	5	30		17	17	台			0		0
	- 其他卷扬机;绞盘:											
	-- 电动的:											
8425.3110	--- 矿井口卷扬装置;专为井下使用设计的卷扬机	10	30		17	17	台			0		0
8425.3190	--- 其他	5	30		17	17	台			0		0
	-- 其他:											
8425.3910	--- 矿井口卷扬装置;专为井下使用设计的卷扬机	10	30		17	17	台			0		0
8425.3990	--- 其他	5	30		17	17	台			0		0
	- 千斤顶;提升车辆用的提升机:											
8425.4100	-- 车库中使用的固定千斤顶系统	3	30		17	17	台			0	2.5	0
	-- 其他液压千斤顶及提升机:											
8425.4210	--- 液压千斤顶	3	30		17	17	台			0		0
8425.4290	--- 其他	5	30		17	17	台			0		0
	-- 其他:											
8425.4910	--- 其他千斤顶	5	30		17	17	台			0		0
8425.4990	--- 其他	10	30		17	17	台			0		0
84.26	**船用桅杆式起重机;起重机,包括缆式起重机;移动式吊运架、跨运车及装有起重机的工作车:**											
	- 高架移动式起重机、桁架桥式起重机、龙门起重机、桥式起重机、移动式吊运架及跨运车:											
	-- 固定支架的高架移动式起重机:											
8426.1120	--- 通用桥式起重机	8	30		17	17	台			0		0
8426.1190	--- 其他	8	30		17	17	台			0		0
8426.1200	-- 带胶轮的移动式吊运架及跨运车	6	30		17	17	台			0		0
	-- 其他:											
8426.1910	--- 装船机	5	30		17	17	台			0	2.5	0
	--- 卸船机:											
8426.1921	----抓斗式	5	30		17	17	台			0	3.5	0
8426.1929	----其他	5	30		17	17	台	0		0	3.5	0
8426.1930	--- 龙门式起重机	10	30		17	17	台			0	7	0
	---装卸桥:											
8426.1941	----门式装卸桥	10	30		17	17	台			0	7	0
8426.1942	----集装箱装卸桥	10	30		17	17	台			0	7	0
8426.1943	----其他动臂式装卸桥	10	30		17	17	台			0	7	0
8426.1949	----其他	10	30		17	17	台			0	7	0
8426.1990	--- 其他	10	30		17	17	台			0	7	0
8426.2000	- 塔式起重机	10	30		17	17	台	0		0		0
8426.3000	- 门座式起重机及座式旋臂起重机	6	30		17	17	台			0		0
	- 其他自推进机械:											
	-- 带胶轮的:											
8426.4110	--- 轮胎式起重机	5	30		17	17	台	0	+L	0		0
8426.4190	--- 其他	5	30		17	17	台			0		0
	-- 其他:											
8426.4910	--- 履带式起重机	8	30		17	17	台	0		0		0

协定税率 %										特惠税率 %				
巴基斯坦	冰岛	哥斯达黎	秘鲁	新西兰	瑞士	新加坡	韩国	澳大利亚	港澳台	老挝	孟加拉	33 国	7 国	Article Description
							0	0			0	0	0	Separated nozzles (consisting of slit-like curved channels of a very small curvature radius, with a separated wedge tip inside)
							0	0			0	0	0	Mechanical projecting or spraying appliances for use of other purposes
														- Parts:
							0	0			0	0	0	--- Of the apparatus of subheading No.8424.1000
							0	0			0	0	0	--- Of the apparatus of subheading No.8424.8910
							0	0			0	0	0	--- Other
														Pulley tackle and hoists other than skip hoists; winches and capstans; jacks:
														- Pulley tackle and hoists other than skip hoists or hoists of a kind used for raising vehicles:
5	0	0	0	0	2.4		5.2	3.6			0	0	0	-- Powered by electric motor
0	0	0	0	0	0		4	0			0	0	0	-- Other
														- Winches; capstans:
														-- Powered by electric motor:
5	0	0	0	0	4		8	6			0	0	0	--- Pit-head winding gear; winches specially designed for use underground
0	0	0	0	0	2		4.3	0			0	0	0	--- Other
														-- Other:
5	0	0	0	0	4		8	6			0	0	0	--- Pit-head winding gear; winches specially designed for use underground
0	0	0	0	0	0		4.3	0	0//		0	0	0	--- Other
														- Jacks; hoists of a kind used for raising vehicles:
0	0	0	0	0	0		0	0			0	0	0	-- Built-in jacking systems of a type used in garages
														-- Other jacks and hoists, hydraulic:
0	0	0	0	0	0		1.8	0			0	0	0	--- Hydraulic jacks
0	0	0	0	0	0		4.3	0			0	0	0	--- Other
														-- Other:
0	0	0	0	0	2		4	0			0	0	0	--- Other jacks
5	0	0	3	0	4		8	6			0	0	0	--- Other
														Ships derricks; cranes, including cable cranes; mobile lifting frames,straddle carriers and works trucks fitted with a crane:
														- Overhead travelling cranes, transporter cranes,gantry cranes,bridge cranes,mobile lifting frames and straddle carriers:
														-- Overhead travelling cranes on fixed support:
5	0	0	0	0	3.2		6.9	4.8			0	0	0	--- Bridge cranes, all-purpose
5	0	0	0	0	3.2		6.9	4.8			0	0	0	--- Other
5	0	0	0	0	2.4		5.2	3.6			0	0	0	-- Mobile lifting frames on tyres and straddle carriers
														-- Other:
0	0	0	0	0	0		4.3	0			0	0	0	--- Ship loading cranes
														--- Ship unloading cranes:
0	0	0	0	0	0		4.3	0			0	0	0	----Grab ship unloading cranes
0	0	0	0	0	0		4.3	0			0	0	0	----Other
5	0	0	0	0	4		8.6	6			0	0	0	--- Gantry cranes
														--- Loading and unloading bridges:
5	0	0	0	0	4		8.6	6			0	0	0	----Frame loading and unloading bridges
5	0	0	0	0	4		8.6	6			0	0	0	----Container loading and unloading bridges
5	0	0	0	0	4		9	6			0	0	0	----Derrick loading and unloading bridges
5	0	0	0	0	4		8.6	6			0	0	0	----Other
5	0	0	0	0	4	0	9	6			0	0	0	--- Other
5	0	0	0	0	4		9	6			0	0	0	- Tower cranes
5	0	0	0	0	2.4		5.2	3.6			0	0	0	- Portal or pedestal jib cranes
														- Other machinery,self-propelled:
														-- On tyres:
0	0	0	0	0	0		4.3	0			0	0	0	--- Wheel-mounted cranes
0	0	0	0	0	0		4.3	0			0	0	0	--- Other
														-- Other:
5	0	0	0	0	3.2		6.9	4.8	0//		0	0	0	--- Crawler cranes

税号	货品名称	进口关税 % 最惠国	普通	年内暂定	增值/消费税%	出口退税%	统计计量单位	监管证件代码	检验检疫类别	协定税率 % 东盟	亚太	智利
8426.4990	--- 其他	13	30		17	17	台			0		0
	- 其他机械:											
8426.9100	-- 供装于公路车辆的	10	30		17	17	台			0		0
8426.9900	-- 其他	6	30		17	17	台			0		0
84.27	**叉车；其他装有升降或搬运装置的工作车：**											
	- 电动机推进的机动车:											
8427.1010	--- 有轨巷道堆垛机	9	30		17	17	台	A	M/	0		0
8427.1020	--- 无轨巷道堆垛机	9	30		17	17	台	A	M/	0		0
8427.1090	--- 其他	9	30		17	17	台	A	M/	0		0
	其他机动车:											
8427.2010	--- 集装箱叉车	9	30		17	17	台	A	M/	0	8.6	0
8427.2090	--- 其他	9	30		17	17	台	A	M/	0	8.6	0
8427.9000	- 其他车	9	30		17	17	台	A	M/	0		0
84.28	**其他升降、搬运、装卸机械（例如，升降机、自动梯、输送机、缆车）：**											
	- 升降机及倒卸式起重机:											
8428.1010	--- 载客电梯											
84281010.01	无障碍升降机	8	30	4	17	17	台	A	M/	0	5.6	0
84281010.90	其他载客电梯	8	30		17	17	台	A	M/	0	5.6	0
8428.1090	--- 其他	6	30		17	17	台	A	M/	0	4.2	0
8428.2000	- 气压升降机及输送机	5	30		17	17	台			0		0
	- 其他用于连续运送货物或材料的升降机及输送机:											
8428.3100	-- 地下专用的	5	30		17	17	台			0		0
8428.3200	-- 其他，斗式	5	30		17	17	台			0		0
8428.3300	-- 其他，带式	5	30		17	17	台			0	4.3	0
	-- 其他:											
8428.3910	--- 链式	5	30		17	17	台			0	3.5	0
8428.3920	--- 辊式	5	30		17	17	台			0	3.5	0
8428.3990	--- 其他	5	30		17	17	台			0	3.5	0
8428.4000	- 自动梯及自动人行道	5	30		17	17	台	A	M/	0		0
	- 缆车、座式升降机、滑雪拉索、索道用牵引装置:											
8428.6010	--- 货运架空索道	8	30		17	17	台			0		0
	--- 客运架空索道:											
8428.6021	----单线循环式	8	30		17	17	台			0		0
8428.6029	----其他	8	30		17	17	台			0		0
8428.6090	--- 其他	8	30		17	17	台			0		0
	- 其他机械:											
8428.9010	--- 矿车推动机、铁道机车或货车的转车台、货车倾卸装置及类似的铁道货车搬运装置	10	30		17	17	台			0		0
8428.9020	--- 机械式停车设备	5	30		17	17	台			0		0
	--- 其他装卸机械:											
8428.9031	----堆取料机械	5	30		17	17	台			0		0
8428.9039	----其他	5	30		17	17	台			0		0
8428.9040	--- 搬运机器人	5	30		17	17	台			0		0
8428.9090	--- 其他											
84289090.10	放化分离作业和热室用遥控机械手(能贯穿 0.6 米以上热室壁或壁厚为 0.6 米以上热室顶)	5	30		17	17	台	3		0		0
84289090.20	核反应堆燃料装卸机(用于在核反应堆中插入或取出燃料的操作设备)	5	30		17	17	台	3		0		0
84289090.90	其他升降、搬运、装卸机械	5	30		17	17	台			0		0
84.29	**机动推土机、侧铲推土机、筑路机、平地机、铲运机、机械铲、挖掘机、机铲装载机、捣固机械及压路机：**											
	- 推土机及侧铲推土机:											
	-- 履带式:											

协定税率 %										特惠税率 %				Article Description
巴基斯坦	冰岛	哥斯达黎	秘鲁	新西兰	瑞士	新加坡	韩国	澳大利亚	港澳台	老挝	孟加拉	33 国	7 国	
6.5	0	0	3.9	0	9.1	0	11.2	7.8	0//			0	0	--- Other
														- Other machinery:
5	0	0	0	0	4		9	6			0	0	0	-- Designed for mounting on road vehicles
5	0	0	0	0	2.4		5.2	3.6			0	0	0	-- Other
														Fork-lift trucks;other works trucks fitted with lifting or handing equipment:
														- Self-propelled trucks powered by an electric motor:
5	0	0	0	0	3.6		5.4	5.4			0	0	0	--- Track alleyway stackers
5	0	0	0	0	3.6		7.8	5.4			0	0	0	--- Trackless alleyway stackers
5	0	0	0	0	3.6		5.4	5.4			0	0	0	--- Other
														- Other self-propelled trucks:
5	0	0	0	0	3.6		5.4	5.4			0	0	0	--- Fork-lift trucks cranes
5	0	0	0	0	3.6		5.4	5.4			0	0	0	--- Other
5	0	0	0	0	3.6		5.4	5.4			0	0	0	- Other trucks
														Other lifting, handling, loading or unloading machinery（for example, lifts, escalators, conveyors, teleferics）:
														- Lifts and skip hoists:
														--- Designed for the transport of persons
5	0	0	0	0	5.6	0	6.4	4.8	0/0/		0	0	0	Obstacle-free lifters
5	0	0	0	0	5.6	0	6.4	4.8	0/0/		0	0	0	Other elevators designed for the transport of persons
0	0	0	0	0	2.4		0	3.6	0/0/0		0	0	0	--- Other
0	0	0	0	0	2		4.3	0			0	0	0	- Pneumatic elevators and conveyors
														- Other continuous-action elevators and conveyors，for goods or materials:
0	0	0	0	0	0		3	0			0	0	0	-- Specially designed for underground use
0	0	0	0	0			4	0	0//		0	0	0	-- Other，bucket type
0	0	0	0	0	2		4.3	0	0//0		0	0	0	-- Other，belt type
														-- Other:
0	0	0	0	0	0		4.3	0	0//0		0	0	0	--- Chain type
0	0	0	0	0	0		4	0	0//0		0	0	0	--- Roller type
0	0	0	0	0	3.6		0	0	0//0		0	0	0	--- Other
0	0	0	0	0	0		3	0			0	0	0	- Escalators and moving walkways
														- Teleferics，chair-lifts，ski-draglines; traction mechanisms for funiculars:
5	0	0	0	0	3.2		4.8	4.8			0	0	0	--- Cargo aerial cableways
														--- Passanger aerial cableways:
5	0	0	0	0	3.2		4.8	4.8			0	0	0	----Monocable endless
5	0	0	0	0	3.2		4.8	4.8			0	0	0	----Other
5	0	0	0	0	3.2		6.4	4.8			0	0	0	--- Other
														- Other machinery:
5	0	0	0	0	4		8	6			0	0	0	--- Mine wagon pushers, locmotive or wagon traversers, wagon tippers and similar railway wagon handing equipment
0	0	0	0	0	0		4	0	0//		0	0	0	--- Mechanical parking equipment
														--- Other loading or unloading machinery:
0	0	0	0	0	3.5		4.3	0	0//0		0	0	0	----Stacker-reclaimers
0	0	0	0	0	3.5		4.3	0	0//0		0	0	0	----Other
0	0	0	0	0	3.5		4.3	0	0//0		0	0	0	--- Transfer robots
														--- Other
0	0	0	0	0	3.5		4.3	0	0//0		0	0	0	Remote control robots for radiochemical separation operations and hot cells (able to run through hot walls or tops of 0.6m and above)
0	0	0	0	0	3.5		4.3	0	0//0		0	0	0	Fuel handling machines for nuclear reactors (used to insert or remove fuel from nuclear reactors)
0	0	0	0	0	3.5		4.3	0	0//0		0	0	0	Other lifting, carrying, loading and unloading machinery
														Self-peopelled bulldozers,angledozers,graders,levellers,scrapers,me-chanical shovels,excavators, shovel loaders,tamping machines and road rollers:
														- Bulldozers and angledozers:
														-- Track laying:

税号	货品名称	进口关税 % 最惠国	普通	年内暂定	增值/消费税%	出口退税%	统计计量单位	监管证件代码	检验检疫类别	协定税率 % 东盟	亚太	智利
8429.1110	--- 发动机输出功率超过 235.36 千瓦（320 马力）的	7	17		17	17	台	A	M/	0		0
8429.1190	--- 其他	7	30		17	17	台	A	M/	0		0
	-- 其他：											
8429.1910	--- 发动机输出功率超过 235.36 千瓦（320 马力）的	7	17		17	17	台	A	M/	0		0
8429.1990	--- 其他	7	30		17	17	台	A	M/	0		0
	- 筑路机及平地机：											
8429.2010	--- 发动机输出功率超过 235.36 千瓦（320 马力）的	5	17		17	13/17	台	A	M/	0		0
8429.2090	--- 其他	5	30		17	13/17	台	A	M/	0		0
	- 铲运机：											
8429.3010	--- 斗容量超过 10 立方米的	3	17		17	17	台	A	M/	0		0
8429.3090	--- 其他	5	30		17	17	台	A	M/	0		0
	- 捣固机械及压路机：											
	--- 机动压路机：											
8429.4011	----机重 18 吨及以上的振动式压路机	7	20		17	17	台	AO	M/	0		0
8429.4019	----其他	8	40		17	17	台	AO	M/	0		0
8429.4090	--- 其他	6	30		17	17	台	A	M/	0		0
	- 机械铲、挖掘机及机铲装载机：											
8429.5100	-- 前铲装载机	5	30		17	17	台	A	M/	0		0
	-- 上部结构可旋转 360 度的机械：											
	--- 挖掘机：											
8429.5211	----轮胎式	8	30		17	17	台	AO	M/	0	7.2	0
8429.5212	----履带式	8	30		17	17	台	AO	M/	0		0
8429.5219	----其他	8	30		17	17	台	AO	M/	0	7.2	0
8429.5290	--- 其他	8	30		17	17	台	AO	M/	0	7.2	0
8429.5900	-- 其他	8	30		17	17	台	AO	M/	0		0
84.30	**泥土、矿物或矿石的运送、平整、铲运、挖掘、捣固、压实、开采或钻探机械；打桩机及拔桩机；扫雪机及吹雪机：**											
8430.1000	- 打桩机及拔桩机	10	30		17	17	台			0		0
8430.2000	- 扫雪机及吹雪机	10	30		17	17	台			0		0
	- 截煤机、凿岩机及隧道掘进机：											
	-- 自推进的：											
8430.3110	--- 采（截）煤机	10	30		17	17	台/千克	0		0		0
8430.3120	--- 凿岩机	10	30		17	17	台/千克	0		0		0
8430.3130	--- 隧道掘进机	10	30		17	17	台/千克	0		0		0
8430.3900	-- 其他	6	30		17	17	台			0		0
	- 其他钻探或凿井机械：											
	-- 自推进的：											
	--- 石油及天然气钻探机：											
8430.4111	----钻探深度在 6000 米及以上的	5	11		17	17	台			0		0
8430.4119	----其他	5	17		17	17	台			0		0
	--- 其他钻探机：											
8430.4121	----钻探深度在 6000 米及以上的	5	11		17	17	台			0		0
8430.4122	----钻探深度在 6000 米以下的履带式自推进钻机	5	17		17	17	台			0		0
8430.4129	----钻探深度在 6000 米以下的其他钻探机	5	17		17	17	台			0		0
8430.4190	--- 其他	5	30		17	17	台			0		0
8430.4900	-- 其他	5	30		17	17	台			0		0
	- 其他自推进机械：											
8430.5010	--- 其他采油机械	3	17		17	17	台			0		0
8430.5020	--- 矿用电铲	7	30		17	17	台			0		0
	--- 采矿钻机：											
8430.5031	----牙轮直径 380 毫米及以上	5	30		17	17	台			0		0
8430.5039	----其他	5	30		17	17	台			0		0
8430.5090	--- 其他	5	30		17	17	台			0		0
	- 其他非自推进机械：											

协定税率 %										特惠税率 %				Article Description
巴基斯坦	冰岛	哥斯达黎	秘鲁	新西兰	瑞士	新加坡	韩国	澳大利亚	港澳台	老挝	孟加拉	33 国	7 国	
5	0	0	0	0	2.8		4.2	4.2			0	0	0	--- With an engine of an output exceeding 235.36kW（320hp）
5	0	0	0	0	2.8		4.2	4.2			0	0	0	--- Other
														-- Other:
5	0	0	0	0	2.8		4.2	4.2			0	0	0	--- With an engine of an output exceeding 235.36kW（320hp）
5	0	0	0	0	2.8		4.2	4.2			0	0	0	--- Other
														- Graders and levellers:
0	0	0	0	0	0		3	0			0	0	0	--- With an engine of an output exceeding 235.36kW（320hp）
0	0	0	0	0	0		3	0			0	0	0	--- Other
														- Scrapers:
0	0	0	0	0	0		0	0			0	0	0	--- Having a capacity of shovel exceeding $10m^3$
0	0	0	0	0	0		3	0			0	0	0	--- Other
														- Tamping machines and road rollers:
														--- Self-propelled road rollers:
5	0	0	0	0	2.8		4.2	4.2			0	0	0	----Vibration type, of a deadweight of 18t or more
5	0	0	0	0	3.2		4.8	4.8			0	0	0	----Other
5	0	0	0	0	2.4		3.6	3.6			0	0	0	--- Other
														- Mechanical shovels, excavators and shovel loaders:
0	0	0	0	0	0		4	0			0	0	0	-- Front-end shovel loaders
														-- Machinery with a 360°revolving superstructure:
														--- Excavators:
5	0	0	0	0	3.2		7.6	4.8			0	0	0	----Tyre-mounted
5	0	0	0	0	3.2			4.8	0//		0	0	0	----Track-mounted
5	0	0	0	0	3.2		6.8	4.8			0	0	0	----Other
5	0	0	0	0	3.2		6.8	4.8			0	0	0	--- Other
5	0	0	0	0	3.2		4.8	4.8			0	0	0	-- Other
														Other moving, grading,levelling,scraping, excavating, tamping, compacting, extracting or boring machinery, for earth, minerals or ores; piledrivers and pile-extractors;snow-ploughs and snow-blowers:
5	0	0	0	0	4		8	6			0	0	0	- Pile-drivers and pile-extractors
5	0	0	0	0	4		8	6			0	0	0	- Snow-ploughs and snow-blowers
														- Coal or rock cutters and tunnelling machinery:
														-- Self-propelle:
5	0	0	3	0	4	0	8	6			0	0	0	--- Coal cutters
5	0	0	3	0	4	0	8	6			0	0	0	--- Rock cutters
5	0	0	3	0	4	0	8	6			0	0	0	--- tunnelling machinery
5	0	0	0	0	2.4		4.8	3.6			0	0	0	-- Other
														- Other boring or sinking machinery:
														-- Self-propelled:
														--- Oil and natural gas drilling machinery:
0	0	0	0	0	0		3	0	0//		0	0	0	----Of drilling depth of 6000m or more
0	0	0	0	0	0		3	0	0//		0	0	0	----Other
														--- Other drilling machinery:
0	0	0	0	0	0		3	0	0//		0	0	0	----Of drilling depth of 6000m or more
0	0	0	0	0	0		4	0	0//		0	0	0	----Crawler boring machinery of drilling depth not exceeding 6000m
0	0	0	0	0	0		3	0	0//		0	0	0	----Other boring machinery of drilling depth exceeding 6000m
0	0	0	0	0	0		3	0	0//		0	0	0	--- Other
0	0	0	0	0	0		4	0			0	0	0	-- Other
														- Other machinery, self-propelled:
0	0	0	0	0	0		0	0			0	0	0	--- For oil production
5	0	0	0	0	2.8		4.2	4.2			0	0	0	--- Mining power shovels
														--- Mining drills:
0	0	0	0	0	0		3	0			0	0	0	----Gear wheel diameter more than 380mm
0	0	0	0	0	0		3	0			0	0	0	----Other
0	0	0	0	0	0		4.3	0			0	0	0	--- Other
														- Other machinery, not self-propelled:

税号	货品名称	进口关税 % 最惠国	普通	年内暂定	增值/消费税%	出口退税%	统计计量单位	监管证件代码	检验检疫类别	协定税率 % 东盟	亚太	智利
8430.6100	-- 捣固或压实机械	6	30		17	17	台			0		0
	-- 其他:											
	--- 工程钻机:											
8430.6911	----钻筒直径在3米以上	6	30		17	17	台			0		0
8430.6919	----其他	6	30		17	17	台			0		0
8430.6920	--- 铲运机	6	30		17	17	台			0		0
8430.6990	--- 其他	6	30		17	17	台			0		0
84.31	**专用于或主要用于税目84.25至84.30所列机械的零件:**											
8431.1000	- 税目84.25所列机械的零件	3	30		17	15	千克			0		0
	- 税目84.27所列机械的零件:											
8431.2010	--- 装有差速器的驱动桥及其零件,不论是否装有其他传动部件	6	30		17	15	千克/个			0	5.4	0
8431.2090	--- 其他	6	30	3	17	15	千克			0	5.4	0
	- 税目84.28所列机械的零件:											
8431.3100	-- 升降机、倒卸式起重机或自动梯的零件											
84313100.01	无障碍升降机的零件	3	30	1	17	15	千克			0		0
84313100.90	其他升降机、倒卸式起重机零件(包括自动梯零件)	3	30		17	15	千克			0		0
8431.3900	-- 其他	5	30		17	15	千克			0	2.5	0
	- 税目84.26、84.29或84.30所列机械的零件:											
8431.4100	-- 戽斗、铲斗、抓斗及夹斗	6	17		17	15	千克/个			0	5.4	0
8431.4200	-- 推土机或侧铲推土机用铲	6	17		17	15	千克/个			0		0
	-- 子目8430.41或8430.49所列钻探或凿井机械的零件:											
8431.4310	--- 石油或天然气钻探机用	4	11		17	15	千克			0	2.8	0
8431.4320	--- 其他钻探机用	4	11		17	15	千克			0	2.8	0
8431.4390	--- 其他	5	17		17	15	千克			0	3.5	0
	-- 其他:											
8431.4920	--- 装有差速器的驱动桥及其零件,不论是否装有其他传动部件	5	17		17	15	千克/个			0	4.5	0
	--- 其他:											
8431.4991	----矿用电铲用	5	17		17	15	千克			0	4.5	0
8431.4999	----其他	5	17		17	15	千克			0	4.5	0
84.32	**农业、园艺及林业用整地或耕作机械;草坪及运动场地滚压机:**											
8432.1000	- 犁	5	30		13	13	台/千克			0		0
	- 耙、松土机、中耕机、除草机及耕耘机:											
8432.2100	-- 圆盘耙	5	30		13	13	台/千克			0		0
8432.2900	-- 其他	4	30		13	13	台/千克			0		0
	- 播种机、种植机及移植机:											
	--- 播种机:											
8432.3011	----谷物播种机	4	30		13	13	台			0	3.5	0
8432.3019	----其他	4	30		13	13	台			0	3.5	0
	--- 种植机:											
8432.3021	----马铃薯种植机	4	30		13	13	台			0	3.5	0
8432.3029	----其他	4	30		13	13	台			0	3.5	0
	--- 移植机(栽植机):											
8432.3031	----水稻插秧机	4	30		13	13	台			0	3.5	0
8432.3039	----其他	4	30		13	13	台			0	3.5	0
8432.4000	- 施肥机	4	30		13	13	台			0		0
	- 其他机械:											
8432.8010	--- 草坪及运动场地滚压机	7	40		17	15	台			0		0
8432.8090	--- 其他	4	30		13	13/15	台			0		0
8432.9000	- 零件	4	17		17	15	千克			0		0
84.33	**收割机、脱粒机,包括草料打包机;割草机;蛋类、水果或其他农产品的清洁、分选、分级机器,但税目84.37的机器除外:**											

协定税率 %										特惠税率 %				Article Description
巴基斯坦	冰岛	哥斯达黎加	秘鲁	新西兰	瑞士	新加坡	韩国	澳大利亚	港澳台	老挝	孟加拉	33 国	7 国	
5	0	0	0	0	2.4		3.6	3.6			0	0	0	-- Tamping or compacting machinery
														-- Other:
														--- Engineering drills:
5	0	0	0	0	2.4		3.6	3.6			0	0	0	----Boring casing diameter more than 3m
5	0	0	0	0	2.4		4.8	3.6			0	0	0	----Other
5	0	0	0	0	2.4		3.6	3.6			0	0	0	--- Scrapers
5	0	0	0	0	2.4		3.6	3.6			0	0	0	--- Other
														Parts suitable for use solely or principally with the machinery of headings No.84.25 to 84.30:
0	0	0	0	0	0		1.8	0			0	0	0	- Of machinery of heading No.84.25
														- Of machinery of heading No.84.27:
0	0	0	0	0	2.4		5.2	3.6			0	0	0	--- Drive-axles with differential and parts thereof, whether or not provided with other transmission components
0	0	0	0	0	2.4		5.2	3.6			0	0	0	--- Other
														- Of machinery of heading No.84.28:
														-- Of lifts,skip hoists or escalators
0	0	0	0	0	0		0	0			0	0	0	Parts of obstacle-free lifters
0	0	0	0	0	0		0	0			0	0	0	Parts of other Lifts and skip hoists (including parts of escalators)
0	0	0	0	0	2		4.3	0	0//		0	0	0	-- Other
														- Of machinery of heading No.84.26,84.29 or 84.30:
0	0	0	0	0	2.4		4.8	3.6			0	0	0	-- Buckets, shovels, grabs and grips
5	0	0	0	0	2.4		3.6	3.6			0	0	0	-- Bulldozer or angledozer blades
														-- Parts of boring or sinking machinery of subheading No.8430.41 or 8430.49:
0	0	0	0	0	0		2.4	0	0//		0	0	0	--- Of oil and natural gas drilling machinery
0	0	0	0	0	0		0	0	0//		0	0	0	--- Of other drilling machinery
0	0	0	0	0	0		4	0	0//		0	0	0	--- Of sinking machinery
														-- Other:
0	0	0	0	0	2		4.3	0	0//		0	0	0	--- Drive-axles with differential and parts thereof, whether or not provided with other transmission components
														--- Other:
0	0	0	0	0	0		4	0	0//		0	0	0	----For mining power shovels
0	0	0	0	0	2		4.3	0	0//		0	0	0	----Other
														Agricultural, horticultural or forestry machinery for soil preparationor cultivation;lawn or sports-ground rollers:
0	0	0	0	0	0		4	0			0	0	0	- Ploughs
														- Harrows, scarifiers, cultivators, weeders and hoes:
0	0	0	0	0	0		3	0			0	0	0	-- Disc harrows
0	0	0	0	0	0		0	0				0	0	-- Other
														- Seeders, planters and transplanters:
														--- Seeders:
0	0	0	0	0	0		0	0				0	0	----Seeders for grain
0	0	0	0	0	0		3.2	0				0	0	----Other
														--- Planters:
0	0	0	0	0	0		0	0				0	0	----Planters for potato
0	0	0	0	0	0		0	0				0	0	----Other
														--- Transplanters:
0	0	0	0	0	0		2.4	0				0	0	----Transplanters for rice
0	0	0	0	0	0		3.4	0				0	0	----Other
0	0	0	0	0	0		0	0				0	0	- Manure spreaders and fertilizer distributors
														- Other machinery:
5	0	0	0	0	2.8		6	4.2				0	0	--- Lawn or sports-ground rollers
0	0	0	0	0	0		0	0				0	0	--- Other
0	0	0	0	0	0		2.4	0				0	0	- Parts
														Harvesting or threshing machinery,including straw or fodder balers;grass or hay mowers; machines for cleaning,sorting or grading eggs, fruit or other agricultural produce, other than machinery of heading No.84.37:

税　号	货　品　名　称	进口关税 % 最惠国	普通	年内暂定	增值/消费税%	出口退税%	统计计量单位	监管证件代码	检验检疫类别	协定税率 % 东盟	亚太	智利
	- 草坪、公园或运动场地用的割草机：											
8433.1100	-- 机动的，切割装置在同一水平面上旋转的	6	30		13	15	台			0		0
8433.1900	-- 其他	6	30		17	15	台			0		0
8433.2000	- 其他割草机，包括牵引装置用的刀具杆	4	30		13	13	台			0		0
8433.3000	- 其他干草切割、翻晒机器	5	30		13	13	台			0		0
8433.4000	- 草料打包机，包括收集打包机	5	30		13	13	台			0		0
	- 其他收割机；脱粒机：											
8433.5100	-- 联合收割机											
84335100.01	功率≥160马力的联合收割机	8	17	5	13	13	台			0	7.6	0
84335100.90	功率<160马力的联合收割机	8	17		13	13	台			0	7.6	0
8433.5200	-- 其他脱粒机	8	30		13	13	台			0		0
8433.5300	-- 根茎或块茎收获机											
84335300.01	功率≥160马力的土豆、甜菜收获机	8	30	4	13	13	台			0		0
84335300.90	其他根茎或块茎收获机	8	30		13	13	台			0		0
	-- 其他：											
8433.5910	--- 甘蔗收获机											
84335910.01	功率≥160马力的甘蔗收获机	8	30	4	13	13	台			0		0
84335910.90	其他甘蔗收获机	8	30		13	13	台			0		0
8433.5920	--- 棉花采摘机	8	30	5	13	13	台	A	R/	0		0
8433.5990	--- 其他											
84335990.01	自走式青储饲料收获机	8	30	5	13	13	台			0		0
84335990.02	茶叶采摘机	8	30	4	13	13	台			0		0
84335990.90	其他收割机及脱粒机	8	30		13	13	台			0		0
8433.6000	- 蛋类、水果或其他农产品的清洁、分选、分级机器	5	30		13	13	台			0		0
	- 零件：											
8433.9010	--- 联合收割机用	5	11		17	15	千克			0		0
8433.9090	--- 其他	3	17		17	15	千克			0		0
84.34	**挤奶机及乳品加工机器：**											
8434.1000	- 挤奶机	10	20		13	13	台			0		0
8434.2000	- 乳品加工机器	6	30	2	17	15	台	A	R/	0		0
8434.9000	- 零件	5	17		17	15	千克	A	R/	0		0
84.35	**制酒、制果汁或制类似饮料用的压榨机、轧碎机及类似机器：**											
8435.1000	- 机器	10	30		17	15	台	A	R/	0		0
8435.9000	- 零件	6	30		17	15	千克	A	R/	0		0
84.36	**农业、园艺、林业、家禽饲养业或养蜂业用的其他机器，包括装有机械或热力装置的催芽设备；家禽孵卵器及育雏器：**											
8436.1000	- 动物饲料配制机	7	30		13	13	台			0		0
	- 家禽饲养用的机器；家禽孵卵器及育雏器：											
8436.2100	-- 家禽孵卵器及育雏器	5	30		13	13	台			0		0
8436.2900	-- 其他	10	30		13	13	台			0		0
8436.8000	- 其他机器											
84368000.01	青储饲料切割上料机	10	30	3	13	13/15	台			0		0
84368000.02	自走式饲料搅拌投喂车	10	30	5	13	13/15	台			0		0
84368000.90	农业、林业、园艺等用的其他机器(包括装有机械或热力装置的催芽设备)	10	30		13	13/15	台			0		0
	- 零件：											
8436.9100	-- 家禽饲养用机器的零件或家禽孵卵器及育雏器的零件	6	17		17	15	千克			0		0
8436.9900	-- 其他	6	17		17	15	千克			0		0
84.37	**种子、谷物或干豆的清洁、分选或分级机器；谷物磨粉业加工机器或谷物、干豆加工机器，但农业用机器除外：**											
	- 种子、谷物或干豆的清洁、分选或分级机器：											
8437.1010	--- 光学色差颗粒选别机（色选机）	10	30		13	13/15	台			0		0
8437.1090	--- 其他	10	30		13	13	台			0		0

协定税率 %										特惠税率 %				Article Description
巴基斯坦	冰岛	哥斯达黎	秘鲁	新西兰	瑞士	新加坡	韩国	澳大利亚	港澳台	老挝	孟加拉	33国	7国	
														- Mowers for lawns, parks or sports grounds:
5	0	0	0	0	2.4		3.6	3.6				0	0	-- Powered, with the cutting device rotating in a horizontal plane
5	0	0	0	0	2.4		3.6	3.6				0	0	-- Other
0	0	0	0	0	0		0	0				0	0	- Other mowers, including cutter bars for tractor mounting
0	0	0	0	0	0		3	0				0	0	- Other haymaking machinery
0	0	0	0	0	0		4.3	0				0	0	- Straw or fodder balers,including pickup balers
														- Other harvesting machinery;threshing machinery:
														-- Combine harvester-threshers
5	0	0	0	0	3.2		6.9	4.8				0	0	Combine harvesters of a power ≥160hp
5	0	0	0	0	3.2		6.9	4.8				0	0	Combine harvesters of a power <160hp
5	0	0	0	0	3.2		4.8	4.8				0	0	-- Other threshing machinery
														-- Root or tuber harvesting machines
5	0	0	0	0	3.2		6.4	4.8				0	0	Potato or beet harvesters of a power ≥160hp
5	0	0	0	0	3.2		6.4	4.8				0	0	Other root or tuber harvesting machines
														-- Other:
														--- Sugarcane harvesters
5	0	0	0	0	3.2		4.8	4.8				0	0	Sugarcane harvesters of a power ≥160hp
5	0	0	0	0	3.2		4.8	4.8				0	0	Other sugarcane harvesters
5	0	0	0	0	3.2		4.8	4.8				0	0	--- Cotton picker
														--- Other
5	0	0	0	0	3.2		4.8	4.8				0	0	Self-propelled forage harvesters
5	0	0	0	0	3.2		4.8	4.8				0	0	Tea pickers
5	0	0	0	0	3.2		4.8	4.8				0	0	Other harvesters and threshers
0	0	0	0	0	0		4	0				0	0	- Machines for cleaning, sorting or grading eggs, fruit or other agricultural produce
														- Parts:
0	0	0	0	0	0		4.3	0				0	0	--- Of combine harvester-threshers
0	0	0	0	0	0		0	0			0	0	0	--- Other
														Milking machines and dairy machinery:
5	0	0		0	4		8	6				0	0	- Milking machines
5	0	0	0	0	2.4		0	3.6				0	0	- Dairy machinery
0	0	0	0	0	0		3	0				0	0	- Parts
														Presses, crushers and similar machinery used in the manufacture of wine,cider, fruit juices or similar beverages:
5	0	0	0	0	4		8	6	/0/			0	0	- Machinery
5	0	0	0	0	2.4		3.6	3.6				0	0	- Parts
														Other agricultural,horticultural,forestry, poultry-keeping or bee-keepingmachinery, including germination plant fitted with mechanical or thermal equipment; poultry incubators and brooders:
5	0	0	0	0	5		6	4.2				0	0	- Machinery for preparing animal feeding stuffs
														- Poultry-keeping machinery;poultry incubators and brooders:
0	0	0	0	0	0		4.3	0				0	0	-- Poultry incubators and brooders
5	0	0	0	0	4		9	6				0	0	-- Other
														- Other machinery
5	0	0	0	0	4		8	6				0	0	Forage cutting feeders
5	0	0	0	0	4		8	6				0	0	Self-propelled feed mixing feeding car
5	0	0	0	0	4		8	6				0	0	Other machines for agricultural, forestry, and horticultural (including germination equipments with mechanical or thermal devices)
														- Parts:
5	0	0	0	0	2.4		5.2	3.6				0	0	-- Of poultry-keeping machinery or poultry incubators and brooders
5	0	0	0	0	4.3		4.8	3.6				0	0	-- Other
														Machines for cleaning, sorting or grading seed, grain or dried leguminous vegetables;machinery used in the milling industry or for the working of cereals or dried leguminous vegetables, other than farm-type machinery:
														- Machines for cleaning, sorting or grading seed, grain or dried leguminous vegetables:
5	0	0	0	0	4		8	6				0	0	--- Color sorters
5	0	0	0	0	4		9	6				0	0	--- Other

税号	货品名称	进口关税 %			增值/消费税%	出口退税%	统计计量单位	监管证件代码	检验检疫类别	协定税率 %		
		最惠国	普通	年内暂定						东盟	亚太	智利
8437.8000	- 其他机器	10	30		17	13	台	A	R/	0	8.5	0
8437.9000	- 零件	6	30		17	15	千克			0		0
84.38	**本章其他税目未列名的食品、饮料工业用的生产或加工机器，但提取、加工动物油脂或植物固定油脂的机器除外：**											
8438.1000	- 糕点加工机器及生产通心粉、面条或类似产品的机器											
84381000.10	糕点生产线	7	30		17	15	台	A	R/	0		0
84381000.90	通心粉，面条的生产加工机器(包括类似产品的加工机)	7	30		17	15	台	A	R/	0		0
8438.2000	- 生产糖果、可可粉、巧克力的机器	8	30		17	15	台	A	R/	0		0
8438.3000	- 制糖机器	10	30		17	15	台	A	R/	0		0
8438.4000	- 酿酒机器	7	30		17	15	台	A	R/	0		0
8438.5000	- 肉类或家禽加工机器	7	30		17	15	台/千克	A	R/	0		0
8438.6000	- 水果、坚果或蔬菜加工机器	10	30		17	15	台/千克	A	R/	0		0
8438.8000	- 其他机器	8.5	30		17	15	台/千克	A	R/	0	8.1	0
8438.9000	- 零件	5	30		17	15	千克	A	R/	0		0
84.39	**纤维素纸浆、纸及纸板的制造或整理机器：**											
8439.1000	- 制造纤维素纸浆的机器	8.4	30		17	15	台	0		0		0
8439.2000	- 纸或纸板的抄造机器	8.4	30		17	15	台	0		0		0
8439.3000	- 纸或纸板的整理机器	8.4	30		17	15	台	0		0		0
	- 零件：											
8439.9100	-- 制造纤维素纸浆的机器用	6	30		17	15	千克			0		0
8439.9900	-- 其他	6	30		17	15	千克			0	3	0
84.40	**书本装订机器，包括锁线订书机：**											
	- 机器：											
8440.1010	--- 锁线装订机	10	35		17	15	台			0		0
8440.1020	--- 胶订机	12	35		17	15	台			0		0
8440.1090	--- 其他	12	35		17	15	台			0		0
8440.9000	- 零件	8	35		17	15	千克			0		0
84.41	**其他制造纸浆制品、纸制品或纸板制品的机器，包括各种切纸机：**											
8441.1000	- 切纸机	12	50		17	15	台			0		0
8441.2000	- 制造包、袋或信封的机器	12	30		17	15	台			0	11.4	0
	- 制造箱、盒、管、桶或类似容器的机器，但模制成型机器除外：											
8441.3010	--- 制造纸塑铝复合罐的生产设备	13.5	30		17	15	台			0	12.8	0
8441.3090	--- 其他	13.5	30		17	15	台			0	12.8	0
8441.4000	- 纸浆、纸或纸板制品模制成型机器	12	30		17	15	台	0		0		0
	- 其他机器：											
8441.8010	--- 制造纸塑铝软包装的生产设备	12	30		17	15	台			0	11.4	0
8441.8090	--- 其他	12	30		17	15	台	0		0	11.4	0
	- 零件：											
8441.9010	--- 切纸机用											
84419010.01	切纸机用弧形辊	8	50	4	17	15	千克			0		0
84419010.02	切纸机用横切刀单元	8	50	3	17	15	千克			0		0
84419010.90	其他切纸机零件	8	50		17	15	千克			0		0
8441.9090	--- 其他	8.4	30		17	15	千克			0		0
84.42	**制印刷版（片）、滚筒及其他印刷部件用的机器、器具及设备(税目 84.56 至 84.65 的机床除外)；印刷用版（片）、滚筒及其他印刷部件；制成供印刷用（例如，刨平、压纹或抛光）的板（片）、滚筒及石板：**											
	- 机器、器具及设备：											
8442.3010	--- 铸字机	9	35		17	15	台			0		0
	--- 制版机器、器具及设备：											
8442.3021	----计算机直接制版设备											

协定税率 %										特惠税率 %				Article Description
巴基斯坦	冰岛	哥斯达黎	秘鲁	新西兰	瑞士	新加坡	韩国	澳大利亚	港澳台	老挝	孟加拉	33国	7国	
5	0	0	0	0	4		9	6				0	0	- Other machinery
5	0	0	0	0	4.2		4.8	3.6				0	0	- Parts
														Machinery, not specified or included elsewhere in this chapter, for the industrial preparation or manufacture of food or drink, other than machinery for the extraction or preparation of animal or fixed vegetable fats or oils:
														- Bakery machinery and machinery for the manufacture of macaroni, spaghetti or similar products
5	0	0	0	0	4.9		6	4.2			0	0	0	Bakery production lines
5	0	0	0	0	4.9		6	4.2			0	0	0	Machines for producing and processing macaroni, spaghetti (including machines for processing similar products)
5	0	0	0	0	0		4.8	4.8			0	0	0	- Machinery for the manufacture of confectionery, cocoa or chocolate
5	0	0	0	0			8	6			0	0	0	- Machinery for sugar manufacture
5	0	0	0	0	2.8		5.6	4.2			0	0	0	- Brewery machinery
5	0	0	0	0	2.8		5.6	4.2			0	0	0	- Machinery for the preparation of meat or poultry
5	0	0	3	0	4	0	8	6			0	0	0	- Machinery for the preparation of fruits, nuts or vegetables
5	0	0	0	0	6		5.1	5.1	//0		0	0	0	- Other machinery
0	0	0	0	0	0		3	0			0	0	0	- Parts
														Machinery for making pulp of fibrous cellulosic material or for making or finishing paper or paperboard:
5	0	0	0	0	3.36		6.7	5			0	0	0	- Machinery for making pulp of fibrous cellulosic material
5	0	0	0	0	5.9		5	5	//0		0	0	0	- Machinery for making paper or paper board
5	0	0	0	0	3.36		5	5	//0		0	0	0	- Machinery for finishing paper or paper board
														- Parts:
5	0	0	0	0	2.4		5.2	3.6			0	0	0	-- Of machinery for making pulp of fibrous cellulosic material
0	0	0	0	0	4.2		5.2	3.6			0	0	0	-- Other
														Book-binding machinery, including booksewing machines:
														- Machinery:
5	0	0	0	0	4		8	6				0	0	--- Sewing bookbinders
6	0	0	0	0	4.8	0	9.6	7.2				0	0	--- Glueing bookbinders
6	0	0	0	0	0	0	9.6	7.2				0	0	--- Other
5	0	0	0	0	5.6		4.8	4.8				0	0	- Parts
														Other machinery for making up paper pulp,paper or paperboard,including cutting machines of all kinds:
6	0	0	0	0		0	9.6	7.2	//0		0	0	0	- Cutting machines
6	0	0	3.6	0	8.4	0	9.6	7.2			0	0	0	- Machines for making bags, sacks or envelopes
														- Machines for making cartons, boxes,cases, tubes, drums or similar containers,other than by moulding:
6.8	0	0	4	0	9.5	0	10.8	8.1				0	0	--- Machines for paper,plastic and aluminium composite can manufacture
6.8	0	0	4	0	9.5	0	12.1	8.1				0	0	--- Other
6	0	0	0	0	8.4	0	10.8	7.2			0	0	0	- Machines for moulding articles in paper pulp,paper or paperboard
														- Other machinery:
6	0	0	0	0	8.4	0	9.6	7.2			0	0	0	--- Machines for paper plastic and aluminium flexible packaging manufacture
6	0	0	0	0	8.4	0	9.6	7.2	//0		0	0	0	--- Other
														- Parts:
														--- Of cutting machines
5	0	0	0	0	3.2		6.4	4.8			0	0	0	Curved roll of paper-cutting machines
5	0	0	0	0	3.2		6.4	4.8			0	0	0	Cross-cutting knives unit of paper-cutting machines
5	0	0	0	0	3.2		6.4	4.8			0	0	0	Other parts of paper-cutting machines
5	0	0	0	0			5	5			0	0	0	--- Other
														Machinery, apparatus and equipment (other than the machine-tools of headings No.84.56 to 84.65) for preparing or making plates, cylinders or other printing components; plates, cylinders and other printing components; plates, cylinders and lithographic stones, prepared for printing purposes (for example, planed, grained or polished):
														- Machinery, apparatus and equiment:
5	0	0	0	0	3.6		5.4	5.4			0	0	0	--- Type casters
														--- Other machinery, apparatus and equipment for typesetting:
														----Machines for preparing CTP plates

税号	货品名称	进口关税 % 最惠国	进口关税 % 普通	进口关税 % 年内暂定	增值/消费税%	出口退税%	统计计量单位	监管证件代码	检验检疫类别	协定税率 % 东盟	协定税率 % 亚太	协定税率 % 智利
84423021.10	凹版式计算机直接制版设备(CTP)	9	35	3	17	15	台			0		0
84423021.90	除凹版式以外的其他计算机直接制版设备(CTP)	9	35	5	17	15	台			0		0
8442.3029	----其他	9	35		17	15	台			0		0
8442.3090	--- 其他	9	35		17	15	台			0		0
8442.4000	- 上述机器、器具及设备的零件											
84424000.10	计算机直接制版机器用零件	7	20	1	17	15	千克			0		0
84424000.90	其他铸字、排字、制版机器的零件	7	20		17	15	千克			0		0
8442.5000	- 印刷用版(片)、滚筒及其他印刷部件;制成供印刷用(例如,刨平、压纹或抛光)的板(片)、滚筒及石板	7	35		17	15	千克			0		0
84.43	**用税目 84.42 的印刷用版(片)、滚筒及其他印刷部件进行印刷的机器;其他印刷(打印)机、复印机及传真机,不论是否组合式;上述机器的零件及附件:**											
	- 用税目 84.42 的印刷用版(片)、滚筒及其他印刷部件进行印刷的机器:											
8443.1100	-- 卷取进料式胶印机	10	35		17	15	台			0	7	0
8443.1200	-- 办公室用片取进料式胶印机(以未折叠计,片尺寸一边长不超过 22 厘米,另一边长不超过 36 厘米)	12	35		17	15	台			0		0
	-- 其他胶印机:											
	--- 平张纸进料式:											
8443.1311	----单色机	10	35		17	15	台			0	7	0
8443.1312	----双色机	10	35		17	15	台			0	7	0
8443.1313	----四色机											
84431313.01	四色平张纸胶印机(对开单张单面印刷速度≥17000 张/小时)	10	35	7	17	15	台			0	7	0
84431313.02	四色平张纸胶印机(对开单张双面印刷速度≥13000 张/小时)	10	35	7	17	15	台			0	7	0
84431313.03	四色平张纸胶印机(全张或超全张单张单面印刷速度≥13000 张/小时)	10	35	7	17	15	台			0	7	0
84431313.90	其他四色平张纸胶印机(用税目 8442 项下商品进行印刷的机器)	10	35		17	15	台			0	7	0
8443.1319	----其他											
84431319.01	五色及以上平张纸胶印机(对开单张单面印刷速度≥17000 张/小时)	10	35	7	17	15	台			0	7	0
84431319.02	五色及以上平张纸胶印机(对开单张双面印刷速度≥13000 张/小时)	10	35	7	17	15	台			0	7	0
84431319.03	五色及以上平张纸胶印机(全张或超全张单张单面印刷速度≥13000 张/小时)	10	35	7	17	15	台			0	7	0
84431319.90	其他平张纸进料式胶印机(用税目 8442 项下商品进行印刷的机器)	10	35		17	15	台			0	7	0
8443.1390	--- 其他	10	35		17	15	台			0	7	0
8443.1400	-- 卷取进料式凸版印刷机,但不包括苯胺印刷机	12	35		17	15	台			0		0
8443.1500	-- 除卷取进料式以外的凸版印刷机,但不包括苯胺印刷机	12	35		17	15	台			0		0
8443.1600	-- 苯胺印刷机											
84431600.01	苯胺印刷机,线速度≥350 米/分钟,幅宽≥800 毫米(柔性版印刷机,用税目 8442 项下商品进行印刷的机器)	10	35	3	17	15	台			0		0
84431600.02	机组式柔性版印刷机,线速度≥160m/min,250mm≤幅宽<800mm(具有烫印或全息或丝网印刷功能单元的)	10	35	5	17	15	台			0		0
84431600.90	其他苯胺印刷机(柔性版印刷机,用税目 8442 项下商品进行印刷的机器)	10	35		17	15	台			0		0
8443.1700	-- 凹版印刷机											
84431700.01	凹版印刷机,印刷速度≥350 米/分钟(用税目 8442 项下商品进行印刷的机器)	18	35	9	17	15	台			0	16.2	0

协定税率 %										特惠税率 %				
巴基斯坦	冰岛	哥斯达黎	秘鲁	新西兰	瑞士	新加坡	韩国	澳大利亚	港澳台	老挝	孟加拉	33 国	7 国	**Article Description**
5	0	0	0	0	6.3		5.4	5.4			0	0	0	Intaglio printing machinery for preparing CTP plates
5	0	0	0	0	6.3		5.4	5.4			0	0	0	Other machines for preparing CTP plates(excluding intaglio printing machinery)
5	0	0	0	0	3.6		7.8	5.4			0	0	0	----Other
5	0	0	0	0	3.6		7.8	5.4			0	0	0	--- Other
														- Parts of the foregoing machinery, apparatus or equipment
5	0	0	0	0	2.8		0	4.2			0	0	0	Parts of computer-to-plate machines
5	0	0	0	0	2.8		0	4.2			0	0	0	Parts of other typecasting, typesetting and plate making machines
5	0	0	0	0	2.8		4.2	4.2	0//		0	0	0	- Plates, cylinders and other printing components; plates, cylinders and lithographic stones, prepared for printing purposes (for example, planed, grained or polished)
														Printing machinery used for printing by means of plates,cylinders and other printing components of heading No.84.42; other printers, copying machines and facsimile machines, whether or not combined; parts and accessories thereof:
														- Printing machinery used for printing by means of plates, cylinders and other printing components of heading No.84.42:
5	0	0	3	0	4		8	6			0	0	0	-- Offset printing machinery, reel-fed
6	0	0	0	0	8.4	0	9.6	7.2			0	0	0	-- Offset printing machinery, sheet-fed, office type(using sheets with one side not exceeding 22cm and the other side not exceeding 36cm in the unfolded state)
														-- Other offset printing machinery:
														--- Sheet fed:
5	0	0	0	0	4		8	6			0	0	0	----Single color
5	0	0	0	0	4		8	6			0	0	0	----Two colors
														----Four colors
5	0	0	0	0	4		8	6			0	0	0	Four-color sheet-fed offset printing machinery (Single folio singel side printing speed ≥17000 pcs/hr)
5	0	0	0	0	4		8	6			0	0	0	Four-color sheet-fed offset printing machinery (Single folio double sides printing speed ≥13000 pcs/hr)
5	0	0	0	0	4		8	6			0	0	0	Four-color sheet-fed offset printing machinery (Sheet or full-sheet one piece single side printing speed ≥13000 pcs/hr)
5	0	0	0	0	4		8	6			0	0	0	Other four-color sheet-fed offset printing machinery (machines using the goods of heading 84.42 for printing)
														----Other
5	0	0	0	0	4		8	6			0	0	0	Five-color or more sheet-fed offset printing machinery (Single folio single side printing speed ≥17000 pcs/hr)
5	0	0	0	0	4		8	6			0	0	0	Five-color or more sheet-fed offset printing machinery (Single folio double sides printing speed ≥13000 pcs/hr)
5	0	0	0	0	4		8	6			0	0	0	Five-color or more sheet-fed offset printing machinery (Sheet or full-sheet one piece single side printing speed ≥13000 pcs/hr)
5	0	0	0	0	4		8	6			0	0	0	Other sheet-fed offset printing machinery (machines using the goods of heading 84.42 for printing)
5	0	0	0	0	4		8	6			0	0	0	--- Other
6	0	0	0	0	8.4	0		7.2	0//		0	0	0	-- Letterpress printing machinery, reel fed, excluding flexographic printing
6	0	0	0	0	8.4	0		7.2			0	0	0	-- Letterpress printing machinery, other than reel fed, excluding flexographic printing
														-- Flexographic printing machinery
5	0	0	0	0	4			6			0	0	0	Flexographic printing machinery, linear speed ≥350m/min, breadth ≥800mm (flexographic presses, machines using the goods of heading 84.42 for printing)
5	0	0	0	0	4			6			0	0	0	Unit-type Flexographic Presses, Linear speed ≥160m /min, 250mm< breadth < 800mm (Supporting thermoprinting, holographic printing or screen printing
5	0	0	0	0	4			6			0	0	0	Other flexographic printing machinery (flexographic presses, machines using the goods of heading 84.42 for printing)
														-- Gravure printing machinery
14.4	0	0	5.4	0	12.6	0	15.4	10.8				0	0	Gravure printing machinery, linear speed ≥350m/min (machines using the goods of heading 84.42 for printing)

税 号	货 品 名 称	进口关税 %			增值/消费税%	出口退税%	统计计量单位	监管证件代码	检验检疫类别	协定税率 %		
		最惠国	普通	年内暂定						东盟	亚太	智利
84431700.90	其他凹版印刷机(用税目 8442 项下商品进行印刷的机器)	18	35		17	15	台			0	16.2	0
	-- 其他:											
	--- 网式印刷机:											
8443.1921	----圆网印刷机											
84431921.01	纺织用圆网印花机	10	35	6	17	15	台	0		0	9	0
84431921.90	其他圆网印刷机(用税目 8442 项下商品进行印刷的机器)	10	35		17	15	台	0		0	9	0
8443.1922	----平网印刷机											
84431922.01	纺织用平网印花机	10	35	6	17	15	台	0		0	9	0
84431922.10	用于光盘生产的盘面印刷机(用税目 8442 项下商品进行印刷的机器)	10	35		17	15	台	6		0	9	0
84431922.90	其他平网印刷机(用税目 8442 项下商品进行印刷的机器)	10	35		17	15	台	0		0	9	0
8443.1929	----其他	10	35		17	15	台	0		0	9	0
8443.1980	--- 其他	8	35		17	15	台	0		0	7.2	0
	- 其他印刷（打印）机、复印机及传真机，不论是否组合式:											
	-- 具有印刷（打印）、复印或传真中两种及以上功能的机器,可与自动数据处理设备或网络连接:											
8443.3110	--- 静电感光式											
84433110.10	静电感光式多功能一体加密传真机(可与自动数据处理设备或网络连接)	10	70	3	17	17	台	M	+L	0		0
84433110.90	其他静电感光式多功能一体机(可与自动数据处理设备或网络连接)	10	70	3	17	17	台		+L	0		0
8443.3190	--- 其他											
84433190.10	其他具有打印和复印两种功能的机器(可与自动数据处理设备或网络连接)	0	17		17	17	台	A	L/			
84433190.20	其他多功能一体加密传真机(兼有打印、复印中一种及以上功能的机器)	0	17		17	17	台	AM	LM/			
84433190.90	其他具有打印、复印或传真中两种及以上功能的机器(具有打印和复印两种功能的机器除外,可与自动数据处理设备或网络连接)	0	17		17	17	台	A	LM/			
	-- 其他，可与自动数据处理设备或网络连接:											
	--- 专用于税目 84.71 所列设备的打印机:											
8443.3211	----针式打印机	0	14		17	17	台	A	L/			
8443.3212	----激光打印机	0	14		17	17	台	A	L/			
8443.3213	----喷墨打印机	0	14		17	17	台	A	L/			
8443.3214	----热敏打印机	0	14		17	17	台	A	L/			
8443.3219	----其他	0	14		17	17	台	A	L/			
	--- 数字式印刷设备:											
8443.3221	----喷墨印刷机	8	30	5	17	17	台			0		0
8443.3222	----静电照相印刷机（激光印刷机）	8	35	5	17	15	台			0	7.2	0
8443.3229	----其他	8	30		17	15	台			0	7.2	0
8443.3290	--- 其他											
84433290.10	其他加密传真机(可与自动数据处理设备或网络连接)	0	17		17	17	台	AM	LM/			
84433290.90	其他印刷(打印)机、复印机、传真机和电传打字机(可与自动数据处理设备或网络连接)	0	17		17	17	台	A	LM/			
	-- 其他:											
	--- 静电感光复印设备:											
8443.3911	----将原件直接复印的（直接法）	0	70		17	15	台		+L			
8443.3912	----将原件通过中间体转印的（间接法）	10	70		17	15	台		+L	0		0
	--- 其他感光复印设备:											
8443.3921	----带有光学系统的	0	70		17	15	台		+L			

协定税率 %										特惠税率 %				Article Description
巴基斯坦	冰岛	哥斯达黎加	秘鲁	新西兰	瑞士	新加坡	韩国	澳大利亚	港澳台	老挝	孟加拉	33国	7国	
14.4	0	0	5.4	0	12.6	0	15.4	10.8				0	0	Other gravure presses (machines using the goods of heading 84.42 for printing)
														-- Other:
														--- Screen printing machinery:
														----Cylinder screen press
5	0	0	0	0	4		8	6			0	0	0	Textile cylinder screen printing machines
5	0	0	0	0	4		8	6			0	0	0	Other rotary screen printing machines (machines using the goods heading 84.42 for printing)
														----Platen screen press
5	0	0	0	0	7		8.6	6	//0		0	0	0	Textile platen screen printing machines
5	0	0	0	0	7		8.6	6	//0		0	0	0	Disk presses for producing compact disks (machines using the goods of heading 84.42 for printing)
5	0	0	0	0	7		8.6	6	//0		0	0	0	Other platen screen presses (machines using the goods of heading 84.42 for printing)
5	0	0	0	0	4	0	8	6	//0		0	0	0	----Other
5	0	0	0	0	3.2		4.8	4.8	0//0		0	0	0	--- Other
														- Other printers, copying machines and facsimile machines, whether or not combined:
														-- Machines which perform two or more of the functions of printing, copying or facsimile transmission, capable of connecting to an automatic data processing machine or to a network:
														--- Electrostatic photosensitive-type
5	0	0	0	0	4	0		6			0	0	0	Static light-sensitive multi-functional encryption faxes (which can be connected to automatic data processing equipments or networks)
5	0	0	0	0	4	0		6			0	0	0	Other static light-sensitive multi-functional faxes (which can be connected to automatic data processing equipments or networks)
														--- Other
							0	0			0	0	0	Other machines with both printing and copying functions (which can be connected to automatic data processing equipments or networks)
							0	0			0	0	0	Other multi-functional encryption facsimile machines (with one or both printing or copying functions)
							0	0			0	0	0	Other machines with at least two of printing, copying or faxing functions (other than machines with both printing and copying functions, which can be connected to automatic data processing equipments or networks)
														-- Other, capable of connecting to an automatic data processing machine or to a network:
														--- Printers,of a kind solely used in the machines of heading 84.71:
							0	0			0	0	0	----Stylus printers
							0	0			0	0	0	----Laser printers
							0	0			0	0	0	----Ink-jet printers
							0	0			0	0	0	----Thermal printers
							0	0			0	0	0	----Other
														--- Digital printing machines:
5	0	0	0	0	3.2	0	6.4	4.8			0	0	0	----Ink-jet printing machines
5	0	0	0	0	3.2		6.9	4.8			0	0	0	----Electrostatic photographic printing machines (laser printing machines)
5	0	0	0	0	3.2		6.4	4.8			0	0	0	----Other
														--- Other
							0	0			0	0	0	Other encryption facsimile machine (laser presses) (which can be connected to automatic data processing equipments or networks)
							0	0			0	0	0	Other presses (printers), copying machine, facsimile machine and teleprinters (which can be connected to automatic data processing equipments or networks)
														-- Other:
														--- Electrostatic photo-copying apparatus:
							0	0			0	0	0	----Operating by reproducing the original image directly onto the copy (direct process)
5	0	0	0	0	4	0		6			0	0	0	----Operating by reproducing the original image via an intermediate onto the copy (indirect process)
														--- Other photocopying apparatus:
							0	0			0	0	0	----Incorporating an optical system

税号	货品名称	进口关税% 最惠国	进口关税% 普通	进口关税% 年内暂定	增值/消费税%	出口退税%	统计计量单位	监管证件代码	检验检疫类别	协定税率% 东盟	协定税率% 亚太	协定税率% 智利
8443.3922	----接触式的	20	70		17	15	台		+L	0		0
8443.3923	----热敏复印设备	20	70		17	15	台		+L	0		0
8443.3924	----热升华复印设备	20	70		17	15	台		+L	0		0
	--- 数字式印刷设备:											
8443.3931	----喷墨印刷机	8	30		17	15	台			0		0
8443.3932	----静电照相印刷机(激光印刷机)	8	35		17	15	台			0	7.2	0
8443.3939	----其他	8	30		17	15	台			0	7.2	0
8443.3990	--- 其他	0	30		17	15	台		+L			
	- 零件及附件:											
	-- 用于税目84.42的印刷用版(片)、滚筒及其他印刷部件进行印刷的机器的零件及附件:											
	--- 印刷用辅助机器:											
8443.9111	----卷筒料给料机											
84439111.01	卷筒料自动给料机,给料线速度≥12m/s	12	35	4	17	15	千克/台	0		0		0
84439111.90	其他卷筒料给料机	12	35		17	15	千克/台	0		0		0
8443.9119	----其他	12	35	6	17	15	千克/台	0		0		0
8443.9190	--- 其他											
84439190.10	胶印机用墨量遥控装置(包括墨色控制装置、墨量调节装置、墨斗体等组成部分)	6	20	1	17	15	千克/个	0		0		0
84439190.90	传统印刷机用零件及附件(胶印机用墨量遥控装置除外)	6	20	3	17	15	千克/个			0		0
	-- 其他:											
8443.9910	--- 数字印刷设备用辅助机器	12	35		17	15	千克/台	0		0		0
	--- 数字印刷设备的零件:											
8443.9921	----热敏打印头	6	20		17	15	千克/个			0		0
8443.9929	----其他											
84439929.01	压电式喷墨头(非用税目8442项下商品进行印刷的机器零件)	6	20	3	17	15	千克			0		0
84439929.90	其他数字印刷设备的零件(非用税目8442项下商品进行印刷的机器零件)	6	20		17	15	千克			0		0
8443.9990	--- 其他											
84439990.10	其他印刷(打印)机、复印机及传真机的感光鼓和含感光鼓的碳粉盒	0	35		17	15	千克					
84439990.90	其他印刷(打印)机、复印机及传真机的零件和附件	0	35		17	15	千克					
84.44	**化学纺织纤维挤压、拉伸、变形或切割机器:**											
8444.0010	--- 合成纤维长丝纺丝机	10	30		17	17	台			0	7	0
8444.0020	--- 合成纤维短纤纺丝机	10	30		17	17	台			0	7	0
8444.0030	--- 人造纤维纺丝机	10	30		17	17	台			0	7	0
8444.0040	--- 化学纤维变形机	10	30		17	17	台			0	7	0
8444.0050	--- 化学纤维切断机	10	30		17	17	台			0	7	0
8444.0090	--- 其他	10	30		17	17	台			0	7	0
84.45	**纺织纤维的预处理机器;纺纱机、并线机、加捻机及其他生产纺织纱线的机器;摇纱机、络纱机(包括卷纬机)及处理税目84.46或84.47所列机器用的纺织纱线的机器:**											
	- 纺织纤维的预处理机器:											
	-- 梳理机:											
	--- 棉纤维型:											
8445.1111	----清梳联合机	10	30		17	17	台	A	M/	0	9	0
8445.1112	----自动抓棉机	10	30		17	17	台	A	M/	0	9	0
8445.1113	----梳棉机	10	30		17	17	台	A	M/	0	9	0
8445.1119	----其他	10	30		17	17	台	A	M/	0	9	0
8445.1120	--- 毛纤维型	10	30		17	17	台	A	M/	0	9	0
8445.1190	--- 其他											
84451190.01	宽幅非织造布梳理机(工作幅宽>3.5米,工作速度>120米/分钟)	10	30	6	17	17	台	A	M/	0	9	0

协定税率 %										特惠税率 %				Article Description
巴基斯坦	冰岛	哥斯达黎	秘鲁	新西兰	瑞士	新加坡	韩国	澳大利亚	港澳台	老挝	孟加拉	33国	7国	
	0	0	6	0	14	0	12	12				0	0	----of the contact type
	0	0	6	0	14	0	12	12				0	0	----Thermo-copying apparatus
	0	0	6	0	14	0	12	12				0	0	----Thermo-sublime copying apparatus
														--- Digital printing machines:
5	0	0	0	0	3.2	0	4.8	4.8			0	0	0	----Ink-jet printing machines
5	0	0	0	0	3.2		4.8	4.8			0	0	0	----Electrostatic photographic printing machines (laser printing machines)
5	0	0	0	0	3.2	0	6.4	4.8			0	0	0	----Other
							0	0			0	0	0	--- Other
														- Parts and accessories:
														-- Parts and accessories of printing machinery used for printing by means of plates, cylinders and other printing components of heading 84.42:
														--- Machines for uses ancillary to printing:
														----Web feeder
6	0	0	0	0	8.4	0	9.6	7.2			0	0	0	Automatic rolling materials feeder, Feeding linear velocity ≥ 12m/s
6	0	0	0	0	8.4	0	9.6	7.2			0	0	0	Other rolling materials feeder
6	0	0	0	0	4.8	0	9.6	7.2			0	0	0	----Other
														--- Other
5	0	0	0	0	4.2		4.8	3.6			0	0	0	Remote controllers for controlling the use of ink by offset printers(including ink colour control devices, ink amount regulation devices, and ink fountain containers,etc)
5	0	0	0	0	4.2		4.8	3.6			0	0	0	Parts and accessories of traditional printing machines (other than remote controllers of ink amount regulation devices for offset printers)
														-- Other:
6	0	0	0	0	4.8	0	9.6	7.2			0	0	0	--- Machines for uses ancillary to digital printing machines
														--- Parts of digital printing machines:
5	0	0	0	0	2.4		4.8	3.6			0	0	0	----Thermal print heads
														----Other
5	0	0	0	0	2.4		4.8	3.6			0	0	0	Piezoelectric ink gun (parts of machines not using the goods of heading 84.42 for printing)
5	0	0	0	0	2.4		4.8	3.6			0	0	0	Parts of other types of digital print equipments (parts of machines not using the goods of heading 84.42 for printing)
														--- Other
							0	0			0	0	0	Photosensitive drums and toner cartridges of other presses (printers), copying machines and facsimile machines
							0	0			0	0	0	Parts and accessories of other presses (printers), copying machines and facsimile machines
														Machines for extruding, drawing, texturing or cutting man-made textile materials:
5	0	0	0	0			6	6	//0			0	0	--- Synthetic filaments spinning jets
5	0	0	0	0	4		8	6				0	0	--- Synthetic staple fibres spinning jets
5	0	0	0	0	4		8	6				0	0	--- Artificial fibres spinning jets
5	0	0	0	0	7		8	6				0	0	--- Man-made filaments crimping machinery
5	0	0	0	0	7		8	6				0	0	--- Man-made filaments cutting machinery
5	0	0	0	0	7		8	6				0	0	--- Other
														Machines for preparing textile fibres;spinning,doubling or twisting machines and other machinery for producing textile yarns;textile reeling or winding（including weft-winding）machines and machines for preparing textile yarns for use on the machines of heading No.84.46 or 84.47:
														- Machines for preparing textile fibres:
														-- Carding machines:
														--- For cotton type fibres:
5	0	0	0	0	4		8	6			0	0	0	----Blowing-carding Machinery
5	0	0	0	0			8	6			0	0	0	----Bale Plucker
5	0	0	0	0	7		8	6			0	0	0	----Card or Carding Machine
5	0	0	0	0	4		8	6			0	0	0	----Other
5	0	0	0	0	4		8	6			0	0	0	--- For wool type fibres
														--- Other
5	0	0	0	0	4			6			0	0	0	Wide non-woven carding machines (working width ＞3.5 m, working speed ＞ 120 m/min)

税　号	货 品 名 称	进口关税 %			增值/消费税%	出口退税%	统计计量单位	监管证件代码	检验检疫类别	协定税率 %		
		最惠国	普通	年内暂定						东盟	亚太	智利
84451190.90	其他纺织纤维梳理机	10	30		17	17	台	A	M/	0	9	0
	-- 精梳机：											
8445.1210	--- 棉精梳机	10	30		17	17	台	A	M/	0		0
8445.1220	--- 毛精梳机	10	30		17	17	台	A	M/	0		0
8445.1290	--- 其他	10	30		17	17	台	A	M/	0		0
	-- 拉伸机或粗纱机：											
8445.1310	--- 拉伸机	10	30		17	17	台	A	M/	0		0
	--- 粗纱机：											
8445.1321	----棉纺粗纱机	10	30		17	17	台	A	M/	0		0
8445.1322	----毛纺粗纱机	10	30		17	17	台	A	M/	0		0
8445.1329	----其他	10	30		17	17	台	A	M/	0		0
8445.1900	-- 其他	10	30		17	17	台	A	M/	0	9	0
	- 纺纱机：											
	--- 自由端纺纱机：											
8445.2031	----转杯纺纱机											
84452031.01	全自动转杯纺纱机	10	30	5	17	17	台	AO	M/	0	9	0
84452031.90	其他自由端转杯纺纱机	10	30		17	17	台	AO	M/	0	9	0
8445.2032	----喷气纺纱机	10	30		17	17	台	A	M/	0		0
8445.2039	----其他	10	30		17	17	台	A	M/	0		0
	--- 环锭细纱机：											
8445.2041	----棉细纱机	10.5	40		17	17	台	AO	M/	0	9.5	0
8445.2042	----毛细纱机	10	40		17	17	台	A	M/	0		0
8445.2049	----其他	10	40		17	17	台	A	M/	0		0
8445.2090	--- 其他	10	30		17	17	台	A	M/	0	9	0
8445.3000	- 并线机或加捻机	10	30		17	17	台	A	M/	0	9	0
	- 络纱机（包括卷纬机）或摇纱机：											
8445.4010	--- 自动络筒机	10	30		17	17	台	AO	M/	0	9	0
8445.4090	--- 其他	10	30		17	17	台	A	M/	0	9	0
	- 其他：											
8445.9010	--- 整经机	10	30		17	17	台	A	M/	0	9	0
8445.9020	--- 浆纱机	10	30		17	17	台	A	M/	0	9	0
8445.9090	--- 其他	10	30		17	17	台	AO	M/	0	9	0
84.46	**织机：**											
8446.1000	- 所织织物宽度不超过30厘米的织机	8	30		17	17	台	A	M/	0	7.2	0
	- 所织织物宽度超过30厘米的梭织机：											
	-- 动力织机：											
8446.2110	--- 地毯织机	12	35		17	17	台	A	M/	0	10.8	0
8446.2190	--- 其他	10	30		17	17	台	A	M/	0	9	0
8446.2900	-- 其他	10	30		17	17	台	A	M/	0		0
	- 所织织物宽度超过30厘米的无梭织机：											
8446.3020	--- 剑杆织机	8	30		17	17	台	AO	M/	0	6.8	0
8446.3030	--- 片梭织机	8	30		17	17	台	AO	M/	0	5.6	0
8446.3040	--- 喷水织机	8	30		17	17	台	AO	M/	0	6.8	0
8446.3050	--- 喷气织机	8	30	3	17	17	台	AO	M/	0	6.8	0
8446.3090	--- 其他	8	30		17	17	台	A	M/	0	6.8	0
84.47	**针织机、缝编机及制粗松螺旋花线、网眼薄纱、花边、刺绣品、装饰带、编织带或网的机器及簇绒机：**											
	- 圆型针织机：											
8447.1100	-- 圆筒直径不超过165毫米	8	30		17	17	台	A	M/	0	7	0
8447.1200	-- 圆筒直径超过165毫米	8	30		17	17	台	A	M/	0		0
	- 平型针织机；缝编机：											
	--- 经编机：											
8447.2011	----特里科经编机	8	30		17	17	台	A	M/	0	6.8	0
8447.2012	----拉舍尔经编机	8	30		17	17	台	A	M/	0	6.8	0
8447.2019	----其他	8	30		17	17	台	A	M/	0	6.8	0
8447.2020	--- 平型纬编机	8	30		17	17	台	A	M/	0	6.8	0
8447.2030	--- 缝编机	8	30		17	17	台	A	M/	0	6.8	0

协定税率 %										特惠税率 %				Article Description
巴基斯坦	冰岛	哥斯达黎	秘鲁	新西兰	瑞士	新加坡	韩国	澳大利亚	港澳台	老挝	孟加拉	33 国	7 国	
5	0	0	0	0	4			6			0	0	0	Other textile fiber carding machines
														-- Combing machines:
5	0	0	0	0			8	6			0	0	0	--- Cotton Comber
5	0	0	0	0	4		8	6			0	0	0	--- Worsted Comber
5	0	0	0	0	4		8	6			0	0	0	--- Other
														-- Drawing or roving machines:
5	0	0	0	0	4		8	6			0	0	0	--- Drawing machines
														--- Roving machines:
5	0	0	0	0			8	6			0	0	0	----Cotton Roving Frames
5	0	0	0	0	4		8	6			0	0	0	----Worsted Roving Machines
5	0	0	0	0	4		8	6			0	0	0	----Other
5	0	0	3	0				6			0	0	0	-- Other
														- Textile spinning machines:
														--- Open-end spinner:
														----Rotor Spinning Machine
5	0	0	0	0	4		8	6			0	0	0	Automatic rotor spinning machine
5	0	0	0	0	4		8	6			0	0	0	Other free end rotor spinning machine
5	0	0	0	0			8	6			0	0	0	----Jet spinner
5	0	0	0	0	4		8	6			0	0	0	----Other
														--- Ring spinning frames:
5	0	0	0	0	7.4	0	8.4	6.3			0	0	0	----Cotton Ring Spinning Frame
5	0	0	0	0	4		8	6			0	0	0	----Worsted Ring Spinning Frame
5	0	0	0	0	4		8	6			0	0	0	----Other
5	0	0	0	0			8	6			0	0	0	--- Other
5	0	0	0	0	4		8	6			0	0	0	- Textile doubling or twisting machines
														- Textile winding (including weft-winding) or reeling machines:
5	0	0	3	0	4		9	6			0	0	0	--- Automatic bobbin winders
5	0	0	3	0	4		8.6	6			0	0	0	--- Other
														- Other:
5	0	0	0	0			8	6			0	0	0	--- Warping machines
5	0	0	0	0			8	6			0	0	0	--- Sizing machines
5	0	0	0	0	7		8.6	6			0	0	0	--- Other
														Weaving machines (looms):
5	0	0	0	0	5.6		6.4	4.8				0	0	- For weaving fabrics of a width not exceeding 30cm
														- For weaving fabrics of width exceeding 30cm,shuttle type:
														-- Power looms:
5	0	0	3.6	0	8.4	0	9.6	7.2				0	0	--- For making carpets or rugs
5	0	0	3	0		0	8	6				0	0	--- Other
5	0	0	3	0	4		8	6				0	0	-- Other
														- For weaving fabrics of a with exceeding 30cm,shuttleless type:
5	0	0	0	0	5.6		6.4	4.8				0	0	--- Rapier looms
5	0	0	0	0			4.8	4.8				0	0	--- Carrier looms
5	0	0	0	0	3.2		4.8	4.8	//0			0	0	--- Water jet looms
5	0	0	0	0	3.2		6.9	4.8				0	0	--- Air jet looms
5	0	0	0	0	3.2		4.8	4.8				0	0	--- Other
														Knitting machines,stitch-bonding machines and machines for making gimped yarn, tulle lace, embroidery, trimmings, braid or net and machines for tufting:
														- Circular knitting machines:
5	0	0	0	0	3.2		4.8	4.8	//0		0	0	0	-- With cylinder diameter not exceeding 165mm
5	0	0	0	0	3.2		4.8	4.8	//0		0	0	0	-- With cylinder diameter exceeding 165mm
														- Flat knitting machines; stitch-bonding machines:
														--- Warp knitting machines:
5	0	0	0	0	3.2		4.8	4.8			0	0	0	----Tricot machines
5	0	0	0	0	3.2		6.4	4.8			0	0	0	----Rashel machines
5	0	0	0	0	3.2		6.4	4.8			0	0	0	----Other
5	0	0	0	0	5.6		4.8	4.8	//0		0	0	0	--- Flat weft knitting machines
5	0	0	0	0	3.2		4.8	4.8			0	0	0	--- Stitch-bonding machines

税号	货品名称	进口关税 % 最惠国	普通	年内暂定	增值/消费税%	出口退税%	统计计量单位	监管证件代码	检验检疫类别	协定税率 % 东盟	亚太	智利
	- 其他:											
	--- 簇绒机:											
8447.9011	----地毯织机	7	35		17	17	台	A	M/	0	4.9	0
8447.9019	----其他	8	30		17	17	台	A	M/	0	5.6	0
8447.9020	--- 绣花机	8	30		17	17	台	A	M/	0	6.8	0
8447.9090	--- 其他	10	30		17	17	台	A	M/	0	5	0
84.48	**税目84.44、84.45、84.46或84.47所列机器的辅助机器(例如,多臂机、提花机、自停装置及换梭装置);专用于或主要用于税目84.44、84.45、84.46或84.47所列机器的零件、附件(例如,锭子、锭壳、钢丝针布、梳、喷丝头、梭子、综丝、综框、针织机用针):**											
	- 税目84.44、84.45、84.46或84.47所列机器的辅助机器:											
8448.1100	-- 多臂机或提花机及其所用的卡片缩小、复制、穿孔或汇编机器											
84481100.01	多臂机或提花机(转速指标500转/分以上)	8	20	4	17	17	千克			0		0
84481100.90	多臂机或提花机所用卡片缩小、复制、穿孔或汇编机器(包括其所用的卡片缩小、复制、穿孔或汇编机器)	8	20		17	17	千克			0		0
8448.1900	-- 其他	8	20		17	17	千克			0		0
	- 税目84.44所列机器及其辅助机器的零件、附件:											
8448.2020	--- 喷丝头或喷丝板	6	14		17	17	个/千克			0		0
8448.2090	--- 其他	6	17		17	17	千克			0		0
	- 税目84.45所列机器及其辅助机器的零件、附件:											
8448.3100	-- 钢丝针布	6	17		17	17	千克			0		0
8448.3200	-- 纺织纤维预处理机器的零件、附件,但钢丝针布除外	6	17		17	17	千克			0		0
	-- 锭子、锭壳、纺纱环、钢丝圈:											
8448.3310	--- 络筒锭	6	17		17	17	个/千克			0		0
8448.3390	--- 其他	6	17		17	17	千克			0		0
	-- 其他:											
8448.3910	--- 气流杯	6	14		17	17	个/千克			0		0
8448.3920	--- 电子清纱器	6	17	3	17	17	个/千克			0		0
8448.3930	--- 空气捻接器	6	17	3	17	17	个/千克			0		0
8448.3940	--- 环锭细纱机紧密纺装置	6	17		17	17	个/千克			0		0
8448.3990	--- 其他	6	17	3	17	17	千克			0		0
	- 织机及其辅助机器的零件、附件:											
8448.4200	-- 织机用筘、综丝及综框	6	50		17	17	千克			0		0
	-- 其他:											
8448.4910	--- 接、投梭箱	6	17		17	17	个/千克			0		0
8448.4920	--- 引纬、送经装置	6	17	3	17	17	个/千克			0		0
8448.4930	--- 梭子	6	50		17	17	个/千克			0		0
8448.4990	--- 其他	6	17	3	17	17	千克			0		0
	- 税目84.47所列机器及其辅助机器的零件、附件:											
	-- 沉降片、织针及其他成圈机件:											
8448.5120	--- 针织机用28号以下的弹簧针、钩针及复合针	6	50		17	17	千克			0		0
8448.5190	--- 其他	6	17		17	17	千克			0		0
8448.5900	-- 其他	6	17	3	17	17	千克			0		0
84.49	**成匹、成形的毡呢或无纺织物制造或整理机器,包括制毡呢帽机器;帽模:**											
8449.0010	--- 针刺机											
84490010.01	高速针刺机,针刺频率>2000次/分钟	8	30	6	17	17	台/千克			0		0

协定税率 %										特惠税率 %				
巴基斯坦	冰岛	哥斯达黎	秘鲁	新西兰	瑞士	新加坡	韩国	澳大利亚	港澳台	老挝	孟加拉	33 国	7 国	**Article Description**
														- Other:
														--- Tufting machines:
0	0	0	0	0	2.8		4.2	4.2			0	0	0	----For making carpets or rugs
5	0	0	0	0	3.2		4.8	4.8			0	0	0	----Other
5	0	0	0	0			6.4	4.8			0	0	0	--- Embroidery machines
5	0	0	0	0			8	6			0	0	0	--- Other
														Auxiliary machinery for use with machines of heading No.84.44，84.45，84.46 or 84.47（for example, dobbies, Jacquards, automatic stop motions,shuttle changing mechanisms）;parts and accessories suitable for use solely or principally with the machines of this heading or of heading No.84.44，84.45，84.46 or 84.47（for example, spindles and spindle flyers, card clothing, combs, extruding nipples, shuttles, healds and heald-frames, hosiery needles）:
														- Auxiliary machinery for machines of heading No.84.44,84.45,84.46 or 84.47:
														-- Dobbies and Jacquards; card reducing, copying, punching or assembling machines for use there with
5	0	0	0	0	3.2		6.4	4.8			0	0	0	Dobbies or Jacquards (speed indicator exceeding 500r/min or above)
5	0	0	0	0	3.2		6.4	4.8			0	0	0	Card reducing, copying, punching or assembling machines used by Dobbies or Jacquards (including the use of card reducing, copying, punching or assembling machines)
5	0	0	0	0	5.6		6.4	4.8			0	0	0	-- Other
														- Parts and accessories of machines of heading 84.44 or of their auxiliary machinery:
5	0	0	0	0	4.2		4.8	3.6			0	0	0	--- Extruding nipples or spinnerets
5	0	0	0	0	4.2		5.2	3.6			0	0	0	--- Other
														- Parts and accessories of machines of heading 84.45 or of their auxiliary machinery:
5	0	0	0	0	4.8		4.8	3.6			0	0	0	-- Card clothing
5	0	0	0	0	4.2		5.2	3.6			0	0	0	-- Of machines for preparing textile fibres, other than card clothing
														-- Spindles,spindle flyers, spinning rings and ring travellers:
5	0	0	0	0	2.4		3.6	3.6			0	0	0	--- Winding spindle
5	0	0	0	0	4.2		4.8	3.6			0	0	0	--- Other
														-- Other:
5	0	0	0	0	2.4		3.6	3.6			0	0	0	--- Open-end rotors
5	0	0	0	0	4.8		3.6	3.6			0	0	0	--- Electronic yarn clearers
5	0	0	0	0	2.4		3.6	3.6			0	0	0	--- Air twisting devices
5	0	0	0	0	4.3		0	3.6			0	0	0	--- Compact set of ring spinning frames
5	0	0	0	0	4.8		5.2	3.6			0	0	0	--- Other
														- Parts and accessories of weaving machines（looms）or of their auxiliary machinery:
5	0	0	0	0	4.2		5.2	3.6			0	0	0	-- Reeds for looms,healds and heald-frames
														-- Other:
5	0	0	0	0	4.2		3.6	3.6			0	0	0	--- Catching and throwing shuttle boxes
5	0	0	0	0	4.2		4.8	3.6			0	0	0	--- Weft insertion and let-off motions
5	0	0	0	0	2.4		3.6	3.6			0	0	0	--- Shuttles
5	0	0	0	0	4.2		5.2	3.6			0	0	0	--- Other
														- Parts and accessories of machines of heading No.84.47 or of their auxiliary machinery:
														-- Sinkers,needles and other articles used in forming stitches:
5	0	0	0	0	2.4		4.8	3.6			0	0	0	--- Barbered needles,crotchet hooks and complex needles for knitting machines,smaler than gauge No.28
5	0	0	0	0	2.4		5.2	3.6			0	0	0	--- Other
5	0	0	0	0	4.2		0	3.6	0//0		0	0	0	-- Other
														Machinery for the manufacture or finishing of felt or nonwovens in the piece or in shapes, including machinery for making felt hats; blocks for making hats:
														--- Machinery for stitch
5	0	0	0	0	3.2		6.4	4.8				0	0	High-speed needle-punching machines, stroke frequency ＞ 2000 times/min

税号	货品名称	进口关税 % 最惠国	普通	年内暂定	增值/消费税%	出口退税%	统计计量单位	监管证件代码	检验检疫类别	协定税率 % 东盟	亚太	智利
84490010.90	其他针刺机	8	30		17	17	台/千克			0		0
8449.0020	--- 水刺设备											
84490020.01	高速宽幅水刺设备(工作幅宽＞3.5米，工作速度＞250米/分钟，水刺压力≥400帕)	8	30	6	17	17	台/千克			0		0
84490020.90	其他水刺设备	8	30		17	17	台/千克			0		0
8449.0090	--- 其他	8	30		17	17	千克			0		0
84.50	家用型或洗衣房用洗衣机，包括洗涤干燥两用机：											
	- 干衣量不超过10千克的洗衣机：											
	-- 全自动的：											
8450.1110	--- 波轮式	10	130		17	17	台	A	LM/	0	8.7	0
8450.1120	--- 滚筒式	10	130		17	17	台	A	LM/	0	8.7	0
8450.1190	--- 其他	10	130		17	17	台	A	LM/	0	8.7	0
8450.1200	-- 其他机器，装有离心甩干机	30	130		17	17	台	A	LM/	0	24.9	0
8450.1900	-- 其他	30	130		17	17	台	A	LM/	0		0
	- 干衣量超过10千克的洗衣机：											
	--- 全自动的：											
8450.2011	----波轮式	10	80		17	17	台			0		0
8450.2012	----滚筒式	10	80		17	17	台			0		0
8450.2019	----其他	10	80		17	17	台			0		0
8450.2090	--- 其他	10	80		17	17	台			0		0
	- 零件：											
8450.9010	--- 干衣量不超过10千克的洗衣机用	5	130		17	15	千克			0	4.2	0
8450.9090	--- 其他	16	80	5	17	15	千克			0	14.4	0
84.51	纱线、织物及纺织制品的洗涤、清洁、绞拧、干燥、熨烫、挤压（包括熔压）、漂白、染色、上浆、整理、涂布或浸渍机器（税目84.50的机器除外）；列诺伦（亚麻油地毡）及类似铺地制品的布基或其他底布的浆料涂布机器；纺织物的卷绕、退绕、折叠、剪切或剪齿边机器：											
8451.1000	- 干洗机	21	80		17	15	台			0	16	0
	- 干燥机：											
8451.2100	-- 干衣量不超过10千克	15	80		17	15	台			0	13.5	0
8451.2900	-- 其他	8	30		17	15	台			0	7.2	0
8451.3000	- 熨烫机及挤压机（包括熔压机）	8	30		17	15	台			0	7.2	0
8451.4000	- 洗涤、漂白或染色机器	8.4	20		17	15	台			0	7	0
8451.5000	- 纺织物的卷绕、退绕、折叠、剪切或剪齿边机器	8	20		17	15	台			0	7.2	0
8451.8000	- 其他机器											
84518000.01	服装定型焙烘炉；服装液氨整理机；预缩机；罐蒸机	12	30	10	17	15	台			0	10.8	0
84518000.02	剪绒、洗缩联合机；剪毛联合机；柔软整理机	12	30	10	17	15	台			0	10.8	0
84518000.03	定型机；精炼机；丝光机；磨毛机	12	30	10	17	15	台			0	10.8	0
84518000.04	涂层机	12	30	8	17	15	台			0	10.8	0
84518000.90	税目8451未列名的其他机器	12	30		17	15	台			0	10.8	0
8451.9000	- 零件	8	20		17	15	千克			0	7.2	0
84.52	缝纫机，但税目84.40的锁线订书机除外；缝纫机专用的特制家具、底座及罩盖；缝纫机针：											
	- 家用型缝纫机：											
8452.1010	--- 多功能家用缝纫机	21	80		17	17	台			0	17	0
	--- 其他：											
8452.1091	----手动式	21	80		17	17	台			0	17	0
8452.1099	----其他	21	80		17	17	台			0	17	0
	- 其他缝纫机：											
	-- 自动的：											
8452.2110	--- 平缝机	12	40		17	17	台			0	10.7	0
8452.2120	--- 包缝机	12	40		17	17	台			0	10.7	0

协定税率 %										特惠税率 %				Article Description
巴基斯坦	冰岛	哥斯达黎	秘鲁	新西兰	瑞士	新加坡	韩国	澳大利亚	港澳台	老挝	孟加拉	33 国	7 国	
5	0	0	0	0	3.2		6.4	4.8				0	0	Other needle-punching machines
														--- Spunlaced Equipment
5	0	0	0	0	3.2		4.8	4.8				0	0	High-Speed wide spunlaced equipments (working width ＞ 3.5 m, working speed ＞250 m/min, spunlaced pressure ≥400 Pa)
5	0	0	0	0	3.2		4.8	4.8				0	0	Other spunlaced equipments
5	0	0	0	0	3.2		6.9	4.8				0	0	--- Other
														Household or laundry-type washing machines,including machines which both wash and dry:
														- Machines,each of a dry linen capacity not exceeding 10kg:
														-- Fully-automatic machines:
5	0	0	0	0	4	0	8	6			0	0	0	--- Of the continuously rotating impeller
5	0	0	0	0	4	0	8.6	6			0	0	0	--- Of the drum type
5	0	0	0	0	4	0		6			0	0	0	--- Other
24.9	0	0	9	0	21.6	0		18				0	0	-- Other machines, with built-in centrifugal drier
	0	0	9	0	21.6	0		18				0	0	-- Other
														- Machines, each of a dry linen capacity exceeding 10kg:
														--- Fully-automatic machines:
5	0	0	0	0	4			6			0	0	0	---- Of the continuously rotating impeller
5	0	0	0	0	4			6			0	0	0	---- Of the drum type
5	0	0	0	0	4			6			0	0	0	----Other
5	0	0	0	0	4			6			0	0	0	--- Other
														- Parts:
0	0	0	0	0	0		4.3	0			0	0	0	--- Of the machines of subheadings No.8450.1110 to 8450.1900
12.8	0	0	4.8	0	11.2	0	12.8	9.6				0	0	--- Other
														Machinery（other than machines of heading No.84.50）for washing, cleaning, wringing, drying, ironing, pressing（including fusing presses）,bleaching, dyeing, dressing, finishing, coating or impregnating textile yarns,fabrics or made up textile articles and machines for applying the paste to the base fabric or other support used in the manufacture of floor coverings such as linoleum; machines for reeing, unreeling, folding, cutting or pinking textile fabrics:
16	0	0	6.3	0	14.7	0	18.2	12.6				0	0	- Dry-cleaning machines
														- Drying machines:
7.5	0	0	4.5	0	10.5	0	12	9				0	0	-- Each of a dry linen capacity not exceeding 10kg
5	0	0	0	0	3.2		6.4	4.8			0	0	0	-- Other
5	0	0	0	0	3.2	0	6.4	4.8			0	0	0	- Ironing machines and presses（including fusing presses）
5	0	0	0	0	3.36		5	5	0/0/0		0	0	0	- Washing, bleaching or dyeing machines
5	0	0	0	0	3.2		4.8	4.8	//0		0	0	0	- Machines for reeling, unreeling, folding, cutting or pinking textile fabrics
														- Other machinery
5	0	0	3.6	0		0	10.8	7.2	0//0		0	0	0	Clothing stereotyped baking furnaces, clothes ammonia finishing machines, pre-shrinking machines; pot steaming machine
5	0	0	3.6	0		0	10.8	7.2	0//0		0	0	0	Shearing, washing-shrinking combined machines; shearing combined machines; softening machines
5	0	0	3.6	0		0	10.8	7.2	0//0		0	0	0	Shaping machines; refining machines; mercerization machines; sanding machines
5	0	0	3.6	0		0	10.8	7.2	0//0		0	0	0	Coating machine
5	0	0	3.6	0		0	10.8	7.2	0//0		0	0	0	Other machines not listed in heading 84.51
5	0	0	0	0	3.2		6.4	4.8			0	0	0	- Parts
														Sewing machines, other than book-sewing machines of heading 84.40; furniture, bases and covers specially designed for sewing machines; sewing machine needles:
														- Sewing machines of household type:
16.8	0	0	6.3	0	14.7	0	18.2	12.6				0	0	--- Multifunctional sewing machines of household type
														--- Other:
16.8	0	0	6.3	0	14.7	0	18.2	12.6				0	0	----Hand operated
16.8	0	0	6.3	0	14.7	0	18.2	12.6				0	0	----Other
														- Other sewing machines:
														-- Automatic units:
5	0	0	0	0	8.4	0	9.6	7.2			0	0	0	--- Flatseam
5	0	0	0	0	8.4	0	9.6	7.2	//0		0	0	0	--- Overlock machine

税号	货品名称	进口关税% 最惠国	进口关税% 普通	进口关税% 年内暂定	增值/消费税%	出口退税%	统计计量单位	监管证件代码	检验检疫类别	协定税率% 东盟	协定税率% 亚太	协定税率% 智利
8452.2130	--- 绷缝机	12	40		17	17	台			0	10.7	0
8452.2190	--- 其他	12	40		17	17	台			0	10.7	0
8452.2900	-- 其他	12	40		17	17	台			0	10.8	0
8452.3000	- 缝纫机针	14	100		17	15	千克			0	12.6	0
	- 缝纫机专用的特制家具、底座和罩盖及其零件；缝纫机的其他零件：											
	--- 家用型缝纫机用：											
8452.9011	----旋梭	14	80		17	15	千克			0	9.8	0
8452.9019	----其他	14	80		17	15	千克			0	9.8	0
	--- 其他：											
8452.9091	----旋梭	14	80		17	15	千克			0	9.8	0
8452.9092	----缝纫机专用的特制家 具、底座和罩盖及其零件	14	100		17	15	千克			0		0
8452.9099	----其他	14	80		17	15	千克			0	9.8	0
84.53	**生皮、皮革的处理、鞣制或加工机器，鞋靴、毛皮及其他皮革制品的制作或修理机器，但缝纫机除外：**											
8453.1000	- 生皮、皮革的处理、鞣制或加工机器	8.4	30		17	15	台			0	8	0
8453.2000	- 鞋靴制作或修理机器	8.4	30		17	15	台			0	8	0
8453.8000	- 其他机器	8.4	30		17	15	台			0		0
8453.9000	- 零件	8	30		17	15	千克			0		0
84.54	**金属冶炼及铸造用的转炉、浇包、锭模及铸造机：**											
8454.1000	- 转炉	8.4	35		17	17	台			0		0
	- 锭模及浇包：											
8454.2010	--- 炉外精炼设备											
84542010.10	VOD炉(真空脱气炉)	8.4	35		17	17	台	0		0		0
84542010.90	其他炉外精炼设备	8.4	35		17	17	台	0		0		0
8454.2090	--- 其他	8.4	35		17	17	台			0		0
	- 铸造机：											
8454.3010	--- 冷室压铸机	12	35		17	17	台	0		0	11.4	0
	--- 钢坯连铸机：											
8454.3021	----方坯连铸机	10	35		17	17	台			0	9.5	0
8454.3022	----板坯连铸机	12	35		17	17	台	0		0	11.4	0
8454.3029	----其他	12	35		17	17	台	0		0	11.4	0
8454.3090	--- 其他	12	35		17	17	台			0	11.4	0
	- 零件：											
8454.9010	--- 炉外精炼设备用	8	20		17	17	千克			0		0
	--- 钢坯连铸机用：											
8454.9021	----结晶器	8	20		17	17	千克			0		0
8454.9022	----振动装置	8	20		17	17	千克			0		0
8454.9029	----其他	8	20		17	17	千克			0		0
8454.9090	--- 其他	8	20		17	17	千克			0		0
84.55	**金属轧机及其轧辊：**											
	- 轧管机：											
8455.1010	--- 热轧管机	12	35		17	17	台			0	8.4	0
8455.1020	--- 冷轧管机	12	35		17	17	台	0		0	8.4	0
8455.1030	--- 定减径轧管机	12	35		17	17	台	0		0	8.4	0
8455.1090	--- 其他	12	35		17	17	台	0		0	8.4	0
	- 其他轧机：											
	-- 热轧机或冷热联合轧机：											
8455.2110	--- 板材热轧机	15	35		17	17	台	0		0	10.5	0
8455.2120	--- 型钢轧机	15	35		17	17	台	0		0	10.5	0
8455.2130	--- 线材轧机	15	35		17	17	台	0		0	10.5	0
8455.2190	--- 其他	15	35		17	17	台	0		0	10.5	0
	-- 冷轧机：											
8455.2210	--- 板材冷轧机	10	35		17	17	台	0		0		0
8455.2290	--- 其他											
84552290.10	铝箔粗轧机	15	35		17	17	台			0		0

协定税率 %										特惠税率 %				Article Description
巴基斯坦	冰岛	哥斯达黎	秘鲁	新西兰	瑞士	新加坡	韩国	澳大利亚	港澳台	老挝	孟加拉	33 国	7 国	
5	0	0	0	0	8.4	0	9.6	7.2	//0		0	0	0	--- Interlock machine
5	0	0	0	0	8.4	0	9.6	7.2	//0		0	0	0	--- Other
5	0	0	0	0	8.4	0	9.6	7.2	0//		0	0	0	-- Other
7	0	0	0	0	9.8	0	11.2	8.4				0	0	- Sewing machine needles
														- Furniture, bases and covers for sewing machines and parts thereof;other parts of sewing machines:
														--- Of sewing machines of the household type:
7	0	0	0	0	9.8	0	11.2	8.4				0	0	----Rotating shuttles
7	0	0	0	0	9.8	0	11.2	8.4				0	0	----Other
														--- Other:
7	0	0	0	0	9.8	0	11.2	8.4			0	0	0	----Rotating shuttles
11.2	0	0	0	0	9.8	0	11.2	8.4				0	0	----Furniture, bases and covers for sewing machines and parts thereof
7	0	0	0	0	9.8	0	11.2	8.4	//0		0	0	0	----Other
														Machinery for preparing, tanning or working hides, skins or leather or for making or repairing footwear or other articles of hides, skins or leather, other than sewing machines:
5	0	0	0	0	3.36		6.7	5				0	0	- Machinery for preparing, tanning or working hides, skins or leather
5	0	0	0	0	3.36		6.7	5				0	0	- Machinery for making or repairing footwear
5	0	0	0	0	3.36		6.7	5				0	0	- Other machinery
5	0	0	0	0	3.2		6.4	4.8				0	0	- Parts
														Converters, ladles, ingot moulds and casting machines, of a kind used in metallurgy or in metal foundries:
5	0	0	0	0	3.36		5	5			0	0	0	- Converters
														- Ingot moulds and ladles:
														--- Fining equipments, outside of converters
5	0	0	0	0	3.36		5	5			0	0	0	VOD furnaces (vacuum degassing furnaces)
5	0	0	0	0	3.36		5	5			0	0	0	Other Fining equipments outside of converters
5	0	0	0	0			6.7	5			0	0	0	--- Other
														- Casting machines:
6	0	0	0	0	8.4	0	9.6	7.2			0	0	0	--- Cold chamber die-casting machines
														--- Ingot continuous casting machines:
5	0	0	0	0	7		8	6			0	0	0	----Ingot block
6	0	0	0	0	8.4	0	9.6	7.2			0	0	0	----Ingot slab
6	0	0	0	0	8.4	0	9.6	7.2			0	0	0	----Other
6	0	0	0	0	8.4	0	10.8	7.2			0	0	0	--- Other
														- Parts:
5	0	0	0	0	3.2		6.4	4.8			0	0	0	--- For the fining equipments outside of converters
														--- For ingot continuous casting machines:
5	0	0	0	0	3.2		4.8	4.8			0	0	0	----Crystallizers
5	0	0	0	0	3.2		4.8	4.8			0	0	0	----Vibrating devices
5	0	0	0	0	5.6		6.4	4.8			0	0	0	----Other
5	0	0	0	0	5.6		4.8	4.8			0	0	0	--- Other
														Metal-rolling mills and rolls therefor:
														- Tube mills:
5	0	0	0	0	8.4	0	9.6	7.2			0	0	0	--- Tube mills, for hot-rolled
5	0	0	0	0	8.4	0	9.6	7.2			0	0	0	--- Tube mills for cold-rolled
5	0	0	0	0	8.4	0	9.6	7.2			0	0	0	--- Fixed and reduced tube mills
5	0	0	0	0	8.4	0	9.6	7.2			0	0	0	--- Other
														Other rolling mills:
														-- Hot or combination hot and cold:
7.5	0	0	4.5	0	10.5	0	12	9				0	0	--- Sheet mills, hot-rolled
7.5	0	0	4.5	0	10.5	0	12	9				0	0	--- Rolled-steel section mills
7.5	0	0	4.5	0	10.5	0	12	9				0	0	--- Wire mills
7.5	0	0	4.5	0	10.5	0	12	9				0	0	--- Other
														-- Cold:
5	0	0	0	0	4		8	6				0	0	--- Sheet mills
														--- Other
12	0	0	4.5	0	10.5	0	12	9				0	0	Aluminum foil roughing mills

税号	货品名称	进口关税 % 最惠国	普通	年内暂定	增值/消费税%	出口退税%	统计计量单位	监管证件代码	检验检疫类别	协定税率 % 东盟	亚太	智利
84552290.90	其他金属冷轧机	15	35		17	17	台			0		0
8455.3000	- 轧机用轧辊	8.4	20		17	17	个			0		0
8455.9000	- 其他零件	8	20		17	17	千克			0	4	0
84.56	**用激光、其他光、光子束、超声波、放电、电化学法、电子束、离子束或等离子弧处理各种材料的加工机床；水射流切割机：**											
8456.1000	- 用激光、其他光或光子束处理的											
84561000.10	辐照元件激光切割机(切割燃料包壳以使辐照核材料能溶解,含遥控设备)	0	30		17	17	台	3A	M/			
84561000.90	其他用激光或其他光或光子束处理的机床	0	30		17	17	台	A	M/			
8456.2000	- 用超声波处理的	10	30		17	17	台	A	M/	0		0
	- 用放电处理的:											
8456.3010	--- 数控的											
84563010.10	数控放电加工机床(2轴或多轴成形控制的无线型放电加工机床)	9.7	30		17	17	台	3AO	M/	0		0
84563010.90	其他数控的放电处理加工机床	9.7	30		17	17	台	AO	M/	0		0
8456.3090	--- 其他											
84563090.10	非数控放电加工机床(2轴或多轴成形控制的无线型放电加工机床)	10	30		17	17	台	3A	M/	0		0
84563090.90	其他非数控的放电处理加工机床	10	30		17	17	台	A	M/	0		0
	- 其他:											
8456.9010	--- 等离子切割机	0	30		17	17	台	A	LM/			
8456.9020	--- 水射流切割机	0	30		17	15	台	A	M/			
8456.9090	--- 其他	0	30		17	17	台	A	M/			
84.57	**加工金属的加工中心、单工位组合机床及多工位组合机床：**											
	- 加工中心:											
8457.1010	--- 立式	9.7	20		17	17	台	AO	M/	0	6.8	0
8457.1020	--- 卧式	9.7	20		17	17	台	AO	M/	0	8.8	0
8457.1030	--- 龙门式	9.7	20		17	17	台	AO	M/	0	6.8	0
	--- 其他:											
8457.1091	----铣车复合	9.7	20		17	17	台	AO	M/	0	6.8	0
8457.1099	----其他	9.7	20		17	17	台	AO	M/	0	6.8	0
8457.2000	- 单工位组合机床	8	20		17	17	台	AO	M/	0		0
8457.3000	- 多工位组合机床	5	20		17	17	台	AO	M/	0		0
84.58	**切削金属的车床（包括车削中心）：**											
	- 卧式车床:											
8458.1100	-- 数控的											
84581100.10	两用物项管制的切削金属的卧式数控车床(包括车削中心)	9.7	20		17	17	台	3AO	M/	0		0
84581100.90	其他切削金属的卧式数控车床(包括车削中心)	9.7	20		17	17	台	AO	M/	0		0
8458.1900	-- 其他	12	50		17	17	台	A	LM/	0		0
	- 其他车床:											
	-- 数控的:											
8458.9110	--- 立式											
84589110.10	两用物项管制的切削金属立式数控车床(包括车削中心)	5	20		17	17	台/千克	3AO	M/	0		0
84589110.90	其他切削金属的立式数控车床(包括车削中心)	5	20		17	17	台/千克	AO	M/	0		0
8458.9120	--- 其他											
84589120.10	其他两用物项管制的切削金属数控车床(包括车削中心)	5	20		17	17	台/千克	3AO	M/	0		0
84589120.90	其他切削金属的数控车床(包括车削中心)	5	20		17	17	台/千克	AO	M/	0		0
8458.9900	-- 其他	12	50		17	17	台	A	M/	0		0
84.59	**切削金属的钻床、镗床、铣床、攻丝机床（包括直线移动式动力头机床），但税目84.58的车床（包括车削中心）除外：**											

协定税率 %										特惠税率 %				Article Description
巴基斯坦	冰岛	哥斯达黎	秘鲁	新西兰	瑞士	新加坡	韩国	澳大利亚	港澳台	老挝	孟加拉	33 国	7 国	
12	0	0	4.5	0	10.5	0	12	9				0	0	Other metal cold rolling mills
5	0	0	0	0	3.36		5	5			0	0	0	- Rolls for rolling mills
0	0	0	0	0	3.2		4.8	4.8			0	0	0	- Other parts
														Machine-tools for working any material by removal of material, by laser or other light or photon beam, ultrasonic, electro-discharge,electro-chemical, electron beam, ionic-beam or or plasma arc processes; water-jet cutting machines:
														- Operated by laser or other light or photon beam processes
							0	0			0	0	0	Irradiated-component laser cutting machines (cutting the fuel claddings to make the irradiated nuclear materials to melt down, with a remote control)
							0	0			0	0	0	Other machine tools using laser or other light or photon beam
5	0	0	0	0		0		6				0	0	- Operated by ultrasonic processes
														- Operated by electro-discharge processes:
														--- Numerically controlled
5	0	0	0	0				5.8				0	0	CNC EDM Machine tools (wireless-type EDM machine tools controlled by 2-axis or multi-axis contours)
5	0	0	0	0				5.8				0	0	Other CNC EDM processing machine tools
														--- Other
5	0	0	0	0	4	0		6				0	0	Non-CNC EDM Machine tools (wireless-type EDM machine tools controlled by 2-axis or multi-axis contours)
5	0	0	0	0	4	0		6				0	0	Other non-CNC EDM Machine tools
														- Other:
							0	0			0	0	0	--- Cutting machines of plasma arc
							0	0			0	0	0	--- Water-jet cutting machines
							0	0			0	0	0	--- Other
														Machining centres, unit construction machines（single station）and multistation transfer machines,for working metal:
														- Machining centres:
5	0	0	0	0			8.5	5.8				0	0	--- Vertical
5	0	0	0	0			8.5	5.8				0	0	--- Horizontal
5	0	0	0	0	3.9		8.5	5.8				0	0	--- Plano
														--- Other:
5	0	0	0	0			8.5	5.8				0	0	----Mill-Turn centres
5	0	0	0	0			8.5	5.8				0	0	----Other
5	0	0	0	0	3.2		7.2	4.8				0	0	- Unit construction machines （single station）
0	0	0	0	0				0				0	0	- Multi-station transfer machines
														Lathes（including turning centres）for removing metal:
														- Horizontal lathes:
														-- Numerically controlled
5	0	0	0	0	7			5.8	0//0		0	0	0	Horizontal CNC lathes (including turning centers) of dual-use items controlled cutting metal
5	0	0	0	0	7			5.8	0//0		0	0	0	Other cutting metal Horizontal CNC lathes (including turning centers)
6	0	0	0	0	8.4	0	10.8	7.2	0//		0	0	0	-- Other
														- Other lathes:
														-- Numerically controlled:
														--- Vertical
0	0	0	0	0	2			0	//0		0	0	0	Dual-use items controlled cutting metal vertical CNC lathes (including turning centers)
0	0	0	0	0	2			0	//0		0	0	0	Other cutting metal vertical CNC lathes (including turning centers)
														--- Other
0	0	0	0	0	2			0	//0		0	0	0	Other dual-use items controlled cutting metal CNC lathes (including turning centers)
0	0	0	0	0	2			0	//0		0	0	0	Other cutting metal CNC lathes (including turning centers)
6	0	0	0	0	8.4	0	10.8	7.2			0	0	0	-- Other
														Machine-tools（including way-type unit head machines）for drilling, boring, milling, threading or tapping by removing metal, other than lathes（including turning centres）of heading No.84.58:

税号	货品名称	进口关税 %			增值/消费税%	出口退税%	统计计量单位	监管证件代码	检验检疫类别	协定税率 %		
		最惠国	普通	年内暂定						东盟	亚太	智利
8459.1000	- 直线移动式动力头机床	15	50		17	17	台	A	M/	0		0
	- 其他钻床：											
8459.2100	-- 数控的	9.7	20		17	17	台	AO	M/	0		0
8459.2900	-- 其他	15	50		17	17	台	A	M/	0		0
	- 其他镗铣机床：											
8459.3100	-- 数控的	9.7	20		17	17	台	AO	M/	0		0
8459.3900	-- 其他	10	50		17	17	台	A	M/	0		0
	- 其他镗床：											
8459.4010	--- 数控的	9.7	20		17	17	台	AO	M/	0		0
8459.4090	--- 其他	15	50		17	17	台	A	M/	0		0
	- 升降台式铣床：											
8459.5100	-- 数控的	9.7	20		17	17	台	AO	M/	0		0
8459.5900	-- 其他	15	50		17	17	台	A	M/	0		0
	- 其他铣床：											
	-- 数控的：											
8459.6110	--- 龙门铣床	5	20		17	17	台	AO	M/	0		0
8459.6190	--- 其他	5	20		17	17	台	AO	M/	0		0
	-- 其他：											
8459.6910	--- 龙门铣床	12	50		17	17	台	A	M/	0	10	0
8459.6990	--- 其他	12	50		17	17	台	A	M/	0	11	0
8459.7000	- 其他攻丝机床	12	50		17	17	台	A	M/	0		0
84.60	**用磨石、磨料或抛光材料对金属或金属陶瓷进行去毛刺、刃磨、磨削、珩磨、研磨、抛光或其他精加工的机床，但税目84.61的切齿机、齿轮磨床或齿轮精加工机床除外：**											
	- 平面磨床，在任一坐标的定位精度至少是0.01毫米：											
8460.1100	-- 数控的	9.7	20		17	17	台	AO	M/	0		0
8460.1900	-- 其他	15	50		17	17	台			0		0
	- 其他磨床，在任一坐标的定位精度至少是0.01毫米：											
	-- 数控的：											
	--- 外圆磨床：											
8460.2111	----曲轴磨床	9.7	20		17	17	台	AO	M/	0		0
8460.2119	----其他	9.7	20		17	17	台	AO	M/	0		0
8460.2120	--- 内圆磨床	9.7	20		17	17	台	AO	M/	0		0
8460.2190	--- 其他	9.7	20		17	17	台	AO	M/	0		0
	-- 其他：											
8460.2910	--- 外圆磨床	15	50		17	17	台	A	M/	0		0
8460.2920	--- 内圆磨床	15	50		17	17	台	A	M/	0		0
8460.2930	--- 轧辊磨床	13	50		17	17	台			0		0
8460.2990	--- 其他	13	50		17	17	台	A	M/	0		0
	- 刃磨（工具或刀具）机床：											
8460.3100	-- 数控的	9.7	20		17	17	台	A	M/	0		0
8460.3900	-- 其他	15	50		17	17	台	A	M/	0		0
	- 珩磨或研磨机床：											
8460.4010	--- 珩磨	13	50		17	17	台	A	M/	0		0
8460.4020	--- 研磨	13	50		17	17	台	A	M/	0		0
	- 其他：											
8460.9010	--- 砂轮机	15	50		17	17	台			0		0
8460.9020	--- 抛光机床	15	50		17	17	台	A	M/	0		0
8460.9090	--- 其他	15	50		17	17	台	A	M/	0		0
84.61	**切削金属或金属陶瓷的刨床、牛头刨床、插床、拉床、切齿机、齿轮磨床或齿轮精加工机床、锯床、切断机及其他税目未列名的切削机床：**											
	- 牛头刨床或插床：											
8461.2010	--- 牛头刨床	15	50		17	17	台			0		0
8461.2020	--- 插床	15	50		17	17	台			0		0
8461.3000	- 拉床	12	50		17	17	台			0		0

协定税率 %										特惠税率 %				Article Description
巴基斯坦	冰岛	哥斯达黎	秘鲁	新西兰	瑞士	新加坡	韩国	澳大利亚	港澳台	老挝	孟加拉	33 国	7 国	
12	0	0	4.5	0	10.5	0	13.5	9				0	0	- Way-type unit head machines
														- Other drilling machines:
5	0	0	0	0	3.9			5.8	//0		0	0	0	-- Numerically controlled
12	0	0	4.5	0	10.5	0	13.5	9				0	0	-- Other
														- Other boring-milling machines:
5	0	0	0	0	6.8			5.8			0	0	0	-- Numerically controlled
5	0	0	0	0	4			6			0	0	0	-- Other
														- Other boring machines:
5	0	0	0	0	3.9			5.8			0	0	0	--- Numerically controlled
12	0	0	4.5	0	10.5	0		9				0	0	--- Other
														- Milling machines, knee-type:
5	0	0	0	0				5.8			0	0	0	-- Numerically controlled
12	0	0	4.5	0	10.5	0		9				0	0	-- Other
														- Other milling machines:
														-- Numerically controlled:
0	0	0	0	0	0			0			0	0	0	--- Planomilling machines
0	0	0	0	0	2			0			0	0	0	--- Other
														-- Other:
5	0	0	0	0	8.4	0		7.2			0	0	0	--- Planomilling machines
6	0	0	0	0	8.4	0	11.6	7.2			0	0	0	--- Other
6	0	0	0	0		0		7.2			0	0	0	- Other threading or tapping machines
														Machine-tools for deburring,sharpenling, grinding, honing, lapping, polishing or otherwise finishing metal or cermets by means of grinding stones, abrasives or polishing products, other than gear cutting, gear grinding or gear finishing machines of heading No.84.61:
														- Flat-surface grinding machines, in which the positioning in any one axis can be set up to an accuracy of at least 0.01mm:
5	0	0	0	0	3.9			5.8	//0		0	0	0	-- Numerically controlled
12	0	0	4.5	0	10.5	0		9				0	0	-- Other
														- Other grinding machines, in which the positioning in any one axis can be set up to an accuracy of at least 0.01mm:
														-- Numerically controlled:
														--- Cylindrical grinding machines:
5	0	0	0	0				5.8			0	0	0	----Crank shaft grinding machines
5	0	0	0	0				5.8			0	0	0	----Other
5	0	0	0	0				5.8			0	0	0	--- Internal grinding machines
5	0	0	0	0	7			5.8			0	0	0	--- Other
														-- Other:
12	0	0	4.5	0	10.5	0		9	0//			0	0	--- Cylindrical grinding machines
12	0	0	4.5	0	10.5	0		9				0	0	--- Internal grinding machines
6.5	0	0	0	0	9.1	0		7.8				0	0	--- Grinding machines of roll
6.5	0	0	0	0		0		7.8				0	0	--- Other
														- Sharpening（tool or cutter grinding）machines:
5	0	0	0	0				5.8			0	0	0	-- Numerically controlled
12	0	0	4.5	0		0		9	0//			0	0	-- Other
														- Honing or lapping machines:
6.5	0	0	0	0	9.1	0		7.8				0	0	--- Honing
6.5	0	0	0	0	9.1	0		7.8	//0			0	0	--- Lapping
														- Other:
12	0	0	4.5	0	10.5	0	12	9	//0			0	0	--- Grinding wheel machines
12	0	0	4.5	0	10.5	0	9	9	//0			0	0	--- Polishing machines
12	0	0	4.5	0	10.5	0	13.5	9				0	0	--- Other
														Machine-tools for planing, shaping,slotting, broaching, gear cutting, gear grinding or gear finishing,sawing,cutting-off and other machine-tools,working by removing metal or cermets, not elsewhere specified or included:
														- Shaping or slotting machines:
12	0	0	4.5	0	10.5	0	12	9				0	0	--- Shaping machines
12	0	0	4.5	0	10.5	0	12	9	//0			0	0	--- Slotting machines
6	0	0	0	0	8.4	0	9.6	7.2	//0			0	0	- Broaching machines

税　号	货　品　名　称	进口关税 % 最惠国	普通	年内暂定	增值/消费税%	出口退税%	统计计量单位	监管证件代码	检验检疫类别	协定税率 % 东盟	亚太	智利
	- 切齿机、齿轮磨床或齿轮精加工机床:											
	--- 数控的:											
8461.4011	----齿轮磨床	9.7	20		17	17	台	AO	M/	0		0
8461.4019	----其他	9.7	20		17	17	台	AO	M/	0		0
8461.4090	--- 其他	15	50		17	17	台	A	M/	0		0
8461.5000	- 锯床或切断机											
84615000.10	辐照元件刀具切割机[切割燃料包壳以使辐照核材料能溶解(含遥控设备)]	12	50		17	17	台	3		0		0
84615000.90	其他锯床或切断机	12	50		17	17	台			0		0
	- 其他:											
	--- 刨床:											
8461.9011	----龙门刨床	15	50		17	17	台			0		0
8461.9019	----其他	15	50		17	17	台			0		0
8461.9090	--- 其他	12	50		17	17	台			0		0
84.62	**加工金属的锻造(包括模锻)或冲压机床;加工金属的弯曲、折叠、矫直、矫平、剪切、冲孔或开槽机床;其他加工金属或硬质合金的压力机:**											
	- 锻造(包括模锻)或冲压机床及锻锤:											
8462.1010	--- 数控的	9.7	20		17	17	台			0	6.8	0
8462.1090	--- 其他	12	50		17	17	台			0	8.4	0
	- 弯曲、折叠、矫直或矫平机床:											
	-- 数控的:											
8462.2110	--- 矫直机	9.7	20		17	17	台			0		0
8462.2190	--- 其他	9.7	20		17	17	台			0		0
	-- 其他:											
8462.2910	--- 矫直机	10	50		17	17	台			0		0
8462.2990	--- 其他	10	50		17	17	台			0		0
	- 剪切机床,但冲剪两用机除外:											
	-- 数控的:											
8462.3110	--- 板带纵剪机	7	20		17	17	台			0		0
8462.3120	--- 板带横剪机	7	20		17	17	台			0		0
8462.3190	--- 其他	7	20		17	17	台			0		0
	-- 其他:											
8462.3910	--- 板带纵剪机	10	50		17	17	台			0	9.5	0
8462.3920	--- 板带横剪机	10	50		17	17	台			0	9.5	0
8462.3990	--- 其他	10	50		17	17	台			0	9.5	0
	- 冲孔或开槽机床,包括冲剪两用机:											
	-- 数控的:											
	--- 冲床:											
8462.4111	----自动模式数控步冲压力机	9.7	20		17	17	台			0		0
8462.4119	----其他	9.7	20		17	17	台			0		0
8462.4190	--- 其他	9.7	20		17	17	台			0		0
8462.4900	-- 其他	10	50		17	17	台			0		0
	- 其他:											
	-- 液压压力机:											
8462.9110	--- 金属型材挤压机	10	50		17	17	台			0	9.2	0
8462.9190	--- 其他	10	50		17	17	台			0	9.2	0
	-- 其他:											
8462.9910	--- 机械压力机	10	50		17	17	台			0	9.5	0
8462.9990	--- 其他	10	50		17	17	台			0	9.5	0
84.63	**金属或金属陶瓷的其他非切削加工机床:**											
	- 杆、管、型材、异型材、丝及类似品的拉拔机:											
	--- 冷拔管机:											

协定税率 %										特惠税率 %				
巴基斯坦	冰岛	哥斯达黎	秘鲁	新西兰	瑞士	新加坡	韩国	澳大利亚	港澳台	老挝	孟加拉	33 国	7 国	**Article Description**
														- Gear cutting, gear grinding or gear finishing machines:
														--- Numerically controlled:
5	0	0	0	0				5.8			0	0	0	----Gear grinding machines
5	0	0	0	0				5.8			0	0	0	----Other
12	0	0	4.5	0		0		9				0	0	--- Other
														- Sawing or cutting-off machines
6	0	0	0	0	8.4	0		7.2	//0			0	0	Irradiated-component cutting machine tools (cutting the fuel claddings to make the irradiated nuclear materials to melt down, with a remote control)
6	0	0	0	0	8.4	0		7.2	//0			0	0	Other sawing or cutting machines
														- Other:
														--- Planing machines:
12	0	0	4.5	0	10.5	0	12	9	//0			0	0	----Double-column（open-side）planing machines
12	0	0	4.5	0	6	0	12	9	//0			0	0	----Other
6	0	0	0	0	8.4	0	10.8	7.2				0	0	--- Other
														Machine-tools（including presses）for working metal by forging, hammering or die-stamping; machine-tools（including presses）for working metal by bending, folding, straightening, flattening, shearing, punching or notching;presses for working metal or metal carbides, not specified above:
														- Forging or die-stamping machines（including presses）and hammers:
5	0	0	0	0	6.8		8.5	5.8	//0		0	0	0	--- Numerically controlled
5	0	0	3.6	0	8.4	0	10.5	7.2	//0		0	0	0	--- Other
														- Bending,folding,straightening or flattening machines（including presses）:
														-- Numerically controlled:
5	0	0	0	0	6.8			5.8			0	0	0	--- Straightening machines
5	0	0	0	0	6.8			5.8			0	0	0	--- Other
														-- Other:
5	0	0	3	0	7.2			6			0	0	0	--- Straightening machines
5	0	0	3	0	4	0		6			0	0	0	--- Other
														- Shearing machines（including presses),other than combined punching and shearing machines:
														-- Numerically controlled:
5	0	0	0	0	2.8			4.2			0	0	0	--- Shearing lengthwise
5	0	0	0	0	2.8			4.2			0	0	0	--- Shearing transverse
5	0	0	0	0	2.8			4.2			0	0	0	--- Other
														-- Other:
5	0	0	0	0	4			6			0	0	0	--- Shearing lengthwise
5	0	0	0	0	4			6			0	0	0	--- Shearing transverse
5	0	0	0	0	4			6			0	0	0	--- Other
														- Punching or notching machines（including presses）, including combined punching and shearing machines:
														-- Numerically controlled:
														--- Punch press:
5	0	0	0	0	6.8			5.8			0	0	0	----CNC automatic tool change punch press
5	0	0	0	0	3.9			5.8			0	0	0	----Other
5	0	0	0	0	3.9			5.8			0	0	0	--- Other
5	0	0	0	0	4	0		6	//0		0	0	0	-- Other
														- Other:
														-- Hydraulic presses:
5	0	0	0	0	4		9.6	6			0	0	0	--- Metal section squeezing machine
5	0	0	0	0	7	0	9.6	6			0	0	0	--- Other
														-- Other:
5	0	0	0	0	4	0	9.6	6	//0		0	0	0	--- Mechanical presses
5	0	0	0	0	4	0	9.6	6			0	0	0	--- Other
														Other machine-tools for working metal or cermets,without removing material:
														- Draw-benches for bars, tubes, profiles, wire or the like:
														--- Cold-drawing tube benches:

税　号	货　品　名　称	进口关税 % 最惠国	普通	年内暂定	增值/消费税%	出口退税%	统计计量单位	监管证件代码	检验检疫类别	协定税率 % 东盟	亚太	智利
8463.1011	----拉拔力为300吨及以下	10	50		17	17	台			0		0
8463.1019	----其他	10	50		17	17	台			0		0
8463.1020	--- 拔丝机	10	50		17	17	台			0		0
8463.1090	--- 其他	10	50		17	17	台			0		0
8463.2000	- 螺纹滚轧机	15	50		17	17	台			0		0
8463.3000	- 金属丝加工机	10	50		17	17	台			0		0
8463.9000	- 其他											
84639000.10	滚压成形机床(数控,装3个以上压辊)	10	50		17	17	台	3		0		0
84639000.20	具有滚压功能的旋压成形机床(数控,装3个以上压辊)	10	50		17	17	台	3		0		0
84639000.90	其他非切削加工机床(是指加工金属或金属陶瓷的)	10	50		17	17	台			0		0
84.64	**石料、陶瓷、混凝土、石棉水泥或类似矿物材料的加工机床、玻璃冷加工机床:**											
	- 锯床:											
8464.1010	--- 圆盘锯	0	30		17	17	台					
8464.1020	--- 钢丝锯	0	30		17	17	台					
8464.1090	--- 其他	0	30		17	17	台					
	- 研磨或抛光机床:											
8464.2010	--- 玻璃研磨或抛光机床	0	30		17	17	台					
8464.2090	--- 其他	0	30		17	17	台					
	- 其他:											
	--- 玻璃的其他冷加工机床:											
8464.9011	----切割机	0	30		17	17	台					
8464.9012	----刻花机	0	30		17	17	台					
8464.9019	----其他	0	30		17	17	台					
8464.9090	--- 其他	0	30		17	17	台					
84.65	**木材、软木、骨、硬质橡胶、硬质塑料或类似硬质材料的加工机床(包括用打钉或打U形钉、胶粘或其他方法组合前述材料的机器):**											
8465.1000	- 不需更换工具即可进行不同机械加工的机器	10	30		17	17	台			0		0
	- 其他:											
8465.9100	-- 锯床	10	30		17	17	台			0		0
8465.9200	-- 刨、铣或切削成形机器	10	30		17	17	台			0		0
8465.9300	-- 研磨、砂磨或抛光机器	10	30		17	17	台			0		0
8465.9400	-- 弯曲或装配机器	10	30		17	17	台			0		0
8465.9500	-- 钻孔或凿榫机器	10	30		17	17	台			0		0
8465.9600	-- 剖开、切片或刮削机器	10	30		17	17	台			0		0
8465.9900	-- 其他	10	30		17	17	台			0		0
84.66	**专用于或主要用于税目84.56至84.65所列机器的零件、附件,包括工件或工具的夹具、自启板牙切头、分度头及其他专用于机床的附件;各种手提工具的工具夹具:**											
8466.1000	- 工具夹具及自启板牙切头	7	17		17	15	千克			0		0
8466.2000	- 工件夹具	7	17		17	15	千克			0	4.9	0
8466.3000	- 分度头及其他专用于机床的附件	7	17		17	15	千克			0		0
	- 其他:											
8466.9100	-- 税目84.64所列机器用	0	17		17	15	千克					
8466.9200	-- 税目84.65所列机器用	6	17		17	15	千克			0		0
	-- 税目84.56至84.61所列机器用:											
8466.9310	--- 刀库及自动换刀装置	0	17		17	15	千克					
8466.9390	--- 其他	0	17		17	15	千克					
8466.9400	-- 税目84.62或84.63所列机器用											
84669400.10	滚压成形机床用芯轴(转筒成形用的芯轴,内径在75mm至400mm之间)	6	17		17	15	千克	3		0		0

协定税率 %										特惠税率 %				Article Description
巴基斯坦	冰岛	哥斯达黎	秘鲁	新西兰	瑞士	新加坡	韩国	澳大利亚	港澳台	老挝	孟加拉	33 国	7 国	
5	0	0	0	0	4		9	6				0	0	----With drawing force not more than 300t
5	0	0	0	0	4	0		6	//0			0	0	----Other
5	0	0	0	0	4			6				0	0	--- Wiredrawing machines
5	0	0	0	0	4			6				0	0	--- Other
12	0	0	4.5	0	10.5	0		9				0	0	- Thread rolling machines
5	0	0	0	0	4			6				0	0	- Machines for working wire
														- Other
5	0	0	3	0	7			6				0	0	Roll forming machine tools (CNC, fitted with three or more sticks)
5	0	0	3	0	7			6				0	0	Spin forming machine tools with roll forming functions (CNC, fitted with three or more sticks)
5	0	0	3	0	7			6				0	0	Other non-cutting machine tools (for processing metals or metal ceramics)
														Machine-tools for working stone, ceramics, concrete, asbestos-cement or like mineral materials or for cold working glass:
														- Sawing machines:
							0	0			0	0	0	--- Of disk saw
							0	0			0	0	0	--- Of scroll saw
							0	0			0	0	0	--- Other
														- Grinding or polishing machines:
							0	0			0	0	0	--- Machines for grinding or polishing glass or glassware
							0	0			0	0	0	--- Other
														- Other:
														--- Other machines for cold-working glass or glassware:
							0	0			0	0	0	----Cutting-off machines
							0	0			0	0	0	----Carving machines
							0	0			0	0	0	----Other
							0	0			0	0	0	--- Other
														Machine-tools (including machines for nailing, stapling, glueing or otherwise assembling) for working wood, cork,bone, hard rubber, hard plastics or similar hard materials:
5	0	0	3	0	4	0	9	6	0//			0	0	- Machines which can carry out different types of machining operations without tool change between such operations
														- Other:
5	0	0	3	0	4		9	6	0//			0	0	-- Sawing machines
5	0	0	0	0	4	0	9	6	0//			0	0	-- Planing, milling or moulding (by cutting) machines
5	0	0	0	0	4		9	6	0//			0	0	-- Grinding, sanding or polishing machines
5	0	0	0	0	4	0	9	6				0	0	-- Bending or assembling machines
5	0	0	0	0	7	0	9	6	0//			0	0	-- Drilling or mortising machines
5	0	0	0	0	4	0	9	6				0	0	-- Splitting, slicing or paring machines
5	0	0	3	0	4	0	9	6	0//			0	0	-- Other
														Parts and accessories suitable for use solely or principally with the machines of headings No. 84.56 to 84.65, including work or tool holders,self-opening dieheads, dividing heads and other special attachments for machine-tools; tool holders for any type of tool for working in the hand:
5	0	0	0	0	4.9		6	4.2			0	0	0	- Tool holders and self-opening dieheads
0	0	0	0	0	4.9		5.6	4.2	//0		0	0	0	- Work holders
5	0	0	0	0	4.9		6	4.2			0	0	0	- Dividing heads and other special attachments for machine-tools
														- Other:
							0	0			0	0	0	-- For machines of heading No.84.64
5	0	0	0	0	2.4		5.2	3.6	0//		0	0	0	-- For machines of heading No.84.65
														-- For machines of headings 84.56 to 84.61:
							0	0			0	0	0	--- Tool magazine and tool change device
							0	0			0	0	0	--- Other
														-- For machines of heading No.84.62 or 84.63
5	0	0	0	0	4.2		0	3.6	//0		0	0	0	Mandrels for roll forming machine tools (the inner diameter of the mandrels for rolling formability is between 75mm and 400mm)

税号	货品名称	进口关税%			增值/消费税%	出口退税%	统计计量单位	监管证件代码	检验检疫类别	协定税率%		
		最惠国	普通	年内暂定						东盟	亚太	智利
84669400.20	有滚压功能的旋压成形机用芯轴(转筒成形用的芯轴,内径在75mm至400mm之间)	6	17		17	15	千克	3		0		0
84669400.90	税目8462-8463机器用其他零件	6	17		17	15	千克			0		0
84.67	**手提式风动或液压工具及本身装有电动或非电动动力装置的手提式工具:**											
	- 风动的:											
8467.1100	-- 旋转式(包括旋转冲击式的)	8	30		17	15	台			0		0
8467.1900	-- 其他	8	30		17	15	台			0		0
	- 本身装有电动动力装置的:											
8467.2100	-- 各种钻	10	30		17	15	台	A	L/	0	9	0
	-- 锯:											
8467.2210	--- 链锯	10	30		17	15	台	A	L/	0	9	0
8467.2290	--- 其他	10	30		17	15	台	A	L/	0	9	0
	-- 其他:											
8467.2910	--- 砂磨工具(包括磨光机、砂光机、砂轮机等)	10	30		17	15	台	A	L/	0	8	0
8467.2920	--- 电刨	10	30		17	15	台	A	L/	0	8	0
8467.2990	--- 其他	10	30		17	15	台	A	L/	0	8	0
	- 其他工具:											
8467.8100	-- 链锯	8	30		17	15	台			0		0
8467.8900	-- 其他	8	30		17	15	台			0		0
	- 零件:											
	-- 链锯用:											
8467.9110	--- 电动的	6	30		17	15	千克			0	4.8	0
8467.9190	--- 其他	6	30		17	15	千克			0		0
8467.9200	-- 风动工具用	6	30		17	15	千克			0		0
	-- 其他:											
8467.9910	--- 电动工具用	10	30		17	15	千克			0	9	0
8467.9990	--- 其他	6	30		17	15	千克			0		0
84.68	**焊接机器及装置,不论是否兼有切割功能,但税目85.15的货品除外;气体加温表面回火机器及装置:**											
8468.1000	- 手提喷焊器	12	30		17	15	台			0		0
8468.2000	- 其他气体焊接或表面回火机器及装置											
84682000.10	自动焊接机[将端塞焊接于燃料细棒(或棒)的自动焊接机]	12	30		17	15	台	3		0		0
84682000.90	其他气体焊接或表面回火机器及装置	12	30		17	15	台			0		0
8468.8000	- 其他机器及装置	12	30		17	15	台			0		0
8468.9000	- 零件	7	30	3	17	15	千克			0		0
84.69	**打字机,但税目84.43的打印机除外;文字处理机:**											
	--- 自动打字机及文字处理机:											
8469.0011	---- 文字处理机	0	40		17	15	台					
8469.0012	---- 自动打字机	12	40		17	15	台			0		0
8469.0020	--- 其他电动打字机	12	40		17	15	台			0	10.8	0
8469.0030	--- 其他非电动打字机	12	40		17	15	台			0		0
84.70	**计算机器及具有计算功能的袖珍式数据记录、重现及显示机器;装有计算装置的会计计算机、邮资盖戳机、售票机及类似机器;现金出纳机:**											
8470.1000	- 不需外接电源的电子计算器及具有计算功能的袖珍式数据记录、重现及显示机器	0	80		17	15	台					
	- 其他电子计算器:											
8470.2100	-- 装有打印装置的	0	80		17	15	台					
8470.2900	-- 其他	0	80		17	15	台					
8470.3000	- 其他计算机器	0	40		17	15	台					
	- 现金出纳机:											
8470.5010	--- 销售点终端出纳机	0	40		17	17	台		+L			
8470.5090	--- 其他	0	40		17	17	台		+L			

协定税率 %										特惠税率 %				Article Description
巴基斯坦	冰岛	哥斯达黎	秘鲁	新西兰	瑞士	新加坡	韩国	澳大利亚	港澳台	老挝	孟加拉	33 国	7 国	
5	0	0	0	0	4.2		0	3.6	//0		0	0	0	Mandrels for spin forming machine tools with roll forming functions (the inner diameter of the mandrels for rolling formability is between 75mm and 400mm)
5	0	0	0	0	4.2		0	3.6	//0		0	0	0	Other parts for the machines of headings 84.62 to 84.63
														Tools for working in the hand, pneumatic and hydraulic and with self-contained electric or non-electric motor:
														- Pneumatic:
5	0	0	0	0	3.2		6.9	4.8			0	0	0	-- Rotary type (including combined rotarypercussion)
5	0	0	0	0	3.2		4.8	4.8			0	0	0	-- Other
														- With self-contained electric motor:
5	0	0	3	0	4	0	8	6	0//		0	0	0	-- Drills of all kinds
														-- Saws:
5	0	0	3	0	4		8	6	0//		0	0	0	--- Chain saws
5	0	0	3	0	4	0	8	6	0//		0	0	0	--- Other
														-- Other:
5	0	0	3	0	7.2	0	8	6	0//		0	0	0	--- Grinding tools(including burnisher,belt sander, wheel-sander)
5	0	0	3	0	4		8	6	0//		0	0	0	--- Planings
5	0	0	3	0	4	0	8	6	0//		0	0	0	--- Other
														- Other tools:
5	0	0	0	0	3.2		4.8	4.8			0	0	0	-- Chain saws
5	0	0	0	0	3.2		6.9	4.8			0	0	0	-- Other
														- Parts:
														-- Of chain saws:
0	0	0	0	0	2.4		3.6	3.6	0//		0	0	0	--- With self-contained electric motor
5	0	0	0	0	4.2		3.6	3.6			0	0	0	--- Other
5		0	0	0	2.4		3.6	3.6			0	0	0	-- Of pneumatic tools
														-- Other:
5	0	0	0	0	7	0	8	6	0//		0	0	0	--- With self-contained electric motor
5	0	0	0	0	2.4		4.8	3.6			0	0	0	--- Other
														Machinery and apparatus for soldering, brazing or welding, whether or not capable of cutting, other than those of heading No.85.15; gas-operated surface tempering machines and appliances:
6	0	0	0	0	8.4	0	9.6	7.2			0	0	0	- Hand-held blow pipes
														- Other gas-operated machinery and apparatus
6	0	0	0	0	4.8	0	9.6	7.2			0	0	0	Automatic welding machines (that weld the end plug on the thin fuel rods)
6	0	0	0	0	4.8	0	9.6	7.2			0	0	0	Other gas welding or surface tempering machines and equipments
6	0	0	0	0	8.4	0		7.2			0	0	0	- Other machinery and apparatus
5	0	0	0	0	2.8		4.2	4.2			0	0	0	- Parts
														Typewriters other than printers of heading No.84.43; word-processing machines:
														--- Automatic typewriters and word-processing machines:
							0	0			0	0	0	----Word-processing machines
6	0	0	0	0	8.4	0		7.2				0	0	----Automatic typewriters
5	0	0	0	0	8.4	0		7.2				0	0	--- Other typewriters, electric
6	0	0	0	0	8.4	0	9.6	7.2				0	0	--- Other typewriters, non-electric
														Calculating machines and pocket-size data recording, reproducing and displaying machines with calculating functions; accounting machines,postage-franking machines, ticket-is-suing machines and similar machines, incorporating a calculating device; cash registers:
							0	0			0	0	0	- Electronic calculators capable of operation without an external source of electric power and pocket-size data recording, reproducing and displaying machines with calculating functions
														- Other electronic calculating machines:
							0	0			0	0	0	-- Incorporating a printing device
							0	0			0	0	0	-- Other
							0	0			0	0	0	- Other calculating machines
														- Cash registers:
							0	0			0	0	0	--- Terminal registers for market
							0	0			0	0	0	--- Other

税 号	货 品 名 称	进口关税 % 最惠国	进口关税 % 普通	进口关税 % 年内暂定	增值/消费税%	出口退税 %	统计计量单位	监管证件代码	检验检疫类别	协定税率 % 东盟	协定税率 % 亚太	协定税率 % 智利
8470.9000	- 其他	0	40		17	15	台					
84.71	**自动数据处理设备及其部件；其他税目未列名的磁性或光学阅读机、将数据以代码形式转录到数据记录媒体的机器及处理这些数据的机器：**											
	- 重量不超过10千克的便携式自动数据处理设备，至少由一个中央处理部件、一个键盘及一个显示器组成：											
8471.3010	--- 平板电脑	0	70		17	17	台	A	L/			
8471.3090	--- 其他	0	70		17	17	台	A	L/			
	- 其他自动数据处理设备：											
	-- 同一机壳内至少有一个中央处理部件及一个输入和输出部件，不论是否组合式：											
8471.4110	--- 巨型机、大型机及中型机											
84714110.10	高性能数字计算机[高性能数字计算机是指调整后峰值性能(APP)大于8.0加权每秒万亿次浮点运算的数字计算机]	0	14		17	17	台	3				
84714110.90	其他巨大中型自动数据处理设备	0	14		17	17	台					
8471.4120	--- 小型机	0	14		17	17	台		+L			
8471.4140	--- 微型机	0	70		17	17	台	A	L/			
8471.4190	--- 其他	0	70		17	17	台		+L			
	-- 其他，以系统形式进口或出口的：											
8471.4910	--- 巨型机、大型机及中型机											
84714910.10	系统形式报验的高性能数字计算机[计算机指自动数据处理设备，高性能数字计算机是指调整后峰值性能(APP)大于8.0加权每秒万亿次浮点运算的数字计算机]	0	29		17	17	台	3				
84714910.90	其他系统形式报验的巨、大、中型机(计算机指自动数据处理设备)	0	29		17	17	台					
8471.4920	--- 小型机	0	29		17	17	台		+L			
8471.4940	--- 微型机	0	70		17	17	台		+L			
	--- 其他：											
8471.4991	----分散型工业过程控制设备	0	70		17	17	台					
8471.4999	----其他	0	70		17	17	台		+L			
	- 子目8471.41或8471.49所列以外的处理部件，不论是否在同一机壳内有一个或两个下列部件：存储部件、输入部件、输出部件：											
8471.5010	--- 巨型机、大型机及中型机的											
84715010.10	高性能数字计算机处理部件[不论是否在同一机壳内有一或两个存储、输入或输出部件，高性能数字计算机是指调整后峰值性能(APP)大于8.0加权每秒万亿次浮点运算的数字计算机]	0	14		17	17	台	3				
84715010.90	其他巨，大，中型机处理部件(不论是否在同一机壳内有一或两个存储、输入或输出部件)	0	14		17	17	台					
8471.5020	--- 小型机的	0	14		17	17	台					
8471.5040	--- 微型机的											
84715040.01	含显示器和主机的微型机(不论是否在同一机壳内有一或两个存储、输入或输出部件)	0	70		17	17	台		+L			
84715040.90	其他的微型机的处理部件(不论是否在同一机壳内有一或两个存储、输入或输出部件)	0	70		17	17	台					
8471.5090	--- 其他	0	70		17	17	台					
	- 输入或输出部件，不论是否在同一机壳内有存储部件：											
8471.6040	--- 巨型机、大型机、中型机及小型机用终端	0	14		17	17	台					
8471.6050	--- 扫描仪	0	14		17	17	台		+L			
8471.6060	--- 数字化仪	0	14		17	17	台					
	--- 键盘、鼠标器：											
8471.6071	----键盘	0	40		17	17	个					
8471.6072	----鼠标器	0	40		17	17	个					
8471.6090	--- 其他	0	14		17	17	台					

协定税率 %											特惠税率 %			
巴基斯坦	冰岛	哥斯达黎	秘鲁	新西兰	瑞士	新加坡	韩国	澳大利亚	港澳台	老挝	孟加拉	33 国	7 国	**Article Description**
							0	0			0	0	0	- Other
														Automatic data processing machines and units thereof; magnetic or optical readers, machines for transcribing,data onto data media in coded form and machines for processing such data,not elsewhere specified or included:
														- Portable automatic data processing machines, weighing not more than 10kg, consisting of at least a central processing unit, a keyboard and a display:
							0	0			0	0	0	--- Tablet computers
							0	0			0	0	0	--- Other
														- Other automatic data processing machines:
														-- Comprising in the same housing at least a central processing unit and an input and output unit, whether or not combined:
														--- Mainframes
							0	0			0	0	0	High performance digital computer (of adjusted peak performance (APP) no less than 8.0 Weighted TeraFLOPS)
							0	0			0	0	0	Other automatic data processing machines
							0	0			0	0	0	--- Mini-computers
							0	0			0	0	0	--- Microprocessings
							0	0			0	0	0	--- Other
														-- Other,presented in the form of systems:
														--- Mainframes
							0	0			0	0	0	High performance digital computer (of adjusted peak performance (APP) no less than 8.0 Weighted TeraFLOPS) presented in the form of systems
							0	0			0	0	0	Other mainframes presented in the form of systems (mainframe means automatic data processing machine)
							0	0			0	0	0	--- Mini-computers
							0	0			0	0	0	--- Microprocessings
														--- Other:
							0	0			0	0	0	----Processing machines for the distributed control system
							0	0			0	0	0	----Other
														- Processing units other than those of subheading 8471.41 or 8471.49, whether or not containing in the same housing one or two of the following types of unit: storage units,input units, output units:
														--- Mainframes
							0	0			0	0	0	Unites of High performance digital computer (of adjusted peak performance (APP) no less than 8.0 Weighted TeraFLOPS)(whether or not in the same housing one or two storage ,input or output components)
							0	0			0	0	0	Other unites of mainframes (whether or not in the same housing one or two storage ,input or output components)
							0	0			0	0	0	--- Mini-computers
														--- Microprocessings
							0	0			0	0	0	Including monitor and host microcomputer (whether or not in the same housing one or two storages, input or output units)
							0	0			0	0	0	Other microcomputers processing unit (whether or not in the same housing one or two storage, input or output components)
							0	0			0	0	0	--- Other
														- Input or output units, whether or not containing storage units in the same housing:
							0	0			0	0	0	--- Terminating machines for the huge computers, mainframes and minicomputers
							0	0			0	0	0	--- Scanner
							0	0			0	0	0	--- Digitizer
														--- Keyboards, mouses:
							0	0			0	0	0	----Keyboards
							0	0			0	0	0	----Mouses
							0	0			0	0	0	--- Other

税号	货品名称	进口关税 % 最惠国	普通	年内暂定	增值/消费税%	出口退税%	统计计量单位	监管证件代码	检验检疫类别	协定税率 % 东盟	亚太	智利
	- 存储部件:											
8471.7010	--- 硬盘驱动器	0	14		17	17	台					
8471.7020	--- 软盘驱动器	0	14		17	17	台					
8471.7030	--- 光盘驱动器											
84717030.10	具有刻录功能的光盘驱动器(自动数据处理设备的光盘驱动器)	0	14		17	17	台					
84717030.90	其他光盘驱动器(自动数据处理设备的光盘驱动器)	0	14		17	17	台					
8471.7090	--- 其他	0	14		17	17	台					
8471.8000	- 自动数据处理设备的其他部件	0	40		17	17	台					
8471.9000	- 其他											
84719000.10	专用于复制的光盘刻录机(也称光盘复读机)	0	40		17	17	台					
84719000.90	未列名的磁性或光学阅读器(包括将数据以代码形式转录的机器及处理这些数据的机器)	0	40		17	17	台		+L			
84.72	**其他办公室用机器(例如,胶版复印机、油印机、地址印写机、自动付钞机、硬币分类、计数及包装机、削铅笔机、打洞机或订书机):**											
8472.1000	- 胶版复印机、油印机	14	40		17	15	台		+L	0		0
	- 信件分类或折叠机或信件装封机、信件开封或闭封机、粘贴或盖销邮票机:											
8472.3010	--- 邮政信件分拣及封装设备	10	40		17	15	台			0		0
8472.3090	--- 其他	14	40		17	15	台			0		0
	- 其他:											
8472.9010	--- 自动柜员机	0	40		17	15	台		+L			
	--- 装订用机器:											
8472.9021	----打洞机	0	40		17	15	台					
8472.9022	----订书机	0	40		17	15	台					
8472.9029	----其他	0	40		17	15	台					
8472.9030	--- 碎纸机	0	40		17	15	台					
8472.9040	--- 地址印写机及地址铭牌压印机	14	40		17	15	台			0		0
8472.9090	--- 其他	0	40		17	15	台					
84.73	**专用于或主要用于税目84.69至84.72所列机器的零件、附件(罩套、提箱及类似品除外):**											
8473.1000	- 税目84.69所列机器的零件、附件	8	35		17	15	千克			0		0
	- 税目84.70所列机器的零件、附件:											
8473.2100	-- 子目8470.10、8470.21或8470.29所列电子计算器的零件、附件	0	50		17	15	千克					
8473.2900	-- 其他	0	35		17	15	千克					
	- 税目84.71所列机器的零件、附件:											
8473.3010	--- 税号8471.4110、8471.4120、8471.4910、8471.4920、8471.5010、8471.5020、8471.6090、8471.7010、8471.7020、8471.7030及8471.7090所列机器及装置的零件、附件	0	14		17	17	千克					
8473.3090	--- 其他	0	40		17	17	千克					
	- 税目84.72所列机器的零件、附件:											
8473.4010	--- 自动柜员机用出钞器和循环出钞器	10.5	35	5	17	15	千克			0		0
8473.4090	--- 其他											
84734090.01	钞票清分机零附件	10.5	35	3	17	15	千克			0		0
84734090.90	其他办公室用机器零附件	10.5	35		17	15	千克			0		0
8473.5000	- 同样适用于税目84.69至84.72中两个或两个以上税目所列机器的零件、附件	0	35		17	15	千克					
84.74	**泥土、石料、矿石或其他固体(包括粉状、浆状)矿物质的分类、筛选、分离、洗涤、破碎、磨粉、混合或搅拌机器;固体矿物燃料、陶瓷坯泥、未硬化水泥、石膏材料或其他粉状、浆状矿产品的粘聚或成形机器;铸造用砂模的成形机器:**											

协定税率 %										特惠税率 %				Article Description
巴基斯坦	冰岛	哥斯达黎	秘鲁	新西兰	瑞士	新加坡	韩国	澳大利亚	港澳台	老挝	孟加拉	33国	7国	
														- Storage units:
							0	0			0	0	0	--- Rigid disk drivers
							0	0			0	0	0	--- Floppy disk drivers
														--- CD drivers
							0	0			0	0	0	CD-ROM drives with writing function (CD-ROM drives for automatic data processing equipments)
							0	0			0	0	0	Other CD-ROM drives (CD-ROM drives for automatic data processing equipments)
							0	0			0	0	0	--- Other
							0	0			0	0	0	- Other units of automatic data processing machines
														- Other
							0	0			0	0	0	CD-R machines used solely for copying (also called CD repeaters)
							0	0			0	0	0	Magnetic or optical readers not elsewhere specified or included (including the machines for transcribing data in coded form and machines for processing such data)
														Other office machines（for example,hectograph or stencil duplicating machines, addressing machines, automatic banknote dispensers, coin-sorting machines, coincounting or wrapping machines,pencil-sharpening machines, perforating or stapling machines）:
11.2	0	0	0	0	9.8	0	11.2	8.4				0	0	- Duplicating machines
														- Machines for sorting or folding mail or for inserting mail in envelopes or bands, machines for opening, closing or sealing mail and machines for affixing or cancelling postage stamps:
5	0	0	0	0			8	6			0	0	0	--- Machines for sorting or banding mail
7	0	0	0	0	5.6	0	11.2	8.4				0	0	--- Other
														- Other:
							0	0			0	0	0	--- Automated teller
														--- Stapling machines:
							0	0			0	0	0	----Perforator
							0	0			0	0	0	----Stapler
							0	0			0	0	0	----Other
							0	0			0	0	0	--- Paper shrudders
11.2	0	0	0	0	9.8	0	11.2	8.4				0	0	--- Addressing machines and address plate embossing machines
							0	0			0	0	0	--- Other
														Parts and accessories （other than covers, carrying cases and the like）suitable for use solely or principally with machines of headings No.84.69 to 84.72:
5	0	0	0	0	3.2		6.9	4.8			0	0	0	- Parts and accessories of the machines of heading No.84.69
														- Parts and accessories of the machines of heading No.84.70:
							0	0			0	0	0	-- Of the electronic calculating machines of subheading No.8470.10, 8470.21 or 8470.29
							0	0			0	0	0	-- Other
														- Parts and accessories of the machines of heading No.84.71:
							0	0			0	0	0	--- Of the machines of subheading No. 8471.4110,8471.4120,8471.4910,8471.4920,8471.5010,8471.5020,8471.6090,8471.7010,8471.7020,8471.7030 and 8471.7090
							0	0			0	0	0	--- Other
														- Parts and accessories of the machines of heading No.84.72:
5	0	0	0	0	7.4	0	9.4	6.3			0	0	0	--- Banknote dispenser of automated teller
														--- Other
5	0	0	0	0	7.4	0	8.4	6.3			0	0	0	Parts and accessories of banknote sorters
5	0	0	0	0	7.4	0	8.4	6.3			0	0	0	Parts and accessories of other office machines
							0	0			0	0	0	- Parts and accessories equally suitable for use with machines of two or more of the headings No.84.69 to 84.72
														Machinery for sorting, screening, separating, washing, crushing, grinding，mixing or kneading earth, stone, ores or other mineral substances, in solid（including powder or paste）form;machinery for agglomerating, shaping or moulding solid mineral fuels, ceramic paste, unhardened cements, plastering materials or other mineral products in powder or paste form; machines for forming foundry moulds of sand:

税号	货品名称	进口关税 % 最惠国	普通	年内暂定	增值/消费税%	出口退税%	统计计量单位	监管证件代码	检验检疫类别	协定税率 % 东盟	亚太	智利
8474.1000	- 分类、筛选、分离或洗涤机器	5	30		17	15	台			0		0
	- 破碎或磨粉机器:											
8474.2010	--- 齿辊式	5	30		17	15	台			0		0
8474.2020	--- 球磨式	5	30		17	15	台			0		0
8474.2090	--- 其他	5	30		17	15	台			0		0
	- 混合或搅拌机器:											
8474.3100	-- 混凝土或砂浆混合机器	7	30		17	17	台			0		0
8474.3200	-- 矿物与沥青的混合机器	7	30		17	17	台			0		0
8474.3900	-- 其他	5	30		17	17	台			0		0
	- 其他机器:											
8474.8010	--- 辊压成型机	5	30		17	17	台			0	4.5	0
8474.8020	--- 模压成型机	5	30		17	17	台			0	4.5	0
8474.8090	--- 其他											
84748090.10	纸面角线石膏板搅拌成型机	5	30		17	17	台			0	4.5	0
84748090.90	税目 8474 未列名的其他机器(如矿产品的粘聚或成型机器及铸造用砂模的成型机器)	5	30		17	17	台			0	4.5	0
8474.9000	- 零件	5	30		17	15	千克			0		0
84.75	**白炽灯泡、灯管、放电灯管、电子管、闪光灯泡及类似品的封装机器;玻璃或玻璃制品的制造或热加工机器:**											
8475.1000	- 白炽灯泡、灯管、放电灯管、电子管、闪光灯泡及类似品的封装机器	8	30		17	15	台			0		0
	- 玻璃或玻璃制品的制造或热加工机器:											
8475.2100	-- 制造光导纤维及其预制棒的机器	10	30		17	15	台			0		0
	-- 其他:											
	--- 玻璃的热加工设备:											
8475.2911	----连续式玻璃热弯炉	10	30		17	15	台			0		0
8475.2912	----玻璃纤维拉丝机(光纤拉丝机除外)	10	30		17	15	台			0		0
8475.2919	----其他	10	30		17	15	台			0		0
8475.2990	--- 其他	10	30		17	15	台			0		0
8475.9000	- 零件	8	30		17	15	千克			0		0
84.76	**自动售货机(例如,出售邮票、香烟、食品或饮料的机器),包括钱币兑换机:**											
	- 饮料自动销售机:											
8476.2100	-- 装有加热或制冷装置的	14	50		17	15	台	A	R/	0		0
8476.2900	-- 其他	15	50		17	15	台	A	R/	0		0
	- 其他机器:											
8476.8100	-- 装有加热或制冷装置的	14	50		17	15	台			0		0
8476.8900	-- 其他	15	50		17	15	台			0		0
8476.9000	- 零件	10	50		17	15	千克			0		0
84.77	**本章其他税目未列名的橡胶或塑料及其产品的加工机器:**											
	- 注射机:											
8477.1010	--- 注塑机											
84771010.10	用于光盘生产的精密注塑机(加工塑料的)	0	45		17	15	台	6				
84771010.90	其他注塑机	0	45		17	15	台					
8477.1090	--- 其他	0	30		17	15	台					
	- 挤出机:											
8477.2010	--- 塑料造粒机	5	30		17	15	台			0	4.5	0
8477.2090	--- 其他	5	30		17	15	台			0	4.5	0
	- 吹塑机:											
8477.3010	--- 挤出吹塑机	5	30		17	15	台			0		0
8477.3020	--- 注射吹塑机	5	30		17	15	台			0		0
8477.3090	--- 其他	5	30		17	15	台			0		0
	- 真空模塑机器及其他热成型机器:											
8477.4010	--- 塑料中空成型机	5	30		17	15	台			0	4.5	0
8477.4020	--- 塑料压延成型机	5	30		17	15	台			0	4.5	0

协定税率 %										特惠税率 %				
巴基斯坦	冰岛	哥斯达黎	秘鲁	新西兰	瑞士	新加坡	韩国	澳大利亚	港澳台	老挝	孟加拉	33 国	7 国	Article Description
0	0	0	0	0	2		4	0			0	0	0	- Sorting,screening,separating or washing machines
														- Crushing or grinding machines:
0	0	0	0	0	0		4	0			0	0	0	--- Toothing roller type
0	0	0	0	0	2		4.3	0			0	0	0	--- Em-Peters type
0	0	0	0	0	2		4	0			0	0	0	--- Other
														- Mixing or kneading machines:
5	0	0	0	0	2.8		5.6	4.2			0	0	0	-- Concrete or mortar mixers
5	0	0	0	0			5.6	4.2			0	0	0	-- Machines for mixing mineral substances with bitumen
0	0	0	0	0	3.6		4	0			0	0	0	-- Other
														- Other machinery:
0	0	0	0	0	0		4	0			0	0	0	--- Rolling forming machines
0	0	0	0	0	0		4.3	0			0	0	0	--- Moulding forming machines
														--- Other
0	0	0	0	0	0		4	0			0	0	0	Angle line mixing gypsum board paper machines
0	0	0	0	0	0		4	0			0	0	0	Other machines not elsewhere specified or included in heading 84.74 (Such as the cohesive, or shaping machines for mineral products and the shaping machines for casting sand mould)
0	0	0	0	0	3.5		4	0			0	0	0	- Parts
														Machines for assembling electric or electronic lamps, tubes or valves or flashbulbs, in glass envelopes; machines for manufacturing or hot working glass or glassware:
5	0	0	0	0	3.2		6.4	4.8			0	0	0	- Machines for assembling electric or electronic lamps, tubes or valves or flashbulbs, in glass envelopes
														- Machines for manufacturing or hot working glass or glassware:
5	0	0	0	0	4	0	8	6			0	0	0	-- Machines for making optical fibres and preforms thereof
														-- Other:
														--- Equipments for hot working glass or glasswares:
5	0	0	0	0	4		8	6			0	0	0	-----Continuous hot bending furnaces
5	0	0	0	0	4		8	6			0	0	0	----Fiber glass winder（excluding Opticaefiber winder）
5	0	0	0	0	4	0	8	6			0	0	0	----Other
5	0	0	0	0	4		8	6			0	0	0	--- Other
5	0	0	0	0	3.2		6.4	4.8			0	0	0	- Parts
														Automatic goods-vending machines（for example,postage stamp,cigarette, food or beverage machines）,including money-changing machines:
														- Automatic beverage-vending machines:
11.2	0	0	0	0	9.8	0	11.2	8.4				0	0	-- Incorporating heating or refrigerating devices
12	0	0	4.5	0	10.5	0	12	9				0	0	-- Other
														- Other machines:
7	0	0	0	0	9.8	0	11.2	8.4				0	0	-- Incorporating heating or refrigerating devices
12	0	0	4.5	0	6	0	12	9				0	0	-- Other
5	0	0	0	0	0		8	6			0	0	0	- Parts
														Machinery for working rubber or plastics or for the manufacture of products from these materials, not specified or included elsewhere in this Chapter:
														- Injection-moulding machines:
														--- For working plastics
							0	0			0	0	0	Precision injection molding machines for producing compact disks (processing plastics)
							0	0			0	0	0	Other injection molding machines
							0	0			0	0	0	--- Other
														- Extruders:
0	0	0	0	0	0		0	0	0//0		0	0	0	--- Plastic pelletizers
0	0	0	0	0	3.6		0	0	0//0		0	0	0	--- Other
														- Blow moulding machines:
0	0	0	0	0	2		4	0	0//		0	0	0	--- Extrusion blow moulding machines
0	0	0	0	0	2		3	0	0//		0	0	0	--- Injection blow moulding machines
0	0	0	0	0	2		4	0	0//		0	0	0	--- Other
														- Vacuum moulding machines and other thermoforming machines:
0	0	0	0	0			0	0	//0		0	0	0	--- Plastics brideg-die-forming machines
0	0	0	0	0	3.5		0	0	//0		0	0	0	--- Plastics calender-forming machines

税号	货品名称	进口关税 %			增值/消费税%	出口退税%	统计计量单位	监管证件代码	检验检疫类别	协定税率 %		
		最惠国	普通	年内暂定						东盟	亚太	智利
8477.4090	--- 其他	5	30		17	15	台			0	4.5	0
	- 其他模塑或成型机器:											
8477.5100	-- 用于充气轮胎模塑或翻新的机器及内胎模塑或用其他方法成型的机器	5	30		17	15	台			0		0
	-- 其他:											
8477.5910	--- 三维打印机(3D打印机)	5	30		17	15	台			0	3.5	0
8477.5990	--- 其他	5	30		17	15	台			0	3.5	0
8477.8000	- 其他机器	5	30		17	15	台			0	4.5	0
8477.9000	- 零件	0	30		17	15	千克					
84.78	**本章其他税目未列名的烟草加工及制作机器:**											
8478.1000	- 机器	5	30		17	15	台	0		0	2.5	0
8478.9000	- 零件	10	30	5	17	15	千克	0		0		0
84.79	**本章其他税目未列名的具有独立功能的机器及机械器具:**											
	- 公共工程用机器:											
	--- 摊铺机:											
8479.1021	----沥青混凝土摊铺机	8	30		17	17	台	0		0	5.6	0
8479.1022	----稳定土摊铺机	8	30		17	17	台			0	5.6	0
8479.1029	----其他	8	30		17	17	台	0		0	5.6	0
8479.1090	--- 其他	8	30		17	17	台			0	5.6	0
8479.2000	- 提取、加工动物油脂或植物固定油脂的机器	10	30		17	15	台	A	R/	0		0
8479.3000	- 木碎料板或木纤维板的挤压机及其他木材或软木处理机	10	30		17	15	台			0		0
8479.4000	- 绳或缆的制造机器	7	30	5	17	15	台			0		0
	- 未列名工业用机器人:											
8479.5010	--- 多功能工业机器人	0	20		17	17	台					
8479.5090	--- 其他											
84795090.10	机器人,末端操纵装置[能处理高能炸药或能抗大于 5×10^4 戈瑞(硅)辐射的]	0	30		17	17	台	3				
84795090.90	其他工业机器人(多功能工业机器人除外)	0	30		17	17	台					
8479.6000	- 蒸发式空气冷却器	10	30		17	15	台	A	M/	0	9	0
	- 旅客登机(船)桥:											
8479.7100	-- 用于机场的	0	30		17	17	台	A	M/			
8479.7900	-- 其他	0	30		17	17	台	A	M/			
	- 其他机器及机械器具:											
	-- 处理金属的机械,包括线圈绕线机:											
8479.8110	--- 绕线机	9.5	30		17	15	台			0	9	0
8479.8190	--- 其他	9.5	30		17	15	台			0	9	0
8479.8200	-- 混合、搅拌、轧碎、研磨、筛选、均化或乳化机器											
84798200.10	两用物项管制搅拌器(耐腐蚀热交换器、搅拌器用,带搅拌的发酵罐)	7	30		17	15	台	3		0	4.9	0
84798200.20	用于废物和废水处理的混合、搅拌、轧碎、研磨、筛选、均化或乳化机器	7	30	5	17	15	台			0	4.9	0
84798200.90	其他混合、搅拌、轧碎、研磨机器(包括筛选、均化、乳化机器)	7	30		17	15	台			0	4.9	0
	-- 其他:											
8479.8910	--- 船舶用舵机及陀螺稳定器	0	14		17	17	台					
8479.8920	--- 空气增湿器及减湿器	0	70		17	17	台		+L			
8479.8940	--- 邮政用包裹、印刷品分拣设备	0	30		17	15	台	A	M/			
8479.8950	--- 放射性废物压实机	0	30		17	15	台					
	--- 在印刷电路板上装配元器件的机器:											
8479.8961	----自动插件机	0	30		17	17	台	A	M/			
8479.8962	----自动贴片机	0	30		17	17	台	A	M/			
8479.8969	----其他	0	30		17	17	台	A	M/			
	--- 其他:											

协定税率 %										特惠税率 %				Article Description
巴基斯坦	冰岛	哥斯达黎	秘鲁	新西兰	瑞士	新加坡	韩国	澳大利亚	港澳台	老挝	孟加拉	33 国	7 国	
0	0	0	0	0	3.6		0	0	//0		0	0	0	--- Other
														- Other machinery for moulding or otherwise forming:
0	0	0	0	0	0		4	0			0	0	0	-- For moulding or retreading pneumatic tyres or for moulding or otherwise forming inner tubes
														-- Other:
0	0	0	0	0	2		4.3	0	0//0		0	0	0	--- 3D printers
0	0	0	0	0	2		4.3	0	0//0		0	0	0	--- Other
0	0	0	0	0	3.6		0	0	0//0		0	0	0	- Other machinery
							0	0			0	0	0	- Parts
														Machinery for preparing or making up tobacco,not specified or included elsewhere in this Chapter:
0	0	0	0	0	0							0	0	- Machinery
5	0	0	0	0	4							0	0	- Parts
														Machines and mechanical appliances having individual functions, not specified or included elsewhere in this Chapter:
														- Machinery for public works, building or the like:
														--- Spreading machines:
5	0	0	0	0	3.2		4.8	4.8			0	0	0	----Machines for spreading bituminous concrete
5	0	0	0	0	3.2		4.8	4.8			0	0	0	----Stabilizer spreading machines
5	0	0	0	0	3.2		4.8	4.8			0	0	0	----Other
5	0	0	0	0	3.2		6.4	4.8			0	0	0	--- Other
5	0	0	0	0	4	0	8	6			0	0	0	- Machinery for the extraction or preparation of animal or fixed vegetable fats or oils
5	0	0	0	0	4		8	6			0	0	0	- Presses for the manufacture of particle board or fibre building board of wood or other ligneous materials and other machinery for treating wood or cork
5	0	0	0	0	2.8		4.2	4.2			0	0	0	- Rope or cable-making machines
														- Industrial robots,not elsewhere specified or included:
							0	0			0	0	0	--- Industrial robots for multiple uses
														--- Other
							0	0			0	0	0	Robots, end-control devices (capable of handling high-energy explosives or resisting radiation of more than 5×10^4 Gy (Si))
							0	0			0	0	0	Other industrial robots (excluding multi-functional industrial robots)
5	0	0	0	0	4		8	6			0	0	0	- Evaporative air coolers
														- Passenger boarding bridges:
							0	0			0	0	0	-- Of a kind used in airports
							0	0			0	0	0	-- Other
														- Other machines and mechanical appliances:
														-- For treating metal, including electric wire coil-winders:
5	0	0	0	0	6.7		7.6	5.7	0//0		0	0	0	--- Filament winding machines
5	0	0	0	0	6.7		7.6	5.7	0//0		0	0	0	--- Other
														-- Mixing, kneading, crushing, grinding, screening, sifting, homogenizing, emulsifying or stirring machines
0	0	0	0	0			0	4.2	//0		0	0	0	Sensitive items control blenders (for corrosion- resistant heat exchangers and mixers, fermentors with stirring function)
0	0	0	0	0			0	4.2	//0		0	0	0	Mixing, kneading, crushing, grinding, screening, sifting, homogenizing, emulsifying machines for treatment of waste and wastewater
0	0	0	0	0			0	4.2	//0		0	0	0	Other mixing, stirring, rolling, grinding machines (including screening, homogenizing, emulsifying machines)
														-- Other:
							0	0			0	0	0	--- Steering and rudder equipment or gyroscopic stabilizers for ships
							0	0			0	0	0	--- Air humidifiers or dehumidifiers
							0	0			0	0	0	--- Bundle and printed matter sortingmachines used in post offices
							0	0			0	0	0	--- Presses for radioactive waste material
														--- Machines for assemblying elements on printed circuit boards:
							0	0			0	0	0	----Automatic plug-in machines
							0	0			0	0	0	----Automatic coreslice adhering machines
							0	0			0	0	0	----Other
														--- Other:

税号	货品名称	进口关税% 最惠国	普通	年内暂定	增值/消费税%	出口退税%	统计计量单位	监管证件代码	检验检疫类别	协定税率% 东盟	亚太	智利
8479.8992	----自动化立体仓储设备	0	30		17	17	台	A	M/			
8479.8999	----其他											
84798999.10	用于光盘生产的金属母盘生产设备(具有独立功能的)	0	30		17	15	台	6A	M/			
84798999.20	用于光盘生产的粘合机(具有独立功能的)	0	30		17	15	台	6A	M/			
84798999.30	用于光盘生产的真空金属溅镀机(具有独立功能的)	0	30		17	15	台	6A	M/			
84798999.40	保护胶涂覆机及染料层旋涂机(光盘生产用,具有独立功能的)	0	30		17	15	台	6A	M/			
84798999.51	等静压压力机(两用物项管制机器及机械器具)	0	30		17	15	台	3A	M/			
84798999.52	生物反应器(两用物项管制机器及机械器具)	0	30		17	15	台	3A	M/			
84798999.53	恒化器(两用物项管制机器及机械器具)	0	30		17	15	台	3A	M/			
84798999.54	连续灌流系统(两用物项管制机器及机械器具)	0	30		17	15	台	3A	M/			
84798999.55	三坐标或多坐标联动和程控的纤维缠绕机(两用物项管制机器及机械器具)	0	30		17	15	台	3A	M/			
84798999.59	其他两用物项管制机器及机械器具	0	30		17	15	台	3A	M/			
84798999.60	绕线机(能卷绕直径在75mm至400mm、长度为600mm或更长的)	0	30		17	15	台	3A	M/			
84798999.90	本章其他未列名机器及机械器具(具有独立功能的)	0	30		17	15	台	A	M/			
	- 零件:											
8479.9010	--- 船舶用舵机及陀螺稳定器用	0	14		17	17	千克					
8479.9020	--- 空气增湿器及减湿器用	0	70		17	17	千克					
8479.9090	--- 其他											
84799090.10	绕线机的精密芯轴(专用于编号8479899060绕线机的精密芯轴)	0	20		17	15	千克	3				
84799090.90	税目8479所列机器的其他零件	0	20		17	15	千克					
84.80	**金属铸造用型箱;型模底板;阳模;金属用型模(锭模除外)、硬质合金、玻璃、矿物材料、橡胶或塑料用型模:**											
8480.1000	- 金属铸造用型箱	10	20		17	15	千克			0		0
8480.2000	- 型模底板	8	20		17	15	千克			0		0
8480.3000	- 阳模	10	20		17	15	千克			0		0
	- 金属、硬质合金用型模:											
	-- 注模或压模:											
8480.4110	--- 压铸模	8	20		17	15	千克			0	5.6	0
8480.4120	--- 粉末冶金用压模	8	20		17	15	千克			0	5.6	0
8480.4190	--- 其他	8	20		17	15	千克			0	5.6	0
8480.4900	-- 其他	8	20		17	15	千克			0	5.6	0
8480.5000	- 玻璃用型模	8.4	20		17	15	套/千克			0		0
8480.6000	- 矿物材料用型模	8.4	20		17	15	套/千克			0		0
	- 塑料或橡胶用型模:											
	-- 注模或压模:											
8480.7110	--- 硫化轮胎用囊式型模	0	20		17	15	套/千克					
8480.7190	--- 其他											
84807190.10	用于光盘生产的专用模具(注模或压模)	0	20		17	15	套/千克	6				
84807190.90	其他塑料或橡胶用注模或压模	0	20		17	15	套/千克					
8480.7900	-- 其他											
84807900.10	农用双壁波纹管生产线用其他模具	5	20		17	15	套/千克			0	3.5	0
84807900.90	塑料或橡胶用其他型模	5	20		17	15	套/千克			0	3.5	0
84.81	**用于管道、锅炉、罐、桶或类似品的龙头、旋塞、阀门及类似装置,包括减压阀及恒温控制阀:**											
8481.1000	- 减压阀											

协定税率 %										特惠税率 %				
巴基斯坦	冰岛	哥斯达黎	秘鲁	新西兰	瑞士	新加坡	韩国	澳大利亚	港澳台	老挝	孟加拉	33 国	7 国	Article Description
							0	0			0	0	0	----Three-dimensional automatic warehouse equipment
														----Other
							0	0			0	0	0	Metal master disk equipments for producing compact disks (with an independent function)
							0	0			0	0	0	Bonders for producing compact disks (with an independent function)
							0	0			0	0	0	Vacuum metal sputtering machines for producing compact disks (with an independent function)
							0	0			0	0	0	Protective rubber-coated and dye-layer spin-coating machines (for producing compact disks, with an independent function)
							0	0			0	0	0	Isostatic pressing machine (machines and mechanical appliances under control of dual-use items)
							0	0			0	0	0	Bioreactor (machines and mechanical appliances under control of dual-use items)
							0	0			0	0	0	Chemostat (machines and mechanical appliances under control of dual-use items)
							0	0			0	0	0	Successive perfusion system(machines and mechanical appliances under control of dual-use items)
							0	0			0	0	0	Three-coordinate or multi-coordinate linkage and program control filament winding machine (machines and mechanical appliances under control of dual-use items)
							0	0			0	0	0	Other machines and mechanical appliances under control of dual-use items
							0	0			0	0	0	Winding machines (capable of winding the diameters of 75mm to 400mm, or the length of 600mm or more)
							0	0			0	0	0	Machines and mechanical appliances having individual functions, not specified or included elsewhere in this Chapter
														- Parts:
							0	0			0	0	0	--- Of the machines of subheading No.8479.8910
							0	0			0	0	0	--- Of the machines of subheading No.8479. 8920
														--- Other
							0	0			0	0	0	Precision mandrels for winding machines (precision mandrels used solely for winding machines of subheading 8479.8990.60)
							0	0			0	0	0	Other parts for the machines listed in heading 84.79
														Moulding boxes for metal foundry;mould bases;moulding patterns;moulds for metal （other than ingot moulds）, metal carbides, glass, mineral materials, rubber or plastics:
5	0	0	0	0	4		8	6			0	0	0	- Moulding boxes for metal foundry
5	0	0	0	0	3. 2		6. 4	4. 8			0	0	0	- Mould bases
5	0	0	0	0	4	0	8	6			0	0	0	- Moulding patterns
														- Moulds for metal or metal carbides:
														-- Injection or compression types:
5	0	0	0	0	3. 2		6. 9	4. 8	0//0		0	0	0	--- Pressure-casting moulds
5	0	0	0	0	3. 2		6. 9	4. 8	0//0		0	0	0	--- Moulds for powder metallurgy
5	0	0	0	0	3. 2		6. 9	4. 8	0//0		0	0	0	--- Other
5	0	0	0	0	3. 2		6. 9	4. 8			0	0	0	-- Other
5	0	0	0	0	3. 36		7. 2	5			0	0	0	- Moulds for glass
5	0	0	0	0	3. 36		6. 7	5			0	0	0	- Moulds for mineral materials
														- Moulds for rubber or plastics:
														-- Injection or compression types:
							0	0			0	0	0	--- “Bladder” moulds for vulcanising tyres
														--- Other
							0	0			0	0	0	Special moulds used for optical disk production (injection or compression types)
							0	0			0	0	0	Other injection molds or pressed molds for plastic or rubber
														-- Other
0		0	0	0	2		0	0	0//0		0	0	0	Other molds for agricultural double-wall corrugated pipe production lines
0		0	0	0	2		0	0	0//0		0	0	0	Other molds for producing plastics or rubber
														Taps,cocks,valves and similar appliances for pipes,boilershells,tanks,vats or the like,including pressure-reducing valves and thermostatically controlled valves:
														- Pressure-reducing valves

税 号	货 品 名 称	进口关税 % 最惠国	普通	年内暂定	增值/消费税%	出口退税%	统计计量单位	监管证件代码	检验检疫类别	协定税率 % 东盟	亚太	智利
84811000.01	喷灌设备用减压阀(用于管道、锅炉、罐、桶或类似品的)	5	30	2	17	15	套/千克			0		0
84811000.90	其他减压阀(用于管道、锅炉、罐、桶或类似品的)	5	30		17	15	套/千克			0		0
	- 油压或气压传动阀:											
8481.2010	--- 油压的	5	30		17	15	套/千克			0		0
8481.2020	--- 气压的	5	30		17	15	套/千克			0		0
8481.3000	- 止回阀	5	30		17	15	套/千克			0		0
8481.4000	- 安全阀或溢流阀	5	30		17	15	套/千克			0		0
	- 其他器具:											
	--- 换向阀:											
8481.8021	----电磁式											
84818021.10	两用物项管制的电磁式换向阀	7	30		17	15	套/千克	3		0	4.9	0
84818021.90	其他电磁式换向阀(用于管道、锅炉、罐、桶或类似品的)	7	30		17	15	套/千克			0	4.9	0
8481.8029	----其他											
84818029.10	两用物项管制的其他换向阀	7	30		17	15	套/千克	3		0	4.9	0
84818029.90	其他换向阀(用于管道、锅炉、罐、桶或类似品的)	7	30		17	15	套/千克			0	4.9	0
	--- 流量阀:											
8481.8031	----电子膨胀阀											
84818031.10	两用物项管制的电子膨胀流量阀	7	30		17	15	套/千克	3		0	4.9	0
84818031.90	其他电子膨胀流量阀(用于管道、锅炉、罐、桶或类似品的)	7	30		17	15	套/千克			0	4.9	0
8481.8039	----其他											
84818039.10	两用物项管制的其他流量阀	7	30		17	15	套/千克	3		0	4.9	0
84818039.90	其他流量阀(用于管道、锅炉、罐、桶或类似品的)	7	30		17	15	套/千克			0	4.9	0
8481.8040	--- 其他阀门											
84818040.10	两用物项管制的其他阀门	7	30	5	17	15	套/千克	3		0	4.9	0
84818040.90	其他阀门(用于管道、锅炉、罐、桶或类似品的)	7	30	5	17	15	套/千克		+L	0	4.9	0
8481.8090	--- 其他	5	50		17	15	套/千克			0		0
	- 零件:											
8481.9010	--- 阀门用	8	30	4	17	15	千克		+L	0		0
8481.9090	--- 其他	8	50		17	15	千克			0		0
84.82	滚动轴承:											
	- 滚珠轴承:											
8482.1010	--- 调心球轴承	8	20		17	15	套			0	7.6	0
8482.1020	--- 深沟球轴承	8	20		17	15	套			0	7.6	0
8482.1030	--- 角接触轴承	8	20		17	15	套			0	7.6	0
8482.1040	--- 推力球轴承	8	20		17	15	套			0	7.6	0
8482.1090	--- 其他	8	20		17	15	套			0	7.6	0
8482.2000	- 锥形滚子轴承，包括锥形滚子组件	8	20		17	15	套			0		0
8482.3000	- 鼓形滚子轴承	8	20	6	17	15	套			0		0
8482.4000	- 滚针轴承	8	20	6	17	15	套			0		0
8482.5000	- 其他圆柱形滚子轴承											
84825000.10	三环、二环偏心滚动轴承	8	20	4	17	15	套			0		0
84825000.90	其他圆柱形滚子轴承	8	20		17	15	套			0		0
8482.8000	- 其他，包括球、柱混合轴承	8	20		17	15	套			0	5.6	0
	- 零件:											
8482.9100	-- 滚珠、滚针及滚柱	8	20	6	17	15	千克			0		0
8482.9900	-- 其他	6	20	3	17	15	千克			0		0
84.83	传动轴（包括凸轮轴及曲柄轴）及曲柄；轴承座及滑动轴承；齿轮及齿轮传动装置；滚珠或滚子螺杆传动装置；齿轮箱及其他变速装置，包括扭矩变换器；飞轮及滑轮，包括滑轮组；离合器及联轴器（包括万向节）：											
	- 传动轴（包括凸轮轴及曲柄轴）及曲柄:											

协定税率 %										特惠税率 %				Article Description
巴基斯坦	冰岛	哥斯达黎	秘鲁	新西兰	瑞士	新加坡	韩国	澳大利亚	港澳台	老挝	孟加拉	33 国	7 国	
0	0	0	0	0	3.5		4.3	0			0	0	0	Pressure reducing valves for spray irrigation equipments (used for pipes, boilers, tanks, barrels or similar goods)
0	0	0	0	0	3.5		4.3	0			0	0	0	Other pressure reducing valves (used for pipes, boilers, tanks, barrels or similar goods)
														- Valves for oleohydraulic or pneumatic transmissions:
0	0	0	0	0	3.5		4.3	0	//0		0	0	0	--- For oleohydraulic transmissions
0	0	0	0	0	3.5		4.3	0			0	0	0	--- For pneumatic transmissions
0	0	0	0	0	3.5		4.3	0	//0		0	0	0	- Check（nonreturn）valves
0	0	0	0	0	2		4.3	0	//0		0	0	0	- Safety or relief valves
														- Other appliances:
														--- Directional control valves:
														----Electromagnetic
0	0	0	0	0	4.9		6	4.2	0//0		0	0	0	Electromagnetic selector valves under control of dual-use items
0	0	0	0	0	4.9		6	4.2	0//0		0	0	0	Other electromagnetic selector valves for pipes, boilers, tanks, barrels or similar goods
														----Other
0	0	0	0	0	4.9		6	4.2	0//0		0	0	0	Other selector valves under control of dual-use items
0	0	0	0	0	4.9		6	4.2	0//0		0	0	0	Other selector valve for pipes, boilers, tanks, barrels or similar goods
														--- Flow control valves:
														----Electronic expansion valves
0	0	0	0	0	2.8		6	4.2	0//0		0	0	0	Electronic expansion flow valves under control of dual-use items
0	0	0	0	0	2.8		6	4.2	0//0		0	0	0	Other electronic expansion flow valves for pipes, boilers, tanks, barrels or similar goods
														----Other
0	0	0	0	0	4.9		6	4.2	0//0		0	0	0	Other flow valves under control of dual-use items
0	0	0	0	0	4.9		6	4.2	0//0		0	0	0	Other flow valves for pipes, boilers, tanks, barrels or similar goods
														--- Other valves
0	0	0	0	0	4.9		0	4.2	0//0		0	0	0	Other valves under control of Dual-use Items
0	0	0	0	0	4.9		0	4.2	0//0		0	0	0	Other valves (used for pipes, boilers, tanks, barrels or similar goods)
0	0	0	0	0	2		3	0	0//		0	0	0	--- Other
														- Parts:
5	0	0	0	0	5.6		0	4.8	//0		0	0	0	--- Of valves
5	0	0	0	0	3.2		4.8	4.8	//0		0	0	0	--- Other
														Ball or roller bearings:
														- Ball bearings:
5	0	0	0	0	3.2	0	4.8	4.8	0//		0	0	0	--- Self-aligning ball bearing
5	0	0	0	0	3.2	0	4.8	4.8	0//		0	0	0	--- Deep groove ball bearing
5	0	0	0	0	3.2	0	4.8	4.8	0//		0	0	0	--- Angular contact bearing
5	0	0	0	0	3.2	0	4.8	4.8	0//		0	0	0	--- Thrust ball bearing
5	0	0	0	0	5.6	0	4.8	4.8	0//		0	0	0	--- Other
5	0	0	0	0	3.2		4.8	4.8			0	0	0	- Tapered roller bearings,including cone and tapered roller assemblies
5	0	0	0	0	3.2		4.8	4.8			0	0	0	- Spherical roller bearings
5		0	0	0	3.2		4.8	4.8	//0		0	0	0	- Needle roller bearings
														- Other cylindrical roller bearings
5	0	0	0	0	5.6	0	6.9	4.8			0	0	0	Tricyclic or bicyclic eccentric cylindrical roller bearings
5	0	0	0	0	5.6	0	6.9	4.8			0	0	0	Other cylindrical roller bearings
5	0	0	0	0	5.6		6.9	4.8			0	0	0	- Other,including combined ball/roller bearings
														- Parts:
5	0	0	0	0	3.2		4.8	4.8			0	0	0	-- Balls,needles and rollers
5	0	0	0	0	4.2		0	3.6	//0		0	0	0	-- Other
														Transmission shafts（including cam shafts and crand shafts）and cranks;bearing housings and plain shaft bearings;gears and gearing; ball or roller screws;gear boxes and other speed changers,including torque converters;flywheels and pulleys,including pulley blocks;clutches and shaft couplings（including universal joints）:
														- Transmission shafts（including cam shafts and crank shafts）and cranks:

税号	货品名称	进口关税% 最惠国	普通	年内暂定	增值/消费税%	出口退税%	统计计量单位	监管证件代码	检验检疫类别	协定税率% 东盟	亚太	智利
	--- 船舶用传动轴：											
8483.1011	----柴油机曲轴	6	14		17	17	个			0	5.1	0
8483.1019	----其他	6	14		17	17	个			0	5.1	0
8483.1090	--- 其他	6	30		17	17	个			0	5.4	0
8483.2000	- 装有滚珠或滚子轴承的轴承座	6	30		17	15	个			0		0
8483.3000	- 未装有滚珠或滚子轴承的轴承座；滑动轴承											
84833000.10	磁悬浮轴承(轴承组合件，由悬浮在充满阻尼介质的环形磁铁组成)	6	30	4	17	15	个	3		0		0
84833000.20	轴承/阻尼器(安装在阻尼器上的具有枢轴/盖的轴承)	6	30	4	17	15	个	3		0		0
84833000.90	其他未装有滚珠或滚子轴承的轴承座；其他滑动轴承	6	30	4	17	15	个			0		0
	- 齿轮及齿轮传动装置，但单独进口或出口的带齿的轮、链轮及其他传动元件除外；滚珠或滚子螺杆传动装置；齿轮箱及其他变速装置，包括扭矩变换器：											
8483.4010	--- 滚子螺杆传动装置	8	30		17	15	个			0	5.6	0
8483.4020	--- 行星齿轮减速器	8	30		17	15	个			0	5.6	0
8483.4090	--- 其他	8	30		17	17	个			0	5.6	0
8483.5000	- 飞轮及滑轮，包括滑轮组	8	30		17	15	个			0		0
8483.6000	- 离合器及联轴器（包括万向节）											
84836000.01	压力机用组合式湿式离合/制动器(离合扭矩为60-300kNm，制动扭矩为30-100kNm)	8	30	4	17	17	个			0		0
84836000.90	离合器及联轴器(包括万向节)	8	30		17	17	个			0		0
8483.9000	- 单独进口或出口的带齿的轮、链轮及其他传动元件；零件											
84839000.10	车用凸轮轴相位调节器(汽车发动机用)	8	30	4	17	17	千克			0		0
84839000.90	税目8483所列货品用其他零件(包括单独报验的带齿的轮、链轮及其他传动元件)	8	30		17	17	千克			0		0
84.84	**密封垫或类似接合衬垫，用金属片与其他材料制成或用双层或多层金属片制成；成套或各种不同材料的密封垫或类似接合衬垫，装于袋、套或类似包装内；机械密封件：**											
8484.1000	- 密封垫或类似接合衬垫，用金属片与其他材料制成或用双层或多层金属片制成	8	30	5	17	17	千克			0		0
8484.2000	- 机械密封件											
84842000.10	耐UF_6腐蚀的转动轴封(专门设计的真空密封装置，缓冲气体泄漏率1000cm^3/min)	8	30	5	17	17	千克	3		0		0
84842000.20	转动轴封(专门设计的带有密封式进气口和出气口的转动轴封)	8	30	5	17	17	千克	3		0		0
84842000.30	MLIS用转动轴封(专门设计的带密封进气口和出气口的转动轴封)	8	30	5	17	15	千克	3		0		0
84842000.90	其他机械密封件	8	30	5	17	15	千克			0		0
8484.9000	- 其他	8	30	5	17	15	千克			0		0
84.86	**专用于或主要用于制造半导体单晶柱或晶圆、半导体器件、集成电路或平板显示器的机器及装置；本章注释九（三）规定的机器及装置；零件及附件：**											
	- 制造单晶柱或晶圆用的机器及装置：											
8486.1010	--- 利用温度变化处理单晶硅的机器及装置	0	30		17	17	台					
8486.1020	--- 研磨设备	0	30		17	17	台					
8486.1030	--- 切割设备	0	30		17	17	台					
8486.1040	--- 化学机械抛光设备（CMP）	0	30		17	17	台					
8486.1090	--- 其他	0	30		17	17	台					

协定税率 %										特惠税率 %				
巴基斯坦	冰岛	哥斯达黎	秘鲁	新西兰	瑞士	新加坡	韩国	澳大利亚	港澳台	老挝	孟加拉	33国	7国	Article Description
														--- Transmission shafts for ships:
5	0	0	0	0	2.4		5.1	3.6	0/0/		0	0	0	----Crank shafts Of diesel engine
5	0	0	0	0	2.4		5.2	3.6	0/0/		0	0	0	----Other
5	0	0	0	0	4.2		5.2	3.6	0/0/		0	0	0	--- Other
5	0	0	0	0	4.2		3.6	3.6	/0/		0	0	0	- Bearing housings, incorporating ball or roller bearings
														- Bearing housings, not incorporating ball or roller bearings; plain shaft bearings
5	0	0	0	0	4.2		3.6	3.6	/0/		0	0	0	Magnetic suspended bearings (bearing assembly consisting of the ring magnets suspended in resisting medium)
5	0	0	0	0	4.2		3.6	3.6	/0/		0	0	0	Bearings/dampers (installed on the bearing with a pivot / bearing cover on the damper)
5	0	0	0	0	4.2		3.6	3.6	/0/		0	0	0	Other bearing seats unfitted with ball or roller bearings; other sliding bearings
														- Gears and gearing,other than toothed wheels, chain sprockets and other transmission elements presented separately; ball or roller screws; gear boxes and other speed changers, including torque converters:
5	0	0	0	0	5.6		4.8	4.8	0/0/0		0	0	0	--- Roller Screws
5	0	0	0	0	5.6		6.8	4.8	0/0/		0	0	0	--- Planet decelerators
5	0	0	0	0	5.6		6.9	4.8	0/0/0		0	0	0	--- Other
5	0	0	0	0	5.6		6.4	4.8	/0/		0	0	0	- Flywheels and pulleys, including pulley blocks
														- Clutches and shaft couplings （including universal joints）
5	0	0	0	0	5.6		6.9	4.8	/0/		0	0	0	Combined wet clutches/brakes for presses (clutch torque is 60-300kNM, and brake torque 30-100kNM)
5	0	0	0	0	5.6		6.9	4.8	/0/		0	0	0	Clutches and shaft couplings (including universal joints)
														- Toothed wheels, chain sprockets and other transmission elements presented separately; parts
5	0	0	0	0	5.6		4.8	4.8	0/0/0		0	0	0	Cam shafts phasic regulators for car engines
5	0	0	0	0	5.6		4.8	4.8	0/0/0		0	0	0	Other parts for the goods under headings 84.83,including toothed wheels, chain sprockets and other transmission elements presented separately
														Gaskets and similar joints of metal sheeting combined with other material or of two or more layers of metal;sets or assortments of gaskets and similar joints, dissimilar in composition, put up in pouches, envelopes or similar packings; mechanical seals:
5	0	0	0	0	5.6		6.9	4.8	//0		0	0	0	- Gaskets and similar joints of metal sheeting combined with other material or of two or more layers of metal
														- Mechanical seals
5	0	0	0	0	5.6		6.9	4.8			0	0	0	UF_6-resistant rotary shaft seals (specially designed vacuum airtight devices, the buffer gas leakage rate 1,000cm^3/min)
5	0	0	0	0	5.6		6.9	4.8			0	0	0	Rotary shaft seals (specially designed shaft seals with an airtight inlet and outlet)
5	0	0	0	0	5.6		6.9	4.8			0	0	0	Rotary shaft seals for MLIS (specially designed shaft seals with an airtight inlet and outlet)
5	0	0	0	0	5.6		6.9	4.8			0	0	0	Other mechanical seals
5	0	0	0	0	3.2		6.9	4.8			0	0	0	- Other
														Machines and apparatus of a kind used solely or principally for the manufacture of semiconductor boules or wafers, semiconductor devices, electronic integrated circuits or flat panel displays; machines and apparatus specified in Note 9 (c) to this chapter; parts and accessories:
														- Machines and apparatus for the manufacture of boules or wafers:
							0	0		0	0	0	0	--- Machines and apparatus for the treatment of monocrystalline sillicon by a process involving a change of temperature
							0	0			0	0	0	--- Grinding machines
							0	0			0	0	0	--- Sawing machines
							0	0			0	0	0	--- Chemical mechanical polishers (CMP)
							0	0			0	0	0	--- Other

税　号	货　品　名　称	进口关税 % 最惠国	普通	年内暂定	增值/消费税%	出口退税%	统计计量单位	监管证件代码	检验检疫类别	协定税率 % 东盟	亚太	智利
	- 制造半导体器件或集成电路用的机器及装置:											
8486.2010	--- 氧化、扩散、退火及其他热处理设备	0	30		17	17	台					
	--- 薄膜沉积设备:											
8486.2021	----化学气相沉积装置（CVD）	0	30		17	17	台					
8486.2022	----物理气相沉积装置（PVD）	0	30		17	17	台					
8486.2029	----其他	0	30		17	17	台					
	--- 将电路图投影或绘制到感光半导体材料上的装置:											
8486.2031	----分步重复光刻机（步进光刻机）	0	100		17	17	台					
8486.2039	----其他	0	100		17	17	台					
	--- 刻蚀及剥离设备:											
8486.2041	----等离子体干法刻蚀机	0	30		17	17	台					
8486.2049	----其他	0	30		17	17	台					
8486.2050	--- 离子注入机	0	11		17	17	台					
8486.2090	--- 其他	0	30		17	17	台					
	- 制造平板显示器用的机器及装置:											
8486.3010	--- 扩散、氧化、退火及其他热处理设备	0	30		17	17	台					
	--- 薄膜沉积设备:											
8486.3021	----化学气相沉积设备（CVD）	0	30		17	17	台					
8486.3022	----物理气相沉积设备（PVD）	0	30		17	17	台					
8486.3029	----其他	0	30		17	17	台					
	--- 将电路图投影或绘制到感光半导体材料上的装置:											
8486.3031	----分布重复光刻机	0	100		17	17	台					
8486.3039	----其他	0	100		17	17	台					
	--- 湿法蚀刻、显影、剥离、清洗装置:											
8486.3041	----超声波清洗装置	10	30	5	17	17	台			0		0
8486.3049	----其他	0	30		17	17	台					
8486.3090	--- 其他	0	30		17	17	台					
	- 本章注释九（三）规定的机器及装置:											
8486.4010	--- 主要用于或专用于制作和修复掩膜版（mask）或投影掩膜版（reticle）的装置	0	70		17	17	台					
	--- 主要用于或专用于装配与封装半导体器件或集成电路的设备:											
8486.4021	----塑封机	5	30		17	17	台			0	4.5	0
8486.4022	----引线键合装置											
84864022.10	全自动铝丝焊接机(主要用于或专用于装配与封装半导体器件和集成电路的设备)	8	30	6	17	17	台			0	7.6	0
84864022.20	全自动铜丝焊接机(主要用于或专用于装配与封装半导体器件和集成电路的设备)	8	30	6	17	17	台			0	7.6	0
84864022.30	全自动金丝焊接机(主要用于或专用于装配与封装半导体器件和集成电路的设备)	8	30	6	17	17	台			0	7.6	0
84864022.90	其他引线键合装置(主要用于或专用于装配与封装半导体器件和集成电路的设备)	8	30		17	17	台			0	7.6	0
8486.4029	----其他	0	17		17	17	台					
	--- 主要用于或专用于升降、装卸、搬运单晶柱、晶圆、半导体器件、集成电路或平板显示器的装置:											
8486.4031	----集成电路工厂专用的自动搬运机器人	0	20		17	17	台					
8486.4039	----其他	5	30		17	17	台			0	3.5	0
	- 零件及附件:											
8486.9010	--- 升降、搬运、装卸机器用（自动搬运设备用除外）	5	30		17	17	千克			0	2.5	0
8486.9020	--- 引线键合装置用	6	30		17	17	千克			0	5.7	0

协定税率 %										特惠税率 %				
巴基斯坦	冰岛	哥斯达黎	秘鲁	新西兰	瑞士	新加坡	韩国	澳大利亚	港澳台	老挝	孟加拉	33 国	7 国	**Article Description**
														- Machines and apparatus for the manufacture of semiconductor devices or of electronic integrated circuits:
							0	0		0	0	0	0	--- Oxidation,diffusion,annealing and other heat treatment equipment
														--- Film deposition equipment:
							0	0			0	0	0	----Chemical Vapour Deposition (CVD) equipment
							0	0			0	0	0	----Physical Vapour Deposition (PVD) equipment
							0	0			0	0	0	----Other
														--- Apparatus for the projection or drawing of circuit patterns on sensitized semiconductor materials:
							0	0			0	0	0	----Step and repeat alignersw
							0	0			0	0	0	----Other
														--- Etching and stripping equipment:
							0	0			0	0	0	----Dry plasma etching
							0	0			0	0	0	----Other
							0	0			0	0	0	--- Ion implanters
							0	0			0	0	0	--- Other
														- Machines and apparatus for the manufacture of flat panel displays:
							0	0		0	0	0	0	--- Oxidation,diffusion,annealing and other heat treatment equipment
														--- Film deposition equipment:
							0	0			0	0	0	----Chemical Vapour Deposition (CVD) equipment
							0	0			0	0	0	----Physical Vapour Deposition(PVD) equipment
							0	0			0	0	0	----Other
														--- Apparatus for the projection or drawing of circuit patterns on sensitized semiconductor materials:
							0	0			0	0	0	----Step and repeat alignersw
							0	0			0	0	0	----Other
														--- Apparatus for wet etching, developing, stripping or cleaning:
5	0	0	0	0	4	0		6			0	0	0	----Ultrasonic apparatus for cleaning
							0	0			0	0	0	----Other
							0	0			0	0	0	--- Other
														- Machines and apparatus specified in Note 9 (c) to this Chapter:
							0	0			0	0	0	--- Apparatus solely or principally of a kind used for the manufacture or repair of masks and reticles
														--- Machines solely or principally of a kind used for assembling or encapsulating semiconductor devices or electronic integrated circuits:
0	0	0	0	0	0		4.8	0			0	0	0	----Plastics encapsulating machines
														----Wire bonders
5	0	0	0	0	5.6			4.8	0//		0	0	0	Automatic welders for aluminum wire (mainly or exclusively used for assembling and encapsulating semiconductor devices and integrated circuit devices)
5	0	0	0	0	5.6			4.8	0//		0	0	0	Automatic welders for copper wire (mainly or exclusively used for assembling and encapsulating semiconductor devices and integrated circuit devices)
5	0	0	0	0	5.6			4.8	0//		0	0	0	Automatic welders for gold wire (mainly or exclusively used for assembling and encapsulating semiconductor devices and integrated circuit devices)
5	0	0	0	0	5.6			4.8	0//		0	0	0	Other types of lead bonding device (used solely or principally for assembling and encapsulating semiconductor devices and integrated circuit devices)
							0	0			0	0	0	----Other
														--- Apparatus solely or principally of a kind used for lifting, handling, loading or unloading of boules, wafers, semiconductor devices, electronic integrated circuits and flat panel displays:
							0	0			0	0	0	----Automated material handling machines solely or principally of a kind used in the electronic integrated circuits factories
0	0	0	0	0	2		4.4	0			0	0	0	----Other
														- Parts and accessories:
0	0	0	0	0	2		3	0			0	0	0	--- Of machines for lifting, handling, loading or unloading (other than automated material handling machines)
5	0	0	0	0	2.4		3.6	3.6			0	0	0	--- Of wire bonders

税　号	货 品 名 称	进口关税 %			增值/消费税%	出口退税%	统计计量单位	监管证件代码	检验检疫类别	协定税率 %		
		最惠国	普通	年内暂定						东盟	亚太	智利
	--- 其他：											
8486.9091	----带背板的溅射靶材组件	0	17		17	17	千克					
8486.9099	----其他	0	17		17	17	千克					
84.87	**本章其他税目未列名的机器零件，不具有电气接插件、绝缘体、线圈、触点或其他电气器材特征的：**											
8487.1000	- 船用推进器及桨叶	6	14		17	17	千克			0		0
8487.9000	- 其他	8	30		17	15	千克			0		0

协定税率 %										特惠税率 %				Article Description
巴基斯坦	冰岛	哥斯达黎	秘鲁	新西兰	瑞士	新加坡	韩国	澳大利亚	港澳台	老挝	孟加拉	33 国	7 国	
														--- Other:
							0	0			0	0	0	----Componets of sputtering target material with backing
							0	0			0	0	0	----Other
														Machinery parts, not containing electrical connectors, insulators, coils,contacts or other electrical features,not specified or included elsewhere in this Chapter:
5	0	0	0	0	2.4		5.2	3.6			0	0	0	- Ships or boats propellers and blades therefor
5	0	0	0	0	5.6		6.4	4.8	0//0		0	0	0	- Other

第八十五章　电机、电气设备及其零件；录音机及放声机、电视图像、声音的录制和重放设备及其零件、附件

注释：

一、本章不包括：

（一）电暖的毯子、褥子、足套及类似品，电暖的衣服、靴、鞋、耳套或其他供人穿戴的电暖物品；

（二）税目 70.11 的玻璃制品；

（三）税目 84.86 的机器及装置；

（四）用于医疗、外科、牙科或兽医的真空设备（税目 90.18）；或

（五）第九十四章的电热家具。

二、税目 85.01 至 85.04 不适用于税目 85.11、85.12、85.40、85.41 或 85.42 的货品。

但金属槽汞弧整流器仍归入税目 85.04。

三、税目 85.09 仅包括通常供家用的下列电动器具：

（一）任何重量的地板打蜡机、食品研磨机及食品搅拌器，水果或蔬菜的榨汁机；

（二）重量不超过 20 千克的其他机器。

但该税目不适用于风机、风扇或装有风扇的通风罩及循环气罩（不论是否装有过滤器）（税目 84.14）、离心干衣机（税目 84.21）、洗碟机（税目 84.22）、家用洗衣机（税目 84.50）、滚筒式或其他形式的熨烫机器（税目 84.20 或 84.51）、缝纫机（税目 84.52）、电剪子（税目 84.67）或电热器具（税目 85.16）。

四、税目 85.23 所称：

（一）“固态、非易失性存储器件”（例如，“闪存卡”或“电子闪存卡”）是指带有接口的存储器件，其在同一壳体内包含一个或多个闪存（FLASH E^2PROM），以集成电路的形式装配在一块印刷电路板上。它们可以包括一个集成电路形式的控制器及多个分立无源元件，例如，电容器及电阻器；

（二）所称“智能卡”，是指装有一个或多个集成电路（微处理器、随机存取存储器（RAM）或只读存储器（ROM））芯片的卡。这些卡可带有触点、磁条或嵌入式天线，但不包含任何其他有源或无源电路元件。

五、税目 85.34 所称“印刷电路”，是指采用各种印制方法（例如，压印、覆镀、腐蚀）或采用“膜电路”工艺，将导线、接点或其他印制元件（例如，电感器、电阻器、电容器）按预定的图形单独或互相连接地印制在绝缘基片上的电路，但能够产生、整流、调制或放大电信号的元件（例如，半导体元件）除外。

所称“印刷电路”，不包括装有非印制元件的电路，也不包括单个的分立式电阻器、电容器及电感器。但印刷电路可配有非经印刷的连接元件。

用同样工艺制得的无源元件及有源元件组成的薄膜电路或厚膜电路应归入税目 85.42。

六、税目 85.36 所称“光导纤维、光导纤维束或光缆用连接器”，是指在有线数字通讯设备中，简单机械地把光纤端部相连成一线的连接器。它们不具备诸如对信号进行放大、再生或修正等其他功能。

七、税目 85.37 不包括电视接收机或其他电气设备用的无绳红外遥控器（税目 85.43）。

八、税目 85.41 及 85.42 所称：

（一）“二极管、晶体管及类似的半导体器件”，是指那些依靠外加电场引起电阻率的变化而进行工作的半导体器件。

（二）“集成电路”，是指：

1. 单片集成电路，即电路元件（二极管、晶体管、电阻器、电容器、电感器等）主要整体制作在一片半导体材料或化合物半导体材料（例如，掺杂硅、砷化镓、硅锗或磷化铟）基片的表面，并不可分割地连接在一起的电路；

2. 混合集成电路，即通过薄膜或厚膜工艺制得的无源元件（电阻器、电容器、电感器等）和通过半导体工艺制得的有源元件（二极管、晶体管、单片集成电路等）用互连或连接线实

Chapter 85 Electrical machinery and equipment and parts thereof;sound recorders and reproducers,television image and sound recorders and reproducers, and parts and accessories of such articles

Chapter Notes:

1. This Chapter does not cover:

   (a) Electrically warmed blankets, bed pads, foot-muffs or the like; electrically warmed clothing, footwear or ear pads or other electrically warmed articles worn on or about the person;

   (b) Articles of glass of heading 70.11;

   (c) Machines and apparatus of heading 84.86;

   (d) Vacuum apparatus of a kind used in medical, surgical, dental or veterinary sciences (heading 90.18); or

   (e) Electrically heated furniture of Chapter 94.

2. Headings 85.01 to 85.04 do not apply to goods described in heading 85.11, 85.12, 85.40, 85.41 or 85.42.

   However, metal tank mercury arc rectifiers remain classified in heading 85.04.

3. Heading 85.09 covers only the following electro-mechanical machines of the kind commonly used for domestic purposes:

   (a) Floor polishers, food grinders and mixers, and fruit or vegetable juice extractors, of any weight;

   (b) Other machines provided the weight of such machines does not exceed 20 kg.

   The heading does not, however, apply to fans or ventilating or recycling hoods incorporating a fan, whether or not fitted with filters (heading 84.14), centrifugal clothes-dryers (heading 84.21), dish washing machines (heading 84.22), household washing machines (heading 84.50), roller or other ironing machines (heading 84.20 or 84.51), sewing machines (heading 84.52), electric scissors (heading 84.67) or to electrothermic appliances (heading 85.16).

4. For the purposes of heading 85.23:

   (a) "Solid-state non-volatile storage devices" (for example, "flash memory cards" or "flash electronic storage cards") are storage devices with a connecting socket, comprising in the same housing one or more flash memories (for example, "FLASH E^2PROM") in the form of integrated circuits mounted on a printed circuit board. They may include a controller in the form of an integrated circuit and discrete passive components, such as capacitors and resistors;

   (b) The term "smart cards" means cards which have embedded in them one or more electronic integrated circuits (a microprocessor, random access memory (RAM) or read-only memory (ROM)) in the form of chips. These cards may contain contacts, a magnetic stripe or an embedded antenna but do not contain any other active or passive circuit elements.

5. For the purposes of heading 85.34 "printed circuits" are circuits obtained by forming on an insulating base, by any printing process (for example, embossing, plating-up, etching) or by the " film circuit " technique, conductor elements, contacts or other printed components (for example, inductances, resistors, capacitors) alone or interconnected according to a pre-established pattern, other than elements which can produce, rectify, modulate or amplify an electrical signal (for example, semiconductor elements).

   The expression "printed circuits" does not cover circuits combined with elements other than those obtained during the printing process, nor does it cover individual, discrete resistors, capacitors or inductances. Printed circuits may, however, be fitted with non-printed connecting elements.

   Thin- or thick-film circuits comprising passive and active elements obtained during the same technological process are to be classified in heading 85.42.

6. For the purpose of heading 85.36, "connectors for optical fibres, optical fibre bundles or cables" means connectors that simply mechanically align optical fibres end to end in a digital line system. They perform no other function, such as the amplification, regeneration or modification of a signal.

7. Heading 85.37 does not include cordless infrared devices for the remote control of television receivers or other electrical equipment (heading 85.43).

8. For the purposes of headings 85.41 and 85.42:

   (a) "Diodes, transistors and similar semiconductor devices" are semiconductor devices the operation of which depends on variations in resistivity on the application of an electric field;

   (b) "Electronic integrated circuits" are:

      (i) Monolithic integrated circuits in which the circuit elements (diodes, transistors, resistors, capacitors, inductances, etc.) are created in the mass (essentially) and on the surface of a semiconductor or compound semiconductor material (for example, doped silicon, gallium arsenide, silicon germanium, indium phosphide) and are inseparably associated;

      (ii) Hybrid integrated circuits in which passive elements (resistors, capacitors, inductances, etc.), obtained by thin- or thick-film technology, and active elements (diodes, transistors, monolithic integrated circuits, etc.), obtained by semiconductor technology, are combined to all intents and purposes indivisibly, by interconnections or

际上不可分割地组合在同一绝缘基片（玻璃、陶瓷等）上的电路。这种电路也可包括分立元件；

3. 多芯片集成电路是由两个或多个单片集成电路实际上不可分割地组合在一片或多片绝缘基片上构成的电路，不论是否带有引线框架，但不带有其他有源或无源的电路元件。

本注释所述物品在归类时，即使本协调制度其他税目涉及到上述物品，尤其是物品的功能，仍应优先考虑归入税目 85.41 及 85.42，但涉及税目 85.23 的情况除外。

九、税目 85.48 所称“废原电池、废原电池组及废蓄电池”，是指因破损、拆解、耗尽或其他原因而不能再使用，也不能再充电的电池。

子目注释：

子目 8527.12 仅包括有内置放大器但无内置扬声器的盒式磁带放声机，它不需外接电源即能工作，且外形尺寸不超过170毫米×100毫米×45毫米。

税号	货品名称	进口关税 %			增值/消费税%	出口退税%	统计计量单位	监管证件代码	检验检疫类别	协定税率 %		
		最惠国	普通	年内暂定						东盟	亚太	智利
85.01	电动机及发电机（不包括发电机组）：											
	- 输出功率不超过37.5瓦的电动机：											
8501.1010	--- 玩具用	24.5	80		17	17	台			0	23.3	0
	--- 其他：											
8501.1091	----微电机，机座最大尺寸在20毫米及以上，但不超过39毫米											
85011091.01	激光视盘机机芯精密微型电机(1瓦≤功率≤18瓦，20mm≤直径≤30mm)	9	70	5	17	17	台			0	8.6	0
85011091.02	摄像机、摄录一体机用精密微型电机(0.5瓦≤功率≤10瓦，20mm≤直径≤39mm)	9	70	5	17	17	台			0	8.6	0
85011091.90	其他机座最大尺寸在20mm至39mm微电机(输出功率不超过37.5瓦)	9	70		17	17	台			0	8.6	0
8501.1099	----其他											
85011099.01	功率≤0.5W非用于激光视盘机机芯的微型电机(圆柱形直径≤6mm,高≤25mm;扁圆型直径≤15mm,厚≤5mm)	9	35	5	17	17	台			0	8.6	0
85011099.02	激光视盘机机芯用精密微型电机(0.5瓦≤功率≤2瓦，5mm≤直径<20mm)	9	35	5	17	17	台			0	8.6	0
85011099.03	摄像机、摄录一体机用精密微型电机(0.5瓦≤功率≤10瓦，5mm≤直径<20mm或39mm<直径≤40mm)	9	35	5	17	17	台			0	8.6	0
85011099.90	其他微电机(输出功率不超过37.5瓦)	9	35		17	17	台			0	8.6	0
8501.2000	- 交直流两用电动机，输出功率超过37.5瓦	12	35		17	17	台		+L	0		0
	- 其他直流电动机；直流发电机：											
8501.3100	-- 输出功率不超过750瓦	12	35		17	17	台		+L	0	11	0
8501.3200	-- 输出功率超过750瓦，但不超过75千瓦	10	35		17	17	台		+L	0		0
8501.3300	-- 输出功率超过75千瓦，但不超过375千瓦	5	35		17	17	台			0		0
8501.3400	-- 输出功率超过375千瓦	12	35		17	17	台			0		0
8501.4000	- 其他单相交流电动机	12	35		17	17	台		+L	0		0
	- 其他多相交流电动机：											
8501.5100	-- 输出功率不超过750瓦											
85015100.10	发电机(功率≥40瓦特，频率600至2000赫兹，谐波畸变低于10%等)	5	35		17	17	台	3		0		0
85015100.90	其他输出功率≤750W多相交流电动机	5	35		17	17	台		+L	0		0
8501.5200	-- 输出功率超过750瓦，但不超过75千瓦	10	35		17	17	台		+L	0		0
8501.5300	-- 输出功率超过75千瓦											
85015300.10	高速(200km/h及以上)电力机车的交流异步牵引电动机	12	35	3	17	17	台			0	11.4	0
85015300.90	其他功率>75kW多相交流电动机	12	35		17	17	台			0	11.4	0
	- 交流发电机：											
8501.6100	-- 输出功率不超过75千伏安	5	30		17	17	台/千瓦			0		0
8501.6200	-- 输出功率超过75千伏安，但不超过375千伏安	12	30		17	17	台/千瓦			0		0

interconnecting cables, on a single insulating substrate (glass, ceramic, etc.). These circuits may also include discrete components;

(iii) Multichip integrated circuits consisting of two or more interconnected monolithic integrated circuits combined to all intents and purposes indivisibly, whether or not on one or more insulating substrates, with or without leadframes, but with no other active or passive circuit elements.

For the classification of the articles defined in this Note, headings 85.41 and 85.42 shall take precedence over any other heading in the Nomenclature, except in the case of heading 85.23, which might cover them by reference to, in particular, their function.

9. For the purposes of heading 85.48, "spent primary cells, spent primary batteries and spent electric accumulators" are those which are neither usable as such because of breakage, cutting-up, wear or other reasons, nor capable of being recharged.

Subheading Note:

Subheadings 8527.12 covers only cassette-players with built-in amplifier, without built-in loudspeaker, capable of operating without an external source of electric power and the dimensions of which do not exceed 170 mm×100 mm ×45 mm.

协定税率 %										特惠税率 %				Article Description
巴基斯坦	冰岛	哥斯达黎	秘鲁	新西兰	瑞士	新加坡	韩国	澳大利亚	港澳台	老挝	孟加拉	33 国	7 国	
														Electric motors and generators (excluding generating sets):
														- Motors of an output not exceeding 37.5W:
23.3	0	0	7.4	0	17.2	0	22	14.7	0//0			0	0	--- For use in toys
														--- Other:
														----Micromotors with a housing size of 20mm or more but not exceeding 39mm
5	0	0	0	0	6.3	0	7.8	5.4	0//		0	0	0	Precision micro-motors for the movement of laser disc players (20mm≤diameter≤30mm, 1W≤power≤18W)
5	0	0	0	0	6.3	0	7.8	5.4	0//		0	0	0	Precision micro-motors for cameras or video camera recorders (20mm≤diameter≤39mm; 0.5W≤power≤10W)
5	0	0	0	0	6.3	0	7.8	5.4	0//		0	0	0	Other kinds of micro-motors with frames sized between 20mm and 39mm (power output no more than 37.5W)
														----Other
5	0	0	0	0	6.3	0	7.8	5.4	0//0		0	0	0	Power ≤0.5W, micro-motors not for the movement of laser disc players (cylindrical diameter ≤6mm; height ≤25mm; oblate diameter ≤15mm; thickness ≤5mm)
5	0	0	0	0	6.3	0	7.8	5.4	0//0		0	0	0	Precision micro-motors for the movement of laser disc players (5mm≤diameter<20mm, 0.5W≤power≤2W)
5	0	0	0	0	6.3	0	7.8	5.4	0//0		0	0	0	Precision micro-motors for cameras or video camera recorders (5mm≤diameter<20mm or 39mm<diameter≤40mm; 0.5W≤power≤10W)
5	0	0	0	0	6.3	0	7.8	5.4	0//0		0	0	0	Other kinds of micro-motors (power output: no more than 37.5W)
6	0	0	3.6	0	8.4	0	9.6	7.2			0	0	0	- Universal AC/DC motors of an output exceeding 37.5W
														- Other DC motors;DC generators:
6	0	0	0	0	4.8	0	10.3	7.2	0/0/0		0	0	0	-- Of an output not exceeding 750W
5	0	0	0	0	4	0	8	6			0	0	0	-- Of an output exceeding 750W but not exceeding 75kW
0	0	0	0	0	0		3	0			0	0	0	-- Of an output exceeding 75kW but not exceeding 375kW
6	0	0	0	0	8.4	0	10.8	7.2			0	0	0	-- Of an output exceeding 375kW
6	0	0	3.6	0	8.4	0	10.4	7.2			0	0	0	- Other AC motors, single-phase
														- Other AC motors, multi-phase:
														-- Of an output not exceeding 750W
0	0	0	0	0	2			0			0	0	0	Generator (power≥40W; frequency 600-2000Hz; harmonic distortion rate<10%, etc.)
0	0	0	0	0	2			0			0	0	0	Other multi-phase AC motors, power output ≤750W
5	0	0	0	0	7	0	9	6			0	0	0	-- Of an output exceeding 750W but not exceeding 75kW
														-- Of an output exceeding 75kW
6	0	0	0	0	8.4	0	10.4	7.2			0	0	0	Asynchronous AC trection motors for electric express locomotive(speed≥200km/h)
6	0	0	0	0	8.4	0	10.4	7.2			0	0	0	Other multi-phase AC motors, power >75kW
														- AC generators (alternators):
0	0	0	0	0	0		4	0			0	0	0	-- Of an output not exceeding 75kVA
6	0	0	3.6	0	8.4	0	10.8	7.2			0	0	0	-- Of an output exceeding 75kVA but not exceeding 375kVA

税号	货品名称	进口关税 %			增值/消费税%	出口退税%	统计计量单位	监管证件代码	检验检疫类别	协定税率 %		
		最惠国	普通	年内暂定						东盟	亚太	智利
8501.6300	-- 输出功率超过375千伏安，但不超过750千伏安	12	30		17	17	台/千瓦			0		0
	-- 输出功率超过750千伏安:											
8501.6410	--- 输出功率超过750千伏安，但不超过350兆伏安											
85016410.10	由使用可再生燃料锅炉和涡轮机组驱动的交流发电机，750kVA＜输出功率≤350MVA	10	30	5	17	17	台/千瓦	0		0		0
85016410.90	其他750kVA＜输出功率≤350MVA的交流发电机	10	30		17	17	台/千瓦	0		0		0
8501.6420	--- 输出功率超过350兆伏安，但不超过665兆伏安											
85016420.10	由使用可再生燃料锅炉和涡轮机组驱动的交流发电机，350MVA＜输出功率≤665MVA	5.8	14	5	17	17	台/千瓦	0		0		0
85016420.90	其他350MVA＜输出功率≤665MVA交流发电机	5.8	14		17	17	台/千瓦	0		0		0
8501.6430	--- 输出功率超过665兆伏安											
85016430.10	由使用可再生燃料锅炉和涡轮机组驱动的交流发电机，输出功率＞665MVA	6	11	5	17	17	台/千瓦	0		0		0
85016430.90	其他输出功率＞665MVA交流发电机	6	11		17	17	台/千瓦	0		0		0
85.02	**发电机组及旋转式变流机:**											
	- 装有压燃式活塞内燃发动机(柴油或半柴油发动机)的发电机组:											
8502.1100	-- 输出功率不超过75千伏安	10	45		17	17	台/千瓦			0		0
8502.1200	-- 输出功率超过75千伏安，但不超过375千伏安	10	45		17	17	台/千瓦	0		0		0
	-- 输出功率超过375千伏安:											
8502.1310	--- 输出功率超过375千伏安,但不超过2兆伏安	10	45		17	17	台/千瓦	0		0	7	0
8502.1320	--- 输出功率超过2兆伏安	10	30		17	17	台/千瓦	0		0	7	0
8502.2000	- 装有点燃式活塞内燃发动机的发电机组	10	45		17	17	台/千瓦			0		0
	- 其他发电机组:											
8502.3100	-- 风力驱动的	8	30	5	17	17	台/千瓦			0		0
8502.3900	-- 其他											
85023900.10	依靠可再生能源(太阳能、小水电、潮汐、沼气、地热能、生物质/余热驱动的汽轮机)生产电力的发电机组	10	30	5	17	17	台/千瓦			0		0
85023900.90	其他发电机组(风力驱动除外)	10	30		17	17	台/千瓦			0		0
8502.4000	- 旋转式变流机	10	30		17	17	台			0		0
85.03	**专用于或主要用于税目85.01或85.02所列机器的零件:**											
8503.0010	--- 税号8501.1010及8501.1091所列电动机用	12	70		17	17	千克			0	11.4	0
8503.0020	--- 税号8501.6420及8501.6430所列发电机用	3	11		17	17	千克			0	2.5	0
8503.0030	--- 税号8502.3100所列发电机组用	3	30	1	17	17	千克			0	2.5	0
8503.0090	--- 其他											
85030090.10	电动机定子(用于真空中频率600-2000Hz、功率50-1000VA条件下)	8	30		17	17	千克	3		0	7.6	0
85030090.20	由使用可再生燃料锅炉和涡轮机组驱动的输出功率超过750千伏安不超过350兆伏安的交流发电机的零件	8	30	5	17	17	千克			0	7.6	0
85030090.30	靠可再生能源(太阳能、小水电、潮汐、沼气、地热能、生物质/余热驱动的汽轮机)生产电力发电机组的零件	8	30	5	17	17	千克			0	7.6	0
85030090.90	其他电动机、发电机(组)零件	8	30		17	17	千克			0	7.6	0
85.04	**变压器、静止式变流器(例如，整流器)及电感器:**											
	- 放电灯或放电管用镇流器:											
8504.1010	--- 电子镇流器	10	35		17	17	个		+L	0		0
8504.1090	--- 其他	10	35		17	17	个		+L	0		0
	- 液体介质变压器:											

协定税率 %										特惠税率 %				Article Description
巴基斯坦	冰岛	哥斯达黎	秘鲁	新西兰	瑞士	新加坡	韩国	澳大利亚	港澳台	老挝	孟加拉	33国	7国	
6	0	0	3.6	0	8.4	0	10.8	7.2			0	0	0	-- Of an output exceeding 375kVA but not exceeding 750kVA
														-- Of an output exceeding 750kVA:
														--- Of an output exceeding 750kVA but not exceeding 350MVA
5	0	0	3	0	4	0	9	6			0	0	0	AC generators(alternators) powered by renewable-fuel fired boilers and turbine sets, of an output exceeding 750KVA but not exceeding 350MVA
5	0	0	3	0	4	0	9	6			0	0	0	Other AC generators(alternators), of an output exceeding 750KVA but not exceeding 350MVA
														--- Of an output exceeding 350MVA but not exceeding 665MVA
5	0	0	0	0	2.3		3.4	3.5			0	0	0	AC generators(alternators) powered by renewable-fuel fired boilers and turbine sets, of an output exceeding 350MVA but not exceeding 665MVA
5	0	0	0	0	2.3		3.4	3.5			0	0	0	Other AC generators(alternators), of an output exceeding 350MVA but not exceeding 665MVA
														--- Of an output exceeding 665MVA
5	0	0	0	0	2.4		3.6	3.6			0	0	0	AC generators(alternators) powered by renewable-fuel fired boilers and turbine sets, of an output exceeding 665MVA
5	0	0	0	0	2.4		3.6	3.6			0	0	0	Other AC generators(alternators), of an output exceeding 665MVA
														Electric generating sets and rotary converters:
														- Generating sets with compression-ignition internal combustion piston engines（diesel or semi-diesel engines）:
5	0	0	0	0	4	0	8	6	0//		0	0	0	-- Of an output not exceeding 75kVA
5	0	0	3	0	4	0	8.6	6	0//		0	0	0	-- Of an output exceeding 75 kVA but not exceeding 375kVA
														-- Of an output exceeding 375kVA:
5	0	0	0	0	4	0	9	6	0//		0	0	0	--- Of an output exceeding 375kVA but not exceeding 2MVA
5	0	0	0	0	4	0	9	6	0//		0	0	0	--- Of an output exceeding 2MVA
5	0	0	0	0	4	0	8	6			0	0	0	- Generating sets with spark-ignition internal combustion piston engines
														- Other generating sets:
5	0	0	0	0	3.2		6.9	4.8			0	0	0	-- Wind-powered
														-- Other
5	0	0	0	0	4		8.6	6			0	0	0	Reproducible energy-powered(Solar, water,tide, methane, geothermic, drived turbine) Electric generating sets
5	0	0	0	0	4		8.6	6			0	0	0	Other(other than wind-powered)
5	0	0	0	0	4		8	6			0	0	0	- Electric rotary converters
														Parts suitable for use solely or principally with the machines of heading No.85.01 or 85.02:
6	0	0	3.6	0	8.4	0	10.3	7.2	0//0		0	0	0	--- Of the motors of subheading No.8501.1010 or 8501.1091
0	0	0	0	0	2.1		0	0	0//		0	0	0	--- Of the generators of subheading No.8501.6420 or 8501.6430
0	0	0	0	0	0		0	0	0//		0	0	0	--- Of the generating sets of subheading No.8502.3100
														--- Other
5		0	0	0	5.6		4.8	4.8	0//0		0	0	0	Motor stator (used when the frequency is between 600-2000Hz and power between 50-1000VA in vacuum)
5		0	0	0	5.6		4.8	4.8	0//0		0	0	0	Parts of AC generators of an output exceeding 350MVA, powered by boilers using reproducible fuel and turbine sets
5		0	0	0	5.6		4.8	4.8	0//0		0	0	0	Of the generating sets of subheading 85023900.10
5		0	0	0	5.6		4.8	4.8	0//0		0	0	0	Other parts of electric motors and generators (sets)
														Electrical transformers, static converters（for example, rectifiers） and inductors:
														- Ballasts for discharge lamps or tubes:
5	0	0	3	0	4	0	8	6	/0/		0	0	0	--- Electronic ballats
5	0	0	3	0	4		8	6	/0/		0	0	0	--- Other
														- Liquid dielectric transformers:

税号	货品名称	进口关税 % 最惠国	普通	年内暂定	增值/消费税%	出口退税%	统计计量单位	监管证件代码	检验检疫类别	协定税率 % 东盟	亚太	智利
8504.2100	-- 额定容量不超过650千伏安	10.5	50		17	17	个			0		0
8504.2200	-- 额定容量超过650千伏安，但不超过10兆伏安	12.6	50		17	17	个			0		0
	-- 额定容量超过10兆伏安:											
	--- 额定容量超过10兆伏安，但小于400兆伏安:											
8504.2311	----额定容量超过10兆伏安，但小于220兆伏安	10	50		17	17	个			0	7	0
8504.2312	----额定容量在220兆伏安及以上，但小于330兆伏安	10	50		17	17	个			0	7	0
8504.2313	----额定容量在330兆伏安及以上，但小于400兆伏安	10	50		17	17	个			0	7	0
	--- 额定容量在400兆伏安及以上:											
8504.2321	----额定容量在400兆伏安及以上，但小于500兆伏安	6	11		17	17	个			0	4.2	0
8504.2329	----其他	6	11		17	17	个			0	4.2	0
	- 其他变压器:											
	-- 额定容量不超过1千伏安:											
8504.3110	--- 互感器	5	50		17	17	个			0	4.3	0
8504.3190	--- 其他	5	50		17	17	个			0	4.3	0
	-- 额定容量超过1千伏安，但不超过16千伏安:											
8504.3210	--- 互感器	5	50		17	17	个			0		0
8504.3290	--- 其他	5	50		17	17	个			0		0
	-- 额定容量超过16千伏安，但不超过500千伏安:											
8504.3310	--- 互感器	5	50		17	17	个/千克			0		0
8504.3390	--- 其他	5	50		17	17	个/千克			0		0
	-- 额定容量超过500千伏安:											
8504.3410	--- 互感器	14	50		17	17	个/千克			0		0
8504.3490	--- 其他	14	50		17	17	个/千克			0		0
	- 静止式变流器:											
	--- 稳压电源:											
8504.4013	----税目84.71所列机器用	0	40		17	17	个	A	L/			
8504.4014	----其他直流稳压电源，功率小于1千瓦，精度低于万分之一	7	80	3	17	17	个			0	5.6	0
8504.4015	----其他交流稳压电源，功率小于10千瓦，精度低于千分之一	0	80		17	17	个					
8504.4019	----其他											
85044019.10	同位素电磁分离器离子源磁体电源(高功率直流型)	0	50		17	17	个	3				
85044019.20	直流高功率电源(能8小时连续产生100V,500A电流,稳定度优于0.1%)	0	50		17	17	个	3				
85044019.30	高压直流电源(能8小时连续产生20KV,1A电流,稳定度优于0.2%)	0	50		17	17	个	3				
85044019.40	同位素电磁分离器离子源高压电源	0	50		17	17	个	3				
85044019.90	其他稳压电源	0	50		17	17	个		+L			
8504.4020	--- 不间断供电电源	10	50		17	17	台			0	8.5	0
8504.4030	--- 逆变器											
85044030.10	两用物项管制的逆变器(功率≥40瓦特,频率600至2000赫兹,谐波畸变低于10%等)	10	30		17	17	个	3		0		0
85044030.20	纯电动或混合动力汽车用逆变器模块,功率密度≥8千瓦/升	10	30	6	17	17	个			0		0
85044030.90	其他逆变器	10	30		17	17	个			0		0
	--- 其他:											
8504.4091	----具有变流功能的半导体模块											

协定税率 %									特惠税率 %					Article Description
巴基斯坦	冰岛	哥斯达黎	秘鲁	新西兰	瑞士	新加坡	韩国	澳大利亚	港澳台	老挝	孟加拉	33 国	7 国	
5	0	0	3.2	0	7.4	0	8.4	6.3			0	0	0	-- Having a power handling capacity not exceeding 650kVA
6.3	0	0	3.8	0	8.8	0	10	7.6			0	0	0	-- Having a power handling capacity exceeding 650kVA but not exceeding 10MVA
														-- having a power handling capacity exceeding 10MVA:
														--- Having a power handling capacity exceeding 10MVA but less than 400MVA:
5	0	0	0	0			8.6	6			0	0	0	----Having a power handing capacity exceeding 10MVA but less than 220MVA
5	0	0	0	0	4		8	6			0	0	0	----Having a power handling capacity exceeding 220MVA but less than 330MVA
5	0	0	0	0	4		8	6			0	0	0	----Having a power handling capacity exceeding 330MVA but less than 400MVA
														--- Having a power handling capacity of 400MVA or more:
0	0	0	0	0	2.4		3.6	3.6			0	0	0	----Having a power handling capacity exceeding 400MVA but less than 500MVA
0	0	0	0	0	2.4		3.6	3.6			0	0	0	----Other
														- Other transformers:
														-- Having a power handling capacity not exceeding 1kVA:
0	0	0	0	0	2		0	0	/0/0		0	0	0	--- Mutual inductor
0	0	0	0	0	2	0	0	0	0/0/0		0	0	0	--- Other
														-- Having a power handling capacity exceeding 1kVA but not exceeding 16kVA:
0	0	0	0	0	0		4.3	0	/0/		0	0	0	--- Mutual inductor
0	0	0	0	0	2		3	0	/0/		0	0	0	--- Other
														-- Having a power handling capacity exceeding 16kVA but not exceeding 500kVA:
0	0	0	0	0	2		4.3	0	/0/		0	0	0	--- Mutual inductor
0	0	0	0	0	2		4.3	0	/0/		0	0	0	--- Other
														-- Having a power handling capacity exceeding 500kVA:
11.2	0	0	0	0	5.6	0	12.1	8.4	/0/			0	0	--- Mutual inductor
11.2	0	0	0	0	5.6	0	12.1	8.4	/0/			0	0	--- Other
														- Static converters:
														--- Voltage-stabilized suppliers:
							0	0			0	0	0	----Of the machines of heading No.84.71
5	0	0	0	0	4.9		6	4.2			0	0	0	----Other DC voltage-stabilized suppliers, of a power of less than 1kW and an accuracy of not better than 0.0001
							0	0			0	0	0	----Other AC voltage-stabilized suppliers,of a power of less than 10kW and an accuracy of not better than 0.001
														----Other
							0	0			0	0	0	Magnet power for the ion source of electromagnetic isotope separator (high power DC)
							0	0			0	0	0	High power DC power supply (be able to generate the 100V, 500A electric current for 8 hours consecutively with its stability higher than 0.1%)
							0	0			0	0	0	High voltage DC power supply (able to generate the 20kV, 1A electric current for 8 hours consecutively with its stability higher than 0.2%)
							0	0			0	0	0	High voltage power supply for the ion source of electromagnetic isotope separator
							0	0			0	0	0	Other kinds of regulated power supplies
5	0	0	0	0		0	8.6	6	0//		0	0	0	--- Uninterrupted power suppliers
														--- Inverter
5	0	0	3	0	7	0	8.6	6	0/0/		0	0	0	Inverter under control of dual-use items(power ≥40W, frequency 600-2000 Hz, harmonic distortion rate less than 10%)
5	0	0	3	0	7	0	8.6	6	0/0/		0	0	0	Inverter module for pure electric power vehicles or hybrid power vehicles (power density ≧ 8 kW/L)
5	0	0	3	0	7	0	8.6	6	0/0/		0	0	0	Other inverter
														--- Other:
														----Semiconductor modules with converting function

税号	货品名称	进口关税 % 最惠国	普通	年内暂定	增值/消费税%	出口退税%	统计计量单位	监管证件代码	检验检疫类别	协定税率 % 东盟	亚太	智利
85044091.01	具有变流功能的半导体模块(自动数据处理设备机器及组件、电讯设备用的)	0	30	3	17	17	个	s		0		0
85044091.09	其他具有变流功能的半导体模块	10	30	3	17	17	个			0		0
8504.4099	----其他											
85044099.10	静止式变流器(自动数据处理设备机器及组件、电讯设备用)	0	30		17	17	个	s		0		0
85044099.20	ITA 产品用的印刷电路组件(包括外接组件,如符合 PCMCIA 标准的卡)	0	30		17	17	个	s		0		0
85044099.30	专用编号 85030090.10 电动机定子的频率变换器[1. 多相输出 600Hz 或更高;2. 高稳定性(频率控制优于 0.2%)]	10	30		17	17	个	3		0		0
85044099.40	两用物项管制的频率变换器(功率≥40 瓦特,频率 600 至 2000 赫兹,谐波畸变低于 10%等)	10	30		17	17	个	3		0		0
85044099.50	电源(真空或受控环境感应炉用电源,额定输出功率≥5 千瓦)	10	30		17	17	个	3		0		0
85044099.60	模块式电脉冲发生器(在 15ms 内输出电流>100A,密封在防尘罩内,温宽范围大)	10	30		17	17	个	3		0		0
85044099.70	高速(200km/h 及以上)电力机车的牵引变流器	10	30	3	17	17	个			0		0
85044099.80	汽车冲压线用压力机变频调速装置	10	30	5	17	17	个			0		0
85044099.91	纯电动汽车及混合动力汽车用电机控制器	10	30	6	17	17	个			0		0
85044099.92	纯电动汽车或插电式混合动力汽车用车载充电机	10	30	6	17	17	个			0		0
85044099.99	其他未列名静止式变流器	10	30		17	17	个			0		0
8504.5000	- 其他电感器	0	35		17	17	个					
	- 零件:											
	--- 变压器用:											
8504.9011	----税号 8504.2321 和 8504.2329 所列变压器用	5	11		17	17	千克			0	4.5	0
8504.9019	----其他	8	50		17	17	千克			0	4.5	0
8504.9020	--- 稳压电源及不间断供电电源用	8	50		17	17	千克			0	5.6	0
8504.9090	--- 其他											
85049090.10	用于将可再生能源发电机组输出的直流电转换成交流电的逆变器的零件	8	30	5	17	17	千克			0	5.6	0
85049090.90	其他静止式变流器及电感器零件	8	30		17	17	千克			0	5.6	0
85.05	**电磁铁;永磁铁及磁化后准备制永磁铁的物品;电磁铁或永磁铁卡盘、夹具及类似的工件夹具;电磁联轴节、离合器及制动器;电磁起重吸盘:**											
	- 永磁铁及磁化后准备制永磁铁的物品:											
	-- 金属的:											
8505.1110	--- 稀土的	7	20		17	17	千克			0		0
8505.1190	--- 其他	7	20		17	17	千克			0		0
8505.1900	-- 其他											
85051900.10	磁极块(直径大于 2m,用在同位素电磁分离器内)	7	20		17	17	千克	3		0	6.7	0
85051900.90	其他非金属的永磁铁及永磁体	7	20		17	17	千克			0	6.7	0
8505.2000	- 电磁联轴节、离合器及制动器	8	20		17	17	千克			0	7.6	0
	- 其他,包括零件:											
8505.9010	--- 电磁起重吸盘	8	20		17	17	个/千克			0		0
8505.9090	--- 其他											
85059090.10	超导螺线电磁体(产生超过 2 个泰斯拉磁场,长径比≥2,内径≥300mm 等)	8	20		17	17	个/千克	3		0	7.6	0
85059090.90	其他电磁夹具等及税目 8505 的零件	8	20		17	17	个/千克			0	7.6	0
85.06	**原电池及原电池组:**											
	- 二氧化锰的:											

协定税率 %										特惠税率 %				Article Description
巴基斯坦	冰岛	哥斯达黎	秘鲁	新西兰	瑞士	新加坡	韩国	澳大利亚	港澳台	老挝	孟加拉	33国	7国	
5	0	0	3	0	7	0	6	6	0/0/		0	0	0	Semiconductor modules with converting function (for automatic data-processing machines and units as well as telecommunication equipments)
5	0	0	3	0	7	0	6	6	0/0/		0	0	0	Other semiconductor modules with converting function
														----Other
5	0	0	3	0	7	0	8.6	6	0/0/		0	0	0	Static converters (for automatic data-processing machines and units as well as telecommunication equipments)
5	0	0	3	0	7	0	8.6	6	0/0/		0	0	0	Printed circuit assembly for ITA products (including external assembly, such as the cards in line with the PCMCIA standard)
5	0	0	3	0	7	0	8.6	6	0/0/		0	0	0	Frequency converters (only for motor stators of subheading 85030090.10)
5	0	0	3	0	7	0	8.6	6	0/0/		0	0	0	Frequency converters under control of dual-use items (power ≥ 40W, frequency 600-2000HZ, harmonic distortion rate less than 10%)
5	0	0	3	0	7	0	8.6	6	0/0/		0	0	0	Power supply (for vacuum or controlled atmosphere induction furnaces; rated power output ≥5kW)
5	0	0	3	0	7	0	8.6	6	0/0/		0	0	0	Modular electric pulse generator (output current>100A in 15ms, sealed in dust-proof cover; with a wide temperature range)
5	0	0	3	0	7	0	8.6	6	0/0/		0	0	0	Traction converter for electric express locomotives (for electric locomotives with the speed of 200km/h or above)
5	0	0	3	0	7	0	8.6	6	0/0/		0	0	0	Frequency and speed control devices for automobile press line
5	0	0	3	0	7	0	8.6	6	0/0/		0	0	0	Motor controllers for blade electric vehicles and hybrid power vehicles
5	0	0	3	0	7	0	8.6	6	0/0/		0	0	0	Chargers installed in vehicles for electric vehicles and plug-in hybrid vehicles
5	0	0	3	0	7	0	8.6	6	0/0/		0	0	0	Other kinds of static converters
							0	0			0	0	0	-　Other inductors
														-　Parts:
														--- Of transformers:
0	0	0	0	0	3.5		4.3	0	0//		0	0	0	----Of the transformers of subheading No.8504.2321, 8504.2329
4.5	0	0	0	0	5.6		6.9	4.8	0//0		0	0	0	----Other
5	0	0	0	0	5.6		6.9	4.8	0/0/0		0	0	0	--- Of voltage-stabilized suppliers and uninterrupted power suppliers
														--- Other
5	0	0	0	0	5.6		6.9	4.8	0/0/0		0	0	0	Parts of DC-to-AC converter for reproducible energy-powered generating sets
5	0	0	0	0	5.6		6.9	4.8	0/0/0		0	0	0	Other
														Electro-magnets; permanent magnets and articles intended to become permanent magnets after magnetization;electro-magnetic or permanent magnet chucks, clamps and similar holding devices; electro-magnetic couplings,clutches and brakes; electro-magnetic lifting heads:
														-　Permanent magnets and articles intended to become permanent magnets after magnetization:
														--　Of metal:
5	0	0	0	0	2.8		0	4.2	//0		0	0	0	--- Of rare-earth metals
5	0	0	0	0	2.8		0	4.2	0//0		0	0	0	--- Other
														--　Other
5	0	0	0	0	2.8		5.6	4.2	0//		0	0	0	Magnet pole pieces (diameter >2m, used for electromagnetic isotope separator)
5	0	0	0	0	2.8		5.6	4.2	0//		0	0	0	Other non-metal permanent magnet and articles intended to be permanent magnets after magnetization
5	0	0	0	0	3.2		6.9	4.8			0	0	0	-　Electro-magnetic couplings, clutches and brakes
														-　Other, including parts:
5	0	0	0	0	3.2		4.8	4.8			0	0	0	--- Electro-magnetic lifting heads
														--- Other
5	0	0	0	0	5.6		4.8	4.8			0	0	0	Superconducting spiral electromagnets (generating more than two Tesla magnetic fields; L/D ratio ≥2, ID≥300mm, etc.)
5	0	0	0	0	5.6		4.8	4.8			0	0	0	Other kinds of magnetic holders and parts of products of heading 85.05
														Primary cells and primary batteries:
														-　Manganese dioxide:

税号	货品名称	进口关税 %			增值/消费税%	出口退税%	统计计量单位	监管证件代码	检验检疫类别	协定税率 %		
		最惠国	普通	年内暂定						东盟	亚太	智利
	--- 碱性锌锰的:											
8506.1011	----扣式											
85061011.10	扣式无汞碱性锌锰的原电池及原电池组(汞含量<电池重量的0.0005%)	20	80		17	0/15	个	A	M/	0		0
85061011.90	扣式含汞碱性锌锰的原电池及原电池组(汞含量≥电池重量的0.0005%)	20	80		17/4	0/15	个	A	M/	0		0
8506.1012	----圆柱形											
85061012.10	圆柱形无汞碱性锌锰的原电池及原电池组(汞含量<电池重量的0.0001%)	20	80		17	0/15	个	A	M/	0		0
85061012.90	圆柱形含汞碱性锌锰的原电池及原电池组(汞含量≥电池重量的0.0001%)	20	80		17/4	0/15	个	A	M/	0		0
8506.1019	----其他											
85061019.10	其他无汞碱性锌锰的原电池及原电池组(汞含量<电池重量的0.0001%)	20	80		17	15	个	A	M/	0		0
85061019.90	其他含汞碱性锌锰的原电池及原电池组(汞含量≥电池重量的0.0001%)	20	80		17/4	15	个	A	M/	0		0
8506.1090	--- 其他											
85061090.10	其他无汞二氧化锰的原电池及原电池组(汞含量<电池重量的0.0001%,扣式电池的汞含量<电池重量的0.0005%)	20	80		17	15	个	A	M/	0		0
85061090.90	其他含汞二氧化锰的原电池及原电池组(汞含量≥电池重量的0.0001%,扣式电池的汞含量≥电池重量的0.0005%)	20	80		17/4	15	个	A	M/	0		0
8506.3000	- 氧化汞的	14	40		17/4	0	个	A	M/	0		0
8506.4000	- 氧化银的											
85064000.10	氧化银的原电池及原电池组(无汞)(汞含量<电池重量的0.0001%,扣式电池的汞含量<电池重量的0.0005%)	14	40		17	15	个	A	M/	0		0
85064000.90	氧化银的原电池及原电池组(含汞)(汞含量≥电池重量的0.0001%,扣式电池的汞含量≥电池重量的0.0005%)	14	40		17/4	15	个	A	M/	0		0
8506.5000	- 锂的	14	40		17	15	个	A	M/	0		0
8506.6000	- 锌空气的											
85066000.10	锌空气的原电池及原电池组(无汞)(汞含量<电池重量的0.0001%,扣式电池的汞含量<电池重量的0.0005%)	14	40		17	15	个	A	M/	0		0
85066000.90	锌空气的原电池及原电池组(含汞)(汞含量≥电池重量的0.0001%,扣式电池的汞含量≥电池重量的0.0005%)	14	40		17/4	15	个	A	M/	0		0
8506.8000	- 其他原电池及原电池组											
85068000.11	无汞燃料电池(汞含量<电池重量的0.0001%,扣式电池的汞含量<电池重量的0.0005%)	14	40		17	15	个	A	M/	0		0
85068000.19	其他无汞原电池及原电池组(汞含量<电池重量的0.0001%,扣式电池的汞含量<电池重量的0.0005%)	14	40		17	15	个	A	M/	0		0
85068000.91	含汞燃料电池(汞含量≥电池重量的0.0001%,扣式电池的汞含量≥电池重量的0.0005%)	14	40		17/4	15	个	A	M/	0		0
85068000.99	其他含汞原电池及原电池组(汞含量≥电池重量的0.0001%,扣式电池的汞含量≥电池重量的0.0005%)	14	40		17/4	15	个	A	M/	0		0
	- 零件:											
8506.9010	--- 子目8506.10所列电池用	14	80		17	15	千克	A	M/	0		0
8506.9090	--- 其他	10	40		17	15	千克	A	M/	0		0
85.07	**蓄电池,包括隔板,不论是否矩形(包括正方形):**											
8507.1000	- 铅酸蓄电池,用于启动活塞式发动机	10	90		17/4	0	个	AB	M/N	0	6.9	0
8507.2000	- 其他铅酸蓄电池	10	90		17/4	0	个	A	M/	0	6.9	0
8507.3000	- 镍镉蓄电池	10	40		17/4	0	个	A	M/	0	8	0

协定税率 %										特惠税率 %				Article Description
巴基斯坦	冰岛	哥斯达黎	秘鲁	新西兰	瑞士	新加坡	韩国	澳大利亚	港澳台	老挝	孟加拉	33 国	7 国	
														--- Alkaline zinc-manganese dioxide:
														----Button shape
	0	0	6	0	14	0	18	12	0//			0	0	Button shaped alkaline zinc-manganese dioxide primary cells and primary batteris not containing mercury (containing by weight less than 0.0005% mercury)
	0	0	6	0	14	0	18	12	0//			0	0	Button shaped alkaline zinc-manganese dioxide primary cells and primary batteris containing mercury (containing by weight no less than 0.0005% mercury)
														----Cylindrical shape
	0	0	6	0	14	0	18	12	0//			0	0	Cylindrical shaped alkaline zinc-manganese dioxide primary cells and primary batteris not containing mercury (containing by weight less than 0.0001% mercury)
	0	0	6	0	14	0	18	12	0//			0	0	Cylindrical shaped alkaline zinc-manganese dioxide primary cells and primary batteris containing mercury (containing by weight no less than 0.0001% mercury)
														----Other
	0	0	6	0	14	0		12	0//			0	0	Other alkaline zinc-manganese dioxide primary cells and primary batteris not containing mercury (containing by weight less than 0.0001% mercury)
	0	0	6	0	14	0		12	0//			0	0	Other alkaline zinc-manganese dioxide primary cells and primary batteris containing mercury (containing by weight no less than 0.0001% mercury)
														--- Other
	0	0	6	0	14	0	18	12	0//			0	0	Other manganese dioxide primary cells and primary batteris not containing mercury (containing by weight less than 0.0001% mercury, button shaped containing by weight less than 0.0005% mercury)
	0	0	6	0	14	0	18	12	0//			0	0	Other manganese dioxide primary cells and primary batteris not containing mercury (containing by weight not less than 0.0001% mercury, button shaped containing by weight not less than 0.0005% mercury)
11.2	0	0	0	0	9.8	0	11.2	8.4				0	0	- Mercuric oxide
														- Silver oxide
11.2	0	0	0	0	9.8	0	11.2	8.4				0	0	Containing mercury less than 0.0001% of the cell's weight,or containing mercury less than 0.0005% of the button cell's weight
11.2	0	0	0	0	9.8	0	11.2	8.4				0	0	Containing mercury more than or equal to 0.0001% of the cell's weight,or containing mercury more than or equal to 0.0005% of the button cell's weight
11.2	0	0	0	0	9.8	0		8.4				0	0	- Lithium
														- Air-zinc
11.2	0	0	0	0		0	11.2	8.4				0	0	Containing mercury less than 0.0001% of the cell's weight,or containing mercury less than 0.0005% of the button cell's weight
11.2	0	0	0	0		0	11.2	8.4				0	0	Containing mercury more than or equal to 0.0001% of the cell's weight,or containing mercury more than or equal to 0.0005% of the button cell's weight
														- Other primary cells and primary batteries
11.2	0	0	0	0	9.8	0	11.2	8.4	0//		0	0	0	Fuel cell containing mercury less than 0.0001% of the cell's weight,or containing mercury less than 0.0005% of the button cell's weight
11.2	0	0	0	0	9.8	0	11.2	8.4	0//		0	0	0	Other primary cells and primary batteries containing mercury less than 0.0001% of the cell's weight,or containing mercury less than 0.0005% of the button cell's weight
11.2	0	0	0	0	9.8	0	11.2	8.4	0//		0	0	0	Fuel cell containing mercury more than or equal to 0.0001% of the cell's weight,or containing mercury more than or equal to 0.0005% of the button cell's weight
11.2	0	0	0	0	9.8	0	11.2	8.4	0//		0	0	0	Other primary cells and primary batteries containing mercury more than or equal to 0.0001% of the cell's weight,or containing mercury more than or equal to 0.0005% of the button cell's weight
														- Parts:
11.2	0	0	0	0	9.8	0		8.4				0	0	--- Of the cells of subheading No.8506.10
5	0	0	0	0	4	0	9	6				0	0	--- Other
														Electric accumulators, including separators therefor,whether or not rectangular（including square）:
5	0	0	3	0	4	0	9	6	/0/			0	0	- Lead-acid,of a kind used for starting piston engines
5	0	0	0	0	4	0	8	6	/0/			0	0	- Other lead-acid accumulators
5	0	0	0	0	4	0	8	6	0//			0	0	- Nickel-cadmium

税　号	货品名称	进口关税 %			增值/消费税%	出口退税%	统计计量单位	监管证件代码	检验检疫类别	协定税率 %		
		最惠国	普通	年内暂定						东盟	亚太	智利
8507.4000	- 镍铁蓄电池	12	40		17/4	15	个	A	M/	0	9.6	0
8507.5000	- 镍氢蓄电池	12	40		17	15	个	A	M/	0	9.6	0
8507.6000	- 锂离子蓄电池											
85076000.10	纯电动汽车或插电式混合动力汽车用锂离子蓄电池单体(容量≥10Ah，比能量≥110Wh/kg)	12	40	8	17	17	个	A	M/	0	9.6	0
85076000.20	纯电动汽车或插电式混合动力汽车用锂离子蓄电池系统(包含蓄电池模块、容器、盖、冷却系统、管理系统等，比能量≥80Wh/kg)	12	40	10	17	17	个	A	M/	0	9.6	0
85076000.90	其他锂离子蓄电池	12	40		17	17	个	A	M/	0	9.6	0
	- 其他蓄电池：											
8507.8030	--- 全钒液流电池	12	40		17	15	个/千克	A	M/	0	9	0
8507.8090	--- 其他											
85078090.10	燃料电池	12	40		17	15	个/千克	AB	M/N	0	9	0
85078090.90	其他蓄电池	12	40		17/4	15	个/千克	AB	M/N	0	9	0
	- 零件：											
8507.9010	--- 铅酸蓄电池用											
85079010.01	铅酸蓄电池电极	10	90	5	17	0	千克	A	M/	0		0
85079010.90	其他铅酸蓄电池零件	10	90		17	0	千克	A	M/	0		0
8507.9090	--- 其他	8	40	5	17	15	千克	A	M/	0		0
85.08	**真空吸尘器：**											
	- 电动的：											
8508.1100	-- 功率不超过1500瓦，且带有容积不超过20升的集尘袋或其他集尘容器	10	130		17	17	台/千克	A	LM/	0	8.2	0
8508.1900	-- 其他	0	30		17	17	台/千克	A	LM/			
8508.6000	- 其他真空吸尘器	0	30		17	17	台/千克	A	M/			
	- 零件：											
8508.7010	--- 税号8508.1100所列吸尘器用	12	100		17	17	千克			0		0
8508.7090	--- 其他	0	20		17	17	千克					
85.09	**家用电动器具，税目85.08的真空吸尘器除外：**											
	- 食品研磨机及搅拌器；水果或蔬菜的榨汁机：											
8509.4010	--- 水果或蔬菜的榨汁机	10	100	6	17	17	台/千克	A	LR/	0		0
8509.4090	--- 其他	10	100	6	17	17	台/千克	A	LR/	0		0
	- 其他器具：											
8509.8010	--- 地板打蜡机	30	100		17	17	台/千克			0		0
8509.8020	--- 厨房废物处理器	20	100		17	17	台/千克			0		0
8509.8090	--- 其他	30	100	15	17	17	台/千克	A	L/	0		0
8509.9000	- 零件	12	100	6	17	17	千克			0		0
85.10	**电动剃须刀、电动毛发推剪及电动脱毛器：**											
8510.1000	- 剃须刀	30	100	15	17	17	个			0		0
8510.2000	- 毛发推剪	30	100		17	17	个			0		0
8510.3000	- 脱毛器	20	100		17	17	个			0		0
8510.9000	- 零件	24.5	100	12	17	17	千克			0		0
85.11	**点燃式或压燃式内燃发动机用的电点火及电启动装置（例如，点火磁电机、永磁直流发电机、点火线圈、火花塞、电热塞及启动电机）；附属于上述内燃发动机的发电机(例如，直流发电机、交流发电机)及断流器：**											
8511.1000	- 火花塞	10	30		17	17	个			0		0
	- 点火磁电机；永磁直流发电机；磁飞轮：											
8511.2010	--- 机车、航空器及船舶用	5	11		17	17	个			0		0
8511.2090	--- 其他	10	30		17	17	个			0		0
	- 分电器；点火线圈：											
8511.3010	--- 机车、航空器及船舶用	5	11		17	17	个			0		0
8511.3090	--- 其他	8.4	30		17	17	个			0		0
	- 启动电机及两用启动发电机：											
8511.4010	--- 机车、航空器及船舶用	5	11		17	17	个			0		0
	--- 其他：											

协定税率 %										特惠税率 %				
巴基斯坦	冰岛	哥斯达黎	秘鲁	新西兰	瑞士	新加坡	韩国	澳大利亚	港澳台	老挝	孟加拉	33 国	7 国	Article Description
5	0	0	0	0	8.4	0	9.6	7.2				0	0	- Nickel-iron
5	0	0	0	0	8.4	0	9.6	7.2	0//			0	0	- Nickel-metal hydride
														- Lithium-ion
5	0	0	0	0	8.4	0	11	7.2	0//0			0	0	Lithium-ion electric accumulator cells for electric vehicles and plug-in hybrid vehicles, capacity≥10Ah, weight-to-energy ratio ≥110Wh/kg
5	0	0	0	0	8.4	0	11	7.2	0//0			0	0	Lithium-ion electric accumulator systems for electric vehicles and plug-in hybrid vehicles(including electric accumulator modules,containers,lids,cooling systems,managerial systems),weight-to-energy ratio≥80Wh/kg
5	0	0	0	0	8.4	0	11	7.2	0//0			0	0	Other lithium-ion accumulators
														- Other accumulators:
5	0	0	0	0	8.4	0	9.6	7.2	0//			0	0	--- Vanadium redox flow batteries
														--- Other
5	0	0	0	0	8.4	0	9.6	7.2	0//			0	0	Fuel cells
5	0	0	0	0	8.4	0	9.6	7.2	0//			0	0	Other electric accumulators
														- Parts:
														--- Of lead-acid accumulators
5	0	0	0	0	4		8	6	0//	5	5	0	0	Electrodes of lead-acid accumulators
5	0	0	0	0	4		8	6	0//	5	5	0	0	Other parts of lead-acid accumulators
5	0	0	0	0	3.2		6.9	4.8	0//	4	0	0	0	--- Other
														Vacuum cleaners:
														- With self-contained electric motor:
5	0	0	0	0	4	0	8	6	0//0		0	0	0	-- Of a power not exceeding 1500W and having a dust bag or other receptacle capacity not exceeding 20L
							0	0			0	0	0	-- Other
							0	0			0	0	0	- Other vacuum cleaners
														- Parts:
6	0	0	0	0	8.4	0	9.6	7.2	0//			0	0	--- of the cleaners of subheading 8508.1100
							0	0			0	0	0	--- Other
														Electro-mechanical domestic appliances, with selfcontained electric motor, other than vacuum cleaners of heading 85.08:
														- Food grinders and mixers; fruit or vegetable juice extractors:
5	0	0	0	0	4	0	9	6	/0/			0	0	--- Fruit or vegetable juice extractors
5	0	0	0	0	0	0	8	6	//0			0	0	--- Other
														- Other appliances:
	0	0	9	0	21.6	0		18				0	0	--- Floor polishers
	0	0	6	0	14	0	18	12				0	0	--- Kitchen waste disposers
	0	0	9	0		0		18				0	0	--- Other
6	0	0	0	0	8.4	0	9.6	7.2	0//			0	0	- Parts
														Shavers, hair clippers and hair-removing appliances, with self-contained electric motor:
		0	9	0	21.6	0		18				0	0	- Shavers
	0	0	9	0	21.6	0		18	0//			0	0	- Hair clippers
	0	0	6	0	14	0	17.3	12	/0/			0	0	- Hair-removing appliances
	0	0	7.4	0	17.2	0	22	14.7				0	0	- Parts
														Electrical ignition or starting equipment of a kind used for spark-ignition or compression-ignition internal combustion engines（for example, ignition magnetos, magnetodynamos, ignition coils, sparking plugs and glow plugs,starter motors）; generators（for example, dynamos, alternators） and cutouts of a kind used in conjunction with such engines:
5	0	0	3	0	4	0	8	6				0	0	- Sparking plugs
														- Ignition magnetos; magneto-dynamos; magnetic flywheels:
0	0	0	0	0	0		3	0			0	0	0	--- For locomotives, aircraft or ships
5	0	0	0	0	4		8	6			0	0	0	--- Other
														- Distributors; ignition coils:
0	0	0	0	0	0		3	0			0	0	0	--- For locomotives, aircraft or ships
5	0	0	0	0	3.36		7.2	5			0	0	0	--- Other
														- Starter motors and dual purpose starter generators:
0	0	0	0	0	0		4	0			0	0	0	--- For locomotives, aircraft or ships
														--- Other:

税　号	货 品 名 称	进口关税 % 最惠国	普通	年内暂定	增值/消费税%	出口退税%	统计计量单位	监管证件代码	检验检疫类别	协定税率 % 东盟	亚太	智利
8511.4091	----输出功率在132.39千瓦（180马力）及以上的发动机用启动电机	8.4	30		17	17	个			0		0
8511.4099	----其他	8.4	30		17	17	个			0		0
	-　其他发电机：											
8511.5010	---　机车、航空器及船舶用	5	11		17	17	个			0		0
8511.5090	---　其他	8.4	30		17	17	个			0		0
8511.8000	-　其他装置	8.4	30		17	17	个			0		0
	-　零件：											
8511.9010	---　本税目所列供机车、航空器及船舶用各种装置的零件	4.5	11		17	17	千克			0		0
8511.9090	---　其他	5	30		17	17	千克			0		0
85.12	**自行车或机动车辆用的电气照明或信号装置(税目85.39的物品除外)、风挡刮水器、除霜器及去雾器：**											
8512.1000	-　自行车用照明或视觉信号装置	10.5	45		17	17	个			0		0
	-　其他照明或视觉信号装置：											
8512.2010	---　机动车辆用照明装置	10	45		17	17	个		+L			0
8512.2090	---　其他	10	45		17	17	个		+L			0
	-　音响信号装置：											
	---　机动车辆用：											
8512.3011	----喇叭、蜂鸣器	10	45		17	17	个		+L		8.5	0
8512.3012	----防盗报警器	10	40		17	17	个		+L	0	9	0
8512.3019	----其他	10	45		17	17	个				8.5	0
8512.3090	---　其他	10	45		17	17	个				8.5	0
8512.4000	-　风挡刮水器、除霜器及去雾器	10	45		17	17	个					0
8512.9000	-　零件	8	45		17	17	千克			0		0
85.13	**自供能源（例如，使用干电池、蓄电池、永磁发电机）的手提式电灯，但税目85.12的照明装置除外：**											
	-　灯：											
8513.1010	---　手电筒	15	100		17	17	个			0	13.2	0
8513.1090	---　其他	17.5	70		17	17	个			0		0
	-　零件：											
8513.9010	---　手电筒用	14	100		17	17	千克			0		0
8513.9090	---　其他	14	70		17	17	千克			0		0
85.14	**工业或实验室用电炉及电烘箱(包括通过感应或介质损耗工作的)；工业或实验室用其他通过感应或介质损耗对材料进行热处理的设备：**											
	-　电阻加热的炉及烘箱：											
8514.1010	---　可控气氛热处理炉	0	30		17	17	台					
8514.1090	---　其他	0	30		17	17	台					
8514.2000	-　通过感应或介质损耗工作的炉及烘箱											
85142000.10	真空感应炉或受控环境感应炉(工作温度＞850℃,感应线圈直径≤600mm,功率≥5千瓦)	0	30		17	17	台	3				
85142000.90	其他感应或介质损耗工作炉及烘箱(包括实验室用)	0	30		17	17	台					
8514.3000	-　其他炉及烘箱											
85143000.20	电弧重熔炉和铸造用炉(容量1千-2万立方厘米,使用自耗电极,工作温度1700℃以上)	0	30		17	17	台	3				
85143000.30	电子束熔化炉(功率≥50千瓦,能在＞1200℃的熔化温度工作)	0	30		17	17	台	3				
85143000.40	等离子体雾化和熔化炉(功率≥50千瓦,能在＞1200℃的熔化温度工作)	0	30		17	17	台	3				
85143000.90	工业用其他电炉及电烘箱(包括实验室用)	0	30		17	17	台					
8514.4000	-　其他通过感应或介质损耗对材料进行热处理的设备											

协定税率 %										特惠税率 %				Article Description
巴基斯坦	冰岛	哥斯达黎	秘鲁	新西兰	瑞士	新加坡	韩国	澳大利亚	港澳台	老挝	孟加拉	33 国	7 国	
5	0	0	0	0	3.36		6.7	5			0	0	0	----Starter motors for engines of an output of 132.39kW (180hp) or more
5	0	0	0	0	3.36		7.2	5			0	0	0	----Other
														- Other generators:
0	0	0	0	0	0		4	0			0	0	0	--- For locomotives, aircraft or ships
5	0	0	0	0	3.36			5			0	0	0	--- Other
5	0	0	0	0	3.36		6.7	5			0	0	0	- Other equipment
														- Parts:
0	0	0	0	0	0			0			0	0	0	--- Of the equipment of heading No.85.11 used for locomotives, aircraft or ships
0	0	0	0	0	0		4	0			0	0	0	--- Other
														Electrical lighting or signalling equipment (excluding articles of heading No.85.39), windscreen wipers, defrosters and demisters, of a kind used for cycles or motor vehicles:
5	0	0	0	0	7.4	0	8.4	6.3			0	0	0	- Lighting or visual signalling equipment of a kind used on bicycles
														- Other lighting or visual signalling equipment:
	0	0	0	0	4		9	6	//0		0	0	0	--- Lighting equipment of a kind used for motor vehicles
	0	0	0	0	4		9	6			0	0	0	--- Other
														- Sound signalling equipment:
														--- For motor vehicles:
8.5	0	0	0	0	4		8.6	6			0	0	0	----Loudspeaker, buzzers
5	0	0	0	0	4		8.6	6			0	0	0	----Burglar alarm
8.5	0	0	0	0	4		8.6	6			0	0	0	----Other
8.5	0	0	0	0	4			6			0	0	0	--- Other
	0	0	0	0	4			6			0	0	0	- Windscreen wipers, defrosters and demisters
5	0	0	0	0	3.2		6.4	4.8	//0		0	0	0	- Parts
														Portable electric lamps designed to function by their own source of energy (for example, dry batteries, accumulators, magnetos), other than lighting equipment of heading No.85.12:
														- Lamps:
7.5	0	0	4.5	0	10.5	0	12	9	/0/		0	0	0	--- Portable electric torches designed to function by dry batteries
14	0	0	5.2	0	12.3	0	14	10.5	/0/			0	0	--- Other
														- Parts:
11.2	0	0	0	0	9.8	0	11.2	8.4	0/0/		0	0	0	--- Of the torches of subheading No.8513.1010
11.2	0	0	0	0	9.8	0	11.2	8.4	0/0/			0	0	--- Other
														Industrial or laboratory electric furnaces and ovens (including those functioning by induction or dielectric loss);other industrial or laboratory equipment for the heat treatment of materials by induction or dielectric loss:
														- Resistance heated furnaces and ovens:
							0	0			0	0	0	--- Furnaces for heat treatment, atmosphere controllable
							0	0			0	0	0	--- Other
														- Furnaces and ovens functioning by induction or dielectric loss
							0	0			0	0	0	Vacuum or controlled atmosphere induction furnaces (working temperature >850℃, induction coil diameter ≤600mm, power ≥5kW)
							0	0			0	0	0	Other induction furnaces or dielectric losing furnaces and ovens (including those for laboratory use)
														- Other furnaces and ovens
							0	0			0	0	0	Arc remelting furnace and casting furnace (capacity: 1000cm^3-20000cm^3; using consutrode; working temperature: above 1700℃)
							0	0			0	0	0	Electron beam melting furnace (power ≥50kW; of being able to work above the melting temperature of 1200℃)
							0	0			0	0	0	Plasm atomization furnaces and melting furnaces (power ≥ 50kW; of being able to work above the melting temperature of 1200℃)
							0	0			0	0	0	Other electric furnaces and ovens for industrial use (including those for laboratory use)
														- Other equipment for the heat treatment of materials by induction or dielectric loss

税号	货品名称	进口关税 %			增值/消费税%	出口退税%	统计计量单位	监管证件代码	检验检疫类别	协定税率 %		
		最惠国	普通	年内暂定						东盟	亚太	智利
85144000.01	焊缝中频退火装置	10	30	7	17	17	台			0		0
85144000.90	其他感应或介质损耗的加热设备(包括实验室用)	10	30		17	17	台			0		0
	- 零件:											
8514.9010	--- 炼钢电炉用	8	30		17	17	千克			0		0
8514.9090	--- 其他	0	30		17	17	千克					
85.15	**电气(包括电热气体)、激光、其他光、光子束、超声波、电子束、磁脉冲或等离子弧焊接机器及装置,不论是否兼有切割功能;用于热喷金属或金属陶瓷的电气机器及装置:**											
	- 钎焊机器及装置:											
8515.1100	-- 烙铁及焊枪	10	30		17	17	个			0		0
8515.1900	-- 其他	10	30		17	17	台			0		0
	- 电阻焊接机器及装置:											
	-- 全自动或半自动的:											
8515.2120	--- 机器人											
85152120.01	汽车生产线电阻焊接机器人	10	30	5	17	17	台	AO	L/	0		0
85152120.90	其他电阻焊接机器人	10	30		17	17	台	AO	L/	0		0
	--- 其他:											
8515.2191	----直缝焊管机	10	30		17	17	台		+L	0		0
8515.2199	----其他	10	30		17	17	台	AO	L/	0		0
8515.2900	-- 其他	10	30		17	17	台	A	L/	0	9.5	0
	- 电弧(包括等离子弧)焊接机器及装置:											
	-- 全自动或半自动的:											
8515.3120	--- 机器人	10	30		17	17	台	AO	L/			0
	--- 其他:											
8515.3191	----螺旋焊管机	10	30		17	17	台		+L	0		0
8515.3199	----其他	10	30		17	17	台	AO	L/			0
8515.3900	-- 其他	10	30		17	17	台	A	L/	0		0
	- 其他机器及装置:											
8515.8010	--- 激光焊接机器人											
85158010.01	汽车生产线激光焊接机器人	8	30	5	17	17	台			0	7.6	0
85158010.90	其他激光焊接机器人	8	30		17	17	台			0	7.6	0
8515.8090	--- 其他											
85158090.10	电子束、激光自动焊接机[将端塞焊接于燃料细棒(或棒)的自动焊接机]	8	30		17	17	台	3		0	7.6	0
85158090.90	其他焊接机器及装置	8	30		17	17	台		+L	0	7.6	0
8515.9000	- 零件	6	30	3	17	17	千克		+L	0	5.7	0
85.16	**电热的快速热水器、储存式热水器、浸入式液体加热器;电气空间加热器及土壤加热器;电热的理发器具(例如,电吹风机、电卷发器、电热发钳)及干手器;电熨斗;其他家用电热器具;加热电阻器,但税目85.45的货品除外:**											
	- 电热的快速热水器、储存式热水器、浸入式液体加热器:											
8516.1010	--- 储存式电热水器	10	100		17	17	个	A	L/	0		0
8516.1020	--- 即热式电热水器	10	100		17	17	个	A	L/	0		0
8516.1090	--- 其他	10	100		17	17	个	A	L/	0		0
	- 电气空间加热器及土壤加热器:											
8516.2100	-- 储存式散热器	35	100		17	17	个			0		0
	-- 其他:											
8516.2910	--- 土壤加热器	10	40		17	17	个			0		0
8516.2920	--- 辐射式空间加热器	10	100		17	17	个		+L	0		0
	--- 对流式空间加热器:											
8516.2931	----风扇式	10	100		17	17	个		+L	0		0
8516.2932	----充液式	10	100		17	17	个		+L	0		0

协定税率 %										特惠税率 %				
巴基斯坦	冰岛	哥斯达黎	秘鲁	新西兰	瑞士	新加坡	韩国	澳大利亚	港澳台	老挝	孟加拉	33 国	7 国	**Article Description**
5	0	0	0	0	4	0	6	6			0	0	0	Equipment of welding intermediate-frequency anneal
5	0	0	0	0	4	0	6	6			0	0	0	Other kinds of induction furnaces or dielectric losing heating devices (including those for laboratory use)
														- Parts:
5	0	0	0	0	3.2		4.8	4.8			0	0	0	--- Of steel making electric furnaces
							0	0			0	0	0	--- Other
														Electric （including electrically heated gas）, laser or other light or photon beam, ultrasonic, electron beam, magnetic pulse or plasma arc soldering,brazing or welding machines and apparatus, whether or not capable of cutting;electric machines and apparatus for hot spraying of metals or cermets:
														- Brazing or soldering machines and apparatus:
5	0	0	0	0	4	0	8	6			0	0	0	-- Soldering irons and guns
5	0	0	0	0	8	0		6			0	0	0	-- Other
														- Machines and apparatus for resistance welding of metals:
														-- Fully or partly automatic:
														--- Robots
5	0	0	0	0		0	9	6	0//		0	0	0	Resistance welding robot for car production line
5	0	0	0	0		0	9	6	0//		0	0	0	Other resistance welding robot
														--- Other:
5	0	0	0	0	4		9	6	0//		0	0	0	----Aligning tube welding machines
5	0	0	0	0		0	9	6	0//		0	0	0	----Other
5	0	0	0	0	4	0	9	6			0	0	0	-- Other
														- Machines and apparatus for （including plasma arc）welding of metals:
														-- Fully or partly automatic:
	0	0	0	0	4		9	6			0	0	0	--- Robots
														--- Other:
5	0	0	0	0	4		8	6			0	0	0	----Spiralling tube welding machines
	0	0	0	0	4		9	6			0	0	0	----Other
5	0	0	0	0	4		8	6			0	0	0	-- Other
														- Other machines and apparatus:
														--- Laser welding robots
5	0	0	0	0	6.4		4.8	4.8	0//0		0	0	0	Car production line laser welding robot
5	0	0	0	0	6.4		4.8	4.8	0//0		0	0	0	Other laser welding robot
														--- Other
5	0	0	0	0	6.4		4.8	4.8	0//0		0	0	0	Electron beam, laser automatic welding machine (automatic welding machine for welding end plug onto fuelpins or rods)
5	0	0	0	0	6.4		4.8	4.8	0//0		0	0	0	Other welding machines and devices
5	0	0	0	0	4.2		3.6	3.6	0//		0	0	0	- Parts
														Electric instantaneous or storage water heaters and immersion heaters;electric space heating apparatus and soil heating apparatus;electro-thermichair-dressing apparatus （for example, hair dryers, hair curlers, curling tong heaters） and hand dryers; electric smoothing irons; other electro-thermic appliances of a kind used for domestic purposes; electric heating resistors,other than those of heading No.85.45:
														- Electric instantaneous or storage waterheaters and immersion heaters:
5	0	0	0	0	4	0	8	6			0	0	0	--- Electric storage waterheaters
5	0	0	0	0	4	0	8	6			0	0	0	--- Electric instantaneous waterheaters
5	0	0	0	0	4	0		6			0	0	0	--- Other
														- Electric space heating apparatus and electric soil heating apparatus:
	0	0	10.5	0	25.2	0		21	/0/0			0	0	-- Storage heating radiators
														-- Other:
5	0	0	0	0	4		8	6	0/0/		0	0	0	--- Electric soil heating apparatus
5	0	0	0	0	4	0	8	6	0/0/		0	0	0	--- Radiant space heating apparatus
														--- Convection space heating apparatus:
5	0	0	0	0	4	0	8	6	0/0/		0	0	0	----Fan type
5	0	0	0	0	4	0	8	6	0/0/		0	0	0	----Oil-filled type

税号	货品名称	进口关税 % 最惠国	普通	年内暂定	增值/消费税%	出口退税%	统计计量单位	监管证件代码	检验检疫类别	协定税率 % 东盟	亚太	智利
8516.2939	----其他	10	100		17	17	个		+L	0		0
8516.2990	--- 其他	10	100		17	17	个		+L	0		0
	- 电热的理发器具及干手器:											
8516.3100	-- 吹风机	10	100		17	17	个	A	LM/	0		0
8516.3200	-- 其他理发器具	35	100		17	17	个	A	LM/	0		0
8516.3300	-- 干手器	35	100		17	17	个	A	LM/	0		0
8516.4000	- 电熨斗	35	100	17	17	17	个	A	LM/	0		0
8516.5000	- 微波炉	15	130	8	17	17	个	A	LMR/	0	13.5	0
	- 其他炉;电锅、电热板、加热环、烧烤炉及烘烤器:											
8516.6010	--- 电磁炉	15	130		17	17	个	A	L/	0		0
8516.6030	--- 电饭锅	15	130	8	17	17	个	A	LR/	0		0
8516.6040	--- 电炒锅	15	130		17	17	个	A	R/	0		0
8516.6050	--- 电烤箱	15	130	8	17	17	个	A	LM/	0		0
8516.6090	--- 其他	15	130	10	17	17	个	A	LM/	0		0
	- 其他电热器具:											
	-- 咖啡壶或茶壶:											
8516.7110	--- 滴液式咖啡机	32	130	16	17	17	个	A	LR/	0		0
8516.7120	--- 蒸馏渗滤式咖啡机	32	130	16	17	17	个	A	LR/	0		0
8516.7130	--- 泵压式咖啡机	32	130	16	17	17	个	A	LR/	0		0
8516.7190	--- 其他	32	130	16	17	17	个	A	LR/	0		0
	-- 烤面包器:											
8516.7210	--- 家用自动面包机	32	130		17	17	个	A	LMR/	0		0
8516.7220	--- 片式烤面包机(多士炉)	32	130		17	17	个	A	LMR/	0		0
8516.7290	--- 其他	32	130		17	17	个	A	LMR/	0		0
	-- 其他:											
8516.7910	--- 电热饮水机	32	100		17	17	台	A	L/	0		0
8516.7990	--- 其他	32	100	16	17	17	个	A	L/	0		0
8516.8000	- 加热电阻器	10	40		17	17	个			0		0
	- 零件:											
8516.9010	--- 土壤加热器及加热电阻器用	8	40		17	17	千克			0		0
8516.9090	--- 其他	12	100	8	17	17	千克			0		0
85.17	**电话机,包括用于蜂窝网络或其他无线网络的电话机;其他发送或接收声音、图像或其他数据用的设备,包括有线或无线网络(例如,局域网或广域网)的通信设备,但税目 84.43、85.25、85.27 或 85.28 的发送或接收设备除外:**											
	- 电话机,包括蜂窝网络或其他无线网络用电话机:											
8517.1100	-- 无绳电话机											
85171100.10	无绳加密电话机	0	30		17	17	台	AM	LM/			
85171100.90	其他无绳电话机	0	30		17	17	台	A	LM/			
	-- 用于蜂窝网络或其他无线网络的电话机:											
8517.1210	--- 手持(包括车载)式无线电话机											
85171210.11	GSM 数字式手持无线电话整套散件	0	20		17	17	台	AO	M/			
85171210.19	其他 GSM 数字式手持无线电话机	0	20		17	17	台	AO	LM/			
85171210.21	CDMA 数字式手持无线电话整套散件	0	20		17	17	台	AO	M/			
85171210.29	其他 CDMA 数字式手持无线电话机	0	20		17	17	台	AO	LM/			
85171210.90	其他手持式无线电话机(包括车载式无线电话机)	0	20		17	17	台	AO	LM/			
8517.1220	--- 对讲机	0	17		17	17	台					
8517.1290	--- 其他	0	14		17	17	台	O	+L			
8517.1800	-- 其他											
85171800.10	其他加密电话机	0	30		17	17	台	AM	LM/			
85171800.90	其他电话机	0	30		17	17	台	A	LM/			
	- 其他发送或接收声音、图像或其他数据用的设备,包括有线或无线网络(例如,局域网或广域网)的通信设备:											

协定税率 %										特惠税率 %				Article Description
巴基斯坦	冰岛	哥斯达黎	秘鲁	新西兰	瑞士	新加坡	韩国	澳大利亚	港澳台	老挝	孟加拉	33 国	7 国	
5	0	0	0	0	4	0	8	6	0/0/		0	0	0	----Other
5	0	0	0	0	4	0	8	6	0/0/		0	0	0	--- Other
														- Electro-thermic hair-dressing or hand-drying apparatus:
5	0	0	0	0	7	0	8	6	/0/		0	0	0	-- Hair dryers
	0	0	10.5	0	25.2	0	31.5	21	/0/			0	0	-- Other hair-dressing apparatus
	0	0	10.5	0	25.2	0		21	/0/			0	0	-- Hand-drying apparatus
	0	0	10.5	0	24.5	0		21	/0/0			0	0	- Electric smoothing irons
7.5	0	0	4.5	0	10.5	0	12	9				0	0	- Microwave ovens
														- Other ovens; cookers, cooking plates, boiling rings, grillers and roasters:
12	0	0	4.5	0	10.5	0	12	9	/0/			0	0	--- Electromagnetic ovens
12	0	0	4.5	0	10.5	0	12	9	/0/0			0	0	--- Electric rice cookers
12	0	0	4.5	0	10.5	0	12	9	/0/			0	0	--- Electric frying pans
12	0	0	4.5	0	10.5		12	9	/0/0			0	0	--- Roaster oven
12	0	0	4.5	0	10.5	0	12	9	/0/			0	0	--- Other
														- Other electro-thermic appliances:
														-- Coffee or tea makers:
		0	9.6	0	12.8	0		19.2	/0/			0	0	--- Drip coffee makers
		0	9.6	0	12.8	0		19.2	/0/			0	0	--- Steam espresso makers
	0	0	9.6	0	12.8	0		19.2	/0/			0	0	--- Pump espresso makers
	0	0	9.6	0	12.8	0		19.2	/0/			0	0	--- Other
														-- Toasters:
		0	9.6	0	23	0		19.2	/0/0			0	0	--- Household automated bread makers
		0	9.6	0	23	0		19.2	/0/			0	0	--- Slice pop-up toasters
		0	9.6	0	23	0		19.2	/0/			0	0	--- Other
														-- Other:
		0	9.6	0	22.4	0		19.2	/0/			0	0	--- Electro-thermic water dispensers
		0	9.6	0		0		19.2	0/0/			0	0	--- Other
5	0	0	0	0	7	0	8	6			0	0	0	- Electric heating resistors
														- Parts:
5	0	0	0	0	3.2		6.4	4.8	0//		0	0	0	--- Of apparatus of subheading No.8516. 2910 or 8516. 8000
6	0	0	0	0	4.8	0	9.6	7.2	0//		0	0	0	--- Other
														Telephone sets, including telephones for cellular networks or for other wireless networks; other apparatus for the transmission or reception of voice, images or other data, including apparatus for communication in a wired or wireless network (such as a local or wide area network), other than transmission or reception apparatus of heading 84.43, 85.25, 85.27 or 85.28:
														- Telephone sets, including telephones for cellular networks or for other wireless networks:
														-- Line telephone sets with cordless handsets
							0	0			0	0	0	Encrypted line telephone sets with cordless handsets
							0	0			0	0	0	Other kinds of line telephone sets with cordless handsets
														-- Telephones for cellular networks or for other wireless networks:
														--- Wireless telephone handsets (including installed in the vehicle)
							0	0			0	0	0	Full set of parts of GSM digital wireless telephone handsets
							0	0			0	0	0	Other kinds of GSM digital wireless telephone handsets
							0	0			0	0	0	Full set of parts of CDMA digital wireless telephone handsets
							0	0			0	0	0	Other kinds of CDMA digital wireless telephone handsets
							0	0			0	0	0	Other kinds of wireless telephone handsets (including installed in the vehicle)
							0	0			0	0	0	--- Walkie-talkie
							0	0			0	0	0	--- Other
														-- Other
							0	0			0	0	0	Other kinds of encrypted telephone sets
							0	0			0	0	0	Other kinds of telephone sets
														- Other apparatus for transmission or reception of voice, images or other data, including apparatus for communication in a wired or wireless network (such as a local or wide area network):

税号	货品名称	进口关税%			增值/消费税%	出口退税%	统计计量单位	监管证件代码	检验检疫类别	协定税率%		
		最惠国	普通	年内暂定						东盟	亚太	智利
	-- 基站:											
8517.6110	--- 移动通信基站											
85176110.10	GSM式移动通信基地站	0	14		17	17	台	0				
85176110.20	CDMA式移动通信基地站	0	14		17	17	台	0				
85176110.30	TACS式移动通信基地站	0	14		17	17	台					
85176110.90	其他移动通信基地站	0	14		17	17	台	0				
8517.6190	--- 其他	0	14		17	17	台	0				
	-- 接收、转换并且发送或再生声音、图像或其他数据用的设备,包括交换及路由设备:											
	--- 数字式程控电话或电报交换机:											
8517.6211	----局用电话交换机;长途电话交换机;电报交换机	0	17		17	17	台		+L			
8517.6212	----移动通信交换机	0	40		17	17	台	0				
8517.6219	----其他电话交换机	0	40		17	17	台	A	L/			
	--- 光通讯设备:											
8517.6221	----光端机及脉冲编码调制设备(PCM)	0	17		17	17	台	0	+L			
8517.6222	----波分复用光传输设备	0	30		17	17	台	0	+L			
8517.6229	----其他											
85176229.10	光通讯加密路由器	0	30		17	17	台	AMO	LM/			
85176229.90	其他光通讯设备	0	30		17	17	台	AO	LM/			
	--- 其他有线数字通信设备:											
8517.6231	----通信网络时钟同步设备	0	30		17	17	台		+L			
8517.6232	----以太网络交换机											
85176232.10	非光通讯加密以太网络交换机	0	30		17	17	台	M	+L			
85176232.90	其他非光通讯以太网络交换机	0	30		17	17	台		+L			
8517.6233	----IP电话信号转换设备	0	30		17	17	台	A	L/			
8517.6234	----调制解调器	0	30		17	17	台	A	L/			
8517.6235	----集线器	0	40		17	17	台	A	L/			
8517.6236	----路由器											
85176236.10	非光通讯加密路由器	0	40		17	17	台	M	+L			
85176236.90	其他路由器	0	40		17	17	台		+L			
8517.6237	----有线网络接口卡											
85176237.10	为聚合高性能数字计算机性能而专门设计的有线网络接口卡[单链路单向通信速率超过2.0GB/s,高性能数字计算机是指调整后峰值性能(APP)大于8.0加权每秒万亿次浮点运算的数字计算机]	0	30		17	17	台	3	+L			
85176237.90	其他有线网络接口卡	0	30		17	17	台		+L			
8517.6239	----其他											
85176239.10	为聚合高性能数字计算机性能而专门设计的交换机[单链路单向通信速率超过2.0GB/s,自定义通信协议。高性能数字计算机是指调整后峰值性能(APP)大于8.0加权每秒万亿次浮点运算的数字计算机]	0	30		17	17	台	3O	+L			
85176239.90	其他有线数字通信设备	0	30		17	17	台	0	+L			
	--- 其他:											
8517.6292	----无线网络接口卡	0	14		17	17	台		+L			
8517.6293	----无线接入固定台	0	14		17	17	台		+L			
8517.6294	----无线耳机	0	14		17	17	个					
8517.6299	----其他	0	14		17	17	台		+L			
	-- 其他:											
8517.6910	--- 其他无线设备											
85176910.01	用于呼叫、提示和寻呼的便携式接收器	0	14		17	17	台	As	M/	0		0
85176910.90	其他无线通信设备	9	14		17	17	台	AO	LM/	0		0
8517.6990	--- 其他有线设备	0	30		17	17	台		+L			
	- 零件:											
8517.7010	--- 数字式程控电话或电报交换机用	0	14		17	17	千克					

协定税率 %										特惠税率 %			
巴基斯坦	冰岛	哥斯达黎	秘鲁	新西兰	瑞士	新加坡	韩国	澳大利亚	港澳台	老挝	孟加拉	33 国	7 国	**Article Description**
														-- Base stations:
														--- Mobile communication base stations
							0	0			0	0	0	GSM mobile communication base stations
							0	0			0	0	0	CDMA mobile communication base stations
							0	0			0	0	0	TACS mobile communication base stations
							0	0			0	0	0	Other kinds of mobile communication base stations
							0	0			0	0	0	--- Other
														-- Machines for the reception, conversion and transmission or regeneration of voice, images or other data, including switching and routing apparatus:
														--- Digital program-controlled telephonic or telegraphic switching apparatus:
							0	0			0	0	0	----Public telephonic switching apparatus;toll telephonic switching apparatus;telegraphic switching apparatus
							0	0			0	0	0	----Mobile communication switching system
							0	0			0	0	0	----Other telephonic switching apparatus
														--- Optical communication equipments:
							0	0			0	0	0	----Optical line terminal equipments and pulse code modulation equipments
							0	0			0	0	0	----Optical transmission equipments for wave-division multiplexing
														----Other
							0	0			0	0	0	Encrypted optical communication routers
							0	0			0	0	0	Other kinds of optical communication equipments
														--- Other telecommunication apparatus for digital line system:
							0	0			0	0	0	----Communication network synchronizing equipments
														----Ethernet exchangers
							0	0			0	0	0	Encrypted ethernet switches for non-optical communication
							0	0			0	0	0	Other kinds of ethernet switches for non-optical communication
							0	0			0	0	0	----IP telephone signal converters
							0	0			0	0	0	----Modem
							0	0			0	0	0	----Hubs
														----Routers
							0	0			0	0	0	Encrypted routers for non-optical communication
							0	0			0	0	0	Other kinds of routers
														----Wired network interface cards
							0	0			0	0	0	Wired network interface cards designed solely for clusterd high performace computers(single link unidirection communicating rates exceed 2.0GB/s,High performce computers indicates Automatic Date Processing machines with APP ＞8.0 Tera floating-point operations per second)
							0	0			0	0	0	Other
														----Other
							0	0			0	0	0	Switches designed solely for clusterd high performace computers (single link unidirection communicating rates exceed 2.0GB/s,self-difined communication protocol, High performce computers indicates Automatic Date Processing machines with APP ＞8.0 Tera floating-point operations per second)
							0	0			0	0	0	Other
														--- Other:
							0	0			0	0	0	----Wireless network interface cards
							0	0			0	0	0	----Fixed wireless access station
							0	0			0	0	0	----Wireless headphones
							0	0			0	0	0	----Other
														-- Other:
														--- Other equipments in a wireless network
0	0	0	0	0	3.6		5.4	5.4			0	0	0	Portable receptors for calling, prompting and paging
0	0	0	0	0	3.6		5.4	5.4			0	0	0	Other kinds of wireless telecommunication equipments
							0	0			0	0	0	--- Other equipments in a wired network
														- Parts:
							0	0			0	0	0	--- Of digital program-controlled telephonic or telegraphic switching apparatus

税　号	货　品　名　称	进口关税 % 最惠国	进口关税 % 普通	进口关税 % 年内暂定	增值/消费税%	出口退税%	统计计量单位	监管证件代码	检验检疫类别	协定税率 % 东盟	协定税率 % 亚太	协定税率 % 智利
8517.7020	--- 光端机及脉冲编码调制设备（PCM）用	0	14		17	17	千克					
8517.7030	--- 手持式无线电话机用（天线除外）	0	17		17	17	千克					
8517.7040	--- 对讲机用（天线除外）	8	20		17	17	千克			0	5.6	0
8517.7060	--- 光通信设备的激光收发模块	0	30		17	17	千克					
8517.7070	--- 税目85.17所列设备用天线及其零件											
85177070.01	无线电话电报装置的天线	0	20		17	17	千克	s		0		0
85177070.90	税目8517所列设备用其他天线及其零件	2	20		17	17	千克			0		0
8517.7090	--- 其他	0	20		17	17	千克					
85.18	**传声器（麦克风）及其座架；扬声器，不论是否装成音箱；耳机及耳塞机，不论是否装有传声器，以及由传声器及一个或多个扬声器组成的组合机；音频扩大器；电气扩音机组：**											
8518.1000	-　传声器（麦克风）及其座架											
85181000.01	电讯用频率在300-3400Hz麦克风(直径不超过10mm,高不超过3mm)	0	40		17	17	个	s		0		0
85181000.90	其他传声器(麦克风)及其座架	10	40	6	17	17	个			0		0
	-　扬声器，不论是否装成音箱：											
8518.2100	--　单喇叭音箱	10	40	6	17	17	个	A	L/	0		0
8518.2200	--　多喇叭音箱	10	40	6	17	17	个	A	L/	0		0
8518.2900	--　其他	0	40		17	17	个					
8518.3000	-　耳机及耳塞机，不论是否装有传声器，以及由传声器及一个或多个扬声器组成的组合机	0	40		17	17	个					
8518.4000	-　音频扩大器											
85184000.01	电器扩音器(列入ITA的有线电话重复器用的)	0	40		17	17	台	s		0		0
85184000.90	其他音频扩大器	12	40		17	17	台	A	L/	0		0
8518.5000	-　电气扩音机组	10	40		17	17	套		+L	0		0
8518.9000	-　零件											
85189000.01	编号8518400001所列货品的零件(列入ITA的有线电话重复器用的)	0	40		17	17	千克	s		0		0
85189000.90	税目8518所列货品的其他零件	10.5	40		17	17	千克			0		0
85.19	**声音录制或重放设备：**											
8519.2000	-　用硬币、钞票、银行卡、代币或其他支付方式使其工作的设备											
85192000.10	以特定支付方式使其工作的激光唱机(用硬币、钞票、银行卡、代币或其他支付方式使其工作)	20	80		17	17	台	A	LM/	0	16.4	0
85192000.90	其他以特定支付方式使其工作的声音录制或重放设备(用硬币、钞票、银行卡、代币或其他支付方式使其工作)	20	80		17	17	台		+L	0	16.4	0
8519.3000	-　转盘（唱机唱盘）	30	130		17	17	台			0		0
8519.5000	-　电话应答机	0	80		17	17	台		+L			
	-　其他设备：											
	--　使用磁性、光学或半导体媒体的：											
	---　使用磁性媒体的：											
8519.8111	----未装有声音录制装置的盒式磁带型声音重放装置，编辑节目用放声机除外	17	130		17	17	台	A	LM/	0		0
8519.8112	----装有声音重放装置的盒式磁带型录音机	30	130		17	17	台	A	LM/	0		0
8519.8119	----其他	20	80		17	17	台	6A	LM/	0	16.4	0
	---　使用光学媒体的：											
8519.8121	----激光唱机，未装有声音录制装置	30	80		17	17	台	A	LM/	0	26	0
8519.8129	----其他											
85198129.10	具有录音功能的激光唱机	20	80		17	17	台	6A	LM/	0	16.4	0
85198129.90	其他使用光学媒体的声音录制或重放设备	20	80		17	17	台	A	LM/	0	16.4	0
	---　使用半导体媒体的：											
8519.8131	----装有声音重放装置的闪速存储器型声音录制设备	20	80	12	17	17	台	6A	LM/	0		0
8519.8139	----其他	20	80	12	17	17	台	6A	LM/	0	16.4	0

协定税率 %										特惠税率 %				
巴基斯坦	冰岛	哥斯达黎	秘鲁	新西兰	瑞士	新加坡	韩国	澳大利亚	港澳台	老挝	孟加拉	33 国	7 国	Article Description
							0	0			0	0	0	--- Of optical line terminal equipments and pulse code modulation equipments
							0	0			0	0	0	--- Of wireless telephone handsets(Other than aerials)
5	0	0	0	0	3.2		6.4	4.8	0//		0	0	0	--- Of walkie-talkie(Other than aerials)
							0	0			0	0	0	--- Laser transmitting and receiving unit of optical communication equipments
														--- Aerials and parts thereof of heading 85.17
0	0	0	0	0	0		1.2	0			0	0	0	Antenna for wireless phones and telegraphs
0	0	0	0	0	0		1.2	0			0	0	0	Other antennas and parts for the equipments of heading 85.17
							0	0			0	0	0	--- Other
														Microphones and stands therefor; loudspeakers, whether or not mounted in their enclosures; headphones, earphones, whether or not combined with a microphone, and sets consisting of a microphone and one or more loudspeakers; audio-frequency electric amplifiers; electric sound amplifier sets:
														- Microphones and stands therefor
5	0	0	0	0	4	0	6	6	0//0		0	0	0	Microphones used for telecommunication with the frequency between 300 and 3400 Hz（of diameter: no more than 10mm; of hight: no more than 3mm）
5	0	0	0	0	4	0	6	6	0//0		0	0	0	Other kinds of microphone and its seat frames
														- Loudspeakers, whether or not mounted in their enclosures:
5	0	0	0	0	4	0	8	6	0//		0	0	0	-- Single loudspeakers, mounted in their enclosures
5	0	0	3	0	4	0	8	6	0//		0	0	0	-- Multiple loudspeakers, mounted in the same enclosure
							0	0			0	0	0	-- Other
							0	0			0	0	0	- Headphones and earphones, whether or not combined with a microphone, and sets consisting of a microphone and one or more loudspeakers
														- Audio-frequency electric amplifiers
6	0	0	3.6	0	4.8	0	9.6	7.2	0//0		0	0	0	Audio-frequency electric amplifiers for electrical appliances (for the cable phone repeaters in the ITA list)
6	0	0	3.6	0	4.8	0	9.6	7.2	0//0		0	0	0	Other kinds of audio-frequency electric amplifiers
5	0	0	0	0	4	0	9	6			0	0	0	- Electric sound amplifier sets
														- Parts
5	0	0	0	0	7.4	0	9.6	6.3	0//0		0	0	0	Parts for goods of subheading 8518.4000.01 (for the cable phone repeaters in the ITA list)
5	0	0	0	0	7.4	0	9.6	6.3	0//0		0	0	0	Other parts for goods of heading 85.18
														Sound recording or reproducing apparatus:
														- Apparatus operated by coins, banknotes, bank cards, tokens or by other means of payment
16.4	0	0	6	0	14	0	17.3	12				0	0	Laser disc players operated by specific means of payment (coins, banknotes, bank cards, tokens or other means of payment)
16.4	0	0	6	0	14	0	17.3	12				0	0	Sound recording or replaying devices operated by specific means of payment (coins, banknotes, bank cards, tokens or other means of payment)
	0	0	9	0	21.6	0		18				0	0	- Turntables (record-decks)
							0	0			0	0	0	- Telephone answering machines
														- Other apparatus:
														-- Using magnetic, optical or semiconductor media:
														--- Using magnetic media:
13.6	0	0	5.1	0	11.9	0	13.6	10.2				0	0	----Cassette-type sound reproducing apparatus, not incorporating a sound recording device, other than transcribing machines
	0	0	9	0	21.6	0	27	18				0	0	----Cassette-type recorders, incorporating sound reproducing apparatus
16.4	0	0	6	0	14	0	17.3	12				0	0	----Other
														--- Using optical media:
26	0	0	9	0	21.6	0	27	18				0	0	----Compact disc players, not incorporating a sound recording device
														----Other
16	0	0	6	0	14	0	17.3	12				0	0	Laser disc players with recording function
16	0	0	6	0	14	0	17.3	12				0	0	Other sound recording or replaying devices using optical medias
														--- Using semiconductor media:
	0	0	6	0	14	0	18	12				0	0	----Flash memory type recorders, incorporating sound reproducing apparatus
16.4	0	0	6	0	14	0	17.3	12				0	0	----Other

税　号	货　品　名　称	进口关税 % 最惠国	普通	年内暂定	增值/消费税%	出口退税%	统计计量单位	监管证件代码	检验检疫类别	协定税率 % 东盟	亚太	智利
	-- 其他:											
8519.8910	--- 不带录制装置的其他唱机,不论是否带有扬声器	30	130		17	17	台	A	L/	0		0
8519.8990	--- 其他声音录制或重放设备	20	80	12	17	17	台	6A	LM/	0	16.4	0
85.21	**视频信号录制或重放设备,不论是否装有高频调谐器:**											
	- 磁带型:											
	--- 录像机:											
8521.1011	----广播级	[注1]	[注2]	[注3]	17	17	台	A	M/	0	[注4]	0
8521.1019	----其他	[注1]	[注2]		17	17	台	A	LM/	0	[注5]	0
8521.1020	--- 放像机	[注1]	[注2]		17	17	台	A	LM/	0	[注6]	0
	- 其他:											
	--- 激光视盘机:											
8521.9011	----视频高密光盘（VCD）播放机											
85219011.10	具有录制功能的视频高密光盘(VCD)播放机(不论是否装有高频调谐放大器)	20	130		17	17	台	A	LM/	0	16	0
85219011.90	其他视频高密光盘(VCD)播放机(不论是否装有高频调谐放大器)	20	130		17	17	台	A	LM/	0	16	0
8521.9012	----数字化视频光盘（DVD）播放机											
85219012.10	具有录制功能的数字化视频光盘(DVD)播放机(不论是否装有高频调谐放大器)	20	130		17	17	台	A	LM/	0	16	0
85219012.90	其他数字化视频光盘(DVD)播放机(不论是否装有高频调谐放大器)	20	130		17	17	台	A	LM/	0	16	0
8521.9019	----其他											
85219019.10	具有录制功能的其他激光视盘播放机(不论是否装有高频调谐放大器)	20	130		17	17	台	A	LM/	0	16	0
85219019.90	其他激光视盘播放机(不论是否装有高频调谐放大器)	20	130		17	17	台	A	LM/	0	16	0
8521.9090	--- 其他											
85219090.01	光盘型广播级录像机	20	130	[注8]	17	17	台	6A	M/	0	16	0
85219090.10	用于光盘生产的金属母盘生产设备(不论是否装有高频调谐放大器)	20	130		17	17	台	6A	M/	0	16	0
85219090.90	其他视频信号录制或重放设备(不论是否装有高频调谐放大器)	20	130		17	17	台	6A	LM/	0	16	0
85.22	**专用于或主要用于税目85.19或85.21所列设备的零件、附件:**											
8522.1000	- 拾音头	35	130		17	17	个/千克			0		0
	- 其他:											
8522.9010	--- 转盘或唱机用	25	130		17	17	千克			0	20	0
	--- 盒式磁带录音机或放声机用:											
8522.9021	----走带机构（机芯），不论是否装有磁头	25	100		17	17	千克			0	22.5	0
8522.9022	----磁头	25	100		17	17	个/千克			0	22.5	0
8522.9023	----磁头零件	20	100		17	17	千克			0	18	0
8522.9029	----其他	30	100		17	17	千克			0	27	0
	--- 视频信号录制或重放设备用:											
8522.9031	----激光视盘机的机芯											
85229031.02	车载导航仪视频播放机机芯	30	100	17	17	17	千克			0	21	0

1：完税价格不超过 2000 美元/台：30%;完税价格高于 2000 美元/台：3%，加 3283 元。
2：完税价格不高于 2000 美元/台：130%；完税价格高于 2000 美元/台：6%，加 20600 元。
3：2016 年内暂定为：完税价格不超过 5000 美元/台：15%;完税价格高于 5000 美元/台：3%，加 3648 元。
4：完税价格不高于 2000 美元/台：16%；完税价格高于 2000 美元/台：3%，加 1581 元
5：完税价格不高于 2000 美元/台：24.5%；完税价格高于 2000 美元/台：3%，加 2614 元。
6：完税价格不高于 2000 美元/台：18%；完税价格高于 2000 美元/台：3%，加 1824 元。
7：完税价格不高于 2000 美元/台：27%；完税价格高于 2000 美元/台：2.7%，加 3936.6 元。
8：2016 年内暂定为：完税价格不超过 7000 美元/台：15%；完税价格高于 7000 美元/台：5%，加 4256 元。

协定税率 %										特惠税率 %				Article Description
巴基斯坦	冰岛	哥斯达黎	秘鲁	新西兰	瑞士	新加坡	韩国	澳大利亚	港澳台	老挝	孟加拉	33 国	7 国	
														-- Other:
	0	0	9	0	21.6	0	27	18				0	0	--- Other record-players, not incorporating a sound recording device, with or without loudspeakers
16	0	0	6	0	14	0	17.3	12				0	0	--- Other sound recording or reproducing apparatus
														Video recording or reproducing apparatus, whether or not incorporating a video tuner:
														- Magnetic tape-type:
														--- Video tape recorders:
	0	0	9	0	21.6	0	[注7]	18				0	0	----Broadcast quality
	0	0	9	0	21.6	0	[注7]	18				0	0	----Other
	0	0	9	0	21.6	0	[注7]	18				0	0	--- Video tape reproducers
														- Other:
														--- Laser video compact disk player:
														----Video Compact Disc player
16	0	0	6	0	14	0	17.3	12				0	0	VCD players with recording function (no matter whether or not incorporated with a high-frequency tuned amplifier)
16	0	0	6	0	14	0	17.3	12				0	0	Other VCD players (no matter whether or not incorporated with a high-frequency tuned amplifier)
														----Digital Video Disc player
16	0	0	6	0	14	0	18	12				0	0	DVD players with recording function (no matter whether or not incorporated with a high-frequency tuned amplifier)
16	0	0	6	0	14	0	18	12				0	0	Other DVD players (no matter whether or not incorporated with a high-frequency tuned amplifier)
														----Other
16	0	0	6	0	14	0	17.3	12				0	0	Other laser disc players with recording function (no matter whether or not incorporated with a high-frequency tuned amplifier)
16	0	0	6	0	14	0	17.3	12				0	0	Other laser disc players (no matter whether or not incorporated with a high-frequency tuned amplifier)
														--- Other
16	0	0	6	0	14	0	18	12	0//			0	0	Disc-type broadcast-quality video recorders
16	0	0	6	0	14	0	18	12	0//			0	0	Metal master disc production equipments (no matter whether or not incorporated with a high-frequency tuned amplifier)
16	0	0	6	0	14	0	18	12	0//			0	0	Other video recording or reproducing devices (no matter whether or not incorporated with a high- frequency tuned amplifier)
														Parts and accessories suitable for use solely or principally with the apparatus of headings No. 85.19 to 85.21:
	0	0	10.5	0	25.2	0		21	0//			0	0	- Pick-up cartridges
														- Other:
20	0	0	7.5	0	18	0	21.6	15	0//			0	0	--- Of turntables (record decks) or record-players
														--- Of cassette magnetic tape recorders or reproducers:
22.5	0	0	7.5	0	18	0	21.6	15	0//			0	0	----Transport mechanisms,whether or not incorporating a magnetic head
22.5	0	0	7.5	0	18	0	21.5	15	0//			0	0	----Magnetic heads
18	0	0	6	0	14	0	17.3	12	0//			0	0	----Parts of magnetic heads
27	0	0	9	0	21.6	0	25.8	18	0//			0	0	----Other
														--- Of video recording or reproducing apparatus:
														----Movements for Laser video compact disk player
21	0	0	9	0	21.6	0	25.8	18	0//			0	0	Car navigator video player core

税号	货品名称	进口关税 %			增值/消费税%	出口退税%	统计计量单位	监管证件代码	检验检疫类别	协定税率 %		
		最惠国	普通	年内暂定						东盟	亚太	智利
85229031.90	其他激光视盘机的机芯	30	100		17	17	千克			0	21	0
8522.9039	----其他	30	100	15	17	17	千克			0	21	0
	--- 其他:											
8522.9091	----车载音频转播器或发射器	20	80		17	17	台/千克			0	16	0
8522.9099	----其他	20	80	10	17	17	千克			0	16	0
85.23	**录制声音或其他信息用的圆盘、磁带、固态非易失性数据存储器件、“智能卡”及其他媒体，不论是否已录制，包括供复制圆盘用的母片及母带，但不包括第三十七章的产品:**											
	- 磁性媒体:											
	-- 磁条卡:											
8523.2110	--- 未录制	17.5	70		17	17	个/千克			0		0
8523.2120	--- 已录制	15	130		13	13/17	个/千克			0		0
	-- 其他:											
	--- 磁盘:											
8523.2911	----未录制	0	14		17	17	个/千克					
8523.2919	----其他	0	14		13	13/17	个/千克					
	--- 磁带:											
8523.2921	----未录制的宽度不超过4毫米的磁带	0	130		17	17	盘/千克	A	M/			
8523.2922	----未录制的宽度超过4毫米，但不超过6.5毫米的磁带	0	130		17	17	盘/千克					
8523.2923	----未录制的宽度超过6.5毫米的磁带	0	20		17	17	盘/千克					
8523.2928	----重放声音或图像信息的磁带	10	130	6	13	13/17	盘/千克	Z		0		0
8523.2929	----已录制的其他磁带	0	14		17	13/17	盘/千克	Z				
8523.2990	--- 其他	0	14		17	13/17	盘/千克	Z				
	- 光学媒体:											
8523.4100	-- 未录制	0	14		17	17	张/千克					
	-- 其他:											
8523.4910	--- 仅用于重放声音信息的	10	130	6	13	13/17	张/千克	Z		0		0
8523.4920	--- 用于重放声音、图像以外信息的，税目84.71所列机器用	0	14		13	13/17	张/千克					
8523.4990	--- 其他	0	14		17	13/17	张/千克	Z				
	- 半导体媒体:											
	-- 固态非易失性存储器件（闪速存储器）:											
8523.5110	--- 未录制	0	70		17	17	个/千克					
8523.5120	--- 已录制	0	14		13	13/17	个/千克					
	-- “智能卡”:											
8523.5210	--- 未录制	0	21		13	17	个/千克					
8523.5290	--- 其他	0	21		13	13/17	个/千克					
	-- 其他:											
8523.5910	--- 未录制	0	70		17	17	个/千克					
8523.5920	--- 已录制	0	14		13	13/17	个/千克					
	- 其他:											
	--- 唱片:											
8523.8011	----已录制	15	130		13	13/17	张/千克	Z		0		0
8523.8019	----其他	0	70		17	13/17	张/千克					
	--- 税目84.71所列机器用:											
8523.8021	----未录制	0	14		17	17	张/千克					
8523.8029	----其他	0	14		17	13/17	张/千克					
	--- 其他:											
8523.8091	----未录制	0	14		13	17	张/千克					
8523.8099	----其他	0	14		13	13/17	张/千克	Z				
85.25	**无线电广播、电视发送设备，不论是否装有接收装置或声音的录制、重放装置；电视摄像机、数字照相机及视频摄录一体机:**											
8525.5000	- 发送设备	0	30		17	17	台	O				
	- 装有接收装置的发送设备:											
8525.6010	--- 卫星地面站设备	0	14		17	17	台	O				
8525.6090	--- 其他	0	30		17	17	台	O				

协定税率 %										特惠税率 %				Article Description
巴基斯坦	冰岛	哥斯达黎	秘鲁	新西兰	瑞士	新加坡	韩国	澳大利亚	港澳台	老挝	孟加拉	33 国	7 国	
21	0	0	9	0	21.6	0	25.8	18	0//			0	0	Movement of other kinds of laser disc players
21	0	0	9	0		0	25.8	18	0//			0	0	----Other
														--- Other:
16	0	0	6	0	14	0	17.3	12	0//		0	0	0	----Tone converters or transmission apparatus of a kind used for vehicles
16	0	0	6	0	14	0	17.3	12	0//		0	0	0	----Other
														Discs, tapes, solid-state non-volatile storage devices,smart cards and other media for the recording of sound or of other phenomena, whether or not recorded, including matrices and masters for the production of discs, but excluding products of chapter 37:
														Magnetic media:
														-- Cards incorporating a magnetic stripe:
14	0	0	5.2	0	12.3	0	14	10.5	0/0/			0	0	--- Unrecorded
12	0	0	4.5	0	10.5	0	12	9	0/0/			0	0	--- Recorded
														-- Other:
														--- Magnetic discs:
							0	0			0	0	0	----Unrecorded
							0	0			0	0	0	----Other
														--- Magnetic tapes:
							0	0			0	0	0	----Of a width not exceeding 4mm, unrecorded
							0	0			0	0	0	----Of a width exceeding 4mm but not exceeding 6.5mm, unrecorded
							0	0			0	0	0	----Of a width exceeding 6.5mm, unrecorded
5	0	0	0	0	4	0	8.6	6	0//		0	0	0	----For reproducing sound or image phenomena
							0	0			0	0	0	----Other recorded magnetic tapes
							0	0			0	0	0	--- Other
														- Optical media:
							0	0			0	0	0	-- Unrecorded
														-- Other:
5	0	0	0	0	4		8	6	0/0/			0	0	--- For reproducing sound only
							0	0			0	0	0	--- For reproducing phenomena other than sound or image, for the machines of heading No.84.71
							0	0			0	0	0	--- Other
														- Semiconductor medium
														-- Solid-state non-volatile storage devices:
							0	0			0	0	0	--- Unrecorded
							0	0			0	0	0	--- Recorded
														-- Smart cards:
							0	0			0	0	0	--- Unrecorded
							0	0			0	0	0	--- Other
														-- Other:
							0	0			0	0	0	--- Unrecorded
							0	0			0	0	0	--- Recorded
														- Other:
														--- Gramophone records:
12	0	0	4.5	0	10.5	0	12	9	/0/			0	0	----Recorded
							0	0			0	0	0	----Other
														--- For the machines of heading 84.71:
							0	0			0	0	0	----Unrecorded
							0	0			0	0	0	----Other
														--- Other:
							0	0			0	0	0	----Unrecorded
							0	0			0	0	0	----Other
														Transmission apparatus for radio-broadcasting or television,whether or not incorporating reception apparatus or sound recording or reproducing apparatus;television cameras, digital cameras and video camera recorders:
							0	0			0	0	0	- Transmission apparatus
														- Transmission apparatus incorporating reception apparatus:
							0	0			0	0	0	--- Satellite earth station
							0	0			0	0	0	--- Other

税号	货品名称	进口关税 %			增值/消费税%	出口退税%	统计计量单位	监管证件代码	检验检疫类别	协定税率 %		
		最惠国	普通	年内暂定						东盟	亚太	智利
	- 电视摄像机、数字照相机及视频摄录一体机:											
	--- 电视摄像机:											
8525.8011	----特种用途的											
85258011.10	抗辐射电视摄像机[能抗5×104戈瑞(硅)以上辐射而又不会降低使用质量]	10	17		17	17	台	3A	M/	0	9	0
85258011.90	其他特种用途电视摄像机	10	17		17	17	台	A	M/	0	9	0
8525.8012	----非特种用途的广播级	[注1]	[注2]		17	17	台	A	M/	0	[注3]	0
8525.8013	----非特种用途的其他类型											
85258013.01	手机用摄像组件(由镜头+CCD/CMOS+数字信号处理电路三部分构成)	[注1]	[注2]	4	17	17	台			0	[注3]	0
85258013.02	高清摄像头(必须满足以下三个条件:1、镜头元件必须使用5层及以上玻璃镜头;2、使用USB2.0及以上高速接口;3、硬件传感器像素达到130万及以上)	[注1]	[注2]	10	17	17	台			0	[注3]	0
85258013.90	其他非特种用途电视摄像机及其他摄像组件(其他摄像组件由非广播级镜头+CCD/CMOS+数字信号处理电路构成)	[注1]	[注2]		17	17	台			0	[注3]	0
	--- 数字照相机:											
8525.8021	----特种用途的	0	17		17	17	台					
8525.8022	----非特种用途的单镜头反光型	0	[注2]		17	17	台					
8525.8025	----非特种用途的,其他可换镜头的	0	[注2]		17	17	台					
8525.8029	----非特种用途的其他类型	0	[注2]		17	17	台					
	--- 视频摄录一体机:											
8525.8031	----特种用途的	0	17		17	17	台	A	M/			
8525.8032	----非特种用途的广播级	0	130		17	17	台	A	M/			
8525.8033	----非特种用途的家用型	0	130		17	17	台	A	M/			
8525.8039	----非特种用途的其他类型	0	[注2]		17	17	台	A	M/			
85.26	**雷达设备、无线电导航设备及无线电遥控设备:**											
	- 雷达设备:											
8526.1010	--- 导航用											
85261010.10	用于导弹、火箭等的导航雷达设备(用于弹道导弹、运载火箭、探空火箭、巡航导弹、无人驾驶航空飞行器的目标探测)	2	8		17	17	台	3		0		0
85261010.90	其他导航用雷达设备	2	8		17	17	台	0		0		0
8526.1090	--- 其他											
85261090.01	飞机机载雷达(包括气象雷达,地形雷达和空中交通管制应答系统)	5	14	1	17	17	台			0		0
85261090.02	雷达生命探测仪	5	14	2	17	17	台	0		0		0
85261090.11	用于导弹、火箭等的机载雷达设备(用于弹道导弹、运载火箭、探空火箭、巡航导弹、无人驾驶航空飞行器的目标探测)	5	14		17	17	台	3		0		0
85261090.91	用于导弹、火箭等的其他雷达设备(用于弹道导弹、运载火箭、探空火箭、巡航导弹、无人驾驶航空飞行器的目标探测)	5	14		17	17	台	3		0		0
85261090.99	其他雷达设备	5	14		17	17	台	0		0		0
	- 其他:											
	-- 无线电导航设备:											
8526.9110	--- 机动车辆用	2	8		17	17	台			0		0
8526.9190	--- 其他											

1:完税价格不高于5000美元/台,35%;完税价格高于5000美元/台:3%,加9728元。
2:完税价格不高于5000美元/台:130%;完税价格高于5000美元/台:6%,加51500元。
3:完税价格不高于5000美元/台,35%;完税价格高于5000美元/台:3%,加9728元。
4:完税价格不高于5000美元/台,31.5%;完税价格高于5000美元/台:2.7%,加11664元。

协定税率 %										特惠税率 %				
巴基斯坦	冰岛	哥斯达黎	秘鲁	新西兰	瑞士	新加坡	韩国	澳大利亚	港澳台	老挝	孟加拉	33 国	7 国	**Article Description**
														- Television cameras, digital cameras and video camera recorders:
														--- Television cameras:
														----For special purposes
5	0	0	0	0	4	0		6				0	0	Radiation-resistant telecamera (of being able to resist radiations above 5×104 Gy while not reducing the service quality)
5	0	0	0	0	4	0		6				0	0	Other telecameras for special use
[注3]	0	0	10.5	0	28	0		21				0	0	----Broadcast quality, not for special purposes
														----Other, not for special purposes
[注3]	0	0	10.5	0	28.7	0	[注4]	21	0/0/0			0	0	Camera components for cellphones (including lens, CCD/CMOS and digital signal processing electric circuit)
[注3]	0	0	10.5	0	28.7	0	[注4]	21	0/0/0			0	0	High definition cameras (the following three requirements must be fulfilled: 1. 5 or more-layers glass lens; 2. USB2. 0 High speed interface; 3. Hardware Sensor: 130 Mega pixel and above)
[注3]	0	0	10.5	0	28.7	0	[注4]	21	0/0/0			0	0	Other telecameras not for special use and other camera components (the latter is composed of non-broadcast-quality lens, CCD/CMOS and digital signal processing electric circuit)
														--- Digital cameras:
							0	0			0	0	0	----For special purposes
							0	0			0	0	0	----Single lens reflex, not for special purposes
							0	0			0	0	0	----Other changeable lens，not for special purposes
							0	0			0	0	0	----Other, not for special purposes
														--- Video camera recorders:
							0	0			0	0	0	----For special purposes
							0	0			0	0	0	----Broadcast quality, not for special purposes
							0	0			0	0	0	----Household-type, not for special purposes
							0	0			0	0	0	----Other, not for special purposes
														Radar apparatus, radio navigational aid apparatus and radio remote control apparatus:
														- Radar apparatus:
														--- For navigational aid
0	0	0	0	0	0		1.7	0				0	0	Navigational radar equipments for missiles and rockets (for ballistic missiles, carrier rockets and sounding rockets, etc. to detect targets)
0	0	0	0	0	0		1.7	0				0	0	Other navigational radar equipments
														--- Other
0	0	0	0	0	0		4.3	0				0	0	Airborne radars (including meteorological radars, terrain following radars and air traffic control response system)
0	0	0	0	0	0		4.3	0				0	0	Radar life detecting instrument
0	0	0	0	0	0		4.3	0				0	0	Airborne radars for missiles and rockets (for ballistic missiles, carrier rockets and sounding rockets, etc. to detect targets)
0	0	0	0	0	0		4.3	0				0	0	Other radars for missiles and rockets (ballistic missiles, carrier rockets and sounding rockets, etc. to detect targets)
0	0	0	0	0	0		4.3	0				0	0	Other radars
														- Other:
														-- Radio navigational aid apparatus:
0	0	0	0	0	0		0	0				0	0	--- For motor vehicles
														--- Other

税号	货品名称	进口关税 % 最惠国	普通	年内暂定	增值/消费税%	出口退税%	统计计量单位	监管证件代码	检验检疫类别	协定税率 % 东盟	亚太	智利
85269190.10	制导装置(使300km射程导弹达到≤10km圆公算偏差)	2	8		17	17	台	30		0		0
85269190.90	其他无线电导航设备	2	8		17	17	台	0		0		0
8526.9200	-- 无线电遥控设备	5	14		17	17	台	0		0		0
85.27	**无线电广播接收设备，不论是否与声音的录制、重放装置或时钟组合在同一机壳内：**											
	- 不需外接电源的无线电收音机：											
8527.1200	-- 袖珍盒式磁带收放机	20	130		17	17	台			0		0
8527.1300	-- 其他收录（放）音组合机	15	130		17	17	台			0		0
8527.1900	-- 其他	15	130		17	17	台			0		0
	- 需外接电源的汽车用无线电收音机：											
8527.2100	-- 收录（放）音组合机	15	130		17	17	台			0		0
8527.2900	-- 其他	15	130		17	17	台			0		0
	- 其他：											
8527.9100	-- 收录（放）音组合机	15	130		17	17	台	A	LM/	0		0
8527.9200	-- 带时钟的收音机	15	130		17	17	台		+L	0		0
8527.9900	-- 其他	27	130		17	17	台	A	L/	0		0
85.28	**监视器及投影机，未装电视接收装置；电视接收装置，不论是否装有无线电收音装置或声音、图像的录制或重放装置：**											
	- 阴极射线管监视器：											
8528.4100	-- 专用于或主要用于税目84.71的自动数据处理系统的	0	40		17	17	台	6A	LM/			
	-- 其他：											
8528.4910	--- 彩色的	30	130		17	17	台	6A	LM/	0	26	0
8528.4990	--- 单色的	19	100		17	17	台	6A	LM/	0	15.2	0
	- 其他监视器：											
	-- 专用于或主要用于税目84.71的自动数据处理系统的：											
8528.5110	--- 液晶的	0	40		17	17	台	A	LM/			
8528.5190	--- 其他	0	40		17	17	台	A	LM/			
	-- 其他：											
8528.5910	--- 彩色的											
85285910.01	专用于车载导航仪的液晶监视器	30	130	15	17	17	台	6A	M/	0	26	0
85285910.90	其他彩色的监视器	30	130		17	17	台	6A	LM/	0	26	0
8528.5990	--- 单色的	19	100		17	17	台	6A	LM/	0	15.2	0
	- 投影机：											
8528.6100	-- 专用于或主要用于税目84.71的自动数据处理系统的											
85286100.10	专用或主要用于税目8471商品的彩色投影机	0	14		17	17	台	A	L/			
85286100.90	其他专用或主要用于税目8471商品的投影机	0	14		17	17	台	A	L/			
	-- 其他：											
8528.6910	--- 彩色的	30	130		17	17	台	6A	L/	0	25.5	0
8528.6990	--- 单色的	15	100		17	17	台	A	L/	0		0
	- 电视接收装置，不论是否装有无线电收音装置或声音、图像的录制或重放装置：											
	-- 在设计上不带有视频显示器或屏幕的：											
8528.7110	--- 彩色卫星电视接收机	30	130		17	17	台	AO	L/		24	0
8528.7180	--- 其他彩色的	30	130		17	17	台	A	LM/	0	21	0
8528.7190	--- 单色的	15	100		17	17	台	A	M/	0		0
	-- 其他，彩色的：											
	--- 阴极射线显像管的：											
8528.7211	----模拟电视接收机	30	130		17	17	台	6A	LM/		21	0
8528.7212	----数字电视接收机	30	130		17	17	台	6A	LM/		21	0
8528.7219	----其他	30	130		17	17	台	6A	LM/		21	0

协定税率 %										特惠税率 %				
巴基斯坦	冰岛	哥斯达黎	秘鲁	新西兰	瑞士	新加坡	韩国	澳大利亚	港澳台	老挝	孟加拉	33 国	7 国	**Article Description**
0	0	0	0	0	1.4		1.6	0				0	0	Guidance devices (making the circular error probable of 300km-range missiles ≤10km)
0	0	0	0	0	1.4		1.6	0				0	0	Other radio navigation devices
0	0	0	0	0	0		4	0				0	0	-- Radio remote control apparatus
														Reception apparatus for radio-broadcasting, whether or not combined, in the same housing, with sound recording or reproducing apparatus or a clock:
														- Radio-broadcast receivers capable of operating without an external source of power:
	0	0	6	0	14	0	17.3	12				0	0	-- Pocket-size radio cassette-players
12	0	0	4.5	0	10.5	0	12	9				0	0	-- Other apparatus combined with sound recording or reproducing apparatus
12	0	0	4.5	0	10.5	0	13	9				0	0	-- Other
														- Radio-broadcast receivers not capable of operating without an external source of power, of a kind used in motor vehicles:
12	0	0	4.5	0	10.5	0	13	9				0	0	-- Combined with sound recording or reproducing apparatus
12	0	0	4.5	0	10.5	0	13	9				0	0	-- Other
														- Other:
12	0	0	4.5	0	10.5	0	12	9				0	0	-- Combined with sound recording or reproducing apparatus
12	0	0	4.5	0	10.5	0	12	9				0	0	-- Not combined with sound recording or reproducing apparatus but combined with a clock
	0	0	8.1	0	19.4	0	24.3	16.2				0	0	-- Other
														Monitors and projectors, not incorporating television reception apparatus; reception apparatus for television, whether or not incorporating radio-broadcast receivers or sound or video recording or reproducing apparatus:
														- Cathode-ray tube monitors:
							0	0			0	0	0	-- Of a kind solely or principally used in an automatic data processing system of heading 84.71
														-- Other:
26	0	0	9	0	21	0	27	18	/0/			0	0	--- Colour
15.2	0	0	5.7	0	13.3	0	15.2	11.4	/0/			0	0	--- Monochrome
														- Other monitors:
														-- Of a kind solely or principally used in an automatic data processing system of heading 84.71:
							0	0			0	0	0	--- Of LCD
							0	0			0	0	0	--- Other
														-- Other:
														--- Colour
26	0		9	0		0	25.8	18	0/0/			0	0	LCD Monitors, soly used for vehicle navigator
26	0		9	0		0	25.8	18	0/0/			0	0	Other color monitors
15.2	0	0	5.7	0	13.3	0		11.4	0/0/			0	0	--- Monochrome
														- Projectors:
														-- Of a kind solely or principally used in an automatic data processing system of heading 84.71
							0	0			0	0	0	Color video projectors solely or principally used for goods of heading 84.71
							0	0			0	0	0	Other projectors solely or principally used for goods of heading 84.71
														-- Other:
25.5	0	0	9	0		0	25.8	18	0/0/			0	0	--- Colour
12	0	0	4.5	0	10.5	0		9	/0/			0	0	--- Monochrome
														- Reception apparatus for television, whether or not incorporating radio-broadcast receivers or sound or video recording or reproducing apparatus:
														-- Not designed to incorporate a video display or screen:
24	0	0		0				18				0		--- Colour satellite television receivers
21	0	0		0		0		18				0		--- Other, colour
12	0	0	4.5	0	10.5	0	12	9	/0/			0	0	--- Monochrome
														-- Other, colour:
														--- Of CRT:
21	0	0		0	21.6			18				0		----Analogue
21	0	0		0	21.6			26				0		----Digital
21	0	0		0	21.6			18				0		----Other

税 号	货 品 名 称	进口关税 %			增值/消费税%	出口退税%	统计计量单位	监管证件代码	检验检疫类别	协定税率 %		
		最惠国	普通	年内暂定						东盟	亚太	智利
	--- 液晶显示器的:											
8528.7221	----模拟电视接收机	30	130		17	17	台	A	LM/	20	21	0
8528.7222	----数字电视接收机	30	130		17	17	台	A	LM/	20	21	0
8528.7229	----其他	30	130		17	17	台	A	LM/	20	21	0
	--- 等离子显示器的:											
8528.7231	----模拟电视接收机	30	130		17	17	台	A	LM/	20	21	0
8528.7232	----数字电视接收机	30	130		17	17	台	A	LM/	20	21	0
8528.7239	----其他	30	130		17	17	台	A	LM/	20	21	0
	--- 其他:											
8528.7291	----模拟电视接收机	30	130		17	17	台	A	LM/	20	21	0
8528.7292	----数字电视接收机	30	130		17	17	台	A	LM/	20	21	0
8528.7299	----其他	30	130		17	17	台	A	LM/	20	21	0
8528.7300	-- 其他,单色的	15	100		17	17	台	6A	M/	0		0
85.29	**专用于或主要用于税目85.25至85.28所列装置或设备的零件:**											
	- 各种天线或天线反射器及其零件:											
8529.1010	--- 雷达设备及无线电导航设备用	1.5	8		17	17	千克			0		0
8529.1020	--- 无线电收音机及其组合机、电视接收机用	0	90		17	17	千克		+L			
8529.1090	--- 其他											
85291090.21	卫星电视接收用天线	2	20		17	17	千克/个	0		0		0
85291090.29	其他无线广播电视用天线(税目8525至8528所列其他装置或设备的,包括天线反射器)	2	20		17	17	千克/个	0		0		0
85291090.90	其他无线电设备天线及其零件(税目8525至8528所列其他装置或设备的,包括天线反射器)	2	20		17	17	千克/个		+L	0		0
	- 其他:											
8529.9010	--- 电视发送、差转设备及卫星电视地面接收转播设备用											
85299010.11	卫星电视接收用解码器	0	30		17	17	千克/个	0	+L			
85299010.12	卫星电视接收用收视卡	0	30		17	17	千克/个	0				
85299010.13	卫星电视接收用器件板卡	0	30		17	17	千克/个	0				
85299010.14	卫星电视接收用专用零件	0	30		17	17	千克/个	0				
85299010.90	其他电视发送,差转等设备零件(包括其他卫星电视地面接收转播设备零件)	0	30		17	17	千克/个					
	--- 电视摄像机、其他视频摄录一体机、数字照相机用:											
8529.9041	----特种用途的	8	17		17	17	千克			0	6.8	0
8529.9042	----非特种用途的取像模块											
85299042.10	电视摄像机、摄录一体机、数码相机用取像模块	12	100	3	17	17	千克			0	10.8	0
85299042.20	手机、平板电脑用取像模块	12	100	4	17	17	千克			0	10.8	0
85299042.90	其他非特种用途的取像模块	12	100		17	17	千克			0	10.8	0
8529.9049	----其他	12	100	2	17	17	千克			0	10.8	0
8529.9050	--- 雷达设备及无线电导航设备用	1.5	8		17	17	千克			0	1.4	0
8529.9060	--- 无线电收音机及其组合机用	15	130	7	17	17	千克			0	12	0
	--- 电视接收机用(高频调谐器除外):											
8529.9081	----彩色电视接收机用(等离子显像组件及其零件、有机发光二极管显示屏除外)	15	80	6	17	17	千克			0	12	0
8529.9082	----等离子显像组件及其零件	15	80	5	17	17	千克			0	12	0
8529.9083	----有机发光二极管显示屏	15	50	5	17	17	千克/个			0	12	0
8529.9089	----其他	0	50		17	17	千克					
8529.9090	--- 其他											
85299090.11	卫星电视接收用高频调谐器	0	57		17	17	千克/个	0				
85299090.19	其他高频调谐器	0	57		17	17	千克/个					
85299090.90	税目8525至8528所列设备其他零件	0	57		17	17	千克/个					
85.30	**铁道、电车道、道路或内河航道、停车场、港口或机场用的电气信号、安全或交通管理设备(税目86.08的货品除外):**											
8530.1000	- 铁道或电车道用的设备	10	20		17	17	个	0		0		0

协定税率 %										特惠税率 %				
巴基斯坦	冰岛	哥斯达黎	秘鲁	新西兰	瑞士	新加坡	韩国	澳大利亚	港澳台	老挝	孟加拉	33 国	7 国	Article Description
														--- Of LCD:
21	0			0				18	/0/			0		----Analogue
21	0			0			26.4	26				0		----Digital
21	0			0				18	/0/			0		----Other
														--- Of plasma:
21	0			0				18	/0/			0		----Analogue
21	0			0				26				0		----Digital
21	0			0			26.4	18	/0/			0		----Other
														--- Other:
21	0	0	9	0				18				0	0	----Analogue
21	0			0				26				0		----Digital
21	0	0		0				18				0		----Other
12	0	0	4.5	0	10.5	0	12	9	/0/			0	0	-- Other, monochrome
														Parts suitable for use solely or principally with the apparatus of headings No.85.25 to 85.28:
														- Aerials and aerial reflectors of all kinds; parts suitable for use therewith:
0	0	0	0	0	0		1.2	0	0//			0	0	--- For radar apparatus and radio navigational aid apparatus
							0	0			0	0	0	--- For radio-broadcast receivers and their combinations, television receivers
														--- Other
0	0	0	0	0	0		0	0				0	0	Antenna for satellite TV
0	0	0	0	0	0		0	0				0	0	Other radio broadcasting & television antenna (of headings 85.25-85.28, including antenna reflectors)
0	0	0	0	0	0		0	0				0	0	Other radio antennas and parts (of headings 85.25-85.28, including antenna reflector)
														- Other:
														--- Of television transmission or translation apparatus, satellite television ground receiving and relaying apparatus
							0	0			0	0	0	Decoder for satellite TV
							0	0			0	0	0	Access cards for satellite television receivers
							0	0			0	0	0	CRD card for satellite television receivers
							0	0			0	0	0	Parts exclusively for satellite television receivers
							0	0			0	0	0	Other parts for TV transmission or transposing devices (including other parts of ground receiving and relaying equipments for satellite television)
														--- Of television cameras, video camera recorders and digital cameras:
5	0	0	0	0	3.2		6.8	4.8	0//			0	0	----Of special purposes
														----Camera modules without special purposes
5	0	0	3.6	0	8.4	0	9.6	7.2	0//0			0	0	Image pick-up modules for television camaras,camcorders and digital cameras
5	0	0	3.6	0	8.4	0	9.6	7.2	0//0			0	0	Image pick-up modules for cellphones, tablet computors
5	0	0	3.6	0	8.4	0	9.6	7.2	0//0			0	0	Other image pick-up modules not for special purpose
5	0	0	0	0	8.4	0	10.4	7.2	0//0			0	0	----Other
0	0	0	0	0	0		1.2	0				0	0	--- Of radar apparatus and radio navigational aid apparatus
7.5	0	0	4.5	0	10.5	0	12	9	0//		0	0	0	--- Of radio-broadcast receivers and their combinations
														--- Of television receivers （Other than H. F. turners）：
7.5	0		4.5	0	10.5	0		9				0		----Of color television receivers (other than plasma display modules or parts thereof, Organic light emitting diode (OLED) screens)
7.5	0			0	10.5		13.8	9						----Plasma display modules and part thereof
7.5	0		4.5	0	10.5	0						0	0	----Organic light emitting diode (OLED) screens
							0	0			0	0	0	----Other
														--- Other
							0	0			0	0	0	High-frequency tuners for satellite television receivers
							0	0			0	0	0	Other High-frequency tuners
							0	0			0	0	0	Other parts of the goods of headings 85.25 to 85.28
														Electrical signalling, safety or traffic control equipment for railways,tramways, roads,inland waterways,parking facilities, port installations or airfields（other than those of heading No.86.08）：
5	0	0	0	0	4		8	6				0	0	- Equipment for railways or tramways

税 号	货 品 名 称	进口关税 % 最惠国	普通	年内暂定	增值/消费税%	出口退税%	统计计量单位	监管证件代码	检验检疫类别	协定税率 % 东盟	亚太	智利
8530.8000	- 其他设备	8	20		17	17	个	0		0		0
8530.9000	- 零件	8	20		17	17	千克			0		0
85.31	**电气音响或视觉信号装置（例如，电铃、电笛、显示板、防盗或防火报警器），但税目 85.12 或 85.30 的货品除外：**											
8531.1000	- 防盗或防火报警器及类似装置	10	40		17	17	个	A	LM/	0		0
8531.2000	- 装有液晶装置（LCD）或发光二极管（LED）的显示板	0	70		17	17	个					
	- 其他装置：											
8531.8010	--- 蜂鸣器											
85318010.01	音量不超过 110db 的小型蜂鸣器	15	70	7.5	17	17	个			0		0
85318010.90	其他蜂鸣器	15	70		17	17	个			0		0
8531.8090	--- 其他	10	70		17	17	个			0		0
	- 零件：											
8531.9010	--- 防盗或防火报警器及类似装置用	0	40		17	17	千克	A	L/			
8531.9090	--- 其他	0	70		17	17	千克					
85.32	**固定、可变或可调（微调）电容器：**											
8532.1000	- 固定电容器，用于 50 / 60 赫兹电路，其额定无功功率不低于 0.5 千瓦（电力电容器）	0	20		17	17	千克/千个					
	- 其他固定电容器：											
	-- 钽电容器：											
8532.2110	--- 片式	0	35		17	17	千克/千个					
8532.2190	--- 其他	0	35		17	17	千克/千个					
	-- 铝电解电容器：											
8532.2210	--- 片式	0	35		17	17	千克/千个					
8532.2290	--- 其他	0	35		17	17	千克/千个					
8532.2300	-- 单层瓷介电容器	0	35		17	17	千克/千个					
	-- 多层瓷介电容器：											
8532.2410	--- 片式	0	35		17	17	千克/千个					
8532.2490	--- 其他	0	35		17	17	千克/千个					
	-- 纸介质或塑料介质电容器：											
8532.2510	--- 片式	0	35		17	17	千克/千个					
8532.2590	--- 其他	0	35		17	17	千克/千个					
8532.2900	-- 其他	0	35		17	17	千克/千个					
8532.3000	- 可变或可调（微调）电容器	0	35		17	17	千克/千个					
	- 零件：											
8532.9010	--- 税号 8532.1000 所列电容器用	0	20		17	17	千克					
8532.9090	--- 其他	0	35		17	17	千克					
85.33	**电阻器（包括变阻器及电位器），但加热电阻器除外：**											
8533.1000	- 固定碳质电阻器，合成或薄膜式	0	50		17	17	千克/千个					
	- 其他固定电阻器：											
	-- 额定功率不超过 20 瓦：											
8533.2110	--- 片式	0	50		17	17	千克/千个					
8533.2190	--- 其他	0	50		17	17	千克/千个					

协定税率 %										特惠税率 %				Article Description
巴基斯坦	冰岛	哥斯达黎	秘鲁	新西兰	瑞士	新加坡	韩国	澳大利亚	港澳台	老挝	孟加拉	33 国	7 国	
5	0	0	0	0	3.2		6.4	4.8			0	0	0	- Other equipment
5	0	0	0	0	3.2		6.4	4.8			0	0	0	- Parts
														Electric sound or visual signalling apparatus (for example, bells, sirens, indicator panels, burglar or fire alarms), other than those of heading No.85.12 or 85.30:
5	0	0	0	0	4	0	8	6	0//		0	0	0	- Burglar or fire alarms and similar apparatus
							0	0			0	0	0	- Indicator panels incorporating liquid crystal devices (LCD) or light emitting diodes (LED)
														- Other apparatus:
														--- Buzzers
12	0	0	4.5	0	10.5	0	12	9	0//			0	0	Small-sized buzzers with volume not more than 110db
12	0	0	4.5	0	10.5	0	12	9	0//			0	0	Other buzzers
5	0	0	0	0	4	0	8	6	0//			0	0	--- Other
														- Parts:
							0	0			0	0	0	--- Of burglar or fire alarms and similar apparatus
							0	0			0	0	0	--- Other
														Electrical capacitors, fixed, variable or adjustable (pre-set):
							0	0			0	0	0	- Fixed capacitors designed for use in 50/60 Hz circuits and having a reactive power handling capacity of not less than 0.5kW (power capacitors)
														- Other fixed capacitors:
														-- Tantalum:
							0	0			0	0	0	--- Laminate
							0	0			0	0	0	--- Other
														-- Aluminium electrolytic:
							0	0			0	0	0	--- Laminate
							0	0			0	0	0	--- Other
							0	0			0	0	0	-- Ceramic dielectric, single layer
														-- Ceramic dielectric, multilayer:
							0	0			0	0	0	--- Laminate
							0	0			0	0	0	--- Other
														-- Dielectric of paper or plastics:
							0	0			0	0	0	--- Laminate
							0	0			0	0	0	--- Other
							0	0			0	0	0	-- Other
							0	0			0	0	0	- Variable or adjustable (pre-set) capacitors
														- Parts:
							0	0			0	0	0	--- Of the capacitors of subheading No.8532.1000
							0	0			0	0	0	--- Other
														Electrical resistors (including rheostats and potentiometers), other than heating resistors:
							0	0			0	0	0	- Fixed carbon resistors, composition or film types
														- Other fixed resistors:
														-- For a power handling capacity not exceeding 20W:
							0	0			0	0	0	--- Laminate
							0	0			0	0	0	--- Other

税　号	货　品　名　称	进口关税 %			增值/消费税%	出口退税%	统计计量单位	监管证件代码	检验检疫类别	协定税率 %		
		最惠国	普通	年内暂定						东盟	亚太	智利
8533.2900	-- 其他	0	50		17	17	千克/千个					
	- 线绕可变电阻器，包括变阻器及电位器：											
8533.3100	-- 额定功率不超过 20 瓦	0	50		17	17	千克/千个					
8533.3900	-- 其他	0	50		17	17	千克/千个					
8533.4000	- 其他可变电阻器，包括变阻器及电位器	0	50		17	17	千克/千个					
8533.9000	- 零件	0	50		17	17	千克					
85.34	**印刷电路：**											
8534.0010	--- 4 层以上的	0	35		17	17	块/千克					
8534.0090	--- 其他	0	50		17	17	块/千克					
85.35	**电路的开关、保护或连接用的电气装置（例如，开关、熔断器、避雷器、电压限幅器、电涌抑制器、插头及其他连接器、接线盒），用于电压超过 1000 伏的线路：**											
8535.1000	- 熔断器	14	50		17	17	个/千克	A	L/	0		0
	- 自动断路器：											
8535.2100	-- 用于电压低于 72.5 千伏的线路	14	50		17	17	个/千克	A	L/	0		0
	-- 其他：											
8535.2910	--- 用于电压在 72.5 千伏及以上，但不高于 220 千伏的线路	10	50		17	17	个/千克			0		0
8535.2920	--- 用于电压高于 220 千伏，但不高于 750 千伏的线路	10	50		17	17	个/千克			0		0
8535.2990	--- 其他	10	50		17	17	个/千克			0		0
	- 隔离开关及断续开关：											
8535.3010	--- 用于电压在 72.5 千伏及以上，但不高于 220 千伏的线路	10	50		17	17	个/千克			0		0
8535.3020	--- 用于电压高于 220 千伏，但不高于 750 千伏的线路	10	50		17	17	个/千克			0		0
8535.3090	--- 其他	10	50		17	17	个/千克	A	L/	0		0
8535.4000	- 避雷器、电压限幅器及电涌抑制器	18	50		17	17	个/千克			0		0
8535.9000	- 其他											
85359000.10	触发式火花隙（阳极延迟时间≤15ms，阳极峰值额定电流≥500A）	10	50		17	17	千克	3		0	9.5	0
85359000.20	具有快速开关功能的模件或组件（阳极峰值电压≥2kV；电流≥500A；接通时间为 1 微秒或更短）	10	50		17	17	千克	3		0	9.5	0
85359000.90	其他电压>1000 伏电路开关等电气装置	10	50		17	17	千克		+L	0	9.5	0
85.36	**电路的开关、保护或连接用的电器装置（例如，开关、继电器、熔断器、电涌抑制器、插头、插座、灯座及其他连接器、接线盒），用于电压不超过 1000 伏的线路；光导纤维、光导纤维束或光缆用连接器：**											
8536.1000	- 熔断器	10	50		17	17	个/千克	A	L/	0		0
8536.2000	- 自动断路器	9	50		17	17	个/千克	A	L/	0		0
8536.3000	- 其他电路保护装置	9	50		17	17	个/千克	A	L/	0		0
	- 继电器：											
	-- 用于电压不超过 60 伏的线路：											
8536.4110	--- 用于电压不超过 36 伏的线路	10	50		17	17	个/千克			0		0
8536.4190	--- 其他	10	50		17	17	个/千克	A	L/	0		0
8536.4900	-- 其他	10	50		17	17	个/千克	A	L/	0		0
8536.5000	- 其他开关	0	50		17	17	个/千克	A	L/			
	- 灯座、插头及插座：											
8536.6100	-- 灯座	10	50		17	17	个/千克			0		0
8536.6900	-- 其他	0	50		17	17	个/千克		+L			
8536.7000	- 光导纤维、光导纤维束或光缆用连接器	8	30		17	17	千克			0		0
	- 其他装置：											

协定税率 %										特惠税率 %				Article Description
巴基斯坦	冰岛	哥斯达黎	秘鲁	新西兰	瑞士	新加坡	韩国	澳大利亚	港澳台	老挝	孟加拉	33 国	7 国	
							0	0			0	0	0	-- Other
														- Wirewound variable resistors, including rheostats and potentiometers:
							0	0			0	0	0	-- For a power handling capacity not exceeding 20W
							0	0			0	0	0	-- Other
							0	0			0	0	0	- Other variable resistors, including rheostats and potentiometers
							0	0			0	0	0	- Parts
														Printed circuits:
							0	0			0	0	0	--- Of more than 4 layers
							0	0			0	0	0	--- Other
														Electrical apparatus for switching or protecting electrical circuits, or for making connections to or in electrical circuits (for example, switches, fuses, lightning arresters, voltage limiters, surge suppressors, plugs and other connectors, junction boxes), for a voltage exceeding 1000V:
11.2	0	0	0	0	9.8	0	11.2	8.4				0	0	- Fuses
														- Automatic circuit breakers:
11.2	0	0	0	0	5.6	0	11.2	8.4				0	0	-- For a voltage of less than 72.5kV
														-- Other:
5	0	0	0	0	4		11.2	6			0	0	0	--- For a voltage of 72.5kV or more, but not exeeding 220kV
5	0	0	0	0	4		11.2	6			0	0	0	--- For a voltage exceeding 220kV , but not exeeding 750kV
5	0	0	0	0	4		8	6			0	0	0	--- Other
														- Isolating switches and make-and-break switches:
5	0	0	0	0	7.5		8	6			0	0	0	--- For a voltage of 72.5kV or more, but not exeeding 220kV
5	0	0	0	0	7.5		8	6			0	0	0	--- For a voltage exceeding 220kV , but not exeeding 750kV
5	0	0	0	0	7.5		8	6			0	0	0	--- Other
	0	0	5.4	0	12.6	0	14.4	10.8	0//			0	0	- Lightning arresters, voltage limiters and surge suppressors
														- Other
5	0	0	3	0	7	0	9	6	0//		0	0	0	Triggered spark gap (anode delay-time ≤ 15ms; Anode peak rated current ≥500A)
5	0	0	3	0	7	0	9	6	0//		0	0	0	Modules or assemblies with swift ON/OFF switch (anode peak voltage ≥2kV; current≥500A; turn-on time ≤1ms)
5	0	0	3	0	7	0	9	6	0//		0	0	0	Other electrical apparatuses such as circuit switches for a voltage >1000V
														Electrical apparatus for switching or protecting electrical circuits, or for making connections to or in electrical circuits (for example, switches, relays, fuses, surge suppressors, plugs, sockets, lamp-holders and other connectors, junction boxes), for a voltage not exceeding 1000 volts; connectors for optical fibres, optical fibre bundles or cables:
5	0	0	0	0	7	0		6	0//0		0	0	0	- Fuses
5	0	0	0	0	6.3		5.4	5.4	0//		0	0	0	- Automatic circuit breakers
5	0	0	0	0	3.6		7.8	5.4	0//		0	0	0	- Other apparatus for protecting electrical circuits
														- Relays:
														-- For a voltage not exceeding 60V:
5	0	0	0	0	4	0	8.6	6			0	0	0	--- For a voltage not exceeding 36V
5	0	0	0	0	4	0	9	6			0	0	0	--- Other
5	0	0	3	0	4	0	8.6	6	0//		0	0	0	-- Other
							0	0			0	0	0	- Other switches
														- Lamp-holders, plugs and sockets:
5	0	0	0	0	4	0	8.6	6			0	0	0	-- Lamp-holders
							0	0			0	0	0	-- Other
5	0	0	0	0	5.6			4.8	0/0/		0	0	0	- Connectors for optical fibres, optical fibre bundles or cables
														- Other apparatus:

税号	货品名称	进口关税% 最惠国	普通	年内暂定	增值/消费税%	出口退税%	统计计量单位	监管证件代码	检验检疫类别	协定税率% 东盟	亚太	智利
	--- 接插件:											
8536.9011	----工作电压不超过36伏的	0	50		17	17	千克					
8536.9019	----其他	0	50		17	17	千克	A	L/			
8536.9090	--- 其他	0	50		17	17	千克	A	L/			
85.37	**用于电气控制或电力分配的盘、板、台、柜及其他基座，装有两个或多个税目85.35或85.36所列的装置，包括装有第九十章所列的仪器或装置，以及数控装置，但税目85.17的交换机除外：**											
	- 用于电压不超过1000伏的线路:											
	--- 数控装置:											
8537.1011	----可编程序控制器											
85371011.01	机床用可编程序控制器(PLC)	5	14	3	17	17	个/千克			0	2.5	0
85371011.10	调节和编程控制器(编号8479899960绕线机用)	5	14		17	17	个/千克	3		0	2.5	0
85371011.90	其他可编程控制器(用于电压不超过1000伏的线路)	5	14		17	17	个/千克			0	2.5	0
8537.1019	----其他											
85371019.01	机床用其他数控单元(包括单独进口的CNC操作单元)	5	14	3	17	17	个/千克			0	2.5	0
85371019.90	其他非机床用数控装置(用于电压不超过1000伏的线路)	5	14		17	17	个/千克			0	2.5	0
8537.1090	--- 其他											
85371090.01	电梯用控制柜及控制柜专用印刷电路板(电压不超过1000伏的线路)	8.4	50	4	17	17	个/千克			0	4.2	0
85371090.21	控制器[用于机器人或末端操纵装置(详见核两用清单)]	8.4	50		17	17	个/千克	3		0	4.2	0
85371090.22	数字控制器(专用于编号8479899959电动式振动试验系统)	8.4	50		17	17	个/千克	3		0	4.2	0
85371090.90	其他电力控制或分配的装置(电压不超过1000伏的线路)	8.4	50		17	17	个/千克	A	L/	0	4.2	0
	- 用于电压超过1000伏的线路:											
8537.2010	--- 全封闭组合式高压开关装置，用于电压在500千伏及以上的线路	8.4	30		17	17	台/千克			0	4.2	0
8537.2090	--- 其他	8.4	50		17	17	千克			0	4.2	0
85.38	**专用于或主要用于税目85.35、85.36或85.37所列装置的零件：**											
	- 税目85.37所列货品用的盘、板、台、柜及其他基座，但未装有关装置:											
8538.1010	--- 税号8537.2010所列货品用	8.4	50		17	17	千克			0	4.2	0
8538.1090	--- 其他	7	50		17	17	千克			0	3.5	0
8538.9000	- 其他	7	50		17	17	千克			0		0
85.39	**白炽灯泡、放电灯管，包括封闭式聚光灯及紫外线灯管或红外线灯泡；弧光灯：**											
8539.1000	- 封闭式聚光灯	10	45		17	17	只			0		0
	- 其他白炽灯泡，但不包括紫外线灯管或红外线灯泡:											
	-- 卤钨灯:											
8539.2110	--- 科研、医疗专用	8	20		17	17	只			0		0
8539.2120	--- 火车、航空器及船舶用	8	20		17	17	只			0		0
8539.2130	--- 机动车辆用	10	45		17	17	只			0		0
8539.2190	--- 其他	10.5	70		17	17	只			0		0
	-- 其他灯，功率不超过200瓦，但额定电压超过100伏:											
8539.2210	--- 科研、医疗专用	10.5	20		17	17	只			0		0
8539.2290	--- 其他	5	70		17	17	只			0		0
	-- 其他:											
8539.2910	--- 科研、医疗专用	5	20		17	17	只			0		0
8539.2920	--- 火车、航空器及船舶用	10.5	20		17	17	只			0		0

协定税率 %										特惠税率 %				Article Description
巴基斯坦	冰岛	哥斯达黎	秘鲁	新西兰	瑞士	新加坡	韩国	澳大利亚	港澳台	老挝	孟加拉	33 国	7 国	
														--- Connectors:
							0	0			0	0	0	----For a voltage not exceeding 36V
							0	0			0	0	0	----Other
							0	0			0	0	0	--- Other
														Boards, panels, consoles, desks, cabinets and other bases, equipped with two or more apparatus of heading No.85.35 or 85.36,for electric control or the distribution of electricity, including those incorporating instruments or apparatus ofChapter 90,and numerical control apparatus, other than switching apparatus of heading No.85.17:
														- For a voltage not exceeding 1000V:
														--- Numerical control panels:
														----Programmable logic controller（PLC）
0	0	0	0	0	3.5		4	0	0//0		0	0	0	Programmable logic controllers for machine tools
0	0	0	0	0	3.5		4	0	0//0		0	0	0	Conditioning controllers and Programmable logic controllers for winding machines (for winding machines of subheading 84798999.60)
0	0	0	0	0	3.5		4	0	0//0		0	0	0	Other programmable logic controllers (for the circuit with its voltage no more than 1000V)
														----Other
0	0	0	0	0	3.6		4	0	0//0		0	0	0	Other digital control units for machine tools(including operating unit of CNC, presented seperately)
0	0	0	0	0	3.6		4	0	0//0		0	0	0	Digital control apparatuses not for machine tools (for the circuit for a voltage no more than 1000V)
														--- Other
0	0	0	0	0	6		7.2	5	0/0/		0	0	0	Control cabinet for elevators (electric cabinet) and printed circuit boards for control cabinets ((for a voltage no more than 1000V)
0	0	0	0	0	6		7.2	5	0/0/		0	0	0	Controllers (for robots or end effectors, see the dual-use nuclear goods control list for details)
0	0	0	0	0	6		7.2	5	0/0/		0	0	0	Digital controllers (exclusively for electrodynamic vibration test systems of subheading 84798990.71)
0	0	0	0	0	6		7.2	5	0/0/		0	0	0	Other devices for electric control or the distribution of ecectricity (for the circuit with its voltage no more than 1000V)
														- For a voltage exceeding 1000V:
0	0	0	0	0	6.3		7.2	5			0	0	0	--- Gas insulated switch gear,for a voltage of 500kV or more
0	0	0	0	0	3.36		7.2	5	0//		0	0	0	--- Other
														Parts suitable for use solely or principally with the apparatus of heading No.85.35,85.36 or 85.37:
														- Boards, panels, consoles, desks, cabinets and other bases for the goods of heading No.85.37, not equipped with their apparatus:
0	0	0	0	0	3.36		6.7	5			0	0	0	--- For the goods of heading No.8537.2010
0	0	0	0	0	4.9		5.6	4.2			0	0	0	--- Other
5	0	0	0	0	5.6		0	4.2	0//0		0	0	0	- Other
														Electric filament or discharge lamps,including sealed beam lamp units and ultra-violet or infra-red lamps; arclamps:
5	0	0	0	0	4		8	6			0	0	0	- Sealed beam lamp units
														- Other filament lamps, excluding ultraviolet or infra-red lamps:
														-- Tungsten halogen:
5	0	0	0	0	3.2		4.8	4.8			0	0	0	--- For scientific or medical uses only
5	0	0	0	0	3.2		6.4	4.8			0	0	0	--- For locomotives and rolling-stock, aircraft or ships
5	0	0	0	0	4		9	6			0	0	0	--- For motor vehicles
	0	0	0	0	7.4	0	8.4	6.3			0	0	0	--- Other
														-- Other, of a power not exceeding 200W and for a voltage exceeding 100V:
5	0	0	0	0	7.4	0		6.3			0	0	0	--- For scientific or medical uses only
0	0	0	0	0	0		3	0			0	0	0	--- Other
														-- Other:
0	0	0	0	0	0		3	0			0	0	0	--- For scientific or medical uses only
5	0	0	0	0	7.4	0	8.4	6.3			0	0	0	--- For locomotives and roiling-stock, aircraft or ships

税　号	货　品　名　称	进口关税 %			增值/消费税%	出口退税%	统计计量单位	监管证件代码	检验检疫类别	协定税率 %		
		最惠国	普通	年内暂定						东盟	亚太	智利
8539.2930	--- 机动车辆用	5	45		17	17	只			0		0
	--- 其他：											
8539.2991	----12 伏及以下的	12	70		17	17	只			0		0
8539.2999	----其他	12	70		17	17	只			0		0
	- 放电灯管，但紫外线灯管除外：											
	-- 热阴极荧光灯：											
8539.3110	--- 科研、医疗专用	8	20		17	17	只			0		0
8539.3120	--- 火车、航空器及船舶用	8	20		17	17	只			0		0
	--- 其他：											
8539.3191	----紧凑型	8	70		17	17	只			0		0
8539.3199	----其他	8	70		17	17	只			0		0
	-- 汞或钠蒸气灯；金属卤化物灯：											
8539.3230	--- 钠蒸气灯	8	20		17	17	只			0		0
8539.3240	--- 汞蒸气灯											
85393240.01	彩色投影机用的照明光源(汞蒸汽灯)	8	20	3	17	17	只			0		0
85393240.90	其他汞蒸汽灯	8	20		17	17	只			0		0
8539.3290	--- 其他	8	70		17	17	只			0		0
	-- 其他：											
8539.3910	--- 科研、医疗专用	8	20		17	17	只			0		0
8539.3920	--- 火车、航空器及船舶用	8	20		17	17	只			0		0
8539.3990	--- 其他	8	70		17	17	只			0		0
	- 紫外线灯管或红外线灯泡；弧光灯：											
8539.4100	-- 弧光灯	8	20		17	17	只			0		0
8539.4900	-- 其他	8	20		17	17	只			0		0
8539.9000	- 零件	8	20		17	17	千克			0		0
85.40	**热电子管、冷阴极管或光阴极管（例如，真空管或充气管、汞弧整流管、阴极射线管、电视摄像管）：**											
	- 阴极射线电视显像管，包括视频监视器用阴极射线管：											
8540.1100	-- 彩色的	12	40		17	17	只	6A	L/	0		0
8540.1200	-- 单色的	15	40		17	17	只	6A	L/	0		0
	- 电视摄像管；变像管及图像增强管；其他光阴极管：											
8540.2010	--- 电视摄像管	12	35		17	17	只			0		0
8540.2090	--- 其他											
85402090.10	电子条纹相机的条纹显像管(专用于编号9006590040的条纹显像管)	8	17		17	17	只	3		0		0
85402090.90	其他电视摄像管;其他变像管及图像增强管;其他光阴极管	8	17		17	17	只			0		0
	- 单色的数据/图形显示管;彩色的数据/图形显示管，屏幕荧光点间距小于 0.4 毫米：											
8540.4010	--- 彩色的数据/图形显示管，屏幕荧光点间距小于 0.4 毫米	8	17		17	17	只	6	+L	0		0
8540.4020	--- 单色的数据/图形显示管	8	17		17	17	只	6	+L	0		0
	- 其他阴极射线管：											
8540.6010	--- 雷达显示管	6	14		17	17	只			0		0
8540.6090	--- 其他	8	17		17	17	只	6	+L	0		0
	- 微波管（例如，磁控管、速调管、行波管、返波管），但不包括栅控管：											
8540.7100	-- 磁控管	8	17		17	17	只			0		0
	-- 其他：											
8540.7910	--- 速调管	8	17		17	17	只			0		0
8540.7990	--- 其他	8	17		17	17	只			0		0
	- 其他管：											
8540.8100	-- 接收管或放大管	8	17		17	17	只			0		0
8540.8900	-- 其他											

协定税率 %										特惠税率 %				Article Description
巴基斯坦	冰岛	哥斯达黎	秘鲁	新西兰	瑞士	新加坡	韩国	澳大利亚	港澳台	老挝	孟加拉	33 国	7 国	
0	0	0	0	0	0		4.3	0			0	0	0	--- For motor vehicles
														--- Other:
6	0	0	0	0	8.4	0	9.6	7.2	0//		0	0	0	----Of a voltage 12V or less
6	0	0	0	0	8.4	0	9.6	7.2			0	0	0	----Other
														- Discharge lamps,other than ultra-violet lamps:
														-- Fluorescent, hot cathode:
5	0	0	0	0	3.2			4.8			0	0	0	--- For scientific or medical uses only
5	0	0	0	0	3.2			4.8			0	0	0	--- For locomotives and rolling-stock, aircraft or ships
														--- Other:
5	0	0	0	0	3.2		4.8	4.8			0	0	0	----Compact type
5	0	0	0	0	3.2		4.8	4.8			0	0	0	----Other
														-- Mercury or sodium vapour lamps; metal halide lamps:
5	0	0	0	0	3.2		6.4	4.8			0	0	0	--- Sodium vapour lamps
														--- Mercury vapour lamps
5	0	0	0	0	3.2		6.4	4.8			0	0	0	Mercury vapor lamp used for Color LCD projector
5	0	0	0	0	3.2		6.4	4.8			0	0	0	Other mercury vapor lamp
5	0	0	0	0	3.2		4.8	4.8			0	0	0	--- Other
														-- Other:
5	0	0	0	0	3.2			4.8			0	0	0	--- For scientific or medical uses only
5	0	0	0	0	3.2			4.8			0	0	0	--- For locomotives and rolling-stock, aircraft or ships
5	0	0	0	0	3.2		6.9	4.8	/0/0		0	0	0	--- Other
														- Ultra-violet or infra-red lamps; arc-lamps:
5	0	0	0	0	3.2			4.8			0	0	0	-- Arc-lamps
5	0	0	0	0	3.2			4.8			0	0	0	-- Other
5	0	0	0	0	3.2			4.8	//0		0	0	0	- Parts
														Thermionic, cold cathode or photocathode valves and tubes (for example, vacuum or vapour or gas filled valves and tubes,mercury arc rectifying valves and tubes, cathode-ray tubes, television camera tubes):
														- Cathode-ray television picture tubes, including video monitor cathode-ray tubes:
6	0	0	0	0	8.4	0	10.4	7.2				0	0	-- Colour
12	0	0	4.5	0	10.5	0	12	9				0	0	-- Monochrome
														- Television camera tubes; image converters and intensifiers; other photocathode tubes:
6	0	0	0	0	8.4	0	9.6	7.2				0	0	--- Television camera tubes
														--- Other
5	0	0	0	0	3.2		4.8	4.8			0	0	0	Streak kinescopes for electronic streak cameras (exclusively for Streak kinescopes of subheading 84798990.71)
5	0	0	0	0	3.2		4.8	4.8			0	0	0	Other television camera tubes; other image converter tubes and image intensifier tubes; other photocathode tubes
														- Data/graphic display tubes, monochrome; data/graphic displaytubes, colour, with a phosphor dot screen pitch smaller than 0.4mm:
5	0	0	0	0	3.2		4.8	4.8	0//		0	0	0	--- Data/graphic displaytubes, colour, with a phosphor dot screen pitch smaller than 0.4mm
5	0	0	0	0	3.2		4.8	4.8			0	0	0	--- Data/graphic display tubes, monochrome
														- Other cathode-ray tubes:
5	0	0	0	0	2.4		3.6	3.6			0	0	0	--- Radar display tubes
5	0	0	0	0	3.2		4.8	4.8			0	0	0	--- Other
														- Microwave tubes (for example, magnetrons,klystrons,travelling wave tubes, carcinotrons), excluding gridcontrolled tubes:
5	0	0	0	0	3.2		6.9	4.8			0	0	0	-- Magnetrons
														-- Other:
5	0	0	0	0	3.2		4.8	4.8			0	0	0	--- Klystrons
5	0	0	0	0	3.2		4.8	4.8			0	0	0	--- Other
														- Other valves and tubes:
5	0	0	0	0	3.2			4.8			0	0	0	-- Receiver or amplifier valves and tubes
														-- Other

税号	货品名称	进口关税 % 最惠国	普通	年内暂定	增值/消费税%	出口退税%	统计计量单位	监管证件代码	检验检疫类别	协定税率 % 东盟	亚太	智利
85408900.10	光电倍增管(光电阴极面积大于20平方厘米,并且阳极脉冲上升时间小于1纳秒)	8	17		17	17	只	3		0		0
85408900.90	其他电子管(包括光阴极管或汞弧整流管)	8	17		17	17	只			0		0
	- 零件:											
	-- 阴极射线管用:											
8540.9110	--- 电视显像管用	6	40		17	17	千克			0		0
8540.9120	--- 雷达显示管用	5	14		17	17	千克			0		0
8540.9190	--- 其他	8	17	4	17	17	千克			0		0
	-- 其他:											
8540.9910	--- 电视摄像管用	8	35		17	17	千克			0		0
8540.9990	--- 其他	8	17		17	17	千克			0		0
85.41	**二极管、晶体管及类似的半导体器件;光敏半导体器件,包括不论是否装在组件内或组装成块的光电池;发光二极管;已装配的压电晶体:**											
8541.1000	- 二极管,但光敏二极管或发光二极管除外	0	30		17	17	个/千克					
	- 晶体管,但光敏晶体管除外:											
8541.2100	-- 耗散功率小于1瓦的	0	30		17	17	个/千克					
8541.2900	-- 其他	0	30		17	17	个/千克					
8541.3000	- 半导体开关元件、两端交流开关元件及三端双向可控硅开关元件,但光敏器件除外	0	30		17	17	个/千克					
	- 光敏半导体器件,包括不论是否装在组件内或组装成块的光电池;发光二极管:											
8541.4010	--- 发光二极管	0	30		17	17	个/千克					
8541.4020	--- 太阳能电池	0	30		17	17	个/千克					
8541.4090	--- 其他	0	30		17	17	个/千克					
8541.5000	- 其他半导体器件	0	30		17	17	个/千克					
8541.6000	- 已装配的压电晶体	0	30		17	17	个/千克					
8541.9000	- 零件	0	30		17	17	千克					
85.42	**集成电路:**											
	- 集成电路:											
8542.3100	-- 处理器及控制器,不论是否带有存储器、转换器、逻辑电路、放大器、时钟及时序电路或其他电路	0	24		17	17	个/千克					
8542.3200	-- 存储器	0	24		17	17	个/千克					
8542.3300	-- 放大器	0	24		17	17	个/千克					
8542.3900	-- 其他	0	24		17	17	个/千克					
8542.9000	- 零件	0	30		17	17	千克					
85.43	**本章其他税目未列名的具有独立功能的电气设备及装置:**											
8543.1000	- 粒子加速器											
85431000.10	脉冲电子加速器(峰值能量为500千电子伏或更高)	5	11		17	17	台	3		0		0
85431000.20	中子发生器系统,包括中子管(真空下,利用静电加速来诱发氚-氘核反应)	5	11		17	17	台	3		0		0
85431000.90	其他粒子加速器	5	11		17	17	台			0		0
	- 信号发生器:											
8543.2010	--- 输出信号频率在1500兆赫兹以下的通用信号发生器	15	80		17	17	台			0		0
8543.2090	--- 其他											
85432090.10	高速脉冲发生器(脉冲上升时间小于500ps)	8	20		17	17	台	3		0		0
85432090.90	其他输出信号频率≥1500MHz的通用信号发生器	8	20		17	17	台			0		0
8543.3000	- 电镀、电解或电泳设备及装置											
85433000.10	电化学还原槽;锂汞齐电解槽(电化学还原槽为化学交换过程的铀浓缩设计的)	0	35		17	17	台	3				
85433000.20	产氟电解槽(每小时产250克以上)	0	35		17	17	台	3				
85433000.90	其他电镀、电解或电泳设备及装置	0	35		17	17	台					

协定税率 %										特惠税率 %				
巴基斯坦	冰岛	哥斯达黎	秘鲁	新西兰	瑞士	新加坡	韩国	澳大利亚	港澳台	老挝	孟加拉	33国	7国	Article Description
5	0	0	0	0	3.2		4.8	4.8	//0		0	0	0	Photomultiplier (optoelectronic cathode area of more than 20 square centimeters, and anode pulse rise of less than 1ns)
5	0	0	0	0	3.2		4.8	4.8	//0		0	0	0	Other electron tube (photocathode tubes or mercury-arc rectifier)
														- Parts:
														-- Of cathode-ray tubes:
5	0	0	0	0	2.4		3.6	3.6			0	0	0	--- Of television picture tubes
0	0	0	0	0	0		3	0			0	0	0	--- Of radar display tubes
5	0	0	0	0	3.2			4.8			0	0	0	--- Other
														-- Other:
5	0	0	0	0	3.2		4.8	4.8			0	0	0	--- Of television camera tubes
5	0	0	0	0	3.2			4.8			0	0	0	--- Other
														Diodes, transistors and similar semiconductor devices; photosensitive semiconductor devices, including photovoltaic cells whether or not assembled in modules or made up into panels;light emitting diodes;mounted piezoelectric crystals:
							0	0			0	0	0	- Diodes, other than photosensitive or light emitting diodes
														- Transistors, other than photosensitive transistors:
							0	0			0	0	0	-- With a dissipation rate of less than 1W
							0	0			0	0	0	-- Other
							0	0			0	0	0	- Thyristors, diacs and triacs, other than photosensitive devices
														- Photosensitive semiconductor devices, including photovoltaic cells whether or not assembled in modules or made up into panels;light emitting diodes:
							0	0			0	0	0	--- Light emitting diodes
							0	0			0	0	0	--- Solar cells
							0	0			0	0	0	--- Other
							0	0			0	0	0	- Other semiconductor devices
							0	0			0	0	0	- Mounted piezo-electrie crystals
							0	0			0	0	0	- Parts
														Electronic integrated circuits:
														- Electronic integrated circuits:
							0	0			0	0	0	-- Processors and controllers, whether or not combined with memories, converters, logic circuits, amplifiers, clock and timing circuits, or other circuits
							0	0			0	0	0	-- Memories
							0	0			0	0	0	-- Amplifiers
							0	0			0	0	0	-- Other
							0	0			0	0	0	- Parts
														Electrical machines and apparatus,having individual functions, not specified or included elsewhere in this Chapter:
														- Particle accelerators
0	0	0	0	0	0		4	0			0	0	0	Pulsed electron accelerators (with the peak energy of or above 500 KEV)
0	0	0	0	0	0		4	0			0	0	0	Neutron generator systems, including neutron tubes (evoking tritium-deuterium reaction through electrostatic acceleration in vacuum)
0	0	0	0	0	0		4	0			0	0	0	Other particle accelerators
														- Signal generators:
12	0	0	4.5	0	10.5	0		9	//0			0	0	--- Universal signal generators, with a frequency range of less than 1500MHz
														--- Other
5	0	0	0	0	3.2		4.8	4.8	//0		0	0	0	High-speed pulse generators (pulse rise time less than 500ps)
5	0	0	0	0	3.2		4.8	4.8	//0		0	0	0	Other versatile signal generators with the output signal frequency ≥1500MHz
														- Machines and apparatus for electroplating, electrolysis or electrophoresis
							0	0			0	0	0	Electrochemical reduction cells; electrolytic cell for lithium-amalgam (with the former designed for uranium enrichment in chemical exchange processes)
							0	0			0	0	0	Fluorine-generating electrolytic cells (above 250g of fluorine per hour)
							0	0			0	0	0	Other electroplating, electrolysis or electrophoresis equipments or apparatuses

税　号	货　品　名　称	进口关税 % 最惠国	普通	年内暂定	增值/消费税%	出口退税 %	统计计量单位	监管证件代码	检验检疫类别	协定税率 % 东盟	亚太	智利
	- 其他设备及装置:											
8543.7091	----金属、矿藏探测器	0	17		17	17	台					
8543.7092	----高、中频放大器	0	17		17	17	台		+L			
8543.7093	----电篱网激发器	10	35		17	17	台			0		0
8543.7099	----其他											
85437099.10	飞行数据记录器、报告器	0	35		17	17	台					
85437099.20	无线广播电视用激励器(具有独立功能)	0	35		17	17	台	0				
85437099.30	模/数转换器(能设计或改进成军用,或设计成抗辐射的)	0	35		17	17	台	3				
85437099.40	质谱仪用的离子源(原子质量单位≥230,分辨率>2/230)	0	35		17	17	台	3				
85437099.50	密码机、密码卡(不包括数字电视智能卡、蓝牙模块、用于知识产权保护的加密狗)	0	35		17	17	台	M				
85437099.90	其他未列名的具有独立功能的电气设备及装置	0	35		17	17	台					
	- 零件:											
8543.9010	--- 粒子加速器用	0	11		17	17	千克					
	--- 信号发生器用:											
8543.9021	----输出信号频率在1500兆赫兹以下的通用信号发生器用	0	80		17	17	千克					
8543.9029	----其他	0	20		17	17	千克					
8543.9030	--- 金属、矿藏探测器用	0	17		17	17	千克					
8543.9040	--- 高、中频放大器用	0	17		17	17	千克					
8543.9090	--- 其他	0	35		17	17	千克					
85.44	**绝缘(包括漆包或阳极化处理)电线、电缆(包括同轴电缆)及其他绝缘电导体,不论是否有接头;由每根被覆光纤组成的光缆,不论是否与电导体装配或装有接头:**											
	- 绕组电线:											
8544.1100	-- 铜制	10	70	6	17	17	千克	A	M/	0	7	0
8544.1900	-- 其他	20	70		17	17	千克	A	M/	0		0
8544.2000	- 同轴电缆及其他同轴电导体	10	20		17	17	千克	A	M/	0	9	0
	- 车辆、航空器、船舶用点火布线组及其他布线组:											
8544.3020	--- 机动车辆用											
85443020.01	车辆用电控柴油机的线束	10	20	5	17	17	千克	A	M/			0
85443020.90	机动车辆用其他点火布线组及其他布线组	10	20		17	17	千克	A	M/			0
8544.3090	--- 其他	5	70		17	17	千克	A	M/			0
	- 其他电导体,额定电压不超过1000伏:											
	-- 有接头:											
	--- 额定电压不超过80伏:											
8544.4211	----电缆	0	20		17	17	千克	A	M/			
8544.4219	----其他	0	70		17	17	千克	A	M/			
	--- 额定电压超过80伏,但不超过1000伏:											
8544.4221	----电缆	0	20		17	17	千克	A	LM/			
8544.4229	----其他	0	70		17	17	千克	A	M/			
	-- 其他:											
	--- 额定电压不超过80伏:											
8544.4911	----电缆	0	20		17	17	千克	A	M/			
8544.4919	----其他	0	70		17	17	千克	A	M/			
	--- 额定电压超过80伏,但不超过1000伏:											
8544.4921	----电缆	6	20		17	17	千克	A	LM/	0	4.2	0
8544.4929	----其他	12	70		17	17	千克	A	M/	0	8.4	0
	- 其他电导体,额定电压超过1000伏:											
	--- 电缆:											

协定税率 %										特惠税率 %				
巴基斯坦	冰岛	哥斯达黎	秘鲁	新西兰	瑞士	新加坡	韩国	澳大利亚	港澳台	老挝	孟加拉	33 国	7 国	**Article Description**
														- Other machines and apparatus:
							0	0			0	0	0	----Metal or mine detectors
							0	0			0	0	0	----High or intermediate frequency amplifiers
5	0	0	0	0	4	0	8	6			0	0	0	----Electric fence energizers
														----Other
							0	0			0	0	0	Flight data recorders and reporters
							0	0			0	0	0	Exciters for wireless television broadcasting (having individual functions)
							0	0			0	0	0	Analog-to-digital converters (can be designed or improved for military use or designed to be radiation-resistant)
							0	0			0	0	0	Ion source for mass spectrometers (atomic mass unit ≥230; resolution >2/230)
							0	0			0	0	0	Cipher machines, crypto cards (not including Smart cards for digital television, bluetooth module, softdog for intellectual property rights protection)
							0	0			0	0	0	Other electrical machines and apparatus,having individual functions,not specified or included elsewhere
														- Parts:
							0	0			0	0	0	--- Of particle accelerators
														--- Of signal generators:
							0	0			0	0	0	----Of the generators of subheading No.8543.2010
							0	0			0	0	0	----Other
							0	0			0	0	0	--- Of metal or mine detectors
							0	0			0	0	0	--- Of high or intermediate frequency amplifiers
							0	0			0	0	0	--- Other
														Insulated (including enamelled or anodized) wire, cable (including co-axial cable)and other insulated electric conductors, whether or not fitted with connectors; optical fibre cables, made up of individually sheathed fibres, whether or not assembled with electric conductors or fitted with connectors:
														- Winding wire:
5	0	0	0	0	7	0	8.6	6	0/0/0		0	0	0	-- Of copper
	0	0	6	0	14	0	18	12				0	0	-- Other
5	0	0	3	0	8	0	8	6	//0		0	0	0	- Co-axial cable and other co-axial electric conductors
														- Ignition wiring sets and other wiring sets of a kind used in vehicles, aircraft or ships:
														--- For motor vehicles
	0	0	0	0	4		8.6	6			0	0	0	Wiring harness for electronic diesel engines for vehicles
	0	0	0	0	4		8.6	6			0	0	0	Other ignition wiring sets and other wiring sets for motor vehicles
	0	0	0	0	2		4.3	0			0	0	0	--- Other
														- Other electric conductors, for a voltage not exceeding 1000V:
														-- Fitted with connectors:
														--- For a voltage not exceeding 80V:
							0	0			0	0	0	----Electric cable
							0	0			0	0	0	----Other
														--- For a voltage exceeding 80V but not exceeding 1000V:
							0	0			0	0	0	----Electric cable
							0	0			0	0	0	----Other
														-- Other:
														--- For a voltage not exceeding 80V:
							0	0			0	0	0	----Electric cable
							0	0			0	0	0	----Other
														--- For a voltage exceeding 80V but not exceeding 1000V:
0	0	0	0	0	4.2		5.1	3.6	0//		0	0	0	----Electric cable
5	0	0	0	0	8.4	0	7.2	7.2	0/0/0		0	0	0	----Other
														- Other electric conductors, for a voltage exceeding 1000V:
														--- Electric cable:

税　号	货　品　名　称	进口关税 %			增值/消费税%	出口退税%	统计计量单位	监管证件代码	检验检疫类别	协定税率 %		
		最惠国	普通	年内暂定						东盟	亚太	智利
8544.6012	----额定电压不超过35千伏	10	50		17	17	千克	A	LM/	0	8.9	0
8544.6013	----额定电压超过35千伏，但不超过110千伏	8.4	20		17	17	千克	A	M/	0	8	0
8544.6014	----额定电压超过110千伏，但不超过220千伏	8.4	20		17	17	千克	A	M/	0	8	0
8544.6019	----其他	8.4	20		17	17	千克	A	M/	0	8	0
8544.6090	--- 其他											
85446090.01	额定电压≥500千伏的气体绝缘金属封闭输电线	21	70	10	17	17	千克	A	M/	0	20	0
85446090.90	额定电压＞1千伏的其他电导体	21	70		17	17	千克	A	M/	0	20	0
8544.7000	- 光缆	0	20		17	17	千克	A	M/			
85.45	**碳电极、碳刷、灯碳棒、电池碳棒及电气设备用的其他石墨或碳精制品，不论是否带金属：**											
	- 碳电极：											
8545.1100	-- 炉用	8	35		17	0	千克	3		0		0
8545.1900	-- 其他	10.5	35		17	0	千克	3		0		0
8545.2000	- 碳刷	10.5	35		17	17	千克			0		0
8545.9000	- 其他	10.5	35		17	17	千克	3		0		0
85.46	**各种材料制的绝缘子：**											
8546.1000	- 玻璃制	10.5	35		17	17	千克			0		0
	- 陶瓷制：											
8546.2010	--- 输变电线路绝缘瓷套管	6	35		17	17	千克			0		0
8546.2090	--- 其他											
85462090.01	输变电架空线路用长棒形瓷绝缘子瓷件(单支长度为1-2米，实芯)	12	35	3	17	17	千克			0		0
85462090.90	其他陶瓷制绝缘子(包括非输变电线路绝缘瓷套管)	12	35		17	17	千克			0		0
8546.9000	- 其他	10	35		17	17	千克			0		0
85.47	**电气机器、器具或设备用的绝缘零件，除了为装配需要而在模制时装入的小金属零件(例如，螺纹孔)以外，全部用绝缘材料制成，但税目85.46的绝缘子除外；内衬绝缘材料的贱金属制线路导管及其接头：**											
8547.1000	- 陶瓷制绝缘零件	8	35		17	17	千克			0		0
8547.2000	- 塑料制绝缘零件	8	35		17	17	千克			0		0
	- 其他：											
8547.9010	--- 内衬绝缘材料的贱金属制线路导管及其接头	10	50		17	17	千克			0		0
8547.9090	--- 其他	8	35		17	17	千克			0		0
85.48	**原电池、原电池组及蓄电池的废碎料；废原电池、废原电池组及废蓄电池；机器或设备的本章其他税目未列名的电气零件：**											
8548.1000	- 原电池、原电池组及蓄电池的废碎料；废原电池、废原电池组及废蓄电池	8	36		17	17	千克	9		0		0
8548.9000	- 其他											
85489000.01	电磁干扰滤波器	12	40	3	17	17	千克			0		0
85489000.02	非电磁干扰滤波器	12	40	6	17	15	千克			0		0
85489000.10	可调脉冲单模染料振荡器(平均输出功率＞1W重复率＞1kHz、脉宽＜100ns可见光范围)	12	40		17	17	千克	3		0		0
85489000.20	可调脉冲染料激光放大器和振荡器(不包括单模震荡器)(平均输出功率＞30W、重复率＞1kHz、脉宽＜100ns可见光范围)	12	40		17	17	千克	3		0		0
85489000.90	第85章其他编号未列名的电气零件	12	40		17	15	千克			0		0

协定税率 %										特惠税率 %				
巴基斯坦	冰岛	哥斯达黎	秘鲁	新西兰	瑞士	新加坡	韩国	澳大利亚	港澳台	老挝	孟加拉	33 国	7 国	Article Description
5	0	0	0	0	7	0	8	6	0//		0	0	0	----For a voltage not exceeding 35kV
5	0	0	0	0	3.36		6.7	5	0//		0	0	0	----For a voltage exceeding 35kV but not exceeding 110kV
5	0	0	0	0	3.36		5	5	0//		0	0	0	----For a voltage exceeding 110kV but not exceeding 220kV
5	0	0	0	0			7.2	5	0//		0	0	0	----Other
														--- Other
20	0	0	6.3	0	8.4	0	18.9	12.6	0//			0	0	Gas insulation metal close transmission line with rated voltage ≥500KV
20	0	0	6.3	0	8.4	0	18.9	12.6	0//			0	0	Other electric conductor with a rated voltage ＞1KV
							0	0			0	0	0	- Optical fibre cables
														Carbon electrodes, carbon brushes, lamp carbons, battery carbons and other articles of graphite or other carbon,with or without metal,of a kind used for electrical purposes:
														- Electrodes:
5	0	0	0	0	3.2		6.4	4.8			0	0	0	-- Of a kind used for furnaces
5	0	0	0	0	7.4	0	8.4	6.3			0	0	0	-- Other
5	0	0	0	0	7.4	0	8.4	6.3			0	0	0	- Brushes
5	0	0	0	0	7.4	0	8.4	6.3			0	0	0	- Other
														Electrical insulators of any material:
5	0	0	0	0	7.4	0	8.4	6.3			0	0	0	- Of glass
														- Of ceramics:
5	0	0	0	0	4.2		4.8	3.6			0	0	0	--- Power transmission and converting ceramic bushings
														--- Other
6	0	0	3.6	0	8.4	0	9.6	7.2			0	0	0	Porcelain parts of long-rod porcelain insulators for electric transmission and transformation overhead lines (length of a single rod from 1m to 2m; solid)
6	0	0	3.6	0	8.4	0	9.6	7.2			0	0	0	Other porcelain insulators (including porcelain bushing insulators for non-electric transmission
5	0	0	0	0	7	0	8	6			0	0	0	- Other
														Insulating fittings for electrical machines, appliances or equipment, being fittings wholly of insulating material apart from any minor components of metal（ for example,threaded sockets) incorporated during moulding solely for purposes of assembly, other than insulators of heading No.85.46 ;electrical conduit tubing and joints therefor, of base metal lined with insulating material:
5	0	0	0	0	5.6		6.9	4.8			0	0	0	- Insulating fittings of ceramics
5	0	0	0	0	5.6		6.9	4.8	0//		0	0	0	- Insulating fittings of plastics
														- Other:
5	0	0	0	0	0	0	8	6			0	0	0	--- Electrical conduit tubing and joints therefor,of base metal lined with insulating material
5	0	0	0	0	0		4.8	4.8			0	0	0	--- Other
														Waste and scrap of primary cells,primary batteries and electric accumulators; spent primary cells, spent primary batteries and spent electric accumulators; electrical parts of machinery or apparatus, not specified or included elsewhere in this Chapter:
5	0	0	0	0	3.2		4.8	4.8		4	4	0	0	- Waste and scrap of primary cells, primary batteries and electric accumulators; spent primary cells, spent primary batteries and spent electric accumulators
														- Other
6	0	0	0	0	8.4	0	10.8	7.2				0	0	EMI filter
6	0	0	0	0	8.4	0	10.8	7.2				0	0	Non-electro-magnetic interference filters
6	0	0	0	0	8.4	0	10.8	7.2				0	0	Ingle-mode tunable pulsed dye oscillators (average output power ＞1W, repetition rate ＞1kHz, pulse width ＜100ns of Wavelength range of visible light)
6	0	0	0	0	8.4	0	10.8	7.2				0	0	Single-mode tunable pulsed dye amplifiers and oscillators (average output power ＞30W; repetition rate ＞1kHz; pulse width ＜ 100ns of Wavelength range of visible light, excluding single transverse-mode oscillators)
6	0	0	0	0	8.4	0	10.8	7.2				0	0	Other electrical parts not elsewhere specified or included in Chapter 85

第十七类　车辆、航空器、船舶及有关运输设备

注释：

一、本类不包括税目 95.03 或 95.08 的物品以及税目 95.06 的长雪橇、平底雪橇及类似品。

二、本类所称“零件”及“零件、附件”，不适用于下列货品，不论其是否确定为供本类货品使用：

（一）各种材料制的接头、垫圈或类似品（按其构成材料归类或归入税目 84.84）或硫化橡胶（硬质橡胶除外）的其他制品（税目 40.16）；

（二）第十五类注释二所规定的贱金属制通用零件（第十五类）或塑料制的类似品（第三十九章）；

（三）第八十二章的物品（工具）；

（四）税目 83.06 的物品；

（五）税目 84.01 至 84.79 的机器或装置及其零件；税目 84.81 或 84.82 的物品及税目 84.83 的物品（这些物品是构成发动机或其他动力装置所必需的）；

（六）电机或电气设备（第八十五章）；

（七）第九十章的物品；

（八）第九十一章的物品；

（九）武器（第九十三章）；

（十）税目 94.05 的灯具或照明装置；或

（十一）作为车辆零件的刷子（税目 96.03）。

三、第八十六章至第八十八章所称“零件”或“附件”，不适用于那些非专用于或非主要用于这几章所列物品的零件、附件。同时符合这几章内两个或两个以上税目规定的零件、附件，应按其主要用途归入相应的税目。

四、在本类中：

（一）既可在道路上，又可在轨道上行驶的特殊构造的车辆，应归入第八十七章的相应税目；

（二）水陆两用的机动车辆，应归入第八十七章的相应税目；

（三）可兼作地面车辆使用的特殊构造的航空器，应归入第八十八章的相应税目。

五、气垫运输工具应按本类最相似的运输工具归类，其规定如下：

（一）在导轨上运行的（气垫火车），归入第八十六章；

（二）在陆地行驶或水陆两用的，归入第八十七章；

（三）在水上航行的，不论能否在海滩或浮码头登陆及能否在冰上行驶，一律归入第八十九章。

气垫运输工具的零件、附件，应按照上述规定，与最相类似的运输工具的零件、附件一并归类。

气垫火车的导轨固定装置及附件应与铁道轨道固定装置及附件一并归类。气垫火车运行系统的信号、安全或交通管理设备应与铁路的信号、安全或交通管理设备一并归类。

第八十六章　铁道及电车道机车、车辆及其零件；铁道及电车道轨道固定装置及其零件、附件；各种机械（包括电动机械）交通信号设备

注释：

一、本章不包括：

（一）木制或混凝土制的铁道或电车道轨枕及气垫火车用的混凝土导轨（税目 44.06 或 68.10）；

（二）税目 73.02 的铁道及电车道铺轨用钢铁材料；或

（三）税目 85.30 的电气信号、安全或交通管理设备。

SECTION XVII VEHICLES, AIRCRAFT, VESSELS AND ASSOCIATED TRANSPORT EQUIPMENT

Section Notes:

1. This Section does not cover articles of heading 95.03 or 95.08, or bobsleighs, toboggans or the like of heading 95.06.

2. The expressions "parts" and "parts and accessories" do not apply to the following articles, whether or not they are identifiable as for the goods of this Section:

(a) Joints, washers or the like of any material (classified according to their constituent material or in heading 84.84) or other articles of vulcanised rubber other than hard rubber (heading 40.16);

(b) Parts of general use, as defined in Note 2 to Section XV, of base metal (Section XV), or similar goods of plastics (Chapter 39);

(c) Articles of Chapter 82 (tools);

(d) Articles of heading 83.06;

(e) Machines or apparatus of headings 84.01 to 84.79, or parts thereof; articles of heading 84.81 or 84.82 or, provided they constitute integral parts of engines or motors, articles of heading 84.83;

(f) Electrical machinery or equipment (Chapter 85);

(g) Articles of Chapter 90;

(h) Articles of Chapter 91;

(ij) Arms (Chapter 93);

(k) Lamps or lighting fittings of heading 94.05; or

(l) Brushes of a kind used as parts of vehicles (heading 96.03).

3. References in Chapters 86 to 88 to "parts" or "accessories" do not apply to parts or accessories which are not suitable for use solely or principally with the articles of those Chapters. A part or accessory which answers to a description in two or more of the headings of those Chapters is to be classified under that heading which corresponds to the principal use of that part or accessory.

4. For the purposes of this Section:

(a) Vehicles specially constructed to travel on both road and rail are classified under the appropriate heading of Chapter 87;

(b) Amphibious motor vehicles are classified under the appropriate heading of Chapter 87;

(c) Aircraft specially constructed so that they can also be used as road vehicles are classified under the appropriate heading of Chapter 88.

5. Air-cushion vehicles are to be classified within this Section with the vehicles to which they are most akin as follows:

(a) In Chapter 86 if designed to travel on a guide-track (hovertrains);

(b) In Chapter 87 if designed to travel over land or over both land and water;

(c) In Chapter 89 if designed to travel over water, whether or not able to land on beaches or landing-stages or also able to travel over ice.

Parts and accessories of air-cushion vehicles are to be classified in the same way as those of vehicles of the heading in which the air-cushion vehicles are classified under the above provisions.

Hovertrain track fixtures and fittings are to be classified as railway track fixtures and fittings, and signalling, safety or traffic control equipment for hovertrain transport systems as signalling, safety or traffic control equipment for railways.

Chapter 86 Railway or tramway locomotives, rolling-stock and parts thereof; railway or tramway track fixtures and fittings and parts thereof; mechanical (including electro-mechanical) traffic signalling equipment of all kinds

Chapter Notes:

1. This Chapter does not cover:

(a) Railway or tramway sleepers of wood or of concrete, or concrete guide-track sections for hovertrains (heading 44.06 or 68.10);

(b) Railway or tramway track construction material of iron or steel of heading 73.02; or

(c) Electrical signalling, safety or traffic control equipment of heading 85.30.

二、税目 86.07 主要适用于：

（一）轴、轮、行走机构、金属轮箍、轮圈、毂及轮子的其他零件；

（二）车架、底架、转向架；

（三）轴箱；制动装置；

（四）车辆缓冲器；钩或其他联结器及车厢走廊联结装置；

（五）车身。

三、除上述注释一另有规定的以外，税目 86.08 包括：

（一）已装配的轨道、转车台、站台缓冲器、量载规；

（二）铁道及电车道、道路、内河航道、停车场、港口或机场用的臂板信号机、机械信号盘、平交道口控制器、信号及道岔控制器及其他机械（包括电动机械）信号、安全或交通管理设备，不论是否装有电力照明装置。

税号	货品名称	进口关税%			增值/消费税%	出口退税%	统计计量单位	监管证件代码	检验检疫类别	协定税率%		
		最惠国	普通	年内暂定						东盟	亚太	智利
86.01	铁道电力机车，由外部电力或蓄电池驱动：											
	- 由外部电力驱动：											
	--- 直流电机驱动的：											
8601.1011	----微型机控制的	3	11		17	17	辆			0		0
8601.1019	----其他	3	11		17	17	辆			0		0
8601.1020	--- 交流电机驱动的	3	11		17	17	辆	0		0		0
8601.1090	--- 其他	3	11		17	17	辆	0		0		0
8601.2000	- 由蓄电池驱动	3	11		17	17	辆			0		0
86.02	其他铁道机车；机车煤水车：											
	- 柴油电力机车：											
8602.1010	--- 微型机控制的	3	11		17	17	辆			0		0
8602.1090	--- 其他	3	11		17	17	辆			0		0
8602.9000	- 其他	3	11		17	17	辆			0		0
86.03	铁道及电车道用的机动客车、货车、敞车，但税目 86.04 的货品除外：											
8603.1000	- 由外部电力驱动	3	11		17	17	辆	0		0		0
8603.9000	- 其他	3	11		17	17	辆			0		0
86.04	铁道及电车道用的维修或服务车，不论是否机动（例如，工场车、起重机车、道碴捣固车、轨道校正车、检验车及查道车）：											
	--- 检验车及查道车：											
8604.0011	----隧道限界检查车	3	14		17	17	辆			0		0
8604.0012	----钢轨在线打磨列车	3	14		17	17	辆			0		0
8604.0019	----其他	5	14		17	17	辆	0		0		0
	--- 其他：											
8604.0091	----电气化接触网架线机（轨行式）	5	20		17	17	辆			0		0
8604.0099	----其他	7	20		17	17	辆			0		0
86.05	铁道及电车道用的非机动客车；行李车、邮政车和其他铁道及电车道用的非机动特殊用途车辆（税目 86.04 的货品除外）：											
8605.0010	--- 铁道客车	5	14		17	17	辆			0		0
8605.0090	--- 其他	5	14		17	17	辆			0		0
86.06	铁道及电车道用的非机动有篷及无篷货车：											
8606.1000	- 油罐货车及类似车	5	14		17	17	辆			0		0
8606.3000	- 自卸货车，但子目 8606.10 的货品除外	5	14		17	17	辆			0		0
	- 其他：											
8606.9100	-- 带篷及封闭的	5	14		17	17	辆			0		0
8606.9200	-- 敞篷的，厢壁固定且高度超过 60 厘米	5	14		17	17	辆			0		0
8606.9900	-- 其他	5	14		17	17	辆			0		0
86.07	铁道及电车道机车或其他车辆的零件：											
	- 转向架、轴、轮及其零件：											

2. Heading 86.07 applies, inter alia, to:

(a) Axles, wheels, wheel sets (running gear), metal tyres, hoops and hubs and other parts of wheels;

(b) Frames, underframes, bogies and bissel-bogies;

(c) Axle boxes; brake gear;

(d) Buffers for rolling-stock; hooks and other coupling gear and corridor connections;

(e) Coachwork.

3. Subject to the provisions of Note 1 above, heading 86.08 applies, inter alia, to:

(a) Assembled track, turntables, platform buffers, loading gauges;

(b) Semaphores, mechanical signal discs, level crossing control gear, signal and point controls, and other mechanical (including electro-mechanical) signalling, safety or traffic control equipment, whether or not fitted for electric lighting, for railways, tramways, roads, inland waterways, parking facilities, port installations or airfields.

协定税率 %										特惠税率 %				Article Description
巴基斯坦	冰岛	哥斯达黎	秘鲁	新西兰	瑞士	新加坡	韩国	澳大利亚	港澳台	老挝	孟加拉	33国	7国	
														Rail locomotives powered from an external source of electricity or by electric accumulators:
														- Powered from an external source of electricity:
														--- Drived by DC motors:
0	0	0	0	0	0		0	0			0	0	0	----Controlled by microprocess-ings
0	0	0	0	0	0		0	0			0	0	0	----Other
0	0	0	0	0	0		0	0			0	0	0	--- Drived by AC motors
0	0	0	0	0	0		0	0			0	0	0	--- Other
0	0	0	0	0	0		0	0			0	0	0	- Powered by electric accumulators
														Other rail locomotives; locomot-ive tenders:
														- Diesel-electric locomotives:
0	0	0	0	0	0		0	0			0	0	0	--- Controled by microprocessings
0	0	0	0	0	0		0	0			0	0	0	--- Other
0	0	0	0	0	0		0	0			0	0	0	- Other
														Self-propelled railway or trainway coaches, vans and trucks, other than those of heading No.86.04:
0	0	0	0	0	0		0	0			0	0	0	- powered frow an external source of electricity
0	0	0	0	0	0		0	0			0	0	0	- Other
														Railway or trainway maintenance or service vehicles, whether or not self-propelled （for example, workshops, cranes, ballast tampers, trackliners, testing coaches and track inspection vehicles):
														--- Testing coaches and track inspection vehicles:
0	0	0	0	0	0		0	0			0	0	0	----Inspection vehicles for tunnel clearance
0	0	0	0	0	0		0	0			0	0	0	----Sanding vehicles for on-line rails
0	0	0	0	0	0		3	0			0	0	0	----Other
														--- Other:
0	0	0	0	0	0		3	0			0	0	0	----Installing vehicles for suspension of contact wire（running on rails)
5	0	0	0	0	2.8		4.2	4.2			0	0	0	----Other
														Railway or trainway passenger coaches, not self-propelled; luggage vans, post office coaches and other special purpose railway or trainway coaches, not self-propelled （excluding those of heading No.86.04):
0	0	0	0	0	0		3	0			0	0	0	--- Railway passenger coaches
0	0	0	0	0	0		3	0			0	0	0	--- Other
														Railway or trainway goods vans and wagons, not self-propelled:
0	0	0	0	0	0		3	0			0	0	0	- Tank wagons and the like
0	0	0	0	0	0		3	0			0	0	0	- Self-discharging wans and wagons, other than those of subheading 8606.10
														- Other:
0	0	0	0	0	0		3	0			0	0	0	-- Covered and closed
0	0	0	0	0	0		3	0			0	0	0	-- Open, with non-removable sides of a height exceeding 60cm
0	0	0	0	0	0		3	0			0	0	0	-- Other
														Parts of railway or trainway locomotives or rolling-stock:
														- Bogies, bissel-bogies, axles and wheels, and parts thereof:

税号	货品名称	进口关税 %			增值/消费税%	出口退税%	统计计量单位	监管证件代码	检验检疫类别	协定税率 %		
		最惠国	普通	年内暂定						东盟	亚太	智利
8607.1100	-- 驾驶转向架	3	11		17	15	套/千克			0		0
8607.1200	-- 其他转向架	3	11		17	15	套/千克			0		0
	-- 其他，包括零件:											
8607.1910	--- 轴	3	11		17	17	根/千克	A	M/	0		0
8607.1990	--- 其他	3	11		17	17	千克	A	M/	0		0
	- 制动装置及其零件:											
8607.2100	-- 空气制动器及其零件	3	11		17	17	千克			0		0
8607.2900	-- 其他	3	11		17	17	千克			0		0
8607.3000	- 钩、其他联结器、缓冲器及其零件	3	11		17	17	千克			0		0
	- 其他:											
8607.9100	-- 机车用	3	11		17	17	千克			0		0
8607.9900	-- 其他	3	11		17	17	千克			0		0
86.08	**铁道及电车道轨道固定装置及附件；供铁道、电车道、道路、内河航道、停车场、港口或机场用的机械（包括电动机械）信号、安全或交通管理设备；上述货品的零件:**											
8608.0010	--- 轨道自动计轴设备	3	20		17	17	千克/台			0		0
8608.0090	--- 其他	4	20		17	17	千克			0		0
86.09	**集装箱（包括运输液体的集装箱），经特殊设计、装备适用于各种运输方式:**											
	--- 20英尺的:											
8609.0011	----保温式	10.5	35		17	15	个	AB	P/Q	0		0
8609.0012	----罐式	10.5	35		17	15	个	AB	P/Q	0		0
8609.0019	----其他	10.5	35		17	15	个	AB	P/Q	0		0
	--- 40英尺的:											
8609.0021	----保温式	10.5	35		17	15	个	AB	P/Q	0		0
8609.0022	----罐式	10.5	35		17	15	个	AB	P/Q	0		0
8609.0029	----其他	10.5	35		17	15	个	AB	P/Q	0		0
8609.0030	--- 45、48、53英尺的	10.5	35		17	15	个	AB	P/Q	0		0
8609.0090	--- 其他	10.5	35		17	15	个	AB	P/Q	0		0

协定税率 %										特惠税率 %				Article Description
巴基斯坦	冰岛	哥斯达黎	秘鲁	新西兰	瑞士	新加坡	韩国	澳大利亚	港澳台	老挝	孟加拉	33 国	7 国	
0	0	0	0	0	0		0	0			0	0	0	-- Driving bogies and bissel-bogies
0	0	0	0	0	0		0	0			0	0	0	-- Other bogies and bissel-bogies
														-- Other, including parts:
0	0	0	0	0	0		0	0			0	0	0	--- Axles
0	0	0	0	0	0		0	0			0	0	0	--- Other
														- Brakes and parts thereof:
0	0	0	0	0	0		0	0			0	0	0	-- Air brakes and parts thereof
0	0	0	0	0	0		0	0			0	0	0	-- Other
0	0	0	0	0	0		0	0			0	0	0	- Hooks and other coupling devices, buffers, and parts there of
														- Other:
0	0	0	0	0	0		1.8	0			0	0	0	-- Of locomotives
0	0	0	0	0	2.1		0	0			0	0	0	-- Other
														Railway or trainway track fixtures and fittings; mechanical (including electro-mechanical) signalling, safety or traffic control equipment for railways, trainways, roads, inland water-ways, parking facilities, port installations or airfields; parts of the foregoing:
0	0	0	0	0	0		0	0			0	0	0	--- Rail automatic axle counting equipments
0	0	0	0	0	1.6		0	0			0	0	0	--- Other
														Containers (including containers for the transport of fluids) specially designed and equipped for carriage by one or more modes of transport:
														--- Of 20 feet:
5	0	0	0	0	7.4	0	8.4	6.3			0	0	0	----Insulated
5	0	0	0	0	7.4	0	8.4	6.3			0	0	0	----Tank type
5	0	0	0	0	7.4	0	8.4	6.3			0	0	0	----Other
														--- Of 40 feet:
5	0	0	0	0	7.4	0	8.4	6.3			0	0	0	----Insulated
5	0	0	0	0	7.4	0	8.4	6.3			0	0	0	----Tank type
5	0	0	0	0	7.4	0	8.4	6.3			0	0	0	----Other
5	0	0	0	0	7.4	0	8.4	6.3			0	0	0	--- Of 45,48,53 feet
5	0	0	0	0	7.4	0	8.4	6.3			0	0	0	--- Other

第八十七章　车辆及其零件、附件，但铁道及电车道车辆除外

注释：

一、本章不包括仅可在钢轨上运行的铁道及电车道车辆。

二、本章所称“牵引车、拖拉机”，是指主要为牵引或推动其他车辆、器具或重物的车辆。除了上述主要用途以外，不论其是否还具有装运工具、种子、肥料或其他货品的辅助装置。

用于安装在税目 87.01 的牵引车或拖拉机上，作为可替换设备的机器或作业工具，即使与牵引车或拖拉机一同报验，不论其是否已安装在车（机）上，仍应归入其各自相应的税目。

三、装有驾驶室的机动车辆底盘，应归入税目 87.02 至 87.04，而不归入税目 87.06。

四、税目 87.12 包括所有儿童两轮车，其他儿童脚踏车归入税目 95.03。

税号	货品名称	进口关税 %			增值/消费税%	出口退税%	统计计量单位	监管证件代码	检验检疫类别	协定税率 %		
		最惠国	普通	年内暂定						东盟	亚太	智利
87.01	牵引车、拖拉机（税目 87.09 的牵引车除外）：											
8701.1000	- 手扶拖拉机	9	20		13	13	辆	6		0		0
8701.2000	- 半挂车用的公路牵引车	6	20		17	17	辆	46Axy	L/			0
8701.3000	- 履带式牵引车、拖拉机											
87013000.10	履带式拖拉机	6	20		13	13/17	辆	6A	M/	0		0
87013000.90	履带式牵引车	6	20		17	13/17	辆	6A	M/	0		0
	- 其他：											
	--- 拖拉机：											
8701.9011	----轮式											
87019011.01	功率大于 150 马力的轮式拖拉机	8	20	5	13	13/17	辆	6A	M/	0		0
87019011.90	其他轮式拖拉机	8	20		13	13/17	辆	6A	LM/	0		0
8701.9019	----其他											
87019019.01	其他功率大于 150 马力的拖拉机	8	20	5	13	13/17	辆	6A	M/	0		0
87019019.90	其他拖拉机	8	20		13	13/17	辆	6A	M/	0		0
8701.9090	--- 其他	8	20		17	13/17	辆	6A	LM/	0		0
87.02	客运机动车辆，10 座及以上（包括驾驶座）：											
	- 装有压燃式活塞内燃发动机（柴油或半柴油发动机）的车辆：											
8702.1020	--- 机坪客车	4	90		17	17	辆	6AO	M/	0		0
	--- 其他：											
8702.1091	----30 座及以上（大型客车）	25	90		17	17	辆	46AOxy	LM/			0
8702.1092	----20 座及以上，但不超过 29 座											
87021092.01	20 座≤座位≤23 座装有压燃式活塞内燃发动机的客车	25	230		17/5	17	辆	46AOxy	LM/			0
87021092.90	24 座≤座位≤29 座装有压燃式活塞内燃发动机的客车	25	230		17	17	辆	46AOxy	LM/			0
8702.1093	----10 座及以上，但不超过 19 座	25	230		17/5	17	辆	46AOxy	LM/			0
	- 其他：											
8702.9010	--- 30 座及以上（大型客车）	25	90		17	17	辆	46AOxy	LM/	20		0
8702.9020	--- 20 座及以上，但不超过 29 座											
87029020.01	20 座≤座位≤23 座装有非压燃式活塞内燃发动机的客车	25	230		17/5	17	辆	46AOxy	LM/	20		0
87029020.90	24 座≤座位≤29 座装有非压燃式活塞内燃发动机的客车	25	230		17	17	辆	46AOxy	LM/	20		0
8702.9030	--- 10 座及以上，但不超过 19 座	25	230		17/5	17	辆	46AOxy	LM/	20		0
87.03	主要用于载人的机动车辆（税目 87.02 的货品除外），包括旅行小客车及赛车：											
	- 雪地行走专用车；高尔夫球车及类似车辆：											
	--- 高尔夫球车及类似车辆：											
8703.1011	----全地形车	25	150		17	17	辆	46xy		0		0
8703.1019	----其他	25	150		17	17	辆	6		0		0
8703.1090	--- 其他	25	150		17	17	辆	6		0		0

Chapter 87　Vehicles other than railway or tramway rolling-stock, and parts and accessories thereof

Chapter Notes:

1. This Chapter does not cover railway or tramway rolling-stock designed solely for running on rails.
2. For the purposes of this Chapter, "tractors" means vehicles constructed essentially for hauling or pushing another vehicle, appliance or load, whether or not they contain subsidiary provision for the transport, in connection with the main use of the tractor, of tools, seeds, fertilisers or other goods.

   Machines and working tools designed for fitting to tractors of heading 87.01 as interchangeable equipment remain classified in their respective headings even if presented with the tractor, and whether or not mounted on it.
3. Motor chassis fitted with cabs fall in headings 87.02 to 87.04, and not in heading 87.06.
4. Heading 87.12 includes all children's bicycles. Other children's cycles fall in heading 95.03.

协定税率 %										特惠税率 %				Article Description
巴基斯坦	冰岛	哥斯达黎	秘鲁	新西兰	瑞士	新加坡	韩国	澳大利亚	港澳台	老挝	孟加拉	33国	7国	
														Tractors（other than tractors of heading No.87.09）:
5	0	0	0	0	3.6		7.2	5.4				0	0	- Pedestrian controlled tractors
	0	0		0	2.4		5.2	3.6				0		- Road tractors for semi-trailers
														- Track-laying tractors
5	0	0	0	0	2.4		3.6	3.6				0	0	Track-laying tractors
5	0	0	0	0	2.4		3.6	3.6				0	0	Other track-laying tractors
														- Other:
														--- Tractors:
														----Wheeled
5	0	0	0	0	3.2		4.8	4.8				0	0	Wheeled tractors, power greater than 150hp
5	0	0	0	0	3.2		4.8	4.8				0	0	Other wheeled tractors
														----Other
5	0	0	0	0	3.2		4.8	4.8				0	0	Other tractor, power greater than 150hp
5	0	0	0	0	3.2		4.8	4.8				0	0	Other tractor
5	0	0	0	0	3.2		4.8	4.8				0	0	--- Other
														Motor vehicles for the transport of ten or more persons, including the driver:
														- With compression-ignition internal combustion piston engine （diesel or semidiesel）:
0	0	0	0	0	0		3.4	0				0	0	--- Buses for transport passengers at airport
														--- Other:
	0	0		0			22.5	15				0		----With 30 seats or more
														----With 20 seats or more, but not exceeding 29 seats
	0	0		0			22.5	15				0		Passenger buses, 20-23 seats, with compression ignition internal combustion piston engine
	0	0		0			22.5	15				0		Passenger buses, 24-29 seats, with compression ignition internal combustion piston engine
	0	0		0			22.5	15				0		----With 10 seats or more, but not exceeding 19 seats
														- Other:
	0	0		0			22.5	15				0		--- With 30 seats or more
														--- With 20 seats or more, but not exceeding 29 seats
	0	0		0			22.5	15				0		Passenger buses, 20-23 seats with non compression-ignition internal combustion piston engine
	0	0		0			22.5	15				0		Passenger buses, ,24-29 seats with non compression-ignition internal combustion piston engine
	0	0	7.5	0			22.5	15				0	0	--- With 10 seats or more, but not exceeding 19 seats
														Motor cars and other motor vehicles principally designed for the transport of persons（other than those of heading No.87.02), including station wagons and racing cars:
														- Vehicles specially designed for travelling on snow;golf cars and similar vehicles:
														--- golf cars and similar vehicles:
	0	0	7.5	0		0	22.5	15				0	0	----All terrain vehicles
	0	0	7.5	0		0		15				0	0	----Other
	0	0	7.5	0		0		15				0	0	--- Other

税号	货品名称	进口关税 % 最惠国	普通	年内暂定	增值/消费税%	出口退税%	统计计量单位	监管证件代码	检验检疫类别	协定税率 % 东盟	亚太	智利
	- 装有点燃往复式活塞内燃发动机的其他车辆：											
	-- 气缸容量（排气量）不超过1000毫升：											
8703.2130	--- 小轿车											
87032130.01	排气量≤1升的装有点燃往复式活塞内燃发动机的小轿车	25	230		17/1	17	辆	46A0xy	LM/		22.5	0
87032130.90	排气量≤1升的装有点燃往复式活塞内燃发动机小轿车的成套散件	25	230		17	17	辆	460xy			22.5	0
8703.2140	--- 越野车（4轮驱动）											
87032140.01	排量≤1升的带点燃往复式活塞内燃发动机的越野车(4轮驱动)	25	230		17/1	17	辆	46A0xy	LM/		22.5	0
87032140.90	排量≤1升的带点燃往复式活塞内燃发动机的越野车(4轮驱动)的成套散件	25	230		17	17	辆	46A0xy	M/		22.5	0
8703.2150	--- 9座及以下的小客车											
87032150.01	排量≤1升的带点燃往复式活塞内燃发动机的小客车(9座及以下)	25	230		17/1	17	辆	46A0xy	LM/		22.5	0
87032150.90	排量≤1升的带点燃往复式活塞内燃发动机的小客车的成套散件(9座及以下)	25	230		17	17	辆	46A0xy	M/		22.5	0
8703.2190	--- 其他											
87032190.01	排量≤1升的带点燃往复式活塞内燃发动机的其他车辆	25	230		17/1	17	辆	46A0xy	LM/		22.5	0
87032190.90	排量≤1升的带点燃往复式活塞内燃发动机的其他车辆的成套散件	25	230		17	17	辆	46A0xy	M/		22.5	0
	-- 气缸容量（排气量）超过1000毫升，但不超过1500毫升：											
8703.2230	--- 小轿车											
87032230.01	1升＜排量≤1.5升带点燃往复式活塞内燃发动机小轿车	25	230		17/3	17	辆	46A0xy	LM/		22.5	0
87032230.90	1升＜排量≤1.5升带点燃往复式活塞内燃发动机小轿车的成套散件	25	230		17	17	辆	46A0xy	M/		22.5	0
8703.2240	--- 越野车（4轮驱动）											
87032240.01	1升＜排量≤1.5升带点燃往复活塞内燃发动机四轮驱动越野车	25	230		17/3	17	辆	46A0xy	LM/		22.5	0
87032240.90	1升＜排量≤1.5升带点燃往复活塞内燃发动机四轮驱动越野车的成套散件	25	230		17	17	辆	46A0xy	M/		22.5	0
8703.2250	--- 9座及以下的小客车											
87032250.01	1升＜排量≤1.5升带点燃往复式活塞内燃发动机小客车(≤9座)	25	230		17/3	17	辆	46A0xy	LM/		22.5	0
87032250.90	1升＜排量≤1.5升带点燃往复式活塞内燃发动机小客车的成套散件(≤9座)	25	230		17	17	辆	46A0xy	M/		22.5	0
8703.2290	--- 其他											
87032290.01	1升＜排量≤1.5升带点燃往复式活塞内燃发动机其他车	25	230		17/3	17	辆	46A0xy	LM/		22.5	0
87032290.90	1升＜排量≤1.5升带点燃往复式活塞内燃发动机其他车的成套散件	25	230		17	17	辆	46A0xy	M/		22.5	0
	-- 气缸容量（排气量）超过1500毫升，但不超过3000毫升：											
	--- 气缸容量（排气量）超过1500毫升，但不超过2000毫升：											
8703.2341	----小轿车											
87032341.01	1.5升＜排量≤2升装点燃往复式活塞内燃发动机小轿车	25	230		17/5	17	辆	46A0xy	LM/		22.5	0
87032341.90	1.5升＜排量≤2升装点燃往复式活塞内燃发动机小轿车的成套散件	25	230		17	17	辆	46A0xy	M/		22.5	0
8703.2342	----越野车（4轮驱动）											

协定税率 %										特惠税率 %				Article Description
巴基斯坦	冰岛	哥斯达黎	秘鲁	新西兰	瑞士	新加坡	韩国	澳大利亚	港澳台	老挝	孟加拉	33 国	7 国	
														- Other vehicles, with spark-ignition internal combustion reciprocating piston engine:
														-- Of a cylinder capacity not exceeding 1000cc:
														--- Saloon cars
22.5	0	0		0				15						Saloon cars of cylinder capacity not exceeding 1L with spark-ignition internal combustion reciprocating piston engine
22.5	0	0		0				15						Complete sets of parts of Saloon cars of cylinder capacity not exceeding 1L, with spark-ignition internal combustion reciprocating piston engine
														--- Cross-country cars（4WD)
22.5	0	0		0				15						Cross-country cars (4WD) of cylinder capacity not exceeding 1L, with spark-ignition internal combustion reciprocating piston engine
22.5	0	0		0				15						Complete sets of parts of cross-country cars (4WD) of cylinder capacity not exceeding 1L, with spark-ignition internal combustion reciprocating piston engine
														--- Station wagons（with 9 seats or less)
22.5	0	0		0				15						Station wagons of cylinder capacity not exceeding 1L with spark-ignition internal combustion reciprocating piston engine, 9 seats or less
22.5	0	0		0				15						Complete kits of parts of station wagons of cylinder capacity not exceeding 1L, with spark-ignition internal combustion reciprocating piston engine
														--- Other
22.5	0	0		0				15						Others vehicles of cylinder capacity not exceeding 1L with spark-ignition internal combustion reciprocating piston engine
22.5	0	0		0				15						Complete kits of parts of Others vehicles of cylinder capacity not exceeding 1L with spark-ignition internal combustion reciprocating piston engine
														-- Of a cylinder capacity exceeding 1000cc but not exceeding 1500cc:
														--- Saloon cars
22.5	0	0		0			24	15						Saloon cars of a cylinder capacity from 1L to 1.5L, with spark-ignition internal combustion reciprocating piston engine
22.5	0	0		0			24	15						Complete kits of parts of saloon cars of a cylinder capacity from 1L to 1.5L, with spark-ignition internal combustion reciprocating piston engine
														--- Cross-country cars（4WD)
22.5	0	0		0				15						Cross-country cars (4WD) of a cylinder capacity from 1L to 1.5L, with spark- ignition internal combustion reciprocating piston engine
22.5	0	0		0				15						Complete kits of parts of cross-country cars of a cylinder capacity from 1L to 1.5L, with spark-ignition internal combustion reciprocating piston engine
														--- Station wagons（with 9 seats or less)
22.5	0	0		0				15						Station wagons, 9 seats or less, of a cylinder capacity from 1L to 1.5L, with spark-ignition internal combustion reciprocating piston engine
22.5	0	0		0				15						Complete kits of parts, Station wagons, 9 seats or less of a cylinder capacity from 1L to 1.5L, with spark-ignition internal combustion reciprocating piston engine
														--- Other
22.5	0	0		0				15						Other vehicles of a cylinder capacity from 1L to 1.5L, with spark-ignition internal combustion reciprocating piston engine
22.5	0	0		0				15						Complete kits of parts, other vehicles of a cylinder capacity from 1L to 1.5L, with spark-ignition internal combustion reciprocating piston engine
														-- Of a cylinder capacity exceeding 1500cc but not exceeding 3000cc:
														--- Of a cylinder capacity exceeding 1500cc but not exceeding 2000cc:
														----Saloon cars
22.5	0	0		0			24	20						Saloon cars of a cylinder capacity from 1.5L to 2L, with spark-ignition internal combustion reciprocating piston engine
22.5	0	0		0			24	20						Complete kits of parts of saloon cars of a cylinder capacity from 1.5L to 2L, with spark-ignition internal combustion reciprocating piston engine
														----Cross-country cars （4WD)

税号	货品名称	进口关税 %			增值/消费税%	出口退税%	统计计量单位	监管证件代码	检验检疫类别	协定税率 %		
		最惠国	普通	年内暂定						东盟	亚太	智利
87032342.01	1.5升<排量≤2升装点燃往复式活塞内燃发动机越野车(4轮驱动)	25	230		17/5	17	辆	46AOxy	LM/		22.5	0
87032342.90	1.5升<排量≤2升装点燃往复式活塞内燃发动机越野车的成套散件(4轮驱动)	25	230		17	17	辆	46AOxy	M/		22.5	0
8703.2343	---9座及以下的小客车											
87032343.01	1.5升<排量≤2升装点燃往复式活塞内燃发动机小客车(9座及以下的)	25	230		17/5	17	辆	46AOxy	LM/		22.5	0
87032343.90	1.5升<排量≤2升装点燃往复式活塞内燃发动机小客车的成套散件(9座及以下的)	25	230		17	17	辆	46AOxy	M/		22.5	0
8703.2349	---其他											
87032349.01	1.5升<排量≤2升装点燃往复式活塞内燃发动机的其他载人车辆	25	230		17/5	17	辆	46AOxy	LM/		22.5	0
87032349.90	1.5升<排量≤2升装点燃往复式活塞内燃发动机的其他载人车辆的成套散件	25	230		17	17	辆	46AOxy	M/		22.5	0
	--- 气缸容量（排气量）超过2000毫升，但不超过2500毫升：											
8703.2351	----小轿车											
87032351.01	2升<排量≤2.5升装点燃往复式活塞内燃发动机小轿车	25	230		17/9	17	辆	46AOxy	LM/		22.5	0
87032351.90	2升<排量≤2.5升装点燃往复式活塞内燃发动机小轿车的成套散件	25	230		17	17	辆	46AOxy	M/		22.5	0
8703.2352	----越野车（4轮驱动）											
87032352.01	2升<排量≤2.5升装点燃往复式活塞内燃发动机越野车(4轮驱动)	25	230		17/9	17	辆	46AOxy	LM/		22.5	0
87032352.90	2升<排量≤2.5升装点燃往复式活塞内燃发动机越野车的成套散件(4轮驱动)	25	230		17	17	辆	46AOxy	M/		22.5	0
8703.2353	----9座及以下的小客车											
87032353.01	2升<排量≤2.5升装点燃往复式活塞内燃发动机小客车(9座及以下的)	25	230		17/9	17	辆	46AOxy	LM/		22.5	0
87032353.90	2升<排量≤2.5升装点燃往复式活塞内燃发动机的小客车的成套散件(9座及以下的)	25	230		17	17	辆	46AOxy	M/		22.5	0
8703.2359	----其他											
87032359.01	2升<排量≤2.5升装点燃往复式活塞内燃发动机的其他载人车辆	25	230		17/9	17	辆	46AOxy	LM/		22.5	0
87032359.90	2升<排量≤2.5升装点燃往复式活塞内燃发动机的其他载人车辆的成套散件	25	230		17	17	辆	46AOxy	M/		22.5	0
	--- 气缸容量（排气量）超过2500毫升，但不超过3000毫升：											
8703.2361	----小轿车											
87032361.01	2.5升<排量≤3升装点燃往复式活塞内燃发动机小轿车	25	270		17/12	17	辆	46AOxy	L/		22.5	0
87032361.90	2.5升<排量≤3升装点燃往复式活塞内燃发动机小轿车的成套散件	25	270		17	17	辆	46Oxy			22.5	0
8703.2362	----越野车（4轮驱动）											
87032362.01	2.5升<排量≤3升装点燃往复式活塞内燃发动机越野车(4轮驱动)	25	270		17/12	17	辆	46AOxy	L/	0	22.5	0
87032362.90	2.5升<排量≤3升装点燃往复式活塞内燃发动机越野车的成套散件(4轮驱动)	25	270		17	17	辆	46Oxy		0	22.5	0
8703.2363	----9座及以下的小客车											
87032363.01	2.5升<排量≤3升装点燃往复式活塞内燃发动机小客车(9座及以下的)	25	270		17/12	17	辆	46AOxy	L/	0	22.5	0
87032363.90	2.5升<排量≤3升装点燃往复式活塞内燃发动机小客车的成套散件(9座及以下的)	25	270		17	17	辆	46Oxy		0	22.5	0
8703.2369	----其他											
87032369.01	2.5升<排量≤3升装点燃往复式活塞内燃发动机的其他载人车辆	25	270		17/12	17	辆	46AOxy	L/	0	22.5	0

协定税率 %										特惠税率 %				
巴基斯坦	冰岛	哥斯达黎	秘鲁	新西兰	瑞士	新加坡	韩国	澳大利亚	港澳台	老挝	孟加拉	33 国	7 国	**Article Description**
22.5	0	0		0			24	20						Cross-country cars (4WD) of a cylinder capacity from 1.5L to 2L, with spark- ignition internal combustion reciprocating piston engine
22.5	0	0		0			24	20						Complete kits of parts of cross-country cars (4WD) of a cylinder capacity from 1.5L to 2L, with spark-ignition internal combustion reciprocating piston engine
														----Station wagons （with 9 seats or less)
22.5	0	0		0			24	20						Station wagons, 9 seats or less, of a cylinder capacity from 1.5L to 2L, with spark-ignition internal combustion reciprocating piston engine
22.5	0	0		0			24	20						Complete kits of parts, of a cylinder capacity from 1.5L to 2L, with spark-ignition internal combustion reciprocating piston engine (9 seats or less)
														----Other
22.5	0	0		0				20						Other vehicles of a cylinder capacity from 1.5L to 2L, with spark-ignition internal combustion reciprocating piston engine
22.5	0	0		0				20						Complete kits of parts, other vehicles of a cylinder capacity from 1.5L to 2L, with spark-ignition internal combustion reciprocating piston engine
														--- Of a cylinder capacity exceeding 2000cc but not exceeding 2500cc：
														----Saloon cars
22.5	0	0		0			24	20						Saloon cars of a cylinder capacity from 2L to 2.5L, with spark-ignition internal combustion reciprocating piston engine
22.5	0	0		0			24	20						Complete kits of parts of saloon cars of a cylinder capacity from 2L to 2.5L, with spark-ignition internal combustion reciprocating piston engine
														----Cross-country cars （4WD)
22.5	0	0		0			24	20						Cross-county cars (4WD) of a cylinder capacity from 2L to 2.5L, with spark- ignition internal combustion reciprocating piston engine
22.5	0	0		0			24	20						Complete kits of parts of cross-country cars (4WD)of a cylinder capacity from 2L to 2.5L, with spark-ignition internal combustion reciprocating piston engine
														----Station wagons （with 9 seats or less)
22.5	0	0		0			24	20						Station wagons, 9 seats or less, of a cylinder capacity from 2L to 2.5L, with spark-ignition internal combustion reciprocating piston engine
22.5	0	0		0			24	20						Complete kits of parts, 9 seats or less, of a cylinder capacity from 2L to 2.5L, with spark-ignition internal combustion reciprocating piston engine
														----Other
22.5	0	0		0				20						Other vehicles of a cylinder capacity from 2L to 2.5L, with spark-ignition internal combustion reciprocating piston engine
22.5	0	0		0				20						Complete kits of parts, of a cylinder capacity from 2L to 2.5L, with spark-ignition internal combustion reciprocating piston engine
														--- Of a cylinder capacity exceeding 2500cc but not exceeding 3000cc：
														----Saloon cars
22.5	0	0		0			24	20						Saloon cars of a cylinder capacity from 2.5L to 3L, with spark-ignition internal combustion reciprocating piston engine
22.5	0	0		0			24	20						Complete kits of parts of saloon cars of a cylinder capacity from 2.5L to 3L, with spark-ignition internal combustion reciprocating piston engine
														----Cross-country cars （4WD)
22.5	0	0		0		0		20						Cross-county cars (4WD) of a cylinder capacity from 2.5L to 3L, with spark- ignition internal combustion reciprocating piston engine
22.5	0	0		0		0		20						Complete kits of parts of cross-country cars (4WD) of a cylinder capacity from 2.5L to 3L, with spark-ignition internal combustion reciprocating piston engine
														----Station wagons （with 9 seats or less)
22.5	0	0		0		0	24	20						Station wagons, 9 seats or less, of a cylinder capacity from 2.5L to 3L, with spark-ignition internal combustion reciprocating piston engine
22.5	0	0		0		0	24	20						Complete kits of parts, of a cylinder capacity from 2.5L to 3L, with spark-ignition internal combustion reciprocating piston engine (9 seats or less)
														----Other
22.5	0	0		0		0		20						Other vehicles of a cylinder capacity from 2.5L to 3L, with park-ignition internal combustion reciprocating piston engine (excluding non-4WD cross-country cars)

税号	货品名称	进口关税 %			增值/消费税%	出口退税%	统计计量单位	监管证件代码	检验检疫类别	协定税率 %		
		最惠国	普通	年内暂定						东盟	亚太	智利
87032369.99	2.5升<排量≤3升装点燃往复式活塞内燃发动机的其他载人车辆的成套散件	25	270		17	17	辆	46Oxy		0	22.5	0
	-- 气缸容量（排气量）超过3000毫升：											
	--- 气缸容量（排气量）超过3000毫升，但不超过4000毫升：											
8703.2411	----小轿车											
87032411.01	3升<排量≤4升装点燃往复式活塞内燃发动机小轿车	25	270		17/25	17	辆	46AOxy	LM/		22.5	0
87032411.90	3升<排量≤4升装点燃往复式活塞内燃发动机小轿车的成套散件	25	270		17	17	辆	46AOxy	M/		22.5	0
8703.2412	----越野车（4轮驱动）											
87032412.01	3升<排量≤4升装点燃往复式活塞内燃发动机越野车(4轮驱动)	25	270		17/25	17	辆	46AOxy	LM/		22.5	0
87032412.90	3升<排量≤4升装点燃往复式活塞内燃发动机越野车的成套散件(4轮驱动)	25	270		17	17	辆	46Oxy			22.5	0
8703.2413	----9座及以下的小客车											
87032413.01	3升<排量≤4升装点燃往复式活塞内燃发动机的小客车(9座及以下的)	25	270		17/25	17	辆	46AOxy	LM/		22.5	0
87032413.90	3升<排量≤4升装点燃往复式活塞内燃发动机的小客车的成套散件(9座及以下的)	25	270		17	17	辆	46AOxy	M/		22.5	0
8703.2419	----其他											
87032419.01	3升<排量≤4升装点燃往复式活塞内燃发动机的其他载人车辆	25	270		17/25	17	辆	46AOxy	LM/		22.5	0
87032419.99	3升<排量≤4升装点燃往复式活塞内燃发动机的其他载人车辆的成套散件	25	270		17	17	辆	46AOxy	M/		22.5	0
	--- 气缸容量（排气量）超过4000毫升：											
8703.2421	----小轿车											
87032421.01	排气量>4升装点燃往复式活塞内燃发动机小轿车	25	270		17/40	17	辆	46AOxy	LM/		22.5	0
87032421.90	排气量>4升装点燃往复式活塞内燃发动机小轿车的成套散件	25	270		17	17	辆	46AOxy	M/		22.5	0
8703.2422	----越野车（4轮驱动）											
87032422.01	排气量>4升装点燃往复式活塞内燃发动机越野车(4轮驱动)	25	270		17/40	17	辆	46AOxy	LM/		22.5	0
87032422.90	排气量>4升装点燃往复式活塞内燃发动机越野车的成套散件(4轮驱动)	25	270		17	17	辆	46Oxy			22.5	0
8703.2423	----9座及以下的小客车											
87032423.01	排气量>4升装点燃往复式活塞内燃发动机的小客车(9座及以下的)	25	270		17/40	17	辆	46AOxy	LM/		22.5	0
87032423.90	排气量>4升装点燃往复式活塞内燃发动机的小客车的成套散件(9座及以下的)	25	270		17	17	辆	46AOxy	M/		22.5	0
8703.2429	----其他											
87032429.01	排量>4升装点燃往复式活塞内燃发动机的其他载人车辆	25	270		17/40	17	辆	46AOxy	LM/		22.5	0
87032429.99	排量>4升装点燃往复式活塞内燃发动机的其他载人车辆的成套散件	25	270		17	17	辆	46AOxy	M/		22.5	0
	- 装有压燃式活塞内燃发动机(柴油或半柴油发动机）的其他车辆：											
	-- 气缸容量（排气量）不超过1500毫升：											
	--- 气缸容量（排气量）不超过1000毫升：											
8703.3111	----小轿车											
87033111.01	排气量≤1升的装有压燃往复式活塞内燃发动机小轿车	25	230		17/1	17	辆	46AOxy	LM/			0

协定税率 %										特惠税率 %				Article Description
巴基斯坦	冰岛	哥斯达黎	秘鲁	新西兰	瑞士	新加坡	韩国	澳大利亚	港澳台	老挝	孟加拉	33 国	7 国	
22.5	0	0		0		0		20						Complete kits of parts of vehicles of a cylinder capacity from 2.5L to 3L, with spark-ignition internal combustion reciprocating piston engine (excluding non-4WD cross-country cars)
														-- Of a cylinder capacity exceeding 3000cc:
														--- Of a cylinder capacity exceeding 3000cc, but not exceeding 4000cc:
														----Saloon cars
22.5	0	0		0			24	20				0		Saloon cars of a cylinder capacity from 3L to 4L, with spark-ignition internal combustion reciprocating piston engine
22.5	0	0		0			24	20				0		Complete kits of parts of saloon cars of a cylinder capacity from 3L to 4L, with spark-ignition internal combustion reciprocating piston engine
														----Cross-country cars（4WD)
22.5	0	0		0			24	20				0		Cross-county cars (4WD) of a cylinder capacity from 3L to 4L, with spark- ignition internal combustion reciprocating piston engine
22.5	0	0		0			24	20				0		Complete kits of parts of cross-country cars (4WD) of a cylinder capacity from 3L to 4L, with spark-ignition internal combustion reciprocating piston engine
														----Station wagons （with 9 seats or less)
22.5	0	0		0				20				0		Station wagons, 9 seats or less, of a cylinder capacity from 3L to 4L, with spark-ignition internal combustion reciprocating piston engine
22.5	0	0		0				20				0		Complete parts, of a cylinder capacity from 3L to 4L, with spark-ignition internal combustion reciprocating piston engine (9 seats or less)
														----Other
22.5	0	0		0				20				0		Other vehicles of a cylinder capacity from 3L to 4L, with spark-ignition internal combustion reciprocating piston engine (excluding non-4WD cross-country cars)
22.5	0	0		0				20				0		Complete kits of parts of vehicles of a cylinder capacity from 3L to 4L, with spark-ignition internal combustion reciprocating piston engine (excluding non-4WD cross-country cars)
														--- Of a cylinder capacity exceeding 4000cc:
														----Saloon cars
22.5	0	0		0			24	20				0		Saloon cars of a cylinder capacity exceeding 4L, with spark-ignition internal combustion reciprocating piston
22.5	0	0		0			24	20				0		Complete kits of parts of saloon cars of a cylinder capacity exceeding 4L, with spark-ignition internal combustion reciprocating piston engine
														----Cross-country cars（4WD)
22.5	0	0		0				20				0		Cross-country cars (4WD) of a cylinder capacity exceeding 4L, with spark- ignition internal combustion reciprocating piston engine
22.5	0	0		0				20				0		Complete kits of parts of cross-country cars (4WD) of a cylinder capacity exceeding 4L, with spark-ignition internal combustion reciprocating piston engine
														----Station wagons （with 9 seats or less)
22.5	0	0		0				20				0		Station wagons, 9 seats or less, of a cylinder capacity exceeding 4L, with spark-ignition internal combustion reciprocating piston engine
22.5	0	0		0				20				0		Complete parts of the station wagons (with 9 seats or less) of a cylinder capacity ＞4L, with spark-ignition internal combustion reciprocating piston engine
														----Other
22.5	0	0		0				20				0		Other vehicles for the transport of persons, of a cylinder capacity ＞4L, with spark-ignition internal combustion reciprocating piston engine (excluding non-4WD cross-country cars)
22.5	0	0		0				20				0		Complete parts of other vehicles for the transport of persons, of a cylinder capacity ＞4L, with spark-ignition internal combustion reciprocating piston engine (excluding complete parts of non-4WD cross-country cars)
														- Other vehicles, with compression-ignition internal combustion piston engine （diesel or semi-diesel):
														-- Of a cylinder capacity not exceeding 1500cc:
														--- Of a cylinder capacity not exceeding 1000cc:
														----Saloon cars
	0	0		0				20				0		Saloon cars of a cylinder capacity ≤1L, with compression-ignition internal combustion reciprocating piston engine

税号	货品名称	进口关税 %			增值/消费税%	出口退税%	统计计量单位	监管证件代码	检验检疫类别	协定税率 %		
		最惠国	普通	年内暂定						东盟	亚太	智利
87033111.90	排气量≤1升的装有压燃往复式活塞内燃发动机小轿车的成套散件	25	230		17	17	辆	46AOxy	M/			0
8703.3119	----其他											
87033119.01	排量≤1升的装有压燃往复式活塞内燃发动机的其他载人车辆	25	230		17/1	17	辆	46AOxy	LM/	0		0
87033119.90	排量≤1升的装有压燃往复式活塞内燃发动机的其他载人车辆的成套散件	25	230		17	17	辆	46AOxy	M/	0		0
	--- 气缸容量（排气量）超过1000毫升，但不超过1500毫升：											
8703.3121	----小轿车											
87033121.01	1升＜排气量≤1.5升装压燃往复式活塞内燃发动机小轿车	25	230		17/3	17	辆	46AOxy	LM/			0
87033121.90	1升＜排气量≤1.5升装压燃往复式活塞内燃发动机小轿车的成套散件	25	230		17	17	辆	46AOxy	M/			0
8703.3122	----越野车（4轮驱动）											
87033122.01	1升＜排气量≤1.5升装压燃式活塞内燃发动机越野车(4轮驱动)	25	230		17/3	17	辆	46AOxy	LM/			0
87033122.90	1升＜排气量≤1.5升装压燃式活塞内燃发动机越野车的成套散件(4轮驱动)	25	230		17	17	辆	46AOxy	M/			0
8703.3123	----9座及以下的小客车											
87033123.01	1升＜排气量≤1.5升装压燃往复式活塞内燃发动机小客车(9座及以下的)	25	230		17/3	17	辆	46AOxy	LM/			0
87033123.90	1升＜排气量≤1.5升装压燃往复式活塞内燃发动机小客车的成套散件(9座及以下的)	25	230		17	17	辆	46AOxy	M/			0
8703.3129	----其他											
87033129.01	1升＜排量≤1.5升装压燃往复式活塞内燃发动机的其他载人车辆	25	230		17/3	17	辆	46AOxy	LM/	0		0
87033129.90	1升＜排量≤1.5升装压燃往复式活塞内燃发动机的其他载人车辆的成套散件	25	230		17	17	辆	46AOxy	M/	0		0
	-- 气缸容量（排气量）超过1500毫升，但不超过2500毫升：											
	--- 气缸容量（排气量）超过1500毫升，但不超过2000毫升：											
8703.3211	----小轿车											
87033211.01	1.5升＜排量≤2升装压燃往复式活塞内燃发动机小轿车	25	230		17/5	17	辆	46AOxy	LM/		22.5	0
87033211.90	1.5升＜排量≤2升装压燃往复式活塞内燃发动机小轿车的成套散件	25	230		17	17	辆	46AOxy	M/		22.5	0
8703.3212	----越野车（4轮驱动）											
87033212.01	1.5升＜排量≤2升装压燃往复式活塞内燃发动机越野车(4轮驱动)	25	230		17/5	17	辆	46AOxy	LM/		22.5	0
87033212.90	1.5升＜排量≤2升装压燃往复式活塞内燃发动机越野车的成套散件(4轮驱动)	25	230		17	17	辆	46AOxy	M/		22.5	0
8703.3213	----9座及以下的小客车											
87033213.01	1.5升＜排量≤2升装压燃往复式活塞内燃发动机小客车(9座及以下的)	25	230		17/5	17	辆	46AOxy	LM/		22.5	0
87033213.90	1.5升＜排量≤2升装压燃往复式活塞内燃发动机小客车的成套散件(9座及以下的)	25	230		17	17	辆	46AOxy	M/		22.5	0
8703.3219	----其他											
87033219.01	1.5升＜排量≤2升装压燃往复式活塞内燃发动机的其他载人车辆	25	230		17/5	17	辆	46AOxy	LM/		22.5	0
87033219.90	1.5升＜排量≤2升装压燃往复式活塞内燃发动机的其他载人车辆的成套散件	25	230		17	17	辆	46AOxy	M/		22.5	0

协定税率 %									特惠税率 %					Article Description
巴基斯坦	冰岛	哥斯达黎	秘鲁	新西兰	瑞士	新加坡	韩国	澳大利亚	港澳台	老挝	孟加拉	33 国	7 国	
	0	0		0				20				0		Complete parts of saloon cars of a cylinder capacity ≤1L, with compression-ignition internal combustion reciprocating piston engine
														----Other
	0	0	7.5	0		0		20				0	0	Other cars for the transport of persons, of a cylinder capacity ≤ 1L, with compression-ignition internal combustion reciprocating piston engine
	0	0	7.5	0		0		20				0	0	Complete parts of other vehicles for the transport of persons, of a cylinder capacity ≤1L, with compression-ignition internal combustion reciprocating piston engine
														--- Of a cylinder capacity exceeding 1500cc but not exceeding 2500cc:
														----Saloon cars
	0	0		0				20						Saloon cars (1L<cylinder capacity ≤1.5L), with compression-ignition internal combustion reciprocating piston engine
	0	0		0				20						Complete parts of saloon cars (1L<cylinder capacity ≤1.5L), with compression-ignition internal combustion reciprocating piston engine
														----Cross-country cars (4WD)
	0	0		0				20						Cross-county cars (4WD, 1L<cylinder capacity≤1.5L), with compression-ignition internal combustion reciprocating piston engine
	0	0		0				20						Complete parts of cross-county cars (4WD, 1L<cylinder capacity≤1.5 ating piston engine
														----Station wagons（with 9 seats or less)
	0	0		0				20						Station wagons (9 seats or less, 1L<cylinder capacity ≤1.5L), with compression-ignition internal combustion reciprocating piston engine
	0	0		0				20						Complete parts of station wagons (9 seats or less, 1L <cylinder capacity ≤1.5L), with compression-ignition internal combustion reciprocating piston engine
														----Other
	0	0	7.5	0		0		20				0	0	Other cars for the transport of persons (1L< cylinder capacity ≤1.5L), with compression-ignition internal combustion reciprocating piston engine
	0	0	7.5	0		0		20				0	0	Complete parts of other cars for the transport of persons (1L< cylinder capacity≤1.5L), with compression-ignition internal combustion reciprocating piston engine
														-- Of a cylinder capacity exceeding 1500cc but not exceeding 2500cc:
														--- Of a cylinder capacity exceeding 1500cc but not exceeding 2000cc:
														----Saloon cars
22.5	0	0		0				20						Saloon cars (1.5L<cylinder capacity≤2L), with compression-ignition internal combustion reciprocating piston engine
22.5	0	0		0				20						Complete parts of saloon cars (1.5L<cylinder capacity≤2L), with compression-ignition internal combustion reciprocating piston engine
														----Cross-country cars（4WD)
22.5	0	0		0			24	20						Cross-county cars (4WD, 1.5L <cylinder capacity≤ 2L), with compression-ignition internal combustion reciprocating piston engine
22.5	0	0		0			24	20						Complete parts of cross-county cars (4WD, 1.5L<cylinder capacity≤2L), with compression-ignition internal combustion reciprocating piston engine
														----Station wagons（with 9 seats or less)
22.5	0	0		0			24	20						Station wagons (9 seats or less, 1.5L<cylinder capacity≤2 L),with compression-ignition internal combustion reciprocating piston engine
22.5	0	0		0			24	20						Complete parts of station wagons (9 seats or less, 1.5L < cylinder capacity≤2L),with compression-ignition internal combustion reciprocating piston engine
														----Other
22.5	0	0		0				20						Other vehicles for the transport of persons (1.5L<cylinder capacity≤2L), with compression-ignition internal combustion reciprocating piston engine
22.5	0	0		0				20						Complete parts of other cars for the transport of persons (1.5L< cylinder capacity≤2L), with compression-ignition internal combustion reciprocating piston engine

税号	货品名称	进口关税 %			增值/消费税%	出口退税%	统计计量单位	监管证件代码	检验检疫类别	协定税率 %		
		最惠国	普通	年内暂定						东盟	亚太	智利
	--- 气缸容量（排气量）超过2000毫升，但不超过2500毫升：											
8703.3221	----小轿车											
87033221.01	2升＜排量≤2.5升装压燃往复式活塞内燃发动机小轿车	25	230		17/9	17	辆	46AOxy	LM/		22.5	0
87033221.90	2升＜排量≤2.5升装压燃往复式活塞内燃发动机小轿车的成套散件	25	230		17	17	辆	46AOxy	M/		22.5	0
8703.3222	----越野车（4轮驱动）											
87033222.01	2升＜排量≤2.5升装压燃往复式活塞内燃发动机越野车(4轮驱动)	25	230		17/9	17	辆	46AOxy	LM/		22.5	0
87033222.90	2升＜排量≤2.5升装压燃往复式活塞内燃发动机越野车的成套散件(4轮驱动)	25	230		17	17	辆	46AOxy	M/		22.5	0
8703.3223	----9座及以下的小客车											
87033223.01	2升＜排量≤2.5升装压燃往复式活塞内燃发动机小客车(9座及以下的)	25	230		17/9	17	辆	46AOxy	LM/		22.5	0
87033223.90	2升＜排量≤2.5升装压燃往复式活塞内燃发动机小客车的成套散件(9座及以下的)	25	230		17	17	辆	46AOxy	M/		22.5	0
8703.3229	----其他											
87033229.01	2升＜排量≤2.5升装压燃往复式活塞内燃发动机的其他载人车辆	25	230		17/9	17	辆	46AOxy	LM/		22.5	0
87033229.90	2升＜排量≤2.5升装压燃往复式活塞内燃发动机的其他载人车辆的成套散件	25	230		17	17	辆	46AOxy	M/		22.5	0
	-- 气缸容量（排气量）超过2500毫升：											
	--- 气缸容量（排气量）超过2500毫升，但不超过3000毫升：											
8703.3311	----小轿车											
87033311.01	2.5升＜排量≤3升装压燃往复式活塞内燃发动机小轿车	25	270		17/12	17	辆	46AOxy	LM/	0	22.5	0
87033311.90	2.5升＜排量≤3升装压燃往复式活塞内燃发动机小轿车的成套散件	25	270		17	17	辆	46AOxy	M/	0	22.5	0
8703.3312	----越野车（4轮驱动）											
87033312.01	2.5升＜排量≤3升装压燃往复式活塞内燃发动机越野车(4轮驱动)	25	270		17/12	17	辆	46AOxy	LM/	0	22.5	0
87033312.90	2.5升＜排量≤3升装压燃往复式活塞内燃发动机越野车的成套散件(4轮驱动)	25	270		17	17	辆	46AOxy	M/	0	22.5	0
8703.3313	----9座及以下的小客车											
87033313.01	2.5升＜排量≤3升装压燃往复式活塞内燃发动机小客车(9座及以下的)	25	270		17/12	17	辆	46AOxy	LM/	0	22.5	0
87033313.90	2.5升＜排量≤3升装压燃往复式活塞内燃发动机小客车的成套散件(9座及以下的)	25	270		17	17	辆	46AOxy	M/	0	22.5	0
8703.3319	----其他											
87033319.01	2.5升＜排量≤3升装压燃往复式活塞内燃发动机的其他载人车辆	25	270		17/12	17	辆	46AOxy	LM/	0	22.5	0
87033319.99	2.5升＜排量≤3升装压燃往复式活塞内燃发动机的其他载人车辆的成套散件	25	270		17	17	辆	46AOxy	M/	0	22.5	0
	--- 气缸容量（排气量）超过3000毫升，但不超过4000毫升：											
8703.3321	----小轿车											
87033321.01	3升＜排量≤4升装压燃往复式活塞内燃发动机小轿车	25	270		17/25	17	辆	46AOxy	LM/	0	22.5	0

协定税率 %										特惠税率 %				Article Description
巴基斯坦	冰岛	哥斯达黎	秘鲁	新西兰	瑞士	新加坡	韩国	澳大利亚	港澳台	老挝	孟加拉	33 国	7 国	
														--- Of a cylinder capacity exceeding 2000cc but not exceeding 2500cc：
														----Saloon cars
22.5	0	0		0				20						Saloon cars (2L＜cylinder capacity≤2.5L), with compression-ignition internal combustion reciprocating piston engine
22.5	0	0		0				20						Complete parts of saloon cars (2L＜cylinder capacity ≤2.5L), with compression-ignition internal combustion reciprocating piston engine
														----Cross-country cars（4WD)
22.5	0	0		0				20						Cross-county cars (4WD, 2L＜cylinder capacity≤2.5L), with compression-ignition internal combustion reciprocating piston engine
22.5	0	0		0				20						Complete parts of cross-county cars (4WD, 2L＜cylinder capacity≤2.5L), with compression-ignition internal combustion reciprocating piston engine
														----Station wagons（with 9 seats or less)
22.5	0	0		0			24	20						Station wagons (9 seats or less, 2L＜cylinder capacity ≤ 2.5L),with compression-ignition internal combustion reciprocating piston engine
22.5	0	0		0			24	20						Complete parts of station wagons (9 seats or less, 2L＜ cylinder capacity≤2.5L), with compression-ignition internal combustion reciprocating piston engine
														----Other
22.5	0	0		0				20						Other vehicles for the transport of persons (2L＜cylinder capacity ≤2.5L), with compression-ignition internal combustion reciprocating piston engine
22.5	0	0		0				20						Complete parts of other cars for the transport of persons (2L＜cylinder capacity≤2.5L), with compression-ignition internal combustion reciprocating piston engine
														-- Of a cylinder capacity exceeding 2500cc：
														--- Of a cylinder capacity exceeding 2500cc，but not exceeding 3000cc：
														----Saloon cars
22.5	0	0		0		0		20						Saloon cars of (2.5L＜cylinder capacity≤3L), with compression-ignition internal combustion reciprocating piston engine
22.5	0	0		0		0		20						Complete parts of saloon cars (2.5L＜cylinder capacity≤3L), with compression-ignition internal combustion reciprocating piston engine
														----Cross-country cars（4WD)
22.5	0	0		0		0	24	20						Cross-county cars (4WD, 2.5 L＜cylinder capacity≤3L), with compression-ignition internal combustion reciprocating piston engine
22.5	0	0		0		0	24	20						Complete parts of cross-county cars (4WD, 2.5L＜cylinder capacity ≤3L), with compression-ignition internal combustion reciprocating piston engine
														----Station wagons（with 9 seats or less)
22.5	0	0		0		0		20						Station wagons (9 seats or less, 2.5L＜cylinder capacity≤3L), of a cylinder capacity exceeding 2.5L but not exceeding 3L, with compression-ignition internal combustion reciprocating piston engine
22.5	0	0		0		0		20						Complete parts of station wagons (9 seats or less, 2.5L＜cylinder capacity ≤3L), of a cylinder capacity exceeding 2.5L but not exceeding 3L, with compression-ignition internal combustion reciprocating piston engine
														----Other
22.5	0	0		0		0		20						Other vehicles for the transport of persons (2.5L＜cylinder capacity≤3L), with compression-ignition internal combustion reciprocating piston engine (other than non-4WD cross-country cars)
22.5	0	0		0		0		20						Complete parts of other vehicles for the transport of persons (2.5L＜cylinder capacity≤3L), with compression-ignition internal combustion reciprocating piston engine (other than non-4WD cross-country cars)
														--- Of a cylinder capacity exceeding 3000cc，but not exceeding 4000cc：
														----Saloon cars
22.5	0	0		0		0		20				0		Saloon cars (3L＜cylinder capacity≤4L), with compression-ignition internal combustion reciprocating piston engine

税号	货品名称	进口关税 %			增值/消费税%	出口退税%	统计计量单位	监管证件代码	检验检疫类别	协定税率 %		
		最惠国	普通	年内暂定						东盟	亚太	智利
87033321.90	3升<排量≤4升装压燃往复式活塞内燃发动机小轿车的成套散件	25	270		17	17	辆	46A0xy	M/	0	22.5	0
8703.3322	----越野车（4轮驱动）											
87033322.01	3升<排量≤4升装压燃往复式活塞内燃发动机越野车(4轮驱动)	25	270		17/25	17	辆	46A0xy	LM/	0	22.5	0
87033322.90	3升<排量≤4升装压燃往复式活塞内燃发动机越野车的成套散件(4轮驱动)	25	270		17	17	辆	46A0xy	M/	0	22.5	0
8703.3323	----9座及以下的小客车											
87033323.01	3升<排量≤4升装压燃往复式活塞内燃发动机小客车(9座及以下的)	25	270		17/25	17	辆	46A0xy	LM/	0	22.5	0
87033323.90	3升<排量≤4升装压燃往复式活塞内燃发动机小客车的成套散件(9座及以下的)	25	270		17	17	辆	46A0xy	M/	0	22.5	0
8703.3329	----其他											
87033329.01	3升<排量≤4升装压燃往复式活塞内燃发动机的其他载人车辆	25	270		17/25	17	辆	46A0xy	LM/	0	22.5	0
87033329.99	3升<排量≤4升装压燃往复式活塞内燃发动机的其他载人车辆的成套散件	25	270		17	17	辆	46A0xy	M/	0	22.5	0
	--- 气缸容量（排气量）超过4000毫升:											
8703.3361	----小轿车											
87033361.01	排量>4升装压燃往复式活塞内燃发动机小轿车	25	270		17/40	17	辆	46A0xy	LM/	0	22.5	0
87033361.90	排量>4升装压燃往复式活塞内燃发动机小轿车的成套散件	25	270		17	17	辆	46A0xy	M/	0	22.5	0
8703.3362	----越野车（4轮驱动）											
87033362.01	排量>4升装压燃往复式活塞内燃发动机越野车(4轮驱动)	25	270		17/40	17	辆	46A0xy	LM/	0	22.5	0
87033362.90	排量>4升装压燃往复式活塞内燃发动机越野车的成套散件(4轮驱动)	25	270		17	17	辆	46A0xy	M/	0	22.5	0
8703.3363	----9座及以下的小客车											
87033363.01	排量>4升装压燃往复式活塞内燃发动机小客车(9座及以下的)	25	270		17/40	17	辆	46A0xy	LM/	0	22.5	0
87033363.90	排量>4升装压燃往复式活塞内燃发动机小客车的成套散件(9座及以下的)	25	270		17	17	辆	46A0xy	M/	0	22.5	0
8703.3369	----其他											
87033369.01	排量>4升装压燃往复式活塞内燃发动机其他载人车辆	25	270		17/40	17	辆	46A0xy	LM/	0	22.5	0
87033369.99	排量>4升装压燃往复式活塞内燃发动机其他载人车辆的成套散件	25	270		17	17	辆	46A0xy	M/	0	22.5	0
8703.9000	-　其他											
87039000.01	其他型排气量≤1升的其他载人车辆	25	270		17/1	17	辆	46A0xy	LM/	0	22.5	0
87039000.02	其他型1.5升<排气量≤2升的其他载人车辆	25	270		17/5	17	辆	46A0xy	LM/	0	22.5	0
87039000.03	其他型2升<排气量≤2.5升的其他载人车辆	25	270		17/9	17	辆	46A0xy	LM/	0	22.5	0
87039000.04	其他型2.5升<排气量≤3升的其他载人车辆	25	270		17/12	17	辆	46A0xy	LM/	0	22.5	0
87039000.05	其他型3升<排气量≤4升的其他载人车辆	25	270		17/25	17	辆	46A0xy	LM/	0	22.5	0
87039000.06	其他型排气量>4升的其他载人车辆	25	270		17/40	17	辆	46A0xy	LM/	0	22.5	0
87039000.07	其他型1升<排气量≤1.5升的其他载人车辆	25	270		17/3	17	辆	46A0xy	LM/	0	22.5	0

协定税率 %										特惠税率 %				Article Description
巴基斯坦	冰岛	哥斯达黎	秘鲁	新西兰	瑞士	新加坡	韩国	澳大利亚	港澳台	老挝	孟加拉	33 国	7 国	
22.5	0	0		0		0		20				0		Complete parts of saloon cars (3L<cylinder capacity≤4L), with compression-ignition internal combustion reciprocating piston engine
														----Cross-country cars（4WD)
22.5	0	0		0		0		20				0		Cross-county cars (4WD, 3L<cylinder capacity ≤4L), with compression-ignition internal combustion reciprocating piston engine
22.5	0	0		0		0		20				0		Complete parts of cross-county cars (4WD, 3L<cylinder capacity≤4L), with compression-ignition internal combustion reciprocating piston engine
														----Station wagons（with 9 seats or less)
22.5	0	0		0		0		20				0		Station wagons (9 seats or less, 3L<cylinder capacity≤4L),with compression-ignition internal combustion reciprocating piston engine
22.5	0	0		0		0		20				0		Complete parts of station wagons (9 seats or less, 3L< cylinder capacity≤4L), with compression-ignition internal combustion reciprocating piston engine
														----Other
22.5	0	0		0		0		20				0		Other vehicles for the transport of persons (3L<cylinder capacity ≤4L), with compression-ignition internal combustion reciprocating piston engine (other than non-4WD cross-country cars)
22.5	0	0		0		0		20				0		Complete parts of other vehicles for the transport of persons (3L cylinder capacity≤4L), with compression-ignition internal combustion reciprocating piston engine (other than non-4WD cross-country cars)
														--- Of a cylinder capacity exceeding 4000cc：
														----Saloon cars
22.5	0	0		0		0		15				0		Saloon cars (cylinder capacity >4L), with compression-ignition internal combustion reciprocating piston engine
22.5	0	0		0		0		15				0		Complete parts of saloon cars (cylinder capacity>4L), with compression-ignition internal combustion reciprocating piston engine
														----Cross-country cars（4WD)
22.5	0	0		0		0		15				0		Cross-county cars (4WD, cylinder capacity >4L), with compression-ignition internal combustion reciprocating piston engine
22.5	0	0		0		0		15				0		Complete parts of cross-county cars (4WD, cylinder capacity > 4L), with compression-ignition internal combustion reciprocating piston engine
														----Station wagons（with 9 seats or less)
22.5	0	0		0		0		15				0		Station wagons (9 seats or less , cylinder capacity >4L), with compression-ignition internal combustion reciprocating piston engine
22.5	0	0		0		0		15				0		Complete parts of station wagons (9 seats or less, cylinder capacity >4L), with compression-ignition internal combustion reciprocating piston engine
														----Other
22.5	0	0		0		0		15				0		Other vehicles for the transport of persons (cylinder capacity > 4L), with compression-ignition internal combustion reciprocating piston engine (other than non-4WD cross-country cars)
22.5	0	0		0		0		15				0		Complete parts of other vehicles for the transport of persons (cylinder capacity>4L), with compression-ignition internal combustion reciprocating piston engine (other than non-4WD cross-country cars)
														- Other
22.5	0	0	7.5	0		0	24	15				0	0	Other passenger vehicles (cylinder capacity≤1L), with other engine
22.5	0	0	7.5	0		0	24	15				0	0	Other passenger vehicles (1.5L<cylinder capacity≤2L), with other engine
22.5	0	0	7.5	0		0	24	15				0	0	Other passenger vehicles (2L<cylinder capacity≤2.5 L), with other engine
22.5	0	0	7.5	0		0	24	15				0	0	Other passenger vehicles (2.5L<cylinder capacity≤3L), with other engine (other than saloon cars and cross-country cars of subheading 8703.9000.14)
22.5	0	0	7.5	0		0	24	15				0	0	Other passenger vehicles (3L<cylinder capacity≤4L), with other engine (other than saloon cars and cross-country cars of subheading 8703.9000.15)
22.5	0	0	7.5	0		0	24	15				0	0	Other passenger vehicles (cylinder capacity >4L), with other engine (other than saloon cars and cross-country cars of subheading 8703.9000.16)
22.5	0	0	7.5	0		0	24	15				0	0	Other passenger vehicles (1L<cylinder capacity≤1.5L), with other engine

税号	货品名称	进口关税 % 最惠国	普通	年内暂定	增值/消费税%	出口退税%	统计计量单位	监管证件代码	检验检疫类别	协定税率 % 东盟	亚太	智利
87039000.10	电动汽车和其他无法区分排气量的载人车辆	25	270		17	17	辆	6A0	LM/	0	22.5	0
87039000.99	其他型载人车辆的成套散件	25	270		17	17	辆	6A0	M/	0	22.5	0
87.04	**货运机动车辆：**											
	- 非公路用自卸车：											
8704.1030	--- 电动轮货运自卸车	6	20		17	17	辆	6A	M/	0		0
8704.1090	--- 其他	6	20		17	17	辆	6A	M/	0		0
	- 装有压燃式活塞内燃发动机(柴油或半柴油发动机）的其他货车：											
8704.2100	-- 车辆总重量不超过5吨	25	70		17	17	辆	46Axy	LM/			0
	-- 车辆总重量超过5吨，但不超过20吨：											
8704.2230	--- 车辆总重量超过5吨，但不超过14吨	20	70		17	17	辆	46Axy	LM/		18	0
8704.2240	--- 车辆总重量在14吨及以上，但不超过20吨	20	40		17	17	辆	46Axy	LM/		18	0
8704.2300	-- 车辆总重量超过20吨											
87042300.10	固井水泥车、压裂车、混砂车、连续油管车、液氮泵车用底盘(车辆总重量＞35吨,装驾驶室)	15	40	10	17	17	辆	46A0xy	LM/			0
87042300.20	起重≥55吨汽车起重机用底盘(装有压燃式活塞内燃发动机)	15	40	8	17	17	辆	46A0xy	LM/			0
87042300.30	车辆总重量≥31吨清障车专用底盘	15	40	10	17	17	辆	46A0xy	LM/			0
87042300.90	柴油型的其他超重型货车(装有压燃式活塞内燃发动机,超重型指车辆总重量＞20吨)	15	40		17	17	辆	46A0xy	LM/			0
	- 装有点燃式活塞内燃发动机的其他货车：											
8704.3100	-- 车辆总重量不超过5吨	25	70		17	17	辆	46Axy	LM/	20		0
	-- 车辆总重量超过5吨：											
8704.3230	--- 车辆总重量超过5吨，但不超过8吨	20	70		17	17	辆	46Axy	LM/			0
8704.3240	--- 车辆总重量超过8吨	20	70		17	17	辆	46Axy	LM/			0
8704.9000	- 其他	25	70		17	17	辆	46Axy	LM/	0		0
87.05	**特殊用途的机动车辆（例如，抢修车、起重车、救火车、混凝土搅拌车、道路清洁车、喷洒车、流动工场车及流动放射线检查车），但主要用于载人或运货的车辆除外：**											
	- 起重车：											
	--- 全路面起重车：											
8705.1021	----最大起重重量不超过50吨	15	30		17	17	辆	6A	L/	0		0
8705.1022	----最大起重重量超过50吨，但不超过100吨	10	30		17	17	辆	6A	L/	0		0
8705.1023	----最大起重重量超过100吨	10	30		17	17	辆	6A	L/	0		0
	--- 其他：											
8705.1091	----最大起重重量不超过50吨	15	30		17	17	辆	6A	L/	0		0
8705.1092	----最大起重重量超过50吨，但不超过100吨	10	30		17	17	辆	6A	L/	0		0
8705.1093	----最大起重重量超过100吨	10	30		17	17	辆	6A	L/	0		0
8705.2000	- 钻探车	12	17		17	17	辆	6A	L/	0		0
	- 救火车：											
8705.3010	--- 装有云梯的救火车	3	8		17	17	辆	6A	LM/	0		0
8705.3090	--- 其他	3	8		17	17	辆	6A	LM/	0		0
8705.4000	- 混凝土搅拌车	15	35		17	17	辆	6A	LM/	0	13.5	0
	- 其他：											
8705.9010	--- 无线电通信车	9	35		17	17	辆	6A	LM/	0	8.1	0
8705.9020	--- 放射线检查车	9	14		17	17	辆	6A	L/	0	8.1	0
8705.9030	--- 环境监测车	12	20		17	17	辆	6A	L/	0	10.8	0
8705.9040	--- 医疗车	12	30		17	17	辆	6A	L/	0	10.8	0
	--- 电源车：											
8705.9051	----航空电源车（频率为400赫兹）	12	30		17	17	辆	6		0	10.8	0
8705.9059	----其他	12	30		17	17	辆	6A	L/	0	10.8	0
8705.9060	--- 飞机加油车、调温车、除冰车	12	35		17	17	辆	6A	M/	0	10.8	0
8705.9070	--- 道路（包括跑道）扫雪车	12	35		17	17	辆	6A	LM/	0	10.8	0
8705.9080	--- 石油测井车、压裂车、混沙车	12	35		17	17	辆	6A	LM/	0	10.8	0

协定税率 %										特惠税率 %				Article Description
巴基斯坦	冰岛	哥斯达黎	秘鲁	新西兰	瑞士	新加坡	韩国	澳大利亚	港澳台	老挝	孟加拉	33 国	7 国	
22.5	0	0	7.5	0		0	24	15				0	0	Electronic vehicles and other passenger vehicles, of, which cylinder capacity can not be distinguished
22.5	0	0	7.5	0		0	24	15				0	0	Complete parts of other passenger vehicles
														Motor vehicles for the transport of goods:
														- Dumpers designed for off-highway use:
5	0	0	0	0	2.4		3.6	3.6			0	0	0	--- Electromobile dumpers for the transport of goods
5	0	0	0	0	2.4		3.6	3.6			0	0	0	--- Other
														- Other, with compression-ignition internal combustion piston engine（diesel or semidiesesl):
	0	0		0			22.5	15				0		-- G.v.w.not exceeding 5 tons
														-- G.v.w.exceeding 5 tons but not exceeding 20 tons:
18	0	0	6	0	14		17.3	12				0	0	--- G.v.w.exceeding 5 tons but not exceeding 14 tons
18	0	0	6	0	14		17.3	12				0	0	--- G.v.w.of 14 tons or more but not exceeding 20 tons
														-- G.v.w.exceeding 20 tons
	0	0		0	10.5		13	9				0		Chassis of cementing unit trucks, fracturing unit trucks, mixing sand trucks, coiled tubing unit trucks and liquid nitrogen pump trucks (g.v.w＞35t, incorapating cabs)
	0	0		0	10.5		13	9				0		Chassis for crane lorries (lifting capacity≥55 tons, with compression-ignition internal combustion piston engine)
	0	0		0	10.5		13	9				0		Chassis for wrecker truck (g. v. w≥31 tons)
	0	0		0	10.5		13	9				0		Other super-heavy truck with compression-ignition internal combustion piston engine (diesel, g. v. w.＞20 tons)
														- Other, with spark-ignition internal combustion piston engine:
	0	0		0			22.5	15				0		-- G.v.w.not exceeding 5 tons
														-- G.v.w.exceeding 5 tons:
	0	0	6	0	14		17.3	12				0	0	--- G.v.w.exceeding 5 tons, but not exceeding 8 tons
	0	0	6	0	14		17.3	12				0	0	--- G.v.w.exceeding 8 tons
	0	0	7.5	0		0	22.5	15				0	0	- Other
														Special purpose motor vehicles, other than those principally designed for the transport of persons or goods （for example, breakdown lorries, crane lorries, fire fighting vehicles, concrete mixer lorries, road sweeper lorries, spraying lorries, mobile workshops, mobile radiological units):
														- Crane lorries:
														--- All-road crane lorries:
12	0	0	4.5	0	10.5	0	13	9				0	0	----Of maxium lifting capacity not more than 50 tons
5	0	0	0	0	4	0	8.6	6			0	0	0	----Of a maxium lifting capacity exceeding 50 tons but not exceeding 100 tons
5	0	0	0	0	4	0	8.6	6			0	0	0	----Of a maxium lifting capacity exceeding 100 tons
														--- Other:
12	0	0	4.5	0	10.5	0	13	9				0	0	----Of maxium lifting capacity not more than 50 tons
5	0	0	0	0	4	0	8.6	6			0	0	0	----Of a maxium lifting capacity exceeding 50 tons but not exceeding 100 tons
5	0	0	0	0	4	0	8.6	6			0	0	0	----Of a maxium lifting capacity exceeding 100 tons
6	0	0	0	0	8.4	0	10.4	7.2			0	0	0	- Mobile drilling derricks
														- Fire fighting vehicles:
0	0	0	0	0	0		2.6	0			0	0	0	--- Mounted with scaling ladder
0	0	0	0	0	0		2.6	0			0	0	0	--- Other
7.5	0	0	4.5	0	10.5	0	13	9				0	0	- Concrete mixer lorries
														- Other:
5	0	0	0	0	3.6	0	7.8	5.4			0	0	0	--- Radio communication vans
5	0	0	0	0	3.6		7.8	5.4			0	0	0	--- Mobile radiological units
5	0	0	0	0	8.4	0	10.4	7.2				0	0	--- Mobile environmental monitoring units
5	0	0	0	0	8.4	0	10.8	7.2				0	0	--- Mobile clinics
														--- Mobile electric generator sets:
5	0	0	0	0	8.4	0	10.4	7.2				0	0	----Airplane charging vehicles （frequency 400Hz)
5	0	0	0	0	8.4	0	10.4	7.2				0	0	----Other
5	0	0	0	0	8.4	0	10.4	7.2				0	0	--- Mobile vehicles for aircraft refuelling, air-conditioning or deicing
5	0	0	0	0	8.4	0	10.4	7.2				0	0	--- Snow sweep vehicles for cleaning streets or airfield runways
5	0	0	0	0	8.4	0	10.4	7.2				0	0	--- Petroleum well logging trucks, fracturing unit trucks and mixing sand trucks

税号	货品名称	进口关税 % 最惠国	普通	年内暂定	增值/消费税%	出口退税%	统计计量单位	监管证件代码	检验检疫类别	协定税率 % 东盟	亚太	智利
	--- 其他：											
8705.9091	----混凝土泵车	12	35		17	17	辆/千克	6A	LM/	0	10.8	0
8705.9099	----其他											
87059099.01	跑道除冰车	12	35	10	17	17	辆/千克	6A	M/	0	10.8	0
87059099.30	用于导弹、火箭等的车辆(为弹道导弹、运载火箭等运输、装卸和发射而设计的)	12	35		17	17	辆/千克	36A	M/	0	10.8	0
87059099.90	其他特殊用途的机动车辆(主要用于载人或运货的车辆除外)	12	35		17	17	辆/千克	6A	LM/	0	10.8	0
87.06	**装有发动机的机动车辆底盘，税目 87.01 至 87.05 所列车辆用：**											
8706.0010	--- 非公路用自卸车底盘	8	14		17	17	台	6		0		0
	--- 货车底盘：											
8706.0021	----车辆总重量在 14 吨及以上的	10	30		17	17	台	46A0xy	L/			0
8706.0022	----车辆总重量在 14 吨以下的	10	45		17	17	台	46A0xy	L/			0
8706.0030	--- 大型客车底盘	20	70		17	17	台	460xy		0		0
8706.0040	--- 汽车起重机底盘	20	100		17	17	台	6A0	L/	0		0
8706.0090	--- 其他	10	100		17	17	台	46A0xy	L/	0		0
87.07	**机动车辆的车身（包括驾驶室），税目 87.01 至 87.05 所列车辆用：**											
8707.1000	- 税目 87.03 所列车辆用	10	100		17	17	台	60		0		0
	- 其他：											
8707.9010	--- 税号 8702.1092、8702.1093、8702.9020 及 8702.9030 所列车辆用	10	70		17	17	台	60		0	9	0
8707.9090	--- 其他	10	70		17	17	台	60		0	9	0
87.08	**机动车辆的零件、附件，税目 87.01 至 87.05 所列车辆用：**											
8708.1000	- 缓冲器（保险杠）及其零件	10	100		17	17	千克	6		0	9.6	0
	- 车身（包括驾驶室）的其他零件、附件：											
8708.2100	-- 座椅安全带	10	100		17	17	千克	6A	L/	0		0
	-- 其他：											
8708.2930	--- 车窗玻璃升降器	10	100		17	15	千克	6			9	0
	---天窗：											
8708.2941	----电动的	10	100		17	17	千克/套	6	+L	0	9	0
8708.2942	----手动的	10	100		17	17	千克/套	6	+L	0	9	0
	--- 其他车身覆盖件：											
8708.2951	----侧围	10	100		17	17	千克	6		0	9	0
8708.2952	----车门	10	100		17	17	千克/个	6		0	9	0
8708.2953	----发动机罩盖	10	100		17	17	千克	6		0	9	0
8708.2954	----前围	10	100		17	17	千克	6		0	9	0
8708.2955	----行李箱盖（或背门）	10	100		17	17	千克	6		0	9	0
8708.2956	----后围	10	100		17	17	千克	6		0	9	0
8708.2957	----翼子板（或叶子板）	10	100		17	17	千克	6		0	9	0
8708.2959	----其他	10	100		17	17	千克	6		0	9	0
8708.2990	--- 其他	10	100		17	17	千克	6	+L	0	9	0
	- 制动器、助力制动器及其零件：											
8708.3010	--- 装在蹄片上的制动摩擦片	10	100		17	17	千克	6		0		0
	--- 防抱死制动系统（ABS）：											
8708.3021	----税目 87.01 和税号 8704.1030 及 8704.1090 所列车辆用	6	11		17	17	千克	6		0	5.4	0
8708.3029	----其他	10	100		17	17	千克	6			9	0
	--- 其他：											
8708.3091	----税目 87.01 所列车辆用	6	14		17	17	千克	6	+L	0	5.4	0
8708.3092	----税号 8702.1091 及 8702.9010 所列车辆用	10	70		17	17	千克	6	+L		9	0
8708.3093	----税号 8704.1030 及 8704.1090 所列车辆用	6	11		17	17	千克	6		0	5.4	0
8708.3094	----税号 8704.2100、8704.2230、8704.3100 及 8704.3230 所列车辆用	10	45		17	17	千克	6	+L		9	0
8708.3095	----税号 8704.2240、8704.2300 及 8704.3240 所列车辆用	10	30		17	17	千克	6	+L	0	9	0
8708.3096	----税目 87.05 所列车辆用	10	100		17	17	千克	6	+L	0	9	0

协定税率 %										特惠税率 %				Article Description
巴基斯坦	冰岛	哥斯达黎	秘鲁	新西兰	瑞士	新加坡	韩国	澳大利亚	港澳台	老挝	孟加拉	33国	7国	
														--- Other:
5	0	0	0	0	8.4	0	10.4	7.2				0	0	----Concrete pump lorries
														----Other
5	0	0	0	0	8.4	0	10.4	7.2				0	0	Deicing vehicle for runway
5	0	0	0	0	8.4	0	10.4	7.2				0	0	Vehicles for missiles or rockets (specially designed for transportation, loading, unloading and firing of ballistic missiles, carrier rockets and so on)
5	0	0	0	0	8.4	0	10.4	7.2				0	0	Other special purpose motor vehicles (other than vehicles mainly used for the transport of persons or goods)
														Chassis fitted with engines, for the motor vehicles of headings No. 87.01 to 87.05:
5	0	0	0	0	3.2		6.9	4.8				0	0	--- For the vehicles of subheading No.8704.1030 or 8704.1090
														--- For the vehicles of subheadingsNo.8704.2100 to 8704.9000:
	0	0		0	4		8.6	6				0		----For vehicles g.v.w of 14 tons or more
	0	0	0	0	4		8.6	6				0	0	----For vehicles g.v.w less than 14 tons
	0	0		0	14	0	17.3	12				0		--- For passenger motor vehicles with 30 seats or more
	0	0	6	0	14	0	17.3	12				0	0	--- For crane lorries
	0	0	0	0	4	0	8.6	6				0	0	--- Other
														Bodies (including cabs), for the motor vehicles of headings No. 87.01 to 87.05:
	0	0	0	0	4	0	8.6	6				0	0	- For the vehicles of heading No.87.03
														- Other:
5	0	0	0	0	4	0	8.6	6				0	0	--- For the vehicles of subheadings No.8702.1092,8702.1093,8702.9020 or 8702.9030
5	0	0	0	0	4	0	8.6	6				0	0	--- Other
														Parts and accessories of the motor vehicles of headings No.87.01 to 87.05:
5	0	0	0	0	4	0	9	6	//0		0	0	0	- Bumpers and parts thereof
														- Other parts and accessories of bodies (including cabs):
5	0	0	0	0	4	0	8.6	6	/0/		0	0	0	-- Safety seat belts
														-- Other:
9	0	0	0	0	4		8.6	6	0//0		0	0	0	--- Windowpane raiser
														--- Sunroofs:
5	0	0	0	0	4	0	9.6	6	0//0		0	0	0	----Electric
5	0	0	0	0	4	0	8.6	6	0//0		0	0	0	----Hand-operated
														--- Other covered parts of bodies:
5	0	0	0	0	4	0	9	6	//0		0	0	0	----Side appearance of bodies
5	0	0	0	0	4	0	9	6	//0		0	0	0	----Doors
5	0	0	0	0	4	0	9	6	//0		0	0	0	----Bonnets
5	0	0	0	0	4	0	9	6	//0		0	0	0	----Frontal appearance of bodies
5	0	0	0	0	4	0	9	6	//0		0	0	0	----Rear compartment covers (or rear door)
5	0	0	0	0	4	0	9	6	//0		0	0	0	----Rear appearance of bodies
5	0	0	0	0	4	0	9	6	//0		0	0	0	----Running-boards
5	0	0	0	0	4	0	9	6	//0		0	0	0	----Other
5	0	0	0	0	7	0	9.6	6	//0		0	0	0	--- Other
														- Brakes and servo-brakes; parts thereof:
5	0	0	3	0	4	0	8	6			0	0	0	--- Mounted brake linings
														--- Anti-slid brake system:
0	0	0	0	0	2.4		5.2	3.6			0	0	0	----Of the vehicles of heading 87.01 and subheadings No.8704.1030 and No.8704.1090
9	0	0	0	0	4		9.6	6			0	0	0	----Other
														--- Other:
0	0	0	0	0	2.4		5.2	3.6			0	0	0	----Of the vehicles of heading No.87.01
9	0	0	0	0	4		9	6			0	0	0	----Of the vehicles of subheadings No.8702.1091 and 8702.9010
0	0	0	0	0	2.4		5.2	3.6			0	0	0	----Of the vehicles of subheadings No.8704.1030 and 8704.1090
9	0	0	0	0	4		9	6			0	0	0	----Of the vehicles of subheadings No.8704.2100,8704.2230,8704.3100 and 8704.3230
5	0	0	0	0	4	0	8	6			0	0	0	----Of the vehicles of subheadings No.8704.2240, 8704.2300 and 8704.3240
5	0	0	0	0	4	0	8.6	6			0	0	0	----Of the vehicles of heading No.87.05

税号	货品名称	进口关税 % 最惠国	普通	年内暂定	增值/消费税%	出口退税%	统计计量单位	监管证件代码	检验检疫类别	协定税率 % 东盟	亚太	智利
8708.3099	----其他车辆用											
87083099.11	纯电动或混合动力汽车用电动制动器(由制动器电子控制单元、踏板行程模拟器、制动执行器等组成)	10	100	5	17	17	千克/个	60			9	0
87083099.19	其他机动车辆用制动器(包括助力制动器)	10	100		17	17	千克/个	60			9	0
87083099.90	其他机动车辆用制动器(包括助力制动器)的零件	10	100		17	17	千克/个	6	+L		9	0
	-　变速箱及其零件:											
8708.4010	--- 税目87.01所列车辆用	6	14		17	17	个/千克	6		0		0
8708.4020	--- 税号8702.1091及8702.9010所列车辆用	10	70		17	17	个/千克	6				0
8708.4030	--- 税号8704.1030及8704.1090所列车辆用											
87084030.01	扭矩＞1500Nm非公路自卸车用变速箱	6	11	3	17	17	个/千克	6		0		0
87084030.90	其他非公路自卸车用变速箱及其零件	6	11		17	17	个/千克	6		0		0
8708.4040	--- 税号8704.2100、8704.2230、8704.3100及8704.3230所列车辆用	10	45		17	17	个/千克	6				0
8708.4050	--- 税号8704.2240、8704.2300及8704.3240所列车辆用	10	30		17	17	个/千克	6				0
8708.4060	--- 税目87.05所列车辆用	10	100		17	17	个/千克	6		0		0
	--- 其他:											
8708.4091	----小轿车用自动换挡变速箱及其零件											
87084091.01	小轿车用自动换挡变速箱(6档及6档以上)	10	100	6.5	17	17	个/千克	60				0
87084091.04	小轿车用自动换挡变速箱的零件(6档及6档以上)	10	100	6.5	17	17	个/千克	6				0
87084091.91	其他小轿车用自动换挡变速箱	10	100		17	17	个/千克	60				0
87084091.99	其他小轿车用自动换挡变速箱的零件	10	100		17	17	个/千克	6				0
8708.4099	----其他											
87084099.10	其他未列名机动车辆用变速箱	10	100		17	17	个/千克	60		0		0
87084099.90	其他未列名机动车辆用变速箱的零件	10	100		17	17	个/千克	6		0		0
	-　装有差速器的驱动桥及其零件,不论是否装有其他传动部件;非驱动桥及其零件:											
	--- 装有差速器的驱动桥及其零件,不论是否装有其他传动部件:											
8708.5071	----税目87.01所列车辆用	6	14		17	17	个/千克	6		0	5.4	0
8708.5072	----税号8702.1091及8702.9010所列车辆用											
87085072.01	轴荷≥10吨的中后驱动桥的零件	10	70	8	17	17	个/千克	6			9	0
87085072.91	其他大型客车用驱动桥(装有差速器的,不论是否装有其他传动件)	10	70		17	17	个/千克	60			9	0
87085072.99	其他大型客车用驱动桥的零件(装有差速器的,不论是否装有其他传动件)	10	70		17	17	个/千克	6			9	0
8708.5073	----税号8704.1030及8704.1090所列车辆用	6	11		17	17	个/千克	6		0	5.4	0
8708.5074	----税号8704.2100、8704.2230、8704.3100及8704.3230所列车辆用											
87085074.10	柴、汽油型轻型货车用驱动桥(税号87042100、87042230、87043100、87043230所列总重量≤14吨车辆用,装差速器)	10	45		17	17	个/千克	60			9	0
87085074.90	柴、汽油型轻型货车用驱动桥的零件(税号87042100、87042230、87043100、87043230所列总重量≤14吨车辆用,装差速器)	10	45		17	17	个/千克	6			9	0
8708.5075	----税号8704.2240、8704.2300及8704.3240所列车辆用											
87085075.10	其他柴、汽油型重型货车用驱动桥(税号87042240、87042300及87043240所列车辆用)	10	30		17	17	个/千克	60			9	0
87085075.90	其他柴、汽油型重型货车用驱动桥的零件(税号87042240、87042300及87043240所列车辆用)	10	30		17	17	个/千克	6			9	0
8708.5076	----税目87.05所列车辆用											

协定税率 %										特惠税率 %				Article Description
巴基斯坦	冰岛	哥斯达黎	秘鲁	新西兰	瑞士	新加坡	韩国	澳大利亚	港澳台	老挝	孟加拉	33 国	7 国	
														----Other
9	0	0	0	0	7		9	6			0	0	0	Electric brakes (composed of control units, pedal stroke simulator and brake actuator) for electric vehicles and hybrid vehicles
9	0	0	0	0	7		9	6			0	0	0	Brakes and servo-brakes for other motor vehicles
9	0	0	0	0	7		9	6			0	0	0	Parts of brakes and servo-brakes for other motor vehicles
														- Gear boxes and parts thereof:
5	0	0	0	0	2.4			3.6	//0		0	0	0	--- Of the vehicles of heading No.87.01
	0	0		0	4			6	//0			0		--- Of the vehicles of subheadings No.8702.1091 and 8702.9010
														--- Of the vehicles of subheadings No.8704.1030 and 8704.1090
5	0	0		0	2.4		5.5	3.6	//0			0		Gear boxes for off-highway dumpers use, of the torque＞1500 Nm
5	0	0		0	2.4		5.5	3.6	//0			0		Other gear boxes and parts for off-highway dumpers
	0	0		0	4			6	//0			0		--- Of the vehicles of subheadings No.8704.2100,8704.2230,8704.3100 and 8704.3230
	0	0		0	4			6	//0			0		--- Of the vehicles of subheadings No.8704.2240, 8704.2300 and 8704.3240
5	0	0	0	0	4	0		6	//0		0	0	0	--- Of the vehicles of heading No.87.05
														--- Other:
														----Automatic gearshift for Saloon cars and Parts thereof
	0	0		0	4		9.2	6				0		Automatic gear boxes for saloon cars (with six gears or more)
	0	0		0	4		9.2	6				0		Parts of automatic gear boxes for saloon cars (with six gears or more)
	0	0		0	4		9.2	6				0		Automatic gear boxes for other saloon cars
	0	0		0	4		9.2	6				0		Parts of automatic gear boxes for other saloon cars
														----Other
	0	0		0	4	0		6	//0			0		Gear boxes for other motor vehicles not elswhere specified or included
	0	0		0	4	0		6	//0			0		Parts of gear boxes for other motor vehicles not elswhere specified or included
														- Drive-axles with differential, whether or not provided with other transmission components, and non-driving axles;parts thereof:
														--- Drive-axles with differential and parts thereof, whether or not provided with other transmission components:
0	0	0	0	0	2.4		5.2	3.6			0	0	0	----Of the vehicles of heading No.87.01
														----Of the vehicles of subheadings No.8702.1091 and 8702.9010
9	0	0	0	0	4		9.6	6			0	0	0	Middle and rear drive-axles and parts thereof, axle load ≥10 tons
9	0	0	0	0	4		9.6	6			0	0	0	Drive-axles for other large bus, with differential, whether or not provided with other transmission components
9	0	0	0	0	4		9.6	6			0	0	0	Parts of drive-axles for other large bus, with differential, whether or not provided with other transmission components
0	0	0	0	0	2.4		5.2	3.6			0	0	0	----Of the vehicles of subheadings No.8704.1030 and 8704.1090
														----Of the vehicles of subheadings No.8704.2100,8704.2230,8704.3100 and 8704.3230
9	0	0	0	0	4		9	6			0	0	0	Drive-axles with differential for diesel or gasoline light vehicles, (used for vehicles , weighing ≤14 tons, of subheadings 8704.2100, 8704.2230, 8704.3100 or 8704.3230)
9	0	0	0	0	4		9	6			0	0	0	Parts of drive-axles with differential for diesel or gasoline light vehicles (used for the vehicles, weighing ≤14 tons, of subheadings 8704.2100, 8704.2230, 8704.3100 or 8704.3230)
														----Of the vehicles of subheadings No.8704.2240, 8704.2300 and 8704.3240
9	0	0	0	0	4		9	6			0	0	0	Drive-axles for other diesel or gasoline heavy vehicles (used for vehicles of subheadings 8704.2240, 8704.2300 or 8704.3240)
9	0	0	0	0	4		9	6			0	0	0	Parts of drive-axles for other diesel or gasoline heavy vehicles (used for vehicles of subheadings 8704.2240, 8704.2300 or 8704.3240)
														----Of the vehicles of heading No.87.05

税号	货品名称	进口关税 % 最惠国	普通	年内暂定	增值/消费税%	出口退税%	统计计量单位	监管证件代码	检验检疫类别	协定税率 % 东盟	亚太	智利
87085076.10	特种车用驱动桥(指税目8705所列车辆用,装有差速器,不论是否装有其他传动件)	10	100		17	17	个/千克	60		0	9	0
87085076.90	特种车用驱动桥的零件(指税目8705所列车辆用,装有差速器,不论是否装有其他传动件)	10	100		17	17	个/千克	6		0	9	0
8708.5079	----其他											
87085079.10	未列名机动车辆用驱动桥(装有差速器的,不论是否装有其他传动件)	10	100		17	17	个/千克	60			9	0
87085079.90	未列名机动车辆用驱动桥的零件(装有差速器的,不论是否装有其他传动件)	10	100		17	17	个/千克	6			9	0
	--- 非驱动桥及其零件:											
8708.5081	----税目87.01所列车辆用	6	14		17	17	千克	6		0		0
8708.5082	----税号8702.1091及8702.9010所列车辆用	15	70		17	17	千克	6		0		0
8708.5083	----税号8704.1030及8704.1090所列车辆用	6	11		17	17	千克	6		0		0
8708.5084	----税号8704.2100、8704.2230、8704.3100及8704.3230所列车辆用	10	45		17	17	千克	6		0		0
8708.5085	----税号8704.2240、8704.2300及8704.3240所列车辆用	10	30		17	17	千克	6		0		0
8708.5086	----税目87.05所列车辆用	10	100		17	17	千克	6		0		0
8708.5089	----其他											
87085089.10	未列名机动车辆用非驱动桥	10	100		17	17	千克/个	60		0		0
87085089.90	未列名机动车辆用非驱动桥的零件	10	100		17	17	千克/个	6		0		0
	- 车轮及其零件、附件:											
8708.7010	--- 税目87.01所列车辆用	6	14		17	17	千克	6		0		0
8708.7020	--- 税号8702.1091及8702.9010所列车辆用	10	70		17	17	千克	6		0		0
8708.7030	--- 税号8704.1030及8704.1090所列车辆用	6	11		17	17	千克	6		0		0
8708.7040	--- 税号8704.2100、8704.2230、8704.3100及8704.3230所列车辆用	10	45		17	17	千克	6		0		0
8708.7050	--- 税号8704.2240、8704.2300及8704.3240所列车辆用	10	30		17	17	千克	6		0		0
8708.7060	--- 税目87.05所列车辆用	10	100		17	17	千克	6		0		0
	--- 其他:											
8708.7091	----铝合金制的	10	100		17	17	千克	6A	M/	0		0
8708.7099	----其他	10	100		17	17	千克	6		0		0
	- 悬挂系统及其零件(包括减震器):											
8708.8010	--- 税目87.03所列车辆用	10	100		17	17	千克	6		0	9	0
8708.8090	--- 其他	10	100		17	17	千克	6		0	9	0
	- 其他零件、附件:											
	-- 散热器及其零件:											
8708.9110	--- 水箱散热器	10	100		17	17	个/千克	6		0		0
8708.9120	--- 机油冷却器	10	100		17	17	个/千克	6		0		0
8708.9190	--- 其他	10	100		17	17	个/千克	6		0		0
8708.9200	-- 消声器(消音器)、排气管及其零件	10	100		17	17	千克	6		0		0
	-- 离合器及其零件:											
8708.9310	--- 税目87.01所列车辆用	6	14		17	17	千克	6		0		0
8708.9320	--- 税号8702.1091及8702.9010所列车辆用	10	70		17	17	千克	6		0		0
8708.9330	--- 税号8704.1030及8704.1090所列车辆用	6	11		17	17	千克	6		0		0
8708.9340	--- 税号8704.2100、8704.2230、8704.3100及8704.3230所列车辆用	10	45		17	17	千克	6		0		0
8708.9350	--- 税号8704.2240、8704.2300及8704.3240所列车辆用	10	30		17	17	千克	6		0		0
8708.9360	--- 税目87.05所列车辆用	10	100		17	17	千克	6		0		0
8708.9390	--- 其他	10	100		17	17	千克	6		0		0
	-- 转向盘、转向柱、转向器及其零件:											
8708.9410	--- 税目87.01所列车辆用	6	14		17	17	千克	6		0		0
8708.9420	--- 税号8702.1091及8702.9010所列车辆用											
87089420.01	座位≥30座的客车用转向器零件	10	70	8	17	17	千克	6		0		0

协定税率 %											特惠税率 %			Article Description
巴基斯坦	冰岛	哥斯达黎	秘鲁	新西兰	瑞士	新加坡	韩国	澳大利亚	港澳台	老挝	孟加拉	33 国	7 国	
5	0	0	0	0	4	0	8.6	6			0	0	0	Drive-axles with differential for special vehicles, whether or not provided with other transmission components (of vehicles of heading 87.05)
5	0	0	0	0	4	0	8.6	6			0	0	0	Parts of drive-axles with differential for special vehicles, whether or not provided with other transmission components (of vehicles of heading 87.05)
														----Other
9	0	0	0'	0	8		9.6	6			0	0	0	Drive-axles with differential for motor vehicles, not elswhere specified or included, whether or not provided with other transmission components
9	0	0	0	0	8		9.6	6			0	0	0	Parts of drive-axles with differential for motor vehicles, not elswhere specified or included, whether or not provided with other transmission components
														--- Non-driving axles and parts thereof:
5	0	0	0	0	2.4		5.2	3.6			0	0	0	----Of the vehicles of heading No.87.01
9.7	0	0	4.5	0	10.5	0	13.5	9				0	0	----Of the vehicles of subheadings No.8702.1091 and 8702.9010
5	0	0	0	0	2.4		5.2	3.6			0	0	0	----Of the vehicles of subheadings No.8704.1030 and 8704.1090
5	0	0	0	0	4	0	8.6	6			0	0	0	----Of the vehicles of subheadings No.8704.2100,8704.2230,8704.3100 and 8704.3230
5	0	0	0	0	4	0	8.6	6			0	0	0	----Of the vehicles of subheadings No.8704.2240,8704.2300 and 8704.3240
5	0	0	0	0	4	0	8.6	6			0	0	0	----Of the vehicles of heading No.87.05
														----Other
5	0	0	0	0	4	0		6			0	0	0	Non-driving axles for motor vehicles, not elswhere specified or included
5	0	0	0	0	4	0		6			0	0	0	Parts of non-driving axles for motor vehicles, not elswhere specified or included
														- Road wheels and parts and accessories thereof:
5	0	0	0	0	2.4		5.2	3.6	//0		0	0	0	--- Of the vehicles of heading No.87.01
5	0	0	0	0	4	0	8.6	6	//0		0	0	0	--- Of the vehicles of subheadings No.8702.1091 and 8702.9010
5	0	0	0	0	2.4		5.2	3.6	//0		0	0	0	--- Of the vehicles of subheadings No.8704.1030 and 8704.1090
5	0	0	0	0	4	0	8	6	//0		0	0	0	--- Of the vehicles of subheadings No.8704.2100,8704.2230,8704.3100 and 8704.3230
5	0	0	0	0	4	0	8.6	6	//0		0	0	0	--- Of the vehicles of subheadings No.8704.2240, 8704.2300 and 8704.3240
5	0	0	0	0	4	0	8.6	6	//0		0	0	0	--- Of the vehicles of heading No.87.05
														--- Other:
5	0	0	0	0	4	0		6	//0		0	0	0	----Of aluminium alloys
5	0	0	0	0	4	0		6	//0		0	0	0	----Other
														- Suspension systems and parts thereof (including shock-absorbers):
5	0	0	0	0	4	0	8	6			0	0	0	--- Of the vehicles of heading No.87.03
5	0	0	0	0	4	0	8	6			0	0	0	--- Other
														- Other parts and accessories:
														-- Radiators and parts thereof:
5	0	0	0	0	4	0	8.6	6			0	0	0	--- Water tank radiators
5	0	0	0	0	4	0	8.6	6			0	0	0	--- Oil coolers
5	0	0	0	0	4	0	8.6	6			0	0	0	--- Other
5	0	0	0	0	4	0		6			0	0	0	-- Silencers (mufflers) and exhaust pipes; parts thereof
														-- Clutches and parts thereof:
5	0	0	0	0	2.4		5.2	3.6			0	0	0	--- Of the vehicles of heading No.87.01
5	0	0	0	0	4	0	9	6			0	0	0	--- Of the vehicles of subheadings No.8702.1091 and 8702.9010
5	0	0	0	0	2.4		5.2	3.6			0	0	0	--- Of the vehicles of subheadings No.8704.1030 and 8704.1090
5	0	0	0	0	4	0	8.6	6			0	0	0	--- Of the vehicles of subheadings No.8704.2100,8704.2230,8704.3100 and 8704.3230
5	0	0	0	0	4	0	9	6			0	0	0	--- Of the vehicles of subheadings No.8704.2240, 8704.2300 and 8704.3240
5	0	0	0	0	4	0	9	6			0	0	0	--- Of the vehicles of heading No.87.05
5	0	0	0	0	4	0		6			0	0	0	--- Other
														-- Steering wheels, steering columns and steering boxes; parts thereof:
5	0	0	0	0	2.4		5.2	3.6			0	0	0	--- Of the vehicles of heading No.87.01
														--- Of the vehicles of subheadings No.8702.1091 and 8702.9010
5	0	0	0	0	4	0	8.6	6			0	0	0	Parts of steering boxes for the buses with 30 seats or more

税 号	货 品 名 称	进口关税 % 最惠国	普通	年内暂定	增值/消费税%	出口退税%	统计计量单位	监管证件代码	检验检疫类别	协定税率 % 东盟	亚太	智利
87089420.90	大型客车用其他转向盘、转向柱及其零件(包括转向器)	10	70		17	17	千克	6		0		0
8708.9430	--- 税号 8704.1030 及 8704.1090 所列车辆用	6	11		17	17	千克	6		0		0
8708.9440	--- 税号 8704.2100、8704.2230、8704.3100 及 8704.3230 所列车辆用	10	45		17	17	千克	6		0		0
8708.9450	--- 税号 8704.2240、8704.2300 及 8704.3240 所列车辆用											
87089450.01	总重≥14 吨柴油型货车转向器的零件	10	30	8	17	17	千克	6		0		0
87089450.90	其他重型货车用转向盘、转向柱、转向器及其零件(税号 87042240、87042300 及 87043240 所列车辆用)	10	30		17	17	千克	6		0		0
8708.9460	--- 税目 87.05 所列车辆用	10	100		17	17	千克	6		0		0
8708.9490	--- 其他											
87089490.01	采用电动转向系统的转向盘、转向柱、转向器及其零件	10	100	8	17	17	千克	6		0		0
87089490.90	其他未列名机动车辆用转向盘、转向柱及其零件(包括转向器)	10	100		17	17	千克	6		0		0
8708.9500	-- 带充气系统的安全气囊及其零件	10	100		17	17	千克	6			9	0
	-- 其他:											
8708.9910	--- 税目 87.01 所列车辆用	6	14		17	17	千克	6		0		0
	--- 税号 8702.1091 及 8702.9010 所列车辆用:											
8708.9921	----车架	25	70		17	17	千克	6		0		0
8708.9929	----其他	25	70		17	17	千克	6		0		0
	--- 税号 8704.1030 及 8704.1090 所列车辆用:											
8708.9931	----车架	6	11		17	17	千克	6		0		0
8708.9939	----其他	6	11	3	17	17	千克	6		0		0
	--- 税号 8704.2100、8704.2230、8704.3100 及 8704.3230 所列车辆用:											
8708.9941	----车架	25	45		17	17	千克	6		0		0
8708.9949	----其他	25	45		17	17	千克	6		0		0
	--- 税号 8704.2240、8704.2300 及 8704.3240 所列车辆用:											
8708.9951	----车架	10	30		17	17	千克	6		0		0
8708.9959	----其他	10	30		17	17	千克	6	+L	0		0
8708.9960	--- 税目 87.05 所列车辆用	15	100		17	17	千克	6		0		0
	--- 其他:											
8708.9991	----车架	10	100		17	17	千克/个	60		0		0
8708.9992	----传动轴	10	100		17	17	千克	6		0		0
8708.9999	----其他											
87089999.10	混合动力汽车动力传动装置及其零件(由发电机、电动机和动力分配装置等组成,税目 8701 至 8704 所列车辆用)	10	100	6	17	17	千克	6		0		0
87089999.90	机动车辆用未列名零件.附件(税目 8701 至 8704 所列车辆用)	10	100		17	17	千克	6		0		0
87.09	**短距离运输货物的机动车辆,未装有提升或搬运设备,用于工厂、仓库、码头或机场;火车站台上用的牵引车;上述车辆的零件:**											
	- 车辆:											
	-- 电动的:											
8709.1110	--- 牵引车	10	30		17	15	辆	6		0		0
8709.1190	--- 其他	10	30		17	15	辆	6		0		0
	-- 其他:											
8709.1910	--- 牵引车	10.5	30		17	15	辆	6		0		0
8709.1990	--- 其他	10.5	30		17	15	辆	6		0		0
8709.9000	- 零件	8.4	17		17	15	千克	6		0		0
87.10	**坦克及其他机动装甲战斗车辆,不论是否装有武器;上述车辆的零件:**											
8710.0010	--- 整车	15	100		17	0	辆	6		0		0

协定税率 %										特惠税率 %				Article Description
巴基斯坦	冰岛	哥斯达黎	秘鲁	新西兰	瑞士	新加坡	韩国	澳大利亚	港澳台	老挝	孟加拉	33 国	7 国	
5	0	0	0	0	4	0	8.6	6			0	0	0	Other steering wheels, steering columns and parts thereof for big buses (including steering boxes)
5	0	0	0	0	2.4		5.2	3.6			0	0	0	--- Of the vehicles of subheadings No.8704.1030 and 8704.1090
5	0	0	0	0	4	0	8.6	6			0	0	0	--- Of the vehicles of subheadings No.8704.2100,8704.2230,8704.3100 and 8704.3230
														--- Of the vehicles of subheadings No.8704.2240, 8704.2300 and 8704.3240
5	0	0	0	0	4	0	8.6	6			0	0	0	Parts of steering boxes for diesel trucks weighing ≥14 tons
5	0	0	0	0	4	0	8.6	6			0	0	0	Other steering wheels, steering columns, steering boxes and parts thereof for vehicles of subheadings 8704.2240, 8704.2300 or 8704.3240
5	0	0	0	0	4	0	8.6	6			0	0	0	--- Of the vehicles of heading No.87.05
														--- Other
5	0	0	0	0	8	0		6			0	0	0	Steering wheels, steering columns, steering boxes and parts thereof with power steering system
5	0	0	0	0	8	0		6			0	0	0	Steering wheels, steering columns and parts thereof for other motor vehicles, not elswhere specified or included (including steering boxes)
9	0	0		0	4		9.6	6	0//			0		-- Safety airbags with inflater system; parts thereof
														-- Other:
5	0	0	0	0	2.4		4.8	3.6			0	0	0	--- Of the vehicles of heading No.87.01
														--- Of the vehicles of subheadings No.8702.1091 and 8702.9010:
	0	0	7.5	0		0	22.5	15				0	0	----Frames
	0	0	7.5	0		0	22.5	15				0	0	----Other
														--- Of the vehicles of subheadings No.8704.1030 and 8704.1090:
5	0	0	0	0	2.4		5.2	3.6			0	0	0	----Frames
5	0	0	0	0	2.4		5.2	3.6			0	0	0	----Other
														--- Of the vehicles of subheadings No.8704.2100,8704.2230,8704.3100 and 8704.3230:
	0	0	7.5	0		0	22.5	15				0	0	----Frames
	0	0	7.5	0		0	22.5	15				0	0	----Other
														--- Of the vehicles of subheadings No.8704.2240, 8704.2300 and 8704.3240:
5	0	0	0	0	4	0	8.6	6			0	0	0	----Frames
5	0	0	0	0	4	0	8.6	6			0	0	0	----Other
12	0	0	4.5	0	10.5	0	12	9				0	0	--- Of the vehicles of heading No.87.05
														--- Other:
5	0	0	0	0	4	0	8.6	6	//0		0	0	0	----Frames
5	0	0	0	0	4	0	8.6	6	//0		0	0	0	----Transmission shafts
														----Other
5	0	0	0	0	4	0	8.6	6	//0		0	0	0	Transmission device of vehicles with engines using electricity and gasoline, whole set and there parts or accessories(for the use of the vehicles of headings 87.01-87.04)
5	0	0	0	0	4	0	8.6	6	//0		0	0	0	Parts and accessories not elsewhere specified or included, of motor vehicles (for vehicles of headings 87.01 to 87.04)
														Works trucks, self-propelled, not fitted with lifting or handling equipment, of the type used in factories, warehouses, dock areas or airports for short distance transport of goods;tractors of the type used on railway station platforms; parts of the foregoing vehicles:
														- Vehicles:
														-- Electrical:
5	0	0	0	0	4	0	8	6			0	0	0	--- Tractors
5	0	0	0	0	4	0	8	6			0	0	0	--- Other
														-- Other:
5	0	0	0	0	7.4	0	9.1	6.3			0	0	0	--- Tractors
5	0	0	0	0	7.4	0	9.1	6.3			0	0	0	--- Other
5	0	0	0	0	3.36		6.7	5			0	0	0	- Parts
														Tanks and other armoured fighting vehicles, motorized, whether or not fitted with weapons, and parts of such vehicles:
12	0	0	4.5	0	10.5	0	12	9				0	0	--- Assembled

税号	货品名称	进口关税 %			增值/消费税%	出口退税%	统计计量单位	监管证件代码	检验检疫类别	协定税率 %		
		最惠国	普通	年内暂定						东盟	亚太	智利
8710.0090	--- 零件	15	100		17	0	千克	6		0		0
87.11	**摩托车(包括机器脚踏两用车)及装有辅助发动机的脚踏车,不论有无边车;边车:**											
8711.1000	- 装有往复式活塞内燃发动机,气缸容量(排气量)不超过50毫升											
87111000.10	微马力摩托车及脚踏两用车(装有往复式活塞发动机,微马力指排气量=50cc)	45	150		17	17	辆	46Axy	LM/	0		0
87111000.90	微马力摩托车及脚踏两用车(装有往复式活塞发动机,微马力指排气量<50cc)	45	150		17	17	辆	6A	LM/	0		0
	- 装有往复式活塞内燃发动机,气缸容量(排气量)超过50毫升,但不超过250毫升:											
8711.2010	--- 气缸容量超过50毫升,但不超过100毫升	45	150		17	17	辆	46Axy	LM/	0		0
8711.2020	--- 气缸容量超过100毫升,但不超过125毫升	45	150		17	17	辆	46Axy	LM/	0		0
8711.2030	--- 气缸容量超过125毫升,但不超过150毫升	45	150		17	17	辆	46Axy	LM/	0		0
8711.2040	--- 气缸容量超过150毫升,但不超过200毫升	45	150		17	17	辆	46Axy	LM/	0		0
8711.2050	--- 气缸容量超过200毫升,但不超过250毫升											
87112050.10	200毫升<排量<250毫升装往复式活塞内燃发动机摩托车及脚踏两用车	45	150		17	17	辆	46Axy	LM/	0		0
87112050.90	排量=250毫升装往复式活塞内燃发动机摩托车及脚踏两用车	45	150		17/3	17	辆	46Axy	LM/	0		0
	- 装有往复式活塞内燃发动机,气缸容量(排气量)超过250毫升,但不超过500毫升:											
8711.3010	--- 气缸容量(排气量)超过250毫升,但不超过400毫升	45	150		17/10	17	辆	46Axy	LM/	0	32.8	0
8711.3020	--- 气缸容量(排气量)超过400毫升,但不超过500毫升	45	150		17/10	17	辆	46Axy	LM/	0	32.8	0
8711.4000	- 装有往复式活塞内燃发动机,气缸容量(排气量)超过500毫升,但不超过800毫升	40	150		17/10	17	辆	46Axy	LM/	0		0
8711.5000	- 装有往复式活塞内燃发动机,气缸容量(排气量)超过800毫升	30	150		17/10	17	辆	46Axy	LM/	0		0
	- 其他:											
8711.9010	--- 电动及电动助力的											
87119010.10	电动自行车	45	150		17	17	辆	6A	M/	0		0
87119010.90	其他电动及电动助力的摩托车及边车(包括机器脚踏两用车;脚踏车)	45	150		17	17	辆	6A	LM/	0		0
8711.9090	--- 其他											
87119090.01	排气量≤250毫升摩托车及脚踏两用车	45	150		17/3	17	辆	6A	LM/	0		0
87119090.02	排气量>250毫升摩托车及脚踏两用车	45	150		17/10	17	辆	6A	LM/	0		0
87119090.09	其他无法区分排气量的摩托车及脚踏两用车	45	150		17/3	17	辆	6A	LM/	0		0
87119090.90	装有其他辅助发动机的脚踏车及边车	45	150		17	17	辆	6A	LM/	0		0
87.12	**自行车及其他非机动脚踏车(包括运货三轮脚踏车):**											
8712.0020	--- 竞赛型自行车	13	130		17	17	辆	6		0	9.1	0
8712.0030	--- 山地自行车	13	130		17	17	辆	6		0	9.1	0
	--- 越野自行车:											
8712.0041	----16、18、20英寸	13	130		17	17	辆	6		0	9.1	0
8712.0049	----其他	13	130		17	17	辆	6		0	9.1	0
	--- 其他自行车:											
8712.0081	----16英寸及以下											
87120081.10	12-16英寸的未列名自行车	13	130		17	17	辆	6	+L	0	9.1	0
87120081.90	11英寸及以下的未列名自行车	13	130		17	17	辆	6	+L	0	9.1	0
8712.0089	----其他	13	130		17	17	辆	6	+L	0	9.1	0
8712.0090	--- 其他	23	130		17	17	辆	6	+L	0	16.1	0
87.13	**残疾人用车,不论是否机动或其他机械驱动:**											
8713.1000	- 非机械驱动	6	20		0	17	辆	6		0		0
8713.9000	- 其他	4	20		0	17	辆	6		0		0

协定税率 %										特惠税率 %				Article Description
巴基斯坦	冰岛	哥斯达黎	秘鲁	新西兰	瑞士	新加坡	韩国	澳大利亚	港澳台	老挝	孟加拉	33 国	7 国	
12	0	0	4.5	0	10.5	0	12	9				0	0	--- Parts and accessories
														Motorcycles (including mopeds) and cycles fitted with an auxiliary motor, with or without side-cars; side-cars:
														- With reciprocating internal combustion piston engine of a cylinder capacity not exceeding 50cc
	0	0	13.5	0	32.4	0	40.5	27				0	0	Motorcycles and mopeds, with reciprocating internal combustion piston engine, of a cylinder capacity equal to 50cc
	0	0	13.5	0	32.4	0	40.5	27				0	0	Motorcycles and mopeds, with reciprocating internal combustion piston engine (cylinder capacity ＜50cc)
														- With reciprocating internal combustion piston engine of a cylinder capacity exceeding 50cc but not exceeding 250cc:
	0	0	13.5	0	32.4	0	40.5	27				0	0	--- Of a cylinder capacity exceeding 50cc but not exceeding 100cc
	0	0	13.5	0	32.4	0	40.5	27				0	0	--- Of a cylinder capacity exceeding 100cc but not exceeding 125cc
	0	0	13.5	0	32.4	0	40.5	27				0	0	--- Of a cylinder capacity exceeding 125cc but not exceeding 150cc
	0	0		0	32.4	0	40.5	27				0		--- Of a cylinder capacity exceeding 150cc but not exceeding 200cc
														--- Of a cylinder capacity exceeding 200cc but not exceeding 250cc
	0	0		0	32.4	0	40.5	27				0		Motorcycles (including mopeds) with reciprocating internal combustion piston engine of a cylinder capacity exceeding 200cc but not exceeding 250cc
	0	0		0	32.4	0	40.5	27				0		Motorcycles (including mopeds) with reciprocating internal combustion piston engine of a cylinder capacity of 250cc
														- With reciprocating internal combustion piston engine of a cylinder capacity exceeding 250cc but not exceeding 500cc:
32.8	0	0		0		0	40.5	27				0		--- Of a cylinder capacity exceeding 250cc but not exceeding 400cc
32.8	0	0		0		0	40.5	27				0		--- Of a cylinder capacity exceeding 400cc but not exceeding 500cc
	0	0		0		0	36	24				0		- With reciprocating internal combustion piston engine of a cylinder capacity exceeding 500cc but not exceeding 800cc
	0	0		0		0	27	18				0		- With reciprocating internal combustion piston engine of a cylinder capacity exceeding 800cc
														- Other:
														--- Electric or with electrical assistant
	0	0		0		0		27				0		Electric bicycles
	0	0		0		0		27				0		Other electric or with electrical auxiliary motorcycles and side-cars (including mopeds and cycles)
														--- Other
	0	0		0		0		27				0		Motorcycles and mopeds (cylinder capacity ≤250 ml)
	0	0		0		0		27				0		Motorcycles and mopeds (cylinder capacity ＞250 ml)
	0	0		0		0		27				0		Motorcycles and mopeds, the cylinder capacity of its engine can not be distinguished
	0	0		0		0		27				0		Mopeds and side-cars, fitted with other auxiliary motor
														Bicycles and other cycles (including delivery tricycles), not motorized:
5	0	0	0	0	9.1	0	10.4	7.8	//0			0	0	--- Racing bicycle
5	0	0	0	0	9.1	0	10.4	7.8	//0			0	0	--- Mountain bicycle
														--- Cross-country bicycles:
5	0	0	0	0	9.1	0	10.4	7.8	//0		0	0	0	----16″, 18″ or 20″
5	0	0	0	0	9.1	0	10.4	7.8	//0			0	0	----Other
														--- Other bicycles:
														----Not larger than 16″
5	0	0	0	0	9.1	0	10.4	7.8	/0/0			0	0	Unlisted bicycles, 12" - 16"
5	0	0	0	0	9.1	0	10.4	7.8	/0/0			0	0	Unlisted bicycles, not larger than 11"
5	0	0	0	0	9.1	0	10.4	7.8	/0/0			0	0	----Other
16.1	0	0	6.9	0	16.1	0		13.8	/0/0			0	0	--- Other
														Carriages for disabled persons, whether or not motorized or otherwise mechanically propelled:
5	0	0	0	0	2.4		3.6	3.6				0	0	- Not mechanically propelled
0	0	0	0	0	0		3.2	0				0	0	- Other

税号	货品名称	进口关税 %			增值/消费税%	出口退税%	统计计量单位	监管证件代码	检验检疫类别	协定税率 %		
		最惠国	普通	年内暂定						东盟	亚太	智利
87.14	**零件、附件，供税目 87.11 至 87.13 所列车辆用：**											
8714.1000	- 摩托车（包括机器脚踏两用车）用											
87141000.01	星型轮及碟刹件	30	100	10	17	15	千克	6		0		0
87141000.10	摩托车架	30	100		17	15	千克	46xy		0		0
87141000.90	摩托车其他零件、附件（包括机动脚踏两用车的零件、附件）	30	100		17	15	千克	6		0		0
8714.2000	- 残疾人车辆用	5	17		17	15	千克	6		0		0
	- 其他：											
8714.9100	-- 车架、轮叉及其零件	12	80		17	15	千克	6		0		0
	-- 轮圈及辐条：											
8714.9210	--- 轮圈	12	80		17	15	千克	6		0		0
8714.9290	--- 辐条	12	80		17	15	千克	6		0		0
	-- 轮毂（倒轮制动毂及毂闸除外）；飞轮、链轮：											
8714.9310	--- 轮毂	12	80		17	15	千克	6		0		0
8714.9320	--- 飞轮	12	80		17	15	千克	6		0		0
8714.9390	--- 其他	12	80		17	15	千克	6		0		0
8714.9400	-- 制动器（包括倒轮制动毂及毂闸）及其零件	12	80		17	15	千克	6		0		0
8714.9500	-- 鞍座	12	80		17	15	千克/个	6		0		0
	-- 脚蹬、曲柄链轮及其零件：											
8714.9610	--- 脚蹬及其零件	12	80		17	15	千克	6		0		0
8714.9620	--- 曲柄链轮及其零件	12	80		17	15	千克	6		0		0
8714.9900	-- 其他	12	80		17	15	千克	6		0	8.4	0
87.15	**婴孩车及其零件：**											
8715.0000	婴孩车及其零件	20	80		17	15	千克	6AB	LM/N	0		0
87.16	**挂车及半挂车或其他非机械驱动车辆及其零件：**											
8716.1000	- 供居住或野营用厢式挂车及半挂车	10	35		17	15	辆	6	+L	0		0
8716.2000	- 农用自装或自卸式挂车及半挂车	10	35		17	13/15	辆	6		0		0
	- 其他货运挂车及半挂车：											
	-- 罐式挂车及半挂车：											
8716.3110	--- 油罐挂车及半挂车	10	20		17	15	辆	6A	L/	0		0
8716.3190	--- 其他	10	35		17	15	辆	6A	L/	0		0
	-- 其他：											
8716.3910	--- 货柜挂车及半挂车	10	20		17	15	辆	6A	L/	0		0
8716.3990	--- 其他	10	35		17	15	辆	6A	L/	0		0
8716.4000	- 其他挂车及半挂车	10	35		17	15	辆	6A	L/	0		0
8716.8000	- 其他车辆	10	80		17	15	辆	6		0		0
8716.9000	- 零件	10	35		17	15	千克	6		0		0

协定税率 %										特惠税率 %				Article Description
巴基斯坦	冰岛	哥斯达黎	秘鲁	新西兰	瑞士	新加坡	韩国	澳大利亚	港澳台	老挝	孟加拉	33国	7国	
														Parts and accessoris of vehicles of headings No.87.11 to 87.13:
														- Of motorcycles (including mopeds)
	0	0	9	0		0	27	18				0	0	Star wheels and disk brake parts
	0	0	9	0		0	27	18				0	0	Motorcycle frame
	0	0	9	0		0	27	18				0	0	Other parts and accessories of motorcycles
0	0	0	0	0	0		3	0			0	0	0	- Of carriages for disabled persons
														- Other:
6	0	0	0	0	8.4	0	9.6	7.2	//0			0	0	-- Frames and forks, and parts thereof
														-- Wheel rims and spokes:
6	0	0	0	0	8.4	0	9.6	7.2	//0			0	0	--- Wheel rims
6	0	0	0	0	8.4	0	9.6	7.2	//0			0	0	--- Spokes
														-- Hubs, other than coaster braking hubs and hub brakes; and freewheel, sprocket wheels:
6	0	0	0	0	8.4	0	9.6	7.2	//0			0	0	--- Hubs
6	0	0	0	0	8.4	0	9.6	7.2	//0			0	0	--- Free wheel
6	0	0	0	0	8.4	0	9.6	7.2	//0			0	0	--- Other
6	0	0	0	0	8.4	0	9.6	7.2	//0			0	0	-- Brakes, including coaster braking hubs and hub brakes, and parts thereof
6	0	0	0	0	8.4	0	9.6	7.2	//0			0	0	-- Saddles
														-- Pedals and crank-gear, and parts thereof:
6	0	0	0	0	8.4	0	9.6	7.2	//0			0	0	--- Pedals and parts thereof
6	0	0	0	0	8.4	0	9.6	7.2	//0			0	0	--- Crank-gear and parts thereof
5	0	0	0	0	8.4	0	9.6	7.2	//0			0	0	-- Other
														Baby carriages and parts thereof:
	0	0	6	0	14	0	17.3	12	/0/			0	0	Baby carriages and parts thereof
														Trailers and semi-trailers; other vehicles, not mechanically propelled; parts thereof:
5	0	0	0	0	4	0	8.6	6				0	0	- Trailers and semi-trailers of the caravan type, for housing or camping
5	0	0	0	0	4		8.6	6				0	0	- Self-loading or self-unloading trailers and semi-trailers for agricultural purposes
														- Other trailers and semi-trailers for the transport of goods:
														-- Tanker trailers and tanker semi-trailers:
5	0	0	0	0	4	0	8.6	6				0	0	--- Oil tanker trailers and semi-trailers
5	0	0	0	0	4		8	6				0	0	--- Other
														-- Other:
5	0	0	0	0	4		8	6				0	0	--- Van trailers and semi-trailers
5	0	0	0	0	4		8	6				0	0	--- Other
5	0	0	0	0	4		8	6				0	0	- Other trailers and semi-trailers
5	0	0	0	0	4	0	8	6	/0/			0	0	- Other vehicles
5	0	0	0	0	4	0	8	6			0	0	0	- Parts

第八十八章　航空器、航天器及其零件

子目注释：

子目 8802.11 至 8802.40 所称“空载重量”，是指航空器在正常飞行状态下，除去机组人员、燃料及非永久性安装设备后的重量。

税 号	货 品 名 称	进口关税 %			增值/消费税%	出口退税%	统计计量单位	监管证件代码	检验检疫类别	协定税率 %		
		最惠国	普通	年内暂定						东盟	亚太	智利
88.01	气球及飞艇；滑翔机、悬挂滑翔机及其他无动力航空器：											
8801.0010	--- 滑翔机及悬挂滑翔机	3	11		17	17	架			0		0
8801.0090	--- 其他											
88010090.10	自然视距以外可控飞行的无人驾驶飞艇(在30分钟≤最大续航时间<1小时,阵风≥46.3千米/小时条件下具有起飞和稳定飞行能力；或者最大续航时间≥1小时。)	3	11		17	17	架	3		0		0
88010090.90	气球、其他飞艇及无动力航空器(滑翔机除外)	3	11		17	17	架			0		0
88.02	其他航空器（例如，直升机、飞机）；航天器（包括卫星）及其运载工具、亚轨道运载工具：											
	- 直升机：											
8802.1100	-- 空载重量不超过2000千克											
88021100.10	空载重量不超过2吨的无人驾驶直升机(两用物项和技术出口管制的)	2	11		17	17	架	30		0		0
88021100.90	其他空载重量不超过2吨的直升机	2	11		17	17	架	0		0		0
	-- 空载重量超过2000千克：											
8802.1210	--- 空载重量超过2000千克，但不超过7000千克	2	11		17	17	架	0		0		0
8802.1220	--- 空载重量超过7000千克	2	11		17	17	架	0		0		0
8802.2000	- 飞机及其他航空器，空载重量不超过2000千克											
88022000.11	空载重量小于等于2吨的无人驾驶航空飞行器(两用物项出口管制的)	5	11		17	17	架	30		0		0
88022000.19	其他无人驾驶航空飞行器(空载重量小于等于2吨)	5	11		17	17	架	30		0		0
88022000.90	其他小型飞机及其他航空器(小型指空载重量不超过2吨的)	5	11		17	17	架			0		0
8802.3000	- 飞机及其他航空器，空载重量超过2000千克，但不超过15000千克	4	11		17	17	架	0		0		0
	- 飞机及其他航空器，空载重量超过15000千克：											
8802.4010	--- 空载重量超过15000千克，但不超过45000千克	5	11		17	17	架	0		0	3.5	0
8802.4020	--- 空载重量超过45000千克	1	11		17	17	架	0		0	0.7	0
8802.6000	- 航天器（包括卫星）及其运载工具、亚轨道运载工具	2	11		17	17	架			0		0
88.03	税目88.01或88.02所列货品的零件：											
8803.1000	- 推进器、水平旋翼及其零件	1	11		17	17	千克			0		0
8803.2000	- 起落架及其零件	1	11		17	17	千克			0		0
8803.3000	- 飞机及直升机的其他零件	1	11		17	17	千克			0		0
8803.9000	- 其他											
88039000.10	两用物项管制的火箭及其零部件	0	11		17	17	千克	3				
88039000.90	其他未列名的航空器、航天器零件(指税目8801或8802所列货品用的)	0	11		17	17	千克					
88.04	降落伞（包括可操纵降落伞及滑翔伞）、旋翼降落伞及其零件、附件：											
8804.0000	降落伞（包括可操纵降落伞及滑翔伞）、旋翼降落伞及其零件、附件	2	11		17	17	千克			0		0
88.05	航空器的发射装置、甲板停机装置或类似装置和地面飞行训练器及其零件：											

Chapter 88　Aircraft, spacecraft, and parts thereof

Subheading Notes:

For the purposes of subheadings 8802.11 to 8802.40, the expression “unladen weight” means the weight of the machine in normal flying order, excluding the weight of the crew and of fuel and equipment other than permanently fitted items of equipment.

协定税率 %										特惠税率 %				Article Description
巴基斯坦	冰岛	哥斯达黎	秘鲁	新西兰	瑞士	新加坡	韩国	澳大利亚	港澳台	老挝	孟加拉	33 国	7 国	
														Balloons and dirigibles; gliders, hang gliders and other non-powered aircraft:
0	0	0	0	0	0		0	0			0	0	0	--- Gliders and hang gliders
														--- Other
0	0	0	0	0	0		0	0			0	0	0	Pilotless dirigibles, control range exceed viewable distance (30min≤flying time<1 hour,with stable flying capability when taking off and flying at wind speed exceed ≥46.3Km/h ; or flying time≥1 hour)
0	0	0	0	0	0		0	0			0	0	0	Balloons, dirigibles and other non-powered aircraft,other than gliders
														Other aircraft（for example, helicopters, aeroplanes); spacecraft （including satellites) and suborbital and spacecraft launch vehicles:
														- Helicopters:
														-- Of an unladen weight not exceeding 2000kg
0	0	0	0	0	0		0	0			0	0	0	Those of dual-use items controlled
0	0	0	0	0	0		0	0			0	0	0	Other
														-- Of an unladen weight exceeding 2000kg:
0	0	0	0	0	0		0	0			0	0	0	--- Of an unladen weight exceeding 2000kg but not exceeding 7000kg
0	0	0	0	0	0		0	0			0	0	0	--- Of an unladen weight exceeding 7000kg
														- Aeroplanes and other aircraft, of an unladen weight not exceeding 2000kg
0	0	0	0	0	0		4	0			0	0	0	Those of dual-use items controlled
0	0	0	0	0	0		4	0			0	0	0	Other
0	0	0	0	0	0		4	0			0	0	0	Other small planes and other aircrafts (unladen weight ≤2 tons)
0	0	0	0	0	0		0	0			0	0	0	- Aeroplanes and other aircraft, of an unladen weight exceeding 2000kg but not exceeding 15000kg
														- Aeroplanes and other aircraft, of an unladen weight exceeding 15000kg:
0	0	0	0	0	0		0	0			0	0	0	--- Of an unladen weight exceeding 15000kg but not exceeding 45000kg
0	0	0	0	0	0		0	0			0	0	0	--- Of an unladen weight exceeding 45000kg
0	0	0	0	0	0		0	0			0	0	0	- Spacecraft （including satellites)and suborbital and spacecraft launch vehicles
														Parts of goods of heading No.88.01 or 88.02:
0	0	0	0	0	0		0	0			0	0	0	- Propellers and rotors and parts thereof
0	0	0	0	0	0		0	0			0	0	0	- Under-carriages and parts thereof
0	0	0	0	0	0		0	0				0	0	- Other parts of aeroplanes or helicopters
														- Other
							0	0			0	0	0	The rocket and its parts under dual-use items control
							0	0			0	0	0	Parts of other aircrafts and spacecrafts, not elsewhere specified or included (for goods of heading 88.01 or 88.02)
														Parachutes （including dirigible parachutes and paragliders) and rotoehutes; parts thereof and accessories thereto:
0	0	0	0	0	0		0	0			0	0	0	Parachutes （including dirigible parachutes and paragliders)and rotochutes; parts thereof and accessories thereto
														Aircraft launching gear; deck-arrestor or similar gear; ground flying trainers;parts of the foregoing articles:

税号	货品名称	进口关税 %			增值/消费税%	出口退税%	统计计量单位	监管证件代码	检验检疫类别	协定税率 %		
		最惠国	普通	年内暂定						东盟	亚太	智利
8805.1000	- 航空器的发射装置及其零件；甲板停机装置或类似装置及其零件	1.5	11		17	17	千克			0		0
	- 地面飞行训练器及其零件：											
8805.2100	-- 空战模拟装置及其零件	1.5	11		17	17	千克			0		0
8805.2900	-- 其他	1.5	11		17	17	千克	0		0		0

协定税率 %										特惠税率 %				Article Description
巴基斯坦	冰岛	哥斯达黎	秘鲁	新西兰	瑞士	新加坡	韩国	澳大利亚	港澳台	老挝	孟加拉	33 国	7 国	
0	0	0	0	0	0		0	0			0	0	0	- Aircraft launching gear and parts thereof; deck-arrestor or similar gear and parts thereof
														- Ground flying trainers and parts thereof:
0	0	0	0	0	0		0	0				0	0	-- Air combat simulators and parts thereof
0	0	0	0	0	0		0	0			0	0	0	-- Other

第八十九章　船舶及浮动结构体

注释：

已装配、未装配或已拆卸的船体、未完工或不完整的船舶以及未装配或已拆卸的完整船舶，如果不具有某种船舶的基本特征，应归入税目 89.06。

税号	货品名称	进口关税 %			增值/消费税%	出口退税%	统计计量单位	监管证件代码	检验检疫类别	协定税率 %		
		最惠国	普通	年内暂定						东盟	亚太	智利
89.01	巡航船、游览船、渡船、货船、驳船及类似的客运或货运船舶：											
	- 巡航船、游览船及主要用于客运的类似船舶；各式渡船：											
8901.1010	--- 机动船舶											
89011010.10	高速客船(包括主要用于客运的类似船舶)	5	14		17	17	艘	0		0		0
89011010.90	其他机动巡航船游览船及各式渡船(包括主要用于客运的类似船舶)	5	14		17	17	艘	0		0		0
8901.1090	--- 非机动船舶	8	30		17	17	艘			0		0
	- 液货船：											
	--- 成品油船：											
8901.2011	----载重量不超过 10 万吨	9	14		17	17	艘	0				0
8901.2012	----载重量超过 10 万吨，但不超过 30 万吨	9	14		17	17	艘					0
8901.2013	----载重量超过 30 万吨	6	14		17	17	艘					0
	--- 原油船：											
8901.2021	----载重量不超过 15 万吨	9	14		17	17	艘	0				0
8901.2022	----载重量超过 15 万吨，但不超过 30 万吨	9	14		17	17	艘					0
8901.2023	----载重量超过 30 万吨	6	14		17	17	艘					0
	--- 液化石油气船：											
8901.2031	----容积在 20000 立方米及以下	9	14		17	17	艘	0				0
8901.2032	----容积在 20000 立方米以上	6	14		17	17	艘					0
	--- 液化天然气船：											
8901.2041	----容积在 20000 立方米及以下	9	14		17	17	艘					0
8901.2042	----容积在 20000 立方米以上	6	14		17	17	艘					0
8901.2090	--- 其他	9	14		17	17	艘	0				0
8901.3000	- 冷藏船，但子目 8901.20 的船舶除外	9	14		17	17	艘			0		0
	- 其他货运船舶及其他客货兼运船舶：											
	--- 机动集装箱船：											
8901.9021	----可载标准集装箱在 6000 箱及以下	9	14		17	17	艘	0				0
8901.9022	----可载标准集装箱在 6000 箱以上	6	14		17	17	艘					0
	--- 机动滚装船：											
8901.9031	----载重量在 2 万吨及以下	9	14		17	17	艘	0				0
8901.9032	----载重量在 2 万吨以上	6	14		17	17	艘					0
	--- 机动散货船：											
8901.9041	----载重量不超过 15 万吨	9	14		17	17	艘	0				0
8901.9042	----载重量超过 15 万吨，但不超过 30 万吨	9	14		17	17	艘					0
8901.9043	----载重量超过 30 万吨	9	14		17	17	艘					0
8901.9050	--- 机动多用途船	9	14		17	17	艘	0				0
8901.9080	--- 其他机动船舶	9	14		17	17	艘	0		0		0
8901.9090	--- 其他非机动船舶	8	30		17	15/17	艘	0		0		0
89.02	捕鱼船；加工船及其他加工保藏鱼类产品的船舶：											
8902.0010	--- 机动船舶	7	14		17	17	艘	0		0		0
8902.0090	--- 非机动船舶	8	30		17	13/17	艘			0		0
89.03	娱乐或运动用快艇及其他船舶；划艇及轻舟：											
8903.1000	- 充气的	10	30		17	15	艘			0		0
	- 其他：											
8903.9100	-- 帆船，不论是否装有辅助发动机											
89039100.01	8 米＜长度＜90 米的机动帆船	8	30		17/10	17	艘			0		0

Chapter 89 Ships, boats and floating structures

Chapter Notes:

A hull, an unfinished or incomplete vessel, assembled, unassembled or disassembled, or a complete vessel unassembled or disassembled, is to be classified in heading 89.06 if it does not have the essential character of a vessel of a particular kind.

协定税率 %										特惠税率 %				Article Description
巴基斯坦	冰岛	哥斯达黎	秘鲁	新西兰	瑞士	新加坡	韩国	澳大利亚	港澳台	老挝	孟加拉	33 国	7 国	
														Cruise ships, excursion boats, ferryboats, cargo ships, barges and similar vessels for the transport of persons or goods:
														- Cruise ships, excursion boats and similar vessels principally designed for the transport of persons;ferryboats of all kinds:
														--- Motor vessels
0	0	0	0	0	0	0	4.3	0	0//			0	0	High-speed passenger ships (including similar vessels principally designed for transportation of persons)
0	0	0	0	0	0	0	4.3	0	0//			0	0	Other motor cruise ships, motor excursion boats and motor ferry-boats of all kinds (including similar vessels principally used for transportation of persons)
5	0	0	0	0	3.2		6.9	4.8				0	0	--- Other
														- Tankers:
														--- Finished oil tankers:
	0	0	0	0	3.6		7.8	5.4				0	0	----Loading not exceeding 100000t
	0	0	0	0	3.6		7.8	5.4				0	0	----Loading exceeding 100000t, but not exceeding 300000t
	0	0	0	0	2.4		5.2	3.6				0	0	----Loading exceeding 300000t
														--- Crude oil tankers:
	0	0	0	0	3.6		7.8	5.4				0	0	----Loading not exceeding 150000t
	0	0	0	0	3.6		7.8	5.4				0	0	----Loading exceeding 150000t, but not exceeding 300000t
	0	0	0	0	2.4		5.2	3.6				0	0	----Loading exceeding 300000t
														--- Liquified petroleum gas carriers:
	0	0	0	0	3.6		7.8	5.4				0	0	----Volume with 20000m^3 or less
	0	0	0	0	2.4		5.2	3.6				0	0	----Volume more than 20000 m^3
														--- Liquified natural gas carriers:
	0	0	0	0	3.6		7.8	5.4				0	0	----Volume with 20000 m^3 or less
	0	0	0	0	2.4		5.2	3.6				0	0	----Volume more than 20000 m^3
	0	0	0	0	3.6		7.8	5.4				0	0	--- Other
5	0	0	0	0	3.6	0	7.8	5.4				0	0	- Refrigerated vessels, other than those of subheading No.8901.20
														- Other vessels for the transport of goods and other vessels for the transport of both persons and goods:
														--- Motor container vessels:
	0	0	0	0	3.6		7.8	5.4				0	0	----Capable loading standard containers with 6000 or less
	0	0	0	0	2.4		5.2	3.6				0	0	----Capable loading standard containers more than 6000
														--- Motor Ro-Ro carriers:
	0	0	0	0	3.6		7.8	5.4				0	0	----Loading with 20000t or less
	0	0	0	0	2.4		5.2	3.6				0	0	----Loading more than 20000t
														--- Motor bulk carriers:
	0	0	0	0	3.6		7.8	5.4				0	0	----Loading not exceeding 150000t
	0	0	0	0	3.6		7.8	5.4				0	0	----Loading exceeding 150000t, not exceeding 300000t
	0	0	0	0	3.6		7.8	5.4				0	0	----Loading exceeding 300000t
	0	0	0	0	3.6		7.8	5.4				0	0	--- Multi-purposes motor vessels
5	0	0	0	0	3.6	0	7.8	5.4				0	0	--- Other motor vessels
5	0	0	0	0	3.2	0	6.9	4.8				0	0	--- Other non-motor vessels
														Fishing vessels;factory ships and other vessels for processing or preserving fishery products:
5	0	0	0	0	2.8	0	6	4.2				0	0	--- Motor vessels
5	0	0	0	0	3.2		6.9	4.8				0	0	--- Other
														Yachts and other vessels for pleasure or sports;rowing boats and canoes:
5	0	0	0	0	4		8.6	6			0	0	0	- Inflatable
														- Other:
														-- Sailboats, with or without auxiliary motor
5	0	0	0	0	3.2		6.9	4.8			0	0	0	Motor sailboats, length: 8m-90m (with or without auxiliary motor)

税号	货品名称	进口关税 %			增值/消费税%	出口退税%	统计计量单位	监管证件代码	检验检疫类别	协定税率 %		
		最惠国	普通	年内暂定						东盟	亚太	智利
89039100.90	其他帆船(不论是否装有辅助发动机)	8	30		17	17	艘			0		0
8903.9200	-- 汽艇，但装有舷外发动机的除外											
89039200.01	8米＜长度＜90米的汽艇(装有舷外发动机的除外)	10.5	30		17/10	17	艘			0		0
89039200.90	其他汽艇(装有舷外发动机的除外)	10.5	30		17	17	艘			0		0
8903.9900	-- 其他											
89039900.01	8米＜长度＜90米的娱乐或运动用其他机动船舶或快艇	10	30		17/10	15	艘			0		0
89039900.90	娱乐或运动用其他船舶或快艇(包括划艇及轻舟)	10	30		17	15	艘			0		0
89.04	**拖轮及顶推船：**											
8904.0000	拖轮及顶推船	9	14		17	17	艘	0		0		0
89.05	**灯船、消防船、挖泥船、起重船及其他不以航行为主要功能的船舶；浮船坞；浮动或潜水式钻探或生产平台：**											
8905.1000	- 挖泥船	3	11		17	17	艘	0		0		0
8905.2000	- 浮动或潜水式钻探或生产平台	6	11		17	17	座	0		0		0
	- 其他：											
8905.9010	--- 浮船坞	8	30		17	17	个	0				0
8905.9090	--- 其他	3	11		17	17	个	0		0		0
89.06	**其他船舶，包括军舰及救生船，但划艇除外：**											
8906.1000	- 军舰	5	14		17	17	艘			0		0
	- 其他：											
8906.9010	--- 机动船舶	5	14		17	17	艘			0		0
8906.9020	--- 非机动船舶	8	30		17	0	艘			0		0
8906.9030	--- 未制成或不完整的船舶，包括船舶分段	8	30		17	0	艘			0		0
89.07	**其他浮动结构体（例如，筏、柜、潜水箱、浮码头、浮筒及航标）：**											
8907.1000	- 充气筏	8	30		17	15	艘			0		0
8907.9000	- 其他											
89079000.10	含植物性材料的浮动结构体(例如：筏、柜、潜水箱、浮筒及航标)	8	30		17	15	个			0		0
89079000.90	其他浮动结构体(例如，筏、柜、潜水箱、浮筒及航标)	8	30		17	15	个			0		0
89.08	**供拆卸的船舶及其他浮动结构体：**											
8908.0000	供拆卸的船舶及其他浮动结构体	3	11	1	17	15	艘/千克	ABP	MP/Q	0		0

协定税率 %										特惠税率 %				Article Description
巴基斯坦	冰岛	哥斯达黎	秘鲁	新西兰	瑞士	新加坡	韩国	澳大利亚	港澳台	老挝	孟加拉	33 国	7 国	
5	0	0	0	0	3.2		6.9	4.8			0	0	0	Other sailboats (with or without auxiliary motor)
														-- Motorboats, other than outboard motorboats
5	0	0	3.2	0	7.4	0	9.1	6.3	0//		0	0	0	Motor boats, length: 8m-90m (other than outboard motorboats)
5	0	0	3.2	0	7.4	0	9.1	6.3	0//		0	0	0	Other motorboats (other than outboard motorboats)
														-- Other
5	0	0	0	0	4			6			0	0	0	Other powered vessels or yachts for pleasure or sports, length: 8 m-90 m (including rowing boats and canoes)
5	0	0	0	0	4			6			0	0	0	Other vessels or yachts for pleasure or sports (including rowing boats and canoes)
														Tugs and pusher craft:
5	0	0	0	0	3.6	0	7.8	5.4			0	0	0	Tugs and pusher craft
														Light-vessels, fire-floats, dredgers, floating cranes, and other vessels the navigability of which is subsidiary to their main function; floating docks; floating or submersible drilling or production platforms:
0	0	0	0	0	0		2.6	0			0	0	0	- Dredgers
5	0	0	0	0	2.4		5.2	3.6			0	0	0	- Floating or submersible drilling or production platforms
														- Other:
	0	0	0	0	3.2		6.9	4.8			0	0	0	--- Floating docks
0	0	0	0	0	0		2.6	0			0	0	0	--- Other
														Other vessels, including warships and lifeboats other than rowing boats:
0	0	0	0	0	0		4.3	0				0	0	- Warships
														- Other:
0	0	0	0	0	0			0			0	0	0	--- Motor vessels
5	0	0	0	0	3.2		6.9	4.8			0	0	0	--- Not-motorized vessels
5	0	0	0	0	3.2		6.9	4.8			0	0	0	--- Unfinished or incomplete vessels, including segments of vessels
														Other floating structures（for example, rafts, tanks, coffer-dams, landingstages, buoys and beacons）:
5	0	0	0	0	3.2		6.9	4.8			0	0	0	- Inflatable rafts
														- Other
5	0	0	0	0	3.2		6.9	4.8			0	0	0	Floating structures containing vegetable materials (for example, rafts, tanks, cofferdams, buoys and beacons)
5	0	0	0	0	3.2		6.9	4.8			0	0	0	Other floating structures (for example, rafts, tanks, cofferdams, buoys and beacons)
														Vessels and other floating structures for breaking up:
0	0	0	0	0	0		2.6	0			0	0	0	Vessels and other floating structures for breaking up

第十八类　光学、照相、电影、计量、检验、医疗或外科用仪器及设备、精密仪器及设备；钟表；乐器；上述物品的零件、附件

第九十章　光学、照相、电影、计量、检验、医疗或外科用仪器及设备、精密仪器及设备；上述物品的零件、附件

注释：

一、本章不包括：

（一）机器、设备或其他专门技术用途的硫化橡胶（硬质橡胶除外）制品（税目 40.16）、皮革或再生皮革制品（税目 42.05）或纺织材料制品（税目 59.11）；

（二）纺织材料制的承托带及其他承托物品，其承托器官的作用仅依靠自身的弹性（例如，孕妇用的承托带，用于胸部、腹部、关节或肌肉的承托绷带）（第十一类）；

（三）税目 69.03 的耐火材料制品；税目 69.09 的实验室、化学或其他专门技术用途的陶瓷器；

（四）税目 70.09 的未经光学加工的玻璃镜及税目 83.06 或第七十一章的非光学元件的贱金属或贵金属制的镜子；

（五）税目 70.07、70.08、70.11、70.14、70.15 或 70.17 的货品；

（六）第十五类注释二所规定的贱金属制通用零件（第十五类）或塑料制的类似品（第三十九章）；

（七）税目 84.13 的装有计量装置的泵；计数和检验用的衡器或单独报验的天平砝码（税目 84.23）；升降、起重及搬运机械（税目 84.25 至 84.28）；纸张或纸板的各种切割机器（税目 84.41）；税目 84.66 的用于机床上调整工件或工具的附件，包括具有读度用的光学装置的附件（例如，“光学”分度头），但其本身主要是光学仪器的除外（例如，校直望远镜）；计算机器（税目 84.70）；税目 84.81 的阀门及其他装置；税目 84.86 的机器及装置（包括将电路图投影或绘制到感光半导体材料上的装置）；

（八）自行车或机动车辆用探照灯或聚光灯（税目 85.12）；税目 85.13 的手提式电灯；电影录音机、还音机及转录机（税目 85.19）；拾音头或录音头（税目 85.22）；电视摄像机、数字照相机及视频摄录一体机（税目 85.25）；雷达设备、无线电导航设备或无线电遥控设备（税目 85.26）；光导纤维、光导纤维束或光缆用连接器（税目 85.36）；税目 85.37 的数字控制装置；税目 85.39 的封闭式聚光灯；税目 85.44 的光缆；

（九）税目 94.05 的探照灯及聚光灯；

（十）第九十五章的物品；

（十一）容量的计量器具（按其构成的材料归类）；或

（十二）卷轴、线轴及类似芯子（按其构成材料归类，例如，归入税目 39.23 或第十五类）。

二、除上述注释一另有规定的以外，本章各税目所列机器、设备、仪器或器具的零件、附件，应按下列规定归类：

（一）凡零件、附件本身已构成本章或第八十四章、第八十五章或第九十一章各税目（税目 84.87、85.48 或 90.33 除外）所包括的货品，应一律归入其相应的税目；

（二）其他零件、附件，如果专用于或主要用于某种或同一税目项下的多种机器、仪器或器具（包括税目 90.10、90.13 或 90.31 的机器、仪器或器具），应归入相应机器、仪器或器具的税目；

（三）所有其他零件、附件均应归入税目 90.33。

三、第十六类注释三及四的规定也适用于本章。

四、税目 90.05 不包括武器用望远镜瞄准具、潜艇或坦克上的潜望镜式望远镜及本章或第十六类的机器、设备、仪器或器具用的望远镜；这类望远镜瞄准具及望远镜应归入税目

SECTION XVIII OPTICAL, PHOTOGRAPHIC, CINEMATOGRAPHIC, MEASURING, CHECKING, PRECISION, MEDICAL OR SURGICAL INSTRUMENTS AND APPARATUS; CLOCKS AND WATCHES; MUSICAL INSTRUMENTS; PARTS AND ACCESSORIES THEREOF

Chapter 90 Optical, photographic, cinematographic, measuring, checking, precision, medical or surgical instruments and apparatus; parts and accessories thereof

Chapter Notes:

1. This Chapter does not cover:

   (a) Articles of a kind used in machines, appliances or for other technical uses, of vulcanised rubber other than hard rubber (heading 40.16), of leather or of composition leather (heading 42.05) or of textile material (heading 59.11);

   (b) Supporting belts or other support articles of textile material, whose intended effect on the organ to be supported or held derives solely from their elasticity (for example, maternity belts, thoracic support bandages, abdominal support bandages, supports for joints or muscles) (Section XI);

   (c) Refractory goods of heading 69.03; ceramic wares for laboratory, chemical or other technical uses, of heading 69.09;

   (d) Glass mirrors, not optically worked, of heading 70.09, or mirrors of base metal or of precious metal, not being optical elements (heading 83.06 or Chapter 71);

   (e) Goods of heading 70.07, 70.08, 70.11, 70.14, 70.15 or 70.17;

   (f) Parts of general use, as defined in Note 2 to Section XV, of base metal (Section XV) or similar goods of plastics (Chapter 39);

   (g) Pumps incorporating measuring devices, of heading 84.13; weight-operated counting or checking machinery, or separately presented weights for balances (heading 84.23); lifting or handling machinery (headings 84.25 to 84.28); paper or paperboard cutting machines of all kinds (heading 84.41); fittings for adjusting work or tools on machine-tools, of heading 84.66, including fittings with optical devices for reading the scale (for example, "optical" dividing heads) but not those which are in themselves essentially optical instruments (for example, alignment telescopes); calculating machines (heading 84.70); valves or other appliances of heading 84.81; machines and apparatus (including apparatus for the projection or drawing of circuit patterns on sensitised semiconductor materials) of heading 84.86;

   (h) Searchlights or spotlights of a kind used for cycles or motor vehicles (heading 85.12); portable electric lamps of heading 85.13; cinematographic sound recording, reproducing or re-recording apparatus (heading 85.19); sound-heads (heading 85.22);television cameras, digital cameras and video camera recorders (heading 85.25) radar apparatus, radio navigational aid apparatus or radio remote control apparatus (heading 85.26); connectors for optical fibres, optical fibre bundles or cables (heading 85.36); numerical control apparatus of heading 85.37; sealed beam lamp units of heading 85.39; optical fibre cables of heading 85.44;

   (ij) Searchlights or spotlights of heading 94.05;

   (k) Articles of Chapter 95;

   (l) Capacity measures, which are to be classified according to their constituent material; or

   (m) Spools, reels or similar supports (which are to be classified according to their constituent material, for example, in heading 39.23 or Section XV).

2. Subject to Note 1 above, parts and accessories for machines, apparatus, instruments or articles of this Chapter are to be classified according to the following rules:

   (a) Parts and accessories which are goods included in any of the headings of this Chapter or of Chapter 84, 85 or 91 (other than heading 84.87, 85.48 or 90.33) are in all cases to be classified in their respective headings;

   (b) Other parts and accessories, if suitable for use solely or principally with a particular kind of machine, instrument or apparatus, or with a number of machines, instruments or apparatus of the same heading (including a machine, instrument or apparatus of heading 90.10, 90.13 or 90.31) are to be classified with the machines, instruments or apparatus of that kind;

   (c) All other parts and accessories are to be classified in heading 90.33.

3. The provisions of Notes 3 and 4 to Section XVI apply also to this Chapter.

4. Heading 90.05 does not apply to telescopic sights for fitting to arms, periscopic telescopes for fitting to submarines or tanks, or to telescopes for machines, appliances, instruments or apparatus of this Chapter or Section XVI; such telescopic sights and

90.13。

五、计量或检验用的光学仪器、器具或机器，如果既可归入税目 90.13，又可归入税目 90.31，则应归入税目 90.31。

六、税目 90.21 所称“矫形器具”，是指下列用途的器具：

预防或矫正躯体畸变；　或

生病、手术或受伤后人体部位的支撑或固定。

矫形器具包括用于矫正畸形的鞋及特种鞋垫，但需符合下列任一条件：

（一）定制的；

（二）成批生产的，单独报验、且不成双的，设计为左右两脚同样适用。

七、税目 90.32 仅适用于：

（一）液体或气体的流量、液位、压力或其他变化量的自动控制仪器及装置或温度自动控制装置，不论其是否依靠要被自动控制的因素所发生的不同的电现象来进行工作的，它们将要被自控的因素调到并保持在一设定值上，通过持续或定期测量实际值来保持稳定，修正任何偏差；以及

（二）电量自动调节器及自动控制非电量的仪器或装置，依靠要被控制的因素所发生的不同的电现象进行工作的，它们将要被控制的因素调到并保持在一设定值上，通过持续或定期测量实际值来保持稳定，修正任何偏差。

税　号	货 品 名 称	进口关税 %			增值/消费税%	出口退税%	统计计量单位	监管证件代码	检验检疫类别	协定税率 %		
		最惠国	普通	年内暂定						东盟	亚太	智利
90.01	光导纤维及光导纤维束；光缆，但税目 85.44 的货品除外；偏振材料制的片及板；未装配的各种材料制透镜（包括隐形眼镜片）、棱镜、反射镜及其他光学元件，但未经光学加工的玻璃制上述元件除外：											
9001.1000	- 光导纤维、光导纤维束及光缆											
90011000.01	非色散位移单模光纤(G.652,包括 G652A、G652B、G652C、G652D 等)	5	20		17	17	千克			0	4.5	0
90011000.02	其他单模光纤	5	20		17	17	千克			0	4.5	0
90011000.09	其他光导纤维(但税目 8544 的货品除外)	5	20		17	17	千克			0	4.5	0
90011000.90	光导纤维束及光缆(但税目 8544 的货品除外)	5	20		17	17	千克			0	4.5	0
9001.2000	- 偏振材料制的片及板											
90012000.02	液晶投影仪用偏光板	8	20	6	17	15	千克			0	7.6	0
90012000.03	数字电影放映机用偏光板	8	20	6	17	15	千克			0	7.6	0
90012000.90	其他偏振材料制的片及板	8	20		17	15	千克			0	7.6	0
9001.3000	- 隐形眼镜片	10	70	6	17	15	片			0		0
	- 玻璃制眼镜片：											
9001.4010	--- 变色镜片	20	90	15	17	15	片			0		0
	--- 其他：											
9001.4091	----太阳镜片	20	90		17	15	片			0		0
9001.4099	----其他	20	70		17	15	片			0		0
	- 其他材料制眼镜片：											
9001.5010	--- 变色镜片	20	90	15	17	15	片			0		0
	--- 其他：											
9001.5091	----太阳镜片	20	90		17	15	片			0		0
9001.5099	----其他	20	70	12	17	15	片			0		0
	- 其他：											
9001.9010	--- 彩色滤光片	8	20		17	17	千克			0	7.6	0
9001.9090	--- 其他											
90019090.10	光通信用微光组件的光学元件(包括波长 800-1700nm 薄膜滤光片、自聚焦透镜、法拉第旋转片)	8	20	1	17	17	千克			0	7.6	0
90019090.20	微型镜片(激光视盘机激光收发装置用)	8	20	3	17	17	千克			0	7.6	0
90019090.30	非涅耳透镜投影屏(屏幕对角线≥80 英寸，投射比≤0.26，增益比≥0.8，镜头间距≤100 微米)	8	20	6	17	17	千克			0	7.6	0

telescopes are to be classified in heading 90.13.

5. Measuring or checking optical instruments, appliances or machines which, but for this Note, could be classified both in heading 90.13 and in heading 90.31 are to be classified in heading 90.31.

6. For the purpose of heading 90.21, the expression "orthopaedic appliances" means appliances for:

Preventing or correcting bodily deformities; or

Supporting or holding parts of the body following an illness, operation or injury.

Orthopaedic appliances include footwear and special insoles designed to correct orthpaedic conditions, provided that they are either

(a) made to measure or

(b) mass-produced presented singly and not in pairs and designed to fit either foot equally.

7. Heading 90.32 applies only to:

(a) Instruments and apparatus for automatically controlling the flow, level, pressure or other variables of liquids or gases, or for automatically controlling temperature, whether or not their operation depends on an electrical phenomenon which varies according to the factor to be automatically controlled; which are designed to bring this factor to, and maintain it at, a desired value, stabilized against disturbances, by constantly or periodically measuring its actual value; and

(b) Automatic regulators of electrical quantities, and instruments or apparatus for automatically controlling non-electrical quantities the operation of which depends on an electrical phenomenon varying according to the factor to be controlled, which are designed to bring this factor to, and maintain it at, a desired value, stabilized against disturbances, by constantly or periodically measuring its actual value.

协定税率 %										特惠税率 %				Article Description
巴基斯坦	冰岛	哥斯达黎	秘鲁	新西兰	瑞士	新加坡	韩国	澳大利亚	港澳台	老挝	孟加拉	33 国	7 国	
														Optical fibres and optical fibre bundles; optical fibre cables, other than those of heading No.85.44; sheets and plates of polarizing material; lenses (including contact lenses), prisms, mirrors and other optical elements, of any material, unmounted, other than such elements of glass not optically worked:
														- Optical fibres, optical fibre bundles and cables
0	0	0	0	0	2		4.8	0	0//		0	0	0	Non-dispersive displacement single-mode optical fibers (G.652 including G652A, G652B, G652C, G652D)
0	0	0	0	0	2		4.8	0	0//		0	0	0	Other single-mode optical fibers
0	0	0	0	0	2		4.8	0	0//		0	0	0	Other optical fibers (other than goods of heading 85.44)
0	0	0	0	0	2		4.8	0	0//		0	0	0	Optical fiber bundles and cables (other than goods of heading 85.44)
														- Sheets and plates of polarizing material
5	0	0	0	0	3.2		6.4	4.8	0//		0	0	0	Polarizer for LCD Projectors
5	0	0	0	0	3.2		6.4	4.8	0//		0	0	0	Polarizer for digital movie projector
5	0	0	0	0	3.2		6.4	4.8	0//		0	0	0	Other sheets and plates of polarizing material
5	0	0	0	0	4	0	9	6	0//		0	0	0	- Contact lenses
														- Spectacle lenses of glass:
	0	0	6	0	14	0	17.3	12	0//			0	0	--- Photochromic
														--- Other:
	0	0	6	0	14	0	17.3	12	0//			0	0	----For sunglasses
	0	0	6	0	14	0	17.3	12	0//			0	0	----Other
														- Spectacle lenses of other materials:
	0	0	6	0	14	0	17.3	12	0//			0	0	--- Photochromic
														--- Other:
	0	0	6	0	14	0	17.3	12	0//			0	0	----For sunglasses
	0	0	6	0	14	0	16	12	0//			0	0	----Other
														- Other:
5	0	0	0	0	3.2		6.9	4.8	0//		0	0	0	--- Color filters
														--- Other
5	0	0	0	0	5.6		6.4	4.8	0//		0	0	0	Optical elements of low-light optical components for optical communication (including thin film filters with wave length standing between 800nm and 1700nm, self-focusing lens, faraday rotation tablets)
5	0	0	0	0	5.6		6.4	4.8	0//		0	0	0	Micro-lenses (for video CD players and laser transceiver devices)
5	0	0	0	0	5.6		6.4	4.8	0//		0	0	0	Fresnel lens projection screens(Screen diagonal≥80 inches, project ratio≤0.26, plus ratio≥0.8, lens spacing≤100μm)

税号	货品名称	进口关税 % 最惠国	普通	年内暂定	增值/消费税%	出口退税%	统计计量单位	监管证件代码	检验检疫类别	协定税率 % 东盟	亚太	智利
90019090.40	液晶显示屏背光模组的光学元件(包括导光板、反射板、扩散片、增亮片)	8	20	2	17	17	千克			0	7.6	0
90019090.50	液晶投影仪用偏光元件	8	20	6	17	17	千克			0	7.6	0
90019090.60	数字电影放映机用偏光元件	8	20	6	17	17	千克			0	7.6	0
90019090.90	税目 9001 未列名的其他光学元件(未经光学加工的玻璃制元件除外)	8	20		17	17	千克			0	7.6	0
90.02	**已装配的各种材料制透镜、棱镜、反射镜及其他光学元件,作为仪器或装置的零件、配件,但未经光学加工的玻璃制上述元件除外:**											
	- 物镜:											
	-- 照相机、投影仪、照片放大机及缩片机用:											
9002.1110	--- 税号9006.1010至9006.3000所列照相机用	8	14		17	15	千克/个			0		0
9002.1120	--- 缩微阅读机用	8	14		17	15	千克/个			0		0
	--- 其他照相机用:											
9002.1131	----单反相机镜头											
90021131.10	单反相机镜头(整机)	15	80	3	17	15	千克/个			0		0
90021131.90	单反相机镜头的零件及附件	15	80	3	17	15	千克/个			0		0
9002.1139	----其他	15	80	3	17	15	千克/个			0		0
9002.1190	--- 其他											
90021190.10	彩色投影机和数字光处理器的镜头及镜头组件	15	80	3	17	15	千克/个			0		0
90021190.90	其他照相机,投影仪等用物镜(包括照片放大机用物镜)	15	80		17	15	千克/个			0		0
	-- 其他:											
9002.1910	--- 摄影机或放映机用	15	40		17	15	千克/个			0		0
9002.1990	--- 其他											
90021990.10	摄像机、摄录一体机的镜头	15	50	3	17	15	千克/个			0		0
90021990.20	手机、平板电脑用物镜(800 万像素及以上)	15	50	6	17	15	千克/个			0		0
90021990.90	税目 9002 未列名的其他物镜	15	50		17	15	千克/个			0		0
	- 滤色镜:											
9002.2010	--- 照相机用	15	80		17	15	千克/个			0	14.3	0
9002.2090	--- 其他	15	40		17	15	千克/个			0	14.3	0
	- 其他:											
9002.9010	--- 照相机用											
90029010.01	照相机用带屈光度调节装置的目镜(但物镜,滤色镜除外)	15	80	10	17	17	千克			0		0
90029010.90	其他照相机用未列名光学元件(但物镜,滤色镜除外)	15	80		17	17	千克			0		0
9002.9090	--- 其他											
90029090.01	其他带屈光度调节装置的目镜	15	40	10	17	17	千克			0		0
90029090.02	掩模版	15	40	10	17	17	千克			0		0
90029090.10	抗辐射镜头[能抗 5×10^4 戈瑞(硅)以上辐射而又不会降低使用质量]	15	40		17	17	千克	3		0		0
90029090.90	其他光学仪器用未列名光学元件(但物镜,滤色镜除外)	15	40		17	17	千克			0		0
90.03	**眼镜架及其零件:**											
	- 眼镜架:											
9003.1100	-- 塑料制	18	70	12	17	15	千克/副			0		0
	-- 其他材料制:											
9003.1910	--- 金属材料制	10	70	6	17	15	千克/副			0		0
9003.1920	--- 天然材料制											
90031920.10	濒危动植物产品制眼镜架	10	70		17	0	千克/副	EF		0		0
90031920.90	其他天然材料制眼镜架	10	70		17	15	千克/副			0		0
9003.1990	--- 其他	10	70		17	15	千克/副			0		0
9003.9000	- 零件	10	70	6	17	15	千克			0		0

协定税率 %										特惠税率 %				Article Description
巴基斯坦	冰岛	哥斯达黎	秘鲁	新西兰	瑞士	新加坡	韩国	澳大利亚	港澳台	老挝	孟加拉	33 国	7 国	
5	0	0	0	0	5.6		6.4	4.8	0//		0	0	0	Optical components of LCD backlight units (including light guide plates, reflectors, diffusion sheets, and brightening sheets)
5	0	0	0	0	5.6		6.4	4.8	0//		0	0	0	Polariser for LED projector
5	0	0	0	0	5.6		6.4	4.8	0//		0	0	0	Polariser for digital cinematographic projectors
5	0	0	0	0	5.6		6.4	4.8	0//		0	0	0	Other optical elements not elsewhere specified or included in heading 90.01 (other than such elements of glass not optically worked)
														Lenses, prisms, mirrors and other optical elements, of any material, mounted, being parts of or fittings for instruments or apparatus, other than such elements of glass not optically worked:
														- Objective lenses:
														-- For cameras, projectors or photographic enlargers or reducers:
5	0	0	0	0	3.2		4.8	4.8			0	0	0	--- For the photographic cameras of subheadings No.9006.1010 to 9006.3000
5	0	0	0	0	3.2		4.8	4.8			0	0	0	--- For microfilm, microfiche or other microform readers
														--- For other cameras:
														----Lens for single lens reflex cameras
12	0	0	4.5	0	10.5	0		9				0	0	Lens for single lens reflex cameras(whole set)
12	0	0	4.5	0	10.5	0		9				0	0	Parts and accessories of single lens reflex cameras lens
12	0	0	4.5	0	10.5	0	12	9			0	0	0	----Other
														--- Other
12	0	0	4.5	0	10.5	0	13	9	//0		0	0	0	Lenses and lens components of colored projectors and digital light processors (DLP)
12	0	0	4.5	0	10.5	0	13	9	//0		0	0	0	Other objective lenses for cameras and projectors (including objective lenses for photographic enlargers)
														-- Other:
12	0	0	4.5	0	10.5	0	12	9				0	0	--- For cinematographic cameras or projectors
														--- Other
12	0	0	4.5	0	10.5	0	13	9	0//0		0	0	0	Lenses for vidicons and camcorders
12	0	0	4.5	0	10.5	0	13	9	0//0		0	0	0	Objective lenses for cellphones and tablet computors(with resolution not less than 8 million pixels)
12	0	0	4.5	0	10.5	0	13	9	0//0		0	0	0	Other objective lenses not elsewhere specified or included in heading 90.02
														- Filters:
12	0	0	4.5	0	10.5	0	13	9				0	0	--- For cameras
12	0	0	4.5	0	10.5	0	13	9				0	0	--- Other
														- Other:
														--- For cameras
12	0	0	4.5	0	10.5	0	13	9	0//0			0	0	Camera eyepieces with diopter adjustment device (other than objective lenses and color filters)
12	0	0	4.5	0	10.5	0	13	9	0//0			0	0	Other unlisted optical elements for camera (other than objective lenses and color filters)
														--- Other
12	0	0	4.5	0	10.5	0	13	9	0//0		0	0	0	Other eyepieces with diopter adjustment device
12	0	0	4.5	0	10.5	0	13	9	0//0		0	0	0	Mask
12	0	0	4.5	0	10.5	0	13	9	0//0		0	0	0	Radiation-resistant lenses (be able to resisting the radiation of 5×10^4 Gy (Si) or more without any service quality deduction)
12	0	0	4.5	0	10.5	0	13	9	0//0		0	0	0	Unlisted optical elements for other optical instruments (other than objective lenses and color filters)
														Frames and mountings for spectacles, goggles or the like, and parts thereof:
														- Frames and mountings:
	0	0	5.4	0	12.6	0	14.4	10.8	0/0/			0	0	-- Of plastics
														-- Of other materials:
5	0	0	0	0	4		8	6	0/0/			0	0	--- of metal materials
														--- of natural materials
5	0	0	0	0	4		8	6	0/0/			0	0	Frames and mountings for spectacles, made of endangered animals or plants
5	0	0	0	0	4		8	6	0/0/			0	0	Frames and mountings for spectacles, of other natural materials
5	0	0	0	0	4		8	6	0/0/			0	0	--- Other
5	0	0	0	0	4		8	6	0//			0	0	- Parts

税号	货品名称	进口关税% 最惠国	进口关税% 普通	进口关税% 年内暂定	增值/消费税%	出口退税%	统计计量单位	监管证件代码	检验检疫类别	协定税率% 东盟	协定税率% 亚太	协定税率% 智利
90.04	**矫正视力、保护眼睛或其他用途的眼镜、挡风镜及类似品：**											
9004.1000	- 太阳镜	20	100	6	17	15	千克/副			0		0
	- 其他：											
9004.9010	--- 变色镜	16	100		17	15	千克/副			0		0
9004.9090	--- 其他	20	90	12	17	15	千克/副			0		0
90.05	**双筒望远镜、单筒望远镜、其他光学望远镜及其座架；其他天文仪器及其座架，但不包括射电天文仪器：**											
9005.1000	- 双筒望远镜	15	50		17	15	个			0		0
	- 其他仪器：											
9005.8010	--- 天文望远镜及其他天文仪器	3	8		17	17	台			0		0
9005.8090	--- 其他	12	50		17	17	台			0		0
	- 零件、附件（包括座架）：											
9005.9010	--- 天文望远镜及其他天文仪器用	2	8		17	15	千克			0		0
9005.9090	--- 其他	8	30		17	15	千克			0		0
90.06	**照相机（电影摄影机除外）；照相闪光灯装置及闪光灯泡，但税目85.39的放电灯泡除外：**											
	- 制版照相机：											
9006.1010	--- 电子分色机	12	20		17	15	台			0		0
9006.1090	--- 其他	10	20		17	15	台	A	M/	0		0
9006.3000	- 水下、航空测量或体内器官检查用的特种照相机；法庭或犯罪学用的比较照相机	9	17		17	15	台			0		0
9006.4000	- 一次成像照相机	5	70		17	15	台			0		0
	- 其他照相机：											
9006.5100	-- 通过镜头取景[单镜头反光式（SLR）]，使用胶片宽度不超过35毫米	25	100		17	15	架			0		0
	-- 其他，使用胶片宽度小于35毫米：											
9006.5210	--- 缩微照相机，使用缩微胶卷、胶片或其他缩微品的	9	17		17	15	架			0		0
9006.5290	--- 其他	25	100		17	15	架			0		0
9006.5300	-- 其他，使用胶片宽度为35毫米	20	100		17	15	架			0		0
	-- 其他：											
9006.5910	--- 激光照相排版设备	9	35		17	15	台	A	M/	0		0
9006.5990	--- 其他											
90065990.10	分幅相机(记录速率超过每秒225000帧)	25	100		17	15	架	3A	M/	0		0
90065990.20	分幅相机(记录速率超过每秒225000帧的分幅相机；帧曝光时间为50纳秒或更短)	25	100		17	15	架	3A	M/	0		0
90065990.90	使用胶片宽＞35mm的其他照相机	25	100		17	15	架			0		0
	- 照相闪光灯装置及闪光灯泡：											
9006.6100	-- 放电式（电子式）闪光灯装置											
90066100.01	照相手机用闪光灯组件	18	80	4	17	17	个			0		0
90066100.02	照相机外置式电子闪光灯(闪光指数GN≥30,具有无线闪光功能,支持自动变焦)	18	80	15	17	17	个			0		0
90066100.90	其他放电式(电子式)闪光灯装置	18	80		17	17	个			0		0
	-- 其他：											
9006.6910	--- 闪光灯泡	18	80		17	15	个			0		0
9006.6990	--- 其他	18	80		17	15	个			0		0
	- 零件、附件：											
	-- 照相机用：											
9006.9110	--- 税号9006.1010至9006.3000所列照相机用	8	17		17	15	千克			0	5.6	0
9006.9120	--- 一次成像照相机用	5	100		17	15	千克			0	3.5	0
	--- 其他：											
9006.9191	----自动调焦组件	10	100	6	17	15	千克/套			0	7	0
9006.9192	----快门组件	10	100	6	17	15	千克/套			0	7	0
9006.9199	----其他	10	100	6	17	15	千克			0	7	0
9006.9900	-- 其他	12	80		17	15	千克			0		0

协定税率 %										特惠税率 %				Article Description
巴基斯坦	冰岛	哥斯达黎	秘鲁	新西兰	瑞士	新加坡	韩国	澳大利亚	港澳台	老挝	孟加拉	33 国	7 国	
														Spectacles, goggles and the like, corrective, protective or other:
	0	0	6	0	14	0	17.3	12	0/0/			0	0	- Sunglasses
														- Other:
12.8	0	0	4.8	0	11.2	0	12.8	9.6	0/0/			0	0	--- Photochromic spectacles
	0	0	6	0	14	0	16	12	0/0/			0	0	--- Other
														Binoculars, monoculars, other optical telescopes, and mountings therefor; other astronomical instruments and mountings therefor, but not including instruments for radio-astronomy:
12	0	0	4.5	0	10.5	0	12	9				0	0	- Binoculars
														- Other instruments:
0	0	0	0	0	0		0	0			0	0	0	--- Astronomical telescopes and other astronomical instruments
6	0	0	0	0	8.4	0	9.6	7.2			0	0	0	--- Other
														- Parts and accessories（including mountings）:
0	0	0	0	0	0		0	0			0	0	0	--- Of instruments Of subheading No.9005.8010
5	0	0	0	0	3.2		4.8	4.8			0	0	0	--- Other
														Photographic（other than cine-matographic）cameras; photographic flashlight apparatus and flashbulbs, other than discharge lamps of heading No.85.39:
														- Cameras of a kind used for preparing printing plates or cylinders:
6	0	0	0	0	8.4	0	9.6	7.2			0	0	0	--- Electronic colour scanners
5	0	0	0	0	4		8	6			0	0	0	--- Other
5	0	0	0	0	3.6			5.4			0	0	0	- Cameras specially designed for under-water use, for aerial survey or for medical or surgical examination of internal organs; comparison cameras for forensic or criminological purposes
0	0	0	0	0	0		4	0			0	0	0	- Instant print cameras
														- Other cameras:
	0	0		0	18	0	22.5	15				0		-- With a through-the-lens viewfinder(single lens reflex（SLR）), for roll film of a width not exceeding 35mm
														-- Other, for roll film of a width less than 35mm:
5	0	0	0	0	3.6		5.4	5.4			0	0	0	--- Cameras of a kind used for recording documents on microfilm, microfiche or other microforms
		0		0	18	0	22.5	15				0		--- Other
	0	0	6	0	14	0	17.3	12				0	0	-- Other, for roll film of a width of 35mm
														-- Other:
5	0	0	0	0	3.6	0	7.8	5.4			0	0	0	--- Laser photo typesetting equipments
														--- Other
	0	0		0		0	22.5	15				0		Framing cameras (with the recording rate of 225,000 or more frames per second)
	0	0		0		0	22.5	15				0		Framing cameras(with the recording rate of 225,000 or more frames per second; with the globle shutter time less then 51 nanosecond or less)
	0	0		0		0	22.5	15				0		Other cameras using the films of more than 35mm in width
														- Photographic flashlight apparatus and flashbulbs:
														-- Discharge lamp（electronic）flashlight apparatus
	0	0	5.4	0	12.6	0	14.4	10.8				0	0	Flashlight assemblies of camera-phone
	0	0	5.4	0	12.6	0	14.4	10.8				0	0	External electronic flashlight apparatus for cameras（GN≥30, with wireless flashing function, support automatic zooming)
	0	0	5.4	0	12.6	0	14.4	10.8				0	0	Other discharge lamp (electronic) flashlight apparatus
														-- Other:
14.4	0	0	5.4	0	12.6	0	16.2	10.8				0	0	--- Flashbulbs
14.4	0	0	5.4	0	12.6	0	14.4	10.8				0	0	--- Other
														- Parts and accessories:
														-- For cameras:
5	0	0	0	0	3.2		6.4	4.8	0//	0	0	0	0	--- For cameras of subheadings No.9006.1010 to 9006.3000
0	0	0	0	0	0		3	0	0//	0	0	0	0	--- For instant print cameras
														--- Other:
5	0	0	0	0	4	0	8	6	0//	0	0	0	0	----Automatic focal setting units
5	0	0	0	0	4	0	8	6	0//	0	0	0	0	----Shutter units
5	0	0	0	0	4	0	8	6	0//	0	0	0	0	----Other
6	0	0	0	0	8.4	0	9.6	7.2			0	0	0	-- Other

税号	货品名称	进口关税 % 最惠国	普通	年内暂定	增值/消费税%	出口退税%	统计计量单位	监管证件代码	检验检疫类别	协定税率 % 东盟	亚太	智利
90.07	**电影摄影机、放映机，不论是否带有声音的录制或重放装置：**											
	- 摄影机：											
9007.1010	--- 高速摄影机	14	40		17	15	台			0		0
9007.1090	--- 其他	14	40		17	15	台			0		0
	- 放映机：											
9007.2010	--- 数字式											
90072010.01	2K及以上分辨率的硬盘式数字电影放映机	14	40	8	17	15	台			0		0
90072010.90	其他数字式放映机	14	40		17	15	台			0		0
9007.2090	--- 其他	14	40		17	15	台			0		0
	- 零件、附件：											
9007.9100	-- 摄影机用	8.4	40	5	17	15	千克			0		0
9007.9200	-- 放映机用	8.4	40	5	17	15	千克			0		0
90.08	**影像投影仪，但电影用除外；照片（电影片除外）放大机及缩片机：**											
	- 投影仪、放大机及缩片机：											
9008.5010	--- 幻灯机	14	40		17	15	台			0		0
9008.5020	--- 缩微胶卷、缩微胶片或其他缩微品的阅读机，不论是否可以进行复制	10	17		17	15	台			0		0
	--- 其他影像投影仪：											
9008.5031	----正射投影仪	18	40		17	15	台			0		0
9008.5039	----其他	18	40		17	15	台			0		0
9008.5040	--- 照片（电影片除外）放大机及缩片机	20	80		17	15	台			0		0
	- 零件、附件：											
9008.9010	--- 缩微阅读机用	8	17		17	15	千克			0		0
9008.9020	--- 照片放大机及缩片机用	14	80		17	15	千克			0		0
9008.9090	--- 其他	14	40		17	15	千克			0		0
90.10	**本章其他税目未列名的照相（包括电影）洗印用装置及设备；负片显示器；银幕及其他投影屏幕：**											
	- 照相（包括电影）胶卷或成卷感光纸的自动显影装置及设备或将已冲洗胶卷自动曝光到成卷感光纸上的装置及设备：											
9010.1010	--- 电影用	14	40		17	15	台			0		0
9010.1020	--- 特种照相用	8.4	20		17	15	台			0		0
	--- 其他：											
9010.1091	----彩色胶卷用	25	100		17	15	台			0		0
9010.1099	----其他	15	100		17	15	台			0		0
	- 照相（包括电影）洗印用其他装置及设备；负片显示器：											
9010.5010	--- 负片显示器	14	50		17	15	台			0		0
	--- 其他：											
9010.5021	----电影用	14	40		17	15	台			0		0
9010.5022	----特种照相用	8.4	20		17	15	台			0		0
9010.5029	----其他	17	100		17	15	台			0		0
9010.6000	- 银幕及其他投影屏幕	14	50		17	15	个			0		0
	- 零件、附件：											
9010.9010	--- 电影用	0	40		17	15	千克					
9010.9020	--- 特种照相用	0	20		17	15	千克					
9010.9090	--- 其他	0	100		17	15	千克					
90.11	**复式光学显微镜，包括用于显微照相、显微电影摄影及显微投影的：**											
9011.1000	- 立体显微镜	0	14		17	17	台					
9011.2000	- 显微照相、显微电影摄影及显微投影用的其他显微镜	0	14		17	15	台					
9011.8000	- 其他显微镜											
90118000.01	高倍测量显微镜，放大倍数≥1000倍，分辨率≤0.08微米	7	14	3	17	17	台			0		0

协定税率 %										特惠税率 %				Article Description
巴基斯坦	冰岛	哥斯达黎	秘鲁	新西兰	瑞士	新加坡	韩国	澳大利亚	港澳台	老挝	孟加拉	33 国	7 国	
														Cinematographic cameras and projectors, whether or not incorporating sound recording or reproducing apparatus:
														- Cameras:
7	0	0	0	0	9.8	0	11.2	8.4				0	0	--- High speed cameras
11.2	0	0	0	0	9.8	0	11.2	8.4				0	0	--- Other
														- Projectors:
														--- Digital
11.2	0	0	0	0	9.8	0	11.2	8.4	0//			0	0	Hard disk digital film cinematographic projectors with the resolution ratio of 2K or above
11.2	0	0	0	0	9.8	0	11.2	8.4	0//			0	0	Other digital cinematographic projectors
11.2	0	0	0	0	9.8	0	11.2	8.4				0	0	--- Other
														- Parts and accessories:
5	0	0	0	0	3.36		6.7	5				0	0	-- For cameras
5	0	0	0	0	3.36		5	5				0	0	-- For projectors
														Image projectors, other than cinematographic; photographic (other than cinematographic) enlargers and reducers:
														- Projectors, enlargers and reducers:
7	0	0	0	0	9.8	0	11.2	8.4				0	0	--- Slide projectors
5	0	0	0	0	4		8	6				0	0	--- Microfilm, microfiche or other microform readers, whether or not capable of producing copies
														--- Other image projectors:
	0	0	5.4	0	12.6	0		10.8				0	0	----Orthographical projectors
	0	0	5.4	0	12.6	0		10.8				0	0	----Other
	0	0	6	0	14	0	17.3	12				0	0	--- Photographic (other than cinematographic) enlargers and reducers
														- Parts and accessories:
5	0	0	0	0	3.2		4.8	4.8				0	0	--- Of microfilm, microfiche or other microform readers
7	0	0	0	0	9.8	0	11.2	8.4				0	0	--- Of photographic enlargers and reducers
11.2	0	0	0	0	9.8	0	11.2	8.4				0	0	--- Other
														Apparatus and equipment for photographic (including cinematographic) laboratories, not specified or included elsewhere in this Chapter; negatoscopes; projection screens:
														- Apparatus and equipment for automatically developing photographic (including cinematographic) film or paper in rolls or for automatically exposing developed film to rolls of photographic paper:
7	0	0	0	0	9.8	0	11.2	8.4	0//			0	0	--- Of a kind used in cinematographic film
5	0	0	0	0	3.36		5	5	0//		0	0	0	--- Of a kind used in special photographic film or paper
														--- Other:
	0	0	7.5	0	18	0	22.5	15	0//			0	0	----For the colour photographic film in rolls
12	0	0	4.5	0	10.5	0	13.5	9	0//			0	0	----Other
														- Other apparatus and equipment for photographic (including cine-matographic) laboratories; negatoscope:
7	0	0	0	0	9.8	0	11.2	8.4				0	0	--- Negatoscopes
														--- Other:
11.2	0	0	0	0	9.8	0	11.2	8.4				0	0	----Of a kind used in cinematographic film
5	0	0	0	0	3.36		6.7	5			0	0	0	----Of a kind used in special photographic film or paper
13.6	0	0	5.1	0	11.9	0	13.6	10.2				0	0	----Other
11.2	0	0	0	0	9.8	0	11.2	8.4				0	0	- Projection screens
														- Parts and accessories:
							0	0			0	0	0	--- Of a kind used in cinematographic film
							0	0			0	0	0	--- Of a kind used in special photographic film or paper
							0	0			0	0	0	--- Other
														Compound optical microscopes, including those for photomicrography, cinephotomicrography or microprojection:
							0	0			0	0	0	- Stereoscopic microscopes
							0	0			0	0	0	- Other microscopes, for photomicro graphy, cinephotomicrography or microprojection
														- Other microscopes
5	0	0	0	0	4.9		5.6	4.2				0	0	High-powered microscope, magnification ≥1000 times, distinguishability ≤0.08 micrometer

税号	货品名称	进口关税 % 最惠国	普通	年内暂定	增值/消费税%	出口退税%	统计计量单位	监管证件代码	检验检疫类别	协定税率 % 东盟	亚太	智利
90118000.90	其他显微镜	7	14		17	17	台			0		0
9011.9000	- 零件、附件	0	14		17	15	千克					
90.12	**显微镜，但光学显微镜除外；衍射设备：**											
9012.1000	- 显微镜，但光学显微镜除外；衍射设备	0	14		17	17	台					
9012.9000	- 零件、附件	0	14		17	15	千克					
90.13	**其他税目未列名的液晶装置；激光器，但激光二极管除外；本章其他税目未列名的光学仪器及器具：**											
9013.1000	- 武器用望远镜瞄准具；潜望镜式望远镜；作为本章或第十六类的机器、设备、仪器或器具部件的望远镜	8	14		17	17	个			0		0
9013.2000	- 激光器，但激光二极管除外											
90132000.10	激光切割机用气体激光发生器，切割功率≥2千瓦	6	11	3	17	17	个			0		0
90132000.20	AVLIS、MLIS和CRISLA激光系统	6	11		17	17	个	3		0		0
90132000.30	氩离子激光器(平均输出功率≥40瓦特、工作波长400-515纳米)	6	11		17	17	个	3		0		0
90132000.40	紫翠玉激光器(带宽≤0.005纳米，重复率＞125赫兹，功率＞30瓦特等)	6	11		17	17	个	3		0		0
90132000.50	脉冲二氧化碳激光器(重复率＞250赫兹，功率＞500瓦，脉冲宽度＜200纳秒等)	6	11		17	17	个	3		0		0
90132000.60	脉冲受激准分子激光器(XeF、XeCl、KrF型，重复率＞250赫兹，功率＞500瓦等)	6	11		17	17	个	3		0		0
90132000.70	铜蒸汽激光器(平均输出功率≥40瓦特、工作波长500-600纳米)	6	11		17	17	个	3		0		0
90132000.80	掺钕激光器(非玻璃激光器)(两用物项管制商品)	6	11		17	17	个	3		0		0
90132000.91	用于2.5GB/S及以上SDH、波分复用光传输设备的980纳米、1480纳米的泵浦激光器	6	11	3	17	17	个			0		0
90132000.92	用于2.5GB/S及以上光通信设备的850纳米、1260-1625纳米，且功率≤200毫瓦的激光器(泵浦激光器除外)	6	11	3	17	17	个			0		0
90132000.99	其他激光器(但激光二极管除外)	6	11		17	17	个			0		0
	- 其他装置、仪器及器具：											
9013.8010	--- 放大镜	12	50		17	15	个			0	8.4	0
9013.8020	--- 光学门眼	12	50		17	15	个			0	8.4	0
9013.8030	--- 液晶显示板											
90138030.10	10.1英寸及以下的液晶显示板	5	50		17	17	个/千克			0		0
90138030.20	10.1英寸＜尺寸≤32英寸的液晶显示板	5	50		17	17	个/千克			0		0
90138030.90	其他液晶显示板	5	50		17	17	个/千克			0		0
9013.8090	--- 其他	5	17		17	15	个			0		0
	- 零件、附件：											
9013.9010	--- 税号9013.1000及9013.2000所列货品用	6	11		17	17	千克			0		0
9013.9020	--- 税号9013.8030所列货品用	8	17		17	17	千克			0		0
9013.9090	--- 其他											
90139090.10	太阳能定日镜的零件	8	17	5	17	17	千克			0		0
90139090.90	税目9013所列其他货品的零附件	8	17		17	17	千克			0		0
90.14	**定向罗盘；其他导航仪器及装置：**											
9014.1000	- 定向罗盘	2	8		17	17	个			0		0
	- 航空或航天导航仪器及装置（罗盘除外）：											
9014.2010	--- 自动驾驶仪											
90142010.10	无人航空飞行器的自动驾驶仪	2	8	1	17	17	个	3		0		0
90142010.90	其他自动驾驶仪	2	8	1	17	17	个			0		0
9014.2090	--- 其他											
90142090.11	航空惯性导航仪	2	8	1	17	17	个	3		0		0
90142090.12	其他航天惯性导航仪(天文陀螺盘及其他利用天体或卫星进行导航的装置)	2	8		17	17	个	3		0		0

协定税率 %										特惠税率 %				Article Description
巴基斯坦	冰岛	哥斯达黎	秘鲁	新西兰	瑞士	新加坡	韩国	澳大利亚	港澳台	老挝	孟加拉	33 国	7 国	
5	0	0	0	0	4.9		5.6	4.2				0	0	Other microscopes
							0	0			0	0	0	- Parts and accessories
														Microscopes other than optical microscopes; diffraction apparatus:
							0	0			0	0	0	- Microscopes other than optical microscopes; and diffraction apparatus
							0	0			0	0	0	- Parts and accessories
														Liquid crystal devices not constituting articles provided for more specifically in other headings; lasers, other than laser diodes; other optical appliances and instruments, not specified or included elsewhere in this Chapter:
5	0	0	0	0	3.2		4.8	4.8				0	0	- Telescopic sights for fitting to arms; periscopes;telescopes designed to form parts of machines, appliances, instruments or apparatus of this Chapter or Section ⅩⅥ
														- Lasers, other than laser diodes
5	0	0	0	0	4.2		4.8	3.6	/0/			0	0	Gas laser generators for laser cutting machines, cutting power ≥2kW
5	0	0	0	0	4.2		4.8	3.6	/0/			0	0	Laser systems use for AVLIS, MLIS and CRISLA
5	0	0	0	0	4.2		4.8	3.6	/0/			0	0	Argon ion lasers (average output power ≥40 watts, operating wavelength standing between 400nm and 515nm)
5	0	0	0	0	4.2		4.8	3.6	/0/			0	0	Alexandrite lasers (bandwidth≤0.005nm, repetition rate >125Hz, power>30W, etc.)
5	0	0	0	0	4.2		4.8	3.6	/0/			0	0	Pulsed carbon dioxide lasers (repetition rate>250Hz, power>500W, pulse width <200 ns, etc.)
5	0	0	0	0	4.2		4.8	3.6	/0/			0	0	Pulsed excimer lasers (XeF, XeCl, KrF type, repetition rate>250Hz, powe>500W, etc.)
5	0	0	0	0	4.2		4.8	3.6	/0/			0	0	Copper-vapor lasers (average output power >40W, operating wavelength standing: 500nm-600nm)
5	0	0	0	0	4.2		4.8	3.6	/0/			0	0	Neodymium-doped lasers (non-glass laser, Dual-use items controlled)
5	0	0	0	0	4.2		4.8	3.6	/0/			0	0	Pump lasers, including optical transmission equipments of 980nm~1480nm for SDH and WDM of 2.5GB/S and above
5	0	0	0	0	4.2		4.8	3.6	/0/			0	0	850nm and 1260-1625nm lasers (exception to pump lasers),power≤200mW, for optical communication equipments with transmission rate≥2.5GB/s
5	0	0	0	0	4.2		4.8	3.6	/0/			0	0	Other lasers (excluding laser diodes)
														- Other devices, appliances and instruments:
5	0	0	0	0	8.4	0	9.6	7.2	0/0/			0	0	--- Hand magnifying glasses
5	0	0	0	0	8.4	0	9.6	7.2				0	0	--- “Door eyes”
														--- Liquid crystal display panel
0	0			0			5	4.3	0/0/					Liquid crystal display panel(size≤10.1 inches)
0	0			0			5	4.3	0/0/					Liquid crystal display panel(10.1 inches<size≤32 inches)
0	0			0			5	4.3	0/0/					Other liquid crystal display panel
0	0	0	0	0	2			0	0/0/			0	0	--- Other
														- Parts and accessories:
5	0	0	0	0	2.4		4.8	3.6	0/0/			0	0	--- For goods of subheadings No.9013.1000 and 9013.2000
5	0	0	0	0	3.2		6.9	4.8	0/0/			0	0	--- For goods of subheading 9013.8030
														--- Other
5	0	0	0	0	3.2		8	4.8	0/0/			0	0	Parts of solar heliostats
5	0	0	0	0	3.2		8	4.8	0/0/			0	0	Other
														Direction finding compasses; other navigational instruments and appliances:
0	0	0	0	0	0		1.7	0			0	0	0	- Direction finding compasses
														- Instruments and appliances for aeronautical or space navigation（other than compasses）:
														--- Automatic pilots
0	0	0	0	0	0		1.7	0			0	0	0	Automatic pilots for unmanned aerial vehicles (UAV)
0	0	0	0	0	0		1.7	0			0	0	0	Other automatic pilots
														--- Other
0	0	0	0	0	0		0	0			0	0	0	Aeronautical inertial navigational instruments
0	0	0	0	0	0		0	0			0	0	0	Other aeronautical inertial navigational instruments (Gyro-astro compasses and other devices which derive position or orientation by means of automatically tracking celestrial bodies or satellites)

税号	货品名称	进口关税 %			增值/消费税%	出口退税%	统计计量单位	监管证件代码	检验检疫类别	协定税率 %		
		最惠国	普通	年内暂定						东盟	亚太	智利
90142090.13	陀螺稳定平台	2	8		17	17	个	3		0		0
90142090.15	陀螺仪(额定漂移率小于0.5度/小时的陀螺仪)	2	8		17	17	个	3		0		0
90142090.16	专门设计的导航信息处理机(用于弹道导弹、运载火箭、探空火箭等的目标探测)	2	8		17	17	个	3		0		0
90142090.17	地形等高线绘制设备(用于弹道导弹、运载火箭、探空火箭、巡航导弹、无人驾驶航空飞行器的目标探测)	2	8		17	17	个	3		0		0
90142090.18	场景绘图及相关设备(用于弹道导弹、运载火箭、探空火箭等的目标探测)	2	8		17	17	个	3		0		0
90142090.90	其他航空或航天导航仪器及装置(但罗盘除外)	2	8		17	17	个			0		0
9014.8000	- 其他仪器及装置											
90148000.10	比例误差小于0.25%的加速度表	2	8		17	17	个	3		0		0
90148000.20	高度表(用于弹道导弹、运载火箭、探空火箭、巡航导弹、无人驾驶航空飞行器的目标探测)	2	8		17	17	个	3		0		0
90148000.90	其他导航仪器及装置	2	8		17	17	个			0		0
	- 零件、附件:											
9014.9010	--- 自动驾驶仪用	1.5	8	1	17	17	千克			0		0
9014.9090	--- 其他	1.5	8		17	17	千克			0		0
90.15	**大地测量(包括摄影测量)、水道测量、海洋、水文、气象或地球物理用仪器及装置,不包括罗盘;测距仪:**											
9015.1000	- 测距仪	9	14		17	17	台			0		0
9015.2000	- 经纬仪及视距仪	9	14		17	17	台			0		0
9015.3000	- 水平仪	9	14		17	17	台			0		0
9015.4000	- 摄影测量用仪器及装置	9	14		17	17	千克			0		0
9015.8000	- 其他仪器及装置											
90158000.10	机载或舰载重力仪(精度为1毫伽或更好、稳态记录时间至多为2分钟的)	5	14		17	17	台	3		0	3.5	0
90158000.20	机载或舰载重力梯度仪(精度为1毫伽或更好、稳态记录时间至多为2分钟的)	5	14		17	17	台	3		0	3.5	0
90158000.90	其他测量仪器及装置	5	14		17	17	台			0	3.5	0
9015.9000	- 零件、附件											
90159000.10	机、舰载重力仪和重力梯度仪部件	5	14		17	17	千克	3		0		0
90159000.90	其他大地测量仪及装置的零、附件	5	14		17	17	千克			0		0
90.16	**感量为50毫克或更精密的天平,不论是否带有砝码:**											
9016.0010	--- 感量为0.1毫克或更精密的天平	9	14		17	17	台/千克			0		0
9016.0090	--- 其他	10.5	30		17	17	台/千克			0		0
90.17	**绘图、划线或数学计算仪器及器具(例如,绘图机、比例缩放仪、分度规、绘图工具、计算尺及盘式计算器);本章其他税目未列名的手用测量长度的器具(例如,量尺、量带、千分尺及卡尺):**											
9017.1000	- 绘图台及绘图机,不论是否自动	8	20		17	15	台			0		0
9017.2000	- 其他绘图、划线或数学计算器具	0	70		17	17	个					
9017.3000	- 千分尺、卡尺及量规	8	20		17	15	个			0		0
9017.8000	- 其他仪器及器具	8	20		17	15	个			0		0
9017.9000	- 零件、附件	0	20		17	15	千克					
90.18	**医疗、外科、牙科或兽医用仪器及器具,包括闪烁扫描装置、其他电气医疗装置及视力检查仪器:**											
	- 电气诊断装置(包括功能检查或生理参数检查用装置):											
9018.1100	-- 心电图记录仪	5	17		17	17	台/千克	60		0		0
	-- 超声波扫描装置:											
9018.1210	--- B型超声波诊断仪	7	35		17	17	台/千克	6A0	M/	0	6	0

协定税率 %										特惠税率 %				Article Description
巴基斯坦	冰岛	哥斯达黎	秘鲁	新西兰	瑞士	新加坡	韩国	澳大利亚	港澳台	老挝	孟加拉	33 国	7 国	
0	0	0	0	0	0		0	0			0	0	0	Gyro stability platform
0	0	0	0	0	0		0	0			0	0	0	Gyros with a rated drift rate stability of less than 0.5 degree per hour
0	0	0	0	0	0		0	0			0	0	0	Specially-designed navigation information processors (used for target detection of ballistic missiles, launch vehicles, and sounding rockets)
0	0	0	0	0	0		0	0			0	0	0	Terrain contour mapping equipments (used for target detection of ballistic missiles, launch vehicles, and sounding rockets)
0	0	0	0	0	0		0	0			0	0	0	Scene mapping and correlation equipments (used for target detection of ballistic missiles, launch vehicles, and sounding rockets)
0	0	0	0	0	0		0	0			0	0	0	Other instruments and appliances for aeronautical or space navigation (other than compasses)
														- Other instruments and appliances
0	0	0	0	0	0		1.2	0			0	0	0	Accelerometers with a proportional error of 0.25 percent or less
0	0	0	0	0	0		1.2	0			0	0	0	Altimeters (used for target detection of ballistic missiles, launch vehicles, and sounding rockets)
0	0	0	0	0	0		1.2	0			0	0	0	Other navigational instruments and appliances
														- Parts and accessories:
0	0	0	0	0	0		0	0			0	0	0	--- For automatic pilots
0	0	0	0	0	0		0	0			0	0	0	--- Other
														Surveying（including photogram-metrical surveying）, hydrographic, oceanographic, hydrological, meteorological or geophysical instruments and appliances, excluding compasses; rangefinders:
5	0	0	0	0	6.8		7.2	5.4			0	0	0	- Rangefinders
5	0	0	0	0	3.6		5.4	5.4			0	0	0	- Theodolites and tachymeters（tacheometers）
5	0	0	0	0	3.6		7.2	5.4			0	0	0	- Levels
5	0	0	0	0	3.6		5.4	5.4			0	0	0	- Photogrammetrical surveying instruments and appliances
														- Other instruments and appliances
0	0	0	0	0			4	0			0	0	0	Air-borne or ship-borne gravity meters (with the accuracy of 1mgal or higher, steady-state recording time ≤2 min)
0	0	0	0	0			4	0			0	0	0	Airborne or ship-borne gravity gradiometers (with the accuracy of 1 mgal or higher, steady-state recording time ≤2 min)
0	0	0	0	0			4	0			0	0	0	Other measuring instruments and devices
														- Parts and accessories
0	0	0	0	0	2		4	0			0	0	0	Parts and components of airborne or ship-borne gravity meters and gradiometers
0	0	0	0	0	2		4	0			0	0	0	Parts and components of other geodetic measuring instruments and devices
														Balances of a sensitivity of 50mg or better, with or without weights:
5	0	0	0	0			7.2	5.4			0	0	0	--- Of a sensitivity of 0.1mg or better
5	0	0	0	0	4.2	0	8.4	6.3			0	0	0	--- Other
														Drawing, marking-out or mathematical calculating instruments（for example, drafting machines, pantographs protractors, drawing sets, slide rules, disc calculators）; instruments for measuring length, for use in the hand（for example, measuring rods and tapes, micrometers, callipers）, not specified or included else-where in this Chapter:
5	0	0	0	0	3.2		6.4	4.8			0	0	0	- Drafting tables and machines, whether or not automatic
							0	0			0	0	0	- Other drawing, marking-out or mathematical calculating instruments
5	0	0	0	0	5.6		6.4	4.8			0	0	0	- Micrometers, callipers and gauges
5	0	0	0	0	5.6		4.8	4.8			0	0	0	- Other instruments
							0	0			0	0	0	- Parts and accessories
														Instruments and appliances used in medical, surgical, dental or veterinary sciences, including scintigraphic appatatus, other electro-medical apparatus and sight-testing instruments:
														- Electro-diagnostic apparatus（including apparatus for functional exploratory examination or for checking physiological parameters）:
0	0	0	0	0	2		3	0			0	0	0	-- Electro-cardiographs
														-- Ultrasonic scanning apparatus:
0	3.5	0	0	0	2.8		6	4.2			0	0	0	--- B-ultrasonic diagnostic equipment

税 号	货 品 名 称	进口关税 % 最惠国	普通	年内暂定	增值/消费税%	出口退税%	统计计量单位	监管证件代码	检验检疫类别	协定税率 % 东盟	亚太	智利
	--- 其他:											
9018.1291	----彩色超声波诊断仪											
90181291.10	彩色超声波诊断仪(整机)	5	17		17	17	台/千克	6A0	M/	0	4.5	0
90181291.90	彩色超声波诊断仪的零件及附件	5	17		17	17	台/千克	6A0	M/	0	4.5	0
9018.1299	----其他	5	17		17	17	台/千克	6A	M/	0	4.5	0
	-- 核磁共振成像装置:											
9018.1310	--- 成套装置	4	17		17	17	套/千克	6A0	M/	0		0
9018.1390	--- 零件	4	17		17	17	个/千克	6A0	M/	0		0
9018.1400	-- 闪烁摄影装置	5	17		17	17	台/千克	6A	M/	0		0
	-- 其他:											
9018.1930	--- 病员监护仪											
90181930.10	病员监护仪(整机)	4	17		17	17	台/千克	6A	M/	0	3.5	0
90181930.90	病员监护仪的零件及附件	4	17		17	17	台/千克	6A	M/	0	3.5	0
	--- 听力诊断装置:											
9018.1941	----听力计	4	17		17	17	台/千克	6A	M/	0	3.5	0
9018.1949	----其他	4	17		17	17	台/千克	6A	M/	0	3.5	0
9018.1990	--- 其他	4	17		17	17	台/千克	6A	M/	0	3.5	0
9018.2000	- 紫外线及红外线装置	4	17		17	17	台/千克	6A	M/	0		0
	- 注射器、针、导管、插管及类似品:											
9018.3100	-- 注射器，不论是否装有针头	8	50		17	17	个/千克	6A	M/	0	7.6	0
	-- 管状金属针头及缝合用针:											
9018.3210	--- 管状金属针头	8	50		17	17	千克	6A	M/	0	7	0
9018.3220	--- 缝合用针	4	17		17	17	千克	6A	M/	0	3.5	0
9018.3900	-- 其他	4	17		17	17	个/千克	6A	M/	0		0
	- 牙科用其他仪器及器具:											
9018.4100	-- 牙钻机,不论是否与其他牙科设备组装在同一底座上	4	17		17	17	台/千克	6A	M/	0		0
	-- 其他:											
9018.4910	--- 装有牙科设备的牙科用椅	4	17		17	17	台/千克	6A	M/	0		0
9018.4990	--- 其他	4	17		17	17	台/千克	6A	M/	0		0
9018.5000	- 眼科用其他仪器及器具	4	17		17	17	千克	6A	M/	0	3.5	0
	- 其他仪器及器具:											
9018.9010	--- 听诊器	4	17		17	17	个/千克	6		0	3.5	0
9018.9020	--- 血压测量仪器及器具	4	17		17	17	个/千克	6A	M/	0	3.5	0
9018.9030	--- 内窥镜											
90189030.10	内窥镜(整机)	4	17		17	17	台/千克	6A	M/	0	3.5	0
90189030.90	内窥镜的零件及附件	4	17		17	17	台/千克	6A	M/	0	3.5	0
9018.9040	--- 肾脏透析设备（人工肾）	4	17		17	17	台/千克	6A	M/	0	3.5	0
9018.9050	--- 透热疗法设备	4	17		17	17	台/千克	6A	M/	0	3.5	0
9018.9060	--- 输血设备	4	17		17	17	台/千克	6A	M/	0	3.5	0
9018.9070	--- 麻醉设备	4	17		17	17	台/千克	6A	M/	0	3.5	0
9018.9080	--- 宫内节育器	4	17		0	0	个/千克	6A	M/	0	2	0
9018.9090	--- 其他											
90189090.10	其他医疗、外科或兽医用仪器器具(整机)	4	17		17	17	台/千克	6A	M/	0	3.5	0
90189090.90	其他医疗、外科或兽医用仪器器具的零件及附件	4	17		17	17	台/千克	6A	M/	0	3.5	0
90.19	**机械疗法器具；按摩器具；心理功能测验装置；臭氧治疗器；氧气治疗器、喷雾治疗器、人工呼吸器及其他治疗用呼吸器具：**											
	- 机械疗法器具；按摩器具；心理功能测验装置：											
9019.1010	--- 按摩器具	15	40		17	17	台/千克	A	M/	0		0
9019.1090	--- 其他	4	30		17	17	台/千克			0		0
9019.2000	- 臭氧治疗器、氧气治疗器、喷雾治疗器、人工呼吸器或其他治疗用呼吸器具	4	17		17	17	台/千克	A	M/	0		0
90.20	**其他呼吸器具及防毒面具，但不包括既无机械零件，又无可互换过滤器的防护面具：**											

协定税率 %										特惠税率 %				Article Description
巴基斯坦	冰岛	哥斯达黎	秘鲁	新西兰	瑞士	新加坡	韩国	澳大利亚	港澳台	老挝	孟加拉	33 国	7 国	
														--- Other:
														----Chromoscope ultrasonic diagnostic equipment
0	0	0	0	0	0		4.8	0			0	0	0	Chromoscope ultrasonic diagnostic equipment(whole set)
0	0	0	0	0	0		4.8	0			0	0	0	Parts and accessories of Chromoscope ultrasonic diagnostic equipment
0	0	0	0	0	0		4.8	0			0	0	0	----Other
														-- Magnetic resonance imaging apparatus:
0	0	0	0	0	1.6		3.4	0	0//		0	0	0	--- Complete equipments
0	0	0	0	0	1.6		3.4	0	0//		0	0	0	--- Parts
0	0	0	0	0	0		4.3	0			0	0	0	-- Scintigraphic apparatus
														-- Other:
														--- Patient monitors
0	0	0	0	0	1.6		2.4	0			0	0	0	Patient monitor(whole set)
0	0	0	0	0	1.6		2.4	0			0	0	0	Parts and accessories of patient monitor
														--- Hearing diagnostic apparatus:
0	0	0	0	0	0		0	0			0	0	0	----Andiometers
0	0	0	0	0	0			0			0	0	0	----Other
0	0	0	0	0	1.6		0	0			0	0	0	--- Other
0	0	0	0	0	0		2.4	0			0	0	0	- Ultra-violet or infra-red ray apparatus
														- Syringes, needles, catheters, cannulae and the like:
0	0	0	0	0	5.6		6.4	4.8			0	0	0	-- Syringes, with or without needles
														-- Tubular metal needles and needles for sutures:
0	0	0	0	0	3.2		6.4	4.8			0	0	0	--- Tubular metal needles
0	0	0	0	0	0		0	0			0	0	0	--- Needles for sutures
0	2	0	0	0	2.8		2.4	0			0	0	0	-- Other
														- Other instruments and appliances, used in dental sciences:
0	0	0	0	0	1.6		0	0			0	0	0	-- Dental drill engines, whether or not combined on a single base with other dental equipment
														-- Other:
0	0	0	0	0	2.8		3.2	0			0	0	0	--- Dentists chairs incorporating dental equipment
0	0	0	0	0	2.8		2.4	0			0	0	0	--- Other
0	0	0	0	0	2.8		3.4	0			0	0	0	- Other ophthalmic instruments and appliances
														- Other instruments and appliances:
0	0	0	0	0	0		0	0	0//		0	0	0	--- Stethoscopes
0	0	0	0	0	0		0	0	0//		0	0	0	--- Sphygmomanometers and appliances
														--- Endoscopes
0	0	0	0	0	1.6		0	0	0//		0	0	0	Endoscope(whole set)
0	0	0	0	0	1.6		0	0	0//		0	0	0	Parts and accessories of endoscope
0	0	0	0	0	1.6		0	0	0//		0	0	0	--- Artificial kidney（dialysis）apparatus
0	0	0	0	0	0		0	0	0//		0	0	0	--- Diathermy apparatus
0	0	0	0	0	2.8		0	0	0//		0	0	0	--- Blood transfusion apparatus
0	0	0	0	0	0		2.4	0	0//		0	0	0	--- Anaesthetic apparatus and instruments
0	0	0	0	0	0		0	0	0//		0	0	0	--- Intrauterine contraceptive device
														--- Other
0	0	0	0	0	2.8		2.4	0	0/0/		0	0	0	Other instruments and appliances used in medical, surgical or veterinary sciences(whole set)
0	0	0	0	0	2.8		2.4	0	0/0/		0	0	0	Parts and accessories of other instruments and appliances used in medical, surgical or veterinary sciences
														Mechano-therapy appliances; massage apparatus;psychological aptitudetesting apparatus; ozone therapy, oxygen therapy, aerosol therapy, artificial respiration or other therapeutic respiration apparatus:
														- Mechano-therapy appliances; massage apparatus;psychological aptitudetesting apparatus:
12	0	0	4.5	0	10.5	0	12	9	0//			0	0	--- Massage apparatus
0	2	0	0	0	2.8		2.4	0	0//		0	0	0	--- Other
0	0	0	0	0	2.8		3.4	0	/0/		0	0	0	- Ozone therapy, oxygen therapy, aerosol therapy, artificial respiration or other therapeutic respiration apparatus
														Other breathing appliances and gas masks, excluding protective masks having neither mechanical parts nor replaceable filters:

税号	货品名称	进口关税 %			增值/消费税%	出口退税%	统计计量单位	监管证件代码	检验检疫类别	协定税率 %		
		最惠国	普通	年内暂定						东盟	亚太	智利
9020.0000	其他呼吸器具及防毒面具,但不包括既无机械零件又无可互换过滤器的防护面具	8	30	4	17	17	千克		+L	0		0
90.21	**矫形器具，包括支具、外科手术带、疝气带；夹板及其他骨折用具；人造的人体部分；助听器及为弥补生理缺陷或残疾而穿戴、携带或植入人体内的其他器具：**											
9021.1000	- 矫形或骨折用器具	4	17		17	17	千克			0		0
	- 假牙及牙齿固定件:											
9021.2100	-- 假牙	4	17		17	15	千克			0		0
9021.2900	-- 其他	4	17		17	15	千克			0		0
	- 其他人造的人体部分:											
9021.3100	-- 人造关节	4	17		17	17	千克/套			0		0
9021.3900	-- 其他	4	17		17	17	千克			0		0
9021.4000	- 助听器，不包括零件、附件	4	17		17	17	个			0		0
9021.5000	- 心脏起搏器，不包括零件、附件	4	17	2	17	17	个	A	M/	0		0
	- 其他:											
	--- 支架:											
9021.9011	----血管支架	4	17	2	17	17	千克/个			0		0
9021.9019	----其他	4	17	2	17	17	千克/个			0		0
9021.9090	--- 其他											
90219090.01	人工耳蜗植入装置	4	17	0	17	17	千克			0		0
90219090.90	其他弥补生理缺陷,残疾用器具等(包括穿戴、携带或植入人体内的器具及零件)	4	17		17	17	千克			0		0
90.22	**X射线或α射线、β射线、γ射线的应用设备，不论是否用于医疗、外科、牙科或兽医，包括射线照相及射线治疗设备、X射线管及其他X射线发生器、高压发生器、控制板及控制台、荧光屏、检查或治疗用的桌、椅及类似品：**											
	- X射线的应用设备，不论是否用于医疗、外科、牙科或兽医，包括射线照相或射线治疗设备：											
9022.1200	-- X射线断层检查仪	4	11		17	17	台	6AO	M/	0	2.8	0
9022.1300	-- 其他，牙科用	4	11		17	17	台	6AO	M/	0		0
9022.1400	-- 其他，医疗、外科或兽医用											
90221400.10	医用直线加速器	4	11		17	17	台	6AO	M/	0		0
90221400.90	其他医疗或兽医用X射线应用设备	4	11		17	17	台	6AO	M/	0		0
	-- 其他:											
9022.1910	--- 低剂量X射线安全检查设备											
90221910.01	采用X光机技术或X射线加速器技术的X射线安全检查设备(能量大于100千电子伏,不包括采用X射线交替双能加速器技术的第二代X射线安全检查设备)	4	11		17	17	台	6A	M/	0		0
90221910.90	其他低剂量X射线安全检查设备	4	11		17	17	台	6A	M/	0		0
9022.1920	--- X射线无损探伤检测仪	4	11		17	17	台	6A	M/	0		0
9022.1990	--- 其他											
90221990.10	X射线全自动燃料芯块检查台(专门设计或制造用于检验燃料芯块的最终尺寸和表面缺陷)	4	11		17	17	台	36A	M/	0		0
90221990.90	其他X射线应用设备	4	11		17	17	台	6A	M/	0		0
	- α射线、β射线、γ射线的应用设备，不论是否用于医疗、外科、牙科或兽医，包括射线照相或射线治疗设备:											
9022.2100	-- 医疗、外科、牙科或兽医用	4	11		17	17	台	6A	M/	0		0
	-- 其他:											
9022.2910	--- γ射线无损探伤检测仪	6	11		17	17	台	6A	M/	0		0
9022.2990	--- 其他											
90222990.10	γ射线全自动燃料芯块检查台(专门设计或制造用于检验燃料芯块的最终尺寸和表面缺陷)	6	11		17	17	台	36A	M/	0		0
90222990.90	其他非医疗用α、β、γ射线设备	6	11		17	17	台	6A	M/	0		0

协定税率 %										特惠税率 %				Article Description
巴基斯坦	冰岛	哥斯达黎	秘鲁	新西兰	瑞士	新加坡	韩国	澳大利亚	港澳台	老挝	孟加拉	33 国	7 国	
5	0	0	0	0	3.2		6.4	4.8	0/0/		0	0	0	Other breathing appliances and gas masks, excluding protective masks having neither mechanical parts nor replaceable filters
														Orthopaedic appliances, including crutches, surgical belts and trusses; splints and other fracture appliances; artificial parts of the body; hearing aids and other appliances which are worn or carried, or implanted in the body, to compensate for a defect or disability:
0	0	0	0	0	2.9		3.4	0			0	0	0	- Orthopaedic or fracture appliances
														- Artificial teeth and dental fittings:
0	0	0	0	0	0		0	0	0//		0	0	0	-- Artificial teeth
0	0	0	0	0	2.8		2.4	0			0	0	0	-- Other
														- Other artificial parts of the body:
0	0	0	0	0	2.8		0	0	//0		0	0	0	-- Artificial joints
0	0	0	0	0	1.6		3.2	0			0	0	0	-- Other
0	0	0	0	0	2.8		0	0	0//		0	0	0	- Hearing aids, excluding parts and accessories
0	0	0	0	0	2.8		0	0			0	0	0	- Pacemakers for stimulating heart muscles, excluding parts and accessories
														- Other:
														--- Stents:
0	0	0	0	0	2.8		0	0			0	0	0	----Stents in blood vessel
0	0	0	0	0	2.8		3.2	0			0	0	0	----Other
														--- Other
0	2	0	0	0	2.8		2.4	0			0	0	0	Cochlear implant devices
0	2	0	0	0	2.8		2.4	0			0	0	0	Other appliances for physical defects and disabilities redeeming (including apparatuses and parts for wearing and carrying or those implanted in the human body)
														Apparatus based on the use of X-rays or of alpha, beta or gamma radiations, whether or not for medical, surgical, dental or veterinary uses, including radiography or radiotherapy apparatus, X-ray tubes and other X-ray generators, high tension genera-tors, control panels and desks, screens, examination or treatment tables, chairs and the like:
														- Apparatus based on the use of X-rays, whether or not for medical, surgical, dental or veterinary uses, including radiography or radiotherapy apparatus:
0	0	0	0	0	0		3.4	0			0	0	0	-- Computed tomography apparatus
0	0	0	0	0	0		2.4	0			0	0	0	-- Other, for dental uses
														-- Other, for medical, surgical or veterinary uses
0	0	0	0	0	1.6		2.4	0			0	0	0	Medical linear accelerators
0	0	0	0	0	1.6		2.4	0			0	0	0	Other medical or veterinary X-ray applications
														-- For other uses:
														--- Low dosage X-ray security inspecting equipment
0	0	0	0	0	0		3.4	0			0	0	0	X-ray security inspection equipments adopting the technology of X-ray apparatuses or X-ray accelerators (with the energy higher than 100 kilo electron volt, excluding the second generation security inspection equipments adopting the technology of alternating dual-energy X-ray accelerators)
0	0	0	0	0	0		3.4	0			0	0	0	Other types of low dose X-ray security inspection equipments
0	0	0	0	0	2.8			0	0//		0	0	0	--- X-ray nondestructive inspection apparatus
														--- Other
0	0	0	0	0	2.8			0	0//		0	0	0	X-ray fully-automatic fuel pellet inspection stations (specially designed or manufactured to examine the final dimensions and surface defects of the fuel pellets)
0	0	0	0	0	2.8			0	0//		0	0	0	Other apparatus based on the use of X-rays
														- Apparatus based on the use of alpha, beta or gamma radiations, whether or not for medical, surgical, dental or veterinary uses, including radiography or radiotherapy apparatus:
0	0	0	0	0	0		0	0			0	0	0	-- For medical, surgical, dental or veterinary uses
														-- For other uses:
5	0	0	0	0	2.4		3.6	3.6			0	0	0	--- Gamma ray nondestructive inspection apparatus
														--- For other uses
5	0	0	0	0	2.4		3.6	3.6			0	0	0	γ-ray fully-automatic fuel pellet inspection stations (specially designed or manufactured to examine the final dimensions and surface defects of the fuel pellets)
5	0	0	0	0	2.4		3.6	3.6			0	0	0	Other apparatus based on the use of alpha, beta or gamma radiations, not for medical uses

税号	货品名称	进口关税 % 最惠国	普通	年内暂定	增值/消费税%	出口退税%	统计计量单位	监管证件代码	检验检疫类别	协定税率 % 东盟	亚太	智利
9022.3000	- X射线管	2	11		17	17	个	6A	M/	0		0
	- 其他，包括零件、附件：											
9022.9010	--- X射线影像增强器	6	11		17	17	个/千克	6AO	M/	0		0
9022.9090	--- 其他											
90229090.01	射线发生器的零部件	6	11	1	17	17	个/千克	6		0		0
90229090.20	闪光X射线发生器(峰值能量≥500千电子伏)	6	11		17	17	个/千克	360		0		0
90229090.30	X射线断层检查仪专用探测器	6	11		17	17	个/千克	60		0		0
90229090.90	税目9022所列其他设备及零件(包括高压发生器、控制板及控制台、荧光屏等)	6	11		17	17	个/千克	6		0		0
90.23	**专供示范（例如，教学或展览）而无其他用途的仪器、装置及模型：**											
9023.0010	--- 教习头	7	20		17	15	千克			0		0
9023.0090	--- 其他	7	20		17	15	千克			0		0
90.24	**各种材料（例如，金属、木材、纺织材料、纸张、塑料）的硬度、强度、压缩性、弹性或其他机械性能的试验机器及器具：**											
	- 金属材料的试验用机器及器具：											
9024.1010	--- 电子万能试验机	7	20		17	17	台			0	6.5	0
9024.1020	--- 硬度计	7	20		17	17	台			0	6.5	0
9024.1090	--- 其他	7	20		17	17	台			0	6.5	0
9024.8000	- 其他机器及器具	5	20		17	17	台			0		0
9024.9000	- 零件、附件	6	20		17	15	千克			0		0
90.25	**记录式或非记录式的液体比重计及类似的浮子式仪器、温度计、高温计、气压计、湿度计、干湿球湿度计及其组合装置：**											
	- 温度计及高温计，未与其他仪器组合：											
9025.1100	-- 液体温度计，可直接读数	4	40		17	15	个			0		0
	-- 其他：											
9025.1910	--- 工业用	8.4	20		17	15	个			0	8	0
9025.1990	--- 其他											
90251990.01	红外线人体测温仪	8.4	80	4	17	15	个			0	8	0
90251990.90	非液体的其他温度计，高温计	8.4	80		17	15	个			0	8	0
9025.8000	- 其他仪器	11	30		17	15	个			0		0
9025.9000	- 零件、附件											
90259000.01	红外线测温仪传感器元件	8	20	3	17	15	千克			0	7.6	0
90259000.90	其他比重计，温度计等类似仪器的零件	8	20		17	15	千克			0	7.6	0
90.26	**液体或气体的流量、液位、压力或其他变化量的测量或检验仪器及装置（例如，流量计、液位计、压力表、热量计），但不包括税目90.14、90.15、90.28或90.32的仪器及装置：**											
9026.1000	- 测量、检验液体流量或液位的仪器及装置	0	17		17	17	个					
	- 测量、检验压力的仪器及装置：											
9026.2010	--- 压力／差压变送器											
90262010.10	锰铜压力计(压力超过10GPa)	0	17		17	15	个	3				
90262010.20	镱制成的压力计(流体动力学实验专用仪器仪表，测量压力超过10GPa的)	0	17		17	15	个	3				
90262010.30	聚偏二氟乙烯制成的压力计(流体动力学实验专用仪器仪表，测量压力超过10GPa的)	0	17		17	15	个	3				
90262010.90	其他压力、差压变送器	0	17		17	15	个					
9026.2090	--- 其他											
90262090.10	压力传感器(两用物项管制商品)	0	17		17	15	个	3				
90262090.90	其他测量、检验压力的仪器及装置	0	17		17	15	个					
	- 其他仪器及装置：											
9026.8010	--- 测量气体流量的仪器及装置	0	17		17	15	个/千克					
9026.8090	--- 其他	0	17		17	15	个/千克					
9026.9000	- 零件、附件	0	17		17	15	千克					

协定税率 %										特惠税率 %				Article Description
巴基斯坦	冰岛	哥斯达黎	秘鲁	新西兰	瑞士	新加坡	韩国	澳大利亚	港澳台	老挝	孟加拉	33 国	7 国	
0	0	0	0	0	0		1.6	0			0	0	0	- X-ray tubes
														- Other, including parts and accessories:
5	0	0	0	0	2.4		5.2	3.6			0	0	0	--- X-ray intensifiers
														--- Other
5	3	0	0	0	4.2		5.2	3.6			0	0	0	Parts and components of ray generators
5	3	0	0	0	4.2		5.2	3.6			0	0	0	Flash X-ray generators (peak energy ≥500 keV)
5	3	0	0	0	4.2		5.2	3.6			0	0	0	Special probes for X-ray tomography instruments
5	3	0	0	0	4.2		5.2	3.6			0	0	0	Other equipments and spare parts listed in heading 90.22 (including high-voltage generators, control panels and consoles, and screens, etc.)
														Instruments, apparatus and models, designed for demonstrational purposes（for example, in education or exhibitions）,unsuitable for other uses:
5	0	0	0	0	4.9		4.2	4.2			0	0	0	--- Training mannequin
5	0	0	0	0	4.9		4.2	4.2			0	0	0	--- Other
														Machines and appliances for testing the hardness, strength, compressibility, elasticity or other mechanical properties of materials（for example, metals, wood, textiles, paper, plastics）:
														- Machines and appliances for testing metals:
5	0	0	0	0	2.8		5.6	4.2			0	0	0	--- Electric multitesting machines
5	0	0	0	0	4.9		5.6	4.2			0	0	0	--- Machines and applinances for testing hardness
5	0	0	0	0	2.8		6	4.2			0	0	0	--- Other
0	0	0	0	0	2		4.3	0			0	0	0	- Other machines and appliances
5	0	0	0	0	4.2			3.6			0	0	0	- Parts and accessories
														Hydrometers and similar floating instruments, thermometers and pyrometers, barometers, hygrometers and psychrometers, recording or not, and any combination of these instruments:
														- Thermometers and pyrometers, not combined with other instruments:
0	0	0	0	0	1.6		0	0	/0/		0	0	0	-- Liquid-filled, for direct reading
														-- Other:
5	0	0	0	0	3.36		5	5			0	0	0	--- For technical use
														--- Other
5	0	0	0	0	3.36		5	5	/0/		0	0	0	Infrared body thermometer
5	0	0	0	0	3.36		5	5	/0/		0	0	0	Other non-fluid thermometers and pyrometers
5	0	0	3.3	0	7.7	0	9.9	6.6				0	0	- Other instruments
														- Parts and accessories
5	0	0	0	0	5.6		4.8	4.8			0	0	0	Sensor capacitor elements of infrared thermometer
5	0	0	0	0	5.6		4.8	4.8			0	0	0	Parts of other densimeter and thermometer or the like
														Instruments and apparatus for measuring or checking the flow, level, pressure or other variables of liquids or gases（for example, flow meters, level gauges, manometers, heat meters）, excluding instruments and apparatus of heading No.90.14,90.15,90.28 or 90.32:
							0	0			0	0	0	- For measuring or checking the flow or level of liquids
														- For measuring or checking pressure:
														--- Pressure/differential pressure transmitters
							0	0			0	0	0	Manganese-copper manometer (pressure ＞10 GPa)
							0	0			0	0	0	Ytterbium manometer(pressure ＞10Gpa)
							0	0			0	0	0	Polyvinylidene fluoride manometer(pressure ＞10Gpa)
							0	0			0	0	0	Other pressures, differential pressure transducers
														--- Other
							0	0			0	0	0	Pressure sensor (Dual-use items controlled)
							0	0			0	0	0	Other pressures for measuring or checking
														- Other instruments or apparatus:
							0	0			0	0	0	--- Instruments or apparatus for measuring the flow of gases
							0	0			0	0	0	--- Other
							0	0			0	0	0	- Parts and accessories

税号	货品名称	进口关税 % 最惠国	普通	年内暂定	增值/消费税%	出口退税%	统计计量单位	监管证件代码	检验检疫类别	协定税率 % 东盟	亚太	智利
90.27	理化分析仪器及装置（例如，偏振计、折光仪、分光仪、气体或烟雾分析仪）；测量或检验黏性、多孔性、膨胀性、表面张力及类似性能的仪器及装置；测量或检验热量、声量或光量的仪器及装置（包括曝光表）；检镜切片机：											
9027.1000	- 气体或烟雾分析仪											
90271000.10	用于连续操作的气体检测器[可用于出口管制的化学品或有机化合物(含有磷、硫、氟或氯，其浓度低于 $0.3mg/m^3$)的检测，或为检测受抑制的胆碱酯酶的活性而设计]	7	17	5	17	15	台	3		0		0
90271000.90	其他气体或烟雾分析仪	7	17	5	17	15	台			0		0
	- 色谱仪及电泳仪：											
	--- 色谱仪：											
9027.2011	----气相色谱仪	0	17		17	17	台					
9027.2012	----液相色谱仪	0	17		17	17	台					
9027.2019	----其他	0	17		17	17	台					
9027.2020	--- 电泳仪	0	17		17	17	台					
9027.3000	- 使用光学射线（紫外线、可见光、红外线）的分光仪、分光光度计及摄谱仪	0	17		17	17	台					
9027.5000	- 使用光学射线（紫外线、可见光、红外线）的其他仪器及装置	0	17		17	15	台					
	- 其他仪器及装置：											
	--- 质谱仪：											
9027.8011	----集成电路生产用氦质谱检漏台	0	17		17	15	台					
9027.8012	----质谱联用仪	0	17		17	15	台					
9027.8019	----其他											
90278019.10	两用物项管制的 UF_6 质谱仪/离子源	0	17		17	15	台	3				
90278019.20	测大于230质量单位离子质谱仪(分辨率高于2/230)	0	17		17	15	台	3				
90278019.90	其他质谱仪	0	17		17	15	台					
	--- 其他：											
9027.8091	----曝光表	14	70		17	15	个			0		0
9027.8099	----其他	0	17		17	15	台					
9027.9000	- 检镜切片机；零件、附件	0	17		17	15	千克					
90.28	生产或供应气体、液体及电力用的计量仪表，包括它们的校准仪表：											
	- 气量计：											
9028.1010	--- 煤气表	10	30		17	15	个			0		0
9028.1090	--- 其他	10	30		17	15	个			0		0
	- 液量计：											
9028.2010	--- 水表	10	30		17	15	个			0		0
9028.2090	--- 其他	10	30		17	15	个			0		0
	- 电量计：											
	--- 电度表：											
9028.3011	----单相感应式	10	30		17	15	个			0		0
9028.3012	----三相感应式	10	30		17	15	个			0		0
9028.3013	----单相电子式（静止式）	10	30		17	15	个			0		0
9028.3014	----三相电子式（静止式）	10	30		17	15	个			0		0
9028.3019	----其他	10	30		17	15	个			0		0
9028.3090	--- 其他	10	30		17	15	个			0		0
	- 零件、附件：											
9028.9010	--- 工业用	8.4	30		17	15	千克			0		0
9028.9090	--- 其他	8.4	50		17	15	千克			0		0
90.29	转数计、产量计数器、车费计、里程计、步数计及类似仪表；速度计及转速表，税目90.14及90.15的仪表除外；频闪观测仪：											
	- 转数计、产量计数器、车费计、里程计、步数计及类似仪表：											

协定税率 %										特惠税率 %				
巴基斯坦	冰岛	哥斯达黎	秘鲁	新西兰	瑞士	新加坡	韩国	澳大利亚	港澳台	老挝	孟加拉	33 国	7 国	**Article Description**
														Instruments and apparatus for physical or chemical analysis (for example, polarimeters, refractometers, spectrometers, gas or smoke analysis apparatus);instruments and apparatus for measuring or checking viscosity, porosity, expansion, surface tension or the like; instruments and apparatus for measuring or checking quantities of heat, sound or light (including exposure meters) ; microtomes:
														- Gas or smoke analysis apparatus
5	0	0	0	0	4.9		6	4.2	0//		0	0	0	Gas detectors for continuous operations (used to detect the chemicals or organic compounds with export control (containing phosphorus, sulfur, fluorine or chlorine, with the concentration lower than 0.3 mg/m^3, or detect the activity of inhibited cholinesterase)
5	0	0	0	0	4.9		6	4.2	0//		0	0	0	Other
														- Chromatographs and electrophoresis instruments:
														--- Chromatographs instruments:
							0	0			0	0	0	----Gas chromatographs instruments
							0	0			0	0	0	----Liquid chromatographs instruments
							0	0			0	0	0	----Other
							0	0			0	0	0	--- Electrophoresis instruments
							0	0			0	0	0	- Spectrometers, spectrophotometers and spectrographs using optical radiations (UV, visible, IR)
							0	0			0	0	0	- Other instruments and apparatus using optical radiations (UV, visible, IR)
														- Other instruments and apparatus:
														--- Mass spectrograph:
							0	0			0	0	0	----Integrated circuit belium spectra leak detectors
							0	0			0	0	0	----Mass spectrometers combined with other instruments
														----Other
							0	0			0	0	0	UF_6 mass spectrometers/ion sources(of dual-use items controlled)
							0	0			0	0	0	Mass spectrometers used to measure ions of more than 230 mass units (resolution: higher than 2/230)
							0	0			0	0	0	Other mass spectrometers
														--- Other:
11.2	0	0	0	0	9.8	0	11.2	8.4				0	0	----Exposure meters
							0	0			0	0	0	----Other
							0	0			0	0	0	- Microtomes; parts and accessories
														Gas, liquid or electricity supply or production meters, including calibrating meters thereof:
														- Gas meters:
5	0	0	0	0	4		8	6				0	0	--- Coal gas meters
5	0	0	0	0	4	0	8	6				0	0	--- Other
														- Liquid meters:
5	0	0	0	0	4	0	8	6				0	0	--- Water meters
5	0	0	3	0	4	0		6				0	0	--- Other
														- Electricity meters:
														--- Watt-hour meter:
5	0	0	0	0	4		8	6	0//			0	0	----Single-phase induction types
5	0	0	0	0	4		8	6	0//			0	0	----Three-phase induction types
5	0	0	0	0	4		8	6	0//			0	0	----Single-phase electronic types(Static)
5	0	0	0	0			8	6	0//			0	0	----Three-phase electronic types(Static)
5	0	0	0	0	4		9	6	0//			0	0	----Other
5	0	0	0	0	4	0	8	6	0//			0	0	--- Other
														- Parts and accessories:
5	0	0	0	0	3.36		6.7	5			0	0	0	--- For technical use
5	0	0	0	0	3.36		5	5			0	0	0	--- Other
														Revolution counters, production counters, taximeters, mileometers, pedometers and the like;speed indicators and tachometers, other than those of headingsNo.90.14 and 90.15;stroboscopes:
														- Revolution counters, production counters, taximeters, mileometers, pedometers and the like:

税 号	货 品 名 称	进口关税 % 最惠国	普通	年内暂定	增值/消费税%	出口退税%	统计计量单位	监管证件代码	检验检疫类别	协定税率 % 东盟	亚太	智利
9029.1010	--- 转数计	15	50		17	15	个			0		0
9029.1020	--- 车费计、里程计	15	35		17	15	个			0		0
9029.1090	--- 其他	15	35		17	15	个			0		0
	- 速度计及转速表，频闪观测仪：											
9029.2010	--- 车辆用速度计	10	35		17	17	个			0		0
9029.2090	--- 其他	10	35		17	17	个			0		0
9029.9000	- 零件、附件	6	35		17	15	千克			0		0
90.30	**示波器、频谱分析仪及其他用于电量测量或检验的仪器和装置，不包括税目90.28的各种仪表；α射线、β射线、γ射线、X射线、宇宙射线或其他离子射线的测量或检验仪器及装置：**											
9030.1000	- 离子射线的测量或检验仪器及装置	5	20		17	17	台			0		0
	- 示波器：											
9030.2010	--- 测试频率在300兆赫兹以下的通用示波器	8	80		17	17	台			0		0
9030.2090	--- 其他	5	20		17	17	台			0		0
	- 检测电压、电流、电阻或功率的其他仪器及装置：											
	-- 万用表，不带记录装置：											
9030.3110	--- 量程在五位半及以下的数字万用表	15	130		17	17	台			0		0
9030.3190	--- 其他	5	20		17	17	台			0		0
9030.3200	-- 万用表，带记录装置	8	20		17	17	台			0		0
	-- 其他，不带记录装置：											
9030.3310	--- 量程在五位半及以下的数字电流表、电压表	15	130		17	17	台			0		0
9030.3320	--- 电阻测试仪	14	80		17	17	台			0		0
9030.3390	--- 其他	9	20		17	17	台			0		0
9030.3900	-- 其他，带记录装置	8	20		17	17	台			0		0
	- 通信专用的其他仪器及装置（例如，串音测试器、增益测量仪、失真度表、噪声计）：											
9030.4010	--- 测试频率在12.4千兆赫兹以下的数字式频率计	0	80		17	17	台					
9030.4090	--- 其他	0	20		17	17	台					
	- 其他仪器及装置：											
9030.8200	-- 测试或检验半导体圆片或器件用	0	20		17	17	台					
	-- 其他，带记录装置：											
9030.8410	--- 电感及电容测试仪	10	80		17	17	台			0		0
9030.8490	--- 其他	8	20		17	17	台			0		0
	-- 其他：											
9030.8910	--- 电感及电容测试仪	14	80		17	15	台			0		0
9030.8990	--- 其他											
90308990.10	中子探测和测量仪表（专用于测定核反应堆堆芯内中子通量的）	8	20		17	15	台	3		0		0
90308990.90	其他电量的测量或检验仪器及装置（未装有记录装置的）	8	20		17	15	台			0		0
9030.9000	- 零件、附件											
90309000.01	检测半导体晶片及器件的仪器零件（包括附件）	0	17		17	15	千克	s		0		0
90309000.02	ITA产品用的印刷电路组件（包括外接组件，如符合PCMCIA标准的卡）	0	17		17	15	千克	s		0		0
90309000.90	税目9030所属货品的零件及附件	7	17		17	15	千克			0		0
90.31	**本章其他税目未列名的测量或检验仪器、器具及机器；轮廓投影仪：**											
9031.1000	- 机械零件平衡试验机											
90311000.10	陀螺动态平衡测试仪	7	17		17	15	台	3		0	6.5	0
90311000.90	其他机械零件平衡试验机	7	17		17	15	台			0	6.5	0
9031.2000	- 试验台											
90312000.10	陀螺/马达运转试验台	7	17		17	15	台	3		0		0
90312000.20	加速度表测试台	7	17		17	15	台	3		0		0

协定税率 %										特惠税率 %				
巴基斯坦	冰岛	哥斯达黎	秘鲁	新西兰	瑞士	新加坡	韩国	澳大利亚	港澳台	老挝	孟加拉	33 国	7 国	Article Description
12	0	0	4.5	0	12	0	12	9				0	0	--- Revolution counters
12	0	0	4.5	0	10.5	0		9				0	0	--- Taximeters and mileometers
12	0	0	4.5	0	10.5	0		9				0	0	--- Other
														- Speed indicators and tachometers; stroboscopes:
5	0	0	0	0	4		9	6				0	0	--- Speed indicators for motor vehicles
5	0	0	0	0	4		8	6				0	0	--- Other
5	0	0	0	0	4.2			3.6			0	0	0	- Parts and accessories
														Oscilloscopes, spectrum analysers and other instruments and apparatus for measuring or checking electrical quantities, excluding meters of heading No.90.28; instruments and apparatus for measuring or detecting alpha, beta, gamma, X-ray, cosmic or other ionizing radiations:
0	0	0	0	0	0			0			0	0	0	- Instruments and apparatus for measuring or detecting ionizing radiations
														- Oscilloscopes and oscillographs:
5	0	0	0	0	3.2	0	6.4	4.8			0	0	0	--- For general use, of test frequency less than 300 MHz
0	0	0	0	0	2		4	0			0	0	0	--- Other
														- Other instruments and apparatus, for measuring or checking voltage, current, resistance or power:
														-- Multimeters without a recording device:
12	0	0	4.5	0	10.5	0	12	9	/0/			0	0	--- Digital, of measuring range of 5.5 or less
0	0	0	0	0	0		4.3	0			0	0	0	--- Other
5	0	0	0	0	3.2		6.4	4.8			0	0	0	-- Multimeters with a recording device
														-- Other, without a recording device:
12	0	0	4.5	0	10.5	0	12	9	0//			0	0	--- Digital ammeters or voltmeters, of measuring range of 5.5 or less
11.2	0	0	0	0	9.8	0		8.4	0//			0	0	--- Resistance measuring instruments
5	0	0	0	0	6.3			5.4	0//		0	0	0	--- Other
5	0	0	0	0	5.6			4.8			0	0	0	-- Other, with a recording device
														- Other instruments and apparatus, specially designed for telecommunications（for example, cross-talk meters, gain measuring instruments, distortion factor meters, psophometers）:
							0	0			0	0	0	--- Digital frequency meters, of test frequency less than 12.4 GHz
							0	0			0	0	0	--- Other
														- Other instruments and apparatus:
							0	0			0	0	0	-- For measuring or checking semiconductor wafers or devices
														-- Other, with a recording device:
5	0	0	0	0	4	0		6				0	0	--- For measuring inductances or capacitances
5	0	0	0	0	5.6		6.9	4.8			0	0	0	--- Other
														-- Other:
11.2	0	0	0	0	9.8	0		8.4				0	0	--- For measuring inductances or capacitances
														--- Other
5	0	0	0	0	3.2			4.8			0	0	0	Instruments for neutron detection and measurement (used exclusively to measure the neutron flux of the reactor cores)
5	0	0	0	0	3.2			4.8			0	0	0	Other instruments and apparatus for measuring or checking electricity (not fitted with recording devices)
														- Parts and accessories
5	0	0	0	0	4.9		5.6	4.2	0//		0	0	0	Parts of the instruments for measuring semiconductor wafers and devices (including accessories)
5	0	0	0	0	4.9		5.6	4.2	0//		0	0	0	Printed circuit components for ITA products (including external components, e.g., cards in compliance with the PCMCIA standard)
5	0	0	0	0	4.9		5.6	4.2	0//		0	0	0	Parts and accessories of the goods of heading 90.30
														Measuring or checking instruments, appliances and machines, not specified or included elsewhere in this Chapter; profile projectors:
														- Machines for balancing mechanical parts
5	0	0	0	0	2.8		4.2	4.2			0	0	0	Tester for gyro dynamic balance
5	0	0	0	0	2.8		4.2	4.2			0	0	0	Other machines for balancing mechanical parts
														- Test benches
5	0	0	0	0	5		6	4.2			0	0	0	Gyro run-in/motor test stations
5	0	0	0	0	5		6	4.2			0	0	0	Accelerometer test stations

税号	货品名称	进口关税% 最惠国	普通	年内暂定	增值/消费税%	出口退税%	统计计量单位	监管证件代码	检验检疫类别	协定税率% 东盟	亚太	智利
90312000.30	试车台(能试推力>90kN火箭发动机的或同时测量三个推力分量的)	7	17		17	15	台	3		0		0
90312000.40	惯性平台测试台(测试平台包括高精度离心机和转台)	7	17		17	15	台	3		0		0
90312000.90	其他试验台	7	17		17	15	台			0		0
	- 其他光学仪器及器具:											
9031.4100	-- 制造半导体器件时检验半导体晶片、器件或检测光掩模或光栅用	0	17		17	17	台					
	-- 其他:											
9031.4910	--- 轮廓投影仪	10	20	5	17	17	台			0		0
9031.4920	--- 光栅测量装置	0	17		17	17	台					
9031.4990	--- 其他											
90314990.10	光盘质量在线检测仪及离线检测仪	0	17		17	17	台	6				
90314990.90	其他光学测量或检验仪器和器具(第90章其他税目未列名的)	0	17		17	17	台					
	- 其他仪器、器具及机器:											
9031.8010	--- 光纤通信及光纤性能测试仪	5	17		17	17	台			0	4	0
9031.8020	--- 坐标测量仪	5	17		17	17	台			0		0
	--- 无损探伤检测仪器(射线探伤仪除外):											
9031.8031	----超声波探伤检测仪	5	17		17	17	台			0	4	0
9031.8032	----磁粉探伤检测仪	5	17		17	17	台			0	4	0
9031.8033	----涡流探伤检测仪	5	17	3	17	17	台			0	4	0
9031.8039	----其他	5	17		17	17	台			0	4	0
9031.8090	--- 其他											
90318090.01	跑道摩擦系数测试仪	5	17	3	17	17	台			0	4	0
90318090.02	音频生命探测仪	5	17	2	17	17	台			0	4	0
90318090.03	音视频生命探测仪	5	17	2	17	17	台			0	4	0
90318090.10	惯性测量单元测试仪	5	17		17	17	台	3		0	4	0
90318090.20	陀螺调谐测试仪	5	17		17	17	台	3		0	4	0
90318090.90	其他测量、检验仪器、器具及机器(指第90章其他税目未列名的)	5	17		17	17	台			0	4	0
9031.9000	- 零件、附件											
90319000.20	惯性测量单元稳定元件加工夹具	0	17		17	15	千克	3				
90319000.30	惯性平台平衡夹具	0	17		17	15	千克	3				
90319000.90	税目9031的仪器及器具的其他零件(第90章其他税目未列名的)	0	17		17	15	千克					
90.32	**自动调节或控制仪器及装置:**											
9032.1000	- 恒温器	7	17		17	15	台			0		0
9032.2000	- 恒压器	7	17		17	15	台			0		0
	- 其他仪器及装置:											
9032.8100	-- 液压或气压的	7	17		17	17	台			0	6.5	0
	-- 其他:											
	--- 列车自动控制系统(ATC)车载设备:											
9032.8911	----列车自动防护系统(ATP)车载设备	7	17		17	17	台			0		0
9032.8912	----列车自动运行系统(ATO)车载设备	7	17		17	17	台			0		0
9032.8919	----其他	7	17		17	17	台			0		0
9032.8990	--- 其他											
90328990.10	具有可再生能源和智能电网应用的自动电压和电流调节器;非液压或气压的自动调控流量、液位和湿度的仪器(自动控制、调节装置)	7	17	5	17	17	台			0		0
90328990.20	组合喷气发动机的燃烧调节装置(自动控制、调节装置)	7	17		17	17	台	3		0		0
90328990.30	三坐标测量机用自动控制柜	7	17	3	17	17	台			0		0

协定税率 %										特惠税率 %				Article Description
巴基斯坦	冰岛	哥斯达黎	秘鲁	新西兰	瑞士	新加坡	韩国	澳大利亚	港澳台	老挝	孟加拉	33 国	7 国	
5	0	0	0	0	5		6	4.2			0	0	0	Test benches, which have the capacity to handle solid or liquid propellant rocket motors of more than 90 KN of thrust, or which are capable of simultaneously measuring the three axial thrust components.
5	0	0	0	0	5		6	4.2			0	0	0	Test benchs for inertial platform (including high-accuracy centrifuges and rotating table)
5	0	0	0	0	5		6	4.2			0	0	0	Other test benches
														- Other optical instruments and appliances:
							0	0			0	0	0	-- For inspecting semiconductor wafers or devices or for inspecting photomasks or reticles used in manufacturing semiconductor devices
														-- Other:
5	0	0	0	0	4		8.6	6			0	0	0	--- Profile projectors
							0	0			0	0	0	--- Optical grating measuring device
														--- Other
							0	0			0	0	0	CD quality online and offline detectors
							0	0			0	0	0	Other optical measuring or testing instruments and apparatuses (not elsewhere specified or included in Chapter 90)
														- Other instruments, appliances and machines:
0	0	0	0	0	0		4.3	0	0//		0	0	0	--- Optical telecommunication and optical fibre performance testing instruments
0	0	0	0	0	2		4.3	0	0//		0	0	0	--- Coordinate measuring machine
														--- Apparatus for examinations, without damaging structure(other than apparatus for radiological examinations):
0	0	0	0	0	0		4.3	0	0//		0	0	0	----Apparatus for ultrasonic examinations
0	0	0	0	0	0		4.3	0	0//		0	0	0	----Apparatus for magnetic examinations
0	0	0	0	0	0		4.3	0	0//		0	0	0	----Apparatus for eddy examinations
0	0	0	0	0	0			0	0//		0	0	0	----Other
														--- Other
0		0	0	0	3.6		4	0	0//0		0	0	0	Runway friction coefficient testers
0		0	0	0	3.6		4	0	0//0		0	0	0	Audio life-detection instrument
0		0	0	0	3.6		4	0	0//0		0	0	0	Audio-video life-detection instrument
0		0	0	0	3.6		4	0	0//0		0	0	0	Inertial Measurement Unit (IMU) testers
0		0	0	0	3.6		4	0	0//0		0	0	0	Tester for gyro tuning
0		0	0	0	3.6		4	0	0//0		0	0	0	Other measuring and testing equipments, apparatuses and machines (not elsewhere specified or included in Chapter 90)
														- Parts and accessories
							0	0			0	0	0	Inertial Measurement Unit (IMU) stable element handling holders
							0	0			0	0	0	Inertial Measurement Unit (IMU) platform balance holders
							0	0			0	0	0	Other parts of the instruments and appliances of heading 90.31 (not elsewhere specified or included in Chapter 90)
														Automatic regulating or controlling instruments and apparatus:
5	0	0	0	0	4.9		4.2	4.2	0//		0	0	0	- Thermostats
5	0	0	0	0	2.8		5.6	4.2	0//		0	0	0	- Manostats
														- Other instruments and apparatus:
5	0	0	0	0	4.9		6	4.2	0//		0	0	0	-- Hydraulic or pneumatic
														-- Other:
														--- Devices of Automatic Train Control System(ATC),installed on trains:
5	0	0	0	0			6	4.2	0//		0	0	0	----Devices of Automatic Train Protection System(ATP),installed on trains
5	0	0	0	0			6	4.2	0//		0	0	0	----Devices of Automatic Train Operation System(ATO),installed on trains
5	0	0	0	0			6	4.2	0//		0	0	0	----Other
														--- Other
5	0	0	0	0			6	4.2	0//		0	0	0	Automatic voltage and current regulator for renewable energy and smart grid,instrument for adjusting the flow,level and humidity(automatic controlling and regulating devices,not hydraulic pressure and air pressure)
5	0	0	0	0			6	4.2	0//		0	0	0	Combustion regulating devices for combined jet engines (automatic controlling and regulating devices)
5	0	0	0	0			6	4.2	0//		0	0	0	Automatic control cabinets for Coordinate Measuring Machine (CMM)

税号	货品名称	进口关税% 最惠国	普通	年内暂定	增值/消费税%	出口退税%	统计计量单位	监管证件代码	检验检疫类别	协定税率% 东盟	亚太	智利
90328990.40	飞机自动驾驶系统(包括自动驾驶、电子控制飞行、自动故障分析、警告系统配平系统及推力监控设备及其相关仪表)	7	17	1	17	17	台			0		0
90328990.50	机床用成套数控伺服装置(包括CNC操作单元,带有配套的伺服放大器和伺服电机)	7	17	3	17	17	台			0		0
90328990.60	电喷点火程序控制单元(自动控制、调节装置)	7	17	3	17	17	台			0		0
90328990.70	印刷机用成套数控伺服传动装置(包括运动控制器或可编程序自动控制器、人机界面单元,带有配套的伺服驱动器和伺服电机)	7	17	3	17	17	台			0		0
90328990.80	纯电动或混合动力汽车用电机控制器总成(自动控制、调节装置)	7	17	4	17	17	台			0		0
90328990.90	其他自动调节或控制仪器及装置	7	17		17	17	台			0		0
9032.9000	- 零件、附件											
90329000.01	飞机自动驾驶系统的零件(包括自动驾驶、电子控制飞行、自动故障分析、警告系统配平系统及推力监控设备及其相关仪表的零件)	5	17	1	17	17	千克			0		0
90329000.90	其他自动调节或控制仪器零件、附件	5	17		17	17	千克			0		0
90.33	**第九十章所列机器、器具、仪器或装置用的本章其他税目未列名的零件、附件:**											
9033.0000	第九十章所列机器、器具、仪器或装置用的本章其他税目未列名的零件、附件											
90330000.10	90章其他税目未列名的零件、附件,用于以下商品:[太阳能定日镜、901580的商品,9026的商品,9027的商品(90278011和90278091除外),903149的商品,测振仪,手振动仪,可再生能源和智能电网应用的自动电压和电流调节器,自动调控流量、液位和湿度的仪器]	6	17	5	17	17	千克			0		0
90330000.90	其他第90章其他编号未列名零、附件(指第90章所列机器、器具、仪器或装置用)	6	17		17	17	千克			0		0

协定税率 %										特惠税率 %				
巴基斯坦	冰岛	哥斯达黎	秘鲁	新西兰	瑞士	新加坡	韩国	澳大利亚	港澳台	老挝	孟加拉	33 国	7 国	**Article Description**
5	0	0	0	0			6	4.2	0//		0	0	0	Aircraft autopilot system (including autopilot system, electronic flight control system, automatic trouble analysis system, warning system, trimming system, thrust monitoring devices and its related meters)
5	0	0	0	0			6	4.2	0//		0	0	0	Numerical control servo set for machine tools (including CNC operation units, with matched servo amplifiers and servo motors)
5	0	0	0	0			6	4.2	0//		0	0	0	Control unit for electrojet ignition procedure (automatic controlling and regulating devices)
5	0	0	0	0			6	4.2	0//		0	0	0	Sets of CNC servo gear for printing machinery (including the motion controller or programmable automation controllers, human-machine interface unit, with matching servo drive and servo motor)
5	0	0	0	0			6	4.2	0//		0	0	0	Motor controller assembly for blade electric vehicles and hybrid power vehicles(automatic control device)
5	0	0	0	0			6	4.2	0//		0	0	0	Other automatic regulating and controlling apparatuses and devices
														- Parts and accessories
0	0	0	0	0	3.5		4.3	0			0	0	0	Parts of aircraft autopilot system (including parts, of autopilot, electronically controlled, automatic fault analysis, the flight warning system, balancing the system, thrust monitoring equipment)
0	0	0	0	0	3.5		4.3	0			0	0	0	Parts and accessories of other automatic regulating or controlling instruments
														Parts and accessories（not specified or included elsewhere in this Chapter)for machines, appliances, instruments or apparatus of Chapter 90:
														Parts and accessories（not specified or included elsewhere in this Chapter)for machines, appliances, instruments or apparatus of Chapter 90
5	0	0	0	0	4.2		3.6	3.6			0	0	0	Parts and accessories(not specified or included elsewhere in this Chapter)for subheading 9031.49, vibration meters, hand vibration meters, automatic voltage and current regulator for renewable energy and smart grid,instrument for adjusting the flow,level and humidity(not including those of solar heliostats,subheading 9015.80, heading 90.27 except subheading 9027.8011 and 9027.8091)
5	0	0	0	0	4.2		3.6	3.6			0	0	0	Other

第九十一章　钟表及其零件

注释：

一、本章不包括：

（一）钟表玻璃及钟锤（按其构成材料归类）；

（二）表链（根据不同情况，归入税目 71.13 或 71.17）；

（三）第十五类注释二所规定的贱金属制通用零件（第十五类）、塑料制的类似品（第三十九章）及贵金属或包贵金属制的类似品（一般归入税目 71.15）；但钟、表发条则应作为钟、表的零件归类（税目 91.14）；

（四）轴承滚珠（根据不同情况，归入税目 73.26 或 84.82）；

（五）税目 84.12 的物品，不需擒纵器可以工作的；

（六）滚珠轴承（税目 84.82）；或

（七）第八十五章的物品，本身未组装在或未与其他零件组装在钟、表机芯内，也未组装成专用于或主要用于钟、表机芯零件的（第八十五章）。

二、税目 91.01 仅包括表壳完全以贵金属或包贵金属制的表，以及用贵金属或包贵金属与税目 71.01 至 71.04 的天然、养殖珍珠或宝石、半宝石（天然、合成或再造）合制的表。用贱金属上镶嵌贵金属制成表壳的表应归入税目 91.02。

三、本章所称"表芯"，是指由摆轮及游丝、石英晶体或其他能确定时间间隔的装置来进行调节的机构，并带有显示器或可装机械指示器的系统。表芯的厚度不超过 12 毫米，长、宽或直径不超过 50 毫米。

四、除注释一另有规定的以外，钟、表的机芯及其他零件，既适用于钟或表，又适用于其他物品（例如，精密仪器）的，均应归入本章。

税号	货品名称	进口关税 %			增值/消费税%	出口退税%	统计计量单位	监管证件代码	检验检疫类别	协定税率 %		
		最惠国	普通	年内暂定						东盟	亚太	智利
91.01	手表、怀表及其他表，包括秒表，表壳用贵金属或包贵金属制成的：											
	- 电力驱动的手表，不论是否附有秒表装置：											
9101.1100	-- 仅有机械指示器的	11	100		17/[注1]	13	只			0	9.9	0
	-- 其他：											
9101.1910	--- 仅有光电显示器的	16	100		17/[注1]	13	只			0		0
9101.1990	--- 其他	15	100		17/[注1]	13	只			0		0
	- 其他手表，不论是否附有秒表装置：											
9101.2100	-- 自动上弦的											
91012100.10	含濒危动物皮自动上弦贵金属机械手表(表壳用贵金属或包贵金属制成的)	11	80		17/[注1]	0	只	EF		0		0
91012100.90	其他自动上弦贵金属机械手表(表壳用贵金属或包贵金属制成的)	11	80		17/[注1]	13	只			0		0
9101.2900	-- 其他											
91012900.10	含濒危动物皮非自动上弦贵金属机械手表(表壳用贵金属或包贵金属制成的)	15	80		17/[注1]	0	只	EF		0		0
91012900.90	其他非自动上弦贵金属机械手表(表壳用贵金属或包贵金属制成的)	15	80		17/[注1]	13	只			0		0
	- 其他：											
9101.9100	-- 电力驱动的	15	100		17	13	只			0		0

1：消费税为：每块进口关税完税价格在 10000 元人民币及以上的，税率 20%。

Chapter 91 Clocks and watches and parts thereof

Chapter Notes:

1. This Chapter does not cover:

   (a) Clock or watch glasses or weights (classified according to their constituent material);

   (b) Watch chains (heading 71.13 or 71.17, as the case may be);

   (c) Parts of general use defined in Note 2 to Section XV, of base metal(Section XV), or similar goods of plastics (Chapter 39) or of precious metal or metal clad with precious metal (generally heading 71.15); clock or watch springs are, however, to be classified as clock or watch parts (heading 91.14);

   (d) Bearing balls (heading 73.26 or 84.82, as the case may be);

   (e) Articles of heading 84.12 constructed to work without an escapement;

   (f) Ball bearings (heading 84.82); or

   (g) Articles of Chapter 85, not yet assembled together or with other components into watch or clock movements or into articles suitable for use solely or principally as parts of such movements (Chapter 85).

2. Heading 91.01 covers only watches with case wholly of precious metal or of metal clad with precious metal, or of the same materials combined with natural or cultured pearls, or precious or semi-precious stones (natural, synthetic or reconstructed) of headings 71.01 to 71.04. Watches with case of base metal inlaid with precious metal fall in heading 91.02.

3. For the purposes of this Chapter, the expression "watch movements" means devices regulated by a balance-wheel and hairspring, quartz crystal or any other system capable of determining intervals of time, with a display or a system to which a mechanical display can be incorporated. Such watch movements shall not exceed 12 mm in thickness and 50 mm in width, length or diameter.

4. Except as provided in Note 1, movements and other parts suitable for use both in clocks or watches and in other articles(for example, precision instruments) are to be classified in this Chapter.

协定税率 %										特惠税率 %				Article Description
巴基斯坦	冰岛	哥斯达黎	秘鲁	新西兰	瑞士	新加坡	韩国	澳大利亚	港澳台	老挝	孟加拉	33 国	7 国	
														Wrist-watches, pocket-watches and other watches, including stop-watches, with case of precious metal or of metal clad with precious metal:
														- Wrist-watches, electrically operated whether or not incorporating a stop-watch facility:
5	0	0	0	0	7.9	0	8.8	6.6				0	0	-- With mechanical display only
														-- Other:
12.8	0	0	4.8	0	11.2	0	12.8	9.6				0	0	--- With optoelectronic display only
12	0	0	4.5	0	10.8	0	12	9				0	0	--- Other
														- Other wrist-watches, whether or not incorporating a stop-watch facility:
														-- Automatic winding
5	0	0	0	0	7.9	0	8.8	6.6				0	0	Mechanical wrist watches of precious metal, automatic winding, with endangered animal skin (with case of precious metal or of metal clad with precious metal)
5	0	0	0	0	7.9	0	8.8	6.6				0	0	Other mechanical wrist watches of precious metal, automatic winding (with case of precious metal or of metal clad with precious metal)
														-- Other
12	0	0	4.5	0	10.8	0	12	9				0	0	Mechanical wrist watches of precious metal, non-automatic winding, with endangered animal skin (with case of precious metal or of metal clad with precious metal)
12	0	0	4.5	0	10.8	0	12	9				0	0	Other mechanical wrist watches of precious metal, non-automatic winding (with case of precious metal or of metal clad with precious metal)
														- Other:
12	0	0	4.5	0	10.5	0	12	9				0	0	-- Electrically operated

税号	货品名称	进口关税 %			增值/消费税%	出口退税%	统计计量单位	监管证件代码	检验检疫类别	协定税率 %		
		最惠国	普通	年内暂定						东盟	亚太	智利
9101.9900	-- 其他	20	80		17	13	只			0		0
91.02	**手表、怀表及其他表，包括秒表，但税目 91.01 的货品除外：**											
	- 电力驱动的手表，不论是否附有秒表装置：											
9102.1100	-- 仅有机械指示器的	12.5	100		17/[注1]	13	只			0	11.1	0
9102.1200	-- 仅有光电显示器的	23	100		17/[注1]	13	只			0		0
9102.1900	-- 其他	15	100		17/[注1]	13	只			0		0
	- 其他手表，不论是否装有秒表装置：											
9102.2100	-- 自动上弦的											
91022100.10	含濒危动物皮其他自动上弦的机械手表(用贵金属或包贵金属制壳的除外)	11	80		17/[注1]	0	只	EF		0		0
91022100.90	其他自动上弦的机械手表(用贵金属或包贵金属制壳的除外)	11	80		17/[注1]	13	只			0		0
9102.2900	-- 其他											
91022900.10	含濒危动物皮其他非自动上弦机械手表(用贵金属或包贵金属制壳的除外)	15	80		17/[注1]	0	只	EF		0		0
91022900.90	其他非自动上弦的机械手表(用贵金属或包贵金属制壳的除外)	15	80		17/[注1]	13	只			0		0
	- 其他：											
9102.9100	-- 电力驱动的	15	100		17	13	只			0		0
9102.9900	-- 其他	20	80		17	13	只			0		0
91.03	**以表芯装成的钟，但不包括税目 91.04 的钟：**											
9103.1000	- 电力驱动的	23	100		17	13	只			0		0
9103.9000	- 其他	20	100		17	13	只			0		0
91.04	**仪表板钟及车辆、航空器、航天器或船舶用的类似钟：**											
9104.0000	仪表板钟及车辆、航空器、航天器或船舶用的类似钟	10	100		17	13	只			0		0
91.05	**其他钟：**											
	- 闹钟：											
9105.1100	-- 电力驱动的	23	100		17	13	只			0		0
9105.1900	-- 其他	20	100		17	13	只			0		0
	- 挂钟：											
9105.2100	-- 电力驱动的	23	100		17	13	只			0		0
9105.2900	-- 其他	20	100		17	13	只			0		0
	- 其他：											
	-- 电力驱动的：											
9105.9110	--- 天文钟	3	8		17	13	只			0		0
9105.9190	--- 其他	23	100		17	13	只			0		0
9105.9900	-- 其他	16	100		17	13	只			0		0
91.06	**时间记录器以及测量、记录或指示时间间隔的装置，装有钟、表机芯或同步电动机的（例如，考勤钟、时刻记录器）：**											
9106.1000	- 考勤钟、时刻记录器	16	50		17	13	只			0		0
9106.9000	- 其他	16	50		17	13	只		+L	0		0
91.07	**装有钟、表机芯或同步电动机的定时开关：**											
9107.0000	装有钟、表机芯或同步电动机的定时开关	12	50		17	13	个			0		0
91.08	**已组装的完整表芯：**											

1：消费税为：每块进口关税完税价格在 10000 元人民币及以上的，税率 20%。

协定税率 %										特惠税率 %				Article Description
巴基斯坦	冰岛	哥斯达黎	秘鲁	新西兰	瑞士	新加坡	韩国	澳大利亚	港澳台	老挝	孟加拉	33国	7国	
	0	0	6	0	14.4	0	17.3	12				0	0	-- Other
														Wrist-watches, pocket-watches and other watches, including stop-watches, other than those of heading No.91.01:
														- Wrist-watches, electrically operated, whether or not incorporating a stop-watch facility:
6.2	0	0	0	0	9	0	10	7.5	0/0/			0	0	-- With mechanical display only
	0	0	6.9	0	16.1	0	20.7	13.8	0/0/			0	0	-- With optoelectronic display only
12	0	0	4.5	0	10.5	0	12	9				0	0	-- Other
														- Other wrist-watches, whether or not incorporating a stop-watch facility:
														-- Automatic winding
5	0	0	0	0	7.9	0	8.8	6.6	0//			0	0	Other mechanical wrist watches, automatic winding, with endangered animal skin (other than with case of precious metal or of metal clad with precious metal)
5	0	0	0	0	7.9	0	8.8	6.6	0//			0	0	Other mechanical wrist watches, automatic winding (other than with case of precious metal or of metal clad with precious metal)
														-- Other
12	0	0	4.5	0	10.8	0	12	9	0//			0	0	Mechanical wrist watches, non-automatic winding, with endangered animal skin (other than with case of precious metal or of metal clad with precious metal)
12	0	0	4.5	0	10.8	0	12	9	0//			0	0	Other mechanical wrist watches, non-automatic winding (other than with case of precious metal or of metal clad with precious metal)
														- Other:
12	0	0	4.5	0	10.8	0	12	9				0	0	-- Electrically operated
	0	0	6	0	14.4	0	17.3	12				0	0	-- Other
														Clocks with watch movements, excluding clocks of heading No.91.04:
	0	0	6.9	0	16.6	0	20.7	13.8	0/0/			0	0	- Electrically operated
	0	0	6	0	14.4	0	17.3	12				0	0	- Other
														Instrument panel clocks and clocks of a similar type for vehicles , aircraft, spacecraft or vessels:
5	0	0	0	0	4		8	6				0	0	Instrument panel clocks and clocks of a similar type for vehicles, aircraft, spacecraft or vessels
														Other clocks:
														- Alarm clocks:
	0	0	6.9	0	16.6	0	20.7	13.8	0/0/		0	0	0	-- Electrically operated
	0	0	6	0	14	0	17.3	12				0	0	-- Other
														- Wall clocks:
	0	0	6.9	0	16.1	0	20.7	13.8				0	0	-- Electrically operated
	0	0	6	0	14	0	17.3	12				0	0	-- Other
														- Other:
														-- Electrically operated:
0	0	0	0	0	2.1		0	0			0	0	0	--- Astronomical chronometer
	0	0	6.9	0	16.1	0	20.7	13.8				0	0	--- Other
12.8	0	0	4.8	0	11.5	0	12.8	9.6				0	0	-- Other
														Time of day recording apparatus and apparatus for measuring, recording or otherwise indicating intervals of time ,with clock or watch movement or with synchronous motor （for example , time-registers, time-recorders):
12.8	0	0	4.8	0	11.2	0	12.8	9.6				0	0	- Time-registers， time-recorders
12.8	0	0	4.8	0	11.5	0	12.8	9.6				0	0	- Other
														Time switches with clock or watch movement or with synchronous motor:
6	0	0	0	0	8.4	0	9.6	7.2				0	0	Time switches with clock or watch movement or with synchronous motor
														Watch movements, complete and assembled:

税号	货品名称	进口关税 % 最惠国	普通	年内暂定	增值/消费税%	出口退税%	统计计量单位	监管证件代码	检验检疫类别	协定税率 % 东盟	亚太	智利
	- 电力驱动的：											
9108.1100	-- 仅有机械指示器或有可装机械指示器的装置的	16	80	10	17	13	只			0		0
9108.1200	-- 仅有光电显示器的	16	80		17	13	只			0		0
9108.1900	-- 其他	16	80		17	13	只			0	12	0
9108.2000	- 自动上弦的	16	80		17	13	只			0		0
	- 其他：											
9108.9010	--- 表面尺寸在33.8毫米及以下	16	80		17	13	只			0		0
9108.9090	--- 其他	16	80		17	13	只			0		0
91.09	**已组装的完整钟芯：**											
9109.1000	- 电力驱动的	16	100		17	13	只			0		0
9109.9000	- 其他	16	100		17	13	只			0		0
91.10	**未组装或部分组装的完整钟、表机芯（机芯套装件）；已组装的不完整钟、表机芯；未组装的不完整钟、表机芯：**											
	- 表的：											
9110.1100	-- 未组装或部分组装的完整机芯（机芯套装件）	16	80		17	13	只			0		0
9110.1200	-- 已组装的不完整机芯	16	70		17	13	千克			0		0
9110.1900	-- 未组装的不完整机芯	16	70		17	13	千克			0		0
	- 其他：											
9110.9010	--- 未组装或部分组装的完整机芯	16	100		17	13	千克/只			0		0
9110.9090	--- 其他	16	80		17	13	千克			0		0
91.11	**表壳及其零件：**											
9111.1000	- 贵金属表壳或包贵金属表壳											
91111000.10	按重量计含金量在80%及以上的黄金表壳	14	80		17	0	只	J		0		0
91111000.90	其他贵金属或包贵金属制的表壳	14	80		17	0/13	只			0		0
9111.2000	- 贱金属表壳，不论是否镀金或镀银	14	80		17	13	只			0	10	0
9111.8000	- 其他表壳	14	80		17	13	只			0		0
9111.9000	- 零件	14	80		17	0/13	千克			0		0
91.12	**钟壳和本章所列其他货品的类似外壳及其零件：**											
9112.2000	- 壳	14	80		17	13	只			0		0
9112.9000	- 零件	12	80		17	13	千克			0		0
91.13	**表带及其零件：**											
9113.1000	- 贵金属或包贵金属制											
91131000.10	按重量计含金量在80%及以上的黄金表带	20	130		17	0	千克	J		0		0
91131000.90	其他贵金属或包贵金属制的表带及零件	20	130		17	0/13	千克			0		0
9113.2000	- 贱金属制，不论是否镀金或镀银	14	100		17	13	千克			0		0
9113.9000	- 其他											
91139000.10	濒危动物皮制的表带及其零件	14	100		17	0	千克	EF		0		0
91139000.90	其他非金属制的表带及其零件	14	100		17	13	千克			0		0
91.14	**钟、表的其他零件：**											
9114.1000	- 发条，包括游丝	14	50		17	13	千克			0		0
9114.3000	- 钟面或表面	14	50		17	13	千克			0		0
9114.4000	- 夹板及横担（过桥）	14	50		17	13	千克			0		0
	- 其他：											
9114.9010	--- 宝石轴承	14	50		17	13	千克			0		0
9114.9090	--- 其他	14	70		17	13	千克			0		0

协定税率 %										特惠税率 %				Article Description
巴基斯坦	冰岛	哥斯达黎	秘鲁	新西兰	瑞士	新加坡	韩国	澳大利亚	港澳台	老挝	孟加拉	33 国	7 国	
														- Electrically operated:
12.8	0	0	4.8	0	11.2	0	12.8	9.6	0/0/			0	0	-- With mechanical display only or with a device to which a mechanical display can be incorporated
12.8	0	0	4.8	0	11.5	0	12.8	9.6	0/0/			0	0	-- With optoelectronic display only
8	0	0	4.8	0	11.5	0	12.8	9.6	0/0/			0	0	-- Other
12.8	0	0	4.8	0	11.5	0	12.8	9.6				0	0	- Automatic winding
														Other:
12.8	0	0	4.8	0	11.5	0	12.8	9.6				0	0	--- Measuring 33.8mm or less
12.8	0	0	4.8	0	11.5	0	12.8	9.6	0/0/			0	0	--- Other
														Clock movements, complete and assembled:
12.8	0	0	4.8	0	11.2	0	12.8	9.6				0	0	- Electrically operated
12.8	0	0	4.8	0	11.2	0	12.8	9.6				0	0	- Other
														Complete watch or clock movements, unassembled or partly assembled （movement sets) ;incomplete watch or clock movements, assembled; rough watch or clock movements:
														- Of watches:
12.8	0	0	4.8	0	11.5	0	12.8	9.6				0	0	-- Complete movements, unassembled or partly assembled（movement sets)
12.8	0	0	4.8	0	11.2	0	12.8	9.6				0	0	-- Incomplete movements, assembled
12.8	0	0	4.8	0	11.2	0	12.8	9.6				0	0	-- Rough movements
														- Other:
12.8	0	0	4.8	0	11.2	0	12.8	9.6				0	0	--- Complete movements, unassembled or partly assembled
12.8	0	0	4.8	0	11.2	0	12.8	9.6				0	0	--- Other
														Watch cases and parts thereof:
														- Cases of precious metal or of metal clad with precious metal
11.2	0	0	0	0	10	0	11.2	8.4				0	0	Watch cases of gold, containing 80% or more by weight of gold
11.2	0	0	0	0	10	0	11.2	8.4				0	0	Other watchcases of precious metal or of metal clad with precious metal
7	0	0	0	0	9.8	0	11.2	8.4	0/0/			0	0	- Cases of base metal, whether or not gold-plated or silver-plated
11.2	0	0	0	0	9.8	0	11.2	8.4				0	0	- Other cases
11.2	0	0	0	0	9.8	0	11.2	8.4				0	0	- Parts
														Clock cases and cases of a similar type for other goods of this Chapter, and parts thereof:
11.2	0	0	0	0	9.8	0	11.2	8.4				0	0	- Cases
6	0	0	0	0	8.4	0	9.6	7.2				0	0	- Parts
														Watch straps, watch bands and watch bracelets, and parts thereof:
														- Of precious metal or of metal clad with precious metal
	0	0	6	0		0	17.3	12				0	0	Gold watch straps, containing 80% or more by weight of gold
	0	0	6	0		0	17.3	12				0	0	Watch bands and parts thereof, of other precious metal or of metal clad with other precious metal
11.2	0	0	0	0	9.8	0	11.2	8.4	0/0/			0	0	- Of base metal, whether or not gold-plated or silver-plated
														- Other
11.2	0	0	0	0	9.8	0	11.2	8.4	0//		0	0	0	Watch straps and bands, and parts thereof, of endangered animal skin
11.2	0	0	0	0	9.8	0	11.2	8.4	0//		0	0	0	Other nonmetal watch straps, watch bands and watch bracelets, and parts thereof
														Other clock or watch parts:
7	0	0	0	0	9.8	0	11.2	8.4				0	0	- Springs, including hairsprings
11.2	0	0	0	0	10	0	11.2	8.4				0	0	- Dials
11.2	0	0	0	0	9.8	0	11.2	8.4				0	0	- Plates and bridges
														- Other:
7	0	0	0	0	9.8	0	11.2	8.4				0	0	--- Jewel bearings
11.2	0	0	0	0	10	0	11.2	8.4	0/0/			0	0	--- Other

第九十二章　乐器及其零件、附件

注释：

一、本章不包括：

（一）第十五类注释二所规定的贱金属制通用零件（第十五类）或塑料制的类似品（第三十九章）；

（二）第八十五章或第九十章的传声器、扩大器、扬声器、耳机、开关、频闪观测仪及其他附属仪器、器具或设备，虽用于本章物品但未与该物品组成一体或安装在同一机壳内；

（三）玩具乐器或器具（税目95.03）；

（四）清洁乐器用的刷子（税目96.03）；或

（五）收藏品或古物（税目97.05或97.06）。

二、用于演奏税目92.02、92.06所列乐器的弓、槌及类似品，如果与该乐器一同报验，数量合理，用途明确，应归入有关乐器的相应税目。

税目92.09的卡片、盘或卷，即使与乐器一同报验，也不视为该乐器的组成部分，而应作为单独报验的物品对待。

税号	货品名称	进口关税 %			增值/消费税%	出口退税%	统计计量单位	监管证件代码	检验检疫类别	协定税率 %		
		最惠国	普通	年内暂定						东盟	亚太	智利
92.01	钢琴，包括自动钢琴、拨弦古钢琴及其他键盘弦乐器：											
9201.1000	- 竖式钢琴	17.5	70		17	17	台			0		0
9201.2000	- 大钢琴											
92012000.01	完税价格≥5万美元的大钢琴	17.5	70	1	17	17	台			0		0
92012000.90	其他大钢琴	17.5	70		17	17	台			0		0
9201.9000	- 其他	17.5	70		17	17	台			0		0
92.02	其他弦乐器（例如，吉他、小提琴、竖琴）：											
9202.1000	- 弓弦乐器											
92021000.11	完税价格≥1.5万美元的含濒危动物皮及濒危木的弓弦乐器	17.5	70	1	17	0	只	EF		0		0
92021000.19	其他含濒危动物皮及濒危木的弓弦乐器	17.5	70		17	0	只	EF		0		0
92021000.91	完税价格≥1.5万美元的不含野生动物皮弓弦乐器	17.5	70	1	17	13	只			0		0
92021000.99	其他弓弦乐器	17.5	70		17	13	只			0		0
9202.9000	- 其他											
92029000.10	含濒危物种成分的其他弦乐器	17.5	70		17	0	只	EF		0		0
92029000.90	其他弦乐器	17.5	70		17	13	只			0		0
92.05	管乐器（例如，键盘管风琴、手风琴、单簧管、小号、风笛），但游艺场风琴及手摇风琴除外：											
9205.1000	- 铜管乐器											
92051000.01	完税价格≥2000美元的铜管乐器	17.5	70	1	17	13	只			0		0
92051000.90	其他铜管乐器	17.5	70		17	13	只			0		0
	- 其他：											
9205.9010	--- 键盘管风琴；簧风琴及类似的游离金属簧片键盘乐器	20	80		17	13	只			0		0
9205.9020	--- 手风琴及类似乐器	21	80		17	13	只			0		0
9205.9030	--- 口琴	21	80		17	13	只			0		0
9205.9090	--- 其他											
92059090.01	完税价格≥1万美元的其他管乐器（但游艺场风琴及手摇风琴除外）	17.5	70	1	17	13	只			0		0
92059090.90	其他管乐器（但游艺场风琴及手摇风琴除外）	17.5	70		17	13	只			0		0
92.06	打击乐器（例如，鼓、木琴、钹、响板、响葫芦）：											
9206.0000	打击乐器（例如，鼓、木琴、钹、响板、响葫芦）											

Chapter 92 Musical instruments; parts and accessories of such articles

Chapter Notes:

1. This Chapter does not cover:

   (a) Parts of general use, as defined in Note 2 to Section XV, of base metal (Section XV), or similar goods of plastics (Chapter 39);

   (b) Microphones, amplifiers, loud-speakers, head-phones, switches, stroboscopes or other accessory instruments, apparatus or equipment of Chapter 85 or 90, for use with but not incorporated in or housed in the same cabinet as instruments of this Chapter;

   (c) Toy instruments or apparatus (heading 95.03);

   (d) Brushes for cleaning musical instruments (heading No 96.03); or

   (e) Collectors' pieces or antiques (heading 97.05 or 97.06).

2. Bows and sticks and similar devices used in playing the musical instruments of heading 92.02 or 92.06 presented with such instruments in numbers normal thereto and clearly intended for use therewith, are to be classified in the same heading as the relative instruments.
   Cards, discs and rolls of heading 92.09 presented with an instrument are to be treated as separate articles and not as forming a part of such instrument.

协定税率 %										特惠税率 %				
巴基斯坦	冰岛	哥斯达黎	秘鲁	新西兰	瑞士	新加坡	韩国	澳大利亚	港澳台	老挝	孟加拉	33 国	7 国	Article Description
														Pianos, including automatic pianos; harpsichords and other keyboard stringed instruments:
14	0	0	5.2	0	12.3	0	14	10.5	/0/			0	0	- Upright pianos
														- Grand pianos
14	0	0	5.2	0	12.3	0	14	10.5				0	0	Grand pianos, customs value ≥$ 50000 each
14	0	0	5.2	0	12.3	0	14	10.5				0	0	Other grand pianos
14	0	0	5.2	0	12.3	0	14	10.5				0	0	- Other
														Other string musical instruments （for example, guitars, violins, harps):
														- Played with a bow
14	0	0	5.2	0	12.3	0	10.5	10.5			0	0	0	Musical instruments played with a bow, duty-payed value> $15000 each, with skin of endangered animals and wood of endangered species
14	0	0	5.2	0	12.3	0	10.5	10.5			0	0	0	Other musical instruments played with a bow, with skin of endangered animals and wood of endangered species
14	0	0	5.2	0	12.3	0	10.5	10.5			0	0	0	Musical instruments played with a bow, without skin of endangered animals, customs value ≥$15000 each
14	0	0	5.2	0	12.3	0	10.5	10.5			0	0	0	Others musical instruments played with a bow
														- Other
14	0	0	5.2	0	12.3	0	14	10.5			0	0	0	Other string musical instruments, with parts of endangered species
14	0	0	5.2	0	12.3	0	14	10.5			0	0	0	Other string musical instruments
														Wind musical instruments (for example, keyboard pipe organs, accordions, clarinets, trumpets, bagpipes), other than fairground organs and mechanical street organs:
														- Brass-wind instruments
14	0	0	5.2	0	12.3	0	10.5	10.5			0	0	0	Brass-wind musical instruments, customs value ≥$2000 each
14	0	0	5.2	0	12.3	0	10.5	10.5			0	0	0	Other brass-wind musical instruments
														- Other:
	0	0	6	0	14	0	17.3	12				0	0	--- Keyboard pipe organs; harmoniums and similar keyboard instruments with free metal reeds
	0	0	6.3	0	14.7	0	18.2	12.6				0	0	--- Accordions and similar instruments
	0	0	6.3	0	14.7	0	18.2	12.6				0	0	--- Mouth organs
														--- Other
14	0	0	5.2	0	12.3	0	10.5	10.5				0	0	Other wind musical instruments, customs value ≥$10000 each (other than fairground organs and mechanical street organs)
14	0	0	5.2	0	12.3	0	10.5	10.5				0	0	Other wind musical instruments (other than fairground organs and mechanical street organs)
														Percussion musical instruments （for example, drums, xylophones, cymbals, castanets, maracas ）:
														Percussion musical instruments （for example, drums, xylophones, cymbals, castanets, maracas)

税号	货品名称	进口关税 %			增值/消费税%	出口退税%	统计计量单位	监管证件代码	检验检疫类别	协定税率 %		
		最惠国	普通	年内暂定						东盟	亚太	智利
92060000.10	含濒危动物皮及濒危木的打击乐器(例如,鼓、木琴、钹、响板)	17.5	70		17	0	只	AEF	M/	0		0
92060000.90	其他打击乐器(例如,鼓、木琴、钹、响板)	17.5	70		17	13	只			0		0
92.07	**通过电产生或扩大声音的乐器(例如,电风琴、电吉他、电手风琴):**											
9207.1000	- 键盘乐器,但手风琴除外	30	100	15	17	13	只		+L	0		0
9207.9000	- 其他	30	100		17	13	个			0		0
92.08	**百音盒、游艺场风琴、手摇风琴、机械鸣禽、乐锯及本章其他税目未列名的其他乐器;各种媒诱音响器、哨子、号角、口吹音响信号器:**											
9208.1000	- 百音盒	22	80		17	13	个			0		0
9208.9000	- 其他	22	80		17	13	个			0		0
92.09	**乐器的零件(例如,百音盒的机械装置)、附件(例如,机械乐器用的卡片、盘及带卷);节拍器、音叉及各种定音管:**											
9209.3000	- 乐器用的弦	17.5	70		17	13	千克			0		0
	- 其他:											
9209.9100	-- 钢琴的零件、附件	17.5	70		17	13	千克			0		0
9209.9200	-- 税目92.02所列乐器的零件、附件	17.5	70		17	13	千克			0		0
9209.9400	-- 税目92.07所列乐器的零件、附件	17.5	70	10	17	13	千克			0		0
	-- 其他:											
9209.9910	--- 节拍器、音叉及定音管	17.5	70		17	13	千克			0		0
9209.9920	--- 百音盒的机械装置	17.5	70		17	13	千克			0		0
9209.9990	--- 其他	17.5	70		17	13	千克			0		0

协定税率 %										特惠税率 %				Article Description
巴基斯坦	冰岛	哥斯达黎	秘鲁	新西兰	瑞士	新加坡	韩国	澳大利亚	港澳台	老挝	孟加拉	33国	7国	
14	0	0	0	0	12.3	0	14	10.5			0	0	0	Percussion musical instruments, with skin of endangered animals and wood of endangered species
14	0	0	0	0	12.3	0	14	10.5			0	0	0	Other percussion musical instruments (for example, drums, xylophones, cymbals, castanets)
														Musical instruments, the sound of which is produced or must be amplified electrically （for example, organs, guitars, accordions):
	0	0	9	0	21.6	0		18				0	0	- Keyboard instruments, other than accordions
	0	0	9	0	21.6	0		18				0	0	- Other
														Musical boxes, fairground organs, mechanical street organs, mechanical singing birds, musical saws and other musical instruments not falling within any other heading of this Chapter;decoy calls of all kinds; whistles, call horns and other mouth-blown sound signalling instruments:
	0	0	6.6	0	15.4	0	19.8	13.2				0	0	- Musical boxes
	0	0	6.6	0	15.4	0	19.8	13.2				0	0	- Other
														Parts （for example, mechanisms for musical boxes) and accessories （for example, cards, discs and rolls for mechanical instruments）of musical instruments; metronomes, tuning forks and pitch pipes of all kinds:
14	0	0	5.2	0	12.3	0	14	10.5				0	0	- Musical instrument strings
														- Other:
14	0	0	5.2	0	12.3	0	14	10.5				0	0	-- Parts and accessories for pianos
14	0	0	5.2	0	12.3	0	14	10.5			0	0	0	-- Parts and accessories for the musical instruments of heanding No.92.02
14	0	0	5.2	0	12.3	0	15.1	10.5				0	0	-- Parts and accessories for the musical instruments of heading No.92.07
														-- Other:
14	0	0	5.2	0	12.3	0	14	10.5				0	0	--- Metronomes, tuning forks and pitch pipes
14	0	0	5.2	0	12.3	0	14	10.5				0	0	--- Mechanisms for musical boxes
14	0	0	5.2	0	12.3	0	14	10.5			0	0	0	--- Other

第十九类　武器、弹药及其零件、附件

第九十三章　武器、弹药及其零件、附件

注释：

一、本章不包括：

（一）第三十六章的货品（例如，火帽、雷管、信号弹）；

（二）第十五类注释二所规定的贱金属制通用零件（第十五类）或塑料制的类似品（第三十九章）；

（三）装甲战斗车辆（税目 87.10）；

（四）武器用的望远镜瞄准具及其他光学装置（第九十章），但安装在武器上或与武器一同报验以备安装在该武器上的除外；

（五）弓、箭、钝头击剑或玩具（第九十五章）；或

（六）收藏品或古物（税目 97.05 或 97.06）。

二、税目 93.06 所称"零件"，不包括税目 85.26 的无线电设备及雷达设备。

税号	货品名称	进口关税 %			增值/消费税%	出口退税%	统计计量单位	监管证件代码	检验检疫类别	协定税率 %		
		最惠国	普通	年内暂定						东盟	亚太	智利
93.01	军用武器，但左轮手枪、其他手枪及税目 93.07 的兵器除外：											
	- 火炮武器（例如，大炮、榴弹炮及迫击炮）：											
9301.1010	--- 自推进的	13	80		17	0	座			0		0
9301.1090	--- 其他	13	80		17	0	座			0		0
9301.2000	- 火箭发射器；火焰喷射器；手榴弹发射器；鱼雷发射管及类似的发射装置	13	80		17	0	个			0		0
9301.9000	- 其他	13	80		17	0	支			0		0
93.02	左轮手枪及其他手枪，但税目 93.03 或 93.04 的货品除外：											
9302.0000	左轮手枪及其他手枪，但税目 93.03 或 93.04 的货品除外	13	80		17	0	支			0		0
93.03	靠爆炸药发射的其他火器及类似装置（例如，运动用猎枪及步枪、前装枪、维利式信号枪及其他专为发射信号弹的装置、发射空包弹的左轮手枪和其他手枪、弩枪式无痛捕杀器、抛缆枪）：											
9303.1000	- 前装枪	13	80		17	13	支			0		0
9303.2000	- 其他运动、狩猎或打靶用猎枪，包括组合式滑膛来复枪	13	80		17	13	支			0		0
9303.3000	- 其他运动、狩猎或打靶用步枪	13	80		17	13	支			0		0
9303.9000	- 其他	13	80		17	13	支			0		0
93.04	其他武器（例如，弹簧枪、气枪、气手枪、警棍），但不包括税目 93.07 的货品：											
9304.0000	其他武器（例如，弹簧枪、气枪、气手枪、警棍），但不包括税目 93.07 的货品	13	80		17	13	支			0		0
93.05	税目 93.01 至 93.04 所列物品的零件、附件：											
9305.1000	- 左轮手枪或其他手枪用	13	80		17	0/13	千克			0		0
9305.2000	- 税目 93.03 的猎枪或步枪用	13	80		17	0/13	千克			0		0
	- 其他：											
9305.9100	-- 税目 93.01 的军用武器用	13	80		17	0	千克			0		0
9305.9900	-- 其他	13	80		17	0/13	千克			0		0
93.06	炸弹、手榴弹、鱼雷、地雷、水雷、导弹及类似武器及其零件；子弹、其他弹药和射弹及其零件，包括弹丸及弹垫：											
	- 猎枪子弹及其零件；气枪弹丸：											
9306.2100	-- 猎枪子弹	13	80		17	13	千克			0		0

SECTION XIX ARMS AND AMMUNITION; PARTS AND ACCESSORIES THEREOF

Chapter 93 Arms and ammunition; parts and accessories thereof

Chapter Notes:

1. This Chapter does not cover:

   (a) Goods of Chapter 36 (for example, percussion caps, detonators, signalling flares);

   (b) Parts of general use, as defined in Note 2 to Section XV, of base metal (Section XV), or similar goods of plastics (Chapter 39);

   (c) Armoured fighting vehicles (heading 87.10);

   (d) Telescopic sights and other optical devices suitable for use with arms, unless mounted on a firearm or presented with the firearm on which they are designed to be mounted (Chapter 90);

   (e) Bows, arrows, fencing foils or toys (Chapter 95); or

   (f) Collectors' pieces or antiques (heading 97.05 or 97.06).

2. In heading 93.06, the reference to "parts thereof" does not include radio or radar apparatus of heading 85.26.

协定税率 %										特惠税率 %				Article Description
巴基斯坦	冰岛	哥斯达黎	秘鲁	新西兰	瑞士	新加坡	韩国	澳大利亚	港澳台	老挝	孟加拉	33 国	7 国	
														Military weapons, other than revolvers, pistols and the arms of heading No.93.07.
														- Artillery weapons（for example, howitzers and mortars）:
6.5	0	0	0	0	9.1	0	10.4	7.8				0	0	--- Self-propelled
6.5	0	0	0	0	9.1	0	10.4	7.8				0	0	--- Other
6.5	0	0	0	0	9.1	0	10.4	7.8				0	0	- Rocket launchers;flame-throwers;grenade launchers; torpedo tubes and similar projectors
6.5	0	0	0	0	9.1	0	10.4	7.8				0	0	- Other
														Revolvers and pistols, other than those of heading No.93.03 or 93.04:
6.5	0	0	0	0	9.1	0	10.4	7.8				0	0	Revolvers and pistols, other than those of heading No.93.03 or 93.04
														Other firearms and similar devices which operate by the firing of an explosive charge（ for example, sporting shotguns and rifles, muzzle-loading firearms, Very pistols and other devices designed to project only signal flares, pistols and revolvers for firing blank ammunition, captive-bolt humane killers, line throwing guns）:
6.5	0	0	0	0	9.1	0	10.4	7.8				0	0	- Muzzle-loading firearms
6.5	0	0	0	0	9.4	0	10.4	7.8				0	0	- Other sporting, hunting or target shooting shotguns, including combination shotgun rifles
6.5	0	0	0	0	9.1	0	10.4	7.8				0	0	- Other sporting, hunting or target shooting rifles
6.5	0	0	0	0	9.1	0	10.4	7.8				0	0	- Other
														Other arms（ for example, spring, air or gas guns and pistols, truncheons）,excluding those of heading No.93.07:
6.5	0	0	0	0		0	10.4	7.8				0	0	Other arms（for excample, spring, air or gas guns and pistols, truncheons）， excluding those of heading No.93.07
														Parts and accessories of articles of headings No.93.01 to 93.04:
6.5	0	0	0	0	9.1	0	10.4	7.8				0	0	- Of revolvers or pistols
6.5	0	0	0	0	9.1	0	10.4	7.8				0	0	- Of shotguns or rifles of heading No.93.03
														- Other:
6.5	0	0	0	0	9.1	0	10.4	7.8				0	0	-- Of military weapons of heading 93.01
6.5	0	0	0	0	9.1	0	10.4	7.8				0	0	-- Other
														Bombs，grenades，torpedoes，mines，missiles， and similar munitions of war and parts thereof;cartridges and other ammunition and projectiles and parts thereof，including shot and cartridge wads:
														- Shotgun cartridges and parts thereof； air gun pellets:
6.5	0	0	0	0	9.1	0	10.4	7.8				0	0	-- Cartridges

税号	货品名称	进口关税 %			增值/消费税%	出口退税%	统计计量单位	监管证件代码	检验检疫类别	协定税率 %		
		最惠国	普通	年内暂定						东盟	亚太	智利
9306.2900	-- 其他	13	80		17	13	千克			0		0
	- 其他子弹及其零件：											
9306.3080	--- 铆接机或类似工具用及弩枪式无痛捕杀器用子弹及其零件	13	80		17	0/13	千克			0		0
9306.3090	--- 其他	13	80		17	0/13	千克			0		0
9306.9000	- 其他											
93069000.10	两用物项管制的导弹及其零件(能把500千克以上有效载荷投掷到300千米以上的)	13	80		17	0	千克	3		0		0
93069000.20	运载火箭(能把500千克以上有效载荷投掷到300千米以上的)	13	80		17	0	千克	3		0		0
93069000.30	探空火箭(能把500千克以上有效载荷投掷到300千米以上的)	13	80		17	0	千克	3		0		0
93069000.40	巡航导弹(能把500千克以上有效载荷投掷到300千米以上的)	13	80		17	0	千克	3		0		0
93069000.90	其他弹药和射弹及其零件(包括炸弹、手榴弹、鱼雷、地雷、水雷、导弹等)	13	80		17	0/13	千克			0		0
93.07	**剑、短弯刀、刺刀、长矛和类似的武器及其零件；刀鞘、剑鞘：**											
9307.0010	--- 军用											
93070010.10	军用刀鞘、剑鞘,濒危动物制	13	80		17	0	千克/件	EF		0		0
93070010.90	其他军用剑,刀,长矛和类似的武器及其零件(包括刀鞘、剑鞘)	13	80		17	0	千克/件			0		0
9307.0090	--- 其他											
93070090.10	其他濒危动物制的刀鞘、剑鞘	13	80		17	0	千克/件	EF		0		0
93070090.90	其他剑、刀、长矛和类似的武器及其零件(包括刀鞘、剑鞘)	13	80		17	0	千克/件			0		0

协定税率 %										特惠税率 %				
巴基斯坦	冰岛	哥斯达黎	秘鲁	新西兰	瑞士	新加坡	韩国	澳大利亚	港澳台	老挝	孟加拉	33国	7国	Article Description
6.5	0	0	0	0	9.1	0	10.4	7.8				0	0	-- Other
														- Other cartridges and parts thereof:
6.5	0	0	0	0	9.1	0	10.4	7.8				0	0	--- Cartridges for riveting or similar tools or for captive-bolt humane killers and parts thereof
6.5	0	0	0	0	9.1	0	10.4	7.8				0	0	--- Other
														- Other
6.5	0	0	0	0	9.1	0	10.4	7.8				0	0	Missiles and its parts under dual-use items control (can be used to deliver at least a 500 kg payload to a range of at least 300 km)
6.5	0	0	0	0	9.1	0	10.4	7.8				0	0	Carrier rockets (can be used to deliver at least a 500 kg payload to a range of at least 300 km)
6.5	0	0	0	0	9.1	0	10.4	7.8				0	0	Sounding rockets (can be used to deliver at least a 500 kg payload to a range of at least 300 km)
6.5	0	0	0	0	9.1	0	10.4	7.8				0	0	Cruise missiles (can be used to deliver at least a 500 kg payload to a range of at least 300 km)
6.5	0	0	0	0	9.1	0	10.4	7.8				0	0	Other ammunitions, projectiles and parts thereof (including bombs, grenades, torpedoes, mines, missiles, etc.)
														Swords，cutlasses，bayonets，lances and similar arms and parts thereof；scabbards and sheaths therefor:
														--- For military use
6.5	0	0	0	0	9.1	0	10.4	7.8			0	0	0	Military scabbards and sheaths, made of endangered animals
6.5	0	0	0	0	9.1	0	10.4	7.8			0	0	0	Other military swords, knifes, lances and similar arms and parts thereof (including scabbards and sheaths therefor)
														--- Other
6.5	0	0	0	0	9.1	0	10.4	7.8			0	0	0	Other scabbards and sheaths, made of endangered animals
6.5	0	0	0	0	9.1	0	10.4	7.8			0	0	0	Other swords, knifes, lances and similar arms and parts thereof (including scabbards and sheaths therefor)

第二十类　杂项制品

第九十四章　家具；寝具、褥垫、弹簧床垫、软座垫及类似的填充制品；未列名灯具及照明装置；发光标志、发光铭牌及类似品；活动房屋

注释：

一、本章不包括：

（一）第三十九章、第四十章或第六十三章的充气或充水的褥垫、枕头及座垫；

（二）落地镜[例如，税目 70.09 的试衣镜（旋转镜）]；

（三）第七十一章的物品；

（四）第十五类注释二所规定的贱金属制通用零件（第十五类）、塑料制的类似品（第三十九章）或税目 83.03 的保险箱；

（五）冷藏或冷冻设备专用的特制家具（税目 84.18）；缝纫机专用的特制家具（税目 84.52）；

（六）第八十五章的灯具及照明装置；

（七）税目 85.18、85.19、85.21 或税目 85.25 至 85.28 所列装置专用的特制家具（应分别归入税目 85.18、85.22 或 85.29）；

（八）税目 87.14 的物品；

（九）装有税目 90.18 所列牙科用器具或漱口盂的牙科用椅（税目 90.18）；

（十）第九十一章的物品（例如，钟及钟壳）；或

（十一）玩具家具、玩具灯或玩具照明装置（税目 95.03）、台球桌或其他供游戏用的特制家具（税目 95.04）、魔术用的特制家具或中国灯笼及类似的装饰品（电气彩灯串除外）（税目 95.05）。

二、税目 94.01 至 94.03 的物品（零件除外），只适用于落地式的物品。

对下列物品，即使是悬挂的、固定在墙壁上的或叠摞的，仍归入上述各税目：

（一）碗橱、书柜、其他架式家具（包括与将其固定于墙上的支撑物一同报验的单层搁架）及组合家具；

（二）坐具及床。

三、

（一）税目 94.01 至 94.03 所列货品的零件，不包括玻璃（包括镜子）、大理石或其他石料以及第六十八章及第六十九章所列任何其他材料的片、块（不论是否切割成形，但未与其他零件组装）。

（二）税目 94.04 的货品，如果单独报验，不能作为税目 94.01、94.02 或 94.03 所列货品的零件归类。

四、税目 94.06 所称“活动房屋”，是指在工厂制成成品或制成部件并一同报验，供以后在有关地点上组装的房屋，例如，工地用房、办公室、学校、店铺、工作棚、车房或类似的建筑物。

税号	货品名称	进口关税 %			增值/消费税%	出口退税%	统计计量单位	监管证件代码	检验检疫类别	协定税率 %		
		最惠国	普通	年内暂定						东盟	亚太	智利
94.01	坐具（包括能作床用的两用椅，但税目 94.02 的货品除外）及其零件：											
9401.1000	- 飞机用坐具	0	100		17	15	个/千克					
	- 机动车辆用坐具：											
9401.2010	--- 皮革或再生皮革面的	10	100		17	15	个/千克		+L			0
9401.2090	--- 其他	10	100		17	15	个/千克		+L			0
9401.3000	- 可调高度的转动坐具	0	100		17	15	个/千克					

SECTION XX　MISCELLANEOUS MANUFACTURED ARTICLES

Chapter 94　Furniture; bedding, mattresses, mattress supports, cushions and similar stuffed furnishings; lamps and lighting fittings, not elsewhere specified or included; illuminated signs, illuminated name-plates and the like; prefabricated buildings

Chapter Notes:

1. This Chapter does not cover:

   (a) Pneumatic or water mattresses, pillows or cushions, of Chapter 39, 40 or 63;

   (b) Mirrors designed for placing on the floor or ground (for example, cheval-glasses (swing-mirrors)) of heading 70.09;

   (c) Articles of Chapter 71;

   (d) Parts of general use as defined in Note 2 to Section XV, of base metal (Section XV), or similar goods of plastics (Chapter 39), or safes of heading 83.03;

   (e) Furniture specially designed as parts of refrigerating or freezing equipment of heading 84.18; furniture specially designed for sewing machines (heading 84.52);

   (f) Lamps or lighting fittings of Chapter 85;

   (g) Furniture specially designed as parts of apparatus of heading 85.18 (heading 85.18), of heading 85.19 or 85.21 (heading 85.22) or of headings 85.25 to 85.28 (heading 85.29);

   (h) Articles of heading 87.14;

   (ij) Dentists' chairs incorporating dental appliances of heading 90.18 or dentists' spittoons (heading 90.18);

   (k) Articles of Chapter 91 (for example, clocks and clock cases); or

   (l) Toy furniture or toy lamps or lighting fittings (heading 95.03), billiard tables or other furniture specially constructed for games (heading 95.04), furniture for conjuring tricks or decorations (other than electric garlands) such as Chinese lanterns (heading 95.05).

2. The articles (other than parts) referred to in headings 94.01 to 94.03 are to be classified in those headings only if they are designed for placing on the floor or ground.
   The following are, however, to be classified in the above-mentioned headings even if they are designed to be hung, to be fixed to the wall or to stand one on the other:

   (a) Cupboards, bookcases, other shelved furniture (including single shelves presented with supports for fixing them to the wall) and unit furniture;

   (b) Seats and beds.

3

   (a) In headings 94.01 to 94.03 references to parts of goods do not include references to sheets or slabs (whether or not cut to shape but not combined with other parts) of glass (including mirrors), marble or other stone or of any other material referred to in Chapter 68 or 69.

   (b) Goods described in heading 94.04, presented separately, are not to be classified in heading 94.01, 94.02 or 94.03 as parts of goods.

4. For the purposes of heading 94.06, the expression "prefabricated buildings" means buildings which are finished in the factory or put up as elements, presented together, to be assembled on site, such as housing or worksite accommodation, offices, schools, shops, sheds, garages or similar buildings.

协定税率 %										特惠税率 %				Article Description
巴基斯坦	冰岛	哥斯达黎	秘鲁	新西兰	瑞士	新加坡	韩国	澳大利亚	港澳台	老挝	孟加拉	33 国	7 国	
														Seats（other than those of heading No.94.02, whether or not convertible into beds）, and parts thereof:
							0	0			0	0	0	- Seats of a kind used for aircraft
														- Seats of a kind used for motor vehicles:
	0	0	0	0	4		9	6	/0/			0	0	--- With outer surface of leather or composition leather
	0	0	0	0	4		8.6	6	/0/			0	0	--- Other
							0	0			0	0	0	- Swivel seats with variable height adjustment

税号	货品名称	进口关税% 最惠国	普通	年内暂定	增值/消费税%	出口退税%	统计计量单位	监管证件代码	检验检疫类别	协定税率% 东盟	亚太	智利
	- 能作床用的两用椅，但庭园坐具或野营设备除外：											
9401.4010	--- 皮革或再生皮革面的	0	100		17	15	个/千克		+L			
9401.4090	--- 其他	0	100		17	15	个/千克		+L			
	- 藤、柳条、竹及类似材料制的坐具：											
9401.5100	-- 竹制或藤制的	0	100		17	15	个/千克	AB	P/Q			
9401.5900	-- 其他	0	100		17	15	个/千克	AB	P/Q			
	- 木框架的其他坐具：											
	-- 装软垫的：											
9401.6110	--- 皮革或再生皮革面的	0	100		17	15	个/千克	AB	P/Q			
9401.6190	--- 其他	0	100		17	15	个/千克	AB	P/Q			
9401.6900	-- 其他											
94016900.10	其他濒危木框架的坐具	0	100		17	0	个/千克	ABEF	P/Q			
94016900.90	其他木框架的坐具(不包括编号94011000-94015000的坐具)	0	100		17	15	个/千克	AB	P/Q			
	- 金属框架的其他坐具：											
	-- 装软垫的：											
9401.7110	--- 皮革或再生皮革面的	0	100		17	15	个/千克					
9401.7190	--- 其他	0	100		17	15	个/千克					
9401.7900	-- 其他	0	100		17	15	个/千克					
	- 其他坐具：											
9401.8010	--- 石制的	0	100		17	15	个/千克					
9401.8090	--- 其他											
94018090.10	其他濒危木制坐具	0	100		17	0	个/千克	EF				
94018090.91	儿童用汽车安全座椅	0	100		17	15	个/千克	AB	+LP/Q			
94018090.99	其他坐具	0	100		17	15	个/千克		+L			
	- 零件：											
	--- 机动车辆用：											
9401.9011	----座椅调角器	10	100		17	15	套/千克					0
9401.9019	----其他	0	100		17	15	千克		+L			
9401.9090	--- 其他	0	100		17	15	千克		+L			
94.02	**医疗、外科、牙科或兽医用家具（例如，手术台、检查台、带机械装置的病床、牙科用椅）；有旋转、倾斜、升降装置的理发用椅及类似椅；上述物品的零件：**											
	- 牙科、理发及类似用途的椅及其零件：											
9402.1010	--- 理发用椅及其零件	0	100		17	15	个/千克					
9402.1090	--- 其他	0	30		17	15	个/千克					
9402.9000	- 其他	0	30		17	15	件/千克					
94.03	**其他家具及其零件：**											
9403.1000	- 办公室用金属家具	0	100		17	15	件/千克					
9403.2000	- 其他金属家具	0	100		17	15	件/千克					
9403.3000	- 办公室用木家具											
94033000.10	濒危木制办公室用木家具	0	100		17	0	件/千克	ABEF	P/Q			
94033000.90	其他办公室用木家具	0	100		17	15	件/千克	AB	P/Q			
9403.4000	- 厨房用木家具											
94034000.10	濒危木制厨房用木家具	0	100		17	0	件/千克	ABEF	P/Q			
94034000.90	其他厨房用木家具	0	100		17	15	件/千克	AB	P/Q			
	- 卧室用木家具：											
9403.5010	--- 红木制											
94035010.10	卧室用濒危红木制家具	0	100		17	0	件/千克	ABEF	P/Q			
94035010.90	其他卧室用红木制家具	0	100		17	15	件/千克	AB	P/Q			
	--- 其他：											
9403.5091	----天然漆（大漆）漆木家具	0	100		17	15	件/千克	AB	P/Q			
9403.5099	----其他											
94035099.10	卧室用其他濒危木家具	0	100		17	0	件/千克	ABEF	P/Q			
94035099.90	卧室用其他木家具	0	100		17	15	件/千克	AB	P/Q			
	- 其他木家具：											
9403.6010	--- 红木制											

协定税率 %										特惠税率 %				
巴基斯坦	冰岛	哥斯达黎	秘鲁	新西兰	瑞士	新加坡	韩国	澳大利亚	港澳台	老挝	孟加拉	33 国	7 国	**Article Description**
														- Seats other than garden seats or camping equipment, convertible into beds:
							0	0			0	0	0	--- With outer surface of leather or composition leather
							0	0			0	0	0	--- Other
														- Seats of cane, osier, bamboo or similar materials:
							0	0		0	0	0	0	-- Of bamboo or rattan
							0	0		0	0	0	0	-- Other
														- Other seats, with wooden frames:
														-- Upholstered:
							0	0			0	0	0	--- With outer surface of leather or composition leather
							0	0			0	0	0	--- Other
														-- Other
							0	0			0	0	0	Seats, with other endangered wood frames
							0	0			0	0	0	Seats, with other wood frames (other than those of subheadings 9401.1000 to 9401.5000)
														- Other seats, with metal frames:
														-- Upholstered:
							0	0			0	0	0	--- With outer surface of leather or composition leather
							0	0			0	0	0	--- Other
							0	0			0	0	0	-- Other
														- Other seats:
							0	0			0	0	0	--- Of stone
														--- Other
							0	0			0	0	0	Seats, of other endangered wood
							0	0			0	0	0	Child safety seats
							0	0			0	0	0	Other seats
														- Parts:
														--- Of the motor vehicles:
	0	0	3	0	4			6	0//		0	0	0	----Seat angle regulating devices
							0	0			0	0	0	----Other
							0	0			0	0	0	--- Other
														Medical, surgical, dental or veterinary furniture (for example, operating tables, examination tables, hospital beds with mechanical fittings, dentists chairs); barbers chairs and similar chairs, having rotating as well as both reclining and elevating movements; parts of the foregoing articles:
														- Dentists, barbers or similar chairs and parts thereof:
							0	0			0	0	0	--- Barbers chairs and parts thereof
							0	0			0	0	0	--- Other
							0	0			0	0	0	- Other
														Other furniture and parts thereof:
							0	0			0	0	0	- Metal furniture of a kind used in offices
							0	0			0	0	0	- Other metal furniture
														- Wooden furniture of a kind used in offices
							0	0		0	0	0	0	Furniture of endangered wood, used in offices
							0	0		0	0	0	0	Other wooden furniture of a kind used in offices
														- Wooden furniture of a kind used in the kitchen
							0	0			0	0	0	Furniture of endangered wood, used in the kitchen
							0	0			0	0	0	Other wooden furniture of a kind used in the kitchen
														- Wooden furniture of a kind used in the bedroom:
														--- Of rose wood
							0	0			0	0	0	Furniture of endangered rose wood, used in the bedroom
							0	0			0	0	0	Other furniture of rose wood, used in the bedroom
														--- Other:
							0	0			0	0	0	----Of lacquered wood
														----Other
							0	0			0	0	0	Furniture of other endangered wood, used in the bedroom
							0	0			0	0	0	Furniture of other wood, used in bedroom
														- Other wooden furniture:
														--- Of rose wood

税号	货品名称	进口关税% 最惠国	进口关税% 普通	进口关税% 年内暂定	增值/消费税%	出口退税%	统计计量单位	监管证件代码	检验检疫类别	协定税率% 东盟	协定税率% 亚太	协定税率% 智利
94036010.10	濒危红木制其他家具(非卧室用)	0	100		17	0	件/千克	ABEF	P/Q			
94036010.90	其他红木制家具(非卧室用)	0	100		17	15	件/千克	AB	P/Q			
	--- 其他:											
9403.6091	----天然漆(大漆)漆木家具	0	100		17	15	件/千克	AB	P/Q			
9403.6099	----其他											
94036099.10	濒危木制其他家具(非卧室用)	0	100		17	0	件/千克	ABEF	P/Q			
94036099.90	其他木家具(非卧室用)	0	100		17	15	件/千克	AB	P/Q			
9403.7000	- 塑料家具	0	100		17	15	件/千克					
	- 其他材料制的家具,包括藤、柳条、竹或类似材料制的:											
9403.8100	-- 竹制或藤制的	0	100		17	15	件/千克	AB	P/Q			
	-- 其他:											
9403.8910	--- 柳条及类似材料制的	0	100		17	15	件/千克	AB	P/Q			
9403.8920	--- 石制的	0	100		17	15	件/千克					
9403.8990	---- 其他	0	100		17	15	件/千克					
9403.9000	- 零件											
94039000.10	飞机内厨房家具零件	0	100		17	15	千克					
94039000.90	其他税目9403所列物品的零件	0	100		17	15	千克					
94.04	**弹簧床垫;寝具及类似用品,装有弹簧、内部用任何材料填充、衬垫或用海绵橡胶、泡沫塑料制成,不论是否包面(例如,褥垫、棉被、羽绒被、靠垫、座垫及枕头):**											
9404.1000	- 弹簧床垫	20	100	10	17	15	个/千克			0		0
	- 褥垫:											
9404.2100	-- 海绵橡胶或泡沫塑料制,不论是否包面											
94042100.10	蔺草包面的垫子(单件面积大于1平方米,无论是否包边)	20	100	10	17	15	个/千克	4ABxy	P/Q	0		0
94042100.90	海绵橡胶或泡沫塑料制褥垫(不论是否包面)	20	100	10	17	15	个/千克			0		0
9404.2900	-- 其他材料制	20	100	10	17	17	个/千克			0	14	0
	- 睡袋:											
9404.3010	--- 羽毛或羽绒填充的											
94043010.10	濒危野禽羽毛或羽绒填充的睡袋	20	130	10	17	0	个/千克	EF		0		0
94043010.90	其他羽毛或羽绒填充的睡袋	20	130	10	17	17	个/千克			0		0
9404.3090	--- 其他	20	100	10	17	17	个/千克			0		0
	- 其他:											
9404.9010	--- 羽毛或羽绒填充的											
94049010.10	濒危野禽羽绒或羽毛填充其他寝具(含类似品)	20	130	10	17	0	千克	EF		0		0
94049010.90	其他羽绒或羽毛填充的其他寝具(含类似品)	20	130	10	17	17	千克			0		0
9404.9020	--- 兽毛填充的											
94049020.10	濒危兽毛填充的寝具(用野生兽毛填充的,含盖被及类似品)	20	130	10	17	0	千克	EF		0		0
94049020.90	其他兽毛填充的其他寝具(含类似品)	20	130	10	17	17	千克			0		0
9404.9030	--- 丝棉填充的	20	130	10	17	17	千克			0		0
9404.9040	--- 化纤棉填充的	20	130	10	17	17	千克			0		0
9404.9090	--- 其他	20	130	10	17	17	千克			0		0
94.05	**其他税目未列名的灯具及照明装置,包括探照灯、聚光灯及其零件;装有固定光源的发光标志、发光铭牌及类似品,以及其他税目未列名的这些货品的零件:**											
9405.1000	- 枝形吊灯及天花板或墙壁上的其他电气照明装置,但不包括公共露天场所或街道上的电气照明装置	10	80		17	13	个/千克		+L	0		0
9405.2000	- 电气的台灯、床头灯或落地灯											
94052000.10	含濒危物种成分的电气台灯、床头灯、落地灯	20	80		17	0	台/千克	EF	+L	0		0
94052000.90	其他电气台灯、床头灯、落地灯	20	80		17	13	台/千克		+L	0		0
9405.3000	- 圣诞树用的成套灯具	16	100		17	13	套/千克			0		0

协定税率 %										特惠税率 %				
巴基斯坦	冰岛	哥斯达黎	秘鲁	新西兰	瑞士	新加坡	韩国	澳大利亚	港澳台	老挝	孟加拉	33 国	7 国	Article Description
							0	0			0	0	0	Other furniture of endangered rose wood (not used in the bedroom)
							0	0			0	0	0	Other furniture of rose wood (not used in bedroom)
														--- Other:
							0	0			0	0	0	----Of lacquered wood
														----Other
							0	0			0	0	0	Other furniture of endangered wood (not use in the bedroom)
							0	0			0	0	0	Other furniture of wood (not used in the bedroom)
							0	0			0	0	0	- Furniture of plastics
														- Furniture of other materials, including cane, osier, bamboo or similar materials:
							0	0			0	0	0	-- Of bamboo or rattan
														-- Other:
							0	0			0	0	0	--- Of osier or similar materials
							0	0			0	0	0	--- Of stone
							0	0			0	0	0	--- Other
														- Parts
							0	0			0	0	0	Parts of furniture, used in kitchen of airplanes
							0	0			0	0	0	Parts of the goods of heading 94.03
														Mattress supports; articles of bedding and similar furniture (for example, mattresses, quilts, eiderdowns, cushions, pouffes and pillows) fitted with springs or stuffed or internally fitted with any material or of cellular rubber or plastics, whether or not covered:
	0	0	6	0	14	0	17.3	12				0	0	- Mattress supports
														- Mattresses:
														-- Of cellular rubber or plastics, whether or not covered
	0	0	6	0	14	0	17.3	12	0/0/		0	0	0	Mattresses covered with rush (the area of one piece exceeding 1 m^2, whether or not edged)
	0	0	6	0	14	0	17.3	12	0/0/		0	0	0	Mattresses fitted with cellular rubber or plastics (whether or not covered)
14	0	0	6	0	14	0	17.3	12	0/0/		0	0	0	-- Of other materials
														- Sleeping bags:
														--- Stuffed with feathers or down
	0	0	6	0	14	0	17.3	12	/0/		0	0	0	Sleeping bags stuffed with feathers or down of endangered wild birds
	0	0	6	0	14	0	17.3	12	/0/		0	0	0	Sleeping bags stuffed with other feathers or down
	0	0	6	0	14	0	17.3	12	/0/		0	0	0	--- Other
														- Other:
														--- Stuffed with feathers or down
		0	6	0	14	0	17.3	12	0/0/		0	0	0	Articles of bedding and similar furnishing, stuffed with feathers or down of endangered wild birds
		0	6	0	14	0	17.3	12	0/0/		0	0	0	Articles of bedding and similar furnishing, stuffed with other feathers or down
														--- Stuffed with animal hair
	0	0	6	0	14	0	17.3	12	0/0/		0	0	0	Articles of bedding, stuffed with endangered animal hair and wild animal hair (including quilts and similar furnishing)
	0	0	6	0	14	0	17.3	12	0/0/		0	0	0	Other articles of bedding and similar furnishing, stuffed with other animal hair
	0	0	6	0	14	0	17.3	12	0/0/		0	0	0	--- Stuffed with silk wadding
	0	0	6	0	14	0	17.3	12	0/0/		0	0	0	--- Stuffed with man-made fibres
	0	0	6	0	14	0	17.3	12	0/0/		0	0	0	--- Other
														Lamps and lighting fittings including searchlights and spotlights and parts thereof, not elsewhere specified or included;illuminated signs, illuminated name-plates and the like, having a permanently fixed light source, and parts thereof not elsewhere specified or included:
5	0	0	0	0	4		8	6			0	0	0	- Chandeliers and other electric ceiling or wall lighting fittings, excluding those of a kind used for lighting public open spaces or thorough-fares
														- Electric table, desk, bedside or floorstanding lamps
	0	0	6	0	14	0	18	12			0	0	0	Electric table, desk, bedside or floor-standing lamps, with endangered animals' parts
	0	0	6	0	14	0	18	12			0	0	0	Other electric table, desk, bedside or floor-standing lamps
12.8	0	0	4.8	0	11.2	0	12.8	9.6			0	0	0	- Lighting sets of a kind used for Christmas trees

税 号	货 品 名 称	进口关税 %			增值/消费税%	出口退税 %	统计计量单位	监管证件代码	检验检疫类别	协定税率 %		
		最惠国	普通	年内暂定						东盟	亚太	智利
	- 其他电灯及照明装置:											
9405.4010	--- 探照灯	17.5	70		17	13	台/千克			0		0
9405.4020	--- 聚光灯	17.5	70		17	13	台/千克	A	M/	0		0
9405.4090	--- 其他	10	80		17	13	千克	A	LM/	0		0
9405.5000	- 非电气的灯具及照明装置	20	80		17	13	千克			0		0
9405.6000	- 发光标志、发光铭牌及类似品	20	80		17	13	千克		+L	0		0
	- 零件:											
9405.9100	-- 玻璃制	20	70		17	13	千克			0		0
9405.9200	-- 塑料制	20	70		17	13	千克			0		0
9405.9900	-- 其他	20	70		17	13	千克			0		0
94.06	**活动房屋:**											
9406.0000	活动房屋											
94060000.10	用动植物材料制作的活动房屋	10	70		17	13	千克	AB	P/Q	0	7	0
94060000.20	带有风扇的高效空气粒子过滤单元(HEPA)的封闭洁净室	10	70		17	13	千克	3		0	7	0
94060000.90	其他活动房屋	10	70		17	13	千克			0	7	0

协定税率 %										特惠税率 %				Article Description
巴基斯坦	冰岛	哥斯达黎	秘鲁	新西兰	瑞士	新加坡	韩国	澳大利亚	港澳台	老挝	孟加拉	33 国	7 国	
														- Other electric lamps and lighting fittings:
14	0	0	5.2	0	12.3	0	14	10.5	/0/		0	0	0	--- Searchlights
14	0	0	5.2	0	12.3	0	14	10.5	/0/		0	0	0	--- Spotlights
5	0	0	0	0	4	0	6	6	0/0/		0	0	0	--- Other
	0	0	6	0	14	0	18	12				0	0	- Non-electrical lamps and lighting fittings
	0	0	6	0	14	0	17.3	12	0//			0	0	- Illuminated signs, illuminated nameplates and the like
														- Parts:
	0	0	6	0	14	0	18	12				0	0	-- Of glass
	0	0	6	0	14	0	17.3	12	/0/			0	0	-- Of plastics
	0	0	6	0	14	0	17.3	12	/0/		0	0	0	-- Other
														Prefabricated buildings:
														Prefabricated buildings
5	0	0	3	0	4	0	8	6	/0/		0	0	0	Prefabricated buildings of animal or vegetable materials
5	0	0	3	0	4	0	8	6	/0/		0	0	0	Sealed clean room with fan and filtering unit of high efficiency particulate air (HEPA)
5	0	0	3	0	4	0	8	6	/0/		0	0	0	Other prefabricated buildings

第九十五章 玩具、游戏品、运动用品及其零件、附件

注释：

一、本章不包括：

（一）蜡烛（税目 34.06）；

（二）税目 36.04 的烟花、爆竹或其他烟火制品；

（三）已切成一定长度但未制成钓鱼线的纱线、单丝、绳、肠线及类似品（第三十九章、税目 42.06 或第十一类）；

（四）税目 42.02、43.03 或 43.04 的运动用袋或其他容器；

（五）第六十一章或第六十二章的纺织品制的运动服或化妆舞会服装；

（六）第六十三章的纺织品制的旗帜及帆板或滑行车用帆；

（七）第六十四章的运动鞋靴（装有冰刀或滑轮的溜冰鞋除外）或第六十五章的运动用帽；

（八）手杖、鞭子、马鞭或类似品（税目 66.02）及其零件（税目 66.03）；

（九）税目 70.18 的未装配的玩偶或其他玩具用的玻璃假眼；

（十）第十五类注释二所规定的贱金属制通用零件（第十五类）或塑料制的类似货品（第三十九章）；

（十一）税目 83.06 的铃、钟、锣及类似品；

（十二）液体泵（税目 84.13）、液体或气体的过滤、净化机器及装置（税目 84.21）、电动机（税目 85.01）、变压器（税目 85.04）；录制声音或其他信息用的圆盘、磁带、固态非易失性数据存储器件、“智能卡”及其他媒体，不论是否已录制（税目 85.23）；无线电遥控设备（税目 85.26）或无绳红外线遥控器件（税目 85.43）；

（十三）第十七类的运动用车辆（长雪橇、平底雪橇及类似品除外）；

（十四）儿童两轮车（税目 87.12）；

（十五）运动用船艇，例如，轻舟、赛艇（第八十九章）及其桨、橹和类似品（木制的归入第四十四章）；

（十六）运动及户外游戏用的眼镜、护目镜及类似品（税目 90.04）；

（十七）媒诱音响器及哨子（税目 92.08）；

（十八）第九十三章的武器及其他物品；

（十九）各种电气彩灯串（税目 94.05）；

（二十）球拍线、帐篷或类似的野营用品、分指手套、连指手套及露指手套（按其构成材料归类）；或

（二十一）餐具、厨房用具、盥洗用品、地毯及纺织材料制的其他铺地制品、服装、床上、餐桌、盥洗及厨房用的织物制品及具有实用功能的类似货品（按其构成材料归类）。

二、本章包括天然或养殖珍珠、宝石或半宝石（天然、合成或再造）、贵金属或包贵金属只作为小零件的物品。

三、除上述注释一另有规定的以外，凡专用于或主要用于本章各税目所列物品的零件、附件，应与有关物品一并归类。

四、除上述注释一另有规定的以外，税目 95.03 主要适用于该税目所列的物品与一项或多项其他货品组合而成的物品，只要这些物品为零售包装，且组合后具有玩具的基本特征。这些组合物品不能视为归类总规则三（二）所指的成套货品，如果单独报验，应归入其他税目。

五、税目 95.03 不包括因其设计、形状或构成材料可确认为专供动物使用的物品，例如，“宠物玩具”（归入其适当税目）。

子目注释：

子目 9504.50 包括：

（一）在电视机、监视器或其他外部屏幕或表面上重放图像的视频游戏控制器；或

（二）自带显示屏的视频游戏设备，不论是否便携式。

本子目不包括用硬币、钞票、银行卡、代币或任何其他支付方式使其工作的视频游戏控制器或设备（子目 9504.30）。

Chapter 95 Toys, games and sports requisites; parts and accessories thereof

Chaptre Notes:

1. This Chapter does not cover:

(a) Candles (heading 34.06);

(b) Fireworks or other pyrotechnic articles of heading 36.04;

(c) Yarns, monofilament, cords or gut or the like for fishing, cut to length but not made up into fishing lines, of Chapter 39, heading 42.06 or Section XI;

(d) Sports bags or other containers of heading 42.02, 43.03 or 43.04;

(e) Sports clothing or fancy dress, of textiles, of Chapter 61 or 62;

(f) Textile flags or bunting, or sails for boats, sailboards or land craft, of Chapter 63;

(g) Sports footwear (other than skating boots with ice or roller skates attached) of Chapter 64, or sports headgear of Chapter 65;

(h) Walking-sticks, whips, riding-crops or the like (heading 66.02), or parts thereof (heading 66.03);

(ij) Unmounted glass eyes for dolls or other toys, of heading 70.18;

(k) Parts of general use, as defined in Note 2 to Section XV, of base metal (Section XV), or similar goods of plastics (Chapter 39);

(l) Bells, gongs or the like of heading 83.06;

(m) Pumps for liquids (heading 84.13), filtering or purifying machinery and apparatus for liquids or gases (heading 84.21), electric motors (heading 85.01), electric transformers (heading 85.04) , discs, tapes, solid-state non-volatile storage devices, "smart cards" and other media for the recording of sound or of other phenomena, whether or not recorded (heading 85.23), radio remote control apparatus (heading 85.26) or cordless infrared remote control devices (heading 85.43);

(n) Sports vehicles (other than bobsleighs, toboggans and the like) of Section XVII;

(o) Children's bicycles (heading 87.12);

(p) Sports craft such as canoes and skiffs (Chapter 89), or their means of propulsion (Chapter 44 for such articles made of wood);

(q) Spectacles, goggles or the like, for sports or outdoor games (heading 90.04);

(r) Decoy calls or whistles (heading 92.08);

(s) Arms or other articles of Chapter 93;

(t) Electric garlands of all kinds (heading 94.05);

(u) Racket strings, tents or other camping goods, or gloves, mittens and mitts (classified according to their constituent material);or

(v) Tableware, kitchenware, toilet articles, carpets and other textile floor coverings, apparel, bed linen, table linen, toilet linen, kitchen linen and similar articles having a utilitarian function (classified according to their constituent material).

2. This Chapter includes articles in which natural or cultured pearls, precious or semi-precious stones (natural, synthetic or reconstructed), precious metal or metal clad with precious metal constitute only minor constituents.

3. Subject to Note 1 above, parts and accessories which are suitable for use solely or principally with articles of this Chapter are to be classified with those articles.

4. Subject to the provisions of Note 1 above, heading 95.03 applies, *inter alia*, to articles of this heading combined with one or more items, which cannot be considered as sets under the terms of General Interpretative Rule 3 (b), and which, if presented separately, would be classified in other headings, provided the articles are put up together for retail sale and the combinations have the essential character of toys.

5. Heading 95.03 does not cover articles which, on account of their design, shape or constituent material, are identifiable as intended exclusively for animals, for example, "pet toys" (classification in their own appropriater heading).

Subheading Note:

Subheading 9504.50 covers :

(a) Video game consoles from which the image is reproduced on a television receiver, a monitor or other external screen or surface; or

(b) Video game machines having a self-contained video screen, whether or not portable.

This subheading does not cover video game consoles or machines operated by coins, banknotes, bank cards, tokens or by any other means of payment (subheading 9504.30).

税号	货品名称	进口关税 %			增值/消费税%	出口退税%	统计计量单位	监管证件代码	检验检疫类别	协定税率 %		
		最惠国	普通	年内暂定						东盟	亚太	智利
95.03	**三轮车、单脚滑行车、踏板车及类似的带轮玩具；玩偶车；玩偶；其他玩具；缩小（按比例缩小）的模型及类似的娱乐用模型，不论是否活动；各种智力玩具：**											
9503.0010	--- 三轮车、踏板车、踏板汽车和类似的带轮玩具；玩偶车	0	80		17	15	千克	B	+L/N			
	--- 玩偶，不论是否着装；玩具动物：											
9503.0021	----动物	0	80		17	15	个/千克	AB	LM/N			
9503.0029	----其他	0	80		17	15	个/千克	AB	LM/N			
	--- 缩小（按比例缩小）的全套模型组件，不论是否活动：											
9503.0031	----电动火车	0	80		17	15	千克	AB	LM/N			
9503.0039	----其他	0	80		17	15	套/千克	AB	LM/N			
9503.0040	--- 其他建筑套件及建筑玩具	0	80		17	15	套/千克	AB	LM/N			
9503.0050	--- 玩具乐器	0	80		17	15	千克	AB	LM/N			
9503.0060	--- 智力玩具	0	80		17	15	套/千克	AB	LM/N			
	--- 其他玩具：											
9503.0081	----组装成套或全套的	0	80		17	15	套/千克	AB	LM/N			
9503.0082	----其他带动力装置的玩具及模型	0	80		17	15	个/千克	AB	LM/N			
9503.0089	----其他	0	80		17	15	个/千克	AB	LM/N			
9503.0090	--- 零件、附件	0	80		17	15	千克	AB	LM/N			
95.04	**视频游戏控制器及设备、游艺场所、桌上或室内游戏用品，包括弹球机、台球、娱乐专用桌及保龄球自动球道设备：**											
9504.2000	- 台球用品及附件											
95042000.10	濒危木制的台球用品及附件	0	80		17	0	千克	EF				
95042000.90	其他台球用品及附件	0	80		17	13	千克					
	- 用硬币、钞票、银行卡、代币或任何其他支付方式使其工作的其他游戏用品，但保龄球自动球道设备除外：											
9504.3010	--- 电子游戏机	0	130		17	13	台/千克	60				
9504.3090	--- 其他	0	80		17	13	台/千克	60				
9504.4000	- 扑克牌	0	80		17	13	副					
	- 视频游戏控制器及设备，但子目 9504.30 的货品除外：											
	--- 与电视接收机配套使用的：											
9504.5011	----零件及附件	0	130		17	15	个/千克	60				
9504.5019	----其他	0	130		17	15	台/千克	60	+L			
	--- 其他：											
9504.5091	----零件及附件	0	130		17	13	个/千克	60				
9504.5099	----其他	0	130		17	13	台/千克	60	+L			
	- 其他：											
9504.9010	--- 其他电子游戏机	0	130		17	13	台/千克	60	+L			
	--- 保龄球自动球道设备及器具：											
9504.9021	----保龄球自动分瓶机	0	80		17	13	台/千克					
9504.9022	----保龄球	0	80		17	13	个					
9504.9023	----保龄球瓶	0	80		17	13	个					
9504.9029	----其他	0	80		17	13	台/千克					
9504.9030	--- 中国象棋、国际象棋、跳棋等棋类用品	0	80		17	17	副/千克					
9504.9040	--- 麻将及类似桌上游戏用品	0	80		17	17	副/千克					
9504.9090	--- 其他	0	80		17	13	台/千克					
95.05	**节日（包括狂欢节）用品或其他娱乐用品，包括魔术道具及嬉戏品：**											
9505.1000	- 圣诞节用品											
95051000.10	含动植物性材料的圣诞用品（不包括成套圣诞节灯具）	0	100		17	13	千克	AB	P/Q			
95051000.90	其他圣诞节用品（不包括成套圣诞节灯具）	0	100		17	13	千克					
9505.9000	- 其他	0	100		17	13	千克	B	/N			

协定税率 %										特惠税率 %				Article Description
巴基斯坦	冰岛	哥斯达黎	秘鲁	新西兰	瑞士	新加坡	韩国	澳大利亚	港澳台	老挝	孟加拉	33 国	7 国	
														Tricycles, scooters, pedal cars and similar wheeled toys; dolls carriages; dolls; other toys; reduced-size ("scale") models and similar recreational models, working or not; puzzles of all kinds:
							0	0			0	0	0	--- Tricycles, scooters, pedal cars and similar wheeled toys; dolls carriages
														--- Dolls, whether or not dressed; Toy representing animals or non-human creatures:
							0	0			0	0	0	----Animals
							0	0			0	0	0	----Other
														--- Reduced-size ("scale") model assembly kits, whether or not working models:
							0	0			0	0	0	----Electric trains
							0	0			0	0	0	----Other
							0	0			0	0	0	--- Other construction sets and constructional toys
							0	0			0	0	0	--- Toy musical instruments and apparatus
							0	0			0	0	0	--- Puzzles
														--- Other toys:
							0	0			0	0	0	----Put up in sets or outfits
							0	0			0	0	0	----Other toys and models, incorporating a motor
							0	0			0	0	0	----Other
							0	0			0	0	0	--- Parts and accessories
														Video game consoles and machines, articles for funfair, table or parlour games, including pintables, billiards, special tables for casino games and automatic bowling alley equipment:
														- Articles and accessories for billiards of all kinds
							0	0			0	0	0	Articles and accessories for billiards of endangered wood
							0	0			0	0	0	Other articles and accessories for billiards
														- Other games, operated by coins, banknotes, bank cards, tokens or by any other means of payment, other than automatic bowling alley equipment:
							0	0			0	0	0	--- Video games
							0	0			0	0	0	--- Other
							0	0			0	0	0	- Playing cards
														- Video game consoles and machines, other than those of subheading 9504.30:
														--- Of a kind used with a television receiver:
							0	0			0	0	0	----Parts and accessories
							0	0			0	0	0	----Other
														--- Other:
							0	0			0	0	0	----Parts and accessories
							0	0			0	0	0	----Other
														- Other:
							0	0			0	0	0	--- Other video games
														--- Automatic bowling alley equipments and appliances:
							0	0			0	0	0	----Automatic bowling pin distributing machines
							0	0			0	0	0	----Bowling balls
							0	0			0	0	0	----Bowling pins
							0	0			0	0	0	----Other
							0	0			0	0	0	--- Chess and other board games, including Chinese chess, international chess Chinese cherkers and draughts
							0	0			0	0	0	--- Mahjong and similiar table games
							0	0			0	0	0	--- Other
														Festive, carnival or other entertainment articles, including conjuring tricks and novelty jokes:
														- Articles for Christmas festivities
							0	0			0	0	0	Articles for Christmas festivities containing animals or vegetable materials (other than complete sets of Christmas lights)
							0	0			0	0	0	Other articles for Christmas festivities (other than complete sets of Christmas lights)
							0	0			0	0	0	- Other

95.06	**一般的体育活动、体操、竞技及其他运动（包括乒乓球运动）或户外游戏用的本章其他税目未列名用品及设备；游泳池或戏水池：**											
	- 滑雪屐及其他滑雪用具：											
9506.1100	-- 滑雪屐	14	50		17	13	双			0		0
9506.1200	-- 滑雪屐扣件（滑雪屐带）	14	50		17	13	千克			0		0
9506.1900	-- 其他	14	50		17	13	千克			0		0
	- 滑水板、冲浪板、帆板及其他水上运动用具：											
9506.2100	-- 帆板	12	50		17	13	个/千克			0		0
9506.2900	-- 其他	14	50		17	13	个/千克			0		0
	- 高尔夫球棍及其他高尔夫球用具：											
9506.3100	-- 棍，全套	14	50		17/10	13	根			0		0
9506.3200	-- 球	12	50		17/10	13	个			0		0
9506.3900	-- 其他	14	50		17	13	千克			0		0
	- 乒乓球运动用品及器械：											
9506.4010	--- 乒乓球	12	50		17	13	百个/千克			0		0
9506.4090	--- 其他	14	50	7	17	13	千克			0		0
	- 网球拍、羽毛球拍或类似的球拍，不论是否装弦：											
9506.5100	-- 草地网球拍，不论是否装弦	14	50		17	13	支			0		0
9506.5900	-- 其他	14	50		17	13	支			0		0
	- 球，但高尔夫球及乒乓球除外：											
9506.6100	-- 草地网球	12	50		17	13	个			0		0
	-- 可充气的球：											
9506.6210	--- 篮球、足球、排球	12	50	6	17	13	个			0		0
9506.6290	--- 其他	12	50		17	13	个			0		0
9506.6900	-- 其他	12	50		17	13	个			0		0
	- 溜冰鞋及旱冰鞋，包括装有冰刀的溜冰靴：											
9506.7010	--- 溜冰鞋	14	50		17	13	双/千克			0	12	0
9506.7020	--- 旱冰鞋	14	50		17	13	双/千克			0	12	0
	- 其他：											
	-- 一般的体育活动、体操或竞技用品及设备：											
	--- 健身及康复器械：											
9506.9111	----跑步机											
95069111.10	跑步机(整机)	12	50	6	17	13	台/千克			0		0
95069111.90	跑步机的零件及附件	12	50	6	17	13	台/千克			0		0
9506.9119	----其他	12	50	6	17	13	千克			0		0
9506.9120	--- 滑板	12	50	6	17	13	个/千克			0		0
9506.9190	--- 其他	12	50	6	17	13	千克			0		0
9506.9900	-- 其他	12	50		17	13	个/千克			0		0
95.07	**钓鱼竿、钓鱼钩及其他钓鱼用品；捞鱼网、捕蝶网及类似网；囮子“鸟”（税目92.08或97.05的货品除外）以及类似的狩猎用品：**											
9507.1000	- 钓鱼竿											
95071000.10	用植物性材料制作的钓鱼竿	21	80		17	13	副/千克	AB	P/Q	0		0
95071000.90	其他钓鱼竿	21	80		17	13	副/千克			0		0
9507.2000	- 钓鱼钩，不论有无系钩丝	21	80		17	13	千克			0		0
9507.3000	- 钓线轮	21	80		17	13	个/千克			0		0
9507.9000	- 其他	21	80		17	13	千克			0	18.9	0
95.08	**旋转木马、秋千、射击用靶及其他游乐场的娱乐设备；流动马戏团及流动动物园；流动剧团：**											
9508.1000	- 流动马戏团及流动动物园											
95081000.10	有濒危动物的流动马戏团(包括流动动物园)	15	100		17	0	千克	ABEF	P/Q	0		0
95081000.90	其他流动马戏团及流动动物园	15	100		17	13	千克	AB	P/Q	0		0
9508.9000	- 其他	15	100		17	13	千克	AB	P/Q	0		0

														Articles and equipment for general physical exercise, gymnastics, athletics, other sports (including table-tennis)or outdoor games, not specified or included elsewhere in this Chapter;swimming pools and paddling pools:
														- Snow-skis and other snow-ski equipment:
0		0	0	0	9.8	0	11.2	8.4				0	0	-- Skis
0	0	0	0	0	9.8	0	11.2	8.4				0	0	-- Ski-fastenings (ski-bindings)
0	0	0	0	0	9.8	0	11.2	8.4				0	0	-- Other
														- Water-skis, surf-boards, sailboards and other water-sport equipment:
0	0	0	0	0	8.4	0	9.6	7.2				0	0	-- Sailboards
0	0	0	0	0	9.8	0	11.2	8.4	0//			0	0	-- Other
														- Golf clubs and other golf equipment:
0		0	0	0	9.8	0	11.2	8.4			0	0	0	-- Clubs, complete
0	0	0	0	0	8.4	0	9.6	7.2				0	0	-- Balls
0		0	0	0	9.8	0	11.2	8.4	//0		0	0	0	-- Other
														- Articles and equipment for table-tennis:
0	0	0	0	0	8.4	0	9.6	7.2				0	0	--- Table-tennis balls
0	0	0	0	0	9.8	0	11.2	8.4				0	0	--- Other
														- Tennis, badminton or similar rackets, whether or not strung:
0	0	0	0	0	9.8	0	11.2	8.4				0	0	-- Lawn-tennis rackets, whether or not strung
0	0	0	0	0	9.8	0	11.2	8.4				0	0	-- Other
														- Balls, other than golf balls and table-tennis balls:
0	0	0	0	0	8.4	0	9.6	7.2				0	0	-- Lawn-tennis balls
														-- Inflatable:
0	0	0	0	0	8.4	0	9.6	7.2				0	0	--- Basketballs, footballs or volleyballs
0	0	0	0	0	8.4	0	9.6	7.2				0	0	--- Other
0	0	0	0	0	8.4	0	9.6	7.2				0	0	-- Other
														- Ice skates and roller skates, including skating boots with skates attached:
0	0	0	0	0	9.8	0	11.2	8.4				0	0	--- Ice skates
0	0	0	0	0	9.8	0	11.2	8.4				0	0	--- Roller skates
														- Other:
														-- Articles and equipment for general physical exercise, gymnastics or athletics:
														--- Equipment for exercise and recovery:
														----Running machines
0	0	0	0	0	8.4	0	9.6	7.2	0//0			0	0	Running machine(whole set)
0	0	0	0	0	8.4	0	9.6	7.2	0//0			0	0	Parts and accessories of running machine
0	0	0	0	0	8.4	0	9.6	7.2	0//0			0	0	----Other
0	0	0	0	0	8.4	0	9.6	7.2	0//			0	0	--- Skateboards
0	0	0	0	0	8.4	0	9.6	7.2	0/0/		0	0	0	--- Other
0	0	0	0	0	4.8	0	9.6	7.2	0/0/			0	0	-- Other
														Fishing rods, fish-hooks and other linefishing tackle; fish landing nets, butterfly nets and similar nets; decoy"birds" (other than those of heading No.92.08 or 97.05) and similar hunting or shooting requisites:
														- Fishing rods
		0	6.3	0	14.7	0		12.6				0	0	Fishing rods of vegetable materials
		0	6.3	0	14.7	0		12.6				0	0	Other fishing rods
		0	6.3	0	14.7	0	18.9	12.6			0	0	0	- Fish-hooks, whether or not snelled
		0	6.3	0	14.7	0	18.9	12.6				0	0	- Fishing reels
18.9	0	0	6.3	0	14.7	0	18.9	12.6				0	0	- Other
														Roundabouts, swings, shooting galleries and other fairground amusements; travelling circuses and travelling menageries; travelling theatres:
														- Travelling circuses and travelling menageries
12	0	0	4.5	0	10.5	0	12	9				0	0	Traveling circuses with endangered animals (including traveling menageries)
12	0	0	4.5	0	10.5	0	12	9				0	0	Other travelling circuses and traveling menageries
12	0	0	4.5	0	10.5	0	12	9				0	0	- Other

第九十六章 杂项制品

注释：

一、本章不包括：

（一）化妆盥洗用笔（第三十三章）；

（二）第六十六章的制品（例如，伞或手杖的零件）；

（三）仿首饰（税目 71.17）；

（四）第十五类注释二所规定的贱金属制通用零件（第十五类）或塑料制的类似品（第三十九章）；

（五）第八十二章的利口器及其他物品，其柄或其他零件是雕刻或模塑材料制的；但税目 96.01 或 96.02 适用于单独报验的上述物品的柄或其他零件；

（六）第九十章的物品，例如，眼镜架（税目 90.03）、数学绘图笔（税目 90.17）、各种牙科、医疗、外科或兽医专用刷子（税目 90.18）；

（七）第九十一章的物品（例如，钟壳或表壳）；

（八）乐器及其零件、附件（第九十二章）；

（九）第九十三章的物品（武器及其零件）；

（十）第九十四章的物品（例如，家具、灯具及照明装置）；

（十一）第九十五章的物品（玩具、游戏品、运动用品）；或

（十二）艺术品、收藏品及古物（第九十七章）。

二、税目 96.02 所称“植物质或矿物质雕刻材料”，是指：

（一）用于雕刻的硬种子、硬果核、硬果壳、坚果及类似植物材料（例如，象牙果及棕榈子）；

（二）琥珀、海泡石、粘聚琥珀、粘聚海泡石、黑玉及其矿物代用品。

三、税目 96.03 所称“制帚、制刷用成束、成簇的材料”，仅指未装配的成束、成簇的兽毛、植物纤维或其他材料。这些成束、成簇的材料无需分开即可安装在帚、刷之上，或只需经过简单加工（例如，将顶端修剪成形）即可安装的。

四、除税目 96.01 至 96.06 或 96.15 的货品以外，本章的物品还包括全部或部分用贵金属、包贵金属、天然或养殖珍珠、宝石或半宝石（天然、合成或再造）制成的物品。而且，税目 96.01 至 96.06 及 96.15 包括天然或养殖珍珠、宝石或半宝石（天然、合成或再造）、贵金属或包贵金属只作为小零件的物品。

税号	货品名称	进口关税 %			增值/消费税%	出口退税%	统计计量单位	监管证件代码	检验检疫类别	协定税率 %		
		最惠国	普通	年内暂定						东盟	亚太	智利
96.01	已加工的兽牙、骨、玳瑁壳、角、鹿角、珊瑚、珍珠母及其他动物质雕刻材料及其制品（包括模塑制品）：											
9601.1000	- 已加工的兽牙及其制品											
96011000.10	已加工的濒危兽牙及其制品	20	100		17	0	千克	ABEF	P/Q	0		0
96011000.90	其他已加工的兽牙及其制品	20	100		17	13	千克	AB	P/Q	0		0
9601.9000	- 其他											
96019000.10	其他已加工濒危动物质雕刻料（包括其制品）	20	100		17	0	千克	ABEF	P/Q	0		0
96019000.90	其他已加工动物质雕刻料及其制品	20	100		17	13	千克	AB	P/Q	0		0
96.02	已加工的植物质或矿物质雕刻材料及其制品；蜡、硬脂、天然树胶、天然树脂或塑型膏制成的模塑或雕刻制品以及其他税目未列名的模塑或雕刻制品；已加工的未硬化明胶（税目 35.03 的明胶除外）及未硬化明胶制品：											
9602.0010	--- 装药用胶囊	10.5	40		17	13	千克			0		0
9602.0090	--- 其他	25	100		17	13	千克	AB	P/Q	0		0

Chapter 96 Miscellaneous manufactured articles

Chapter Notes:

1. This Chapter does not cover:
   (a) Pencils for cosmetic or toilet uses (Chapter 33);
   (b) Articles of Chapter 66 (for example, parts of umbrellas or walking-sticks);
   (c) Imitation jewellery (heading 71.17);
   (d) Parts of general use, as defined in Note 2 to Section XV, of base metal (Section XV), or similar goods of plastics (Chapter 39);
   (e) Cutlery or other articles of Chapter 82 with handles or other parts of carving or moulding materials; heading 96.01 or 96.02 applies, however, to separately presented handles or other parts of such articles;
   (f) Articles of Chapter 90 (for example, spectacle flames (heading 90.03), mathematical drawing pens (heading 90.17), brushes of a kind specialised for use in dentistry or for medical, surgical or veterinary purposes (heading 90.18);
   (g) Articles of Chapter 91 (for example, clock or watch cases);
   (h) Musical instruments or parts or accessories thereof (Chapter 92);
   (ij) Articles of Chapter 93 (arms and pans thereof);
   (k) Articles of Chapter 94 (for example, furniture, lamps and lighting fittings);
   (l) Articles of Chapter 95 (toys, games, sports requisites); or
   (m) Works of art, collectors' pieces or antiques (Chapter 97).
2. In heading 96.02 the expression "vegetable or mineral carving material" means:
   (a) Hard seeds, pips, hulls and nuts and similar vegetable materials of a kind used for carving (for example, corozo and dom);
   (b) Amber, meerschaum, agglomerated amber and agglomerated meerschaum, jet and mineral substitutes for jet.
3. In heading 96.03 the expression "prepared knots and tufts for broom or brush making" applies only to unmounted knots and tufts of animal hair, vegetable fibre or other material, which are ready for incorporation without division in brooms or brushes, or which require only such further minor processes as trimming to shape at the top, to render them ready for such incorporation.
4. Articles of this Chapter, other than those of headings 96.01 to 96.06 or 96.15, remain classified in the Chapter whether or not composed wholly or partly of precious metal or metal clad with precious metal, of natural or cultured pearls, or precious or semi-precious stones (natural, synthetic or reconstructed). However, headings 96.01 to 96.06 and 96.15 include articles in which natural or cultured pearls, precious or semi-precious stones (natural, synthetic or reconstructed), precious metal or metal clad with precious metal constitute only minor constituents.

协定税率 %										特惠税率 %				
巴基斯坦	冰岛	哥斯达黎	秘鲁	新西兰	瑞士	新加坡	韩国	澳大利亚	港澳台	老挝	孟加拉	33 国	7 国	Article Description
														Worked ivory, bone, tortoise-shell, horn, antlers, coral, mother-of-Pearl and other animal carving material and articles of these materials（including articles obtained by moulding）:
														- Worked ivory and articles of ivory
	0	0	6	0	14	0	17.3	12				0	0	Worked ivory and articles of ivory, of endangered animals
	0	0	6	0	14	0	17.3	12				0	0	Other worked ivory and articles of ivory
														- Other
	0	0	6	0	14	0	17.3	12			0	0	0	Other worked carving material and articles of these materials of endangered animals
	0	0	6	0	14	0	17.3	12			0	0	0	Other worked animal carving material, and articles of these materials
														Worked vegetable or mineral carving material and articles of these materials; moulded or carved articles of wax, of stearin, of natural gums or natural resins or of modelling pastes, and other moulded or carved articles, not elsewhere specified or included; worked, unhardened gelatin（except gelatin of heading No.35.03)and articles of unhardened gelatin:
5	0	0	0	0	7.4	0	8.4	6.3				0	0	--- Pharmaceutical capsules
	0	0	7.5	0	17.5	0	22.5	15			0	0	0	--- Other

税 号	货 品 名 称	进口关税 % 最惠国	进口关税 % 普通	进口关税 % 年内暂定	增值/消费税%	出口退税%	统计计量单位	监管证件代码	检验检疫类别	协定税率 % 东盟	协定税率 % 亚太	协定税率 % 智利
96.03	帚、刷（包括作为机器、器具、车辆零件的刷）、非机动的手工操作地板清扫器、拖把及毛掸；供制帚、刷用的成束或成簇的材料；油漆块垫及滚筒；橡皮扫帚（橡皮辊除外）：											
9603.1000	- 用枝条或其他植物材料捆扎而成的帚及刷，不论是否有把	25	100		17	13	把	AB	P/Q	0		0
	- 牙刷、剃须刷、发刷、指甲刷、睫毛刷及其他人体化妆用刷，包括作为器具零件的上述刷：											
9603.2100	-- 牙刷，包括齿板刷	25	100	10	17	13	把			0		0
9603.2900	-- 其他											
96032900.10	野生动物毛制剃须刷、发刷(包括睫毛刷等人体化妆刷)	15	100		17	13	支	EF		0	13.5	0
96032900.90	剃须刷,发刷,睫毛刷等人体化妆刷(包括作为器具零件的子目 960329 所属的刷)	15	100		17	13	支			0	13.5	0
	- 画笔、毛笔及化妆用的类似笔：											
9603.3010	--- 画笔											
96033010.10	濒危动物毛制的画笔	25	100		17	0	支	EF		0	15	0
96033010.90	其他画笔	25	100		17	13	支			0	15	0
9603.3020	--- 毛笔											
96033020.10	濒危动物毛制的毛笔	20	100		17	0	支	EF		0	18	0
96033020.90	其他毛笔	20	100		17	13	支			0	18	0
9603.3090	--- 其他											
96033090.10	濒危动物毛制化妆用的类似笔	25	100		17	0	支	EF		0	22.5	0
96033090.90	其他化妆用的类似笔	25	100		17	13	支			0	22.5	0
	- 油漆刷、涂料刷、清漆刷及类似的刷（子目 9603.30 的货品除外）；油漆块垫及滚筒：											
	--- 漆刷及类似刷：											
9603.4011	----猪鬃制	20	100		17	13	把			0		0
9603.4019	----其他	23	100		17	13	把			0		0
9603.4020	--- 油漆块垫及滚筒	23	100		17	13	个			0		0
	- 作为机器、器具、车辆零件的刷：											
	--- 金属丝刷：											
9603.5011	----作为机器、器具零件的刷	14	50		17	13	个			0		0
9603.5019	----其他	14	100		17	13	个			0		0
	--- 其他：											
9603.5091	----作为机器、器具零件的刷											
96035091.10	濒危动物毛制作为机器零件的其他刷(包括器具零件的其他刷)	14	50		17	0	个	EF		0		0
96035091.90	其他作为机器、器具零件的其他刷	14	50		17	13	个			0		0
9603.5099	----其他											
96035099.10	濒危动物毛制作为车辆零件的其他刷	14	100		17	0	个	EF		0		0
96035099.90	其他作为车辆零件的其他刷	14	100		17	13	个			0		0
	- 其他：											
9603.9010	--- 羽毛掸											
96039010.10	濒危野禽羽毛掸	21	130		17	0	个	ABEF	P/Q	0	18.9	0
96039010.90	其他羽毛掸	21	130		17	13	个	AB	P/Q	0	18.9	0
9603.9090	--- 其他											
96039090.10	濒危动物毛、鬃、尾制其他帚、刷(包括拖把及其他毛掸)	15	100		17	0	个	ABEF	P/Q	0		0
96039090.20	其他动植物材料制帚,刷,拖把等(包括动植物材料制非机动的手工操作地板清扫器、毛掸)	15	100		17	13	个	AB	P/Q	0		0
96039090.90	其他材料制帚,刷,拖把及毛掸(包括其他材料制非机动的手工操作地板清扫器等)	15	100		17	13	个			0		0
96.04	手用粗筛、细筛：											
9604.0000	手用粗筛、细筛	21	100		17	13	个	AB	P/Q	0		0

协定税率 %										特惠税率 %				Article Description
巴基斯坦	冰岛	哥斯达黎	秘鲁	新西兰	瑞士	新加坡	韩国	澳大利亚	港澳台	老挝	孟加拉	33国	7国	
														Brooms, brushes（including brushes constituting parts of machines, appliances or vehicles）,hand-operated mechanical floor sweepers, not motorized, mops and feather dusters; prepared knots and tufts for broom or brush making; paint pads and rollers; squeegees（other than roller squeegees）:
	0	0	7.5	0	17.5	0	22.5	15	/0/			0	0	- Brooms and brushes, consisting of twigs or other vegetable materials bound together, with or without handles
														- Tooth brushes, shaving brushes, hair brushes, nail brushes, eyelash brushes and other toilet brushes for use on the person, including such brushes constituting parts of appliances:
	0	0	7.5	0	17.5	0	22.5	15	0/0/			0	0	-- Tooth brushes, including ventalplate brushes
														-- Other
7.5	0	0	4.5	0	10.5	0	12	9	/0/		0	0	0	Shaving brushes or hair brushes of wild animal hair (including eyelash brushes and other toilet brushes for use on the person)
7.5	0	0	4.5	0	10.5	0	12	9	/0/		0	0	0	Shaving brushes, hair brushes and eyelash brushes and other toilet brushes for use on the person (including parts of appliances of subheading 9603.29)
														- Artists brushes, writing brushes and similar brushes for the application of cosmetics:
														--- Artists brushes
15	0	0	7.5	0	17.5	0	22.5	15				0	0	Artists' brushes, of endangered animal hair
15	0	0	7.5	0	17.5	0	22.5	15				0	0	Other artists' brushes
														--- Writing brushes
18	0	0	6	0	14	0	17.3	12				0	0	Writing brushes, of endangered animal hair
18	0	0	6	0	14	0	17.3	12				0	0	Other writing brushes
														--- Other
22.5	0	0	7.5	0	17.5	0	22.5	15				0	0	Similar brushes for the application of cosmetics, of endangered animal hair
22.5	0	0	7.5	0	17.5	0	22.5	15				0	0	Other similar brushes for the application of cosmetics
														- Paint, distemper, varnish or similar brushes（other thanbrushes of subheading No.9603.30）; paint pads and rollers:
														--- Paint, distemper, varnish or similar brushes:
	0	0	6	0	14	0	17.3	12				0	0	----Of pigs, hogs or boars bristle
	0	0	6.9	0	16.1	0	20.7	13.8				0	0	----Other
	0	0	6.9	0	16.1	0	20.7	13.8				0	0	--- Paint pads and rollers
														- Other brushes constituting parts of machines, appliances or vehicles:
														--- Brushes of metal wire:
11.2	0	0	0	0	9.8	0	11.2	8.4				0	0	----Constituting parts of machines or appliances
7	0	0	0	0	10	0	11.2	8.4				0	0	----Other
														--- Other:
														----Constituting parts of machines or appliances
11.2	0	0	0	0	9.8	0	11.2	8.4				0	0	Other brushes constituting parts of machines and appliances, of endangered animal hair
11.2	0	0	0	0	9.8	0	11.2	8.4				0	0	Other brushes constituting parts of machines or appliances
														----Other
7	0	0	0	0	9.8	0	11.2	8.4				0	0	Other brushes constituting parts of vehicles, of endangered animal hair
7	0	0	0	0	9.8	0	11.2	8.4				0	0	Other brushes constituting parts of vehicles
														- Other:
														--- Feather dusters
18.9	0	0	6.3	0	14.7	0	18.2	12.6				0	0	Feather dusters, of feathers of endangered wild birds
18.9	0	0	6.3	0	14.7	0	18.2	12.6				0	0	Other feather dusters
														--- Other
	0	0	4.5	0	10.5	0	12	9				0	0	Other brooms, brushes, mops and feather dusters of endangered animal hair, bristles or tails
	0	0	4.5	0	10.5	0	12	9				0	0	Other brooms, brushes, mops, of other animal or vegetable materials (including hand-operated mechanical floor sweepers and feather dusters, not motorized)
	0	0	4.5	0	10.5	0	12	9				0	0	Other brooms, brushes, mops and feather dusters, of other materials (including hand-operated mechanical floor sweepers, not motorized),
														Hand sieves and hand riddles:
	0	0	6.3	0	14.7	0	18.9	12.6				0	0	Hand sieves and hand riddles

税号	货品名称	进口关税 %			增值/消费税%	出口退税%	统计计量单位	监管证件代码	检验检疫类别	协定税率 %		
		最惠国	普通	年内暂定						东盟	亚太	智利
96.05	个人梳妆、缝纫或清洁鞋靴、衣服用的成套旅行用具：											
9605.0000	个人梳妆、缝纫或清洁鞋靴、衣服用的成套旅行用具	15	100		17	13	套			0		0
96.06	纽扣、揿扣、纽扣芯及纽扣和揿扣的其他零件；纽扣坯：											
9606.1000	- 揿扣及其零件	21	100		17	13	千克			0		0
	- 纽扣：											
9606.2100	-- 塑料制，未用纺织材料包裹	21	100		17	13	千克			0		0
9606.2200	-- 贱金属制，未用纺织材料包裹	15	100		17	13	千克			0		0
9606.2900	-- 其他											
96062900.10	含濒危动物成分的其他纽扣	15	100		17	0	千克	EF		0		0
96062900.90	其他纽扣	15	100		17	13	千克			0		0
9606.3000	- 纽扣芯及纽扣的其他零件；纽扣坯	15	100		17	13	千克			0		0
96.07	拉链及其零件：											
	- 拉链：											
9607.1100	-- 装有贱金属制咪牙齿的	21	130		17	13	米/千克			0		0
9607.1900	-- 其他	21	130		17	13	米/千克			0	14.7	0
9607.2000	- 零件	21	130		17	13	千克			0		0
96.08	圆珠笔；毡尖和其他渗水式笔尖笔及唛头笔；自来水笔、铁笔型自来水笔及其他钢笔；蜡纸铁笔；活动铅笔；钢笔杆、铅笔套及类似的笔套；上述物品的零件（包括帽、夹），但税目96.09的货品除外：											
9608.1000	- 圆珠笔	15	80		17	13	支			0	13.5	0
9608.2000	- 毡尖和其他渗水式笔尖笔及唛头笔	21	80		17	13	支			0		0
	- 自来水笔、铁笔型自来水笔及其他钢笔：											
9608.3010	--- 墨汁画笔	21	80		17	13	支			0		0
9608.3020	--- 自来水笔	21	80		17	13	支			0		0
9608.3090	--- 其他	21	80		17	13	支			0		0
9608.4000	- 活动铅笔	21	80		17	13	支			0		0
9608.5000	- 由上述两个或多个子目所列物品组成的成套货品	21	80		17	13	套			0		0
9608.6000	- 圆珠笔芯，由圆珠笔头和墨芯构成	21	80		17	13	支			0		0
	- 其他：											
9608.9100	-- 钢笔头及笔尖粒	12	70		17	13	支			0		0
	-- 其他：											
9608.9910	--- 机器、仪器用笔	17.5	40		17	13	支/千克			0		0
9608.9920	--- 蜡纸铁笔；钢笔杆、铅笔杆及类似的笔杆	21	80		17	13	支/千克			0		0
9608.9990	--- 其他	21	80		17	13	千克			0		0
96.09	铅笔（税目96.08的铅笔除外）、颜色铅笔、铅笔芯、蜡笔、图画碳笔、书写或绘画用粉笔及裁缝划粉：											
	- 铅笔及颜色铅笔：											
9609.1010	--- 铅笔	21	80		17	13	千克/百支			0		0
9609.1020	--- 颜色铅笔	21	80		17	13	千克			0		0
9609.2000	- 铅笔芯，黑的或其他颜色的	21	80		17	13	千克			0		0
9609.9000	- 其他	15	80		17	13	千克			0		0
96.10	具有书写或绘画面的石板、黑板及类似板，不论是否镶框：											
9610.0000	具有书写或绘画面的石板、黑板及类似板，不论是否镶框	15	80		17	13	千克			0		0
96.11	手用日期戳、封缄戳、编号戳及类似印戳（包括标签压印器）；手工操作的排字盘及带有排字盘的手印器：											

协定税率 %										特惠税率 %				Article Description
巴基斯坦	冰岛	哥斯达黎	秘鲁	新西兰	瑞士	新加坡	韩国	澳大利亚	港澳台	老挝	孟加拉	33国	7国	
														Travel sets for personal toilet, sewing or shoe or clothes cleaning:
12	0	0	4.5	0	10.5	0	12	9				0	0	Travel sets for personal toilet, sewing or shoe or clothes cleaning
														Buttons, press-fasteners, snap-fasteners and press-studs, button moulds and other parts of these articles; button blanks:
	0	0	6.3	0	14.7	0	18.9	12.6				0	0	- Press-fasteners, snap-fasteners and press-studs and parts thereof
														- Buttons:
	0	0	6.3	0	14.7	0	18.9	12.6	//0		0	0	0	-- Of plastics, not covered with textile material
12	0	0	4.5	0	10.5	0	12	9	0/0/0		0	0	0	-- Of base metal, not covered with textile material
														-- Other
12	0	0	4.5	0	10.5	0	12	9	0//		0	0	0	Other buttons containing component of endangered animals
12	0	0	4.5	0	10.5	0	12	9	0//		0	0	0	Other buttons
12	0	0	4.5	0	10.5	0	12	9	0//		0	0	0	- Button moulds and other parts of buttons; button blanks
														Slide fasteners and parts thereof:
														- Slide fasteners:
	0	0	6.3	0	14.7	0	18.9	12.6	0/0/		0	0	0	-- Fitted with chain scoops of base metal
14.7	0	0	6.3	0	14.7	0	18.9	12.6	0/0/			0	0	-- Other
	0	0	6.3	0	14.7	0	18.9	12.6				0	0	- Parts
														Ball point pens; felt tipped and other porous-tipped pens and markers;fountain pens, stylograph pens and other pens; duplicating stylos; propelling or sliding pen-cils; pen-holders, pencil-holders and similar holders; parts（including caps and clips）of the foregoing articles, other than those of heading No.96.09:
7.5	0	0	4.5	0	10.5	0	12	9			0	0	0	- Ball point pens
	0	0	6.3	0	14.7	0	18.9	12.6				0	0	- Felt tipped and other porous-tipped pens and markers
														- Fountain pens, stylograph pens and other pens:
	0	0	6.3	0	14.7	0	18.2	12.6				0	0	--- Indian ink drawing pens
	0	0	6.3	0	14.7	0	18.9	12.6			0	0	0	--- Fountain pens
	0	0	6.3	0	14.7	0	18.9	12.6			0	0	0	--- Other
	0	0	6.3	0	14.7	0	18.9	12.6				0	0	- Propelling or sliding pencils
	0	0	6.3	0	14.7	0	18.9	12.6				0	0	- Sets of articles from two or more of the foregoing subheadings
	0	0	6.3	0	14.7	0	18.9	12.6	0/0/			0	0	- Refills for ball point pens, comprising the ball point and ink-reservoir
														- Other:
6	0	0	0	0	8.4	0	9.6	7.2	0/0/			0	0	-- Pen nibs and nib points
														-- Other:
14	0	0	5.2	0	12.3	0	14	10.5	0//			0	0	--- Of a kind used on machines or instruments
	0	0	6.3	0	14.7	0	18.9	12.6	0/0/			0	0	--- Duplicating stylos; pen-holders, pencil-holders and similar holders
	0	0	6.3	0	0	0	18.9	12.6	0/0/			0	0	--- Other
														Pencils （other than pencils of heading No.96.08),crayons, pencil leads, pastels, drawing charcoals, writing or drawing chalks and tailors chalks:
														- Pencils and crayons, with leads encased in a rigid sheath:
	0	0	6.3	0	14.7	0	18.9	12.6			0	0	0	--- Pencils
	0	0	6.3	0	14.7	0	18.9	12.6				0	0	--- Crayons
	0	0	6.3	0	14.7	0	18.9	12.6				0	0	- Pencil leads, black or coloured
12	0	0	4.5	0	10.5	0	12	9				0	0	- Other
														Slates and boards, with writing or drawing surfaces, whether or not framed:
12	0	0	4.5	0	10.5	0	12	9				0	0	Slates and boards, with writing or drawing surfces, whether or not tramed
														Date, sealing or numbering stamps, and the like（including devices for printing or embossing labels）,designed for operating in the hand; hand-operated composing sticks and hand printing sets incorporating such composing sticks:

税号	货品名称	进口关税% 最惠国	进口关税% 普通	进口关税% 年内暂定	增值/消费税%	出口退税%	统计计量单位	监管证件代码	检验检疫类别	协定税率% 东盟	协定税率% 亚太	协定税率% 智利
9611.0000	手用日期戳、封缄戳、编号戳及类似印戳（包括标签压印器）；手工操作的排字盘及带有排字盘的手印器											
96110000.10	含濒危动物成分的手用日期戳(包括封缄戳及类似印戳)	21	80		17	0	千克	EF		0		0
96110000.90	手用日期戳、封缄戳及类似印戳(包括编号戳、标签压印器;手工排字盘及带有字盘的手印器)	21	80		17	13	千克			0		0
96.12	**打字机色带或类似色带，已上油或经其他方法处理能着色的，不论是否装轴或装盒；印台，不论是否已加印油或带盒子：**											
9612.1000	- 色带	10.5	35		17	13	个/千克			0		0
9612.2000	- 印台	25	100		17	13	个			0		0
96.13	**香烟打火机和其他打火器（不论是机械的，还是电气的）及其零件，但打火石及打火机芯除外：**											
9613.1000	- 袖珍气体打火机，一次性的	25	130		17	13	个	B	/N	0		0
9613.2000	- 袖珍气体打火机，可充气的	25	130		17	13	个	B	/N	0		0
9613.8000	- 其他打火器	25	130		17	13	个	B	/N	0		0
9613.9000	- 零件	25	130		17	13	千克			0		0
96.14	**烟斗（包括烟斗头）和烟嘴及其零件：**											
9614.0010	--- 烟斗及烟斗头											
96140010.10	含濒危动物成分的烟斗及烟斗头(仅指野生哺乳类牙齿制产品)	25	130		17	0	个/千克	ABEF	P/Q	0		0
96140010.20	用植物性材料制作的烟斗及烟斗头	25	130		17	13	个/千克	AB	P/Q	0		0
96140010.90	其他烟斗及烟斗头	25	130		17	13	个/千克			0		0
9614.0090	--- 其他											
96140090.10	含濒危野生动物成分的烟嘴及其零件(仅指野生哺乳类牙齿制产品)	25	130		17	0	千克	EF		0		0
96140090.90	其他烟嘴及其零件	25	130		17	13	千克			0		0
96.15	**梳子、发夹及类似品；发卡、卷发夹、卷发器或类似品及其零件，但税目85.16的货品除外：**											
	- 梳子、发夹及类似品：											
9615.1100	-- 硬质橡胶或塑料制	18	130		17	13	千克			0	16.2	0
9615.1900	-- 其他											
96151900.10	含濒危动物成分的其他材料制梳子(包括角质发夹等,金属、塑料及家畜来源的产品除外)	18	130		17	0	千克	EF		0		0
96151900.20	用其他动植物材料制的梳子(包括角质发夹等,金属、塑料及家畜来源的产品除外)	18	130		17	13	千克			0		0
96151900.90	其他材料制梳子、角质发夹等(包括类似品,但橡胶、塑料制的除外)	18	130		17	13	千克			0		0
9615.9000	- 其他	18	130		17	13	千克			0	16.2	0
96.16	**香水喷雾器或类似的化妆用喷雾器及其座架、喷头；粉扑及粉拍，施敷脂粉或化妆品用：**											
9616.1000	- 香水喷雾器或类似的化妆用喷雾器及其座架、喷头	18	130		17	13	千克			0	16.2	0
9616.2000	- 粉扑及粉拍，施敷脂粉或化妆品用	18	130		17	13	千克			0	16.2	0
96.17	**带壳的保温瓶和其他真空容器及其零件，但玻璃瓶胆除外：**											
	--- 保温瓶：											
9617.0011	----玻璃内胆制	24	130		17	13	个/千克			0		0
9617.0019	----其他											
96170019.10	真空保温杯(玻璃胆除外)	24	130	12	17	13	个/千克			0		0
96170019.90	其他保温瓶(玻璃胆除外)	24	130		17	13	个/千克			0		0
9617.0090	--- 其他	18	130		17	13	千克			0		0
96.18	**裁缝用人体模型及其他人体活动模型；橱窗装饰用的自动模型及其他活动陈列品：**											

协定税率 %										特惠税率 %				Article Description
巴基斯坦	冰岛	哥斯达黎	秘鲁	新西兰	瑞士	新加坡	韩国	澳大利亚	港澳台	老挝	孟加拉	33 国	7 国	
														Date, sealing or numbering stamps, and the like（including devices for printing or embossing labels),designed for operating in the hand;hand-operated composing sticks and hand printing sets incorporating such composing sticks
	0	0	6.3	0	14.7	0	18.9	12.6				0	0	Date, sealing, and the like, designed for operating in the hand, containing component of endangered animals
	0	0	6.3	0	14.7	0	18.9	12.6				0	0	Date, sealing or numbering stamps, and the like (including devices for printing or embossing labels, designed for operating in the hand; hand-operated composing sticks and hand printing sets incorporating such composing sticks)
														Typewriter or similar ribbons, inked or otherwise prepared for giving impressions, whether or not on spools or in cartridges; ink-pads, whether or not inked, with or without boxes:
5	0	0	0	0	7.4	0	9.1	6.3	/0/		0	0	0	- Inked ribbons
	0	0	7.5	0	17.5	0	22.5	15				0	0	- Ink-pads
														Cigarette lighters and other lighters, whether or not mechanical or electrical, and parts thereof other than flints and wicks:
	0	0	7.5	0	17.5	0	22.5	15				0	0	- Pocket lighters, gas fuelled, non refillable
	0	0	7.5	0	17.5	0	22.5	15				0	0	- Pocket lighters, gas fuelled, refillable
	0	0	7.5	0	17.5	0	22.5	15				0	0	- Other lighters
	0	0	7.5	0	17.5	0	22.5	15				0	0	- Parts
														Smoking pipes（including pipe bowls）and cigar or cigarette holders, and parts thereof:
														--- Pipes and pipe bowls
	0	0	7.5	0	17.5	0		15				0	0	Smoking pipes and pipe bowls, containing component of endangered animals (only referring to articles of ivory of wild mammals)
	0	0	7.5	0	17.5	0		15				0	0	Smoking pipes and pipe bowls, of vegetable materials
	0	0	7.5	0	17.5	0		15				0	0	Other smoking pipes and pipe bowls
														--- Other
	0	0	7.5	0	17.5	0		15				0	0	Cigar or cigarette holders, and parts thereof, containing component of wild animals (only referring to articles of ivory of wild mammals)
	0	0	7.5	0	17.5	0		15				0	0	Other cigar or cigarette holders, and parts thereof
														Combs, hair-slides and the like; hair-pins, curling pins, curling grips, haircurlers and the like, other than those of heading No.85.16,and parts thereof:
														- Combs, hair-slides and the like:
14.4	0	0	5.4	0	12.6	0	14.4	10.8			0	0	0	-- Of hard rubber or plastics
														-- Other
	0	0	5.4	0	12.6	0	14.4	10.8			0	0	0	Combs of other materials containing component of endangered animal (including horn made hair-slides, excluding articles of metal, plastic or materials of domestic animal)
	0	0	5.4	0	12.6	0	14.4	10.8			0	0	0	Combs of other animal and vegetable materials (including horn made hair-slides, excluding articles made of metal, plastic or materials from domestic animal)
	0	0	5.4	0	12.6	0	14.4	10.8			0	0	0	Combs, horn made hair-slides and the like (other than articles made of rubber or plastics materials)
14.4	0	0	5.4	0	12.6	0	14.4	10.8			0	0	0	- Other
														Scent sprays and similar toilet sprays, and mounts and heads thereof; powder puffs and pads for the application of cosmetics or toilet preparations:
14.4	0	0	5.4	0	12.6	0	14.4	10.8				0	0	- Scent sprays and similar toilet sprays, and mounts and heads thereof
14.4	0	0	5.4	0	12.6	0	14.4	10.8				0	0	- Powder puffs and pads for the application of cosmetics or toilet preparations
														Vacuum flasks and other vacuum vessels, complete with cases; parts therof other than glass inners:
														--- Vacuum flasks:
	0	0	7.2	0	16.8	0	21.6	14.4	0//			0	0	----Of glass internal liner
														----Other
	0	0	7.2	0	16.8	0	21.6	14.4	0//			0	0	Vacuum insulated mugs(other than of glass internal liner)
	0	0	7.2	0	16.8	0	21.6	14.4	0//			0	0	Other vacuum flasks(other than of glass internal liner)
	0	0	5.4	0	12.6	0	14.4	10.8	0//			0	0	--- Other
														Tailors' dummies and other lay figures; automata and other animated displays used for shop window dressing:

税号	货品名称	进口关税 %			增值/消费税%	出口退税%	统计计量单位	监管证件代码	检验检疫类别	协定税率 %		
		最惠国	普通	年内暂定						东盟	亚太	智利
9618.0000	裁缝用人体模型及其他人体活动模型;橱窗装饰用的自动模型及其他活动陈列品											
96180000.10	用植物性材料制作的人体模型	21	80		17	13	千克	AB	P/Q	0		0
96180000.90	裁缝用其他人体模型(包括橱窗装饰用的自动模型及其他活动陈列品)	21	80		17	13	千克			0		0
96.19	**任何材料制的卫生巾(护垫)及止血塞、婴儿尿布及尿布衬里和类似品:**											
9619.0010	--- 尿裤及尿布											
96190010.10	尿裤及尿布	7.5	80	2	17	13	千克	A	M/	0		0
96190010.90	其他尿裤及尿布	7.5	80	2	17	13	千克	A	M/	0		0
9619.0020	--- 卫生巾(护垫)及止血塞	10	80		17	13	千克	A	M/	0		0
9619.0090	--- 其他	14	80		17	13	千克	A	M/	0	9.3	0

协定税率 %										特惠税率 %				Article Description
巴基斯坦	冰岛	哥斯达黎	秘鲁	新西兰	瑞士	新加坡	韩国	澳大利亚	港澳台	老挝	孟加拉	33 国	7 国	
														Tailors' dummies and other lay figures;automata and other animated displays used for shop window dressing
	0	0	6.3	0	14.7	0	18.9	12.6				0	0	Tailors' dummies and other lay figures, of vegetable materials
	0	0	6.3	0	14.7	0	18.9	12.6				0	0	Other tailors' dummies and lay figures (including automatons and other animated displays used for shop window dressing)
														Sanitary towels (pads) and tampons, napkins and napkin liners for babies and similar articles, of any material:
														--- Diapers and napkins
		0	0	0				4.5	0/0/0		0	0	0	Diapers and napkins
		0	0	0				4.5	0/0/0		0	0	0	Other
7.5	0	0	0	0	4		8	6	0/0/0		0	0	0	--- Sanitary towels (pads) and tampons
7.5	0	0	4.8	0	11.5	0	11.2	8.4	0/0/0		0	0	0	--- 0ther

第二十一类　艺术品、收藏品及古物

第九十七章　艺术品、收藏品及古物

注释：

一、本章不包括：

（一）税目 49.07 的未经使用的邮票、印花税票、邮政信笺（印有邮票的纸品）及类似的票证；

（二）作舞台、摄影的布景及类似用途的已绘制画布（税目 59.07），但可归入税目 97.06 的除外；或

（三）天然或养殖珍珠、宝石或半宝石（税目 71.01 至 71.03）。

二、税目 97.02 所称“雕版画、印制画、石印画的原本”，是指以艺术家完全手工制作的单块或数块印版直接印制出来的黑白或彩色原本，不论艺术家使用何种方法或材料，但不包括使用机器或照相制版方法制作的。

三、税目 97.03 不适用于成批生产的复制品及具有商业性质的传统手工艺品，即使这些物品是艺术家设计或创造的。

四、

（一）除上述注释一至三另有规定的以外，可归入本章各税目的物品，均应归入本章的相应税目而不归入本协调制度的其他税目；

（二）税目 97.06 不适用于可以归入本章其他各税目的物品。

五、已装框的油画、粉画及其他绘画、版画、拼贴画及类似装饰板，如果框架的种类及价值与作品相称，应与作品一并归类。如果框架的种类及价值与作品不相称，应分别归类。

税号	货品名称	进口关税 %			增值/消费税%	出口退税%	统计计量单位	监管证件代码	检验检疫类别	协定税率 %		
		最惠国	普通	年内暂定						东盟	亚太	智利
97.01	油画、粉画及其他手绘画，但带有手工绘制及手工描饰的制品或税目 49.06 的图纸除外；拼贴画及类似装饰板：											
	- 油画、粉画及其他手绘画：											
	--- 原件：											
9701.1011	----唐卡	12	50		17	0	幅			0		0
9701.1019	----其他	12	50	6	17	0	幅			0		0
9701.1020	--- 复制品	14	50		17	0	幅			0		0
9701.9000	- 其他											
97019000.10	含濒危动物成分的拼贴画（包括类似装饰板，指一切源自濒危动物的产品）	14	50		17	0	千克	ABEF	P/Q	0		0
97019000.20	用其他动植物材料制作的拼贴画（包括类似装饰板，指一切源自野生动物的产品）	14	50		17	0	千克	AB	P/Q	0		0
97019000.90	其他拼贴画及类似装饰板	14	50		17	0	千克			0		0
97.02	雕版画、印制画、石印画的原本：											
9702.0000	雕版画、印制画、石印画的原本	12	50	6	17	0	幅			0		0
97.03	各种材料制的雕塑品原件：											
9703.0000	各种材料制的雕塑品原件											
97030000.10	濒危动植物材料制的雕塑品原件（指一切源自濒危动植物的产品）	12	50	6	17	0	幅	EF		0		0
97030000.90	其他各种材料制的雕塑品原件	12	50	6	17	0	幅			0		0
97.04	使用过或未使用过的邮票、印花税票、邮戳印记、首日封、邮政信笺（印有邮票的纸品）及类似品，但税目 49.07 的货品除外：											
9704.0010	--- 邮票	8	50		17	0	千克			0		0
9704.0090	--- 其他	14	50		17	0	千克			0		0

SECTION XXI　WORKS OF ART, COLLECTORS' PIECES AND ANTIQUES

Chapter 97　Works of art, collectors' pieces and antiques

Chapter Notes:

1. This Chapter does not cover:

   (a) Unused postage or revenue stamps, postal stationery (stamped paper) or the like, of heading 49.07;

   (b) Theatrical scenery, studio back-cloths or the like, of painted canvas (heading 59.07) except if they may be classified in heading 97.06; or

   (c) Pearls, natural or cultured, or precious or semi-precious stones (headings 71.01 to 71.03).

2. For the purposes of heading 97.02, the expression "original engravings, prints and lithographs" means impressions produced directly, in black and white or in colour, of one or of several plates wholly executed by hand by the artist, irrespective of the process or of the material employed by him, but not including any mechanical or photomechanical process.

3. Heading 97.03 does not apply to mass-produced reproductions or works of conventional craftsmanship of a commercial character, even if these articles are designed or created by artists.

4.

   (a) Subject to Notes 1 to 3 above, articles of this Chapter are to be classified in this Chapter and not in any other Chapter of the Nomenclature;

   (b) Heading 97.06 does not apply to articles of the preceding headings of this Chapter.

5. Frames around paintings, drawings, pastels, collages or similar decorative plaques, engravings, prints or lithographs are to be classified with those articles, provided they are of a kind and of a value normal to those articles. Frames which are not of a kind or of a value normal to the articles referred to in this Note are to be classified separately.

协定税率 %										特惠税率 %				Article Description
巴基斯坦	冰岛	哥斯达黎	秘鲁	新西兰	瑞士	新加坡	韩国	澳大利亚	港澳台	老挝	孟加拉	33 国	7 国	
														Paintings, drawings and pastels, executed entirely by hand, other than drawings of heading No.49.06 and other than hand-painted or hand-decorated manufactured articles; collages and similar decorative plaques:
														- Paintings, drawings and pastels:
														--- The orginals:
6	0	0	3.6	0	8.4	0	9.6	7.2			0	0	0	----Thangkas
6	0	0	3.6	0	8.4	0	9.6	7.2			0	0	0	----Other
11.2	0	0	0	0	9.8	0	11.2	8.4			0	0	0	--- Reproductions
														- Other
11.2	0	0	0	0	9.8	0	11.2	8.4			0	0	0	Collages and similar decorative plaques with component of endangered animals (referring to articles all kinds from endangered animals)
11.2	0	0	0	0	9.8	0	11.2	8.4			0	0	0	Collages and similar decorative plaques with component of other animal or vegetable materials (referring to articles of all kinds from wild animals)
11.2	0	0	0	0	9.8	0	11.2	8.4			0	0	0	Other collages and similar decorative plaques
														Original engravings, prints and lithographs:
6	0	0	3.6	0	8.4	0	9.6	7.2				0	0	Original engravings, prints and lithographs
														Original sculptures and statuary, in any material:
														Original sculptures and statuary, in any material
6	0	0	0	0	8.4	0	9.6	7.2			0	0	0	Original sculptures and statuary, in endangered animals or vegetable material (referring to articles of all kinds from endangered animals and plants)
6	0	0	0	0	8.4	0	9.6	7.2			0	0	0	Original sculptures and statuary in other materials
														Postage or revenue stamps, stamp-post-marks, first-day covers, postal stationery（stamped paper）, and the like, used or unused,　other than those of heading No.49.07:
5	0	0	0	0	3.2		4.8	4.8	0/0/		0	0	0	--- Postage
7	0	0	0	0	9.8	0	11.2	8.4	0/0/			0	0	--- Other

税号	货品名称	进口关税 %			增值/消费税%	出口退税%	统计计量单位	监管证件代码	检验检疫类别	协定税率 %		
		最惠国	普通	年内暂定						东盟	亚太	智利
97.05	**具有动物学、植物学、矿物学、解剖学、历史学、考古学、古生物学、人种学或钱币学意义的收集品及珍藏品：**											
9705.0000	具有动物学、植物学、矿物学、解剖学、历史学、考古学、古生物学、人种学或钱币学意义的收集品及珍藏品											
97050000.10	含濒危动植物的收藏品(具有动植物学意义的)	0	0		17	0	千克	ABEF	P/Q			
97050000.90	具有动、植、矿物学意义的收藏品(还包括具有解剖、历史、考古、古生物学意义的收藏品)	0	0		17	0	千克	AB	P/Q			
97.06	**超过100年的古物：**											
9706.0000	超过100年的古物											
97060000.10	超过100年的濒危野生动植古物(具收藏或文史价值的)	0	0		17	0	千克	ABEF	P/Q			
97060000.90	其他超过100年的古物	0	0		17	0	千克					

协定税率 %										特惠税率 %				Article Description
巴基斯坦	冰岛	哥斯达黎	秘鲁	新西兰	瑞士	新加坡	韩国	澳大利亚	港澳台	老挝	孟加拉	33 国	7 国	
														Collections and collectors pieces of zoological, botanical, mineralogical, anatomical, historical, archaeological, palaeontological, ethnographic or numismatic interest:
														Collections and collectors pieces of zoological, botanical, mineralogical, anatomical, historical, archaeolohical, palaeontological, ethnographic or numismatic interest
							0	0			0	0	0	Collections and collectors' pieces containing endangered animals or plants (of zoological and botanical interest)
							0	0			0	0	0	Collections and collectors' pieces of zoological, botanical and mineralogical interest (also including those of anatomical, historical, archaeological and palaeontological interest)
														Antiques of an age exceeding one hundred years:
														Antiques of an age exceeding one hundred years
							0	0			0	0	0	Endangered ancient wild animals and vegetable of an age exceeding 100 years (those having literary or historical collection value)
							0	0			0	0	0	Other antiques of an age exceeding 100 years

出 口 税 则

出口关税税率、暂定税率一览表①

ex	税 号	货品名称（简称）	出口税率（%）	暂定税率（%）	Article Description
	03.01				
	0301.9210	鳗鱼苗	20		Live eels fry
	05.06				
	0506.1000	经酸处理的骨胶原及骨	40		Ossein and bones treated with acid
	0506.9011	含牛羊成分的骨粉及骨废料	40		Powder and waste of bones, of bovine and sheep
	0506.9019	其他骨粉及骨废料	40		Other powder and waste of bones
ex②	0506.9090	其他骨及角柱（已脱胶骨、角柱除外）	40		Other bones and horn-cores, not degelatinized
ex	0506.9090	已脱胶骨、角柱	40	0	Bones and horn-cores, degelatinized
	25.04				
	2504.1010	鳞片状天然石墨		20	Natural flake graphite
	2504.1099	其他粉末状天然石墨		20	Other natural graphite, in powder form
	2504.9000	其他天然石墨		20	Other natural graphite
	25.08				
	2508.5000	红柱石、蓝晶石及硅线石，不论是否煅烧		10	Andalusite, kyanite and sillimanite, whether or not calcined
	2508.6000	富铝红柱石		10	Mullite
	25.10				
	2510.1010	未碾磨磷灰石		20	Unground apatite
	2510.1090	未碾磨天然磷酸钙、天然磷酸铝钙及磷酸盐白垩，磷灰石除外		20	Natural calcium phosphates, natural aluminium calcium phosphates and phosphatic chalk, unground, other than apatite
	2510.2010	已碾磨磷灰石		20	Ground apatite
	2510.2090	已碾磨天然磷酸钙、天然磷酸铝钙及磷酸盐白垩，磷灰石除外		20	Natural calcium phosphates, natural aluminium calcium phosphates and phosphatic chalk, ground, other than apatite
	25.11				
	2511.2000	天然碳酸钡（毒重石），不论是否煅烧		10	Natural barium carbonate (witherite), whether or not calcined
	25.19				
	2519.1000	天然碳酸镁（菱镁矿）		5	Natural magnesium carbonate (magnesite)
	2519.9010	熔凝镁氧矿		10	Fused magnesia
	2519.9020	烧结镁氧矿（重烧镁）		10	Dead-burned (sintered) magnesia
	2519.9030	碱烧镁（轻烧镁）		5	Light-burned magnesia
	2519.9099	非纯氧化镁		5	Magnesium oxide, not chemically pure
	25.26				
	2526.1020	未破碎及未研粉的滑石，不论是否粗加修整或切割成矩形板块		10	Talc, not crushed, not powdered, whether or not roughly trimmed or merely cut into blocks or slabs of a rectangular
ex	2526.2020	已破碎或已研粉的天然滑石（体积百分比90%及以上的产品粒度小于等于18微米的滑石粉除外）		10	Natural talc, crushed or powdered (except for talc powder containing at least 90% by volume with granularity size not more than 18 microns)
	25.30				
	2530.1010	未膨胀的绿泥石		10	Chlorites, unexpanded
ex	2530.9099	其他氧化镁含量在70%及以上的矿产品		5	Other mineral substances, containing by weight not less than 70% of magnesium oxide
	26.01				
	2601.1110	平均粒径＜0.8毫米的未煅烧铁矿砂及其精矿；但焙烧黄铁矿除外		10	Iron ores and concentrates, the average granularity size less than 0.8mm, other than roasted iron pyrites
	2601.1120	0.8毫米≤平均粒径≤6.3毫米的未煅烧铁矿砂及其精矿；但焙烧黄铁矿除外		10	Iron ores and concentrates, the average granularity size not less than 0.8mm, but not more than 6.3mm, other than roasted iron pyrites
	2601.1190	平均粒径＞6.3毫米的未烧结铁矿砂及其精矿，但焙烧黄铁矿除外		10	Iron ores and concentrates, the average granularity size more than 6.3mm, other than roasted iron pyrites
	2601.1200	已烧结铁矿砂及其精矿		10	Agglomerated iron ores and concentrates
	2601.2000	焙烧黄铁矿		10	Roasted iron pyrites
	26.03				

① 出口税则亦采用进口税则目录，进口税则的归类总规则同样适用于出口税则。
②“ex”表示应税商品范围以“货品名称”描述为准，其余的以税号为准。其他各表中的“ex”所表示意义同此。

ex	税号	货品名称（简称）	出口税率（%）	暂定税率（%）	Article Description
	2603.0000	铜矿砂及其精矿		10	Copper ores and concentrates
	26.04				
	2604.0000	镍矿砂及其精矿		15	Nickel ores and concentrates
	26.05				
	2605.0000	钴矿砂及其精矿		15	Cobalt ores and concentrates
	26.07				
	2607.0000	铅矿砂及其精矿	30		Lead ores and concentrates
	26.08				
ex	2608.0000	锌矿砂及其精矿（氧化锌含量＞80%的灰色饲料氧化锌除外）	30		Other zinc ores and concentrates, except for grey zinc oxide feed (containing by weight more than 80% of ZnO)
ex	2608.0000	灰色饲料氧化锌（氧化锌含量＞80%）	30	0	Grey zinc oxide feed (containing by weight more than 80% of ZnO)
	26.09				
	2609.0000	锡矿砂及其精矿	50	20	Tin ores and concentrates
	26.10				
	2610.0000	铬矿砂及其精矿		15	Chromium ores and concentrates
	26.11				
	2611.0000	钨矿砂及其精矿	20		Tungsten ores and concentrates
	26.12				
	2612.1000	铀矿砂及其精矿		10	Uranium ores and concentrates
	26.14				
	2614.0000	钛矿砂及其精矿		10	Titanium ores and concentrates
	26.15				
	2615.1000	锆矿砂及其精矿		10	Zirconium ores and concentrates
	2615.9010	水合钽铌原料（钽铌富集物）	30		Hydrated Tantalum/Niobium materials (enriched materials from Tantalum/Niobium Ore)
	2615.9090	其他铌钽矿砂及其精矿	30		Other niobium, tantalum concentrates and ores
	26.16				
	2616.1000	银矿砂及其精矿		10	Silver ores and concentrates
	2616.9000	其他贵金属矿砂及其精矿		10	Other precious metal ores and concentrates
	26.17				
	2617.1010	生锑（锑精矿，选矿产品）	20		Crude antimony (Antimony concentrates which are mineral products)
	2617.1090	其他锑矿砂及其精矿		10	Other antimony ores and concentrates
	2617.9010	朱砂（辰砂）		10	Cinnabar
	2617.9090	其他矿砂及其精矿		10	Other ores and concentrates
	26.18				
	2618.0010	冶炼钢铁产生的锰渣		10	Granulous slag mainly containing manganese from the manufacture of iron or steel
	2618.0090	冶炼钢铁产生的其他粒状熔渣（熔渣砂）		10	Other granulated slag (slag sand) from the manufacture of iron or steel
	26.19				
	2619.0000	冶炼钢铁产生的熔渣、浮渣、氧化皮及其他废料		10	Slag, dross, scalings and other waste from the manufacture of iron or steel
	26.20				
	2620.2100	含铅汽油的淤渣及含铅抗震化合物的淤渣		10	Leaded gasoline sludges and leaded anti-knock compound sludges
	2620.2900	其他主要含铅的矿灰及残渣		10	Other ash and residue containing mainly lead
	2620.3000	主要含铜的矿灰及残渣		10	Ash and residue containing mainly copper
	2620.6000	含砷、汞、铊及其混合物，用于提取或生产砷、汞、铊及其化合物的矿灰及残渣		10	Ash and residue containing arsenic, mercury, thallium or their mixtures, of a kind used for the extraction of arsenic or those metals or for the manufacture of their chemical compounds
	2620.9100	含锑、铍、镉、铬及其混合物的矿灰及残渣		10	Ash and residue containing antimony, beryllinm, cadmium, chromium or their mixtures
	2620.9990	含其他金属及化合物的矿灰及残渣		10	Ash and residue containing other metal and its compound
	27.01				
	2701.1100	未制成型的无烟煤，不论是否粉化		3	Anthracite whether or not pulverized, but not agglomerated
	2701.1210	未制成型的炼焦烟煤，不论是否粉化		3	Bituminous coking coal, whether or not pulverized, but not agglomerated
	2701.1290	未制成型的其他烟煤，不论是否粉化		3	Other bituminous coal, whether or not pulverized, but not agglomerated

ex	税　号	货品名称（简称）	出口税率（%）	暂定税率（%）	Article Description
	2701.1900	未制成型的其他煤，不论是否粉化		3	Other coal, whether or not pulverized, but not agglomerated
	2701.2000	煤砖、煤球及类似用煤制固体燃料		3	Briquettes, ovoids and similar solid fuels manufactured from coal
	27.02				
	2702.1000	褐煤		3	Lignite
	2702.2000	制成型的褐煤		3	Agglomerated lignite
	27.03				
	2703.0000	泥煤（包括肥料用泥煤），不论是否成型		3	Peat (including peat litter), whether or not agglomerated
	27.06				
ex	2706.0000	从煤、褐煤或泥煤蒸馏所得的焦油及矿物焦油，不论是否脱水或部分蒸馏，包括再造焦油（含蒽油≥50%及沥青≥40%的“炭黑油”除外）		15	Tar distilled from coal, from lignite or from peat, and other mineral tars, whether or not dehydrated or partially distilled, including reconstituted tars (other than carbon black oil, containing 50% or more of anthracene oil and 40% or more of pitch)
	27.07				
	2707.1000	粗苯		10	Benzole
	27.09				
	2709.0000	石油原油及从沥青矿物提取的原油		5	Petroleum oils and oils obtained from bituminous minerals, crude
	28.04				
	2804.7010	黄磷（白磷）	20		Yellow phosphorus (white phosphorus)
	2804.7090	其他磷	20	10	Other phosphorus
	28.26				
ex	2826.9090	氟钽酸钾	30		Potassium fluotantalate
	28.27				
	2827.1010	肥料用氯化铵		5	Ammonium chloride, use as fertilizer
	28.34				
	2834.2110	肥料用硝酸钾		5	Nitrates of potassium, use as fertilizer
	29.02				
	2902.2000	苯	40	0	Benzene
	31.02				
	3102.1000	尿素		80元/吨	Urea
	3102.9090	其他矿物氮肥及化学氮肥，包括上述子目未列名的混合物		5	Other mineral or chemical fertilizers, nitrogenous, including mixture not elsewhere specified or included
	31.03				
	3103.1010	重过磷酸钙		5	Triple superphosphates
	3103.1090	其他过磷酸钙		5	Other superphosphates
	3103.9000	其他矿物磷肥或化学磷肥		5	Other mineral or chemical fertilizers, phosphatic
	31.04				
	3104.2090	其他氯化钾		600元/吨	Other potassium chloride
	3104.3000	硫酸钾		600元/吨	Potassium sulphate
	3104.9010	光卤石、钾盐及其他天然粗钾盐		30	Carnallite, sylvite and other crude natural potassium salts
	3104.9090	其他矿物钾肥及化学钾肥		30	Other mineral or chemical fertilizers, potassic
	31.05				
	3105.1000	制成片状及类似形状或每包毛重不超过10千克的第31章各货品		5	Goods of Chapter 31, in tablets or similar forms or in packages for retail sale, of a gross weight not exceeding 10kg
	3105.2000	三元复合肥		30	Mineral or chemical fertilizers containing the three fertilizing elements nitrogen, phosphorus and potassium
	3105.3000	磷酸氢二铵		100元/吨	Diammonium hydrogenorthophosphate (diammonium phosphate)
	3105.4000	磷酸二氢铵及磷酸二氢铵与磷酸氢二铵的混合物		100元/吨	Ammonium dihydrogenorthophosphate (monoammonium phosphate) and mixtures thereof with diammonium hydrogenorthophosphate (diammonium phosphate)
	3105.5100	含有硝酸盐及磷酸盐的肥料		5	Fertilizer containing nitrates and phosphates
	3105.5900	其他含氮、磷两种肥效元素的矿物肥料或化学肥料		5	Other mineral or chemical fertilizers containing the two fertilizing elements nitrogen and phosphorus
	3105.6000	含磷、钾两种元素的肥料		5	Fertilizers containing two elements phosphorus and potassium
	3105.9000	其他肥料		5	Other fertilizer
	38.24				

ex	税　号	货品名称（简称）	出口税率（%）	暂定税率（%）	Article Description
	3824.9091	含滑石50%以上的混合物		10	Mixtures containing more than 50% by weight of talc
	41.03				
	4103.9011	经退鞣处理的山羊板皮	20		Raw hides and skins of goats, have undergone a reversible tanning process
	4103.9019	山羊板皮，经退鞣处理的除外	20		Raw hides and skins of goats, other than those have undergone a reversible tanning process
	44.01				
	4401.2100	针叶木木片或木粒		15	Coniferous wood in chips or particles
	4401.2200	非针叶木木片或木粒		15	Non-coniferous wood in chips or particles
	44.09				
	4409.1010	针叶木地板条（块）		10	Floor board strips of coniferous
	4409.2910	其他非针叶木地板条		10	Other floor board strips of non-coniferous
	44.19				
	4419.0031	木制一次性筷子		10	One-time chopsticks of wood
	44.21				
	4421.9021	木制圆签、圆棒、冰果棒、压舌片及类似一次性制品		10	Round picks and sticks, sticks for ice-sucker, spatulas and similar one time articles, of wood
	47.01				
	4701.0000	机械木浆		10	Mechanical wood pulp
	47.02				
	4702.0000	化学木浆，溶解级		10	Chemical wood pulp，dissolving grades
	47.03				
	4703.1100	未漂白针叶木碱木浆或硫酸盐木浆		10	Unbleached coniferous chemical wood pulp, soda or sulphate
	4703.1900	未漂白非针叶木碱木浆或硫酸盐木浆		10	Unbleached non-coniferous chemical wood pulp, soda or sulphate
	4703.2100	漂白针叶木碱木浆或硫酸盐木浆		10	Bleached coniferous chemical wood pulp, soda or sulphate
	4703.2900	漂白非针叶木碱木浆或硫酸盐木浆		10	Bleached non-coniferous chemical wood pulp, soda or sulphate
	47.04				
	4704.1100	未漂白的针叶木亚硫酸盐木浆		10	Unbleached coniferous chemical wood pulp, sulphite
	4704.1900	未漂白的非针叶木亚硫酸盐木浆		10	Unbleached non-coniferous chemical wood pulp, sulphite
	4704.2100	漂白的针叶木亚硫酸盐木浆		10	Bleached coniferous chemical wood pulp, sulphite
	4704.2900	漂白的非针叶木亚硫酸盐木浆		10	Bleached non-coniferous chemical wood pulp, sulphite
	47.05				
	4705.0000	半化学木浆		10	Semi-chemical wood pulp (wood pulp obtained by a combination of mechanical and chemical pulping processes)
	47.06				
	4706.2000	从回收纸或纸板提取的纤维浆		10	Pulps of fibres derived from recovered paper or paperboard
	4706.3000	竹浆		10	Pulps of bamboo
	4706.9100	其他纤维状纤维素机械浆		10	Other mechanical pulps of fibrous cellulosic material
	4706.9200	其他纤维状纤维素化学浆		10	Other chemical pulps of fibrous cellulosic material
	4706.9300	其他纤维状纤维素半化学浆		10	Other semi-chemical pulps of fibrous cellulosic material (pulps obtained by a combination of mechanical and chemical pulping processes)
	72.01				
	7201.1000	非合金生铁，含磷量小于或等于0.5%（含锰量＜0.08%，含磷量＜0.03%，含硫量＜0.02%，含钛量＜0.03%的高纯生铁除外）	20		Non-alloy pig iron containing by weight 0.5% or less of phosphorus(other than high purity pig iron containing by weight less than 0.08% of manganese, less than 0.03% of phosphorus,less than 0.02% of sulphur, less than 0.03% of titanium)
	7201.1000	高纯生铁（含锰量＜0.08%，含磷量＜0.03%，含硫量＜0.02%，含钛量＜0.03%）	20	10	High purity pig iron (containing by weight less than 0.08% of manganese, less than 0.03% of phosphorus, less than 0.02% of sulphur, less than 0.03% of titanium)
	7201.2000	非合金生铁，含磷量＞0.5%	20		Non-alloy pig iron containing by weight more than 0.5% of phosphorus
	7201.5000	合金生铁	20		Alloy pig iron
	72.02				
	7202.1100	锰铁，含碳量＞2%	20		Ferro-manganese, containing by weight more than 2% of carbon
	7202.1900	锰铁，含碳量≤2%	20		Ferro-manganese, containing by weight 2% or less of carbon
	7202.2100	硅铁，含硅量＞55%	25		Ferro-silicon, containing by weight more than 55% of silicon

ex	税　号	货品名称（简称）	出口税率（%）	暂定税率（%）	Article Description
	7202.2900	硅铁，含硅量≤55%	25		Ferro-silicon, containing by weight 55% or less of silicon
	7202.3000	硅锰铁	20		Ferro-silicon-manganese
	7202.4100	铬铁，含碳量＞4%	40	20	Ferro-chromium, containing by weight more than 4% of carbon
	7202.4900	铬铁，含碳量≤4%	40	20	Ferro-chromium, containing by weight 4% or less of carbon
	7202.5000	硅铬铁		20	Ferro-silicon-chromium
	7202.6000	镍铁		20	Ferro-nickel
	7202.9100	钛铁及硅钛铁		20	Ferro-titanium and ferro-silicon-titanium
	7202.9290	其他钒铁		20	Other ferro-vanadium
	7202.9300	铌铁		20	Ferro-niobium
	72.03				
	7203.1000	直接从铁矿还原的铁产品		20	Ferrous products obtained by direct reduction of iron ore
	7203.9000	其他铁，海绵铁，产品纯度＞99.94%		20	Other ferrous products, spongy ferrous products, of a iron purity by weight more than 99.94%
	72.04				
	7204.1000	铸铁废碎料	40		Waste and scrap of cast iron
	7204.2100	不锈钢废碎料	40		Waste and scrap of stainless steel
	7204.2900	其他合金钢废碎料	40		Other waste and scrap of alloy steel
	7204.3000	镀锡钢铁废碎料	40		Waste and scrap of tinned iron or steel
	7204.4100	机械加工中产生的废料	40		Ferrous waste and scrap from the mechanical working process
	7204.4900	其他钢铁废碎料	40		Other ferrous waste and scrap
	7204.5000	供再熔的碎料钢铁锭	40		Remelting scrap ingots
	72.06				
	7206.1000	铁及非合金钢锭		20	Iron and non-alloy steel in ingots
	7206.9000	其他初级形状的铁及非合金钢		20	Iron and non-alloy steel in other primary forms
	72.07				
	7207.1100	宽度小于厚度两倍的矩形截面钢坯，含碳量＜0.25%		20	Semi-finished products of iron or non-alloy steel, containing by weight less than 0.25% of carbon, of rectangular (including square) cross-section, the width measuring less than twice the thickness
	7207.1200	其他矩形截面钢坯，含碳量＜0.25%		20	Other semi-finished products of iron or non-alloy steel, containing by weight less than 0.25% of carbon, of rectangular (including square) cross-section
	7207.1900	其他含碳量＜0.25%的钢坯		20	Other semi-finished products of iron or non-alloy steel, containing by weight less than 0.25% of carbon
	7207.2000	含碳量≥0.25%的钢坯		20	Other semi-finished products of iron or non-alloy steel, containing by weight 0.25% or more of carbon
	72.13				
	7213.1000	带有轧制花纹的热轧盘条		15	Bars and rods, hot-rolled, in irregularly wound coils, of iron or non-alloy steel, containing indentations, ribs, grooves or other deformations produced during the rolling process
	7213.2000	其他易切削钢制热轧盘条		15	Other bars and rods, hot-rolled, in irregularly wound coils, of free-cutting steel
	7213.9100	直径＜14 毫米圆截面的其他热轧盘条		15	Bars and rods, hot-rolled, in irregularly wound coils, of iron or non-alloy steel, of circular cross-section measuring less than 14mm in diameter
	7213.9900	其他热轧盘条		15	Other bars and rods, hot-rolled, in irregularly wound coils, of iron or non-alloy steel
	72.14				
	7214.2000	热加工带有轧制花纹的条、杆		15	Bars and rods of iron or non-alloy steel, forged, hot rolled, hot-drawn or hot-extruded, containing indentations, ribs, grooves or other deformations produced during the rolling process
	7214.3000	热加工易切削钢的条、杆		15	Bars and rods, forged, hot rolled, hot-drawn or hot-extruded, of free-cutting steel
	7214.9100	热加工其他矩形截面的条、杆		15	Other bars and rods of iron or non-alloy steel, forged, hot rolled, hot-drawn or hot-extruded, of rectangular cross section (other than square)
	7214.9900	热加工其他条、杆		15	Other bars and rods of iron or non-alloy steel, forged, hot rolled, hot-drawn or hot-extruded
	72.15				
	7215.1000	冷加工其他易切削钢制条、杆		15	Other bars and rods, of free-cutting steel, not further worked than cold-formed or cold-finished
	7215.5000	冷加工或冷成形的其他条、杆		15	Other bars and rods, of iron or non-alloy steel, not further worked than cold-formed or cold-finished
	7215.9000	铁及非合金钢的其他条、杆		15	Other bars and rods, of iron or non-alloy steel

ex	税号	货品名称（简称）	出口税率（%）	暂定税率（%）	Article Description
	72.18				
	7218.1000	不锈钢锭及其他初级形状产品		15	Stainless steel in ingots or other peimary forms
	7218.9100	矩形截面的不锈钢半制成品		15	Semi-finished products of stainless steel, of rectangular (other than square)cross section
	7218.9900	其他不锈钢半制成品		15	Other semi-finished products of stainless steel
	72.19				
	7219.1312	3毫米≤厚度<4.75毫米的未经酸洗的铬锰系不锈钢卷板，按重量计含锰量≥5.5%		10	Ferro-chromium-manganese steel, in coil, of a thickness of 3mm or more but less than 4.75mm, not acid picked, containing by weight 5.5% or more of manganese
	7219.1322	3毫米≤厚度<4.75毫米的经酸洗的铬锰系不锈钢卷板，按重量计含锰量≥5.5%		10	Ferro-chromium-manganese steel, in coil, of a thickness of 3mm or more but less than 4.75mm, acid picked, containing by weight 5.5% or more of manganese
	7219.1412	厚度<3毫米的未经酸洗的铬锰系不锈钢卷板，按重量计含锰量≥5.5%		10	Ferro-chromium-manganese steel, in coil, of a thickness less than 3mm, not acid picked, containing by weight 5.5% or more of manganese
	7219.1422	厚度<3毫米的经酸洗的铬锰系不锈钢卷板，按重量计含锰量≥5.5%		10	Ferro-chromium-manganese steel, in coil, of a thickness less than 3mm, acid picked, containing by weight 5.5% or more of manganese
	72.24				
	7224.1000	合金钢锭及其他初级形状合金钢		15	Other alloy steel in ingots or otherprimary forms
	7224.9010	单重≥10吨的粗铸锻件坯		15	Raw casting forging stocks of other alloy steel, individual piece weight of 10 tons or more
	7224.9090	其他合金钢坯		15	Semi-finished products of other alloy steel
	74.01				
	7401.0000	铜锍、沉积铜（泥铜）		15	Copper mattes, cement copper (precipitated copper)
	74.02				
	7402.0000	未精炼铜，电解精炼用的铜阳极	30	15	Unrefined copper, copper anodes for electrolytic refining
	74.03				
ex	7403.1111	高纯阴极铜（铜含量≥99.9999%）	30	0	Purity copper cathodes (copper content 99.9999% or more)
ex	7403.1111	高纯阴极铜（99.9935%<铜含量<99.9999%）	30	5	Purity copper cathodes (copper content more than 99.9935% but less than 99.9999%)
	7403.1119	其他阴极精炼铜	30	10	Other cathodes of refined copper
	7403.1190	其他精炼铜的阴极型材	30	10	Other sections of cathodes of refined copper
	7403.1200	精炼铜的线锭	30	10	Wire-bars of refined copper
	7403.1300	精炼铜的坯段	30	10	Billets of refined copper
	7403.1900	其他未锻轧的精炼铜	30	10	Other refined copper, unwrought
	7403.2100	未锻轧的铜锌合金（黄铜）	30	5	Copper-zinc base alloys (brass), unwrought
	7403.2200	未锻轧的铜锡合金（青铜）	30	5	Copper-tin base alloys (bronze), unwrought
	7403.2900	未锻轧的其他铜合金	30	5	Other copper alloys, unwrought
	74.04				
	7404.0000	铜废碎料	30	15	Copper waste and scrap
	74.05				
	7405.0000	铜母合金		10	Master alloys of copper
	74.07				
	7407.1010	铬锆铜制条、杆、型材及异型材	30	0	Bars, rods and profiles of chromium zirconium copper
	7407.1090	其他精炼铜制条、杆、型材及异型材	30	0	Other bars, rods and profiles of refined copper
	7407.2111	直线度≤0.5毫米/米的铜锌合金条、杆	30	0	Bars and rods of copper-zinc base alloys (brass), of a straightness not more than 0.5mm/m
	7407.2119	其他铜锌合金条、杆	30	0	Other bars and rods of copper-zinc base alloys (brass)
	7407.2190	其他铜锌合金型材及异型材	30	0	Other profiles of copper-zinc base alloys (brass)
	7407.2900	其他铜合金条杆、型材及异型材	30	0	Other bars, rods and profiles of copper alloys
	74.08				
	7408.1100	最大截面尺寸>6毫米的精炼铜丝	30	0	Refining copper wire, of which the maximum cross-sectional dimension exceeds 6mm
	7408.1900	其他精炼铜丝	30	0	Other refining copper wire
	7408.2100	铜锌合金丝	30	0	Wire of copper-zinc base alloys (brass)
	7408.2210	铜镍锌铅合金（加铅德银）丝	30	0	Wire of copper-nickel-zinc-lead base alloys (leaded nickel silver)
	7408.2290	其他白铜或德银丝	30	0	Other wire of copper-nickel base alloys (cupronickel) or copper-nickel-zinc base alloys (nickel silver)
	7408.2900	其他铜合金丝	30	0	Other wire of copper alloys
	74.09				

ex	税号	货品名称（简称）	出口税率（%）	暂定税率（%）	Article Description
	7409.1110	含氧量≤10PPM的成卷的精炼铜板、片、带	30	0	Plates, sheets and strip of refined copper, in coil, containing oxygen not exceeding 10PPM
	7409.1190	其他成卷的精炼铜板、片、带	30	0	Other plates, sheets and strip of refined copper, in coil
	7409.1900	其他精炼铜板、片、带	30	0	Other plates, sheets and strip of refined copper
	7409.2100	成卷的铜锌合金板、片、带	30	0	Plates, sheets and strip of copper-zinc base alloys (brass), in coil
	7409.2900	其他铜锌合金板、片、带	30	0	Other plates, sheets and strip of copper-zinc base alloys (brass)
	7409.3100	成卷的铜锡合金板、片、带	30	0	Plates, sheets and strip of copper-tin base alloys (bronze), in coil
	7409.3900	其他铜锡合金板、片、带	30	0	Other plates, sheets and strip of copper-tin base alloys (bronze)
	7409.4000	铜镍合金或铜镍锌合金板、片、带	30	0	Plates, sheets and strip of copper-nickel base alloys (cupronickel) or copper-nickel-zinc base alloys (nickel silver)
	7409.9000	其他铜合金板、片、带	30	0	Other plates, sheets and strip of copper alloys
	75.02				
	7502.1010	高纯镍（镍含量＞99.99%，钴含量≤0.005%）	40	5	Purity nickel (containing by weight more than 99.99% of nickel, and containing by weight not more than 0.005% of cobalt)
	7502.1090	未锻轧的非合金镍	40	15	Unwrought nickel, not alloyed
	7502.2000	未锻轧镍合金	40	15	Unwrought nickel, alloyed
	75.03				
	7503.0000	镍废碎料		10	Nickel waste and scrap
	75.08				
	7508.9010	电镀用镍阳极	40	15	Electroplating anodes of nickel
	76.01				
	7601.1010	按重量计含铝量≥99.95%的非合金铝	30	0	Aluminium, not alloyed, containing by weight 99.95% or more of aluminium
	7601.1090	按重量计含铝量＜99.95%的非合金铝	30	15	Aluminium, not alloyed, containing by weight less than 99.95% of aluminium
	7601.2000	碱金属含量（Na+K+Ca）＜10ppm，氢含量＜0.12ml/100gAl的低碱精炼铝合金	30	0	Aluminium alloys, containing by weight less than 10ppm of alkali metal(Na + K + Ca) and less than 0.12ml/100gAl of hydrogen
	7601.2000	其他未锻轧铝合金	30	15	Aluminium alloys, unwrought
	76.02				
	7602.0000	铝废碎料	30	15	Aluminium waste and scrap
	76.04				
	7604.1010	非合金铝条、杆	20	0	Bars and rods, of aluminium, not alloyed
	7604.1090	非合金铝型材及异型材	20	0	Profiles of aluminium, not alloyed
	7604.2100	铝合金制空心异型材	20	0	Hollow profiles of aluminium alloys
	7604.2910	铝合金条、杆	20	0	Bars and rods
	7604.2990	铝合金制其他型材及异型材	20	0	Other profiles of aluminium alloys
	76.05				
	7605.1100	最大截面尺寸＞7毫米的非合金铝丝	20	0	Aluminium wire, not alloyed, of which the maximum cross-sectional dimension exceeding 7mm
	7605.1900	其他非合金铝丝	20	0	Other aluminium wire, not alloyed
	7605.2100	最大截面尺寸＞7毫米的铝合金丝	20	0	Wire of aluminium alloys, of which the maximum cross-sectional dimension exceeding 7mm
	7605.2900	其他铝合金丝	20	0	Other wire of aluminium alloys
	76.06				
	7606.1121	0.3毫米≤厚度≤0.36毫米的非合金铝与塑料复合的矩形铝板、片、带	20	0	Plates, sheets and strip, of not alloyed aluminium -plastic composite, of rectangular (including square), of a thickness of 0.30mm or more but not exceeding 0.36mm
	7606.1129	0.3毫米≤厚度≤0.36毫米的其他非合金铝制矩形铝板、片、带	20	0	Other plates, sheets and strip, of not alloyed aluminium, of rectangular (including square), of a thickness of 0.30mm or more but not exceeding 0.36mm
	7606.1191	非合金铝与塑料复合的矩形的其他板、片、带	20	0	Other plates, sheets and strip, of not alloyed aluminium -plastic composite, of rectangular (including square)
	7606.1199	非合金铝制矩形的其他板、片、带	20	0	Other plates, sheets and strip, of not alloyed aluminium, of rectangular (including square)
	7606.1220	厚度＜0.28毫米的铝合金制矩形铝板、片、带	20	0	Plates, sheets and strip, of aluminium alloys, of rectangular (including square), of a thickness less than 0.28mm
	7606.1230	0.28毫米≤厚度≤0.35毫米的铝合金制矩形铝板、片、带	20	0	Plates, sheets and strip, of aluminium alloys, of rectangular (including square), of a thickness of 0.28mm or more but not exceeding 0.35mm

ex	税 号	货品名称（简称）	出口税率（%）	暂定税率（%）	Article Description
	7606.1251	0.35毫米＜厚度≤4毫米的铝合金与塑料复合的矩形铝板、片、带	20	0	Plates, sheets and strip, of aluminium alloys -plastic composite, of rectangular (including square), of a thickness of 0.35mm or more but not exceeding 4mm
	7606.1259	0.35毫米＜厚度≤4毫米的其他铝合金制矩形铝板、片、带	20	0	Other plates, sheets and strip, of aluminium alloys, of rectangular (including square), of a thickness of 0.35mm or more but not exceeding 4mm
	7606.1290	厚度＞4毫米的铝合金制矩形铝板、片、带	20	0	Other plates, sheets and strip, of aluminium alloys, of rectangular (including square), of a thickness more than 4mm
	7606.9100	非合金铝制非矩形的板、片、带	20	0	Plates, sheets and strip, of not alloyed aluminium, not of rectangular (including square)
	7606.9200	铝合金制非矩形的板、片、带	20	0	Other plates, sheets and strip, of aluminium alloys, not of rectangular (including square)
	78.01				
	7801.1000	未锻轧精炼铅		10	Refined lead, unwrought
	78.02				
	7802.0000	铅废碎料		10	Lead waste and scrap
	79.01				
	7901.1110	按重量计含锌量≥99.995%的未锻轧锌	20	0	Unwrought zinc, containing by weight 99.995% or more of zinc
	7901.1190	99.99%≤含锌量＜99.995%的未锻轧锌	20	5	Unwrought zinc, containing by weight 99.99% or more, but less than 99.995% of zinc
	7901.1200	含锌量＜99.99%的未锻轧锌	20	15	Unwrought zinc, containing by weight less than 99.99% of zinc
	7901.2000	未锻轧锌合金	20	0	Zinc alloys, unwrought
	80.01				
	8001.1000	非合金锡		10	Tin, not alloyed
	80.02				
	8002.0000	锡废碎料		10	Tin waste and scrap
	81.03				
	8103.3000	钽废碎料		10	Tantalum waste and scrap
	81.10				
	8110.1010	未锻轧锑	20	5	Unwrought antimony
	8110.1020	锑粉末	20		Antimony powders
	8110.2000	锑废碎料	20		Antimony waste and scrap
	81.12				
	8112.2100	未锻轧铬、铬粉末		15	Unwrought chromium, chromium powders
	8112.2200	铬废碎料		15	Chromium waste and scrap

附　　表

附表1　进境物品进口税率表

序号	商品名称	税率（%）
1	书报、刊物，教育专用电影片、幻灯片、原版录音带、录像带，金、银及其制品，计算机、视频摄录一体机、数字照相机等信息技术产品，照相机，食品、饮料，本表2、3、4税号及备注不包含的其他商品	10
2	纺织品及其制成品，电视摄像机及其他电器用具、自行车、手表、钟表（含配件、附件）	20
3	高尔夫球及球具、高档手表	30
4	烟、酒、化妆品	50

注：避孕用具和避孕药品，超过海关规定的自用合理数量部分按有关规定予以退运或按货物进口程序办理报关及验放手续。

附表2　部分原产于台湾地区免征进口关税的农产品清单

序号	ex	税号	商品名称	最惠国税率（%）	对台湾地区税率（%）
1		0302.2400	鲜、冷大菱鲆	12	0
		0302.2900	其他鲜、冷比目鱼	12	0
		0303.3400	冻大菱鲆	10	0
		0303.3900	其他冻比目鱼	10	0
2		0302.4100	鲜、冷鲱鱼	12	0
		0303.5100	冻鲱鱼	10	0
3		0302.4400	鲜、冷鲭鱼	12	0
		0303.5400	冻鲭鱼	10	0
4		0302.8930	鲜、冷鲳鱼	12	0
		0303.8930	冻鲳鱼	10	0
5		0302.8910	鲜、冷带鱼	12	0
		0303.8910	冻带鱼	10	0
6	ex	0302.7900	鲜、冷尼罗河鲈鱼	12	0
		0302.8400	鲜、冷尖吻鲈鱼	12	0
	ex	0302.8990	鲜、冷鲈鱼	12	0
	ex	0303.2900	冻尼罗河鲈鱼	10	0
		0303.8400	冻尖吻鲈鱼	12	0
	ex	0303.8990	其他冻鲈鱼	10	0
7		0306.1619	其他冻冷水小虾	5	0
		0306.1719	其他冻小虾	5	0
	ex	0306.2690	鲜、冷冷水小虾	12	0
	ex	0306.2790	鲜、冷小虾	12	0
8	ex	0307.3190	鲜、冷贻贝	14	0
	ex	0307.3900	冻贻贝	14	0
9		0703.1000	鲜、冷洋葱	13	0
10	ex	0704.1000	鲜、冷硬花甘蓝	10	0
		0704.2000	鲜、冷抱子甘蓝	13	0
		0704.9010	鲜、冷卷心菜	13	0
	ex	0704.9090	鲜、冷其他甘蓝	13	0
11	ex	0704.1000	鲜、冷花椰菜	10	0
12		0705.1100	鲜、冷结球莴苣	10	0
		0705.1900	鲜、冷其他莴苣	10	0
13	ex	0706.1000	鲜、冷胡萝卜	13	0
14	ex	0709.9990	鲜、冷丝瓜	13	0
15	ex	0709.9990	鲜、冷青江菜	13	0
16	ex	0709.9990	鲜、冷小白菜	13	0
17	ex	0709.9990	鲜、冷苦瓜	13	0
18	ex	0709.9990	鲜、冷山葵	13	0
19	ex	0714.4000	鲜、冷芋头	13	0
20		0801.1200	未去内壳（内果皮）鲜椰子	12	0

序号	ex	税 号	商品名称	最惠国税率（%）	对台湾地区税率（%）
		0801.1990	其他鲜椰子	12	0
21	ex	0802.8000	鲜槟榔	10	0
22	ex	0804.3000	鲜菠萝	12	0
23	ex	0804.5010	鲜番石榴	15	0
24	ex	0804.5020	鲜芒果	15	0
25	ex	0805.4000	鲜柚	12	0
26		0807.2000	木瓜	25	0
27		0809.3000	桃	10	0
28	ex	0809.4000	梅	10	0
29		0810.7000	柿子	20	0
30		0810.9050	番荔枝	20	0
31		0810.9060	杨桃	20	0
32		0810.9070	莲雾	20	0
33	ex	0810.9090	枣	20	0
34	ex	0810.9090	琵琶	20	0

注：上表是依据海关总署公告 2011 年第 85 号整理，具体执行按照海关总署公告 2005 年第 37 号、2007 年第 6 号、2012 年第 2 号；表中标有“ex”的税则号列是指该税则号列包括多项商品，但仅在清单中列名的产品为免征关税的农产品。

附表 3　同一税号项下不同出口退税率产品清单

（注：由于《系统》字符数限制，“退税商品要素”栏信息不完整，仅供参考）

海关商品编码	退税商品要素	退税率（%）
0203.2900	除分割猪肉以外的其他	5
0203.2900	分割猪肉	13
0207.2600	除分割火鸡块以外的鲜	5
0207.2600	分割火鸡块	13
0207.2700	除分割火鸡块以外的冻	5
0207.2700	分割火鸡块	13
0207.4400	除分割鸭块以外的鲜或	5
0207.4400	分割鸭块	13
0207.4500	除分割鸭块以外的冻的	5
0207.4500	分割鸭块	13
0207.5400	除分割鹅块以外的鲜或	5
0207.5400	分割鹅块	13
0207.5500	除分割鹅块以外的冻的	5
0207.5500	分割鹅块	13
0207.6000	除分割珍珠鸡块以外的	5
0207.6000	分割珍珠鸡块	13
0208.1010	除分割家兔肉以外的鲜	5
0208.1010	分割家兔肉	13
0208.1020	除分割家兔肉以外的冻	5
0208.1020	分割家兔肉	13
0305.1000	按13%征税的供人食用	13
0305.1000	熟制的并按17%征税的	15
03052000.90	按13%征税的其他干、	13
03052000.90	熟制的并按17%征税的	15
0305.3100	干、盐腌或盐渍的	13
0305.3100	按17%征税的干、盐腌	15
0305.3200	干、盐腌或盐渍的犀鳕	13
0305.3200	按17%征税的干、盐腌	15
03053900.90	其他干、盐腌或盐渍的	13
03053900.90	按17%征税的其他干、	15
0306.2590	按13%征税的其他活、	13
0306.2590	按17%征税的其他活、	15
0306.2990	按13%征税的其他活、	13
0306.2990	按17%征税的其他活、	15
0307.7990	冻、干、盐制的	13
0307.7990	按17%征税的冻、干、	15
03079900.20	冻、干、盐腌或盐渍蚬	13
03079900.20	冻、干、盐腌或盐渍蚬	15
03079900.90	其他冻、干、盐腌或盐	13
03079900.90	按17%征税的其他冻、	15
0308.2900	冻、干、盐制食用海胆	13
0308.2900	按17%征税的冻、干、	15
0308.3090	其他冻、干、盐制海蜇	13
0308.3090	按17%征税的其他冻、	15
03089090.90	其他冻、干、盐制水生	13
03089090.90	其他冻、干、盐制水生	15
0401.1000	脂肪含量≤1%未浓缩的	5
0401.1000	按17%征税的脂肪含量	15
0401.2000	1%＜脂肪含量≤6%的未	5
0401.2000	按17%征税的1%＜脂肪	15
0401.4000	6%＜脂肪含量≤10%的未	5
0401.4000	按17%征税的6%＜脂肪	15
0401.5000	脂肪含量＞10%未浓缩	5
0401.5000	按17%征税的脂肪含量	15
0402.9100	浓缩但未加糖的非固状	5
0402.9100	按17%征税的浓缩但未	15
0402.9900	浓缩并已加糖的非固状	5
0402.9900	按17%征税的浓缩并已	15
04079090.90	其他腌制或煮过的带壳	5
04079090.90	按17%征税的其他腌制	15

海关商品编码	退税商品要素	退税率（%）	海关商品编码	退税商品要素	退税率（%）
0408.1100	干蛋黄	5	0710.9000	蒸煮的冷冻什锦蔬菜	5
0408.1100	熟制的并按17%征税的	15	0712.2000	免税的干制洋葱	0
0408.9100	干的其他去壳禽蛋	5	0712.2000	破碎或制成粉状的干制	5
0408.9100	蛋粉（全蛋粉、蛋白粉	15	0712.3100	免税的干伞菌属蘑菇	0
0408.9900	其他去壳禽蛋	5	0712.3100	破碎或制成粉状的干伞	5
0408.9900	其他去壳禽蛋罐头	15	0712.3200	免税的干木耳	0
0502.1010	猪鬃	5	0712.3200	按13%征税的干木耳	5
0502.1010	按17%征税的洗净猪鬃	15	0712.3200	按17%征税的干木耳	15
0502.1020	猪毛	5	0712.3300	免税的干银耳(白木耳)	0
0502.1020	按17%征税的洗净猪毛	15	0712.3300	按13%征税的干银耳(	5
0502.9011	山羊毛	5	0712.3300	按17%征税的干银耳(	15
0502.9011	按17%征税的洗净制刷	15	0712.3910	免税的干制香菇	0
0502.9012	黄鼠狼尾毛	5	0712.3910	按13%征税的干制香菇	5
0502.9012	按17%征税的洗净制刷	15	0712.3910	按17%征税的干制香菇	15
05029019.90	其他獾毛及其他制刷用	5	0712.3920	免税的干制金针菇	0
05029019.90	按17%征税的其他獾毛	15	0712.3920	破碎或制成粉状的干制	5
05051000.90	其他填充用羽毛;羽绒	5	0712.3930	免税的干制草菇	0
05051000.90	按17%征税的其他填充	15	0712.3930	破碎或制成粉状的干制	5
05059090.90	其他羽毛,羽绒	5	0712.3940	免税的干制口蘑	0
05059090.90	按17%征税的洗净其他	15	0712.3940	破碎或制成粉状的干制	5
0511.9940	其他马毛	5	0712.3950	免税的干制牛肝菌	0
0511.9940	按17%征税的洗净其他	15	0712.3950	破碎或制成粉状的干制	5
0602.9093	免税的其他菊花	0	07123990.10	免税的干制松茸	0
0602.9093	其他菊花	5	07123990.10	破碎或制成粉状的干制	5
0710.1000	免税的冷冻马铃薯	0	07123990.90	免税的其他干制蘑菇及	0
0710.1000	蒸煮的冷冻马铃薯	5	07123990.90	破碎或制成粉状的其他	5
0710.2100	免税的冷冻豌豆	0	0712.9020	免税的紫萁(薇菜干)	0
0710.2100	蒸煮的冷冻豌豆	5	0712.9020	破碎或制成粉状的紫萁	5
0710.2210	免税的冷冻的红小豆(	0	0712.9030	免税的干金针菜(黄花	0
0710.2210	蒸煮的冷冻的红小豆(	5	0712.9030	破碎或制成粉状的干金	5
0710.2290	免税的冷冻豇豆及菜豆	0	0712.9040	免税的蕨菜干	0
0710.2290	蒸煮的冷冻豇豆及菜豆	5	0712.9040	破碎或制成粉状的蕨菜	5
0710.2900	免税的冷冻其他豆类蔬	0	07129050.90	免税的干燥或脱水的其	0
0710.2900	蒸煮的冷冻其他豆类蔬	5	07129050.90	按13%征税的干燥或脱	5
0710.3000	免税的冷冻菠菜	0	07129050.90	按17%征税的干燥或脱	15
0710.3000	蒸煮的冷冻菠菜	5	0712.9091	免税的干辣根	0
0710.4000	免税的冷冻甜玉米	0	0712.9091	破碎或制成粉状的干辣	5
0710.4000	蒸煮的冷冻甜玉米	5	07129099.10	免税的干莼菜	0
0710.8010	免税的冷冻松茸	0	07129099.10	破碎或制成粉状的干莼	5
0710.8010	蒸煮的冷冻松茸	5	07129099.90	免税的干制的其他蔬菜	0
0710.8020	免税的冷冻蒜薹及蒜苗	0	07129099.90	破碎或制成粉状的干制	5
0710.8020	蒸煮的冷冻蒜薹及蒜苗	5	0902.1010	按13%征税的每件净重	5
0710.8030	免税的冷冻蒜头	0	0902.1010	按17%征税的每件净重	15
0710.8030	蒸煮的冷冻蒜头	5	0902.1090	每件净重不超过3公斤	5
0710.8040	免税的冷冻牛肝菌	0	0902.1090	按17%征税的每件净重	15
0710.8040	蒸煮的冷冻牛肝菌	5	0902.2010	每件净重超过3公斤的	5
07108090.10	免税的冷冻的大蒜瓣	0	0902.2010	按17%征税的每件净重	15
07108090.10	蒸煮的冷冻的大蒜瓣	5	0902.2090	每件净重超过3公斤的	5
07108090.20	免税的冷冻的香菇	0	0902.2090	按17%征税的每件净重	15
07108090.20	蒸煮的冷冻的香菇	5	0902.3010	每件净重不超过3公斤	5
07108090.30	免税的冷冻莼菜	0	0902.3010	按17%征税的每件净重	15
07108090.30	蒸煮的冷冻莼菜	5	0902.3020	每件净重不超过3公斤	5
07108090.90	免税的冷冻的未列名蔬	0	0902.3020	按17%征税的每件净重	15
07108090.90	蒸煮的冷冻的未列名蔬	5	0902.3090	红茶内包装每件净重不	5
0710.9000	免税的冷冻什锦蔬菜	0	0902.3090	按17%征税的红茶内包	15

海关商品编码	退税商品要素	退税率（%）	海关商品编码	退税商品要素	退税率（%）
0902.4010	每件净重超过3公斤的	5	20039090.90	按17%征税的非用醋制	15
0902.4010	按17%征税的每件净重	15	2004.1000	非用醋制作的冷冻马铃	5
0902.4020	每件净重超过3公斤的	5	2004.1000	熟制的并按17%征税的	15
0902.4020	按17%征税的每件净重	15	20049000.10	按13%征税的非用醋制	5
0902.4090	红茶(内包装每件净重	5	20049000.10	熟制的并按17%征税的	15
0902.4090	按17%征税的红茶(内	15	20049000.20	按13%征税的非用醋制	5
0910.2000	番红花	5	20049000.20	熟制的并按17%征税的	15
0910.2000	已加工并按17%征税的	15	20049000.30	按13%征税的非用醋制	5
0910.9900	其他调味香料	5	20049000.30	熟制的并按17%征税的	15
0910.9900	已加工并按17%征税的	15	20049000.40	按13%征税的非用醋制	5
1106.3000	水果及坚果的细粉、粗	5	20049000.40	熟制的并按17%征税的	15
1106.3000	按17%征税的粗粉等;	15	20049000.90	按13%征税的非用醋制	5
1211.9015	免税的鲜或干的菊花	0	20049000.90	熟制的并按17%征税的	15
1211.9015	鲜或干的菊花	5	2005.2000	非用醋制作的未冷冻马	5
16010030.90	未经过熟制的用含其他	5	2005.2000	熟制的并按17%征税的	15
16010030.90	经过熟制的用含其他动	15	2005.4000	非用醋制作的未冷冻豌	5
1602.3991	未经过熟制的其他方法	5	2005.4000	熟制的并按17%征税的	15
1602.3991	经过熟制的其他方法制	15	2005.5199	非用醋制作的其他脱荚	5
1605.5610	按13%征税的制作或保	5	2005.5199	熟制的并按17%征税的	15
1605.5610	按17%征税的制作或保	15	2005.5990	非用醋制作的其他豇豆	5
1605.6300	按13%征税的制作或保	5	2005.5990	熟制的并按17%征税的	15
1605.6300	按17%征税的制作或保	15	2005.6090	非用醋制作的其他芦笋	5
1801.0000	按13%征税的生的整颗	5	2005.6090	熟制的并按17%征税的	15
1801.0000	按17%征税的焙炒的整	15	2005.7000	非用醋制作的未冷冻油	5
1901.2000	按13%征税的供烘焙税	5	2005.7000	熟制的并按17%征税的	15
1901.2000	按17%征税的供烘焙税	15	2005.8000	非用醋制作的未冷冻甜	5
1902.1900	按13%征税的其他未包	5	2005.8000	熟制的并按17%征税的	15
1902.1900	按17%征税的其他未包	15	20059190.10	按13%征税的非用醋制	5
1902.2000	包馅面食	5	20059190.10	熟制的并按17%征税的	15
1902.2000	熟制的并按17%征税的	15	20059190.90	按13%征税的非用醋制	5
1902.3030	挂面等粮食复制品	5	20059190.90	熟制的并按17%征税的	15
1902.3030	其他即食或快熟面条	15	2005.9940	榨菜	5
1902.3090	其他面食	5	2005.9940	榨菜罐头	15
1902.3090	熟制的并按17%征税的	15	2005.9950	咸蕨菜	5
1902.4000	古斯古斯面食	5	2005.9950	咸蕨菜罐头	15
1902.4000	熟制的并按17%征税的	15	2005.9960	咸荞(藠)头	5
2001.1000	按13%征税的用醋或醋	5	2005.9960	咸荞(藠)头罐头	15
2001.1000	按17%征税的用醋或醋	15	20059999.10	按13%征税的非用醋制	5
20019010.10	按13%征税的用醋或醋	5	20059999.10	熟制的并按17%征税的	15
20019010.10	按17%征税的用醋或醋	15	20059999.20	按13%征税的非用醋制	5
20019010.90	按13%征税的用醋或醋	5	20059999.20	熟制的并按17%征税的	15
20019010.90	按17%征税的用醋或醋	15	20059999.90	按13%征税的非用醋制	5
20019090.90	按13%征税的用醋制作	5	20059999.90	熟制的并按17%征税的	15
20019090.90	按17%征税的用醋制作	15	2008.1190	其他非用醋制作的花生	5
2002.1090	非用醋制作的其他整个	5	2008.1190	熟制的并按17%征税的	15
2002.1090	熟制的并按17%征税的	15	2008.1991	按13%征税的栗仁	5
2002.9090	非用醋制作的绞碎番茄	5	2008.1991	熟制的并按17%征税的	15
2002.9090	熟制的并按17%征税的	15	2008.1992	按13%征税的芝麻	5
2003.1090	非用醋制作的其他伞菌	5	2008.1992	按17%征税的芝麻	15
2003.1090	熟制的并按17%征税的	15	20081999.90	按13%征税的未列名制	5
20039090.10	按13%征税的非用醋制	5	20081999.90	熟制的并按17%征税的	15
20039090.10	按17%征税的非用醋制	15	2008.2090	按13%征税的非用醋制	5
20039090.20	按13%征税的非用醋制	5	2008.2090	按17%征税的非用醋制	15
20039090.20	熟制的并按17%征税的	15	2008.3090	按13%征税的非用醋制	5
20039090.90	按13%征税的非用醋制	5	2008.3090	按17%征税的非用醋制	15

海关商品编码	退税商品要素	退税率（%）	海关商品编码	退税商品要素	退税率（%）
2008.4090	按13%征税的非用醋制	5	2934.9960	7-苯乙酰氨基-3-氯甲	9
2008.4090	按17%征税的非用醋制	15	2934.9960	7-氨基头孢烷酸、7-氨	15
2008.5000	按13%征税的非用醋制	5	30019090.99	按13%征税的其他未列	13
2008.5000	按17%征税的非用醋制	15	30019090.99	按17%征税的其他未列	15
2008.6090	非用醋制作的樱桃，罐	5	3912.1100	初级形状的未塑化醋酸	0
2008.6090	熟制的并按17%征税的	15	3912.1100	未塑化的二、三醋酸纤	5
2008.7090	按13%征税的非用醋制	5	44129910.10	实木复合地板	0
2008.7090	按17%征税的非用醋制	15	44129910.10	至少有一表层是桃花心	5
2008.8000	按13%征税的非用醋制	5	44129910.20	实木复合地板	0
2008.8000	按17%征税的非用醋制	15	44129910.20	至少有一表层是拉敏木	5
2008.9100	按13%征税的非用醋制	5	4901.1000	免税的单张的书籍、小	0
2008.9100	按17%征税的非用醋制	15	4901.1000	单张的书籍、小册子及	13
2008.9300	按13%征税的非用醋制	5	4901.9100	免税的字典、百科全书	0
2008.9300	按17%征税的非用醋制	15	4901.9100	字典、百科全书	13
2008.9700	非用醋制作的什锦果实	5	4901.9900	免税的其他书籍、小册	0
2008.9700	熟制的并按17%征税的	15	4901.9900	其他书籍、小册子及类	13
2008.9932	按13%征税的盐腌海带	5	4903.0000	免税的儿童图画书、绘	0
2008.9932	按17%征税的盐腌海带	15	4903.0000	儿童图画书、绘画或涂	13
2008.9933	按13%征税的盐腌裙带	5	4904.0000	免税的乐谱原稿或印本	0
2008.9933	按17%征税的盐腌裙带	15	4904.0000	乐谱原稿或印本	13
2008.9939	按13%征税的海草及其	5	4905.9100	免税的成册的各种印刷	0
2008.9939	按17%征税的海草及其	15	4905.9100	成册的各种印刷的地图	13
2008.9990	按13%征税的未列名制	5	4905.9900	免税的其他各种印刷的	0
2008.9990	按17%征税的未列名制	15	4905.9900	其他各种印刷的地图及	13
2103.9090	按13%征税的其他调味	5	7019.9021	玻璃纤维布浸胶制品	5
2103.9090	按17%征税的其他调味	15	7019.9021	多层印制电路板用玻璃	13
21069090.90	按13%征税的其他编号	5	7111.0000	含金产品	0
21069090.90	按17%征税的其他编号	15	7111.0000	银焊料	5
22089010.10	濒危龙舌兰酒	0	71142000.90	含金产品	0
22089010.90	其他龙舌兰酒	15	71142000.90	镀银铁碟	5
2303.2000	甜菜粕	0	71159010.90	含金产品	0
2303.2000	甜菜渣、甘蔗渣及类似	5	71159010.90	银线，铱坩锅，银铜化	5
2306.9000	规定为免税的其他油渣	0	7115.9090	含金产品	0
2306.9000	按13%征税的其他油渣	13	7115.9090	电弧焊用，锡合焊锡丝	5
2306.9000	按17%征税的其他油渣	15	7116.2000	钻石制品	0
2308.0000	其他饲料用植物产品	0	7116.2000	其他宝石或半宝石制品	5
2308.0000	按13%征税的菠箩渣	5	82019090.90	按13%征税的其他农业	5
2308.0000	按17%征税的菠箩渣	15	82019090.90	按17%征税的其他农业	9
2309.9010	按13%征税的制成的饲	13	84082090.10	油缸数在3缸以下(含)，	13
2309.9010	按17%征税的制成的饲	15	84082090.10	油缸数在4缸以上(含)，	17
2309.9090	免税的其他配制的动物	0	84089092.20	油缸数在3缸以下(含)，	13
2309.9090	按13%征税的其他配制	13	84089092.20	油缸数在4缸以上(含)，	17
2309.9090	按17%征税的其他配制	15	8422.4000	农业用的棉花打包机	13
2401.1010	未去梗的烤烟	5	8422.4000	按17%征税的其他包装	15
2401.1010	按17%征税的未去梗的	15	8424.9090	按13%征税的其他喷雾	13
2401.2010	部分或全部去梗的烤烟	5	8424.9090	按17%征税的其他喷雾	15
2401.2010	按17%征税的部分或全	15	8429.2010	农用的按13%征税的平	13
2401.3000	其他	5	8429.2010	其他按17%征税的筑路	17
2401.3000	按17%征税的复烤烟的	15	8429.2090	农用的其他平地机	13
29091990.11	按13%征税的八氯二丙	13	8429.2090	按17%征税的其他筑路	17
29091990.11	按17%征税的八氯二丙	15	8432.8090	未列名农、林业用整地	13
29091990.12	按13%征税的二氯异丙	13	8432.8090	按17%征税的园艺机械	15
29091990.12	按17%征税的二氯异丙	15	84368000.01	按13%征税的青储饲料	13
29091990.90	按13%征税的其他无环	13	84368000.01	按17%征税的青储饲料	15
29091990.90	按17%征税的其他无环	15	84368000.02	按13%征税的自走式饲	13

海关商品编码	退税商品要素	退税率（%）	海关商品编码	退税商品要素	退税率（%）
84368000.02	按17%征税的自走式饲	15	87013000.10	按13%征税的农用履带	13
84368000.90	按13%征税的农、林业	13	87013000.10	按17%征税的非农用履	17
84368000.90	按17%征税的园艺等用	15	87013000.90	按13%征税的农用履带	13
8437.1010	按13%征税的光学色差	13	87013000.90	按17%征税的非农用履	17
8437.1010	按17%征税的光学色差	15	87019011.01	按13%征税的农用功率	13
8506.1011	含汞扣式碱性锌锰的原	0	87019011.01	按17%征税的非农用功	17
8506.1011	无汞扣式碱性锌锰的原	15	87019011.90	按13%征税的农用其他	13
8506.1012	含汞圆柱型碱性锌锰的	0	87019011.90	按17%征税的非农用其	17
8506.1012	无汞圆柱型碱性锌锰的	15	87019019.01	按13%征税的农用其他	13
8523.2120	按13%征税的已录制的	13	87019019.01	按17%征税的非农用其	17
8523.2120	按17%征税的已录制的	17	87019019.90	按13%征税的农用其他	13
8523.2919	音像制品和电子出版物	13	87019019.90	按17%征税的非农用其	17
8523.2919	其他用途的已录制磁盘	17	8701.9090	按13%征税的农用其他	13
8523.2928	按13%征税的重放声音	13	8701.9090	按17%征税的非农用其	17
8523.2928	按17%征税的重放声音	17	8716.2000	农用自装或自卸式挂车	13
8523.2929	按13%征税的已录制的	13	8716.2000	按17%征税的农用自装	15
8523.2929	按17%征税的已录制的	17	8901.9090	其他非铁制非机动货运	15
8523.2990	按13%征税的其他磁性	13	8901.9090	其他铁制非机动货运船	17
8523.2990	按17%征税的其他磁性	17	8902.0090	非机动捕鱼船	13
8523.4910	按13%征税的仅用于重	13	8902.0090	按17%征税的加工船等	17
8523.4910	按17%征税的仅用于重	17	91111000.90	含金产品	0
8523.4920	按13%征税的用于重放	13	91111000.90	非含金产品的其他贵金	13
8523.4920	按17%征税的用于重放	17	9111.9000	含金产品	0
8523.4990	按13%征税的其他已录	13	9111.9000	非含金产品的表壳的零	13
8523.4990	按17%征税的其他已录	17	91131000.90	含金产品	0
8523.5120	按13%征税的已录制的	13	91131000.90	非含金产品的其他贵金	13
8523.5120	按17%征税的已录制的	17	9305.1000	军用左轮手枪或其他手	0
8523.5290	音像制品和电子出版物	13	9305.1000	非军用左轮手枪或其他	13
8523.5290	非音像制品和电子出版	17	9305.2000	军用步枪用零件及附件	0
8523.5920	按13%征税的其他已录	13	9305.2000	猎枪或非军用步枪用其	13
8523.5920	按17%征税的其他已录	17	9305.9900	其他军用武器的零件、	0
8523.8011	按13%征税的已录制唱	13	9305.9900	其他非军用武器的零件	13
8523.8011	按17%征税的已录制唱	17	9306.3080	铆接机等工具及弩枪式	0
8523.8019	按13%征税的其他唱片	13	9306.3080	射钉枪	13
8523.8019	按17%征税的其他唱片	17	9306.3090	其他军用子弹及其零件	0
8523.8029	按13%征税的其他税号	13	9306.3090	其他非军用子弹及其零	13
8523.8029	按17%征税的其他税号	17	93069000.90	其他军用弹药和射弹及	0
8523.8099	按13%征税的其他媒体	13	93069000.90	其他非军用弹药和射弹	13
8523.8099	按17%征税的其他媒体	17			

附表4　应征进口反倾销、反补贴税产品清单

税　号	商品名称	国家(地区)	生　产　厂　商	税率(%)
			反倾销	
0207.1100 0207.1200 0207.1311 0207.1319 0207.1321 0207.1329 0207.1411 0207.1419 0207.1421 0207.1422 0207.1429 0504.0021	白羽肉鸡产品（Broiler Products or Chicken Products）	美国	美国皮尔格林公司（Pilgrim's Pride Corporation）	73.8
			泰森食品有限公司（Tyson Foods, Inc）	49.5
			楔石食品有限责任公司（Keystone Foods LLC）	46.6
			桑德森农场公司（Sanderson Farms, Inc）	60.7
			拉迈克斯食品有限公司（Lamex Foods Inc.）	60.7
			蒙太尔农场（Mountaire Farms）	60.7
			大威康地（Wayne Farms LLC）	60.7
			科氏食品有限公司（Koch Foods, LLC）	60.7
			好食品有限公司（O.K. Foods, Inc.）	60.7
			英特莱国际贸易有限公司（Interra International, Inc）	60.7
			玛杰克禽肉股份有限公司（MAR-JAC POULTRY, INC.）	60.7
			佩科食品有限公司（Peco Foods, Inc.）	60.7
			瑞发德农场之家（House of Raeford Farms, Inc.）	60.7
			福斯特家禽农场（Foster poultry Farms）	60.7
			菲尔代尔农场有限公司（Fieldale Farms Corporation）	60.7
			水谷禽肉有限责任公司（WATER VALLEY POULTRY, LLC.）	60.7
			克瑞利斯兄弟食品有限公司（KRALIS BROTHERS FOODS, LLC.）	60.7
			凯斯农场有限公司（CASE FARMS, LLC）	60.7
			普渡农场股份有限公司（PERDUE FARMS, INC）	60.7
			巴特菲尔德食品有限公司（Butterfield Foods Company, Inc）	60.7
			阿米克农场有限公司（Amick Farms, LLC）	60.7
			克拉斯顿禽肉农场（CLAXTON POULTRY FARMS.）	60.7
			金丰满农场有限合伙企业（Gold'n Plump Farms Limited Partnership, LLP）	60.7
			爱伦家族食品股份有限公司（ALLEN FAMILY FOODS, INC.）	60.7
			迈特食品有限公司（Metafoods, LLC）	60.7
			B&B家禽有限公司（B&B Poultry Co., Inc.）	60.7
			哈里森家禽有限公司（Harrison Poultry, Inc.）	60.7
			西蒙斯准备有限公司（SIMMONS PREPARED FOODS）	60.7
			蒂普拓普禽肉有限公司（TIP TOP POULTRY, INC.）	60.7
			波士顿阿格雷有限公司（BOSTON AGREX, INC）	60.7
			汤德森股份有限公司（TOWNSENDS, INC.）	60.7
			乔治股份有限公司（GEORGE'S INC.）	60.7
			格柏家禽有限公司（Gerber Poultry, Inc.）	60.7
			出口罐头有限责任公司（EXPORT PACKERS CO., LTD）	60.7
			佩塔卢马并购公司（Petaluma Acquisition, LLC）	60.7
			其他美国公司（All Others）	73.8
1108.1300	马铃薯淀粉	欧盟	荷兰艾维贝公司（AVEBE U.A.）	12.6
			德国艾维贝马铃薯淀粉工厂（Avebe Kartoffelstarkefabrik Prignitz/Wendland GmbH）	12.6
			法国罗盖特公司（ROQUETTE FRERES）	56.7
			其他欧盟公司（All Others）	56.7
2804.6190	太阳能级多晶硅	欧盟	德国瓦克化学股份有限公司（Wacker Chemie AG）	14.3
			德国Schmid Group	42
			德国Joint Solar Silicon（JSS）	42
			意大利MEMC Electronic Materials SpA	42
			意大利MEMC Electronic Materials	42
			意大利SILFAB SpA	42

税 号	商品名称	国家(地区)	生 产 厂 商	税率(%)
			意大利Estelux SxJ	42
			意大利Primesolar SrJ	42
			西班牙Siliken Spain	42
			其他欧盟公司（All Others）	14.3
		美国	REC太阳能级硅有限责任公司（REC Solar Grade Silicon LLC）	57
			REC先进硅材料有限责任公司（REC Advanced Silicon Materials LLC）	57
			赫姆洛克半导体公司（Hemlock Semiconductor Corporation）	53.3
			MEMC帕萨迪纳有限公司（MEMC Pasadena，Inc. ）	53.6
			AE Polysillcon Corporation	57
			其他美国公司（All Others）	57
		韩国	熊津多晶硅有限公司（Woongjin Polysilicon Co.,Ltd.）	12.3
			OCI株式会社（OCI Company Ltd.）	2.4
			韩国硅业株式会社（Hankook Silicon Co.,Ltd.）	2.8
			KCC Corp. and Korean Advanced Materials（KAM Corp.）	48.7
			Innovation Silicon Co.,Ltd.	48.7
			其他韩国公司（All Others）	12.3
2825.1010	水合肼	日本	日本公司	184
		韩国	韩国KOC株式会社（KOC Co.,Ltd.）	28
			其他韩国公司	184
		美国	所有美国公司	184
		法国	法国阿科玛公司（ARKEMA）①	68
			其他法国公司	184
2903.2200	三氯乙烯	日本	日本公司	159
		俄罗斯	俄罗斯乌苏里耶化工有限责任公司（“Usoliekhimprom”LLC）	3
			其他俄罗斯公司（All Others）	159
2903.2300	四氯乙烯	欧盟	陶氏德国设施有限公司 Dow Deutschland Anlagengesellschaft mbH	33
			法国苏威公司 SOLVAY BENVIC EUROPE-FRANCE S.A.S.	33
			其他欧盟公司（All Others）	33
		美国	西方化学公司 Occidental Chemical Corporation	76.2
			埃克塞尔公司 Axiall Corporation	76.2
			陶氏化学公司 The Dow Chemical Company	76.2
			美国PPG工业公司 PPG Industries	76.2
			其他美国公司（All Others）	76.2
2907.1310	壬基酚（也称壬基苯酚）	印度	印度十拿—赫蒂利亚有限公司（SI GROUP-INDIA LIMITED）	12.22
			其他印度公司（All Others）	20.38
		中国台湾	台湾和益化学工业股份有限公司（Formosan Union Chemical Corporation）	6.87
			中国人造纤维股份有限公司（China Man-Made Fiber Corporation）	4.08
			其他台湾地区公司（All Others）	20.38
29072100.01	间苯二酚	日本	日本住友化学株式会社（Sumitomo Chemical Company,Limited）	40.5
			日本三井化学株式会社（Mitsui Chemicals,INC.）	40.5
			其他日本公司（All Others）	40.5
		美国	茵蒂斯派克化学公司（INDSPEC Chemical Corporation）	30.1
			其他美国公司（All Others）	30.1
29072300.01	双酚A	日本	日本三井化学株式会社（Mitsui Chemicals, Inc.）	6.1
			日本三菱化学株式会社（Mitsubishi Chemical Corporation）	7.9
			其他日本公司 （All Others）	37.1
		韩国	韩国锦湖P&B化学株式会社 （KUMHO P&B CHEMICALS, INC.）	5.8
			韩国（株）LG化学（LG Chem, Ltd.）	4.7
			其他韩国公司（All Others）	37.1

①该公司与商务部签订了100%浓度水合肼产品的价格承诺协议，详见商务部公告2006年第94号、海关总署公告2006年第72号。

税号	商品名称	国家(地区)	生产厂商	税率(%)
		新加坡	三井酚类新加坡公司(MITSUI PHENOLS SINGAPORE PTE. LTD.)	5.0
			其他新加坡公司(All Others)	37.1
		中国台湾	台湾南亚塑胶工业股份有限公司(Nan Ya Plastics Corporation)	6.0
			台湾地区长春人造树脂厂股份有限公司(CHANG CHUN PLASTICS CO., LTD.)	6.0
			台湾信昌化学工业股份有限公司(Taiwan Prosperity Chemical Corporation)	5.3
			其他台湾地区公司(All Others)	37.1
2907.2910	邻苯二酚(含量≥98%)	美国	(美国)罗地亚公司(RHODIA INC)	9.7
			其他美国公司(All Others)	46.81
		日本	日本公司	42.86
		欧盟	法国罗地亚经营管理公司(Rhodia Operations)	50
			意大利鲍利葛有限公司(Borregaard Italia SPA)	41
			其他欧盟公司(All Others)	79
2907.2990	特丁基对苯二酚	印度	凯美菱精细科学有限公司(Camlin Fine Sciences Limited)	37.6
			Nova International	56.9
			Milestone Preservatives P. Ltd.	56.9
			Shevalyn Pharmachem	56.9
			其他印度公司(All Others)	37.6
2909.4300	乙二醇、二甘醇的单丁醚	美国	伊士曼化工公司(Eastman Chemical Company)	10.6
			陶氏化学公司(The Dow Chemical Company)	14.1
			益科斯达化学产品有限公司(Equistar Chemicals,LP)	10.6
			其他美国公司(All Others)	14.1
		欧盟	沙索德国有限责任公司(Sasol Germany GmbH)	10.8
			沙索溶剂德国有限责任公司(Sasol Solvents Germany GmbH)	10.8
			英力士化学拉瓦拉有限公司(INEOS Chemicals Lavera SAS)	9.3
			巴斯夫欧洲公司(BASF SE)	18.8
			其他欧盟公司(All Others)	10.8
2910.3000	环氧氯丙烷	俄罗斯	俄罗斯考斯迪克封闭式股份公司(The Joint Stock Company Kaustik)	17.9
			俄罗斯乌苏里耶化工有限责任公司(Limited Liability Company “Usoliekhimprom”)	5.4
			其他俄罗斯公司(All Others)	71.5
		韩国	韩国韩华石油化学株式会社(HAN WHA CHEMICAL CORPORATION)	4.0
			韩国三星精密化学株式会社(Samsung Fine Chemicals Co.,LTD)	3.8
			其他韩国公司(All Others)	71.5
		日本	日本大曹株式会社(DAISO CO., LTD.)	0
			日本鹿岛化学株式会社(Kashima Chemical Co., Ltd.)	4.7
			其他日本公司(All Others)	71.5
		美国	美国陶氏化学公司(The Dow Chemical Company)	4.3
			其他美国公司(All Others)	71.5
2914.1100	丙酮(又称二甲基甲酮,简称二甲酮,或称醋酮、木酮)	韩国	韩国(株)LG化学(LG Chem, Ltd)	5.0
			韩国锦湖P&B化学株式会社(KUMHO P&B CHEMICALS,INC.)	4.3
			其他韩国公司(All Others)	51.6
		日本	日本三井化学株式会社(Mitsui Chemicals, Inc.)	7.2
			日本三菱化学株式会社(MITSUBISHI CHEMICAL CORPORATION)	12.1
			其他日本公司(All Others)	51.6
		中国台湾	台湾化学纤维股份有限公司(FORMOSA CHEMICALS & FIBRE CORPORATION)	6.2
			台湾信昌化学工业股份有限公司(Taiwan Prosperity Chemical Corporation)	6.5
			台湾地区长春人造树脂厂股份有限公司(CHANG CHUN PLASTICS CO., LTD.)①	9.4
			其他台湾地区公司(All Others)	51.6
		新加坡	三井酚类新加坡公司(MITSUI PHENOLS SINGAPORE PTE. LTD.)	6.7
			其他新加坡公司(All Others)	51.6

①该公司与商务部签订了丙酮的价格承诺协议,相关监管规定参见商务部公告2008年第40号、海关总署公告2008年第43号。

税号	商品名称	国家(地区)	生产厂商	税率(%)
2914.1200	甲乙酮[甲基乙基(甲)酮,又名丁酮或2-丁酮]	日本	日本东燃化学株式会社(Tonen Chemical Corporation)	27.3
			日本丸善石油化学株式会社(Maruzen Petrochemical Co., Ltd.)	9.6
			其他日本公司(All Others)	66.4
		中国台湾	台湾地区公司	25.0
2916.1400	甲基丙烯酸甲酯	新加坡	璐采特国际(新加坡)有限公司 Lucite International Singapore Pte. Ltd.	6.8
			Sumitomo Chemical Singapore Pte Ltd	14.5
			其他新加坡公司(All Others)	6.8
		泰国	泰国 MMA 单体制造销售公司 THAI MMA CO., LTD.	15.2
			PTT 旭化成化学有限公司 PTT Asahi Chemical Company Limited	10.7
			其他泰国公司(All Others)	15.2
		日本	三菱丽阳株式会社 Mitsubishi Rayon Co., Ltd.	14.4
			旭化成化学株式会社 ASAHI KASEI CHEMICALS CORPORATION	12.2
			日本住友化学株式会社 Sumitomo Chemical Company, Limited	13.3
			可乐丽株式会社 KURARAY CO., LTD.	34.6
			三菱瓦斯化学株式会社 Mitsubishi Gas Chemical Co., Inc.	34.6
			三井化学株式会社 Mitsui Chemicals, Inc.	34.6
			其他日本公司(All Others)	14.4
29171200.01	己二酸(简称"AA")	韩国	索尔维化学韩国有限公司(Solvay Chemicals Korea Co., Ltd.)	5.9
			旭化成化学韩国(Asahi Kasei Chemicals Korea Co.)	5.0
			其他韩国公司(All Others)	16.7
		欧盟	兰蒂奇化工有限公司(RADICI CHIMICA S.P.A)	7.4
			兰蒂奇化工德国有限公司(RADICI CHIMICA S.P.A DEUTSCHLAND GMBH)	7.4
			BASF SE	9.8
			其他欧盟公司(All Others)	16.7
		美国	Ascend Performance Materials LLC	16.8
			其他美国公司(All Others)	35.4
2917.3611	精对苯二甲酸(Terephthalic Acid)	韩国	株式会社晓星(Hyosung Corporation)	2.6
			三星石油化学株式会社(Samsung Petrochemical Company Limited)	2.0
			SK油化株式会社(SK Petrochemical Co., Ltd)	11.2
			三南石油化学株式会社(Samnam Petrochemical Co., LTD.)	3.7
			KP化学公司(KP CHEMICAL CORPORATION)	2.0
			泰光产业(株)(TAEKWANG INDUSTRIAL CO.,LTD)	2.4
			其他韩国公司(All Others)	11.2
		泰国	Indorama石化有限公司(Indorama Petrochem Limited)	16.9
			Siam 三井PTA有限公司(Siam Mitsui PTA Co., Ltd.)	6.0
			TPT石化大众有限公司(TPT Petrochemicals Public Company Limited)	12.9
			其他泰国公司(All Others)	20.1
2921.4300	甲苯胺	欧盟	朗盛德国有限责任公司(LANXESS Deutschland GmbH)	19.6
			其他欧盟公司(All Others)	36.9
2929.1010	甲苯二异氰酸酯(型号为TDI80/20)	欧盟	德国拜耳材料科技公司(Bayer MaterialScience AG)	19.2
			匈牙利博苏化学责任有限公司(Borsodchem Zrt.)	6.6
			波兰扎克姆化工股份公司(Zaklady Chemiczne ZACHEM S.A.)	37.7
			法国柏斯托法国公司(Perstorp France)	37.7
			陶式西班牙公司(Dow Chemical Tarragona)	37.7
			其他欧盟公司(All Others)	37.7
		日本	日本聚氨酯工业株式会社(NIPPON POLYURETHANE INDUSTRY CO., LTD)	5
			日本三井化学株式会社(MITSUI CHEMICALS, INC.)	12.45
			其他日本公司(All Others)	60.02
		韩国	韩国OCI株式会社(OCI Company Ltd.)	4.05
			韩国KPX FINE CHEMICAL CO.,LTD.	5.08

税　号	商品名称	国家(地区)	生　产　厂　商	税率(%)
			韩国巴斯夫有限公司(BASF Company Ltd.)	15.78
			其他韩国公司(All Others)	61.14
		美国	美国巴斯夫公司(BASF Corporation Ltd.)	28
			美国拜耳材料科学有限责任公司(Bayer MateriaiScience LLc)	7
			其他美国公司(All Others)	28
29333100.10	吡啶	印度	吉友联生命科学有限公司(Jubilant Life Sciences Limited)	24.6
			其他印度公司(All Others)	57.4
		日本	广荣化学工业株式会社(KoeiChemical Co.,Ltd)	47.9
			株式会社大赛潞(Dalcel Corporation)	47.9
			新日铁化学株式会社(Nippon Steel Chemical Co.,Ltd)	47.9
			其他日本公司(All Others)	47.9
2933.7100	己内酰胺	欧盟	帝斯曼纤维中间体公司(DSM Fibre Intermediates B.V.)	2.3
			朗盛比利时公司(LANXESS NV)	3.4
			宇部化学欧洲有限公司(UBE CHEMICAL EUROPE,S.A.)	2.6
			巴斯夫安特卫普公司(BASF ANTWERPEN N.V.)	3.1
			道默有限公司(DOMO Caproleuna GmbH)	3.2
			波兰阿佐提塔诺股份公司(Zaklady Azotowe w Tarnowie-Moscicach S.A.)	4.9
			波兰普瓦维股份公司(Zaklady Azotowe "Pulawy" S.A.)	4.4
			其他欧盟公司(All Others)	25.5
		美国	帝斯曼化学品北美公司(DSM Chemicals North America, Inc.)	2.2
			霍尼韦尔树脂和化学品责任有限公司(Honeywell Resins & Chemicals LLC)	3.6
			巴斯夫美国公司(BASF Corporation)	2.5
			其他美国公司(All Others)	24.2
2935.0030	磺胺甲噁唑	印度	印度Virchow Laboratories Limited	17.2
			印度Andhra Organics Limited	17.2
			其他印度公司(All Others)	36.4
3703.1010 3703.2010 3703.9010	相纸产品	欧盟	柯达有限公司(Kodak Limited)	19.4
			富士胶片制造(欧洲)有限公司(FUJIFILM Manufacturing Europe B.V.)	17.5
			其他欧盟公司(All Others)	19.4
		美国	富士胶片制造(美国)有限公司(FUJIFILM Manufacturing U.S.A., Inc.)	16.2
			其他美国公司(All Others)	28.8
		日本	日本公司	28.8
39041090.01	聚氯乙烯(纯粉,不包括"聚氯乙糊树脂")	美国	美国信科有限公司(Shintech Incorporated)	83
			台湾塑胶工业股份有限公司(德州)(Formosa Plastics Corporation Texas)	11
			其他美国公司(All Others)	83
		韩国	韩国(株)LG化学(LG CHEM, LTD)	6
			韩国韩华石油化学株式会社(HANWHA CHEMICAL CORPORATION)	12
			其他韩国公司(All Others)	76
		日本	日本信越化学工业株式会社(Shin-Etsu Chemical Co., Ltd.)	17
			日本V-tech株式会社(V-Tech Corporation)	21
			日本大洋聚氯乙烯株式会社(TAIYO VINYL CORPORATION)	7
			日本新第一聚氯乙烯股份公司(SHIN DAI-ICHI VINYL CORPORATION)	34
			日本钟渊化学工业株式会社(KANEKA CORPORATION)	30
			其他日本公司(All Others)	84
		俄罗斯	俄罗斯考斯第克股份有限公司(J/S Co. KaustiK)	34
			其他俄罗斯公司(All Others)	47
		中国台湾	台湾华夏海湾塑胶股份有限公司(China General Plastics Corporation)	12
			台湾塑胶工业股份有限公司(Formosa Plastics Corporation)	10
			台湾大洋塑料工业股份有限公司(Ocean Plastics Co.Ltd.)	22

税号	商品名称	国家（地区）	生产厂商	税率（%）
			其他台湾地区公司（All Others）	25
39081011.01	聚酰胺-6，6切片[①]	美国	Ascend Performance Materials	31.4
			英威达有限责任公司（INVISTA S.A.R.L.）	25.2
			其他美国公司（All Others）	37.5
		意大利	意大利兰蒂奇化工有限公司（RADICI CHIMICA S.p.A）	5.3
			其他意大利公司（All Others）	20.9
		英国	英威达纺织品（英国）有限责任公司[INVISTA Textitles（U.K.）Limited]	20.9
			其他英国公司（All Others）	20.9
		法国	法国公司（Solutia Inc.）	20.9
		中国台湾	台湾地区公司（All Others）	20.9
3908.1012	锦纶6切片（学名聚己内酰胺，又称聚酰胺-6切片或尼龙6切片；简称PA6）	美国	巴斯夫美国公司（BASF Corporation.）	29.3
			霍尼韦尔树脂和化学品责任有限公司（Honeywell Resins&Chemical LLC）	36.2
			其他美国公司（All Others）	96.5
		欧盟	波兰阿佐提塔诺股份公司（Zaklady Azotowe w Tarnowie-Moscicach,S.A.）	9.7
			巴斯夫安特卫普公司（BASF ANTWERPEN N.V.）	8.0
			道默有限公司（DOMO Caproleuna GmbH）	8.2
			帝斯曼工程塑料公司（DSM Engineering Plastics B.V.）	8.2
			巴斯夫欧洲公司（BASF SE）	8.2
			其他欧盟公司（All Others）	23.9
		俄罗斯	古比雪夫氮开放式股份公司（Open Joint Stock Company “KuibyshevAzot”）	5.9
			其他俄罗斯公司（All Others）	23.9
		中国台湾	台湾化学纤维股份有限公司（FORMOSA CHEMICALS&FIBER CORPORATION）	4.0
			力鹏企业股份有限公司（Li Peng Enterprise Co.,Ltd.）	4.3
			集盛实业股份有限公司（Zig sheng Industrial Co.,Ltd.）	4.2
			华隆股份有限公司（HUALON CORPORATION）	4.2
			中国石油化学工业开发股份有限公司（China Petrochemical Development Corporation）	4.2
			太洋尼龙股份有限公司（Tai-Young Nylon Co., Ltd.）	4.2
			展颂股份有限公司（CHAIN YARN CO., LTD.）	4.2
			其他台湾地区公司（All Others）	23.9
4002.4910 4002.4990	氯丁橡胶（Chloroprene Rubber）	日本	日本电气化学工业株式会社（DENKI KAGAKU KOGYO KABUSHIKI KAISHA）	9.9
			日本东曹株式会社（TOSOH CORPORATION）	10.2
			昭和电工株式会社（SHOWA DENKO K.K.）	20.8
			其他日本公司（All Others）	43.9
		美国	美国公司	151
		欧盟	欧盟朗盛德国责任有限公司（LANXESS Deutschland GmbH）	11
			欧盟埃尼橡胶法国有限公司（Polimeri Europa Elastomères France S.A.）	53
			其他欧盟公司（All Others）	151
4702.0000 4706.1000 4706.3000	浆粕	美国	美国科斯莫特殊纤维公司（Cosmo Specialty Fibers, Inc.）	16.9
			美国瑞安功能性纤维有限责任公司（Rayonier Performance Fibers, LLC）	17.2
			美国惠好公司（Weyerhaeuser NR Company）	17
			美国GP纤维有限公司（GP Cellulose LLC）	17
			美国博凯技术公司（Buckeye Technologies Inc.）	17
			其他美国公司（All Others）	33.5
		加拿大	纽西尔特种纤维素有限公司（Neucel Specialty Cellulose Ltd.）	0
			福特斯纤维有限公司（Fortress Specialty Cellulose Inc.）	13.0
			AV Nackawic Inc.和AV Cell Inc.公司	13.0
			天柏公司（Tembec）	13.0
			其他加拿大公司（All Others）	23.7

①不包括：“39081011.90”经螺杆二次混炼加入玻璃纤维、矿物质、增韧剂、阻燃剂的改性聚酰胺-6，6 切片。

<table>
<tr><th>税 号</th><th>商品名称</th><th>国家(地区)</th><th>生　产　厂　商</th><th>税率(%)</th></tr>
<tr><td rowspan="2"></td><td rowspan="2"></td><td rowspan="2">巴西</td><td>巴依亚特种纤维素厂（Bahia Specialty Cellulose S.A.）</td><td>6.8</td></tr>
<tr><td>其他巴西公司（All Others）</td><td>11.5</td></tr>
<tr><td rowspan="3">4805.9110</td><td rowspan="3">电解电容器纸</td><td rowspan="3">日本</td><td>日本高度纸工业株式会社（NIPPON KODOSHI CORPORATION）</td><td>22</td></tr>
<tr><td>日本大福制纸株式会社（Daifuku Seishi Co,Ltd）</td><td>15</td></tr>
<tr><td>其他日本公司（All Others）</td><td>40.83</td></tr>
<tr><td rowspan="11">5402.4410
54024990.01
5402.6920</td><td rowspan="11">氨纶[1]</td><td rowspan="2">日本</td><td>日本Toray Opelontex公司（Toray Opelontex Co., Ltd.）</td><td>12.87</td></tr>
<tr><td>其他日本公司（All Others）</td><td>61.0</td></tr>
<tr><td rowspan="2">新加坡</td><td>英威达（新加坡）（INVISTA SINGAPORE FIBRES PTE.LTD.）</td><td>10.85</td></tr>
<tr><td>其他新加坡公司（All Others）</td><td>61.0</td></tr>
<tr><td rowspan="4">韩国</td><td>韩国晓星株式会社（Hyosung Corporation）</td><td>0</td></tr>
<tr><td>韩国TK化学株式会社（TK Chemical Corporation）</td><td>2.86</td></tr>
<tr><td>韩国泰光产业株式会社（Taekwang Industrial Co.,Ltd.）</td><td>2.31</td></tr>
<tr><td>其他韩国公司（All Others）</td><td>61.0</td></tr>
<tr><td rowspan="2">中国台湾</td><td>台湾台塑旭弹性纤维股份有限公司（FORMOSA ASAHI SPANDEX CO., LTD）</td><td>5.19</td></tr>
<tr><td>其他台湾公司（All Others）</td><td>61.0</td></tr>
<tr><td>美国</td><td>所有美国公司</td><td>61.0</td></tr>
<tr><td rowspan="8">7002.2010</td><td rowspan="8">光纤预制棒</td><td rowspan="5">日本</td><td>信越化学株式会社 Shin-Etsu Chemical Co., Ltd.</td><td>8.0</td></tr>
<tr><td>住友电气工业株式会社 Sumitomo Electric Industries, Ltd.</td><td>9.1</td></tr>
<tr><td>株式会社藤仓 Fujikura Ltd.</td><td>8.5</td></tr>
<tr><td>古河电气工业株式会社 Furukawa Electric Co., Ltd.</td><td>8.5</td></tr>
<tr><td>其他日本公司（All Others）</td><td>9.1</td></tr>
<tr><td rowspan="3">美国</td><td>康宁公司 Corning Incorporated</td><td>41.7</td></tr>
<tr><td>OFS-费特有限责任公司 OFS Fitel, LLC.</td><td>17.4</td></tr>
<tr><td>其他美国公司　（All Others）</td><td>41.7</td></tr>
<tr><td rowspan="6">73044110.01
73044910.01</td><td rowspan="6">高性能不锈钢无缝钢管</td><td rowspan="3">日本</td><td>住友金属工业株式会社（SUMITOMO METAL INDUSTRIES,LTD.）</td><td>9.2</td></tr>
<tr><td>神钢特殊钢管株式会社（KOBE SPECIAL TUBE CO.,LTD.）</td><td>14.4</td></tr>
<tr><td>其他日本公司（All Others）</td><td>14.4</td></tr>
<tr><td rowspan="3">欧盟</td><td>吐巴塞克斯不锈钢管公司（TUBACEX TUBOS INOXIDABLES,S.A.）</td><td>9.7</td></tr>
<tr><td>沙士基达曼内斯曼不锈钢管意大利公司（Salzgitter Mannesmann Stainless Tubes Italia s.r.l.）</td><td>11.1</td></tr>
<tr><td>其他欧盟公司（All Others）</td><td>11.1</td></tr>
<tr><td rowspan="6">73045110.01
73045190.01
73045910.01
73045990.01</td><td rowspan="6">高温承压用合金钢无缝钢管</td><td rowspan="4">欧盟</td><td>瓦卢瑞克德国公司Vallourec Deutschland GmbH</td><td>13</td></tr>
<tr><td>瓦卢瑞克法国钢管公司VALLOUREC TUBES FRANCE</td><td>13</td></tr>
<tr><td>意大利IBF公司IBF S.P.A.</td><td>13.2</td></tr>
<tr><td>其他欧盟公司（All Others）</td><td>13.2</td></tr>
<tr><td rowspan="2">美国</td><td>美国威曼高登锻造有限公司Wyman-Gordon Forgings, Inc.</td><td>14.1</td></tr>
<tr><td>其他美国公司（All Others）</td><td>14.1</td></tr>
<tr><td rowspan="2">73181200.01
73181400.01
73181510.01
73181590.01
73182100.01
73182200.01</td><td rowspan="2">碳钢紧固件（Certain Iron or Steel Fasteners）</td><td rowspan="2">欧盟</td><td>卡马克斯工厂鲁道夫·凯乐曼有限两合公司（KAMAX-Werke Rudolf Kellermann GMBH & Co.KG）</td><td>6.1</td></tr>
<tr><td>其他欧盟公司（All Others）</td><td>26.0</td></tr>
<tr><td rowspan="4">90011000.01
90011000.02</td><td rowspan="4">单模光纤[2]</td><td rowspan="4">美国</td><td>美国OFS-费特有限责任公司（OFS Fitel,LLC）</td><td>4.7</td></tr>
<tr><td>康宁公司（Corning Incorporated）</td><td>5.4</td></tr>
<tr><td>德拉克通信美国公司（Draka Communications Americas,Inc.）</td><td>8.5</td></tr>
<tr><td>其他美国公司（All Others）</td><td>18.6</td></tr>
</table>

①自 2007 年 1 月 1 日起，原税号“5402.4920”调整为“5402.4410”和”54024900.01”；自 2012 年 1 月 1 日起，原税号“54024900.01”调整为“54024990.01”。

②对美国和欧盟的征收范围仅包括税号 90011000.01 的非色散位移单模光纤。对韩国和日本的征收范围仅包括 G652 系列非色散位移单模光纤，不包括该税号下其他型号的光纤及光导纤维束和光缆。对印度的征收范围包括税号 90011000.01 的非色散位移单模光纤和税号 90011000.02 的其他单模光纤。

税 号	商品名称	国家(地区)	生 产 厂 商	税率(%)
		欧盟	德拉克通信法国集团公司（Draka Comteq France SAS）	12.9
			德拉克通信纤维有限公司（Draka Comteq Fibre B.V.）	12.9
			丹麦OFS-费特有限责任公司（OFS Fitel Denmark ApS）	29.1
			菲布里奥蒂切苏德有限责任公司（Fibre Ottiche Sud-F.O.S.S.r.l.）	24.7
			其他欧盟公司（All Others）	29.1
		韩国	韩国LS电线株式会社（LS Cable & System Ltd.）	9.1
			大韩光通信株式会社（TAIHAN Fiberoptics CO., LTD.）	7.9
			其他韩国公司	46
		日本	所有日本公司	46
		印度	斯德雷特科技有限公司（STERLITE TECHNOLOGIES LIMITED）	13.7
			贝拉古河光纤有限公司（Birla FurukaW Fibre…cs Limited）	19.2
			康宁技术印度有限公司（Corning Technlogies India Private Limited）	47
			AKSH OPTIFIBRE LIMITED	51
			Finolex Cables Limited	51
			其他印度公司（All Others）	47
反补贴				
0207.1100 0207.1200 0207.1311 0207.1319 0207.1321 0207.1329 0207.1411 0207.1419 0207.1421 0207.1422 0207.1429 0504.0021	白羽肉鸡产品（Broiler Products or Chicken Products）	美国	美国皮尔格林公司（Pilgrim's Pride Corporation）	4.1
			泰森食品有限公司（Tyson Foods, Inc）	4.2
			楔石食品有限责任公司（Keystone Foods LLC）	4.0
			桑德森农场公司（Sanderson Farms, Inc）	4.1
			拉迈克斯食品有限公司（Lamex Foods Inc.）	4.1
			蒙太尔农场（Mountaire Farms）	4.1
			大威康地（Wayne Farms LLC）	4.1
			科氏食品有限公司（Koch Foods, LLC）	4.1
			好食品有限公司（O.K. Foods, Inc.）	4.1
			英特莱国际贸易有限公司（Interra International, Inc）	4.1
			玛杰克禽肉股份有限公司（MAR-JAC POULTRY, INC.）	4.1
			佩科食品有限公司（Peco Foods, Inc.）	4.1
			瑞发德农场之家（House of Raeford Farms, Inc.）	4.1
			福斯特家禽农场（Foster poultry Farms）	4.1
			菲尔代尔农场有限公司（Fieldale Farms Corporation）	4.1
			水谷禽肉有限责任公司（WATER VALLEY POULTRY, LLC.）	4.1
			克瑞利斯兄弟食品有限公司（KRALIS BROTHERS FOODS, LLC.）	4.1
			凯斯农场有限公司（CASE FARMS, LLC）	4.1
			普渡农场股份有限公司（PERDUE FARMS, INC）	4.1
			巴特菲尔德食品有限公司（Butterfield Foods Company, Inc）	4.1
			阿米克农场有限公司（Amick Farms, LLC）	4.1
			克拉斯顿禽肉农场（CLAXTON POULTRY FARMS.）	4.1
			金丰满农场有限合伙企业（Gold'n Plump Farms Limited Partnership, LLP）	4.1
			爱伦家族食品股份有限公司（ALLEN FAMILY FOODS, INC.）	4.1
			迈特食品有限公司（Metafoods, LLC）	4.1
			B&B家禽有限公司（B&B Poultry Co., Inc.）	4.1
			哈里森家禽有限公司（Harrison Poultry, Inc.）	4.1
			西蒙斯准备有限公司（SIMMONS PREPARED FOODS）	4.1
			蒂普拓普禽肉有限公司（TIP TOP POULTRY, INC.）	4.1
			波士顿阿格雷有限公司（BOSTON AGREX, INC）	4.1
			汤德森股份有限公司（TOWNSENDS, INC.）	4.1
			乔治股份有限公司（GEORGE'S INC.）	4.1
			格柏家禽有限公司（Gerber Poultry, Inc.）	4.1
			出口罐头有限责任公司（EXPORT PACKERS CO., LTD）	4.1

税号	商品名称	国家(地区)	生产厂商	税率(%)
			佩塔卢马并购公司(Petaluma Acquisition, LLC)	4.1
			其他美国公司(All Others)	4.2
1108.1300	马铃薯淀粉	欧盟	法国罗盖特公司(ROQUETTE FRERES)	7.5
			荷兰艾维贝公司(AVEBE U.A.)	12.4
			德国艾维贝马铃薯淀粉工厂(Avebe Kartoffelstarkefabrik Prignitz/Wendland GmbH)	12.4
			其他欧盟公司(All Others)	12.4
2804.6190	太阳能级多晶硅	美国	赫姆洛克半导体公司(Hemlock Semiconductor Corporation)	2.1
			REC太阳能级硅有限责任公司(REC Solar Grade Silicon LLC)	0
			REC先进硅材料有限责任公司(REC Advanced Silicon Materials LLC)	0
			MEMC帕萨迪纳有限公司(MEMC Pasadena, Inc.)	0
			AE Polysilicon Corporation	2.1
			其他美国公司(All Others)	2.1
		欧盟	德国瓦克化学股份有限公司(Wacker Chemie AG)	1.2
			德国Schmid Group	1.2
			德国Joint Solar Silicon (JSS)	1.2
			意大利MEMC Electronic Materials SpA	1.2
			意大利MEMC Electronic Materials	1.2
			意大利SILFAB SpA	1.2
			意大利Estelux SxJ	1.2
			意大利Primesolar SrJ	1.2
			西班牙Siliken Spain	1.2
			其他欧盟公司(All Others)	1.2

注：商务部决定自2015年12月11日起对进口原产于美国、欧盟和日本的未漂白纸袋纸（税号4804.1100、4804.2100、4804.3100、4804.4100、4804.5100）实施临时反倾销措施（详见商务部公告2015年第67号）。

附表5　进口关税与进口环节税（增值税）计税常数表

关税税率（%）	增值税税率（%）		关税税率（%）	增值税税率（%）		关税税率（%）	增值税税率（%）	
	13	17		13	17		13	17
0	13	17	4.6	18.198	22.382	8.6	22.718	27.062
0.5	13.565	17.585	4.7	18.311	22.499	8.7	22.831	27.179
0.7	13.791	17.819	4.8	18.424	22.616	8.8	22.944	27.296
0.8	13.904	17.936	4.9	18.537	22.733	8.9	23.057	27.413
1	14.130	18.170	5	18.650	22.850	9	23.170	27.530
1.1	14.243	18.287	5.1	18.763	22.967	9.1	23.283	27.647
1.2	14.356	18.404	5.2	18.876	23.084	9.2	23.396	27.764
1.3	14.469	18.521	5.3	18.989	23.201	9.3	23.509	27.881
1.4	14.582	18.638	5.4	19.102	23.318	9.4	23.622	27.998
1.5	14.695	18.755	5.5	19.215	23.435	9.5	23.735	28.115
1.6	14.808	18.872	5.6	19.328	23.552	9.6	23.848	28.232
1.7	14.921	18.989	5.7	19.441	23.669	9.7	23.961	28.349
1.8	15.034	19.106	5.8	19.554	23.786	9.8	24.074	28.466
1.9	15.147	19.223	5.9	19.667	23.903	9.9	24.187	28.583
2	15.260	19.340	6	19.780	24.020	10	24.300	28.700
2.1	15.373	19.457	6.1	19.893	24.137	10.1	24.413	28.817
2.2	15.486	19.574	6.2	20.006	24.254	10.2	24.526	28.934
2.3	15.599	19.691	6.3	20.119	24.371	10.3	24.639	29.051
2.4	15.712	19.808	6.4	20.232	24.488	10.4	24.752	29.168
2.5	15.825	19.925	6.5	20.345	24.605	10.5	24.865	29.285
2.6	15.938	20.042	6.6	20.458	24.722	10.6	24.978	29.402
2.7	16.051	20.159	6.7	20.571	24.839	10.7	25.091	29.519
2.8	16.164	20.276	6.8	20.684	24.956	10.8	25.204	29.636
2.9	16.277	20.393	6.9	20.797	25.073	10.9	25.317	29.753
3	16.39	20.51	7	20.910	25.190	11	25.430	29.870
3.2	16.616	20.744	7.1	21.023	25.307	11.1	25.543	29.987
3.3	16.729	20.861	7.2	21.136	25.424	11.2	25.656	30.104
3.4	16.842	20.978	7.4	21.362	25.658	11.4	25.882	30.338
3.5	16.955	21.095	7.5	21.475	25.775	11.5	25.995	30.455
3.6	17.068	21.212	7.6	21.588	25.892	11.7	26.221	30.689
3.7	17.181	21.329	7.7	21.701	26.009	11.8	26.334	30.806
3.8	17.294	21.446	7.8	21.814	26.126	11.9	26.447	30.923
3.9	17.407	21.563	7.9	21.927	26.243	12	26.560	31.040
4	17.520	21.680	8	22.040	26.360	12.1	26.673	31.157
4.1	17.633	21.797	8.1	22.153	26.477	12.2	26.786	31.274
4.2	17.746	21.914	8.2	22.266	26.594	12.3	26.899	31.391
4.3	17.859	22.031	8.3	22.379	26.711	12.4	27.012	31.508

关税税率（%）	增值税税率（%）		关税税率（%）	增值税税率（%）		关税税率（%）	增值税税率（%）	
	13	17		13	17		13	17
4.4	17.972	22.148	8.4	22.492	26.828	12.5	27.125	31.625
4.5	18.085	22.265	8.5	22.605	26.945	12.6	27.238	31.742
12.8	27.464	31.976	18	33.340	38.060	32	49.160	54.440
12.9	27.577	32.093	18.2	33.566	38.294	32.8	50.064	55.376
13	27.69	32.21	18.4	33.792	38.528	35	52.550	57.950
13.1	27.803	32.327	18.5	33.905	38.645	35.6	53.228	58.652
13.2	27.916	32.444	18.9	34.357	39.113	36	53.680	59.120
13.3	28.029	32.561	19	34.470	39.230	38	55.940	61.460
13.4	28.142	32.678	19.2	34.696	39.464	40	58.200	63.800
13.5	28.255	32.795	19.6	35.148	39.932	45	63.850	69.650
13.6	28.368	32.912	19.9	35.487	40.283	50	69.500	75.500
13.8	28.594	33.146	20	35.600	40.400	52	71.760	77.840
13.9	28.707	33.263	20.3	35.939	40.751	54.2	74.246	80.414
14	28.820	33.380	21	36.730	41.570	55	75.150	81.350
14.3	29.159	33.731	21.4	37.182	42.038	57	77.410	83.690
14.4	29.272	33.848	21.6	37.408	42.272	60	80.800	87.200
14.7	29.611	34.199	21.7	37.521	42.389	63	84.190	90.710
14.8	29.724	34.316	22	37.860	42.740	65	86.450	93.050
15	29.950	34.550	22.4	38.312	43.208	70	92.100	98.900
15.1	30.063	34.667	22.5	38.425	43.325	75	97.750	104.750
15.2	30.176	34.784	22.8	38.764	43.676	80	103.400	110.600
15.3	30.289	34.901	23	38.990	43.910	85	109.050	116.450
15.9	30.967	35.603	23.3	39.329	44.261	90	114.700	122.300
16	31.080	35.720	24	40.120	45.080	100	126.000	134.000
16.1	31.193	35.837	24.5	40.685	45.665	105	131.650	139.850
16.2	31.306	35.954	24.9	41.137	46.133	110	137.300	145.700
16.4	31.532	36.188	25	41.250	46.250	114	141.820	150.380
16.5	31.645	36.305	25.5	41.815	46.835	125	154.250	163.250
16.7	31.871	36.539	25.6	41.928	46.952	130	159.900	169.100
16.8	31.984	36.656	26	42.380	47.420	150	182.500	192.500
17	32.210	36.890	26.5	42.945	48.005	160	193.800	204.200
17.1	32.323	37.007	27	43.510	48.590	170	205.100	215.900
17.3	32.549	37.241	28	44.640	49.760	180	216.400	227.600
17.4	32.662	37.358	29	45.770	50.930	190	227.700	239.300
17.5	32.775	37.475	29.5	46.335	51.515	230	272.900	286.100
17.6	32.888	37.592	30	46.900	52.100	270	318.100	332.900

注：该表适用于只征关税和增值税，不征消费税的进口货物。使用时，先确定货物的关税税率和增值税税率，然后在表内找出这两个税率交叉栏内的常数，用进口货物的完税价格乘以该常数之积，即为应纳税款总额（进口关税及增值税税款之和）。

常数计算公式为：常数＝进口关税率＋增值税率＋进口关税率×增值税率

附表6 进口关税与进口环节税（消费税、增值税）计税常数表

关税税率（%）	消费税税率（%）										
	1	3	5	9	10	12	15	20	25	30	40
0	18.182	20.619	23.158	28.571	30.000	32.955	37.647	46.250	56.000	67.143	95.000
1	19.364	21.825	24.389	29.857	31.300	34.284	39.024	47.713	57.560	68.814	96.950
3	21.727	24.237	26.853	32.429	33.900	36.943	41.776	50.638	60.680	72.157	100.850
4	22.909	25.443	28.084	33.714	35.200	38.273	43.153	52.100	62.240	73.829	102.800
6	25.273	27.856	30.547	36.286	37.800	40.932	45.906	55.025	65.360	77.171	106.700
6.5	25.864	28.459	31.163	36.929	38.450	41.597	46.594	55.756	66.140	78.007	107.675
7.5	27.045	29.665	32.395	38.214	39.750	42.926	47.971	57.219	67.700	79.679	109.625
8	27.636	30.268	33.011	38.857	40.400	43.591	48.659	57.950	68.480	80.514	110.600
10	30.000	32.680	35.474	41.429	43.000	46.250	51.412	60.875	71.600	83.857	114.500
10.5	30.591	33.284	36.089	42.071	43.650	46.915	52.100	61.606	72.380	84.693	115.475
11	31.182	33.887	36.705	42.714	44.300	47.580	52.788	62.338	73.160	85.529	116.450
12	32.364	35.093	37.937	44.000	45.600	48.909	54.165	63.800	74.720	87.200	118.400
12.5	32.955	35.696	38.553	44.643	46.250	49.574	54.853	64.531	75.500	88.036	119.375
14	34.727	37.505	40.400	46.571	48.200	51.568	56.918	66.725	77.840	90.543	122.300
15	35.909	38.711	41.632	47.857	49.500	52.898	58.294	68.188	79.400	92.214	124.250
16	37.091	39.918	42.863	49.143	50.800	54.227	59.671	69.650	80.960	93.886	126.200
17	38.273	41.124	44.095	50.429	52.100	55.557	61.047	71.113	82.520	95.557	128.150
17.5	38.864	41.727	44.711	51.071	52.750	56.222	61.735	71.844	83.300	96.393	129.125
20	41.818	44.742	47.789	54.286	56.000	59.545	65.176	75.500	87.200	100.571	134.000
21	43.000	45.948	49.021	55.571	57.300	60.875	66.553	76.963	88.760	102.243	135.950
22	44.182	47.155	50.253	56.857	58.600	62.205	67.929	78.425	90.320	103.914	137.900
23	45.364	48.361	51.484	58.143	59.900	63.534	69.306	79.888	91.880	105.586	139.850
25	47.727	50.773	53.947	60.714	62.500	66.193	72.059	82.813	95.000	108.929	143.750
30	53.636	56.804	60.105	67.143	69.000	72.841	78.941	90.125	102.800	117.286	153.500
35	59.545	62.835	66.263	73.571	75.500	79.489	85.824	97.438	110.600	125.643	163.250
40	65.455	68.866	72.421	80.000	82.000	86.136	92.706	104.750	118.400	134.000	173.000
42.3	68.173	71.640	75.254	82.957	84.990	89.194	95.872	108.114	121.988	137.844	177.485
45	71.364	74.897	78.579	86.429	88.500	92.784	99.588	112.063	126.200	142.357	182.750
50	77.273	80.928	84.737	92.857	95.000	99.432	106.471	119.375	134.000	150.714	192.500
57	85.545	89.371	93.358	101.857	104.100	108.739	116.106	129.613	144.920	162.414	206.150
65	95.000	99.021	103.211	112.143	114.500	119.375	127.118	141.313	157.400	175.786	221.750
80	112.727	117.113	121.684	131.429	134.000	139.318	147.765	163.250	180.800	200.857	251.000
90	124.545	129.175	134.000	144.286	147.000	152.614	161.529	177.875	196.400	217.571	270.500
100	136.364	141.237	146.316	157.143	160.000	165.909	175.294	192.500	212.000	234.286	290.000

关税税率 (%)	消费税税率（%）										
	1	3	5	9	10	12	15	20	25	30	40
130	171.818	177.423	183.263	195.714	199.000	205.795	216.588	236.375	258.800	284.429	348.500
150	195.455	201.546	207.895	221.429	225.000	232.386	244.118	265.625	290.000	317.857	387.500
180	230.909	237.732	244.842	260.000	264.000	272.273	285.412	309.500	336.800	368.000	446.000
230	290.000	298.041	306.421	324.286	329.000	338.750	354.235	382.625	414.800	451.571	543.500
270	337.273	346.289	355.684	375.714	381.000	391.932	409.294	441.125	477.200	518.429	621.500

注：该表适用于从价应征关税、增值税和消费税的进口货物。鉴于货物的法定增值税率均为17%，使用时，只要确定其关税税率和消费税税率，再在表内找出这2个税率交叉栏内的常数，用进口货物的完税价格乘以该常数之积，即为应纳税款总额（进口关税、消费税及增值税税款之和）。

常数计算公式为：常数＝（进口关税率＋消费税率＋增值税率＋进口关税率×增值税率）÷（1－消费税率）

实行从量定额办法计算应纳消费税税额的应税消费品，计量单位的换算标准（按体积净重计）如下：

（1）黄酒：1吨＝962升

（2）啤酒：1吨＝988升

（3）汽油：1吨＝1388升

（4）柴油：1吨＝1176升

（5）航空煤油：1吨＝1246升

（6）石脑油：1吨＝1385升

（7）溶剂油：1吨＝1282升

（8）润滑油：1吨＝1126升

（9）燃料油：1吨＝1015升

（10）卷烟：1标准条＝200支；1标准箱＝5万支

附表 7　计量单位代码表

代码	单位名称	对应单位	换算率	代码	单位名称	对应单位	换算率	代码	单位名称	对应单位	换算率
001	台			043	百个			096	毫升	升	0.001
002	座			044	百片			097	英加仑	立方米	0.0045
003	辆			045	刀			098	美加仑	立方米	0.0037
004	艘			046	疋			099	立方英尺	立方米	0.0283
005	架			047	公担	千克	100	101	立方尺	立方米	0.037
006	套			048	扇			110	平方码	平方米	0.8361
007	个			049	百枝			111	平方英尺	平方米	0.0929
008	只			050	千只			112	平方尺	平方米	0.111
009	头			051	千块			115	英制马力	千瓦	0.7463
010	张			052	千盒			116	公制马力	千瓦	0.7353
011	件			053	千枝			118	令		
012	支			054	千个			120	箱		
013	枝			055	亿支			121	批		
014	根			056	亿个			122	罐		
015	条			057	万套	套	10000	123	桶		
016	把			058	千张	张	1000	124	扎		
017	块			059	万张	张	10000	125	包		
018	卷			060	千伏安			126	箩		
019	副			061	千瓦			127	打	件	12
020	片			062	千瓦时			128	筐		
021	组			063	千升			129	罗	个	144
022	份			067	英尺	米	0.3048	130	匹		
023	幅			070	吨	千克	1000	131	册		
025	双			071	长吨	千克	1016	132	本		
026	对			072	短吨	千克	907.2	133	发		
027	棵			073	司马担	千克	60.5	134	枚		
028	株			074	司马斤	千克	0.605	135	捆		
029	井			075	斤	千克	0.5	136	袋		
030	米			076	磅	千克	0.4536	139	粒		
031	盘			077	担	千克	100	140	盒		
032	平方米			078	英担	千克	50.8024	141	合		
033	立方米			079	短担	千克	45.36	142	瓶		
034	筒			080	两	千克	0.05	143	千支		
035	千克			081	市担	千克	50	144	万双	双	10000
036	克			083	盎司	克	31.1	145	万粒		
037	盆			084	克拉	克	0.2	146	千粒		
038	万个	个	10000	085	市尺	米	0.3333	147	千米	米	1000
039	具			086	码	米	0.9144	148	千英尺	米	304.8
040	百副			088	英寸	米	0.0254	149	百万贝可	千升	1
041	百支			089	寸	米	0.0333	163	部	台	1
042	百把			095	升						

附表8　监管证件代码表

证件代码	证件名称	证件代码	证件名称
1	进口许可证	P	固体废物进口许可证
2	两用物项和技术进口许可证	Q	进口药品通关单
3	两用物项和技术出口许可证	R	进口兽药通关单
4	出口许可证	S	进出口农药登记证明
5	纺织品临时出口许可证	T	银行调运现钞进出境许可证
6	旧机电产品禁止进口	U	合法捕捞产品通关证明
7	自动进口许可证	W	麻醉药品进出口准许证
8	禁止出口商品	X	有毒化学品环境管理放行通知单
9	禁止进口商品	Y	原产地证明
A	入境货物通关单	Z	音像制品进口批准单或节目提取单
B	出境货物通关单	c	内销征税联系单
D	出/入境货物通关单（毛坯钻石用）	e	关税配额外优惠税率进口棉花配额证
E	濒危物种允许出口证明书	h	核增核扣表
F	濒危物种允许进口证明书	q	国别关税配额证明
G	两用物项和技术出口许可证（定向）	r	预归类标志
H	港澳OPA纺织品证明	s	适用ITA税率的商品用途认定证明
I	精神药物进（出）口准许证	t	关税配额证明
J	黄金及其制品进出口准许证或批件	v	自动进口许可证（加工贸易）
K	深加工结转申请表	x	出口许可证（加工贸易）
L	药品进出口准许证	y	出口许可证（边境小额贸易）
M	密码产品和设备进口许可证	P	固体废物进口许可证
O	自动进口许可证（新旧机电产品）		

附表9　检验检疫类别代码表

类别代码	类别名称	类别代码	类别名称
L	民用商品入境验证	R	进口食品卫生监督检验
M	进口商品检验	S	出口食品卫生监督检验
N	出口商品检验	V	进境卫生检疫
P	进境动植物、动植物产品检疫	W	出境卫生检疫
Q	出境动植物、动植物产品检疫		

附表10　征减免税方式代码表

方式代码	方式名称	说　明
1	照章征税	对进出口货物依照法定税率计征各类税、费。
2	折半征税	依照主管海关签发的“征免税证明”或海关总署的通知，对进出口货物依照法定税率折半计征关税和增值税，但照章征收消费税。
3	全免	依照主管海关签发的“征免税证明”或海关总署的通知，对进出口货物免征关税和增值税，消费税一般不予免征。
4	特案	依照主管海关签发的“征免税证明”或海关总署的通知规定的税率计征各类税、费。
5	随征免性质	对某些监管方式下进出口的货物按照征免性质规定的特殊计税公式或税率计征税、费。
6	保证金	经海关批准具保放行的货物，由担保人向海关交纳现金的一种担保形式。
7	保证函	担保人根据海关的要求，向海关提交的订有明确权利义务的一种担保文书。
8	折半补税	对已征半税的供特区内销售的市场物资，经海关核准运往特区外时，补征另一半相应税款。

附表 11　征免性质代码表

性质代码	性质简称	性 质 全 称
101	一般征税	一般征税进出口货物
118	整车征税	构成整车特征的汽车零部件纳税
119	零部件征税	不构成整车特征的汽车零部件纳税
201	无偿援助	无偿援助进出口物资
299	其他法定	其他法定减免税进出口货物
301	特定区域	特定区域进口自用物资及出口货物
307	保税区	保税区进口自用物资
399	其他地区	其他执行特殊政策地区出口货物
401	科教用品	大专院校及科研机构进口科教用品
402	示范平台用品	
403	技术改造	企业技术改造进口货物
405	科技开发用品	科学研究、技术开发机构进口科技开发用品
406	重大项目	国家重大项目进口货物
407	动漫用品	动漫开发生产用品
408	重大技术装备	生产重大技术装备进口关键零部件及原材料
409	科技重大专项	科技重大专项进口关键设备、零部件和原材料
412	基础设施	通信、港口、铁路、公路、机场建设进口设备
413	残疾人	残疾人组织和企业进出口货物
417	远洋渔业	远洋渔业自捕水产品
418	国产化	国家定点生产小轿车和摄录机企业进口散件
419	整车特征	构成整车特征的汽车零部件进口
420	远洋船舶	远洋船舶及设备部件
421	内销设备	内销远洋船用设备及关键部件
422	集成电路	集成电路生产企业进口货物
423	新型显示器件	新型显示器件生产企业进口物资
499	ITA产品	非全税号信息技术产品
501	加工设备	加工贸易外商提供的不作价进口设备
502	来料加工	来料加工装配和补偿贸易进口料件及出口成品
503	进料加工	进料加工贸易进口料件及出口成品
506	边境小额	边境小额贸易进口货物
510	港澳OPA	港澳在内地加工的纺织品获证出口
601	中外合资	中外合资经营企业进出口货物
602	中外合作	中外合作经营企业进出口货物
603	外资企业	外商独资企业进出口货物
605	勘探开发煤层气	勘探开发煤层气
606	海洋石油	勘探、开发海洋石油进口货物
608	陆上石油	勘探、开发陆上石油进口货物
609	贷款项目	利用贷款进口货物
611	贷款中标	国际金融组织贷款、外国政府贷款中标机电设备零部件
698	公益收藏	国有公益性收藏单位进口藏品
789	鼓励项目	国家鼓励发展的内外资项目进口设备
799	自有资金	外商投资额度外利用自有资金进口设备、备件、配件
801	救灾捐赠	救灾捐赠进口物资
802	扶贫慈善	境外向我境内无偿捐赠用于扶贫慈善的免税进口物资
803	抗艾滋病药物	进口抗艾滋病病毒药物
811	种子种源	进口种子（苗）、种畜（禽）、鱼种（苗）和种用野生动植物种源
818	中央储备粮油	中央储备粮油免征进口环节增值税政策
819	科教图书	进口科研教学用图书资料
888	航材减免	经核准的航空公司进口维修用航空器材
898	国批减免	国务院特准减免税的进出口货物
899	选择征税	选择征税
997	自贸协定	
998	内部暂定	享受内部暂定税率的进出口货物
999	例外减免	例外减免税进出口货物

附表12 监管方式代码表

方式代码	方式简称	方式全称
0110	一般贸易	一般贸易
0130	易货贸易	易货贸易
0139	旅游购物商品	用于旅游者5万美元以下的出口小批量订货
0200	料件放弃	主动放弃交由海关处理的来料或进料加工料件
0214	来料加工	来料加工装配贸易进口料件及加工出口货物
0245	来料料件内销	来料加工料件转内销
0255	来料深加工	来料深加工结转货物
0258	来料余料结转	来料加工余料结转
0265	来料料件复出	来料加工复运出境的原进口料件
0300	来料料件退换	来料加工料件退换
0314	加工专用油	国营贸易企业代理来料加工企业进口柴油
0320	不作价设备	加工贸易外商提供的不作价进口设备
0345	来料成品减免	来料加工成品凭征免税证明转减免税
0400	成品放弃	主动放弃交由海关处理的来料及进料加工成品
0420	加工贸易设备	加工贸易项下外商提供的进口设备
0444	保区进料成品	按成品征税的保税区进料加工成品转内销货物
0445	保区来料成品	按成品征税的保税区来料加工成品转内销货物
0446	加工设备内销	加工贸易免税进口设备转内销
0456	加工设备结转	加工贸易免税进口设备结转
0466	加工设备退运	加工贸易免税进口设备退运出境
0500	减免设备结转	用于监管年限内减免税设备的结转
0513	补偿贸易	补偿贸易
0544	保区进料料件	按料件征税的保税区进料加工成品转内销货物
0545	保区来料料件	按料件征税的保税区来料加工成品转内销货物
0615	进料对口	进料加工（对口合同）
0642	进料以产顶进	进料加工成品以产顶进
0644	进料料件内销	进料加工料件转内销
0654	进料深加工	进料深加工结转货物
0657	进料余料结转	进料加工余料结转
0664	进料料件复出	进料加工复运出境的原进口料件
0700	进料料件退换	进料加工料件退换
0715	进料非对口	进料加工（非对口合同）
0744	进料成品减免	进料加工成品凭征免税证明转减免税
0815	低值辅料	低值辅料
0844	进料边角料内销	进料加工项下边角料转内销
0845	来料边角料内销	来料加工项下边角料内销
0864	进料边角料复出	进料加工项下边角料复出口
0865	来料边角料复出	来料加工项下边角料复出口
1139	国轮油物料	中国籍运输工具境内添加的保税油料、物料
1200	保税间货物	海关保税场所及保税区域之间往来的货物
1215	保税工厂	保税工厂
1233	保税仓库货物	保税仓库进出境货物
1234	保税区仓储转口	保税区进出境仓储转口货物
1300	修理物品	进出境修理物品
1427	出料加工	出料加工
1500	租赁不满1年	租期不满1年的租赁贸易货物
1523	租赁贸易	租期在1年及以上的租赁贸易货物
1616	寄售代销	寄售、代销贸易
1741	免税品	免税品
1831	外汇商品	免税外汇商品
2025	合资合作设备	合资合作企业作为投资进口设备物品
2225	外资设备物品	外资企业作为投资进口的设备物品
2439	常驻机构公用	外国常驻机构进口办公用品
2600	暂时进出货物	暂时进出口货物

方式代码	方式简称	方式全称
2700	展览品	进出境展览品
2939	陈列样品	驻华商业机构不复运出口的进口陈列样品
3010	货样广告品A	有经营权单位进出口的货样广告品
3039	货样广告品B	无经营权单位进出口的货样广告品
3100	无代价抵偿	无代价抵偿进出口货物
3339	其他进出口免费	其他进出口免费提供货物
3410	承包工程进口	对外承包工程进口物资
3422	对外承包出口	对外承包工程出口物资
3511	援助物资	国家和国际组织无偿援助物资
3611	无偿军援	无偿军援
3612	捐赠物资	进出口捐赠物资
3910	军事装备	军事装备
4019	边境小额	边境小额贸易（边民互市贸易除外）
4039	对台小额	对台小额贸易
4139	对台小额商品交易市场	进入对台小额商品交易专用市场的货物
4200	驻外机构运回	我驻外机构运回旧公用物品
4239	驻外机构购进	我驻外机构境外购买运回国的公务用品
4400	来料成品退换	来料加工成品退换
4500	直接退运	直接退运
4539	进口溢误卸	进口溢卸、误卸货物
4561	退运货物	因质量不符、延误交货等原因退运进出境货物
4600	进料成品退换	进料成品退换
5000	料件进出区	料件进出海关特殊监管区域
5010	特殊区域研发货物	海关特殊监管区域与境外之间进出的研发货物
5014	区内来料加工	海关特殊监管区域与境外之间进出的来料加工货物
5015	区内进料加工货物	海关特殊监管区域与境外之间进出的进料加工货物
5033	区内仓储货物	加工区内仓储企业从境外进口的货物
5034	区内物流货物	海关特殊监管区域与境外之间进出的物流货物
5100	成品进出区	成品进出海关特殊监管区域
5200	区内边角调出	用于区内外非实际进出境货物
5300	设备进出区	设备及物资进出海关特殊监管区域
5335	境外设备进区	海关特殊监管区域从境外进口的设备及物资
5361	区内设备退运	海关特殊监管区域设备及物资退运境外
6033	物流中心进出境货物	保税物流中心与境外之间进出仓储货物
9600	内贸货物跨境运输	内贸货物跨境运输
9639	海关处理货物	海关变卖处理的超期未报货物、走私违规货物
9700	后续补税	无原始报关单的后续补税
9739	其他贸易	其他贸易
9800	租赁征税	租赁期1年及以上的租赁贸易货物的租金
9839	留赠转卖物品	外交机构转售境内或国际活动留赠放弃特批货物
9900	其他	其他
0110	一般贸易	一般贸易

附表 13　运输方式代码表

方式代码	方式名称	方式代码	方式名称
0	非保税区	8	保税仓库
1	监管仓库	9	其他运输
2	水路运输	A	全部运输方式
3	铁路运输	H	边境特殊海关作业区
4	公路运输	W	物流中心
5	航空运输	X	物流园区
6	邮件运输	Y	保税港区
7	保税区	Z	出口加工区

附表14　结汇方式代码表

方式代码	方式名称	方式代码	方式名称	方式代码	方式名称
1	信汇	4	付款交单	7	先出后结
2	电汇	5	承兑交单	8	先结后出
3	票汇	6	信用证	9	其他

附表15　用途代码表

用途代码	用途名称	用途代码	用途名称	用途代码	用途名称
01	外贸自营内销	05	加工返销	09	作价提供
02	特区内销	06	借用	10	货样、广告品
03	其他内销	07	收保证金	11	其他
04	企业自用	08	免费提供		

附表16　货币代码表

货币代码	货币名称	海关原用代码	货币代码	货币名称	海关原用代码
AUD	澳大利亚元	601	KRW	韩国圆	133
CAD	加拿大元	501	MOP	澳门元	121
CHF	瑞士法郎	331	NOK	挪威克朗	326
CNY	人民币	142	NZD	新西兰元	609
DKK	丹麦克朗	302	PHP	菲律宾比索	129
EUR	欧元	300	SGD	新加坡元	132
GBP	英镑	303	SEK	瑞典克朗	330
HKD	港币	110	THB	泰国铢	136
JPY	日本元	116	USD	美元	502

附表17　成交方式代码表

方式代码	方式名称	方式代码	方式名称
1	CIF	4	C&I
2	C&F	5	市场价
3	FOB	6	垫仓

附表 18　地区性质代码表

地区代码	地区名称	地区代码	
1	经济特区	7	广东省
2	沿海开放城市	8	福建省
3	经济技术开发区	9	北京市、新疆
4	经济开放区	A	保税工业区
5	海南省	B	新技术开发园区
6	西藏自治区		

附表 19　机构性质代码表

机构代码	机构名称	机构代码	机构名称
1	国有	6	私营
2	合作	7	个体工商户
3	合资	8	报关
4	独资	9	其他
5	集体		

